中華大典

中華大典

經濟典

四川出版集團·巴蜀書社

私有土地總部

主　　編：符　靜
副 主 編：戴衛紅　邱源媛
編纂人員：符　靜　戴衛紅　邱源媛

《私有土地總部》提要

本總部係《中華大典·經濟典·土地制度分典》中的一部，由爰田、名田、占田、莊田、更名田、民田六個部分組成。

本書在史料内容的選擇上，儘量突出土地『制度』的相關内容，如制度的制定時間、制定者、分配方案、後續效果以及各方評論等。在史料類型的選擇上，本書考慮到私有土地的主人身份各異、佔有途徑多樣、買賣情況複雜，因此在古籍之外還收録了一部分今人整理的竹簡、檔案、契約等，以期動態地反映土地的實際使用情況。在史料的學術傾向上，本總部盡量收録不同流派的論見，以體現類書兼收並蓄的價值。在史料的編排上，一般以原書為單位按照時代順序排列。

本總部對於學界長期以來由於土地實際使用情況的複雜性所帶來的關於土地制度的概念及性質等具體問題的爭論，並未一一加以考證，僅作史料彙編整理工作。同時，爲配合《中華大典》輯録原始文獻的宗旨，本書在使用竹簡、契約等史料時，删除了部分今人注釋，還望原整理者們見諒。

本書是集體勞動的成果，各部分的編纂人員分别爲：爰田、名田、占田：戴衛紅；莊田：邱源媛、符靜；更名田：符靜；民田：符靜、戴衛紅。全書由符靜統稿。本書在編纂過程中，承蒙多位專家提出意見和建議，在此一並致謝。由於編者水平有限，錯誤和疏漏在所難免，還望讀者不吝指正。

《私有土地總部》編委會

二〇一一年六月

私有土地總部

爰田部

題解

《春秋左傳正義》卷一四《僖十五年》 九月，晉侯逆秦師。使韓簡視師。韓簡，晉大夫韓萬之孫。**【略】**晉侯使郤乞告瑕呂飴甥，且召之。郤乞，晉大夫也。瑕呂飴甥，卽呂甥也。蓋姓瑕呂，名飴甥，字子金。晉侯聞秦將許之平，故告呂甥，召使迎己。飴，音怡。子金教之言曰：朝國人而以君命賞。恐國人不從，故先賞之於朝。且告之曰：孤雖歸，辱社稷矣。其卜貳圉也。貳，代也。圉，惠公大子懷公。衆皆哭。哀君不還國。晉於是乎作爰田。分公田之稅應入公者，爰之於所，賞之衆。爰，于元反。〔疏〕作爰田。正義曰：服虔、孔晁皆云：爰，易也。賞衆以田，易其疆畔。杜言：爰之於所賞之衆，則亦以爰爲易。謂舊入公者，今改易與所賞之衆。

《國語》卷九《晉語三》 公在秦三月，聞秦將成，乃使郤乞告呂甥。呂甥教之言，令國人於朝曰：君使乞告二三子曰：秦將歸寡人，寡人不足以辱社稷，二三子其改置以代圉也。且賞以悅衆，衆皆哭，焉作轅田。**【略】**

呂甥致衆而告之曰：吾君慙焉其亡之不卹，而羣臣是憂，不亦惠乎？君猶在外，若何？衆曰：何爲而可？呂甥曰：以韓之病，兵甲盡矣。若征繕以輔孺子，以爲君援，雖四鄰之聞之也，喪君有君，羣臣輯睦，兵甲益多，好我者勸，惡我者懼，庶有益乎？衆皆說，焉作州兵。

綜述

《漢書》卷二四《食貨志上》 周室既衰，暴君汙吏慢其經界，繇役横作，政令不信，上下相詐，公田不治。故魯宣公初稅畮，《春秋》譏焉。於是上貪民怨，災害生而禍亂作。

同上 理民之道，地著爲本。故必建步立畮，正其經界，六尺爲步，步百爲畮，畮百爲夫，夫三爲屋，屋三爲井，井方一里，是爲九夫。八家共之，各受私田百畮，公田十畮，是爲八百八十畮，餘二十畮以爲廬舍。出入相友，守望相助，疾病相救，民是以和睦，而教化齊同，力役生產可得而平也。

民受田，上田夫百畮，中田夫二百畮，下田夫三百畮。歲耕種者爲不易上田，休一歲者爲一易中田，休二歲者爲再易下田，三歲更耕之，自爰其處。農民戶人已受田，其家衆男爲餘夫，亦以口受田如此。士工商家受田，五口乃當農夫一人。此謂平土可以爲法者也。若山林藪澤原陵淳鹵之地，各以肥磽多少爲差。有賦有稅。稅謂公田什一及工商衡虞之入也，賦共車馬甲兵士徒之役，充實府庫賜予之用。稅給郊社宗廟百神之祀，天子奉養百官祿食庶事之費。民年二十受田，六十歸田。七十以上，上所養也；十歲以下，上所長也；十一以上，上所強也。種穀必雜五種，以備災害。田中不得有樹，用妨五穀。力耕數耘，收穫如寇盜之至。還廬樹桑，菜茹有畦，瓜瓠果蓏，殖於疆易，鷄豚狗彘毋失其時，女修蠶織，則五十可以衣帛，七十可以食肉。

《漢書》卷二八《地理志下》 秦地，於天官東井、輿鬼之分壄也。其界自弘農故關以西，京兆、扶風、馮翊、北地、上郡、西河、安定、天水、隴西，南有巴、蜀、廣漢、犍爲、武都，西有金城、武威、張掖、酒泉、敦煌，又西南有牂柯、越巂、益州，皆宜屬焉。

秦之先曰柏益，出自帝顓頊，堯時助禹治水，爲舜朕虞，養育草木鳥獸，賜姓嬴氏。歷夏、殷爲諸侯。至周有造父，善馭習馬，得華騮、綠耳之乘，幸於穆王，封於趙城，故更爲趙氏。後有非子，爲周孝王養馬汧、渭之間。孝王曰：昔伯益知禽獸，子孫不絕。乃封爲附庸，邑之於秦，今隴西秦亭秦谷是也。至玄孫，氏爲莊公，破西戎，有其地。子襄公時，幽王爲犬戎所敗，平王東遷雒邑。襄公將兵救周有功，賜受郊、酆之地，列爲諸侯。後八世，穆公稱伯，以河爲竟。十餘世，孝公用商君，制轅田，開仟伯，東雄諸侯。子惠公初稱王，得上郡、西河。孫昭王開巴蜀，滅周，取九鼎。昭王曾孫政并六國，稱皇帝，負力怙威，燔書阬儒，自任私智。至子胡亥，天下畔之。

唐·杜佑《通典》卷一《食貨一·田制》 穀者，人之司命也；地者，穀之所生也；人者，君之所治也。有其穀則國用備，辨其地則人食足，察其人則徭役均。知此三者，謂之治政。夫地載而不棄也，一著而不遷也，安固而不動，則莫不生殖。聖人因之設井邑，列比閭，使察黎民之數，賦役之制，昭然可見也。自秦孝公用商鞅計，乃隳經界，立阡陌。雖獲一時之利，而兼幷踰僭興矣。降秦以後，阡陌既弊，又爲隱覈，隱覈在乎權宜。權宜憑乎簿書。簿書既廣，必藉衆功，藉衆功則政由羣吏，政由羣吏則人無所信矣。夫行不信之法，委政於衆多之胥，欲紀人事之衆寡，明地利之多少，雖申商督刑，撓首總算，亦不可得而詳矣。不變斯道而求理者，未之有也。夫《春秋》之義，諸侯不得專封，大夫不得專地。若使豪人占田過制，富等公侯，是專封也；賣買由己，是專地也。欲無流亢，不亦難乎！

宋·鄭樵《通志》卷六一《食貨略一》 禹别九州，制田九等：雍州第一等，徐州第二等，青州第三等，豫州第四等，冀州第五等，兗州第六等，梁州第七等，荆州第八等，揚州第九等。九州之地，墾田九百一十萬八千二十頃。周文王在岐，用平土之法，以爲治民之道。地著爲本，故建司馬法。六尺爲步，步百爲畝，畝百爲夫，夫三爲屋，屋三爲井，井十爲通，通十爲成，成十爲終，終十爲同，同方百里。同十爲封，封十爲畿，畿方千里。故邱有戎馬一疋，牛三頭。甸有戎馬四疋，兵車一乘，牛十二頭，甲士三人，步卒七十二人。一同百里，提封萬井，戎馬四百疋，車百乘，此卿大夫采地之大者，是謂百乘之家。一封三百六十六里，提封十萬井，定出賦六萬四千井，戎馬四千疋，車千乘，此諸侯之大者，謂之千乘之國。天子之畿内方千里，提封百萬井，定出賦六十四萬井，戎馬四萬疋，兵車萬乘，戎卒七十二萬人，故曰萬乘之主。小司徒之職，乃經土地而井牧其田野。九夫爲井，四井爲邑，四邑爲邱，四邱爲甸，四甸爲縣，四縣爲都，以任地事而令貢賦。民受田，上田夫百畝，中田夫二百畝，下田夫三百畝。歲耕種者，爲不易上田。休一歲者，爲一易中田。休二歲者，爲再易下田。三歲更耕之。農民戶人已受田，其家衆男爲餘夫，亦以口受田。士工商家受田，五口乃當農夫一人。凡一口受田二十畝。此謂平土，可以爲法者也。若山林、藪澤、原陵、淳鹵之地，各以肥磽多少爲差。民年二十受田，六十歸田。七十以上，上所養也；十歲以下，上所長也；十一以上，上所彊也。

宋·王應麟《玉海》卷一七六《秦轅田》 《左傳》：鄭子產使田有封洫，廬井有伍。子駟爲田洫。侵四族田。陳轅，頗賦封田。封内之田。晉作爰田。分公田之稅應入公者，爰之於所賞之衆。《晉語》作轅田。賈侍中云，轅，易也，爲易田之法賞衆，以田易疆界也。服虔、孔晁曰：爰，易也，賞衆以田，易其疆畔。

漢《地理志》：秦孝公用商君，制轅田，開阡陌。轅與爰同，易也。注：張晏曰：周制，三年一易，以同美惡。孟康曰：三年爰土易居，古制也。末世浸廢，商鞅復立爰田。上田不易，中一易，下再易。師古曰：南北曰仟，東西曰伯。出《風俗通》，伯陌同。謂開田之疆畝。《食貨志》：歲耕種者，爲不易上田；休一歲者，爲一易中田；休二歲者，爲再易下田。三歲更耕之，自爰其處。《周禮》：秦晉皆有爰田之制。《史記·商君傳》：鞅爲田，開阡陌，封疆而賦稅平。太史公曰：余讀商君開塞耕戰書。《商君書》五卷。蔡澤曰：決裂阡陌，以靜生民之業，而一其俗。阡陌乃三代井田之舊，非秦所制開者，乃剗削而非刱置。《始皇紀》：三十一年，使黔首自實田。《通典》：鞅以三晉地狹人貧，秦地廣人寡，故草不盡墾，地利不盡出。於是誘三晉之人，利其田宅，復三代，無知兵事，而務本於内，而使秦人應敵於外。孝公十二年之制。數年之間，國富兵強。故廢井田，開阡陌，任其所耕，不限多少。降秦以後，阡陌既弊，又爲隱覈。藉衆功則政由羣吏，而人無所信矣。隱覈在於權宜，權宜憑乎簿書，簿書既廣，必藉衆功。唐《突厥傳》：杜佑謂：周制，步百爲畝，畝百給一夫。商鞅佐秦，以爲地利不盡，更以二百四十步爲畝，百畝給一夫。商子《來民篇》：秦地方千里者五，而穀土不能處二。

宋·王欽若《册府元龜》卷四九五《邦計部·田制》 魏文侯時，李悝作盡地力之教。李悝，文侯臣也。以爲地方百里，提封九萬頃，除山澤邑居，參分去一，爲田六百萬畮。治田勤謹則畮益三升，升當言三斗，謂致田勤則畮加三斗也。不勤則損亦如之。地方百里之增減，輒爲粟百八十萬石矣。

秦孝公任商鞅，鞅以三晉地狹人貧，三晉謂韓、魏、趙，今河東道之地。秦地廣人寡，故草不盡墾，地利不盡出，於是誘三晉之人，利其田宅，復三代，無知兵事，而務本於内，而使秦人應敵於外，故廢井田，制阡陌，任其所耕，不限多少。孝公十二年之制。數年之間，國富兵強，天下無敵。又載，秦孝公用商君，壞井田，開阡陌，急耕戰之賞，雖非古道，猶以務本之故，傾隣國，帝雄諸侯。然工制遂滅，僭差亡度，庶人之富累鉅萬，而貧者食糟糠。有國強者兼州域，而弱者喪社稷。王欽若等曰：按

《史記》云：秦昭襄王四年，爲田開阡陌，今兩載之。

始皇三十一年，使黔首自實田。

宋·王應麟《困學紀聞》卷一六《歷代田制考》 秦廢井田，開阡陌。原注：周顯王十九年。集證：《漢地理志》：秦孝公用商君，制轅田，開阡陌。師古曰：南北曰阡，東西曰陌。《史記·六國表》：周顯王之十九年，爲秦孝公之十二年。初改小邑爲三十一縣，令爲田，開阡陌。

《通典》州郡四議曰：按周制步百爲畝，畝百給一夫。商鞅佐秦，以一夫力餘，地利不盡，於是改制。二百四十步爲畝。百畝給一夫，又以秦地曠而人寡，晉地狹而人稠，誘三晉人，發秦地利。優其田宅，復其子孫，而使秦人應敵於外，大率百人，則五十人爲農，五十人習戰，兵強國富，職此之由。朱文公《開阡陌辯》曰：說者之意，皆以開爲開置之開，言秦廢井田而始置阡陌也。按阡陌者，舊說以爲田間之道，蓋因田之疆畔，制其廣狹，辯其横從，以通人物之往來。卽《周禮》所謂遂上之徑，溝上之畛，洫上之涂，澮上之道也。然《風俗通》云：南北曰阡，東西曰陌。又云，河南以東西爲阡，南北爲陌。二說不同。今以遂人田畝夫家之數考之，當以後說爲正。蓋陌之爲言百也，遂洫從而徑涂亦從，則遂間百畝，洫間百夫，而徑涂爲陌矣。阡之爲言千也，溝澮横而畛道亦横，則溝間千畝，澮間千夫，而畛道爲阡矣。阡陌之名，由此而得。至於萬夫有川，而川上之路周於其外，與夫匠人井田之制，遂溝洫澮，亦皆四周，則阡陌之名，疑亦因横從而命之也。然遂廣二尺，溝四尺，洫八尺，澮二尋，則丈有六尺矣。徑容牛馬，畛容大車，涂容乘車。案：《地官·遂人》賈疏曰：鄭知徑容牛馬之等義如此者。此從川上有路差之，凡道皆有三塗。川上之路，則容三軌，道容二軌，塗容一軌，軌皆廣八尺。其畛差小，可容大車一軌，軌廣八尺。自然徑不容車軌，而容牛馬及人之步徑。是以《春秋》有牽牛蹊，蹊卽徑也。一軌道，二軌路，三軌則幾二丈矣。此其水陸占地，不得爲田者頗多。所以正經界，止侵爭，時蓄洩，備水旱，爲永久之計。商君以急刻之心，行苟且之政，但見田爲阡陌所束，而耕者限於百畝，則病其人力之不盡。但見阡陌之占地太廣，而不得爲田者多，則病其地利之有遺。又當世衰法壞之時，歸授之際，必有煩擾欺隱之姦。而阡陌之地，切近民田，又必有陰據自私，而稅不入於公上者。是以盡開阡陌，悉除禁限，而聽民兼并買賣，以盡人力；墾開棄地，悉爲田疇，不使有尺寸之遺，以盡地利。使民有田，卽爲永業，而不復歸授，以絕煩擾欺隱之姦；使地皆爲田，田皆出稅，以覈陰據自私之幸。此其爲計，正猶楊炎疾浮戶之弊，破租庸以爲兩稅。《唐書·食貨志》：凡授田者，丁歲輸粟二斛，稻三斛，謂之租。丁隨鄉所出，歲輸絹二匹，綾絁二丈，布加五之一，綿三兩，麻三斤，非蠶鄉則輸銀十四兩，謂之調。用人之力，歲二十日，閏加二日，不役者日爲絹三尺，謂之庸。自開元以後，戶籍久不更造，丁口轉死，田畝賣易，貧富升降不實，而租調法弊壞。至德宗相楊炎，遂作兩稅法，夏輸無過六月，秋輸無過十一月，置兩稅使以總之。蓋一時之害雖除，而千古聖賢傳授精微之意，於此盡矣。故《秦紀》《鞅傳》皆云：爲田開阡陌封疆，而賦稅平。蔡澤亦曰：決裂阡陌，以靜生民之業，而一其俗。語見《史記》本傳。所謂開者，乃破壞剗削之意，而非創置建立之名。所謂阡陌，乃三代井田之舊，而非秦之所置也。所謂賦稅平者，以無欺隱竊據之姦也。所謂靜生民之業者，以無歸授取予之煩也。《大事記解題》三曰：決裂云者，唐虞三代井田之制，分畫堅明，封表深固，非大用力以決裂之，不能遽掃滅其迹也。秦始皇三十一年，使黔首自實田。事見《史記·秦始皇本紀》。使井田不廢，何患田之不實乎。程易田云：應劭《風俗通》之言，見於《秦本紀》。索隱所引者，作河東以東西爲阡，南北爲陌。朱子《開阡陌辯》，引《風俗通》之言，見於戴侗《六書故》者亦作河東以東西爲阡，南北爲陌。今《風俗通》及此載朱子之所引者，竝譌河東爲河南。蓋不知南東其畝之制，而轉寫者妄改之也。夫阡陌之名，自從遂人百畝千畝，百夫千夫生義。但畝有南東，則阡陌各有縱横，其曰：遂洫縱而溝澮横者，乃鄭康成氏以南畝圖之以曉人者。非謂天下之田，盡遂洫縱而溝澮横也。若東，其畝則又遂洫横而溝澮縱矣。胡可以南畝之圖，概遂人之制哉。畝有東南，故應氏具兩說以別之，不可以偏廢也。至於匠人阡陌，則因乎遂人而名之，義不繫乎畝。與夫之千百，而不妨襲其阡陌，而阡陌之所謂不可典要，惟變所適也。余曾作《阡陌考圖》而詳辨之矣。

明·方以智《通雅》卷二六《田賦》 轅田，易田也。《晉語》曰：作轅田。卽《左傳》之爰田也。左氏注曰：分公田之稅應入公者，爰之于所賞之衆。賈侍中曰：轅，易也，爲易田之法。服虔、孔晁曰：賞衆以田，易其疆畔。《漢志》：秦孝公用商君，制轅田，開仟佰。張晏曰：周制三年一易，以同美惡。孟康曰：三年爰土易居，古制也。鞅復爰田。上田不易，中田一易，下再易。《食貨志》曰：歲耕種者，爲不易上田；休一歲者，爲一易中田；休二歲者，爲再易下田；三歲更耕之，自爰其處。

明·胡翰《胡仲子集》卷一《井牧》 天地養萬物，聖人養萬民。故天下之利，聖人不私諸己，亦不以私於人。井田之制是也。井田者，仁政之首也。

井田不復，仁政不行。天下之民始敝敝矣。其後二百三十有二年，而漢始有名田之議，猶古之遺意也。又其後六百有三年，而元魏始有均田之法，猶古之遺制也。先王之遺制、遺意，由秦以來僅一二見，又皆行之不遠。天下之民，益敝敝矣。爲政者，南面以子萬姓。一夫之飢猶已飢之，一夫之寒猶已寒之。孰無是心也，而訖莫之拯焉。方漢承秦苛虐之後，民新脱去湯火，未遑蘇息。高帝因而撫之，逮及文景之世，國家晏安無事，宗戚大臣憑藉貴高之勢，爭取美田宅，以爲子孫利益。郡邑富商大賈，周流天下，貲累鉅萬，治生產畜牧，膏壤十倍，上儗封君。編戶之氓，無立錐之地。則卑下之爲役爲僕，不暇顧其身。貧富不均，孰所馴致也。故董仲舒言於孝武，以古井田法雖難卒行，宜少近古，限民田以抑兼并。名田者，占田也。占田有限，是富者不得過制也。其後師丹、孔光之徒，因之令民名田無過三十頃，期盡三年而犯者沒入之。議者以三十頃之田，周三十夫之地也。一夫占之，過矣。晉石苞令民男女二人占田百畝，丁男女有差，有國食祿者有差，或十頃，或五十頃，兼以品蔭其親屬，自啓奸端矣。民無恆產，不能制之。專事要束之問，不勞民駭衆，坐獲井田之利。此吾所未喻也，殆不過爲兼并之閑耳。非有資於畎畮，細民能無不足之患也。故名田雖有古之遺意，不若均田之善。

清・江永《禮書綱目》卷六五《財賦》　秦許晉平，晉於是乎作爰田。分公田之稅應入公者，爰之於所賞之衆。僖十五年《左氏傳》。宣公十五年初稅畝，公田之法，十取其一。今又履其餘畝，復十收其一。故哀公曰：二吾猶不足，遂以爲常，故曰初。非禮也。穀出不過藉。周法：民耕百畝，公田十畝，借民力而治之，稅不過此。以豐財也。《左氏傳》。譏始履畝而稅也。時宣公無恩信于民，民不肯盡力於公田，故履踐案行，擇其善畝穀最好者，稅取之。古者什一而藉，什一以借民力，以什與民，自取其一爲公田。什一者，天下之中正也，多乎什一，大桀小桀。奢泰多取于民，比於桀也。寡乎什一，大貉小貉。蠻貊無社稷、宗廟、百官制度之費，稅薄。什一者，天下之中正也。什一行而頌聲作矣。頌聲者，太平歌頌之聲，帝王之高致也。《公羊傳》。古者什一，一夫一婦佃田百畝，以共五口，父母妻子也。又受田十畝，以爲公田。公田在內，私田在外，此一夫一婦爲耕百二十畝。藉而不稅，藉此公田而收其入，言不稅民。初稅畝非正也。古者三百步爲里，名曰井田。井田九百畝，公田居一。出除公田八十畝，餘八百二十畝。故井田之法，八家共一井，八百畝餘二十畝，家各二畝，半爲廬舍。私田稼不善則非吏，非，責也。吏，田畯也。言吏急民，使不得營私田。公田稼不善則非民。民勤私也。初稅畝者，非公之去公田而履畝，十取一也，以公之與民爲已悉矣。悉謂盡其力。古者公田爲居，八家共居。井竈蔥韭盡取焉。損其廬舍，家作一園，以種五菜，外種楸桑，以備養生送死。《穀梁傳》。季康子欲以田賦，杜預曰：丘賦之法，因其田財，通出馬一疋牛三頭。今欲別其田及家財各爲一賦，故言田賦。韋昭曰：田賦，以田出賦也。賈侍中云：田，一井也。周制：十六井賦戎馬一疋，牛三頭，一井之田不欲出十六井之賦也。昭謂此數甚多，似非也。下雖云收田一井，凡數從夫井起，故云井耳。使冉有訪於仲尼。仲尼曰：丘不識也。三發，杜曰：三發問。卒曰：杜曰：卒，終也。子爲國老，待子而行，若之何？子之不言也。仲尼不對。杜曰：不公答。而私於冉有曰：按此下以《外傳》補。求，來，汝不聞乎？先王制土，藉田以力，而砥其遠邇。韋曰：制土，制其肥磽，以爲差也。藉田，謂稅也。以力，謂三十者受田百畝，二十者受五十畝，六十還田也。砥，平也。平遠近，遠近有差也。《周禮》：近郊十一，遠郊二十而三，甸稍縣都皆無過十二也。賦里以入而量其有無，里，廛也。謂商賈所居之區域也。以入計其利，入多少而量其財業有無，以爲差也。《周禮》：國宅無征，園廛二十而一，漆林二十而五。任力以夫而議其老幼，力，謂徭役。以夫，以夫家爲數也。議其老幼則有復除也。於是乎有鰥寡孤疾，又議其鰥寡孤疾不役也。疾，癈疾也。有軍旅之出則徵之，無則已。徵，徵鰥寡孤疾之賦也。已，止也，無軍旅之出則止不賦。其歲收田一井，出稯米秉芻缶米，不是過也。其歲有軍旅之歲也。缶，庾也。《聘禮》曰：十六斗曰庾，十庾曰秉，秉，一百六十斗也。四秉曰筥，十筥曰稯，稯六百四十斛也。

清・惠士奇《禮説》卷五《地官三》　《大司徒》有不易之地、一易之地、再易之地。《遂人》有上地、中地、下地。易謂休，不耕是爲萊，六遂之萊即六鄉之易。而鄉遂一夫百畝，皆不易之地。每歲種百晦，休百晦，爲一田一萊，謂之一易。每歲種百晦，休二百晦，爲一田二萊，謂之再易，是爲中地。下地而六遂。上地又加萊五十晦焉。所謂上地，食者參之一。蓋以其地三分之而休其一，則天下無不易之田也。康成謂一易者，休一歲；再易者，休二歲。何休謂上田一歲一墾，中田二歲一墾，下田三歲一墾，則田有三易矣。凡耕之大方，力者欲柔，柔者欲力；強土爲力。息者欲勞，勞者欲息；棘者欲肥，肥者欲棘；急者欲緩，緩者欲急；濕者欲燥，燥者欲濕，易之之謂也。何休謂肥饒不得獨樂，墝埆不得獨苦，三年一換主易居。張晏謂周制三年一易，以同美惡。孟康亦謂古制三年爰土易居。班固則謂下田三歲更耕之，自爰其處，此乃秦晉之爰田。爰，換也，猶移換，獄辭謂之爰書，而以當《周官》

之易田，誤矣。人勞多瘽，土勞多瘠，故必休之，而土乃肥。其所謂休者，非棄之也。春萌而斫其新，夏夷而芟其陳，秋繩而敗其實，冬耜而剗其根，則有薙氏殺草之法，以治其地。農土、沃土、滔土、丼土、中土、肥土、成土、隱土、申土，土各異物，物各異宜，則有草人土化之法，以物其地。畜水、止水、蕩水、均水、舍水、瀉水，水歸其澤，澤草所生，則有稻人揚芟之法，以作其地。如是而休一歲、二歲，然後復種，則土加肥美，其收數倍於歲墾之田，故曰易者，不易也，變易也。《孟子》所謂深耕易耨，易其田疇者，以此一說，易謂已耕之土而休之，萊謂未耕之土而墾之。六遂加萊者，先王於授田之時寓墾荒之術也。周之易田，漢變爲代田，歲代處故曰代田，疑即秦晉之爰田。《孟子》所謂辟草萊任土地者，蓋代處而不休，則地力盡矣。故孟子惡之。然其法則猶得易田之遺意焉。低爲甽，高爲隴，一晦三甽三隴，廣深各尺，苗葉方生，隤隴附根，及苗壯盛，隴盡甽平，能風與旱，是爲深耕。後世耕淺，有風災旱則立槁矣。甽一名區，區猶丘也，隴也。氾勝之書，分爲三等：上農，區廣深各六寸，間相去七寸；中農，區廣七寸，間相去二尺；下農，區廣九寸，間相去三尺，深皆六寸。上農區多收亦多，下農區少收亦少，故曰上田棄晦，下田棄甽，言上田甽多，下田甽少也。晦欲廣以平，甽欲小以深。上得陽而下得陰，晦無不甽，田無不易。然惟六鄉地狹，故有不易之田。則天下田之不易者，亦寡矣。氾勝之奏曰：昔湯有旱災，伊尹爲區田，教民糞種，收至晦百石。勝之試爲之晦，收四十石。

傳記

《漢書》卷二四《食貨志上》 陵夷至於戰國，貴詐力而賤仁誼，先富有而後禮讓。是時，李悝爲魏文侯作盡地力之教，以爲地方百里，提封九萬頃，除山澤邑居參分去一，爲田六百萬晦，治田勤謹則晦益三升，不勤則損亦如之。地方百里之增減，輒爲粟百八十萬石矣。又曰糴甚貴傷民，甚賤傷農；民傷則離散，農傷則國貧。故甚貴與甚賤，其傷一也。善爲國者，使民毋傷而農益勸。今一夫挾五口，治田百晦，歲收晦一石半，爲粟百五十石，除十一之稅十五石，餘百三十五石。食，人月一石半，五人終歲爲粟九十石，餘有四十五石。石三十，爲錢千三百五十。除社閭嘗新春秋之祠，用錢三百，餘千五十。衣，人率用錢三百，五人終歲用千五百，不足四百五十。不幸疾病死喪之費，及上賦斂，又未與此。此農夫所以常困，有不勸耕之心，而令糴至於甚貴者也。是故善平糴者，必謹觀歲有上中下孰。上孰其收自四，餘四百石；中孰自三，餘三百石；下孰自倍，餘百石。小飢則收百石，中飢七十石，大飢三十石。故大孰則上糴三而舍一，中孰則糴二，下孰則糴一，使民適足，賈平則止。小飢則發小孰之所斂，中飢則發中孰之所斂，大飢則發大孰之所斂，而糶之。故雖遇饑饉水旱，糴不貴而民不散，取有餘以補不足也。行之魏國，國以富彊。

雜録

《文物》一九八五年第四期《銀雀山竹書〈守法〉〈守令〉等十三篇》 凡欲富國狠［墾］草仁［仞］邑，必外示之以利，內爲禁邪除害。諸周［雕］文、刻婁［鏤］、補［黼］紱［黻］、綦［纂］組、鍼縿［綫］之事，及爲末作，捶［垂］拱倚立談語，皆勿得爲也。此國之大害，治之大傷，不可不禁。臣聞今世捶［垂］拱牟戎［農］粟而食者二人，隨戎［農］者一人，與戎［農］者三人，然世審節之而以足。嘗試使三人一歲俱出耒耨之端，是有三歲余食也。二歲俱出耒［耨之］端，是有六歲余食也。三歲俱出耒耨之端，是有十歲餘食也。□【略】

上家□畝四，中家三畝，下家二畝。歲十月，卒歲之食具，无余食人七石九斗者，親死不得含。十月冬衣畢具，无余布人卌尺、余帛人十尺者，親死不得爲郭［槨］。无井者，親死不得浴。无堂者，親死不得肂［殔］。一縣半狠［墾］者，足以養其民。其半爲山林溪浴［谷］，蒲葦魚鼈所出，薪蒸□□

《文物》一九八五年第四期《銀雀山竹書〈守法〉〈守令〉等十三篇》 量土地肥膮［磽］而立邑建城，以城爯［稱］【略】三相爯［稱］，出可以戰【略】

□與城三相爯［稱］，乃可以□□【略】

□□□於□□，百里［而一］縣，千里而一國，古之【略】

□示民明［萌］以作務□□□【略】

□□□□□示民明[萌]毋解[懈]怠。如此則外无諸侯之患，内无□□之憂，出可以禦僑[敵]，入可【略】□□法之大術也。食口七人，上家之數也。食口六人，中家之數也。食口五人，下[家之數也]。□□□以上、年十三歲以下，皆食於上。年六十[以上]與年十六以至十四，皆爲半作。什八人作者王，什七人作者朝[霸]，什五人作者存，作四人作者亡。一人而田大畝廿[四者王一人而]田十九，畝者朝[霸]，[一人而田十]四畝者存，一人而田九畝者亡。王者一歲作而三歲食之，霸者一歲作而二歲食[之，存者一歲作□□□食]之，亡者一歲作十二月食之。民之作務固□□□之。民之作務之器皆□【略】有技巧者爲之，其余皆以所長短官職之。邑嗇夫度量民之所田小【略】□明示民，乃爲分職之數，齊其食畬[飲]之量，均其作務之業。【略】歲收：中田小畝畝廿斗，中歲也。上田畝廿七斗，下田畝十三斗，大[太]上與大[太]下相復[覆]以爲衛[率]。五十家而爲里，十里而爲州，十鄉[州]而爲州[鄉]州、鄉以地次受[授]田於野，百人爲區，千人爲或[域]。人不舉或[域]中之田，以地次相。

五人爲伍，十人爲連，貧富相【略】賦，餘食不入於上，皆藏[藏]於民也。卒歲田入少入五十斗者，□之。卒歲少入百斗者，罰爲公人一歲。卒歲少入二百斗者，罰爲公人二歲。出之之歲[□□□□]□者，以爲公人終身。卒歲少入三百斗者，黥刑以爲公人。叔[菽]葸[萁]民得用之，稾民得用其什一，芻人一斗，皆藏[藏]於民。上家畜一家、一狗、雞一雄一雌。諸以令畜者，皆藏[藏]其本，齎其息，得用之。中家以下不能【略】粟九升，上爲之出日大半升，以爲卅日之休□【略】醪。卒歲大息，上予之十人而一斗肉，使相食之。酒食自因其所。上使公人可使畜長者，養牛馬及狗豕雞。先大息五日，上使民之壯者，吏將心邋[獵]，以便戎事，及助大息之費。邋[獵]毋過二日必錯。【略】民歲□□稱□人邑嗇夫□□吏邑□吏二人與田嗇夫及主田之所□參也，而課民之【略】

□□居焉，循行立稼之狀，而謹□□美亞[惡]之所在，以爲地均之歲【略】□巧[考]參以爲歲均計，二歲而均計定，三歲而壹更賦田，十歲而民畢易田，令皆受地美亞[惡]□均之數也。大國爲本作，中國有便作，小國以便作爲本作。邑之名山林可以爲田器及可以爲國大器者，縣不得制之。恆山林□□□者，縣得制之。【略】大材之用焉，五而當一。山有木，無大材，然而斤斧得入焉，九而當一。禿【略】□□蒹[鎌]纆得入焉，十而當一。禿尺[斥]津□【略】罔[網]得入焉，七而當一。小溪浴[谷]古[罟]罔[網]不得入焉，百而當一。美澐[沈]澤蒲葦【略】□□石，百而[當一]。□，百而當一，千六十四。

《商君書》卷一九《境內》 四境之内，丈夫女子皆有名於上。生者著，死者削。其有爵者乞無爵者以爲庶子，級乞一人。其無役事也，其庶子役其大夫月六日；其役事也，隨而養之。

軍爵，自一級已下至小夫，命曰校徒操出。公爵，自二級已上至不更，命曰卒。其戰也，五人來薄爲伍，一人羽而輕其四人，能人得一首則復。五人一屯長。百人一將。其戰，百將、屯長不得斬首；得三十三首以上，盈論，百將、屯長賜爵一級。五百主，短兵五十人。二五百主，將之主，短兵百。千石之令，短兵百人。八百之令，短兵八十人。七百之令，短兵七十人。六百之令，短兵六十人。國封尉，短兵千人。將，短兵四千人。戰及死吏，而輕短兵，能一首則優。

能攻城圍邑，斬首八千已上，則盈論；野戰，斬首二千，則盈論。吏自操及校以上大將盡賞。行間之吏也，故爵公士也，就爲上造也。故爵上造，就爲簪裊。故爵簪裊，就爲不更。故爵不更，就爲大夫。爵吏而爲縣尉，則賜虜六，加五千六百。爵大夫而爲國治，就爲官大夫。故爵官大夫，就爲公大夫。故爵公大夫，就爲公乘。故爵公乘，就爲五大夫，則税邑三百家。故爵五大夫，就爲大庶長。故大庶長，就爲左更。故四更也，就爲大良造。皆有賜邑三百家，有賜税三百家。爵五大夫，有税邑六百家者，受客。大將、御、參皆賜爵三級。故客卿相，論盈，就正卿。

以戰故，暴首三，乃校三日，將軍以不疑致士大夫勞爵。夫勞爵，其縣過三日有不致士大夫勞爵，能其縣四尉，訾由丞尉。

能得甲首一者，賞爵一級，益田一頃，益宅九畝，一除庶子一人，乃得人兵官之吏。

其獄法，高爵訾下爵級。高爵能，無給有爵人隸僕。爵自二級以上，有刑罪則貶。爵自一級以下，有刑罪則已。

小夫死，以上至大夫，其官級一等，其墓樹級一樹。

其攻城圍邑也，國司空訾其城之廣厚之數。國尉分地，以徒校分積尺而攻之，爲期，曰：先已者當爲最啓，後已者訾爲最殿，再訾則廢。內通則積薪，積薪則燔柱。陷隊之士，面十八人。陷隊之士，知疾鬥不得，斬首隊五人，則陷隊之士人賜爵一級。死則一人後，不能死之，千人環。規諫，黥劓於城下。國尉分地，以中卒隨之。將軍爲木壹，與國正監，與正御史參望之。其先入者，舉爲最啓；其後入者，舉爲最殿。其陷隊也，盡其幾者，幾者不足，乃以欲級益之。

《銀雀山漢墓竹簡》下編《吴問》 吴王問孫子曰：六將軍分守晉國之地，孰先亡？孰固成？孫子曰：笵、中行是[氏]先亡。孰爲之次？智是[氏]爲次。孰爲之次？韓、巍[魏]爲次。趙毋失其故法，晉國歸焉。吴王曰：其說可得聞乎？孫子曰：可。笵、中行是[氏]制田，以八十步爲婉[畹]，以百六十步爲畛，而伍稅之。其□田陜[狹]，置士多，伍稅之，公家富。公家富，置士多，主喬[驕]臣奢，冀功數戰，故曰先[亡]。【略】公家富，置士多，主喬[驕]臣奢，冀功數戰，故爲笵、中行是[氏]次。韓、巍[魏]制田，以百步爲婉[畹]，以二百步爲畛，而伍稅[之]。其□田陜[狹]，其置士多，伍稅之，公家富。公家富，置士多，主喬[驕]臣奢，冀功數戰，故爲智是[氏]次。趙是[氏]制田，以百廿步爲婉[畹]，以二百卌步爲畛，公无稅焉。公家貧，其置士少，主僉臣收，以御富民，故曰固國。晉國歸焉。吴王曰：善。王者之道，□□厚愛其民者也。

唐・杜佑《通典》卷二《食貨二・水利田》 魏文侯使李悝作盡地力之教，以爲地方百里，提封九萬頃，除山澤邑居參分去一，爲田六百萬畝。理田勤謹則畝益三斗，不勤則損亦如之。地方百里之增減，輒爲粟百八十萬石。必雜五種，以備災害。力耕數耘，收穫如寇盜之至。謂促遽之甚，恐爲風雨損之。還廬樹桑，還，遶也。菜茹有畦，瓜瓠果蓏，木實曰果，草實曰蓏。茹，所食之菜。畦，區也。殖於疆埸。至曾孫襄王，以史起爲鄴令，起進曰：魏氏之行田也以百畝，賦田之法，一夫百畝。鄴獨二百畝，是田惡也，漳水在其旁，西門豹爲鄴令不知用，是不知也。於是，遂引漳水溉鄴，以富魏之河內。民歌之曰：鄴有賢令兮爲史公，決漳水兮灌鄴旁，終古瀉鹵兮生稻粱。瀉鹵，卽斥鹵也，鹵，鹹苦也，謂鹹鹵之地。

其後，韓聞秦之好興事，欲疲之，無令東伐。乃使水工鄭國閒說秦，令鑿涇水，自仲山西抵瓠口爲渠，並蒲浪反北山，東注洛，三百餘里，欲以溉田。中作而覺，秦欲殺國，國曰：始臣爲閒，然渠成亦秦之利也。秦以爲然，卒使就渠。渠就，用注塡閼之水，溉澤鹵之地四萬餘頃，收皆畝一鍾。於是關中爲沃野，無凶年，命曰鄭國渠。

秦平天下，以李冰爲蜀守，冰壅江水作堋，部用反。穿二江成都中，雙過郡下，以通舟船，因以溉灌諸郡，於是蜀沃野千里，號爲陸海。

私有土地總部

名田部

綜述

《漢書》卷二四《食貨志上》 及秦孝公用商君，壞井田，開仟伯，急耕戰之賞，雖非古道，猶以務本之故，傾鄰國而雄諸侯。然王制遂滅，僭差亡度。庶人之富者累鉅萬，而貧者食糟糠；有國彊者兼州域，而弱者喪社稷。至於始皇，遂并天下，內興功作，外攘夷狄，收泰半之賦，發閭左之戍。男子力耕不足糧饟，女子紡績不足衣服。竭天下之資財以奉其政，猶未足以澹其欲也。海內愁怨，遂用潰畔。

同上 漢興，接秦之敝，諸侯並起，民失作業，而大饑饉。凡米石五千，人相食，死者過半。高祖乃令民得賣子，就食蜀漢。天下既定，民亡蓋臧，自天子不能具醇駟，而將相或乘牛車。上於是約法省禁，輕田租，什五而稅一，量吏祿，度官用，以賦於民。而山川園池市肆租稅之入，自天子以至封君湯沐邑，皆各為私奉養，不領於天子之經費。漕轉關東粟以給中都官，歲不過數十萬石。孝惠、高后之間，衣食滋殖。文帝即位，躬修儉節，思安百姓。時民近戰國，皆背本趨末，賈誼說上曰：

筦子曰：倉廩實而知禮節。民不足而可治者，自古及今，未之嘗聞。古之人曰：一夫不耕，或受之飢；一女不織，或受之寒。生之有時，而用之亡度，則物力必屈。古之治天下，至孅至悉也，故其畜積足恃。今背本而趨末，食者甚眾，是天下之大殘也。淫侈之俗，日日以長，是天下之大賊也。殘賊公行，莫之或止；大命將泛，莫之振救。生之者甚少而靡之者甚多，天下財產何得不蹷！漢之為漢幾四十年矣，公私之積猶可哀痛。失時不雨，民且狼顧；歲惡不入，請賣爵、子。既聞耳矣，安有為天下阽危者若是而上不驚者！

世之有飢穰，天之行也，禹、湯被之矣。即不幸有方二三千里之旱，國胡以相恤？卒然邊境有急，數十百萬之眾，國胡以餽之？兵旱相乘，天下大屈，有勇力者聚徒而衡擊，罷夫羸老易子而齩其骨。政治未畢通也，遠方之能疑者，並舉而爭起矣，乃駭而圖之，豈將有及乎？

夫積貯者，天下之大命也。苟粟多而財有餘，何為而不成？以攻則取，以守則固，以戰則勝。懷敵附遠，何招而不至？今毆民而歸之農，皆著於本，使天下各食其力，末技游食之民轉而緣南畮，則畜積足而人樂其所矣。可以為富安天下，而直為此廩廩也，竊為陛下惜之！

於是上感誼言，始開籍田，躬耕以勸百姓。

同上 鼂錯復說上曰：聖王在上而民不凍飢者，非能耕而食之，織而衣之也，為開其資財之道也。故堯、禹有九年之水，湯有七年之旱，而國亡捐瘠者，以畜積多而備先具也。今海內為一，土地人民之眾不避湯、禹，加以亡天災數年之水旱，而畜積未及者，何也？地有遺利，民有餘力，生穀之土未盡墾，山澤之利未盡出也，游食之民未盡歸農也。民貧，則姦邪生。貧生於不足，不足生於不農，不農則不地著，不地著則離鄉輕家，民如鳥獸，雖有高城深池，嚴法重刑，猶不能禁也。

夫寒之於衣，不待輕煖；飢之於食，不待甘旨；飢寒至身，不顧廉恥。人情，一日不再食則飢，終歲不製衣則寒。夫腹飢不得食，膚寒不得衣，雖慈母不能保其子，君安能以有其民哉！明主知其然也，故務民於農桑，薄賦斂，廣畜積，以實倉廩，備水旱，故民可得而有也。

同上 哀帝即位，師丹輔政，建言：古之聖王莫不設井田，然後治乃可平。孝文皇帝承亡周亂秦兵革之後，天下空虛，故務勸農桑，帥以節儉。民始充實，未有并兼之害，故不為民田及奴婢為限。今累世承平，豪富吏民訾數鉅萬，而貧弱俞困。蓋君子為政，貴因循而重改作，然所以有改者，將以救急也。亦未可詳，宜略為限。天子下其議。丞相孔光、大司空何武奏請：諸侯王、列侯皆得名田國中。列侯在長安，公主名田縣道，及關內侯、吏民名田皆毋過三十頃。諸侯王奴婢二百人，列侯、公主百人，關內侯、吏民三十人。期盡三年，犯者沒入官。時田宅奴婢賈為減賤，丁、傅用事，董賢隆貴，皆不便也。詔書且須後，遂寢不行。宮室苑囿府庫之臧已侈，百姓訾富雖不及文景，然天下戶口最盛矣。

《漢書》卷九九《王莽傳》　王莽曰：古者，設廬井八家，一夫一婦田百畝，什一而稅，則國給民富而頌聲作。此唐虞之道，三代所遵行也。秦爲無道，厚賦稅以自供奉，罷民力以極欲，壞聖制，廢井田，是以兼幷起，貪鄙生，強者規田以千數，弱者曾無立錐之居。又置奴婢之市，與牛馬同蘭，制於民臣，顓斷其命。姦虐之人因緣爲利，至略賣人妻子，逆天心，誖人倫，繆於天地之性人爲貴之義。《書》曰予則奴戮女，唯不用命者，然後被此辜矣。漢氏減輕田租，三十而稅一，常有更賦，罷癃咸出，而豪民侵陵，分田劫假。厥名三十稅一，實什稅五也。父子夫婦終年耕芸，所得不足以自存。故富者犬馬餘菽粟，驕而爲邪；貧者不厭糟糠，窮而爲姦。俱陷於辜，刑用不錯。

唐·杜佑《通典》卷一《食貨一》　秦孝公任商鞅，鞅以三晉地狹人貧，三晉，韓趙魏三卿，今河東道之地。秦地廣人寡，故草不盡墾，地利不盡出。於是誘三晉之人，利其田宅，復三代無知兵事，而務本於內，而使秦人應敵於外。故廢井田，制阡陌，任其所耕，不限多少。孝公十二年之制。數年之閒，國富兵強，天下無敵。

同上　漢孝文時，民近戰國，皆多背本趨末。賈誼說上曰：古之治天下，至孅至悉，故其畜積足恃。今背本而趨末，遊食者甚衆，是天下之大殘也。本，農桑也。末，工商也。言人已棄農而務工商矣，其食米粟者又甚衆也。殘謂傷害。漢之爲漢，幾四十年矣，幾，近也。公私之積，猶可哀痛。言年載已多，而無儲積。卽不幸有方二三千里之旱，國胡以相恤？卒然邊境有急，數十萬之衆，國胡以餽之？兵旱相乘，天下大屈。今毆人而歸之農，皆著於本，使天下各食其力，末伎遊食之民轉而緣南畝，言皆趨農作。則畜積足而人樂其所矣。帝感誼言，始開籍田，躬耕以勸百姓。

詔曰：夫度田非益寡，而計民未加益，度謂量計。以口量地，其於古猶有餘，而食之甚不足者，其咎安在？無乃百姓之從事於末以害農者蕃，蕃，多也。爲酒醪以靡穀者多，靡，散也。靡讀曰糜。六畜之食焉者衆與？細大之義，吾未能得其中。竹仲反。其與丞相列侯吏二千石博士議之，有可以佐百姓者，率意遠思，無有所隱也。

晁錯復說上曰：聖王在上而民不凍飢者，非能耕而食之，織而衣之，食讀曰飼。爲開其資財之道也。故堯禹有九年之水，湯有七年之旱，而國亡捐瘠者，捐，謂人飢相棄捐也。瘠，瘦病也。言無相棄捐而瘦病者。以畜積多而備先具也。今海內爲一，土地人民之衆不避湯、禹，加以亡天災數年之水旱，而畜積未及者，何也？地有遺利，民有餘力，生穀之土未盡墾，山澤之利未盡出也，遊食之民未盡歸農也。民貧則姦邪生，貧生於不足，不足生於不農，不農則不地著，不地著則離鄉輕家。民如鳥獸，雖有高城深池，嚴法重刑，猶不能禁也。夫寒之於衣，不待輕煖；苟禦風霜，不求靡麗。飢之於食，不待甘旨；旨，美也。飢寒至身，不顧廉恥。夫腹飢不得食，膚寒不得衣，雖慈父不能保其子，君安能以有其民哉！明主知其然也，故務民於農桑，薄賦斂，廣畜積，以實倉廩，備水旱，故民可得而有也。是故明君貴五穀而賤金玉。今農夫五口之家，其服役者不下二人，服，事也。其能耕者不過百畝，百畝之收不過百石。春耕夏耘，秋穫冬藏，伐薪樵，治官府，給徭役。春不得避風塵，夏不得避暑熱，秋不得避陰雨，冬不得避寒凍，四時之閒亡日休息。又私自送往迎來，弔死問疾，養孤長幼在其中。勤苦如此，尙復被水旱之災，急政暴賦，賦斂不時，朝令而暮改。當具有者半價而賣，本直千錢者，價得五百。亡者取倍稱之息，取一償二爲倍稱。稱，舉也。今俗所謂舉錢。於是有賣田宅、鬻子孫以償責者矣。方今之務，莫若使民務農而已矣。欲民務農，在於貴粟；貴粟之道，在於使民以粟爲賞罰。帝從之。其後務敦農本，倉廩充實。

孝景元年，制曰：閒者歲比不登，民多乏食，夭絕天年，朕甚痛之。郡國或磽陿，無所農桑繫畜，或地饒廣，薦草莽，草稠曰薦，草深曰莽。水泉利，而不得徙。其議民欲徙寬大地者，聽之。後元三年，詔曰：農，天下之本也。黃金珠玉，飢不可食，寒不可衣，以爲幣用，不識其終始。閒歲或不登，意爲末者衆，農民寡也。其令郡國務勸農桑，益種樹，可得衣食物。

孝武外事四夷，內興功利，役費並興，而民去本。董仲舒說上曰：《春秋》它穀不書，至於麥禾不成，則書之，以此見聖人於五穀最重麥與禾也。今關中俗不好種麥，是歲失《春秋》之所重，而損生民之具也。願陛下幸詔大司農，使關中民益種宿麥，令毋後時。宿麥，謂苗經冬。仲舒又說上曰：秦用商鞅之法，改帝王之制，除井田，民得賣買，富者田連阡陌，貧者無立錐之地。漢興，循而未改。古井田法雖難卒音猝行，宜少近古，限民名田，以贍不足，名田，占田也。各爲立限，不使富者過制，則貧弱之家可足也。塞幷兼之路，然後可善治也。竟不能用。

元狩三年，遣謁者勸有水災郡種宿麥，舉吏人能假貸貧人者以名聞。及末年，帝悔征伐之事，乃封丞相田千秋爲富民侯。下詔曰：方今之務，在於力農。以趙過爲搜粟都尉。過能爲代田，一畮三甽，甽，壟也，音工犬反，字或作畎。歲代處，故曰代田，代，易也。古法也。后稷始甽田，以二耜爲耦，併兩耜而耕。廣尺深尺曰甽，長終畝。一畝三甽，一夫三百甽，而播種於甽中。播，布也。種謂穀子。苗生葉以上，稍耨隴草，耨，鉏也。因隤其土以附苗根。隤謂下之。音頹。故其《詩》曰：或芸或耔，黍稷儗儗。音擬。《小雅·甫田》之詩。儗儗，盛貌。耔音子。芸，除草也。耔，附根也。言苗稍壯，每耨輒附根，比必寐反盛暑，隴盡而根深，能風與旱，能讀曰耐。故儗儗而盛也。其耕耘下種田器，皆在便巧。率十二夫爲田一井一屋，故畝五頃，九夫爲井，三夫爲屋。夫百畝，於古爲十二頃。古百步爲畝，漢時二百四十步爲畝，古千二百畝，則得今五頃也。用耦犂，二牛三人，一歲之收常過縵田畝一斛以上，縵田，謂不甽者。音莫幹反。善者倍之。善爲甽者，又過縵田二斛以上。過使教田太常、三輔，太常主諸陵，有民，故亦課田種。大農置工巧奴與從事，爲作田器。二千石遣令長、三老、力田及里父老善田者受田器，學耕種養苗狀。爲法意狀。民或苦少牛，無以趨澤，趨讀曰趣，及也。澤，雨之潤澤。故平都令光教過以人輓音晚犂。輓，引也。史失光姓。過奏光以爲丞，教民相與庸輓犂。庸，功也，言換功共作也。義與傭賃同。率多人者田日三十畮，少者十三畮，以故田多墾闢。過試以離宮卒田其宮壖而緣反地，離宮，別處之宮，非天子所常居也。壖，餘也。宮壖地，謂外垣之內，內垣之外也。諸緣河壖地，廟垣壖地，其義皆同。守離宮卒，閑而無事，因令於壖地爲田。課得穀皆多其旁田畮一斛以上。令命家田三輔公田。令，使也。命者，教也。令離宮卒教其家田公田也。又教邊郡及居延城。居延，張掖縣也。時有甲卒也。是後邊城、河東、弘農、三輔、太常民皆便代田，用力少而得穀多。至孝昭時，流民稍還，田野墾闢，頗有畜積。

孝宣地節三年，詔曰：郡國宮館，勿復修治。流民還歸者，假公田，貸種食。種，五穀種。

孝元初元元年，以三輔、太常、郡國公田及苑可省者振業貧民，江海陂湖園池屬少府者以假貧民，勿租賦。建昭五年，詔曰：方春農桑興，百姓勠力自盡之時也。故是月勞農勸桑，無使後時。今不良之吏，覆按小罪，徵召證按，興不急之事，以妨百姓，使失一時之作，亡終歲之功，公卿其明察申敕之。

孝成帝之時，張禹占鄭白之渠四百餘頃，他人兼并者類此，而人彌困。陽朔四年正月，詔曰：夫《洪範》八政，以食爲首，斯誠家給刑錯之本也。先帝劭農，薄其租税，寵其強力，令與孝弟同科。閒者，民彌惰怠。鄉本者少，趨末者衆，將何以矯之？方東作時，其令二千石勉勸農桑，出入阡陌，致勞來之。《書》不云乎，服田力嗇，乃亦有秋。其勗之哉！

孝哀即位，師丹輔政，建言：古之聖王莫不設井田，然後治乃可平。孝文皇帝承亡周亂秦兵革之後，天下空虛，故務勸農桑，帥以節儉，民始充實，未有并兼之害，故不爲民田及奴婢爲限。今累世承平，豪富吏民訾數鉅萬，而貧弱逾困。蓋君子爲政，貴因循而重改作，所以有改者，將以救急也。亦未可詳，宜略爲限。天子下其議。丞相孔光、大司空何武奏請：諸侯王、列侯皆得名田國中。列侯在長安，公主名田縣道，及關內侯、吏民名田皆毋過三十頃。諸侯王奴婢二百人，列侯、公主百人，關內侯、吏民三十人。期盡三年，犯者沒入官。時田宅奴婢賈爲減賤，丁、傅用事，董賢隆貴，皆不便也。詔書且須後，須，待也。遂寢不行。孝平元始元年，置大司農部丞十三人，人部一州，勸農桑。二年，定墾田八百二十七萬五百三十頃。蓋紀漢盛時之數。據元始二年戶一千二百二十三萬三千，每戶合得田六十七畝百四十六步有奇。

王莽篡位，下令曰：古者設井田，則國給人富而頌聲作。此唐虞之道，三代所遵行也。秦爲無道，壞聖制，廢井田，是以兼并起，貪鄙生，強者規田以千數，弱者曾無立錐之居。於是更名天下田曰王田，奴婢曰私屬，皆不得買賣。其男口不盈八而田過一井者，分餘田與九族鄰里鄉黨。故無田今當受田者，如制度。敢有非井田聖制、無法惑衆者，投諸四裔。於是農商失業，食貨俱廢，百姓涕泣於市道。坐賣買田宅奴婢，自諸侯卿大夫至於庶人，抵罪者不可勝數。經二年餘，中郎區博諫曰：井田雖聖王法，其廢已久。周道既衰，而人不從。秦順人心，改之可以獲大利，故滅廬井而置阡陌，遂王諸夏，訖今海內未厭其弊。今欲違人心，追復千載絕迹，雖堯舜復生，而無百年之漸，不能行也。莽知人愁，乃以許賣。其後百姓日以凋弊。

後漢之初，百姓虛耗，率土遺黎，十纔一二。光武建武十五年，詔下州郡檢覆墾田頃畝及戶口年紀。河南尹張伋及諸郡守十餘人，坐度田不實下獄死。順帝建康元年，定墾田六百八十九萬六千二百七十一頃五十六畝九十四步。據建康元年戶九百九十四萬六千九百九十，每戶合得田七十畝有奇。

荀悅論曰：昔文帝十三年六月，詔除人田租。且古者十一而稅，以爲天下之中正。今漢人田，或百一而稅，可謂鮮矣。然豪富強人占田逾多，其賦太半，官收百一之稅，而人輸豪強太半之賦。官家之惠，優於三代，豪強之暴，酷於亡秦，是以惠不下通，而威福分於豪人也。今不正其本，而務除租稅，適足以資富強也。孝武皇帝時董仲舒嘗言，宜限人占田。至哀帝時，乃限人占田不得過三十頃，雖有其制，卒難施行。然三十頃又不平矣。且夫井田之制，不宜於人衆之時，田廣人寡，苟爲可也。然欲廢之於寡，立之於衆，土地布列在豪強，卒而革之，並有怨心，則生紛亂，制度難行。由是觀之，若高祖初定天下，光武中興之後，人衆稀少，立之易矣。既未悉備井田之法，宜以口數占田爲之立限。人得耕種，不得賣買，以贍貧弱，以防兼并，且爲制度張本，不亦宜乎！雖古今異制，損益隨時，然紀綱大略，其致一也。

崔寔《政論》曰：昔聖人分口耕耦地，各相副適，使人飢飽不變，勞逸齊均。富者不足僭差，貧者無所企慕。始暴秦隳壞法度，制人之財，既無綱紀，而乃尊獎并兼之人。烏氏以牧豎致財，寵比諸侯；寡婦清以攻丹殖業，禮以國賓。於是巧猾之萌，遂肆其意。上家累巨億之貲，斥地侔封君之土，行苞苴以亂執政，養劍客以威黔首。專殺不辜，號無市死之子。生死之奉，多擬人主。故下戶踦踞，無所跱足，乃父子低首，奴事富人，躬帥妻孥，爲之服役。故富者席餘而日熾，貧者躡短而歲踧，歷代爲虜，猶不贍於衣食，生有終身之勤，死有暴骨之憂，歲小不登，流離溝壑，嫁妻賣子。其所以傷心腐藏、失生人之樂者，蓋不可勝陳。故古有移人通財，以贍蒸黎。今青、徐、兗、冀，後漢青州，今北海、濟南、淄川、東萊、東牟、高密、平原等郡地。徐州，今東海、琅邪、彭城、臨淮、廣陵等郡地。兗州，今陳留、靈昌、濮陽、東平、濟陽、濟陰、魯等郡地，冀州，今魏郡、鄴郡、鉅鹿、清河、常山、趙郡、博陵、信都、景城等郡地。人稠土狹，不足相供。而三輔左右及涼、幽州，內附近郡，涼州，今安定、彭原之北、天水、隴西並其地。幽州，今上谷、范陽之北，東至遼東並其地。皆土曠人稀，厥田宜稼，悉不墾發。小人之情，安土重遷，寧就飢餒，無適樂土之慮。故人之爲言瞑也，謂瞑瞑無所知。猶羣羊聚畜，須主者牧養處置，置之茂草，則肥澤繁息，置之磽鹵，則零丁耗減。是以景帝六年，下詔郡國，令人得去磽狹，就寬肥。至武帝，遂徙關東貧人於隴西、北地、西河、上郡、會稽，隴西，今隴西、天水、金城、會寧、安鄉等郡地。北地，今安定、彭原、安化、平原、靈武、五原等郡地。西河，今銀川、新秦、西河、昌化等郡地。上郡，今延安、咸寧、洛交、中部等郡地。會稽，今浙江東晉陵郡以東，直至信安、永嘉郡地。凡七十二萬五千口。後加徙猾吏於關內。今宜復遵故事，徙貧人不能自業者於寬地，此亦開草闢土，振人之術也。

仲長統《昌言》曰：遠州縣界至數千，而諸夏有十畝共桑之迫。遠州有曠野不發之田，代俗安土有死無去。君長不使，誰能自往緣邊之地。亦可因罪徙人，便以守禦。

宋·鄭樵《通志》卷六一《食貨略一》 商鞅相秦孝公，以三晉地狹民貧，秦地廣民寡，於是誘三晉之民，而廢井田，開阡陌，任其所耕，不限多少。數年之閒，國富兵彊，無敵於天下。及漢孝武，外事四夷，內興功利，役費並興，而民去本。董仲舒說上曰：秦用商鞅之法，改帝王之制，除井田，民得賣買，富者田連阡陌，貧者亡立錐之地。漢興，循而未改。古井田法雖難卒行，宜少近古，限民名田，以贍不足，塞兼并之路，然後可善治也。終不能用。及末年，悔征伐之事，乃封丞相田千秋爲富民侯，以趙過爲搜粟都尉。過能爲代田，一畝三甽，歲代處，故曰代田。代田者，耕田之法耳，而非受田之制也。哀帝時，師丹輔政，建限田之制，以裁抑兼并。天子下其議，丞相孔光、大司空何武奏請，諸侯王、列侯，皆得名田國中。列侯在長安，公主名田縣道，及關內侯、吏民名田，皆無過三十頃。諸侯王奴婢二百人，列侯、公主百人，關內侯、吏民三十人。期盡三年，犯者沒入官。時田宅奴婢賈爲減賤，丁、傅用事，董賢隆貴，皆不便也。詔書且須後，遂寢不行。

宋·王欽若《册府元龜》卷四九五《邦計部·田制》 漢文帝令博士諸生作《王制》云：天子之田方千里，象日月之大，亦取署同也。此謂縣內，以祿公、卿、大夫、元士。公侯田方百里，伯七十里，子男五十里，不能五十里者，不合於天子，附於諸侯，曰附庸。天子之三公之田，視公侯；天子之卿，視伯；天子之大夫，視子男；天子之元士，視附庸。【略】

制農田百畝，百畝之分，上農夫食九人，其次食八人，其次食七人，其次食六人；下農夫食五人；庶人在官者，其祿以是爲差也。農夫皆受田於公，田肥磽有五等，收入不同也。庶人在官謂府史、胥徒，官長所除，不命於天子國君者。分或爲糞。方一里者爲田九百畝，一里方三百步。方十里者爲方一里者百，爲田九萬畝，方百里者爲方十里者百，爲田九十億畝，億，今十萬。方千里者爲方百里者百，爲田九萬億畝。萬億，今萬萬也。自恆山至於南河，千里而近。冀州域。

自南河至於江，千里而近。豫州域。江至於衡山，千里而遙。荊州域。自東河至於東海，千里而遙。徐州域。自東河至於西河，千里而近。亦冀州域。自西河至於流沙，千里而遙。雍州域。西不盡流沙，南不盡衡山，東不盡東海，北不盡恆山。凡四海之內，斷長補短，方三千里，爲田八千萬億一萬億畝。九州大計。方百里者爲田九十億畝，山陵、林麓、川澤、溝瀆、城郭、宮室、塗巷，三分去（三）[一]，其餘六十億畝。以一大國爲率，其餘所以受民也。山足曰麓。古者以周尺八尺爲步，今以周尺六尺四寸爲步。古者百畝當今百四十六畝三十步，古者百里當今百二十一里六十步四尺二寸二分。【略】方千里者爲方百里者百，封方百里者三十國，其餘方百里者七十。又封方七十里者六十，爲方百里者二十九，方十里者四十，其餘方百里者四十，方十里者六十。又封方五十里者百二十，爲方百里者三十，其餘方百里者十，方十里者六十。名山大澤不以封。其餘以爲附庸閒田。諸侯之有功者，取其閒田以祿之。其有削地者，歸之閒田。天子之縣內，方千里者爲方百里者百，封方百里者九，其餘方百里者九十一。又封方七十里者二十一，爲方百里者十，方十里者二十九，其餘方百里者八十，方十里者七十一。又封方五十里者六十三，爲方百里者十五，方十里者七十五，其餘方百里者六十四，方十里者九十六。武帝詔：賈人有市籍，及家屬皆無得名焉，一人有市籍，則身及家內，皆不得有（三）[田]也。以便農。敢犯令，沒入田貨。又趙過爲搜粟都尉。過能爲代田，一畮三甽，歲代處，故曰代田。古法也。后稷始甽田，以二耜爲耦，併兩耜而耕。廣尺深尺曰甽，長終畮。一畮三甽，一夫三百甽，而播種於甽中。播，布也。種，爲穀子也。苗生葉以上，稍耨隴草，耨，足也。因隤其土，以附苗根。隤謂下之也。故其《詩》曰：或芸或芓，黍稷儗儗。《小雅·甫田》之詩。儗儗，盛貌。芸，除草也。芓，附根也。言苗稍壯，每耨輒附根，比盛暑，隴盡而根深，能風與旱，故儗儗而盛也。其耕耘下種田器，皆有便巧。率十二夫爲田一井一屋，故畮五頃。九夫爲井，三夫爲屋。夫百畮，於古爲十二頃。古百步爲畮，漢時三百四十步爲畮，古千二百畮則得今五頃。（周）[用]耦犂，二牛三人，一歲之收過嘗縵田畮一斛以上，縵田，謂不爲甽者也。善者倍之。善爲甽者，又過縵田一斛以上。過使教田太（嘗）[常]、三輔，太（嘗）[常]主諸陵，有民，亦謂課田種。大農置工巧奴與從事，爲作田器。二千石遣令長、三老、力田及里父老善田者受田器，學耕種養苗狀。爲法意狀也。民或苦少牛，亡以趨澤，趨，及也。澤，雨之潤澤也。故平都令光王欽若等曰：先史失其姓。教過以人輓犂。輓，引也。過奏光爲丞，教民相與庸輓犂。庸，功也，言換功而作也，義亦與庸賃同。率多人者田日三十畮，少者十三畮，以故田多墾闢。過試以離宮卒田其宮壖地。離宮，別處之宮，非天子所（嘗）[常]居也。壖，餘也。宮壖地，謂外垣之內，內垣之外也。諸緣河壖地、廟垣壖地，其義皆同。守離宮卒，閑而無事，因令於壖地爲田也。課得穀皆多其旁田畮一斛以上。令命家田三輔公田。令，使也。命者，教也。令離宮卒教其家田公田也。又曰命謂爵命者，命家，謂受爵命一爵爲公士以上，令得公田，優之也。又教邊郡及居延城。居延，張掖縣也。時有甲卒也。是後，邊城、河東、弘農、三輔、大（嘗）[常]民皆便代田，用力少，而得穀多。

成帝時，安昌侯張禹占鄭白之渠四百餘頃，他人兼并者，皆類此，而人稱困矣。

哀帝卽位，師丹輔政。建言：古之聖王，莫不設井田。然後治迺可平。建，立也，立其議也。孝文皇帝承亡周亂秦兵革之後，天下空虛。故務勸農桑，帥以節儉，民始充實，未有并兼之害。故不爲民田及奴婢爲限。不爲作限制。今累世承平，豪富吏民訾數鉅萬，而貧弱愈困。蓋君子爲政，貴因循而重改作，重，難也。所以有改者，將以救急也。亦未可詳，宜畧爲限。詳謂死盡也。天子下其議。丞相孔光、大司空何武奏請：諸侯王、列侯皆得名田國中。列侯在長安，公主名田縣道，及關內侯、吏民名田，皆毋過三十頃。諸侯王奴婢二百人，列侯、公主百人，關內侯、吏民三十人。期盡三年，犯者沒入官。時田宅、奴婢賈爲減賤。丁、傅用事，董賢隆貴，皆不便也。丁、傅及董賢兩家，皆不便此事也。詔書且須後，須，待也。遂寢不行。

平帝元始中，凡郡國一百三，縣邑千三百一十四，道三十二，侯國二百四十一，地東西九千三百二里，南北萬三千三百六十八里，提封田一萬萬四千五百一十三萬六千四百五頃，其一萬萬二百五十二萬八千八百八十九頃，邑居道路，山川林澤，羣不可墾，其三千二百二十九萬九百四十七頃可墾。定墾田八百二十七萬五百三十六頃，民戶千二百二十三萬三千六十二，口五千九百五十九萬四千九百七十八，漢極盛矣。據戶千二百二十三萬三千，每戶得田六十七畝，百四十六步有奇。王莽動欲慕古，不度時宜，分裂州郡，改職作官，下令曰：漢民減輕田租，三十而稅一。嘗有更賦，罷癃咸出，雖老病者，復出口筭。而豪民侵陵，分田刦假，分田，謂貧者無田而取富人田耕種。共分其所收（地）[也]，假亦謂貧人賃富人之田也。刼者，富人刼奪其稅，侵欺之也。厥名三十，實什稅五也。富者驕而爲邪，貧者窮而爲姦，俱陷於辜，刑用不錯。錯，置也。今更名天下田曰王田，奴婢曰私屬，皆不得賣買。其男口不滿八而田過一井者，分餘田與九族、鄉黨。犯令法至死，制度又不定，吏緣爲姦。天下謷謷然，陷刑者衆。中郎區博諫莽曰：區，姓也。音一侯切。井田雖聖王法，其廢久矣。周道既衰，而民不從。秦知順民之心，可以獲大利也。故滅廬井，而置阡陌，遂王諸夏，訖今海内未厭其弊。今欲違民心，追復千載絶迹，復音扶日切。雖堯舜復起，而無百年之漸，弗能行也。天下初定，萬民新附，誠未可施行。莽知民怨，廼下書曰：諸食王田皆得賣之，勿拘以法，犯私買賣庶人者，且一切勿治。

後漢光武建武十五年，以天下墾田多不實，又戶口年紀互增減。詔天下諸州郡簡覆田頃、人戶、年紀，而刺史太守多不平均，或優饒豪右，侵刻(嬴)[羸]弱，百姓嗟怨，遮道號呼。河南尹張伋及諸郡守十餘人坐度田不實，下獄死。

和帝元興元年，墾田七百三十二萬一百七十頃八十畝百四十步。

安帝延光四年，墾田六百九十四萬二千八百九十頃一十三畝八十步。

順帝建康元年，定墾田六百八十九萬六千二百七十一頃五十六畝九十四步。據建康元年，戶九百九十四萬六千九百九十，每戶合得田七十畝有奇。

冲帝永加元年，墾田六百九十五萬七千六百七十六頃二十畝八十步。

質帝本初元年，墾田六百九十三萬一百二十三頃三十八畝。

宋・王應麟《玉海》卷一七六《漢名田》《志》：董仲舒説武帝曰：古井田難卒行，宜少近古，限民名田，以贍不足，塞并兼之路。注：師古曰：名田，占田也。各爲立限，不使富者過制。《大事記》元狩五年。哀帝卽位，師丹輔政，建言：聖王莫不設井田，今民田宜略爲限。天子下其議，丞相孔光、大司空何武奏請：諸侯王、列侯皆得名田國中。云云同《帝紀》。後遂寢不行。武帝時，賈人有市籍，及家屬皆無得名田。犯令，沒入田貨。《哀紀》：綏和二年，卽位。六月詔曰：制節謹度爲政所先，諸侯王、列侯、公主、吏二千石及豪富民，田宅亡限，與民爭利，百姓失職，其議限列。條列爲限禁。有司條奏：諸王列侯得名田國中，列侯在長安，及公主名田縣道，關内侯、(使)[吏]民名田，皆無得過三十頃。賈人皆不得名田、爲吏，犯者以律論。諸名田過品，皆沒入縣官。注：如淳曰：名田國中者，自所食國中也，既收租稅，又自得有私田三十頃。名田縣道者，令甲，諸侯在國，名田他縣，罰金二兩。今列侯有不之國，雖遙食其國租稅，復自得田於他縣道，公主亦如之，不得過三十頃。市井子孫不得爲吏。《王嘉傳》：詔書罷苑，而以賜董賢二千餘頃。均田之制，從此墮壞。張禹多買田至四百頃，極膏腴上賈。注：孟康曰：自公卿以下至於吏民，名曰均田，皆有頃數名品制中令均等。《仲長統傳》：昌言曰：限夫田以斷并兼。《文中子》謂：晁錯率井田之序，有心乎復古？注：錯説文帝曰：五(品)[口]之家，服作者不過二人，能耕者不過百畝，古者一夫一婦(一)[受]田百畝，此井田之制。

宋・王應麟《困學紀聞》卷一六 漢董仲舒請限民名田。元圻案：《漢書・食貨志》董仲舒曰：秦用商鞅之法，改帝王之制，除井田，民得賣買。富者田連阡陌，貧者無立錐之地。漢興循而未改。古井田法，雖難卒行，宜少近古，限民名田，以贍不足。

名田，占田也。各爲立限，不使富者過制，貧弱之家可足也。原注：武帝時，賈人有市籍者，及家屬皆無得名田。〇案：正文是師古註文，小註是《史記・平準書》文，名田上有籍字。胡氏曰：限田終不能行者，以人主自爲兼并，無以使民興於廉也。元圻案：胡致堂《讀史管見》三：董仲舒欲以限田漸復古制，其意甚美。而終不能行者，以人主自爲兼并，無異於秦也。

趙過教民爲代田，程易田云：趙過爲代田，見《漢書・食貨志》：一畝三甽，歲代處，一夫三百甽，而播種於甽中。蓋一夫百畝，甽以疆，畝本百畝也。今於畝中更爲三畝以播種，於是一夫三百畝矣。甽壟相間，三百甽亦三百壟。代田者更易播種之名，甽播則壟休。歲歲易之。以甽處壟，以壟處甽，故曰歲代處也。

代，易也。師古註文。《周官・大司徒》：不易、一易、再易之地，有三等。原註《公羊傳》註：司空謹別田之高下善惡，分爲三品。上田一歲一墾，中田二歲一墾，下田三歲一墾。《左傳》：晉作爰田。《晉語》云：作轅田。轅，易也。賈逵註文。《漢・地理志》：秦商君制轅田。原注：轅與爰同，易也。《食貨志》：歲耕種者爲不易上田，休一歲者爲一易中田，休二歲者爲再易下田。三歲更耕之，自爰其處。案：《司馬法》曰：歲受耕之，爰自其處。《鹽鐵論》：未通篇。御史曰：古者，制田百步爲畝，民井田而耕，什而籍一。先帝哀憐百姓之愁苦，衣食不足，制田二百四十步而一畝，率三十而稅一。

師丹建言限名田。元圻案：《漢書・食貨志》：哀帝卽位，師丹輔政，建言云云。天子下其議。丞相孔光、大司空何武奏請諸侯王、列侯皆得名田國中，列侯在長安，公主名田縣道，及關內侯、吏民名田，皆毋過三十頃。丁、傅用事，董賢隆貴，皆不便也。遂寢不行。

王嘉奏曰：詔書罷苑，而以賜董賢二千餘頃。均田之制，從此墮壞。元圻案：《漢書·王嘉傳》：嘉，字公仲，平陵人也。建平三年，代平當爲丞相，奏封事云云。苑作菀，師古曰：菀，古苑字。

新莽更名天下田曰王田，不得買賣。元圻案：此《食貨志》文，《志》又曰：後三年，莽知民愁，下詔諸食王田得賣買。

建武十五年，詔州郡檢覈墾田戶口。集證：《後漢書·光武紀》：建武十五年六月庚午，詔下州郡檢覈墾田頃畝及戶口年紀。《百官志》注：胡廣曰：秋冬歲盡，各計戶口、墾田，錢穀入出，上其集簿。丞尉以下，歲詣郡課校。

《通典》《食貨二》。曰：自秦孝公隳經界，立阡陌，雖獲一時之利，而兼并踰僭興矣。阡陌既弊，又爲隱覈，隱覈之法，憑乎簿書。今本《通典》作又謂隱覈，在乎權宜，權宜憑乎簿書。簿書既廣，必藉衆功，藉衆功，則政由羣吏，政由羣吏，則人無所信矣。

宋·章如愚《群書考索》卷六五《地理門·田制類》

宣公稅畝

宣公十五年，初稅畝。注：公田之法，十取其一，今又稅其畝，是十取其二矣。

滕文公問井地

滕文公使畢戰問井地。孟子對曰，經界不正，則井田不均，井田不均，則穀祿不平。於是請野九一而助國中什一，使自賦。

魏文侯教民力田

李悝爲魏文侯盡地力之敎，而田是富。

秦孝公廢井田

孝公用商鞅，以三晉地狹人貧，秦地廣人寡，故草不盡墾，地利不盡出。於是誘三晉之人，務本於內，使秦人應敵於外，故廢井田，開阡陌，任其所耕，不限多少。孝公十三年之制。數年之間，國富兵強。○用商君壞井田，開阡陌，急耕戰之賞，雖非古道，猶能以務本之故，傾鄰國而雄諸侯。然王制遂滅，僭差無度。庶人之富者累鉅萬，而貧者食糟粕。有國強者兼州域，而弱者喪社稷。

漢因秦制

高祖因秦之制，無復古法。建都之初，召天下名族，與之關中田宅。蕭何爲相，請苑爲民田而下獄。

文帝開籍田

文帝因仍除租勸農之詔，無歲無之。然豪強占田踰多，其賦太半，官收百一之(說)[稅]，而輸豪強太半之賦。官惠優於三代，豪強酷於亡秦。不正其本而除田租，適以資富強也。○孝文時，民近戰國，多背本趨末。賈誼勸上敺人歸農。帝感誼言，始開籍田，躬耕以勸百姓。○晁錯曰：農夫五口之家，其服役者不下二人，其能耕者不過百畝。百畝之收，不過百石。春耕夏耘，秋穫冬藏，伐薪樵，治官府，給徭役。春不得避風塵，夏不得避暑熱，秋不得避陰雨，冬不得避寒凍。四時之間，亡日休息，又私自送往迎來，弔死問疾，養孤長幼在其中，勤苦如此，尚復被水旱之災，急政暴賦，賦斂不時，朝令而暮改。當其有者，半價而賣，亡者取倍稱之息。於是，有賣田地鬻子孫以償債者矣。方今之務，莫若使民務農而已矣。欲民務農，在於貴粟，貴粟之道，在於使民以粟爲賞罰。帝從之。其後務勸農本，倉廩充實。

景帝徙民寬地

孝景元年，制曰：間者歲比不登，民多乏食，夭絕天命，朕甚痛之。郡國或磽陿，無所農桑繫畜；或地饒廣，爲薦草莽，水泉利而不得徙。其議民欲徙寬大地者，聽之。後元三年，詔曰：農，天下之本也。黃金珠玉，飢不可食，寒不可衣，以爲幣用，不識其終始。閒歲或不登，意爲末者衆，農民寡也。其令郡國，務勸農桑，益種植，可得衣食物。

武帝限田代田

仲舒說上曰：秦用商鞅之法，改帝王之制。除井田，民得買賣，富者田連阡陌，貧者無立錐之地。漢興，循而未改，古井田法，雖難卒行，宜少近古。限民名田，以贍不足。塞并兼之路，然後可善治也。竟不能用。元狩三年，遣謁者勸種宿麥，舉吏人能假貸貧人者以名聞。及末年，帝悔征伐之事，乃封丞相田千秋爲富民侯。下詔曰：方今之務，在於力農。以趙過爲搜粟都尉。過能爲代田，一晦三甽，歲代處，故曰代田。古法也。后稷始甽田，以二耜爲耦，廣尺深尺曰甽，長終畝。一畝三甽，一夫三百甽，而播種於甽中。苗生葉以上，稍耨隴草，因隤其土，以附苗根。故其《詩》曰：或耘或耔，黍稷儗儗。芸，除草也。耔，附根也。言苗之稍壯，每耨輒附根。比盛暑，隴盡而根深，能風與旱，故儗儗而盛也。其耕耘下種田器，皆有便巧。率十二夫爲田一井一屋，故畝五頃，用耦犂，二牛三人，一歲之收，常過縵田畝一斛以上，善者倍之。過使教田太常、三輔，大農置工巧奴與以人從事，爲作田器。二千石遣令長、三老、力田及里父老善田者，受田器，學耕種，養苗狀。民或苦少牛，無以趨澤。故平都令光敎過以人輓犂。過奏光以爲丞，教民相與庸輓犂。率多人者田日三十畮，少者十三畮，以故田多墾闢。過試以離宮卒田其宮壖，課得穀皆多其旁田畮一斛以上。令命家田三輔公田。又教邊郡及居延城。是後邊城、(而)[河]東、弘農、三輔、太常民皆便代田，用力少而得穀多。

昭帝流民墾田

孝昭時，流民稍還，田野墾闢，頗有畜積。

宣帝以公田假流民

孝宣帝地節三年，詔曰：郡國宮館勿復修治，流民還歸者，假公田貸種食。

元帝假民田地

孝元初元元年，以三輔、太常、郡國公用及苑可省者，振貧民；江海陂湖園地屬少府者，以假貧民，勿租賦。建昭五年，詔曰：方春農桑[興]，百姓戮力自盡之時也。故是月，勞農勸桑，無使後時。今不良之吏，覆按小罪，徵召證按，興不急之事，以妨百姓，使失一時之作，亡終歲之功。公卿其明察申勑之。

成帝時兼并者多

孝成帝之時，張禹占鄭白之田四百餘頃，他人兼并者類此，而人彌困。

哀帝限名田

孝哀即位，師丹輔政。建言：古之聖王莫不設井田，然後治乃可平。孝文皇帝承亡周亂秦兵革之後，天下空虛。故務勸農桑，師以節儉，民始充實，未有兼并之害，故不爲民田及奴婢爲限。今累世承平，豪富吏民訾數鉅萬，而貧弱逾困。蓋君子爲政，貴因循而重改作。所以有改者，將以救急也，亦未可詳，宜畧爲限。天子下其議。丞相孔光、大司空何武奏請，諸侯王、列侯皆得名田國中，列侯在長安，公主名田縣道，及關內侯、吏民名田，皆毋過三十頃。諸侯王奴婢二百人，列侯、公主百人，關內侯、吏民三十人，傳盡三年，犯者沒入官。時田宅奴婢賈爲減賤。丁、傅用事，董賢隆貴，皆不便已，詔書且(湏)[須]後，遂寢不行。

平帝定墾田

孝平元始元年，置大司農部丞十三人，人部一州，勸農桑。二年，定墾田八百二十七萬五百三十頃，蓋紀漢盛時之數。

王莽更名王田

王莽篡位，下令曰：古者設井田，則國給人足而頌聲作，此唐虞之道，三代所遵行也。秦爲無道，廢聖制，廢井田，是以兼并起，貪鄙生。強者規田以千數，弱者曾無立錐之居。於是更名天下田曰王田，奴婢曰私屬，皆不得賣買，其男口不(得入)[盈八]而田過一井者，分餘田與九族鄰里鄉黨。故無田今當受田者，如制度。敢有非井田聖制，無法惑衆者，投諸四裔。於是，農商失業，食貨俱廢，百姓涕泣於市道，坐賣買田宅奴婢，自諸侯卿大夫至於庶人，抵罪者不可勝數。經二年餘，中郎區博諫曰：井田雖聖王法，其廢已久。周道既衰而人不從，秦順人心改之，可以獲大利。故滅廬井而置仟陌，遂王諸夏，訖今海內未厭其弊。今欲違人心，追復千載絶跡，雖堯舜復生而無百年之漸，不能行也。莽知人愁，乃以許賣。其後百姓日以凋弊。

光武檢覆墾田

後漢之初，百姓虛耗。率土遺黎，十纔一二。光武十五年，詔下州郡，檢覆墾田頃畝及戶口年紀。河南尹張伋及諸郡守十餘人，坐度田不實，下獄死。

順帝定墾田

順帝建康元年，定墾田六百八十五萬六千二百七十頃五十六畝九十四步。

兩漢總論

漢高帝以來，不過十五稅一，其後稍稍變更。迨惠帝乃復其故。文帝二年，令民半出田租，自是三十稅一。武帝雖頗出地賦以給用度，而獨田租無所增。田租，建武六年，詔郡國收田租三十稅一如舊制。其後仲長統論曰：令不循古法規，爲輕賦，一方有警，將如之何？二十稅一其名曰貊，況三十稅一乎？以是而推，當是文景之法。世祖中興之後，復舉而行。終漢之衰，無復改名。

同上 諸儒論古今田制

荀悅論限田：古者十一而稅，以爲天下之中正。今漢人田或百一而稅，可謂輕矣。然豪富強人占田踰多，其賦太半，官收百一之稅，而人輸豪強太半之賦。孝武時董仲舒言：宜限人名田。至哀，乃限人名田不得過三十頃。雖有其制，卒難施行。然三十頃又不平矣。且夫井田之制，不宜行於人衆之時。田廣人寡，苟可爲也。然欲廢之於寡，立之於衆。土地布列在豪強，卒而革之，並有怨心，則生紛亂，制度難行。若高祖初定天下，光武中興之時，人衆希少，立之易矣。

陸贄論限田

古者一夫受田，不過百畝，欲使人不廢田業，無曠耕耘。今富者萬畝，貧者無容足之居。依托強家，服勞終歲，常患不充。有田之家，坐食租稅，京畿田畝，稅五升，私家收租一碩，官取一，私取十，宜爲占田條限，此安富恤貧之善經也。

崔寔言墾田

政論曰：今青、徐、兗、冀，人稠土狹，不足相供。而三輔左右及涼、幽州內附近郡，皆土廣人稀，厥田宜稼，悉不墾廢。今宜復遵故事，可徙貧民不能自業者於寬地。此亦開山闢土振人之術也。

宋·徐天麟《西漢會要》卷一七《禮十一》 哀帝即位，下詔曰：制節度，以防奢淫，爲政所先。百王不易之道。諸侯王、列侯、公主、吏二千石及豪富民，多蓄奴婢，田宅亡限，與民爭利，百姓失職，重困不足，其議限列。有司條奏：諸王、列侯得名田國中，列侯在長安及公主名田縣道，關內侯、吏民名田，皆無得過三十頃。諸侯王奴婢二百人，列侯、公主百人，關內侯、吏民三十人。六十以上，十歲以下，不在數中。賈人皆不得名田、爲吏，犯者以律論。諸名田畜奴婢過品，皆沒入縣官。《本紀》。

宋·徐天麟《西漢會要》卷五〇《食貨一》 限民名田

董仲舒說武帝曰：秦用商鞅之法，改帝王之制，除井田，民得賣買，富者田連阡陌，貧者亡立錐之地。小民安得不困？漢興，循而未改。古井田法雖難卒行，宜少近古，限民名田，以澹不足。師古曰：名田，占田也。各爲立限，不使富者過制，則貧弱之家可足也。塞兼并之路，然後可善治也。《食貨志》。下同。

元光中，令賈人有市籍，及家屬，皆無得名田，以便農。敢犯令，沒入田貨。

哀帝卽位，師丹建言：古之聖王莫不設井田，然後治乃可平。文帝務勸農桑，帥以節儉，未有并兼之害，故不爲民田及奴婢爲限。今豪富吏民訾數鉅萬，而貧弱愈困。宜略爲限。天子下其議。丞相孔光、大司空何武奏請：諸侯王、列侯皆得名田國中，列侯在長安，公主名田縣道，及關內侯、吏民名田皆毋過三十頃。諸侯王奴婢二百人，列侯、公主百人，關內侯、吏民三十人。期盡三年，犯者沒入官。時田宅奴婢賈爲減賤，丁、傅用事，董賢隆貴，皆不便也。詔書且須後，遂寢不行。

宋·王益之《西漢年紀》卷一四 董仲舒說上曰：《春秋》它穀不書，至於麥禾不成，則書之，以此見聖人於五穀最重麥與禾也。今關中俗不好種麥，是歲失《春秋》之所重，而損生民之具也。願陛下幸詔大司農，使關中民益種宿麥，令毋後時。又言：古者稅民不過什一，其求易共。讀曰供。使民不過三日，其力易足。民財內足以養老盡孝，外足以事上共稅，下足以畜妻子極愛，故民說讀曰悅。從上。至秦則不然，用商鞅之法，改帝王之制，除井田，民得賣買，富者田連阡陌，貧者亡立錐之地。又顓川澤之利，管山海之饒，荒淫越制，踰侈以相高；邑有人君之尊，里有公侯之富，小民安得不困。又加月爲更卒，已復爲正，一歲屯戍，一歲力役，三十倍於古。田租口賦，鹽鐵之利，二十倍於古。或耕豪民之田，見稅什伍，故貧民常衣牛馬之衣，而食犬彘之食。重以貪暴之吏，刑戮妄加，民愁亡聊，亡逃山林，轉爲盜賊，赭衣半道，斷獄歲以千萬數。漢興，循而未改，古井田法雖難卒讀曰猝。行，宜少近具斬反。古，限民名田，以贍不足，《考異》曰：此事見《食貨志》不得其時。荀紀載於榷鹽鐵之後，今從之。塞并兼之路，鹽鐵皆歸於民。去奴婢，除專殺之威。薄賦斂，省繇役，以寬民力，然後可善治也。其言未施行。《食貨志》荀紀。郎中令李廣從大將軍青擊匈奴，惑失道。大將軍使長史責問廣，遂引刀自剄。及死，一軍皆哭，百姓聞之，知與不知，無老壯皆爲垂涕。

宋·王益之《西漢年紀》卷二八 左將軍師丹建言：古之聖王莫不設井田，然後治迺可平。孝文皇帝承亡周亂秦兵革之後，天下空虛，故務勸農桑，帥以節儉。民始充實，未有并兼之害，故不爲民田及奴婢爲限。今累世承平，豪富吏民訾數鉅萬，而貧弱愈困。蓋君子爲政，貴因循而重改作，然所以有改者，將以救急也。亦未可詳。宜畧爲限。天子下其議。《食貨志》。詔曰：制節謹度，以防奢淫，爲政所先，百王不易之道也。諸侯王、列侯、公主、吏二千石及豪富民多畜奴婢，田宅亡限，與民爭利，百姓失職，重直用反困不足，其議限列。《本紀》。丞相孔光、大司空何武奏請：諸侯王、列侯皆得名田國中。列侯在長安，公主名田縣道，及關内侯、吏民名田皆毋過三十頃。諸侯王奴婢二百人，列侯、公主百人，關内侯、吏民三十人。年六十以上，十歲以下，不在數中。賈人皆不得名田，爲吏，犯者以律論。諸名田畜奴婢過品，期盡三年，犯者没入官。時田宅奴婢賈爲減賤，貴戚近習皆不便也。詔書且須後，遂寢不行。

明・王禕《大事記續編》卷五 ［漢孝成皇帝綏和二年六月］詔限諸侯王、列侯、公主名田。關内侯、吏民，皆毋過三十頃。諸侯至吏民，奴婢有差，犯者没入官。尋寢。以《本紀》《食貨志》修。

解題曰：蘇洵曰：三十頃之田，周氏三十夫之田，縱不能盡如周制，一人而兼三十夫之田，亦已過矣。而期之三年，是又迫蹙。平民使自壞其業，非人情難用，吾欲少爲之，限而不禁。其已過吾限者，但使後之人不敢多占田，以過吾限耳。要之數世，富者之子孫或不能保其地，而復於貧矣。或者子孫出而分之，以爲幾矣。如此則富民所占者少，而餘地多；餘地多，則貧民易取以爲業。夫不驚民，不動衆，不用井田之制，而獲井田之利。雖周何以遠過此哉。事見《通鑑》。

清・傅恒等《歷代通鑑輯覽》卷一九 六月，詔限民名田，不果行。初，董仲舒説武帝以秦除井田，民得賣買，富者田連阡陌，貧者無立錐之地，小民安得不困？古井田法雖難卒行，宜少近古，限民名田，以贍不足，塞兼并之路，薄賦斂，省徭役，以寬民力，然後可善治也。至是，師丹復建言，帝下其議。丞相、大司空奏請：自諸侯王、列侯、公主，名田各有限；關内侯、吏民名田毋過三十頃，奴婢毋過三十人，期盡三年，犯者没入官。貴戚近習不便，遂寢不行。

傳記

《史記》卷六《秦本紀》 孝公元年，河山以東彊國六，與齊威、楚宣、魏惠、燕悼、韓哀、趙成侯並。淮泗之閒，小國十餘。楚、魏與秦接界。魏築長城，自鄭濱洛以北，有上郡。楚自漢中，南有巴、黔中。周室微，諸侯力政，爭相併。秦僻在雍州，不與中國諸侯之會盟，夷翟遇之。孝公於是布惠，振孤寡，招戰士，明功賞。下令國中曰：昔我繆公自岐雍之閒，修德行武，東平晉亂，以河爲界，西霸戎翟，廣地千里，天子致伯，諸侯畢賀，爲後世開業，甚光美。會往者厲、躁、簡公、出子之不寧，國家内憂，未遑外事，三晉攻奪我先君河西地，諸侯卑秦，醜莫大焉。獻公即位，鎮撫邊境，徙治櫟陽，且欲東伐，復繆公之故地，脩繆公之政令。寡人思念先君之意，常痛於心。賓客羣臣有能出奇計彊秦者，吾且尊官，與之分土。於是乃出兵東圍陝城，西斬戎之獂王。

衛鞅聞是令下，西入秦，因景監，求見孝公。

二年，天子致胙。

三年，衛鞅説孝公變法修刑，内務耕稼，外勸戰死之賞罰，孝公善之。甘龍、杜摯等弗然，相與爭之。卒用鞅法，百姓苦之；居三年，百姓便之。乃拜鞅爲左庶長。其事在商君語中。

七年，與魏惠王會杜平。八年，與魏戰元里，有功。十年，衛鞅爲大良造，將兵圍魏安邑，降之。十二年，作爲咸陽，築冀闕，秦徙都之。并諸小鄉聚，集爲大縣，縣一令，四十一縣。爲田開阡陌。東地渡洛。十四年，初爲賦。十九年，天子致伯。二十年，諸侯畢賀。秦使公子少官率師會諸侯逢澤，朝天子。

二十一年，齊敗魏馬陵。

二十二年，衛鞅擊魏，虜魏公子卬。封鞅爲列侯，號商君。

二十四年，與晉戰鴈門，虜其將魏錯。

孝公卒，子惠文君立。是歲，誅衛鞅。鞅之初爲秦施法，法不行，太子犯禁。鞅曰：法之不行，自於貴戚。君必欲行法，先於太子。太子不可黥，黥其傅師。於是法大用，秦人治。及孝公卒，太子立，宗室多怨鞅，鞅亡，因以爲反，而卒車裂以徇秦國。

《史記》卷六八《商君列傳》 商君者，衛之諸庶孽公子也，名鞅，姓公孫氏，其祖本姬姓也。鞅少好刑名之學，事魏相公叔座，爲中庶子。公叔座知其賢，未及進。會座病，魏惠王親往問病，曰：公叔病有如不可諱，將柰社稷何？公叔曰：座之中庶子公孫鞅，年雖少，有奇才，願王舉國而聽之。王嘿然。王且去，座屏人言曰：王即不聽用鞅，必殺之，無令出境。王許諾而去。公叔座召鞅謝曰：今者王問可以爲相者，我言若，王色不許我。我方先君後臣，因謂王即弗用鞅，當殺之。王許我。汝可疾去矣，且見禽。鞅曰：彼王不能用君之言任臣，又安能用君之言殺臣乎？卒不去。惠王既去，而謂左右曰：公叔病甚，悲乎，欲令寡人以國聽公孫鞅也，豈不悖哉！

公叔既死，公孫鞅聞秦孝公下令國中求賢者，將修繆公之業，東復侵地，迺遂西入秦，因孝公寵臣景監，以求見孝公。孝公既見衛鞅，語事良久，孝公時時睡，弗聽。罷而孝公怒景監曰：子之客妄人耳，安足用邪！景監以讓衛鞅。衛鞅曰：吾說公以帝道，其志不開悟矣。後五日，復求見鞅。鞅復見孝公，益愈，然而未中旨。罷而孝公復讓景監，景監亦讓鞅。鞅曰：吾說公以王道而未入也。請復見鞅。鞅復見孝公，孝公善之而未用也。罷而去。孝公謂景監曰：汝客善，可與語矣。鞅曰：吾說公以霸道，其意欲用之矣。誠復見我，我知之矣。衛鞅復見孝公。公與語，不自知厀之前於席也。語數日不厭。景監曰：子何以中吾君？吾君之驩甚也。鞅曰：吾說君以帝王之道比三代，而君曰：久遠，吾不能待。且賢君者，各及其身顯名天下，安能邑邑待數十百年以成帝王乎？故吾以彊國之術說君，君大說之耳。然亦難以比德於殷周矣。

孝公既用衛鞅，鞅欲變法，恐天下議己。衛鞅曰：疑行無名，疑事無功。且夫有高人之行者，固見非於世；有獨知之慮者，必見敖於民。愚者闇於成事，知者見於未萌。民不可與慮始而可與樂成。論至德者不和於俗，成大功者不謀於衆。是以聖人苟可以彊國，不法其故；苟可以利民，不循其禮。孝公曰：善。甘龍曰：不然。聖人不易民而教，知者不變法而治。因民而敎，不勞而成功；緣法而治者，吏習而民安之。衛鞅曰：龍之所言，世俗之言也。常人安於故俗，學者溺於所聞。以此兩者居官守法可也，非所與論於法之外也。三代不同禮而王，五伯不同法而霸。智者作法，愚者制焉；賢者更禮，不肖者拘焉。杜摯曰：利不百，不變法；功不十，不易器。法古無過，循禮無邪。衛鞅曰：治世不一道，便國不法古。故湯武不循古而王，夏殷不易禮而亡。反古者不可非，而循禮者不足多。孝公曰：善。以衛鞅爲左庶長，卒定變法之令。

令民爲什伍，而相牧司連坐。不告姦者腰斬，告姦者與斬敵首同賞，匿姦者與降敵同罰。民有二男以上不分異者，倍其賦。有軍功者，各以率受上爵；爲私鬭者，各以輕重被刑大小。僇力本業，耕織致粟帛多者復其身。事末利及怠而貧者，舉以爲收孥。宗室非有軍功論，不得爲屬籍。明尊卑爵秩等級，各以差次名田宅，臣妾衣服以家次。有功者顯榮，無功者雖富無所芬華。

令既具，未布，恐民之不信，已乃立三丈之木於國都市南門，募民有能徙置北門者予十金。民怪之，莫敢徙。復曰：能徙者予五十金。有一人徙之，輒予五十金，以明不欺。卒下令。

令行於民朞年，秦民之國都言初令之不便者以千數。於是太子犯法。衛鞅曰：法之不行，自上犯之。將法太子。太子，君嗣也，不可施刑，刑其傅公子虔，黥其師公孫賈。明日，秦人皆趨令。行之十年，秦民大說，道不拾遺，山無盜賊，家給人足。民勇於公戰，怯於私鬭，鄉邑大治。秦民初言令不便者有來言令便者，衛鞅曰：此皆亂化之民也，盡遷之於邊城。其後民莫敢議令。

於是以鞅爲大良造，將兵圍魏安邑，降之。居三年，作爲築冀闕宮庭於咸陽，秦自雍徙都之。而令民父子兄弟同室內息者爲禁。而集小鄉邑聚爲縣，置令、丞，凡三十一縣。爲田開阡陌封疆，而賦稅平。平斗桶權衡丈尺。行之四年，公子虔復犯約，劓之。居五年，秦人富彊，天子致胙於孝公，諸侯畢賀。

其明年，齊敗魏兵於馬陵，虜其太子申，殺將軍龐涓。其明年，衛鞅說孝公曰：秦之與魏，譬若人之有腹心疾，非魏并秦，秦即并魏。何者？魏居領阨之西，都安邑，與秦界河而獨擅山東之利。利則西侵秦，病則東收地。今以君之賢聖，國賴以盛。而魏往年大破於齊，諸侯畔之，可因此時伐魏。魏不支秦，必東徙。東徙，秦據河山之固，東鄉以制諸侯，此帝王之業也。孝公以爲然，使衛鞅將而伐魏。魏使公子卬將而擊之。軍既相距，衛鞅遺魏將公子卬書曰：吾始與公子驩，今俱爲兩國將，不忍相攻，可與公子面相見，盟，樂飲而罷兵，以安秦魏。魏公子卬以爲然。會盟已，飲，而衛鞅伏甲士而襲虜魏公子卬，因攻其軍，盡破之以歸秦。魏惠王兵數破於齊秦，國內空，日以削，恐，乃使使割河西之地獻於秦以和。而魏遂去安邑，徙都大梁。梁惠王曰：寡人恨不用公叔座之言也。衛鞅既破魏還，秦封之於商十五邑，號爲商君。

商君相秦十年，宗室貴戚多怨望者。趙良見商君。商君曰：鞅之得見也，從孟蘭皋，今鞅請得交，可乎？趙良曰：僕弗敢願也。孔丘有言曰：推賢而戴者進，聚不肖而王者退。僕不肖，故不敢受命。僕聞之曰：非其位而居之曰貪位，非其名而有之曰貪名。僕聽君之義，則恐僕貪位貪名也。故不敢聞命。商君曰：子不說吾治秦與？趙良曰：反聽之謂聰，內視之謂明，自勝之謂彊。虞舜有言曰：自卑也尚矣。君不若道虞舜之道，無爲問僕矣。商君曰：始秦戎翟之教，父子無別，同室而居。今我更制其教，而爲其男女之別，大築冀闕，營如魯衛矣。子觀我治秦也，孰與五羖大夫賢？趙良曰：千羊之皮，不如一狐之掖；千人之諾諾，不如一士之諤諤。武王諤諤以昌，殷紂墨墨以亡。君若不非武王乎，則僕請終日正言而無誅，可乎？商君曰：語有之矣，貌言華也，至言實也，苦言藥也，甘言疾也。夫子果肯終日正言，鞅之藥也。鞅將事子，子又何辭焉！趙良曰：夫五羖大夫，荆之鄙人也。聞秦繆公之賢而願望見，行而無資，自粥於秦客，被褐食牛。期年，繆公知之，舉之牛口之下，而加之百姓之上，秦國莫敢望焉。相秦六七年，而東伐鄭，三置晉國之君，一救荆國之禍。發教封內，而巴人致貢；施德諸侯，而八戎來服。由余聞之，款關請見。五羖大夫之相秦也，勞不坐乘，暑不張蓋，行於國中，不從車乘，不操干戈，功名藏於府庫，德行施於後世。五羖大夫死，秦國男女流涕，童子不歌謠，春者不相杵，此五羖大夫之德也。今君之見秦王也，因嬖人景監以爲主，非所以爲名也。相秦不以百姓爲事，而大築冀闕，非所以爲功也。刑黥太子之師傅，殘傷民以駿刑，是積怨畜禍也。教之化民也深於命，民之效上也捷於令。今君又左建外易，非所以爲教也。君又南面而稱寡人，日繩秦之貴公子。《詩》曰：相鼠有體，人而無禮；人而無禮，何不遄死。以《詩》觀之，非所以爲壽也。公子虔杜門不出已八年矣，君又殺祝懽而黥公孫賈。《詩》曰：得人者興，失人者崩。此數事者，非所以得人也。君之出也，後車十數，從車載甲，多力而駢脅者爲驂乘，持矛而操闟戟者，旁車而趨。此一物不具，君固不出。《書》曰：恃德者昌，恃力者亡。君之危若朝露，尚將欲延年益壽乎？則何不歸十五都，灌園於鄙，勸秦王顯巖穴之士，養老存孤，敬父兄，序有功，尊有德，可以少安。君尚將貪商於之富，寵秦國之教，畜百姓之怨，秦王一旦捐賓客而不立朝，秦國之所以收君者，豈其微哉？亡可翹足而待。商君弗從。

後五月而秦孝公卒，太子立。公子虔之徒告商君欲反，發吏捕商君。商君亡至關下，欲舍客舍。客人不知其是商君也，曰：商君之法，舍人無驗者坐之。商君喟然歎曰：嗟乎，爲法之敝一至此哉！去之魏。魏人怨其欺公子卬而破魏師，弗受。商君欲之他國。魏人曰：商君，秦之賊。秦彊而賊入魏，弗歸，不可。遂內秦。商君既復入秦，走商邑，與其徒屬發邑兵北出擊鄭。秦發兵攻商君，殺之於鄭黽池。秦惠王車裂商君以徇，曰：莫如商鞅反者！遂滅商君之家。

太史公曰：商君，其天資刻薄人也。跡其欲干孝公以帝王術，挾持浮說，非其質矣。且所因由嬖臣，及得用，刑公子虔，欺魏將卬，不師趙良之言，亦足發明商君之少恩矣。余嘗讀商君開塞耕戰書，與其人行事相類。卒受惡名於秦，有以也夫！

《漢書》卷四八《賈誼傳》 是時，匈奴彊，侵邊。天下初定，制度疏闊。諸侯王僭儗，地過古制，淮南、濟北王皆爲逆誅。［賈］誼數上疏陳政事，多所欲匡建，其大略曰：【略】商君遺禮義，棄仁恩，并心於進取，行之二歲，秦俗日敗。故秦人家富子壯則出分，家貧子壯則出贅。借父耰鉏，慮有德色；母取箕箒，立而誶語。抱哺其子，與公併倨；婦姑不相說，則反脣而相稽。其慈子耆利，不同禽獸者亡幾耳。然并心而赴時，猶曰蹷六國，兼天下。功成求得矣，終不知反廉愧之節，仁義之厚。信并兼之法，遂進取之業，天下大敗；衆掩寡，智欺愚，勇威怯，壯陵衰，其亂至矣。是以大賢起之，威震海內，德從天下。曩之爲秦者，今轉而爲漢矣。然其遺風餘俗，猶尚未改。今世以侈靡相競，而上亡制度，棄禮誼，捐廉恥，日甚，可謂月異而歲不同矣。逐利不耳，慮非顧行也，今其甚者殺父兄矣。盗者剟寢戶之簾，搴兩廟之器，白晝大都之中剽吏而奪之金。矯僞者出幾十萬石粟，賦六百餘萬錢，乘傳而行郡國，此其亡行義之至者也。而大臣特以簿書不報，期會之間，以爲大故。至於俗流失，世壞敗，因恬而不知怪，慮不動於耳目，以爲是適然耳。夫移風易俗，使天下回心而鄉道，類非俗吏之所能爲也。俗吏之所務，在於刀筆筐篋，而不知大（禮）［體］。陛下又不自憂，竊爲陛下惜之。

唐·杜佑《通典》卷一《食貨一》 秦孝公任商鞅，鞅以三晉地狹人貧，三晉，韓趙魏三卿，今河東道之地。秦地廣人寡，故草不盡墾，地利不盡出。於是誘三晉之人，利其田宅，復三代無知兵事，而務本於內，而使秦人應敵於外。故廢井田，制阡陌，任其所耕，不限多少。孝公十二年之制。數年之閒，國富兵強，天下無敵。

《後漢書》卷七九《仲長統傳》 仲長統字公理，山陽高平人也。少好學，博涉書記，贍於文辭。【略】今簡撮其書有益政者，略載之云。事有乖於數，法有翫於時者，可改也。故行於古有其迹，用於今無其功者，不可不變。變而不如前，易而多所敗者，亦不可不復也。漢之初興，分王子弟，委之以士民之命，假之以殺生之權。於是驕逸自恣，志意無厭。魚肉百姓，以盈其欲；報蒸骨血，以快其情。上有篡叛不軌之姦，下有暴亂殘賊之害。雖藉親屬之恩，蓋源流形執使之然也。降爵削土，稍稍割奪，卒至於坐食奉祿而已。然其洿穢之行，淫昏之罪，猶尚多焉。故淺其根本，輕其恩義，猶尚假一日之尊，收士民之用。況專之於國，擅之於嗣，豈可鞭笞叱咤，而使唯我所爲者乎？時政彫敝，風俗移易，純樸已去，智惠已來。出於禮制之防，放於嗜欲之域久矣，固不可授之以柄，假之以資者也。是故收其奕世之權，校其從橫之執，善者早登，否者早去。故下土無壅滯之士，國朝無專貴之人。此變之善，可遂行者也。

井田之變，豪人貨殖，館舍布於州郡，田畝連於方國。身無半通青綸之命，而竊三辰龍章之服；不爲編戶一伍之長，而有千室名邑之役。榮樂過於封君，執力侔於守令。財賂自營，犯法不坐。刺客死士，爲之投命。至使弱力少智之子，被穿帷敗，寄死不斂，冤枉窮困，不敢自理。雖亦由網禁疏闊，蓋分田無限使之然也。今欲張太平之紀綱，立至化之基趾，齊民財之豐寡，正風俗之奢儉，非井田實莫由也。此變有所敗，而宜復者也。

肉刑之廢，輕重無品，下死則得髡鉗，下髡鉗則得鞭笞。死者不可復生，而髡者無傷於人。髡笞不足以懲中罪，安得不至於死哉！夫雞狗之攘竊，男女之淫奔，酒醴之賂遺，謬誤之傷害，皆非值於死者也。殺之則甚重，髡之則甚輕。不制中刑以稱其罪，則法令安得不參差，殺生安得不過謬乎？今患刑輕之不足以懲惡，則假臧貨以成罪，託疾病以諱殺。科條無所準，名實不相應，恐非帝王之通法，聖人良制也。或曰：過刑惡人，可也；過刑善人，豈可復哉？曰：若前政以來，未曾枉害善人者，則有罪不死也，是爲忍於殺人而不忍於刑人也。今令五刑有品，輕重有數，科條有序，名實有正，非殺人逆亂鳥獸之行甚重者，皆勿殺。嗣周氏之祕典，續呂侯之祥刑，此又宜復之善者也。

《易》曰：陽一君二臣，君子之道也；陰二君一臣，小人之道也。然則寡者，爲人上者也；衆者，爲人下者也。一伍之長，才足以長一伍者也；一國之君，才足以君一國者也；天下之王，才足以王天下者也。愚役於智，猶枝之附幹，此理天下之常法也。制國以分人，立政以分事，人遠則難綏，事總則難了。今遠州之縣，或相去數百千里，雖多山陵洿澤，猶有可居人種穀者焉。當更制其境界，使遠者不過二百里。明版籍以相數閱，審什伍以相連持，限夫田以斷并兼，定五刑以救死亡，益君長以興政理，急農桑以豐委積，去末作以一本業，敦教學以移情性，表德行以厲風俗，覈才藝以敍官宜，簡精悍以習師田，修武器以存守戰，嚴禁令以防僭差，信賞罰以驗懲勸，糾游戲以杜姦邪，察苛刻以絕煩暴。審此十六者以爲政務，操之有常，課之有限，安寧勿懈墮，有事不迫遽，聖人復起，不能易也。

向者，天下戶過千萬，除其老弱，但戶一丁壯，則千萬人也。遺漏既多，又蠻夷戎狄居漢地者尚不在焉。丁壯十人之中，必有堪爲其什伍之長，推什長已上，則百萬人也。又十取之，則佐史之才已上十萬人也。又十取之，則可使在政理之位者萬人也。以筋力用者謂之人，人求丁壯；以才智用者謂之士，士貴耆老。充此制以用天下之人，猶將有儲，何嫌乎不足也？故物有不求，未有無物之歲也；士有不用，未有少士之世也。夫如此，然後可以用天性，究人理，興頓廢，屬斷絕，網羅遺漏，拱柙天人矣。

或曰：善爲政者，欲除煩去苛，并官省職，爲之以無爲，事之以無事，何子言之云云也？曰：若是，三代不足摹，聖人未可師也。君子用法制而至於化，小人用法制而至於亂。均是一法制也，或以之化，或以之亂，行之不同也。苟使豺狼牧羊豚，盜跖主征稅，國家昏亂，吏人放肆，則惡復論損益之閒哉！夫人待君子然後化理，國待蓄積乃無憂患。君子非自農桑以求衣食者也，蓄積非橫賦斂以取優饒者也。奉祿誠厚，則割剝貿易之罪乃可絕也；蓄積誠多，則兵寇水旱之災不足苦也。故由其道而得之，民不以爲奢；由其道而取之，民不以爲勞。天災流行，開倉庫以稟貸，不亦仁乎？衣食有餘，損靡麗以散施，不亦義乎？彼君子居位爲士民之長，固宜重肉累帛，朱輪四馬。今反謂薄屋者爲高，藿食者爲清，既失天地之性，又開虛僞之名，使小智居大位，庶績不咸熙，未必不由此也。得拘絜而失才能，非立功之實也。以廉舉而以貪去，非士君子之志也。夫選用必取善士。善士富者少而貧者多，祿不足以供養，安能不少營私門乎？從而罪之，是設機置穽以待天下之君子也。

盜賊凶荒，九州代作，飢饉暴至，軍旅卒發，横税弱人，割奪吏祿，所恃者寡，所取者猥，萬里懸乏，首尾不救，徭役並起，農桑失業，兆民呼嗟於昊天，貧窮轉死於溝壑矣。今通肥饒之率，計稼穡之入，令畝收三斛，斛取一斗，未爲甚多。一歲之間，則有數年之儲，雖興非法之役，恣奢侈之欲，廣愛幸之賜，猶未能盡也。不循古法，規爲輕税，及至一方有警，一面被災，未逮三年，校計蹇短，坐視戰士之蔬食，立望餓殍之滿道，如之何爲君行此政也？二十税一，名之曰貊，況三十税一乎？夫薄吏祿以豐軍用，緣於秦征諸侯，續以四夷，漢承其業，遂不改更，危國亂家，此之由也。今田無常主，民無常居，吏食日稟，班祿未定。可爲法制，畫一定科，租税十一，更賦如舊。今者土廣民稀，中地未墾；雖然，猶當限以大家，勿令過制。其地有草者，盡曰官田，力堪農事，乃聽受之。若聽其自取，後必爲姦也。

雜録

《商君書》二篇《墾令》　無宿治，則邪官不及爲私利於民，而百官之情不相稽。則農有餘日。邪官不及爲私利於民，則農不敗。農不敗而有餘日，則草必墾矣。

訾粟而税，則上壹而民平。上壹則信，信則臣不敢爲邪。民平則愼，愼則難變。上信而官不敢爲邪，民愼而難變，則下不非上，中不苦官。下不非上，中不苦官，則壯民疾農不變。壯民疾農不變，則少民學之不休。少民學之不休，則草必墾矣。

無以外權爵任與官，則民不貴學問，又不賤農。民不貴學問則愚，愚則無外交，無外交，則國安而不殆。民不賤農，則勉農而不偷。國安不殆，勉農而不偷，則草必墾矣。

祿厚而税多，食口衆者，敗農者也。則以其食口之數，賤而重使之。則辟淫游惰之民無所於食。民無所於食則必農，農則草必墾矣。

使商無得糴，農無得糶。農無得糶，則窳惰之農勉疾。商不得糴，則多歲不加樂。多歲不加樂，則饑歲無裕利。無裕利則商怯，商怯則欲農。窳惰之農勉疾，商欲農，則草必墾矣。

聲服無通於百縣，則民行作不顧，休居不聽。休居不聽，則氣不淫。行作不顧，則意必壹。意壹而氣不淫，則草必墾矣。

無得取庸，則大夫家長不建繕，愛子、惰民不窳，而庸民無所於食，是必農。大夫家長不建繕，則農事不傷。愛子惰民不窳，則故田不荒。農事不傷，農民益農，則草必墾矣。

廢逆旅，則姦僞、躁心、私交、疑農之民不行，逆旅之民無所於食，則必農。農則草必墾矣。

壹山澤，則惡農、慢惰、倍欲之民無所於食。無所於食，則必農。農則草必墾矣。

貴酒肉之價，重其租，令十倍其樸，然則商賈少，農不能喜酣奭，大臣不爲荒飽。商賈少，則上不費粟。民不能喜酣奭，則農不慢。大臣不荒，則國事不稽，主無過舉。上不費粟，民不慢農，則草必墾矣。

重刑而連其罪，則褊急之民不鬭，很剛之民不訟，怠惰之民不游，費資之民不作，巧諛、惡心之民無變也，五民者不生於境内，則草必墾矣。

使民無得擅徙，則誅愚亂農農民，無所於食，而必農；愚心躁欲之民壹意，則農民必靜。農靜誅愚，則草必墾矣。

均出餘子之使令，以世使之，又高其解舍，令有甬官食槩，不可以辟役，而大官未可必得也，則餘子不游事人，則必農。農則草必墾矣。

國之大臣諸大夫，博聞、辯慧、游居之事，皆無得爲，無得居游於百縣，則農民無所聞變見方。農民無所聞變見方，則知農無從離其故事，而愚農不知，不好學問。愚農不知，不好學問，則務疾農。知農不離其故事，則草必墾矣。

令軍市無有女子，而命其商人自給甲兵，使視軍興；又使軍市無得私輸糧者，則姦謀無所於伏，盜輸糧者不私稽，輕惰之民不游軍市。盜糧者無所售，送糧者不私，輕惰之民不游軍市，則農民不淫，國粟不勞，則草必墾矣。

《商君書》三篇《農戰》　凡人主之所以勸民者，官爵也。國之所以興者，農戰也。今民求官爵，皆不以農戰，而以巧言虛道，此謂勞民。勞民者其國必無力。無力者其國必削。

善爲國者，其教民也，皆作壹而得官爵，是故不官無爵。國去言則民樸。民樸則不淫。民見上利之從壹空出也，則作壹。作壹則民不偷營。民不偷營，則多力。多力則國強。今境內之民皆曰：農戰可避，而官爵可得也。是故豪杰皆可變業，務學《詩》、《書》，隨從外權，上可以得顯，下可以求官爵；要靡事商賈，爲技藝，皆以避農戰。具備，國之危也。民以此爲教者，其國必削。

善爲國者，倉廩雖滿，不偷於農，國大民衆，不淫於言，則民樸壹。民樸壹，則官爵不可巧而取也。不可巧取，則姦不生。姦不生，則主不惑。今境內之民及處官爵者，見朝廷之可以巧言辯說取官爵也，故官爵不可得而常也。是故進則曲主，退則慮私所以實其私，然則下賣權矣。夫曲主慮私，非國利也，而爲之者，以其爵祿也。下賣權，非忠臣也，而爲之者，以末貨也。然則下官之冀遷者，皆曰：多貨，則上官可得而欲也。曰：我不以貨事上而求遷者，則如以狸餌鼠爾，必不冀矣。若以情事上而求遷者，則如引諸絕繩而乘枉木也，愈不冀矣。二者不可以得遷，則我焉得無下動衆取貨以事上，而以求遷乎？百姓曰：我疾農，先實公倉，收餘以食親，爲上忘生而戰，以尊主安國也。倉虛，主卑，家貧。然則不如索官。親戚交游合，則更慮矣。豪杰務學《詩》、《書》，隨從外權；要靡事商賈，爲技藝，皆以避農戰。民以此爲教，則粟焉得無少，而兵焉得無弱也！

善爲國者，官法明，故不任知慮。上作壹，故民不儉營，則國力摶。國力摶者強。國好言談者削。故曰：農戰之民千人，而有《詩》、《書》辯慧者一人焉，千人者皆怠於農戰矣。農戰之民百人，而有技藝者一人焉，百人者皆怠於農戰矣。國待農戰而安。主待農戰而尊。夫民之不農戰也，上好言而官失常也。常官則國治。壹務則國富。國富而治，王之道也。故曰：王道作外，身作壹而已矣。

今上論材能知慧而任之，則知慧之人希主好惡，使官制物，以適主心。是以官無常，國亂而不壹，辯說之人而無法也。如此，則民務焉得無多？而地焉得無荒？《詩》、《書》、禮、樂、善、修、仁、廉、辯、慧，國有十者，上無使守戰。國以十者治，敵至必削；不至必貧。國去此十者，敵不敢至；雖至必卻；興兵而伐，必取；按兵不伐，必富。國好力者以難攻，以難攻者必興；好辯者以易攻，以易攻者必危。故聖人明君者，非能盡其萬物也，知萬物之要也。故其治國也，察要而已矣。

今爲國者多無要。朝廷之言治也，紛紛焉務相易也。是以其君惛於說，其官亂於言，其民惰而不農。故其境內之民，皆化而好辯樂學，事商賈，爲技藝，避農戰。如此則不遠矣。國有事，則學民惡法，商民善化，技藝之民不用，故其國易破也。夫農者寡而游食者衆，故其國貧危。今夫螟、螣、蚼蠋春生秋死，一出而民數年不食。今一人耕而百人食之，此其爲螟、螣、蚼蠋亦大矣。雖有《詩》、《書》，鄉一束，家一員，猶無益於治也，非所以反之之術也，故先王反之於農戰。故曰：百人農，一人居者王。十人農，一人居者強。半農半居者危。故治國者欲民之農也。國不農，則與諸侯爭權，不能自持也，則衆力不足也。故諸侯撓其弱，乘其衰，土地侵削而不振，則無及已。聖人知治國之要，故令民歸心於農。歸心於農，則民樸而可正也，紛紛則易使也，信可以守戰也。壹則少詐而重居，壹則可以賞罰進也，壹則可以外用也。夫民之親上死制也，以其旦暮從事於農。夫民之不可用也，見言談游士事君之可以尊身也，商賈之可以富家也，技藝之足以餬口也。民見此三者之便且利也，則必避農。避農，則民輕其居。輕其居，則必不爲上守戰也。凡治國者，患民之散而不可摶也，是以聖人作壹，摶之也。國作壹一歲者，十歲強；作壹十歲者，百歲強；作壹百歲者，千歲強，千歲強者王。君修賞罰以輔壹教，是以教有所常，而政有成也。王者得治民之至要，故不待賞賜而民親上，不待爵祿而民從事，不待刑罰而民致死。國危主憂，說者成伍，無益於安危也。夫國危主憂也者，強敵大國也。人君不能服強敵、破大國也，則修守備，便地形，摶民力，以待外事，然後患可以去，而王可致也。是以明君修政作壹，去無用，止浮學事淫之民，壹之農，然後國家可富，而民力可摶也。

今世主皆憂其國之危而兵之弱也，而強聽說者。說者成伍，煩言飾辭，而無實用。主好其辯，不求其實。說者得意，道路曲辯，輩輩成群。民見其可以取王公大人也，而皆學之。夫人聚黨與，說議於國，紛紛焉，小民樂之，大人說之。故其民農者寡，而游食者衆。衆則農者殆。農者殆則土地荒。故學者成俗，則民舍農，從事於談說，高言僞議，舍農游食，而以言相高也。故民離上而不臣者成群。此貧國弱兵之教也。夫國庸民以言，則民不畜於農。故惟明君知好言之不可以強兵闢土也，惟聖人之治國作壹，摶之於農而已矣。

《商君書》六篇《算地》 凡世主之患，用兵者不量力，治草萊者不度地。故有地狹而民衆者，民勝其地。地廣而民少者，地勝其民。民勝其地務開。地勝其民者事徠。開則行倍。民過地，則國功寡而兵力少。地過民，則山澤財物不爲用。夫棄天物、遂民淫者，世主之務過也，而上下事之，故民衆而兵弱，地大而力小。故爲國任地者，山林居什一，藪澤居什一，谿谷流水居什一，都邑蹊道居什四，此先王之正律也。故爲國分田，數小畝五百，足待一役，此地不任也。方土百里，出戰卒萬人者，數小也。此其墾田足以食其民，都邑遂路足以處其民，山林藪澤谿谷足以供其利，藪澤隄防足以畜，故兵出糧給而財有餘，兵休民作而畜長足，此所謂任地待役之律也。

今世主有地方數千里，食不足以待役實倉，而兵爲鄰敵。臣故爲世主患之。夫地大而不墾者，與無地同。民衆而不用者，與無民同。故爲國之數，務在墾草。用兵之道，務在壹賞。私利塞於外，則民務屬於農；屬於農則樸；樸則畏令。私賞禁於下，則民力摶於敵；摶於敵則勝。奚以知其然也？夫民之情，樸則生勞而易力，窮則生知而權利；易力則輕死而樂用，權利則畏罰而易苦；易苦則地利盡，樂用則兵力盡。

夫治國者，能盡地利而致民死者，名與利交至。民之性，飢而求食，勞而求佚，苦則索樂，辱則求榮，此民之情也。民之求利，失禮之法；求名，失性之常。奚以論其然也？今夫盜賊上犯君上之所禁，而下失臣民之禮，故名辱而身危，猶不止者，利也。其上世之士，衣不煖膚，食不滿腸，苦其志意，勞其四肢，傷其五臟，而益裕廣耳，非生之常也，而爲之者，名也。故曰：名利之所湊，則民道之。主操名利之柄，而能致功名者，數也。聖人審權以操柄，審數以使民。數者臣主之術，而國之要也。故萬乘失數而不危，臣主失術而不亂者，未之有也。今世主欲辟地治民，而不審數；臣欲盡其事，而不立術，故國有不服之民，主有不令之臣。故聖人之爲國也，入令民以屬農，出令民以計戰。夫農，民之所苦；而戰，民之所危也。犯其所苦，行其所危者，計也。故民生則計利，死則慮名。名利之所出，不可不審也。利出於地，則民盡力。名出於戰，則民致死。入使民盡力，則草不荒。出使民致死，則勝敵。勝敵而草不荒，富強之功，可坐而致也。

今則不然。世主之所加務者，皆非國之急也。身有堯、舜之行，而功不及湯、武之略者，此執柄之罪也。臣請語其過。夫治國舍勢而任說說，則身脩而功寡。故事《詩》、《書》談說之士，則民游而輕其君；事處士，則民遠而非其上；事勇士，則民競而輕其禁；技藝之士用，則民剽而易徙；商賈之士佚且利，則民緣而議其上。故五民加於國用，則田荒而兵弱。談說之士資在於口，處士資在於意，勇士資在於氣，技藝之士資在於手，商賈之士資在於身。故天下一宅，而圜身資。民資重於身，而偏託勢於外，挾重資，歸偏家，堯、舜之所難也；故湯、武禁之，則功立而名成。聖人非能以世之所易勝其所難也，必以其所難勝其所易。故民愚，則知可以勝之；世知，則力可以勝之。臣愚，則易力而難巧；世巧，則易知而難力。故神農教耕，而王天下，師其知也。湯、武致強，而征諸侯，服其力也。今世巧而民淫，方傚湯、武之時，而行神農之事，以隨世禁，故千乘惑亂，此其所加務者過也。

民之生，度而取長，稱而取重，權而索利。明君愼觀三者，則國治可立，而民能可得。國之所以求民者少，而民之所以避求者多。入使民屬於農，出使民壹於戰。故聖人之治也，多禁以止能，任力以窮詐，兩者偏用，則境內之民壹，民壹則農，農則樸，樸則安居而惡出。故聖人之爲國也，民資藏於地，而偏託危於外。資藏於地則樸，託危於外則惑。民入則樸，出則惑，故其農勉而戰戢也。民之農勉則資重，戰戢則鄰危。資重則不可負而逃，鄰危則不歸於無資。歸危外託，狂夫之所不爲也。故聖人之爲國也，觀俗立法則治，察國事本則宜。不觀時俗，不察國本，則其法立而民亂，事劇而功寡。此臣之所謂過也。

夫刑者所以禁邪也，而賞者所以助禁也。羞辱勞苦者，民之所惡也。顯榮佚樂者，民之所務也。故其國刑不可惡，而爵祿不足務也，此亡國之兆也。刑人復漏，則小人辟淫而不苦刑，則儌幸於民上，儌於民上以利求。顯榮之門不一，則君子事勢以成名。小人不避其禁，故刑煩。君子不設其令，則罰行。刑煩而罰行者，國多姦，則富者不能守其財，而貧者不能事其業，田荒而國貧。田荒則民詐生，國貧則上匱賞。故聖人之爲治也，刑人無國位，戮人無官任。刑人有列，則君子下其位；衣錦食肉，則小人冀其利。君子下其位則羞功，小人冀其利則伐姦。故刑戮者所以止姦也。而官爵者所以勸功也。今國立爵而民羞之，設刑而民樂之，此蓋法術之患也。故君子操權一正以立術，立官貴爵以稱之，論榮舉功以任之，則是上下之稱平。上下之稱平，則臣得盡其力，而主得專其柄。

《商君書》十五篇《徠民》 地方百里者，山陵處什一，藪澤處什一，谿谷流水處什一，都邑蹊道處什一，惡田處什二，良田處什四。以此食作夫五萬，其山陵、藪澤、谿谷，可以給其材，都邑、蹊道，足以處其民，先王制土分民之律也。

今秦之地，方千里者五，而穀土不能處二，田數不滿百萬，其藪澤、谿谷、名山、大川之材物，貨寶，又不盡爲用，此人不稱土也。秦之所與鄰者三晉也，所欲用兵者韓魏也。彼土狹而民衆，其宅參居而并處；其寡萌賈息民，上無通名，下無田宅，而恃姦務末作以處；人之復陰陽澤水者過半。此其土之不足以生其民也，似有過秦民之不足以實其土也。意民之情，其所欲者田宅也，而晉之無有也信，秦之有餘也必。如此而民不西者，秦士戚而民苦也。臣竊以爲王吏之明爲過見。此其所以弱不奪三晉民者，愛爵而重復也。其說曰：三晉之所以弱者，其民務樂而復爵輕也。秦之所以強者，其民務苦而復爵重也。今多爵而久復，是釋秦之所以強，而爲三晉之所以弱也。此王吏重爵愛復之說也。而臣竊以爲不然。夫所以爲苦民而強兵者，將以攻敵而成所欲也。兵法曰：敵弱而兵強。此言不失吾所以攻，而敵失其所守也。今三晉不勝秦，四世矣。自魏襄以來，野戰不勝，守城必拔，小大之戰，三晉之所亡於秦者，不可勝數也。若此而不服，秦能取其地，而不能奪其民也。

今王發明惠，諸侯之士來歸義者，今使復之三世，無知軍事；秦四竟之內，陵阪丘隰，不起十年征者，於律也足以造作夫百萬。曩者臣言曰：意民之情，其所欲者田宅也，晉之無有也信；秦之有餘也必。若此而民不西者，秦士戚而民苦也。今利其田宅，而復之三世，此必與其所欲，而不使行其所惡也。然則山東之民無不西者矣。

且直言之謂也，不然。夫實壙什虛，出天寶，而百萬事本，其所益多也，豈徒不失其所以攻乎？夫秦之所患者，興兵而伐，則國家貧；安居而農，則敵得休息。此王所不能兩成也。故世戰勝，而天下不服。今以故秦事敵而使新民作本，兵雖百宿於外，竟內不失須臾之時，此富強兩成之效也。臣之所謂兵者，非謂悉興盡起也，論竟內所能給軍卒車騎。令故秦民事兵，新民給芻食，天下有不服之國，則王以春圍其農，夏食其食，秋取其刈，冬陳其寶，以大武搖其本，以廣文安其嗣。王行此，十年之內，諸侯將無異民。而王何爲愛爵而重復乎？

周軍之勝、華軍之勝，秦斬首而東之。東之無益亦明矣。而吏猶以爲大功，爲其損敵也。今以草茅之地，徠三晉之民，而使之事本，此其損敵也，與戰勝同實。而秦得之以爲粟，此反行兩登之計也。且周軍之勝、華軍之勝、長平之勝，秦所亡民者幾何？民客之兵，不得事本者幾何？臣竊以爲不可數矣。假使王之群臣，有能用之，費此之半，弱晉強秦，若三戰之勝者，王必加大賞焉。今臣之所言，民無一日之繇，官無數錢之費，其弱晉強秦，有過三戰之勝，而王猶以爲不可，則臣愚不能知已。

齊人有東郭敞者，猶多願，願有萬金。其徒請賙焉，不與，曰：吾將以求封也。其徒怒而去之宋。曰：此愛於無也，故不如以先與之有也。今晉有民而秦愛其復，此愛非其有，以失其有也。豈異東郭敞之愛非其有，以亡其徒乎？且古有堯、舜，當時而見稱；中世有湯、武，在位而民服。此三王者，萬世之所稱也，以爲聖王也。然其道猶不能取用於後。今復之三世，而三晉之民可盡也，是非王賢立今時，而使後世爲王用乎？然則非聖別說，而聽聖人難也。

《漢書》卷二四《食貨志上》 武帝末年，悔征伐之事，乃封丞相爲富民侯。下詔曰：方今之務，在於力農。以趙過爲搜粟都尉。過能爲代田，一畮三甽。歲代處，故曰代田，古法也。后稷始甽田，以二耜爲耦，廣尺深尺曰甽，長終畮。一畮三甽，一夫三百甽，而播種於甽中。苗生葉以上，稍耨隴草，因隤其土以附苗根。故其《詩》曰：或芸或芓，黍稷儗儗。芸，除草也。芓，附根也。言苗稍壯，每耨輒附根，比盛暑，隴盡而根深，能風與旱，故儗儗而盛也。其耕耘下種田器，皆有便巧。率十二夫爲田一井一屋，故畮五頃，用耦犂，二牛三人，一歲之收常過縵田畮一斛以上，善者倍之。過使教田太常、三輔，大農置工巧奴與從事，爲作田器。二千石遣令長、三老、力田及里父老善田者受田器，學耕種養苗狀。民或苦少牛，亡以趨澤，故平都令光教過以人輓犂。過奏光以爲丞，教民相與庸輓犂。率多人者田日三十畮，少者十三畮，以故田多墾闢。過試以離宮卒田其宮壖地，課得穀皆多其旁田畮一斛以上。令命家田三輔公田，又教邊郡及居延城。是後邊城、河東、弘農、三輔、太常民皆便代田，用力少而得穀多。

《鹽鐵論》卷二《非鞅》 大夫曰：昔商君相秦也，內立法度，嚴刑罰，飭政教，姦僞無所容。外設百倍之利，收山澤之稅，國富民強，器械完飾，蓄積有餘。是以征敵伐國，攘地斥境，不賦百姓而師以贍。故利用不竭而民不知，地盡西河而民不苦。鹽、鐵之利，所以佐百姓之急，足軍旅之費，務蓄積以備乏絶，所給甚衆，有益於國，無害於人。百姓何苦爾，而文學何憂也？

文學曰：昔文帝之時，無鹽、鐵之利而民富；今有之而百姓困乏，未見利之所利也，而見其害也。且利不從天來，不從地出，一取之民間，謂之百倍，此計之失者也。無異於愚人反裘而負薪，愛其毛，不知其皮盡也。夫李梅實多者，來年爲之衰；新穀熟而舊穀爲之虧。自天地不能兩盈，而況於人事乎？故利於彼者必耗於此，猶陰陽之不並曜，晝夜之有長短也。商鞅峭法長利，秦人不聊生，相與哭孝公。吳起長兵攻取，楚人搔動，相與泣悼王。其後楚日以危，秦日以弱。故利蓄而怨積，地廣而禍構，惡在利用不竭而民不知，地盡西河而人不苦也？今商鞅之冊任於內，吳起之兵用於外，行者勤於路，居者匱於室，老母號泣，怨女歎息；文學雖欲無憂，其可得也？

大夫曰：秦任商君，國以富強，其後卒并六國而成帝業。及二世之時，邪臣擅斷，公道不行，諸侯叛弛，宗廟隳亡。《春秋》曰：末言爾，祭仲亡也。夫善歌者使人續其聲，善作者使人紹其功，椎車之蟬攫，負子之教也。周道之成，周公之力也。雖有裨諶之草創，無子產之潤色，有文、武之規矩，而無周、呂之鑿枘，則功業不成。今以趙高之亡秦而非商鞅，猶以崇虎亂殷，而非伊尹也。

文學曰：善鑿者建周而不拔，善基者致高而不蹷。伊尹以堯、舜之道爲殷國基。子孫紹位，百代不絶。商鞅以重刑峭法爲秦國基，故二世而奪。刑既嚴峻矣，又作爲相坐之法，造誹謗，增肉刑，百姓齋栗，不知所措手足也。賦斂既煩數矣，又外禁山澤之原，內設百倍之利，民無所開說容言。崇利而簡義，高力而尙功，非不廣壤進地也，然猶人之病水，益水而疾深，知其爲秦開帝業，不知其爲秦致亡道也。狐刺之鑿，雖公輸子不能善其枘。畚土之基，雖良匠不能成其高。譬若秋蓬被霜，遭風則零落，雖有十子產，如之何？故扁鵲不能肉白骨，微、箕不能存亡國也。

大夫曰：言之非難，行之爲難。故賢者處實而效功，亦非徒陳空文而已。昔商君明於開塞之術，假當世之權，爲秦致利成業，是以戰勝攻取，并近滅遠，乘燕、趙，陵齊、楚，諸侯斂袵，西面而向風。其後，蒙恬征胡，斥地千里，踰之河北，若壞朽折腐。何者？商君之遺謀，備飭素脩也。故舉而有利，動而有功。夫畜積籌策，國家之所以強也。故弛廢而歸之民，未覩巨計而涉大道也。

文學曰：商鞅之開塞，非不行也；蒙恬卻胡千里，非無功也；威震天下，非不強也；諸侯隨風西面，非不從也；然而皆秦之所以亡也。商鞅以權數危秦國，蒙恬以得千里亡秦社稷：此二子者，知利而不知害，知進而不知退，故果身死而衆敗。此所謂戀朐之智，而愚人之計也，夫何大道之有？故曰：小人先合而後忤，初雖乘馬，卒必泣血，此之謂也。

大夫曰：淑好之人，戚施之所妬也；賢知之士，闒茸之所惡也。是以上官大夫短屈原於頃襄，公伯寮愬子路於季孫。夫商君起布衣，自魏入秦，期年而相之，革法明教，而秦人大治。故兵動而地割，兵休而國富。孝公大說，封之於、商之地方五百里，功如丘山，名傳後世。世人不能爲，是以相與嫉其能而疵其功也。

文學曰：君子進必以道，退不失義，高而勿矜，勞而不伐，位尊而行恭，功大而理順；故俗不疾其能，而世不妬其業。今商鞅棄道而用權，廢德而任力，峭法盛刑，以虐戾爲俗，欺舊交以爲功，刑公族以立威，無恩於百姓，無信於諸侯，人與之爲怨，家與之爲讐，雖以獲功見封，猶食毒肉愉飽而罹其咎也。蘇秦合縱連橫，統理六國，業非不大也；桀、紂與堯、舜並稱，至今不亡，名非不長也；然非者不足貴。故事不苟多，名不苟傳也。

大夫曰：縞素不能自分於緇墨，賢聖不能自理於亂世。是以箕子執囚，比干被刑。伍員相闔閭以霸，夫差不道，流而殺之。樂毅信功於燕昭，而見疑於惠王。人臣盡節以徇名，遭世主之不用。大夫種輔翼越王，爲之深謀，卒擒強吳，據有東夷，終賜屬鏤而死。驕主背恩德，聽流說，不計其功故也，豈身之罪哉？

文學曰：比干剖心，子胥鴟夷，非輕犯君以危身，強諫以干名也。憯怛之忠誠，心動於內，忘禍患之發於外，志在匡君救民，故身死而不怨。君子能行是不能禦非，雖在刑戮之中，非其罪也。是以比干死而殷人怨，子胥死而吳人恨。今秦怨毒商鞅之法，甚於私仇，故孝公卒之日，舉國而攻之，東西南北，莫可奔走，仰天而歎曰：嗟乎，爲政之弊，至於斯極也。卒車裂族夷，爲天下笑。斯人自殺，非人殺之也。

晉・劉徽《九章算術》卷一《方田》 今有田廣十五步，從十六步。問：爲田幾何？

荅曰：一畝。

又有田廣十二步，從十四步。問：爲田幾何？

[荅曰：一]百六十八步。

[方田]術曰：廣從步數相乘得積步。以畝法二百四十步除之，即畝數。百畝爲一頃。

今有田廣一里，從一里。問：爲田幾何？

荅曰：三頃七十五畝。

又有田廣二里，從三里。問：爲田幾何？

荅曰：二十二頃五十畝。

里田術曰：廣從里數相乘得積里。以三百七十五乘之，即畝數。

今有田廣七分步之四，從五分步之三。問：爲田幾何？

荅曰：三十五分步之十二。

又有田廣九分步之七，從十一分步之九。問：爲田幾何？

荅曰：十一分步之七。

又有田廣五分步之四，從九分步之五。問：爲田幾何？

荅曰：九分步之四。

乘分術曰：母相乘爲法，子相乘爲實，實如法而一。

今有田廣三步三分步之一，從五步五分步之二。問：爲田幾何？

荅曰：十八步。

又有田廣七步四分步之三，從十五步九分步之五。問：爲田幾何？

荅曰：一百二十步九分步之五。

又有田廣十八步七分步之五，從二十三步十一分步之六。問：爲田幾何？

荅曰：一畝二百步十一分步之七。

大廣田術曰：分母各乘其全，分子從之，相乘爲實。分母相乘爲法。實如法而一。

今有圭田廣十二步，正從二十一步。問：爲田幾何？

荅曰：一百二十六步。

又有圭田廣五步二分步之一，從八步三分步之二。問：爲田幾何？

荅曰：二十三步六分步之五。

術曰：半廣以乘正從。

今有邪田，一頭廣三十步，一頭廣四十二步，正從六十四步。問：爲田幾何？

荅曰：九畝一百四十四步。

又有邪田，正廣六十五步，一畔從一百步，一畔從七十二步。問：爲田幾何？

荅曰：二十三畝七十步。

術曰：并兩邪而半之，以乘正從若廣。又可半正從若廣，以乘并。畝法而一。

今有箕田，舌廣二十步，踵廣五步，正從三十步。問：爲田幾何？

荅曰：一畝一百三十五步。

又有箕田，舌廣一百一十七步，踵廣五十步，正從一百三十五步。問：爲田幾何？

荅曰：四十六畝二百三十二步半。

術曰：并踵、舌而半之，以乘正從。畝法而一。

今有圓田，周三十步，徑十步。問：爲田幾何？

荅曰：七十五步。

又有圓田，周一百八十一步，徑六十步三分步之一。問爲田幾何？

荅曰：十一畝九十步十二分步之一。

今有宛田，下周三十步，徑十六步。問：爲田幾何？

荅曰：一百二十步。

又有宛田，下周九十九步，徑五十一步。問：爲田幾何？

荅曰：五畝六十二步四分步之一。

術曰：以徑乘周，四而一。

今有弧田，弦三十步，矢十五步。問：爲田幾何？

荅曰：一畝九十七步半。

又有弧田，弦七十八步二分步之一，矢十三步九分步之七。問：爲田幾何？

荅曰：二畝一百五十五步八十一分步之五十六。

術曰：以弦乘矢，矢又自乘，并之，二而一。問：爲田幾何？

荅曰：二畝五十五步。

今有環田，中周九十二步，外周一百二十二步，徑五步。

又有環田，中周六十二步四分步之三，外周一百一十三步二分步之一，徑十二步三分步之二。問：爲田幾何？

荅曰：四畝一百五十六步四分步之一。

術曰：并中、外周而半之，以徑乘之，爲積步。

密率術曰：置中、外周步數，分母子各居其下。母互乘子，通全步，內分子。以中周減外周，餘半之，以益中周。徑亦通分內子，以乘周爲密實。分母相乘爲法。除之爲積步，餘，積步之分。以畝法除之，即畝數也。

術曰：半周半徑相乘得積步。

今有宛田，下周三十步，徑十六步。問：爲田幾何？

荅曰：一百二十步。

又有宛田，下周九十九步，徑五十一步。問：爲田幾何？

荅曰：五畝六十二步四分步之一。

術曰：以徑乘周，四而一。

今有弧田，弦三十步，矢十五步。問：爲田幾何？

荅曰：一畝九十七步半。

又有弧田，弦七十八步二分步之一，矢十三步九分步之七。問：爲田幾何？

荅曰：二畝一百五十五步八十一分步之五十六。

術曰：以弦乘矢，矢又自乘，并之，二而一。

今有環田，中周九十二步，外周一百二十二步，徑五步。問：爲田幾何？

荅曰：二畝五十五步。

又有環田，中周六十二步四分步之三，外周一百一十三步二分步之一，徑十二步三分步之二。問：爲田幾何？

荅曰：四畝一百五十六步四分步之一。

晉・劉徽《九章算術》卷六《均輸》 今有假田，初假之歲三畝一錢，明年四畝一錢，後年五畝一錢。凡三歲得一百。問：田幾何？

荅曰：一頃二十七畝四十七分畝之三十一。

術曰：置畝數及錢數。令畝數互乘錢數，并以爲法。畝數相乘，又以百錢乘之，爲實。實如法得一畝。

今有程耕，一人一日發七畝，一人一日耕三畝，一人一日耰種五畝。今令一人一日自發、耕、耰種之，問：治田幾何？

荅曰：一畝一百一十四步七十一分步之六十六。

術曰：置發、耕、耰畝數。令互乘人數，并，以爲法。畝數相乘爲實。實如法得一畝。

晉・劉徽《九章算術》卷七《盈不足》 今有善田一畝，價三百；惡田七畝，價五百。今并買一頃，價錢一萬。問：善、惡田各幾何？

荅曰：善田一十二畝半，惡田八十七畝半。

術曰：假令善田二十畝，惡田八十畝，多一千七百一十四錢七分錢之二；令之善田一十畝，惡田九十畝，不足五百七十一錢七分錢之三。

唐・杜佑《通典》卷一《食貨一》 元狩三年，遣謁者勸有水災郡種宿麥，舉吏人能假貸貧人者以名聞。及末年，帝悔征伐之事，乃封丞相田千秋爲富民侯。下詔曰：方今之務，在於力農。以趙過爲搜粟都尉。過能爲代田，一晦三甽，甽，壟也，音工犬反，字或作畎。歲代處，故曰代田，代，易也。古法也。后稷始甽田，以二耜爲耦，併兩耜而耕。廣尺深尺曰甽，長終畝。一畝三甽，一夫三百甽，而播種於甽中。播，布也。種謂穀子。苗生葉以上，稍耨隴草，耨，鉏也。因隤其土以附苗根。隤謂下之。音頽。故其《詩》曰：或芸或秄，黍稷儗儗。音擬。《小雅・甫田》之詩。儗儗，盛貌。秄音子。芸，除草也。秄，附根也。言苗稍壯，每耨輒附根，比必寐反盛暑，隴盡而根深，能風與旱，能讀曰耐。故儗儗而盛也。其耕耘下種田器，皆有便巧。率十二夫爲田一井一屋，故畝五頃，九夫爲井，三夫爲屋。夫百畝，於古爲十二頃。古百步爲畝，漢時二百四十步爲畝，古千二百畝，則得今五頃也。用耦犂，二牛三人，一歲之收常過縵田畝一斛以上，縵田，謂不甽者。音莫幹反。善者倍之。善爲甽者，又過縵田二斛以上。過使教田太常、三輔，太常主諸陵，有民，故亦課田種。大農置工巧奴與從事，爲作田器。二千石遣令長、三老、力田及里父老善田者受田器，學耕種養苗狀。爲法意狀。民或苦少牛，無以趨澤，趨讀曰趣，及也。澤，雨之潤澤。故平都令光教過以人輓犂。輓，引也。史失光姓。過奏光以爲丞，教民相與庸輓犂。庸，功也，言換功共作也。義與傭賃同。率多人者田日三十畮，少者十三畮，以故田多墾闢。過試以離宮卒田其宮壖而緣反地，離宮，別處之宮，非天子所常居也。壖，餘也。宮壖地，謂外垣之內，內垣之外也。諸緣河壖地，廟垣壖地，其義皆同。守離宮卒，閑而無事，因令於壖地爲田。課得穀皆多其旁田畮一斛以上。令命家田三輔公田。令，使也。命者，教也。令離宮卒教其家田公田也。又教邊郡及居延城。居延，張掖縣也。時有甲卒也。是後邊城、河東、弘農、三輔、太常民皆便代田，用力少而得穀多。至孝昭時，流民稍還，田野墾闢，頗有畜積。

唐·杜佑《通典》卷二《食貨二》　漢文帝以文翁爲蜀郡太守，穿煎涭羊朱反口，溉灌繁田千七百頃，人獲其饒。

武帝元光中，大司農鄭當時言：引渭穿渠，起長安，並南山下，至河三百餘里。渠下民田萬餘頃，又可得以溉田，益肥關中之地，得穀。天子以爲然，令齊水工徐伯表，巡行表記之。悉發卒數萬人穿漕渠，三歲而通。渠下民頗得以溉田矣。

其後，河東守番係請穿渠引汾溉皮氏、汾陰下，引河溉汾陰、蒲坂下，皮氏，今龍門縣地，屬絳郡。汾陰，今寶鼎縣地。蒲坂，今河東縣地。並屬河東郡。度可得五千頃。五千頃故盡河壖棄地，民茭牧其中耳，今溉田之，度可得穀二百萬石以上。天子以爲然，發卒數萬人作渠田。數歲，河移徙，渠不利，則田者不能償種。久之，河東渠田廢，與越人，令少府以爲稍入。時越人有徙者，以田與之，其租稅入少府也。稍，漸也。其入未多，故謂之稍。

其後莊熊羆言：臨晉民即今馮翊縣也。願穿洛以溉重泉以東萬餘頃重泉在今馮翊郡界，今有乾坑，卽熊羆之所穿渠。故惡地。誠得水，可令畝十石。於是爲發卒萬餘人穿渠，自徵音懲引洛水至商顏下。徵在馮翊，卽今郡之澄城縣。商顏，今馮翊縣界。岸善崩，洛水岸。乃鑿井，深者四十餘丈。往往爲井，井下相通行水。水頹以絕商顏，下流曰頹。東至山嶺十餘里閒。井渠之開自此始。穿渠得龍骨，故名曰龍首渠。作之十餘歲，渠頗通，猶未得其饒。

是時，用事者爭言水利。朔方、西河、河西、酒泉皆引河及川谷以溉田。而關中輔渠靈軹引諸水，汝南、九江引淮，東海引鉅定，澤名。泰山下引汶水，皆穿渠爲溉田，各萬餘頃。佗小渠陂山通道，不可勝言。自鄭國渠起，至元鼎六年，百三十六歲，而倪寬爲左內史，奏請穿鑿六輔渠，在鄭國渠之裏，今尙謂之輔渠，亦曰六渠。以益溉鄭國傍高仰之田。素不得鄭國之溉灌者。仰謂上向。帝曰：農，天下之本也。泉流灌寖，所以育五穀也。左、右內史地，名山川原甚衆，細民未知其利，故爲通溝瀆，畜陂澤，所以備旱也。今內史稻田租挈重，不與郡同，租挈，收田租之約令。郡謂四方諸郡。其議減。令吏民勉農，盡地利，平繇行水，勿使失時。平繇者，均齊渠堰之力役，謂俱得水之利。

後十六歲，趙中大夫白公此時無公爵，蓋相呼尊老之稱也。復奏穿渠，引涇水，首起谷口，尾入櫟音藥陽，谷口，今雲陽縣治谷是。注渭中，袤二百里，溉田四千五百餘頃，因名曰白渠。民得其饒，歌之曰：田於何所？池陽、谷口。鄭國在前，白渠起後。鄭國興於秦時，故云前也。舉鍤爲雲，決渠爲雨。鍤，鍬。涇水一石，其泥數斗。且溉且糞，長我禾黍。水停淤泥，可以當糞。衣食京師，億萬之口。言此兩渠饒也。

元帝建昭中，邵信臣爲南陽太守，於穰縣理南六十里造鉗盧陂，累石爲隄，傍開六石門以節水勢。澤中有鉗盧王池，因以爲名。用廣溉灌，歲歲增多，至三萬頃，人得其利。及後漢杜詩爲太守，復修其業。時歌之曰：前有邵父，後有杜母。

後漢章帝建初中，王景爲廬江太守。郡部安豐縣有楚孫叔敖所起芍陂，先是荒廢，景重修之，境內豐給。其陂徑百里，灌田萬頃。芍音鵲。今壽春郡安豐縣界。

順帝永和五年，馬臻爲會稽太守，始立鏡湖，築塘周迴三百十里，灌田九千餘頃，至今人獲其利。

宋·王應麟《玉海》卷一七六《漢代田后稷甽田》　《食貨志》：武帝末年，悔征伐之事，乃封丞相爲富民侯，征和四年六月丁巳對田千秋。下詔曰：方今之務，在於力農，以趙過爲搜粟都尉。過能爲代田，一畮三甽，歲代處，故曰代田，古法也。注：代，易也。后稷始甽，曰以二耜爲耦，注：甽，壟也。耦並兩耜而耕也。廣尺深尺曰甽。《呂氏春秋·任地篇》：后稷曰：子能使子之野盡爲冷風乎？六尺之耜所以成畝也。其博八寸所以成甽也，耨柄尺，此其度也。其耨六寸所以閒稼也。注：古者以耜耕，廣六尺爲畝，二尺爲甽。又《辨土篇》，凡耕之道，畮欲廣以平，甽欲小以深，正其行，通其風，夬必中央，帥爲冷風。選注引此云：后稷曰深。選注作淸，帥作師。《考工記》：匠人爲溝洫，耜廣五寸，二耜爲耦，一耦之伐，廣尺深尺，謂之甽。長終畮。一畮三甽，一夫三百甽，而播種於中。苗生葉以上，稍耨隴草，因隤其土，以附苗根。《説文》引漢律曰：畮田茠艸。故其《詩》曰：或芸或耔，黍稷儗儗。芸，除草也，耔，附根也。言苗稍壯，每耨輒附根。比盛暑，隴盡而根深，能風與旱。注：能，讀曰耐。故儗儗而盛也。其耕耘下種田器，皆有便巧。率十二夫爲田，一井一屋，故畮五頃。注：鄧展曰：九夫爲井，三夫爲屋。夫百畮於古十二頃。古步百爲畮，漢時二百四十步爲畮。古千二百畮則得今五頃。用耦犂，二牛三人，一歲之收，常過縵田畮一斛以上，注：不爲甽者。善者倍之。過使教田太常、三輔，大農置工巧奴與從事，爲作田器。二千石遣令長、三老、力田及里父老善田者，受田器，學耕種養苗狀。民或苦少牛，亡以趨澤，故平都令光教過以人輓犂，過奏光以爲丞，教民相與庸輓犂。率多人者田日三十畮，少者十三畮，以故田多墾闢。過試以離宮卒田其宮壖地，課得穀皆多其旁田畮一斛以上。令命家田注：有爵命之家。三輔公田。又教邊郡及居延城。有田卒。是後邊郡、河東、弘農、三輔、太常民皆便代田，用力少而得穀多。至昭帝時，流民稍還，田野益辟，頗有蓄積。成帝時，氾勝之使教田三輔，有書十八篇。《周禮正義》：周時未有牛耦耕，至漢時，搜粟都尉趙過始教民牛耕，絶人耦。或周末兼有牛耦。鄭云合人耦，則牛耦可知。《山海經》：后稷是播百穀。稷之孫曰：叔均是始作牛耕。

《文紀》：後元年春三月，詔曰：夫度田非益寡，而計民未加益，以口量地，其於古猶有餘，而食之甚不足者，其咎安在？其於丞相、列侯、吏二千石、博士議之。《鹽鐵論》：御史曰：古者制田百步爲畝，民井田而耕，什而藉一。先帝哀憐百姓之愁苦，衣食不足。制田二百四十步而一畝，率三十而稅一。

宋·徐天麟《西漢會要》卷五〇《食貨一·代田》　武帝末年，以趙過爲搜粟都尉。過能爲代田，一畝三甽。歲代處，故曰代田，古法也。后稷始甽田，以二耜爲耦，師古曰：併兩耜而耕。廣尺深尺曰甽，長終畝。一畝三甽，一夫三百甽，而播種於三甽中。苗生葉以上，稍耨隴草，因隤其土以附苗根。故其《詩》曰：或芸或芓，黍稷儗儗。芸，除草也。芓，附根也。言苗稍壯，每耨輒附根，比盛暑，隴盡而根深，能風與旱，能讀曰耐。故儗儗而盛也。其耕耘下種田器，皆有便巧。率十二夫爲田一井一屋，故畝五頃，鄧展曰：九夫爲井，三夫爲屋。夫百畝，於古爲十二頃。古百步爲畝，漢時二百四十步爲畝，古千二百畝，則得今五頃。用耦犂，二牛三人，一歲之收常過縵田畝一斛以上，縵田，謂不爲甽者也。善者倍之。過使教田太常、三輔，太常主諸陵，有民，故亦課田種。大農置工巧奴與從事，爲作田器。二千石遣令長、三老、力田及里父老善田者受田器，學耕種養苗狀。民或苦少牛，亡以趨澤，故平都令光教過以人輓犂。過奏光以爲丞，教民相與庸輓犂。言換功共作也。率多人者田日三十畝，少者十三畝，以故田多墾闢。過試以離宮卒田其宮壖地，課得穀皆多其旁田畝一斛以上。令命家田三輔公田，韋昭曰：命家，謂受爵命一爵爲公士以上，令得田公田，優之也。又教邊郡及居延城。是後邊城、河東、弘農、三輔、太常民皆便代田，用力少而得穀多。《食貨志》。

宋·徐天麟《西漢會要》卷五〇《食貨一·假民公田省苑囿》　漢二年，故秦苑囿園池，令民得田之。本《紀》。下同。

武帝建元元年，罷苑馬，以賜貧民。師古曰：養馬之苑，禁百姓芻牧，今罷之。

昭帝元鳳三年，罷中牟苑，賦貧民。

宣帝地節元年，假郡國貧民田。

三年，詔池籞未御幸者，假與貧民。又令流民還歸者，假公田，貸種食。

元帝初元元年，以三輔、太常、郡國公田及苑可省者，振業貧民。江海陂湖園池屬少府者以假貧民，勿租賦。六月，省苑馬，以振困乏。

二年，詔罷水衡禁囿、宜春下苑、少府佽飛外池、嚴籞池田，假與貧民。

永光元年，令民各務農畝，無田者假之。

哀帝建平元年，太皇太后詔外家王氏田非冢塋，皆以賦貧民。

宋·徐天麟《西漢會要》卷五〇《食貨一·勸農桑》　漢興，諸侯並起，民失作業，而大饑饉。凡米石五千，人相食，死者過半。高祖乃令民得賣子，就食蜀漢。天下既定，輕田租，什五而稅一，量吏祿，度官用，以賦於民。《食貨志》。

惠帝卽位，減田租，復十五稅一。鄧展曰：漢初，十五稅一，中間廢，今復之也。見本《紀》。

四年，舉民孝弟、力田者復其身。本《紀》。

高后元年，置孝弟、力田二千石者一人。同上。

文帝時，民近戰國，背本趨末。賈誼說上曰：一夫不耕，或受之飢。今背本而趨末，生之者甚少，而靡之者甚多，天下財産何得不蹶！今歐民而歸之農，皆著於本，使天下各食其力，末技游食之民轉而緣南畝，則蓄積足而人樂其所矣。上感誼言，躬耕以勸百姓。全文見《食貨志》。

二年正月，詔曰：夫農，天下之本也。其開籍田，朕親率耕，以給宗廟粢盛。本《紀》。

九月，詔曰：農，天下之大本也，民所恃以生也，而民或不務本而事末，故生不遂。朕憂其然，故今茲親率羣臣農以勸之。其賜天下民今年田租之半。同上。

鼂錯說上曰：今海内爲一，而蓄積未及者，何也？地有遺利，民有餘力，生穀之土未盡墾，游食之民未盡歸農也。今農夫五口之家，其服役者不下二人，其能耕者不過百畝，百畝之收不過百石。春耕夏耘，秋穫冬藏，伐薪樵，治官府，給繇役，春不得避風塵，夏不得避暑熱，秋不得避陰雨，冬不得避寒凍，四時之間亡日休息；又私自送往迎來，弔死問疾，養孤長幼在其中。勤苦如此，尚復被水旱之災，急政暴虐，賦斂不時，朝令而暮改。當具有者半賈而賣，亡者取倍稱之息，於是有賣田宅鬻子孫以償責者矣。而商賈大者積貯倍息，小者坐列販賣，操其奇贏，日游都市，乘上之急，所賣必倍。故其男不耕耘，女不蠶織，衣必文采，食必粱肉；亡農夫之苦，有仟伯之得。因其富厚，交通王侯，力過吏勢，以利相傾；千里游敖，冠蓋相望，乘堅策肥，履絲曳縞。此商人所以兼并農人，農人所以流亡者也。今法律賤商人，商人已富貴矣；尊農夫，農夫已貧賤矣。故俗之所貴，主之所賤也；吏之所卑，法之所尊也。上下相反，好惡乖迕，而欲國富法立，不可得也。方今之務，莫若使民務農而已矣。欲民務農，在於貴粟；貴粟之道，在於使民以粟爲賞罰。今募天下入粟縣官，得以拜爵，得以除罪。如此，富人有爵，農民有錢，粟有所渫。夫能入粟以受爵，皆有餘者也；取於有餘，以供上用，則貧民之賦可損，所謂損有餘補不足，令出而民利者也。《食貨志》。

十二年，詔曰：道民之路，在於務本。朕親率天下農，十年于今，而野不加辟，歲一不登，民有飢色。吾詔書數下，歲勸民種樹，而功未興，是吏奉吾詔不勤，而勸民不明也。其賜農民今年租税之半。又曰：力田，爲生之本也。其以戶口率置孝弟、力田常員，令各率其意以道民焉。《文紀》。

十三年二月，詔曰：朕親率天下農耕以供粢盛，皇后親桑以奉祭服。其具禮儀。本《紀》。下同。

六月，詔曰：農，天下之本，務莫大焉。今廑身從事，而有租税之賦，其於勸農之道未備。其除田之租税。

景帝後二年四月，詔曰：雕文刻鏤，傷農事者也；錦繡纂組，害女紅者也。農事傷則飢之本也，女紅害則寒之原也。夫飢寒並至，而能亡爲非者寡矣。朕親耕，后親桑，以奉宗廟粢盛祭服，爲天下先；不受獻，減大官，省繇賦，欲天下務農蠶，素有蓄積，以備災害。

三年春，詔曰：農，天下之本也。黄金珠玉，飢不可食，寒不可衣，以爲幣用，不識其終始。間歲或不登，意爲末者衆，農民寡也。其令郡國務勸農桑，益種樹，可得衣食物。本《紀》。

孝景婁敕有司以農爲務。《食貨志》。

武帝之初，國家亡事，非遇水旱，則民人給家足，都鄙廩庾盡滿。大倉之粟陳陳相因，充溢露積於外，腐敗不可食。是後，外事四夷，内興功利，役費並興，而民去本。董仲舒說上曰：《春秋》它穀不書，至於麥禾不成則書之。今關中之俗，不好種麥，願詔大司農使關中民益種宿麥，令毋後時。同上。

親耕籍田，以爲農先。《董仲舒傳》。

元狩三年，遣謁者勸有水災郡種宿麥。本《紀》。

征和四年，上耕於鉅定。本《紀》。

仲舒又言：古井田法雖難卒行，宜少近古，限民名田，以澹不足，塞并兼之路。薄賦斂，省繇役，以寬民力。然後可善治也。帝末年，悔征伐之事，乃封丞相爲富民侯。下詔曰：方今之務，在於力農。以趙過爲搜粟都尉。過能爲代田，用力少而得穀多。《食貨志》。

昭帝始元元年二月，上耕於鉤盾弄田。本《紀》。

六年正月，上耕於上林。同上。

元平元年，詔曰：天下以農桑爲本。日者省用，罷不急官，減外繇，耕桑者益衆，而百姓未能家給。其減口賦錢。本《紀》。

昭帝時，流民稍還，田野益闢，頗有蓄積。《食貨志》。

宣帝即位，用吏多選賢良，百姓安土，歲數豐穰，穀至石五錢，農人少利。大司農耿壽昌請置常平倉，以穀賤時，增其價而糴，以利農；穀貴時，減價而糴。民便之。《食貨志》。

蔡癸以好農使勸郡國，至大官。同上。

元帝建昭五年三月，詔曰：方春，農桑興，百姓勠力自盡之時也，故是月勞農勸民，無使後時。今不良之吏，覆按小罪，徵召證案，興不急之事，以妨百姓，使失一時之作，亡終歲之功，公卿其明察申敕之。

成帝陽朔四年，詔曰：夫《洪範》八政，以食爲首，斯誠家給刑錯之本也。先帝劭農，薄其租稅，寵其強力，令與孝弟同科。間者，民彌惰怠，鄉本者少，將何以矯之？方東作時，其令二千石勉勸農桑，出入阡陌，致勞來之。

平帝元始元年，置大司農部丞十三，人部一州，勸農桑。以上並本《紀》。

龔遂爲勃海太守，見齊俗奢侈，好末技，不田作，乃勸民務農桑，令口種一樹榆，百本䪥、五十本葱、一畦韭，家二母彘、五雞。使民賣劍買牛，賣刀買犢。郡中皆有蓄積，吏民富實。本傳。

明・方以智《通雅》卷二六　趙過爲搜粟都尉，能爲代田。一畝三甽，歲代處，故曰代田，古法也。后稷始甽，曰以二耜爲耦，廣尺深尺曰甽。仟佰即阡陌。蔡澤曰：決裂阡陌。阡陌乃井之舊開者，乃刬削而非刱置也。

方田，均田歸於定籍，則井田至今在也。本《周官》均土之意。董仲舒言，井田難率行，宜限民名田。師丹請於成帝，不行。哀帝時行之。《王嘉傳》，詔書罷苑而以賜董賢二千餘頃，均田之制從此墮壞。王莽有王田之議，區博諫止之。

《文物》一九八二年第一期《青川縣出土秦更脩田律木牘》　二年十一月己酉朔。朔日，王命丞相戊[茂]、內吏匽，□□更脩爲田律：田廣一步，袤八則爲畛。畝二畛，一百[陌]道。百畝爲頃，一千[阡]道，道廣三步。封，高四尺，大稱其高。捋[埒]，高尺，下厚二尺。以秋八月，脩封捋[埒]，正疆畔，及登千[阡]百[陌]之大草。九月，大除道及除澮[澮]。十月爲橋，脩陂隄，利津□。鮮草，離[雖]非除道之時，而有陷敗不可行，相爲之□□。

四年十二月不除道者：□一日，□一日，辛一日，壬一日，亥一日，辰一日，戌一日，□一日。

《睡虎地秦墓竹簡・秦律十八種・田律》　雨爲湗[澍]，及誘[秀]粟，輒以書言湗[澍]稼、誘[秀]粟及豤[墾]田暘毋[無]稼者頃數。稼已生後而雨，亦輒言雨少多，所利頃數。早[旱]及暴風雨、水潦、夆[螽]蚰、群它物傷稼者，亦輒言其頃數。近縣令輕足行其書，遠縣令郵行之，盡八月□□之。

田律

《睡虎地秦墓竹簡・秦律十八種・田律》　春二月，毋敢伐材木山林及雍[壅]隄水。不夏月，毋敢夜草爲灰，取生荔、麛䴢[卵]鷇，毋□□□□□毒魚鱉，置穽罔[網]，到七月而縱之。唯不幸死而伐綰[棺]享[槨]者，是不用時。邑之紤[近]皂及它禁苑者，麛時毋敢將犬以之田。百姓犬入禁苑中而不追獸及捕獸者，勿敢殺；其追獸及捕獸者，殺之。河[呵]禁所殺犬，皆完入公；其它禁苑殺者，食其肉而入皮。　田律

《睡虎地秦墓竹簡・秦律十八種・田律》　入頃芻稾，以其受田之數，無豤[墾]不豤[墾]，頃入芻三石、稾二石。芻自黃䅬及蘑束以上皆受之。入芻稾，相輸度，可殹[也]。　田律

《睡虎地秦墓竹簡・秦律十八種・田律》　禾、芻稾徹[撤]木、薦，輒上石數縣廷。勿用，復以薦蓋。　田律

《睡虎地秦墓竹簡・秦律十八種・田律》　乘馬服牛稟，過二月弗稟、弗致者，皆止，勿稟、致。稟大田而毋[無]恒籍者，以其致到日稟之，勿深致。

田律

《睡虎地秦墓竹簡・秦律十八種・田律》　百姓居田舍者毋敢酤[酤]酉[酒]，田嗇夫、部佐謹禁御之，有不從令者有罪。　田律

《睡虎地秦墓竹簡・秦律十八種・徭律》　御中發徵，乏弗行，貲二甲。失期三日到五日，誶；六日到旬，貲一盾；過旬，貲一甲。其得殹[也]，及詣。水雨，除興。興徒以爲邑中之紅[功]者，令結[嫴]堵卒歲。未卒堵壞，司空將紅[功]及君子主堵者有罪，令其徒復垣之，勿計爲繇[徭]。縣葆禁苑、公馬牛苑，興徒以斬[塹]垣離[籬]散及補繕之，輒以效苑吏，苑吏循之。未卒歲或壞陕[決]，令縣復興徒爲之，而勿計爲繇[徭]。卒歲而或陕[決]壞，過三堵以上，縣葆者補繕之；三堵以下，及雖未盈卒歲而或盜陕[決]道出入，令苑輒自補繕之。縣所葆禁苑之傅山、遠山，其土惡不能雨，夏有壞者，勿稍補繕，至秋毋[無]雨時而以繇[徭]爲之。其近田恐獸及馬牛出食稼者，縣嗇夫材興有田其旁者，無貴賤，以田少多出人，以垣繕之，不得爲繇[徭]。縣毋敢擅壞更公舍官府及廷，其有欲壞更殹[也]，必讞之。欲以城旦舂益爲公舍官府及補繕之，爲之，勿讞。縣爲恒事及讞有爲殹[也]，吏程攻

[功]，羸員及減員自二日以上，爲不察。上之所興，其程攻[功]而不當者，如縣然。度攻[功]必令司空與匠度之，毋獨令匠。其不審，以律論度者，而以其實爲繇[徭]徒計。　繇[徭]律

《睡虎地秦墓竹簡・法律答問》　盗徙封，贖耐。可[何]如爲封？封即田千佰。頃半[畔]封殹[也]，且非是？而盗徙之，贖耐，可[何]重也？是不重。

《睡虎地秦墓竹簡・法律答問》　部佐匿者[諸]民田者[諸]民弗智[知]，當論不當？部佐爲匿田，且可[何]爲？已租者[諸]民，弗言，爲匿田；未租，不論□□爲匿田。

《張家山漢墓竹簡[二四七號墓]・户律》　自五大夫以下，比地爲伍，以辨□爲信，居處相察，出入相司。有爲盗賊及亡者，輒謁吏、典。田典更挾里門籥[鑰]，以時開；伏閉門，止行及作田者；其獻酒及乘置乘傳，以節使，救水火，追盗賊，皆得行，不從律，罰金二兩。

隸臣妾、城旦舂、鬼薪白粲家室居民里中者，以亡論之。

募民欲守縣邑門者，令以時開閉門，及止畜産放出者，令民共[供]食之，月二戸□□□令不更以下更宿門。

關内侯九十五頃，大庶長九十頃，駟車庶長八十八頃，大上造八十六頃，少上造八十四頃，右更八十二頃，中更八十頃，左更七十八頃，右庶長七十六頃，左庶長七十四頃，五大夫廿五頃，公乘廿頃，公大夫九頃，官大夫七頃，大夫五頃，不更四頃，簪褭三頃，上造二頃，公士一頃半頃，公卒、士五[伍]、庶人各一頃，司寇、隱官各五十畝。不幸死者，令其後先擇田乃行其餘。它子男欲爲戸，以爲其□田予之。其已前爲戸而毋田宅，田宅不盈，得以盈。宅不比，不得。

宅之大方卅步。徹侯受百五宅，關内侯九十五宅，大庶長九十宅，駟車庶長八十八宅，大上造八十六宅，少上造八十四宅，右更八十二宅，中更八十宅，左更七十八宅，右庶長七十六宅，左庶長七十四宅，五大夫廿五宅，公乘廿宅，公大夫九宅，官大夫七宅，大夫五宅，不更四宅，簪褭三宅，上造二宅，公士一宅半宅，公卒、士五[伍]、庶人一宅，司寇、隱官半宅。欲爲戸者，許之。

卿以上所自田戸田，不租，不出頃芻稾。

□□廷歲不得以庶人律，未受田宅者，鄉部以其爲戸先後次次編之，久爲右。久等，以爵先後。有籍縣官田宅，上其廷，令輒以次行之。

田宅當入縣官而詐[詐]代其戸者，令贖城旦，沒入田宅。

欲益買宅，不比其宅者，勿許。爲吏及宦皇帝，得買舍室。

受田宅，予人若賣宅，不得更受。

代戸、貿賣田宅，鄉部、田嗇夫、吏留弗爲定籍，盈一日，罰金各二兩。

諸不爲戸，有田宅，附令人名，及爲人名田宅者，皆令以卒戍邊二歲，沒入田宅縣官。爲人名田宅，能先告，除其罪，有[又]畀之所名田宅，它如律令。

民皆自占年。小未能自占，而毋父母、同産爲占者，吏以□比定其年。自占、占子、同産年，不以實三歲以上，皆耐。産子者恆以戸時占其□□罰金四兩。

恆以八月令鄉部嗇夫、吏、令史相襍案戸籍，副臧[藏]其廷。有移徙者，輒移戸及年籍爵細徙所，幷封。留弗移，移不幷封，及實不徙數盈十日，皆罰金四兩；數在所正、典弗告，與同罪。鄉部嗇夫、吏主及案戸者弗得，罰金各一兩。

民宅園戸籍、年細籍、田比地籍、田命籍、田租籍，謹副上縣廷，皆以篋若匣匱盛，緘閉，以令若丞、官嗇夫印封，獨別府，封府戸；節[即]有當治爲者，令史、吏主者完封奏[湊]令若丞印，嗇夫發，即襍治爲；臧[藏]□輒復緘閉封臧[藏]，不從律者罰金各四兩。其或爲詐[詐]僞，有增減也，而弗能得，贖耐。官恆先計讎，□籍□不相[？]者，毄[繫]劾論之。民欲先令相分田宅、奴婢、財物，鄉部嗇夫身聽其令，皆參辨券書之，輒上如戸籍。有者，以券書從事；毋券書，勿聽。所分田宅，不爲戸，得有之，至八月書戸，留難先令，弗爲券書，罰金一兩。

民大父母、父母、子、孫、同産、同産子，欲相分予奴婢、馬牛羊、它財物者，皆許之，輒爲定籍。孫爲戸，與大父母居，養之善，令孫且外居，令大父母居其室，食其田，使其奴婢，勿貿賣。孫死，其母而代爲戸。令毋敢遂[逐]夫父母及入贅，及外取其子財。

諸後欲分父母、子、同産、主母、叚[假]母，及主母、叚[假]母欲分孽子、叚[假]子田以爲戶者，皆許之。

孽子皆□

寡夫、寡婦毋子及同居，若有子，子年未盈十四，及寡子年未盈十八，及夫妻皆瘁[癃]病，及老年七十以上，毋異其；今毋它子，欲令歸戶入養，許之。

子謁歸戶，許之。

爲人妻者不得爲戶。民欲別爲戶者，皆以八月戶時，非戶時勿許。

戶律

《張家山漢墓竹簡[二四七號墓]·田律》 田不可田者，勿行；當受田者欲受，許之。

入頃芻稾，頃入芻三石；上郡地惡，頃入二石；稾皆二石。令各入其歲所有，毋入陳，不從令者罰黃金四兩。收入芻稾，縣各度一歲用芻稾，足其縣用，其餘令頃入五十五錢以當芻稾。芻一石當十五錢，稾一石當五錢。

芻稾節貴於律，以入芻稾時平賈[價]入錢。

縣道已豤[墾]田，上其數二千石官，以戶數嬰之，毋出五月望。

田不可豤[墾]而欲歸，毋受償者，許之。

盜侵巷術、谷巷、樹巷及豤[墾]食之，罰金二兩。

田廣一步，袤二百卌步，爲畛，畝二畛，一佰[陌]道；百畝爲頃，十頃一千[阡]道，道廣二丈。恒以秋七月除千[阡]佰[陌]之大草；九月大除道□阪險，十月爲橋，脩波[陂]堤，利津梁。雖非除道之時而有陷敗不可行，輒爲之。鄉部主邑中道，田主田道。道有陷敗不可行者，罰其嗇夫、吏主者黃金各二兩。□□□□□□及□土，罰金二兩。

禁諸民吏徒隸，春夏毋敢伐材木山林，及進[壅]隄水泉，燔草爲灰，取産䴈[麛]卵㲉[鷇]，毋殺其繩重者，毋毒魚。

毋以戊己日興土功。

諸馬牛到所，皆毋敢穿穽，穿穽及及置它機能害人、馬牛者，雖未有殺傷也，耐爲隸臣妾。殺傷馬牛，與盜同法。殺人，棄市。傷人，完爲城旦舂。

馬、牛、羊𧱩彘、彘食人稼穡，罰主金馬、牛各一兩，四𧱩彘若十羊、彘當一牛，而令撟[？]稼償主。縣官馬、牛、羊，罰吏徒主者。貧弗能賞[償]者，令居縣官，□□城旦舂、鬼薪白粲也，笞百，縣官皆爲賞[償]主，禁毋牧彘。

卿以下，五月戶出賦十六錢，十月戶出芻一石，足其縣用，餘以入頃芻律入錢。

官各以二尺牒疏書一歲馬、牛它物用稾數，餘見芻稾數，上內史，恒會八月望。

《張家山漢墓竹簡[二四七號墓]·置後律》 死置後者，徹侯後子爲徹侯，其毋適[嫡]子，以孺子□□□子。關內侯後子爲關內侯，卿侯[後]子爲公乘，五大夫後子爲公大夫，公乘後子爲官大夫，公大夫後子爲大夫，官大夫後子爲不更，大夫後子爲簪裹，不更後子爲上造，簪裹後子爲公士，其毋適[嫡]子，以下妻子、偏妻子。

□□□□爲縣官有爲也，以其故死若傷二旬中死，皆爲死事者，令子男襲其爵。毋爵者，其後爲公士。毋子男以女，毋女以父，毋父以母，毋母以男同産，毋男同産以女同産，毋女同産以妻。諸死事當置後，毋父母、妻子、同産者，以大父，毋大父以大母與同居數者。

女子比其夫爵。

⧄及[？]爵，與死事者之爵等，各加其故爵一級，盈大夫者食之。

長爵爲下爵、毋爵□□□□

□先以長者、有爵者即之。爵當即而有物故，奪□，以其數減後爵。其自賊殺，勿爲置後。

死，其寡有遺腹者，須遺腹産，乃以律爲置爵、戶後。

父母及妻不幸死者已葬卅日，子、同産、大父母、大父母之同産十五日之官。

同産相爲後，先以同居，毋同居乃以不同居，皆先以長者。其或異母，雖長，先以同母者。

死毋子男代戶，令父若母，毋父母令寡，毋寡令女，毋女令孫，毋孫令耳孫，毋耳孫令大父母，毋大父母令同産子代戶。同産代戶，必同居數。棄妻子不得與後妻子爭後。

後妻毋子男爲後，乃以棄妻子男。

死毋後而有奴婢者，免奴婢以爲庶人，以□人律□之□主田宅及餘財。

奴婢多，代戶者毋過一人，先用勞久、有□子若主所言者。

女子爲父母後而出嫁者，令夫以妻田宅盈其田宅。宅不比，弗得。其棄妻，及夫死，妻得復取以爲戶。棄妻，畀之其財。

□□□□長［？］次子，□之其財，與中分。其共爲也，及息。婢御其主而有子，主死，免其婢爲庶人。

寡爲戶後，予田宅，比子爲後者爵。其不當爲戶後，而欲爲戶以受殺田宅，許以庶人予田宅。毋子，其夫；夫毋子，其夫而代爲戶。夫同產及子有與同居數者，令毋貿賣田宅及入贅。其出爲人妻若死，令以次代戶。

□□□不審，尉、尉史主者罰金各四兩。

當置後，留弗爲置後過旬，尉、尉史主者罰金各□兩。

嘗有罪耐以上，不得爲人爵後。諸當捧［拜］爵後者，令典若正、伍里人毋下五人任占。

《張家山漢墓竹簡［二四七號墓］・收律》 罪人完城旦舂、鬼薪以上，及坐奸府［腐］者，皆收其妻、子、財、田宅。其子有妻、夫，若爲戶、有爵，及年十七以上，若爲人妻而棄、寡者，皆勿收。坐奸、略妻及傷其妻以收，毋收其妻。

夫有罪，妻告之，除于收及論；妻有罪，夫告之，亦除其夫罪。毋夫，及爲人偏妻，爲戶若別居不同數者，有罪完舂、白粲以上，收之，毋收其子。內孫毋爲夫收。

有罪當收，獄未決而以賞除罪者，收之。

當收者，令獄史與官嗇夫、吏襍封之，上其物數縣廷，以臨計。

奴有罪，毋收其妻子爲奴婢者。有告劾未還死，收之。匿收，與盜同法。

私有土地總部

占田部

題解

《晉書》卷二六《食貨志》 及晉受命，武帝欲平一江表。時穀賤而布帛貴，帝欲立平糴法，用布帛市穀，以爲糧儲。議者謂軍資尚少，不宜以貴易賤。泰始二年，帝乃下詔曰： 夫百姓年豐則用奢，凶荒則窮匱，是相報之理也。故古人權量國用，取贏散滯，有輕重平糴之法。理財鈞施，惠而不費，政之善者也。然此事廢久，天下希習其宜。加以官蓄未廣，言者異同，財貨未能達通其制。更令國寶散於穰歲而上不收，貧弱困於荒年而國無備。豪人富商，挾輕資，蘊重積，以管其利。故農夫苦其業，而末作不可禁也。今者省徭務本，并力墾殖，欲令農功益登，耕者益勸，而猶或騰踊，至於農人並傷。今宜通糴，以充儉乏。主者平議，具爲條制。 然事竟未行。是時江南未平，朝廷厲精於稼穡。四年正月丁亥，帝親耕藉田。庚寅，詔曰： 使四海之內，棄末反本，競農務功，能奉宣朕志，令百姓勸事樂業者，其唯郡縣長吏乎！先之勞之，在於不倦。每念其經營職事，亦爲勤矣。其以中左典牧種草馬，賜縣令長相及郡國丞各一匹。 是歲，乃立常平倉，豐則糴，儉則糶，以利百姓。五年正月癸巳，敕戒郡國計吏、諸郡國守相令長，務盡地利，禁游食商販。其休假者令與父兄同其勤勞，豪勢不得侵役寡弱，私相置名。十月，詔以司隸校尉石鑒所上汲郡太守王宏勤恤百姓，導化有方，督勸開荒五千餘頃，遇年普饑而郡界獨無匱乏，可謂能以勸教，時同功異者矣。其賜穀千斛，布告天下。八年，司徒石苞奏： 州郡農桑未有殿最之制，宜增掾屬令史，有所循行。 帝從之。事見《石苞傳》。苞既明於勸課，百姓安之。十年，光祿勳夏侯和上修新渠、富壽、遊陂三渠，凡溉田千五百頃。

咸寧元年十二月，詔曰： 出戰入耕，雖自古之常，然事力未息，未嘗不以戰士爲念也。今以鄴奚官奴婢著新城，代田兵種稻，奴婢各五十人爲一屯，屯置司馬，使皆如屯田法。 三年，又詔曰： 今年霖雨過差，又有蟲災。潁川、襄城，自春以來，略不下種，深以爲慮。主者何以爲百姓計，促處當之。 杜預上疏曰：

臣輒思惟，今者水災東南特劇，非但五稼不收，居業并損，下田所在停汙，高地皆多磽塉，此卽百姓困窮方在來年。雖詔書切告長吏二千石爲之設計，而不廓開大制，定其趣舍之宜，恐徒文具，所益蓋薄。當今秋夏蔬食之時，而百姓已有不贍，前至冬春，野無青草，則必指仰官穀，以爲生命。此乃一方之大事，不可不豫爲思慮者也。

臣愚謂既以水爲困，當恃魚菜螺蜯，而洪波汎濫，貧弱者終不能得。今者宜大壞兗、豫州東界諸陂，隨其所歸而宣導之。交令饑者盡得水產之饒，百姓不出境界之內，旦暮野食，此目下日給之益也。水去之後，塡淤之田，畝收數鍾。至春大種五穀，五穀必豐，此又明年益也。

臣前啓，典牧種牛不供耕駕，至於老不穿鼻者無益於用，而徒有吏士穀草之費，歲送任駕者甚少，尚復不調習，宜大出賣，以易穀及爲賞直。

詔曰： 孳育之物，不宜減散，事遂停寢。問主者，今典虞右典牧種產牛，大小相通，有四萬五千餘頭。苟不益世用，頭數雖多，其費日廣。古者匹馬匹牛，居則以耕，出則以戰，非如豬羊類也。今徒養宜用之牛，終爲無用之費，甚失事宜。東南以水田爲業，人無牛犢。今既壞陂，可分種牛三萬五千頭，以付二州將吏士庶，使及春耕。穀登之後，頭責三百斛。是爲化無用之費，得運水次成穀七百萬斛，此又數年後之益也。加以百姓降丘宅土，將來公私之饒乃不可計。其所留好種萬頭，可卽令右典牧都尉官屬養之。人多畜少，可並佃牧地，明其考課。此又三魏近甸，歲當復入數十萬斛穀，牛又皆當調習，動可駕用，皆今日之可全者也。

預又言：

諸欲修水田者，皆以火耕水耨爲便。非不爾也，然此事施於新田草萊，與百姓居相絕離者耳。往者東南草創人稀，故得火田之利。自頃戶口日增，而陂堨歲決，良田變生蒲葦，人居沮澤之際，水陸失宜，放牧絕種，樹木立枯，皆陂之害也。陂多則土薄水淺，潦不下潤。故每有水雨，輒復橫流，延及陸田。言者不思其故，因云此土不可陸種。臣計漢之戶口，以驗今之陂處，皆陸業也。其或有舊陂舊堨，則堅完修固，非今所謂當爲人害者也。臣前見尚書胡威啓宜壞陂，其言懇至。臣中者又見宋侯相應遵上便宜，求壞泗陂，徙運道。時下都督度支共處當，各據所見，不從遵言。臣案遵上事，運道東詣壽春，有舊渠，可不由泗陂。泗陂在遵地界壞地凡萬三千餘頃，傷敗成業。遵縣領應佃二千六百口，可謂至少，而猶患地狹，不足肆力，此皆水之爲害也。當所共恤，而都督度支方復執異，非所見之難，直以不同害理也。人心所見既不同，利害之情又有異。軍家之與郡縣，士大夫之與百姓，其意莫有同者，此皆偏其利以忘其害者也。此理之所以未盡，而事之所以多患也。

臣又案，豫州界二度支所領佃者，州郡大軍雜士，凡用水田七千五百餘頃耳，計三年之儲，不過二萬餘頃。以常理言之，無爲多積無用之水，況於今者水潦瓫溢，大爲災害。臣以爲與其失當，寧瀉之不滀。宜發明詔，敕刺史二千石，其漢氏舊陂舊堨及山谷私家小陂，皆當修繕以積水。其諸魏氏以來所造立，及諸因雨決溢蒲葦馬腸陂之類，皆決瀝之。長吏二千石躬親勸功，諸食力之人並一時附功令，比及水凍，得粗枯涸，其所修功實之人皆以俾之。其舊陂堨溝渠當有所補塞者，皆尋求微跡，一如漢時故事，豫爲部分列上，須冬東南休兵交代，各留一月以佐之。夫川瀆有常流，地形有定體，漢氏居人衆多，猶以無患，今因其所患而宣寫之，跡古事以明近，大理顯然，可坐論而得。臣不勝愚意，竊謂最是今日之實益也。

朝廷從之。

及平吳之後，有司又奏：詔書王公以國爲家，京城不宜復有田宅。今未暇作諸國邸，當使城中有往來處，近郊有芻藁之田。今可限之，國王公侯，京城得有一宅之處。近郊田，大國田十五頃，次國十頃，小國七頃。城內無宅城外有者，皆聽留之。

又制戶調之式：丁男之戶，歲輸絹三匹，緜三斤，女及次丁男爲戶者半輸。其諸邊郡或三分之二，遠者三分之一。夷人輸賨布，戶一匹，遠者或一丈。男子一人占田七十畝，女子三十畝。其外丁男課田五十畝，丁女二十畝，次丁男半之，女則不課。男女年十六已上至六十爲正丁，十五已下至十三、六十一已上至六十五爲次丁，十二已下、六十六已上爲老小，不事。遠夷不課田者輸義米，戶三斛，遠者五斗，極遠者輸算錢，人二十八文。其官品第一至于第九，各以貴賤占田，品第一者占五十頃，第二品四十五頃，第三品四十頃，第四品三十五頃，第五品三十頃，第六品二十五頃，第七品二十頃，第八品十五頃，第九品十頃。而又各以品之高卑蔭其親屬，多者及九族，少者三世。宗室、國賓、先賢之後及士人子孫亦如之。而又得蔭人以爲衣食客及佃客，品第六已上得衣食客三人，第七第八品二人，第九品及舉輦、跡禽、前驅、由基、強弩、司馬、羽林郎、殿中冗從武賁、殿中武賁、持椎斧武騎武賁、持鈒冗從武賁、命中武賁武騎一人。其應有佃客者，官品第一第二者佃客無過五十戶，第三品十戶，第四品七戶，第五品五戶，第六品三戶，第七品二戶，第八品第九品一戶。

是時天下無事，賦稅平均，人咸安其業而樂其事。及惠帝之後，政教陵夷，至於永嘉，喪亂彌甚。雍州以東，人多飢乏，更相鬻賣，奔迸流移，不可勝數。幽、并、司、冀、秦、雍六州大蝗，草木及牛馬毛皆盡。又大疾疫，兼以饑饉，百姓又爲寇賊所殺，流尸滿河，白骨蔽野。劉曜之逼，朝廷議欲遷都倉垣，人多相食，饑疫總至，百官流亡者十八九。

綜述

唐・杜佑《通典》卷一《食貨一》　宋孝武帝大明初，羊希爲尚書左丞。時揚州刺史西陽王子尚上言：山湖之禁，雖有舊科，人俗相因，替而不奉，熂（許氣反。）山封水，保爲家利。自頃以來，頽弛日甚。富強者兼嶺而占，貧弱者薪蘇無託。至漁採之地，亦又如兹。斯實害理之深弊。請損益舊條，更申恒制。有司檢壬辰詔書：擅占山澤，強盜律論，贓一丈以上皆棄市。希以壬辰之制，其禁嚴刻，事既難遵，理與時弛。而占山封水，漸染復滋，更相因仍，便成先業，一朝頓去，易致怨嗟。今更刊革，立制五條。凡是山澤，先恒熂爈，（力居反。）種養竹木雜果爲林仍，及陂湖江海魚梁鰌鮆，（七由反，卽移反。）場恒加工修作者，聽不追奪。官品第一、第二品，聽占山三頃。第三、第四品，二頃五十畝。第五、第六品，二頃。第七、第八品，一頃五十畝。第九品及百姓，一頃。皆依定格，條上貲簿。若先已占山，不得更占。先占闕少，依限占足。若非前條舊業，一不得禁。有犯者，水土一尺以上，並計贓，依常盜律論。除晉咸康二年壬辰之科。從之。

時山陰縣人多田少，孔靈符表請徙無貲之家於餘姚、鄮、莫侯反。鄞銀音。三縣界，墾起湖田。餘姚，今會稽郡縣。鄮、鄞則今餘姚郡地。帝令公卿博議，咸曰：夫訓農修政，有國所同。土著之人，習翫日久，如京師無田，不聞徙居他縣。尋山陰豪族富室，頃畝不少，貧者肆力，非爲無處。又緣湖居人，魚鴨爲業，小人習始既難，勸之未易。遠廢之疇，方翦荆棘，率課窮乏，其事彌難，資徙粗立，徐行無晚。帝違衆議，徙人並成良業。

唐·杜佑《通典》卷一《食貨一》 晉武帝泰始八年，司徒石苞奏：州郡農桑未有殿最之制，宜增掾屬令史，有所循行。帝從之。苞既明勸課，百姓安之。平吳之後，有司奏：王公以國爲家，京城不宜復有田宅。今未暇作諸國邸，當使城中有往來之處，近郊有芻稾之田。今可限之，國王公侯，京城得有宅一處。近郊田，大國十五頃，次國十頃，小國七頃。城內無宅城外有者，皆聽留之。男子一人占田七十畝，女子三十畝。其丁男課田五十畝，丁女二十畝，次丁男半之，女則不課。其官第一品五十頃，每品減五頃以爲差，第九品十頃。而又各以品之高卑蔭其親屬，多者及九族，少者三代。宗室、國賓、先賢之後士人子孫亦如之。而又得蔭人以爲衣食客及佃客，量其官品以爲差降。

宋·鄭樵《通志》卷六二《食貨略二》 晉武帝平吳之後，有司奏，王公以國爲家，京城不宜復有田宅，未暇作邸，當使城中有往來之處，近郊有芻藁之田。今可限之，國王、公、侯，京城得有宅一處，近郊田大國十五頃，次國十頃，小國七頃。城內無宅城外有者，皆聽留之。男子一人占田七十畝，女子三十畝，其丁男課田五十畝，丁女二十畝，次丁男半之，女則不課。其官第一品五十頃，每品減五頃，以爲差，第九品十頃。而又各以品之高卑蔭其親屬，多者及九族，少者三代。宗室、國賓、先賢之後、士人子孫亦如之。而又得蔭人爲衣食客及佃客，量其官品以爲差降。

宋·王欽若《册府元龜》卷四九五《邦計部·田制》 晉武帝平吳之後，有司奏詔書：王公以國爲家，京城不宜復有田宅。今未暇作諸國邸，當使城中有往來處，近郊有蒭藁之田。今可限之。國王公侯，京城得有一宅之處，近郊田，大國十五頃，次國十頃，小國七頃。城內無宅城外有者，皆聽留之。又制官品第一至於第九，各以貴賤占田。品第一者，占五十頃；第二品，四十五頃；第三品，四十頃；第四品，三十五頃；第五品，三十頃；第六品，二十五頃；第七品，二十頃；第八品，十五頃；第九品，十頃。而又各以品之高卑蔭其親屬，多者及九族，少者三族。宗室、國賓、先賢之後及士人子孫，亦如之。而又得蔭人以爲衣食客及佃客，品第六已上得衣食客三人；第七第八品二人；第九品及舉輦、跡禽、前驅、繇基、彊弩、司馬、羽林郎、殿中冗從武賁、殿中武賁、持椎斧武騎武賁、持鈒冗從武賁、命中武賁武騎一人，其應有佃客者，官品第一、第二者，佃客無過十五戶；第三品，十戶；第四品，七戶；第五品，五戶；第六品，三戶；第七品，二戶；第八品、九品，一戶。是時天下無事，賦稅平均，人咸安其業，而樂其事。又制男子一人占田七十畝，女子三十畝，其外丁男課田五十畝，丁女十畝，次丁男半之，女則不課。

宋·王欽若《册府元龜》卷四九五《邦計部·田制》 宋武帝孝建三年，制：內外官有田在近道，聽遣所給吏僮附業。大明初，揚州刺史西陽王子尚上言：山湖之禁雖有舊科，民俗相因，替而不奉。熂山封水，保爲家利。自頃以來頽弛日甚，富彊者兼領而占，貧弱者薪蘇無託，乃至漁採之地，亦又如兹，斯寔治之深弊也。又宜損益舊條，更申嘗制。有司簡壬辰詔書：擅占山澤，彊盜律論，贓一丈以上，皆棄市。尚書左丞羊希以壬辰之制，其禁嚴刻，事既難遵，理與時弛。而占山封水，漸染復滋，更相因仍，便成先業，一朝頓去，易致嗟怨。今更判革，立制五條。凡是山澤，先嘗熂(燼)[爈]種養竹林雜果爲林仍。及陂湖、江海、魚梁、鰌鮆場，嘗加功脩作者，聽不追奪。官品第一、第二，聽占山三頃；第三、第四品，二頃五十畝；第五、第六品，二頃；第七品、八品，一頃五十畝；第九品及百姓，一頃。皆依定格，上貲簿。若先已占山澤，得更占足。若非前條舊業，一不得禁。有犯者，水土一尺以上，並計贓，依嘗盜律論。停除晉咸康二年壬辰之科，從之。

明帝泰始三年，復郡縣公田。

梁高祖大同七年十一月，詔曰：用天之道，分地之利，蓋先聖之格訓也。凡是田桑廢宅沒入者，公收之外悉以分給貧民，皆使量其所能，以受田分。如聞頃者，豪家富室多占取公田，貴價就稅以與貧民，傷時害政，爲蠹以甚。自今公田悉不得假與豪家。已假者，特聽不追。若富室給貧民種糧共營作者，不在禁例。

宋·章如愚《群書考索》卷六五　晉武帝占之田制

晉武帝泰始八年，司徒石苞奏：州郡農桑未有殿最之制，宜增掾屬令史，有所巡幸。帝從之。苞既明勸課，百姓安之。平吳之後，有司奏：王公以國爲家，京城不宜復有田宅。未暇作邸，當使城中有往來之處，近郊有芻藁之田。今可限之，國王公侯，京城得有宅一處。近郊田，大國十五頃，次國十頃，小國七頃。城內無宅城外有者，皆聽留之。男子一人占田七十畝，女子三十畝。其丁男課田五十畝，丁女二十畝，次丁男半之，女則不課。其官第一品五十頃，每品減五頃，以爲差，第九品十頃。而又各以品之高下蔭其親屬，多者及九族，少者三代。宗室、國賓、先賢之後、士人子孫亦如之。而又得蔭人爲衣食客及佃客，量其官品以爲差降。

宋武帝定山湖之禁

宋孝武帝大明初，羊希爲尚書左丞相。揚州刺史西山王子尙上言：山湖之禁，雖有舊科，人俗相因，替而不奉，占山封水，保爲家利。自頃以來，頽弛日甚，富強者兼併而占，賢能者薪蘇無託。至漁採之地，亦又如茲，斯實害理之深弊。謂損益舊條，更申常制。有司檢壬辰詔書：擅占山澤，強盜律論，贓一丈以上皆棄市。希以壬辰之制，其禁嚴刻，事既難遵，理與時弛。而占山封水，漸染復滋，更相因仍，便成先業，一朝頓去，易致怨嗟，今更刊革，立制五條。凡是山澤，先恒熂爈種竹木薪菓爲林仍，及陂湖、江海、魚梁、鰌鮆常加工修作者，聽不追奪。官品第一、第二品，聽占山三頃。第三、第四品，二頃五十畝。第五、第六品，二頃。第七、第八品，一頃五十畝。第九品及百姓，一頃。皆依定格，條上貲簿。若先以占山，不得更占。先占足，若非前條舊業，一不得禁。有犯者，水土一尺以上，並計贓，依常盜論。除晉咸康二年壬辰之科，從之。

宋武帝墾起湖田

時山陰縣人多田少，孔靈符表請徙無貲之家於餘姚、鄮、鄞三縣，墾起湖田。帝令公卿博議，咸曰：夫訓農修政，有國所同。土著之人，習翫日久，如京師無田，不聞徙居他縣，尋山陰豪族富室，頃畝不少，貧者肆力，非爲無處。又緣湖居人，魚鴨爲業，小人習始既難，勸之未易。遠廢之疇，方翦荆棘，率課窮乏，其事彌難，資徙粗立，徐行無晚。帝違衆議，徙人並成良業。

宋·王應麟《玉海》卷一七六　晉限田　宋湖田

《食貨志》：《通典》同晉武平吳之後，有司奏：王公以國爲家，不宜復有田宅，當使城中有往來之處，近郊有芻藁之田，今可限之。國王公侯京城得有宅一處，近郊田大國十五頃，次國十頃，小國七頃，男子一人占田七十畝，女子三十畝，其外丁男課田五十畝，丁女二十畝，次丁男半之，女不課。其官品第一至第九，各以貴賤占田。品第一者，占五十頃，每品減五頃，以爲差，至第九品，十頃。而又各以品之高卑，蔭其親屬。《傅玄傳》上便宜曰：古以步百爲畝，今以二百四十步爲一畝。所覺過倍。近魏初課田，不務多其頃畝，但務脩其功力，故白田收至十餘斛，水田收數十斛。自頃以來，日增田頃畝之課，而功不能修理，至畝數斛，竊見河隄謁者石恢精練水事及田事，知其利害，乞中書召問得失。《石苞傳》奏：遣掾屬循行，均其土宜，舉其殿最。詔曰：農殖爲政之本，陶唐稷官爲重，其使司徒督察州郡播殖，其增置掾屬十人。

《晉志》：泰始五年十月，汲郡太守王宏督勸開荒五千餘頃，其賜穀千斛，布告天下。宋史：山陰人多田少，孔靈符表請徙無貲之家於餘姚、鄮、鄞三縣，墾起湖田，並成良業。

傳記

《晉書》卷三三《石苞傳》　自諸葛誕破滅，苞便鎮撫淮南，士馬強盛，邊境多務，苞既勤庶事，又以威德服物。淮北監軍王琛輕苞素微，又聞童謠曰：宮中大馬幾作驢，大石壓之不得舒。因是密表苞與吳人交通。先時望氣者云東南有大兵起。及琛表至，武帝甚疑之。會荆州刺史胡烈表吳人欲大出爲寇，苞亦聞吳師將入，乃築壘遏水以自固。帝聞之，謂羊祜曰：吳人每來，常東西相應，無緣偏爾，豈石苞果有不順乎？祜深明之，而帝猶疑焉。會苞子喬爲尙書郎，上召之，經日不至。帝謂爲必叛，欲討苞而隱其事。遂下詔以苞不料賊勢，築壘遏水，勞擾百姓，策免其官。遣太尉義陽王望率大軍徵之，以備非常。又敕鎮東將軍、琅邪王伷自下邳會壽春。苞用掾孫鑠計，放兵步出，住都亭待罪。帝聞之，意解。及苞詣闕，以公還第。苞自恥受任無效而無怨色。

時鄴奚官督郭廙上書理苞。帝詔曰：前大司馬苞忠允清亮，才經世務，幹用之績，所歷可紀。宜掌教典，以贊時政。其以苞爲司徒。有司奏：苞前有折撓，不堪其任。以公還第，已爲弘厚，不宜擢用。詔曰：吳人輕脆，終無能爲。故疆埸之事，但欲完固守備，使不得越逸而已。以苞計畫不同，慮敵過甚，故徵還更授。昔鄧禹撓於關中，而終輔漢室，豈以一眚而掩大德哉！於是就位。

苞奏：州郡農桑未有賞罰之制，宜遣掾屬循行，皆當均其土宜，舉其殿最，然後黜陟焉。詔曰：農殖者，爲政之本，有國之大務也。雖欲安時興化，不先富而教之，其道無由。而至今四海多事，軍國用廣，加承征伐之後，屢有水旱之事，倉庫不充，百姓無積。古者稼穡樹蓺，司徒掌之。今雖登論道，然經國立政，惟時所急，故陶唐之世，稷官爲重。今司徒位當其任，乃心王事，有毀家紓國，乾乾匪躬之志。其使司徒督察州郡播殖，將委事任成，垂拱仰辦。若宜有所循行者，其增置掾屬十人，聽取王官更練事業者。苞在位稱爲忠勤，帝每委任焉。

泰始八年薨。帝發哀於朝堂，賜祕器，朝服一具，衣一襲，錢三十萬，布百匹。及葬，給節幢麾、曲蓋、追鋒車、鼓吹、介士、大車，皆如魏司空陳泰故事，車駕臨送於東掖門外。策謚曰武。咸寧初，詔苞等並爲王功，列於銘饗。

雜録

唐・杜佑《通典》卷二《食貨二・水利田》　晉武帝咸寧元年，詔曰：今年霖雨過差，又有蟲災。潁川、襄城，自春以來，略不下種，深以爲慮。主者何以爲百姓計。當陽侯杜元凱上疏曰：臣輒思惟，今者水災，東南特劇，非但五穀不收，居業并損。下田所在渟汙，高地皆多磽塉，百姓困窮，方在來年。雖詔書切告長吏二千石爲之設計，而不廓開大制，定其趣舍之宜，恐徒文具，所益蓋薄。當今秋夏蔬食之時，而百姓已有不贍，前至冬春，野無青草，則必指仰官穀，以爲生命。此乃一方之大事，不可不早爲思慮。臣愚謂既以水爲田，當恃魚菜螺蜯，而洪波汎濫，貧弱者終不能得。今者宜大壞兗及荆河州東界兗州東界，今濟陽、濟陰、東平、魯郡之閒。荆河州東界，今汝南、汝陰、譙郡之閒也。諸陂，隨其所歸而宣導之。令饑者盡得水產之饒，百姓不出境界之內，朝暮野食，此目下日給之益也。水去之後，塡淤之田，畝收數鍾。至春大種五穀，五穀必豐，此又明年之益也。杜君又言：諸欲修水田者，皆以火耕水耨爲便，非不爾也。然此施於新田草萊，與百姓居相絕離者耳。往者東南草創人稀，故得火田之利。頃來户口日增，而陂堰歲決，良田變生蒲葦，人居沮澤之際，水陸失宜，放牧絕種，樹木立枯，皆陂之害也。陂多則土薄水淺，潦不下潤。故每有水雨，輒復橫流，延及陸田。言者不思其故，因云此土不可陸種。臣計漢之户口，以驗今之陂處，皆陸業也。其或有舊堰，則堅完修固，非今所謂當爲人害也。臣見尚書胡威啓宜壞陂，其言懇至。臣又見宋漢侯相應遵上便宜，求壞泗陂，徙運道。時下都督度支共處當，各據所見，不從遵言。臣按遵上事，運道東詣壽春，有舊渠，可不由泗陂出。泗陂在彼地界，壞地凡萬三千餘頃，傷敗成業。遵縣領應佃二千六百口，可謂至少，而猶患地狹，不足肆力，此皆水之爲害也。當所共卹，而都督度支方復執異，非所見之難，直以不同害理也。人心所見既不同，利害之情又有異，軍家之與郡縣，士大夫之與百姓，其意莫有同者，此皆偏其利以忘其害，此理之所以未盡，而事之所以多患也。臣又按，荆河州界中度支所領佃者，州郡大軍雜士，凡用水田七千五百餘頃耳。計三年之儲，不過二萬餘頃。以常理言之，無爲多積無用之水。況於今者水潦瓮溢，大爲災害，臣以爲宜發明詔，敕刺史二千石，漢氏舊堰及山谷私家小陂，皆當修繕以積水。其諸魏氏以來所造立及諸因雨決溢蒲葦馬腸陂之類，皆決瀝之。長吏二千石躬先勸功，諸食力之人並一時附功令，比及水凍，得粗枯涸。其所修功實之人，皆以俾之。其舊陂堰溝渠當有所補塞者，比尋求微跡，一如漢時故事，早爲部分列上，須冬閒東南休兵交代，各留一月以佐之。夫川瀆有常流，地形有定體，漢氏居人衆多，猶以無患，今因其所患而宣瀉之，跡古事以明近，大理昭然，可坐論而得。臣不勝愚意，竊謂最是今日之實益也。

私有土地總部

莊田部

明代分部

題解

《明史》卷七七《食貨一》 明時，草場頗多，占奪民業。而爲民厲者，莫如皇莊及諸王、勳戚、中官莊田爲甚。太祖賜勳臣公侯丞相以下莊田，多者百頃，親王莊田千頃。又賜公侯暨武臣公田，又賜百官公田，以其租入充祿，指揮沒於陣者皆賜公田，勳臣莊佃，多倚威扞禁，帝召諸臣戒諭之。其後公侯復歲祿，歸賜田於官。

仁、宣之世，乞請漸廣，大臣亦得請沒官莊舍。然寧王權請灌城爲庶子耕牧地，帝賜書，援祖制拒之。至英宗時，諸王、外戚、中官所在占官私田，或反誣民占，請案治。比案問得實，帝命還之民者非一。乃下詔禁奪民田及奏請畿內地，然權貴宗室莊田墳塋，或賜或請，不可勝計。御馬太監劉順家人進薊州草場，進獻由此始。宦官之田，則自尹奉、喜寧始。

初，洪熙時，有仁壽宮莊，其後又有清寧、未央宮莊。天順三年，以諸王未出閣，供用浩繁，立東宮、德王、秀王莊田。二王之藩，地仍歸官。憲宗即位，以沒入曹吉祥地爲宮中莊田，皇莊之名由此始。其後莊田遍郡縣。給事中齊莊言：天子以四海爲家，何必置立莊田，與貧民較利。弗聽。弘治二年，戶部尚書李敏等以災異上言：畿內皇莊有五，共地萬二千八百餘頃；勳戚、中官莊田三百三十有二，共地三萬三千餘頃。管莊官校招集羣小，稱莊頭、伴當，占地土，斂財物，汙婦女。稍與分辨，輒被誣奏。官校執縛，舉家驚惶。民心傷痛入骨，災異所由生。乞革去管莊之人，付小民耕種，畝徵銀三分，充各宮用度。帝命戒飭莊戶。又因御史言，罷仁壽宮莊，還之草場，且命凡侵牧地者，悉還其舊。

又定制，獻地王府者戍邊。奉御趙瑄獻雄縣地爲皇莊，戶部尚書周經劾其違制，下瑄詔獄。敕諸王輔導官，導王奏請者罪之。然當日奏獻不絕，乞請亦愈繁。徽、興、岐、衡四王，田多至七千餘頃。會昌、建昌、慶雲三侯爭田，帝輒賜之。武宗即位，踰月，即建皇莊七，其後增至三百餘處。諸王、外戚求請及奪民田者無算。

世宗初，命給事中夏言等清核皇莊田。言極言皇莊爲厲於民。自是正德以來投獻侵牟之地，頗有給還民者，而宦戚輩復中撓之。戶部尚書孫交造皇莊新冊，額減於舊。帝命覈先年頃畝數以聞，改稱官地，不復名皇莊，詔所司徵銀解部。然多爲宦寺中飽，積逋至數十萬以爲常。是時，禁勳戚奏討、奸民投獻者，又革王府所請山場湖陂。德王請齊、漢二庶人所遺東昌、兗州閒田，又請白雲等湖，山東巡撫邵錫按新令卻之，語甚切。德王爭之數四，帝仍從部議，但存藩對初請莊田。其後有奏請者不聽。

又定，凡公主、國公莊田，世遠者存什三。嘉靖三十九年遣御史沈陽清奪隱冒莊田萬六千餘頃。穆宗從御史王廷瞻言，復定世次遞減之限：勳臣五世限田二百頃，戚畹七百頃至七十頃有差。初，世宗時，承天六莊二湖地八千三百餘頃，領以中官，又聽校舍兼并，增八百八十頃，分爲十二莊。至是始領之有司，兼并者還民。又著令宗室買田不輸役者沒官，皇親田俱令有司徵之，如勳臣例。雖請乞不乏，而賜額有定，徵收有制，民害少衰止。

神宗賚予過侈，求無不獲。潞王、壽陽公主恩最渥。而福王分封，括河南、山東、湖廣田爲王莊，至四萬頃。羣臣力爭，乃減其半。王府官及諸閹丈地徵稅，旁午於道，扈養廝役廩食以萬計，漁斂慘毒不忍聞。駕帖捕民，格殺莊佃，所在騷然。給事中官應震、姚宗文等屢疏諫，皆不報。時復更定勳戚莊田世次遞減法，視舊制稍寬。其後應議減者，輒奉詔姑留，不能革也。熹宗時，桂、惠、瑞三王及遂平、寧德二公主莊田，動以萬計，而魏忠賢一門，橫賜尤甚。蓋中葉以後，莊田侵奪民業，與國相終云。

綜　述

《明會典》卷一七《户部四》　凡各宮田土，嘉靖八年題准，查勘過豐潤縣仁壽宮餘地，九百一十四頃三十七畝有零，泊南、泊北、梁城所東及水泊餘地，共九百八十頃九十九畝有零，蘆葦地一千三百二十二頃九十三畝有零。行令該縣俱照原擬輕重則例，徵銀解部，以備邊儲。○又題准查勘過仁壽、清寧、未央三宮官地，六十二處堪種，幷蘆葦徵銀不等地，計一萬六千一十五頃四十七畝零，歲該徵租銀三萬七千八百三兩五錢九分零。內仁壽、清寧二宮比原額勘多銀五千三百九十四兩三錢零，未央宮比原額勘少銀二千六百二十二兩三錢零，各州縣照例徵銀，另批解部收候。係原額者，年終類進，係勘多者，除補未央宮勘少額數外，餘補各宮災免，補湊進用。○二十年議准，順天等府，實坻、豐潤、武清、靜海、興濟五縣，水占荒鹻，勘減仁壽、清寧二宮官地銀五千三百四十五兩五錢四分零。將通州大興等州縣原入官備邊勳戚等項地租銀，四千一百二十二兩八錢六分五釐七毫六絲七忽改補，及將原勘多餘，備補各宮災免銀二千七百七十一兩九錢八分七釐一毫九絲五微六纖五渺數內摘補外，其餘備補災免銀一千五百四十九兩三錢五釐四毫二絲六忽三微一纖五渺，仍存補湊進用。二宮前項水占荒鹻田土，改作入官備邊，候水退，另行召佃，徵銀解部。○又題准，三宮原額，及新改補地土子粒銀兩，自本年爲始，至二十五年止，通借濟邊支用。○萬曆二年奏准，仁壽、清寧、未央三宮莊田，坐落順天河間等府，每年額徵子粒銀三萬七千八百三兩五錢九分零。內除未央宮莊田，量撥供奉景陵香火，每年該銀九百八兩九錢五分七釐四毫，實該進銀三萬六千八百九十四兩六錢三分八釐零，前項官莊田地，俱係膏腴，每畝止徵課三分或二分，坐落各該地方畝數，逐一丈量，將清查出田土，改正過姓名，佃種地畝，應納子粒，備細造冊奏繳，仍造靑冊一樣四本，一送戶部，一留屯田御史，餘留該府州縣，以後再有延欠奸豪，該州縣按名徑申屯田御史處治。

同上　弘治二年，令皇莊及皇親公侯駙馬伯等官莊田，如遇災傷，俱令照依民田災傷分數徵收，其各處王府，不許置買田地，覇占民業。○三年奏准，今後如有皇親幷權豪勢要之家奏討地土，非奉旨看了來說，一切立案不行，仍要追究撥置主謀之人，參送問罪。本部仍行都察院轉行巡視五城及巡按御史，出榜曉諭禁約軍民人等，敢有投託勢要之家，充爲家人，及通同旗校管莊人等，妄將民間地土投獻者，事發，悉照天順幷成化十五年欽奉勅旨事例，問發邊衛，永遠充軍。○十一年，令今後額辦錢糧田地，不許王府奏討。

同上　[弘治]十五年，議准各王府皇親侯伯莊田地土店肆等項，如有強奪侵占，幷管莊人役生事害民，撫按官拏問發遣。應參奏者，參奏。

同上　[嘉靖六年]○又詔勳戚之家，除欽賜莊田以資養贍外，再不許聽信撥置，將有主之業朦朧陳乞，違者許本部該科，參究處治。○八年奏准，淸查部科道等官，將各該勳戚田土，盡數查出。內有世遠秩降，果係宗派，照舊不動外，若世遠，本房子孫已絶，傍枝影射冒占者，於內量存三分之一，以爲修墳辦祭之資，其餘盡革入官，照例徵銀解部，以備邊餉。其戚畹開墾置買田土，欺隱不行報官者，比照功臣田土律例，一體追斷。

同上　凡各王府有莊田，在京王府有養贍及香火地，公主郡主及夫人有賜地，公侯伯有給爵及護墳地，又有給賜聖賢後裔，及安插夷官各不等，有特賜者，有世守者，有退出者，不能具載，止載常行例於左。

凡賜勳戚莊田，成化六年題准，各王府及功臣之家，欽賜田土佃戶，照原定則例，將該納子粒，每畝徵銀三分，送赴本管州縣上納，令各該人員關領，不許自行收受。○嘉靖七年題准，查勘過順天等八府各項莊田，除額外多占，遵奉查給軍民，其餘悉聽照舊管業，今後應賞地土，隨品級定制。

凡遠遺莊田，別其世之親疎量爲裁革，至於戚畹開墾置買，不行報官納糧者，照功臣律例，一體追斷。○十年題准，勳戚莊田，議定徵銀解部，上地徵銀三分，中地二分，下地一分五釐。如有司不行用心徵解，過限三月不完者，府州縣管糧官住俸，半年不完者，府州縣掌印官住俸，十月不完者，布政司管糧官住俸，一年不完者，布政司掌印官住俸，仍要塡註循環文簿，依限送部查考。○十六年，勅差科道部屬官各一員前去會同巡按查勘八府莊田，但自正德以來，朦朧投獻及額外侵占者，盡行查出，各依擬給主召佃，管莊人員盡數取回，著管屯田僉事兼帶督管，該徵稅租，照依原定則例，折收銀錢。原係皇莊者，解部類進，係皇親者，赴部關領，不許自行收受。○二十九年，令凡公主國公下莊田，世遠者，以十分爲率，內儘一處撥給三分，其餘七分盡數追出還官，徵銀解部，以補宮莊備邊之需，若爵級已革，除補足宮莊額數外，餘剩地畝，照例徵銀解部濟邊，或量留五分給與的親承繼人員管業，以備護墳香火之用，其餘五分還官。寺觀太監下，自買營造丘隴，奏免糧差地不及三頃者，容令照舊，若至三頃之外，量免其養馬均徭差役，每畝督辦納子粒三分解部。○隆慶二年題准，以後奏請莊田，乞欽定數目撥給，其年遠勳戚，行屯田御史，查自封爵之日爲始，傳派五世，親服已盡者，止留莊田百頃。或枝派已絶，并爵級已革，盡行追奪還官。○又題准，元勳後裔，傳派五世者，原議百頃之外，今再留一百頃，如係勳戚相半者，再留五十頃。○萬曆九年議准，勳戚莊田，五服遞減，勳臣止於二百頃，已無容議。惟戚臣，如始封本身爲一世，子爲二世，孫爲三世，曾孫爲四世，曾孫之子爲五世，以今見在官品爲始，以今見留地數爲准，係二世者，分爲三次遞減，係三世者，分爲二次遞減，至五世，止留一百頃爲世業。如正派已絶，爵級已革，不論地畝多寡，止留地五頃，給旁枝看守墳塋之人。○又題准，勳戚莊田，有司照例每畝徵銀三分，解部驗給。如有縱容家人下鄉占種民地，及私自徵收，多勒租銀者，聽屯田御史參究。

《明實録·太祖實録》卷一〔洪武元年正月甲申〕詔遣周鑄等一百六十四人往浙西覈實田畝。謂中書省臣曰：兵革之餘，郡縣版籍多亡。田賦之制不能無增損，征斂失中，則百姓怨咨。今欲經理，以清其源，無使過制以病吾民。夫善政在於養民，養民在於寬賦。今遣周鑄等往諸府縣覈實田畝，定其賦稅，此外無令有所妄擾。復諭鑄等曰：爾經理第以實聞，無踵襲前弊，妄有增損，曲徇私情以病吾民，否則國有常憲。各賜衣帽遣之。

《明實録·太祖實録》卷六二〔洪武四年三月癸巳〕賜韓國公李善長等六國公延安侯唐勝宗等二十五侯及丞相、左右丞、參政等臨濠山地六百五十八頃有奇。

《明實録·太祖實録》卷六七〔洪武四年八月庚子〕詔賜大都督府僉事沐英蘇州府吴江縣田二十二頃八十畝，歲計租二千石。

《明實録·太祖實録》卷六八〔洪武四年十月甲辰〕中書省奏公侯佃戶名籍之數：韓、魏、鄭、曹、宋、衛六國公，延安、吉安、江夏、淮安、濟寧、長興、臨江、六安、滎陽、平涼、江陰、靖海、南雄、德慶、南安、廣德、滎陽、蘄春、永嘉、豫章、東平、宜春、宣寧、汝南、中山、鞏昌、河南、潁川二十八侯佃戶凡三萬八千一百九十四戶。

《明實録·太祖實録》卷七〇〔洪武四年十二月甲申〕時諸勛臣所賜公田，莊佃多倚勢冒法，凌暴鄉里，而諸勛臣亦不禁戢。上乃召諸勛臣諭之曰：古人不虧小節故能全大功，不遺細行故能成大德，是以富貴終身，聲名永世。今卿等功成名立，保守晚節，正當留意。而莊佃之家，倚汝勢，挾汝威以凌暴鄉里，卿等何可不嚴戒之？彼小人耳，戒之不嚴，必漸自縱；自縱不已，必累爾德也。

同上〔洪武四年十二月壬辰〕賜中山侯湯和田萬畝。以千石田所收之租賜鞏昌侯郭子興。

《明實録·太祖實録》卷七三〔洪武五年四月乙卯〕賜秦王樉、晉王㭎、今上蘇州吴江縣田各百頃。又以江西湖池魚課歲米賜之，秦王九千二百石，晉王、今上各三千石。

《明實録·太祖實録》卷七四〔洪武五年六月庚辰〕賜吴王、靖江王蘇州府吴江縣田各一百頃，歲計米各七千八百石。

同上〔洪武五年六月癸巳〕賜楚王、潭王蘇州府吴江縣田各一百頃，歲計米各七千八百石。

《明實録·太祖實録》卷八二〔洪武六年五月癸丑〕賜大都督府同知沐英銅陵縣田十二頃四十畝，歲計租五百四十八石。

《明實録·太祖實録》卷一七九〔洪武十九年九月壬申〕賜壽春公主吴江縣田一百二十四頃七十畝，爲糧八千石。

《明實録·太祖實録》卷二一六〔洪武二十五年二月庚申〕賜江夏侯周德興田二十七頃六十畝。

同上〔洪武二十五年二月辛巳〕潁國公傅友德請懷遠縣官地九頃六十餘畝以爲田圃。上曰：爾貴爲上公，食祿數千石而猶請地，獨不聞公儀休事耶？友德慚而退。

《明實録·太祖實録》卷二二〇〔洪武二十五年八月甲戌〕命仍歲給公侯之祿。魏國公、宋國公、曹國公、信國公、江陰侯、靖海侯、永平侯、蘄春侯各歸舊賜田于官。

《明實録·太祖實録》卷二三〇〔洪武二十六年十一月庚申〕曹國公李景隆奏還莊田六所，凡田地山塘池蕩二百餘頃。

《明實録・太宗實録》卷一一一 〔永樂八年十二月壬子〕都察院左都御史陳瑛劾奏隆平侯張信素無汗馬之勞，遭遇聖明，忝冒侯爵，不思恭儉持己以保禄位，乃恣肆貪墨，無有厭足。近強占丹陽縣練湖八十餘里，又占江陰縣官田七十餘頃，法當逮問。上曰：瑛所言良是也，昔中山王有沙洲一區，耕農水道所經，其家僮常據之以擅利。中山王聞之，遂歸其地於官。今信何敢貪縱厲民如此！命三法司雜治之。

《明實録・仁宗實録》卷七下 〔洪熙元年二月甲子〕晉王濟熺及平陽王美圭互奏爭連伯灘田。賜書濟熺曰：得奏田事，兄已檢閲先帝時賢弟及平陽王所奏，具見本末。今仍遣人往蒲州從實審視，繪圖來觀，賢弟亦令一的當人同往，務盡公道。庶幾將來處置得中。古人有言，易得者田地，難得者兄弟。孟子曰：亦有仁義而已。兄于賢弟心相好也，親愛之言想惟亮察。又遺書諭兄濟熺曰：平陽王言連伯灘田雖已與之，昨晉王在先帝時亦曾奏此事，今檢閲不爲無據，已遣人往蒲州從公審視，畫圖來觀，兄亦令平陽王遣一的當人至彼，務盡公道，庶幾將來處置兩得其中。古人有言兄及弟矣，式相好矣，無相猶矣。往事悉可置度外也。蓋時濟熺猶訴諸弟昔所誣害未已云。

《明實録・宣宗實録》卷七 〔洪熙元年八月丁卯〕命行在戶部以蘇州府長洲縣沒官田地山場一百四頃二十畝與駙馬都尉西寧侯宋瑛。初，瑛有賜田隸鳳陽府定遠縣，准祿米一千一百石。地不濱水，艱於運載，咸寧公主屢以爲言，故改與之。

《明實録・宣宗實録》卷一〇 〔洪熙元年十月己卯〕賜越王瞻墉昌平縣莊田四十四頃九十畝。

《明實録・宣宗實録》卷一五 〔宣德元年三月己亥〕行在戶部言：駙馬都尉宋瑛奏求白河邊廢地牧馬，其中間有民田四十七頃。上曰：人與馬孰重？此輩生長富貴，恃恩恣肆，豈知輕重。須遣人覆勘，如果皆是廢地，與之；但有民田，勿與。

《明實録・宣宗實録》卷一二 〔宣德三年閏四月壬寅〕，寧王權奏：乞賜南昌府附近灌成一鄉田土，俾衆子耕種，爲自給之計。上諭行在戶部臣曰：古人云：王者當食租衣稅。今有歲祿，足矣。一鄉之田，民所衣食，奪以與王，民將謂何？且王居國江西，固當恤民，豈可奪民以自養？宜遣人往勘灌城一鄉，果皆閑田否？待報處置。

《明實録・宣宗實録》卷五四 〔宣德四年五月丁巳〕，書與寧王權曰：所喻欲得灌城一鄉田土與庶子耕牧，朕不吝惜。但於民無損，於禮無違，足爲朝廷經久通行之法可也。今戶部言：灌城之田共一千六百一十七頃六十餘畝，鄉民所賴以足衣食，别非荒閑之田。况庶子郡王自有歲祿，稽之祖訓，亦無謬賜田地之例。若從叔祖所言，百姓失業，必歸怨朝廷，亦必歸怨叔祖。關今叔祖爲諸王表率，使諸王皆倣叔祖所言，豈不皆違祖訓而損賢德。故撥田之喻，不能曲從，惟叔祖亮之。

《明實録・宣宗實録》卷六一 〔宣德五年正月戊申〕，梁王瞻垍奏求郢府故莊宅田園及安陸護衛官軍所遺房屋田土。命行在都察院差御史覆視，如皆郢府故物，不關於民，悉與之。

《明實録・宣宗實録》卷六三 〔宣德五年二月己卯〕宥武定侯郭玹罪。時巡按直隸監察御史白圭劾奏玹令家人強奪滄州南皮縣民十七家田土，拆毁民居，置立莊屋。天津右衛指揮呂昇阿附玹勢，奪官軍屯田一千九十餘畝與玹。軍民失業，嗸嗸怨嗟。玹等所爲非法，請治其罪。上曰：勳戚之家，正當謹守禮法，庶幾長享富貴，乃敢縱恣貪暴如此，此非朝廷少恩。玹姑宥之，令其改過，呂昇及玹家人皆執而治之。

《明實録・宣宗實録》卷一一二 〔宣德九年九月丙子〕賜眞定公主武強縣退灘田土九十四頃。

《明實録・英宗實録》卷三 〔宣德十年三月己卯〕賜永和王交城、祁二縣地八十八頃有奇。時永和王濟烺奏：原賜隨侍官軍一所，受有屯地。今官軍改調，屯地空閑，請爲畜牧之所。上從之。

同上 〔宣德十年三月丙申〕以山西太原縣古城田六十餘頃賜寧化王濟煥，從王奏請也。

《明實録・英宗實録》卷一九 〔正統元年閏六月乙亥〕行在戶部主事朱振奏：淮王移封饒州，詔以安府營房地株湖山、霞山、強山湖地屬王，并爲儀衛司及居官軍旗校。臣等會官勘視，皆有干涉，請即三皇廟錦衣巷隙地爲之。上從之，仍令江西三司及巡按御史採訪山場不籍糧者以益王用。

《明實録・英宗實録》卷二九 〔正統二年四月辛未〕初，上以南京權貴怙勢占據官私田地房屋，敕御史李彝等往按之。彝等廣得中官、外戚所占田地六萬二千三百五十畝，房屋一千二百二十八間。上以田地給新調旗軍之貧者，房屋召軍民賃居。原繫官者還官。至是，袞城伯李隆等奏：奉敕將占據田地分撥新調旗軍，每人五十畝，俱自正統三年徵納子粒。請於太僕寺見在牛内每人撥與一牛耕種爲便。從之。

《明實録·英宗實録》卷三〇 [正統二年五月丙午]初，鎮守甘肅總兵、太監等官占據田畝、侵奪水利事聞，上敕兵部侍郎柴車等官核實，斟酌田地肥瘠，各官家口多寡，量存與之，餘悉發屯兵耕種。至是奏報：西寧侯駙馬都尉宋琥、太監王安、王瑾、崇信伯費瓛、都督劉廣、史昭共占田六百餘頃，内以八十六頃存留各家官屬自種食用，餘田五百一十六頃撥與無地軍餘耕種。從之

《明實録·英宗實録》卷三五 [正統二年十月壬午]先是，魏國公徐顯宗奏：臣祖中山武寧王達蒙太祖高皇帝給賜田産，永樂以來，臣伯父定國公景昌悉專其利。景昌亦奏其田有係仁孝皇后賜臣母沐氏者。奏下，行在户部至是查勘以聞。上命顯宗原管業揚州等府江都等縣田地、景昌原管業陝西及順天等府華陰等縣田地俱如故，其河南鄭州陳留等縣田地内撥百頃與儀賓徐茂先男，其餘悉與顯宗。

《明實録·英宗實録》卷三六 [正統二年十一月丙申]以湖廣襄陽府所屬襄陽各縣無税田地三百九十六頃、山二所給賜襄王瞻墡，仍遣書諭王曰：耕種田地，必須戒飭下人，毋侵擾細民，以全盛德。

《明實録·英宗實録》卷三九 [正統三年二月丙子]賜寧國大長公主子孫原給莊田之半。先是，公主薨，行在户部奏請原撥莊田該米二千石宜入收官。至是，公主孫孝陵衛指揮使梅永善等奏：洪武間欽賜祖母公主前項莊田，永樂間復奏准祖父駙馬都尉梅殷原籍莊田對撥，該米四百二十九石有奇，緣祖母祿米二千三百石俱已住支，乞存前田供奉時祀，全活子孫。事下，行在户部覆實以聞。上以祿米既皆住支，莊田賜與其半。

《明實録·英宗實録》卷四二 [正統三年五月丁酉]初，秦王府内使、校尉占種陝西西安府咸寧縣民地五十畝，鎮守官得民訴狀，欲理之。王庇校尉不遣，誣奏民妄認先王墳地爲己業。上命陝西三司覆之。至是三司奏民言有實。行在户部請以地還民，逮治占種人罪。從之。

《明實録·英宗實録》卷四二 [正統三年五月庚戌]會昌伯孫忠奏：順天府永清縣民占種莊田，毆擊家人，訴本縣官，不爲理，并治之。上命行在户部覆實以聞。户部言：忠先賜給莊田一十六頃五十二畝，多系逃民納糧田地，今民復業者三户，止種已地二頃七十七畝，如舊納糧。其毆忠家人并縣官推故不理，俱應治罪。上俱宥之。

《明實録·英宗實録》卷四九 [正統三年十二月戊午]駙馬都尉趙輝初奉詔烙馬於揚州，聽其從伯父穆等囑，逼取民田三千餘畝爲己業，又縱堂弟鼎毆死平民。監察御史馬謹發其事，輝復不引咎而妄陳飾非。至是，六科十三道交劾之。上命宥輝，其餘俱執至京鞫之，如果侵奪，即令巡按御史給還民。

《明實録·英宗實録》卷六一 [正統四年十一月庚申]襲封衍聖公孔彦縉奏：歷代撥賜贍廟田土二千九百八十頃，洪武初，聽募人佃種，共六百二十四户，已爲定例。今有司復奏，每户存二丁充佃，餘令隸籍應當糧差。其實耕種不敷，差役重併，乞賜全免，以備供給修祀。奏下行在户部，請存五百全户，共丁二千耕種，餘仍令應辦糧役。從之。

《明實録·英宗實録》卷七七 [正統六年三月壬寅]御馬監故太監劉順家人奏：先臣存日，欽賜并自置庄田、場房、果園、草場共二十六所，其蘇州草場等十所，計地四百六十八頃，謹進入官，餘十六所，乞留與臣供祀。從之。

《明實録·英宗實録》卷八八 [正統七年春正月丙子]，除韓王沖烕墳塋所用平涼府涇州長壽里民田二頃七十畝該徵租税二十二石八斗有奇。

《明實録·英宗實録》卷一〇〇 [正統八年正月甲戌]慶府於鳴砂州等處墾種無徵田一千餘頃，又於高臺寺等湖採集蘆葦百十餘萬，變貨金銀羅叚。因占種軍田土，爲軍張約等所發。上以王無他情，置不問。

《明實録·英宗實録》卷一一九 [正統九年閏七月甲申]户部右侍郎焦宏等奏：臣同司禮監丞宋文毅等奉命踏勘壩上、大馬房諸處草場，多被内官、内使人等侵占，私役軍士耕種，甚者起蓋寺廟，擅立窰冶，及借與有力之家耕種，以致草場窄狹，馬多瘦損，請正其罪。上曰：朝廷設立馬場，令内官監之，而乃作弊如此，論法當罪，今姑寛貸，令速改過。其内官各賜地一頃，内使、淨軍各賜五十畝，已蓋寺廟者勿除，餘悉還官。都察院仍給榜禁約，每歲遣給事中、御史各一員巡視，敢蹈前非者必殺不宥。

《明實錄·英宗實錄》卷一五〇〔正統十二年二月戊午〕御用監太監喜寧奏乞河間府青縣地四百一十五頃有奇。上命戶部遣官覆視，內多民地，遂以荒閒者七十九頃八十畝賜之。

《明實錄·英宗實錄》卷一五三〔正統十二年閏四月戊子〕駙馬都尉王誼縱其家奴於河間府占耕軍民田，肆逞暴横，爲知府廖謨所奏。六科十三道交章初，誼請治其罪。上令誼自陳狀，尋宥之。

《明實錄·英宗實錄》卷一五五〔正統十二年六月壬申〕直隸河間府青縣奏：英國公張輔看莊閹者別有莊田百餘頃，及侵占民田二十頃，於法有違。事下戶部勘實覆奏，請治輔罪，給田還民。上命宥輔，餘從所擬。

《明實錄·英宗實錄》卷一八〇〔正統十四年七月己丑〕以直隸真定府武強縣退灘空地五十餘頃賜真定大長公主。

《明實錄·英宗實錄》卷一九三〔景泰元年六月丙申〕巡撫直隸工部尚書周忱言：江陰縣民周珪本戶原置田三百七十二頃，又兼并誘買小民田二百七頃五十餘畝。誅求私租，謀殺人命，已逮問如律。請以兼并田給附近無田小民。從之。

《明實錄·英宗實錄》卷一九四〔景泰元年七月戊午〕錦衣衛指揮汪瑛奏乞順天府寶坻、昌平二縣所屬南鄉等處草場一所，水旱田一百五十頃，并果園庄屋之類。詔戶部給賜之。

《明實錄·英宗實錄》卷二〇二〔景泰二年三月丙午〕給事中林聰等劾中軍都督府左都督汪泉以后親怙威，縱家奴楊俊等占武清縣官民田六千餘頃，及招納無籍禁民樵採，擅榷商賈貨等罪，乞治之。詔弗問，第令戶部勘其所占田畝。聰等因請，乃下俊等于錦衣衛獄。

《明實錄·英宗實錄》卷二〇四〔景泰二年五月癸丑〕以都督汪泉所占官民地共一萬六千三百二十餘頃俱還官給主，私抽柴葦三萬餘幷沒官。

《明實錄·英宗實錄》卷二一五〔景泰三年四月乙丑〕戶科都給事中李侃等劾奏中軍都督僉事石彪，先令家人張政等於保定府慶都縣強佔民田，事發恐連及己，飾詞妄奏。且彪叔父武清侯亨素無家法，縱容爲非，家人附勢凌人，俱宜處以重罪。仍乞戶部轉行公、侯、駙馬、伯、都督、都指揮及勳戚大臣之家，不許令家人侵占民田。及通行各布政司、府、州、縣官吏，亦不許侵佔民田土，違者一體治罪。帝曰：彪令家人占民田土，於亨無與，免逮問。果係民間者，其退還之。所言勳戚大臣之家不許侵占民田，司、府、州、縣官吏不許阿容，其令各官遵行之。

《明實錄·英宗實錄》卷二二三〔景泰三年十一月乙丑〕給襄王瞻墡湖廣襄陽等五縣無糧空閑山地一百頃。先是王請此地下戶部移文勘實。至是，湖廣布政司及襄陽等府縣具圖其狀以聞，故給之。

《明實錄·英宗實錄》卷二二八〔景泰四年四月丙申〕先是，襄王瞻墡欲營壽藏於封內五朵山。奏乞，聽其預栽松柏，令軍餘看守，待四方寧謐之時修造。戶部請移文勘實。至是湖廣都、布、按三司官覆奏，此山與軍民田土俱無相干。詔從王所請。

《明實錄·英宗實錄》卷二二九〔景泰四年五月戊午〕，詔以湖廣江陵縣江心沙州地二頃給松滋王豪堲，二頃五十畝給衡陽王貴熞。從王請也。

《明實錄·英宗實錄》卷二三九〔景泰五年三月乙丑〕六科給事中林聰等奏：比者皇上以天降災異，下詔求言，臣等謹將衆議切於時務者八事條具以聞：【略】一、禁勢要以限田地。夫分田制賦，所以供國用而養天下之民也。有官守者自有祿以養之，豈可逾制而請求乎？近年以來，內外官員，多有恃寵挾恩，奏求田地，因而以勢虐人，侵占倍數。如武清侯石亨，食祿千鐘，乃稱養馬艱難而求田地芻牧。指揮鄭倫，俸祿亦厚，乃謂日食不敷而求田地耕植。百戶唐興奏求田地多至一千二百六十餘頃。其田地既多，一家豈能盡種？詢訪其實，多是在京奸詐之徒，投充家人名色，倚勢占田，害人肥己，可不爲之限乎？乞命正統以來，凡勢要所求田地，立爲限制，少不過五頃，多不過十頃，其餘侵占者，悉令還民耕種，違者治以重罪。庶豪強不得逞其欲，而下民均得沾其惠。

《明實錄·英宗實錄》卷二四一〔景泰五年五月戊寅〕先是，中官傳旨以隆平縣地一段與束鹿縣及清水河淤塞退灘地一段賜錦衣衛百戶唐興。既而隆平縣民白清稱爲己業，興訴於朝，民不終服。比至收獲，互相爭奪，民有溺死者。興復以爲言，命鎮撫司執民杖遣之。至是，興以衆怒難犯，自言食祿之家，不得與民爭利，以其地歸官。戶部請給與貧民，起科徵辦稅糧。從之。

《明實錄·英宗實錄》卷二六八〔景泰七年七月戊子〕賜尚膳監左監丞鄭善廣平府鷄澤縣三林泊莊田五十傾，從善奏請也。

《明實録·英宗實録》卷二七八 ［天順元年五月甲申］賜太監劉家林眞定府深州田一百頃。

同上 ［天順元年五月乙酉］監察御史楊瑄言：直隷府縣連年水澇，民飢至於相食。河間縣惟一鄉田在高阜，民種小麥，日望收穫。而忠國公石亨令火者至彼，立標爲界，悉占爲己有。知府王儉阿附之。眞定府饒陽縣田堪耕者僅千餘頃，而太監吉祥家人抑逼有司，欲俱占耕。若不嚴加禁革，恐效尤者衆。乞命巡按御史覆勘，但有侵占，悉令退還，庶幾民可安生。章入，上召内閣臣徐有貞、李賢閲之。皆曰：瑄所言公正，不避權倖，請從其請。上曰：民方困于艱食，朕爲之寢食不安，爲大臣在左右者，獨不能體朕意乎？禦史敢言可嘉，戸部其即移文巡按御史覆實以聞。

《明實録·英宗實録》卷二八四 ［天順元年十一月庚午］都督同知于忠奏求深州田樹藝養贍。戸部覆視六百七十頃間隙可給。上命以一百頃給之。

《明實録·英宗實録》卷二八九 ［天順二年三月癸卯］賜惠安伯張琮順天府武清縣空地五十餘頃。從其請也。

《明實録·英宗實録》卷三〇〇 ［天順三年二月壬戌］以直隷保定府新城縣空地一百五十餘頃賜太監張輝。

《明實録·英宗實録》卷三〇二 ［天順三年四月辛酉］賜東宮及諸王莊田。以昌平縣湯山莊、三河縣白塔莊、朝陽門外肆號廠官莊賜東宮；西直門外新莊村并果園、固安縣張華里莊賜德王；德勝門外伯顔莊、鷹坊莊、安定門外北莊賜秀王。

《明實録·英宗實録》卷三〇六 ［天順三年八月辛亥］以直隷眞定府深州地一百五十頃賜後軍都督府帶俸都督同知也先貼木兒。從其請也。

同上 ［天順三年八月甲子］後軍都督府帶俸左都督馬克順奏求直隷眞定府隆平縣空地牧馬，上命以百頃賜之。

《明實録·英宗實録》卷三〇七 ［天順三年九月戊戌］賜錦衣衛帶俸都指揮使錢僧護祖母陳氏河南歸德州寧陵縣黄河退灘地一百頃。從其請也。

《明實録·英宗實録》卷三〇九 ［天順三年十一月己亥］戸部劾忠國公石亨私役邊軍，占種懷來等處地一千七百頃有奇。上宥亨罪，命沒其地於官。

《明實録·英宗實録》卷三一〇 ［天順三年十二月辛酉］賜錦衣衛帶俸指揮僉事阿討剌眞定府趙州寧晋縣地五十頃。

《明實録·英宗實録》卷三一七 ［天順四年七月甲申］賜錦衣衛帶俸都指揮使錢僧護直隷新樂縣地一百頃。達官都督同知和勇、都指揮使賽弗剌各二百畝。

《明實録·英宗實録》卷三四三 ［天順六年七月乙未］錦衣衛都指揮使錢僧護祖母陳氏奏乞抄沒莊田一百頃。上曰：貴戚之家當知止足，僧護嘗賜地千餘頃，已足耕種，何得復求？不允。

同上 ［天順六年七月庚戌］以沒官地八十餘頃賜廣義伯吴琮。

《明實録·憲宗實録》卷二〇 ［成化元年八月丙戌］左軍都督府都督僉事周壽奏求河間等縣田四百四十八頃。與之。

《明實録·憲宗實録》卷五二 ［成化四年三月辛巳］命以順天府文安縣退灘空地三百六十五頃有奇賜嘉善長公主。時公主已有賜地，至是凡三奏，故又給之。

同上 ［成化四年三月甲申］戸科左給事中丘弘等言：固國本在於厚民生，厚民生在於抑兼并。切惟洪武、永樂年間，北直隷、山東地方土廣人稀，太祖、太宗屢涣綸音，許民盡力耕種，永不起科。蓋欲地闢民聚，以壯基圖，聖慮神謨，深且遠矣。夫何近年權豪勢要專利病民，或稱爲退灘，或指爲空地，往往朦朧奏請。遠者難以盡述，臣請以一二近者言之：嘉善長公主累請文安等縣閑地；西天佛子箚實巴奏求靜海縣地及宛平縣佃戸，俱蒙俞允。夫公主食禄之家也，兼以駙馬兩禄，猶稱日給不足；箚實巴佛之徒也，乃反慈愛之教而以剝削爲事。雖皇上天地之量不咈其請，然群下溪壑之欲必至無厭。承行者受其囑託，雖知非所當得，略無執辨之詞；勘報者畏其權勢，雖明知有租稅，亦作空閑之數。原其所由，是皆無籍之徒，竊以投獻而漁獵其中，姦狡者投爲管業而囊槖其内之所致也。況地逾百頃，古者百家之產也，豈可徇一人之嗜好而奪百姓之恆產哉！伏望陛下均天地育物之心，厚民生衣食之本，收回前命，還給下民。仍敕該部痛革往弊，示以重法，庶幾人知警懼，民得聊生。疏上，詔以爲田土除勘明賜給外，自餘仍覆實以聞。繼今凡有求者，一切不許，著爲令。

《明實録・憲宗實録》卷五三［成化四年四月庚寅］詔給慶雲伯周壽順天府涿州莊田六十三頃有奇，不爲例。時方禁求莊田者，而壽乃皇太后第，冒禁以請，上不得已，與之。

《明實録・憲宗實録》卷六六［成化五年四月壬戌］，詔給還代王要家莊地三十一頃有奇。先是，代王言：曾祖代簡王開墾城東要家莊荒地三十一頃二十畝，趄坡莊地二十頃五十畝，永樂十四年俱幷入牧馬草場。今馬不復出牧，乞仍給還。事下，戶部言：牧地已改置屯田，趄坡莊有東西二處，王已占種西莊地，其頃畝與東莊相等，不須別給，所請要家莊地可於屯田隙地內如數給還。故有是命。

《明實録・憲宗實録》卷七〇［成化五年八月丁丑］戶科等科右給事中李森等言：昔奉英宗睿皇帝敕諭：皇親多有令家人強占軍民田地者，事發重罪不宥。投獻者悉發邊衛永遠充軍。當時貴戚罔敢犯法，軍民不致流亡。比者本科給事中丘弘建請不許權貴奏求田地，荷蒙聖諭，今後奏求田地者，一切不允。中外臣民莫不忻忭鼓舞。奈何權豪親倖，猶復恃恩恣橫不已。如錦衣衛帶俸指揮同知周彧、翊聖夫人劉氏，屢蒙聖恩給賜田土，其數不貲。今彧又求武強、武邑二縣地共六百餘頃，劉氏又求通州武清縣地三百餘頃，俱蒙俞允。蓋陛下念及親親保佑之功，不忍拒之，曲從所請。殊不知其溪壑之欲無厭，畿內田地有限，而小民賦稅衣食皆出於此，一時奪之，何以爲生？且入皇朝來，百年于兹，民生日衆，安得尚有不耕不稼之閑田？名曰求討，實則強占也。伏望陛下法祖爲治，出令必行，毋以私恩廢公義。特敕有司，仍將給賜二家之地與民爲業。今後敢有投獻者，悉發戍邊，奏求者許科道官劾奏，治以重罪。則強豪畏治，小民被惠，宗社之幸也。上以所言良是，但已給賜者置之，餘待勘報區處。

《明實録・憲宗實録》卷七一［成化五年九月壬寅］刑部郎中彭韶、監察御史季琮下錦衣衛獄。初，錦衣衛指揮周彧奏請武強、武邑二縣空閑地事下戶部，差主事戴玉會巡按御史黎福按視，皆民所墾闢輸賦者，因據籍步之，每畝百步之餘皆沒入爲餘田，得七十四頃有奇。彧不滿，復言於上，改命韶暨琮覆按。韶往，不復步田，但以前占田賦不實罪其民，幷罪彧家僮之任其事者以聞。因言田皆貧民恆產，近在京畿之內，不當動擾以失其心；況土多瘠薄，尤當使其得以歲代培養地力，豈可從而奪之？且自劾不能步田之罪。詔以田歸諸民。因責韶等邀名方命，昧於大體。命錦衣衛逮治之。

《明實録・憲宗實録》卷一一五［成化九年四月戊辰］命以武清縣河東地五百四頃二十畝仍給郕府管業。河西地三百五十二頃二十一畝，仍給御馬監爲牧馬草場。河東地方乃太監劉永誠辭退而更授郕府者，河西則見侵於永誠，而混占於郕府，其初實草場也，故各仍其舊給之。

同上［成化九年四月壬午］賜廣德、宜興二長公主任丘縣地九百頃有奇。

《明實録・憲宗實録》卷一二五［成化十年二月壬申］崇王見澤奏：秀府原乞歸德、陳、睢、壽、潁等州霍丘、商水、鹿邑等縣黃河退灘水泛空地，及汝寧府衛原有順陽王所遺菜果牧馬水陸園場田地，幷槎牙山抽分廠西南截軍、天目等山，青衣嶺子、花獅子等口，及汝寧稅課司幷各色班匠，請如例給賜。戶部議：行河南三司及直隸鳳陽府委官會勘，果無妨礙，俱聽本府管業，其各色班匠則移工部依例而行。從之。

《明實録・憲宗實録》卷一二七［成化十年四月庚申］靈丘王遜烇奏：嫡長子仕墸有祿米，聞絳州絕戶民田四百四十七頃，乞與管種，依例納糧。戶部勘復，請量爲賜給，俟仕墸支祿時，就以其地所出之租准作本色祿米正數。從之。

《明實録・憲宗實録》卷一二八［成化十年五月乙未］以湖廣襄陽縣閑田三十頃給襄府。先是，襄王瞻墡奏：襄陽縣有閑田一百六十二頃，蓋都御史項忠發遣流民所餘者，乞與第三子棗陽王祁鉦耕種。下戶部議，以爲便，詔止給三十頃，免其糧稅。餘皆仍給小民。

《明實録・憲宗實録》卷一三一［成化十年七月癸亥］隆慶長公主初奏求武清縣草場三百餘頃，與之。既而又奏乞灤州及玉田、豐閏二縣閑地四千餘頃。事下順天府勘報。主家僮誣府官枉勘，民又羣毆之。戶部言當別遣官覆勘。上乃命內官會同御史及戶部官以往。合奏：前地多軍民所耕種納稅者，惟蘆葦地一千八百七十頃六十三畝閒也，府官勘有未明，民亦無毆主家僮狀。上命以閒地一千頃二十畝賜主，餘且留之。而宥府官及家僮罪。

《明實録・憲宗實録》卷一三七［成化十一年正月庚申］以河南南陽府閑地一百四十頃賜唐王芝讓，從王請也。

《明實録・憲宗實録》卷一七一［成化十三年十月庚戌］戶部奏：曩

者廣德長公主請賜霸州新城、雄縣崇王所遺莊地，已下所司踏勘未報；而錦衣衛指揮萬通又以爲請，有旨與之。今有司勘報，除民間納税者，尚有六百餘頃，宜以賜通。詔可。

《明實録·憲宗實録》卷一七七〔成化十四年四月癸丑〕賜徽王見沛寶坻縣空閑地二處，共一百二頃。

《明實録·憲宗實録》卷一八二〔成化十四年九月庚午〕以直隸深州民地一百二十四頃有奇賜錦衣衛千戶邵宗。

《明實録·憲宗實録》卷二〇三〔成化十六年二月庚寅〕命官莊征租如開墾荒田例。先是，官莊多在河間府東光縣地，管莊人征糧無度，令畝二斗，民情騷然。於是六科給事中齊章等言：天子以四海爲家，普天率土莫非所有，何必置立莊田與貧民較刀錐之利哉！且財盡則怨，力竭則懟。今東光之民失其地土矣，而賦斂比之公田又三倍其數。民困如此，非死即徙，非徙即盜，亦可知矣。十三道監察御史謝顯等亦上言其事。上命每畝徵五升三合五勺，如開墾荒田則例。是時中官貴戚莊田遍于郡縣，其弊不獨東光爲然也。

《明實録·憲宗實録》卷二〇四〔成化十六年六月辛亥〕六科都給事中王垣等言：戶部郎中張禎叔等奉命往河間府靜海縣按視皇親、錦衣衛指揮王源侵占民田及其家奴怙勢害民諸事，具得其狀。竊惟永樂、宣德年間，許順天等八府之民於拋荒田地盡力開墾，永不起科。此誠祖宗重國本而厚畿民之心，子孫萬世遵守而不可違者也。且王源受賜之地，其初止是二十七頃，四至分明，版冊可考。今其家奴別立四至，吞占民產乃有千二百二十頃有奇，可耕者三百六十六頃，中多貧民開墾成熟之地，朝廷因其乞請，幷以賜之。及因貧民訴告，下御史劉喬覆按；喬復顧望徇情，朦朧復奏。遂使源無所忌憚，家奴益以橫恣。茲禎叔等乃復覆按得實，伏望重念國本，體悉民情，除二十七頃之外，皆舉以還民。仍治喬欺罔之罪，則君恩得以下究，而臣庶不敢上欺矣。有旨：此事已令該部處置未報，若等不諳事體，違理進言，本當究治，姑宥之。

《明實録·憲宗實録》卷二一〇〔成化十六年十二月戊午〕巡按福建監察御史徐鏞奏：福建僧寺田有多至萬畝者，而當差良民或無寸土，照丁徵斂，苦不可言。乞查寺田除五百畝以下，餘取其半給之貧民。事下戶部議，從之。

《明實録·憲宗實録》卷二一一〔成化十七年正月癸巳〕賜宜興長公主武清縣場河水甸地一千八十頃。徽王將之國奏辭所賜莊田，因言場河甸七里海水窪二處乞撥與宜興長公主，與公主同母故也。事下戶部，覆奏公主已有莊田八十餘頃，難槩撥給。上以王奏盡賜之。

《明實録·憲宗實録》卷二一三〔成化十七年三月乙未〕賜內官陳顯定興縣莊地三百九十頃八十三畝。

《明實録·憲宗實録》卷二三〇〔成化十八年八月丙午〕賜趙府湯陰縣地七百一十一頃四十畝幷水鹻地七十頃四十二畝；徽府安陽縣地七十七頃九十九畝幷彰德衛未納糧地二百三十四頃一十一畝及荒蕪地八十一頃六十八畝。其餘開州、內黃等地不係河南所轄、未納稅糧子粒者，俱撥與軍民，照例徵納；補換幷爭占者俱撥給與民。

《明實録·憲宗實録》卷二四〇〔成化十九年五月癸丑〕定周府莊田徵租則例，每田一畝，徵子粒八升。先是府中過取，有畝至斗五升者，民不能堪。至是，河南布政司會議斟酌以聞，故有是命。

《明實録·憲宗實録》卷二四七〔成化十九年十二月癸亥〕給賜崇王河南嵩縣地四十頃。

《明實録·憲宗實録》卷二四九〔成化二十年二月癸亥〕賜錦衣衛帶俸千戶姚福員青縣地一百四十頃。福員既不得霸州地，復奏求青縣地甚廣。內有惠安伯張琮世業，琮妻奏之。命官往勘，多官民世業。惟一百四十頃低薄之地，民不能業而琮據之者，故以此賜福員。

《明實録·憲宗實録》卷二五四〔成化二十年七月乙巳〕賜錦衣衛帶俸指揮使邵華薊州金水屯莊地一千九百餘畝。華光請隆平縣地，尋厭其鹻薄，辭還官，至是復請金水屯閑地，遣官勘實，且言內有一百四十餘頃乃居民世業。詔併與之。

《明實録·憲宗實録》卷二四七〔成化二十二年五月癸酉〕，命分順義縣仕智鄉莊田一所，以其半給常德大長公主香火，其半賜與興濟郡主。

《明實録·憲宗實録》卷二八七〔成化二十三年二月辛巳〕賜德王見潾新城、博興、高苑三縣水淀、蘆蕩幷空閒地四百三頃三十四畝有奇。

《明實録·憲宗實録》卷二九二〔成化二十三年七月辛酉〕詔京城九門

復種苜蓿地。先是東廠太監羅祥奏：正陽等九門外舊有苜蓿地一百餘頃，遞年種植以飼御馬，今皆爲御馬監太監李良、都督李玉等占種。上宥良而停王俸三月。且命司禮監左少監孫泰、戶部尚書李敏、郎中李紳、給事中呂獻、御史許銳等勘報。敏等覆奏：其地除作皇莊及官用三頃外，其餘地皆良及太監任秀、錦衣衛指揮劉紀等與軍民人等占種并建寺造墳；而王及指揮彭麟、白鑒職專提督把總，不能覺察，俱宜坐罪。有旨：苜蓿官地，提督、把總官何得容人侵占？本當執問，姑從輕典。李玉、彭麟、白鑒俱停俸三月。任秀、劉紀等亦當執問，但因循日久，悉宥之。寺及無主墳免拆毀平治。查出地，御馬監督令官軍仍種苜蓿飼馬，給事中、御史如期巡視，毋或怠玩。

《明實録·孝宗實録》卷三［成化二十三年九月辛亥］保定府黑洋淀地一百餘頃，原係三千營牧馬草場，爲本營太監廖屏、帶俸指揮萬通占種。保國公朱永奏其事，遣給事中夏昂會同御史周南往勘。至是報上，命復之。

《明實録·孝宗實録》卷五［成化二十三年十月癸未］尚衣監太監廖屏養病，辭還先賜保定府定興縣莊田百七十二頃，有期命戶部遣人守視。

《明實録·孝宗實録》卷九［弘治元年正月戊午］命以楊村、河西地二百頃有奇仍給郕府妃汪氏。河西地景泰中爲皇莊，天順時以賜郕府，成化中改爲草場，旋以賜萬喜。至是還官，郕府妃復請，因以賜之。

《明實録·孝宗實録》卷一〇［弘治元年閏正月乙亥］南京工部請設主事一員，管鎮江至九江沿江蘆洲。命本部簡司屬一員，奉敕理之，官不必增設。於是工部奏差其屬郎中毛科，賜之敕曰：南京自鎮江至九江一帶，俱有蘆洲，近江州縣并巡檢司每年砍辦本色蘆柴及折收銀兩，解送南京工部燒造買辦應用，已有定額。洲場年久，坍漲不一，或因淤塞而新生；或因移徙而重出，多被富豪軍民人等占爲己業；又或投獻官豪勢要之家，以一包十，恣意霸占。而舊額洲場，日見侵削。所在有司，因而交通富民，阿順勢要，怠隳不理，甚至不復取蘆于洲，但科民陪償。又有不近大江縣分，原無蘆洲處所，亦一槩科取。積弊多端，以致小民受害，連年告訐不已，國課虧少，遇有南京工部燒造修理等項工程緊急，未免拘併各該鋪行竈頭人等揭借應用，累及無辜。今特命爾，不妨司事，提督清理沿江一帶蘆洲，禁約富豪軍民人等及官豪勢要之家強占侵奪、有司科擾小民之弊。舊額洲場如有坍塌，即將新佃柴課依數輳補，本處舊額見存，或有新生別洲，許令撥補附近坍塌之數，俱要丈量明白，令各該府州縣具造文冊，申繳該部及存留本處備照。其餘一應積弊，敕不該載者，悉照本部所奏而行。所在府州縣官員人等，敢有故違不遵，六部以下聽爾徑自提問，五品以上及軍職參奏處治。爾受兹委任，尤須持廉秉公，毋暴毋刻，俾事妥民安，國課不虧，斯爲爾能；如或纖毫不謹，以致擾人壞事，事發，一體治罪不宥。故敕。

《明實録·孝宗實録》卷一四［弘治元年五月乙亥］賜神宮監太監陸愷保定府定興縣等處地二百頃。從其請也。

《明實録·孝宗實録》卷二三［弘治二年正月丁卯］命戶部以天順中所賜故太監葉達固安縣田二百二十五頃入官别用。并通查先蒙賜田，今病故者，各開具以聞。

同上［弘治二年正月庚辰］巡撫江西右副都御史李昂劾寧府內官、儀賓人等多縱家人置莊田，奪民產，而稅糧仍令民輸，軍校復騷擾爲民害，乞加禁止。都察院覆奏，從之。

《明實録·孝宗實録》卷二四［弘治二年三月乙丑］以東安、良鄉二縣田六十餘頃賜駙馬都尉黃鏞，而以鏞原受賜永清縣田二百八頃賜皇親錦衣衛指揮紀貴。

《明實録·孝宗實録》卷二四［弘治二年三月甲申］保國公朱永奏：侯家營皇莊與三千營牧馬草場接壤，先已遣官勘立封界，而管莊內臣今猶阻撓其間。得旨：除皇莊五十四頃外，餘皆撥回三千營牧馬。

《明實録·孝宗實録》卷二六［弘治二年五月甲申］命以原賜故崇德長公主莊田三百頃給其子錦衣衛副千戶楊璽。

《明實録·孝宗實録》卷二七［弘治二年六月甲寅］初，德府莊田每畝準徵租二斗。在直隸清河縣者，成化間以畿民勞困，減至五升，仍命其餘不得比例。至是，臨清州民奏稱，本州莊田與清河接壤，事同一體，亦請量予減免。戶部議覆。上曰：先朝已有成命，臨清不得比清河例，其徵如故。

《明實録·孝宗實録》卷二八［弘治二年七月己卯］戶部尚書李敏等以災異上疏言：臣惟災異之來，率由民心積怨所致。切見畿內之地，皇莊有五，共地一萬二千八百餘頃；勳戚、太監等官莊田三百三十有二，共地三萬三千一百餘頃。比來管莊官校人等，往往招集無賴群小，稱爲莊頭、伴當、佃戶、家人名目，占民地土，斂民財物，奪民孳畜，甚至汚人婦女，戕人性命，民心傷痛入骨。少與分辯，輒被誣奏，至差官校拘拏，舉家驚憾，怨聲交作。災異之興，皆由於此。且皇莊之設，在祖宗時未有。正統間，以諸王未封，供用浩繁，不欲重徵小民；又見彼時地廣民稀，因其閑地立莊，以資供用。諸王之國，地仍歸官。其後因襲，遂有皇莊之名。且普天之下，莫非王土，若以此地爲皇莊，則其餘者非朝廷之土乎？今若革去管莊之人，撥付小民耕種，畝徵銀三分，歲可得銀三萬八千餘兩，比之官校掌管所得尤多。以此銀歸之内帑，充各宫用度，則不顯立皇莊之名，而有實用之效矣。其勳戚、太監等官下役投充管莊家人，亦宜盡革。就於居民、佃戶擇其年高有行者掌管，如例徵銀，有司收完，聽各官家人領用，則受田之家享自然之利，佃戶之人免剝害之苦，尚何天意之不可回哉！上曰：皇莊留與朕弟諸王。其餘功臣等項田土，管業已定，難令有司督辦，俱如舊。今後管莊之人敢有生事害人者，聽巡按御史指實參奏，從重治之。

《明實録·孝宗實録》卷三〇　〔弘治二年九月丙辰〕禮科給事中孫儒等奏：奉旨清查畿内已故太監莊田，中間有轉賣、寄托及佃戶自占者，凡二千七百一十八頃有奇。戶部請籍之於官，召民佃種。上命不及二十頃者，仍與管業人耕種，准民田例徵糧；二十頃以上者，量除五頃；三十頃以上者，每三十頃遞除五頃，并留與見管業人耕種納糧；不願耕種者聽。餘地并收入官，召人耕種。

《明實録·孝宗實録》卷三六　〔弘治三年三月乙卯〕給仁和長公主三河縣莊地二百一十五頃有奇。

《明實録·孝宗實録》卷三七　〔弘治三年四月甲午〕賜瑞安伯王源順天固安縣莊地二百二十五頃。

《明實録·孝宗實録》卷四一　〔弘治三年八月癸未〕初，寧晉伯劉福叔祖、太監劉永誠蒙賜武清縣利上屯莊田二百五十餘頃，因侵占牧馬草場地二百餘頃，積租米至十五萬石，銀至四千餘兩。比奉旨：欽賞莊田，其人已故者收入官，每三十頃遞五頃與其遺嗣，福得留四十一頃有奇。至是，巡按監察御史鄒魯發其侵占草場事，福愬之。下戶部議：今之皇莊及賜功臣等項莊田，大槩俱是牧馬草場餘地。其始也，奸貪之徒詐稱空閑，投獻勢要之家奏乞。及其久，人卷冊埋沒疆不明，又從而乘機開種，於是草場益窄狹。今鄒魯奏劉福侵占前地固當，但福自其祖父以來，相繼管業，已非一日，宜行法司通會查照奏請。上曰：劉福占地收租，法當逮治，但念其叔祖曾有軍功，及其父相承管業，姑貸之。仍停俸三月。利上屯地於應得遞除外，仍留二十頃供奉劉永誠香火，餘地并草場俱收入官。

《明實録·孝宗實録》卷四三　〔弘治三年閏九月乙未〕賜淳安大長公主饒陽縣莊田二百六十頃有奇。

《明實録·孝宗實録》卷四三　〔弘治三年閏九月乙未〕賜秀府順義郡主永清縣莊田二十七頃。

《明實録·孝宗實録》卷四六　〔弘治三年十二月癸亥〕賜固安郡主固安縣附郭地五十頃。郡主，景皇帝女也。

《明實録·孝宗實録》卷四七　〔弘治四年正月丙申〕賜岐王祐棆永清縣信安鎮地五百七十五頃。

《明實録·孝宗實録》卷五〇　〔弘治四年四月癸酉〕益賜岐王劉武營地九十頃有奇，以先所賜信安鎮地多水，不堪耕種故也。

《明實録·孝宗實録》卷五一　〔弘治四年五月庚辰〕復賜茂陵神宫監太監陸愷定興縣地百七十二頃有奇。初，愷以冒稱皇親，得賜莊田甚多。李文貴等事敗，所賜盡歸之官。至愷復以爲請，戶部執不可。上以愷奉陵寢有勞，命姑從寬量與之。

《明實録·孝宗實録》卷五六　〔弘治四年十月丙辰〕賜益王順天府望軍臺地五百畝。

《明實録·孝宗實録》卷六四　〔弘治五年六月〕甲辰，先是，晉府寧化僖順王之子鍾鈵以有罪革爵，有司請籍其莊田入官，至是其母妃趙氏奏莊田有自墾者，歸之於官，有係先朝敕賜及撥給者，乞存留養贍。上曰：古城、大陵、成磊營三處莊田既原係敕賜撥給，俱許留本府管業。

《明實録·孝宗實録》卷六七　〔弘治五年九月乙酉〕賜秀府順義郡主東安縣地二十七頃。

《明實録·孝宗實録》卷七二　〔弘治六年二月辛亥〕山西鎮巡官奉旨查勘革任參將王昇私占偏頭等關地四百八頃有奇，官房五百六十餘間。奏上，就乞於地内撥二十六頃與新任參將養廉，三十六頃分偏頭、雁門、代州三守備官，餘地及私占房屋盡入官徵地租，房價以資公用。從之。

《明實録·孝宗實録》卷七四　〔弘治六年四月丁未〕，晉府革爵寧化王鍾鈵及鎮國將軍鍾鉅、鍾鏃、鍾鑠等互爭其先王所遺莊地二十二頃，久而不平，巡撫都御史楊澄請以十一頃給鍾鈵，餘以分給諸將軍。從之。

《明實録・孝宗實録》卷七五 ［弘治六年五月癸酉］戶部尚書葉淇等應詔陳五事：【略】二、禁革收受子粒。謂天下王府及在內功臣之家皆有莊田，管莊者收租時往往正額外横取數倍，侵剋入己。請令各莊田及牧馬草場佃戶照徽府例輸於本管州縣，而後令各該人員來領，不得仍前自索擾人【略】上曰：所言有理，俱准行。

《明實録・孝宗實録》卷八〇 ［弘治六年九月丙午］皇親慶雲侯周壽請承買寶坻縣官地一千二百頃。得旨：令不必承買，准于內撥五百頃與管業，餘七百頃仍留別用。

同上 ［弘治六年九月戊午］先是勳臣莊田子粒命有司代收。至是，安昌伯錢承宗祖母王氏奏乞自收。乃命通行司府州縣，遇業主願自收者聽。仍申禁管莊人等毋得暴横爲非。

《明實録・孝宗實録》卷八五 ［弘治七年二月壬午］賜重慶大長公主通州田十三頃。

《明實録・孝宗實録》卷八六 ［弘治七年三月戊午］賜永康長公主順義縣地二百三十一頃有奇。

《明實録・孝宗實録》卷八七 ［弘治七年四月丁亥］衡王奏：以前賜豐潤縣莊田有不堪耕種者。命於餘田內再撥一百五十頃給之。

《明實録・孝宗實録》卷九二 ［弘治七年九月癸巳］命以郢、梁二王香火田地四百四十九頃先屬裏府帶管者，改屬興府帶管。從王請也。

《明實録・孝宗實録》卷九三 ［弘治七年十月癸亥］命興王辭還原賜武清縣田六百八十七頃有奇，召民佃種，畝徵銀三分，以備內府之用。

《明實録・孝宗實録》卷九三 ［弘治七年十月乙亥］皇親瑞安侯王源之母阜國夫人段氏奏以原賜高陽縣田一百頃還官，而乞興府辭退武清縣田六百頃爲業。戶部言：興府辭退田，他日當改給親王出府者，非勳戚家所宜請。上命高陽田不準辭，別以肅寧縣洋東淀田二頃益之。

《明實録・孝宗實録》卷九七 ［弘治八年二月庚辰］神宮監太監陸愷仍援孝穆皇太后外親之故，爲其妹李氏奏乞岐王所辭永清縣莊田爲業。戶部議謂：愷所奏莊田計九百餘頃，俱係本部奏准留待親王出府聽候恩命給撥之數，今若歸之李氏，他日親王出府，又將何所給之。得旨：俱留撥給親王，不許勳戚等家奏請。

《明實録・孝宗實録》卷九八 ［弘治八年三月辛亥］，增賜順義郡主東安縣莊地三十一頃有奇。

《明實録・孝宗實録》卷一〇九 ［弘治九年二月辛酉］以故太監白俊武清莊田七十六頃有奇，賜神宮監太監陸愷。從其請也。

《明實録・孝宗實録》卷一〇九 ［弘治九年二月己巳］，賜仁和長公主安州田二十四頃有奇。

《明實録・孝宗實録》卷一一一 ［弘治九年閏三月癸酉］以故太監覃昌武清縣莊田六十四頃，賜神宮監太監陸愷。

《明實録・孝宗實録》卷一一七 ［弘治九年九月庚午］賜汝王玉田縣望軍臺莊田七百頃。從其請也。

《明實録・孝宗實録》卷一一八 ［弘治九年十月丙子］賜岐山王德安府觀灘店田三百頃。從其請也。

《明實録・孝宗實録》卷一二九 ［弘治十年九月庚申］命以良鄉縣莊地賜大慈仁寺，凡一百十二頃；昌平縣莊地賜大慈延福宮，凡一百五十頃。

《明實録・孝宗實録》卷一三一 ［弘治十年十一月丁未］賜德清長公主冀州莊田四百七十四頃五十五畝。

同上 ［弘治十年十一月辛亥］先是，賜慶雲侯周壽寶坻縣莊地五百頃。至是，壽復奏尚有七百餘頃，欲以私錢易之。下戶部議：壽幸聯貴戚，常祿之外，時承厚賞。先所賜地，得利已多，乃復貪求，冀得再賜，以塡溪壑之欲，非保富貴之道，所請宜勿許。上命悉以賜之。

《明實録・孝宗實録》卷一三四 ［弘治十一年二月庚辰］賜衡王平度州及昌邑、壽光二縣地一千頃有奇。

《明實録・孝宗實録》卷一三五 ［弘治十一年三月戊戌］賜德清長公主衡水縣地二百三十頃有奇。

《明實録・孝宗實録》卷一三八 ［弘治十一年六月乙酉］賜岐王德安府田三百頃。

《明實録・孝宗實録》卷一四五 ［弘治十一年十二月乙巳］，衡王再奏乞前齊府所遺青州等府田。戶部言此田先已賜德王，今不宜更易，以起爭端。上從之，命今後諸王府凡賜有莊田者，不許再乞。

《明實録·孝宗實録》卷一四八［弘治十二年三月癸未］命原賜嘉善大長公主任丘等縣莊田，仍賜其子錦衣衛千戶王銘。從其請也。

《明實録·孝宗實録》卷一五一［弘治十二年六月己丑］以豐潤縣田五百頃賜榮王，從其請也。

《明實録·孝宗實録》卷一五七［弘治十二年十二月戊戌］先是，以直隸肅寧等縣地四百一十八頃有奇，賜壽寧侯張鶴齡，其後管莊人徵租害民，打死人命。事聞，上遣内外官覈實，并丈量地土頃畝以聞。至是，巡撫都御史高銓奏報：地計周千一百二十一頃有奇，其可常耕者止如前數，餘皆妨占、沙鹻，雖間有退灘暫墾者，遇潦則復蕩然，宜令徵租如故。戶部議覆詔以千一百二十一頃盡賜鶴齡，其可常耕者，畝徵租銀五分，妨占幷沙鹻中有可耕者，亦徵租如例。

同上［弘治十二年十二月辛亥］戶部尚書周經等奏：凡王府、勳戚之家，莊田例畝徵銀三分，上下稱便。昨奉旨，張鶴齡莊田畝征銀五分。恐繼此有效尤奏瀆者。許之，則傷民；不許，則有不均之嘆。且所覆地可常耕者止如舊額，今妨占、沙鹻中堪種者亦令如例徵租，恐管莊之人，誅求無厭，威逼貧民，將來獄訟當甚前日，乞收還成命。上曰：堪種者仍照前旨起科，妨占，沙鹻者仍令内外官覆勘聞奏。

《明實録·孝宗實録》卷一五八［弘治十三年正月戊午］賜壽王四川保寧府田四百三頃有奇。

《明實録·孝宗實録》卷一五九［弘治十三年二月己酉］崇王見澤奏乞河南歸德州等處黄河退灘地二十餘里，下戶部議。尚書周經等言：崇王歲有常祿萬石，又有先帝賜地二千五百餘頃。今河南連年告災，修造府第，勞瘁萬狀。前地皆軍民佃種，輸税之數，若歸王府，彼將何以爲生？况宗藩日盛，若皆相效陳乞，朝廷何以應之？上命巡撫等官查勘以聞。

《明實録·孝宗實録》卷一五九［弘治十三年二月癸巳］賜興王湖廣京山縣近湖淤地千三百五十餘頃。

《明實録·孝宗實録》卷一五九［弘治十三年二月辛丑］申王出府，上賜興王祐杬近湖淤地一千三百五十頃。戶部尚書周經等執奏：前項地土，其佃種之人一千七百五十餘戶，世代爲業，雖未起科，然藉此以貼辦税役，若歸王府，必生怨尤。今宜從輕，每畝徵雜糧二升，歲計二千七百四石，以補歲支不足之數。上命與王管業。經等復奏：市井小民，雖一物之微，奪彼與此，尚生忿爭，况世守之業乎？且王府軍校，倚勢侵凌，輕則逼迫逃移，重則激生他變。乞將前地每歲所徵雜糧内，以一千石輸府，則皇上親親仁民兩得之矣。上曰：業已賜王矣，姑已之。經等復奏：近湖淤地，自朝廷視之甚輕，自民視之甚重。若盡屬王府，則照畝收租，此九潦一收之地，何以能給？虎狼軍校，若加追責，或怨不能供納，必欲自佃，又將驅其人，奪其產。今湖廣襄陽、安陸地方流賊，白晝劫掠，正與淤地相接，此等愚民既無常產，衣食所迫，亦未必肯爲溝中之瘠也。乞俯從臣等之議。上仍命依前旨行。

《明實録·孝宗實録》卷一六一［弘治十三年四月己酉］先是，上命壽寧侯張鶴齡河間府肅寧等縣莊田每畝五分起科，妨占沙鹻者亦起科如例。戶部尚書周經等執奏，上不允，命差内、外官覈實以聞。經等復奏：先差官兩次，勘已明白，今再爲此舉，徒使官民驚擾，地土豈能復增。昔太祖高皇帝令功臣劉基原籍青田縣糧每畝五合起科，曰令基鄉里子孫世爲美談，令興濟篤生，淑懿以配聖躬，宜恤民薄賦，使世頌恩德。乃罄其地畝，重其徵斂，窮其民人，臣恐怨咨之無已也。鶴齡爵受侯封，祿賜已極，無藉于莊田矣，安分以保富貴，惠其鄉里，如基可也。而信群小之言，奪其素業，縱其起科，受田盡如聖諭，所得幾何？斂怨招尤，實由此始。皇上推愛鶴齡，亦宜矜其愚暗，諭之以正，俾不蹈罪戾，不當從其私請，以長其過。乞仍命三分起科，罷差内、外官爲當。上亦不從，乃敕戶部左侍郎許進、太監朱秀勘量明白以聞。至是，進上奏：臣會同巡撫都御史高銓勘量原賞張鶴齡地四百一十八頃外，丈量出一百九十三頃，此外皆獻縣民丘聰等歲辦賦役之數及皇親栢權、民岳亨自易者，相承已久。若盡賜鶴齡，則權、亨將來爭訟無已。聰等何所栖止，賦役何所取辦？將逃而去之。雖有莊田，無人耕收，徒有恩賞之名而無其實。况崇舊恤民，王者大政，奪彼與此，仁者不爲，乞俱付各民管業。上曰：地土既已明白，俱賜與張鶴齡，照前起科；丘聰等糧差即與除豁；權、亨等地，高銓以原價償之。經等復奏：東宮、親王莊田，俱遵近例，每畝三分起科，獨鶴齡五分，天下之人將謂陛下恩有偏施，例爲徒具，非惟無以服親王、外戚之心，抑恐啓天下後世之議也。丘聰等賦役雖已除豁，但管莊家人，勢如虎狼，生事害民，情所不堪。鶴齡，陛下之外戚；丘聰等，陛下之赤子。天下之人將謂陛下惟外戚是厚，不恤赤子也。栢權，憲宗皇帝妃家，亦是皇親，雖曰償價，豈其本心，實與奪者無異。以先帝妃家，一旦視爲常人，天下之人又將謂陛下惟厚外戚，不念先帝也。陛下聰明仁孝，冠絶百王，乞少留意，當必釋然于此，若果如前旨行之，恐爲聖德之累，臣等故不避斧鉞而陳之。伏乞俯從。不允。

《明實録・孝宗實録》卷一六二［弘治十三年五月丁卯］五府六部等衙門奏：近者欽天監奏彗星，雲南奏地震，邊方奏虜情。皇上因禮部之言，下詔修省。臣等會議，條陳十八事，伏望皇上一一體而行之。【略】一、處莊田。天下各處空閑地土，多被王府幷内外勳戚之家奏爲莊田。戶部奏准，每畝徵收子粒銀三分，俱送各該州縣收貯，業主差人關領。近來奏乞太濫，又有不照前例起科者。如壽寧侯河間府地土内有沙鹻、妨占等項，每畝征銀五分。又如興王分外奏乞湖廣赤馬、野豬二湖淤地千三百餘頃，内有軍民千七百餘家，住種年久，所司踏勘明白，得旨俱與王管業。既令自行管業，則虎狼軍校恣意誅求，勢所必至。伏望皇上仍將河間地土、湖廣淤地，照例每畝徵銀三分，各該有司收貯，待業主差人關領，其家人軍校不許違例自徵。【略】上曰：卿等所言，切中時弊。早視朝，勤聽政，朕自有處置；汰冗員，節財用，省差遣，處莊田，清鹽法，止織造，恤邊民，停改造，黜異端，各衙門查奏定奪，其餘俱准行。

《明實録・孝宗實録》卷一六四［弘治十三年七月辛巳］再賜岐王德安府田六百一十二頃有奇。

《明實録・孝宗實録》卷一九〇［弘治十五年八月乙酉］南京監察御史余敬等言七事：【略】一曰全外戚。謂皇親之家，占小民之田，網天下之利，狼貪虎噬，漫無紀極。近聞又侵占泰州光孝寺等民糧田土，道路喧傳，民心驚駭。宜敕所司，急歸此田于民，而置投獻者以法。仍敕壽寧侯張鶴齡等遵守法度，其家僮輩投籍姓名于官而禁其出入，無籍之徒悉與斥逐。仍行各處官司，一體禁約，毋事侵奪。【略】時南京工科給事中徐沂等亦上章論列時正，大旨略同。而其所謂禁侵奪，明賞罰者，則謂各皇親於順天、保定、河間等處皆有莊田。凡民間田與之鄰或有沃饒者，輒不計圖之，以爲己業。既極於北，又轉於南。如建昌伯之奏請泰州光孝寺田是已。又如各王府往往營謀增置莊所，或因其近便而占奪，而托爲官業，而奏討，縱令旗校，加倍徵租。又如各侯伯等官，强佃官地，召民轉種，倍數收租。及民居既久，輒詭稱造府，威逼遷移，小民惜費懼威，倍加租利，宜防禁而懲戒之。【略】命下其奏於所司。

《明實録・孝宗實録》卷一九六［弘治十六年二月辛丑］命以汝、涇二王辭還玉田縣莊田千頃有奇。與東宮管業。賜建昌侯張延齡涿州等處莊田七百五十一頃幷佛城疙瘟河口，俱汝、涇二王府辭退田也。

《明實録・孝宗實録》卷一九七［弘治十六年三月戊寅］賜錦衣衛帶俸指揮使邵英三河縣莊田二百一十五頃有奇。英舊蒙賜蘇州田二百餘頃，查係草場還官地，故以此補之。

《明實録・孝宗實録》卷一九七［弘治十六年三月癸巳］以水旱災免山西太原、平陽二府及平陽等衛所弘治十五年稅糧四十五萬一千石，草二十五萬一千六百束有奇。其各王府莊田之在府州縣者，亦照民田被災分數免徵子粒有差。

《明實録・孝宗實録》卷二〇二［弘治十六年八月丁未］故錦衣衛指揮使孫瓚妻周氏請以原賜幷自墾莊田四、五處改賜其婿建昌伯張延齡爲業，戶部議謂：田界未清，恐侵損于民，宜委覈實。上特許之，令不必查覈。

《明實録・孝宗實録》卷二一〇［弘治十七年四月甲寅］初，賜皇親會昌伯孫忠永清縣義河、寶坻縣把門城、老鴉口田二千四百八十一頃。後孫氏寵衰，乃以把門城田一千二百頃賜太監辰保。久之，辰保卒。皇親慶雲侯周壽奏乞之。壽方貴幸，乃展改四至，益占孫氏田。忠曾孫銘襲侯爵，與叔指揮瓚等各分賜地。銘與其姪賢，私以五百頃易壽銀四百五十兩。豐潤縣柳科港内有牧馬草場，歲徵銀市馬；玉田縣蘿蔔窩、香河縣横水、三灣田共萬餘頃，皆辦納糧銀之數，銘等各佃其中。皇親建昌侯張延齡妻，瓚繼室周氏女也。瓚卒，周氏自陳無嗣，乃以義河、老鴉口兩處所有田四百餘頃，更援柳科港諸處孫氏田，俱混作己業，辭畀延齡，上不知而允之。其地與壽連者，稍侵壽界，毁其封堆。時壽漸衰，延齡方貴幸，壽心不平，兩家奴僕遂相掊擊。壽、延齡各奏其事。上命戶部左侍郎王儼、左少監朱信、錦衣衛都指揮僉事葉廣勘量以聞。工科左給事中張文上疏曰：壽及鶴齡、延齡肺腑至親，休戚攸同，不圖忠義，專事貨財，希恩傳奉，濫私親黨。原其初心，不過富貴，但富貴之極，驕奢淫佚所自生也。皇上上體，太皇太后下念聖子與夫力徵之愴，渭陽之感，推念數親，均加恩眷。特一轉移，問耳不然。臣恐愛之愈至，驕縱日甚，正如餓者而食之，毒鮮不害也。近日兩家家人朱達、杜成、周洪等陳乞兩淮、長蘆鹽引若干萬。萬一王皇親及左右貴幸之人援例奏請，拒之則業已賜人，從之則鹽引有限，何以爲處？初，達等命下，其門如市，將竈丁見煎鹽引收發，商人守支愈難；出場則舟楫相望，姦僞百出，私門日富，國計日虧。乞寢前命，重治達等。又兩家爭訟地土，奏稱頃至太多，恐包民業在內。乞敕儼等急勘，如有民業則除之。仍乞面諭壽等當知止足，天道惡盈，顛覆必至。猶望皇上凡有干請，輒從檢抑。仿漢竇夤國故事，擇人與俱日講求所以竭忠保族之道。疏入，下所司知之。儼等勘歸，奏：壽原賜地，附餘者多周氏辭畀延齡地，內有牧馬草場及多包軍民者。銘、賢盜賣賜地價，壽近年花利收銀二千兩，俱當還官。壽、延齡縱容下人，擅毀封堆，通宜究問。兩家奴僕，擬徒杖罪有差，而當壽家者獨重。下戶部、都察院復議。上曰：壽等俱皇親，并周氏俱宥之。賢等逮治如律。壽所乞把門城田一千二百頃，今再賜八百頃，俱令管業。銘、壽利息及價銀免追。其田五百頃并把門城餘地、老鴉口、柳科港、横水、三灣、蘿蔔窩、義河等田，俱周氏辭退之數，宜賜延齡。其交納太僕寺馬價、辦納糧銀俱除之。儼等仍依數撥給，明白具圖以聞。至是歸，復奏把門城等地內新增民地屯田二百二十三頃有奇，尚辦賦役。上命蠲之，亦賜延齡。是舉也，壽得地三千頃，延齡得地一萬六千七百五頃有奇，而銘止得原賜地三百二十頃云。

《明實録・孝宗實録》卷二一七〔弘治十七年十月壬戌〕以岐王所遺田賜壽王三百頃，榮王六百頃。

《明實録・孝宗實録》卷二一七〔弘治十七年十月戊辰〕禮科給事中葛嵩奏：邊方軍民田土，凡鄰近牧馬草場及皇親莊田者，輒爲侵奪。致使流移困苦，上干和氣。乞敕都察院禁革。今後軍民有訴稱田地被侵者，務令所司從公究勘。若軍民得業在先，每年納稅者，則斷歸軍民；若草場、皇親莊田在先，果被軍民侵占者，則亦斷歸其主。都察院覆奏，以爲燕薊等處，地廣收薄。永樂年間許人盡力開種，輕其稅斂。故邇年以來，懷奸貪得者，往往以無糧荒地爲詞，因而吞併。乞命所司，凡軍民奏訴，即與審究歸斷。其稅糧當蠲除者，如數除之。仍揭榜戒諭，使各安其分，毋得爭擾。從之。

《明實録・孝宗實録》卷二一八〔弘治十七年十一月丙申〕賜仁和長公主武清縣利上屯地二百九十四頃。

《明實録・武宗實録》卷五〔弘治十八年九月乙酉〕淳安大長公主欽賜莊田之在任丘者原數三百頃，見給佃承種計二百五十一頃五十七畝有奇，餘四十八頃四十二畝有奇，以河海逼近，遇澇渰沒，人無有承佃之者。其經界內陵城圯土二頃三十餘畝，則漁戶劉振等世業；而界外白地七十三頃，則軍民陳用等所墾，例不起科者也。主累奏欲侵振等之業，且言：用等所墾即不與臣補數，亦當驗畝起科。戶部覆奏：主所賜一再遣官覈實，已足舊額，其陵城地畝雖在界，實非原額之數，不宜奪民恆產，逼之逃竄，用等所墾亦宜守祖宗成法，以休養幾民，不可起科。上是之，而陵城地畝則以既在欽賜界內，仍畀主管業。

《明實録・武宗實録》卷八〔弘治十八年十二月戊寅〕以寧晉、隆平、南宮、新河等縣并德仁務、永安四號廠、大興等莊及板橋、麥莊、竹木廠、蘇家莊田俱爲仁壽宮皇莊。

《明實録・武宗實録》卷九〔正德元年正月庚子〕榮王陳乞霸州信安鎮莊田，蓋特馬草場地也。戶部言：永樂間設立草場蓄育馬匹，以資武備。至成化中近倖始陳乞該草場爲莊。以後岐、壽二府相沿管業，莫之改正，暨孝宗皇帝留神戎務，差官清理，特勅退還，此不以私恩廢公義也。今榮王之國有期，其所乞宜勿與。上乃諭曰：此先帝意也。已之。

《明實録・武宗實録》卷一〇〔正德元年二月乙卯〕巡撫都御史王璟請革皇莊，未有兪旨。其在眞定等府、寧晉等縣者，太監夏綬請歲加葦場之稅，又欲勿聽小民爭訟。其在靜海、永清、隆平等縣者，少監傳琢等請遣官履畝覈實以便管理。小河之在寧晉莊前者，太監張峻等又欲稅往來客貨。皆從之。時又以莊田之故，差官校賫駕貼逮捕民魯堂等二百餘人。璟及都給事中張文、監察御史葉永秀等極言其不便。戶部初集廷臣議，謂千百頃瑣瑣之利，恐不足以孝養兩宮，請革皇莊之名，通給小民領種。有旨令再議。於是尚書韓文等覆請，謂畿民當加存恤，若謂莊田以奉兩宮，不可給散小民，則宜移文巡撫官覈實，召人佃種，畝徵銀三分，解部輸內庫進用。其管莊內官悉召還，庶地方得免侵漁之患。上曰：卿等意在爲國爲民，所言良是。但朕奉順慈闈，事非得已。管莊各留內官一人，校尉十人，餘悉召還。子粒如擬，徵銀不許分毫多取，沿途往來廚傳俱止勿給。敢有仍前生事爲民害者，令巡按御史具實以聞。當議上時，大學士劉健等又言：皇莊既以進奉兩宮，止令有司照數收銀，亦足供用。若必以私人管業，反失朝廷尊親之意。且管莊內宮假托威勢，逼勒小民，其所科索必踰常額。况所領官校如餓豺狼，甚爲民擾，以致蕩家産、鬻兒女，怨聲動地，逃移滿路。京畿內外，盜賊縱橫，亦由於此。諸如此弊，上之人豈得知之？今使利歸群小，怨歸朝廷，事極勢窮，變生不測，在近地尤有可憂。所以廷臣合辭議奏，望念宗社生民重計，以成大孝。問安視膳之餘，從容奏請，倘得欣允，實國家天下之幸。然中人爲漁利之計，錮蔽已深，竟不能盡革也。

《明實録·武宗實録》卷一五 ［正德元年七月庚辰］崇世子奏：歸德等州縣民積年負莊田租多甚，乞逮問。其租仍聽本府自徵，有司勿與。得旨從之，令巡按御史逮負租者治罪。戶部尚書韓文等覆議：莊田租入聽佃戶赴州縣輸納，長史司差人領用，遇荒旱一體減免，此孝廟俞旨及詔書例也。况本府賜田幾萬頃，此又濫於常祿，而他府所無者。今遇災不免，又欲私徵，非惟重貽民害，且於詔旨有違矣。矧諸宗室類有賜田，若緣此例乞，何有紀極？宜仍行巡按御史覈其遇災當免，及前此三年所負悉免之；十七年以後所負，督有司徵完，畀本府領用。從之。

《明實録·武宗實録》卷一五 ［正德元年七月戊子］德王奏：莊田在兖州等處者，每畝舊皆收子粒二斗，惟清河子粒成化七年用大理少卿宋旻議，以爲畿內役重民貧，每畝止納五升。近者又奉詔例，凡莊田每畝止徵銀三分。臣無以自給，乞如前徵收二斗。有旨，遽從之。戶部言：稅重，則民不堪，故多逋負。今東境內水旱相仍，百姓凋弊，意外之虞，不可不慮。王所奏宜勿從，第如詔旨起科，令有司徵收送用便。上曰然。

《明實録·武宗實録》卷一六 ［正德元年八月乙卯］錦衣衛百戶黃錦奏：叔祖太監黃順，英廟所賜隆平、束鹿二處莊田，頃者被人投獻于德清公主府，乞歸復管業。戶部尚書韓文奏：賜田係一時特恩，順既歿，自合還官，錦不宜奏擾。及照駙馬都尉林岳，既有録賜，亦不可假公主名逾分陳乞。前田當還官，庶息二家之爭，存朝廷之法。從之。既而，岳、錦猶互爭不已。戶部執奏請切責岳而治錦之罪。上令仍與公主爲業。

《明實録·武宗實録》卷一六 ［正德元年八月己巳］以清源縣水屯營、定襄縣長安屯莊田二十八頃有奇給寧化王府鎮國將軍鍾鉅、鍾鉌。其田乃鉅、鉌之兄寧化王鍾鋲舊業。鋲革爵，已入官爲太原左衛屯田。至是，鉅、鉌陳乞爲業，乃除其歲徵屯糧。

《明實録·武宗實録》卷一九 ［正德元年十一月乙酉］河南鎮巡官會勘徽府所奏乞彰德衛官田二百一十三頃有奇，實本衛屯田舊額也。戶部覆議：前田視周、德、衛三府護衛及開墾莊田不同。先帝洞見此弊，故特詔所司給軍領種，著在冊籍，難再變更。今會勘既明，乞治長史、承奉等官主謀撥置之罪。上以成化初特旨所賜，令仍與徽府管業。

《明實録·武宗實録》卷二四 ［正德二年三月癸丑］以順天府武清縣、保定府慶都、清苑二縣，廣平府清河縣空地合二千二百二十八頃九十畝有奇，給賜皇親都督同知夏儒。從其請也。

《明實録·武宗實録》卷二四 ［正德二年三月丙辰］安聖夫人田氏奏乞順義縣夾河退灘無糧地一百一十七頃有奇。戶部奏：其地雖不徵糧，見有軍民徐安等耕種爲業。詔竟給之。

《明實録·武宗實録》卷二八 ［正德二年七月丁卯］改嘉祥長公主東安縣香火地土爲皇莊。本府閽者魯才奏本地逐年逋欠租銀當一萬六千餘兩，乞賜修理墳塋。詔令戶部以見在部銀六千兩與主家，以一萬兩輸內承運庫，而本地逋租之數勅付戶部徐追之。

《明實録·武宗實録》卷二八 ［正德二年七月庚午］太傅慶雲侯周壽奏所買昌平州等處田土一千六百餘頃，乞蠲除糧草。從之。

《明實録·武宗實録》卷三〇 ［正德二年九月戊申］賜榮王龍陽縣地方沿河兩岸新興洲等處田地五百三十頃有奇。因王請也。

《明實録·武宗實録》卷三二 ［正德二年十一月癸卯］初，汝王奏：本府原賞獲輝二縣三橋坡田地，乞踏勘頃畝，通給管業。下戶部行守臣勘報前地共一百三十一頃有奇，已給該府者七十頃，其餘亦退灘無糧地也，于例可以撥給。詔止以原賞地與之。

《明實録·武宗實録》卷三二 ［正德二年十一月乙巳］衛王奏：平度州原賜莊田三百五十頃，可稅者一百六十頃，給民佃納子粒，而豪民多假災傷逋負且毆府中人至死。乃命司禮監及戶部官各一員勘處。時，戶部右侍郎王瓊方詣清河縣踏勘地土，遂以委之。

《明實録·武宗實録》卷三三 ［正德二年十二月丁酉］司禮監右監丞高

金、部員外馮顒奉命往山東沂州勘處涇王所奏請地土，還奏：棗溝湖、泥塘湖等處地已賜王爲業者二百五頃有奇；其餘堪種地七百七頃八十畝，拋荒地六百二十七頃一十二畝有奇，雖係空閑，但非原賜之數。沂州東西門窰地五頃二十餘畝，民間額稅猶未開除。邳州蕭縣地四百餘頃，俱有湖溝會于漕河，又爲畿輔地，難以給賜。因劾前此承勘官開報未明，以致累奏煩擾。見任淮安府知府趙俊違勅避事，蕭縣知縣周庘勘報欺隱，各自有罪。戶部覆奏。上命錦衣衛差官校逮繫俊、庘至京究問，其先年勘官憶遷官去任者，俱令所司詳具以聞。戶部查見任者巡撫都禦史張縉等六人，餘皆致仕，或裁畢具奏處。有旨：地土原賜與王者如舊管業。窯地及餘地俱給佃徵糧。與漕河相干者不必動。且戒諸王府宜遵前旨，不許例外奏擾。縉等奪俸西月，遷官去任者宥之。

《明實録・武宗實録》卷三五　[正德三年二月辛巳]以靜海縣無稅地六千五百四十二頃有奇賜皇親沈傳、吳讓。

同上　[正德三年二月壬午]以沂州棗溝湖等處無稅地七百七頃八十畝賜涇王。前地嘗遣官勘明，令有司召民佃種。至是王復乞乞，乃許之。

《明實録・武宗實録》卷三七　[正德三年四月甲午]衡王奏，原平度州白埠泊荒地三百餘頃，爲州民趙賢等占據。詔令戶部左侍郎王瓊等往勘之。瓊等奏：原賞地皆卑濕荒蕪，每年稅銀四百八十兩，皆抑民陪納。傍有未稅地四百八十餘頃，宜權撥本府爲業。其初開墾民人三百七十九戶，每佃地一頃，須量免雜徭一丁。先是陪納地稅民人一千六百八十二戶，皆宜除豁。庶百姓不納無地之稅，王府得收有田之租。詔從之。然續撥地畝亦多奪民之產，且仍杖賢等一百，戍之邊衛，人不堪其冤焉。

《明實録・武宗實録》卷三九　[正德三年六月壬申]命戶部員外郎華津仍查常德府香爐洲等處莊田七處共六百三十餘頃，給賜榮王。時津已奉敕清查王所乞新樂等村土田矣。至是王復有所乞，故有是命。

《明實録・武宗實録》卷四〇　[正德三年七月辛酉]給慶雲侯周壽豐潤縣來安務莊田八百七十頃。初，壽有賜田一區，在寶坻，因與建昌侯張延齡土地相連，孝廟聽其辭以給延齡，而以豐潤田與壽。時豐潤田尚屬榮府，待之國乃給焉。其後雍靖王妃吳氏奏乞莊田，詔亦以豐潤田賞之，壽以爲言，乃仍給壽，別以定興、滿城二縣田賜雍王妃。畿郡賜田既多，小民多失業云。

《明實録・武宗實録》卷四一　[正德三年八月辛巳]初，憲宗賜惠妃弟錦衣衛百戶郭勇靖海縣莊田二所，共二千三百七十八頃五十畝。歲久爲人侵種，屢請差官查勘，訟久未平。至是，勇弟仲良復以爲請。乃命戶部署員外郎張鳳狃覆勘，爲永業者一千八百二十八頃六十四畝，爲百戶張琮等所侵者一百四十五頃七十二畝，爲海水渰沒者又若干畝，因劾節委勘官戶部員外郎吳紀等十六人、會州衛指揮張經等四人不行審實，朦朧斷給，以致連年奏擾，俱有罪。戶部議覆，有旨令巡按御史逮琮等五十四人監追占種積年子粒。罰紀等十六人各米五百石，經等四人各三百石以贖罪。十六人者惟按察使黃珂、驛丞李歷、知州刑政見任，餘皆致仕。罷黜。且有物故者矣，如丁倍，特河間府一經歷，郭哲，特靜海一主薄，而罰米之多如此，冤哉冤哉。

《明實録・武宗實録》卷四四　[正德三年十一月乙巳]賜仁和大長公主定興、新安二縣莊田三百七頃九十餘畝，因其請也。

《明實録・武宗實録》卷四六　[正德四年春正月丙辰]德府奏，原賜白雲湖及新城等縣蘆蕩田地共一千七百餘頃，爲小民占種，久負子粒、魚課，府縣等官不與追徵。戶部覆議，因劾先任布政使張泰、劉璟、參政鄧廷瓚、濟南府同知耿文明、通判張祐、新城知縣段瑩曾委查勘，議處未明，移文鎮巡等官覈實上聞。先是，泰及文明、祐、瑩俱致仕矣，仍各罰米一百石；璟既遷刑部侍郎矣，仍罰米三百石；惟廷瓚已死獲免。

《明實録・武宗實録》卷四八　[正德四年三月甲辰]司禮監太監閻宣、戶部侍郎韓福等會勘榮王所乞湖廣常德、辰州府屬縣無糧田地一千五百九十五頃有奇，山場周圍八百二十里，房屋鋪面一千五十八間，宜給本府。及參先任巡撫都御史韓重、副使劉遜、參政涂旦、參議胡瑞等前勘不明，陰陽訓術劉賢承勘受財之罪。下戶部議覆。詔：田地給府管業。遜令勘官逮問；且令巡按御史問；重、瑞免逮，各罰米三百石；賢發陝西固原衛，永遠充軍。

《明實録・武宗實録》卷五〇　[正德四年五月戊申]汝王奏乞榮澤、河陽、汜水等縣黃河退灘地六百二頃有奇。戶部議覆：本府累蒙朝廷賜有莊田，及奉先帝成命，各王不許分外奏討，宜治輔導官之罪。上謂王原賜莊田數少，所奏地既覆勘無礙，特以與之。

《明實録・武宗實録》卷五四　[正德四年九月戊戌]兵部左侍郎胡汝礪

奏覆丈量過公侯伯指揮等官張懋等莊田地共一千八百一十八頃七十餘畝，欲將無糧者照例起科。詔：以公侯伯等官既有常祿，在外莊田徒使利歸佃戶人家。即今邊儲缺乏，各官豈無憂國足邊之心。查出地土，宜照例起科，革去管莊人役。各家願自種者聽，不願者撥與附近空閑舍餘種納。還量地利厚薄以定則例，依頃畝糧數以立案冊。仍令各邊查出地土，視此令行之。

《明實録·武宗實録》卷五四［正德四年九月戊申］宜興大長公主、慶陽伯夏儒、錦衣衛千戶王敏所賜莊田在武清縣之尹兒灣、水洵莊等處者，以地界相連，互有侵奪。刑科給事中等官李學曾等奉命往勘，奏：儒初請止三百六十餘頃，今可墾者實二千二百二十八頃，而敏所賜田亦在其中；公主所請初爲一千八十頃，今僅有六百三十一頃。詔其地以千頃畀主管業；敏於主地旁給與十分之二；餘盡給儒。

《明實録·武宗實録》卷五八［正德四年十二月癸卯］巡撫甘肅右僉都御史王憲奏：奉敕查勘内外鎮守等官地土，務足養廉之用，原無者不必添給。今查得甘肅等處鎮守太監宋彬田一百一十二頃，總兵官署都督僉事衛勇田八十七頃，左副總兵都指揮僉事白琮田一十四頃，監鎗都知監左監丞王欣田一十頃，又採草湖田共八十七頃，分守涼州御馬監太監張昭田三十三頃，右副總兵官都指揮僉事姜漢田二十五頃，分守肅州左參將都指揮僉事蘇泰田一十三頃，守備西寧署都指揮僉事趙承序田一十五頃。戶部議覆：鎮守等官，原無給與養廉地土事例，中間多因奏討，相沿承種。耕獲採取，不無重勞軍士，兼且多寡不均，必至別項漁取。伏望酌量職分重輕，定爲等第，庶使與不傷惠，事體歸一。詔：鎮守給水旱田各十頃，副總兵各半之；分守幷監鎗、游擊各旱田十頃，守備半之；原無者，各給水田一頃，永爲養廉定例。餘聽給舍餘人等承種納稅，毋得數外濫給、侵占。

《明實録·武宗實録》卷七三［正德六年三月癸亥］巡按直隸監察御史李嵩奏：南宮、寧晉、新河、隆平四縣管皇莊太監劉祥、金鳳等先後十數人，專肆尅剝，民甚苦之，恐相率爲盜。乞將祥等取回，以侵地歸民，税歸有司。永平、河間諸府莊田亦如之。戶部議覆，得旨：皇莊以奉順兩宮，宜仍舊。祥等其取回，以太監馬昂、左少監范礼代之，戒其毋蹈前弊。

《明實録·武宗實録》卷一〇二［正德八年七月丙子］戶部主事張鍵奉旨會撫按官踏勘東安、三河、寶坻、豐潤、武清、永清、霸州、新城等縣莊田，除河道水占、鹻薄不堪耕種者，實在頃畝凡六千二十五頃二十三畝有奇，共該徵子粒銀一萬四千八百餘兩。戶部請如數徵收，年終類進。如遇災傷，視軍民田例蠲免。從之。

《明實録·武宗實録》卷一〇三［正德八年八月庚子］初，慶陽伯夏儒奏乞廣平府清河縣莊田三千三百餘頃，有旨賜之。縣民葛振剛等言，前地皆其祖父奉例開墾者。復命司禮監太監張淮、戶部侍郎王瓊等踏勘，仍以賜儒。既而振剛等復奏愬，下巡按御史錢如京再勘。如京因奏：國初直隸等處空閒地土聽民開耕，永不起科，此祖宗惠民之令典。弘治十八年五月詔書，各處莊田不許管莊人等倚勢生事，又陛下踐阼之大恩。清河小縣，空閑地土既已起科，管田人等又復呑併，豈惟違戾恩典，抑恐激變地方。况一縣正糧止千餘石，而戚畹子粒銀過萬兩，重困民力，崇殖私門，或生他變，亦非戚里所以自全者也。乞將沙薄硝鹻幷加增辦納不敷者悉與除豁，惟以先年德府退出民地七百餘頃與儒管業。仍革管莊人，止令有司徵解，戶部轉發。戶部議覆，詔仍如淮等所勘原數令儒管業，不許紛擾。

《明實録·武宗實録》卷一一一［正德九年四月丙申］復給徽王彰德衛莊地二百三十頃有奇。初，徽莊王之國，憲宗以地賜王，弘治中及正德初以舊額屯田一再退出給軍。至是，累奏陳乞，許之。

《明實録·武宗實録》卷一二八［正德十年八月壬戌］給還開平王常遇春玄孫緯江都縣田宅。遇春長子茂永樂中削爵，安置廣西，病死無嗣，次子昇安置雲南，昇生繼祖，繼祖生寧，寧生復，弘治五年録功臣後，以復塡注南京錦衣衛帶俸指揮使，復子緯奏其祖第宅今爲公署，莊田亦爲居民侵占，乞查復。下南京守備等官勘奏，乃有是命。

《明實録·武宗實録》卷一三四［正德十一年二月戊午］以原賜晉府清源等處莊田十二頃，令鎮國將軍鍾錆管業。從其請也。

《明實録·世宗實録》卷二［正德十六年五月己卯］正德以來，畿内逋逃民田，多爲奸利之徒投獻近倖，徵租掊尅，民甚苦之。給事中底蘊列狀以聞。戶部覆奏，行各守臣查覈没官田土外，但係近年投獻置爲皇莊者，給還本主，仍照原額徵税。從之。

《明實録·世宗實録》卷三［正德十六年六月丁未］順天府通州知州劉繹奏：近京地方，若皇莊及皇親、駙馬、功臣田土大爲民害，乞以皇莊田地盡付所在軍民耕種，輸納國課；管莊內臣，永爲裁革。其或以皇莊建立已久，遽難議革，請先將內臣取回。凡皇莊田地，明白開造冊籍，附之所在官司管理，別差戶部主事一員專管督理，一應租税，依期解送戶部轉送內府。其勳戚田土，亦乞差官查理，果舊額頒賜，聽令管業，照依舊制，每畝起租銀三分，此外不許絲毫侵削佃戶；若係近來包占奪買等項，責令退還。章下所司議聞。

《明實録·世宗實録》卷三　[正德十六年六月]御史范永鑾言：往者劉瑾、錢寧、江林相繼擅權，姦民乘隙多將軍民屯種地土誣捏荒閑及官田名色投獻，立爲皇莊，因而蠶食侵占，靡有界限。舊租正額外，多方掊尅，苛暴萬狀，畿內八郡咸被其害。請敕戶部差官，一切體勘，係民者歸民，係官者歸官。應輸租課，有司代收。交納事竣，仍繪圖造冊，繳部備照，永杜後姦。詔所司知之。

《明實録·世宗實録》卷四　[正德十六年七月己未]戶部覆巡按御史范永鑾奏言：靜海縣瀕海地多閑曠，小民自行開闢，辦納賦税已百有餘年，近皇親沈傳、吳讓受奸民投獻，冒請奪之。因而蠶食侵占，延袤百里，履畝而税。貧民採捕魚蛤者皆令輸租，不堪其擾。又天津諸衛，逆瑾受獻爲莊田者不下千頃。幸瑾敗，入之官。而諸內臣又一切傳奉，號爲皇莊。雖屢奉明詔查覈，而不令主者得還故產，日以流移。宜令撫按官查勘，皇親家田，係冒占者即以予民。諸凡勳戚功臣莊田，宜皆如有司例，禁勿多取，遇災則蠲之，有不奉詔者罪如律。上曰可。

《明實録·世宗實録》卷五　[正德十六年八月乙未]戶部左侍郎秦金等言：近傳奉內旨：各官置皇莊及差管各莊官校。臣等聞命，不勝驚疑。夫以萬乘之尊，下與匹夫分田；以宮壼之貴，下與小民爭利；非盛世之事也。昔漢高皇令民得田故秦苑囿園池，武帝罷養馬苑，昭帝罷中牟苑，均以賜民。下至元帝，亦以三輔公田及苑囿可省者振業貧民，後世以爲美談。趙宋之君，亦知以京城四面禁圍草地令開封府告諭百姓，許其耕牧。是前代之王無不以畿內之民爲重者。我太祖高皇帝以應天等處爲興王之地，夏税秋糧不時全免。列聖相承，此意有隆無替。何正德以來，姦猾無籍之徒，乘時射利，沾恩冒賞，多將畿內逋逃民田投獻左右近倖之人；而左右近倖，不念畿輔重地，獻諂取悅，乃遂奏爲皇莊。弊源一開，無有窮極。況管莊內官、收租官校，俱城狐社鼠，侵欺攘奪，爲害萬端。利歸貪校，怨歸朝廷，爲政之累不淺。乞差科道部屬官各一員，分詣查勘。自正德以後，係額外侵占者，給還其主；管莊人員，盡數取回。又寶源、吉慶二店核納課程，弘治以前係順天府批驗茶引所官攢收受，按季解部進內府。後太監于經奏爲皇店，科取擾害，人皆怨諮。乞將二店課額依弘治年例行，庶軍民樂業，上下俱利。上曰：畿內根本重地，祖宗朝屢有優恤禁約。邇來姦猾，妄將軍民田土設謀投獻，管莊人等因而乘機侵害。朕在藩邸，已知其弊。覽奏深用惻然，其即如所議行之。

《明實録·世宗實録》卷二〇　[嘉靖元年十一月丁未]初，慶雲侯周壽弘治中得賜寶坻縣把門城、李子沽地及所續買田宅，總二千餘頃。故會昌侯之遺產在焉。建昌侯張延齡爲會昌侯婿，嘗受地二百餘頃，與壽接壤，數爭訟。時延齡勢盛，壽乃悉讓其地，而自請來安務地八百頃。正德末年，并奪爲皇莊。上登極詔以皇莊給主，於是兩家各請其地。事下給事中夏言等勘問得實，議以把門城、李子沽地一千二百頃予延齡，壽所續買地七百七十七頃予壽子瑛，而以來安務地仍歸官，召民佃種。戶部覆請，從之。

《明實録·世宗實録》卷二一　[嘉靖元年十二月丙子]，詔給還淳安大長公主故崇文門外莊園。先是，其地爲劉瑾侵占，瑾敗，皇店官校復規爲官園。至是，公主上書言之，故有是命。

《明實録·世宗實録》卷二一　[嘉靖元年十二月辛巳]湖廣荊州府潛江縣知縣敖鉞疏請開濬淤洲以弭水患。但沿江一帶淤洲，盡屬皇莊，未敢擅興工作。戶部覆議：江洲原非額田，税入無幾，苟可救一縣之民，何惜于此。請令巡撫湖廣都御史行守巡官，親詣縣治，相度地形水勢，果爲民患，即及時開工疏濬淤洲。新增子粒，悉蠲勿徵。從之。

《明實録·世宗實録》卷二二　[嘉靖二年元月甲辰]兵科給事中夏言勘明戚里沈傳、吳讓莊田係民產，請給還各主，別以沒入閑田給傳、讓。戶部覆如擬，報可。

《明實録·世宗實録》卷二二　[嘉靖二年元月己酉]戶科給事中張漢卿等言：日者皇上念畿輔莊田之害，命給事中夏言、御史樊繼祖、主事張希尹會勘安州鷹房草場、涿州薰皮廠。敕曰：自正德元年以後朦朧投獻及額外侵占者，盡給原主。管莊人悉取回。大哉王言，民切仰戴。及言等勘報，戶部覆請，而兩奉明旨，曰仍舊，曰留用。該部執奏再三，竟不之從。是非所以全大信，昭至公也。先帝時，群奸擅政，八黨爲首惡。故薰皮廠起于馬永，鷹房草場創于谷大用。今馬俊、趙霦恃藩邸舊恩，妄乞免查，是復蹈永、大用故轍也。漸不可長，乞察諸臣查勘之明，從部臣執奏之正，盡革鷹房草場、薰皮廠，并罪俊、霦，以爲欺妄之戒。不允。

《明實録・世宗實録》卷二三［嘉靖二年二月乙亥］兵科給事中等官夏言等以查勘莊田事畢，因陳四事：其一言祖宗以來，各宮原無莊田，天順間始立順義莊田一處，其後增設漸多。以宮壼之貴，下與閭閻爭利，似爲不雅。請以負郭大興縣莊田改爲各宮親蠶廠、公桑園，仍敕禮部具皇后親蠶儀以進。其餘一切改爲官地，給民佃種，歲輸子粒銀兩，戶部轉解承運庫分進各宮，以充支用。其二言勳戚憑藉寵暱，奏討無厭。如慶陽伯夏臣等得地至萬三千八百餘頃，多受奸民投獻，侵奪民業。請查累朝皇親侯伯賜田多寡，定爲中制，量給養贍，過制者一切裁革。其三言查勘過各項田土，俱是退給侵牟開豁荒鹻核實之數，請一準新冊，移文所司，出給由帖執照，以便徵收。其四言：山東、河南等處奉例開墾之地，多被奸徒投獻王府及諸勢家，宜一體差官查勘禁革。戶部覆議，謂：親蠶廠、公桑園原無舊制。即今皇城之內，地多空閑，乞敕司禮監查處，植桑以供蠶事，俟禮部議奏舉行親蠶之典。山東、河南以剿賊用兵，差官未便，合行榜諭禁革。其餘宜皆如給事中言。得旨：各宮莊田子粒銀兩仍辦納解部，年終類進應用。頃畝數目止照新冊改爲官地，不必稱皇莊名目。皇親侯伯及在外王府莊田，除見今管業不動外，以後不許妄受投獻，侵占民業。夏臣等姑置之。禁革奸猾勢要事宜，如擬曉諭懲治。其親蠶處所，禮部議處以聞。役禮部覆議：皇城西苑隙地宜桑，且合唐苑中之制，請建蠶于此。詔姑已之。

《明實録・世宗實録》卷二五［嘉靖二年四月丁丑］御馬監太監閻洪奏請外豹房永安莊地。戶部言：此地故皆永清右衛屯田，洪熙間以半爲仁壽宮莊，其半以給太清觀道士，弘治中改給指揮趙良，至先帝始以爲外豹房地。由官司創廨宇其中，臣等奉詔撤毀，令故道士及百戶趙愷分佃輸稅以資屯糧。業已處分，而洪欲私其地利，仍以外豹房爲請。夫先帝以豹房之故，遺禍無窮。奉明詔革除，而洪等仍欲修復以開游獵之端，非臣等所顧問也。臣請悉還之原衛，徵屯田子粒以助軍餉，庶可永除禍本。詔以十頃給豹房，餘令道士及趙愷分佃如故。

《明實録・世宗實録》卷二六［嘉靖二年閏四月癸亥］錦衣衛帶俸指揮僉事沈傳、吳讓奏求武淸、豐潤二縣地一千四百餘頃，補還給主莊田之數。下戶部議：此地原係慶雲侯周英、內臣谷岫各妄奏討，奉旨勘明給民佃種，非二家所得，請宜如原議，以鷄澤、永年二縣空閑地七十頃加沒官地六頃給之。報可。

《明實録・世宗實録》卷二八［嘉靖二年六月乙丑］先是，慶陽伯夏臣母夫人葉氏以莊田在保定、廣平者，奉詔當還民，乞令如舊經管。上命以昌平州樓子莊房地并安定門外沒官田土給與之，復諭戶部再括空地以聞。部臣言：夏臣祿米歲支一千石，見管莊田其六百一十三頃，歲用有餘，不宜濫予以益其富。上命復如前旨。給事中張翀等言：括地之旨與登極初詔有違，乞寢其命。不允。

《明實録・世宗實録》卷三一［嘉靖二年九月戊寅］先是，上以查勘各宮莊田數目與舊數不同，下戶部覆。尚書孫交等言：舊數之多者，以奉旨清查，退給、除豁地短少之數，請俟年豐將原報低窪地土，查有水退堪種及生蘆葦者，量徵子粒以補之。得旨：令查成化、弘治間原數以聞。

《明實録・世宗實録》卷三二［嘉靖二年十月乙丑］戶部言：近御史王佩奏行丈量田土，小民不便。據成安縣民任本所奏，委有騷擾情弊，乞行停止。從之。

《明實録・世宗實録》卷三五［嘉靖三年正月甲戌］先是，秦王惟焯奏：始祖分封之國，欽蒙太祖高皇帝敕賜潼關西、鳳翔東沿河灘地牧馬，高原山坡牧羊，今被豪民劉仲玉等占種。已而仲玉等亦奏：祖額徵糧民地，被奸人捏作荒閑投獻秦府。俱下戶部議，移撫按查勘，原賜牧地，止有河灘。今秦府實欲侵奪民地。況潼關西、鳳翔東、渭河兩岸，有華陰、岐山等一十七州縣。如王所奏，近河牧馬，近山牧羊，則一十七州縣之地盡屬秦府矣。上曰已之。

《明實録・世宗實録》卷三五［嘉靖三年正月甲戌］慶陽伯夏臣母夫人葉氏奏討來安務等處地。戶科參論：夏臣先年妄受投獻，奏討樓子等二處莊，奪民産百餘頃，朝廷違衆論而與之。乃不知足，仍恣奏討。況來安等處，各已召佃軍民，供備國儲，豈容干爲私澤？戶部執議不當與，詔另查空閑地給之。

《明實録・世宗實録》卷三六［嘉靖三年二月甲寅］戶部疏上新舊冊，開各宮莊田頃畝處所。曰：舊冊以妄報、投獻、虛開、奏討，故其數多；新冊以退給、侵牟、開豁、荒碱，故其數少。宜以新冊爲定，使軍民安業。詔仍查先年頃畝原具聞。

《明實録・世宗實録》卷四〇［嘉靖三年六月丁巳］泰和伯陳萬言疏乞武清、東安二縣地各千餘頃。下戶部議，言二縣地皆歲輸入未央宮，非萬言所得請，不當。上命查二縣地與宮莊無與者給之所。戶部又言：臣等止按籍較閲，有無固難遙度，當令所遣主事王納言勘上。上命亟勘以聞。而另給萬言兒莊地四百六十二頃六十八畝，曹村橋地四十頃，重樓社、青塚等村地二百五十頃九十三畝。於是保定巡撫劉麟、御史任洛咸言：前項地皆明詔所清查，豪強併吞，應給還小民者，不宜又奪與萬言疏。下所司知之。

《明實録・世宗實録》卷四三［嘉靖三年九月甲子］永福長公主請寶坻武清縣地千餘頃。事下，戶部尚書秦金等言：公主前已給有莊田，未及旬月，復有此請，若戚里之家互相仿效，則盡畿內之地不足以供之，且所請地，今堪未報，難以處給。上命亟勘實以聞。

《明實録・世宗實録》卷四三［嘉靖三年九月戊辰］命給皇親玉田伯將輪獻縣及朝陽門外地九十皆有奇；指揮蔣壽南皮及獻縣地四十三頃有奇；指揮文榮瀞縣、昌平州等地三十七頃有奇；指揮張楫南宮、新河縣等地三十九頃有奇。

《明實録・世宗實録》卷四三［嘉靖三年九月甲戌］，錦衣衛指揮文榮復乞靜縣莊田。戶部言：榮所乞乃牧馬草場地，今已貸民佃種，徵銀解部，不可復與。上命盡籍其數以聞。

《明實録・世宗實録》卷四四［嘉靖三年十月戊申］駙馬都尉鄔景和爲永福長公主請七里海荅海地。戶部言：公主賜地已踰千四百餘頃，前地不過三十餘頃，皆貧民佃以爲業，不當奪之。上從部議，報罷。

《明實録・世宗實録》卷四八［嘉靖四年二月己亥］玉田伯蔣輪請故宜興大長公主田千頃，言官、部臣皆執不可，上特許割其半畀之。詔自今但係先朝給賜戚畹田土，不許妄爭，以傷朝廷大義。

《明實録・世宗實録》卷八二［嘉靖六年十一月壬辰］寶坻縣七里海有荒地二萬一千五百六十餘頃，計二百五十三里，隨時旱澇，占者無常。先是太監汪直立莊于其中，相傳爲御史用監公物，而民墾其內者亦千四百六十餘頃。至是，有水退地百餘頃，奸民投獻內監，欲奪民久業并入之。民訴之闕下。戶部奏遣主事柴儒往勘。儒還報曰：民之久業，輸糧、飼馬、煎鹽、出稅、養生葬死于其中，不宜漁奪，惟水退堪熟地可入本監耳。然其他荒蕪閑地尚當聽民漁獵樵採，乃稱陛下恤民之意。上曰：地既勘明，其如擬撥給內監，毋再奏擾。餘悉與民，亦毋許豪猾兼併。

《明實録・世宗實録》卷八二［嘉靖六年十一月甲午］大學士楊一清等言：【略】臣等切見近畿八府土田多爲各監局及戚畹勢豪之家乞討，或作草場，或作皇莊。民既失其常產，非納之死地，則驅而爲盜耳。既往無論已，願陛下自今以來，凡勢豪請乞，絕勿復許，小民控訴，亟賜審斷，庶使畿內之民所恃以爲命。夫王畿四方之本，王畿安則四海安矣，惟留意焉。上曰：卿等所言，深合朕意。近者八府軍民徵糧地土，多爲奸人投獻，勢衆朦朧請乞，侵奪捶撻，逼取地租。雖時有勘斷，終不明白。民失常產，何以爲命？京畿如此，在外可知，今宜令戶部推侍郎及科道官有風裁者各一人領敕往勘，不問皇親勢要，凡係泛濫請乞及額外多占，侵奪民業，曾經奏訴者，查冊勘還。各項草場，亦有將軍民地土混占者，一體清理。外省令御史按行。諸王府及功臣家，惟祖宗欽賜，有籍可據則已；凡近年請乞及多餘侵占者，皆還軍民。各處勢要亦有指軍民世業爲抛荒，及乘在官田土之閑廢而獵有之，皆宜處置。僧寺之業，田租本輕，多爲官豪違例典賣，倚勢兼併，田連阡陌，科取重租，甚者僧舍佛廬，并爲己有，亦宜改正。事竣，具上其籍。戶部司邦土，務綜其實，以稱朕恤民固本之意。承委官有畏避權勢，保私蔽公者，以狀聞。

《明實録・世宗實録》卷八三［嘉靖六年十二月甲寅］天津城南曠地六百餘頃，憲廟時給賜皇親錦衣千戶郭勇，正德時入爲皇莊；上即位詔革，尋賜永福長公主爲業。至是，勇孫郭欽奏請不已，駙馬都尉鄔景和亦具奏。事不決。命戶部差官往勘之。尚書鄒文盛因言：此地在先朝既賜郭氏，今日又賜景和，請令兩家分有之。上曰：查勘既明，其如議分給，毋容爭擾。自今貴戚之家第，宜安分循理，如妄爲奏討，或恃勢兼并軍民田地者，所司奏聞處治。

《明實録・世宗實録》卷九五［嘉靖七年十一月壬戌］戶部議覆戶部右

侍郎王軏、戶科給事中李鶴鳴、監察御史吳淮等奏：勘過御馬監草場五十八處，自公廨所占及監官養贍之外，計實地二萬一千五百七十餘頃，蘆葦地及拋荒草地三千餘頃，歲可徵子粒銀七萬二千兩有奇，各照莊田事例徵銀解部。其召佃人戶，定爲差等：上戶不得過二頃，中下戶漸減之。仍嚴爲界限，以杜爭端。【略】詔：如議。自今敢有違例奏請混占侵奪者，所司以實聞，重治不貸。

《明實録·世宗實録》卷一〇〇［嘉靖八年四月甲戌］戶部左侍郎王軏言：臣奉命清查各處莊田，見勳戚之家，多者數百千頃，占據膏腴，跨連郡邑。此後勳戚日增，有限之土，豈能應無已之求哉！乞如成周之制，隨其官之品級而定擬多寡，別其世之親疏而量爲裁革；其自置田土不報納糧差者，俱追斷如功臣田土律，庶幾爲經國裕民可久之道。下戶部議。尚書梁材言：成周班祿而有土田，蓋祿以田出也，非於常祿之外復有土田之賜。今勳戚高爵厚祿，已逾涯分，而陳乞地畝，動以數千，誠非祖宗立法之意。自今宜申明詔旨，不許妄爲奏討，侵漁小民。其已經欽賞有成命者，仍與管業；中有世遠秩降，或非一派相傳者，量存三之一以爲墓祭之費，餘皆入官，以備邊儲。上然之。因諭曰：已賞田土，亦宜查明；有分外強占者，俱給原主。自今勳戚大臣，務各安分，以保祿位，不許妄行陳乞。

《明實録·世宗實録》卷一〇一［嘉靖八年五月丙午］巡按遼東監察御史王重賢奏：遼東鎮守太監白懷、已故鎮守總兵麻循、監鎗少監張泰、遼陽副總兵張銘、分守監丞盧安、參將蕭淳、李謐、游擊將軍傅瀚，各占種軍民田土，多者二百五十餘頃，少者十餘頃，宜追奪罰治。上以因襲年久，懷、泰、安取回，京銘等奪俸半年。

《明實録·世宗實録》卷一〇二［嘉靖八年六月癸酉］詹事霍韜等言：臣等奉命修《大明會典》，各該衙門未見送到冊籍。未及編纂，臣等先于私家將舊典各書翻閱。竊見洪武初年，天下田土八百四十九萬六千頃有奇。弘治十五年，存額四百二十二萬八千頃有奇，失額四百二十六萬八千頃有奇，是宇內額田，存者半、失者半也。則賦稅何從出？國計何從足耶？臣等備查天下額數，若湖廣額田二百二十萬，今存額二十三萬，失額一百九十六萬。河南額田一百四十四萬，今存額四十一萬，失額一百三萬。此失額極多者也。非撥給于藩府，則欺隱于猾民，或冊文之訛誤。不然，何致此極也？若廣東額田二十三萬，今存額七萬，失額十六萬，又不知何故致此也？蓋廣東無藩府撥給，而疆里如舊。非荒據于寇賊，則欺隱于猾民也。由洪武迄弘治，百四十年耳，天下額田已減強半；再數百年，減失不如又何如也！乞敕戶部考求洪武初年額田原數，備查弘治十五年失額田數，及今日額田實數，送館稽纂。仍乞特召戶部尚書詢之，曰洪武初年，甫脫戰爭，人庶鮮少，田野多蕪，田額宜少也，乃猶墾闢八百萬頃。今奕世承平，人漸生聚，田野盡闢，田額宜多也，乃失額四百萬頃。總國計者，可不究心乎？天下有司，受猾民賄利，爲之欺隱額田，蠹國害民，弊無紀極。明年當造籍冊，獻田額數，盍預行法處之乎？再按天下戶口，洪武初年，戶一千六十五萬有奇，口六千五十四萬有奇。時甫脫戰爭，戶口凋殘，其寡宜也。弘治四年，則承平久矣，戶口蕃矣。乃戶僅九百一十一萬，視初年減一百五十四萬矣；口僅五千三百三十八萬，視初年減七百一十六萬矣。國初戶口宜少而多，承平時戶口宜多而少，何也？乞再敕戶部覈實洪武、弘治遞年戶口原數，及今日戶口實數，送館稽纂。俾司國計者，知戶口日減，費用日增，而思所以處之也。再按天下藩府，洪武初年，山西惟封晉府一王，歲支祿米一萬石。今增郡王、鎮國、奉國將軍、中尉而下共二千八百五十一位，歲支祿米八十七萬有奇。由一萬石增而八十七萬石，則加八十七倍矣。及查山西額田，初年四十一萬頃，弘治十五年，存額三十八萬頃，減額者三萬頃矣。祿米則由一萬石增而八十七萬石，額田則由四十一萬頃減而三十八萬頃。此山西額數也。舉山西而推之，天下可也。乞敕禮部，備查洪武初年各省藩封位數幾何，今日位數幾何。戶部備查祿米總數，初年幾何，今日幾何。覈實送館稽纂。俾司國計者，知賦稅日減，祿米日增，而思所以處之也。再按天下武職，洪武初年二萬八千餘員，成化五年增至八萬一千餘員。錦衣衛官，洪武初年二百一十一員，今增一千七百餘員。由二萬而八萬，增四倍矣，由二百而一千七百，增八倍矣。夫額田賦入，則由八百萬減而四百萬；軍職員額，則由二萬增至八萬。此成化以前大略也。弘治以後則未之稽也。乞敕兵部，備查洪武間武職大數幾何，今日大數幾何，類爲冊帙，送館稽纂。俾司國計者，知額田減一倍，軍職增四倍，而思所以處之也。再按天下文職，洪武初年，官有定額，故數易稽。今冗員日多，職守日紊，數亦難稽。臣等博考前古，若光武中興，鑒前世官冗之弊，裁省天下四百州縣官，止七千五百餘員，額數極少者也。唐制，文武官一萬八千八百餘員，額數適中者也。宋制，文武官二萬四千餘員，額數極多者也。我朝自成化五年，武職已逾八萬矣，合文職計之，蓋已逾十萬矣。是職員極冗，未有甚于此時者也。乞敕吏部，詳查洪武年間文職幾何，今日冗職幾何，裁革幾何，通文武職員幾何，送館稽纂。俾司國計者，知官愈多，則國愈困，民愈病，而思所以處之也。再按内臣監局官員，伏讀皇明祖訓，置職甚詳。惟弘治年間，儒臣失考，不及纂述。致我皇祖聖制，所以嚴内外之限，慎宮闈之防者，不得知之。乞敕禮部，行司禮監備查洪武年間各監局職掌何如，員數何如，列聖以來，欽差事例何如，今日員數何如，送館稽纂。臣等竊觀《周禮》，内臣之職，統之天官。今監局事例，多由禮部。若欽遵祖訓，添修内臣職掌，編列典禮亦聖朝禮以制治之理也。若刑工二部、都察院，凡累年匠役之制，宮府供需之式，四方料物之準，律令異同之宜，我太祖皇帝有定典在。惟弘治年間，庸臣舞智，更爲新例，陰壞成憲多矣。乞敕廷臣酌議刪黜，用訂積年之謬，定天下可行之法，亦萬世太平之幸也。得旨：令各衙門備覈沿革，定數，送付史館。

《明實錄·世宗實錄》卷一〇六〔嘉靖八年十月丙寅〕吏科給事中李鶴鳴奏：内官龔成隱占朝陽關外莊田四十六頃，且多科子粒銀兩。戶部勘覆追奪入官。其多科租銀，准作原佃人戶以後年分應徵之數。詔如擬。

《明實錄·世宗實錄》卷一〇九〔嘉靖九年正月庚戌〕梟又言：黔國公沐紹勛莊田，近奉旨查勘，而奸惡管莊之人，憑藉聲勢，始而侵占投獻，終則劫掠鄉村，動以激變，嫁言阻撓，有司懼變束手，而紹勛且屢以奏乞分豁爲詞。及今不處，則蓄亂宿禍，貽害地方，非世臣子孫之福。戶部覆議：總兵莊田，原有額賜，宜委守巡官老成練達者一員清查之。其額外無文籍可據者，即屬侵占、投獻，宜悉歸軍民。莊戶有犯窩盜違法者，所司明正其罪。詔如議行。

《明實錄·世宗實錄》卷一一四〔嘉靖九年六月丙子〕鎮守雲南黔國公沐紹勛以有清查勳戚田土之命，具奏乞免查勘。上以紹勛世守邊陲，優詔許之。戶部尚書梁材等執奏曰：聖明御極，首納輔臣之言，特詔清查勳戚田土，蓋欲正王法、恤民窮、厚國本也。紹勛世膺厚祿，正宜首先將順，卻乃設詞規避，抗違明旨。今荷聖慈免其查勘，命令所關，漸不可長，宜遵照先旨按籍清查。上曰：朕念邊鎮勳臣，故推誠待之，彼必益加自勵，不負朕恩，可如前旨行。

《明實錄·世宗實錄》卷一三〇〔嘉靖十年九月己卯〕詔還德、衡諸府初封時莊田。先是，用戶部議，查革王府所謂山場湖陂，斷自宣德以後。德王府初封，嘗請得齊、漢二庶人所遺及東昌、兗州二府閑地爲莊田，其後復請白雲等湖爲業。及是，巡撫山東都御史邵錫議以先後所請俱在革中。德王執不可，自言所受莊田與山場湖陂異，且詔書不及莊田，何盡革也？疏再至，語頗侵錫。上以其事下錫覆勘。錫勘報：王府所奏請，多指民間墾田爲之荒地。既得請爲莊田，則縱官校爲虐，徵歛過於稅糧，地方騷然，民不堪命。而王府所入不過十二三，而官校以下侵冒常十七八。使親王虛被其名，而群小實享其利。且德王祿米皆支本色，富厚倍於魯王，何爲規壟畝之利耶！今日會議查革，不及莊田，不知王府莊田即山場湖陂之目。如涇府草場及湖陂凡七所，皆稱莊田，占據之後，民間地土搜括殆盡。而德府承奉以下，朋奸黨惡，要寵取利以誤親王，漸不可長。臣請革三府莊田因盡革，則貧不能生。錫故與臣有欲，乞別下所司再勘。戶部乃酌議：宣德以後，王府有封國之初原請莊田非山場湖陂，而王府祿糧多闕，用度不給者，皆聽留用。其之國以後及傳數世者，凡有奏請，即係莊田，不得議留。其莊田子粒，悉委有司徵收，入之王府，荒歲勘免如例，不得仍用管莊人役。自今承奉以下，不奉明詔，致王奏擾者，重罪之。上從部議。命諭各王府長史司啓王，務遵處斷，勿得輕信撥置奏擾。

《明實錄·世宗實錄》卷一三二〔嘉靖十年十一月壬申〕涇王祐橓奏：臣于弘治十五年封國，蒙先帝給賜沂洲等處棗溝、蘆塘、泥塘、板埠湖，牧馬草場，茶園，倉山莊田七區及濟寧州稅課局一所。今部臣建議各王府自洪武、永樂以後非欽賜係請給稅課、河泊、山場、湖陂之屬，盡爲裁革。念臣生於洪武、永樂之後，受封於孝宗皇帝之朝，似與諸府不同。況部臣所議，本無莊田字樣。如倉山及濟寧稅課局，固當如議入官，而棗溝等莊田六區，仍請給以爲贍。上從之。

《明實錄·世宗實錄》卷一八二〔嘉靖十四年十二月己亥〕戶部言：承天府潛邸莊田湖池共八千一百三十餘頃，皇旨賜司禮監太監張佐等止二百六十頃。其餘租銀，頻年所入，當以萬計。宜下所司稽其已徵或未徵、或因災免未及免者，計數報上。至於所賜佐等田租，亦宜別其勤惰，量爲裁抑，以示懲勸。上從其議。仍命司禮監核內侍中不堪供事者奏聞定奪。

《明實録·世宗實録》卷二一〇〔嘉靖十七年三月戊子〕巡撫湖廣右副都御史顧璘奏：湖廣蘆洲之利，延袤千里，及額外子湖沒官，官湖多被王府占種或權豪侵奪。乞行踏勘，召佃辦納租税，以補給王府祿米。工部宜勘實行。詔可。

《明實録·世宗實録》卷二一一〔嘉靖十七年四月丁卯〕戶部奉旨查明革爵重犯張鶴齡、延齡順天等府莊田，原係節年欽賞者二十四處，共三千八百八十餘頃，責令原佃人戶照舊承種，徵子粒銀解部，許每年一次關領，以爲家口食費。原係奏討者九處，計一千四百餘頃，盡數追沒入官。其自買順義縣莊田一處，計四十七頃，許令變賣。詔可。

《明實録·世宗實録》卷二二六〔嘉靖十八年七月癸酉〕復給與德王祐榕白雲、景陽、廣平三湖地，令自收其課。德莊王歸國時請得前地，迨嘉靖八年例革還官。既而諸藩乞復不已，戶部議量還其初封所得者，故涇、徽二府獲允所請。至是，德王援以爲言。戶部執言：德莊王地去封國時十有五年，比二藩就封時即得者不侔，宜寢其請。詔特與之。

《明實録·世宗實録》卷二六七〔嘉靖二十一年十月己丑〕陝西撫按言：潼關以西，鳳翔以東，黄河退灘地二百九十餘頃，附近居民混爲己業，乘機投獻王府，致啓爭端。今秦王惟焯以此爲敕賜牧場，考之國典，殊無可據。宜分理疆界，造冊起科，以杜後患。戶部議覆，從之。

《明實録·世宗實録》卷三二五〔嘉靖二十六年七月庚午〕孝陵神宮監太監夏綬等奏討龍潭蘆洲三處計二千餘畝，募民開墾徵租以充修理諸費。得旨下南京勘處。至是，工部奏：蘆洲地畝不與軍民洲地相連，亦無混占等弊，宜從其請。報可。

《明實録·世宗實録》卷四二一〔嘉靖三十四年四月丙子〕賜寧安公主仁壽、未央二宮莊地一千一百五十四頃八十六畝。

《明實録·世宗實録》卷四五六〔嘉靖三十七年二月庚辰〕賜嘉善公主蘇州牧馬草場地二千五百九十五頃。

《明實録·世宗實録》卷四七九〔嘉靖三十八年十二月辛丑〕陝西撫按官殷學、梁汝魁疏言：軍政莫急於馬，而清查草場尤爲先務。臣等悉心查理姦占及丈量勘處還官，共清出牧場計一十二萬五千九百二十餘頃，具有條貫，久經可行。乞敕諭楚、慶、肅三府，嚴禁管莊、羣牧人等，毋興異議，復圖侵占。戶部議覆，詔俱允行。

《明實録·世宗實録》卷四八四〔嘉靖三十九年五月戊子〕遣御史沈陽、戶部郎中張大化清理畿內莊田。陽等還，上清出隱冒莊田之數。應量給者一萬六千二百六十四頃有奇，應入官者二千五百二十九頃八十一畝有奇。其戚畹枝系未遠而嫡派已絶、本身現存而爵級已革，及太監、寺觀自買民地而一免糧差與歸順達官先朝給賞住劄地土其一千九百餘頃有奇，俱宜追奪。戶部覆請，從之。

《明實録·世宗實録》卷四九一〔嘉靖三十九年十二月丙申〕詔以湖廣德安府屬隨州、安陸、應山、雲夢等縣紅廟等莊房七處，東山崙并劉家隔四處水租房地九百餘頃；河南衛輝府屬新鄉、獲嘉、輝縣及寧山衛地二百餘頃；開封府屬河陰、汜水、陽武、原武等縣并懷慶府屬武陟、温縣、懷慶衛地房六百餘頃，義和鹽店，萬縣鹽税及湖廣沔陽州葫蘆三灣、魯湖等湖、石首縣馬腦堤、洋子洲、白沙套、小岳套、柴洲湖池，監利縣，柴洲，衡州府煤、錫、魚舫三坑，俱屬景府管業。

《明實録·世宗實録》卷五三一〔嘉靖四十三年閏二月丁丑〕周府宗室有違制多買田宅，濫受投獻者，河南巡撫都御史胡堯臣以聞。詔各王府於邸第之外，不得私置房宅。其貧民賣田王府者，先將田糧數目及佃戶姓名報官，一體編差，違者以投獻論。

《明實録·世宗實録》卷五五〇〔嘉靖四十四年九月乙未〕詔給景恭王妃王氏養贍祿米歲一千五百石，并原賜寶坻、玉田、豐潤等縣苑洪橋等處莊地一千五百二十餘頃，福順、吉慶二店條税銀仍以給之。

《明實録·世宗實録》卷五五六〔嘉靖四十五年三月辛酉〕，定國公徐延德占人田至六十八頃，田戶訴之，巡按御史孫丕揚以聞。詔奪延德祿一月。

《明實録·穆宗實録》卷四〔隆慶元年二月乙未〕司禮監太監梁鈿等奏：裕府莊田，累年增税太重，宜如舊額，畝徵銀三分五釐。寶源、和遠二店及煤窰、樹株等條税，止遵正額徵解，不得復徵房課。從之。

《明實録·穆宗實録》卷七〔隆慶元年四月丁亥〕先是，徽王國除，其莊田界鹿邑、亳州者，召民佃種。鹿邑民佃種二百一十六頃，亳州民佃種六百三十五頃，畝徵銀三分，入河南布政司補放宗藩祿糧。時亳州民趙桂等積負租銀一萬七千餘兩，乃譌言前地係本州軍民田土，往時姦徒以獻徽府，逼取軍民子粒，不勝重困；今徽府已廢，前地宜各給主。事下兩省撫按會勘，有司匿不報。已而勘實，得其地于牛寺、孤堆等處，有司籍報又不以實，所收租銀一千三百七十餘兩，而解銀止九百餘兩。于是，巡撫都御史孟養性奏：請嚴限追徵，解部濟邊，毋令奸民侵占。仍治桂等罪如律。從之。

《明實録·穆宗實録》卷九 ［隆慶元年六月庚戌］御史王廷瞻以雨災言：三公勳戚牧場子粒新增銀兩及裕府莊田改作乾清宮供用錢糧者，宜賜蠲恤。上命詔旨免十之五。

《明實録·穆宗實録》卷一二 ［隆慶元年九月乙丑］初，湖廣撫按官奏：興都額賜涮馬灘、羅水山、池河、焦山、羅鐵溝、利河六莊，赤馬、野豬蘆伏二湖，計地八千三百六十八頃。自先帝龍飛，始命內臣主之。後聽信校舍王道等夤緣爲奸，肆行兼併，新增田地八百八十頃，分爲三十六莊，軍民受害爲甚。乞將地近純德園陵者，仍屬司香內臣管理，其餘六莊二湖，納租者悉付有司徵收，侵占者追還原主。已奉旨允行，道等下所司逮治矣。至是，承天守備太監張堯奏留前地養贍，仍爲道治等稱冤。上復從之。戶科都給事中魏時亮上疏謂，宜如前旨。不聽。

《明實録·穆宗實録》卷一九 ［隆慶二年四月辛巳］戶部覆御史王廷瞻奏：勳戚莊田，請乞太濫。或本宗已絕，爲異姓所冒；或身後陵夷，爲勢家所奪；使國家優恤之典，爲奸宄射利之資，甚無謂也。宜于初給時酌爲定數，不得過多，仍限以世次遞爲裁減。其無宗無爵者，悉歸之官。【略】得旨如議。其勳戚初給莊田，令部臣酌擬則數，臨時奏請。

《明實録·穆宗實録》卷二四 ［隆慶二年九月甲寅］戶部覆直隸巡按御史周世曾奏言：勳戚莊田占據已久，今雖奉旨清查，轉相蒙蔽。宜敕各該府、衛衙門，備查諸臣世派爵級，列狀以聞，容臣等酌議予奪。占恡及容隱不舉者悉治以罪。詔可。

《明實録·穆宗實録》卷二七 ［隆慶二年十二月丁酉］先是，戶部奉旨酌議裁革勳戚冒濫莊田。勳臣傳派五世者限田百頃，戚畹限田七百頃，宗支已絕及失爵者奪之，奸民影射者徵租入官。至是，巡按直隸監察御史劉世曾查奏：勳戚傳派五世、田溢百頃以上者，成國公朱希忠田千三百餘頃，定國公徐文璧、英國公張溶、惠安伯張元善田各五百餘頃，泰寧侯陳良弼、錦衣衛指揮李光先等各百數十頃。戚畹受賜太濫者，駙馬李和田二千八百餘頃，許從誠一千五百餘頃，錦衣衛指揮謝守朴、林薦、張澍、陳書、文龍、邵輔、千戶夏時際等田各千數百頃。以上宜酌量裁減。恭順侯吳繼爵、豐城侯李儒、寧陽侯陳大紀、安鄉伯張鉉、崇信伯費甲金、武進伯朱承勳、寧晉侯劉斌、錦衣衛指揮甄輔等皆傳派五世，田不能百頃。玉田伯蔣榮、安平伯方承裕、駙馬鄔景和、都督僉事沈至等皆戚畹，田皆不能七百頃。以上宜令承業。如田支派已絕，爵級已革者：興濟郡主、保聖夫人、陽武薛倫、永順伯薛斌、故京山侯崔元、瑞安侯王源、駙馬李名、焦敬、王彝，錦衣衛指揮錢昂、蔣秉正等，田約三千五百餘頃。名爲欽賜莊田而冊籍不載者：武定侯郭大誠、武安侯鄭昆、彭城伯張熊、成山伯王維能等，田二千餘頃。勳戚本無其田而奸民隱種者，若陽武侯薛倫、平江伯陳王謨、指揮周世臣、百戶郭勇、故都督陸炳等，莊田約三千餘頃，宜悉追奪。部覆：勳臣係元勳世裔及戚畹至親，不當概擬定限，宜稍寬其數，以示優禮之恩。基冊不載，若武定侯等田，宜令復核。陳書，母后親侄，准留五百頃，謝守朴、林薦而下宜遞減，守朴、薦三百頃，張澍二百頃，文龍五十頃，內宗絕及失爵者，如有先氏丘墓，其田二百頃者量留五頃，若百頃以下者量留二頃，以資供祀之費。餘如世曾言。疏入，上曰：傳派五世勳臣及公主見在駙馬各莊田，仍會同屯田，御史議定應留頃數規則以聞。部乃更議：元勳世裔限以二百頃，勳戚半者限田百五十頃。駙馬李和于原議七百頃外，益以三百頃以足千頃之數。詔如議。

《明實録·穆宗實録》卷三〇 ［隆慶三年三月癸丑］命皇親賜田俱令有司代爲徵租，如勳臣例。

《明實録·穆宗實録》卷三一 ［隆慶三年四月丁丑］雲南撫按官奏：黔國公沐朝弼莊戶多不法，乞將尋甸、嵩明、三泊、瀾滄十八寨等府州縣衛所原屬有司地方者，令官爲徵稅，以紓民害。詔可。

《明實録·穆宗實録》卷三七 ［隆慶三年九月己卯］巡撫陝西都御史張祉言：本省藩祿最缺莫如韓府，而黔國公沐朝弼有草場租地在平涼界中。臣竊以爲沐氏世鎮滇南，莊田百七十四所，視他勛戚不啻倍之。而平涼去滇數千餘里，不能遙制，徒資佃戶侵漁而已。請以巡按御史覈實，籍以入官，補宗室之祿。【略】上可其奏。

《明實録・穆宗實録》卷四二［隆慶四年二月戊申］以寶坻縣仇鸞沒官田六百一頃補還景府原賜田額，聽其自行徵糧。不爲例。

《明實録・穆宗實録》卷四六［隆慶四年六月己酉］寧安長公主奏欽賜莊田裁革數多，乞恩加給。詔以千五百頃與之。不爲例。

《明實録・穆宗實録》卷五四［隆慶五年二月丙辰］以籍入陸炳莊田一百二十二頃八十七畝賜皇親錦衣衛指揮僉事李鈺。

《明實録・神宗實録》卷二〇［萬曆元年十二月］丙辰，戶科都給事中賈三近以肅王奏乞折祿莊田疏論：肅王初特一輔國將軍耳，以叔繼姪，以旁支繼大宗，於令甲皆不合。准襲王爵，實出先皇帝特恩，故仍令支輔國俸，其他折糧莊田，從諸臣條奏扣抵軍餉。王宜安分守職，不當復有覬覦。如曰歲用浩繁，尚有甸子川等莊田及蘭州東川等處園囿、水磨、店房、絨機、磁窰等項，亦自足用。且請封之初有云：縉熸黨獲襲封，尤原止給輔國原祿。此蓋出肅王本意。況土田財賦止有此數，一概任其奏討，饕餮有地，請乞成風，致使四海黎赤日不聊生，九塞戎卒嗷嗷待哺，甚非所以恤疲民、裕邊餉也。章下吏部。

《明實録・神宗實録》卷七〇［萬曆五年十二月庚戌］戶部奏進順天府屬本年分乾清宮莊地子粒銀一萬一千二百三十兩有奇；又□□□□未央三宮官地子粒銀三萬九千四百三十八兩有奇。

《明實録・神宗實録》卷七六［萬曆六年六月丙午］給都督王偉房價銀一萬五千兩，莊田五百頃；錦衣衛千戶劉應節、楊臣各房價五千兩，莊田一百頃。

《明實録・神宗實録》卷八八［萬曆七年六月辛卯］戶部題：清查南北直隸、山東、陝西各勳戚莊田，有無溢額、脫漏、詭借，差官履畝丈量，收造應給正數，其餘地歲粒，徵銀解部備邊。從之。

《明實録・神宗實録》卷一〇五［萬曆八年十月庚申］勘過定國公等莊田，應召佃收租者，敕布政司官爲徵收，令各爵家人支領，以杜侵占之弊。其額外應折徵者，解充各府祿糧。

《明實録・神宗實録》卷一一一［萬曆九年四月己未］戶部題稱：順天八府州縣，丈出幷首出宮、勳、備邊、牧馬、軍屯等地共二千八百三十五頃有奇，每年額徵銀六千九百二十兩，糧二十四石有奇。及勳戚新舊莊田一萬一千五百五十餘頃，除成國公朱應禎等應照舊管業，其駙馬、戚畹子孫謝文銓等酌議減奪有差。報可。

《明實録・神宗實録》卷一一二［萬曆九年五月庚午］巡撫大同賈應元、巡按茹宗舜疏劾饒陽王府鎮國中尉廷璞、潞城王府奉國將軍俊槨、鎮國中尉充衮等。先是，以阻撓丈地，奉旨戒飭。【略】戶科給事中郝維喬等亦具疏參糾。因言：該省委官宜遵奉明旨，將應查地土依法查覈。及稱宗室置種軍民地土，不特代府爲然。乞通行天下王府，各嚴諭宗室，凡置買田土，俱聽撫按官查勘明白，照例納糧，止許佃戶耕種，不許私出城郭。禮部覆議上請。上以各宗擅出封城，猖狂無禮，俊槨革爲庶人，充鯤、充衮、充鑪各革祿米，充煜罰祿米半年。仍敕各該撫按丈田均糧，但有執違阻撓，不分宗室、官宦、軍民，據法奏來重處。

《明實録・神宗實録》卷一一六［萬曆九年九月丙子］給壽陽長公主莊田二千五百九十五頃零，有司徵銀解給。

《明實録・神宗實録》卷一二三［萬曆十年三月丁卯］戶部覆薊遼撫按吳兌、敖鯤題：順、永二府丈量永清縣，多出備邊地五頃四十二畝，及新給奉陽長公主地一千頃，共加徵銀六百一兩有奇。霸州、文安坐落京營牧馬拋荒地五百五十二頃四十六畝零，原徵銀五百五十二兩有奇。皆九河下稍，節年水占，人戶逃亡，貽累里屯，應與除豁還官，仍作牧馬草場。其原徵銀，即以今丈出糧銀通融補足，尚餘銀四百六十餘兩，可資邊餉。武清縣坐落備邊地內，有慶陽伯夏臣等原還官地九十七頃七十五畝零，先年清查不明，誤以畝爲頃，以致錢糧無從徵解，應盡豁除。及將參政雷以仁等紀録。從之。

《明實録・神宗實録》卷一二三［萬曆十年三月癸未］賜永寧長公主莊田二千五百餘頃，如壽陽長公主例。

《明實録・神宗實録》卷一二六［萬曆十年七月庚辰］先是，晉府與寧化王府爭田，各具奏。山西撫按辛應乾、劉士忠爲之逐一清丈。其晉府莊田坐落太原等處，實在七千二百三頃五十畝有奇。寧化府坐落聶營等屯，實在五百七十五頃五十二畝有奇。其古城、大陵二屯，原係寧化王敕賜祖產，仍令永久管業。部爲覆請，上然之。

《明實録・神宗實録》卷一三〇［萬曆十年十一月乙亥］初，肅王縉熸奏乞折祿莊田。戶部言：先因懷王故絕，該府折祿莊田久議抵充甘固年例：肅王以旁枝襲封，徼恩已厚，若復奏討全祿，違旨越分，臣實未見其可。況各處宗室絶田攤派宗糧抵充軍餉者甚多，或准其請，各宗必將援例，何以應之？上令量給其半。

《明實録・神宗實録》卷一三一〔萬曆十年十二月辛卯〕山西懷仁王府奉國將軍聰滑等越關來京，奏稱：自嘉靖四十年起至萬曆十年止，共二十一年，應得祿糧分毫未給，乞將河東運司餘鹽或有司無礙官銀轉行布政司查補。部覆：宗室越關，禁例森嚴，應革爵降爲庶人，幽之閑宅。上以宗祿拖欠年久，著司府官多方催處，每年量給一二季以資養贍；聰滑等免發閑宅。

《明實録・神宗實録》卷一三五〔萬曆十一年三月丁酉〕詔給潞王莊地二千頃，食鹽一千引，兩淮運司解府應用。

《明實録・神宗實録》卷一三五〔萬曆十一年三月辛亥〕，德王翊錧奏：歷城、章丘二縣莊田一千三百二十頃有奇，九年奉旨丈量，被奸民撥，委官將數內地土截七十頃有奇改派民糧。乞仍歸管業。戶部議覆，謂：丈出餘地必奸人投獻額外侵奪，當下山東撫按覆行查勘。報可。

《明實録・神宗實録》卷一四一〔萬曆十一年九月壬寅〕戶部言：晉府莊田近因本部題行有司徵收，今管府事寧河王欲乞照德楚二府例自行管業，取自聖裁。得旨：這莊田着該府自行收管。

《明實録・神宗實録》卷一七〇〔萬曆十四年正月癸亥〕戶部覆山東巡撫都御史李輔題稱：德府原討白雲湖周圍五十四里六十步，計田一千三百二十頃三十一畝零，原未履畝清丈，四至參錯不齊。萬曆五年曾經前撫按周宋登仕等許告行府丈勘，裁出餘地七十一里，計田七十頃四畝有零，應還歷、章二縣，延久未結。至萬曆九年奉例清丈，仍將前地裁出，斷歸二縣，致德王復行具奏。今經司道會委多官丈勘明白，合將丈餘民田七十頃四畝零，內以三十五頃二畝二分零給與德府管業，餘地三十五頃二畝零，仍歸歷、章二縣照舊給民承種，辦納錢糧。丈田書冊，改正的數，庶上下妥便，經久可行。上曰：湖地既清丈明白，准照數分給管業承種，不許紛爭瀆擾。

《明實録・神宗實録》卷一八一〔萬曆十四年十二月乙巳〕與肅王縉熿甘涼等處未給半分莊田草場。從部覆與。

《明實録・神宗實録》卷二〇一〔萬曆十六年七月己未〕戶部覆御史劉霖題：戚臣莊田，除皇后之親，傳派五世，准留二百頃爲世業；駙馬傳派五世，准留十頃供主祀；其諸妃家傳三世，即盡數還官。庶尊卑有別，而皇仁可永。上俞行，第令有出之妃，賜田原在百頃以下者准留。

《明實録・神宗實録》卷二〇二〔萬曆十六年八月丙午〕戶部題覆：潞王奏討景王遺下莊田、房課、鹽店、鹽稅、湖地、河泊等所，柴洲水租、坑稅等項，如例通給。今查義和鹽店雖經給與趙府，地關封內，自應改給。其湖廣湖地河泊等所、柴州坑套，原係民間佃種納糧地土，景王奏討，隨經改給。今欲復歸王府，恐上虧國課，下病民生。宜行該省官查核，將河南衛輝府屬新鄉、獲嘉及寧山衛地二百二十六頃餘，開封府屬河陰、汜水、陽武、原武，懷慶府屬武陟、溫縣地五百九十八頃餘，并義和鹽店、萬縣鹽稅，湖廣德安府屬隨州、應山、安陸、雲夢等縣地名紅廟等莊房七處，孝感縣東山、漢川縣劉家隔等四處水租，房地凡九百餘頃，通應撥給。其湖廣湖地、河泊、州、坑係民產者，仍還業主，以納公稅。其係官湖、官地而小民承佃者造冊送府，以賃管業。上諭：莊田准給，撫按官仍與丈勘立界，以便永遠遵守。再察相應地土，不妨數外加給，副朕友愛同氣至意。

《明實録・神宗實録》卷二〇六〔萬曆十六年十二月癸未〕戶部題覆：潞王再請湖廣河泊等所、柴洲坑套等項地畝，合如數給發，以抵添給之數。其州田額稅，行湖廣撫按酌議。報可。

《明實録・神宗實録》卷二一九〔萬曆十八年正月戊午〕潞王翊鏐奏：景王遺下莊田等項，已蒙賜給臣府管業，該巡撫官以冊籍未完，欲行題請，議令有司徵解。乞敕仍照原議給臣管業。上已賜允，戶部覆湖廣撫按官奏：景府遺下實在莊田房屋等項，歲該徵銀三萬八千二百四十八兩有奇，衛輝去該省千有餘里，該府自行徵收，往返騷擾，難免侵漁拖欠之弊。有司徵收，成化年間事例，宜遵舊制，責令完解。奉旨：莊田地土，查勘明白，還給該府管業。差去人員違旨犯法的，撫按指名參奏。

《明實録・神宗實録》卷二四一〔萬曆十九年十月壬寅〕戶部都察院會議：景府遺下莊田，先年奏欽依查給潞府管業。乃今地畝半失，原額租收比昔較少，潞王具奏請勘。誠有不堪欺隱霸占者，合將莊房委官公勘，租課實徵解納；其額糧分派二十五州縣者加意催督解送。從之。

《明實録・神宗實録》卷二四三〔萬曆十九年十二月甲午〕制定戚臣莊田。皇后家派傳五世留二百頃；皇貴妃并貴妃家派傳五世留七十頃以爲香火地。后家不論旁枝別派，永遠給付遵守；妃家無正派，傳至三世，不論多少，盡數還官。其駙馬傳至三世，准留十頃，以爲公主香火地，永遠給付遵守，餘着還官。王楝、陳承恩、李鶴、鄭國泰姑准照舊。以後養贍、香火莊田遞減，都照今規則，永遠爲例。

《明實録·神宗實録》卷二八〇［萬曆二十二年十二月丙寅］故駙馬都尉梁邦瑞父、兵馬副指揮梁桂奏討永寧長公主莊田。户部覆奏：公主出嫁，生前有賜給莊田以資養贍，薨後有護墳地土以供香火，但公主薨逝而駙馬尚存者，方得承受改留地土，雖爲死者而崇祀典，實爲生者而垂優渥。今駙馬梁邦瑞已先公主而卒，又無子孫，難比見存駙馬之例。且香火供奉幾何，安得遽請二千五百餘頃之田？今擬將原發養贍莊田內，准留五十頃，歲徵子粒給梁桂，專備公主香火；其餘地土租銀悉皆退入濟邊。詔：既無親支，着與香火地五頃。

《明實録·神宗實録》卷三五三［萬曆二十八年十一月丁卯］大學士沈一貫題：前眞人張國祥二本，臣擬下部院。此係舊制，不敢違越。而三次蒙發改票，臣未測聖意所在。但思天下田土，除皇莊外，無不出辦差徭者。今國祥恃恩祈免，上比皇莊，已非國制。且其糧數二百八十石加三百五十石，計田將二萬餘畝，幾罄一縣之境，安可盡蠲其徭，而令軍國費用靡所出耶？即臣查品官蠲免，皆有定數，即皇親勳臣之家亦無全免之理。皇上既欲特廣聖恩，亦宜下部斟酌。不惟通融民力，辦理公儲，且以防奸釁而遏不道之源。其侵弊一事，已悉依原奏，行撫按勘問。皇上明見萬里，乞俯垂睿照，庶政無偏黨，而人咸悦服。臣謹再改擬上進，仰候宸斷施行。

《明實録·神宗實録》卷四五九［萬曆三十七年六月丁卯］給壽寧公主莊田順天屬地二千五百九十頃。

《明實録·神宗實録》卷四八〇［萬曆三十九年二月戊寅］先是，雲南撫按奏：鎮臣沐昌祚莊田自欽賜外，多至八千餘頃。横征暴斂，以致莊户劫掠公行。該鎮庇之，滇民如在水火。宜歸併有司徵解，明國法以甦民困。兵部疏催不下。

《明實録·神宗實録》卷五〇八［萬曆四十一年五月辛未］大學士葉向高言：福王之國，久已愆期，臣工合辭苦請，始奉明春舉行之旨。頃復以莊田四萬督責撫按，于是中外臣民又喧然驚疑，曰：王之爲此請也，果何爲哉！夫使必待四萬頃之田足數而後行，則之國將何日，而聖諭之所謂明春舉行者，寧可必哉？臣觀福王疏中，首以祖制爲言。夫所謂祖制者，祖訓也，《會典》也，累朝之功令也。今親王四萬頃之莊田，祖訓有之乎？《會典》有之乎，累朝之功令有之乎？臣不知王之所引祖訓何所指也。如以景府爲辭，則自景府而前，多少親王，其莊田之數并未有出數千頃之外者。惟景府以皇祖寵愛，逾涯越分，遂有此請，皇祖一時失計而聽之。至今議者尚咎其事，以爲壞祖制者景府也。王奈何尤而效之乎。自古開國承寵，必循理安分乃爲可久。如取之非制，得之非道，未有能晏然而坐享者。鄭莊姜愛太叔段爲請大邑，漢竇后愛梁孝王封以大國，皆及身而敗。覆轍相仍，難以枚數，臣不勝愛王忠王之念不得不明言之。時上命河南、山東等處撫按官于各地方細查各府所遺及應撥地土，務足四萬頃之數，仍着本府自行管業，以資養贍。户科給事中姚宗文、孫振基、商周祚、官應震皆以爲言。不報。

《明實録·神宗實録》卷五一〇［萬曆四十一年七月丁巳］户科給事中官應震上言：福王莊田，屢廑明旨，四萬勢難取盈。乞先示明春之國日期，俟分茅之後，漸次清查，以足原額。給事中姚宗文亦言：今日福王之田土巨萬而以爲未滿，他日三王之養贍千頃而有所不能，不如内帑所貯，多弘賜予，使福王不費經營，坐享富貴之實。俱不報。

《明實録·神宗實録》卷五一五［萬曆四十一年十二月丙申］福王請減莊田，上特允之，遂完額二萬頃。

《明實録·神宗實録》卷五一八［萬曆四十二年三月壬申］上諭内閣：朕覽福王所奏，之國指日，養贍地土尚未報到。原給四萬頃，卿等屢奏地土難以湊處，王亦具辭。今減去二萬頃，王在京養贍、原有京灣停宿各項子粒今已辭免，隨從人役，何以養贍？且地土該部如何尚自推諉，寂無消息。顯是撫按官延捱怠玩，不行速報。不得似前虚文塞責。

《明實録·神宗實録》卷五二〇［萬曆四十二年五月］辛巳，南京户部尚書衛承芳疏言：見福王奏討南直隸自江都至太平沿江兩岸新漲蘆田，租税自行徵收，奉旨查明給與。臣惟蘆税按畝起科且又以大江南北之分，作蘆洲肥瘠之辨，徵派有定例，督理有專官，匪歲以錢糧完欠分所司之舉，勅五年以清丈損益定各屬之殿最，萬曆二十七年查出丹徒、丹陽、崇明、武進、江都、通州、如皋、泰興等處田灘二萬六千七十畝，名曰皇莊，責令佃户陳錢等納價銀三萬七千五百七十兩，又每歲徵收租銀四千五百四十餘兩，而上江地方如上元、江寧、句容、江浦、六合、青陽、懷寧、桐城、宿松、望江等縣無爲和州等州，新經五年清丈，比之蘆課舊額多銀三千三百餘兩，歸併於楊鎮等處四千五百四十餘兩之內，名爲皇莊銀兩，免其重丈，此皇莊子粒之名所由起也。總計上下江歲徵銀七千三百兩有奇。每年春夏之交，內守備劉朝用額收解進本職仍覈實奏聞，蓋蘆地瀕江，出沒不常，小民不時告豁告補，州縣不時丈灘丈淤，總之指東補西，求足原額已耳。一經福府管業，而定無常之洲灘爲圖冊中之實數，滄桑幾變之洲，必難按籍而課，王府徵收之役必至侵漁而擾，竊恐管業之初憂在無課，管業之後又憂在無民矣！且楊鎮等處之佃戶納過佃價三萬七千餘兩，則江滸雖無可據之恆產，而江民久有承佃之定額，據額求洲，據洲納租，民已視納價之額地爲己業矣。一旦改爲王莊，是清丈隱占之日，有洲有租而因以有價，交冊管業之日，有租有價而頓令無洲。哀哉！窮民有不舉手感額者乎？仰祈皇上特諭內守備官，將前項子粒銀兩照舊解進而仍以查勘催徵屬之臣部司官及各地方有司等官，則福府之令德令名輝映後先矣。不報。

《明實録・神宗實録》卷五二四　［萬曆四十二年九月甲戌］兵科給事中吳亮嗣疏請：贍田不足宜丈，備監權重當防。福王之國，戶部咨催湖廣贍田四千四百餘頃。夫楚中昔爲景藩邸業，搜括之慘，至不忍聞。後即以奉潞藩，而天下所以不擾也。自茲以還，復有尺寸之閑土乎？計惟有顯陵餘地堪爲撥補，而陵監又巧爲之説以撓成議。不知欽留邸業，載在碑志者不過九千二百八頃，其餘則當歸之朝廷者也。乞允撫按之請，差官清丈，故額以內毫不敢虧，故額以外盡數以充贍田，計莫便於此者。守陵諸內臣，香火啓閉外，無他職事。至于顯陵，何獨不然。今還杜茂而遣劉用，敕中所載不知何事，萬一兼攝兵馬，旁及詞訟，濫收冗役，他日亂紀綱而震都邑，用之肉其足食乎？留中。

《明實録・神宗實録》卷五二五　［萬曆四十二年十月戊子］戶科給事中姚宗文等言：贍田搜括甚難，隱田清丈宜亟。據河南撫臣梁祖齡報稱，原撥福府莊田，中有零蕪地二千四百四十頃五畝九分零，今俱更換良田，或變價另買，或找價貼換，或本府州縣無可換，派之通省，實共膏腴之田一萬一千二十八頃有奇。至于贍田不足，派及湖廣四千四百八十五頃五十畝零，奉旨咨催，按臣錢春查議五事，如楚府撥出原補淤田、元祐宮香燈田、雍府遺基、廣元、光澤王府退出田地，零星湊合，不過五百三十六頃十一畝零耳。惟承天備監田地，按臣疏請丈量，即除額數新增實在一萬四千二百四十頃五十四畝外，其餘湊補福王贍田，不過用丈量之所餘者十之二三，而充然有餘矣。備監杜茂偏詞阻撓，至勤嚴旨。夫同一贍田也，在河南之遺地則本不足而必于取朒、取盈，在備監之隱田本有餘而反令若忘、若棄，宸衷必有憬然不安而難置于不問者矣。乞頒明旨，敕該部咨行巡按嚴查杜茂隱占，如湊補藩租尚多贏羨者，另籍開報，以防後監欺佔之弊，以預後來封建之資。留中。

《明實録・神宗實録》卷五二八　［萬曆四十三年正月乙丑］時福府差承奉往東省丈田，所在擾害。山東巡按趙日亨疏言：東人向苦旱，近苦水。今每畝三分，倍逾五分之額，而又以狐假者索之，必至溝殍道殣。且其地半濱海，半聯遼，今中州之窮搜，全楚之紛擾，蘆州鹽店之屑瑟，具叢衆怨而適以烏合獸聚者倡之，能必其不揚航操戈與之響應乎？夫田畝不足須丈，界至不明須丈。頃坐派四千四百八十畝零，無尺寸虧也。額租一萬三千四百五十兩零，無纖毫減也。冊籍具明，租戶各定。有司征不加少，中使營不加多。乞陛下俯收清丈之命，亟停藩閹之差。每畝三分，逐歲有司徵收，依期解納，一如部議。巡撫錢士完亦極言中使清丈之害。上曰：福府田地，既奉有明旨自行管業，本府差官查丈田地，與冊相同者查收外，近有姦民，故將膏腴藏匿，以荒蕪朦朧搪抵，與冊互異，豈得不行查丈？不必又來煩瀆。

《明實録・神宗實録》卷五二九　［萬曆四十三年二月辛巳］戶部覆河南、山東、湖廣各撫按疏言：藩祿以萬石爲率，載在典制。其餘田地湖洲等課，皆無定額。伏讀會典一款，各王府欽賜田地，佃戶照原定則例，將該納籽粒，每畝徵銀三分，送赴本管州縣上納，令各該人員關領，不許自行收受。自景恭王就國于湖廣之德安始請武漢湖課後，漸及湖田地，刑部疏止之，詔曰可。萬曆十六年，潞王奏討景府遺業，遣官執數十年虛數以求足額。撫按二臣議，虛額不得取盈，承校不得妄遣。奏俱得請，未有丈勘管業之實也。今福王因徵解而求丈管，連跨三省，遍遣中官，雖有不許擾害之明旨，然而閹時往汝州，因需索不遂，輒將地戶鞭死；馮進忠、張佃、梁進等，所往府屬，用夫皀廩糧萬計；曹登、劉顯初至東省，金鼓旗幟尤亂典制，去而復來，可謂遵旨不擾害否？且自行徵收，謂有秦府事例。夫會典萬世當遵，秦府何足爲例。況秦府雖有贍地，不過一方。而福藩地連三省，此在事勢必不可行，在人情必不能堪，在郵傳必不能應者，臣願王勿復比例也。時部、寺、臺、省衙門各疏言之。

《明實録·神宗實録》卷五二九 ［萬曆四十三年三月丁酉］初，福府贍田，原派楚省四千七百八十五頃有奇。地方官極力搜括，僅得五百餘頃，而福府復請故相張居正遺下入官田土八百餘頃，上已允其自行管業，撫臣梁見孟言：此業多係各王府與百姓上價攤糧，已三十載。攤糧固惟正之供，上價亦有主之物。且三十年轉售多主，工築多費，一旦盡奪，民其何堪！今議有價無糧者二百餘頃，給價還官，以充贍產；其上價已攤糧者，仍歸民業；尚有廢遼田土，行查另報。

《明實録·神宗實録》卷五四五 ［萬曆四十四年五月丙子］先是，賜福王贍田二萬頃，派在湖廣者四千四百五十頃。有司搜括不給，延二載地冊未報。福王疏請量減一千頃，求早撥給。上可之，督令撫按給賜。

《明實録·神宗實録》卷五四五 ［萬曆四十四年五月丁未］刑科給事中姜性言：福王贍地，山東、河南皆已報竣，獨湖廣除減派外，尚三千四百餘頃。據撫按清廢府故相遺業，值七百六十餘頃，此於額遠不及也。往聞欽留邸業隱占數多，非鉅璫之竊據，則豪強之幷兼，誠一丈勘以清積蠹以充藩租，固寬然有餘矣。不報。

《明實録·神宗實録》卷五五〇 ［萬曆四十四年十月丁巳］巡按湖廣彭宗孟上：福王贍田之數。湖廣原派四千四百八十五頃，除福王自請減一千頃，今冊報一千二百二十六頃。疏言：自福王奏減之後，明旨責撫按以抗租怠玩。天威在上，豈敢有違。而極力搜括，田數止此。故以元祐宮之公田也而取，以楚府撥補之淤田也而取，以廢雍敗屋之餘課也而取，以廣進等洲爲廢遼子糊口之業，湮泥等湖爲故相已沒之產，貧宗士民曾納價于宮中也而亦取，若是其瑣刻也，而田額必不可完，誠無所逃罪。不報。

《明實録·神宗實録》卷五五四 ［萬曆四十五年二月乙巳］直隸巡按熊化奏：都督同知杜允祥，一世祖杜繼宗，係孝恪皇太后親侄，穆宗莊皇帝登寶，進封慶都伯；隆慶二年欽賜地七百頃。二世父杜惟忠，襲都督同知，減去地三分之一，留地四百六十頃六十畝六分六釐。皇親應襲。鄭養性父鄭國泰，係皇貴妃親弟，於萬曆十二年八月內蒙恩賜莊田三百頃。二十九年陞授左軍都督府左都督，伊男養性未襲。杜允祥係在三世之例，分爲二次，應減去地二百三十頃三十畝三分三釐；鄭養性亦係三世之例，應分二次議減。但二世國泰應減三分之一，而奉旨姑留。既微，皇上特恩，止就見在地土減去一百五十頃。俱自四十五年爲始，改爲備邊。杜允祥准留地二百三十三頃三十畝三分三釐，鄭養性准留一百五十頃，各給養贍。疏上，不報。

《明實録·神宗實録》卷五六三 ［萬曆四十五年十一月乙丑］初，福王之出封河南也，所賜贍田自河南派及山東又派及湖廣，計湖廣派數四千四百八十五頃有奇。除王願減一千外，多方搜括，止得田一千二百二十六頃。每畝徵銀三分，每歲該銀三千六百七十九兩有奇。已經按臣冊報，將藩司正項錢糧那湊兩年之數，起解福府，因具疏報上，久未得旨，全楚官民遂以爲欠數，停寢幾倖不徵矣。至是上復督過諸臣且有務足額數與自行管業之旨，科臣官應震因言：國家建侯以藩屏王室，原不割版章之土宇充侯服之贍田，列聖相仍，未之有改，即有一二間從請乞，要亦隨便空閑地土，偶一爲之，非所以訓也。今以空閑之地，括之襟江帶湖之楚，彼夫廢府遺業，貧宗承領日久也，而亦括；故相之沒田，小民納價日久也，而亦括。民怨滋勝，民變幾激，費地方官多少調停而後得此千餘頃之數，他如邸業自欽留以供香火者，若新增田、若赤馬湖田、若蘆洑湖田，六大莊田，備璫除效輸將外，乾沒不知若何頃？皇上但聽其口實，進御恬不之覈，乃以塡谿滿壑之意，徒索之于子虛烏有之鄉，致額不能盈，而赫爲憑怒降罰，諸臣揣陛下之意，無非謂潞例可援耳！夫潞王四萬頃，原係景藩餘業，景王四萬頃原係省直，未經清丈之先尚有閑地可撥，此在諸臣往疏中甚悉。而獨計福援潞例，倘瑞、惠、桂三王又援福例，繼繼繩繩，其麗不億，概從查撥，長此安窮？況即以潞例言潞之租銀止四萬兩，今福王二省租銀共四萬六千兩有奇，較潞例業已過之，而陛下又從而附益之耶！至管業一節，查會典各王府欽賜土田令各該人員關領，不許自行收受，祖宗彝章昭如日月，有司催比有法，解運有期，豈如璫輩歸府第者十三，入私囊者十七，迨至還報，不稱官吏之阻撓，則揑佃民之逋欠，遺累甚大，福王何利之有？疏留中。

《明實録·熹宗實録》卷一一 ［天啓元年六月乙未］賜都督同知張國紀房價銀一萬五千兩，莊田五百頃。錦衣衛千戶王學叚黃彝房價三千兩，莊田一百頃。學等復援神祖昭妃、宣妃父例以請，命各加給二千兩。

《明實錄・熹宗實錄》卷三五［天啓三年六月丙戌］先是，瑞王、惠王、桂王以莊田租課不完，疏參武清縣民于守先等。詔錦衣衛差官旗逮問。至是，御史吳甡條陳時政，因言：鄉民欠課事甚細微，但令撫按行有司覈奏耳。何煩緹騎輕瀆朝廷之法，且謂三王爲張學書蒙敝。上責其率強瀆奏，奪俸三月。

《明實錄・熹宗實錄》卷七五［天啓六年八月己未］給遂平長公主莊田二千五百九十五頃八十二畝，如寧德長公主例。

《明實錄・熹宗實錄》卷七八［天啓六年十一月庚寅］賜寧德、遂平二公主莊田五千一百九十一頃，歲徵銀七千七百八十七兩，自天啓六年爲始，順天各府務及時解部轉給，以稱朝廷親親之意。

《明實錄・熹宗實錄》卷八一［天啓七年二月戊午］巡按陝西莊謙請賜之國贍田。得旨：瑞王之國日期已逼，這所謂贍田三萬頃，據該省所奏，僅漢中開報四十一頃五十二畝及坐派西安一千五百頃而已。西安所派，田從何出，稅從何補，尚未有定議，至潼關一稅，業有旨停免，難更議給。數目懸絕，時日稽誤，甚失朕親親之意。著該部作速商榷，或量定額數，或行該省再加搜查，或派近省通行協濟。西安田稅作何抵補，或作何開除，上緊覆議回奏。

《明實錄・熹宗實錄》卷八一［天啓七年二月壬戌］巡按湖廣溫皐謨請之國贍田。得旨：二王之國，吉期在邇，所請贍田各三萬頃，據該省所報，僅通得二萬頃，分給二藩。時已稽緩，額尚懸絕，甚失朕厚親藩之意。著該部作速商榷，或量定贍額，或嚴行再括，或別議協濟。至見搜出頃數，或撥府自管，或有司徵納，孰爲妥便，具作速議覆具奏。

《明實錄・熹宗實錄》卷八二［天啓七年三月甲戌］陝西總督王之宷疏言：瑞府贍田疏請三萬，三秦物力，地不加拓，分藩至瑞府而五，委實勢難取盈。今自漢中府報四十餘頃之外，各府并無廢產，不得已通融坐派十分之一，臣等當力任之；若再派于三千頃之外，土膏罄盡，搜括力窮，臣等雖欲曲爲王國計，有不能盡必者。或于別省分派撥給，衆猶易供。至民地皆有正賦供邊餉。既充贍租，邊餉抵補亦當有定議。得旨：據奏，瑞府贍田尚未得十分之二。除漢中府所報外，西安府與各州縣何獨無廢地絕產可爲補湊？各省作何協濟，邊餉作何抵，原請三萬頃數內作何酌裁？既度民艱，又不失篤親至誼。該部速議具覆。

《明實錄・熹宗實錄》卷八二［天啓七年三月丁亥］先是，湖廣巡撫李棲鳳疏言：惠、桂二府分封荆、衡，給賜贍田，查出廢遼及東陽王絕產、民間淤田共得一萬頃；計畝收租，可得三萬兩，分之兩藩可得一萬五千兩。然必有司徵輸，民乃樂從，若自行徵收，必激生亂。如欲再加，必於鄰壤協濟。疏下戶部。戶部尚書郭允厚覆疏言：臣思福府贍田不足二萬，僅及潞府之半；則今日兩府有福府之半亦不爲薄。然皇澤隆長，猶存乎見少。以萬頃而分兩府，委爲懸絕。查得湖廣廢府有九，除湘、遼二府見在搜括景地量撥潞府外，尚有潭、谷二府坐落長沙，郢、梁二府坐落安陸，岐府坐落德安，雍府坐落衡州，其所遺田地，雖變置改撥，多寡不同，然而里胥之隱沒，豪猾之侵占，暨及郡藩之私收，恐不止一二處也；況淤田、草場之類，豈肯一時盡報乎？其附近鄰省廣西、江西，應照協濟往例分派均撥，務足二王之經費。至如有司徵收，原有成例，不但慮其騷擾，良以宗藩之體不宜褻耳。得旨：據奏，楚省九王廢府，除湘、遼、景三府外，尚有遺產併空閑餘地及別項淤田、草場，著該撫按逐一清查，再行搜括。福建、廣西、江西等處，某省應協濟某府若干，酌量贍額，務足二王經費，以照朕篤念親藩之至意。其見在搜出地畝，著各該州縣照限催納，不得耽延時日。餘俱依議行。

《明實錄・熹宗實錄》卷八二［天啓七年三月丙申］戶部覆陝西總督王之宷疏言：瑞藩贍田三萬之數，委是難敷；但陝省分隸四藩，豈遂無郡藩之廢業與民間之絕產爲豪強所隱占者乎？雖不能足二萬頃之多，亦不得執定六千頃之數。合無將贍田分作三分，秦任其二，其餘一分，四川、山西、河南共任之。行撫按官設法搜查，以仰體皇上親親之仁。得旨：瑞王贍田不敷，朕心惻然。除陝西舊藩廢業，民間絕產搜括外，即分作三分，秦任其二，蜀、晉、中州共任其一，著該撫按速行湊處。其西安抵補田稅，亦著從長酌議。至盡力湊處不能如數，另行該府長史啓王自行裁減，以昭王德。

《明實錄・熹宗實錄》卷八六［天啓七年七月癸未］賜安平伯魏鵬翼養贍莊田七百頃，一如寧國公初封肅寧伯例。仍行屯田御史擇膏腴善地作速撥給，從戶部尚書郭允厚之請也。

《明實錄・崇禎長編》卷三六［崇禎三年庚午七月丁亥］瑞王以陝西、河南、山西、四川贍田二萬頃租銀及坐派漢中府興安州所屬州縣本色祿米四千石、陝西西安等七府折色祿米六千石、四川鹽課銀二千四百五十兩、南直隸蘇常二府所屬十一州縣本色白糧二千石，幷以天啓七年九月初七日至國之日爲始，俱奉明旨爲永遠不易之規，今之國四年而各省諸臣藉口民窮，以臣府錢糧爲輸將末務，臣之困頓已無紀極。仰懇念篤親親，勅各省撫按查照前旨，將各項新舊錢糧一幷完解。見今朝覲年分，容臣至冬月開報各官完欠數目，附入考成，以憑激勸。庶人心知儆而臣得仰賴於無窮矣。帝謂：贍田額租糧折等項，有司何得稽誤？所司勒限解給，仍嚴查揭參。

《明實録·崇禎長編》卷三九 ［崇禎三年庚午十月丙辰］惠王以撥給贍田二萬頃，在湖廣者一萬五千頃，實田不過十分之三；江西、福建各二千頃，廣西一千頃，寸土未報，宮眷嗷嗷。懇乞聖慈勅將歷年額課作速先解，以資贍養。仍搜撥實田，便於按籍收租，幷祈載之全書，與皇糧一體考成，庶免逋負之患。帝命地方官殫力早竣，副朕篤親之誼，其有遲玩者，王自行入告。

《續通典》卷三《食貨三》 英宗天順二年，勅皇親公侯伯文武大臣不許強占官民田地，事發，坐以重罪。八年，時憲宗已即位。以順義縣安樂里板橋村太監曹吉祥抄沒田一處，撥爲宮中莊田。皇莊之田由此始。憲宗成化五年，彭韶疏言奉命會勘眞定府土地。按眞定在堯舜時爲冀州之域，其賦第一等，或雜出第二等，說者以爲如《周官》田一易再易之類，蓋以其地有間一歲一收者，有間二歲一收者，所以賦有不同，則是未嘗逐畝定賦，而一畝必兼數畝之地明矣。我太祖皇帝於洪武二十八年，戶部官奉旨，百姓供給煩勞已有年矣，山東、河南民人除額入田地照舊徵科，新開荒地不問多少，永不起科，有力者聽其自種。宣德六年，本部官又奏北京八府供給尤多，欽蒙宣宗皇帝准令照例，是祖宗之心即堯舜之心也。以此眞定所屬武強等縣，新開地土向不起科，至天順二年太監韓諒奏討武強縣，踏勘得無糧地五百一頃三十五畝，蒙英宗皇帝欽撥一百頃與韓諒外，有四百餘頃仍舊與民耕種，不曾科糧，是英宗皇帝之心即祖宗之心也。後因廣寧侯家人劉聰等累年攪擾民間，方將前地幷韓諒還官地，減輕起科，誠出無奈。今指揮同知周彧等又奏，前地有司不能明白敷奏，再量出無糧地七十餘頃，蓋其地間有多餘故也。然地雖間有，勢難盡量，臣等不敢欺蔽，請陳其實頃者，親詣本縣，見其地有高阜者，有低窪者，有平坦磽薄者，天時不同，地利亦異。且如亢旱，則低處得遇，而高處全無，水潦則高處或可而低處不熟，沿河者流徙不常，鹹薄者數年一收，截長補短，取彼益此，必須數畝之地僅得一畝之入，是以堯舜行錯法於前，我祖宗許開種於後，良爲此也。即今彼處人民追賠馬匹，起運糧草，砍柴人夫，京班皁隸等項，一年約有數班差役，以致丁丁皆授役之人，歲歲無空閒之日，所深賴者，顧戀地業，盡力耕種，以取給朝夕而已。今若一畝只量與一畝，餘皆奪爲閒地，則仰事俯育，且無所資，其餘糧差，何暇復計，臣知其非死則徙耳。自古立國，皆重根本，今眞定近在畿內，理宜加厚，此臣等所謂不可盡量者也。而戚里功臣之家，錦衣美食，與國咸休，但能存心忠厚，自然富貴兩全，奚待與民爭艱食之利哉。況聖朝卜世無疆，法當垂後，土地有限，而求者務多，亦恐終不能有所應付也。伏望特憫其祖宗開墾艱難，其子孫衣食所托，量加寬恤，庶幾民間知有生生之樂。六年，從原傑奏，凡軍民有告訐不起科者，不聽。又題准，各王府及功臣之家賜田土，佃戶照原定則例，將該納子粒每畝徵銀三分，送赴本管州縣上納，令各該人員關領，不得自行收受。二十一年，令遼東地方軍人有開墾拋荒土地，不係屯田。分上、中、下三等起科。孝宗弘治二年，令順天等六府入官田地，俱撥與附近無田小民耕種起科，每名不過三十畝。三年，禁宗室勳戚奏請田土及受人投獻。實在田土總計四百二十三萬八千五十八頃，內官田五十九萬八千四百五十六頃，民田三百六十萬九千六百一頃。武宗正德十六年，差夏言、樊繼祖、張希尹等，往順天等府，查勘各項莊田地土共二十萬九百一十九頃，又外係先年侵占民者，共二萬二百二十九頃，各給主，遂罷皇莊及官莊等。而宦戚輩復中撓之，帝命覈先年頃畝數以聞，改稱官地，不復名皇莊。又定凡公主國公莊田世遠存什三。嘉靖三十九年，遣御史奪隱冒莊田萬六千餘頃。穆宗復定世次遞減之限。勳臣五世限田二百頃，戚畹七百頃至七十頃有差。初世宗時，承天六莊二湖地八千三百餘頃，領以中官。又聽校舍兼幷，增八百八十一頃，分爲十二莊。至是，始領之。有司兼幷者，還民；宗室買田不輸役者，沒官。皇親田俱令有司徵之，賜額有定，徵收有制，民害少衰。神宗賚予過侈，福王分封，括河南、山東、湖廣田爲皇莊至四萬頃，群臣力爭，乃減半。王府官丈地徵稅，旁午於道，時復更定，勳戚莊田世次遞減，法視舊制稍寬，其後應議減者，輒奉詔姑留不能革也。是年，覈馬房地土頃畝，設立碓，開挑濠塹，呈部照驗。世宗嘉靖初，因給事中底蘊奏，正德以來無籍之徒，捏稱湖蕩等項無人之地，投獻勢要，奏建皇莊，命刑部尚書林俊查勘。後疏言，竊查皇莊及皇親功臣各莊田，所占各府州縣地，自正德十一年以前，已有三百八十餘處，每處地土動計數千百頃，中間侵占混奪之弊，積襲已非一朝。爲厲之階，實起於姦人，欲盡規地利以媚朝廷，究其流弊，則壞於勢家盡奪民產，以肥私室。其在宮闈者，則中官禁卒旁午肆出，而郡縣恣其騷擾。其在勳戚者，則豪奴悍僕肆行威斷，而官府莫敢誰何。節經差官查勘，終於患害不除，蓋由私人貴戚憑藉寵靈，猾少姦徒盤據窟穴，是以積垢宿蠹莫可爬梳，合勢朋計動行沮撓。此實累朝弊政，至於先朝而極。畿輔軍民剝膚摧髓之害，莫有甚於此者也。茲者伏荷皇上至仁體物，軫念民窮，故因言官建議亟蒙俞允之音，繼因該部執奏，特降諄切之旨，既將管莊人員盡數取回，復禁皇親功臣不許自行收受，厲階禍本一旦劃除，中外人心不勝歡慶。但先經該部具題，節行撫按衙門去，後續因差科道等官，止令前去會同本處巡按御史，而於巡撫衙門顧未之及。臣等愚昧，以爲鋤擊豪強，則於巡按之體爲切，至於檢覈田土，則於巡撫之職爲宜，必須彼此會同，方於事體穩便。且順天等八府，雖云近在畿甸，然地方遼闊，周延千里，故撫按付以四人分理。今皇莊幷各項莊田所占之地，幾遍八府。以正德十一年以前所有計之，無慮九萬餘頃。至於近年以來，歲增日益，踰鄉跨邑，無處無之。且先年祇因一二處奏辨告爭，朝廷差官亦不過一二處踏勘，尚有經年閱月方得事竣。今舉列郡皇莊之多，百年積習之弊，一旦付臣等清理，是宜舉措之間，要必先有次第。訪得各該撫按官員，見今巡歷各在一方，相去隔遠，卒難期會，請查照該部原議，先行撫按衙門，遵照先令，即奉欽依事理。一面委官分頭親詣各處皇莊，逐一查出四至段落，幷原額頃畝數目，及審有無侵占等弊，開具略節，聽候臣等領敕親詣。各該地方備出告諭，嚴加督責，密行體訪，中間或權豪勢要沮壞行事，或侵奪隱占積久難明，或姦猾刁徒乘機詆詐，或貪官枉法欺弊，或冗官玩法稽行，俱聽臣等會按施行。疏上，敕順天等八府畿內重地，朝廷累有優恤禁例，近姦猾無稽之徒妄以軍民田地指作空閑投獻，奏改皇莊，以致失業，朕深惻然，茲特命爾與山西道監察御史樊繼祖等，會同撫按親詣覈勘，給主召佃。凡有益國家，有利軍民者，悉聽會同議處施行。俊又疏曰，伏讀詔書內一款，京通二倉、水次倉、皇城各門、京城九門、各房倉場、各皇莊，凡正德中額外增置者，內城司禮監照洪武初年例，查奏取回。又禮科給事中底蘊奏，爲應詔查處皇莊事，奉旨該部查覆，本部依議轉行查勘。既而兵部又稱，差管皇莊內臣官校數多移咨勘報，臣等益加駭愕。竊惟太祖以應天等處爲興王之地，特將夏稅不時全免。太宗建都北平，恪守成憲，列聖相承，益隆無替。正德以來，無籍之徒輒取畿內逋田投獻，近倖奏爲皇莊，況管莊內臣又憑城狐社鼠之勢而收租，官校即係設謀投獻之人，橫征巧取，莫敢誰何。而皇親駙馬功臣人等，莊田散布其間，乘機侵奪，往往有之。幸賴陛下聖明，入繼大統，即有前項裁革管莊內臣之詔，甚盛心矣。旬日之間，乃復許皇莊責令私人管理，不意惟新之初，有此厲民之漸，伏望陛下垂念畿輔根本，收回成命。又查勘事宜重大，必須差科道部屬假以事權，公同查勘，庶幾克濟。奉旨：姦猾之徒侵奪民田，朕在藩邸已知其弊，便寫敕遣官查勘，給主管莊人員盡數撤回，務使積弊盡革，欽此。臣等遵敕，請以順天等府州縣，會同前巡撫順天等府地方都察院右副都御史李昆，今接管右副都御史孟春，幷巡撫保定等府地方都察院右副都御史周季鳳，前巡撫直隸監察御史王琳、宋鉞，今接管監察御史郭楠，選官親詣各處，召集地隣里老等，嚴加查勘。旋據順天等府經歷司，以委官治中王槐等所查勘各州縣原額莊田，幷投獻侵占額外地土，各頃畝數目，及取具業主，召佃人戶，退認供給，領狀造冊，呈繳臣等覆勘。訖竊臣等奉命以來，按行八府，閱歷三時，仰希明恩，俯詢民瘼，凡成化弘治及正德年間皇莊，及皇親功臣莊田，凡屬姦民投獻，勢要侵占者，盡數查出，給主召佃，還官歸民，一切遵旨施行。所據查勘，順天等府地方各項莊田地土，計二十萬九百一十九頃二十八畝，退斷侵占過民地，計二萬二百二十九頃二十八畝。閭閻歡忻，鼓舞歌頌。但臣等區區尙有進於是者，臣聞古者四民各有常職，而農者十居八九，故衣食足而民無困。洪惟我太祖立國之初，檢覈天下官民田土，收種俱有定額，乃令山東、河南額外荒田，任民開墾，永不起科。至我宣宗皇帝，又令北直隸地方，比聖祖山東、河南例，民間新開荒田，不問多寡，永不起科。至正統六年，則令北直隸開墾荒田從輕起科，實於祖宗之法，略有背戾。至景皇帝，尋亦追復洪武舊例，不許額外丈量起科，至今所當遵行。蓋緣北方地土平夷廣衍，中間大半瀉鹵瘠薄之地，葭葦沮洳之場，且地形率多窪下，一遇驟雨，即成渰沒，不必淫潦之久，輒有害稼之虞。祖宗有見於此，曲爲體恤，是以北人雖有水潦災傷，猶得隨處耕墾，不致坐窘衣食。夫何近年權倖親暱之臣，妄聽姦民投獻，輒自違例奏討，由是公私莊田，踰鄉跨邑，小民恆產，歲剝月削。至於本等原額徵糧養馬產鹽入站之地，一例奪據。權勢橫行，何所控訴，產業既失，糧稅究存，徭役苦於並充，糧草困於重出，飢寒流轉，靡所底止，以致強者起爲盜賊，弱者轉死溝壑，其巧黠者，則或投充勢家莊頭家人名目，資其勢力，轉擾良民，或匿入海戶、陵戶、勇士、校尉等籍，脫差徭以重困敦本之人。凡所以蹙民命竭民膏者，百孔千瘡不能枚舉。臣等伏查各宮莊田，祖宗以來未之有也。惟天順八年，以順義縣安樂里板橋村太監吉祥抄沒地一處，撥爲宮中莊田，其地原額一十頃二十三畝。初吉祥占過軍地二十四頃八十七畝，共三十五頃立莊，今次查勘又占過民田四十頃，見在共七十五頃，此則宮闈莊田之始。而數十年間，侵占之數，過於原額已十倍也。舉此一處，其他可知。至成化年間，惟增寶坻縣王浦營莊田一處，原係會州衛草場，當時止增豐潤、新城、雄縣莊田三處。至弘治十八年十月，乃孝廟升遐之後，先帝踐阼之初，一月之間，建立皇莊七處：曰大興縣十里鋪皇莊、曰大王莊皇莊、曰深溝兒皇莊、曰高密店皇莊、曰石漊營皇莊、曰六里屯皇莊、曰土城皇莊。自此之後，設立漸多，而皇莊之名始著。其在昌平州則有蘇家口皇莊，在三河縣則有白塔皇莊，在眞定府盜晉縣則有鋪頭村皇莊、大劉村皇莊，在平陰縣則有大灰窰皇莊，在新河縣則有仙汪莊皇莊，在南宮縣則有南莊村皇莊，此皆正德元年之新設也。又東安縣則有南葛里皇莊，寶坻縣則有李子沽皇莊，通州則有神樹皇莊，武清縣則有灰蝸口皇莊、王慶陀皇莊，靜海縣則有四當口皇莊，此皆正德二年之所設也。至正德四年，則立大興縣三里河皇莊二處。正德五年，則立六里屯皇莊一處。正德七年，則立武清縣尹兒灣大直沽皇莊二處。正德八年，則立昌平州樓子村皇莊，靜海縣衛河兩岸皇莊、青縣孫兒莊皇莊、保定府安州騸馬廟皇莊、淸苑縣閣莊社皇莊。正德九年，則又立安肅縣龍化社皇莊。數年之間，設立皇莊如此之夥，共計占地三萬七千五百九十五頃四十六畝。皇莊既立，則有管理之太監，有奏帶之旗校，有跟隨之名下，每處動至三四十人。其初，管莊人員出入及裝運租稅，幷自備車輛夫馬，不干有司。正德以來，權姦用事，於是有符驗之請、關文之給，經過州縣有廩餼之供、有車輛之取、有夫馬之索，其分外生事，巧取財物，又有言不能盡者。及抵所轄莊田處，所擅作威福，肆行武斷。其甚不靖者，則起蓋房屋，駕控橋梁，擅立關隘，出給票帖，私刻關防，凡民間撐駕舟車，放牧牛馬，採捕魚蝦螺蚌莞蒲之利，靡不括取。而相鄰地土展轉移築，封堆包，打界至，見畝征銀。本土豪猾之民，投爲莊頭，撥置生事，幫助爲虐，多方括剋，獲利不資，輸宮闈者，曾無十之一二，而私入囊橐者，蓋不啻什八九矣。是以小民脂膏，吮削無餘，丁莊逃竄，戶口消耗，里分減併，糧差愈難。卒致輦轂之下，生理寡遂，閭閻之間，貧苦刻骨，道路嗟怨，邑里蕭條。此弊不革，將見數十年後，人民離散，土地日蹙，盜賊蠭起，姦雄藉口，不知朝廷何以爲國，此可爲太息流涕者也。幸遇皇上天縱仁智，入繼大統，曩在潛邸，已知其弊，即位之初，首下明詔，管莊人員盡數革回，乃者復採廷議，委臣等以查勘，前項地土草萊之人，始得披雲霧而覩青天，脫水火而就衽席矣。臣等勘報文冊，將在京附郭大興縣地方各宮莊田，原不係占奪民田。不滿數十頃者請一切改爲各宮親蠶廠公桑園等項名額，以備宮中蠶事。其餘一應莊田，遠在各府州縣，動以千百頃計者，臣願陛下一切弛以利民，或勒歸戶部，造入版籍，令民照舊輸納。以爲在官地土，不必更屬宮闈。如宮中常年供用不能頓缺，敢乞令戶部每歲進納上供銀兩若干，分進各宮，以充支用，則光明正大，何必虛受莊田之名，而貽小民之害哉。至於皇親功臣欽賞莊田，查得洪武初年，公侯駙馬伯祿米，皆給官田令量原定官糧私租之數，依主佃分數收取。至洪武二十五年，皆給祿米，賜田還官。竊惟洪武初年，天下甫定，干戈之後，土地有餘，彼時受封者又皆佐命元臣，比今之戚畹，恩澤封拜，萬萬不同。然而給祿之後，原賜土田急令還官，誠以土地乃農業所資，國家之本，夫古之有田祿者，各食其田之所出，以爲世祿，今既官給之祿，奈何又與之田，是重出且過制矣。然功臣之中，勛勞大者，至今仍有莊田不過數家，管業已定，侵占亦少。惟近年皇親侯伯，憑藉寵暱，奏討無厭，害民奪業，甚失人心。今臣等仰遵敕旨退給，伏望陛下敕部自功臣家外將累朝皇親侯伯受賜莊田，據臣等勘報文冊，通融數目多寡，定爲中制，量給養贍。其過多者，一切裁損，以還之官。臣等又查勘過各項田土數目，並是退給侵牟開豁荒鹹覈實之數，比與先年妄報投獻奏討原數不同。乞敕部一以新冊爲定，移出所給執照，以便徵收。其山東、河南奉例開墾之地，亦有姦猾之徒，投獻王府，勢與畿甸之弊大抵相類。請敕下凡皇莊及各皇親莊田，處分既訖，一併出榜頒示天下，其有違例投獻，奪至百頃以上者，處以極刑。則法重而民不敢犯，恩溥而民得安生矣。六年，令各處板荒、積荒、拋荒田地，不拘本府、別府、軍民、匠竈，儘力耕墾，給與由帖，永遠管業。七年，題准今後應賞地土，隨品級定制。凡遠遺莊田，別其世之親疏，量爲裁革。至於戚畹，開墾置買，不行報官納糧者，照功臣律例一體追斷。八年，霍韜奉命修《會典》，言自洪武迄弘治百四十年，天下額田已減強半，而湖廣、河南、廣東失額尤多，非撥給於王府，則欺隱於猾民。廣東無藩府，非欺隱即委棄於寇賊矣。司國計者，可不究心。是時桂萼、郭宏化、唐龍、簡霄先後疏請覈實田畝，而顧鼎臣請履畝丈量，丈量之議，由此起。江西安福、河南裕州首行之，而法未詳具，人多疑憚。其後福建諸州縣爲經緯二冊，其法頗詳，然率以地爲主，田多者猶得上下其手。又令各撫按官，查有荒廢寺觀無僧行住持，及遺下田產無人管業者，照彼中時價，召人承買，改名入冊，辦納糧差。又令陝西拋荒田土最多，州縣分爲三等。第一等召募墾種，量免稅三年。第二等許諸人承種，三年之後，方納輕糧，每石照例減納五斗。第三等召民自種，不徵稅糧，拋荒不及三分，有附近及本里本甲本戶人丁，堪以均派帶種者，勸諭自相資借牛種，及貧無力者，官爲借給，責令開墾，不必勘報。又令西安等府田土，果係拋荒無人承種者，即召人耕種，官給牛具種子，不徵稅糧。若有水崩沙壓，不堪耕種者，即與除豁。九年，查順天六府所屬通州、大興等六十七州縣勳戚內臣寺觀莊田，共四百一十九處，計地四萬四千一百二十五頃四畝。十一年，令薊州永平沿邊關營拋荒山場地畝，係有糧原爲民業者，附近軍餘承佃，任納民糧，其冊籍不載，并原係附近官山官地，撥給附近正軍耕種，量收輕稅，作爲屯田餘地。其建昌等營，裁革鎮守、守備、內臣遺下田土房屋，係占奪者，給還原主，當辦糧差，係官山官地，分給貧軍耕種，量收稅價，以充各邊賞勞修理公用。十三年，題准各處但有拋荒堪種之地，聽招流移小民或附近軍民耕種，照例免稅三年，官給牛具種子，不許科擾。如地主見其開種成熟，復業爭種者，許赴官告明，量撥三分之一給主，二分仍聽開荒之人承種，各照畝納糧。十年之上，方行均分。敢有恃強奪占者，官司問罪。又裁汰陝西鎮守太監其養廉地一百五十四頃，令原佃軍民承種，附入實徵冊。十四年，以通州曬米廠地四頃，召佃爲修理公廨之用。十五年，以陝西中護衛外地九頃，拋荒田二十五頃，召佃以備軍儲。二十一年，以總兵官東紅花等莊田三頃，革任太監所遺荒田二頃，副總兵遊擊將軍各一頃，皆軍餘開墾屯田，聽軍人佃種。至各邊將官能於邊外自開地者，任其開墾耕種，不在此例。二十二年，令陝西查勘朝邑縣地方，潼關以西鳳翔以東。黃河退灘堪以耕種地三百九十一頃八十三畝，令居民照舊耕種，收入實徵冊，自本年爲始，每畝起科三升。二十四年，詔流民復業，與牛種開墾閒田者，給復十年。二十九年，令凡公主國公下莊田世遠者，以十分爲率，內儘一處撥給三分，其餘七分盡數追出還官，徵銀解部，以補官莊備邊之需。若爵級已革，除補足宮莊額數外，餘賸地畝，照例徵銀解部濟邊，或量留五分給與的親承繼人員管業，以備護墳香火之用，其餘五分還官。寺觀太監下自買營造邱隴，奏免糧差，地不及三頃者，容令照舊，若至三頃之外，量免其養馬均徭差役，每畝督辦納子粒解部。穆宗隆慶元年，御史董堯封奏，查出蘇、松、常、鎮四府投詭田一百九十九萬五千四百七十畝，花分田三百三十一萬五千五百六十畝，因條上便宜事，一議丈量，二定糧冊，三均糧役，四明優免，五均平徭役，六裁供億，七申法守，八嚴責成。戶部覆丈量，均賦私兌，恐煩擾難行。優免雖有定例，但吳中起科甚重，若止論糧石，均爲不均，宜視田畝之數爲差，其餘悉如議，報可。二年，題准以後奏請莊田，乞欽定數目撥給，其年遠勳戚，行屯田御史，自封爵之日爲始，傳派五世，親服已盡者，止留莊田百頃。或支派已絕，并爵級已革，盡數追奪還官。又題准元勳後裔，傳派五世者，原議百頃之外，今再留一百頃，如係勳戚相半者，再留五十頃。神宗萬曆二年，召人墾種甘州荒地，俟六年量徵。四年，詔鳳陽淮安力舉營田。六年，張居正以田賦失額，小戶多存虛糧，致里甲賠累，從言官疏，詔令二直隸十三布政司府州縣，通行丈量，限三年之內竣事。居正用開方法，以徑圍乘除畸零截補，於是豪猾不得欺隱，里甲免賠累，而小民無虛糧，總計田七百一萬三千九百七十六頃，視弘治時贏三百萬頃。然居正尙綜核，頗以溢額爲功，有司爭改小弓以求田多，或掊克見田以充虛額，北直隸湖廣大同宣府遂先後按溢額田增賦。時詔江北諸府民，年十五以上無田者，官給牛一頭，田五十畝，開墾三年後起科。又詔蘇州諸府開墾荒田。七年，覈兩畿、山東、陝西勳戚田。十一年，議陝西延、寧二鎮，丈出荒田不在屯田舊額內者，俱聽軍民隨便領種，永不起科。各邊但有屯餘荒地可墾者，視此。十九年，詔定戚臣莊田。二十六年正月，大學士沈一貫奏，山東一省六府地廣民稀，宜令巡撫得自選廉幹官員，將該省荒蕪地土，逐一查核頃畝的數，多方招致能耕之民。如江西、福建、浙江、山西及徽寧等處，不問遠近，凡願入籍者，悉許報名擇便，官爲之正疆定界，置署安插，辨其衍沃原隰之宜，以生五穀六畜之利。其新籍之民，則爲之編戶排年，爲里爲甲，循阡履畝，勸耕勸織，禁絕苛暴，罷免追呼，止奢僭以養淳朴之性，興禮讓以厚親睦之俗，以錢穀爲市，使姦民無所覬覦，貪吏無所漁獵。或又聽其寄學應舉，量增解額，以作興之，聽其試武私充，吏役納粟，授官以榮進之。毋籍爲兵，以駭其心，毋重其課，以竭其財，有恩造於新附，而無侵損於土著，務令相安相信，相生相養，既有餘力，又爲之淘濬溝渠，內接漕流，以輕其車馬負擔之力，使四方輻輳其閒，則商賈紛來，魚鹽四出，而其利益廣，不數年，可稱天府。詔可。二十八年，詔查僧道廢絶山田南直隸寺院，俱優免。詔謂畿輔重地，焚修香火，概免清查。

《續文獻通考》卷六《田賦六》 ［太祖洪武］十年十月，賜百官公田。時賜勳臣公侯丞相以下莊田，多者百頃，親王莊田千頃，又賜公侯暨武臣公田，又賜百官公田，以其租入充祿，指揮沒於陣者，皆賜公田。勳臣莊佃多倚威扞禁，帝召諸臣戒諭之。其後給賜之例，各王府有莊田，在京王府有養贍及香火地，公主郡主及夫人有賜地，公侯伯有給爵及護墳地，有特賜者，有世守者，有退出者，制亦不一。

同上 英宗正統五年十月，覈諸王芻牧侵地，還之民。明時官田爲民厲者，皇莊之外，莫如諸王勳戚中官莊田爲甚。太祖洪武初，令民閒賦稅有常額，諸人不得於諸王、駙馬、功勳、大臣及各衙門，妄獻田土山場窯冶，遺害於民，違者治罪。至仁宣之世，乞請漸廣，大臣亦得請沒官莊舍。然宣德三年，寧王權請灌城，爲庶子耕牧地，賜書援祖制，拒之。至是，命行在戶部檢視各王芻牧地，具頃畝方向，及原據人民莊宅田地，共三千餘頃，列圖以聞。遂以一百八十八頃給郕王祁鈺，餘撥神機三千等營，芻牧所侵奪民地，悉給還之。其後，八年，慶成王美埥請民田十二頃，爲妃塋神道，亦以違制病民，卻其奏。九年，定制順天府所屬地土有限，今後公、侯、駙馬、伯等官，不許奏討田地。天順二年，敕皇親、公、侯、伯、文武大臣，不許占官民田地，違者坐以重罪。其家人及投託者，悉發邊外，永遠充軍。

《明史·食貨志》曰： 英宗時，諸王外戚中官所在，占官私田或反誣民占，請案治，比案問得實，帝命還之民者非一，乃下詔禁奪民田及奏請畿內地。然權貴宗室莊田墳塋，或賜或請，不可勝計。復辟後，御馬太監劉順進蘇州草場，進獻由此始矣。

臣等謹案，《英宗實録》載，正統六年三月，故太監劉順有莊田塌房果園草場二十六所，生時，嘗進蘇州草場十所，計地四百六十八頃。是劉順進草場在正統六年以前，非復辟後事。

同上 天順八年，時憲宗已即位。始立宮中莊田。自仁宗洪熙時有仁壽宮莊，其後又有清寧未央宮莊。至帝天順三年，以諸王未出閣，供用浩繁，立東宮德王、秀王莊田，二王之藩地仍歸官。至是，以沒入曹吉祥地爲宮中莊田，皇莊之名由此始。其後，莊田遍郡縣。給事中齊莊言，天子以四海爲家，何必置立莊田與貧民較利，弗聽。憲宗成化十三年，仁壽太后莊戶與民爭田，帝欲徙民塞外，大學士商輅奏止之。

憲宗成化四年三月，詔中外勢家毋得擅請田土。時雖有是詔，然仍多請乞者。太后弟錦衣指揮周彧奏乞武強武邑民田不及賦額者，籍爲閒田，命刑部郎中彭韶偕御史季琮覈勘。韶等周視徑歸，上疏自劾曰，眞定田自祖宗時許民墾種，即爲恆產，除租賦以勸力農，功臣戚里家與國咸休，豈當與民爭尺寸地。臣誠不忍奪小民衣食，附益貴戚，請伏奉使無狀罪。疏入，詔以田歸民，而責韶等邀名方命，復詔下獄，言官論救得釋。給事中李森等亦奏，先朝敕皇親強占軍民田者，罪無赦，投獻者戍邊，一時貴戚莫敢犯。比給事中邱宏奏絕權貴請乞，亦既俯從，乃外戚周彧求武強武邑田六百餘頃，翊聖夫人劉氏求通州武清地三百餘頃，詔皆許之，何與前敕悖也。彼谿壑難厭，而畿內膏腴有限，小民衣食皆出於此，一旦奪之，何以爲生。且本朝百年來，戶口日滋，安得尚有閒田不耕不稼，名爲奏求，實豪奪而已。帝善其言，而賜者仍不問。至六年五月，巡視河南，戶部侍郎原傑奏，黃河遷決不常，彼陷則此淤，軍民就淤墾種。今姦徒指爲園場屯地，獻王府邀賞，王府輒據而有之，請自今獻者謫戍并罪受獻者，從之。孝宗弘治三年閏九月，復申禁凡皇親并權勢家奏乞土地，一切不行，仍究主謀之人，并榜諭軍民及旗校管莊人，妄將民田投獻者，照天順成化時例科罪。六年，敕王府及功臣家賜田，令佃戶照原定則例，將應納子粒每畝銀三分，送州縣轉領，不許自受。

臣等謹按，周彧請田事，彭韶傳謂以田歸民，李森傳謂賜者仍不問，二說不同。然既以韶爲邀名方命而詔下獄，則田亦未必歸民也。森傳似得其實。

同上 ［明憲宗成化］二十二年四月，清畿內勳戚莊田。

同上 孝宗弘治二年正月，收已故內臣賜田給百姓。時又令順天等六府入官田土，俱撥與附近無田民，耕種起科，人不過三十畝。

其舊。

同上 是年，命戒飭莊戶，罷仁壽宮莊，還之草場。凡侵牧地者，悉還其舊。

戶部尚書李敏等，以災異上言，畿內皇莊有五，共地一萬二千八百餘頃，勳戚中官莊田三百三十有二，共地三萬三千餘頃，管莊官校招集羣小，稱莊頭伴當，占地土，斂財物，稍與分辯，輒被誣奏，民心傷痛入骨。乞革去管莊之人，付小民耕種，畝徵銀三分，充各宮用度。帝命戒飭之。又因御史言，還草場及侵牧地。時蘇州民田多爲牧馬草場所侵，又侵御馬監及神機營草場皇莊，貧民失業，草場亦虧故額，屢遣給事中周旋、侍郎顧佐、熊翀等往勘，皆不能決，因命大理少卿張泰，偕錦衣官，會巡撫周季麟復勘。泰密求得永樂閒舊籍，參互稽考，田當歸民者九百三十餘頃，而京營及御馬監牧地，咸不失故額，奏入，駁議者再，尚書韓文力持之，留中未下。及武宗即位，文再請，始出泰奏，流亡者咸得復業。至世宗嘉靖時，戶部侍郎王軏覈九門苜蓿地，以餘地歸之民，勘御馬監草場釐地二萬餘頃，募民以佃，房山民以牧馬地獻中官，軏釐歸之官。其後，神宗惑中貴言，將察畿輔牧地，大學士沈鯉言，近年以來，百利之源盡籠於朝廷，常恐勢極生變，況此牧地豈眞有豪右隱占、新墾未科者，姦民所傳，未足深信，遂止。

敕諸王輔導官，導王請地者，罪之。定制獻地王府者，戍邊。時奉御趙瑄獻雄縣地爲東宮莊，戶部尚書周經劾其違制，下瑄詔獄，故有是命。既而復從鎭司言，遣官勘實。經等復爭之曰，太祖太宗定制，閒田任民開墾，若因姦人言而籍之官，是土田予奪，盡出姦人口，小民無以爲生矣。既而勘者及巡撫高銓言，閒田止七十頃，悉與民田錯，於是從經言，仍賦之民，治瑄罪。時又有崇王見澤乞河南退灘地二十餘里，經言不宜予，又興王祐杬前後乞赤馬諸河泊所及近河地千三百餘頃，經三疏爭之，竟不許。既而帝又以肅寧諸縣地四百餘頃，賜壽寧侯張鶴齡。其家人因侵民地三倍，且毆民至死，下巡撫高銓勘報。銓言，可耕者無幾，請仍賦民，不許。時王府勳戚莊田，例畝徵銀三分，獨鶴齡奏加徵二分，且概加之沙鹻地，經抗章執奏，命侍郎許進偕太監朱秀覆覈，經言地已再勘，今復遣使，徒滋煩擾。昔太祖以劉基故，減青田賦，徵米五合，欲使基鄉里子孫，世世頌基。今興濟篤生，皇后正宜䘏民減賦，俾世世戴德，何乃使小民銜怨無已也。頃之，進等還，言此地乃憲廟皇親柏權，及民恆產，不可奪。帝竟與鶴齡，如其請加稅，而命償權直，除民租額。經等乃復諫曰，東宮親王莊田，徵稅自有例，鶴齡不宜獨優。權先朝妃家亦戚畹也，名雖償直，實乃奪之，天下將謂陛下惟厚椒房親，不念先朝外戚。帝終不納。自是，奏獻不絕，乞請亦愈繁，徽、興、岐、衡四王田，多至七千餘頃。會昌、建昌、慶雲三侯爭田，帝輒賜之。

十八年十月，時武宗已即位。建皇莊七。其後增至二十餘處，諸王外戚求請及奪民田者，無算。

武宗正德十六年，時世宗已即位。遣官勘諸皇莊，罷之。先是外戚邵喜乞莊田，戶部左侍郎秦金述祖制，請按治。帝宥喜，命都察院禁如制。至是，金言西漢盛時，以苑囿賜貧民，今奈何剝民以益上。乞勘正德以來額外侵占者，悉歸其主，而盡撤管莊之人。帝稱善，即從其議。給事中底蘊復言，姦民妄指軍民田爲閒田，投獻權倖，奏建皇莊，或奏討爲莊田，管莊官校倚勢侵奪，害民之弊。遂命兵科給事中夏言、御史樊繼祖、戶部主事張希尹，往順天各府查勘，各莊土田共二十萬九百一十九頃二十八畝，外舊侵民業二萬二百二十九頃。言因極陳皇莊爲民厲。自是，正德以來，投獻侵牟之地，頗有給還民者，而宦戚輩復中撓之。戶部尚書孫交造皇莊新冊，額減於舊。帝命覈先年頃畝數以聞，改稱官地，不復名皇莊，詔所司徵銀解部。然多爲宦寺中飽，積逋至數十萬以爲常。

夏言疏云，各宮莊田，祖宗以來未之有也。惟天順八年，以順義縣安樂里板橋村太監曹吉祥抄沒地一處，撥爲宮中莊田。其地原額一十頃一十三畝。初，吉祥占過軍民田二十四頃八十七畝，共三十五頃立莊，今次查勘，又占過民田四十頃，見在共七十五頃，此則宮闈莊田之始。而數年閒侵占之數，過於原額已十倍矣。舉此一處，其他可知。至成化閒，惟增寶坻縣王甫營莊田一處，原係會州衛草場。弘治閒，止增豐潤、新城、雄縣莊田三處。至弘治十八年十月，先帝踐祚之初，一月之閒，建立皇莊七處：曰大興縣十里鋪皇莊，曰大王莊皇莊，曰深溝兒皇莊，曰高密店皇莊，曰婆婆營皇莊，曰六里屯皇莊，曰土城皇莊。自此之後，設立漸多，而皇莊之名始著。其在昌平州則有蘇家口皇莊，在三河縣則有白塔皇莊，在眞定府寧晉縣則有鋪頭村皇莊、大劉村皇莊，在隆平縣則有大灰窯皇莊，在新河縣則有僊汪莊皇莊，在南宮縣則有皇莊村皇莊，此皆正德元年之所設也。又東安縣則有南葛里皇莊，寶坻縣則有李子沽皇莊，通州則有神樹皇莊，武清縣則有灰蝸口皇莊、王慶陀皇莊，靜海縣則有四當口皇莊，此皆正德二年之所設也。至正德四年，則立大興縣三里河皇莊二處。五年，則立六里屯皇莊一處。七年，則立武清縣尹兒灣、大直沽皇莊二處。八年，則立昌平州樓子村皇莊，靜海縣衛河兩岸皇莊，青縣孫兒莊皇莊，保定府安州騗馬廟皇莊，清苑縣閻莊社皇莊。九年，則又立安肅縣龍花社皇莊。數年之間，設立皇莊如此之夥，共計占地三萬七千五百九十五頃四十六畝。皇莊既立，則有管理之太監，有奏討之旗校，有跟隨之名色，每處至三四十人。其初，管莊人員出入及裝運租稅，俱自備車輛夫馬，不干有司。正德元年以來，權姦用事，朝廷大壞，於是有符驗之請、關文之給，經過州縣有廩餼之供，有車輛之取、有夫馬之索，其分外生事，巧取財物，又有言之不能盡者。及抵所轄莊田處所，則不免擅作威福，肆行武斷。其甚不靖者，則起蓋房屋，架搭橋梁，擅立關隘，出給票帖，私刻關防，凡民間撐駕舟車、牧放牛馬、采捕魚鰕螺蚌莞蒲之利，靡不括取。而鄰近地土，則展轉移築，封堆包，打界址，見畝徵銀，本土豪猾之民，投爲莊頭，撥置生事，幫助爲虐，多方掊尅，獲利不貲。輸之宮闈者，曾無十之一二，而私入囊橐者，蓋不啻十八九矣。此可爲太息流涕者。今讀敕旨，猶有曰係皇莊者，解部類進，臣等竊有疑焉。蓋謂今四海九州之賦貢，山林川澤之物產，凡所以納之司農，輸之內帑，何者非所以奉一人者乎？孟子曰，尊親之至，莫大乎以天下養，又何者非所以奉重闈慈闈四宮乎。祖宗以來，宮闈一切供用，自有成規，顧可屈萬乘之尊，下同匹夫，以侵吠畝之業，辱宮壺之貴。雜於閭閻，以爭升斗之利，其何以示天下，訓後世也哉。且皇之一字，加於帝后之上，爲至尊莫大之稱。今姦佞之徒，假之以侵奪民田，則名其莊曰皇莊，假之以罔求市利，則名其店曰皇店。又其甚者，假以阻壞鹽法，則以所販之鹽名曰皇鹽。即此三言，足以傳笑天下，貽譏後世。仰惟陛下一切埽除，敕該部大臣查照臣等勘報文冊，將在京附郭大興縣等地方，各宮莊田原不係占奪民田，不滿數十頃者，請改爲各宮親蠶廠公桑園名額，令有司種植桑柘，以備宮中蠶事。其餘一應莊田，盡弛以利民，或勒歸戶部，造入版籍，令民照舊輸糧，以爲在官地土，仍榜示中外，盡削皇莊及各宮莊田之名。則一洗四朝之弊，永垂百代之休矣。

禁勳戚奏討姦民投獻者，又革王府所請山場湖陂。

德王請齊漢二庶人所遺東昌兗州閒田，又請白雲等湖。山東巡撫邵錫按新令卻之，語甚切直。帝從部議，但存藩封初請莊田，其後有奏請者，不聽。又定凡公主國公莊田，世遠者存什之三。

時戶部侍郎王軏出覈勳戚莊田，請如周制，計品秩，別親疏，以定多寡，非詔賜而隱占者，俱追斷。尚書梁材因采其言，奏成周班祿有土田，祿由田出，非常祿外復有土田，今勳戚祿已踰分，而陳乞動千萬，請申禁之。自特賜外，量存三之一，以供祀事。帝命竝清已賜者，額外侵據，悉還之民，勢豪家乃不敢妄請乞。

同上　〔明世宗嘉靖〕三十九年，遣御史沈陽清奪隱冒莊田一萬六千餘頃。

時承天六莊二湖地八千三百餘頃，領以中官，又聽校舍兼併，增八百八十頃，分爲十二莊，至穆宗時，始領之有司，兼併者還民。

臣等謹按，魏時亮傳十二莊作三十六莊，又領之有司，兼併還民者，以中官張堯請，仍不果。時亮極諫不納，與《食貨志》互異。

神宗萬曆十九年十二月，詔定戚臣莊田。《會典》作九年。

自穆宗隆慶二年，從御史王廷瞻言，復定勳戚田世次遞減之限。勳臣五世限田二百頃，戚畹七百頃至七十頃有差，世絕爵除者，悉追奪還官。又著令宗室買田不輸役者，沒官。皇親田，俱令有司徵之，如勳臣例。雖請乞不乏，而賜額有定，徵收有制，民害少衰止。至是，復更定莊田五服遞減法。勳臣五世止二百頃，如舊。戚臣以見在官品爲始，見留地數爲準，係二世者分三次遞減，係三世者分二次遞減，至五世止留一百頃爲世業。如世絕爵除，仍留五頃給守墳者。其制視舊稍寬，然其後議減者，輒奉詔姑留不能革也。是時，帝賚予過侈，求無不獲，潞王、壽陽公主恩最渥，而福王分封，括河南、山東、湖廣田爲王莊，至四萬頃。羣臣力爭，乃減其半。王府官及諸閹，丈地徵稅，旁午於道，扈養廝役，廩食以萬計，漁斂慘毒不忍聞。駕帖捕民，格殺莊佃，所在騷然。給事中官應震、姚宗文等屢疏諫，皆不報。

熹宗天啓元年正月，御史王心一請罷奉聖夫人客氏香火土田，不報。

至六年十月，加賜太監魏忠賢從子良卿莊田一千頃。時桂、惠、瑞三王，及遂平、寧國二公主莊田，動以萬計，而忠賢一門，橫賜尤甚。

莊烈帝崇禎十二年，兵部郎張若麒請收兵殘遺產爲官莊，分上、中、下，畝納租八斗至二三斗有差。

《日知録》曰，明末官田所存者，惟衛所屯田、學田、勳戚欽賜莊田。三者猶是官田。南京各衙門所管草場田地，佃戶亦轉相典賣，不異民田。蘇州一府，惟吳縣山不曾均爲一則，至今有官山私山之名，官山每畝科五升，私山每畝科一升五勺。

清代分部

題解

清嘉慶《清會典》卷二《户部》 ［凡田地之别］奉天山西有先係旗地後給民墾種者，曰退圈地。有莊田。内務府徵糧之地爲莊田，近京州縣及盛京各城有之。

《清通典》卷二《食貨二》 國初以近京各州縣無主荒田，及前明皇親駙馬、貴戚大臣、内監殁於寇亂無主荒田，並百姓帶地投充之田，設立莊屯。自王以下及官員兵丁，皆授以土田，俾世爲恆產。嗣後，生齒日繁。凡盛京古北口外新闢之壤，咸隸焉。其官莊有三：一宗室莊田，一八旗官兵莊田，一駐防官兵莊田。凡牧場地專隸内務府會計司，掌其牧納之數。

綜述

清康熙《清會典》卷二《户部》 國初設立官莊，以供内府之用，有在盛京者，有在畿輔者。凡内府各莊，皆自内務府掌之。至部寺官莊，分隸禮部、光祿寺、上林苑監。其徵收支放之法，詳見各該衙門，兹不備列。惟諸王勳戚及八旗臣工外藩俸糈之外，既賜園地，復按所屬壯丁，撥給晌畝，六畝爲一晌。遇有旱澇，隨時賜賑，澤至渥矣。今以歷年給賜田土數目，開具于後。

凡撥給宗室勳戚莊田。國初令諸王、貝勒、貝子、公等，准于錦州各設莊一所，蓋州各設莊一所，其額外各莊，俱令退出。○順治二年，題准給諸王、貝勒、貝子、公等大莊每所地一百三十晌，或一百二十晌至七十晌不等。半莊每所地六十五晌，或六十晌至四十晌不等。園每所地三十晌。或二十五晌至十晌不等。○三年，題准京城内外無主園地，酌量撥給諸王府。○五年，題准親王給園十所，郡王給園七所，每所地三十晌。○六年，題准襲封王、貝勒、貝子、公等，伊祖父所遺園地，除撥給應得之數外，其餘地畝，不必撤出，仍留本家。○又題准，凡加封王、貝勒、貝子、公等，各照本爵撥給園地。○七年，題准給公主園地各六十晌，郡主園地各三十晌，縣主、郡君、縣君園地各二十五晌。○又題准，撥給親王園八所，郡王園五所，貝勒園四所，貝子園三所，公園二所，每所地三十晌。嗣後凡初封王、貝勒、貝子、公等，俱照此例撥給。鎮國將軍園地二十晌，輔國將軍園地三十晌，奉國將軍園地二十晌，奉恩將軍園地一十晌。凡給過園地者，停給家口糧米。○十五年，題准舊例八家莊屯糧石，在部報收，嗣後交各本主，報納多寡，聽其自便。

康熙二十二年，八旗司册開數。

鑲黄旗

宗室整莊四所，半莊一所，園一所，共地六百一十晌。坐落大興、通州、武清、平谷、河間各州縣。

正黄旗

宗室整莊五所，半莊十二所，莊四所，園三所，共地一千七百七十六晌。坐落大興、宛平、三河、寶坻、順義、涿州、房山、保定、雄縣、易州、任丘各州縣。

正白旗

宗至整莊四所，莊一所，園三所，共地六百晌。坐落順天、香河、通州、寶坻、房山及沙河所。

正紅旗

宗室整莊一百四十五所，半莊三所，整園五十所，半園十一所，園四所，共地二萬七百三十六晌零。坐落順天、宛平、昌平、涿州、文安、保定、定興、淶水，及遼陽、海城、蓋平各州縣。

鑲白旗

宗室整莊一百七十八所，半莊五所，莊八所，整園八所，園二十所，果地、靛地、網戶、獵戶等地七十六處，共地二萬八千六百一十九晌零。坐落大興、宛平、良鄉、固安、永清、東安、香河、通州、三河、武清、寶坻、昌平、密雲、懷柔、房山、霸州、薊州、玉田、平谷、遵化、豐潤、遷安、灤州、樂亭、保定、易州、河間、任丘、滄州、保安，及遼陽、海城、蓋平、鐵嶺、山海關外等處。

鑲紅旗

宗室整莊二百九十八所，半莊三十三所，莊五所，整園一百十一所，半園二所，共地四萬三千八百三十五晌。坐落大興、宛平、永清、香河、通州、寶坻、昌平、涿州、房山、霸州、灤州、新城、河間、肅寧、滄州、延慶，及張家口外等處。

正藍旗

宗室整莊五百四十四所，半莊一百五十一所，莊二十二所，整園一百三所，半園十九所，園七十三所，果菜牧地五處，共地八萬八千五百五十四晌零。坐落大興、宛平、良鄉、永清、東安、香河、通州、武清、昌平、順義、懷柔、涿州、房山、霸州、保定、薊州、玉田、平谷、遵化、豐潤、永平、昌黎、灤州、樂亭、新城、易州、青縣、無極、保安，及承德、遼陽、開原、錦州、寧遠、廣寧、開平、冷口外等處。

鑲藍旗

宗室整莊二百三十一所，半莊六十三所，莊九所，整園一百二所，半園二所，園三所，共地三萬七千五百七十九晌零。坐落大興、宛平、固安、永清、東安、昌平、懷柔、灤州、蠡縣、安州、高陽，及遼陽、海城、蓋平、錦州、開平等處。

同上 順治二年，題准御馬館、王貝勒貝子等馬館，俱按各該旗地方牧養。

同上 [順治]十一年，題准給親王牧廠方八里，郡王牧廠方四里。〇十二年，覆准親王牧廠方二里，郡王牧廠方一里，額外多占者，查出撥給新壯丁。

清康熙《清會典》卷一五〇《內務府》 會計司

郎中、員外郎、主事，分掌莊園地畝，戶口徭役之事。

糧莊

凡設立糧莊，及編審壯丁，於額丁內選堪用者爲莊頭，給田一百三十晌，因設立場園馬館，另給田四晌。併莊頭本身共丁十名，蕃衍則留於本莊，缺則補足。牛八頭，如有倒斃，莊頭報明補給。量給房屋、田種、口糧、器皿，免第一年錢糧。於三年終，本司差官前往，編審壯丁，將餘夫比量，編入壯丁數內，老者開除。

凡山海關內，古北口、喜峰口外，每糧莊一所，納糧一百石。山海關外，每糧莊一所，納糧一百二十石。

凡喂養羣馬草料，照擬定各莊等地分派。頭等莊，於所納糧內派豆四十石，穀草四千束，草一萬束。二等莊豆三十五石，穀草三千五百束，草八千七百五十束。三等莊豆三十石，穀草三千束，草七千五百束。三等末莊，豆十五石，穀草一千五百束，草三千七百五十束。量所派豆草多寡，勒限催納莊內喂養。至山海關外莊，酌量均派喂養。其送料豆於廄館之莊者，照喂養羣馬莊之等第分別均派，每豆一石，量送菽稭二十束，每莊仍派穀草二千束，送於廄館。

凡收糧畢時，各莊頭將所收糧數報明，於定額外多納一石者，賞銀四錢，缺一石者，責二鞭，其鞭責不過一百。至溢額最多之莊頭，除賞銀外酌量賞以馬匹、皮襖、袍、帽、靴等件，以示獎勵。

凡各莊所報糧內，均派雜糧，交各包衣大收貯倉內，依次備用。

凡撥補新設莊頭，料豆穀草，每年於各莊取料豆五十石，穀草十萬束，收貯備用。

凡各莊所納糧，查明舊存、新收、用過、餘剩之數，每年奏銷一次。

凡莊田遇災，將被災輕重，分別啓奏，於定額內酌量豁免。

康熙六年，議准莊田遇有災傷，山海關以內者，莊頭速行報明，山海關以外者，筆帖式與撥什庫詳查速報。報到日，差委官員包衣大踏勘，詳查被災重輕分數，分別造冊，具結呈報。納糧時驗明冊籍，將被災田地開除。捏報災荒者，嚴加治罪。〇八年，題准各包衣大所用雜項米糧不敷，酌量奏請，於戶部支取。三年終查核，節用而餘多者，包衣大及掌倉人一併獎賞。濫用而缺少者，包衣大及掌倉人一併治罪。〇又題准，羣馬館等處，所派各莊豆草，如有不敷，於戶部支給，煮豆木柴，於工部支給。〇九年，題准山海關內外各莊田地遇災，報請驗勘。在內者，委官一員，包衣大一員，往驗。在外者，免遣包衣大往驗。〇十八年，令派各廄館料豆時，將料豆倉米各半發給。〇二十二年，題准莊頭投充人，應供官物，送該司官員驗收，交包衣大等。若不即驗收，有遲延勒掯等弊，事發叅奏，量物折價，照貪贓例治罪。

稭莊

凡設豆稭莊，於額丁內選堪用者爲莊頭，給田六十五晌，因設場園，另給田二晌。併莊頭本身共丁五名，牛四頭，牛死，不准補給。量給房屋、田種、口糧、器皿，免第一年錢糧。

凡豆稭莊納糧，悉照糧莊之數，從半報納。其比定額浮納欠缺之賞罰，及編審壯丁，踏勘田地，豁免錢糧，俱照糧莊例。

凡內廄館飼馬豆稭，酌量均派徵取，每豆稭十六束，折糧一柳斗，於所納糧內抵除。

稻莊

凡設立稻莊，按水田、旱田分別徵糧。莊頭內有亡故或革退者，在房山縣、玉田縣、涿州三處，各選本莊壯丁補設。在玉泉山、稻田廠二處，移咨戶部，招募民人補設。

盛京糧莊

凡設盛京糧莊，每莊俱照定限，納糧一百二十石。若遇災荒，據掌關防佐領所報輕重，分別奏請，另定納數。本處飼養羣馬雜項錢糧，俱酌量用數，於各莊派取。每年終，將所納糧，併用過餘剩數目，一併造送轉奏。其賞罰編審壯丁等事，俱照在內糧莊例。

菜園

凡設立菜園，於額丁內選堪用者爲園頭，併園頭本身共丁五名，給種菜田十九晌，口糧田各五晌，牛二頭，蒲簾一百二十五件，夾籬帳菽稭三千五百束。所納菜蔬，免徵一季。

凡菜園均分於各渾托和，照渾托和進米次序備菜，以供內用。每包衣大各值二日供應。

康熙二十年，題准各處園地，每年委包衣大二員專管，親驗取給，會計司按月查核。若於定額外浮取，及將所送之物不即收領，與收取不堪用等弊，發覺者，將專委管理之包衣大治罪。

瓜園

凡設立瓜園，照菜園例選用園頭。併園頭本身共丁五名，給種瓜田三十晌，口糧田各五晌，牛四頭。

同上 康熙元年，諭，各渾托和內無力耕種田地者，將田地收回，交各包衣大，本身給與口糧，奴僕不准給糧，至應得俸餉，照常給發。○又題准，將撤回田地人之丁口詳查。有丁一二名，而不能耕種田地者，准給口糧，有願領田地者，給發耕種。若三丁以上者，令其耕種，不准給糧。○四年，令移取當差人等錢糧。包衣護軍兵丁屬於分管佐領者，各該佐領親送文於本都統。如本佐領有事故者，即令本旗別佐領親送。其辛者庫護軍兵丁，各包衣大親送文於本都統。至辛者庫已食錢糧，未充兵丁人等，各包衣大出結，送至會計司，本司併結，呈送內府總管押印施行。○五年，議准各渾托和內領種田地者，不准將田地繳回，令其永遠耕種。○九年，題准各佐領與包衣大，所送各屬下絶嗣家產，除無奴僕者不議外，凡有奴僕田地者，俱派人二口，給田五晌，仍併於本佐領渾托和屬下，令其看守伊主墳墓。其有奴僕而無田地者，止派奴僕看守，餘者該部收理。其有親女者，亦派守墳人二口，給田五晌。至三旗包衣人等，雖分各旗各佐領渾托和屬下，俱在包衣數內，其絶嗣產業，倘有親女、親姊妹告理者，除派守墳人二口外，其餘人口，交該管佐領包衣大按數分給。親女二分，姊妹一分。若無親女，而姊妹告理者，亦除派守墳人併田地之外，其餘若在同佐領渾托和屬下者，將家產奴僕，一併令其承受。若在別佐領渾托和屬下者，將奴僕器皿等項，令其承受。其田地房屋，交與該部。○十二年，題准因老病革役太監，并近年招募太監內効力未久者，仍照定例，准歸原籍外，至下等差役管理細事之舊太監，與投充太監等，有効力年久，因老病革役，並無過犯者，照例各給錢糧一兩。六十歲以上者，免令差役。至向年招募無莊田太監等，因老病革役，原籍有房田，願歸者，交禮部，令爲民。若原籍無房田，不能度日者，仍准住所居房屋，照各渾托和下閒散太監等，亦給錢糧一兩，交包衣大等。有看守房屋等事，撥出管理。

清雍正《清會典》卷二二八《戶部》 〔順治〕二年，題准分給園地。內府總管八晌，親王府管領六晌，郡王以下府管領五晌，各府給事人員俱給地有差。

同上 〔康熙〕八年，諭房地圈撥旗下，百姓多致失業，嗣後永行停止。其今年所圈房地，俱著退還民間。

同上 〔康熙〕二十四年，議准直隸州縣百姓墾荒田地，停止圈撥。如有各處壯丁及新滿洲，將皇莊并上三旗、內務府及八旗、禮部、光祿寺丈量所餘地畝撥給。俟此項地畝撥完時，另行請旨。○又議准撥給地畝，不論多少，停其遣筆帖式，俱差司官撥給。如不照旗員退出之地取撥，另將別項地畝撥給者，降三級，隨旗行走。○三十年，議准新滿洲退出地畝，令給民耕種輸租。

清雍正《清會典》卷一五六《刑部》 一、凡宗室置買田產，恃強不納差糧者，有司查實，將管莊人等問罪，仍計算應納差糧多寡，抵扣祿米。若有司阿縱不舉者，聽撫按官叅奏重治。

雍正三年，律例館奏准改定例文。

一、凡宗室置買田產，管莊人恃強不納差糧者，該管官察實，將管莊人等問罪。宗室知而縱容者，交該衙門察議，仍追徵應納差糧。若該管官阿縱不舉者，聽督撫叅奏重治。

同上　功臣田土

凡功臣之家，除撥賜公田外，但有田土，從管莊人盡數報官，入籍納糧當差。違者，一畝至三畝，杖六十。每三畝，加一等。罪止杖一百，徒三年。罪坐管莊之人，其田入官，所隱稅糧，依數徵納。若里長及有司官吏，踏勘不實，及知而不舉者，與同罪。不知者，不坐。

附律定例

一、公侯祿米各有等第，皆於官田內撥賜，其佃戶仍於有司當差。

一、該納本折佃戶，赴本管州縣上納，令各該公侯遣人員赴官關領，不計私自收受。

雍正三年，律例館奏准，今俱無此例，二條删。

罪名

杖六十

功臣自置田土，其管莊人不盡數報官入籍，納糧當差，計所隱一畝至三畝者。○里長、有司官吏踏勘不實及知而不舉者。

杖七十

功臣自置田土其管莊人不盡數報官入籍，納糧當差，計所隱六畝者。○里長、有司官吏踏勘不實及知而不舉者。

杖八十

功臣自置田土，其管莊人不盡數報官入籍，納糧當差，計所隱九畝者。○里長、有司官吏踏勘不實及知而不舉者。

杖九十

功臣自置田土，其管莊人不盡數報官入籍，納糧當差，計所隱一十二畝者。○里長、有司官吏踏勘不實及知而不舉者。

杖一百

功臣自置田土，其管莊人不盡數報官入籍，納糧當差，計所隱一十五畝者。○里長、有司官吏踏勘不實及知而不舉者。

徒一年杖六十

功臣自置田土，其管莊人不盡數報官入籍，納糧當差，計所隱一十八畝者。○里長、有司官吏踏勘不實及知而不舉者。

徒一年半杖七十

功臣自置田土，其管莊人不盡數報官入籍，納糧當差，計所隱二十一畝者。○里長、有司官吏踏勘不實及知而不舉者。

徒二年杖八十

功臣自置田土，其管莊人不盡數報官入籍，納糧當差，計所隱二十四畝者。○里長、有司官吏踏勘不實及知而不舉者。

徒二年半杖九十

功臣自置田土，其管莊人不盡數報官入籍，納糧當差，計所隱二十七畝者。○里長、有司官吏踏勘不實及知而不舉者。

徒三年杖一百

功臣自置田土，其管莊人不盡數報官入籍，納糧當差，計所隱三十畝者。○里長、有司官吏踏勘不實及知而不舉者。

清雍正《清會典》卷二一五《盛京户部》　奉天錦州二府屬地丁錢糧

國初，定每畝徵銀三錢，每丁徵銀一錢五分至二錢不等，該府尹解送收庫。○康熙三十二年，覆准改徵米豆，每畝徵粟米六升一合至六升二合，每丁徵豆四斗七升至六斗四升零不等。○三十三年，覆准承德等州縣額徵粟米，以高粱黑豆一斗五升，折算一斗，暫徵一年。○五十二年，覆准奉天所屬州縣，米豆存貯太多，蓋倉浩繁，仍改徵銀兩。○又諭州縣徵糧之官，皆有考成，盛京並無考成，故每年拖欠，此後盛京等處徵收米豆官員，亦著考成。○五十五年，題准承德等九州縣，仍照舊例徵收米豆。○五十八年，覆准奉天所屬州縣官員，如因公出差，委所屬吏目典史等官監收，不得私委子弟書辦兑收，并私行借給。有違例者，即行題叅治罪。府尹徇情不行題叅，事發，一并交部議處。○雍正元年，題准奉天存貯米豆甚多，倉厫不敷，將每年地丁米豆，暫於本年明年量徵銀兩，以作蓋倉之費。○三年，覆准自四年爲始，地畝徵米，人丁徵銀，所收銀兩，如有蓋倉之州縣，題請動用，餘銀解盛京户部充餉。俟收貯黑豆需用將完之日，題請照舊徵豆。

清雍正《清會典》卷二二八《内務府》　康熙八年，題准將各莊頭等第，編爲頭等、二等、三等、四等。〇二十三年，題准嗣後編查莊頭等第，限十年編定一次。〇二十四年，題准設立糧莊，每莊給地三百晌。〇又題准，頭等、二等莊頭，不准給牛。〇二十六年，題准。於交納銀二百兩之莊頭內，挑選改爲糧莊。〇又題准，每糧莊連本身給壯丁十五名。〇四十八年，題准莊頭地畝不足額數者，准其補給，薄城沙壓者，准其換給。

同上 凡山海關內，古北口、喜峯口外納糧額數，舊例每糧莊一所，納糧一百石。〇康熙三十九年，定報滿額一百觔石，合倉石三百六十石。〇五十年，題准頭等莊報倉石二百五十石，二等莊報倉石二百二十石，三等莊報倉石一百九十石，末等莊報倉石一百二十石。所報之糧，俱係穀石，每穀一石，折小米五斗。

凡山海關外納糧額數，舊例每糧莊一所，納糧一百二十石。〇康熙三十九年，定報滿額一百二十觔石，合倉石四百三十二石。〇五十年，題准管理糧莊，每年派內務府官一員，值年專管。〇五十一年，題准頭等莊報倉石三百二十二石，二等莊報倉石二百九十二石，三等莊報倉石二百六十二石，末等莊報倉石一百九十二石。〇又題准領種入官地畝莊頭四名，每名報糧七十石。本身帶地納糧莊頭一名，按額報糧六十四石。〇又題准莊頭交倉雜糧，每名納蘇子二十四石三斗，穀子四石八斗六升，俱准於報糧內抵除。其應交茜草五十觔，線蔴十八觔，小根菜十六觔，蔞蒿菜十六觔，黃花菜十觔，不准扣抵。〇五十七年，題准停止值年專管官。

雍正元年，奉旨添設總理大臣官員，專管報糧，編審、餧馬、詞訟、差徭等事。〇四年，題准山海關外頭等莊，給地九百晌，二等莊給地八百五十晌，三等莊給地七百五十晌，四等莊給地六百五十晌。如各莊頭內有地畝不足額數者，將各莊餘地補給。其補給之外所餘地畝，交與地方官，酌量另撥耕種。

凡收糧賞罰，舊例收糧畢時，各莊頭將所收糧數報明，於定額外多納一石者，賞銀四錢，缺一石者，責二鞭，其鞭責不過一百。至溢額最多之莊頭，除賞銀外，酌量賞以馬匹、皮端罩、袍、帽、靴等件，以示獎勵。〇康熙二十四年，題准莊頭報糧，不准溢額，溢額亦不准給賞。〇三十九年，停止缺一石責二鞭之例。

凡賞給頂帶，康熙五十五年，覆准莊頭內當差四五十年，不欠錢糧者，給與八品頂帶。當差二三十年，不欠錢糧者，給與九品頂帶。其當差年久竝無拖欠錢糧，因年老不能行走者，將伊子弟給與九品頂帶榮身。〇雍正元年，內務府奏稱山海關內莊頭等，歷年舊欠錢糧，另議具奏。其康熙五十七年起，至六十年，所欠新糧，作四年完納，每租糧一倉石，折銀五錢，徵交廣儲司。

奉旨，莊頭等所欠陳糧，五十九萬三千五十四石二斗七升三合，俱令豁免。所欠新糧，限三年之內交完。全交完者，作何議敘之處，著議奏。遵旨議定，莊頭等所欠新糧，於一年內全完者，有頂帶者加一級，無頂帶者給與八品頂帶。二年內全完者，給與九品頂帶。若三年不完者，革去莊頭，發與別莊充作壯丁。

凡收貯餘糧，舊例糧莊報糧，額外所餘之糧，每年委官一員監視，作窖收貯。康熙七年，題准停其委官監視，令該莊頭自行收存。〇二十四年，題准莊頭所餘糧石，俱令按時價糶賣，其收存所租地畝糧石，交會計司經管錢糧官徵租。〇三十年，奏准各莊頭收存之糧，委官一員，查明實數，或十莊或五莊，收聚一處，擇殷實莊頭家內作窖收貯。〇五十年，題准莊頭餘剩之糧，并歷年所欠陳糧，派內務府官員，會同戶部官員催追，交與該地方官，收貯備用。〇雍正二年，題准口外莊頭等，交倉外餘剩之糧，每麤糧二石，折米一石，令運至熱河等處倉內收貯，莊頭運米十石，抵除陳糧一石，每年派內務府官一員，催徵入倉。〇三年，題准口內莊頭等交倉所剩餘糧，委員折銀，催交廣儲司，口外莊頭米糧，運交熱河倉內。其雜糧秫稭等項，折徵銀兩，亦委員催交廣儲司。

凡各莊所報糧內，均派雜糧，定例交各內管領收貯倉內，依次備用。〇康熙八年，題准各內管領所用雜糧不敷，酌量奏請，於戶部支取，每三年查核一次，節用而餘多者，內管領及掌倉人一并獎賞，濫用而缺少者，內管領及掌倉人一并治罪。〇二十六年，題准內管領用過一年雜項米糧，停其議賞議罪。〇二十七年，題准口內糧莊交送內管領之雜糧，除頭等、二等不減外，三等減糧三石六斗，末等減糧七石二斗。〇四十年，題准內管領每年額定向戶部支取雜糧七千二百石，如有不敷，酌量再行支取，歲底奏銷。〇雍正元年，題准將各內管領三十倉，總歸三大倉，派值年內管領六員、內副管領六員專管。〇二年，題准各莊交納雜糧，已經足用，停其向戶部支取。如有不敷，題明再行支取。

凡撥補新設莊頭料豆穀草，每年於各莊取料豆五十石，穀草十萬束，收貯備用。○康熙三十年，題准裁革收貯備用之豆草，如有應用之處，向戶部支取。

同上　康熙八年，題准羣馬廄等處所派各莊豆草，如有不敷，於戶部支給，黄豆木柴，於工部支給。○十八年，定派各廄館料豆時，將料豆倉米各半發給。○二十七年，題准口內糧莊，交送廄館之草束，除頭等、二等不減外，三等減草八百束，末等減草一千束。○雍正元年，題准馬羣減少，應節省草六十六萬束，將此項草束減半，著送廄館三十三萬束。又應節省黑豆三千零二十四石，派送廄館。

同上　凡羊草，定例頭等莊派一萬束，二等莊派八千七百五十束，三等莊派七千五百束，四等莊派三千五百束。康熙八年，題准頭等、二等、三等莊俱減半派交，惟四等莊派二千五百束，每羊草一束，折銀一分，餘俱豁免。再莊屯有割取羊草地方，其割草工價，由戶部發給。○十一年，諭海子內居住莊頭等，每年所報之糧，竝送廄料豆，照常派交，其所徵雜糧雜差，著令每年豁免。

凡奏銷，定例各莊所納糧，查明舊存、新收、用過、餘剩之數，每年奏銷一次。

同上　凡莊田遇災，定例於七月二十日以前，莊頭呈報會計司，奏請委官查勘，將被災輕重，分別啓奏，於定額內酌量豁免。○康熙六年，議准莊田遇災，山海關以內者，莊頭速行報明，山海關以外者，筆帖式與領催，詳查速報。委內管領踏勘，詳查被災輕重分數，分別造冊，具結呈報。納糧時，驗明冊籍，將被災田地開除。捏報災荒者，嚴加治罪。○九年，題准山海關內外各莊田地報災，在內者委內管領一員往驗，在外者免其往驗。○二十五年，題准莊頭報災，踏勘餘剩好地六十五晌以下者，給與養贍家口，餘剩好地六十五晌以上者，照舊當差。○五十年，題准莊頭報災，伊等見在共有之地，餘剩好地不至一半者，准其成災，免其送廄館之差，祇令交納倉差。如餘剩好地，浮過一半者，照舊當差。○雍正三年，題准報災地畝，委員查勘確實，將被災之地畝，編作十分，按分數免差，仍按人口給發口糧。將莊頭等，收存糧內，照數撥給。如有全行捏報者，枷號兩個月，鞭一百。捏報十頃以上者，鞭一百。捏報五頃以上者，鞭八十。若呈報地畝被災，本身臨勘不到者，革退莊頭，充當壯丁。

同上　凡莊頭應供官物，定例送該司官員驗收，交內管領。若不即行驗收，有遲延勒索等弊，事發叅奏，量物折價，照貪贓例治罪。○康熙五十年，題准凡莊頭交倉及交廄館等差，每年派本司官一員、催總一員，值年監管交送。如有不收本色勒掯等弊，著值年官查叅議處。如值年官徇庇不舉，查出一并叅處。

同上　康熙二十六年，題准連本身給壯丁七名。○四十五年，題准每莊給地一百五十晌。

凡豆稭莊納糧，定例悉照糧莊之數，減半報納。其比定額浮納欠缺之賞罰，及編審壯丁，踏勘災傷免差，俱照糧莊例。○康熙三十九年，定報糧一百八十石。○五十年，題准報糧六十石。

同上　凡半分莊，康熙二十四年，題准連本身給壯丁七名，牛四頭，照豆稭莊報糧，每年交送廄館，每莊交倉石黑豆二十五石二斗，草一千束，秫稭一百四十束。○四十七年，題准每莊給地一百五十晌。○五十年，題准每莊納糧六十石。○凡設立稻莊，按水田旱田，分別徵糧。莊頭亡故，或因事革退，在房山縣、玉田縣、涿州三處者，各選本莊壯丁補充。在玉泉山、稻田廠二處者，移咨戶部，招募民人補充。○康熙二十三年，題准將玉泉山、稻田廠二處稻莊，歸并奉宸院。○六十年，題准將涿州所有入官稻田三頃，交與附近稻米莊頭承種，照例每晌交納稻米倉石一石四斗四升。○雍正五年，題准將奉宸院稻米莊頭裁去，其稻田廠地畝，仍歸會計司管理。凡稽察莊屯。康熙四十一年，題准古北口、喜峯口盜賊甚多，派看兩處口子之滿洲旗員二員，兵丁二十名，漢軍旗員二員，兵丁二十名，於各莊屯緊要處駐防，不時稽察，每一月換班一次。

同上　凡設立菜園，定例於額丁內，選堪用者爲園頭，連園頭本身共丁五名，給種菜田十九晌，口糧田各五晌，牛二頭，蒲簾一百二十五件，編籬秫稭三千五百束。所納菜蔬，免徵一季。○康熙五十一年，題准設立豐臺菜園，每菜園頭各給地四頃，內畦地一頃八十畝，井六眼，每人給牛四頭，房三間。〇五十四年，題准每菜園頭添給壯丁五名，每丁各給口糧田五晌。〇六十年，題准補放菜園頭，各給旱地九頃。

凡菜園供菜，舊例均分於各内管領，照内管領進米次序，備菜以供内用。每一内管領，各值二日供應。〇康熙二十年，題准各處園地，每年專派内管領二員管理，會計司按月查核，若有於定額外浮取，及將所送之物不即收領，與收取不堪用之物等弊，發覺者，將專委管理之内管領治罪。〇三十三年，題准停内管領各值二日供應之例，設立菜庫，派管領官員專管。

凡設立瓜園，照菜園例選堪用者爲園頭，連本身共丁五名，給種瓜田三十晌，口糧田各五晌，牛四頭。〇康熙五十四年，題准每瓜園頭添給壯丁五名，每丁給口糧田五晌。〇六十年，題准補放瓜園頭，各給旱地九頃。

同上　康熙五十五年，題准盛京糧莊，亦編查等第，照山海關外糧莊額數報糧。

凡分給莊屯戶口。親王分給關内糧莊頭十名，果豆莊頭一名，關外糧莊頭一名，盛京糧莊頭一名，瓜園頭一名，菜園頭二名，滿洲佐領下人丁一百四十戶，漢軍佐領下人丁四百戶，管領下人丁三百十戶。郡王貝勒貝子等分給關内糧莊頭六名，果豆莊頭一名，關外糧莊頭一名，盛京糧莊頭一名，瓜園頭一名，菜園頭二名，滿洲佐領下人丁一百戶，漢軍佐領下人丁二百戶，管領下人丁一百戶。

同上［康熙］二十三年，題准各内管領屬下無田地人等口糧，停其於莊頭報糧内派給，俱向戶部支取。

同上　凡設立錢糧莊地丁，與徵糧莊同，俱於次年起徵折色錢糧。莊頭每名給地十八頃，每畝徵銀一錢一分一釐，每年徵收銀各二百兩。半分莊頭地九頃，每年徵收銀一百兩。其帶地投充人等，每地一畝，徵銀三分，草一束。不帶地投充人等，每名各給繩地十二畝，亦照例徵銀三分，草一束。

凡分給定例，親王分給錢糧莊頭二名，郡王貝子貝勒公各一名。帶地投充人，親王分給五十戶，郡王貝子貝勒各三十戶。繩地投充人，親王分給五十戶，郡王三十戶。

凡蜜戶，按丁給地徵銀。所進蜜，每地一晌，徵收蜜五觔，每觔折算銀七分。若所進者多，以青布給賞。〇康熙四十九年，定烏喇捕牲蜜丁所進蜜已足用，嗣後蜜戶，俱令按地畝交銀，每畝徵銀五分。

凡葦戶，按丁給地徵銀，每畝按地肥瘠，徵銀一分至五分八分不等，所進葦，每觔折算銀三釐五毫零，每年額徵蘆葦四萬三千七百五十二觔，其餘按地畝徵銀。

凡投充棉靛戶，每丁給地五十六畝，徵棉花五十觔，水靛一百觔，交廣儲司應用。

凡呈報旱澇。雍正二年，定報災查驗確實，全行豁免，如有揑報五頃以下者，鞭八十，十頃以下者，鞭一百，二十頃以下者，枷號一個月鞭八十。全行揑報者，枷號兩個月、鞭一百。

凡拖欠錢糧。雍正四年，内務府奏請將拖欠錢糧之莊頭及投充人等，照定例限三個月完納。如逾限不完，將莊頭枷號兩個月，鞭八十，革退莊頭，充作壯丁。帶地投充人等，鞭一百，亦革退爲丁。將伊等地畝，於莊頭投充人等子弟壯丁内，擇家道殷實情願承替者，酌量撥補承種。如無承種之人，委内務府官員，協同該地方官，查驗地畝，交該地方官，按年起租。奉旨：爾等此議好，依議。但革退人等之地畝，俱係官地，若交付地方官，於地方官殊屬繁瑣，倘拖欠地租，遂至官員賠補，官員賠補勢必取之於民，累及衆民。日久，則此地即同民地矣。嗣後如有此等地畝，或仍將莊頭子弟頂替，或將情願代完舊欠者安放莊頭，或賞給旗下人等耕種亦可。再遇此等錢糧之事，將莊頭治罪之例，應作何改議之處，著一併議奏。遵旨議准。錢糧莊頭及投充人等，所欠錢糧草束，按數分爲十分，仍限三個月完納。如莊頭逾限不完一分者，枷號二十日，鞭四十。欠二分者，枷號四十日，鞭六十。欠三分者，枷號兩個月，鞭八十。欠四分五分者，枷號三個月，鞭一百。以上俱豁免所欠銀兩，不行革退。欠六分七分者，枷號一個月，鞭四十。欠八分九分者，枷號四十日，鞭六十。欠十分者，枷號兩個月，鞭八十。均行革退莊頭，充作壯丁。其逾限不完之投充人等，欠一分者鞭六十，欠二分者鞭八十，欠三分者鞭一百，欠四分五分者枷號兩個月，鞭四十，豁免所欠銀兩，不行革退。欠六分七分者鞭六十，欠八分九分者鞭八十，欠十分者鞭一百，均行革退編丁。其革退投充地畝，原係本身帶地投充者，仍令伊子弟承種納糧。至革退莊頭之地畝，委官查驗地畝肥瘠。上地著莊頭投充人等子弟壯丁内，有情願代完舊欠者，令其承種。中地著莊頭投充人等子弟壯丁内，家道殷實可以承替者，安放莊頭。下地議定租額，交鄰近莊頭投充人等子弟内，有情願者，令其承種。如有薄城沙壓不堪耕種者，交鄰近莊頭投充人等收管，俟可耕種時，令其呈報承種納糧。如已可耕種，未行呈報，於三年編丁時，交與編審官員，查勘確實。俾其耕種，照每畝交銀三分草一束之例交納。凡編審壯丁。康熙十六年，定每三年底奏委每旗該管官各一員，查比入冊，將編審投充人丁冊，各具二本，移送戶部。其編審糧莊壯丁冊，存留本衙門。

凡所徵銀兩，交廣儲司。草交廐館。蜜、葦蓆、綠麻、線麻等物，交內管領。

凡虞人，按丁給地徵銀。所進禽獸等項，都虞司估計，折算地畝錢糧。○康熙二十二年，歸併都虞司。

凡玉泉山等池，各按地產，徵收銀兩。○康熙二十三年，歸併奉宸院。

凡額設員役，領催九名。○雍正三年，添催總一員，署領催三名。

清嘉慶《清會典》卷一六《戶部》 凡各省各城爲田七百九十一萬五千二百五十一頃九十六畝有奇。各省各城田地，每年開墾衝壓互有升除。今按嘉慶十七年奏銷冊。奉天【略】退圈地七千五百六十六頃九十一畝有奇。山西【略】退圈地五百十三頃二十一畝。

清嘉慶《清會典》卷六七《八旗都統》 以授地之法，定八旗之世業。凡王公宗室則有莊地園地。鑲黃旗宗室莊園地三十六頃六十畝，正黃旗宗室莊園地一百六頃五十六畝，正白旗宗室莊園地三十六頃，正紅旗宗室莊園地一千二百四十四頃一十四畝有奇，鑲白旗宗室莊園地二千七百十頃十四畝，鑲紅旗宗室莊園地二千六百三十頃一畝，正藍旗宗室莊園地五千三百十三頃二十四畝有奇，鑲藍旗宗室莊園地二千二百五十四頃七十四畝有奇。其由內務府公產地撥給者，不與焉。

同上 別其多寡之數。國初定制，王貝勒等大莊每所地四百二十畝至七百二十畝不等，半莊每所地二百四十畝至三百六十畝不等，園每所地六十畝至百畝不等。

同上 其王公宗室牧場坐落張家口、獨石口外，及山西豐鎮、寧遠廳等處，各有原定界址，准其牧放。其節次奏准給民開墾陞科者，每歲按則輸糧，仍分別賞給本王公，地租銀有差。

同上 凡買房地者，報於左右翼而輸稅焉。官兵閒散人等置買房地，呈明本管佐領，按旗分於左右兩翼監督衙門納稅過契。其典契已過十年，原業主不能回贖者，亦如之。典者記於冊。房地典置者，以十年爲率，報明本管佐領記檔，回贖時銷檔。

同上 凡旗產典賣於民人，若戶下人則入官。圈地自清查後，典賣於民人，及典賣於家奴或借家奴，莊頭側戶人等名色置產者，皆以私典私賣論。除按律治罪外，將地畝價銀入官。出旗爲民之漢軍，及另記檔案。養子開戶人等，隨帶旗地典賣者，亦如之。在京在屯旗房，不准民人典買。如家人典買，自住者聽其取租。官房，無論家奴民人，俱不准典買。違者追價入官。凡入官房地，俱照契價以十一議租。如契價百兩，議准租銀十兩，仍減去一成三分，實徵銀八兩七錢。其有因地畝過瘠，不能如數議租計租，銀百兩，短在十兩以內者，聽。

清嘉慶《清會典》卷七六《內務府》 會計司，郎中二人，員外郎六人，主事一人，委署主事一人。

掌徵三旗莊賦園賦，而稽其出納。凡選宮女太監，則掌其政令。

○凡畿輔之莊，五百三十有九。畿輔一等莊六十三，二等莊十，三等莊二十三，四等莊二百十五，半分莊二百十九，豆糧莊六，稻田莊三。在宣化、永平等府，及通、灤、霸、涿、易、滄、薊、安、昌平、延慶、遵化、保安等州，大興、宛平、三河、豐潤、玉田、樂亭、平谷、昌黎、盧龍、遷安、香河、青雄、完、蠡、唐、寶坻、東安、武清、天津、南皮、新城、靜海、固安、永清、容城、交河、任邱、新安、良鄉、房山、順義、密雲、懷柔、安肅、定興、淶水、懷來、滿城、萬全、河間、清苑、懷安、高陽、撫寧等縣。

盛京之莊，七十有六。盛京一等莊三十四，二等莊五，三等莊五，四等莊三十二。在盛京、興京、牛莊、金州、蓋州、遼陽、熊岳、岫巖、廣寧、鐵嶺、鳳凰城等處。錦州之莊，二百九十有六。錦州一等莊六十六，二等莊四十，三等莊三十八，四等莊一百十五，外納糧莊二十九，納租莊四，納銀莊四，均不分等次。在錦州、寧遠、廣寧、義州等處。熱河之莊，百三十有四。熱河莊均一等，在喜峯口、古北口外。歸化城之莊，十有三。歸化城莊不分等次，在黑河、渾津等處。打牲烏拉之莊五。打牲烏拉莊不分等次，在吉林城之北。駐馬口外之莊十有五。駐馬口外莊不分等次，均在彌陀山等處。莊各設其長，每莊各設莊頭一人，其缺各以其親族承充。欠糧或緣事革退，及新設之莊，均於本莊及別屬壯丁內選補。除緣罪沒入，及投充之人選爲莊頭外，餘舊人子弟均准應試。三歲，則比其丁數而書於冊。每三年編審壯丁，畿輔莊由府委本司官編審，盛京莊、錦州莊、熱河莊、歸化城莊、打牲烏拉莊、駐馬口外莊，均由各該處將軍都統總管等編審，各具冊報府，由府彙冊奏聞。凡丁自二三歲以上，均入冊。有逾十歲未報者，不准載入。若莊頭自買之人亦如之。其自國初投充及無罪撥遣之壯丁內，有力能謀生願退出爲民者，命莊頭報府，聽入民籍。

同上 若禁苑之稻田、麥田，則分設莊長以種藝。南苑稻田，設莊頭五人，於各莊遴選承充，各給地三十五畝。瀛臺麥田，莊頭由各莊遴選一人，直年管理，其納賦由各該處徵收。

同上 三旗莊頭處郎中一人，員外郎六人，委署主事一人。

掌徵莊地之賦稅。本處所管銀兩莊頭，有三百兩莊頭一名，地二十七頃。二百兩莊頭十七名，共地三百十六頃三十三畝有奇。一百兩莊頭二名，共地十八頃。又按地徵銀莊頭一百三名，共地一千一百三十九頃二十九畝有奇。投充人八十二名，共地一千六百八十五頃七十六畝有奇。又蜜戶三十六名，共地二百四十八頃十五畝有奇。葦戶七名，共地一百二十五頃四十六畝有奇。凡莊頭、投充人、蜜戶、葦戶各名下所領地畝，多寡俱無定額，總計莊地三千一百八十六頃三十七畝有奇，歲應徵銀二萬三千一百三十四兩有奇，穀草十六萬八千五百七十六束有奇，葦三萬二百四十五斤有奇。各莊地坐落直隸順天府之大興、宛平、良鄉、固安、永清、東安、通州、三河、武清、寶坻、寧河、昌平、順義、密雲、懷柔、涿州、房山、霸州、文安、薊州、平谷，保定府之清苑、滿城、安肅、定興、新城、唐縣、容城、蠡縣、雄縣、新安，永平府之盧龍、昌黎、灤州、樂亭、臨榆，河間府之河間、肅寧、任邱、交河，天津府之天津、青縣、滄州、南皮，正定府之獲鹿，宣化府之懷來、延慶、遵化州，及所屬玉田、豐潤、易州及所屬淶水，并定州。凡五十三州縣，每年應徵錢糧設催長三名，副催長三名，領催十二名，副領催十二名，隨同催徵。分爲十成，除未完不及一分者不議外，其欠一分至六分以上者，官員罰俸降級，催長等鞭責斥革各有差。全完者，官員紀録一次，催長等記名陞轉。如將應徵錢糧三年全完者，官員於每年紀録一次外，准再紀録一次，催長等即以應陞之缺陞用。六年全完者，官員加一級，遇有旱澇，由莊頭等報明該地方官，該地方官會同鄰境州縣官，查明被災地畝成數，出具印甘冊結送部，咨送內務府彙總具題。凡被災一分者，蠲免錢糧一成。自二分三分以上，俱遞次按成蠲免。凡報災不得過九月內，逾限者不准呈報。

清嘉慶《清會典事例》卷一三五《户部》［順治］二年，諭民間田房，有爲旗人圈占改換他出者，視其田產美惡，速行補給，務使均平。儻瞻顧徇庇，不從公速撥，從重處分。

同上［順治四年］又題准，圈撥地內如有集場，仍留給民間，以資貿易。○又定嗣後民間田屋，永停圈撥。

同上［順治］十年，題准直屬民間房地，有被圈一半者，不必撥補，全圈者，以未被圈之房地均攤補給。本州縣房地或不足，以鄰近州縣存剩房地酌量撥給。○又題准嗣後圈占民間房地，永行停止。

同上［順治］十五年，題准舊例勳戚莊屯租穀，在部報收，嗣後合於各本主報納，多寡聽其自便。

同上［康熙八年］遵旨議定，圈撥民間田房，屢行停止。邇來有因旗下退出荒地復行圈補者，有游牧等處投來人丁復行圈撥者，有因圈補時復圈接壤民地者，百姓失業堪憐。今張家口、殺虎口、喜峯口、古北口、獨石口、山海關外，各有礦土，如宗室官員及兵丁，有願將壯丁地畝退出，取口外間地耕種者，該都統給印文咨送，按丁撥給。

同上［雍正］六年，題准直屬地方旗民雜處，時有互爭田土之事，應行交內務府、宗人府及八旗都統，將旗莊圈賞投充各項地畝暨皇莊地畝，覈明坐落四至。其餘某旗某王公官兵有地若干，坐落某縣村莊，四至某處，造具清冊二本，一送户部存案，一送直督照式造冊鈐印，發各州縣收貯。如有旗民互爭田土，即據冊查勘審結。此內帶地投充人戶有隱漏地畝，一并徹底清釐。至此項案卷，每年不免移換，令兩翼監督於年終，將稅過旗地若干造冊報部，咨行各屬存案。

同上［雍正］七年，諭八旗地畝，原係旗人產業，不准典賣與民，向有定例，今竟有典賣與民者，但相沿已久，著從寬免其私相授受之罪。各旗務將典賣與民之地一一清出，奏請動支內庫銀照原價贖出，留在各該旗，給限一年，令原業主取贖。如逾限不贖，不論本旗及別旗人，均准其照原價承買。○十二年，題准八旗地畝，坐落直屬州縣，爲數浩繁，片段錯落，非逐細勘丈，無由知其確數。而該佐領下領催人等，貪圖私取租銀，勾連地戶，將餘出地畝及絶戶地畝隱匿不報。亦有佃戶因無業主取租，乘機隱漏，認爲己業者。更有隱匿年久，竟認爲墾荒，首報納糧者。此非經管人員，不能悉其界址底裏。令八旗都統各委叅領一人，於農隙之時會同州縣清丈，將所有餘地及絶戶地畝，按照肥瘠，酌定租數，交地方官徵解藩庫，彙行解部。儻有恃強阻撓勘丈者，令理事同知會同該地方官審理。嗣後凡有報出絶戶之地，一面報部，一面委官勘明，交地方官徵租。○十三年，奏准園頭牲丁壯丁人等，所有賞給當差養家房地，本不應違例典賣，第彼此授受，相沿已久，儻不勘明撤回，在園頭人等，固當差乏資，若概行撤回，又恐鄉愚失業。令逐細詳勘，如紅冊內開載之房地並餘地，本屬官物，此不論紅契白契，或典或賣，或指產借銀以租抵利等項，均係應行撤回者。如紅冊內不載之房地並餘地，本屬私業，此係不應強撤者。如用紅契典賣在冊房地，係經官授受之項，無論何年交易，並已入民糧未入民糧，此在應撤之內，應追給全價，免治罪者。如用白契典賣在冊房地，係私相授受之項。其在康熙三十九年清撤以前交易者，民入納糧當差既久，此在應撤之內，應追給半價，亦應免治罪者。其在康熙三十九年清撤以後交易者，無論已入民糧未入民糧，此在應撤之內，不應追價，且與受之人均應治罪者。如園頭牲丁人等，將在冊房地藉親友出名典賣與人，此不論紅契、白契，皆在應撤之內，既應追給全價，仍應治藉名之典賣人罪者。如將冊外典賣之房地，捏報爲紅冊內之房地，希圖朦混撤回，此在不應撤之內，仍應治詐冒之罪者。如將私置旗產典賣與人，此係在不應撤之內，應聽取贖者。以上典賣房地，有冊內冊外、應撤不應撤之分，有典契賣契、紅契白契之別，撤時又有應追價不應追價、應治罪不應治罪之殊，應遣京堂官、內務府總管各一人，率賢能司官各二人，再令直督委道員一人，會同前往各州縣，照內務府紅冊徹底清釐。其應行追價給還民人者，分別追償。如有應行治罪者，一面清撤，即一面治罪。仍將地畝數目、四至村莊，造具印冊四本，一存本州縣，其三本呈本部、內務府並該督，以備稽考。

同上［乾隆］三年，諭：朕前以旗人生計貧乏者多，令王大臣議將八旗入官地畝立爲公產，收租解部，按旗分給，以資養贍。此等地畝內，有定鼎之初，圈給八旗官兵，將田賦悉行開除者，亦有旗人與百姓自相交易，出銀置買，仍在州縣納糧者。兩種原屬不同，若以入官之後，一概定爲公產，不准民買，殊非朕軫念畿輔黎赤之本懷。嗣後除原圈官地不準民間置買外，其旗人自置有糧之民地，現在入官者，不論旗民，准照原估價值變賣，將銀解部，交各旗料理生息，分給旗人，俾沾惠澤。

同上［乾隆四年］又諭，戶部會同八旗議奏，將公產地價贖回民典旗地等語。我朝定鼎之初，將近京地畝圈給旗人，在當日爲八旗生計，有不得不然之勢。其時旗人所得地畝，原足以資養贍，嗣因生齒日繁，恆產漸少，又或因事急需，將地畝漸次典與民間爲業，閱年久遠，輾轉相授，已成民產。今欲將從前典出旗地陸續贖回，必須於民全無擾累，辦理始爲妥協。再此項地畝，官員內尚須扣俸認買。貧乏兵丁，食餉有限，無從措價，勢必至盡歸富戶。富戶即肯周濟親族，亦豈能多爲分給，則贖地一事，恐未必於貧乏旗人有益。可將此旨行文直隸總督詳晰妥議，欽此。五年，遵旨議定：一、民典旗地，動公項取贖，在百姓不苦於得價還地，實懼其奪田別佃。應令地方官於贖地之時，詢明現在佃種人姓名及現出之租數，造冊三本，一本存地方官處，其二本送部，一存部備案，一咨送值月旗，轉傳八旗鈔錄備案。嗣後無論何人承買，仍令原佃承種，其租銀照冊收取，不得分外需索。如本佃抗欠租銀，許地主呈官別佃，若並未欠租，而莊頭土豪無故增租奪種者，審實治罪。再田主果欲自種，則佃人雖不欠租，亦當退地。若田主並非自種，而捏稱自種別佃者，審實亦量治其罪。一、至民人有在旗地內造房立墳者，如已退地，其從前蓋造房屋院落並墳墓所占地基，只令丈明畝數，照例交租，不許勒令遷移。如有額外苛求，及逼勒遷移者，照例治罪。一、民典旗地不下數百萬畝，典地民人不下數十萬戶，一二年間，未必盡能取贖，若一時概令首報，否則治以隱匿官田之律，未免滋擾。按老圈旗地界址甚爲分明，老圈之內，但有民產，即係私典，無法可以隱匿。應勘明地畝、界址、旗色、佐領及原業典主姓名，造冊報部，將承賣公產餘銀先交地方官取贖。至圈外旗地，或係民人帶地投充，或係旗人自置，其有出典與民者，應俟圈地已盡取贖，公產尚有餘銀，再訪願贖之家陸續辦理，不必預期行查。如此，則旗產漸裕，而於民全無擾累。一、取贖民典旗地，貧乏兵丁既無從措價，即措價亦不能多買。按八旗公產及旗退餘存入官等地，並此項贖回民田，不下數千萬畝。應查明八旗閑散人內，有正戶正身情願下鄉種地者，上地給與百畝，中地給與百五十畝，下地給與二百畝，令攜其妻子居鄉耕種。初種之年，量給牛種房屋之資。如此，則貧乏旗人永無饑寒之憂，其爲利賴，實屬無窮。

同上［乾隆五年］又覆准，如有旗民互相典賣公產地畝者，將賣地人等嚴行治罪，出給圖記售賣之該佐領等，交部議處。屯領催、莊頭，設法典賣旗地之民，悉行治罪。地畝價銀，一併入官。

同上［乾隆］七年，議准清撤莊頭，典賣田畝，照雍正十三年原議辦理。如應撤地內，民人已經立墳蓋屋，即令秉公定租存案。〇八年，議准清撤直屬各州縣莊頭私行典賣當差官地，內有白契典賣一項，其在雍正十三年以前立契交易，代莊頭納糧者，承種雖久，歲有輸納之費，所獲未足抵其原本，酌議給與半價。其並未代莊頭納糧當差者，承種至今，爲時既久，地內所獲租息，已足抵其原價，將地撤交莊頭當差，不追還價銀。若在雍正十三年以後交易者，受典之年，雖獲地內租息，實不足以抵其原本，地既撤交莊頭，應在莊頭名下追給民人半價。有立契雖在雍正十三年，而種地在乾隆元年者，亦照雍正十三年以後辦理。以及出典在雍正十三年以前，而乾隆元年以後，又有找價者，止追所找之半價。至所撤地內，有民人已費工本種植秋麥者，或莊頭給還民人種植工本，或俟民人收麥後，將地退還莊頭，兩聽其便。如莊頭名下應追全價半價，不能當時交還，其有養家餘地及自置地畝可撥者，酌定租數，令民承種，限年以租抵償，限滿退還莊頭管業。其實在並無餘地可撥者，民價自不應虛懸，即酌量給民承種，議定租數年限，以抵全價半價之數，限滿退交。至應撤地畝，除莊頭情願自種者毋庸置議外，其有不能自種者，令兩造自定租數，仍許原種之民認佃，按年交租。若嗣後莊頭仍將官地私相售典及小民明知官地擅行典買者，一經查出，或被首告，即將地畝撤出，於莊頭名下追出原價入官，照盜賣盜買例一併治罪。如莊頭等將官地捏稱自置民地，並藉親友出名典賣，仍係誆騙鄉愚。發覺之日，即將地撤出，於莊頭名下追出原價給主，將莊頭照盜賣例治罪。儻地方官徇隱不報，並漫無覺察者，照例議處。○九年，覆准民典旗地，不論契載年限，總以十年爲率。在十年以內者，照原典之價，十年以外者，減原價十分之一，五十年以外者，以半價取贖。於承買公產案內撥銀二十萬兩交直隸總督，或按典地年分之近遠，或按坐落州縣之邱段，驗明原契，按年定價，隨清隨贖，造冊報部，行文八旗，令各原業主照贖價交官，領回原產。儻原主不願回贖，准令各旗官兵承買，或贖或買，均照五年之限辦理。未經官兵贖買之先，每年交直督按坐落州縣徵收官租，贖買之後，將交部地價亦交直督，作爲陸續贖地之需。

同上 〔乾隆〕十一年，題准民典旗地，原議以十年爲率，十年以外者，減原價十分之一取贖。如典地在十一二年或十八九年，均減十分之一。必至二十年，始減原價十分之二。則所給價值，未免偏枯。應以十年爲率，十年以外者，每年遞減，至五十年以外者，仍以半價取贖。其原價較時價過重者，飭令地方官隨時體察，務使地畝價值兩得其平。取贖之案，其造報原冊，有與契載年分遠近地數銀數多寡不符者，除契內地，多年遠價少，以契爲准，若契內之價，多於冊報，查驗無浮，照契取贖，均於冊內聲明更正。如契僞價浮，照冊內之價取贖，其文契年分、地畝少於原報，均照此質驗明確，據實妥辦。至於原典、轉典年分，均驗對契冊，以原典爲主，定價回贖。如原典價輕，轉典價重，即照原典之價取贖。其轉典之價，著落原轉典之人，聽其自行補還。如冊內造係轉典，無論價輕價重，總按契內原典之價回贖。冊內造係原典價重，契內轉典價輕者，仍照原冊之價回贖。至於找價，每有不經中保私相授受者，其中誠僞難分，應酌定年分以重區別。自乾隆五年四月奉到部咨議准回贖以前，實係原報遺漏，查驗中契無僞時日相符者，准其併算取贖。如五年五月以後，復以找價塡契內者，概不准給找價，以杜虛冒。至各屬回贖之案，均照原冊年分遠年，按次取贖。如典主因事遠出，並無家屬及佃種之人可以質問者，即將地畝交官征租，原價代爲貯庫，俟其事畢回家，具呈驗實給發。再原典莊窠場園等地，概許取贖。如原典房屋，或有倒塌拆蓋者，均應照原報間數酌除典價。若民於原典旗地內自蓋房屋及已立墳塋者，飭令丈明畝數，照例聽其租賃，不得居奇病民。仍令八旗都統、直隸總督嚴禁旗民私相典售。每歲終，取具該佐領及地方官保結存案。如有發覺，照隱匿官田例治罪。地畝價銀，並追入官。該佐領地方官，照失察例議處。

同上 〔乾隆〕十二年，奏准贖回民典旗地，間有丈出餘地，如原業自行取贖，或原業之子孫、及親伯叔兄弟、兄弟之子取贖者，將丈出餘地，不論多寡，一併指交官業，無庸別行作價。儻原業無力取贖，或無應贖之人，應循例召買，即照原典地畝所減價值，計畝作價承買。

同上 〔乾隆〕十四年，題准贖回民典旗地千八百六十九頃五十八畝，並莊窠場園房屋地基各項，用銀十有九萬八千一百五十兩有奇，存銀二千三百七十兩有奇，並扣京市平銀七千二百兩，應歸續發接贖地價銀內，爲將來贖地之需。

同上 〔乾隆〕十八年，議准嗣後旗下奴僕及開戶之人典買旗地，請定限一年，令其自行首報，官爲回贖。如係其主地畝，應比民典旗地之例量爲加重。將十年以內者，即照原價減給十分之一，十年以外，減給十分之二，以次按年遞減。俟官爲回贖後，聽其主交價認領，或典價本多，一時不能湊交，准其照民典旗地之例，於俸餉內分五限扣交。若將地畝賣給家奴，是其主原不知自顧生計，反得將已棄之產，分限扣俸，減價認贖，未免太優，應令交足現銀，方准認領。至旗人將地畝典賣與別姓奴僕，則與奴占主產有乖名分者不同，應照民典旗地之例，十年以外減給原價十分之一，仍按年分遞減。但必係典出者，方准原業主於俸餉內照例分五限扣價認領。其賣出者，即將地畝贖回入官，不准認領，亦不准他人承買。此等入官地畝，及確准認領，而原業主無力並無俸餉可扣，不能認贖者，均交於八旗內務府，作爲旗人公產，官爲收租。每於歲終，將收過租息數目，彙奏請旨，賞給貧乏旗人以資養贍。仍令該旗及地方官不時嚴行稽察。儻有逾限不行首報，或經清釐之後，復有違例典賣者，一經覺察，即撤地入官，將業主售主照例治罪，並將失察徇隱之該參佐領及地方官，交部分別議處。其民典旗地，嗣後一併停其召買，交與該旗作爲公產。將所收租息歸入此案，於歲終彙奏，增給貧乏旗人，俾資養贍。

益得充裕。

清嘉慶《清會典事例》卷一三六《户部》［乾隆二十八年］又奏准，旗人將地畝典賣與民人及旗下家奴者，地畝價銀著追入官。除本身現存，有家產可還者，仍照例嚴行追繳。如本人業經身故及家產全無之人，該旗查實，取結咨部，由部彙題豁免。

同上［乾隆］三十年，奏准在京旗人典賣盛京所遺房地，在本旗都統衙門具呈，轉咨盛京户部查辦。

同上［乾隆三十二年］又奏準內務府所屬鷹戶、炭軍、炸軍、灰軍併銀兩莊頭等所給旗地，均不准典買。如再行典買及代伊等在民之親族借名頂冒等弊，均照民買民典例，分別治罪。

同上［乾隆］三十五年，奏准旗人、民人典當田房，契載年分，統以十年爲率，概不稅契。十年後，如原業不能取贖，聽典主執業轉典。儻立定年限後，於典契內多載年分者，一經發覺，追交稅銀，并照例治罪。

同上［乾隆三十五年］又諭，向來內務府所屬莊頭，各有因地畝薄鹻沙壓，呈請退交另換者。此等地畝，莊頭等久經撥定當差，伊等承充有年，沾被恩惠不少，設或地有肥磽，年有豐歉，即加功懇闢，亦分所當然。乃因有退交之例，動輒藉口瘠淤，紛紛呈請，殊屬非理。而於農氓墾荒爲熟之地，仍得任莊頭等換回，奪民之業而坐收其利，於情亦未平允。且伊等恃有此例，或與佃戶交好，即退出交官，藉減租數，或覬覦土產，而以所授之田，揑報求換，種種情弊，皆所不免。嗣後各莊頭所種地畝，概不准其退交。其中果有誤差，不能充當莊頭，即著內務府大臣查勘確實，另與能承種者承當莊頭。

同上［乾隆四十七年］又議准附近京城各州縣在屯旗房，照京城旗房之例，概不准民人典買。如有私行典買者，即照民人典買旗地之例辦理。

同上［乾隆］五十六年，奏准民人佃種旗地，其原佃額租本輕，現有別佃情願增租及情願自種者，均由業主自便。從前不許增租奪佃之例停止。○又奏准帶地投充各戶人丁地畝，照旗下圈地家奴典買例，悉由本主自便。○五十七年，議準民人租種莊頭園頭地畝，祇准按年交租，該莊頭等毋得豫年支取。儻仍向豫支，許佃戶呈控。如佃戶希圖減省租錢，私行豫交，查出一并治罪。

同上［嘉慶元年］又議准，指俸餉回贖民典旗地，分爲五年扣交地價，未經扣完，不准轉售。如已扣完，准其照例典買。○又議准旗人拖欠銀兩，以所典房地報抵者，查詢原業主，限一年內照原價回贖。如願將俸餉坐扣者，亦准其坐扣回贖。如不願回贖，將房地入官，變價抵項。

同上［嘉慶五年］又奏，八旗活契出典房地，逾限未經納稅，請仍行展限。奉諭，著加恩再展限五年。○又議准，入官地畝其間有旗人得價出典之後，復向典主屢找價值，以致契價過重，未能按十一徵收，應將此等地畝，按照原價，仍准照酌減之數，折算徵收。○又奏准旗人活契出典房地，未經補稅者，再展限五年。如甫滿十年之契，問明原業主，准於限內聽贖，典主赴翼報稅，原業主不得事後告找告贖。限滿隱匿不報者，追契價一半入官，照例治罪。○又奏准民人佃種旗地，仍照舊例，不許地主奪佃增租。

同上［嘉慶六年］又奏准，旗民等有典買旗地者，勒限一年，無論旗民，准其自行首報。除將旗地照例入官外，旗人免追原得地價，民人免追歷年租利，均免治罪。如限滿後再有隱匿不報者，別經發覺，仍照例於旗人名下追價，民人名下撤地入官，并追其歷年得過租利，以息訟端。

同上　撥給外藩田土

國初，定蒙古分爲五等，一等給莊屯三所，園地九十畝；二等給莊屯二所，園地六十畝；三等以下，只給莊屯，不給園地。○順治五年，題准丈量分給外藩邊外地畝，令各守疆界，不許越境。○十八年，題准察哈爾大臣侍衛等，酌量各照品級撥給莊屯。○康熙二十年，題准蒙古新編歸旗者，停給園地。○乾隆四十一年，議准民人持賤價典出蒙古土默特地畝，以八年爲率，如典出未滿八年者，按所典年分，俟種至八年滿日退還。如已過八年，令其再種二年退還。此內民人，如有貴價所典地畝，分別輕重，將一百兩以上至二百兩以下，除去從前年分，令共再種八年。二百兩以上至三百兩以下，令其再種十年。三百兩以上至四百兩以下，令其再種十二年。外有四百兩典價，止典地一頃一十畝者，令其再種十五年。俟年限滿時退出，均匀分給蒙古貧苦人等。嗣後將典賣地畝之處，永行禁止。如有私行典賣者，將賣戶買戶均從重治罪。

清嘉慶《清會典事例》卷一三八《户部》［盛京］退圈地，每畝科銀一分至三分不等，豆四升三合至一斗不等。現今盛京退圈地，銀豆各半分徵，每豆一石，折徵銀六錢。

清嘉慶《清會典事例》卷一四一《户部》［乾隆］九年，諭外省鎮將等員，不許在任所置立產業，例有明禁。朕聞臺灣地方，從前地廣人稀，土泉豐潤，彼處鎮將大員無不創立莊產，招佃開墾，以爲己業。且有客民侵占番地，彼此爭競，遂投獻武員，因而踞爲己有者，亦有接受前官已成之產，相習以爲固然者。其中來歷總不分明，是以民番互控之案絡繹不休。若非徹底清釐，嚴行禁絕，終非寧輯番民之道。著逐一查勘，凡歷任武職大員創立莊產，查明並無侵占番地及與民番並無爭執之案者，均令照舊管業外，若有侵占民番地界之處，秉公清釐，民產歸民，番地歸番。此後臺郡大小武官，創立莊產，開墾荒地，永行禁止，儻有託名開墾者，將本官交部嚴加議處，地畝入官，該管官通同容隱一併議處。

清嘉慶《清會典事例》卷一一三二《盛京户部》［嘉慶四年］又定旗民人等，首報紅冊地旁私開之地，仍准業户作爲己產，售賣聽其自便。至另段私開及納租餘地旁開出之地，仍交原佃承種輸租。如無力耕種時，報官另行招佃。儻逾二年之限不行首報者，准地鄰首告，即原屬私地，亦令官爲招佃。

清嘉慶《清會典事例》卷六〇三《刑部》一、盛京家奴莊頭人等，如有因伊家主遠在京師，私自盜賣所遺田產至五十畝者，均依子孫盜賣祖遺祀產例，發邊遠充軍。不及前數者，照盜賣官田律治罪。盜賣房屋，亦照盜賣官宅律科斷。謀買之人，與串通説合之中保，均與盜賣之人同罪。房產給還原主，賣價入官，其不知者不坐。儻不肖之徒藉端訛詐，照誣告律治罪。謹案此條乾隆三十年定。

同上 一、旗丁有將運田私典於人及承典者，均照典買官田律，計畝治罪。該丁革退，其田追出，交與接運新丁，典價入官。其旗丁出運之年，將運田租與民人，止許得當年租銀，如有指稱加租，立券豫支者，將該丁與出銀租田之人，均照典買官田律，減二等治罪，租價入官。謹案此條乾隆五年定。

同上 一、旗地旗房，概不準民人典買，如有設法借名私行典買者，業主售主，俱照違制律治罪。地畝房間價銀，一併撤追入官，失察該管官，交部嚴加議處。至旗人典買有州縣印契跟隨之民地民房，或轉輾典賣與民人，仍從其便。謹案：此條嘉慶十六年定。

清嘉慶《清會典事例》卷八四一《八旗都統》乾隆三十一年，議准嗣後王公莊頭，將伊主田地出典與人者，必伊主先呈明宗人府，由宗人府咨行盛京户部後始准出典。如無宗人府咨文行知盛京，即私自典出者，照家奴偷典主人田地例，先將田地給與原主，其買賣及保人等，俱分別治罪。〇四十八年，諭嗣後宗室地租，被莊頭霸占不行給租者，著即呈明户部，代爲催辦。

同上［順治］六年，題准公、侯、伯各給園地三百畝，子二百四十畝，男一百八十畝，都統尚書輕車都尉一百二十畝，副都統侍郎騎都尉六十畝，一等侍衛護衛叅領四十二畝，二等侍衛護衛三十畝，三等侍衛護衛雲騎尉二十四畝。

同上［乾隆］七年，奏准凡旗人地畝，有無私行典與民人之處，於每歲底交各該佐領出結呈報都統備案。民人交里長甲長，亦於年終將有無私典旗地之處，查明出結稟報該州縣轉詳直隸總督存案。如有私典情弊，一經查出，係旗人，該佐領即行呈報都統，民人，州縣官即行詳報總督皆照例治罪。地畝及地價，一併入官。如該管各官失於覺察，或經發覺，或被首告，將佐領驍騎校領催州縣官甲長等，一併交部議處。

同上［乾隆］十九年，議准八旗查送旗人原圈及自置地畝内典賣與民者，前此清查時未經報出，此次共報出一萬四千七百五十九頃有零。但此等多係原業主子孫年幼，其地畝數目、坐落村莊、典地民人名姓不能記憶，是以未經報出。查直隸各屬，除民地外，俱係旗人原圈地畝。若將現納錢糧民地開除挨村清查，即有遺漏旗地，可得清楚。〇二十一年，奏准八旗房地在康熙年間典賣者，俱係白契，或典或賣，眞僞難分，概不准其回贖。

同上［乾隆］二十二年，奏准出旗爲民另記檔案人等，凡契買民地，並開墾地畝，係伊本身田產，應遵旨准其帶往爲業。至於老圈，並典買八旗地畝，不便將旗地帶入民籍，應查明動用官帑贖回。

同上［乾隆］四十年，奏准查丈輔國公寧陞額等家牧場成熟地一百一頃一十三畝，照例陞科。〇四十六年，議准口外牧場，地方本屬遼闊，近年來王公大臣等牧放牲畜漸稀，而流寓小民在該地方居住者，漸漸聚成村落。伊等衣食無資，日守無糧閑地，勢難禁其私墾，是雖定有嚴禁之名，究無嚴禁之實。不若准其耕種，作爲有收之土，照例陞科。所有和碩莊親王塔拉庫爾布地方牧場一處，既據察哈爾都統山西巡撫查勘所墾地畝，實與游牧無妨，應請照恆祿等家開墾馬場空閒地畝之例，一律陞科。再和碩禮親王呈報現有民人私墾，應令該都統等查明，如果與游牧無礙者，一併確查辦理。並請嗣後各旗王公大臣等口外牧場實與游牧毗連處所，或有蒙古與民人私行刨挖耕種者，令該地方官仍照前實力稽查，嚴行飭禁。○四十八年，議准和碩莊親王牧場空閒地畝，續墾得熟地三十二頃七十八畝有奇，照例陞科。未墾地畝速飭招民開墾，以盡地利。○五十年，議准和碩莊親王牧場空閒地畝續墾得八十三頃九十一畝有奇，照例陞科。○又奏准宗室德齊奉恩將軍恆林場地，坐落殺虎口阿布達里地方三百五十一頃十一畝有奇，并丈出民人私墾地一百四十頃八十四畝，均照數一併入官按則陞科，仍於游牧毗連之處刨溝砌石爲界。○五十二年，議准和碩莊親王牧場界內餘地頗廣，均屬山坡，從前因有積水停蓄不能開墾，近年雨水稀少，流澌日漸消涸勘與游牧無妨，可墾地六百三十五頃三十四畝有奇。俟試種成熟，准於五十五年照例陞科。此外荒坡澗側尚有地四百餘頃，俟認墾有人查丈陞科。○又議准和碩禮親王胡魯蘇台牧場地兌換西爾濟圖地方，除砂磧不毛難以開墾外，實丈地一千三百三十二頃三十九畝有奇，照例陞科。○嘉慶十三年，議准和碩莊親王牧場空閒地畝，續墾得六百五十一頃八畝有奇，照例陞科。

清嘉慶《清會典事例》卷九〇四《内務府》 糧莊賦額○一等莊一百六十三所，二等莊五十九所，三等莊六十六所，四等莊三百六十二所，半分莊二百十九所，納糧納租納銀及棉花靛鹽等莊二百三十一所，稻田莊三所，豆糧莊六所，菜園三十五所。以上承種官地，坐落順天、永平、天津、保定、宣化府所屬各州縣及喜峯口、古北口外。

盛京等處稻田莊，共水田二十五頃十五畝，旱地二頃八十八畝，坐落涿州、房山、玉田等州縣。豆糧六莊，計地四百九十二頃八十六畝，坐落武清縣。○順治初年，定各莊頭缺，均於其子弟內選充，如無子弟及欠糧革退者，於各壯丁內選充。○康熙八年，題准將各莊編爲一、二、三、四等，每十年編一次。○九年，奏准於附近莊頭內選四人，於南苑安設四莊，每莊給地十八頃，有缺，令其子孫承充。○又議准莊頭領地不准繳回，令其永遠耕種。○十二年，奏准南苑增置莊一所。○又奏准凡撥置他處壯丁，仍歸原莊冊內編審。○又奏准房山縣設稻田莊一所，計水田二頃八十四畝，每畝歲徵稻米三斗六升。玉田縣設稻田莊一所，計水田六頃六十畝，每畝歲徵稻米二斗四升。旱地一頃二十畝，每畝徵糧四斗六升二合。○又奏准關內一、二等莊，歲輸大豬二，或常用豬四。三、四等莊，輸常用豬三。○又奏准安設瓜園菜園，除額給地外，並與養家口地一百二十畝，牛四頭，蒲簾一百二十五，秫稭三千五百束，均免差一年。○十五年，奏准投充豆糧莊地，照銀莊例，每畝徵銀五分，應納豆一斤斗，每斤斗合倉斗三斗六升。抵銀二錢，合計地一畝，抵銀三分外，餘銀二分，折草一束，共納豆三千二百二十五石有奇，草八萬一千九百四十六束有奇。○又奏准豆稭莊七十二所，納糧額數，減糧莊之半，納廄豆稭，酌量匀攤。每豆稭十六束，束重七斤。抵糧一斗八升。外納秫稭一百二十束。束重十五斤。

同上 〔康熙〕二十一年，議准盛京糧莊所納糧米，給與三旗人丁口糧外，餘於該莊作窖收貯。○又奏准涿州設稻田莊一所，計水田七頃八十畝，旱地一頃六十八畝，其徵輸額數，與玉田縣同科。○二十三年，奏准山海關外莊頭，每十年委會計司官前往，編定等次。

○又奏准暢春園內餘地及西廠二處種稻田一頃六畝，令附近之莊頭壯丁每年輪種，給與石景山等處地十一頃三十四畝四分，以爲耕種稻田之資。○三十年，奏准各莊頭收存之糧，覈明實數，或十莊，或五莊，收聚一處，擇殷實之莊，作窖收貯。○三十四年，奏准歸化城添設糧莊十三所，於各莊頭子弟及殷實壯丁內選充莊頭，各給地十八頃。每莊歲徵米二百石，由歸化城都統徵收，貯本處旗倉。○四十五年，奏准打牲烏拉地方，於蜜戶內揀選五人，安設糧莊五所，每莊定壯丁十四名，給以牛具，令其開墾，歲納糧八百四十斤石八斗。每斤石合倉石三石六斗。令該處總管徵收，貯倉備用，其出入數目，仍令報府。○五十年，奏准各莊交倉額糧，送廄草豆，每年委司官一人、催長二人，監視交送。如有不收本色，勒索遲延者，准其呈堂查參。若徇庇不舉，監視官一併議處。○五十一年，奏准一等莊歲納糧二百五十石，二等莊二百二十石，三等莊一百九十石，四等莊一百二十石，均每石折米五斗。半分莊歲納糧六十石，穀草千束，秫稭一百四十束。○又奏准盛京一等糧莊歲納糧三百二十二石，二等莊二百九十二石，三等莊二百六十二石，四等莊一百九十二石。○又奏准山海關外糧莊分四等，納糧與盛京同科，每莊不論等次各納雜糧二十九石一斗六升，於額糧內抵除。○又奏准豐臺安設菜園十一所，除給地外，並與鑿井六口，牛四頭，房三間。○五十五年，奏准盛京莊頭，每十年委會計司官前往，編定等次。○又議准盛京莊頭缺，由該佐領今由盛京內務府總管大臣報府，山海關外莊頭缺，由該副都統報府，照例充補。○五十七年，奏准各州縣莊頭子弟內揀選十五人，於駐馬口外彌陀山等處，安設糧莊十五所，各給荒地十八頃，令其墾種。於壯丁內選取家道殷實者，承充莊頭。○六十年，議准涿州入官稻田三頃，令附近莊頭承種。○雍正元年，奏准山海關外莊頭等次，改令錦州副都統編審造冊送府，停止司官前往。○又奏准關內莊頭交納之豬足用，關外莊頭免其納豬。

同上　［雍正元年］又奏准口內糧莊納糧，每石折銀五錢，分東西二路，委官二人徵收。○二年，題准口外莊頭交倉所餘之糧，每粗糧二石，折米一石，令運至熱河等處貯倉。每運米十石，抵除陳糧一石，每年委府屬官一人徵收。○三年，奏准山海關外一等莊給地五十四頃，二等五十一頃，三等四十五頃，四等三十九頃，如有不足額者，將各莊餘地補給。其餘地畝，令地方官召民耕種，輸租戶部。○又奏准盛京及關外各莊，不論等次，歲輸鵝一。

同上　［雍正六年］又奏准盛京累年所徵額糧，存貯二萬石備用外，餘交地方官減價平糶，將銀貯庫，其銀糧數目，報府察覈。○又奏准將豆稭七十二莊，均改爲半莊。合計現在半莊，共半莊一百七十一。○又議准向來各莊，但有居住村名、地畝數目，未載四至。令內務府司官，會同戶部及地方官，逐一丈量，各造四至清冊三本，分貯內務府、戶部、直隸總督衙門，以備察覈。○七年，議准丈量口外莊頭等原額地畝，並自墾地畝，甚屬過多，且不晝一。將現在莊頭各給地三十九頃，所餘之地共二千九十頃五十二畝，按每莊三十九頃之數，於莊頭子弟及誠實壯丁內，選五十三人，增設莊五十三所。○又議准官三倉所用雜糧，停其交納。關內一、二等糧莊，每莊納銀六十八兩八錢，三、四等莊納銀六十兩二錢。口外糧莊，每莊納銀四十一兩二錢八分。各令徵收官徵交廣儲司庫。○又奏准關內每莊額徵秫稭二百二十三束，各折銀六兩八錢八分。○又奏准將房山縣入官稻田七頃九十五畝，增設莊一所，每畝額徵稻米二斗四升。○又奏准關內三百二十二莊內，定爲一等五十七莊，二等十六莊，三等三十八莊，四等二百十一莊。口外一百三十八莊，均定爲一等。○八年，奏准山海關外應徵粗糧，每石折銀二錢，令該副都統徵收，交廣儲司庫。○十年，議准口外粗糧交熱河總管，令值年官，分二次徵收，粗糧折米貯倉，雜糧折銀交廣儲司庫。○又奏准菜園附近無畦地可給者，以旱地五畝抵畦地一畝，合計給旱地九頃。○十二年，議准各廄圈每黑豆一石四斗四升，倉米二石一斗六升，均隨煤四十五斤，炭四斤八兩，將半分莊頭額納秫稭，以煤七斤八兩，炭十二兩抵秫稭一束，令各莊均勻輸納。○又議准上駟院、慶豐司各廄圈所用羊草，令各該處將需用數目，咨南苑領取。

同上　乾隆元年，奉旨盛京編審莊頭等次，著內務府司官，會該管官辦理。○二年，奏准歸化城十三莊，墾地二千六百餘頃，每莊各給六十頃外，尚餘地一千九百餘頃，交地方官募民耕種，輸租戶部。○三年，奏准盛京莊頭窖貯米糧，定爲三萬石，每年除支給內管領下人丁口糧外，將用剩新糧易出陳糧，照時價出糶，銀交盛京戶部。○四年，奏准關外各莊，歲輸茜草，每斤折銀七分，令該副都統徵交廣儲司庫。○又奏准關內各莊，改折秫稭銀，由會計司徵收，交廣儲司庫。○又奏准菜園瓜園地，亦照莊田丈量四至，造冊存案。○又奏准於莊頭子弟及家道殷實壯丁內，分東西南北四路，每路各選十人註冊。遇莊頭缺，其子弟情願承充者，准其承充外，至欠糧革退者，其子弟親丁及異姓壯丁內，有情願代完者，皆准其頂補。如無情願承充及代完頂補之人，即於所選註冊人內，按路掣籤充補。○五年，奏准各莊每年減納豬一口，舊欠者按價折銀，交廣儲司庫。○六年，議准於盛京窖貯糧三萬石內，撥出一萬石，貯奉天府倉，每年將交到辛者庫人即內管領下食月米人。等新糧，易陳糧支給。○又奏准，恭遇聖駕巡幸，用過各莊穀草，每束作銀一分一釐，於折色銀內抵除。○八年，奏准自康熙二十三年編審等第以來，凡地畝寬裕者，皆已陸續升等加差，若仍照例編等，必至有名無實，應停止十年編等之例。十年，奏准國初以來，附京耕種地畝，自二三十頃至四五十頃不等。嗣後，此等地畝，如莊頭係子孫、弟兄及族人承種者，不必議減外，其欠糧或緣罪革退及絕戶以異姓承種者，均以十八頃爲一分，九頃爲半分，餘地足十八頃九頃者，增設大莊、半莊，奇零不足數者，交地方官召民耕種，輸租戶部。○十一年，奏准專設暢春園西廠莊頭，除舊給石景山地十一頃三十四畝四分外，將附近州縣入官地，增給六頃六十五畝六分，以足十八頃之數。○十三年，議准瀛臺麥田，每年委附近莊頭一人辦理。○十七年，奏准將營造司所屬開平居住交納缸盆莊頭一名，並原給官地九頃有奇，改隸會計司，作爲半分莊頭。○二十四年，覆准盛京莊頭應交豆草及旗倉米石，嗣後改徵折色。米豆每石折銀四錢，草每束折銀三釐，如數按限徵收，交納盛京戶部。又議准錦州莊頭應交旗倉米石，照餘剩糧石例，每石折銀四錢，交納廣儲司庫。

○又議准錦州副都統掌管官莊關防，以駐防協領佐之。○二十五年，議准附近州縣入官地一千五百九十九頃三十八畝，增設大莊二十三所，每莊給地自二十頃至二十七頃不等，半莊七十三所，每半莊給地自十頃至十三頃不等。均於莊頭子弟及壯丁內選補，納糧各有差。○三十二年，議准錦州丈出莊頭餘地二萬餘晌及盛京內務府丈出莊頭餘地九千四百九十餘晌，均照旗民餘地例，每晌納銀三錢六分，由各該管衙門按限徵收，解交盛京戶部。○三十四年，奏准關內各莊應交豆草秫稭燈油，嗣後改徵折色。黑豆每石折銀一兩二錢，穀草秫稭燈油，照各廄圈採買實價銀數折徵，均納廣儲司庫。其廄圈應用豆石，向戶部支領，秫稭油草，自行向庫領銀採買。○三十九年，奏准莊頭欠糧革退，如有情願代完者，照例頂補外，其無人承充之地畝，改歸戶部辦理。四十二年，奏准關內一、二等莊歲輸豬三口，三、四等莊歲輸豬二口，均按口折色交銀十三兩，令值年司員如數按限催徵，交納廣儲司庫。○又定莊頭等應交紅黏穀，嗣後改徵折色，按照官三倉隨時採買價值，如數徵還廣儲司庫。○五十二年，奏准掌關防內管領所轄旱地園頭三十五名，畦地園頭二十四名，每名歲交銀一百六十二兩，計應徵銀九千五百五十八兩，改隸會計司，按限徵收，交納廣儲司庫。○五十六年，奏准錦州丈出餘地，增設二等莊三十八所，每莊給地五十一頃，三等莊二十八所，每莊給地四十五頃，均於各莊頭子弟及誠實壯丁內選充。其分等納糧，與盛京同科外，餧養馬匹，按口外莊頭例，均勻派撥牧養。○嘉慶六年，奏准莊頭等應交各項折色銀兩，每年於麥收交納三成，限以六月爲期，秋收交納七成，限以十月爲期。如逾限拖欠，即行革退，按例加倍治罪。○又奏莊頭等緣罪革退，其原領地畝，俱經退交地方官召民耕種，輸租戶部，所有拖欠錢糧，無可著追。奉旨已革莊頭無著銀五萬三千一百餘兩，著全行豁免。○十四年，題准歸化城十三莊，應交本色米二千六百十六石八斗七合八勺。內除地畝薄鹻豁免外，每年應交米一千五百五十三石一斗二升四合，由綏遠城理事同知徵收，以充兵餉。○又題準駐馬口九莊，應交米石折色銀二千七百兩內，除地畝沙淤豁免外，每年應交銀二千二百四十五兩五錢九分，由朔平府同知徵收，存貯廳庫充餉。○又題准菜園頭五十九名內，將原圈地退交地方官，開除園頭二十四名，其餘園頭三十五名，每名歲交銀一百六十二兩，共應交銀五千六百七十兩。○十七年，題准關內一等莊頭六十三名，每名地三十六頃，應交糧二百五十石及雜糧豬口共折交銀一百七十七兩九錢四分三釐，豆草折交銀一百七十七兩四錢九分五釐。二等莊頭十名，每名地三十二頃，應交糧二百五十石及雜糧豬口共折交銀一百六十三兩六錢二分一釐。豆草折交銀一百六十一兩八錢三分二釐。三等莊頭二百十五名，每名地二十八頃，應交糧一百九十石及雜糧豬口共折交銀一百二十四兩五錢八分，豆草折交銀一百三十一兩九錢九分四釐。四等莊頭二百十五名，每名地十八頃，應交糧一百二十石及雜糧豬口共折交銀一百八兩五錢五分四釐，豆草折交銀九十五兩六錢三分六釐。半分莊頭二百十九名，每名地九頃，應交糧六十石及雜糧共折交銀三十七兩五錢七分七釐，豆草折交銀四十兩一錢九分七釐，協濟小差銀六兩五錢。一等至四等莊，每名應交協濟差銀十六兩七錢。○又定錦州一等莊頭六十六名，每名地五十四頃，應交餘剩穀銀五十八兩五錢六分八釐，旗倉米銀九兩五錢五分八釐。二等莊頭四十四名，每名地五十一頃，應交餘剩穀銀五十二兩五錢六分八釐，旗倉米銀九兩二分七釐。三等莊頭三十八名，每名地四十五頃，應交餘剩穀銀四十六兩五錢六分八釐，旗倉米銀七兩九錢六分五釐。四等莊頭一百十五名，每名地三十九頃，應交餘剩穀銀三十二兩五錢六分八釐，旗倉米銀六兩九錢三釐。外一、二、三、四等莊，每名應交蘇子紅黏穀銀四十一兩二錢八分，減餧官馬草束銀十二兩六錢五分四釐，茜草銀三兩五錢，小根菜、十瓣黃花菜十斤，柳蒿菜十斤，線麻十八斤。納糧納租莊頭三十四名，每名地九頃。納糧莊頭每名應交糧穀銀十二兩八錢，地米銀一兩一錢六分五釐。納租莊頭每名應交租穀銀十四兩。納銀莊頭四名，每名地五十頃及三十餘頃不等，內二名各應交差銀二百二十八兩八錢二分，一名應交差銀二百一兩九錢，一名應交差銀一百四十兩。○又定古北口、喜峯口外莊頭一百三十四名，計成交差，每名應交額糧自二百五十石至七十五石不等。內雜糧折交銀四千四百四十五兩八錢五分六釐，抵除額糧外，每糧二石折米一石，共應徵米一萬一千六百七十八石九斗八升八合。○又定盛京糧莊一等莊頭三十四名，二等莊頭五名，三等莊頭五名，四等莊頭三十二名，共應徵銀一千二百四十五兩六錢五分三釐，糧二萬二千四百二十七石，棉花莊頭四十五名，共交本色棉花一萬二千斤，折色棉花銀八百六十兩二錢。靛莊頭十一名，共交本色靛一千九百五十斤，折色靛銀二百兩九錢四分六釐。鹽莊頭三名，共交本色鹽一萬二千斤，折色鹽銀六十六兩五錢八分九釐。

清嘉慶《清會典事例》卷九〇五《内務府》 三旗銀兩莊頭賦額〇莊頭一百三十二名，投充人八十二名，蜜戶三十六名，葦戶七名，共地三千一百九十八頃有奇，均坐落順天、保定、河間、永平、天津、正定、宣化等州縣。銀莊内有上地二十八頃之莊頭一名，納銀七百兩； 上地二十一頃之莊頭一名，納銀四百兩； 下地二十七頃之莊頭一名，納銀三百兩。 畦地二頃三十八畝之莊頭一名，納銀二百五十兩； 地十八頃之莊頭二十九名，各納銀二百兩； 地九頃之莊頭二名，各納銀一百兩； 又地七八頃不等之莊頭九十七名，共地一千二頃二十畝九分，各按畝納銀一錢一分有奇。 帶地投充人各帶地畝多寡不一，計地三千三百頃九十八畝六分。 繩地人每人地四十二畝，計地三百五十二頃四十五畝，均每畝徵銀三分，草一束。 蜜戶各帶地二頃至十三頃不等，計地二百八十九頃六十三畝五分，每地六畝，徵蜜五斤，交納官三倉。 葦戶各帶地四十畝至三頃五十畝不等，計地一百四十九頃八十二畝一分，按地肥瘠，每畝徵銀一分至五分八分不等，除每年額徵蘆葦四萬三千七百五十二斤，每斤折抵銀三釐五毫八絲九忽外，額徵銀五十二兩三分五釐五毫七絲二忽，交廣儲司庫。 棉靛戶六十二丁，每丁地五十六畝，共地三十四頃七十二畝。 棉戶每丁各徵棉花五十斤。 靛戶每丁徵水靛百斤，交廣儲司應用。〇順治初年，近京百姓帶地來投，願充納銀莊頭者，各按其地畝設莊，爲納銀莊頭。 後有願領入官地畝，設莊納銀者，亦爲納銀莊頭。 帶地來充者，爲投充人。 單身投充，願領地納銀者，每給一繩地，四十二畝爲一繩爲繩地人。 納蜜、納葦、納棉、納靛者，爲蜜戶、葦戶、棉靛戶。 〇雍正四年，奏准緣罪革退投充人等，其地原係本身帶來者，止革退本身，仍令其子孫承種，交納錢糧。 革退銀兩莊頭，其地委官查勘，上地著莊頭投充人等子弟及莊丁内家道殷實者承種，下地亦按地畝肥瘠，議定租額，著投充人等子弟及壯丁内承種，交納租銀。 如有薄鹻沙壓不堪耕種者，交與附近莊頭投充人等收管，俟可種之時，令其呈報，按每畝徵銀三分草一束之例交納。 此内或有可種之地未行呈報者，於三年編審時，令該比丁官查勘確實，令其承種，亦照例交納。 如有賞用分撥之處，即照此項地畝撥給。 〇六年，議准蜜戶所交蜜，除官三倉呈明足用外，其餘每畝折銀五分，徵交廣儲司庫。 〇乾隆四年，奏准凡投充人等所帶地畝内，如有薄鹻沙壓者，令其呈報，委官會同地方官確勘，准其退出，暫交地方官召民耕種徵租。 其附近處有可補之地，照數補給。 如無可補之地，即照莊頭例，按其現有地畝交差。〇又奏准，革退莊頭以別姓頂補者，不代完舊欠。 若其子弟頂補，須代完舊欠，方准頂補。 〇五年，議准棉靛戶之地畝鹻薄，不堪種棉種靛，准照投充人之例，按地每畝徵銀三分、草一束。 所徵銀交廣儲司庫，草交會計司。 分撥各廄每年應交官三倉，白柳條八千四百八十七斤，每斤折銀二分八釐； 青柳條八千四百八十四斤，每斤折銀二分三釐； 線麻一千二百斤，每斤折銀五分； 綠麻二萬二千四百五十八斤，每斤折銀二分； 細繩三千二百九十斤，每斤折銀三分； 麤繩三百二十八條，每條折銀二錢； 大雞毛帚一千四十七把，每把折銀一錢二分； 小雞毛帚六千三百把，每把折銀四分。 以上共折銀一千四百八十三兩有奇。 令各該處催長於所徵銀内採買交倉，歲終奏銷。 〇又議准革退莊頭及投充人之缺，若該莊頭親族人内有願代完舊欠者，准其更名頂替，該莊頭免其治罪。 若別姓糧莊子弟頂補，該莊頭、投充人仍鞭一百，撥給糧莊，充爲壯丁。 〇又議准安設莊頭投充人及更名頂替人等，令該族人及領催公同保結。 如不秉公保舉，有互相控告者，不拘莊頭、投充人，即將地畝撤出，交地方官召佃承種，仍將起釁之人發充壯丁。 〇二十五年，議准嗣後退交地方官召民耕種地畝，應徵租銀，徑由直隸藩司轉解戶部，歸入解部租銀内一體奏銷。 〇又定召民耕種地畝，如遇安放莊頭，仍行取回撥補缺額。 〇三十年，奏准莊頭等應交穀草改徵折色。 每年按照各廄圈隨時採買實價數目，徵納廣儲司庫。 〇三十五年，奏准嗣後召民耕種地畝，停止取回。 〇又奉旨嗣後各莊頭所種地畝，概不准其退交，其中遇有誤差，不能承當莊頭者，即著内務府大臣查勘確實，另與能承種者承當莊頭。 〇又議准，薄鹻沙壓及水占成河地畝，令地方官結報，由府轉咨戶部註冊。 〇又定革退莊頭之地畝錢糧，如本族親人及別姓莊頭子弟内，情願代完舊欠者，仍照例准其頂補。 其餘懸缺地畝，一併歸入戶部餘絕地畝項下辦理。

同上 果園賦額

國初，定廣寧果園壯丁無定額，每年每丁徵銀三兩。〇順治初年，定順天、保定、河間、永平等府所屬州縣，設三旗果園一百三十六所，共舊丁七百有五名，給養贍家口地二百七十一頃二十畝有奇，每丁歲徵銀三兩。

盛京舊園丁三百五十一名，廣寧舊園丁一百十七名，每丁歲徵銀三兩，共舊丁一千一百七十三名，歲徵銀三千五百十九兩。又京外附近攜地來投新園一百二十一所，共地八百七十頃四十七畝有奇，每畝徵銀三分，又草二束，折徵銀二分，歲徵銀四千三百七十三兩有奇。○康熙十二年，奏准南苑內設果園五所，各給地一頃十九畝外，各給養贍家口地二頃十畝，每年交納各種桃李，不徵收地畝錢糧。○十六年，奏准果房設掌果二人，司果執事十二人，專司徵收各色果品，以備各處供獻及內庭清茶房之用。○二十二年，奏准園頭等歲交果品，各按其應交數目覈定價值，於地丁錢糧內抵除，領催各免納錢糧六兩。○三十九年，奏准恭進皇太后、皇帝、皇后所用果品，據清茶房所傳交進，各宮及諸皇子公主日用果品，各按定例隨時交送。○又奏准，徵收果園舊丁錢糧，每園不得過六丁，餘丁照會計司都虞司例，只載名於冊，不徵丁銀。○四十五年，奏准順天、保定、河間、永平等處果園所產果品，按園內樹木園丁計派，擇其好者全數進送。

盛京及廣寧果園所產榛子、山楂等物，俱按派定各數徵收，准照例價抵銷錢糧。榛子每三十六斤爲一斤斗。盛京價銀五錢，廣寧四錢，鮮山楂每斤三分，蜜餞花紅山楂每斤斗各一錢，香水梨每箇一分。又每年果園共應交野雞三千隻，每隻准作銀五分，抵銷錢糧。 每二年，委官至各處果園，比壯丁，選女子，其舊丁內有餘丁應編入冊者，即令充補壯丁，增納錢糧，將老幼舊丁開除。 其近京各處帶地投充之新丁內，有餘丁應入冊者，亦入冊，不納錢糧。○又定順天等處三旗果園，每年除掌儀司委官二員，筆帖式二人，值年辦理果品登記簿籍外，增設委署掌果二分，於三旗舊園頭內各設領催三人。

盛京果園增設筆帖式二人，催總一人，領催三人，副領催六人。 廣寧果園設催總一人，領催三人。順天等處及廣寧所設領催，俱由園丁內選補。

盛京所設領催由馬甲內選補，副領催由園丁內選補，催總由領催內拔補，各免其本身應納錢糧，承催各該處錢糧果品。○五十年，奉旨，菜園頭、果園頭子孫，皆准其考試。○五十八年，定公主下嫁蒙古王公，每年應送給頻果、柿子各二百，梨三百，栗子、黑棗各一斤斗，停止委官往送，即交公主家人帶去。○雍正二年，奏新舊各園頭等子孫繁衍，將入官地畝增設園頭二十六名，各給地五頃，計地一百三十頃，每歲按畝徵銀一錢，歲徵銀一千三百兩。○四年，奉旨，水旱事屬稀有，莊頭等如遇水旱，皆准其豁免錢糧，菜園、果園不准豁免，似屬不均。 今將此項錢糧寬免，嗣後儻遇水旱之年，作何豁免之處，定議具奏。○七年，奏准新園頭二十六名，每名分交甜桃二十筐，抵銷錢糧。舊例每筐二十箇，價銀三錢。 照舊例於三旗新舊園頭內每旗各選三人，作爲壯丁承催，免其本身應納丁糧。○八年，定新園頭二十六名，分交核桃五石，抵銷錢糧。舊例每斤斗價銀六錢。○九年，奏准每年應徵錢糧數目，編爲十分，其欠一分至十分者，官員領催處分有差，三年至六年全完者，官員紀録加級亦有差，均與糧莊例同。○十年，奏准三旗果園頭典賣與旗民人等之官地、官房皆撤回，嗣後禁止私行典賣。○乾隆二年，奏准園頭等交納果品，除盛京廣寧所出榛子、山楂、花紅、香水梨，併京師所進奉先殿薦新各色果品及桃李等項，仍令交納抵銀外，餘照例徵收地丁銀交廣儲司庫。 值年官於廣儲司領銀辦買，以備內庭應用。○十年，奏准園頭等被災地畝，覈計應免錢糧，即於本年應徵上年地丁銀內開除。○十一年，奏准園頭等偶被偏災，即將頃畝數目一面呈府存案，一面報地方官。 該地方官即詳請附近大員，委鄰境州縣及時監同履畝查勘，按其分數詳報該督。 該督取具印結咨府，查對與原報相符，其應免差務與應給口糧，即行照例辦理。 有涉虛者，罪之。 如地方官隱諱徇私，附近大員揭報該督叅劾。○十三年，定盛京果園增新丁八十四名，每丁徵銀三錢六分。 廣寧果園增新丁三名，每名徵銀四錢二分，歲徵銀三十一兩有奇。○六十年，奏准應交錢糧內拖欠六成以上者，即於本內將果園頭題革治罪，承值官員照例查議。 拖欠一成至五成以下者，按成給限，催交完納。 如限滿不能完交者，即行革退，分別治罪。 所欠錢糧著落頂缺之人代爲完納，承催官員仍照例查議。

同上 糧莊徵輸考成○原定山海關內糧莊於額外多納一石者，賞銀四錢；其最多之莊頭，除賞銀外，酌量賞與馬匹端罩；少一石者責二鞭，鞭止一百。○康熙二十四年，奏准糧莊納糧不准溢額，不准賞銀，應徵者亦不准免。○三十九年，奉旨，糧莊納糧，停止缺一石責二鞭之例。○五十五年，議准各莊頭急公無欠經四五十年者，給八品頂戴；二三十年無欠及經年無欠，因年老不能當差者，均給九品頂戴。○雍正九年，奏准各莊應徵糧額，析爲十分，未完一分至六分，承催之催長、領催鞭責，承催官罰俸，皆以次加等。○又奏准莊頭以次陞等，有頂戴者各加一級，無頂戴者以次賞給九品、從八品、正八品頂戴。 其初次降等，有頂戴者褫革，無頂戴者鞭八十，二次鞭一百，三次鞭一百，革退莊頭。○乾隆二年，奏准糧莊停止委官徵收，該領催於麥收秋收二季赴會計司交納。 如至二三年無欠者，給九品頂戴，逾限不完，將領催莊頭一併治罪。〇五年，奏准莊頭應交豆草及雜徵，題銷後給限四十日，按各徵額成數統爲十分，如有拖欠，照正賦例治罪。〇六年，奏准自現年委官日起，給上年委官一月限，催徵未完之數。其交代接徵錢糧，如有未完，亦止察議原委官。〇七年，奏准莊頭欠糧已經奏聞後，於下月內交完所欠者，將應治罪革退之處，各按分數覈減。〇九年，奉旨欠糧六七分之莊頭，只枷一月、鞭四十，殊屬過輕，改爲枷四十日、鞭六十。〇十年，奏准拖欠正賦及雜徵至八九分者，改爲枷兩月、鞭八十，全欠者枷三月、鞭一百，餘仍照四年定例。〇五十七年，奏准嗣後莊頭拖欠錢糧，按所交糧豆、豬穀、草束、銀兩統計成數，分別治罪。其承催官員人等，亦按成分別議處。

同上 糧莊勘災〇康熙九年，奏准關內糧莊呈報旱澇，即委司官一人、內管領一人往驗，分別被災輕重，造冊結報府。納糧時，按驗冊結，開除糧額。〇二十五年，奏准查勘各莊報災。除被災地畝外，其餘不成災之地，在三頃九十畝以下者，令其養贍家口，在三頃九十畝以上者，仍令照例輸將。〇五十年，奏准各莊被災之地過半者，免其送廄草豆，但令納糧，不及半者仍照例輸將。〇雍正元年，奏准山海關外糧莊遇旱澇報災，由錦州副都統郎中等官，查勘分數呈報。〇三年，奏准查勘關內莊頭災地，將成災分數，按分蠲免，仍於額納糧內，按人給與口糧，以資養贍。如有揑報五頃以上，鞭八十，十頃以上鞭一百，所報全虛者，枷兩月、鞭一百。至查勘時報災不到之莊頭，鞭一百，革退莊頭。〇又奏准關外莊地遇災，按分數蠲免，其揑報者按揑報分數治罪，一如關內之例。〇十一年，議准各莊遇有旱澇，呈報地方官，親勘成災分數，申報總督，將原冊封送戶部，轉送到府，由府委官會地方官履畝覆勘。與原冊相符者，取具地方官印結，分析蠲免具奏。〇乾隆四年，奏准莊地內實有薄鹻沙壓，不能按則輸將者，即交地方官，召民耕種，輸租戶部。〇十一年，議准莊園人等偶遇旱澇，停委司官查驗。令該莊頭將被災地畝，一面報府存案，一面報本地方官，申詳附近大員，委鄰近州縣即時會同查勘，按其被災分數，詳報總督，取具該地方官及鄰境委官，冊結咨府，覈對原報數目。如果相符，所有應行蠲免及應給口糧，均照定例辦理。其不符者，按其揑報數目，照例分別治罪。

盛京糧莊如遇旱澇，據掌關防佐領呈報，今由盛京內務府總管。分別奏請，亦按被災分數蠲免。〇十三年，議准宣化府莊地十八所，除應納錢糧，只按現在畝數徵收外，嗣後有報水衝沙壓者，委本府官會同地方官勘實，將此等地畝召民承種，酌定租糧輸部。〇三十五年，奉旨，向來內務府所屬莊頭，每有因地畝薄鹻沙壓，呈請退交另換者，此等地畝，莊頭等久經撥定當差，伊等承充有年，沾被恩惠不少。設或地有肥磽，年有豐歉，即加工墾闢，亦分所當然。乃因有退交之例，動輒藉口瘠淤，紛紛呈請，殊屬非理。使其地果不可耕治，何以交官後，一招民種，復爲沃壤，若在莊頭則漸成蕪廢，在小民則馴致膏腴，其勤惰已可概見。而以農氓墾荒爲熟之地，仍得任莊頭等換回，奪民之業，而坐收其利，於情亦未平允。且伊等恃有此例，或與佃戶等交好，即退出交官，藉減租數，或覬覦上產，而以所授之田揑報求換，貪得無厭，因而滋生事端，種種情弊，皆所不免。嗣後各莊頭所種地畝，概不准其退交。其中遇有誤差不能承當莊頭者，即著內務府大臣查勘確實，另與能承種者承當莊頭。〇三十九年，奏准莊頭等呈報沙石壓蓋地畝，確查實係不能耕種者，即著地方官招民開墾，成熟後，再行徵租。至水占成河之地，亦令地方官結報，由府轉行戶部注冊。其缺額地畝，毋庸另行補給，只按現在地畝計成交差。〇又定嗣後革退莊頭，如本身親丁及別姓莊頭子弟內，有情願代完舊欠者，照例准其承充外，如無人頂補之地畝，交地方官召民耕種，輸租戶部。〇四十七年，奏准關內及盛京錦州等處莊頭併投充人等，呈報旱澇，自一分至四分不准呈報外，其五分以上，准與民地一律辦理，照例免其差務，毋庸給與口糧。〇五十四年，覆准盛京莊頭嗣後呈報被災七分者，蠲免麤糧二成；五六分者，蠲免一成。其不敷支給辛者庫人口糧及閏月加增口糧，每石折銀三錢，於盛京房租銀兩內放給。其蠲剩糧石，亦著按石折銀三錢，分作二年帶徵歸款。〇嘉慶四年，奏准關內莊頭等嗣後呈報旱澇，照雍正三年例辦理，仍停止給與口糧。

同上 銀莊徵輸勸懲〇雍正四年，奏准每年應徵錢糧數目分爲十分，除未完不及一分者不議外，欠□分以上者，承催催長鞭二十，領催鞭三十，承催官罰俸三月；二分以上者，催長鞭三十，領催鞭四十，官罰俸六月；三分以上者，催長鞭四十，領催鞭六十，官罰俸九月；四分以上者，催長鞭六十，領催鞭八十，官罰俸一年；五分以上者，催長鞭八十，領催鞭一百，革退官降一級；六分以上者，催長鞭一百，革退，領催枷一月，鞭一百，革退，官降一級，罰俸一年，停其陞轉，戴罪督催。所有未完錢糧，歸入次年奏銷，按限催追完報。如一年應徵錢糧全完者，承辦官紀録一次，催長、領催記名陞轉。如應徵錢糧三年全完者，官加一級，催長、領催於應陞處列名陞轉。〇十三年，議准一年錢糧全完者，承催官照例紀録一次外，其連三年全完者，停其加級，祇准紀録一次，至六年全完者，准加一級。〇乾隆二年，奏准催徵莊頭、投充人等應交銀草，停止委官前往徵收，均令該屯領催催齊彙交。如有拖欠者，該屯領催從重治罪。如三年内並無拖欠者，該屯領催給以九品頂戴，以示鼓勵。〇四年，奉旨，莊頭人等應交錢糧，前因委官往屯催徵，恐擾累莊頭人等，是以停止委官。今思若祇令領催等前往，率屯領催催徵，伊等夥同滋生弊端，更覺擾累莊頭人等，著仍照前委官催徵，欽此。遵旨議定，莊頭投充人等，有拖欠錢糧者，將應徵錢糧分爲十分。欠一分者，枷二十日，鞭四十；欠二分者，枷四十日，鞭六十；欠三分者，枷兩月，鞭八十；欠四分至五分者，枷兩月，鞭一百。皆不革退，按分治罪，所欠錢糧，不准寬免，入於次年應徵數内一併嚴追。欠六分至七分者，枷一月，鞭四十；欠八分至九分者，枷四十日，鞭六十。欠十分者，枷兩月，鞭八十。皆革退，所欠錢糧，准其豁免。〇九年，議准暫交各州縣召民承種地畝，每年應徵錢糧，地方官有追催不力以致拖欠者，於每年覈銷時，按未完分數造具清冊，移咨該督，將該州縣職名，咨送吏部察議。〇十年，題准拖欠差務錢糧至八分九分之莊頭，原定枷四十日、鞭六十者，改爲枷兩月、鞭八十。至拖欠十分，原定枷兩月、鞭八十者，改爲枷三月、鞭一百，仍照定例。自六分至十分者，皆革退莊頭，充爲壯丁，其所欠仍予豁免。〇五十三年，奏准莊頭拖欠錢糧自一成至五成者，予限一月至五月，如完納在限内者，免其革退，如逾限不完，仍照例治罪，其承催官員處分亦如之。〇五十八年，奏准停止拖欠錢糧按成予限例。嗣後如有拖欠者，仍照舊例，按成分別治罪。

同上　銀莊勘災〇雍正二年，奏准納銀莊頭、投充人等呈報旱澇，委官查勘確實，若係莊頭，按地每畝免徵銀一錢一分一釐，若投充人，按地每畝免徵銀三分，草一束。如捏報五頃以下者，鞭八十，十頃以下者，鞭一百，二十頃以下者，鞭八十、枷一月，全行捏報者，鞭一百、枷兩月。〇十一年，奏准莊頭投充人等地畝，如遇旱澇，一面呈報地方官，一面呈報本處該管官，呈堂奏委官會同地方官，履畝詳查分數，取具該地方官印結，到日分晰具奏，照例豁免。〇乾隆十一年，奏准，嗣後莊頭人等，偶遇旱澇，即令莊頭人等將被災地畝坐落頃畝數目，一面呈府存案，一面呈報該地方官，詳報附近大員，委鄰近州縣，監同履畝查勘，按被災分數，詳報該督，取具地方官及委官並無隱漏捏報印甘各結，咨府，與原報數目詳加覈對。如果相符，其應免差務，應給口糧，即照例辦理，統俟該督咨到，彙齊具題。儻有捏報及與原冊不符，照例治罪。如地方官或有隱漏虛報，附近大員揭報該督題叅。〇四十七年，奏准莊頭等呈報旱澇，自一分至四分不准成災，五分以上者，與民地一律辦理。〇又定查勘成災之莊頭等，照例免差，毋庸給與口糧。〇嘉慶四年，奏准嗣後莊頭等呈報旱澇，仍停給口糧。其被災一分，蠲免錢糧一成，自二分三分以上者，均遞次按成蠲免。

同上　各莊銀糧報銷〇雍正七年，奏准關内各莊自八月初一日起，至次年七月底止，所納新糧及餘存陳糧數目，於十二月内具題。掌關防内管領處，每年收用雜糧及餘存數目，於次年八月内具題。分交各廄草豆、羊草、煤炭，自九月初一日起，至次年八月底止，將實用及餘存數目，於次年四月内具題。每年所納祭神大豬及所買之豬，並四季敬神金銀緞疋變價，自八月初一日起，至次年七月終止，將實用餘存數目，於十二月内具題。内管領官三倉，每年收用餘存水稻、黏稻、鹽、蜜數目，於次年六月内具題。三色老米、黃白蠟燭、柏油、羊油、燭數目，於次年八月内具題。〇又定三旗銀兩莊頭處每年徵收銀草數目，並用過餘存銀草實數，均於次年歲終具題。〇又議准盛京及山海關外糧莊，歲輸新糧並貯窖陳糧及用過餘存數目，盛京由該佐領，今由盛京内務府總管。關外由該副都統，移交到日，均限一月具題。〇乾隆二年，奏准三旗銀兩莊頭處每年應徵銀草，定於十一月内完納，將一年舊管新收開除實在數目，於十二月内具題。〇四十二年，奏准關内各莊交納豬穀折色銀兩，自正月起至年終，盡數催徵，於次年二月内具題。

同上　親王以下分給戸丁莊園分例〇康熙六年，奏准凡分封皇子，各按爵秩奏簡領侍衛内大臣、内務府總管會同該旗辦理。應給旗下滿洲、蒙古、漢軍佐領，並内府三旗佐領、内管領，應給府第，候旨指給。應得内監，視所封皇子現有内監多寡，量加給與。遷移府第吉日，豫期移咨欽天監，諏吉以聞，掌儀司奏簡王公，屆期内務府總管率所屬官，隨簡命之王公送入新府。其賞給送往官員及執事人等，所需桌席羊茶，移咨各該處照例豫備，奏請簡命管理家務大臣，各分給金銀皮幣冠服數珠鞍轡弓矢金銀器皿及雜用器皿，並茶米畜產有差。其應給盛京等處糧莊，奏委本府司官前往，會同該處佐領今由盛京內務府總管。等照例撥給。○又奏准給親王旗下滿洲佐領十，蒙古佐領六，漢軍佐領四，內務府滿洲佐領一，旗鼓佐領一，內管領一，山海關內大糧莊二十，銀莊三，半莊二，瓜菜園各二，關外大糧莊六，盛京大糧莊四，盛京三佐領下人五十戶，果園三，帶地投充人五百七十六名，新丁八百九十九名，炭軍灰軍煤軍各百名。○十四年，奏准給親王旗下滿洲佐領六，蒙古、漢軍佐領各三，內務府滿洲佐領一，旗鼓佐領一，內管領一，山海關內大糧莊十五，銀莊二，半莊二，瓜園一，菜園二，關外大糧莊四，盛京大糧莊二，打牲烏拉牲丁三十名，盛京三佐領下人三十戶，果園二，帶地投充人、給官地投充人各百戶，採捕戶二十名，炭軍、灰軍、煤軍各百名。○三十七年，奏准給郡王旗下佐領及內務府佐領、內管領，視十四年分給親王之例。山海關內大糧莊十，銀莊二，半莊一，瓜園一，菜園二，關外大糧莊二，盛京大糧莊一，打牲烏拉牲丁十五名，盛京三佐領下人三十戶，果園一，帶地投充人、給官地投充人各五十戶，採捕戶二十名，炭軍、灰軍、煤軍各五十名。○三十八年，奏准給貝勒旗下滿洲佐領三，蒙古佐領一，漢軍佐領二，內務府佐領內管領，如王例。均以五旗王公所進府屬佐領管領下人丁，如數分給。如不足者，由內務府補給。後同。山海關內大糧莊七，銀莊二，半莊一，瓜園一，菜園二，關外及盛京大糧莊各一，打牲烏拉牲丁十名，盛京三佐領下人十五戶，果園一，帶地投充人、給官地投充人各四十名，採捕戶二十名，炭軍、灰軍、煤軍各四十名。○四十九年，奏准給貝子旗下佐領、內務府佐領、內管領，如貝勒之例。山海關內大糧莊六，銀莊一，半莊一，瓜園一，菜園二，關外及盛京大糧莊各一，打牲烏拉牲丁八名，盛京三佐領下人十戶，帶地投充人、給官地投充人各三十戶，採捕戶十五名，炭軍、灰軍、煤軍各三十名。○雍正元年，奉旨補給親王莊園人丁，如康熙三十七年之例。○又奏准給郡王佐領莊園人丁，如康熙四十九年之例。○四年，奏准給郡王關內大糧莊二，內務府佐領內管領下人丁一百六十八名，關外大糧莊一，銀莊、半莊各一，瓜園菜園各一，帶地投充人、給官地投充人各十五名，採捕戶七名，炭軍、灰軍、煤軍各三十名。○又奏准給貝子莊園，投充人、採捕戶、炭軍、灰軍、煤軍，均如本年分給郡王之例，內務府佐領內管領下人丁三百有四名。○六年，奏准給公關內三等大糧莊二，內務府佐領管領下人丁一百四十名，銀莊半莊各一，菜園一，關外三等大糧莊一，採捕戶四名，炭軍、灰軍、煤軍各五名。○八年，奏准給貝勒旗下滿洲佐領四，蒙古佐領二，內務府佐領、內管領下人丁四百名，關內大糧莊六，銀莊半莊各一，瓜園一，菜園、果園各二，關外及盛京大糧莊各一，帶地投充人、給官地投充人各三十戶，炭軍、灰軍、煤軍各三十名，打牲新丁十五名，烏拉採捕戶八名。○又奏准給貝子旗下滿洲佐領二，蒙古佐領一，內府佐領、內管領下人三百名，關內大糧莊三，銀莊半莊各一，瓜園、菜園、果園各一，關外及盛京大糧莊各一，帶地投充人、給官地投充人各十五戶，炭軍、灰軍、煤軍各十五名，打牲新丁八名，烏拉採捕戶四名。○又奏准，給公旗下滿洲蒙古佐領各一，內務府佐領、內管領下人丁二百名，關內大糧莊二，銀莊、半莊各一，瓜園、菜園、果園各一，關外及盛京大糧莊各一，帶地投充人、給官地投充人各十戶，炭軍、灰軍、煤軍各十名，打牲新丁六名，烏拉採捕戶三名。○十三年，奏准給公莊園人丁，如六年給公之例。○乾隆元年，奏准給親王莊園人丁，如康熙三十八年之例。○又奏准給公莊園人丁，如雍正六年給公之例。

清《總管內務府現行則例・會計司》卷一 設立公廨員役

會計司，職掌莊園地畝戶口徭役等事。初名內官監，順治十七年改爲宣徽院。原設郎中三員，員外郎六員，筆帖式二十一員，催糧催總六員，領催四十名，催豬催總二員，領催十名，書吏二名，聽差人十二名。康熙十六年十月，奏准改爲會計司，鑄給司印，於郎中內奏派一員掌印，添設主事一員，將管理三旗銀兩莊頭員外郎六員，筆帖式九員，兼隸會計司。十七年四月，奏准添書吏二名。二十三年五月，奏准裁催糧催總六員，領催二十名。三十年二月，奏准復設催糧催總三員，添領催七名。三十四年五月，奏准裁筆帖式二員。三十八年七月，遵旨奏准裁郎中一員。四十九年十月，奉旨將催糧催總三員，領催二十七名，俱行裁汰。五十年九月，奏准莊頭內委放屯領催，令其催徵錢糧，其隨往熱河預備差役，令佐領下領催輪班行走。是年十一月，奉旨復設催糧催總三員。六十年二月，奏准挑佐領下領催二十名，兼令催糧行走。雍正元年二月，奉旨添郎中一員。是年四月，奏准管理三旗銀兩莊頭官員、筆帖式等另立衙署，不隸會計司。是年十月，奏准設立漢字筆帖式四員，將催糧行走佐領下領催二十名撥回，復設催糧領催三十名。是月，呈准於筆帖式內委署主事一員。四年三月，奏准裁催豬領催四名。十二年十一月，吏部奏准，嗣後各部院衙門停其委署主事。十三年十一月，奏准添清字筆帖式二員，漢字筆帖式一員。乾隆二十二年十二月，奏准會計司設委署主事一員，於筆帖式內揀選帶領引見補放給與六品虛銜頂戴，毋庸出缺，仍食原舊俸餉，令其協理檔案事務。二十四年閏六月，會典館奏准，承催錢糧之催總改爲催長。三十四年四月，呈准本司，額設大糧催長三名，領催三十名，除每年豬房熱河值年兩路徵糧，隨圍暨分派東西南三路，承催各項錢糧差務不敷應差，酌議將現有在司委署領催上行走之三旗各佐領、管領下蘇拉、披甲人等內揀選人去得當差黽勉者佔用二十四名，分東西南三路每路分派八名，仍食本身錢糧米石，令其在本司副領催上効力行走。至每年承辦祭祀神豬，雖有額設催長二名，領催六名，但莊頭散居四路各州縣地方，前往徵催豬口，亦不敷差委。一併於三旗各佐領、管領下披甲蘇拉內挑選六名，令在豬房委署領催上効力當差。是年，定准郎中三員，員外郎六員，主事一員，委署主事一員，仍在筆帖式額內。筆帖式二十六員，催糧催長三員，領催三十名，委署領催二十四名，催豬催長二員，領催六名，委署領催六名，書吏四名，聽差人十二名。是月，呈准於委署領催上行走之披甲蘇拉內，挑選三十名，留爲委署副領催，其餘悉行駁回本旗當差。嗣後，遇有領催缺出，由堂於筒內掣補一名，於現在委署領催內按其行走當差勤慎者呈明坐補一名。儻委署領催內有不實心當差者，回明駁回，將本身所食錢糧一併斥革，所遺委署領催之缺，另行挑補報堂註冊，並行知都虞司、掌關防管理內管領事務處、三旗叅領等一體辦理。四十年十月，奏准，寧壽宮設立辦事員缺俱由事務簡少衙門轉補。會計司現設有郎中三員，請裁一員，轉補寧壽宮作爲額缺。五十六年七月，呈准會計司額設書吏四名內裁減一名。嘉慶七年四月，定准會計司佔用委署領催行走披甲人六十五名，咨行都虞司，轉飭各佐領管領下照依辦理。十一年五月，奏准留頂戴催長五員，副催長三員，裁頂戴副催長六員。現設郎中二員，員外郎六員，主事一員，委署主事一員，仍在筆帖式額內，筆帖式二十六員，催長五員，副催長三員，柏唐阿領催三十六名，副領催佔用披甲人六十五名，寫檔蘇拉十名，看守所署蘇拉一名，聽差人十二名。

同上　安設糧莊

初，設立糧莊，於壯丁內揀選補放莊頭，給地一百三十晌，場院馬廄地四晌，莊頭並壯丁共定爲十名，給牛八隻，如有倒斃報明補給，量給房屋籽種口糧農器，免納糧石一年。康熙八年三月，奏准將莊頭等編爲頭等、二等、三等、四等。二十四年三月，奏准每糧莊本身莊頭並壯丁共定爲十五名。是年四月，奏准設立糧莊，每莊給地三百晌。乾隆十年十一月，奏准本司所屬大糧莊頭共五百餘名，定例整分莊頭各給地十八頃，半分莊頭各給地九頃。內有自盛京隨從來京圈地充當莊頭者，原圈地畝自二三十頃至四五十頃不等，嗣後凡原圈地畝莊頭之缺，如伊子孫弟兄近族承替，仍照舊充當無庸撤減外，如緣罪及拖欠錢糧革退絕嗣，其遺缺以異姓之人充補者，將原圈地畝按定例覈計，每地十八頃安放四等莊頭一名，九頃安放半分莊頭一名，不准溢額。其餘零星不足安放莊頭之地畝，撤交地方官招民承種徵租解部。如遇莊頭地畝缺額，即將此項地畝撥補。再現今莊頭內有異姓承替原圈地畝者十四名，俱當差年以並無拖欠錢糧，仍准其本身承領原圈地畝，當差暫行免撤，將來伊等缺出，其子孫親族或異姓頂替之時，俱照新定之例覈計地畝安放。

同上　糧莊納糧定額

山海關內糧莊，每年每莊原納糧一百斤石。每斤石合倉石三石六斗。康熙五十年二月，奏准按莊頭等第納糧，每年頭等莊每名額納糧二百五十倉石，二等莊每名額納糧二百二十倉石，三等莊每名額納糧一百九十倉石，四等莊每名額納糧一百二十倉石。所納俱粗穀每石折米五斗。頭等、二等莊每年每名交納官三倉雜糧三十三石一斗二升，內芝蔴二石一斗六升，蘇子三石六斗，麥子十六石二斗，菉豆一石九斗八升，黃豆一石四斗四升，黏穀一石八斗，穀一石四斗四升，高粱一石二斗六升，小豆五斗九升四合，蕎麥七斗二升，油麥一斗八升，黍子三斗六升，稗子五斗四升，豇豆三升六合，燒酒一瓶半，折糧八斗一升。三等、四等莊每年每名交納官三倉雜糧二十九石五斗二升，內芝蔴二石一斗六升，蘇子一石八斗，麥子十四石四斗，菉豆一石九斗八升，黃豆一石四斗四升，黏穀一石八斗，穀一石四斗四升，高粱一石二斗六升，小豆五斗九升四合，蕎麥七斗二升，油麥一斗八升，黍子三斗六升，稗子五斗四升，豇豆三升六合，燒酒一瓶半，折糧八斗一升，俱准於額糧內抵除外，無論等第每名額交雞蛋一千六百二十二個。古北口、喜峯口外糧莊，每年頭等莊每名額納糧二百五十倉石，二等莊每名額納糧二百二十倉石，三等莊每名額納糧一百九十倉石，四等莊每名額納糧一百二十倉石。無論等第每名交納官三倉雜糧三十三石一斗二升，內穀二十二石七斗三升四合，黏穀一石四斗四升，蘇子三石六斗，高粱二石七斗，黃豆一石四斗四升，蕎麥七斗二升，油麥一斗八升，黍子三斗六升，豇豆三升六合，稗子五斗四升，俱准於額糧內抵除。雍正七年十月，奏准查丈口外莊頭等原額地畝並自立開墾地畝過多且多寡不一，將現有莊頭等各額給地六百五十晌外，仍餘地三萬四千八百十二晌。按每莊地六百五十晌，於莊頭子弟及殷實壯丁內挑取五十三名添放莊頭，並原有莊頭均定爲每莊每年納糧二百五十倉石。乾隆十三年六月，奏准直屬通州等九州縣，所有酌留公用地畝併從前莊頭康經等十人退出官圈地畝，查得酌留公用地內，除撥用官賣並無租荒地塋地外，實存徵租地六百五十頃八十四畝一分五釐八毫四絲六忽，草房五十一間。此項房地共原租銀一千六百八十八兩八錢五釐四毫三絲二微，今酌定租銀六千四十一兩一錢六分四釐二毫八絲八忽，較原租多增租銀四十三百五十二兩三錢五分八釐八毫五絲七忽八微。又莊頭康經等十人原退交地一百四十餘頃，內除官賣撥補用過地並水冲荒地外，現存徵租地一百十八頃七畝四分九釐，草房二十三間，空房基二間。此項地畝原租銀八百十二兩四錢二分三釐八毫，今酌定租銀一千一百四十九兩九錢五分八釐八毫，較原租多增租銀三百三十七兩五錢三分五釐。以上共地七百六十八頃九十一畝六分四釐八毫四絲六忽，原徵租銀二千五百一兩二錢二分九釐二毫三絲二微，今酌定租銀七千一百九十一兩一錢二分三釐八絲八忽，比較原租通共多增租銀四千六百八十九兩八錢九分三釐八毫五絲七忽八微。此項地畝自十九頃至二十七頃不等，租銀自二百餘兩至二百七十餘兩不等，編設整分莊頭地二十七圈。半分圈地另詳。半分莊納糧定額內。

照原奏，於掣取莊頭筒內掣放，所放莊頭免差一年，其餘零星片段不敷編圈地六十七頃十六畝，交與地方官招種，照增定租數催徵解部。再此項地畝俱係新增租數之地，安設莊頭之後，如民人不肯照酌定租數交納，或以交地爲辭，勒掯莊頭，交直督嚴飭。各該州縣會同內務府派出指交地畝官員，務按增定租銀數目指交與莊頭，不許勒掯。儻新安莊頭內有不務農業，拖欠錢糧，違悞官差者，照例從重治罪，革退莊頭，將地畝交與地方官招種，照增定租數催徵解部。二十五年七月，具奏，查二十二年十二月戶部奏准，於直屬各州縣衛二十一年分奏銷存退餘絕地三千二十八頃內，除酌留地一千頃撥補應用外，其餘地畝編圈安放，莊頭戶部內務府各派出官二員，前往會同該地方官，查丈得前項應編圈地畝坐落通州青縣等四十四州縣，除水冲河佔荒蕪無租及莊圈撥補並不堪編圈地畝外，實可編圈地一千五百九十九頃三十八畝零，隨地瓦土草房二百二十間，原租銀四千九百六十三兩零，今酌定租銀一萬四千八百五十六兩零，較比原租多增租銀九千八百九十三兩零。此項地畝自二十頃至二十七頃零不等編設整分莊頭二十三圈，半分圈地另詳半分莊頭糧額內。於勤務農業莊頭之弟男子姪內有家道殷實人去得者，由屯千總各莊頭保送揀選補放，照例免差一年。安放之後，儻有不務農業、拖欠錢糧、違悞官差者，照例從重治罪革退。莊頭遺缺，如有情願代完欠項頂替者，仍准其代完頂補，如無情願頂替者，即將地畝交與地方官招種，照增定租數催徵解部，所欠錢糧差務不准豁免，查明原保莊頭著落代完賠補。其現有荒蕪無租地七十五頃零，原有招佃認墾陞科之例，將此項荒蕪地畝交與直督，派員查明，照例招佃認墾成熟陞科。現有口內莊頭三百四十名，內頭等莊頭四十五名，二等莊頭十三名，三等莊頭三十名，四等莊頭二百五十二名，口外熱河莊頭一百三十六名。五十二年十月，奏准掌關防管理內管領事務處所屬菜庫旱地園頭三十五名，於四十年奏准折交錢糧，每名每年交錢糧銀一百六十二兩。至畦地園頭二十五名，內除豐澤園佔用一名，其餘二十四名，係按日自行交差，請將畦地園頭亦照旱地園頭折交銀兩之例一體辦理，每名折交銀一百六十二兩。再查大糧莊頭及旱地、畦地園頭等地畝、人丁、戶口均隸會計司管理，而莊頭應交之錢糧係會計司徵收旱地園頭等應交之錢糧，向係菜庫值年內管領徵收辦理，殊未允協。請將旱地、畦地園頭折交銀兩歸入會計司，按限一體徵收以歸畫一。五十三年正月，步軍統領衙門奏准戶部去歲秋間派委司員，將直隸各州縣荒地查出可墾者共八百餘頃，未便任其荒蕪，請將前項地畝即交該莊頭等分圈佃種，照例陞科交租，似於旗人生計有益，亦於國課無虧。再照該莊頭等所呈名數，按等編圈約需用地二千八百餘頃，今前項荒地可墾者僅止八百餘頃，不敷分撥，查戶部冊檔內直省各州縣尚有存退餘絕公產抄產等項地共一千二百四十餘頃，向係招民佃種。所有承種官地之民，歷年不無拖欠，莊頭等子弟俱名嫻於屯種，請將此項地畝交直隸總督通行各州縣，將承種各項官地民人內有不願承種者及現在拖欠官租者，俱各清查造冊報部，會同內務府按各莊頭住址附近處所撥與該莊頭等承種，照例交租。五十四年五月，呈准舊有莊頭五百餘名，係分東西南三路，派催長領催等各按路承催辦理。請將此項新圈莊頭一百十二名，按其地畝坐落亦分在東西南三路，其所徵收糧石折價銀兩，屆期請派官三員，即分三路前往徵收，庶於該員易於責成銀兩，亦可於限內完結。再新圈莊頭等家譜丁檔，俟遇比丁年分即照舊有莊頭之例，一體派員查比。

豆稭莊納糧定額

初設立豆稭莊於壯丁內揀選補放莊頭，給地六十五晌，場院地二晌，莊頭並壯丁共定爲五名，給牛四隻，倒斃不准補給，量給房屋籽種農器，免納糧石一年，其納糧額數減糧莊之半，賞罰勘荒比丁等例俱照糧莊。其交廄豆稭酌量均派，每豆稭十六束，抵糧一束斗。合倉斗一斗八升，豆稭每束重七斤。此外各交常用豬二口，鵞五隻，雞鴨各二十六隻，鵞蛋十八個，鴨蛋七十二個，雞蛋四百個，秫稭一百二十捆，燈油十五斤，不准抵除額糧。康熙二十六年三月，奏准莊頭並壯丁共定爲七名。四十五年四月，奏准每莊地定爲一百五十晌。五十年二月，奏准每莊定額各納糧六十倉石。雍正二年五月，呈准於豆稭莊頭內挑選三十名，暫編爲半分莊頭。六年六月，奏准將所有豆稭莊頭七十二名，俱編爲半分莊頭。

同上　半分莊納糧定額

初設立半分莊，其莊頭並壯丁共定爲七名，給地一百五十晌，其納糧額數減糧莊之半，賞罰勘荒比丁等例俱照糧莊。每年每名額交圈黑豆二十五倉石二斗，於額糧內抵除，穀草一千束，每束重七斤秫稭一百四十捆。每捆重十五斤。康熙五十年二月，奏准每莊定額納糧六十倉石。雍正六年六月，奏准將豆稭莊七十二名編入。乾隆十三年六月，奏准於直屬通州等九州縣，所有酌留公用地並從前莊頭康經等十人退出官圈地內，自九頃、十一頃不等，租銀自九十餘兩至一百十餘兩不等，編設半分莊頭地七圈，於掣取莊頭筒內掣放半分莊頭七名。其編圈安設一應事宜俱詳糧莊納糧定額內。十七年十二月，奏准將營造司所屬開平居住交納缸盆等項莊頭一名，兼帶原給官地九頃零，改隸會計司爲半分莊頭。二十五年七月，奏准於直屬通州青縣等四十四州縣，現有存退餘絶地，內派員查丈自十頃零至十三頃零不等，編設半分莊頭七十三圈，於勤務農業莊頭之弟男子姪內有家道殷實人去得者，由屯千總各莊頭保送揀選安放其編圈安設一應事宜俱詳糧莊納糧定額內。現有半分莊頭二百六十二名。

同上　收糧事宜

雍正元年十二月，奏准將口內糧莊額納糧石，每年委官二員分東西二路赴該地方，按每石折銀五錢徵收，交納廣儲司。二年五月，奏准口外莊頭等額納糧石內除交納雜糧外，其餘糧石每二石折米一石。令莊頭等送至熱河等處倉內收存，凡運米十石入倉，准其抵除糧一石，每年派官一員徵催入倉。七年十一月，奏准官三倉所用雜糧停其莊頭等交納，令值年內管領每年秋收後量一年足用呈明，向廣儲司領銀訪時價辦買應用。口內頭、二等糧莊每分徵銀六十八兩八錢，三、四等糧莊每分徵銀六十兩二錢。令派往徵收口內糧石官員徵收。口外糧莊，每分徵銀四十一兩二錢八分，令派往徵收口外糧石官員徵收，交納廣儲司。九年十二月，呈准懷來保安等處居住莊頭等，餧養羣馬，餘剩派交各圈草束，因路途遙遠，嗣後停其交送，廄圈每草一束折價交銀一分一釐，令派往催徵糧石官員等催徵，交納廣儲司。十年十二月，奏准口外糧莊，每年應徵糧石及交倉雜糧折價銀兩停其派員徵收，交熱河總管管理，每年令熱河値年官員徵收，將應徵糧石折米監視入倉，其雜糧折價銀兩，每年分作二次催徵交納廣儲司。乾隆二年五月，奏准每年糧莊應交粗糧雜糧折價銀兩停派員徵收，每年分作二次，於麥秋後六月內交納四成，秋收後十一月內完納，著屯領催催齊，各赴司交納，由會計司轉交廣儲司。四年二月，奏請莊頭等應徵納錢糧，每年除派催糧催總領催等赴各該莊催糧。奉旨若令催總領催赴各莊催徵錢糧，未免騷擾莊頭，仍照從前例派員催徵，欽此。十七年十一月，奏准將莊頭等餧養上駟院羣馬裁汰，其每年額派豆一萬一千三百六十餘石，草六十九萬二千餘束，照例黑豆折糧每石徵銀五錢，草束俱係莊頭自備，並不開銷錢糧，酌定蠲免一半，將一半折徵銀兩令其交納。本年額派草豆，除餧過馬匹外，其未經餧用者，俱折銀徵收。自次年起，額徵草豆內，除分派送圈。外折銀徵收。三十年十一月，呈准嗣後承催口內莊頭等應交糧石折價銀兩，務令東西兩路官員遵照定例，於麥季徵納四成，大秋徵納六成。其徵得糧銀交納銀庫，俟出具庫收再行呈明。將未完銀兩，於稿內聲明，即行陸續嚴催，統定限於八月內催齊，將已完未完成數分晰造冊呈明交司。其承催熱河、錦州莊頭等應交雜差米石銀兩，亦定限於八月內，令該總管該副都統將已完未完莊頭等花名清冊移咨本司詳細查覈，於九月十五日送堂銷算。如有不遵呈准定限，有意遲延於九月內文冊始到者，本司將承催官員職名呈堂，按逾限例記過入本題叅。如仍因循遲延至十月内始行呈送檔冊者，即將有意遲延承催不力之員指名叅處，將此載入則例。行令口内、口外、關外承催莊頭應交錢糧之員，一體永遠遵行辦理。三十二年十一月，呈准採訪雜糧時價，每石車腳銀三分合計，值年内管領等呈明採買，次年正月至十月備用雜糧七千五百石，雞蛋四十萬個，燒酒一千斤，應給銀一萬七千七百四十兩九錢四分七釐，該值年内管領等出具印領，由廣儲司於莊頭等交過糧石折價銀兩内如數支領。如時價有減，即照減價採買，餘剩銀兩繳回庫内。如價不減，即照此價採買，領銀之後，及時作速全行採買，於入倉之前造具清單一面報堂，一面報管轄番役處官員等逐一詳細查勘，照數監收入倉，以備應用，永爲定例，遵照辦理。

同上　豆糧莊頭交納豆草定額

投充豆糧莊頭六名内，一名地一千九百四十三晌六畝，每年額交豆五百二十二倉石三斗六升。一名地一千二百二十八晌五畝，每年額交豆三百二十八倉石九斗三升二合。一名地一千四百五十五晌一畝，每年額交豆三百八十六倉石九斗六升四合。一名地一千七十七晌四畝，每年額交豆三百九倉石五斗六升四合。一名地一千四百五十五晌二畝，每年額交豆三百八十六倉石九斗六升四合。一名地一千七十二晌一畝，每年額交豆二百九十倉石二斗三升二合。其勘荒比丁賞罰之例，俱照大糧莊頭。康熙十五年四月，奏准投充豆糧莊頭等六名，共地八千二百十四晌二畝，照依銀兩莊頭地畝之例，每畝作銀五分。除伊等應交料豆每斤斗作銀二錢，合計每地一畝，銷除銀三分外，其餘銀二分，令其折交草一束，共交草八萬一千九百四十六束，按地畝分派交納。

同上　南苑安設糧莊

康熙九年四月，奏准於頭、二等糧莊内挑選四名，在南苑安設莊頭，每名額給南苑地三百晌，其原糧莊缺，令伊等之子弟頂補。伊等原莊舊有壯丁内二十名，撥往南苑十名，舊有牛隻内十六隻，撥給南苑八隻，如不敷數補給。一應差務詳見南苑則例。十二年正月，奏准南苑添給莊頭一名，其地畝、壯丁、牛隻俱照前例撥給。是年三月，奏准撥往南苑壯丁等仍歸原莊冊内查比，其原莊壯丁内，如有逃走竊盜事故，莊頭雖在南苑，仍照例處分。

同上　安設稻田莊

原房山縣稻田莊頭一名，所有稻地四十七晌，每年每晌額徵稻米二倉石一斗六升。玉田縣稻田莊頭一名，所有稻地一百十晌，旱地二十晌，每年稻地每晌額徵稻米一倉石四斗四升，旱地每晌額徵糧二倉石七斗七升二合。康熙二十一年三月，呈准戶部交進涿州稻田莊頭一名，原有稻地一百三十晌，旱地二十八晌，每年稻地每晌額徵稻米一倉石四斗四升，旱地每晌額徵糧二倉石七斗七升二合。六十年二月，奏准將涿州入官稻地五十晌交附近莊頭承種，每晌亦額徵稻米一倉石四斗四升。雍正七年七月，呈准房山縣所有入官稻地一百三十二晌三畝，安設稻田莊頭一名，每年每晌亦額徵稻米一倉石四斗四升。

同上　安設瓜菜園頭

凡安設瓜菜園頭，每菜園頭一名，給畦地十九晌，每瓜園頭一名，給地三十晌，各給養家口地二十五晌，給牛四隻，蒲簾一百二十五個，編籬秫稭三千五百捆，免差一年。康熙五十一年二月，奏准豐臺設立菜園頭十一名，每名給地四頃，内畦地一頃八十畝，井六眼，牛四隻，房三間。雍正十年五月，呈准補放園頭，因附近無應給畦地，每畦地一畝補給旱地五畝，合計各給旱地九頃。一應事宜詳見掌關防内管領處則例。乾隆五年九月，呈准查菜園頭等所交差務折銀一事，原奏内開每人折銀一百六十二兩，交該内管領等徵催交納廣儲司庫，所用菜蔬，令該内管領等向廣儲司領銀採買備用。園頭等從前輪班交納菜蔬，乃日用所必需，曾無拖欠。令改折銀兩，恐有躭延。應請於菜庫内管領四員内，每年委派二員值年，以專責成其改折銀兩，於麥大二秋限定分數嚴催交納。其所買菜蔬價值，令該庫每月造具清冊呈報掌關防内管領詳細查對外，仍於歲底統將一年領過銀兩並折交銀兩數目呈報掌關防内管領，與買過菜蔬所用銀兩數目詳加查覈，呈明銷算具題。如該園頭稍有拖欠，或内管領承催不力，並不能撙節，除將該園頭革退從重治罪外，仍將該内管領交該處嚴加查議等因奏准在案。今内管領等於上年七月内領銀自八月辦理，應請照大糧莊頭交納錢糧隔年銷算之例，自上年八月初一日起至本年七月三十日，作爲一年銷算，每年於歲底題銷。至園頭等錢糧欠至幾成，應如何枷責革退，承催之内管領承催錢糧完日，如何議敍，承催不力，作何罰俸，請照奏准定例。各處應徵錢糧分爲十成，徵催莊頭等應交錢糧麥秋不逾六月交納四成，大秋不逾十一月交納六成，此内除所欠不至一成者毋庸議外，將欠至一成以上之承催官，罰俸三個月，二成以上罰俸六個月，三成以上罰俸九個月，四成以上罰俸一年，五成以上降一級，六成以上降一級、罰俸一年，停其陞轉，仍令帶罪徵催未完錢糧，頭目柏唐阿等亦按成數治罪。如能全完一年應徵錢糧者，官員紀録一次，頭目柏唐阿於應陞之處記名。連完六年應徵錢糧者，官員加一級，頭目柏唐阿於應陞之處列名。莊頭等將應交錢糧欠至一成者，鞭四十，枷號二十日。欠至二成者，鞭六十，枷號四十日。欠至三成者，鞭八十，枷號兩個月。欠至四成至五成者，鞭一百，枷號三個月。將所欠錢糧，仍行徵催。交納欠至六成至七成者，鞭四十，枷號一個月，革退莊頭充當壯丁，所欠錢糧予以豁免。欠至八成至九成者，鞭六十，枷號四十日，革退莊頭，充當壯丁，所欠錢糧予以豁免。欠至十成者，鞭八十，枷號兩個月，革退莊頭充當壯丁，所欠錢糧予以豁免。遺缺伊等族人內有情願頂替者，完交錢糧頂替，如不能代交不准頂替，另於別莊子弟及壯丁內揀選補放，舊欠予以豁免等語。今園頭等錢糧照依莊頭每年自八月起至次年七月止，作爲一年，於歲底銷算具題，應請交掌關防內管領等，嗣後承催園頭等錢糧亦分爲十成徵催。其該庫內管領等議處、議叙、罰俸及欠錢糧之園頭等按成治罪之處，均照此例辦理。五十二年，奏准掌關防管理內管領事務處所屬旱地園頭三十五名，於乾隆四年奏准折交錢糧，每名每年交錢糧銀一百六十二兩，共應交銀五千六百七十兩。此項錢糧係菜庫值年內管領等，於年終催齊交納廣儲司銀庫存收，以備菜庫值年內管領陸續由銀庫支領銀兩，隨時辦買供奉內庭菜蔬。至畦地園頭二十五名內，除豐澤園佔用一名，其餘二十四名，係按日自行交差一年計算，旱地園頭輪流交差二百十一日，畦地園頭輪流交差一百四十四日。今旱地園頭折銀交納，其畦地園頭應交各項，俱係菜庫值年內管領等代爲辦買，殊未畫一。查定例，旱地五畝折畦地一畝，今旱地園頭每名承種旱地九頃，畦地園頭每名承種畦地一頃八十畝，按例計算地畝錢糧，相應請將畦地園頭亦照旱地園頭折交銀兩之例，一體辦理。每名折交銀一百六十二兩，計二十四名，共應折交銀三千八百八十八兩，併旱地園頭共應交銀五千六百七十兩，二共應交銀九千五百五十八兩，於年終如數交納廣儲司銀庫存收，所有採買菜蔬均交值年內管領等由銀庫陸續支領辦買供用。所有京城採買價值，按照各等處辦買雜糧等物之例，令大宛二縣將時價一月二次申報，如遇隨園熱河，即著承德府申報時價，巡幸各等處於隨園司員內揀派一二員確訪時價採買辦理。其用過錢糧數目，於年終派員查覈後彙總具題。再查得大糧莊頭及旱地畦地園頭等地畝人丁戶口，均隸會計司管理。莊頭應交錢糧，係會計司徵收，旱地園頭等應交錢糧，係菜庫值年內管領徵收。今請將畦地園頭改折銀兩，合計旱地園頭應折銀兩共九千五百餘兩，銀數較多，若仍令菜庫值年內管領徵收，該員等在內承應差務不能兼顧，請將旱地畦地園頭折交銀兩歸入會計司，按限一體徵收交納廣儲司銀庫，以歸畫一。

同上 親郡王分府撥給莊頭

道光二年六月，本府奏准，惇親王、瑞親王分府遵照成親王分府之例，各賞給山海關內大糧莊頭十二名，半分莊頭一名，菜園頭二名，山海關外大糧莊頭三名，盛京大糧莊頭一名。八年七月，本府奏准，惠郡王分府應得山海關內大糧莊頭十名，半分莊頭一名，菜園頭二名，山海關外大糧莊頭二名，盛京大糧莊頭一名。咸豐二年四月，本府奏准，恭親王分府遵照惇親王、瑞親王分府之例，各賞給山海關內大糧莊頭十二名，半分莊頭一名，菜園頭二名，山海關外大糧莊頭三名，盛京大糧莊頭一名。

清《總管內務府現行則例·會計司》卷二 查勘旱澇

乾隆十一年三月，奏准嗣後莊園人等，偶遇旱澇偏災，停其除派司員查驗，即令該莊園人等將被災地畝坐落頃畝數目一面呈報內務府存案，一面呈報地方官，即行詳報附近大員委派鄰境州縣及時監同履畝查勘。如果被災情實按其被災分數詳報該督，由該督取具該地方官及鄰境委員並無隱漏捏報印甘冊結，陸續咨送內務府，到日與莊園人等原報數目查對相符，所有應免差務應給口糧即行照例辦理，統俟該督咨送到齊之日彙總具題。儻莊園人等希圖僥倖，所報地畝與原冊不符，按其捏報數目照例分別治罪。如地方官將實在被災地畝隱諱不報，或狥庇莊園人等以少報多，附近大員即行揭報，該督指名題叅。嘉慶四年四月，奏准照乾隆四十七年以前之例，如有歉收一分即免一成錢糧，其賞給口糧之處仍請停止。十四年十二月，奏准嗣後偶遇水旱偏災，該莊頭、園頭以及豆糧莊頭人等即隨時報明地方官申詳戶部，務於十月開徵錢糧以前咨送到內務府，入於本年年終題銷本內，照例減免，如具題後補行造報者，概不准其減免。

同上 補放莊頭

凡口內、口外莊頭缺出，於該莊頭子弟內揀選呈明承替，如該莊頭子弟無可承替者，准於殷實壯丁內揀選呈明補放。雍正十年十二月，奏准口外莊頭如有補放革退等故，由熱河總管辦理，仍呈報內務府。乾隆四年四月，奏准莊頭內如有緣事拖欠錢糧革退之缺，伊族人內有情願代完所欠錢糧者，方准其承替，如族人不能代完，即於別莊壯丁內挑取補放，舊欠俱准豁免。五年三月，奏准拖欠差務革退之莊頭遺缺，伊族人內情愿代交全完欠項者，准其頂補，若無代完欠項者，於別莊親丁內揀選家道殷實者補放，若別莊親丁內無可補放者，於各莊保送勤農務人樸實之壯丁內補放，將拖欠差務豁免。是年四月，呈准更名補放莊頭，各給鈐印執照一張。

十四年十一月，奏准查向例如有拖欠差務，或違悮餧馬革退莊頭之缺，先行票諭該莊頭族人，如有願完欠項者，准其更替。伊族人內若無完納欠項者，復票傳四路莊頭子弟，有情願代完欠項者，亦准補放。至四路莊頭子弟內亦無代完欠項者，由掣放莊頭筒內掣補，將欠項豁免。如革退莊頭族人及四路莊頭子弟內有二三人至數人具呈願完欠項頂替莊頭者，向無定議，及票傳之後，亦無定限。請嗣後如遇革退莊頭缺出有二三人至十數人具呈者，若係本族人丁，會計司查勘丁檔，分別遠近長幼補放，若係四路莊頭子弟，會計司監看伊等掣籤補放。至傳喚之後，凡革退莊頭族人及四路莊頭子弟，無論路途遠近，各定限一個月，如於限內赴司具呈者，准其入名掣籤補放，其逾限到司具呈者，概不准頂替。十七年十二月，呈准嗣後凡遇大糧、錢糧莊頭缺出，會計司與管理三旗銀兩莊頭處各按本處莊頭丁檔，論其支派之遠近補放，不准越格妄行呈控爭替。二十七年十二月，呈准嗣後凡頂補病故及年老告退莊頭等遺缺，仍領原圈，按原等第充當，無庸議外，如拖欠錢糧革退遺缺，本族人丁內有情願代完欠項承領原圈地畝，按原等第當差者准其頂補，儻非隨徵，則莊頭遺缺即歸爲無有，年復一年久後則退交之地畝日多，額設之莊頭日少，於錢糧差務均有關係。茲查有孤戶親丁一項，本係莊頭等之親丁，因原莊頭革退，本族別無充當莊頭之人，無可依附，是以另立丁冊，別以孤戶之名。查此項人等，並非本身獲罪，與革退莊頭之親丁子孫永遠不准充當者可比，乃一經歸入孤戶，遂致日久有力願充莊頭，而亦無可得之缺似屬向隅。嗣後莊頭遺缺，如七個月限滿，無人接充，即票諭各孤戶親丁，無論本族另姓統行給限三個月，如有情願代完欠項者，即准其照例接充，如限滿接充無人，再將地畝退交地方官，徵租解部。查園頭事同一體，亦准其照此例辦理。二十五年二月，本府呈准嗣後革退莊頭、園頭遺缺，例限已滿，無人接充之地畝，再行給限三個月，曉諭附近量地減差之莊園頭等來園佔地畝，陞長等第遺缺，本族人丁等內有情願代完欠項退地減等當差者，亦准其頂補退地減等當差。三十年二月，奏准嗣後投充錢糧莊頭等拖欠錢糧革退遺缺，不准伊等子孫頂替，有族中弟兄叔姪及別姓投充莊頭等弟男子姪內情願承當者，完納陳欠後，方准頂替。四十三年五月，呈准嗣後莊頭、園頭等有子孫承替祖父遺缺者，仍照舊例辦理外，其異姓頂補之缺，務擇其年歲富強可以承應差務之人，方准其頂補，如年尚幼穉不能承當差務，此等幼孩概不准頂補。五十五年六月，呈准嗣後遇有革退莊頭遺缺，請給限兩個月，曉諭本族親丁等赴司具呈代完欠項頂替。如逾兩個月限期不到者，不論遠近支派，雖有代完錢糧，概不准其頂替，即將遺缺照例票傳四路。附近居住另姓莊頭親丁等，亦請定限兩月，令其代完欠項充當。如遇傳諭四路另姓莊頭時，即在官圈地畝之附近居住莊頭名下親丁內傳令赴司具呈，准其代完欠項入筒籤掣。嘉慶六年十二月，呈准向來莊頭、園頭等一經革退，隨傳該親丁等有無情願頂替者，俱令親身赴司具呈，至曉諭本族人丁頂補定限兩月，恐有未周，請嗣後曉諭本族頂替莊頭給限三個月，如過期無人充當，即票諭另姓頂替，亦給限三個月。如過限之後，即將地畝照例退交地方官徵租解部。二十一年九月，呈准定例，莊頭、園頭遇有拖欠錢糧革退者，親丁內給限三個月，有能代完欠項者，限內具呈准其頂替，如無力代完欠項，亦於限內具結，限外雖有錢糧不准充當。曉諭另姓莊頭、園頭名下親丁，亦給限三個月，有能代完欠項者，限內具呈，准其頂替。如限滿無人，即將地畝退交地方官徵租解部。近年以來，革退莊頭園頭缺出，出票曉諭後，該本族親丁等有無代完欠項，均不能按限具結。另姓親丁內，因本族親丁無結，不敢代完。呈替額缺欠懸，錢糧拖欠，請嗣後遇有莊園頭革退，即行出票派委本路領催協同該屯領催，令其即行曉諭本族親丁等有無代完欠項者，按原定三個月限外再加寬限一個月，本路領催屯領催加結帶領該親丁赴司具呈，照例辦理。如四個月限滿無結，即照例出票曉諭另姓，外將本路領催及屯領催料理其另姓莊頭園頭等名下親丁有無代完欠項，亦照例辦理。道光元年九月，本司呈准，嗣後莊頭園頭一經革退，即照例出票曉諭該本族親丁，給限四個月，近支有能代完欠項赴司具呈完欠者，即准其頂替，如有遠支親丁於限內遵例赴司具呈完欠頂替者，令其出具限內如有近支赴司完欠接充之人，伊情願將所交欠項銀兩領回，仍讓近支充當甘結，至限滿之日，近支無人具呈完欠，即准已完欠項之遠支接充，無庸取具近支親丁無力完欠不願接充甘結，以杜有意勒掯、事後爭控之端。十一月，本司呈准，凡莊頭、園頭有子孫承替祖父遺缺者，仍照舊例辦理。其異姓頂替莊頭園頭遺缺，向例既未載有年歲，無所遵循。嗣後如遇異姓應接充莊園之缺，照例票諭另姓親丁，總以年至十六歲者准其代完欠項頂替，如未至十六歲者，概不准其充當。四年七月，本司呈准莊頭退交官徵地畝，酌擬曉諭孤戶親丁照完欠項，准令一體接充。查定例，莊頭遇有拖欠錢糧革退遺缺，先行曉諭該本族親丁接充，如限滿無人，即照例曉諭另姓親丁接充，如限滿無人，即將地畝退交地方官徵租解部。惟此項地畝一經退入官，如有人地相宜情願承領補足原額者，即行呈明撥補足額，或有多餘之地畝，按照地畝覈計加交差銀以符原額，至充當滿差之二、三、四等及半分莊頭等。如有情願承領無人接充之地畝，自應准其一體承領，如限內並無人地相宜情願承領者，仍將地畝咨行戶部，退交地方官徵租解部。三十年十二月，本府奏准，嗣後莊頭、園頭，如有拖欠錢糧革退後，親丁另姓孤戶等三限均無人接充，將地畝派令現充莊頭園頭就近認領計畝交差。如現充莊頭園頭籍隸退交地畝窵遠不願認領者，即責成地方官按照莊頭、園頭在內務府每畝交納租銀一錢八九分之數，按年以六月交納三成，十月限內交納七成，由會計司派委員役，前往各州縣牌取。

同上　補換地畝

乾隆二十年三月，奏准嗣後莊頭官圈地畝內，如有實在薄鹻沙窪不堪耕種者，准該莊頭據實呈報，派員會同地方官秉公查明，出具印甘冊結，即於附近州縣所存入官地畝內，揀選撥換。如無可撥換之地，即交該地方官招種徵租解部外，仍照例量其現有地畝計成，令其當差。如有捏報不實者，即將莊頭革退，同妻子一併撥發關外，充當壯丁。三十五年十二月，奉旨向來內務府所屬莊頭，每有因地畝薄鹻沙壓呈請退交另換者，此等地畝莊頭等久經撥定當差，伊等承充有年，沾被恩惠不少，設或地有肥磽，年有豐歉，即加功墾闢，亦分所當然。乃因有退交之例，動輒藉口瘠淤，紛紛呈請，殊屬非理。且伊等恃有此例，或與佃戶等交好，即退出交官藉減租數，或覬覦上產，而以所授之田捏報求換，貪得無厭，而滋生事端，種種情弊皆所不免。嗣後各莊頭所種地畝，概不准其退交，其中果有悮差不能承當莊頭者，即著內務府大臣查勘確實，另與能承種者承當莊頭。欽此。三十九年五月，奏准嗣後凡有水沾成河之地，由地方官勘實，具結內務府行文戶部註冊，其缺額之地不准另行補給，即就現在地畝計成交差。再凡革退莊頭，除有情願帶完欠項領地承充外，其無人領種之地，即交戶部歸入存退餘絕地畝項下，查明原租酌中徵收辦理。嘉慶七年，戶部奏准八旗官兵人等有兌換官地作爲墳塋者，以自置地三畝換官地一畝，仍覈明本身地租與官地租息有無盈絀，准其兌換。

同上　壯丁爲民

乾隆四十四年二月，奏請准戶部轉咨綏遠城將軍咨稱助馬口外革退莊頭等四名，家屬一百四十餘口，交與該處莊頭等名下充當壯丁。現生齒日繁，無力養贍，照例懇請放出爲民等因，奉旨。此等莊頭既因拖欠錢糧革退，本係獲罪之人，轉因接辦之莊頭以人多不能養贍，請將伊等之兄弟子孫放出爲民，令其自謀生計，內務府大臣雖係照例議准，日久不能保無流弊，莊頭等欲圖出旗自便，故意拖欠錢糧罪止革退，而其子孫轉得爲民，仍可倚以自贍，日後並可考試倖登仕籍，皆情理所必有，不可不防其漸。嗣後凡獲罪革退之莊頭，其家屬有呈請爲民者，除疎遠族戶准仍照舊例辦理外，其本身及子孫，俱應發往打牲烏拉充當苦差，以示懲儆，此案即照此例行。欽此。

同上　派撥各處當差莊頭

乾隆十一年正月，奏准自康熙二十三年建設暢春園以來，所有園內並西廠二處應種稻田一頃六畝，每年俱由頭等莊頭內輪流除派一名，撥給石景山等處地十一頃三十四畝四分，每年得租銀三百八十餘兩，內除納錢糧銀二百兩外，餘剩銀一百八十餘兩，養贍壯丁顧覓人夫耕種稻田需用此外，每年仍交稻米一百三十四石，此項租銀除應交錢糧外，餘剩銀兩不敷供應耕種稻田一切費用。且莊頭等散居四外州縣，各有耕種本身分例地畝及餧養馬匹等差不能兼顧。請照撥菜畦園頭一名，給地十八頃，房一所之例，添設暢春園稻田莊頭一名，於附近州縣所有官地內撥給六頃六十五畝六分，並舊有地十一頃三十四畝四分，共爲十八頃之額，仍給官房一所。此項莊頭即於莊頭子弟內揀選安放，每年應交錢糧銀二百兩，稻米一百三十四石，照例交納暢春園。如安放莊頭之後應交錢糧，儻有拖欠，即照莊頭拖欠錢糧按成數治罪之例料理。十八年六月，呈准補放四等莊頭一名，承領量租編圈地二十一頃六十六畝六分七釐，兼帶草房四間，撥給靜明園充當稻田莊頭。地不徵糧，所辦差務不隸本司。十九年閏四月，奉宸苑奏准將瀛臺、永安寺、闡福寺所有空閒之地開種油菜，於會計司所屬四等莊頭內撥派一名，作爲專設播種油菜莊頭，隨經掣派大興縣采育居住四等莊頭一名，隨帶原圈地畝撥給奉宸苑充當播種油菜莊頭。地不徵糧，所辦差務不隸本司。四十二年七月，圓明園奏准，熙春園、綺春園共有耕種地二頃八十餘畝，請照靜明園之例，交內務府撥派四等莊頭一名前來，令其專司承種此項地畝。每年所得糧石，除留籽種，其餘糧石柴草照例交納大倉等處收用。隨經派得寶坻縣四等莊頭一名，撥往圓明園接辦耕種地畝當差。地不徵糧所辦差務不隸本司。

同上　口外莊頭餘地納糧事宜

乾隆十五年正月，熱河總管具奏，口外莊頭等八十一人，報出開墾餘地二百十一頃六十六畝，仍交各該莊頭照舊承種，照莊頭承種報出餘地之例，每晌徵糧四斗，每糧二斗折米一斗，合計共應納糧一千四百十一石六斗零，折米七百五石五斗三升零。自本年起，陞科徵收存收熱河等倉，放給官兵食用。令熱河同知於應行採買米石內照數減買。隨經內務府奏准，此項莊頭等報出之地，未經查丈，請交該總管會同熱河兵備道率領地方官詳細查丈。如再有盈餘，照例添交米石，將地畝四至頃畝數目，並每年應交米石數目，分晰造具印冊呈報內務府，以備查覈。其未經呈報開墾餘地之莊頭五十五人，亦會同兵備道率領地方官詳細查丈，儻官圈額外有開墾餘地，即行丈明，照例交納米石。是年十月，熱河總管具奏口外莊頭共一百三十六名，會同兵備道傳齊各莊頭，令其各將所有餘地據實盡行首報。此內除莊頭于廷相未報餘地外，前報餘地莊頭八十一人，今又續報餘地五百六十頃，又莊頭五十四人報出餘地四百十八頃，共地九百餘頃，連前所報二百餘頃共報出餘地一千一百餘頃，即於本年陞科納糧等因，隨經內務府奏准，應將所報餘地均於本年起令其徵糧，如嗣後再有續報及查出餘地，亦照此例一體辦理。

同上　補放瓜菜園頭

乾隆三十年十二月，呈准凡病故園頭等遺缺，俱更名與伊長子長孫，如無子嗣，按其近支更名與伊族中子姪。從前瓜菜園頭等更名，俱由掌關防管理內管領事務處將應行更名與何人之處擬定呈明，交與會計司查對丁檔，如與丁檔更名之例俱屬相符，即由會計司復行呈明，准其更名，儻與丁檔更名之例不符，會計司仍駁查該處照例定擬，俟覆送到日再行查對辦理。往返駁查，不無稽延，請嗣後瓜菜園頭等缺出，該庫呈報掌關防管理內管領事務處轉行移送會計司，由會計司查對丁檔，傳喚伊等子孫取具甘結，照例定擬，呈明辦理。道光二年六月，本府奏准會計司所屬瓜菜園頭一項，原分定畦地園頭二十五名，旱地園頭三十五名，共六十名，如遇分封王府撥給一名，即補放一名，以符原數。自乾隆四年以後，因拖欠錢糧，陸續革退畦地園頭七名，旱地園頭二十名，此項地畝歷年久遠，有被水沖沙壓地俱薄鹻，衆園頭親丁皆不取認充，曾經交地方官開除，至今缺額無人接替。現據該園頭等呈稱，伊等名下親丁生齒日繁，除領地當差外別無生計，懇請將虧額園頭二十七缺，照分撥王府之例，撥給地畝接充等因，呈請前來。且查該園頭等情願將伊親丁內補足二十七名，接充之處覈與例載原設園頭六十名數目相符，其園頭所交錢糧，較之各州縣議徵租數尚屬有盈無絀，當經移咨戶部，查明有無堪撥地畝，嗣准戶部咨覆現查另案項下未經入奏地畝，堪以撥補，應照例傳諭衆瓜菜園頭名下親丁等有願領地充當者，具呈籤掣畦地園頭七名，旱地園頭二十名，移咨戶部，飭交直隸總督於附近各州縣現在另案入官。未經入奏地畝項下，按畦地園頭七名，每名照例撥給地四頃，內畦地一頃八十畝，如無畦地，每畦地一畝折給旱地五畝。旱地園頭二十名，每名照例撥給堪種旱地十二頃，令伊等承領當差，以符定制。

同上　盛京糧莊納糧定額以下盛京

盛京糧莊，每莊原納糧一百二十斤石。康熙五十五年六月，奏准盛京糧莊按等第納糧，每年頭等莊每名額納糧三百二十二倉石，二等莊每名額納糧二百九十二倉石，三等莊每名額納糧二百六十二倉石，四等莊每名額納糧一百九十二倉石。除四等莊不納豬口外，頭等、二等莊每名額納豬四口，三等莊每名額納豬三口，每豬一口折交糧十五倉石。現有大糧莊頭八十四名，內頭等三十五名，二等七名，三等八名，四等三十四名。

同上　徵收糧石

初，盛京糧莊所報糧石，除給與三旗人丁口糧等項外，所餘之糧於該莊窖存。乾隆三年二月，奏准盛京莊頭窖存糧石定爲三萬石，每年將用剩新糧易出陳糧照時價糶賣，所得銀兩交納盛京戶部。六年二月，奏准盛京莊頭等窖存糧三萬石，內撥出一萬石入於奉天府倉內存收備用，其窖存糧二萬石，每年仍將用剩新糧入倉，易出陳糧照時價糶賣，所得銀兩交納盛京戶部。其倉存糧一萬石，每年將各莊交到辛者庫人等口糧入倉，易出陳糧放給。二十四年七月，盛京內務府總管具奏，承領官地納糧莊頭八十四名，每年所交糧二萬四千八百餘石，內除散給西陵併內務府三旗食辛者庫人等口糧，餧養三旗羣馬黑豆及油紅黏穀等項，抵折糧共一萬六千餘石外，其餘糧七千餘石，舊例作爲三分，一分入於宮殿後倉內存收，兩分於各莊頭住處掘窖埋存。歷年積儲，額定倉內存糧一萬石，窖內存糧二萬石備用外，如再有餘剩，始按時價減糶。其窖存糧石如至霉爛，著落莊頭賠補。惟自十五年以來，因有用項倉窖所存糧石均未足額，其倉儲糧石每年尚進新出陳，搭放口糧應用，至於窖存糧石並無進新出陳之項，年久難免雨濕霉爛等因。隨經內務府奏准，請將現在所有糧二萬石內一萬石入倉，一萬石存窖。嗣後每年八十四莊應交糧二萬四千餘石，除入倉窖易陳作爲各項口糧費用外，其餘糧石仍令照舊例按時價糶賣，所賣銀兩令其交納盛京戶部。又該總管具奏，莊頭共領種官地十二萬餘晌，交納官項錢糧，如旗人自置地畝在盛京六十里界內者，每晌徵草一束，豆一升交納盛京戶部內，倉遠處地畝每晌徵米二升六合五勺五抄，交納各城旗倉。秋成之後，官項與旗倉一時併徵莊頭兩處交納錢糧，不無逾限之弊，請將伊等每年應交盛京戶部與旗倉豆草米石，改照西錦州莊頭之例，折銀徵交等因。隨經內務府奏准，嗣後該處莊頭應交旗倉米石，照錦州莊頭之例，每糧一石折銀二錢，合計每米一石折銀四錢，草一束，照每年賣價折銀三釐，其豆亦作糧折銀，徵交盛京戶部。

同上　糧莊交納鵝鴨

盛京莊頭每年共交鵝三十隻外，無論等第每名額交鴨二隻。雍正三年正月，奏准莊頭等無論等第，每名每年交鵝一隻。

同上　奏銷糧石

雍正七年十二月，奏准，盛京糧莊每年所報新糧並舊窖陳糧及用過餘剩糧石數目，據該佐領咨文到日，限二月查覈。具題。

同上　編查莊頭等第

乾隆十一年九月，奏准，前於乾隆八年曾經奏准，嗣後口內莊頭停其十年一次編查酌陞等第，今盛京所有莊頭共八十四名，此內陸續陞等者已及五十名，伊等所當差務與口內莊頭原屬一體，並無差異，自應一體辦理。嗣後，盛京莊頭亦照口內莊頭之例，停其編查等第。

同上　查勘旱澇

盛京莊頭地畝如遇旱澇，據掌關防佐領呈報被災輕重，分別奏請，按被災分數免差。

同上　補放莊頭

凡盛京莊頭缺出，該佐領於該莊頭子弟內揀選呈報內務府承替。如該莊頭子弟內無可承替者，准於家道殷實壯丁內揀選呈報內務府補放。道光十七年十一月，戶部議准，錦州莊頭應交盛京戶部餘租銀兩，如延至造報考成之時尚未全完，勒限一年，嚴行比追。限滿仍有尾欠，即照拖欠官地差銀之例，立予斥革，所遺莊缺亦歸旁支近派代完欠項，循例接充，伊之子孫免其歸入壯丁，用示區別。

同上　安設關外管莊官員以下關外

山海關外中後所原設筆帖式二員，領催二名，催徵關外莊頭糧石等事。康熙三十六年七月，奏准添設領催二名，無品級，催總一員。係領催額內。雍正元年八月，兵部奏請除派錦州值年管理糧莊事務，奉旨著派副都統阿薩納以副都統職銜管理大凌河馬羣及此項事務。欽此。十三年十一月，奏准停派內府郎中值年，其關外一應事務俱交與錦州副都統辦理。乾隆十六年閏五月，錦州副都統具奏管理三城八路九邊及莊屯事務殷繁，如無協理之員實難辦理，請派包衣佐領一員協理。隨經內務府奏准，應如所請，毋庸三年一次更換，如該佐領遇有陞轉等故，令該副都統於該處官員內無論外旗內府揀選辦事勤敏者，出具考語保題以資辦理。二十四年二月，錦州副都統具奏協理莊屯事務佐領等，遇有各佐領下差務前往辦理，每至數目，不得常在錦州，莊屯事務請停止協辦佐領。嗣後，副都統如遇公出，將管莊關防交錦州三品駐防協領守護，如遇遠出應行案件，即交駐防協領照例辦理等因。隨經內務府奏准，應如所請，至副都統每年前往錦州、義州二城，考試兵丁步射騎射，巡查道路關口等差，既稱往返日期無多，除將管莊關防交該駐防協領守護外，其應行事件令催總筆帖式等仍送赴該副都統閱過，以副都統職名咨行。三十六年五月，錦州副都統具奏，該處管理莊屯衙門食三十六兩錢糧虛銜催長三員，賞給九品頂戴，令其食三十三兩俸祿，再將筆帖式催長內人去得能事者，揀選一員做爲六品頂戴委署主事，仍食原俸，掌管一切事務等因。隨經內務府奏准，令錦州副都統將應放委署主事人員揀選，咨送內務府帶領引見補放。四十一年五月，錦州副都統具奏，該處革退管理莊糧事務委署主事一缺，現無得力之人，請由內務府或主事或委署主事揀選一員，遣赴錦州辦理莊糧事務等因。隨經內務府奏准，錦州所屬莊頭二百餘名，每年應交差務折銀二萬餘兩，錢糧緊要，內務府各處設有主事一員，專辦一切檔案，添設委署主事一員，幫同辦事。若揀選轉放懸缺，該處檔案仍係一人辦理，查錦州委署主事一缺，原係筆帖式催長內選放，請由會計司管理三旗銀兩莊頭處筆帖式內揀選二員，擬定正陪帶領引見放爲六品頂戴委署主事，仍食筆帖式俸祿，令其赴錦州隨同副都統辦理莊糧事務三年。期滿如果差務謹慎，該副都統據實出給考語，具奏送回內務府候補委署主事之缺，其續出之缺，該副都統處如有得力人員仍照前例揀選送京帶領引見，儻仍不得人出具緣由，於內務府揀選帶領引見，令其前往。

同上　糧莊地畝定額

初，山海關外糧莊地畝，原無定額。雍正三年三月，奏准將山海關外地畝，每六畝編作一晌，頭等莊頭每名額給地九百晌，二等莊頭每名額給地八百五十晌，三等莊頭每名額給地七百五十晌，四等莊頭每名額給地六百五十晌，新設莊頭每名額給地五百晌，亦作爲四等莊頭。其餘地畝暫交與該地方官，招民承種，按地徵糧。乾隆二十年十月，呈准撥換地畝條例惟指口內莊頭而言，口外莊頭並無定議。伊等名下官地自三十餘頃至五十餘頃不等，較之口內莊頭名下官地倍多，所交差務又與關內莊頭懸殊，該處附近州縣亦無官地可撥，不便照依關內撥換地畝之例，一體查辦。如實有水衝石蓋者，雖有餘地撥補之例，亦不准量地減差。現有糧莊二百十一名，內頭等六十六名，二等四名，三等二十名，四等一百二十一名。二十三年二月，奏准據錦州副都統奏請，該處莊頭等名下丈出餘地二萬餘晌，援照熱河莊頭等餘地，每晌徵糧四斗之例，加倍交糧八斗，折銀交納內庫等因。案查奏准，丈出餘地租銀數目約計錦州莊頭等餘地二萬餘晌，應交租銀六十餘兩，若照每晌交糧四斗之例，加倍交糧八斗，每石折銀二錢計算，只交銀三千餘兩。但查莊頭等餧馬當差以及養贍家口，與旗民私地不同，此次丈出餘地，實係莊頭等積年私行開墾，並不在原撥額地之內。按每晌應交租銀自四錢二分三錢六分至三錢不等，合算每晌計地六畝，每畝只徵銀七分六分五分不等，較之旗民私行收租數目減少尚多，即按例輸租與莊頭等餧馬當差並無虧損。查盛京內務府所屬莊頭內，亦有丈出餘地九千四百九十餘晌，現今照依旗民餘地，一例交租，其山海關外莊頭餘地事同一體，應照原議旗民餘地章程畫一辦理。至莊頭餘地租銀，若交城守尉協領徵收轉解，實多不便，應請將山海關外錦州所屬莊頭，盛京內務府所屬莊頭，併盛京戶部所屬莊頭等餘地租銀統交與各該處經理徵收，解交盛京戶部。其承催督催考成，自應照例辦理。再莊頭等丈出餘地，既不在原撥額地之內，如有事故情願更替以及欠租無力承種等情，准其呈報查明原報地畝數目全行撤出，另行招種，不得將膏腴砂磧地畝任意留退。五十六年四月，奏准大凌河馬廠荒地，現經查看得東西廠應墾荒地三十一萬八百餘畝。查山海關外錦州莊頭，向係額設二百七十餘名，各交納本身錢糧並將牧廠官馬三十四羣輪流餧養。又查分賞出府王公地畝向在二、三、四等莊頭內撥給，現在該處頭等及四等莊頭尚有一百八十餘名，二等莊頭僅餘四名，三等莊頭僅餘一十八名，實屬不敷預備賞賚之用。今既丈出地畝至三十一萬八百餘畝之多，自應按放莊頭以備賞撥。查莊頭缺出，即由該處親丁內揀補。上年內務府辦理口內莊頭案內奏請將地畝編圈應補莊頭，該處按名保送，由內務府公同籤掣，此次安放莊頭應一律辦理。請令錦州副都統會同奉天府府尹，將丈出地畝分別肥瘠搭配編圈，查明現在私開地畝應行治罪莊頭名下親丁不准安放外，將安分親丁多爲保送開具名冊咨報，由內務府衙門籤掣充補。至此次安放莊頭原爲備賞出府王公地畝之用，祇應分別二、三等莊頭，毋庸開列頭等。又查舊設莊頭餧養馬羣，既有新放莊頭均勻攤派，差使較輕，應請著令新舊各莊頭加納銀糧，請令該副都統等詳悉，查明該莊頭等酌加銀糧確數咨報。再查該處紅冊地外丈出多餘地一萬八千九百餘畝，實屬私開隱漏，應照從前奏請，定以二年首報限期之例扣算，無論私開年分久遠，總以四十三年爲率扣至五十五年統計，十三年花利約署銀一萬六千九百餘兩，勒限一年，於該犯名下照數著追入官。其丈多私開之地，若照例將地畝全行撤出，另行招佃，多寡不一，應仍令原業承種，照例陞科，並將業戶花名及陞科錢糧細數分晰造冊送部存查等因。續經奏准錦州副都統等咨，開查丈得東西廠荒地三十一萬八百餘畝，按地畝數目應設二等莊頭三十八名，三等莊頭二十六名。其二等莊頭每名應撥地五千一百畝，三等莊頭每名應撥地四千五百畝。但地土肥瘠不等，兩廠須按六十四分分別肥瘠均勻搭配，編圈於冊內編列字號以備籤掣。除將私開地畝現應治罪莊頭名下親丁不送外，隨將家道殷實安分莊頭名下親丁堪可充當莊頭者，揀選九十名，造具花名清冊先行咨呈內務府外，再舊有大糧莊頭二百零四名，今應放二、三等莊頭六十四名，共莊頭二百六十八名，遵照原議在舊有莊頭餧養騾馬匹數內撥出一千五百一十五日，均勻攤派新放莊頭名下，一體餧養。至新舊莊頭餧馬日期均有覈減，俟新放莊頭開墾地畝二年限滿，於陞科之日起，新舊莊頭一體加增錢糧等因，所有送到應挑放莊頭親丁九十名公同傳齊，令其眼同當堂入筒籤掣得六十四名，按照編定等第字號地畝冊檔填註花名，仍令帶回錦州遵照辦理，並將各莊頭等應領地畝出給印照一張，交新掣得莊頭等具領帶回錦州前赴該衙門呈驗，以憑按冊查對指交認領。至該副都統等所呈新舊莊頭加增錢糧九兩二錢五分九釐，係按餧馬日期節省草束內覈計加增，此項銀兩俟新放莊頭開墾地畝二年限滿，於陞科之日起新舊莊頭一體加增。

同上 糧莊納糧定額

初，山海關外糧莊每莊納糧一百二十斤石。每斤石合倉石三石六斗。康熙五十一年八月，奏准將莊頭編作頭等、二等、三等、四等，每年頭等莊每名額納糧三百二十二倉石，二等莊每名額納糧二百九十二倉石，三等莊每名額納糧二百六十二倉石，四等莊每名額納糧一百九十二倉石。每年每名不論等第各交雜糧二十九倉石一斗六升，內蘇子二十四倉石三斗，穀四倉石八斗六升，俱准於額糧內抵除。

同上 徵收糧石

初，山海關外糧莊所報糧石內，除交倉雜糧並官用粗糧外，餘剩糧石原於該莊窖存。康熙三十七年十二月，奏准將關外窖存糧石，並嗣後糧莊所報糧石，除每莊存收一百石備用外，其餘糧石交錦州等州縣積存。雍正七年十一月，奏准山海關外糧莊等，每年每莊額交雜糧折銀四十一兩二錢八分，該副都統催徵交納會計司轉交廣儲司。八年二月，奏准關外糧莊等應交粗糧每石折銀二錢，該副都統亦徵催交納會計司，轉交廣儲司。乾隆二十四年正月錦州副都統具奏山海關外莊頭二百二十九名承領官地，除每年應交正項錢糧餧養羣馬等項差務外，每晌仍捐納地方旗倉米二升六合五勺五抄。但伊等每人名下地畝坐落均不止一處，其交納旗倉米石有在三四處、四五處者，即舊有地方倉廒離伊等所住村莊亦一二百里不等，今又令其向盛京倉廒交納米石，隔有三百餘里，每晌所交米數無幾，其運送待收盤費等項，較之額米多至數倍。且伊等交差俱有定限，幾處錢糧一時並徵，莊頭隻身分辦不及，若圈禁追比，轉致遺悞餧養羣馬，及拖欠正項差務錢糧六成以上，俱例應革退。請將所屬莊頭等每年應交旗倉地米四千一百石零，比視伊等應交餘剩粗糧每石作銀二錢之例加倍折銀，於每年交納錢糧之時，令其交納京城內庫。查盛京莊頭交納旗倉米石，係在本處，現准折交銀兩。錦州莊頭遠在三百里外，其應交盛京旗倉地米，自應一體辦理，請令每石折銀四錢交納，且錦寧廣義四倉額徵地米內除莊頭等應交之米改折銀兩外，其每年旗人應交地米除支給該處俸米跕草折米約用四五百石，仍存餘米一萬五千餘石，每年出三存七，賣給兵丁外尚有米一萬餘石存收四倉，偶遇歉收年分足備借賑之用，亦不致拮据等因。續經內務府議駁具奏，奉旨內務府議駁德祿奏請該處莊頭應交旗倉米石折銀交納一案，辦理甚屬錯謬。盛京莊頭應交米石在本處，尚有准其折銀交納之例，而錦州相隔三百餘里，反不准其折銀交納，情理俱爲倒置。此案本年正月奉旨交議，直延至九月底具奏，即有移查，何至延緩若是。且折內又不將原奏奉旨日期填寫，似此漫不經心非尋常疎忽舛錯者可比，所有會計司承辦之員著降爲二等調用，係郎中著降爲主事，係員外著降爲筆帖式，其餘同司各員俱著罰俸二年，內務府總管及堂郎中俱著罰俸一年，餘依議。欽此。二十五年十二月，奏准錦州莊頭等地畝，自雍正三年按等定額，以後至雍正五年，盛京十四城清丈地土之時，將各莊頭名下原圈額地內復丈出地三萬四千二十六晌五畝九分，仍留各莊頭名下幫補當差。上年莊頭當差額地交納旗倉地米改折銀兩摺內，並未載入此項地畝，查此項地畝共應交米九百三石零，亦係交納錦州、寧遠、廣寧、義州、瀋陽等五處旗倉之項，應請將錦州莊頭等名下復有丈出餘地應交米九百三石零，亦照額地米四千一百石零之例，一併准其一體折銀交納內庫。

同上 糧莊交納雜項物件

山海關外糧莊無論等第，每名每年額交茜草五十斤，線麻十八斤，小根菜蒥蒿菜各十六斤，黃花菜十斤。納糧莊頭五名，內一名地二百六十晌一畝，二名各地一百五十一晌，一名地一百五十晌，每年各交糧七十倉石，鵝一隻，一名地一百晌，每年交糧六十四倉石，鵝一隻。雍正三年正月，奏准關外糧莊無論等第，每名每年交鵝一隻。乾隆四年十月，奏准關外莊頭等每年應徵茜草每斤作價銀七分，令該副都統徵交廣儲司，其武備院應用茜草，令該院咨取廣儲司銀兩採買應用。

同上　奏銷糧石

雍正七年十二月，奏准山海關外糧莊每年所報新糧並舊窖陳糧及用過餘剩糧石數目，據該副都統移文到日，限二月查覈。具題。

同上　查勘旱澇

初山海關外莊頭地畝如遇旱澇，據中後所之筆帖式領催等呈報被災輕重分別具奏，另定額糧分數。康熙九年二月，奏准山海關外莊田遇有旱澇，停止派内管領往驗。五十七年十一月，奏准停止中後所值年司官，其查勘旱澇，仍據該筆帖式等呈報辦理。雍正元年七月，奏准因錦州添設副都統、郎中等官，其山海關外莊田旱澇，俱據該副都統、郎中查勘分數辦理。三年七月，奏准莊田遇災按分數免差，其揑報者，按揑報分數治罪。免差併治罪條例詳見關内糧莊事宜。

同上　補放莊頭

凡山海關外莊頭缺出，該副都統於該莊頭子弟内揀選呈報内務府承替。如該莊頭子弟無可承替者，准於家道殷實壯丁内揀選呈報内務府補放。乾隆十五年九月，呈准，查從前錦州遇有莊頭缺出，即於莊頭子弟及壯丁内揀選補放，並未載有代完欠項之條。口内定例，遇有革退缺出，莊頭子弟内有完納新陳欠項者，准其頂補，如伊族中無完項之人，或別莊頭子弟内有代完新陳欠項者，亦准其頂替。錦州頂補革退莊頭遺缺，雖無完欠之條，而該處現今查照口内則例辦理，自應與口内一體。令其將新陳欠項盡行完納，方可准其頂補，未便以本内豁免革莊頭錢糧，作爲新替莊頭予以豁免之項，應行令該副都統傳示，頂替莊頭人等不獨新欠代完，務將遺缺所有陳欠一併完結解交廣儲司庫再行頂替，所有該處補放革退莊頭遺缺，請均照口内則例定擬辦理。

同上　打牲烏拉安設糧莊

康熙四十五年五月，奏准打牲烏拉處蜜戶内挑選五名安設莊頭，每莊安設莊頭並壯丁定爲十四名，給牛二十隻，開墾荒地耕種，每年每莊納糧一百六十八斤石，建倉收存，接濟本處之用。一應催徵比查等事，俱隸打牲烏拉處總管管轄。每年將出入糧石數，呈報内務府。雍正六年三月，奏准莊頭等歷年所報糧石内存收二萬倉石備用外，其餘交該地方官較時價徵減糶賣，所得銀兩存庫其所賣糧石數目及所得銀兩數目，呈報内務府查覈。

同上　駐馬口外安設糧莊

康熙五十七年十一月，奏准於壯丁内挑選十五名，在駐馬口外彌陀山等處安設莊頭，各給荒地三百晌，自備籽種牛隻農器開墾。莊頭並壯丁共定爲二十名，每年每莊交米二百倉石，俱隸右衛將軍統轄，其應徵米石每年催徵交納本處旗倉。初墾之時，免納米石三年。其補放莊頭及比丁等事，俱由該將軍辦理。乾隆三十五年閏五月，戶部奏准，駐馬口外莊頭等應交糧石折徵銀兩每米一倉石，改徵銀九錢，飭令莊頭等按年輸納存留朔平府同知庫内，以充兵餉。仍於徵齊之日，分晰造冊送部覈銷，並知照内務府存案。

同上　歸化城安設糧莊

康熙三十四年三月，奏准於莊頭子弟及壯丁内挑選十三名，在歸化城安設糧莊。每莊給荒地三百晌，自備籽種牛隻農器開墾。莊頭並壯丁共定爲二十名，每年每莊交米二百倉石，由歸化城都統催徵交納本處旗倉。初墾之時，免納米石三年。如有革退補放等事，該都統呈報内務府辦理。三年一次比丁，即令查比口外壯丁官員查比。乾隆二年三月，奏准歸化城十三莊自力開墾地二千六百餘頃，内每莊頭給地六十頃，令歸化城新城將軍統轄，其餘地一千九百餘頃撤交地方官，招民承種徵租。

清《總管内務府現行則例·會計司》卷三　清查旗民地畝

初，各佐領、管領下人及莊頭等，與民人互相控告地畝等案，會計司呈明除派司官一員移咨戶部領取部劄，會同該地方官審理定案，後仍由會計司呈明，將原劄繳部。嘉慶十七年八月，戶部奏准旗婦控理田土房間無抱呈者，照例不准外，凡抱呈而控屬虛誣者，罪坐抱呈。旗人圈地及契置地畝界址不清，爭控到官，地方官眼同地隣勘丈明晰，有多餘地畝在四至以内與原地毗連者，准其管業，其隔斷另塊不與原地相連者，仍撤出入官。再内務府莊頭、王公府莊頭所領差地四至以内丈有多餘，即令該莊頭加交差銀，如在四至以外有多餘者，仍照例撤出入官。旗人將祖遺及自置田房典買與人，不將原契跟隨，或揑造民契過稅出賣，後本人物故，其子孫恃無質證執持原契控告者，審實照契價計賦以詐論，有祿人加一等。大糧莊頭及旗人看墳管地家奴，如係在屯居住，實無養贍，呈請撤地承種者，查明實係莊頭親丁以及在檔家奴，與本村居住在十里以內者，准將該地按畝撤給三成作爲養贍，不准全行撤出。其撤地原佃如將地畝全行撤出，准在未曾撤地各佃名照前成數撥補，勿使失所，儻撤地後承種一二年另佃與人，一經控發，仍照奪佃戶例斷給原佃承種，並將呈請撤地之人治罪。旗人現買地畝，實係新立墳塋佔用地畝若干，准其向佃戶撤地外，其餘地畝仍租給原佃承種，儻撤地後並不立墳另行招佃者，仍照奪佃例辦理。

同上　派除看管麥田莊頭

瀛臺麥田，由會計司派莊頭一名，值年看管。

清《總管內務府現行則例·會計司》卷四　三旗無力回贖地畝

乾隆二十一年七月，奏准內府三旗無力回贖地畝租銀，向例俱由各州縣徵收出批，徑解內府。收清之後，於原批內註明鈐印批回，並不知照直隸總督。嗣後，凡有各州縣出批徑解內府一切地畝租銀，收清之後，一面仍於原批內註明鈐印批回外，一面知照戶部轉咨直隸總督飭交布政司衙門存案備查。凡會計司所屬莊頭名下撤出退出，並內府餘絕入官各項地畝，俱交州縣徵租解交戶部，惟內府三旗無力回贖地畝，由各州縣徵租批解會計司彙總轉交廣儲司銀庫收存。

同上　族人典買地畝

乾隆二十一年十一月，戶部奏准，除將八旗地畝凡典賣於民者，仍照例彙入民典旗地案內辦理外，其在康熙年間將房地典賣與旗人者，概不准控贖。並請嗣後凡契典房地，俱令報明各該佐領鈐用圖記將價銀一併登載旗檔，回贖時仍報明各該佐領銷檔。三十三年二月，軍機大臣會同八旗都統等奏准，嗣後旗人地畝如有遇事情願典當者，令其報明該佐領登記檔案，以備日後回贖之時考查，設有得價豐饒情願賣出者，不拘旗分，准其買賣，在左右兩翼稅務衙門納稅，不許私立文約。儻有違例私立契紙隱匿等項情弊，將兩造照例治罪。三十五年七月，戶部奏准嗣後旗民人等典當房地契載年分，統以三五年以至十年爲率，仍遵舊例，概不稅契。年分滿後，聽原業收贖。如原業無力回贖，聽典主執業或行轉典，悉從自便。儻立定年分以後，仍有不遵定例，於典契內多載年分者，一經發覺追交稅銀，並照例治罪。凡從前典契載有二三十年至四五十年以上者，統限於三年內，令各現在典主，在旗則首報佐領，在民則首報地方官，即令改典爲賣，一體上稅，免其治罪。如有藐法行私匿不首明者，儻經查出，即照漏稅之例罰典價一半入官，仍照違禁例懲處。四十六年五月，軍機大臣奏准，嗣後旗員及閑散家奴人等置買房地，概令呈明該管領，按旗在左右兩翼監督衙門納稅過契。如在縣投稅請領契尾，並該縣私准納稅者，均照違制論，該旗官員並該縣俱交部議處，其閑散家奴俱鞭責發落。仍勒令其兩翼監督衙門補稅換領執照，並令步軍統領衙門會同順天府尹不時稽察，如有隱匿旗籍，私向大宛二縣納稅者，立即劾究。四十七年十月，八旗都統等奏准，旗人家下人等典買自居房屋之處仍照舊例准行，嗣後將伊等另行典買房屋租人取息之處嚴行禁止。如有違禁取利索求租息者，照例加重治罪，將伊典買房間撤出，並將原價追出入官外，伊主人照依約束家人不嚴之例治罪。至民人等多有因謀買賣租債典買旗房，而又另行典買房間，或自己居住，或索取重息者，除將已前旗人已經賣與民人者無庸置議外，嗣後旗人房間永遠不准民人典買，如有陽奉陰違，或多方以指房借銀爲名倒寫年月，或央煩旗人冒名典買，一經發覺，即照偷盜典買旗地之例，將房撤出，並將價銀追出入官，仍治以違禁之罪。五十年十二月，戶部咨准奏定則例，自乾隆十八年起，凡有旗下家奴典買旗地以及民人典買旗地，概行查撤入官。今定嗣後旗人置買產業一概不許假借家人及莊頭佃戶人等出名，如有仍前借家奴人等之名者，一經查出，即行照例撤出入官，追價治罪。至從前業經借家人等名色置買旗產，無論已未斷結，在京在屯俱各即行查明。本旗另行更名改契赴翼報稅，准其管業，如有逾限不行呈明者，或事後發覺或被人首告，一概撤出入官，追價治罪。五十七年正月，戶部奏准，嗣後凡民人佃種旗地，若因當日原佃交租本輕，現有別佃情願增租及情願自種者，均由業主自便，所有從前不許增租奪佃之例，即行停止。再嗣後，凡投充人丁地畝，請照旗下圈地家奴典賣，悉由本主自便。

同上　回贖民典旗地

乾隆二十二年七月，戶部咨准旗人原典買旗人地畝轉典給民人者，嗣後止盡尾後典給民人之業主回贖，如不願贖，即照例官贖作爲公產，其餘輾轉典售之人，俱不准贖再典售地，價止照尾後旗人典給民人價值照例按年減價回贖，如價值浮多，仍查照隣地價值覈計，其輾轉價值多寡不符之處，俱毋庸議。嘉慶十一年十一月，戶部奏准，嗣後八旗人等置買有民糧地，其地畝坐落何州縣，即在該州縣封冊推收過割稅契以憑稽覈。至旗人置買民人房間，其坐落外城及城外並各州縣者，均請照民地，一律在於州縣過稅，其坐落城內有隨地種地糧銀房間，亦仍在縣過稅，惟城內無糧房間，令各按旗分赴左右翼過稅。其在翼過稅者，即以跟隨紅契爲憑，毋庸取具，置主佐領圖記所有跟隨民契，亦不得銷毀，即於該翼執照後黏連給發，其房間數目，坐落地方，賣主買主姓名跟隨印契幾張，該翼詳細登記以備查考。再旗地、旗房不准民人典買，仍照定例辦理，至本係民地、民房曾經旗人置買，或又輾轉賣與民人，例無禁止。應請嗣後旗人典買有州縣印契跟隨之民地、民房，或輾轉典賣與人，仍從其便。十七年八月，戶部奏准，查民人及家奴人等違例典買旗地，原例內載撤地入官，按照契價議徵，其餘保年徵租爲始，並無明文。嗣後，旗奴民人等違例典買旗地，除地畝入官外，仍應著追歷年花利，是控發之後所得花利，應在買主名下著追，自未便復向佃戶由控發之年起再行補徵租銀。如有違例私典旗地入官議租之案，行令地方官，於奉文入官之年徵租爲始。旗人圈地並自置地畝，在定例以前施捨寺廟香火地畝，查有確據立有碑碣者，准其管業外，儻定例後妄行施捨作爲香火，即立有碑碣，亦照民典旗地例治罪，若租給僧人承種者，毋庸議。各寺院喇嘛典買旗地，在乾隆三十年定例以前者，准其管業。如在乾隆三十年定例後，有私行典買者及捏稱旗舍者，照民典旗地例辦理。旗人指地立契向民人借貸錢文契內，註有錢無利息地無租價字樣，一經到官，照民典旗地例辦理。凡旗人家奴及看墳人，將伊主地畝房間捏稱祖遺及自置名目盜典賣與人者，照盜典官田例治罪。理藩院外藩所轄莊頭自置地畝，仍照向例，於立契後原業主用給本佐領圖記赴翼過稅管業後，如欲將自置地畝出售與正身旗人者，准其憑原契售賣，令買主用該佐領圖記赴翼過稅，並令賣地之人將原契跟隨。

同上　回贖歸旗地畝

乾隆二十三年正月，戶部奏准，乾隆二十一年二月，奉上諭另記檔案及養於開戶人等俱准其出旗爲民，所有本身田產並許其帶往。欽此。酌議，嗣後凡伊等契買民地並開墾地畝，原係伊等本身田產，自應准其帶往爲產。至於老圈併典買八旗地畝，乃八旗世產，不便將旗地帶入民籍，應仍歸典買旗地案內，移咨直督查明，動帑官贖。再嗣後，凡漢軍出旗爲民，將伊等所有地畝，除墳塋地畝仍應開除外，其餘地畝俱覈明確數，官爲給贖。贖回之後，准人認買，不准照公產之例，仍留本旗，准本旗滿洲、蒙古、漢軍人等照依原價交足現銀認買爲產。其未認買之先，仍交該旗照例收租解部。至從前漢軍出旗爲民帶出地畝，亦係旗產，應令直督併各該旗查明造冊送部畫一辦理。嘉慶十七年八月，戶部奏准民人典買旗地，例應撤地追價入官，旗民人均按例治罪。至旗地典賣與民人後，民人復典賣與旗人，則旗產既已歸旗，應免其撤地入官，其旗人所得原典價銀，民人所得轉典價銀，一併追繳，仍各治以應得之罪。若旗人自行贖回，業已交價撤契者，准其執業。儻既經控發之後，并未立契撤契，捏稱典賣回贖及設法典買者，應照例入官，並治以應得之罪。民人典買旗房及家奴典買房地，均照此例辦理。至民人典買旗地，撤地入官後，查明內有民人建立墳塋者，免其遷移，四至不得過五畝，著照上等租則納租。

清《總管內務府現行則例・管理三旗銀兩莊頭處》　莊頭等私典長租地畝

乾隆四十二年四月，呈准，請嗣後凡莊頭等有私典長租當差官地者，一經查出或經告發，即照拖欠錢糧之例革退治罪。所遺之缺，不准伊子孫充當，另於中親丁內揀選安放。如親丁無人，即另行安放別族。再投充等有私典長租者，照例革退治罪，所遺之缺，准其子孫更名充當。如其子孫頂替之後，再犯私典長租等弊，即不准再替，另查族中親丁內按其支派遠近有堪可充當者，揀選安放，族中無人，再行安放別姓。

《清高宗實録》卷一二二［乾隆五年七月］甲戌，禁八旗私行典賣承買地畝。諭：朕爲八旗人等生計，叠沛恩施，復爲伊等謀永遠之益，將賞作公產地畝，准令貧乏旗人承買，以爲恆產。今聞不肖之徒，承買此項地畝，祗圖目前微利，竟有私行典賣與旗、民者。朕將作爲公產地畝，降旨准令無產貧乏之人承買者，原欲令伊等得永遠生業之資，理應仰體朕爲伊等詳籌之至意，各自圖維，將承買地畝不至花費，即作恆產，以爲生計。若祗圖目前之利，輒將地畝私行典賣與旗民，則不能獲永遠之益，殊違朕爲旗人詳籌永遠有益之深心，伊等縱不念及永遠生計，亦當思朕施恩之處，不應如是忍爲也。外省地方官，事務繁冗，尚知愛養百姓，保如赤子。旗人無多，管旗大臣，所辦事務亦復甚簡，惟教養旗人，是其專責，宜如父兄之愛子弟，於伊等生計，留心籌畫，以期永遠裨益。朕爲旗人籌算，無微不至，而管旗大臣，反視爲膜外，此事朕已聞知，伊等尚若罔覺，有是理乎？若云並無此事，朕何由得聞？如將私賣地畝之人降旨指出，則必將售買者，俱以違制治罪，並及該管大臣官員，是欲求有益而反因此以治伊等之罪，轉非朕施惠軫念旗人至意。著通行曉諭八旗，務令伊等仰體朕心，各圖生計。將承買地畝，斷不可顧目前之利，私行花費。作爲恆產並交與該管大臣官員，將此等私賣地畝不肖之徒，嚴加查禁。若禁而不遵，奏明治罪。務將旗人視如子弟，留心管養，不時教訓，俾令各知永遠生計，以至豐裕。斷不可仍前漫不經心，苟且怠忽。

《清高宗實録》卷一四一［乾隆六年四月壬戌］工部等部議准：御史祿謙奏稱，民人典買旗地，例得贖取。查有不肖民人，潛來京師，賄囑原舊地主，串通旗人，代爲出名，換契假買，昂增價值，以防日後贖取，應嚴行禁止。又八旗婚嫁之禮，向多糜費，至有用西洋轎迎娶者，亦應嚴禁，以杜奢靡。從之。

《清高宗實録》卷一七七［乾隆七年十月］是月，都察院左都御史杭奕祿，理藩院左侍郎勒爾森，署直隸總督史貽直會奏：奉命查徹莊頭典賣地畝，共計一千二百餘案，年歲久遠，其中情事不一，如有應行變通之處，當商酌妥辦，務使旗、民兩得其平。得旨：所見甚是，和衷詳酌爲之。

《清高宗實録》卷一八八［乾隆八年四月己丑］大學士等議准，左都御史杭奕祿、理藩院侍郎覺羅勒爾森，署直隸總督史貽直等奏，查徹直屬各州縣莊頭私行典賣當差官地事宜：一、分別應追全價、酌給半價之處，照雍正十三年查徹園頭、牲丁地畝之例辦理；一、白契典賣官地，准自雍正十三年分別前後，酌給半價，其應徹地内已種秋麥者，毋庸議給工本，俟秋收後，退交莊頭管業；一、莊頭名下應追全價半價，不能當時交還，將其養家餘地及自置田地，或將徹回地畝内酌量撥出，議定租數，令民人承種，限年以租抵償。至應追全價，著落用印官及莊頭各半之處，已屬有著，應准恩免；一、清查後，倘有故智復萌者，事發，照盜買盜賣之例治罪，地方官徇隱及漫無覺察者，議處。從之。

《清高宗實録》卷二六〇［乾隆十一年三月戊辰］又議准直隸總督那蘇圖疏請，直屬州縣回贖民典旗地酌定各條款：一、贖價宜按年遞減。查原議在十年以内者，照原價；十年以外者，減十分之一；必至二十年，始減十分之二。所給價值，未免偏枯，應令按年遞減。其原價較時價過重者，令該督查照原題，務使地畝價值，兩得其平。一、詳驗原契，較對原冊，并查明原典，分別作准。查從前造報冊内，有與契載年分不符，銀地各數多寡互異者，自應驗契據實更正，應令逐案詳查，質證時價，造冊報部。并將轉典地畝，無論價值多寡，總以原典價爲准，按年減價取贖其轉典價重者，原典之人完補。一、依次取贖，毋得攙越。查原議行令挨次取贖民典旗地者，恐有爭先告贖，臨時規避，如典主果事故遠出，而泥於鱗序辦理，非惟回贖無期，抑且虛懸帑項，自應挨次取贖。倘典主有意支延，中保通同徇隱者，查究。一、原典莊窠、場園等地，宜一例取贖。查前項莊窠場園，原係老圈旗地，無論典價多少，均照原價一例減贖，則旗地歸旗，不致牽混。其有民人於原典旗地内已造墳塋者，丈明畝數，照頭等租數，聽民租賃，造清冊二本，一送該旗，一存部備考。一、業主備價回贖之案，宜查明辦理。查直屬各州縣民典旗地，有原業備價自行回贖者，各該旗咨部，即於原冊内開除，應令將現在報稱原業贖去者造冊送部。倘有私相典售，即照隱匿官田例治罪，該叅、佐領并地方官議處。從之。

同上［乾隆十一年三月］壬申，軍機大臣等議奏，據順天府尹蔣炳奏稱，民典旗地，令地方官領帑回贖，交官徵租，徒爲土豪胥役侵漁，不如於贖出時，即交旗人管業，不必更定官租。查贖出地畝，皆先儘原主取贖，必原主不願取贖，始令各旗官兵認買。或贖或買，必查覈明確，方按名給與，其間必須時日，斷難於甫經贖出時，即交旗人管業，應仍照在官徵租之例辦理。至該府尹又稱，向日旗地，每畝收租係二錢、三錢者，今所定官租，每畝自六分至錢許不等，土豪胥役，遂將地畝包攬，仍照原額轉租佃民，從中取利。再，地畝多寡，必原業旗人方知實數，去冬贖地，但憑民人首報，未經傳問旗人，以致隱匿。查該部原議内，地方官於贖地時，查明現種之人與現出之租，將佃戶租銀數目造冊三本，一存地方官，一送戶部存查，一咨該旗備案。又令該督通飭各地方官，毋得草率徇縱滋弊，倘有旗、民夥開浮價，誆報分用情弊，照例治罪，地畝入官。種種弊竇，皆立法剔除，何以去冬贖地時，祇憑民人首報，致仍有如該府尹所稱等弊。現在總督那蘇圖酌定條款，復將從前所遺冊内錯漏之處，俱令驗明契紙，據實更正。其從前遺漏之案，亦令另行續報，該部定議覆准。應令該督嚴行查察，照例妥辦，毋得仍前草率。再，查該督現在報部所贖之地，自必照原議現出之租辦理，今所報固安、滄州、赤城三處租數，每畝自一二三分起至二錢不等，誠如該府尹所稱，二三錢者，僅六分至錢許，則現租與原租太覺懸殊，侵隱包攬之弊，勢所不免。此項租銀，留爲將來贖地之用，豈可過於減輕，且旗人贖買之後，照此收租，必較原租短少，於旗、民均無裨益，徒爲土豪胥役中飽，應請一併勅交該督詳悉查核，妥協辦理報部。得旨：現今高斌、劉於義在直隷地方辦理水利工程，於各處情形，知之必悉，著會同那蘇圖妥商辦理。高斌此時差往南河，有查勘事務，即著劉於義先行商辦。

《清高宗實録》卷三七八 ［乾隆十五年十二月己卯］又奏，西洋人郎世寧等，於例禁之後私典旗地，應徹回治罪。得旨，民人私典旗地，定例綦嚴，屢經飭禁。但念郎世寧等係西洋遠人，内地禁例，原未經通飭遵行，且伊等寄寓京師，亦藉此以資生計。所有定例後價典旗地，著加恩免其徹回治罪。其定例以前所典之地，亦著免其一例回贖。如原典之人自行用價收贖，仍聽其贖回。此朕加惠遠人，恩施格外。今禁例既經申明，嗣後西洋人於此項地畝之外，再有私行典買旗地者，與受之人定行照例治罪，并此次恩免徹回之處，從重究治。郎世寧等既經寬免，所有出典之蔡永福等，并失察之該管各官，均從寬免其治罪議處。至河游地畝，亦係郎世寧等價典之地，俱免圈徹，但蔡永福於認買公產之外，所有多得河游地畝典價，並非伊分内應得之項，著該部照例查辦。

《清高宗實録》卷四五六 ［乾隆十九年二月壬辰］軍機大臣等議奏，臣等現查以俸餉坐扣贖出地畝及得行公產地畝，共九千八百十三頃八十二畝。除租佃與民及典賣在旗外，其餘典賣與民人地畝，共七百二十五頃二十八畝。伏思此項地，係特恩動帑向民贖回，將伊等俸餉坐扣，俾各得原業。不許私行典賣與民之處，例禁甚嚴，乃竟有不肖旗人，圖利私典與民，民人違例私典，均屬不合。請將此項七百二十五頃有零地盡行徹出，照戸部原奏收取租銀，年終彙奏賞給旗人之例辦理。再，查旗人原圈地畝及自置地畝内，從前清查時未報，此次報出典賣與民共一萬四千七百五十九頃零。既據自行報出，照議免其治罪，應交與各叅、佐領，清查原業主，如能交銀回贖者，令其回贖；如不能回贖者，將此項地官贖，所得租息，亦照部議辦理。並請將八旗地畝冊檔咨送戸部，轉行直隷總督，除現納錢糧民地外，挨村清查有無遺漏隱匿之旗地，勒限一年，據實造冊咨部。戸部即令各該旗造冊鈐印，收貯備查，如有再行違例私典與民及民人私自典賣，或被查出，或被首告，從重治罪，將地畝價銀，盡行徹出，交與該旗照定例辦理，并將該管大臣、地方官嚴加議處。從之。

《清高宗實録》卷四六〇 ［乾隆十九年四月辛巳］又諭，鑲黄旗奏請旗人所典房產俱令過契上税一摺，内有請將私行典賣房產地畝入官之語。甚屬非是。朕臨御以來，每念旗人生計維艱，撥出官地一萬餘頃，作爲公產。又將典賣於民地畝贖出，亦作爲公產。無非欲有裨於旗人生計之意。此項贖出地畝内，或有不肖之徒，復行典賣於民者，官又爲之辦出，仍作公產。今伊等私用白契典賣房產，若令入官，非惟不副朕惠愛旗人之意，且令不肖之徒，得以藉口，謂朕借端將房產入官矣。況入官之例，原爲已身獲罪，或有虧公項者而設，若私行典買房產，未經税契，非此可比。即欲懲治，亦不過不准復歸本主，作爲公田濟衆而已，請入官可乎？朕所賞旗人萬餘頃地，即此入官之地也，此項尚且賞回，私行典賣之房產，該旗奏請入官，甚屬錯誤。將此通諭知之。

《清高宗實録》卷五二六 ［乾隆二十一年十一月壬寅］戸部議奏，旗人有將康熙年間賣出之產，捏稱爲典，圖利控贖者。總因年遠，兩造俱非經手之人，中證又皆無存，一稱爲典，一稱爲買，甚至價值多寡互異。即以契爲憑，雍正元年以前俱係白契，眞僞難辨。竊思康熙年間典賣房地，至今多則八九十年，少亦三四十年，賣者固無回贖之理，即典者亦輾轉出售，難以根尋。應將八旗地畝，凡典賣於民者，仍彙入民典旗地案内辦理，其在康熙年間典賣者，概不准贖。嗣後凡契典房地，俱報明各該佐領，將價銀併載旗檔，回贖時，仍報明銷檔，以杜訟端。從之。

《清高宗實録》卷五五七 ［乾隆二十三年二月甲戌］軍機大臣會同八旗大臣等議奏，據副都統祖尙賢奏稱，八旗老圈地畝，例止准本旗買賣。遇緊急事故，本旗難覓售主，准典與別旗。其中添寫虛價、多勒年限，致日久難贖，名典實賣，且得價轉不如賣。請嗣後照八旗買公產例，不拘旗分買賣，令於左右兩翼税司過税，不准私立文券。應如所請，嗣後旗人遇事故典地者，呈報該都統、佐領存案，以備查贖。或圖多得價直，准其不拘旗分出賣。漏税私立文券者，治罪。從之。

《清高宗實録》卷六九二［乾隆二十八年八月癸巳］諭：上年，因八旗回贖旗地積至一萬餘頃之多，降旨令戶部會同內務府及八旗大臣定議，以三四千頃安設莊頭，餘俱賞給八旗作爲恆產。第念此項田畝，雖係旗人世產，現在貧民耕種日久，藉以資生，若改歸莊頭，於傭佃農民，未免失業，所有分設莊頭管理之處，不必行。其如何按則交租並酌定章程之處，著軍機大臣會同方觀承詳悉妥議具奏。尋議，現在贖回地畝，向來各該業主每畝所收若干，雖無從一一查覈，而各該處田畝之前後左右，自必有現在旗、民執業，所租地畝，應即按照各隣近田畝租數，一體徵收。但佃戶輸租業主，往往因循拖欠，或銀色低潮，未能按期清楚，既經地方官徵收報解，例應年清年款。而庫平庫色，亦較諸業主所收不無少異，應於額租內酌減，覈計佃戶所出添平補色之數，仍與原租相仿，在佃戶符其向來應交之額，吏役亦無從借端滋弊。請派大臣前往，會同方觀承，督率道府逐一履畝查勘，按其地址，繪造清冊，並將租額分別上中下則實數，塡冊二分，一送總督衙門，一送戶部。所有每年租銀，應如何解交，及偶遇水旱，如何酌量分數分別蠲免，統令會同熟籌妥議。得旨，依議。著派英廉、錢汝誠會同方觀承查辦。

《清高宗實録》卷九二六［乾隆三十八年二月乙丑］欽差尚書裘曰修等奏，查盛京民典旗地，計十二萬餘晌，蒙恩動帑回贖。請嗣後原業旗人自能耕種，准其徹回。原佃民人欠租，官爲催比。如抗玩不交，徹地另行招佃。至帑項未經扣完以前，旗人不能自種，佃戶又無拖欠，遽將地畝徹回者，治罪示儆。得旨，所奏是。依議。

《清高宗實録》卷一一六六［乾隆四十七年十月乙亥］軍機大臣會同八旗都統等議准，御史西成奏稱，請嗣後城內旗人住房，止許旗人互相典買，不得賣與民人。如有旗人與民人鈎通，頂名冒買等弊，一經發覺，即照偷典盜買旗地之例，繳房追價入官。從之。

《清通典》卷二《食貨二》　順治元年，上諭戶部清釐近京各州縣無主荒田，及前明貴戚內監莊田。如本主及有子弟尚存者，量口給與，其餘盡分給東來諸王、勳臣、兵丁，并令各府、州、縣、鄉、村，滿漢分居，各理疆界，以杜異日爭端。順天巡按柳寅東上言，安置莊頭，其無主地與有主地犬牙相錯，易起爭端。請先將州縣大小定用地數多寡，使滿洲自住一方，然後以察出無主地與有主地互易，庶疆理明晰。從之。設指圈之令。時近畿百姓帶地來投者甚多，乃設爲納銀莊頭，願領入官地畝者，亦爲納銀莊頭。各給繩地，每四十二畝爲一繩，其納蜜、葦、棉、靛等物附焉，分隸內務府鑲黃、正黃、正白三旗。奉天、山海關、古北口、喜峯口，亦令設立。又令諸王、貝勒、貝子、公等，於錦州各設莊一所，蓋州各設莊一所。其額外各莊，均令退出。二年，定給諸王、貝勒、貝子、公等大莊，每所地四百二十畝至七百二十畝不等；半莊，每所地二百四十畝至三百六十畝不等；園每所地六十畝至一百二十畝不等。給內務府總管園地四十八畝，親王府管領園地三十六畝，郡王府以下管領園地三十畝，各官執事人員皆給地有差。又題准王以下各官所屬壯丁，計口給地三十六畝，停支口糧。

諭戶部，民間田房有爲旗人指圈改換他處者，視其田產美惡，速行補給，務令均平。其有瞻顧徇庇者，罪。

命給事中、御史等官履勘畿內地畝，從公指圈。其有去京較遠，不便指圈者，如滿城、慶都等二十四州縣無主荒地，則以易州等處有主田地，酌量給旗。而以滿城等處無主地，補給就近居民。凡民間墳墓在滿洲地內者，許其子孫隨時祭掃三年。

同上　［順治］六年，定凡加封王、貝勒、貝子、公等，各照本爵撥給園地。其襲封王、貝勒、貝子、公等祖父所遺園地，除撥給應得之數外，餘地仍留本家，不必撤出。又定公、侯、伯，各給園地三百畝；子二百四十畝；男百八十畝。

同上　［順治］七年，定給公主園地三百六十畝；縣主百八十畝；縣主、郡君、縣君，各百五十畝。撥給親王園八所，郡王五所，貝勒四所，貝子三所，公二所，每所地百八十畝。嗣後，凡初封貝勒、貝子、公等，皆照此例發給。

同上　［順治］十年，令民間房地有被圈一半者，不必撥補。全圈者，以未被圈之房地，均攤補給。本州縣不足，以鄰近州縣存留房地補給。停圈撥民間房地之例。

同上　內務府官莊

國初定制，每莊壯丁十名選一人爲莊頭，給田一百三十晌。六畝爲一晌。場園馬館，另給田四晌。壯丁蕃衍，則留於本莊，缺則補足，量給牛種、房舍、口糧。莊有整莊，有半莊，有稻莊，有豆稭莊，有園，又有蜜戶、葦戶、靛戶、瓜園、果園、菜園、牧地、網戶地、獵戶地。謹按宗室莊田。鑲黃旗宗室整莊四所，半莊一所，園一所，共地三十六頃六十畝。在大興、通、武清、平谷、河間各州縣。正黃旗宗室整莊五所，半莊十二所，莊四所，園三所，其地百有六頃五十六畝。在涿、易二州，大興、宛平、三河、寶坻、順義、房山、保定、雄、任邱各縣。正白旗宗室整莊四所，莊一所，園二所，共地三十六頃。在順天府及通州、香河、寶坻、房山各縣，沙河所等處。正紅旗宗室整莊百四十五所，半莊三所，整園五十所，半園十所，園四所，其地千二百四十四頃十有六畝零。在昌平、涿、遼陽等州，及宛平、文安、保定、定興、淶水、海城、蓋平各縣。鑲白旗宗室整莊百七十六所，半莊五所，莊八所，整園八所，園二十所，果地、靛地，網戶、獵戶等地七十六處，其地千七百十有七頃十有四畝零。在通、昌平、霸、薊、遵化、灤、易、滄、遼陽等州，大興、宛平、良鄉、固安、永清、東安、香河、三河、武清、寶坻、密雲、懷柔、房山、玉田、平谷、豐潤、遷安、臨榆、樂亭、保定、河間、任邱、保安、海城、蓋平、鐵嶺各縣。鑲紅旗宗室整莊二百九十八所，半莊二十三所，莊五所，整園百十有一所，半園二所，其地二千六百三十頃一畝。在通、涿、昌平、霸、灤、滄、延慶等州，大興、宛平、永清、香河、寶坻、房山、新城、河間、肅寍各縣及張家口外等處。正藍旗宗室整莊五百四十四所，半莊百五十一所，莊二十二所，整園百有三所，半園十有九所，園七十三所，果園、菜園、牧地五處，其地五千三百十有三頃二十四畝零。在通、涿、昌平、霸、薊、遵化、灤、易、遼陽、錦、寍遠等州，大興、宛平、良鄉、永清、東安、香河、武清、順義、懷柔、房山、保定、玉田、平谷、豐潤、盧龍、昌黎、樂亭、新城、青、無極、保安、承德、開原、廣寍、開平各縣，及冷口外等處。鑲藍旗宗室整莊二百三十一所，半莊六十三所，莊九所，整園百有二所，半園二所，園三所，共地二千二百五十四頃七十四畝零。在昌平、灤、安、遼陽、錦等州，大興、宛平、固安、永清、東安、懷柔、蠡、高陽、海城、蓋平、開平各縣。凡整莊、半莊、園地、蜜戶等戶，各設莊丁，內選一人爲莊頭，給以晌地。康熙初年，編各莊頭等第，以其田土編爲四等，每十年編定一次。至是年設立糧莊，每莊各給地三百晌。其山海關內、古北、喜峰諸口外糧莊，每一所納糧百石，合倉石三百六十石；山海關外糧莊，每一所納糧百二十石，合倉石四百三十二石。凡各莊頭收糧畢時，於定額外多納一石以上者，賞；缺額一石以上者，責。二十六年，題准交納銀二百兩之莊頭，改爲糧莊，增莊丁爲十五名，停止莊頭報糧溢額賞給。三十年，新滿洲退出地畝，令給民間耕種輸租。四十五年，更定撥給之例。凡旗人退出之地，官收存撥給者，俱俟秋成後始行撥地。已撥之後，不准更換。其初次應行給地之新滿洲，於八旗餘地內丈給。四十八年，令莊頭地畝不足額者，准其補給。薄鹻沙壓者，准其換給。五十一年，定給屯長地畝。五十三年，定撥補莊頭地畝，在各旗退出輸租地內勻撥，不得指圈民地。五十五年，定給莊頭頂帶之例。凡莊頭當差四五十年，不欠錢糧者，給八品頂帶；二三十年無欠者，給九品頂帶。

雍正元年，設總理大臣，專司口外報糧編審。

同上〔雍正〕三年，令口內莊頭交倉所餘之糧折銀，口外莊糧運交熱河倉，其雜糧秫稭等項，折銀均交廣儲司。四年，更定山海關外糧莊地數。一等莊給地五十四頃，二等莊五十一頃，三等莊四十五頃，四等莊三十九頃。六年，令內務府、宗人府、八旗都統將直隸所屬旗莊、圈賞、投充各項地畝，覈明基址，載冊交戶部，并直隸總督與各州縣存貯。如有旗民互相爭訟者，即據冊勘審。

同上 諭免八旗地畝私行典賣與民者罪。令各旗稽查清出，動支內庫帑銀取贖。限一年，令原業主贖回，逾限者聽他旗人承買。十三年，遣官清丈察哈爾西四旗、東四旗地畝。

諭旗人欺隱餘地，俱令自首，違者罪。又遣官清查園頭、牲丁、壯丁地畝，凡官莊內園頭、牲丁、壯丁當差養家房地，私相典賣者，若係內務府紅冊內所載，本屬官物，概行撤回，私業則不應強撤。清釐之後，將地畝數目、村莊載冊，分存本州縣戶部、內務府及該總督處，以備稽考。定承催官獎勸例，完六年者，加一級，三年者，紀録。

同上 上諭我朝定鼎之初，將近京地畝圈給旗人，在當日爲八旗生計，有不得不然之勢。其時旗人所得地畝，原足以資養贍，因生齒日繁，恆產漸少，又或因事急需將地畝漸次典與民家爲業，閱年久遠，輾轉相授，已成民產。今欲將從前典出旗地，陸續贖回，必須於民全無擾累，始爲妥協。再此項地畝，官員內尚須扣俸認買，貧乏兵丁食餉有限，無從措價，勢必盡歸富戶，究於貧乏旗人，未必有益。再下直隸總督妥議。復議以取贖旗地，百姓不苦於得價還地，實懼其奪田別佃。請於贖地之時，將見在佃戶及見出之租數造冊，無論何旗承買，仍令原佃承種。房屋、墳墓在於旗地內者，丈明所占地畝，照數輸租，免其遷移。至贖回之地，貧乏兵丁，未能措價認買，請以八旗公產及入官地，并此次贖回之地勘明。八旗閒散人內，有正戶出身，居家勤儉，情願下鄉種地者，上地給與百畝，中地給百五十畝，下地給二百畝，令其攜妻子居鄉耕種。初種之年，官給牛種、房舍之資，如此則貧乏旗人實爲利賴，從之。九年，定民典旗地減價取贖之令。凡地不論契載年限，以十年爲率，在十年之內者，照原價；十年以外者，減價十分之一。每十年以次遞減，至五十年外者，半價取贖。又令旗人承買公產者，亦照官贖減價。十一年，令八旗公產編設莊頭。凡公產內有未經承買及存退餘絶地畝，酌留千頃，爲撥補之用。其餘五千四百畝，令履畝詳勘。如地沃租多，整分莊頭仍照例給十八頃，半分莊頭九頃；如地瘠租少，酌量加增。其新設莊頭，免差一年。十八年，定旗下奴僕及開戶人等，典買旗地，限一年內自首。照民典旗地例，分年減價取贖。若原主不能取贖，作爲公產，官收租息，歲終請旨賞給貧乏旗人，以資養贍。十九年，清查遺漏旗地。軍機大臣疏言，民典旗地內，多有原業子孫年幼，其地畝數目、坐落村莊、典地人名姓不能記憶者，易致隱匿。查直隸各屬，除民地外，俱係旗人原圈地畝，請將見納錢糧民地開除，挨村清查，從之。

同上 ［乾隆］三十二年，議准內務府所屬鷹戶、炭軍、炸軍、灰軍并銀兩莊頭，如私典旗地及旗民親族借名頂冒者，均照民買民典之例治罪。

《清通志》卷八二《食貨略二》 順治元年，近畿百姓帶地來投者甚多，上特命設爲納銀莊頭，各給繩地，每四十二畝爲一繩。其納蜜、葦、棉、靛等物附焉。計立莊百三十有二；不立莊者，仍其戶，計二百八十有五。分隸內務府、鑲黃、正黃、正白三旗，坐落順天、保定、河間、永平、天津、正定、宣化等府州縣，其奉天、山海關、古北口、喜峰口亦命次第設立。

同上 至於內務府莊地，先是量地編爲四等，每莊壯丁十名，立一人爲莊頭，給田一百三十晌。每六畝爲一晌。場園馬館另給田四晌，房舍、牛具皆給焉。至是，設爲糧莊，每莊給地三百晌，後又增壯丁爲十五名。其撥給莊頭地土，祗令於各屬退輸租地內勻撥，禁指圈民地。按內務府官莊，糧莊外，有曰豆稭莊，曰半分莊，曰稻莊，曰菜園，曰瓜園，曰果園，又曰蜜戶、葦戶、棉靛戶，俱設壯丁莊頭，另給莊頭地畝。

同上 ［雍正］七年，諭旗人產業，向例不准典賣與民，相沿已久。竟有私賣者，從寬免究。飭各旗一一清出，請支內庫銀，照原價贖出，留在該旗。限一年，令原業主取贖，如逾限不贖，不論本旗、別旗，准其照價承買。

同上 上諭戶部曰，民典旗地，輾轉相授，閱年久遠，已成故業。今遽贖回，必於民間全無擾累，始爲安協。再貧乏兵丁食餉有限，無從措價，勢必盡歸富戶，則贖地一事，恐未必於貧乏旗人有益。著戶部行文直隸總督，詳悉妥議。越明年，直隸總督議奏，取贖旗地，百姓不苦於得價還地，實懼其奪田別佃。應令贖地之時，將見在佃戶及見出租額造冊備案，嗣後無論何人承買，仍令原佃承種。至民間有在旗地造房、立墳者，只令丈明畝數，照例輸租，不許勒令遷移。又贖回民田與八旗公產及入官地，不下數千萬畝，應詳察八旗閒散人內有正戶正身居家勤儉者，令挈妻子下鄉耕種，按等分給。初種之年，官給牛種、房舍之資。又覆議耕種旗丁，仍令簡選當差。初下鄉屯種時，每戶給房四間，每間折銀十兩，每名給牛具、籽種、銀百兩。如承買公產人等有願令子弟耕種者，亦照此辦理。厥後，復屢定典賣公產之禁。十一年，議定取贖旗地，以十年爲率。十年內，給原價；十年外，減原價十之一。以次按年遞減，至五十年以外，均以半價，令原業主取贖。如原業主不願回贖，准各旗官兵照減價認買。是時，八旗公產有未經承買及存退餘絶地，計六千四百餘頃。原議酌留千頃爲各案撥補之用，每年官收租息，爲數既輕，吏胥遂有包攬浸漁之弊。議令履畝詳勘，量地肥瘠，編設莊頭。地美者，整莊照例給十八頃，半莊給地九頃；瘠薄者，量增。十八年，定旗下奴僕及開戶人典買旗地，限一年內自首，照民典旗地例，分年限減價，官爲歸贖。如原主不能贖，即交內務府作爲公產，賞給貧旗。嗣後，凡民典旗地，俱交該旗作爲公產，歸入此案，賞給貧旗，停止召買。二十一年，諭八旗另記檔案，及養子、開戶人等出旗爲民，所有本身田產并許帶往，尋議旗人契買民田，并開墾地畝係本身私業，准其帶往。至於老圈并典買八旗地畝，仍請動官帑歸贖。又以新滿洲當差人員停止撥地，照地給與租銀。按嗣後於二十九年，戶部奏各旗遠年得地之新滿洲人等，亦令退地領租。二十二年，直隸督臣清出候贖旗地一萬四千餘頃。戶部因請先行發帑贖回，交八旗都統照旗地旗租例收租歸帑。又以八旗存退餘絶地，照例仍留一千頃撥補官用，餘俱安放莊頭。

《清文獻通考》卷五《田賦五》 內務府官莊

順治元年，設立官莊。是時，近畿百姓帶地來投，設爲納銀莊頭，願領入官地畝者，亦爲納銀莊頭，各給繩地。每四十二畝爲一繩。其納蜜、葦、棉、靛等物者，附焉。計立莊百三十有二，不立莊者仍其戶，計二百八十五戶。分隸內務府、鑲黃、正黃、正白三旗，坐落順天、保定、河間、永平、天津、正定、宣化等府州縣，奉天、山海關、古北口、喜峰口，亦令設立。至二十三年，題准每十年編定一次。

康熙八年，編各莊頭等第，以其田土編爲四等。

二十四年，設立糧莊，每莊各給地千八百畝。舊例每莊壯丁十名，選一人爲莊頭，給田一百三十晌。每六畝爲一晌。場園、馬館，另給田四晌。莊丁蕃衍，則留於本莊； 缺則補足，給牛八頭，量給房屋、田種、口糧、器皿，免第一年錢糧。至是，設糧莊，每莊地三百晌，其頭等、二等莊頭，不准給牛。又山海關内、古北口、喜峰口外糧莊，每一所納糧百石。合倉石三百六十石。山海關外糧莊，每一所納糧百二十石。合倉石四百三十二石。至二十六年，題准於交納銀二百兩之莊頭内，改爲糧莊，增壯丁爲十五名。

停止莊頭報糧溢額給賞向例。莊頭收糧畢時，於定額外多納一石者，賞銀二錢； 缺額一石者，責二鞭，鞭責不過一百。至是，停止溢額給賞。三十九年，復停缺額鞭責之令。

二十五年，定莊田報災之例。凡莊田報災，定例於七月二十日以前，莊頭呈報會計司委員察勘，於定額内酌量豁免。至是，題准莊頭報災勘得餘剩好地六十五晌以下者，給與養贍家口； 六十五晌以上者，照舊當差。

四十八年，令莊頭地畝不足額者，准其補給； 薄鹻沙壓者，准其换給。

五十年，定糧莊納糧之數。山海關内、古北口、喜峰口外，頭等莊報倉石二百五十石； 二等莊二百二十石； 三等莊一百九十石； 末等莊一百二十石； 每石折小米五斗。其明年，又定山海關外頭等莊報倉石三百二十二石； 二等莊二百九十二石； 三等莊三百六十二石； 末等莊一百九十二石。又領種入官地畝，莊頭四名，每名報糧七十石； 帶地納糧莊頭一名，報糧六十四石。

五十五年，定給莊頭頂帶之例。莊頭内當差四五十年不欠錢糧者，給八品頂帶； 二三十年無欠者，給九品頂帶。

雍正元年，設總理大臣官員，專司口外報糧編審。

諭山海關内莊頭等所欠陳糧，俱令豁免。所欠新糧，限三年内交完。内務府議定，一二年内全完者，賞給品級及加級有差； 三年不完者，罪之。

二年，定莊田勘災例。以被災地畝編作十分，按分數免差，仍計口給糧，有捏報者，罪之。

三年，令口内莊頭交倉所餘之糧，折銀交廣儲司。口外莊頭糧米，運交熱河倉。其雜糧、秫稭等項，亦折銀交廣儲司。

四年，更定山海關外糧莊地數。一等莊給地五十四頃，二等莊五十一頃，三等莊四十五頃，四等莊三十九頃。

十三年，定承催官奬勸例。完六年者，加一級； 三年者，紀録。

乾隆元年，停止承催官，令屯領催辦。至四年，復設。

四年，准凡投充人地如有薄鹻，勘實退出補給。

二十年四月，准各莊頭薄鹻沙窪地畝，在附近州縣入官地内撥换。

又定入官地畝莊頭撥换之例、直屬入官地畝例。准入旗官兵、閒散人等，赴部呈買，旋經内務府將莊頭撥换地畝奏明，亦在入官地内揀選。戶部議定，嗣後凡莊頭有應撥换地畝，其未經准人認買者，聽其撥换。已經認買者，另行查辦，再入官冊，或經本部出示召買。莊頭等已在外撥换，如内務府冊結送部在未經交價之先，准令莊頭撥换； 在交價之後，准官兵、閒散人等認買。

凡内務府所領官莊地，曰糧莊，曰豆稭莊，曰半分莊，曰稻莊，曰菜園，曰瓜園，曰果園，又有蜜戶、葦戶、棉靛戶。豆稭莊設壯丁五名，後增爲七名，選一人爲莊頭，給田六十五晌。場園二晌，牛四頭，其納糧照糧莊之數減半。康熙四十五年，每莊給地一百五十晌。五十年，定納糧六十石。雍正二年，以廄館飼馬不用豆稭，將豆稭莊頭三十名，暫編爲半分莊頭。半分莊設壯丁七名，選一人爲莊頭，給牛四頭，照豆稭莊納糧。又每莊交黑豆二十五石二斗，草千束，秫稭百四十束。康熙四十七年，每莊給地百五十晌。五十年，定納糧六十石，稻莊在房山、玉田、涿州及玉泉山，稻田廠各處，按水旱田，分別徵糧。菜園設壯丁五名，選一人爲園頭，給種菜田十九晌，口糧田各五晌，牛二頭。康熙五十一年，又立豐臺菜園，園頭各給田四頃，内畦地一頃八十畝。牛四頭。五十四年，每園增壯丁五名。六十年，園頭各給旱地九頃。瓜園設壯丁五名，選一人爲園頭，給種瓜田三十晌，口糧田各五晌，牛四頭。康熙五十四年，每園增壯丁五名。六十年，園頭各給旱地九頃，果園設園頭一名，園内舊丁各給口糧地，每年徵銀三兩，新丁按地每畝徵銀三分，草二束，折徵銀二分。康熙三十九年，定每園納糧壯丁不得過六丁，餘丁免其徵銀。凡蜜戶按丁給地，徵銀每地一晌，徵收蜜五觔，每觔折算銀七分。康熙四十九年，以烏拉捕牲蜜丁所進蜜已足用，嗣後蜜戶俱按地徵銀，每畝征銀五分。凡葦戶按丁給地，每畝徵銀一分至五分、八分不等，所進葦每觔折算銀三釐五毫零，每年額徵葦四萬三千七百五十二觔，其餘按畝徵銀。凡投充棉靛戶，每丁給地五十六畝，徵棉花五十觔，水靛百觔，交廣儲司。

十六年，總計官莊田共五千七百四十八頃三十畝，銀共三萬八千九百二十四兩，草十二萬一千七百九束，各有奇。

右據是年奏銷總數。

三十二年，總計莊頭六百八名，應交本年糧石等項折價銀四萬四千九百八兩有奇，各圈草六十一萬八千一百四十五束。

右據是年會計司總數開載。

四十年，定莊頭承種之例。凡莊頭承種額撥官地，不准藉稱薄鹻沙壓，退交兑換。其有悞差不能承充莊頭者，內務府大臣查勘確實，另派莊頭承種。四十七年，內務府奏所屬莊園人等承種官地，如遇旱澇災歉，俱照民地之例，一分至四分者，不准報災。其應得口糧之處，槩行停止，應一併咨行戶部，轉行直督等，一體遵照辦理。從之。

臣等謹按，國初設立官莊，或在奉天，或在畿輔，領之內務府會計司。此外尚有部寺官莊，分隷於禮部、光祿寺各衙門，自行徵收支放，以給公用，皆不屬戶部。

同上　又諭王公等於錦州各設莊一所，蓋州各設莊一所，其額外各莊均令退出。

二年，定給諸王、貝勒、貝子、公等，大莊每所地四百二十畝至七百二十畝不等，半莊每所地二百四十畝至三百六十畝不等，園每所地六十畝至百二十畝不等。又內府總管給園地四十八畝，親王府管領三十六畝，郡王以下府管領三十畝。各府給事人員俱給地有差。又定王以下各官所屬壯丁，計口給地三十六畝，停支口糧。

同上　［乾隆四年］諭戶部曰，我朝定鼎之初，將近京地畝圈給旗人，在當日爲八旗生計有不得不然之勢。其時旗人所得地畝，原足以資養贍，嗣因生齒日繁，恆產漸少，又或因事急，需將地畝漸次典與民家爲業，閱年久遠，輾轉相授，已成民產。今欲將從前典出旗地陸續贖回，必須於民全無擾累，始爲妥協。再此項地畝，官員內尚須扣俸認買，貧乏兵丁食饟有限，無從措價，勢必盡歸富戶。富戶即肯周濟親族，亦豈能多爲分給。則贖地一事，恐未必於貧乏旗人有益。可將此旨行文直隷總督詳悉妥議。

五年，議定取贖民典旗地及旗人下鄉種地之例。戶部議准直隷督臣奏，一取贖民典旗地，百姓不苦於得價還地，實懼其奪田別佃。應令地方官於贖地之時，將見在佃戶及見出之租數，造冊備案。嗣後無論何人承買，仍令原佃承種，其租銀照舊。如莊頭土豪無故增租奪佃者，罪之。民有從前造房、立墳墓於旗地內者，令丈明所占地畝，照例交租，不許勒令遷移，違者罪之。一貧乏兵丁無力措價買地，即買亦不能多。查八旗公產及入官地及此項贖回民地，不下數千萬畝。應勘明八旗閒散人內有正戶、正身、居家勤儉者，上地給與百畝，中地給百五十畝，下地給二百畝，令攜其妻子下鄉耕種。初種之年，官給牛種、房舍之資，於貧乏旗人生計，實爲利賴。從之。

九年，定民典旗地減價取贖之令。凡民典旗地，不論契載年限，總以十年爲率。在十年之內者，照原價；十年以外者，減原價十分之一；二十年以外，減十之二；三十年以外，減十之三；四十年以外，減十之四；五十年以外者，半價取贖。至十一年，復定取贖旗地，自十年以外每年遞減，至五十年以外仍以半價取贖。又令八旗官兵承買公產地者，亦照官贖減價。

十一年，八旗公產地准編設莊頭。時以八旗公產地內，有未經承買以及存退餘絶地畝，共六千四百餘頃。於乾隆七年酌留千頃，爲各案撥補之用，每年官收租息，爲數既輕，吏胥包攬侵漁之弊，皆所不免。議令履畝詳勘，量地之肥瘠，定出租若干。如地美租多，整分莊頭仍照例給地十八頃，半分莊頭給地九頃；如地瘠租少，酌量加增。其新設莊頭，令免差一年。

十八年，令嗣後旗下奴僕及開戶人典買旗地，定限一年內自首，官爲回贖，照民典旗地例，分年限減價取贖。如係其主之地，十年以內，即減原價十分之一；十年以外，減十之二，以次遞減。若原主不能贖，即交八旗內務府作爲公產，官爲收租，歲終將收過租息數目奏聞請旨賞給貧乏旗人，以資養贍。

又定嗣後民典旗地，停其召買，交與該旗爲公產，所收租息爲養贍貧乏旗人之用。

同上　二十二年，准民奴典賣旗地，分別減價，先行發帑贖回，照旗地旗租之例收租。戶部議，近據直隷督臣查清，候贖旗地一萬四千五百十八頃。若照旗地取租，每畝一二錢至三四錢不等。而現在民人承種，每畝官租銀最多者不過錢許，將候贖地畝，懇恩先行發帑，照數贖回，交八旗都統等，照旗地旗租之例收取租銀，按年解部。俟歸清帑項後，應作何遵照原奉恩旨辦理之處，再詳議奏請。從之。

同上　三十七年，定典賣旗地追價之例。戶部議，旗人將地畝違例典賣與民人及旗下家奴者，所有應追地價，若本人業經物故及家產全無之人，向祗咨部，年底彙題請豁。嗣後，此等銀兩若數至五百兩以上者，請專案具題，以昭慎重。從之。

同上　四十七年，禁民典買旗房。軍機處會同八旗議准，御史西成條奏，民人不許典買在京旗房，如有陽奉陰違，一經發覺，即照民典旗地之例辦理。如在屯旗房，亦應一律辦理，未便兩岐，並行文一體遵照。

清・劉錦藻《清續文獻通考》卷六《田賦六》　內務府官莊

臣謹案，國初設近畿官莊百三十二所。乾隆十六年，總計莊田五千七百四十八頃三十畝，徵銀三萬八千九百二十四兩。此見於《皇朝通考》者，光緒中續修《會典・內務府・會計司》所載：畿輔之莊三百七十有三，共地七千五百八十七頃三十九畝有奇；盛京之莊六十有四，共地七千一百四十七頃十六畝；錦州之莊二百八十有四，共地一萬二千二百六十八頃二十六畝；熱河之莊百三十有二，共地五千二百七十五頃八十四畝有奇；歸化城之莊十有三，共地一千十四頃；打牲烏拉之莊五，共一百四十七頃；駐馬口外之莊十有五，共地二百七十頃。百餘年間，田數懸殊，果得人清釐之，不特皇室之經費稍裕，且拯旗民於水火之中。失時不圖可爲長太息者也。

乾隆五十二年，奏准掌關防內管領所轄旱地園頭三十五名，畦地園頭二十四名，每名歲交銀一百六十二兩，計應徵銀九千五百五十八兩，改隸會計司，按限徵收，交納廣儲司庫。

五十四年，覆准盛京莊頭嗣後呈報被災七分者，蠲免麤糧二成，五六分者，蠲免一成。其不敷支給辛者庫人口糧及閏月加增口糧，每石折銀三錢，於盛京房租銀兩內放給。其蠲賸糧石，亦著按石折銀三錢，分作二年帶徵歸款。五十六年，奏准錦州丈出餘地，增出二等莊三十八所，每莊給地五十一頃；三等莊二十八所，每莊給地四十五頃。

六十年，奏准應交錢糧內拖欠六成以上者，即於本內將果園頭題革治罪，承值官員照例查議。拖欠一成至五成以下者，按成給限，催交完納，如限滿不能完交者，即行革退，分別治罪。所欠錢糧，著落頂缺之人代爲完納，承催官員仍照例查議。

嘉慶四年，奏准關內莊頭等嗣後呈報旱澇，照雍正三年例辦理，仍停止給與口糧。

六年，奏准莊頭等應交各項折色銀兩，每年於麥收交納三成，限以六月爲期，秋收交納七成，限以十月爲期。如逾限拖欠，即行革退，按例加倍治罪。

又奏莊頭等緣罪革退，其原領地畝，俱經退交地方官，召民耕種輸租。戶部所有拖欠錢糧，無可著追。奉旨已革莊頭無著銀五萬三千一百餘兩，著全行豁免。

十四年，題准歸化城十三莊應交本色米二千六百十六石八斗七合八勺，內除地畝薄鹻豁免外，每年應交米一千五百五十三石一斗二升四合，由綏遠城理事同知徵收，以充兵餉。

又題准駐馬口九莊應交米石折色銀二千七百兩，內除地畝沙淤豁免外，每年應交銀二千二百四十五兩五錢九分，由朔平府同知徵收，存貯廳庫充餉。又綏遠城同知經徵渾津黑河莊頭糧石，朔平府同知承催駐馬口外莊頭糧石，均照地方有司例分別議敍議處。其土默特蒙古，照綏遠城同知糧石，如蒙古官員經徵不力，以該同知作爲督催，一併開參。

又題准菜園頭五十九名，內將原圈地退交地方官，開除園頭二十四名。其餘園頭三十五名，每名歲交銀一百六十二兩，共應交銀五千六百七十兩。

十七年，題准關內一等莊頭六十三名，每名地三十六頃，應交糧二百五十石及雜糧豬口共折交銀一百七十七兩九錢四分三釐，豆草折交銀一百七十七兩四錢九分五釐；二等莊頭十名，每名地三十二頃，應交糧二百五十石及雜糧豬口共折交銀一百六十三兩六錢二分一釐，豆草折交銀一百六十一兩八錢三分二釐；三等莊頭二百十五名，每名地二十八頃，應交糧一百九十石及雜糧豬口共折交銀一百二十四兩五錢八分，豆草折交銀一百三十一兩九錢九分四釐；四等莊頭二百十五名，每名地十八頃，應交糧一百二十石及雜糧豬口共折交銀一百八兩五錢五分四釐，豆草折交銀九十五兩六錢三分六釐；半分莊頭二百十九名，每名地九頃，應交糧六十石及雜糧共折交銀三十七兩五錢七分七釐，豆草折交銀四十兩一錢九分七釐。協濟小差銀六兩五錢。一等至四等莊，每名應交協濟差銀十六兩七錢。又定錦州一等莊頭六十六名，每名地五十四頃，應交餘賸穀銀五十八兩五錢六分八釐，旗倉米銀九兩五錢五分八釐；二等莊頭四十四名，每名地五十一頃，應交餘賸穀銀五十二兩五錢六分八釐，旗倉米銀九兩二分七釐；三等莊頭三十八名，每名地四十五頃，應交餘賸穀銀四十六兩五錢六分八釐，旗倉米銀七兩九錢六分五釐；四等莊頭一百十五名，每名地三十九頃，應交餘賸穀銀三十二兩五錢六分八釐，旗倉米銀六兩九錢三釐。外一、二、三、四等莊每名應交蘇子紅黏穀銀四十一兩二錢八分，減餧官馬草束銀十二兩六錢五分四釐，茜草銀三兩五錢，小根菜十瓣，黃花菜十斤，柳蒿菜十斤，線麻十八斤。納糧納租莊頭三十四名，每名地九頃，納糧莊頭每名應交糧穀銀十二兩八錢，地米銀一兩一錢六分五釐，納租莊頭每名應交租穀銀十四兩。納銀莊頭四名，每名地五十頃及三十餘頃不等，內二名各應交差銀二百二十八兩八錢二分，一名應交差銀二百一兩九錢，一名應交差銀一百四十兩。又定古北口、喜峰口外莊頭一百三十四名，計成交差，每名應交額糧自二百五十石至七十五石不等，內雜糧折交銀四千四百四十五兩八錢五分六釐，抵除額糧外，每糧二石折米一石，共應徵米一萬一千六百七十八石九斗八升八合。又定盛京糧莊一等莊頭三十四名，二等莊頭五名，三等莊頭五名，四等莊頭三十二名，共應徵銀一千二百四十五兩六錢五分三釐，糧二萬二千四百二十七石。棉花莊頭四十五名，共交本色棉花一萬二千斤，折色棉花銀八百六兩二錢。靛莊頭十一名，共交本色靛一千九百五十斤，折色靛銀二百兩九錢四分六釐。鹽莊頭三名，共交本色鹽一萬二千斤，折色鹽銀六十六兩五錢八分九釐。

魏源《軍儲篇》略稱，列聖之厚八旗者，至矣。康熙三藩初定，詔發帑金六百四十餘萬，代償八旗債負，每家獲賞數百金，未置寸產，徒糜衣食，一二載蕩然無餘。其後又頒賞六百五十五萬金，亦立時費盡。雍正初，屢賞兵丁，一月錢糧每次三十餘萬，亦不逾旬而罄。豈獨八旗之不善節嗇，亦其食指浩繁矣哉。世祖時，八旗定甲八萬甲，歲餉銀若干兩，米若干石。當聖祖時，增爲十二萬甲。額兵十萬養育兵二萬。一甲之丁，積久爲數十丁、數百丁，非復一甲之糧所能贍。計八旗丁冊，乾隆初已數十萬，今則數百萬。而所圈近京五百里之旗地，大半盡典於民，聚數百萬不士、不農、不工、不商、不兵、不民之人於京師，而莫爲之所，雖竭海內之正供，不足以贍。且八旗有蒙古、有漢軍，不盡滿洲，滿洲又皆收服遼東諸部落，非宗室天潢也。漢唐有養兵之費，宋明有宗祿之費，未聞舉龍興之地，豐沛晉陽鳳泗之民，而世世贍養之者。國初，定鼎中原，居重馭輕，故圈近京五百里之地，重逃旗出外之禁，以固根本，而滋生聚，自乾隆中葉，已有人滿之患。於是諸臣條奏，有未准行，有准行而下未奉行。竊謂滿、蒙、漢三者，宜因地因人而徙，東三省滿洲舊地也，宜專以徙滿洲之餘丁；開平、興和，國初平察哈爾蒙古之地也，宜專以徙在京蒙古之餘丁；至外省駐防，難以再增，而外任留寓占籍，本漢人之俗也，宜專以安置漢軍之人。各因其地，各還其俗。或曰近日盛京將軍富俊，曾經理雙城堡之屯田矣。每人願移者，許給地二頃，房屋、牛種、器用、旅費畢具，初奏定每年移二百戶，行之數年，每年僅五十戶、七十戶，無乃勢不可行乎。曰安土重遷，民難圖始。漢初列侯不願就國，至詔丞相爲朕先就國，以倡率之。唐時京官輕外任，至令宗室分授刺史、郡守，以重之。元魏自平城遷都洛陽，至借伐齊之師以行之。然國初各省分設駐防，距京師遠者數千里，南北異俗。乾隆中，新疆移兵駐防，距京師萬里。東西異向，而八旗聞命就道，所至如歸，從未聞有難色者，何哉？八旗騎射成俗，語以爲兵，則萬里不辭，語以爲農，則故鄉裹足。今宜仍以駐防爲名，並擇宗室覺羅中奉恩將軍之練愨者，使每人率一佐領或二佐領，以重其行。至彼之後，打牲、射獵、屯種，各從其願，兼許雇漢農以爲之助，則旗人無不鬯然矣。漢唐中葉以後，宗室苗裔散處郡國，列爲四民。今設擇京師閒散宗室，得率一二牛録還舊都，有土有民，世食其利，尤厚於古矣。開平、興化四城，亦宜設蒙古駐防，使游牧、屯種，各從其便，並許雇漢農以爲之助，則初年不習於農，數載後農牧相安，即可裁其兵糧，以歸禁旅之籍矣。滿洲蒙古每移一駐防，即可徙數千戶，何至每歲徙二百戶而不能至。漢軍外任留籍，特未允行，允之必無不願，既免回京親友之需索，又得適樂土，以長其子孫，又安有不慊者哉。國初，近京五百里內圈給八旗，而別撥他州縣之閒田以爲民地，計近畿凡宗室、王、貝勒、貝子、將軍之莊園，共萬有三千三百三十八頃有奇。凡勳戚、世爵、職官、軍士莊田，十有四萬百二十八頃有奇。其內府莊田，以待皇子分封、公主贈嫁者，不在此數。而盛京東北及諸邊口外，腴壤日闢，八旗滋生戶口，咸取給焉。嘉慶十八年，戶部尚書英和奏言，自乾隆年間以來，入官地畝甚多。他不具論，即如和珅、福長安兩家，入官地畝不下二三千頃，至今並未升科，屢次查催，地方官奉行不力，盡飽胥吏之囊，且有以瘠換膏腴者，請嚴飭直隸總督從速升科，無令隱匿侵蝕抵換，於國用亦有裨益。

道光九年，議准內務府所屬投充莊頭，後經分撥各王公門上，其在檔人丁，不准援引八旗投充莊頭典賣悉由本主自便之例辦理。

咸豐元年諭，御史嵩齡奏請開墾南苑閒地一摺。南苑爲我朝肄武之地，春秋蒐獮，藉以習勞，祖制昭垂，具有深意。該御史係屬旗人，既知從前有禁止開墾之旨，何以冒昧具陳。但見小利，罔顧大體。所奏實屬鄙陋，嵩齡著交部議處。

又軍機大臣大學士祁寯藻等會議，申明奪佃增租例禁。請飭直隸總督順天府府尹，將各屬新編莊頭，詳查坐落州縣及舊係某莊頭退交之每畝原租，並現在官租實數，一並分晰開造，咨報戶部、內務府，以憑查覈。其新莊頭，已領一錢以上之地者，租項永遠照數徵收，與舊莊頭數目相等，以免日後莊佃抗租之弊。其一錢以下之地，業已報明戶部者，亦卽令新莊頭照現徵數收取。內務府計畝收租，新舊佃戶俱毋得藉詞妄希輕減。至尚未議租報明戶部者，現已令該督暨府尹飭屬詳查，退交原租，並現徵租數，覈實定議，不得擅行輕減，亦不得任意取盈。迅卽造報，以便莊頭照議收租交產。其佃戶自二十九年抗欠租項不交者，應檄飭各該地方官查明如何抗欠，分別辦理。嗣後遇有莊頭誤差被革，遵照內務府奏定章程，退交地方官，令該州縣按革退莊頭原租徵收，待內務府派員牌取，以昭覈實，而重差項。如仍有佃戶抗欠，莊頭勒增，以及書吏句串等弊，或控告到部，或被內務府查出，一經審實，卽照定例，分別治罪。

臣謹案，旗人奪佃增租，例禁綦嚴。自乾隆五年，議定原佃若並未欠租，而莊頭土豪無故增租奪種者，審實治罪。洎嘉慶五年，戶部奏言自和珅管理戶部，將舊例奏改，數年以來，旗人及內府莊頭撤地另佃者，實復不少。而賴耕爲食之貧民，一旦失其生計，不免游手爲匪，實於政治民生均有未協。應請改照舊例，禁止增租奪佃，以安貧民，而杜龍斷。得旨允准。無何旗人坐食以嬉，不善營生，惟以奪佃增租爲祕策，亦可憫矣。

四年諭，侍讀學士德奎奏請於南苑開墾屯田、辦理團練一摺，顯係受人慫慂，巧藉團練之名，以遂其牟利營私之舉。且明知御史嵩齡曾有開墾南苑閒地之奏，交部議處，輒敢詭詞瀆請，罔上濟私，尤屬膽大。德奎著交部嚴加議處。又奏准內務府莊頭園頭拖欠錢糧革退後親丁、另姓、孤戶等三限，無人接充，派令現充莊頭園頭就近認領，計畝交差。若莊頭園頭不願認領，責成地方官照每畝交租銀一錢八九分之數，按年交納，六月交納三分，十月交齊，由內務府派委員役，前往各州縣牌取，以備差需。

同治元年諭，前據御史劉有銘奏請，開墾南苑荒地，當經降旨，令管理奉宸苑王大臣會同戶部派員履勘，並令該王大臣妥議具奏。現據查明，每年招佃徵租，爲數無幾，未便因小利而違成憲，致於體制有乖，著毋庸議。

二年諭，前因內務府奏，職官揑造文憑，撞騙黑地，並究出武弁，收受銀兩各情。當經降旨，將筆帖式錫山、護軍校吉存革職，交該衙門嚴審。茲據總管內務府王大臣等奏，審明職官僞造戳記，指官撞騙，照律分別定擬一摺。此案已革護軍校吉存，以武職微員，妄行干預黑地，引誘鄉愚，揑稱黑地內務府編放莊頭，播傳京外，招集軍民，希圖誆騙。復與已革從九品銜劉玉山商議，僞造錢糧衙門覈對六字，刻成戳記鈐用，幷印刷僞照，先後發給，共誆騙薊州等處民人藍諸等銀至一千餘兩之多，實屬膽大藐法。吉存著照所擬，從重發往新疆充當苦差，遇赦不赦。已革候補筆帖式錫山，因吉存轉託，欲將黑地仍歸內務府查收，該革員知吉存得財甚多，亦萌漁利之念，遂詐稱奉議政王及內務府大臣寶鋆派赴寶坻等處，招集鄉愚僞寫堂諭，私發諭帖，雕刻木戳等件，接收李占鼇等呈詞，給發收租僞票，騙得地租東錢一千四百串，計贓在二百兩以上，亦屬藐法。錫山著照所擬，從重發往新疆效力贖罪。已革從九品銜劉玉山，隨同包攬黑地，聽從吉存揑造戳記，難保無欺瞞得財情事，著照所擬，杖一百，徒三年。該犯等，尚有呈控薊州書吏侵呑租項一案未結，著交通永道歸案審明，再行定地充徒。民人張幅山向錫山呈報黑地，爲人作保，黨澐順給錫山墊辦日用，意圖從中漁利，且與張幅山同爲李占鰲等作保，均屬知情干預。于潤卽潤禧、佟致和、岳六，均給藍諸託辦莊頭，賺用銀兩，已革從九品銜。繆特瑞爲民人李玉文謀領地畝，付給吉存銀兩，方幅慶爲劉蕓國等謀充莊頭，均屬不安本分。除于潤業經病故外，方幅慶著革去莊頭，與張幅山、黨澐順、佟致和、岳六、繆特瑞均照所擬，杖六十，徒一年。未獲之楊玉山等犯，仍著分別嚴拏。錫山潛在寶坻等處，撞騙地租，該地方官失於覺察，著直隸總督順天府府尹查取，職名交部議處。吉存包攬黑地，誆騙多贓，該管內務府護軍統領毫無知覺，殊屬聾聵，著兵部查取職名，照例議處。

其失察錫山出境撞騙之該管內管領、族長等，均有應得之咎，著一併交部查取職名，照例議處懲辦。餘著照所擬辦理。黑地升科，早經戶部奏明，統歸地方官辦理，如查明實係黑地，自應照例升科，如係招搖撞騙，應即嚴行拏辦。嗣後直隸等省地方，如有捏稱各該衙門大臣，派令辦理地方一切公事者，該地方官務須索取文憑，以爲證驗。一面行文該衙門查覈，倘查係虛無，即將其人從嚴訊辦；其或指稱各該王大臣之名，在外省招搖屬託事件者，即著各該地方官隨時稟明上司，嚴拏懲辦。

七年諭，翰林院侍讀鐵麒奏請開墾南苑一摺，所奏實爲紕繆。朕御極之初，升任通政司副使劉有銘陳請開墾，當經管理奉宸苑王大臣會同戶部查勘，以其事乖舊制，曾降旨斥駁。鐵麒職在論思，豈未之知耶。所請著不准行。

光緒十三年，定查辦莊頭呈報水衝及爭控餘地退換差地章程：一莊頭報衝差地，令地方官認眞勘丈，以杜捏報；一莊頭報衝地畝，經官勘明結報，後即准佃民認墾；一差頭隱匿餘地，勒限一年，呈明地方官，勘丈詳報；一莊頭隱匿餘地，限滿不報，別經發覺，認眞懲辦；一莊頭差地遵照定例，不准退換，以杜取巧。

臣謹案，八旗圈地屬於王公大臣者，輒置莊，設莊頭，往往病民。聖祖曾諭格爾古德曰，直隸旗下莊頭，與民雜處，倚恃聲勢，每爲民害，其嚴察懲創，即皇莊亦無寬宥。格爾古德承旨嚴懲，當時稱爲鐵面。迄今二百餘年，而弊復滋，嚴定章程，庶幾稍戢也夫。

十六年諭，李鴻章奏順直各屬被災，請將京旗各府莊田照案減收租項一摺。本年，順天直隸各屬水災甚重，民情困苦異常，朝廷憫恤災黎，迭經賞發銀兩，撥給米石，以資賑撫。所有王公、貝勒、各府，並各京旗莊田，著即自行體察災歉情形，將如何減收租數之處，行知坐落州縣，出示曉諭，不准莊頭攬頭等將已減之租，朦混舞弊。其內務府各項地租、步軍統領衙門地租，並著查照成案，一體減收，以紓民困。

清·劉錦藻《清續文獻通考》卷八《田賦八》 咸豐二年諭，戶部奏旗民交產，擬請量爲變通一摺。另片奏奉天旗地，仍照舊例辦理等語。向來旗民交產，例禁綦嚴，無如日久弊生，或指地借錢，或聽使長租，顯避交易之名，陰行典賣之實。此項地畝，從前免納租稅，原係體恤旗人生計，今既私相授受，適啓胥役人等訛詐句串等弊，爭訟繁多，未始不由於此。若仍照舊例禁止，殊屬有名無實。著照該部所請，除奉天一省旗租，盜典盜賣仍照舊例嚴行查禁外，嗣後坐落順天直隸等處旗地，無論老圈、自置，亦無論京旗、屯居及何項民人，俱准互相買賣，照例稅契升科。其從前已賣之田，業主售主均免治罪。一切應辦事宜，仍著該部妥議章程具奏。

同上 [光緒]三十一年，盛京將軍趙爾巽奏，旗民向禁交產，行之既久，弊害滋多。請將奉省旗地、旗房不准民人典賣舊例，恩准刪除，以期旗民交益。

清《八旗通志》卷六八《土田志七》 內府莊園數目

順治初，定鼎燕京，近畿百姓帶地來投。願充納銀莊頭者，各按其地畝，爲納銀莊頭。後有願領入官地畝，設莊納銀者，亦爲納銀莊頭。帶地來充者，爲投充人。單身投充，願領地納銀者，每人給一繩地，四十二畝爲一繩。爲繩地人。納蜜、納葦、納棉、納靛者，爲蜜戶、葦戶、棉靛戶。坐落順天、永平、天津、保定、宣化所屬州縣及喜峰口、古北口外等處。

鑲黃旗四十四莊，帶地投充人及繩地人共一百五十八名，蜜戶八名，葦戶六名，共地二千三百六十八頃有奇。後定爲大莊一百五十九所，半莊五十九所，園三十二所，共地四千三百八十六頃。正黃旗四十七莊，帶地投充人及繩地人共六十三名，蜜戶十有八名，葦戶一名，共地一千三百九十九頃有奇。後定爲大莊一百四十六所，半莊五十四所，園二十九所，共地四千一百二十三頃。

正白旗四十一莊，帶地投充人九十三名，蜜戶十有二名，共地一千九百八十八頃有奇。後定爲大莊一百五十三所，半莊五十八所，園三十九所，共地四千二百七十九頃。

帶地投充人各帶地畝多寡不一，計地三千三百頃九十八畝零。繩地人計地三百五十二頃四十五畝。均年畝徵銀三分，草一束。

蜜戶計地二百八十九頃六十三畝零，每六畝徵蜜五斤，交納官三倉。雍正六年准：蜜戶所交蜜，除官三倉呈明足用外，其餘每畝折銀五分，交廣儲司庫。

葦戶計地一百四十九頃八十二畝零，按地肥瘠，每畝徵銀一分至八分不等。除每年額徵蘆葦四萬餘觔抵折銀兩外，其額徵銀五十二兩零，交廣儲司。

棉靛戶共地三十四頃七十二畝，每棉丁徵棉花五十觔，靛丁徵水靛百觔，交廣儲司。乾隆五年議：棉靛戶之地畝鹼薄不堪種棉、種靛，准照投充人之例，每畝徵銀三分，草一束。銀交廣儲司，草交會計司。

又菜園、瓜園順治初年定：每內管領下，菜園頭二名，瓜園頭一名，輪班交納菜蔬瓜實。後立菜庫。在康熙三十三年。定菜園頭爲六十名，每名給畦地一頃八十畝。無畦地，則每畝折給旱地五畝。每名旱地九頃。除暢春園、奉宸苑種菜各用園頭一名外，其餘五十八名隨時交納鮮菜。按：菜園頭六十名中，二十五名係畦地，三十五名係旱地。乾隆四年奏准：畦地照舊供菜，旱地折銀交廣儲司。安肅園頭四名，專納白菜。瓜園頭三十名，給地與菜園頭同。歲納瓜茄諸蔬。又承種雲南西瓜園頭二名，各交西瓜一百。投充西瓜園頭四名，各交西瓜一千。

又菓園，順治初年定：順天、保定、河間、永平等府屬設菓園一百三十六所，共陳丁七百有五，給養贍家口地二百七十一頃二十畝零。每丁歲徵銀三兩。

盛京陳園丁三百五十有一，廣寧陳園丁一百十有七，每丁歲徵銀三兩。近畿新園一百二十一所。攜地來投共八百七十頃四十七畝零，每畝徵銀五分。嗣於南苑設菓園五所，在康熙十二年。各給地一頃十有九畝外，各給養贍家口地二頃十畝。歲納各種桃李，不徵地畝錢糧。尋又以新、陳各園頭等子孫繁衍，將入官地畝增設新園二十六所，各給地五頃，計地一百三十頃。每歲按畝徵銀一錢。如遇水旱，一例豁免。在雍正二年。又盛京增新丁八十四名，每丁徵銀三錢六分。廣寧增新丁三名，每名徵銀四錢二分。共徵銀三十一兩有奇。

又營造司設灰軍、煤軍、炭軍，各以地三十五畝編爲一丁。其草子匠，各以地四十二畝編爲一丁。灰軍及草子匠共地一百八十九頃二十一畝。每七畝徵銀二錢一分，草七束。銀交廣儲司，草交會計司。煤軍及草子匠共地一百八十八頃五十一畝，炭軍地一百八十四頃八十畝。徵銀皆與灰軍同。每地六畝交草七束。以上各設千總二人，把總四人，外郎四人。即於三項軍丁內選補。每人各給地三十五畝，免其賦。

又長夫，三旗佐領下人，每地三十畝爲一丁，每十二丁編長夫一名。內管領下亦三十畝爲一丁，每八丁編長夫一名，每夫每月納銀二錢一分零。三旗共編長夫二百五十八名，每月納銀五十六兩零。遇運送物件即動用此銀僱夫。

又園戶匠役，景山、瀛臺、靜明園、南花園，每名給養贍家口地六十畝，其餘各園給地三十畝。功德寺園頭一名，花匠二名，種花地二十畝。豐臺園頭一名，花匠二名，種花地六十畝。將容城、房山等縣取租地二十項，分給二處園頭備辦。正陽門外三里河金魚池投充園頭一名，長工二名，每名給地六十畝。有闕以其子弟充補。

又南苑苑戶，每名給地三十畝。湯山苑戶，每名給地三十畝。南苑海戶，每名給地二十八畝。凡南苑海戶二千二百名，後裁去千戶二名，總甲十名，小甲四十名，門軍四十五名，海戶五百零三名。原給之地悉行撤回。總甲每名增地三十二畝，小甲及巡青海戶每名增地十二畝。尚餘地八十八頃八十八畝，仍爲羊草地。其牆外馬道及通州等處退出地七十四頃，交與戶部，令州縣徵收錢糧。

又沙河氈匠，司匠內頭目二十名，各給官地一畝二分。其餘匠役各給官地一畝，均令新舊交代相承爲業。

順治十八年奏准：將帶地投充新丁分爲三旗，共計一千三百七十丁。現今實在一千二百二十七丁，每丁有地自三十畝至四十二頃不等，共地一千七百七十二頃二十四畝零。內有水田二百四十一畝零。每水田六畝徵銀一兩五分，旱地六畝徵銀三錢五分。再籍沒入官無地牲丁三名，各徵丁銀二兩，每年共徵銀八千八百八十五兩零。均催交廣儲司。內有納牲者按則折銀，准抵正賦。有被水者，俟報到具奏，停其徵收。有衝壞溝渠不能耕種水田，尚可改種旱地者，停其水田之賦，照旱地徵收。衝成溝渠不能耕種者，將應徵之賦暫停徵收，均於每年秋收後委官察驗。

稻田莊，共水田二十五頃十有五畝，旱地二頃八十八畝，坐落涿州、房山、玉田等州縣。

豆糧六莊，計地四百九十二頃八十六畝，坐落武清縣。

康熙八年題准：將各莊編爲一、二、三、四等，每十年編一次。

九年奏准：於附近莊頭內選四人，於南苑安設四莊，每莊給地十有八頃。

十二年奏准：南苑增置莊一所。

又奏准：房山縣設稻田莊一所，計水田三頃八十四畝。玉田縣設稻田莊一所，計水田六頃六十畝旱地一頃二十畝。

又奏准：安設瓜園、菜園，除額給地外，並予養家口地一百二十畝，牛四頭，蒲簾一百二十五，秫秸三千五百束，均免差一年。

二十一年奏准：涿州設稻田莊一所，計水田七頃八十畝，旱地一頃六十八畝。

又議准：盛京糧莊所納糧米，給與三旗人丁口糧外，餘於該莊作窖收貯。

二十三年奏准：山海關外莊頭，每十年委本司官前往編定等次。

又奏准：暢春園內餘地及西廠二處種稻田一頃六畝，令附近之莊頭，壯丁每年輪種。給與石景山等處地十有一頃三十四畝四分，以爲耕種稻田之資。

二十四年，設立糧莊。每莊給地十有八頃。舊例每莊壯丁十名，選一人爲莊頭，給田一百三十晌。場園、馬館另給田四晌。壯丁蕃衍，則留於本莊，缺則補足，給牛八頭，量給房屋、田種、口糧、器皿，免第一年錢糧。至是設糧莊，每莊地三百晌，其頭等、二等莊頭不准給牛。又山海關內、古北口、喜峰口外糧莊，每一所納糧百石。此名觔石，每石合倉石三石六斗。每百石合倉石三百六十石。山海關外糧莊，每一所納糧百二十石。合倉石四百三十二石。

二十五年，定莊田報災之例。凡莊田報災定例，於七月二十日以前莊頭呈報，會計司委員察勘，於定額內酌量豁免。至是題准：莊頭報災、勘災，得餘剩好地六十五晌以下者，給與養贍家口。六十五晌以上者，照舊當差。

二十六年題准：於納銀二百之莊頭內改立糧莊，增莊丁爲十五名。

三十年奏准：各莊頭收存之糧核明實數，或十莊，或五莊，收聚一處，擇殷實之莊作窖收貯。

三十四年奏准：歸化城安設皇莊十有三所，各給地十有八頃。於各莊頭子弟及殷實莊丁內選充莊頭。每莊歲徵米二百石，由歸化城都統徵收，貯本處旗倉。

四十五年奏准：捕牲烏喇地方，於蜜戶內簡選五人安設皇莊五所。每莊定壯丁十四名，給以牛具令其開墾。

四十八年，令莊頭地畝不足額者，准其補給。薄鹼沙壓者，准其換給。

五十年，定糧莊納糧之數。山海關內，古北口、喜峰口外，頭等莊報倉石二百五十石，二等莊、三等莊遞減三十石，末等莊報一百二十石，每石折小米五斗。

五十一年，定山海關外頭等莊報倉石三百三十二石，二等莊、三等莊遞減三十石，末等莊報一百九十二石。

又定領種入官地畝莊頭四名，每名報糧七十石。帶地納糧莊頭一名，報糧六十四石。

又奏准：豐臺安設菜園十有一所，除給地外並予鑿井六口，牛四頭，房三間。

五十五年，定給莊頭頂帶之例。莊頭內當差四五十年不欠錢糧者，給八品頂帶。二三十年無欠及年老不能當差者，均給九品頂帶。舊例賞罰：於額外多納一石者，賞銀四錢。多者賞馬匹端罩。缺額一石者，責二鞭，鞭不過百。後此例皆停。

又奏准：盛京莊頭，每十年委本司官前往編定等次。

五十七年奏准：各州縣莊頭子弟內簡選十五人，於駐馬口外，彌陀山等處，安設皇莊十有五所。各給荒地十有八頃，令其墾種。

六十年議准：涿州入官稻田三頃，令附近莊頭承種。

雍正元年諭：山海關內莊頭等所欠陳糧，俱令豁免。所欠新糧限三年內交完。尋內務府議定：一二年內全完者，賞給品級及加級有差。三年不完者罪之。

又奏准：山海關外莊頭等次，改令錦州副都統編審造冊送府，停止司官前往。

二年，定莊田勘災例。以被災地畝編作十分，按分數免差。仍計口給糧，有捏報者罪之。

三年，令口內莊頭交倉所餘之糧，折銀交廣儲司。口外莊頭糧米運交熱河倉，其雜糧秫稭等項亦折銀交廣儲司。

又奏准：山海關外一等莊給地五十四頃，二等五十一頃，三等四十五頃，四等三十九頃。如有不足額者，將各莊餘地補給。其餘地畝，令地方官召民耕種輸租戶部。

又奏准：功德寺水田七頃四十四畝，甕山水田八頃十一畝，所得稻已敷一年之用。留此二處官種外，其六郎莊等處，應租與附近居民。計六郎莊水田五頃四十八畝，旱地三頃七十五畝。北塢水田九頃三十七畝，旱地一頃八十八畝。蠻子營水田十頃，旱地一頃二十五畝。黑龍潭水田五頃三十一畝，旱地五十四畝。石景山水田四頃八十二畝。功德寺頭圈水田一頃三十五畝。旱地一頃八十七畝。甕山旱地一頃一畝。六郎莊房基地十五畝，荷花池四畝，功德寺房基地九畝，荷花池十二畝，各有奇。洩水河荷花池一區，甕山荷花池一區，並分別徵租有差。

六年奏准：將豆稭七十二莊，均改爲半莊，併入現有半莊。共計半莊一百七十有一。

又議准：向來各莊但有居住村名、地畝數目，未載四至。令內務府司官，會同戶部及地方官逐一丈量，各造四至清册三本，分貯內務府、戶部、直隸總督衙門，以備察覈。

又奏准：駐馬口外彌陀山等處十有五莊，每莊歲納米二百倉石，由右衛將軍徵收，貯該處旗倉。

七年議准：丈量口外莊頭等原額地畝，并自墾地畝，甚屬過多。且不畫一。將現在頭莊，各給地三十九頃。所餘之地共二千九十頃五十二畝，按每莊三十九頃之數，於莊頭子弟及誠實壯丁內選五十三人，增設莊五十三所。

又奏准：將房山縣入官稻田七頃九十五畝，增設莊一所。

又奏准：關內三百二十二莊內，定爲一等五十七莊，二等十有六莊，三等三十八莊，四等二百十有一莊。口外一百三十八莊，均定爲一等。

十三年，定承催官獎勸例。六年全完者加一級，三年全完者紀録。按承催官於乾隆元年停止，至四年復設。

又奏准：各等莊頭，四等陞爲三等，三等陞爲二等，二等陞爲一等。原有頂帶者，各加一級。無頂帶者，以次賞給九品、從八品、正八品頂帶。初次降等，有頂帶者褫革，無頂帶者鞭八十二，次鞭一百三，次鞭一百，革退莊頭。

乾隆元年，奉旨：盛京編審莊頭等次，著內務府司官會該管官辦理。

二年奏准：歸化城十有三莊，墾地二千六百餘頃。每莊各給六十頃外，尚餘地一千九百餘頃，交地方官募民耕種，輸租戶部。

四年奏准：菜園、瓜園地，亦照莊地丈量四至，造册存案。

又奏准：凡投充人等所帶地畝，如有薄鹼、沙壓者，委官勘實，准其退出，暫交地方官，召民耕種，輸租戶部。其附近處有可補之地，照數補給。如無可補之地，即按其現有地畝交差。

八年奏准：自康熙二十三年編審等第以來，凡地畝寬裕者，皆已陸續陞等加差。若仍照例編等，必至有名無實。應停止十年編等之例。

九年議准：德勝門外，向有荷花池一區，每年僅徵銀四十五兩。今勘得內有稻田九十四畝，旱地三畝，荷花池七十六畝，蒲池五十四畝，共應徵銀八十兩有奇。歲入奏銷。又德勝門內，銀錠橋西所有稻田三頃，向屬本苑管理。後因地勢高窪不等，難以耕種，所有房屋交房租庫管理。年來挑挖河道，疏濬順利，業經栽種荷花，已成荷池。除房租仍聽房租庫收租外，所有荷池地畝應仍歸苑管理，以昭畫一。

又覆准：燕郊及白澗、桃花寺、隆福寺四處行宮，各置千總一人，兵八名，應得俸銀俸米，除燕郊一處仍於本佐領關支外，其白澗等三處官弁俸銀於佐領下關支，俸米則各於附近撥地九十畝給抵。其四處兵丁，每兵月餉五錢外，亦各於附近給地六十畝，以抵月糧。

十年覆准：燕郊、白澗、桃花寺、隆福寺、磐山、髩髻山、蟠龍山、今大興莊、三家店八處，看守行宮之千總畫一。每人歲給俸銀六十兩。以撥給官地九十畝。所有馬乾俸米一併裁汰。此八處兵丁各給官地六十畝，每月給餉銀一兩。

又奏准：國初以來，附近耕種地畝，自二三十頃至四五十頃不等。嗣後此等地畝，如莊頭係子孫、弟兄及族人承種者，不必議減外，其欠糧或緣罪革退及絶戶以異姓承種者，均以十八頃爲一分，九頃爲半分。餘地足十八頃、九頃者，增設大莊、半莊。奇零不足數者，交地方官召民耕種，輸租戶部。

十一年議奏：石槽、懷柔、密雲、瑤亭四處行宮，照燕郊等處之例，各設千總一人，照例給地九十畝，歲給俸銀六十兩。至於兵丁，除磐山十二名，燕郊等皆八名，瑤亭六名，均毋庸議外，惟懷柔、羅家橋現兵各五名，應各增一名。密雲現兵六名，應增二名。照例給予地畝、月餉。奉旨：羅家橋、懷柔縣行宮不必增設兵丁。將所議增設之二名，增與瑤亭行宮。

又奏准：專設暢春園、西廠莊頭。除舊給石景山地十有一頃三十四畝四分外，將附近州縣入官地增給六頃六十五畝六分，以足十八頃之額。

十二年覆准：口外行宮千總，歲支俸銀及撥給官地，尚與口內千總不甚相殊。而委署千總每名給地九十畝，月支餉銀五錢。兵丁每名給地六十畝，而月支餉銀或多或少，或有或無，參差不一。今酌定：千總每月餉均增爲二兩，兵丁均增爲五錢。至巴克什營一處千總，應改隸熱河總管，照例給地九十畝，歲俸六十兩。以昭畫一。

十三年議准：瀛臺麥田，每年委附近莊頭一人辦理。

又奏准：宣化府不足之莊地十有八所。除應納錢糧只按現在畝數徵收外，嗣後有報水衝沙壓者，内府官會同地方官勘實，召民承種，輸租戶部。

十七年議准：司屬東安、武清之雀戶，被水淹没地四十九頃有奇。自乾隆六年以來，均由司委官前往，會同地方官察看。惟有乾隆十年，勘出水涸淤地六十六畝有奇，業已升科，餘年並未察出，徒滋紛擾。嗣後停止。委官交戶部轉咨直督，於每歲秋成後，飭地方官勘明報府。再宛平縣尚安邨雀戶，水田被水衝壞溝渠，水淹成溝，難以耕種田九十五畝，堪種旱地二十四畝。歲委催長一名察勘，以杜隱匿。

三十五年定：莊頭承種額撥官地，不准藉稱薄鹼，沙壓退交兑換。其有誤差不能承充莊頭者，内務府大臣查勘確實，另派莊頭承種。

四十七奏准：内務府所屬莊園人等承種官地，如遇旱澇災歉，俱照民地之例，一分至四分者不准報災。其分給口糧之處，概行停止。

以上内府莊園數目。

同上 宗室莊屯數目

謹案：國初，諸王勳戚及八旗臣工俸糈之外，既賜園地。復案所屬壯丁撥給晌畝。遇有旱澇，隨時賜賑，澤至渥矣。故前卷既載規制，兹復以累年給予數目開具於後。

鑲黄旗宗室：整莊四所，半莊一所，園一所，共地六百一十晌。坐落大興、通州、武清、平谷、河間各州縣。

正黄旗宗室：整莊五所，半莊十二所，莊四所，園三所，共地一千七百七十六晌。坐落大興、宛平、三河、寶坻、順義、涿州、房山、保定、雄縣、易州、任邱各州縣。

正白旗宗室：整莊四所，莊一所，園二所，共地六百晌。坐落順天、香河、通州、寶坻、房山及沙河所等處。

正紅旗宗室：整莊一百四十五所，半莊三所，整園五十所，半園十所，園四所，共地二萬七百三十六晌零。坐落順天、宛平、昌平、涿州、文安、保定、定興、淶水及遼陽、海城、蓋平各州縣。

鑲白旗宗室：整莊一百七十八所，半莊五所，莊八所，整園八所，園二十所，果地、靛地、網戶、獵戶等地七十六處，共地二萬八千六百一十九晌零。坐落大興、宛平、良鄉、固安、永清、東安、香河、通州、三河、武清、寶坻、昌平、密雲、懷柔、房山、霸州、薊州、玉田、平谷、遵化、豐潤、遷安、灤州、樂亭、保定、易州、河間、任邱、滄州、保安及遼陽、海城、蓋平、鐵嶺、山海關外等處。

鑲紅旗宗室：整莊二百九十八所，半莊二十三所，莊五所，整園一百十一所，半園二所，共地四萬三千八百三十五晌。坐落大興、宛平、永清、香河、通州、寶坻、昌平、涿州、房山、霸州、灤州、新城、河間、肅寧、滄州、延慶及張家口外等處。

正藍旗宗室：整莊五百四十四所，半莊一百五十一所，莊二十二所，整園一百三所，半園十九所，園七十三所，果菜、牧地五處，共地八萬八千五百五十四晌零。坐落大興、宛平、良鄉、永清、東安、香河、通州、武清、昌平、順義、懷柔、涿州、房山、霸州、保定、薊州、玉田、平谷、遵化、豐潤、永平、昌黎、灤州、樂亭、新城、易州、青縣、無極、保安及承德、遼陽、開原、錦州、寧遠、廣寧、開平、冷口外等處。

鑲藍旗宗室：整莊二百三十一所，半莊六十三所，莊九所，整園一百二所，半園二所，園三所，共地三萬七千五百七十九晌零。坐落大興、宛平、固安、永清、東安、昌平、懷柔、灤州、蠡縣、安州、高陽及遼陽、海城、蓋平、錦州、開平等處。

以上宗室莊屯數目。

雜録

《清代檔案史料叢編》第五輯 那蘇圖爲宗室德明阿控民人霸地事致宗人府咨文乾隆十三年八月十三日

太子太保、領侍衛内大臣、兵部尚書兼都察院右都御史、總督直隸等處地方、紫荆密雲等關隘提督軍務兼理糧餉、暫受河道總督印務、世襲雲騎尉加一級紀録十次降一級留任那爲行提事：

據直隸布政使司布政使朱一蜚呈稱，蒙宮保尚書領侍衛內大臣直隸總督部堂那牌開，乾隆十二年七月十五日准宗人府咨，右司案呈：據五品官萌生宗室德明阿謹呈宗人府王公，爲申明民人強占地畝，懇乞審斷事。我曾祖固山貝子初進京時，所有原圈九頃餘地，坐落在滄州容管屯，此內本有民人王三、王渭塋地一塊。定例內開：初進京時，雖則圈占地畝，而於塋地則空留不動等語。德明阿遵照定例，其塋地未動外，其餘地畝交於[與]莊頭耕種，業已百年。不意於乾隆六年秋季，忽有滄州民人王三、王渭等營求該州官吏，於此地內除王三、王謂塋地外，仍索取明堂閑地六十二畝半。爲此，德明阿於去年呈請宗人府衙門王公，經二次行文地方調取民人在案。續據地方官詳稱，一人患病，一人謀食在外等語前來。且經宗人府着該地方將被告民人解送到府，立等質訊等因。行文去後。而該地方推托，并不解到民人，以致有悞審訊，甚屬不合。倘此地內果有民地，我家莊頭業經耕種百年，而民人王三等忽而希圖僥幸，串通該州官吏，明係勒索地畝是實。近戶部又因此案逾限，行催前來。爲此申明原由，懇乞再行文直督，將民人王三、王渭等解送來京，以便同我莊頭對質審訊。爲此謹呈。據此，查此案本府於上年連檄該州將王渭等拘解本府質訊，是否霸占之處，非原告被告等當面質訊，其是非不能辨別。然宗室亦無出境之例，乃王渭等推諉不來，此案不能清結。今懸案既久，合應咨行貴督，牌飭該州速將王渭等拘解本府，以憑審訊結案可也。等因。咨院行司。蒙此，當經陞司移行遵照去後。

嗣准天津道咨據天津府申據滄州詳稱，遵即差傳去後。隨據原差覆稱，查得王渭於未奉票拘之先，久經乞食在外，行無踪迹，無憑拘解。所有王渭之父王三，年老痰喘，不敢隱諱，現在到案候驗。等情。據此，隨訊據王三供稱，小的今年陸拾柒歲了，王渭是小的兒子，從乾隆十年冬月就出外去了，至今并無音信。小的原爲祖宗墳墓事情，小的兒子王渭外出無踪，小的又年老痰喘，只怕路途老命難保。此案墳地，蒙前任劉州主審明，確係小的墳地，又蒙各上司核轉在案。如今拖累小的受不得了，情願出結，不要此地，只求免解除糧，就是恩典了。等情。當據投具甘結內稱，依奉結得身在守御里行糧墳地陸拾貳畝伍分，被韓旗莊賴圈，今蒙行提，但身子王渭乞食在外數年，生死不知，身又年殘老病，兼不能動履，實難赴審。但前項地畝，現在韓莊頭承種，身不願爭。惟地內錢糧，從前俱係身完納，今身不要此地，若錢糧仍令身完，即難免世世包納之苦，懇乞格外施仁，將前項地畝應完錢糧據情轉詳開除甘結。是丈得地玖頃柒拾陸畝柒分零，除去王姓陸拾貳畝伍分，尚有老圈地玖頃拾肆畝貳分零，與乾隆七年七月內奉到戶部咨開本公所有老圈地壹塊玖頃餘畝之數適相符合，與乾隆九年九月內奉到戶部咨據六格所稱拾頃之數，實覺前後不符。若照拾頃之數丈入老圈，則納糧民地勢必有虧。况此贏則彼絀，既不便責令業戶輸無地之糧，又不便無故開除，致缺奏銷原額，經前州劉牧具詳情咨部示去後。嗣蒙陞司以王三所稱納糧民地，是否被圈之後尚在納糧，所執老契及歷年串票有無與糧冊相符，批令再行確查等因。又經前州劉牧查明所爭地畝，實係王三家祖遺墳地，并將地契、印票、糧冊送驗。又蒙查驗串票與征糧紅簿坐落村莊不符，而納糧花名又係王炤。茲王一康并非王三本名，恐有借影移換情弊，批令再查明確，據實詳覆等因。卑職隨查王三地畝委係坐落營官屯，其趙屯係行糧屯名，至納糧串票內花名王一康係屬伊父王昭，茲係屬伊兄，委無影射移換之處，應請仍照前詳，請咨部示等情。詳蒙批允，轉請咨示飭遵等因在案。查此案地畝，歷經各前州暨卑職訊明，王三等并無霸占之處，并將契冊、糧票詳送藩案，業蒙確核詳咨，今復提王三覆訊，堅稱所爭之地實係伊之祖業，屢經審詳有案，今又控宗人府行提，情願不要此地，惟求開除地內錢糧等語。矢供如前。擬合遵照指駁，將原案逐一聲叙，申詳俯賜察核請咨，實爲恩便。等情。到司。又經陞司因查此案地畝既經前牧審明係納糧民地，并核糧冊相符，即使德明阿復控，果係民地，亦不能奪歸旗有。今王三惟恐提質情虛，忽願退歸於旗，明有霸占情事。其所稱歷來完糧，亦係借糧影射無疑。該州并不究訊得實，率請除糧，殊屬未協。當經批飭速傳王渭到案，確訊定議詳轉，一面差解宗人府收審具報去後。

續據天津府呈據滄州申稱，遵即差傳去後，嗣據原役回稱，蒙本府飭行速飭勒傳王渭到案訊解一案，差身傳喚，身遵即赴彼，有壹老婦口稱我子王渭久已流外乞食，已經二載有餘，不知去向，夫男王三年已陸拾捌歲，現在痰喘老病，卧坑[炕]不能動轉等語。不得不回明等情。據此，查此案王渭之父王三既屬老病，卧坑[炕]不能赴審，而王渭又久經外出未歸，實難傳訊定議。茲據前情，除俟王渭回日，再行傳訊定議解質外，合先詳覆核轉等情到府。

據此，擬合據情詳請核轉等情到司。據此，當經批飭作速勒緝王渭到案，嚴訊定議解質在案。查此案地畝如果歷係民地，自不便退歸於旗，今既稱現在納糧并有旗冊糧串爲據，而又稱願歸旗有，則果否係王渭等因墳霸種圈地，抑係借糧影射，必須確訊明白，庶可定議。今該州以王三年老患病，王渭久經乞食外出，難以傳訊，除此地已據王三情願退出，應令宗室德明阿莊頭照數承管，查地已退交，王三等應免解質，仍檄令該州勒緝王渭到案，將有無因墳霸占圈地及是否借糧影射各確情研訊明白，應否除根，另行定議詳報外，擬合先行呈請咨明宗人府查照。等因。到本部堂。據此，擬合咨明。爲此合咨貴府，謹請查照施行。須至咨者。

右咨宗人府。

乾隆十三年八月十三日。

同上　宗室和爾金呈控奴僕徐璞等霸地狀乾隆十九年

具呈鑲藍旗閑散宗室和爾金呈，爲惡奴欺主，黨民訛詞霸地事。

切和有祖遺老圈地一段，共計十一頃七十二畝，坐落在保定府安州西河村。於乾隆十六年間，和坐季一半五頃八十六畝，俱有圖書文契，管家花押爲憑，下剩一半五頃八十六畝，仍交於惡奴徐璞承種，交銀七十三兩三錢。於十七年秋後，收過銀十五兩三錢，下拖欠銀五十八兩。徐璞竟逃去無踪，直至十八年間回來，零星補過銀四十兩。還欠銀十八兩。和因徐璞屢次拖欠脫逃，於十九年租銀分毫未收，將下剩一半五頃八十六畝地，換於[與]徐璞族弟徐珮自種當差。徐璞因此懷恨，竟抗違不遵，以至今年春間不但不交地於徐珮，反串通高陽刁民王新宇等，於今春三月内硬行搶種四頃有餘。和連令人傳喚數次，徐璞竟不赴京。和命莊頭趙舉賢具稟在州，知州關題三次質審，而奸民王新宇等因係高陽民人，州縣相隔，總不赴州質審。不略[料]徐璞親弟三友兒更爲可惡，亦硬行搶種一頃有餘。趙舉賢稟明州官，州官遂傳徐璞訊問。徐璞謊言和使過十九年租銀五十五兩，和於五月十三日有并無使銀呈詞一張，使趙舉賢抱呈知州。安州移文高陽縣，押令退地，補還籽種，以便徐珮種地當差，以結斯案。孰意徐璞膽大包身，竟與高陽縣刁民王新宇等伙同串捏口供一樣，訛和使過押季租銀，并無圖書花押可證。知縣但聽一偏之謊言，竟移文過州，俟民人收割今年禾稼完畢，還有未滿年限銀子一百六十一兩五錢六分、小制錢四十一千五百五十文，候追逼完結過縣，然後押令退地。凡此一切情由，俱有安州卷案可查驗。泣思此無憑據之銀錢，或有或無，應在徐璞名下追給，斷無使和地補還之理，似此惡奴黨民，硬霸和地，使和地不由己，養生無倚。爲此匍匐奔叩太王爺，念宗室一派，恩准提究，或移文安州，押解徐璞、三友兒過部質審，一面移文高陽縣飭令刁民王新宇等交還和地，使和莊頭得地交差，則和得生矣。

乾隆十九年　月　日。

同上　戶部爲阿蘭泰之妻呈控保書占地事致内務府咨文附粘單　乾隆二十六年三月

戶部爲咨復事：

現審處案呈，所有阿蘭泰之妻寡婦呈控保書隱占地畝一案，相應抄録粘單，移咨内務府查照可也。須至咨者。

右咨内務府。

計粘單一紙。

乾隆二十六年三月　日。

附粘單

先據大興縣知縣周贇申稱，所有廂黄旗滿洲富森布佐領下披甲阿蘭泰之妻寡婦呈控保書隱占地畝一案，奉戶部咨查前項地畝，雖據保書稱係伊父未曾出旗之先，業已典與廂黄、正黄孟姓、劉姓、馬姓旗人等語，但孟姓、劉姓、馬姓究係是何名字，或漢軍或滿洲、蒙古，并在何佐領下之人，文内并未聲明，相應牌行大興縣再行研訊明確，并將保書出旗爲民印照内有無房地隨帶之處，查驗明悉，即行報部核議。再查前項地畝，據保書在縣供稱，阿蘭泰原與故祖是同族的，故祖留下三個漢子，地土房九間，阿蘭泰父親郭里罕起在部裏并牛録上告過，祖母於康熙年間訴明妄告緣由，將郭里罕起革職等語。該旗查明此案，作何議結，而科爾科岱與阿蘭泰家是何服制，均應查明，始能定議。應分咨廂黄滿洲旗分轉飭該參佐領，據實查明旗存康熙年間控告原案，仍將阿蘭泰與科爾科岱係何族屬之處，查明宗譜，一并報部辦理。等因到縣。蒙此，該卑職遵即差傳去後。

茲據保書到案，訊據供稱：小的從前轉典與那些地畝的人，因小的有了年紀，老邁昏聵，不能記憶，沒有把那些人的名姓供明，今小的已經問了他們，那前供姓劉的，是廂黄旗包衣八龍阿管領下帶馬官，名叫五同保。那姓孟的，是厢黄旗包衣富拉渾管領下本倉上當差的，名叫擎柱；那姓馬的，是正黄旗滿洲四甲喇西明牛録下，名叫其柱。都是問確鑿的。小的并沒在案下呈請給過印照，從前出旗的時候，也沒有在牛録上報有隨帶地畝，俱是實情等情。據此，卑職查保書尚未請給印照，復查保書從前出旗爲民奉發檔冊内，實無房地隨帶之處，合并聲明等因。又經本部移咨厢黄包衣、正黄滿洲各旗分，轉飭該管領八龍阿、富拉渾、佐領西明等，即將五同保、擎柱、其柱等所執保書典地原契即行送部查驗，仍移咨厢黄滿洲旗分轉飭佐領富森布，作速遵照本部原行查訊明確，并將康熙年間郭里罕起等互控原案，連阿蘭泰等闔族宗譜全行送部查驗。去後。

續准正黄滿洲旗分咨稱，據佐領公西明呈稱，查本佐領下其柱已經病故，伊子永德、永安、永寧、永太、永祿等，因係另記檔之人，於乾隆二十五年九月内俱往福州駐防，其前項典地原契伊等曾否收執之處，本佐領處無憑可查，相應咨覆戶部等因。今於乾隆二十六年二月十一日，准厢黄旗滿洲都統咨稱，據佐領富森布呈稱，本佐領處訊據族長韋保住呈稱，本族原任兵部尚書科爾科岱，在原披甲阿蘭泰家穿孝二個月，族内再無伊等近支等情。再奉部咨令將郭里罕起退任原案查送等語，但此案係康熙年間之案，年分久遠，佐領處無憑可查，而旗下所存冊檔已於乾隆十六年被火焚毀，實難檢查，應請一并咨行戶部照例辦理，等因前來。

相應移咨内務府轉行厢黄旗包衣，飭令該管領八龍阿、富拉渾作速訊取五同保、擎柱切實確供，仍將伊等所執保書典地原契送部，以便一并核議可也。

同上 戶部爲王國瑞呈控高五格霸地事致内務府咨文附粘單 乾隆三十年閏二月

戶部爲咨復事：

現審處案呈，所有正藍旗滿洲旗分王國瑞呈控高五格霸占地畝一案，相應抄録粘單，移咨内務府查照可也。須至咨者。

右咨内務府。

計粘單一紙。

乾隆三十年閏二月　日

附粘單

先准正藍滿洲旗分咨，伊精阿佐領下閑散覺羅富桑阿家人王國瑞呈控内務府莊頭高五格即高理等父子刨毁伊主灤州地邊所種桑樹，翻毁已種麥子，霸占地十畝，而高五格之子高喜成稱此地係伊家置典李俊儒原買魯八十之産，兩造各執一詞，送部審斷一案。經本部移咨該旗轉飭該參、佐領詳查旗存地檔内，富桑阿名下共有老圈地畝若干，坐落何村，已經典賣若干，現存若干，逐一查明，將原本印檔粘簽送部；并咨内務府即向高五格吊取李俊儒典契，同李俊儒原買魯八十地契一并送部。

准正藍旗滿洲都統咨稱，據佐領覺羅伊精阿等呈稱，查本佐領下閑散覺羅富桑阿之親祖原任八品筆帖式覺羅威和圖，於乾隆二十年查地時，閑散覺羅富桑阿之祖威和圖將坐落灤州連北店等處有老圈地十二個漢子地報過戶部，現在佐領處記檔。再傳提閑散覺羅富桑阿家人王國瑞訊問，據王國瑞呈稱，身主將前項地畝自二十年報地之後，并無典賣與人，現在本身取租等情。應照威和圖原報漢子冊檔抄録冊一本，并王國瑞所呈之處，一并咨報戶部等因。查該旗抄送乾隆二十年查報地冊内開，正藍旗滿洲固山原係代因保佐領，今改爲覺羅伊精阿佐領下閑散覺羅富桑阿之祖原任八品筆帖式覺羅威和圖，灤州連北店等處有老圈地十二個壯丁莊村地畝之數，開列在後：連北店莊西有地一頃七十畝，莊北有地七十畝，小營莊後共地五段，莊南一段三畝，莊後一段地十一畝五分，又莊北地四畝，又莊北地一段十二畝，莊西北地一段七十畝，内有連北店莊伙地一處，小營莊有莊伙一處，前後共地三頃四十畝五分，莊伙地二處。自二十年報地之后，并無典賣指地借銀是實。現在本身取租。此係參領成德、松祿，佐領覺羅伊精阿、驍騎校富爾杭阿、領催額爾登額、皂保等同保。等因。

今於乾隆三十年閏二月初三日，准内務府咨稱，會計司案呈，本司隨傳莊頭高五格到案，呈閲得李俊儒典契，李俊儒原買魯八十地契前來。應一并送部查驗辦理。等因前來。本部查驗内務府送到高五格所典正藍旗漢軍甘世璉佐領下閑散李俊儒地契内開，乾隆四年二月内，李俊儒將自買本旗查布山佐領下覺羅魯八十地一頃，坐落小營莊后，當與高理名下，價銀一百六十兩，一當三十年爲滿，内帶滿漢紅契一紙存收字樣等情。是高五格於小營村原有自置之産，其富桑阿家人王國瑞呈控高五格霸占伊主地十畝之處，果否係富桑阿家人老圈地内之項，抑或係高五格典自李俊儒原買魯八十之産，非令地方官帶領兩造親詣地所，眼同勘丈，終難明悉。相應移咨正藍滿洲旗分并咨內務府，各轉飭富桑阿家人王國瑞、高五格前往灤州聽候勘丈，并牌行該州王國瑞、高五格到案之日，即行帶領伊等前赴該地勘丈何處係高五格霸占之地，并高五格有無刨毁富桑阿地內所種桑樹、麥子之處，研訊明確，秉公辦理，報部以憑核議可也。

《清代檔案史料叢編》第四輯　戶部爲莊頭程銓呈控私典官地事致內務府咨文附粘單　乾隆三十年閏二月

戶部爲匯催事：

現審處案呈，所有內務府莊頭程銓呈控私典官地一案，相應抄録粘單，移咨內務府查照可也。須至咨者。

右咨內務府。

計粘單一紙。

乾隆三十一年閏二月　日

附粘單

乾隆三十年二月十七日，准井田科付送武清縣知縣何燧申稱：奉部飭催內務府莊頭程銓呈控民人魏從經等私典官地一案，卑職遵查此案，於上年三月初四日詳復藩憲，蒙批：仰候敘入前詳，轉請咨部。俟復到，飭遵。繳。等因在案。今將前詳抄録清折，具文申復大部查核等因。

查該具送到清折內開：乾隆二十八年十二月初十日，蒙藩憲觀憲牌內開，本年十二月二十二日，准通永道咨據該縣申復莊頭程銓呈控堂弟程鐸盜典與民人魏從經地畝一案緣由到司。查此案前據程銓等在內務府呈稱，程鐸將官地六頃，全行典賣。今該縣查出魏從經租典共地一頃七十二畝五分，其餘地畝曾否出典，現係何人管種，并未查訊明確。至民人例後私典旗地，久奉嚴禁，今魏從經等典程鐸地畝，既係旗產，自應按例定議，未便以程鐸捏稱民地誆騙，應免置議，率請追價給還，有干院詰。合仰縣官吏照牌事理文到，立即遵照，作速逐一確訊明白，另行按例妥議詳報等因。

蒙此，遵即傳齊原被人等到案，復加研訊。問程鐸：你哥子在內務府呈告，原給你官地六頃，被你全行典賣，前日本縣集訊吊查各契，在典地一頃六十二畝五分，其餘地畝係何人管種？今蒙布政司大老爺駁查，你將租典地畝細數一一供來。據供：原地本是六頃。典給魏從經兩契，是六十一畝五分，典給魏從權兩契，是十四畝五分，典給程維章二十二畝、羅文臣二十一畝、崔瓚二十六畝、張良十六畝五分，共典地實止一頃六十二畝五分。其餘租給程維章兩契地三十九畝五分，內一宗四年爲滿，一宗五年爲滿；租給程良才地一頃二畝五分，作五契租的，內兩宗共地四十七畝，都是三年爲滿的，今年年限已滿了，有三宗地五十五畝五分，是四年、五年、七年才滿的；又租給劉吉文地二十畝、閻二地二十畝，都是五年爲滿的，年限尚早；又租給王繼倫地十畝，程煥地一塊共是三十畝、程會公地二十畝、崔瓚地十三畝、程招地二十三畝、余成祿地十畝、趙二地十畝，有二年的，有三年的，這七人租地年限都已滿了；又租給王士元地八畝，并有預租。通共租地三頃六畝。還有指地向魏從經、魏從權揭銀的，是一頃一畝，先蒙案下審問，已經一一供明的了。此外，另有盧澄、盧澤、侯七租種地五十七畝，梁七租地二十畝，因不是預租，也沒有典賣，故此從前沒有牽着他們。是實。

詰問：據你說典地一頃六十二畝五分，租地三頃六畝，又揭銀指地一頃一畝，如今又有盧澄、盧澤們種地七十七畝，通計六頃四十六畝五分了。除官地六頃內中定有自置民地了，再實供來。又供：那指地揭銀的一頃一畝，原不過指着做個憑據，本不是實在數目。這地自己種着，也不曾丈過，大約只有六七十畝，通共六頃也不差什麽，并沒有自置民地。等情。

隨提各犯質訊，各供相符，不復重叙外，卑職復審得莊頭程銓呈控堂弟程鐸盜典官地一案，卑職遵照復加研訊，其程典各地與官地六頃原數相符，并非盡行典賣。至程鐸捏稱民地，誆騙愚民之處，查程銓在內務府呈稱，魏從經等皆謂所典俱宮勳民地，將皇產吞爲己業等語。揆其彼此較爭，則魏從經等實已悞認爲民地可知。前訊魏從經供稱，每年給程鐸糧銀制錢一千，而約內亦皆書民地字樣，是與明知旗地，違例私典者實屬有間。惟查莊頭捏稱民地，誆騙愚民，追價給主，免其置議之條，係乾隆八年定例，現奉新例內并未開載，而魏從經等於承典之時，并不查問明確，實亦冒昧。若追價給主，概置不議，誠恐長其刁風。應請將魏從經、魏從權、程維章、羅文臣、崔瓚、張良俱照不應重例杖八十，折責三十板。魏從權係生員，發學戒飭。其原價即請內務府在於程鐸等名下追出入官，似足蔽辜。至所典地畝係屬皇產，未便查撤，已飭令各地戶照數追交，給程銓收領當差。至程鐸所借私債，雖係指地揭銀，但并不給與地畝，與例載地無租價銀與利息者有間，應在程鐸名下追還。余請仍如前詳所擬等因前來。

查魏從經等契典地畝，既據該縣將復審斷案情節詳報該上司，并抄録斷案申部，應如該縣所議完結。再程維章等長租地畝，現在作何查辦，其前詳內是否已經叙入，并未咨部，應令該縣聲明報部。至程鐸私典當差官地，亦屬不合，應照不應重律杖八十，移咨內務府照例鞭責發落。仍知照直隸總督可也。

《清代檔案史料叢編》第五輯 戶部爲瑪爾泰控告李士遴等霸地事致內務府咨文附粘單 乾隆三十年三月

戶部爲審擬具奏事：

現審處案呈，乾隆三十年三月十一日，准刑部咨前事一案，相應抄録粘單，移咨內務府查照可也。須至咨者。

右咨內務府。

計粘單一紙。

乾隆三十年三月　日。

附粘單

乾隆三十年三月十一日，准刑部咨稱：

直隸司案呈，先經大學士忠勇公傅等奏送派往拉林種地之瑪爾泰告假回京逗留直省控告地畝一案，請旨將瑪爾泰交送刑部嚴審治罪，所控典給生員李克甲地畝并典與民人趙喜等地畝轉賣與捐復知府李士遴一節，俱屬民典旗地，一并交與刑部會同戶部查辦等因。乾隆二十九年十一月二十日奉旨：著交部。欽此。當經臣部一面牌行灤州等處傳提李士遴等送部質審，一面將瑪爾泰研加究詰。據瑪爾泰供稱：從前告往拉林種地，於乾隆十九年十一月內告假回京，二十年二月內假限已滿，即在本旗請領回文，潛往香河縣逗留。因憶先年曾將旗地四頃八十畝，先後典與李克甲，乾隆八年議明以典改租，俟李克甲再種十年，地還原主。十八年間，李克甲止退還伊嫂董氏地三頃六十畝，尚有一頃二十畝被李克甲偷入民糧，霸占不給，在縣具控，未經准理。又有祖遺灤州旗地十六頃七十畝，典與民人趙喜等耕種，於二十三年前往灤州經李令貽等説合，翻賣與李士遴，議明除贖地價銀外，找給銀一千兩，當收定銀十兩，隨帶同李士遴家人向趙喜等贖出地七頃餘畝。屢向李士遴索價不給，反將莊頭地畝霸占。又樂亭縣有地一頃三十畝，先年亦典與民人，二十六年瑪爾泰與趙沛元合伙贖回。又於二十七年重至灤州，向李士遴家清理前項地畝。李士遴終不給價，反將伊看守數日。是以逗留，不能前往拉林等情。臣部以瑪爾泰自拉林告假來京，限滿領有回文，潛往香河等處回贖地畝，任意遷延至十年之久，實與拉林逃回無異。應請旨先將瑪爾泰正法。至所控旗地，業據瑪爾泰逐一供明，俟李士遴等解到之日，另行審訊。於乾隆二十九年十二月十九日奉旨：依議。在案。

嗣據灤州香河將李士遴、李克甲等先後解部，臣部隨會同戶部逐一審訊。據李士遴供：我係廂黄旗內務府錢糧莊頭李紹祖戶下親丁，捐納知府，年四十三歲。乾隆二十八年五月，選授福建邵武府知府。二十九年八月，丁憂回家的。從前二十三年六月，有李令貽等來説，瑪爾泰有祖遺灤州旗地十六頃七十畝，出典與民人趙喜等耕種，要將此項地畝轉賣與我，議定價銀一千兩，叫我先拿出典價銀子來，向趙喜等贖回。俟贖清之日，再行找算。就立了一張草契，給我收着，隨交瑪爾泰定銀十兩。我叫管地租的王景曾拿着銀子，同了瑪爾泰向趙喜等贖出地共七頃二十四畝，給我管業取租，共去贖價銀三百四十七兩一錢零，贖回各戶典契。現在其餘的地已經官贖，瑪爾泰不能贖了。彼時瑪爾泰原要與我算賬，那時若與他算清，當時須得把地價都找足給他，所以叫他上京過了稅，再與他清算，找給他地價銀兩。這原是我貪便宜做的。我另外又收他莊頭李文吉地八十畝、姜賓地一頃五十畝，原沒有給他地價。至贖回的七頃二十四畝，每年收租銀六十七兩，另收的地二頃三十畝，每年取租銀二十六兩。自二十三年收租起的，我并不知道瑪爾泰是拉林回來的人。至二十七年，我在部投供得缺之後，就到任去了，如何有把他在家看守數日的事呢？求詳情。等語。

詰問：那瑪爾泰將旗地典給民人趙喜，清查時未經報出，此地例應入官，你是內務府莊頭，又是職官，再無不知之理，因何違例故買呢？再據你供稱，原議買瑪爾泰地十六頃七十畝，價銀一千兩，約計每畝價銀六錢，你備價贖回地七頃二十四畝，共用去定銀贖價三百五十七兩零，尚應找給瑪爾泰價銀七十餘兩，你并沒與他清算找給，已是你的不是了，如何又把他莊頭李文吉、姜賓的地收了二頃三十畝去，歷年取租，豈不是你強占他的地畝，還用分辯嗎？快實供來。

又供：民典旗地，清查時未經報出，例應入官，我原是知道的。此項地畝李令貽等來說合時，我因見價賤，原想我也是旗人，若瑪爾泰去過了檔子，完了稅，就未必能再查出來，是以貪便宜買的。至瑪爾泰立給我的草契，原寫的十六頃七十畝，除已經官贖之外，只贖回地七頃二十畝，瑪爾泰就要與我算賬，我見他尚有伊莊頭李文吉養家口地八十畝、姜賓地一頃五十畝，又好些，所以把那二頃三十畝地我也一并收了，并沒有給他地價，歷年地租也是我收的，這都是我的不是，有何辯處呢，是實。等語。查與瑪爾泰所供李士遴占伊地畝，未給價銀，屬實。

再瑪爾泰所控典給李克甲地四頃餘畝一節，訊據李克甲供：我係香河縣武生。雍正九年，我同伯父李俊、叔叔李倬在日用銀三百兩，買旗人瑪爾泰之兄岳篤倫地一頃二十畝，我伯父李俊將此地報入民糧，完了稅，如今紅契現在。又另外典岳篤倫地三頃六十畝，於乾隆八年我伯父將這三頃六十畝地與岳篤倫議明以典改租，十年爲滿。後我伯父死後，這兩宗地都分在我名下。十八年間，租地限滿，那時岳篤倫已死，我就將這三頃六十畝地交明他女人董氏了。二十四年，有旗人瑪爾泰在本縣呈控說我占他們一頃二十畝地，本縣把我傳問，驗明稅契并歷年納糧串票，將地仍斷給我管業，換了我叔叔李倬名字納糧，詳明結案的。後我叔叔李倬死後，又改入我名下完糧。今既查明此項地畝原係旗地，從前我伯父在日如何報入民糧，我實不知道。是實。等語。復傳訊岳篤倫之妻董氏及家人劉一兒，供亦相符。至民人趙喜等典買瑪爾泰旗地，乾隆十九年清查時未經報出，亦俱供認不諱。

查律載：侵占他人田宅者，田一畝笞五十，每五畝加一等，罪止杖八十，徒二年，遞年所得花利各還官給主。又名例內載：凡文武官員革職，有餘罪，照有力圖內數目納贖。又奏准定例：民典旗地，清查時隱匿不首者，將地畝撤出入官，照欺隱田糧律治罪，一畝至五畝笞四十，每五畝加一等，罪止杖一百。各等語。今李士遴圖賤置買例應入官地七頃二十四畝，短價銀七十餘兩，已屬不合，又因承買瑪爾泰地畝，贖交數目不足，輒將瑪爾泰給與莊頭李文吉等養家地二頃三十畝取租多年，并不給價，實與侵占無異。李士遴除違例置買應行入官地畝罪止滿杖不議外，相應請旨將原任福建邵武府丁憂回旗知府李士遴革職，照侵占他人田宅律杖八十，徒二年，係職官應照例納贖。但查李士遴於革職後捐復，乃不遵守功令，違例置買瑪爾泰應行入官地畝，又短價不給，勒掯多年，實屬貪鄙無耻之徒，若照例問擬徒罪納贖，不足示懲。臣等看得該員年力壯盛，應否令其前赴北路軍臺效力贖罪之處，伏候諭旨遵行。民人趙喜等民典旗地，乾隆十九年清查時并不首報，應照欺隱田糧律，計畝科斷，行令直隸總督查明契內各戶，照例分別發落。李俊同伊弟李倬、伊侄李克甲契買瑪爾泰之兄岳篤倫地畝印契內，兩造俱列名畫押，明係賣主買主通同商辦，改入民糧，均應治罪。李俊、李倬、岳篤倫既俱病故，應免置議，李克甲雖堅稱買地時係伊伯李俊辦理，但契內現開有李克甲之名，且於二十四年分家後，復行改換自己名字納糧，亦屬不應〔合〕，應照不應重律杖八十。李令貽將典與民人久未報官旗地，說合翻賣與李士遴，亦應照不應重律杖八十。李克甲、李令貽均係武生，應照例准其納贖。仍令該督將從前不行詳查，遽將旗地報入民糧之地方官職名送部查議。李士遴贖回地七頃二十四畝并李克甲名下私入民糧地一頃二十畝，應令該督照數撤出，入官征租。并將李克甲納糧地畝照例開除糧額，仍先造具清冊，咨送戶部查核。至趙喜等所得贖地價銀，雖係李士遴所出，但身係職官，明知例應入官地畝，輒行圖賤代贖，亦應入官。應將贖回各原契封發直隸總督，將趙喜等得過地價按名照數追出，同李士遴贖回地七頃二十四畝自乾隆二十三年起至二十九年止歷年地租銀四百六十九兩，一并照數追出，解送戶部入官。

再瑪爾泰又有樂亭縣地一頃三十畝，已據該督咨稱，查明瑪爾泰於二十六年贖回，租與張新福等耕種，其瑪爾泰供出伙同贖地之趙沛元已經病故等語。查此項地畝從前亦係瑪爾泰典與民人，清查時兩造并未首報，應令直隸總督查明，照數撤出，入官征租。得過地價，照數追出，解送戶部入官。仍照欺隱田糧律，按畝治罪。李士遴侵占瑪爾泰莊頭李文吉等養贍地二頃三十畝，應行給主。查瑪爾泰之子現在拉林，應將地畝暫交與該旗收管，并向李士遴名下追出歷年侵占地租銀一百八十二兩，送部貯庫，行令吉林將軍俟有便員來京，赴部領回，一并給與瑪爾泰家屬具領。趙沛元已經病故，伊子撓兒供明并無合伙贖地情事，均毋庸議。至失察瑪爾泰逗遛之各地方官職名，現據直督咨送到部，臣部轉咨吏部查議，等因。乾隆三十年三月初一日奏，本日奉旨：李士遴著發往軍臺效力贖罪。餘依議。欽此。應將李克甲買地印契一紙并歷年串票四十四張，咨送戶部查照，等因前來。

除將送到李克甲買地印契一紙、串票四十四張涂銷附贈外，相應移咨直隸總督轉飭遵照原奏辦理，并知照正白滿洲旗分、內務府，仍付知福建司井田科一體遵照可也。

同上　竇光鼐爲陳留住控劉世瑞霸地事

致內務府咨呈　乾隆三十一年三月二十五日

特授順天府府尹紀録一次竇爲惡民勢霸旗地等事：

據通州知州萬廷蘭詳稱，本年正月三十日，蒙理事廳英信牌內開，案據正白旗內務府管領拔甲人陳留住控告劉世瑞不准回贖地畝一案，到本分府，合亟抄呈飭查，仰州立將此案人等差傳到案，是否此地已經官贖，逐一查訊明確，詳復察奪，毋違。計抄呈內開：具稟人正白旗內務府額爾登額管領下披甲人陳留住稟，切留住雍正年間原典本旗劉姓地二頃五十畝，因每年隨圍乏手，於乾隆十三年指地借到通州河東譚臺莊光祿司民網戶劉世瑞銀三百兩，保人係劉世瑞表兄沈大，住河東吳各莊。今於乾隆三十年十二月，業主劉姓前來取贖此地。留住於十二月十七日到譚臺，與劉世瑞面講交銀贖地，不期劉世瑞安心霸地，口稱此項地畝五年前已經報官發價官贖等語。留住切思指地借銀，并未奉旨官贖，於例不合，情在霸占是實。無奈在臺前呈明，懇求施恩，將劉世瑞傳喚至臺，分付明白，使留住當堂交銀，此地歸還業主。留住感戴天恩不盡。上呈。等因。蒙此，遵即票傳審訊去後。

旋據劉世瑞稟稱：　切有正白旗滿洲永慶佐領下馬爾拜戶下馬甲老格之子沈萬年，於乾隆十五年原典包衣明玉佐領下護軍九十、陳留住等名下坐落大新莊地二頃五十畝、房身二間，典價銀三百一十兩，於十九年清查旗地時，奉發部檔行查，沈萬年業將印契送驗，已蒙堪丈造報，於乾隆二十三年發帑官贖，係身承佃交租，奏報有案，并蒙頒給印照收執管種，確鑿可憑。不意陳留住借貸不遂，誣身置典前項地畝具控。且此地并非身典，原係沈萬年所典，已經發價官贖征租，身又將伊何地不與回贖之處，明係欺懦論詐，情實難甘。備情陳訴，伏乞吊查原卷印契、官贖底冊，涇渭立分，俯准轉詳銷案。等情。隨將原被人等傳喚到案，當堂訊問。據劉世瑞供：　小的現種官地坐落大新莊，二頃五十畝，房身二間，原是沈萬年價典陳留住等名下之項，沈萬年已經遵例呈報，送驗契紙，於二十三年奉發帑銀官贖召佃，小的承認輸租，現有管種此地印照。小的并沒有典陳留住的地。因上年冬底，陳留住向小的借貸不遂，所以他混告的。只求查案轉詳。等情。又據陳留住供：　旗人兩頃五十畝地典給劉世瑞，假捏契紙官贖，去年十二月內向他找價，據他已經官贖了。沈萬年旗人不認得他，聽見別人說是劉世瑞的表兄。旗人的地典給劉世瑞，典價銀三百一十兩，在沈姓杠房內立的契，契上沒有旗檔圖書。旗人是指地借銀，所以沒有內務府的圖書。契上若有旗人包衣達的圖書，小的就沒的告了。今蒙發看契上圖書，像是外八旗佐領的，不是旗人管領圖書，情願備價回贖。各等情。據此，卷查乾隆二十年奉發部檔，內有正白旗滿洲永慶佐領下天津都統馬爾拜戶下已故馬甲老格原典本旗包衣明玉佐領下護軍九十等名下地二頃五十畝、房身地五分，典價銀三百一十兩，經前州票傳已故馬甲老格之子沈萬年到案，呈驗契紙，內開：立典契人係正白旗包衣明玉管領下護軍九十、木克登額、閑散人留住、十寧，因無銀使用，今將祖遺通州河東大新莊旗地二頃五十畝、房身二間，前場後園共十一段，典與本旗永慶佐領下閑散人沈名下爲業，言定價銀三百一十兩正。其銀筆下交足，并無欠少，十年爲滿，銀到歸贖。自典之後，永不找價。如有親族人等爭競，中保人一面承管。恐後無憑，立字存照。乾隆十五年四月二十八日。立字人陳九十、陳留住、陳木克登額、陳十寧，保人恩慶佐領下護軍烏爾登族弟護軍九格。等語。亦經前州勘丈明確，匯同家奴案內造冊申報，於二十三年發帑官贖征租，奏報在案。

卑職復查正白旗內務府額爾登額管領下披甲人陳留住稟控劉世瑞霸地不容回贖一案，據劉世瑞供稱，陳留住名下坐落大新莊地二頃五十畝、房身地二間，係典與正白旗滿洲永慶佐領下天津都統馬爾拜戶下已故馬甲沈姓名下，典價銀三百一十兩，已經奉帑官贖，係伊承佃，因陳留住借貸不遂，以致控告。而陳留住又以此地并非典與沈萬年，係典與劉世瑞名下，典價銀三百一十兩，留住欲找地價，世瑞回稱官贖。茲當堂發給原契，與伊查看，留住云非伊內務府本管領之圖記，係外八旗佐領圖書，令[今]伊情願備價回贖等語。查陳留住典出前項地畝，若云劉世瑞民典旗地，事在例前，亦應動帑官贖。今驗契係典與戶下沈萬年名下，已經匯入旗下案奴案內，發價回贖征租，奏報在案，似難任聽備價回贖，且非陳留住一人出典之項。至據陳留住供，內務典賣地畝應以內府管領圖記爲憑，不用佐領圖記，是否屬實，卑州無由得悉。況陳留住與沈萬年俱屬在京居住，傳質濡滯，擬合備敘緣由，詳請核咨正白旗滿洲都統，轉行永慶佐領傳喚天津都統馬爾拜戶下人沈萬年到案，訊明陳留住地畝是否係伊置典，其契上圖記是否本佐領所用，抑係內府管領所鈐，逐一查明示復。仍祈分咨內務府轉行正白旗額爾登額管領傳喚陳留住、九十等到案，會同本旗滿洲永慶佐領一體查辦，訊明完結等情前來。

除咨正白旗滿洲都統外，相應據文咨呈貴府查照施行，須至咨呈者。

右咨呈內務府。

乾隆三十一年三月二十五日。

同上　戶部為邵文焕與高文璽互控地畝事致內務府咨文附粘單　乾隆三十一年六月

戶部為再陳等事：

現審處案呈，所有正藍滿洲旗分邵文焕與高文璽互控地畝一案，相應抄録粘單，移咨內務府查照可也。須至咨者。

右咨內務府。

計粘單一紙。

乾隆三十一年六月　日。

附粘單

乾隆三十一年五月初七日，准井田科付稱：先據正藍旗包衣京文太佐領下另戶閑散邵文焕呈稱，切身同子美枝，乾隆二十六年二[月]契買到內務府徐佟太名下豐潤縣旗地二頃八十畝，徐佟太同原中等三面指對，并無他議。後有惡奴高文璽，因此地係徐佟太乾隆十四年長租與伊，二十五年限滿，頓開欲壑，揑造假契，云[系]伊父高士信契典，持契奪種。身情極赴縣控告，縣主惟以伊契為憑，斷以先典後買，不准控理。泣思身買此地，契明價實，有佐領互保圖記、本旗本翼過稅過檔為憑，高文璽所執契紙，不但并無印信，即原業徐佟太字迹花押亦與身契不同，其為假揑已屬顯然。縣主并不細查，惟以高文璽價典在前，即准高文璽執業。痛身買地四載，地畝租銀分釐未得，被租種年滿之惡奴，反得管業收租，虛實倒置，眞僞不分，粘連原契，奔叩吊取高文璽所執契紙，同身所呈原契，兩相比對，以明虛實，以辯眞僞。等情。

經本部行據內務府覆稱，徐佟太地畝原於乾隆五年典與高士信，乾隆十四年另契作為長租，一租十一年，(價)[限](濫)[滿]歸地，現有租契并中保張世英等可證。乾隆二十五年限滿，二十六年稅契賣與邵文焕對地時，高文璽等均無異議。飭詢中保張世英，自白立見等語。隨牌行豐潤縣申稱，遵即差傳案內人等，除高士信、張世英俱故，徐佟太、邵文焕在京，李警衆患病，無憑質訊外，隨詢據高士信之子高文璽、李警衆之弟李錚，各供實係乾隆十四年徐佟太將此地價賣與文璽之父高士信，係警衆等佃種，并無改契長租，價濫歸地，及二十六年邵文焕同徐佟太下鄉，三面指對，并無異議之事。其為徐佟太一地兩賣，毫無疑義。此項地畝已於乾隆二十八年九月內匯入奴典自行首報案內，冊報官贖征租入奏在案。緣奉飭審擬，合將查詢供情，具文申覆大部，等情。并准直隸總督方將高文璽當買二契檢送查辦。本部查送到高文璽所執契紙，驗與邵文焕印契字迹花押不同，是否徐佟太本身立給，抑係高文璽揑造，將原契咨送內務府確詢徐佟太實據，取具該參佐領保檔送部，以便辦理。嗣據內務府查覆，據徐佟太呈報前項地畝，乾隆十四年租與高文璽承種，一租十一年，乾隆二十六年限滿歸地，稅契賣與邵文焕、邵美枝等，并無立契賣給高文璽。該縣送到契紙二張，并非身親筆，又無花押，明係伊等假揑，請咨部辦理，等因。又經本部移咨該督轉飭詳細確查報部，以便定議辦理去後。

今准直隸總督方咨稱，據豐潤縣申稱，據高文璽供稱，身故父高士信於乾隆十四年價買徐佟太地二頃一十畝，遵例於二十年呈報，二十八年給價官贖。文契實係徐佟太之弟常寧書寫，契後草房四間係徐佟太親筆添注，字迹花押可對，并無假揑，情願具甘結，等情。理合取具甘結，并加具印結，申送核轉等情。擬合咨達，等因。查此案邵文焕、高文璽互控地畝，據直隸總督查報徐佟太於乾隆十四年將地二頃一十畝立契賣與高文璽之父高士信，乾隆二十六年又賣與邵文焕，係一地兩賣。據內務府覆稱，徐佟太地畝原於乾隆十四年租與高文璽承種，一租十一年，乾隆二十六年限滿歸地，二契地二頃八十畝，過稅賣與邵文焕，各等因。將各原契送部。本部查驗二契內，字迹花押既屬不同，而地畝數目又屬互異，而業主徐佟太及邵文焕、高文璽等均各執一詞，若非傳齊質訊，難成信讞。應將原契原案移付現審處查明審訊，以結斯案，等因前來。

相應移咨正藍滿洲旗分并內務府，諭令邵文焕、邵美枝、徐佟太、常寧聽候本部傳訊，仍牌行豐潤縣即將高文璽批解赴部，以憑質訊。并知照直隸總督可也。

同上　戶部爲常亮呈控民人季三霸地揹租事致內務府咨文附粘單　乾隆三十一年九月

戶部爲咨送事：

現審處案呈，所有內務府筆帖式常亮呈控民人季三霸地揹租一案，相應抄録粘單，移咨內務府查照可也。須至咨者。

右咨內務府。

計粘單一紙。

乾隆三十一年九月　日。

附粘單

乾隆三十一年九月初八日，准順天府咨呈內稱：

據大興縣詳稱，所有內務府筆帖式常亮呈控民人季三霸地揹租一案，奉部行令查訊季三緣何侵霸常亮地畝租銀，照例辦理完報等因。蒙此，當即差傳季三到案，訊據供稱：小的是采育延壽營民人，旗人常亮的地原是小的承種。上年八月內，常亮親到小的家裏，說要每年租京錢一百千，小的當面說明，每年租錢八十千文。到今年五月裏，小的照數送去，常亮家人不肯收受，亦不回明常亮。到七月裏，小的又送了去，他家人說他主人已經告了狀，你向大興縣交去就是了。如今小的現將租錢存着，情願完交一百千錢。小的并不敢霸地揹租，小的情願將房地退給他另佃。再此地原講定交錢，并沒有每年七十七兩五錢的話，這可以同地主常亮對質的。他明是欺小的鄉愚，有心訛賴。各等情。據此，該卑職查得常亮原呈內稱每年租銀七十七兩五錢，今據季三供稱，曾向常亮當面議明每年租錢八十千文，今年曾送去兩次，家人李二總不告知等語。但果否每年議定租錢若干，理合申請咨明戶部，轉咨內務府詢問常亮確據，飭示下縣，以憑辦理等情。相應據文咨呈貴部查照，等因前來。

查此案既據民人季三供稱情願完交租錢一百千，并將房地退給另佃，并無霸地揹租等語。應移咨內務府，諭令常亮前往收領地畝租錢可也。

同上　戶部爲鄭宣呈控宋智強占差地事致內務府咨文附粘單　乾隆三十一年九月

戶部爲知會事：

現審處案呈，准內務府咨送把總鄭宣呈控宋智強占差地一案，相應抄録粘單，移咨內務府查照可也。須至咨者。

右咨內務府。

計粘單一紙。

乾隆三十一年九月　日。

附粘單

乾隆三十一年八月二十一日，准內務府咨稱：

營造司炭軍把總鄭宣呈控民人宋智強占邵增玉當差官地一案，戶部據昌平州查報宋智實止租典十二畝，地內果樹已據情願退交，應予免議。至樹外地九畝四分三釐，該州審據邵增玉之侄邵國用供，自乾隆二十九年即係鄭宣耕種管業。則鄭宣前在內務府因何呈控宋智占種之外，應咨內務府轉飭訊明報部，等因。職司隨差領催依爾特傳喚鄭宣數次，據稱鄭宣由昌平州傳去聽審，至今未回。應知照戶部俟鄭宣回日，職等問明情由，再行報部，等因前來。

應咨內務府差傳鄭宣，訊供報部，以結塵案可也。

同上　裘曰修等爲六格詞控王自淑等抗租事致內務府咨呈　乾隆三十一年十月二十日

經筵講官戶部左侍郎兼管順天府府尹事務加三級紀録三次裘、特授順天府府尹紀録一次竇，爲咨傳事：

先據正白旗包衣海齡佐領下生員六格，抱呈家人陳祿以姦棍抗租換地等詞，呈控王自淑、張師文等到府。詞稱：切生員於乾隆十八年憑中羅文炳說合，用價銀一百二十八兩典得武清縣民人王自淑地一頃五十畝，坐落大辛莊，係王自淑房身西邊。此地仍租與王自淑承種，議定每年交租銀二十八兩，歷年并無拖欠。不料姦棍於乾隆二十五、二十六兩年，共該租銀五十六兩，分毫不吐。適於是年生員父喪在家，未得親往催取，是以揹租不納，仍將地畝霸種。後姦棍王自淑反在單縣主案下具控，將相隔七八里之藍城村沙薄碱地頂換原地。生員到縣，將契內情由訴明，蒙縣主批准，着王自淑交租贖地。生員呈催數次，僅交銀五十兩，現存縣庫。後因縣主調任，伊竟抗違不理。自二十五年至三十一年，共計六載，共該租銀一百六十八兩，除去縣內存庫銀五十兩，淨該租銀一百十八兩。中人羅文炳係王自淑親妹夫。又乾隆十九年典得武清縣瓦屋村民人張師文地二段，計五十畝，用價銀九十兩，係張四作中，言明每年租銀二十一兩六錢，自二十七年至二十八年共該租銀四十三兩二錢，因從而效尤，亦不交租。切思生員將銀置地，原爲收租養家之計，今被惡佃朋比爲奸，同聲附和，不惟抗租不納，抑且換地霸種。爲此，急叩憲天大人電情恩准，俯賜究追，實爲德便，等情。

當經批飭該縣查追，并飭催各在案。復據該生六格以抗斷拖延等詞呈控，又經本部堂、府尹嚴飭催追去後。茲據該縣以屢次差傳原告，總不到案，無憑質訊，詳請咨傳等情前來。據此，相應據情咨傳。爲此，咨呈貴府，請煩查照，希即查傳生員六格即速赴縣，質訊明確，着追完案。仍祈將赴縣日期賜覆過府，以便飭且辦理可也。須至咨呈者。

右咨呈內務府。

乾隆三十一年十月二十日。

同上 戶部爲莊頭松綬等呈控佃戶抗租霸地事致內務府咨文附粘單

乾隆三十一年十一月

戶部爲轉行事：

井田科案呈，准直隸總督方咨前事一案，相應抄單移咨內務府可也。須至咨者。

右咨內務府。

計粘單一紙。

乾隆三十一年十一月　日。

附粘單

准直隸總督方咨稱：

據灤州申稱，遵查內務府四等莊頭金瀚頂替革退莊頭金式琮原圈房地一案，又油栞莊頭松綬呈控佃戶王玉慶、王貫五等糾合衆佃抗租霸地一案，已於乾隆三十一年五月十四日奉戶部牌行到州，經卑州查案申覆。除金瀚一案另行查辦外，查油栞莊頭松綬呈控佃戶王玉慶等一案，前於乾隆三十一年正月二十二日據佃戶王連芳、魏宏任、王輝、王道一、王朝貞等各狀稟，丁莊頭即松綬、攬地人劉開太、起租人李二增租未遂，挾恨將地畝轉佃與劉芳心、劉月心、劉文忠、劉文德、畢忠、畢淳、畢起祿等情。當經卑州差查去後。又於本年二月二十六日，據油栞莊頭松綬、抱稟家人李勝、劉開太稟控王玉慶、王貫五等糾合衆佃霸地掯租者十四人，所佃地一頃八十九畝二分，應租灤錢五百五十吊零四百文，抗不交納，將地霸種等情。經卑州差傳各佃戶到案訊明，諭令清交租錢。隨據佃戶王玉慶等稟稱，遵斷交租。王玉慶種地二十五畝，每畝交租三千文，[交]三十年租錢七十五吊，又預交三十一年租錢七十五吊；王連芳種地十畝，每畝租錢二千六百文，交三十年租錢二十六吊，又預交三十一年租錢二十六吊；王道一即王貫五種地二十畝，每畝租錢三千，又種地七畝六分，每畝租錢二千七百，該莊頭已收去三十年租錢四十八吊二百二十文，今交三十年租錢三十二吊三百文，又預交三十一年租錢八十吊零五百二十文；王朝貞種地二十畝，每畝租錢三千，又種地五畝，每畝租錢二千七百，該莊頭已收去三十年租錢十四吊零四十文，今交三十年租錢六十吊，又預交三十一年租錢七十四吊零四十文；王葱種地五畝，每畝租錢二千七百，交三十年租錢十三吊五百文，又預交三十一年租錢十三吊五百文；劉芳英種地五畝五分，每畝租錢二千六百，交三十年租錢十四吊三百文，又預交三十一年租錢十四吊三百文；魏宏任種地八畝，每畝租錢二千六百文，交三十年租錢二十吊八百文，又預交三十一年租錢二十吊八百文；劉應通種地四十畝，每畝租錢三千，又種地五畝，租錢二千六百，該莊頭已收去三十年租錢十三吊，今交三十年租錢一百二十吊，又預交三十一年租錢一百三十三吊；袁有種地二十一畝，每畝租錢三千，該莊頭已收去三十年租錢四十一吊二百六十文，今交三十年租錢二十一吊七百四十文，又預交三十一年租錢六十三吊；韓自柱種地十畝，每畝租錢二吊六百，交三十年租錢二十六吊，又預交三十一年租錢二十六吊；劉起佩種地五畝，每畝租錢二千六百，交三十年租錢十三吊，又預交三十一年租錢十三吊；孫藩種地五畝，每畝租錢三千，交三十年租錢十五吊，又預交三十一年租錢十五吊；張位種地四畝六分，每畝租錢三千，交三十年租錢十三吊八百文，又預交三十一年租錢十三吊八百文；王仁種地十畝，每畝租錢三千文，三十年租錢三十吊，又預交三十一年租錢三十吊。以上共十四戶，共種地二頃零六畝七分，除該莊頭已收去三十年分租錢一百一十六吊五百二十文，今交三十年租錢四百八十一吊四百四十文，又預交三十一年租錢五百九十七吊九百六十文，通共租錢一千七十九吊四百文。當即飭令該莊頭起租人李二查收，乃李二欲將地畝另租與他人耕種，不肯收領，所有租錢現在寄貯州庫。今奉前因擬合串覆，轉請移咨內務府，飭令該莊頭松綬來州具領，以結此案。再查王玉慶等十四戶呈開種地二頃零六畝七分，核計所繳租錢每年係五百九十七吊九百六十文，與松綬所呈地畝租則均有多餘，應請俟該莊頭到州之日，詢問明確，再行辦理。緣由於乾隆三十一年六月初九日申覆戶部在案，合并聲明等情。由府呈道，咨轉到司。

准此，除飭該州將金瀚呈控佃戶孫大猷等霸占房地、硬收青苗一案作速遵照部行，秉公查辦，詳報察轉外，所有該州查覆內務府莊頭松綬呈控佃戶王玉慶等霸地抗租之處，已據王玉慶等將乾隆三十并三十一兩年租錢照數完交，除該莊頭已收過三十年租錢一百一十六吊五百二十文外，現存租錢一千七十九吊四百文，飭令該莊頭起租人李二收領，乃李二欲將地畝另戶，不肯收領，租錢現在貯庫，申請飭令該莊頭松綬來州收領，并聲明王玉慶等種地二頃六畝七分，核計每年繳租錢五百九十七吊九百六十文，與松綬所呈地畝租錢各數均有多餘，應俟莊頭到州之日，詢明辦理。於本年六月初九日徑行申覆戶部緣由，擬合據文呈請咨覆等因。

先准內務府咨稱，會計司案呈：據職司所屬四等莊頭金瀚呈稱，切身應領革退莊頭金式琮原圈房地，因灤屬佃民霸占，不能完結，於乾隆三十年十月間蒙恩換札，經本司委員會同知州照州存冊開地段房間，逐一指交，并追租息。除城子莊、石橋莊、孟家峪、太平莊、董家莊等處佃戶遵札指地退房交租外，其倉官營民人申自明等九人均已具退，惟羅才躲避不見，占房十二間、地五十三畝，至今尚無着落。經該州照州冊段落出具冊結，交給委員帶回。後因知州公出，武生孫大猷所退房十間，不交租錢，又將新認唐自亮名下房五間、空基二間亦霸不交租，又復串通申自明、申自富、申自起、申文琢、張梅等十有餘人，抗拒不遵州票，將房地息錢總不交納。所以一莊佃戶五十餘人，所種地十三頃餘，以致均不按畝指交段落。究其所以，不無偷典盜賣情弊。將來別莊衆佃如復效此霸占，莊頭何以當差？懇乞咨部，轉飭該州將孫大猷等所占房地租息追出，交身發差。等情具呈。

又據瀛臺油菜莊頭松綬呈稱，切身官圈地十八頃，俱坐落灤州屬獅子營、羅家營、畢家莊等村，於乾隆二十九年十月間，身取租人李二赴灤州收取租銀，有本地惡棍王玉慶、王貫五等糾合衆佃，立誓抗租霸地者計十有四人，共種地一頃八十九畝一分，租灤錢五百五十千四百文，因抗不交租，李二無奈回京。於去年春間，前往灤州自種地八十一畝，王玉慶、王貫五等帶領多人，硬強攔阻，不准自種，將身自種青苗八十一畝，其餘地一頃八畝一分，全行霸占，并未交租。李二回京患病，是以未得赴灤呈稟。至今租地俱空，以何當差？無奈據情串稟，懇乞咨部，轉飭該州嚴懲惡棍，將青苗官地租銀追出，得給當差外，并將地畝撤出，指交與身自行經理等情。具情[呈]前來。

查莊頭等[官]園[圈]地畝，係屬官產，非旗人取租地畝可比，自種或招種取租當差之外，俱應聽莊頭自行經理。舊莊頭金式琮因無能，是以拖欠錢糧革退，金瀚既代完金式琮拖欠錢糧，差務頂替，所有金式琮名下官地房間俱應指交新替莊頭金瀚當差，是以咨部領札辦理在案。因承種金式琮地畝佃民凶惡，總不退地畝房間，復行換札，該委員於上年十二月間，始由該州取具印甘冊結帶回，於本年二月間送部在案。但金式琮名下官地房間，例應得給新替莊頭金瀚當差，業經該州指交出具冊結，而衆佃有意將官地房間霸占不退，致延三載不結。該州并無懲治料理，是以惡佃孫大猷等將退出地畝房間復行霸占，而又倡首串通衆佃，總不交租。如不咨部轉飭該州辦理，終莫能結。相應移咨戶部，出牌轉飭該州將孫大猷等復霸房地并將拖欠租息照數追出，得給該莊頭當差外，其招種取租或自行耕種之處，俱聽莊頭金瀚自行經理。再將惡佃孫大猷等作何懲治料理之處，仍咨覆本府查核。

再油菜莊頭松綬，尤非糧莊可比。每日在內園承種油菜，備當官差，不容稍悮，關係緊要。是以於灤州八百餘頃地畝內，量其膏腴，揀地十八頃，特將松綬安放。伊實不能前往灤州種地取租，仗賴家人取租，備辦差役。若任佃抗不交租，以何預備內園差務？至民人王玉慶等既種地畝，即應交租，因抗不交租，以至撤地自種。李二所種青苗，而不准李二收割，惡民王玉慶等又硬行收去，亦屬不合。此風斷不可長。相應移咨戶部，出牌轉飭該州將惡民王玉慶等硬行收去李二所種青苗，照數追出，交莊頭松綬取租人李二，其拖欠租息，亦一并催追得給外，再王玉慶等霸種地畝，務必撤出，交李二自行耕種或另行招種之處，俱聽該州莊頭松綬自行經理。將惡佃王玉慶等仍交該州嚴行懲治，以示警戒。該州仍嚴飭各佃戶等，嗣後如承種莊頭松綬地畝，務令按時交租，如不交租，仍聽莊頭將地撤出，或另行招種或自行耕種之處，俱聽該莊頭自行經理，等因。

經本部牌行灤州查照內務府咨內情節，辦理報部，并咨行直隸總督轉飭查照辦理，等因。嗣據灤州申稱，除金瀚一案另行查辦外，所有追回各佃拖欠松綬租錢，現在寄貯州庫，擬合具文申覆大部查核，移咨內務府飭令該莊頭松綬來州具領，以結此案，實爲德便。再查王玉慶等十四戶呈開，種地二頃零六畝七分，核計所繳租錢每年係五百九十七千六十文，與松綬所呈地畝租則均有多餘，應請俟該莊頭到州之日，詢問明確，再行辦理，合并聲明，等情。又經本部抄錄原申，移咨內務府查照，仍牌行該州將各佃霸占莊頭金瀚地畝一案，查照內務府原咨辦理報部去後。今准直隸總督方咨稱，除金瀚呈控佃戶孫大猷等霸占房地、硬收青苗一案，飭令該州作速遵照部行秉公查辦，詳報察轉外，所有該州查覆內務府莊頭松綬呈控佃戶王玉慶等霸地抗租之處，已據王玉慶等將乾隆三十并三十一兩年租錢照數完交，除該莊頭已收過三十年租錢一百十六吊五百二十文外，現存租錢一千七十九吊四百文，飭令該莊頭起租人李二收領，乃李二欲將地畝另佃，不肯收領，租錢現在貯庫，申請飭令該莊頭松綬來州收領。并聲明王玉慶等種地二頃六畝七分，核計每年繳租錢五百九十七吊九百六十文，與松綬所呈地畝租錢各數均有多餘，應俟莊頭到州之日，詢明辦理，於本年六月初九日徑行申覆戶部緣由，擬合據文呈請咨覆等因。擬合咨覆等因前來。查莊頭松綬呈控佃戶王玉慶等霸地抗租之處，先據灤州由部經本部抄録原申移咨內務府查照在案。相應抄録該督咨覆緣由，移咨內務府查照辦理。仍咨直隸總督轉飭將該莊頭金瀚呈控佃戶孫大猷等霸占房地硬收青苗一案，即速查照內務府原咨辦理報部可也。

同上 戶部爲四格呈控民人李璉等霸地抗租事

致內務府咨文附粘單 乾隆三十一年十一月

戶部爲咨復事：

現審處案呈，所有正黃旗四格呈控李璉等霸地一案，相應抄録粘單，移咨內務府查照可也。須至咨者。

右咨內務府。

計粘單一紙。

乾隆三十一年十一月　日。

附粘單

乾隆三十一年十月十一日，准直隸總督方咨稱：

據布政使觀音保呈稱，據蠡縣查辦正黃旗包衣積德管領下原任郎中四格呈控佃民李璉等霸地掯租之處，既據該縣查明四格認買莊頭齊奉初等名下入官共地二十一頃三十四畝零，履畝勘丈，實係碱薄沙窪下地，非李境認買林鋪村高地可比，勢難一律增租，今按炤鄰地租數量爲加增。內佃戶傅培等承種四格認買莊頭戴福元名下地五頃八十五畝零，又戴國藩名下地六頃六十五畝，實係沙薄下地，原議入官，每畝租銀一錢，已屬加增，今酌增每畝制錢一百三十文；其佃戶李璉等承種認買莊頭齊奉初名下地八頃八十三畝零，尤爲碱薄，每畝酌增制錢一百一十文。統自乾隆三十一年爲始，押令各佃照現增之數，照舊承種，按年如數交租，不許拖欠，并令四格嗣後亦不得再行加增，以昭平允。所有應交三十年租錢，除戴福元、戴國藩名下地十二頃五十畝零，各佃俱已按照舊額每畝制錢一百零五文清交四格收領外，其齊奉初名下地八頃八十三畝零，現據各佃亦照舊額每畝制錢一百零五文全行交完，共錢九十二千七百七十三文零，現在貯庫，應請飭令四格到縣給領。至各佃拖欠歷年租錢，并非無故不交，實因四格欲照所增之數勒收所致，今已據追完清還四格家人何萬鳴等收領清楚，應毋庸議。催頭紀珣等從前奉文清查入官地畝時，并不勘明開報，僅向地戶查問開送，以致地段四至先後參差，本應按例究議，但事犯在乾隆二十四年十一月初五日恩詔以前，應請援免。佃戶李璉等訊無移丘換段情事，亦毋庸議。并據該縣按照現在實丈地數，造具妥確清冊，同奉發原冊出具，并無扶捏印結，申由該管知府加結，詳請核轉咨部，示覆飭遵，并請咨部移旗，飭令四格來縣收領租錢，以便轉飭遵辦。再此案造冊舛錯之處，係該縣前任知縣杜曰惠任內之事，業已另案被參，應毋庸議。合并聲明。等因到院。擬合咨達等因前來。

查四格呈控佃戶李璉等霸地掯租之處，雖據該督咨報該縣已將各佃拖欠歷年租錢交與四格家人何萬鳴等收領，現在地畝佃戶等并無移丘換段，但前項地租是否係四格家人收領清楚，其地畝丘段佃戶人等實在有無移換情事，相應移咨內務府訊取四格確供報部，以憑查核辦理可也。

同上 戶部爲申明旗民租典及奪佃等定例事

致內務府咨文附粘單 乾隆三十一年十二月

戶部爲申明定例，通行曉諭事：

井田科案呈，本部咨前事一案，相應抄單移咨內務府可也。須至咨者。

右咨內務府。

乾隆三十一年十二月　日。

附粘單

查得乾隆二年，本部奏案內開：旗人爭控戶口田房等事，即令於該旗就近查明檔案，詢明證佐，出具印甘各結，將人文一并送部，戶部覆審斷案；其旗民互控者，亦令各於該旗該地方官處具呈，該管官詢取原告確供確據，出結報部，戶部轉行被告之各該管官秉公研詢，加結轉報，戶部據供詳察斷理完結；如兩造各有隱情不吐，彼此互異者，戶部即提犯會同刑部嚴詢定議；或更有地畝不清，必應履勘者，再將旗人押發州縣，會同理事廳審明斷結，等因。奏准通行在案。

查本部奏案原指旗民互相爭控，應須提審案件而言。其井田科承辦之案，如在官旗地并民人家奴典買旗地，原業旗人呈請回贖及一切長租私典奪佃等事，在旗只須查明旗存檔案，在民查明所執契紙，查驗咨部，據咨斷結者，原未議及，以致其中有旗民人等并不由該管官查明咨部，竟自架捏虛詞，冒昧越訴；甚至有冒名頂替，串通書役代寫呈詞，種種情弊，胥由此出。核其緣由，總由各該旗民人等因本部并非親臨，該管之官遂以一紙之虛言，裝點涂飾，希圖聳聽，本部因其情詞迫切，不得不據情查辦。此等案件雖俱逐細查明，核實根究，而狡黠之徒僅架捏一面虛詞，文移往返，吏役追呼，動輒經年，徒滋案牘。嗣後旗民租典并回贖地畝及控告欠租以及奪佃各案，亦請照乾隆二年本部奏准之例，令旗民人等於各該管官衙門具呈，該管官查驗契檔，詢明確實證據，加具切實印結，咨部辦理，概不得赴部越呈。倘應行接准辦理，而該管官抑勒推諉，并不准理，或雖接收呈詞，不即行秉公查詢，有意遲留偏袒情事，自許各該旗民人等於呈詞內聲叙情由，赴部呈訴。若妄行逞刁，希圖狡飾者，查明之日，照例加倍懲治。庶虛詞不敢瀆呈，案件得以速結，而旗民串通書役因緣爲姦之弊，亦可以少除矣。相應通行八旗、內務府、直隸總督、順天府、理藩院各衙門一體查照，并付知司務廳可也。

同上　祥著呈控家人佃戶霸占房地狀　乾隆三十三年正月

具呈正藍旗奉恩將軍祥著呈，爲懇恩行催提究家人并佃戶事。

祥著前經懇恩有祖遺樂亭縣新莊地二頃三十五畝、莊房二十九間、莊窠二間、園地四塊，盡被地戶趙有義等勾同李珩等十八人搶種，并群集詈罵莊頭，強行霸占數次，只得懇恩咨行直督，轉飭該縣辦理在案。今經行文半載有餘，未見辦理。於本月間，我家人自樂亭縣回京，目見衆佃將我莊頭裴永珍、李自寬鎖打，百般被欺，且而該縣將房屋只斷給每年每間租制錢八十二文，已有交十三年、九年租價不等。天下豈有如此賤租之理？至於各佃將我二頃三十五畝地內搶收搶種七十一畝，該縣竟不究追，反將我送與安明珍等四人葬墳地四十一畝，拉在二頃三十五畝之內，并不追搶糧搶種之事，亦不追交地畝，反將無干之人拉上，甚屬糊涂辦理。切思祥著惟指地養家，但此房地俱屬他人，闔家懸切。至於衆佃萬惡，搶奪霸占情由，懇求王、公提究外，且而我家家人張方、張德亦且霸占我蓋造房四間，內自住二間，將兩間給與民人居住，該縣斷租亦係每年制錢八十二文，竟自霸占不讓，甚可惡。但祥著如此被家人佃戶欺壓，實實不干，懇恩必然一并提解來京，訊明搶奪霸占情由，則感戴洪恩無既矣。爲此上呈。

搶糧：武茂十畝。

搶種：趙有義七畝，孫繼常八畝，李珩四畝，何思敏五畝，王斌五畝，左成勛三十畝，左成官二畝。

家人：張方、張德。

乾隆三十三年正月　日。

同上　盛京將軍衙門等爲呈報所屬出典地畝事致宗人府咨文附粘單

乾隆三十六年八月初七日

盛京將軍、戶部等衙門爲□□□□事：

會辦民典旗地農田司案呈，乾隆三十六年六月二十三日准戶部議復內開：盛京回贖民典旗地案內王公并在京宗室、覺羅、八旗官兵之莊頭壯丁冊內，已經聲明偷典地畝共八百二十三日四畝，照原議歸入盜典項下，照例辦理；其王公并在京宗室、覺羅、八旗官兵之莊頭壯丁及本處喇嘛之莊頭壯丁冊內，未經聲明是否偷典主地或係本身地畝，行令嚴飭詳查明確，遵照原議歸款辦理等語。除遵照部議，將各處業經查明造報王公門下莊頭壯丁旗下家奴偷典主地分別開單，行令各該城守尉、協領等會同民員查照原報底冊人名地數，按盜典律擬完結冊報外，其餘未經聲叙明晰者，行查各該處，俟聲復到日另行辦理。

至現今查報王公屬下莊頭壯丁及旗下家人出典地畝內，盡有該地方官結稱係莊頭壯丁本身自置，并非王產，旗下家人名下出典地畝係伊主知情價典，然究係一面之詞，事關帑項，未便遽准。相應將此項人等所典地畝，按照各該處原報冊開王公及伊主職名、旗色、佐領、花名、地數，分晰開單，移咨在京宗人府、各旗都統衙門，將王公門下莊頭壯丁出典地畝是否自置，抑或王公田產，旗下家人出典地畝，伊主果否知情受價之處，一并轉查明確，咨復到日，以憑遵照原奏歸款辦理可也。須至咨者。

右咨宗人府衙門。

乾隆三十六年八月初七日。

附粘單

盛京界：厢黄旗諾公門下壯丁姜有鳳名下冊地九日三畝；看阿公墳壯丁馬大名下冊地二十七日三畝，內馬士公出典地十五日。

廣寧界：厢黄旗克木親王家人李璽名下冊地三十二日四畝六分，內本身出典地三日。

廣寧界：厢黄旗雙頂管下覺羅家人張三名下冊地六十七日三畝九分，內本身出典地三日；保德家人胡有良名下冊地三十九日五畝八分，內胡朝永出典地五日三畝，胡朝花出典地二日三畝，胡朝友出典地三日，胡朝富出典地一日；方君榮名下冊地三十二日四畝，內本身出典地三日。

錦州界：厢黄旗覺羅梁柱典出莊頭張羊大名下冊地三十三日一畝；色克兔佐領下領催趙會出典莊頭劉天祿名下冊地九日三畝；德成厄出典莊頭焦二名下冊地九十五日三畝八分。

盛京界：厢白旗蘇從阿佐領下顯親王門下壯丁馬老各原地八十二日三畝，內王文登出典地一日，王文學出典地一日；裕親王門下壯丁沈登雲原地五十日零二畝，內吴國林出典地二日三畝，方興原地三十六日，方瑞出典地三十六日。

興京界：厢白旗玉親王家下莊頭劉天福原地二百一十六日三畝，[內]劉國佐出典地二日，劉國柱出典地二日，劉國義出典地一日三畝，劉國民出典地一日，劉連出典地二日。

開原界：厢白旗顯親王門下壯丁張起祥原地十二日，張起賈出典地十日；唐自貴原冊地六十六日，唐萬良出典地八日三畝；高老各原冊地二十四日，高朝興出典地四日；劉成原冊地十六日，劉士宣出典地三日；高奉祥原冊地十四日，高義出典地一日三畝；劉瑞原冊地二十四日，劉時貴出典地三日；張奉仁原冊地三十八日，張洪得出典地二日三畝；張九林原冊地三十八日，張明林出典地五日；潘九原冊地十二日，潘得璽出典地一日三畝；袁六原冊地八日，袁文兆出典地一日。張大貝子壯丁卜雲原冊地九日，卜錫璽出典地三日；王三原冊地八日，王成得出典地三日；范四原冊地二日，范義得出典地二日。十二阿哥屬下壯丁王進義原地三十三日，王文魁等出典地十三日。

鐵嶺界：厢白旗顯親王屬下壯丁宋國賢原地四十二日二畝，本身出典地六日三畝，宋起元出典地十五日；劉可相原地十日，劉自榮出典地二日；馬朝雲原冊地二十一日，馬進學出典地二日，馬進忠出典地二日；孫起林原冊地二十三日，孫榮等出典地六日；蔡上仁原地二十八日，蔡自美等出典地二日；肖起奉原地三十五日，肖天印出典地五日；張爾民原冊地七日，張美出典地五日三畝；吴天畏原冊地十九日，吴國棟出典地三日；馬朝汪原冊地十九日，馬朝智出典地七日；馬朝義原冊地十八日三畝，馬進相出典地四日三畝；吴天畏原冊地十九日，吴國棟出典地一日三畝；蔡尙仁原冊地二十八日，蔡瑞出典地一日三畝；吴天畏原冊地十九日，吴國棟出典地三日；周大原冊地六十二日三畝，周汗福出典地二日；馬朝義原冊地十八日三畝，馬朝己出典地四日三畝；蔡尙仁原冊地二十八日；蔡自榮等出典地十日零三畝。衣勒兔親王門下壯丁辛二原冊地五日，辛于出典地一日三畝。

坐落遼陽界：厢白旗顯親王門下壯丁胡朝佐原地八十九日，內胡宣等出典地六日三畝；胡嘉慶原地一百八十八日四畝，內胡世寬等出典地十二日；陳六原地一百七十日零一畝，內陳應登等出典地十四日；尙神保原地八十五日四畝，陳鑒出典地六日；薛有能原地四十一日三畝，薛文開出典地三日；陳自富原地四十日零一畝，陳贊出典地二日；張文玉原地一百一十三日，張起雲等出典地二日；楊二原地九十八日五畝，楊自發等出典地十一日三畝。小四爺門下壯丁何國用原地三十二日二畝，本身出典地二日；李廷勛佐領老王爺門下壯丁李國棟原地四十八日五畝，李發芝等出典地十一日三畝；貝勒管下壯丁樊玉原地二百四十六日一畝，樊君用等出典地二十五日。

牛莊界： 廂白旗顯親王門下，皂保佐領下壯丁吳登科原冊地六十四日一畝，吳成官出典地十六日，吳成德出典地十日，吳成永出典地六日，吳成花出典地十四日； 一佐領下李九永原地二十八日，李廣起出典地二日，李廣瑞出典地七日，李廣彬出典地二日； 安太佐領下張三原地六十四日三畝，張文倉出典地四日，張義讓出典地三日，張義連出典地一日，張文香出典地一日； 皂保佐領下王自明原冊地三十二日，王朝富出典地二日三畝； 一佐領王仲舉原地四十二日，王君安出典地一日； 一佐領下張金左原地二十五日三畝，張鳳佳出典地三日； 一佐領下黃起龍原地三十日，黃文秀出典地三日三畝； 一佐領下劉三仲原冊地六十三日，劉舉仁出典地二日三畝，劉舉文出典地一日三畝； 一佐領下張鳳太原地三十七日，張付瑞出典地一日三畝； 張文高原地二十日零三畝，張明舉出典地一日； 一佐領下黃起龍原地三十日，黃文福出典地一日三畝； 一佐領下劉三仲原地十三日，劉魁出典地二日； 劉三仲原地六十三日，劉清出典地一日，劉鳳佳出典地三畝； 一佐領下張鳳元原地二十九日，張付昇出典地二日； 安太佐領下張三原地六十四日三畝，張元清出典地一日，張世杰出典地一日，張文玉出典地二日； 一佐領下劉養起原地十日，劉忠法出典地十日； 一佐領下張鳳祥原地三十日，本身出典地二日； 保住佐領下宋黑子原地三十五日一畝，宋清德出典地三日； 安太佐領下王自才原地一百九十五日一畝，王碧出典地二日，王玉出典地六日三畝，王瑄出典地二日，王琦出典地一日； 王壽原典地一百二十二日，張瑄出典地三日； 馬林佐領下姚進忠原地二十九日，內姚俊出典地十日零三畝。

廣寧屬巨流河界： 廂白旗雙親王家人趙國正名下冊地三十六日二畝六分，趙自有出典地六日三畝，趙自德出典地六日。

閭陽驛界： 顯親王莊頭何自粹出典地十四日三畝。

錦州界： 和親王門下莊頭林元保名下冊地二十四日三畝，內林文華出典地十三日二畝，林世喜出典地七日五畝，林士充出典地三日二畝； 恆親王門下莊頭胡文喜出典本身冊地四日一畝； 顯親王門下莊頭張奉起等出典冊地十六日。

盛京界： 廂紅旗胡什布佐領下代管平郡王下壯丁李守仁名下冊地六十日四畝，內李忠出典地十六日； 壯丁李景華名下冊地三十日零五畝，內李忠花出典地四日； 壯丁朱文舉名下冊地一百一十八日三畝，內朱國平出典地一日； 壯丁姚起俊名下冊地三十五日五畝，內姚清出典地一日三畝； 壯丁王自成名下冊地六十七日三畝，內韓老屋出典冊地一日； 壯丁潘應奉名下冊地四十日零二畝，內潘老各出典地四日，潘玉秀出典地十一日； 壯丁宋進孝名下冊地五十一日二畝，內宋國斌出典地二日，宋登雲出典地三日； 壯丁姚起俊名下冊地三十五日五畝，內姚進寬出典地一日三畝； 壯丁金國良名下冊地三十六日二畝，內金世瑞出典地五日； 壯丁高力名下冊地三十六日三畝，內高進忠出典地三十日； 壯丁金世英名下冊地六十日，內南克立出典地六十日； 壯丁郭二名下冊地七十日零二畝，內李世亮出典地四日； 壯丁唐大名下冊地五十五日五畝，內馬從俊出典地一日，馬文奉出典地三日； 壯丁邵四名下冊地四十四日四畝，內邵九出典地一日； 壯丁李守仁名下冊地六十日零四畝，內李忠出典地三日，李守安出典地三日，李建光出典地六日，李斌出典地四日三畝； 壯丁李景華名下冊地三十日五畝，內本身出典地七日。 莊親王下壯丁楊德先名下冊地八十一日，內本身出典地十一日。 諸親王門下壯丁祁斌名下冊地九十二日三畝，內萬林出典地二十日。 廂紅旗胡什布佐領下代管富淳公下壯丁沙木東名下冊地十五日，內趙世洪出典地一日。 輔公下壯丁馬一成名下冊地三十三日，內馬剛出典地六日； 壯丁西那混名下冊地九十二日一畝，內趙士俊出典地二十七日三畝； 壯丁王當子名下冊地九十日四畝，內王六十出典地十日，王初毓出典地三日； 壯丁朱文舉名下冊地一百一十八日三畝，內朱小大屋出典地二日，朱五出典地二日，朱國邦出典地五日，朱老各出典地二日，朱老屋里出典地二日。 九公下壯丁張魁名下冊地二十八日，內王光出典地二日。 魯平公下壯丁趙唐名下二十日五畝，內楊四出典地一日三畝。 等子公下壯丁陳國明名下冊地三十三日四畝，陳起雨出典地一日，陳良輔出典地十七日； 壯丁趙良卿名下冊地三十三日四畝，內趙世明出典地五日。 九如公下壯丁孫志良名下冊地十二日，內本身出典地五日； 壯丁鄭大名下冊地四十一日，姚成德出典地四日三畝。

坐落遼陽界： 廂紅旗瓦爾大佐領下諸親王門下壯丁宋進孝原二百七十二日，內宋登雲等出典地十九日三畝。 那欽佐領下九如公門下壯丁尹義虎原地五十三日一畝，王求成等出典地二十三日。 諸親王壯丁張可孝原地三十日，張得龍出典地一日； 董成原地四十二日，董住出典地一日； 吳成貴原地一百四十五日二畝，內吳可雲等出典地十五日； 馮滔原地五十四日，內王恩廣出典地四日。 簡親王壯丁徐九十三〔日〕，出典地二日。

鐵嶺界： 廂紅旗那林佐領下托布親王家下壯丁吳永福原地四十九日，吳老屋里出典地六，吳景出典地三日三畝，吳國連出典地二日，吳國良出典地二日，吳景出典地四日，吳老屋里出典地一日三畝。

法庫界： 廂紅旗十六王管下親丁邵維新原地二日，本人出典地二日。

牛莊廂紅旗平郡王瓦爾大管下張文炳原地五十四日五畝，內張自花出典地二日，張永寧出典地九日； 倪增壽原地二十三日，內倪榮出典二日； 倪增祿原地六十日零二畝，內本身出典十九日； 張四原地一百六十四日，內邊振連出典一日，邊振學出典六日。 牛莊廂紅旗宗室門上常各管下壯丁孫國寧原紅冊地一百四十四日，孫貴出典四日，孫花出典一日三畝，孫俊出典二日，孫玖出典五日三畝； 佐嶺羅運太家下莊頭賴兒名下冊地五十日，姚子玉出典地五十日； 覺羅趙惠祿典出莊頭喜兒名下冊地一百二十六日五畝一分，覺羅哈拉喜典出莊頭喜兒名下冊地六十日； 廂紅旗厄爾賀佐領下覺羅阿爾乎打家人喜兒出典地十日。

盛京界： 正紅旗圖明阿佐領下果親王門下壯丁張六名下冊地十六日，本身出典。 克木親王門下壯丁金仲玉名下冊地二十六日二畝，內金玉出典地一日。 胡什有佐領下等子公門下壯丁趙良清名下冊地三十三日四畝，內趙良輔出典地三日。 高麗親王門下壯丁張廷榮名下冊地七十九日四畝，內張廷棟出典地三日，張電出典地十三日三畝，張祿出典地十一日三畝； 李起雲名下冊地二十二日四畝，內李三出典地十日零三畝，李起奉出典地一日，李得榮出典地六日三畝。 達布蘇王門下壯丁五十八名下冊地四十一日三畝，內卜老各出典地六日。 哈蘇公門下壯丁佟鐸名下冊地四十二日五畝，內佟朝印出典地六日； 吳有功名下冊地八十八日三畝，內吳天造出典地十六日三畝，吳天福出典地二日，吳和尙出典地五日三畝； 狗子名下冊地四十九日四畝，內趙二出典地一日，趙四出典地十一日。 大眼公門下壯丁汪三名下冊地三十二日三畝，內汪二出典地三日，汪進孝出典地六日； 李世望名下冊地四十一日二畝，內李朝富出典地十一日三畝。 海公門下壯丁二德名下冊地十四日一畝，內額生額出典地四日壹畝。 高麗親王門下壯丁信四名下冊地十五日三畝，內信培忠出典地十五日三畝； 孫三名下冊地九十一日，內孫五出典地五十日。 諸圖公門下壯丁胡秀名下冊地二十五日，內胡得明出典地一日。 正紅旗托錦佐領下宗室明安家人鄭大原冊地二百二十九日，內張成文等出典地九日。

遼陽界： 正紅旗康親王門下壯丁田九成名下冊地八十六日一畝，內田國宣等出典地五日； 崔方玉名下冊地一百一十六日，內崔奇信出典地二日； 田可立名下冊地七十一日二畝，內田文美出典地三日； 田可奉名下冊地五十二日三畝，內田雲開出典地四日三畝。

牛莊界： 正紅旗康親王四各佐領下壯丁王三名下冊地四十二日，內王得富出典地三日三畝； 柳尙忠名下冊地四十二日，內柳洪賢出典地九日，柳洪英出典地二日； 柳尙仁名下冊地六十八日，內柳洪倉出典地三日三畝，柳洪基出典地二日，本身出典地三日； 溫補名下冊地四十二日，內吳錫玉出典地二日，吳錫金出典地二日，吳朝忠出典地二十日，吳錫連出典地三日； 化廷玉名下冊地四十一日，內化國良出典地七日三畝，化國相出典地三日三畝，化國忠等出典地二十日； 赫文倉名下冊地十二日三畝，赫世魁出典地五日； 王三名下冊地四十二日，內王國金出典地二日； 沈三名下冊地二十六日，內沈得全出典地二日三畝； 胡進孝名下冊地九日，內本身出典地三日三畝； 班卜代名下冊地十五日一畝，內卜文金出典地一日； 邵二名下冊地三十二日，內邵秉喜出典地二日； 化世得名下冊地四十九日，內化鏡玉出典地二日； 吳五子名下冊地一百一十五日，內吳朝隆出典地五日三畝，吳朝官出典地四日； 王三名下冊地四十二日，內王璽出典地五日。 康親王管下張有福名下冊地七十八日，內張文顯出典地一日，張洪義出典地六日。

盛京界： 正藍旗明德佐領下二王門下壯丁佛保名下冊地三十四日，徐朝鳳出典地十二日。 永勝公門下壯丁八達名下冊地二十四日四畝，內黑大達子出典地十五日。 穆克伯門下壯丁王世安原地三十九日，王文孝出典七日。 十王門下壯丁王海山原地三十日零二畝，王喜等出典十四日三畝； 三達子原地十六日二畝，吳有得出典七日； 雅里原地二十五日，趙國亮出典二日； 六十四原地四十日，趙明得出典四十日； 五十三原地三十九日三畝，郎世佩出典七日； 于佛保原地五十八日三畝，曾天交出典十四日。 國子公門下壯丁鄭玉林原地五十四日五畝，鄭起林出典十三日三畝。十王門下壯丁所住原地十三日三畝，劉國賢出典十二日；劉邦惟原地四日，劉國弼出典四日；王自祥原地二十二日，王二小出典十一日。穆克伯門下壯丁王黑子原地二十三日，王二等出典四日。信俊王門下壯丁金自強原地四十一日三畝，金朝用出典六日。十王門下壯丁金四原地二十一日一畝，金天祿等出典十四日三畝。

開原界：正藍旗張太貝子壯丁卜雲弟原冊地六日，卜進義出典地二日三畝；卜進還原冊地十五日，卜官出典地一日；卜應龍原冊地十七日，卜林出典地六日三畝；崔三原冊地十日，崔學義出典地三日三畝；李朝公原冊地十一日，李世祿出典地三日，李世雲出典地三日；李天義原冊地七日，李朝付[出]典地二日三畝；王國龍原冊地二十一日，本身出典地一日三畝；王國忠原冊地十九日，王進英出典地四日三畝。

鐵嶺界：正藍旗咸青王壯丁李應宣原地十二日三畝，李得瑞出典地九日；朱有已原冊地四十二日一畝，朱生業出典地二日；朱有得原冊地七十二日，朱時明出典地十七日；朱有得原冊地七十二日，朱時明出典地四日；劉大原冊地九日，劉俊出典地五日；朱有已原地四十二日一畝，朱生業出典地三日；董秀鳳原地八日，董文倉出典地八日；董秀鳳原地八十日，董文旺出典地九日，董文臣出典地十日；趙起明原地十五日三畝，趙老各出典地二日，趙全禮出典地四日。托什佐領下誠親王門下壯丁黃成明原地六十五日，黃龍豹出典地八日；金文舉原地二十九日三畝，金有德出典地一日。禿福佐領下誠親王門下壯丁施文升原地三十四日，施天禮出典地五日；托什佐領下誠親王門下王仲科原地四十四日，王有文出典地一日；朱先原冊地二十九日，朱藍出典地一日；金文舉原冊地二十九日三畝，金九屋出典地一日；朱玠原冊地二十九日，朱雲出典地二日；王仲科原冊地四十四日，王有恆出典地一日；王有祿原冊地十四日，王成榮出典地四日。張太貝子家人王朝奉原冊地三十二日，王璽出典地二日三畝。愼俊王門下壯丁崔文舉原冊地二十九日三畝，崔成祿出典地二日。咸親王門下壯丁黃成明原冊地六十五日，黃龍豹出典地一日三畝，黃英出典地三日。愼俊王門下壯丁崔文舉原冊地九十六日四畝，崔成明出典地一日三畝。咸青親王門下壯丁陳國相原冊地十四日，陳江出典地一日三畝；黃成明原冊地六十五日，黃耀出典地一日三畝，黃英出典地三畝；黃國恩原地四十九日四畝，黃俊公出典地六日；金文舉原地二十九日三畝，金九屋里等出典地四日三畝；王仲科原地四十四日，王有理出典地一日；王有祿原地五十四日，王祿出典地四日；王仲科原地四十四日，王有文等出典地四日；王有祿原地五十四日，王俊出典地二日；朱先原地二十九日，朱旺出典地一日。張太貝子家人王朝奉原地三十七日，王智等出典地五日，誠親王下王有祿原地五十四日，王祿出典地五日；朱先原地二十九日，朱旺出典地二日。張太貝子家人王奉原地三十七日，王瑞等出典地十四日；王有祿原地四十四，王國彪出典地五日。誠親王下王仲科原地四十四日，王有文等出典地三日四畝。張太貝子王朝奉原地三十七日，王智等出典地六日三畝。

開原界：正藍旗十二王門下壯丁趙有倉原冊地十五日，趙起亮出典地三日。

興京界：正藍旗十王家下壯丁王國明原冊地二十八日，本身出典地二日。三貝勒家下壯丁張進禮原冊地四十四日五畝一分，二傻子出典地十五日。

撫順界：坐落遼陽界：正藍旗老十王爺門下壯丁劉進學原地四十日，劉進全出典一日。鐵匠佐領下十王爺門下壯丁王登弟原地二百一十五日，王國安出典地二日。廣寧屬巨流河界：正藍旗阿克敦王家人李朝相名下冊地一百六十四日，家人李景章出典地十七日，李景文出典地三日，李進文出[典]地八日，李奉明出典地四日三畝，李金太出典地二日；家人謝義良名下冊地七十七日二畝五分，謝有成出典地二日，謝一成出典地一日三畝；家人朱臺子名下冊地十二日二畝六分，朱方壽出典地八日；家人丁柱名下冊地三十七日四畝二分，趙五出典地四日；家人楊二名下冊地一百一十三日二畝五分，內楊懷出典地一日，楊文清出典地三日；家人張奇奉名下冊地三百二十五日一畝八分，內張達出典地一日三畝，張文璽出典地一日，張光出典地三日；家人蘇成功名下冊地一百四十三日二畝三分，內蘇坤出典地二日，蘇文龍出典地一日，蘇蘭等出典地十五日；家人王天德名下冊地四十九日零九分，內王起山出典地三日；家人鄭有福名下冊地十八日二畝一分，內鄭連金出典地二日；家人李俊名下冊地六十二日，內李玉出典地一日三畝。

牛莊：　正藍旗王門上奈保管下壯丁王連成原冊地三十日，王學忠出典地二日；　李老各管下壯丁李培崇原地二十二日三畝，李國俊出典地一日，李廷秀出典地三日，李廷美出典地一日三畝，李永召出典地二日；　李得貴原地二十日零三畝，李得壽出典地二日。一佐領王天雨原地一百九十三日，王起惠出典地二日三畝，王尙弼出典地二日，王連出典地二日。一佐領李開然原地二十二日二畝，李弘旺出典地三日；　李錢原地二十二日，李培高出典地一日三畝；　李弘謨原地十七日三畝，李弘體出典地十一日；　李永振原地五十二日，李天有出典地一日；　李顯福原地四十四日，李永升出典地一日；　李建世原地十六日三畝，李廷成出典地二日，李廷英出典地一日；李建福原地十六日三畝，李廷寬出典地二日；　李焞原地六十五日三畝，李培林出典地九日；　李培春原地六十四日，李培韋出典地六日，李培然出典地一日三畝，李廷新出典地四日。一管下李大原地十五日，李弘仁出典地一日，李繼青出典地一日，李繼貴出典地二日；　李廣原地四十七日，李培功出典地一日；　李龍原地一百三十六日，李廷功出典地四日；　李成正原地四十五日，李傑出典地十八日三畝。一旗十王鐵匠管下壯丁于萬倉原地八十一日，于譚出典地三日。一管下宋自有原地八十一日一畝，宋成寬出典地三日，宋成賢出典地一日。　達三太佐領下五公家下莊頭楊凱繼，典出楊起龍名下冊地八日。

鐵嶺界：　正藍旗宗室興代家人金權原地三十日，金義然出典地三日。宗室文肇家人張士榮原地六十日，張文武出典地十日零三畝；　趙三原冊地四十九日，趙玉鐸出典地四日。

盛京界：正白旗五各佐領下阿可公門下壯丁張金名下原地七十九日三畝，內張棟出典三日。

遼陽界：　正黃旗噶爾賽佐領代管清公屬下壯丁王四原地八十六日五畝，王連臣出典地九日。

盛京界：　廂藍旗厄明義佐領下兼管松公門下壯丁金吉能名下冊地四十九日二畝，內金文俊出典地二日，金得功出典地一日三畝；　張有福名下冊地三十五日二畝，內黃四出典地二日。　江南王門下壯丁王大出典地三日，何亮出典地十三日，何儒出典地三日三畝，何文明出典地二日，吳國順出典地三日。　簡親王門下壯丁黃毛出典地二十三日。　發智公門下壯丁岳郎出典地四日，二各出典地十日零三畝。簡親王門下壯丁拉思太出典地二日。馮王門下壯丁吳忠元名下冊地三十八日四畝，內吳明倫出典地六日；　王有祿名下冊地七十六日三畝，內王老各出典地十日；　李五名下冊地四十九日四畝，內李文豹出典地一日。簡親王門下壯丁金大達子出典地七日三畝，金功出典地十日，金鐸出典地二十日。成新[親]王門下壯丁姜士明名下冊地十九日，內姜自茂出典地五日。克們親王門下壯丁李花柏名下冊地七十七日四畝，內李如來等出典地四十一日。信俊[郡]王門下壯丁李雲鳳名下冊地九十五日三畝，內劉漢臣出典地八日。

遼陽界：　廂藍旗滿丕佐領下十王門下壯丁楊文學名下冊地一百七十七日一畝，內楊士榮出典地十三日。

牛莊界：　廂藍旗克穆親王門下壯丁任士科名下冊地一百七十四日三畝，內任國柱出典地一日三畝；　王茂德名下冊地三十一日三畝，內王進仁出典地二日；　陳進忠名下冊地九十日，內陳大出典地一日三畝，陳倉等出典地十日；　夏有倉名下冊地三十日，內夏大出典地八日；　李自蘭名下冊地五十四日，內李萬金出典地三日三畝；　田六名下冊地八十九日，內田得貴出典地七日，田得化出典地二日；　任士科名下冊地一百七十四日三畝，內任起祿出典地四日；　閻二名下冊地八十九日三畝，內尹王七子出典地三日，尹世榮出典地八日；　閻三名下冊地一百三十二日，內尹世明出典地二日，尹士茂出典地二日。

廣寧界：　廂藍旗岔爾親王管下莊頭吳四名下冊地一百七十五日二畝五分，內公如出典地五日；　張二名下冊地一百三十七日二畝，內張撥什庫出典地十二日；　吳四名下冊地一百七十五日二畝五分，內齊登華出典地三日。克木親王管下莊頭李二名下冊地七百二十一日一畝，內李越出典地八日，李發出典地十七日三畝，李洪出典地三日，姜成恩出典地十日，溫得成出典地八日。

巨流河界：　廂藍旗大王爺家人李登傑名下冊地四十二日二畝八分，內李登奉出典地二日三畝。十三王爺家人周有才名下冊地八十二日四畝三分，內周洪仁出典地四日，周大出典地二日；　周一國名下冊地四日，內周洪義出典地四日；　吳一功名下冊地十九日一畝，內吳國璽出典地二日。

錦州界：　蘇勒佐領下江納王莊頭侯彪出典地十四日一畝。

廣寧界：廂藍旗德特赫佐領下兼管在京宗室家人黃七十名下冊地四十五日，內黃倫出典地一日三畝；黃國柱名下冊地四十三日四畝，內黃六出典地一日。白九佐領下在宗室家人白三名下冊地三十四日零六分，內趙國俊出典地一日。七四佐領下在京宗室家人任陽道名下冊地九十八日二畝四分，內姜世榮出典地五日，姜世財出典地四日三畝，姜世傑出典地三日三畝，姜老各出典地二日。花色佐領下在京宗室家人李維漢名下冊地五十五日五畝九分，內李維德出典地三日三畝；李士順名下冊地八十三日四畝，內李天德出典地四日。

錦州界：廂藍旗忒公門下莊頭王沛德出典地五十七日三畝。紅春公門下莊頭梁班第名下冊地五十一日，內梁毓達出典地二十一日，梁毓瑞出典地三十日。

同上 戶部爲徐天華等盗典主地事致宗人府咨呈附粘單 乾隆四十六年二月初八日

戶部爲咨行事：

山東司案呈，乾隆四十五年十一月十八日，准盛京戶部咨前事一案，相應抄單咨呈宗人府可也。須至咨呈者。

右咨呈宗人府。

計粘單一紙。

乾隆四十六年二月初八日。

附粘單

盛京戶部爲咨行事：

農田司案呈，前據都京廂藍旗包衣福興額佐領下馬甲田達子呈，爲遵奉本主廂藍旗宗室五品廕生咏翰所差，查辦不法家人盗典與旗民人等紅冊地三百一十餘日，合將出典受典人名開單，仰懇查辦，并聲明代同曹秉相、韓天舉、周維經隨文前往界上伺候等情。當經本部照依原呈，抄單行令各該處旗民官查辦去後。今於乾隆四十五年九月十一日，准奉天府府尹衙門咨，據興京通判書英額會旗詳審田達子呈控一主家人盗典主地，備造案冊內開，職等遵即差傳私典受典人等到案，會同研訊，據供盗典不諱。

查例載：盛京家奴、莊頭人等，如有因伊主遠在京師，私自盗賣所遺田產至五十畝者，依子孫盗賣祖遺祀產例發邊遠充軍，不及前數者，照盗賣官田例治罪；謀買之人與串通說合之中保，均與盗賣人同罪；產還原主，賣價入官；其不知者不坐。又律載：盗賣人田一畝笞五十，每五畝加一等，係官田加二等。又律載：制書有違杖一百。各等語。查徐洪立、徐天福、徐天貴、張興英、徐天榮俱已物故，均毋庸置議外。查徐天華盗典主地三日，計十八畝。徐天華合依盗賣人田一畝笞五十，每五畝加一等，官田加二等律，應擬杖一百，係旗人，鞭責發落。查該犯現在受雇與開原界單十出邊刨參，俟回京差傳，鞭責發落。王起邦係民人，雖訊無知情，但長租旗地，即係私典。王起邦應照違制律，以杖一百，折責四十板。事犯在乾隆四十五年正月初一日恩詔以前，王起邦杖罪應請援免。受典旗人康永太、李二、王孔福、羅起鳳、董文耀、楊登雲，幷中保人金佩臺、佟西賓，俱訊不知情，均請免議。訊明徐賣住、張二虎，俱係伊父伊祖在日，私自出典長租，與徐賣住、張二虎無干，均請省釋。康永太、李二、王起邦、王孔福、羅起鳳、董文耀、楊登雲，私典長租共地四十五日三畝，撤交田達子收領，取具退領，各呈各原契銷毁。是否有當，理合録供擬議，造具供冊，呈送等情，詳報轉咨到部。

查此案既據該通判會同該尉齊集出典受典人等，訊明供詞，均係盗典，將地撤交收領，照律定擬，詳報前來，均應如所擬辦理完結。相應移咨盛京將軍衙門、奉天府府尹衙門，轉飭該旗民官遵照，幷咨戶部轉行宗人府衙門飭知廂藍旗宗室五品廕生咏翰外，所有送到退領呈狀，存案備案可也。

同上 盛京戶部爲汪永控告家奴盗典主地事致宗人府咨文 乾隆四十六年十二月初四日

盛京戶部爲咨行事：

農田司案呈，前據都京閑散宗室舒詹門下包衣達汪永呈控家奴郎亮等盗典主地，開寫受典旗民人等姓名，地數粘單，呈請查辦一案，當經抄録粘單，咨札旗民地方官就近會同將出典受典人等傳集，詳訊明確報咨，以憑核奪，等因在案。續准奉天府府尹衙門咨，據承德縣知縣文良審詳包衣達汪永呈控郎亮等盗典地畝一案等情，轉咨到部。復經本部查包衣達汪永呈內，所控撫西界熊小子盗典主地一百零八畝，經該縣會旗訊明，將地撤交該包衣達汪永收領完結，詳報在案。至本城巨流河二界郎亮等盗典主地五百四十餘畝，今據該縣詳稱，會旗提集兩造，訊明供詞，出典受典人等俱經物故，但該犯等在屢逢恩詔以前，請免置議等語。應如該縣所詳，將已故盗典主地之壯丁郎亮、趙七十、王俊民，將已故受盜典地畝民人李天祿、旗人高鵬貴、王成德、李自英、李國太、李成彪、李自花、李自強、李自榮等，均免置議。除行文盛京將軍衙門、奉天府府尹衙門轉飭該旗民地方官，將前項盜典地畝俟秋收后照數撤交該包衣達汪永收領，取具退領呈狀送部備案，其典價銀錢，飭令各項出典之家奴等自行清理外，再查民人李天祿雖經物故，伊受典旗地九十六畝，有無於民典旗地案內冊報之處，未據聲明，應令該縣詳查案冊聲復，等因。去後。

今於乾隆四十六年十一月初十日，准奉天府府尹衙門咨據承德縣知縣文良申稱，遵即會同各該界旗員，將宗室蘇氈家人郎亮盜典與旗人李國安地七十八畝、李國自地一百零八畝、李國弼地四十五畝、李自新地三十六畝、李自俊地十八畝、李君地二十七畝、李悅地十八畝，王雙陽盜典一主管下高琳地三十畝，趙站住盜典與民人李天祿地九十畝，以上共地五百四十六畝，照數撤交該包衣達汪永收領。當即訊據李苞供稱，伊父李天祿於乾隆二十一年契典趙站住地九十六畝，嗣經患病物故，伊因年幼無知，於民典旗地案內未經首報等情。據此，隨取具交領各呈，具文申送核咨等情，轉咨到部。又於本月二十日准奉天府府尹衙門咨同前事，聲明前來。

查此案既據該縣報稱郎亮盜典地畝照數撤交該包衣達汪永收領，并訊明李天祿契典地畝於民典旗地案內并未首報等情，呈報前來，本部無庸另議。除將送到退領呈狀附卷外，相應咨呈宗人府衙門轉行飭知舒詹，并行文盛京將軍衙門轉飭該旗界官可也。須至咨者。

右咨呈宗人府衙門。

乾隆四十六年十二月初四日。

同上 留京辦事王大臣等奏審擬甄國棟控民占旗地情形摺 乾隆五十年七月二十六日

三十日由內閣抄出。

臣永等謹奏，爲審擬具奏事。

都察院佐都御史德保等奏房山縣居住之察哈爾家奴甄國棟呈控閻攀桂等民占旗地一案，乾隆五十年七月初五日奉旨：交留京辦事王大臣會同戶部、步軍統領衙門秉公審擬具奏。欽此。經臣等親提案內各犯公同研鞫，録取供詞，奏蒙聖鑒在案。

茲據易州、良鄉等州縣將案內應訊人證及各卷宗解送齊集，臣等逐加查核，復提各犯再四嚴訊。緣甄國棟之祖上投充廂白旗察哈爾佐領噶爾黨祖上爲奴，伊主有老圈地四頃八十畝，坐落良鄉縣王家莊地方，向係良鄉縣民人閻淳承種一頃七十畝，房山縣民人霍文達承種一頃十畝，按年交租，其餘地二頃，甄國棟、甄國祥及噶爾黨家人張士傑分種。後噶爾黨身故，伊子旺對承襲佐領，於乾隆三十六年欲將此項地畝典給閻、霍二姓，伊等因係民人，不便承典旗地，閻淳即與霍文達商令妻兄正黃旗包衣楊世泰出名承典，於是年付給旺對定銀，先立草契，係房山縣民人王應祥及甄國棟等作保。至三十八年，旺對到甄國棟家，帶有印下佐領圖記空白，另寫契二張，俱典給楊世泰名下五年，將草契掣回，仍係王應祥、甄[國]棟等作保畫押。閻淳、霍文達隨將地價交楚，各執契紙一張，自行耕種。閻淳種地一頃七十畝，霍文達種地一頃十畝。此後旺對總未來過，地畝亦未回贖。至四十六年，甄國棟因伊堂弟甄國柱告知，有霍姓家人寧兒，曾向甄國柱提及此項地畝，有現已年滿，如欲別租，寧兒要租種數十畝之語。甄國棟等貪圖退地別租可以獲利，遂向閻淳等要將地畝收回，并索取原契，經王應祥說合，閻淳、霍文達湊銀四十五兩。其時楊世泰已經身故，閻淳等即向伊子楊佩告知，從前借伊父出名認典緣由，會楊佩將此項銀兩借給甄國棟、甄國柱，立寫借約而散。四十七年，閻淳以甄國棟屢向索地，恐伊訪知楊世泰借名之事，隨與霍文達相商，令伊子閻攀桂同霍文達之子霍元敬將此項地畝轉典與素識之正白旗滿洲舉人瑚圖里，仍浼楊佩出名立契，閻姓得價銀五百四十兩，霍姓得價銀三百五十二兩，其地仍係閻、霍二姓佃種。閻攀桂於事前幫過楊佩銀一百兩，霍元敬當送楊佩銀六十兩，後楊佩還過銀三十兩。此旺對地畝轉輾契典及閻淳、霍文達借名認典各情節也。

至四十九年，甄國棟等又屢向閻、霍二姓索退地畝，閻淳覆以轉典瑚姓，令其自向瑚姓要契。甄國棟隨與甄國柱相商，借稱旺對前立契紙係令閻、霍二姓坐種十年，折還典價，地歸本主，今已年滿，閻、霍二姓不肯退地等情，揑寫呈詞，於是年四月在易州理事通判衙門具控。經該通判傳齊原被告審訊，以三面俱無實據，俟楊佩取到原契，再行辦理，未經審結。至冬間，甄國棟等憑民人王五說合，竟將此項地畝租給安家莊民人黃尚質，得受京錢一百千，包攬代種，於本年春間在彼耕種，被閻攀桂、霍元敬以霸占青苗，在良鄉縣具控。黄尙質亦訪知此項地畝來歷不清，向甄國棟等追還前項租銀，甄國棟等無力清償，黄尙質亦在本縣控告。甄國棟隨逃避進京，赴都察院衙門呈控。經臣等審出前情，逐一供認不諱，反覆究詰，并令各犯當堂質證，各供矢口如一，似無遁飾。

查律載：盛京家奴盗典旗地至五十畝者，發邊遠充軍。又律載：民典旗地者，照違制律杖一百。又例載：旗人地畝長租與民人在三年以外者，旗民各照違禁律治罪。各等語。今甄國棟、甄國柱俱係察哈爾家奴，因聞霍姓家奴寧兒有欲租種數十畝之語，貪圖閻、霍二姓退地別租獲利，即商同以坐種十年折還典價等情，借詞控告。雖閻淳、霍文達曾借楊世泰出名冒典旗地，所控尙非全虚，但於易州未經審結之時，即將伊主地畝私行租與黄姓，得受京錢一百千，包攬耕種，及被告發，又復赴京越控，實屬狡詐。除索詐閻、霍二姓銀四十五兩及借端越控各輕罪不議外，甄國棟、甄國柱均應照盛京家奴盗典主地至五十畝者，發邊遠充軍律，發邊遠充軍。所得閻、霍二姓銀四十五兩，追出入官。其收過黄姓京錢一百千，追出給主。閻淳、霍文達既知民人不便承典旗地，乃借楊世泰出名冒典，及被甄國棟等索退地畝，恐其舉發，私行借給銀兩，又將地畝轉典正白旗滿洲瑚圖里，希圖掩飾。除將得過瑚圖里典價八百九十六兩各照所得銀數追出入官外，閻淳、霍文達俱應照違制律杖一百。閻淳已於本年六月病故，應毋庸議。霍文達年逾七十，所得杖罪照例納贖。閻淳之子閻攀桂、霍文達之子霍元敬於借名冒典旺對旗地及將地轉典瑚圖里，俱係閻淳、霍文達二人辦理，閻攀桂、霍元敬到案後，即據實供明，已將所得瑚圖里典價在該二姓名下追出入官，閻攀桂、霍元敬應免置議。楊世泰之子楊佩于借名冒典旺對旗地一節，係伊父楊世泰聽從閻淳等辦理，楊佩訊不知情。逮甄國棟等向閻、霍二姓索詐銀兩時，閻淳業將前情告知楊佩。乃楊佩并不呈明，又聽從借名將地畝轉典瑚圖里，除楊世泰已經身故毋庸議外，楊佩應照違制律杖一百。所有閻淳幫過銀一百兩，訊係幫伊表侄楊德容娶親費用，在借名轉典瑚圖里事前，免其着追。其霍文達送銀六十兩，楊佩曾還過銀三十兩，仍得受銀三十兩，應在楊佩名下追出入官。王應祥與旺對説合地畝，典給楊世泰及與閻淳等作保，借給甄國棟等銀兩，雖訊明委係不知楊姓冒名等情，但王應祥私向甄國棟承種旺對名下地五十畝，言定五年爲滿，殊屬違例，應照民人長租旗地在三年以外者，照違禁治罪律，杖一百。黄應祥年逾七十，准收贖。所租地畝追出，另行核辦。王五并不詢明甄國棟地畝來歷，即與説合黄尙質租種，亦屬不合，應照不應重律杖八十。黄尙質承租甄國棟地畝，後訪知來歷不清，即行呈明，應予免議。瑚圖里憑契典地，雖不知楊姓冒名緣由，但并未查明來歷，即行承典，所用典銀八百九十六兩已在閻、霍二姓名下追出入官外，仍令瑚圖里將所典地畝退出入官，免其置議。縣役徐秉剛、楊得山業經訊明甄國祥及鄰友陳龍等，該役提拿甄國棟時，并無搶奪衣服鷄隻之事，甄國棟所控審屬虚誣，徐秉剛、楊得山應與案内訊明無干之甄國祥、閻方桐、陳龍、劉興業、趙玉概予省釋。至旺對將地二頃八十畝典給民人，事屬違例，現已追出入官。此外，旺對名下地畝，甄國棟私行租給王應祥五十畝，其餘尙有若干頃，莊窠若干所，應由戸部詳晰查明。如旺對現有有分親支，再行酌量撥給若干，旺對并無嫡派有分支屬，即應作爲絶産，一并入官。統俟察哈爾都統查覆到日，由戸部核議妥辦。

至楊佩是否係包衣旗人一節，現據良鄉縣轉查易州理事通判衙門旗丁冊籍，楊佩委係正黄旗包衣六十五管領下閑散，但查内務府丁冊并無其人，係何處遺漏之處，應由内務府會同戸部詳晰查明，再行辦結。

所有臣等公同審擬緣由，理合恭摺奏聞，伏祈皇上睿鑒。謹奏。

乾隆五十年七月二十六日奉旨：依議。欽此。

同上 和珅等奏審擬正柱呈控佃戸霸地莊頭典賣旗地情形摺 乾隆五十二年九月十九日

二十一日由内閣抄出。

臣和等謹奏，爲遵旨核擬具奏事。

據直隸總督劉峨奏護衛正柱呈控佃戸霸地毆鬧、莊頭韓三元典賣旗地審擬治罪一摺，乾隆五十二年九月十五日奉硃批：軍機大臣會同行在法司議奏。欽此。

該臣等會議得，據直穎[隸]總督劉峨奏稱，韓三元之高祖於順治二年帶地投充，承領差地十八頃，同親丁韓裔著等之祖父分種。嗣韓三元接充莊頭，韓裔[著]等自乾隆二十等年起，將坐落通州大荆垈村等處差地捏作民糧，陸續得價典賣與旗人段四、民人劉三等共六頃，均立有契紙，每年應交糧銀匯交韓三元代完。乾隆四十六年，多羅貝勒綿億奉旨分府，由内務府將韓三元莊地撥給經理。內務府於四十九年十一月內派員清查，莊頭韓三元不能隱匿，將伊與韓裔著等典賣差地開單呈報，共地五頃五十四畝五分，尚漏報地四十五畝五分。於五十年十二月內，准戶部咨，檄飭通州查辦。前任知州關廷牧差查，地戶劉三等始知悞典差地，遂將各契繳州。比[彼]時莊頭韓三元惟恐追還地價，借稱赴京交差，未曾到案，咨准戶部押發韓三元，又未及將典賣差地段至開出，復經戶部移旗抄冊，行令會同妥員查辦。前州關廷牧旋即卸事。現任知州雷應方於五十二年正月內到任，因查丈地數與冊檔不符，差傳莊頭韓三元并親丁等覆訊，於本年七月初六日始行傳齊。該州訊明盜典情由，飭令各地戶指交地畝。迨七月十三日，委員護衛正柱來通，寓宿韓三元家內。該州差役王永祥等挨傳衆戶交地，已據耿四等十五戶將地指交，該護衛仍令佃種，先交五十三年一年租錢。詎莊頭韓三元因奉文查地之後，欠租未完，今盜典事犯，必致斥革，無力交租，遂向各地戶聲言，除交來歲一年現租之外，尚須再交二年押租，方准種地。以致衆戶無力完交，畏匿躲避。有段四等旋赴部呈控，州役屢傳不見。至七月三十日晚，莊頭韓三元以同村之劉三現充保正，必須尋獲具認，衆戶自必聽從，又心疑劉三在家藏匿。於初更時分，商之州役王永祥、王福等，囑令在外看守，韓三元自行跳牆進院，喊稱委員立等要地，劉三如再藏匿，即從被窩內拉人。劉何氏以劉三實未在家，與之爭吵，失足栽跌昏暈。韓三元開門而出，王永祥等亦逸回。劉何氏之媳劉王氏、劉劉氏哭喊，時劉三長子劉七在地看守高粱，聞喊趕回，見母氏暈在地，詢悉前由，心生忿急，即同妻劉王氏等將何氏抬至韓三元家，并將桌上盤碗摔碎，鐵鍋鑿破，劉七又毆傷韓三元左眉，并未搶取衣物。比劉三堂弟劉六偕妻劉氏赴韓三元家查看，劉何氏旋即蘇醒，經韓三元之弟韓榮勸送回家而散。此佃戶劉七帶同婦女赴韓三元家吵鬧之實在情由也。尚[當]劉王氏等與韓三元吵鬧時，正柱先至韓裔著家坐談。迨劉王氏等已回，正柱即令韓裔著搬取行李，將收地認呈十五張遺落，此外并無失少衣物。韓三元恐被告發，遂捏衆佃毆搶情詞，赴州控准驗訊。劉王氏亦以韓三元勾引護衛飲酒宿娼，因何索取押租，黑夜拿人，致將伊姑劉何氏嚇跌昏暈等情，在州供訴。該護衛正柱又偏聽莊頭韓三元之詞，赴管理府務德保處具呈，奏奉諭旨，飭令臣查明此案是否係該護衛借端生事，抑實係佃戶等抗違毆鬧，秉公查辦，據實具奏等因。今查劉七抬送伊母何氏向莊頭韓三元家吵鬧，釁起韓三元之黑夜拿人，業已供證確鑿。惟是佃戶劉三既知盜典旗地，乃當委員收地、州役押交之時，始而避匿，繼復赴部越控，顯屬有意抗違。此等刁風，斷不可長。臣復嚴加究詰，據稱先因韓三元等捏稱民地，是以典賣，迨奉差查，業於五十一年四月內在前州任內繳契退地有案，委無抗違情事。只因委員收地，原許舊佃認種，韓三元揚稱須一年現租、二年押租，方可種地，衆人無力完交，又差傳甚急，不得已赴部具呈，計圖寬緩。僉供如一，似非狡飾。至劉王氏所供韓三元勾引正柱宿娼之處，雖係因正柱租[袒]護在頭，懷恨供指，於本案并無關涉，官吏宿娼有干嚴例，亦未例置之不聞。今訊係韓三元之弟韓裔著，於七月二十三四等日，領同護衛正柱及拜唐阿孫寧前往土娼金鳳家飲酒奸宿，質之正柱亦自認嫖宿屬實。惟韓三元索取兩年押租之處，實不知情。究詰至再，矢口不移。將韓三元擬軍，韓大成即韓景和等擬徒，護衛正柱革職擬杖。等因具奏前來。

除革職護衛正柱業經奉旨加重發往烏魯木齊充當苦差外，查律載：盜他人田宅賣者笞五十，每五畝加一等，罪止杖八十，徒二年，係官田者加二等。又例載：莊頭人等如有因伊主遠在京師，私自盜賣田產至五十畝者，均依子孫盜賣祀產例，發邊遠充軍；不及前數者，照盜賣官田例治罪，各等語。此案韓三元身充莊頭，膽敢將承領差地，串通親丁，捏作民地，典賣至六頃之多，內韓三元名下自行盜典地八十餘畝，雖已自行呈報，然當委員查收地畝之時，私索押租二年，以致各戶畏匿不前，復又黑夜跳牆搜拿，致釀事端，并捏詞慫恿護衛正柱回京呈稟，實屬不法。應如該督所擬，韓三元革去莊頭，比照莊頭人等盜賣田產至五十畝發邊遠充軍例，發邊遠充軍，至配所折責安置，係屯居莊頭，照例不准折枷完結。

該督奏稱，親丁韓大成即韓景和盜典地二頃零五畝五分，韓有義即韓景義共盜典地一頃六十五畝五分，內伊故父韓明遠賣地二十五畝，典地十畝，本身典地一頃三十五畝五分，均屬不法。但親丁究與莊頭有間，若一律擬軍，未免無所區別。韓有義即韓景義、韓大成即韓景和均合依盜典他人田宅，罪止杖八十，徒二年，係官田加二等律，應各杖一百，徒三年，至配所折責四十板。親丁韓杲共典地七十八畝五分，內伊故父韓君亮典地三十二畝五分，自典地四十六畝，應合依盜典官田一畝，笞五十，每五畝加一等，應杖八十，徒二年，係官田加二等，應杖一百，徒三年，至配所折責四十板。親丁韓裔著盜典地三十七畝，親丁韓貴盜典地二十五畝，雖均已贖回，但在事主呈報以後，不便寬縱。韓裔著除領同護衛正柱宿娼輕罪不議外，應合依盜賣人田至三十七畝杖七十，徒一年半，係官田加二等，杖九十，徒二年半，至配所折責三十五板。韓貴合依盜賣人田二十一畝，杖九十，係官田加二等，應杖六十，徒一年，至配所折責二十板。查韓三元等事犯在乾隆五十年正月初一日欽奉恩旨以前，除韓三元所犯軍罪情節較重不准援減外，親丁韓有義、韓大成、韓杲、韓裔著、韓貴所得徒罪，應各減爲一百，折責四十板。劉三身充保正，膽敢抗不交地，并隨同段四等赴部具控，實屬不法，應照謀買之人與莊頭同罪例，該犯共典韓姓差地三十九畝，依例杖九十，徒二年半，係在官人後，應加一等，杖一百，徒三年，至配所折責四十板。雖事犯在恩旨以前，不准援減，據實定駟充徒。其餘地戶旗民段四、魏符三十六名，冒昧承典官地，俱屬不合，且段四、魏符二名係爲首赴部呈控之犯，照例鞭責發落等語。均應如該督所擬辦理。其餘地戶張鐵等，據該督奏稱事犯在恩旨以前，所得杖罪均請寬免等語。但該地戶等俱係承典地畝之人，況在未分府以前，本是官地，該地戶等不加查察，冒昧置典，未便因其并不知情，遽行寬免。張鐵等應照例杖一百，折責四十板。生員張官等即予斥革，以示懲儆。所有韓三元等得過典價，應令分別照數追出入官冊報。各戶應退地畝，既已照冊退交清楚，聽候另撥莊頭收管。至劉七率同伊妻王氏等將伊母何氏抬赴韓三元家吵鬧，砸碎家伙，毆傷韓三元左眉，雖因伊母栽跌昏暈情急所致，但借端吵擾，復敢率衆毆鬧，砸碎家伙，實屬逞凶不法。若僅如該督所擬，照不應重律杖加枷，不足示儆。劉七應從重與韓三元一律發邊充軍，至配所折責安置。

該督又稱，拜唐阿孫寧隨同正柱與娼婦飲酒，亦屬不合，應照不應輕律笞四十，照例鞭責。并情[請]斥革娼婦金鳳即李劉氏，係本夫縱容，應請照縱容通奸，奸婦杖九十例，應杖九十，折責三十五板，係犯奸之婦，杖罪的決，離異歸宗。容止之房主陳六，雖訊非有意窩留，并不即行驅逐，亦屬不合，應照不應重律，杖八十，折責三十板。金鳳之夫李九，現在潛逃，飭緝獲日另結。劉大本係扶病前往看視伊嫂，嚴訊并無率衆毆搶情事，應與伊妻劉劉氏均予免議。劉王氏、小劉劉氏隨同劉七前往韓三元家，砸碎家伙，雖有不合，但究係婦女無知，且已罪坐其夫，應與患病之伊姑劉何氏俱免置議。州役王永祥、王福雖夤夜隨同韓三元赴劉三家查拿，并未進院，尚無不合，應予寬免。劉七所砸碎韓三元家盤碗等物，應照數追賠給領。金鳳所得正柱賣奸錢文，照追入官。韓三元傷痕業已平復，亦無被搶衣物，地戶認呈，已據另行具認，均毋庸議等語。亦應如該督所奏完結。

再該督奏稱，此案於乾隆五十年十二月內奉准部咨檄飭通州查辦，雖已查傳各地戶將典賣各契陸續追起，并因韓三元抗不到案，輾轉咨查，等候委員所致，但并不上緊查催，退交清楚，遲延之咎，究屬難辭。且土娼金鳳在境容留，毫無覺察，亦屬有干例議。所有陞任知州現任天津府同知關廷牧、現任知州雷應方，應請一并交部照例議處等語。此案莊頭韓三元承領差地，捏作民地典賣，前任知州關廷牧於五十年十二月內接奉部咨檄飭查辦，迨至卸事，尚未完結。現任知州雷應方於五十二年正月到任，迨至七月，始將各犯傳齊，雖因韓三元抗不到案，并丈查地數與冊檔不符，輾轉咨查，等候委員所致，并不上緊查催，退交清楚，均任意遲延。應將前任通州知州陞任天津府同知關廷牧、現任通州知州雷應方均照任意耽延，降一級調用例，降一級調用。又失察土娼在境，應照例再各罰俸一年。關廷牧已另案降調，應於補官日降一級用，罰俸一年。至該員等有無加級紀録抵銷之處，應俟命下，移咨在京吏部查冊辦理。再民人私典旗地失察之歷任地方官，例有處分，應令直隸總督查取職名，送部查議。

再查此案前經奉旨令劉峨將案内犯證解京，交臣等會同刑部審辦。今已據該督訊明具奏，現經臣等核議，分別定擬完結，毋庸再行審辦。臣等謹會同合詞具奏請旨。

於十九日奉旨：依議。欽此。

同上 戶部爲覺羅德慶控告高世瑞等霸地事致宗人府咨呈附粘單　乾隆五十四年十一月初十日

戶部爲咨行事：

現審處案呈，正黃旗覺羅德慶控高世瑞等霸地一案，應咨呈宗人府查照可也。須至咨呈者。

右咨呈宗人府。

乾隆五十四年十一月初十日。

附粘單

乾隆五十四年七月內，據西路廳詳，據正黃旗覺羅趙德慶以高世瑞、高世麟、高世鳳、高陞、王鳳等將伊攢毆并霸占旗地私葬墳塋等情，赴廳控告，應將趙德慶等解部審辦一案。當經本部訊據覺羅德慶供稱，伊祖上貝勒鄂塔，有恩賞坐落房山縣佃子村圈地十二頃，俱經伊祖父典賣。此地靠着山坡，內有伊家祖墳一座。現在挨墳地畝，是伊管業。此外，高世瑞等開墾餘荒，亦應是伊之地，只求查明地檔，斷給圈餘山坡等情。質據高世瑞供稱，伊祖上係恩賞隆福寺喇嘛名下莊頭，伊經管寺內坐落房山縣旗地十二頃，伊開墾山坡荒地，係連着該寺旗地，并伊所葬四輩祖墳，也是寺裏地界之內。并據王鳳供稱，伊名下并無地畝，係覺羅德慶令伊向高世瑞訛詐旗地，伊所葬祖墳地畝，係怡親王府旗地，每年給同村居住王府之莊頭孟忠、孟孝租錢二百各等語。

本部查覺羅德慶與高世瑞所爭山坡地畝，據覺羅德慶稱係伊家旗餘地畝，據高世瑞又稱係隆福寺喇嘛之地，兩造各執一詞，自非咨查明晰，難以核辦。相應移咨正黃旗滿洲，轉飭佐領覺羅琢玉查明地檔內覺羅德慶家共有該處地畝若干，有無開載毗連山坡字樣，并查覺羅德慶於本年三月及閏五月間赴房山縣修理墳塋并在縣候審，曾否在旗告假之處，訊即咨覆過部，以憑辦理。并移咨理藩院查明隆福寺喇嘛名下有無房山縣恩賞旗地若干，并付否交與莊頭高世瑞經管，且此項地畝有無毗連山坡之處，一并查訊明晰報部。并移咨正藍旗滿洲，轉咨怡親王府查明有無房山縣佃子村地畝并在屯莊頭孟忠、孟孝其人，亦即咨覆過部。并飭房山縣即傳孟忠、孟孝到案，訊明伊經管王府地畝，有無每年向王鳳收取租錢二百文之處，錄取確供報部。去後。

今據房山縣詳稱，遵即差傳出後，茲據原役回稱，切役協同佃子村地方陳玉，查得孟忠現在患病，不能起炕，只傳孟孝到案，理合回明等情。據此，隨將孟孝喚至當堂，訊據供稱：小的祖父原是怡親王府莊頭，後王府將地畝都賣給在京旗人了，還剩有山坡地一畝有餘，賞給小的祖母養老。本村的王鳳因無處葬墳，向祖母說明，在那山坡地內葬墳一座，每年給小的家地租清錢二百文，是有的。再小的哥子孟忠，現在患病，起炕不來，不能到案。是實。各等情。據此，擬合具文申覆大部查核等因。

又准正藍旗滿洲都統咨，據包衣參領佳格等呈稱，准和碩親王府咨稱，查本府房山縣屬佃子村現在并無旗地，亦無莊頭孟忠、孟孝其名之人，伏乞轉咨戶部。應照該王府所呈，咨覆戶部等因。

復據正黃旗滿洲都統咨，據參領太平等呈稱，本旗奏爲參奏事。准戶部咨稱，正黃旗覺羅琢玉佐領下德慶呈控高世瑞霸地一案，由西路同知將覺羅德慶解部，相應移咨該旗收管，候部斷理等因前來。臣等隨即飭查閑散覺羅德慶名下坐落蘆溝橋佃子村雖有墳塋，并無地畝。德慶私行下屯，如何妄控之處，據覺羅佐領琢玉、族長德克精額等不知是實，公同具呈前來。查乾隆四十八年二月內，因正白旗滿洲護軍八十三等爭地，私寫字據，赴香河縣具呈案內，奉旨：嗣後旗人如有實應控告地案，着在各該旗佐領處具呈，若旗下佐領不行辦理，令在該部提督衙門具呈。如此次曉諭後，仍有在地方官呈控者，除將違例之人從重治罪外，各該管大臣官員俱着嚴加議處。欽此。欽遵。通諭在案。今閑散覺羅德慶，因地案妄行在西路同知衙門呈控，即屬違例，而該佐領下所存檔內，德慶名下并無地畝。看此，竟有素不守分，妄行狡詐等弊，均未可定。除將閑散覺羅德慶控地之案聽候戶部查辦外，其覺羅德慶違例在地方官呈控之處，俟戶部斷清之日，交宗人府嚴加議處。該佐領等素行管束不嚴，至德慶違例具呈時又無察出，咎亦難辭，應將覺羅佐領琢玉、驍騎校富祥、族長閑散覺羅德克精額等，請交該部府議處。臣等暨參領曾保、副參領穆通阿等，均係失察，一并交部分別查議。爲[此]謹奏。奉旨：着交該部。欽此。欽遵。應將德慶地案咨呈宗人府、戶部，遵旨將案內查明嚴審定擬等因。又據佐領覺羅琢玉等呈稱，本佐領處飭交覺羅族長等檢查閑散覺羅德慶五世祖原任副都統鄂塔之次子圖臣病故時，因年幼，就送至蘆溝橋西房山縣屬佃子村地方埋葬是實。彼處伊有無地畝之處，查德慶係於乾隆四十五年由佛爾卿額佐領下移在本佐領下之人，彼時該佐領給戶口房地冊內，伊名下并無開寫地畝，現在無憑可查。再本年閏五月、六月內，尚見伊面二次，德慶如何於三月、閏五月私去修理墳塋，并控告高世瑞留縣聽審之處，不知是實等情。覺羅佐領琢玉、覺羅族長德克精額等呈報前來。應照該族長所呈咨覆戶部等因。

又准宗人府咨稱，應將該旗送到琢玉、德克精額等加級紀錄冊一本移咨兵部查辦外，相應移咨戶部，如有會同本府辦理之處，乞會辦等因。

又據理藩院咨稱，據喇嘛印房呈稱，遵照大院飭交，據隆福寺得木齊羅布藏葛烈呈稱，本寺於康熙五十二年十一月十二日，奉旨賞給隆福寺原扎薩克大喇嘛穆爾根綽爾濟坐落房山縣佃子村地十二頃三十二畝，又山坡地三十五畝七分，共地十二頃六十七畝七分，原交莊頭高世瑞之祖高慶承管。再前地與山坡毗連，高世瑞之祖墳就在前地山谷內。呈請大院轉咨戶部等情。應照所呈，移咨戶部，等因前來。

查正黃旗覺羅德慶以高世瑞等將伊攢毆并霸占旗地、私葬墳塋等情，赴西路廳衙門控告，經該廳將德廳［慶］等解部審辦一案，經本部訊據德慶供稱，伊祖上貝勒鄂塔有恩賞坐落房山縣佃子村圈地十二頃，俱經伊祖父典賣，此地靠着山坡，有伊家祖墳一座，現在挨墳地畝是伊經管，此外高世瑞等開墾餘荒，亦應是伊之地，今只求查明地檔，斷給圈餘山坡等情。質據高世瑞供稱，伊（租）［祖］上係恩賞隆福寺喇嘛名下莊頭，伊經管寺內有坐落房山縣旗地十二頃，伊開墾山坡荒地係連着該寺旗地，并伊所葬墳地亦係寺裏地界之內。并據王鳳供稱，伊名下并無地畝，係德慶令伊向高世瑞訛詐旗地，伊所葬祖墳係怡親王府旗地，每年給同村居住之王府莊頭孟忠、孟孝租錢二百文。當經本部行查各該處查覆在案。今據正藍旗滿洲咨覆，據怡親王府咨稱，本府現在并無房山縣佃子村旗地，亦無莊頭孟忠、孟孝其人。而據房山縣詳報，訊報孟孝供稱，伊父係怡親王府莊頭，後王府將地畝賣完，剩有山坡一畝賞給，後王鳳於地內葬墳一座，每年出租錢二百文。并據理藩院咨覆，據隆福寺喇嘛呈稱，本寺於康熙五十二年間奉旨賞給坐落房山縣佃子村地十二頃三十二畝，又山坡地三十五畝七分，原交高世瑞家祖父經管，伊家祖墳亦在山谷之內。并據正黃旗滿洲都統將參奏覺羅德慶名下蘆溝橋佃子村雖有墳塋，并無地畝，今違例赴地方官控告，應俟戶部查辦斷清之日，交宗人府嚴加議處，并該佐領等失察之處應請一并查議，奉旨着交該部。應移咨宗人府、戶部嚴審定報。并據宗人府咨稱，將該旗送到佐領等加級紀録冊一本，移咨兵部查辦各等語。查該佐領等失察德慶違例控告之處，應聽兵部查辦外，所有德慶原控山坡地畝，雖據隆福寺喇嘛稱係原有恩賞地畝，交與莊頭高世瑞經管，但究係有無地檔丁冊可憑，應仍咨理藩院再行詳細查明報部。

至王鳳所稱墳係租自怡親王府之地，雖莊頭孟孝供報屬實，但因何王府又稱并無該處地畝莊頭，應檄飭房山縣再行訊取孟孝等確供；并咨正藍旗滿洲仍咨王府再行查明，從前究係有無該處地畝，後經賣完，果否剩有山坡地一畝，賞給孟孝家之處，咨覆過部；并飭該縣即傳該處屯目，親赴地所確勘隆福寺地畝并德慶、王鳳等墳塋地畝，究係若干，詳細聲叙，并繪圖貼説送部，以憑核辦。并先知照正黃旗滿洲并咨呈宗人府可也。

同上 阿禮杭阿呈控屯居壯丁隱地抗租狀 乾隆五十五年

具呈正藍旗托今泰佐領下四品宗室阿禮杭阿爲惡奴抗斷遲租，懇恩轉行戶部追比事。

竊職於乾隆五十年呈控莊頭屯居壯丁陳漢人李國翰隱地欠租一案，於五十四年五月內蒙宗人府會同戶部審明李國翰隱地五頃四十八畝屬實，斷令每年加租銀二百二十兩，連每年應繳租銀三百六十兩，二共每年應交租銀五百八十兩，於五十四年定限，按二、五、九、臘月四季清交。迄今收納二、五月兩季，其應交九月季內租銀已經逾限，分文未交。其從前隱瞞多年租息，斷令繳銀六百六十兩，限於五十四年五、九、臘月三限完清，業經取有該奴供結在案。詎李國翰狡猾性成，三限已逾，分文未繳，其新起租銀亦未按季完納，實無理法。爲此呈懇宗人府轉行戶部嚴加追比。

再，李國翰係屯居壯丁陳漢人，藐法私捐職銜，并乞審明，照例辦理，查明伊之子女載入冊檔，交職領回，庶主僕分明，沾仁無既矣。上呈。

同上 戶部爲趙氏呈控邵三霸地欠租事致宗人府咨呈附粘單 乾隆六十年二月三十日

戶部爲審斷事：

現審處案呈，厢白旗趙氏控邵三霸地一案，應抄單咨呈宗人府查照可也。須至咨者。

右咨呈宗人府。

計粘單一紙。

乾隆六十年二月三十日。

附粘單

據厢白旗已故宗室普祿之妻趙氏、抱呈家人保兒呈控邵三抗租霸地一案，經本部行據通州詳覆，因邵三供詞與趙氏情節互異，將邵三等送部。本部會同宗人府審訊，據宗室團多阿供：我係厢白旗寶鑒佐領下四品宗室，我普太太所有王產地七頃四十二畝，於五十六年秋間交給邵三承攬，每年麥秋二季共交秋銀二百兩。五十七年麥秋大秋租銀，邵三俱已交清。五十八年麥秋租銀，邵三交給我太太了，至大秋租銀一百兩，係我叔祖父玉六老爺收存。所有五十九年應交租銀二百兩，現在俱未交來。所有玉老爺所使邵三租銀五十兩，我太太隨願代玉老爺還給邵三的。至邵三將所欠五十八年大秋租銀，叫邵三還交給與我，叫邵三將所種地畝盡行交出，令我交給別人承種。所有邵三從前自己所種的地二頃有餘，太太吩咐仍交付邵三承種，每年租子俱要交清。據邵三說，現在散佃戶所該租子小錢八百吊有零，着保兒同楊有仁下屯將散佃戶所欠租子對給邵三，各自去收。所有邵三應交給我的租銀，叫邵三交給我的。是實。據邵三供：小的承攬宗室普太太地七頃四十二畝，每年應交租銀二百兩，兩季交清，五十八年應交租銀，除已交一百外，下短銀一百兩，小的情願歸還太太，不敢違悞。至各佃戶未交租京東錢八百吊零，懇求叫保兒、楊有仁同小的當面催討。至玉老爺使我銀五十兩，太太應許情願替還。至於小的自種地二頃二十餘畝，太太也許小的照舊耕種。其餘地畝，小的情願逐一退出，交給太太另佃就是了。是實。據保兒供：我係宗室普祿太太家人，所有太太坐落通州和河跕地方王產地畝七頃餘畝，向係莊頭邵三承種，每年交租銀二百兩。五十七年六月麥秋租銀一百兩，邵三於九月大秋交給太太手收的。至九月大秋租銀一百兩，邵三於五十八年六月麥秋交給太太親收，原是有的。此項租銀，是邵三應交五十七年的租子。所有邵三應交五十八年麥秋大秋租銀二百兩，五十九年麥秋大秋租銀二百兩，邵三俱未交來。是實。據宗室玉鼎供：我係廂白旗寶鑒佐領下四品宗室，我大嫂子趙氏名下有地七頃，坐落通州和河跕地方，向係我承管。我於五十六年將地交給莊頭邵三承攬，每年交租銀二百兩。五十八年九月分大秋，邵三交來租銀一百兩，是我收存。至邵三交來租銀月分日子，我年老不曾記得。是實。各等語。

查此案邵三原攬宗室趙氏地七頃四十二畝，現據該氏之侄團多阿供明所有邵三自種地，伊伯母仍給與承種，其餘散佃所種各地，俱令退出。并據邵三供稱，情願退地不管。應檄飭通州查明邵三自種地畝是否實有二頃二十畝，仍令租種外，其餘地畝即行押令按段指交宗室家人保兒收領，以聽該氏自便，仍取具交收各狀完報，毋任勒措。所有邵三短交五十八年地租銀二百兩，并五十九年全交租銀，應飭該州速即在邵三名下照數追出給領，并咨該旗飭令團多阿於保兒赴州收地時，即同楊有仁、邵三將各佃所欠租錢對給邵三自收，仍於收地回家之日，即行具文報部備案。至玉鼎用過邵三銀兩，既據邵三供明該宗室趙氏情願代還，應聽其自行清理可也。

《清代的旗地》第六章　清雍正十□年二月初三日戶部執照

廂白旗滿洲納爾太佐領下護軍烏林太有地六十畝，坐落朝陽門外搭連坡地方，東、西至道，南、北俱至旗地，署佐領納爾太、事色成、領催巴蘭太同保，賣與本旗包衣呑住管領下閑散人李永貴名下，價銀一百二十兩，納稅銀三兩六錢。此照。

雍正十□年二月初三日給與執照訖。

同上　清乾隆五年四月十二日朱批奏摺

議政大臣臣訥親等謹奏，爲遵旨詳議事。內閣抄出直隸總督孫嘉淦議奏回贖民典旗地一摺。該臣等查得，乾隆四年十一月初二日戶部奉上諭：爾等會同八旗議奏公產地價除抵補蓋造官房外，其餘剩銀兩，請給發地方官，將從前典賣與民人之旗地贖回報部，先盡原主取贖，如原主不贖，即准各旗官兵人等認買等語。朕思我朝定鼎之初，將近京地畝圈給旗人，在當日爲八旗生計，有不得不然之勢，其時旗人所得地畝，原足以資養贍而無缺乏。嗣因八旗生齒日繁，恒產漸少，旗人又或因事急需，必不得已，將地畝漸次典與民人爲業。雖民人不許私行典賣旗地，向有成例，但歷年久遠，輾轉相售，已成民產，今欲將從前典出旗地陸續贖回，必須於民人全無擾累，辦理始爲妥協。再，此項地畝，爾等議令原主取贖及官兵認買，殊不知官員內間有一二人尚可扣俸認買，而貧乏兵丁食餉有限，無從措價，勢必至盡歸富戶。富戶或肯周濟親族，亦豈能多爲分給，其所周濟能有幾何？則贖地一事，恐未必於貧乏之旗人有益。可將此旨行文直隸總督孫嘉淦詳悉妥議，務令於旗人有益，民人不擾，方爲兩便之道。餘著照所議行。欽此。欽遵。行文直督去後。今據直督孫嘉淦議奏前來，臣等分款詳議，恭呈御覽：

一、奏稱民典旗地，其來已久，誠如聖諭，輾轉相售，已成民產，且有蓋房屋、葬墳墓於其中者，不爲取贖，則旗人之生計不能充裕；盡爲贖之，則民人生計不無擾累。似在兩難之際。而臣以爲無難也，夫事必原其始，知其所以典地之故，則知所以贖地之方。伏查定例，民人不許私典旗地，而往往私典者，豈果欲據爲世業哉？生長田間，非種田無以爲生，地既被圈，不得不租種旗地，又苦於田主之增租奪地，不能安其生也，於是乎乘其急需而私典之，其意止爲久種計耳。今動公項以贖之，百姓不苦於得價以還地，實懼其奪田以另佃。而旗人雖贖地，必不能自種，勢必仍租於人，與其易人而另佃，誠不如仍其舊之爲愈也。臣之愚意，但令地方官於贖地之時，查明現種之人與現出之租，將其佃人姓名、租銀數目造冊兩本，一存官署，一咨八旗，嗣後無論何人承買，其佃戶仍舊承種，其租銀照冊收取，不得分外需索。如本佃抗欠租銀，許地主呈官另佃；若本人并不欠租，而莊頭、地棍無故增租奪種者，審實嚴加治罪；如田主果欲自種，則佃人雖不欠租，亦當退地；若田主并非自種，而捏稱自種奪地另佃者，審實亦量加治罪。再，租地人等有於田內蓋房屋、葬墳墓者，如係本人種地，則令其照舊管業；如因欠租奪地，或田主自種退地，其房屋院落地基并墳墓占用地面，量明丈尺畝數，照上等地畝出租，不許田主人等勒令拆屋遷墳。如此，則種地之人慮其欠租另佃，自必上緊輸納，不惟民人照常種地，全無擾累，抑且旗人不憂欠租，亦實有裨益。等語。

查近京民人，賴旗地以資生，而旗人地畝，藉民佃以取息，今贖回前項地畝，或業主自行耕種，或頑佃抗欠租銀，理應聽業主撤地，若業主既不自種，佃戶又不欠租，一旦易人另佃，未免民人失業，似於情理未協。應如該督所奏，令地方官於贖地之時，查明現種之人與現出之租，將佃戶、租銀數目造冊三本，一存地方官處，其二本咨送臣部，一本存查，一本咨送當月旗，轉傳各旗抄録備案，嗣後無論何人承買，仍令原佃承種，其租銀照冊收取，不得分外需索；如本佃抗欠租銀，許地主呈官另佃；若無欠租情事，而莊頭、地棍無故增租奪種者，審實治罪；若業主并非自種，而捏稱自種撤地另佃者，亦量加懲治。至民人有在旗地之內造房建墳者，先經大學士伯鄂爾泰等議覆直督孫嘉淦議奏莊頭蘇爾岱控告民欠房租案內，以民房地基俱令按畝納租，嗣後民人在已納租之地界內添造房屋者，旗人不得借端禁阻，如侵占旗地蓋造房屋者，將民人照違制律治罪，等因，奏准在案。其建墳與蓋房，事同一例。今前項地畝，應如該督所奏，如因欠租撤地，或田主自種退地，其從前蓋造房屋院落并墳墓所占地基，只令丈明畝數，照例交租，不許勒令遷移。如有額外苛索及逼勒遷移者，照例治罪。如有在納租地內欲葬埋墳墓、蓋造房屋者，令其向業主言明，聽其自便，如不告明業主，業主未經依允，不得擅自蓋造、埋葬。

一、奏稱贖地之法，原議欲以一分五釐利息核算，如每畝租銀一錢五分者，作價銀一兩，等語。其意蓋恐不肖之人一聞贖地，或於文契之內有伙同浮開價值，誆銀分用之弊，是以量爲畫一之法，以杜弊端。但旗、民典買田地，情形實有不同，有按季壓租，或三年、五年者，有老租、老典至數十年或百年者，租則年滿退地，不給原銀；典則年限雖滿，亦必銀到取贖。其價值多寡，視租典之年限，年分近者，一照原價，其年遠者，則酌量讓減，此其大略也。至租典文契，有經官用印者，即不用印，亦必有中保花押，若欲浮開價值，串通亦甚煩難，借使有之，不過百分中之一二，今因一二奸民之作弊，而概定一切原價以贖之，其在年限將滿者，官贖之價，反多於私贖，而年限近者，則以爲短價而奪地，於國帑未能節省，而轉滋物議，似尚未妥協也。臣之愚意，此項地畝既交地方官取贖，自當逐案辦理，如果文契形迹可疑，審有串通浮開情弊，則當治其詐僞之罪，將地竟行入官，不必復給價值。如并無假冒浮開情弊，則當照其價值、年限，按年遞減，如地十畝，用價十兩租十年者，則是每年租銀一兩，若已種九年，則以一兩贖之，種八年則以二兩，種七年則以三兩，一切壓租地畝，俱用此例核算；如係老典者，不論契載年限，當以十年爲率，其在十年以內者，俱照原典之價，十年以外者，每十年減原價十分之一，五十年以外者，均以半價取贖。如此則所用贖地之銀，較之概以一分五釐核算之數，必有節省，斷無浮多，而逐案查核，情理俱得其平，旗人、民人皆戴皇仁於無既矣，等語。

查先經臣部會同八旗都統原議變賣公産價銀，除扣還蓋造房屋領過部庫銀兩外，餘剩銀兩回贖旗地，原指老典地畝而言，至若預起壓租定有年限者，或三年、五年以至十年，年限滿日，則地畝自當歸還原主，毋庸動用公項回贖。其老典地畝，或民人爲價重業穩之計，於契內浮開價值；或歷年久遠，契券遺失無存；或輾轉易主，原價無從根查；更有昔係膏腴之產，今被水冲沙壓，成爲瘠薄，昔係瘠薄之地，典主培植有年，今成膏腴。是以定以一分五釐利息核算，如每畝租銀一錢五分，作價銀一兩，令地方官驗明地畝，議定租價，造冊送部，給價回贖，原係按照現在地畝情形議定價值。今該督雖稱此項地畝既交地方官取贖，自當逐案辦理，如果文契形迹可疑，審有串通浮開情弊，則當治其詐僞之罪，將地竟行入官，不必復給價值。其老典地畝，不論契載年限，當以十年爲率，其在十年以內者，俱照原典之價；十年以外者，每十年減原價十分之一；五十年以外者，均以半價取贖；較之概以一分五釐核算，必有節省，斷無浮多。而逐案查核，情理俱得其平，等語。但原契所載價值有無浮開，既議逐案查核，必須立法周詳，方可得其誠僞，始於旗、民俱無擾累。其如何設法稽查，使文契所載與地畝所值兩得其平，虛實必露之處，應令該督再行詳晰定議。至該督所稱，按年份之遠近定價回贖，較之一分五釐必有節省之處，係作何核算？摺內未據聲明，亦令一并分晰聲明，到日再議。

一、奏稱部議業主令在本旗呈明，原地典主令在地方官首明，造冊送部，倘隱匿不首，將地入官，原主照隱匿官田律治罪，如年遠原主不知坐落，典主有意隱匿者，亦照此例辦理，等語。查現在辦理旗、民互控地畝案件，多有將納糧民地旗人覬其膏腴，冒名告贖者，若令在旗呈明即爲實據，難保其無混行開報之弊。至民典旗地之後，有轉典與民人者，亦有轉典於旗人者；有頃畝零畸折典者，有輾轉租典更換不一者；歷年久遠，人亡契失，而概坐以隱匿官田之律，撤其地而罪其人，未免屈抑。加以地棍、訟師借端告訐，滑吏、蠹役夤緣作奸，何所不至？民典旗地不下數百萬畝，典地民人不下數十萬戶，公產餘銀逐年剩積，未必一二年間盡行贖取，而預開訐訟之門，則是無事而滋擾也。伏查老圈旗地，繩圈界址甚爲分明，至今猶在，老圈之內，但有民產，即係私典，無法可以隱匿，現今公產餘銀，先將圈內之地取贖。至於圈外旗地，或係民人帶地投充，或係旗人各自置買，原與老圈地畝不同，其典地之民人，有爲業已久，不願官贖者，亦有家計艱難，亟思轉售者，如圈內之地已盡贖回，公產之銀尚有餘剩，但將所剩之銀交與地方官，查明願贖之家，陸續贖取，若未屆贖期，不必預查，如此十年、八年節次辦理，則旗產日漸充裕而民人全無擾累，等語。

查先經臣部會同八旗都統原議，民典旗地，令業主在本旗呈明原地坐落數目，造冊送部，典主在地方官處首明，造冊送部核對，蓋恐地畝根底不清，遽行回贖，恐滋換易之弊，致起爭訟之端，是以議令先行造冊送部，以憑查核，并恐旗、民圖利，私相說合，隱匿不首，或歷年久遠，原主不知坐落，未經報明，典主有意隱匿，議以撤地治罪。今該督既稱老圈地畝界址分明，但有民地，即係私產，無法可以隱匿，現今公產餘銀，先將圈內地畝取贖，等語。應令該督轉飭各屬查明各旗老圈地畝界址，分晰旗色、佐領，注明原業主姓名，先行造冊送部。至令原業主在旗呈明之處，雖不可即作爲實據，但亦須令其在本旗呈明，造冊報部，以憑核對，庶免遺漏。其圈外帶投并旗人自置之地，應如該督所奏，不必預查，俟圈地全已回贖，將所有餘銀交與地方官，查明陸續取贖。

一、奏稱贖地之後旗人承買，更須酌議，伏讀上諭曰：貧乏兵丁，食餉有限，無從措價，勢必致盡歸富戶，富戶或肯周濟親族，亦豈能多爲分給？贖地一事，未必於貧乏旗人有益。聖謨洋洋，誠爲旗人思久遠之策也。查貧乏兵丁，不止無從措價，借使措置，亦不能多所買，不過數十畝至一二百畝而止，身在京城，不能自種，有限之地，不可以設莊頭，差人討租，往返盤費，所得租銀，隨手花消，實無管業之方，雖立法以均之，終致盡歸富戶，此必然之勢也。夫依古以來，使人自養則有餘，以官養人則不足。我國家苞桑鞏固，億萬斯年，八旗生齒，不知紀極，若不令其自爲生計，皆袖手而仰食，則雖多方籌畫，恐未必大有益也。查八旗公產以及旗退、餘、存、入官等地，及此項贖回民典之地，不下數千萬畝，似應查明，八旗另戶正身如有情願下鄉種地爲生者，不必取贖，上地給與百畝，中地給與一百五十畝，下地給與二百畝，令其率領妻子居鄉耕種，初種之年，量給牛種房屋之資，一時雖不無所費，而以一二百畝之田，可使一家人口之衆永無饑寒之憂，且子孫皆有常業，不復仰給於官，其爲利賴，實屬無窮。再查八旗有地之家，從前多有在屯居住耕讀爲生者，後因李禧條陳，皆令移住京城，實於旗人無益。臣之愚意，除爲官、披甲當差之人在京居住外，其餘閑散人等，如有情願在屯居住自行耕種者，俱各聽其自便，如此則旗人皆知務本，風俗漸歸淳樸，且身能勞苦，則筋力強壯，將來拔補兵伍，必更勇健，此則萬年富強之要求，等語。

查在京八旗之人，生齒日盛，向因生計維艱，世宗憲皇帝屢廑聖懷，多方籌畫。皇上御極以來，恩膏叠沛，賞賚頻施，聖朝培養之仁，可謂至周至渥。惟是曠典不可屢邀，賞賜非可常冀，伊等自生長成人，以至老邁，不能力作自謀其生，終身皆仰給於官，而錢糧俸祿，止能給予官兵，其餘不爲官、不當差之人，并無恆產，群然聚於京城，日見繁華，相習莫改，以致有餘者漸至不足，貧乏者益加窘迫。前此井田之設，原欲稍試其端，將滿洲、蒙古、漢軍人等挑選一百八十戶，發往耕種井田，每戶各授田百畝，中間百畝爲公田，周圍八分爲私田，同力共養公田，官爲蓋房居住，并給工本銀兩，令其耕種，將革職大人官員內揀選派往種地之處，管理其事，乃發往之人，大都游手無藝，不能服勤力穡，且多干法紀，是以原管井田事務甘國璧摺奏，經總理事務和碩莊親王等議覆，將井田改爲屯戶，停止撥補在案。皆因從前辦理不得其法，而井田各戶，又以爲井田之設，原爲公田起見，不肯實心力作，以爲本身永遠之生計，是以行之未見成效。今該督孫嘉淦奏稱，依古以來，使人自養則有餘，以官養人則不足，若不令其自爲生計，皆袖手而仰食，則雖多方籌畫，未必大有益也。查八旗公產幷旗退、餘、存、入官等地，及此項贖回民典之地，似應查明，另戶正身如有情願下鄉種地者，上地給與百畝，中地給與一百五十畝，下地給與二百畝，令其率領妻子居鄉耕種，量給牛種房屋之資，可使一家人口之衆，永無饑寒之憂，且子孫皆有常業，不復仰給於官，其爲利賴，實屬無窮等語。臣等伏思，鄉間風俗，多崇儉樸，粗衣糲食，習爲故常，今八旗閑散無業之人，與其袖手而仰食，誠不若力田而自養，若令其下屯種地，雖目前未必即收盈寧之效，而既已居鄉，身習勞苦，其繁華之事幷不見聞，自必漸知務本，咸歸淳樸，從此安生樂業，生長子孫，飲食作息，勤儉相承，行之既久，實有益於旗人。且閑散人等，株守城內，幷無進益，爲生計尚在不暇，雖有志於習文學武，安能專心致志望其嫻熟，若下屯種地，除耕耘收獲之外，自有餘力，本身既可學文習武，其子孫亦可因材施教，如有情願上京當差者，仍准其挑選。惟是伊等本係無業之人，身在京城，猶有宗族親戚可以通融緩急，一旦下鄉居住，甫立家業，不特日用之需不無缺乏，且下屯之時，必有盤費之需，恐伊等瞻前顧後，未必遽願居鄉種地，必須善爲開導，俾伊等咸知此番耕作，乃爲旗人經久之計，非前次井田可比，與其在京爲無事可爲之人，不若居鄉爲有業可守之戶，應請令八旗都統多方勸導，務使伊等通曉此義，知耕讀爲永遠之圖，勤儉乃立家之本，幷將如何給與房屋、牛具、籽種、工本，以及盤費養家之資若干，使其從容，不致缺乏，樂於從事，以收實效之處，詳悉定議具奏。至給與地畝數目，應照該督所議辦理外，其撥給何項地畝之處，應俟八旗議奏之後，再行定議。再，該督奏稱，八旗有地之家，多有在屯居住者，後因李禧條陳，皆令移住京城，實於旗人無益，請將閑散人等有情願在屯居住自行耕種者，聽其自便等語。查無業之人，既議令其下屯種地，則有地閑散人等，自應如該督所奏，仍聽其自便。又查公產地畝，現今准令旗人認買，其認買之後，如有情願居鄉耕種者，亦應聽其自便，但認買公產之人，其錢糧俸祿甫經坐扣，未免拮据，非原有產業者可比，其下屯之時，亦須量給房屋、牛具、籽種、盤費銀兩，方無缺乏，其應給若干之處，亦請令八旗都統一幷定議具奏。所有前項需用銀兩，俟八旗定議之日，臣部在於公產項下照數給發。

一、奏稱我朝定鼎之初，雖將民地圈給旗人，但仍係民人輸租自種，民人自種其地，旗人坐取其租，一地兩養，彼此相安，從無異說。至近年以來，則旗、民往往因欠租奪地互控結訟，其弊皆起於取租之旗奴、承租之莊頭、攬租之地棍。小民欲治良田，必積二三年之苦工，深耕易耨，加以糞治，田甫就熟，而地棍生心，遂添租挖種矣；稍有爭執，即以民霸旗地告官矣；莊頭取租，多索而少交，田主受其侵盜，佃戶受其侵漁，甚至今年索取明年之租，若不預完，則奪地另佃矣；另佃必添租，挖種亦添租，租銀既重，逋負必多，一遇歉收，棄地而逃，幷少租亦不得矣；旗人不能出京，多差家奴下屯，莊頭、地棍聲色哄誘，飲博相從，取收之租，隨手花去，則有探次年之租矣；至於次年，無租可索，而懼主責懲，則以佃戶抗租爲詞矣；今年張甲來，明年李乙至，小民以爲租已預交，旗奴以爲幷未收取，遂至互訟不休矣；田主苦於欠租，雖有地而無利，民人苦於另佃，求種地而不得，而於中取利，華衣鮮食者，皆莊頭、地棍之家，剝良民以養奸民，甚可惜也。查地棍人等，有司可以懲治，臣當嚴飭地方官，查訪得實，或被人告發，必從重嚴處。至於莊頭、旗奴，則非有司所能制，仰懇皇上天恩，敕諭八旗王公以及有地之家，如有不設莊頭，願交有司催征者，臣當嚴飭地方官按年催征完解，或有逋欠，將地方官照例參處，如願自置莊頭或差家奴討取，亦悉聽其自便，但不得輕易更換種地之人。或莊頭、家奴稟稱佃戶抗租，但令田主將歷年收租之額與當年所欠之數開一清單，行文地方官，查明果係佃戶抗欠，自當追比完解；如係莊頭、家奴於中作弊，審明治以應得之罪。如此則莊頭、家奴不敢侵蝕揑詐，地棍人等自無所施其姦狡，旗人按年收租，不虞逋欠，民人獲有常業，不患侵奪，臣乃可以勸其治糞土，勤墾辟，植果棗，藝桑麻，庶幾民人漸致盈寧之慶，而旗人亦長享豐亨之福，洵爲旗、民兩便之道，等語。

查民人租種旗地，業、佃多不見面，皆假手於莊頭、家人之手，是以伊等得以從中作弊，或有侵用租銀者，或有索多交少者，或有私行壓季起租者，更有聽地棍之唆使挖種另佃者，亦有頑佃抗欠租銀不行交納者，種種情形，至於涉訟，係民人，則地方官斷理；係旗人，則理事廳衙門斷理，向例如此，行之已久。況旗人地畝原係私産，其業、佃自相交易，或有銀色參差不齊，或有以牲畜、糧業、柴草抵算，或一時無措而暫爲展限，業、佃本可通融，兩相稱便，今該督議令有地之家願交有司催征者，飭令地方官催征完解，或有逋欠，將地方官照例參處。查地方官有民社之責，現在回贖旗地及清查老圈地畝等事，均交與地方官辦理，若又令其代征旗租，恐一時事務紛繁，難以兼顧。且先經臣部奏明，恩賞新滿洲人等地畝，據前鋒統領莽楚等咸稱，離京稍遠者，多有不得租銀，應將從前及嗣後賞給新滿洲人等地畝，如有情願交官征收者，臣部行令地方官照數征收，按名包封，徑行解部，散給各旗人收領，等因，奏准在案。今旗人地畝可否交與地方官代征之處，應俟新滿洲等地畝再行數年，有無成效，果否與旗、民均有裨益，再行定議可也。爲此謹奏，請旨。

同上 清乾隆五年十月二十一日戶部執照

立補投稅老圈旗地契人係廂白旗滿洲三因布佐領下宗室宏善，今有祖遺老圈旗地一項，座落在順義縣城東南北河村莊西地方，共計旗地二十三頃八十畝整。今因手乏無銀使用，情願賣與鑲紅旗滿洲世管佐領扎拉芬名下永遠爲業，當面言明，賣價銀三千五百兩整，其銀筆下交足，交不欠少。自賣之後，如有來歷不明、重復盜典，以及公産、拖官銀、親族人等爭論等情，具有知情底保同賣主一面承管。恐口無憑，立補契永遠存照。

當堂納稅銀五十三兩

計開四至：　南至沙荒，北至河，東至旗圈，西至河，分明。再批，此契上首并無紅白老契跟隨。

乾隆五年十月二十一日

爲此，佐領三因布［押］驍騎校　吉慶［押］

催總　伊倫泰　［押］同保

族長　永恆［押］

立賣地契人　宏善［押］

知情底保　王寬［押］

同上 清乾隆五年十二月十六日，內閣大庫檔案

［乾隆五年十二月十六日］協理山西道事監察御史臣祿謙謹奏，爲敬抒一得，仰乞睿鑒事。【略】

一、民人借名典買旗地之弊，宜嚴行禁止也。竊查定例，民間不許典買旗地。後因日久法弛，狡黠之徒見機生心，始則租種交糧，繼則借給錢米，上坐利，不三五年，佃戶反成債主，竟將地畝算去者有之；或地主一時窘乏，賤價典賣與民人者亦有之。於是旗人地畝入於民間者十之六七，以致旗人多無産業。其有錢糧者，尚可度日，無錢糧者，未免衣食惟艱。我皇上洞悉其隱，且念其祖父俱係從龍，或著有勞績，或死於王事，不忍其啼饑號寒，特命將入官地畝，分作五年交價承買爲業。又將先年典賣與民間者，查明畝數，將來用官價贖回，俾旗人之無養贍者耕種爲生，是誠天地父母之心。然亦非薄於民而厚於旗人也，蓋民人得其原價，自可營運生理，而旗人若無錢糧，又無産業，實無糊口之資，是以良善之民莫不心服，靜以待之，謂我皇上至公無私。然臣聞得，仍有一項狡黠之徒，更設巧法潛來京師，賄囑原舊地主，又串通旗下不肖之徒，代爲出名換契假買，且値百金者，虛寫二三百金，以防日後贖取。若此弊不除，恐先年典賣與民間者，俱借名假買，終不能取贖。現在旗人置買官地，不十年俱暗爲所圖，旗人之零丁孤苦者，終無所歸。臣愚以爲，應交與各旗，將此弊嚴行禁止，其有從前借旗人姓名典賣旗地者，許地主自行出首，將實價報明該都統衙門存案，無得稍有隱瞞，免其治罪，俟將來官價取贖；若不自行出首，以及多報虛價，或被旁人首告，或被上司查出，將地畝入官，其原地主及出名假買之人，俱從重治罪。如此，庶旗人永有産業，感沐皇恩於無旣矣。【略】

乾隆五年十二月十六日奏。本日奉旨：該部議奏。欽此。

同上 清乾隆八年順天府全宗

［乾隆八年］直隸永平府樂亭縣造送查撤大糧莊頭蔡董六雍正十三年以後典出地畝數目冊。

直隸永平府樂亭縣呈：今將查撤過大糧莊頭蔡董六典當地畝數目并佃戶姓名、坐落村莊逐一分頁按款造報，須至冊者。計開：

一、民人劉文選於乾隆二年白契典莊頭蔡董六之子蔡裔昌在檔官地三畝，用價小數錢四十五千，坐落亂坨莊前，又於乾隆二年找小數錢六千，又於乾隆四年找小數錢一千。

前件係雍正十三年以後白契交易，應追半價小數錢二十六千給與劉文

選，將地撤交蔡董六當差，免其治罪。其錢當時不能交還，將原地內酌撥一畝五分，議定每畝每年租錢一千四百文，令劉文選承種十二年，自癸亥年爲始，限滿將地撤還，除抵還半價外，尚少半價小錢八百文，令蔡董六當時交還劉文選收訖。

一、又一契，楊二於雍正十三年白契典莊頭蔡董六之弟蔡蕃在檔本圈官地十畝，用小數錢一百四十千，坐落莊前，又找小數錢六千。

前件係雍正十三年，而種地自乾隆元年起，應照雍正十三年以後白契交易，應追半價小數錢七十三千給與楊二，將地撤交蔡董六當差，免其治罪。其錢當時不能交還，將原地內酌撥五畝，議定每畝每年租錢一千二百，令楊二承種十二年，自癸亥年爲始，限滿將地撤還，除抵還半價外，尚少半錢一千，令蔡董六當時交還楊二收訖。

一、民人劉文選於康熙六十一年用價銀八兩二錢五分白契當莊頭蔡董六即蔡裔昌在檔本圈官地五畝五分，坐落亂圪莊前。又於雍正五年蔡董六向劉文選找銀一兩一錢；又於乾隆二年蔡裔昌向劉文選找小數錢二十二千。

前件係雍正十三年前白契交易，不應追價，將地撤交蔡董六當差。但所找之錢在雍正十三年以後，應追半價小數錢一十一千給與劉文選，將地撤交蔡董六當差，免治其罪。其錢當時不能交還，將原地內酌撥二畝七分五釐，議定每畝每年租錢一千二百文，令劉文選承種三年，自癸亥年爲始，限滿將地撤還蔡董六當差。除抵還半價外，尚少半價錢一千一百，令蔡董六當時交還劉文選收訖。

乾隆八年，署縣事州判張光進。

同上 清乾隆八年二月十七日軍機録副

［乾隆八年二月十七日，吏部尚書署直隸總督史貽直奏］竊照查撤莊頭等私行典賣在檔官地一案，奉旨派出左都御史臣杭奕祿、理藩院右侍郎臣勒爾森，於上年九月內起程到保與臣商酌查辦，於十月十二日自保定分路前往，經臣遴派霸昌道秦炌，隨同杭奕祿協辦西路各州縣莊頭典賣地畝，派通永道周彬，隨同勒爾森協辦東路各州縣莊頭典賣地畝，今查撤事竣，杭奕祿辦理西路二十一州縣，共一千一百八十四案，計地二百八十三頃八十餘畝，典賣官地旗、民九百四十餘名。勒爾森辦理東路十九州縣，共一千八百二十八案，計地三百七十八頃四十餘畝，典賣官地旗、民一千三百七十餘名。俱查明檔案，遵照雍正十三年奏准定例，詳細分別，秉公查辦，旗、民人等，靡不感激皇恩，各相悅服。伏查杭奕祿、勒爾森奉命查撤莊頭地畝，數月之內，遍歷清查，各辦千有餘案，一秉公平，詳慎辦理，所至之處，旗、民悉皆安靜允服，實屬盡心妥協。今查辦完竣，俱回至保定省城，現在查造黃冊，另行恭呈御覽。所有欽差大臣等已經辦竣緣由，先行具摺奏聞，爲此謹奏。

乾隆八年二月十九日奉硃批：知道了。欽此。　二月十七日

同上 清乾隆十九年正月二十日軍機録副

［乾隆十九年正月二十日］直隸總督臣方觀承謹奏，爲奏聞事。竊查直屬回贖旗地一案，經部定議，按出典年分之遠近，分別減價取贖，先後撥過部庫公產地價銀三十萬兩；司庫公產地租銀四十八萬兩；共銀七十八萬兩，分發霸州等五十六州縣詳查取贖。臣到任以來，又屢飭各屬，敬體皇上前頒諭旨與旗人有益、民人無擾之至意，務須妥協辦理，陸續回贖在案。除初、二兩次贖出地畝、房屋等項已經題報外，今第三次贖出地畝、房屋、場院等項，據各州縣節次具報到臣。臣查此案原報旗人出典數目，共計價銀一百四十餘萬兩，茲統計三次贖出地五千八百九十頃零；瓦、土、草房三千七百四十五間；門樓五座；又園地、場院、住房、地基等項按畝計算者，共四頃七十餘畝；其餘段落處所計算者，共一百六十餘處；連樹木、井座，共原典價銀九十七萬六千六百餘兩，遞減銀二十四萬七千四百餘兩，每年可得租銀六萬數千餘兩。因旗人隨贖隨買，是以各年征計算，每年可得租銀六萬數千餘兩。因旗人隨贖隨買，是以各年征收并無一定，統歸奏銷案內分晰造報。其餘原報地畝等項，尚該典價銀四十四萬餘兩，因各原主急於復業，且自贖亦可照例減價，是以不待官贖，已自行回贖承種。經臣飭令布政使玉麟確查，詳查詳覆無異，除三次贖出地畝等項現飭造冊詳題并咨部、旗分別贖賣外，所有原報出典數目已經贖竣緣由，理合恭摺奏聞，伏乞皇上聖鑒。再，此外尚有續報原典地畝等項，臣已飭令詳查接贖，所需價銀，在於前項贖地餘剩及司庫公產回贖各地租項下動支，俟各屬報有成數，另行題奏。合并陳明，謹奏。

乾隆十九年正月三十日奉硃批：另有旨諭。

同上　清乾隆十九年三月十六日内務府奏銷檔

［乾隆十九年三月十六日］總管内務府謹奏，爲遵旨議奏事。乾隆十九年三月初五日，内閣抄出東陵承辦事務多羅貝勒允祁等謹奏，爲請旨事。【略】乾隆十九年三月初三日奉硃批：該衙門議奏。欽此。欽遵。抄出到臣衙門。臣等查得，任文澤身充園頭，理應循分當差，乃平素并不守分，肆行爲匪，藐法滋事。又將陵寢祭田一頃六十畝，以指借爲名，典與民人湛澤遠、劉仲弼，情屬可惡，若僅擬徒擬杖，實不足以懲惡，應照貝勒允祁所擬，行令解送臣衙門，交該司發往打牲烏拉充當苦差。所有典出地畝，交該管官查撤，所遺園頭之缺，交該處照例選補充當。其民人湛澤遠、劉仲弼，明知祭祀官田，乃以指借爲名，私行典當，亦應嚴加治罪，以儆將來。【略】爲此僅奏請旨。等因。【略】奉旨：依議。欽此。

同上　清乾隆十九年三月二十八日軍機録副

［乾隆十九年三月二十八日］直隸總督臣方觀承謹奏，爲奏聞事。竊照直屬民典旗地，荷蒙聖恩加惠旗人，發帑回贖，准令坐扣俸餉認買。自乾隆五年以來，地方官遵照原議詳查取贖，并嚴禁隱匿、復行私典等弊，經臣頻加曉諭，屢次嚴飭，如有違犯，即照例究處，將地畝入官。本年正月内奉准廷議，奏請將歷年旗人自行回贖地畝各案，交臣詳悉嚴查。臣遵即行司轉飭各州縣，復加詳查去後。據署定興縣知縣麻廷璥稟稱，縣屬地方，有貢生趙靖，其家地畝甚多，聞有隱占旗地多頃，現在查辦，等語。臣隨委保定府知府張治渠前往該縣，督同徹底查究。茲據該府稟報，查出趙靖名下例前典買隱匿未報地六頃五畝，共原價銀一千七百十四兩五錢；例後典買地五十四頃三十畝零，莊窠二塊，又莊窠八畝，草房二間，土房一間，共原價銀一萬九千一百七兩零；又假托旗人姓名典買地十三頃四十二畝五分，莊窠一塊，又莊窠一畝，土房三間，共原價銀三千八百九十一兩零、錢一百七十千文；又串通旗人捏稱自贖、實係找價地十六頃七十三畝，共原價銀六千三百七十五兩；以上通共典買地九十頃五十畝零，連莊窠房屋等項，通共原價銀三萬一千八十七兩零、錢一百七十千文。此外尚有發帑回贖取租地七頃六十三畝零。該犯包攬官租、侵牟佃利，種種不法，應請嚴究。等情，到臣。臣查趙靖以鄉村豪富，罔顧功令，其一人名下隱匿典買旗地幾至百頃之多，自應嚴行究治。當將該犯貢生咨革，飭縣收禁。正在審訊間，於三月十一日接准部咨，内開軍機大臣會同八旗大臣議奏旗地一案，有查報回贖後復行典賣，并原圈及自置地畝内典賣與民人者，行令勒限一年，清查交官取贖，以後再違例私行典賣與民及民人圖利私自典買者，從重治罪，等因。臣查趙靖名下隱匿未報并贖後復行典買之地，應即在八旗查出旗地數内，雖與現在限年清查之例相符，但此案經臣飭交該府縣查出前項情弊，尚在未奉文以前，未便遽照現例辦理，應請將趙靖仍照舊例治罪，將查出旗地九十頃五十畝俱入官，以示儆懲。現值清查之期，俾各屬聞風知儆，亦於查辦有益。除將趙靖名下查出各項地畝，飭令該府縣造冊移咨部、旗分別查辦外，相應恭摺奏聞，伏乞皇上聖鑒，謹奏。乾隆十九年三月二十八日奉朱批：知道了。欽此。

同上　清乾隆二十一年正月二十八日内務府奏銷檔　［乾隆二十一年正月二十八日］總管内務府謹奏，爲參奏事。伏查臣衙門所屬莊頭、園頭承領當差官地，俱隸直屬州縣，是以凡遇莊園與民人互相爭控地畝、盜典、盜賣等案，俱移咨戶部，行文直督轉飭該州縣就近查辦，咨覆完結。從前爲清查旗莊地畝，於乾隆八年經大學士伯鄂爾泰議奏内稱，撥給莊頭當差地畝，本係官物，不許私相典售，倘有仍將官地私行典售民人，明知官地擅行典買者，一經察出或被受告，即將地畝撤出，於莊頭名下追出原價入官，照盜買、盜賣之例將民人、莊頭一并治罪。地方官徇隱不報，并漫無覺查者，俱照失察之例議處，仍於每年歲底取具并無私相典賣官地印結，咨送戶部、内務府，以備考查。等因，議奏遵行在案。今查有臣衙門掌儀司所屬鹽山縣居住園頭劉敏呈報壯丁劉舉等將當差官地十一頃三十餘畝私行典與民人王順等一案，於乾隆十六年四月移咨戶部轉行直督，飭交鹽山縣就近查辦。嗣據該縣申詳，提取劉敏等赴縣質訊，隨將劉敏等差押赴縣候訊，其作何完結之處，會經咨催，迄今尚未查辦完竣咨覆結案，以致官地久懸，殊屬不合。且臣衙門所屬莊園地畝，盡隸直屬州縣，若皆似此查辦遲延，臣等恐將來莊園官地因循日久，復開奸民霸占之端，實於莊園差務錢糧甚屬有關，理合據實參奏，請敕下直隸督臣，將該縣承辦此案如何遲延之處查辦外，仍遵照乾隆八年奏准之例，飭令該縣將此項官地即行撤交該園頭管業當差，將盜典官地之奸民王順等照例治罪，以示懲戒，候該督咨覆到日，臣衙門將壯丁劉舉等亦照例治罪。仍將地價照追入官，并交該督通飭直屬各州縣，嗣後凡遇此等飭交查辦地畝案件，務期依限完結，速行咨覆。如再有似此稽延久懸莫結之案，經臣衙門查出，仍據實參奏可也。爲此謹奏請旨。等因，繕摺。議政大臣總管內務府記録三次和碩莊親王等交與奏事御前二等侍衛安泰轉奏。奉旨：依議。欽此。

同上　清乾隆二十一年二月二十四日內務府來文

［乾隆二十一年二月二十四日］准井田科付稱，准內務府咨稱，據廂黃旗永泰管領下原任內管領諾海呈稱，竊諾海前以惡奴莊頭金老格借名贖身、欺占地畝等因，於乾隆十七年五月內呈控，隨經戶部轉行直隸飭查，金老格膽敢自稱國初以來民人，反謂諾海訛詐於他。經部審明，金老格實係諾海家奴，其借名贖身與冒名民籍、誣告舊主等款，俱屬實情，查出金老格侵隱入己之地九十三畝，應令入官。緣諾海有祖遺老圈種花地十四個漢子之地，坐落容城縣賈家莊，金老格報出可種地二頃五十七畝，其餘下地種不得。康熙五十七年，金老格於中巧設姦謀，借蘇姓之名，將堪種之地二頃五十七畝設法典去；尚有伊所說不堪耕種地畝，金老格隱瞞不給諾海，并不報官。再，金老格將莊伙瓦房二十四間，場院一塊相連，借蘇姓之名買去，現今拆毁，挪到村西頭另蓋房一所，惡奴狗兒居住，金老格反說空地一塊。今部斷諾海房地，備價向金老格回贖，新例將金老格歸旗，入別管領下作爲開戶。但金老格原係諾海之祖從關東帶來家奴，況伊從前原係倚財仗勢，借名謀地贖身，諾海如備價向金老格贖取房地，實屬屈抑。諾海老圈地內，除賈家莊之地，尚有別莊地畝，若說無憑可查，蘇五格、金老格如何肯供出典過五芳村地八十畝。原因無奈，只得親身下屯，到金老格家，向他父子要地，不意金老格倚仗有錢勢重，毫無主僕情理，因我在部具呈訐其陰謀，是以蓄恨在心，金老格同妻厤姐，子滿囮、驢子，侄狗兒、王英、王羊，率衆毒毆，拳脚齊施，幾致斃命，只稱斷乎不肯叫他要出地去，驚動鄰舍勸解。彼時諾海恐孤身在屯，被其毒害，只得奔回京中，至今年六月初十日呈控。奈因惡奴金老格財勢通靈，鑽營莫測，即蒙斷歸奴才，咨結此案，不但該部回護登答，不能速結，而金老格已與奴才成仇，難免傷身禍患。奴才萬不得已，哀叩速將惡奴金老格以官法嚴治，以正名分。等情。

同上　清乾隆二十二年九月內務府來文

［乾隆二十二年九月］准井田科付送原案內開，先准正黃旗滿洲原任員外郎柏挂呈稱，職有老圈地四頃零，房間半，坐落完縣梁家營村。康熙年間，職父烏里毋吉典與別旗開戶家奴梁文煊，價銀四百兩，懇咨直督，照旗奴典地之例，查明減價回贖。等情。

同上　清乾隆二十二年十二月二十日戶科題本

［乾隆二十二年十二月二十日］直隸總督臣方觀承謹題，爲敬陳管見等事。該臣查得，直屬八旗家奴開戶人等典賣旗地查清俟贖一案，經臣據冊具題，接准部覆，以典價過重，恐有虛開情弊，行令照例體察鄰地價值，秉公酌減，約略通計核減并應給贖地銀數若干，同直屬回贖民典旗地，另案入官房地以及存退餘絶等地節年所征租銀，及各州縣所賣房地價銀，現在共存若干，一并詳細查明具題。等因，當經轉行分飭遵照查辦在案。茲據調任布政使清馥呈稱，行據霸州等州縣廳將前項地畝內，有典價過重者，體察鄰地價值，據實酌減，并核明約計減價、實給各數目，分晰造冊，陸續送轉前來。查霸州等五十八州縣廳，查清各項家奴開戶人等，典賣應贖地四千一百四十二頃三十六畝四分四釐五毫二絲，又漢子壯丁地四十一個，共須莊窠、場園、莊院、道溝、菜園、葦坑、莊基等地三頃一十六畝九分六毫，房基、莊窠、房身、菜園場園、空基、房園等地一百五十七塊，又莊窠、房屋、莊基、房基、菜園、場園等地一百五十三處，又莊窠、草房、莊基二十三所，房身、園地三段，團瓢、土坑、門樓五座，石砷六條，園子、園地、菜園、畦子、濠坑、土坑九百四十個，房基三十六間，柵欄門二個，樹梢七行，大小雜樹七百八十六棵，一過道井十四眼，瓦土草石板房、廠棚、莊窠共房四千零五間。原典找價并錢合銀六十九萬四千八百九十一兩二錢六分七釐五絲，小錢五百一十一千四百文。內除價重酌減，按年遞減外，實約需贖價銀五十七萬九百九十一兩二錢六分八釐九毫九絲八忽九微五纖二塵六埃，小錢三百九十三千五百五十五文。查司庫征存各項旗租，除奏明動用作爲三次贖地之需并解部外，現存租銀共二十一萬六千余兩。今此案地畝約需贖價銀五十七萬餘兩，除盡數動用外，尚不敷贖價銀三十五萬三千餘兩，應請酌動部庫扣存回贖地價接贖，俟全行贖竣，匯冊呈請題銷。其應給贖價銀兩，照民典旗地之例，扣京市平銀三分六釐爲贖地之需。其餘一切應行事宜，悉照回贖民典旗地之例查辦，俟部覆到日，遵照辦理，逐一核明，匯造總冊，呈請會同順天府尹核題。等因，前來。臣覆核無異。除冊送部外，臣謹會同兼管順天府府尹臣劉綸、順天府尹臣熊學鵬合詞具題，謹會題請旨。乾隆二十二年十二月二十日。

同上　清乾隆二十三年十月二十四日宗人府來文

［乾隆二十三年十月二十四日］奉天府府尹、世襲騎都尉、紀録三十五次，恩爲札行事。乾隆二十三年五月二十七日准宗人府札開，右司案呈，准奉天府府尹咨呈，內稱鑲藍旗宗室諄啓控告家奴僉典房屋一案，相應抄録粘單，札行該府尹，查照單內事理施行可也。計粘單一紙，內開，准奉天府府尹咨呈，爲牌行事，乾隆二十二年十一月初五日，准宗人府札開，據錦州府知府富起詳稱，乾隆二十二年十二月十四日，卑府接蒙宗人府於乾隆二十一年十一月十八日牌行前事內開，據廂藍旗閑散宗室諄啓謹呈，爲惡奴私賣房屋，懇祈明斷以復原業事。切啓有盛京錦州府城內西門路南所有房二十零半間，交與我莊頭趙登舉承管，每年攢湊與我盛京祖墳上墳使用，數年以來，并無拖欠差使。不意於前歲所當之差使，以致缺誤祖上祭祀，諄啓隨差人前往清查，方知將此房屋典賣與民人。我與家人趙登舉要時，伊不但不贖與我，反倒恃強推延日期，欲將趙登舉喚至京師詢問，伊反抗違不來。切思我祖所留產業，家奴私自盜賣，實不遵王法，呼喚而又抗違不至，主僕之理全然無矣。懇乞王公施恩，將我莊頭趙登舉拿至京師，照例辦理，以復原業，爲此謹呈。

同上　清乾隆三十年十一月十九日軍機録副

［乾隆三十年十一月十九日］直隸布政使臣觀音保跪奏，爲請寬旗地出租年限，仰祈聖鑒事。竊照八旗地畝典賣與民，例禁甚嚴，惟許租與民人耕種，嗣因有出租至十年、二十年之久者，名曰長租，以其即與私典無異，經御史赫慶條奏禁止。復於乾隆二十五年奉部定議，出租在三年以內者，聽其租種，其有至三年以外以至十餘年者，應照原奏禁止，違者將業主、租戶各治以罪，於業主名下將租價追出入官，於租戶名下將地畝追出給還本人。等因，遵照在案。臣身係旗人，自應遵照辦理，何敢少違例禁。惟是窮乏旗人偶遇緊要事件，費用無出，舍其家所有，地畝而外，別無設措，亦惟於所有地畝之中，尚可輾轉。即如其家所有地畝合三年之租，可得百金，而適有應需百金之事，則出租三年固可敷用，但此三年內已無絲毫租入；如得出租六年，以三年之租完應辦之事，尚有三年之租，分作六年收取，則此六年之中，每年尚有半租，貼補當差諸凡活動。如其所出之事，非三年之租可辦，或加租一二年以至數年，既應目前之急，復可留半以資歲入之用，即不至重利揭債，日累日深，而租限一滿，仍得歸回舊產，實於旗人生計多所裨益。今定例止許出租三年，或不敷所用，或更遇有急需，勢不得不出於揭借，其借又無路者，即難保其不私行典賣及私增租限，詭寫年月，甘犯例禁而不顧。在旗人不能仰承聖主豢養保護之恩意，實屬罪無可逭。第念伊等日用至爲瑣屑，而業佃交關，又復情親迹近，今即不能不立之限制，然宜於限制之中，仍使有通融之益，則禁令所行，庶能閱久而無弊。可否仰懇皇上天恩，敕部定議，量寬旗地出租年限，嗣後有逾十年以上者，仍行禁止，其在十年以下者，悉聽其便。俾遇有緩急，得以寬其籌算之路，免至窒礙難行，即免至輕棄其產，正以保其世守之業，旗人益永沐高厚鴻仁於靡既矣。臣幼年在屯，見聞較確，不揣冒昧，據實陳奏，是否可行，伏乞皇上聖鑒訓示，謹奏。乾隆三十年十一月二十一日奉朱批：軍機大臣會同該部議奏。欽此。十一月十九日。

同上　清乾隆三十二年八月二十六日內務府來文

租　票

立現租契人內務府園頭田璽，今將連家莊地租於韓理和名下承種，共四段計地一頃八十畝，內有草房一間，每年共租清錢六十五千正。此係押季，言定頭年十月初一日交租，過年種地，永遠長租，豐年不增，歉年不減。韓不欠租，田不拿地，兩家情願，并無反悔。恐後無憑，立此爲證。此地內有田英之妻張氏地一頃二十畝，餘剩六十畝，與田璽取租交差，係同領催朱蘇爾太分辦。乾隆三十二年八月二十六日立。　立租契人　田璽［押］

同上　清乾隆三十五年七月二十八日內務府奏銷檔

［乾隆三十五年七月二十八日］總管內務府謹奏，爲請旨事。切照戶部咨准直隸總督楊廷璋咨稱，滄州民人鄒卜五等違例長租莊頭劉繼成等名下當差官地一案，將鄒卜五、劉繼成均照違制律杖一百，但事犯在乾隆三十二年三月初三日欽奉恩詔以前，所得罪名，均請援免。所有莊頭劉繼成、劉國璋、劉九十一等收過長租銀共九百二十兩，應照數着追入官，其劉繼成將原領當差官地私行違例長租，未便復令充當莊頭，請移咨內務府查辦，等因。據此，應於劉繼成等三人名下追銀入官，除劉九十一業已物故，應追銀一百五十兩照例免追外，其劉繼成得過銀一百兩，劉國璋得過銀六百七十兩，應查照定例，一年限內着追，解部入官。再劉繼成違例長租官地，未便仍令充

當莊頭，隨交管理三旗銀兩莊頭處，將劉繼成即照議革退莊頭，伊名下應追銀一百兩，并莊頭劉國璋名下應追銀六百七十兩，均按定限嚴催完納。今據莊頭劉國璋稟稱，身實係家貧無力，一年限內不能完交，懇乞寬限六年，竭力措辦完項，倘有拖欠，情甘加倍認罪。又據該管屯領催吳世俊結稱，莊頭劉國璋并無絲毫產業是實，如虛願甘認罪。等因，前來。臣等以劉國璋并無私產，限內不能完納，未便據詞遽行辦理，查莊頭劉國璋祖居滄州，其當差官地坐落青縣，當經行令該二州縣確查結報。旋據滄州、青縣結稱，莊頭劉國璋除有當差官地二頃五十畝之外，實係赤貧，并無私置房屋絲毫隱匿。各等情，出具印結。又據莊頭劉國璋之侄孫莊頭劉松齡結稱，身叔祖劉國璋名下應追入官銀兩，如蒙寬限六年，可以帶銷完納，倘伊限內不能全完，身情願代爲賠交完項，仍一同認罪。等情，到案。臣等查得定例內開，凡八旗拖欠錢糧人員，有無力完補及完不足數，將本身并兄弟子侄俸祿錢糧坐扣三四年以上始能完結者，該旗奏明年限，咨部坐扣，并令該管各官取具并無隱匿印結，送部存查，等語。今莊頭劉國璋名下應追得過長租銀六百七十兩，實因家貧無力，不能遵照定限一年完交，懇請寬限六年，竭力措辦完項，倘如限內不能全完，據伊侄孫莊頭劉松齡情願代賠，一同認罪，等情。查劉國璋應追此項銀兩，若照例參革治罪，官項仍歸無着，如展限六年，雖爲期稍寬，究與官項無虧，相應援例奏明，請令六年限內如數完納，如蒙俞允，臣衙門行文戶部遵照辦理。倘奏准後，如復逾限不能全完，除將莊頭劉國璋、劉松齡一并嚴加治罪外，仍勒限於劉松齡名下追交可也。爲此，謹奏請旨。等因，繕摺。管理總管內務府大臣事務多羅貝勒臣永【略】交與奏事員外郎誠善轉奏，本日奉旨：知道了。欽此。

同上　清乾隆三十八年三月二十五日內務府來文

［乾隆三十八年三月二十五日］副都統德福爲呈請事。【略】乾隆三十八年正月二十七日准刑部咨開，爲遵旨議奏事，奉天司案呈，內閣抄出工部尚書裘等審奏屯長姚買子盜典官地與民人易天德爲業一摺。據該尚書等奏稱，緣伊天德即易天德，原係佃種莊頭姚買子地畝之人，姚買子曾借過伊天德小數錢二百串，折制錢六十六吊，日久未還，遂將地六晌作價抵還，寫立租契，憑中說合，聽伊天德蓋房居住，且有永遠爲業字樣，其爲長租無疑，應作典論。現據出典之姚買子、受典之伊天德、作中之白美各已自認不諱，自應按律定擬，姚買子、伊天德、白美均擬杖一百、徒三年。等因，具奏。乾隆三十七年十二月二十一日奉旨：該部議奏。欽此欽遵。抄出到部。查律載，盜賣他人田一畝笞五十，每五畝加一等，罪止杖八十、徒二年，係官田加二等。又例載，盛京家奴、莊頭人等，如有因伊主遠在京私，私自盜賣所遺田產至五十畝者，均依子孫盜賣祖遺祀產例，發邊遠充軍；不及前數者，照盜賣官田例治罪；謀賣之人與串通說合之中保，均與盜賣之人同罪；等語。今姚買子身充莊頭，輒將官地盜典三十六畝，應如該尚書等所奏，將姚買子依盜賣官田加二等律，擬杖一百、徒三年、革退莊頭，照例折枷於通衢示衆，滿日鞭責發落；受典地畝之伊天德、作中之白美，明知官地，私行盜典，應與姚買子同罪，伊天德、白美亦應如該尚書等所奏，各擬杖一百、徒三年，定驛充配。再，該尚書等奏稱，伊天德所蓋草房，押令拆毀，典價照追入官，仍將所典地畝撤出，交與頂補莊頭之人經管，等語。均應如該尚書等所奏完結。等因。乾隆三十七年十二月二十五日奏，本日奉旨：依議。欽此。

同上　清乾隆四十二年六月十八日內務府奏銷檔

［乾隆四十二年六月十八日］總管內務府謹奏，爲審明治罪事。據慎刑司呈稱，據都虞司移付內稱，投充鷹戶張五常呈請將原領玉田縣當差官地三十頃并每年租銀交官征解，等因。隨造冊移送戶部，咨行直督轉飭該縣辦理。續准戶部以玉田縣差傳各佃戶，訊據所供租數與冊不符，請押發張五常下縣質訊。隨經職司將張五常押發該縣去後。今據玉田縣知縣金之忠申稱，查審得張五常之祖張文芳投充內務府廂黃旗鷹戶，有坐落卑縣當差官地三十頃，租與民人耕種交租。詎張五常與伊父張英并叔兄侄等，私將檔案指稱民地，陸續典賣與民人張公宰等共地二十六頃三十九畝零。三十八年，張五常又將檔案二頃二十畝零長租與民人王錫奎等耕種。惟附地帶投之杜文忠等，共地一頃四十畝，仍係各該名下耕種交租。後張五常因無力交差，始向各佃告知情由，索取租價，張公宰等復按年交租，每畝交東錢三百文至七百文不等。詎張五常又欲增租，不遂，隨呈請內務府將差地交官征租。卑職傳齊研審，究出各情由。查張五常身充鷹戶，膽敢將在檔官地指稱民糧，肆行典賣、長租，得價累累，殊屬不法。除王錫奎、張公宰等違例典買張五常等名下地畝，事犯到官俱在四十一年二月二十九日并五月初一日節次恩詔以前，所得杖罪援免。張五常等所得典賣、長租各價，共銀二千七百六十五兩

三錢七分、大制錢二千七百八十千二百五十文，應請內務府在於該犯名下照追入官，典賣各地畝俱行撤出，官爲征解。惟查此項地畝，現據各佃所供，與冊開之數大相懸殊，難以定議，應俟藩司委員會同復勘，另行妥議詳報。再失查私典旗地歷任各官，俱在節次恩詔以前，應請免其查議，等因，申復。并將張五常押送前來。查鷹戶張五常名下有玉田縣當差官地三十頃呈請交官征解一案，前經職司呈明，造冊移送戶部，咨行直督轉飭該縣辦理，今經該縣究出張五常將伊名下當差官地私行典賣、長租等情，職司隨究訊張五常等，典賣、長租地價俱係作何使用，現在有無隱匿收貯，據張五常供，此項典賣、長租地畝，非身一人，亦有身祖父在日時典賣、長租之地，身所得價銀錢文，因每年交差并養贍家口，無處措辦，是以陸續典賣、長租，是實。現今并無隱匿房地家產，其所得價銀錢文，實在無力交納，罪該萬死，等語。又將張五常之侄張可興傳訊，供亦相同。除將張五常、張可興請交慎刑司照例治罪外，其應追銀兩錢文，惟據張五常等供稱無力交納，難以憑信，職司行文該地方官，將張五常等家產確實查明，申覆到日，再行定擬辦理，等因。將張五常、張可興移送前來。查律載：盜賣他人田一畝以下，笞五十，每五畝加一等，罪止杖八十、徒二年，係官田者，加二等，等語。今鷹戶張五常等膽敢將在檔官地二十餘頃，指稱民地，典賣價銀數至盈千，已屬不法，且又居心巧詐，呈請將地畝交官征解，情由甚屬可惡，應將張五常、張可興均照盜賣官田加二等律，各杖一百、徒三年，雖事犯在四十二年五月初一日恩詔以前，不准援減。應請將張五常革退鷹戶，并伊侄張可興均杖一百、徒三年，鎖送順天府定驛充徒，至配所折責四十板。至該犯等名下官地三十頃，業經該地方官查收征解，其應追入官銀兩錢文，該地方官現在查辦，應俟覆到之日另行核辦，爲此謹奏請旨。

同上　清乾隆五十年八月廿一日軍機録副

［乾隆五十年八月廿一日，永瑋、鄂寶奏］爲奏明動帑回贖民典旗地案內餘剩銀兩事。切查乾隆三十五年經原任盛京將軍恆魯等將盛京等十四城查出民典旗地分別條款，酌擬回贖，所發帑銀分作十年扣交歸款，等因，具奏。經部覆准，隨行據各該旗、民官查明，各項旗人典與民人地共六十八萬七千零二十二畝七分八釐，冊報到部。當經照依原定條款，將契價過昂者按租作價，凡每年征租一錢者，發給價銀一兩；其典價本輕而租銀較重者，照契發價。於三十八年共發價銀二十萬零三千五百五十八兩四錢六分三釐六毫，照數贖回，隨案分別辦理具奏報部核銷在案。續於乾隆三十九年經原任盛京戶部侍郎兼奉天府尹事務德風等奏請，贖回旗地十年限內仍令原典民人佃種，照依現定□銀，責令各該州縣按限征收歸款，俟歸完帑後，再將地畝撤出交原業旗人承領，聽其自便。至典價本輕、租價較重，官收租價不及十年即可抵完帑項者，應將地畝隨時指交原業收管。除乾隆三十八年扣交過初限銀兩已經入冊奏銷應毋庸議外，其餘未完九限帑銀，即以三十九年爲始，責令各該州縣在於原典民人名下按年征改歸款，等因，具奏。亦經戶部覆准。隨行令各該州縣一體遵照辦理在案。自□季以來，合之初季，旗人所交共銀二十萬零四千二百三十三兩零三分六釐五毫六絲，俱經隨案造冊報部覆准，較之原發庫項，多銀六百八十二兩四錢九分二釐九毫六絲，即係典價輕而租銀重，不及十年抵完帑項地內餘剩尾零銀數。所有餘出銀兩，除咨報戶部外，理合遵照原議奏明歸公充餉。伏祈皇上睿鑒，謹奏。乾隆五十年九月初六日奉硃批：該部知道。欽此。

同上　清乾隆五十年十一月初三日內務府奏銷檔

［乾隆五十年十一月初三日］總管內務府奏，爲議處具奏事。准刑部咨稱，據民人任永發呈控張德明即現任內務府員外郎老格指房誆銀一案，查任永發係民人，明知民人不得置買旗房，竟敢設法捏寫民人底契給與老格，違例承買，應照例笞五十；老格身係旗員，因欲清繳官項，聽從任永發之言，輒將自己房屋捏寫漢人名字，稅契出賣與民人爲業，殊屬不合，應交內務府照例議處；其作保之民人單承恩、房牙子張祿、説合人李程等，均照不應輕律各笞四十。房屋應交內務府入官。老格所得房價銀四百五十兩，雖據該員供稱業已贖地繳官，未便免其追繳，老格已得房價銀四百五十兩，并所借任永發京錢十四千，任永發尙欠房價銀二百九十二兩，均應照數着追，一并入官，等因。於乾隆五十年十月初三日題，初四日奉旨：知道了。欽此。欽遵。知照到臣衙門。查員外郎老格既欲變賣房間抵償官項，自應賣與旗人方屬合宜，乃聽從任永發寫給民人底契，投稅出賣，殊屬違例，應將員外郎老格照違令律笞五十，係私罪，罰俸一年。爲此謹奏請旨。等因，繕摺。多羅質郡王臣永、大臣和珅、德保、金簡、福長安等於二十九日具奏。奉旨：知道了。欽此。

同上　清乾隆五十六年十二月内務府來文

［乾隆五十六年十二月］據刑部咨，山東司案呈，據南城察院移咨，王安住喊稟張六等霸地一案，查張六之父張國良，向替正白旗漢軍吉福佐領下徐姓看墳，所有墳前種樹、澆水、添土等事，俱係張國良承辦，將墳後餘地三十畝，給張國良耕種，并無租錢。王安住之父王春林，係王張氏所出，王張氏因夫故後家貧，改嫁與徐姓爲妻。四十三年間，徐姓病故，并無子嗣，張氏於四十五年，將租給張國良所種之地，立契典給王春林爲業，得價銀三百五十兩，即係張國良作中，地仍租給張國良耕種，議定每年租價京錢十千零五百文。四十九年間，張國良病故，伊子張六等向王安住照舊租種，租錢屢年短少。本年二月内，王安住前往索討租錢，并稱欲將地畝另租，張六以現在無錢，任憑以轉租之言回答。王安住將地畝租給韓四耕種，講定租種兩年，租價京錢二十吊，韓四復向張六告知，張六等應允。後張六等因此項地畝租種已久，與伊母同至王安住家，懇求仍給伊家耕種，王安住索要舊欠租錢二十吊始肯給還，張六懇讓，王安住未允，經呂三説合，王安住情讓京錢四吊，仍給張六耕種，約定於二十一日交錢，因韓四已下籽種，王安住與韓四説明，令張六賠還，韓四應允，張六旋將地畝刨種。至二十一日，張六仍未給錢。二十三日，王安住前往要錢，張六無錢給與，王安住村斥，張六即以告官才肯給錢之語回答，王安住即赴該兵馬司喊告，送部審認不諱，查驗典契價銀，與王安住即供相符。查張六租種王安住地畝，積欠租錢五十五吊，及王安住另招韓四耕種，復從中勒阻，殊屬不合，張六應照不應重律杖八十，折責三十板，所租地畝，交與該兵馬司押令交清，聽王安住自行招人另種，毋許再行勒掯。該犯所欠王安住租錢，已據王安住供明，情願不要，張六所費人工籽種，亦情願不要，均毋庸議。查張六事犯本年四月二十一日恭奉恩旨清理庶獄以前，張六所得杖罪，應予寬免，無干省釋。至王安住所典地畝，係四十五年立契，至今已逾十年，查驗契紙，并未上税，相應移咨戸部辦理，等因。當經本部訊據王安住供稱，伊係正黄旗包衣通源佐領下閑散，伊父王春林在日，用價典得前地三十畝，契係老典字樣，現在并没過税，只求公斷，等語。本部查驗典契，係屬老典，與王安住所供無異，自應照例辦理。但王安住是否正身旗人，隨經移咨内務府，即行轉飭該管領，查明王安住究係何項旗人，是否正身？即行咨覆，以憑核辦去後。今據内務府咨，會計司案呈，當經職司隨移查該旗去後，今據正黄旗署理值月參領七十四等覆稱，據通源佐領結稱，查得本佐領下原柏唐阿春林之子閑散王安住，實係本佐領在檔正身旗人，等情，查覆。據此，相應將該參佐領等查覆緣由，咨覆戸部查辦，等因，前來。查刑部咨送王安住呈控地戸張六欠租霸地案内，所有王安住之父王春林在日，用價契典前地三十畝，係四十五年立契，至今契紙并未上税，咨送查辦一案，經本部查驗，送到契紙，係屬老典字樣，當經訊據王安住供稱，伊係正黄旗包衣能源佐領下閑散，伊父王春林在日，契典前地三十畝，契係老典，現未過税。今據内務府覆稱，原柏唐阿春林之子閑散王安住，實係在檔正身旗人，等語。查王安住既係在檔正身旗人，所置前地，并無違礙，至前項契紙，係屬老典，并未過税，查乾隆五十五年二月内，本部議覆左翼監督條奏内開：凡有白契置買房地并老典房地從前漏未納税者，無論年分遠近，均准其再予展限二年，補行納税，免其治罪追價，各等語。今王安住之父王春林在日老典前地，尚在展限期内，應准其遵例過税。相應將前項契紙咨送内務府，轉飭該佐領，專派領催押令王安住即行赴翼補税執業。并札知該監督查照辦理，仍知照刑部可也。

咨

戸部爲咨行事，現審處案呈，據内務府咨前事一案，應抄單移咨内務府查照可也。須至咨者。計粘單壹紙，計契貳張、執照壹紙［原件未見］，右咨内務府。乾隆五十六年十二月　日。

同上　清乾隆六十年十一月初七日莊頭處呈稿

［乾隆六十年十一月初七日］管理三旗銀兩莊頭處呈，爲咨覆事。准戸部咨稱，據鑲黄旗滿洲筆帖式伊爾哈善呈首家奴那親誆契借銀一案，訊據伊爾哈善供稱，伊合族贖回坐落密雲縣公産地畝，過契分賣與劉文元等爲業。復據密雲縣詳稱，内務府錢糧衙門已故閑散劉文元之侄劉君詔稟稱，身伯父劉文元，於四十三年置買鑲黄旗滿洲伊精阿佐領下文舉人慶德坐落趁渡莊地四十畝，價銀一百五十兩；劉君輔置買文舉人慶德坐落小營莊地一頃二十畝，價銀二百二十兩；俱赴翼上税過契，轉行本縣在案。該縣呈送抄契到部，相應移咨内務府，查明已故閑散劉文元之侄劉君詔并伊兄劉君輔現在當何差使，是否正身旗人？咨復過部。等因，前來。本處隨票傳劉君詔等去後，今據莊頭劉君詔呈稱，身蒙票傳，爲戸部來文伊爾哈善呈首家奴那親

一案，身已故堂伯劉文元并堂兄劉君輔於四十三年用價置買前項地畝原由，業將抄契呈縣送部在案，等語。據此，查劉君詔係本處鑲黃旗現當銀兩莊頭，劉君輔係劉君詔之在檔親丁，相應咨覆戶部可也。爲此具呈。

同上　清嘉慶元年三月初九日會計司呈稿

［嘉慶元年三月初九日］會計司呈，爲咨覆事。准戶部咨稱，現審處案呈，查正白旗包衣方體浴控告黄懷義不准贖地一案，前經本部以修盛世并未供認短價越贖情事，方杲又未供明是否議定價錢面同回贖，輒請息案，礙難率准，咨行内務府質訊明晰，報部核結。今據内務府咨覆，修盛世、方杲供詞，仍屬兩歧，其贖地價錢究係有無短少，必須兩造質對明確，取具切實供詞，方可核斷，未便任其執一詞，輒准息案，致滋含混。應仍咨内務府，嚴訊修盛世及方杲確供，速即報部，以憑核辦。至修盛世一名，稱係内務府莊頭，是否係屬投充莊頭、鷹戶、炭軍等項莊頭，抑係大糧莊頭，其典給方體浴究係何項地畝，其中有無違例之處，亦應咨查明確，應一并移咨内務府，即行查明修盛世係何項莊頭，據實咨覆。其典給方姓之地，係何項地畝，有無檔冊契紙可憑，即行飭取同回贖劉嘉兆等各契，一并檢齊送部查驗，等因，前來。職司隨移查該旗，并票傳該莊頭去後。今據正白旗值月參領長闓等覆稱，據前任管領郭爾敏、今改管領蘇冲阿保稱，據閑散方杲結稱，查方杲呈控在前，修盛世贖地在後，方杲何敢私議地價，不候部斷，面同修盛世回贖此地？所有原委，前呈内俱已聲明在案。至地價，修盛世委實虧缺，因其藍縷異常，形頗可憫，方杲是以呈請息案，所有契紙，祈向修盛世名下查取，等情，保結前來。又據半分大糧莊頭修盛世到案呈稱，身原有祖置固安縣吳家屯地二頃，係身祖在日於乾隆十二年間典給方姓，身於五十九年回贖此地，方姓已轉典給黄姓，黄姓又典給劉姓，身向方姓言及此地輾轉回贖，恐其間少有不清，似覺無憑，方姓願出字迹，讓價許贖，是以身轉向劉姓回贖此地。再，戶部查取原置契紙，身已將前地典給江安王門下畢姓，其老底契現在畢姓處收存，是實。等情，具呈。據此，相應將該參管領等查覆緣由，并大糧莊頭修盛世所呈情節移咨戶部查辦。爲此具呈。

同上　清嘉慶元年四月七日莊頭處呈稿

［嘉慶元年四月七日］管理三旗銀兩莊頭處呈，爲咨覆事。准戶部咨稱，現審處案呈，前據鑲藍旗滿洲已故筆帖式德興之妻烏氏抱呈家人趙琯以伊家坐落永清縣在檔地二十餘頃、莊伙十餘處被家人趙良臣等勾串王魁元霸占等情案内，據趙良臣前在縣所稱，福興賣與雙福地二頃三十四畝，雙福轉典與趙瑛，趙瑛又轉典與廣閔名下，經本部行據該旗，訊據趙瑛供稱，伊并無典過雙福名下地畝，亦無轉典與宗室廣閔名下，等語。復經本部移咨該旗轉飭訊明趙瑛有無契買蘇蘇爾圖名下地，共係若干，後於何年轉典與宗室興懋名下，價銀若干，録取確供報部。又據趙良臣在縣稟稱，趙瑛地二頃十七畝係自置鑲藍旗蘇蘇爾圖之地，與伊主之地無涉。行據該旗，訊據趙瑛結稱，□乾隆三十三年買鑲藍旗滿洲蘇蘇爾圖名下坐落永清縣劉官營地三段二頃一十七畝，價銀四百三十四兩，至五十三年典與正黄旗王振剛名下管業，典價銀六百五十一兩，所具是實，并無典給宗室興懋，如有隱瞞，情甘認罪，等語。將趙瑛所具原結一并咨送，等因。應移咨内務府，訊明王振剛於五十三年有無置典趙瑛名下原置蘇蘇爾圖名下地二頃十七畝，現在是否管業，抑或轉典，詳細訊取確供報部核辦，等因，前來。本處隨差傳去後。今據莊頭王振剛之子王魁元赴案結稱，奉票傳喚，爲戶部咨查身父王振剛五十三年有無置典趙瑛名下原置蘇蘇爾圖坐落永清縣地二頃十七畝？現在是否管業，抑或轉典，訊取確供報部等因一案。身父王振剛曾於五十三年用價銀六百五十一兩契典厢藍旗趙瑛名下坐落永清縣地二頃十七畝，係趙瑛置買蘇蘇爾圖名下產業，有紅契跟隨，身父自五十三年管業。嗣因手乏，於五十七年將此地又轉典與厢藍旗宗室興懋名下爲業，得價清錢一千零八十五千文，今蒙傳喚，身父現在染患傷寒病症，不能赴案，遣身代爲據實稟明。等情，具供前來。相應呈明咨覆戶部可也。爲此具呈。

同上　清嘉慶元年六月二十六日掌儀司呈稿

［嘉慶元年六月二十六日］掌儀司呈，爲呈明事。據職司所屬厢黄旗壯丁薛天相呈稱，民人郭興安霸地不准回贖，懇恩飭交准其回贖事。竊身有祖遺地四畝，坐落北安河地方，身因窮苦乏用，挽中保人王保兒、代書人顧天嘉二人，於乾隆五十八年間得典價錢一百三十八吊，出典與宛平縣民人郭興安承種，彼時約定，錢到准贖。身於本年將價如數歸還，問贖數次，今於四月初間又問回贖，不但不允回贖，且出言強横過凶。身思旗屬，不敢與其爭鬧，是以懇恩飭交横民，准贖旗地，等因，具呈前來。查職司所屬園頭、壯丁等，俱係在檔旗人，所種地畝，俱係承領官地，雖有自身祖遺地畝，亦係旗產。今壯

丁薛天相呈稱，有祖遺地四畝典與民人郭興安，得價一百三十八吊，現在備價回贖，而民人郭興安霸地不准回贖，雖係一面之詞，難以憑信，如係官地，於例有違，亦應究辦。相應呈明，札行順天府，飭交宛平縣，將此項地畝查明，是否壯丁薛天相名下官地，抑或本身祖遺地畝。逐細查丈明確，造具地畝段落四至清冊咨送本府外，并訊明民人郭興安因何不准回贖緣由，聲覆到日，以憑查辦。爲此具呈。

同上　清嘉慶元年十月十二日會計司呈稿

〔嘉慶元年十月十二日〕會計司呈，爲咨覆事。准正黄旗滿洲都統咨稱，准戶部咨稱，現審處案呈，據直隸總督梁咨，據布政使鄭制錦呈稱，該本司查得，易州詳報正黄旗莊頭楊震呈控已故民人許淑儀之子許宏梓強霸伊故父楊成基出典房地不允回贖一案，緣楊震係正黄旗滿洲岳謙佐領下常薩彬莊頭，住居該州大良村，伊故父楊成基在日，有備價回贖正白旗滿洲故絶旗人羅金與楊貴基地五分、園地二畝、草房三間、大門一合、井一眼、大小榆槐樹七株。乾隆二十三年十二月内，楊成基同子楊震將園地等項得價銀四十兩立契賣與民人許宏梓之故父許淑儀爲業，惟基地五分未賣。嗣宏梓因家道貧苦，將前項房地契紙，得價清錢二十五千押與該州民人趙良弼，每年向趙良弼交價錢七千五百文，趙良弼係楊震妻父，遂將此契交給楊震，許宏梓即向楊震交租。乾隆四十五年，許宏梓備具原價向楊震回贖此契，即赴州投稅執業。嗣於五十七年冬間，楊震欲向許宏梓回贖，許宏梓不允，互控該州，經民人調處説合，以楊震尚有基地五分，係緊靠許宏梓前買之房間，議令許宏梓價買，彼此應允。楊震又將基地五分，於五十八年正月内得價清錢一百二十八千，立契賣與許宏梓名下管業，亦經稅契。今經該州集案，訊悉前情。并據楊震堅供，羅金與伊故父楊成基係姑表兄弟，羅金即法哈，係正白旗滿洲旗人，雍正年間充當披甲，并不識其係何佐領。前項房地，伊故父在日，聽説係羅金典與楊貴居住，後來即上京去訖，旋聞羅金已經故絶，伊故父楊成基即備價回贖，等語。檢同契紙，擬議詳請咨查前來。本司復查，楊震係旗下莊頭，輒敢將故絶旗人羅金房地得價盗賣，而民人許淑儀同子許宏梓輒敢置買稅契管業，均屬違例，應如該州所詳，照民典旗地例問擬，撤地追價入官，議租冊報。第查前項房地現據楊震供稱，係正白旗滿洲故絶旗人羅金即法哈名下出當與楊貴之產，是否屬實，自應咨查明確，聽候部示遵辦，以便轉飭該州遵照辦理，等因。合咨貴部，煩請查照，移旗查明示覆，等因，前來。相應移咨正黄旗滿洲都統，即轉飭佐領岳謙訊明常薩彬曾否契買前項家奴楊震等人丁一戶，有無交伊經管房地，亦即查訊咨覆，以憑辦理，等因。復准戶部咨查楊震呈控民人許宏梓強霸伊故父楊成基出典房地不允回贖案内，有無雍正年間充當披甲之羅金即法哈其名之人，現在曾否故絶，伊名下有無坐落易州在檔房地出典與楊貴，等因，前來。隨經職司移查正黄、正白等旗參領去後，今據正黄旗參領等覆稱，據先任佐領岳謙、今改佐領德音保稱，訊據本佐領下族長披甲人薩魯同披甲人薩寧結稱，薩寧胞兄原披甲人薩彬早已物故，伊亦無子嗣，并無契買過莊頭楊震等一戶人丁，是實。又據正白旗參領等覆稱，查得本旗各佐領、管領下并無雍正年間充當披甲之羅金即法哈其名之人，等情，各保結前來。相應咨覆戶部查辦外，仍知照正黄旗滿洲都統。爲此具呈。

同上　清嘉慶二年四月二十六日莊頭處呈稿

〔嘉慶二年四月二十六日〕管理三旗銀兩莊頭處呈，爲咨覆事。准戶部咨稱，現審處案呈，查内務府銀兩莊頭劉鐸呈控張文仲等典當差地一頃二十六畝等情一案，前准直督訊明，前地係劉鐸之叔祖劉文英并劉鐸之父劉君顯伙同私典與該民人張文叔名下，將旗、民人等照例治罪，并聲明應否將劉鐸莊頭革退另行接充，等情，到部。當經移咨内務府查照該督文内情節辦理聲覆，以便核結，在案。迄今未據咨覆。應咨催内務府即行查照本部前行，曾否將該莊頭劉鐸革退之處，迅速查辦。并咨直督即將劉文英、劉君顯、劉君貴等應追地價銀錢按數追齊，具批解部入官，以憑核結，等因，前來。查本處例載：凡莊頭等有私典、長租當差官地者，一經查出或經告發，即照例革退治罪，所遺之缺不准伊子孫充當，另於族中親丁内揀選安放。再，投充等有私典、長租者，照例革退治罪，所遺之缺，准其子孫更名充當，如其子孫頂替之後再犯私典、長租等弊，即不准再替，另查族中親丁内揀選安放，等因，遵行在案。今查投充劉鐸之父劉君顯於乾隆三十九年至四十二等年，伙同劉文英等私典當差官地之時，劉君顯并未充當投充莊頭，係屬親丁，伊子劉鐸接充劉文英之缺，與例相符，未便革退。業於乾隆五十九年七月呈明移咨戶部并札行順天府在案。再，投充劉鐸於乾隆六十年已經分撥成親王府當差，相應一并呈明移咨戶部，按照本處前行原咨轉行直督查照可也。爲此具呈。

同上　清嘉慶二年十月二十三日會計司呈稿

［嘉慶二年十月二十三日］會計司呈，爲咨覆事。准戶部咨稱，現審處案呈，查正白旗覺羅妥克通阿控告地戶趙大不對地畝一案，本部行傳，審訊得妥克通阿所控地畝，係伊妻之外祖母張李氏之產，張李氏之夫張長壽，係正黃旗包衣文德佐領下馬甲，早已病故。張長壽家有坐落順義縣塔河村地一段，約四十五畝；十里鋪地一段，約四十五畝，向係趙大、姜大攬種，每年租京錢十六吊零，張長壽在日，借過民人李四錢五十五吊，將此地租錢對作利息。今因李氏年老，令伊備還錢文，情願將地給伊，是以伊備錢五十五吊，交還李四錢文，向趙大等對收地畝，而趙大等不肯指對地邊，即在東城察院衙門呈控，由城送部，訊悉前情。本部飭坊帶同趙大到縣，查得伊承管塔河村地共計五十畝五分，租小錢二十三吊二百文；并將姜大送部，本部訊據姜大供稱，伊種匠人張姓十里鋪地三十六畝、土房三間，共欠租小錢二十三吊六百文，此外并無隱瞞。復訊據妥克通阿供稱，所有還過李四錢文，撤回字據當即銷毀，等語。查前項地畝究係張長壽何項產業，自應查訊明確，方可核辦，相應移咨內務府，轉飭該旗佐領文德，查明張常壽前項地畝實有若干頃畝，究係老圈抑係契置，即將檔冊契據送部，或係匠役差地，亦即詳細聲覆。并傳訊張李氏，有無於已故夫在日將前地指借民人李四錢文，現在張李氏曾否因年老將此地給與妥克通阿，令其歸還李四錢文，對收地畝之處，一并取供報部，以憑核辦，等因，前來。當經職司移查該旗去後，今據正黃旗值月參領那祥等覆稱，據先任佐領文德，今改佐領錢保結稱，查得本佐領下原有匠役張常壽，早已物故，伊妻張李氏於本年八月間病故，并無子嗣，亦無族中人丁。再，本佐領下按檔查得，并無馬甲張常壽其人，是實。等情，保送前來。相應將該參佐領等查覆緣由，咨覆戶部查辦。爲此具呈。

同上　清嘉慶三年六月初四日莊頭處呈稿

［嘉慶三年六月初四日］管理三旗銀兩莊頭處呈，爲咨覆事。准戶部咨稱，現審處案呈，查先據玉田縣民人張鳳鳴與莊頭白來維互控地畝一案，前經牌飭該縣，將白孫氏家前項下短地畝照契挨查，勘訊詳報去後。嗣據玉田縣詳稱，查白來維所控伊霸白湛契買地四頃七十八畝，今核之郭義宗等指地借錢契約，共地四頃七十七畝紅契，地數僅短一畝，均係白湛之父白倚溪出名立契。訊據白來維供稱，其契紙眞假，不知根底。是前地顯係白倚溪在日已經出典，因白孫氏家內遺存紅契，隨向郭義宗等討租具控，除郭義宗等所種前地二頃六十七畝應令該縣先行撤出官爲征租。其王福成父叔所典地二頃十畝，雖供稱已經王從耀、王福生二契典給旗人羅姓，共計地一頃八十八畝。今訊之王坤，供報取租係一頃八十六畝，契載只一頃五十八畝，其中或有影射情弊，均未可定。又王福成供稱，龐家莊地二十三畝，係王從耀向趙文舉指地借錢，亦應確查究辦。即令該縣密查佃戶有無另有隱匿白姓地畝，取結詳報，并咨內務府，轉飭白來維、白來儀仍出具供結，送部備案，等因，前來。隨票傳白來維，結稱，此項地畝，因白湛之妻白孫氏家內無人，托身向郭義宗討要租錢，伊等口稱無地租，彼時并無說有白倚溪典給伊等地畝，白孫氏因不能得租，是以催逼身將伊等呈控，至伊等所呈典契是否眞假，實不知根底，今白孫氏業經病故，但身亦不能承管此地，等情，具結。其白來儀并不在檔，本處無憑傳訊，相應咨覆戶部查照可也。爲此具呈。

同上　清嘉慶三年六月十九日會計司呈稿

［嘉慶三年六月十九日］會計司呈，爲呈明移送審訊事。據職司所屬密雲縣居住承辦莊頭項永興差務之親丁項七格赴司呈稱，竊身侄孫項永興因年幼，討身承辦一切差務，蒙恩准令身查收地畝、起收租息、交納各項錢糧，發給承辦印票。身遵即前往地所收租當差，查有在檔官地四段，內一段地一頃四十畝，係造辦處李達老爺租種，一段八十八畝，溫成租種，一段八十畝，項敖租種，一段九十四畝，陶勃租種，伊等四人俱不交租，又不退給地畝。身同莊頭項永興找到李老爺家內，李老爺說，此項地畝是我們典的，等語。竊思此項地畝係官圈在檔之地，有印冊存案，且莊頭之錢糧皆出在地畝，若似此或不交租，或言典的，莊頭應交錢糧必至無着，倘有拖欠，即應革退莊頭，承辦人例應充軍，身情急無奈，惟叩恩准究辦，則感恩於無既矣，等情，具呈到案。查造辦處李達係屬旗人，其溫成、項敖、陶勃等係何項人丁，復訊據項七格供稱，溫成、陶勃係密雲縣種地民人，項敖係莊頭項永興名下壯丁。身與李達理論，伊云，所有地一頃四十畝，是我典的，如若要地，即將原價歸還，方能贖地，等情，具供。查莊頭應交錢糧，皆賴地畝，今據承辦莊頭項永興差務之親丁項七格呈稱，查有在檔官地四段，俱被旗、民人等霸占，或不交租，或言典當，莊頭應交錢糧以致無着，等語。但莊頭承領官圈地畝，非旗產可比，伊等地畝，均有印冊段至爲憑，該旗人何得私行盜典，有干例禁。及民人

承種官地，亦應按年交租，不得任意霸種。今項七格與伊等理講，仍行強霸，此案若非請交法司，難以定斷。相應呈明，請交慎刑司嚴行傳訊究追，即將地畝斷歸莊頭收領起租，以便當差。爲此具呈。

同上　清嘉慶三年八月初八日都虞司呈稿

［嘉慶三年八月初八日］都虞司呈，爲交納銀兩事。前經職司呈稱，查革退鷹戶張五常名下有應追入官長租、賣地價銀二千七百六十五兩三錢七分，大制錢二千七百八十五千五十文。張五常現已充徒，伊家屬無項着追，請將所遺鷹戶之缺，將伊子張繼佑挑補鷹戶，充當差務，所有玉田縣每年解到伊名下地畝租銀三百五十六兩二錢七分一釐內，除每年應交錢糧銀一百五十兩外，仍餘銀二百餘兩。但查每年除交錢糧外，尚有應交鷹差等項銀兩，每年除一半作爲伊等養贍外，其餘一半交納廣儲司代完張五常長租、典賣地價，俟完結後，再將餘剩銀兩交付伊子自行辦理當差，等因，在案。查玉田縣自乾隆四十年起陸續解到地租銀兩內，除每年應交錢糧并養贍家口外，經職司呈明按每一年交銀一百三兩一錢三分五釐五毫給與該鷹戶作爲伊等養贍外，其餘一半銀一百三兩一錢三分五釐五毫，共交過歸還長租、典賣地價銀二千一百六十五兩八錢四分五釐五毫，等因，在案。今玉田縣解到張五常名下嘉慶元年分銀三百五十六兩二錢七分一釐內，除應交正項錢糧銀一百五十兩外，下剩銀二百六兩二錢七分一釐，應將一半銀一百三兩一錢三分五釐五毫，請交廣儲司銀庫，歸還張五常名下長租、典賣地價銀兩錢文數內，相應移咨廣儲司將前項銀兩照數收訖之處，咨覆職司備案可也。爲此具呈。

同上　清嘉慶四年四月初四日會計司呈稿

［嘉慶四年四月初四日］會計司呈，爲咨覆事。准戶部咨稱，現審處案呈，查正藍旗包衣候補中書續齡呈控孫六等隱地一案，前經本部傳集兩造審訊，緣續齡有坐落通州契典地五頃七十七畝，內交與該佃梁九恭承攬太平莊地二段：一段三十一畝，并不短少；一段十五畝，除梁九恭自種八畝，亦不短少，其餘七畝，經梁九恭轉交孫六并伊子孫萬保承種，去年地主丈地，孫六等只交出地五畝，短地二畝。孫六後央出郝老說合，情願對出地七畝，後又反悔。質據孫六等堅稱，實止承種地五畝，其毗連地九畝，係伊家用京錢二十二吊指借陳二即雙保之叔文亮名下，現有文契可憑，等語。隨片行□□□明文亮供詞去後，今據覆稱，訊據陳文亮即□□□稱，我倒陳雙保有

祖遺分給地九畝，乾隆三十一年間，指地借得孫六京錢二十二千，那時我係族長，替陳雙保出名立契，錢文是陳雙保自己收用，等語。是前項地畝即係陳文亮替陳雙保出名向該民人孫六指借錢文，應照例撤地追價入官，按律治罪。應咨內務府轉飭訊明陳雙保，伊既指借孫六京錢二十二千文自行收用，何令伊叔陳文亮出名？錄供咨部，以憑查辦，等因，前來。當經行查該旗參領去後。今據正白旗參領常遺等覆稱，據管領安常結稱，據護軍陳雙保結稱，竊查身親嬸母原蘇拉嵩廣之妻夏氏原有祖遺坐落通州小營地九畝，於乾隆三十一年指地借過孫六京錢二十二千，因嬸母身在孀居，□□□求叔父族長陳文亮出名借貸錢文，自行收用，立有借字爲證，彼時身在幼稚，并不知情，其借貸錢文亦未收用，但嬸母夏氏於嘉慶二年十二月病故後，前地九畝始歸與身管業，是實。等因，結呈查覆前來。據此，相應咨覆戶部查辦可也。爲此具呈。

同上　清嘉慶四年九月三十日莊頭處呈稿

［嘉慶四年九月三十日］管理三旗銀兩莊頭處呈，爲咨覆事。准戶部咨稱，現審處案呈，查內務府莊頭白來維代伊伯母白孫氏呈控張鳳鳴欠租一案，當經本部牌行玉田縣審訊去後。今據該縣詳稱，查出趙文舉等呈驗契載係王從耀指地二十畝借趙文舉等小錢一百四十五千七百文，又二次找錢四十四千三百文，此係指地借錢，與民典旗地無異，自應同張鳳鳴所控地畝一并照例入官。等語。并咨正藍旗滿洲都統轉飭連祿佐領，訊明王坤有無置買王從耀之地典與內務府正黃旗屯居王愷地八十畝、其餘一頃六畝租與鄭信峰等交租之處，錄供報部，產飭常愷佐領訊明報部查核。并咨內務府查明正黃旗住居薊州三百戶屯居旗人王愷是否正身旗人，聲明報部，等因，前來。查本處照依丁檔家譜內詳加檢查，并無王愷其名之人，相應咨覆戶部查照可也。爲此具呈。

同上　清嘉慶四年十月初六日會計司呈稿

［嘉慶四年十月初六日］會計司呈，爲咨覆事。准戶部咨稱，現審處案呈，查前據內務府莊頭樊永會之伯樊吉福以馬剛等收過伊侄樊永會地租錢文，除還過馬剛欠項銀兩外，合計尚剩銀二千餘兩，等情，呈控。今又據馬剛以樊永會頂補莊頭向伊借銀一千五百餘兩，言明二分起息，在差地租錢內抽還本利，又節次借銀六百八十餘兩。嘉慶三年樊永會收租之後，并不抽還前

欠，經攀永會親友馮一賢等調處結算，寫立欠伊小錢一千六百吊字據，合京錢五百三十吊，作爲五年付還。樊永會聽從伊伯樊吉福主唆，捏詞赴州具控，經州官審訊明確，將伊掌責取結完案。攀吉福又赴永平府具控，不准，今復赴部揑控，并稱樊吉福拖欠官項銀六百餘兩，在逃三十餘年，灤州、內務府均有案據。核與樊吉福前次所呈情節大相懸殊，但均係一面之詞。相應咨內務府，查明乾隆三十一二年間樊吉福有無拖欠官項銀兩在逃三十餘年案據，并樊永會名下現在有無拖欠差銀六百餘兩，確查明晰咨覆辦理，等因，前來。卷查乾隆三十年莊頭樊吉福因拖欠錢糧革退莊頭後，於是年七月間據屯領催樊四格呈報，伊名下革退莊頭樊吉福逃走，等因，在案。再查莊頭樊永會現在實有拖欠差銀三百七十九兩五錢四分九釐。相應咨覆戶部查辦可也。爲此具呈。

同上　清嘉慶五年四月初七日內務府來文

[嘉慶五年四月初七日]戶部爲咨行事。現審處案呈，據內務府咨前事一案，應抄單移咨內務府查照可以。須至咨者。右咨內務府：

計粘單壹紙

查正紅旗滿洲護軍圖克唐阿控沙自保毆傷案內之德魁名下應追漏稅入官銀兩，前經本部移咨內務府，查照本部原行，即將該旗轉送德魁所呈典契一紙，飭令德魁赴翼補稅，并在德魁名下照例追出一半地價銀二百六十二兩五錢，即行具批送部入官，毋任稽延懸案。去後。今據內務府咨稱，當經咨行鑲黃旗參領轉交該佐領，即將披甲人德魁名下應追地價一半銀二百六十二兩五錢送部入官，等因，咨行去後。旋據披甲人德魁在本府當臺前呈稱，切披甲人德魁有祖上遺產地畝一段，坐落淶水縣，原係祖父自乾隆十八年白契典置，因乾隆五十五年奉旨：凡有白契典過地畝已過十年者，准其上稅，改爲紅契。今德魁前項地畝已過十年，彼時因德魁年幼無知，并未過稅。今由戶部來文，方知有漏稅之責，罰銀二百六十二兩五錢，交納戶部。但德魁身係披甲差，并無餘資，所罰銀兩，一時力難措辦，爲此叩懇施恩寬限，俾德魁得以從容措辦，以完罰項，伏候恩批交會計司，咨明戶部，等情，具呈。查德魁名下應追契價銀兩，係送部入官之項，今據德魁呈請寬限等語，本府難以遽准，相應移咨戶部，查明可否寬限之處，俟咨覆到日，再行辦理，等因，前來。查此案今據內務府咨稱，德魁名下應追漏稅銀兩，呈請展限措辦繳納等語，此項德魁應交之漏稅銀兩二百六十二兩五錢，係屬入官之項，未便任其狡展，相應仍咨內務府，轉飭勒限追繳，具批解部完案，毋聽遲延，致懸案牘可也。

同上　清嘉慶五年五月二十八日掌儀司呈稿

[嘉慶五年五月二十八日]掌儀司呈，爲再行飭追官地事。前經職司呈明，革退園頭邊文學之缺，准其邊文升頂替，因伊旋即病故，遺缺將伊子邊訓頂替，所有承領官地，業於上年十二月內復經呈明，發給牌票令其前往宛平縣收領地畝當差在案。嗣據新替園頭邊訓呈稱，竊小的父親文升病故遺缺，將小的更名頂替，於上年十二月內發給牌票，令往宛平縣領地當差在案。小的赴縣守候，及至本年三月內，始將官地查丈，量得栗元莊官地二頃一十畝；石廠村官果園連山石溝道一并丈入，共地二頃七十二畝；二共地四頃八十二畝。查丈之後，應交小的收領當差，不料此項官地前經邊得承領之時，將栗元莊官地立字出典與奉佛寺僧人，後因邊得拆廟，充徒革退，將伊子文學頂替，又因拖欠錢糧革退，小的之父文升代交欠項，充當遺缺，其地尚未收領，旋即病故。邊得見小的充當，赴縣領地，伊自畏前非，恐佃戶等將伊出典字樣呈出，其罪難當，復敢捏造小的之父文升名目字紙，將伊所立典契抽換，以爲死無對質之計，希逃罪網。其栗元莊官地二頃一十畝內，除小的承種四畝，其餘之地，被奉佛寺僧人等遂同邊得私造典契，并依仗潭柘寺僧人聲勢，刁惡異常，宛平縣傳訊各佃，惟奉佛寺僧人五次并未赴案，霸占不給，要小的還價歸地。伏思小的父親充當園頭只有八個月，即行病故，應領官地，隨給承催顧得珍印票往縣領地，因爲得隱匿不指，并未在縣具領存案，其地仍在邊得之手，小的之父何能出典，事屬甚明。若非邊得所典，伊子園頭何致拖欠革退，小的父親頂替之時，往縣領地，伊因何不指？況奉佛寺所呈典契，雖是文升出典字樣，俱是邊得作中代寫代押，伊既私自相遂與小的父親作中代典，此時宛平縣向邊得追地，伊因何隱匿不指？若非邊得隱匿，伊子文學革退之時，本司業已行文該縣查收官地、征貯租銀，俟頂替之人往縣收領，而小的父親頂替赴縣領地，因何宛平縣不行給交取領？邊得若無隱匿官地之罪，而宛平縣顯有縱佃霸占之弊，豈逃洞鑒。所有石廠村官果園共地二頃七十二畝，今據宛平縣傳往收領，小的遵往，該縣主并未當堂給領，亦未派人指交，囑令具領官園二頃一十九畝五分九釐，仍短官園五十二畝四

分一釐。因慧光庵惡僧性空并地棍魏姓等肆行豪強，欲在四至之內霸占官園，狡稱民地不給，如果民地，何以又在官園冊檔四至之內？況查丈之時因數不敷，復將荒山石塊牆垣溝道一并丈入在內，毫無多餘，所短五十餘畝，惡僧性空等妄稱伊業，則官園之地，作何賠補焉在四至之外丈量符數？今小的雖在縣所領官園稍能辛種之地，惡僧性空等霸占不給，俱是將荒山石塊牆垣溝道之處令其具領，將來國課毫無所出，伏乞司主大人再行飭縣嚴追邊得并各佃戶等，將所短地畝如數指交，收領當差，實爲德便，等情，具呈前來。又據潭柘寺僧人盈科呈稱，敝山下院奉佛寺，於嘉慶二年，有邊文升同胞弟邊文學將本身地一頃三十畝租與常住屢緒，支使租銀六百八十二兩，按年承種銷租。至今年三月間，邊文升之子邊訓同宛平縣差役丈地收畝，口稱邊訓充當園頭，此地係官地，僧始知受其蒙蔽，即將此地退出，而邊訓既係邊文升之子，所有預支租銀至六百八十二兩，實伊父子詐欺常住香資，其心叵測，僧何能爲，仰懇公爺人天護持，俯念軟弱法門，善全此事。致[至]租價還之可否，仗憑鼎力，幸爲玉成，庶大衆均沾鴻恩，則功德億萬斯年矣，等因，亦在案。職司因伊等各具呈詞，互相狡賴，隨即傳喚革退園頭邊文學赴司，嚴訊此項官地是否與邊文升等受價出典與奉佛寺情弊，當堂根究，據革退園頭邊文學結稱，竊因小的之祖邊國森充當園頭之時，將栗元莊官地一頃三十畝租典與奉佛寺僧人承種，小的之祖病故，小的之父邊得頂替之時，其地仍在奉佛寺承種，後因邊得拆廟，充徒革退，於乾隆三十七年小的頂替園頭，此項地畝亦在該寺承種。因小的拖欠銀糧革退，自小的之祖起，統計七十年之久，并未收領此地，俱在該寺承種，自革退小的之缺，邊文升頂替，官地并未交給，邊文升旋即病故，伊子邊訓頂替，收領官地交納銀糧，奉佛寺僧人討取典價，方肯交給。伏思此地每畝每年能租銀京錢一吊，共地一頃三十畝，每年共得租銀京錢一百三十吊，俱是該寺自種收租，至今七十餘年，共得過租銀京錢數千餘吊，并非是小的出典與該寺，其所欠銀兩，亦并非小的借用，俱是小的之父邊得所使，與小的無干。不敢冒昧，所結是實，等情，各在案。查職司所屬園頭，承領官地原系承應內庭果品差務，今邊訓接充園頭，應領官地既被邊文學之祖邊國森私行出典與人，竟有奉佛寺僧人不畏國法，膽敢接受承種，作爲產業，甚無法紀，例應重辦。奈因邊國森已故年久，其咎應歸伊子邊得，因邊得拆廟充徒，銷出旗檔爲民，相應呈請毋庸置議。而奉佛寺僧人亦應一體姑寬免究，但該寺僧人不覺前非，復敢誘賄潭柘寺僧人呈稱求追典價。查此項官地，既據僧人所呈屢年承種銷租。又據邊文學結稱，此地自伊祖出典與寺，至今七十餘年，所銷租數不止萬吊，至今仍敢霸地不給，扯拽私典銀兩之詞，甚屬刁玩，該縣并不實力嚴追，任其該寺僧人依仗潭柘聲勢，藐法多端，殊屬不合。況前經邊文學拖欠錢糧革退之時，業已造冊行文該縣查收官地、征貯租銀，俟頂替之人往縣收領，該縣自必隨即請查，既據該寺出價銀六百餘兩租典官地，此時因何不行稟明，以致該縣亦并未申報租典情由，今邊訓頂替收地，始出此故。況據革退園頭邊文學結稱，伊充當園頭，并未收領此地，若據該寺呈稱，係邊文學、邊文升等立字出典，其中抑或該寺與邊得勾串隱匿，均未可定，理合再行呈明，作速嚴飭該縣上緊追究，勿將官產輕視玩延，如有再行任其狡占不給，本府定行具題嚴參，斷不徇隱。相應札行順天府，速飭宛平縣將官地如數嚴追，指交新替園頭邊訓收領當差，交納國課，毋得遲緩，致干參處可也。爲此具呈。

同上　清嘉慶五年八月二十一日內務府來文

[嘉慶五年八月二十一日]戶部爲奏明請旨事。現審處案呈，本部奏前事一摺，應抄録原奏，移咨內務府查照可也。須至咨者。右咨內務府。

計粘原奏一紙：

戶部謹奏，爲奏明請旨事。伏查臣部則例內載：旗人典賣房地，係出賣，令赴左右翼納稅；係出典，令各報明該佐領記檔，回贖時，仍令報明銷檔。又戶律內載：凡民間活契典當田房，一概免其納稅，其有先典後賣者，按照賣契銀兩實數納稅。又查雍正十三年十二月奉上諭：活契典業，乃民間一時借貸銀錢，原不在買賣納稅之例，嗣後聽其自便，不必投契用印，收取稅銀，在京兩翼收稅之處，亦照此例行。欽此。嗣於乾隆三十五年臣部議覆御史增祿條奏，典契以十年爲率，倘有於契內多載年分者，一經發覺，照白契典賣房地漏稅之例笞五十，追契內原價一半入官，予限三年，令其首報，改典爲買，一體上稅，奏准通行。續於乾隆五十五年左翼監督巴寧阿條奏，八旗白契置買房地，并老典三五十年，從前遺漏未經納稅者，無論年分遠近，准其再予展限二年補行納稅，其已過十年者，令原業備價回贖，如無力回贖，即令典主呈明，納稅執業，等語。均經臣部議覆，遵行在案。此亦因典契年遠，訟端難息，不得不爲之限制，以絶紛爭也。乃自乾隆五十七年限滿迄今，數年以來，臣部辦理八旗爭控田房案件，查驗呈出契據，其遺漏未經補稅及典契已過十年尙未報稅者，仍復不少，此二項均屬漏稅，例應治罪，罰交契價一半入官。推原其故，或因身係屯居，路途窵遠；在京孤寡，呈報無人；及兵丁人等不能及時措辦納稅之資；輾轉遲延，是以未能補稅。但一經事犯到官，即應照例追價。此內遇有實在無力完交者，該旗將本人應食錢糧，按月坐扣，或本人情願，將所置田房交官變價，且更有刁佃人等，知其漏稅情弊，遂爾挾制抗租，業主欲行呈告，又慮漏稅罰追，似此案件，不一而足。臣等查，買賣房地，係議定時値價銀，兩相情願，而典契則係一時乏用，暫爲通融，其典價較賣價原不足數，若改典爲賣，原業未免虧折，揆之情理，未爲允協。伏思我皇上惠養八旗人等，每歲不惜數百萬帑金，所以籌樂利者，至周且備。今因漏稅，罰追契價，無力完交，至將房地，俸餉由旗咨請扣抵，似非仰體聖主惠愛旗人、遠籌生計之至意。臣等公同酌議，仰懇聖恩，可否將旗人契典房地，除康熙年間典契仍不准控贖及現在已經過稅之案，均毋庸議外，其餘活契出典房地，可否仍遵照雍正十三年諭旨，不必投契用印，收取稅銀，雖過十年之限，仍准原業回贖，概不稅契，以息爭端。抑或查照乾隆五十五年奏准展限之案，再行懇恩，寬爲展限數年，俾屯居旗人家喻戶曉，窮苦兵丁緩爲措辦，令伊等於限內將補稅緣由自行呈明該翼，由翼將契紙發交該旗，令該管佐領鈐用圖記，送回該翼補稅，給與本人收執，該參佐領毋得借端勒掯。如有甫滿十年之契，并令問明原業主，准其於限內備價議贖，倘過限不贖，典主即赴翼報稅，不准原業主於事後告找、告贖。倘限滿再有隱匿不報者，仍照原議，追契價一半入官，照例治罪。是否有當，伏祈皇上訓示遵行。謹奏請旨。

嘉慶五年八月二十一日奏。本日奉旨：着加恩再展限五年，如五年後，仍有未經納稅者，再行奏明請旨。欽此。

同上 清嘉慶六年三月日會計司呈稿

［嘉慶六年三月日］會計司呈，爲咨覆事。准戶部咨稱，現審處案呈，查內務府正白旗莊頭于丑兒控于德昭私典差地等情一案，前經本部審訊，兩造各執一詞。查莊頭官地，以印冊四至爲憑；民地，以契紙串簿爲據。【略】若非再行勘丈明確，分撥清楚，難成信讞。隨將內務府送到印冊一本，發交北路同知，俟內務府委員將于丑兒、于德昭押帶到日，一同到縣，親詣地所，傳集案內人證到案，將坐落河北莊地一段六頃三十一畝，又一段六頃零五畝，按照印冊四至，逐一勘丈明確，實在地數若干，有無盈缺之處，詳細繪具圖說，造具清冊送部。【略】嗣據北路同知詳稱，卑職審訊，因查于瑾私將差地指交王天喜、吳琨等，雖據王天喜、吳琨等立有退狀，但尙有賣給王常有地一頃，現在王常有未據到案，且承種之邢三、竇四亦未傳到，是否知情故買，且未立有退狀，礙難定案。【略】經順天府北路同知盛惇會同內務府委員蘇廣魁會審。勘得莊頭于丑兒呈控于德昭盜賣官地不行清交一案，緣于德昭曾充大糧莊頭，於乾隆五十二年因病告退，即於是年伊子于瑾接充。乾隆四十八年，于德昭將伊祖遺民地一段，坐落北河村河北差地東邊，計地一頃二十五畝，賣與吳豆腐即吳天增爲業，得價紋銀二百四十五兩。嗣於乾隆五十六年間，于德昭之子于瑾將自己在冊糧地二段計九十六畝，立契賣與吳二即吳琨爲業，得價小數錢三千二百四十吊；又六十年間，復將自己糧地七十四畝五分，立兩契賣與王天喜爲業，共得價紋銀二百八十兩。吳天增、吳琨、王天喜等均執有紅契呈驗。又不知年月，于瑾復賣給在京旗人王常有地一頃，因王常有未經到案，并無契據呈驗，亦未知契價。除于德昭賣給吳豆腐即吳天增地一頃二十五畝實係在冊糧地外，其于瑾所賣之地，均係借民糧名目，統將承領差地內撥給各人收領，買主吳琨、王天喜等均不知情。迨嘉慶二年間，于瑾緣事革退，旋即病故。于丑兒接充後，赴地收領，因坐落北河莊河南、河北地二段，地內有于瑾出賣與王天喜、吳琨、王常有等地畝，未經退交；并因于德昭賣給吳天增民地一頃二十五畝，查與檔冊所載四至不符，疑係差地；且因陳國柱租種于德昭之地與差地毗連，亦指爲差地之內；復有王凱、王天相等租種于德昭差地，因于德昭收受押租錢文未清，不肯退交，經楊大成、劉璧等說合，令于丑兒減租認種；于丑兒即赴內務府具呈，當飭委員蘇廣魁前往順義縣查丈。【略】茲據該縣傳齊人證，卑職訂同內務府委員蘇廣魁前往順義縣，按照檔冊逐一履勘，始據於德昭將伊子於瑾先指民糧地畝出賣，后來指給差地各緣由，一一供明。【略】查例載，盜賣他人田一畝笞五十，每田五畝，加一等，罪止杖八十、徒二年，係官田，各加二等。又律載，旗人犯軍流徒罪，免發遣，分別枷號，徒一年者，枷號二十日，每等遞加五日，各等語。今于瑾指民糧地畝立契價賣，私將承領官地撥給買主收管，地至數頃之多，實屬不法，應照盜賣官田律杖一百、徒三年，應杖一百、徒三

年，業已身故，應毋庸議。于德昭於伊子于瑾指地出賣之時，既不能查禁於前，迨當于丑兒赴地交收之時，已知伊子咨賣，猶復隱匿於後，未便因其初不知情稍爲寬縱，于德昭應請於伊子于瑾滿徒上減一等，杖九十、徒二年半，照律折枷號三十五日，鞭責發落。王天喜，吳琨等并不按契收地，恁聽于瑾指交，本屬疏忽，然訊係并不知情，即其不肯退地，亦因執有紅契并糧冊可證，信爲于瑾家已産，現經勘丈，即行具退，情尚可原，應與訊因于德昭收用押租未清，雖令于丑兒減租認種，現已退地還租，王凱、王天相等，均請從寬免議。吳豆腐即吳天增契買於德昭之地，查係民糧地畝，應聽吳天增執業。于瑾賣給王天喜、吳琨地畝，現有紅契并糧冊可憑，并非知情故買，自不得追取地價入官，現在飭交該縣，押令于德昭按契指交，如再有影射錯混之處，再行究辦。至旗人王常有所買于瑾地畝，現據于德昭供明，實係差地，自應即令于丑兒收領。惟查王常有係內務府頂帶領催，卑職礙難查傳，伏乞大部就近傳訊有無知情故買，呈驗買契，聽候部斷。于丑兒應領北河村河南地一段，除于德昭契買旗地四十二畝外，計丈餘地六十六畝六分六釐；河北差地一段，除吳豆腐即吳天增承買于德昭民糧地一頃二十五畝，計丈短地四十五畝四分六釐四毫；南北二段核計，差地尚屬有盈無絀，現已收領清楚，應毋庸議。于德昭所買鑲黃旗白雅圖牛録下閑散人那本氣名下地四十二畝，是否實有此地，應請移咨內務府查明檔冊，飭知到日，再行歸結。【略】等因，前來。相應移咨內務府，查照北路同知所詳情節，轉飭訊明莊頭于丑兒，曾否將地畝租錢收領清楚，并訊明廂黃旗第五管領下領催王常有，伊置買莊頭于瑾地一頃，究係憑何置買？今查係官地，有無知情故買？飭追契紙，一并録供報部。并咨鑲黃旗滿洲、蒙古、漢軍各旗分并內務府，查明康熙三十三年間有無鑲黃旗白雅圖佐領下閑散那本氣其人。【略】等因，前來。當經分別咨查去後。今據莊頭于丑兒赴案呈稱，竊身原控于德昭私典地畝，前經戶部委員會勘民人王天喜、吳琨、王天相、王凱、陳國柱、邢三、竇四等承種地畝內，除王凱、王天相等業經當堂將地畝租錢退給；其吳琨地畝雖已退出，并未給租；至王天喜、陳國柱、邢三、竇四等地畝，至今仍行霸揹，而王天喜聲言，欲要種地，即將伊原典地畝指交，方肯退地；忽於今歲二月間，又有民人郭三兒將差地霸去六畝，已經豁種。【略】續據鑲黃旗值月參領祥安等覆稱，據各佐領、管領保稱，查得白雅圖并無管過本旗，各佐領、管領下亦無閑散那本氣其人。惟據管領明祥保稱，據領催王常有報稱，查得此項地畝，於乾隆五十六年間憑中保人說合，置買于瑾本身沙府里民地二段，係憑該縣紅冊布政司印契段落爲憑置買，其係官地之處，實不知情，今身已將置地緣由并紅契呈明大部在案，今准咨查，理合聲明，等情，查覆前來。查民人王天喜、吳琨等地畝，據該同知詳報，現經勘丈，即行具退，其賣給王天喜、吳琨地畝，現有紅契并糧冊可憑，飭令該縣押令于德昭按契指交，如再有影射錯混之處，再行究辦，等語。今據于丑兒呈稱，吳琨雖已退地，并未給租，王天喜等仍行霸揹，而王天喜聲言，欲要種地，即將伊原典地畝指交，方肯退地，等情，核與該同知所詳不符。但王天喜原典地畝，自應由縣押令于德昭指交，況經委員會同勘斷時即行具退之項，何得復行霸占，有意揹勒，甚屬不法。相應咨覆戶部，查明該莊頭于丑兒所呈情節并該旗查覆緣由查辦，并飭知該同知及順義縣，速將莊頭應領之地即行指交外，仍咨行北路同知，飭知順義縣速行提同案內應訊人等，秉公定擬，毋得仍前草率，致使莊頭應領差地無着，以致該莊頭累控不休，致懸案牘，以清斯案可也。爲此具呈。

同上 清嘉慶六年四月初五日會計司呈稿

[嘉慶六年四月初五日]會計司呈，爲咨復事。准戶部咨稱，現審處案呈，查鑲黃旗包衣閑散人德新控楊際清等不准贖地一案，前經本部行據內務府覆稱，薩靈阿係德新之父即二達塞，傳訊德新，據供伊向劉文福贖地，備足錢文給他的，有劉文福侄兒劉美親見，現有嘉慶二年撤回薩靈阿原典舊契，并劉文福認租合同爲據。隨檄飭順義縣，即傳劉文福、劉美到案，按照本部審訊德新所供情節，嚴訊確切供詞，飭取劉文福所執合同，一并送部核辦。今據順義縣詳稱，遵即差傳劉文福攜帶租地合同并見證劉美到案，隨訊據劉文福供，小的起先與楊際清之妻伙典二達塞地一頃零二畝，是兩張典契，共計典價東錢四百吊。嘉慶二年，二達寒之孫德新到小的家裏，要贖此地，向小的要出典契查看，誰知他就將這典契拿去了，應許小的到京裏領錢，後來總沒有給小的錢文，小的即問他取要典契，他說你若不放心，我另寫一張合同與你拿着就是了。小的不認得字，只見他親筆寫了兩張合同，不知合同上寫的是什麼話，小的不知道這合同是德新親筆寫的，并不是劉美寫的，現將合同帶來呈驗，等情。訊據劉美供，小的今年五十二歲，小的并沒見德新交與劉文福地價錢文，也沒有寫過租地合同，他兩人的事，小的實不知道，願具

甘結，等情。據此，擬合將訊過緣由，并劉文福呈出合同，具文申覆查核，等因前來。查此案前經訊據德新供稱，伊向劉文福贖地，備足錢文給他，有劉文福侄兒劉美親見。今行據該縣傳訊劉文福，據供實沒有給伊錢文。訊據劉美，供稱并沒見德新交劉文福地價。是前項地價錢文，德新究係有無給予劉文福收領？應移咨內務府，轉飭研訊德新確供報部，毋任狡賴，致干嚴辦，等因前來。當經行查該旗參領去後。今據署理廂黃旗參領賽尚阿等覆稱，據管領德祿保稱，據該族長護軍薩靈阿結稱，查得本族中披甲人德新之已故祖二達塞，於乾隆三十八年指順義縣老圈地一頃零二畝，借到本縣馬坡村民人楊際清、劉文福各京錢六十六千文，各押地五十一畝，立契兩張，互相中保。自祖已故，於乾隆六十年間代錢贖契完結，至今劉、楊二姓并不交租。德新於嘉慶三年在大人前叩稟，經戶部審辦二次，皆供將借過錢文全數交與劉文福，是實。等情，具結。等因，結呈保送前來。據此，相應咨覆戶部查辦。又准戶部咨稱，查正白旗包衣已故馬甲翁浩之妻、孀婦阮氏赴部呈控佃戶劉昆等欠租霸地等情一案，今據內務府咨據族長德寧結稱，查本族中翁阮氏原有祖遺老圈地三頃，并無三頃三十二畝之數，所有所年積欠地租銀三十兩，送交阮氏收訖，等情，具結。等因，咨覆。但所年積欠租銀究係何年租銀，抑係所年所字訛寫之處，應仍咨內務府轉飭訊明阮氏供詞報部查核。等因，前來。查族長德寧原結內稱，係屬四年積欠租銀三十兩，其所年所字，顯係訛寫，相應一并咨覆戶部查辦可也。爲此具呈。

同上　清嘉慶六年十月十四日會計司呈稿

［嘉慶六年十月十四日］會計司呈，爲咨覆事。准戶部咨稱，現審處案呈，據灤州詳稱，卑州民人張世介與張可新互控地畝爭毆一案，隨傳集人證，當堂訊據張世介。供稱，小的租種吳桐旗地三十二畝，每年出租東錢十二吊八百文。父親張煥從前當給李漢梁，當價三百二十吊，是李漢梁的兒子李成之轉當給張可新。今年正月，小的合哥子張世林備價合李成之贖地，李成之因遺失原契，同劉文科、馮奇另立字據，小的把價交清。到三月初十日，哥子張世林領了僱工們去耕地，不想張可新不依，打起架來，是實。訊據張可新、張興國供稱，乾隆三十六年，李士英有民地三十二畝，立契當給小的張可新八畝、張興國四畝、張世俊八畝、張遇太八畝、張懷禮四畝，地價七百二十吊，他侄子李成之又找過六十六吊地價，從沒說是轉當旗地。不想今年正月李成之忽說這地是張世林老子張煥當給他父親張世杰的，是他已故叔李士英在日轉當給張可新四家，如今要贖。原不肯依，把這事撩開手了，到三月初十日，張世林領人去耕地，小的合他爭吵，所以打架。質訊李成之、張世林等，供同。隨驗傷取辜附卷。因查此項地畝既係張世介租自吳桐之產，必須傳吳桐質訊，隨票傳到案，訊據吳桐供，職員是廂黃旗包衣永太管領下人，父親吳灤卓，原於乾隆三十六年價當廂白旗滿洲保寧佐領下護軍佛保名下老圈四個漢子地共二頃七十四畝，又園地三畝，房二十六間，有契呈驗。這三十二畝就在其內，張世林父祖種已久，職父當後，仍是他們攬辦，每年照賬收租，他們如何把地私當李姓，又轉當與張可新們，職員父子實不知情，是實，等情。查吳灤卓既於乾隆三十六年間契典佛保老圈地，何以張煥、張［李］成之輾轉相當，是否實係旗地，必須詳查旗檔，方可核斷。除鬥毆正案查明各傷另行核辦外，擬合具文申報，詳請俯賜移旗，將佛保名下地畝檔案飭發下州，以便辦理，等情，前來。相應移咨內務府，轉飭該管領永太，查明吳桐係何項人丁，伊父吳灤卓契典佛保既係四個漢子地，因何供稱有地二頃七十四畝，録供咨部核辦，等因，前來。查莊頭吳桐於乾隆四十四年分撥儀親王府當差，該府係廂白旗滿洲所屬，其吳桐父子契典佛保地畝之處，相應咨覆戶部自行該旗查辦可也。爲此具呈。

同上　清嘉慶七年四月初五日慎刑司呈稿

［嘉慶七年四月初五日］慎刑司呈，爲咨送事。據正黃旗昌德佐領下候補筆帖式廣亮呈稱，切職於乾隆五十二年間憑中保人正黃旗敷森布佐領下百總畢良才説合，典得正白旗德紹佐領下馬軍劉四自置地四段，共計一頃三十八畝，坐落東壩、三岔河、南滿井等處，典價京錢八百吊，每年取租錢九十六吊六百文，現有本身典契并隨原業主印契存照，迄今十有餘年，俱係中保人畢良才承攬耕種，按年交租。且向例典契十年爲滿，應聽典主稅契爲業，職因已滿十年，急欲遵例稅契，皆華良才從中阻擋，據云原業主劉四正欲回贖，職自應聽候。詎畢良才於上年病故，秋成後，職專遣家人取租無着，始行訪出，此項地畝，早經畢良才私行典給民人白姓、蕭姓，并伊建立墳塋，且畢良才繼子百總畢端於伊父身故後，公然向民人找價，視此項地畝竟爲己有。似此父子私吞，令職租地虛懸，惟有呈懇傳訊畢端，押追原地，或傳原主回贖，或飭職稅契爲業，庶旗地仍歸旗有，以杜私吞，旗民交產之弊，等情。隨

提傳畢端等到案，訊據畢端供，我是正黃旗敷森布佐領下百總，年二十九歲，我叔父畢良才在日，我在城內新橋地方貿易，一切家務我未曾經手，所有承攬廣宅地畝，我實不知情。去年三月，我叔父病故，因他沒有兒子，他的百總是我頂替的。我嬸母曾使我向東壩住的大興縣民人蕭姓原找過錢二十二吊，向民人白姓找過錢十吊，這是眞的，我只知道是我家的地畝，不知道是劉四名下典給廣宅的地畝，是實。復提劉四到案，訊據供，我是正白旗三成佐領下上駟院草欒子，現年四十四歲，在東壩西門里居住，自嘉慶二年四月因病，至今總無當差，畢端的叔叔畢良才原是我們的百總，上年病故，因他無子，官着侄兒畢端將百總頂替，這是我知道的。小的并沒有私托畢良才轉典地畝，只有隨差官地二十八畝，坐落在楊格莊西邊，是李姓承種，每年職租東錢二十八吊。至於畢端有何項地畝典與廣宅，我實不知道，等語。隨傳畢良才之胞弟即畢端之生父畢良秀，傳提到案，訊據供稱，我今年五十三歲，兄弟畢良才於去年病故，原當上駟院百總，并無兒子，我兒子畢端頂補他的百總，我父畢成原買過正白旗農姓家坐落東壩、三岔河、南滿井地一頃三十八畝，因我們是正黃旗，與農姓旗分不對，借過正白旗劉四父親劉五的名買的，我父親故後，把此地分給我兄弟畢良才，他把此地賣與農姓約有九十畝；典給東壩住的大興縣民人白姓地十四畝；又典給民人鄭姓地二十四畝，內有賣給民人李大作墳地二畝，現今鄭姓又轉典與民人蕭姓；我家做墳塋地十畝；共地一頃三十八畝，是我知道的。再，去年三月，我兄弟病故時無錢殯殮，同我兒子畢端向白姓找過錢十千，又向蕭姓在鄭姓名下找過錢二十二吊，是有的。至於如何把此地典於廣宅，并不知情，是實。各等語。查此案筆帖式廣亮原憑畢良秀之弟畢良才從中說合，將馬軍劉四之地隨有紅契用價小制錢八百吊典置爲業，復經畢良才承攬交租多年，忽爾不惟不交租錢，反將地畝盡行偷典，并私立墳塋，等情呈控。今經審訊，緣畢良才之父係指劉四父親之名置買農姓地畝，繼而畢良才潛借劉四之名典於廣姓，每年包租，復又將地畝典、賣與民、旗多人，殊屬膽玩，其間重復典賣，民置旗產情弊顯然。第案內白姓、鄭姓、蕭姓等俱屬民人，自應送部審辦。畢端、劉四既不知情，應暫省釋。畢良秀係畢良才之胞兄，所有情節，盡知其詳，況伊弟故後，伊又同伊子找過錢文自難推諉。應將畢良秀一名，并廣亮所呈原典契一紙，隨帶紅契一紙，一并咨送戶部審辦，所有應質人證，由部傳審可也。爲此具呈。

同上　清嘉慶七年四月十九日會計司呈稿

［嘉慶七年四月十九日］會計司呈，爲咨覆事。准戶部咨稱，現審處案呈，查正藍旗包衣閑散徐文燦呈控祁良棟等偷典地畝一案，今據欒州訊明詳報，徐文燦原控地五頃，前經查出徐文燦之父徐國璽并自行典當出租及祁良棟偷典共地四頃七十二畝。今又查出徐國璽典與宮楷地二十八畝，已敷五頃之數。查徐國璽等典與錢糧莊頭李士適地二頃、草房五間，係在乾隆三十二年奉禁例後；又典與袁天義等地一頃三十畝、草房五間，係旗地典與民人，應撤出追價入官。祁良棟名下，前蒙咨旗查明，并無欒州房地，其盜典與康國訓等并賞給劉廷奇共計地八十四畝，應同租與石廷貴地七十六畝及贖回被沖地十畝，一并着徐國璽領回管業，等情。查李士適一名，前據內務府查覆，係大糧莊頭李浚之父，其契典前項房地，本無不合，惟查李浚借使錢糧私典無異，殊屬違例，應同袁天義等承典各地均照民典旗地例辦理。旗人徐國璽等莊頭親丁李閣勛并民人袁天義、康國訓等十五犯，應如該州所詳，俱照違制例各杖一百，事犯在節次恩赦并本年六月清刑恩旨以前，概予援免。祁良棟偷典有主旗地，業已身故，應毋庸議，得過地價，照律免追。前地三頃三十畝，移咨直督，轉飭即行撤出入官議租冊報。并咨內務府轉飭正白旗管領蘇冲阿，差傳該莊頭李浚到案，着追得過李閣勛指借地價東錢二千二百吊，迅速解部入官，毋得稍延，等因，前來。經職司票傳該莊頭催追，將得過李閣勛前項違例地價錢文交納去後。今據半分莊頭李浚到案呈稱，身於去歲患病，是以未能即時到案，并非有意耽延。今身病稍愈，理應遵照部文繳納，但身除承領圈地之外，并無私產私業，兼之此刻青黃不接之時，實無力措辦完納，只得叩求恩准，容身於秋收後盡力措繳，懇求轉咨戶部寬限，實感德無涯矣，等情，具呈。相應將莊頭李浚呈請寬限措繳違例指借地價情節，咨覆戶部查照。爲此具呈。

同上　清嘉慶七年四月二十一日愼刑司呈稿

［嘉慶七年四月二十一日］愼刑司呈，爲審明治罪事。據正黃旗富森布佐領下驍騎校福泰等呈遞家奴韓琮私典地畝、偷當祭品等情一案，奉堂諭交司審辦。當經提拘韓琮到案，訊據供稱，我是那姓家生子，年三十八歲，同妻在

德勝門外白廟地方看主人墳塋，主人給養身地二十三畝，我因窮苦難過，於嘉慶元年將此地典給民人黄二五畝，得錢四十吊，於四年又典給民人王大地九畝，得錢三十六吊。典給民人張大地四畝，得錢二十一吊，典給龍王廟和尚地五畝，得錢三十吊。又於五年把飯桌八張在清河當鋪當錢三千。於六年九月把匙子二十把、筷子二十雙當錢六百文，又把鐵鍋在高姓家押錢六千五百文。我因貧窮典當的錢文，俱是我隨時使用了，現在不能糊口，實在不能贖出呈繳，只求恩典，等語。隨提將宛平縣民人黄二、王大、張大、和尚慧濯等到案，訊據僉供，所典韓琮地畝，并不知是旗地，今既訊明，情願退出地畝，不要典價，將典地契紙呈繳，只求寬恩，各等語。隨押令黄二等將典契呈繳，所典地畝錢數均與韓琮所供無異，遂據各出具情願退地甘結。查韓琮一犯，係福泰等世僕，看守墳塋，給地二十三畝養贍家口，該犯竟將地畝盡行盜典，又將收存祭器、桌張等物陸續當錢花用，殊屬不法。查例載：凡奴僕偷盜家長財物者，照竊盜律計贓治罪；又竊盜贓一兩以上杖七十。又律載：盜賣田地者，一畝以下笞五十，每田五畝加一等，罪止杖八十，徒二年，各等語。查韓琮所當伊主祭器，計贓在一兩以上，罪止杖七十輕罪不議外，其偷典伊主之地二十三畝，韓琮一犯合依盜賣田至二十畝以上應杖九十律，杖九十，加枷號一個月，滿日鞭責發落，交伊主領回。該犯所當祭器當票，訊係已交伊主，所當錢文，審係赤貧，應免着追，聽伊主自行取贖。至民人黄二等契典旗地，雖堅供不知旗地，但不查明來歷，冒昧妄置，亦屬不應，應將黄二等照不應輕律各笞四十，折責發落，退出地畝，着該員福太等收回管業可也。爲此具呈。

同上 清嘉慶七年五月二十日會計司呈稿軍機録副

[嘉慶七年五月二十日]會計司呈，爲咨覆事。准戶部咨稱，現審處案呈，據提督衙門咨送鑲黄旗包衣德新控楊際清不准贖地等情一案，前經本部查明，劉文福地畝，既經德新備價回贖，自應給與德新執業，仍將前地給與劉文福承種交租。至楊際清違例向二達塞典地五十一畝，移咨直隸總督，委員撤出入官，議租冊報。嗣據內務府咨，據德新於十月二十五日起程，前赴順義縣收領劉文福退出地畝，等因。隨牌飭順義縣，一俟德新到案，立即將劉文福退出地五十一畝，迅速委員撤出入官，議租冊報。迄今五月之久，未據覆到，應牌飭順義縣查明劉文福退出地五十一畝有無令德新收回，因何并不詳覆，并咨內務府查明德新現在有無收地回京亦既查明咨報，等因，前來。當經行據鑲黄旗參領伊昌阿等覆稱，據管領德祿保稱，據披甲人德新結稱，身原控民人劉文福訛賴地價等情，經部斷明，劉文福名下地畝，照數退出給與德新收領，等因，於上年六月飭令身赴縣領地，彼時身因患病，未能赴縣，嗣經戶部催令赴縣，身原定於十月二十五日起程，不意於是月間復又染病，是以未能赴縣領地。今身病雖愈，理宜赴縣，但現在圓明園差務紛繁，難以告假，兼之青苗在地，亦難指領，未便赴縣，俟今歲秋成之後，身即祈假赴縣領地，斷不敢遲延。等情，具結。等因，結呈查覆前來。據此，相應咨覆戶部查核可也。爲此具呈。

同上 清嘉慶七年五月十一日慎刑司呈稿

[嘉慶七年五月十一日]慎刑司呈，爲咨送事。准會計司移送已故莊頭崔剛之子、崔玉官之妻孫氏呈控，伊夫弟崔緒和將伊差地盜典莊頭親丁朱三并民人張胡子等，續據朱三之子朱璋呈訴莊頭四福唆使孫氏控告等情一案。隨經傳集崔緒和等審訊，據崔緒和供，我是已故莊頭崔剛之子，充當半分莊頭，年二十八歲。我父親故後，我侄兒崔崙頂替莊頭，因他年幼無知，是我替他代辦當差。於嘉慶五年起得現租東錢一千多吊，替崔崙完交四年分差銀，我把官地租與王姓紙鋪六十畝，又租與鹽店裏地一頃，所得錢文，俱是替他交差度日。又有地六頃，內有四頃是我父親在日押錢使用，那二頃是我指借錢文，也是替他當差度日用了。我嫂子如今呈告，我情願將我使過的租錢陸續代還各佃，我從前起租交差并供給他母子度日所用過錢文，并無賬目，是實。據朱璋供，我是半分莊頭朱玉名下親丁，祖居順義縣地方，於乾隆五十五年，莊頭崔剛因官差無出，煩中說合，指地八十二畝，以租作利，兩次向我借過京錢四百吊，又紋銀八十兩。崔剛故後，他的次子崔緒和於五十八年、六十年兩年不能交差，恐怕革退，二次又曾向我指地一頃一十六畝，借過京錢六百二十五吊，俱有指地押錢字據。他們借錢的時候，說是祖遺的私地，今蒙審問，才知道是官地，只求恩典，寬我到秋後收了莊稼，情願將地照數退出。至崔剛、崔緒和所借銀錢，也有我自己的，也有轉借別人家的，只求公斷，就是恩典了，是實。據孫氏供，我是已故莊頭崔剛之子崔玉官之妻，年三十五歲，我公公故後，我兒子崔崙接充莊頭，因他年幼，夫弟崔緒和代辦交差。於嘉慶五年，崔緒和將當年現租東錢一千餘吊起收自用，又將租給本鎮

王姓紙鋪地六十畝，租給鹽店地一頃，俱預支二年租價，交他本身錢糧，崔崙應交差使，到十二月并未交納。氏無奈借貸完差，隨向崔緒和要地，才知他又有盜典地六頃餘畝、典鋪房三所，彼時有人說合，令佃戶退地。內有莊頭親丁朱三典地一頃九十八畝，不允退地，他只肯退七十畝，其餘地畝，反叫氏立寫典契，因是官地，我不敢立契，他就要還錢，我情急無奈，是以控告的。他說我公公曾借過他的錢文，我實不知道，只求恩斷。訊之崔崙與伊母孫氏供同。各等供。查崔孫氏呈控崔緒和盜典官地，已據崔緒和供認指地租押錢屬實，借主朱璋供稱借給錢文，并不知是官地，其餘民人張胡子等果否押典此項地畝，必須傳集到案質訊明確，方可定擬。張胡子等俱係民人，應送刑部辦理，相應將崔緒和、朱璋押送刑部審辦，并抄録原呈佃戶花名及朱璋呈出借字四張，一并送部，至應訊人證，由部徑行傳訊可也。爲此具呈。

附：　孫氏呈

具呈順義縣已故莊頭崔玉官之妻孫氏，爲盜典官產、欺壓孀孤，呈爲懇恩究辦事。竊氏夫於乾隆五十三年病故，子崔崙彼時尚在懷抱，夫弟半分莊頭崔緒和顧代崔崙起租交差并掌管家務等事。不意崔緒和於領辦之時，已起虧心，氏因女流，不解毒計，自經伊承管數年以來，不但氏母子等衣不遮寒，食不充饑，甚至應交差項，必至將革之時始行交納。至嘉慶五年，崔緒和將當年現租東錢一千餘吊起收自用，又將官地給本鎮王姓紙鋪地六十畝、給鹽店地一頃，俱得二年租價，將伊本身錢糧交完，至崔崙應交之錢糧，至十二月間尚未交納，氏子崔崙已在應革之內，氏無奈領子投親借貸，將錢糧交完，幸免革退之咎。隨向崔緒和要地，始知盜典又有六頃餘畝，并典鋪房三所，現開和盛永、全德聚等字號，彼時即欲呈控，適有鄉誼人等說合，着令佃戶退與地畝。內有莊頭親丁朱三私典官地二頃餘畝，仗勢不允，只允退地七十畝，其餘地畝，反令氏立與伊典契，氏因官產，不敢應允，朱三等仍然霸種。更兼崔緒和從中主使，串通衆佃，俱堅霸不退，朝夕擾害。氏被欺壓太甚，出於無奈，領子投親，暫居存身。伊等惡難盡舉，似此盜典官產、霸種官地，以致孀孤交差、養贍均無依靠，情出無奈，叩懇大人臺前，恩准提究，斷歸官產，不獨國課有着，即氏母子亦得生活，則感鴻慈於生生世世矣。

附：　朱璋呈

具訴呈人係順義縣半分莊頭朱玉之親丁朱璋，訴爲跪懇天恩辨明指官地借錢、串通謀奪事。竊朱璋祖居順義，種地爲生，租得會計司四等莊頭崔剛之地八十二畝，業種多年。後因錢糧不能交納，向朱璋借京錢四百吊、屯平紋銀八十兩，崔剛立指地借錢字二張，俱係租頂利息。崔剛故後，其孫崔崙頂充莊頭，崔崙年小，伊胞叔半分莊頭崔緒和代辦，復因錢糧不能交內，指地一頃十六畝，又向朱璋借京錢六百二十五吊，崔緒和立指地借錢字二張，亦係租頂利息。今有四等莊頭孫四福，係崔緒和之親姐夫，係崔崙之姑父，又係崔崙之親母舅，串通謀奪，不用崔緒和代辦，孫四福替崔崙代辦，并捏辭教崔崙控告伊胞叔崔緒和私將官地典於朱璋，逞遞會計司，希圖訛賴借項、謀奪地畝。璋思崔緒和身充莊頭，私將官地壓借，豈無應得之咎，崔崙誣告以借爲典，亦當有反坐之罪。今情急無奈，跪懇明鑒覆盆，情願退地，賞催指借銀錢，以贖朱璋轉借之字二張，如蒙恩准，不但璋一人有活命之需，即合家皆感高厚於無盡矣。

同上　清嘉慶七年六月二十七日會計司呈稿

〔嘉慶七年六月二十七日〕會計司呈，爲咨覆事。准戶部咨稱，現審處案呈，准順天府咨稱，據順義縣詳稱，卑職雙營村生員李棠呈稱，竊生父李尚德契典坐落雙營莊東北地一段一頃、莊正北地一段二十畝、郝家章莊西北地二段四十二畝，共計旗地一頃六十二畝。自乾隆二十八年轉典與內務府廂黃旗副管領富春，價銀三百六十兩，地交佃戶王洪義承種交租。至四十九年，措備原價回贖，因富春將此地轉典給旗人廣宅，典價多於生父，將原價照數收訖，因原典契并隨帶老契不能制交，隨煩伊素相契許良弼、張宗仁同伊家人黃十并原佃花戶王洪義作保，立給收銀交地字據，原契異日贖回另交，生父隨將原地一頃六十二畝照數撤回。後因乏用，又將此地典與窪裏村住旗劉尚美一段一頃承種，其餘六十二畝，生家自行耕種。生父已於五十八年病故，但此地實係生父民典旗地，輾轉典當，今奉新例，不敢隱匿，理合據實首報，等情，相應咨呈。等因，前來。應咨內務府，訊明廂黃旗副管領富春并伊家人黃十，有無於乾隆二十八年置典民人李尚德原契旗地，轉典與旗人廣姓，至四十九年李尚德向伊回贖，因不能制交原契老契，立給收銀退地字據，其轉典之廣姓係何旗、何佐領、何項人丁，是何名字，逐一查訊明晰，吊取原契、老契咨部，以憑轉飭辦理，等因，前來。當經咨據廂黃旗參領四著等覆稱，據管領四官保保稱，據傅春族中叔伯弟族長披甲人傅祥、族弟披甲人傅俊，傅仲等結稱，傅春生時雖係一族，另居各爨，傅春并無子嗣，亦無家人黄十，原有家人黄姓名德順，已經病故。其傅春在時典地之事，身等實不知情。等情，具結。等因，查覆前來。據此，相應咨覆戶都查辦可也。爲此具呈。

同上　清嘉慶八年七月初一日都虞司呈稿

[嘉慶八年七月初一日]都虞司呈，爲咨行事。據正黄旗慶德佐領下鷹手他坦達王平升呈稱，今查得戶下鷹手蘇拉等勾串冒贖、私圖官產，先行稟明懇差提究事。竊身戶下王心美，將舊郭家屯應差皇產房地一處，私典與王之貴，典價銀七百九十兩，旗民交產，已干例禁。又有刁民張文德倚財仗勢，設計圖謀，陸續先借給王之貴錢文使用，乃至拖欠之數與此典價相等，明知王之貴不能償還，假意逼討，暗中勾串出旗人王心義贖此房地，轉典到張姓爲業，一舉兩得，實屬譎詐，并聽鄉約傅永功等弟兄陰謀詭計，虛寫典價銀一千二百兩，以爲永遠吞占。朋黨伙串，伺身進京當差之日，私相授受。更有不當冒贖情節，此項房地，係當差旗產，非比私業，可以自便，今王心義雖係身之同宗，現在并無差役在身，檔案無名，久爲出旗之人，膽敢勾通土棍，私典公產，獨肥己囊。身探知此事，因伊等不服理論，已於豐寧縣呈控在案，伊等復又改寫借約銀八百五十兩，當堂訊問，縣尊言身不應管此房地，身心含氣忿，爲此跪叩恩准提究。不但此件，更查張文德等五人，皆係民人，并無旗差，竟敢私種官地四十餘頃，占瓦房三百餘間，皆身戶下鷹手蘇拉等之產。身恐將來人無恆產，有誤公差，身爲經管，干罪不小，因向伊等根詢，皆隱諱不言實情，先此稟聞，伏懇差提案內人證一并究辦，不但身一人仰賴洪恩，凡當差之人，皆不受豪民奸賈誘騙侵占之害，則大人之流風善政，永遠無涯矣。等因，前來。查鷹手他坦達王平升所控伊戶下王心美將皇產房地得價私典於民人王之貴，已干例禁，且民人張文德又勾串不在旗檔之王心義，贖出房地轉典，甚屬不合。至張文德等五人皆係民人，私種王平升名下鷹手蘇拉等之官地四十餘頃，占瓦房三百餘間，是否私自典賣之處，王平升并未分晰明白。且所控之人證，除私典官地之王心美一名係鷹手他坦達所屬旗人，此外皆係民人，職司礙難傳訊，相應呈明咨行戶部，傳集案內人等，訊明確實辦理，結案時咨覆本府可也。爲此具呈。

同上　清嘉慶八年七月十五日莊頭處呈稿

[嘉慶八年七月十五日]管理三旗銀兩莊頭處呈，爲咨覆事。准戶部咨，准盛京戶部咨，准奉天府府尹衙門咨，據署蓋平縣知縣恆年會旗詳稱，蒙憲牌內開，准盛京將軍衙門咨，據都京正白旗慶莊佐領下宗室紀録呈控家人王弘德等盜典地畝，飭令會同詳查録供呈報一案，蒙此，職等遵查紀録家人汪得貴、汪得榮、梁守祿等名下共納糧冊地九百八十七畝，業經伊主鐘恆、鐘清於乾隆二十七、三十等年受價賣與旗人梁斌、楊德沛名下爲業，立給該家人等出戶自謀生計執照，其房地既經變賣，似與紀録無干。且汪天成等所有乾隆三十五年以前出典之地，業經查出未清，均歸蓋平縣暫行征租候贖，其於乾隆三十五年以後租典地畝，固屬違例，第查前地既係梁斌、楊德沛於乾隆二十七、三十等年用價認買，何以即於當年立契借使汪天成、梁守祿、王弘德等銀一千九百二十兩，并將原買印契、原買房地一并交與汪天成、梁守祿、王弘德等管業？其中不無別情，若不根查明確出典、受典人等地畝，均難訊擬。除將出典、受典人等暫保候提外，理合將會同查訊緣由造冊，并印契三紙、借契二紙、放契二紙、賞契一紙，一并詳請大部查核，俯賜咨查都京旗人梁斌、楊德沛是否契買前項房地各確情，飭示職等質訊辦理，等情。又准盛京將軍衙門咨，准熊岳副都統衙門咨，據熊岳協領詳同前事亦到部，查宗室紀録控家人王弘德等咨典地畝一案，現據旗、民地方官報稱，紀録家人汪德貴、汪德榮、梁守祿等名下納糧冊地，業經伊主鐘恆、鐘清於乾隆二十七、三十等年受價契賣與旗人梁斌、楊德沛等名下爲業，立給該家人等出戶執照，梁斌、楊德沛等即於當年復行立契借使汪天成、梁守祿、王弘德等銀一千九百二十兩，將原買房地印契一并交與汪天成、梁守祿、王弘德等收執，其房地均歸汪天成等住種，前地曾經已故包衣達梁棟并家人汪存住等租典與旗、民人等耕種，等情，連印契、借契、放契、賞契一并呈送前來。查驗各契內載，核與該地方官所報雖屬無異，但都京旗人梁斌、楊德沛是否於乾隆二十七、三十等年用價契買前項房地，曾否立契借使汪天成、梁守祿、汪弘德等銀一千九百二十兩，有無將前項房地及原買印契一并交與汪天成等收執住種之處，非行查確實，難以核擬。除將契紙暫存外，相應行文戶部，轉行正白旗漢軍都統衙門及總管內務府衙門，飭令該參、佐領及該管官，即將佐領梁斌、莊頭楊德沛等有無於乾隆二十七、三十等年各用價契買宗室鐘清、鐘恆家房間地畝，曾否立契借使汪天成等名下銀一千九百二十兩，如果屬實，緣何將前項房地并原買印契一并交與汪天成等收執住種，是否借名代買之處，逐一詳細查訊明

確，録取實供，分晰聲明呈報咨覆。并希轉行正白旗滿洲都統衙門，飭令該參、佐領詳查宗室鐘清、鐘恆等於乾隆二十七、三十等年有無將伊家人汪得貴、汪得榮、梁守祿等名下房地按價賣與梁斌、楊德沛等名下爲業，曾否立給該家人出戶執照，如果屬實，該處有無立有更名案據，并將宗室紀録究係鐘清等何人，係何行輩，應否紀録一人承受之處，逐層詳細確查分晰聲明，加結呈報咨覆，以憑核擬，等因，前來。本處檢查丁檔内載，莊頭楊德沛業於乾隆四十六年病故，隨傳據楊德沛之子楊寧到案供稱，身故父楊德沛并無於乾隆二十七、三十等年契買過鐘恆等房地，亦無立契借使過王弘德等銀兩，或係何人偷借身父之名立契買地借銀之處，身并不知情，所供是實，等情，相應咨覆戶部查核可也。爲此具呈。

同上　清嘉慶八年九月初九日會計司呈稿

［嘉慶八年九月初九日］會計司呈，爲咨覆事。准戶部咨稱，現審處案呈，據永清縣民人周天如赴部呈首伊父周宗堯契典族人石大山等名下地二十四畝，并一眼被民人于坤等侵霸等情一案，查此案該民人于坤租種王姓旗地一頃七十六畝，前據于坤在部供稱，王姓係鑲黄旗繩子庫居住。經本部先後行據鑲黄滿州、漢軍旗分查覆，并無王姓其人。但包衣各該佐、管領下有無王姓之人，應移咨内務府，轉飭查明有無繩子庫居住之王姓，係何佐、管領下何項旗人，究係何名，伊名下坐落永清縣地畝共有若干，是否租與于坤承種，抑係典給，即行研訊明晰，録取確供。如係租給，追取租帳送部查核，毋任狡飾，致干嚴辦，等因，前來。當經職司移查該旗去後。今據鑲黄旗值月參領伊昌阿等覆稱，據管領明祥保稱，查得本管領下繩子庫居住披甲人王福全有嘉慶二年紅契自典地五段計二頃，坐落永清縣龍虎莊地方，佃戶于坤租地一頃七十六畝，又佃戶孫良租地二十四畝，共地二頃，二人承種，每畝租京錢五百五十文，是實。等情，結保前來。相應將該參領、管領等查覆情節，咨覆戶部查辦。爲此具呈。

同上　清嘉慶八年九月十六日莊頭處呈稿

［嘉慶八年九月十六日］管理三旗銀兩莊頭處呈，爲咨覆事。准戶部咨稱，據正藍旗滿洲㿝保佐領下閑散景昌赴部呈稱，切身原有祖遺老圈地六頃三十一畝，莊窠九間，坐落灤州城南戴家莊，乾隆二十四年間，經身叔祖三達子、七達子同堂叔七十五在日，憑中民人顧雲會說合，將此地前後出售與内務府正白旗錢糧莊頭楊德沛名下，共價銀五百四十兩，立契楊姓管業，地係顧姓承攬，人所共知，本係旗置旗產，與例并無違礙。忽於去年四月内，突有顧雲會之侄顧衡漢在灤州呈報，前地係伊伯借旗人楊德沛旗色所置，遵照民買旗地自遵新例首報，身聞之不勝駭異。伏思身叔祖等將地出售，只知旗賣與旗，其中是否楊姓轉賣與顧姓，抑或顧姓當日詭計借名影射？但顧姓既已違例買旗地於前，因有新例，隨而首報，希圖將地入官，伊仍然可以包攬官租，從中漁利。今經顧衡漢報出，身始知從前祖叔受其愚弄，不忍祖業爲奸民陷害，情願照減價回贖之例，備價回贖祖業，叩求恩准行文灤州，檢查原卷，將顧衡漢等拘傳到案，追驗契據，將前地照例斷令身減價回贖，庶旗產終歸旗有，身之祖業，不致爲奸民謀陷霸占，等情。訊據景昌供，我家祖遺灤州戴家圈地六頃三十一畝、莊窠九間，叔祖三達子、七達子同堂叔七十五在日，二十四年間，憑中顧雲會說合，出賣與莊頭楊德沛名下，地畝原交與顧姓承攬。到去年四月，顧雲會之侄顧衡漢在州報說，前地是他大爺借楊德沛旗色置買的。我想從前叔祖等出賣時，只知道是旗賣旗地，如今顧衡漢在州首報，才知道他們借名的，我因祖遺產業，不忍輕棄，情願備價回贖，只求查明公斷，等語。相應移咨直隸總督，轉飭灤州，按照景昌在部所呈情節，速即拘傳該佃顧衡漢到案，詳細研訊伊伯顧雲會名下原攬前地六頃三十一畝、莊窠九間，是否楊德沛契置景昌叔祖三達子等之產，抑係伊伯借楊德沛旗名向三達子等用價置買，有無契據可憑，顧衡漢曾否於去年四月内將前地赴州首報，該州究係作何辦理，顧衡漢有無將前地牽混首報、希圖占種旗產情弊，逐一查訊明晰，録取確供，將地秉公妥擬，追取契紙，迅速詳報，以憑核辦，毋任狡展，致干提究。并移咨内務府，轉飭錢糧衙門傳訊該莊頭楊德沛，乾隆二十四年間價置三達子、七達子坐落灤州戴家莊前地六頃三十一畝、莊窠九間，果否自行置買交與顧雲會承攬交租，抑係替該民人顧雲會代名置買之處，亦即訊取確供，據實咨部，以憑核辦。并牌飭灤州遵照查案速辦，毋任稽延，等因，前來。查丁檔内載，莊頭楊德沛業於乾隆四十六年病故，隨傳據楊德沛之子楊寧到案，供稱，乾隆二十四年間，民人顧雲會曾借身父楊德沛之名，契買得三達子等坐落灤州戴家莊地六頃三十一畝、莊窠九間，并非身父自行置買。今顧雲會之侄顧衡漢於嘉慶七年四月内遵例在灤州首明，并將紅契三紙呈交州案，等情。相應咨覆戶部查核可也。爲此具呈。

同上　清嘉慶八年十二月初四日會計司呈稿

［嘉慶八年十二月初四日］會計司呈，爲咨覆事。准戶部咨稱，現審處案呈，據永清縣民人周天如赴部呈首伊父周宗堯契典族人石大山等名下地二十四畝、并一眼被民人于坤等侵霸等情。查此案該民人于坤供出伊租種王、趙二姓名下旗地，今據該旗訊據趙姓即薩凌阿供稱，伊家有祖遺坐落永清縣地一頃，原租與于坤之父子思寬承種。乾隆五十七年，將地給與民人張三承種。嘉慶三年十月向于坤借京錢二百七十吊，分半利息，將地又租與于坤承種，每年租錢五十吊內，歸利京錢四十八吊六百文，尙交京錢一吊四百文。四年十月將錢清還，前地仍交與于坤承種，每年實係現租，并無拖欠，亦無典當，等語。再查內務府咨稱，訊據王福全供稱，伊於嘉慶二年紅契自典地二頃內，于坤租種一頃七十六畝，孫良租地二十四畝，每畝租京錢五百五十文，等語。是王福全租與於坤、孫良承種前地曾否立給租字，歷年有無取租帳冊可憑，應移咨內務府，轉飭再行訊取王福全確供，追取租帳契據送部查驗。等因，前來，當經職司移查該旗去後。今據鑲黃旗值月參領伊昌阿等覆稱，據管領明祥保稱，查得本管領下披甲人王福全有嘉慶二年紅契自典地五段計二頃，坐落永清縣龍虎莊地方，佃戶于坤租地一頃七十六畝，又佃戶孫良租地二十四畝，共地二頃，二人承種，每畝租京錢五百五十文，今將紅契一張、自典白契一張、租賬一張，一并移送查照辦理，等情，結保前來。相應將該參、管領等送到紅契一張、自典白契一張、租賬一張，一并咨送戶部查辦，俟查辦完結之日，將契紙，租賬咨送本府，以憑轉飭執業。爲此具呈。

同上　清嘉慶九年二月十三日會計司呈稿

［嘉慶九年二月十三日］會計司呈，爲咨覆事。准戶部咨稱，現審處案呈，查正白旗滿洲都統咨，據宗室善舒首報伊叔中麟將旗地典與民人劉一等爲業等情一案。今准正白旗滿洲都統咨，據宗室善舒呈稱，身胞叔原任頭等侍衛中麟名下原有自置塋地，坐落通州東南三河縣所屬田各莊地方，因嘉慶六年十二月間，身前往祭掃墳塋，因查問與墳地毗連身胞叔中麟所遺祭田地畝之租價情節，前據看守墳塋家人德琨指稱，墳東之地一頃二十畝，係身胞叔將紅契跟隨典與民人劉一收執；又將墳北地二十畝典與民人宋寬名下；又地十八畝五分典給高老承種；均無租價，等情。身即將中麟在日分典民人等地畝呈明報部在案。今蒙查訊家人趙明通情知高老種地十八畝五分，并無私典地畝，亦無借均義號錢文契據，并查家人趙明通有無立過字據等語。身但查胞叔中麟名下現在并無家奴趙明通其名之人，是實。理合據實報部查辦。等因，前來。查此案今經本部咨據該旗覆稱，訊據善舒呈稱，伊家并無家奴趙明通其人，等情。相應札行順天府，轉飭三河縣，按照該旗查覆情節，再行詳細訊取高老確供報部。并咨行內務府，轉飭查明現充光祿寺網戶劉一即劉永和係何佐領所轄，是否正身旗人，迅即聲明報部，以憑核辦。等因，前來。職司隨移查正黃旗參領轉飭各佐領去後，今據該旗參領等覆稱，據各佐領等保稱，并無現充光祿寺網戶劉一即劉永和其名之人，是實。等情，復保前來。相應將該旗參、佐領等查覆情節，咨覆戶部查辦。爲此具呈。

同上　清嘉慶九年三月初三日會計司呈稿

［嘉慶九年三月初三日］會計司呈，爲咨覆事。准戶部咨稱，現審處案呈，據河間縣詳報鑲黃旗包衣關達春控宗亦白等欠租一案，經本部傳據關達春供，伊伯母吳氏有賠嫁地二頃五十畝、土房二十六間，乾隆四十年，伊伯母之母郎氏將前地典給伊父長佑二頃，五十七年，伊伯母又將地五十畝典給伊名下，均有契據。嘉慶三年，伊將地六十畝租與宗亦白承種，一租三年，得過租價銀三十兩；其餘地畝，是伊長租與衆佃劉成龍等名下，等語。今郎氏、吳氏均經物故，關達春既執有典字，自應准其執業。其關達春將地長租與劉廷俊、劉成龍、劉成義、劉成明等，均屬違例，關達春等應照違禁律笞五十，應咨內務府，照例鞭責發落，仍着追得過違例地價京錢一百八十八吊，送部入官。并將該管官失察職名送部查議，并給與關達春假限，赴縣收領地畝、房間完報，并牌飭該縣，俟關達春到案，即將前項房地給與收領，取具交收各狀報部查核，等因，前來。當經咨據鑲黃旗參領嵩年等覆稱，據佐領普寧保稱，關達春照違禁例笞五十，應聽愼刑司辦理外，隨給關達春假限赴縣收領房地去後。今據關達春回京呈稱，緣身伯母吳氏有坐落河間縣賠嫁地二頃五十畝、土房二十六間，典給身家，因佃戶宗亦白、劉成龍等抗霸地畝房租，身在部具控，蒙查明飭縣押令各佃退交與身收領，身在旗告假於十一月初四日起程，初九日到縣稟明，令身聽傳。至二十五日，本縣并未堂審，委捕廳審訊，當堂着旗人給劉成龍歸京錢七十吊，所有地內民人占蓋房間，令其拆毀，身實難強辯。至二十九日，本縣差役二名押令交收房地，不意劉成龍買通惠

二，率衆毆打。宗亦白逃隱不見，暗使胞弟宗德混駡，毆打差役。身只收得劉成憲土房三間，無奈逃進縣內，三十日具呈，該縣不管，身已逾限兩日，只得回京銷假。再，宗亦白拖欠七、八兩年租銀四十二兩，劉成龍暗使表弟周山地內蓋房，部文到縣後，劉成龍將地掘成溝坑，樹木刨去，惟叩大部憐念窮旗，將惡佃劉成龍、宗亦白等傳案，押令退交房地租銀，治其抗霸之罪。等情，已在部具呈在案。應俟部辦完結，將房地交淸後，其應交錢文，即行照數交納，等語。查關達春違例交產，該管官失察職名，係在嘉慶三年前任佐領武實任內，該佐領業經病故。其現任佐領普寧係五年升任，合并聲明。等因，咨覆前來。據此，相應咨覆戶部查辦可也。爲此具呈。

同上　清嘉慶九年七月十三日會計司呈稿

［嘉慶九年七月十三日］會計司呈，爲咨覆事。准戶部咨稱，現審處案呈，據永清縣民人周天如赴部呈首伊父周宗堯契典旗人石大山等名下地二十四畝，井一眼被民人于坤等侵霸等情一案，前經本部訊據周天如供稱，于坤家共有契典旗地十頃有餘，已查出地六頃六十八畝，開單呈驗，其餘地畝，俟查出再行呈報。當將周天如、于坤發交永清縣查收，并抄録周天如呈出清單，檄飭該縣，即將案內應訊之中保、說合人等傳喚到案，訊明于坤家契典旗地實有若干，根訊明晰，録供飭取契紙送驗，仍帶同原被人等親赴該地逐段查勘，造冊送部。并訊明吳、馬二姓究係何名、何旗、何項旗人，龍王廟、玉皇廟香火地是否旗地，抑係民地，一并聲叙報部。今據永清縣申稱，勘得周天如首報單開北孟、坨裏二村地一頃，實丈得北孟村地二十畝六分五釐，坨里村地七十九畝六分，共地一頃二分五釐，前據周天如供稱，前地係于坤契典林姓名下，今訊據周天如供稱，伊聽說于坤種着朋寧地畝，朋寧又借過于坤錢文，所以首報從前供說于坤契典林姓旗地是錯供的。訊據于坤供稱，朋寧即趙姓，所借京錢二百七十千業已清還，前地一頃，現在係伊承種交租，并非典當，從前在部供說趙姓借伊錢文，租利兩不來，是錯供的，等語。是前地一頃，前據趙姓即薩凌阿在旗供稱，係租與于坤之父于思寬承種，後因年老，退交與張三承種，因張三無力，又將地退出，彼時因手乏，隨向于坤借錢二百七十千，分半利息，仍將前地給與于坤承種，每年起現租京錢五十千，扣除利錢四十八千六百文，尚交錢一千四百文，嘉慶四年本利清還，借字銷毀，實係現租，等語。本部以前地是否于坤典地奪種，因周天如出首，隨勾串薩凌阿捏稱還錢銷字，抑或實係張三無力退出。當經飭縣訊辦，該縣自應遵照部文，訊明妥擬，何得一任于坤捏稱前項所借錢文業已清還，現在交租，并非典當，從前供稱租利兩不來，係屬錯供，混行狡賴，殊屬未協。并令該縣于文到日，作速遵照本部先後原行，將張三等傳案嚴行質訊，録供妥議報部核結。應咨內務府，轉飭訊明王福全有無因佃戶于思寬欠租，于思寬情願將契典趙姓房地抵作租錢，曾否立有字據，逐一研訊，録取供詞，追取字據、原契送部查驗，等因，前來。當經職司隨移查該旗去後。今據鑲黄旗署理參領雙德等覆稱，據管領明祥保稱，查得本管領下王福全原有永清縣地畝，坐落龍虎莊地方，佃戶于坤承種，拖欠地租，于思寬并無立過趙姓房山地畝契紙字樣，是實。等情，結保前來。相應將該參領、管領等查覆情節，咨覆戶部查辦可也。爲此具呈。

同上　清嘉慶九年九月十三日莊頭處呈稿

［嘉慶九年九月十三日］管理三旗銀兩莊頭處呈，爲咨覆事。准戶部咨，據灤州監生劉玉文赴部呈稱，緣內務府鑲黄旗投充莊頭李長善之祖於雍正八年有買得民人李公實等民地，過撥錢糧，稅契粘尾。至乾隆二十一五年等年，李長善將此地二契賣與生父永漢地二十五畝，根契存驗可查。於二十八年，李長善同兄李如桂又賣與生伯輝漢地四十畝，均經隨時過撥錢糧，稅契粘尾可據。另外有生父在日於四十五年買得民人張得仲、張明民地三十七畝；生伯輝漢於乾隆二十八、三十等年買得民人李廷相、李守新、蘆守貴民地九十七畝；又生叔祖元信、元惠在日於二十三年買得民人李依善民地三十八畝；俱皆過割錢糧，稅契粘尾。此項地畝均屬毗連，坐落王輦莊東，契紙呈明，俱在本州。生家自置地以來，相安四五十年，并無異說。五十四年，李長善莊頭被革，李顯成接充數年，亦無一語。至去年李顯成病故，李振業年十三歲接充，忽於今春李顯成之弟李德成同李振業在內務府控生霸地指租，蒙內務府牌行灤州查地查租，業蒙州主訊明，李顯成在日原欠生東錢一千吊，係李振業母舅馬永慶寫立欠約，馬永立并楊懷義作中，并無霸地指租情事。各具結在案。詎李德成詭計非常，見李振業年幼，主使并不認還欠項，反誣生家遠年祖置民地賴爲官地，伏思身祖父所置民地，不惟隨時稅契粘尾、過撥糧串可憑，且有伊祖上雍正八年買得民地根契可驗，況另買民人張得明等民地均有紅契錢糧爲證，何得賴爲旗產，且伊官地坐落李家套，并

不坐落王輦莊，有檔可查。再，李振業在州供稱，伊祖投充差地九頃五十七畝，伊起租簿內有地十三頃零，已有盈無絀。且李顯成於五十八年在州呈明劉福漢之伯劉元惠所買之地，係伊叔祖李義善自置民地，并非差地，伊差地原坐落李家套，有案可查。詎李德成主使，妄控不休，拖累難堪。再，過繼抱養民籍不准入檔，聞得李德成之父係屬民人，不知何法紊入旗丁，在內務府妄控不休，冤莫伸訴，只得奔叩恩准親提，追償欠項，飭查丁地檔冊，則眞僞立見，懲刁惡以安黎庶，則生等闔家均感戴不盡，等情。查此案該監生劉玉文之叔祖并父伯等契置已革莊頭李長善坐落王輦莊地畝，既係有糧民地，其接充莊頭李顯成之弟李得成并李顯成之子李振業因何控劉玉文霸地指租？既經灤州訊明李顯成在日欠劉玉文東錢一千吊，并無霸地指租情事，李得成因何又主使李振業不使認還欠項？反將劉玉文家民地賴爲官地。今劉玉文等紅契既在灤州呈存，應牌飭該州即將李得成、李振業等查傳到案研訊確供，所有差地、民地，按照地檔契據分別查勘明晰，并將振業之父李顯成有無借欠劉玉文錢文一并訊明，擬議報部核辦。并咨內務府轉飭查明李振業現在承領灤州差地共係若干，是否均坐落李家套地方，李振業之叔李得成旗檔內係如何開載，即將丁地各冊一并檢齊送部，以憑查核。等因，前來。查李振業現在承領坐落灤州李家套等莊在檔官地共十七頃零三畝八分一釐，李振業之叔李得成係丁檔有名李廣之次子，相應將李振業地冊并丁檔家譜各照抄一本咨送戶部查核可也。爲此具呈。

同上 清嘉慶九年十一月初二日會計司呈稿

［嘉慶九年十一月初二日］會計司呈，爲咨覆事。准戶都咨稱，現審處案呈，查內務府正黃旗領催莫爾更額控杜去非欠租霸地一案，前經本部訊明莫爾更額向杜去非之父杜正瞻長租情事，照例在於莫爾更額名下着追租項入官，前地五頃三十二畝，斷令莫爾更額管業，隨牌行獲鹿縣，俟莫爾更額到縣，飭令杜去非將前地指對清楚，莫爾更額應得七、八兩年地租，亦即飭令杜去非完交在案。嗣據杜去非之子杜孟屏以莫爾更額將前地另佃等情赴都察院呈控，咨送到部，經本部訊據杜孟屏供，伊父種莫爾更額前地，每年每畝租銀三錢，立有合同，七、八兩年租錢，衆佃已交過制錢四百七十二吊，若按三錢銀子一畝合算，連九年租錢都有了，今本縣將伊父押著追租，伊父因不得地種，反要多追租銀，所以控告。莫爾更額供，杜去非同各佃等已將地畝退給伊收領，七、八兩年租錢，本縣只在各佃名下追給制錢四百七十串，尚有杜去非名下應交租錢一百六十串并未交納，伊并未要加增租錢，等語。今行據該縣訊據杜去非供詞，與伊子杜孟屏所供情節大略相同。并據該縣聲稱，莫爾更額呈請收領地租，當即差傳杜去非并各佃指地交租。旋據杜去非并各佃將地畝指交清楚，并經莫爾更額共收佃戶張士登等租錢四百七十串有零，惟杜去非應交七年租錢一百十二串七百文，分文未交。查莫爾更額原立合同內，每年每畝租銀三錢，彼時係借杜去非之父杜正瞻銀錢贖地，所議租銀未免過於輕短，今莫爾更額與各佃議明，每畝租錢五六百文不等，既係業佃兩相情願，核與鄰地租則多寡亦不甚懸殊，莫爾更額稟請收取地租呈內，有奉部斷結撤地歸與業戶自便之語，因而聽其自行召佃議租，等情。查此案前經本部斷令莫爾更額赴縣指對地畝，收領租錢，并未令其撤地另佃，即莫爾更額前稱杜去非尚欠租錢一百六十串，今該縣查覆杜去非止欠七年租錢一百十二串零，亦與莫爾更額所供互異，應咨內務府傳訊莫爾更額，伊應收七、八兩年租錢，除收過四百七十餘千，按三錢銀子一畝核算，已屬有盈無絀，伊何捏稱杜去非尚欠錢一百六十串，前項地畝因何不令杜去非承種，自與各佃議明收租之處，逐一録取確供咨部核辦，毋任狡飭干咎。并在莫爾更額名下追出得過長租銀錢送部入官，毋任稽延，等因，前來。當經行據正黃旗參領那祥等覆稱，據佐領常瑞保稱，據領催莫爾更額結稱，身家公共祭田地五頃三十二畝，從前每年租則按年歲豐歉收取，并非每畝租銀三錢，嗣因長租與杜正瞻名下，是以議租甚輕，每畝僅議三錢，長租二十年，今年限已滿，伊不肯交租，身即赴部呈控，杜正瞻之子杜去非聞知，就於嘉慶六年將身地在縣首報，部文到縣，除伊種着二頃二十餘畝未經退出，其餘三頃餘畝，經本縣查收，召佃承種，照鄰地議租，每畝租制錢五六百文不等。至八年，蒙部斷令身赴縣收領地畝、租錢，身即赴縣，經該縣傳令，杜去非亦將所種前地二頃二十餘畝當堂退交與身收領，身即另佃，每畝亦照鄰地議租制錢五六百文不等，七、八兩年共收制錢四百七十二串，其杜去非八年退地所欠七年分租制錢一百十二串七百文；又鄉長薛耀宗承種地四十五畝，亦欠八年分租制錢二十三串二百文；二項共欠制錢一百三十五串九百文，理宜照議定租數交納，身前在部所報一百六十串之數，係屬訛報。今杜去非何得將七、八兩年租錢亦照每畝三錢核計？況前地係伊情願退出，非身奪佃，且七、八兩年租

錢，係該縣由另佃名下征收，非杜去非承攬交納，伊何得將伊應交七年分租錢亦含混在內？是杜去非有心狡賴無疑。惟乞行文戶部，轉飭該縣將七、八兩年租錢一百三十五串零追交與身收領。至身應交長租銀錢，爲數甚多，一時實難措繳，容俟身收清地畝租錢時，再行設措完交。等情，具結。等因，結稱咨覆前來。據此，相應咨覆戶部查辦可也。爲此具呈。

同上　清嘉慶九年十二月初十日都虞司呈稿

〔嘉慶九年十二月初十日〕都虞司呈，爲咨行事。前因職司鶴鶉戶韓廷秀呈控韓廷彥不肯分給當差官地，又韓廷彥呈控韓廷秀之父私典地畝是以不肯分給，等情，呈明移送慎刑司審辦在案。今據慎刑司文稱，韓廷彥不肯分給韓廷秀地畝之處，藉稱韓廷秀之父韓祁私典官地，但韓祁已故，韓廷秀又堅不承認，即據韓廷彥呈出贖地契紙，是否屬實，必須札行該縣，將原典主王二等提傳到案，質訊明確，方可定案，等因，前來。隨奉阿大人諭，着將鶴鶉戶韓廷彥、韓廷秀仍送交慎刑司收審。又據韓廷秀供出，韓廷彥將當差官地五頃內，私典與民人趙文林等一頃三十三畝，韓廷彥亦堅不承認。兩造各執一詞，礙難斷案，相應呈明，將韓廷秀、韓廷彥互相供出私典地畝及私典官地民人之姓名，開寫粘單咨行戶部，轉咨直督，飭令該縣傳集一干人證，訊明該民人等果否私典韓廷彥、韓廷秀二人名下當差官地之處，撤取典當地畝日月契紙，作速具文申覆本府，以憑歸案核辦。又據戶部文稱，鷹手他坦達王平升呈控王心美等偷典官地一案，咨催本府詳查鷹手他坦達王平升承領豐寧縣舊郭家屯差地是否六十一頃、房三百餘間，每年應交差銀若干，王平升所稱開墾納糧地四十頃，是否官產，抑係伊等私產，有無檔冊可稽，逐細查明，即將差地、糧地段落四至簽明印冊，送部核辦，仍飭令王平升及衆鷹手等速赴豐寧縣，聽候委員勘訊辦理。鷹戶莊頭鄭鐸呈稱張炳等霸地一案，咨行本府，即行差傳該鷹戶莊頭鄭鐸到案，訊明伊所控張炳拖欠租糧，是否因伊曾經借欠張炳東錢八十吊，將張炳應交五年租錢糧石算明，抵作本利，趙永恆等應交租糧，果否照依該縣小集鎮市斗交還，并將升斗發給收領之處，詳細録取確供，速即咨部，以憑核結，毋任狡延，致干嚴辦。該縣詳稱，鄭鐸前在該縣互控，既經遵斷，何得抗不收租，復赴部堂呈控，嗣經前署縣斷結，又不投具收領，殊屬刁健，本應按律究辦，第到案即行供明，應免置議，等語。應俟內務府訊明咨覆到日，一并核擬，等因，前來。今據鵪鶉戶頭目鄭鐸結稱，民人張炳於嘉慶六年拖欠租糧，又將小的分糧斗搶去，因此在戶部呈控，因戶部飭交豐潤縣訊明，將租糧全交，搶去分糧舊斗仍歸小的收領，照舊加墊子一個，并無私行大斗等弊，如有私行大斗，若被查出，或被人告發，小的情甘認罪，等因，具結前來。相應照依所結，咨覆戶部查照。至鷹手他坦達王平升呈控王心美等偷典官地一案，查本司所屬鷹手他坦達承領之差地，俱係該他坦達與衆鷹手蘇拉等分種，備辦野鷄、鷹、鷂等項，交該他坦達匯總交納內庭差使，其地內所有房間，係伊等自蓋居住，并無應交錢糧，實係官地旗房，本司無案可稽。至開墾山坡官地，俱係由該縣征收錢糧，并不在本司交差，該縣自應有檔案可稽。至他坦達王平升在部供稱，伊名下鷹手等承種官地六十一頃，本司原有檔案，因嘉慶六年間淫雨連綿，庫房倒壞，致將檔案糜爛不全，實難稽查。相應咨行戶部，轉飭該縣查明鷹手他坦達王平升等承領差地及開墾山坡糧地段落四至、頃畝數目，造具四至弓口圖樣、印冊各一本咨送本府，以便存案，仍由該縣詳細查明，造具差地、糧地頃畝段至，并佃戶花名清冊，咨送戶部核辦。再，鷹手他坦達王平升及衆鷹手等，現在京內無差。俱在豐寧縣居住，一并咨行貴部飭知該縣，將伊等傳喚審訊，等因，於本年九月間咨行戶部在案。相應咨覆戶部查照。又准戶部文稱，鵪鶉戶趙大麒呈控佃民劉文貴等拖欠租錢、偷典差地一節，移咨本府秉公訊擬，仍俟審結後，即將趙大麒押交灤州訊辦，并將起程日期咨部查核，等因，在案。今據慎刑司將趙大麒呈控趙成魁一案審辦完結，已將審辦緣由咨行貴部，轉行都察院查照，并咨行本司，遵照部咨，將趙大麒押送灤州質訊辦理，并將趙大麒起程日期報部，等因，前來。今本司委派差役胡文選、馬進保，於十一月二十八日起程，將趙大麒押送灤州，聽候質訊，相應咨報貴部查照可也。爲此具呈。

韓廷彥供出韓麒等典過地畝數目：

韓圻同侄韓廷彥將坐落大屯地十畝典與民人魏姓；　韓公茂同，韓公盛將坐落劉家莊地四十畝典與民人李姓；　韓麒將坐落六莊地八十一畝典與民人任姓；　韓麒將坐落劉莊地十九畝典與民人孫姓；　韓公盛將坐落大屯地十三畝典與民人陳姓；　韓公盛將坐落沙帽頭地十六畝典與民人周姓；　韓麒將坐落劉莊地四十畝典與民人周姓；　韓麒將坐落梁家莊地六十三畝典與民人王姓；　韓麒將坐落六小莊地五十六畝典與民人梁姓；　韓麒將坐落劉莊地二十八畝典與民人王姓。

韓廷秀供出韓廷晏私典地數目：

趙文林典地四十畝［四十五年］，任姓典地十一畝［九年］，周相臣典地二十畝［八年］，劉進武典地二十八［八年］，何三諸姓典地三十四畝［八年］。

同上　清嘉慶九年十二月十六日會計司呈稿

［嘉慶九年十二月十六日］會計司呈，爲咨行事。據正白旗那敏管領下通州頭等莊頭張常椿赴案呈稱，竊身有官圈地二頃坐落寨里村前，身故父張永池於乾隆四十八年原指地租項借過民人吳天增銀四百兩，每年以租銀抵除，伊恐不實，假借富永之旗名爲典當，以圖永遠種地。身於嘉慶七年抄讀本衙門曉諭旗民交産禁例，彼時即欲呈報，已向伊説明，伊央求再三，情願讓銀二百兩令身回贖。奈身自嘉慶二年以來，地畝荒歉，官差尚屬遲累，實未回贖，延至今冬，身挪借銀二百兩向伊贖地，以免前愆。不料伊姐夫崔國璽串通吳天增，揑造文約書，言身故父指地一頃借過伊京錢四百吊，二分行息，亦係崔國璽之保，身并不知情，又與手字花押不符，顯係訛詐侵霸。兼有寨里村前地五畝，自乾隆四十八年吳天增隱種潤己，現經查出，訕言身故父給伊妹塡箱之資。似此情節，俱係皇産攸關，實出無奈，理合叩懇大人恩准法拘交司，照例審辦，實爲德便，等情，具呈到案。查莊頭張常椿以伊故父張永池指官地借過民人吳天增銀兩等情，查吳天增係屬民人，本府未便傳訊，相應移咨戶部轉飭查辦可也。爲此具呈。

同上　清嘉慶九年十二月二十四日愼刑司呈稿

［嘉慶九年十二月二十四日］愼刑司呈，爲審明治罪事。據正黃旗廣裕佐領下披甲瑪春呈遞家奴薩淩阿欺隱地畝，不交租價并該家奴之子七十五欺主等情一案，當經提傳到案。訊據瑪春供，我是正黃旗廣裕佐領下披甲，我父親原苑丞普慶在日，有祖遺地三十九頃、鋪面房五所，俱交契買家奴薩淩阿經管收租，所有契紙并薩淩阿賣身文契，亦係薩淩阿收存。我家因辦理喜喪事件，原賣了些房地，每年尚取租錢五百吊，還有齊化門內住屋一所。至嘉慶七年我父故後，薩淩阿將所取租錢分文不交，至八年正月間，又稱齊化門內住屋我父親在日已經押借銀兩，催我搬房，我到他家，見他兒子七十五，問薩淩阿討要租錢，七十五反出言不遜，向我爭吵，經薩淩阿賠禮息事。後來我屢向討要，薩淩阿只給還分單一張、執照二張，其餘契紙并租錢，支吾不交，我令其下屯取租，他也不去，我情急呈控的，只求追究，是實。據薩淩阿供，我是原苑丞普慶契買家奴，年六十九歲，從前主人的地畝、房産，俱是我經管，原有房五處，早已賣出，只有齊化門內房一處押給正白旗滿洲護軍明姓。又有地三十九頃零，內除劉姓贖去二頃二十畝，賣給阿姓地十五頃六十四畝，典給內官監張二格二頃七十畝，典給正紅旗閑散興姓八頃二十八畝，又有易州地九頃四十二畝。因從前主人借過佃民劉成等錢文，是以總沒收租，又把地契押給民人蔣姓一張、押給正紅旗興姓兩張。所有典賣出房地價銀數目及買主，并押契原主佃民姓名、住址，另開清單呈驗，現在只剩易州收租地三頃十二畝，每年取租錢一百八十吊，自嘉慶六年至八年，有佃民拖欠及我已收未交共欠主人地租錢五百四十吊。至典賣房地銀錢，有主人收用的，也有我使用的，現因年久，實在記憶不清，所有典出地畝、房間并所押契紙，我情願同小主人向各典買主對明，除主人立有親筆字據的，我不能辦回來了，主人未立字據的，我情願自去料理，要回交還小主人。至主人所借易州佃民錢文，今佃民種地年分已久，地租已可抵還借項，也應將地交還，我情願先行措交地租京錢二百吊，給小主人做盤費，我討限隨同小主人前往易州并各處對明典賣出地畝，向佃民撤出并收取歷年拖欠及現年應交地租。倘我不能把地畝契紙要回，經小主人查出我有私自盜賣情事，我情甘加倍認罪。至主人交我收存我的賣身文契，現已遺失，我情願補寫一張交給小主人。至我兒子七十五頂撞小主人，我曾賠禮討饒完結。只求恩典。據七十五供，我是原苑丞普慶家生子，上年正月初八日，小主人到我家，向我問及我父親所辦的租錢爲何不交，我原説不知道，小主人就生氣，向我村斥，我頂撞了幾句原是有的，并沒別有干犯的事，是實，各等語。查薩淩阿係瑪春家契買家奴，服役多年，瑪春之父普慶在日，想因本身不能料理家務，隨將所有房地契紙俱交薩淩阿收管取租，乃該犯見伊主柔懦可欺，乘其乏用，即將房地代爲典賣押借，從中侵漁。迨普慶故後，見瑪春孤幼，主母孀居，更肆其貪饕，甚至將未經典賣地畝應收租息，三年不與分文，欠至五百餘千之多，喪心昧良，莫此爲甚。本應即行依律懲治，但現據該犯懇祈予限，先行措交租錢二百千，其餘錢文，陸續完交，并祈隨同伊主前往各處查對典押地畝，撤歸瑪春，并收取拖欠及現年租錢等情，自應姑從所請，俟其查對明白，瑪春具報到日，再行核辦。當經勒限飭令薩淩阿措辦錢文去後，玆據依限交到京錢二百

吊，隨傳瑪春當堂收領，取具領收附卷，并據瑪春回稱，既據薩凌阿供認願同我查收房地租錢，但我年輕，不能查辦，懇求與我堂兄阿興阿同薩凌阿前往各處對明，如有我父親字據，我情願自行取贖，如無字據，即令薩凌阿贖回。收回佃民所種地九頃四十二畝，取收佃民所欠曆年并現年租錢，倘查係薩凌阿私自典賣，不能收回房地租錢，再行赴案回明究辦，等情，前來。除飭令薩凌阿補立賣身文契給付瑪春，報明該佐領載入檔冊外，應將薩凌阿交瑪春領出，令瑪春、阿興阿在該佐領下告假前往易州等處查收地畝、房間地租，如佃民劉成等不將地畝交還，并欠租之佃民不將租錢清交，許瑪春前赴易州稟明究辦，并札行易州照依辦理。至薩凌阿之子七十五，明知伊父經管主人產業，多有侵蝕，當瑪春過問，不思央懇，反敢用言頂撞，亦屬膽玩，應將七十五照子孫違犯教令律杖一百，加枷號一個月，滿日鞭責發落，交瑪春領回服役可也。爲此具呈。

附：另開清單

易州揚威城等處共有地三十九頃零，內除揚威城地一頃五十一畝，揚威城地八頃二十八畝，中高村地一頃二十畝，東哨村地七十畝，大巨村地三十六畝，賈莊地十畝，血山村地一頃二十畝，山南村地三十畝，墳莊村地九十畝，山兆村地一頃。

以上十處，俱於五十七年契賣給阿中堂，共地十五頃五十五畝，價銀三千五百兩零，每年租錢八百二十吊零。此項地不能回贖。

又易州武陽臺村地二頃七十畝，於五十七年契賣給張二格，價銀四百兩，每年租錢一百三十五吊。此地不能回贖。又五十七年德劉爺回贖於底村地一頃二十畝。又五十六年典與興姓安肅地八頃二十八畝，價銀二千兩，每年租錢五百三十吊零。此地不能回贖。

四共典賣并回贖地二十七頃七十三畝外，有易州揚威城現有地十一頃六十二畝，老圈地二頃四十畝，官買地一頃六十畝，官回贖地五十二畝，又沙地三十四畝，回贖王家地一頃零二畝，唐湖地坐落東西二固城，東莊地五頃七十四畝。

以上共地十一頃六十二畝，內刨水衝揚威城地四十畝，現實有地十一頃二十二畝，內除現在收租地三頃一十畝，每年取租一百八十吊如數交納，仍有地八頃二十二畝，每年租錢三百三十五吊零。向民人借九百六十吊錢，地二頃二十畝，又借七百吊錢，地六頃零。此項地下屯辦出歸還主人。

崇文門外木廠胡同房八間，每月租錢四吊八百文，於五十二年典給正藍旗官學生施姓，價銀三百五十兩。安定門外房十間，每月租錢三吊五百文，於五十二年賣給大興縣民人王喜，價錢三百五十吊。南藥王廟房十六間，每月租錢七吊五百文，於五十二年賣給內府王姓，價錢五百五十吊。里廣橋房三間，每月租錢一吊八百文，於五十二年賣給正紅旗金宅，價銀五十兩。西單牌樓絨綫胡同房一間，每月租錢四百文，於五十五年賣給宛平縣民人李姓，價錢六十吊。俱不回贖。

同上 清嘉慶十年閏六月初三日會計司呈稿

［嘉慶十年閏六月初三日］會計司呈，爲咨覆事。准戶部咨稱，現審處案呈，前據提督衙門咨送鑲黃旗包衣德新控楊際清不准贖地一案，前經本部查明，劉文福地畝既經德新備價回贖，自應給與德新執業。嗣據內務府咨，令德新赴縣收地。等因，隨牌飭順義縣，俟德新到案，立即將劉文福退出地五十一畝，照數給與收領報部在案。今准直隸總督顏咨，據布政使呈，據順義縣詳稱，嘉慶九年十一月內，據鑲黃旗安慶管領下護軍德新投案呈稱，竊縣屬馬坡村佃戶劉文福名下應交回贖地五段，共五十一畝，嘉慶六年間，奉部文赴案收領，彼時身差務紛繁，未及具領，今身告假來縣，等情。據此，當經署任李令飭差指交，旋據馬坡村民人劉文福之孫劉邦旺，并護軍德新分具退領清楚各狀，所有德新收清地畝緣由，擬合同退領各狀，申請查核轉詳，等情，由道咨轉到司。准此，本司覆核無異，擬合具文同送到領退各狀咨部，等因，前來。相應移咨內務府，轉飭訊明該護軍德新，伊曾否將順義縣地五十一畝向劉文福之孫劉邦旺收清之處？録供咨部，以憑核結，等因，前來。當經行據廂黃旗參領雙德等覆稱，據前任管領安慶、今改管領瑞玉報稱，據護軍德新結稱，切身應收回贖順義縣地五十一畝，於嘉慶九年十二月赴縣，收劉文福之孫劉邦旺退出地五十一畝，照數收回，是實。等情，具結。等因，結呈咨覆前來。據此，相應咨覆戶部查核可也。爲此具呈。

同上 清嘉慶十年閏六月初九日莊頭處呈稿

［嘉慶十年閏六月初九日］管理三旗銀兩莊頭處呈，爲咨覆戶部事。查先據通州申詳，蒙內務府牌開，投充許秉公呈控佃戶趙明、韓國棟霸地指租一案。當即差傳許秉公并趙明、韓國棟到案，據趙明供稱，許秉公借過趙明

京錢八十八千文，又找借京錢九千文，又歷年代糧京錢九百文。又據韓國棟供稱，係許秉公指地八畝借過伊京錢一百一十千文，找借京錢十一千，并三年以後歷年代糧京錢八百文。當即查驗契紙并傳中人許山即許巍、韓國臣，供認確鑿，其爲莊頭許秉公私典差地已無疑義。查例載：指地借錢即同私典。今莊頭許秉公投充莊頭，承領差地，膽敢私自典當，復以趙明等霸地措租揑詞具控殊屬不法，自應將趙明名下地九畝、韓國棟名下地八畝退出另佃征租，仍在莊頭許秉公名下看追得過趙明原典地價并找借共京錢九十七千文，又應追得過韓國棟原典地價并找借共京錢一百二十一千文，先行入官，冊報解部，仍祈咨行戶部，檄飭下州，以便遵照辦理，等情，前來。正在核辦之間，旋據許秉公呈稱，竊身二月間在本衙門呈控地佃韓國棟、趙明霸地措租一案，蒙牌行通州追地交租，不意韓國棟詭計百出，自己潛逃一旁，私揑假契，囑令伊弟惡棍韓老冒名赴州案，狡稱此係身父於乾隆五十二年曾指地借到伊京錢一百十千，立有文約可憑，係身族丁許巍作保，歷年交身地糧錢八百文，後身又使伊錢十一千，而趙明亦伙同揑稱身於嘉慶元年借到伊京錢八十七千，後二次又借伊錢九千，亦立有文約，係許山作保，歷年亦交身地糧錢九百文，等語。伏查韓國棟與韓老久經各爨，此地韓老未種寸壟，韓老持伊素善爭訟，且知許巍與身素有仇怨，是以與趙明伙謀賄買許巍，鐵口狡證。身父去世多年，曾否借錢，身并不知情。至身若借伊等錢文，必立有親筆借字花押；若收伊等地租，亦必給有收糧字據。今伊等揑造假契，并無身親筆花押，亦無收糧字據，且韓國棟契上書寫五十二年許秉公所立，彼時係身父充當投充，身只六七歲，何能立字借錢？明係伊等揑造契紙，希圖訛詐，顯然易見。且韓國棟、趙明契內保人許山、許巍，即係一人二名，改名兩頭作保，是係賄買假揑，更無疑義。今州官竟被伊等朦混，僅憑一面之詞，詳請按盜典官地例追身地價入官。泣思身并未借過伊等錢文，無價可追，身父即或借伊等錢文，不過因伊等久種此地，有地土之交，彼此通融錢財，并非盜賣盜典官地，何致追價入官，故身并未在州出具遵依。抱冤莫伸，只得叩懇□□人證案卷，研行質訊，核對字據筆迹，如果相符，身情甘認過錢文，如不相符，則伊等私揑假契之罪，亦難逃國法矣，等情。查此案投充許秉公具控民人趙明、韓國棟霸地措租之處，因事關官地官租，隨牌行通州追租交地。嗣據該州詳稱，係許秉公并伊父指地借錢，立有字據，應於許秉公名下將得過趙明、韓國棟原典各地價，照例着追入官，等語。又據許秉公呈稱，伊故父及伊并未指地借錢，係趙明等揑契賄串，計圖訛詐。且韓國棟所呈契紙，載明乾隆五十二年許秉公所立，許巍作中，彼時伊父充當投充，伊才六七歲，何能立字借錢。而趙明所供，嘉慶元年伊曾借錢文，係許山作中，立有契紙。許山即許巍，與伊素有仇怨，即有借錢情事，亦斷不邀他作保，乃伊竟改名兩頭作保，此即假揑賄串明證。況趙明等名下共租種官地止十七畝，而契載典價京錢二百一十餘千之多，該處地畝從無如此重價，其爲揑造圖紙亦屬顯然，等語。查此案或係趙明等霸地措租，揑飾抵賴，抑係許秉公父子私典官地，揑詞誣控？均須研訊明確，方足以折服兩造之心而結案牘。今通州僅憑趙明等一面之詞，草率詳覆，并未取具許秉公輸服遵依，送案查核，以致伊歷控不休，難保無審訊不實情事。當經本府札行順天府，嚴飭該州復行審訊，務得確情，如果許秉公父子指地借錢，親立典字，自應追價入官；若浮借錢文，飭令伊等自行清理；倘實係趙明等揑造典字，抵賴侵占官地，亦即治以應得之咎。至趙明等所種官地，係現當投充許秉公當差地畝，即追交許秉公管業交差，務須逐一訊明，取具兩造遵依甘結，秉公結斷。等因，去後。旋准順天府覆稱，此案前據通州訊，係許秉公指地借錢，詳請咨部追價入官，業經本衙門據詳，咨明戶部核覆在案，相應咨覆貴府查照，希即行咨部，并案核辦。等因，前來。今又准戶部咨稱，此案係內務府牌飭通州訊辦之案，應聽內務府核辦，等語。但旗民交涉之事，向例咨行戶部審辦，今該州所詳，與許秉公所呈情節大相互異，僅據民人趙明等一面之詞，草率詳覆，并未取具許秉公輸服遵依，殊未允協，若仍牌飭通州覆訊，勢必回護原詳，仍前朦混，倘不秉公究結，研訊確情，何以折服兩造之心而息爭訟，相應咨行戶部，提集人證卷宗，逐一訊明核辦可也。爲此具呈。

同上　清嘉慶十一年七月二十八日軍機録副

［嘉慶十一年七月二十八日］奴才富俊、榮麟、伍誠額謹奏，伏查盛京旗地，本身耕種者十不及半，大率租與民人耕種。一時緩急相通，借貸在所不免，久之易租爲典，遂成積弊，旗產不爲旗有。檢閱舊卷，清查并非一次，辦結後，越十餘年復蹈故轍，甚至交爭構訟，兩造隱匿私典、受典之情，假爲他詞飾說，部員逐層追究得實，隨案照例科擬。并有租給民種，無故加租奪佃，興訟每年不下數十起。推原其故，皆因旗、民雜處，其始議租，久遂爲典，旗

界官役，但知其租，未悉其典，迨旗人不能納糧，奪佃增租，始行破案。該處鄉保，以旗地非伊所管，即明知民人受典，亦難報官，此皆不能責成互相稽查之所致也。此次查辦，擬定章程，如年滿後，地固撤交原業旗人，若一概責令自種交糧，勢有未能，緣出典之旗人，多係窮戶，其無力耕種，典賣與正身旗人者，例所不禁；或不忍棄業，情願租與原佃民人者，應聽其便；俱令報明旗、民守堡鄉保，議租立約，俾資糊口，地糧仍在原業名下完納，如不欠租，不准增租奪佃，年終匯報地方官查核。如有私典情弊，該守堡鄉保等隨時呈報究處，徇匿者罪亦如之，以杜日後私典，并息增租奪佃之漸，庶案牘日就清釐，是以章程内酌擬簡叙。至首出私典之餘租，私開地，共一千五百九十二畝三分，合小數價錢一萬三千六百九十三吊七百一十文，出典旗人五十七戶，受典民人六十一戶，應照盜典官田例科罪，奴才等已飭地方官撤出入官另佃，按則征租。惟念民典旗地正案業蒙特恩，寬免價息治罪，此項地畝究屬自首，可否推廣皇仁准予寬免之處，天恩出自聖主。所有歷任失察各員，事非一年，官非一任，合無仰懇鴻慈，准照恩詔以前寬免之例辦理，伏候訓示遵行。謹奏。

嘉慶十一年八月初八奉硃批：另有旨。欽此。

同上 清嘉慶十一年七月二十八日軍機録副

[嘉慶十一年七月二十八日]奴才富俊、榮麟、伍誠額跪奏，爲清查民典旗地，酌擬章程，恭摺奏聞，仰祈聖鑒事。竊查民典旗地一案，於嘉慶十年八月初三日恭奉上諭：盛京清查民典旗地一事，前經戶部議令勒限一年，准其首報，其旗人首報者，撤地入官，即佃原業旗人，按則輸租，免罪，免追典價，民人照例治罪，并追歷年租息入官；民人首報者，免罪，免追租息，即佃原首民人輸租，并免征一年租銀，以抵典價，其出典之旗人，照例治罪，并追典價入官；如旗、民公首者，均免治罪，免追典價、租銀，仍令民人佃種，三年後，將地入官，交原業旗人承種輸租；當經降旨施行。今據富俊等奏稱，自上年九月至今，業據旗、民首報地約二十一萬餘畝，等語。此項民典旗地，事閲多年，且尚有輾轉接典等事，頭緒繁多，該旗、民等均係窮苦之人，今既各將地畝呈首，而一則應追典價，一則應追租息，俱不免追呼之擾，且尚有應得罪名，其情究屬可憫。茲格外施恩，着將業經首出地畝所有旗、民人等應得之罪并應追典價租息銀兩，一并寬免。此事前已降旨，展限至明年二月爲止，嗣後旗、民人等如有依限續行首報者，一律照此辦理，以示朕省方行慶，普惠旗、民至意。至應議章程，仍著富俊等屆限滿時，再行奏明，交部核辦。欽此。欽遵。在案。奴才榮麟調任後，會同奴才富俊等，通飭旗、民地方官，轉諭旗、民作速首報，自嘉慶九年九月二十六日起，至十一年二月底止，陸續共首呈二千二百零五張，約計地二十七萬餘畝。因案情頭緒紛繁，查辦需時，於三月内將欽限屆滿截止核辦之處，恭摺奏聞，於本年四月初四日奉硃批：知道了。欽此。奴才等隨覆嚴催各屬，行令旗、民地方官會同傳訊驗契，分別款項詳報，去後。茲據各城陸續將查審各案造册呈送到部，奴才等遞加詳查，報到案内有契開地數較原首短少，核屬浮報；有契本租帖，并非巧典，核屬誤報；有已經典後回贖，旗人住居在省，不知底裏，核屬冒報；有輾轉接典，契地現在旗人執種，此類均經查詢明確，應行扣除。又有盜典王產、主地、他人田土以及借名代買各案，俱應照本例另案科擬，不在民典旗地專條内計數。并據詳查，無原業及受典民人攜契回籍，無憑拘質，不悉原委，仍需查訊之案，俟補行歸款核辦外，現在各城册開，實係旗人將已身紅册地畝典與民人，并指地借錢巧典之案，共地二萬一千五百七十七畝九分，價銀五千四百三十九兩，小數錢三十一萬六千一百零六吊二百六十文，出典旗人八百七十二戶，受典民人八百六十九戶。訊無別項轇轕不清，應照現行事例，分別首報先後及公首情形，先爲辦結。奴才等伏查，紅册旗地，例禁典給民人，一經查辦，改糧爲租，原屬舊例。今蒙皇上恩予免罪，并免追典價租息，法外施仁，旗、民無不銜戴。惟念紅册旗地，向例納糧，以實倉儲，額有定數，若一概改爲征租，於倉儲不無虧額。可否將此項地畝准擬：旗人呈首者，地令民人承種二年，以抵典價，即撤交原業旗民納糧。民報者，准其承種四年；旗民公首者，准令民人承種三年；以抵典價，其額糧仍令原業旗人交納，年滿後，撤地交原業納糧，毋庸改爲征租。其餘地、私開等地，仍照例交租，庶倉儲不致虧額，而旗產仍歸旗有矣。所有核應扣除之地十二萬四千五百一十八畝七分，業據該地方官會同委員查訊明晰銷算，出具并無絲毫捏飾取結備案，并飭將首典餘地，私開共一千五百九十二畝三分，逐一履勘，按三則之例，分別交租，造册起征。至行查未清地十二萬二千三百餘畝，究[容]俟訊明另案歸結。此次查辦之後，該旗民人等如再違禁私典，將兩造、中證及守堡鄉保一并治罪，地畝入官，照追典價、租息，失察之地方官，照例

嚴參。謹將查清民典旗地酌擬章程繕録清單，恭呈御覽，伏候敕部議覆，到日奴才等遵將前後查清人地各數，造具細冊送部查核。奴才等愚昧之見，是否有當，理合恭摺具奏，伏祈皇上睿鑒。謹奏。

嘉慶十一年八月初八日奉硃批：戶部議奏。欽此。

同上　清嘉慶十二年四月二十一日莊頭處呈稿

［嘉慶十二年四月二十一日］管理三旗銀兩莊頭處呈，爲咨覆事。准戶部咨稱，查任邱縣民王眞文等控內務府莊頭胡萬年奪地一案，【略】今據任邱縣詳稱，據此，卑職審得民人王眞文控胡萬年奪地一案，緣胡萬年伯父胡之璉向充內務府莊頭，領種坐落卑縣龐家、臨河等村地七頃二十七畝三分四釐，佃與民人王眞文等承種。嘉慶九年，胡之璉因拖欠錢糧，經內務府革退，後經新放莊頭胡萬年接充。卑職於嘉慶九年十二月并十年二月先後奉文押令舊莊頭胡之璉指交地畝，并於各佃下追取八、九、十三年租銀，一并交新放莊頭胡萬年收領。【略】於是年十一月間蒙內務府牌行，以胡萬年呈控并未收領租銀，飭令在於各佃名下着追給領在案。卑職因查此項地畝租銀既經新、舊莊頭與各佃自行議明，造送地畝清冊并租銀交收各狀，寫立字據送案，甫經詳請咨部，胡萬年又何以赴內務府翻控，其中不無別情。當即飭差嚴傳各佃訊供，因王眞文等俱各外出，胡萬年亦旋即回京，以致無憑質訊。迨本年四月間，內務府委員吉壽復同胡萬年到縣。卑職復差傳各佃到案，始據劉子厚等供出舊莊頭胡之璉等私行租、當差地，情願拋價認租緣由，并據各佃將契紙呈送到案。卑職正在差傳王眞文、胡之璉、胡太僕等赴案質訊間，民人王眞文即赴大部呈控，蒙牌行令將有無任令內務府委員吉壽刑逼王眞文等退地，聲叙原案報部，等因。復蒙內務府委員押令胡萬年到縣，卑職隨傳各佃到案訊晰前情。查舊莊頭胡之璉所領內務府官地七頃二十七畝三分四釐，現在查訊明確，舊莊頭胡之璉之孫胡保德認種地一頃另二分四釐；胡之璉之侄胡永健認種地五十畝；胡維豹認種地四十畝；民人劉光遠等六戶認種地七十六畝五分；係胡萬年供認自行議租收取。民人胡敬軒等種地六十五畝，俱願照舊認租。其餘地三頃九十五畝六分，查驗所呈契紙內，胡萬年之父胡太僕共立當契十三張，當出地四十七畝三分，共當價錢三百五十一千二百文；立借契六張，共地二十三畝五分，指地借錢一百七十三千。舊莊頭胡之璉及胡重典共立當契三張，當出地十五畝五分，共當價錢一百七十千二百五十文；立借契二十七張，地一頃七十八畝，共借錢一千八百七十六千；租契五張，共地三十三畝，共租價錢一百八十一千二百文。又胡萬年胞伯胡文白共立當契五張，當出地二十四畝一分，共當價錢一百七十一千；立借契一張，地十畝，借錢八十三千。胡國慶即胡萬年立當契一紙，地三十七畝，當價錢三十七千。又胡萬年之本家胡愼思立當契一紙，地八畝，共當價錢四十二千。以上胡太僕等五人共立當、借、租契六十二張，共地三頃四十畝一分，共價錢三千另八十八千六百五十文。其餘地五十二畝六分，亦係王眞文等承種，并無當租契紙。查舊莊頭胡之璉承領內務府官地，膽敢與伊弟、伊侄私行當借錢文，新莊頭胡萬年既知伊父有指地當借錢文情事，且本身亦曾立契典出地畝，并不歸還當價，輒向各佃勒租撤地，均干法紀。民人王眞文等佃種多年，既知官地，輒行用價租當，并借給錢文，亦有不合，自應訊明按律究辦。奈胡萬年、胡之璉等依持莊頭，堅不承認典當情事，且認種地畝之胡保德、胡永健、胡維豹亦總不到案，恐將來復有轇轕不清，卑職礙難訊擬。除詳明藩司，飭委理事廳會同再行研訊胡之璉等起意私典官地確情，另文按例擬議詳報外，所有查案訊供過緣由，擬合具文申報查核。再，內務府委員吉壽已將胡萬年押赴回京，合并聲明，等情。相應移咨直隸總督，速飭該藩司，飭委理事廳會同該縣，即將胡之璉等典地各情訊究明確，録取確供擬議報部核辦。并咨內務府即將胡之璉、胡萬年押赴該縣候質，仍將起程日期咨部查核。等因，前來。查莊頭胡萬年應領革退莊頭胡之璉名下坐落任邱縣差地并自嘉慶八年爲始租銀，曾經本府於九年二月間牌飭該縣暫行收管在案，該縣彼時自應將地畝、租銀查收清楚。續於是年十月間飭令指交新放莊頭胡萬年收領，何難立即交清。若有別情，收管時即早應查明辦理，迄今數年之久，乃以舊莊頭并佃戶等未經到案藉詞耽延，并始據詳稱查訊得舊莊頭胡之璉等有將前地當借錢文各情，是否屬實，自應訊明究辦。但前項地畝、租銀係官地、官租，業已懸延數年，以致八、九、十等年錢糧至今懸宕未交，本府節年題銷本內，只得以該莊頭應得地畝租銀因該地方官尚未指交清楚等詞聲明暫免究辦。今未便再以查訊當地各情仍將官地、官租復任久懸，相應咨覆戶部，嚴飭任邱縣，務將前項官地并八、九、十、十一等年租銀先行刻即指交胡萬年收領清楚，以便將八、九、十、十一等年錢糧如數補交，題銷完款，免致國課虛懸。并取具胡萬年收領親筆甘結申送本府查核外，其

新、舊莊頭等指地當借錢文情事，俟查訊明確再行辦理。至胡萬年業經本府於三月二十五日押赴任邱縣，其胡之璉幷未在京，即令該縣就近傳訊。合幷咨明，幷牌飭該縣遵照辦理可也。爲此具呈。

同上　清嘉慶十二年五月十六日會計司呈稿

［嘉慶十二年五月十六日］會計司呈，爲咨覆事。准戶部咨稱，現審處案呈，易州民人陳士傑控王儉掯租一案，今准直隸總督咨，據布政使呈稱，據易州詳稱，據陳士傑供，小的是案下孔山村民人，乾隆二十一年，有京旗高長庚指坐落本村旗地七十五畝，向小的父親陳哲借使京錢一百六十吊，言明錢無利息，地無租價，二十年爲滿，錢到許贖。立給小的父親借約爲憑。後來小的父親死過，小的向佃戶王儉、王濟明、陳士奉們要租子，他們不給，小的才呈契控告的。高長庚現有兒子高國傑，係正黃旗包衣阿勒精阿佐領下馬甲，現在京中當差，只求詳請咨訊高國傑確供，就明白了，等情。據此，查旗人指地借錢，即與私典無異，例應撤地入官，照例詳辦。但查高長庚名下究竟有地若干，其典給陳士傑之父陳哲地七十五畝是否老圈，抑係自行典買，且前地既經典給陳士傑，因何又有陳士奉攬種地三十九畝，是否即在七十五畝之內，抑係另項地畝，而陳士奉攬種之地，因何歷年幷未交租，輒行私自典給王儉管業，其中有無別情，必須訊取高長庚之子高國傑確供，逐細質訊明確，方可按例究辦，擬合具文詳請查核，轉咨內務府查訊高國傑，飭知下州，以便質訊，等情，前來。相應移咨內務府，轉飭佐領阿勒精阿訊明高國傑，伊父是否高長庚，伊家有無易州孔山村地畝，共係若干，究係老圈，抑係契置，前地高長庚既於乾隆二十一年指使陳哲錢文，後於何年又租給陳士奉承種，逐一查訊明晰，飭取柄據送部，等因，前來。當經行據正黃旗參領佛鐘等覆稱，據佐領阿勒精阿保稱，據閑散人高國傑結稱，身父高長庚在日，原思祖宗每年祭祀無資，猶恐後世子嗣寒難，於乾隆十五年契典本佐領下披甲人王偏圖老圈地七十五畝，坐落在易州孔山村，原佃陳士奉之父承攬，俱係糧租，自身父承典後，即交陳自榮承攬，每年租息以爲祭掃之用，倘日後王姓回贖，將原價生息以爲祭掃之用。後因租價不齊，陳自榮總賴荒旱不收之詞，不能交租，又兼差務匆忙，無暇按季起租，於乾隆二十一年向陳自榮支借京錢一百六十吊，二十年後再行起租。自四十三年年滿，陳自榮應當還契交租，那時陳自榮病故，他孫陳士傑說貧苦難言，再三央求將此地七十五畝之內給他承種三十二畝，下剩地四十三畝，散佃承種交租，身父因其實在窮苦，無奈應允。至五十六年，身告假赴易州取租，陳自榮之孫陳士傑僅交散佃三十六畝之租，其餘幷不交清，身向他要契，他說一時找尋不着，俟找出送上京來。到嘉慶七年，陳士傑將原典契送來，所有借錢契紙，口稱失落無存。嘉慶十年，陳士傑又稱刁佃陳士奉霸地三十九畝，業經在州控告他承種無主無糧之地，身即在州聲明在案。切思身父在日所置之地，原爲起租以爲祭掃，不意陳士傑祖孫詭譎圈套，每年勒掯，致使身家支借錢文，自二十一年起，至今五十餘年，歸清借項後隱匿借契，身家幷無地畝給陳士奉租種，今陳士奉又將身家地畝盜典，似此巧詐之徒，若不呈明提究法治，身之旗產竟被鯨吞，理合呈明，等情。據此，咨覆轉行達部辦理，等因，前來。據此，相應咨覆戶部查辦可也。爲此具呈。

同上　清嘉慶十二年五月二十日會計司呈稿

［嘉慶十二年五月二十日］會計司呈，爲咨覆事。准戶部咨稱，現審處案呈，查內務府正白旗原任苑丞善德控應起龍等欠租一案，查此案善德承典李宗聖名下民地十九畝、馬傑名下民地三十畝幷果樹房間，前據昌平州詳稱，李宗聖等已將地畝指對善德管業，應隨地糧銀，請飭令善德差家人赴州過割更名，認交糧銀。今據善德在旗呈稱，伊承典李宗聖地畝，原典價錢二百吊，准其分爲二年歸價贖地，現已收過錢一百吊，下欠一百吊，俟本年大秋歸結，再行給還原契；至馬傑地價錢二百吊，幷不交價回贖，聽候該州辦理。等語。查李宗聖典給善德地畝，伊已歸還原典價錢一百吊，下短一百吊，已與善德說明，俟大秋後歸價贖地，其隨地糧銀，自應李宗聖照舊完納，應牌飭昌平州，飭令李宗聖按期歸價贖地完案。再，善德置典馬傑地畝，馬傑已將地畝指對善德家人收領，且在州呈請，令典主更名納糧，是其不願回贖可知，應移咨內務府，訊明善德承典前地如果已過十年，即令照例投稅，更名過割，以憑完案。等因，前來。當經行據正白旗參領長興等覆稱，據佐領克蒙額報稱，據原任苑丞善德呈稱，查馬傑地典契已過十年，例應投稅，但此地自十一年春收領後，荒至今日，無人租種，每年分文租錢不得，實無力投稅，亦不能在該州納糧，今情願將此地入官，所有此地民、紅契紙，職在戶部自行具呈聲明交納。等情，具呈。等因，轉咨前來。據此，相應咨覆戶部查辦可也。爲此具呈。

同上　清嘉慶十二年六月初九日莊頭處呈稿

［嘉慶十二年六月初九日］管理三旗銀兩莊頭處呈，爲移送事。據革退莊頭康九助之子康和呈稱，係武清縣大頓邱居住旗人，爲借名影射、掯地□□不交，叩恩追償以正名分事。竊身父康九助因欠山西宋元士賬目銀一千六百兩，手乏不能清還，付伊官地十頃亂本清賬。後因伊滚利叠算，身父在刑部控告宋元士，蒙大人斷案，將宋元士滚利叠算私賬折准官地，所欠伊銀入官，將身父康九助枷號三月，鞭撻，革退莊頭，追銀入官。按向例，投充莊頭偷典地土，革退莊頭。子孫頂替一輩，錢糧分文不欠。大人不准身充當，因此身情急叩控二額附公爺臺下，蒙交給本衙門老爺審斷，蒙本衙門老爺恩斷，叫宗廷梓交銀一千六百兩入官，給身養家地二頃，即叫宗廷梓之子宗世爲充當莊頭，現有宗世爲之父宗廷梓甘結在本衙門存據。於五十六年因身出外，身父有瘋疾，宗世爲將身養家地二頃騙出；至五十九年拖欠錢糧革退莊頭，有伊胞弟宗世英充當莊頭，於嘉慶三年宗世英又拖欠錢糧革退莊頭，宗世爲借伊堂弟宗士秀名影射，至十年比丁時，又將宗世爲之子宗爲平續名影射充當。按例拖欠錢糧革退，子孫永不許充當。又將郝家莊官地四頃八十畝一租六年，共合京錢七百二十千，租與陳品一名下，用奸計分爲三張租字，將身養家地騙出。身現貧苦無依，實在情急，叩乞恩電追還身地，以養性命不致餓死，則身頂德無既，等情，具呈前來。查康和之父原投充康九助，因屢借民人宋元士銀錢，擅將承辦交差官地私給宋元士租種抵欠，經本府遵照刑部審明奏准，將康九助投充革退，揀選得另姓莊頭宗廷梓之子宗士偉充當莊頭，照例將康九助名下官地如數指交宗士偉收領當差。嗣因宗士偉誤差革退莊頭，更替伊弟宗士英充當。宗士英嗣亦因誤差革退莊頭，更替伊堂弟宗士秀充當，等因，各在案。是前項官地緣康九助違例長租，既經撤出交宗姓承領當差，自不應撥給康和養家地畝。現當莊頭宗士秀係呈明照例安放，每年實係伊赴署交差，康和所控宗士偉騙出伊養家地畝并借堂弟宗士秀名影射之處，均無庸議外，至所控宗士秀在檔之子宗維屏係宗士偉之子，并將郝家莊官地長租與民人陳品一各情節，如果屬實，俱係違例，自應照例究辦。【略】訊據莊頭宗士秀供，身於嘉慶四年接充身族弟宗士英的莊頭缺，承領當差官地二十二頃三十四畝，今有康和控告身將座落武清縣郝家莊官地四頃八十畝長租了，此項地畝，實俱係衆佃分收糧石的，陳品一原租種身名下陳官屯地六十四畝，并無長租郝家莊官地是實。至身名下在檔實係三子，俱是身親生的，并無抱養過繼的，如有捏入謊報，只求傳問身合族人等就是恩典了。【略】茲據武清縣詳稱，訊據陳品一供，小的是陳官屯人，原租種莊頭宗士秀坐落陳官屯差地六十四畝，每年每畝交租小錢一千七百五十文，并無立字長租郝家莊地畝，現有宗士秀的管地人孫自太到案，可以查訊。【略】據此，隨查驗孫自太呈出各佃承種地畝數目賬簿，與所供無異，除取具甘結附卷外，所有訊過各供，擬合具文申請查核。前來。查本處向例：充當莊頭之人，或係同族人丁分種地畝交租，亦係現充莊頭之人自行辦理，并無撥給異姓養家地畝之例，檢查舊案，亦并無宗廷梓撥給康九助養家地畝甘結存據，是所控情節全屬虛誣，隨將康和喚至，當堂明白曉諭，而康和仍狡執所控宗士偉等各情俱係確實，嘵嘵不休。本處非問刑衙門，難以折服其心，相應將康和、宗士偉、宗士秀三名并原辦卷宗一并呈明，移送慎刑司查核訊明，照例辦理，以結案牘可也。爲此具呈。

同上　清嘉慶十二年六月十六日莊頭處呈稿

［嘉慶十二年六月十六日］管理三旗銀兩莊頭處呈，爲牌行事。據本處所屬鑲黄旗已故莊頭劉君照之弟劉君瑞呈稱，竊身胞兄劉君照於乾隆五十二年接充革退莊頭劉文元遺缺，當將官地呈認，内有民佃王桂茂、王桂顯、王天祥租種地六十五畝，當下言明，如有拖欠租錢分釐，許收回地畝，立有字據。上年身兄病故，伊子年幼，係身代辦。詎王桂茂等抗不交租，身欲收地自種，伊等不但不容收地，反恃强毆駡，激身赴本縣呈控，蒙送理事廳案下，伊等自知理虧，無可搪塞，當堂呈出劉文元充當莊頭之時典字一張，朦蔽理事廳，致蒙枉斷，伏思旗民交產例禁綦嚴，况莊頭所管係屬官地，即使典字屬實，官私不論多年已革之莊頭所典，與現充之莊頭何涉，且身兄承充莊頭二十餘年，如果廢契可憑，何以伊等年年交租，分文不欠，明因身兄身故，孤寡可欺，計圖霸占官地。似此倚横恃蠻，非蒙提究，良懦實無生路，情急奔叩恩准提究。等情，具呈前來。查劉君照於乾隆五十二年頂替告退莊頭劉文元之缺，當將應領官地牌飭地方官如數指交伊收領清楚，管業當差歷有多年。今劉君照病故，莊頭遺缺原應照例更替伊子劉際哲充當，劉君照之胞弟劉君瑞因劉際哲年齒幼稚，尚未更名，代爲辦理，亦無不合。佃戶王桂茂等自應照舊交租，即從前告退莊頭劉文元有出典伊等地畝情事，係干例禁，自應早

爲呈報，何以隱瞞至今，且劉文元所典之地，與劉際哲無涉，該佃等何得狡執劉文元典地字據，將劉際哲應收租錢抗欠不交，霸地不退，如果屬實，顯係因劉君照已故，以劉際哲幼孩可欺，希圖恃強侵占官地，實屬刁頑不法。相應牌行理事廳，仰該廳即將佃戶王桂茂、王桂顯、王天祥等傳喚到案，嚴行質訊，該佃等如果違例私典官地，現復藉詞將地畝租銀強行揹霸，以致官地虧短，自應作速如數追出，眼同劉君瑞、劉際哲收領當差。并將審明辦理緣由，詳報本府查核，并飭知密雲縣照辦可也。爲此具呈。

同上　清嘉慶十二年八月二十一日會計司呈稿

[嘉慶十二年八月二十一日]會計司呈，爲咨覆事。准戶部咨稱，現審處案呈，查前據大糧莊頭胡天棟以伊於乾隆五十八年典得正藍旗金良輔佃戶徐任名下一頃，伊與金良輔之孫金永當面立契，伊收得地戶杜萬海退出地四十畝，下剩地六十畝趙得英等揹霸不交，復勾出李連祿赴京着金良輔之後奉省阿打本佐領圖記，以冀詭混等情呈控。經本部行查該旗，并無金良輔、金奉省阿其人，隨牌飭昌黎縣傳集案內應訊人等，訊供報部在案。今據正藍旗漢軍陳萬學、正黃旗漢軍金光輝以伊等於嘉慶二、三等年當得內務府正黃旗大糧莊頭趙密名下坐落該處共地三十八畝，前地向係伊等自行耕種，至上年七月間，李連祿勾串杜萬海口稱前地已奉文入官，不應伊耕種，將伊地內高糧搶去等情呈控。相應移咨內務府，即傳該莊頭胡天棟、趙密等到案，訊明胡天棟曾否將收回杜萬海退出地四十畝典給趙密名下，經趙密復轉典與陳萬學等名下爲業，訊供咨部，仍將胡天棟、趙密一并押赴昌黎縣訊辦。等因，前來。當經傳據莊頭胡應選名下親丁胡天棟赴案結稱，切查身原典徐任名下坐落昌黎縣地一頃，於乾隆六十年將地四十畝轉典與莊頭趙密，價銀一百二十兩，身情願赴縣與伊質對。等情。又據莊頭趙密赴案結稱，切身於乾隆六十年憑中胡天棟等說合，契典莊頭崔可儉原典金姓坐落昌黎縣梨園莊後旗地四十畝，價銀一百二十兩，於嘉慶二、三兩年照原價分典與旗人陳萬學二十畝、金光輝十八畝，其餘地畝係屬沙荒，現係身經管，身住居昌黎縣，俟回家即赴縣候質。等情，具結到案。除飭令親丁胡天棟、莊頭趙密前赴昌黎縣聽候訊辦外，相應照依胡天棟、趙密所結咨覆戶部查辦可也。爲此具呈。

同上　清嘉慶十二年八月二十一日會計司呈稿

[嘉慶十二年八月二十一日]會計司呈，爲咨覆事。准戶部咨稱，現審處案呈，查內務府大糧莊頭崔崙之母崔孫氏控伊夫弟崔緒和盜典差地一案，前據崔緒和供稱，乾隆五十六年，伊侄崔崙年幼，叫伊代辦莊頭，經管差地十一頃零，伊父崔剛在日，於四十七等年指地四頃餘□[畝]，陸續借過民人張胡子等十七人錢文，伊自己亦指地二頃零，借過佃戶們錢文。訊據朱璋供稱，崔剛指地三十二畝，借伊父朱三銀八十兩，又指地五十畝，借伊小數錢一千二百吊，後崔緒和因交差無出，借伊小數錢一千八百七十五吊，無錢歸還，將地一頃十六畝給伊承種，以租抵利。本部查朱璋承種地一頃九十八畝，業據朱璋將契紙呈驗，其張胡子等私典差地，均應徹底查辦，移咨直督，轉飭順義縣訊辦在案。今據該縣詳稱，張胡子等已將地畝退交崔崙收領清楚，并聲明并無知情故典情事，請免傳訊等語。查指地借錢，即與私典無異，此案該莊頭崔緒和及伊父崔剛等膽敢指所領差地借用該佃等錢文，係屬違例，如該佃等知情故典，均有應得之咎。今該縣因該佃等已將地畝退交，概免傳訊，亦不將該莊頭崔緒和等應得罪名及應追地價照例究辦，殊屬未協，應將送到契紙發交該縣，嚴傳崔緒和及張胡子等到案，研訊明晰，録供妥擬，同原發契紙一并報部，以憑核辦。并咨內務府，轉飭傳喚該莊頭崔崙到案，當經傳據莊頭崔崙赴案結稱，查地佃張胡子等私典差地八頃，均指交與身收領清楚。據此，相應咨覆戶部查核可也。

同上　清嘉慶十三年五月二十日會計司呈稿

[嘉慶十三年五月二十日]會計司呈，爲咨送事。【略】據莊頭劉寶之長子劉雙福即元玫赴案呈稱，竊路恆勾串王化禮控身盜賣官地一案，緣身祖承領官圈地三十二頃五十三畝五分，內身親丁等共種養家地四頃七十畝，現在取租地二十三頃九十八畝二分五釐，身家自種地八十二畝，取租、莊窠、自住并園地三頃零三畝二分五釐，共合圈地并無短少。聽祖上傳説，順治年間，有買得圈外耿嘉賓等荒廠一片，所有契紙雖係糟朽，尚有賣地耿嘉賓字樣可證。身祖上陸續開刨出地三頃五十三畝，於雍正年間首報陞科，出賣與岳各莊王姓名下地二頃七十畝，身祖又開刨出地二頃，於嘉慶九年首報陞科，近因身家人口衆多，日費艱難，於十二年間一并出賣與耿姓名下。路恆與王錫祿爭奪科房，將身捏控牽連在內，身官圈地畝，只求丈量，如果短少，情甘認罪。再，王化禮偷典談德佃種官地十畝，用典價東錢二百六十吊，復又轉典與王好義名下，得典價東錢三百五十吊，身查知原要撤地，伊懷恨，隨同路恆

作證，今蒙傳訊，身父染患痰症不能動轉，只得據實訴明，叩乞恩准查驗朽契，皂白自分，身免被牽連捏控矣。等情，具呈到案。【略】爲此具呈。

同上　清嘉慶十三年七月十四日會計司呈稿

［嘉慶十三年七月十四日］會計司呈，爲咨覆事。准戶部咨稱，現審處案呈，准直隸總督咨，據易州詳稱，民人陳士傑呈控王儉等指租不給一案，訊據王濟明供，小的種這地，是陳士奉攬的京旗高國傑名下旗地。據王儉供，小的種着七畝地，是陳士奉攬的京旗高國傑名下旗地。據陳士奉供，小的有攬種京旗高國傑旗地，從前轉租給陳士傑家承種，後來又典給他管業，到乾隆五十六年贖回來了，轉租給王濟明他們承種，這地并不是高長庚當給陳士傑的地。據陳士傑供，乾隆二十一年上，有京旗高長庚指坐落本村旗地七十五畝，向小的父親陳哲借使京錢一百六十吊，言明錢無利息，地無租價，二十年爲滿，錢到許贖，立給小的父親借約爲憑。後來小的父親死過，小的向佃戶王儉、王濟明、陳士奉們要租子，他們不給，小的才呈契控告的。高長庚現有兒子高國傑，係內務府正黃旗阿勒精阿佐領下馬甲，等情。當經行據內務府咨，據高國傑結稱，伊父高長庚契典易州孔山村地七十五畝，於乾隆二十一年向陳自榮支借錢一百六十吊，二十年後再行起租，年滿後，陳自榮病故，向他孫陳士傑要契，他說一時找尋不着。到嘉慶七年，陳士傑將原典契送來，所有借錢契紙，口稱失落無存。今據直督咨據易州訊據陳士傑供，伊祖陳自榮於乾隆二十一年長租高長庚地七十五畝，租價錢一百六十吊，言明錢到許贖，到五十五年，長租限滿，高長庚兒子高國傑向伊祖要租，伊祖交過三十六畝的兩年租價，五十六年上，高長庚把三十六畝地自己收去，所有借使錢一百六十吊并未交還，等情。并將陳士傑呈出高長庚借錢字據送部查核。查前項字據既載錢到歸贖字樣，即係指地借錢，自應俟將錢文歸清，再行交地交租，乃據陳士傑所供，又係長租，所借錢文，又係租價，又云租項年滿後，交過兩年租價，并將自種地三十六畝令高國傑收回。所供情節，殊多支離，其呈出借字，亦不足爲確據，必須詳訊明晰，方可核辦，未便遽將前地撤出入官。相應移咨直督，轉飭易州速將陳士傑差傳到案，研訊前地是否係屬長租，如果契載錢到歸贖，因何二十年年滿之後，伊祖并不要價，即向地主交租，并將自種地三十六畝聽高國傑收回，既知并未交價，何以又將典契送還；再，乾隆二十一年借錢，契載二十年爲滿，何又云五十五年租限年滿，其中究係有何情節，逐一録供報部，并咨內務府，轉飭正黃旗佐領阿勒精阿即傳高國傑到案，訊明伊家坐落易州孔山村地七十五畝現在究係交與何人承種，每年取租若干，亦即録供，飭取陳士傑給還原典前地契據，送部查核，等因，前來。當經咨據正黃旗參領雙德等覆稱，據佐領阿勒精阿報稱，據族長披甲人高四格結稱，身兄高國傑業經病故，身父高長庚在日，緣恐後世子孫無資祭掃祖塋，於乾隆十五年用價典得披甲人王偏圖坐落易州孔山村地七十五畝，原交陳自榮承攬，每年俱係糧租，後因修理祖塋無資，至二十一年向陳自榮借錢一百六十吊，立給二十年後錢到回贖字據。至四十三年應贖，陳自榮言不必歸錢，將地七十五畝內撥出三十二畝，每畝作租價四百文，歸還十二年以補前欠，其餘仍交陳自榮承攬，分文租錢并未交納。至五十五年，因借欠還清，身兄下屯收租，陳自榮已故，伊孫陳士傑僅給租錢十七吊零，以後仍不給租。至嘉慶十一年，身兄復下屯催討，陳士傑百般支吾不給，身兄隨向散佃王作、李麒麟、王世俊、王世新、王美等五人租種三十六畝地租，共十四吊四百文，收取後，陳士傑從中阻止，各佃仍不敢交租，今蒙傳訊，理合將陳士傑給還原典契紙一張呈送。等情，具結。等因，咨送前來。據此，相應將該旗參領送到典契一張，咨送戶部查辦可也。爲此具呈。

同上　清嘉慶十三年十二月初六日會計司呈稿

［嘉慶十三年十二月初六日］會計司呈，爲咨覆事。准戶部咨稱，現審處案呈，查內務府園頭聞永壽控聞四即聞道盜賣官地一案，經本部傳集審訊，據聞四供稱，伊叔聞六格原有地三十三畝，聞六格死後，他兒子聞亮將前地內分出十七畝，賣與京江會館作爲義地，伊子嘉慶八年在南城副指揮衙門呈告聞亮偷賣官地，蒙察院衙門行查會計司，此地係聞六格的岳母胡氏絕產，并非官地，斷結有案。後聞亮將下剩地十六畝分給伊養贍，伊將前地兩契賣與韓姓葬墳，是實。據聞永壽供稱，伊祖聞六格承領內務府坐落大興縣官地一頃十四畝，伊因堂伯聞四將在檔官地十六畝偷賣與韓姓，是以呈告的，至伊家原有承受胡氏絕產地畝，早已賣出，現在并無憑據，只求查驗聞道在南城察院控地原案并本府地檔，勘丈公斷，等語。相應移咨內務府，即行檢查該園頭聞永壽承領前地印冊，簽明送部，并移會南城察院，查明嘉慶八年聞四控聞亮盜賣官地原案，送部以憑核辦，等因，前來。旋據園頭聞永壽赴案結稱，竊身前因堂伯聞四盜賣官地及韓、邢二姓作墳，蒙恩行文順天府飭交

大興縣傳訊，今邢姓已將所買地畝在縣交明收領在案，奈韓姓係屬部員，并未赴案，經縣詳明府憲，轉行戶部訊辦，當經部訊，身隨將身祖聞六格承領圜頭執照并鈐印地畝數目硃單，當堂呈交戶部在案。至身家承受胡氏絕產，并非身承受，其胡氏絕產，早已祖父賣出去了，聞四盜賣地畝，係實官圈紅單內大楊樹一頃十四畝內之地，伊在部所供，明係指鹿爲馬，妄行捏控，伏乞恩准查明地檔，咨部查勘，等情，具結到案。查圜頭等地畝印檔，年久霉爛無存，無憑檢送，相應照抄司存白冊咨覆戶部，轉飭查勘可也。爲此具呈。

同上　清嘉慶十三年十二月十八日會計司呈稿

［嘉慶十三年十二月十八日］會計司呈，爲札覆事。准順天府咨稱，據武清縣詳稱，卑縣狗皀村民人趙璉等與陳亮等互相爭控地畝一案，當經傳案查訊。據趙璉等咸稱，伊等原攬租京旗吳姓地一頃六十畝，除契載之外，有二十畝地基一塊，係給伊等承種蓋房居住；迨後吳姓賣與黃姓，仍舊佃種，已歷多年，今被趙發勾串陳亮出名，暗有張士選等出銀，將地夥典。陳亮係旗下家奴，不應置典旗地。質之趙發、陳亮，堅稱伊等并無勾串情事，亦無張士選等出名夥典黃姓旗地，各等語，互相爭執。查陳亮是否正身旗人，應否置典旗地，卑縣無檔可稽，隨即録供詳請咨查陳亮旗檔在案。玆於本年七月二十五日蒙咨正藍旗滿洲都統查覆：本旗包衣五甲喇并無扎拉牛録，亦無陳亮其名之人，等因，飭知到縣。卑職遵覆傳案質訊，據陳亮供稱，伊實係正藍旗五甲喇佐領下包衣達牛録明寅下閑散人，檔名陳三，所典瑞麟地一頃六十畝，價銀四百三十兩。據李三供稱，伊係正白旗滿洲富森管領下掌儀司庫使黃瑞麟家人，在京城西單牌樓居住，伊主黃瑞麟典給陳亮即陳三地一頃六十畝，係於今年二月十九日伊同瑞麟到長屯馬三家對明地佃租錢，其地價銀二百零八兩。契內所載四百三十兩，原屬虛寫。此地之外，尚有二十畝，仍租與趙璉承種交租。質之馬三等，僉稱今年二月間并無見有李三同瑞麟到村，亦無對地退租之事，今歲地租，已於去年交清，各等語，混行狡執。查陳亮契典瑞麟地一頃六十畝，業蒙移咨該旗，查明并無陳亮其人，且查陳亮呈驗典契，原寫民人，後貼改正藍旗人，是陳亮之非正身旗人，已無疑義，所典地畝，自應照例撤出入官。第現據陳亮供稱，伊檔名陳三，實係正藍旗五甲喇佐領包衣達牛録明寅下閑散，其地價銀兩，契載并陳亮所供均係四百三十兩，而瑞麟家人供稱實止二百零八兩，是瑞麟究係得銀四百三十兩，抑係二百零八兩，今歲之租，瑞麟是否於去年收取清楚，此項地畝除典與陳亮一頃六十畝之外，有無剩地二十畝并房基一塊租給各佃承種之處，均應逐細查明，以成信讞。除將原被人等暫行保釋外，合再具文，詳請俯賜分別咨查，飭知下縣，以便照例辦理，等因，前來。應抄詳移咨貴府，希即轉行富森管領下，掌儀司庫使黃瑞麟典給陳三地畝，典價究係若干之處逐一查訊明確，見覆施行，等因，前來。當經行據正白旗參領常浩等覆稱，據管領福森報稱，據庫使瑞麟結稱，乾隆三年契典吳姓武清縣狗皀屯等村地一頃六十畝，房基地在外，白契內注明。今春因乏手，憑中作合，典與正藍旗包衣陳亮，實典價銀二百零八兩，寫虛契四百三十兩。二月十九日，職告假赴屯，曾帶家人李三同佃戶趙天相、趙天培、趙發、趙五到長屯，同黃姓、馬姓三人對明地畝，租係賒秋，將指過之地對交陳姓。房基餘地，趙天相等四人曾當面指清。職留家人李三丈量清楚，言明每畝交租銀一錢五分。職回京後，不意趙姓等忽生異説，無端刁告，伊等所云吳姓給地，何足爲憑，職有契紙可證，惟求明斷，將地基餘地斷交家人李三，以儆刁風，等情，具結。等因，咨覆前來。據此，相應札覆順天府查辦可也。爲此具呈。

同上　清嘉慶十四年二月十四日愼刑司呈稿

［嘉慶十四年二月十四日］愼刑司呈，爲咨送事。據廂黃旗中安佐領下領催義慶呈控攬種本佐領檔案房官地之民人任鶴鳴拖欠地租，又同馬義成説合，將此地賣與雍和宮首領太監張玉名下爲業，懇請按例治罪，等情。隨提傳任鶴鳴、馬義成等到案，訊據任鶴鳴供稱，我是大興縣民，在安定門外大糞廠住，原有安定門外賢孝牌北官地兩段，共十五畝，是郎姓租給我大舅王四承種，每年交租錢十六千，王四於嘉慶三年病故，是年我把此地接種，租錢交與郎姓，并不拖欠。於六年起至十三年，因年成旱澇，總未交租，心裏想著此地可以典賣，因煩素識的民人馬義成作保，於上年十二月間，將此十二畝一段地説是我自己買的民地，賣與民人張六，説定價錢二百八十吊，於十二月二十七日立字，共得過錢一百七十五吊，馬義成使錢二十吊，張六轉借回錢五吊，尚欠錢八十吊未給。因前所立的字不妥，言定今年二月初二日稅契後，張六再找錢八十吊，我正在縣裏稅紅契，就被郎領催告了，此外尚有地三畝，現在是我承種，所供是實。據馬義成供稱，【略】查任鶴鳴等各供此地係賣與民人張六，并非太監張玉置買，當即傳張六到案訊問。據供，我是保定

府新安縣民，在安定門外小關居住，去年十二月二十日，有素日認識的民人馬義成找我說，冀場住的任鶴鳴有民地十二畝要賣，有我哥哥太監張玉給我置產業的錢二百吊，我就定於二十七日同任鶴鳴立字，馬義成作保，言明價錢二百八十吊，於二十九日給過錢一百吊，今年正月二十二日又給過錢一百吊，我向馬義成借過錢五吊，下欠錢八十吊，言定本年二月初二日過了紅契給我，再找給錢八十吊。我實在不知此項地畝是官地，所供是實，各等供。

【略】查此項地畝係隨旗官地，佃戶任鶴鳴膽敢欺隱盜賣，殊干法紀。馬義成說合作保，張六擅買官地，均屬違例。雖訊據供稱，并不知係官地，殊難憑信，相應將任鶴鳴、馬義成、張六咨送刑部，審明照例治罪，抄録領催義慶原呈與張六交出領稅契回頭一件、白契一件，一并送部。其餘應訊人證，由部傳訊可也。為此具呈。

同上　清嘉慶十四年三月十九日會計司呈稿

[嘉慶十四年三月十九日]會計司呈，為咨覆事。准戶部咨稱，現審處案呈，查內務府領催莫爾更額即張廷棟控杜去非欠租霸地一案，隨移咨直隸總督轉飭獲鹿縣，即將科陞額等地畝令杜去非承種，其莫爾更額之地，令其撤回自便，以免葛藤。并將嘉慶十一年該縣所招新佃應交租銀以及杜去非所欠七年分租錢，俟莫爾更額到縣，一并給與收領。并將劉吉祥等傳案，與莫爾更額質訊，前地十五畝典價，是否係莫爾更額贖地所用，抑係該家奴偷典，伊主并不知情之處，録供報部核辦。并咨內務府，所有莫爾更額應交得過長租銀一千六百二十八兩一錢五分、錢一千七百二十五吊六百六十文，自嘉慶八年斷追，延至五年之久并未清交，今反以收清租錢即措辦完交借詞搪塞。查嘉慶九年莫爾更額赴縣收領各佃等租錢九百餘千，其應追官項分文未繳，今復以收清租錢呈交為詞，顯係有意拖延。相應移咨直督轉飭獲鹿縣，即將該縣給招佃戶應交莫爾更額租錢及杜去非應交莫爾更額歷年租錢，并從前追出存貯銀錢，一并迅速解部入官，其下短違例銀錢，應咨內務府轉飭該參、佐領，速飭莫爾更額措辦齊全，照數送部入官，如再稽延，定行嚴辦。仍飭令莫爾更額前赴獲鹿縣，與伊家人劉吉祥質訊，收領地畝，并飭該縣俟莫爾更額赴縣，即將撤出杜去非地畝給予收領，傳同劉吉祥等，當面質訊前地十五畝典價是否係莫爾更額贖地所用，抑實係該家人偷典，録供擬議報部，等因。前來。當經行據正黃旗參領恆桂等覆稱，據佐領常瑞保稱，據領催莫爾更額結稱，身遵奉部文，於上年九月二十九日起程，赴獲鹿縣收領地畝租錢，經該縣將杜去非傳到，押令伊退出身家地二頃二十六畝，并將追存及應交租銀二百十一兩二錢，又錢七十五千，令身具狀收領，身已一一具狀收領清楚。惟杜去非尚欠銀六十兩，縣內有身呈備案。再，劉吉祥、劉名偷典與杜正瞻地十五畝，劉名早已物故，經該縣將劉吉祥傳到，與身質對，伊本情虛，又因與身睹面，無可狡賴，隨即供認前地十五畝實係伊等偷典。不料該縣只將劉吉祥鎖押追價入官，而不撤地歸身，反令杜去非領去承種，并將此地在縣所存十年、十一年、十二年分三年租錢，亦令杜去非領去。理合將身赴縣情由呈明轉行大部，將前地十五畝并三年租錢、下欠銀六十兩，在杜去非名下追出歸身，實為永息爭端。至蒙著追身應交得過違例長租銀錢，但此項銀錢，自斷追之後，身等即應如數措備呈交，奈身現當領催差使，每月錢糧無幾，合族弟兄子侄皆係食餉兵丁，族中除此項祭田之外，亦無另有產業可以變賣完交官項，曾經具結報明戶部在案。茲身於上年在該縣收領得地租銀錢，除備年內供影及今年上墳祭掃，節剩銀一百兩，先行呈交，下短銀錢，身等合族俱係赤貧如洗，實在無力完交，只可將每年祭祀節省減薄，在於此項租銀內扣出銀一百兩，於每年十二月內送部呈交，將所追銀錢完交清楚。等情，具結。等因，具保。相應咨覆轉咨戶部，等因，前來。據此，相應咨覆戶部定擬核辦可也。為此具呈。

同上　清嘉慶十四年八月二十三日會計司呈稿

[嘉慶十四年八月二十三日]會計司呈，為咨覆事。據正白旗滿洲都統衙門咨稱，准順天府咨查，准薊州為詳請咨查事，蒙東陵總管內務府牌開，據茶房人四臺呈稱，竊有祖遺旗地八十畝，共計六段，坐落薊州城南馬圈頭莊，俱有四至，內東一段計二十八畝，與承攬人王得承種，無租。王得又向四臺之父討幾分地葬埋伊身，因王得素有勤勞，彼時應允。至今王得已故多年，伊妻楊氏轉嫁宋木匠為妻，四臺即赴宋家訊問此地下落，據楊氏口稱，王得病重時遺言，囑伊將攬種謝姓地畝租幾千錢，買一口棺木將伊盛殮，發送之後，任你改嫁。伊遵遺言，將此地租與本莊鄭姓，得薊錢二十五吊，葬埋嫡夫王得後，因無養贍，是以改嫁宋姓，等語。四臺隨使現佃楊名振去邀，三次不來，伊說我這地畝是買王姓的，已過割稅契。四臺又尋楊氏，細問當初將此地給鄭姓時，是誰說合寫文書。伊說鄭姓自立文書，我婦道不認得字，就記

得租錢二十五吊。四臺聞得此言，又找鄭姓理講，突然有張顯君替鄭姓不依，口出不遜。再，此事張顯君毫無干涉，倚恃紳衿，替鄭姓強霸四臺旗地，似此惡棍匪徒，四臺不便與伊爭論，實係覆盆冤枉，萬出無奈，將緣由備陳，叩懇恩准轉呈堂憲垂憐下情，牌飭該州將地退歸，不但一門感恩不盡，亦使惡棍知有王章，庶免素慣惡習，等情，前來。理合呈明，牌飭薊州將從前承攬地畝人已故王得之妻、今嫁宋木匠爲妻楊氏，并現種地人鄭姓當堂秉公訊問，楊氏前夫病故後，將謝姓旗地或係租與鄭姓耕種，抑或實係典與鄭姓爲業之處，作速審訊明白。至此項地畝，作速追出斷歸謝姓，并將鄭姓刁霸旗地以及紳衿張顯君口出不遜情由，逐一訊明究辦。并將如何辦理緣由，申覆本衙門查照可也，等因。爲此牌仰該州遵照辦理，等因。蒙此，當經卑前州李牧將一干人證傳至，當堂取據各供等情在卷。卑職查四臺之地，既係恩賞老圈旗地，自應連爲一段，今共分六段，并與鄭士俊、張顯君民地夾雜相連，現勘丈張顯君地畝被水衝刷地七畝餘，四臺之地丈短八畝，是否亦被水衝，抑係鄭士俊與張顯君有隱匿情弊？兩造各執一詞，但民地以糧爲憑，旗地以檔爲據，張顯君等均有印契糧串呈驗，四臺僅據白契一紙，殊難憑信，必須查明檔冊，方可核斷，以折服兩造之心。除申覆東陵總管內務府衙門外，擬合據文詳請憲臺查核，俯賜咨部移旗，查明冊檔，正白旗特克慎佐領下那必達名下，有無坐落卑州馬圈頭莊地畝，暨若干畝數？飭知下州，以便訊斷結案。爲此備由具申，伏乞照詳施行前來。相應移咨貴都統查照，將特克慎佐領下那必達坐落薊州地畝段落、畝數，逐一查明檔冊，咨覆過府，以憑轉飭核辦，等因，前來。相應移咨內務府查照辦理，徑行咨報順天府外，并知照本旗，等因，前來。職司移付正白旗參領查訊去後。今據正白旗參領嘉祿等覆稱，據前任佐領特克慎、今改佐領貽恭保稱，查得本佐領下并無那必達其名之人，亦無薊州馬圈頭莊有地之人，是實，等情，查覆前來。相應札行順天府查辦外，仍知照正白旗滿洲都統衙門可也。爲此具呈。

同上　清嘉慶十四年十月初一日莊頭處呈稿

［嘉慶十四年十月初一日］管理三旗銀兩莊頭處呈，爲札覆事。據順天府咨稱，據薊州詳稱，據該州生員張謙呈控莊頭王良貴搶收麥豆等情一案，訊據張謙供稱，乾隆五十四年間，民人王彥相借伊父張遜修奉錢三千七百六十千，因無力歸還，將應分祖遺地一頃十二畝兌與張遜修，以租抵息。於乾隆五十七年上，有投充莊頭王津，以王彥相兌給張遜修家地畝是在檔旗產，在前任案下呈控，把地主王彥相、中人宋離中關傳到案，訊明兌給張遜修家地畝是王彥相應分養家地，當經前案下飭令原中算賬還錢撤地，至今并沒清楚。現今張遜修、王彥相、王津均已物故，有已故莊頭之子王良貴出頭爭地，於五月初九日把張謙地內所種麥豆搶拔，并將已收麥豆裝去一石五斗，等情。訊據王良貴供稱，張謙家承種太河莊地一頃十二畝，是王彥相養家的地，實是在檔官地，等情。擬合具文詳請移咨內務府，查明王良貴之親丁王彥相抵給貢生張遜修坐落州屬太河莊地十段共一頃十二畝，是否在檔旗產，飭知下州，以便照例辦理。并飭令該莊頭王良貴到案質訊，等情。相應抄詳移咨內務府查照，將莊頭王良貴之親丁王彥相抵給張遜修太河莊地檔案抄發，并將王良貴移送過府，以憑轉飭訊辦，等因，前來。查此案前據投充王良貴赴案呈稱，伊家坐落薊州太河沽西莊差地一頃十二畝，有不在檔之親丁王彥相因借欠張遜修錢文，於乾隆五十四年間，將前地偷交與張遜修租種，以抵利息，不交伊家租錢，經伊父於五十七年查悉前情，呈控州案，總未斷結，伊又續赴州案呈控，亦懸案至今，以致前項官地張謙竟得歷年堅霸，收租肥己。而本府應交錢糧，係伊家包納賠累。情急，於今春將前地自行耕種，續經收割，張謙以搶收麥子等情砌詞赴州捏控，等情。當經本處查投充王良貴名下坐落薊州太河沽西莊差地一頃十二畝，原係本府在檔官地，王彥相以借欠張遜修錢文，偷交與張遜修收租，以抵利息，實屬不法，曾抄録地檔，牌行薊州勘明前地，追交與王良貴收領當差，等因，在案。今據該州詳稱，張謙係廩膳生員，現赴通州送考，無人指領地段，俟張謙考竣回日再行查勘。并據文內聲明，王彥相抵給張遜修坐落州屬太河莊地係十段共一頃十二畝，等語。核與王良貴冊載官地段落畝數均屬相符，則前地是王良貴在檔官地，確鑿無疑。王彥相膽敢私給張遜修以抵所借錢文利息，張遜修父子竟敢侵占多年，收租肥己，實屬違例不法。相應札行順天府轉飭薊州照例究辦外，并即先行將王彥相私給張遜修前項官地一頃十二畝，作速眼同投充王良貴，如數交與該投充收管當差，事屬官地，錢糧攸關，該州業已懸案多年，已屬遲延不合，今追交地畝，王良貴自必知其地段，何庸張謙指領？毋再托詞俟張謙考竣回日再行查勘辦理。借端搪塞，輾轉拖延，致干未便。張遜修父子收過前地歷年花利租銀，俟張謙考竣回州，即行照數追交王良貴收領，以抵歷年

墊交錢糧。至前地既係官地，本年麥豆如係王良貴自行耕種收割，并無不合，若係張謙所種，王良貴收去，即在張謙應交王良貴歷年花利租銀内，扣還張謙工本籽種。除飭令王良貴前赴該州領地收租外，本府仍牌飭該州遵照辦理可也。爲此具呈。

同上　清嘉慶十四年十月二十一日會計司呈稿

〔嘉慶十四年十月二十一日〕會計司呈，爲札覆事。准順天府咨稱，據良鄉縣詳稱，蒙憲臺牌開，據正黄旗内務府佛慶管領下已故蘇拉八十三之妻龔氏抱告李鳳鳴呈控該縣民人劉永泰等指霸地畝等情一案，蒙此，遵查此案經卑前縣飭役查傳去後。據石村民人劉永泰稟稱，竊有京城旗孀婦李龔氏同子李龍善并家人朱之崇，於乾隆六十年十二月内，指祖遺坐落本村地一頃二十畝，借貸小的清錢三百五十吊，言明錢無利息，地無租價，立有字據可證。至嘉慶十一年，該氏等又來借錢十千文，原約當面注寫。此後屢來借貸，因未應從，該氏即捏詞上控霸産欺孤等詞。切查該氏之地畝，依然尚在，所借小的之錢文，有約可憑，該氏之地，本係一頃八十畝，係小的與已故之劉世鳳分種，地數不等，該氏指地所借錢文，共六百六十餘千之多，均有字據并伊家紅契可憑，何敢霸伊旗産？懇恩作主，歸錢退地，兩無所虧，叩懇轉詳，感德無旣矣，叩乞作主施行。計粘借約一紙，等情。又據民人劉昆即劉坤稟稱，切有京城旗孀婦李龔氏在尹憲衙門呈控小的故父劉世鳳措地霸産飭傳一案，理宜候示，不敢妄瀆，但小的係治下良民，只得陳明下情，以候恩示。情因小的故父在日，於乾隆五十年十月内，有旗孀婦李龔氏同子李龍善并家人朱之崇，指坐落本村養身地六十畝，外有紅契一紙，借貸清錢三百吊，言明錢無利息，地無租價，并有字據紅契可憑，呈請恩驗，爲此呈明，叩乞電鑒施行。計粘紅契一紙，各等情，到前縣。據此，時值封篆，未及詳覆。卑職到任後，查劉永泰等呈出字據與所稟無異，擬合具文詳請憲臺察核，俯賜咨旗查訊明確，檄飭下縣遵照辦理，等情，到府。相應抄録該縣原詳，移咨貴府查照，希即將此案轉飭訊明，咨覆過府，以便飭縣遵辦，等因，前來。當經行據正黄旗參領清海等覆稱，據管領佛慶保稱，據族長七十九詳細查明，據隆善同母龔氏、家人朱之崇結稱，切氏有坐落良鄉縣石村地一頃八十畝，租與劉永泰等承種，於乾隆五十年氏婆母在世之日，差家人朱之崇將紅契押借劉永泰名下錢二百吊，彼時氏子年幼，并無字據寫立。至六十年氏婆母病故後，又差家人朱之崇將劉永泰、劉世謹二人叫到家中，又借錢一百吊，有氏子花押可證，前曾呈明，除此之外，并無再借。兹蒙順天府來文内開，據劉永泰等供稱欠伊錢六百六十餘吊之多，歸錢退地，兩無所虧等語，實係喪心昧良，捏寫假契，冀圖耽延年月，訛賴欺孀，在伊等照常種地，安居樂業，致氏孤孀母子難留生活，情屬可憫。氏於嘉慶十一年因家業刁〔凋〕零，日月難度，初次到劉永泰家中，要將地畝找價，劉永泰等言，歲底之時，難以辦理，令氏回京，等明年秋成再辦，彼時給盤費錢十千，氏問過家人朱之崇所借錢文之事，伊説實係三百吊，奴才活口可以與他質對，不難皂白立分，等情，具結。等因，咨覆前來。據此，相應札覆順天府轉飭查照可也。爲此具呈。

同上　清嘉慶十四年十一月二十七日會計司呈稿

〔嘉慶十四年十一月二十七日〕會計司呈，爲咨覆事。准戶部咨稱，現審處案呈，據内務府廂黄旗嵩靈佐領下圓明園新正覺寺喇嘛俊追以僧家有康熙九年買本旗他達牛録下宗保地二段共五十晌，瓦房三間，草房四間，坐落順義縣板橋村地方，僧前因在西陵永福寺去後，地戶欠租不交，僧祖母胡劉氏於乾隆五十九年在提督衙門呈控，蒙發順天府飭縣追辦，尚未辦結，僧祖母隨即患病不起，家中無人，竟將此事延擱。僧於嘉慶七年回京，祖母將地戶不交租錢呈控緣由説知，僧旋即訪查得，此地從前係香河縣城南安頭屯民人王六霸占，租給順義縣民人張大成租種，自五十九年上，因僧祖母呈控，王六即將前地不交張大成租種，張大成在本縣具有退地甘結，現在此地仍被王六占霸，收租肥己，僧現有契紙并張大成暨順天府案卷，俱歷歷可證，等情，赴部呈控。隨牌飭香河縣，於文到日立即查傳該佃民王六到案，研訊伊租種着追租錢報部。并飭順義縣傳訊張大成，伊從前向王六轉租之地，是否即係俊追家地畝，乾隆五十九年經俊追之祖母胡劉氏控告王六欠租，王六曾否將前地不交伊承種，亦即録供報部。今據順義縣詳稱，蒙此，遵即飭差傳訊，據原差萬振剛將張大成傳案稟覆，旋據張大成訴稱，竊新正覺寺喇嘛俊追呈控香河縣民人王六霸占地畝，租給小的認種收租等情，蒙票傳訊一案，緣此地二頃四十畝，坐落板橋村，王六於乾隆五十九年租給小的承種，一年租價東錢二百吊，嗣喇嘛因此地將王六控告，小的即不租種，曾在前任具退，有卷可稽。再此項地畝，現在王六租與本村張和、李老承種，兹蒙傳訊，理合回明，等情。據此，查張大成認種王六地畝，既據訴稱於乾隆五十九年向王六租給承種一年，嗣喇嘛因此地將王六呈控，伊即具退，現在此地王六租與本村張和、李老承種等語。伏查張大成租種王六之地，早經具退，其是否俊追家地畝，卑職卷查從前張大成原供，并未知悉，所有查訊過緣由，擬合據情具文申覆察核，俯賜檄飭香河縣歸案審辦，等因，前來。應飭香河縣遵照本部前行，速即訊供，按限報部。并咨內務府，轉飭該佐領嵩靈，即將俊追所控前地契紙查取送部，并訊明俊追，伊家是否於康熙五十年間將地典與陶王名下承種，陶姓王姓係何名字，亦即一并録供咨部，以憑核辦，等因，前來。當經行據廂黃旗參領瑞寧等覆稱，據佐領嵩靈保稱，據族長披甲人胡國棟結稱，緣身曾祖胡三顧在日，契置本旗他達牛録宗保地三段共五十晌，計三頃瓦房三間，草房四間，坐落順義縣板橋村等處地方，於康熙年間，曾經身祖胡大章典與陶、王名下地七十四畝承種，價銀七十五兩，除身祖施舍老爺廟地六十畝外，其餘地一頃六十六畝，現係王六隱霸，并未典出。再查王六即係陶王之子，其陶王係屬一人，并非二姓。至戶部查取前地契紙一張，遵即呈出，伏乞轉行咨部查照辦理，等情，具結。等因，結呈保送前來。相應將該旗參領送到旗長呈出白契一紙，咨送戶部查辦可也。爲此具呈。

同上　清嘉慶十五年六月初七日會計司呈稿

［嘉慶十五年六月初七日］會計司呈，爲咨覆事。准戶部咨稱，現審處案呈，查內務府領催莫爾更額即張廷楝控杜去非欠租霸地一案，今據獲鹿縣詳稱，隨將租種莫爾更額五頃三十二畝旗地之佃戶杜鑒開等提至當堂，調取租帖，逐一查對核算，與各佃所種地畝租數均屬相符。查莫爾更額坐落卑縣大郭村旗地五頃三十二畝，上年十月間，莫爾更額至卑縣交收地租，賞給家人劉吉祥養家地五十二畝三分二釐，實剩地四頃七十九畝六分八釐，立帖租與監生杜鑒開等十二人分種交租，一年共收租錢五百五千三百八十文，其十四年租錢已於上年十月間預爲收楚。訊之各佃并該家人劉吉祥，供詞確鑿，應請就近傳訊莫爾更額，照數著追，以抵違例長租之項，卑職仍在於各佃名下照征十五年租錢，報解入官。該家人劉吉祥現種養家地五十二畝三分二釐，可否准其耕種以資餬口，聽候示遵。該生杜去非應交四年租銀二百七十一兩二錢，已交收銀二百十一兩二錢，下短銀六十兩，據稱上冬退交地畝時，已播種麥苗，所需籽種工本，核銀六十兩，同莫爾更額算明以抵短交租銀六十兩之數，并無短欠。該生杜去非首報劉吉祥私典地十五畝，所有散佃呈交十一、十二、十三等三年租錢二十二千五百文，前署縣給與杜去非領回，辦理實屬舛錯。前項地畝，已經奉文仍交杜去非認種，應將原領三年地租錢二十二千五百文，同十四年應交租錢七千五百文，一并勒令杜去非完交，報解入官，以抵長租。至劉吉祥應追私典地價錢一百六十七千五百文，卑職節次嚴追，該家人總以無力完交，懇恩寬限爲詞，卑縣察其情形，實屬艱苦，驟難清理，除現在勒限嚴追另文申報外，所有查訊緣由，擬合具文詳覆查核示遵。再，卑縣地方民間均行使大錢，并無京錢之説，合并聲明，等情，前來。相應移咨內務府，轉飭訊明莫爾更額，伊如果將十四年分租錢已向各佃收回，即同先行領回銀二百十一兩二錢、錢七十五千，一并按限赴部呈交。至杜去非所欠銀六十兩，曾否與籽種工本內與伊算明抵兑清楚，并福倫所呈京錢，與伊父莫爾更額在縣所供大錢不符之處，一并録供咨部核辦，等因，前來。當經行據正黃旗參領恆桂等覆稱，據佐領常瑞保稱，據領催莫爾更額結稱，奉部催交銀錢，身家設措未遂，恐逾限期，是以身子筆帖式福倫在英大人前具呈，懇俟將上年之租准令取來，即將由縣所領銀錢按數呈交外，下短入官銀錢，討限十四年，於今秋交起，每年交銀一百六十兩，陸續完款，等情，已蒙批交戶部。至十四年租錢，因未奉部文飭縣官征解部入官，是以於十三年冬季赴縣收領，散給族中祭掃用訖。其十四年冬季應收十五年分之租，因是年已有部文飭縣官征，後身子福倫雖具呈仍欲自行收租，未接部文准令收取，身家未敢赴縣取租，如准身自行取租，俟領來時，即將由縣所領前項租銀二百十一兩二錢、錢七十五千，立即赴部交納。再，杜去非於十三年冬季退交地畝時，伊應得籽種麥苗錢五十八千六百文，應出自接種此地之各佃名下，身已向各佃攢齊，共開錢票一張，交在縣裏，著伊領去。伊應交四年租銀，除收過銀二百十一兩二錢，尚欠銀六十兩，并未抵兑，而身實未在縣供過所借杜正瞻長租錢係是大錢，惟有與杜正瞻原立合同，在部存收可查，等情，具結。等因，具保。相應咨覆，轉爲咨部。等因，前來。據此，相應咨覆戶部查辦可也。爲此具呈。

同上　清嘉慶十五年九月初四日慎刑司呈稿

［嘉慶十五年九月初四日］慎刑司呈，爲札送事。據三河縣民人以爭租奪佃、私撥民夫、典當官產，硬毀青苗等情呈控莊頭蔣如恆到府。隨訊據供

稱，我是三河縣民，名喚焦倫，年二十八歲，我家租種會計司莊頭蔣大官地一段十二畝，坐落臺子莊地方。乾隆五十七年，蔣大將此地典給民人張太、梁雲，另給本莊地三段十二畝租種。上年蔣大病故，伊子蔣如恆接充莊頭，將我所種的地三段出典與張太、孫大，我家無地承種，向佃戶王福林轉租得該莊頭官地一畝，曾給過二年地租京東錢六吊。本年春間，我已種了麥子，到四月間正望收成，不料蔣如恆以王福林拖欠地租，要將此地收回，我情願代王福林包出租錢，蔣如恆不允，口稱要將此地出典，硬將地畝收回，并將麥子刨毀。我曾在本縣呈控，蔣如恆并未到案，著他族人蔣如支到案，說是所刨麥子係上年遺種自出，非我耕種的，既不給我地種，又不斷給籽種，我情急來京，央煩算命人給我寫了呈子，等候內務府大人出東華門時呈遞的。詰以爾既具呈告人，因何呈內不將爾姓名書入，據供，我不識字，呈內如何沒有寫我的名姓，我并不知道，這是寫呈的人漏寫的。是實，等語。

同上　清嘉慶十六年二月初六日莊頭處呈稿

［嘉慶十六年二月初六日］管理三旗銀兩莊頭處呈，爲咨覆事。准戶部咨稱，馬蘭峪正藍旗滿洲已故綽合之妻皀祖氏控王汝梅欠租一案，行據灤州詳稱，訊據王汝梅供，小的老子王新在日，曾於乾隆二十五年借正白旗達連太旗分，用價銀七百六十兩置典年柱旗地九頃五十畝、草房十七間、瓦房一間。到了四十年上，達連太的孫子聖保恐怕有事，不肯借給旗分，叫小的父親另轉別的旗分影射，遂又借到正藍旗皀保名下，皀保寫給小的父親典契一紙存據，小的老子又把這九頃五十畝內的地轉當給李章二頃八十畝，只求問李章就是了。下剩的地，小的老子也都當給地戶們了，小的并無種着一畝，只求詳報入官就是了。訊據李士衡供，旗人是錢糧衙門所屬旗人，老子李章在日，原於乾隆二十六年上用價銀一百五十兩契典王汝梅之父王新原置年柱旗地九頃五十畝以內的地二頃六十五畝、房三間，并不是二頃八十畝，現有契紙呈驗，只求詳查就是了，各等情。由該州詳請查核前來。相應移咨內務府查明李士衡是否正身旗人，即行據實報部，以憑查辦，等因，前來。查李士衡係本處所屬莊頭李潔戶內在檔親丁，相應咨覆戶部查核辦理可也。爲此具呈。

同上　清嘉慶十六年三月二十四日愼刑司呈稿

［嘉慶十六年三月二十四日］愼刑司呈，爲咨送事。據正白旗常索管領下筆帖式觀榮抱呈家人趙端呈稱，竊於嘉慶十四年十二月間，家主曾置鑲黃旗蒙古明夷佐領下馬甲德克金布名下地四頃五十畝、草房十七間、空基一塊，坐落薊州李破車莊等處，言明價銀四百兩，隨過紅契，現存執業，當年兌地扣租，俱係原業主德克金布交代明白。至今年起租，忽有內務府正白旗原係董愷佐領下人高詩文在薊州居住攔阻，嚇令佃戶概不許交租，口稱此地係伊承攬，不知原業主兌出，後又云此地伊家舊置，而并無契紙可證。佃戶人等因懼高姓在屯居住，頗有勢利，不敢不遵。趙端係有家主之人，亦不敢與旗人爭鬥，又恐家主銀地兩空，只得跪求施恩批交衙門，嚴傳原業主德克金布及高姓等訊明原委，飭令高姓兌出佃戶交租，等情，呈遞前來。隨傳原被人等到案，訊據德克金布供稱，我是廂黃旗蒙古明夷佐領下馬甲，我家有老圈地四頃五十畝，坐落薊州城南，五十八年間，我哥哥傭恰布要典此地，有薊州民人武舉楊天賜出銀四百兩置典此地，係民籍，煩出他徒弟內務府旗人高詩文出名，契紙上寫着典與高姓，中保說合人楊天賜。十四年上，趙端、劉明找我說，楊天賜已故，他兒子楊成業煩他們說明，將此地賣給觀榮，給我銀二十兩，我隨找高詩文要回贖此地，高詩文沒有見面，我因問明契紙係楊姓手裏，觀榮給了我銀二十兩，我就寫了賣價東錢二千五百吊的契紙，我的滿漢老契俱由趙端自向楊姓取贖的。至觀榮用銀若干贖出，我不知其詳，楊成業已經對明佃戶，高詩文攔阻不依，所以觀榮控告的，是實。據趙端供稱，我是正白旗常索管領下筆帖式觀榮家人，嘉慶十四年十二月間，我主人憑薊州民人劉明說合，用價銀四百兩契置得廂黃旗蒙古明夷佐領下馬甲德克金布名下坐落薊州城南李破車莊等處地十四段，計四頃五十畝、草房十七間、地基一塊，立草契後，因知德克金布家先將此地典與民人楊成業家，係借高詩文的名置典，隨將契價交與劉明，同原業主德克金布給楊成業銀三百兩，贖出老契給我轉交主人，德克金布得銀二十兩，我同德克金布、楊成業於十五年四月間將地畝指對明白，隨赴左翼稅契，那時并未有人攔阻。我於上年十月間前往起租，有屯居旗人高詩文出來攔阻，說此地是他的，不准衆佃戶交租，佃戶們就不交租，我恐主人銀地兩空，是以回明主人控告的，是實。據高詩文供稱，我是正白旗嵩慶佐領下武生，乾隆五十九年間典得包姓地四頃五十畝，內有房十數間，價銀五百兩，自典之後，我自己起租。於嘉慶七年間，我因手乏，向薊州民人楊天賜押借小錢一千六百吊，同中人劉永寧說明，二分

行息，每年利錢三百二十吊。後來楊天賜病故，上年我要贖契，楊成業幷不見面，不料包姓又賣與觀榮，叫我對佃，我原不肯，觀榮將我控告，所供是實，各等語。幷據楊成業自行投案，隨訊據供稱，我是薊州民，年二十一歲，我聽見我母親説，乾隆五十八年間，憑莊頭丁世俊説合，傭恰布有坐落薊州地四頃五十畝、草房十七間典與我父親楊天賜爲業，價銀四百兩，因我父親是民人，不應置典旗地，煩認識的高詩文出名，契紙上寫着典與高姓，契紙在我父親手裏收執，我父親自行籽種。於嘉慶五年間，我父親病故，我因年幼，不能經管，煩高詩文代向佃戶取租，每年應取租東錢五百六十吊，言明給他取租盤費東錢一百六十吊，給我租錢四百吊。近來他每年只陸續給我租錢二百餘吊，我因租錢難取，要找德克金布回贖，隨找高詩文告知其情，他屢次不見，我於十四年間通知德克金布贖回去了，實是我家用銀置典的，高詩文如果借錢，豈有不立借字之理？他説拿契在我家押借錢文，實無其事，只求詳情，如有虚揑，情甘認罪，是實，等語。查此項地畝，據德克金布、楊成業咸稱，從前原係楊成業之父楊天賜因身係民人，不應置典旗產，遂借旗人高詩文之名置典，迨楊天賜故後，伊子楊成業因彼時年幼，不能管業，遂托高詩文代爲取租。嗣因高詩文拖欠租錢漸多，楊成業即找業主德克金布回贖，轉賣與筆帖式觀榮爲業，是從前楊天賜以民人借旗人之名置典旗地，已無疑義。緣高詩文代楊姓取租，從中取利已經多年，見地已回贖，不能再沾餘潤，遂挺身阻撓，不准佃戶交租，堅供此地原係伊用銀五百兩置典，因借楊天賜東錢一千六百吊，故將地契押執在楊姓之手，今欲回贖，尙應算明找給錢文，等語。查高詩文既借楊天賜錢文，因何不立借字？如係素好相信，何以又用地契作押？且此地經業主回贖轉賣，事歷年餘，高詩文何以甘心隱忍，直至趙端到彼收租，始出頭阻止。再，果係用契押錢，何以楊姓有曆年收租賬目？向高詩文層層駁詰，該生理屈辭窮，惟依恃武生，一味狡賴，意存訛詐，若不傳齊各佃當面質對，伊斷不肯輸服。查案內應訊人證，皆係直隸薊州民人，相應將此案咨送戶部審明辦理，應訊人證，由部傳訊可也。爲此具呈。

同上　清嘉慶十六年五月初九日會計司呈稿

[嘉慶十六年五月初九日]會計司呈，爲咨覆事。准戶部咨稱，現審處案呈，據正黃旗徐珮控地一案，今據遵化州詳稱，查內務府大糧莊頭徐珮赴部呈控高爲遷即位謙揹租霸地等情，經卑州傳集兩造，逐一研訊。據高位謙供稱，原有租種徐珮繼父徐日升即徐麗南差地八十二畝半，每年交租東錢八十千，徐日升在日，於乾隆三十五年一租十年，使去租東錢八百吊，至四十五年爲滿，立有租約。四十五年至今幷未交租之故，由徐日升與高位謙故曾祖高藍玉幷伊故祖高孫山相好，徐日升因乏用，先於乾隆十三年借過高藍玉銀六十兩，言明二分利息，本利未還；又於十六年典與高藍玉南宅莊地五晌，收典價銀三十兩；　又於十九年，徐日升即徐麗南將自置廂黃旗披甲人伊秉阿坐落南宅等七莊旗地五頃五十畝，紅、白契二紙，指租押給高位謙之祖，借去銀五百八十兩，以上四契，共借典銀七百二十兩，均立有契據，幷將原置紅、白契紙交付高藍玉收執，高藍玉幷未種地起租，徐日升未還銀兩，是以亦未起收八十二畝半差地之租。今高位謙以租地八十二畝半租銀不敷抵借銀七百二十兩利息，懇乞追還銀兩，退交地畝。訊之莊頭徐珮供稱，伊繼父徐日升借銀典地，伊均不知情，幷稱幷無南宅莊典地五晌，其馬房莊自置地三十五畝，草房二十四間，向係伊自行起租，所有伊繼父徐日升原買伊秉阿坐落南宅等七莊地五頃五十畝，已於乾隆四十年間典與忠勇公府，轉賣與和珅名下，奉抄入官。其高位謙所租地八十二畝半，係伊差地，仍請追租，各等語。查徐珮繼父徐日升既將差地長租十年，已屬違例，而徐珮接充莊頭多年，於四十五年租地十年限滿之後，至今三十年，幷未要租，今始控追，謂非伊繼父押借銀兩、利息抵租，殊難憑信。其前地八十二畝半，是否差地，抑係自置地畝，礙難分別。至徐日升所買地畝幷押契地畝，雖據高位謙供稱幷未兌地起租，但既立典契，又有押給印照爲憑，其爲民典旗地，更屬顯然。自應詳查明確，方可照例辦理。所有查訊緣由，擬合先行録供，幷將高位謙呈出租典各契造冊，一幷具文申送大部查核，俯賜移旗確查檔冊果否相符，幷高位謙所租地八十二畝五分是否差地，移咨內務府查明，一幷示核，以便遵辦，等因前來。相應移咨內務府，轉飭查明該莊頭徐珮承領差地內，有無坐落遵化州要各莊地八十二畝五分，幷訊明徐珮，伊父徐日升典與高位謙家地三十五畝，係伊家何項地畝，伊家自置七莊地五項五十畝，既將契紙押給高位謙家收存，伊於乾隆四十年又係憑何契據，將前地典與忠勇公府爲業。再伊父徐日升將遵化州城南南宅莊自置旗地五晌典與高藍玉名下，立有典契，今徐珮因何又稱伊家幷無五晌地畝。逐一録取確供咨部，以憑核辦。等因，前來。當經查得，莊頭徐珮承領坐落遵化州屬要各莊地一段一頃五十三畝，東至旗、

西至道，南至道，北至莊；一段七畝，東至旗，西至道，南至莊，北至荒階。隨傳據徐珮赴案呈稱，竊身於乾隆三十七年接充繼父徐日升莊頭之缺，承領差地內，有坐落遵化州要各莊地一段一頃五十三畝，內有民人高位謙之子高步青租種八十畝，又一段七畝，內租種二畝五分，彼時身查地收租，據高位謙聲言，身繼父曾有租給年限字樣，未滿年限，信以爲實，至五十年，身復向其查取租息，伊仍云年限未滿，且伊又未將年限字樣查出一看。年復一年，聽意支吾。至去歲身始在部具呈，蒙行文該州傳訊，追出字據，係自乾隆三十五年起至四十五年爲滿，至今三十年之久，永不交租，又不退地，實屬強掯霸地。因身具控，伊復任意牽扯有原典身繼父地三十五畝，自置七莊地五頃五十畝，南宅莊地五晌等語。伏思身自接充莊頭以來，除前地八十二畝五分係伊霸種外，其餘官圈地畝，均係身自行起租當差，如將前地典與伊家，何得自乾隆十三年之事，至今伊并不種地收租，揆其情節，係屬捏飾無疑。至七莊地五頃五十畝，身係憑家存印契出典與忠勇公府，轉典與和宅，被抄入官，如係典與伊家，亦因何并不種地收租，身出典時，伊并不查問，任憑身家典當，況和宅被抄數十年之久，伊豈無異詞，其伊所稱印契，又係從何而得，身實不知情，明係因身控追前地八十二畝五分，伊始捏出典當身家地畝，以塞前非。情急無奈，惟叩恩憐作主，咨部轉飭該州，將高位謙霸種地八十二畝五分，及乾隆四十五年爲始租錢，一并追交與身收領，等情，具呈到案。查前地八十畝，雖經莊頭徐日升在日立給年限字樣一租十年，至四十五年年限既滿，因何不將前地指交與該莊頭徐珮收領，再前地七畝內，高位謙租種二畝五分，又無字樣，至今因何并不交租，至所稱承典徐日升地畝既有典契，非自行承種，亦必招佃收租，何致失價多年，并不查究，其七莊地五頃五十畝，莊頭徐珮於乾隆四十年出典與忠勇公府轉典與和宅，已被抄沒入官數十年，該州查收時，因何又不早爲聲明。今徐珮控追前地，伊始查出各項契據。況前地八十畝之租，亦難抵典價銀六七百兩之利，種種情節，顯係捏飾。且官地租息，亦不得任意指霸以抵私債，相應咨覆戶部轉飭該州，即將莊頭徐珮名下官地八十二畝五分，并高位謙拖欠曆年租錢速行追交與該莊頭收領當差可也。爲此具呈。

同上　清嘉慶十六年五月初九日會計司呈稿

[嘉慶十六年五月初九日]會計司呈，爲咨覆事。准戶部咨稱，現審處案呈，據正藍旗宗室祥祿控家人王瑨等捏報水淹隱匿房地一案，前經咨據正藍旗滿洲都統咨，據宗室吉祿呈稱，切職原有紅契置地三頃一畝五分，坐落在灤州果家莊，契與分單現存在部可憑。職父雲山曾指地二頃，借到民人馬朝士銀一千兩，下剩地一頃一畝五分。於十三年，職贖回一頃五十畝，賣與解喜格名下是實。下剩一頃五十畝零，係職弟祥祿名下，今祥祿已於十三年五月病故，未曾贖賣。至張豐羽原係冊檔家人，五十年間，原念伊服役多年，給字不當服役之差，并無呈報佐領具結，等情。隨行催灤州及正白旗、鑲白旗分去後。今准正白旗滿洲都統咨稱，查解喜格既經文內聲稱係正白旗包衣人，應咨戶部，嗣後如再有咨查之處，徑行咨查總管內務府，等情。又准內務府咨稱，查解喜格係正白旗安慶管領下大糧莊頭解丁兒名下親丁，正身旗人；其莊頭吳桐，係由內務府分撥儀親王門上當差。相應咨覆戶部，徑行該旗查辦，等因，前來。相應移咨內務府，轉飭查明吳桐係何項莊頭，是否正身旗人，咨部辦理，等因，前來。查吳桐原係本府大糧莊頭，正身旗人，業經分撥儀親王門上當差。相應咨覆戶部查辦可也。爲此具呈。

同上　清嘉慶十六年十一月初一日會計司呈稿

[嘉慶十六年十一月初一日]會計司呈，爲咨覆事。准戶部咨稱，井田科案呈，先據內務府正白旗原嵩齡、今改英寶佐領下理問職銜王國楨呈稱，竊職奉部准令分限五年交價回贖原得價京錢六千六百六十六千六百文、折大制錢三千三百三十三千三百文出典與李如枚入官坐落薊州、三河縣黃莊鎮等處共地二十五頃三十九畝八分三釐、房五十九間半，所有初限應交價大制錢六百六十六千六百六十文，業經交納在案。今第二限應交大制錢六百六十六千六百六十文，現已措齊，伏乞查收。再，前項房地，職管業時，其租銀係年前收租，次年種地，嗣因手乏，出典與李如枚名下，彼時將地畝於各佃戶名下對清，其每年租銀，李如枚仍係先收租錢，後種地畝，所有十三年分租錢，業經李如枚於未經入官之先全數收清。今前地奉部准令職回贖，行令薊州、三河縣得給執照，并行知內務府，令職前往薊州、三河縣收地領照，職將薊州地四頃二十三畝、房三十二間半；三河縣地二十一頃六畝八分三釐、房二十七間，均向各舊佃名下一一收清，即赴州縣領照。迄今不惟并未發給執照，又在職名下催追十三年分租銀，此項租銀非職應完之項，且係李如枚預行收取。當將前情稟明，現仍在職名下票催，爲此叩懇恩准行文內務府，

詳詢李如枚家屬，倘未收，職情願如數賠交，并請行令薊州、三河縣各出給執照給職收領，以憑管業，等情。隨移付銀庫照數查收去後，今准銀庫於原付內注明照數收訖，鈐印付覆前來。查內務府理問職銜王國楨完交回贖李如枚入官地畝第二限地價本制錢六百六十六千六百六十文，今既經銀庫照數查收，相應移咨內務府轉飭查照，并將前地每年租銀是否頭年交租，次年種地，其十三年分租錢李如枚於未經入官以先預行收取之處，即行詢明李如枚家屬，確供報部辦理，等因，前來。當經職司移付該旗參領轉飭查詢去後，今據鑲黃旗參領阿勒精阿等覆稱，據管領壽昌保稱，詢據李如枚之子筆帖式嵩俊結稱，此項地畝租錢，向係年前交租，次年種地，所有十三年分租銀，已於未曾入官以前於十二年秋間預行收取，是實。等情，查覆前來。相應咨覆戶部查辦可也。爲此具呈。

同上　清嘉慶十六年十一月十七日會計司呈稿

［嘉慶十六年十一月十七日］會計司呈，爲咨行事。准刑部咨稱，山東司案呈，先據管理西洋堂禮部尚書福具奏，據欽天監監正西洋人福文高等稟稱，宛平縣役將種地人張宗武等拿去，并搶去天文書、儀器、衣服、銀錢等物一摺。遵旨審明定擬，將西洋堂陸續自置立垡村地十三頃，蓋房二十二間，鵝房村自置地三十餘頃，蓋房二十餘間，葦甸村自置地三頃，蓋房三十餘間，從前恩賞宛平縣所屬立垡村地三十六頃，及請敕交內務府查明全行變價，匯交管理西洋堂大臣轉給各該管業之西洋人具領，以資養贍，等因，奏准咨行前來。查恩賞西洋人立垡等村地畝，從前於何年頒賞，其四至段落及現在租價，本府無憑擬定。至陸續自置地畝、房間，其四至租價及房間大小并未聲叙，且其地畝係旗契、民契置買，亦未咨請，本府礙難辦理。相應移咨管理西洋堂之禮部尚書福，飭知該管業之西洋人，速將前項地畝、房間細數，坐落村莊，段落四至，每畝租銀若干，佃戶花名及原置契紙，逐款分晰造具細冊咨送本府，以便辦理可也。爲此具呈。

同上　清嘉慶十七年七月十四日會計司呈稿

［嘉慶十七年七月十四日］會計司呈，爲咨覆事。准戶部咨稱，井田科案呈，准直隸總督溫咨，據布政使呈稱，據昌黎縣申稱，卷查嘉慶七年四月內，據縣民韓朝臣首違例私典旗人胡永信等旗地一案，訊據韓朝臣供，小的祖上契典旗人胡姓地十五畝，老契、找契共東錢三百零六吊，至乾隆四十二年間，經胡炳等呈控在縣，蒙斷將身之契、地價一并入官。迨後伊等逃亡，地價并未入官，不意又有胡天仲等屢次向身找去東錢三百六十九吊五百，現有文契十六張，那三百零六吊各契紙，因四十二年小的家合胡天仲爲返地打官司呈案附卷，四十三年科房失火，燒毁無存，只求將這地照例入官。訊據胡天仲等供，旗人是正白旗閑散，正身旗人，名叫全德，在樂亭縣火燒府莊住居，旗人家祖輩原是三大門，長門胡永禮，次門胡永信，三門胡永貴，旗人是胡永禮之後，二叔祖胡永信於康熙年間充當內務府莊頭時，置有養家地十五畝，當時就當與韓朝臣家耕種，迨後胡永信并子胡培病故絶嗣，旗人們父子叔侄弟兄才向韓朝臣互指此地二段十五畝，屢次找價借錢使用，前因莊頭胡永信物故，旗人們無人管轄，即撥在內務府莊頭胡天亮，是閑散親丁。到嘉慶元年分，又把莊頭胡天亮分在正紅旗成親王府當差，旗人也跟隨到王府裏了，只求轉詳，各等情。覆加詰訊，衆供如前。查前項旗地，據韓朝臣於嘉慶七年遵例首報，似應遵照新例，照民典旗地自行首報之例，免追旗人得過地價，并地租花利，地畝撤出入官，議租冊報，其旗民應得各罪，均請免議，以昭平允。除將各甘結附卷，一面造具議租圖冊，出具印結另文詳送外，所有先後查訊緣由，同契紙詳請查核轉詳，由府道咨覆，擬合將送到各契詳請察核咨部，示覆飭遵，等情，擬合咨達。等因，前來。相應移咨內務府，傳訊莊頭胡天亮名下閑散親丁胡天仲即全德，伊有無將祖遺坐落昌黎縣地十五畝出典與民人韓朝臣，陸續找錢使用，此外有無另項地畝出典與民人之處，速即録取確供報部，以憑核辦，等因，前來。查莊頭胡天亮業經分撥成親王府當差，其伊名下親丁係該王府所轄，本府礙難傳訊，相應咨覆戶部，經行該旗，轉行該府傳訊辦理可也。爲此具呈。

同上　清嘉慶十八年二月初四日掌儀司呈稿

［嘉慶十八年二月初四日］掌儀司呈，爲札行事。據職司所屬病故園頭李瑞林之妻孀婦于氏呈稱，竊氏夫名下原有坐落馬駒橋一帶承領官地二頃七十八畝，向年以來，皆係租與佃民劉八等三十餘人耕種，此項地畝，氏夫在日，聞得租錢一百三四十吊，每年除交錢糧外，餘者作爲養贍。今氏夫於十七年六月初九日病故，至大秋應交錢糧時，除劉八等十九名應付租錢每畝按四百文全行付給外，惟有王良臣等十一名，共計地一頃一十畝，每畝僅給錢一百餘文，氏因子女幼小，家中度日無倚，向氏侄商議，欲將此地收回自行耕

種，作爲養贍。不料佃民等以氏夫病故，陡起不良，不但不退還地畝，口稱氏夫在日全行受價典當，若要收地，必須備價回贖，等語。伏思氏夫承領官地皆係皇產，焉敢私行典當，即氏夫李瑞林縱有不法之心，該佃民等既知係屬皇產，豈有私行典受之理，顯係倚勢逞刁，欺孀滅幼，只得叩懇司主老爺格外施恩，追還地畝，氏情願自種，以保蟻命，則感鴻慈於無既矣，等情，具呈前來。職司詳查魚鱗冊檔，該園頭李瑞林名下承領坐落馬駒橋等處官地二頃七十八畝，實係在冊官地，既據該孀婦呈控，該佃民若果以李瑞林病故，借端捏詞典當，私行霸占官產，非增租奪佃者可比。況職司園頭承領地畝，皆係皇產，佃民膽敢私行典當，實屬目無法紀。但係該孀婦一面之詞，未便遽信。理合呈明札行順天府，轉飭通州按照粘單內開佃戶花名，逐一傳齊，訊明佃民王良臣等果有私行典當等情，應將所霸，官地立即追出，指交該孀婦于氏收領當差，以完國課。其私行典受官地之佃民，應如何辦理之處，照例辦理外，仍咨覆本府辦理可也。爲此具呈。

同上　清嘉慶十八年十月十九日莊頭處呈稿

［嘉慶十八年十月十九日］管理三旗銀兩莊頭處呈，爲咨覆事。准戶部咨稱，據正白旗滿洲孀婦報氏控那九通同郭四黑等霸地揹租案內，又據報氏續控家奴白佩等將灤州安各莊地八十七畝偷典與鄭天杜、鄭天佐名下。前據豐潤縣詳稱，訊之鄭天佐，供認白佩指前項地租抵借銀兩屬實。但白佩是否該氏家奴，須向伊孫白成枝質訊，方可定斷，應請檄飭灤地就近傳訊，等因。據灤州詳稱，報氏續控家奴白佩私將伊家坐落安各莊地八十七畝偷典與鄭天佐等，不允回贖等情。當經節次關提，茲准薊州關覆，白成枝現患痰疾，兩腿痿曲不能動履。茲據投具親供內稱，小的祖上實係薊州白家莊民人，於順治二年帶地投充內務府厢黃旗錢糧莊頭，及至小的祖白珂，并未載入旗檔，所有錢糧莊頭係小的伯祖白佩充當，冊檔有名可查。如今那報氏實係平空妄控，訛賴小的伯祖白佩是他的家奴，只求詳查旗檔就明白了，親供是實。俯賜移旗查明白成枝之伯祖白佩是否內務府鑲黃旗投充莊頭，抑係報氏家人，飭示下州，以便遵辦，等因。相應移咨內務府轉飭查明鑲黃旗投充莊頭內有無白佩其名，白佩現有子嗣何人，即行傳喚到案，訊明白佩指借與鄭天佐等坐落灤州安各莊地八十七畝係伊家何項產業，并將白佩與白珂是否係親弟兄，白成枝是否係白珂之孫，逐一查訊明確，録供咨部，以憑核辦，等因，前來。查白佩係本衙門鑲黃旗投充莊頭白來維之親丁，伊祖上於順治二年投充，查丁檔內白佩之曾孫白德壽亡故後，以後并無親枝子孫接入丁檔，現在與白佩弟兄白珠之子孫白來維在檔充當投充莊頭，文內所查白珂、白成枝，從前并未入丁檔，白佩之曾孫白德壽故後，無人接入丁檔，俱無從傳訊。相應咨覆戶部可也。爲此具呈。

同上　清嘉慶二十年四月二十一日掌儀司呈稿

［嘉慶二十年四月二十一日］掌儀司呈，爲咨覆事。准直隸總督那咨稱，據直隸布政使錢臻呈稱，該本司查得，鹽山縣監生馮文智等赴都察院衙門呈控旗人劉芳烈等將旗地捏稱民竈地畝典賣，未還原價等情一案。前蒙准咨，當經前司將原告馮文智、宋東漢等二名，檄飭清苑縣差役押發鹽山縣衙門投收，一面飭委青縣前往會同鹽邑，提齊案內應訊人證，秉公研訊明確，擬議詳辦。旋據鹽山縣以被告劉芳烈等因奉掌儀司查比人丁傳喚至京，未克依限審詳，等情，到司。又經前司詳，蒙咨明展限，并因鹽山縣民人劉人瑞呈控劉芳烈等以易竈作旗，無價奪產一案，係委天津府審辦，値將此案亦詳明飭委該府提審詳辦，以期迅速，各在案。茲據天津府知府張大維詳稱，遵即行提去後，今據鹽山縣將人證卷宗申解前來，隨查縣卷內開，一件爲咨行事，前任總督部堂溫牌開，嘉慶十八年八月十四日准都察院咨，據鹽山縣民人馮文智、宋東漢以無價奪地等詞赴院具控，訊與原呈大約相符。此案馮文智、宋東漢呈稱，劉芳烈等將旗地捏稱民地、竈地，典賣與該民等，得價錢五千餘吊，有文契可憑。本年五月間，經委員并巡司票傳該民到案，追取文契，立具甘結，伊等原價分文不給。按劉芳烈等旗地共計地荒一百五十四頃餘，有縣書紅冊可證，該民等典契、買契合算草地共千頃有餘。今仍將該民典買之地令賈昆認租，係劉芳烈等捏造指影，霸占官荒，該民地去價懸，情急京控。等語。馮文智等典買劉芳烈地畝如屬旗地，係劉芳烈捏造誆騙，自應將劉芳烈按例究辦，但係一面之詞，且該民等從前典買此地并不查明原委，私行置業，本有不合，即因官追文契，未還原價，心懷不甘，亦應在本邑呈訴，何得驀赴京控，至該民典買地畝，既令退出，何以復令賈昆認租，是否果有指影霸占等情，均應根究訊結。相應抄録原呈并原告馮文智、宋東漢移咨貴督，遴員確查，秉公訊結，俟案完日，仍咨覆本院。計抄原呈一紙，計送馮文智、宋東漢二名。原呈內開，具稟民人馮文智，年七十八歲，宋東漢年三十四歲，俱係天

津府鹽山縣民，爲無價白奪草地，叩恩垂憐愚民，以雪黑冤事。切有帶地投充之旗人劉芳烈等，將伊旗地四至內外揑造民地、竈地，朦哄鄉愚，陸續當賣得民等價錢五千餘吊，俱有文契可憑。及今歲五月十四日，自京師來有二位委員大人幷羊莊巡檢老爺，票傳民等到案，追取文契，俱要甘結，民等不敢違抗，盡將文契呈出，立具甘結。至民等當價、買價，分文不予，且有遺留錢糧，世世累害。泣思民等俱在窪下莊農小民，當價、買價實係血汗脂膏，今被劉芳烈等朦朧誆騙，蕩然已空，坑剎已極。且劉芳烈等屬旗之地，現有縣書紅冊可憑，冊內注明旗地五頃三十八畝餘，草荒墲一百四十九頃餘，共計地荒一百五十四頃餘，坐落搬倒井子屯。按民等當契、買契合計，草地共千頃有餘，劉芳烈等揑造指影霸荒，獲利已數十年；今賈昆仍照民等當買契額，出首認租，是又借旗地指影霸占官荒，致使草野之民，芻蕘無地，杜厥咽喉，實屬一冤再冤。情極無路，爲此哀懇與民作主，追給當買原價，幷飭賈昆照依劉芳烈等紅冊內旗地、旗荒一百五十四頃餘原額認租，旗民兩便，恩同大造，均感鴻慈，上叩都憲大人恩准施行。被告劉芳烈、劉應元、劉玉田、劉廣智、劉步南、劉連甲等干證當、買契三十餘紙，俱蒙委員追取入卷，縣狀二十餘紙，縣戶中科紅冊可查，原告馮文智、宋東漢。現租草荒人賈昆。幷檢查馮文智呈出契紙內開：　立當契劉廣智，因乏手，同叔應元説合，願將胡家地草廠一處，地二十畝，當於文智馮表伯名下，代糧承種，言明價錢三十八千五百整，三年爲滿，錢到回贖，其錢當日交足無欠，恐後無憑，此照。嘉慶二年十二月十七日立。四至：　東至道、南至道、西至墲場、北至道。

又立字人劉廣智，同族叔士安説合，又將胡家地草廠一處，找錢十一千五百整，再種四年爲滿，此照。嘉慶八年八月十五日立。又立字人劉廣智，同叔蒼裔找到慧生馮表伯錢十千，俟回贖胡家地之日，幷前價交還，押草地十年不許找價，亦不許轉當轉賣，日後許本主回贖，此照。

又立當約劉步青、劉步南，因乏手，今同中李昌基、劉白珩説合，情願將沙嶺子草廠二段言明價錢一百四十千整，當於馮文智名下，打草拾柴承種，一當五年爲滿，錢到回贖，此照。嘉慶八年十一月十六日立。計開四至道內有小分一處。二次又找錢二十吊，共錢一百六十吊，每年錢糧錢二百五十文。

又立當約劉鵬九，因乏手，同族侄士安説合，情願將邪落波堰草廠一處，言明價錢七十五千，立契當與馮文魁名下，打草拾柴，三年爲滿，當日交足無欠，恐後無憑，此照。嘉慶十年十月二十四日立。每年錢糧錢四百文。嘉慶十二年八月初七日，同中劉士安又找錢十五千。

又立當約劉震田，因乏手，同中李榮源説合，情願將東西草廠一處，立契當與馮繼周名下，代糧打柴打草，言明當價錢一百二十千整，一當三年爲滿，其錢當日交足，錢到回贖，恐後無憑，立約存照。三年以內，不許找價，三年以外不找，應當他人。嘉慶十二年四月初一日，立契人劉震田，中人劉士和、蕭文斗，三年錢糧錢三千七百幷支去。十六年同中李榮源又找錢十吊，又添三年。

又立當約劉錫來、錫命、錫蕃，同中李昌基説合，情願將高家井張家大地草廠二段，四至分明，當於馮文元名下，代糧打草承種，三年爲滿，言明價錢九十七千，其錢當日交足無欠，錢到回贖，恐後無憑，存照。嘉慶十四年七月初九日立。每年錢糧錢五百文。

又宋東漢呈出契紙內開，立當契劉克恭，因乏手，今同中人劉士和，情願將草廠東南井子一處，當於李守良、宋九如、李生全、李興明名下，代糧承種，言明價錢五十千整，其錢當日交足，幷無欠，三年爲滿，錢到回贖，恐後無憑，立字存照。上代地數段，春前秋後，南至小分、北至小道、東至三分、西至五分，嘉慶元年七月初三日立。每年錢糧三百五十文。又嘉慶三年九月初三日，劉克恭同劉士和説合，找到李生全、李興明名下錢四千，回贖之日，以幷前價交還，恐後無憑，立字存照。又嘉慶八年六月二十八日，劉克恭同蕭進才找東南井子草廠一處，言明找錢七千整，俟回贖之日，以幷前價交還。此照。李生全、李興明、宋九如、李守良。

又立當契劉鶴年、劉霞舉、劉鶴臨，因乏手，今同中人劉士和，情願將長河子草廠一處，當於李守良、宋九如、李興明、李生全名下，代糧承種，言明價錢七十五千整，其錢當日交足無欠，三年爲滿，錢到回贖，恐後無憑，立字存照。上代地數段，春前秋後，東至五分、南至小分、西至四分、北至大道，嘉慶元年七月初三日立，每年錢糧五百文。又嘉慶八年十月初三日，劉霞舉同中人劉士和找到李生全、李興明、宋九如、李守良草地十千整，俟回贖之日，以幷前價交還，此照。

又立當約劉步青、劉步南，因乏手，同蕭進才、劉士和、李生全説合，情願將本分南汗草廠一處，東至道、西至道、西南至堰、南至坨子、北至劉士揚地，內帶承種竈地十七畝整，當於宋九式名下，代糧管業，言定價錢一百八十千整，其錢當日交足無欠，三年爲滿，錢到回贖。贖地之日，言定立秋以前，立秋以後不許回贖，恐後無憑，此照。嘉慶八年六月初三日，劉步青、劉步南。每年錢糧錢一千二百文。又嘉慶九年二月初四日，同弟衡書找錢十千，押地三年，立字人劉步青、劉步南同族弟劉士和說明，找到宋九式南邢家堰即南汗地價錢十千，俟回贖之日，以[二]并前價交還，此照。

又查閱鹽山縣所送總管內務府掌儀司所屬果園頭等坐落鹽山縣地畝四至清冊內載，搬倒井東西地一段，計五頃三十八畝五分八釐一毫二絲，東、西至荒，南、北至荒；又搬倒井屯荒碱地一段，計一百四十九頃三十四畝二分八釐，東至海沙嶺，西至三里竈劉強墳，南、北至道；各在卷。隨將現到人等提至當堂，逐一研鞫。訊據劉成範供，小的是鹽山縣人，今年七十歲了，已故劉連甲是小的哥子，劉玉田是小的兄弟，雙目失明，不能看路行走，故此無有到案。嘉慶九年上，小的哥子劉連甲同劉衡書把坐落托頭白草地一處，得價錢二十四吊，當給宋九如們名下，代糧承管；又十三年上，小的兄弟劉玉田同劉敬修們，把坐落黑水溝草廠地一處，得價錢二百六十吊，當給李招幅們名下，代糧打草拾柴，這都是小的哥子兄弟做的事，那時小的沒在家，并不知道這地離搬倒井有四五里遠，也不知多少畝數，宋東漢每年給兩吊錢錢糧，小的家也是完納租錢，至內務府有多少地畝，小的不知道，是實。訊據宋東漢供，小的是鹽山縣人，今年三十五歲，宋九式是小的父親，宋九如是小的胞叔，小的家承管當地契紙共是七張，內嘉慶元年七月裏，小的叔子宋九如同李守良們一契價錢五十千，當劉克恭坐落草廠東南井子地一處，代糧承種，後來兩次又找錢十一千；又一契用價錢七十五千，當劉鶴年們長河子草廠一處，代糧承種，後來又找地價錢十千，每年都交錢糧錢文，這地都在他旗地四至之內；又八年六月裏，小的父親宋九式用價錢一百八十千，當劉步青、劉步南們坐落南窪草廠一處，代糧管業，後來兩次又找給價錢二十千，這地在他旗地四至以內；又九年二月裏，小的叔子宋九如同李招幅們，一契用價錢四十五千，當劉步青、劉步南坐落托頭白草地一處，代糧承種，又一契用價錢二十四千，當劉連甲、劉衡書托頭白地一處，代糧承管，每年也都有錢糧錢文，這兩項地不在他旗地四至之內；又九年十二月裏，小的父親合李雙全，用價錢一百七十千，當劉廣智坐落邢家堰草廠一處，代糧打草拾柴，後來又借錢十千，這地在旗地四至之內；又十三年二月裏，小的父親、叔子合李招幅，仍用價錢二百六十千，當劉敬修們坐落黑水溝子草廠一處，代糧打草拾柴，後來又找價錢二十千，這地不在他旗地之內。到十八年五月裏，京裏下來二位委員，同本縣羊莊巡檢傳小的到案，追要這當契文契，小的不敢違抗，把這文契呈案，具了甘結，把地全行追出，錢地兩空，故此小的合馮文智到都察院告的。劉芳烈家在冊荒熟地共止有一百五十多頃，小的說他占官荒一千餘頃，因見地面寬大，約略估計的話，并沒丈量，那有實在數目呢？至小的家當的這些地畝，究竟是旗是民，也分辨不清。他當出四至以外地畝，劉芳烈說是他家養贍的地，小的也不知細底，是實，等情。訊據馮文智供，監生是鹽山縣人，今年七十九歲，監生家呈官當地契紙共是五張，內嘉慶二年十二月裏，監生用價錢三十八千五百，當劉廣智坐落胡家地草廠一處，地二十畝，代糧承種，後來兩次又找價二十一千五百，這地不在他旗地四至之內；又八年十一月裏，監生用價錢一百四十千，當劉步南前沙嶺草廠二段，打草拾柴，後來又找錢二十千，這地在他旗地四至之內；又十年十月裏，監生兄弟馮文魁用價錢七十五千，當劉鵬九坐落邪落波堰草廠一處，打草拾柴，後來又找錢十五千，這地不在他旗地四至之內；又十二年四月裏，監生堂弟馮繼周用價錢一百二十千，當劉芳烈的父親劉震田東西草廠一處，打草拾柴，後來又找錢十千，這地不在他旗地四至之內，又十四年七月裏，監生兄弟馮文元用價九十七千，當劉錫來、劉錫命、劉錫蕃坐落高家井張家大地草廠二段，打草承種，這地在他旗地四至之內；這些地畝都是帶有錢糧錢文，每年交他們幫補完租的。到十八年五月裏，劉芳烈在內務府呈報，蒙委員到縣，同本縣羊莊巡檢傳監生們到案，追交當地文契，具了甘結，把地全行撤去，錢地兩空，監生情急，故此合宋東漢到都察院衙門呈控。劉芳烈家在冊荒熟地共止有一百五十餘頃，監生說他占官荒一千餘頃，因見地面寬大，約略的話，并沒丈量，委沒實在細數。至監生家當的這些地畝，究竟是旗是民，監生也辨不清楚。所當四至以外地畝，劉芳烈說是他家養家地畝，監生也不知他細底，是實，等情。訊據劉芳烈供，小的是鹽山縣人，順治六年，小的祖上投在內務府掌儀司正黃旗，充當果木園戶頭，當日帶投在冊旗地是搬倒井子屯荒碱地一段，計一百四十九頃餘畝，東至海沙嶺，西至三里竈劉強墳，南、北至道，這地只出柴草。又搬倒井東西地一段，計五頃三十八畝零，這是熟地。兩項共計地一百五十四頃餘畝，都是大地，每一頃合小地三頃，共合小地四百五十六十頃，此外還有養家餘地。這在冊地合冊外養家地，都是五大分分管，後來五分族人因無力完租，陸續把地畝當出。到嘉慶十六年上，小的點充戶頭，因租銀無著，就在內務府呈報典當的情節，蒙委員到縣查辦，把各地戶典當契紙追出，地也撤出，全租與賈昆交租，今年又租給王南珍了。馮文智、宋東漢告小的影占官荒，又告賈昆把他們當的四至以外的地都租去了，又說看著約有千頃多畝，他不知這冊內、冊外養家地都是大地，除在冊地一百五十餘頃，就該有四百五十多頃。至養家地與冊地相連，是五大分分管，共有多少地段，小的也不能知道清楚，那各地戶呈出契紙，大約兩項地都有。本年六月裏，內務府還有諭帖，叫小的查明納糧官地若干畝數段落四至及冊外養家餘地若干畝，報明內務府，小的因沒清理明白，還沒稟報呢。小的現有諭帖呈驗求咨查內務府就是了，是實，各等情。

據此，并據劉芳烈呈驗內務府掌儀司諭帖一紙。內開，諭仰九段戶頭劉芳烈知悉，照得現在遵奉諭旨編查保甲戶田地畝，今據直隸總督查取內務府各項屯居旗人名姓、住居村莊、承領地畝段落四至，等情，前來。爲此，仰爾速將爾段園頭、壯丁等名下承領納糧官地若干畝，段落四至及冊外養家餘地若干畝，一一開明，限於八月內赴司報明，以便咨覆，事關奉旨，斷不可遲誤，特諭。嘉慶十九年六月二十七日。各等情。

據此，卑府伏查鹽山縣監生馮文智等赴都察院呈控劉芳烈等將旗地捏稱民竃地畝、典賣不還原價等情一案，奉檄提訊，經卑府訊據馮文智供稱，伊等典當地畝，多係打草打柴，有在劉芳烈呈報旗地四至之內，亦有在伊旗地四至以外者，劉芳烈在冊荒熟地只有一百五十餘頃，因見地面寬大，約占官荒千頃有餘，所當四至以外地畝，是否劉芳烈家養家地畝，伊等均不知曉。質之劉芳烈供稱，在冊荒熟旗地共一百五十四頃餘，俱係大地，合小地四百五十多頃，此外尚有養家餘地，均是五大分分管，五分族人因無力完租，陸續將地畝當出，嘉慶十六年間，因伊點出戶頭，租銀無著，呈報委員追契撤地，轉租與佃民王南珍承領納租。馮文智等因錢地兩空，即行具控。及質之兩造，又不能供出養家地畝共有若干畝數，惟劉芳烈僅執有內務府掌儀司諭帖，令伊查明官地若干畝，段落四至及冊外養家餘地若干畝，尚未查辦清楚，各等語。卑府查核該縣所送檔冊內，又止僅列搬倒井子屯荒碱地一段，計一百四十九頃餘，又搬倒井東西地一段，計五頃三十八畝，共一百五十四頃餘畝，并未有養家餘地及大地字樣。且馮文智所供典當地名價值，核與所呈契紙相符，但是否在劉芳烈，旗地四至內外，無憑查考。其劉芳烈名下有無養家餘地，是否影占官荒，卑府衙門亦無案可稽，若非咨查明確，礙難核擬，合無仰懇俯賜轉請咨明內務府，將劉芳烈一戶投充搬倒井子屯即搬倒井東西地二項是否大地，及冊外養家地各若干頃畝，段落四至、花名細數紅檔冊籍，飭發卑府，以便查訊明確，分別擬議詳辦。并請先行咨明展限，實爲公便。除將人證發回鹽山縣取保候示外，是否有當，擬合具文詳請查核示遵，等情，到司。據此，本司復查鹽山縣監生馮文智等呈控旗人劉芳烈等將旗地捏稱民竃地畝典賣不還原價之處，既據天津府查核，該縣所送檔冊內，劉芳烈等名下僅止開列搬倒井子屯荒碱地一段，計一百四十九頃餘；又搬倒井東西地一段，計五頃三十八畝；共地一百五十四頃餘畝，并未列有養家餘地及大地字樣。且馮文智等所供典當地畝，是否在劉芳烈旗地四至內外，其劉芳烈名下有無養家餘地，是否影占官荒，俱屬無憑查考，似應俯如所請，准其先行咨查明確，再行詳辦，以歸核實。擬合據文詳請察核，咨明內務府，將劉芳烈一戶投充搬倒井子屯及搬倒井東西地二項是否大地及冊外養家地各若干頃畝，段落四至、花名細數檔冊飭發本司，以憑轉發天津府查訊明確，分別擬議詳辦。所有此案展限緣由，并請先咨明都察院查照，等情，到本爵督部堂。據此，除咨都察院展限外，相應咨明，爲此合咨貴府，煩請查照，祈將劉芳烈投充旗地檔冊查明示覆，以憑轉飭核辦施行。等因，前來。查劉芳烈之祖輩於順治二年帶地投充到司，充當新人園頭，人有丁檔，地有紅冊，在司納課，歷年已久。於嘉慶十六年間，該園頭劉樂山名下親丁戶頭劉芳烈等，以鹽山縣屬在冊荒地二段有旗民私相典當，以致錢糧拖累無着等詞，在司稟控，隨經查得，所控地畝段落四至，與職司魚鱗冊檔均屬相符，曾經行文地方官查辦去後。待至一年之久，該縣未能清結。因案內旗人衆多，恐該地方官呼應不靈，是以於嘉慶十八年呈明，派委主事薩炳阿、掌稿筆帖式瑞升持牌前往鹽邑，會同地方官徹底根究，詳細核辦去後。嗣據該委員薩炳阿等稟稱，奉派前赴鹽邑，會同該縣胡令及羊兒莊巡檢陳玉田，并天津府派去委員柴清元，傳集兩造人證，當堂問及此項地畝，實係各戶旗丁受價典當佃民，以資受業，俱有典當契據呈驗。訊據壯丁劉步南等供稱，實緣此項草地，自小的祖輩以來，均係五戶分業，打草養生，後因小的之祖父家業敗落，上不能納課，下不能糊口，所以將官地零星分典與衆佃及小的等管業，毫無蓄積，國課又不敢拖欠，所以又向佃民找借，等情，是實。據佃民供稱，所典地畝，有伊等之祖父在日典當者，有換契找借錢文者。所供情形，雖屬相似，然此項草地不獨距縣較遠，而且相近海沿，前奉派往之時，正值夏雨時行，海水漫漲之際，實難赴地履勘邊界，職等再四籌酌，若不設法訊明佃民典當地畝段落，恐旗民互相狡賴，難以折服，隨令兩造按照冊載四至，繪畫地圖，眼同地方官，當堂令各佃按圖親指典當地所，即在圖上開寫佃民名姓，而衆佃當堂并無一人指出在四至之外地畝，隨據理例開導，衆佃心服詞窮，均皆一體當堂情願繳字，具結退地，彼將退地甘結并呈繳契紙以及指畫地圖，一并存縣附卷。至所收草地二段，係在冊官產，該旗民人等既經私相買賣，已違例禁，尚有應治之罪，自未便仍令該佃民等承領，亦不應交該旗丁等照管，是以職等就近招得佃民王巨川認領輸租，以抵國課。其盜典官地之旗丁，應俟該地方官申覆到日，再行核辦。今直督來咨，佃民馮文智、宋東漢復以無價奪地等詞赴京翻控。并據供稱，伊等在縣不敢抗違，繳契具結等語，更屬矛盾，該佃既知畏罪，不敢抗違，何以復又背違翻控，以劉芳烈將民地竄地捏稱官地爲詞，該佃民既知民地竄地不在四至之內，係影占官荒，緣何獨向旗丁劉姓戶內以資典受，如若知係劉姓私產，又何以每契載有代糧之說，足見倚刁狡賴無疑。況馮文智、宋東漢所供十二契內，竟有六契在官地四至之內，而民典旗地，例有明條，該佃民馮文智身爲監生，既知有糧官地，何以知法故犯，自干罪戾。至文內所供劉芳烈霸占四至以外官荒一千餘頃，該佃等既無實據，何以憑空妄控。即或此地有數千頃之多，究竟是本司冊載四至之內，尤非地方官所屬無主官荒可比。若果劉芳烈影占他人官荒，不在本司冊檔四至之內，迄今百餘年之久，不但并無業主呈控，該地方官豈容劉芳烈一戶霸占之理，所供更屬悖謬。至所供伊等退出之地，該委員仍令賈昆照民等當買契額出首認租一節，係招佃鹽山縣韓村民人王巨川認領輸租，本司存有王巨川認呈，王巨川存有本司執照可憑，而所供賈昆，不知其名爲誰，應追王巨川執照考核，立見妄控。再文內又稱，衆佃退出之地，劉芳烈所供租給賈昆認領，應即就近嚴傳劉芳烈到案，訊究係屬何人租給賈昆認領之處，有無發給憑據，務使水落石出，方成信讞。且馮文智所供伊弟文魁、繼周、文元皆係典地之人，均未到案，顯係該佃藉倚年邁狡賴。再查《大清會典財例》內載，園頭、牲丁、壯丁人等，所有賞給當差養家房地，本不應違例典賣，第彼此授受，相沿已久，倘不勘明撤回，在園頭人等固當差乏資，若概行撤回，又恐鄉愚失業。今逐細詳勘，如紅冊內開載之房地并餘地，本屬官物，此不論紅契、白契，或典或賣，或指產借銀，以租抵利等項，均係應行撤回者；如紅冊內不載之房地并餘地，本爲私業，此係不應強撤者；如用紅契典賣在冊房地，係經官授受之項，無論何年交易，并已入民糧、未入民糧，此在應撤之內，應追給全價，應免治罪者；如用白契典賣在冊房地，係私相授受之項，其在康熙三十九年清撤以前交易者，民人納糧當差既久，此在應撤之內，應追給半價，亦免治罪者；其在康熙三十九年清撤以後交易者，無論已入民糧、未入民糧，此在應撤之內，不應追價，且與、受之人均應治罪，等語。至本司所屬園頭，共計數百名，內除安放園頭照地納糧外，其圈占陳人及投充新人，名下雖有餘地，其冊內并不分載何項納課，何項養家，在冊者皆爲官地，無論地數多寡，亦不拘大地、小地，總以四至爲憑，先後稟覆在案。今據直督咨查內開，佃民馮文智等供稱退出之地現交賈昆認領，查本府委員係招募得鹽山縣韓村民人王巨川認領，既有認呈，并發給執照可憑。其園頭地畝，本府惟憑印冊所造地畝四至爲據，并無大地、小地之分，至各園頭名下雖有餘地，而冊內并不分載。相應將該委員辦理緣由及冊載地畝段落四至，當堂繪畫地圖，并佃民王巨川認呈，一并抄録移咨直督轉飭核辦。其直督咨文，盛貯封筒，移送兵部轉行遞至可也。爲此具呈。

同上　清嘉慶二十年莊頭處呈稿

〔嘉慶二十年〕管理三旗銀兩莊頭處呈，爲咨覆事。准戶部咨稱，查鑲紅旗奕貝子府莊頭張樹宴控王開治霸地一案，本部查張樹宴、田廷章、蘇英、王開治爭控典買富太、富長父子前二項地畝，田廷章所稱富太借伊父田士秀銀七百兩，無力歸還，將八百戶柳河套地三頃五十一畝、草房七間指交起租抵利。查閱該州送到田士秀字據，僅係富太借銀七百兩，分半行息，并無指地借銀字樣。質之已故富太之孫塔清阿，供稱伊祖并無借過田姓銀兩，其田廷章將無契地畝得價典與張樹宴，張樹宴復抵奕貝子府欠項，應俟全案查明再行核斷，等因。并咨催內務府，亦即遵照前行轉飭正黃旗，查明張樹宴是否投充莊頭被革，何年撥入鑲紅旗奕貝子府當差，查明報部查核，等因，前來。

查本府管理三旗銀兩莊頭處并無投充莊頭張樹宴分撥奕貝子府，或係王府轉撥分府莊頭，本府無從查覆，見業已分撥王府莊頭，例由王府查力。相應咨覆戶部，自行由王府查明可也。爲此具呈。

同上　清嘉慶二十年十二月十七日掌儀司呈稿

[嘉慶二十年十二月十七日]掌儀司呈，爲札行事。據職司所屬四段園頭趙應富名下壯丁徐良章稟控伊侄徐文吉、徐文祥等私行偷賣官地等情到司，正在查辦；　復據徐良章呈稱，竊小的之侄徐文吉、徐文祥原有承領差地三十五畝，實係懦弱無能，陸續竟被本村土棍名號西霸天徐六主令盜典，倚勢侵肥，現將官地典出受價，俱是徐六強行使用，前經小的查知，未敢徇隱，曾以徐文吉、徐文祥稟報在案。不料西霸天徐六聞知不忿，仗倚横豪，反敢勾串同居不明之寡婦徐氏、王氏，恃潑狡案，情出意外，小的只得稟明，叩稟恩准究辦，保全官地，庶滅豪強，實爲德便，等情，具呈前來。職等隨將壯丁徐文祥、徐文吉傳喚到司，訊據供稱，伊等承領官地，實係民人徐六主使典賣與衆佃，所得地價，徐六強行分肥。所供與徐良章原呈大略相同，惟是壯丁徐文祥等身係在檔旗丁，地屬納糧官產，聽從民人徐六主令盜典盜賣，實屬目無法紀。但查徐六及私買官地之衆佃，皆係民人，本司未便傳訊，而徐良章等一面之詞，又難核斷，理合呈請札行順天府，轉飭宛平縣就近嚴傳民人徐六及徐文祥等，訊明屬實，速將盜典之官地如數着追，照例治罪，其追出地畝，俟該縣申覆到日，職司派人查收，再行照例核辦可也。爲此具呈。

同上　清嘉慶二十年十二月十九日掌儀司呈稿

[嘉慶二十年十二月十九日]掌儀司呈，爲札行收管地畝事。查職司五段園頭王明於本年四月間無故逃走，伊母王氏呈報到司，曾經呈明咨行都察院、刑部等衙門照例緝拿外，伊名下承領官地，派委該段承催向佃收取地租以抵國課去後。今據承催徐殿鰲稟覆，現種王明名下之官地佃民郭文明等，藉以王明在逃，不但不給租價，並稱有紅契、白契用價典買，等情，稟報前來。伏思王明名下承領地畝，乃係在冊官產，即王明不法，而佃民等焉敢違例私相典買，但係該承催一面之詞，未便據信，且事關官產，礙難懸宕，理合開單呈明，札行順天府，轉飭宛平縣嚴傳該佃民等訊明，果有紅、白契據私相典買者，應照盜買、盜賣在冊官產之例辦理；　如無私相典買情弊，即應按畝征收租價，暫存縣庫，俟有頂替之人，職司再行發給執照，令其赴縣收領當差可也。爲此具呈。

計開：

住半步店民人郭文明，承種雙槐樹村西行敎寺東南北地一段三十三畝；　住半步店民人范四，承種地十一畝；　段落與郭文明三十三畝相連。住雙槐樹民人趙六，承種雙槐樹西北上坡南北地一段四畝；　住白塔寺東所劉三喇嘛，承種二里溝村南上坡菜園十八畝；　住迎祥寺僧人德明，承種二里溝北上坡地一段二畝五分。

以上每畝租京錢一千文。

同上　清嘉慶二十三年六月十三日莊頭處呈稿

[嘉慶二十三年六月十三日]管理三旗銀兩莊頭處呈，爲咨覆事。准戶部咨稱，據内務府鑲黄旗莊頭王朝義呈控王聖恩等將差地捏報陞科一案，前據寶坻縣詳稱，於各莊王聖恩等陞科地五十九畝有零，四至俱係王朝義差地，王聖恩之弟王文明捏報陞科無疑，自應斷歸王朝義收領當差。王朝義所控謝君貴等隱匿差地，今勘訊邢各莊南燦章、王文顯等六戶，現種地一頃五十五畝零，三至俱係王朝義差地，惟一至係屬民地。查訊南燦章等所買地畝來歷，俱係王朝義之伯王璵即王惠侯輾轉出賣，現有契據。前地錢糧，訊據王朝義，以伊大伯王璵名下從前原有民糧地畝，後被水衝，地畝現在荒蕪，南燦章等現種地畝，聞得原係伊伯王璵出賣，或係伊伯因民糧地畝被衝，將此差地捏作民地出賣，等語，亦屬情之可信。除飭令南燦章各將地畝照數退交王朝義當差，前項捏報民糧自應開除。嗣據該縣詳稱，查此項民糧係王璵盜賣差地飛灑，未便開除，現據莊頭王海青情願領回完交，應請准令領回，等情。隨移咨内務府，轉飭訊明該莊頭王海青前項錢糧伊是否情願領回按年納課，前次伊父王朝義所供之水衝民地究有若干，現在有無開墾成熟，速即訊供，咨部查核。仍牌飭該縣查明王璵將差地捏作民地之糧銀每年應交若干，詳細聲叙；　并將於各莊王文明捏報陞科地五十九畝零現在是否仍係王文明管業，亦即查明報部，以憑核辦。去後。迄今二年，未據咨報，殊屬遲延。相應咨催内務府查照前行，轉飭訊明王海青，【略】速即録供咨部查核。并飭該縣查明。【略】報部，以憑核辦，等因，前來。本處隨票傳投充莊頭王海青到署，呈稱，竊身承領寶坻縣差地，前因王璵因己身民地被衝，隨將差地捏作民地，私行典賣，捏報民糧，蒙戶部查明，斷令身父王朝義領回在案，後寶坻縣傳訊時以此地糧銀既係王璵飛灑，未便開除，令身照舊交納，身思有

段落造冊咨覆本府核辦，相應咨覆戶部查照辦理可也。爲此具呈。

無確數，等情，具呈。查王文明捏報陞科地五十九畝零，應將此項地畝四至

關國課，不敢有違，情願按年輪糧，是實。至於水衝地畝，現在并無淤出，亦

同上 清道光六年十二月順天府全宗

民人邳甫相，年五十七歲，住尚節里邳家鋪，距城二十五里。爲欺兄滅侄、呑霸旗地，反捏傷呈控，懇恩作主訊斷事。切身父邳自斌現在年近八十，耳聾眼花，不能動履。緣身父與胞叔邳自木等兄弟四人，分爲四門，原有祖遺分種香河縣邵家莊樊旗人指借東錢三千八百四十吊，旗地一頃二十八畝，係歷年以租抵息之産，身家按大小門戶，身只分種此地十八畝。去歲十二月間，不意身叔邳自木生心呑霸旗産，竟私自找給樊姓東錢六百四十吊，將此地一頃二十八畝全行契買，身欲留買分種之地十八畝，奈伊不但不讓，反觸怒自行捏傷，將身呈控，情殊冤抑，有邳甫同可證，只得叩乞仁天太老爺恩准作主訊斷，實爲德便，上呈。

原告

被告：邳自木

干證：邳甫同

正堂蔣批：民買旗地有干例禁，候并訊察。

道光六年十二月。

私有土地總部

更名田部

題解

清嘉慶《清會典》卷一一《户部》［凡田地之別］有更名地。前明分給各藩之地，國朝編入所在州縣與民田一體給民爲業，曰更名地。

綜述

清雍正《清會典》卷二七《户部》［康熙］三十二年，題准滇省明代勳莊田地五百八十四頃，自二十三年屢行招墾，至三十一年，雲南府、州、縣開墾三十一頃八十二畝，照全書老荒田地一例招墾，免其納價。

同上［康熙］四十一年，覆准山東荒廢明藩基地，實在可墾地三頃四十八畝九分，民人情願佃價，每畝納銀五兩，自四十二年起科，給以印帖，守爲恆業。

《清世祖實録》卷一二［順治元年十二月丁丑］諭户部，我朝建都燕京，期於久遠，凡近京各州縣民人無主荒田，及明國皇親、駙馬、公、侯、伯、太監等死於寇亂者，無主田地甚多，爾部可概行清查。若本主尚存，或本主已死而子弟存者，量口給與。其餘田地，盡行分給東來諸王、勳臣、兵丁人等。此非利其地土，良以東來諸王、勳臣、兵丁人等無處安置，故不得不如此區畫。然此等地土，若滿漢錯處，必爭奪不止，可令各府州縣鄉村滿漢分居，各理疆界，以杜異日爭端。今年從東先來諸王各官兵丁，及見在京各部院衙門官員，俱著先撥給田園，其後到者再酌量照前與之。至各府州縣無主荒田，及徵收缺額者，著該地方官查明造册送部，其地留給東來兵丁，其錢糧應徵與否，亦著酌議。至熟地錢糧，仍照額速徵，凡紳民有抗糧不納者，著該撫按察處。有司官徇情者，著撫按糾叅，若撫按徇情事發，爾部即行察奏。

《清世祖實録》卷一三［順治二年正月辛卯］户部以圈撥地土事奏聞得旨，凡圈丈地方，須令滿漢分處，至於故明賞賚勳戚莊地及民間無主荒田，悉令輸官，酌行分撥。

《清世祖實録》卷一八［順治二年閏六月丁未］宣大總督李鑑清察故明代藩宗祿以聞得旨，明朝宗室故絶者，產業入官，見在者，分別等次酌給，贍田入民册內，其則例户部定擬。

《清世祖實録》卷二四［順治三年二月庚辰］兵科給事中李運長疏言，補給民人地畝，宜從戶貧地少者始。蓋富者失業僅至於貧，窮者失業必至於死。請先將故明勳戚、內監、皇莊、軍屯補與貧民，拋荒故絶補與鄉紳富戶，荒地免稅三年，熟地免稅一年，以資開墾遷移之費。軍屯地不論何衛，但坐落某縣者，即准補某縣，不煩遠徙，誠爲至便，下所司議。

《清世祖實録》卷二五［順治三年四月乙酉］户部議覆招撫江西兵部尚書孫之獬疏言，故明宗室團聚江西省城近數千人，欲恩全之，應令散居各省宗祿，照故明初徵額數解部，其加派庶祿概行蠲免。應如所請得旨。各省前朝宗室祿田錢糧，與民田一體起科，造册報部。其宗室名色，概行革除，犯法者與小民一體治罪，仍令各安故土，不必散處。

《清世祖實録》卷一三五［順治十七年五月己巳］平西王吳三桂以移鎮雲南，地方荒殘，米價騰貴，家口無資，疏請故明國公沐天波莊田，給壯丁二千人，每人地六日，部議每丁給地五日，從之。

《清聖祖實録》卷九［康熙二年六月戊申］除山東長清縣藩產，加增額賦。

《清聖祖實録》卷一二［康熙三年六月癸巳］山東巡撫周有德疏言，歷城縣廢藩地畝，除照民地徵糧之外，又復增租，與齊河等三縣同稱苦累。今齊河等三縣增租，已奉旨蠲除，歷城增租，應請豁免。下部議。

《清聖祖實録》卷二七［康熙七年十月丁卯］命查故明廢藩田房，悉行變價，照民地徵糧。其廢藩名色，永行除革。

《清聖祖實録》卷二八［康熙八年三月辛丑］諭户部，前以爾部題請直隸等省廢藩田産，差部員會同各該督撫，將荒熟田地酌量變價。今思既以地易價，復徵額賦，重爲民累，著免其變價，撤回所差部員。將見在未變價田地，交與該督撫，給與原種之人，令其耕種，照常徵糧，以副朕愛養民生之意。至於無人承種餘田，應作何料理，著議奏。尋部議，請將無人承種餘田，招民開墾。從之。

《清聖祖實録》卷三二［康熙九年正月乙酉］初直隸各省廢藩田産奉旨免其易價，改入民戶，名爲更名地。内有廢藩自置之地，給民佃種者，輸糧之外，又納租銀，重徵爲累，戶部議以久載全書，不當蠲免。得旨，更名地内自置土田，百姓既納正賦，又徵租銀，實爲重累，著與民田一例輸糧，免其納租。至易價銀兩，有徵收在庫者，許抵次年正賦。

《清高宗實録》卷一八［乾隆六年五月乙巳］革山東益都縣更名地，減偏重納糧。諭總理事務王大臣，聞山東青州府益都縣，有前明廢藩更名地一項，在當日爲藩封之産，不納課糧，召人承種輸租，各佃止更姓名，無庸過割，謂之更名地，較之民糧多二倍至四倍不等。在當日居民投靠藩勢，借佃護身，積漸增加，沿爲陋例，今則同爲民田，而納糧尚仍舊額，名爲欽租地，糧多賦重，小民輸納維艱。朕心軫念，著將欽租名色裁革，照依該縣上等民地，按畝承糧，每大畝納銀二錢一分零，每小畝納銀六分四釐零，歸入民糧項下，一體徵收。俾循惟正之供，永除偏重之累。著該部行文山東巡撫，即遵諭行。

清嘉慶《清會典》卷一一《戶部》 凡各省各城爲田七百九十一萬五千二百五十二頃九十六畝有奇。各省各城田地，每年開墾衡壓互有升除，今按嘉慶十七年奏銷冊。【略】［河南］更名田二萬一千二百六十四頃七畝有奇。【略】湖南【略】更名田三千九百九十一頃五十六畝。【略】鳳翔、漢中、興安三府並長安縣【略】更名地八千六十三頃八十五畝有奇。【略】［甘肅］更名地一萬三千四百十八頃十二畝有奇。

清嘉慶《清會典事例》卷一三三《戶部》 田賦科則○直隸【略】更名田每畝科銀五釐三毫至一錢一分七釐三毫不等。【略】○山東，【略】更名田每畝科銀一分至三錢七毫零不等，麥三合二勺零，米一升八合零。【略】衛所更名籽粒等地，每畝科銀六釐至一錢二分不等。今山東衛所更名籽粒等地，每畝科銀一釐七絲至一錢零不等。○山西，【略】更名地每畝科銀五釐至一錢四分不等，糧七勺至二斗不等。○河南，【略】更名地每畝科銀一分一釐至一錢二分九釐零不等。【略】○湖廣湖北，【略】更名田地每畝科糧四合九勺九抄至六升三合一勺不等，每石徵銀四錢六分六釐。【略】○湖南，【略】更名田地每畝科糧五合至一斗二升不等，每石徵銀三錢七分三釐五毫至九錢二分四釐四毫不等。【略】○陝西西安，【略】更名地每畝科銀六釐九毫至七分五釐一毫零不等。糧四升三合五勺至一斗四升八合零不等。【略】○甘肅，【略】更名地每畝科銀四釐八毫至一分七釐一毫零不等，糧二合二勺至一升四合二勺零不等，草一分至九分二釐不等。

《清通典》卷一《食貨一》［康熙］八年，戶部請准遣員赴直隸，將前明廢藩田産分荒熟，酌量變價。上以地既易價，復征額賦，重爲民累，諭令撤回將未變價地畝，給與原種之人，改爲民戶，號爲更名地，承爲世業。九年，以既易價銀兩有徵收在庫者，許抵次年正賦。又以更名地内，有廢藩自置之田給民佃種者，輸糧之外又納租銀，重爲民累，令與民田一例輸糧，免納租銀。

《清通志》卷八一《食貨略一》 又以山東故明藩田，有相沿以五百四十步爲一畝者，令照民間地例，槩以二百四十步爲一畝。凡各省畝數不均者，悉令地方官踏丈改正。

《清文獻通考》卷二《田賦二》［康熙］八年，諭戶部前以爾部題請直隸等省廢藩田産，差部員會同各該督撫，將荒熟田地酌量變價。今思既以地易價，復征額賦，重爲民累，著免其變價，撤回所差部員，將現在未變價田地，交與該督撫，給與原種之人，令其耕種，照常徵糧，以副朕愛養民生之意。

九年，免更名地重徵租銀。初，直隸各省廢藩田産改入民戶，免其易價，號爲更名地。内有廢藩自置之地給民佃種者，輸糧之外又納租銀，戶部議以久載全書，不當蠲免。得旨，更名地内自置田土，百姓既納正賦又徵租銀，實爲重累，令與民田一例輸糧，免其納租。至易價銀兩，有徵收在庫者，許抵次年正賦。

同上 至［康熙］三十二年，以滇省明代勳莊田地，照老荒田地之例，招民開墾，免其納價。

同上［康熙］四十一年，以山東明藩荒地，給民墾種。山東有前明廢藩基地，可墾者三頃四十八畝有奇。民人情願納價，每畝納銀五兩，自四十二年起科，給一印帖，守爲恆業。

同上 減山東益都縣更名地租額。諭曰：山東之益都縣，有前明廢藩更名地，當時爲藩封之産，不納課糧，召人承種輸租，止更姓名，無庸過割，謂之更名地。較之民糧多二倍至四倍不等。在當日，居民投靠藩勢，借佃護身，積漸增加，沿爲陋例，今則同爲民田，而納糧尚仍舊額，名爲欽租地，糧多賦重，小民輸納維艱。朕心軫念，著將欽租名色裁革，照該縣上等民地，按畝承糧。大畝納銀二錢一分，小畝納銀六分四釐，歸入民糧項下一體徵收，俾循惟正之供，永除偏重之累。

雜　録

《清代檔案史料叢編》第四輯　陳協題明藩田產務須嚴察起科事本順治八年八月初九日

戶科給事中臣陳協謹題，爲嚴察欺隱王田以裕國儲，以蘇民困事。

竊照明朝王府俱有贍田，皆取之州縣中極膏腴田地。兼以姦民躲重投輕，往往投獻，其糧丁差徭，輕於民地百倍。自我朝定鼎以來，革除王府，乃奉有前朝宗室一應祿贍錢糧，該地方官察明，與民田一體起科之旨。孰知弊竇多端，欺隱最大，謹就見聞極眞者爲皇上陳之。

如陝西平涼府固原州地止壹千玖百餘頃，民止貳千叁百餘丁，賦役皆取諸此，外有楚、韓、肅、沐肆王府地數萬頃，民數萬丁，而地糧丁差尚不及一州之半，均是赤子，何勞逸相懸若是也。臣思一州如此，一省可知，一省如此，天下可知。方今民困稍蘇，而供應實煩，若不細細嚴察，則姦猾任意侵欺，百姓獨當朘削，求其裕國賦，而惠黎元，難矣。仰祈敕下該部通行各省督、撫、按，嚴令各道府、州、縣、衛所徹底清察，如有仍前欺隱者，治以重罪，務使地無隱糧，民無匿丁，庶窮民得以息肩矣。如果臣言不謬，伏候聖裁施行。緣係嚴察欺隱王田，以裕國儲，以蘇民困事理，未敢擅便，謹題請旨。

戶科給事中臣陳協。

同上　成化新等爲汾陽等縣之明藩田產因查理不明百姓受苦事揭帖順治九年二月十二日

山西汾州府汾陽、平遙、孝義叁縣鄉民成化新等謹揭，爲異害奇冤，苦累至極，謹披瀝陳情，仰祈聖恩，憐鑒查豁，以保殘黎，以培邦本事。

竊惟汾郡舊有明封慶成、永和二王，額賜王田召佃輸租，以贍祿養。豈知世代綿邈，宗派繁衍，間多興廢，一概產業與民交易。有散宗因貧而受價出賣與民間者，有民產遇急而半估輕價質當與宗室者，更有宗室典賃民間房地原非宗產者，此皆緩急相濟，傳買活業，習以爲常，非盡爲宗室之業也。

及我清朝定鼎，奉旨清查明季藩產，不過究及欽賜暨眞正逃亡故絕無主之產。即見在散宗尚準復業，非查買賣有據之產也。奈何查理不明，致小民苦累多端，無處控告。如前任分巡冀寧道王昌齡奉委查汾府宗產，至則嚴刑酷拷，士民體無完膚。宗室不論存亡，房地不論典買，凡沾與宗姓干涉者，一概斷令入官。致令典買者既沒其價正糧之外，復勒出租。佃種者既償其租，更勒輸糧。且有一產兩處開報，重復錯誤，不敢申辯。又將五年已前兩藩報過之產，租上加租，每畝有至壹兩壹錢者，有租穀至伍陸斗者，房租一間有至肆伍兩者，較之民間不啻數倍。嗟嗟，民力幾何，地畝既納正糧增糧，又納原課增課，民房既已入官，又令本主租賃。是典買者丟價入官，已苦於租糧之幷納。甚至一地而三賦，一房而重斂。間有土田窪下，屢經渰浸，房燒人死，仍追原課，縱使承平，尚不能支，况遭流賊蹂躪，王師恢復之後，白骨如山，青磷遍野，城中房舍焚毀殆盡。即求當日原契亦多失落無存，承業原人十死八九，鄉田荒蕪無人承種，原日佃丁或殺或逃，即多方招徠，百無一二。而有司猶按故冊鬼名追呼原課，不思陸柒兩年之地久已報荒，焚燒拆毀之房，止存空址，人迹杳然，課從何出。有司因檄牒嚴催，不得不那借惟正之供以應之，勢必株連波及，親以及親，友以及友，族黨受害，里甲包賠，其親盡甲窮，萬難追比者，究且累及於縣官矣。冤哉，痛哉！

新等查各省皆有宗產與小民幷無干涉，即太原一府，輕便宜民，何獨汾州遭此慘毒。新等屢次鳴冤，撫按因已經報部，不準具題，下情若不上達，性命安有活時。新等不避斧鉞，間關千里，匍匐叩閽。我皇上聖明天縱，恩詔屢頒，欲置民衽席，永享太平，豈意晉汾有此苛政乎？懇乞敕下該部確查，或將民間典買產業仍還民間，或焚荒房地盡行除豁，或查租輕重應裁減者，準與裁減，勿使朝廷虛受其名，而汾民實受其禍。新等死之日，猶生之年，子子孫孫，永荷皇仁於無疆矣。爲此臚列款由具揭：

一款，典買入官之害。汾郡宗支產業與民交易，習以爲常。有宗室因貧，明季受價出賣與民間者，有清朝受價出賣與民間者，有民產遇急而半估輕價質當與宗室原未賣死者，有百姓祖業，而糧名寄於宗室名下者。自經巡道查審之際，但沾與宗姓干涉者，一概拷打入官，丟價納糧之外，倍定租課。

一款，重復錯誤之害。當日查審之際，嚴拘各里鄉保，并各里書手嚴行查報。彼時鄉保止知房地之坐落，未諳糧石隨於何里，書手止知糧石，不知坐落何地。更有鄉保之中因彼處坐落而隨彼僉報者，猶有以宗室家人糧名僉報者，有以宗室正名僉報者，種種不一，致有今日重誤之苦，實難責各里之包賠。

一款，重租賠累之害。慶、永兩藩并散宗地土，在明季時佃戶止知辦納租課，餘外正糧增糧雜費等項，毫無與焉。迄今既納原租，復納地糧，凡遇運糧運草不得告免，已屬苦累。五年間又額外加租培增三五，是舊苦未除，而新愁又至，此所以積欠積累而追責不前也。

一款，房燒租存之害。房在明季時量業出課，適合民情。自五年巡道審定之後，不論房之美惡，一概額外增加，不啻倍蓰。况遭陸年賊亂之後，將在城在鄉房屋盡行焚毀，即有存者止留間架，并無門窗牆垣，不啻鬼穴。即求昔日承課原人十死八九，今仍按舊冊嚮鬼名追呼，追呼不至，多累及於親族里甲，株連波及，眞有耳不忍聞，目不忍見者也。

一款，荒閑之害。汾當剿洗之後，民多殺搶滅絕者，所遺宗地，既有歷年拖欠之正糧，又有積年逋負之租課，有司日急招徠，民皆視爲陷阱，恐懼不前。况有山原虎狼之地，與石灘砂瘠之田，不能耕種，糧且不湊，租將何出。

一款，水災淤浸之害。汾郡土田自山原之外，更有窪下相近河水者，其出沒無常，滔滔之勢不可遏止，甚有水淤八載，蒲草成林，即小民往來皆行之水上，以致夏失其耘，秋無所收，苦賠正糧尙千難萬難。自巡道查審之後，於正供外，倍定租課，兼以雜派繁興，民力幾何，而堪此重困，此水患之殃民爲更甚也。

以上陸款，鑿鑿有據，統祈聖裁。

順治九年二月日

同上 戶部題對明宗室遺產之課稅應予區分事本順治十年正月十七日

戶部題爲異害奇冤，苦累至極，謹披瀝陳，仰祈聖恩，憐鑒查豁，以保殘黎，以培邦本事。

山西清吏司案呈，奉本部送戶科抄出該山西巡撫劉弘遇題前事等因。順治九年九月初五日題，本月十四日奉聖旨：著核議具奏。該部知道。欽此。欽遵。抄出到部送司。奉此。相應議覆案呈到部。

該臣等看得明宗遺產自應按數入官。今據晉撫劉弘遇會同按臣劉嗣美合詞疏復，汾、平、孝三縣鄉民成化新等并澤州士民劉忠等，各典買宗室房地，因誤報入官，造冊前來。臣部細加查核，內有民間所買宗房共二千七百八十三間，宗地共九十九頃八十八畝零。應如撫臣所議，退還民間，房應免課，地應輸糧免租。其焚毀塌空重租者，房地租課亦應豁免。其半典入官者，租課亦應豁免一半，共該減豁租課銀二千二百三十四兩七錢零，租穀米共三千九百四十一石二斗零。其宗室故絕，而房地見在入官者，租課均應征納。至於荒蕪地畝，計四十八頃零，水沖地一畝零。查晉省宗地多屬膏腴，且爲數不多，何得輕議豁免，仍責令地方官招人耕種，成熟續報征納可也。

既經該司案呈前來，相應復請恭候命下，臣部遵奉施行。臣等未敢擅便，謹題請旨。

順治十年正月十七日題，本月十八日奉旨：依議行。這本無漢字官銜人名。著飭行。

同上 車克題明季亳州投河南王府地之應征錢糧應追歸江南省事本順治十年三月十六日

戶部尙書臣車克等謹題，爲嚴查欺隱王田，以裕國儲，以蘇民困事。

江南清吏司案呈，奉本部送戶科抄出江寧巡按御史上官鉝題前事等因。順治十年正月二十一日題，二月初九日奉聖旨：戶部議奏。欽遵。抄部送司。奉此。相應議復案呈到部。

該臣等看得各省田土均有版籍，亳州棍徒秦宗、張永於明季成化年間，將該州地五百七十三頃投獻河南王府。改革以來，歷年錢糧照舊征解河南省銷算。今據該按臣上官鉝疏稱，查明前項地畝，舊志原隸亳州，應請敕下河南撫按，照數追歸江南省，載入亳州版圖，其應征錢糧即令江南藩司查明，照數征解，永爲遵守可也。

既經該司案呈前來，相應具題，恭候命下，臣部轉行遵奉施行。臣等未敢擅便，謹題請旨。

順治十年三月十六日題，本月十八日奉旨：依議。

同上 周文煒題蠲免明甘涼肅王王丁糧差銀事本順治十年閏六月二十五日

欽差巡撫甘肅等處地方贊理軍務兵部右侍郎兼都察院右副都御史臣周

文煒謹題，爲恭陳地方應請蠲恤事宜，以蘇民困，以廣皇仁事。

據巡守二道呈報，王祿荒糧丁文冊到臣。查甘、涼二郡，明季有肅王祿（王祿）田，王丁納糧差銀較屯民倍苦，所有逃亡荒地，近因屯荒旨豁除，王丁獨抱向隅，呼吁哀訴。臣據實上懇聖慈，俯賜蠲免。臣等未敢擅便，謹題請旨。

順治十年閏六月二十五日題，七月二十八日奉聖旨：著議奏。戶部知道。

同上 鹿邑縣馬鳴階奏因明藩田產不清亳州官吏藐法悖旨事本 順治十年

河南歸德府鹿邑縣民臣馬鳴階謹奏，爲藐法悖旨，霸地殘民，吁天陳情，辦廠歸鹿，以清國課，以安民生事。

竊照明成化年間分封河南徽王例賜［賜］贍田，原從歸德鹿邑縣民地內撥出地七百五十一頃七十七畝，見存廠碑文，縣志書據證。其地舊額以小虧折算，共計小地二千三百四十九頃有奇。每歲徽王差官坐廠征課。後徽王經廢訖，萬曆年間分封福王，復前地改賜［賜］贍田。因地畝不清，河南布政司行委歸德府南捕廳通判踏丈明白，糧隨廳解歸德府，轉解福王收銷。值我清朝定鼎，其糧依舊捕廳催征，批文解府，轉解河南布政司交納。

各省地糧征解分明，原與江南亳州無涉，且亳州隸鳳陽府，屬係明季豐芑之地。南北兩直例不封王，不插廠，其廠乃鹿地也，明矣。惟是歸德府捕廳駐扎白龍王廟地方，界聯河南、江南、山東，附近州縣軍民聽其約束。嗣因通判奉裁，而亳州乘隙夤緣代征錢糧，仍解歸德府，轉解河南布政司銷算。近奉旨清查明藩廠地，入民一體起科。切思廠地係百姓己產，未撥廠前納鹿民糧，既撥廠納王贍祖。今既入民，應宜歸鹿邑縣行民地糧差。豈意亳州官吏借代征爲由，捏稱爲亳州棍徒秦宗、張永投獻王府地土，朦申江南司院。鹿邑官值據原從鹿民地內撥作廠贍情由，并碑文志書詳申河南司院。且士民亦在藩司撫按其詞控告，屢經會查未明。止有江南江寧按院上官鉝於順治九年間咨部。十年間疏題，江南係明陪京，并未分封王府，自無王宗祿贍并自置莊地。止據江南布政使呈稱，亳州棍徒秦宗、張永於明季成化年間將亳州地五百七十三頃投獻河南王府。今已題請歸亳，業蒙部復奉旨照數退歸江南，其錢糧在江南藩司查明，照數征解。欽遵在案。是遵旨以投獻地畝五百七十三頃歸屬江南行亳差糧，尚有王廠贍田一千七百六頃零，自應歸屬河南行鹿差糧。今亳州官吏藐法悖旨，於疏內投獻地數外，鹿邑廠地人丁，一概強占強拿，逼入亳里當差，且指稱定地糧則次。恣四科斂，一地兩隸版籍，一民即兩應差徭。方蘇殘黎，實難堪命。以致逃竄洶洶，勢同鼎沸。國課不清上欺朝廷，版圖混亂下苦百姓。若曰投獻之可採，然而撥贍之非據乎。今不急爲辨明，日後再經清查河南廢藩廠地，鹿邑官民將何以應。臣以鹿民係廠地莊頭，被亳州拘拿，家屬嚴限投冊。萬不得已。數千里匍匐叩閽，爲鹿邑闔廠士民陳鳴艱苦。

仰祈聖明軫念民瘼，敕部查閱明季撥廠舊案，并考驗碑文縣志，詳察有無撥贍，果否投獻，從公剖晰，將投獻地畝照數遵入亳州，撥賜贍田照數歸入鹿邑，釐正地糧，輸納兩便。庶國課無欺隱之弊，免貪污之虐，永戴皇仁高厚矣。

因事關地畝錢糧情切，民隱冤苦，字數逾格，伏乞皇上矜宥施行。臣無任激切悚栗待命之至，爲此具本，親齊謹具奏聞。

聖旨：該部確察具奏。

同上 孫廷銓題明藩房地已行變價招佃糧租兼收事本 順治十三年閏五月初九日

戶部尚書臣孫廷銓等謹題，爲敬陳理財管見，仰祈採擇事。

貴州清吏司案呈，奉本部送戶科抄出吏科外抄，該吏部尚書臣覺羅科爾坤等題前事內開，文選清吏司案呈，奉本部送吏科抄出該都察院左副都御史魏裔介題前事內開，用兵大要臣已略陳之矣，今日急務孰有大於理財者乎？前戶部因錢糧入不敷出，臣於宗人府會議略陳衛所里馬地丁拖欠肆款，應否可行，見在諸王大臣九卿科道會議無庸復贅矣。尚有芻蕘之見，行之有補於國用者，謹略爲皇上陳之。

一曰冗官。如河南一省，南汝誠爲要地，總兵宜設矣，開歸河北設貳副將，足以防剿，此貳總兵宜裁。宣大逼近京師，一總兵足以鎮之，亦不必貳人也。此外，武職豈無可裁，各省既有分守道，又有分巡道，宜裁其一。驛傳、鹽法、清軍、屯田不可兼而攝之乎？此冗官之宜裁者也。裁官，而衙役標兵并裁，所省多矣。

一曰搜括，各直典史巡檢大使，數年以來缺者甚多，又有書辦、皂隸、防夫之工食，何歷年缺銀未經解部，舉人、進士、坊價年年征入存留項下，豈州縣年年有舉人進士耶？所宜嚴行確查清算，自捌年以後，如有侵使者，一概嚴追追部。

一曰王田，各處王田甚多，租種之利無幾，況爲豪強侵占，以熟作荒，不若令地方官確估變賣，其地坐落何州縣，即入州縣納糧，是一舉而兩得也。

一曰關稅，各處關稅缺額，間有水旱阻滯，然豪強不上稅者亦多，近聞河路江湖一帶，多有指稱在京官員，或係旗下名色，豎立牌號，夾帶私貨，鈔關畏勢，聽其開放。宜敕河路鈔關官員，凡係販貨船隻，不許假借名色，阻撓國課，違者徑行題參。

以上肆事，樽節釐剔，亦稍有助於國計，伏祈敕部議覆施行等因。順治拾叁年肆月貳拾叁日題，貳拾柒日奉旨：這條奏多屬可行，著速議具奏。該部知道。欽此。欽遵。於肆月貳拾捌日抄出到部。送司。相應議覆案呈到部。

查裁總兵等官事，隸兵部。搜括缺銀及王田關稅事，俱隸戶部，應聽各該部查議外。該臣等議得直省各有守、巡、驛、鹽、軍、屯等道，其經管事務，該地方各有緩急，應否裁并，難以概定，應敕下各督撫按確察題覆，臣部另議可也。理合具覆，恭候命下，臣部遵奉施行。臣等未敢擅便，謹題請旨等因。順治拾叁年伍月初伍日題，本月初捌日奉旨：這各道官應裁與否，爾部即確議具奏，不必推諉外官。欽此。欽遵。於伍月拾玖日抄出到部。相應議覆案呈到部。

查裁總兵等官，應聽兵部確議外，該臣等看得憲臣魏裔介條陳各款，臣等逐一案查。一各直省典史等缺官，銀兩原無定額，凡遇空缺，俱憑督撫開報，臣部節次按年催解，相應敕下各督撫，除已扣解外，其未解銀兩，督令所屬嚴催，并書辦、皂隸、防夫缺額工食，確查冊報，以憑催解。一舉人、進士、坊價，案查全書開載，有叁年輪編者，有每年帶征者，總係存留款項，有無存剩，應行督撫查明報部酌議。一王田地土，新經臣部題請，房屋應行變價，地土照舊招佃，糧租兼收，再選委廉幹道廳官壹員，設法清查，奉有諭旨，咨行各督撫按限文到叁月內造冊彙報，以憑覆核充餉，無庸再議。一關稅缺額，多緣豪強立牌漏稅，相應如議嚴行，禁止一切過往船隻，不許指稱在京滿漢院部寺科道等官、滿洲家下商人及在外督撫提鎮等衙門各官商人行貨，如有仍前寫各主職名豎牌夾帶私貨，隱漏稅課者，許該關滿漢官揭報到部，立行題參處分可也。

理合具覆，恭候命下，臣部轉行遵奉施行。臣等未敢擅便，謹題請旨。

戶部尚書臣孫廷銓、侍郎臣葉成格、侍郎臣張朝璘、左侍郎今降叁級仍留原任臣王弘祚、右侍郎臣梁清遠、啓心郎臣巴格、啓心郎臣曹邦、額者庫臣化善、貴州清吏司副理官臣蔡音達禮、貴州清吏司署司事主事臣李溥。

批紅：是。依議行。

同上 孫廷銓題嚴查各省明藩產業以養各省之兵事本順治十三年閏五月二十一日

戶部尚書臣孫廷銓等謹題，爲清查廢產，以足兵餉，以裕國課事。

山東清吏司案呈，奉本部送戶科抄出該戶科右給事中臣王啓祚題前事內開，臣見今兵餉不足，奉旨會議已久，茫無成算。臣謹就耳目見聞所及，以爲兵不必議裁，賦不必議加，無傷於民，無損於國，不費轉輸之勞，足資飽騰之勢，只在任事者精核熟計，遂開無窮之利者，臣請爲皇上陳之。臣思國家正項原足以供川、廣、湖南之用，但使各省之兵宿飽有賴，而正項斯無不足矣。則清查廢產爲方今第一義也。臣初入吏垣時，於貳月間有微臣感恩圖報一疏，內錢糧出納一款，有廢藩田產等事，叁月初叁日奉旨：這奏學問緩急根本宜固二款。知道了。錢糧出納著察議具奏。該部知道。欽此。至今叁月未覆，不知何故？

但臣山東青州人也，知青州之兵，并知登萊之兵，因知所以食青、登、萊之兵。青州營馬步兵壹千柒百名，又道標兵貳百名，共計壹千玖百名，登州營并道標共兵壹千捌百名，萊州營并道標共兵壹千貳百名，膠州左右營兵貳千名，共計陸千玖百名。而衡藩廢產每歲所得，不惟可以養青州之兵，而兼可以養膠、萊、登營之兵。推而至於濟南德藩、兗州魯藩，即可以養總督以及撫院之兵。與夫沂鎮、臨清之兵，是朝廷不必費正項壹分，不必發內帑壹毫，而山東之兵餉已無不足。推而至於山西代、晉等藩，即可以養宣大以及山西各營之兵。而河南周藩、福藩，江西桂藩，湖廣鳳陽等處藩莊，以及世職廢產，皆可以不費正項而養各省之兵，無不皆然。乃拾叁年來未聞爲朝廷充一餉養一兵，籽粒不知作何發落，作何銷算。

總之此項田產，豪強霸據，吏胥侵沒，初則收支不明，肥己而不思奉國，既則援赦蠲免已完，亦作未完，所以朝廷總不收此項之利，而正項日憂不足也。臣請皇上敕下該督撫按於凡廢藩省府嚴查，精核某省廢產若干，每年籽粒所入若干，無使隱漏，無使侵冒，即令兵丁就近領支，不費轉運，亦免拖欠。不動正項兵已宿飽，悉留內帑爲川、廣、湖南之用。又安有兵餉日匱，仰屋持籌而憂無術哉。

臣謹就素所見聞上瀆睿聽，以國家之利還之國家，不斂民怨，已足兵需，其餘三空四盡之時，未必無小補也。如有可採，伏冀敕下該部并臣前疏錢糧出納一款，一并議覆，統祈睿裁施行等因。順治拾叁年伍月貳拾陸日題，閏伍月初肆日奉旨：戶部議奏。欽此。欽遵。已於本月初伍日抄出到部。送司。奉此。相應議覆案呈到部。

該臣等案查科臣王啓祚先經條奏微臣感恩圖報一疏，內有廢藩田產等事。臣部已於本年叁月初捌日具覆，奉旨：依議。欽遵在案。今科臣又議將各省廢藩地租銀兩充各省兵餉，不動正項，已無不足等因。臣等查得各省廢藩遺產，湖廣、陝西、山東叁省明季欽賜莊田租銀，見在留充本省兵餉。其東省叁廢藩自置莊田，糧租兼收，糧銀入州縣，大糧征收租銀解部。河南藩租并清出藩產，照民地例起科解部。江西藩產該撫疏請變價，因價值太少，駁查在案。山西藩產，查每年征收租穀亦留充本省兵餉，租課銀解部。廣西藩產租糧冊報不明，見在駁查。止四川未經全定，尙無冊報，新經臣部條議通行，設法清查，限叁月冊報，以憑覆核充餉，題奉俞旨，咨行在案，但各省兵丁多寡不同，即以山東壹省言之，壹歲需餉陸拾肆萬有奇，而節據藩司冊報，該省藩產租銀歲入壹萬陸千叁百兩有奇，除已將此項撥餉外，不敷實多。但恐所報廢藩并世職產業不無豪強隱占，相應請敕各督撫按遵照臣部條議奉旨事理，作速將各該廢藩及世職產業嚴核確數，勿令豪強隱占，徹底清查，糧租無欠，限叁個月內冊報臣部，以憑撥餉可也。

相應具復，恭候命下，臣部轉行遵奉施行。臣等未敢擅便，謹題請旨。

戶部尙書臣孫廷銓、侍郎臣葉成格、侍郎臣張朝璘、左侍郎今降叁級仍留原任臣王弘祚、右侍郎臣梁清遠、啓心郎臣巴格、啓心郎臣曹邦、額者庫臣化善、山東清吏司副理官臣巴朗、山東清吏司郎中臣李宗孔。

批紅：依議行。

同上 祖澤遠爲豁免湖南明藩久荒之田追價銀兩事揭帖順治十三年六月初二日

欽命總督湖廣等處地方軍務兼理糧餉太子少保兵部尙書兼都察院右副都御史祖澤遠爲殘黎哭請豁免見價請動修城，仰祈睿鑒事。

順治拾貳年拾壹月貳拾陸日，準戶部咨開復偏沅巡撫袁廓宇題前事。奉旨：依議。欽此。該本部看得偏沅撫臣袁疏，請動支王莊變價貯庫銀兩，修築衡州頹壞城垣，并請量動正項前來。但查修築城垣事隸工部，應聽工部項下錢糧，且湖廣方在用兵，正苦缺餉，其王莊變價貯庫銀兩，未便輕議動支。至久荒無追未完變價銀伍百叁拾兩零，原係桂藩變價銀兩，難以遽議豁免。相應仍敕該督確查安仁縣兵荒有無耕種，題明奉旨下部議復可也。奉旨：是。依議行。欽此。備咨前來，隨經行仰布政司確查去後。

催據該司於拾叁年伍月拾捌日回稱，先經檄行衡州府查報杳無回復。續奉祖總督批，據巡上湖南道僉事張武烈呈，據衡州府詳蒙本道轉奉袁偏撫牌同前事，行道仰府確查，據該府知府范明宗回稱，看得安邑廢藩王產，順治肆年奉文變價，始經知縣金應乾估價壹千陸百叁拾叁兩柒錢陸分。後因伍陸兩年賊兵蹂躪，開報荒糧叁百柒拾餘石。至順治柒年知縣葉鍾芝到任，查比價銀共壹千壹百零壹兩柒錢壹分內，已解陸百兩赴藩司交收，獲批在卷，存銀伍百零壹兩柒錢壹分庫貯候解，未完銀伍百叁拾貳兩零柒分伍釐，本官竭力苦比。有民陳岳偉等於拾壹年拾貳月內將荒產情由赴訴，袁偏撫批查，隨經葉知縣查過荒田無追價銀伍百叁拾貳兩零柒分，造冊詳報。又經署縣經歷吳弘道查確相符，轉詳具題。今奉行查果否兵荒，復行查據。候任知縣龔光耀回稱，目擊凋殘已極，廢藩之田實係荒蕪，并無朦混隱諱，具結申賚，爲民請命，俯賜轉詳原豁瘡痍等情申府。轉詳到道。

該本道看得湖南疊遭兵火，田地盡荒，前任安仁知縣葉鍾芝查王莊報荒在案，實無虛謬。蓋湖南田地既荒，即以田讓人，聽其認(懇)[墾]納糧。猶有稱艱不爲者，況以久荒之田，追其價值，恐徒懸以追價之名，終遺莫結之案也。本道目擊其艱，故爲陳言，伏乞憲臺軫念咨達等因。奉批。仰布政司確查速報。奉此。

該本司休致候代左布政使張鳳儀查看得廢藩田產，順治肆年奉文變價，先據該縣知縣金應乾將桂藩田產估變價銀壹千陸百叁拾叁兩柒錢陸分造冊申司。前司據其所報之數，已經彙冊達部在案。於順治拾年拾壹月初柒日據該縣批，差陳京瑞解銀陸百兩赴司交收，已入拾年奏銷訖。查存府未解者，伍百零壹兩柒錢。未完在民者，伍百叁拾貳兩零柒分伍釐。該縣雖竭力比追，前銀終屬逋欠。順治拾壹年間小民陳岳偉等以荒蕪情由詞控，偏臺批行，道府確查，回詳在案。致蒙繕疏題請總爲地方荒殘起見，而內部議以貯庫銀兩未便輕動修城，久荒無追之價遽難豁免，題明復奏，奉有依議行之旨。今該道府詳稱，該縣疊罹兵燹，王莊委屬荒蕪，實難變價，想見聞必確，諒無虛謬，應否豁免，統惟題復等因到職。

該職看得安邑廢藩田產，初經估變壹千陸百有奇，復被賊殘，僅追壹千壹百餘兩，內解陸百兩到司充餉，存伍百零壹兩貯衡，餘悉荒蕪無追矣。嗣沅臣以前存之價，請爲修城之資。職準部查，其貯庫者已遵部議未敢輕動，無追者屢檄嚴查。據稱，實係久荒，委難追變，該道目擊情眞，自無隱飾之弊，旣經該司詳復，相應懇祈皇恩俯賜豁免，以釋民累可也。

職謹會同撫臣林天擎、袁廓宇、按臣胡來相合詞具題，伏乞慈鑒敕部議復施行。爲此，除具題外，理合具揭，須至揭帖者。

太子少保兵部尚書兼右副都御史祖澤遠。

同上 胡全才爲清查鄖襄等處明藩遺產情形揭帖順治十三年六月二十四日

欽差提督軍務兼撫治鄖陽等處地方都察院右僉都御史胡全才爲清查廢藩遺產，以裕國用事。

順治拾貳年肆月貳拾日準戶部咨該本部題前事內開。竊照各省冊報，親、郡王、將軍、中尉等及藩府官員人等，田土房屋等項，有欽賜者，有自買者。自我朝以來，有變價者，有租佃者。但此等產業《賦役全書》原不開載，藩府冊籍經亂無存，必有官吏侵肥、豪強隱占之弊，且變價有多有寡不等，難以盡信，輸賦或租或糧又多不平。臣等議得各省右布政使職司簡少，堪以專任清核。應請敕下各督撫，責令右布政使定限將前項田土房屋等項逐一清查。故明欽賜若干，自置若干，成熟若干，完好若干，荒蕪坍廢若干，已變價者若干，應續變者若干，應留者若干，完租者若干，完糧者若干。務要款項數目一一分明，價值租糧件件確實定限，本年捌月內查完，造冊報部。如有官吏豪強侵隱不吐者，聽右布政使指名呈報督撫參究，庶侵隱之弊可以清查矣。伏候敕下臣部通行遵奉施行。等因具題。奉旨：依議。嚴飭行。欽此。欽遵。抄部咨行到職。準此。

職隨檄行撫屬各右布政使，將撫屬府州縣廢藩遺產田地房屋逐一查核，俱要納賦變價備造清冊，依限呈報，以憑奏報去後。屢催該司，逾限不報。至順治拾叁年貳月貳拾貳日據湖廣右布政使臣張爾素詳稱，各屬報到廢藩田產文冊，有駁查叁肆次回復方無異者，尚有數處回復未至者。地方遼闊，必須叁肆月分方能轉冊，欽件甚迫，請祈咨請寬限等情。據此。職已咨請戶部寬限訖。

本年閏伍月初伍日據司臣張爾素冊報前來。職查閱冊內止造鄖襄貳府屬各藩產數目，遺落職屬荆州府未據造報，復行該司補造去後。本月貳拾貳日據該司補入冊內呈賫到職。

該職查看得錢糧絲毫爲重，豈廢藩遺產可不徹底查出以裕國用。今再四催駁細閱司冊，經督臣奏報在案。已悉除以前報解過變價銀兩外。續據該司復查出鄖陽府屬鄖縣新墾藩地，應變價銀壹拾貳兩壹錢肆分。襄陽府屬襄、棗、光叁縣各藩新墾田地遺存房基，共應變價銀貳千壹百捌拾捌兩玖錢柒分捌釐零。荆州府屬江、枝貳縣各藩新墾田地，共應變價銀伍百叁拾伍兩柒錢貳分柒釐貳毫。見今催解其荒絕田地，該司已冊送興屯道招墾，俟有墾出估價另報。內有廢楚藩鷄鵝食田納租數倍，民賦減租變價反虧餉額。又有襄藩護衛田地，原係民產，不便變價各緣由，準督臣祖揭帖，已經題明，統候部議。至撫屬河南南陽府、陝西漢中府各藩產案，查職衙門從未經理，應俟該督撫查報可也。除原冊咨送戶部查核外。

職謹會同湖廣督臣祖、撫臣林、湖北按臣張，合詞具題，伏祈睿鑒，敕部議復施行。爲此除具題外，理合具揭，須至揭帖者。

同上 陳極新題清查陝甘等地明藩產業需展限時日本順治十三年七月二十七日

欽差巡撫陝西等處地方贊理軍務都察院右副都御史臣陳極新謹題，爲遵諭敬陳職掌，清查明季藩產事。

本年柒月初捌日據布政司呈，準督理糧儲道程參政咨，準本司咨，蒙督撫按各部院案驗，本年閏伍月拾玖等日，俱準戶部咨戶科抄出該本部題前事內開，明季宗藩勛戚及叛逆各犯，俱有莊田產業，此《賦役全書》所不載者，而藩府冊籍又經兵火無存，多被勢豪強占，官役侵隱，臣部屢經行查，又於拾貳年叁月內具題，請敕各督撫責令右布政司清查去後。

今據各省造報前來，臣等逐一查核。如河南省王府甚多，該省冊報地土房屋數目甚少，且每畝估價止壹錢或伍陸分不等，承種地畝，每畝除正賦外，止納租壹貳分。山西省有每畝止納租伍升。山東省有未經變價竟編入民產納糧，房屋尚多無租。湖廣省每畝輸租不過壹分。江西省王府每府止報地拾餘畝，甚至壹貳畝，并藩宗叛逆竟不開報房屋，且上等熟田估價僅止壹兩。江南勛逆腴田每畝止變價銀壹貳兩不等。各省地方更有無價之房，無租之地，匿不開報，欺隱尚多，即先經行文估變價值包納租課，又復玩延拖欠此等情弊，必係勢豪、衙蠹、悍將、驕兵占踞，而地方有司瞻徇顧畏，督撫按又慢無稽核，方今軍需匱詘，前項產價難容朦隱。

再請敕各省督撫按專遴精明廉幹道臣，或推官壹員，設法清查，要見某藩某產坐落某州縣地土若干，房屋園地等項若干，某勛戚某叛逆坐落某州縣地土若干，房屋園地等項若干，以前估變數目曾經何官確估變過價銀，見今存貯何處，見在承種是何姓名。輸租甚薄者，確議量增。未經變價竟編入民產者，查明輸租俱要逐款分晰。有能首出者，即寬以從前隱匿之罪。至於舊遺房屋，恐年久不修，多有傾壞，應從公酌估變賣。所遺地土召人承種，除正賦外，酌租多寡，按畝輸租，不得藉口荒蕪，再滋欺隱。通限文到叁月內造冊彙報，以憑復核充餉，敢有抗違即據實題參，以憑從重治罪。其經管道官、推官果能清釐有法，錢糧增益者，臣部查明議叙紀録，以示激勸，如因循徇隱，違限不完，查參議處，督撫按奉行不力，仍前瞻徇，臣部別有報聞，一體參處，所有清查各官職名，先行報部查核可也。等因。順治拾叁年伍月貳拾壹日題，本月貳拾叁日奉旨：各省明季宗藩勛戚及叛逆產業，報數既多隱匿，輸租又復參差，弊端不一，殊可痛恨，依議嚴行確查，如過限不報，爾部即指參處治。欽此。欽遵。抄出到部。備咨到部院。案行到司。蒙此。

該本司查得，明季秦、韓、肅、慶、瑞、鄭各宗藩所遺田園房等項，坐落各道府屬地方，如秦藩設在西安府，屬屯政司管轄。韓藩在平涼府，屬分巡關西道管轄。瑞藩在漢中府，屬分巡關南道管轄。鄭藩在鳳翔府，屬分守關西道管轄。慶藩在寧夏地方，寧夏河東河西貳道管轄。至於肅藩坐落甘肅等處，分守西寧道分管。涼州鎮番永昌等衛分巡西寧道分管。甘州屯高臺撫彝等處臨鞏道分管。蘭金等州縣莊浪道分管。磨租固原道分管。群牧所苦水屯其勛戚楚沐貳府，坐落固原，係該道管轄，伏羌伯坐落肅州係該道管轄。毛費貳伯坐落甘州屯，係分巡西寧道管轄。又宋侯毛伯趙土官坐落永昌衛，係分守西寧道管轄。各道路遠近不同，糧租多寡各異，各道就近隨征隨支，雖經屢查造報，不過據冊彙轉，嗣於順治拾貳年伍月內，部復奉旨專責右布政通查業已報部。至於叛逆各犯坐落某處地土房園等項以前估變者，原未奉行清查，今奉部文，其間勢豪、衙蠹、悍將、驕兵或恃強占踞，而罷軟有司瞻徇顧畏，不能清釐者容或有之，部文謂專遴精明廉幹道臣或推官壹員，設法清查者，是欲直窮欺隱，恐行舊日管轄衙門官吏徇情曲庇，依樣葫蘆難免扶同之弊也。本司再四思維，各道中精明廉幹誠不乏人，但散處各方，各有專責，未便遙制，查得督糧道程參政敏練周詳，足堪此任，且莊田產業是亦錢糧中之一端，不妨出其緒餘以資釐剔，仍委其督令各府推官藉其風厲各行清查，位勢相逼，呼應自靈，如至期不報，或仍前欺隱，及造報不明者，即賜題參，庶欽件不致久耽，而積弊從斯永清等因。呈蒙督撫按各部院批允，委督糧道同各府推官力行清查，備移到道。

該本道看得，河西貳千餘里未設推官，非臨洮府推官可以兼管，應委甘州、涼州兩同知核報。寧夏兩河地方，慶陽府推官難以遙攝，應即令寧夏理刑同知核報。興安州并所屬陸縣不係府轄，難委別府推官兼管，應即令該州核報。業經一面行查，一面通詳，各部院俱蒙批如議，分委嚴查，業將承查各官職名呈報訖，爲照此一案也。欽限文到叁月內造冊彙報，自當依期督竣，何敢延緩，但秦省遼闊，除壹貳附近地方，其餘多在貳千里內外，若甘肅鎮則遠至叁千餘里矣。計文冊往來須柒拾餘日，即各廳州有舊日冊稾依樣造報，不煩查核，亦須拾餘日造完，是欽限叁月之內，即循舊造報，亦止能催齊各廳州文冊，而本道復核移司，本司復核報題，尚需時日也。況叛產即有估變，從未奉行通查，而今日之嚴核宗藩勛戚產業，尤非可僅照前案完結者，奉旨：謂報數既多隱匿，輸租又復參差，弊端不一，殊可痛恨，依議嚴行確查，天語森嚴，豈容草率，即如部疏所云，勢豪、衙蠹、悍將、驕兵占踞，而地方有司瞻徇顧畏，則欺隱已非朝夕，豈旦晚所能燭其奸。未經變價竟編入民產者，查明輸租，豈旦晚所能清其混。房屋酌估變賣，豈旦晚所能定其價值。輸租甚薄者，確議量增。遺地召人承種，除正賦外，酌租多寡，按畝輸租，不得借口荒蕪，豈旦晚所能辨其荒熟，酌其租額乎。大抵各廳州所查或千里以內，或貳千里以外，非貳個月不能清晰，而文冊往來須兩月有餘，合通省之冊，本道復核移司，本司復核呈報各部院裁酌具題，亦須壹月有餘，若再有駁查，又須兩月外始可復造呈報，約計捌個月方能清結，不至草率混淆，而錢糧可望增益矣。合咨本司裁酌轉達具題寬限捌個月造報，於國計未必無補矣。再查刑部將甘肅立限柒個月，今通查全省，甘肅亦在其內，而所核地方廣遠數倍，則請限捌個月，非敢過爲求緩也。

抑本道尤有不容已於言者，從前宗藩勛戚之產，原經寧夏理刑廳及甘涼兩廳同知造報，而叛產亦多由推官造報者。至於州縣衛所印官，從前宗藩勛戚叛逆產業俱其經造，若不寬既往之咎，彼各廳州惟恐徹底清查，頓翻前局，自干功令，勢必仍前塞責，難望清釐，而州縣衛所各官未免回護前非，阻撓查核矣。閱部疏內云，出首者，寬從前隱匿之罪。夫隱匿自首猶從寬政，則始失察而後清釐，想當録其後功，而寬其前過，尤望本司轉達各部院一并題明，則各廳州無夙譴之可畏，有新效之可期，自當盡心核報，而各印官亦不至疑懼阻撓矣。儻印官仍有聽信蠹役從中抗阻者，聽該廳州據實揭報，以憑究處，庶積弊從此一清。本道凛奉嚴綸，不敢不竭其管窺之見，然未必有當，合咨本司煩爲酌轉，等情到司。準此。

議詳間，又於陸月貳拾貳日準督糧道咨，爲清查廢產以足兵餉，以裕國課事。陸月貳拾壹日蒙總督金尚書案驗，準戶部咨，該本部題覆戶科右給事中王啓祚題前事內開，相應請敕各督撫按遵照臣部條議奉旨事理，作速將各該廢藩及世職產業嚴核確數，勿令豪强隱占，徹底清查，糧租無欠，限叁個月內冊報，臣部以憑撥餉。等因。題奉俞旨。備咨到部院。案行到道。蒙此。除嚴行各府理刑廳并甘涼貳廳，寧夏理刑廳及興安州徹底清查外，爲照清查廢產與清查明季藩產等項雖屬一事，然係兩行，相應并請寬限等因備咨到司。準此。

查得此案朱語雖殊，其事則一，奉有欽限不敢隕越，今該道以秦地遼闊，事屬繁劇，論程計日，原非叁月可竣，伏乞題請寬限。至於從前查造各官有始失察而後清釐者，釋前録後，憲臺自有衡量，非本司所敢擅議。等因到臣。

該臣看得明季宗藩勛戚一應產業，雖屢經行查，內部恐中有勢豪、衙蠹、悍將、驕兵占踞，而有司瞻徇顧畏，未得盡出，兹議專遴精明廉幹道官或推官壹員，設法清查，誠躊國裕餉之至計也。臣前遵照部文，行據布政司呈稱，督糧道程之璿敏練周詳，足堪此任，督令各府推官清查，業經臣等批委清查間，續據該道議稱，寧夏兩河以及甘肅等處、興安州屬各府推官不能兼管，詳議寧夏理刑同知并甘州、涼州兩廳同知，興安州知州就近清理。又經臣等批允一面清查，一面將各官職名報部訖。兹復據該司呈準該道詳稱，此案原定叁個月報完，然秦地遼闊，且甘肅距省叁千餘里，往返文移須得兩月有餘，又恐清查不的，必須復駁，未免又耽時日，且叛逆家產從未通查，非捌個月不能清楚，乞改寬限，無非爲詳慎其事，似應允從。至於寬從前承查各官既往之失，而録後來清釐之效，使各官無夙譴之畏，自當盡心核報，惟候睿裁。

臣謹會同督臣金礪、按臣王繼文合詞具題，伏乞敕部議復施行。爲此具本，謹題請旨。

巡撫陝西等處地方、贊理軍務、都察院右副都御史臣陳極新。

批紅：該部議奏。

同上　車克題清查陝甘等地明藩產業需展限時日本順治十三年九月初三日

少傅兼太子太傅內翰林秘書院大學士管戶部尚書事臣車克等謹題，爲遵諭敬陳職掌，清查明季藩產事。

陝西清吏司案呈，奉本部送戶科抄出欽差巡撫陝西等處地方贊理軍務都察院右副都御史臣陳極新題前事內開，本年柒月初捌日據布政司呈準，督理糧儲道程參政咨準，本司咨蒙督撫按各部院案驗，本年閏伍月拾玖等日，俱準戶部咨戶科抄出該本部題前事內開，明季宗藩勛戚及叛逆各犯俱有莊田產業，此《賦役全書》所不載者，而藩府冊籍又經兵火無存，多被勢豪强占，官役侵隱。臣部屢經行查。又於拾貳年叁月內具題，請敕各督撫責令右布政司清查去後。

今據各省造報前來，臣等逐一查核。如河南省王府甚多，該省冊報地土房屋數目甚少，且每畝估價止壹錢或伍陸分不等，承種地畝每畝除正賦外，止納租壹貳分。山西省有每畝止納租伍升。山東省有未經變價，竟編入民產納糧，房屋尚多無租。湖廣省每畝輸租不過壹分。江西省王府每府止報地拾餘畝，甚至壹貳畝，并藩宗叛逆竟不開報房屋，且上等熟田估價僅止壹兩。江南勛逆腴田，每畝止變價銀壹貳兩不等。各省地方更有無價之房，無租之地，匿不開報，欺隱尚多，即先經行文估變價值包納租課，又復玩延拖欠，此等情弊，必係勢豪、衙蠹、悍將、驕兵占踞，而地方有司瞻徇顧畏，督撫按又慢無稽核，方今軍需匱詘，前項產價難容朦隱，再請敕各督撫按專遴精明廉幹道臣或推官一員，設法清查。要見某藩某產坐落某州縣地土若干，房屋園地等若干，某勛戚某叛逆坐落某州縣地土若干，房屋園地等項若干，以前估變數目曾經何官確估，變過價銀見今存貯何處，見在承種是何姓名，輸租甚薄者，確議量增，未經變價，竟編入民產者，查明輸租，俱要逐款分晰，有能首出者，即寬以從前隱匿之罪。至於舊遺房屋，恐年久不修多有傾壞，應從公酌估變賣，所遺地土召人承種，除正賦外，酌租多寡，按畝輸租，不得借口荒蕪，再滋欺隱，通限文到叁月內，造冊彙報，以憑覆核充餉，敢有抗違，即據實題參，以憑從重治罪。其經管道官推官，果能清釐有法錢糧增益者，臣部查明議敘紀録，以示激勸。如因循徇隱，違限不完，查參議處。督撫按奉行不力，仍前瞻徇，臣部別有報聞，一體參處。所有清查各官職名，先行報部查核可也。等因。順治拾叁年伍月貳拾壹日題，本月貳拾叁日奉旨：各省明季宗藩勛戚及叛逆產業報數既多，隱匿輸租又復參差，弊端不一，殊可痛恨，依議嚴行確查，如過限不報，爾部即指參處治。欽此。欽遵。抄出到部。備咨到部院。案行到司。蒙此。

該本司查得明季秦、韓、肅、慶、瑞、鄭各宗藩所遺田園房屋等項，坐落各道府屬地方，如秦藩設在西安府，屬屯政司管轄。韓藩在平涼府，屬分巡關西道管轄。瑞藩在漢中府，屬分巡關南道管轄。鄭藩在鳳翔府，屬分守關西道管轄。慶藩在寧夏地方，寧夏河東河西貳道管轄。至於肅藩坐落甘肅等處，分守西寧道分管。涼州鎮番永昌等衛分巡西寧道分管。甘州屯高臺撫彝等處，臨鞏道分管。蘭金等州縣莊浪道分管。磨租固原道分管。群牧所苦水屯其勛戚楚沭貳府坐落固原，係該道管轄。伏羌伯坐落肅州，係該道管轄。毛費貳伯坐落甘州屯，係分巡西寧道管轄。又宋侯毛伯趙土官坐落永昌衛，係分守西寧道管轄。各道路遠近不同，糧租多寡各異，各道就近隨征隨支，雖經屢查，造報不過據冊彙轉，嗣於順治拾貳年伍月內，部覆奉旨專責右布政通查，業已報部。

至於叛逆各犯坐落某處地土房園等項，以前估變者，原未奉行清查，今奉部文，其間勢豪、衙蠹、悍將、驕兵或恃強占踞，而罷軟有司瞻徇顧畏不能清釐者，容或有之，部文謂專遴精明廉幹道臣或推官壹員，設法清查者，是欲直窮欺隱，恐行舊日管轄衙門官吏徇情曲庇，依樣葫蘆，難免扶同之弊也。本司再四思維，各道中精明廉幹誠不乏人，但散處各方，各有專責，未便遙制。查得督糧道程參政敏練周詳，足堪此任，且莊田產業是亦錢糧中之一端，不妨出其緒餘，以資釐剔，仍委其督令各府推官，藉其風厲，各行清查，位勢相逼，呼應自靈。如至期不報，或仍前欺隱，及造報不明者，即賜題參，庶欽件不致久耽，而積弊從斯永清。等因。呈蒙督撫按各部院批允，委督糧道同各府推官力行清查，備移到道。

該本道看得河西貳千餘里，未設推官，非臨洮府推官可以兼管，應委甘州、涼州兩同知核報。寧夏兩河地方慶陽府推官難以遙攝，應即令寧夏理刑同知核報。興安州并所屬陸縣不係府轄，難委別府推官兼管，應即令該州核報。業經一面行查，一面通詳各部院，俱蒙批，如議，分委嚴查，業將承查各官職名呈報訖爲照此一案也。欽限文到叁月內造冊彙報，自當依期督竣，何敢延緩，但秦省遼闊，除一二附近地方，其餘多在貳千里內外，若甘肅鎮，則遠至叁千餘里矣。計文冊往來，須柒拾餘日，即各廳州有舊日冊稿依樣造報，不煩查核，亦須拾餘日造完，是欽限叁月之內，即循舊造報亦止能催齊各廳州文冊，而本道覆核移司，本司覆核報題，尚需時日也。況叛產即有估變，從未奉行通查，而今日之嚴核宗藩勛戚產業，尤非可僅照前案完結者，奉旨：謂報數既多隱匿，輸租又復參差，弊端不一，殊可痛恨，依議嚴行確查。

天語森嚴，豈容草率，即如部疏所云，勢豪、衙蠹、悍將、驕兵占踞，而地方有司瞻徇顧畏，則欺隱已非朝夕，豈旦晚所能燭其姦。未經變價，竟編入民產者，查明輸租豈旦晚所能清其混。房屋酌占變賣，豈旦晚所能定其價值。輸租甚薄者，確議量增，遺地召人承種，除正賦外，酌租多寡，按畝輸租，不得藉口荒蕪，豈旦晚所能辨其荒熟，酌其租額乎。大抵各廳州所查或千里以內，或貳千里以外，非貳個月不能清晰，而文冊往來須兩月有餘，合通省之冊，本道覆核移司，本司復核呈報各部院裁酌具題，亦須壹月有餘，若再有駁查，又須兩月外始可復造呈報，約計捌個月方能清結，不至草率混淆，而錢糧可望增益矣。合咨本司裁酌轉達具題，寬限捌個月造報，於國計未必無補矣。再查刑部將甘肅立限柒個月，今通查全省，甘肅亦在其內，而所核地方廣遠數倍，則請限捌個月，非敢過爲求緩也。

抑本道尤有不容已於言者，從前宗藩勛戚之產，原經寧夏理刑廳及甘、涼兩廳同知造報，而叛產亦多由推官造報者，至於州縣衛所印官，從前宗藩勛戚叛逆産業俱其經造，若不寬既往之咎，彼各廳州惟恐徹底清查，頓翻前局，自干功令，勢必仍前塞責，難望清釐，而州縣衛所各官未免回護前非，阻撓查核矣。閲部疏内云，出首者，寬從前隱匿之罪。夫隱匿自首，猶從寬政，則始失察而後清釐，想當録其後功，而寬其前過，尤望本司轉達各部院一并題明，則各廳州無夙譴之可畏，有新效之可期，自當盡心核報，而各印官亦不至疑懼阻撓矣。儻印官仍有聽信蠹役從中抗阻者，聽該廳州據實揭報，以憑究處，庶積弊從此一清。本道凜奉嚴綸，不敢不竭其管窺之見，然未必有當，合咨本司煩爲酌轉等情到司。準此。

議詳間，又於陸月貳拾貳日準督糧道咨，爲清查廢産，以足兵餉，以裕國課事。陸月貳拾壹日蒙總督金尚書案驗，準戶部咨，該本部題覆戶科右給事中王啓祚題前事内開，相應請敕各督撫按遵照臣部條議奉旨事理作速將各該廢藩及世職産業嚴核確數，勿令豪强隱占，徹底清查，糧租無欠，限叁個月内冊報，臣部以憑撥餉。等因。題奉俞旨。備咨到部院。案行到道。蒙此。

除嚴行各府理刑廳并甘、涼貳廳，寧夏理刑廳及興安州徹底清查外，爲照清查廢産與清查明季藩産等項雖屬一事，然係兩行，相應并請寬限等因。備咨到司。準此。查得此案朱語雖殊，其事則一，奉有欽限，不敢隕越，今該道以秦地遼闊，事屬繁劇，論程計日，原非叁月可竣，伏乞題請寬限。至於從前查造各官有始失察而後清釐者，釋前録後，憲臺自有衡量，非本司所敢擅議。等因到臣。

該臣看得明季宗藩勛戚，一應産業雖屢經行查，内部恐中有勢豪、衙蠹、悍將、驕兵占踞，而有司瞻徇顧畏，未得盡出兹議，專遴精明廉幹道官或推官壹員，設法清查，誠蹟國裕餉之至計也。臣前遵照部文，行據布政司呈稱，督糧道程之璿敏練周詳，足堪此任，督令各府推官清查。業經臣等批委清查間，續據該道議稱，寧夏兩河以及甘肅等處，興安州屬各府推官不能兼管，詳議寧夏理刑同知并甘州、涼州兩廳同知、興安州知州就近清理。又經臣等批允，一面清查，一面將各官職名報部訖，兹復據該司呈準，該道詳稱，此案原定叁個月報完，然秦地遼闊，且甘肅距省叁千餘里，往返文移須得兩月有餘，又恐清查不的，必須覆駁，未免又耽時日，且叛逆家産從未通查，非捌個月不能清楚，乞改寬限，無非爲詳慎，其事似應允從。至於寬從前承查各官既往之失，而録後來清釐之效，使各官無夙譴之畏，自當盡心核報，惟候睿裁。

臣謹會同督臣金礪、按臣王繼文合詞具題，伏乞敕部議覆施行，爲此具本，謹題請旨。順治拾叁年柒月貳拾柒日題，捌月拾柒日奉旨：該部議奏。欽此。欽遵。於捌月拾捌日抄出到部。送司。奉此。相應議覆案呈到部。該臣等看得明季宗藩勛戚及叛逆各犯遺産，奉旨清查，限叁個月報竣在案。今據撫臣陳極新疏稱，秦地遼闊，往返文移非捌個月不能清楚，請乞寬限。并寬從前承查各官既往之失，等因題請前來。查臣部前題原限叁個月，既該撫題稱地方遙遠，應再寬限伍個月，連前共限捌個月。至於從前承查各官，俟查明題報，臣部酌覆，何得預請求寬，大不合理，相應不準。理合具覆。恭候命下，臣部轉行遵奉施行。臣等未敢擅便，謹題請旨。

少傅兼太子太傅内翰林秘書院大學士管戶部尚書事臣車克、尚書臣孫廷銓、左侍郎臣葉成格、右侍郎臣鏗泰、侍郎臣蔣國柱、左侍郎今降叁級仍留原任臣王弘祚、右侍郎臣郝惟訥、啓心郎臣巴格、啓心郎臣曹邦、啓心郎臣王之科、額者庫臣化善、陝西清吏司副理官臣鄭庫納、陝西清吏司副理官臣滿都、陝西清吏司郎中臣李及秀。

批紅：依議。

同上 車克題清查河南明藩田産需展限時日本 順治十三年九月初四日

少傅兼太子太傅内翰林秘書院大學士管戶部尚書事臣車克等謹題，爲遵諭敬陳職掌，清察明季藩産事。

河南清吏司案呈，奉本部送戶科抄出欽差巡撫河南等處地方提督軍務兼理河道都察院右副都御史亢得時題前事内稱，順治拾叁年閏伍月初捌日，準戶部咨戶科抄出本部題前事内稱，明季宗藩勛戚及叛逆各犯俱有莊田産業，多被勢豪强占，官役侵隱。請敕各省督撫按專遴精明廉幹道臣或推官壹員，設法清察，要見某藩某産坐落某州縣地土若干，房屋園地等項若干，某勛戚某叛逆坐落某州縣地土若干，房屋園地等項若干，以前估變數目，曾經何官確估變過價銀，見今存貯何處，見在承種是何姓名，輸租甚薄者，確議量增，未經變價竟編民産者，察明輸租，俱要逐款分晰，有能出首者，即寬以從前隱匿之罪，至於舊遺房屋，恐年久不修，多有傾壞，應從公估變，所遺地土召人承種，除正賦外，酌租多寡，按畝輸租，不得藉口荒蕪，再滋欺隱，通限文到叁月内造冊彙報，以憑覆核充餉，敢有抗違，即據實題參，以憑從重治罪，其經管道官、推官果能清釐有法，錢糧增益者，臣部察明議叙紀録，以示激勸，如因循徇隱，違限不完，察參議處。督、撫、按奉行不力，仍前瞻徇，臣部别有報聞，一體參處，所有清察各官職名，先得報部察核可也。等因。順治拾叁年伍月貳拾壹日題，本月貳拾叁日奉旨：各省明季宗藩勛戚及叛逆產業，報數既多隱匿，輸租又復參差，弊端不一，殊可痛恨，依議嚴行確察，如過限不報，爾部即指參處治。欽此。欽遵。抄部移咨到臣。隨會同督、按貳臣，遴委道臣，除將各臣名報部外，行令備悉嚴察，逐細造報，又行藩司嚴督彙冊及屢催去後。

今於順治拾叁年柒月貳拾肆等日，據分守大梁等道王原膴等陸續呈送察過廢藩等項房地文冊到臣。臣逐一詳核，雖各如限造完，尚未逐款分晰，臣既欲力行，豈敢瞻徇，隨一面逐款嚴駁，勒催如限報完間，捌月初貳日，據布政司左布政使佟延年詳稱，移準各道造報冊不畫一，難以覆核彙轉，除發回另行察造外，欽限期迫，各屬窵遠，非旦暮可結之局，相應呈請具題展限，俾得確核彙報，庶免稽遲錯誤之愆也。等因到臣。該臣看得清察明季藩產一案，明旨何等嚴切，限期何等嚴迫，臣等奉行惟謹催督，幾不遺餘力矣。

今據各道呈冊前來，臣逐款細核，有地未變價，止納正賦未議輸租者，有輸租甚薄未議加增者，有自首與察出分晰未明者，若據冊轉報未免草率，臣不敢也，臣是以復行嚴駁矣。但候駁明再報，未免過限，臣更不敢也。案查部覆行政當審重輕，案內事有繁難，果於限內難結者，聽詳開事，由於限內題請展限，除臣一面勒催報完外，所有限內難完，并展限緣由，既據該司呈詳前來，臣謹會同督臣李蔭祖、按臣祖永杰相應具題，伏乞敕部議覆施行等因。順治拾叁年捌月初肆日題，本月拾捌日奉旨：戶部知道。欽此。欽遵。於捌月拾玖日抄出到部。送司。奉此。相應議覆案呈到部。

該臣等看得豫撫亢得時遵旨清查廢明藩產一案，因各屬窵遠，恐違欽限，俟查妥完日，另報具覆，既經題請展限前來，應寬限本年拾壹月內奏報，臣部議覆。相應具覆。

恭候命下，臣部轉行遵奉施行。臣等未敢擅便，謹題請旨。

少傅兼太子太傅內翰林秘書院大學士管戶部尚書事臣車克、尚書臣孫廷銓、左侍郎臣葉成格、右侍郎臣鏗泰、侍郎臣蔣國柱、左侍郎今降叁級仍留原任臣王弘祚、右侍郎臣郝惟訥、啓心郎臣巴格、啓心郎臣曹邦、啓心郎臣王之科、河南清吏司副理官臣楊都、河南清吏司署司事主事臣解元才。

批紅：依議。

同上 笪重光題清查明藩田產請展限期事本順治十三年九月十五日

巡按江西監察御史臣笪重光謹題，爲遵諭敬陳職掌，清查明季藩產事。順治拾叁年陸月拾肆日奉都察院勘札，準戶部咨戶科抄出該本部題前事等因。順治拾叁年伍月貳拾壹日題，本月貳拾叁日奉旨：各省明季宗藩勛戚及叛逆產業，報數既多隱匿，輸租又復參差，（蔽）〔弊〕端不一，殊可痛恨，依議嚴行確察，如過限不報，爾部即指參處治。欽此。欽遵。抄部咨院備札粘單到臣。奉此。就經抄單檄行布政司確查，先期速報去後。

復經迭檄嚴催，據江西布政司左布政使范登仕呈詳前事內稱，蒙巡按江西笪御史憲牌內開，布政司查照，先令檄催事理，即將江省明季宗藩勛戚及叛逆產業速行清查明確，限文到即日內造冊，壹樣叁本，具由詳院，以憑具題，欽限將滿，慎毋再延致提究經承未便等因。并奉巡撫江西郎右副都御史憲票行同前事，仰司查照原行速將委查明藩、勛戚、世職、叛產文冊速報部院，立等具疏，欽限將滿，如文到無冊報，該司即將因何遲誤緣由，先速具詳，立等題報，刻難再遲，自取咎戾等因。并到司。奉此。

案照先奉本部院憲牌，就經詳允就近各道總核各府推官親詣彼處清查，業已移行逐一清查造冊呈報去後。本司叁日壹行，伍日壹催，筆楮俱竭。近據饒刑廳申稱，卑職遵奉憲令，就經嚴行各縣責令經承造冊，并出示曉諭勢豪隱占等弊，許鄰約諸人投首賞給去後。即擬單騎親歷屬縣查勘以報，時值按院暨恤部按臨，料理囚冊會審，是以未敢遠臨，俯賜寬限，即詣各屬踏勘清查，確冊報命。又據南昌等府各刑廳申報內稱，奉委清查廢藩叛產，遵即嚴行各縣查取冊報。但閱憲檄內開，節年租稅完欠不清，荒熟變遷互異！與夫勢豪隱占未報之弊，委查之官，若不細加詢訪，逐一履畝踏勘，誠恐遺漏，愈干重譴，合先呈請憲臺俯賜轉詳寬限，以便清查確冊，方敢造報，各緣由申報在案。今奉蒙前因，該本司左布政使范登仕查看得江省明季廢藩叛逆田地山塘等項，原經前蔡撫部院徹底清查，造冊達部在案。其節年租折變價，已未續完細數，又奉巡撫郎部院查取，復於本年陸月內彙造呈繳，亦經咨達內部訖。今復奉部檄內開，江西藩產所報甚少，尚有無價之田，無租之地，應再遴選道廳清查，嚴核確數以報。在奉行者捧讀嚴切之檄，既不能以空中摹擬懸情妄報，又不敢以依樣葫蘆潦草遺漏。今催據各廳申報，就經嚴行曉諭，許鄰約諸人投首賞給，又復親自履畝逐一細加踏勘，是亦設法清查之意，務期詳且愼矣。但未免駁查往返稽延，各請寬限申覆前來。今蒙本院查取因何遲誤緣由，立限造册呈報，誠恐有違欽限，合無據實呈請本院俯賜，先行題明稍寬限期，俟各廳清查確册至日，隨即彙造呈繳，庶於部行憲檄徹底一清，不致毫遺而欽件始獲完銷矣。等因。具詳到臣。據此。

該臣查看得清查藩莊逆產一案，臣於本年陸月拾肆日奉到都察院勘札，應於玖月拾肆日叁個月限滿奉到之日，臣即嚴行該司恪遵欽限，速行查報，又與督撫臣交檄嚴催，不遺餘力，亟欲先期報竣，以副功令。今據該司呈報，遲誤緣由，并請寬限具詳前來，臣竊以此案奉有嚴旨，確查務必徹底一清，不敢草率完局。且年來佃主疊易，荒熟變更，必各府刑官親履踏勘，不免動需時日。加以駁查往返，又未可克日取齊，儻經查各官不加詳愼，其罪更浮於逾限矣。臣見一面嚴催，上緊彙册題報，伏乞皇上俯賜寬限，容臣等督令該司清查妥確，以竣欽件，今據該司呈詳前來。

臣謹會同江南督臣馬鳴珮、江西撫臣郎廷佐合詞具題，伏祈敕部查照展限施行。緣係遵諭敬陳職掌，清查明季藩產事理。未敢擅便，爲此具本，差快手徐茂賫捧，謹題請旨。

巡按江西監察御史臣笪重光。

批紅：戶部議奏。

同上 車克題清查山東藩產事展限兩月本 順治十三年九月二十四日

少傅兼太子太傅、內翰林秘書院大學士、管戶部尙書事臣車克等謹題，爲遵諭敬陳職掌，清查明季藩產事。

山東清吏司案呈奉本部送戶科抄出欽差巡撫山東等處地方、督理營田、提督軍務、都察院右副都御史加一級臣耿焞題前事內開，順治拾叁年捌月貳拾伍日，據布政司呈稱，本年閏伍月拾叁日蒙耿撫院案驗，本年閏伍月初玖日準戶部咨戶科抄出該本部題前事內開，明季宗藩勛戚及叛逆各犯俱有莊田產業，此《賦役全書》所不載者，而藩府册籍又經兵火無存，多被勢豪強占，官役侵隱。臣部屢經行查，又於拾貳年叁月具題，請敕各督撫責令右布政使清查去後。

今據各省造報前來，臣等逐一查核，如河南省王府甚多，該省册報地土房屋數目甚少，且每畝估價止壹錢或伍陸分不等，承種地畝每畝除正賦外，止納租壹貳分。山西省有每畝止納租伍升，山東省有未經變價竟編入民產納糧，房屋尙多無租。湖廣省每畝輸租不過壹分。江西省王府每府止報地拾餘畝，甚至壹貳畝，并藩宗叛逆竟不開報房屋，且上等熟田估價僅止壹兩，江西勛逆腴田，每畝止變價銀壹貳兩不等。各省地方更有無價之房，無租之地，匿不開報，欺隱尙多，即先經行文估變價值包納租課，又復玩延拖欠，此等情弊，必係勢豪、衙蠹、悍將、驕兵占踞，而地方有司瞻徇顧畏，督撫按又慢無稽核，方今軍需匱缺，前項產價難容朦隱，再請敕各省督撫按專遴精明廉幹道臣，或推官壹員，設法清查。要見某藩某產坐落某州縣地土若干，房屋園地等若干，某勛某叛逆坐落某州縣地土若干，房屋園地等項若干。以前估變數目曾經何官確估，變過價銀見今存貯何處，見在承種是何姓名。輸租甚薄者，確議量增。未經變價竟編民產者，查明輸租。俱要逐款分晰。有能首出者，即寬以從前隱匿之罪，至於舊遺房屋，恐年久不修，多有傾壞，應從公酌估變賣，所遺地土，招人承種，除正賦外，酌租多寡，按畝輸租，不得借口荒蕪，再滋欺隱，通限文到叁月內，造册彙報，以憑復核充餉，敢有抗違，即據實題參，以憑從重治罪。其經管道官推官，果能清釐有法，錢糧增益者，臣部查明議叙紀録，以示激勸。如因循徇隱，違限不完，查參議處，督撫按奉行不力，仍前瞻徇，臣部別有報聞，一體參處，所有清查各官職名，先行報部查核可也。等因。順治拾叁年伍月貳拾壹日題，本月貳拾叁日奉旨：各省明季宗藩勛戚及叛逆產業，報數既多隱匿，輸租又復參差，弊端不一，殊可痛恨，依議嚴行確察，如過限不報，爾部即指參處治。欽此。欽遵。抄出到部，備咨到院，案行到司。蒙此。又蒙總督直省李部院憲票同前事。蒙此。又據本司經歷司呈抄蒙按院劉御史案驗，亦同前事等因。俱行到司。蒙此。

隨將藩產等項遵照憲檄濟南府屬遴委濟巡道，兗州府屬遴委濟寧道，東昌府屬遴委東昌道，青州府屬遴委青州道，萊州府屬遴委萊州道，登州府屬遴委登州道，就便確查，業將各道職名呈報在案。本司惟其督催，然各道所查地方有遼闊不等，已經移催貳拾次，止準濟巡道移送歷城等伍州縣文册到司，其未到州縣尙少大半，但送到文册，俱係零星參差不齊，見今責令經承彙造外，至於濟寧等伍道未準壹册移司，并濟巡道未到州縣已經差役陳安才等守催，但查此案奉旨欽限叁個月完報，今時已逾限，尙未準查明移送前來，又慮恐送到文册，仍前參差零星，彙造又需時日，若不詳明，恐蹈違限之愆，合無呈祈憲臺，俯賜咨題請寬限期，庶清查造送不致遲誤矣。擬合呈詳等因到臣。該臣看得廢藩遺産近奉嚴旨，清查房屋估變，地畝增租，期於清楚，以佐軍國之用，臣敢不只遵徹底窮究，以竣厥事，除屢檄各道分理清查外，然而屬邑遼闊，房地零星，冊籍繁多，非伊朝夕所能確查估變繕造成冊者。今據該司稱其未送冊者，尚有多半，至已送到冊籍參差不齊，且費彙造又需時日，豈限内所能完造耳。此展限之請，亦情之不容已也。既據該司呈請前來，除先咨戶部查照外。

臣謹會同督臣李蔭祖、按臣劉允謙合詞具題，伏乞皇上敕下該部量事展限，庶確查清而藩産永無侵隱之弊矣。事關藩産，字逾限格，并祈鑒宥，爲此具本謹題請旨。等因。順治拾叁年玖月初壹日題，本月初捌日奉旨：戶部議奏。欽此。欽遵。玖月初玖日抄出到部送司。奉此。相應議復案呈到部。

該臣等看得清查明季各藩廢産，臣部於本年伍月内具題奉旨，通行各省，原限叁個月造報，今撫臣耿焞會同督臣李蔭祖、按臣劉允謙題請寬限前來。該撫既稱藩産文冊一時難以彙齊，似當允其所請，再寬兩個月備查，臣部前疏内事理分晰明確奏報，以憑核復可也。

相應復請，恭候命下，臣部轉行遵奉施行。臣等未敢擅便，謹題請旨。

少傅兼太子太傅内翰林秘書院大學士管戶部尚書臣車克、尚書臣孫廷銓、左侍郎臣葉成格、侍郎臣蔣國柱、左侍郎今降叁級仍留原任臣王弘祚、右侍郎臣郝惟訥、啓心郎臣巴格、啓心郎臣曹邦、啓心郎臣王之科、山東清吏司副理官臣察賴、山東清吏司郎中臣李宗孔。

批紅：依議。

同上　亢得時爲清查河南各州縣明藩田房産事揭帖順治十三年十一月二十九日

欽差巡撫河南等處地方、提督軍務兼理河道、都察院右副都御史亢得時爲遵諭敬陳職掌，清察明季藩産事。

順治拾叁年閏伍月初捌日，準戶部咨戶科抄出本部題前事等因。順治拾叁年伍月貳拾壹日題，本月貳拾叁日奉旨：各省明季宗藩勛戚及叛逆産業，報數既多隱匿，輸租又復參差，弊端不一，殊可痛恨，依議嚴行確察，如過限不報，爾部即指參處治。欽此。欽遵。抄出到部，移咨到職。行間又準督臣李蔭祖咨準戶部咨同前事。職隨會同督、按貳臣，遴委分守大梁道右參政王原撫，清察開封府屬明季宗藩等産，又會行藩司及屢催去後。

順治拾叁年捌月拾玖日，據該道呈稱，行據開封府知府朱之瑤申稱，察本府所屬廢藩遺留房地底冊，贍田止有祥、陳、杞、通、太、鄢、扶、中、陽、原、蘭、儀、新、西、商、項、許、臨、襄、長、鄭貳拾壹州縣。自置民田房屋納租變價，止有祥、陳、杞、通、太、尉、洧、中、陽、封、蘭、儀、西、許、臨、襄、禹、鄭拾捌州縣，原有前項地畝樓房，又祥符、封丘二縣，原有勛戚張國紀變價地畝，陽武縣有徐府變價地畝。其餘延、陳、沈、郾、密、滎澤、滎陽、河、汜九州縣并無前項地畝房屋。各具印結到府。此項冊籍未蒙發式，各屬造報未能畫一，欲行駁察，誠恐憲號緊急，恐違限期，所有取到各屬原冊印結，先行申送察核。除未到州縣，見今差催到日并本府印結另送等情到道，擬合轉送等因，具呈巡撫河南亢都御史照驗。蒙批。廢藩勛戚叛逆某某若干，察照部文將總撒分晰明白，不混在一處，此即冊式也。此案原委該道設法清察，務仰副嚴綸，永絕各項弊端，若止憑州縣，恐將來有不便也。責有所歸，慎勿疏忽，留心！留心！竚望速速冊結并發等因到道。隨票行開封府改造申送前來。

本道復察無異，今將造完冊結具呈督撫按照驗，隨蒙巡撫河南亢都御史憲牌，察得冊首未造原報地畝房屋變價、征租各總數，顯與別府參差。封丘縣自置民田，未經變價，止納正賦，今每畝增租銀貳分貳釐，是否確議。許州自置民田未經變價，止照由單納賦，何不遵照部文確議輸租。禹州自置民田，止言照民田每畝征租銀肆分捌釐零，未顯有無辦納正賦。陽武縣除納正賦外，租銀不及貳分，輸租甚薄，何未見遵照部文確議量增。原武、儀封貳縣，新墾贍田地畝起科自有定例，因何參差不一，駁行本道確察。并荒地作何招墾，各屬有無欺隱等弊，參看明白具詳等因到道。

行據開封府申據封丘縣知縣余縉看得封邑明季廢藩遺産，原與別縣不同。察向來輸賦，止辦條糧，此外并無租稅。前蒙上司議增租銀每畝貳分貳釐肆毫，較之民田已多三分之一，諸地戶咸謂賦重難辦矣。今復蒙駁增卑縣通拘諸地戶委曲諭以急公之義，每畝令其再增銀貳分貳釐肆毫，較民田額糧適加一倍，蓋半爲地賦，半爲地租，賦從地出，租從價出，似得其平也。然抑有請者，廢藩地畝原未經變價，故可酌增，萬一日後有奉文變價之令，則此地額賦便應仍照民地起糧，庶使墾土者無偏苦之嘆，而催科者有畫一之條，實永久可行之法耳。等情。據此。

又據陽武縣知縣伍九官申稱，今蒙駁察輸租甚薄，確議量增，共地玖頃柒拾畝，每畝應增租銀壹分柒釐零，共增銀拾柒兩叁錢肆分捌釐壹毫玖絲伍忽。候示追解，理合造冊申送等情。又據禹州知州李永彪申稱，今奉文駁察內云，禹州自置民田，止言照民田每畝征租肆分捌釐零，未顯有無辦納正賦，應否議增，該本州卷察廢府遺留自置民地，止照民田辦納租銀，并無辦納正賦。今遵照拾叁年正賦確數，每畝派銀肆分捌釐柒毫零，共派銀貳拾伍兩叁錢貳分肆釐肆毫零。又奉部文應議變價前造冊內遵行，每畝公議價銀捌分，共該議變價銀肆拾壹兩伍錢玖釐零，俱候示追解等情。據此。

又據許州知州汪灊申稱，察得本州內侍宗室遺留成熟地壹拾叁頃叁拾陸畝，係納正賦，并無變價，今奉部文確察，遵議例應輸租，今每畝確議輸租銀貳分貳釐肆毫，共該輸租銀貳拾玖兩玖錢貳分陸釐肆毫，理合造報，等情。據此。又據原武、儀封貳縣新墾地畝冊造俱入拾肆年起科，酌定畫一，其各屬有無欺隱等弊，冊內開造已明，以爲確據。今該開封府降用知府朱之瑤，復察看得廢藩遺產遵憲駁察，已行封、陽二縣，許、禹二州，俱經確議增添租賦，冊造甚晰，無容復議。原、儀二縣新墾地畝，照例俱入拾肆年起科，業已更正，酌定畫一。至於各屬冊稱，并無豪強隱占等弊，冊載已明，確爲可據，相應彙冊轉詳。等情。具申到道。據此。復詳無異，擬合轉呈，等因。具詳造冊到職。職批，仰布政司并察彙詳冊并發，嗣因限內難完，該司詳請展限。職批，此案不便再遲矣。仰司刻下報完，仍候總督部院詳行節經嚴催。順治拾叁年拾壹月貳拾柒日，據該司呈稱，準分守大梁道咨送冊開，開封府屬祥、陳等貳拾壹州縣，原有明季廢藩遺留贍田共地伍千貳百捌拾叁頃肆拾叁畝零，內除荒地叁千貳百叁拾柒頃伍畝零，舊種成熟地貳千肆拾陸頃叁拾捌畝零，各州縣則例不等，共實征銀玖千伍百捌拾肆兩陸錢零。原武、儀封、長葛叁縣，順治拾叁年伍月內，新墾地壹拾貳頃柒拾叁畝，應入拾叁年行糧，各縣則例不等，共實征銀柒拾壹兩叁錢零。舊遺樓瓦草房共貳拾玖間，每年每間賃租不等，共銀叁兩壹錢捌分，奉文新加租銀壹兩貳錢貳分。原武縣舊報熟地除比照民田征糧外，每畝增租銀叁分，共增租銀捌拾壹兩壹錢零。續察出儀封縣瓦房陸間，新議每年租銀壹兩，候示追解。又冊開開封府屬祥、陳等拾捌州縣，原有明季廢藩并各郡廢府宗室內官遺留自置民田，共地貳千肆頃玖拾叁畝零，內見種行糧熟地壹百捌拾叁頃貳拾陸畝零。內有中牟縣已經變價，仍行征租熟地拾貳頃捌拾壹畝。又除封丘縣黃河沖決地陸頃，已入奇災申豁訖，實在未變價熟地壹百陸拾肆頃肆拾伍畝零，共實征租銀伍百柒拾伍兩捌錢零。以上係前冊報明。又遺樓瓦草房共壹千柒百捌拾柒間，內陳留縣新修葺房叁拾柒間，每間每年賃價銀貳錢，共銀柒兩肆錢，俟拾肆年輸租已變過價樓瓦草房捌百壹拾間，原變復增，共該價銀壹千貳百捌拾兩玖錢零，已變過價熟地并莊基共貳百伍拾叁頃貳畝零，原變復增，共該價銀伍千貳百柒拾壹兩貳錢零，已變過荒地共叁百貳拾捌頃捌拾柒畝零，原變復增，共該價銀貳千叁百叁拾貳兩捌錢零，以上變價全完，解交布政司彙解戶部訖。今奉文清察出祥符縣順治拾叁年開墾好沙地柒頃玖拾壹畝，除納條糧外，仍征租銀貳拾肆兩叁分零。又封丘、陽武、許州叁州縣征租熟地，除比照民田納糧外，加增租銀壹百柒拾貳兩捌錢零。又禹州除納租銀外，新增租銀貳拾伍兩叁錢零。又杞縣、洧川、禹州叁州縣，新議變荒熟地壹拾壹頃貳拾畝零，共議變價銀壹百柒兩貳錢零。詳符、杞縣、陽武、封丘、蘭陽、許州、陸州縣各奉文續變價破樓房陸拾間，共議價銀捌拾貳兩柒錢。又奉文清察出鄭州前冊未報樓房廢基共拾壹間，議估價銀陸兩，仍有未變價破房玖百壹拾柒間，荒地壹千貳百叁拾玖頃肆拾陸畝零。又冊開開封府祥符縣原有明季戚畹張國紀欽賜護墳好地拾陸頃、沙地拾陸頃陸拾叁畝零。順治玖年奉文變價升任知縣胡士梅好地每畝估價銀玖分、沙地每畝估價銀肆分伍釐。又於順治拾年奉文變價，去任知縣孫如林好地每畝增銀壹錢陸分、沙地每畝增銀壹分伍釐。張林祥等承買共變價銀肆百玖拾玖兩柒錢零，已完銀叁百伍拾兩，於順治拾貳年玖月拾肆日解布政司交納訖，批收附卷。未完銀壹百肆拾玖兩柒錢零。見今追解封丘縣原有張國紀護墳地叁拾貳頃陸拾叁畝零，好地柒頃，於順治玖年前任知縣宋翔奉文變價，每畝銀捌分，因價廉駁增，復增銀壹錢貳分。順治拾壹年奉文增價知縣佘縉，每畝增銀貳分，又於拾壹年奉文駁增，每畝又增銀叁分。佃戶張寵等承買沙地貳拾伍頃陸拾叁畝零，於順治玖年前任知縣宋翔奉文變價，每畝銀肆分，因價廉駁增，復增銀貳分。佃戶李逢山等承買貳項，共變價銀叁百貳拾捌兩柒錢零，於順治拾貳年月日不等，解布政司訖，批收附卷。此項地畝因國紀已沒，有族侄張其謨於順治貳年具告羅都御史批準，入本縣神馬社行糧，自柒年河口沖決，具詳各院具題，奉旨豁免，見今河口堵塞，俟開墾成熟，計畝冊報。陽武縣原有徐廢府籽粒地肆百壹拾柒頃肆拾伍畝，內沙磏不等，折實地肆百壹拾肆頃叁拾捌畝零，以前隨京邊征正項條銀并漕米，每畝征銀叁分壹釐零，共征銀壹千叁百捌兩柒錢零，如數起解外，追籽粒每畝派銀貳分伍毫零，節年解布政司轉解，獲批在卷。其順治拾叁年分共征籽粒銀捌百伍拾兩柒錢零。順治玖年前任知縣姜光胤奉文變價，屢增屢駁，每畝估議至貳錢叁分，共變銀玖千伍百叁拾兩柒錢零，見今候示追解。徐廢府官莊壹處，瓦房拾柒間，破碎不堪，自順治柒年爲始，招募賃住，每年賃租銀壹兩伍錢，至拾貳年終止，共該銀玖兩，追完於順治拾叁年叁月貳拾玖日，解布政司訖，批收附卷。今奉文估變價銀拾兩，候詳允納價，本司遵照撫院憲票，遴委本司經歷高選，督同經承算書逐細打算，總撒相符，該署司事按察使王含光復察看得開封府屬廢藩勛戚各遺留樓房田地，舊變新增價值租糧各項數目，業經守梁道清察備造冊中，本院駁正本司確核，亦可謂詳且慎矣。更兼委官經歷高選再一督算，應無欺飾差訛之弊，相應轉呈憲裁，具題候示遵行者也。造冊呈詳等因，左布政使潘朝選具報到職。

職按冊逐一稽核。該屬議變并未變破房玖百貳拾玖間，俱無租銀。又開封府見有廢周府磚城壹座，未造入冊；又該廢藩有無護墳房地，未曾報明，且周廢藩禹州廢郡分封已久，應責成附近州縣取逐里有無遺漏甘結，及估變者恐非時值各等情，職復駁該司道確察另報。其未經估變房屋，應於清察未報廢藩田產一案，遵旨具題外。該職察看得清察開屬明季廢藩勛戚及叛逆各產業，職等遵照部文會委分守大梁道王原膴咨部在案，且責成批駁至再至三，取有該道察無扶同欺隱，印結存案。又復行藩司稽核，總所以慎重其事也。今據司道冊開該屬清察出各項估變新增，共銀壹萬玖百肆拾玖兩零，以上銀兩應候部復追征起解，儀封等叁州縣察出房基應另提，各經承并見住房人楊雲福等審明究追，荒蕪地土應勒令有司速行督墾，不得借口以滋欺隱，可也。至於有無扶同等弊，自有該道之印結可憑，職於總疏中題明矣。既據該司呈詳前來，除清冊咨送戶部查核外。

按臣員缺，職謹會同督臣李蔭祖相應遵限具題，伏乞敕部議復施行。爲此，除具題外，理合具揭，須至揭帖者。

巡撫河南都察院右副都御史亢得時。

同上 張朝瑞爲清查湖北明藩產業事揭帖順治十四年正月二十一日

巡按湖廣、湖北監察御史張朝瑞謹揭，爲清查廢藩遺產，以裕國用事。

順治拾叁年柒月拾貳日，奉都察院勘札准戶部咨該本部覆湖廣總督祖題前事等因。奉旨：依議，嚴速行。欽此。欽遵。抄部咨院，備札到職。奉此。又奉本院勘札。爲遵諭敬陳職掌，清查明季藩產事。奉此。又奉本院勘札爲清查廢產，以足兵餉，以裕國課事。奉此。俱案行布政司遵照逐一嚴查造報去後。催據該司呈稱，遵依移會守巡各道，并檄行各府推官，會同該府就近清查釐剔遺隱，應估變者，勒令估定確價，先估價輕者，勘明實值照例加增。催據各冊結到司。

本司逐一覆核，查得湖北漢、黃、安、德、荆、鄖、襄柒府屬廢潞楚福惠肅光澤蘄水松滋湘陰磙石各藩，及廢皇莊欽賜撥給田地、蘆洲、山場、麥地等項，原額陸萬壹千叁百伍拾壹頃貳拾肆畝柒分零，額載租銀穀折布、折石膏峒稅等銀共壹拾叁萬壹千叁百陸拾貳兩肆錢零肆釐，又加派遼餉銀壹萬玖千捌百伍拾兩零捌分壹釐零。內成熟田地等項，共肆萬捌千叁百壹拾壹頃柒拾柒畝陸分陸釐，實征租銀穀折等銀玖萬零伍百玖拾叁兩貳錢叁分肆釐零，該遼餉銀壹萬肆千貳百伍拾柒兩捌錢肆毫零。又於荒額內續查出新墾成熟田地壹千柒百叁拾肆頃伍畝伍分壹釐零，該增租銀穀折等銀肆千陸百伍拾陸兩玖錢壹分柒釐壹毫，該遼餉銀壹千叁百伍拾肆兩壹錢肆分壹釐零。各照開墾年分起科，在冊實荒田地壹萬壹千叁百零伍頃貳拾壹畝陸分零，該租銀穀折等銀叁萬陸千壹百壹拾叁兩貳錢伍分壹釐零，又遼餉銀肆千貳百叁拾捌兩壹錢肆分壹毫。其應變價者止有廢襄及湘陰等藩田地，除荒外，成熟柒百零肆頃柒拾柒畝捌分壹釐陸毫，則例不等估過價銀壹萬壹千柒百叁拾柒兩壹錢陸分肆釐。又查出廢王宗自置田地伍百壹拾捌頃捌拾肆畝，內除奉文給還散宗并荒蕪外，估過成熟并新墾田地共叁百零貳頃貳拾貳畝貳分叁釐零，先經估價，并復查加增，共銀壹萬貳千陸百捌拾貳兩貳錢柒分零。又查出廢王宗官監遺存宮殿房屋共捌百肆拾間半，除留作公署倉廒火藥局及營兵住居焚毀外，實估房屋肆百叁拾捌間半并基地，共價銀壹千捌百玖拾玖兩零陸分，又續查出漢陽府屬廢楚藩項下漢口鎮基地壹百壹拾捌間半，又菜地陸條，價值不等，共估銀伍百玖拾捌兩伍錢。以上田地房屋基地通共價銀貳萬陸千玖百壹拾陸兩玖錢玖分肆釐，已完銀壹萬伍千零伍拾玖兩柒錢叁分陸釐，起解司府，湊支兵餉。未完壹萬壹千捌百伍拾柒兩貳錢伍分捌釐，見在嚴催完解，此據各道廳查明實估之確價也，難以再增，各有甘結。其餘潞福惠肅光澤蘄水松滋等藩及廢皇莊田地，本司屢行駁估，據各屬結稱，係民間祖業，止撥銀充膳，難以變價，各官印結在案。又查廢楚藩田地，係佃民輸納租銀，租穀不可減租變價，原奉有照舊征收之部行，無容再議。

至奉查王田編入民賦丁糧，止襄、常二府，其餘作何着落，遵查襄、常二府襄、榮兩藩，租銀編入民賦丁糧者，因租稅原與民賦較輕，故改編丁糧，從重差徭，別藩租課與民糧相倍，不能易重爲輕，減縮舊額，不入民糧，職此故也。其租課價銀見在嚴催完解，俟另冊報銷，今將造完清冊賫繳本院查核轉咨。但奉行前件，乃清釐遺產，增益錢糧，以裕國課，未敢草率。矧湖北地方尚多荒殘，駁核往返動費時日，非敢怠緩，伏祈俯鑒，事勢孔艱，并賜達部，稍寬鈇鉞，俾屬吏得逭遲悮之諐矣，等因詳職。

該職看得職屬廢藩產業，頭緒繁多，若不力爲清釐，保無滋其隱漏，如租課之錢糧，房地之變價，俱當盡數清出，確加估變，以佐軍需之萬一。職遵奉部檄，嚴行該司轉移守巡各道同各府推官，逐一徹底清查，毫不容其朦混。今據該司報稱，除荒之外，凡先熟新墾之頃畝租穀，遼餉之數目，以及增租房價等項，俱經各官勘明，不能復增。其已完解者，湊支兵餉，未完者，見在嚴催完解。其餘有係民間祖業，難以變價，有係佃納租穀，照舊征收。至於襄、榮兩藩，租銀改編丁糧者，因租輕於賦，改之所以從重也。若別藩租課又倍於民矣，故不能減重爲輕，而縮其舊額耳。今據造報前來，除原冊呈送都察院咨部查核外。

職謹會同候代督臣祖、候代撫臣林合詞具題，伏乞敕部覈覆施行。此案乃清釐遺產，增益錢糧，因地方荒殘遼闊，往返動費時日，又未敢草率入告，統祈上慈鑒宥。爲此除具題外，理合具揭，須至揭帖者。

同上 耿焞爲清丈山東明衡藩脂粉地畝事揭帖順治十五年二月二十九日

欽差巡撫山東等處地方、督理營田、提督軍務加二級、兵部右侍郎兼都察院右副都御史加正二品服俸耿焞爲首舉明季王地，仰祈敕部行察，以安流離，以廣皇仁事。

順治十五年二月十七日，據布政司呈稱，順治十四年十二月十二日，蒙巡撫耿部院案驗，準戶部咨前事，山東清吏司案呈，奉本部送戶科抄出本部題覆山東巡撫耿焞題前事等因，順治十四年九月十六日奉旨：戶部核議具奏。欽此。欽遵。於本月十七日抄出到部。送司。奉此。相應議覆案呈到部。該臣等查得東省撫臣耿焞疏揭文冊，必須逐一質對，查審磨算，勢難依限完經，理合題請，展限在案。今該臣等案查得，順治十二年三月據山東省濰縣民王三固首舉明季衡王胭粉地二千餘頃，草場地一千餘頃，若不首出，此等地土即至隱沒等因叩闕。臣部請旨行文該撫清丈，并發原告王三固去後。

今據東撫藩司道府丈量得，昌、濰、高、樂安等四縣地畝文冊，并原告王三固及欺隱劉勝節等提送到部，具題前來。臣等將各縣丈量地土文冊細查得，昌、濰、高三縣原額胭粉地二千七百六十五頃四十三畝二分，內舊熟地四百五十三頃五十畝，自十二、十三兩年陸續丈出熟地九百一十五頃九十畝，共熟地一千三百六十九頃四十畝零，尚拋荒地一千三百九十六頃二畝三分零，該撫冊報熟地候詳允起科，拋荒地土招人開墾，其熟地照例征收錢糧，荒地作速招人開墾。又王三固首出樂安縣德王湖田六十八頃四十畝，此內熟地十頃七十六畝，每畝征租糧一斗二升三合，每斗折銀五分，下剩芠草地五十七頃六十四畝，每畝照舊例納租一分，十二年租銀應於經收劉勝節等名下追征，十三年租銀應於經收任良名下追征，其前熟地十頃七十六畝，與任讓十四年新經開墾另外地一頃五十畝，自十四年起俱應照民地五分五釐起科，相應照例起科。至於巡撫疏內樂安縣熟地十頃一十五畝，劉勝節、任良、李奉春、許忠實、李惟振等欺隱不納錢糧，止報六十一畝納糧，該縣經承書辦朱平魯知情欺隱，應行該撫將欺隱錢糧按年追征，劉勝節等依律定罪。又問原告王三固，你叩闕狀內除樂安德藩湖田外，昌、濰、高三縣地三千頃有餘，今據撫冊計算，止二千七百六十五頃四十三畝二分，所少之地，是何緣故。供稱，我有記來的地數好對着算看。遂將此數算看，與巡撫報來文冊相對，原告王三固所記之數，與撫冊相符，其地多寡無容異議。王三固先說這地交與我，我招人種地征收納糧，此地今交與地方官載入賦役冊內征收錢糧，王三固之言不便允行。又昌、濰、高三縣胭粉地，該地方官先不嚴行確查丈量，王三固告出之後，方才清丈出熟地九百一十五頃零，相應敕下該撫，將不行清查道府縣官查明議奏，可也。相應具覆，恭候命下臣部轉行遵奉施行等因。順治十四年十一月十九日奉旨：是。依議行。欽此。欽遵。抄出到部。

送司。奉此。相應咨會案呈到部。合咨貴院，煩爲查照。本部覆奉旨內事理逐一勒限，嚴追解部施行，等因到部院，準此。案仰本司官吏照依咨案備奉旨內事理，即查昌、濰、高三縣胭粉地，該地方官因何不預先嚴行確查丈量，至王三固告出之後，方才清丈出熟地九百一十五頃零，中間是何情弊，速將不行清查道府縣官職名緣由，限文到半月呈詳本部院，以憑覆核議奏施行，事關欽件，慎勿遲違。至征收錢糧，該司細心查勘，逐一勒限嚴追解部可也。速速等因到司。蒙此。業行萊州道幷萊州府確查去後。

於十五年二月初八日續準該道咨稱，幷據萊州府申據昌、濰、高三縣同詞合稱，廢藩莊田先於明季時，每五百四十步爲一畝，順治十二年間各縣奉文踏丈，比照民地以二百四十步爲一畝，是丈出之地即熟地內多丈之地，原非另有荒地可以漸墾，及既經墾出，而有不行嚴查情弊等因，查復到府。據此。合將十二年丈地時，昌邑縣經管去任被論知縣邢清、濰縣經管去任被論知縣羅星斗、高密縣經管見任知縣梁雲扶、經管升任知府萬代尚、經管升任參政周召南任內職名開報，但事在赦前，應否免議，伏候憲裁，等因申道。據此。擬合移報等因到司。準此。該本司左布政使史記功，查看得衡廢藩胭粉地畝二千七百六十五頃四十三畝二分，坐落昌、濰、高三縣地方，除舊成熟地四百五十三頃五十畝，後濰縣民王三固赴闕首告，十二、十三兩年陸續丈出熟地九百一十五頃九十畝，蒙有大部核覆不行清查道府縣官職名查明議奏，奉有依議行之旨。其樂安縣新墾地畝行令按年追征，劉勝節、任良等按律定罪另報外，今將十二年丈地時昌邑縣經管去任被論知縣邢清、濰縣經管去任被論知縣羅星斗、高密縣經管見任知縣梁雲扶、萊州府經管升任知府萬代尚、分守萊州道經管升任參政周召南，既準該道將各官任內職名查報前來，詳稱事在赦前，應否免議，伏候題結施行，等因呈詳到職。該職看得，昌、濰、高三縣衡廢藩胭粉地畝，該地方官不先行查丈，至王三固告後方丈出熟地九百餘頃，部覆奉旨查道府縣官職名，職行據藩司詳稱，除樂安縣、新墾地畝行令按年追征，劉勝節等定罪另報外，今將十二年丈地時昌邑縣經管去任被論知縣邢清、濰縣經管去任被論知縣羅星斗、高密縣經管見任知縣梁雲扶，萊州府經管升任知府萬代尚、分守萊州道經管升任參政周召南，各官任內呈詳前來。覆查無異，詳稱事在赦前，應否免議，惟在皇仁浩蕩，非職所敢必也。

相應具題，伏乞皇上敕下該部議覆施行。爲此除具題外，理合具揭須至揭帖者。

順治拾伍年貳月日

同上　祖重光爲清查河北明藩遺産事揭帖順治十七年正月十九日

欽差巡撫順天永平河間三府宣府一鎮地方、管轄密雲等關隘、提督軍務兼理糧餉河道海防等務、都察院右副都御史祖重光爲遵諭敬陳職掌，清查明季藩産事。

順治拾伍年叁月拾叁日準戶部咨福建清吏司案呈，奉本部送戶科抄出該本部題覆直隸巡撫董天機題前事等因，順治拾伍年正月貳拾柒日題，貳月初叁日奉旨：戶部核議具奏。欽此。欽遵。於貳月初肆日抄出到部。送司。奉此。相應議覆案呈到部。

該臣等看得清查明季藩産一案，臣部於順治拾叁年伍月內具題奉旨通行在案。先該直隸撫臣董天機，將所屬勛戚藩産等項造冊報部，臣部以冊內房地租税價值俱未查明，仍咨回該撫查議具題去後。今據撫臣疏稱，直隸舊無藩封，所管宮勛叛逆等産率多圈撥，所存無幾，將各府見在房地造冊具題前來備查。先經臣部清查藩産原疏內稱，某藩某勛某叛逆某産見在承種是何姓名，輸租甚薄者，確議量增。未經變價竟編民産者，查明輸租，俱要逐款分晰。至於舊遺房屋恐年久不修，多有傾壞，應從公酌估變賣。所遺地土，召人承種，除正賦外，酌租多寡，按畝輸租，各等因題準在案。今查冊內所開房地，如昌平、蠡縣等處地土，俱照臣部原題於正賦之外，開有租税。其長垣、鹽山等處，止開照民地例納糧，幷不議租，又不開承種人姓名，殊於原題不符。又如昌平州房屋冊開撥補還民，又稱買住估變。又定州忠順營世職房屋冊內注有承業子孫姓名，又不分晰敕賜與自置字樣，臣部均難懸議。其餘零星細款，臣部移咨駁正外，相應請敕該撫將地租房價等項，再一查議詳確造冊具奏，以憑核覆可也。等因。於順治拾伍年貳月貳拾叁日題，本月貳拾肆日奉旨：依議行。欽此。欽遵。抄出到部。送司。奉此。相應移咨案呈到部。幷駁款冊移咨到前撫臣董天機，隨經檄行各道，遵照部駁項款查議速報去後。

復經職屢檄駁催，除長垣、定州忠順營房地業經保撫題覆外。今據霸州道副使傅夢吁呈稱，查得房山縣圈餘明季誠意伯、成國公地畝，業經入民里納糧，今議於糧銀之外，每畝加租叁分柒釐貳毫零。其涿州圈剩勛戚養贍地，原係自置之地，不應議租，合併造冊呈報。又據昌密道僉事戴聖聰呈稱，行據昌平州申稱，遵將勛戚房地復行親勘，委係沙薄不堪，是以滿洲不圈，每畝除正賦外，議加租叁分，無可再加。至查泰康伯張國紀房，原係撥補生員解人龍，應照部題免議變價。其馮應魁所居之房，據老人李應元報稱，周皇親之房貳拾間，向係邊文科承業。查據文科稟稱，有弟邊文才買到周鐸瓦房貳拾間，遺妻高氏，將房典與季成功，於順治柒年成功轉典與馮應魁，除年久倒壞過伍間，尚存倒餘房壹拾伍間。今議估價銀叁拾兩，雖房係勛戚舊業，而實轉展貿賣，則應魁并非勛業，原主乃轉典承業之人也。及林積善用價買李國房似與無人居住，年久不修傾壞者，同并應一體變價造冊。見在又行據懷柔縣申稱，成戚自置民地實壹拾叁頃玖拾陸畝柒分零，懷寧侯下家人孫安自置地陸頃叁拾捌畝零，俱委係山坡沙瘠之土，前奉文退出歸民。此時召補民業，而民不顧前令，着令朱受佑孫有則承佃輸租納糧，歷有年矣。今若以瘠土之地一概照議量加租銀，恐滋民累，徒有逋欠之虞，應仍照舊租佃，似難輕議加增者也。各等情到道。據此。擬合備冊呈送。

又據天津道降調副使張道湜呈稱，查得鹽山縣逆產楊王休房地於順治叁年變價銀壹百陸拾叁兩壹錢，已於拾陸年叁月貳拾貳日爲題報贓銀贖銀事一案，將變價及別案贓銀捌百伍拾兩玖錢柒分肆釐，俱經解部，取獲實收訖。其故城縣明季蔣秉忠地，先經部覆奉旨增入民地一體征糧，原與隱匿勛產不同，奉有部行遵照在案，無容議租，擬合呈報。又據永平道副使宋琬呈稱，行據盧龍縣申稱，查得本縣白姓叛地除圈撥外，其餘地柒頃柒拾畝玖分，照數歸入社甲，輸納條鞭糧草正賦外。今蒙憲行議加租銀，合照上中下等則，分別各加租穀造冊申送到道。擬合詳報各等因到職。據此。

該職看得清查藩產一案，經前撫臣董天機詳查具題。部臣以各屬冊報，有止開照民地納糧，并不議租者。有不開承種人戶姓名者，有撥補還民又稱買住估變者。并另款移咨前撫臣查議駁正具奏，及職受事屢檄查催，即未經部駁者，亦令詳議妥確。乃各道冊報率多舛誤，幾經駁核始獲更正，總期侵隱盡釐，上裕國賦。惟是明季勛戚產業圈補殆盡，所餘零星薄地輸租自輕。今再四確核，除鹽山楊王休房地業已變價解部，并懷柔圈餘地畝原係沙薄，以及故城蔣秉忠地準有部咨見與民一例納糧，與涿州之圈剩養贍自置地俱難議加租外。其房山、昌平、盧龍等州縣地租，今悉按地量加已無餘隙。其撥補解人龍民房，所當照例免其變價。至馮應魁、林積善房屋雖亦係展轉典買，然較之人龍被圈撥補者有間，仍應如議估變者也。既經各道查議造冊呈覆前來，職覆核無異，除將原冊送部查核外。

理合具題，伏乞睿鑒敕部覆核施行。爲此，除具題外，理合具揭，須至揭帖者。

右副都御史祖重光。

同上 車克題山東各州縣清查明德魯衡三藩田房產業情形本順治十七年二月初八日

【上殘】無隱匿印結，理合具申等情到道。除未到濰縣、萊州府印結，見在嚴限守催，到日同本道印結另文移送外，所有送到掖、平、昌、膠、高、即六州縣藩產，并無隱匿印結，擬合咨送等情。各移覆到司。準此。

該本司左布政使史記功、右布政使袁一相看得東省廢藩田產，題奉論旨，嚴查中軍旗鼓等官隱占不賦不租情弊，并在先不行確查各官職名指參。本司恪遵憲檄，嚴行各道府清查，據實詳覆，以便呈詳題報。前據濟巡等道府，查過所屬藩產情由造冊，業經呈詳本院在案，無容再贅。玆奉憲臺批駁者，謂恐其中有等勢豪，有司寧甘容隱，而不敢報者。倘致部駁均有不便，是以覆行守巡等十一道，再加嚴查，如果無隱占情弊，立取各官印結彙報，誠慎重之意也。遵即移文通省，各該道府嚴行確查。又許舉首如是，果無隱占，立取各官印結呈報去後。本司深知憲件緊急，何敢一刻少懈，日爲檄催，差提不啻穎禿。但東省遼闊，行查往返尚需時日，欲俟到齊彙呈，恐有參差不符，合將濟、守等八道覆查過所屬歷城縣中軍旗鼓住種藩產登答清冊，并章丘等六十一州縣衛各官印結，并各道府甘結，相應先行呈報憲臺，俯賜查核施行。其濟寧道冊已經移回嚴查，(井)[并]全未到之兗東道及濟守等道，未經查明報到州縣，俟取到再爲彙呈，斷不敢蹈遲延之愆矣。等因。於順治拾陸年肆月初玖日呈詳本院。蒙批：據詳藩產一案，除送各甘結查照存院外，其濟寧等道未到冊結，該司星速催取呈送撫院，并本院以憑具題，毋得遲延，致稽欽件。繳。蒙此。隨行未到各道嚴催確查，速行移報去後。

續準濟守道咨送淄川、禹城、平原三縣查無藩產印結。又準登州道牒送所屬蓬、黃、福、棲、招、萊、寧、文八州縣，并登州府查無藩產印結。又準兗西道牒送曹縣、東阿、濮州、莘縣、觀城等五州縣印結并道結，及濮州報出拾陸年開墾德藩子粒地畝文冊前來。準此。

該本司查得藩產一案，先準濟、守等八道移送轄屬歷城等六十一州縣衛所冊結，已經呈送外。今又續準濟、守等三道送到淄川等十六州縣藩產冊結前來，相應續呈等因。於順治拾陸年肆月拾叁日呈詳撫院并本院訖。續蒙撫院詳批，仰候按院批示報奪，蒙此。又蒙本院詳批，據詳，濟、守等三道冊結，細查濟寧等道尚未送到，如此零星，不便具題，該司仍速催完限，五日內統彙一詳，另報速速。繳。蒙此。又隨移行濟寧等道速查造報去後。

續準濟巡道移送查過青城、陵縣、商河、齊東、鄒平等五縣并無隱占藩產印結。又準兗西道移送查過陽穀縣藩產冊結。萊州道咨送查過濰縣并無隱占藩產印結。又青州道牒稱，查得府屬高苑、樂安、日照三縣并青、安二衛原無衡藩遺產無憑取結，擬合移覆。又據東昌府回稱，查得府屬有藩產州縣，惟聊城、博平、清平、臨清、恩縣、武城、濮州、范縣并平山衛九處，及博平、清平二縣小莊，自明季至今節奉憲文，查明每歲造冊報部院司道在案。及查府屬堂邑等州縣并東、臨二衛原無藩產地畝，無憑取結，擬合申報等情。又準兗東道移送查過郯城、費縣藩產印結等情各緣由到司。準此。

該本司看得東省德、魯、衡三藩遺產，題奉諭旨，嚴查中軍旗鼓等官隱占情弊，指名參處，業行各道嚴加徹底清查，造冊取結，除已到者備悉前詳，無容再贅。茲緣濟寧道造報藩產冊，致蒙本院批駁，再加確查，并速催未經到齊之濟巡、兗西、萊州、青州、東昌、兗東等道府屬州縣衛所冊結呈送本司。恪遵憲檄，隨即復移濟寧等道確查造報去後。續準濟巡道移送鄒平、青城、陵縣、商河、齊東并無藩產印結。又準兗西道續送陽穀縣藩產清冊印結，兗東道止送郯城、費縣二處印結。又據東昌府申稱，查得府屬有藩產州縣，聊城、博平、清平、臨清、恩縣、武城、濮州、范縣并平山衛共計九處，及博平、清平二縣小莊，自明季至今，節奉憲文，查明每歲造冊申報在案，及查堂邑等州縣并東、臨二衛原無藩產地畝，無憑取結。又準青州道移稱，高苑、樂安、日照三縣并安、青二衛原無衡藩遺產。又準萊州道續送濰縣并無隱占藩產印結，俱經移覆前來。惟濟寧道所轄藩產，而冊已駁查，屢催未到。至兗東道止移送郯城、費縣二處印結，其曲阜等州縣衛俱未查明移覆。然此一案，節蒙本院檄催再三，又兼面諭諄切，如再遲誤，即指名報院參處，何等嚴切，本司豈敢悠忽。隨檄催札催不下三十餘次，迄今尚未查明移覆。若不開報職名，違命之罪與遲滯之愆，均難辭矣。合將濟寧道副使楊奇烈、兗東道僉事劉世傑并兗州府知府田萃禎職名呈祈本院，或賜憲檄飭催，或再稍寬時日，伏乞裁酌施行等因。於順治拾陸年伍月貳拾貳日呈詳本院。

蒙批，據詳藩產一案，奉行不爲不久，迄今仍復玩愒，除一面檄飭外，查有東兗道申送滋陽縣查出房基肆大頃叁拾餘畝，該司速令分別造冊呈詳，以憑具題。繳。蒙此。隨又復移東兗道并未到之兗東確查速爲詳叙去後。續於陸月初陸日準東兗道牒稱，俱飛檄兗州府并道屬九州縣沂州衛確查藩產，有無隱占造冊具結去後。續據各屬造報并無隱占藩產文結到道。據此。

查得各屬文內有欽賜而無自置，有自置而無欽賜者，間有於正糧之外納租者，又有無納租者，更有申稱莊田幾處共地數拾頃，而承糧止數拾畝者，種種舛錯不便移覆。且本道衙門又無底案可考，難以稽查隱占情弊，駁行兗州府確查檄催二十餘次。於伍月貳拾捌日，止據該府呈稱，續據曲阜縣申稱，查得本縣魯藩自置遺產房地，已經奉文造報訖，并無中軍旗鼓等官勢豪地棍隱占以熟作荒等弊，遵將印結擬合申送。又據寧陽縣申稱，查得本縣并無中軍旗鼓等官勢豪等家隱占藩產地畝情弊，擬合具結申送。又據費縣申稱，查得本縣地方并無隱占藩產情弊，即具本縣印結擬合申送。又據泗水縣申稱，查得泗境之內并無隱占王田，備具印結，擬合申送。又據嶧縣申稱，查得本縣明季藩產，招人認種開墾輸租，隨將陸續開墾地畝盡行首報，連前報過數目一并造冊，隨具并無隱匿印結，擬合申送。又據滕縣申稱，查得本縣營弁原種自置廢藩地畝，俱於未奉行之先，遵照總河部院憲檄，於順治拾肆年捌玖等月貳拾等日，業已退與鄉民韓從富、胡進忠等認種納糧訖，取有各退地退狀在卷。本縣并無武弁住種房地，無憑造報，擬合具結申送。又據郯城申稱，清查并無隱占藩產情弊，無憑造冊，隨具印結擬合申送。又據鄒縣申稱，查得營官原佃種藩產於未奉文之前，順治拾伍年貳等月拾玖等日遵奉總河部院憲檄，退出與民承種納糧，各有退地退狀在卷。今蒙行查，本縣并無營官佃種，隱占不糧情弊，無憑造報，擬合遵將不致遺漏甘結具文申送。又據沂州衛呈稱，查得本衛并滕縣所原無廢藩藩產地畝房屋，亦無隱占情弊甘結擬合呈送。又據沂州結稱，查得本州境內并無明末欽賜并自置莊田，止查有涇王遺下官店姜園貳處，擬合具冊結，申送各等情，具結到道。據此。

又據兖州府申稱，除將各州縣印結徑送布政司外，遵將曲阜等九州縣并衛及本府印結擬合一并呈送。據此。查得該府止送到印結，并無冊籍，隨又嚴檄覆查藩產冊籍，有無隱占情弊去後。所有取到該府覆查藩產有無隱占情弊文冊到日，及本道出具印結，合先移送，俟取到該府并道屬州縣衛印結，另文移送外，擬合會覆等情。準此。又於陸月初玖日準濟巡道牒據濟南府申稱，除章丘等縣并濟南衛共九處印結，先已呈送外，今續取到臨邑并歷城縣印結全完，擬合呈送等情。據此。

該本道看得所轄章丘等十州縣，并濟南衛藩產一案，據府確查，委無隱占情弊。內有撫標中軍張友才等家人所認房地款項冊開已明，取有府縣并本道印結，擬合一并移會等情。又於陸月拾柒日準濟寧道牒稱，據兖州府詳稱，除取到濟寧等貳拾壹州縣并濟寧、任城貳衛印結，已經呈送外。又據曹州、東阿、平陰等陸州縣并東平、沂州貳衛所印結緣由到府。據此。

該本府知府田萃禎查看得廢藩遺產一案，屢奉憲檄及頒發告示，曉諭軍民，徹底清查造報。今據濟寧等貳拾柒州縣并濟寧等肆衛所結稱，并無中軍旗鼓等官隱占情弊，具結前來，卑府猶恐各州縣衛所徇庇不的，覆行確查無異，擬合彙具府結并取具各州縣衛所印結，相應一并呈詳等因到道。據此。

爲照廢藩遺產，原蒙撫按兩院憲行徹底清查，本道屢檄疊示曉諭，嚴行查催，不啻再三。惟期毫無隱占，確查速報，以結欽件。前因憲行嚴催刻期，查報雖該府因所屬遼遠，督催一時難全，更兼事關欽件，未便草率具報，但慢忽之咎，亦所難辭。故前有泄視之文具報貴司并呈按院。今始據該府詳稱，行據濟寧等貳拾柒州縣并濟寧、任城等肆衛所結稱，并無中軍旗鼓等官隱占情弊，又經該府復行確查無異，所有取獲府結及各州縣衛所印結，相應一并移送，及查魯藩王城并自置地畝房屋，與夫德、魯二藩欽賜地畝各項文冊，見今駁行該府遵照駁款如式造報，俟冊到之日，即行專役飛馳移送。本道深知此冊院催緊急，斷不敢再任該府稽延時日，致悞轉報。擬合先行移會等情。準此。又於陸月貳拾貳日準青州道牒據，青州府詳稱，隨行高苑、樂安、日照三縣，青、安二衛，清查具結去後。續據高苑、樂安、青州衛俱各回稱，并無中軍旗鼓等官隱占藩產等弊，擬合具結等情。又據日照縣安東衛俱各回稱，原無廢藩產業。并無中軍旗鼓等官隱占情弊，擬合具結等情，備申到府，除將送到印結同府結陸續呈送訖。據此。

該本府知府夏一鳳查看得藩產一項，奉旨嚴查，恐有中軍旗鼓等官及勢豪隱占，不租不稅，卑府自捧憲檄，凜遵細加嚴查，惟思衡藩一項，府屬拾壹州縣坐落益都，較比他屬尤多，故特加嚴訊。前據該縣回稱，有升任參將趙守義等曾住衡四等府遺宅，原係新設無有衙宇，奉前任本道陳副使批給暫住，原無起租，前已詳明，無容再贅。第查魯藩青屬原無遺產，其德藩雖坐落益都等玖縣衛，止有地畝，并無房屋。日照、安東貳處從無藩產，各據回報，并無隱占情節。并取到各州縣衛印結一同府結，已經陸續轉報矣，伏乞轉呈，以結上號可也。等情到道。

該本道覆查看得廢藩一案奉旨嚴查，有無中軍旗鼓等官及勢豪隱占，不納租稅情弊，本道凜遵屢行該府嚴加確查。衡藩遺產坐落青屬拾壹州縣，惟益都最多，覆行細勘查。據該縣回稱，有升任參將趙守義等，曾住衡四等府遺宅，乃係新設無有衙宇，查係前道陳副使批令暫寓，亦未起租。各官移居日久，前已移明在案。及查德藩雖有地畝坐落益都等玖縣衛，原無房舍。至於魯藩青屬境內并無遺產，其高苑、樂安、日照、安東肆處原無藩產，亦無隱占等弊，并前取獲各州縣衛印結及該府印結，俱經陸續移覆訖。今據該府覆行詳查前來。據此。擬合移覆等情。又據兖州府詳據鄆城縣申報，德藩地畝拾伍年本縣勸諭承認墾過地玖拾貳頃柒拾肆畝貳分。又拾陸年叁月內據民自首熟地伍拾伍頃壹拾貳畝。又魯藩欽賜地畝據民自首到熟地肆百貳拾伍頃肆拾叁畝肆分零，報府轉報，并無隱占緣由到司。據此。恐有隱種，行府嚴查。

又據該府詳據該縣詳稱，查得德、魯貳府藩產坐落本縣西南，明季時年歲凶荒，盜賊竊發，百姓逃亡，地多荒蕪，以致租地額數不清。除順治玖年以前，德租係本府征解，以後係本縣征解。其魯藩租地至今俱係糧廳派征。至拾伍年始將德魯租地蒙本司核入則例。拾陸年刊入由單。本縣查閱，原額荒多熟少，設法嚴查，出示申飭。今春又親詣各鄉再四誡諭，始據民首報到縣，即行申報。今蒙究查隱占情弊，本縣遵將德府莊頭唐如柏等并魯府小甲郭三友等拘叫到縣，詳詢隱占緣由，開墾年分。當據唐如柏等供稱，德、魯藩產雖係欽賜，實是小的租業地，小的們種地納租，以供藩府祿糧，如今藩府廢了，到底還是小的們產業，與那欽賜房屋并自置藩產不同，小的實無隱占等情。據此。又問既是你們的業地，爲何荒多熟少，如今許多熟地爲何不早報？唐如柏等又供，這租地盡坐落廩丘、老鴨等坡，與榆園甚近，明末年間，時值凶荒，盜賊蜂起，百姓被其劫殺，人民逃亡，以致地盡荒蕪了。至順治捌年，稍得寧息，漸漸回家復業，有開種地畝盡都送了糧了。又遇荊龍口決，黄水横流，西南一帶周圍五七十里俱成了湖泊。至拾貳年將荊龍口堵塞，水歸了黄河舊道，廩丘等坡還有水占着里。拾伍年水消地乾，小的等方才開墾地。今年春間，嚴查租地，蒙諭出首免罪，小的就將新墾地畝一一送出，委無欺隱是實。今奉有上司發下出首免罪的告示等情到縣。據此。

看得德、魯欽賜地畝皆民間買賣己業，也照例輸課爲藩府祿糧，原與欽賜房屋自置產業不同，實無官民隱占情節。但向來荒多熟少，因兵災頻仍，鄆邑逼近榆園，盜賊劫殺，室廬焚毁，人民僅存孑遺。順治捌年以後，稍爾寧靖，始得漸次復業，闢萊墾田，豈意黄河横流，氾濫城下，西北盡爲湖泊，周圍共伍柒拾里，申案可據。至拾貳年荊龍口合，水歸故道，而鄆之廩丘等坡積水數載，去歲方涸，於今尚蘆葦蓁莽，一望無際者也。其高土退水之處，卑縣加意勸諭，年來漸次開墾。今春奉文嚴查，卑職再四告誡，出示嚴飭，乃親詣四鄉，諭以自首免罪之旨。始據民自首到墾熟地肆百捌拾頃伍拾伍畝肆分零，并勸墾過地玖拾貳頃柒拾肆畝貳分，即具文申報，不敢冒民首爲己功，亦不敢妄稱查出隱地以累百姓，此實情也。今蒙究查，遵將查過始末緣由據實申詳，合無請乞憲臺軫念殘黎墾荒眞情，轉詳本司，照例起科，或委官查驗明確，庶乎！藩產清釐，裕國便民，而卑職不至有代爲掩飾之咎矣。等情。申詳到府。相應轉請等情到司。

又於拾陸年柒月初拾日，準東兗道咨據兗州府申稱，蒙本道札付，仰府官吏即將滋陽縣查出在城地基大畝肆頃叁拾壹畝捌分捌釐，內有無原存房屋。查報之時，或曾報過，或因何隱漏不報，果否原行許其出首免罪，每畝租銀壹錢是何定例，逐一嚴查明確，叙具以前府縣新舊各官并見任職名具文報道。并將東平、汶上貳州縣一并查明報道，以憑移覆施行，勿得聽其朦混，致煩駁查，耽延時日，取究未便，等因。蒙此。隨行滋陽縣確查造報去後。今據該縣回稱，案查本縣廢藩見存宫殿房屋已經盡數查出，估計造冊申報外，本年肆月內申報地基，肆大頃叁拾壹畝捌分捌釐，於內并無原存房屋，當壬午兵火之後，被[破]瓦碎磚堆積如山，街市蕭條，民力單弱，無人修蓋，委難查報，幸今民人漸聚搬運瓦礫，次第寧居，用力開墾，粗成一郡邑景象。本年叁月內蒙本府火票，蒙分守東兗道憲牌前事，照得魯藩廢產前雖奉旨嚴查，中間不無勢豪欺隱，萬有此弊，干係匪輕。本道查閱邸報，有濰縣人王三固首告欺隱廢藩地土一案，注撫院以徇隱之咎，降柒級調用，復查究去任道府縣官職名，俱着議處，是此項地土倘有隱漏，院道府縣均有責成。況今日功令大非昔比，深爲可畏。如再有王三固首告之事，均難免徇隱之愆矣。合再嚴飭徹底清查，等因到府，轉行到縣。

隨據地方鄉約陸續呈報，共有肆大頃叁拾壹畝捌分捌釐，造冊申報。其每畝租銀壹錢，係查照遵諭敬陳等事報部地畝增租冊內一例起租，并無隱占不報情弊。今蒙行催，遵將報出空基備造印截清冊擬合申送。等因到府，申報到道。據此。擬合移覆等情到司。準此。

案查於順治拾陸年叁月貳拾日蒙前巡撫耿都御史案驗，爲特糾撫臣庇貪縱惡，溺職欺君，請速敕部嚴加議處，以肅吏治，以安民生事。準戶部咨前事等因到司。蒙此。又蒙按院案驗同前事。等因。俱行到司。蒙此。除行各道府確查外。但此案朱語雖異，實同一事，相應并案轉呈。該本司左布政使史記功右布政使袁一相看得清查中軍旗鼓等官隱占藩產一案，蓋爲國計民生而起見也，是以題奉諭旨嚴查，務期寸土無遺，俱供賦稅，誠爲良法，然東省地方遼闊，房地田產惟司牧者身親其地，知無不確，本司恪遵嚴行確查。今準濟守、武德、萊州、登州肆道牒稱，查過轄屬泰安等州縣衛所，并無中軍旗鼓等官隱占藩產，取有各官印結存據。又濟巡道牒據歷城縣申稱，拾叁年間撫標中軍張應武奉估變之文，認變清平將軍府內官房。并見任中軍張友才家人張臣等，於拾肆年認住天地壇內官房，暫租居住。又民張俊等認住胡屯廳公署之金家等宅，各照所認之日一例輸租并無隱占情弊，取有登答細款之文冊。其廢藩段店等莊，雖經前任中軍旗鼓等官佃種，亦與民間一例納租，前有報部之冊可查。其章丘等州縣衛，查無中軍旗鼓等官隱占，取有各官印結存據。又青州道府稱云，查有益都縣邵陵將軍遺宅，前因柯令因地居衝繁，上司時常過往，權作公署，原未起租。前任青州道周荃，因中軍孟騰蛟係新設，無有衙宇，批給暫住。又衡肆府、平度府貳宅，亦係前任柯令權作公署，俱未起租。前任參將趙守義標營中軍傅維楷新設，無有衙宇，稟明前任青州道陳嘉善暫住，皆候變價。又因嚴示三弁俱已移居日久，見今空閑，趙參將已經升任，傅中軍物故，俱逾年矣。其餘州縣衛所并無中軍旗鼓等官隱占不輸租銀情弊，取有各官印結存據。又東昌道轄屬則有清平縣報出，拾陸年新墾德藩地肆拾玖頃壹拾貳畝陸分，又報小莊新墾地叁頃柒拾玖畝柒分，其聊城縣、臨清、恩縣、武城、平山衛查無中軍旗鼓等官隱占情弊，取有各官印結在案。至茌平、丘縣、館陶、高唐查得原無藩產，取有該道冊結存據。又兗西道轄屬，則有濮州報出拾伍年新墾德藩地貳百伍拾頃叁拾柒畝貳分伍釐。范縣報出拾陸年新墾德藩地壹百捌拾叁頃捌拾貳畝肆分陸釐。陽穀縣冊内報出拾伍年新墾德藩地捌拾頃捌拾畝，拾陸年新墾德藩地玖拾柒頃捌拾玖畝陸分。其曹州等州縣，并無中軍旗鼓等官隱占情弊，取有各官印結存據。又濟寧道有鄆城縣報出拾伍年認墾德藩地玖拾貳頃柒拾肆畝貳分，又於拾陸年叁月内，據民自首地伍拾伍頃肆拾貳畝，又民自首魯藩地肆百貳拾伍頃肆拾叁畝肆分零。其濟寧等州縣衛俱取有查無中軍旗鼓等官，并無隱占藩產，各官印結存據。以上各屬州縣報出開墾自首地畝皆係報部冊内之荒，屢次駁查，咸以開墾回報。又東兗道轄屬滋陽縣報出城内房基地肆大頃叁拾壹畝捌分捌釐，稱以并無原存房屋，當壬午兵火之後，破瓦碎磚堆積如山，街市蕭條，民力單弱，無人修蓋，委難查報。幸今民人漸聚搬運瓦礫，次第寧居，用力開墾，粗成一郡景象，每畝租銀壹錢，一例起租，并無隱占不報情弊。其東平等州縣衛所，取有查無中軍旗鼓等官隱占，各官印結存照。又兗東道轄屬沂州，報出涇王遺下官店、姜園貳處，共地叁拾肆畝柒分肆釐，冊稱順治拾叁年係濟寧道副使杜果，奉撫院專委爲遵諭敬陳職掌等事，清查兗州府屬藩產。沂州署印本州州同蕭葉吉具詳本道。拾肆年貳月内造冊送兗州府，經管知府傅鶴祥，未報其曲阜等州縣衛查無中軍旗鼓等官隱占情弊，取有各官印結存據。以上各道府駁查再四，俱以并無隱占該各道府州縣造冊，取有結前來，相應彙冊呈祈本院，俯賜咨題施行等因。呈詳巡按程御史。又蒙憲票前事，據該司呈詳，查明藩產緣由到院。據此。

除一面繕疏間查歷城送到冊籍，不便轉送，及該司送到沂州官店變價文冊，該司詳内并未叙明。又滋陽查出宅基亦未明晰曾否報部，或係新行查出，擬合并駁查造等因。到司。蒙此。

該本司看得東省藩產甚多等事一案，除前詳已悉者無容復贅外。茲奉憲臺駁查者，謂其沂州官店變價文冊詳内未經叙明。滋陽縣查出宅基未明曾否報部，或係新行查出，遵即備查。沂州報出涇王遺下官店、姜園貳處，共地叁拾肆畝柒分肆釐，冊稱順治拾叁年係濟寧道副使杜果，奉撫院專委爲遵諭敬陳職掌等事，清查兗州府屬藩產，沂州署印本州州同蕭葉吉具詳本道。拾肆年貳月内造冊送兗州府，經管知府傅鶴祥未報其官店宅基地貳畝貳分肆釐，每地壹分估價銀壹錢至叁錢不等者，共估價銀伍兩肆錢貳分，合候詳允追解，後街空廠地壹畝，無人住種，難以取租，姜園地叁拾壹畝伍分，上蓋神祠，僧人濟塵、道人楊合元等住種，坐落沂河西岸，風吹沙掩，盡屬磽薄無租。此兗東道所查。沂州冊報再三駁查，堅以回報本司，似難敢於冊外之盈縮也。至滋陽縣報出城内房基地肆大頃叁拾壹畝捌分捌釐，屢行駁查，該道府縣回以本縣廢藩見在宮殿房屋，已經盡數查出，估計造冊申報外，惟空基原無房屋，當壬午之後，街市蕭條，無人修蓋，委難查報，幸今人民漸聚，搬運瓦礫，次第開墾，隨行具報，共地肆大頃叁拾壹畝捌分捌釐。照依遵諭敬陳職掌等事，造報藩產地畝租銀之例，每畝歲輸租銀壹錢，共該租銀肆拾叁兩壹錢捌分捌釐，於拾陸年起按年征解。以上二州縣報出地畝，均未在報部之冊，係新行查出之地也。蒙行駁查逐款登答，分晰造冊，并發回歷城縣文冊移文濟巡道照造印信清冊前來，相應呈祈本院俯賜咨題施行等因。

呈蒙巡按程御史詳批，據詳繕疏間，又查詳内據有臨青州回稱，於南司太監衙門左右查出地基伍畝貳分捌釐，當年有泥廈拾壹間，倒毀罄盡，今奉察院明示，其地基差拘投認，遵照佃種地畝一例輸租等語，并未説明或係已經報部，或係今次查出。如係已經報部者則當於詳内説明不必入冊。如係今次查出向未報部者，又當入於查出官店、姜地冊内矣。又查兗州府申稱内云，惟滋陽、鄒縣、濟寧、滕縣送到營弁住種廢藩房地文冊内開故縣等莊。前任濟寧城守營都司陳永清承種納糧，今退與民胡明德承種等語，亦未言及本弁等當年房地原係何衙門批給準種，或係自認住種，或共地若干畝，房若干間，俱未明晰。且既有送到文冊之語，今查并無冊籍，倘致部駁，誰任其咎。該司速立嚴限，務令星夜查造前來，飛送本院，以憑入疏具題等因。到司。蒙此。隨行濟寧、東昌二道確查，取造去後。

又於捌月初陸日，蒙本院憲牌，亦同前事，據該司呈詳前事等因。到院。據此。查得臨清州太監衙門左右地基，與濟寧州城守都司原佃地數尚欠明晰，已經駁查外。又查詳内據有濟寧道云及查魯藩王城，并自置地畝房屋，與夫德、魯二藩欽賜地畝各項文冊，見今駁行該府道照駁款如式造報，俟冊到之日，即行專役飛馳移送本道，深知此冊院催緊急，斷不敢再任該府稽延時日，致誤轉報，擬合先行移會等語。今該道轄止有鄆城開墾一項文冊，其所云各項者，果係何冊，未據呈送，已屬不妥。又查詳內有嶧縣申稱，查得本縣明季藩產招人認種，開墾輸租，隨將陸續開墾地畝盡行首報，連前報過數目一并造冊，隨具并無隱匿印結，擬合申送等語。今查開墾冊內，并無嶧縣地數，詳冊互異，不便具題。且該縣既云連前數目一并造冊，是必今次又有查出開墾矣。如有今次查出者，即當造入冊內，是否遺漏，合行駁查等因。到司。亦即移行確查造報去後。屢經移催，不啻再四。續準東昌道牒據臨清州申稱，查得南司太監衙門左右地基伍畝貳分捌釐，并房舍一項，前蒙行查，本州業經查明，於拾叁年造冊申報訖，租銀見奉大部駁增等情到道。據此。擬合移覆等情。準此。該本司查得臨清州南司太監衙門左右查出地基伍畝貳分捌釐，係拾叁年間已經冊報大部之數，不係今次查出地畝。至濟寧道所云，魯藩王城并自置地畝房屋，與夫德、魯二藩欽賜地畝各項文冊見今駁行，該府遵照駁款，如式造報，俟冊到之日，即行專役飛馳移送一語。查係拾叁年間冊報大部，爲遵諭敬陳職掌等事，駁增租價之冊，因該道通叙移報，是以未行刪去，實非今次查出之數，且遵諭敬陳職掌等事，一案駁增租價文冊已經送司，見在彙詳另呈，咨題結案。其嶧縣開墾地畝，行據該縣回稱，本縣原無欽賜藩產，止有東原魯八二府，自置民地玖頃柒畝，拾叁年止成熟地壹頃肆拾叁畝，拾伍年勸墾地肆頃壹拾肆畝，已於拾伍年拾貳月內申報訖，及查此項地畝，乃自置民產，原在則例納糧之地，既已統入民地之內，呈詳題報，不便再行入冊矣。惟濟寧道副使楊奇烈登答陳永清等住種廢藩房地文冊，與夫道結，屢經守取，迄今未準移覆，俟到即刻呈報外，合先呈詳巡按程御史。蒙批。臨清、嶧縣宅基地畝既經查係報過，自應無復入冊，而濟寧道通叙緣由，亦既查明矣。其陳永清等住種房地文冊，何難速爲登答。該道仍任意遲延，意以功令不足畏耶！再限四日內取冊速行報院，以憑具題繳等因。到司。隨行濟寧道提取去後，續於拾陸年玖月貳拾肆日，準該道牒送造完滋陽等四州縣，武弁陳永清等自認住種廢藩房地退出與民年月日期，并原係民間自認住種者各冊結到司。據此。擬合呈送等情，呈詳到臣。該臣看得山東六郡，明季原有三藩，其一切房地俱散立於通省州縣之間，自清朝定鼎以來，查報不止一次，迨至順治拾叁年間奉旨嚴查，已將一切房地，分別等項俱行造冊報部訖。其房有見在駁查未經納價，而小民認住者，其地有已入賦役見在編征一例起課者，亦有節年勸墾，陸續冊報征糧者。總之，普天之下莫非王土，則寸椽尺地，俱應入官。若清查而尚有隱漏，營弁而種住莊房，與夫沽譽市恩，將廢藩之府第批令營將作官衙，將查申之店園遺漏，不行轉報，諸如此類，是皆藐三尺而違功令者也。部覆臺臣李時茂，東省藩產甚多等事一疏。奉旨行臣嚴爲查究。臣凜遵敕旨，敢不細爲確查，徹底澄清。

除各屬雖有藩產并無營弁占種無庸煩贅外。今查藩產有武弁住種者，在濟南府屬則有張應武等，以及典史李應選焉。在兖州府屬則有陳永清等，以及姜文惠焉。其間批準之衙門，自投之認狀，固皆歷歷有據，然查其房有租價，地有稅糧，云非奪民以自肥，且有已經退出者，其大小文武職名，臣已取有該司道備造清冊矣。詎意衡藩平度等宅，坐落益都縣者，則有參將趙守義、中軍孟騰蛟、中軍傅維楷，是則托言新設，竟行占住，無糧無租，當拾叁年之嚴查，而方行移出者，是皆前道臣周荃、陳嘉善之準行也。臣細查至此不但不能爲營弁解，并不能爲該道解也。更有大可詫異者，如坐落沂州之官店姜園，共計叁拾餘畝，屢經清查，百無一應，已爲法所不貫矣。乃經州同蕭葉吉於拾肆年具詳申府，而該管知府傅鶴祥竟行不報，該道臣杜果稽查不嚴，雖二處之店園爲數無多，地稱沙脊，然而隱漏不報，與清查不力者，其罪又在準住府第者之上矣。由是觀之無惑乎！臺臣李時茂，有中軍旗鼓等官之射利，而撫鎮司道之撥給也。臣嚴行藩司屢查屢駁，誠恐少有遺漏，俱各取有該管印結，見在存照。

今將新墾已報之荒地，與滋陽查出之房基，并遺漏官店姜園，以及武弁張應武等認住房地，各據該司道造冊前來，臣將原冊呈送都察院，轉咨戶部查核外，其青州道周荃、陳嘉善，濟寧道杜果，兖州府知府傅鶴祥、參將趙守義、中軍傅維楷、孟騰蛟相應請祈皇上敕下該部分別議處。至於認住房地之營弁，批準住種之各官，相應一并處分，統祈皇上睿鑒施行。再照此案，臣於順治拾伍年拾貳月貳拾叁日奉文，緣東省地方遼闊，往返動經旬日，又兼奉旨嚴切，不敢草率入告，歷經駁查，必求一無隱漏，是以延需時日，臣謹於順治拾陸年玖月貳拾捌日拜疏，兼事關叙詳，字溢限額，相應一并題明，統祈鑒宥。爲此具本，謹題請旨。順治拾陸年玖月貳拾捌日題，拾月拾玖日奉旨：該部知道。欽此。欽遵。於拾月貳拾日抄出到部送司。奉此。

該職司備查冊開，滋陽等縣，故縣等莊，自置地畝，順治元、貳年間，地土俱各荒蕪，奉文招人開墾，武弁陳永清等，於叁年正月間投認開墾納糧，每畝征銀壹錢，統入條編一例征收，隨各項倉口起解布政司。以上武弁，於拾貳年已前，俱照民地一體納糧。拾叁年爲遵諭敬陳職掌等事疏開，除正賦外，酌租多寡，按畝輸租，今奉行三次，每畝共增租銀叁分伍釐。於拾肆年捌、玖等月，俱退與民。胡明德等承種納糧又欽賜地畝征租銀壹錢不等，武弁張應武等租銀俱係糧廳征收解布政司。又德藩天地壇瓦草等房兵丁賈應得等居住無租，嗣因兵丁奉調赴廣，於拾肆年間，中軍張友才居住瓦房貳拾壹間，每間每月租銀叁分伍釐，自蓋草房拾叁間，每間每年基租銀叁分伍釐，租銀俱係全完。又段店等莊草房拾壹間，成熟地貳頃零，先經鄒中軍住種，本官升去，遺下各莊，至順治柒年捌月内，中軍張應武等連名呈討，因不許武弁住種，今退與民高起等耕種。又金家等宅共房柒拾間，屯道屯廳共作公署，各官奉裁，今退與民，每間每月租銀叁分伍釐。又東昌等肆道，查出認墾并自首地，共壹千貳百肆拾叁頃零。等因前來。相應議覆，案呈到部。該臣等看得先經臺臣李時茂條議，明季藩產隱占情由，臣部覆奉諭旨，行文各該巡按御史清查在案。今據山東巡按御史程衡疏稱，滋陽等縣武弁陳永清等住種，租銀征收起解藩司，應請敕該撫即將節年租銀逐一分晰，已、未完數目，冊報臣部，以憑查核。又歷城縣袁柳等莊，先經鄒中軍承種，後又張應武等佃種，其節年租銀是否完納，如侵漁未納，該撫即將各官職名開列題參，以憑核議。其東昌等道，查出自首地畝租銀應照畝征收，無容逋欠。又沂州查出官店、姜園地畝，稱州同蕭葉吉係拾肆年貳月内申詳知府傅鶴祥，未報緣由并本官離任日期，請敕該撫查明另行題報。又據疏開，衡藩平度等宅，參將趙守義、中軍孟騰蛟、傅維楷占住，藩產無糧無租，該道周荃、陳嘉善不以國賦爲重，止知市恩於下，準給居住。又濟寧道杜果稽查不嚴，其文武等官，均當議處，且藩產屢奉嚴綸，清查隱占，是該司道府縣等官專責。至於臺臣條議始行查出，該管官所司何事，相應請敕該撫，細查經管官職名題參，以憑查議可也。

再查此抄因磨對冊籍繁雜，限内難完，題請寬限在案，相應一并題明。恭候命下，臣部轉行遵奉施行。臣等未敢擅便，謹題請旨。

少師兼太子太師尚書加壹級臣車克、太子太保尚書今在任守制臣王弘祚、左侍郎加壹級臣葉成格、右侍郎加壹級臣謝道、太子少保左侍郎臣杜篤祜、右侍郎臣袁懋功、山東清吏司郎中臣劉國欽、山東清吏司員外郎加壹級臣蘇科、主事加壹級臣化善、主事加壹級臣王之科。

同上 張長庚題報清查明藩產業完欠官員名冊事本順治十七年三月二十一日

欽差巡撫湖廣等處地方兼提督軍務太子少保兵部尚書兼都察院右副都御史臣張長庚謹題，爲清查廢藩遺產，以裕國用事。

據布政司右布政使翟鳳翥詳稱，案照先奉前院憲牌，準戶部咨，湖廣清吏司案呈内開，楚省明季廢藩田地租稞價銀，責令右布政司督催收放，務期出納惟清，以裕兵餉，仍照例年終奏銷可也。等因。奉旨：依議，嚴速行。欽此。欽遵。抄出到部。咨院行司。遵奉在案。

今拾陸年分廢藩租餉及變價銀兩，本司督催完解者，俱移送左司支放兵餉訖。所有各府屬已完未完并經征督催各官職名，應征銀數，接管月日，各作拾分扣算。已、未完分數另造清冊賫報。

所有全完拾分者：武昌府見任知府梁知先，江夏縣升任知縣張其修，武昌縣革職知縣張春枝，接署大冶縣縣丞張必遴，接徵見任知縣劉謙貞，咸寧縣見任知縣馮源泗，嘉魚縣見任知縣郭植，崇陽縣見任知縣賀人龍，蒲圻縣參劾降級調用知縣江一經，接徵見任知縣王道久，通城縣革職知縣毛鍾彥，接署本府見任知事趙嘉謨，接徵見任知縣巢逵翔，興國州見任知州楊霖，通山縣見任知縣郭如巘，漢陽府升任降級知府丘俊孫，接署見任武昌府通判李元陽，漢陽縣見任知縣曲聖凝，漢川縣革職知縣陳應登，接署布政司檢校李昌胤，接徵見任知縣傅春闈，黄陂縣署印按察司照磨閔夔，黄安縣見任知縣蕭恆，蘄州署印本府通判程沚，接徵見任知州王宗堯，鍾祥縣見任知縣李彥珽，景陵縣署印本府見任通判張國楧，荆門州見任知州薛繼嚴，當陽縣參劾知縣徐天霖，接徵見任知縣許毓仁，安陸縣參劾知縣余藥生，接署本府見任通判姚希孟，接徵見任知縣宋爾祁，雲夢縣見任知縣邵嘉胤，隨州見任知州陳秉化，應山縣升任知縣王琦，接徵見任知縣王滙，公安縣大計有疾知縣董祖洪，接署本縣升任縣丞趙攀勝，接徵見任知縣楚煜，石首縣參劾知縣陳炯宏，接署江陵縣縣丞張克鵬，接徵見任知縣吳世宋，松滋縣丁艱知縣張瓚，枝江縣見任知縣田禹稼，遠安縣見任知縣安可願，巴陵縣見任知縣宋昺，華容縣參劾知縣王長慶，接徵見任知縣徐啓泰，澧州革職物故知州王嗣定，接署石門縣見任知縣邵元璽，接徵見任知州欒元魁，安鄉縣見任知縣辛良器，鄖縣署印本府通判張四維，接徵見任知縣侯元勛，襄陽府升任知府楊宗岱，接催降級知府咸大猷，接催見任知府湯鼐，襄陽縣署印本縣縣丞路坦然，接徵病故知縣薛黃裔，接徵見任知縣王札，棗陽縣見任知縣崔爾瞻，宣城縣見任知縣劉祚長，南漳縣見任知縣湯家相，光化縣署印、穀城縣見任知縣盧雍，接徵見任知縣李聯奎，穀城縣見任知縣盧雍，均州見任知州許遴，長沙府降調知府孔延禧，接催署印本府見任同知蔣應泰，長沙縣升任知縣朱明魁，接署本府見任照磨王賜元，接徵見任知縣解士秀，善化縣參劾知縣孫國泰，接署長沙縣升任知縣朱明魁，接署茶陵州見任州判劉玉溶，接徵見任知縣李若珠，湘陰縣見任知縣趙完璧，醴陵縣見任知縣張法孔，湘潭縣丁艱知縣史宗堯，寧鄉縣見任知縣彭琦，益陽縣見任知縣唐朝宣，湘鄉縣參劾知縣葉良禮，接署保康縣見任知縣王廷芸，接徵見任知縣汪觀，衡州府升任知府李光座，衡山縣見任知縣施恂如，常德府署印本府見任通判任文煜，接催見任知府王來慶，龍陽縣見任知縣趙夢麟，邵陽縣升任知縣濮萬鎰，接署本府同知羅載惇，接徵見任知縣顏堯揆。

未完不及壹分者：漢陽府見任知府楊必達，黃州府見任知縣徐士儀，黃陂縣參劾知縣呂爆如，安陸府見任知府馬逢皐，京山縣見任知縣侯康民，潛江縣見任知縣葉臣遇，沔陽州見任知州佟成年，德安府署印安陸府見任同知林文學，接催見任知府高翺，應城縣見任知縣馮鼎吉，孝感縣署印隨州升任州判王毓恂，接徵見任知縣張擢士，荊州府升任知府孟泰，接催見任知府耿拱極，江陵縣升任知縣張駿茂，接徵見任知縣戴廷講。

未完壹分以上：漢陽縣署印漢陽府見任通判李異品，應城縣署印按察司見任檢校朱雲龍，監利縣見任知縣韓望，岳州府見任知府諸保宥，常德府革職知府梅茂春，武陵縣見任知縣李森。

未完貳分以上：鍾祥縣休致知縣佟養沖，景陵縣署印本縣縣丞朱新業，孝感縣署印本府升任經歷龐熙。

未完叁分以上者，漢陽縣革職知縣金漸皐。未完肆分以上，德安府參劾知府馮雲朝。未完拾分者，蘄州署印按察司革職照磨孫之晉，景陵縣病故知縣任鴻業，應城縣革職知縣張晃，臨湘縣參劾知縣張含性。以上未完各官相應開列，呈請本部院照例題達，分別勸懲，以速完解，用儆將來者也。等因。詳報到臣。

該臣核覆無異，除將清冊送部查核外。臣謹會同督臣李蔭祖、治臣張尚沅、撫臣袁廓宇、湖南按臣趙祥星、湖北按臣李廷松，令詞具題，伏乞敕部核覆施行。緣係清查廢藩遺產，以裕國用事理。臣等未敢擅便，爲此具本，專差承差劉賜貴賫捧，謹題請旨。

巡撫湖廣等處地方兼提督軍務太子少保兵部尚書兼都察院右副都御史臣張長庚。

批紅：該部核議具奏。

同上 王弘祚題嚴察山東昌濰高三縣明衡王脂粉地土事本順治十八年正月二十二日

太子太保戶部尚書今在任守制臣王弘祚等謹題，爲微臣嚴察藩產有據，因公詿誤可原，謹授恩詔，瀝陳顛末，仰祈睿鑒事。

山東清吏司案呈，奉本部送戶科抄出欽差巡撫山東等處地方、督理營田、提督軍務、兵部右侍郎兼都察院右副都御史臣許文秀題前事。順治十七年十一月十四日題，十二月初九日奉旨：該部知道。欽此。欽遵。於十二月初十日抄出到部。送司。奉此。相應議覆察呈到部。

該臣看得昌、濰、高三縣，有明季衡王脂粉地土，原額二千七百六十五頃有奇。先據冊報止熟地三百八十二頃，臣部屢經駁查，并無實熟之地開報。及至十二年三月內，據濰縣民王三固御狀舉首昌、濰、高三縣欺隱王田情由，臣部請敕該撫清丈去後。續據該撫責令道府縣等官，丈出熟地九百一十五頃零。其十二年以前不行清查各官職名題報前來。臣部議將丈出之地，照舊例納租，其各官不行查出，俟王三固告後始行查出，疏忽之罪難辭，應請敕吏部議處，吏部議革在案。

續據萊州道田起龍疏稱，於十一年十二月內，奉文迅行該撫按畝細稽，實自臣奉行丈量，始明案卷具在，至十二年三月內，王三固方行首告。臣之奉文行查在先，王三固首告在後。恭逢恩詔普頒，矜憐因公詿誤，奏請下部細察前後案卷，具疏辯復前來。

臣部查據本官十一年十二月內迅行該府清丈，在王三固未告之先，非同不行清查者可比。第田起龍當日行察原文具在該省，應請敕該撫確查田起龍原案果否行查在先，王三固首告在後等因，覆奉諭旨遵行去後。今據該撫疏稱，司道府備查前後情由，本官之行查在先，月日案卷甚明。現在王三固首告在後，的爲不虛。但稱因公詿誤，與例相符，既經該撫查明先後前來。是本官之詿誤委屬可原，應請敕部議覆。至於前撫藩司不行分晰明白，誤將田起龍題參，以致吏部議革，該撫藩司俱應議處。查前撫耿焞已經物故，無庸另議，其藩司史記功、袁一相亦應議處，但事在赦前，應否處分，一并請敕吏部議覆可也。

相應具覆，恭候命下，臣部遵奉施行。臣等未敢擅便，謹題請旨。

順治十八年正月二十二日題，本月二十三日奉旨：據奏，廢藩遺產先報止熟地三百八十二頃，後經王三固首告，丈出熟地九百一十五頃，田起龍未經清察隱漏甚明。況先報三百八十二頃，王三固告後多出五百餘頃。今反謂其清察在先，詿誤可原，顯有情弊，著速明白回奏。

同上 王弘祚題清查山東昌濰高三縣明衡王脂粉地土事本順治十八年正月二十七日

太子太保戶部尚書今在任守制臣王弘祚等謹題，爲遵旨明白回奏事。

該臣部覆山東巡撫許文秀爲微臣嚴察藩產有據，因公詿誤可原等事一疏。於順治十八年正月二十三日奉旨：據奏，廢藩遺產，先報止熟地三百八十二頃，後經王三固首告，丈出熟地九百一十五頃，田起龍未經清察，隱漏甚明。況先報三百八十二頃，王三固告後多出五百餘頃。今反謂其請在詿誤可原，顯有情弊，者［著］作速明白回奏。欽此。

該臣等查得田起龍具疏內稱，臣於十一年二月履州道任。其廢藩遺產一案，於臣未任之先，三經該府丈量報部，迨戶部以所報者三次欺隱，再行咨駁。至於十二月十三日撫院始檄臣確察。臣隨於本月十五日迅行該府，按畝細稽，實自臣奉行而丈量始明。案卷俱在可據。因升閩臬，貲限急迫，即於本月二十六日送印新道離任。至十二年三月內，王三固始行首告，一前一後較若列眉，等因具疏。投通政司，通政司封進，於順治十七年八月內奉旨：該部察議具奏。臣部於田起龍當日行查，原文俱在該省，請敕該撫確查起龍果否行查在先，王三固首告在後，明白具題，以憑核覆，奉有依議行之。咨行去後。

續據該撫題稱，據司詳稱，閱田起龍行府原札日月，則其行查在先，首告在後，的爲不虛，確察原情自與因公詿誤之例符合。於十七年十二月初九日奏旨：該部知道。欽此。

臣等查，據撫疏，田起龍行查在先，月日甚明，與因公詿誤之例符合。故請敕吏部議覆。至臣部原疏稱，三百八十二頃熟地，係順治九年四月內萊州知府萬代尚所報之地，原非田起龍清察之地，故臣部疏內止言起龍行查在先，未嘗言起龍清察出地土在先也。今該撫一則曰行查在先，的爲不虛。再則曰確察原情與因公詿誤之例符合，故臣部據撫疏議覆，委無情弊。但田起龍在任數月未經查出，臣部不再行駁查，即據撫疏請敕吏部議覆，臣等難辭其咎。

謹遵旨明白回奏，伏祈睿鑒施行。

順治十八年正月二十七日題，本月二十八日奉旨：據這回奏，朦混回奏。吏部議處具奏。

同上 王弘祚題山東昌濰高等縣明衡王地土租課銀兩事本順治十八年二月初五日

太子太保、戶部尚書今在任守制臣王弘祚等謹題，爲首舉明季王地，仰祈敕部行察，以安流離，以廣皇仁事。

戶科抄出巡撫山東等處地方、督理營田、提督軍務、兵部右侍郎、兼都察院右副都御史臣許文秀題前事。順治十七年十一月二十七日題，十二月二十日奉旨：戶部知道。欽此。欽遵。於十二月二十一日抄出到部。該臣等看得先經前按臣程衡，將昌、濰、高三縣衡王地土租課銀兩，以十二年起至十六年止，已、未完各官開列分數題參內開，未完十分者，濰縣經徵署印，昌邑縣升任縣丞周式禾。未完九分以上者，高密縣經徵見任知縣張士芬。未完八分以上者，濰縣接徵見任知縣汪節吉。未完六分以上者，昌邑縣經徵見任知縣党丕祿。奉有周式禾等著議處具奏，該部知道之旨，欽此。臣部查原額并完欠數目不符，難以核議，請敕該撫按確查去後。

今據該撫疏稱，原額少開五百餘兩，乃該司經承劉長清，將加增不入，有此舛謬，又多報一千餘兩，發買淮豆，并給兵餉及存庫候彙解者，共合疏內三千九十兩之數。查錢糧數目，原宜開列明白，何致臣部駁查，始稱未入加增之數，并買淮豆支給兵餉。錢糧關係重大，雖係經承錯誤，而藩司史記功、袁一相疏忽之咎，亦所難辭，以上各官，一并請敕吏部照例議處。至於未完銀兩，仍請敕該撫嚴追速解，以濟軍需可也。

恭候命下，臣部遵奉施行。臣等未敢擅便，謹題請旨。

順治十八年二月初五日題，本月初七日奉旨：是。依議嚴速行。

同上　仵劭昕題報湖南順治十七年墾明王田畝數及科糧數事本順治十八年二月初九日

巡按湖廣湖南監察御史臣仵劭昕謹題，爲財用出於田賦等事。

據布都二司各呈詳，順治十七年分開墾。由該臣看得湖南所屬順治十七年，分共墾過民、王田地二千六[百]五十七頃四十八畝零，科糧八千三百九十二石二斗五升零。墾衛屯田地二百三十三頃二十四畝零，科糧二千五百八十九石斗零七升。除田地科糧文冊并衛所已到花名細冊呈院咨部，查其民、王田地等則，花戶姓名細冊，及未到衛所花名細[冊]，俟取造至另疏題報外。伏乞敕部議覆施行。謹會題請旨。

順治十八年二月初九日題，三月十八日奉旨：戶部核議具奏。

同上　顧豹文題報湖北順治十七年墾明王田畝數事本順治十八年三月二十一日

巡按湖廣湖北監察御史臣顧豹文謹題，爲財用出於田賦等事。

據布政司詳報順治十七年督墾過湖北漢、安、荊、襄、鄖五府屬民、王田地一百六十九頃二十三畝零。又據都司詳報十七年分督墾過湖北各衛屯田六十一頃九十五畝零。將頃畝糧石并開墾職名造報前來。除將原冊賫院咨部外，其田地等則花名細冊催取至日，另疏題報。

臣謹會題，伏乞敕部查核施行。臣等未敢擅便，謹題請旨。

順治十八年三月二十一日題，肆月二十九日奉旨：著察核。戶部知道。

同上　車克題俟督墾明王田官員待清冊到日再議記叙事本順治十八年四月初五日

少師兼太子太師戶部尚書加一級臣車克等謹題，爲財用出於田賦，詳議勸墾之法，以足國計事。

戶科抄出巡按湖廣湖南監察御史臣仵邵昕題前事。順治十八年二月初九日題，三月十八日奉旨：戶部核議具奏。欽此。欽遵。於三月十九日抄出到部。該臣等看得湖廣湖南按臣仵劭昕疏稱，所屬州縣衛十七年分開墾民、衛、王田地共二千八百九十頃七十二畝零，共科糧一萬零九百八十一石三斗零，并督墾勸墾各官開造簡明清冊，題請紀叙前來。臣部查題定開墾紀叙則例，凡墾過田地，備造花戶姓名，田畝數目，科糧細數，并納糧年分，該督撫按題請到部，臣部查明各官墾過田地，與紀叙之例相符者，復請吏部照例查議。今該按所報之冊，止造總數，督墾勸墾各官不便遽議，且疏內又稱花戶細冊至日另報，應俟報到之日，再議可也。

相應具覆，恭候命下，臣部遵奉施行。臣等未敢擅便，謹題請旨。

順治十八年四月初五日題，本月初七日奉旨：依議。

同上　車克題清查山東明德魯衡三藩地房事本順治十八年四月初七日

少師兼太子太師戶部尚書加一級臣車克等謹題，爲遵諭敬陳職掌，清查明季藩產事。

戶科抄出巡撫山東等處地方、督理營田、提督軍務、兵部右侍郎兼都察院右副都御史臣許文秀題前事。順治十七年十二月十九日題，十八年正月二十三日奉旨：戶部知道。欽此。欽遵。於本月二十四日抄出到部。

該臣等看得東省德、魯、衡三藩遺產并叛產一案，先經前撫耿焞題報，將瓦房每間原估并增銀四五兩、一二兩不等，草房每間原估并增銀一二錢、七八錢不等，原估并增銀共三萬五千有奇。地每畝原征租銀一二錢、七八分不等。臣部因增估太輕，業經復請敕該撫另行增估去後。

今該撫許文秀疏冊內開，房屋每間增銀一二錢、七八錢不等，地畝每畝增租銀四五釐及七八分不等，共增銀六千一百六十六兩有奇。價值多寡不一者，皆因地有肥磽，房屋破壞之故等因。查前項房屋地畝，該撫既經復查，藩產叛產增估應如所議。如將腴地好房估價輕微，日後被人首出，定將該撫司道府縣各官指名題參，從重議處。其前項銀兩，除撥閩餉外，所餘銀兩限文到□月內，嚴催速行解部，以佐軍需。再查此抄因磨對冊內項款繁多，限內難完，題請寬限在案。

相應一并題明，恭候命下，臣部遵奉施行。臣等未敢擅便，謹題請旨。

順治十八年四月初七日題，本月初九日奉旨：依議。

同上　車克題確查廬鳳等州縣明藩遺產事本順治十八年五月初五日

少師兼太子太師戶部尚書加一級臣車克等謹題，爲遵諭敬陳職掌，清查明季藩產事。

江南清吏司案呈，奉本部送戶科抄出欽命巡撫鳳陽等處地方兼海防、提督軍務、太子太保、兵部尚書兼都察院右副都御史臣林起龍題前事。順治十八年二月二十一日題，三月初九日奉旨：戶部核議具奏。欽此。欽遵。於三月初十日抄出到部。送司。奉此。相應議覆案呈到部。

該臣等看得江南省明季勛逆產價租稅銀米等項，先經總督各巡撫造冊報部，隨該臣部逐款駁查，令該督撫查明題報去後。今據鳳撫林起龍將廬、鳳、淮、揚四府，滁、和二州勛逆產價租稅造冊具題前來。爲照勛逆所遺田房家產等項，自應逐項分晰價值造報，以便查核，庶無侵隱之弊，備查報部。冊籍於中有將田房共開一處者，又有瓦草房屋總開者，其各款并未確查明白即行造報，殊屬草率。今照各項價值合算，共變銀一十一萬五千五百三十二兩零，內打造漕船銀三萬一千六百五十九兩五錢零，係某年分動用，曾否奉旨，竟未登答明白，憑何查核。

又解秦、楚兵餉并閩餉，共銀一萬四千四百八十八兩零。案查十年、十一年分兵餉原撥江南省正賦銀兩，并未撥及藩產變價之銀，何得影射開銷，應速照數補還。又廬州府變價解部銀一萬四千五百一十一兩七錢零，已經到部交收訖。解淮庫銀一千四十七兩零，解布按二司并淮、揚二府各廳共銀一萬一千九百九十六兩零。俱因何故延遲至今，不行追解，一并作速嚴催解部充餉。至於修理城工并存庫及漏造等項，難以備列疏內，另行開單駁查。又未完銀一萬三千三百三十一兩五錢零，又租銀三萬三千三百二十八兩五錢零，又租稻米麥共二萬三千二百一石四斗零，其支用銀米細款，亦另行開單駁查，并前項未完錢糧，相應仍請敕下該撫嚴檄所屬，作速照數嚴追完解。仍將田地每畝價值并瓦草房各分間數價銀，自某年起至某年變價止，各該租稻米若干數目，責令府州縣俱各分晰，總撒款數，仍另將駁款逐一明白登答，限文到二個月，即行造冊題報，以憑查核。如再仍前延捱不行解報者，即行指參議處。因限內難完，已經具題寬限在案，相應一并題明可也。

理合具覆，恭候命下，臣部轉行遵奉施行。臣等未敢擅便，謹題請旨。

順治十八年五月初五日題，本月初七日奉旨：是。依議嚴速行。

同上　彭有義題清察河南開衛懷三府未報明藩田產事本順治十八年五月十五日

欽差巡撫河南等處地方、提督軍務兼理河道、都察院右都御史臣彭有義謹題，爲清察未報廢藩田產等事。

準戶部咨行，據布政司呈詳到臣。察得廢藩房屋屢駁屢增，通共銀四萬七百七十餘兩，業經前撫臣題報。今部覆謂，租銀曾否征收，價值再行酌增，列單請敕確察取結。臣與按臣遵照察催，止據開、衛、懷三府免增并續估共銀二百五兩零，合前銀內撥餉供兵并銅本動用外，實未完銀一萬六千五百餘兩，見今嚴催完報。其餘價值據稱，與昔則符，與今則溢，溢萬難再增。至節年租銀，按年各有征解，應照另冊察核。其單列各款，該司登答已明，無容再贅。除冊結咨部外。伏乞敕部議覆。謹會題請旨。

順治十八年五月十五日題，六月二十日奉旨：戶部知道。

同上　車克題嚴查楚省明藩田地歲征租餉未完各官職名事本順治十八年五月十八日

少師兼太子太師戶部尚書加一級臣車克等謹題，爲清查廢藩遺產，以裕國用事。

湖廣清吏司案呈，奉本部送戶科抄出欽差巡撫湖廣等處地方兼提督軍務、兵部左侍郎兼都察院右副都御史臣楊茂勛題前事。順治十八年三月二十四日題，四月二十九日奉旨：戶部核議具奏。欽此。欽遵。於五月初一日抄出到部。送司。奉此。相應議覆，案呈到部。

該臣等看得楚省廢藩田地歲征租餉，除已經變價歸入民賦項下起科外，其十七年分應征租餉未完各官，今該撫楊茂勛疏稱，并冊開未完不及一分者，武昌府督催知府梁知先，未完銀四百一十五兩九錢零。安陸府督催知府馬逢皋，未完銀六千九百三十兩七錢零。漢陽府知府楊必達，未完銀一千五百九十兩五錢零。荆州府督催知府耿拱極，未完銀一千一百八兩五錢零。黄州府督催知府徐士儀，未完銀二百三兩一錢零。接署本府通判程沚，未完銀二十六兩七錢零。接管見任知府何應珏，未完銀七十兩八錢零。署印長沙府本府同知蔣應泰，未完銀二十三兩二錢零。漢陽縣經徵知縣曲聖凝，未完銀一千五百九十兩五錢零。漢川縣經徵知縣傅春闈，未完銀四百三兩八錢零。鍾祥縣經徵知縣李彥珽，未完銀一千一百三十兩二錢零。京山縣經徵知縣侯康民，未完銀三百三十九兩八錢零。潛江縣經徵知縣葉臣遇，未完銀七百四十一兩四錢零。景陵縣經徵知縣劉毓賓，未完銀四百四十九兩四錢零。沔陽州經徵知州佟成年，未完銀一千零二十九兩六錢零。署印黃陂縣按察司炤磨閔燮，未完銀九十八兩八錢零。接管經徵知縣王昌祚，未完銀一百一兩八錢零。孝感縣經徵知縣張擢士，未完銀五百零五兩五錢零。署印江陵縣事布政司理問徐思尹，未完銀八十二兩四錢零。接署江陵縣銀二十三兩二錢零。事石首縣縣丞趙鳴歧，未完銀九十三兩九錢零。善化縣經徵知縣李若珠，未完銀二十三兩二錢零。

未完一分以上者，武昌府督催知府李胤昌，未完銀六百四十八兩六錢零。德安府督催知府高翺，未完銀二千八百四十六兩零。江夏縣經徵知縣黄雲會，未完銀八百四十一兩四錢零。江陵縣經徵知縣戴廷講，未完銀九百三十一兩一錢零。未完四分以上者，應城縣經徵知縣馮鼎吉，未完銀二千三百四十兩五錢零。未完五分以上者，興國州經徵知州楊霖，未完銀八十九兩零。未完九分以上者，通城縣經徵知縣巢逵翔，未完銀二百三十四兩二錢零；署景陵縣印本縣縣丞朱新業，未完銀三千一百四十一兩零。未完十分者，荆門州經徵知州張楷，未完銀四十三兩零。等因具題前來。

臣部查未完不及一分者，各官雖不在處分之例，但新奉上諭凡經管錢糧各官，不論大小，凡有拖欠，參罰俱一體停其升轉，必待錢糧完解無欠，方許題請開復，其停升轉欽遵在案。今梁知先等相應停其升轉，至未完一分以上各官，俱有題明處分定例，均應請敕吏部查議。

再查應城、孝感二縣，十四、十五兩年分冊稱照民賦開征，每年減除租餉銀四百五十三兩三錢零。又十六年分復冒減銀六百七十七兩一錢零。漢陽縣亦減除銀九百七十三兩五錢零。黄陂縣亦減除銀二百兩七錢零。臣部查藩產未經變價，仍收租餉，從無改征民賦之例，已於通查積逋，并清查藩產二案，請敕該撫照數追解在案。今應城縣經徵知縣馮鼎吉、孝感縣經徵知縣張擢士，將原駁銀兩不行完解，反將十七年分應征租餉銀減除至八百四兩零三錢零。漢陽縣知縣曲聖凝、黄陂縣知縣王祚昌，十六年分冒減之銀俱不完解，十七年分復行照舊減除。錢糧分毫爲重，該撫未經題請減除，臣部又無覆準，豈可恣意冒行減縮熟地銀共四千七百三十六兩四錢零。其曲聖凝、張擢士、馮鼎吉、王昌祚冒減實征，即當議處。但節年減縮銀兩，或係官侵或係吏蝕，請旨照追之後，有無續完，俱未查明，難以懸議，相應行令該撫嚴查明確開列經管職名具題，以憑議覆。

至於鍾祥、京山、景陵、水沖沙壓，無征銀兩，亦於十六年清查廢藩疏內開列單款，行令該撫徹底清查在案。應俟查明奏銷到日，一并核議，其各州縣未完銀兩，均應請敕該撫照依題定新例嚴責見任官速催完解，仍依限造冊題報，以憑查核可也。

相應具覆，恭候命下，臣部轉行遵奉施行，臣等未敢擅便，謹題請旨。

順治十八年五月十八日題，本月二十日奉旨：是。依議嚴速行。

同上　車克題湖南明藩田地應征租餉未完各官職名事本順治十八年七月初九日

少師兼太子太師戶部尚書加一級臣車克等謹題，爲清查廢藩遺產，以裕國用事。

湖廣清吏司案呈，奉本部送戶科抄出巡按湖廣湖南監察御史臣仵劭昕題前事。順治十八年四月二十六日題，六月二十六日奉旨：該部核議具奏。欽此。欽遵。於六月二十七日抄出到部。送司。奉此。相應議覆案呈到部。

該臣等看得楚省湖南各府屬十七年分廢藩田地，應征租餉未完各官，先經該撫楊茂勛具題。臣部查明未完各官職名，請敕吏部查議在案。今按臣仵劭昕復將經徵各官造冊，照巡撫前奏例題報不必另議者也。

理合具覆，恭候命下，臣部遵奉施行。臣等未敢擅便，謹題請旨。

順治十八年七月初九日題，本月十一日奉旨：依議。

同上　車克題嚴禁王莊立名事本順治十八年七二十日

少師兼太子太師戶部尚書加一級臣車克等謹題，爲王莊立名非體，編徭未嘗合制，謹據實疏聞，仰祈睿鑒事。

河南清吏司案呈，奉本部送戶科抄出欽差巡撫河南等處地方、提督軍務、兼理河道、都察院右副都御史臣彭有義題前事，順治十八年六月二十二日題，七月初四日奉旨：着察核。戶部知道。欽此。欽遵。於七月初五日抄出到部。送司。奉此。相應議覆案呈到部。

該臣等看得，此案先經臺臣李廷松條議，河南仍有王莊立名，希圖影射差徭。臣部題覆悉照民例一體當差，務使均平，不得隱漏等因，奉有依議嚴行之旨，通行在案。

今該撫既經查明王莊立名除革，地畝人丁俱照民例當差征糧，無庸再議，相應請敕該撫嚴檄所屬，如有仍借王莊名色等弊，該撫即將經管各官指名題參，從重議處。除十七年額征地丁銀共四萬五百五十七兩零充餉外，再將十八年地丁及應征銀兩嚴催完解，以佐急需可也。

相應具覆，恭候命下，臣部轉行遵奉施行。臣等未敢擅便，謹題請旨。

順治十八年七月二十日題，本月二十二日奉旨：是。依議行。

同上　杜立德題長垣明周藩地畝租税再難增加事本順治十八年閏七月初十日

戶部尚書臣杜立德等謹題，爲遵諭敬陳職掌，清察明季藩產事。

福建清吏司案呈，奉本部送戶科抄出欽差巡撫保定眞順廣大五府地方、管轄紫荆等關，提督軍務兼理糧餉，都察院右副都御史臣王登聯題前事。順治十八年七月十五日題，本月二十五日奉旨：戶部議奏。欽此。欽遵。於七月二十五日抄出到部。送司。奉此。相應議覆案呈到部。該臣等看得長垣縣周藩柘城地土并忠順營蠡縣廢逆所遺房屋，先該保定撫臣潘朝選題報輸租及估變緣由，臣部以地畝租税較正賦反薄，房屋估價數目亦少，復請敕該撫查議去後。

今該撫疏稱，蠡縣房價，先估銀五百八十餘兩，今再增銀二百兩零。忠順營房價，先估銀二十餘兩，今再增銀三兩五錢零。惟長垣柘城地畝租税，委難再議增加。至起征年分，請照原擬仍自十六年起，等因。除忠順營、蠡縣房屋既經另估增價不必再議。其起征年分臣部於題覆順撫祖重光題報清查藩產疏内議定，以十三年奉旨清查藩產之日爲始，題奉諭旨，欽遵在案。今該撫請自十六年爲始，甚屬不合，至於長垣藩地除正賦外，所議租税每畝或一分五釐，或止六釐，爲數甚薄。查臣部清查藩產原題内稱，輸租甚薄者，確議量增。今該撫仍未議增，殊於原題未合，應仍請敕該撫作速酌議具奏，以憑核覆。其房屋變價銀兩，作速解部可也。

相應具覆，恭候命下，臣部轉行遵奉施行。臣等未敢擅便，謹題請旨。

順治十八年閏七月初十日題，本月十二日奉旨：是。依議速行。

同上　周天裔題山東清察明藩產事本順治十八年十一月二十七日

署理山東巡撫事務布政司左布政使降職三級戴罪督催臣周天裔謹題，爲東省藩產甚多等事。

竊照東省藩產一案，經按臣程衡題報部覆確查租銀曾否完納，及未報姜園地係何官職名，行據司道。回稱，節年租銀完納間有民欠，與武弁無涉，其墾首地租已入十七年由單征銀無欠，失於轉報。姜園地係知府范光遇任内，與傅鶴祥無預。至占住藩產房地趙守義等，已另案追擬，查明已完支款，及未完花名造冊具揭前來，除送部外，謹題請旨。

順治十八年十一月二十七日題，十二月初十日奉旨：該部知道。

同上　王登聯題長垣縣明周藩地增租事本順治十八年十一月二十九日

巡撫保定眞順廣大五府、管轄紫荆等關、都察院右副都御史臣王登聯謹題，爲遵諭敬陳職掌等事。

準戶部咨行，據大名道呈詳到臣，看得長垣縣周藩柘城地畝，緣租未議增，及自十六年起征，部覆與原題未合，仍請敕臣酌議。臣嚴行大名道府確議，據稱，周藩柘城地畝内，官地五十頃，今每畝議增租三釐，民地三百九十頃零，今每畝議增租一釐。至於部議自十三年追征，但年久積逋，追於一旦，恐小民難以猝應，該道府援順治十七年正月二十五日詔款，將十三年至十五年租銀豁免，請自十六年起征，呈詳前來。相應具題請旨。

順治十八年十一月二十九日題，十二月十二日奉旨：戶部議奏。

同上　阿思哈題清查陝西明藩房地產事本順治十八年十二月初九日

戶部尚書加一級臣阿思哈等謹題，爲遵諭敬陳職掌，清查明季藩產事。

戶科抄出欽差巡撫陝西等處地方、贊理軍務、兵部右侍郎兼都察院右副都御史今降職三級臣張瑃題前事。順治十八年十月二十九日題，十一月二十日奉旨：戶部知道。欽此。欽遵。於本日抄出到部。

該臣等看得秦省廢藩勛逆等產，前據該撫題報，臣部因冊造頭緒繁多，又因田地原額與實在數目不符，并房地等項變價太廉，請敕該撫確查另報去後。

今據該撫張瑃復行造冊題報前來，除少造人丁等款今已查明補入不議外。查田地原額與實在數目不符。據稱，舊管數少，節年開墾浮於舊管，比原額多地者，蓋以節年荒過，并續查出之故等因。查開造冊籍既立爲原額，則無論拋荒等項，例俱總在額内，豈有額地數少，而開墾浮於舊管者，且續查出田地等項。據稱，既非額内之數，而未查出以前係何人承種，應納錢糧有無追征，冊内亦未開明。至於房地樹株等項變價尚少，應再駁估。又查節年征過銀糧草束。據報，有支給兵餉等項者，查冊内亦未開明，支給何年何營兵餉，及報銷過年月日期，憑何核銷。以上各款，相應敕下該撫將各藩勛逆等地共爲一處，原額若干，節年新收若干，開除若干，今實在若干。至於節年應征銀糧草束，亦照前開各若干，并將前項駁款逐一嚴查明白，同房屋等項，各另造簡明冊題報，以憑議覆。其節年新增銀糧，應速行按年征輸報部充餉可也。

恭候命下，臣部遵奉施行。臣等未敢擅便，謹題請旨。

順治十八年十二月初九日題，本月十一日奉旨：是。依議行。

同上　阿思哈題豫省明藩房地產估價事本順治十八年十二月初九日

戶部尚書加一級臣阿思哈等謹題，爲遵諭敬陳職掌，清察明季藩產事。

戶科抄出欽差巡撫河南等處地方、提督軍務兼理河道、都察院右副都御史臣彭有義題前事，順治十八年十一月初八日題，本月二十二日奉旨：該部知道。欽此。欽遵。於本日抄出到部。該臣等看得豫省廢藩田產估價一案，先經前撫賈漢復題報房地估變價銀二萬六千五百一十四兩。臣部因其價廉，及不符款項，駁回確估，分晰題報去後。

今據該撫彭有義疏稱，據藩司冊報，新估價值，惟彰、衛、懷、河四府勉增銀四百九十二兩七錢四分零，衛、懷等府續估銀八百九十七兩四錢六分零，連前新估共該銀二萬七千九百四兩三錢九分零。其餘咸稱，價過時價，難以再增。又民人李一中等告辯房地業已候示。其灘塌地畝，實係在河。再察應變價房二萬七千餘間，再三駁查，原於清察未報等事案內，估變訖。至單開不符款項，該司已分晰明白，委無牽混情弊。其未完銀兩，極力嚴催，并查取經追官職名，另疏糾參外，取具各道府州縣房屋變價，并牽混及灘塌在河地畝公結，題報前來備查。

前估價銀二萬六千餘兩，惟有彰、衛、懷、河四府增銀四百九十二兩七錢四分零，其餘咸稱已過時值，難以再增，應如所議。至於續估房二間估銀八錢，荒地一十六畝共估銀一錢九分零，熟地一百三十五頃六十八畝三分零，共估銀八百九十七兩四錢六分零，察其荒地每畝估銀一分有餘，熟地每畝估銀二三錢四五分不等，估價太少，府縣各官殊屬怠玩，相應駁回，再行確估。又李一中、曹福增等告辯房地，如果係民間產業，難以概議，相應查明題報以憑酌議。至於應變價房二萬七千餘間，及灘塌地畝，并不符款項，既經該撫查明分晰，取有各官公結，無庸再議。再查前案，租價銀六萬餘兩，內有民人黃加諫、沈哲等告辯，見今咨查外，餘銀四萬二千六十五兩九錢零，撥充十八年兵餉訖。

今據疏稱，已完銀一萬五千八百五十兩六錢零，撥充十七八兩年本省經制官兵餉銀訖，俟年終彙冊報銷外，仍未完十四、十五二年分租價銀二萬六千餘兩，應於十六、十七兩年全完，至今不完，軍需何賴，相應請敕該撫一面將不行催完緣由作速回奏，一面將經追各官開列職名，速行題參，請敕吏部議處，仍將未完銀兩勒限嚴追全完，以濟兵餉可也。

恭候命下，臣部遵奉施行。臣等未敢擅便，謹題請旨。

順治十八年十二月初九日題，本月十一日奉旨：是。依議行。

同上　阿思哈題直隸大名府明周藩田地租餉事本順治十八年十二月二十三日

戶部尚書加一級臣阿思哈等謹題，爲遵諭敬陳職掌，清察明季藩產事。

戶科抄出欽差巡撫保定眞順廣大五府地、管轄紫荆等關、提督軍務兼理糧餉、都察院右副都御史臣王登聯題前事，順治十八年十一月二十九日題。十二月十二日奉旨：戶部議奏。欽此。欽遵。於本日抄出到部。該臣等看得長垣縣周藩柘城地土一案，先該臣部因地租未曾起科，年分又與原題不合，仍請敕該撫酌議去後。

今該撫疏稱，周藩(石)[柘]城地畝內，官地五十頃，今每畝議增租三釐。民地三百九十八頃四十五畝零，今每畝議增租一釐。將十三年至十五年租銀請援順治十七年正月詔款豁免等因具題前來。查臣部清察藩產原題內，輸租甚薄者，確議量增。今該撫將先日官地每畝議租一分五釐者，今增三釐。先日民地每畝議租七釐，今增一釐。但官地既已增租，毋容再議。至民地議加一釐，爲數甚少，且清察藩產，原於十三年奉旨行查地租，即於十三年起征解，此係未征地租，難比小民，拖欠何得援赦請免。相應仍請敕下該撫將柘城民地租銀，作速詳議，量爲再加具奏，以憑核覆可也。

恭候命下，臣部遵奉施行。臣等未敢擅便，謹題請旨。

順治十八年十二月二十三日題，本月二十五日奉旨：是。依議行。

同上　阿思哈題山東明藩田產半被豪強隱占事本順治十八年十二月二十五日

戶部尚書加一級臣阿思哈等謹題，爲東省藩產甚多，半被勢豪隱占，懇乞嚴綸清查變價，以充國賦，以杜姦侵事。

戶科抄出署理山東巡撫事務布政司左布政使降職三級戴罪督催臣周天

裔題前事。順治十八年十一月二十七日題，十二月初十日奉旨：　該部知道。欽此。欽遵。於本日抄出到部。該臣等看得東省藩產一案，先經巡按程衛，將住種武弁張應武等并誤報知府傅鶴祥職名具題前來。臣部以藩產屢奉嚴綸，清查隱占，是該司道府州縣等官專責，乃因臺臣條議，始行查出該管官所司何事。請敕該撫細查經管各官職名題參，以憑查議，題奉諭旨，欽遵在案。

今據署撫臣周天裔疏稱，占稱占住衡藩房產未納租稅者，止有趙守義、孟騰蛟、傅維楷，已另案追擬。其失誤轉沂州之姜園，係知府范光遇等因具題前來。除武弁趙守義等占住藩產未納租稅，既經另案究擬外。所有應納租銀，速當按年追解，以佐軍需。至於失報姜園地三十四畝，查按臣程衛原參疏內稱，係州同蕭葉吉於十四年具詳申府，該管知府傅鶴祥竟行不報。今署撫臣又稱鶴祥於十三年十二月二十三日離任，未及轉報，罪在范光遇而不在鶴詳等語。前後兩疏互異，不便遽行議處，相應請敕該撫再加確查，或傅鶴祥任內未報，或范光遇任內未報，明白具題，以憑另議。至姜園地畝既於十四年間始行申報，其從前隱匿租銀，應一并追征起解。

再冊開德藩自置租銀，除解部外，動支銀四千五百五十三兩，支給撫標等營月餉。查本省兵餉，各有撥定額編項款，何得將解部租銀開銷，委屬混冒，應作速補解。又冊開武弁鄒承勛等佃種屯廠袁柳等莊租銀八千六百八十一兩零，清平天地壇等房租銀六十五兩三錢，既稱完納解司，又無解支字樣。又冊開五年至十二年民欠銀九百三十四兩零，如果係民欠，自應預先申明，何得遲延至今，始稱民欠，明係借端虧。相應一并請敕下該撫照數催解，并確查各弁完納租銀作何解支，速行題報，以憑核議可也。

恭候命下，臣部遵奉施行。臣等未敢擅便，謹題請旨。

順治十八年十二月二十五日題，本月二十七日奉旨：依議行。

私有土地總部

民田部

宋代分部

綜述

《宋史》卷一七三《食貨上一》 農田之制

自五代以兵戰爲務，條章多闕，周世宗始遣使均括諸州民田。太祖卽位，循用其法，建隆以來，命官分詣諸道均田，苛暴失實者輒譴黜。申明周顯德三年之令，課民種樹，定民籍爲五等，第一等種雜樹百，每等減二十爲差，桑棗半之；男女十歲以上種韭一畦，闊一步，長十步；乏井者，鄰伍爲鑿之；令、佐春秋巡視，書其數，秩滿，第其課爲殿最。又詔所在長吏諭民，有能廣植桑棗、墾闢荒田者，止輸舊租；縣令、佐能招徠勸課，致戶增羡、野無曠土者，議賞。諸州各隨風土所宜，量地廣狹，土壤瘠埆不宜種藝者，不須責課。遇豐歲，則諭民謹蓋藏，節費用，以備不虞。民伐桑棗爲薪者罪之：剝桑三工以上，爲首者死，從者流三千里；不滿三工者減死配役，從者徒三年。

太宗太平興國中，兩京、諸路許民共推練土地之宜，明樹藝之法者一人，縣補爲農師，令相視田畝肥瘠及五種所宜，某家有種，某戶有丁男，某人有耕牛；卽同鄉三老、里胥召集餘夫，分畫曠土，勸令種蒔，候歲熟共取其利。爲農師者蠲稅免役。民有飲博怠於農務者，農師謹察之，白州縣論罪，以警游惰。所墾田卽爲永業，官不取其租。其後以煩擾罷。初，農時，太宗嘗令取畿內青苗觀之，聽政之次，出示近臣。是歲，畿內菽粟苗皆長數尺。帝顧謂左右曰：朕每念耕稼之勤，苟非兵食所資，固當盡復其租稅。

端拱初，親耕籍田，以勸農事。然畿甸民苦稅重，兄弟既壯乃析居，其田畝聚稅於一家，卽棄去；縣歲按所棄地除其租，已而匿他舍，冒名佃作。帝聞而思革其弊，會知封丘縣竇玭言之，乃詔賜緋魚，絹百匹；擢太子中允，知開封府司録事，俾按察京畿諸縣田租。玭專務苛刻以求課最，民實逃亡者，亦搜索於鄰里親戚之家，益造新籍，甚爲勞擾，數月罷之。時州縣之吏多非其人，土地之利不盡出，租稅減耗，賦役不均，上下相蒙，積習成敝。乃詔：諸知州、通判具如何均平賦稅，招輯流亡，惠恤孤貧，窒塞姦幸，凡民間未便事，限一月附疾置以聞。而比年多稼不登，富者操奇贏之資，貧者取倍稱之息，一或小稔，富家責償愈急，稅調未畢，資儲罄然。遂令州縣戒里胥、鄉老察視，有取富民穀麥貲財，出息不得踰倍，未輸稅毋得先償私逋，違者罪之。

言者謂江北之民雜植諸穀，江南專種秔稻，雖土風各有所宜，至於參植以防水旱，亦古之制。於是詔江南、兩浙、荆湖、嶺南、福建諸州長吏，勸民益種諸穀，民乏粟、麥、黍、豆種者，於淮北州郡給之；江北諸州，亦令就水廣種秔稻，並免其租。淳化五年，宋、亳數州牛疫，死者過半，官借錢令就江、淮市牛。未至，屬時雨霑足，帝慮其耕稼失時，太子中允武允成獻踏犂，運以人力，卽分命秘書丞、直史館陳堯叟等卽其州依式製造給民。

凡州縣曠土，許民請佃爲永業，蠲三歲租，三歲外，輸三分之一。官吏勸民墾田，悉書于印紙，以俟旌賞。至道二年，太常博士、直史館陳靖上言：先王之欲厚生民，莫先於積穀而務農，鹽鐵榷酤斯爲末矣。按天下土田，除江淮、湖湘、兩浙、隴蜀、河東諸路地里敻遠，雖加勸督，未遽獲利。今京畿周環二十三州，幅員數千里，地之墾者十纔二三，稅之入者又十無五六。復有匿里舍而稱逃亡，棄耕農而事游惰，賦額歲減，國用不充。

詔書累下，許民復業，蠲其租調，寬以歲時。然鄉縣擾之，每一戶歸業，則刺報所由。朝耕尺寸之田，暮入差徭之籍，追胥責問，繼踵而來，雖蒙蠲其常租，實無補於捐瘠。況民之流徙，始由貧困，或避私債，或逃公稅。亦既亡遯，則鄉里檢其資財，至於室廬、什器、桑棗、材木，咸計其直，或鄉官用以輸稅，或債主取以償逋；生計蕩然，還無所詣，以茲浮蕩，絕意歸耕。

如授以閑曠之田，廣募游惰，誘之耕墾，未計賦租，許令別置版圖，便宜從事；酌民力豐寡、農畝肥磽，均配督課，令其不倦。其逃民歸業，丁口授田，煩碎之事，並取大司農裁決。耕桑之外，令益樹雜木蔬果，孳畜羊犬雞豚。給授桑土，潛擬井田，營造室居，使立保伍，養生送死之具，慶弔問遺之資，並立條制。候至三五年間，生計成立，即計戶定征，量田輸税。若民力不足，官借糴錢，或以市餱糧，或以營耕具。凡此給受，委於司農，比及秋成，乃令償直，依時價折納，以其成數關白戶部。帝覽之喜，令靖條奏以聞。

靖又言：逃民復業及浮客請佃者，委農官勘驗，以給受田土，收附版籍，州縣未得議其差役；乏糧種、耕牛者，令司農以官錢給借。其田制爲三品：以膏沃而無水旱之患者爲上品，雖沃壤而有水旱之患，埆瘠而無水旱之慮者爲中品，既埆瘠復患於水旱者爲下品。上田人授百畝，中田百五十畝，下田二百畝，並五年後收其租，亦只計百畝，十收其三。一家有三丁者，請加授田如丁數，五丁者從三丁之制，七丁者給五丁，十丁給七丁；至二十、三十丁者，以十丁爲限。若寬鄉田多，即委農官裁度以賦之。其室廬、蔬韭及桑棗、榆柳種藝之地，每戶十丁者給百五十畝，七丁者百畝，五丁者七十畝，三丁者五十畝，不及三丁者三十畝。除桑功五年後計其租，餘悉蠲其課。

同上 眞宗景德初，詔諸州不堪牧馬閑田，依職田例招主客戶多方種蒔，以沃瘠分三等輸課。河朔戎寇之後，耕具頗闕，牛多瘠死。二年，內出踏犂式，詔河北轉運使詢於民間，如可用，則官造給之；且令有司議市牛送河北。又以兵罷，民始務農創什器，遂權除生熟鐵渡河之禁。是歲，命權三司使丁謂取戶税條敕及臣民所陳農田利害，與鹽鐵判官張若谷、戶部判官王曾等參詳刪定，成《景德農田敕》五卷，三年正月上之。謂等又取唐開元中宇文融請置勸農判官，檢戶口、田土僞濫；且慮別置官煩擾，而諸州長吏職當勸農，乃請少卿、監爲刺史、閤門使以上知州者，並兼管內勸農使，餘及通判並兼勸農事，諸路轉運使、副兼本路勸農使。詔可。

同上 初，朝議置勸農之名，然無職局。四年，始詔諸路提點刑獄朝臣爲勸農使、使臣爲副使，所至，取民籍視其差等，不如式者懲革之；勸恤農民，以時耕墾，招集逃散，檢括陷税，凡農田事悉領焉。置局案，鑄印給之。凡奏舉親民之官，悉令條析勸農之績，以爲殿最黜陟。

同上 時又禁近臣置別業京師及寺觀毋得市田。初，眞宗崩，內遣中人持金賜玉泉山僧寺市田，言爲先帝植福，後毋以爲例。繇是寺觀稍益市田。明道二年，殿中侍御史段少連言：頃歲中人至漣水軍，稱詔市民田給僧寺，非舊制。詔還民田，收其直入官。後承平寖久，勢官富姓，占田無限，兼并冒僞，習以成俗，重禁莫能止焉。

同上 帝聞天下廢田尚多，民罕土著，或棄田流徙爲閑民。天聖初，詔民流積十年者，其田聽人耕，三年而後收賦，減舊額之半；後又詔流民能自復者，賦亦如之。既而又與流民限，百日復業，蠲賦役，五年減舊賦十之八；期盡不至，聽他人得耕。至是，每下赦令，輒以招輯流亡、募人耕墾爲言。民被災而流者，又優其蠲復，緩其期招之。詔諸州長吏、令佐能勸民修陂池、溝洫之久廢者，及墾闢荒田，增税二十萬已上，議賞；監司能督責部吏經畫，賞亦如之。

同上 天下墾田：景德中，丁謂著《會計録》云，總得一百八十六萬餘頃。以是歲七百二十二萬餘戶計之，是四戶耕田一頃，繇是而知天下隱田多矣。又川峽、廣南之田，頃畝不備，第以五賦約之。至天聖中，國史則云：開寶末，墾田二百九十五萬二千三百二十頃六十畝；至道二年，三百一十二萬五千二百五十一頃二十五畝；天禧五年，五百二十四萬七千五百八十四頃三十二畝。而開寶之數乃倍於景德，則謂之所録，固未得其實。皇祐、治平，三司皆有《會計録》，而皇祐中墾田二百二十八萬餘頃，治平中四百四十萬餘頃，其間相去不及二十年，而墾田之數增倍。以治平數視天禧則猶不及，而敍《治平録》者以謂此特計其賦租以知頃畝之數，而賦租所不加者十居其七。率而計之，則天下墾田無慮三千餘萬頃。是時，累朝相承，重於擾民，未嘗窮按，故莫得其實，而廢田見於籍者猶四十八萬頃。

治平四年，詔曰：歲比不登，今春時雨，農民桑蠶、穀麥，衆作勤勞，一歲之功，併在此時。其委安撫、轉運司敕戒州縣吏，省事息民，無奪其時。諸路逃田三十年者除其税十四，四十年以上十五，五十年以上六分，百年以上七分；佃及十年輸五分，二十年輸七分，著爲令。

同上 〔神宗熙寧二年〕中書議勸民栽桑。帝曰：農桑，衣食之本。民不敢自力者，正以州縣約以爲貲，升其戶等耳。宜申條禁。於是司農寺請立法，先行之開封，視可行，頒於天下。民種桑柘毋得增賦。安肅廣信順安軍、保州，令民即其地植桑榆或所宜木，因可限閡戎馬。官計其活茂多寡，得差減在戶租數，活不及數者罰，責之補種。

同上 哲宗卽位，宣仁太后臨朝，首起司馬光爲門下侍郎，委之以政。詔天下臣民皆得以封事言民間疾苦。光抗疏曰：四民之中，惟農最苦，寒耕熱耘，霑體塗足，戴日而作，戴星而息；蠶婦治繭、績麻、紡緯，縷縷而積之，寸寸而成之，其勤極矣。而又水旱、霜雹、蝗蜮間爲之災，幸而收成，公私之債，交爭互奪。穀未離場，帛未下機，已非己有，所食者糠籺而不足，所衣者綈褐而不完。直以世服田畝，不知舍此之外有何可生之路耳。而况聚斂之臣，於租稅之外，巧取百端，以邀功賞。青苗則彊散重斂，給陳納新；免役則刻剝窮民，收養浮食；保甲則勞於非業之作；保馬則困於無益之費，可不念哉！今者濬發德音，使畎畝之民得上封事。雖其言辭鄙雜，皆身受實患，直貢其誠，不可忽也。

初，熙寧六年，立法勸民栽桑，有不趨令，則倣屋粟、里布爲之罰。然長民之吏不能究宣德意，民以爲病。至是，楚丘民胡昌等言其不便，詔罷之，且蠲所負罰金。興平縣抑民田爲牧地，民亦自言，詔悉還之。元祐四年，詔：瀕河州縣，積水冒田。在任官能爲民經畫疏導溝畎，退出良田自百頃至千頃，第賞。

同上 宣和二年，臣僚上言：監司、守令官帶勸農，莫副上意，欲立四證驗之：按田萊荒治之迹，較戶產登降之籍，驗米穀貴賤之價，考租賦盈虧之數。四證具，則其實著矣。命中書審定取旨。

同上 建炎元年五月，高宗卽位，命有司招誘農民，歸業者振貸之，蠲欠租，免耕牛稅。

同上 建炎以來，內外用兵，所在多逃絶之田。紹興二年四月，詔兩浙路收買牛具，貸淮東人戶。七月，詔：知興國軍王綯、知永興縣陳升率先奉詔誘民墾田，各增一秩。三年九月，戶部言：百姓棄產，已詔二年外許人請射，十年內雖已請射及充職田者，並聽歸業。孤幼及親屬應得財產者，守令驗實給還，冒占者論如律。州縣奉行不虔，監司按劾。從之。先是，臣僚言：近詔州縣拘籍被虜百姓稅賦，而苛酷之吏不考其實，其間有父母被虜兒女存者，有中道脫者，有全家被虜而親屬偶歸者，一概籍沒，人情皇皇。故有是命。十月，募佃江東、西閑田，三等定租：上田畝輸米一斗五升，中田一斗，下田七升。四年，貸廬州民錢萬緡，以買耕牛。

五年五月，立《守令墾田殿最格》，殘破州縣墾田增及一分，郡守升三季名次，增及九分，遷一官；虧及一分，降三季名次，虧及九分，鐫一官。縣令差減之。增虧各及十分者，取旨賞罰。其後以兩淮、荆湖等路民稍復業，而曠土尚多，戶部復立格上之：每州增墾田千頃，縣半之，守宰各進一秩；州虧五百頃，縣虧五之一，皆展磨勘年。詔頒之諸路。增，謂荒田開墾者；虧，謂熟田不因災傷而致荒者。又令縣具歸業民數及墾田多寡，月上之州，州季上轉運，轉運歲上戶部，戶部置籍以考之。七月，都督行府言：潭、鼎、岳、澧、荆南歸業之民，其田已佃者，以附近閑田與之，免三年租稅；無產願受閑田者，亦與之。上諭輔臣曰：淮北之民襁負而至，亦可給田，以廣招徠之意。

六年，減江東諸路逃田稅額。知平江府章誼言：民所甚苦者，催科無法，稅役不均。彊宗巨室阡陌相望，而多無稅之田，使下戶爲之破產。乞委通判一員均平賦役。九年，宗正少卿方庭實言：中原士民奔迸南州，十有四年，出違十年之限及流徙僻遠卒未能歸者，望詔有司別立限年。戶部議：自新復降赦日爲始，再期五年，如期滿無理認者，見佃人依舊承佃。中原士民流寓東南，往往有墳墓，或官拘籍，或民冒占，便行給還。從之。十一年，復買牛貸淮南農戶。

同上 〔紹興二十七年〕三月，戶部言：蜀地狹人夥，而京西、淮南膏腴官田尚多，乞許人承佃官貸牛、種，八年乃償。並邊免租十年，次邊半之，滿三年與其業。願往者給據津發。上曰：善。但貧民乍請荒田，安能便得牛、種？若不從官貸，未免爲虚文，可令相度支給。四月，通判安豐軍王時升言：淮南土皆膏腴，然地未盡闢，民不加多者，緣豪強虚占良田，而無徧耕之力；流民襁負而至，而無開耕之地。望凡荒閑田許人剗佃。戶部議：期以二年，未墾者卽如所請；京西路如之。詔以時升爲司農寺丞。十月，用御史中丞湯鵬舉言，離軍添差之人，授以江、淮、湖南荒田，人一頃，爲世業。所在郡以一歲奉充牛、種費，仍免租稅十年，丁役二十年。

二十八年，王之望言：去年分遣官詣經界不均縣裁正，今已迄事。此後吏民尚敢扇搖以疑百姓者，乞重寘於法。從之。二十九年，知潭州魏良臣言：本州歸業之民，以熟田爲荒，不輸租。今令結甲輸稅，自明年始，不實，許人告，以其田賞之。戶部議：期踰百日，依匿稅法。詔可。三十年，初令純州平江縣民實田輸稅，畝輸米二升四合。

孝宗隆興元年，詔：凡百姓逃棄田宅，出二十年無人歸認者，依戶絶法。乾道元年正月，都省言：淮民復業，宜先勸課農桑。令、丞植桑三萬株至六萬株，守、倅部內植二十萬株以上，並論賞有差。二月，三省、樞密院言：歸正人貧乏者散居兩淮，去冬淮民種麥甚廣，逃亡未歸，無人收穫。詔諸郡量口均給，其已歸業者毋例擾之。四年，知鄂州李椿奏：州雖在江南，荒田甚多，請佃者開墾未幾，便起毛稅，度田追呼，不任其擾，旋即逃去。今欲召人請射，免稅三年；三年之後爲世業，三分爲率，輸苗一分，更三年增一分，又三年全輸。歸業者別以荒田給之。又詔楚州給歸正人田及牛具、種糧錢五萬緡。

同上 ［乾道］七年二月，知揚州晁公武奏：朝廷以沿淮荒殘之久，未行租稅，民復業與創戶者，雖阡陌相望，然聞之官者十纔二三，咸懼後來稅重。昔晚唐民務稼穡則增其租，故播種少；吳越民墾荒田而不加稅，故無曠土。望詔兩淮更不增賦，庶民知勸。詔可。十月，司馬伋請勸民種麥，爲來春之計。於是詔江東西、湖南北、淮東西路帥漕，官爲借種及諭大姓假貸農民廣種，依賑濟格推賞，仍上已種頃畝，議賞罰。九年，王之奇奏增定力田賞格，募人開耕荒田，給官告綾紙以備書填，及官會十萬緡充農具等用。以種糧不足，又詔淮東總領所借給稻三萬石。

淳熙五年，詔：湖北佃戶開墾荒田，止輸舊稅。若包占頃畝，未悉開耕，詔下之日，期以二年，不能偏耕者拘作營田，其增稅、刻佃之令勿行。六年五月，提舉浙西常平茶鹽顏師魯奏：設勸課之法，欲重農桑、廣種植也。令鄉民於己田連接閒曠磽确之地，墾成田園，用力甚勤。或以未陳起稅，爲人所訟，即以盜耕罪之，何以勸力田哉？止宜實田起稅，非特可戢告訐之風，亦見盛世重農之意。詔可。十有一月，臣僚奏：比令諸路帥、漕督守令勸諭種麥，歲上所增頃畝。然土有宜否，湖南一路唯衡、永等數郡宜麥，餘皆文具。望止諭民以時播種，免其歲上增種之數，庶得勸課之實。

七年，復詔兩浙、江、淮、湖南、京西路帥、漕臣督守令勸民種麥，務要增廣。自是每歲如之。八年五月，詔曰：迺者得天之時，蠶麥既登，及命近甸取而視之，則穟短繭薄，非種植風厲之功有所未至歟？朕將稽勤惰而詔賞罰焉。是歲連雨，下田被浸，詔兩浙諸州軍與常平司措置，再借種糧與下戶播種，毋致失時。十有一月，輔臣奏：田世雄言，民有麥田，雖墾無種，若貸與貧民，猶可種春麥。臣僚亦言，江、浙旱田雖已耕，亦無麥種。於是詔諸路帥、漕、常平司，以常平麥貸之。

先是，知揚州鄭良嗣言：兩淮民田，廣至包占，多未起稅。朝廷累限展首，今限滿適旱，乞更展一年。詔如其請。九年，著作郎袁樞振兩淮還，奏：豪民占田不知其數，二稅既免，止輸穀帛之課。力不能墾，則廢爲荒地；他人請佃，則以疆界爲詞，官無稽考。是以野不加闢，戶不加多，而郡縣之計益窘。望詔州縣畫疆立券，占田多而輸課少者，隨畝增之；其餘閑田，給與佃人，庶幾流民有可耕之地，而田萊不至多荒。

同上 淳祐二年九月，赦曰：四川累經兵火，百姓棄業避難，官以其曠土權耕屯以給軍食，及民歸業，占據不還。自今凡民有契券，界至分明，所在州縣屯官隨即歸還。其有違戾，許民越訴，重罪之。

六年，殿中侍御史兼侍講謝方叔言：豪強兼并之患，至今日而極，非限民名田有所不可，是亦救世道之微權也。國朝駐蹕錢塘，百有二十餘年矣。外之境土日荒，內之生齒日繁，權勢之家日盛，兼并之習日滋，百姓日貧，經制日壞，上下煎迫，若有不可爲之勢。所謂富貴操柄者，若非人主之所得專，識者懼焉。夫百萬生靈資生養之具，皆本於穀粟，而穀粟之產，皆出於田。今百姓膏腴皆歸貴勢之家，租米有及百萬石者；小民百畝之田，頻年差充保役，官吏誅求百端，不得已，則獻其產於巨室，以規免役。小民田日減而保役不休，大官田日增而保役不及。以此弱之肉，彊之食，兼并浸盛，民無以遂其生。於斯時也，可不嚴立經制以爲之防乎？

同上 ［淳祐］十一年九月，赦曰：監司、州縣不許非法估籍民產，戒非不嚴，而貪官暴吏，往往不問所犯輕重，不顧同居有分財產，壹例估籍，殃及平民。或戶絕之家不與命繼；或經陳訴許以給還，輒假他名支破，竟成乾沒；或有典業不聽收贖，遂使產主無辜失業。違戾官吏，重寘典憲。是歲，信常饒州、嘉興府舉行經界。

同上 ［紹興］二十三年，諫議大夫史才言：浙西民田最廣，而平時無甚害者，太湖之利也。近年瀕湖之地，多爲兵卒侵據，累土增高，長堤彌望，名曰壩田。旱則據之以溉，而民田不沾其利；潦則遠近泛濫，不得入湖，而民田盡沒。望盡復太湖舊迹，使軍民各安，田疇均利。從之。二十四年，大理寺丞周環言：臨安、平江、湖、秀四州下田，多爲積水所浸。緣溪山諸水併歸太湖，自太湖分二派：東南一派由松江入于海，東北一派由諸浦注之江。其沿江泄水，惟白茅一浦最大。今泥沙淤塞，宜決浦故道，俾水勢分派流暢，實四州無窮之利。詔兩浙漕臣視之。

二十八年，兩浙轉運副使趙子潚、知平江府蔣璨言：太湖者，數州之巨浸，而獨洩以松江之一川，宜其勢有所不逮。是以昔人於常熟之北開二十四浦，疏而導之江；又於崑山之東開一十二浦，分而納之海。三十六浦後爲潮汐沙積，而開江之卒亦廢，於是民田有淹沒之患。天聖間，漕臣張綸嘗於常熟、崑山各開衆浦；景祐間，郡守范仲淹亦親至海浦，濬開五河；政和間提舉官趙霖復嘗開濬。今諸浦湮塞，又非前比，計用工三百三十餘萬，錢三十三萬餘緡，米十萬餘斛。於是詔監察御史任古復視之。既而古至平江言：常熟五浦通江誠便，若依所請，以五千功，月餘可畢。詔以激賞庫錢、平江府上供米如數給之。二十九年，子潚又言：父老稱福山塘與丁涇地勢等，若不濬福山塘，則水必倒注于丁涇。乃命併濬之。

隆興二年八月，詔：江、浙水利，久不講修，勢家圍田，堙塞流水。諸州守臣按視以聞。於是知湖州鄭作肅、知宣州許尹、知秀州姚憲、知常州劉唐稽並乞開圍田，濬港瀆。詔湖州委朱夏卿，秀州委曾愭，平江府委陳彌作，常州、江陰軍委葉謙亨，宣州、太平州委沈樞措置。九月，刑部侍郎吳芾言：昨守紹興，嘗請開鑑湖廢田二百七十頃，復湖之舊，水無泛溢，民田九千餘頃，悉獲倍收。今尚有低田二萬餘畝，本亦湖也，百姓交佃，畝直纔兩三緡。欲官給其半，盡廢其田，去其租。戶部請符浙東常平司同紹興府守臣審細標遷。從之。

同上 開禧二年，以淮農流移，無田可耕，詔兩浙州縣已開圍田，許元主復圍，專召淮農租種。嘉定三年，臣僚言：竊聞豪民巨室並緣爲姦，加倍圍裏，又影射包占水蕩，有妨農民灌溉。於是復詔浙西提舉司俟農隙開掘。七年，復臨安府西湖舊界，盡蠲歲增租錢。十七年，臣僚言：越之鑑湖，溉田幾半會稽，興化之木蘭陂，民田萬頃，歲飲其澤。今官豪侵占，塡淤益狹。宜戒有司每歲省視，厚其瀦蓄，去其壅底，毋容侵占，以妨灌溉。皆次第行之。

同上 ［紹興］三十二年九月，趙子潚言：浙西、江東、淮東沙田，往年經量，有不盡不實處，爲人戶包占。期以今冬自陳，給爲己業，與免租稅之半；過期許人告，以全戶所租田賞之。其蘆場量立輕租。詔以馮方措置。十有一月，方滋疏論沙田。上問：沙田或以爲可取，或以爲可捐。陳康伯等奏：君子小人，各從其類。小人樂於生事，不惜爲國斂怨；君子務存大體，唯恐有傷仁政，所以不同。上然之，命止前詔勿行。

同上 淳熙元年，臣僚言：出賣官田，二年之間，三省、戶部困於文移，監司、州郡疲於出賣。上下督責，不爲不至，始限一季，繼限一年，已賣者纔十三，已輸者纔十二。蓋買產之家，無非大姓。估價之初，以上色之產，輕立價貫，揭榜之後，率先投狀；若中下之產，無人屬意，所立之價，輕重不均。莫若且令元佃之家著業輸租，歲猶可得數十萬斛。從之。六年，詔諸路轉運、常平司，凡沒官田、營田、沙田、沙蕩之類，復括數賣之。紹熙四年，以臣僚言住賣。慶元元年八月，江東轉運提舉司以紹熙四年住賣以後續沒官田，依鄉價復召人承買，以其錢充常平糴本。十有一月，余端禮、鄭僑言，福建地狹人稠，無以贍養，生子多不舉。福建提舉宋之瑞乞免鬻建、劍、汀、邵沒官田，收其租助民舉子之費，詔從之。四年，詔諸路召賣不行田，覆實減價，其沙礫不可耕處除之。

《宋史》卷一七四《食貨上二》 方田

神宗患田賦不均，熙寧五年，重修定方田法，詔司農以《方田均稅條約幷式》頒之天下。以東西南北各千步，當四十一頃六十六畝一百六十步，爲一方；歲以九月，縣委令、佐分地計量，隨陂原平澤而定其地，因赤淤黑壚而辨其色；方量畢，以地及色參定肥瘠而分五等，以定稅則；至明年三月畢，揭以示民，一季無訟，即書戶帖，連莊帳付之，以爲地符。

均稅之法，縣各以其租額稅數爲限，舊嘗收蹙奇零，如米不及十合而收爲升，絹不滿十分而收爲寸之類，今不得用其數均攤增展，致溢舊額，凡越額增數皆禁。若瘠鹵不毛，及衆所食利山林、陂塘、溝路、墳墓，皆不立稅。

凡田方之角，立土爲埄，植其野之所宜木以封表之。有方帳，有莊帳，有甲帖，有戶帖；其分煙析產、典賣割移，官給契，縣置簿，皆以今所方之田爲正。令既具，乃以濟州鉅野尉王曼爲指教官，先自京東路行之，諸路倣焉。六年，詔土色分五等，疑未盡，下郡縣物其土宜，多爲等以期均當，勿拘以五。七年，京東十七州選官四員，各主其方，分行郡縣，以三年爲任。每方差大甲頭二人、小甲頭三人，同集方戶，令各認步畝，方田官驗地色，更勒甲頭、方戶同定。諸路及開封府界秋田災傷三分以上縣權罷，餘候農隙。河北西路提舉司乞通一縣災傷不及一分勿罷。

元豐五年，開封府言：方田法，取稅之最不均縣先行，卽一州而及五縣，歲不過兩縣，今府界十九縣，准此行之，十年乃定。請歲方五縣。從之。其後歲稔農隙乃行，而縣多山林者或行或否。八年，帝知官吏擾民，詔罷之。天下之田已方而見於籍者，至是二百四十八萬四千三百四十有九頃云。

崇寧三年，宰臣蔡京等言：自開阡陌，使民得以田私相貿易，富者恃其有餘，厚立價以規利，貧者迫於不足，薄移稅以速售，而天下之賦調不平久矣。神宗講究方田利害，作法而推行之，方爲之帳，而步畝高下丈尺不可隱；戶給之帖，而升合尺寸無所遺；以賣買，則民不能容其巧；以推收，則吏不能措其姦。今文籍具在，可舉而行。詔諸路提舉常平官選官習熟其法，諭州縣官吏各以豐稔日推行，自京西、河北兩路始。四年，指教官每三縣加一員，點檢官每路二員。未幾，詔諸路添置指教官不得過三員，又不專差點檢官，從提舉司於本路見任人內選差。五年，詔罷方田。大觀二年，復詔行之，四年罷，其稅賦依未方舊則輸納。十一月，詔：方田官吏非特妄增田稅，又兼不食之山方之，俾出芻草之直，民戶因時廢業失所。監司其悉改正，毋失其舊。

政和三年，河北西路提舉常平司奏：所在地色極多，不下百數，及至均稅，不過十等。第一等雖出十分之稅，地土肥沃，尚以爲輕；第十等只均一分，多是瘠鹵，出稅雖少，猶以爲重。若不入等，則積多而至一頃，止以柴蒿之直，爲錢自一百而至五百，比次十等，全不受稅；既收入等，但可耕之地便有一分之稅，其間下色之地與柴蒿之地不相遠，乃一例每畝均稅一分，上輕下重。欲乞土色十等如故外，卽十等之地再分上、中、下三等，折畝均數。謂如第十等地每十畝合折第一等一畝，卽十等之上，受稅十一，不改元則；十等之中，數及十五畝，十等之下，數及二十畝，方比上等受一畝之稅，庶幾上下輕重皆均。詔諸路概行其法。五年，福建、利路茶戶山園，如鹽田例免方量均稅。

宣和元年，臣僚言：方量官憚於跋履，並不躬親，行纏拍埄、驗定土色，一付之胥吏。致御史臺受訴，有二百餘畝方爲二十畝者，有二頃九十六畝方爲一十七畝者，虔之瑞金縣是也。有租稅十有三錢而增至二貫二百者，有租稅二十七錢則增至一貫四百五十者，虔之會昌縣者是也。望詔常平使者檢察。二年，遂詔罷之。民因方量流徙者，守令招誘歸業；荒閑田土，召人請佃。自今諸司毋得起請方田。諸路已方量者，賦稅不以有無訴論，悉如舊額輸納；民逃移歸業，已前逋欠稅租，並與除放。

元·馬端臨《文獻通考》卷四《田賦四》 宋太祖皇帝建隆二年，遣使度民田。周末遣使度田不實，至是上精擇其人，仍加戒飭。未幾，館陶令坐括田不實，杖，流海島，人始知畏。

五代以來，常檢視見墾田以定歲租，吏緣爲姦，稅不均適。由是百姓失業，田多荒萊。上憫之，乃詔禁止。許民闢土，州縣無得檢括，止以見佃爲額。

止齋陳氏曰：按孔氏《闕里誌》云，先是，歷代以聖人之後，不預庸調。至周顯德中，遣使均田，遂抑爲編戶。又按太平興國中，遣左補闕王永、太僕寺丞高象先均福建田稅，歲蠲僞閩錢五千三百二十一貫，米七萬一千四百餘石。用知周朝均田，孔氏抑爲編戶，本朝至蠲僞閩之斂以數千萬計，以其政之寬猛，足以卜其受命之長短矣。

又命課民種樹，每縣定民籍爲五等。第一等種雜樹百，每等減二十爲差，桑棗半之。令、佐春秋巡視，宣州、言州境無隙地，種蒔慮不應。詔旨乃令諸州隨風土廣狹，不宜課藝者，不須責課。太平興國二年，又禁伐桑棗爲薪。

遣使監輸民租，懲五代藩鎮重斂之弊，閣式等坐。監輸增羨，貶杖，常盈倉，吏以多入，民租棄市。

同上 淳化元年，詔江南兩浙，承僞制重賦流亡田廢者，宜令諸州籍頃畝之數，均其賦，減十分之三，以爲定制。召游民勸其耕種，給復五年，州縣厚慰撫之。

淳化四年，詔曰戶口之數，悉載於版圖，軍國所資，咸出於租調。近年賦稅減耗，簿書糾紛，州縣之吏非其人，土地之宜不盡出，小民因以多辟，下吏緣而爲姦，乃有匿比舍而稱逃亡，挾他名而冒耕墾，征役不均於苦樂，收斂未適於輕重，宜示詢求以究情僞。今諸路知州通判限詔到具，如何均平賦稅、招輯流亡、惠卹鰥窮、窒塞姦倖，及民間未便等事，限一月，附疾置以聞。

先時知封邱縣竇玭上言，畿甸民苦稅重，兄弟既壯乃析居，其田畝聚稅於一家卽棄去。縣案所棄地除其租，已而匿他舍，及冒名佃作，願一切勘責。上頗聞其弊，乃賞擢玭俾案察京畿諸縣田租。玭專務苛刻，以求課最，民實逃亡者，亦搜索於鄰里親戚家，益造新籍，甚爲煩擾，凡數月罷之。

同上 ［至道元年］六月，詔曰：近歲以來，天災相繼，民多轉徙，田卒汙萊，招誘雖勤，逋逃未復，宜申勸課之旨，更示蠲復之恩。應州縣曠土，並許民請佃爲永業，仍蠲三歲租，三歲外輸二分之一，州縣官吏勸民墾田之數，悉書於印紙，以俟旌賞。

開封府言，京畿十四縣，自今年二月以前，民逃者一萬二百八十五戶，訪聞多有坐家申逃及買逃戶，桑土不盡輸稅，以本戶挾佃詭名，妄破官租，及侵耕冒佃，近居遙佃，妄稱逃戶，并以已租妄保於逃籍者。詔殿中丞王用和等十四人，分行檢視，限一月，許其首露，不復收所隱之稅。詔下，歸業者甚衆。

同上 ［至道］二年，以陳靖爲勸農使。靖時爲直史館，上言曰：謹按天下土田，除江、淮、湖、湘、浙右、隴、蜀、河東等處，地里夐遠，雖加勸督，未能遽獲其利。古者強榦弱枝之法，必先富實於內。今京畿周環三二十州，幅員數千里，地之墾者，十纔一二，稅之入者，又十無五六，復有匿里舍而稱逃亡，棄耕農而事游惰。逃亡既衆，則賦稅歲減，而國用不充，斂收科率，無所不行矣。游惰既衆，則地利歲削，而民食不足，寇盜殺傷，無所不至矣。臣望擇大臣一人，有深識遠略者，兼領大司農事，典領於中；又於郎官中，選才智通明能撫字役衆者，爲副執事於外，皆自京東京西，擇其膏腴未耕之處，申以勸課。臣又嘗奉使四方，深見民田之利害，汙萊極目，膏腴坐廢。亦加詢問，頗得其由。皆詔書累下，許民復業，蠲其租調，寬以歲時。然鄉縣之閒，擾之尤甚，每一戶歸業，則刺報所由。朝耕尺寸之田，幕入差徭之籍，追胥責問，繼踵而來，雖蒙蠲其常租，實無補於損益。況民之流徙，始由貧困，或避私債，或逃公稅，亦既亡遁，則鄉里檢其資財，至於室廬、什器、桑棗、材木，咸計其直。或鄉官用以輸稅，或債主取以償逋，生計蕩然。還無所詣，以玆浮蕩，絕意歸耕。如授臣斯任，則望備以閑曠之田，廣募游惰之輩，誘之耕墾，未計賦稅，許令別置版圖，便宜從事。耕桑之外，更課令益種雜木、蔬果，孳畜羊犬、雞豚，給授桑土，潛擬井田，營造室居，使立保伍，逮於養生送死之具、慶弔問饋之資。咸俾經營，並令條制。俟至三五年閒，生計成立，戀家懷土，卽計戶定征，量田輸稅，以司農新附之名籍，合計府舊收之簿書。斯實敦本化人之宏量也。若民力有不足，官借緡錢，或以市餱糧，或以營耕具。凡此給受，委於司農。比及秋成，乃令償直，依時折估，納之於倉，以成數開白戶部。上覽之，喜謂宰相曰：靖此奏，甚有理，可舉而行之，正朕之本意。因召對獎諭，令條對以聞。靖又言，逃民復業，及浮客請佃者，委農官勘驗以給授田土，收附版籍，州縣未得議其差役。其乏糧種、耕牛者，令司農以官錢給借，其田驗肥瘠，爲三品：上田，人授百畝；中田，百五十畝；下田，二百畝；並五年後收其租，亦只計百畝，十收其二。其室廬、蔬韭及桑棗、榆柳種藝之地，每戶及十丁者，給百五十畝；七丁者，百畝；五丁，七十畝；三丁，五十畝；二丁，三十畝；除桑功，五年後計其租，餘悉蠲。令常參官於幕職州縣中各舉所知一人堪任司農丞者，分授諸州通判，即領農田之務。又慮司農官屬分下諸州，或張皇紛擾，其事難成。望許臣領三五官吏於近甸寬鄉，設法招攜。俟規畫既定，四方游民必盡麇至，乃可推而行之。呂端曰：靖所立田制，多改舊法，又大費資用，望以其狀付有司詳議。乃詔鹽鐵使陳恕等共議，請如靖之奏。乃詔，以靖爲勸農使，按行陳、許、蔡、潁、襄、鄧、唐、汝等州，勸民墾田，以大理寺丞皇甫選、光祿寺丞何亮副之。選、亮上言，功難成，願罷其事。上志在勉農，猶詔靖經度。未幾，三司以爲費官錢多，萬一水旱，恐遂散失，其事遂寢。

按，靖所言與元魏孝文時李安世之策略同，皆是官取荒閑無主之田，以授民。但安世則倣井田，立還授之法，而此則有授無還。又欲官給牛種等物貸之，而五年後方收其租，責其償，此所以費多而難行。然前乎此，有至道元年之詔，後乎此，咸平二年之詔。至道之詔，勸誘之詞意墾切；咸平之詔，關防之規畫詳明。雖不必如靖所言，張官置吏，計口給田，多費官錢，而自足以收勸農之效矣。

同上 眞宗咸平二年，詔曰：前許民戶請佃荒田，未定賦稅。如聞拋棄本業，一向請射荒田，宜令兩京諸路曉示，應從來無田稅者，方許請射。係官荒土及遠年落業荒田，候及五年，官中依前敕，於十分內定稅二分，爲永額。如見在莊田土窄，願於側近請射，及舊有莊產、後來逃移已被別人請佃，礙敕無路歸業者，亦許請射。州縣別置籍鈔土逐季聞奏。其官中放收要用田土，及係帳逃戶莊園有主荒田，不得誤有給付。如拋本業抱稅東西，改易姓名，妄求請射者，即押歸本貫勘斷請田戶，吏長常切安撫，不得攪擾。

咸平六年，廣西轉運使馮瑾上言，廉橫賓白州，民田雖耕墾，未嘗輸送。已命官檢括，令盡出常租。上曰：遐方之人，宜省徭賦，亟命停罷。

同上 大中祥符五年，上以江淮兩浙路稍旱卽水田不登，乃遣使就福建取占城稻三萬斛，分給三路爲種，擇民田之高仰者蒔之。蓋旱稻也。內出種法，令轉運司揭榜示民，其稻比中國者，穗長而無芒，粒差小，不擇地而生。

六年，知濟州呂夷簡請免稅河北農器，詔諸路農器悉免輸算。

天禧四年，詔諸路提點刑獄朝臣爲勸農使，使臣爲副使，取民籍，視其差等，不如式者，懲革之。勸卹農民，以時耕墾，招集逃散，檢括陷稅，凡農田事悉領焉。自景德中，置勸農之名，然無職局。至是，始置局案，鑄印給之。

元・馬端臨《文獻通考》卷五《田賦五》 紹聖元年，臣僚言：元祐敕典賣田宅，徧問四鄰，乃於貧而急售者有害，乞用熙寧元豐法，不問鄰，以便之。應問鄰者，止問本宗有服親。及墓田相去百戶內，與所斷田宅接者，仍限日以節其遲。宋初，亦有問親鄰之法。徽宗崇寧三年，宰臣蔡京等請復行方田，從之。推行自京西北兩路始。

四年，尚書省言，諸妄說方田條法，扇惑愚民，致賤價賣斷田業，或毀伐桑柘者，杖以曉衆。從之。監察御史宋聖寵言，元豐方田之法廢且二十年，猾吏毀去案籍，豪民毀壞埄界，乞按視補葺。詔行下。

同上 高宗紹興元年，江西、湖南宣撫大使朱勝非言，民間之病，正稅外科敷煩重，稅米一斛，有輸至五六斛，稅錢一緡，有輸及十八緡者，和糴與正稅等，而未嘗支錢，他皆類此。又言，輸苗請以限前，聽民從便，納早占米充支用，從之。江東帥臣李光言，廣德縣秋苗，舊納水陽鎮，鄉民憚遠，乞每一石貼三斗七升充脚剩，就本軍送納。自是，立爲年額，詔蠲其半。

同上 ［高宗紹興］七年，知揚州晁公武言，朝廷以沿淮荒殘，未行租稅，民復業與創戶者，雖阡陌相望，懼後來稅重，聞之官者十纔見一二。昔晚唐民務稼穡，則增其租，故播種少；吳越民墾荒田，而不加稅，故無曠土。望詔兩淮更不增賦，庶民知勸。詔可。

同上 紹興三年，戶部言，人戶拋棄田產，已詔三年外許人請射，十年內雖已請射及撥充職田者，並聽理認歸業。官司占田不還，許越訴。如孤幼兒女及親屬，依例合得財產之人，委守令面問來歷，取索契照。如無契照，句勒耆保、鄰佐，照證得實，卽時給付。或僞冒指占者，論如律。如州縣沮抑，及奉行不虔，隱匿曉示，委監司按治。從之。紹興二年，工部侍郎李擢言，平江府東南有逃田，湖浸相連，塍岸久廢，歲失四萬三千餘斛。乞招誘流民，疏導耕墾，其不可卽工者，蠲其額。又郡民之陷虜者，棄田三萬六千餘頃，皆掌以舊佃戶，諸縣已立定租課，許以二年歸業。圭田瘠薄，民以舊籍爲病，願除其不可耕之田，損其已定過多之額，後皆次第行之。此經界張本也。

十二年，左司員外郎李椿年言，經界不正，十害：一侵耕失稅；二推割不行；三衙門及坊場戶虛供抵當；四鄉司走弄稅名；五詭名寄產；六兵火後稅籍不失，爭訟日起；七倚閣不實；八州縣隱賦多，公私俱困；九豪猾戶自陳，詭籍不實；十逃田稅偏重，人無肯售。經界正，則害可轉爲利。且言平江歲入，昔七十萬斛有畸；今按籍雖三十萬斛，然實入纔二十萬斛耳。詢之土人，皆欺隱也。望考按覈實，自平江始，然後施之天下，則經界正，而仁政行矣。椿年嘗知寧國縣，宣諭使劉大中薦其練習民事，稽考稅額，各有條理。五年秋九月召對，椿年奏州縣不治在不得人，若於二稅稍加措置，不至大陷，用度自足。尋通判洪州，屢遷浙東提舉。八年春三月，三省奏台州有匿名書，稱椿年刻薄等事，欲率衆作過。上曰兵火以來，官物多失陷。旣差官檢察，若稍留心，便生謗毀。此必州縣吏所爲。萬一作過，當遣兵勦殺，後卒無事，至是乃建此議。上謂宰執曰，椿年之論，頗有條理。秦檜曰，其說簡易可行。程克俊曰，比年百姓避役，止緣經界不正，行之乃公私之利。翌日，甲午，以椿年爲兩浙運副，專委措置經界。椿年條畫來上，請先往平江諸縣。朱熹所謂先自其家田上量起者是也。俟其就緒，卽往諸州。要在均平，爲民除害，更不增稅額。如水鄉秋收後，妄稱廢田者，許人告。陂塘塍埂之壞於水者，官借錢以修之。縣令丞之才短者，聽易。置圖寫墟畝，選官按覆。令各戶各鄉造砧基簿，仍示民以賞罰，開諭禁防，靡不周盡。吏取財者，論如法。

詔：人戶田產多有契書，而今來不上砧基簿者，皆沒官。又詔州縣租稅簿籍，令轉運司降樣行下眞謹書寫，如細小草書，官吏各科罪，其簿限一日改正。有欺弊者，依本法，並用椿年請也。

初，椿年置經界局於平江府，守臣周葵問之曰，公今欲均賦邪，或遂增稅也。椿年曰，何敢增稅。葵曰，苟不欲增，胡爲言本州七十萬斛。椿年曰，當用圖經三十萬斛爲準。

倉部員外郎王循友言，國家平昔漕江淮荆浙六路之粟六百二十餘萬，加以和糴。而近歲上供，纔二百八十餘萬。兩浙膏腴沃衍，無不耕之土，較之舊額亦虧五十萬石。此蓋稅籍欺隱、豪強詭挾所致。比漕臣建議正經界，朝廷從之。望勅諸路漕臣，各根檢稅籍。

十四年，椿年權戶部侍郎，仍舊措置經界。十二月，椿年以母憂，罷兩浙運副，王鈇權戶部，措置經界。

十七年，李椿再權戶部侍郎，專一措置經界。自椿年去位，有司稍罷其所施行者。及是免喪還朝，復言兩浙經界已畢者，四十縣。其未行處，若止令人戶結甲，慮形勢之家，尚有欺隱，乞依舊圖畫造簿。本所差官覆實先了，而民無爭訟者，推賞；弛慢不職者，劾奏。皆從之。椿年又言，已打量及用砧基簿計四十縣，乞結絕其餘。未打量及不曾用砧基簿，止令結甲縣分，欲展期一月，許人戶首責。昨已起新稅，依額理納，俟打量寬剩畝角，即行均減，更不增添稅額。仍令都內人各書詣實狀，遇有兩爭，即對換產稅，並詔可。

十九年，詔汀、漳、泉三州據見今耕種田畝，收納二稅。未耕種者，權行倚閣，昉行經界法於諸路。而劇盜何白旗擾汀漳諸郡，故有是旨。然汀在深山窮谷中，兵火之餘，舊籍無有存者，豪民漏稅，常賦十失五六，郡邑無以支吾。於是計口科鹽，大爲民害。是年冬十一月，經界之事始畢。

初，朝廷以淮東西、京西、湖北四路被邊，姑仍其舊。又漳、汀、泉三州未畢行。明年，詔瓊州、萬安、昌化、吉陽軍，海外土產瘠薄，已免經界，其稅額悉如舊。又瀘南帥臣馮檝抗疏論不便，於是瀘敘州長寧軍並免。渠果州廣安軍既行，亦復罷。自餘諸路州縣皆次第有成。二十一年，詔臨江軍王伯淮代還，言本州倚郭清江縣修德鄉，有稅錢四十餘貫，苗米四百餘石，人煙田產幷在筠州高安縣祈豐鄉，上項苗稅在經界法謂之寬佃，在鄉村謂之包套。經界既定，兩縣隨產認稅。於是清江有稅無田，高安有田無稅。清江不免以無田之稅，增均於元額之田；高安卽以無稅之田，減均於元額之稅。是高安得偏輕之利，清江得偏重之害矣。謹按國朝淳化癸巳歲詔，建臨江軍取筠之瀟灘鎭爲清江縣，割高安之建安、修德兩鄉，隸之新豐，與修德接壤，故有交鄉寬佃之弊。乞究實改正，詔委轉運盧奎措置。

同上 臣僚言，人戶廣占官田，量輸官賦，似爲過優。此議者所以開陳告之門，而欲從實起稅也。不思朝廷往日經界，獨兩淮、京西、湖北仍舊，蓋以四路被邊，土廣人稀，誘之使耕，猶懼不至。若復履畝而稅，孰肯遠徙力耕，以供上之賦哉。今湖北惟鼎澧，地接湖南，墾田猶多。自荊南、安復、岳鄂、漢沔，汙萊彌望猶昔，戶口稀少，且非土著，皆江南狹鄉百姓，老耄攜幼，遠來請佃，所籍田畝寬而稅賦輕也。若立限陳首，誘人告訐，恐於公家無一毫之補，而良民有無窮之擾矣。且當誘以開耕，不宜恐以增稅。使田疇盡闢，歲收滋廣。一遇豐稔年歲，以實邊，則漕運所省亦博。望依紹興十六年詔旨，以十分爲率，每年增額一分。或不願開耕，卽許退佃，期限稍寬，取之有漸，遠民安業，一路幸甚。

浙西提舉顏師魯奏，今鄉民閒於閑曠、磽确之地，積日累月，墾成田圍，用力甚勤，或未能以自陳起稅，爲人告首，卽以盜耕罪之，給半充賞。其何以勸力田者哉。上曰，農民開墾曠土，豈可以盜耕之法治之。可止。令打量起稅。

同上 隆興元年，詔應人戶拋下田屋，如有歸者，依舊主業。已請佃者，卽時推還。出二十年，無人歸認，依戶絕法。又詔，貧乏下戶，或因賦稅，或因饑饉逃亡，官司卽時籍其田土，致令不復歸業。今州縣申嚴赦文，五年之限，應歸業者，卽給還。

同上 紹興元年，臣僚言，諸路逃絕田產，自經界以來，今四十年，未聞一丁一戶復業。夏秋官課，州責之縣，縣責之保正長，其爲擾甚大。鄉村父老謂當春時，布種無一畝一角不耕之地，望下諸路縣道勒令鄉胥，指定逃田坐落，就令見耕種人請佃輸官。從之。

知漳州朱熹奏言，經界最爲民間莫大之利。紹興已推行處，圖籍尙存，田稅可考，貧富得實，訴訟不繁，公私兩便。獨漳、泉、汀三州未行，細民業去稅存，不勝其苦。而州縣坐失常賦，日朘月削，安可底止。臣不敢先一身之勞佚而後一州之利病，切獨任其必可行也。然行之詳，則足爲一定之法；行之略，則適滋他日之弊。故必推擇官吏，委任責成，打量畝步，算計精確，攢造圖帳，費從官給，隨產均稅，特許過鄉通戶均紐。庶幾百里之內，輕重齊同。本州有產田、有官田、有職田、有學田、有常租課田，名色不一，稅租輕重亦各不同。比來吏緣爲姦，實佃者或申逃閣，無田者反遭俵寄。今欲每田一畝，隨九等高下定計產錢幾文，而總合一州諸色稅租錢米之數，以產錢爲母，每一文納米幾何，只就一倉一庫受納。既輸之後，卻照元額分隸，爲省計，爲職田，爲學糧，爲常平，各撥入諸色倉庫。除二稅簿外，每三年，鄉造一簿，縣造都簿，通載田畝、產錢實數，送州印押，付縣收管。民有交易，對行批鑿，則版圖一定，而民業有經矣。又有廢寺閒田，爲人侵占，許本州召人承買，不惟田業有歸，亦免税賦失陷，又合韓愈氏人其人、廬其居之遺意。但此法之行，貧民下戶皆所深喜，然不能自達其情；豪家猾吏實所不樂，皆善爲辭說，以惑羣聽；賢士大夫之喜安靜厭紛擾者，又或不深察而望風沮怯，此則不能無虞。今已仲秋，向去農隙只有兩月，乞卽詔監司州郡施行。又貽書宰輔云，經界事講究亘細，本末不敢不盡，規畫措置十已八九。蓋以本州田税不均，州縣既失經常之入，至取所不應取之財，以足歲計。如縣科罰州賣鹽之類是也。上下莫能相正，窮民受害有不忍聞。若不經界，實無措手。先是漳、泉二州，被命相度，而泉州操兩可之說，朝廷疑焉。著作郎黄艾輪對又言之，且云今日以天下之大，公卿百官之衆，商量一經界，累年而不成。大於此者，若之何。上乃諭輔臣，令先行於漳州。明年春，詔漕臣陳公亮同熹協力奉行。南方地暖，農務既興，非其時也。熹猶冀嗣歲可行，益加講究。每謂經界半年可了，以半年之勞，而革數百年之弊，向後亦須五十年未壞。合令四縣作四樓，以貯簿籍；州作一樓，以貯四縣圖帳。條畫既備，徧榜郡境，細民知其不擾而利於己，莫不鼓舞。而貴家豪右占田隱税、侵漁貧弱者，胥爲異論以搖之。至有進狀言不便者，前詔遂格。閱兩月，熹請祠去，尋命持湖南使者節，猶以經界不行，自劾。議者惜之。

同上　嘉泰三年，知紹興府辛棄疾奏，州縣害農之甚者，六事。如輸納歲計有餘，又爲折變，高估趣納，其一也。往時有大吏爲郡四年多，取斗面米六十萬斛及錢百餘萬緡，別貯之倉庫，以欺朝廷，曰用此錢糴此米，還盜其錢而去。願明詔内外臺，察劾無赦。從之。

嘉定三年，江淮制置使黄度奏，福州長溪縣，去州七八百里，苗米不能至州送納，遂爲攬戶高價售鈔，縣又縱吏爲姦。請照紹興府新昌縣例，明許折納，縣以錢上之州，州置場糴米。從之。其後，諫議大夫鄭昭先奏，福州苟取十一縣輸納之贏，以補長溪折納之數。是僅免長溪一邑跋涉之勞，而使十一縣陰受侵漁之害。蓋米可無糴，錢可無出，而自足支遣。望嚴行約束，違者重坐之。

紹熙元年，臣僚言，古者賦租出於民之所有，不強其所無。如税絹出於蠶，苗米出於耕，是也。今一倍折而爲錢，再倍折而爲銀，銀愈貴，錢愈艱得，穀愈不可售。使民賤糴而貴折，則大熟之歲，反爲民害。願明詔州郡，凡多取而多折者，重寘於罰。從之。

慶元六年，臣僚言折科太重，名目不一，州則增省額以敷於縣，縣則增州額以敷於民，反覆細折，何啻三倍。民困重斂，莫此爲甚。詔戶部條約。

寍宗嘉定六年，監察御史倪千里言，民閒常賦，丈尺版籍，自有定數。今催科故存畸欠，異日卻追畸零或欠零，寸必納全尺，此畸税漏催之弊。帛之尺寸，米之合勺，剗刷根括，秋毫盡矣。乃於既足之餘，復有重催之害，一追再追，乞取浩瀚，此文引乞覓之弊。乞詔諸監司禁戢州縣措置更革，奉行不虔者，劾治。從之。

代輸　隆興二年，知贛州趙公稱，收到寬剩錢十萬餘緡，請爲民代輸今年夏税。乾道二年，知邵州李元老奏，節省剩錢五十餘貫，乞理納向後年分下戶税賦。

淳熙五年，知昭州王光祖將郡計餘剩，爲民送納夏料役錢。知隆興府張子顔，爲八縣人戶代輸二税舊欠。知江陰軍林元奮，將公使庫趲到錢，補足人戶所欠上供本色夏税。八年，知泉州程大昌奏，本州歲爲台信等州代納上供銀二萬四千兩，係常賦外白科，苦民特甚，蓋科取一害，先期預借一害，不給鈔或勒重納又一害。臣已措畫，爲民代輸。淳熙九年，一年上供銀數齊足，乞從今禁預借。及不卽給鈔者，官吏並坐之。許民越訴。十二年，知隆興府程叔達乞蠲淳熙十年未納苗税。其未納苗税，及上管分隸之數，自行管認。趙汝愚知太平州，鄭僑知建寍府，韓同卿知泰州，曾臬知婺州，宇文紹彭知太平州，任内俱撙節浮費，將州用錢爲下等人戶代輸，并補還各郡積欠税賦折帛等錢。諫議大夫鄭昭先言，諸路縣道抑令戶長代輸，逃絶之戶往往破家，詔申嚴禁戢。

畸零　淳熙六年，臨安府守臣吳淵言，準乾道令人戶納二税，每貫收朱墨錢二十文足，不成貫者，收十五文；不成百者，免收。今自九百九十文至一百文，例取十五文足，顯有不均。乞一百文收二文足，每一百增二文至七百文，省卽收十五文足。委是利民且不衝改條令。上曰，畸零税賦，納錢不及一貫者，皆貧民下戶，所當矜恤，乃從之。

《續通典》卷一《食貨一》　宋太祖建隆二年，遣使度民田，課民種樹，每縣定民籍爲五等，第一等種雜樹百，每等減二十爲差，桑棗半之；男女十歲以上種韭一畦，闊一步，長十步；乏井者，鄰伍共鑿之；令、佐春秋巡視，書其數，秩滿，第其課爲殿最。諸州各隨風土所宜，其不宜種藝者，不須責課。遇豐歲，則諭民謹葢藏，節費用，以備不虞。民伐桑棗爲薪者罪之，剝桑三工以上，爲首者死，從者流三千里；不滿三工者，爲首配役，從者徒三年。

至道元年詔曰，近歲以來，天災相繼，民多轉徙，田卒汙萊，招誘雖勤，逋逃未復。宜申勸課之旨，更示蠲復之恩，應州縣曠土並許民佃爲永業，仍蠲三歲租，三歲外輸二分之一。州縣官吏勸民墾田之數，悉書於印紙，以示旌賞。二年，陳靖言逃民復業及浮客請佃者，委農官勘驗以給授田土，收附版籍。州縣未得議其差役，其田制爲三品，以膏沃而無水旱之患者爲上品；雖沃壤而有水旱之患、埆瘠而無水旱之慮者爲中品；既埆瘠復患於水旱者爲下品。上田人授百畝，中田百五十畝，下田二百畝，並五年後收其租，亦只計百畝，十收其三。一家有三丁者，請加授田如丁數；五丁者，從三丁之制；七丁者，給五丁；十丁給七丁；至二十三十丁者，以十丁爲限。若寬鄉田多，卽委農官裁奪以賦之。其室廬蔬韭及棃棗榆柳種藝之地，每戶十丁者，給百五十畝；七丁者，百畝；五丁者，七十畝；三丁者，五十畝；不及三丁者，三十畝；除桑功，五年後計其租，餘悉蠲其課。詔以靖爲京西勸農使，按行陳、許、蔡、潁、襄、鄧、唐、汝等州，勸農墾田，以皇甫選、何亮副之。選、亮言，功難成，願罷之。事遂寢。寶儼曰，小畝步百，周之制也。中畝二百四十，漢之制也。大畝三百六十，齊之制也。今所用者，漢之中畝。

《續通典》卷二《食貨二》　孝宗隆興元年，詔：凡百姓逃棄田宅，出二十年無人歸認者，依戶絶法。乾道四年，知鄂州李椿奏：江南荒田甚多，請佃者開墾未幾便征稅，度田追呼，不任其擾，旋卽逃去。今欲召人請射，免稅三年，後爲世業。

同上　寍宗開禧元年，夔路轉運判官范蓀言，本路施黔等州荒遠，綿亘山谷，地曠人稀，其占田多者，須人耕墾，富豪之家，誘客戶舉室遷去。乞將皇祐官莊客戶逃移之法校定。凡爲客戶者，許役其身，毋及其家屬，凡典賣田宅，聽其離業，毋就租以充客戶。凡貸錢止憑文約交還，毋抑勒以爲地客。凡客戶身故，其妻改嫁者，聽其自便，女聽其自嫁。庶使深山窮谷之民，得安生理。嘉定閒，知婺州趙懇夫行經界於其州，整有倫序。後守魏文豹行之益力。於是向之上戶析爲貧下之戶，實田隱爲逃絶之田者，粲然可考。凡給甲冊、戶產簿、丁口簿、魚鱗圖、類姓簿二十三萬九千有奇，刱庫遷以藏之。歷三年而後，上其事於朝。八年，詔職田蠲放如民田，違者坐之。理宗淳祐二年，敕自今凡民有契券，界至分明，所在州縣屯官隨卽歸還。六年，殿中侍御史謝方叔言，豪強兼幷之患，至今而極。非限民名田有所不可，是亦救世道之微權也。今百姓膏腴，皆歸貴勢之家，租米有及百萬石者。小民百畝之田，頻年差充保役，則獻其產於巨室，以規免役。小民田日減，而保役不休；大官田日增，而保役不及，可不嚴立經制，以爲之防乎。去年，諫官嘗以限田爲說，朝廷付之悠悠，不知國用邊餉，皆仰和糴。然權勢多田之家，和糴不容以加之，保役不容以及之。乞諭臣僚論奏，使經制以定，兼並以塞。從之。

《續通志》卷一五二《食貨略一》　宋太祖建隆二年，遣使度民田。太宗端拱二年詔，興置方田，命知定州張永德等各兼方田都總管。

至道元年，詔州縣曠土，許民佃爲永業，蠲三歲租，三歲外輸二分之一。州縣官吏勸民墾田之數，悉書於印紙，以俟旌賞。

《續文獻通考》卷一《田賦一》　宋寧宗嘉定二年三月，禁兩淮官吏私買民田。

七月，命兩淮轉運司給諸州民麥種。十月，命兩淮轉運司給諸路民稻種。

先是孝宗乾道七年十月，司馬伋請勸民種麥，爲來春計。於是詔江東西、湖南北、淮東西路帥漕，官爲借種，幷諭大姓借貸，依振濟格推賞，仍上已種頃畝議賞罰。淳熙六年十一月，臣僚奏比令諸路帥漕督守，令勸諭種麥，歲上所增頃畝。然土有宜否，湖南一路惟衡、永等數郡宜麥，餘皆文具，望止。諭民以時播種，免其歲上增種之數，庶得勸課之實。七年，復詔兩浙、江淮、湖南、京西路帥漕臣督守令，勸民種麥，務要增廣。自是，每歲如之。八年十一月，輔臣奏田世雄言，民有麥田，雖墾無種，若貸與貧民，猶可種春麥。臣僚亦言江浙旱田，雖已耕，亦無麥種。於是詔諸路帥漕，常平司以常平麥貸之。至是，復有是詔。

同上　端平三年正月，詔勸農桑。

自孝宗乾道元年正月，都省言淮民復業，宜先勸課農桑。令丞植桑三萬株至六萬株，守倅部內植二十萬株以上，並論賞。至是，復有是詔。

嘉熙二年三月，詔四川帥臣招集流民復業，給種與牛。

至淳祐二年九月，敕曰，四川累經兵火，百姓棄業避難，官以其曠土，權耕屯以給軍食。及民歸業，占據不還。自今，凡民有契券明析者，所在州縣屯官隨即歸還，其有違戾，許民越訴，重罪之。

從之。

同上　［淳祐］六年，殿中侍御史謝方叔言，豪強兼併之患，請限民田。

方叔言，國朝駐蹕錢塘，百有二十餘年矣。外之境土日荒，内之生齒日繁。權勢之家日盛，兼併之習日滋。百姓日貧，經制日壞，上下煎迫，議者懼焉。夫百萬生靈生養之具，皆本於穀粟，而穀粟之産，皆出於田。今百姓膏腴，皆歸貴勢之家，租米有及百萬石者。小民百畝之田，頻年差充保役，官吏誅求百端，不得已則獻其産於巨室，以規免役。小民田日減，而保役不休；大家田日增，而保役不及。以此兼併寖盛，民無以遂其生。諫官嘗以限田爲説，朝廷付之悠悠。乞諭二三大臣，摭臣僚論奏行，使經制以定，兼併以塞，天下幸甚。

九年正月，詔兩淮、荆湖、沿江曠土，軍民從便耕種，秋成日，官司不得分收。制帥嚴勸諭覺察。

同上　宋自南渡後，兩淮、荆湖類多曠土。高宗紹興二十年四月，置力田科，募民耕兩淮田。二十六年四月，通判安豐軍王時升言，淮南土皆膏腴，而地未盡闢，民不加多者，緣豪強虚占良田，而無偏耕之力，流民襁負至，而無開耕之地也。請凡荒閑田，許人剗佃。戶部議以二年未墾者，即如所請。京西路如之。十月，用御史中丞湯鵬舉言，授離軍添差之人江淮湖南方田，人一頃爲世業，所在郡以一歲奉充牛種費，仍免租稅十年，丁役二十年。孝宗乾道四年，詔楚州給歸正人田及牛具種糧錢五萬緡。時知鄂州李椿奏，荒田請佃者，開墾未幾，便起毛稅。度田追呼，不任其擾，旋即逃去。今欲召人請射，免租三年，三年之後，爲世業。三分爲率，輸苗一分。更三年，增一分，又三年，全輸。歸業者，别以荒田給之。七年六月，詔兩淮墾田，毋創增稅賦。九年，淮南安撫使王之奇奏，增定力田賞格，募人開墾荒田，給官告綾紙，以備書填。及官會十萬緡，充、農具等用。以種糧不足，又詔淮東總領所借給稻三萬石。淳熙五年，詔湖北佃戶開墾荒田，止輸舊稅。若包占頃畝，未悉開耕，詔下之日，期以二年，不能偏耕者，拘作營田。其增稅剗田之令勿行。九年，著作郎袁樞奏，兩淮民占田不知其數。二稅既免，止輸穀帛之課，力不能墾，則廢爲荒地。他人請佃，則以疆界爲詞，官無稽考。是以野不加闢，戶不加多，而郡縣之計益窘。望詔州縣，畫疆立券，占田多而輸課少者，隨畝增之。至是，乃命從便耕種。

十一年，命信、常、饒州嘉興府舉行經界。

寶祐二年十二月，行自實法。

殿中侍御史吴燧言，州縣財賦版籍不明，近行經界既已中輟，欲令州郡下屬縣排定保甲，行自實法。詔先令兩浙、江東、湖南州軍行之。次年，帝問自實法施行何如。丞相謝方叔等奏，自實即經界遺意，惟當檢制吏姦，寬其限期，行以不擾而已。轉運副使高斯得曰，按《史記・秦始皇》三十一年，令民自實田，主上臨御，適三十一年，而異日書之史冊。自實之名，正與秦同。方叔大媿，即爲之罷。

六年五月，勸民耕廣西荒田，復其租。

廣南制置大使李曾伯言，廣西多荒田，民懼增賦不耕，乞許耕者，復三年租，後兩年減其租之半。守令勸墾闢多者，賞之。詔可。

雜録

《明清徽州社會經濟資料叢編》第二集　淳祐二年休寧李思聰等賣田、山赤契

休寧縣附産戶李思聰、弟思忠，同母親阿汪嫡議，情願將父□□存日置受得李舜俞祈［祁］門縣歸仁都土名大港山源，梨字壹□□［號］次夏田貳角四拾步，貳號忠田壹角，又四號山壹拾四畝。其四□［至］：東至大溪，西至大降，南至胡官人山，隨壟分水直下至大溪，北至□俞山，隨壟分水直上至大降，直下至大溪。今將前項四至内□山四水歸内，盡行斷賣與祈［祁］門縣歸仁都胡應辰名下，三面評議價錢官會拾柒界壹百貳拾貫文省［整］，其錢當□［立］契日一並交領足訖。其田、山今從賣後，一任受産人聞官，□祖舜元戶起割稅錢收苗爲業。其田、山内如有風水陰地，一任買主胡應辰從便遷葬，本家不在［再］占攔。今從出賣之後，如内外人占攔，並是出産人祇當，不及受産人之事。所有元典買上手赤契伍紙，隨契繳付受産人收執照會。今恐人心無信，立此斷賣田、山文契爲照。

淳祐貳年十月十五日　李思聰[押]

弟　李思忠[押]

母親　阿　汪[押]

見交錢人叔　李佘慶[押]

依口書契人　李文質[押]

今於胡應辰名下交領前項契內拾柒官會壹百貳拾貫文省前去足訖，其錢別更不立碎領，只此契後一領爲照。

同□年月日　李思聰[押]

弟　李思忠[押]

母親　阿　汪[押]

叔　李佘慶[押]【下殘】

同上　淳祐八年胡夢斗賣山赤契

武山鄉胡夢斗，今將尤昌下都如字源廿二號山壹段，東止田，西止降，南止王富山地，北止康如楫地。其山計叁畝，隨田其上止降。今將出賣與同鄉人李武成，三面平[評]議價錢十七界官會貳伯貫，其官鈔當日交領足訖。其山未賣已[以]前，不曾與家外人交易。其山係西排自有，康如楫□照□其上手並分付照證訖。如有四止不明，並是出產人知[祗]當。其契請業主行官納兌[稅]，起割稅錢入李武成戶供解。今恐人無信，立此賣契爲憑。

淳祐八年六月十五日　胡夢斗[押]

見交錢人　李敬孟[押]

今於李武成手交去賣尤昌下都馬槽塢西排山價□并錢足訖，別無碎領，只此一□[領]爲憑。

淳祐八年六月十五日　胡夢斗[押]

張傳璽《中國歷代契約會編考釋》南宋嘉定八年祁門縣吳拱賣山地契

録白附產戶吳拱，祖伸戶，有祖墳山一片，在義成都四保，塲字號項七仁後塢弍拾柒號尚[上]山在墳後高山，見作熟地一段，內取叁角，今將出賣與朱元興。係拱分，並買弟扞等分，共計一半，計價錢官會陸貫省。其山地東止高尖降及三保界，西止墳後山，元[原]買項七山長塢心爲界，北降。今從賣後，一任朱元興聞官受稅，鋤作，變種杉苗爲業。如有外人欄[攔]占，並是拱自祇[支]當，不及受產人之事。所有本戶元買張敏中並弟扞等官印親契，共計弍道，一並繳付朱元興執照。其契內別有照使，供[拱]即別立領於朱元興名下領去。今恐人心無信，立此賣契爲據。

嘉定捌年四月初一日　吳　拱[押]

今於契後批領：　項七仁後塢高山山地價錢前去足訖，並無少欠。今於契後批領爲照。

同前年月日　吳　拱[押]

助押契人　黃德和[押]

同上　南宋淳祐十二年徽州李從致賣山田契

歸仁都李從致、從卿、侄思賢等，今自情願將地名乾塘塢，係罪字號夏[下]山玖等拾玖號山肆畝；又民字拾壹號夏[下]田壹角貳拾步。其山東至胡文質地，西至壠，南至塢口自衆田，北至降。今來無錢支用，衆議將前項四至內山並田出賣與同里人胡南仕名下。叁面伻[評]值，價錢拾捌界壹百陸拾貫文省。其錢當立契日以[一]並交領足訖，不零少欠文分。其山地內即無新墳舊塚。今從出賣之後，已任買主聞官納完，遷做風水，收苗，永遠爲業。如有肆至不名[明]，如有內外人占欄[攔]，并是出產人祗[支]當，不涉受產之事。今恐人心無據，立此賣田文字爲照。

淳祐拾貳年柒月十五日　李從致[押]

李從卿[押]

李思賢　[押]

今於胡南仕名下領前項四至田山肆畝、田壹角貳拾步契內價錢拾捌界官會壹百陸拾貫，前去足訖，并無少欠。別不立碎領，只此契後壹領爲照。

同前月日　從　致[押]

從　卿[押]

思　賢[押]

見交錢人　李貴和[押]

同上　南宋寶祐三年祁門縣周文貴賣山地契

義成都周文貴，今自倩[情]願將本都六保地名中義橫坑宜字貳拾伍號夏[下]等山叁畝壹角弍拾步，其山東至降，西至塢心直出至田，南至周之發山，從小彎心至大石爲界，直上至降，北至埸及吳宅山。今將前項四至內山地並大小杉苗，一並出賣與休寧縣三十乙都張仲文名下。三面伻[評]值，價錢拾捌官會柒拾叁貫文省。其錢當立契日一并交收足訖，其契後更不批領。其山見經界本家戶下，其稅錢將來於文貴戶下起割。今從出賣之後，如有四至不明及內外人占攔，並是出產人之[支]當，不及受產人之事。今恐人心無信，立此賣契文字爲據。

寶祐叁年八月十五日　周文貴立

書契見交錢人　高元圭[押]

同上　南宋景定元年祁門縣徐勝宗賣山地契

義成都徐勝宗自　，分得土名　字　百玖拾九　壹畝，東止　上至降，下止田；西止李子宣高坵田，止　南至田。今無錢支用，願將前項四至內山地、地上杉苗盡行出賣歸仁都胡　應元名下。三面伻[評]議價錢拾捌界官會叁拾叁貫文省。其錢當立契日一並交收足訖，更不契後，立領帖，只憑契爲明。今從出賣之後，一任買主聞官割稅，收苗管業。如有四止[至]不明，及內外人占蘭[攔]，並是賣產人祗[支]當，不及買之事。今恐人心無信，立此斷賣山地私苗，爲契爲照。

景定元年正月十五日　徐勝宗[押]

母親　阿朱花押[押]

書契見交錢人　李邦善[押]

同上　南宋景定五年祁門縣項永和賣山地契

義成都項永和今將父□□土名下塢食字號四十八號夏[下]山壹畝，東至項遵山，西至項成山，從水坑彎心直上至壟，南至降，北至大彎心及項隆地；　又將土名南坑竹號十四號尙山弍畝，夏[下]地弍拾伍步。東至項允成山，從彎心水坑隨壟直上，至降；　西至高尖，直下至水坑，及項成田塍頭，南至永成山，北至大水坑；　又將土名葉家塢白字號三號、八號內，取夏[下]地壹角弍拾柒步。東至項遵山，西至山，南至項成地，北至項暹地。並山地盡行出賣與同宗人項永高，三面伻[評]議價錢十八界官會伍拾貫文省。其錢當立契日一並交收足訖，並無分文少欠，別不立碎領。如有內外人占蘭[欄]，並是賣產人之[支]當取了，不及受產人知[之]事。今恐人心無信，立此斷賣山地弍[三]處爲據。

景定伍年十月十五日　項永和[押]

依口書契人　項永成[押]

見交錢人　項　文[押]

同上　南宋咸淳三年徽州方伯淳賣山地契

□□都方伯淳奉母親指零[令]，將自己標帳內大塢縣字號拾號夏[下]山貳畝；夏[下]地伍號，計伍步。

東止方思義自地，西止領[嶺]及方文瑞山地，止田塝，南止尖。今將前項山地並地內一應等物盡行出斷賣與李四登仕名下，面議價錢拾捌界官會柒拾貫文省。其錢當日交收足訖，契後別不立領，只此隨契交足訖。今從出賣之後，一任受產人永遠收苗爲業。如有四至不明及內外人占攔，並是出賣人自行之[支]當，不涉受產之事。今恐人心無信，立此賣契爲照。

咸淳叁年三月十二日　方伯淳[押]

母親　花押汪氏

見交錢人　李仲□

同上　南宋咸淳六年休寧縣吳運幹賣山地契

休寧縣常樂里吳運幹宅有祖產在祁門縣義成[都]□四甲，地名國坑，係十叁號、十肆號尙[上]山壹段，東至何堅山及坎家山，西至降，直下至乾塘；南抵休寧縣界，北至吳種山及項成山，計陸畝。今爲缺錢支納，今情願將前項四至內山地並苗，盡行出賣與祁門縣義成都張日通、項永興名下，取去時值價錢拾捌界官會壹百壹拾貫文省。其錢當立契日交收足訖，即無分文少欠；更不別立批收。今從出賣之後，一任聞官受稅，永遠管業。如有內外人占攔及四至不明，並是本宅自行祗[支]當，不干受產人之事。所是十肆號即係本宅分到祖業外，十叁號一時檢尋入戶未及；日後檢尋到日，給還。如或不暇檢尋，日後不在行使。今恐人心無信，立此賣契爲據。

咸淳陸年玖月弍拾柒日　賣契　吳元十一交補[押]

母親　許孺人[押]

前項山地即係祖產，無契可繳。　王子源[押]

契內價錢交收足訖。　同日[押]

書契見交錢　王子源[押]

吳交方[押]

同上　宋龍鳳五年徽州謝志高賣山地契

謝志高今爲缺物支用，自情願將四都二保土名烏坑，經理調字壹伯肆拾號上山壹拾貳畝貳角肆拾步。其〔山東至□〕，西至田，南至余家山，北至余家山。今將前項四至內〔山盡〕數立契出賣與四都康復輕名下。三面議價錢中〔鈔□〕貫。其鈔當立契日一並收足。其山一任買主永遠管業。其山未賣之先，即不曾與家外人交易。如有家外人□□，〔並是〕出產人自行之〔支〕當，不干受產人之事。所有上手赤〔契〕，與叔謝興發相共，不及分付。今恐無憑，立此文契爲用〔者〕。

龍鳳伍年七月十一日　立契人　謝志高〔押〕

見交易人　汪子富〔押〕

同上　宋龍鳳十年徽州謝公亮退地白契

拾都謝公亮□用價買受到謝士云住屋基地壹片，坐落王坑源，經理唐字號尚〔上〕地肆十步半，夏〔下〕地叁拾九步。東至衆墓地，西至謝升叔，南至自存門屋地，北至山。今爲少貨支用，願將前項地基出退贖與謝士云名下，面議價貨貫文前去。其貨物當立契日乙并收足無欠。未賣之先，不曾與家外人交易。如退贖之後，乙任買主爲主，本宅即無阻當。所是〔有〕尚〔上〕手，乙並繳付。如有漏落，日後不在行用。今恐無憑，立此退契爲用者。

龍鳳拾年十一月廿五日　謝公亮〔押〕　契

遼代分部

綜述

《遼史》卷五九《食貨志上》 初，皇祖勻德實爲大迭烈府夷離菫，喜稼穡，善畜牧，相地利以教民耕。仲父述瀾爲于越，飭國人樹桑麻，習組織。太祖平諸弟之亂，弭兵輕賦，專意於農。嘗以口戶滋繁，糺轄疎遠，分北大濃兀爲二部，程以樹藝，諸部效之。

太宗會同初，將東獵，三剋奏減輜重，疾趨北山取物，以備國用，無害農務。尋詔有司勸農桑，教紡績。以烏古之地水草豐美，命甌昆石烈居之，益以海勒水之善地爲農田。三年，詔以諧里河、臚朐河近地，賜南院歐菫突呂、乙斯勃、北院溫納河剌三石烈人，以事耕種。八年，駐蹕赤山，宴從臣，問軍國要務。左右對曰：軍國之務，愛民爲本。民富則兵足，兵足則國強。上深然之。是年，詔徵諸道兵，仍戒敢有傷禾稼者以軍法論。

應曆間，雲州進嘉禾，時謂重農所召。保寧七年，漢有宋兵，使來乞糧，詔賜粟二十萬斛助之。非經費有餘，其能若是？

聖宗乾亨五年詔曰：五稼不登，開帑藏而代民稅；螟蝗爲災，罷徭役以恤饑貧。統和三年，帝嘗過藁城，見乙室奧隗部下婦人迪輦等黍過熟未穫，遣人助刈。太師韓德讓言，兵後逋民棄業，禾稼棲畝，募人穫之，以半給穫者。政事令室昉亦言，山西諸州給軍興，民力凋敝，田穀多蹂於邊兵，請復今年租。六年，霜旱，災民饑，詔三司，舊以稅錢折粟，估價不實，其增以利民，又徙吉避寨居民三百戶於檀、順、薊三州，擇沃壤，給牛、種穀。十三年，詔諸道置義倉。歲秋，社民隨所穫，戶出粟庤倉，社司籍其目。歲儉，發以振民。十五年，詔免南京舊欠義倉粟，仍禁諸軍官非時畋牧妨農。開泰元年，詔曰：朕惟百姓徭役煩重，則多給工價；年穀不登，發倉以貸；田園蕪廢者，則給牛、種以助之。太平初幸燕，燕民以年豐進土產珍異。上禮高年，惠鰥寡，賜酺連日。九年，燕地饑，戶部副使王嘉請造船，募習海漕者，移遼東粟餉燕，議者稱道險不便而寢。

興宗卽位，遣使閱諸道禾稼。是年，通括戶口，詔曰：朕於早歲，習知稼穡。力辦者廣務耕耘，罕聞輸納；家食者全虧種植，多至流亡。宜通檢括，普遂均平。禁諸職官不得擅造酒糜穀，有婚祭者，有司給文字始聽。

道宗初年，西北雨穀三十里，春州斗粟六錢。時西蕃多叛，上欲爲守禦計，命耶律唐古督耕稼以給西軍。唐古率衆田臚朐河側，歲登上熟。移屯鎭州，凡十四稔，積粟數十萬斛，每斗不過數錢。以馬人望前爲南京度支判官，公私兼裕，檢括戶口，用法平恕，乃遷中京度支使。視事半歲，積粟十五萬斛，擢左散騎常侍。遼之農穀至是爲盛。而東京如咸、信、蘇、復、辰、海、同、銀、烏、遂、春、泰等五十餘城內，沿邊諸州，各有和糴倉，依祖宗法，出陳易新，許民自願假貸，收息二分。所在無慮二三十萬碩，雖累兵興，未嘗用乏。迨天慶間，金兵大入，盡爲所有。會天祚播遷，耶律敵烈等逼立梁王雅里，令羣牧人戶運鹽濼倉粟，人戶侵耗，議籍其產以償。雅里自定其直：粟一車一羊，三車一牛，五車一馬，八車一駝。從者曰：今一羊易粟二斗，尚不可得，此直太輕。雅里曰：民有則我有，若令盡償，衆何以堪？事雖無及，然使天未絕遼，斯言亦足以收人心矣。

夫賦稅之制，自太祖任韓延徽，始制國用。太宗籍五京戶丁以定賦稅，戶丁之數無所於考。聖宗乾亨間，以上京云爲戶訾具實饒，善避徭役，遺害貧民，遂勒各戶，凡子錢到本，悉送歸官，與民均差。統和中，耶律昭言，西北之衆，每歲農時，一夫偵候，一夫治公田，二夫給糺官之役。當時沿邊各置屯田戍兵，易田積穀以給軍餉。故太平七年詔，諸屯田在官，斛粟不得擅貸，在屯者力耕公田，不輸稅賦，此公田制也。餘民應募，或治閑田，或治私田，則計畝出粟以賦公上。統和十五年，募民耕灤河曠地，十年始租，此在官閑田制也。又詔山前後未納稅戶，並於密雲、燕樂兩縣，占田置業入稅，此私田制也。各部大臣從上征伐，俘掠人戶，自置郛郭，爲頭下軍州。凡市井之賦，各歸頭下，惟酒稅赴納上京，此分頭下軍州賦爲二等也。

先是，遼東新附地不榷酤，而鹽麯之禁亦弛。馮延休、韓紹勳相繼商利，欲與燕地平山例加繩約，其民病之，遂起大延琳之亂。連年詔復其租，民始安靖。南京歲納三司鹽鐵錢折絹，大同歲納三司稅錢折粟。開遠軍故事，民歲輸稅，斗粟折五錢，耶律抹只守郡，表請折六錢，亦皆利民善政也。

《續通典》卷二《食貨二》［遼太宗會同］七年，詔括民田。又詔燕樂、密雲二縣荒地，許民耕種，免賦役。十三年，詔昌平、懷柔等縣諸人請業荒地。十五年，詔諸道勸民種樹，又詔品部曠地，令民耕種。又募民耕灤州荒地，免其租賦。

《續文獻通考》卷一《田賦一》 遼太祖時，分北達、盌額爲二部，程以樹藝，諸部效之。

初，皇祖伊德實爲大德哷勒府額爾奇木，喜稼穡，善畜牧，相地利以教民耕。仲父蘇哷爲裕悦，飭國人樹桑麻，習組織。及帝平諸弟之亂，弭兵輕賦，專意農事。以戶口滋繁，糺察疏遠，乃分二部治之。

太宗會同元年三月，將東幸。三尅言農務方興，請減輜重，促遠期，從之。

［三年］十一月，詔有司教民播種紡績。

九年七月，詔徵諸道兵，戒敢有傷禾稼者，以軍法論。

聖宗統和六年，徙吉避寨居民三百戶於檀、順、蘇三州，擇沃壤，給牛種。時帝嘗過藁城，見伊實阿爾威部下婦人達年等黍過熟未穫，遣人助刈。太師韓德讓言，兵後逋民棄業，禾稼棲畝，宜募民穫之，以半給穫者。政事令室昉亦言，山西諸州給軍興，民力凋敝，田穀多躪於邊兵，請復今年租。

八月，以旱饑詔三司，舊以税錢折粟，估價不實，增以利民。

從大同軍節度使邪律穆濟請也。又穆濟爲開遠軍節度使，故事州民歲輸税斗粟，折錢五。穆濟表請折錢六，部民便之。

七年二月，雲州租賦請止輸本道，從之。

三月，禁芻牧傷禾稼。

十五年十一月，復詔禁諸軍官非時畋牧妨農。

六月，詔燕樂、密雲二縣荒地，許民耕種，免賦役十年。

至十三年六月，詔許昌平、懷柔等縣諸人請業荒地。

十五年二月，詔丕勒部曠土，令民耕種。三月，募民耕灤州荒地，免其租賦十年。

八年五月，詔括民田。

九年正月，罷之。十三年六月，詔減前歲括田租賦。

十年八月，觀稼，仍遣使分閲苗稼。

至十二年七月甲寅，遣使視諸道禾稼。戊辰觀穫。又興宗重熙二年八月，遣使閲諸路禾稼。

十二年十月，定均税法。

十三年正月，增泰州遂城等縣賦，詔諸道勸農。

至十五年正月，又詔諸道勸民種樹。太平八年正月，又詔州縣長吏勸農。

十四年十二月，以南京道新定税法太重，減之。

開泰元年，詔田園蕪廢者，給牛種以助之。

興宗重熙二年，通檢民田。

詔曰：朕於早歲，習知稼穡。力辦者，廣務耕耘，罕聞輸納；家食者，全虧種植，多至流亡。宜通檢括，普爲均平。時馬人望爲南京三司度支判官，檢括未兩旬而畢。同知留守蕭保先怪而問之。人望曰，民產若括之無遺，他日必長厚斂之弊。大率十得六七足矣。保先謝曰，公慮遠，吾不及也。

道宗清寧二年七月，遣使分道平賦税，勸農桑。

太康六年十二月，減民賦。

時西北雨穀三十里，春州斗粟六錢。馬人望遷中京度支使，視事半歲，積粟十五萬斛。遼之農穀，至是爲盛。

十年二月，禁南京民決水種秔稻。

至咸雍四年三月，詔南京除軍行地，餘皆得種稻。大安四年五月，禁挾私引水犯田。

《遼史・食貨志》曰：遼自太祖任韓廷徽始制國用，太宗籍五京戶口以定賦税，聖宗以後，沿邊各置屯田，易田積穀以給軍糧。在官斛粟不得擅貸，在屯者力耕公田，不輸税賦，此公田之制也。餘民應募，或治閑田，或治私田，則計畝出粟以賦公上。募民耕灤河曠地，十年始租，此在官閑田制也。又詔山前後未納税戶，並於密雲、燕樂兩縣，占田置業入税，此私田制也。各部大臣從征，俘掠人戶，自置郛郭，爲頭下軍州。凡市井之賦，各歸頭下，惟酒税赴納上京，此分頭下軍州賦爲二等也。遼地半沙磧，三時多寒，春秋耕穫及其時，黍稌高下因其地。蓋不得與中土同矣。然自初年，農穀充羨，振饑恤難，用不少靳，旁及鄰國，沛然有餘，此無他，勸課得人，規措有法，故也。

金代分部

題解

《金史》卷四節一《食貨一》 田制。量田以營造尺，五尺爲步，闊一步，長二百四十步爲畝，百畝爲頃。民田業各從其便，賣質於人無禁，但令隨地輸租而已。

綜述

《金史》卷四七《食貨二》 太宗天會九年五月，始分遣諸路勸農之使者。熙宗天會十四年，罷來流、混同間護邏地，以予民耕牧。

同上 世宗大定五年十二月，上以京畿兩猛安民戶不自耕墾，及伐桑棗爲薪鬻之，命大興少尹完顏讓巡察。

十年四月，禁侵耕圍場地。十一年，謂侍臣曰：往歲，清暑山西，傍路皆禾稼，殆無牧地。嘗下令，使民五里外乃得耕墾。今聞其民以此去之他所，甚可矜憫。其令依舊耕種，毋致失業。凡害民之事患在不知，知之朕必不爲。自今事有類此，卿等即告毋隱。

同上 ［世宗大定］十七年六月，邢州男子趙迪簡言：隨路不附籍官田及河灘地，皆爲豪強所占，而貧民土瘠稅重，乞遣官拘籍冒佃者，定立租課，復量減人戶稅數，庶得輕重均平。詔付有司，將行而止。復以近都猛安謀克所給官地率皆薄瘠，豪民租佃官田歲久，往往冒爲己業，令拘籍之。

同上 ［世宗大定］十九年二月，上如春水，見民桑多爲牧畜嚙毀，詔親王公主及勢要家，牧畜有犯民桑者，許所屬縣官立加懲斷。

十二月，謂宰臣曰：亡遼時所撥地，與本朝元帥府，已曾拘籍矣。民或指射爲無主地，租佃及新開荒爲己業者可以拘括。其間播種歲久，若遽奪之，恐民失業。因詔括地官張九思戒之。復謂宰臣曰：朕聞括地事所行極不當，如皇后莊、太子務之類，止以名稱便爲官地，百姓所執憑驗，一切不問。其相隣冒占官地，復有幸免者。能使軍戶稍給，民不失業，乃朕之心也。

同上 ［世宗大定］二十一年正月，上謂宰臣曰：山東、大名等路猛安謀克戶之民，往往驕縱，不親稼穡，不令家人農作，盡令漢人佃蒔，取租而已。富家盡服紈綺，酒食遊宴，貧者爭慕效之，欲望家給人足，難矣。近已禁賣奴婢，約其吉凶之禮，更當委官閱實戶數，計口授地，必令自耕，力不贍者方許佃於人。仍禁其農時飲酒。又曰：奚人六猛安，已徙居咸平、臨潢、泰州，其地肥沃，且精勤農務，各安其居。女直人徙居奚地者，菽粟得收穫否？左丞守道對曰：聞皆自耕，歲用亦足。上曰：彼地肥美，異於他處，惟附都民以水害稼者賑之。

三月，陳言者言，豪強之家多占奪田者。上曰：前參政納合椿年占地八百頃，又聞山西田亦多爲權要所占，有一家一口至三十頃者，以致小民無田可耕，徙居陰山之惡地，何以自存。其令占官地十頃以上者皆括籍入官，將均賜貧民。省臣又奏，椿年子猛安參謀合、故太師耨盌溫敦思忠孫長壽等，親屬計七十餘家，所占地三千餘頃。上曰：至秋，除牛頭地外，仍各給十頃，餘皆拘入官。山後招討司所括者，亦當同此也。又謂宰臣曰：山東路所括民田，已分給女直屯田人戶，復有籍官閑地，依元數還民，仍免租稅。

同上 ［世宗大定二十一年］七月，上謂宰臣曰：前徙宗室戶於河間，撥地處之，而不迴納舊地，豈有兩地皆占之理，自今當以一處賜之。山東刷民田已分給女直屯田戶，復有餘地，當以還民而免是歲之租。八月，尚書省奏山東所刷地數，上謂梁肅曰：朕嘗以此問卿，卿不以言。此雖稱民地，然皆無明據，括爲官地有何不可？又曰：黃河已移故道，梁山濼水退，地甚廣，已嘗遣使安置屯田。民昔嘗恣意種之，今官已籍其地，而民懼徵其租，逃者甚衆。若徵其租，而以冒佃不即出首罪論之，固宜。然若遽取之，恐致失所。可免其徵，赦其罪，別以官地給之。御史臺奏大名、濟州因刷梁山濼官地，或有以民地被刷者。上復召宰臣曰：雖曾經通檢納稅，而無明驗者，復當刷問。有公據者，雖付本人，仍須體問。十月，復與張仲愈論冒占田事。

二十二年，以附都猛安戶不自種，悉租與民，有一家百口壠無一苗者，上曰：勸農官，何勸諭爲也，其令治罪。宰臣奏曰：不自種而輒與人者，合科違例。上曰：太重，愚民安知。遂從大興少尹王脩所奏，以不種者杖六十，謀克四十，受租百姓無罪。

又命招復梁山濼流民，官給以田。時人戶有執契據指墳壠爲驗者，亦拘在官，先委恩州刺史奚晦招之，復遣安肅州刺史張國基驗實給之，如已撥係猛安，則償以官田。上曰：工部尚書張九思執強不通，向遣刷官田，凡犯秦、漢以來名稱，如長城、燕子城之類者，皆以爲官田。此田百姓爲己業不知幾百年矣，所見如此，何不通之甚也。八月，以趙王永中等四王府冒占官田，罪其各府長史府掾，及安次、新城、宛平、昌平、永清、懷柔六縣官，皆罰贖有差。

同上 [世宗大定]二十七年，隨處官豪之家多侵占官地，轉與它人種佃，規取課利。命有司拘刷見數，以與貧難無地者，每丁授五十畝，庶不至失所，餘佃不盡者方許豪家驗丁租佃。章宗大定二十九年五月，擬再立限，令貧民請佃官地，緣今已過期，計已數足，其占而有餘者，若容告訐，恐滋姦弊。況續告漏通地，勅旨已革，今限外告者宜却之，止付元佃。兼平陽一路地狹人稠，官地當盡數拘籍，驗丁以給貧民。上曰：限外指告多佃官地者，却之，當矣。如無主不願承佃，方許諸人告請。其平陽路宜計丁限田，如一家三丁已業止三十畝，則更許存所佃官地一頃二十畝，餘者拘籍給付貧民可也。

七月，諭旨尚書省曰：唐、鄧、潁、蔡、宿、泗等處，水陸膏腴之地，若驗等級，量立歲租，寬其徵納之限，募民佃之，公私有益。今河南沿邊地多爲豪民冒占，若民或流移至彼，就募令耕，不惟貧民有贍，亦增羨官租。其給丁壯者田及耕具，而免其租稅。八月，尚書省奏：河東地狹，稍凶荒則流亡相繼。竊謂河南地廣人稀，若令招集他路流民，量給閑田，則河東飢民減少，河南且無曠地矣。上從所請。九月戊寅，又奏：在制，諸人請佃官閑地者免五年租課，今乞免八年，則或多墾。並從之。十一月，尚書省奏：民驗丁佃河南荒閑官地者，如願作官地則免租八年，願爲己業則免稅三年，並不許貿易典賣。若豪強及公吏輩有冒佃者，限兩月陳首，免罪而全給之，其稅則視其鄰地定之，以三分爲率減一分，限外許諸人告詣給之。制可。

明昌元年二月，諭旨有司曰：瀕水民地，已種蒔而爲水浸者，可令以所近官田對給。

同上 [明昌]三年六月，尚書省奏：南京、陝西路提刑司言，舊牧馬地久不分撥，以致軍民起訟，比差官往各路定之。凡民戶有憑驗己業，及宅井墳園，已改正給付，而其中復有官地者，亦驗數對易之矣。兩路牧地，南京路六萬三千五百二十餘頃，陝西路三萬五千六百八十餘頃。

五年，諭旨尚書省：遼東等路女直、漢兒百姓，可並令量力爲蠶桑。二月，陳言人乞以長吏勸農立殿最，遂定制能勸農田者，每年謀克賞銀絹十兩疋，猛安倍之，縣官於本等陞五人。三年不怠者猛安謀克遷一官，縣官陞一等。田荒及十之一者笞三十，分數加至徒一年。三年皆荒者，猛安謀克追一官，縣官以陞等法降之。爲永格。

六年二月，詔罷括陝西之地。又陝西提刑司言：本路戶民安水磨、油栿，所占步數在私地有稅，官田則有租，若更輸水利錢銀，是重併也，乞除之。省臣奏：水利錢銀以輔本路之用，未可除也，宜視實占地數，除稅租。命他路視此爲法。

同上 泰和七年，募民種佃清河等處地，以其租分爲諸春水處餌鵝鴨之食。

八年八月，戶部尚書高汝礪言：舊制，人戶請佃荒地者，以各路最下第五等減半定租，仍免八年輸納。若作己業，並依第七等稅錢減半，亦免三年輸納。自首冒佃比隣田，定租三分納二。其請佃黃河退灘地者，次年納租。向者小民不爲久計，比至納租之時多巧避匿，或復告退，蓋由元限太遠，請佃之初無人保識故爾。今請佃者可免三年，作己業者免一年，自首冒佃并請退灘地，並令當年輸租，以隣首保識，爲長制。

宣宗貞祐三年七月，以既徙河北軍戶於河南，議所以處之者，宰臣曰：當指官田及牧地分界之，已爲民佃者則俟秋穫後，仍日給米一升，折以分鈔。太常丞石抹世勣曰：荒田牧地耕闢費力，奪民素墾則民失所。況軍戶率無牛，宜令軍戶分人歸守本業，至春復還，爲固守計。上卒從宰臣議，將括之，侍御史劉元規上書曰：伏見朝廷有括地之議，聞者無不駭愕。向者河北、山東已爲此舉，民之塋墓井竈悉爲軍有，怨嗟爭訟至今未絕，若復行之，則將大失衆心。荒田不可耕，徒有得地之名，而無享利之實。縱得熟土，不能親耕，而復令民佃之，所得無幾，而使紛紛交病哉。上大悟，罷之。

八月，先以括地事未有定論，北方侵及河南，由是盡起諸路軍戶南來，共圖保守，而不能知所以得軍糧之術。衆議謂可分遣官聚耆老問之，其將益賦，或與軍田，二者孰便。參政汝礪言：河南官民地相半，又多全佃官地之家，一旦奪之，何以自活。小民易動難安，一時避賦遂有捨田之言，及與人能勿悔乎，悔則忿心生矣。如山東撥地時，腴地盡入富家，瘠者乃付貧戶，無益於軍，而民有損。惟當倍益官租，以給軍食，復以係官荒田牧地量數與之，令其自耕，則民不失業，官不厲民矣。從之。

同上 ［宣宗貞祐三年］十一月，又議以括荒田及牧馬地給軍，命尚書右丞高汝礪總之。汝礪還奏：今頃畝之數較之舊籍甚少，復瘠惡不可耕，均以可耕者與之，人得無幾。又僻遠之處必徙居以就之，彼皆不能自耕，必以與人，又當取租於數百里之外。況今農田且不能盡闢，豈有餘力以耕叢薄交固，草根糾結之荒地哉。軍不可仰此得食也，審矣。今詢諸軍戶，皆曰：得半糧猶足自養，得田不能耕，復罷其廩，將何所賴。臣知初籍地之時，未嘗按閱其實，所以不如其數，不得其處也。若復考計州縣，必各妄承風旨，追呼究結以應命。不足其數，則妄指民田以充之，則所在騷然矣。今民之賦役三倍平時，飛輓轉輸，日不暇給，而復爲此舉，何以堪之。且軍戶暫遷，行有還期，何爲以此病民哉。病民而軍獲利，猶不可爲，況無所利乎。惟陛下加察。遂詔罷給田，但半給糧，半給實直焉。

四年，復遣官括河南牧馬地，既籍其數，上命省院議所以給軍者，宰臣曰：今軍戶當給糧者四十四萬八千餘口，計當口占六畝有奇，繼來者不與焉。但相去數百里者，豈能以六畝之故而遠來哉。兼月支口糧不可遽罷，臣等竊謂軍戶願佃者卽當計口給之。自餘僻遠不願者，宜准近制，係官荒地許軍民耕闢例，令軍民得占蒔之。院官曰：牧馬地少，且久荒難耕，軍戶復乏農器，然不給之，則彼自支糧外，更無從得食，非蓄鋭待敵之計。給之則亦未能遽減其糧，若得遲以歲月，俟頗成倫次，漸可以省官廩耳。今奪於有力者，卽以授其無力者，恐無以耕。乞令司縣官勸率民戶，借牛破荒，至來春然後給之。司縣官能率民戶以助耕而無騷動者，量加官賞，庶幾有所激勸。宰臣復曰：若如所言，則司縣官貪慕官賞，必將抑配，以至擾民。今民家之牛，量地而畜之。況比年以來，農功甫畢則併力轉輸猶恐不及，豈有暇耕它人之田也。惟如臣等前奏爲便。詔再議之。乃擬民有能開牧馬地及官荒地作熟田者，以半給之爲永業，半給軍戶。奏可。

同上 興定三年正月，尚書右丞領三司事侯摯言：按河南軍民田總一百九十七萬頃有奇，見耕種者九十六萬餘頃，上田可收一石二斗，中田一石，下田八斗，十一取之，歲得九百六十萬石，自可優給歲支，且使貧富均，大小各得其所。臣在東平嘗試行二三年，民不疲而軍用足。詔有司議行之。

四年十月，移剌不言：軍戶自徙於河南，數歲尚未給田，兼以移徙不常，莫得安居，故貧者甚衆。請括諸屯處官田，人給三十畝，仍不移屯它所，如此則軍戶可以得所，官糧可以漸省。宰臣奏：前此亦有言授地者，樞密院以謂俟事緩而行之。今河南罹水災，流亡者衆，所種麥不及五萬頃，殆減往年太半，歲所入殆不能足。若撥授之爲永業，俟有穫卽罷其家糧，亦省費之一端也。上從之。

《續通典》卷二《食貨二》 金之田制，量田以營造尺，五尺爲步，闊一步，長二百四十步爲畝，百畝爲頃。民田業各從其便，賣質與人無禁，但令隨地輸租而已。凡桑棗，民戶以多植爲勤，少者必植其地十之三，明安穆昆戶少者必課種其地十之一，除枯補新，使之不缺。凡講射荒地者，以最下第五等減半定租，八年始徵之。作己業者以第七等減半爲稅，七年始徵之。自首冒此鄰地者，輸官租三分之二。佃黃河退灘者，次年納租。

《續文獻通考》卷一《田賦一》 凡請射荒地者，以最下第五等減半定租，八年始徵之。作己業者，以第七等減半爲稅，七年始徵之。自首冒比鄰地者，輸官租三分之二。佃黃河退灘者，次年納租。至泰和八年八月，戶部尚書高汝礪言，舊制人戶請佃荒地，寬以徵納之年，小民不爲久計。至納租之時，多巧爲避匿，或復告退。蓋由元限太遠，請佃之初，無人保識故耳。今請佃者，可免三年；作己業者，免一年。自首冒佃幷請退灘地，幷令當年輸租，以鄰首保識爲常制。

同上 至章宗明昌四年正月，遣戶部侍郎李獻可等分路勸農事。五年正月，尚書省言遣官勸農之擾，命提刑司禁止之。

五年十一月，立諸路通檢地土等第稅法。

先是二年五月，有言以用度不足，奏預借河北、東西路、中都租稅。帝以國用雖乏，民力尤艱，不允。至是，立通檢法。帝又問參知政事魏子平，曰：古者稅什一而民足，今百一而民不足，何也？子平對曰：什一取其公田之入，今無公田而稅其私田，爲法不同。古有一易再易之田，中田一年荒而不種，下田二年荒而不種，今乃一切與上田均稅之，此民所以困也。

至宣宗時，平章政事珠格高琪又欲從言事者，歲閱民田徵租。參知政事高汝礪言，國朝自大定通檢後，十年一推物力，惟其貴簡靜而重勞民耳。今言者請如河北，歲括實種之田，計數徵斂，卽是常時通檢，毋乃駭人視聽，使之不安乎。且河南、河北事體不同，河北累經劫掠，戶口亡匿，田疇荒廢，差調難依原額，故爲此權宜之計。蓋軍儲不加多，且地少易見也。河南自車駕巡幸以來，百姓輳集，凡有閒田及逃戶所棄，耕墾殆遍，各承原戶輸租，其所徵斂皆準通推之額。雖軍馬益多，未嘗闕誤。詎宜一槩動擾。若恐豪右蔽匿而逋征賦，則有司檢括亦豈盡實。但嚴立賞罰，許其自首，及聽人告。捕犯者，以盜軍儲坐之。地付告者，自足使人知懼。而賦悉入官，何必爲是紛紛也。抑又有大不可者三。如每歲檢括，則夏田春量，秋田夏量，中間雜種，亦且隨時量之。一歲中略無休息，民將厭避，耕種失時。或止耕膏腴而棄其餘，則所收仍舊，而所輸益少，一不可也。檢括之時，縣官不能家至戶到，里胥得以暗通貨賂，上下其手，虛爲文具，轉失其眞，二不可也。民田與軍田犬牙相錯，彼或陰結軍人以相冒亂，而朝廷止憑有司之籍。儻或臨時少於元額，則資儲闕誤必矣，三不可也。夫朝廷舉事，務在必行。既行而復中止焉，豈善計哉。議遂寢。

同上 承安元年四月初，行區田法。

區田之法，見嵇康《養生論》，歷代未有用者。明昌三年三月，宰執論其法於帝前。帝曰：所言甚善，但恐農民不達此法，如可行，當徧諭之。四年四月，上復與宰執言，參知政事胥持國曰：今日方之大定閒，戶口既多，費用亦厚。若區種之法行，良多利益。今已令試種於城南之地，委官監督，民見收成之利，當不率而自效矣。參知政事瓜爾佳衡以爲若有其利，古已行矣，且用功多而所種少，恐廢田功。帝曰：姑試行之。五年正月，遂敕諭農民使區種。從陳言人武陟高翌所上法，驗人丁地土多少定數，令農田百畝以上，如瀕河易得水之地，須區種三十餘畝，多種者聽。無水之地，則從民便。仍委各千戶穆昆、縣官依法勸率。至是，令男年十五以上、六十以下有土田者，丁種一畝，丁多者，五畝止。五月，觀稼於近郊，因閱區田。次年二月，九路提刑馬百祿奏，地肥瘠不同，乞不限畝數。制可。泰和四年九月，尚書省奏，區田之法本欲利民，或天旱始用之，倉卒施功未必有益。且五方地肥瘠不同，使皆可以區種，農民見利，自當勉以效之，不然，督責雖嚴，亦徒勞耳。遂敕所在長官及按察司隨宜勸諭，亦竟不能行。

徐光啓《農政全書》曰：舊說區田，地一畝，闊一十五步，每步五尺，計七十五尺。每行占地一尺五寸，該分五十行，長一十六步，計八十尺，該分五十三行，長闊相接，通二千六百五十區，空一行種一行。又於所種行內，隔一區種一區，除隔空外可種六百六十二區。每區深一尺，用熟糞一升，與區土相和，布穀均覆，以手按實，令土種相著。苗出，看稀稠存留，鋤不厭煩，旱則澆灌。結子時，鋤土深壅其根，以防大風搖擺。古人依此布種，每區收穀一斗，每畝可收六十石。今人學種可減半計。雖山陵、傾阪及田邱，城上，皆可爲之。

臣等謹案，區田雖傳之自古，然非可立爲常制。設果可行，安有收十倍之利，而農家不競趨之者乎？考古者不習農事，而惟喜新奇，遂以是爲神術。何異慕導引之輕身，服餌之却疾，而謂神仙可成邪。

同上 興定三年正月，稅民種地畝，議行均輸。

尚書右丞領三司事侯摯言，河南軍民田總一百九十七萬頃有奇，見耕種者九十六萬餘頃。上田可收一石二斗，中田一石，下田八斗。十一取之，歲得九百六十萬石。自可優給歲支，且使貧富均，大小各得其所。在東平嘗試行二三年，民不疲而軍用足。詔有司議行之。

時劉從益爲葉縣令，自兵興，戶減三之一，田不毛者萬七千畝有奇。其歲入七萬石，如故。從益請於大司農爲減一萬，流亡歸者四千餘家。

八月，諭三司行部官勸民種麥，無種粒者貸之。

至五年十月，諭宰臣曰：比欲民多種麥，故令所在官貸易麥種。今聞實不貸與，而虛立案簿，反收其數以補不足之租，其遣使究治。

四年十二月，鎭南軍節度使溫特赫思敬請民輸稅者，止輸本郡。

思敬言，今民輸稅，其法大抵有三。上戶輸遠倉，中戶次之，下戶最近。然近者不下百里，遠者數百里，道路之費，倍於所輸。而雨雪有稽違之責，遇賊有死傷之患。不若止輸本郡，令有司檢算倉之所積，稱屯兵之數，使就食之。若有不足，則增斂於民。民計所斂不及道里之費，將忻然從之矣。

元光元年，詔有司不俟麥熟徵租者，罪之。

時有司徵租急，民多不待熟刈之，以應限。是年，麥將熟，乃諭州縣有犯者，以慢軍儲治罪。至九月，南京司農卿李蹊言，按《齊民要術》麥晚種則粒小而不實，故必八月種之。今南路當輸秋稅百四十餘萬石，草四百五十餘萬束，皆以八月爲終限。若輸遠倉及泥淖，往返不下二十日，使民不暇趨時，是妨來歲之食也。乞寬徵斂之限，使先盡力於二麥。不從。

哀宗正大四年三月，徵夏稅二倍。

《續文獻通考》卷六《田賦六》　哀宗至大六年十二月，罷附京獵地百里，聽民耕稼。

雜録

張傳璽《中國歷代契約會編考釋》　金大定二十八年修武縣馬用父子賣地契

出賣地業人，修武縣七賢鄉馬坊村故稅戶馬愈、男馬用同弟馬和，自立契將本戶下□□地二段，共計弍畝叁釐，立契賣與全眞門弟子王太和、王崇德爲永業，修蓋全眞道庵。準得價錢壹拾陸貫文，各七□九伯。并據即目見定交割。謹具開坐如後：一、出賣村南竹薗地一段：南北畛，東長弍拾陸步伍分，西長弍拾陸步伍分，南闊壹拾陸步，北闊壹拾步。并次東一段：東長弍拾陸步，西長弍拾捌步半，南闊壹拾步，北無步。東至大河，西自至，南自至，北自至。并據錢、業主對目商議定：所有地内差稅物力實錢，照依通撿去馬愈戶下貯腳供輸。所據地内竹竿樹木，不係賣數。

天雨水透流，車牛出入，一依仍舊通行。

右件前頃[項]出賣地土，賣與全眞門弟子等爲永業。并不是衷私卑幼□交，亦不是債欠準折，并無諸般違礙；又加立契日一色見錢交領，并□別無懸欠。恐人無信，故立此文爲據。

大定二十八年十二月。自立契出賣地人馬用[押]

同立契人馬和[押]

引領人部下王守妙[押]

寫契人本村王瑩[押]

稅說價錢壹拾陸貫文　廿三日

元代分部

綜述

《元史》卷九三《食貨一》 經界廢而後有經理，魯之履畝，漢之覈田，皆其制也。夫民之強者田多而税少，弱者產去而税存，非經理固無以去其害，然經理之制，苟有不善，則其害又將有甚焉者矣。

仁宗延祐元年，平章章閭言：經理大事，世祖已嘗行之，但其間欺隱尚多，未能盡實。以熟田爲荒地者有之，懼差而析戶者有之，富民買貧民田而仍其舊名輸税者亦有之。由是歲入不增，小民告病。若行經理之法，俾有田之家，及各位下寺觀、學校財賦等田，一切從實自首，庶幾税入無隱，差徭亦均。於是遣官經理。以章閭等往江浙，尚書你咱馬丁等往江西，左丞陳士英等往河南，仍命行御史臺分臺鎮遏，樞密院以軍防護焉。

其法先期揭榜示民，限四十日，以其家所有田自實於官。或以熟爲荒，以田爲蕩，或隱占逃亡之產，或盜官田爲民田，指民田爲官田，及僧道以田作弊者，幷許諸人首告。十畝以下，其田主及管幹佃戶皆杖七十七。二十畝以下，加一等。一百畝以下，一百七。以上，流竄北邊，所隱田沒官。郡縣正官不爲查勘，致有脱漏者，量事論罪，重者除名。此其大略也。

然期限猝迫，貪刻用事，富民黠吏，幷緣爲姦。以無爲有，虛具於籍者，往往有之。於是人不聊生，盜賊並起，其弊反有甚於前者。仁宗知之，明年，遂下詔免三省自實田租。二年，時汴梁路總管塔海亦言其弊，於是命河南自實田，自延祐五年爲始，每畝止科其半，汴梁路凡減二十二萬餘石。至泰定、天曆之初，又盡革虛增之數，民始獲安。今取其數之可考者，列於後云：

河南省，總計官民荒熟田一百一十八萬七百六十九頃。

江西省，總計官民荒熟田四十七萬[石]四千六百九十三頃。

江浙省，總計官民荒熟田九十九萬五千八百十一頃。

同上 農桑，王政之本也。太祖起朔方，其俗不待蠶而衣，不待耕而食，初無所事焉。世祖即位之初，首詔天下，國以民爲本，民以衣食爲本，衣食以農桑爲本。於是頒《農桑輯要》之書於民，俾民崇本抑末。其睿見英識，與古先帝王無異，豈遼、金所能比哉。

中統元年，命各路宣撫司擇通曉農事者，充隨處勸農官。二年，立勸農司，以陳邃、崔斌等八人爲使。至元七年，立司農司，以左丞張文謙爲卿。司農司之設，專掌農桑水利。仍分布勸農官及知水利者，巡行郡邑，察舉勤惰。所在牧民長官提點農事，歲終第其成否，轉申司農司及戶部，秩滿之日，注於解由，戶部照之，以爲殿最。又命提刑按察司加體察焉。其法可謂至矣。

是年，又頒農桑之制一十四條，條多不能盡載，載其所可法者：縣邑所屬村疃，凡五十家立一社，擇高年曉農事者一人爲之長。增至百家者，別設長一員。不及五十家者，與近村合爲一社。地遠人稀不能相合，各自爲社者聽。其合爲社者，仍擇數村之中，立社長官司長以教督農民爲事。凡種田者，立牌橛於田側，書某社某人於其上，社長以時點視勸誡。不率教者，籍其姓名，以授提點官責之。其有不敬父兄及兇惡者，亦然。仍大書其所犯於門，俟其改過自新乃毁，如終歲不改，罰其代充本社夫役。社中有疾病凶喪之家不能耕種者，衆爲合力助之。一社之中災病多者，兩社助之。凡爲長者，復其身，郡縣官不得以社長與科差事。農桑之術，以備旱暵爲先。凡河渠之利，委本處正官一員，以時濬治。或民力不足者，提舉河渠官相其輕重，官爲導之。地高水不能上者，命造水車。貧不能造者，官具材木給之。俟秋成之後，驗使水之家，俾均輸其直。田無水者鑿井，井深不能得水者，聽種區田。其有水田者，不必區種。仍以區田之法，散諸農民。種植之制，每丁歲種桑棗二十株。土性不宜者，聽種楡柳等，其數亦如之。種雜果者，每丁十株，皆以生成爲數，願多種者聽。其無地及有疾者，不與。所在官司申報不實者，罪之。仍令各社布種苜蓿，以防饑年。近水之家，又許鑿池養魚幷鵝鴨之數，及種蒔蓮藕、雞頭、菱(芡)[角]、蒲葦等，以助衣食。凡荒閑之地，悉以付民，先給貧者，次及餘戶。每年十月，令州縣正官一員，巡視境內，有蟲蝗遺子之地，多方設法除之。其用心周悉若此，亦仁矣哉。

九年，命勸農官舉察勤惰。於是高唐州官以勤陞秩，河南陝縣尹王仔以惰降職。自是每歲申明其制。十年，令探馬赤隨處入社，與編民等。二十五年，立行大司農司及營田司於江南。二十八年，頒農桑雜令。是年，又以江南長吏勸課擾民，罷其親行之制，命止移文諭之。二十九年，以勸農司併入各道肅政廉訪司，增僉事二員，兼察農事。是年八月，又命提調農桑官帳冊有差者，驗數罰俸。故終世祖之世，家給人足，天下爲戶凡一千一百六十三萬三千二百八十一，爲口凡五千三百六十五萬四千三百三十七，此其敦本之明效可睹也已。

成宗大德元年，罷妨農之役。十一年，申擾農之禁，力田者有賞，游惰者有罰，縱畜牧損禾稼桑棗者，責其償而後罪之。由是大德之治，幾於至元。然旱暵霖雨之災迭見，饑毀荐臻，民之流移失業者亦已多矣。

武宗至大二年，淮西廉訪僉事苗好謙獻種蒔之法。其說分農民爲三等，上戶地一十畝，中戶五畝，下戶二畝或一畝，皆築垣牆圍之，以時收採桑椹，依法種植。武宗善而行之。其法出《齊民要術》等書，茲不備錄。三年，申命大司農總挈天下農政，修明勸課之令，除牧養之地，其餘聽民秋耕。

仁宗皇慶二年，復申秋耕之令，惟大都等五路許耕其半。蓋秋耕之利，掩陽氣於地中，蝗蝻遺種皆爲日所曝死，次年所種，必盛於常禾也。延祐三年，以好謙所至，植桑皆有成效，於是風示諸道，命以爲式。是年十一月，令各社出地，共蒔桑苗，以社長領之，分給各社。四年，又以社桑分給不便，令民各畦種之。法雖屢變，而有司不能悉遵上意，大率視爲具文而已。五年，大司農司臣言：廉訪司所具栽植之數，書于冊者，類多不實。觀此，則惰於勸課者，又不獨有司爲然也。致和之後，莫不申明農桑之令。天曆二年，各道廉訪司所察勸官內丘何主簿等凡六人，惰官濮陽裴縣尹等凡四人。其可考者，蓋止於此云。

《續通典》卷三《食貨三》 ［成宗大德］七年，浙省平章政事徹爾以松江填淤，民不可稻，因導水入海，民得良田若干萬頃。武宗至大二年，苗好謙獻種蒔之法。其說分農民爲三等：上戶地一十畝，中戶五畝，下戶三畝或一畝，皆築垣牆圍之，以時收採桑椹，依法種植。武宗善而行之。三年，申命大司農總挈天下農政，修明勸課之令，除牧養之地，其餘聽民秋耕。秋耕者，掩陽氣於地中，蝗蝻遺種皆爲日所曝死。次年所種，必盛於常禾也。 仁宗延祐元年，平章章閭言，經理大事，世祖已嘗行之。但其間欺隱尚多，未能盡實。以熟田爲荒地者有之，懼差而析戶者有之，富民買貧民田而仍其舊名輸稅者亦有之。由是，歲入不增，小民告病。若行經理之法，俾有田之家，及各位下寺觀、學校財賦等田，一切從實自首，庶幾稅人無隱，差徭亦均。於是遣官經理。然期限猝迫，富民黠吏並緣爲奸，以無爲有，虛具於籍者，往往有之。明年，命河南自實田。自延祐五年爲始，每畝止科其半。按河南省總計官民荒熟田一百一十八萬七百六十九頃。江西省官民荒熟田四十七萬四千六百九十三頃。江浙省官民荒熟田九十九萬五千八十一頃。

同上 文宗天曆中，詔諸路農民請佃荒田者，與免租賦三年。作已業者，一年。自首冒佃及諸佃黃河退灘地者，不在免例。

《續通志》卷一五二《食貨二》 元制，內立都水監，外設各處河渠司。興舉水利，修理堤埠。太宗十二年，令梁泰充宣差，規措三白渠，使郭時中副之，修三白渠。世祖中統元年，懷孟路歲旱，總管譚澄令民鑿塘造渠，引沁水以溉田。二年，詔提舉王允中開沁河渠，經濟源河、內河、陽、溫、武陟五縣，名廣濟渠。允中又請開邢洺等處濟、滏、澧、河達泉以溉民田。至元初，張文謙行省中興路，修復唐來漢延各渠，灌田十數萬頃。後詔諸路開復水利，敕巴圖軍於齊嚕納之地開渠耕田，導肥河入於鄭，淤陂盡爲良田。浚奇拉爾河以溉袞諸爾黃土山民田。西夏行省郎中董文用開秦家等渠，墾中興、西涼、甘肅、瓜沙等州之土爲水田。平陽總管鄭鼎導汾水溉民田千餘頃。荊南行省廉希憲決江陵城外蓄水，得良田數萬畝。

《續文獻通考》卷一《田賦一》 太宗六年七月，定天下地稅。

中田每畝二升有半，上田三升，下田二升，水田每畝五升。時既定常賦，朝議以爲太輕。中書令耶律楚材曰：作法於涼，其敝猶貪，後將有以利進者，則今已重矣。

八年，定科徵丁稅。

初，每戶科粟二石。後又以兵食不足，增爲四石。至八年，乃定科徵之法。令諸路驗民戶成丁之數，每丁歲科粟一石，驅丁五升。疑當作五斗。新戶丁驅各半之，老幼不與。閒有耕種者，或驗其牛具之數，或驗其土地之等，徵焉。

世祖中統二年四月，命宣撫司官勸農桑，抑游惰，立勸農司。

帝即位之初，即頒《農桑輯要》之書於民，命各路宣撫司擇通曉農事者，充隨處勸農官。至是，立勸農司。

是年，定遠近倉輸納例。

遠倉之糧止於沿河。近倉輸納，每石帶收腳錢中統鈔三錢。或民戶赴河倉輸納者，每石折輸輕齎中統鈔七錢。

三年正月，禁諸道戍兵及勢家縱畜牧犯桑棗禾稼者。

次年七月，又戒蒙古軍不得以民田爲牧地。

四年九月，諭高麗、上京等處，毋重科歛民。

至元元年八月，陝西行省奏：宋新附民宜撥土地、衣糧，給其牛種。從之。

至二十三年十二月，遣蒲昌赤貧民墾甘肅閑田，官給牛種、農具。二十八年十月，詔給蒙古人內附者及開元、南京、碩達、勒達等三萬人牛畜、田器。二十九年二月，從樞密院臣安巴等請，就襄陽給和塔拉察遜哈喇妻六百三十七戶田器、種粟，俾耕而食。又敕畸零、巴圖爾三百四十七戶佃益都閒田，給牛種、農具，官爲屋居之。九月，沙州、瓜州民徙甘州，詔於甘肅兩界畫地使耕。無力者，給以牛具、農器。成宗大德元年正月，以實保齊等爲叛寇所掠，仰食於官，賜以農具、牛種，俾耕種自給。又給昆種田戶耕牛。

四年二月，始括民田。

時括西夏民田，徵其租。至八年十二月，復括西夏田。十七年五月，括沙州戶丁，定常賦。其富戶餘田，令所戍漢軍耕種。十九年十月，籍京師隱漏田，履畝收稅。二十年四月，免京畿所括豪勢田舊稅三之二，新稅三之一。二十一年正月，十一月，詔大都田土竝令輸租，甘州新括田土畝輸租三升。二十二年正月，詔括京師荒地，令宿衛士耕種。二十五年九月，命呼圖克民戶履畝輸稅。三十年，燕公楠復爲大司農，得藏匿公私田六萬九千八百六十二頃，歲出粟十五萬一千一百斛，鈔二千六百貫，帛千五百匹，麻絲二千七百斤。

七年二月，立司農司，設四道巡行勸農司。十二月，改司農司爲大司農司，添設巡行勸農使、副各四員。

大司農之設，專掌農桑水利。仍分布勸農官及能知水利者，巡行郡邑，察舉勤惰。所在牧民，長官提點農事，歲終第其成否，申轉司農司及戶部。秩滿之日，注於解，由戶部照之，以爲殿最。又命提刑按察司加體察焉。至九年，命勸農官舉察勤惰，於是高唐州、達嚕噶齊呼圖克鼐爾州尹張廷瑞、同知陳思濟，以勤升職，陝縣尹王仔以惰降職。自是，每歲申明其制。十四年，罷大司農司，以按察司兼領勸農事。十八年，改立農政院。二十年，又改立務農司。是年，又改司農寺。二十三年，復爲大司農司。二十四年二月，立行大司農司及營田司於江南。二十四年，《志》作二十五年。今從《紀》。又《紀》云設勸農營田司大使、副各二，隸行大司農司。二十八年，以江南長吏勸課擾民，罷其親行之制。命止移文諭之。二十九年，以勸課司併入各道肅政廉訪司，增僉事二員，兼察農事。八月，命提調農桑官帳冊有差者，驗數罰俸。

陸深《玉堂漫筆》曰：虞集云元有中原，置十道勸農使，總於大司農，皆慎擇老成重厚之士，親歷原野，安輯而教訓之功成。省歸憲司，憲司以耕桑之事上大司農，天下守令皆以勸農繫銜。郡縣大門兩壁皆畫耕織圖，立法周密如此。

頒農桑制十四條。

縣邑所屬村疃，凡五十家立一社，擇高年曉農事者爲之長。增至百家者，別設長一員，不及五十家者，與近村合爲一社。地遠人稀不能相合，各自爲社者聽。其合爲社者，仍擇數村之中立社長、官司長，以教督農桑爲事。凡種田者，立牌橛於田側，書某社某人於其上，社長以時點視勸戒。不率教者，籍其姓名，以授提點官責之。其有不敬父兄及凶惡者，亦然。仍大書其所犯姓名於門，俟其改過自新乃毁。如終歲不改，罰代充本社夫役。社中有疾病、凶喪之家，不能耕種者，衆爲合力助之。一社之中災病者多，兩社助之。凡爲長者，復其身。郡縣官不得以社長與科差事。農桑之術，以備旱暵爲先。凡河渠之利，委本處正官一員，以時濬治。或民力不足者，提舉河渠官相其輕重，官爲導之。地高水不能上者，命造水車。貧不能造者，官具材木給之。秋成之後，驗使水之家，俾均輸其直。田無水者鑿井，井深不能得水者，聽種區田。其有水田者，不必區種，仍以區田之法，散之農民。種植之制，每丁歲種桑棗二十株，土性不宜者，聽種榆柳等，其數亦如之。種雜果者，每丁十株，皆以生成爲數。願多種者聽。其無地及有疾者，不與。所在官司申報不實者，罪之。仍令各社布種苜蓿，以防饑年。近水之家，又許鑿池養魚幷鵝鴨，及蒔蓮藕、菱芡、蒲葦等，以助衣食。凡荒閒之地，悉以付民。先給貧者，次及餘戶。每年十月，令州縣正官一員，巡視境內，有蝗蝻遺子者，設法除之。至二十八年，復頒農桑雜令。泰定帝致和元年正月，復詔頒十四條於天下。順帝至正八年四月，又詔守令選立社長，專一勸課農桑。

十年十一月，詔毋禁畿內秋耕。

大司農言，中書移文，以畿內秋稼始收，請禁民覆耕，恐妨芻牧。帝以農事有益，詔勿禁。至二十八年，又弛畿內秋耕之禁。

十三年十二月，詔凡軍將校及宋官吏，有以勢力奪民田廬産業者，各還本主。無主，則以給附近之無生産者。

至十五年八月，詔諭軍民官毋得占據民産。十七年十二月，敕擅據江南逃亡民田者，有罪。十九年四月，敕覈阿哈瑪特占據民田，給還其主。所庇富強戶，輸賦其家者，仍輸之官。二十年二月，敕權貴所占田土，量給各戶之外，餘悉以與怯薛帶等耕之。

十五年七月，詔江南、浙西等處，毋非理征科擾民。

十七年，命戶部重定諸科徵例。

全科戶丁稅，每丁粟三石，驅丁粟一石，地稅每畝粟三升。減半科戶丁稅，每丁粟一石，新收交參戶第一年五斗，第二年一石，第三年一石二斗五升，第四年一石五斗，第五年一石七斗五升，第六年入丁稅。協濟戶丁稅，每丁粟一石，地稅每畝粟三升，隨路近倉輸粟。遠倉每粟一石折納輕齎鈔二兩。富戶輸遠倉，下戶輸近倉。郡縣各差正官一員部之。每石帶納鼠耗三升，分例四升。凡糧到倉以時收受，出給朱鈔。權勢之徒，結攬稅石者，罪之。仍令倍輸其數。倉官攢典斗腳人等，飛鈔作弊者，並置諸法。輸納之期分爲三限，初限十月，中限十一月，末限十二月。違者，初犯笞四十，再犯杖八十。互見戶口門。至成宗大德六年，申明稅糧條例。復定上都、河間輸納之期：上都初限次年五月，中限六月，末限七月；河間初限九月，中限十月，末限十一月。

二十三年六月，命雲南、陝西二行省，籍定建都稅賦。

二十四年十二月，減揚州省歲額米十五萬石，以鹽引五十萬易糧。

二十五年正月，募民能耕江南曠土及公田者，免差役三年，其輸租免三分之一。

至二十八年七月，募民耕江南曠土，戶不過五頃，官授之券，俾爲永業，三年後徵稅。其後，成宗大德四年，又以地廣人稀，更優一年，令第四年納租。

九月，置徵理司，專治合追錢穀。十月，以省院臺官十二人理算江淮、江西、福建、四川、甘肅、安西六省錢穀。

先是中統四年九月，遣使徵諸路賦稅錢帛，至元五年十一月，御史臺追理侵欺糧粟近三十萬石，錢物稱是。十年二月，遣斷事官麥肖句校川陝行省錢穀。十三年十二月，檢覈江淮諸路錢穀。二十二年十月，參政郭佑言，自平江南，十年之閒，凡錢糧事八經理算，今又復鉤考，宜即罷去。不從。二十三年四月，遣要束木鉤考荆湖錢穀。十二月，遣圖卜沁鉤考湖廣錢穀。是年四月，右丞相僧格言，自至元丙子置應昌和糴所，其閒必多盜詐，宜加鉤考。扈從之臣種地極多，宜依軍站例，四頃之外，驗畝徵租。從之。至是月，以尙書省鉤考諸司，先摘委六部，官任猶不專，遂置徵理司以主之。時僧格以理算爲事，司錢穀者無不破產。及當更代，人皆棄家避之。又言，湖廣錢穀已責償平章要束木，他省欺盜者必多。請以參政忻都等十二人理算江淮等六省，耗失之數給兵，以衞其行。詔從之。至二十六年十月，鉤考大同錢穀。二十七年九月，鉤考行教坊司所總江南樂工錢穀。二十八年二月，命江淮行省鉤考沙不丁所總詹事院錢穀。

二十八年二月，罷徵理司。

初行臺侍御史程文海入朝言，宰相不以進賢爲急，而惟以貨殖爲心，尙書鉤考錢穀，以剖剝生民。所委任者，率皆貪饕邀利之人，江南盜賊竊發，良以此也。僧格怒，奏請殺之者六，帝皆不允。至是，僧格以罪罷。二月，遂罷徵理司。詔下之日，百姓相慶。既而各路鉤考猶未盡罷，於是御史臺臣奏，鉤考錢穀，自中統初至今，餘三十年。更阿哈瑪特僧格當國，設法已極，而其餘黨公取賄賂，民不堪命，不如罷之。十二月，遂詔罷鉤考錢穀。昔年逋負文卷，聚置一室，非上命而視之者，有罪。仍遣使布告中外。

二十九年九月，以寧夏戶口繁多，而田土半藝紅花，詔盡種穀麥，以補民食。

至元時，諸路墾田義糧等總數。

二十三年，大司農司上諸路儲義糧九萬五百三十五石，植桑、棗、雜果諸樹三千三百九萬四千六百七十二株。

二十五年，大司農言耕曠地三千五百七十頃，積義糧三十一萬五千五百餘石。

二十八年，司農司上諸路墾地千九百八十三頃有奇，植桑、棗諸樹二千二百五十二萬七千七百餘株，義糧九萬九千九百六十石。

東平布衣趙天麟上《太平金鏡策》略曰：今王公大人之家，或占民田近於千頃，不耕不稼，謂之草場，專放孳畜。又江南豪家廣占農地，驅役佃戶，無爵邑而有封君之貴，無印節而有官府之權，恣縱妄爲，靡所不至。貧家樂歲終身苦，凶年不免於死亡。荆楚之域，至有僱妻鬻子者，衣食不足，由豪富兼幷故也。方今之務，莫如復井田，尚恐驟然騷動，天下宜限田以漸復之。凡宗室、王公之家，限幾百頃，巨族、官民之家，限幾十頃。凡限外退田者，賜其家長以空名告身。每田幾頃，官階一級，不使之居實職也。凡限田之外蔽欺田畝者，坐以重罪。凡限外之田有佃戶者，就令佃戶爲主。凡未嘗墾闢者，令無田之民占而闢之，第一年全免租稅，次年減半，第三年依例科徵。凡占田不可過限，凡無田之民不欲占田者聽。凡以後有賣田者，買田亦不可過限。私田既定，乃定公田。公田之制有九等，一品者二十頃，二品者十六頃，三品者十五頃，四品者十二頃，以下俱以二頃爲差，至九品但二頃而已。庶乎民獲恒產，官足養廉。如是行之五十年後，井田可復興矣。

成宗元貞元年五月，詔以農桑水利諭中外。

至大德元年，罷妨農之役。十一年，申擾民之禁，力田者有賞，游惰者有罰，縱畜牧損禾稼桑棗者，責其償而後罪之。

二年七月，括巴延阿珠、阿爾哈雅等所據江南田，及權豪隱匿者，令輸租。

其後六年正月，帝語臺臣曰：朕聞江南富戶侵占民田，以至貧者流離轉徙。臺臣曰：富民多乞護持璽書依倚，以欺貧民，官府不能詰治。宜悉追收爲便。命即行之，毋越三日，仍命整治江南影占税民地土者。至武宗至大二年十月，平章約蘇言，江南平垂四十年，其民止輸地税、商税，餘皆無與。其民有蔽占王民奴使之者，動踰百千家，有多至萬家者，其力可知。乞自今有歲收糧五萬石以上者，令石輸二升於官，仍質一子而軍之。其所輸之糧，移其半入京師，以養御士，半留以備凶年。命如其言行之。

始定徵江南秋夏稅之制。

秋稅止命輸租，夏稅則輸以木綿、布、絹、絲、綿等物。其所輸之數，視糧以爲差。一石或輸鈔三貫、二貫、一貫或一貫五百文、一貫七百文。輸三貫者，若江浙省婺州等路、江西省龍興等路。輸一貫者，若福建省泉州等五路。輸一貫五百文者，若浙江省紹興路、福建省漳州等五路。皆因地利之宜，人民之衆，酌中數取之。其所輸之物，各隨時估高下以爲直，獨湖廣則異。是初行省右丞阿爾哈雅克湖廣時，罷宋夏稅，依中原例，改科門攤，每戶一貫二錢，視夏稅增鈔五萬餘錠。至大德二年，宣慰張國紀又請科夏稅，於是湖湘重罹其害，俄詔罷之。三年，又改門攤爲夏稅，而并徵之，每石計三貫四錢之上，視江浙等爲尤重云。

大德元年九月，罷括兩淮民田。

其後九年十月，復括兩淮地。爲豪民所占者，令輸租賦。仁宗皇慶元年二月，敕兩淮民種荒田者，如例輸稅。延祐元年十月，遣官括淮民所佃閒田不輸稅者。泰定帝泰定元年，平章政事張珪等言，國家經費皆取於民，世祖時淮北內地惟輸丁稅。特們德爾爲相，專務聚斂，遣使括勘兩淮、河南田土，重併科糧。又以兩淮、荆襄沙磧作熟徵收。徼名興利，農民流徙。宜如舊制，止徵丁稅。其括勘重併之糧及沙磧不可田畝之稅，悉除之。帝不能從。

十一月，禁諸王駙馬幷權豪，毋奪民田。其獻田者，有刑。

至二年正月，又禁諸王、公主、駙馬受諸人呈獻公私田地，及擅招戶者。武宗至大元年七月，皇子和實拉請立總管府，領提舉司四，括河南、歸德、汝寧境內瀕河荒地約六萬餘頃，歲收其租。中書省言，瀕河之地，出沒無常，遇有退灘則爲之主。近有伊瑪噶者，妄稱省委括地，蠶食其民，以有主之田指爲荒地，所至騷動，方議其罪，遇赦獲免。今乃獻地皇子。河南連歲水災，人方闕食，若從其請，設立官府，爲害非細，遂止。仁宗皇慶元年七月，敕諸王錫錫部歸晉寧路襄垣縣民田。

吳肅公《讀書論世》曰，言利之臣，巧立察荒之名，以逢上之欲。又有皇子爲之內主。而中書省能直斥其姦，武宗能遂從之，可謂朝政清明，而民受其賜矣。

十二月，詔諸軍戶賣田者，由所隸官給文券。

二年二月，詔諸郡凡民播種怠惰，及有司勸課不至者，命各道廉訪司治之。

至仁宗皇慶二年七月，敕守令勸課農桑，勤者陞遷，怠者黜降，著爲令。泰定帝致和元年正月，又詔勵有司察勤惰。文宗天曆二年，各道廉訪司所察，勤官內邱何主簿等凡六人，惰官濮陽裴縣尹等凡四人。

七年正月，罷歸德府括田。

八年正月，詔江南佃戶私租太重，以十分爲率減二分，永爲定例。

是後順帝至正十四年，又詔民間私租十分普減二分。

武宗至大二年，淮西廉訪僉事苗好謙獻蒔桑法，行之。

分農民爲三等，上戶地一十畝，中戶五畝，下戶三畝或一畝。皆築垣牆圍之，以時收采桑椹，依法種植。其法出《齊民要術》等書。至仁宗延祐三年，以好謙所至植桑，皆有成效，於是風示諸道，命以爲式。是年十一月，令各社出地共蒔桑苗，以社長領之，分給各社。四年，又以社桑分給不便，令民各畦種之。法雖屢變，而有司不能悉遵上意，大率視爲具文而已。

三年，詔大司農除牧養地，聽民秋耕。

至仁宗皇慶二年，復申秋耕之令。惟大都等五路許耕其半。蓋秋耕之利，掩陽氣於地中，蝗蝻遺種，皆爲日所曝死，次年所種必盛於常禾也。

仁宗延祐元年閏三月，遣人視大都至上都駐蹕之地，有侵民田者，計畝給直。

十月，遣官經理江南田糧。十一月，詔檢覈浙西、江東、江西田稅。

江淮漕臣言：江南殷富，蓋由多匿腴田。若行檢覈法，當益田畝累萬計。吳元珪拜江浙行省左丞，入見言，江南平幾四十年，戶有定籍，田有定畝，一有搖動，其害不細。固爭月餘，不能止。至是，平章張律言經理大事，世祖已嘗行之，但其間欺隱尚多未實，以熟田爲荒地者有之，懼差而析戶者有之，富民買貧民田仍其舊名輸稅者，亦有之。由是歲入不增，小民告病。若行經理之法，俾有田之家，及各位下寺觀、學校財賦等田，一切從實自首，庶幾歲入無隱，差徭亦均。元珪復奏，昔世祖限田四百畝以給軍需，餘田悉供賦稅。今經理江淮田土，第以增多爲能，加以有司頭會箕斂，俾元元之民，困苦日甚。恐變生不測，非國之福。帝不能用。遂遣官經理。以張律等往江浙，尚書鼐智密鼎往江西，左丞陳士英等往河南，仍命行御史臺分臺鎮遏，樞密院以軍防護焉。先期揭榜，示民限四十日，以其家所有田自實於官。或以熟爲荒，以田爲蕩或隱占逃亡之產，或盜官田爲民田，指民田爲官田及僧道以田作者，并許諸人首告。十畝以下，田主及管幹田戶皆杖七十七。二十畝以下，加一等。一百畝以下，一百七以上，流竄北邊，所隱田沒官。郡縣正官不爲查勘致有脫漏者，量事論罪，重者除名。時期限猝迫，貪刻用事，富民黠吏并緣爲姦。中書右丞特們德爾猶以爲未實，復下令括田增稅。鼐智密鼎在江西酷虐尤甚。新豐一縣，撤民廬千九百區，至夷墓揚骨，以爲所增頃畝。次年八月，遂有贛民蔡九五之亂。張律在江浙以括田迫民，有至死者。御史臺累言其害，汴梁路總管塔海亦言其弊，乃詔罷之。並免三省自實田租二年。河南自實田，自延祐五年始止科其半，汴梁一路凡減虛增之數二十餘萬石。至泰定、天曆之初，又盡革虛增之數，民始獲安。總計河南省官民荒熟田一百一十八萬七百六十九頃，江西省官民荒熟田四十七萬四千六百九十三頃，江浙省官民荒熟田九十九萬五千八十一頃。

七年四月，時英宗已即位。增兩淮、荆、湖、江南、東西道田賦，斗加二升。

泰定帝泰定初，行助役法。

助役糧者，其法命江南民戶有田一頃之上者，於所輸稅外，每頃量出助役之田，具書於冊。里正以次掌之歲收，其入以助充役之費。凡寺觀田除宋舊額，其餘亦驗其多寡，令出田助役，民賴以不困。

二年十二月，右丞趙簡請行區田法於內地，以宋董煟所編《救荒活民書》頒州縣。

文宗至順元年十一月，徵河南行省民閒自實田土糧稅，不通舟楫之處，得以鈔代輸。

順帝元統初，罷富民承佃江淮田。

從江浙行省王克敬請也。時松江大姓有歲漕米萬石獻京師者，其人既死，子孫貧且行乞。有司仍歲徵，弗足，則雜置松江田賦中，令民包納。克敬曰，匹夫妄獻米徼名爵，今身死家破，又已奪其爵，不可使一郡之人均受其害，國用寧乏此邪。具論免之。

至正十二年正月，遣官分道巡視農桑。

中書省臣言，河南、陝西腹裏諸路，供給繁重。調兵討賊，正當春首耕作之時，恐農民不能安於田畝，守令有失勸課。宜委通曉農事官員分道巡視，督勒守令親詣鄉都，省諭農民依時播種，務人盡其力，地盡其利。其曾經盜賊、水患供給之處，貧民不能自備牛種者，所在有司給之。仍令總兵官禁止屯駐，軍馬毋得踐踏，以致農事廢弛。從之。

藝文

元・胡祗遹《紫山大全集》卷二二 革昏田弊榜文

一昇平無事，民安地著。逋逃者還業，五穀增價。土田每畝價值比數年前踴添百倍，所以典賣之間，不無詐冒昏賴，以致詞訟紛紜，連年不絕。府司今議得，每一社議令社長集衆公議，推保公平官牙人一名，能書寫、知體例、不枉屈；寫契人一名，本縣籍記姓名，凡遇本社買賣租典土田，及一切房屋事產、人口、頭匹交易合立文契者，止令官牙人作牙，官立定書寫人寫契。違法成交者，此二人當罪，到官毀交；不經此二人成交者，毀交，治買主賣主罪，文契分明，庶革前弊。

一省部明文諸交易文契，雖以諸物成交，止合價錢幷以貫鈔，幷不得書寫金銀絲絹綿布諸雜物貨，府司照得濟寧一路諸雜交易，多寫絲貨絲價或增或減市色不定，以致詞訟不絕。府司遵依上司格例，今後諸交易交契，幷不得書寫雜貨，上寫貫鈔若干，違者先罪牙人，寫契人、買主、賣主同罪。

一昏田屋宇因事到官，縣司兩平斷定，各無詞訟。不半年一歲，吏人與姦人作弊，滅毀訖元斷文卷，再令翻告。新官新吏不知始末根因，見解處心，公私不同，以致欺罔百端，反復無定。府司擬定：今後凡經官斷定土田房舍事產等事，隨即當官出結合同公據執照，令各人收執。如有翻告者，後官以爲憑據。斷決公平依法者，不可改斷。偏曲不平者，或欲改斷，備開前斷錯失，亦依前出結公據執給[照]，庶幾杜塞紛競及官吏作姦之弊。

一昏田相爭，事關農務，故有務開務停之限，濫官污吏不肯公心及早剖決，反執格限以爲姦。是以累年不決，府司擬定：凡遇此事比三月務停不決者，照依格例，稽遲日期嚴行斷罪。

一作姦造僞之人，務開之月，不行告官。直至正月盡二月初，將過務停，興辭到官。雖遇明敏公平官吏，往復移關勘會，亦不能處決。府司擬定十月初爲頭，至正月上半月，興詞赴官，官爲受理。二月初興詞者，官司不須受理。是月占據爭奪人土田者，坐昏賴之罪。

昏姻聘財，雖有定例，立格之日，民已不從。蓋緣後有自願者聽之。一言故也。又兼立格之年，絹一匹直鈔一貫。今即絹一匹直八貫，他物類皆長價八九倍十倍。雖嚴加罪責，勿喻定例，民亦不從。百貫寶鈔能買幾多緞匹、裏絹、金銀頭面，不若再立上中下三等，嫁財定立上戶，嫁財緞子裏絹各幾匹，金銀頭面各錢兩。非品官之家不得衣金衣服，中下戶近減一等，永爲定例。踰越者各杖七十下。

元・戴良《九靈山房集》卷五《山居稿第五》 黃氏歸田記

諸暨東行六十里，是爲孝義鄉。爲其鄉之望者，曰黃君松。松，故儒家，由科第居顯官者若干人，而百年之喬木嘗盛矣。及一旦衰，松之孫某遂以愚騃。盡廢其先業，至以百金產，僅易一醉飽。富豪之家，爭爲巧計圖之。而族人之無賴者，又從而鼓扇其間。以故田凡八百餘畝，屋凡二百餘楹，無一步一椽存者。維揚欒侯來署州事，行視州境，遂察知其弊。一日，召買產之家及某，立庭下，歷以古者仁厚之化、義禮之俗開陳之，而且反躬念過至於泣下。衆因俯伏，首實告曰：惟賢侯命是從。至夜漏半，侯復列香炬對天誓衆：俾伸者右，抑者左，衆又悅服，當右者右，當左者左。於是冒取者，償其業；低直者，益其金。金入則贖其質田之應期者，曾不滿一月，不啻一人得田如千畝，屋如千楹。歸其家，俾其母妻弟姪之散亡他處者，咸群居聚食，如家之盛時。侯猶慮其久而莫繼也，益選宗親之富而賢曰義、曰鏞者，以掌出入之數，而且經紀其家事。於是義與鏞及凡黃氏之族莫不德侯之爲，願得余文記之。庶幾，永侯之德於無窮，乃以張君辰所序事，介宋君時憲以請。嗚呼！若侯者，其賢於世吏遠矣！蓋自授田之法壞，而兼並之俗興，富右豪強，乘民之愚以襲取其家業者，有矣，然民未甚病也，迨夫聽訟之吏出焉。考覈之不明，剖決之靡中，搆辭累歲，而元姦宿猾因舞手以規民，而民始病矣。世吏之不賢，其重病民多如此。由是而言，則爲侯之民者，雖不幸遭家之中變，其亦庶乎無憾焉！昔韓延壽守左馮翊時，民有訟田者，延壽爲之引咎自責。其民深自悔悟，願以田相移，終死不敢爭。史書其事，至於今傳之。侯之此舉，固史臣之所取，而後世之所宜傳也。其可記以永久者，有不在余文矣。

元・柳貫《待制集》卷九 楊丞檢田頌幷序

東陽丞楊公景安解秩將去，操耒之農，負販之夫，暨于褐寬之徒，逢掖之士讙然言曰：茲歲丙子，公之涖政適三年已，而原田無秋，民將阻饑。公曰：吾其可以官滿自諉，躬愬大府以次聞於部使者，請如故事。檢覆其菑厥，既報可。公受牒，當分詣諸鄉，一童一馬，襆被徑往。次舍必於菴廬，食飲取諸裝橐，視田勞農。已事即行，跋履荒阻。閱數旬，歸治任，俟代退。然若無德於民者矣。古有借留之典，吾將破崖岸而求之，不識可乎。嗟夫！官民之間相臨以勢，方滿秩將代，旦夕解去，嚬呻戚休。吾何繫哉！而公之是心，篤不能忘。卹菑救患，若己隱憂，雖一食飲、一芻秣之微，不以重累吾民，宜乎。民之愛戀，眞若赤子之去其慈母，而疾者之失其良醫也。迹公之智，其賢於世吏遠矣！然則願借冠君輿謠叔度，壹是吾民可已不已之情。予茲有聞，敢忘傳信，乃作《楊丞檢田頌》一篇，以永民思，竊附風人之義，流爲孺子之歌。頌曰：大縣置丞，丞以貳令。彌縫闕漏，闔闢成政。舉斯加彼，實制民命其一。肆令治縣，共理惟寅。占位涉筆，丞豈其臣。有智必協，有謀必詢其二。載稽治否，酌有公論。繭絲保障，間不容寸。民鑒孔明，莫或流遁其三。東陽在婺，百里之封。廉德章章，有丞楊公。楊公制政，健敏而通其四。先時邱民，喜鬭樂訟。公牖其衷，不震而竦。令雖執競，民獲康共其五。因賦定役，則罔後艱。重其所輕，茲以穴姦。賴公司平，里謐閭安其六。民奉公上，有庸有調。挾是厚誣，烈甚原燎。公爲事程，無爾酗暴其七。衆方囂囂，莠言盈庭。汨其腥腐，亂我芳馨。緊公主靜，神聽和平其八。亦越三朞，俟瓜而代。時秋亢旱，赤魃爲害。焦澤赭原，莫覿銍艾其九。公戚於懷，往籲牧連。謂此嚴邑，民病無年。不蠲其輸，則瘠而顚其十。誠至言諄，卒獲聽受。即命行田，檢括疆畝。公曰：異哉！予其奔走其十一。既屏騶從，亦載糧餱。單馬覊童，陟巘降邱。勞來疲甿，使無隱憂其十二。甿曰明府，顧我復我。不驚犬雞，不窘舂莝。遂我生育，拔諸寒餓其十三。宦成而怠，人有常情。緊公一節，不撓不傾。翕是實德，溢爲休聲其十四。惟令部使，張膽明目。刺貪舉廉，令嚴政肅。豈遺其近，而弗甄录其十五。論公之才，宜濟時康。最公之績，何愧明揚。廓而天路，跂彼雲驤其十六。賢智之生，世常不數。達而之用，守約施博。廈材既具，不棄櫨欂其十七。今人古人，可企而齊。龔黃卓魯，夫何遠而。相我楊公，大邦維儀其十八。我邑於西，五舍而近。謠誦相聞，說丞如尹。問訊棠陰，酌言斯允其十九。爰緝蕪章，播之康衢。匪我誇公，爲後之模，庶幾適人，采而進諸其二十。

元・貢師泰《玩齋集》卷七　上虞縣覈田記

古昔聖王之治天下也，曰分田定賦，以一其民而已矣。後世田賦不正，徭役不均，豪民得以肆其侵暴，黠吏得以縱其奸貪，然後法制大壞而斯民始不堪其生。越上虞縣大德間，定墾田總之凡三十三萬二千三百畮奇，其兵竈、驛學、寺觀，免徵者四萬七千畮，官民實徵者二十八萬五千二百畮，具載典冊，可謂較然矣！歲久法弊，因去其籍，且推收之法不行，而鬻質之數不實，遂使詭名寄戶、飛隱走貼虛增張並之弊，紛紜雜出，而眞僞莫能辨矣！至正十八年夏四月，安陽韓侯諫來爲尹，會治兵，縣境一切軍資悉取於民，重輕失當，怨讟載道。侯爲此懼，將有以處之而未暇也。明年春，分省論功，陞行樞密院都事，仍總制縣事。迺進父老曰：若等苦吏橫斂久矣！我欲爲若等定令，使不得重輕爲市，何如？皆俯伏頓首曰：幸甚！侯乃下令，聽民自陳，即有不實，并以坐。吏仍選鄉里大姓有祿位、德望者，覈視之，而侯坐堂上，執朱墨勾稽，覆驗窮晝，夜不少休。其法每田一區，署由一紙，載田形地方畝數，與凡執事者，其上俾執之以爲劵而圖以魚鱗冊，以鼠尾分以兜率，總以歸類，然後奸欺屏息，田賦正徭役均，而庭無紛爭之訟矣。又距縣西南數百步，有湖曰西溪。當故宋時，民有私其高仰以爲田者，或獻之福邸內附，後籍入皇太后宮，即其私租畝，歲輸穀二石二斗，曰籍田。其田並湖居民稍復侵耕，輸穀五斗，曰蕩田，又窪下者輸穀四斗三升，曰葑田。歲久籍田力薄，更失水利，終歲勤苦得不償費，而蕩葑之利日饒。侯爲度其土，宜第其租入，民皆稱均。其冬，予以總漕。閩廣道出上虞，父老遮拜道左，具述其事。嗟夫！治民亦多術矣，要莫大乎得其心，得其心有道，亦不背其所好，不施其所惡而已。或奪其利以戕其生，勞其力以咈其性，則民心其可得哉！侯能因民好惡以出治，其庶幾長民者之道乎！且聞侯之始至也，會萬戶馮輔卿，以兵來守，將預徵民租。侯言方旱饑，請待新穀之登，民甚便之。鄰境構兵，遊軍已入縣，將校慮有伏，欲盡燬民居。侯白叅政公，遂得免。長鎗軍來分鎭，或言縣多湖田，膏腴可屯種。侯力爭水利不可失，亦得免。又大修孔子廟，復忠恕堂，聘名師，廣弟子員，日與講論忠君親上之道，縣人化焉，故并記之。侯字自行，故宋魏國忠獻王十世孫，少孤，能自力，學以義兵，數立戰功。丞相便宜擢台之臨海縣丞，遂來爲縣，累官都事云。

雜録

《明清徽州社會經濟資料叢編》第二集　至元二十八年祁門李阿林賣山赤契

歸仁都李阿林，有山一段，在杭□，土名楊梅山。今無鈔開修田畝，曾[情]願將前項楊梅山東字三百二十四號夏下[山]四畝貳角、夏地貳角；又更字號黄小塢東排夏山貳畝。其二號山地，東至坮坳，橫過至胡四塢嶺，西至黄小塢田及地，北至大小[山]，南至溪。其前項山地并地内大小杉苗，盡行出賣與同都人李景高名下訖，三面平值中統寶鈔拾壹貫文省，其鈔當日交足無欠，契後更不立碎領，只此隨契一領爲憑。今從出賣後，一任受產收苗管業。如有四止不明及家外人占攔，并是出產人支當，不涉受產人之事。今恐無信，立此賣契爲用者。

楊梅山六百五十九號，黄小塢六百六十號。

至元二十八年五月十五日　李阿林[押]

代書契人　李渲言

同上　至大元年祁門洪安貴等賣山赤契

歸仁都洪安貴、安富、安和，爲無鈔支用，情願將本保土名吴坑源前塢，寔字號夏山壹拾柒畝，東至嶺，抵李宅及馮伯通山，隨嶺下至前段田末下至溪，抵李宅山，西至嶺，抵李大興山，南至尖，北至大溪，下至大溪及大石涯[崖]爲界。又將墓背塢寔字號夏山壹拾肆畝，夏地壹畝。其山地東至干坑，西至降，南至嶺，抵謝宅山，北至嶺，抵謝宅山。今將前項捌至内山地并地内杉木、菓木等物，盡數立契出賣與同都人謝良臣名下，面議中統價鈔柒拾柒貫文，其契立契日一并交收足訖，并無少欠，契外不立碎領交相。其山地未賣已前，即不曾與家外人交易。如有内外人占攔及四至畝步字明不明，并係出賣主自行衹當，不涉買主之事。其山地今從出賣之後，一任受產主收苗管業爲主。其契請官投兑收税供解。今恐人心無憑，立此賣契爲照者。

至大元年十一月十五日　洪安貴[押]

洪安富[押]

洪安和[押]

同上　延祐二年祁門汪子先賣田山赤契

歸仁都汪子先，有田山壹段，坐落土名若竹降，唐字一千四伯[百]四十九號，夏山貳畝，次不及田貳角令陸步。其田山東止嶺，分水直下止謝太年田，西止彎心，低[抵]謝太年山，南止降，北止謝太年田。今無鈔支用，情願經官給據，立契將前項四止内田山及山内大小杉木，盡行出賣與同都人李□□□三面商議中統價鈔壹拾叁錠，其鈔當立契日壹并交足，契後別立□領。其田山并杉苗木，今從賣後，壹任買主收苗管業。未賣之先，即不情與家外人交易。如有四止不明及家外人占攔，并是賣人之當，不涉受產人之事。其上手赤契共貳紙，壹并繳付。今恐無憑，立此賣契文書爲用者。

延祐貳年七月拾伍日　汪子先[押]

代書契男　汪有德[押]

同上　元統三年王景期等賣山赤契

十五都七保王景期、王景榮、王景華，元與王景祥□□共承父王子龍梯，已有本都七保汪坑源土名小源夏山壹拾陸畝叁角肆拾伍步，元係亦字號，經理方字壹佰柒拾號，東止坦末壟分水，下止坑及田，西□大降，南止田，北止牛角塢心，直上止尖，直下止田，内有杉木一林。今爲無鈔支用，景期、景榮、景華，情願共將前行四止内合得夏山壹拾畝叁拾玖步并杉木，盡數立契出賣與鄭秀官人名下爲主，面議時直中統價鈔肆拾貫文，其鈔當交足訖無欠。其杉苗并山地，未賣□□，與他人即無交易，如有一切不明，并係出賣主□之當，不涉買主支[之]事。今恐人心無信，立此賣契爲照者。

元統叁年乙亥歲八月初九日　王景期[押]契

王景榮[押]

王景華[押]

同上　元統三年鄭俊卿賣山赤契

□□都三保鄭俊卿，共有山地壹段，坐落本都六保，土名□桐嶺下，元係禽字壹百二十三號，經理係萬字壹仟肆佰三十六號，夏山壹拾伍畝。又尙山壹角，東至鄭一德山，從壟分水直上至降，下至田，西觜□□，南至鄭商臣山，從大丘田塍直上至降，西至大降，北至高尖，□壟分水直下至田，四水俱流全系。今爲無鈔支用，情願將前項四至内山地并杉木，拾分中合得壹分，立契出賣與鄭子才名下爲主，面議時值中統價鈔叁拾貳貫□□，其鈔當立契日一并交足無欠。其山地并杉木□□已前與家外人即無交易，如有一切不明，并係出産人自行祗當，不涉受産主之事。今人難憑，立此文契爲用者。

元統三年乙亥歲拾月初一日　鄭俊卿[押]契

同上　(後)至元四年鄭定郎等賣山地赤契

拾伍都陸保黄龍源鄭定郎，與兄榮郎、伯大青共有山地□段，俱坐落本都。第壹段，叁保相思坑，土名林家山，□山壹拾玖畝叁角，元係與字壹佰貳拾□[壹]號、壹佰貳拾貳號，經理係木字壹仟貳佰捌拾壹□，□至林家山塢心，抵鄭思聰山，進直至坳，出至鄭廷芳田末，上壟分水，抵鄭秀山下，至雙坑口，西至田，隨山腳直進塢頭蘆樹壟，抵鄭明山，上至降，南至雙塢口田，北至大降。第二段，陸保斜坑源，土名砂彎張二坡，夏山柒畝，元係據字號，經理係萬字壹仟陸拾肆號，東至大降，西至大坑，南至乾坑，北至張二塢心，抵鄭一德山，從坡心直上至降。第叁段，陸保黄龍源，土名臼舍塢，夏山壹拾陸畝，元係盤字號，經理係萬字壹仟貳伯柒拾伍號，東至大降，西至大坑，進從生墳塢口前頭，上至□分水，上至大尖，南至臼舍塢心，進半塢轉上至降，北至大尖。其前項壹拾貳至内山地，肆分中定孫合得壹分。今爲無鈔支用，情願將前項壹拾貳至内合得山地，盡數立契出賣與同人鄭廷芳明下爲主，面議時值中統價鈔貳伯貫文，其鈔當日交足。其山地未賣已前，與它人即無交易。如有交加一切不明，并定孫自行支當，不涉買人之事。今人無憑，立此賣契爲用者。

(後)至元四年十二月初　日　鄭定孫[郎][押]契

依口代書人　黄季卿[押]

同上　至正六年胡德玄與兄子茂及伯長郎【略】賣田赤契

【略】虞胡德玄與兄子茂及伯長郎【略】甫共有拾伍都陸保藍溪源【略】夏田肆畝壹角肆拾陸步，計租柒拾貳秤，元係邑字號，東至鄭□芳田，西至自田及鄭世京田，南至鄭世京墓山，北至坑，祖東□□得壹半，計夏田貳畝伍拾叁步，計租叁拾陸秤。經理係萬字伍佰號，故父漢英存日用價買受得伯長□□得夏田壹畝貳拾陸步半，其田貳畝伍拾叁步，□係子茂、德玄貳人梯已全得。今無鈔支用，德玄情願將合得夏田壹畝貳拾陸步半，計租壹□捌秤，盡數立契出賣與拾伍都鄭廷芳名下爲主，□[面]議時值中統鈔伍佰肆拾貫文，其鈔當日交足無欠。其田未賣已前，即無它人交易，如有不明，并係出賣主自行祗當，不涉【略】立此賣契□[爲]用者。

至正陸年捌月初三日　胡德玄[押]契

同上　至正十一年貴池謝安得等賣山赤契

見居池州府貴池縣興仁鄉一保謝安得、安常，今有承祖山地壹片，坐落祁門縣歸仁拾都八甲，土名大塢口，元與謝顯淑等相共，本宅合得一半，計山叁角，係經理吊字貳千一佰八十四號。其山東至嶺，下至田甽頭，西至嶺，下至甽[圳]口路及田，南至田，北至降。今爲無錢支用，情願將前項[四]至内本家合得分法墓林山地，盡行立契出賣與祁門縣十都同分人謝子誠名下，面議時價中統寶鈔叁拾貫文整，其鈔并契當日兩相交付。其山一聽買人經理入戶，遷造風水，永遠管業。未賣之先，不曾與内外人重復交易。如有一切不明及内外人占攔，并是賣人之當，不及買人之事。其上手祖墓砧基文簿，與別產相連，不及繳付，日後賫出不在行用。今恐無憑，立此文契爲用者。

至正十一年十二月初七日出契人　謝安得[押]契

謝安常[押]

同上　龍鳳十二年謝志高賣山白契

【略】情願將本都八保【略】夏山壹畝貳角【略】山，東至降，西至謝志善田，南至謝子善山，北至李家山。今將前項四至内盡數立契出賣與本都謝子善名下，面議價錢貨物柒拾伍貫文，其貨物當立契日一并收足無欠。其山未賣之先，即不曾與家外人交易，如有家外人占攔，賣主抵當，不干買主之事。今恐人心無信，立此文契爲用者。

龍鳳十二年七月初一日　謝志高[押]契

謝景榮[押]

同上　元代祁門鄭立郎賣山赤契

拾伍都黄龍源鄭立郎承父無勝與伯□郎、叔滿郎共【略】黄龍源鮑公充口萬字壹□叁佰玖拾號尙山貳拾步，元係驚字陸拾壹號，東至□地及田，西至大降，南至山□分水，北至本戶元買鄭應祥山埋石。□□□□元與伯周□□滿郎共買受得鄭元通住後峒，同前段萬字壹汗叁佰捌拾捌號尙山柒步，東至住地，西至降，南至大彎心，上至降，北至本戶元買鄭應祥山埋石。又承父無勝與伯周郎及叔滿郎共買受得鄭應祥住後山，萬字壹經汗叁佰捌拾柒號尙山貳拾步，東至田，西至降，南至本戶前段山埋石，北至鄭廷芳祖墓山地。又承父無勝與伯周郎、滿郎共承祖思聰元有自佳上段山，萬字壹□叁佰捌拾貳號夏山壹【略】貳號，東至鄭德地及本戶元買鄭【略】降，南至祖墓，北至陂頭，上至降。其前項肆號，共壹拾陸至內地山壹拾貳分中□□□得貳分，又買德郎弟壹分，共合得【略】山壹拾貳步夏山壹拾伍步，共計租兩秤。今爲無鈔支用，情願將前項壹拾陸至內合得地并山，盡數立契出賣與同分山鄭廷芳名下爲主，面議時貞[值]中統鈔捌拾伍貫文，其鈔當日交足無欠。其地山未賣已前，與它人即無交易，如有一切不明，并係出賣主自行支當，不涉買人之事。今人無信，立此賣契爲照者。【略】

鄭立郎[押]契

□侄

鄭新孫[押]

張傳璽《中國歷代契約會編考釋》 元至元二十六年徽州汪周孫賣地契

□□都汪周孫，今情願將日新都江村源履字號尙山乙伯八號，通計式□□□角叁十步；　夏[下]地乙伯九號至乙伯十二號，通計伍拾步，本戶分得拾式□□伯十二號，通計乙角，本戶分得十五步；　夏地乙伯拾三號，通計五步□□□一步二分五釐。東止神林路，南止路及田，西止江元塹坌爲界，北止降□□以直上止降。又溫字號橫茶坑尙山三十一號、三十二號，通計叁角，本戶分得□□少。東、西止自地，南、北止胡宥等山及張暉山。其山地內元安厝六九朝□□□連年生災死亡。今與弟禪老商議，改移前去吉地安葬。今將上項□柳木併空槨，盡數立契出賣與歸仁都李光遠名下。三面評議中統伍拾貫文，其鈔當日交領足訖無欠。其山地并前項空槨，未賣已前，不曾與家外人交易。如有占攔，并是出產人自行知[支]當，不涉受產人之事。人無信，立此賣契爲照。

至元二十六年二月初十日

汪周孫[押]

領前項契內價鈔足訖無欠，別不立碎領，只此隨契一領爲照。

八日　汪周孫[押]

同上　元至元二十七年徽州鄭思通賣地紅契

□□□□□□□□□□□□□□□□□□□□□□兄鄭文□本都土名□□□□□□□□小塢夏山柒畝，東止□□□□□□□□□彎心，直上止降；西止坑□□□□□□彎里小龍直心，上止□□官家山□□。四止內畝步盡行情願出賣與尤昌拾貳□□進士名下爲主。叁面評議中統價鈔計式拾壹貫文省。其鈔當立契日兩相分付去足訖。其上項山地未賣已前，與家外人亦無牽涉。如有家外人占攔及畝步□差，并是出產人自行知當，不涉買主知事。今恐人心無信，故立此賣契。

至元式拾七年十月廿六日　鄭思通[押]

鄭應龍[押]

依口書契人周子成[押]

□下領去前項契內價鈔前□零碎少欠，只此隨契□乙領

鄭思通[押]　鄭應龍[押]

依口書契人　周子成[押]

同上　元元貞二年龍源汪必招賣荒地白契

龍源汪必招，今將承祖本都一保土名茗坦招州榜上荒地一塊，係五百十四號，計稅四分二釐五，本身合一半，今憑中立契出賣與汪名前去爲業。當日三面議時値價文銀壹兩整，在手足訖。其價契當日兩明。未賣之先，并無重互交易，來歷不明，壹并自理，不干買人之事。所有稅糧隨契推扒供解，再不復立推單。今恐無憑，立此賣契爲照。

元貞二年三月廿日　立契人　汪必招[押]

親筆無中

同上　元元貞二年徽州吳儀甫賣山地契

歸仁都吳儀甫昨父存日，標分得祖戶下本都君字號粒漆源尙山玖畝，係八號東邊里分。東至降，西止田，南至叔深之山，北至□□彥山，從塢頭彎底，發洪量出五丈爲界，向東直上至降。又將同處共號山地杉苗尙山八畝式角四拾步，係粒漆塢頭正面山，東西北至降，南至塢頭山腳底，直上至鷄心壟，至降。今將前項捌至內山及大小杉苗木并地腳，盡行立契出賣與同都人吳崧山名下。參面評値，價鈔壹拾伍貫文省。其鈔當立契日一并交收足訖。其山地今從賣後，任買主管業。如有四止不明及家外人占攔，并是賣主祗當，不涉買主之事。所是元入戶上手契要，一并繳付。今恐人心無憑，立此賣山文契爲照。

元貞弍年十二月十五日　吳儀甫[押]

今領前項契內山價鈔并行收去足訖無欠。同前月日。再批。

吳儀甫[押]

依口代書見交鈔兄　吳文甫[押]

同上　元至大二年徽州吳永吉賣山白契

三都吳永吉承祖吳朝瑞戶下土名六公坑父字號方四塢尙山玖畝。其山東止降，西止坑，南北止壟，分水爲界。其山合得壹半，計肆畝弍角。今來無鈔支用，情願前項四止內山地并大小杉苗內取壹半，盡得立契出賣與祁門縣歸仁十都□梅窻名下，三面評值價鈔至元寶鈔伍貫文省。其鈔當成契日一并交收足訖無欠。其山地并大小杉苗一任受產人聞官收苗，永遠管業。今從出賣之後，如有四止不明及內外人占攔，并有出賣人知當取了。所有上手來歷赤契當行繳付受產照會。今恐人心無信，立此賣山地并大小杉苗文契爲照者。

至大弍年十一月　日　吳永吉[押]契

依口書契人　汪達之[押]

見交易人　吳振之[押]

同上　元延祐二年徽州胡顯卿賣山地契

□□都六保胡顯卿□□□□□坐落土名方家塢夏[下]山弍角，并大小杉苗雜木。東至葉思聰田，西至大降，南至王伯松墳前壟心，直上至降；北至胡彥遠地，從壟心直下，至田尾爲界。內存墳□所。今來無鈔支用，願將上項山地，以應大小杉苗，盡行立契出賣與同保人胡朝卿名下，面議價錢中統鈔伍拾貫文。其鈔當立日壹并交足無欠。今從出賣之後，一任買主自行管業收苗受稅。其山如有家外人占攔，并是賣山祗當，不及買主祗事。所有上手赤契，壹并繳付。今恐無憑，立此賣契文書爲用者。

延祐弍年肆月拾伍日　胡顯卿[押]

依口代書人　胡雲甫[押]

今領山契內價鈔并收足訖。同前月日。再批[押]

同上　元延祐二年祈門縣務付李教諭買山田稅給

皇帝聖旨裏，徽州路祈門縣務今據李教諭賫文契壹紙，用價錢中統鈔壹拾叁錠，買受汪子先夏山、次不及田，赴務役稅訖。所有契憑，須至出給者。

右付本人收執。準此

延祐二年七月　日[押]

同上　元延祐二年徽州李梅孫賣山白契

歸仁都李梅孫梯己標分得及□續買受同分人李黃瓚、李松聰、李于石各人文契，共山壹片，坐落義成都二保老里坑高坑源頭，元係結字號，李家并買，李黃瓚等於內合得壹半，計尙山內取陸畝叁角拾弍步，東至田及吳宅山，西至降，南至水竹彎心小瀧，直上至降，北至高尖。今爲無鈔支用，情願將前項四至內山合得山地併地內大小杉苗盡行立契出賣與本都李延檢名下。三面評議時值價中寶鈔玖百伍拾貫。其鈔當日交足無欠，契後別不立領。其山今從賣後，一任受產主收苗永遠管業。如有家外人占欄及重叠交易、四至畝步不明，并是出產人支當，不涉受產人之事。本家亦不曾有拚苗文字。其入戶文契，當行繳付。今恐無信，立此賣山文契爲用者。

延祐二年八月廿八日　李梅孫[押]契

見交易人　李和孫[押]

前項山除當行繳付之受李松聰及李見山批與契共兩紙，其餘人戶上手與他產相連，不及繳付。同日梅孫[押]

同上　元延祐五年徽州李五三婆賣山地紅契

□□李五三婆元有祖墓山地二處，在本都相坑源□方師彎，行字號尙山半畝。其山東至里壠分水上橫墩，下至田，南至田，西至外壠，上至橫墩，下至田，北至橫墩。又同源賢字九號尙山□畝。其山東至李提領山，西至李大明地，南至李□□及李永官田，北至平垣。今爲無鈔支用，情願將八至內墓地內取一半，計貳角，出賣與同分人李永昌名下。三面評議中統價鈔壹拾伍貫文。其鈔當立契交足無欠。契後別立碎領。今從出賣之後，一任買主自行文官管業。如有八至不明及外人占攔，并係賣主之當，不涉買主之事。其祖墓墳地則不曾與外交易。今恐人心無憑，立此賣契爲照者。

延祐伍年四月十五日　李五三婆[押]

依口代書人　謝貴甫[押]

同上　元延祐六年徽州汪潤翁賣山地契

十六都汪潤翁有山地一段，坐落十八都七保，土名深渡胡家塢，上山四畝一角，元[原]係國字第一百二十八號，經理係出字一千四十五號。東至高尖，西至青龍臂籬塹，南至祖墳庵，後左籬塹隨龍分水，直上至降，北至大塢下弦，内有父一三朝奉墳一穴，并庵基屋宅一所。今爲無錢用度，情願將前項四至内山地告給公處，存留父墳禁步及庵屋基地外，於空閑山地内取風水一穴，計尚山一畝，立契出賣與十五都鄭廷芳名下，遷造風水壽基爲主。面議時價中統鈔二千六百貫文，其鈔當日交足無欠。其山地一憑鄭廷芳不定年月於空閑地内遷造風水一穴，本家并無阻當。其山地即係潤翁梯己產業，他人并無分籍。未賣已前，與他人即無交易。如有一切不明，并係潤翁自行支當，不涉廷芳之事。今恐無憑，立此爲照。延祐六年十二月　日

汪潤翁

奉書領鈔男　汪志道

同上　元至治二年祁門縣謝子英賣山地

紅契[歸]仁拾都謝子英，今將承祖山壹號，坐落本保，土名□□土名里謝七匠圵夏山拾畝，土名捉鷄塢，□□字三百七十五號。又土名刀梢塢，共計山四畝，土名梨樹圵坳心，隨坑下至大坑，北至謝□全山。今將項四至内山地四分内取壹分，盡行立契出賣與同分謝蘭蕙□□□人名下。三面評議中統價鈔柒拾二貫文。其鈔交足無欠，契外不立碎領。相只此隨契一領爲照。其山未賣之先，即無家外人交易。如有家外占攔，并是出產人自行成[承]當，不干買主之事。其山出賣之後，請買主收稅收苗管業爲主。今恐無憑，立此文契爲照者。

至治二年五月初一日　謝子英[押]

見交易人　馮福之[押]

同上　元泰定二年祈門縣務給付李德昌買山田稅給

皇帝聖旨裏，徽州路祈門縣在城務，今據李德昌用價錢中統鈔壹佰兩置撥到李文貴契内□□□，赴務投稅，所有文契，合行出給者。

右付本人收執。準此

泰定弍年肆月　日　給

同上　元至順三年徽州程宏老賣山地契

六都程宏老，故父顯卿存日，梯己標分得山地三段，俱坐落十五都六保。第一段土名蘭溪下段源，係操字號，經理係萬字六百五十五號下山二畝三角。東至里龍分水抵鄭安仁山，西至外龍分水抵鄭廷芳山，南至塢口抵鄭廷芳地横過爲界，北至高尖。第二段土名倪家湖上截，原係浮字號，經理係萬字一千一百四十二號，上地二角二十六步，東至鄭佑新地，西至山降，南、北至鄭夢龍地。第三段土名倪家湖下截，原係浮字二十號，經理係萬字一千一百四十七號，上地二畝三角三十三步，東至大溪，西至鄭廷芳山，南至鄭六進地，北至鄭廷芳地。其前項三段地、山則係宏老梯己標分產業，他人則無分籍。又與程雋民叔侄、洪卿共標分得蘭溪橋頭地屋共一段，元係操字二號，經理萬字五百二十六號，東至行路，抵鄭廷芳地；西至鄭秀魚塘石塳，南至屋後洋溝外，抵鄭秀地；北至大坑。三分中宏老合得一分，計下地一角一十步，土瓦屋一間半。今爲無錢支用，奉母親阿方指令，情願將前項一十六至内地、山盡數立契出賣與十五都鄭廷芳、鄭天慶名下爲主，面議時價中統價[鈔]二十錠。

至順三年五月十五日　程宏老　母親阿方

主盟堂叔　程宏卿

同上　元至順三年徽州王舜民賣山地契

十六都王舜民昨父親王得甫存日，買受得倪從正本都保樵溪口上岸住後塢尙[上]地一畝二角，夏地二畝二角，原係遜字，經理係四百九十七號、九十八號、九十九號。其地山東上龍分水，西至下龍分水，南至塢口住屋洋溝外結石塳，横過西岸結石爲界，北至塢頭大降，内有杉苗一林。其地并杉苗與兄舜英相共，十分中舜得三分，舜英合得四分。今爲無錢用度，自情願將四至内自梯己合得地山、苗木盡數立契出賣與十五都鄭廷芳名下爲業，面議時價中統鈔九百四十貫文。足訖。

至順三年十月十五日　王舜民

見立契主盟　王舜英

同上　元至順四年祁門縣胡苗志賣山地契

義成都六保胡苗志承父仲□□山地□□，坐落本保捽坑源土名吳八住後，其山坐字六佰□拾壹號尙[上]山弍畝弍角，其地坐字六佰伍拾號。其山地東至降，西至李宏地，南至胡昌孫山，北至胡昌孫塘塢山，隨座直上至降。今來無鈔支用，情願將前項四至内山地并在山下腳小苗，盡立契出并賣同分人黃汝舟名下，叁面[評]議中統價鈔壹拾伍貫文。其鈔當立契日領交足無

欠。其山地內所有上腳大木，本家已於壬申冬，自行用工砍斫搬援出賣已。從今時，下腳小苗并山地內已應苗種，盡行并賣與同片人名下，永遠收苗受稅爲業。如有當號四至畝不明，及家外人占攔，并是出賣人自行低［抵］當，不涉買產主之事。未賣之先，并不曾與內外人重項交易，亦無拚苗文契在他人手。所有入戶文契就行繳付。其稅錢至於胡德文甫戶起割前去。今恐人心無信，立此并賣文書爲用者。

□□別不立碎領。［押］

至順四年陸月初十日　胡苗志［押］

見立契人　王英俊［押］

同上　元元統二年徽州馮子永等賣山地紅契

在城馮子永同弟子良今爲戶門無錢用度，自情願將拾西都捌保土名小山、皆承祖經理吊字貳阡壹百捌拾號山壹角，玖拾號計山叁角。其山東至彎心上降，西至長嶺降，南至雙塢口處田，北至塢頭坳。今將前項四至內山盡數立契出賣與西都謝能靜名下爲業。面議時價梅花銀肆錢，在手前去用度。其價并契當日兩相交付明白。其山聽自能靜入山永遠管業。未賣之先，即無家外人重復交易。如有一切不明，并係賣人之當，不涉買人之事。自賣之後，二家各無言悔。如先悔者甘罰銀壹錢，與不悔人用，仍以此文爲用。今恐無憑，立此文契爲照者。元統貳年肆月初貳日　立契人　馮子永

［押］契

同弟　子良［押］

依口奉書人　馮宗義［押］

同上　元元統三年徽州鄭關保孫賣山地紅契

拾伍都六保鄭關保孫今共有山地壹段，坐落□都六保，土名降頭源榴塢，經理係萬字壹阡弍佰五十七號夏山陸畝弍角，又夏山陸畝。其山東至田，西至大降，南至塢心，直出至田，直進至平坡外彎心，直上至降；北至里壠分水，抵鄭伯云山，直上至降，直下至田；又將萬字壹阡［仟］弍伯五十八號次不及田弍拾伍步，東至鄭一舉田，西、北至自山，南至胡子華山。今蒙官司舉行停喪不□有父親身故，無錢安殯，今托所生父親立契，將前項捌至內田山陸分中合得壹分，出賣與同都人鄭子壽、子俊二人名下爲主，三面評議時直［值］中統價鈔陸拾貫文。其鈔當契日兩相分付，更不別立碎領。其山地未賣已前，家外即無公私交易。如有一切不明，并是賣主自行理直，不涉買主事。今人無信，立此賣契爲照者。元統叁年五月初一日　鄭關保孫

［押］

領鈔主盟代書所生父　鄭社孫［押］

其前項山地選讓與兄　主盟伯　鄭立孫［押］

子壽名下爲主。今批爲照。堂叔公鄭滿孫［押］者。弟　子俊批鑿。

同上　元元統三年徽州鄭滿三郎賣山契

拾伍都六保鄭滿三郎今共有山地壹段，坐落本都降頭源，土名榴塢，元係盤字號經理，係萬字壹阡［仟］弍伯伍拾柒號夏山，共計陸畝弍角，又夏［下］山陸畝。其山東至田，西至大降，南至塢心，直出至田，直進平坡外彎心，直上至降，北至里壠分水，抵鄭伯云山，直上至降，直下至田。又同處字號萬字壹阡貳伯伍拾捌號次不及田貳拾伍步，東至鄭一舉田，西、北至自山，南至胡子華山。其前項捌至內山田叁分中合得壹分。今爲無鈔支用，情願立契出賣與同都人鄭子壽名下爲主，面議時直中統價鈔壹伯貳拾伍貫文。其鈔當立契日與相分付，別無碎領。其田山未賣之前，與家外人即無公私交易。如有一切不明，并是賣主自行理直，不涉買主之事。今人無信，故立此賣契爲用者。

元統叁年八月初一日賣山人　鄭滿三郎［押］

依口代書姪　鄭社孫［押］

見交易人姪　鄭立孫［押］

同上　元至元二年晉江縣麻合抹賣花園屋基官契

泉州路录事司南隅排鋪住人麻合抹，有祖上梯己花園一段，山一段，於內亭一座，房屋一間，及花果等木在內。坐落晉江三十七都東塘頭廟西，四圍築牆爲界。東至孫府山，西至謝家園，南至瑞峰庵田，北至謝家山；又花園西邊屋基一段，東至小路，西至陳家厝，南至空地，北至謝家園。因爲闕鈔經紀用度，將前項花園并屋基連土出賣。遂□晉江縣［頒］給公勘據□明白，立帖□問親鄰，俱各不願承支。今得蔡八郎引到在城東隅住人阿老丁前來就買，經官牙議定時價中統寶鈔六十錠。其鈔隨立文契日一完領訖，［不另］批目。其花園并基地□□上手一應租契，聽從買主收執，前去自行經理管業，并無尅留寸土在內。所賣花園屋基，的係麻合抹梯己物業，即不是盜

賣房親兄弟叔伯及他人之業，并無諸般違礙，亦無重張典挂外人財物。如有此色，賣主抵當，不涉買主之事。所有合該產錢，麻合抹戶苗米二斗八升，自至元二年爲始，係實主抵納。今恐[人心]難信，立賣契一紙，付買主印稅收爲用者。元至元二元年十月　日文契　情願賣花園屋基人　麻合抹

同賣花園母親　時鄰

引進人　蔡八郎

知見賣花園屋基姑夫何暗都剌

代　書　人　林東卿

同上　元至元二年晉江縣務給付麻合抹賣花園屋基公據

皇帝聖旨裏，泉州路晉江務，據录事司南隅住民麻合抹狀告：　父沙律忽丁在日，原買得謝安等山園、屋基、山地，辟成花園，於內栽種花木，四圍築牆爲界，及有花園外屋基地一段，俱坐落晉江縣三十七都東塘頭廟西保。遞年立，麻合抹通納苗米二斗八升。原買山園屋基，東西四至，該載契書分曉。今來爲□□□遠，不能管顧，又兼闕鈔經紀，欲將上項花園山地出賣。未敢擅便，告乞施行，得此行據。三十七都里正、主首劉觀志等申遵依呼集耆鄰陳九等，衆公勘，當得：　上項花園山地，委係麻合抹承父沙律忽丁買物業，中間別無違礙。到各人執結文狀，繳連保結，申乞施行，得此，除外，合又字九號半印勘合公據，付本人收執，前去立帳，親鄰。願 與不願執買，□便□人成交畢日，賚契役稅，合該產苗，依例推收，毋得欺昧違錯。所有公據，合行出給者。至元二年九月下一日給右付麻合抹收執。準此。

同上　元至元二年晉江縣務給付阿老丁買花園山地稅給

皇帝聖旨裏，泉州路晉江縣，今據阿老丁用價錢中統六十錠，買到麻合抹花園山地。除已驗收稅外，合行出給者。

至元二年十月初三日給　右付本阿老丁。準此。

同上　元至元三年徽州鄭周賣山地契

十四都鄭周今無錢用度，自情願將自己用價買授到十二都胡隆曙等名下山地壹號，坐落本都三保土名攔山路，經理係鳳字號，計山伍畝。其山東止小塢田末，西止老，南止汪家山，北止坑。其山拾陸分內本家買授得玖分，盡數立契出賣與本都汪積祖名下爲業。面議時價稻穀肆拾叁秤。其穀并契當日兩相交付。其山未賣之先，即無家外人重伏交易。來歷不明，賣人之當不涉買人之事。內除本家祖墳四所。自成交之後，二家各無言悔，如有先者甘罰契內稻穀弍拾秤，如不悔人用。所有上首文契與別段山塢相連，未曾繳付。今恐人心無憑，立此文契爲用者。

元統伍年四月十五日立契人鄭周[押]契

代書男鄭宗生[押]

同上　元至元三年徽州鄭立孫賣山地紅契

拾伍都六保鄭立孫今有山地壹段，坐落本都六保土名降頭源榴塢，元係盤字號，經理係萬字一阡弍伯伍拾柒號夏山，共陸畝弍角，又夏山陸畝。其山東至田，西至大降，南至塢心，直進至平坡外彎心，直上至大降，直出至田，北至里壟，分水抵鄭伯云山，直上至降，直下至田，又同處萬字壹阡弍伯伍拾捌號，次不及田弍拾伍步，東至鄭一舉田，西、北至自山，南至胡子華山。今將前項捌至內田山陸分中合得壹分。今爲無鈔支用，情願立契將前項山田盡數出賣與同都人鄭子壽名下爲主。三面評議時直中統價鈔伍拾伍貫文。其鈔當立契日兩相分付足訖，別無碎領。

其田山未賣已前，家外人即無公私交易。如有一切不明，并是賣主自行理直，不涉買主之事。今人無信，立此賣契爲用者。

至元叁年拾月拾伍日　鄭立孫[押]契

依口代書兄　鄭社孫[押]

同上　元至正元年徽州葉明夫賣山地契

十六都四保紫溪源葉明夫梯己有山地二段，坐落本保紫溪源石際塢土名長壟及下塢凌東培，元係身字號，今係五字三百號，二段夏[下]山共計九畝經理，外加下山五畝長壟山地一段，東至坑，西至大降，南至田廣里雙坑口，直上至降，北至塢頭高石坎從岔心，直上至大降，下塢凌東培山地，東至降，西至下塢凌坑心，直上至大降，南至吳家灣口相對，直上至降，北至大降。今爲無錢用度，情願前項八至內山地畝步立契出賣與十五都鄭廷芳名下爲業，面議中統鈔五百貫文。

至正元年十一月十五日　葉明夫

奉書男　葉文甫

同上　元至正二年徽州胡季森等賣山地契

十六都青龍胡季森，字信友，與兄仲友男聖祐孫，及兄業友共承父仁夫

與叔義夫共有十五都六保余家坳下土名塚塢山地一段，內有杉木一林，元係浮字四十一號并四十四號，東至外壟分水，西至里壟分水，南至塚頭大降，北至塢口結石橫過，係方字一千九十八號。其山地信友、仲友、業友合一半，計上山二畝、夏山四畝三角三十步。昨奉母親指令，陸續將前項四至內合得山地并杉木盡數立契賣與十五都鄭廷芳名下爲主，該信友與兄仲友共斷買得兄業友一分。今爲無錢支用，情願將前項四至內元典及斷得業友一分其前項山地杉木盡數立契斷賣與元受典主鄭廷芳名下永遠爲主，面議時值中統鈔二百貫文，其鈔當日交足。

至正二年六月初三日　胡信友　聖佑孫

同上　元至正三年徽州胡祥卿等賣山地契

十六都一保胡祥卿同弟胡仁卿，原與叔胡信友共承祖義夫有十五都六保余家坳塚塢夏山四畝三角，元係浮字號，經理係萬字一千九十八號，東至塢口抵鄭義郎地，西至塚塢頭大尖，南、北至壟分水，內有杉木一林，昨祖母同父、叔陸續將上項四至內山地出典與鄭廷芳名下訖。今爲無錢支用，自情願將前項原典山地合得一半杉木盡數立契斷賣與典主鄭廷芳名下永遠爲主，面議時價中統鈔三百貫文足。

至正三年六月初一日　胡祥卿　胡雙孫

同上　元至正五年徽州汪貴實賣山地契

十五都汪貴實與叔元鶚共有本都四保土名黃荆塢口下蛟坑口上地山一段，東至黃荆塢口，西至汪三公墳塢口，南至溪，北許家山降，內貴實合得一半，計夏地六步半、夏山二畝二角，經理係賴字九百六十六號。今爲無錢支用，情願將前項四至內合得山地盡數立契出賣與同都人鄭廷芳名下爲主，三面評議時價錢中統鈔四十貫文，當日立契，兩相交付足訖。

至正五年十月十五日　汪貴實

奉書男　汪頤孫

同上　元至正十一年徽州李氏孫等賣地白契

□□□孫、李巳、李壽、李福四孫，奉母親□□命，今將本都□□土名和師嶺戚字號夏地弍角，東至溪，西至路及田，南至李和之衆地，直入至路，上高田塝爲界。今爲無鈔支用，曾具狀經官告給地字四十三號公據，願將前項四至內地內取夏地壹角，并地內竹木杉及果木一應苗物，盡行立契斷賣與同都人胡宗乙官人西谷名下，面議中統價鈔弍拾伍貫文。其鈔當立契日并交收足訖無欠。其地并地內苗物竹果杉雜木植□□□□□賣之後，一任買主聞官納稅收苗，永遠爲業。□□□□不明及家外人攔占，并是賣主自行祇[抵]當，不涉買主之事。所是上件產段，實係祖產，即無上手繳付，見憑砧基該載。如要參證，賫出不詞。今恐無憑，立此斷賣契爲用者。

至正十一年十一月廿五日　李氏孫親書[押]

李巳孫[押]

李壽孫[押]

李福四孫　福四孫[押]

母親　阿　胡[押]

契內價鈔隨契一領收足無欠。同前月日再批[押]

同上　元至正十三年徽州鄭趙保賣山地契

十五都鄭趙保用價買到胡神孫山二號，坐落本都六保，土名竹園塢上下牛角灣。今爲無錢用度，願將其山二號并杉苗盡數立契出賣與同都人鄭清卿名下爲主，面議時價玉鈔五十貫文。

至正十三年三月二十五日　鄭趙保

見交易人胡神孫抄白

同上　元至正二十六年晉江縣蒲阿友賣山地官契

晉江縣三十七都東塘頭廟西保住人蒲阿友，父祖阿老丁在日，買得麻合抹花園及山，坐落本處。今來闕銀經紀用度，就本山內撥出西畔山地連花園，東至自家屋基外地，西至牆，南至路，北至本宅大石山及魚池後山爲界。於上□有屋基并四角亭基及樟樹果木等樹及井一口在內，欲行出賣。經官告給日字三號半印勘合公據。爲無房親立帳，盡問山鄰。不願承買，遂得本處廟東住人徐三叔作中，引至在城南隅潘五官前來承買，三面議定直時價花銀九十兩重，隨契交領足訖。當將上項前地連花園交付買主，照依四至管業爲主。其山的係阿友承祖物業，與房親伯叔兄弟無預，亦無重張典挂他人錢物。如有此色，賣主抵[支]當，不干買主之事。其山園該載產錢苗米一斗，自賣過後，從買主津貼阿友抵納，父祖原買祖契，干礙祖墳，難以分析，就上批鑿。今恐無憑，立此賣契一紙，繳連公據，付買主收執，前經官印稅□□爲照者。

至正二十六年八月　日文契　賣山地人　蒲阿友

作中人　徐三叔

同上　元至正二十七年徽州吳鳳郎賣山地紅契

十六都吳鳳郎，今有祖產山地，坐落十四都十保，土名小嶺下等處山地，東至武嶺爲界，西至羅堆將軍廟爲界，南、北降。四水流歸內山。照依本保經理，係吳應孫、是應　　盡數立契出賣與十八都鄭添授郎名下前去，照依經理字號、土名、坐落逐號爲業。三面議時值價鈔拾柒貫伍伯文，書日收足之先，即無家外人重復。一切不明，幷是出產成當。自賣之後，即無悔易。如悔者，甘罰寶鈔叁貫公用。所有一憑各處土名字號畝步未曾開寫，聽自受產人照號管業，家外人順即無阻□□。今人必信，立此文契爲用。

至正丁未年十月十二日　出契人　吳鳳郎[押]契

見　人　鄭通文[押]

吳四郎[押]

同上　元至正某年徽州謝子以賣山地契

十都七保謝子以今有山壹片，坐落本保土名大坑周家山，夏肆拾畝。其山東至謝一清田，西至降，南至思明山，北至嶺，下至坑，隨坑下至溪。今爲無鈔支用，情願將前項四至內山本家合得壹半，盡數立契出賣與弟謝子誠名下，面議價錢中鈔伍定弍拾伍貫。其鈔當立契日一幷交足無欠。其山出賣之後，一任買主收苗管業爲主。如有畝步四至及家外人占攔，幷是出產人知[支]當，不涉買主之事。今恐無憑，立此文書爲用者。

至正年九月十三日　謝子以[押]契

主盟父　謝和甫[押]

見　人　謝德翁[押]

同上　元至正某年休寧縣吳壽甫賣田契

休寧縣淳義里叁拾壹都伍保吳壽甫承父戶下有忠[中]田乙段，坐落本都伍保九根源口水碓坵，係竟字乙千三百九十四號，忠[中]田乙角五十三步。其田東至吳瑞甫田，西至吳辰太田，南至瑞甫塝，北至坑，又將本保土名梨木塢口塘掘尙田乙丘，係竟字一千二百號，計拾三步。其田東至吳輔甫之田，西至吳子壽田，南至吳輔之田，北至吳成甫田。今來無鈔支用，情願將前項弍處八至內田盡行立契出賣與祈門縣十一都名下，三面議取時值中統價鈔貳佰玖拾貫文。其鈔當成契日一幷交收足訖無欠。其田每年上租玖秤。其田今從斷賣之後，一任買主自行聞官受稅，收苗，永遠管業。如有四至不明及家外人占攔，幷是出產主自行祗當，不及買主之事。所有入戶契文與別產相連，不及繳付，如日後要用，於本家索出，即無難易。今恐人心無憑，立此出賣文書爲照者。至正　年拾弍月拾伍日，吳壽甫[押]

見交易人　吳唐卿[押]

今領去前項契價錢幷收足訖。同前年月日再批[押]

同上　元代典買田地契式

厶里厶都姓　厶。

右厶有梯己承分晚田若干段，總計幾畝零幾步，產錢若干貫文。一段坐落厶都，土名厶處。東至、西至、南至、北至。係厶人耕作，每冬交米若干石。今爲不濟，差役重難，情願到厶人爲牙，將上項四至內田段，立契盡底出賣或云典與厶里厶人爲業，三面言議，斷得時直價中統鈔若干貫文，係是一色現鈔。即非抑勒準折債負。其鈔當已隨契交領足訖，更無別領。所賣或云典。其田，的係梯己承分物業，即非瞞昧長幼，私下成交，於諸條制幷無違礙等事。如有此色，且厶自用知當，合備別業塡還，不涉買或云典。主之事。從立契後，仰本主一任前去給佃管業典云：約限三冬備元鈔取贖。如未有鈔取贖，依元管佃。永爲己物。去後子孫更無執占收贖之理，所有上手朱契，一幷繳連赴官印押。前件產錢仰就厶戶下改割供輸，應當差發。共約如前，憑此爲用。謹契。

年　月　日　出業人姓厶　號　契

知契　姓厶　號

牙人　姓厶　號

時見人姓厶　號

同上　元至正二十六年晉江縣務給付蒲阿友賣山地公據

皇帝聖旨裏，泉州路晉江縣三十七都住民蒲阿友狀告：祖有山地一所，坐落本都東塘頭廟西。今來闕銀用度，就本山內撥出西畔山地，東至自家屋基，西至牆，南至路，北至本宅大石山及魚池後爲界，於上一二果木，欲行出賣。緣在手別無文憑，未敢擅便，告乞施行，得此行據。三十七都里正、主首蔡大卿狀申遵依，茲去呼集親鄰人曾大等，從公勘，當得：蒲阿友所告前項山地，的物業，中間并無違礙。就出到人執文狀，繳連，申乞施。得此，合行給日字三號半印勘合公據，付蒲阿友收執，問親鄰，願與不願。依律成交畢日，賫契付務役稅，毋得欺昧稅課違錯。所有公據，須至出給者。

至正二十六年　月　日　右付蒲阿友準此

同上　元至正二十六年晉江縣蒲阿友賣山地帳

晉江縣三十七都東塘頭住人蒲阿友，祖有山地一所，坐落本處，栽種果木。今因闕銀用度，抽出西畔山地，經官告據出賣。爲無房親立帳，盡賣山鄰。願者酬價，不願者批退。今恐無憑，立此帳目一紙爲照者。

至正二十六年八月　日

立帳人　蒲阿友

不願買山鄰　曾大　潘大

同上　元至正二十七年晉江縣蒲阿友賣園地契

晉江縣三十七都東塘頭廟西住人蒲阿友，父祖在日，買得麻合抹茘支園及山地，坐落本處。今來闕銀用度，就本山內撥出西畔山地，連茘支樹及六角亭一座并門屋等處，東至自家花園，西至牆，南至姐姐住小屋，北至後山牆及路爲界。欲行出賣，經官告給日字三號半印勘合公據。爲無房親立帳，盡問鄉鄰。不願承買，托得本處廟東保住人徐三叔作中，引至在城南隅潘五官前來承買，三面議定價錢花銀六十兩重，隨立文契日交領足訖。當將上項山地連茘支園、六角亭等處，交付買主，照依四至管業爲主。其山園內係阿友承祖物業，與房親、伯叔、兄弟并無干預，亦無重張典挂他人財物。如有此色，賣主抵當，不干買主之事。其園該載產錢苗米五升，自賣過後，從買主津帖阿友抵納。父祖原買祖契，干礙墳山，難以分析，就上批鑿。今恐無憑，立此賣契一紙，繳連公據，付買主收執，印稅管業，永爲用者。

至正二十七年二月日　立賣山地茘支園人　蒲阿友

知見人　吳侄仔

作中人　徐三叔

明代分部

題解

《續文獻通考》卷六《田賦六》 明初官田，皆宋元時入官田地，厥後有還官田，沒官田，斷入官田，學田，皇莊，牧馬草場，城壖苜蓿地，牲地，園陵墳地，公占隙地，諸王、公主、勛戚、大臣、內監、寺觀，賜乞莊田，百官職田，邊臣養廉田，軍民商屯田，通謂之官田。

臣等謹按《明史・食貨志》所列官田之目如此，其云沒官田，斷入官田者，蓋多指蘇、松、嘉、湖言之，名爲官田，實民田耳。東南財賦重地，沃壤厚斂，皆出於此，未可與皇莊、牧地、諸在官之田竝論也。

《續文獻通考》卷二《田賦二》 明太祖即位之初，定天下田賦。田有二，曰官田，曰民田；賦有二，曰夏稅，曰秋糧。其額數則具於黃冊，總於戶部。其徵輸期限則責之布政司。州縣夏稅曰米麥，曰錢鈔，曰絹，無過八月。秋糧曰米，曰錢鈔，曰絹，無過明年二月。

《明會典》卷一七《戶部四》 洪武初，令各處人民先因兵燹遺下田土，他人開墾成熟者，聽爲己業；業主已還，有司於附近荒田撥補。〇又令復業人民，見今丁少而舊田多者，不許依前占護，止許盡力耕墾爲業。見今丁多而蓄田少者，有司於附近荒田，驗丁撥付。

同上 〔洪武〕十三年，令各處荒閑田地許諸人開墾，永爲己業，俱免雜泛差傜，三年後，並依民田起科。

同上 〔洪武〕二十四年，令公侯大官以及民人，不問何處，惟犂到熟田，方許爲主。但是荒田俱係在官之數，若有餘力，聽其再開。其山場水陸田地，亦照原撥賜則例爲主，不許過分占爲己有。

同上 正統五年，令北直隸府州縣，將富豪軍民人等包耕田地，除原納糧田地外，其餘均撥貧民及衛場田地人戶耕種，照例起科。其貧民典當田宅，年久無錢取贖，及富豪軍民占種逃民田地，待復業之日，照舊斷還原主。

同上 〔洪武〕十五年令各處奸頑之徒，將田地詭寄他人名下者，許受寄之家首告，就賞爲業。

同上 嘉靖六年，詔戶部通行各撫按衙門，轉行各司府州縣官，民間田地悉照冊籍應當糧差，查出奸弊，即爲究治改正，不許一概丈量改科，自立新法，生事擾民。

同上 萬曆十二年，題准昌平州地土，除撥給陵莊果園及勛戚莊田外，其見係民間耕種者，永爲州民恆產，不許勛戚奏討。

《明實録・太祖實録》卷一八〇 〔洪武二十年二月戊子〕浙江布政使司及直隸蘇州等府縣進魚鱗圖冊。先是，上命戶部覈實天下田土，而兩浙富民畏避傜役，往往以田產詭托親鄰、佃僕，謂之鐵腳詭寄。久之相習成風，鄉里欺州縣，州縣欺府，奸弊百出，謂之通天詭寄。於是富者愈富而貧者愈貧。上聞之，遣國子生武淳等往各處，隨其稅糧多寡定爲幾區，每區設糧長四人，使集里甲、耆民，躬履田畝以量度之，圖其田之方圓，次其字號，悉書主名及田之丈尺四至，編類爲冊，其法甚備。以圖所繪，狀若魚鱗然，故號魚鱗圖冊。

《明實録・英宗實録》卷一九三 〔景泰元年六月庚辰〕巡按浙江監察御史包瑛奏：處州地瘠人貧，其中小民或因充軍當匠而廢其世業，或因官吏橫征而刓其資財，或因豪右兼并而侵漁其地，或因艱苦借貸而倍出其償，恆產無存，飢寒不免。況富民豪橫，無所不至，既奪其產，或不與收糧而徵科如舊；或詭寄他戶而避其糧差；激民爲盜，職此之由。請移文鎮守等官覆實，彼處小民田地被豪民侵占及準折私債者，一槩追還；大戶詭寄別籍者，依律逮問，庶得盜息民安。從之。

《明實録・世宗實録》卷七九 〔嘉靖六年八月壬申〕御史郭希愈言：江北岸善崩，凡坍江田地約有四萬二千餘畝，所損歲額，咸取償於民。而江西新漲灘田九萬八千餘畝，漸成沃壤，豪民霸占爭訟，致傷人命，數年不決。前奉明旨，下有司覆勘，不報。宜責南京巡江御史勘理。戶部覆請，上命南京巡江御史委有司踏勘。其坍、漲田數相應抵補者，咸通融撥給，以足糧額，餘皆賦民耕之。先已告佃納糧者，咸與公斷，以杜爭訟。

《明實録・世宗實録》卷一一九 〔嘉靖九年十一月己亥〕御史郭弘化奏：天下田土，視國初舊額減半，乞通行清丈及查覈戶口，以杜包賠兼并之弊。因條清查丈量十四事。詔下戶部會官詳議。尚書梁材等言：欲遍量天下土田，恐致驚擾。若官得其人而查理有方，則不必丈量而弊源可究。其所條十四事內，如查處奏討，勘處荒場，均審編，限優免，定徵收，重責成六事，與律令及部例合，可行。仍令撫按督管冊官，釐革諸弊政。其積弊而冊籍難稽者，斟酌間行丈量。經界既明，緣此會算丁糧，均審里甲糧差，永為遵守。諸飛詭為奸利者，許自首免罪。奏上，詔：清理事依擬行，其餘已之，免致紛擾。

《明實錄·世宗實錄》卷一六七 ［嘉靖十三年九月壬午］監察御史劉希龍以南京太廟災，陳言修省二事：一禁紛更以安黎庶。今田糧之制，詭寄兼并，里書欺隱作弊，是誠有之。惟在官得其人，查革究正，使其奸弗得售可矣。何近來有司妄舉丈地均糧之法，求媚上官，以希保薦。然各官既不能履畝查丈，其勢必委之里老、義民人等挪移增減，弊端百出，徒滋煩擾。此後務照舊額徵派，不許一槩丈量，生事擾民。一定分則以裕催徵。近例，有司考滿，行取至京，錢糧不完者，俱當送問駁回，致各官望風敲扑，以期免過幸遷。今行取考滿官到部，查其任內所完錢糧不致大欠者，即免參駁；惟令及時催徵，而不臨期苛責，庶催科、撫字并行不悖。戶部議覆，詔可。

《明實錄·神宗實錄》卷一二六 ［萬曆十年七月癸亥］貴州巡撫王緝題：該省應丈民田三十二萬八千五百二十九畝，屯田三十三萬五千九百六十四畝，科田八萬八千二十六畝。節年失額民田四千二百三十畝，屯田四萬七千五十一畝，科田五百一十二畝。今次丈出隱占等項，各除抵補外，尚有餘剩民田一十四萬二千三百一十四畝，屯田一萬七千一百八十一畝。遵議不得增糧，應於額田通融攤派。至于普安、永寧、赤水、畢節、烏撒五衛被夷占去屯田，計其丈出之數，不足抵補，就于丈出五衛新墾科田七千二百七十七畝內攤糧撥補足額。尚有貴前、龍里等衛餘剩科田一千九百一十五畝，查係軍舍新墾，不在屯田數內，該起糧一百三石零。又清丈出貴州前衛故絕地三十六畝有奇，該起糧七石零。其普安州夏稅地，清丈止有二千三百二十七畝，而黃冊以畝作頃，明係差訛，相應改正，其先誤增前衛屯軍餘田浮糧一十一石九斗，應與豁除。乃將參政史櫝等紀录，知州賴萬璵等分別罰治。部覆，可之。

同上 ［萬曆十年七月己卯］浙江巡撫張佳胤題：清丈過所屬各府州縣衛所田地、山場各項，除補足原額外，屬民者多餘田地一萬六千一百一十二頃一十餘畝，基地二萬九千七百五十餘間，稅糧五萬七千二百七十餘石，租絲一十三萬九千二百五十餘兩，鈔一千四百一十餘錠。屬軍者多餘地田三十四頃五畝有奇，稅糧五百六十餘石。即以多出稅糧均派軍民額徵數內通融減派；將各官民田土因地定則，因則徵糧；將各廢寺、湖田、官地、荒地等項清查變價，共銀九千六百七十兩有奇充餉。自此豪猾侵隱可以盡革，閭閻賠累可以盡蘇。其奉行各官如左布政使劉漢儒等應紀录擢用，通判陳瑚等分別斥降。部覆，從之。

《明實錄·神宗實錄》卷一三一 ［萬曆十年十二月戊申］陝西巡撫蕭廩題：清丈過全陝官地共一千二百八十頃四十七畝零，比原額少一頃二十七畝零。民地五十萬二千二百九十九頃二十五畝零，除足額外，多地三萬九百八十八頃二十三畝零，應通融減派，均攤足額。其鄜州等二十七州縣仍少額拋荒民地一萬九千五百三十八頃六十六畝零，固原鎮東河等衛所少額屯地一千五十頃八十七畝零；并前少額官地，俱係先年虛增拋荒之數，應與除豁。及將左布政孫坤等紀录擢用，華州知州王覺等分別罰治。部覆，如議行。

《明史》卷七七《食貨一》 明土田之制，凡二等：曰官田，曰民田。初，官田皆宋、元時久官田地。厥後有還官田，沒官田，斷入官田，學田，皇莊，牧馬草場，城壖苜蓿地，牲地，園陵墳地，公占隙地，諸王、公主、勳戚、大臣、內監、寺觀賜乞莊田，百官職田，邊臣養廉田，軍、民、商屯田，通謂之官田。其餘為民田。

元季喪亂，版籍多亡，田賦無準。明太祖即帝位，遣周鑄等百六十四人，覈浙西田畝，定其賦稅。復命戶部覈實天下土田。而兩浙富民畏避徭役，大率以田產寄他戶，謂之鐵腳詭寄。洪武二十年命國子生武淳等分行州縣，隨糧定區。區設糧長四人，量度田畝方圓，次以字號，悉書主名及田之丈尺，編類為冊，狀如魚鱗，號曰魚鱗圖冊。先是，詔天下編黃冊，以戶為主，詳具舊管、新收、開除、實在之數為四柱式。而魚鱗圖冊以土田為主，諸原坂、墳衍、下隰、沃瘠、沙鹵之別畢具。魚鱗冊為經，土田之訟質焉。黃冊為緯，賦役之法定焉。凡質賣田土，備書稅糧科則，官為籍記之，毋令產去稅存以為民害。又以中原田多蕪，命省臣議，計民授田。設司農司，開治河南，掌其事。臨濠之田，驗其丁力，計畝給之，毋許兼幷。北方近城地多不治，召民耕，人給十五畝，蔬地二畝，免租三年。每歲中書省奏天下墾田數，少者畝以千計，多者至二十餘萬。官給牛及農具者，乃收其稅，額外墾荒者永不起科。二十六年覈天下土田，總八百五十萬七千六百二十三頃，蓋駸駸無棄土矣。

凡田以近郭爲上地，迤遠爲中地、下地。五尺爲步，步二百四十爲畝，畝百爲頃。太祖仍元里社制，河北諸州縣土著者，以社分里甲，遷民分屯之地以屯分里甲。社民先占畝廣，屯民新占畝狹，故屯地謂之小畝，社地謂之廣畝。至宣德間，墾荒田永不起科及洿下斥鹵無糧者，皆覈入賦額，數溢於舊。有司乃以大畝當小畝以符舊額，有數畝當一畝者。步尺參差不一，人得以意贏縮，土地不均，未有如北方者。貴州田無頃畝尺籍，悉征之土官。而諸處土田，日久頗淆亂，與黃冊不符。弘治十五年，天下土田止四百二十二萬八千五十八頃，官田視民田得七之一。嘉靖八年，霍韜奉命修會典，言：『自洪武迄弘治百四十年，天下額田已減強半，而湖廣、河南、廣東失額尤多。非撥給於王府，則欺隱於猾民。廣東無藩府，非欺隱即委棄於寇賊矣。司國計者，可不究心。』是時，桂萼、郭弘化、唐龍、簡霄先後疏請覈實田畝，而顧鼎臣請履畝丈量，丈量之議由此起。江西安福、河南裕州首行之，而法未詳具，人多疑憚。其後福建諸州縣，爲經、緯二冊，其法頗詳。然率以地爲主，田多者猶得上下其手。神宗初，建昌知府許孚遠爲歸戶冊，則以田從人，法簡而密矣。萬曆六年，帝用大學士張居正議，天下田畝通行丈量，限三載竣事，用開方法，以徑圍乘除，畸零截補。於是豪猾不得欺隱，里甲免賠累，而小民無虛糧。總計田數七百一萬三千九百七十六頃，視弘治時贏三百萬頃。然居正尚綜核，頗以溢額爲功。有司爭改小弓以求田多，或掊克見田以充虛額。北直隸、湖廣、大同、宣府，遂先後按溢額田增賦云。

《續通典》卷三《食貨三》 太祖即位，遣使覈浙西田畝。又以中原田多荒蕪，命省臣議計民授田。令各處田土兵燹之後，他人開墾成熟者，聽爲己業。業主已遷，有司於附近莊田撥補，又令復業人民丁少而舊田多者，不得依前占獲，丁多而舊田少者，於附近荒田驗丁撥補。設司農司開置河南，臨濠之田，驗其丁力，計畝給之，不得兼幷。北方近城地多不治，召民耕，人給十五畝，蔬地二畝，免租三年。每年中書省奏天下墾田數，官給牛及農具者，乃收其稅。凡民田五畝至十畝者，栽桑、麻、木、緜各半畝，十畝以上倍之。民有犯法應籍沒者，田土令拘入官。洪武三年，徙蘇州、松江、嘉興、湖州、杭州民無業者，田臨濠，給資糧、牛種，復三年。五年，詔流民復業者，各就丁力耕種，毋以舊田爲限。【略】

二十年，命國子生武淳等分行州縣，隨糧定區。區設糧長四人，量度田畝方圓，次以字號，悉書主名及田之丈尺，編類爲冊，狀如魚鱗，號曰魚鱗圖冊。先是詔天下編黃冊，以戶爲主，詳其舊管、新收、開除、實在之數，爲四柱式。而魚鱗圖以土田爲主，諸原坂、墳衍、下濕、沃瘠、沙鹵之別畢具。魚鱗冊爲經，土田之訟質焉。黃冊爲緯，賦役之法定焉，凡質實田土，備書稅糧科則，官爲籍記之，毋令產去稅存，以爲民害。二十一年，徙澤潞民無業者，墾河南北田，賜鈔備農具。二十四年，令公侯大官以及民人，不問何處，惟犂到熟田，方許爲主。但是荒田俱係在官之數，若有餘力，聽其再開。其山場、水陸田地，亦照原撥賜則例，爲主不許過分占爲己有。又令山東概管農民，務見丁著役，限定田畝，著令耕種。敢有荒蕪田地流移者，論如律。二十六年，覈天下土田，總八百五十萬七千六百二十三頃。凡田以近郭爲上地，迤遠爲中地、下地。五尺爲步，步二百四十爲畝，畝百爲頃。仍元里社之制。河北諸州縣土著者，以社分里甲，遷民分屯之地，以屯分里甲。社民先占畝廣，屯民新占畝狹，故屯地謂之小畝，社地謂之廣畝。時又令開墾荒蕪官田，俱照民田起科。二十八年，詔河南、山東桑棗，及二十七年後新墾田，毋征稅。按宣德間墾荒田永不起科及洿下斥鹵無糧者，皆覈入賦額。數溢於舊，有司乃以大畝當小畝，以符舊額。有數畝當一畝者，步尺參差不一。人得以意贏縮，土地不均，未有如北方者。貴州田無頃畝尺籍，悉征之土官。而諸處土田，日久頗淆亂，與黃冊不符。成祖永樂元年，發流罪以下墾北京田。英宗正統三年，詔各處凡有入額納糧田地不堪耕種，另自開墾補數者，有司勘實，不許重復起科。五年，令北直隸府州縣，將富豪、軍民人等包耕田地，除原納糧田地外，其餘均撥貧民及冲塲田地人戶耕，照例起科。其貧民典當田宅，年久無錢取贖；及富豪、軍民占種逃民田地，待復業之日，照舊斷還原主。十三年，令各處寺觀、僧道，除洪武年間置買田土，其有續置者，悉令各州縣有司查照，散還於民。若廢弛寺觀、遺下田莊，令各該府州縣踏勘，悉撥與招還無業及丁多田少之民。每戶男子二十畝，三丁以下者三十畝。【略】如有戶絕，仍撥給貧民，不許私自典賣。景泰帝二年，令各處寺觀量存六十畝爲業，其餘撥與小民佃種納糧。

《續通志》五二《食貨略一》 明土田之制有二等，曰官田，曰民田。官田皆宋元時入官田地，厥後有還官田，沒官田，斷入官田，學田，皇莊，諸王、公主、勛戚、大臣、內監、寺觀賜乞莊田，百官職田，邊臣養廉田，軍、民、商屯田，通謂官田；其餘爲民田，元季版籍多亡，田賦無準。洪武初，遣周鑄等百六十四人覈浙西田畝，定其賦稅，復命戶部覈實天下土田。而兩浙富民畏避徭役，以田產寄他戶。明太祖洪武二十年，命國子生武淳等分行州縣，隨糧定區。區設糧長四人，量度地畝方圓，書主名及田之丈尺，編類爲冊。又以中原田多蕪，命省臣議計民授田。設司農司，開治河南，掌其事。臨濠之田，驗其丁力，計畝給之，毋許兼并。北方近城地多不治，召民耕。人給十五畝，蔬地二畝，免租三年。每歲中書省奏天下墾田數，少者畝以千計，多者至二十餘萬。官給牛及農具者，乃收其稅；額外墾荒者，永不起科。田以近郭爲上地，迤遠爲中地、下地。仍元里社制。河北諸州縣土著者，以社分里甲。遷民分屯之地，以屯分里甲。社民先占畝廣，屯民新占畝狹，屯地謂之小畝，社地謂之廣畝。宣德間墾荒田永不起科及洿下斥鹵無糧者，皆覈入賦額。數溢於舊，有司乃以大畝當小畝，以符舊額。土地不均，人得以意贏縮。世宗嘉靖中，桂萼、郭宏化、唐龍、簡霄先後疏請覈田畝，顧鼎臣請履畝丈量。江西安福、河南裕州先行之，法未詳具，人多疑憚。神宗初，建昌知府許孚遠爲歸戶冊，以田從人，法簡而密。萬曆六年，帝用大學士張居正議，天下田畝通行丈量，限三載竣事。用開方法，以徑圍乘除，畸零截補。於是豪猾不得欺隱，里甲免賠累，而小民無虛糧，然居正尙綜核，頗以溢額爲功。有司爭改小弓，以求田多，或掊克見田，以充虛額。北直隸湖廣、大同、宣府，遂先後按溢額田增賦云。

同上 明太祖立國之初，設營田司，專掌水利。洪武中，命長興侯耿炳文浚涇陽洪渠堰，溉涇陽以下田二百餘里，決荊州嶽山壩，以灌民田。

《續文獻通考》卷二《田賦二》 洪武元年正月，遣周鑄等百六十四人，覈浙西田畝，定賦稅。

八月，詔輸賦道遠者，官爲轉遠，災荒以實聞。

三年三月，命計民授田。

鄭州知州蘇琦言，自辛卯河南起兵，天下騷然。兼以元政衰微，將帥凌暴。十年之間，耕桑變爲草莽。若不設法招徠耕種，以實中原，恐日久國用虛竭。爲今之計，莫若計復業之民墾田外，其餘荒蕪土田，宜責之守令，召誘流移未入籍之民，官給牛種，及時播種。除官種外，與之置倉，中分收受。守令正官召誘戶口有增，開田有成者，從巡歷御史申舉；若田不加闢，民不加多，則覈其罪。帝是其言，遂命省臣議計民授田。設司農司，開治河南，掌其事。六月，諭中書省曰，蘇、松、嘉、湖、杭五郡，地狹民衆，無田以耕，往往逐末利而食不給。臨濠，朕故鄉也，田多未闢，土有遺利，宜令五郡民無田者，往開種。就以所種田爲己業，給資糧牛種，復三年。驗其丁力，設田給之，毋許兼并。又北方近城地多不治，召民耕，人給十五畝，蔬地二畝，免租三年。有餘力者，不限頃畝。自是，每歲中書省奏天下墾田數，少者，畝以千計；多者，至二十餘萬。官給牛及農具者，乃收其稅；額外墾荒者，永不起科。

四年九月，設糧長。

帝以郡縣吏徵收賦稅，輒侵漁百姓，乃命戶部，令有司料民土田以萬石爲率，田多者爲糧長，督其鄉賦稅。歲七月，州縣委官偕詣京師，領勘合，以行糧萬石，長副各一人。至十五年，革罷。十八年，復設。三十年，更定每區正副二名輪充。至成祖永樂十九年，令暫於南京戶部宣諭，給勘合。後遂爲例。宣宗宣德間，復永充。科斂橫溢，民受其害，或私賣官糧以牟利。其罷者，虧損公賦，事覺，至隕身喪家。景帝時，革糧長。未幾，又復。自官軍兌運，糧長不復輸京師，而州里間頗滋害。世宗嘉靖時，諭德、顧鼎臣條上錢糧積弊四事：其一曰催征歲辦錢糧。成弘以前，里甲催征，糧戶上納，糧長收解，州縣監收，糧長不敢多收斛面；糧戶不敢攙雜水穀糠粃，兌糧官軍不敢阻難多索，公私兩便。近者有司不復比較，經催里甲，負糧人戶，但立限敲撲，糧長令下鄉追徵。豪強者則大斛倍收，多方索取，所至鷄犬爲空；孱弱者爲勢豪所淩，耽延欺賴，不免變產補納。至或舊役侵欠，責償新僉，一人逋負，株連親屬，無辜之民死於箠楚囹圄者，幾數百人。且往時，每區糧長不過正、副二名，近多至十人以上，其實收掌管糧之數少，而科斂打點使用年例之數多。州縣一年之間，輒破中人百家之產，害莫大焉。宜令戶部議定事例，轉行所司審編，糧長務遵舊規。如州縣官多僉糧長縱容下鄉，及不委里甲催辦，輒酷刑限比糧長者，罪之致人命多死者，以故勘論。

五年六月，遣使度四川田。

以蜀始平故也。

十二月，詔以農桑課有司。

有司秩滿赴京者，必書農桑之績，違者降罰。

七年四月，從福建按察司僉事盧公茂奏，令漳、泉二府田崩陷溪海者，除其稅，新舊墾闢者，徵其租。

九年三月，令天下稅糧，以銀鈔錢絹代輸。

戶部奏，銀一兩、錢千文、鈔十貫，皆折輸米一石，小麥則減直十之二；棉苧一匹，折米六斗、麥七斗；麻布一匹，折米四斗、麥五斗；絲絹等，各以輕重爲損益。願入粟者聽。帝曰，折納正欲便民，務減其價，勿泥時直，可也。

十三年三月，減蘇、松、嘉、湖重賦十之二。

初，帝定天下官民田賦。凡官田畝稅五升三合五勺，民田減二升。租田八升五合五勺，蘆地五合三勺四抄，草塲地三合一勺，沒官田一斗二升。惟蘇、松、嘉、湖怒其爲張士誠守，乃籍諸豪族及富民田以爲官田，按私租簿爲稅額。而司農卿楊憲又以浙西地膏腴，增其賦畝加二倍，故浙西官民田視他方倍蓰，畝稅有二三石者，大抵蘇松最重，嘉湖次之，杭又次之。七年五月，命減蘇、松、嘉、湖極重田租，如畝稅七斗五升者，除其半。至是，復命戶部裁其額，畝科七斗五升至四斗四升者，減十之二；四斗三升至三斗六升者，俱止徵三斗五升；其以下者，仍舊。

臣等謹按，是時，浙西賦極重，而浙東賦有極輕者。《實錄》云，洪武元年，有司奏定處州七縣田賦，畝稅一升。帝以劉基故，命青田縣止徵其半。基行狀。帝曰，使伯溫鄉里子孫，世世爲美談也。據此則不但青田之賦極輕，其餘六縣亦僅比民田三分之一。

詔陝西、河南、山東、北平，及鳳陽、淮安、揚州、廬州田，許民儘力開墾，有司毋得起科。

自元年八月，令州郡人民，先因兵燹遺下田土他人墾成熟者，聽爲己業。業主已還，有司於輔近荒田如數給與。其餘荒田，亦許民墾闢爲己業，免徭役三年。五年五月，詔令四方流民，各歸田里。其間有丁少田多者，不許依前占據他人之業；若有丁多田少者，有司於輔近荒田驗丁撥付。至是，乃有是詔。又令山東、河南開荒田者，永不起科。

顧炎武《日知录》曰：明初，承元末大亂之後，山東、河南多是無人之地。洪武中，詔有能開墾者，即爲己業，永不起科。至正統中，流民聚居，詔令占籍。景泰六年，戶部尚書張鳳等奏，山東、河南、北直隸并順天府無額田地，甲方開荒耕種，乙即告其不納稅糧，若不起科，爭競之塗終難杜塞。今後但告爭者，宜依本部所奏，減輕起科則例，每畝科米三升三合，每糧一石，科草二束，不惟永絕爭競之端，抑且少助倉廩之積。從之。戶科都給事中成章等，劾鳳等不守祖制，不恤民怨，帝不聽。然自古無永不起科之地，國初但以招徠墾民，立法之過，反以起後日之爭端。而彼此告訐，投獻王府、勛戚，及西天佛子，無怪乎經界之不正，賦稅之不均也。

十七年，令雲南以金銀、貝、布、漆、丹砂、水銀代秋租。

於是以米麥爲本色，諸折納稅糧謂之折色。

二十年十二月，魚鱗冊成。

帝既定天下，覈實天下土田。兩浙富民畏避徭役，大率以田產寄他戶，謂之貼腳詭寄。是年，命國子生武淳等分行州縣，隨糧定區，區設糧長，量度田畝方圓，次以字號，悉書主名及田之丈尺，編類爲冊，狀如魚鱗，號曰魚鱗圖冊。先是詔天下編黃冊，以戶爲主，詳具舊管、新收、開除、實在之數，爲四柱式。而魚鱗圖冊以土田爲主，諸原坂、墳衍、下濕沃瘠、沙鹵之別畢具。魚鱗冊經，土田之訟質焉；黃冊爲緯，賦役之法定焉。凡質賣田土，備書稅糧科則，官爲籍記之。

二十一年八月，徙澤、潞民墾河南、北田。

戶部郎中劉九皋言，古者令狹鄉之民得遷於寬鄉，蓋欲地不失利，民有恆產也。今河北諸處，兵後田荒，居民鮮少，宜徙山東、西之民，往就耕種。帝曰，山東地廣，民不必遷，遷山西澤、潞民無田者往業之。免其賦役三年。仍戶給鈔二十錠，以備農具。至明年四月，又命湖、杭、溫、台、蘇、松諸郡無田之民，往耕淮河迤南滁、和等處閑田，仍蠲賦三年，給鈔備農具。

二十六年，覈天下土田，總八百五十萬七千六百二十三頃六十八畝有奇。

夏稅米麥四百七十一萬二千九百石，錢鈔三萬九千八百錠，絹二十八萬八千四百八十七匹，秋糧米二千四百七十二萬九千四百五十石，錢鈔五千七百三十錠，絹五十九匹。

凡田以近郭爲上地，迤遠爲中地、下地。時仍元里社制。河北諸州縣，土著者，以社分里甲；遷民分屯者，以屯分里甲。社民先占畝廣，屯民新占畝狹，故屯地謂之小畝，社地謂之廣畝。至宣宗時，墾荒田永不起科，及洿下、斥鹵，無糧者，皆覈入賦額，數溢於舊，有司乃以大畝當小畝，以符舊額，有數畝當一畝者。貴州田無頃畝尺籍，悉徵之土官，而諸處土田，日久頗淆亂，於黄冊不符。

《日知録》曰：以近郭爲上地，遠之爲中地、下地。蓋自金元之末，城邑邱墟，人民稀少，先耕者近郭，近郭洪武之冊田也；後墾者遠郊，遠郊繼代之新科也，故輕重殊也。

又曰，地有大小之分者，以二百四十步爲畝。自古以來，未之有改也。由國初有奉旨開墾，永不起科者，有因洿下鹻薄而無糧者，一槩量出作數，是以原額地少而丈出之地反多。有司恐畝數增多，取駭於上，而貽害於民，乃以大畝該小畝，取合原額之數。自是，上行造報則用大地，以投黄冊；下行徵派，則用小畝，以取均平。各縣大地，有以小地一畝八分折一畝，迅增之至八畝以上折一畝。既因其地之高下而爲之差等，又皆合一縣之丈地，投一縣之原額，以敷一縣之糧科，而賦役由之以出。此後人一時之權宜耳。然幷地不均，賦稅不平，固三百年於此矣。

二十七年三月，課民樹桑、棗、木、棉。

帝初立國，即下令凡民田五畝至十畝者，栽桑、麻、木、棉各半畝；十畝以上倍之。麻畝徵八兩，木、綿畝四兩，栽桑以四年起科，不種桑出絹一匹，不種麻及木、棉，出麻布、棉布各一匹，此農桑絲絹所由起也。至是，令每里百戶種秧二畝，始同力運柴草，燒地已，乃耕，三燒三耕已，乃種秧，高三尺，分植之，五尺爲壠。每百戶初年課二百株，次年四百株，三年六百株，具如目報，違者戍邊。又以湖廣長、永、寶、衡地宜桑，而種者少，命取淮、徐桑種給之。次年十二月，又命河南、山東桑棗，毋徵稅。

二十八年，詔戶部，百戶爲里，春秋耕穫之時，一家無力者，百家代之。

又命天下鄉置一鼓，遇農月晨鳴鼓，衆皆會，及時服田。其惰者，里老督勸之。不率者，罰。里老惰不督勸，亦罰。

三十年，諭戶部，天下逋租，許任土產折收米、絹、棉花、金銀等物，著爲令。

先是十九年，令戶部侍郎楊靖會計天下倉儲存糧，二年外，並收折色。惟北方諸布政司需糧餉邊，仍使輸粟。至是，復諭戶部，天下逋租，咸許任土產折收。戶部乃定鈔一錠折米一石，金一兩十石，銀一兩二石，絹一匹石有二斗，棉布一匹一石，苧布一匹七斗，棉花一斤二斗。帝命金銀每兩折米加一倍，鈔止二貫五百文折一石，餘從所議。至成祖永樂十一年，令各處折徵糧，金每兩準米三十石，闊白棉布每匹準米一石五斗。宣宗宣德四年，令順天、蘇松，幷浙江屬縣，遠年拖欠稅糧，每絹一匹準米一石二斗，棉布一匹，絲一斤、鈔五十貫，各準一石，苧布一匹準七斗，棉花一斤準二斗。五年，令自三年以前拖欠耗糧，以十分爲率，三分折布，三分折絹，四分折鈔，其布絹不拘長闊，俱準照時價折收。

三十一年正月，遣使之山東、河南課耕。

惠帝建文二年二月，均江浙田賦。

詔曰，江浙賦獨重，而蘇松準私租起科，特以懲一時頑民，豈可爲定則，以重困一方。宜悉與減免，畝不得過一斗。至永樂時，盡革建文政，浙西之賦復重。

成祖永樂元年五月，除天下荒田未墾者額稅。

八月，發流罪以下墾北京田。

九月，命寶源局鑄農器，給山東被兵窮民。

五年六月，始置交阯布政使，命以絹、漆、蘇木、翠羽、紙扇，沈速、安息諸香，代租賦。廣東瓊州黎人，肇慶猺人，內附輸租比內地。

至十七年十二月，又命工部侍郎劉促廉覈實交阯戶口田賦。

臣等謹按，是時廣東田亦多不科稅者。顧岕《海槎餘录》云，海南之田，凡三等：有沿山而更得泉水，曰泉源田；有靠江而以竹桶裝成天車，不用人力，日夜自車水灌田者，曰近江田：此二等爲上，栽稻二熟。又一等不得泉、不靠江，旱澇隨時，曰遠江田，止種一熟，爲下等。大槩土山多平陂，一望無際，咸不科稅。

二十年十月，分遣中官及朝臣八十人，覈天下倉糧出納之數。

時宇內富庶，賦入盈羨。天下本色稅糧三千餘萬石，絲鈔等二千餘萬，計米粟自輸京師數百萬石外，府縣倉廩蓄積甚豐，至紅腐不可食。歲歉，有司往往先發粟振貸，然後以聞。

同上［穆宗隆慶］四年，命江浙等省丈量坍漲田。

江西、浙江、福建幷直隸、蘇松諸府，凡官民田有因水坍漲之處，令所在有司丈量漲者，給附近民承種，照民田起科。坍沒者，悉除其賦。

五年二月，給鳳陽諸府貧民耕牛。

行在兵部尚書王驥等奏，太僕寺孳生牛計三萬二千九百有奇，俱直隸、鳳陽諸府民牧養，間有虧損，如例買償。夫孳牧牛、馬，本爲兵農之資，今馬歲給軍操，惟牛他無所用，而槩令倍償，官無益而民有損。比年鳳陽諸府歲歉，民貧，乞命委官取勘無牛小民，選取一萬頭給與收牧耕種。從之。

景帝景泰二年二月，詔畿内及山東巡撫官舉廉能吏，專司勸農，授民荒田，貸牛種。

四年十月，詔天下鎮守巡撫官督課農桑。

英宗天順初，令鎮守浙江尚書孫原貞等，定杭、嘉、湖官民田平米則例。

官田畝科一石以下、民田七斗以下者，每石歲徵平米一石三斗，官民田四斗以下者，每石歲徵平米一石五斗；官田二斗以下、民田二斗七升以下者，每石歲徵平米一石七斗；官田八升以下、民田七升以下者，每石歲徵平米二石七斗。凡起科重者徵米少，起科輕者徵米多，欲使科則適均，而畝科一石之稅，未嘗減云。

【略】世宗嘉靖六年，令各板荒、積荒、拋荒田所遺稅糧，派民賠納者，有司召募墾種，給貼爲永業。三年後，畝徵官租，瘠田二斗，肥田三斗，永免加耗差役。八年，令分陝西拋荒田爲三等：第一等召募墾種，免稅三年；第二等三年後納輕糧；第三等召民自種，不徵稅糧。若水崩沙壓，不堪耕種者，即與除豁。十三年，令各召墾荒地，免稅三年，官給牛種，毋許科擾。如地主見其成熟，復業爭種者，許鳴之官，量撥還三分之一，各照畝納糧。

憲宗即位，申收糧加耗之令。

舊制，收糧令納戶平準石，加耗不得過五升。至是，倉吏多侵害，故申禁焉。後加耗至八升。久之，復溢，屢禁不能止也。

成化十六年六月，禁勢家侵占民田。

先是十年定西侯蔣琬上言，大同宣府諸塞下腴田無慮數十萬，悉爲豪右所占。畿内八府，良田半屬勢家。細民失業，脫邊關有警，内郡何資，運道或梗，京師安給。請遣給事御史按覈塞下田，定其科額，畿内民田，嚴戢豪右，毋得侵奪。庶兵民足食而内外有備，章下所司。至是，復詔禁焉。

孝宗弘治二年，令應天、太平、鎮江、甯國、廣德等府州各屬，官田糧每石減耗米自三斗至二斗，民田每畝勸出米自二升至一升各有差。

十五年，覈天下土田，總四百二十二萬八千五十八頃，官田視民田得七之一。

夏稅米麥四百六十二萬五千五百九十餘石，比洪武原額減八萬七千三百五石有奇。鈔五萬六千三百八十餘錠，比洪武原額增一萬六千五百八十錠有奇。絹二十萬二千五十餘匹，比洪武原額減八萬六千四百六十餘匹。秋糧米二千二百一十六萬六千六百六十餘石，比洪武原額減二百五十六萬二千七百八十餘石。鈔二萬一千九百二十餘錠，比洪武原額增一萬六千二百九十餘錠。馬草二千五百九十四萬八千二百六十四束零。

臣等謹按，弘治土田之數，《萬曆會計录》云，六百二十二萬八千五十八頃八十一畝零，比洪武原額減二百二十七萬九千五百六十四頃八十七畝。萬曆時通行丈量後，總計田七百一萬三千九百七十六頃，比弘治增七十八萬五千九百一十七頃三十六畝零。考世宗時，霍韜疏云，洪武十四年，天下土田八百四十九萬六千頃有奇，弘治十五年，存額四百二十二萬八千頃有奇，失額四百二十六萬八千頃有奇。是宇內額田存者半，失者半。而湖廣、河南、廣東失額尤多，非撥給於藩府，則欺隱於猾民、委棄於寇賊矣。據此，則由洪武迄弘治百四十年間，天下額田已減強半，不僅二百餘萬也。

武宗正德十四年五月，詔山東、山西、陝西、湖南、湖廣流民歸業者，官給廩食、廬舍、牛種，復五年。

世宗嘉靖三年，令內官監收受白糧，不許多加耗米。

初，太祖洪武時，內府所用白熟粳、糯米，及芝蔴、黃豆等，并各官吏俸米，皆於蘇、松、常、嘉、湖五府秋糧內派納。武宗正德時，驟增內使五千人，糧亦加十三萬石。世宗嘉靖元年，從戶部侍郎李充嗣言，減從故額。時凡輸運內府白熟粳、糯米十七萬四千餘石，內折色八千餘石。各府部糙粳米四萬四千餘石，內折色八千八百餘石，謂之白糧。收受之際，每多加耗，頗爲民累。至是，命正糧一石交耗一斗，不許分外多收。

十五年，詔除各處水塲沙壓田地稅。

二十年，戶部奏潼關以西、鳳翔以東黃河退灘堪以耕種地二百九十餘頃，令居民照舊領種，每畝起科三升，夏秋中半上納。

十八年，議行履畝丈量。

先是，二年，御史黎貫言，國初夏秋二稅，麥四百七十餘萬石，今少九萬；米二千四百七十餘萬石，今少二百五十餘萬。賦入日少，而支費日加，請覈祖宗賦額及經費多寡之數，一一區畫。既而諭德、顧鼎臣條上錢糧積弊四事：其一曰，察理田糧舊額，請責州縣官於農隙時，令里甲等倣洪武正統間魚鱗風旗之式，編造圖冊，細列元額田糧，字圩則號條段，坍荒成熟，步口數目，官爲覆勘，分別界址，履畝檢踏丈量，具開墾、改政、豁除之數，刊刻成書，收貯官庫，給散里中，永爲積考。仍斟酌先年巡撫周忱、王恕簡便可行事例，立爲定規。取每歲實徵、起運、存留、加耗、本色、折色，并處補、暫徵、帶徵，停徵等件數目，會計已定，張榜曉諭。庶吏胥不得售其姦欺，而小民免賠累科擾之患。未幾，御史郭弘化等亦請通行丈量，以杜包賠兼并之弊。帝恐紛擾，不從。給事中徐俊民言，今之田賦有受地於官，歲供租稅者，謂之官田；有江水泛溢，溝塍淹没者，謂之坍江；有流移亡絶，田棄糧存者，謂之事故。官田，貧民佃種，畝入租三斗或五六斗或石以上者，有之。坍江、事故虚糧，里甲賠納或數十石或百餘石者，有之。夫民田之價，十倍官田。貧民既不能置，而官田糧重，每病取盈，益以坍江、事故虚糧，又令攤納。追呼敲撲，歲無寧日。而姦富猾胥，方且詭寄那移，并輕分重。此小民疾苦、閭閻凋瘁所以日益而日增也。請定均糧限田之制，坍江、事故，悉與蠲免，而合官民田爲一，定上、中、下三則起科以均糧。富人不得過千畝，聽以百畝自給；其羨者，則加輸邊稅。如此則多寡有節，輕重適宜，貧富相安，公私俱足矣。部議疆土民俗各異，令所司熟計其便。不行。越數年，乃從應天巡撫侯位奏，免蘇州坍海田糧九萬餘石，然那移飛灑之弊，相沿不改。至十八年，鼎臣爲大學士，復言蘇、松、常、鎮、嘉、湖、杭七府，供輸甲天下，而里胥豪右蠹弊特甚。宜將欺隱及坍荒田土一一檢覈改正。於是，應天巡撫歐陽鐸檢荒田二千餘頃，計租十一萬石有奇。以所欺隱田糧六萬餘石補之，餘請豁免。戶部終持不下。時嘉興知府趙瀛建議，田不分官民，稅不分等則，一切以三斗起徵。鐸乃與蘇州知府王儀盡括官民田，裒益之。履畝清丈，定爲等則，所造經賦冊以八事定稅糧：曰元額稽始，曰事故除虚，曰分項別異，曰歸總正實，曰坐派起運，曰運餘撥存，曰存餘考積，曰徵一定額。徵一者，總徵銀米之凡，而計畝均輸之。其科則最重與最輕者，稍以耗損，益推移。重者不能盡損，惟遞減耗米，派輕賫，折除之，陰予以輕；輕者不能加益，爲徵本色，遞增耗米，加乘之，陰予以重。時豪右多梗其議。鼎臣獨以爲善，曰是法行，吾家益千石輸，然貧民減千石矣。不可易也。顧其時，上不能損賦額，長民者僅以己意變通而已。

《明史·食貨志》曰：丈量之議，起於嘉靖八年。霍韜奉命修《會典》，言天下額田減半，司國計者，不可不究心。時桂萼等先後疏請覈實田畝，而顧鼎臣請履畝丈量，江西安福、河南裕州首行之，而法未詳具，人多疑憚。其後福建諸州縣爲經緯二冊，其法頗詳，率以地爲主，田多者猶得上下其手。神宗初，建昌知府許孚遠爲歸戶冊，以田從人。其法始簡而密矣。

孫承澤《春明夢餘录》曰：魚鱗冊歲久漫漶，至不可問。而田得買賣，糧得過都。圖賦役冊，獨以田從戶，而田所在不復可辨，於是飛灑詭寄，買賣推收，其爲虚僞，至不可原詰。求其其言之痛快可行，莫如嘉靖中，江西巡按唐龍一疏，言國初計畝成賦，縣有定額，歲有常徵。近置買田産，遇造冊時，賄里書，飛灑見在人戶，名爲活灑；有暗栽絶戶內，名爲死寄；有花分子戶不落戶眼者；有留賣戶不過割，及過割一二名爲包納者；有過割不歸本戶，有推無收，有總無撒，名爲縣掛挑回者；有暗襲官紳腳色，捏作寄莊者，以致派糧編差無所歸著，俱小民賠償。小戶逃絶，責之里長，里長逃絶，糧長負累。由是戶口日耗，賦盜日熾，告訐日滋。乞令巡守二道，分詣地方，督州縣，將飛灑、詭寄弊源重者，隨田丈量。輕者，隨戶清理，究首尾之因，度廣狹之則，定高下之科，分肥瘠磽沃之等，均崩灘、開墾之數。各將原糧填入，原戶歸之，原田而圖，總都、總縣總造流水冊十本，甲各收藏。縣因造冊爲大造，爲冊四，上府、州、縣，上南京後湖收架。俾因戶推田，因糧編戶，戶與田有一定之則爲便。求其綜覈田畝之法，莫如裕州知州安如山爲善。裕州故阻險，然四沖野多坡坂，地磽确，土雜砂石，不皆可田種。如山白於上，爲丈量，命耆老董其役，命區長驗區畛，命量人步阡陌，命算人制畝分，精覈版籍，因區定畝，因畝準稅。區爲綱，畝爲目，綱以麗目，則無漏畝；畝爲母，稅爲子，母以權子，則無逋稅。平衍、原隰、膏腴之田，一而當一；平石、岡田，二而當一；山石、岡田，三而當一；山石、陟陂之田，四而當一；陂池、林麓、廨宇、鋪舍、廛市之稅，蠲之。田溢稅則從增，稅溢田則從減。咨詢徧故，人無遁情。版籍明，故上有定徵；疆土別，故下有定輸。此皆可爲天下取法者也。

同上 穆宗隆慶元年，頒國計簿式於天下。

戶部尚書葛守禮奏，畿輔、山東流移日衆，以有司變法亂常，起科太重，徵派不均，且河南、北，山東、西土地磽瘠，正供尚不能給，復重之徭役，工匠及富商大賈皆以無田免役，而農夫獨受其困，此所謂舛也。乞正田賦之規，罷科差之法。詔舉行之。於是，奏定國計簿式頒行天下。自嘉靖三十六年以後，完欠、起解、追徵之數，及貧民不能輸納，備录簿中。自府州縣達布政，送戶部稽考，以清隱漏那移侵欺之弊。

神宗萬曆六年四月，詔戶部歲增金花銀二十萬兩。

戶科給事中石應岳奏，金花銀實小民惟正之供。先朝量入度出，定爲一百萬兩。額派解進，僅有此數，原無剩餘，今若添進，必借之太倉。夫太倉之儲，各邊糧餉、城築、召募、調遣諸費之所待用也。況今各處添兵增築，撫賞日增，加以連年河淮橫溢，工費動請百萬，何者不仰給於此。上供歲多二十萬之進，則邊儲歲少二十萬之積，推之十年，所少不知其幾。願思祖宗成憲之當遵，念國家生財之不易，百凡費用止取足於百萬兩之中，而太倉所儲，專以備軍國重大之費，實經邦垂裕之至計也。疏入，不從。

七月，詔江北諸府民，年十五以上無田者，官給牛一頭，田五十畝，開墾三年後起科。九月，詔蘇州諸府開墾荒田，六年後起科。

時陳幼學宰確山，墾萊田八百餘頃，給貧民牛五百餘頭，覈黄河退地百三十餘頃，以賦民里，婦能紡者，授紡車八百餘輛，栽桑、榆諸樹三萬八千餘株。其調中牟也，縣南荒地多茂草，根深難墾，令民投牒者，必入草十斤。未幾，草盡，得沃田數百頃，悉以畀民。是年，覈天下土田總七百一萬三千九百七十六頃二十八畝有奇。

夏稅米麥四百六十萬五千二百四十餘石，起運百九十萬三千餘石，餘悉存留。鈔五萬七千九百餘錠，絹二十萬六千餘匹。秋糧米二千二百三萬三千六百餘錠，馬草折銀三十五萬三千餘兩。此但計起運者。

時用大學士張居正議，天下田畝通行丈量，限三歲竣事。用開方法以徑圍乘除，畸零截補。於是豪猾不得欺隱，里甲免賠累，而小民無虚糧。總計田數，視弘治時羸三百萬頃。然居正尚綜核，頗以溢額爲功。有司爭改小弓以求田多，或掊克見田以充虚額。北直隸、湖廣、大同、宣府，遂先後按溢額田增賦。時命州縣各署上、中、下壤，息縣知縣鹿久徵曰，度田以紓民，乃病民乎。獨以下田報。

九年，通行一條鞭法。

一條鞭法者，總括一州縣之賦役，量地計丁，丁糧畢輸於官。一歲之役，官爲僉募。力差則計其工食之費，量爲增減；銀差則計其交納之費，加以贈耗。凡額辦、派辦、京庫歲需，與存留供億諸費，以及土貢方物，悉併爲一條，皆計畝徵銀，折辦於官，立法頗爲簡便。嘉靖間，數行數止。迨隆萬之世，提編增額既如故，又多無藝之徵，逋糧愈多，規避亦益巧。已解而愆限，或至十餘年，未徵而報收，一縣有至十萬者，逋欠之多，縣各數十萬，賴行此法，無他科擾，民力不大絀。其後莊烈帝崇禎元年七月，戶部纂修《賦役全書》，尚書畢自嚴上議曰，《賦役全書》肇自行條鞭法始，距今已四十五年。查賦役初定，錢糧數目自有定則。惟是地方因事加派，司道每年增定，吏書受賄任意那移，有一州縣而此多彼少者，其弊爲溷派，州縣奉行而不敢問。司道偶增不過千百中十一，而有司不肖者一聽姦胥之暗灑派分，如每兩因加一分而即加二分者，其弊爲花派，小民遵行而不爲怪。二者乃宇內通弊，牢不可破者也。欲清其弊，全在撫按，先爲裁定，今當亟爲申飭。

《食貨志》曰，先是，又有綱銀、一串鈴諸法。綱銀者，舉民間應役歲費，丁四糧六，總徵之，易知之而不繁，猶網之有綱也。一串鈴，則夥收分解法也。自是，民間輸納止收本色及折色銀矣。

《續文獻通考》卷三《田賦三》 孝宗弘治元年，許以新佃蘆洲補舊額課。

奏準沿江一帶蘆洲，有曾告承佃而舊額洲蕩坍塌者，即將新佃柴課依數湊補本處舊額。或有新生別洲，許令撥補附近坍塌不敷之數。嘉靖二十七年，令一應蘆洲，除洪武永樂時賜功臣、僧道者不動外，餘悉委官丈量，召民承佃。

《春明夢餘录》載計曹條議曰： 議者欲清南京太僕寺所隸草場地六十萬頃，出佃價一兩，可得銀六千萬。此事之不能者也。自馬草均派於田畝，民間已忘其事，故江北尚有名目。而其田本賤，值不過數錢，豈能頓增一兩。江南田貴易增，而竟莫可辨析。苟欲增其價，必致攤派，是敎之亂也。愚以蘆洲一項，可以此意行之。今沿江一帶，田之利微，洲之利重。故洲必歸於豪勢，兩豪相爭，累年不止。祇以不煩佃價，辦課輕徵，而影射易滋，故不惜身命而爭之耳。今得爲之令曰，某處某洲若干畝，每畝納價若干，不論業主、他戶，能納者，聽。既納之後，永爲世業，舊業主不得爭。民縱出佃價，其利尚浮於田，必爭先而納。舊業主家能辦者，惟恐失其利，亦必競納。不煩催督，而可以得無限之資。計蘆政分司所轄，見爲畝三百三萬三千九百二十四，如往年少試於如皋等處，每畝納四五錢不等，民無不樂從。則分等量入，亦不下六七十萬。若能命一幹官，嚴爲丈量，度其隱蔽，不啻一倍上。而川蜀亦可倣行。數百萬之利，在一使者得人耳。事集民樂，又何患焉。

同上 龐嵩爲應天治中，江寧縣葛仙、永豐二鄉頻遭水患，居民止存七戶。嵩爲治堤築防，得田三千六百畝，立惠民莊四，召貧民佃之。

藝文

明·朱右《白雲稿》卷四《韓侯覈田事實序》 或問爲政何先？曰：莫先於正經界。經界既正，分田制祿，可坐而定。其有關於王政也尚矣。成周盛時，體國經野，以爲民極。至孟子時，已不得聞其詳，則諸侯惡其害己而去籍者，有之。矧阡陌之法變，兼并之患滋，先王田制固不可得而稽矣！漢魏唐宋隨時制宜，不過計田定賦以馭民，尚何望其能復古也哉！傳曰：制而用之，謂之法；神而明之，存乎人。先王良法美意，豈終不可復舉耶！此韓侯所以用心而卒底於有成矣！上虞爲縣，並湖濱海，賦斂倍於他州。國朝至元以來，雖累行理田之令，而迄無成式者，非法之過，不得人以任法者之過也。比年鄰境騷繹，民力益殫。天台韓侯自行來爲令，深爲此懼。乃議履畝以計田，定賦而差役，思以均齊其民。其法每田一區，畝至百十，隨其廣袤高下形勢，標其號若干，畫爲之圖；曰魚鱗。以魚鱗條號第載簡冊，曰流水。每號署圖一紙，具四至，業佃姓名，俾執爲券，曰烏由；集各號所載得畝若干，曰保總；集各保所積得畝若干，曰都總；又自各都流水攢類戶第，計其實管田數，曰鼠尾。小大相承，多寡分合，有條而不紊，其爲法可謂密矣。乃選鄉之大姓有文行、足爲人表者，司一都之事，曰監踏；統一縣之事曰總覈；又分掌簿書計算，曰執事。賢智竭慮，材力効能，各輸乃心以裨侯之政，亦可謂得人矣。侯則躬爲指授，訓其用違，稽章程以作勤怠。官出廩膳筆札以給日費；及朞而事始完，上成牘於省府。吁！斯亦難能也已。由是積弊以革，民瘼以甦，貧富適均，徵差有則，民輸惟期，歲入用足。而一縣之民，室家相慶，咸戴侯惠無已。既刻諸貞石以紀侯德，復以其播告訓言、行事次第、執事名氏繕組成編，名曰《覈田事實》，將鋟梓以傳，請予爲序。予嘉侯設施有法，信任得人，深識古者爲政之要，以能有成功，遂書首簡以慰民父兄之繫思。侯名諫，字自行，宋魏國忠獻王琦十世孫，前翰林待制陳某甥，家學有自，故爲政知所本云。

雜録

《明清徽州社會經濟資料叢編》第一集 休寧縣李資兗賣田赤契

十二都九保住人李資兗，今將本戶田一號，係八保邇字一千五百七號，田一畝六分二釐五毫，東至吳名山，西至倪保田，南至汪顯彰田，北至朱鐵千田，土名大干源査木坵。每年上租穀壹拾柒秤，上田。今來缺物支用，自情願將前項四至內田取一半，計八分一釐三毫，出賣與同里人汪猷觀名下，面議時值價鈔六貫整，前去用度。其鈔當成契日一并收足無欠。其田今從出賣之後，一任買人自行聞官受稅，收苗管業爲定。如有四至不明，重複交易，內外人占攔，并是出產人祇當，不及買者之事。所有上手來腳入戶契文與別產相連，繳付不便，日後要用，本家索出參照不詞。今恐人心無憑，立契文書爲用。

洪武二十六年十二月 日 出產人 李資兗契

見交易人 胡 羊

今就領去契內價鈔并收足訖。同月日再批。

同上 休寧縣朱宋壽賣田赤契

十二都九保住人朱宋壽，今爲日食不給，同母親吳氏已姑商議，願將承父戶下有田二號：係九保乙字一千七十二號田，取五分二釐一毫，東[至]□□，西[至]□□，南[至]□□，北[至]□□，土名隱江，佃人胡辰保，上租穀三秤；又將同保一千七十三號田，取九分五釐二毫，東□□，西□□，南□□，北□□，土名引江，佃人朱勝右，上租穀壹拾壹秤。自情願將前項二號四至內田，盡行立契出賣與汪猷千名下，面議時值價鈔九貫文。其鈔當成契日一并交收足訖。其田今從出賣之後，一任買人自行文官受稅、收苗，永遠管業。如有內外人占攔，四至不明，重迭交易，并是出產人祗當，不及買人之事。所有上手來腳入戶契文與別產相連，繳討不便，日後要用，本家索出參照不詞。今恐人心無憑，立此賣契文書爲用。

洪武二十六年十二月　日　出產人　朱宋壽　賣契

同母親　吳氏己姑

見人　朱勝右

朱德林

汪　午

胡　驢

今領去前項契內價鈔，并收足訖。同年月日再批。

同上　休寧縣張奉賣田赤契

十二都九保張奉，今將十保體字五百四十三號田內，取一畝三分八釐三毫，土名生墳坵，東至水坑，西至汪彥倫田，南至汪彥倫塘，北至胡兆新田。佃人胡眞，硬上租干糯壹拾叁秤，上田。今來缺物支用，自情願將前項四至內田，盡行出賣與汪猷名下爲業，面議時值價鈔壹拾伍貫文。其鈔當成契日一并收足無欠。其田今以出賣之後，一任買人自行聞官受稅、收苗，永遠管業爲定。如有內外人占攔，四至不明，重迭交易，并是出賣人祗當，不及買人之事。所有上手契文與別產相連，繳付不便，日後要用，本家索出參照不詞。今恐人心無憑，立此文書爲照。

洪武二十七年九月　日　張　奉　契

依口代書兄　張奇德

見人　胡勝右

今領去價鈔并收足訖。同日再批。

同上　休寧縣朱勝右賣田赤契

太平里十二都三圖朱勝右，本戶下有田二坵，係十保體字五百一號田，計三畝一分九釐六毫，土名吳失塘下，東至水坑，西至汪彥善等山，南至王貴遠田，北至朱士祥田。每年硬上籼穀三十，上田，佃自。今來爲日食不給，情願將前項四至內田取一半，計一畝五分九釐八毫，出賣與同里人汪猷名下，時值價錢壹拾伍貫。其價當成契日俱係籼穀準足無欠。其田今從出賣之後，一任買人自行聞官受稅，收苗管業爲定。如有四至不明，重迭交易，內外人占攔，并是賣人祗當，不及買人之事。所有原入戶契文，一并繳付。今恐無憑，立此賣契文書爲用。

洪武二十九年九月　日　朱勝右　賣契

見人　胡延壽

依口代書人　李資袞

今領去前項契內價錢籼穀收足。同日再批。

領穀人　朱周虎

同上　休寧縣朱宋壽賣田赤契

十二都九保住人朱宋壽，同母親吳氏商議，今將故父戶下有田壹號，坐落本都九保，土名前巖，係乙字六百六十五號田，共二畝三分六釐三毫內，取壹畝壹分七釐九毫，東至塝，西至水坑，南至朱德田，北至朱德禾田。每年硬上租籼穀壹拾貳秤，上田租。今來缺少錢物用度，情願將前項字號四至內田，盡行立契出賣與同都人汪猷干名下，面議時值價鈔九貫文整，當用籼穀折還。其價當成契日一并收足。其田今從出賣之後，一任買人自行聞官受稅、收苗，永遠管業爲定。如有內外人占攔，四至不明，重迭交易，并是出賣人自行祗當，不及買人之事。所有上手来腳別產相連，繳付不便，日後要用，本家索出參照不詞。今恐無憑，立此賣契爲用。

洪武三十年二月初十日　出產人　朱宋壽　契

同母親　吳　氏

見人　朱舟保

依口代書人　汪克忠

保名族長　朱勝右

今就領去前項價錢并收足訖。同時再批。

同上　休寧縣汪阿宋賣田赤契

十二都十保住人汪阿宋，承故夫汪益戶內有田一號，係乙字九保三十號田內，取二畝一分六釐七毫，東至溪，西至路，南至王季遠田，北至路。佃自，每年上租穀二十秤。今來缺物用度，自情願將前項四至內田，盡行立契出賣與汪猷干名下，面議價鈔一十五貫文。其鈔當成契日一并交收足乞。其田今從出賣之後，一任買人自行文官受稅，收苗管業如定。爲有內外人占攔及四至不明，重迭交易，并是出賣人支當，不及買人支事。所有上手來卻日戶契文與別產相連，繳付不便，日後要用，本家索出參照不詞。今恐無憑，立此賣契文書爲用。

洪武三十年八月二十八日 出產人 汪阿宋 賣契

領價人 張 興

胡留保

見 人 胡眞保

程 有

依口代書人 朱得樵

今領去契內價鈔并收足乞。同年月日再批。

同上 休寧縣胡周印賣田赤契

十二都三圖胡周印，承祖父戶下有[田]壹號，坐落本都十保，體字三百四十五號，田一畝八釐三毫。其田東□□，西□□，南□□，北□□，土名亭子頭。佃人胡辰右，每年上租穀一十一秤，上田租。今來爲祖父靈紀，無物追薦，自情願將前項四至內田，盡行立契出賣與汪猷名下，面議時值價穀二十秤。其穀當成契日一并收足無欠。其田今從出賣之後，一任買人自行聞官受稅，收苗管業爲定。如有內外人占攔及四至不明，重迭交易，并是出產人自行祗當，不及買人之事。所有上手來腳入戶契文與別產相連，繳付不便，日後要用，本家索出參照不詞。今恐人心無憑，立此賣田文書爲用。

洪武三十年十月 日 出產人 胡周印 契

同叔母 朱 氏

主盟族長 胡聖右

依口代書人 吳志高

今領契內價穀并收足訖。同年月日再批。

同上 休寧縣汪午賣田赤契

十二都三圖十保住人汪午戶有田一號，坐落本都九保，係乙字三十號田，取一畝八釐三毫，東至溪，西至路，南至王李遠田，北至路，土名九畝丘溪邊。佃自，每年上租秈穀壹拾秤，係上田租。今爲日食不訖，自情願將前項四至內田，立契出賣與同都汪猷名下，面議時值價鈔一十五貫，照依時值用

穀準還，當成契日一并收足無欠。其田今從出賣之後，一任買人自行聞官受稅、收苗，永遠管業。如有內外人占攔，四至不明，重複交易、典當等事，并是出產人自行祗當，不及買人之事。所有上手來腳入戶契文與別產相連，繳付不便，日後要用，本家索取參照不辭。今恐人心無憑，立此賣田文書爲用。

洪武三十一年四月初一日 出產人 汪 午 契

見人 胡 得

依口代書 程馬得

今領前項契內價穀并收足訖。同日再批。

同上 休寧縣朱勝右賣田赤契

太平里十二都三圖朱勝右，本戶下有田一號，係九保乙字二百三十八號田內，取二畝三分四釐二毫，東至吳祖龍田，西至高塍八保界，南、北至程仲芳田，土名大干口。佃人自，每年硬上秈租穀二十三秤。上田租。今來爲日食不給，情願將前項四至田內取一半，計一畝六釐三毫，出賣與汪猷干名下，面議時值價鈔三十貫文。其價當誠契日俱係秈穀準足無欠。其田今從出賣之後，一任買人自行聞官受稅，收苗管業爲定。如有四至不明，重迭交易，內外人占攔，并是賣人自行祗當，不及買人之事。所有原入戶契文，一并繳付。今恐無憑，立此賣契文書爲用。

洪武三十一年八月 日 出產人 朱勝右 賣契

領價谷男 朱護祖

朱周虎

見交易人 朱 計

胡原壽

依口代書人 汪丑干

今領去前項契內價鈔秈穀并收足訖。同日再批。

同上 休寧縣胡周賣田赤契

太平里十二都三圖住人胡周，承父戶下有田二號： 係九保乙字一千七十二號田內，取五分二釐一毫，東汪彥倫田，西閔子通田，南路，北李子成田，土名引江大石頭下； 又將同保一千七十四號田，五分二釐九毫，東、西王彥倫田，南路，北李子成田，土名同。佃自二號田，每年硬上租[穀]九秤。上田租。今來爲日食不給，同母親汪氏商議，自情願將前項二號四至內田，盡行

立契出賣與同里人汪猷干名下，面議時值價穀一十八秤。其穀當成契日一并收足無欠。其田今從出賣之後，一任買人自行文官受稅、收苗，永遠管業。如有內外人占攔及四至不明，重迭交易，并是出產人自行祗當，不及買人之事。所有上手來腳入戶契文與別產相連，繳付不便，日後要用，本家索出參照不詞。今恐無憑，立此賣契文書爲用。

洪武三十一年八月　日　出賣人　胡　周　賣契
胡　四
母親　汪　氏
見人　朱　雙
義父　李　添
依口代書人　汪丑干

今領價穀并收足訖。

同上　休寧縣汪得厚賣田赤契

永康里十都汪得厚，用價錢買到汪仲佳名下田一坵，坐落十二都九保，土名門坑，係壹字三百九十四號田內，取三分五釐四毫，東至路，西至汪彥倫山，南至汪彥善田，北至汪彥善田。今來缺少鈔物支用，情願將前項田出賣與十二都汪猷名下，面議價鈔一十五貫。其鈔當成契日一并收足，更不別立領札。其田今從出賣之後，一任買人自行聞官受稅，收苗管業爲定。如有內外人占攔及四至不明，重複交易，并是出產自行之當，不及買人之事。所有來腳契文與別產相連，繳付不便，日後要用，索出參照不詞。所有當年田苗一并出賣，佃人胡聖右，上租穀肆碩。今恐無憑，立此文契爲用。

建文元年八月初二日　出產人　汪得厚　契
遇見人　朱士貞

今領契內價鈔并收足訖。同年月日再批。

同上　休寧縣朱勝祐賣田赤契

十二都三圖朱勝祐，自己置到田叁號：　係九保乙字貳佰六十一號，田一畝一分九釐六毫，東至□□，西至□□，南至□□，北至□□，土名小干口，佃自，硬上籼租壹拾秤；　又將同保貳佰六十九號，田一畝貳分二釐九毫，東至□□，西至□□，南至□□，北至□□，土名鴨攔坵，佃自，硬上籼租壹拾秤；　又將同保二佰肆拾九號，田一畝二分八毫，土名大干，東至□□，西至□□，南至□□，北至□□，佃自，硬上籼租壹拾秤。今來缺物支用，自情願將前項叁號四至內田各取一半，出賣與汪猷干名下，面議時值價鈔叁拾貫文。其價當成契日用籼穀折足訖，無欠。其田今從出賣之後，一任買人自行聞官受稅，收苗管業爲定。如有內外人占攔，四至不明，重迭交易，并是出產人自行祗當，不及買人之事。所有來腳契文一并繳付。今恐無憑，立此賣契爲用。

建文元年八月二十五日　出產人　朱勝祐　賣契
領穀男　朱護祖
朱　計
依口代書人　胡隆舟

今領前項契內價穀并收足訖。同日再批。

同上　休寧縣吳碧湖賣田赤契

太平里十二都九保住人吳碧湖，原用價鈔買到十保胡眞戶下田取一半，係體字五百二十七號，取二角五十二步，土名猴塘，東至□□，西至□□，南至□□，北至□□，每年上租耎六秤。今來缺鈔用度，自情願將前項四至內田一半，盡行立契出賣與汪猷干名下，三面取時值價銀壹兩重。其銀當成契日一并足訖。其田今從出賣之後，一任買人自行管業收苗、受稅爲定。如有四至不明及重複，并是出產人自行祗當，不及受產人之事。所有入戶契文一并繳付。今恐無憑，立此賣契爲用。

建文二年七月　日　出產人　吳碧湖　契

今領去契內價銀并收足訖。同年月日再批。

同上　休寧縣凌勝孫賣田赤契

拾貳都住人凌勝孫，原用價鈔買凌安孫田壹號，坐落本都八保，邇字壹仟伍佰一十號，田壹畝二分二釐五毫，其田東吳志高山，西汪義田，南陳正壽田，北汪義田，土名大干，每年硬上租穀壹拾貳秤。今來缺物支用，自情願將前項四至內田，盡得立契出賣與同里人汪猷觀、汪賚觀名下，面議時值價鈔壹拾二貫。其價當成契日一并收足訖。其田今從出賣之後，一聽買人聞官受稅，收苗管業。如有四至不明及重迭交易，內外人占攔，并是出賣人自行祗當，不及買人之事。所有來腳與別產相連，繳付不便，日後要用，本家索出參照不詞。今恐人心無憑，立此賣契文書爲用。

建文二年八月十八日　出產人　凌勝孫

依口代書　吳志高

今領契內價鈔并收足訖。同日再批。

同上　休寧縣胡四賣田赤契

十二都九保住人胡四，承父戶下有田一號，係九保乙字一千八百十九號，田一畝四分二釐九毫，東至汪彥倫田，西至渠，南至自田，北自田，土名引江。佃自，硬上租穀壹拾二秤，上田租。今來缺穀支用，自情願同嫂江氏商議，將前項四至內田，盡行立契出賣與汪猷干名下，面議時值價穀一十八秤，上田租。其價穀成契日一并收足無欠。其田今從出賣之後，一任買人自行聞官受稅，收苗管業爲定。如有內外人占攔及四至不明，重迭交易，并是出產人祗當，不及受產人之事。所有上手入戶契文與別產相連，繳付不便，日後要用，於本家索出參照不詞。今恐無憑，立此賣契文書爲用。

建文二年九月　日　出產人　胡　四　契

同嫂　江　氏

見人　朱勝右

依口代書人　汪永壽

今領契內價穀并收足訖，同日再批。

同上　休寧縣李生遠賣田赤契

十二都九保住人李生遠戶內有田壹號，係九保乙字五佰六號，計田貳畝肆分六釐叁毫，土名石□子山下。佃人汪子懸，上租穀貳拾肆砠。東、北至路，西至□子起田，南至吏得名山。今爲攢運糧儲，缺少盤纏支用，自情願將前項四至內田，盡行立契出賣與汪猷干名下，面議時價錢花銀貳兩貳錢，計時價粈穀捌拾捌秤，其銀當成契日一并收足無欠。其田今從出賣之後，一任買人自行聞官受稅，收苗管業爲定。如有四至不明，重複交易，內外人占攔，并是出賣人自行祗當，不及買人之事。所有原入戶來腳契文與別產相連，繳付不便，日後要用，本家索出參照不詞。今恐人心無信，立此賣契爲用。

建文三年七月　日　出產人　李生遠　契

見證人　胡　羊

今就領去契內價銀并收足訖。同年月日批。

同上　休寧縣汪午賣田赤契

十二都十保住人汪午戶內有田一號，係十保體字三百五號，內取一畝陸分三釐捌毫，土名巖口，佃自，每年硬上粈穀壹拾伍租，東□□，西□□，南□□，北□□。今爲攢運糧儲，缺少盤費用度，自情願前項四至內田，盡行立契出賣與汪猷干名下，面議時價花銀壹兩叁錢，計穀伍拾貳秤。其價銀當成契日收足無欠。其田今從出買之後，一任賣人自行聞官受稅，收苗，永遠管業如定。所有四至不明，重迭交易，內外人占攔，并是賣者［祗］當，不及買者之事。所有上手來腳與別產相連，不及繳付，日後要用，本家索出無詞。今恐無憑，立此賣契爲用。

建文三年八月初五日　出產人　汪　午　契

依口代書人　李生遠

今領去契內價銀并收足，同年月日再批。

同上　休寧縣胡眞保賣田赤契

十二都十保住人胡眞保，今將戶下田、塘二號：　係十保體字五百一十二號田內，取壹畝伍分陸釐叁毫，土名大百塘下，東□□，西□□，南□□，北□□，佃自，每年硬上乾耎壹拾伍租；　又將體字伍百一十一號塘三分三釐三毫，土名大百塘，東□□，西□□，南□□，北□□。今爲攢運糧儲事，缺少津貼盤纏，自情願將前項二號田、塘，盡行立契出賣與汪猷干名下，面議時價花銀壹兩陸錢整，計時價粈穀陸拾肆秤。其銀當成契日一并收足無欠。其田今從出賣之後，一任買人自行聞官受稅、收苗，永遠管業爲定。如有內外人占攔，四至不明，重迭交易，并是出產人祗當，不及買者之事。所有入戶契文，一時撿尋未及，日後要用，索取無詞。今恐人心無信，立此文契爲用。

建文三年八月十三日　胡眞保　契

領價銀男　胡　談

見人　胡　得

依口代書人　李生遠

今就領去契內價銀并收足訖。同月日再批。

同上　休寧縣胡右賣田赤契

十二都十保住人胡右，承祖父戶下有田一號，係本都十保體字四佰九十二號田內取一半，計一畝二分三釐八毫，東至水坑，西至汪午田，南至朱鐵干田，北至胡初田，土名吳失塘下。佃人自，上粈租壹拾秤。今爲缺物用度，與母親李氏商議，自情願將前項四至內田，盡行立契出賣與汪猷千名下，面議時值價寶鈔二十二貫。其價鈔當便收足無欠。其田今從出賣之後，一任買人自行聞官受稅、收苗，永遠管業爲定。如有內外人占攔及四至不明，重迭交易，并是出產人自行祇當，不及買人之事。所有來腳入戶契文與別產相連，繳付不便，日後要用，索出無難。今恐無憑，立此賣契爲用。又添價鈔二貫。

建文四年六月初三日　出產人　胡　右

母親　李　氏

依口代書人　胡　眞

見人　胡眞源

今就領去前項契內價鈔并收足訖。同日再批。

同上　休寧縣程原得賣田赤契

休寧縣一都第四保住人程原得戶下有田一號，坐落拾式都玖保，係乙字玖百柒拾肆號，田壹畝玖分式釐三毫，東汪彥輪田，西至汪猷千田，南至汪彥輪山，北至溪，土名上江坵。佃人胡眞原等，上粈祖穀壹拾捌秤，上田祖。今來缺物支用，自情願將前項四至內田，盡行立契出賣與拾式都汪猷千、汪汝名名下，面議時值價花銀式兩肆錢整。其銀當成契日一并交收足訖。其田今從出賣之後，一任買人自行聞官受稅，收苗管業爲定。如有內外人占攔及重迭交易，并是出產人自行祇當，不及買人之事。所有上手來腳契文與別產相連，繳付不便，日後要用，本家索出參照不詞。今恐無憑，立此文契爲用。

洪武三十五年十月二十日　出產人　程原得　契

代書人　張鼎義

見　人　朱　雙

今領去前項契內價銀并收足訖。同日再批。

同上　休寧縣胡留保等賣田赤契

十二都九保住人胡留保，同弟福保，嫂阿程，原鬮分得田一號，係本都九保乙字一千六十二號田，共壹畝玖分一釐七毫，東至□□，西至□□，南至□□，北至□□，土名引江，佃人自今來無穀支用，自情願將前項四至內田，盡行立契出賣與汪猷千名下，面議時價粈穀十九秤，上田祖。其價當成契日一并收足無欠，其田今從出賣之後，一任買人自行聞官收稅、收苗，永遠管業爲定。如有內外人占攔，四至不明，重迭交易，并是出產人自行祇當，不及買人之事。所有入戶契文與別產相連，繳付不便，日後要用，索出參照不詞。今恐無憑，立此賣契爲用。

永樂元年八月二十七日　出產人　胡留保　契

弟［福］保

嫂阿程

見人　朱　雙

今領去前項契內價穀并收足訖。同日再批。

同上　休寧縣方添福賣田赤契

東南隅二圖住人方添福，自己置到十二都九保乙字叁佰叁拾號田壹畝貳分玖釐貳毫，土名門坑口，其田東至□□，西至□□，南至□□，北至□□。今來缺穀支用，自情願將前項四至內田，盡行立契出賣與汪猷千名下，面議時值價穀貳拾壹秤，上田租。其穀當日收足。其田今從出賣之後，一任買人自行管業，收苗、受稅，永遠管業爲定。如有內外人占攔及四至不明，重迭交易，一切不明等事，并是出賣人自行祇當，不及買人之事。所有上手來腳契文與別產相連，繳付未便，日後要用，本家索出參照無難。今恐無憑，立此出賣文契爲用。

永樂二年二月二十四日　出賣人　方添福　賣契

見人　江　舟

今收前項契內價穀，當收足訖。再批。

同上　休寧縣朱懸祖賣田赤契

十二都九保住人朱懸祖戶下有田壹號，計四坵，係十保體字三百八十九號，土名方家塘下，硬取塘下第一坵內取壹半，計貳分五釐，東至壟，西至山，南至自田，北至方家塘，佃人自，上粈穀叁秤半，上田祖。今來無穀食用，自情願將前項四至內田，盡行立契出賣與同里人汪猷千名下，面議時值價穀四秤。其價穀當日收足無欠。其田今從出賣之後，一任買人自行聞官受稅，收苗管業爲定。如有內外人占攔及四至不明，重迭交易，并是出賣人自行祇當，不及買人之事。所有來腳契文與別產相連，繳付不便，日後要用，索出無難。今恐無憑，立此賣契爲用。

永樂二年四月十四日　出產人　朱懸祖　賣契

今領去前項契内價穀并收足訖。同日再批。　見人　朱眞德

同上　休寧縣李討賣田赤契

拾貳都拾保住人李討，承父戶下有田壹號，係體字拾保捌拾肆號田，計柒分三釐三毫，土名查子源，東至自衆地，西至自田，南至溪，北至山。今來無穀食用，自情願同母親朱氏商議，將前項四至内田，盡行立契出賣與同里人汪猷干名下，面議時值價穀陸秤。其穀當成契日一并收足訖。其田李討自佃，每年硬上籼租陸祖。其田今從出賣之後，一任買人自行聞官受税，收苗，管業爲定。如有内外人占攔及重迭交易，四至不明，并是出產人自行祗當，不及受產人之事。所有上手契文與別產相連，繳付不便，日後要用，本家索出參照不詞。今恐人心無憑，立此賣契文書爲用。

永樂二年六月初五日　出賣人　李　討　賣契

依口代書人　李　張

母親　朱　氏

見人　胡　談

今就領去契内價穀并收足訖。同日再批。

同上　休寧縣朱舟保賣田赤契

十二都十保住人朱舟保戶下有田壹號，大小五坵，係本都十保體字三百八十三號田，共壹畝貳分伍釐，塘壹分貳釐八毫，土名嶺山，東至汪省心田，西至自地，南至路，北至山。佃自，每年硬上籼租壹拾貳祖。今來缺物用度，自情願將前項四至内田、塘，盡行立契出賣與同里人汪猷干名下，面議時值價穀貳拾伍石祖。其價當成契日一并收足。其田今從出賣之後，一任買人自行聞官受税，收苗，管業爲定。如有内外人占攔，四至不明，重迭交易，并是出產人自行祗當，不及買人之事。所有來脚契文與別產相連，繳付不便，日後要用，色出參照不詞。今恐無憑，立此賣契爲用。

永樂二年九月十九日　出產人　朱舟保　賣契

依口代書人　汪克讓

見人　胡　羊

今領前項契内價穀收足訖。同日再批。

同上　休寧縣汪伯敬賣田赤契

十一都汪伯敬承祖并父買田一備，坐落本都六保，土名梓坑吳八住前，係經理坐字二百八十號，計田一畝八分有零，其田東至自田，西至詹永成田，南[至]坑，北至山。計租一十八秤。又取坐字二百五十八號，土名槲背，計田三分九釐九毫，其田東至溪，西至本宅地，南至謝乙地，北至汪宅田，本邊三分中合得一分。又取二百五十九號，計田一畝有零，東至溪，西、南至汪宅地，北至李宅地。又取梓坑口王起住地，坐字五百二十三號起，至五百二十六號止，計地二畝二分七釐五毫，其地新立四至，東至吳宅田，西、北至坑，南至山塝。其王起住地并屋宇，承祖并父買李宗祥、李原等本邊三分中合得一分。今將契内田、地、火佃基屋，本邊合得分數，盡行立契出賣與同都吳希仁名下收租爲業，三面議時值價鈔五百八十貫文整。其價、契當日兩相交付，契後再不立領。未賣之先，即無重複交易，如有來歷不明，并是賣人之當，不及買人之事。今從賣後一聽買人收租管業，本家即無言説。所有原買李宗祥、李原來脚契文，與兄相共，不及繳付。其各號田地聽自買主聞官受税。今恐無憑，立此賣契爲照。

永樂四年二月十八日　立賣契人　汪伯敬

見人　汪伯儀

代書人　李德本

同上　休寧縣謝仕榮賣田赤契

拾叁都謝仕榮，今有承祖荒田一畝一角五拾捌步，坐落拾西都七保，土名羊鵝塢，係經理唐字一百六十三號，東至山，西至山，南至塢頭，北至塢口。今爲無鈔支用，自情願將前項四至内荒田，出賣與拾西都謝□□名下前去管業，當日面議時價中統寶鈔二十貫文，就行領收足訖無欠。其田聽自開耕，升科納糧，永遠管業，日後再無異言。未賣之先即無重複交易。如有家、外人占攔，并是出賣人之當，不涉買人之事。成交之後，各不許悔，如先悔者甘罰寶鈔五貫與不悔人用，仍依此文爲始者。

永樂七年九月十五日　立契出賣人　謝仕榮

中見人　謝能政

同上　休寧縣吳餘得賣田赤契

拾壹都吳餘得，有兄添得，承父戶原買得江富孫經理田貳備，坐落七保，土名橫坑，係經理朝字二百七十六號，計田壹畝有零，其田東至□□，西至

□□，南至□□，北至□□。又取土名葉九塢，係朝字二百三十五號，計田壹畝有零，其田東至□□，西至□□，南至□□，北至□□。前項二處田畝是兄弟添得賣與本家管業。今爲家緣無物用度，情願將前項二處八至內田，盡行立契出賣與同都人汪士同名下，面議價鈔壹佰貳拾貫整。其鈔當立契日一并收足。其田今從出賣之後，一聽買人聞官受稅，永遠管業。如有一切不明，并是賣人之當，不及買之事。所有來腳契字與別產相連，不及繳付，日後他人將出不在[再]行用。今恐無憑，立此文書爲用。

永樂十一年十一月二十日　吳餘得　契

見人　吳懷得

代書男　吳隆生

同上　休寧縣李昶賣田赤契

十二都九保住人李昶，今將承父戶下有田壹號，坐落本保一字壹佰捌拾陸號田內取九分七釐五毫，東至□□，西至□□，南至□□，北至□□，土名拌野干。今來缺鈔支用，自情願將前項四至內田，盡行立契出賣與同里人汪希美名下，面議時值價寶鈔壹佰伍十貫。其價鈔當便收足。其田今從出賣之後，一任買人自行聞官受稅、收苗，永遠管業如定。爲有四至、來歷不明及重迭交易，內外占攔，并是出賣人自行衹當，不及受賣人之事。所有上手來腳契文與別產相連，繳付不便，日後要用，於本家索出參照不詞。今恐人心無憑，立此賣契文書爲用。

永樂十五年十月廿八日　出賣人　李　昶　賣契

依口代書人　胡舟帥

見人　李文授

今領去前項契內價鈔并收足訖。同日再批。

同上　休寧縣李資衮賣田赤契

十二都九保住人李資衮，今將本戶內有田一號，係九保乙字一佰七十七號田，取壹畝貳分叁釐捌毫，土名盤野干心，東至□□，西[至]□□，南至□□，北至□□，佃人朱科。今來缺穀支用，自情願將前項四至內田，盡行立契出賣與汪希美名下，面議時值價值穀貳拾伍秤，上田租，前去用度，本家即無易[異]說。其穀當成契日一并收足，其田今從出賣之後，一任買人自行聞官受稅，永遠管業爲定。如有內外人占攔及來歷、四至不明，重複交易，并是出賣人自行衹當，不及買人之事。所有上手入戶契文與別產相連，繳付不便，日後要用，本家索出參照不詞。今恐人心無憑，立此契文爲用。

永樂十五年十二月十七日　李資衮　契

見人　胡　羊

朱舟虎

今就領去契內價籼穀并收足訖。同日再批。

同上　休寧縣吳名賣田赤契

十二都玖保住人吳名，今將自己置到戶下田壹坵，計貳號，係九保乙字貳佰壹拾柒號田，計壹畝貳分五釐八毫，又將同保貳佰壹拾捌號田，計捌分柒釐五毫[田]，貳號共坵，東至自田，西至溪，南至程雲慶等田，北至溪，土名沙坵；又將同保貳佰壹拾玖號田，計貳分五釐，東、南至金家顯田，西至自田，北至溪，土名水碓坵。今來缺物支用，自情願將前項叁號四至內田，盡行立契出賣與同里人汪希美名下，面議時值價鈔肆佰玖拾貫整，其價當便收足。其田今從出賣之後，一任買人自行聞官受稅，永遠管業，本家則無悔易。如有四至、來歷不明，重複交易，內外人占攔，并是出賣人自行之當，不及買人知事。所有上手來腳契文與別產相連，繳付不便，日後要用，本家索出參照不詞。今恐人心無憑，立此賣契文書爲用。

永樂十九年十月二十四日　出產人　吳　名　契

領價男　文　斌

見領價婿　朱春壽

依口代書人　潘得新

見人　汪兆護

胡　佛

今領前項契內價鈔并收足訖。同年月日再批。

同上　休寧縣吳文斌賣田赤契

十二都九保住人吳文斌，今將戶內有田貳坵，係八保邇字一千四百八十二號，田壹畝玖分五釐八毫，計貳坵，土名大于，東至汪汝名等田，西至路，南至汪省心田，北至汪吾于田。今來缺物還人，自情願將前項四至內田，盡行立契出賣與同里人汪希美名下，面議時值價松江綿布叁匹，細苧布壹匹。其布共該時值價穀肆拾秤，其價當日收足。其田今從出賣之後，一聽買人自行聞官受稅，收苗，永遠管業，本家即無諍異。如有四至、來歷不明及重複交易，内外人占攔，并是出賣人自行祗當，不及買人之事。所有上手來腳契文與別戶相連，繳付不便，日後要用，本家索出參照不詞。今恐人心無憑，立此賣契爲用。

永樂二十年六月日　出產人　吳文斌　契

依口代書人　張壽翁

見人　汪誼和

見人　汪記善

今領前項契内價鈔并收足訖。同日再批。

同上　休寧縣楊以清賣田赤契

十都一保住人楊以清，今將承祖父戶下有田壹段，坐落十二都，係八保彌字一千四百七十四號田，計一畝五分三釐三毫，土名互瑤邊即橋坵，其田東至□□，西至□□，南至□□，北至□□，佃人李添，每年上租籼穀壹拾肆砠；又將同保一千四百七十九號，田壹畝貳分，土名大干，其田東至□□，西至□□，南至□□，北至□□，佃人汪童，每年監收籼穀柒砠半；又將九保乙字二百七十五號，田壹畝柒分叁釐三毫，土名大干鴨攔培，其田東至□□，西至□□，南至□□，北至□□，佃人張顔得等，每年監收晚穀；又將同保二百六十三號，田壹畝叁釐叁毫，土名大干，其田東至□□，西至□□，南至□□，北至□□，佃人張支，每年上租穀過拾砠；又將同保二百七十六號，田柒分叁釐叁毫，土名大干，其田東至□□，西至□□，南至□□，北至□□，佃人李添，每年監收，又將同保二百六十八號田伍分，土名大干，其田東至□□，西至□□，南至□□，北至□□，佃人李添，每年監收。今來缺物支用，與母親汪氏商議，自情願將前項陸號四至内田，盡行立契出賣與十二都汪希美名下，面議時值價穀壹百肆拾伍砠，每砠計穀二十五斤，凈。其穀當成契日一并收足，更不另立領札。其田今從出賣之後，一任買人自行聞官受稅，收苗，永遠管業。如有内外人占攔及重複交易，一切不明等事，并是賣人之當，不及買人之事。所有上手來腳契文與別產相連，繳付不便，日後要用，本家索出參照不詞。今恐人心無憑，立此契文爲照。

永樂二十二年三月十八日　出產人　楊以清　契

上同母親　汪　氏

見人　汪克□

楊同□

今領去契内價穀并收足訖。同年月日。

同上　休寧縣汪思理賣田赤契

十都三保住人汪思理，今將戶内田一坵，座落十二都九保，壹字叁佰八十七號田内，取四分一釐，土名門坑石板坵，佃人程芝，每年上硬租肆砠，其田東至□□，西至□□，南至□□，北至□□。今來缺物用度，自情願將前項四至内本家合得分數，盡行立契出賣與十二都汪希美名下，面議時價籼穀壹拾陸砠。其穀當成契日一并收足。其田今從出賣之後，一聽買人自行聞官受稅、收苗，永遠管業。如有内外人攔占，并是出產人自行理直，不及受產人之事。所有上手來腳與別產相連，一時繳付不便。今恐無憑，立此文契爲用。

洪熙元年三月日　出產人　汪思理

見人　楊同文

今收契内價穀并收足訖。同日再批。

同上　休寧縣汪巳千賣田赤契

十都三保住人汪巳千，承祖父戶下自己鬮分得有田一號，坐落十二都九保，係壹字二百六十三號，計田伍分壹釐貳毫，每年上糯租伍砠，土名大干口，佃人程芝，其田東至□□，西至□□，南至□□，北至□□。今來缺物支用，情願立契出賣與十二都人汪汝嘉名下，面議時值大苧布捌匹，前去支用。其價當成契日一并收足，別不立領札。其田今從出賣之後，一聽買人自行聞官受稅、收苗，永遠管業。如有家、外人占攔及重複交易一切等事，并是出產人自行抵當，不及受產人之事。所有上手來腳與別產相連，一時繳付不便，日後要用，本家索出參照無詞。今恐無憑，立此爲用。

宣德二年五月二十一日　出產人　汪巳千　契

代書領價人男　汪思理

見人　胡　住

胡社興

今領契内價布并收足訖。同年月日再批。

同上　休寧縣汪汝初賣田赤契

十二都第三圖汪汝初，今將戶內田貳號，坐落本都，係九保乙字叁百壹拾九號，田壹畝三分三釐三毫，東至汪彥善田，西至溪，南至水坑，北至汪汝名田，土名一坑口，佃人朱計，每年上粈租穀壹拾秤，上田石租；又將同保乙字貳百叁拾捌號內，取伍分捌釐陸毫，東至程彥能田，西至高塍及八保界，南至□□，北至程仲方等田，土名大干胡坵，佃人胡福社，每年上粈租穀伍秤，上田石租。今來衣食不給，情願將前項貳號四至內田，盡行立契出賣與兄汪汝嘉名下，面議時值價官苧布貳拾陸匹整。其價當日收足。其田今從出賣之後，一聽買人自行管業，收苗受稅爲定。如有四至及來歷不明等事，并是出產人自行祇當，不及買人之事。所有來腳契文與別產相連，繳付不便，日後要用，於本家索出參照不詞。今恐無憑，立此文約永爲照者。

宣德二年五月卅日　出產人　汪汝初　契

見人　吳周乙

今就領去前項契內價布并收足訖。同日再批。

同上　休寧縣汪汝名賣田赤契

拾貳都第叁圖汪汝名戶內有田叁號：係本都九保乙字肆佰貳拾壹號，內取貳分伍釐，土名門坑池坵，佃人胡天祥，上糯租貳祖[砠]半；又同保乙字柒佰柒拾叁號，內取貳分陸釐伍毫，土名千木丘，佃人胡周勝，上糯租貳祖半；又東都十保體字壹千貳百號，內取壹畝陸釐柒毫，土名山後源布袋丘，佃人潘原郎等，上粈租壹拾貳祖。其田四至自有經理保簿可照。見[現]爲戶役缺物支用，自情願將前項內取田，盡行立契出賣與兄汪汝嘉名下，面議時值價納官苧布肆拾匹整。其價當成契日一并收足。其田今從出賣之後，一任買人自行聞官受稅、收苗，永遠管業爲定，本家并無悔異。如有四至、來歷不明及重復交易，內外人占攔，并是出產人自行祇當，不及受產人之事。所有上手來腳入戶契文，一時檢尋未及，以後要用，索出無難。今恐人心無憑，立此賣契爲照。

宣德三年正月二十日　出產人　汪汝名　契

見人　程　支

今領前項契內價布并收足訖。同日再批。

同上　休寧縣汪思名賣田赤契

拾貳都玖保住人汪思名，今將本戶自己田乙坵，係本都玖保乙字玖百柒拾貳號田，取壹畝，其田東至汪汝名等山，西至溪，南至汪希華等田，北至汪猷干田，土名上江坵。佃自，上粈租拾租。今來爲戶役缺物支用，自情願將前項四至內壹畝田，盡行立契出賣與同里人汪猷干名下，面議時值價粈穀伍拾祖，上田。其穀當收段布準還，足備無欠。其田今從出賣之後，一聽買人自行聞官受稅。所有本年租穀，候秋收將粈穀壹拾祖上田秤還。收割後一聽買人自行耕種收苗，永遠管業。如有內外人占攔及重複交易，一切不明等事，并是出產人祇當，不及買人之事。所有來腳契文，一時檢尋未及，日後要用，本家索出不詞。今恐人心無憑，立此賣契爲用。

宣德三年閏四月貳拾壹日　出賣人　汪思名　契

主盟父　汪克中

見　人　程　支

今就領去契內價物并收足訖。同日再批。

同上　休寧縣汪思廣賣田赤契

十二都住人汪思廣，同弟思溥商議，今將承父戶下有田壹號，坐落本都九保乙字叁百陸拾柒號田，共貳畝貳分捌毫，土名東叉口，東至汪彥倫等山，西至□□田，南至汪猷官田，北至汪子常田，佃人朱天。今爲缺物用度，自情願將前項四至內田內取一半，計壹畝壹分肆毫，每年上粈租拾砠。出賣與同都里人汪猷官名下，面議時值價官苧布貳拾壹匹。其布當收粈穀等物準還，足訖無欠。其田今從出賣之後，一聽買人自行聞官受稅，永遠收租管業。如有內外人占攔，一切重複交易等事，并是出賣人自行祇當，不及買人之事。所有來腳契文，一時檢尋未及，日後要用，本家索出參照不詞。今恐人心無憑，立賣契文書爲用。

宣德三年五月十九日　立契出賣人　汪思廣　文契

同弟　汪思溥

見人　程　支

同上　休寧縣汪存道等賣田赤契

拾都汪存道，今將承祖戶下有田壹坵，坐落十二都玖保，係壹字貳百陸拾叁號，田伍分壹釐叁毫，土名大干口，佃人程支，每年上糯租伍砠，其田東至□□，西至□□，南至□□，北至□□。今來本家缺物支用，情願將前項四至內田，盡行立契出賣與十二都汪猷官名下，面議時價大苧布柒匹。其布當立契日一并收足。其田今從出賣之後，一聽買人自行管業。如有內、外人占攔及重複交易，一切不明等事，并是出賣人自行祇當，不及買人之事。所有上手來腳與別產相連，繳付不便，日後要用，本家索出參照不詞。今恐人心無憑，立此賣契爲用者。

宣德叁年五月日　出產人　汪存道　契

汪存理

領價人　胡　洪

見佃人　程　支

同上　休寧縣胡佛壽等賣田赤契

十二都九保住人胡佛壽，同弟胡希，今將戶內八保邇字壹千肆佰九十三號田，取貳畝壹分二釐五毫，東至汪猷千等山，西至水坑路，南至汪千遠田，北至七畝坵，土名大干源，佃人胡希，每年上晚禾壹拾捌砠，上田石砠。今爲甲首無物納糧，自情願將前項四至內田，盡行立契出賣與同里人汪猷千名下，面議時值納官苧布伍拾陸匹。其價布當便收去，足訖無欠。其田出賣之後，一聽買人自行聞官受稅，收租，永遠管業。如有四至、來歷不明及重複交易，盡是出賣人自行祇當，不及買人之事。所有來腳契文，一時檢尋不見，日後要用，本家索出參照不詞。今恐人心無信，立此賣契永遠爲用者。

宣德四年五月二十六日　出產人　胡佛壽　契

佃田同賣人　胡　希

弟　雲壽、顯壽

依口代書人　朱　暄

母親　朱　氏

今就領去契內價布并收足訖。同日再批。

同上　休寧縣朱禮賣田赤契

十二都九保住人朱禮，今同母親商議，將故父戶內田壹號，坐落本保乙字捌百肆拾陸號，計田一畝四分四釐陸毫，土名槽碓塌，東至汪吾田，西路，南李志眞田，北汪思濟田。今來缺物支用，自情願將前項四至內田，盡行立契出賣本都朱社童名下，面議時價納官綿布叁拾捌匹。其價布當日收足。其田今從出賣之後，以聽買人自行聞官受稅、收苗，永遠管業。如有來歷不明，重迭交易，內外人占攔，一切不明等事，并是出產人自行祇當，不及買人之事。所有來腳契文與別產相連，繳付不便，日後要用，本家索出參照不詞。今恐人心無憑，立此賣契文書爲用。

宣德五年四月　日　出產人　朱　禮

母親　王　氏

今領前項契內價布并收足訖。同日再批。

同上　休寧縣宋福賣田赤契

十二都七保住人宋福，原用價買到本都朱禮戶內田貳號：坐落本都九保乙字三十五號田壹坵，計貳畝肆釐貳毫，其田東、南到汪希華田，西至吳祖慶田，北至李志眞田，土名合坵，佃人朱原得；又將同保乙字三十二號田壹坵，計壹畝六分柒釐貳毫，東至汪汝初田，西至路，南至汪思和田，北至汪猷千田，土名金竹坑口路邊，田人宋得文。今來缺物支用，自情願將前項四至內田，盡行立契出賣與同都汪希美名下，面議時價籼穀玖拾砠，上田，當收白穇式匹，準籼穀伍拾砠，又細洗白苧布肆匹，準籼穀肆拾砠，其價當日收足。其田今從出賣之後，以聽買人自行聞官受稅，當便管業收租爲定。如有四至、來歷不明，重迭交易，內外人占攔，一切不明之事，并是出賣人自行祇當，不及買人之事。所有來腳契文一并繳付。今恐無憑，立此文契爲用。

宣德伍年陸月初一日　出賣人　宋　福

見人　朱千得

今領前項契內價物并收足訖。同日再批。

同上　休寧縣朱文禮賣田赤契

十二都九保住人朱文禮，承故父戶下有田乙號，坐落本保，係乙字一百八十四號田，計三畝九分七釐一毫，本家合得二畝陸分四釐柒毫，其田東至自田，西至胡福社田，南至渠路，北至自田。今來缺物支用，自情願與母親王氏商議，將前項四至內田，盡行立契出賣與同里人汪希美名下，面議時值價籼穀柒拾秤。其價當成契日用絹布等物準還足訖，別不立領約。其田今從出賣之後，以聽買人自行聞官受稅、收苗，永遠管業。如有內外人占攔，重複交易，一切不明等事，并是出賣人自行之當，不及買人之事。所有上手來腳契文與別產相連，繳付不便，日後要用，於本家索出參照不詞。今恐人心無憑，立此出賣契文爲用。

宣德五年九月十九日　出賣人　朱文禮　賣契

見人　汪伯川
同見人　朱社童
今領前項契約內價穀物并收足訖。同日再批。

同上　休寧縣汪希齊等賣田赤契

拾貳都第三圖汪希齊，同弟希振，承父戶下有田一坵，坐落本保乙字貳拾伍號田，取捌分捌釐三毫。其田東至溪，西至同號汪希華田，南至汪希華田及溪，北至胡社興等田，土名上六畝。佃人朱月得，每年上秈租捌砠，上田石砠。今爲缺物支用，同母親商議，自情願將前項四至內田，盡行立契出賣與汪希美名下，面議時值價秈穀肆拾壹秤，係小石砠，前去用度。其價穀當成契日一并收足無欠。其田今從出賣之後，一聽買人自行聞官受稅、收租，永遠管業。如有內外人占攔，重複交易，一切不明等事，并是出產人自行之當，不及買人之事。今恐無憑，立此賣契爲用。

宣德七年十月廿九日　立契人　汪希齊　賣契
弟　汪希振
母親　金　氏
見交易秤價穀人　朱　三
朱月得

今就領去前項契內價穀并收足訖。同日再批。

同上　休寧縣汪義清賣田赤契

拾都汪義清，今承故父戶下有田一坵，坐落拾貳都玖保壹字壹千叁拾壹號田，取壹畝叁分捌釐捌毫，土名引江樺木塢口，佃人程知，上秈租壹拾砠，東至□□、西至□□、南至□□、北至□□。又將拾貳都拾保體字伍百壹拾貳號田，取壹畝叁分壹釐捌毫，土名猴塘十畝于，佃人程知，上秈租玖砠，東至□□、西至□□、南至□□、北至□□。今來缺物用度，自情願將前項貳號田畝，出賣與拾貳都汪汝加名下，面議價秈穀伍拾柒砠，每砠計重貳拾陸斤。其價穀當成契日一并收足。其田今從出賣之後，一聽買人聞官受稅、收苗，永遠管業爲定。如有四至、來歷不明及重複交易，內外人占攔，一切不明等事，并是賣人自行祗當，不及買人之事。所有上手來腳契文與別產相連，繳付不便，日後本家索出參照無詞。今恐無憑，立此契文爲用。

宣德九年二月初七日　出賣人　汪義清

見人　汪彥通

今就領去契內價穀并收足訖。同月日再批。

同上　休寧縣汪希齊等賣田赤契

拾貳都九保住人汪希齊，同弟希振，今將戶內田一號，係本都九保乙字貳拾玖號田，計叁坵：取南邊一坵，計貳畝貳分，新立四至，東北至汪希華田，南至汪猷田，北至李志眞田，土名九畝坵，佃人朱三，上秈租貳拾；又將同保乙字玖佰陸拾陸號田，取南邊二坵，計玖分叁釐叁毫，東至李志眞山，西至溪，南至渠，北汪猷田，土名江坵堨口。今來缺物用度，自情願將前項貳號田畝，盡行立契出賣與同里人汪猷名下，面議時值價納官闊綿布陸拾匹，其布當用秈穀及首飾花銀準還，當日收足無欠。其田今從出賣之後，一任買人自行聞官受稅，召佃耕種、收苗，永遠管業爲定。如有四至不明，重複交易，內外人占攔，一切不明等事，并是出產人自行祗當，不及買人之事。所有來腳契文與別產相連，繳付不便，日後要用，索出不難。今恐人心無憑，立此賣契爲用者。

宣德拾年正月初九日　出產人　汪希齊
汪希振
見人　朱月得

今就領去契內[前項]價物并收足訖。同日再批。

同上　休寧縣汪思濟賣田赤契

十二都住人汪思濟，今將本戶已置并承父分得田肆號：坐落本都十保體字五百大號田，計三畝二分八釐一毫，東至□□，西至□□，南至□□，北至□□，土名欉丘，佃人朱月名，上租貳拾柒砠；又將同保體字四百十七號田，計貳畝叁分三釐五毫，東至□□，西至□□，南至□□，北至□□，土名車㞑坑，佃人程傳，上租一十八；又保六百四號、又六百一十號田，共一畝六分六釐七毫，二號共坵，東至□□，西至□□，南至□□，北至□□，土名猴塘口，佃人□隆，上租一十三祖。前項各號田畝，先前典去價穀，今來無價取，自情願將前項四號四至內田，斷賣與同都原受典人介美名下，面議添湊價穀四拾祖。價當日收訖，別不立領。其田今從出賣之後，一聽買人自行聞官受稅、收苗，永遠管業。如有來歷不明及重複交易，內外人占攔，并是出賣人自行祗當，不及買人之事。所有上手來腳契文與別產相連，繳付不便，日後索出無難。今恐無憑，立此賣契爲用。

正統二年九月日　出產人　汪思濟
代書人　汪思和
見人　胡汝思

今就領去前項契約價穀并收足訖。同日再批。

同上　休寧縣汪克中賣田赤契

拾貳都叁圖住人汪克中，今將續置到玖保乙字玖佰壹□□，取壹畝正，東至頓塍，西至人行路，南至自田，北至路，土名橋頭，佃人胡文壽，上籼租拾砠。又將同保壹千陸拾陸號田內，取壹畝捌分，東至□□，西至□□，南至□□，北至□□，土名引江，佃人胡遠，上籼租拾貳秤。又將同保壹千捌拾貳號，田貳畝玖分玖釐貳毫，東至□□，西至□□，南至□□，北至□□，土名引江，佃人汪社舟，上租貳拾肆秤。又將十保體字肆佰陸拾柒田內，取壹畝，[土][名]坎下，東[至]□□，西[至]□□，南[至]□□，北□□，佃人胡彥，上租玖秤。又將同保肆佰玖拾壹號，田玖分壹釐柒毫，土名猴塘口櫸樹下，東至□□，西至□□，南至□□，北至□□，佃人朱音奴，上租柒秤半。又將同保肆佰玖拾肆號，田貳畝貳釐壹毫，東至□□，西至□□，南至□□北至□□，土名連頭山下，佃人胡天祥，上租壹拾陸秤。今來缺物支，情願將前項陸號四至內田，盡行立契出賣與本里汪希美名下，面議價籼穀貳百陸拾砠[砠]。其價穀當成一并收足，別不立領札。其田今從出賣之後，一聽買人自行聞官受税，永遠管業爲定。如有四至不明，重複交易，并是出賣人祗當，不及買人之事。所有入戶來腳契文與別產相連，繳付不便，日後用，本家索出參照不詞。今恐無憑，立此賣契爲用者。

正統三年十月十五日　出產人　汪克中　契
見人　胡春壽
領價男　汪□□
孫　汪存□

今就領去前項契內價穀并收足訖。同年月日。

同上　休寧縣汪存義賣田赤契

十二都住人汪存義，今將承祖批撥有田一坵，坐落九保一字一千三十三號田，計貳畝四分伍釐捌毫，土名引江，佃人朱音互，上租壹拾捌砠。其田四至自有經理保簿可照。今來缺物支用，自情願將前項字號內田，盡行立契出賣與族叔祖汪汝嘉名下，面議時值價花銀貳兩九錢整。其當成契日一并收足。其田今從出賣之後，一聽買人自行收砠管業，聞官受税。如來歷不明，重複交易，內外人占攔，一切不明等事，并是出賣人自行祗當，不及買人之事。所有來腳批契與別產相連，繳付不便，日後要用，索出參照不詞。今恐無憑，立此賣契爲用。

前田東、西、北至汪希美田，南至汪希美等山。正統四年砠穀，係買人收租祠，汪存義再批。

正統四年陸月拾捌日　出賣人　汪存義
佃見人　朱音互
見交易人　金守信

今領前項契內價銀并收足訖。同日再批。

同上　休寧縣汪泉賣田赤契

拾都住人汪泉，原於正統元年間典到拾貳都汪思和田四號，至正統二年九月間斷賣與本家：係拾貳都九保乙字一千十二號，計田二畝四分四釐六毫，土名前園干，東至□□，西[至]□□，南[至]□□，北[至]□□，佃人胡乞，上租二拾砠；又同都十保體字五百四十三號，田一畝叁分捌釐叁毫，土名坐墳前，東至□□，西□□，南□□，北□□，佃人胡彥，上糯拾叁砠；又五百二十六號，田一畝四分五釐六毫，土名猴塘，東□□，西□□，南□□，北□□，佃人胡彥，上糯拾四砠；又四百八十四號，田一畝，土名黄鴨坵，東□□，西□□，南□□，北□□，佃人胡彥，上籼一拾砠。今來缺物用度，願將前田盡行立契出賣與拾貳都汪希美名下，議取時值價銀壹拾貳兩整。其價銀當收足訖。其田今從出賣之後，一聽買人自行永遠管業，收苗受税。如有來歷不明及重複交易，內外人占攔一切等事，并是出賣人自行祗當，不及買人之事。所有原典契文與別產相連，繳付未便，爲此今將原賣契文隨即繳付。今恐無憑，立此賣契爲用。

正統四年七月十二日　出賣人　汪　泉　契
見人　胡汝思

今領前項契內價銀并收足訖。同日再批。

同上　休寧縣汪思和賣田赤契

拾貳都九保住人汪思和，今將戶內坐落本都拾保體字田一號，係四佰柒拾九號田內，取一畝捌分四釐六毫，東、西至汪汝名田，南至汪希美等田，北至汪希華等田，土名伍畝坵，籼租一拾伍祖。佃人自佃。今來缺用，願將前項四至內取田，盡行立契出賣與同里人汪希美名下，面議時值價花銀貳兩捌錢。其價當日收訖。其田今從出賣之後，一聽買人自行聞官受稅，永遠管業。如有四至、來歷不明及重迭交易，內外人占攔，并是出賣[人]祗當，不及買人之事。所有來腳契文與別產相連，不及繳付，日後要用，本家索出參照不詞。今恐無憑，立此文契爲用。

正統六年七月二十四日　出賣人　汪思和　契

見人　胡　遠

今就領去契內價銀并收足訖。同日再批。

同上　休寧縣吳華宗賣田赤契

拾叁都三圖吳華宗，今將本戶原買義父汪思濟田壹號，坐落拾貳都玖保乙字四拾八號田內取一畝四分一釐七毫，東至□□，西至□□，南至□□，北至□□，土名枠野干，佃人程永生，籼租一十四砠。今來缺用，願將前項四至內取田，盡行立契出賣與同都□□名下，面議時值價好銀四兩整。其價當成契日一并收足，別不立領札。其田今從出賣之後，一聽買人管業，聞官受稅。如有四至、來歷不明及重複交易，并是出賣人自行祗當，不及買人之事。所有來腳契文與別產相連，不便[繳付]日後要用，索出無詞。今恐無憑，立此爲用。

正統八年三月二十二日　出產人　吳華宗　契

依口代書人　汪思和

今就領[去]契內價銀并行收訖。同日再批。

同上　休寧縣金舟原等賣田赤契

拾貳都壹保住人金舟原，同弟舟顯商議，將承父經理本保黎字貳佰玖拾陸號田，共捌畝貳分捌釐三毫，其田四至自有經理保簿可照。今來缺物支用，自情願將前項字號內田取田四畝，佃自每年硬上籼租穀貳拾捌砠，係是吳宅石砠。自情願出賣與同都汪希美名下，面議時值價籼穀一百四十砠。其價當成契日一并收足。其田今從出賣之後，一聽買人自行聞官受稅、收租，永遠管業。如有四至、來歷不明及重複交易，內外人攔占，一切不明等事，并是出賣人自行之當，不及買人之事。所有上首來腳契文與別產相連，繳付不便，日後要用，本家索出參照不詞。其前項字號田係土名七畝裝。今恐人心無憑，立此文契爲照。

正統八年九月初四日　出產人　金舟原　契

同弟　金舟顯

侄　周　民

依口代書人　黃思成

見人　黃思清

今領前項契內價穀并收訖。同再批。

同上　休寧縣吳思祥賣田赤契

拾貳都拾保住人吳思祥，今有本都九保一字三百三十七號田，共八分五釐四毫內取壹半，合得四分三釐二毫，期田東至□□，西至□□，南至□□，北至□□，土名究瑤基。今來缺物之[支]用，自情願將前項合得分數，盡行立契出賣與汪士熙名下，面議價銀叁錢，前去用度。期田今從出賣之後，一聽賣人自行管業。所有來歷不明，重複交易一切等事，并是賣人祗當，不及買人之事。今恐人心無憑，立此賣契爲用。

正統十年十月初十日　出賣人　吳思祥　契

見人　胡春壽

今就領去契內價錢并收足訖。同日再批。

同上　休寧縣吳雲賣田赤契

拾貳都九保吳雲，今將本戶內原有父吳名批與田土，坐落本都八保邇字壹千肆百叁拾叁號田壹畝伍分，其田東至□□，西至□□，南至□□，北至□□，土名麻榨山，佃人楊二，上租穀一十二祖。又將邇字一千四百三十五號田一畝六分九釐六毫，土名麻榨山，其田東至□□，西至□□，南至□□，北至□□，佃自，上祖一十三祖[砠]半。又將邇字一千五佰一拾號田一畝二分五釐，土名太千培，其田東至□□，西至□□，南至□□，北至□□，佃自，上晚和祖[租]九祖。又將邇字一千五百叁拾七號田一畝四釐二毫，土名太干，其田東至□□，西至□□，南至□□，北至□□，佃人自，上晚祖八祖。又將邇字一千五百六拾號田一畝一分六釐七毫，土名連塘下，其田東至□□，西至□□，南至□□，北至□□，佃自，上籼祖八祖半。又將邇字一千五百六十一號田七分五釐，土名連塘下，佃自，上祖五祖，其田東至□□，西至□□，南至□□，北至□□。今來缺物支用，自情願將前項各號四至內田，盡行立契出賣與同都人汪希美名下，面議時值價籼穀、銀、松江綿布，共該好銀八兩六錢。其價銀、物當便收足。其田今從出賣支後，一聽買人自行聞官受稅、收祖，永遠管業。如有四至、來歷不明及重複交易，內外人占攔，并是出賣人自行祗當，不及買人之事。所有故父批撥契文，别有產土在內，繳付不便，日後要用，本家索出參照不詞。今恐無憑，立此賣契爲用。

正統十一年五月十八日　出產人　吳　雲　契

代書同領價男　楊　二

吳文道

見交易人　朱彥得

胡雲壽

今領前項契內價錢并收足訖。同日再批。

同上　休寧縣吳華宗賣田赤契

拾叁都住人吳華宗，今將戶內田一坵，坐落拾貳都拾保體字伍佰拾伍號田，共計三畝四分內取一半，計田一畝七分，東至程彥眞田，西至汪希美等山，南至路及汪希美等田，北至汪希美田，土名四畝壟頭，佃人胡遠、音保，上籼、糯租一拾五砠。今來缺用，自情願將前項四至內田，盡行立契出賣與拾貳都汪希美名下，面議時值價花銀伍兩整。其銀當日收足。其田今從出賣之後，一聽買人管業收稅。如有四至、來歷不明及重複交易，一切不明等事，并是賣人祗當，不及買人之事。所有來腳契文與别產相連，不及繳付，日後要用，本家索出無詞。今恐無憑，立此爲照證者。

正統拾貳年正月拾柒日　出產人　吳華宗　契

見人　汪思和

今就領去契內價錢并收足訖。同日再批。

同上　休寧縣金積勝賣田赤契

拾貳都三圖金積勝，今將本戶內田一號，坐落本都十保體字肆佰伍拾號田，計貳坵并水堀一口，共計捌分肆釐貳毫，坐落防公塆，東、西至山，南至汪思和山，北至汪希華田。今來缺物支用，自情願將前項四至內田，盡行出賣與同都□□名下，面議時值價銀伍錢整。其銀當成契日一并收足，别不立領札。今從出賣之後，一聽買人聞官受稅，永遠管業爲定。如有四至、來歷不明及重複交易，內外人占攔，并是出賣人祗當，不及買人之事。所有來腳契文與别產相連，繳付不便，日後要用，本家索出無詞。今恐無憑，立此賣契爲用。

正統拾貳年拾壹月貳拾貳日　出賣人　金積勝　契

代書兄　金永美

今就領去契內價銀并收足訖。同年月日再批。

同上　休寧縣汪亨義賣田赤契

十都汪亨義，今將承祖父戶有十二都十保體字□□號，田叁分叁釐叁毫，土名□□，其田四至自有保簿可照。又將本家原買汪重慶戶下十二都保字□號，山肆釐貳毫，土名□□。其山、田今自情願出賣與拾貳都汪希美名下，面議時值價綿布貳匹，計銀伍錢。其價當日收足。其田、山今從出賣之後，一聽買人自行受稅，永遠管業。如有內外人占攔，及重複交易，一切不明等事，并是賣人之當，不及買人之事。今恐無憑，立此契文爲照。

景泰元年五月十六日　立契人　汪亨義　契

見人　楊雲從

今領契內價錢并收足訖。同日再批。

同上　休寧縣陳以成等賣田赤契

休寧縣三十一都陳以成同弟陳以璇，承祖父共有田貳號，坐落祁門縣十一都四保，土名查木段，係商字九十九號，計田壹畝三角半步，計田貳坵，其田東西至自有經理該載；又取同處田壹號，壹佰三號，計田壹畝貳角二十八步，其田東西四至自有本保經理該載明白。其貳號田，以成同弟合得分數田骨捌分有零，盡行立契情願出賣與祁門縣十一都程興名下，面議時價白銀陸兩肆錢整。其價銀當立契日收足，契後再不立領。其田出賣之後，一聽買人自行聞官受稅，永遠管業。未賣之先即不情[曾]與家、外重複典賣，及一切不明等事，并是出賣人祗當，不及受買人之事。其稅糧候大造黃冊之日，聽自買人於本家莊戶起割前去，本家即無阻擋。今恐無憑，立此出賣文契爲用。

景泰四年八月十九日　出賣人　陳以成　契

同賣弟　陳以璇

見人　朱進得

同上　休寧縣胡雲慶賣田赤契

拾貳都九保住人胡雲慶，今將本戶田一坵，坐落十都二保唐字貳佰肆拾柒號田，共貳畝捌分貳釐柒毫，土名徐袞唐尾，東至□□，西至□□，南至□□，北至□□，其田本家內取一半，計壹畝肆分一釐叁毫。今來缺用，願將前項四至內取田，盡行立契出賣與同都里人汪士熙名下，面議時值價銀肆兩貳錢。其銀當日收足，別不立領札。其田今從出賣之後，一聽買人管業。佃人自，每年硬上籼穀壹拾壹祖，即不少欠。自交易後，并無重複交易，如有內外人占攔及一切不明等事，并是賣人祗當，不及買人之事。所有來腳契文與別產相連，不及繳付。今恐人心無憑，立此契文為用。

景泰六年四月初二日　出賣人　胡雲慶　契

見人　汪思和

今就領契內價銀并行收足。同日再批。

同上　休寧縣潘餘厚賣田赤契

十二都一圖住人潘餘厚，今將本戶經理到本圖一保黎字壹佰捌拾捌號田壹坵，計二畝柒分伍釐，其田東至□□，西至□□，南至□□，北至□□，土名巖坑中六畝。今來缺物支用，自情願將前項四至內田，盡行立契出賣與都內人汪士熙、汪清名下，面議時值價獅頭足色銀伍兩肆錢。其銀當日收足，別不立領札。其田自今出賣之後，一聽買人管業收租。其稅糧候至過割之日，一聽買人於本戶起割受稅，即無難易。如有來歷不明及重複交易一切等事，并係賣人祗當，不及買人之事。所有來腳契文與別產相連，繳付不便，日後要用，本家索出參照不詞。今恐人心無憑，立此賣契為用。

景泰六年三月十二日　立契人　潘餘厚　契

見人　汪思和

汪　泉

今就領契內價銀并收足訖。同日再批。

同上　休寧縣鄭希榮賣田赤契

二都住人鄭希榮，今將自己置到十二都十保體字五百九十三號，田捌分捌釐伍毫；　又將體字五百九十四號，田貳分五釐；　又將體字五百九十五號，田叁分五釐五毫，土名胡婆遠，共田叁號，東至□□，西至□□，南至□□，北至□□。今來缺物支用，自情願將前項四至內三號田，盡行立契出賣與十四都吳叔大名下，面議時值價柳笑銀叁兩伍錢整。其銀當成契日并收足訖，別不立領札。今從出賣之後，一聽買人自行管業，收苗受稅。如有內外人占攔及重複交易一切等事，并是賣人之當。所有上手來腳契文與別產相連，繳付不便，日後要用，索出參照。今恐無憑，立此契文為照。

景泰六年十二月十七日　出賣人　鄭希榮　契

見人　丘伯敬

鄭　盈

今就契內價物并收足訖。同年月日再批。

同上　休寧縣胡彥善賣田赤契

十二都九保住人胡彥善，今將自己續置田壹號，係九保壹字三百七十號，田六分六釐七毫，其田東至□□，西至□□，南至□□，北至□□，土名大痕。今來缺物支用，自情願將前項四至內田本家合得壹半，計叁分叁釐四毫，盡行立契出賣與同里汪士熙名下，三面議時值價銀柒錢半，前去本家用度。其銀當日收足，別不立領札。其田今從出賣之後，一聽買人自行管業，收苗受稅為定。違有內外人占攔及重複典賣，自有出賣祗當，不及買人之事。今恐人心無憑，立此契文書為用。

景泰七年三月初六日　出賣人　胡彥善　契

依口代書人　汪文通

今領契內價錢并收足訖。同日再批。

同上　休寧縣朱雲等賣田赤契

十二都九保住人朱雲同弟得興，今將戶內有田一號，坐落本都九保乙字三百七十四號田，共六分六釐柒毫，本家合得一半，該田叁分叁釐叁毫，土名門坑大痕。今來缺物支用，自情願將前項合得分數，盡行立契出賣與同里人汪士熙名下，面議時值價白笑銀伍錢整。其價當成契日一并收足。今從出賣之後，一聽買人自行管業，收苗受稅。如有四至、來歷不明及重複交易，內外占攔，并是賣人祗當，不及買人之事。今恐人心無憑，立此賣契為用。

景泰七年三月十一日　出產人　朱　雲　契

朱得興

依口代筆人　汪希齊

今就領去前項契內價錢并收足訖。再批。

同上 休寧縣金積勝賣田赤契

拾貳都住人金積勝，今將戶內田壹段，坐落本都十保，係體字壹千壹百玖號、壹千壹百十一號、壹千壹百二十六號，共田玖畝陸分壹釐貳毫，除撥外仍有陸畝肆分捌毫，地肆分壹釐六毫，土名嶺子頭鷄公坵，其田東至汪宅田，西至　，南至小坑，北至　。今來缺物支用，自情願將前項四至內田，盡行立契出賣與同都人汪士熙、汪清名下，面議時值價銀貳拾兩整。其價當成契日一并交收足訖，別不立領札。今從出賣之後，一聽買人自行聞官受税，收苗管業。如有四至、來歷不明及重複交易，內外人占攔一切不明等事，并是出賣人之當，不及買人之事。所有上手來腳契文與別產相連，繳付不便，日後要用，索出參照不詞。今恐人心無憑，立此賣契爲用者。

景泰七年十二月初八日　出賣人　金積勝
代筆兄　金光美　契
見人　朱永文

今領去前項契內價銀并收足訖。同日再批。

同上 休寧縣胡彥仁賣田赤契

十二都九保住人胡彥仁，今將自己續買田壹段，坐落本保，係一字一千五十七號，田八分三釐三毫，又將一千五十八號，田柒分陸釐壹毫，又將一千五十九號，田壹畝，又將一千陸拾號，肆釐肆毫，其田東西四至自有保，土名獅安塘。今來缺物支用，自情願將前項各號田，盡行立契出賣與同都汪士熙名下，三面議時值價獅頭銀肆兩整。其銀當成契日一并交收足訖，別不立領札。其田今從出賣之後，一聽買人自行管業，收苗受税如定。如有內外人占攔及重複交易，一切不明等事，盡是出賣人祇當，不及受買之事。所有上手來腳與別產相連，繳付不便，日後要用，索出參照不詞。今恐人心無憑，立此出賣文書爲用。

天順三年四月十五日　出賣人　胡彥仁　契
領價銀男　胡士靜
見人　胡彥善
依口代書人　汪文道

今領賣契內價銀并收足訖。再批。

同上 休寧縣胡四壽賣田赤契

十二都九保住人胡四壽，今將戶內自己分得田壹坵，計壹畝壹分有零，與兄武能相共。今來缺物支用，自情願將前項四至內田，本家合得壹半，係九保乙字土名交笋塢□□號，佃人自，每年上秈租叁砠半，盡行立契出賣與同里人汪乞千名下，面議時值價花銀壹兩。其價當成契日一并收足，別不立領約。今從出賣之後，一聽買人自行管業，收苗受税。如有四至、來歷不明及重複交易，內外人占攔，并是賣人祇當，不及買人之事。今恐無憑，立此賣契爲用。

天順四年三月廿五日　出產人　胡四壽　契
見人　胡玄應
代書人　朱文道

今就領去前項契內價錢并收足訖。同日再批。

同上 休寧縣朱永興賣田赤契

十二都十保住人朱永興，今將原買到三都鄭士盈田弍坵，坐落本保體字一千一百十三號田，計七分有零，與汪端相共，其田東、西至山，南至汪希正塘，北至地。今爲缺物支用，自情願將前項四至合得分數田七分有零，盡行立契出賣與同里人汪士熙名下，三面議時值價銀一兩四錢整。其價當成契日一并收足，別不立領約。今從出賣之後，一聽買人自行管業，收苗受税。如有來歷不明及重複交易、內外人占攔，并是賣人祇當，不及買人之事。今恐無憑，立此賣契爲用。其田本家自佃，每年還租四祖。

天順四年十一月十八日　出產人　朱永興　契
知見人弟　朱永才
依口代書人　汪希春
主盟父　朱　喧

今就領去前項契內價物并收足訖。再批。

同上 休寧縣吳付童賣田赤契

十二都住人吳叔大同吳付童，原用價買到二都鄭希榮田叁號，除體字伍百玖拾肆號已賣外，其有二號田共一畝二分四釐。今來缺食支用，有叔大在外買賣未回，家中人口不能度日，吳付童與侄婦李氏等商議，自情願將前項二號田，盡行立契出賣與十二都汪士熙名下，當日面議時值價花銀肆兩整。其銀當便[面]收足。有原買來腳，隨時繳付。今恐無憑，立此文契爲用。

天順五年正月二十二日　出產人　吳付童　契

依口代書人　朱　暄

遇見人　吳以端

李　氏

今領前項四致內價錢并收足乞。同日再批。

同上　休寧縣許文富等賣田赤契

十二都十保住人許文富同親人汪文清，今將承祖戶內田一坵，係體字一千一百三十四號田一畝一分五釐四毫，其田東、西四至自有保簿可正，土名黃吏坑，佃人自，每年上租捌砠。今來缺物支用，自情願將前項四至內田，盡行立契出賣與同里人汪士熙名下，三面議時值價花銀叁兩叁錢。其價當成契日一并收足，別不立領札。今從出賣之後，一聽買人自行管業，收苗受稅。如有內外人占攔及重複交易，一切不明等事，并是出賣人之當，不及買人之事。今恐人心無憑，立此賣契爲用。

天順五年二月初七日　出賣人　許文富

汪文清

汪文敬

見人　丘伯敬

今就領去前項契內價銀并收足訖。同再批。

同上　休寧縣汪舟印賣田赤契

十二都十保住人汪舟印，今將自己鬮分得原買到同里人潘運戶下田一號，坐落本都十保體字一千一百八十六號，田六分四釐六毫，土名小塘上，其田東至□□，西至□□，南至□□，北至□□。今來缺物支用，自情願將前項四至內田，盡行立契出賣與同里人汪士熙名下，面議時值價紋銀一兩八錢整。其銀當日收足。其田今從出賣之後，一聽買人自行管業收租，本家佃作，每年交租伍砠。如有內外人占攔及重複交易，一切不明等事，并是出賣人之當，不及買人之事。所有來腳契文一并繳付，今恐人心無憑，立此文契爲用。

天順五年三月二十二日　出賣人　汪舟印　契

代書見人　丘伯敬

今就領契內價并收足訖。同再批。

同上　休寧縣胡武寧等賣田赤契

十二都九保住人胡武寧同弟胡武生，今將本戶憑鬮書分撥得自己田一號，坐[落]十都四保民字一千七百六十五號田，共大小三坵并水堀，內取下頭二坵，計陸分伍釐并水堀一口，盡行立契出賣與汪士希名下，三面議時值價穀伍拾七秤半，計銀二兩伍錢。其田今從出賣之後，一聽買人自行收苗受稅管業爲定。如有來歷不明及重複典賣，一切不明等事，盡是出賣人祗當，不及受買人之事。所有上手來腳與別產相連，繳付未便，日後要用，索出參照不詞。今恐人心無憑，立此賣契文爲用。

天順五年八月廿日　出賣人　胡武寧

胡武生

見人　胡彥仁

依口代書人　汪文通

今領契內價穀并收足訖。同日再批。

同上　休寧縣胡彥善賣田赤契

十二都九保住人胡彥善，今將自己續置田壹號，坐落土名李家塘，係壹字四佰陸拾伍號，計田叁畝伍分，爲天順五年內取一大坵，計田壹畝五分，每年上租穀□一十砠半，今又內取大坵田上南邊汪宅今賣與朱志宗田連界一小坵，約計叁分，計租每年硬上秈租二砠半，其田東西四至自有保簿該載。今來缺物支用，自情願將前項內取四至內田，盡行立契出賣與同都汪士熙名下，三面議時值價銀壹兩壹錢整。其銀當成契日一并交收足。其田今從出賣之後，一聽買人自行管業，收苗受稅。如有四至、來歷不明及重複典賣，盡是出賣[人]之當，不及受買人之事。所有來腳與別產相連，繳付未便，日後要用，索出參照不詞。今恐人心無憑，立此文契爲用。

天順六年二月十二日　出賣人　胡彥善　契

依口代書人　汪文道

今領契內前項價錢并收足訖。同日再批。

同上　休寧縣楊元觀賣田赤契

十都四保住人楊元觀，今將續置己田一號，坐落本保土名李家塢，係民字一百五十一號，計田壹畝捌分有零，其田東至汪舟保田，西至水坑，南至小路，北至水坑。今來本家缺少物用，自情願將前項四至內田，原買得柒分整，盡行立契出賣與同里人吳道眞名下，面議時價獅頭銀肆兩肆錢整。其價銀當成契日，一并收足訖。今從出賣之後，一聽買主自行收苗受稅，永遠管業爲定。如有內外人占攔及重複交易，一切不明等事，并是出賣祗當，不及買人之事。所有來腳當即繳付。今恐人心無憑，立此出賣契文爲用。

天順六年十二月十六日　出賣人　楊元觀

主名父　楊升千

見人　楊元輝

同見人　吳奇安

今就契內領去價錢并收足訖。同年月日再批。

同上　休寧縣汪異榮賣田赤契

十一都汪異榮，承祖父有田壹備，坐落陸保，土名莊坑前岸，係坐字叁佰貳拾玖號，其田新立四至，東至山腳，西至吳子實田，南至汪文住屋，北至楊佛得住屋，計田貳角，於內做造屋與章付等住歇。今無錢支用，自情願將前項肆至內田并房屋，通共柒分中取壹分，出賣與同宗汪異常名下，面議時値價白銀壹兩陸錢整。其價當日收足。其田、屋今從出賣之後，一聽買人永遠管業。未賣之先即無重複交易，如有來歷一切不明，并是出賣人祗當，不及買人之事。所有稅糧聽自隨時過割，今恐無憑，立此文契爲用。

成化九年七月十八日　立契出賣人　汪異榮　契

主盟父　汪仕美

其田異榮邊陸分中合得壹分，除前項賣外，其餘分法存留不在出賣之限。再批。

同上　休寧縣汪源賣田赤契

六都汪源同侄程鐸等，共有田一坵，坐落本都四保、伍保，土名申明亭後，計田一畝，東至程樞保牆，西至行路，南至塘，北至程載達地及程恕田，字號照本保經理。今自情願將前項四至內田，盡數立契出賣與程泰名下爲業，面議時價白銀四拾兩。其價并契當相交付。所有稅糧造冊之日聽自買人收割。今恐無憑，立此文契爲用。

成化十一年五月初二日　立契人　汪　源

同賣人　程　鐸

程　怡

同上　休寧縣程道容賣田赤契

十一都程道容爲父程社和借銀買賣無還，自情願將承父標分得田二備，座落本都九保，土名胡坑榨假橋，係經理道字□□號，計田二畝有零，其田東至山，西至坑，南至堨頭，北至胡家田，其田與九都□□相共，本家合得一半，該田一畝一分有零；又取同保土名麻鞋灣口，係道字□□號，共計田八分，計一坵，其田東至吳家田，西至山，南至朱家田，北至汪宗五田，其田朱四保相共，本家合得一半，計田四分，今將前項二號八至內田，共計一畝五分有零，盡行立契出賣與本都汪異常名下，面議時價白銀一拾六兩整。其價并契當日兩相交付，契後再不立領。其田今從出賣之後，一聽買人入田收租，永遠管業，本家即無言說。其田未賣之先即無重複典賣交易。如有家、外人占攔，一切來歷不明，并是出賣人之當，不及買人之事。所有來腳契文，一時撿尋未及，不及繳付。所有稅糧候造冊之日，聽自買人入本戶起割前去，本家即無阻擋。今恐無憑，立此賣契爲用者。

成化十五年九月初九日　立賣契人　程道容

中見人　程存義

程尙彬

吳文祀

同上　休寧縣汪瑛賣田契

八都住人汪瑛，今將承祖父戶下經理到十都四保民字一百伍拾三號，又同經理一百五拾五號，二坵共計田一畝一分捌釐六毫，該租一十三砠，土名麻梓山，佃人□□，其田東至小路，西至水坑，南至朱均輔田，北至自等田。今來要物使用，自情願將前項四至內田，盡行立契出賣與十都吳道眞名下，三面議作時値價白銀貳拾兩柒錢整。其價當成契日收足，別不立領札。如有內外人占攔及重複交易，一切不明等事，并是出產人之當，不及受產人之事。所有上手來腳與別產相連，一時繳付未便，日後要用，本家索出參看不詞。今恐人心無憑，立此文契爲用。

成化十五年十月廿日　立契人　汪　瑛　契

中　人　李社得

同上　祁門縣方邦本賣田赤契

在城方邦本，今有伍都伍保土名黃岡下，改地名梨樹坵，大小肆坵，計田叁畝，與兄邦仁、邦義、方岳、方容相共，四至內田，［邦］本該捌分叁釐零，其田東西四至自有本保經理可照；又壹號，地名方盤坵，計田壹畝，邦本內該叁分叁釐叁毫，其田東西四至自有本保經理可照；又壹號，坐落洪山下，新開剛內田叁分伍釐壹坵，與黃淳相共，邦本六分中內該壹分，計五釐零。今將梨樹坵計田八分三，方盤坵內計田叁分叁釐三毫，田川田伍釐，共叁處，共計田壹畝貳分壹釐叁毫，今立契出賣與五都洪達等，面議時價白銀拾陸兩壹錢正。其田叁處聽自洪達等管。未賣之先，即無家、外人重複交易，來歷不明，賣人承當，不涉買主之事。自成交之後，二家各無悔易，如先悔者甘罰銀伍兩，與不悔人用，仍依此契爲準。所有稅糧聽自買人收稅入戶供解。今恐無憑，立此文契爲用。

弘治六年十月初七日　立契人　方邦本

中人　饒永善

見人　方　策

再批：　外塘壹所，坐落塘山培，六分中該得分法塘議作價銀伍錢整，隨田澆灌，下塘水隨田澆。

同上　休寧縣程如海賣田赤契

廿三都住人程如海，今爲缺少用度，情願將承祖戶下一則民田大小貳坵，坐落土名銀瓶坵，係禍字□□號，共計稅叁畝柒分有零，每年上租叁拾貳秤，其田東至姚、程二宅山，西至路，南至吳友益田，北至程宅田，今將四至內田，本家三分中合得貳畝貳分五釐，每年上租貳拾秤，盡行立契出賣與同都人吳□□名下，三面議取時值價白紋銀廿五兩五錢。其銀當成契日一并收足。其田今從出賣之後，一聽買人管業，收苗受稅。如有內外人攔占及重複交易，并是賣人祗當，不及買人之事。所有稅糧，候至過割，本戶起推即無難異。今恐人心無憑，立此契文爲照。

所有來脚與別產相連，繳付未便，日後要用，索出無難，再批爲照。

正德五年二月十九日　立契人　程如海　契

主盟母　吳阿程

代書人　姚奇瑞

見人　程　鸞

同見人　吳忠志

前項契內價銀一并隨手收足。再批爲照。

同上　歙縣汪廷壽賣田赤契

十二都九保住人汪廷壽，今爲買賣少本，今將父同叔承祖均業乙字弍百柒拾陸號、二百陸拾捌號田，坐落土名大干口，共計壹畝貳分叁釐叁毫，大小二坵父邊一半，該田陸分壹釐陸毫伍絲，計穤租肆砠，上年用過身已奩儀銀兩，將本號田該業一半撥還身業收租，佃人朱記安，其田東西四至，自有保簿該載，不在［再］開寫，今自情願將前號父撥還田一半，轉賣與戶內弟汪錦名下爲業，面議時值價白紋銀伍兩整。其銀當日收足。其田今從出賣之後，一聽買人收租管業。未賣之先，即無重複交易，如有內外人占攔，不明等事，并是賣人祗當，不及買人之事。所有差糧隨即交派買人輸解，其稅候日後分戶聽從過割，本家日後子孫即無異說。今恐人心無憑，立此文契爲照。

正德拾年三月初八日　立契人　汪廷壽　契

主盟父　汪福海

中見佃人　朱記安

今就領立契內價銀并收足訖。同日再批。

祖批：　今因伊父靈幾未撤，缺欠齋經，又有伊弟汪愈定［訂］婚未送盒禮等事，不能支應，今議處將伊父續置前田陸分壹釐零，計穤租穀四砠，批撥與汪昉名下收租，永遠管業，歸依原價，私房出銀伍兩整，買辦支用。日後汪愈不許異說。另不立契，憑此爲照。

嘉靖九年十二月初一日　主盟祖父　汪福深

中見代書伯　汪廷珎

同上　歙縣倪琴四賣田赤契

十六都倪琴四，今有標分得田壹號，坐落本都陸保，土名撩車下大坵，本位該田肆分，新立四至，東至琴乙田，西至汪洪田，南、北至本田傍。又將山壹號，坐落本都同保，土名牛頭坑毛王殿里邊山，并地亦新椿四至，東至添興山埋石爲界，西至地，南至倪□山，北至□。今前項捌至內田、山地，本位該得分籍，盡數立契出賣與汪鏗名下爲業，面議時價紋銀貳兩壹錢整，在手足訖。其價并契當兩交付。來歷不明，賣人自理，不涉買主之事。成交之後，各不許悔，如違甘罰銀伍錢，與不悔人用，仍依此契爲始。其田、山地好歹，買人自見。其田候造冊日，聽自買人收作地糧入產供解無詞。今恐無憑，立此爲照。

正德十三年二月十二日　立契人　倪琴四

代書兄　倪琴拜

同上　祁門縣方侁賣田赤契

在城方侁原與兄貳契共買水田一畝六分，坐落伍都伍保，土名黄崗上塘塢大塘尾，内取横路下田，計實田叁百捌拾肆步，東至桐子塢口田，西至田，南至田，北至横路。今將前項四至内田，本身該得一半，計實田捌分，自情願立契出賣與伍都洪起、千、暄、積、琬、侃等名下爲業，面議時值價細絲銀玖兩整。其價并契當相交付。其田未賣之先，即不曾與家、外人重複交易。如有來歷不明，并是出產人之當，不涉買人之事。自成交之後，俱各不許悔易，如有悔者甘罰白銀貳兩與不悔人用，仍依此契爲準。所有税糧見造黄冊推入買人戶内供解，本戶即無異田。所有上手文契與侄相共，不便繳付。今恐無憑，立此文契爲照。

嘉靖元年正月十八日　立契人　方侁

見人　汪文

同上　祁門縣葉表賣田赤契

十八都葉表，今承祖買受九都土名方坑民田一備，□□坵，又將土名一號甘子塢民田□□坵，二號共租六拾秤，詔位實該租二十二秤，仍本身該實租叁拾捌秤，内租批方坑一十六秤。又將土名小路民田一備，表、詔共該租拾秤十斤，除詔位五秤五斤，本身合得租五秤五斤。前田叁號，本身共租肆拾叁秤五斤，計田肆畝三分二釐五。又將塘一所、莊地并屋共計地一畝，本身十二股中合得一股。其田、塘、地東西四至自有經理可照，自情願將前項田、地、塘、屋，憑中盡數立契出賣與九都黄仁名下爲業，本身即無存留，當日面議時價紋銀肆拾兩零七錢整，在手足訖。其田未賣之先，即無重複交易，來歷不明賣人自理，不涉買人之事。自成之後，各毋悔異，如違甘罰銀十兩入官公用，仍依此文爲準。所有税糧遇造冊日聽自本買主收割入戶供解，本家即無言説。今恐無憑，立契爲照。

嘉靖叁年捌月十六日　立契人　葉表　契

再批本年租穀聽自本主收用。　中見人　葉祚

惟寵

同上　歙縣倪廷賢賣田赤契

十六都倪廷賢同侄世濟、潤共買授得十五都鄭永、鄭晟、良初、鄭本等荒熟田、山一合源，坐落十六都下十保，土名蕉坑苦竹坑，新立四至，裏至塢頭，上至大降，外至塢口大坑，東降四水流俱内。其田三分中買得二分，其山九分中買得八分。今因管業不便，自情願將四至内荒熟田、山并在山大小木苗力坌買得分籍，盡數立契出賣本都鄭天芹名下爲業，面議時價紋銀貳拾伍兩伍錢整，在手足訖。其價并契兩相交付。來歷不明，賣人自理，不涉買人之事。未賣先即無重複交易，自成之後，各毋悔易。所有税糧候造冊之日，查明過付無詞，田、山畝步字號，自有本保經理可照。今恐無憑，立此文契爲照。

嘉靖十二年玖月二十一日　立契人　倪廷賢　契

同賣姪　倪世濟

世潤

中見人　倪福

所有上手文契隨時過付，抄白照證。

同上　祁門縣光文魁賣田赤契

五都光文魁，今有承祖標分民水田一備，計三坵，坐落土名程兆坑口，係經理崑字□□號，其田新立四至，東至溪，西至徐田，南、北至山。今將前項四至内田，四分中本身該得一分，計實田一畝六分二釐五毫，自情願盡數立契出賣與同都洪理名下爲業，面議時值價紋銀貳拾兩整。其價并契當日兩相交付明白。來歷不明，并是賣人之當，不係買人之事。其田未賣之先則無家、外人重複交見。所有税糧候造冊之年聽自買主收割供解，本家即無異言。自成之後，二家各不許悔異，如悔者甘罰銀三兩入官公用，仍依此文爲準。今恐無憑，立此文契爲照。

嘉靖拾貳年十一月十八日　立契人　光文魁　契

中見人伯　光霽

吳辛保

再批：　十二年租穀文魁收訖。

同上　歙縣程岩祐等賣田赤契

二十四都住人程岩祐同弟岩禧，因爲缺少使用，自情願將承祖產下田貳坵，坐落土名東塌，係孝字□□號，計稅貳畝伍分，該租貳拾砠，其田東至程家田，西至溪，南至黄家高塝，北至陳家田，今前項四至內田，盡行憑中立契出賣與同都人汪岩祐名下爲業，三面議作時值價紋銀貳拾壹兩四錢整。其銀當成契日一并收足訖，別不立領札。今從出賣之後，一聽買人自行管業，收苗受稅爲定。如有內外人攔占及重複交易，不明等事，盡是賣人祗當，不及買人之事。所有稅糧候至造冊之年，本戶自行推出，即無難易。所有上手契文，日後繳付，即無易說。今恐無憑，立此賣契爲照。

嘉靖十三年三月初二日　立契人　程岩祐

岩　禧

中見人　金付保

才　富

今隨契內價銀當日并收足訖，別不立領札。同日再批。

同上　歙縣鮑伍保等賣田赤契

三十一都鮑伍保、鮑阿吳，承祖有田一備，坐落土名凌家坑，係學字□□號，計田貳畝有零，其田新立四至，東西至王家田，南至坑，北至山。又將土名古巷口該分田捌釐伍毫，其田四至，自有經理該載，不及開寫。今因缺少支用，自情願將前項二處四至內田骨，盡行立契出賣與同都人張良珍叔侄名下，三面議時值價白銀六兩二錢整。其價、契當日兩相交付。其田今從出賣之後，一聽買人收苗受稅，永遠管業。未賣之先即無重複典賣交易。如有來歷不明及家、外人占攔一切等事，并是賣人之當，不及買人之事。所有稅糧候造冊之日，聽自到本戶起割前去，本家即無阻當。今恐人心無憑，立此出賣文契爲照。

嘉靖十九年十二月十五日　立契

出賣人　鮑伍保

同賣人　鮑阿吳

中見人　吳記保

代筆人　吳杭得

今領去契內價銀并收足訖。同日再批。

同上　祁門縣葉暢賣田赤契

拾捌都葉暢，今將承祖買受玖都土名方坑民田一備□□坵，又將土名一號甘子塢民田□□坵，二號田本身玖分中合得一分，又將土名小路民田一備，本身拾貳分中合得一分。今將前三項田，共計租四拾叁秤拾叁斤十一兩，計田肆畝肆分；又將塘一所、莊地并屋共計地一畝，本身玖分中合得一分。其田、塘、地，東西四至自有經理可照。自情願將前項田、地、塘、屋，憑中盡數立契出賣與玖都黄仁名下爲業，本身即無存留，當日面議時價紋銀肆拾一兩貳錢整，在手足訖。其田未賣之先即無重複交易。來歷不明，賣人自理，不涉買人之事。自成之後，各毋悔異，如違甘罰銀拾兩入官公用，仍依契文爲準。所有稅糧遇造冊日，聽自本買主收割入戶供解，本家即無言說。今恐無憑，立契爲照。

嘉靖三十年八月十一日　立契人　葉　暢

中見人　馮　珊

葉　祚

惟　究

再批：本年租穀聽自本主收用。

同上　祁門縣葉天明賣田赤契

十八都葉天明，今承祖買受九都土名方坑民田一備□□坵一號，又將土名甘子塢民田□□坵二號，又一號小路前田，三號共租伍秤拾七斤半，計田五分八毫，憑中立契出賣與九都黄仁名下爲業，本家即無存留；又將塘一所、莊地并屋共計地一畝，其田東西四至自有經理可照，當日面議時價紋銀伍兩伍錢整，在手足訖。其田未賣之先即無重複交異，來歷不明，賣人成[承]當，不涉買人之事。自成之後，各毋悔異，如違甘罰銀一兩公用，仍依此文爲準。所有稅糧遇造冊日，聽自本買主收割入戶供解，本家即無言說。今恐無憑，立此爲照。

嘉靖卅年八月十六日　立契人　葉天明

中見人　葉　祚

惟　寵

再批：本年租穀聽自買主收用。

同上　祁門縣黄仁賣田赤契

九都黃仁，原陸續買受十八都葉廷、表等民水田、塘、屋、山場、莊屋基地乙備，坐落本都二保方坑正源甘子塢及小路三處等田，共計荒熟五十畝有零，與周相共，本身捌分中合得五分，該田三十二畝有零，其田四至經理可照。又買受在城葉賚等方坑正源民田一畝貳分，舊家塢田一畝六分，張家塢口田四分，葉山塢口田貳畝貳分，葉山塢中段田八分，其田四至上手文契可照。今將前項本身該得分劑，荒熟田共計三拾七畝有零，莊屋基地并塘地該得分劑，自情願憑中盡數立契，出賣與伍都洪氏族衆等名下爲業，面議時值價紋銀貳百叁拾玖兩整。其價并契當付明白。未賣之先即無家、外人重複交易。來歷不明，賣人之當，不及買人之事。自成之後，各無悔異，如先悔者甘罰銀三十兩入官公用，仍依此契爲準。所有稅糧候造冊之年，照依原額成熟民田叁拾貳畝有零，山五分，塘、地、基地照冊推收供解無詞。今恐無憑，立此文契爲照。

計開：

方坑正源田、塘

甘子塢田、塘

小路田

莊屋倉房

前項共民田□□共租貳百五拾玖秤，鷄十五隻

葉山塢口田六坵

葉山塢中段田

舊宅塢口田

張家塢口

方坑正源田一坵

共租六十一秤拾斤

嘉靖卅六年二月十一日　立契人　黃　仁　契

代書弟　黃　佐

中見人　方廷田

胡子彥

吳　泰

再批：上手文契隨即繳付過六張，仍有三張良錦等、天瑞等、良錫未付。外許枝、許椿、許鵬、許烈得價銀貳兩整。山契二張。

同上　休寧縣王楷等賣田赤契

休寧縣三十一都，立契人王楷，王標，王植等，今有田一備，坐落土名祁門十一都四保徐充源小地，名成公塢，係經理商字□□號，計荒田貳坵；又取同保山，坐落成公塢，係經理商一千八十八號，計山貳角，四至自有經理該再；又取土名里小塢，係經理商字一千八十九號，計山二畝有零，其山原買得李宅山。今將前項田、山叁處，今自情願立契出賣與祁門孫□□名下，三面議作時值價銀叁兩整。其價、契當日兩相交付。今從賣後，一聽買人收租栽苗，永遠管業。未賣之先即無重複典當交易。一切不明等事，并是賣人之當，不及買人之事。今恐人心無憑，立此出賣契爲照。

其田聽自耕種，所有來腳隨時繳付。再批。

嘉靖四十一年正月初六日　立契出賣人　王　楷　契

同弟　王　標

王　植

侄　王　榮

中見人　朱祖三

張　龍

成公塢山買李宅，原買張宅山。再批。

同上　休寧縣陳顯賣田赤契

九都住人陳顯，今將承父四保推字九百二十九號，計田一畝零伍釐有零，土名大堀丘，計籼租一拾砠，每砠重貳拾五斤，佃人葉七保；又將推字九百叁拾號，田七分陸釐，計籼租七砠，每砠重二十五斤，土名九畝堨，佃人葉禮；又將推字九百四十號，田一畝零五釐，計籼租玖砠半；又推字九百四十一號地，成田一拾貳步，計籼租半砠，每砠重貳拾五斤，土名石潭尾，佃葉舟舍；又將推字九百三十號，田七分有零，計籼租七砠，每砠重貳拾伍斤，土名九畝堨，佃人葉甲毛，其田四至自有保簿可查。今來管業不便，自情[願]憑中將前項田地該分，盡行立契出賣與同都程璟名下爲業，三面憑中議價時值價白紋銀貳拾兩肆錢整。其銀當成契日一并交收足訖，別不立領札。今從出賣之後，一聽買人自行收苗管業。如有內外人攔占及重複交易，一切不明等事，并是賣人之事。所有來腳，與別產相連，繳付不

便，其稅糧造之年，本戶自行起割。今恐無憑，立此文契爲照。

嘉靖四十五年四月初八日　立契人　陳　顯　契

中見人　張佛四

今就契內領去價銀并收足訖。同年月日再批。

同上　休寧縣戴惟和賣田赤契

忠義里十八都十圖戴惟和，今因缺少使用，自情願將承父分身分一則田一坵，坐落土名梁頭，係得字三百二十四號，上租七秤，計稅一畝，原佃人程尚，其田東至程田，西至汪田，南至溪，北至田塝路，今將前項四至內田，盡行立契出賣與同都程高名下爲業，憑中三面議作時值價銀六兩三錢。其銀當成契日一并交收足訖，即無欠少分。先前并無重複交易，亦無準折債負之類。今從出賣之後，一聽買人管業，□□□□□□賣人祇當，不涉買主之事。其稅糧候至大造之年，本戶自行起割，即無難異。上手來腳契文與別產相連，繳付未便。今恐人心無憑，立此出賣契文爲照。

隆慶四年十二月初六日　立契出賣人　戴惟和　契

中見人　吳　寶

戴惟善

同年月日契內價銀盡行領足。再批。領銀人戴惟和領。

萬曆四十六年五月分扒內佛義東邊田內扒貳秤與佛德分[名下]爲業。

父　程　高

兄　佛　孝

同上　祁門縣葉廣賣田赤契

立賣契人葉廣，今將承祖父推字田九百九十號田一坵，計稅九分六釐，籼租九砠，每砠重二十五斤，土名干中，其田四至，自有保簿可查。今憑中立契出賣與同都程鑾名下爲業，三面時值價銀七兩貳錢整。其銀當成契日一并交收足訖，別不立領札。今從出賣之後，一聽買人收租管業。如有內外人攔阻，盡是賣之當，不及買之事。其稅糧候大造之年，聽從本戶起割，并無異說。今恐無憑，立此賣契爲照。其田葉廣自種。

萬曆二年閏十二月廿九日　立賣契人　葉　廣

中見人　程天錫

程七保

今就契內領去價銀并收足訖，別不立領札。同年月日再批爲照。

同上　歙縣吳元鎰轉佃契約

十一都吳元鎰，原佃到寺口汪春門前佃種十王院田一坵，計田三畝，內取三秤零五斤，計佃價一兩二錢伍分與子靜，仍存佃租四秤零伍斤，計佃價銀一兩五錢八分整，自情願憑中轉佃與侄吳應喬名下，與汪春取租無詞。今恐無憑，立此轉佃約爲照。

日後有銀聽自取贖無詞。

萬曆十年正月十五日立轉佃約人　吳元鎰

中見人　吳元鑒

同上　休寧縣陳添護賣田赤契

二十四都四圖住人陳添護，今將續置田一坵，坐落土名充口，係盈字號，今輪清丈係張字□□號，其田計民稅六分九釐一毫，計租八砠，其田東至溪八行大路及田，西至程家田，南至路，北至江家田。今將前項四至田，盡行立契出賣與一都七圖程恩名下爲業，憑中三面議作時值價眞紋銀六兩整。其銀當日交足，其田即便交付，其稅糧候至大造之年，本戶自行起割，即無異說，別不立領札。今從出賣之後，一聽買人管業，收苗受稅爲定。如有內外人攔占及重複交易，一切不明等事，盡是出賣人之當，不及買主之事。今恐人心難憑，立此出賣契存照。

萬曆十二年四月十三日　立出賣契人　陳添護　契

依口代筆中見人　陳岩球

今就契內價銀一并盡行收足，別不立領札。再批。同年月日領。

同上　休寧縣朱鐘等賣田赤契

十二都朱鐘、朱顯德，今因缺用，自情願憑中將承父民田二號，坐落土名排嶺，原係黎字四百十九號，今奉例鱗字七百九十號，下田壹畝叁分四釐六毫，計步三百五十步三分六釐六毫；又黎字四百二十號，今鱗字七百十號，下田壹畝九分七釐三毫，計五百十二步八分二釐五毫，二共計稅三畝三分壹釐九毫，二共計租四十三砠，佃人黃明，遞年交租不缺，憑中立契出賣與同都汪廷杲名下爲業，當日三面議作時值價紋銀叁拾叁兩整。其銀、契當日兩相交付。其田今從出賣之後，聽從買人收租管業，本家即無異說。東西四至自有保簿該載，不在[再]開寫。未賣之先并無重複交易。所有稅糧候至造冊之年，推入買人戶內，本家人等幷無阻擋。所有來腳契文與別產相連，繳付不便，日後要用，索出參照。倘有來歷不明一切等事，盡是賣主祇當，不涉買人之事。今恐無憑，立此賣契存照。

萬曆拾貳年拾貳月貳拾肆日　立賣契人　朱　鐘　契
朱顯德
中見人　朱世魁
汪文傑

同上　休寧縣吳正學賣田赤契

十五都三圖立賣契人吳正學，今因缺少使用，自情願將承祖分受己田新丈有字八百七十等號，田租肆秤零捌斤，土名八畝坵，東至路，西至收產人田，南至嘉賓地塝，北至吳臺田，今將四至明白，憑中立契出賣與本圖吳文名下爲業，三面議定時價紋銀一兩七錢整。其銀、契當即兩相交付明白，即無欠少，亦無準折之類。其田存前即不曾與他人重複交易。倘有親房人等攔占，係是出產人承當，不干收產人之事。其稅糧候大造冊之年，聽憑本家戶內起割入戶支解，本家即無異說。今恐無憑，立此賣契爲照。

萬曆十五年五月廿二日　立賣契人　吳正學
憑中人　吳正康

同上　休寧縣吳松賣田赤契

十二都立契人吳松，今將承父原買戴□□基田原黎字一千二十號，今丈鱗字一千四百九十號，本家注業田二十二步□□分，東西四至自有保簿該載，今自願立契出賣與汪廷杲名下，三面議作時價三兩六錢。其銀、契當日兩相交付。其田即聽買人收租管業。所有稅糧候至造冊之年，聽從收割過戶當差，本家內外幷無阻擋。未賣之先幷無重復交易不明等事，如有異情盡是出賣人之當，不干買人之事。恐後無憑，立此出賣文契爲照。

萬曆拾伍年八月十二日　賣契人　吳　松
同弟　吳　椿
中見人　汪文相

今領前項契內銀兩盡收足訖。同日再批。

同上　休寧縣吳汶賣田赤契

霓湖吳汶，今因缺少使用，自情願將承祖父分業臣字五十六、五十七等號，土名李家塢，今編鱗字三千一百十三號內，取下下田一分五釐，三千一百十五號內，取下下田一分三釐，三千一百十六號內，取下下田一分，三千一百十七號內，取下下田一分三釐，三千一百十八號內，取下下田六釐，共新編鱗字五號，計稅五分七釐，計租五砠，佃人李使，當日憑中出賣與同都人汪廷杲名下爲業，三面議作時值價銀三兩五錢整。其銀、契當日兩相交足。其田即聽買主收租管業。未賣之先即無重複交易。倘有內外人占攔，不明等事，幷是賣主之當，不及買人之事。四至自有保簿該載，其稅糧候大造之年，聽從收割過戶當差，本身即無異說。今恐人心無憑，立此契文存照。

萬曆十五年十一月初九日　立契人　吳　汶
中見人　李　使
黃　圭

其鱗字三千一百十三號、三千一百十四號，吳汶名下合得地稅一半，盡行賣與汪名下訖，價銀一錢五分。黃圭批。

今領前項契內價銀幷收足訖。同日再批。

同上　歙縣汪于行賣田赤契

西北隅壹圖立契人汪于行，今將十二都原臣字壹百五十三號，計稅一畝九分二釐，今丈鱗字三千二百四十四號，計稅貳畝零四釐，土名上干，計租一十九砠，佃人吳弟，內取租九砠半，該稅一畝零二釐，今憑中立契出賣與十二都一圖汪有壽名下爲業，三面議作時值價紋銀七兩三錢四分整。其銀、契當日兩相交明。其田出賣之後，以聽買人收租管業。其田東西四至自有保簿該載，不在開寫。未賣之先幷無重復交易，一切不明等事，盡是賣主之當，不及買人之事。其稅糧候至造冊之年，於賣戶推入買人戶內，本家即無阻擋。今恐人心無憑，立此賣契爲照。

萬曆十五年十二月十九日　立賣契人　汪于行
中見人　朱　法
胡社壽

今領前項契內價銀幷收足訖。同日再批。

同上　休寧縣汪太德賣田赤契

二十四都三圖立賣契人汪太德，今將承祖坐落土名田西沖恭字一千三百十七號，計稅貳分壹釐八毫，一千三百十三號，計稅伍分七釐二毫，大小三坵，計租伍砠，東至山，西至山，南至田，北至田；　又將土名所塢恭字一千三百伍十一號田，大小四坵，計税叁分玖釐五毫，一千叁百四十九號，計税六分四釐六毫，計租拾砠，其田東至山，西至山，南至金宅田，北至路；　又將上羊坑田一千四百十三號，計税六分貳釐，一千四百十二號田，計税田六分貳釐八毫，大小二坵，計税拾砠，其田東至田，西至田，南至程宅山，北至山；　又將土名倉塢田，係恭字一千四百拾五號，計税肆分貳釐四毫，塘在內一千四百十七號田，計税貳分貳釐六毫，大小三坵，計租伍砠，其至山，西至山，南至塢尾，北至田；　又將土名外塘田一千六百六十七號田，計租叁砠，同金野囝合業，本身合得內取一半，計税一分叁釐六毫，其田東至椎基，西至大路，南至本家山，北至路；　又將土名丫川田一千六百八十七號田，計租六砠，東至金家田，西至路，南至汪黑九牆腳，北至金家田，其田本身六分中內取合得一分，計租一砠，計税六釐七毫；　又將土名村口田一坵，一千七百七十號，計租一砠，計税八釐，其田東至金宅田，西至本家地，南至伍二地，北至路，今將[前]項共三十六至內田，其田共大小拾五坵，其租叁拾叁砠半，其税肆畝壹釐貳毫，憑中三面立契出賣與二十四都四圖金新祜名下爲業，三面作定時值價紋銀二拾一兩二錢整。　其銀當成契日一并交收足訖，别不立領札。　今從出賣之後，一聽買人自行管業，收苗受税。爲有內外人攔占及重複交易，一切不明等事，盡是出賣人之當，不干買人之事。　其有税糧，造冊之年本戶聽從起割，即無難異。　其有土名村口俱戶票，同衆合業繳付不便，爲有上手來腳俱戶票隨即繳付。　今恐人心無憑，立此賣契存照。

萬曆二十年七十五日　立賣契人　汪太德

中見人　汪積岩

汪　旺

巴廷銓

今就契內價銀并收足訖。　同年月日再批爲照。

同上　休寧縣汪明賣田赤契

立賣契人汪明，今因缺用，自情願將承祖分下田一坵，計咸字叁千叁百九十二號，計籼租伍砠，土名張東畝，計税陸分壹釐，佃人程雲，今憑中出賣同都朱□□名下爲業，三面言議時值價紋銀肆兩柒錢整。　其田東西四至自有保簿該載，不在開寫。　其田候大造之年聽從汪琛戶起刷[割]，本家并無一說。　倘有來歷不明及重複交易等事，盡是賣主之當，不及買主之事。　其銀、契當日兩相交訖。　今恐無憑，立此文契爲照。

萬曆二十五年十二月廿四日　立賣契人　汪　明

中見人　汪　謨

朱　湖

同上　休寧縣倪天德賣田赤契

二十五都三圖立賣契人倪天德，因家下缺少使用，自情願將自己續置名下田一坵，坐落土名眚門口田，係傷字二千六百八十八號，計税貳畝整，其田東至胡家田，南至程夏田，西至路，北至程家田，今將四至內田一坵，盡行立契出賣與程名下爲業，當日三面議定時值價紋銀一十三兩整。　其銀當成契日一并隨手收足。　其田出賣之後，聽買主管業，收苗受税，并無異說。　倘有親族內外人攔阻及重複交易，盡是賣主之當，不涉買人之事。　其税糧候至造冊之年，本戶自行推出，并無難異。　今恐無憑，立此存照。

萬曆卅一年十一月廿一日　立賣契人　倪天德

代筆男　時　升

中見人　倪時昱

同上　歙縣鮑長旺賣田契

二十一都四圖立賣田契人鮑長旺，今因缺欠使用，情願央中將自買到家主人新丈在字號，二千七百九十四號，裏沙田一坵七分二釐五毫，東至鮑家田，西至甽，南至鄭家田，北至路；　在字二千九百七十五號，外沙田四分六釐四毫，東至路，西至路，南至鮑家田，北至鮑家田；　在字二千九百七十七號，裏沙田一坵九分一釐三毫，東至鮑家田，西至郝家墩，南至鮑家田，北至鮑家田；　又在字二千九百八十號并二千九百八十一號，裏、外沙田二坵貳畝七分另三毫，東至路，西至甽，南至鄭家田，北至鮑家田。　其田五坵，共計田税四畝八分一釐二毫，今將前後四至明，憑中立契出賣與本圖家主澄朝奉名下爲業，三面議定時值價紋銀三十三兩整。　其銀、契當日二相交付明白，即無欠少，亦無準折之類。　其田在先即不曾與他人重複交易。　倘有親房人主前來異說，賣人承當，不干買人之事。　其税糧聽憑大造冊年，隨過入戶支解，再無難異。　今恐人心無憑，立此賣田文契永遠爲照。

萬曆三十二年二月初二日　立賣田文契人　鮑長旺

中人　鮑新貴
代筆房[東]　思　海
中見人　鮑明榜

同上　休寧縣程伯涵賣田赤契

八都五圖立賣契人程伯涵，今將承祖田三坵，坐落土名極子塢，係新丈奈字二千六百八十一、八十三、八十五等號，四至自有丈量注明白，本家分得田、塘稅共一畝三分九釐七毫，計粗租一十一砠，佃人程九，每砠重二十五斤，今將前項十二至內本身得田、塘，憑中立契出賣與西南隅二圖朱□□名下爲業，當日三面議作時值價紋銀一十四兩三錢整。其銀、契當即兩相交足訖。今從出賣之後，一聽買人收苗管業爲定。如有內外攔占及重複交易，一切不明等事，係身一力承管，不及買人之事。其稅糧候大造之年，係程伯涵戶起割推入買人戶內，辦納糧差，并無異說。其歸戶票及上手來腳與本產相連，繳付不便，日後要，刷出參照無詞。今恐無憑，立此賣契爲照。

萬曆三十二年七月日　立賣契人　程伯涵
中見人　程伯浚
程伯陽

今就契內銀兩一并領足訖。同年月日批。

同上　歙縣路貢賣田契

二十都一圖立賣契人路貢同侄大良、文壽，因身年老有病在床，缺少衣出[着]并使用，自情願每[浼]弟路昊爲中立契，將鳴字七百七十二號田，出賣與二十都六圖吳□□名下爲業，其田東至程宅田，西至莫口，南至方宅田，北至程宅田，土名莫丘，至田一畝四分，今將四至明白，憑中立契出賣與吳□□名下爲業，得受時值價紋銀一十五兩整。其銀、契當即兩相交付明白，即無欠少分文，又無準折之類。曾前即不曾與他人重複交易。但有親房人等異說，係是主之當，不甘買人之事。今恐無憑，立此賣契永遠爲照。

萬曆卅三年十二月廿日　立賣契人　路　貢　契
同姪　路大良
路文壽
依口代筆人　路　昊

同上　歙縣張士益賣田赤契

五都四圖立賣契人張士益，今自情願將承祖土名大石橋頭，新丈劍字四千二百一十九號田一坵，計租三砠零六斤，計田稅三分三釐，新立四至，東至□□，西至□□，南至□□，北至□□，四至內盡行立契出賣與本家內建祠爲業，當日三面議定時值價眞紋銀四兩整，并貼頭在內。其銀當日收足，別不立領札。其田出賣之後，一聽本家興工建造，賣人并無異說。稅糧候大造之年，本戶自行起割入張明社戶內辦納。今恐人心難憑，立此賣契爲照。

萬曆卅四年正月十一日　立賣契人　張士益
中見叔　張　潮
張　濤

今就契內價銀并收足訖，別不立領。再批。

同上　歙縣程仲超賣田契

廿都一圖立賣契人程仲超，今因管業不便，自情願將承父己分下鳴字七百八十號，田三畝三分七釐七毫，土名路村段，其田東至洪家田，西至程家田，南至汪家田，北至程家田，今將四至開明，憑中立契出賣與廿一都四圖鄭天諄名下爲業，三面議定時值價紋銀貳拾貳兩整。其銀、契當即兩相交付明白，即[既]無欠少分文，亦非準折之類。曾前即無重複交易。倘有內外親房人等前來異說，盡是賣人一面承當。其田目下聽從管業，其稅候大造黃冊聽從收割入戶支解。今恐無憑，立此賣契爲照。

萬曆卅四年十一月廿一日　立賣契人　程仲超
憑中　鄭尙高
江社南

同上　歙縣吳元楚賣田契

廿都六圖立賣契人吳元楚，今因先年買到本都一圖親人路貢名下田一號，鳴字七百七十二號，土名莫口，計田一畝四分，東至程家田，西至莫口，南至方家田，北至程家田，四至明白，憑中當日三面議定土風時價銀拾兩伍錢整，立契出賣與廿一都四圖鄭□□名下爲業。立契之日銀、契兩相交付明白。其田即無重複交易，亦無準折，係是兩相情願，即無威逼成交。倘有內外人等異說，係是賣人承當，不干買人之是。其田稅當日將原契繳還，聽以買人候冊年過割。今恐無憑，立此賣契爲照。

萬曆卅五年正月廿七日　立賣契人　吳元楚

憑中人　汪集仁
路大良
鄭尚高
江社藍
依口代書人　吳元冽

同上　歙縣朱世臣等賣田赤契

立賣契人朱世臣同弟世相，今將承祖父田原湯字六百一十一號，今新丈咸字四千五百零四號，粈租拾斤半，計税四釐七毫四絲四忽，土名許家塘，佃人廷貴；　又咸字四千四百一十二號，粈租伍砠半，計税五分七釐五毫，土名嚴家灣，佃人汪四十；　又咸字四千四百九號，粈一砠半，計税一分六釐五毫五絲，土名嚴家灣，佃人胡雲志；　又咸字三千九百六十一號，粈四砠零七斤，計税四分三釐七毫五絲，土名赤坎頭，佃人汪興隆；　又咸字四千四百七十四號，粈壹砠零十斤半，計税一分二釐九毫，土名十畝坵石牆頭，佃人汪積隆；　又咸字四千七百零二號，粈一砠半，計税一分六釐二毫，土名王公塘，佃人汪興隆；　又咸字四千七百十二號，粈十七斤半，計税七釐四毫七絲五，土名王公塘家禾坵，佃人張積全；　又咸字四千五百零八號，粈二砠零七斤，計税二分八釐五毫，土名許家塘，佃人四云；　又咸字四千四百零五號，粈一砠十二斤半，計税七釐六毫五絲，土名笙竹塢，佃人天付；　又咸字四千九百十二號，粈一砠，計税一分三釐九毫，土名寧塘，佃人張積全；　又咸字五千一百零九號，粈二砠半，計税二分二釐七毫，土名新塘尾，佃人遲得；　又咸字五千五百二十號，[租]粈租二砠零七斤，計税一分一釐八毫八絲，土名後涵，佃人汪廷；　又咸字三千九百七十四號，糯租一砠零七斤，計税一分四釐八毫六絲，土名廟林前，佃人雲旺；　又咸字四千二百三十號，糯租五斤，計税一釐六毫五，土名嶺路源敢子山腳，佃人汪社貴；　又咸字四千五百零六號，粈二十一斤，計税一分一釐三毫四絲，土名許家塘尾，佃人汪長期；　又咸字四千四百零六號，粈十七斤半，計税一分二釐一毫二絲，土名笙竹塢，佃人天付；　又咸字三千九百五十三號，粈十七斤半，計税八釐二毫六絲，土名沉坵破里，佃人進勤；　又咸字四千二百二十六號，粈十七斤半，計税六釐三毫六，土名嶺路坳，佃人汪社燦；　又咸字三千七百八十一號，粈三砠零十斤半，計税五分一釐六毫六，土名松樹塢，佃人李□；　又咸字四千五百九十八號，粈七斤，計税二釐七毫，土名北塘，佃人雲祿；　又咸字五千一百十號，粈十斤，計税三釐一毫五，土名新塘尾，佃人萬貴；　又咸字三千九百六十八號，粈十斤半，計税六釐，土名石灰山瑤山，佃人潘四十；　又菜字一千五十四號，半砠，計税六釐三毫六，土名下園，佃人朱雲得；　又潛字一百九十二號，又二百十五號、三百零九號、一百六十二號，粈一砠零三斤半，計税一分零七毫，土名柿木山、八畝坵、石塘口、胡六坑，佃人邵伴當，共粈、糯租三十四砠零拾斤半，共計税三畝九分九釐八毫。今兄弟商議，今將前項田憑中出賣與堂兄名下爲業，當日三面議作時值價紋銀三十九兩整。出賣之後，聽從買人收租管業爲定。於內并無重複交易一切等情。內外人占攔，盡是賣人承當，不及買人之事。其東西四至自有保簿可查。其税候大造之年，聽從本戶起割無辭。今恐人心難憑，立此賣契存照。

萬曆卅五年五月初二日　立契人　朱世臣
朱世相
憑中人　朱　霸
朱應期

今就契內價銀當日兩相領訖，別不立領札。同月日再批。

同上　休寧縣吳集等賣田赤契

四都九圖立賣契人吳集、安然、浩然，今因管業不便，將承祖田一業，坐落土名張八園，計租拾六砠，其田高低貳坵，係金字二千六百五十二，貳千六百五十五號，計税一畝二分，又四分，其田東至金家田，西至溪，南至吳景芳田，北至金家田，其田叁分吳集合得貳分，安然、浩然合得一分，今將前項四至內田，盡行立契出賣與同都圖金□□名下爲業，三面議作時值價紋銀拾貳兩捌錢整。其銀當成契日一并交收足訖，即無欠少，亦無準折。先前并無重複典當，并一切內外人攔阻等情，俱是賣主承當，不涉買人之事。今從出賣之後，一聽買人自行管業，收苗受税，其税糧候冊年，在四甲吳紹伯戶下起割，推入買人戶內支解。契內價銀收訖，再不另立領札，日後無得生情異說。恐後無憑，立此賣契存照。

萬曆四十三年十二月二十二日　立賣契人　吳　集
安　然

中見人　浩　然
吳　欒
周　民
吳　槐
金廷椿
金挺高

金應時於崇禎七年將此田賣與吳世輝，又於九年將此契當與吳邦良，今憑族處明，此田照舊世輝管業，此契邦良付出并繳與世輝，附原賣契爲據，各無異說，此照。

崇禎十四年九月廿五日憑族吳汝批。

同上　休寧縣吳鼎和賣田契

十五都三圖立賣契人吳鼎和，今將習字捌百伍拾柒號，田壹畝伍分捌釐叁毫，土名流塘東塝，計淨租拾玖秤廿斤，又將國字九百號，田壹畝玖分叁釐伍毫叁絲，土名澄塘下，計毛租拾玖秤，二共出賣與友恭堂爲業，時值價銀拾捌兩整。其銀、契當即兩相交付明白。其田目下即憑管業。其稅候冊年支解入戶。今恐無憑，立此賣契爲照。

萬曆四十八年泰昌元年十二月日　立賣契人　吳鼎和

同上　休寧縣汪阿程賣田赤契

十都二圖立賣田契人汪阿程同男汪同芳，今將承祖分授原伐字四百號，新丈海字五千二百六十九號，土名白馬橋頭，粈租該身一半，計實租十砠，計稅一畝叁分，佃人李撬保，今因管業不便，憑中立契出賣與十都三圖朱□□名下爲業，當日三面議定時值價紋銀壹拾捌兩整。其銀、契當日兩相交足訖，別不立領札。其田東西四至自有新舊保簿開載，其稅糧候冊年在汪先茂戶推入買人戶內無辭。今從出賣之後，一聽買人隨即收租管業，并無內外人阻擋異說。倘有來歷不明，盡是賣主承當，不干買人之事。今恐無憑，立此賣契存照。

明天啓五年四月初二日　立賣田契人　汪阿程
奉書男　汪阿芳
憑親人　汪　銓
見有人　汪　章

今就契內價銀并收足訖。同年月日再批。

同上　休寧縣程文賀賣田赤契

同居弟文賀，今有承祖祀田壹備，土名梓木坑茶塢口吳家塢口，共租叁拾陸秤，內衆遞年存實租叁拾秤以供碧山公祭祀外，本身仍剩原租壹秤。今因管理竹巖公錢糧無措，憑中將前仗租壹秤出賣與兄鳴景均業，得受時價紋銀肆錢整。其契、價當日付明。其田未賣之先即無重複交易。日後聽賀原價取贖。四至、字號、步數，自有丈冊可照，所有稅糧隨契扒入鳴景名下共解無詞。今恐無憑，立此爲照。

計田糧八釐六毫，折米四合六勺，麥貳合。

天啓六年七月初一日　立賣契弟　程文賀
代筆見兄　程文鳶
見弟　程　進
中見人　汪君白

今領契內價銀一并收足訖。同日再批。

同上　歙縣鄭阿方賣田契

廿一都四圖立賣契寡婦鄭阿方，今因夫故年□時歲年荒無措，自情願將夫已續買到鳴字柒百柒拾貳號，土名坐落莫坵，田壹角貳分柒釐五毫□；又將鳴字柒百捌拾號，土名坐落路村段，田貳畝壹分柒釐陸毫零，其田貳號四至俱在清冊，請盟親伯鄭天沛、天涯，憑中出賣與本圖鮑□□名下爲業，三面議定時值價眞紋銀貳拾九兩整。其銀、契當即兩相交付明白，并無少分文，亦無威逼、準折之類。曾前至今不存典當他人、重複交易等情。其田稅糧目下撥與買人鮑良戶下支解，再無異說。倘有內外親房人等前來異說，俱是賣人之當，不干買人之事。今恐人心無憑，立此賣契爲照。

崇禎元年三月廿六日　立賣契婦　鄭阿方
主盟親伯　鄭天沛
鄭天涯
憑中人　鮑伯田
鮑志石
依口代書本管　汪倘榮

其契內銀當日一并收訖，再不另立收領。汪倘榮再批，鄭阿方。

同上　休寧縣金巖正賣田赤契

廿四都一圖立賣契人金巖正，今因缺少使用，自情願央中將續置田貳坵，坐落土名查家鳴，計租玖砠，係新丈恭字一千九百四十五號，一千九百四十六號，計稅壹畝零叁釐八毫整。其田東至大路，西至金錦田，南至山塝，北至山，今將前項四至內田，立契出賣與同都同圖汪正遇名下爲業，當日三面議作時值價紋銀壹拾兩整。其田即便交付買人管業。其銀當成契日一幷收領足訖，別不立領札。其田今從出賣之後，一聽買人自行管業，收苗受稅。如有內外人攔阻及重複交易，一切不明等事，盡是賣人成當，不涉買人之事。其稅糧今奉新例，本戶自行起割，推入買人戶內辦納糧差，幷無生情異說。其上手來腳，與別產相連，日後要用，刷出參照。今恐人心難，立此賣契存照。

崇禎元年九月十八日　立賣契人　金巖正

中見人　金廷舜

金有全

代書人　金廷鶴

今就契內價銀一幷收足訖。同年月日再批。

再批：中塘稅壹釐伍毫整，聽從買人放水無辭。

同上　歙縣蔣應鍾等賣田契

廿都一圖立出賣契人蔣應鍾，今因欠少使用，自願憑中將已續買到鳴字一千九百四十七號田陸分伍釐九毫六絲，土名石所田；又鳴字一千九百七十四號土名刷墓所田捌分一釐五毫五絲；又鳴字一千九百十四號田九分，土名宅子前；又鳴字二千零五號田玖分捌釐捌毫四絲，土名朱履橋；又鳴字二千一百九十五號田一畝伍分叁釐零四絲，土名宋方段；又鳴字二千二百七十六號田柒分捌釐零九絲，土名朱方段；又鳴字二千二百七十七號田二畝一分六釐三毫，土名路竹前；又鳴字二千二百七十八號田一畝一分四釐六毫四絲，土名朱方段；又鳴字二千二百六十七號、七十號，貳共田一畝四分六釐九毫二絲，土名高塍；又鳴字二千三百四十一號田七分零五毫二絲，土名高塍，共計一拾一號，共實田壹拾畝零叁分陸釐，其田各項四至俱照清冊，幷田內開堀，其田塝溪邊樹木一幷盡行賣與廿一都四圖炮□□名下爲業，三面議定時值價紋銀玖拾兩零伍錢整。其銀、契當日兩相交付明白，其田隨即面交買主管業，價銀一幷收足，幷無缺少分文。係是兩相情願，亦無威逼、準折之類。其田存前至今幷不曾典賣他人、重複交易等情。其稅糧當日寫立推單，稅領聽炮目下過割入戶支解，再無異說。倘有親房內外人前來異說，俱係賣人之當，不干買人之事。今恐無憑，立此賣契爲照。

崇禎貳年二月日　賣契人　蔣應鍾

蔣應賓

憑中人　呂惟章

炮文科

蔣時楊

炮宜仲

炮志古

蔣春富

炮佛生

同上　歙縣鮑文蔚賣田契

立賣契人鮑文蔚，今因管業不便，自情願浼中將承祖分鳴字二千五百零六號田壹畝零六毫二絲；又鳴字二千五百一拾號田壹畝玖分肆釐叁毫貳絲，土名坐落湖田，其田東至□□田，西至蔣家田，南至余家田，北至本家田，今將四至開載明白，憑中立契出賣與本家族兄□□名下爲業，三面議定時值價紋銀叁拾兩整。其銀隨即收足。其田隨付管業，即無難異。其田從前幷不曾與他人重複交易，亦無威逼、準折等情。倘有親房人等異說，係身一面承當，不涉買人之事。其稅糧聽憑目下花扒入戶支解。今恐無憑，立此賣契爲照。

崇禎七年二月廿二日　立賣契人　鮑文蔚

憑中　吳讓之

鮑用晦

其契內銀一幷收足，再不另立收領。其來腳□□長兄合業，故未繳付。再批。

同上　休寧縣吳士美等賣田赤契

二十三都一圖立賣契人吳士美、士雲等，今因缺少錢糧無得辦納，自情願央中將承父續置田一坵，坐落土名角金塢，係傷字二千七百六十七號，中田二百二十一步三分，計税一畝零六毫，外小角田園一并在内，其田東至黄家園，西至買主田，南至程吴山，北至路，四至内田，盡行立契出賣與西南隅一圖程□□名下爲業，又將角金塘税伍釐，當日憑中三面議定時值價紋銀柒兩伍錢整。其銀當成契日隨手一并收足，并不欠少分文。其田今從出賣之後，一聽買主管［業］，收苗、受税爲定。倘有内外親族人等争執，及重複交易，一切不明等事，盡是賣人承當，不涉買主之事。其税糧今奉新例，隨即起推，并無難異。今恐人心無憑，立此賣契爲照。

崇禎八年五月初十日　立賣契人　吴士美
吴士雲
中見人　吴公儒
吴熙華
洪仰溪
胡敬山

今將前項契内價銀，當成契日隨手隨即一并收足訖。

同上　歙縣楊前當田契

弟楊前，今將十二都十保，土名木坵田一號，脱租六秤六斤，又九畝段二秤，共計脱租八秤六斤，特自託中出當與兄光前名下管業，當得紋銀二兩整，在收足訖。未當之先并無重複交易。今恐無憑，立此契約存照。佃人福元係九畝段處，又佃人汪分龍。

崇禎九年二月初二日　立當契弟　楊前
見伯　逢昌

同上　歙縣吴兆熙賣田契

二十三都二圖立便契人吴兆熙，今將續買常字二千五百五十九號田，計税伍分玖釐貳毫，土名路下，其田四至在冊，憑中出便與本都四圖吴□□名下爲業，聽憑目下遷造風水，并無異説，三面議定價紋銀式拾壹兩整。其銀、契當即兩相交明。倘有親房人等異説，争論分法，俱係身承當，不干買人之事。今恐無憑，立此存照。

崇禎九年八月十一日　立便田契人　吴兆熙
憑中人　施玉洲
吴千之
吴元卿
宋惟賢
吴德之

二十三都四圖吴熙之，今將契内田計税五分九釐二毫，轉賣與鮑□□名下爲業，其價銀照契内一并收足。其税目下推入廿一都四圖鮑良戸下支解。今恐無憑，立此再批存照。

崇禎十一年五月初六日立批賣契　吴熙之

同上　休寧縣余元聲賣田赤契

立賣契人余元聲，今爲無銀支用，自情願將承祖父鬮分得租田一處，土名張邊低基，係闕字一百六十六號，本邊該租四砠貳十斤，佃人俞四九，計步□□整，計税□□整；又將土名下尾，係闕字貳百卌一號，本邊該租叁砠叁斤，佃人俞十囝，計步□□整，計税□□整；又將土名湖頭大路邊，係闕字一千三百九十二號，本邊該租伍砠，佃人潘伴當，計步□□整，計税□□整；又將土名湖頭高基，係闕字一千三百九十號，本邊該租七砠十斤，佃人余顯奇，計步□□田［整］，計税□□整；　又將土名湖頭店前，係闕字一千五百二號，本邊該租七砠整，佃人程進寶，計步□□整，計税□□整；　又將土名皮園，係珠字三千九百卌八號，本邊該租四砠整，佃人尙路，計步□□整，計税□□整，以前共租六宗，共租叁十一砠三斤整，共計則［步］□□整，共計税□□整，四至照依清冊，憑中立契出賣與余廷球名下爲業，三面議定時值價紋銀伍拾捌兩整。其銀當日收足，別不立領。其田一聽買人收租管業，税至冊年，聽到余文盛戸下起割過戸解納，本家并無阻擋異説。如有來歷不明及重迭交易，盡是賣人之當，不及買人之事。今恐無憑，立此賣契存照。

崇禎十年十二月初十日　立賣契人　余元聲
主盟母　余阿項
中見母舅　項　爵
親兄　余元禮
余文昌
余世勛
吴仰石

所是［有］契内田價紋銀收足訖。同年月日再批。

同上　休寧縣汪廷保佃田約

立佃約人汪廷保，今有承祖佃作田一備，坐落土名沙坵，計田一畝肆分，計租十四秤整，出佃與李□□名下爲業，得受價紋銀一兩叁錢整。其田是身承去耕種，迭年交還小租穀叁秤拾斤整，送至上門交納。如有欠少，聽佃主另佃無詞。其田未佃知先，并無重複交易。不明，盡是出佃人承當，不及受[佃]人之事。恐後無憑，立此佃約存照。

崇禎十五年四月初二日　立佃約人　汪廷保

同上　歙縣程愛老賣田赤契

直隷徽州府歙縣

月字九百八十九號契紙，產價捌兩。稅銀肆錢。領契紙坊長、里長。

立賣契人程愛老，歙縣寧泰鄉十一都五圖人，今因缺少使用，自情願憑中將河字一千八百三十七號田，計稅六分七釐七毫，土名水汲坵，東至方坵田，西至程元壽田，南至坑，北至路，於上四至明白，憑中三面議定出賣與二十三都五圖凌□□名下爲業，得受時值價紋銀捌兩整。其銀、契當即兩相交付明白。其田日下聽憑過割管業入買人戶支解。從前至今并無重複交易，亦無威逼、準折等情，係是兩相情願。日後倘有內外親房人等前來異說，俱是賣人承當，不干買人之事。今恐無憑，立此賣契爲用，存照。

其田塝上有窖一隻，磚瓦俱全，亦付凌經管。再批。

崇禎十五年四月二十三日　立契人　程愛老

中見人　劉少華

程積橋

憑里　程良憲

代書親弟　程都老

同上　歙縣程積泰賣田赤契

十一都五圖立賣契人程積泰，今因缺少使用，自情願將系字一千捌佰一十五號田一業，計稅二畝伍分伍釐，共計叁坵，土名外山塢；又將河字一千八百三十五號田一業，計稅陸分叁釐貳毫，共計貳坵，土名櫃木下；又將河字一千八百五十三號田一業，計稅肆分柒釐陸毫，土名程村外，四至照依現存管業，自願浼中立契出賣與二十三都五圖凌□□名下爲業，當日三面議定時値價紋銀肆拾伍兩整。其銀、契當即兩相交明。其田聽憑管業爲定。如有內外親房人等異言，俱係賣人承當，不干受人之事。本身并無重複交易、威逼、準折等情。其田稅目下隨即過割入買人戶內支解，并無難異。今恐無憑，立此賣契存照。

崇禎十五年十月初三日　立賣契人　程積泰

同見　程積安

中見人　程積橋

劉少華

程良寶

其田原基坵田壩上有棗栗木二株，一并出賣。再批。其田係河字一千六百九十八號，塘稅肆釐整，土名長塘；又將沙字一千八百十五號，塘稅一釐，土名古見坑，其塘二號聽憑買人澆灌無異。再批。

同上　歙縣程士宗等賣田赤契

十一都五圖立賣契人程士宗同弟士宇，今因欠少使用，自情願將河字四百零柒號田一業，土名竹洪坑口，計稅一畝伍分整；又將河字四百零捌號田，計稅貳畝捌分整，土名三畝坵；又將河字四百零貳號塘稅肆分叁釐，土名竹洪坑；又將河字一千六百九十六號地稅伍釐，土名程前楓木壩，於上長養楓、松雜木一并出賣，其田於上櫃木、棗木四根，憑中立契一并出賣與二十三都五圖凌□□名下爲業，面議時値價紋銀肆拾兩伍錢整。其銀當即收足。其田聽憑日下經管。其稅隨即過割入買人戶內支解。從前至今亦無重複交易、威逼、準折等情。如有親房內外人等異言，俱係賣人承當，不干買人之事。恐口無憑，立此賣契存照。

崇禎十六年四月十五日　立賣契人　程士宗

同弟　程士宇

中見人　劉少華

程積橋

同親弟　程士寵

同上　休寧縣汪志全轉佃苧園約

立佃約人汪志全，今有苧園一畝四分，內廁所一所并籬把在內，轉佃與汪六九名下管業耕種，的園價紋銀貳兩捌錢整。其園、銀兩交明白。如有來歷不明，盡是出佃人之當，不及受人之事。恐後無憑，立此佃約存照。

崇禎十六年六月十三日　立佃約人　汪志全

同上　歙縣鄭應順賣田赤契

廿七都四圖立賣契人鄭應順，今因欠少使用，自情願央中將欲字一千六百六十八號田一業，地名呈塘，計稅二畝一分六釐五毫，其田計租貳拾壹砠，其田東至□□，西至□□，南至□□，北至□□。又將量字三百六十五號，土名汪村林園地一業，計稅陸分六釐二毫，其園計麥、豆、粟三期共交一石，其園地東至□□，西至□□，南至□□，北至□□；　又將欲字一千七百廿九號，塘稅二分九釐，土名呈塘，其塘東至□□，西至□□，南至□□，北至□□，今將前項拾貳至，盡行立契出賣與廿五都四圖吳□□名下爲業，三面議定時值價銀叁拾兩整。其銀當成契日一并收足。其田未賣之先不曾與他人重複交易，自賣之後聽從買人便行管業，即無難異。其稅糧於廿七都二圖鄭濟戶下起割，推入廿五都四圖六甲吳康進戶下解納，即無異說。立此存照。

崇禎十七年五月日　立賣契人　鄭應順

中見　吳月松

鄭文琳

同上　祁門縣謝芳賣地赤契

拾西都軍戶謝芳，承祖地及兄續買到基地共壹段，坐落本都十保，土名嶺西，經理係伐字三百七十八號壹畝肆分伍釐；又同號地叁分壹釐貳毫。其地二號，東至謝玄保地及楊溝爲界，西、南至程德富田，北至山，取原路壹條，直出至坑。今將前項二號四至內地，盡數立契出賣與拾西都拾保民戶謝績祖名下爲業，面議價鈔柒貫整。其鈔當日收足無欠。其地未賣之先，即不曾與家、外人交易。如有家、外占攔及一切不明，并是出賣人自行當，不干買人之事。自賣之後，各家不許番悔，如有先悔者，甘罰契內價鈔與不悔人用，後仍依此文書爲始。所是稅糧役官事，推收過割之日，一聽買人收割入戶，隨產供解。所是上手隨時繳付。今恐無憑，立此文契爲用者。

洪武二十五年二月十二日　立契人　謝　芳

主盟在堂叔母　汪　氏

遇見人　胡宗仁

謝原升

同上　休寧縣楊大猷賣風水地赤契

直隸新安衛中所第九百戶下楊冲各戶丁楊大猷，今將原用價買到休寧縣十都楊同倫名下山一號，坐落休寧縣十二都六保，羌字五百叁拾肆號山，計貳釐壹毫，其山東至□□，西至□□，南至□□，北至□□，土名行坑沙灘灣，山上面風水一坑，未曾開葬。今來缺物支用，自情願將前項山并未開風水，盡行立契出賣與休寧縣十二都汪希美名下，面議時值價計納官綿布壹百貳拾匹，當便收足并無欠少。其山今從出賣之後，一任買人自行聞官受稅，尋開風水，并無悔易。如有先悔者，甘罰契內價錢一半與不悔人用，仍依此契爲照。如有字號、畝步差錯，四至不明及重複交易，并內外人占攔，并是出賣人自行祗當，不干買人之事。所有來腳契文隨即繳付。今恐無憑，立此賣山并風水爲照。

宣德九年四月日　出賣人　楊大猷

見人　楊兎干

今領去契內價鈔并收足訖。同日再批。

同上　休寧縣汪希齊賣地赤契

十二都汪希齊，今將戶內九保乙字一千卅八號，地貳分六釐二毫，土名引江，東至□□，西至□□，南至□□，北至□□。今來缺物支用，自情願將前項地，盡行立契出賣與同里人□□名下，面議時值價銀伍錢。其價當便收足，別不立領約。今從出賣之後，一聽買人自行管業受稅。如有四至、來歷不明及重複交易，內外人占攔，并是本家賣人祗當，不及買人之事。今恐無憑，立此賣契爲用。

景泰二年十一月卅日　出產人　汪希齊　契

見人　胡顯壽

今就領去前項契內價物并收足訖。再批。

同上　祁門縣葉鮮賣墳地赤契

在城葉鮮，今有父於上年間原買到本圖汪永盛墳地壹片，係經理水字□□號，計地壹畝有零，其地坐落五都五保，土名洪家□，所是字號四至，自有本保經理可照，自情願立契賣與伍都住人饒仕榮名下爲業，面議時價白銀柒錢整。其價并契當日兩相交付。自賣之後，即無重複交易。如有不明，賣人成當，不係買人之事。自成之後，各不悔易，如先悔者甘罰契內價一半，與不悔人用。所有上手文契隨時繳付。今恐無憑，立此文契爲用。

成化元年正月十六日　立契人　葉鮮　契

同上　休寧縣汪卓賣園地赤契

趨化里汪卓，承祖父有苧園地一號，坐落土名上車田，係上字□□號，東至汪其林及汪準地，西至汪蘿地及大齊地，南至汪苗地及大齊地，北至汪蘿地及汪準地，本邊該地叁分。今爲缺錢支用，情願將前項斷骨立契出賣與兄汪進之名下，當議時值價銀貳兩貳錢整。其價、契當日兩相交付足訖。未賣之先，即先重複交易，所有來歷不明并家、外人占攔，并是本戶之理，不及賣人之事。其稅糧見在本戶，候造冊之日，聽自起割無阻。今恐無憑，立此斷骨契文爲照。

弘治十七年十二月初九日　立契出賣人　汪　卓　契

見人　汪大常

前項契內價錢，當日兩相交付足訖。再批。

同上　祁門縣王阿鄭賣地赤契

十四都王阿鄭，原□□□仕道開造山腳地貳塊，坐落土名丁家塢坑上。壹塊現栽苧科在於坑邊；又壹塊在王舜并王弘地上，現栽麻、栗、萸樹在內。其地貳塊與身遞年坌苧種麻。今爲欠帳無還，情願憑中王仕恭等將其地貳塊立契出賣與同都家人王舜名下爲業，議還時價紋銀叁錢伍分整，在手前去了帳。其地未賣之先，即無家、外人重複交易。成交之後，各不許悔，如先悔者，甘罰銀一錢與不悔人用，仍依此契爲始。今恐無憑，立此文契爲照。

明正德九年四月廿二日　立契婦　王阿鄭　契

中見人　王仕恭

王思成

依口代書人　鄭文通

同上　祁門縣王友仁賣地赤契

十八都王友仁，今無錢用度，自情願將祖產地壹號，坐落本都三保，土名三洪石黃下源地，與叔相共；又壹號同保田，與良剛等拾分該得一分；又同保朱家宅山地壹號，亦與剛等相共，前項山地、田共三號，計共約有壹畝有零，所有東西四至，自有經理可照，盡數立契同都人葉廷祥名下爲業，面議時值價銀柒兩整，在手足訖。其田、地、山與家、外人即無重複交易。來歷不明，賣人自理，不涉買人之事。成交之後，二各不許悔，如悔者甘罰契內銀一半，與不悔人用。所有稅糧候造冊之日，聽詞買主收割入戶無詞。今恐人心無憑，立此文契爲照。

正德八年十月二十九日　立契人　王友仁　契

領價男　王　錦

依口代書人　王　琳

外批：　榜下與衆相共，成田在內無詞。

同上　休寧縣胡才付賣地赤契

十一都胡才付，承祖父地壹號，坐落六保土名方下塢口，係經理坐字四佰伍拾捌號，計荒地貳角三十步，東至山，西至田，南至山，北至倪文興地。今自情願將前項四至內地，并竹本邊合得壹半，盡行立契出賣與同都汪黨名下爲業，三面議定時值價白紋銀壹兩整。其價、契當日兩相交付，契後再不立領。今從賣後，其地聽自買人耕種管業，本家即無阻當。未賣之先即無重複交易。如有來歷不明及家、外人占攔一切等事，并是賣人之當，不及買人之事。所有來腳契文隨時繳付。今恐無憑，立此文契爲用。

嘉靖十一年正月初七日　立契人　胡才付

中見人　胡　大

同賣人　胡　遠

同上　休寧縣汪山等賣苧園地赤契

十一都汪山同侄汪訊，今將承祖父買受汪文暄萱園地壹塊，坐落本都六保，土名住後山，新立四至，東至汪再暘地，西至汪佳地，南至塝，北至汪再暘地；又取同處原買汪友尙暘地壹產，新立四至，東至汪侯風水，西至自地，南至塝，北至汪魁、再暘地。今將前項八至內地骨并木，盡行立契出賣與族侄汪再暘名下爲業，憑中面議時值價銀壹兩伍錢整。其價、契當日兩相交付，契後再不立領。今從出賣之後，即無重複交易。如有一切不明等事，并是賣人之當，不及買人之事。所有來腳契文與別產相連，不及繳付，日後要用，將出照證無詞。其地係荒無糧推割。今恐無憑，立此文契爲用。

嘉靖廿二年十二月廿七日　立契人　汪　山　契

奉書同侄　汪　訊

同上　歙縣程廷璧賣地赤契

九都住人吳廷璧，今因缺少使用，自情願憑中立契，將承祖鬮分得本都伍保，位字叁百伍拾肆號地壹片，共計壹畝捌分，陸分中本身合得壹分，計地叁分，土名墓田林，佃人陳志全，遞年麥、豆、粟園內監收，其地東至底田，西至程潛園，南至水溝，北至底田，今將前項四至內地，盡行立契出賣與侄程鑾名下，三面憑中議作時值價白紋銀壹兩捌錢整。其銀當成契日一并交收足訖，別不立領札。今從出賣之後，一聽買人收苗管業。如有內外人占攔及重複交易，一切不明等事，盡是賣人之當，不及買人之事。其稅糧隨即扒與辦納，本家則無阻擋。所有來腳係承祖業。今恐無憑，立此文契爲照。

嘉靖四十三年七月十七日　立文契人　陳廷璧　契

憑叔　程　兆

今就契內領去價銀并收足訖。同日再批。

稅糧叁分六釐。

同上　休寧縣汪金等賣地赤契

十都汪金、汪囝、汪鳳、汪龍，今爲無銀支解糧差，自情願將承祖土名胡三坑大壟山腳田疆一帶田坵，經理道字□□號，計租二鈎，計稅二分，新立四至，東至溪，西至買主原買榧木豆坦腳，南至大鳥石，北至路；　汪鳳又將同處豆園茶柯一片，計豆租一鈎，計山稅一分，新立四至，東至謝遲原賣與買主坦，西至本身坦原賣與買主坦，南至樹林，北至汪金坦原賣與買主坦；　又將土名青閔坑豆坦茶園二片，道字□□號，計豆租拾斤，新立四至，東至溪，西至謝□坦，南至樹林，北至汪龍坦，計稅伍釐四人；　又將土名茶園坎林，道字□□號，大榧樹伍伍根，計榧租一鈎，其榧木計山長養，收租管業，日後成材聽自砍斫，本家無得阻擋；　稅糧本家辦納，不至累及買主；　其前項四處共拾陸至豆坦、田疆、榧木，盡行立契出賣與同都汪□□名下，三面議定時值價銀貳兩貳錢整。其銀當日收足。其田坦、榧木一聽買人即便收租管業，其田疆聽日後買主開墾，其稅候造冊之年推與買人戶內輸納。其前項來歷如有不明及重選交易，內外人聲說阻擋，盡是本身出賣人之當，不干買人之事。自成交之後，各無悔異，如有先悔者，甘罰契外銀叁錢與不悔人用。其前價稅再不另立推冊收領。立此賣契爲照。

隆慶三年十月初三日　立賣契人　汪　龍

汪　金

汪　囝

汪　鳳

代筆人　謝　相

所是契內價銀當日收足無欠。

同上　休寧縣汪相等賣地赤契

十二都住人汪相、晃、漠、汪鼎、汪景、汪昱、汪昂，今因本甲下管業絕軍吳安民，在戶有稅無產，虛糧一石伍斗有零，幸遇清丈，具呈分豁，缺少盤費，衆議將承祖五房首字伍百捌拾叁號，山腳開墾地壹百柒拾步零伍釐，共計地三坵，土名方丘塢，仁房存留，義、禮、智、信四房出賣與汪社祠名下，三面議作時值價白紋銀捌錢整。其地東西四至新立，自有保簿該載，不再開寫。其銀、契當日兩相交付足訖。其地每年交租壹砠零陸斤。其地聽從買主管業。其稅糧係在汪永記戶，其稅候造冊年聽自起割。今恐無憑，立此出賣文契爲照。

萬曆拾貳年六月十三日　立契出賣人　汪　相

汪　晃

汪　漠

汪　鼎

汪　景

同賣契人　汪　昱

汪　昂

代筆人　汪　文

今領前項契內價銀并收足訖。同日再批。

其前地仁邊五股之一存留，照股出銀貳錢付吳安民使用。

同上　歙縣吳大等賣園地赤契

二十二都六圖立賣契人吳大、吳輔，今因缺欠用度，自情願將承祖分大園地一片，坐落土名後底山，係木字二千四百七十七號，計稅一分一釐二毫，東至畢宅田，西至吳宅田，南至□宅園，北至葉宅園，四至內盡行立契出賣與葉□□名下爲業，三面憑中議定時值價紋銀伍兩伍錢整。其銀當成契日一并收足，并不欠少分文。倘有内外人攔占及重複交易，一切不明等事，盡是賣人之當，不干買主之事，并無私債準折，兩相情願。其稅糧候至造冊，本戶自行推出，并無難異。恐後無憑，立此賣契爲照。

萬曆十七年九月初六日　立賣契人　吳　大

吳　輔

中間人　巴勝才

代筆人　吳　器

今隨契內價銀同年月日一并收足，別不立領。

同上　休寧縣汪儆賣園地赤契

十八都九圖住人汪儆，因爲缺少使用，自情願央中將續置園地一片，坐落土名九郎園，係育字一千一百四十八號，中地一百七十一步四分，計稅六分八釐伍毫，其地東至汪津園地，西至張□□園地，南至戴宅園地，北至汪瀚園地，今將前項四至內園地，盡行立契出賣與本都五圖汪名下爲業，三面議定時值價銀五兩柒錢整。其銀當成契日一并收足訖，并無欠少分文，亦不別立領札。今從出賣之後，一聽買人自行管業爲定。如有內外人攔占及先後重複交易，一切不明等事，盡是賣人祗當，不干買人之事。所有稅糧，今輪大造，本戶自行推出，即無難異。今恐無憑，立此出賣文契爲照。

萬曆二十年三月日　立出賣文契人　汪　儆

中見人　汪桂芳

依口代筆人　汪　汶

同年月日前項契內價銀隨契領足。再批爲照。

領銀人　汪　儆

同上　歙縣程劍賣地赤契

立賣契人程劍，今將承祖鬮分得養字六千一百九十號下地一片，土名店基，計四十九步；　又將芥字六千二百零三號，中地五步五分八毫，土名店前；　又將芥字六千二百九十四號，下地二百九十七步二分七釐，土名水打灣，其地東至溪，西至路，南至塍，北至程尚廉園地，共計稅九分七釐有零。又將芥字六千四百四十三號，土名天井山，計稅一毫四絲，又將六千四百四十四[號]，土名雙樹林，計山稅二釐三毫；　又將六千五百一十四號，土名張家山，計稅二釐五毫；　又將芥字八千六十三號，土名邵塘，計稅四毫六絲，四號共山稅五釐四毫。今因管業不便，將前項地、山共計七號，盡行憑中立契出賣與戶兄程鑾名下爲業，當日三面議定時價白紋銀八兩二錢整。其銀當成契日一并收足。其稅聽從隨即推入買主名下辦納。如有內外人攔占及重複交易，一切不明等事，并是賣主之當，不涉買人之事。上手來腳係承祖業，繳付不便，日後但用索出參照。今恐無憑，立此賣契存照。

萬曆二十二年十一月初二日　立賣契人　程　劍

中見人　程文澤

程　鋁

今就契內領去價銀并收足訖，別不立領札。同年月日再批。

同上　劉宗義等賣地赤契

立賣契戶頭劉宗義，弟宗顯、侄廷文、廷讚等，今將承祖墳土名青閔坑墳腳底內取地一塊，其地新立四至，東至本家祖基石塝腳爲界，西至本家祖墳拜坆前石塝留竹劈號爲界，南至汪家茶園地爲界，北至謝當茶園地爲界，四至內地係道字□□號，計山地稅一分整，憑中立契出賣與同都汪鳳名下遷葬管業，當日三面言議時值價紋銀一兩五錢整。其銀當日收足。其地即便聽買人收稅過戶，實征輸納。倘有家、外人等生情異說，係是出賣人之當，不干買人之事。自成之後，二各無悔，如有悔者，甘罰契外銀三錢，與不悔人用。今恐無憑，立此賣約爲照。

萬曆三十二年三月初十日　立賣契戶頭　劉宗義

弟　劉　顯

侄　廷　文

廷　讚

廷　貴

廷　爵

廷　榮

中見人　丁　鎭

本　管　韓尚忠

代書人　劉廷相

前件契內價銀當日收足。再批。

同上　歙縣程廷義賣園地赤契

西南隅一圖立賣契人程廷義，今因缺少糧邊，自情願央中將承祖園地四片，坐落土名上山頭，係傷字二千七百九十七號，計稅二釐整，其園東至程家低園，西至路塝，南至路，北至程鳳園，今將前項四至內園，盡行立契出賣與廿五都五圖程□□名下爲業，當日憑三面議定時值價紋銀四兩六錢整。其銀當日隨手一并收足。自從出賣之後，一聽買主管業收苗受稅爲定，一聽買主開遷風水，本家并無異說。倘有內外人難占及重複交易，一切不明等事，盡是賣人成當，不涉買主之事。其稅糧今冊年本戶自行起推，并無難異。今恐無憑，立此賣契存照。

明天啓元年八月日　立賣契人　程廷義

朱敬峰

中見人　楊收德

同侄　程時乾

今隨契內價銀一并收足。同年月日再批存照。

同上　程明炳等賣地赤契

耆德門立賣契人程明炳、明煒、明煐、明照，今因管業不亳，自情願將續置程江基地一號，土名京村後山，係新文鞠字三千二百八十六號，其地東至衆路，西至衆路，南至格等屋地，北至格等空地，其有前項四至內空基地，本身合得地一步四釐七亳，該地稅四亳□絲；又將土名桑樹塍田一坵，係鞠字七百四十七號，其田東至□□田，西至□□田，南至□□田，北至□□田，前項四至內田，共租八砠，兄弟合得一半，該租四砠，該田稅三分九釐六毫三絲，今將前項八至內田、地，本身兄弟合得地一步四釐七毫，合得租四砠，盡行出賣與族叔□□名下爲業，三面議作時值價紋銀一十一兩整。其銀當成契日一并收訖。其田、地今從出賣之後，聽從買人管業，造屋、收苗、收稅。如有內外人攔占及重複交易，一切不明等事，盡是賣人承當，不涉買主之事。其稅糧本戶自行起割。今恐無憑，立此賣契存照。

明天啓二年三月十五日　立賣契人　程明炳

同弟　程明煒

程明煐

程明炤

中人　程正

今就契內價銀一并收訖，別不立領札。同年月日再批爲照。

同上　歙縣吳時洋賣地赤契

廿五都三圖立賣契人吳時洋，今因欠少使用，自情願憑中將自己續置到新丈岡字七千八百三十三號，土名汪九坦，計地稅三分八釐六毫，其園東至孫汝潩地，西至江鋇地，南至汪清地，北至吳爵華地；又將岡七千九百六十九號，土名風樹塘上，計地稅七分九釐一毫，其地東至江鋇地，西至李積善墳地，南至吳伯初地，北至江鋇地，今將前項八至地二處，盡行立契出賣與二十六都七圖程名下爲業，三面言定時值價紋銀一十一兩整。其銀當成契日一并收足。其園地聽從買人便行管業。倘有內外人異說，盡是出賣人承當，不涉買人之事。其有來腳契文隨即繳付。未賣之先，即不曾與他人重複交易，亦無準折等情。其稅糧於本圖七甲吳良悅戶下起割，推入二十六都七圖程宗正戶下解納。其地二處本家即無毫忽存留。倘有字號不清，畝步不盡，自有土名四至爲定。今恐無憑，立此賣契爲照。

明天啓四年八月二十日　立賣契人　吳時洋

主盟母　吳阿程

中見親叔　吳良愷

代筆弟　吳時懷

其地聽從遷造風水，無得刁難。再批。

其契內岡字七千八百三十三號，土名汪九坦，日後聽從本家原價紋銀四兩取贖。再批。

同上　歙縣鮑文輝賣地契

二十一都四圖立賣契人鮑文輝，今因欠少使用，自情願將承父分受己分下，新丈草字三百五十三號內，實地三步，計稅一釐一毫，土名孝廉住基，其地東至本家賢謨屋地，西至拍□屋地，南至本家衆屋，北至永安街，今將四至明白，浼中立契，盡行出賣與本家族兄文會名下爲業，三面議定時值價紋銀二兩七錢整。其銀、契當即兩相交付明白，即無欠少分文，亦無準折等情。其地從前即不與他人重複交易。倘有親房人等前來異說，俱係賣人一面承當，不干買人之事。其即當即交與買人管業。其稅糧係本戶隨契扒入買人分下支解，再不另立扒單。其契內價當日一并收足，再不立收領。今恐無憑，立此賣契文書永遠爲照。

明天啓五年四月初四日　立賣契文書人　鮑文輝
同男　鮑懋霖
鮑懋震
代書中人　鮑伯陽
鮑文波
鮑懋森

同上　歙縣吴士淮賣地契

立賣契人吴士淮，今因上年父手將獅保、灰九二房出賣與友恭堂，未通衆知，得受財禮銀三兩；其獅保、灰九先年塡叔公已賣在本堂永遠使喚；今衆公議，此係重複得銀，不準。淮又欠本堂地租銀五錢，自願求衆將祖國字六百七十八號，地二步，土名澄塘後村，坐落元學朝奉牆外上首；又將國字四百七十五號，田一業，計毛租三十斤，土名武城段，以上二業共作銀三兩五錢，賣與本堂以抵前數。其田、地聽憑管業、收租、割稅，并無異說。恐口無憑，立此賣契爲照。

明天啓七年二月十八日　立賣契人　吴士淮
中人　吴　至
吴　壕
吴世薦
吴中鎧
代筆　吴　鋟

同上　休寧縣詹誠然賣豆園赤契

十七都七圖立賣契人詹誠然，今因管業不便，自情願將續置豆園一業，坐落土名手臂塌，係坐字四十四號，計稅三分八釐整，計租豆三租斗。其園東至□□，西至□□，南至□□，北至□□，今將前項四至盡行立契出賣與本圖八甲詹□□名下爲業，三面議作時值價白紋銀二兩四錢整。其銀當日交付足訖，并無欠少分文，亦無準折、債負之類。自出賣之後，一聽買人收苗收稅管業。倘有來歷不明，及重複交易，并內外人攔占，一切不明等事，盡是賣人承當，不涉買人之事。其上手來腳與別產相連，繳付不便，日後刷出，不在[再]行用。其稅隨即推入八甲戶下辦納糧差無異。立此爲照。

明天啓七年九月二十五日　立賣契人　詹誠然

今就契內價銀一并收訖，別不立領札。再批。　中見人　詹三球

同上　祁門縣鄭元老賣地契

二十一都四圖立賣契文書人鄭元老，今因欠少使用，自情願浼中人將承父分受住屋後段地，菜園空地一片，新丈草字一千二百六十五號，地二十步，今父所生兄弟四人，於內身合得一股，計地伍步，計稅一釐二毫，其地東至出產人屋地簷腳，西至鄭聽戶屋地，南至收買人地，北至鄭可遂屋路心，今將四至開載明白，憑中該身分法，盡行出賣與本圖鮑□□名下爲業，三面言定時值價紋銀一兩三錢整。其地隨即付交買人管業。其銀當付收足，并無貨物推折。曾前亦無重複等情。倘有親房等前來異說，俱身一面承當，不干買人之事。其稅糧隨即割付買主戶下支解，夏秋二稅一并收足，再不另立推單。今恐無憑，立此賣契永遠爲照。

崇禎二年又四月廿四日　立賣契文書人　鄭元老
憑中親弟　鄭元壽
代書人親房　鄭文明
鮑宜仲
鮑　東

同上　祁門縣鄭元壽賣地契

廿一都四圖立契文書人鄭元壽，今因欠少使用，自情願浼中人將承父分受住屋後段地，菜園空地一片，草字一千二百六十五號，計地廿步，今父所生兄弟四人，於內身合得一股，計地五步，計稅一釐八毫，其地東至出產人屋地簷腳，西至鄭聽戶屋地，南至收買人地，北至鄭可遂地，今將四至開載明白，憑中該身分法，盡行出賣與本圖鮑名下爲業，三面言定時值價紋銀一兩三錢整。其地隨即付交買人管業。其銀當付收足，并無貨物準折。曾前亦無重複等情。倘有親房人等前來異說，俱身一面承當，不干買人之事。其稅糧隨即割付買主戶下支解，夏秋二稅一并收足，另再不立推單。今恐無立憑，此賣契永遠爲照。

崇禎二年又四月初三日　立賣契文書人　鄭無壽
憑中親兄　鄭元老
親房代書人　鄭文明

鮑宜仲
鮑　東

同上　休寧縣汪時順等賣地赤契

四都六圖立賣契人汪時順同弟汪時選，今因缺少使用，自情願將承父園地一業，坐落土名莊邊山，係結字七百零六號，其園東至金家園，西至汪家園，南至汪家園，北至金家園，四至內園汪時順合得地稅叁釐，汪時選合得地稅伍釐，盡行立契出賣與金□□名下爲業，當日憑中議作時值價紋銀三兩五錢整。其銀當成契日一并交收足訖，即無欠少，亦無準折、債負之類。其業先年并無重複不明等事，如有，盡是賣人承當，不涉買人之事。其稅在四都六圖六甲汪隆汶戶起割叁釐，汪時可戶起割伍釐，推入十四都八圖全文戶內支解，本家應任人毋得異說。今自出賣之後，一聽買人自行管業收苗受稅，應任人毋得阻當。今就契內領價足訖，契後再不立領札。恐後無憑，立此賣契存照。

契內價銀隨即一并收訖，并無欠少，契後再不立領札。再批爲照。

崇禎貳年十二月廿七日　立賣契人　汪時順
汪時選
中見人　汪時行
朱仁所
汪時和
代筆伯　汪　漢

同上　休寧縣汪千老賣地赤契

十八都九圖立賣契人汪千老，爲因乏用，自情願央中將承祖該分下園壹畝，土名低田園，係育字四百七十八號，計稅七分六釐一毫，其園現東至，西□□，南至路，北至路，今將前項四至內地，盡行出賣與本都本圖本甲汪應□名下爲業，三面議定時值價銀捌兩整。其銀當成契日一并交收足訖，并無欠少分文，并不別立領札。自從出賣之後，聽憑買主自行管業。倘有內外人攔占及前後重複交易，一切不明等情，盡是賣主之當，不涉買人之事。其有稅糧今輪大造，本戶即行推出，并無異說。今恐無憑，立此賣契存照。

崇禎五年三月日　立賣契人　汪千老
中見人　汪元芝

炮文通
汪滿郎

同上　歙縣程積柯賣地赤契

十一都五圖立賣契人程積柯，今因缺少使用，自情願將承祖河字一千七百三十二號，土名碓後山，計地稅貳分叁釐貳毫伍絲，四至照依現存清冊管業，三面議定時值價紋銀壹兩柒錢整。其銀當即收足。其地日下聽憑管業。其稅現造黄冊，聽憑自下過割，即無阻擋。如有內外親房人等異說，俱係賣人承當，不干買人之事。恐後無憑，立此賣契爲用。

崇禎伍年十月十八日　立賣契人　程積柯
中見人　程積橋
代書人　程佛孫
代筆中人　程積來

同上　祁門縣黄式和賣地赤契

二十九都一圖立賣人黄式和，今將承業店地一處，坐落土名街南，係新丈長字□□號，其地東至□□，□□，西至□□，北至□□，今將四至內地與樂善共業，本家合得三股之一，計地六分六釐六毫有零，計稅三毫三絲有零。因管業不便，憑中立契出賣與同戶兄靜臺名下爲業，三面議取時值價紋銀五兩一錢整。其銀當日收足。自今出賣之後，一聽買人自行管業受稅爲定，如有內外人攔占及重複不明等事，盡是賣人理直，不涉買人之事。其稅今值冊年，本戶自行推扒。今恐無憑，立此賣契存照。

崇禎六年六月廿四日　立賣契人　黄式和
中見人　黄巽初

前項契內價銀，當成契日隨手一并收足。同日再批。

其式和係君錫、亦政、文在三房名目總在此一契，各有花押，再批。

同上　歙縣仇存信賣地赤契

二十都二圖立賣契人仇存信，今因乏用，自情願浼中將續買地一業，係鳳字一千四百五十五號，計地稅五分一釐五毫八絲，土名坐落宋二充大塢埵，四至載冊不開；又將鳳字一千四佰卌四號，計地稅一分八釐玖毫，土名坐落宋二充，四至載冊；又將鳳字一千四百廿九號，計地稅伍毫三絲五忽，土名坐落程家林，四至照依清冊管業，前號三共計稅七分一釐零一絲五忽，憑中立契出賣與本都仇□□名下爲業，三面議定時値價紋銀一兩玖錢整。其銀、契當即兩相交付明白。存前并未與他人重複交易。係是兩相情願，亦無威逼、準折等情。倘有親房內外人等前來異說，係身一面承當，不涉買主之事。其稅糧聽憑眼同過割，入仇可順戶下支解，本家即無難異。今恐無憑，立此賣契永遠爲照。

崇禎八年五月念日　立賣契人　仇存信
憑中　仇岩老
汪恆之
代書　仇松盛

其契內銀兩一并收足，不另立領。再批。

同上　歙縣程阿楊賣地赤契

十一都五圖立賣契人程阿楊，今因買地葬夫，自願將夫承父分受河字一千七百三十一號，地稅肆釐，土名碓後山；　又將河字一千七百三十二號，地稅九毫，土名同；　又將河字一千七百三十三號，地稅弍分一釐，土名同；　又將河字一千七百三十四號，地稅伍釐，土名同；　又將河字一千七百三十七號，地稅壹釐捌毫，土名碓後山，其地下片東至塝脅，西至徐界，南至買人產，北至路，其上等號東至碓基，西至積煌地，南至塝脚，北至買人地，四至之內有四號并七號與侄合業，該身分法盡行出賣，憑中立契出賣與二十三都五圖淩□□名下爲業，三面議定時値價紋銀柒兩整。其銀當日收足。其地日下聽憑買人管業蔭庇。其稅隨即過割入戶支解，不再難異。如有內外人等異言，俱身承當。重前至今并無重複交易。今恐無憑，立此賣契存照。

崇禎八年十二月初十日　立賣契人　程阿楊
中見人　程積橋
代書男　程良寶

其地上原長養大松木二根，本家存留蔭庇，無許砍斫。再批。

同上　徐仕宇賣地赤契

九都九圖立賣契文書人徐仕宇，今因缺少使用，自願將河字一千七百三十二號，計稅伍釐整，土名碓後山棗木下，浼中出賣與二十三都五圖淩名下爲業，三面議定價紋銀貳兩伍錢整。其銀當即收足。其地日下過割管業，改作動土，并無難易。四至皆淩宅地，永無準折，等情。如有親房內外人等前來異說，俱賣人承當，不干買人之事。今恐無憑，立此賣契爲用。

崇禎九年三月十五日　立賣[契]人　徐仕宇
同男　徐貞元
徐初元
中見人　程和橋
依口代書人　程良尹

同上　祁門縣鄭文育賣菜園地契

二十一都四圖立賣契人鄭文育同男時達，今因欠少使用，自情願將承祖分受住屋後段地，菜園地壹片，新丈草字一千二百六十二、六十三、六十四、六十五號，四共計地六十四步貳分貳釐，內除拾玖步出過鮑彥銘甲[名]下，仍存四十五步貳分貳，內將撥計地貳拾步零，父所生兄弟四人，每合得五步零，身次男時達出繼兄房該得五步，身合得五步，共計地拾步零，除原仔窖地在外。其地東至出產人屋地，西至鄭聰戶屋地，南至收產人地，北至方孟春屋，今將四至開載明白，憑中立契出賣與本圖鮑□名下爲業，三面議定時値價紋銀貳兩陸錢整。其地隨即交付買人管業。其銀當付收足，并無貨物準折。曾前亦無重複等情。倘有親房人等前來異說，俱身一面承當。其稅糧隨即割付買主戶下支解，夏秋二稅一并收足，再不另立推單。今恐無憑，立此賣契爲照。

崇禎九年九月十五日　立賣契人　鄭文育
同男　鄭時達
依口代書族人　鄭世德
中人　鮑　元

同上　歙縣程良元賣地赤契

十一都五圖立賣契人程良元，今因缺少使用，自情願將承祖分受河字一千七百卌一號，地稅肆釐，又將河字一千七百卌二號，地稅玖毫壹絲，河字一千七百卌四號，地稅貳分一釐，河字一千七百卌五號，地稅伍釐，河字一千七百卌七號，地稅玖毫，土名碓後山，四至下片東至塝脅，西至買人地，南至買人地，北至山脚，四至明白，憑中立契出賣與廿三都五圖淩□□名下爲業，蔭庇風水，面議時値價紋銀叁兩柒錢整。其銀當即收足。其地日下聽憑管業。其稅隨即過割入買人戶內支解。如有親房內外人等異言，俱身承當，不干買人之事。從前至今并無重複交易、準折等情。其松木貳株，本家存留蔭庇，永遠毋許砍斫。恐口無憑，立此賣契爲用。

崇禎九年十一月初九日　立賣契人　程良元

憑中見人　程積橋

堂弟　程良寶

代書男　程士宗

同上　歙縣程佛孫賣地赤契

十一都五圖立賣契人程佛孫，今因缺少使用，自願將承祖分受河字一千七百三十五號，地稅壹分二釐七毫，又將河一千七百三十八號，地稅玖釐叁毫整，其地四至，東至大樹邊，西至義興地，南至塝，北至路，又下片四至，東至地，西至地，南至前塝，北至後塝，四至明白，憑中立契出賣與二十三都五圖凌□□名下爲業，蔭庇風水，三面議定時價紋銀貳兩壹錢整。其銀當日收足。其地日下聽憑買人管業。其稅隨契過割入買人戶內支解。重[從]前至今并無重複交易、準折等情。如有內外親房人等異言，俱係賣人承當，不干受人之事。恐後無憑，立此賣契存照。

崇禎九年十一月初九日　立賣契人　程佛孫

憑中見人　程積橋

代書人　程良寶

同上　歙縣程積桐賣地赤契

直隸徽州府歙縣

天字五百二十一號契紙，產價壹兩，稅銀叁分。領契紙坊長、里長。

立賣契人程積桐，歙縣寧泰鄉十一都五圖，今因家貧，年老衣食難度，自情願將承祖分受身己分下，河字一千七百三十二號，計地稅貳釐捌毫，土名碓後山，其地係大松樹下，四至照依清冊管業，憑親弟立契出賣與二十三都五圖凌□□名下爲業，憑中三面議定時值價紋銀壹兩整。其銀當日收足。其銀、契當即兩相交付明白，其銀再不另立收領。其稅隨即過割入買人戶支解，并無難異。如有內外親房人等前來異言，俱係賣人一并承當，不干買人之事。今恐無憑，立此賣契存照。

崇禎十年五月二十日　立契人　程積桐

中見人　程積橋

同上　歙縣程阿鄭賣地赤契

直隸徽州府歙縣

月字五百八號契紙，產價壹兩捌錢，稅銀玖分。領契紙坊長、里長。

立賣契人程阿鄭，歙縣寧泰鄉十一都五圖人，今將河字一千七百卅七號地一業，土名碓後山，計稅貳分柒釐，其地東至良貞地，西至良登地，南至路，北至山腳，四至明白，并棕樹、櫃木、柡木共捌根，憑中立契出賣與二十三都五圖凌□□名下爲業，面議時值價紋銀壹兩捌錢整。其銀當即收足。其地目下聽從管業。其稅隨契過割入買人戶，支解管業。亦無重複交易、準折等情。如有親房內外人等異言，俱係賣人承當，不干受人之事。今恐無憑，立此賣契爲用。

崇禎拾叁年拾壹月初八日　立契人　程阿鄭

同男　程積楻

中見人　劉少華

程積橋

程光卿

程升之

代書人　程志儒

同上　休寧縣程元華賣地赤契

五都五圖立賣契人程元華，今因缺少使用，自情願將承祖土名住基低基控地內取後步，其地新立四至，東至汪宅竹園塝腳爲界，西至直出一丈貳尺，南至自塝牆爲界，北至買人牆爲界，係劍四千□□號，計稅貳釐，今將前項四至內地，出賣與堂兄程元澤名下爲業，當日三面議作時值價紋銀一兩整。其銀當日收足。其地即便聽從受買人管業。如有稅糧，係是本戶即便扒納糧差無異。如有內外人攔祖及重複交易，一切不明等情，盡是出賣人之當，不涉買人之事。今恐人心無憑，立此賣契存照。

崇禎十四年二月廿四日　立賣契人　程元華

親筆　無中

今就契內領去價銀若干并收足訖。同年月日再批。

其地日後買人造屋，存路與賣人往來吃水。再批。其契不日後永遠行用無異。

同上　歙縣許阿汪等賣地赤契

廿三都九圖立賣契人許阿汪同侄得倫、得儀，因爲錢糧緊急，自願將祖分受敢字八十三號，地貳分肆釐柒毫，敢字九十四號，地肆分肆釐貳毫五絲，敢字一百十二號，地叁分一釐玖毫，土名培山塢，四至照依清冊，憑中立契出賣與本都七圖黄名下爲業，三面議定時値價紋銀貳兩七錢整。其銀當即收足。其地聽憑目下管業。其稅於許文卿内起割，入買人戶内支解。從前至今并未與人重複交易，亦無威逼、準折等情。倘有親房人等異説，俱係賣人承當，不干買主之事。恐後無憑，立此賣契爲照。

崇禎十五年十二月日　立賣契人　許阿汪

許得儀

許得倫

代筆中人　許文起

許德琪

同上　歙縣程福老等賣地赤契

十一都五圖立賣契人程福老同侄元榜等，今因缺少使用，自情願將承祖河字一千六百九十一號，土名程村基地，稅貳分伍釐，其地東至黎屋，西至程屋，南至淩屋，北至塝腳，今將四至明白憑中立契出賣與二十三都五圖淩□名下爲業，當日面議時値價紋銀叁兩整。其銀、契當即兩相交明白無異。其地稅日下價紋銀叁兩整。其銀、契當即兩相交明白無異。其地稅日下聽憑過割入戶，支解管業。倘有親房内外人等異説，俱身承當。本身并無重複交易、威逼等情。不買主之事。今恐無憑，立此爲用。其基地石腳并在契内，加銀叁錢整。

崇禎拾伍年十二月廿六日　立賣契人　程福老

同弟　貴老

管老

都老

同侄　無榜

中見人　劉少華

同上　歙縣程阿吳等賣地赤契

五都一圖立賣契人程阿吳，今因缺少壽衣，自情願鬮得空地壹片，土名禾斜，係巨字□□號，計稅壹分貳釐，東至益地，西至塝，南至本家路，北至衆地，四至内盡行立契出賣與同都族叔□□名下爲業，三面言議時値價紋銀陸兩整。其銀當日收足。其業隨即收稅管業。但有重複交易，内外人攔阻等情，盡是賣人承當，不涉買主之事。其有上手來腳與別産相連，繳付不別，日後要用，刷出參照。今恐無憑，立此賣契存照。

崇禎十七年八月十八日　立賣契人　程阿吳

尙　芳

中見人　程玄瑚

汪德徽

今就契内價銀并收足訖，同年月日，別不立領札。再批存照。

依口代書人　元　振

同上　祁門縣鄭伯和等賣山赤契

十五都鄭伯和、伯原、伯仁，今吾祖産山地壹號，坐落十六都八保，土名塘田源，山七畝，係菊字伍百六十一號，四止自有本保經理可照。今來管業不便，自情願盡數立契出賣與十六都倪振玉名下爲業，面議花銀壹兩足訖。成交之後，各無悔易，悔者罰價一半與不悔人用，仍依此文爲準。其山如有一切不明，賣人自理，不干買人之事。今人少信，立此文契爲用。

洪武八年十月初七日　鄭伯和　契

伯　原

伯　仁

見人　鄭伯福

同上　休寧縣謝元熙賣山赤契

十都七保謝元熙同侄孟良孫，今爲戶門無貨支用，自情願將土名梨禾塢，山地一片，西排上截，唐字一千三百三十號，夏山三畝，其山東至坑，西至降，南至塢頭，北至大灣里嶺，隨嶺分水，上至降，下至坑，今將前項四至内并地骨大小松苗，盡數立契出賣與李仲德名下，面議價錢花銀四兩。其銀當立契日一并交足無欠。其山未賣知先，則不情與家、外交易。如有家、外占攔，并是出賣人自行祇擋，不涉買者知事。所有上手赤契與別段相連，不在繳付。今恐人心無憑，立此文書爲用者。

洪武二年五月十六日　謝元熙　契

同侄　良　孫

同上　祁門縣胡仕可等賣山赤契

十都三保胡仕可同弟兼善，世承父有山地壹片，坐落本保，土名大港山，經理如字捌百二十七號、八百二十八號，共計山四十八畝，其山東至李孟善、宗裕山降，從龍鏡面心直至胡太住地及大溪，西至從塢明田末灣口曲轉向西，竪心直通降及坑山，南至大溪，北至大横降及塘坑山。今爲無鈔支用，與母親胡濟孺人李氏商議，願將前項四至内山地并大小松苗，盡行立契出賣與同都人徐友成名下，三面評議時值價寶鈔二十一貫。其鈔當立契日一并收足。其山地并苗禾，一任買人自行管業。日後如有家、外人占攔及重複交易，一切不明，并是賣人底當，不及受人之事。所有上年赤契隨此繳付。今恐無憑，立此賣契爲用者。

洪武十一年二月十四日　出產人　胡仕可

胡兼善

主議母親　李　氏

依口代書人　胡叔高

同上　祁門縣徐友成賣山赤契

賣契人拾都徐友成，今有上年買受胡仕可山兩號，坐落本都，土名大港山，經理如字八百二十七號、八百二十八號，共計山肆拾捌畝，東至李孟善、宗裕山降，從龍鏡面心，直至胡太住基及大溪，西至從塢頭田末灣曲轉向西，竪灣心直通降及塘坑山，南至大溪，北至大横降及塘坑山，所有四至悉照經理來脚開載明白。今爲急用，願將前項山骨并大小苗禾，盡行轉賣與十一都人李世率名下，面議作時值價寶鈔貳拾四貫。其鈔當日收訖。賣後聽受人執山管業。如有不明，賣人自理，不及買人之事。所有來脚一紙當即繳付。今恐無憑，立此轉文爲照。

洪武十二年十二月初二日　賣契人　徐友成

見弟　友　信

同上　歙縣李孟先賣山赤契

十都李孟先，有七保經理唐字一千一百十八號，坐落插木汰，夏山一畝，東至嶺直下至田，西至塢口，南至降，北至田。今來無鈔支用，情願將前項四至内山地，立契盡行賣與程子善名下，面議寶鈔貳貫四百文。其鈔當日收足前去。其山自立契後，一任買人自行長養杉苗，管業爲主，本家即無阻當。如有家、外人占攔，并是賣人祗當，不及買人之事。所是上手一并繳付，如有分發爭差，并是孟先祗當。今恐無憑，立此文契爲用者。

洪武十五年三月二十九日　李孟先　契

同上　祁門縣李斌全出賣山赤契

十西都李斌全，承祖有山地壹片，坐落本都六保，土名蒼坑源，係經理陶字三百七十三號，計山伍拾捌畝，其山東至嶺，西至自山，南至李家山，北至降。又將同處山地壹號，係經理陶字三百七十四號，計山壹拾玖畝，其山東至田，西至李家山，南至田，北至李家山。今將前項捌至山地并地脚，盡行立契出賣與李子善名下，面議時價寶鈔壹拾伍貫。其鈔并契當日兩相交付。其山地一任買人長養杉苗，永遠管業。其山未賣之先，即不曾與家、外人交易。如有重複及家、外人占攔，并是出賣人之當，不涉受買人之事。所有上手赤白文契與別產相連，不及繳付，日後賫出，不在行用。今恐無憑，立此文契爲用。

洪武拾陸年二月二十五日　李斌全　契

依口代書人　李陽生

同上　祁門縣謝允恭賣山赤契

十西都謝允恭，今承祖有山地一片，坐落本都七保，土名王公尖長林，係經理唐字□□□□，夏山壹畝，東至大塢心直上至高尖下至坑，西至嶺上至王公尖下至大坑，南至大降，北至大坑。今將前項山地四至內大小杉苗，盡行立契出賣與本都謝文先名下，面議寶鈔貳拾貫文。其鈔當立契日一并交足無欠。自立契知後，一任買者自行管業爲褚。所有上手赤契，兩相交付收訖。其山地來力不明，并是賣者祗當，不涉買者知事。今恐人心無憑，立此文契爲用者。

洪武十六年五月二十日　謝允恭　契

依口代書人　許原茂

同上　休寧縣范和忠等賣山赤契

十六都范和忠同弟范致忠，今於戸門充當弓兵，蒙本司差本家管解軍人，前往松江府，缺欠盤纏，無鈔用度，自情願將本家祖產山地，坐落本都五保，土名文溪源及理黃沙等處山場，盡數內三分取一分，出賣與本都汪丙之名下爲業，面議價錢寶鈔三十貫文，在手足訖。其山地各處畝步四至，自有青荒流水管保經理可照。其山地未賣之先，家、外人則無重迭交易。如有來力[歷]不明，賣人自行理直，不涉買人之事。自賣之後，二家各無言悔，如先悔者甘罰契內寶鈔一十貫文與不悔人用。今恐人心無憑，立此文契爲用。

洪武十九年二月十一日　范和忠

同弟　范致忠

見交易人　范信輕

見人　蔣信保

同上　祁門縣謝顯先賣山赤契

十西都謝顯先，今有墓林山地壹片，坐落本都七保，土名烏攔塢，係今經理唐字伍百壹拾號，計山地貳角，其地東至田，西至李田，南至唐路榜，北至降。今將前項四至內墓林山地盡行立契出賣與本都人謝永壽名下，面議時價寶鈔陸貫。其鈔當日收足無欠。其地賣後，一任買人經理管業爲定。未賣之先，即不曾與家、外人交易。如有一切不盟，并是賣人祗當，不涉買人祗[之]事。今恐無憑，立此文契爲用者。

洪武二十年正月二十日　謝顯先　契

同上　祁門縣謝景春賣山赤契

十西都謝景春，承父買受得方貴通山地一片，坐落七保，土名吳隱坑頭，唐字三百五號，山壹畝，其山東至塢心低李彌高山，西至小嶺下至石冲低[抵]本宅山，南至大降，北至坑。今將前項四至內山并大小杉苗，盡行立契出賣與同都人李源清同李子善名，面議價錢寶鈔壹拾貫。其鈔當立契日一并收足。其山地并地內大小杉苗盡行立契，一聽買主自行管業爲主，本家即無阻當。所有上手赤契，一并交付。今恐人心無憑，立此爲照。

洪武二十四年九月初一日　謝景春　契

同上　休寧縣李魏相等賣山赤契

拾捌都李魏相、弟名相，同拾壹都叔李克名，共承祖產山地壹片，坐落拾東都二保，土名欄[illegible]塢，係經理遜字捌百叁拾號，其山東至坑，西至尖，南李宅山，北壟，計尙山壹拾二畝二角，下山玖畝二角。今將前項肆至內山地，伍分內叁人合得叁分，立契出賣與拾壹都黃伯成名下爲業，面議價錢寶鈔壹拾伍貫，在手前去用度。其山未賣之先，與家、外人即無交易。如有家、外人占攔，并係出產之當，不涉買人之事。所是山地日後聽自伯成永遠管業，經理入戶，本家并不詞說。所有尙手文契，失落不全，日後賫出，不在[再]行用。今罕無憑，立此文契爲用者。

洪武貳拾陸年四月拾伍日　出產人　李魏相　契

同賣人李克名妻　張氏渙娘

李名相

所是[有]契內價錢，當立契日并收足。李魏相再批。同收鈔人張氏渙娘。

同上　休寧縣汪致和賣山赤契

三都汪致和，今有山一片，坐落本都八保，土名盤坑塘塢，山三十五畝，係律字三百五十七號，其山東至大降，西至降隨壟下至小灣及淩家墓山下至田，南至中段田末灣心直上至降，北至大降。今將前項四至內山，盡數立契出賣與同都黃□□名下爲業，面議價錢寶鈔二貫七百文。其鈔并契當日兩相交付。其山未賣之前，即無家、外人重複交易。如有不名，并是賣人祗當，不涉買人之事。今恐無憑，立此文契爲用。

洪武二十七年八月二十八日　洪致和契

遇見人　金祖授

同上　祁門縣謝申娘賣山赤契

十西都謝申娘，今有山一片，坐落七保，土名佘坑大塢，係唐字一千一百三十九號，一畝二角，其山東至大降，西至汪茂山，南至汪茂地，北至小嶺。又將同處一千一百四十號內，其山東至大降，西至李八山，南至李權山，北至方重一山，其山內取五畝一角。今將前項八至內[出]，立契出賣與方未郎名下，面議價錢寶鈔六貫文。其鈔當立契日一并收足。其山地未賣之先，即不曾與家、外人交易。如有四至不明，及家、外人占攔，并是賣人之當，不及買人之事。今恐人心無憑，立此賣契爲用。

洪武二十八年正月二十日　謝申娘　立契

代書人　黃庚受

所是上首[手]一紙，在方遠郎處，日後不再行用。

同上　祁門縣謝願郎等賣山赤契

十西都謝願郎同弟謝辛源，共有山一片，坐落七保，土名唐坑，係經理唐字七百四十七號，一畝二角四十五步，其山東至田，西至降，南至唐坑口，北至田廠石充上降。其山元與謝景清相共，本宅合得一半。今爲欠少謝能靜牛租稻穀，願將前項四至內山地合得分法，盡行立契出賣與謝能靜名下爲業，面議價錢寶鈔三十貫文。其鈔立契日一并收足。其山地未賣之先，即不曾與家、外人交易。如有四至不明及家、外人占攔，并是賣人之當，不及買人之事。今恐人心無憑，立此賣契爲用。

洪武三十一年正月十二日　謝顧郎　契

謝辛源

代書人　黃庚受

同上 休寧縣汪堡等賣山契

拾二都汪堡同弟汪進生、叔汪太，今有祖產山地壹段，坐落本都四保毛嶺源，土名馬山塝，并胡永迪墳後來龍山地，經理係受字七百七拾四號內，取山貳畝，其山地東止行路及田，西止大降，南止馬山塝壟心分水[直上止大降壟心分水，直下止路底永迪田石嘴爲界，北止汪堡、汪太地底胡永迪地[向北直進止汪顯孫山地，從小灣心直上止大降壟心，直下止汪顯孫地爲界。又將毛嶺源胡永迪墳後山地，小來龍一條，係受五千五百三十號，地四拾叁步，其山地東止胡永迪地，西止大降，南止胡永迪山地，北汪堡地底汪顯孫山地小灣心，直上止大降。今爲戶門無鈔支用，今自願將前項捌止內山地并馬山塝栗樹、柿樹，盡數立契出賣與同都人胡永迪名下爲業，面議寶鈔玖貫，前去足訖。其鈔并契當日兩相交付足訖。其山地捌止內栗樹、柿樹并胡永迪墳後山地來龍，未賣之先，即無家、外人重複交易。如有不明，并是出產人自行承當，不涉受產人之事。其山地日後起科稅糧，照依契內畝步起割，前去徐產供解，本家并無當詞說。自承交之後，二家各無言悔，如先悔者願罰寶鈔五貫與不悔人用，仍依此文契爲始。今恐人心無憑，立此文契爲用。

洪武三十一年閏五月十一日　出契人　汪　堡

弟　汪進生

叔　汪　太

依口代書人　陳　乞

同上 李彥昌等賣山赤契

十都李彥昌同侄宗祥，共有山地四片，係經理虞字五百七十八號，東至李從山，南至降，北至田；五百八十一號，土名同處，東山，西李濟山，南[至]田，北降；六百卅一號，土名葉二塢，東里壟直下至田，西[至]李積山，南至降，北至京諭田；六百二十七號，土名七樹灣，東自山，西自山，南降，北至坑。今爲無鈔支用，情願將前項山地腳，共計壹拾陸至，盡行立契出賣與吳祐任名下，面議價錢寶鈔壹拾叁貫文。其鈔當立契日在手一并前去。其山嶺從賣後，一任買人永遠管業。未賣之先，即不曾家、外人重複交易。如有占攔并是賣人衹當，不涉買人之事。今恐無憑，立此賣契爲用。

建文二年十月二十五日　李彥昌

李宗祥

所是契內價鈔，同前年月一并足訖。　李彥昌

同上 休寧縣楊極賣山赤契

永康里十都一保楊極，今將承祖父戶下有山壹拾三號，坐落十二都八保，土名當坑原等處；係邇字八百壹拾號山，計八釐捌毫；又將邇字捌百柒拾肆號山，計壹分四釐；又將九百伍拾貳號山，計肆釐二毫；又將壹千陸百九拾伍號山，計陸釐三毫；又將捌百貳拾柒號山，計一釐二毫；又將九百九拾柒號山，計二釐壹毫；又將壹千陸百伍拾六號山，計壹釐伍毫；又將同分十三都三保歸字壹百叁拾肆號，土名叫子塢山，計壹畝；又將叁百柒號山，計貳分捌毫，土名池尾塢；又將壹百玖拾伍號山，計叁分叁釐叁毫；又將壹拾二號山，計二分五釐；又將貳百肆拾陸號山，計柒分伍釐。今爲戶役缺物支用，情願將前項四至內山，本家合得分數及字號內己業，盡行立契出賣與同都族弟楊新民名下，面議作時值鈔叁拾貫。其山今從出賣之後，一聽買人自行聞官受稅收苗，永遠管業。如有內外人占攔，及重複交易，一切不明等事，并是出賣人自衹當，不及買人之事。所有四至及來腳，自本家經理及外都關單入戶可照。如日後要用，於本家索出，參照不詞。今恐無憑，立此賣契文書爲用。其契內山價，當成契日并收足訖，別不立領札。

永樂三年六月十六日　出產人　楊　極　契

見人　楊彥眞

今領契內價鈔并收足。同年月日再批。

同上 祁門縣謝曙先賣山契

拾西都謝曙先，今有山壹片，坐落本保，土名汪家後山，係經理唐字一千五百五十八號，計山□□，東至胡二塢口嶺，西至嶺及墓林，南至田，北至塹及地。今於無支用，情願將前項四至內山地，盡行立契出賣與謝能靜名下，面議時價寶鈔貳拾四貫。其鈔并契當日兩相交付。其山地未賣之先，即不曾與內外人重複交易。如有一切不明，并是賣人之當，不及買人之事。所是上手文契檢尋未見，不及繳付，倘有漏落，不在行用。今恐無憑，立此文契爲用。

永樂五年三月十七日　謝曙先　契

代書男　謝能政

同上　休寧縣李思敬等賣山赤契

拾都李思敬、思遠，共承父山地壹片，坐落拾壹都五保，土名胡三婆住前，係經理湯字五百三十九號，計山□畝有令，其山東至塢頭隨壟分水爲界，西至大聖嶺直上至尖，南至溪，北至降。今爲要貨支用，願將前項四至內山并地脚苗木，盡行立契出賣與拾壹都住人李桃仁名下，面議時價寶鈔壹百拾貫文。其鈔立契之日收足。其山地并苗木，一聽買人自行永遠管業。來歷不明，出產人之當，不及買人之事。所是上手契文，一并繳付。今恐無憑，立此文契爲用。

永樂六年十二月初六日契　出賣人　李思敬

李思遠

見人　吳邦杰

所是契內價鈔，同年月日并收足訖。

同上　祁門縣謝曙先賣山赤契

拾西都七保謝曙先，今有承祖經理唐字一千一百二號，計山四畝三角二十步，七保，土名金坑，東至嶺，西至坑，南至劄栗灣心上至降，北至自山；又將土名同處石冲上，經理唐字□□號，計山三畝，其山東至嶺，西至坑，南至深灣，北至灣心上至嶺。今將前項八至內山地并地內大小杉苗，今於無錢支用，情願盡行立契出賣與謝能靜名下，面議時價寶鈔壹百貳拾貫。其鈔并契當日兩相交付明白。其山地一聽買人自行永遠管業。未買之先，即不曾與家、外人重複交易。如有一切不明，并是賣人之當，不及買人之事。今恐無憑，立此文契爲用。

永樂八年三月廿七日　謝曙先

代書男　謝能政

同上　祁門縣李賽宗賣山赤契

十西都李賽宗，承祖有山地一片，坐落本都七保，土名塘子坑，係經理唐字柒百捌拾號，其山東至降，西至田，南至塘子坑口嶺老林際，北至豪豬灣口，計山十三畝；又將七保，土名黃泳塢，係唐字一千伍百柒十六號，其山東止大正口心，西止高降，南至張五舍基嶺，北至大嶺，計山伍畝；又將言家同處隨田山叁角叁拾步，係唐字一千五百七十六號，其山東至金廿塢口乾田從里小壟上至降，西至田末壟直上止降，南至降，北至自田。其山元與李茂端相共，本家合得一半。今將前項十二至內山地并骨，盡行立契出賣與同都人謝能靜名下，面議時值價鈔伍拾貫文整。其鈔當立契日一并收足無欠。其山地內大小杉苗并地骨，一聽受買人自行永遠管業，本家即無阻當。未賣之先，即不曾與家內外人交易。如有家內外人占攔，并係出產之當，不及受買人之事。所是上手文契，檢尋未見，不及繳付，日後不在行用。今恐無憑，立此賣契爲用。

永樂九年七月十七日　李賽宗　契

見人　李茂端

依口代書人　李仲善

同賣弟　李紹宗

同上　休寧縣胡子華等賣山赤契

拾貳都胡子華同侄支通等，今有山地一號，坐落拾肆都五保，土名華家坦，經理係竹字一千一百六號，上山七畝一角四十步，下地一角廿步，其山東降，西溪，南壟心直下至堨頭抵其山「松溪直上至塢口抵徐家田」，北至壟心直下抵田。今將前項四至內山地，盡數立契出賣與拾肆都王虎名下爲業，面議時價大布叁匹。其布并契當日付訖。其山未賣之先，即無家、外人重複交易；如有，并係賣人之當，不涉買人之事。自成交之後，二家各無言悔，如先悔者甘罰寶鈔貳拾貫與不悔人用。今恐人心無憑，立此文契爲用。

永樂十年四月廿九日　胡子華　契

胡子華

胡支通

胡文郁

見人　徐仕歡

同上　祁門縣李氏三娘等賣山契

十西都李氏三娘同叔母方氏雲弟娘，承故夫謝安仁、安定，有山地五片：坐落本都七保，土名大塢係理唐字七百五十一號，計山三畝三角三十步，其山東大降，西塢口飯羅垛，南至坳口，北嶺；又將土名大塢西培山三角，經理七百五十三號，其山東至嶺，西至湖田，南至里灣心，北至墳外灣心；又將土名山背，經理七百五十四號，計山二角，其山東自田，西降，南、北山；又將七百五十五號，同處山背，山二畝，其山東降，西田，南、北謝家山；又將八保，土名大塢源，係經理吊字二千一百九十九號，計山五畝二角，其山東降，西謝重二，南山坎，北至田。今將前項二十至內山，盡行立契出與同都李政名下，面議時價寶鈔九十貫。其鈔當日收足。其山地并苗，一聽受買人自行長養，永遠管業。其山未賣之先，即不曾與家、外人重複典賣。如有家、外人占攔并出賣，自行祇當，不及買人之事。所是上手文契與別產相連，不及繳付，日後賫出，不在行用。今從賣後，兩家各不悔易，如先悔者甘罰寶鈔三十貫與不悔人用。今恐無憑，立此文契爲用。照者。

永樂十二年甲午歲八月廿八日　李氏三娘　契

方氏雲弟娘

主盟人　方裕一

依口代書人　李富宗

同上　祁門縣李道弘賣山契

西都李道弘，用價買受到同都李彥文山地壹片，座落本都八保，土名大塢，係經理吊字二千一百九拾六號，計山二畝二角下地，其東至謝嵩山，西至山，南［至］田，北自山。今爲無鈔用度，願將前項四至內山地并地內大小杉苗，盡行立契出賣與同都李仲政名下，面議時價寶鈔肆拾貫整。其鈔當收足訖無欠，契後別不立領。其山今後賣後，一聽買人自行永遠長養杉苗管業，本宅即無阻當。未賣之先，即不曾與內外人交易。如有內外人占攔，并是賣人之當，不及買人之事。所有來腳契文與別產相連，不及繳付。所有李彥佑願賣山五畝貳角，本家亦不在阻當，兩無易說。今恐無憑，立此文契爲用。

永樂十三年八月初三日　李道弘　契

見立契兄　彥佐

依口代書吏　仲孚

同上　祁門縣謝俊杰等賣山赤契

拾西都謝俊杰同弟俊賢、俊良，承祖父有山地壹片，坐落本都七保，土名古溪大塢，係經理塘字七百五十一號，計山三畝，其山東至降，西至羅兒坐及田，南至峨隨壟上至降，北至壟下至田角。四至內山地，李仲政買受到李氏三娘一半，禎祥與俊杰得一半，俊杰兄弟三人一半，內山地三分中合得一分。今爲戶門無鈔支用，自情願兄弟商議，將承父合得分發山地，出賣與本都李仲政名下，面議時價鈔一百貫整，收足。其山地并大小杉苗、地骨，一聽受賣人自行入山，照依分發管業爲楮。其山地未賣之先，即不曾與家、外人重複交易。如有家、外人占攔，并是賣人之當，不涉買人之事。自成交之後，兩家各無悔易，如先悔者甘罰寶鈔五十貫與不悔人用，仍依文如始。所有來腳契文并謝永受合同文書一紙，在兄禎祥處相共，未曾交付。今恐無憑，立此文契爲用。

永樂十四年丙申歲二月初十日　謝俊杰　契

謝俊賢

謝俊良

同上　休寧縣李張賣山赤契

十二都十保住人李張，今將戶下山壹號，係本保體字七十四號，內取三釐一毫，東至石階，西至□□，南至□□，北至□□，土名榨塢；又將體字七十五號，內山取壹分八釐三毫，東至□□，西至□□，南至□□，北至□□，土名管兒坵；又將體字七十六號，山內取陸釐［外存留壹釐八毫，準作墳穴］，東至□□，西至□□，南至□□，北至□□，土名青竹壟；又將體字二百七十號，山內取六釐二毫，東至□□，西至□□，南至□□，北至降，土名蔡上。今來缺物用度，自情願將前項四至內取山計四號，盡行立契出賣與同里人汪希美名下，面議值價鈔壹百貫整。其鈔當便收足。其山今從出賣之後，一任買人自行永遠管業，本家則無悔易。如有四至不明及重複交易，內外人占攔及重迭不明等事，并是出賣人自行祇當，不及買人之事。所有上手來腳契文與別產相連，繳付不便，日後要用，本家索出，參照不詞。前項各號山，如先悔者，甘罰粈穀二十砠與不悔人用，仍依此契爲照。今恐無憑，立此賣契文書爲用。

永樂十六年十二月十五日　出賣人　李張　契

見人　汪舟得

今就領去前項價鈔，并收足訖。同日再批。

同上　祁門縣周克敏賣山赤契

在城周克敏，曾用價買到同市馮子永等名下，山地一號，坐落拾西都七保，土名吳坑源木瓜塢口，係經理唐字二千八十七號，計山二拾五畝，其山東至田，西至嶺壟牛山抵謝鑾支山，南至大嶺抵木瓜塢山，上至降，下至木瓜塢口田，北至灣塢心坑及鑾支坳下山至路及謝潤升山。今於永樂十七年間，到山查踏，有西都謝能靜賷出文契，亦於上年間，用價買受謝鑾支原買山地於內，畝步多少不同。今克敏不欲爭論，將前項山地出契，盡行湊賣與謝能靜名下管業，當面議價鈔一百五十貫，當收足訖。其地骨一聽買人永遠管業，日後本家不在阻擋爭論。所是原買文契與別號相連，不及繳付。今恐無憑，立此文契爲用。

永樂十七年十月初四日　周克敏　契

父　周慶和

見人　汪舍支

同上　休寧縣張右賣山赤契

十二都三圖張右，今將戶下拾保體字六十六號，山取三釐一毫，東至□□，西至□□，南至□□，北至□□，土名黃土坎；　又將體字六十七號，山計八釐三毫，東至□□，西至□□，南至□□，北至□□；　又將六十八號，山四釐三毫，東至□□，西至□□，南至□□，北至□□，二號土名共柞塢；　又將體字七十三號，山六釐三毫，東至□□，西至□□，南至□□，北至□□；　又將七十四號，山一釐一毫，東至□□，西至□□，南至□□，北至□□，二號土名共柞塢。今爲戶役，缺鈔支用，自情願將前項五號山，盡行立契出賣與同里汪希美名下，面議時值價鈔弍百貫整。其價鈔當立契日一并收接足無欠。其山今從出賣之後，一任買人自行聞官受稅，長養柴木，本家即無悔易。如有四至來歷不明及重復交易，內外人占攔，一切不明之事，并是出賣人祇當，不及受買人之事。所有上手來腳契文與別產相連，繳付不便，日後要用，於本家索出，參照不詞。今恐人心無憑，立此賣契文書爲用。

永樂十八年九月初一日　出賣人　張　右　契

依口代書人　朱祐喜

見人　江辰祖

今領前項契內價鈔，并收足訖。同日再批。

同上　休寧縣吳名典山地赤契

拾弍都九保住人吳名，今將戶下有山壹片，坐落本都九保，係乙字弍百柒拾肆號，山六分弍釐伍，東至□□，西至胡能右山，南尖，北至路，又將同處弍百玖拾壹號，山計共伍分，東至□□，西至自山，南至尖，北至胡授山田，土名共小干住前。今爲戶役缺鈔支用，自情願將前項四至內山，盡行立契出典與同都汪希華、希美，面議時值價弍百伍拾貫。其鈔當便收足。約在本年八月中將本息鈔貫一并送還。如過期無還，此契準作賣契，一聽受典人砍斫杉木，永遠管業；　候至過割，一聽收稅入戶，本家即無悔意。所有四至不明及重迭交易，內外人占攔，并是出典人自行祇當，不及受典人之事。今恐人心無憑，立此典契文書爲用。

又添價鈔弍貫。

永錠十九年六月初三日　典山人　吳　名　契

保人　汪宗遠

遇見人　胡彥祥

今領契內典去價鈔，并收足訖。同日再批。

祁門縣李春受賣山赤契

西都李春受，承繼到李與點戶，共有承祖山地，坐落本都七保，土名汪青塢，唐字八百卅六號，下山二畝拾步，東田末，西壟，南山，北高尖直下至大石坑；　又一號八百卅七號，下山壹畝，東、西自山，南坑，北田末；　又壹號，坐落八保，土名黃荆塢口，一千三百六十六號，下山三刃，東謝和墳地上尖，西田，南塢頭，北田；　又一號，土名孫二塢，一千一百卅五號，下山貳刃[仭]，東[至]嶺分水，西嶺分子，南坎刃邊相對，北高尖；　又一號，孫二塢一千一百九十四號，下山二刃[仭]一十五步，東[至]降，西[至]地，南謝振翁山，北山灣；　又一號，塘塢，二千四十五號，上山貳刃，上地三角，東路，西塝，南高梘，北小嶺頭；　又一號，土名水口，二千一百廿八號，下山壹角，東溪，西地，南坎口，北自唐塍；　又一號，土名古溪，二千一百八十二號，上山二角，東降，西路，南甽口，北自地。今將前項捌號內山地，陸大分本家合得一分，存留各處墳塋禁步，其餘山地六分之一，情願立契出賣與同都住人謝能靜名下，面議價鈔貨叁百貫。其鈔貨當立契日一并收足。其山地除墳塋禁步外，一聽買人永遠照分管業。未賣之先，即不曾與家、外人交易。如有內外人占攔及分法不明，并是賣人之當，不及買人之事。所有上手赤契與別産相連，不及繳付。今恐無憑，立此賣契爲用。

永樂二十年六月三十日　李春受　契

書契父　李茂昭

遇見人　李仲積

同上　祁門縣謝慶安等賣山赤契

十四都謝慶安同弟祈安，今有承祖墓林山地一片，坐落本都七保，土名烏攔塢口，經理唐字五百九號，夏山一角有令，夏地貳角，東至田，西至灣心下至塘及田，南至官路，北至嶺腳。又將同處寺塢，經理唐字伍百一十號，夏山貳角，東至灣心下至唐，西至嶺下至唐，南至唐及田，北至嶺尖。今於戶門無鈔支用，自情願將前項八至內山地骨，盡出賣與謝能靜名下，面議時價寶鈔一百三十一貫。其鈔當日收足。其山地一聽買人永遠管業。如有來腳不明，與內外人交易及家、外人占攔，并是出賣當，不及買人之事。自成交知後，二家各無言悔，如有先悔者甘罰寶鈔五拾貫與不悔人用，仍依此文爲始。所是上手文契，一時檢尋未見，繳付不盡，倘有失落，不在行用。其地內倘有風水，一聽買人自行遷造，本家即無阻當。今恐無憑，立文契爲用。

永樂二十一年八月初七日　出賣人　謝慶安

謝祈安

主盟母親　李氏三娘

方氏　榮弟娘

見人義父　李振祖

見人　方　未

依口代書人　吳仕隆

同上　祁門縣謝禎祥等賣山赤契

拾西都謝禎祥等，共承祖有山地壹片，坐落本都八保，土名大塢源，係經理吊字二仟壹佰玖拾壹號，二千壹佰玖拾二、二千壹百玖拾叁號，共計山柒畝貳角壹拾步，地叁角三拾步，其山東至田，西至降，南至外坳灣，心下至塢口田，北至塢頭。又將同處二千壹百玖拾四號，二仟壹百玖拾伍號，二千壹百玖拾陸號，二仟壹百玖拾柒號，二千壹百玖拾捌號，二千壹百玖拾玖號，二千二百號，共計山壹拾伍畝二角五十四步，地貳拾步，其山東至降，西至田，南至嶺下至塢口，北至降。今爲無鈔支用，情願將前項捌至內山、地并地骨，并地內大小杉苗，盡行立契出賣於同都人謝能靜名下，面議時價寶鈔二千貫。其鈔并契當日兩相交付。其山今從賣後，一聽買人自行用工栽種杉苗，永遠管業。未賣之先，即不曾與家、外人重複交易。如有一切不明及家、外人占攔，并是賣人之當，不及買人之事。自成交之後，二家各無悔易，如有先悔者甘罰契內價錢壹半與不悔人用，仍依此文爲始。所是上手文契，檢尋未見，不及繳付，倘有失落，不在行用。今恐無憑，立此文契爲用。

永樂二十二年八月十二日　謝禎祥

謝榮祥

謝應祥

謝永祥

謝勝員

同上　祁門縣謝禎祥等賣山赤契

拾西都謝禎祥、榮祥、應祥、永祥、勝員，共有承祖妣受到故外祖汪辰及買受得韓家山地，坐落本都捌保，土名大塢源，係經理吊字二千壹百玖拾壹號，山二畝，東至降，西至田，南田，北至高尖；又二千壹百玖拾二號，同處山壹畝二角，東、西、南田，北至第一高尖；又二千壹百玖拾叁號，大塢地叁拾叁步，山肆畝壹角壹拾步，東[至]田，西降，南炭松塢口，北[至]塢灣心，[又]二千壹百玖拾肆號，山壹畝，東尖，西田，南至塢頭高尖，北至照五塢口；又二千壹百玖拾伍號，大塢山二畝壹角叁拾步，東山坎，西至田，南至塢頭尖，北照五塢口；又二千壹百玖拾陸號，大塢山一角，地貳拾步，東至謝嵩山，西四五山，南田，北韓家塚，二千一百玖拾柒號，照伍塢山壹拾肆步，東至尖，西、南坎，北[至]降。今爲無錢支用，情願將前項柒號山地并地內大小松苗，盡行賣與謝能靜名下，面議價錢鈔貨壹千二拾貫整。其鈔當日收足。其山地一聽買人自行永遠管業。未賣之先，即不曾與家、外人重複交易。如有一切不明及家、外人占攔，并係賣人之當，不涉買人之事。自成交之後，二家各無言悔，如有先悔者甘罰契內價錢壹半與不悔人用，仍依此文爲始。所是[有]原受妣契與別產相連，不及繳付，倘有失落，不在行用。今恐無憑，立此文契爲用。

宣德元年丙午歲十二月初十日　謝禎祥　契

謝榮祥

謝應祥

謝永祥

謝勝員

又將土名大塢山背，經理吊字二千一百九十八號，山貳角壹拾步，東嶺，西田，南謝六山，北孫六山，同此出賣。再批。同年月日，謝禎祥等。

同上　休寧縣汪思廣等賣山赤契

休寧縣十二都第三圖住人汪思廣同弟思溥，有戶內故父存日用價買到山壹片，坐落本部六保，恙字伍百叁拾肆號，山計貳釐壹毫，其山東至□□，西至□□，南至□□，北至□□，土名行坑沙灘灣，山上有風水壹穴，本家未曾開葬。今來缺物支用，兄弟商議，自情願將前項山并未開風水，盡行立契出賣去十都楊同倫名下，面議時値價籼穀計納官綿布玖拾疋，一并收足，并無欠少。其山今從出賣之後，一任買人自行聞官受税，尋開風水，并無悔易，如有先悔者甘罰契內價鈔綿布壹半與不悔人用，仍依此契爲照。如有字號畝步差錯，四至不明及重復交易并內外人占攔，并是出賣人自行抵擋，不干買人之事。所有來腳契文，一時檢尋不見，日後要用，本家取出，參照不詞。今恐人心無憑，立此賣山并風水爲照。

宣德八年十二月十三日　立契人　汪思廣　契

汪思溥

見交易人　楊水清

今就領去契內價錢，并收足訖。同日再批。

同上　祁門縣李茂昭賣山赤契

西都李茂昭承祖用價買受到李有宗山地一片，坐落本都八保，土名隱漿，經理二千一百七十八號、二千一百七十九號、二千八十號，共計山伍畝貳角，其山東至降隨嶺下至路，西至降隨嶺下至田，南至田，北至降及尖。今將前項四至內山地除墳穴外，盡行立契出賣與同都謝能靜名下，面議時價大綿布八匹。其布當日收足。并山今從賣後，一聽買人自行栽養杉苗，永遠管業。未賣之先，即不曾與家、外人交易。如有一切不明及家、外人占攔，并是賣人之當，不及買人之事。所有上手文契檢尋未着，不及繳付，日後賫出，不在[再]行用。今恐無憑，立此文契爲用。

正統元年十一月十七日　李茂昭　契

同上　休寧縣方以時等賣山赤契

叁拾叁都方以時同弟周鼎、周翰、周應，共承父有山地一片，座落八保，土名拜竹坦，係尊字六十六號，計山玖畝，其山分得上截立小四至，東至大溪，西至降，南至石屋上至降，北至水坑通山，四至內叁大分中本家兄弟合得一分，計山貳畝。今來無錢支用，自情願將前項山地骨并苗合得分數，盡行立契出賣與李德清兄弟名下，三面議取時値價絹壹拾匹。當成契日兩相交付足訖。今從出賣之後，一聽買人自行聞官受税，永遠管業。未賣之先，即無重複交易。如有家、外人占攔及一切不明，并是賣人自行祇當，不及買人之事。所有來腳契文與別產相連，不及繳付。今恐無憑，立此文契爲照者。

正統二年七月二十二日　出賣人　方以時　契

同賣人　方周鼎

方周翰

方周應

見人　方叔靖

汪宗實

前項契內價絹，當日一并收足訖。同日再批。

同上　休寧縣汪希齊賣山赤契

拾貳都九保住人汪希齊同弟希振，今將戶內有山一號，坐落本都二保，七百七十五號，山一分七釐二毫，土名上充，其山東至□□，西至□□，南至□□，北至□□，今來缺物支用，自情願將前項四至內取山，盡行立契出賣與同里人汪希美名下，面議時値價首飾花銀一兩。其價當便收足，別不立領約。今從出賣之後，一聽買人自聞官受税，砍樹管。其山四至來歷不明及重複交易，內外人占攔，并是賣人祇當，不及買人之事。今恐無憑，立此賣契爲用。

正統五年三月初六日　出產人　汪希齊　契

汪希振

見人　朱　得

今就領去前項契內價物，并收足訖。同日再批。

同上　休寧縣張敬宗等賣山赤契

休寧縣三十一都張敬宗同姪張子安，共承祖父張軾戶有山地并苗木，座落祁門縣十一都一保起至十保住內。本家先存留各保祖墳穴禁步，又存留土名麻窄坑并宋家坑二處通源山土，又存留七保管坑通源，又存土名桐二塢口一十二號墳山，計七畝五分，不在出賣之數，餘者各保山四大分中內取二大分，盡行立契出賣與祁門縣十一都住人胡彥隆名下，三面議時值價銀四拾伍兩整。其銀當日收足。其山今從出賣之後，一聽買人自行永遠管業。并各保山地字號、畝步、四至未曾開寫，自有各保經理可照。未賣之先即無重複[交易]，倘有家、外人占攔及一切不明等事，并是出賣人祗當，不及買人之事。所有上手來腳契文，不及交付。今恐無憑，立此出賣文契爲照。

正統七年三月初三日　出產人　張敬宗　契

同姪　張子安

見人　吳子敬

同見人　汪舟亙

所是契內價錢，并收足訖。同月日再批。

同上　休寧縣朱文禮等賣山赤契

拾貳都玖保住人朱文禮同弟朱斌，今承故父戶下山，座落本保，係乙字伍百貳拾捌號，山九釐，土名金竹坑，其山東[至]□□，西[至]□□，南[至]□□，北[至]□□；又將同保乙字伍百貳拾玖號，山伍分三釐八毫，本家存留山一分，二壟，中心小灣係墳山，不在出賣，外四分三釐八毫，其山東至尖，西至降，南至坳，北至本家存留祖墳小壟、石壟爲界分水低邊買人管業，土名同處。今來軍役缺少盤纏，自情願將前項二號山，盡行立契出賣與同里人汪希美名下，面議時值價好銀伍兩。其銀當日收足。其山今從出賣之後，一聽買人管業在山杉苗，聞官受稅。如有四至、來歷不明及重複交易一切等事，并是賣人自行之當，不及買人之事。所有來腳契文與別產相連，繳付不便，日後要用，本家索出口參照不詞。今恐人心無憑，立此賣契爲用。

正統拾年拾壹月貳拾柒日　出賣人　朱文禮　契

同弟　朱　斌

見人　吳希先

胡玄應

今領前項契內價銀，并收足訖。同日再批。

同上　休寧縣朱文禮賣山赤契

拾貳都玖保住人朱文禮，今承故父戶下山壹號，坐落本保乙字叁百叁號，計山柒分伍釐，土名羊印塢，其東、西四至照依保簿該載管業。今爲戶役納糧用度，自情願將前項字號內山，盡行立契出賣與同都住人汪希美名下，面議時值價捌成色銀柒兩玖錢。其銀當成契日一并收足，別不立領札。今從出賣之後，一聽買人聞官受稅，永遠管業。其在山杉木植，本家自行存留，砍斫木植下山，一聽買人自行劄作。其在山雜柴木植，買主自行長養管業。如有來歷不明及重複交易，一切不明等事，并是出賣人自行祗當，不及買人之事。所有上手來腳契文與別產相連，不及繳付，日後要用，本家索出參照不詞。今恐人心無憑，立此賣契爲用。

正統十三年十二月十六日　出賣人　朱文禮　契

見人　胡彥善

知見兄　朱南壽

今領前項契內價銀，并收足訖。再批。

同上　休寧縣汪仕顯賣山赤契

拾貳都一圖汪仕顯，今將戶內承父置到杉木山壹片，坐落本都叁保，係歷字伍佰陸拾號，共計山貳分伍釐，其山肆分中內取壹分，計山陸釐貳毫，土名梨木塢橋圵，其四至自有保簿該[開]載明白，不在[再]開寫。今來自情願將前項四至內取分數杉木山并在山長養大小杉木，立契盡行出賣與同都汪希美名下，面議時值價捌乘[成]色銀捌兩柒錢。其銀當成契日一并收足，別不立領札。其山從今賣後，一聽買主照依分數管業、長養木植，聞官受稅爲定。如有內外人攔占及重迭典賣他人，并是出產人祗當，不及買人之事。所有來腳契字與別產相連，繳付未便，日後要用，索出照政[證]無詞。今恐人心無憑，立此出產契文爲照者。

正統拾四年九月初九日　出產人　汪仕顯　契

見人　汪思和
汪政思

今就領契内價銀，并收足訖。同日再批。

同上　休寧縣汪潤深賣山赤契

拾二都一圖住人汪潤深，今將承繼父汪士民，分得山一號，坐落本都叁保，係臣字伍百陸拾號，共計二分伍釐，土名梨木塢喬⿰土太，其山四至自有保簿該[開]載，四分中合得一分，計山陸釐叁毫。今來缺物爲戶役支用，自情願將前項四至内山合得分數盡行立契出賣與同都汪希美名下，面議時值價青笑銀玖兩。其銀當成契日收足，別不立領札。其山今從出賣之後，一聽受產人自行管業，長養杉苗木植。如有來歷不明及重複典賣他人，并是出產人祇當，不及受產人之事。所有來腳契文，與別契相連，繳付未便，日後要用，索出參照無詞。今恐人心無憑，立此契文，日後永遠爲照者。

景泰二年六月二十四日　出產人　汪潤深　契
主盟父　汪士顯
見人　汪思和
汪存義
李齊印

今就領契内價銀，并收足訖。同前年月日再批。

同上　休寧縣吴凱轉佃山契

十二都十保住人吴凱，今將本戶承佃到蜜多院官山一號，坐落九保，係乙字一千一百七號，山二分九釐二毫，本家合得壹半，其山東至□□，西至□□，南至□□，北至□，土名深安塘尾。今來缺銀納糧用度，自情願將前項四至内取山一半，盡行立契出轉佃與本圖人汪士熙名下，三面議價銀二錢，前去用度。其銀當成契日一并收足，別不立領札。其山今從出佃之後，一聽受佃人自行管業。所有及重復交易不明一切等事，盡是出佃人祇當，不及受佃人之事。今恐無憑，立此文書爲用。

景泰六年二月二十二日　出佃人　吴凱　契
見人　汪文通

今就領去契内價銀，并收足訖。同日再批。

同上　休寧縣胡彥善賣山赤契

□□□□□□□胡彥善，今將承祖戶下山壹片，□□□□□□柒拾壹號，共[其]山計壹畝柒□□□□□□□□忠供業，四分中本家合得壹分，計山貳分捌釐八毫，土名苧塢，其山東至□□，西至□□，南至□□，北至□□，自有保簿。今來缺物支用，自情願將前項合得分數山，盡行立契出賣與同都人汪士熙名下，面議時值價穀叁拾伍秤，其價穀時值柳銀叁兩伍錢。其價當成契日一并收足，別不立領札。今從出賣之後，一聽買人自行管業，文官受稅。如有内、外人占攔及重複交易，一切不名等事，并是出賣人之當，不及買人之事。所有來契文與別產相連，繳未便。今恐無憑，立此賣契爲用。

景泰六年三月初一日　立契出賣人　胡彥善　契
見人　胡希仲

今領前項契内價物，并收足訖。同日再批。

同上　休寧縣陳有成賣山赤契

拾都陳有成，今將承祖山一號，坐落十二都九保，土名門坑嶺，係壹字叁佰七拾二號，與陳有道共業，本家合得分數，盡行出賣與十二都汪希華、士熙名下，面議價銀貳錢。其銀當日收足。其山東西四至，自有保簿該載。今從出賣之後，買人自行管業受稅。如有内外人占攔及重復交易，一切不明等事，并是出賣人祇當，不及買人之事。今恐人心無憑，立此契爲用者。

景泰七年十一月初六日　出賣人　陳有成　契
見人　汪文通

今就契價錢，并收足訖。再批。

同上　休寧縣胡彥昭賣山赤契

拾壹都胡彥昭，今將承祖七保朝字等號，六保坐字、伍保湯字號，四保喬字等號，共取壹拾陸號，其各處土名開單爲照，其四至畝步，自有該保經理爲證，不及逐一備寫。除六保坐字，土名莊坑高塌，四分中本家合得壹分，其餘號内本家於拾二分中合得壹分。今將合得分法，盡行出賣與同宗人胡彥隆男瑛兄弟等爲業。今面議時價白銀柒兩貳錢，當日兩相交付。其山并苗木，一聽買人永遠斫木管業，日後本家即無易說。如重複易一切不明等事，并是賣人祇當，不及買人之事。今恐人心無憑，立此文契爲用。

天順元年四月初二日　立契人　胡彥昭
胡玹

胡　璉

同上　休寧縣汪仕盛賣山赤契

十一都汪仕盛，今將承祖有山一片，坐落本都□□，土名李小塢□，係經理坐字柒百伍十二號，計山肆畝，其山東至田，西至降，南、北至山。今將前項四至內山，本家陸分中合得一分，盡行立契出賣與姪汪異才、汪異輝、汪異文三人名下，面議時價白銀伍錢。其價當收足訖，契後再不立領。其山今從賣後，一聽買人永遠管業，本家即無易說。未賣之先，即無重複交易。如有來歷不明，并是賣人之當，不及買人之事。所有來腳契文與衆相共，不及繳付。今恐無憑，立此文契爲用。

天順二年伍月初九日　出賣人　汪仕盛　立契

依口代書人　汪仕美

同上　祁門縣吳仕榮等賣山赤契

十六都吳仕榮等，曾於先年間是故父、伯存日，開墾栽坌得汪受孫經理名目山壹號，坐落本都四保，土名黃土嶺，係八佰叁號，計山陸畝壹角，東至山，西至壟分水，南至地，北至大路并栽過陳家山內杉苗。今來管業不便，同弟商議，自情願將前項四至內山，盡數立契出賣與同都人鄭永昌等名下，湊片管業。三面議時價花銀捌兩整，在手足訖。其山好歹，買人自見。來歷不明，賣人自理，不涉買人之事。自承交之後，二家各不許悔，如先悔者甘罰銀二兩與不悔人用，仍依此文爲始。其山本家原開墾二畝伍分，候造冊之日，聽自永昌收割入戶供解無詞。今恐人心無憑，立此文契爲用照者。

天順五年五月十八日　[立契人]　吳仕榮

同弟　吳仕華

見人　吳久振

倪文清

吳仕通

倪茂懷

談信道

依口代書人　吳仕達

同上　休寧縣謝彥良賣山契

三四都謝彥良、彥成，今有西都謝震安、振民等，共有山地二片，坐落西都八保南義源，土名紫坑，係經理弟字三[百]六十二號，山壹拾畝叁角，其山東降，西坑，南朱二坳口，北伯政山；又三百六十三號，山伍畝，東降，西坑，南伯政，北嶺；又三百六十四號，土名東培，山五畝，東降，西嶺，南大坑，北坑；又三百六十五號，土名東坑，山壹畝，東降，西坑，南嶺，北灣；又三百七十號，土名葱萊塢，東嶺，西降，南尖，北坑，共計山五號。其山於上年被火燒損成茅，今立合同文約，合到前去剹作開掘茅柯，無問棧平，遍山栽種杉苗近密。其山骨議作大叁分，震安、振民合得二分，彥良、彥成合得壹分，以準工食。自議之後，彥良、彥成自行前去，用心盡力剹作，栽坌杉苗，看倖，長養，截火，并不致荒廢，即不私自入山，砍斫杉木入己。如有他人侵損，自行通知理治。如違前項所議事件，聽自理治，甘還所合壹分山地骨價花銀壹拾兩，無詞。其杉木日後成材，眼同入山坎斫，照依文約均分。自合後，山骨壹分，子孫不許變賣他人，務要湊賣與同分人，永遠共同管業。如違，聽賫此文告理追取無詞。自議之後，二家不許悔易[異]，如有先悔者甘罰花銀拾兩，仍依此文爲用。今恐無憑，立此合同文約爲用。

天順伍年辛巳歲十一月初一日　謝彥良

謝彥成

其前項約內所合得山地骨，爲違約，將前項山骨，盡數退還振安子孫，永遠存留爲業。其浮木仍依叁大分均分，主得貳分，力人得壹分。其山仍係彥良、彥成，遞限斫剹栽苗，不致違約。成化十六年三月十四日□□王芳、余九經□。

同上　祁門縣洪昱亮賣山赤契

十東都洪昱亮，承祖父有山地，坐落十一都五保枋坑源，土名梅枝塢，與兄景亮等相共，係經理湯字五百七十七號，計山四拾二畝捌分四釐二毫，通山二拾捌分合得一分；又取土名大坑山，係經理湯字五百六拾號、五百六十四號，計山一百四十八畝有零，通山廿八分中合得一分有零，并買吳希睦分法在內；又取同保，土名黃二塢，係湯字五百六十號、五百六十一號、五百六十二號，其山計一百一十九畝，通山二十一分合得一分；又取土名程塚段，係湯字五百七十二號，計山十畝有零，通山二十一分合得一分；又取土名朱壟坑、高倉塢、潘相嶺山，係湯字五百五十二號、五百五十三號，計山三十畝零，通山十二分中合得一分；　又取土名莊皆塢山，係湯字五百三十一號，計二畝有零，通山十五分合得一分。今將前項六處山地骨并在山苗木，昱亮合得前項分數，盡行立契出賣與十一都受買人李仕忠名下，面議時白銀十四兩整。其價當日收足，契後再不立領。其山未賣之先，即不曾與家、外人重複典賣交易。如有一切不明，并是出賣人之當，不及受買人之事。其前項山地四至，自有該保經理可照。今恐無憑，立此文契爲照。

梅枝塢，程周豆租，本家在留，未賣。

天順七年八月廿二日　出賣人　洪昱亮　契

見人　吳仲成

同上　祁門縣謝仕相賣山赤契

十西都謝仕相，今有第五男文璟已故，有媳李氏因爲子幼，無錢齋喪埋葬，自情願將文璟第已標分得分籍，山地壹片，坐落本都七保，土名吳坑源棗木坟仙人巖，係經理唐字二千九號、二千十號、二千十一號、二千十二號，共山叁百五十六畝二角，地二角，其山四至，自有該保經理可照，其山地與謝玉騰、六保李秉堅、秉通等相共，文璟合得分籍，陸拾分中合得壹分內取壹半，立契出賣與謝文輝、文昱、玉淸等名下爲業，面議時價獅頭銀貳兩整。其價并契當日兩相交付。其山地并苗木，聽自買人永遠管業，本家即無言說。未賣之先，即不曾與家、外人重複交易。如有一切不明，并是賣人之當，不涉買人之事。所有上手原買文契及李秉堅等共立合同，見[現]在本家收執，日後要用，賫出照證無詞。自賣之後，二家各無言悔，如先悔者甘罰契內價銀壹半與不悔人用，仍依此文爲始。今恐無憑，立此文契爲用者。

天順八年三月廿日　立契人　謝仕相　契

奉書孫　謝以謙

同上　休寧縣吳善安賣山赤契

十一都吳善安，承祖吳欽遠、吳勝武、吳靜山，經理山地骨并苗木，本都九保、六保，坐落言坑源，係道字八十號，同處道字八十八號、一百八號；又取同保，土名程村塘塢，道字二百七十三號；又取土名苦細坑，係道字二百七十七號；又同保土名胡家坟，係坐字六百八號。其前項山地字號、四至、畝步，并照依該保經理爲業。所有吳欽遠、勝武經理通山壹拾畝爲率，本邊合得壹分，吳靜山經理通山本邊合得壹半。今將前項山地骨并苗木，本邊合得分法，盡行立契出賣與同都住人汪訊名下，面議價銀捌錢整。其價并契當日兩相交付。今賣之後，一聽買人養業。其山未賣之先，即無重複典賣交易。如有一切不明，并是賣人之當，不及買人之事。其山俱係祖產，只憑經理爲業，所有苦細坑字山并受買吳景高分法山地，盡行通契出賣，本家即無言說。今恐無憑，今立契爲照用。

成化元年十二月十七日　出賣人　吳善安　契

見人　朱彥雲

同上　祁門縣李仕洪賣山赤契

拾一都李仕洪，承祖有山肆號，座落本都五保祊坑源，土名□□坑盤坑，係經理六百七十一號、六百七十二號，計山二拾二畝，其山東至降，西至尖，南至降，北至田，通山六分中合得一分；　又取項家門前，土名前山灣，係六百七十三號，計山七畝，其山東至溪，西至降，南至堨，北至盤坑口及李□□山；　又取土名碎石塢口及橫路頭，係經理□□號，其山新立大四至，東至降，西至田，南至吳□□山，北至碎石塢里壟爲界。今將前項一拾二至內山地骨并苗木，本邊合得分法，盡行立契賣與兄李仕忠名下爲業，面議時價白銀壹拾兩整。其價并契當日兩相交付，契後再不立領。其山未賣之先，即無重複交易。如有來歷一切不明，并是賣人祗當，不及買人之事。今恐無憑，立此賣契爲照。

成化三年十二月廿六日立契人　李仕洪　契

依口代書人　李添安

同上　祁門縣鄭文爵賣山赤契

十五都鄭文爵，今有祖戶山四號，坐落十六都，土名焦坑、烏石坡、柴堆、汪西坑，曾於成化二年，斷與馮志通等栽坌杉苗。今爲無錢用度，自情願將本位合得分籍，盡數立契出賣與姪祐新爲業，面議時價白銀四兩，在手足訖。[其]價并契，當日兩相交付。未賣之先，即無重複。畝步四至，自有經理可照。今恐無憑，立此賣契爲用。

成化三年三月十八日　立契人　鄭文爵

同上　□□縣吳永和等賣山赤契

十一都立賣契人吳永和同弟永明，今有承祖山一片，坐落□保，土名乾田塢，坐字六百十二號，計山十畝，東至山，西至山，南至田，北至降尖，四至內本家合得八分之一，自願將前項山骨并苗木，盡行立契出賣與同都人方茂廣名下，長養管業，三面言定時值價白銀陸兩五錢整。其銀當日收足。未賣之先，并無重複交易。即賣之後，聽自買人管業，本家即無存留。一切家、外人等，不得生情異說。所有來歷，經理載明。如有不明等事，盡是賣人之當，不累買人之事。今欲有憑，立此賣契爲照。

成化六年十一月五日　立賣契人　吳永和

中見人　永　明

吳□□

李心□

同上　休寧縣張喧等賣山赤契

休寧縣三十一都張喧同弟張燦，承高祖張輔山壹片，坐落祁門縣十一都伍保，土名葒坑頭，小名張家片，與衆堂相共，係湯字伍百陸拾伍號、伍百陸拾柒號、伍百陸拾捌號、伍百陸拾玖號、伍百柒拾號，共計伍號。其山畝步、四至，自有經理該載，不及開寫。情願將前項山地骨并苗及贖買李坑合分栽種杉苗分法在內，通山拾大分中合得二分，自情願立契出賣與祁門縣十一都李□□名下，三面議時值價白銀壹拾兩整。其價當日收足。其山今從出賣祇[之]後，一聽買人永遠管業。未賣之先，即無重複交易。如有來歷不明一切之事，并是賣人抵當，不及買人之事。今恐無憑，立此文契爲用。

成化七年十二月二十四日　立契出賣人　張　暄　契

同弟　張　燦

奉書人　張　振

見人　吳道住

同見人　吳付初

同上　歙縣吳仕章賣山赤契

十一都吳仕章，用價受到十東洪彥章、□□、彥□山地柒處，俱坐落十一都五保：土名葒坑源梅枝塢，計壹號，家通山四十分中內取壹分；又取葒坑源土名黃二塢，計貳號，通壹百貳拾分中內取壹分；又取葒坑源土名程衆段，計壹號，山玖拾分中內取壹分；又取葒坑源土名潘相嶺高倉塢，[通]山玖拾分中內取壹分，計壹號；又取葒坑源土名鹿月塢，計，通山玖拾分中內取壹分；又取葒坑源土名華坑，計壹號，通山分中內取壹分；又取葒坑源土名大坑，計貳號，通山壹佰貳分中內取壹分。其山係湯字號，所有四至畝步不及開寫，號自有經理該載明白。今將前項柒處計玖號賣地，自[情][願]取前項分數，盡行立契出賣與同都吳仁名下，面[議]值價白銀壹拾伍兩五錢。其價并契當日兩相交付明白，契[後]再不立領。今從賣後，一聽買人長養杉苗、砍木，永遠管業。未賣之先，即無重複交易。如有一切不明，并是賣人之當，不及買人之事。所有來腳契文，本家存留分數，不及繳付。今無憑，立此文契爲照。

成化八年正月廿五日　立契人　吳仕章

見人　吳康詔

同上　休寧縣高振昂等賣山赤契

十一都高振昂等，原承父用價買得本都汪仕美分法山地壹片，坐落本都拾保，土名高林塢，係垂字六百捌拾捌號，共計山伍拾二畝，其山東、西至嶺、南至塢頭大降，北至塢口。其山與本都吳宅興相共，本家同方希志買得壹半，吳宅興合得壹半。本家通山肆大分中合得壹分，是父存日同伯立契賣與黟縣朱社付等管業。後於天順八年間，是振昂同兄高振興同方雲宗，用價轉買朱社付前項山地爲業，所有方雲宗通山八分中買得壹分，振興、振昂兄弟共買得通山八分中壹分。是兄振興，先將通山壹拾陸分中合得壹分，賣與兄仕宏。振昂通山壹拾陸分中合得壹分，山地腳并在山大小苗木，今自情願盡行立契出賣與同都汪異常名下，面議時價白銀肆兩肆錢整。其價當立契日一并收足，契後再不立領。其山一聽受買人自行永遠長養管業。未賣之先，即無重複典賣交易。如有家、外人占攔，一切來歷不明，并是賣人之當，不及買人之事。所有原買汪仕美來腳契文，是兄振興繳付與吳仕宏收執；本家原賣與朱社付契字及朱社付轉賣與本家契字，共二紙，俱是同分人方雲宗收執，不及繳付，日後要用，於方雲宗名下將出照證無詞。今恐人心無憑，立此文契爲用。

成化十年三月二十二日　立契人　高振昂

見人　方雲宗

謝付保

同上　祁門縣胡銘賣山赤契

立賣契人十二都胡銘，今將承祖并買受山一源，坐落十四都三保，經理五百廿八號，倉頭坑胡子華山十五畝；　又五百十三號，桐坑胡廷芳山一畝二角；　又六百十五號，高壇坑李家塢李葱夫山十五畝；　又五百四十三號，岑塢胡安仁山一畝；　又七保二號，壇塢口胡元振山三畝；　又六號，鄭家住外元振山五畝；　又十二號，紙皮坑汪仲雲山十畝；　又十四號，元清公處山十畝；　又廿二號，茶家塢胡大濟山十五畝；又一百八十二號，橫坑口胡安仁山六畝；　又一百八十三號，橫坑李貴清山廿五畝；　又一百八十四號，楓木灣口聖可山六畝；又一百八十五號，橫沖頭胡森甫山六十畝；　又一百八十八號，楊木源胡桂雲山十二畝；　又一百九十二號，查坑李葱夫，胡安仁山十二畝，前山十五號於內各號該得六股之一，今因軍役盤費無措，自願托中盡數立契出與十四都鄭□□名下，前去爲業，憑中面議時值價紋銀肆兩柒錢整，在手足訖。當日契、價兩明。其山未賣之先，家、外人等無所異言。今恐無憑，立此文契爲照。

成化十二年三月廿日　立契人　胡　銘　契

中見看守軍人陝西　郭安謨

同上　祁門縣洪升亮賣山赤契

東都洪升亮承父有山地一，坐落十一都五保葑坑源，土名梅□□，係經理湯字伍百七十七號，計山四十二畝八分四釐二毫，通山二十八分合得一分；　又取土名大坑山，係湯字五百六十三號、五百六十四號，計山一百四十八畝有零，通山二十捌分中合得一分有零，并買吳希睦分法在內；　又取土名黃二塢湯字伍百六十號、五百六十一號、五百六十二號，共計山壹百一十玖畝，通山二十一分中合得一分；　又取土名程塚段湯字五百七十二號，計山拾畝有零，通山二十一分中合得一分；　又取土名朱壟坑、高倉塢潘相嶺山，係湯字五百五十二號、五百五十三號，計山三十畝有零，通山十二分中合[得]一分；　又取土名莊北塢山，係湯字五百三十一號，計山二畝有零，通山拾伍分中合得一分。今將前項六處山地骨并在山苗木，升亮合得前項分數，盡行立契出賣與十一都李景瞻名下，面議時價白銀參拾捌兩整。其價并契，當日兩相交付明白。其山今從賣後，一聽買人永遠管業。未賣之先，即不曾與家、外人重複交易。如有一切不明，并係賣人之當，不及受買人之事。所有來腳契文，一時檢尋未着，未曾付與，日後要用，將繳與照證。今恐無憑，立此文契一道爲照。

成化十三年十二月二十日　立契出賣人　洪升亮　契

主盟兄　洪暹亮

奉書男　洪　廣

見人堂兄　洪貴清

吳仲成

所有契內價銀，當日并收足訖，再不立領。

同上　休寧縣黃永庚賣山赤契

十八都黃永庚，今有故祖買受汪塤等祖產，汪景潤經理山場式號，坐落八保，土名林椿坑仙姑堂，本家該山一半，計山四拾壹畝零。永庚兄弟四人各該山叁畝伍分零，自己用工裁[栽]坌木苗三塊外，雙丫灣與兄永英共分，上橫降下毛山下至程景春木苗，又栽里雙丫灣上橫降下永成升，又右坎約三十根，三處共栽木二百餘根。今爲戶役無錢用度，自情願將本位分劑山地并自己裁[栽]坌杉苗，盡數立契出賣與本都葉茂英名下爲業，面議時價白銀壹兩二錢整，在手足訖。其山未賣之先，即無重複交易。如有來歷不明，賣人自理，不涉買人之事。自賣之後，二家各無悔易。今恐人心無憑，立此[賣]契爲照。

成化十三年十一月廿八日　立契人　黃永庚　契

依口代書人　黃永虎

同上　休寧縣吳義興賣山赤契

十一都吳義興，承父買得本都吳斯文原買得東都洪宅山地，座落本都五保，土名梅枝塢，伍百七十七號，計山四拾二畝八分四釐，通山本邊該貳百四拾分之一；　又取土名大坑，五百六十叁號、五百六十四號，共計一百四拾捌畝零，通山本邊該陸百玖拾陸分之一；　又黃貳塢，五百陸拾號、伍百陸拾一號、五百六十貳號，共山一百一拾玖畝，通山本邊該叁百四拾捌分之一；　又取土名程衆段，五百七十貳號，計山一拾畝零；　又朱壟坑、潘相嶺高蒼塢，五百五拾貳號、五百五拾叁號，計山三拾畝零；　又土名莊背塢，五百三拾一號，計山貳畝；　又取土名華坑，五百八十七號，計山四拾一畝零，其四處山地本邊該五百四十分之一。今將前項七處山地骨并苗木，本邊前項分數，兄弟六人義興該一分，盡行立契出賣與同都李景瞻名下，面議時價白銀貳兩整。其價、契當日兩相交付，契後再不立領。今從賣後，一聽買人永遠管業。未賣之先即無重複交易。來歷不明，并是賣人之當，不及買人之事。所有來腳契文未曾繳付，要用之日，將出參照無詞。今恐無憑，立此文契爲用者。

成化十三年五月十九日　立契人　吳義興

見人　張宗秀

同上　休寧縣方福慶賣山赤契

十六都方福慶，原用價買本都倪福生山壹號，經理係陳升孫名目，坐落本都伍，土名吳戈坑，經理係帶字八百九十六號，計山三十畝。其山東至朱兒灣，西至王光山，南田，北降，與本都汪業政、忠政等相共，本家合該壹半，計山拾伍畝。今爲無錢用度，自情願將前山，盡數立契出賣與本都汪業政、忠政等名下，湊片管業，面議時價□□□□就將江仕宗砍斫杉木準還價錢白銀佰兩，在手足訖。其山業政兄弟四人得壹半，忠政弟侄三人得壹半。其價并契當日兩相交付。山有好歹，買人自見。來歷不明，賣人自理，不涉買人之事。其山未賣之先，與家內外人即無重複交易。自成交之後，二家各不許悔，爲先悔者甘罰契內價錢壹半與不悔人用，仍依此文爲準。今人少信，立此文契爲照者。

成化十四年二月二十一日　立契人　方福慶　契

見人　王忠興

李宗富

奉書男　法　宗

同上　祁門縣吳仁賣山赤契

十一都吳仁，原用價買到本都吳士章□□東都洪彥本山地柒處，係坐落十一都五保，土名祊坑源梅枝塢，計一號；又取祊坑源土名黃二塢，計二號；又取祊坑源土名程衆段，計一號；又取祊坑源土名潘相嶺高蒼塢；又取祊坑源土名莊背塢，計一號；又取祊坑源土名華坑，計一號；又取祊坑源土名大坑。其山係經理湯字□□號，所有四至畝步分數，自有經理該載，抄白來腳契字繳付。今將前項柒處山地計玖號，洪彥本合得分數，盡行立契出賣與同都李景瞻名下，面議時值價白銀貳拾貳兩。其價並契當日兩相交付，契後再不立領。其山地骨今從賣後，一聽買人長養杉苗、砍木，永遠管業。未賣之先即無重複典賣交易。來歷一切不明，賣人之當，不及買人之事。來腳契文隨時繳付。今恐無憑，立此文契爲用。

成化十四年七月初六日　立契人　吳　仁

見人　張宗秀

同上　祁門縣謝元堅斷山文約

十西都謝元堅，是祖振安、振民於上年間，將本都八保南□源，土名紫坮、葉家莊、葱菜塢等號東西二培，原立合同將其山骨三大分中內取一分，合斷與三四都謝彥良、彥成前去用工劄作，以准栽苗、隔火、看倖工食。今有彥良、彥成不行用心栽苗，闌殘荒廢等情，本家具情告縣，蒙批里老踏勘審實回報。彥良、彥成不願終訟，當憑里老諭解。彥良、彥成自知違約，無錢罰贖，自情願將原合約山地骨，盡數退還本家爲業，以[准]罰贖。其前項山地內，見栽浮苗木并荒閑山地，仍係彥良、彥成前去管得，用心栽苗、隔截火盜。候浮木成材，照依原議，堪砍之日務要眼同本家入山砍斫。照依原議，文約三大分中本家合得二分，彥良、彥成合得一分，其山骨并係本家存留，永遠管業。自立文約之後，彥良等不違前議，聽自遞限子孫劄作，栽種杉苗，毋許荒廢，不許私自盜砍入己及私自變賣他人。如違前件，聽自本家理治〔直〕，另行召人栽種，彥良、彥成不許阻擋。所有字號、畝步、四至、土名，俱照原立文約爲[准]。今恐無憑，立此合同文約爲用。

成化十六年三月十四日　立約人　謝元堅

同約人　謝元佺

謝思武

中見人　李仲仁

謝道貞

勸諭里老　王　芳

余九經

同上　休寧縣李琥等賣山赤契

十一都李琥與族兄李景瞻等，共有山貳號，坐落六保，土名莊坑、米三坑，其山係經理坐字□□號，計山壹百餘畝。其山新立大四至，東[至]塢口兩嘴相對直上至降，西[至]塢頭大降及尖，南[至]長降，北[至]長降。其前項四至內山地骨並老嫩苗木，通山叁拾貳分合得李琥壹拾分，今自情願將前項山地骨並苗木，合得本邊分數，盡行立契出賣與同都吳功訓名下，面議時價白銀伍兩整。其價、契當日兩相交付明白，後再不立領。其山未賣之先即無重複典賣交易。如有來歷一切不明，並是賣人之當，不及買人之事。所有上手來腳契文與別產相連，不及繳付，日後要用，將出參照無詞。今恐無憑，立此賣契爲用者。

成化十六年九月初七日　立契人　李　琥　契

見人　李　玘

契內價錢，並收足訖。再批。

隨將原契轉與宋名下爲業，其價銀收訖。

嘉靖三年十一月　吳德眞批

同上　休寧縣吳景韶賣山契

十一都吳景韶，承祖父有山地壹片，坐落五保衸坑頭，土名千公畈，係經理湯字伍百柒拾陸號，計山柒拾伍畝，其山東至坑及地，西大降，南梅枝塢口，北至生地塢心直上至凹。今將前項四至內山地骨並苗木，通山叁拾陸分中景韶該得壹分，計山地骨貳畝零捌釐有零，盡行立契出賣與十一都住人李景瞻名下，面議時價白銀，壹拾壹兩伍錢。其價並契當日兩相交付，契後再不立領。其山今從賣後，一聽買人永遠管業。未賣之先即無重複交易。一切不明，並是賣人之當，不及買人之事。今恐無憑，立此賣契爲照。

成化十九年九月十五日　出賣人　吳景韶

見人　吳景勛

張宗秀

同上　休寧縣葉志銘賣山赤契

十八都葉志銘同弟志暹、志昂，今因戶役無錢用度，自情願將承祖僉業墓山一號，座落二保，土名周家塢，東至降，西至田，南至莊家塢山，北至降；又[二]號，土名牛迹坑，東至田，西至地，南至山壟，北至坑，前二號山四至內本位該得分劑並在山內開墳塋，盡數立契出賣與同都葉廷萱名下，湊便保祖爲業，面議時價一兩整，在手足訖。其山未賣之先，與家、外人並無重複交易。來歷不明，賣人自理。成交之後，各不許悔，如違甘罰契價一半公用，仍依此契爲準。今恐無憑，立此爲照。

成化廿一年四月十六日　立契人　葉志銘

志　暹

志　昂

中見人　王思義

同上　休寧縣李沐賣山赤契

十一都李沐，承父有山地，坐落本都伍保衸坑頭，土名刑家塢、朱家塢，係經理淌字伍百八十號，計山拾畝，其山東至溪，西至降，南[至]葉丘塢口里壟上至降，北至李京瞻山，通山李沐叁分中合得一分；又取本都六保，土名姜坑，係經理□□號，其東至□□，西至山，南至降，北至溪，通山共計叁拾貳畝，通山拾捌分中李沐合得一分。今將前項貳處山地骨並苗木，自情願盡行立契出賣與堂叔李京瞻名下，面議時價白銀貳拾陸兩整。其價並契，當日兩相交付明白，契後再不立領。未賣之先即無重複典賣交易。如有來歷不明，並是賣人之當，不及買人之事。所有來腳契文與別產相連，不及繳付，日後要用，將出參照無詞。今恐無憑，立此文契爲用者。

成化二十二年叁月拾一日　立出賣文契人　李　沐　契

見人　吳斯清

李　津

同上　祁門縣吳煥賣山契

十東都吳煥，承祖父山地骨、苗一號，坐落十一都，土名下山灣，係經字□□號，新立四至，其山東至橫大降，西至田，南至朱兆保地，隨隴直上至降，北至江友祥田畘，隨隴直上至降，其山通山合該吳煥捌分中得一分。今來無錢支用，自情願合得分數，盡行立契出賣與同都江友存名下，面議時值價銀四兩整。其價並契，當日兩相交付，契後再不立領。自從賣後，聽自買主永遠管業。如有家、外人重複典賣交易，一切不明，並是賣人之當，不及買人之事，今恐無憑，立此文契爲用。

成化二十三年六月初一日　立契人　吳　煥　契

中見人　洪得和

同上　歙縣胡庸富賣山赤契

十二都胡庸富同侄添琳、長印，今無錢用度，自情願將祖產胡雲祖福祜名目山壹號，坐落十四都三保，土名姻坡下，係經理鳳字陸百五拾壹號，計山叁拾畝，內取本位合得分籍，共該山二畝叁分零，盡數立契出賣爲十四都胡誠等名下爲業，面議時價白銀壹兩肆錢，在手足。其山未賣知先即無重複交易。成交之後，各不許悔，如先悔者甘罰銀五錢與不悔人用，仍依此文爲用。今恐無憑，立此文契爲用者。

弘治元年潤正月十六日　立契人　胡庸富　契

同賣人　長印

添　琳

同上　歙縣吳景越賣山赤契

十一都吳景越，原用價買得侄吳堅兄弟等本都五保，土名葯坑頭千工坵，山一片，係經理湯字□□號，計山七拾五畝。其山肆至自有經理該載，不及開寫。其山與李景瞻相共，本邊原買得吳堅兄弟通山七拾貳分一分山地骨並苗木見砍在山木，盡行立契出賣與同都李景瞻名下，面議時值價銀陸兩整。其價並契，當日兩相交付，契後再不立領。今從賣後，一聽買人管業，本家即無言說。未賣之先即無重複典賣交易。如有一切不明，並是賣人之當，不及買人之事。今恐憑，立此賣契爲照。

弘治元年正月廿二日　立契出賣人　吳京越　契

見人　李　璁

依口奉書侄　吳　雄

所有來腳[契]文，與另產相連，不及繳付，日後要用，將出參照無詞。再批爲用。

同上　休寧縣李巧等賣山赤契

休寧縣三十三都李巧同弟李乞，承祖父李俊椿、李庭秀遷業有墳林山一號，座落祁門十東都，土名浮溪源，係五保經理七百五十二號，東至冷水坑，西至李濟同號六十步，又七百五十三號，南至降尖，北至李濟兄弟因地及路。本家存留墳穴外，其餘地。今來無錢支用，自情願將前項四至內地骨並大小柴、苗、竹，盡行立契出賣與李濟、李信、李浦名下，面議時值價白銀貳兩整。其契並價當日兩相交付足訖。今從出賣之後，一聽買人永遠管業，即無易說。如來歷不明，一切等事，並是賣人之當，不及買人之事。所有來腳契文不及繳付，日後要用，將出參照無詞。今恐無憑，立此文契爲照者。

弘治五年九月十二日　出賣人　李　巧

同賣人　李　乞

所是前項契內價銀，並收足訖。同年月日再批。　見人　胡景英

同上　休寧縣胡紹等賣山赤契

十二都胡紹同侄宅仁，共承祖山地壹源，坐落本都伍保，土名石際山，其山新立大四至東、西降，南上縣大路橫過西邊路頭，隨壟上降，北面塢頭。其山畝步、號數不等，衆存留南邊橫路外墳山貳畝不賣，其爲山地並在山大小苗木，今爲無錢用度，自情願將前項四至內山地，紹、仁該得分籍，盡數立契出賣與同都胡志淮名下爲業，面議時價白銀貳兩肆錢整，在手前去。其價並契，當日兩相交付。其山未賣之先，即無家、外人重複交易。來歷不明，賣人成管，不涉買人之事。成交之後，各無言悔，如悔者甘罰銀叁錢與不悔人用，仍依此文如始。所有畝步、字號、四至多少，並照本保經理如[爲]始。今恐無憑，立此文契爲用。

弘治八年五月廿七日　立契人　胡　紹　契

同賣侄　胡宅仁

中見人　胡志榮

胡宅興

同上　周伍宗等賣山赤契

十七都周伍宗等，今爲無錢用度，自情願將自己山貳號，俱坐落六都六保，土名白茅坑，一號白茅嶺，計山五拾畝，係夜字叁拾玖號，一號白茅坑口，計山肆拾捌畝，係夜字五拾貳號、五拾肆號，共山捌拾陸畝，其二處捌至，自有本保經理可照，其山與程昂相共，本家該得一半，計山肆拾捌畝，今將前項該得分截山，盡數立契出賣與六都程昂名下，湊片爲業，面議時價白銀貳兩貳錢整，在手足訖。其價並契，當日兩相交付明白。其山未賣之先，則無家、外人重複交易。如有來歷不明，賣人成當，不涉買人之事。自成之後，各不許悔，如先悔者甘罰白銀五錢與不悔人用。今恐無憑，立此文契爲用。

弘治八年六月二十日　立契人　周伍宗　契

同賣人　周六宗

周富興

周和興

周仕興

中見人　陳　僎

葉遲宗

再批：山内大小木苗，盡數賣與程昂爲業。

同上　休寧縣汪慶新等賣山赤契

十一都汪慶新、弟慶宗、侄尚鈺，今有承祖父票分山一號，座落六保，土名橋山塢，本家四分中合得一分，新立四至，東、西至山，南至田，北至灣頭爲外兩邊山，本家存留所有田畔邊起，至灣頭止山脚地，盡行賣與同都章添保名下，三面議時值價銀貳錢貳分整。其價、契當日兩相交付。今從出賣之後，以聽買人自行耕種，永遠管業。所有家、外人占攔及重複交易，並是賣人之當，不及買人之事。今恐人心無憑，立此賣契爲用。

弘治十一年五月初一日　立契人　汪慶新

汪慶宗

依口代書人　汪尚鈺

見人　章南興

嘉靖二年八月初九日章遲付，今將前地轉賣與汪時名下爲業。所有價錢，並收足訖。再批。

同上　休寧縣汪汝用等賣山赤契

拾柒都汪汝用等，今有承祖先年開報並買受山場，座落六都六保，土名白茅坑薛八塢，係經理夜字叁拾玖號起四拾玖號止，拾號山場四至自有本保經理可照。其山内苗木除買受並各栽力分，未開外，本家七分合得一分，山骨及山主苗木並前未開買受各栽力分，照契合得分劑通前，盡數立契出賣與本城謝□□名下爲業，面議時值價銀捌兩整，在手足訖。其價並契，當日兩相交付明白。其山好歹，買人自見。來歷不明，賣人自行承當，不涉買人之事。所有上手之契並斷山裁約，見在本家，日後繳付，毋許執留。所有原報稅糧，候造冊日，聽自照數收割入戶，供解無詞。其山並苗木，未賣之先，即無家、外人重複交易。自成之後，各不許悔，如先悔者罰銀貳兩公用，仍依此契爲始。今恐無憑，立此文契，永遠爲照。

弘治十八年七月廿八日　立契人　汪汝用

同賣人　汪友欽

汪友才

中見人　汪　良

程　榮

再批：原馬克勝開墾山脚成田在内。

同上　休寧縣王思舜賣山赤契

十四都王思舜，於正德二年，將價取贖得胡鍾原買故兄王思茂分籍山六號，坐落三保，土名大源頭並楓木塢、泥塘塢等處。今本身思得無錢用度，立契將前項山共計貳拾四至，將思茂分籍出，轉賣與十二都胡泰名下，當面議時價細絲銀柒錢伍分，在手前去。其價並契，當日兩相交付。其山來歷不明，賣人承管，不涉買人之事。成交之後，二人各無言悔，如違，悔者甘罰銀三錢，與不悔人用。所有其山六號，畝步、四至未曾開寫，字號，自有取贖胡鍾原買故兄王思茂老契可照。其契内楓木塢山柒畝，思茂先將企山浮苗木，賣與同都胡鉞長養砍斫，其山骨從正德元年起，栽坌苗木主分，聽自胡泰照契管業。所有原取贖胡鍾老契，隨時繳付。今恐無憑，立此文契爲照。

明正德二年二月初四日　立轉契人　王思舜　契

中見人　王仕恭

同上　休寧縣吳子良賣山赤契

三十都吳子良，在十都住歇，將本戶承祖父戶下山一片，坐落土名查塢，係民字七百二十三號，共計山一畝整，本家合得五釐，其山東至降，西至降，南至降，北至田。今來本輪充正德三年首，無物使用，自情願將前項四至内山合得五釐，盡行立契出賣與十都吳彥成名下，當日三面議作時值價銀三錢五分整，前去使用。其山今從出賣之後，一聽買人自行管業是[受]稅，永遠如定。如有内外人占攔及重複交易，一切不明等事，並是出賣人之當，不及買人之事。今恐人心無憑，立此文契爲用。

正德三年正月十五日　立契出賣人　吳子良　契

代筆人　吳希武

見人　汪永文

同上　祁門縣倪瑆同弟倪呈等賣山契

十六都倪瑆同弟倪呈，共有山壹塊，坐落土名江蒲塢口，里至倪章、倪瑾第貳坵田中心直上至降，外至塢口路弦埋石龍分水上降爲界，立契出賣與兄倪三桂名下爲業，面議時價紋銀九錢，在手足訖。成之後，各不許悔，如違罰銀五分。今恐無憑，立此文契爲照。

正德六年正月十八日　立契人　倪　瑆

倪　呈

中見　倪　鑒

依口代書人　汪函文

同上　休寧縣胡欽等賣山赤契

十二都胡欽同弟佛童、胡銓，共有成祖胡子華名目，經理山一號，坐落本都八保，土名井塢，係臣字二佰八十七號，共計山二畝。本位該得分籍，盡數立契出賣與同都人胡閶名下爲業，面議時價紋銀二錢五分整，在手足訖。其價並契，當日兩相交付。未賣之先，與家、外人即無重複交易。自成交後，二家各不許悔，如先悔者甘罰銀一錢與不悔人用，仍依此文爲始。今恐無憑，立此爲用。

再批：又將十三都三六保葛二培，本身該得分籍，盡在契內。

明正德七年十月二十六日　立契人　胡　欽　契

同賣人　胡佛童

胡　銓

中見人　胡　勝

同上　休寧縣胡子球賣山赤契

十二都胡子球，今有承祖並買受山壹源，坐落三都八保，土名小横坑，經理律字三佰六拾捌等號，係汪顯孫及胡子良名目，共計山壹佰四拾畝，與叔胡志隆等相共，本位該得山分籍壹拾六畝叁分三釐三毫。今爲無錢用度，自情願將前項山並在山大小苗木，本位該得分籍，盡數立契出賣與胡志準名下，前去爲業，面議時價紋銀柒兩整，在手足訖。其價並契，當日兩相交付。其山未賣之先，即無家、外人重複。來歷不明，賣人承當。成交之後，二家各不許悔，如悔者甘罰銀壹兩與不悔人用，仍依此爲始。所有願［原］賣老契，是叔胡紳收執，未曾繳付，日後賫出，一同照證。今恐無憑，立此文契爲用。

明正德八年二月初六日　立契人　胡子球　契

胡　紳

中見人　胡光祖

同上　休寧縣胡晏等賣山契

十二都胡晏等，今有承祖山貳號，坐落本都十保，土名査坑，經理係（叁）叁百肆拾捌號、叁百肆拾玖號，子華、福佐名目，東、西至降，南至塢降，北至田。今將前項四至內，本位兄弟該得山壹半力［坌除又錦栽坌西邊里灣嫩苗壹灣，其餘主、力壹半］，盡數立契賣與十四都李珏名下爲業，當日面議時價紋銀拾玖兩叁錢整。當日價、契兩相付訖。來歷不明，賣人自管，不係買人之事。未賣之先即無重複交易。成交之後，各無言悔，如違甘罰契內銀貳兩，入官公用，仍依此契爲始。今恐無憑，立此爲照。

正德十年二月二十九日　立賣契　胡　晏

胡　晃

胡　升

中見人　李　香

同上　休寧縣謝希昶賣山赤契

三四都謝希昶，今爲無錢支用，自情願將承祖並買度山地一源，坐落土名大小坑，係經理致字四佰四十八號至四佰八十三號止，共山三十八號，新立大四至，東至行路大降，西至光乾坑，南至大坑降，北至青林塢，其前山原爲［與］余、王二宅立有三分合同，通山山骨並苗木大三十六分中合得一分，又原合到余、王通山力分十二分該一分，先男文端內取一半賣與王鑒，本家仍有一半山骨並苗木，盡數立契賣與本都王鑒名下爲業，議時價紋銀壹兩。其價並契當日兩相交付。未賣知先，則無家、外人重複。來歷不明，賣人知當。自承知後，各無悔異，如悔者罰銀三錢公用。今恐無憑，立此文契爲用。所有上所文契，仍在本家未曾繳付，日後□［賫］出，一同照正。

正德拾一年五月廿二日　立契　謝希昶　契

奉書　孫謝邦

中見人　陳　羅

同上　休寧縣吳壽安賣山赤契

十六都吳壽安，原用價買受本都談永迪、文鬱等茶山壹備，坐落本都伍保，土名東源東邊，新立四至，里［至］塢所，外至俗土名桃樹里韞分水直上至降，下至田，上至大降。今將前項新立四至內山，原與談永賢、仲安、富宗等立有合同文約，以作二拾股爲率，本位合得伍股，先將壹股內取半股，賣談文隆外，仍有肆股半。今爲無錢用度，自情立契將前項該得分股並力分，盡數出賣與本都汪升、汪璽二人名下爲業，面議時價紋銀伍拾伍兩整，在手足訖。其價並契當日兩相交付。來歷不明，賣人自理，不涉買人之事。成交之後，各無言悔，如違甘罰銀叁兩與遵守人用。所有原買胡原清名目山，亦照前該肆股半亦賣契內，並買他人力坌，自己坌分盡賣契內。所有稅糧，候造冊之年照原推割。今恐無憑，立此文契爲照。

正德十二年三月二十二日　立契人　吳壽安　契

中見人　廖　前

同上　休寧縣吳玉賣山赤契

十一都吳玉，今有承祖山一號，坐落本都五保坊坑，土名碣頭江家前山，其山四至字號，自有本保經理該載，不及開寫。其前山本身該得一十八分中一分，自情願立契出賣與本都李名下爲業，面議時值價銀二兩整。其價並契當日兩相交付。未賣之先即無重複交易。今從賣後，一聽買人永遠管業。如有一切不明，並是賣人之當，不及買人之事。今恐無憑，立此爲照。

正德十四年九月十一日　立契人　吳　玉

同上　李德升賣山赤契

十一都李德升承祖父並續買有山地壹備，坐落土名李坑口本家住後，又取同處地壹角三十步，其二號山地俱係經理同字等號，四至、畝步自有本保經理該再，不及開寫。其山地與叔梅崇等相共。今將前項二處山地並在山竹木，本邊該得分數廿四分之一；又取土名楊村竹園地一備，與叔梅等相共，本邊該得十二分之一；　取承祖父火佃隆保兄弟住房並地骨，亦該廿四分之一，自有經理該再，不及開寫。今將前項四處火佃住基並屋及竹園山地等木，共有十六至本邊該得分數，盡行立契出賣與同居兄李德崇名下爲業，面議時價白銀貳兩捌錢整。其契、價當日兩相交付，契後再不立領。今從賣後，一聽買人永遠管業。未賣之先即無重易。如有一切不明，並是賣人之當，不及買人之事。今恐無憑，立此文契爲照。

嘉靖三年二月初九日　立契人　李德升　契

中見人　李　保

同上　歙縣程湖賣山赤契

六都程湖同弟程璽，今將承祖買受山壹備，坐落本都三保，土名韓坑塢東邊皮竹灣，合塢山七畝並在山浮苗木，其山新立四至，東至高降，西至坑及田，里至程升山，外至程諧墳山；又將栽坌得程升山杉苗一號，坐落土名韓坑塢皮竹灣山連界，其山本身栽坌力分該得一半。今自情願將前項本家合塢山骨，並在山浮苗木及栽得程升山杉苗九分該得分劑，盡數立契出賣同都程余名下爲業，面議時價紋銀十兩整。其價並契當相交付。其山未賣之先，即無私自重複交易。來歷不明，賣人之當，不及買人之事。自成交後，各不許悔，如先悔者甘罰銀貳兩與不悔人用，仍依此契爲準。今恐無憑，立此爲照。

嘉靖五年二月十七日　立契人　程　湖

同賣弟　程　璽

中見人　程　鈴

同上　祁門縣吳琥賣山赤契

十東都住人吳琥，承祖僉業山一號，坐落三保，土名蕎麥坑，係經理穀字五百八十八號，畝步自有本保經理該載，不及開寫，其山東至李家山隨脊直上至降，西至洪家山隨壟直上至降，南至蕎麥坑口，北至胡家口。其山正隴與兄吳瑀、吳珊開造先塋壹穴，吳瑀鬮得青龍左邊一半，賣與洪宗潤已訖，吳珊、吳琥鬮得白虎右邊一半。其前項四至內山地骨，吳琥二十四分中合得一分；正隴風水一穴，吳琥四大分中合得一分，鬮得右邊。今將前項四至內山並河灣地骨，自情願盡行立契出賣與同都洪宇潤名下爲業，三面憑中議作時值價紋銀陸兩捌錢整。其價並契當日兩相交付，契後再不立領。未賣之先即無重複典易。如家、外人占攔，不明等情，並是賣人之當，不及買人之事。今從賣後，一聽買人遷葬栽苗管業，本家無詞。今恐無憑，立此出賣文契爲照。

嘉靖七年四月十八日　立契出賣人　吳　琥　契

中見人　洪貴旺

同上　祁門縣胡輝賣山赤契

拾東都胡輝今有承祖父山壹備，坐落土名項湖坮，係經理遜[字]七百八十五八十六號，其山畝步四至，自有本保經理該載，通山本身該得三十六分一分。自情願將前項四至內山並苗木山骨，盡行立契出賣與同都住人洪儒名下，當日三面議時值價銀一兩整。其價並契當日兩相交付。未賣之先即無重複交易。來歷不明，賣人之當，不及買人之事。所有稅糧候造冊之年聽自入本户起割，前去供，本家即無異説。今恐無憑，立此文契日後爲照。

嘉靖八年二月二十六日　立契人　胡　輝　契

中見人　汪義保

同上　祁門縣吴琦賣山赤契

拾東都吴琦，承祖父有山骨一備，坐落本都黄於坑，土名椒樹坦，係經理位字□□號，畝步自有本保經理開載，不及開寫，其山四至，東至降，西至坑，南至江子凊山，北至張宅山，通山二十四分中吴琦合得三分。情願盡行立契出賣與本都洪宗潤名下爲業，三面議時價白銀壹兩伍錢整。其價並契當日兩相交付明白，契後再不立領。今從賣後，聽自買主入山骨栽苗管業。未賣之先即無重複典當交易。來歷不明，賣人之當，不及買人之事。價銀收足無欠。立此文契爲照。

嘉靖九年三月十四日　立契出賣人　吴　琦　契

中見人　洪貴旺

同上　休寧縣汪顯陽賣山赤契

十一都汪顯陽，今將承父標分得有山一號，坐落土名前山灣，係經理坐字六百七十七號，計山壹畝，本家合得一半；又取六百六十五號，土名唐坑南培，計山六畝，本家合得□□之一；又取六百八十五號，土名牛攔坦，計山壹畝叁角，本家合得四分之一；又取六百八十八號，土名九畝段，計山一畝二角，本家合得四分之一；又取七百五號，土名栗木塢，計山二十三畝，本家合得九分之一；又取七百三十一號，土名四九坮，計山二畝二角，本家合得六分之一；又取七百四十六號，土名方家塢頭，計山十畝，本家合得□□之一，其前項七號山四至，自有保簿該載，不及開寫。今自情願將前項山地及山腳並竹木，盡行立契出賣與叔汪淳名下爲業，三面議時價白銀壹拾貳兩陸錢整。其價、契當日兩相交付足訖，契後再不立領。未賣之先即無重複交易，倘有家、外人占攔，一切不明等事，並是賣人之當，不及買人之事。來腳契文與別產相連，不及繳付，日後要用，將出參照無詞。今恐無憑，立此文契爲照。

嘉靖十六年三月初十日　立契人　汪顯陽

主盟書契父　汪　保

中見人　汪　鼎

汪　佳

汪　雲

兄　汪再陽

汪　琢

汪天曜

親人　謝三春

同上　休寧縣吴價等賣山赤契

十一都吴價同侄嘉祥、純一三大房等，共承祖標分得山二號，坐落本都六保，土名梓坑源，係經理坐字六百八十三號，計山二畝，其山四至，東至降，西自山隨壟下及田，南田，北降。又取連界六百八十四號，計山伍畝，其山四至，東壟、西壟、南自地，北長降，其山與汪相共，本家合得六分之五。自情願將前項八至内山骨並松、竹等木，盡行立契出賣與同都汪琳名下爲業，三面議時值價銀紋銀壹拾兩整。其價並契當日兩相交付，契後再不立領。未賣之先即無重複交易。如有一切不明及家、外人占攔等事，並是賣人之當，不及買人之事。今從賣後，一聽買人入山管業，既無異説。所有來腳又與別產相連，不及繳付，日後要用，索出參照無詞。今恐無憑，立此文契爲用。

嘉靖廿四年六月初二日　立契人　吴　價

同賣人　吴嘉祥

吴禎祥

吴德祥

中見人　謝付才

其山原買汪伯敬、汪伯春、汪仕美分數。再批。

同上　祁門縣童正等斷山文約

十二都童正同胡記保、童社孫，今斷到本都山主胡正道、胡世用山壹號，生落本都十保，土名長坑面培，山一塊，前去砍撥鋤種，栽培杉苗，毋問險峻栽成杉苗，不許抛荒。日後杉苗成材，照依鄉例，主力相分，不許逼賣他人，務要盡及山主。亦不許私自入山砍斫，如砍一根，其照付銀一分。今恐無憑，立此爲照。

貼米一斗五千四。

嘉靖三十年三月十四日　立斷約人　童　正

童社孫

胡記保

同上　休寧縣汪祀賣山赤契

十五都汪祀，今爲無銀用度，自情願將二保，土名楊桃塢山一備，係汪端名目九百五十七、九百五十八，又秀公墳山八百四十七號，又二保土名胡均仲地一塊，計租四秤，本位合得貳秤，將前項山並地，盡數立契出賣與族弟汪於祚等名下爲業，當日憑中面議時價紋銀貳兩叁錢整，在手足訖。其價、契當日兩付。未賣之先即無重互交易。來歷不明，賣人自理。其前地稅糧候大造之年推割入戶供解。今恐無憑，立此爲照。

嘉靖卅一年十二月十三日　立契人　汪　祀

中見人　汪　錢

同上　祁門縣金阿程賣山赤契

十七都二圖住婦金阿程，今因戶役缺用，自情願託中將故夫分下山一片，坐落土名下邊山，係慕字貳百捌拾叁號，共計稅八分，其山東至本家低基山爲界，西至吳家高基山爲界，南至買主官山嶺脊爲界，北至人行大路爲界，今將前大四至內山並在松、雜木植，本身故夫合得分數內取山稅式釐，盡行立契出賣與十四都拾壹圖洪□□名下爲業，憑中三面議定時值價紋銀捌兩整。其銀當成契日一並交收足訖，則無欠少分文。亦無重複交易及準折等情。其山自從出賣之後，一聽買主蔭庇墳穴爲業，本家子侄人等則無生情異說。所賣南邊空山，並無舊塚新塋。如有內外人攔占，盡是出賣主之當，不涉買主之事。其稅糧候至造冊之年，本戶自行起割，即無難異。所有來腳契文繳付不便，本身故夫分下鬮書爲證。今恐人心難憑，立此出賣文契付買主，永遠爲照。

嘉靖三十五年八月初一日　立契出賣文契婦　金阿程

男　金　侃

中見人　金　珠

金　瑜

金　理

孫　齊

依口代書人　金　琢

同上　祁門縣徐七保等養山文約

在城徐七保、徐玄，今承攬到五都洪瑚山一備，坐落土名魁溪口塔塢滌山，係經理民字一千五百四十一號，新立四至，東至田，西至嶺，南至謝山，北至一都界。四至內山，自行前去栽坌松、杉、竹等雜木，長養成林之日，議作浮木以十分爲率，主、力對半均分。自承攬之後，務要用心守值，毋許懈怠荒廢，亦毋許私自入山盜砍。如盜砍一根，罰銀壹錢公用。倘有外人盜砍，拿獲報主理治，毋許容情賣放，訪出亦照前罰。其山候五年之后，請主眼同議價刈撥毋違。今恐無憑，立此興養文約爲照。共計山地二畝，李仲齊四分中合得二分，洪瑚四分中合得一分，張滿四分中合得一分。

嘉靖三十六年三月廿五　立契養約人　徐七保

徐　玄

徐周玄

徐廷祥

徐　什

徐義貴

依口代書人　仰　蘭

中見　李仲齊

同上　休寧縣汪遲保等租山文約

十一都汪山同侄汪訊，今將本保土名木瓜場外截北培，新立四至，東至灣外隴及國山，西至石充直上，南至田，北至長峰。今憑中寫佃人汪遲保等，前去遍山燒撥鋤密插杉苗，議作四六均分，山主得六分，種作人得四分。成材之日，毋許將栽種分數湊與他人，務要湊與山主。寫與之後用心照管，毋得將其荒廢，私自砍斫。如違聽自理治。今恐無憑，文約爲照。

嘉靖四十年正月初一日　立約人　汪山

汪訊

中見人　黃需

同上　陳擇賣山赤契

廿一都陳擇同弟陳英方、陳三保、陳統、陳秀、陳禮等，原有祖產山壹號，坐落八保，土名洪家塢，先年間陳再得將前山賣與二十二都王訓龍名下爲業，今山向大利，訓龍佐造風水，出備銀貳兩伍錢整，以當羊酒之禮，有陳擇、英方等接受之後，衆口合議，自情願聽自訓龍佐造風水，家衆毋得異詞。如違聽自賫文告理。恐後毋憑，立此爲照。

嘉靖四十年十二月十四日　立契人　陳　擇　契
陳英方
陳三保
同弟　陳　統
陳　秀
陳　禮
陳　福
中見人　陳長保
陳　矣
陳元武
陳　加
陳愼汝

同上　歙縣吴清賣山赤契

二十二都六圖住人吴清，爲因缺欠支用，自情願將承祖一則柴山一片，坐土名沙坦，係禍字號，計稅肆分，其山見東至低田爲界，西至上高頂尖，南至吴班山降爲界，北至自家山合水塢心直下，今將四至內山，盡行立契出賣與廿三都一圖吴□□名下，三面憑中議定時值價白銀式拾伍兩整。其銀當成契日一並隨手收足，並無欠少。其山今從出賣之後，一聽買人管業，造作風水，收苗受稅。如有內外人攔占及重複交易，不明等事，盡是出賣人之當，不干買主之事。所有稅糧候至造冊之年，本戶自行推出，即無難異。今恐無憑，立此賣契爲照。

嘉靖四十五年四月日　立契人出賣人　吴　清
代筆人　吴　潘
中人　吴　璘
程岐山

前項契內價銀，一並隨手收足，同年月日再批爲照。稅銀伍錢。

同上　祁門縣倪世德賣山赤契

十六都倪世德，今有山二處，坐落本都八保，土名炭梓塢，其山本家安葬支祜伯夫婦在上，內除墳堆禁步不賣，其餘四水流歸內盡賣在契內；又[二]號十保土名塘蜜塢，並在[山]浮木，一並將前山二號，盡數立契出賣與本都倪□□名下爲業，面議時價紋銀貳兩五錢整，在手足訖。價、契兩付。來歷不明，賣人自理，不涉買人之事。未賣之先與家、外人即無重複交易。自成之後，各不許悔，如違甘罰契內銀一半與不悔人用，仍依此文爲始。今恐無憑，立此爲照。

隆慶二年三月初四日　立契人　倪世德
中見人　鄭　三
奉書男　應　雷

嘉慶拾柒年捌月貳拾式日，憑親族將契內所載塘蜜字號，盡數扒與倪闇齋公祀保祖爲業。永遠存照。憑族中昭盛、廷榜，親吴峘批。

同上　休寧縣張鳳賣山赤契

二都二圖立賣契人張鳳，今因缺用，自情願將承父續置業山，坐落土名長塢茶園，係號字九百六十一號，貳契共計民山稅貳畝七分一釐，其山新立四至，東至降及尖，西至程、吴二宅田及墳頭埋石爲界，南至趙宅水楊梅及吴家田嘴頭直上，北至本家山分水爲界，今將前項四至內山，憑中立契盡行出賣與五都潘祖泰名下爲業，三面議定時值價白紋銀拾捌兩整。其銀當成契日一並交收足訖，別不立領。今從出賣之後，一聽買人隨即收苗管業爲定。如有內外人攔占及重複交易，來歷一切不明等事，盡是賣主承當，買人之事。有上手來腳二道，隨即繳付一道，仍有一道與別產相連，繳付不便，日後要用，刷出參照。其稅糧候至大造之年，本戶自行推入買人戶內，即無異說。今恐無憑，立此出賣契文永遠存照。

隆慶四年三月初一日　立契人　張　鳳　契
主盟母　金　氏
憑中見人　鄭　魁
吴　昊
趙廷相

今就契內價銀並收足訖，別不立領札。同月日再批。

契內山稅一畝四分一釐，本都本圖起割，仍一畝叁分，在五都二圖胡永義戶頭，胡宥起割。再批。其此契內山，萬曆拾伍年正月廿九賣與陳洪、鄭廣家爲業。批付照。

同上 休寧縣汪天爵賣山赤契

三四都汪天爵同弟汪天明，承祖買受本都七保，土名汪明坑竹塢，經理係歲字肆百九十六號，計荒山伍畝有零並山灣內荒地一源，新立四至，東至汪華輔山降，西至竹塢口，南至壟，北至塢口隨壟上至降。今將前項四至內山地，內除胡天乞兄弟叁分之壹外，又除叔汪蓁原買汪文杰該山十分之一，其餘山地俱是身同弟承祖買受山叁畝有零，並山灣內合源至竹塢口該得荒山地，並在上松、杉、苗木，盡數立契出賣與同都胡求、胡祖名下爲業，憑中面議時價紋銀陸錢伍分整，在手足訖。其價並契當日兩付明白。未賣之先即無重複交易。來歷不明，賣人承當，不干買人之事。自成之後，各不許悔，如悔者白銀叁錢與不悔人用，仍依此契爲始。所有上手原賣老契，繳付未盡，日後賫出，不再行用。所有在山苗木，日後成材砍[聽]毋許悔異爭論。今恐無憑，立此文契爲準。

隆慶陸年十二月二十四日　立契人　汪天爵
同弟　汪天明
中見人　胡初保
胡師保

同上 祁門縣李應禎賣山赤契

十一都李應禎，續買得項文明兄弟山一備，坐落本都五保，土名枋坑口，係經理湯字□□號，其山東至降，西至項汪住後山腳，南至山，北至本家自山。今將前項四至內山，係文明兄弟分數下截壹產，立契出賣與同都侄李□□名下，面議時值價銀肆錢整。其價並契當日兩相交付，契後再不立領。未賣之先即無重複交易。如有不明，並是賣人之當，不及買人之事。所有契文上手來腳，隨時繳付。今恐無憑，立此賣契爲照。

萬曆元年十二月廿四日　立賣契人　李應禎
中見人　李俊明

同上 歙縣程良李等租山文約

房東程良李、良禾，二家共有山一號，坐落本都五保，土名宋家山，其山四至，上[至]降，下坑，外至小四分塊山，里至中壠心夏秋乞等山。前四至內山與住人前去砍發鋤種，三年之內務要密栽苗木，毋許抛荒，五年之外請山主看苗。日後苗木成材，主坌三七相分，主得七分，坌得三分。其坌務要湊與山主，無許另賣他人。自立興養之後，務要用心載苗，亦毋許私自入山偷砍。違者犯一賠九，如若抛荒，迫賠逾年花利毋詞。立此爲照。

萬曆四年二月初二日　房東　程良李
程良禾
程嗚鷺
程鑾兄弟

同上 休寧縣謝壽賣山赤契

三四都謝壽，今將承祖山一備，坐落十西都八保，土名南岸，其山新立四至，東至嶺，西至田，南至壠，北至墓林。今將四至內山骨該得本身分數，憑中立契出賣與十西都謝□□名下爲業，三面言議時值價紋銀八錢五分整。其價並契當日兩相交付。未賣之先即無家、外人重複交易。來歷不明，賣人之當，不及買人之事。成交之後各不許悔，如先悔者甘罰契內價一與不悔人用，仍依此文爲始。今恐無憑，立此契爲照。

萬曆四年四月初八日　立賣契人　謝　壽
中見人　謝　銘
謝　侍
吳四保

同上 祁門縣吳奏賣山赤契

伍都住人吳奏，今將承父續置民山一片，坐落土名東山，係珠字□□號，其山新立四至，東至田，西至尖，南至鄭宅山，北至鄭宅田隴直上，計稅五分，本身合得二分五釐。自願憑中將四至合得分數，並灰堂粗雜木竹等項，盡行出賣與同都四圖鄭廣名下爲業，三面議定時值價白紋銀二兩五錢整。其銀當成契日一並收足，別不立領札。今從出賣之後，一聽買人收租收苗管業。如有內外人及本家弟男子侄人等難異，盡是賣主之當，不及買人之事。其稅糧候造冊之年，本戶自行推割，即無難異。其來腳隨後繳付。今恐無憑，立此賣契存照。

萬曆六年二月初四日　立賣契人　吳　奏

契內山外邊與利字號業，埋石爲界。

中見人　丘　德

見弟　吳　來

今就契內價銀一並交收足訖，別不立領札。同年月日再批。

同上　祁門縣王志洪等看山文約

立看山人王志洪、天華、天壽等，今看守到洪名下柴山三片，土名長塢、索塢，言議三年砍斫，三七均分。其山松木長養成林，三七均分。如有內外人等砍斫柴薪木□，捉獲送與山主，賞銀五錢與看山人用。內有看守自盜者，捉獲罰銀一兩與山主公用。今恐無憑，立此爲照。

萬曆十一年三月初一日　王志洪、

劉天華

洪天壽

洪灰九

洪東壽

洪秋九

王社思

方萬全

方萬金

田　三

王周湧

姜　四

畢濂止

方萬遂

同上　歙縣程良策賣山赤契

六都程良策，今有承祖買受荒山地一號，坐落本都一保，土名宋坑坳，其山地四至，東至程汪山，西、南至路，北至程山。其前地係新丈辰字一千一百十九號，丈得實地共一百零二步三分。其前山地與叔程淶相共，本身該得一半，叔分一半先單賣與林勝業訖。本身自情願將前四至內山地該得一半即無存留，盡數立契出賣與六都林寄富名下湊便爲業，面議時價紋銀二兩整。其價並契當相付明。其山地未賣之先即無家、外人重複交易。山地來歷不明，賣人之當，不干買人之事。自成之後各不許悔，如先悔者甘罰契內銀一半，入官公用，仍依此契。所有稅糧，其山係荒不行推割，其地候造冊之年，推入買人戶內供解。今恐無憑，立此爲照。

萬曆十三年十月二十日　立契人　程良策

中見人　程　試

程萬鵬

再批：所有上手老契並程淶契，因林天富構訟，程收匿未付，日後賫出，不在[再]行用。程淶策批。

未給契尾

今領前項契內價銀，並收足訖。同日再批。

同上　休寧縣汪文謀賣山赤契

十二都立契人汪文謀同弟三郎、六郎、五郎、侄應鯉等，今將承父祖墳山一處，土名牛石原，黎字一千三百三十五號，今新丈鱗字一千九百七十九號，本家合得山九毫捌絲；又將同處原買汪甫節、永節奇高山，原黎字一千三百二十三號，今鱗字一千九百六十號，身兄弟同侄取一釐，並前號四至自有保簿該載，不在開寫，今念族誼，因伊先傍二世祖復葬伊祖，憑中賣湊保塚，將前項二號山，計稅一釐九毫八絲，只存二世祖墳□祭外，盡行立契出賣與同族人汪廷顯、廷升、廷杲、廷昌名下爲業，三面議作時價白銀貳拾七兩整。其銀、契兩相交訖。山並樹木一聽買人管業長養，本家兄弟叔侄日後不得來葬等情。其稅糧候大造之年，聽從起割過戶。今恐無憑，立契爲照。

萬曆十五年十一月十八日　立契人　汪文謀

同弟　三　郎

六　郎

五　郎

侄　應　鯉

中見人　汪廷冕

文　相

邦　相

李瞻極

朱武珍

其前契內山價，原各付價銀開後：

汪廷升付銀二兩三錢二分整；

汪廷杲付銀一十七兩九錢六分整；

汪廷昌付銀二兩五錢九分五釐整；

汪廷顯付銀：謙二兩八錢八分五釐，賢一兩二錢四分。汪文謙批。

同上 休寧縣黃聞秋賣山赤契

二十三都十一圖立賣契人黃聞秋，今將新丈慕字六百二十八號，山地六分二釐，六百四十三號，山地五分，又六百四十四號，山地一畝零七毫，土名俱橫山，其四至照清冊，憑中立契受價出賣與本都本圖汪名下爲業，三面議定時值價銀三兩六錢。其銀當日收足。其地聽憑□□管業。其稅候大造年割入本戶支解。今恐無憑，立此文契爲照。

萬曆十八年五月十七日　立賣契人　黃聞秋

見人　汪　涌

同上 祁門縣潘得大承租山文約

僕人潘得大，今佃到房東王汝希、王尚欽名下山壹號，土名棗樹窟下邊，東至灣心直上，西至五希山，北至大尖，南至小灣心欽山。今承佃前去長養杉松樹木，務要用心巡邏，毋許私自砍折。如砍一根，獲出罰銀壹錢賠還山主。日後成材，主利四六勢分。憑此佃約爲照。

萬曆二十一年十二月初十日　立承佃僕人　潘得大

代書見人　王尚好

同上 祁門縣黃一謨賣山赤契

霞塢黃一謨，今將承祖山一號，土名秧田塢，與□相共，該得五畝，本身該得八分三釐，又已買同號儒兄弟鬮分五畝，共計五畝八分三釐，其山四至，東至□□，西至□□，南至□□，北至□□；又取已買蘇太兄弟查娘坑麻塢山一備，約計五畝，其山四至，東至田，西至降，南至外灣心直下至低坦，北至上下灣口石嘴直上至大尖。四至內山照蘇原存留墳穴貳丈五尺不賣外，餘山盡行立契出賣與□□名下爲業。二處共山拾畝有零，三面議時值價紋銀二兩整。其價並契當日兩相交明。未賣之先即無重複交易。不明等情，盡是賣人之當，不及買人之事。自成之後，各毋悔異，如悔者甘罰銀三錢公用。今恐無憑，立此賣契爲照。

萬曆廿八年五月初二日　立賣契人　黃一謨

中見兄　黃一誠

同上 姚南階賣山契

立賣山契人姚南階，今將青山一岫，坐落地名肖家衝，其山界上至山岫後山頸爲界，下至趙墳爲界，左右俱在澗溝爲界，四至明白，憑中立契出賣與劉名下，在上點穴扦葬，當日言定時值價紋銀一十五兩整。契、銀比即兩訖，俱係二比情願，並無逼勒等情。其山凡屬界內，聽從劉人上下左右扦葬蓄樹管業，姚人無阻。倘有不清，盡係姚人一並承管，不干劉人之事。今恐無憑，立此山契日後永遠存照。

萬曆二十八年十月初十日　立押　高晴溪

姚景雲

凡大小勸儀，盡係姚人一並領訖。再照。

同上 休寧縣黃本清賣山赤契

立契人黃本清，今自願將承祖僉業山一片，土名大塢，清丈難字九十號，共山一畝伍分，本家原業下截，其山東至高尖，西至田及坑，南至田及坑，北至降直下至溪。四至內本身合得山稅壹分叁釐有零，內存留本家祖墳一穴外，仍淨稅壹分三釐，立契憑中出賣與同都人金迪澄寶名下爲業，當日憑中三面議取時值價銀壹兩陸錢整。其銀成契之日隨手一並收足。其山今從出賣之後，一聽買人管業、收苗、受稅爲定。如有內外人言說，重複不明等事，盡是賣人自行理直，不涉買人之事。其稅今輪大造，本戶自行起推無異。恐後無憑，立此賣契爲照。

萬曆三十年三月日　立賣契人　黃本清　契

中見人　黃惟奎

程尙新

前項契內價銀，成契之日一並收足。同日再批。

同上 祁門縣吳登录賣山赤契

二十五都四圖立賣契人吳登录，今將續置罔字八千一百四十一號，山一業，土名溪洞田灣凸，計稅一分五釐，其山東至□□，西至□□，南至□□，北至□□。今將前項四至內山，盡行立契出賣與侄公弘名下爲業，本身並賣，毫勿存留，憑中三面言定價銀十三兩。其銀當成契日一並收足，再不另立領票。其山未賣之先，並未曾先賣他人，自賣之後，聽從買人便行管業。倘有字號不清，畝步不盡，自有土名四至挾定。所有來腳契文與別產相連，繳付不便。其稅於本年聽從起割解納。今恐無憑，立此賣契爲照。

萬曆三十年四月初一日　立賣契人　吳登录

中人　吳世堅

吳應柯

同上　歙縣陳廷黯等賣山赤契

二十一都陳廷黯同弟廷歆、侄守仁，共有九保土名查木炎山一號，計山三十六畝，四至自有經理可照，與本家輝等共業。本家通山十五股爲準，黯弟侄內該得一股，憑中盡數立契將四至內及在山杉、松、苗木並山骨分籍，計山二畝四分，湊便賣與二十二都王□□名下爲業，當日憑中面議時值價銀五兩整，在手足訖。其山未賣之先，與家、外並無重互交易。成交之後，各不許悔，如違甘罰銀一兩與不悔人用。所有稅糧候大造推割無詞。恐後無憑，立此文契爲照。

萬曆三十五年八月十二日　立契人　陳廷黯

同弟　陳廷歆

侄　守　仁

中見人　守　正

守　緒

查　應

同上　休寧縣朱永學賣山赤契

立賣契人朱永學，今將承祖父分下菜字七百六十三號，山貳釐七毫三絲七五，同號地四步一分二釐五，稅九毫二絲五，土名大王塢山地，今憑中出賣與堂兄朱□□名下爲業，三面議作當值價紋銀一兩六錢整。其銀、契當日兩相交足訖。其山地自出賣之後，聽從買人收苗管業。如有重複交易，不明等事，盡是賣人之當，不及買人之事。其稅在二甲朱益字戶推割無詞。今恐人心無憑，立此賣契存照。

萬曆四十年九月初八日　立賣契人　朱永學

憑中　朱必茸

今就契內價銀，並收足訖。同年月日再批。

同上　休寧縣汪惟疆賣山赤契

十六都汪惟疆同弟惟京，有承祖山一號，坐落本都下十保，土名萬子山，俗名月山上邊，四至，東至降，南至老木林，北至汪得新祖墳隨培直上至降。其山與汪得新四股相共，本家衆得三股，本家本位兄弟六股中得一股；又本家新開生墳一所，在倪家生墳上手，本位合得六股之一，隨山盡數憑中立契出賣與本都倪彥弼名下爲業，面議時價紋銀三兩整，在手足訖。其價、契當日兩付。未賣之先即無重複。來歷不明，賣人自理，不干買人之事。成後各不許悔，如悔者甘罰契價一半公用。今恐無憑，立此爲照。

萬曆四十年十一月十五日　立契人　汪惟疆

同弟　惟　京

中見人　汪尚宋

汪應龍

同上　休寧縣朱福德等賣山赤契

十二都住人朱福德、朱仁德、朱端德、朱邦新，今將承祖買業山數號，原黎字一千九十九號，今丈鱗字一千五百八十一號，計山叁釐柒毫柒絲五，土名下坑；又一千一百一號，今鱗字一千五百八十四號，計山壹釐壹毫五，土名同；又一千一百二號，今鱗字一千五百八十五號，計山五毫，土名同；又一千一百五號，今鱗字一千五百九十二號，計山伍分陸釐貳毫五，土名同；又一千一百六號，今鱗字一千五百九十三號，計山五釐五毫，土名同；又一千一百十三號，今鱗字一千六百四號，計山柒釐五毫，土名同；又一千一百十四號，今鱗字一千六百六號，計山貳分九釐壹毫七五，土名麻榷塢。前共柒號，共計山壹畝零貳釐陸毫柒五，今憑中出賣與同都汪有壽名下爲業，三面議作時值價紋銀陸兩整。其銀、契兩相交付。其山出賣之後，聽從買人受業。如有來歷不明及重複交易，盡是賣人承當，不及買人之事。其稅今當大造之年，隨即推入買人戶內當差，本家同戶人等即無異說。今恐人心無憑，立此賣契爲照。

萬曆四十一年九月二十八日　立賣契人　朱福德

朱仁德

憑中　朱端德

朱邘新

中人　唐玄保

今領前項契内價銀，並收足訖。同日再批。

同上　歙縣汪三九賣山契

二十四都四圖立賣契人汪三九，今將自己原買本圖三甲江名下松樹山一業，土名和穆山，良字一千八百四十五號，計稅三釐，東至澄塘山，西至澄塘山，南至領脊分水爲界，北至山脚水溝爲界，四至分明，自情願賣與本圖一甲方元美名下爲業，三面議定時價銀肆兩伍錢整。其銀當日收足無欠。其山聽憑銀主管業，其松木大小在内。山稅大造之年聽憑過割無阻。今恐無憑，立此賣契爲照。

萬曆四十一年六月日　立賣契人　汪三九

中人　方道元

代筆男　汪社義

同上　歙縣方元甫賣山赤契

卅都三圖立賣契人方元甫，今承祖業一號，坐落土名赤嶺，丈絲字貳拾陸號，其山與吳甫祠共業，本家該業山稅捌分五釐五毫五絲，除先年賣過壹分五釐，仍實在山稅柒分五毫五絲。其山東西四至，自有丈冊開載，不在行寫。今因管業不便，將前項四至內山，盡行立契憑中出賣與卅一都親人吳時陽名下爲業，三面議作時值價銀貳拾兩整。其銀、契當日兩相交明。未賣之先並無重複交易。既賣之後一聽買人管業。倘有不明等事，盡是賣者之當，不及買人之事。所有稅糧現在本戶，候冊年聽從起割前去，本家亦無難異。今恐無憑，立此賣契存照。

萬曆四十四年四月日　立賣契人　方元甫

中見人　汪賓戎

吳彥方

今領去契內價文銀，並收足訖。同日再批。

同上　金輔明賣山契

立山契人金輔明，今將陰地壹片，坐落陸家山鋪後金家衝，四至界斷山，上齊山頂，下至新立坐墩，北至山溝爲界，南至折水溝直姚吳宅山脊分水爲界，四至明白，憑中立契出賣與林名下，在上安葬父母，當日得受山價紋銀壹兩柒錢整。其山、銀比日兩訖。自成之後各無異說。恐日後無憑，立此山契永遠存照。

泰昌元年十一月十五日　立契人　金輔明

中見人　倪希檄

李生

陳哲

林一良

陳禮

張一贇

代書人　金國德

同上　黟縣汪文奎賣山赤契

立賣契人黟縣柒都汪文奎，今因戶役欠用，自情願將承祖墳山地壹處，土名吳家座，係徑理官字□□號，計山地稅貳畝，身該分數內取地貳釐，新立四至，東至田高塝，西至塝，南至茶地，北至平坦。今將四至內憑中立契出賣與休寧縣親人吳□□名下，前去開穴扦葬，三面議定時值價白紋銀叁拾兩整。其銀、契當日兩相交付明白。其地聽買主擇日開地扦葬。其銀當日收足。倘有來歷不明及家下內外人等生情異說，盡是賣人之當，不干買人之事。所有地稅現遇冊年，聽買人收割過戶輸納。成交之後兩各無悔，如有先悔者罰契外銀貳兩公用，仍依此文爲準。今恐人心無憑，立此賣契存照。

天啓元年三月十二日　立賣契人　汪文奎

同男　汪積榮

中見親人　韓應烈

今領契內價銀，並收足訖。同年月日再批。

同上　歙縣程巖齊賣山赤契

二十三都五圖立賣契人程巖齊，今因缺用，自願將承祖民山一片，坐落土名吳宣充，係方字二百八十四號，於上開造生塋一穴，取稅叁毫，憑中出賣與同都八圖孫心南名下爲業，三面議定時值價銀四兩整。其銀當日一並收足。其穴今從出賣之後，任從買主厝葬。倘有內外人言及重複交易不明等情，盡是賣人之當，不干買人之事。所有稅糧，冊年本戶自行起推，並無難異。今恐無憑，立此賣契存照。

明天啓二年十二月日　立賣契人　程巖齊

中人　吴衷白

孫茂淑

孫如竹

鮑繼吾

里長　程翼卿

約保　張蓀洲

其契内税係程阿巴手推。

天啓四年七月初六日，因程、孫爭界不清，憑中、里、約保立界蔭墓護墳，日後孫、吴不得另開墳穴，程氏亦不得侵害。契内實割税弍毫整。兩家各自情願，再無異說。再批存照。張奉洲批。

同上　歙縣程世纓等賣山赤契

十九都五圖立賣契人程世纓，今憑中三面將二十三都地方山業壹片，土名查木坦，係身字二千九百八十四號，本身承祖並續置計税捌釐，其山東至朱界，西至程界，南至山尖，北至山腳園地，今將前項四至内山，盡行憑中出賣與十八都三圖親人汪□□名下爲業，當日三面議定時值價銀玖拾兩整。四至之内並無存留並生塋假塚。今從出賣之後，一聽買人管業、開穴安葬、收苗受税，並無異說，亦無重複交易、準折等情。如有内外人攔阻，盡是賣主抵當，不涉買主之事。所有税糧候大造之年，於程世纓戶内起推入買人戶内，即無難異。今恐無憑，立此賣契爲照。

天啓四年三月二十二日　立賣契人　程世績

程世纓

憑中親弟　程世維

程世約

中見人　陳敬川

劉靜野

前項契内價紋銀隨時領足。同年月日再批爲照。

所有來腳契文繳付不便，日後索出，不在[再]行用。

所有山税原底契壹分貳釐，本家實收捌釐，山業本家並無存留分毫。再批。

同上　黟縣吴昂賣山赤契

黟縣七都三圖立賣契人吴昂，今因祖母年老，衣棺未備，又公祖無力葬埋，今遇年歲荒蹇日食難度，與母、叔商議，將承祖墳山壹處，土名柿木坦，係羽字壹千肆百肆拾號，是身先年開造現穴壹個，計横伍尺，直柒尺五寸，東至本家墳，西至原本家出賣墳，南至本家墳，北至歐墳石塝腳，四至内本家身遷壹棺葬祖，又取壹棺賣與休邑汪□□名下，身同安葬，其税内取壹釐，憑中三面議定價銀伍兩整，以爲本家吴昂衣棺、葬祖之資。其銀當日交足。其地聽買主葬埋受業無辭。今成之後，兩各無悔，如有悔者甘罰契外銀壹兩公用。再有來歷不明，生情異說，本家阻擋，一切等事，盡是賣主之當，不及買人之事。恐後無憑，立此賣契存照。

明天啓伍年三月初六日　立賣契人　吴　昂

主盟母　胡　氏

親叔　吴時慶

中見人　王玄明

韓賓吾

汪彦芳

今領契内價銀，並收足訖。同年月日再批。

同上　祁門縣倪思前賣山赤契

十六都倪思前，今有買受得山一號，坐落本都下十保，土名萬子山，其山與侄宗椿相共，本位兄弟該得一半，新立四至，東至汪、宋等墳山[直上至康家塢尖，下至山腳路]，西至汪得辛墳山，其山係買汪得辛通山一半。又買受得汪、宋等通山六股之一。今管業不便，憑中將本位兄弟通山該得一半，本位該得六股之一，並搀空墩松杉雜木，盡數立契並無存留出賣與倪宗椿名下爲業，前去遷造風水，面議時價紋銀叁兩整，在手足訖。契、價當日兩付。來歷不明賣人自理。未賣之先，與家、外並無重複交易。成後各不許悔，如違甘罰契内銀一半公用，仍依此契爲始。所有税糧照上手原額推過。今恐無憑，立此爲照。

明天啓五年五月廿一日　立契人　倪思前

倪大武

中見人　倪永壽

同上　休寧縣金大傅賣山赤契

東南隅一圖立賣契人金大傅，今將承父所遺山一業，今因糧差鎖追，並原父故欠缺衣衾，原當屢年加利無辦，自情願浼中將山，坐落土名二十五都八圖茶塢，係新丈男字六百七十七號，其山東至□□，西至□□，南至□□，北至□□，四至之內，將本身山□合得壹分六釐內取山稅柒釐，並在山樹木柴薪，憑中出賣與西北隅二圖汪有年名下爲業，三面議作時值價白紋銀貳兩貳錢整。其銀、業當成契日兩相交明白。其山聽從買人開造風水遷葬，收苗受稅管業。如有內外人攔阻及重復交易，一切不明等情，盡賣人之當，不涉買人之事。其稅糧遵奉新例，隨即推入買人辦納糧差。所有上手來腳契文及舊戶票與別產相連，繳付不便，日後要用，索出參照。今恐人心無憑，立此賣契永遠存照。

天啓六年七月十三日　立賣契人　金大傅

中見人冊坊　李逢時

王德望

吳佛宥

守山人　朱　十

朱　壽

天　雲

今就契內價銀，一並交收足訖。同年月日再批爲照。

代筆中　吳於敏

張巖林

汪進壽

同上　歙縣張阿邵賣山赤契

二十五都三圖立賣契[人]張阿邵，今因缺少日食，自情願央中將可字五百三十號，山一業，土名盈下塢頭，計稅壹分玖釐陸毫五絲，其山東至□□，西至□□，南至□□，北至□□，以上四至內山，憑中盡行立契出賣與家主吳相公名下爲業，本身並無毫忽存留，三面議定時值價紋銀叁拾兩整。其銀當成契日一並收足，即無欠少、準折等情。其山未賣之先，不曾與他人重複交異[易]。自賣之後，聽主便行管業，樹木柴薪聽主便行拚砍。倘有內外人異說，盡是本身承當。其稅糧即於三圖五甲一戶張天法戶下起割，推入家主四圖六甲吳康進戶下解納無異。所有來腳契文與別產相連，繳付不便。今恐無憑，立此賣契爲照。

天啓柒年三月日　立賣契　張阿邵

同上　歙縣王蛟賣山赤契

若溪王蛟，今爲無銀支用，自情願將承祖業孟升住後山一號，與巖、其、架三房相共，四至自有分関可照，本家祖產並祖彥武買受羨祥、昂福、天保等山，本身該得分籍山骨並在山苗木；又將皮坦石墳東邊坦一塊，計坦二分，東至杰兄弟坦，西至祀衆坦，南至救房坦，北至浩濟坦；又將堨廠頭田一坵，計平斤租陸秤，其田東至路，西至架田，南至應和田，北至路，憑中立契將前山、坦、田，盡數出賣與祖舜良名下爲業，當日憑中面議時價紋銀五兩八錢整，在手足訖。其山、坦、田三號未賣之先，與家、外人即無重複交易。來歷不明，賣人自理，不干買人之事。自定之後各不許悔，如違甘罰契價一半公用，仍依此契爲準。今恐無憑，立此爲照。

內批山、坦、田三號稅糧，隨契扒入祖祀供解無詞。

崇禎元年三月初二日　立賣契人　王　蛟

中見弟　王觀生

同上　歙縣孫茂成賣山赤契

侄孫茂成，今將買受得鄭秋元妻汪氏，本都三保，土名梅灣，惟二住後山地一備，現葬秋元父在山，本身買得汪氏一半，除秋元父墳堆一不賣；又買得汪氏承故夫原己買正達全業竹山一號，前山地並在山杉、松、竹、果、雜木，盡數立契出賣與安信公祀內爲業，當日憑中面議時價紋銀拾兩整，在手足訖。價、契當日兩付。來歷不明，賣人自理。其山地四至悉照老契管業。其稅糧前介本身外出未情收扒，日後大造，聽在存成兄弟名下，推割供解無詞。原買老契隨契繳付。今恐無憑，立此存照。

崇禎二年十二月廿二日　立契侄　孫茂成

中見叔　光　祖

崇禎十四年八月初一日信公祀將前山地盡數轉便與存讓兄弟爲業，並銀當即收訖。照。

經手人　元　輔

維　忠

長　生
有　道
鴻　儀

同上 祁門縣倪思賡賣山赤契

十六都倪思賡，今有承祖買受山一號，坐落十四都七保，土名金竹塢；又一號坐落本都八保，土名小鐘形；又一號坐落本都八保，土名柘術源山一源，所有小土名、字號開載不盡。前山三號，四至、畝步、字號自有本保經理可照。今[管]業不便，憑中將三號山場並在山松杉苗木，本位該得分籍，盡數立契出賣與倪封君名下爲業，面議時價紋銀五錢五分整，在手足訖。其契、價當日兩付。來歷不明，賣人自理，不甘[干]買人之事。未賣之先，與家、外人等並無重複交易。成後各不許悔，如違甘罰契價一半公用，仍依此文爲準。今恐無憑，立此爲照。

崇禎三年九月十六日　立賣契人　倪思賡
中見人　胡　梅

再批：　契内鐘形盡贖與國善兄弟保祖。此照。維、穀同批。

同上 盧良祿賣山契

立賣契人盧良祿，今爲無銀支用，情願將承父山一處，土名青閔坑口，五畝貳分整，又將土名六王廟，七分一釐整，其山八至照依鱗冊保簿，其山並杉松二木、山骨，盡行立契出賣與汪名下，三面議定時值價白紋銀六兩三錢整。其銀當日收足。其山聽自買人收割過戶輸納。如有來歷不明及重迭交易，内外人聲說，盡身之當，不干買人之事。自成之後兩各無悔，如有先悔者甘罰契外銀三錢與不悔人用。今恐無憑，立此賣契爲照。

崇禎四年三月　立賣契人　盧良祿
中見人　盧良善

上件契内價銀，當日收足。再批。

同上 休寧縣汪大儒等賣山赤契

十九都汪大儒同弟大俊、大祥，今因無銀支用，自情願將六保山一號，坐落周家培，其山東至溪，西至石涯橫及王小黄土灣山，南至王山，北至黄土灣，四至内山通共八大股爲率，本位兄弟合得貳股，今將山骨並在山大小主、力苗木，憑中盡數立契出賣與王□□名下爲業，面議時價紋銀五兩三錢整，在手足訖。其山未賣之先，與家、外人等並無重複交易。來歷不明，賣人自理，不干買主之事。自定之後各不許悔，如違甘罰契價一半公用，仍依此文爲始。今恐無憑，立此爲照。

崇禎四年十二月初八日　立契人　汪大儒
汪大俊
中見人　汪法祥

同上 祁門縣鄭世弟等賣山赤契

拾都四圖立賣契人鄭世弟、世蕃，今將續買重字二千玖百伍十一號，土名炭塘塢，内山稅貳分四釐，内除先年出過汪孟魁山稅叁釐，仍貳分一釐，四至照依來腳契爲定，内存稅貳釐養墳一穴，餘稅壹分玖釐，憑中立契盡行出賣與二十二都一圖方名下爲業，扦葬風水，三面議定時值價紋銀叁拾伍兩整。其銀當即收足，並無欠少、準折之類。其山隨即交與買人管業，本家存墳一穴，腦後不得斬葬，餘外聽憑扦造風水，本家毫無異說。倘有分法來歷不明及重複交易等情，俱賣人一面承當，不干買人之事。其稅現造冊年，隨即過割入買人戶支解，並無難異。今恐無憑，立此賣契爲照。

崇禎六年四月二十二日　立賣契人　鄭世成
鄭世弟
鄭世蕃
同侄　鄭以衡
憑中　方季貞
鄭槐春
代筆見中　鄭伯翔
見中　方聖雲
汪清可
鄭上老

其契内價銀一並收足，再不另立收領。

同上 休寧縣汪阿蔡賣山赤契

立賣契婦汪阿蔡，今因不幸夫故，長子在外，家無錢食用，自情願將夫原買受坐落本都伍保，土名黄係坑，山一號，係竹字九百貳拾陸號，汪龍雲僉業山拾畝，其山四至，東至塢口，西至降，南至半塢，北至降，今將四至内取山骨伍畝在山苗木，憑中盡數立契出賣與叔時義名下爲業，當日面議時價紋銀一兩一錢伍分，在手足訖。其價、契當日兩相交付明白。未賣之先，即無家、外人重複交易。來歷不明，賣人成管，不甘買人之事。自成之後各不許悔，如悔者甘罰銀三錢公用，仍依此契爲準。所上手老契隨即繳付。今恐無憑，立此賣契存照。

崇禎七年六月初五日　立賣契婦　汪阿蔡
奉書男　汪文秀
中見人　汪宗海
吳羊生

再批：德洪兄弟並德權契與別號相連，未曾繳付，日後賫出不在[再]行用。

同上　歙縣徐應信等賣山赤契

立賣契人徐應信同侄嘉相，今將承叔仲陽戶下山壹處，土名前山，夜字□□號，計稅伍分整，新立四至，東至人行大路，西至尖，南至遠宜山，北至信堯知山。今將四至內竹木柴薪，憑中立契出賣與堂弟應聘名下爲業，三面議作時值價白紋銀壹拾貳兩整。其銀當日收足。其山聽從買人收苗管業。其稅係在徐壽戶起割過戶無阻。倘有來歷不明及重複交易，一切不明等事，盡是賣人之當，不涉買人之事。今恐人心無憑，立此文契存照。

崇禎七年八月初九日　立賣契人　徐應信
同侄　嘉　相
憑親　汪良甲
嘉　謀
中見人　徐應叙
嘉　輔

今就契內價銀，並收足訖。同年月日再批。
本家原所厝墳穴，賣後不得再遷墳。再批。

同上　祁門縣洪仰等租山文約

二十二都洪仰同伙金義、羅壽、李廣、洪族等，今承佃到本都金大麟弟侄名下二份土名佛隍坑山一源，四至悉照伙內管業爲率，憑中承佃前業分該坌籍，前去砍撥鋤種，栽插松杉苗木，務要遍山滿密，毋得抛荒寸土。日後成材，主力兩半均分，倘力坌出賣，先盡山主，毋得變賣他人。如違甘罰白銀伍分公用。今恐無憑，立此承佃爲照。

崇禎十年二月十一日　立承佃人　洪　仰
同伙　金　義
李　廣
羅　壽
洪　族

同上　歙縣程尙賣山赤契

二十五都八圖立賣契人程尙，今承父續置有山一號，坐落土名石橋培，其山係男字三千四十三號，共計稅一畝八分，其山東至□□，西至□□，南至□□，北至□□爲界。今將前四至內山，本身合得一半，計稅九分，今因管業不便，憑中三面議作時值價銀五十兩整。其銀當承契日一並交收足訖，別不立領札。其在山小柴並松木，一並盡行立契出賣與同都同圖程名下爲業。今從出賣之後，一聽買人隨即管業，收苗收稅。倘有內外人攔占及重複交易，一切不明等事，盡是賣人承當，不涉買人之事。其稅糧俟至冊年本戶起割，推入買人戶內辦納糧差，並無難異。其上手來腳繳付不便，日後刷出，不在行用。今恐無憑，立此賣契存照。

崇禎十年五月十七日　立賣契人　程　尙
中見人　徐應鄒
江录岳
徐應時
程　香
代書男　程貞符

同上　祁門縣倪宗皐賣山赤契

立賣契人倪宗皐，今有原在家買受得章、汪二家墳山一備，坐落三四都，土名牌前，與弟宗孔相共。今因遷居南京，管業不便，情願將本身內得一半，出賣與胡□□名下，扦葬風水爲業，其山四至畝步，悉照老契經理大塢源字號，所有續置屋、地、莊田開載不盡，細開於後，本身盡係一半俱在契內，憑中面議價銀五百七拾兩整，在手足訖。契、價當日兩明。未賣之先並無重複交易，所有稅糧聽自歸家，隨契推扒買人戶內供解。成後各不許悔，如違罰銀伍拾兩公用。今恐無憑，立此爲照。

崇禎十一年十月十八日　立賣契人　倪宗皋

奉書男　國熊

中見人　胡大貞

叔　倪茂英

弟　倪宗時

再批：其山上本家現開有生墳一穴，山共十二號，計山六畝，係大塢閏字一百廿二號；又西塘塢一百廿八號，計山二畝；又一百廿六號，又大塢源一百零五號，計山廿五步；又一百一十號，計山一角；又一百廿三號、一百廿四號，又西塘一百廿七號，又七畝坦，廟背後、大碣等處。又地莊基，祠字共九號，倉塢口、橫塢、周家莊基、排前莊基、汪社莊基，祠字地一百廿九號、一百卅一號，插子地九百四十七號、九百四十八號；又田六號，古樓尖、橋頭塢、花橋頭、劉家灣、西塘塢、插子前等處，以前盡在契賣內，所有各項步畝，悉照繳付上手赤契管業爲準。

同上　歙縣江積鋭賣山赤契

廿四都四圖立賣契人江積鋭，今因缺少錢糧，自願憑中將山一業，坐落土名小塢，係鞠字一千四百十一號，計稅三分，其山東至本家塢心合水爲界，西至程家山園地爲界，南至山脚底爲界，北至程金山爲界，前項四至內山與祿魁共業，三分中合得一分，合得山稅一分並在山樹木柴薪，一並盡行立契出賣與同都二圖金□□名下爲業，三面議作時值價銀十八兩整。其銀當日收訖，別不立領札。今從出賣之後，一聽買人即便管業，收苗受稅。如有內外人攔阻及重複，一切不明等事，盡是賣人成[承]當，不涉買人之事。其稅糧隨即起割，並無異說。今恐人心無憑，立此賣契存照。

崇禎十三年六月廿二日　立賣契人　江積鋭

憑中見人　劉伯祥

今就契內價銀，一並交收足訖，別不立領札。

同上　休寧縣李奇付轉佃田約

立佃約人李奇付，原佃得李三付田一備，坐落土名樹坑橋頭，計田一畝五分，計田大小三坵，計硬租十四秤十四斤。先年得價銀一兩佃與同春堂，遞年交小租三秤。崇禎十四年十一月，是身湊價銀二兩六分，佃來耕種，交納正租并同春堂小租。今因欠江三孫會銀，將前田轉佃與房東李名下爲業，得受價銀并酒食銀二兩八錢。其銀、契當即兩交明白，并無重複交易。不明等情，是身承當，不累受佃人之事。恐口無憑，立此佃約爲照。

崇禎十五年五月初二日　立佃約人　李奇付

依口代筆　謝元祿

其田共價銀叁兩六錢，外酒食貳錢整。

同上　祁門縣朱成龍等租山文約

立承攬火佃朱成龍、成孫、成志、記勝等，今承到房東謝名下山一備，坐落本保土名刀鞘塢，四至字號悉照拚約爲證，前去撥作鋤種麻、粟，頭年粟以準栽苗工食，次年麻請主到山看睨，三七抽分，主得三分，力得七分。其栽苗無問平棧五尺一株，不致攔殘荒廢，三年之後請主到山點青。日後待木成林，主得七分，力得三分。如違，聽主理論。今恐無憑，立此承約存照。

弘光元年二月初四日　立承約火佃　朱法弟

成孫

成龍

成志

記勝

代筆房東　謝正宗

再批：信記俱在本島內訖。

《明清徽州社會經濟資料叢編》第二集　建文二年休寧胡蔭賣田赤契

十二都十保胡蔭，承祖父戶下有田壹號，坐落本都玖保，玉字柒佰捌拾壹號田，取捌分肆釐捌毫。其田東至路，西至李資衮等田，南胡祖壽等田，北汪彥倫田。土名亭子頭。今來爲無穀支用，同叔母朱氏嘀議，自情願將前項一號內田，盡行立契出賣與汪猷干名下，面議時值價穀壹拾秤，其價當成契日一並交收足訖。其田今從出賣之後，一聽買人自行聞官受稅，收苗管業。如有四至不明及重迭交易、內外人占攔，並是出產人自行祇當，不及買人之事。所有上手來脚，與別產相連，繳付未便，日後要用，本家索出參照不詞。今恐人心無憑，立此賣契文書爲用。

建文二年九月日　出產人　胡　蔭[押]契

叔母　朱　氏[押]

見　人　汪丑干[押]
叔　胡隆舟[押]
依口代書人　吳志高[押]
今領契內價穀並收足訖。同年月日再批。[押]

同上　建文三年休寧胡雲保等賣田赤契

十二都第三圖住人胡雲保同弟留保等，戶內有田一號，係九保乙字九佰柒拾貳號，田貳畝整，土名上江丘，佃自，每年硬上租秈穀貳拾秤，上田祖。東至汪彥倫山，西至溪，南至朱勝右田，北至程原得田。今爲攢運糧儲，缺少盤纏，自情願將前項四至內田，盡行立契出賣與汪猷觀名下，面議時值價花銀壹兩柒錢半，時價該秈穀柒拾秤，其價銀當成契日一並收足無欠。其田今從出賣之後，一任買人自行聞官受稅、收苗，永遠管業爲定。如有四至不明及重迭交易、內外人占攔，並是出賣人自行祇當，不及買人之事。所有上手契文與別產相連，繳付不便，日後要用，本家索出參照不詞。今恐無憑，立此賣契爲用。

建文三年八月初六日　出產人　胡雲保[押]契
胡留保[押]
胡福保[押]
母　親　汪　氏[押]
見　人　胡　重[押]
依口代書人　李資襄[押]
今就領去契價銀並收足訖。同日再批。[押]

同上　建文三年休寧胡學賣田赤契

十二都第三圖住人胡學，戶內有田一號，係八保邇字一阡四佰九十三號，田肆畝陸拾步，土名大干源，佃自，東　西　南　北　。今爲攢運糧儲，缺少盤纏用度，自情願將前項四至內田取壹半並增田，盡行立契出賣與汪猷觀名下。面議時值價花銀貳兩重，該時價秈穀捌拾秤。其田每年上租大禾穀貳拾肆祖，其價銀當成契日一並收足無欠。其田今從出賣之後，一任買人自行聞官受稅、收苗，永遠管業爲定。如有四至不明及重迭交易、內外人占攔，並是出賣人自行祇當，不及買人之事，所有上手來腳契文與別產相連，繳付不便，日後要用，本家索出參照不詞。今恐無憑，立此賣契爲用。

又添價鈔壹貫。

建文三年八月初六日　出賣人　胡學[押]契
見　人　朱勝右[押]
胡留堡[押]
依口代書人　李資衮[押]
今就領去契內價花銀並收足訖。同日再批。[押]

同上　建文三年休寧縣胡社賣田赤契

太平里拾貳都十保住人胡社，原有妻伯朱鐵干批撥到本都十保體字叁佰壹拾陸號田玖分伍釐捌毛。東至吳碧湖山，西至路，南至胡羊田，北至李保田，土名上巖口，佃自。每年硬上租穀捌祖。今爲攢運糧儲，缺物津貼，同妻母李氏嘀議，自情願將前項四至內田，盡行立契出賣與汪猷干名下，面議時價花銀柒錢重，時價該秈穀貳拾陸秤，其價當成契日一並收足無欠。其田今從出賣之後，一任買人自行聞官受稅，收苗管業爲定。如有四至不明、重迭交易、內外人占攔，並是出產自行祇當，不及買人之事。所有入戶契文與別產相連，繳付不便，日後要用，索出無難。今恐無憑，立此賣契爲用。

又添價鈔柒百伍拾文。

建文三年八月初九日　出產人　胡　社[押]契
妻母　李　氏[押]
見人　胡雲保[押]
依口代書人　朱隆堡[押]
今領去契內價銀並收足訖。同日再批。[押]

同上　建文三年休寧胡得等賣田赤契

太平里十二都十保住人胡得同弟帥，承父戶下有田壹丘，計二畝三分六釐五毛[毫]，係十保體字二百九十號，坐落土名巖腳，佃人自。東至山，西至路，南至汪彥倫田，北至汪阿程田。今爲無物用度，同母親嘀議，情願將前項四至內田外取壹田，每年上秈租壹拾秤，立契出賣與同里人汪猷干名下，而[面]議時值價秈穀貳拾秤，上田祖[砠]，其價穀當日收足無欠。其田今從出賣之後，一任買人自行聞官受稅、收苗，永遠管業爲定。如有四至不明、重迭交易、內外人占攔，並是出賣人自行祇當，不及買人之事。所有原入戶契文，與別産相連，繳付不便，如要參照，索出無難。今恐無憑，立此賣契爲用。

建文三年十二月廿七日　出産人　胡　得[押]賣契
母親　汪　氏[押]
親伯　胡眞保[押]
依口代書人　胡　談[押]

今領去前項契內價穀並收足訖。同日再批。[押]

同上 建文四年休寧胡四賣田赤契

十二都九保住人胡四原承父兄戶下有田貳號，係九保乙字一千叁拾貳號田，取壹畝壹分八釐八毛。東至汪永壽田，西至汪子常等田，南至汪彥倫山，北至路，土名引江櫸木塢口。又將同保乙字一千叁拾壹號田，取壹畝叁分八釐八毛，東程道可田，西至　，南至　，北至　。今爲戶役缺少銀鈔支用，自情願將前項貳號四至內田，盡行立契出賣與同里人汪猷干名下，面議時價花銀陸錢整，其銀當成契日一並收足無欠。其田今從出賣之後，一任買人自行聞官受稅、收苗，永遠管業爲定。如有內外人占攔，四至不明，重迭交易，並是出賣人自行祗當，不及買人之事。所有上手來腳契文與別産相連，繳付不便，日後要用，本家索出參照不詞。今恐無憑，立此文契爲用。

建文四年八月十五日　出産人　胡　四[押]契
見　人　朱　雙[押]
依口代書人　胡隆舟[押]

今領去前項契內價花銀並收足訖。同日再批。[押]

同上 永樂二年休寧縣胡童賣田赤契

十二都十保住人胡童，戶內有田壹號，計四丘，係本都十保體字三百八十九號，土名方家塘下硬取塘下第壹丘，計田貳分伍釐。東至壟，西至地，南至自田，北至塘。今來缺穀支用，自情願將前項四至內田，盡行立契賣與汪猷干名下，面議時值價穀捌拾斤，其穀當日收足。其田今從出賣之後，一任買人自行聞官受稅，收苗管業爲定。如有內外人占攔，四至不盟，重迭交易，並是出産人祗當，不及買人之事。所有來腳契文與別産相連，繳付不便，日後要用，索出參照不詞。今恐人心無憑，立此賣契爲用。

永樂貳年四月十五日　出賣人　胡　童[押]契
見　人　朱眞得[押]

今就領去前項契內價穀並收足訖。同日再批。[押]

同上 永樂二年休寧胡得等賣田赤契

十二都十保住人胡得同弟帥，承父戶下有田一號，坐落本都十保休字貳百玖拾九號田，取一畝三分六釐五毫，土名巖腳原。東至山，西至水坑，南至汪猷干田，北至汪阿程田，佃人自，上秈祖一十三祖。今來缺穀支用，與母親嘀議，自情願將前項四至內田，盡行立契出賣與同里人汪猷干名下，面議時值價秈穀肆十秤，上田祖。其價當成契日一並收足無欠。其田今從出賣之後，一任買人自行聞官受稅、收苗，永遠管業爲定。如有內外人占攔，四至不明，重迭交易，並是出産人自行祗當，不及買人之事。所有來腳契文與別産相連，繳付不便，日後要用，本家索出參照不詞。今恐無憑，立此賣契爲用。

又添契內價鈔貳貫五佰文。

永樂貳年十二月初八日　出産人　胡　得[押]賣契
弟　胡　帥[押]
母　汪　氏[押]
弟　祖[押]

今就領出前項契內價穀並收足訖。同日再批。[押]

同上 永樂十一年謝思政賣田白契

十西都七保謝思政，昨用價同能遷共買到在城李和善等名下田土二段一號係吊字　號，坐落八保南義源，土名桑園坦，計地一畝，其田東至查木丘，西至則成田，南至顯先田，北至山；又將土名查木丘係吊字　號，計五畝，其田東至高楊丘，西桑園坦地，南至行路及溪，北至山。其田俱係與能遷等相共，本宅三分[份]中合得一分。今爲無鈔支用，情願將前項八至內合得田土，盡行立契賣與同分人謝能靜名下。面議時價寶鈔七百五十貫，其鈔並契當日兩相交付。其田一任買人入段收苗、受稅，永遠管業。未賣之先，即不曾與內外人重複交易，如有一切不明及內外人占攔，並是賣人之當，不及買人之事。自成交之後，各不許悔易，如有悔者，甘罰寶鈔三百貫與不悔人用，仍依此文爲始。所是原買桑園文契，係同分人謝能遷等收執，要用之日，賫出無詞。其稅糧現在思政戶內，候官司過割之日，聽從起割前去無詞。

今恐無憑，立此文契爲用。

永樂十一年六月二十七日　謝思政[押]契

同上　永樂十一年祁門吳希仁換田赤契

十一都吳希仁昨用價買到汪伯敬六保田一備，坐落莊坑謝乙㭊背，係坐字　號，內買得伯敬壹半，與胡丑甫相共，計租穀叁秤。其田四至字號畝步，並依經理可照。今將其前項田畝租數，對換與汪伯春。梓坑口王起住前，硬租叁秤，每秤貳拾斤凈。對換之後，各照管業，兩無推說，稅糧亦無推收。又取買得伯敬門首苧地壹塊，取汪乞住畔下㕓路下苧地，約計伍分有零，四至並依原買來契可照。今將前項苧地價鈔陸佰貫，挂還伯春名下，廟前新買田價足訖，兩無欠少。自立對約之後，各無悔易，如先言悔者，甘罰寶鈔伍佰貫與不悔人用，仍依此文爲始。所有原買苧地契文，隨此繳付。㭊背田契，與別產相連，不及繳，要用之日，賫照無詞。今恐無憑，立此文契爲用。

契內原價陸佰貫推訖。

永樂十一年九月廿五日　吳希仁[押]約

同上　永樂十一年祁門吳餘得賣田赤契

十一都吳餘得，自己田貳備，坐落本都七保，土名橫抗[坑]，係經理朝字號二百七十六號，計田壹畝有零。其田東至　，西至　，南至　，北至　。又取土名葉九塢，係朝字二百三十五號，計田壹畝有零。其田東至　，西至　，南至　，北至　。今將前項八至內田，盡行立契出賣與同都人任士同名下，面議價鈔壹佰貳拾貫整，其鈔當立契日壹並收足。其田未賣之先，即不曾重迭交易，及家外人占攔，並是出賣人之當，不及買人之事。今從出賣之後，壹聽買人受稅管業。兩家不許番悔，若有先番悔者，甘罰契內價鈔與不悔人用。所有上手契文，不在行用。今恐無憑，立此文契爲用。

永樂十一年十一月二十日　吳餘得[押]契

見　人　吳懷得[押]

同上　永樂二十一年洪伯驥賣田白契

東都洪伯驥，今有水田壹備，坐落土名方村，計田捌分玖釐貳毛[毫]。其田[東]至洪田，西至李田，南至徐田，北至王田。今將前項四至內田，立契出賣與五都洪寬名下爲用[業]，面議時價寶鈔壹佰捌拾貫文，前去用度。所有說[稅]糧，候大造黃冊之日，聽自收割入戶，本家即無阻當。今恐無憑，立此文契爲用。

永樂二十一年二月十四日　出契人　洪伯驥[押]契

同上　洪熙元年洪伯驥賣田赤契

東都洪伯驥，今將田一號，計田三分，坐落本都四保，土名方村。其田東至洪山，西至洪地，南至自地，北至洪田。內塘一所，累年聽自放水澆田。本家即無言說。今將前項四至內田，盡行立契出賣與五都洪寬名下爲業。面議時値價鈔一百貫，其鈔並契當日交付明白。其田未[賣]之先，即無重複交易，如有一切不明，並是賣人之當，不涉買人之事。今恐無憑，立此文契爲用。

洪熙元年十二月廿六日　出契人　洪伯驥[押]契

見　人　謝宗富[押]

同上　宣德二年休寧汪汝初賣田赤契

十二都九保住人汪汝初，今將戶內田一號，坐落本都，係九保乙字叄佰陸拾捌號田，計壹畝陸分肆釐貳毫。東至　，西至　，南至　，北至　。土名門坑，佃人胡佛，每年硬上秈租穀壹拾肆秤，上田石租。今來衣食不給，自情願將前項四至內田，盡行立契出賣與兄汪汝嘉名下，面議時値價秈穀陸拾貳秤，上田石租，其價當收足訖無欠。其田今從出賣之後，一聽買人自行永遠管業，聞官受稅，收苗爲定。如有四至來歷不明一切等事，並是出產人自行祗當，不及買人之事。所有上手來腳契文，與別產相連，繳付不便，日後要用，於本家索出參照不詞。今恐無憑，立此出產文約永爲照者。

宣德二年三月廿八日　出產人　汪汝初[押]契

見　人　金守道[押]

今就領去前項契內價穀並收足訖，同日再批。[押]

同上　宣德二年休寧汪汝初賣田赤契

十二都九保住人汪汝初，今將戶內田一號，坐落本都，係九保乙字叄佰陸拾捌號田，計壹畝陸分肆釐貳毫。東至　，西至　，南至　，北至　。土名門坑，佃人胡佛，每年硬上秈租穀壹拾肆秤，上田石租。今來衣食不給，自情願將前項四至內田，盡行立契出賣與兄汪汝嘉名下，面議時値價秈穀陸拾貳秤，上田石租，其價當收足訖無欠。其田今從出賣之後，一聽買人自行永遠管業，聞官受稅，收苗爲定。如有四至來歷不明一切等事，並是出產人自行祇當，不及買人之事。所有上手來腳契文，與別產相連，繳付不便，日後要用，於本家索出參照不詞。今恐無憑，立此出產文約永爲照者。

宣德二年三月廿八日　出產人　汪汝初[押]契

見　人　金守道[押]

今就領去前項契內價穀並收足訖，同日再批。[押]

同上　宣德二年陳信賣田赤契

十都住人陳信，今將承戶下有田一號，坐落十二都九保，係乙字三百二十八號田，取東邊一半，計一畝三分七釐五毫。東至路，西至溪並汪汝初田，南汪彥善田，北楊公榮田，土名門坑口。佃人李添，每年上租秈穀九砠。上田。今來缺物支用，自情願將前項四至內田，盡行立契出賣與十二都汪汝嘉名下。面議時值價納官苧布一十八匹，其布當成契日一並收足，別不立領札。其田今從出賣之後，一任買人自行聞官受稅，永遠管業。如有內外人占攔及重複交易，一切不明等事，並是出賣人祇當，不及買人祇事。所有上手來腳與別產相連，繳付不便，日後要用，本家索出參照不詞。今恐人心無憑，立此文契爲用。

宣德二年六月十五日　出產人　陳　信[押]文契

見　人　程　之[押]

楊同倫[押]

今領契內價布並收足訖。同日再批。[押]

同上　宣德四年休寧汪汝初賣田赤契

十二都九保住人汪汝初，今將戶內田三號，坐落本都，係九保乙字貳百貳拾陸號，計陸分三釐九毛。又將貳百貳十七號，伍分二釐九毛。其二號共乙丘，東至　，西至　，南至　，北至　。土名大干口彎邊，佃人吳周乙，上秈租一十一秤，上田租。又將同保乙字貳百貳拾捌號，壹畝伍分四釐二毛，東至　，西至　，南至　，北至　。土名同前。佃人吳周乙，上秈租壹拾四秤，上田租。今來無穀用度，情願將前該四至內田，盡行立契出賣與汪汝嘉名下，面議時值價秈穀玖拾玖秤，上田石租，其價收足。其田今從出賣之後，一任買人自行聞官受稅、收苗，永遠管業爲定。如有四至來歷不明及重迭交易等事，並是出賣人祇當，不及買人之事。所有來腳契文，與別產相連，繳付不便，日後要用，於本家索出參照不詞。今恐無憑，立此文契永爲照者。

宣德四年拾月初三日　出產人　汪汝初[押]契

見　人　吳周乙[押]

今就領去前項契內價穀並收足訖，同日再批[押]

同上　宣德五年休寧汪武璣等賣田赤契

十二都九保住人汪武璣，承故父戶內原承鬮書分得田一號，係本都九保乙字九百七十五號田，七分二釐五毫。東至頓塍，西至汪汝名田，南至水渠，北至溪，土名上江丘。佃人朱計。今來缺穀做米納糧，同母親嘀議，自情願將前項田，盡行立契出賣與同里人汪猷干名下，面議時值價秈穀六十三秤，上田租，前去用度。其田今從出賣之後，一聽買人自行聞官受稅，收租管業爲定。如有內外人占攔、重複交易，一切不明等事，並是出產人祇當，不干買人之事。其價當成契日，一並收足，別不立領約。今恐無憑，立此賣契爲用。

宣德五年十月十五日　出賣立契人　汪武璣[押]契

弟　武　琳[押]

母　親　金　氏[押]

見　人　吳舟壽[押]

朱月得[押]

今領前項契內價穀並收足訖。同日再批。[押]

弟　武　琳[押]

同上　宣德七年汪仕美賣田白契

□都汪仕美，今將承父用價買受得火佃汪社富住基田壹□，坐落本都六保，土名李岸，係經理坐字叁佰叁拾號，計田貳角伍拾步。其住基東至山，西至牆腳及吳宅田，南至方彥□倉基及倉屋滴水溝爲界，北至吳德俠田及汪永軍田，□汪社富住歇大小房屋五間在內。今將前項基地田並屋，壹□[拾]分中內取壹分，出賣與同都族兄汪仕同名下，面議時價交官□綿布叁拾貳匹，其價當收足訖，契後並不立領。其住基田□係汪社富子孫永遠住歇，一聽仕同永遠受業，本家即無異說。未賣之先，即無重複典賣交易，如有內外人占攔及重複交易，一切不明，並是出賣人祇當，不及受買人之事。所有上手來腳契文，本家仍有分法，□今不及繳付，要用之日，將出照證不[無]詞。今恐無憑，立此出賣文契爲用。

宣德七年十二月二十二日　出賣人　汪仕美[押]契
見　人　胡　午[押]

同上　宣德九年鄭寬得賣田白契

侄寬得，今有祖産田租壹號，坐落本都七保，汪家園上段田地。東至善敢等地，西山，南鄭厚田，北鄭讓田。又下段田，東鄭均地，西山，南鄭均路上埋石，北鄭厚田。今將前項田地本位合得分籍，又將畢充下塘田一號，本位合得分籍，除窄外，盡數立契賣與叔安本名下爲業，面議時價大綿布捌拾匹，在手前去。今人無憑，立此文契爲用。

宣德九年七月十三日　侄　寬　得[押]契

同上　宣德十年汪愛民妻金氏亥娘賣田赤契

十二都第三圖住人汪愛民妻金氏亥娘，今將承故夫存日已用價買到本圖汪思濟田一號，坐落本都九保乙字八百四十五號田，取一畝一釐七毫，土名八畝段。東至朱天等住基田，西南至汪希美田，北至地，本家存留西邊基一條作路，朱天等往來，計田一釐七毫外，田一畝整。係汪辛壽佃，上秈租一十祖[砠]。今來爲夫亡，缺物支用，自情願立契出賣與同里人汪希美名下爲業。面議時值物官苧布二十五匹。其價當成契日，一並收足。其田今從出賣之後，一聽買入收租，永遠管業。所有税糧在汪思濟戶内，候過割時，於思濟戶收入税糧。如有内外人占攔[及]來歷不明及重複交易，一切等事，並是出賣人自行祗當，不及買人之事。所有來脚契文，一時檢尋不及，日後要用，於本家參照不詞。今恐人心無憑，立此賣契爲用。

宣德十年五月二十八日　出賣人　汪愛民妻金氏亥娘[押]契
主盟依口代書領價親伯　汪惠民[押]
見人　吳思杰[押]

今領去前項契内價布並收足訖。同日再批[押]

同上　宣德十年朱若思等賣田赤契

十二都住人朱若思同弟朱儒思，今將承父戶内有田一丘，坐落八保，係邇[字]一千五百七號，計田一畝四分有零，與汪希華相共，本家合得七分二釐五毫。其田東至　，南至　，北至　，西至　。今來本家缺少支用，自情願將本家合得分數，盡行立契出賣於同都住人汪務美名下，面議時值價納官苧布四匹，其價布當成契一並收足訖，別不立領札。其田今從出賣之後，一聽買人聞官受税，收苗，永遠管業。所有來歷不明及重複交易，一切不明等事，並是賣人之當，不及買人之事。上手來脚與別産相連，繳付未便，日後要用，本家索出參照不[無]詞。今恐無憑，立此文契爲用者。

宣德十年六月初十日　出産人　朱若思[押]契
朱儒思[押]
見　人　朱秀軒[押]
朱永懷[押]

今領前項契内價布並收足訖。同日。[押]

同上　宣德十年謝得祥賣田白契

十西都謝得祥，今有田一備，坐落本都八保，土名坳上，係經理吊字六百七十六號，計田一丘二角二拾八步；又將六百七十七號，計田一丘，計田一畝五分。其田東山及路，西至胡再興行路及地，南至胡再興住地，夾籬爲界，北至得祥、胡再興田。今將前項四至内田四分中内取一分，計田五分有零。又將土名坳下，經理吊字　號，計田一丘，計二角有零。其田東至田，西溪，南田，北謝能靜田。今爲無錢支用，自情願八至内田，立契出賣與謝能靜名下。面議時價大綿布五十匹，其布當日收足無欠。其田一聽買人自行入田收糧，永遠管業。未賣之先，即不曾與家外人重複交易，爲有一切不明，並是賣人之當，不涉買人之事。自成交之後，二家各無言悔，如先悔者，甘罰大帛布拾匹與不悔人用，仍依此文爲始。所是上手文契與別産相連，不及繳付，日後賫出，不在[再]行用。今恐無憑，立此文契爲用。

宣德十年八月十二日　謝得祥[押]契
見　人　謝震安[押]

同上　正統二年馮子永等賣田赤契

在城馮子永同弟子良，今有祖産荒田一號，坐落十西都八保，土名孛園峚。係經理吊字五百二十一號，計田二畝有零，又將荒田一號，土名胡十家園，係吊字五百三號，計田一角四十八步。今將前項二號荒田，情願立契出賣與十西都謝榮祥名下爲業，前去開耕。面議時值價貨綿布並銀價共二百一十貫，其價當收足訖。其田一聽買人開耕佃種，永遠管業，本家即無阻當。其田未出賣之先，即無重複交易，如有家外人占攔，並係子永承當，不甘買人之事。自承交之後，二家各無悔易，如先悔者，甘罰綿布五匹與不悔人用，仍依此文爲始。所有畝步四至，自有本保經理可照。今恐人心無憑，立此文契爲用。

正統二年十二月初六日　出契人　馮子永[押]契

同弟　馮子良[押]

代書男　馮　安[押]

見　人　周克敏[押]

同上　正統三年休寧汪存義賣田赤契

十二都九保住人汪存義，今將承祖分得田一號，坐落本都十保，體字四百八十九號田，計陸分貳釐七毛。東至汪田，西至　，南至　，北至　。土名蓮頭山。佃人胡音保，秈租陸祖。今來缺用，願將前項四至內田，盡行立契出賣與同里人汪希美名下，面議時值價秈穀貳拾租整，其價當成契日一並收足。其田今從出賣之後，一聽買人管業，聞官受稅。如有四至來歷不明及重複交易，一切不明等事，並是賣人祗當，不及買人之事。所有來腳契文，與別產相連，不及繳付，日後要用，本家索出參照不詞。今恐無憑，此爲用者。

正統三年十月二十七日　出產人　汪存義[押]契

代書人　汪思和[押]

見人　胡春壽[押]

今就領去契內前項價穀，並收訖。再批。[押]

同上　正統三年休寧朱以成賣田赤契

休寧縣十二都住人朱以成，今將承父買到同都人汪思濟田貳丘，坐落本都九保，壹字貳拾肆號田，本家內取貳畝整。其田東至溪，西、南至路，北至頓塍，土名門坑橋頭，佃人胡五保，每年硬上租穀壹拾捌硈上田，今來缺物支用，自情願將前項四至內田，盡行立契出賣與同都汪希美名下，當面議時值價銀叁兩貳錢整，其銀當成契日一並收足，別不立領札。其田今從出賣之後，一聽買人永遠管業，收苗受稅，本家即無異說。如有來歷不明，重迭交易，內外人占攔，一切等事，並是出產人自行祗當，不及受產人之事。所有來腳契文檢尋不及，未曾繳付，日後要用，本家索出參照不詞。今恐無憑，立此文契爲用。

正統叁年拾一月十一日　出產人　朱以成[押]契

見　人　朱東軒[押]

胡　希[押]

今領前項契內價銀並收足訖，同日再批。[押]

同上　正統六年四月汪思和賣田赤契

十二都九保汪思和，今將鬮分得故父原買汪惠民戶田四分一釐九毫，係乙字八百六十九號，東至路，西至李志貞田，南至溪，北至自田，土名墩上。佃人胡添付出秈租四硈。今來缺用，願將前項四至內田盡行出賣與本圖汪汝嘉名下，面議時值價銀一兩四錢，其銀當日受訖。其田今從出賣之後，一聽買人自行管業受稅。如有四至來歷不明及重複交易、內外人占攔，並是出產人祗當，不及買人之事。所有來腳契文與別產相連，不及繳付，日後要用索出不詞。今恐無憑，立此爲照者。

正統六年四月十一日　出產人　汪思和[押]契

見　人　汪崇德[押]

今就領去契內價錢並收足訖。同日再批。[押]

同上　正統六年十月汪思和賣田赤契

十二都九保住人汪思和，將承父衆存鬮分己得田，本保乙字九百八十九號田，計一畝三分八釐三毫；又九百九十號田，一分二釐五毫；二號共丘。東南山，西田，北至溪，土名江立下末。佃人胡祥，秈租一十二祖；又同保一千七號田，一畝七釐七毫，東至汪愛民田，西至塍，南路，北至溪，土名前園千。佃人朱音互，秈租一十祖；又將十保體字五百二十七號田，八分四釐六毫，東至汪汝名，西至自等山，南北汪希美田塘，土名侯塘地下。佃人胡音保，坐耍九祖。今來缺用，願將前項田盡行立契出賣與同里汪希美名下，面議時值價銀九兩整，其價當日收訖。其田今從出之後，一聽買人管業，聞官受稅。如有四至來歷不明及重複交易，一切不明等事，並是賣人祗當，不及買人之事。所有來腳契文與別產相連，不及繳付，日後要用，索出無難。今恐無憑，立此爲用者。

正統六年十月二十六日　出產人　汪思和[押]契

見　人　金守信[押]

今就領去契內價錢並收足訖。再批。[押]

同上　正統七年馮子永等賣田白契

在城馮子永等，今有承祖荒田一號，坐落十西都八保，土名石塘塢，計田一畝二角一十六步，東至山，西至自山，南至李田，北至塢頭山。今將前項四至內田盡數立契出賣與西都朱添名下，用力開耕為業。面議時價銀四錢，當日兩相交付明白。其田未賣之先，即無家外人重複交易，來歷不明，賣人之當，不涉買人之事。成交之後，二家各不許悔意，如先悔者，甘罰銀二錢與不悔人用，仍依此為始。今恐無憑，立此文契為用。

正統七年八月二十日　立契人　馮子永[押]

同弟　馮子良[押]

依口代書男　馮宗義[押]

同上　正統十年金凌雲賣田赤契

十一都金凌雲，今將本戶自己田一號，坐落土名十二十(都)保，體字五百五號田，二畝五分一釐九毫，土名曲尺丘。計租一十五秤，佃人　善。其田東至　，西至　，南至　，北至　。今來缺物支用，情願將前項四至畝步內田，盡行立契出賣與十二都親人汪希美名下。面議取時值價銀三兩，其價當日收足。其田今從出賣之後，一聽買人自行收苗，管業受稅。如有重複交易，一切不明等事，並是賣人之當，不及買人之事。所有來腳契文一時檢尋不及，日後繳付。今恐無憑，立此出賣契文為用。

正統十年六月十一日　出賣人　金凌雲[押]契

金懷玉[押]

見交易人　金主達[押]

同上　正統十二年馮子永等賣田赤契

在城馮子永同弟子良，今有承祖馮喜得荒田一備，坐落十西都八保，土名齊坑源，經理係吊字四百五十號，畝步四至自有經理可照。今將前項字號內田，盡數立契出賣與西都謝榮祥名下為業。面議時價官綿布五匹，其價並契當相交付。其田未賣之先，即無家外人重複交易，如有一切不明，並是賣人之當，不涉買人之事。自成交之後，各不許悔，如先悔者，甘罰契價一半與不悔人用，仍依此文為始。今恐無憑，立此文契為用者。

正統十二年四月十二日　立契人　馮子永[押]契

同弟　子　良[押]

代書男　馮宗義[押]

同上　景泰元年謝永祥賣田白契

十西都謝永祥，今有自己開耕荒田一號，坐落本都八保，土名莊前，原係墓林空地，約計二角有零，係經理吊字　號。其田地東至謝能靜、震安田，西至塝，南至塝，北至田廠及洪招保住基，洋溝為界。今為無錢之用，自願將前項四至內田地，盡行出賣與同都謝榮祥名下。面議時價銀三兩五錢，其銀並契當日收足，契後再不立領。其田地今從賣後，一聽買人自行告官升科，入田收租，永遠管業，本家即無言說。未賣之先，即無家外人重複交易，如來歷一切不明及家外人占攔，並是賣人之當，買人之事，自成交之後，二家各無言悔，如有先悔者，甘罰銀一半與不悔人用，仍依此文為始。今恐無憑，立此文契為用。

景泰元年十一月二十七日　出賣人　謝永祥[押]契

同上　景泰二年陳添海賣田赤契

二十七都住人陳添海，原用價買到十都鄭思銘戶下早田壹丘，計壹畝，該租玖砠，坐落本保，土名金充口，係民字四佰九十一號。其田東至汪舟保田，西至汪子原原，南至吳伯海田，北至汪次政田為界。今為缺少支用，情原立契將前項四至內田畝盡行出賣與十都吳道眞名下，面議時價白銀叁兩，當成契日一並交收足訖，別不立領。其田今從出賣之後，一聽買人自行耕作，本家即無易說。未賣之先，與內外人並無重交易、不明等事。如有一切不明等事自理，不及買人之事。所有上手來腳文契與別產相連，不及繳付，日後如要照證，於賣人名下索出參照無詞。所有稅糧，見在原賣人戶內，候重造之日，照契收受。今恐人心無憑，立此出賣文契為用。

內添鄭字、照字貳個。再批。

景泰二年三月初拾日　立契出賣人　陳添海[押]契

見　人　陳孟賦[押]

同見人　鄭思銘[押]

鄭思慨[押]

遇見人　吳斯中[押]

所有契價銀當成交日兩相交付足訖。同日再批。[押]

同上　景泰六年休寧潘運賣田赤契

十二都住人潘運，今將本戶田壹號，坐落本都十保，係體字壹千壹百捌十六號，土名胡四住前，計田陸分四釐六毛。其田東至　，西至　，南至　，北至　。今來缺物支用，自情願前項四至內田，盡行立契出賣與同都汪雲蔭等名下，叄面議時值價銀壹兩整。期價銀當成契日一並收足。其田今從出賣之後，一聽買人自行聞官受稅，永遠管業如定，本家即無阻當。如有內外人占攔及重複交易，一切不明等事，並是出賣人之當，不及受買人之事。所有上手來腳契文，與別產相連，繳付不便，日後要用，本家索出參照不詞。今恐無憑，立此賣契文書爲用。

景泰六年三月二十日　立契人　潘　運［押］契

見　人　金仕隆［押］

今就契內價銀並收足訖。同日再批。［押］

同上　景泰六年休寧胡武寧等賣田赤契

十二都九保住人胡武寧同弟胡武生，今將自己憑鬮書分得田壹號，坐落十都四保，民字一千七百六十四號，田壹畝壹角叄步。其田東至胡大成山，西至山，南至路及二保界，北至自田，土名犁壁山口。今來缺物支用，自情願將前項四至內田，盡行立契出賣與汪士熙名下，三面議時值價銀肆兩壹錢整，其銀當成契日一並收足，別不立領札。其田今從出賣之後，一聽買人自行管業，收苗受稅，永遠管業爲定。如有內外人占攔及重複交易，不及受買人之事。所有上手來腳，與別產相連，繳付不便，日後要用，索出參照不詞。今恐人心無憑，立此賣契文書爲用。其田每年硬上秈租壹拾壹砠。再批。

景泰六年八月二十日　出賣人　胡武寧［押］契

同　弟　胡武生［押］

見　人　胡仕靜［押］

依口代書　汪文道［押］

【下殘】

同上　天順五年休寧胡彥善賣田赤契

十二都九保住人胡彥善，今將自己續置戶內田壹號，坐落本保，係壹字肆佰陸拾伍號，共田叄畝伍分四毛，土名下充。其田東至　，西至　，南至　，北至　。今來缺物支用，自情願將前項四至內田硬取號內正源腳底壹大丘，約計壹畝伍分，出賣與本都汪士熙名下，三面議時值價銀肆兩伍錢整，其銀當成契日一並足訖。其田今從出賣後，一聽買人自行管業，收苗受稅。每年硬上秈租壹拾砠半。其田來歷不明及重複交易，一切不明等事，盡是出賣人祇當，不及受買人之事。所有來腳與別產相連，繳付未便。今恐無憑，立此文［約］契爲用。

天順伍年正月初八日　出賣人　胡彥善［押］契

依口代筆人　汪文通［押］

見　人　胡彥任［押］

今領賣契內價銀並收足訖。同日再批。［押］

同上　天順六年李付同賣田白契

十西都李付同，今用工開耕得田一備，坐落本保土名塘尾頭山腳下，經理係吊字　號，地大小二丘，實量得一畝一分，新立四至，東至田，西至山腳，南至山，北至田。於天順五年內，取田七分賣與本都謝彥昌名下訖。內仍有田四分零。爲無錢支用，情願將前田盡數立契出賣與謝彥昌名下，湊段永遠管業。面議時價獅頭銀三兩六錢整，其價當日收。是，其田一聽買人入田，永遠收租管業。未賣之先，即不曾與家外重複典賣交易，如有來歷不明，並是賣人自行承當，不及買人之事，聽自買人自行升科。自成交之後，各不許悔，如先悔者，甘罰銀二兩與不悔人用，仍依此文爲準。今恐無憑，文契爲用。

天順六年十二月十八日　立契人　李付同［押］契

代書男　李仲義［押］

每年議還硬租稻穀【下殘】

同上　成化十八年程文俊賣田赤契

坊市住人程文俊，今爲無銀支用，自情願將自己分下本戶經理到一都辰字一佰二十三號下田貳角壹拾伍步，坐落土名小巖前。其田東至山，西至路，南至胡仲義田，北至江文貴田。今將前項四至明白，盡行立契出賣與張仕英名下，三面議時價銀肆兩玖錢前去用度。其田自賣之後，一仰置買人從便管業收租，不在阻當。如有內外親房人阻當，出產人自行之當，不干買人之事。二人各不許幡悔，如有先悔之人，甘罰契內價銀一半與不悔人用。其稅糧即今造冊，買人收稅入戶。中間即無重複交易。今恐無憑，立此賣契爲用。

成化十八年正月□日　立契人　程文俊［押］契

同兄　程文質[押]
中見人　程得賢[押]

【下殘】

同上　弘治三年陳受安賣田赤契

十六都陳受安，今與十五都鄭倉得等相共田一號，坐落本都三保，土名小□丘，經理係二百六十五號，計田一畝二分。受安兄弟六人，該得田一分，受安分籍，該得一釐七毫；又將同保土名鴨塢口二百四十八號，承祖陳文仲經理山三角一十八，父興宗兄弟八人，該得一半，父興宗分籍，受安六分該得一分。四至照依經理爲始。今無錢用度，自情願立契將前項山田該得分籍並栽坌杉苗　，盡數立契出賣與十五都鄭英才直[秩]下子孫爲業。面議時價銀三錢五分在手足訖，其價並契當相交付。未賣之先，與家外人即無重複交易，來歷不明，賣人自理，不干買人之事。今恐人心無憑，立此文契爲用。

弘治三年十二月廿三日　立契人　陳受安[押]契
依口代書人　江得政[押]
見　人　許書道[押]

同上　弘治四年陳宇安等賣田白契

十六都陳宇安、平安、仲安，今有十五都鄭倉得等相□田一號，坐落三保，土名小沙丘，經理係二百六十五號，計□畝二分；宇安兄弟成父興宗該得一分，又買得眉宗二釐五毫，又買震安田一分，共計二分二釐五毫，宇安兄弟三人該得田一分零二釐；　又將同保土名鴨口山，經理係二百四十八號，其山除受安先賣外，平安等兄弟五人該得分籍。今爲無錢用度，自情願將前項二處田山，盡數立契出賣與十五都鄭英才直下子孫爲業。面議時價白銀一兩八錢整，在手足訖，其價並契當日兩相交。未賣之先，與家外人即無重複交易，來歷不明，賣人自理，不涉買人之事。今恐無憑，立此文契爲用。

弘治四年八月二十一日　立契人　陳宇安[押]契
陳平安[押]
陳留安
男文學[押]
文　才[押]
陳仲安[押]
陳學安[押]
依口代書人　陳奎芳[押]
見　人　鄭文奎[押]
倪員通[押]

同上　弘治六年方岳賣田赤契

在城方岳，今有承祖田，坐落五都黃崗洪家段，計田三畝，坐落利樹丘，大小田丘，岳該田四分一釐五毫，又將原買洪家山腳，岳該得分截二處，盡數立契出賣與五都洪達等。衆議時價七兩整，其價並契當日兩相交付。來歷不明，並是賣人之當，不涉買人之事。自成之後，各不許悔，如先悔者，甘罰銀一兩入官公用，仍依此契爲照。所有稅糧，候造冊之年，聽收去供解，本家即無阻當[擋]。今恐無憑，立此文契爲照。

弘治六年十月初七日　立契人　方　岳[押]
中　人　錢之善[押]
方　業[押]

同上　弘治七年方憲賣田赤契

在城方憲，原承祖標分並買受分截一號，土名犁樹下，民田三畝，計四丘，與叔邦義、邦本、弟方岳相共，憲該分截[籍]九分一釐零；　又一號，土名方盤丘，計田一畝，亦與叔邦義、邦本相共，憲該分截三分三釐零；　又其田東西四至、字號、土名，自本保經理可照；　又原賣洪家山腳地一塊，憲該分截一半。今將前項田二號，山腳一號，盡數立契出賣與五都洪達等名下。面議時值價銀一十八兩八錢整，其價並契當日兩相交付。其田未賣之先，即無家外人重複交易，如有來歷不明，並是出賣人承當，不涉買人之事。所有稅糧，候造冊之日，聽自收割，本家即無言說。自成交之後，二家各不許言悔，如違，甘罰二兩入官公用，仍依此契爲準。所有塘分，亦照分數取水管業。今恐無憑，立此文契爲照者。

弘治七年十一月　立契人　方　憲[押]契
中見人　胡　成[押]

同上　弘治八年方憲賣田赤契

在城方憲，原用價買到弟方相田一號，坐落五都五保，土名黃崗梨樹下，計田三畝，係經理水字　號，其田先與叔邦本、弟方岳相共，東西四至，自有本保經理可照。今情願將所買前田相該得分截八分三釐三毫，立契出賣與五都洪逵名下爲業。面議時值價白銀十一兩一錢整，其價並契當日兩相交付。其田未賣之先，即無家外人重複交易，如有一切不明，並是賣人之當，不涉買人之事。自成之後，各不許悔，如有悔者，甘罰銀二兩入官公用，仍依此契爲準。所有税糧，候造冊日，聽自收割入戶供解，本家即無言說。上手文契與別項相連，未曾繳付，日後賫出不在行用。今恐無憑，立此文契爲照。

所有原塘，聽自隨田澆灌。

弘治八年七月初十日　立契人　方　憲［押］契

中見人　胡　成［押］

同上　弘治十二年績溪程升等賣田赤契

一都住人程升同弟程用，今爲欠少銀兩支用，自情願將自己分下經理一都宙字　號內田一畝實田，坐落土名師姑□，其田東至文清田，西至周宅地，南至自田及王宅地，北至自田及塘。今將前項四至內田，盡行立契出賣與坊市張士英名下。三面議時值價銀十兩，前去支用。其田自賣之後，一、仰買人從便管業收租，不在［再］受阻當［擋］，如有內外親房人阻當［擋］，出賣人自行之當。二、各不許反悔，如有先悔之人，甘罰契外價銀一半與不悔人用。［中間］先前即無重複典賣，其税糧候造冊之年，依契過割。今恐人心無憑，立此賣契爲用。

弘治十二年二月二十二日　立契人　程　升［押］

同賣弟　程　用［押］

依口代書中見人　程文恭［押］

所是前項契內價銀值□盡行收足無欠。再批爲照［押］

同上　弘治十四年休寧李瑩然賣田赤契

休寧三十三都李瑩然，承祖□莊田一備，坐落祁門十一都莊坑，土名木杓丘，係經理坐字二百二十一號，計田一畝六分二釐五毫，大小二丘，其田東至章添保田，西至江家田，南至季家田，北至洪田。又取土名子坑源，坐字二百九十四號，計田二畝七分五釐。又取子坑橫路上坐字三百九號計田一畝六分七釐五毫。三處田四至，自有本保經理該載，不及開寫。又取莊坑方家塢山一號，係經理坐字七百四十五號。計山九畝一角其［山東至　，西至　］，南至尖，北至田。其山與李厚相共。又取大樹塢山一號，計山二十四畝，其山東山，西山，南降，北坑。又取塘塢山一號，坐字六百六十號，計山三畝，其山四至，東坑，西降，南山，北山。其前山三號不便照管，該得本身分數，並前田骨硬租，托中盡行立契出賣與祁門十一都族人李　名下爲業。三面議定時價紋銀七十二兩整，其價並契當即兩明。契後並無重複交易，如有來歷不明等情，盡是賣人承當，不涉買主之事。其田税糧，候大造之年，聽自起割過戶供解無詞。其山自賣之後，一聽買主入山看養栽苗，並在山老嫩立木，盡是買主永遠執業，本家秩下人等再無生情言說。今恐無憑，立此賣契永遠存照。

契內大樹塢山一號明來

弘治十四年十月十一日　立賣契人　李瑩然［押］契

中見人　李　廉［押］

李用明［押］

謝立春［押］

內山三號，因管業不便，今將此山湊與親人汪　名下爲業，得受價訖。

康熙二十四年日立湊契人李勛［押］。

同上　弘治十五年程元鼎賣田白契

和化里住人程元鼎、元弼、元相，今承祖有田壹處，坐落土名廂榨灣，田租伍秤，計乙丘。又壹處，土名□後培腳，叁秤半，計□丘。又壹處，土名水竹□，貳秤半，計□丘。共田租叁宗，計壹拾壹秤。其田東西肆至，俱係新文淡字　號，自有保簿，不在開述。今因輪管排年六甲，貼役無所措辦，情願憑中將前田立契出賣與房叔　名下爲業，當日三面議定時值估價紋壹兩整，其銀當日一並收足。日前並無重易不明等事，如有此，俱係賣人自理，不涉買人之事。所有税糧在程日亨戶，扒入買人戶內無異。恐後無憑，立此賣契存照。

其契內添祖乙個，改壹字壹個［押］。

其契內茅榨灣五秤佃皮亦貼在契內。又照。［押］

弘治拾伍年八月二十九日　立賣契人　程元鼎

程元弼

程元相

中　見　程君俊
程周明

其契内價銀當日一並收足。再批[押]領。

同上　弘治十六年吳烈賣田赤契

一都吳烈，用價買受本都李沐民田一備，坐落本都三保，土名湖九百洲店前，係經理穀字　號，計田九分有零。其田新立四至，東至李汪田，西至李漢等田，南至李漢等田，北至吳李田，今將前項四至内田，自情願盡行立契出賣與同都吳賞名下。面議時值價白銀一十六兩五錢，其價並契當日兩相明白，契後再不立領。未賣之先，即無重複典賣交易，如有來歷及一切不明等事，並是賣人之當，不及買人之事。今從賣後，一聽買人入田收租，永遠管業。所有稅糧，候造冊之年，聽自於本戶起割民田前去入戶供解，本家即無言說。今恐無憑，立此文契爲用者。所有來脚契文，隨時繳付，立此爲用。

弘治十六年三月初一日　立契人　吳　烈[押]契

同上　弘治十七年謝景輝賣田赤契

十西都謝景輝，今有標分得田二丘，坐落本保言塘，土名坳上山下田，丈量實田一百一十步整，其田新立四至，東北至景洪田，西至胡乞田，南至山。今將前項四至内田，盡數立契出賣與兄謝景洪名下爲業，面議時價白銀一十兩整，其價並契當日兩相交付。未賣之先，即不曾與家外人重複交易，來歷不明，賣人之當，不涉買人之事，其田好歹，買人親見。所有上手文契未及繳付，日後要用，賫出明證無詞。自成交之後，二家各毋悔易，如悔者，甘罰價銀二兩與不悔人用，仍依此文爲始。今恐無憑，立此文契爲照者。

弘治十七年十一月初三日　立契出賣人　謝景輝[押]契
丈量中見人　葉　繁[押]
章　佐[押]

同上　正德元年章蘇賣田赤契

十二都章蘇，今自情願將承祖田二號一處，坐落本都一保，土名黃山坑，共約計租三拾秤，本位合得分籍，計祖[租]四秤；又將一保土名火伯坑祖丘，共計租六秤，本位該得二秤；又將十三都一保土名佛塘坑高塢，在山老嫩苗木並山，本位十五分中該得一分，前項内二處田租係章蘇該得分籍，盡數立契出賣與同都章廷用名下爲業。當日三面議定時價文銀九兩整。在手足訖，其價契兩付明白。其田山未賣之先，即[無]家外人重複交易，來不明，賣人承管，不干買人之當。成交之後，各不許悔，如悔者，甘罰銀一兩入官工用，仍依此契爲始。今人少信，立此文契爲照用。

所有稅糧，見在本戶，候造冊之日，聽自買人收稅入戶供解。

正德元年三月初三日　立賣契人　章　蘇[押]契
依口代書人　章　繼[押]
中見人　京　貫[押]

同上　正德二年饒昶等賣田赤契

在城一圖饒昶同弟饒旭等，共承祖標分水田一處，坐落五都五保，土名塘塢，係經理水字　等號，東、西、北至山，南至塘，四至内田荒熟共計二十畝，今將本家兄弟合得一畝，盡數立契出賣與五都洪大名下六分爲業。面議時值價銀七兩五錢整，其價並契當日兩相交付。其田未賣之先，即無家外人重複交易，如有來歷不明，賣人之當，不係買人之事。自成之後，各不許悔，如先者，甘罰銀二兩入官公用。所有稅糧，候造冊之日，聽自買主收割入戶供解。今恐無憑，立此文契爲照。

正德二年四月二十八日　立契人　饒　昶[押]
饒　旭[押]
饒　昂[押]
饒　杲[押]
中見人　畢六乞[押]
謝　琦[押]
饒　璞[押]
汪志宗[押]

同上　正德四年李梅賣田赤契

十一都李梅，承父標分得民田一備，坐落東都三保，土名大塆山堪八塢口，係經理穀字　號，計田一畝二分，與侄相共，其田新立四至，東至吳家田，西至墩外地，南李家田，北至路；又塘一所。今將前項四至内田，本邊該得一半，並塘該得分數，自情願盡行立契出賣本都吳　名下，面議時價白文銀一十兩整，其價並契當日兩相交付，契後再不立領。未賣之先，即無重複交易，如有一切不明，並是賣人之當，不及買人之事。今從賣後，一聽買人永遠管業。所有稅糧，候造冊之年，聽自於本戶起割，前去入戶供解，本家即無言說。今恐無憑，立此文契爲用。

正德四年二月廿七日　立契人　李　梅[押]契

見　人　吳晚興[押]

同上　正德五年姚奇瑞賣田赤契

二十三都住人姚奇瑞，今爲缺少支用，自情願將原買到三圖程如海戶下一則民田，大小二丘，坐落土名銀瓶丘，係禍字　號，共計稅叁畝柒分有零，每年上租叁拾貳秤。其田東至山，西至路，南至吳宅田，北至程宅田，本家合得捌分肆釐，每年上實租柒秤，盡行立契出賣與同都人吳永昂名下，三面議取時值價白文銀壹拾壹兩伍錢，其銀當成契日一並收足。其田今從出賣之後，一聽買人自行管業，收苗受稅。如有內外人攔占及重複交易，並是出賣人祗當，不及買人之事。所有稅糧，候至過割，本戶起推，即無難易[異]。今恐人心無憑，立此契文爲照。

正德五年二月十九日　立契人　姚奇瑞[押]契

見人　姚　洪[押]

程　鸞[押]

吳　志[押]

前項契內價銀當成契日隨手一並收足。再批爲照。[押]

同上　正德七年黃鎰賣田赤契

在城黃鎰，今自情願將受批到同市饒希淵坐落五都，土名塘塢五保，係經理水字　號，其田新立四至，東、西至山，北至山，南至田，共田一十畝零，與堯雲、謝汪嵩等相共，四至內，本身合得分籍田二畝，盡數立契出賣與五都洪　名下爲業。面議時值價紋銀一十四兩在手足訖，其價並契當日兩相交付明白。其田未賣之先，即無家外人重複交易，來歷不明，賣人之當。[所有]自成[交]之後，二家各不許悔，如先悔者，甘罰銀五兩入官，仍依此契爲準。所有稅糧，隨時推割。今恐無憑，立此文契爲照者。

正德七年四月十三日　立契人　黃　鎰[押]契

中見人　皆　璲[押]

謝　琦[押]

係黃崗塘塢六分契。

同上　正德十四年歙縣胡春茂賣田赤契

十八都四圖住人胡春茂，今爲使用，自願將分得承祖良字　號民下田，坐落土名楓樹下塘第二基，其田相連三丘，計七分七釐，東至人行路並園，西至胡家山園，南至本家衆田，北至胡思敬田；又將南邊田園上水堨一口，聽從修築澆灌；又將良字一千　號民山，約計一分零，民下田一分九釐□，開成田，大小二丘；又山成水堨一口，祺茂六分，合得一分，本身分得，俱係茂名下，坐落土名□布袋，東至胡次盛田，西至本家山並塘舍，南至本家山，北至希明衆園；又水堨東至本家園並買人田，西至本家山，南至本家田，北至人行路，其田共契內二處大小五丘、水堨二口。四至內，盡行立契出賣與本圖堂叔胡思濟名下爲業。當三面議定時值價銀一十二兩六錢整，其銀當成契日一並交收足訖，即無欠少，異無準折。其田在先即不曾與他人重複交易，如有內外人攔占，盡是出產人之當，不及買人之事，本家子孫許取讀，其田山倘有字號畝步不明，自有四至挾定，其稅糧，候造冊之年，聽從本戶起割，本家即無難異，所有契內價銀盡行收足，契後再不立領。今恐人心無憑，立此文契爲用。其契內二處田山水堨，共計八分二釐，再批爲照。水堨三口隨田澆灌。

正德十四年五月　日　立契出賣人　胡春茂[押]契

中見兄　胡春祺[押]

中　人　程希寧[押]

同上　嘉靖二年吳璽賣田白契

十六都二圖吳璽，今自情願將自己賴字　號下田三分二釐，坐落撩車，其田東至　，西至　，南至　，北至　，今將前項四至內田，立契出賣與吳宗祠爲業。面議價銀四兩四錢，其銀當即收足。其稅糧，候造冊之年，本戶起割支解，即無異說。其田原上秈租三秤，佃人胡道。今恐無憑，立此爲照。

嘉靖二年七月二七日　立契人　吳　璽[押]契

中見人　吳齊雲[押]

吳性淳[押]

吳榮錫[押]

同上　嘉靖二年吳文景賣田白契

十六都二圖吴文景，今將賴字一千二百三十號下田一分二釐，土名落金剛堀，其田東至　，西至　，南至　，北至　。今將前項四至內田，盡行立契出賣與吴宗祠名下爲業。面議時價銀六兩整，其價當收足，即無欠少，亦無準折。其田在先即不存與他人重複，如有內外人爭論，並係出賣之當，不干買人之事。其稅候冊年，推入吴宗祠戶內支解，本家即無難異。今恐無憑，立此文契爲照。

嘉靖二年七月二十七日　立契出賣　吴文景[押]契

中見人　吴齊方[押]

吴惟淳[押]

吴榮錫[押]

同上　嘉靖三年金神祐賣田白契

二十二都金神祐，今來無錢支用，自情願買受得二十一都茶園山並地及蘭山丘□[田]，係潘干宗住山地　片，共　號，及山並苗，畝步四至，自有經理可照；又將同處買得本都王葱土名牛角塢田一畝；又將同處蘭山丘田三處，計五分；又將小坑邊地三分；又金成住後地三分；又中嘴下地一片；又二十二都裘二塢地路上下，計三片，共地一畝。今憑中將前項田地山並苗、果、竹木，盡數立契出賣與族叔金　名爲業，面議時價紋銀十三兩五錢整，在手足訖。其田地山來歷不明，賣人自理，未賣之先，與家外人並無重複交易。成交之後，各不許悔，如違，甘罰契銀一半公用，仍依此文爲準。今恐無憑，立此文契爲照。

外批，前賣大松木二根，賣與金挺。

嘉靖三年二月十二日　立契人　金神祐[押]

中見人　金　挺[押]

同上　嘉靖十一年吴廷正賣田白契[附推單]

十六都二圖吴廷正，今將承父賴字三百二十號下田一畝四分，坐落土名朱山下，東至　，西至　，南至　，北至　；又將賴字三百九十一號下田五分，坐落土名塚後，東至　，西至　，南至　，北至　。今將前二號內共取下田一畝九分，又取竦塘一分，立契出賣與本圖吴宗祠名下爲業。議定時價紋銀三十八兩整，其價銀當成契日一並收足，即無欠少，亦無準折。在先不曾與他人重複交易，如有內外人攔占，並係賣人之當，不干買人之事。自賣之後，聽從買人日下管業。其稅糧，造黃冊年推入買人戶內解納，即無難異。今恐無憑，立此文契爲照。

嘉靖十一年十一月日　立賣契人　吴廷正[押]契

中見人　李　保[押]

其契內賴字三百九十一號下田五分，坐落塚後，此號田係賣在良和契內，其田聽從良和收租管業。批此爲照。

[附推單]

十六都二圖吴廷正，今將賴字號，土名朱山下塚後，下田一畝九分；又塘一分，稅糧本戶，推入本圖吴宗祠戶內解納無異。立此推單爲照。

嘉靖十一年十一月二十五日　立推單人　吴廷正[押]

中見人　李　保[押]

同上　嘉靖十二年吴武澤賣田白契

十六都一圖吴武澤，今自情願將承祖經理到賴字三百十號下田一畝四分，坐落竦塘下打石堀下，東至　，西至　，南至　，北至　；又將賴字四百四十七號下田五分三釐二毫，坐落方塘凹，東至　，西至　，南至　，北至　。今將前二項田，共計田一畝九分三釐二毫，盡行立契出賣與吴宗祠戶內爲業。三面議定時值價銀三十八兩六錢四分，其價當即收足，即無欠少、準折之類。其田在先不曾與他人重複交易，如有不明，並係出產人之當。其稅，候再造黃冊，聽從買人收稅入戶支解，本家即無異說。今恐無憑，立此文契爲照。

嘉靖十二年二月初三日　立契出賣人　吴武澤[押]契

中見人　吴文篪[押]

其契內賴字四百四十七號下田五分三釐二毫，土名方塘凹，此號係賣在文篪契內，其田聽從文篪收租管業。批此爲照。

同上　嘉靖十四年吴廷本賣田白契[附推單]

十六都二圖住人吴廷本，今將承父買到及字五百八十四號下田五分，坐落土名餘大塢，其田東至山腳，西至田，南至小路，北至低田。今將前項四至內田，立契出賣與祠內爲業。三面議時值價銀七兩正，其銀當即收足，即[既]無欠少，亦無準折。其田在先即不曾與他人重複交易。如有內外人爭占，並係出賣人之當，不干買人之事。其稅糧，候造黃冊之年推入買人戶內支解，本家即無難異。今恐人心無憑，立此賣契爲照。

嘉靖十四年十一月日　立契人　吳廷本［押］

中見人　吳鶴祥［押］

〔附推單〕

十六都二圖吳廷本，今將及字五百八十四號下田五分，推入祠內支解，自賣年起，至造冊年止，夏秋二稅，盡行領足，立此爲照。

嘉靖十四年十一月十八日　立推單人　吳廷本［押］

同上　嘉靖二十三年黃玟賣田赤契

二十三都一圖住人黃玟，今因缺欠使用，自情願將承祖戶下一則民田二丘，坐落土名邵家村下，新田計稅八分七釐五毫，每年上租七秤。其田見［現］東至　　，西至　　，南至　　，北至　　。今將前項四至內田，盡行立契出賣與二十三都九圖黃文英名下爲業。三面議取時值價紋銀二十三兩整，其銀當成契日一並隨手收足。其田今從出賣之後，一聽買人自行管業，收苗受稅爲定。如有內外人攔占及重複交易不明等事，盡是賣人自行抵當，不干買人之事。其稅糧候至造冊之年，本戶自行推出，即無難異。今恐人心無憑，立此賣契爲照。

嘉靖二十三年五月初四日　立賣契人　黃　玟［押］

中　人　黃　相［押］

黃　抵［押］

前項契內價銀一並隨手收足。同年月日再批爲照。［押］領。

同上　嘉靖二十三年程英賣田赤契

十八都六圖五保住人程英，爲因缺欠使用，自情願將承祖戶下田一丘，係能字　號，坐落土名大盈墩，計租二秤半，該稅三分，其田東至買主田，西至程初田，南至買主低田，北至人行大路爲界。今將前項四至內田，盡行立契出賣與同都十圖戴興志名下爲業。三面議定時直［值］價銀四兩三錢整，其銀當成契日一並支收足訖，即無欠少分文，亦不別立領札，並無準折債負之類。自從出賣之後，一聽買人自行管業，收苗受稅爲定。如有內外人攔占，一切不明等事，盡是出賣人抵當，不及買人之事。倘有上手來腳，繳付未便。其稅糧候至大造之年，本戶自行推出，即無難易。今恐人心無憑，立此文契爲照。

嘉靖廿三年九月初六日　立契出賣人　程　英［押］契

中見人　李　梅［押］

同年月日，契內價銀盡行領足，即無欠少分文。再批爲照。領銀人程英［押］領。見領銀人　李　梅［押］

同上　嘉靖二十四年邵響等賣田赤契

二十三都九圖住人邵響同弟邵岳，因爲缺少支用，自情願央中將承祖戶下一則田三丘，坐落土名三眼塘下，係積字　號田，共三丘，上實稉［糯］租四秤半，計稅五分六釐二毫。其田現東至人行路及塘，西至黃宅低田，南至塘，北至黃宅同號田；又將同處田一丘，現東至人行路及塘，西至邵宅田，南至人行路，北至塘；又將同處田一丘，東至塘，西至人行路，南至邵宅田，北至人行路及黃宅低田。其田共三丘，共上實稉租四秤半。今將三處前項四至內田，盡行立契出賣與同都黃文英名下爲業。當日三面議定時値價白銀六兩一錢五分整，其銀當承契日一並隨手收足。其田今從出賣之後，一聽買主自行管業，收苗受稅爲定。如有內外人攔占及重複交易，不明等事，盡是出賣人祇當，不及買人之事。所有稅糧，候至造冊之年，本戶自行推出，即無難異。今恐人心無憑，立此賣契爲照。

嘉靖二十四年三月初二日　立出賣契人　邵　響［押］

邵　岳［押］

契中人　汪記員［押］

轉賣入遠軒祠，來腳。

今將前項契內價白銀一並隨手收足，同年月日再批爲照。

同上　嘉靖二十八年王太壽賣田赤契

驛溪王太壽，今爲無錢支用，自情願將八保土名南培口田一畝，憑中立契出賣與王德保名下爲業。面議時價紋銀八兩整，在手足訖。其田東至陳田，西至陳田，北至塝，南至山。其田與家外人即無重互交易，來歷不明，賣人自理，不干買人之事。自賣之後，各無悔異，如違，甘罰契價一半與不悔人用，仍依此契爲準。今恐無憑，立此爲照。

外批，其田丈量步畝少欠，照數添除。

嘉靖二十八年十一月二十二日　立契人　王太壽［押］契

中見人　王六保［押］

稅明

外批，其田丈量步九分五釐，其田明，田數添除。

同上　嘉靖二十九年程廷器賣田白契

和化里住人程廷器同弟廷舉、廷采、廷幹承父有田一號，坐落土名麻窄彎水渠邊，田一丘，計租二秤，經理自有保簿。其田東至買人田，西至溪，南至廷璋兄弟田，北至魚池路。今爲缺少支用，兄弟自情願將前項四至內田，盡行立契出賣與程廷贊名下。面議時值價銀一兩四錢整，其銀當成契日一並收足。其田今從賣後，一聽買人自行管業收租，即無異說。日前即無重張[復]交易，不明等事，如有此事，賣人自理，不及買人之事。所有稅糧，候至造冊之年，買人自行認納一則稅。今恐人心無憑，立此出賣斷骨文契爲照。

嘉靖二十九年八月初六日　立契出賣人　程廷器[押]
廷舉[押]
廷采[押]
廷幹[押]
中見人　程　信[押]

其契內價當日隨手收足。再批[押]領

同上　嘉靖三十一年汪衆積賣田白契

十二都住人汪衆積，今將續置程伯中水官田一號，坐落土名下坑口，係黎字一千一百四十六號，內取中水官田三分二釐；又將土名廟南，黎字一千一百七十三號；又一千二百七十二號，共二號，民地三釐三毫；又將黎字八百三十二號民山七分五釐；又將五百七十六號土名朱梓嶺民山三分；又將三百九十二號；又將三百八十六號；又將一千一百四十五號土名下坑口；又將一千一百三十五號，同處；又將一千一百四十三號，同處；又將一千一百五十六號，土名丁伯塘；又將九百四十四號，土名麻窄塢；又將九百三十一號，同處；又將羌字五十號，共山九號，該得山一畝一分二釐；又將黎字五百八十五號，程伯善官山，合得四分，共計官民山一十二號，計稅山二畝五分七釐整，今省四至，自有保簿該載，不及開寫。今來本家缺支用，自情願將前項四至內官、民田、山共計一十五號，共計官、民田、地、山稅三畝二分三釐整，憑中出賣與同族汪邦魁、玘岩、互□、闓溢、印信、齊祥名下，三面議作時值價白紋銀六兩整，其價當日收足。其田、地、山一聽買人隨即管業，如有來歷不明及重複交易，一切不明等事，盡是出賣人祇當，不及買人之事。所有稅糧，係是本戶頭汪瑞雲戶內赴割過戶，即無阻當。今恐人心無憑，立此出賣文契爲照。

六契

嘉靖三十一年五月初二日　立契出賣人　汪衆積[押]契
中見人　方九富[押]
依口代筆人　汪社佃[押]

今將前項契內價銀並收足訖。同日再批爲照。[押]領。

同上　嘉靖三十二年陳述賣田赤契

廿(十)一都陳述同弟陳俗，今來無錢用度，自情願將七保土名江坑嶺下正塢，與素善共業，本位兄弟該得一半；又將牛欄塢民晚田一號一處，共計租六秤整，憑中立契出賣與本都陳托名下爲業。當日面議時價文銀二兩六錢五分整，在手足訖。其田未賣先，與家外人並無重互，來歷不明，賣人自理。所有稅糧，悉照經理原額推過。成交之後，各不許悔，如違，甘罰銀五錢公用。今恐無憑，立此爲照。

嘉靖三十二年二月十七日　立契人　陳　述[押]契
弟　陳　俗[押]
中見人　陳　昆[押]
陳　煌[押]
善　思[押]

同上　嘉靖三十二年吳銑賣田白契

十六都二圖吳銑，今將續買到吳良法名下本都賴字四百五十七號下田一畝九分，土名仁義寺前，計租十九畝，佃人來興、太付；又賴字二百九十六號下田五分半，土名汪山培，計租六秤，佃人江招貴；又及字三百號下田一畝四分，坐落大坪門，計租十四秤，佃人鄭塔機。計三項共田三畝八分半，共該租三十九稱。今將前項田四至，照依清冊，盡行立契出賣與吳宗祠戶內爲業。面議時值價銀二十三兩一錢整，其銀當成契日，一並收足，即無欠少、準折之煩。在先不曾與他人重複交易，如有內外人爭論，並係賣人支當，不干買人之事。其稅聽從於賣主名下過割入戶支解，本家即無難異。今恐人心難憑，立此賣契爲照。

嘉靖三十二年五月初一日　立契出賣人　吳　銑[押]
中見人　吳　雲[押]

嘉靖三十六年十一月初六日邦治、邦濟付祠內田價銀四兩，取贖本家原賣賴字四百五十七號內田六分三釐，計租六秤半，土名仁義寺前，佃人大付。批此爲照。其田價銀四兩，付司正玿收。同見管祠存倫。

同上　嘉靖三十五年鄭應暹賣田赤契

十五都鄭應暹，今將承祖並買受晚田一號，坐落本都三保，土名六沙丘，共計租二十七秤，與弟應蟾相共，本位六分該得一分；又賣弟應春六分中一分，共計加六晚租九秤。今因缺少使用，自情願將前四租，憑中出賣與族兄鄭少潭名下爲業，面議時值價紋銀九兩六錢整，在手足訖，其價契當日兩相交付。未賣之先，與家外人並無重複交易。來歷不明，賣人自理，不干買人之事。所有稅糧，候大造之年，聽自收割，入戶供解。今恐無憑，立此爲照。

嘉靖三十五年七月初十日　立契人　鄭應暹[押]契
中見人　鄭　晉[押]

同上　嘉靖三十七年吳純一賣田白契

十一都吳純一，今承祖民田地伍備，坐落一保，土名溪邊，計地一畝，其地四至：東至李地，西至吳地，南至路，至溪，北至(至)田；又取土名尖角地三分，其地四至：東至本地，南至李地，西至程地，北至吳地；又取同保土名堀里地三畝，東至吳地，西至楊林，南至塝，北至吳地，其地與弟相共，本邊合得一半，計地一畝五分；又取本都二保土名山下，田三畝，四至自有經理該[記]載，不及開寫，其田與買主相共，本邊合得六分之一；又取本都五保土名角塢口，田一備，計田二丘，四至：東至　，西至　，南至　，北至　，今將前項二十至內田地並苗骨，盡行自情願立契出賣與同居叔吳德雲名下爲業。三面議作時值價白紋銀二十九兩整，其價並契當日兩相交付，契後再不立領。未賣之先，即無重複典賣交易，如有一切不明，盡是賣人之當，不及買人之事。所有稅糧，候造冊之年，聽自分納。今恐無憑，立此文契爲照。

其欒木一根在該邊園頭，聽自爲業，再批。

嘉靖三十七年八月十七日　立契人　吳純一[押]
中見人　方付得[押]
葉蘇得[押]

同上　嘉靖三十八年吳榮恩賣田赤契

十六都一圖立契人吳榮恩，今將承祖及字二百九十二號，土名大坪頭，下田一畝六分，計租一拾六秤，四至照依清冊。今將前項四至內田，出賣與本都□□名下爲業，三面議定時值價銀一十二兩整，其銀當即收足，即無欠少、準折之類，其田在先，即不曾與他人重複交易，如有內外人爭占，並係賣人支當，不干買人之事。其稅，候造冊年，聽從過割，即無異。今恐無憑，立此爲照。

嘉靖三十八年九月初六日　立契人　吳榮恩[押]
中見人　吳文明[押]
吳達之[押]
吳庸之[押]
吳定之[押]
吳世遠[押]

契內田，孝友會衆因管業不便，轉賣與吳宗祠業，議作時值價銀九兩六錢。價銀當即收足，批此爲照。

孝友會仲祥[押]季祥[押]玄璣[押]榮珪[押]存都[押]武澤[押]元模[押]球[押]浦[押]訒[押]默[押]邦濟[押]齊壽[押]京[押]

同上　嘉靖四十一年吳世大賣田赤契

十一都吳世大，今承祖父有民田一備，坐落東都三保，土名磨刀石，係經理　字　號，計田八分五釐，其田新立四至，東至坑，西至山，南至坑，北至坑，其田[四至]與李相共，本邊合得一半。盡行立契出賣與同都親人李名下爲業，面議時值價白銀二兩整，其價契當日兩相交付明白，契後再不立領。今從賣後，一聽買人管業。未賣之先，即無重複交易，一切不明等事，並是賣人之當，不及買人之事。所有稅糧，正當造冊之年，聽自起割供解。所有來腳契文，日後要用，將出付照。今恐無憑，立此賣契爲照。

嘉靖四十一年六月廿七日　立賣契人　吳世大[押]契
中見人　吳學儒[押]

同上　嘉靖四十一年吳一龍賣田赤契

十一都吳一龍，今承祖並續買荒熟莊民田地共一十五處，竹松杉山共五號，坐落本都二保，土名西頭園等處，其山、塘、田、地步畝四至、字號，自有該保經理該[記]載，不及開寫。自情願將前項田、地、山骨，盡行立契出賣與同都李　名下爲業。憑中面議時值價白紋銀九十五兩整，其價並契當日兩相交付，契後再不立領。未賣之先，即無重複典賣交易，如有一切不明等事，並是賣人之當，不及買主之事。□有稅糧，今當大造之年，聽自起割，推入伊戶供解無詞。今恐無憑，立此文契爲照。

計開已田實租於後：

前壟秈租二十九秤，計民田三畝，佃人　張寶珠。

西頭園民田一畝五分，計租十二秤，佃人　方　四。

同處民田一畝二分，計租十一秤，佃人　徐四保。

竹山莊田七分，計租六秤零六斤，佃人　張　錦。

前壟民田六分七釐，計租六秤零七斤，佃人　張　覺。

大塘下民田五分，計租四秤，佃人　徐四保。

百畝段二處民田一畝，計租九秤零十斤，佃人　杜　廷、方　昔、運得。

下沙洲莊田五分，計監租四秤，佃人　徐四保。

上充民田四分，計租三秤零十七斤，佃人　方　三、方五保。

計□[開]與佃相共田租於後：

莊屋下莊田一畝三分，計租十一秤，佃人　徐四保。

莊屋前莊田一畝一分，計監租八秤，佃人　張　記、杜　得。

水埠口莊田一畝五分，計監租十秤，佃人　徐四保。

西頭園民田六分，計監租四秤，佃人　杜　得。

計開與佃相共荒田地：

白佑坑荒田地，不計畝步。

楊家彎荒田地，不計畝步。

計開山五號與佃相共：

一號強公充；　二號楊家彎；　三號李均澤山；　四號歐康山；　五號上充塢。

並塘

實價銀八十九兩整。再批。[押]

嘉靖四十一年八月初八日　立賣契人　吳一龍[押]契

中見人　吳　什[押]

江　理[押]

同上　嘉靖四十二年金勝祖賣田赤契

廿八都五圖住人金勝祖，自己續置有田一丘，坐落土名石橋頭，係澄字號，經理□□，計硬租八秤零十斤。今爲缺少支用，自情願內取租三秤，出賣與兄金勝興名下爲業，當日面議時價銀三兩五錢整，其銀當日收足。其田四至自有原契。其租田今從出賣之後，一聽買人自行管業，本家即無異說。稅候大造之年，本戶自行起推一則民稅入買人戶無難。恐後無憑，立此出賣文契爲照。

嘉靖四十二年八月十二日　立契出賣人　金勝祖[押]

代書人　金勝童[押]

中見人　程　合[押]

其契前項契內價銀，當日隨手一並收足。同日再批[押]領。

同上　嘉靖四十三年方天生等賣田赤契

十一都方天生兄弟，今承祖山一片，坐落七保，土名古樓段瓦瑤岺，係經理朝字　號，其山畝步四至，自有經理該載，不及開寫。其山與照默、壽得兄弟相共，本家兄弟共該四分之一；又取山腳下民田一備，坐落同處，土名小橋頭，新立四至：東至大路，西至山，南至山地，北至本家田，共田一畝，計一長丘，其田與照默相共，本家兄弟共該得四分之一，計田二分五釐有零。今自情願將前項山並田八至內分數，盡行立契出賣與高壽得六保兄弟名下爲業，面議時值價紋銀一十六兩整，其價契當日兩相交付，契後再不立領。其田山自賣之後，一聽買人入田收租管業，其山聽自載種，並無存留。未賣之先，【中缺】如有來歷不明等事，並是賣人之當，不及買人之事。所有田稅糧，候造冊之年，自入本戶起割，前去供解無詞。恐後無憑，立此爲照。

嘉靖四十三年二月十六日　立出賣文契人　方天生[押]

同　弟　福　生[押]

元　生[押]中

中見人　方　山[押]

同上　嘉靖四十三年謝敦本堂賣田赤契

十西都謝敦本堂，今有衆存荒田一備，坐落土名程婆塢等號。今因排下甲首凌家爲事，缺少使用，三大房議，自情願將前田内取早穀租田七秤，出賣與同分人謝銳　名下爲業，面議時價紋銀三兩五錢整，價契當日兩相交付明白。未賣之先，即無家外人重複交易。來歷不明，賣人之當。今恐無憑，立此爲照。

嘉靖四十三年九月二十日　立契出賣人　謝敦本堂［押］
同賣人　謝　錄［押］
謝玄錫［押］
謝　鏜［押］
謝應昌［押］
謝天詔［押］
謝天春［押］
謝武佑［押］
謝天寄［押］
書　契　謝眞佑［押］

萬曆三年五月二十六日得銀一兩，退還田租二秤與敦本堂業云。右批。

萬曆五年二月十一日贖回

此程婆贖契共十二張，外贖玄錫還衆穀三秤，批在玄錫契上，契未付衆。

同上　嘉靖四十四年詹添應賣田赤契

十七都七圖住人詹添應，今因欠少使用，自情願將續置戶下傷字　號田，坐落土名占林塢，共計田税一畝三分五釐，内取田税八分一釐三毫五糸八分，遞年上租穀七碩零乙十七斤半；　又内取塘税二釐四毫八忽；　又内取東西山沙渠二道，計山税三毫，其田東至占爾衆山，西至占爾衆山，南至占存端等田，北至占爾田。今將前項四至内田並塘及沙渠，盡行立契出賣於同圖詹惟義　名下爲業，三面時値價白文銀七兩玖錢整，其銀當成契日一並交收足訖，即無欠少分文，別不立領札，亦無準折債負之類。今從出賣之後，一聽買人收苗受税管業爲定。如有内外人攔占及重複交易，一切不明等事，盡是出產人之當，不及買人之事。所有上手來腳，與別產相連，繳付未便，日後要用，本家索出參照無難。其税糧候至造冊之日，本戶自在詹存端戶内收入推割，即無異説。今恐無憑，立此文契爲照。

今就契内領去價銀足訖。同日再批爲照，立領人詹添應［押］領。

嘉靖四十四年五月二十七日　立　契［人］
出產人　詹添應［押］契
代筆男　詹　欽［押］
中見人　詹　全［押］
詹應棋［押］

同上　嘉靖四十五年休寧吳一龍賣田赤契

永豐里住人吳一龍，今自情願將買到吳游名下一則田一丘，坐落土名古城巖，係積字　號，上租五秤，計税六分貳釐五毛。其田東至　，西至　，南至　，北至　。今將前項四至内田，盡行立契出賣與同都黄順德祠名下，三面議取時値價白銀壹拾叁兩五錢整，其銀當成契日一並收足。其田今從出賣之後，一聽買人自行管業，收苗受税爲定。如有内外人攔占及重複交易不明等事，盡是出賣人自行祇當，不干買人之事。其税糧候至造冊之年，本戶自行推出，則無異説。今恐人心難凴，立此賣契爲照。

嘉靖四十五年四月日　立契出賣人　吳一龍［押］
中見人　吳　琬［押］
代書人　吳　齊［押］
同中人　吳　潛［押］
吳　灝
吳世沾［押］
吳玄壽［押］

□項契内價銀當成契日一並收足，同日再批爲照［押］領。對驗訖。

税銀二錢七分

同上　嘉靖四十五年浮梁趙菊芳等賣田白契

浮梁梓舟都趙菊芳同弟英芳、芳、聯芳、遺芳、侄良巨、良□，原共買得祁門二十二都王從龍土名西坑源内外田地山場及基屋地，並土名橋頭田，於内本位兄弟叔侄共買得王從龍二十四股，内得一股。今來爲業不便，自情願將從龍分殖以拾股爲率，内除英芳、良巨該得四股未賣，其餘盡行凴中立契出賣與祁門二十二都王　名下，湊便管業。當日三面言議時値價紋銀四兩八錢整，在手足訖，其山場田地栥園基屋，一切不明，賣人理，不干買人之事，未賣已先，與家外人並無重互交易。自賣之後，各不許悔，如違，罰銀一兩公用，仍依此文爲準。其田山稅糧，原在從龍戶內。今恐人心不憑，立此文契爲照。

嘉靖四十五年十一月初四日　立契人　趙菊芳[押]契
譽　芳[押]
同賣弟　趙聯芳[押]
遺　芳[押]
侄　良　器[押]
中見人　黃榮仙[押]

同上　隆慶元年洪產賣田白契

五都洪產，今爲津貼糧長，自情願將五都九保土名建子迸田叁畝，與族兄應陽、族侄桂天與等相共，內本身該得分籍田伍分，新立四至：東至山，西至路及山，南、北至洪田。今憑中立契出賣與族侄洪□□名下爲業，面議時價紋銀肆兩叁錢整，其價並契當日兩相交付明白。其田未賣之先，即無家外人重複交易。來歷不明，賣人之當，不涉買人之事。自成之後，各不許悔，如先悔者，甘罰銀伍錢與不悔人用。所有稅糧，隨即推與買人供解毋詞。今恐無憑，立此爲照。

隆慶元年三月初八日　立契人　洪　產[押]
中見人　洪　儒[押]

同上　隆慶元年洪天錫賣田白契

五都洪天錫，今有官田一備，坐落本都，土名程兆坑田，今情願將前項四至：東至行路，西至餘田，南至　，北至山，四至內田三畝，計稅租穀二十五秤，今內取硬租穀一十六秤，自情願憑中立契出賣與壽二公名下爲業。面議時值價紋銀九兩六錢整，其價並契當日兩相交付明白。未賣之先，即無家外人重複交易，倘有來歷不明，盡是賣人承當，不涉買人之事。今恐無憑，立此爲照。

所有稅糧，聽從壽二公隨時收割，供解一畝六分爲照。

隆慶元年三月十五日　立契人　洪天錫[押]
中見人　洪　立[押]

同上　隆慶二年洪天錫賣田白契

五都洪天錫，今賣受五都九保，土名建子迸，田三畝，與應陽桂、王與等相共，內本身該得分籍田伍分，新立四至：東至山，西至路及山，南、北至洪田，今憑中出賣與族陸房壽公名下，標記永遠爲業。面議時值價紋銀二兩四錢整，其價並契當日兩相交付明白。此田未賣之先，即無家外人重複交易。來歷不明，盡是賣人承當，不干買主之事。所有稅糧，隨即推與供解毋詞。今恐無憑，立此爲照。

洪產原契一紙繳付，一並收訖。

隆慶二年三月十一日　立契人　洪天錫[押]
中　人　洪　立[押]

同上　隆慶二年洪音賣田白契

五都洪音，原買受水民[田]一備，坐落東都，土名上溪塔田，計一畝，新立四至：東至　，西至　，南至　，北至　，今將開墾成熟田一畝，計硬租　，自情願憑中盡數立契出賣與　先祖壽公六房子孫，標祀管業。當議時值價紋銀六兩五錢整，其價並契當日兩相交付明白。自成之後，並無家外人等重複交易。所有稅糧，聽自收割供解外，仍有水損田四分，係身未賣稅糧，不得爭差。今恐無憑，立此爲照。

內段[添]都字一個。

隆慶二年四月初二日　立契人　洪　音[押]
中見人　洪天榮[押]

同上　隆慶二年張珏賣田赤契

環珠里張珏，今立文契，將承父本都十保帥字二百八十四號土名竹林頭田一丘，原計耎租二砠，計稅二分，本身三分中合得二分，計稅六釐六毫六係六，其田新立四至：東至路，西張柰牆，南至渠、路，北至櫃牆，將前項四至內田本身合得分數，憑中盡行立契出賣與同居張　名下爲業。當日三面議作時值價紋銀六兩六錢七分整，其銀當成契日一並交收足訖，別不立領札。聽從隨即造牆管業，如有內外人占據及重複交易，一切不明等事，盡是賣人之當，不及買人之事。其稅糧自造冊之年，聽從本戶起割，即無阻異。恐後無憑，立此爲照。

隆慶二年九月廿四日　立契人　張　珏[押]契

中見人　張　松[押]

張　琢[押]

今就契内領去前項價銀,並收足訖。同年月日再[押]批領。

同上　隆慶二年孫阿光賣田白契

五都孫阿光原夫孫武存日買受本都土名程北坑口係經理崑字　號連片共田三丘,計實田六畝五分,新立四至:東至溪,西至於田,南北至山,今將前項四至內田計硬租七十秤零十三斤,並無存留,盡數立契出賣與本都洪壽二公分下子孫永遠爲業。當憑中三面議定,時值價紋銀四十一兩整,其價並契當日兩相交付明白。未賣之先,即無家外人重複交易。來歷不明,賣人承當,不涉買人之事。自成之後,各無悔異,如有悔者,甘罰契内銀五兩公用,仍依此契爲準。所有稅糧,候造冊之年,以[由][自]買主收割入戶供解,本家即無異言。今恐無憑,立此文契爲照。

所有上手老契三張,隨即繳付[押]。

隆慶二年十二月二十二日　立契婦　孫阿光[押]

中見人叔　孫　廣[押]

陳相佑[押]

同上　隆慶三年吳友發等賣田赤契

二二都九圖住人吳玄民枝下吳友發、吳炫、吳昺、吳釬、吳齊郎等,今自情願將續置一則田二丘,坐落首原象形後,土名六塘,係禍字　號,計稅六分七釐,上租四秤,其田東至吳穴山田,至買人山,南至路,北至吳、戴二家山。今將前項四至內田,盡行立契出賣與本都一圖吳　名下,三面議取時值價白銀六兩整,其銀當成契日一并盡行收足。其田今從出賣之後,一聽買人自行管業,收苗受稅爲定。如有內外人攔占及重交易不明等事,盡是賣主承當,不及買人之事。所有稅糧,候至造冊之日,本戶自行推出,即無難異。今恐人心無憑,立此契爲照。

隆慶三年三月初三日　立契人　吳友發[押]

吳　炫[押]

吳　昺[押]

吳　釬[押]

吳齊郎[押]

代書人　吳　曄[押]

中見人　胡　鎮[押]

前項契内價銀,當成契日一并收足。再批爲照。[押]領。稅銀一錢二分。

同上　隆慶三年吳立夫賣田赤契

十五都九圖吳立夫,今自情願將草字　號下田八分五釐,土名磨尾坑,其田東至自田,西至自田,南至溪,北至自田,四至明白,憑中面議時價白銀四兩整,其田契當便兩相交訖。存前不曾與他人重複交易,倘有內外人爭論,自有出賣人之當,不干收買人之事。其稅糧候造冊之年,聽從買人過割入口支解,本家即無難異。今恐無憑,立此文契爲照。其田係賣與十六都二吳　名下爲業,再批爲照。

隆慶三年九月十七日　立契出賣人　吳立夫[押]契

中見人　吳社法[押]

吳社員[押]

同上　隆慶四年程善行賣田白契

三十二都四圖程善行,承父有田二丘,坐落土名汪庚戊塢,職字二百九十號,計經理七分,其田新立四至:東至山,西至坑,南至吳洽田,北至坑及吳祖田。今因管業不便,自情願將前項四至內田骨租苗,盡行立契出賣與同里人吳涯名下。三面議定時值價紋銀六兩整,其價契當日兩相交付明白。其田今從出賣之後,一聽買人收苗受稅,永遠管業。未賣之先,即無重複交易及家外人占攔,一切不明等事,并是賣人之當,不及買人之事。所有稅糧候造冊之日,聽自買人到本戶起割前去,本家即無異說。所有來腳契文,隨時繳付。今恐人心無憑,立此出賣文契爲照。

隆慶四年十二月二十九日　立契出賣人　程善行[押]契

中見人　吳　璄[押]

今領去契内價銀并收足訖。同前月日再批。[押]領。

同上　隆慶五年程吳賣田白契

十都程吳,有晚田一段,坐落本都,土名前坑屯前。今丈量係盈字號,其田東至　,西至　,南至　,北至　,上四大至內該田一畝。今因無錢支用,情願內將租三秤,計田三分三釐,立契出賣與本家堂叔程寵名下爲業。當日三面議時値價錢紋銀一兩五錢整，前去支用。所賣其田，係是自意情願，即非抑勒抵押公私債負，及未賣之先，與內外人幷無腫朧交割不明，如有不明，本家自理，不干買人之事。所有契內價錢，當日盡行收足，再不別立領錢文帖，其於書押爲照。所有稅糧，隨產認納。今恐無憑，立此契書爲照。

隆慶五年五月二十六日　立契人　程　吳［押］契

中見人　程　汶［押］

所有契內價錢，當日盡行收足。再批爲照。［押］

本家今將土名前坑屯前晚田三分三釐，計租三秤，分出賣與叔程寵名下，聽從前去管業收租爲楮，本家無阻。今恐無憑，立此退業爲照。

隆慶五年五月二十六日　退業人　程　吳［押］退爲業。

中見人　程　汶［押］

同上　萬曆元年祁門謝大肇賣田赤契

十西都謝大肇，今爲將標書衆存前山田地二塊，又將矮公峚地一塊，賣與謝璋訖。今議將高峚屋基丘下田租二秤，扒補與叔謝知虎名下爲業，日後則無言說。今恐無憑，立此爲照。

萬曆元年二月二十八日　立契人　謝大肇［押］

同弟　謝大濟［押］

以係無用之契留之以便驗花押之眞僞。

同上　萬曆三年休寧金有隆等賣田赤契

十一都三圖金有隆同弟有名，承祖鬮分己田一丘，坐落土名上干高墩，計稅七分二釐，計租六砠零廿斤，每重廿五斤。拱字五百十六號。今立四至，東至　，西至　，南至　，北至　。四至明白。今憑中三面議作時値價銀六兩七錢，出賣與同族人金文衡【中殘】訖。其田出賣之後，一聽買人管業【中殘】人買人戶內無辭。其田如有來歷不明及重複交易等事，皆是賣人之當，不及買人之事。今恐無憑，立此出賣契文爲照。

萬曆三年五月十七日　立契人　金有隆［押］

金有名［押］

主盟母　吳　氏［押］

中見人　金云海［押］

今隨領去契內價銀幷收足訖，同日再批。　旺［押］

同上　萬曆三年林仕鍔賣田白契

仁風里一圖民人林仕鍔，承父應分有水田一段，坐落本里，土名新丘。計田一丘三工，年交苗穀六百斤大正。隨田官米三斗二升，民米八升正。其田東至林永富田爲界，南至林喬田塝爲界，西至橫路爲界，北至梅宅田砧爲界。今來具出四至分明。爲因管業不便，情願人爲中，將前四至內田寸土塊石不留，盡底立契出賣與本里　李勝邊爲業。三面言定時値價紋銀一十兩八錢正，當成契之日，親手交收足訖，幷無短少分釐。自賣之後，且買主從便管業，無阻當。所賣所買係是二家情願，即無相貪逼勒準折之理，亦無重複交易。所賣其田自己應分田業，與門房伯叔兄弟人等各無相干。所有隨田糧米遞年津貼了納完官。如遇大造之年，且主收割入戶。先言後定，各無返悔。今恐人言，故立契字永爲照。

萬曆三年十一月二十日　立契人　林仕鍔［押］

見契人　梅　鏡［押］

林仕鎀［押］

中見人　林仕鑾［押］

依口代契［筆］人　張　鼎［押］

同上　萬曆四年休寧程彥芳賣田赤契

十九都三圖立賣契人程彥芳，今因錢糧緊急，自願央中將承父業田乙丘，係遐字六百十九號，名遠富凉傘丘。計稅一畝五分六釐八毛，遞年上租十三秤。其田東至　，西至　，南至　，北至　。今將前項四至內田，盡行立契出賣與同都汪　名下爲業。憑中三面議定時値價銀十三兩整。其銀當成契日一幷收之，幷不欠少，亦不別立領札。自從出賣之後，一聽買人管業，收苗受稅。如有內外人攔占及先後重複交易等情，盡是賣人之當，不涉買人之事。所有稅，今奉新例，隨即於程廷戶內起推入買人汪戶辦納，兩無異說。恐後人心難憑，立此賣契存照。

前項契內價銀隨即收足，同年月日再批。

其來腳契與別產相聯，未及繳付。

萬曆四年十月十二日　立賣契人　程彥芳［押］

代書人　程少海［押］

中見人　洪定宇［押］

洪懷竹［押］

同上　萬曆七年祁門胡付等賣田白契

十西都胡付、胡初二大房，共有荒田一備，計硬早租一秤。坐落本保，土名吳坑洪仕坵。今因無錢使用，自情願同衆嘀議，將前田憑中立契出賣與同都居正堂永遠收租管業，面議時價文銀四錢正，其價并契當日兩相交付明白。其田未賣之先，即無家外人重複交易。來歷不明，盡是賣人之當，不及買人之事。自成交之後，各不許悔。如悔者甘罰銀一錢與不悔人用，仍依此文爲準。今恐無憑，立此賣契爲照。

其田係原買謝應生，田係連賣。

萬曆七年三月初九日　立賣契人　胡　付［押］

胡　初［押］

中見人　呂　秋［押］

七甲里長　李　漢［押］

其田日後聽賣主照原價取贖無詞。

同上　萬曆十年休寧金鈿賣田赤契

東南隅一圖立賣契人金鈿，今情願憑中將承祖田一丘，係□字　號，坐落八都窰充，土名許翁墳。東至塝下田，西至東角金田，南至山，北至自田。每年硬上早秈租一十一砠，每砠重二十八斤。計民田稅一畝一分五釐零；外塘一口，合得分數計塘稅一分一釐零。今將前項四至内田并本家合得塘分數，盡行出賣與五都一圖程汝修名下爲業。三面議定時值價紋銀七兩九錢正。今從出賣之後，一聽買主收苗管業，并無内外人攔占及重複交易。一切不明等情，盡是賣人之當，不及買人之事。其稅糧隨即推割買人戶内自行辦納，即無異說。所有上手來腳契文，一時繳付不便，日後要用，刷出參照。今恐人心無憑，立此賣契爲照。

萬曆十年三月十一日　立賣契人　金　鈿［押］

中見人　程道南［押］

程汝器［押］

今將契内價銀一并收足訖，別不立領，同年月日再批爲照。

同上　萬曆十年鄭天章賣田白契

十五都侄鄭天章，今將承岳父批産田一號，坐落十二都九保，土名長村口高墳坑。計晚穀二十二秤。今因管業不便，出湊賣與同都叔鄭公祐名下爲業。當日三面議值價紋銀七兩五錢正，在手足訖，當日兩相交付。來歷不明，賣人自理，不干買人之事。所有稅糧聽自歸戶。未賣之先，即無重複交易。自成［交］之後，各不許悔，如悔者甘罰銀三錢公用。今恐無憑，立此賣契爲照。

萬曆十年六月初八日　立契人　侄鄭天章［押］

中見人　叔鄭禹錫［押］

同上　萬曆十二年祁門王三秀等賣田赤契

歷溪王三秀同弟光秀，今爲戶役無解，自情願將水田一號，坐落八保，土名黄丘，係三千一百三十九號，新丈號口二百零七步，計租十秤。與彝相共，本身兄弟四股該得一股，計二秤半租田。四至自有新丈，東至王道信衆田，西至程宗早田，南至王敬心田，北至程田。今將前田租二秤半，憑中盡數立契出賣與族叔王敬心名下爲業。面議時價紋銀一兩七錢七分正，在手足訖。其田未賣之先，與家外人即無重複交易。來歷不明，賣人之當，不涉買人之事。定各不許悔，如違，甘罰銀六錢公用，仍依此契爲始。所有稅糧，候大造之年，聽照號口收割入戶供解無詞。今恐無憑，立此文契爲照。

萬曆十二年二月初九日　立契人　王三秀［押］

同弟　王光秀［押］

中見人　王　清［押］

張士保［押］

同上　萬曆十二年汪文觀賣田赤契

十二都一圖汪文觀，今將續置田一號，坐落土名扛桐塢，原黎字一千一百十九號，今編鱗字一千六百十一號。計稅一畝二釐二毫，計田大小五丘，計租十砠，每一砠天平子計重二十六斤。其田四至自有保簿該載，不及開寫。今來本家缺用，自情願憑中立契出賣與汪廷杲名下。三面議時值價白紋銀七兩三錢正，其銀當日收足。其田聽買人收租管業。其稅糧候大造之年推入買人戶内。未賣之先，即無重複交易。一切不明等事，盡是出賣人之當，不及買人之事。其租遞年秋收不缺。今恐無憑，立此文契爲證。

萬曆十二年二月二十日　立出賣文契人　汪文觀[押]
中見代筆人　汪文耀[押]

今領前項契內價銀幷收足訖，同日再批。

同上　萬曆十二年汪天運賣田白契

十一都汪天運，今將承祖田三備，坐落本都七保，土名中義源火佃門首路上、路下、四畝里，三處其田十畝有零，大小五丘半，與汪方相共。本身合得九分之一，該田一畝一分零。四至自有本保經理該載，不及開寫。今自情願將前項總四至內田骨幷租、苗，盡行立契出賣與西三房清明會內里[汪]昌壽等名下祭祀爲業。三面議作時值價紋銀七兩七錢正，其價契當日兩相交付，契後再不立領。今從賣後，一聽買人收租永遠管業。未賣之先，即無重複交易，如有一切不明等事，盡是賣人之當，不累受人之事。所有稅糧俱照新丈經理，隨即開挖供解無詞。來腳契文與衆相共，不及繳付，要用將出無詞。今恐無憑，立此文契爲照。

萬曆十二年八月初四日　立契出賣人　汪天運[押]契
親筆無中。

同上　萬曆十二年吳鍾賣田赤契

霓湖立契人吳鍾，因缺少使用，自情願將承父分田，土名霓湖溪南，原臣字七百八十九號，今鱗字四千十五十六號田，取租七砠，計稅六分，佃人朱社法；又將原仗字五百四十五號，今鱗字四千六百十二號，土名霓湖市田，取租六砠，計稅五分六釐七毛，佃人社三。前項田二號，共取稅一畝一分六釐七毛，共計租十三砠，憑中出賣與同都人汪廷杲名下爲業。當日憑中言定價銀九兩八錢正，其銀契當日兩相交足。其田聽從買人收租管業。東西四至，自有保簿該，不在開寫。未賣之先，幷無重複交易，倘有內外[人]占攔、一切不明等事，幷是賣人之當，不及買人之事。其稅候至造冊之年，聽從起割過戶當差。今恐無憑，立此賣契爲照。

萬曆十二年十二月二十五日　立賣人　吳　鍾[押]
中見人　吳　汶[押]
李伴[當][押]

今領前項契內價銀幷收足訖，同日再連批領。

同上　萬曆十五年汪昇等賣田赤契

十二都立契人汪昇、汪昌，今將黎字一千一百十五號，今鱗字　　號田五分。土名下坑，租五砠，佃人汪得佃。其田東西四至，自有保簿該載，不在開寫。自情願將前項田出賣與同都人吳轉與汪廷昇名下。憑中三面議時值價銀四兩正。其銀契當日兩相交付。其稅糧候造冊之年，聽從起割過戶，本家即無異說。來歷不明，重複交易一切等事，盡是賣人之當，不干買人之事。今恐無憑，立此契文爲證。

萬曆十五年五月初□日　立契人　汪　昇[押]
[汪]昌[押]契
中見人　吳　汶[押]

今領前項契內價銀幷收足訖，同日再批[押]領。

前項田當年轉賣與汪昇名下，當日收價訖。吳松批。

同上　萬曆十六年歙縣胡起頑等賣田赤契

槐源立賣契人胡起頑等，今將續置新丈黎字二千四百六十六號田一業，土名梅村塘下，計田四十四步二分二釐六毛五，計稅一分九釐七毫四絲四忽。其田東至高塝路，西至胡弘田，南至胡弘田，北至本家牆腳。今將前項四至內田幷井基，盡行出賣與堂叔胡弘名下爲業。當日三面議作時值價銀十兩正。其銀成契之日一幷收足，即無欠少準折。其田在先亦不曾與他人重複交易。如有內外人攔占，盡是出產人之當，不干買人之事。其稅糧候造冊之年，聽從買人於本家胡仕戶內起割，推入買人戶內支解，不在難異。今恐無憑，立此賣契爲照。

萬曆十六年正月廿六日　立賣契人　胡起頑[押]
胡起信[押]
胡起忠[押]
胡起文[押]
胡起敬[押]
胡起俊[押]
中人　胡文美[押]
胡文會[押]
寫　契　胡正宗[押]

原起頑等出己田幷銀斂衆穿井一口，今頑等將田幷井基換賣與弘，日後弘若用事，頑等同弘均出銀，再斂衆移井别處，正宗一面承當，如有返［翻］悔，不出銀同移井者，天理不容，眞畜類之人也。再批。

同上　萬曆十六年休寧朱文通賣田赤契

立賣契人朱文通，今因缺用，自情願將承父經業原乙字一千六百五十三號，今編潛字一千六百五十三號，土名左干。計秈租八砠，本家自佃，又將遐字　號，今編潛字一千三百十號。土名水渠口。計秈租六砠，佃人　前項二處共計拾四砠，憑中三面議作時值價銀拾兩伍錢整，出賣與房東汪文甫名下爲業。自從出賣之後，一聽買人收租管業，本家即無異説。如有內外占攔及不明等事，盡是賣人之當，不及買人之事。其稅係十三都朱三戶內，二號田共計稅一畝四分九釐三毛［毫］八絲，造冊之年，聽從起割過戶。今恐人心無憑，立此爲照。

萬曆十六年五月初一　立賣契人　朱文通［押］

中見人　程辛旺［押］

胡　柴［押］

胡岩順［押］

程　乞［押］

汪廷保［押］

今領前項契內價銀并收足訖。同日再批［押］。

同上　萬曆十六年浮梁章會賣田白契

浮梁縣法京都章會，今將買受得田一備，在於祁門十二都九保，土名潘家塢。計早穀租三十九秤，又晚租一百廿秤，與祁門胡、李三股相共。本身三股該得一股，共計早晚實租五十三秤。所有稅糧字號四至丘數，悉照新丈爲準。今將前田自情願憑中出賣與祁門十二都胡宜名下爲業。當三面言議時值價文銀三十兩正，在手足訖，當日契價兩相交付。未賣之先，即無重複交易。來歷不明，賣人自理，不干買人之事。所有稅糧，候造冊之年，推入買人戶供解。自成之後，各不許悔，如悔者，甘罰三兩銀入官公用。今恐無憑，立此賣契爲照。

萬曆十六年又六月廿四日　立賣契人　章　會［押］

中見人　胡希顏［押］

胡夢林［押］

侄　章　瑞［押］

同上　萬曆十八年休寧李叔平賣田赤契［附契尾］

東南隅一圖立賣契人李叔平，今將續置仲兄土名二都乾頭山，民田二丘，新丈暑字三千三百十四號。計稅一畝四分四釐。隨田水堀一口。又大塢塘後底塘二處，計稅五釐，計秈租一十二砠，每砠重廿八斤。其田東至　，西至　，南至　，北至　。今將前項四至內田、塘，憑中立契盡行出賣與□□丁暘名下爲業。三面議作時值白紋銀八兩二錢正。其銀當成契日一并交收足訖，别不立領札。其田自從出賣之後，一聽買主收苗受稅管業，并無內外人攔占及重複交易一切不明等事。如有此情，盡是出賣人之當，不及受買人之事。其稅糧候至大造之年，本戶自行起割推入買人戶內，并無生情異説。上手來腳契文，隨即繳付。今恐無憑，立此契文永遠爲照。

其稅糧，係在東北隅一圖八甲程道明戶內起割。再批。

萬曆十八年四月初九日　立賣契人　李叔平［押］

中見兄　李伯承［押］

李仲修［押］

詹長卿［押］

今就契內價銀一并交收足訖，别不立領札，同年月日再批。［附萬曆十九年休寧縣契尾］

休寧縣爲查理稅契事，本年四月二十日抄奉本府紙牌，蒙欽差兵備副使袁批，據本府呈詳，大造將期，先行屬縣一體稅契推收緣由，仰縣查照上年規式，印刷契尾，編定號簿，請印發縣，諭買產民人赴縣投契。每契一紙，給尾一張，每價一兩，納稅二分。如有買產人戶匿契不印，照律追價一半入官等因，備行到縣，奉此合行刻刷契尾請印，以便民人報納推收。如有隱匿不行報官及里書私自過割者，定行如律一體重究。須至契尾者。

計開

一據　東南都三圖丁暘契價銀八兩二錢［買］本都一圖李叔平［田］，計稅　該納稅銀一錢六分四釐。

右給付買主　收執。準此。

萬曆十九年七月廿八日給。

契尾。

同上　萬曆十九年歙縣朱元鋪賣田赤契

二十七都四圖立賣契人朱元輔，今因缺少使用，自情願將承父置到新丈量字等號田，共計十一丘，土名王興一并汪家門前墩邊。又將量字等號地，土名王興一并汪家門前汪塘上坦，字號四至列後。憑中立契出賣與二十五都四圖親人吳德茂名下，時值三面議定價紋銀一百二十兩整，其銀當成契日一并收足，即無欠少，亦［既］無準折。其田、地未賣之先，即不曾與他人重複交易。倘有內外人攔阻，盡是出賣人之當，不涉買人之事。其田、地隨即照契收租管業，其稅聽從朱永等戶下過割，即無難異。今恐無憑，立此賣契爲照。

計開田地塘四至土名租數開列於後：

量字七百六十六號。土名王興，田一畝零四釐二毛三，東至自田，西至朱蓋等墳地，南至吳簡等塘并朱地，北至自塘，計租十二砠，佃戶洪法保。

七百六十七號。土名同，田一畝一分六釐二毛，東至朱應丁田，西至自田，南至吳簡等塘，北至朱蓋、吳簡壩地，計租十二砠，佃戶許鸞。

七百六十一號。土名同，田一畝二分二釐二，東至朱八龍田，西至吳簡田，南至朱嵐地，北至自塘，計租十二砠，佃戶項全。

七百七十一號。土名同，田七分八釐四毛，東至自塘，西至自田，南至朱蓋等壩，北至自田，計租十砠，佃戶來貴。

七百七十二號。土名同，田一畝一分五釐五毛，東至朱良善等地，西至自田，南至自田，北至朱可仁田，計租十二砠，佃戶吳祿。

七百八十七號。土名同，田一畝二分三釐，東至自田，西至朱惟尖地，南至自田塘，北至朱可仁田塘，計租十二砠，佃戶天志。

一千二十八號。土名汪家門前，田一畝零九釐二毛，東至自地，西至朱文地，南至自塘并朱逵等地丘方，北至吳簡地，計租十二砠，佃戶洪法保。

一千二十九號。土名汪家門前，田一畝零四釐七毛，東至自地，西至自地，南至王益地塝，北至吳簡等地塝，計租十二砠，佃戶旺兒。

七百六十三號。土名墩邊，田一畝二分三釐二毛八，東至吳簡等田塘，西至自田，南至自地，北至朱蓋等墳地，計租十二砠，佃戶天祐。

七百六十八號。土名汪隴，田一畝二分一釐一毛六，東至鄭明龍、朱玄鳳墳地，西至自田，南至吳簡田，北至自塘并朱蓋坦，計租十二砠，佃戶張林。

二千六十一號。土名高　　，田一畝一分八釐四毛，東至朱均等田塘，西至朱遠之等田塘，南至朱希賢等地，北至朱子明田，計租十二砠，佃戶旺兒。

七百五十五號。土名王興，一塘，稅三分四釐六毛，東至吳秉地，西至自田，南至朱崗地，北至自田。

七百八十八號。土名王興，一塘，稅一分六釐三毛三，東至自田，西至朱時益墳地，南至自田，北至自田。

八百二十五號。土名汪家後，地一畝一分七釐四毛，東至朱汝業地，西至朱以厚地，南至自地，北至明尙社地，計租五斗五升，佃戶張林。

八百三十二號。土名汪家後，大片地七分四釐六，東至吳廷軍莊，西至汪容地，南至朱卿等墳地，北至自地，計租三斗八升，佃戶聰兒。

一千四十五號。土名江家門前，地七分二釐六毛七絲，東至自田，西至王益地，南至朱曉地，北至自田，計租四斗，佃戶六經。

七百九十六號。土名汪家後，地七分四釐，東至朱文汝業地，西至朱卿等地，南至朱本社地，北至朱以厚并自地，計租　　，佃戶　　。

五百九十九號。土名汪家後，地八分一釐三絲，東至王湘、朱嵐地，西至朱本禮、朱嵐地，南至朱希賢墳并葬地，北至朱汝業地。佃戶來貴。

一千十九號。土名汪家前，地七分七釐三，東至吳簡并自田塘，西至吳簡地，南至自地并孫仁卿等地塝，北至吳簡等地，計租三斗八升，佃戶聰兒。

八百三十三號。土名汪塘上坦，地六分九釐二毛，東至朱八龍地，西至孫文從地，南至自地，北至朱惟謙地，計租三斗五升，佃戶壽才。

八百七十四號。土名汪塘上坦，地稅七分一釐，東至朱樞地，西至黃昌裔地，南至程繼旺地，北至朱衆祠地，計租四斗，佃戶余三。

萬曆十九年四月日　立賣契人　朱元輔［押］
中見人　朱汝潮［押］
朱道純［押］
朱中孚［押］
朱萬里［押］
朱懋德［押］

契內共改十二字再批。

同上　萬曆十九年休寧詹文明賣田赤契

十七都七圖立賣契人詹文明，今因管業不便，自情願浼中將承故父戶下田一業，坐落土名石公莊，坐字一千一百十號。計稅一畝八分六釐九毫，計租一十三砠。其田東至　，西至　，南至　，北至　。今將前項四至內田，盡行立契出賣與同都圖詹吴同社會名下爲業。三面議作時值價白紋銀十一兩七錢正。其銀當成契日一并交收足訖，即無欠少分文，亦無準折債負之類。今從出賣之後，一聽買人收苗受稅管業爲定。如有內外人攔占及重複交易一切不明等事，盡出產人之當，不及買人之事。其有上手來腳，與別産相連，繳付未便，以後要用，查出參照，其稅隨即交割。今恐人心無憑，立此爲照。

傍[旁]改二字。

今就契內領去價銀訖。同年月日再批。

主盟母姓李氏[押]。

萬曆十九年六月二十八日　立賣契人　詹文明[押]

中見人　詹文佳[押]

詹明鑒[押]

詹明銓[押]

吴天明[押]

同上　萬曆十九年休寧夏元孚等賣田赤契

東南隅一圖立契人夏元孚、夏仲生，今有承祖玄壇會二十五戶內共計租一百一十七砠有零。本家合得二戶，計租一十五砠有零。今歸戶新丈劍字四十八號，土名五都東山橫路下中田二丘。共積三百零八步。計租一十四砠，共計稅　。其田東至　，西至　，南至　，北至　。今將前項四至二戶田內取一戶神會田并物件，出賣與五都四圖　鄭　名下入會。一戶輪流，照依會規，收租管辦，作興神道。三面議作時值價銀六兩正，其銀田當日兩相交足訖，別不立領札。其稅，今當大造之年，即推入買人戶內辦納。倘有來歷不明等情，盡是賣人之當，不及買人之事。其歸戶票在本家相連，日後要用，刷出參照。其本家二戶，仍該田一砠二十斤有零，并稅散在各戶，未曾歸戶，日後夏、鄭兩家同心清出收稅，兩半管業。今恐無憑，立此存照。

萬曆十九年十二月廿六日　立契人　夏元孚[押]

夏仲生[押]

中見人　姚子綬[押]

今就契內價銀盡行收足訖，同年月日再批。領。

同上　萬曆二十年戴元化賣田赤契

十八都十一圖立賣契人戴元化，今將續置中田一丘，坐落土名城山，愛字一千三百七十九號。計二百五十五步，計稅一畝一分五釐九毫。遞年上租八秤。其田東至　，西至　，南至　，北至　。今將前項四至內田，盡行立契出賣與同都戴　名下爲業。憑中三面議定時值價紋銀一十兩整。其銀當成契日盡行一并收訖，即無欠少分文，亦無準折債負之類。并無重複交易，如有內外人攔占及一切不明等事，盡是賣人之當，不及買人之事。自從出賣之後，一聽買人自行管業，收苗受稅爲定。其稅糧，今造年，在十一圖五甲下戴元化戶內推入買人戶內辦納，即無難異。今恐無憑，立此賣契存照。

契內價銀同年月日一并盡行收訖，再批存照。領銀人戴元化。

萬曆二十年四月二十日　立賣契人　戴元化[押]

中見人　戴　浩[押]

同上　萬曆二十年休寧汪文榮等賣田赤契

西北隅一圖汪文榮同侄媳汪阿重，今將祖業十都三圖原周字一千二百五十號，今新丈咸字二千六百四十二號，土名安里塢外溪邊。計田積八十八步五分，計稅四分二釐。原租二砠零五斤，佃人　。其田東西四至，自有保簿開載，不在開寫。今因洪水冲破，不能耕種，憑中將前號田盡行立契出賣與十都三圖胡弼、輔、爕三人名下，修造管業。本家二戶并無存留，當日三面議作時值價銀五錢整，其銀契當日兩相交訖。其田聽從買人即便管業。如有內外人攔占及重複交易，一切不明等事，盡是賣人之當，不干買人之事。所有糧糧，現今大造，隨即在本圖五甲文宋、遇赦二戶平推買人戶內。其上手來腳并歸戶票，日後索出，不在行用。今恐無憑，立此賣契爲照。

萬曆二十年十二月二十二日　立賣契人　汪文榮[押]

同侄媳　汪阿金[押]

中見人　汪　鐵[押]

今就契內價銀并收足訖，同日再批。

同上　萬曆二十一年浮梁胡記賣田赤契

浮梁辛正都胡記，續買晚田弍備，坐落土名洞壺，小土名莊里門前。計田弍丘，共計租穀肆拾秤小斤。係與張燧共業，合該本身弍拾秤；又土名沙敦下，計田一丘，計租玖秤。弍號共該租弍拾玖秤。四至照憑由票管業爲證，不必開述。今因缺用，自情願將前項八至內田骨并租，盡行立契、斷骨出賣與休寧三十三都張新鈞名下永遠爲業。當三面議作時值價紋銀壹拾弍兩伍錢正，在手足訖。未賣之先，與內外人等并無重互交易，不明等情，不及買人之事。所有稅糧，付出一畝玖分弍釐弍毛。見蒙[逢]大造，聽自在胡天付戶起割登載無詞。來腳契文，隨即繳付。日後本家要用，索出參照無詞。賣後各無悔意，如有，先悔者甘罰無詞。今恐無憑，立此斷骨文契爲照。

萬曆二十一年六月十七日　立契出賣人　胡　記[押]契

中見人　黃允詮[押]

所有契價當日兩相交付足訖。再批[押]。

同上　萬曆二十一年休寧吳汶賣田赤契

霓湖吳汶，今因缺少使用，情願將自己該業原戎字二十六號，今編鱗字四千七百七十三號，土名廟後，田稅一分三釐二毫，計租一砠半，佃人吳甲梅。憑中出賣與同都人汪有壽名下爲業。當日三面議作時值價銀一兩二錢正，其銀契即日兩相交訖。其田即聽買主收租管業。四至自有保簿該載。未賣之先，即無重複交易，及有內外人占攔一切不明等事，盡是賣人之當，不及買人之事。所有稅糧，候造冊之年，聽從收割過戶當差。今恐人心無憑，立此出賣契文存照。

契內只收租一砠價銀八錢，仍半砠價銀四錢未收。再批。

萬曆二十一年十月十八日　立賣契人　吳　汶[押]

中見人　吳甲梅[押]

今領前項契內價銀并收足訖，同日再批。

萬曆二十三年四月十八日復收契內田價租半砠銀四錢訖。吳汶再批。

同上　萬曆二十二年吳天孫等賣田赤契

卅都立契人吳天孫、春孫、四十，今將承父業田，係十二都鱗字三千二百卅二號。土名水毛干，稅七分零六毛[毫]五，租七砠，佃李松；三千五十一、三千五十二號，李家塢口，稅一畝四分五釐八毛五，租十三砠半，佃李魁；三千一百零六號，土名水毛干，稅四分六釐八毛，租四砠半，佃李乞；三千一百零九號，水毛干，稅一畝三分六釐，租十二砠，佃李伴當；三千一百廿三號，水毛干，稅一畝二分一釐一毛[毫]五，租十砠，佃李松；三千二百七十五號後干，稅一畝零三毛，租九砠，佃李未；三千五百六十六西坑，稅一畝零一釐四毛，租十砠，佃吳盛才；三千九百五十一東坑口，稅六分二釐五，租六砠，佃胡社互；四千六百九十四，泥湖市，稅七分，租七砠半，佃李興。共計稅八畝五分四釐六毛五，共計租七十九砠半。憑中三面議定價銀七十四兩，出賣與十二都汪有壽名下爲業。其銀當日收足，其田并無重複。一切攔阻，盡是賣人之當，不及買人之事。稅糧至冊年，聽從起割過戶，本家即無異說。今恐無憑，立此契文存照。

萬曆二十二年二月廿一日　立賣契人　吳天孫[押]

吳春孫[押]

吳四十[押]

中人　朱　法[押]

朱　滿[押]

價內銀兩當日并收足訖，同日再批。

同上　萬曆二十四年祁門倪道仗賣田赤契

十六都倪道仗，今有承父標分得田一號，坐落四保，土名黃藤坑，計田二畝零五釐，遞年硬交租穀二十六秤，鷄穀二秤在內。其田新立四至，東至武公等田，西至重田，南至坑，北至田及山。四至內田，憑中出賣與本都倪道翰名下爲業。面議時價紋銀十兩整，在手足訖。其價契當兩相交付。其田好歹買主自見。來歷不明，賣人自理，不涉買人之事。其田未賣之先，與家外人即無重複交易。自成之後，各不許悔。如違悔者，甘罰契內銀二兩與不悔人用，仍依此交易爲始。所有稅糧，候大造之年，照新丈積步，推割入戶供解無詞。今恐無憑，立此爲照。

萬曆二十四年一月二十日　立契人　倪道仗[押]

中見叔　倪本器[押]

吳立加[押]

同上　萬曆二十九年祁門胡文憲賣田赤契

在城胡文憲，今將承祖民田一號，坐落十三都七保，土名小方坑并甲塢。里至塢頭，外至洪勝菠等住基。本位該硬旱租二十四秤、外鷄穀一十五斤，係洪勝菠、社孫耕種。今將前項田并地，因業不便，憑中盡數立契出賣與十三都康名下爲業。面議時值價紋銀八兩七錢正足訖，價契兩明。未賣之先，即無重複交易。來歷不明，賣人承管，不干買人之事。自成之後，各無悔異，如悔者，甘罰銀一兩與不悔人用，仍依此文爲始。所有田地稅糧悉照新丈歸戶畝步，候大造之年，照數推扒與買人戶供解，立此爲照。

萬曆廿九年六月十三日　立契人　胡文憲［押］

中見人　余天龍［押］

汪五龍［押］

同上　萬曆三十年祁門吴承慶賣田赤契

十一都吴承慶，今有承祖田一備，坐落東都三保，土名門前，係經理穀字壹千四十六號，計地捌拾捌步，與緯叔兄弟共。本身分得肆股之叁，高低弍塊。其田新立四至，東至溪，西至土牆腳，南至李田，北至任叔祖田。今將本身分數，盡行立契出賣與親人李啓祥名下爲業。面議值價銀叁兩肆錢捌分整，其價契當日兩相交付，契後再不立領。未賣之先，即無重複交易，如有一切不明，盡是賣人之當，不及買人之事。其稅糧聽入吴自［啓］祥戶起割，過李承章戶，隨即供解，不及再立推單。今恐無憑，立此爲照。

其田內來腳及佃俱在契內。再批［押］。

萬曆三十年十二月二十九日　立契人　吴承慶［押］

見親人　李君實［押］

同上　萬曆三十二年休寧宋惟成賣田赤契

七都立契人宋惟成，今因宋國用缺少庫銀，累本家賠貱，身無措辦。憑中將新置光字四千六百四十三號，土名莊基，計租三砠，計稅四分三釐，佃人江得；　又將夜字三千五十六號，土名陶家園，計上地稅七分五釐，本家存留五毫蔭火佃墳，計麥二秤，豆二斗，粟二秤，四至照依保簿。今將前項四地，除蔭墳外，盡行立契出賣與江名下爲業。憑中三面議作時值價上則白紋銀六兩五錢五分正。其銀契當日兩相交收足訖。其田園隨即聽從買人收苗管業。如有來歷不明及重複交易一切等事，盡是賣人之當，不及受人之事。其稅糧候大造之年，在旻生戶自行推入伊戶，即無生情異說。今恐無憑，立此文契爲照。

萬曆卅二年四月廿六日　立契人　宋惟成［押］

中見人　宋必成［押］

宋佑華［押］

宋宗成［押］

今就契內領去價銀足訖，不另立領札，同年月日再批。［押］領。

同上　萬曆三十三年楊和賣田赤契

立賣契人楊和，今因姐余氏沾疾年餘，漸覺危篤，無銀覓藥醫治，并預備衣棺之費。自情願將業田一處計二丘，土名上干亭園墩。係鱗字一百三十二號。新丈四百零十四步。計稅一畝七分五釐，計租穀一十五砠零一秤。其田新立四至，自有新丈文冊可查，不必開載。今將前項田畝租數，憑中盡行出賣與親人余名下爲業。面議時值價白紋銀一十六兩正。其銀當日收足。其田聽買主收稅管業，稅糧亦聽交割過戶輸納，并無異說。未賣之先，并無重複交易，既賣之後，亦無生情悔異，如有悔者，甘罰契外銀　兩公用。今恐無憑，立此文契爲照。

萬曆三十三年八月日　立文契人　楊　和［押］

中見親人　余　祿［押］

楊　璣［押］

同上　萬曆三十五年祁門謝天晉賣田赤契

十西都謝天晉，原買受同都謝阿方水田一備，坐落八保，土名莊下。大租四秤十八斤，又一備，坐落土名大冷上，早租四秤；　又一備，土名婆丘，大租十五斤；　又一備，土名板橋頭，大租十五斤；　又一備，土名大冷塝下，大租十五斤。共大早租十一秤零三斤。今因管業不便，自情願托中出賣與同都謝名下永遠爲業。當日憑中議定價紋銀五兩六錢正。其價契當日兩相交付明白訖。其字號畝步四至，悉照青丈冊可證。所有稅糧候大造之年，聽自買主於時初戶起割，入惟忠戶供解無詞。自成交之後，各無悔異，如悔者，甘罰銀五錢與不悔人用。今恐無憑，立此賣爲照。

再批：土名婆丘外，有實晚租一斤十兩，湊在內管業，價訖，晉批。

萬曆三十五年十一月初七日　立賣契［人］　謝天晉［押］

中見人　謝聯鳳［押］

同上　萬曆三十六年祁門謝阿胡賣田赤契

十西都謝阿胡今有買受水田一備，坐落本保土名龔里，計硬晚租六秤十斤。其田内先年取四秤賣與謝□大、天漢訖。本身仍存留硬租二秤十斤，出賣與兄謝孟鸞兄弟名下，永遠收租爲業。面議時值價紋銀一兩四錢整。其價契當日兩相交付明白，四至自有新丈鱗册可證。所有來歷不明，賣人承當，不及買人之事。未賣之先，即無重複交易，自成[交]之後，不許悔，如悔者，甘罰銀五錢公用。所有稅糧，候大造之年，悉照畝步過割入買人戶内供解無詞。今恐無憑，立此賣契爲照。

萬曆三十六年二月十一日　立契婦　謝阿胡[押]
奉書男　謝時標[押]
中見人　謝聯鳳[押]

同上　萬曆三十六年祁門胡周興賣田赤契

立賣契人胡周興，今有承祖并買受水田二備。一備坐落土名水碓塢，硬早租五秤；又一備，坐落土名石坑横山丘，硬早租七秤。共計早租一十二秤。其田畝步四至，悉照清丈鱗冊可證。今因無錢使用，自情願托中將前田盡數立契出賣與房東謝名下永遠收租爲業。三面言議時值價紋銀六兩正。其價并契當日兩相交付明白。未賣之先，即無重複交易。來歷不明，盡是賣人承當，不慮買人之事。自成之後，各不許悔，如先悔者，甘罰白銀五錢與不悔人用。所有稅糧候大造之年，聽自買人起割入戶供解無詞。今恐無憑，立此賣契爲照。

萬曆三十六年二月十二日　立賣[契]人　胡周興[押]契
中見房東　謝大富[押]
見　叔　胡善勝[押]

同上　萬曆三十七年祁門謝再興賣田赤契

拾西都謝再興，今有承父買受田壹備，坐落本都八保，土名言塘乾塋。計硬早租肆秤正。其田壹丘，畝步四至，悉照清丈冊證。今因無錢用度，自情願將前田托中立契出賣與同都謝　名下，永遠收租爲業。三面合議時值價紋銀壹兩捌錢伍分正。其田日後無問蟲傷水旱，遞年議還硬租肆秤，送至上門交納無詞。其價并契當日兩相交付。未賣之先，即無家外重複交易，來歷不明，盡是賣人之當，不及買人之事。自成之後，各不悔，如先悔者，甘罰白銀伍錢公用，仍依此文爲準。所有稅糧聽自造冊之年，收割入戶供解無詞。今恐無憑，立此賣契爲照。

萬曆三十七年四月初八日　立賣[契]人　謝再興[押]
中見人　謝應龍[押]
謝富龍[押]
代書見人　謝廷茂[押]

同上　萬曆三十七年祁門謝富龍賣田赤契

十西都謝富龍，今有買受水田一備，坐落本都八保，土名言塘高山。計硬早租二秤零五斤正，共計田二丘。其田畝步四至，悉照清丈冊證。今因無錢用度，自情願托中將前田立契出賣與同都謝名下永遠爲業。三面言議時值價紋銀一兩一錢整。其早租無問蟲傷水旱，遞年送至上門交納無詞。其價并契當日兩相交付明白。未賣之先，即無家外重複交易，來歷不明，賣人之當，不及買人之事。自成之後，不許悔，如先悔者，甘罰白銀三錢公用，仍依此文爲始。所有稅糧候造冊之年，聽自買主收割入戶供解無詞。今恐無憑，立此賣契爲照。

萬曆三十七年四月初八日　立賣契人　謝富龍[押]
中見人　謝再興[押]
代書見人　謝廷茂[押]

同上　萬曆三十七年祁門謝應龍賣田赤契

十西都謝應龍，今有承祖水田一備，坐落本都八保言塘天塢。計硬早三秤正。計三丘，其畝步四至，悉照清丈冊證。今因無錢用度，自情願托中將前田立契出賣與同都謝名下永遠收租爲業。三面言議時值價紋銀一兩三錢五正。其田日後無問蟲傷水旱，遞年議還硬早租三秤交納無詞。其價并契當日兩相交付。未賣之先，即無家重複交易。來歷不明，盡是賣人之當，不及買人之事。所有稅糧候造冊之年，聽自買主收割入戶供解無詞。自成之後，各不悔，如先悔者，甘罰白銀五錢公用，仍依此文爲準。今恐無憑，立此賣契爲照。

萬曆卅七年四月初八日　立賣契人　謝應龍[押]
中見人　謝再興[押]
代書見人　謝廷茂[押]

同上 萬曆三十七年祁門陳愼官賣田赤契

廿一都陳愼官，原承父標分得土名二保汪六塢口田一號，計早租一十六秤半。今因無錢用度，自情願將前田租數立契出賣與陳國昌名下爲業。面議時價紋銀五兩七錢七分正，在手足訖。其田未賣之先，與家外幷無重複交易，出賣之後，各不許悔。來歷不明，賣人自理，不干買人之事。所有稅糧俟大造之年，推入買人戶內供解無詞。今恐無憑，立此爲照。

外批：其田□料一隻。官批。

萬曆卅七年十二月廿三日　立賣契人　陳愼官[押]

奉書男　奇　載[押]

中見人　陳愼達[押]

同上 萬曆三十八年休寧朱世華賣田赤契

立賣契人朱世華，今將承父鬮分原湯字三百六十六號，今咸字四千二百五十九號，土名過水町。秈[租]三砠半，稅四分一釐二毛，佃人汪重九。又將原湯字六百廿號，今咸字四千五百十三號，土名許家塘下，秈三砠，稅四分，佃人萬貴。又將湯字八百四十號，今咸字四千七百廿三號，土名壬段，秈三砠四斤半，稅三分九釐，佃人潘志法。又將原湯字八百四十號，今咸字四千六十四號，土名擇水丘，秈二砠半，稅三分八釐，佃人胡三雲。又將原湯字一百七十一號，今咸字四千六十四號，土名擇木丘，秈二砠半，稅三分八釐，佃人張長虎。又將原商字一百六十一號，今咸字三千四百號，土名焦溪，秈一砠零一斤，稅一分二釐，佃人程玘。又將原商字一百五十八號，今咸字三千三百九十七號，土名焦溪，秈一砠半，稅二分五釐八毛，佃人程福玘。又將原商字一百九十五號，今咸字三千四百三十四號，土名焦溪，秈三砠，稅三分五釐，佃人程玘。又將今棻字二千四百四十一號，土名胡四塢，秈十五砠，稅二畝一分三釐五毛，佃人凌四十。又將原火字一千九十五號，今棻字一千二百七十七號，土名南付，秈四砠零九斤，稅五分八釐二毛，佃人胡叙。又將原火字一百廿九號，今棻字一百六十二號，土名朱家堨，秈二砠半，稅四分，佃人善得。又將原火字一百九十五號，今棻字二百五十八號，土名稅丘，秈[租]七砠，稅九分三釐，佃人許高。又將原伐字六百九十八九號，今海字五千四百七十六號，土名醋砼丘，秈九砠，稅九分，佃人汪麥。又將原伐字六百卅三號，今海字五千四百廿號，土名吳家干末，秈一砠，稅一分六釐三毛五，佃人黃天福。又將原伐字七百廿四號，今海字五千四百九十七號，土名汪九丘，秈耎[租]三砠，稅三分，佃人張廷付。原伐字一百卅七號，今海字五千三百廿五號，土名莊基塢，秈五砠十七斤半天平子，稅六分，佃人朱進童。又將原伐字六百廿號，今海字五千四百六號，土名吳家塘下，秈十一砠，稅一畝六分八釐，佃人天孫。又將原伐字六百九十一號，今海字五千四百六十六號，土名銀瓶丘，秈二砠，稅二分四釐，佃人新玘。又將原伐字七百廿四號，今海字五千四百九十七號，土名汪九丘，秈九砠，稅九分一釐，佃人程黑鐵。又將原伐字七百七十七號，今海字五千五百五十二號，土名方丘，秈五砠零七斤，稅八分，佃人汪應雲。又將原伐字八百四十五號，今海字五千六百廿一號，土名苧塢，秈三砠十七斤，稅四分二釐六毛，佃人王應雲。共租九十八砠十八斤，共田稅一十二畝六分七釐六毛五，今將前項憑中立契出賣與堂弟茂名下爲業。當日三面議作時値價紋銀一百零一兩正。其銀契當日兩相交足，其各號四至，自有保簿可查。自從出賣之後，聽從買人收苗管業。如有來歷不明，及重複交易，一切等情，盡是賣人之當，不及買人之事。其稅候大造之年，聽從本戶起割。今恐無憑，立此賣契存照。

萬曆卅八年二月初四日　立賣契人　朱世華[押]

憑兄　朱世旺[押]

憑中　朱積名[押]

朱震崑[押]

代書人　朱膺祿[押]

今就契內領去價銀幷收足訖，同年月日再批。

同上 萬曆三十八年祁門謝宥賣田白契

十西都謝宥，今有承父僉業標分水田二備，坐落本保土名朱家塢。二號計田六丘，係新丈冊二千六百九十九號，二千七百一號，四至自有新冊可照。又一備土名謝家丘，計田一丘，新丈冊二千八百三十四號，四至自有新冊可證。今因管業不便，自情願托中將前田骨幷身該得大早租十二秤三斤六兩，盡數立契出賣與同都謝敦名下永遠爲業。面議時値價紋銀六兩四錢正。價契當日兩相交付明白。未賣之先，即無重複交易。來歷不明，賣人之當，不及買人之事。所有該得稅糧，聽買人於造冊之年，自謝吉戶起割供解無詞。成交之後，各不許悔，如悔，甘罰銀五錢與不悔人用，仍依此契爲準。恐後無憑，立此存照。

再批：前朱家塢田仍租十斤，今得價二錢五分，盡湊賣與買主全業，再無存留。批照。

萬曆三十八年二月二十八日　立賣契人　謝　宥[押]

中見人　謝朝經[押]

同上　萬曆三十八年休寧朱繩武賣田赤契

立賣契人朱繩武，今因缺用，自願憑中將承祖父己業，原湯字　　號，今新丈咸字四千三百九十九號。土名篁竹塢塘下，租三砠，計稅二分八釐一毫，佃人潘旺德。又將咸字四千四百五號，又咸字四千四百六號，土名篁竹塢。二共計租二砠零六斤，計稅二分九釐四毫，佃人朱天付。自願將前項田，盡行立契憑中出賣與堂兄名下爲業。當日三面議作時值價銀五兩八錢正。其銀契當日兩相交收足訖，另不立領札。其田出賣之後，聽從買人收稅管業，無得阻擋。倘有內外人占攔及重複交易，一切不明等事，盡是賣人之當，不及買人之事。其稅候大造之年，聽從在三甲朱瑚戶起割過戶無詞。如有上手來脚契文與別契相連，繳付不便，以後執出不在行用。今恐人心無憑，立此賣契存照。

內添三字。

萬曆卅八年十一月廿一日　立賣契人　朱繩武[押]

主盟母　張　氏[押]

中　人　朱大魁[押]

程時岳[押]

憑親叔　朱　璉[押]

同上　萬曆三十九年祁門黃宗椿賣田白契

十一都黃宗椿，承父標分田一備，坐落五保䄯坑源，土名下塢口，湯字三百五十四號。計田四五丘，計步三百二十三步，計租天平子一十五秤，田鷄一隻。其田四至，有經理該載，不及開寫。今自情願憑中將前項四至內田骨，立契出賣與房弟宗林名下爲業收租。三面議定時值田價紋銀十兩三錢正。未賣之先，即無重複交易。其銀契當日兩相交付明白，契後再不立領。來歷不明，盡是賣人之當，不及買人之事。所有稅糧，造冊之年，起割過戶，私挖供解無詞。今恐無憑，立此賣契爲照。

萬曆三十九年五月二十七日　立賣契[人]　黃宗椿[押]

見　弟　黃宗楊[押]

見　人　程冬容[押]

奉書男　應　堯[押]

同上　萬曆四十年祁門胡夢熊賣田赤契

立契人　名訪坑源上秧丘，係經理　字　號。計積稅一畝一分，計硬租十秤零五斤，佃人汪弟。其田新立四至：東至　，西至　，南至　，北至　。又取土名萬城干田三備，係經理　字　號。共計田稅三畝二分六釐，計硬租三十一秤十斤，佃人江興起、興富、應棋等。新立四至：東至　，西至　，南至　，北至　。今將前項田骨并租四號，共計稅四畝三分六釐，共計租穀四十一秤十五斤，該分田鷄二只半，自情願將前項田骨，盡行立契賣與侄孫胡自榮、自起名下爲業。憑中議作價紋銀三十九兩正，其價契兩相交付明白。來歷不明，賣人之當，不及受人之事。所有稅糧聽自入戶起割過戶供解。今恐無憑，立此爲照。

萬曆四十年三月十五日　立賣契人　胡夢熊[押]

中見人　胡應栢[押]

胡夢誥[押]

同上　萬曆四十年祁門謝阿程賣田白契

十西都謝阿程，今有承祖僉業田一備，坐落本保土名流羅坑長彎。係新丈經理唐字四十二號，共積五百二十五步四分，折實稅二畝一分五釐二毫六絲。計田八丘，計硬早租二十秤又零四秤。其田與伯庚生相共，本身合得一半。計硬早租一十二秤。今因娶媳缺用，自情願托中立契將骨并本身租一半，盡數立契出賣與同都謝敦本名下，收租永遠爲業。三面言議時值價紋銀六兩正，價契當日兩相交付明白。未賣之先，即無家外人重複交易。來歷不明，賣人之當，不及買人之事。所有稅糧，該得一畝零七釐六毫三糸。今當大造，隨即照數於謝訪戶起割，入謝用戶供解毋詞，不及另立推單。成交之後，各不許悔。如先悔者，甘罰銀一兩與不悔人用，仍依此文爲準。今恐無憑，立此賣契爲照。

萬曆四十年十一月廿四日　立賣契婦　謝阿程[押]

領價男　謝永顯[押]

代筆叔公　謝高遇［押］
中見人　謝玄孫［押］
謝興祖［押］

同上　萬曆四十一年劉大輝等賣田赤契

新正都劉大輝同弟大倫，共有晚田一處。坐落勞源上截，土名油官街。計田一丘，計租二十八秤，本身合得六秤。其田東至　，西至　，南至　，北至　爲界。今來管業不便，自情願托中將前田四至内本身合得租，盡行斷骨立契出賣與儒林都查名下爲業。當三面議時值價紋銀三兩四錢正，其銀在手足訖。其田未賣之先，并無重複交易。如有不明，賣人自理，不涉買人之事。所有稅糧聽自收納。自賣之後，二家各無異說。今恐無憑，立此文契爲照。

萬曆四十一年六月十八日　立賣契人　劉大輝［押］
大　倫［押］
知覺兄　大　化［押］
中見人　李　明［押］

所有契價，當日兩相付訖，只此。再批［押］。
劉大化知覺銀一錢，加印一錢，當年租穀補銀一錢。
中人　李　明［押］

同上　萬曆四十一年休寧余應綬賣田赤契

立契人余應綬，今將承祖戶下田一處，土名金五丘。原奈字　號，今丈稱字三千四百八十號。本邊該租六砠，中則二百二十五步五分八六。佃人二囝。又將土名麻榨園，原奈字　號，今丈稱字三千四百六十四號，計租三砠半，佃人余元。又將土名下墳，原奈字　號，今丈三千六百五十號。本邊該租二砠零七斤半，中則五十七步四分五釐五。佃人余四。前項三號共租一十一砠二十二斤半，四至照依經冊，憑中出賣與同都族人余　名下。三面議時值價紋銀一十七兩正，其銀當日收足。其田聽從買人收租管業，其稅即便起割過戶，本家并無異說。重迭交易等情，盡是賣人之當，不及買人之事。今恐無憑，立此爲照。

其三千四百六十四號，計中則田八十四步四。再批［押］。

萬曆四十一年七月十三日　立契人　余應綬［押］契
中見人　金永法［押］

分業之前，憑族將金五丘田租六砠撥與長男廷樞［自］己管業，存照。
又撥下墳田租二砠零七斤半，男廷樞［自］己管業。存照。
母　汪　氏批撥［押］
中　余廷積［押］

所是契内價紋銀盡收足訖，同年月日再批［押］。批。

同上　萬曆四十四年鄭章前等賣田白契

秩下孫章前兄弟，同廣前兄弟，今將本都田一號，坐落七保，土名行路丘，計加八晚租一十七秤九斤；又十四都田一號，土名棧嶺下，計加八晚穀一十一秤六斤，鷄穀十二斤，行路丘信鷄二隻。共計加八大穀廿八秤一十五斤。憑中出賣與高祖信二公祠内爲業。面議時價紋銀一十九兩五錢正，在手足訖。契價兩明。所有稅糧悉照新丈推扒供解無詞。今恐無憑，立此爲照。

萬曆四十四年八月初二日　立契秩下孫　章前兄弟［押］
廣前兄弟［押］
中見叔祖　維　忠［押］
親叔　逢　慶［押］

同上　萬曆四十五年祁門謝阿汪賣田白契

十西都謝阿汪，今有承夫謝朋宣業田二備，坐落本都七保，土名言家塢，係丈冊唐字一千八百四十五號，計早租三秤十斤。又土名刀肖塢，係二千二百三十六號，計早租二秤十斤。二備畝步四至，悉照丈冊爲準。今因戶役缺用，自情願與男謝國聘商議，將前田骨共實硬早租六秤，憑中立契出賣與同都謝敦本名下爲業。面議時值價紋銀二兩九錢正。其價并契當日兩相交明。未賣之先，即無家外人重複交易，來歷不明，賣人之當，不及買人之事。所有稅糧候大造之年，照該步數聽買人起割入戶供解無詞。自成之後，各無悔易，如先悔者，甘罰白銀五錢公用，仍依此文爲準。今恐無憑，立此賣契爲照。

萬曆四十五年二月初四日　立賣契婦　謝阿汪［押］
奉書領價男　謝國聘［押］
弟　謝端陽［押］

中見人　謝懋德[押]

同上　萬曆四十六年祁門鄭逢詔賣田白契

秩下孫逢詔，今將本都七保，土名大十畝丘，四股之一，加八晚租三十秤，信鷄三隻，出賣與安信公祠内名下爲業。憑中面議時價紋銀三十兩正，在手足訖。所有稅大造扒入祠內供解無詞。存照。

萬曆四十六年十一月初一日　立賣契秩下孫　逢　詔[押]

中見人　程善慶[押]

同上　萬曆四十七年休寧程惟登賣田赤契

九都西營立賣契人程惟登，今將續置芥字三千一百四十五號，又將芥字三千一百四十□□，田二丘，計稅一畝六分八釐七毫。二共計租一十四砠零四斤，櫃子樹四根，佃人葉東。又將芥字九千六百十三號田一丘，計稅一畝三分九釐四毫，租一十二砠，佃人汪元宵。又將芥字八千三百二十號田一丘，計稅一畝一分六釐八毫，租一十砠，佃人程牛始、豸始。三處共租三十六砠零四斤，每一砠重二十五斤，共計稅四畝二分四釐九毫，東西四至自有保簿可查。今自情願將前項田憑中立契出賣與十二都親人朱　名下爲業。三面議作時值價紋銀三十六兩四錢正。其銀當成契日，兩相交付足訖，別不立領札。今從出賣之後，一聽買人收租管業。如有内外人攔占及重複交易一切不明等事，盡是賣人之當，不及買人之事。所有來腳，與別產相連，繳付不便。其稅糧候大造之年，上達戶起割，本家并無異說。今恐難[無]憑，立此賣契存照。

池舅不取原價，以全致[至]親之義，朱大邦批[押]。

萬曆四十七年九月日　立賣契人　程惟登[押]

憑中親人　朱守鑰[押]

朱守敎[押]

今就契內價紋銀并收足訖。同年月日再[押]批。

同上　天啓元年潘鳴珂賣田赤契

十都三圖七甲立賣契人潘鳴珂，因爲無錢使用，將自己續置租田新丈重字三千一百十六號，土名胡四公塘，計稅二畝五分七釐；又三千一百十五號，計塘稅三分九釐，二共計仙租一十一砠零八斤；又將奈字二千五十五號，土名吳家林，計稅二畝二分九釐，計仙租二十砠。今自情願憑中出賣與朱名下爲業。當日三面議作時值價銀四十兩七錢整。其銀契兩相交足訖，其田四至自有保簿可查，其田自出賣之後，聽從買主收租管業，并無重複交易，及一切不明等情，盡是賣人承管，不及買人之事，其稅今輪大造，本戶起割過戶無辭。今恐人心難憑，立此賣契存照。

天啓元年三月十一日　立賣契人　潘鳴珂[押]

妻　汪　氏[押]

憑約　朱必聞[押]

憑里　汪振光[押]

代筆人　潘善祖

佃戶鄭文端十一砠零八斤，佃戶劉福、許冬二十砠。

今就契內價銀一并收足訖，不別立領，同年月日再批[押]。

同上　天啓元年鄭文燦賣田赤契

侄文燦，今承祖買受田，七保土名曹冲源，晚田一號，計加八租一秤五斤，自情願立契出賣與鄭良槦公祀名下爲業，憑中面議時價紋銀六錢五分整，在手足訖，其價契當日兩相交付。未賣之先并無重複。一切不明，賣人自理，不干買人之事。所有稅糧，今遇大造，照着推付供解，再不分另立推單。今恐無憑，立此文契爲照。

再批：糧稅一分七釐一毫四糸，以後壬、癸二年收訖代納。

天啓元年三月十五日　立契人　鄭文燦[押]

中見叔　鄭天李[押]

同上　天啓二年朱世保賣田白契

立賣田人朱世保，今因，親女招弟行嫁，衣物、首飾、銀兩無物償還，只得將自己續置田二丘，係海字五千四百九十九號，計秈租十五砠，該稅一畝六分一釐，土名徐千墩下，佃人張學；又咸字四千一百四十號，計秈租八砠半，該稅一畝一分九釐，土名石壁下，佃人吳的佃。共稅二畝八分，共秈租二十三砠半，立契出賣與女婿程　名下爲業。當作時值價紋銀三十五兩整。其田出賣之後，聽憑買主收租管業，并無異說等情，一切不明等事，盡是賣主承當，不干買人之事。其稅今臨冊年，聽憑六甲朱國壽戶起割過戶，辦納糧差無辭，立此存照。

天啓二年三月初四日　立賣田人　朱世保親筆[押]

【空白】

今將契內田價紋銀一并收足，不別立領札。［押］

同上 天啓二年洪公孫賣田白契

立賣契人洪公孫，今有買受洪大志、大斗兄弟叔侄民田二號，內取早租一十秤，坐落本都九保，土名均坦，其四至自有鱗冊可證，丈則□□折田稅糧五升零八勺二五，憑中立契出賣與壽公名下爲祀業。三面議時值價紋銀二兩二錢整。其價并契當日兩明。其田未賣之先，并無重複等情。所有稅糧在德本戶，隨即扒與供解毋詞。今恐無憑，立此賣契爲照。

天啓二年七月十六日　立賣契人　洪公孫［押］

中見人　洪應震［押］

洪肇慶［押］

同上 天啓二年項守謨賣田赤契

二十六都五圖立賣契人項守謨，今爲欠少使用，自情願將承父續買到信字三百八號起，開單立契出賣在城畢　名下爲業，三面議定時值價紋銀九兩一錢整，其銀當即收足，其田聽從照數管業。其稅照依行源清冊過割。從前至今并無重複交易，倘有內外人異說，俱身承當，不干買人之事。其田四至照依行源清冊管業。今恐無憑，立此賣契存照。

計開：

信字三百八號，田二分六六五，土名聖水亭。

五百廿號，田五分八五，土名瓦窰頭。

六百四十九號，田八分四四，土名炭山長丘。

四百七十九號，田五分六二，土名石梘坑。

六百五十號，田五分四七，土名炭山脚。

七百廿二號，田三分五三，土名堨坑口。

三百八號，田四分，土名聖水亭。

三百八號，田三分三一，土名聖水亭。

四百四十七號，田九分一，土名青山下。

三百九號，田五分四三，土名聖水亭。

以上各號田係承父僉業，該身四股之一，盡行出賣，其稅照實征過割，并無毫忽存留。再批。

天啓二年七月十九日　立賣契人　項守謨［押］

中見人　程尙炯［押］

同上 天啓三年劉繼東等賣田赤契

金峰劉繼東、紹東，原受有王邊土名李家塢，服字四百二十八號田一畝八分，四至在號不具。今因管業不便，自情願出便與本圖親人江邊爲業，當日實便得價銀五兩一錢整。其田自便之後，任憑前去管業。其稅現遇清冊，即便推稅入戶，本身并無異詞。恐口無憑，立此便契文本存照。

天啓三年三月日　立便［賣］契人　劉繼東［押］

紹　東［押］

憑親人　王國奇［押］

桂良達［押］

同上 天啓三年汪天福賣田白契

十八都二圖立賣契人汪天福，今因缺用，自情願將父置田一業，坐落土名漲塘丘，係育字九百八十號，計稅一畝九分三釐六毫，內賣六分四釐五毫三絲，計穀租五砠半，今立契出賣與程名下爲業，三面議定時值價銀五兩七錢整。其銀契當即兩相交明白，并無準折等情。其稅因造以［已］完，過甲不便，下冊過割支解，不得異　。今恐無憑，立此賣契存照。

外同塘稅四分六釐，再批存照。

天啓三年九月初六日　立賣契人　汪天福［押］

代筆兄　汪天德［押］

天啓六年八月廿一日，又將同號田除賣過仍存已田一分二釐九毫一絲，內取四分二釐，出賣與程名下爲業，計租三秤半，得受紋銀三兩五錢。其田［稅］候冊年過割，無得異說。汪天福親筆無中。［押］

同上 天啓三年洪應登等賣田白契

立賣契人洪應登，同弟應鵬，今將承祖民田一備，坐落東都四保，土名業落坑口，計田二丘，晚租一十八秤，係經理三千五十一號，東至山，西至坑，南至洪益田，北至自荒地，計一畝九分八釐七毫五絲。其田與叔祖天南相共，本身同弟合得四股之一，該晚租四秤十斤；又一號，土名方村山下莊屋前，田二丘，計早租四秤十斤，與　壽公相共，係經理三千一百八十六號，丈則八十二步二分，東至　，西至　，南至　，北至　。本身同弟合得一半，計早租二秤零五斤。今因祖塋損壞，自願托中將前田二號出賣與族叔　名下爲業，三面議時値價紋銀三兩七錢整。其價并契當日兩相交付明白。自成之後，各無悔異。如先悔者，甘罰銀五錢公用。來歷不明，賣人之當，不涉買人之事。所有稅糧隨即在德本戶扒與供解無詞。今恐無憑，立此爲照。

天啓三年十一月初五日　立賣契人　洪應登［押］
同弟　洪應鵬［押］
中見人　洪彌大［押］
洪應圖［押］

同上　天啓五年張應國賣田赤契

市北張應國，今將本身鬮分己下三都姜字七百五十三號，墾田二分六釐一毫，土名石壁下；又將四都鱗字一號，田一畝零八釐五毫，土名布袋丘；又鱗字七十五號，田三分九釐，土名塘塝下；又潛字一百零五號，田一分，土名漆樹嶺；又潛字一百九號，田九釐四毫五絲，土名同處；又潛字一百一十三號，田一分八釐五毫，土名同處，係地稅；又潛字三百八十四號，田一畝零三釐三毫，土名上干；又潛字四百八十八號，田一分七釐七毫，土名上干；又潛字五百四十三號，田一畝六分六釐六毫，土名葉山處；又潛字五百四十四號，塘稅一分三釐一毫，土名同處。其田地各號四至，照依經理不開，盡行立契出賣與兄　名下，三面議定時値價銀五十兩整，其銀入手應用。其田地塘自出賣後，聽從買人目下管業，先前并無重複交易，亦無內外親房人等阻當。其稅見造黃冊，依契過割，各無許悔異，悔者，甘罰契銀一半與不悔人用。今恐無憑，立此賣契爲用。

內改重、分、釐三字。［押］

天啓五年五月二十日　立賣契人　張應國［押］
主盟父　張　溶［押］
中　人　張應欽［押］

契證所是前項契內價銀一并盡行收足無欠，再不另立推單。收領爲照［押］。

同上　天啓五年如蛟賣田赤契

弟如蛟，原承父買受得二保，土名舍背田，九秤一斤八兩；又同保土名沙培里，計晚租二十斤整。二號共計租十秤零七斤半。今因無鈔用度，并條糧無所措辦，自情願將前租盡數立契出賣與兄經綸名下爲業。面議時價紋銀四兩三錢整，在手足訖。其田未賣之先，與家外人等并無重複交易，來歷不明，賣人理値。成交之後，各不許悔。如違，甘罰契內價銀一半公用，仍依此文爲準。所有稅糧隨契推扒經綸位供解無詞。今恐無憑，立此賣契爲照。

天啓五年九月三十日　立契弟　如　蛟［押］
奉書男　胤　超［押］
同侄中見　胤　昌［押］
男　胤　起［押］
佃人　林　富［押］
黃　萬［押］

同上　天啓六年程一棟賣田赤契

立賣契人程一棟，今因葬嫂缺用，商議將承祖遺下田一號，土名西充，姜字三千九百五十七號，計秈租一砠零八斤五兩，計稅一分八釐六毫。其田東至程求田，西至火佃屋并璋田，南至塝，北至璋田。憑中立契出賣與叔程璋名下爲業，當日三面議作時價銀一十一兩五錢整，其銀契比日兩相交訖，別不立領札。今從出賣之後，一聽買人管業，并無異說。如有內外人等攔占及重複交易，一切不明等事，盡是賣人之當，不及買人之事。其糧隨即推入買人戶內無詞。今恐無憑，立此文契存照。

天啓六年九月初一日　立賣契人　程一棟［押］
侄　程大志［押］
代筆　程大忠［押］
中人叔　程　求［押］

今就契內價銀一并收足，別不立領札。同年月日再批。［押］

同上　天啓六年汪阿程等賣田赤契

二十四都二圖立賣契婦汪阿程，同伯汪文秀，今因故夫汪文言缺少欽［退］贓銀無處措辦，自情願憑中將續置土名瑺瑯，係新丈□字四千六百九十號，積一百八十九步五釐，計稅　，田一丘，計租十砠，每砠重廿八斤。東至洪家地，西至許家田，南至洪家田，北至程家園。新立四至內，盡行出賣與二都四圖五甲洪　名下爲業，三面議作時値價紋銀七兩整，其銀當成契日一并收足訖。其田隨即聽從買主收税管業。倘有來歷不明及重複交易，一切不明等事，盡是賣人之當，不涉買人之事。其有原買契文一紙，隨即付予買人收管。其税糧隨即交推買人戶內辦納糧差。今恐人心無憑，立此賣契存照。

天啓六年十一月十八日　立賣契婦　汪阿程[押]
同伯　汪文秀[押]
中見人　許　明[押]
金華字[押]
余得宜[押]
夏　魁[押]

今就契内銀兩，同年月日一并盡行交收足訖。再批。[押]

同上　天啓七年仇時化賣田赤契

二十都二圖立賣契人仇時化，今因乏用，憑中將承祖分受己分下鳳字七百四十四號田一業，計税四畝一分五釐六毫四絲，土名白飯丘，連塘在內。其田四至載冊不開，立契出賣與本圖仇名下爲業，三面議定時值眞紋銀五十兩零七錢整，其銀契當即兩相交付明白，并無威逼準折等情。曾前亦未與他人重複交易，係是兩相情願，倘有親房內外人等異說，係身一面承當，不干買主之事。其税糧聽憑買主不時過割入戶支解，本家即無異說。今恐無憑，立此爲照。契內價銀一并收訖，再不另立收領。再批存照。

天啓七年三月十五日　立賣契人　仇時化[押]
仇時新[押]
憑中人　仇伯易[押]

其田東至仇中正田，南至自田，西至仇湘田，北至洪清田。再將鳳字七百四十四號塘税六釐二毫五，土名白飯丘。

衆議其田與母養膳，不得聽信煽惑典賣他人。買者不得貪謀，免生異論。憑此爲照。

崇禎元年三月廿七日批約，族衆　仇大詢[押]
仇覽輝[押]

同上　天啓七年王阿汪賣田、塘、山赤契

藤溪市立賣契婦王阿汪，今爲缺用，自情願將承夫續置田一號，坐落土名新田，係得字　號，共租六砠，共税　，東至　，西至　，南至　，北至　。四至內租該阿[汪]三股之一，計租二砠，計税二分四釐，并塘三分之一在內。又將山一號，土名午塢，係得字九百四十八號，其山四至自有保簿開載，與文行忠信四大房相共，內身續置山税八釐，并前田憑中三面出賣與叔王尙儒名下。共議時值價紋銀二兩二錢。其銀當成契日一并收足。其田山未賣之先，并無重複交易及一切不明等事。今賣之後，隨聽買人管業。如有來歷不明及內外占攔，盡是賣人之當，不涉買人之事。其税糧隨扒入買人名下輸納，本家并無異說。今恐人心無憑，立此賣契永遠存照。

天啓七年八月廿日　立契斷骨出賣人　王阿汪[押]
中見人　王德懷[押]
王世顯[押]
王世光[押]
代筆　王尙賢[押]

今領去契內價銀并收足訖。同日再批。

同上　天啓七年洪僉富等賣田白契

立賣契秩下子孫僉富，同侄春生，承祖民田一備，坐落本都，土名塘塢壽公墳前。內取早租八秤，與堂兄貞瑞相共，本身與侄合得一半，計四秤。係經理　字　號，清丈畝步，自有鱗冊可證。今因與侄相共編糧，自三甲起至六甲止，無措辦納，自願托中將前項本身叔侄分籍早租，盡數立契出賣與壽公祀匣爲業。當日三面言議時值價紋銀三兩六錢整，其價并契兩相交付明白。所有税糧在元慶戶，隨即扒與供解無詞。未賣之先，并無家外人等重複交易。來歷不明，賣人承當，不涉買人之事。自成之後，各無悔異，如悔者，甘罰白銀一兩公用，仍依此契爲準。今恐無憑，立此賣契爲照。

天啓七年九月初二日　立賣契秩下子孫　洪僉富[押]
同侄　洪春生[押]
中見人　洪貞浚[押]

同上　崇禎元年張繼光等賣田赤契

立賣契人張繼光、繼仲，今將承祖鬮分業到果字　號，土名梘下，穤租二砠零拾伍斤，計税　，佃人汪社九；又將果字　號，土名湖丘，穤租三砠三十七斤，計税　，佃人鄭玄龍。前項穤租共六砠零七斤，每砠重二

十五斤。今因管業不便，憑中立契出賣與弟□□名下爲業。當日三面議作時值價紋銀七兩二錢整，其銀當日收足。其田聽從買人收租管業。如有內外人攔占及重複交易，一切不明等事，盡是出賣人之當，不涉買人之事。其稅奉新例在本圖九甲張奉祀戶起割，伊并無阻異。今恐無憑，立此賣契存照。

崇禎元年五月初六日　立契人　張繼光［押］
張繼仲［押］
中　見　張之芥［押］
張國保［押］

同上　崇禎元年張三郎賣田赤契

立賣契人張三郎，今將承祖業到果字　　號，土名塘坑，秈租一砠，計稅　　，佃人□積保；又將果字　　號，土名下湖墩丘，秈租二砠，計稅　　，佃人姚得義。今因管業不便，憑中立契出賣與弟　　名下爲業。當日三面議作時值價白紋銀二兩五錢整，其銀當日收足。其田聽從買租管業。如有內外人攔占及重複交易、一切不明等事，盡是出賣人之當，不涉買人之事。今恐無憑，立此賣契存照。

崇禎元年五月二十九日　立賣契人　張三郎
中　見　張之芥
張國寶

今就契內前項價銀并收足訖。同年月日再批。

同上　崇禎元年洪學富等賣田白契

立賣契裔孫洪學富同弟來富，有承祖民田一備，坐落五都□保，土名塘塢墳前，與祖壽公共業，丈則畝步四至，自有鱗冊可證。本身與從弟全富、僉富等共該得早租八秤。僉富因三甲里役排年支費，已將伊分籍早租四秤賣與壽公爲業訖。本身分籍四秤，今因排年支費，自情願憑中盡數立契賣與壽公祀匣永遠爲業。當得受時值價紋銀三兩六錢，契價當日兩明。未賣之先，并無重複交易等情。來歷不明，賣人之當，不涉買人之事。自成之後，各無悔異，如有悔者，甘罰白銀五錢公用，仍依此契爲準。所有稅糧在元慶戶，照則隨即推割供解毋詞。今恐無憑，立此爲照。

崇禎元年十一月二十日　立賣契裔孫　洪學富［押］
同弟　來　富［押］
中見人　洪肇慶［押］
貞　牧［押］
起　陽［押］
大　斗［押］
大　科
貞　才［押］

同上　崇禎二年吳時襄賣田赤契

四都十一圖立賣契人吳時襄，今因管業不便，自情願憑中將承祖鬮分合得田一業，坐落土名店口干，係養字二百九號，計積二百零五步七分四釐五毫，計稅九分三釐五毫。與兄共業，本身合得積步一百七十三步六分，合得稅七分八釐九毫，計租六砠二十一斤。其田係野窖塘水澆灌。東至　　，西至　　，南至　　，北至　　。四至協定，憑中立契出賣與族弟吳名下爲業。三面議定時值價紋銀十兩零一錢三分整，其銀當成契日交收足訖，既無欠少分毫，亦無準折債負之類。其田日前并無重複典賣等情。出賣之後，一聽買人管業，如有內外人攔阻，盡是賣主之當，不涉買人之事。其稅糧今奉新例，自吳子進戶內隨即推入買人吳名下，自行解納，日後無得異說。今就契尾領價足訖，再不另立領札。立此賣契存照。

崇禎二年八月二十四日　立賣契人　吳時襄［押］
中見人　吳二雅［押］
吳至于［押］
吳師聖［押］
吳文聚［押］

同上　崇禎三年朱岩保賣田赤契

三十一都三圖立賣契人朱岩保，今承父田一號，坐落土名李二嫂塢田二丘，計稅四分六釐，係羔字一千七百七十號；又羅石姿塢田四丘，係羔字一千七百七十六號，計稅二分七釐；又將李二嫂塢田一丘，計稅九分七釐，係羔字一千七百六十五號。其前項三號田，東西四至自有實簿蓋［記］載，不及開寫。今來缺用，自情願將前項田骨盡行出賣與戶叔朱□□名下爲業。憑中三面議作價銀一十二兩整，其銀契當日兩相交付明白。其稅糧見在本戶，聽自隨即認納，即無異說。未賣之先，即無重複交易，及家外人占攔，盡是賣人之當，不及買人之事。今恐無憑，立此賣契存照。

崇禎三年十月初九日　立賣契人　朱岩保［押］

中見叔　朱積護［押］

積　祐［押］

今領契內價銀并收足訖。同日再批［押］領。

同上　崇禎五年王弘道賣田赤契

廿七都一圖立賣契人王弘道，今將自己父置鬮分田一號，坐落土名張坑干茶丘，係必字二千六百二十八號，實租十八砠，計稅　；二號田土名降下水碓邊，係得字一千四十四號，計租十二砠，計稅兩畝零八釐兩毛［毫］。四至自有保簿開載。立契盡行出賣與金日輝名下爲業。當日憑中三面議作時值價紋銀二十八兩，當成契日兩相交明。今從出賣之後，一聽買人隨即收田管業，并無重複交易，一切不明等情，盡是賣人之當，不干買人之事。其稅糧今當大造，即隨推入買人戶內交納，本家并無異說。其來腳契文與別契相連，繳付不便，日後要用，索出不在行用。今恐無憑，立此出賣契文存照。

崇禎五年七月日　立賣契人　王弘道［押］

中　人　金伯達［押］

契內田，批還次男日輝，抵償金埜田訖［押］。

同上　崇禎五年吳一國賣田赤契

三十二都四圖立賣契人吳一國，承祖有田一丘，坐落土名汪高段，係職字　號，新丈惟字二千三百六十五號，計經理一分一釐。其田新立四至，東至水渠，西至大路，南至吳乾田，北至吳澤田。其田與吳正信共業，該身六股之一。今來無物支用，自情願央中前項四至內田骨并租苗，盡行立契出賣與吳祿祐名下爲業。三面言時值價銀一兩三錢整，其價契當日兩相交付。其田未賣之先，即無重複交易。及家外人占據，一切不明等事，盡是賣人之當，不及買人之事。所有稅糧，今輪冊年，聽從吳一寶戶下起割。前在本家，并無攔占生情異說。恐後無憑，立此爲照。

其田下邊柿樹一根，該身三股之一，隨田出賣，本家無存。再批［押］。

崇禎五年十一月二十四日　立賣契人　吳一國［押］

依口代筆見人　吳一治［押］

今領去契內價銀并收足訖。同月日再批。［押］

同上　崇禎五年程應皐賣田赤契

立賣契程應皐，今將承祖并續置原伐字五百四十號，今海字五千三百八十九號，土名莊基上塢，計田稅一畝三分三釐；又塘稅一分三釐，係海字五千三百二十號，計秈租一十一砠半，佃人許七十、冬九；又將原伐字八百九十七八號，今海字五千六百六十九號，土名風水塢，計秈租四砠，計田稅四分；又同號塘稅一分，佃人程來付。今因管業不便，自情願憑中將前項田、塘，盡行立契出賣與親人朱　名下爲業。當日三面議作時值價紋銀十五兩五錢整，其銀契當日兩相交足訖。其田自今出賣之後，聽從買人收租管業，如有內外人占攔及重複交易，一切來歷不明等情，盡是賣人之當，不及買人之事。其稅今輪冊年，聽從買人隨即在本圖三甲程潤皐戶起割田稅一畝三分三釐，塘稅一分三釐；程陽春戶內起割田稅四分，塘稅一分，推入買人戶內當差，即無異說。今恐無憑，立此賣契存照。

崇禎五年十二月二十五日　立賣契人　程應皐［押］

憑　侄　程尙貞［押］

中見人　朱百益

朱有仁［押］

朱省愚

今就契內價銀并收足訖，別不立領札。同年月日再［押］批。

同上　崇禎六年張阿呂等賣田赤契

三都八圖立賣契人張阿呂同男國彬，今因決用糧差，同男嘀議，憑中將父續置二丘，土名羅墩，係閏字一千四百六十八號，中則田二百三十五步四分，計稅一畝零七釐，計白穀租一十二砠。其田東至孫田，西至吳家園，南至閔家高基園，北至路。其田係長塘水救，計稅一分；又將土名羅墩田一丘，係閏字一千四百六十六號，中則田三百一十二步零三釐，計稅一畝四分六釐八毛，計白穀一十三砠半。其田東至孫家屋地，南至方家田，西至金家山，北至本家路。今將前項八至內共計稅二畝五分三釐八毛，外長塘稅一分，憑中盡行立契出賣與十四都一圖孫　名下爲業。三面言議時值價九五色銀共二十兩整，其銀當成契日一并收足乞，并無欠少分文，亦無準折債負之類。自賣之後，聽從買主隨即管業，收稅收租，倘有來歷不明及重複交易等情，如有內外人攔阻，盡是賣主承當，不涉買人之事。其稅糧今現冊年，在三都八圖一甲張榮華戶內起割，推入十四都一圖十甲孫熙鎏戶內，自行辦納，并無難異。今恐無憑，立此賣契存照。

其有上手來腳契文一紙，係閏字一千四百六十八號，隨即繳付。仍有閏字一千四百六十六號契文與別產相連，繳付不便，日後刷[索]出，不在行用。再批[押]。

契內銀兩當日領去，不再立領札。再批[押]。

崇禎六年二月初一日　立賣契人　張國彬[押]
主盟母　張阿呂[押]
憑兄　張國柱[押]
中見人　張文德[押]
孫時濤[押]
胡　臭[押]
葉　老[押]

同上　崇禎六年張阿胡賣田白契

三十一都立賣契人張阿胡，承夫元宇有田一備，坐落土名汪二伯塢，係羔字　號，計田稅一畝整。其田四至，自有鱗冊該載，不及開寫。今因故夫出柩埋葬使用，自願將前項四至內田骨并租苗，盡行立契出賣與房侄起鵬名下爲業。憑中面議時值價銀八兩五錢整。其本田內典租二秤，并在前價賣內。其價契當日兩相交付。未賣之先，即無重複交易。一聽買人永遠管業。其稅在　戶，聽自起割認納，即無異說。今恐無憑，立此賣契存照。

田鷄一隻在賣內，其田東溪，西荒地，南英山，北守理山。

崇禎六年三月十一日　立賣契人　張阿胡[押]
奉書男　守　諒[押]
中　見　守　鸞[押]
上　達[押]

今領契內價銀并收足訖。同日再批[押]領。

同上　崇禎六年吳阿李賣田白契

立賣契人吳阿李，承夫有田一號，坐落土名小塢，係新丈羔字六千四百四十五號，計稅八分七釐六毫整。其田新立四至，東至吳秧田，西至山，南至山，北至塝，右具四至分明。爲因缺用，自情願央中將前項四至內田骨稅該身一半，立契出賣與良公祀名下爲業。三面議作時值價銀二兩五錢整，其銀契當日兩相交付。未賣之先，并無重複交易，即賣之後，一聽買人收租管業。倘有家外人占攔，及一切不明等情，盡是賣人承當，不累買人之事。所有稅糧現在一甲吳俊戶，聽買人起割過戶認納，本家并無生情異說。今恐無憑，立此賣契存照。

崇禎六年三月日　立賣契人婦　吳阿李[押]
中見人　吳　禮[押]
吳　灼[押]
代書房叔　吳　學[押]

今領去契內價銀并收足訖。同日再批[押]領契。

其田於崇禎十七年三月日轉賣與子明公祀會爲業，會首吳裕，吳時省批。

同上　崇禎六年程九思賣田赤契

立賣契人程九思，今將芥字二千六百四十五號，土名河塢口，計生租四砠，計田稅三分八釐四毛，佃人汪生；又芥字二千六百八十號，塘稅四釐；又芥字六千一百八十三號，土名官鋪上田，計田一百三十五步三分，計地一百九十步六分六釐五毛，計田稅六分二釐五毛，計地稅七分□釐。今皆作地，每年交粟二秤，麥二秤，豆一秤，佃人張伴儅。憑中出賣與叔名下爲業。三面議作時值價紋銀十兩整，其銀契當日交收足訖，不別立領札。自從出賣之後，一聽買人收苗管業，如有內外人攔阻及重複交易、一切不明等事，盡是賣人承當，不涉買人之事。其稅糧，今當大造之年，隨即起割，推入買人辦納糧差無詞，不必面會。今恐無憑，立此賣契存照。

崇禎六年十月初七日　立賣契人　程九思[押]
中見人　程太實[押]
程文模[押]

今就契內銀一并盡收足訖，不別立領札。同年月日再[押]批契。

同上　崇禎六年程夏至賣田白契

二十八都九圖立賣契人程夏至，今因欠少九甲錢糧上官，自情願央中將承父業田該身田，土名係恃字　號，其田豬欄塢田四丘，計實租四秤整。

其田東至低田，西至衡溪社田，南至衆家山，北至程全壽山。今將四至號內，立契斷骨出賣與黄名下爲業。三面議取時值價紋銀三兩四錢整，其銀隨手一并收足。其田出賣之後，一聽買人自行管業收苗受税爲定。但有重複交易，不明等事，盡是賣人自理，不涉買人之事。今恐人心無憑，立此賣契存照。

崇禎六年十二月初六日　立賣契人　程夏至[押]
主盟父　程子有[押]
代筆中見　吴文高[押]
中見人　程全壽[押]

其契內加字二個，內改字一個。
前項契內田價隨手一并收足無異説。再批[押]。

同上　崇禎七年許有定賣田赤契

立賣契人許有定，今因母故缺少齋葬銀兩，自情願浼中將承繼父原業，土名大塢田二丘，塘一口，計秈租六砠，係劍字　號，計税四分七釐二正。其田新立四至，東至角帶舍山塝爲界，西至水渠，南至光田，北至山脚爲界。今將四至內田塘，盡行立賣出賣與族侄名下爲業。當日三面議定得受價紋銀六兩五錢正，其銀當日收足。其田塘即聽買人收租管業，并無內外人攔阻及重複交易。一切不明等事，盡是出賣人承當，不涉買人之事。其税糧本戶隨即扒納無詞。今恐無憑，立此賣契存照。

崇禎七年正月廿五日　立賣契人　許有定[押]
中見人　許有忠[押]
許有志[押]
依口代書　許應明[押]

今就契內價文銀一并交收足訖，不別立領札。同年月日再批[押]照。

同上　崇禎七年程懋桐賣田白契

和化里住人程懋桐，承父有田一處，坐落土名茶灣堆，計租一十三秤，計　丘，係已字　號。東至　，西至　，南至　，北至　。今因續弦缺少支用，自情願央中將前四至內田出賣與族兄懋昭名下爲業。當日憑中三面議時值價銀一十一兩七錢正，其銀當日隨手收足。其田自從出賣之後，一聽買人收租、管業爲定。日[事]前并無重張交易、不明等事。如有，出賣人自理，不涉買人之事。所有税糧，本戶自行扒納，不在難異。今恐無憑，立此出賣契爲照。

崇禎七年四月十一日　立賣契人　程懋桐[押]
中見人　程元振[押]
程懋睦[押]

其契內價銀當日隨手收足，再批[押]領。

同上　崇禎七年汪阿徐等賣田赤契

歙縣十八都六圖立賣契婦汪阿徐同男文昌，今因缺少使用，自情願憑中將承夫業田一丘，坐落土名佛塘塢，計税一畝五分，係位字二千六百六十五號田。東至塘塝，西至汪可業田，南至汪良珍園塝，北至程家園塝。今將前項四至內田，盡行立契出賣與堂侄汪文俸名下爲業。當日憑中三面言議時值價紋銀八兩整，其銀當成契日一并兩相交收足訖，即無欠少分文，亦無重複交易等情。又將佛塘税一分，澆溉前田，該人無得生情異説。其税糧在休寧十五都二圖程彦忠戶內起割，推入買人戶內解納，則無難異。今恐無憑，立此賣契存照。

崇禎七年八月日　立賣契婦　汪阿徐[押]
同男　汪文昌[押]
憑中人　汪可仕[押]

同上　崇禎七年黄萬謨賣田赤契

二十四都八圖立賣契人黄萬謨，今因保祖墓訟費并復加禁碑修輯[葺]等項無措，將承祖祀田一號，坐落土名故貢丘，係敢字一千六百五十三號，計税　，計租　。其田東至　，西至　，南至　，北至　。前項四至田，除先年賣過外，仍存四租四砠零十斤。今取田租一砠十二斤，計税　，立契出賣與同都戶人黄　名下爲業。當日憑中三面議作時值價銀三兩整，其銀隨手收足。其田自今出賣之後，一聽買人收苗受税爲定。如有內外人攔占，及重複交易不明等情，盡是賣人祇當，不涉買人之事。其税糧今輪冊年，即行推，并無異説。立此賣契存照。

崇禎七年八月日　立賣契人　黄萬謨[押]
經手　孫　黄應杞[押]
黄應梧[押]

黃應桂[押]
黃從頤[押]
黃從頜[押]
黃從頫[押]
黃如璠[押]
黃從立
黃如璧
黃從衡
黃從□
黃從貴
黃其功
黃其振[押]
中見人　黃應邦

前項契內價銀，當成契日隨手一并收足。同日再批[押]領。

同上　崇禎七年葉茂芝等賣田赤契

十八都二圖立賣契人葉茂芝同弟茂蘭同母吳氏，今因缺少使用，自情願憑中將承祖田一業，坐落土名門前塘，係愛字三千八百七十四號，計田稅二分八釐；又將毗連愛字三千八百七十五號，計田稅三分九釐六毛。其田東至社園，西至恆堅屋牆，南至路塘，北至文明田。二號共計田稅六分七釐八毫；又將應田塘稅三釐。今將四至內盡行立契出賣與本圖汪　名下爲業。當日三面議定時值價紋銀五兩二錢五分整，其銀契當日兩相交訖，并無準折等情，亦無重複交易。其稅糧在葉永存戶內起割，推入買人戶內支解。本家應人爭競，盡是賣主之當，不干買主之事。今恐無憑，立此賣契爲照。

其田議定或在本年內，或田或園估值對擬，無得異說。再批爲照。內加二錢五分正字五個整。存照[押]。

崇禎七年十月初六日　立賣契人　葉茂芝[押]
弟　茂　蘭[押]
母　葉阿吳[押]
母舅　吳應元[押]
中見人　葉惟誼[押]

同上　崇禎八年朱阿劉等賣田赤契

十五都三圖立賣契婦朱阿劉同男朱廷模，今因缺少使用，自情願憑中將承夫續置田一業，坐落土名湖田，係首字八十二號，計稅一畝整，計租六秤。其田東至　，西至　，南至　，北至　。今將前項四至內田，盡行立契出賣與十八都戴照名下爲業，本家并無毫釐留存。當日得受時值價銀八兩四錢，其銀當成契日一并收訖，并不欠少分文，亦無準折之類。其田隨即交與買主管業，收苗受稅。日前并無重複交易、典當及一切不明等事，倘有內外人攔占，盡是賣人之當，不涉買主之事。其稅今輪大造，隨即推與買人辦納無異。所有上首來腳契文，隨即繳付。今恐人心無憑，立此賣契存照。

同年月日，契內價銀一并收足。再批[押]。

崇禎捌年三月　日　立賣契婦　朱阿劉[押]
同男　朱廷模[押]
中見叔　朱廷甫[押]

同上　崇禎八年余阿蔣等賣田赤契

立賣契人余阿蔣同男元運等，今爲無銀支用，自情願將承祖戶下一處田，土名下尾，係闕字三百九十二號，本邊該租四砠，佃人遇孫，計則　，計稅　；又將土名胡頭七畝，計租一砠，佃人潘伴儅，係闕字一千五百六十五號，計則　，計稅　。四至照依經冊。憑中立契出賣與族人余廷球名下爲業。三面議定時值價紋銀九兩一錢整，其銀當日收足。其田一聽買人收租管業，本家無阻，如有來歷不明，盡是賣人之當，不及買人之事。其稅候冊年同到文盛戶下起割解納無阻。今恐無憑，立此存照。

崇禎八年四月二十日　立賣契人　余阿蔣[押]
同男　元運等[押]
中見人　汪文德[押]
代筆親叔　余廷□[押]

今就契內銀兩盡收足訖。同年月日再[押]批領。

同上　崇禎九年程舜臣賣田赤契

十九都一圖立賣契人程舜臣，今將承父續置田一丘，係新丈遐字六百三十七號，計租一十五秤，計稅一畝七分，土名遠付上千。其田東至　，西至　，南至　，北至　。今將前項四至田，依保簿憑中盡行立契出賣與同都汪名下爲業。當日憑中三面議取時值價紋銀十三兩五錢整，其銀當成契日一并收足，并無欠少分文，亦不另立領札。其田自從出賣之後，一聽買人管業，收苗受税。如有家外人言説，及先後重複交易等情，盡是賣人之當，不涉買人之事。所有税糧候大造之年推入買人戶內辦納無辭。恐後無憑，立此賣契存照。

崇禎九年八月日　立賣契人　程舜臣[押]

中見人　汪敬宇[押]

代筆人　程晉卿[押]

前項契內價銀同年月日時一并收足，再批領銀[押]。

所有來脚契，與別產相連，繳付不便[押]。

同上　崇禎九年胡汝實賣田赤契

八都四圖立賣契人胡汝實，今因缺欠錢糧，情願將承祖并父續置田業，土名墳前長培，茶字四百七十二三四號，計田税七畝二分，計秈租六十砠，佃人胡應社。東至　，西至　，南至　，北至　；又將土名池邊門口，茶字　號，計税二分四釐，計秈租二砠，佃人程四九。東至　，西至　，南至　，北至　；又將土名寺山，茶字　號，計田税六釐，計秈租半砠，佃人程四九。東至　，西至　，南至　，北至　；又將土名查干六畝丘，標字三千九百九十八號，計税一畝六分，計糯租十六砠，佃人吳一元、吳的。東至　，西至　，南至　，北至　；又將土名麥坑，標字　號，計田税一分五釐，計秈租一砠零十斤，佃人汪得武。東至　，西至　，南至　，北至　。今將前項二十至內，共計秈糯租七十九砠零二十二斤半，共計田税九畝二分五釐，其租每砠重二十五斤，憑中立契出賣與同都同圖徐　名下爲業。當日三面議定時價紋銀一百兩零二錢五分整，其銀契當成之日兩相交足訖。其田自賣之後，聽從買人收租管業，倘有重複交易，及內外人阻説，盡是出賣人之當，不涉買人之事。其税遵奉新例，隨即起割推入買人戶內辦納糧差。恐後無憑，立此賣契存照。

崇禎九年八月日　立賣契人　胡汝實[押]

憑中人　金潤宇[押]

許國勝[押]

徐玉衡

今就契內價銀當日一并收足訖，另不立領札。同年月日再[押]批。

同上　崇禎十年朱九郎賣田白契

休寧卅一都立賣契人朱九郎，因父上年欠到張宅債銀，自情願將田一備，在祁州十一都坐落四保，土名程充塢口，係經理商字　號，計田一丘，計税五分，計硬租五秤。東至路坑，西至李田，南至吳田，北至李田。今將前項四至內田骨并租，盡行立契出賣到本都張宅　名下爲業。面議時值價紋銀三兩二錢整，其價契當日兩相交付明白。一切不明等事，盡是賣人之當，不及受戶之事。恐後無憑，立此賣契存照。

崇禎十年七月十六日　立賣契[人]　朱九郎[押]

代書人　朱時俸[押]

立盟伯母　李　氏[押]

同上　崇禎十一年朱四十等賣田白契

三十一都立賣契人朱四十同弟朱龍孫，有承父買張良琇田一備，坐落土名祁門麻榨坑口，係□字　號共田一丘。東至張上田，西至張社貴田，南至坑，北至塝。其田與長求相共，本身兄弟該得一半，計税六分有零。今因男朱高娶親，缺少時禮使用等項，自情願將田骨并租苗，盡行立契出賣與張名下。三面議價銀四兩八錢整。遞年交還硬租八秤。其税在十一都孫霆戶，冊年聽自過割無詞。立此賣契存照。

崇禎十一年三月初四日　立賣契人　朱四十[押]

領錢男　朱　高[押]

龍　孫[押]

中見人　張景南[押]

今領契價銀，并收足訖。同日再批[押]領。

同上　崇禎十五年余元標賣田赤契

立賣契人余元標，今爲無銀支用，自情願將承父戶下鬮分得租田一處，坐落土名小坑，田租三砠一十五斤，佃人潘六得，係闕字六百八十一號，計税正，計則　整。四至照依經冊。憑中立契出賣與族人余廷球名下。三面議定時值價紋銀五兩二錢整，其銀當日收足，不別立領。其田隨即聽從買人收租管業。其税至冊年聽到余文盛戶下花[劃]割過戶解納，并無生情異説。如有來歷不明，及重迭交易，盡是賣人之當，不涉買人之事。今恐無憑，立此賣契存照。

崇禎十五年十二月十九日　立賣契人　余元標[押]

代書見弟　余元會[押]

憑中　畢　白[押]

潘六得[押]

所是契內價紋銀盡行收足訖。同年月日再批[押]領。

同上　洪武二年祁門謝志高賣山地赤契

十西都謝志高，今爲缺少貨物支用，情願將四都三□，土名□坦山三畝三角，內地一畝，係經理陽字五佰三十九號；　又外號山四百六十號，二畝三角三十步，土名茅坦下末，其山東至潘家山，西嶺，南至潘伯昌山，北至仲正山；　又外四至，東至自田，西降，南潘山，仕[北]仲全山。今將前項八至內，盡數立契出賣潘從善名下。面議時值花一兩二錢重，其銀并契當日兩相交付，其山地未賣之先，即無家外重複交易，如有一切不明，并是出產人自行之當，不干受產人之事。今恐無憑，立此文契爲用。

洪武二年十月十五日　賣木人　謝志高[押]契

見　人　王彥政[押]

同上　洪武三年祁門汪申如賣山地赤契

十都汪申如，今有自己山地三號，坐落本保，土名梭布坐，係經理吊字二千三百七十四號、二千三百七十五號、二千三百七十六號，所有畝步四至并照該保。今爲門戶無鈔用度，自情願將前項三號山地，本家存留祖墳二穴，將空閑山地合得內取一半，今情願立契出賣與同都謝鑾友名下。面議時值價鈔二錠，其鈔當日收足。其山地一聽買人遷造風水，永遠同共管業。未賣之先，即無重複典賣交易，如有家外人占攔及一切不明，并是賣人祇當，不干買人之事。自成交之後，二家各無悔易，如先悔者，甘罰價鈔一半與不悔人用，仍依此文爲始。日後倘有起稅，二家均管。今恐人心無信，立此賣文契爲用。

洪武三年二月初一日　出契人　汪申如[押]契

見　人　謝景宋[押]

同上　洪武十五年謝允恭賣山地赤契

十西都謝允恭，今將本都七保，土名嚴家山干莊塢，係經理唐字一千五百七十四號。其山東至嶺心上降，西至勝孫山，南至欠孫山，北至塢心，上至降；　又將土名交田山汪三六住前山，係唐字一千三百七號，東至嶺上降，西至景儀山，南至大降，北至坑；　又將土名蕙菜塢，唐字一千三百五十九號，東至坑，西至張社山，南至文□，北至坑。今將十二至內山地并立杉木，盡行出賣與同都謝文先名下。面議時值價鈔五貫，其鈔當立契日，一并交足無欠。其山三片，地腳并杉苗，一任買者入山管業爲主。其山未祗先，則不情與家外交易，如有家外人占攔，并是賣者知當，不涉買者之事。所有上手赤契，檢尋未着，日後不在行用。如有先悔者，願罰寶鈔四貫與不悔人用。今恐人心無憑，立此文書爲用者。

洪武十五年十二月初九日　謝允恭[押]契

依口代書人　許原茂[押]

前項契內山骨并地內大小杉苗，盡行立契轉賣與李舒原名下，所是契內價鈔并收足訖。

癸酉年八月初十日謝翊先[押]契。

同上　洪武十八年祁門胡康保郎等賣山地赤契

祁門縣十一都胡康保郎、徐志仁、汪志德，共用價鈔買受休寧縣三十三都李伯起名下山地二片，坐落本都六保櫟坑原，土名一號樹塢，係坐字六百九十號，上山二十五畝。其山東至王家墓林，西至降，南至降，北至王家墓地，直上至降；　又將同原土名沙坦塢，係坐字六百三十九號，夏山四畝。其山東至大降，西至田，南至隴心分水如界，北至石坑直上至降。將前項八至內，其山計八分，內取三分，出賣與同都李孟初名下。三面評議時值價寶鈔二十一貫八百文整，其鈔當成契日一并收足。其山今從出賣之後，一任買主自行聞官受稅，遠管業。未賣之先，即不曾與外人交易，如有家外人占攔，并是出賣人之當，不及受買人之事。今恐無憑，立此文書爲用。

洪武十八年十一月十六日　胡康保郎[押]

徐志仁[押]

汪志德[押]

前項契內價鈔并收足訖，同月日再批[押]。

同上　洪武二十七年祁門謝鑾友賣山地赤契

十西都謝鑾友，今爲無鈔支用，情願將本都八保土名白楊塢，經理吊字六百五十七號，山二畝。東至嶺，隨嶺直上至降，下鳩彎坳路，西至降，南至嶺下至彎對鳩彎坳口，北至大坟降。今將前項四至內杉木舊砍斫木一百根，原係實孫存日，內取木五十根賣與謝景華，內取五十根出賣與謝則成。其餘山地并杉苗杉木、山骨，盡行立契出賣與堂侄謝則成名下。面議價錢寶鈔一十貫文，其鈔當立契日一并交足，未賣之先，即無家外人交易，如有家外人占攔，并是出產人祗當，不涉買人之事。所是上手文契，未曾繳付，日後不在[再]行用。今恐無憑，立此爲照。

洪武二十七年八月十六日　謝鑾友[押]契

同上　洪武二十七年祁門謝再興等賣山地赤契

十西都謝再興同弟德興，今有山地壹片，坐落本保，土名鐵爐塢，係吊字四佰九十七號山叁畝。其山至塢口大路，西至大降，南至里嶺下□，北至外嶺下路。今爲戶門無鈔支用，情願將前項四至內山地并地□骨杉木，盡數立契出賣與同都人謝則成名下，面議價鈔陸貫，其鈔□當日收足無欠。其山字賣之後，一聽買人永遠管業爲楮。未賣之先，則不曾與家外人交易，如有家外人占攔，并賣人之當，不干買人之事。今恐無憑，立此文契爲用。

洪武弍十七年八月弍十八日契　謝再興[押]

德　興[押]

康熙四年十月十貳日，將原契轉繳與陳四興名下爲業，面議價紋銀叁兩整在手收訖。存照。

同上　洪武二十九年祁門謝鑾友賣山地赤契

十都謝鑾友，於上年間用價買受得本都汪申祖名下山地三號，坐落本保，土名梭布塋，係經理吊字二千三百七十四號、二千三百七十五號、二千三百七十六號，畝步四至照依經理。今爲無鈔用度，情願將前項所買三號山地骨并苗，盡數立契轉賣與堂侄謝則成名下。面議時値寶鈔三千五百文，其鈔當日收足。其山地一聽買者永遠管業。未賣之先，即不曾與家外人重複典賣交易，如有來歷一切不明，并是賣人之當，不干買人之事。自成之後，二家各無悔易，如有先悔者，甘罰價鈔一半與不悔人用，仍依此文爲始。所有來腳契字，隨時繳付。今恐無憑，立此文契爲照。

洪武二十九年七月初六日　謝鑾友[押]契

見　人　謝再興[押]

同上　洪武三十一年休寧張朝宗賣山地白契

休寧縣三十一都張朝宗，承祖父有山地一片，坐落祁門縣十一都六保，土名子坑山。其山係坐字　號。其山東至坑，西至大降，南至汪方六山，北至李仲和山，直下至吳志和田裏水坑，直上至降。今爲缺支用，今前項山地并在山大小苗木，盡行斷骨立契出賣與祁門縣十一都汪乞名下。面議時値價錢寶鈔九貫，其鈔當日收足無欠。其山立木并地腳倚定聞官受稅，永遠管業。未賣之先，即無重複，如有家內外攔占及一切不明等，并是出產人自行理直，不及買人之事。所有來腳契文，與別產相連，檢尋未見，日後有將出，不再行用。今恐無憑，立此出賣山地爲用。

洪武三十一年八月初一日　張朝宗[押]契

主盟母親　吳　氏[押]

見　人　朝　社[押]

今收領前項契內價錢并收足訖。同年月日再批[押]。

同上　永樂元年祁門謝能遷賣山地赤契

十西都謝能遷，有承祖山地一片，坐落本保，土名汪七塢，經理唐字一千六百十七號，夏地一角；又取一千六百十八號，夏山一十步。東至田，南至丁汪住後里隴[壟]，上至園，下至坑，西至嶺，北至大衆基林及溪。今將前項四至內山地并大小杉苗，盡行立契出賣與同都人謝能靜名下。面議時價寶鈔六十貫，其鈔并契兩相交付。其山地一任買人管業。未賣之先，即不曾與內外人重複交易，自賣之後，二家各無悔易。今恐無憑，立此文契爲用。

永樂元年正月十五日　謝能遷[押]契

見　人　謝曙先[押]

同上　永樂二年祁門謝曙先賣山地赤契

□[十西]都謝曙先，今爲戶門無錢支用，自情願將承祖山地二片，坐落本都八保，土名白楊塢，係經理吊六百五十五號、六百五十八號，山三畝一角；又將土名張嶺坑西源塢，吊字六百七十五號，山四畝。所是四至，俱照經理爲準。其山與侄能亨、能靜相共，曙先四分內合得一分，山地骨并地內杉苗，盡數立契出賣與同都謝則成名下。面議價錢寶鈔六十貫，綿布四匹。其鈔、布當立契日一并收足無欠。其山地未賣之先，即不曾與家外人重複交易，如有家外人占攔，并是賣人之當，不涉買人之事。所是上手文契，與能亨、能靜相共，不及繳付，日後不再行用。今恐無憑，立此文契爲用。

永樂二年十二月初三日　謝曙先［押］契

依口代書人　謝仕積［押］

同上　永樂四年胡氏員賣山地白契

十西都胡氏員，原承故夫批受山地一片，坐落本保，土名周家山，係唐字號，其四至自有文契可照。其山地原與叔謝顯先相共，本宅四分中合得三分。今將一分出賣與顯先了當，仍有二分，內取一分，出賣與男謝淮安名下。面議時價寶鈔二千貫，其鈔當日收足，其木自一尺八寸起，至大當柱，一聽砍斫前去。今恐無憑，立約爲照者。

永樂四年閏七月初七日　胡氏員［押］契

依口代書叔　謝顯先［押］

同上　永樂六年祁門謝曙先賣山地赤契

十西都謝曙先，今有祖產山地一片，坐落八保，土名倉坑口，係經理吊字二千四百六十號，計山一畝零。其山東至謝則成山，西至廟基地，南至大路，北至降。今將前項四至內山，本宅四分內合得一分；又將同處地園一片，其地東至則成山，西至則成田，南至則成田，北至山。今將前項四至內地，本宅合得一半，并山盡數立契出賣與本都謝則成名下。面議價鈔十二貫，其鈔當日收足無欠。其山并地自賣之後，一任買人自行管業爲楮。未賣之先，則不曾與家外人交易，如有家外人占攔，并是賣人之當，不涉買人之事。所是山并地字號畝步，照依經理爲準。今恐無憑，立此文契爲用。

永樂六年十一月初三日　謝曙先［押］

男代書　謝能政［押］

同上　永樂八年李生等賣地赤契

十一都李生，同侄士暄，承祖父置買到休寧三十一都張得茂名下地一片，坐落本都一保，土名下福冊船埠頭張家園，係罪字九十二號，計地壹畝一角。其地東至吳地，從楓木塹至溪，西至李家地，南至塝，北至溪。今將前項四至內地并竹，盡行立契出賣與同都吳希仁名下。面議時價寶鈔三十貫整，其鈔當日收足。其地自從賣後，一任買人自行長養竹菓，本家即無言說。未賣之先，即不曾有家外人重易，如有家外人占攔，并盡賣人祇當，不涉買主之事。所有來腳契文，檢尋未着，日後將出，不再行用。今恐無憑，立此爲用。

永樂八年八月初一日　李　生［押］契

李士暄［押］

主盟母親　黃氏敬娘［押］

所有契內前項價鈔并收足訖。同月日再批［押］。

同上　永樂九年胡祥愈賣山地白契

十二都胡祥愈，今有祖產山地一片，坐落本都六保，土名鄭印受住里，計地三分零，計荒地并山二號，其山并荒地，東止胡子良田塝，隨壟上止夆，西至□大夆，南止夆，北塢頭下大夆。內除鄭印受位前朝山并住後來龍二處外，將本家經理內四至畝步，盡數立契出賣與同都人胡克昌名下爲業。面時值寶鈔三拾貫，其鈔并契當日兩相交付去訖。其山地未賣之先，即無家外人重複交易。如有來歷不明，賣人自行之當，不涉買人之事。自成交之後，二家各無悔易。所有畝步四至不明，自有本保經理可照。今恐人心無憑，立此文契爲用。

永樂九年五月十五日　胡祥愈［押］

見　人　胡仲智［押］

弘治八年七月二十日胡仕美抄白。［押］。

同上　永樂九年祁門江士偉等賣山地赤契

十一都江士偉同弟士賢，共有山地一片，坐落本都五保血嶺原，土名碎石塢口，係湯字　號。計山　畝。其山東至碎石塢口，西至吳宅田，隨壟上至降，南至大降，北至田。四至內山與李志任等相共，本家得一半，盡行立契出賣同都李志任名下。面議時價鈔三十貫，其鈔當收足訖，契後再不立領。其山地并苗，今從賣後，以任買人自行永遠管業。未賣之先，即無重複交易。爲有內外人占攔，并是賣人之當，即不及買人之事。所有上手文契，未情繳付，日後將出，不在［再］行用。今恐無憑，立此賣契爲照。

永樂九年十月二十九日　出賣人　江士偉［押］契

江士賢［押］

見　人　江舟行［押］

依口代書人　道　晟［押］

同上　永樂十一年王繼祖賣山地赤契

十二都王繼祖，今有祖產山地，係羌字□百九十號，荒地叁角叁拾步，東至壟,西至彎心,南至尖,北至田;九百一十一號、九百一十二號、九百一十三號,共山肆畝貳角肆拾步,地壹畝壹拾貳步,東至田,西、南至壟上峯,北至田。今爲門戶無鈔支用,情願將山地肆號,立契出賣與同都章思敬名下爲業。面議價鈔玖拾貫,其鈔并契當日兩相交付。其山地未賣之先,即無家外人重複交易,如有不明,并係賣人之當,不涉受買人之事。所是山地內存留祖墳二所,其爲一聽買人遷造風水。今恐無憑,立此文契爲用。

永樂十一年六月十四日　王繼祖[押]契

同上　永樂十一年謝思政賣地白契

十西都七保謝思政,昨用價同能遷共買到在城李和善等名下田土貳段壹號,係吊字　號,坐落八保南義源,土名桑園坦,計地壹畝。其田東至查木丘,西至則成田,南至顯先田,北至山。又將土名查木丘,係吊字　號,計五畝,其田東至高楊丘,西至桑園坦地,南至行路及溪,北至山。其田俱係與能遷等相共,本宅三分[份]中合得壹分。今爲無鈔支用,情願將前項八至內合得田土,盡行立契賣與同分人謝能靜名下,面議時價寶鈔柒佰伍拾貫,其鈔并契當日兩相交付。其田一任買人入段收苗受稅,永遠管業。未賣之先,即不曾與內外人重複交易,如有一切不明及內外人占攔,并是賣人之當,不及買人之事。自成交之後,各不許悔易,如先悔者甘罰寶鈔叁百貫與不許人用,仍依此文爲始。所是原買桑園坦文契,係同分人謝能遷等收執,要用之日,賫出無詞。其稅糧,見在思政戶內,候官司過割之日,聽自起割前去無詞。今恐無憑,立此文契爲用。

永樂十一年六月二十七日　謝思政[押]契

同上　永樂十二年謝則賢賣山地赤契

十西都謝則賢,昨用價鈔買受到堂伯謝鑾友名下山地一片,坐落本都八保,土名外大圵,經理係吊字六百四十一號,山一畝。其山東至田及溪,西至大降,南至謝貞祥山,隨彎心下至田廠,北至□竹坦及汪士弘山。今將前項四至內山地并杉苗□骨,三分內取二分,立契出賣與三四都住人康得俊名下。面議價鈔六十貫,其鈔當日收。其山一任買人管業爲椿。原買文契同此繳付。今恐人心無憑,立此文契爲用。

永樂十二年八月廿六日　謝則賢[押]契

同上　永樂十二年祁門汪福得賣地赤契

二保住人汪福得等,今將地一片,坐落本都二保,土名朱村墩頭,係經理周字□□號,新立四至,東至自田,西至吳宅地,南至吳宅地,北至自地,約計二分有。今將前項四至內路、地,盡行立契出賣與吳希仁名下。面議價鈔二十五貫整,其價鈔契當日兩相交付,契後再不立領。未賣之先,即無重複交易,如有來歷不明,盡是賣人之當,不及買人之事。所有稅糧,候造冊之年,聽自起割前去供解,本家即無言說。今恐無憑,立此賣契爲照。

永樂十二年十二月二十七日　立契人　汪福得[押]契

中見人　劉勝祖[押]

其契價鈔,當日一并收足無欠。

同上　永樂十四年謝俊杰等賣山地赤契

十西都謝俊杰,同弟俊賢、俊良,共有承祖山地一片,坐落本都八保,土名張玲坑東源塢西培,係經理吊字六百八十六號。計山一畝,其山東至坑心,西至降,南至塢頭橫降底伯政山,北至山,與兄謝禎祥相共,三分中本家合得一分。今將前項四至內山一并地骨,盡數立契出賣與謝則成名下。面議時價鈔貨二佰貫,其鈔貨當立契日,一并收足無欠。其山未賣之先,即不曾與家外人重複典賣交易,如有家外人占攔及一切不明,并是賣人之當,不涉受買人之事。自成交之後,二家各無悔易,如先悔者,甘罰契內價鈔一半與不悔人用,仍依此文如始。今恐無憑,立此文契爲用。

永樂十四年十一月初七日　謝俊杰[押]契

謝俊賢[押]

謝俊良[押]

主盟母親　凌　氏[押]

同上　永樂十九年休寧汪汝宜等賣山地赤契

趨化里汪汝宜、同侄汪知善、知源、知實,稟命母親李氏,將共承祖父鬮分得山地并苗一片,坐落土名梘坑西山,係經理尙字一百九十四號,計山三畝五分。通山八大分取一分;又山一片,坐落土名張家前山,係經理益字四百九十三號,計山六分二釐五;又山一片,坐落土名苦蕎堀,係經理益字四百九十八號,計山三畝;又山一片,坐落土名金竹塢,係經理益字五百八號,計山三畝,通山一十六分中取一分;又山一片,坐落土名金家圵,係經理益字五百一號,計山二畝五分;又土名黃土墈,係經理益字五百四號,計山五畝，通山三十二分中取一分，今爲缺錢支用，自情願將前項山地分數并苗斷骨，盡行立契出賣與族人汪思靜名下。面議時值價錢五千八百貫，并行收足。今從出賣之後，一聽買人自行公官受稅，永遠管業。未賣之先，即無重複交易，如有來歷不明及家外人占攔，并是賣人祗當，不及買人之事。前項各號稅糧，通計山一畝零八釐七毫四糸，大造以［聽］自本戶起割無阻。所有入戶文契并標分鬮書，與外產相連，繳付不便，日後要用，索出無詞。今恐無憑，立此文契爲用者。

永樂十九年正月十一日　出產人　汪汝宜［押］契

汪知善［押］

汪知源［押］

汪知實［押］

見　人　方福全［押］

主盟母親　李　氏［押］

依口代書　汪汝恭［押］

前項契內價銀并收足訖，同月日再批［押］。

同上　永樂二十二年章得銘賣地赤契

十一都章得銘，昨用價錢買到同都汪伯敬名下地壹片，坐落土名六保梓坑口，係坐字　　號，其地計伍分有零，東至田，西至塝，南至王起住基，北至坑，其地叁分中合得壹分。又買汪伯敬火佃王起住歇瓦屋叁間，上并椽瓦，下并地栿軟榛及四圍壁尺門扇，叁分中合得壹分。又買汪伯敬火佃謝振祖住屋叁間，上并椽瓦，下并地栿軟榛四圍壁尺，叁分中合得壹分。今將前項四至內地并火佃住屋貳片，叁分中合得壹分，盡行立契出賣同都汪伯春、汪士美、汪異才名下，面議時價鈔貨叁佰貫，其價當日收足無欠，契後再不立領。其地并屋，一聽買人自行聞官受稅管業，本家即無阻當。未賣之先，即不曾與別人交易，如有家外占攔，并□出產祗當，不及受產人之事。所有原買契文，與別產相連，不及繳付，要用之日，本家賫出參照不詞。今恐無憑，立此文契爲用。

永樂二十二年八月十一日　立契人　章得銘［押］契

同上　永樂二十二年祁門汪伯春等賣山地赤契

十一都汪伯春，同士美、異才等，今有山地一片，坐落本都八保，土名下塘坑頭，與本處許子常原□子義相共，本宅門合得一半。其山經理問字　　號，計　　畝。東至坑口及許仲得山兩嘴，隨壟上降，西至大降，南至大降，北至大降。其山十二分取三分；又取土名同保軟橋瓦□塢山地，其山係經理問字　　號，計山　　畝，其山東至塢心直出及大原田，西至高尖，南至塢頭中壟上降，北至大源橋上大溪培上降。其山六分中取三分；又取同保土名拜竹塢山地，其山係經理問字潭子口　　號，計山　　畝，其山東至拜竹塢口中壟上大降，西至高尖，南至長降，北至塢頭中壟直下彎心，直出塢口。其山六分中取三分。今將前項十二至內，合共取九分，出賣同都章得銘名下。面議時值價鈔貨三佰貫，其價當立契日一并收足無欠，契後再不立領。今從賣後，一聽買人自行聞官受稅，永遠管業。如有內外人占攔及重複交易，來歷不明，并是出賣人祗當，不涉受買人之事。所有上手來腳赤、白契文，日後要用之日，賫出參照無詞。今恐無憑，立此文契爲用。

永樂二十二年八月十一日　汪伯春［押］契

汪仕美［押］

汪異才［押］

同上　洪熙元年祁門李仲孚賣山地赤契

十都李仲孚，承祖標分得山地一片，坐落本都三保，土名下塢大港山、堪伯塢原，經理穀字八百二十九號、八百三十號、八百三十一號、八百三十三號，計山八十一畝二角地，荒地一號，八百三十　　號，計地一畝。東北自山，西南至路，其山東至堪伯塢大坑心，直出至溪，抵吳希仁等山，西至降，隨壟下至溪，抵李孟善山，南田及地，北至大降。今爲要鈔用度，願將前項八至內山地并苗，盡行立契出賣與十一都吳希仁名下。面議時價寶鈔二百貫整，其鈔當收足訖。其山地今從賣後，一聽買人自行，永遠管業，本宅即無阻當。未賣之先，即不曾與內外人交易，如有內外人占攔，本宅自行之當，不及買人之事。所有上手，檢尋未着，日後不再行用。今恐無憑，立此賣契爲用。

洪熙元年二月二十二日　李仲孚［押］契

見　人　汪雙得［押］

同上　宣德二年祁門謝震安賣山地白契

十西都謝震安，今有承祖山地一片，坐落本都七保吳坑源，土名黃土□，係經理唐字二千二號，計山一十二畝二角，同號夏地二角。其山東至嶺及坳，西至溪，南至坦里小彎心直下至大坑，隨壟直上至嶺坳，北至塢心，隨塢心直上至嶺坳，直下至溪。其山與叔謝則賢相共，四分中震安合得二分。內取一分，計山三畝三十步，地三十步，立契出賣與同都謝能靜名下，面議時價寶鈔二百一十貫。其鈔并契當日兩相交付。其山一聽買人自行永遠管業。未賣之先，即不曾與家外人交易，如有一切不明，并是賣人祇當，不涉買人之事。所是原買上手文契，仍係本家收執，未曾繳付，要用之日，賫出無詞。今恐無憑，立此文契爲用。

宣德二年丁未歲七月二十日　謝震安[押]契

遇見人叔　謝則賢[押]

同上　宣德三年歙縣金社會賣山地白契

歙縣十六都住人金社會，今□□□火，欠少支用，自情願將本家係經理到反字四百五十六號，下等山地三角四十四步，坐落土名汪唐坦。其山地東至吳家彎山，西至潘祐萬地，南至嶺脊，北至吳闞干田。今將前項四至內山地，內存留祖墳二穴，計地二十步，其地盡行立契出賣與本都吳仕晉名下，面議價錢寶鈔五十貫文，其價當便收足，即無少欠，亦無準折。其地在先即不曾與他人重複交易，如有內外人攔占，并係產人祇當，不干收產人之事。自賣之後，聽自買人管業，在後子孫不在取贖之限。其稅糧，於本戶起割之解。今恐無憑，立此賣契文書爲用。

宣德三年十二月日　出產人　金社會[押]契

見　人　胡山童[押]

今領前項契內價文并行收領訖足，再批爲照。同年月日領人金社會[押]領。

同上　宣德六年倪仕玹賣地白契

十六都倪仕玹，今有祖產□地壹片，坐落本都拾保，土名蕉源陳家塢口，係豈字壹仟卅伍號，地計貳分五釐。東、南山，西田，北鄭英□地。今爲管業不便，立契將前項四至地租，出賣與同都郭移祀名下爲業，面議大綿布伍匹，在手前去支用。其布并契當日兩相交付。其地未賣已前，與家外人即無交易，如有一切不明，并係仕玹承當，不涉移祀之事。成交之後，二家不許退悔。今少人信，立此文契爲用者。

宣德六年十二月十九日　倪仕玹[押]契

倪仕琩[押]

代書人　倪文彧[押]

同上　宣德八年鄭子齊等賣山地白契

十五都鄭子齊同弟鄭子永，今無錢用度，自情願憑中將土名十六都車田，安葬義夫、禮夫，來龍墳山樹木，盡數立契出賣與同業人鄭德芳名下爲業，面議時價梅花銀八兩，鈔六十貫，在手足訖。其價契兩相交付。未賣之先，即無家外人重複交易。山內存祖墳一首，其餘山地聽自買人爲業，本家再無分籍。今恐無憑，立此文契爲照。

宣德八年十一月初十日　立契人　鄭子齊[押]契

同弟　鄭子永[押]

中見人　鄭孟夫[押]

同上　正統二年祁門胡季瑛賣山地赤契

十六都胡季瑛，今有祖產山地一號，坐落十四都三保，土名香爐石下風木彎，經理係鳳字六百七十號，計山一十一畝。東至方山，西至坳，南至尖，北溪；又一號，六百八十一號，應墓塢奴□，計山一十五畝，東至高降，西至□，南壟，北至田廠。今將胡申甫、良厚、大濟、大年，二號山地并八至畝步季瑛分籍，盡數立契出賣與十四都王文初名下爲業。面議時價交官綿布一匹，在手前去用度。其布并契當日兩相交付，明白。其山地未賣之先，即無家外人重複交易，如有不明，賣人自行承當，不涉買人之事，自承交之後，二家各無言悔，如先悔者，甘罰契內價錢一半與不悔人用，仍依此文爲始。今恐無憑，立此文契爲用。

正統二年正月初四日　胡季瑛[押]契

同上　正統三年祁門王顯生等賣山地赤契

三四都王顯生同弟成生，有山地一片，坐落本都四保，土名舟溪源東岸，係經理雲字六百四十五號，共計山五畝有零。其山東至塢口田及康宅山，西至大溪，南至康宅山，北至坑；又將土名流水塢及三保言九塢胡邊西彎地；又將張村嵳上地，今將前項承祖山地，合得分籍，盡數立契出賣與同都康得俊名下爲業。面議時價大綿布一十九匹，其價并契當日兩交付。其山地未賣之先，即無家外人重複交易，如有一切不明，并是出賣人之當，不涉買人之事。自承交之後，二家各無言悔，如有先悔，甘罰大綿布六匹與不悔人用，仍依此文爲始。所有畝步四至，自有本保經理可證。今人少信，立此文爲用。

正統三年二月十九日　立契人　王顯生［押］契

同賣弟　王成生［押］

見　人　王永照［押］

同上　正統三年李生賣山地白契

十一都李生，承祖有山地二號，坐落本都十保，土名石坑嶺下，係經理　號，計山　畝。其山東至坑，西至尖，南至壟，北至墳林。其山六分中合得二分半；又取同保土名椒坑口，係經理　字　號，計山　畝。其山東至田，西至尖，南至壟及吳家山，北至□下及　。其山四分中合得一分。今將前項四至內山地合得分法，立契出賣與林再興名下。面議時價銀三兩半，其銀當收足訖。其山今從賣後，一從買人永遠管業，如有一切不明，并賣人之當，不及買人之事。今恐無憑，立此爲用。

正統三年九月十五日　李　生［押］契

遇見人　吳景升［押］

同上　正統五年黃升祖賣山地白契

十九都黃升祖，今爲無貨支用，今自情願將自己標分得祖產山地一片，共計二號，坐落本都十保，土名墓塢盤坑□，計山地十畝有零。其山地東至石礲塔坑及黃永恭竭廠、行路，　坎直上至桂竹彎頭，西至盤坑，坑心直上至上高彎，坑心直上至尖及朱勝山，南至盤坑口，心直上，橫過至桂竹彎頭，北至墓塢田，坑心直進，坑心直上至降及深坑山。今將前項四至內山地內，取自己一半，計山地五畝有零，盡數立契出賣與同都人黃原宗等四人名下爲業。面議時值價錢上好交官衣着綿布三十二匹，當日在手足訖，前去用度。其山地未賣之先，與家外人即無重複交易，如有來歷不明，并是出賣人自行承當，不涉受買人之事。自成交之後，二家各不許悔，如有先悔者，甘罰綿布三十匹與不悔人名下爲用，仍依此文契爲準。所有稅，候造黃冊之日，聽自原宗等收割稅糧入戶供解無詞。日後家外人并無阻當。今恐人心無憑，立此文契爲用。

正統五年十二月十五日　出契人　黃升祖［押］契

黃與興［押］

見　人　黃子張［押］

黃子芳［押］

依口代筆人　男　黃子敬［押］

同上　正統十二年祁門謝彥興賣山地赤契

三四都謝彥興，今有承祖山地一片，坐落十西都八保，土名南義源張領塢對合，其山新立大四至，東至長嶺下柿樹彎及田，西至長嶺，下至墓林，南至田及溪，北至白石平坦。今來門戶無錢支用，自情願物前項大四至內山地骨并杉苗，盡數立契出賣與弟謝彥祥名下。當面議時價銀三錢正，其價并契當日兩相交付。其山即無重交易，及來歷不明，并是出賣人成［承］當，不干受買人之事。所是山地字號畝步未開，自有本保經理衆家契文可照。自成交之後，二家各不許悔易，如先悔者，甘罰契內價銀一半與不悔人用，仍依此如始。今恐無憑，立此賣契爲用者。

正統十二年三月二十六日　立契人　謝彥興［押］契

依口代書人　謝彥升［押］

同上　正統十二年李彥清賣山地赤契

東都李彥清，承祖有山地三號，坐落十一都十保，土名東石坑源，係經理垂字二百二十四號，土名天井彎，計山二十五畝二角。其山東、西至嶺，南至自地，北至尖；又將同處地一號，經理二百二十五號，計地一百四十步。其地東、西自山，南至李高甫田，北至自山；又取土名大塝塢東培，係經理二百三十五號，計山三十步。其山東至嶺，西至塘，南至李本山，北至王慶山。今將前項山地總計一十二至，山地骨并苗，盡行立契出賣與十一都李周名下。面議價銀一兩三錢，其價當收足訖。其山地今從賣後，一聽買人永遠管業。如有來腳不明，并是本家祗當，不及買人之事。今恐無憑，立此文契爲照。

正統十二年丁卯歲四月十五日　李彥清［押］契

見　人　黃　豹［押］

同上　正統十四年謝友宗賣山地赤契

十西都謝友宗，今有承祖山地二號，坐落本都八保，土名擔水塢，係經理吊字四百九十六號，計山三畝；又一號土名莊葉塢，係吊字四百九十九號，計山十畝，四至畝步，悉照本保經理可證。今將前項八至內山地，盡數憑中立契出賣與三四都謝彥眞名下爲業。面議時値價大客官棉布十五匹整，其布幷契當日兩相交付。其山地未賣之先，即無重複交易，如有一切不明，幷是出賣人之當，不涉買受人之事。其苗木聽買人自行管業。自成之後，二家各無許悔，如有先悔者，甘罰契内價布五匹與不悔人用，仍依此文爲始。今恐無憑，立此文契爲用。

正統十四年正月二十二日　立賣文契人　謝友宗［押］

中　見　馮子成［押］

同上　景泰元年徐原貞賣山地赤契

十一都徐原貞，承祖標得有山地一片，坐落土名徐公塢三保，係經理發字六百五十二號，計山三十二步，其山東至降，西、南至彎心，北至塢口，隨壟直上至尖。今將前項四至内山地腳幷苗木，盡行立契出賣與同都人汪異常名下。面議時價銀三兩一錢整，其價當立契日一幷收足，契後再不立領。其山今從賣後，一聽買人自行長養管業，本家即無異説。未賣之先，即無重複交易，如有一切來歷不明及重複交易，幷是賣人祗當，不及買人之事。其山係祖產，徐振孫經理爲照。今恐無憑，立此文契爲照者。

景泰元年十一月初六日　出賣人　徐原貞［押］契

見　人　李喚遠［押］

依口代書人　徐伯安［押］

同上　景泰二年黃榮宗等賣山地白契

三四都黃榮宗同侄黃長得等，今爲無錢用度，自情願將承產山地一號，坐落三都八保，土名塘塢，係經理律字三百五十七號，共計山肆拾畝。其山東至大降，西至田，南至社禾坦，北至墓林。其山與叔黃佛勝相共，本家合得分籍於此幷無存留分毫，立契出賣與同都王克禮、余文昌等名下爲業。面議時價梅花銀十一兩七錢，在手前去。其價幷契，當日兩相交付。其山未賣之先，即無家外人重複交易，如有來歷不明，幷是賣人自行成當，不涉買人之事。自成交之後，二家各不許悔，如違，甘罰契内價錢一半公用，仍依此契爲始。今恐無憑，立此文契爲用者。

景泰二年正月二十日　立契人　黃榮宗［押］契

同賣人　黃長得［押］

黃長慶［押］

黃永和［押］

黃長付［押］

黃長成［押］

同上　景泰二年祁門吳希睦賣地赤契

十一都吳希睦，今將承祖高沙溪邊號地兩塊，係罪字　號，内取地約計三分。其地東至自號地，西至吳仕龍地，北至塝，南至溪。今將前項四至内地，出賣與吳仕昌名下，面議時價銀一兩七錢整。其價當收足訖，其地一聽買人永遠管業。未賣之先，即無重複，如有一切不明，幷係賣人祗當，不及買人之事。今恐無憑，立此文契爲用。

其地明日照數收科，再批爲照。

景泰二年四月初七日　吳希睦［押］

見　人　吳山童［押］

吳景陽［押］

李京潤［押］

同上　景泰七年祁門李友仁等賣地赤契

西都李友仁，同侄思勝、思禮等，承祖地一段，坐落本都八保，土名黃瓜園，係經理吊字上［三］百七十四號，計地三角。其東、南伯政地，西路，北伯政地。今將前項四至内，本家合分，立契出賣與同都李宗昱等名下。面議時價銀七錢，其價幷契當日兩相交付。其地一聽買人自行永遠管業。未賣之先，即不曾與家外人重複交易，如有家外人占攔，幷是出賣之當，不及買人之事。自成交之後，兩家各無悔異，如先悔者，甘罰銀二錢與不悔人用。今恐無憑，立此文契爲照。

景泰七年十一月十二日　李有仁［押］契

李思勝［押］

書契人　李思禮［押］

李思賢［押］

同上　天順三年汪異衙賣山地赤契

十一都汪異衙，於今承祖衆房共有山地一片，坐落本都八保，土名潭子口，係經理問字一千二百五十號，計山三畝三角；又取一千二百五十一號，山二角二步；一千二百五十二號，地十步，山一角；一千二百五十三號，山一角，地十步；　一千二百五十四號，山七畝二角四十步。其五號内山地幷茶園，四至自有本保經理該載，不及開寫。今將前項五號山地本家合得一半，内存留祖墳、族墳、古墳幷本家原開造風水一穴，本家自行存留，不在契内，其餘山地幷茶園，本家合一半。今爲家□無錢支用，盡行立契出賣與同都章希寧名下，面議時値白臉銀七兩四錢整，其銀幷契當日兩相交付。其山地今從出賣之後，一聽買人自行永遠收苗管業。未賣之先，即無重複典賣交易。如有來歷不明，幷是出賣人自行祇當，不及買人之事。又有來腳契文，本家存留，原開風水一穴，不及繳付，日後要用，將出參照無詞。今恐無憑，立此出賣文契爲用。

天順三年六月初二日　出賣人　汪異衙［押］契

同賣人　汪　琳［押］

汪　珍［押］

汪異琭［押］

侄　汪文熺［押］

今收領契内價銀幷收足訖。同日再批。

同上　天順五年祁門洪彦亨賣山地赤契

十東都洪彦亨，對得弟洪彦貴，承祖父有山地，坐落十一都五保枋坑源，土名梅枝塢，與洪景亮等相共，係經理湯字五百七十七號，計山四十二畝八分四釐二毫，通山十二分中對得一分；　又取土名大坑，係湯字五百六十三號、五百六十四號，計山一百四十八畝有零，通山三十六分中對得一分；又取同保土名黄二塢山，係湯字五百六十號、五百六十一號、五百六十二號，共計山一百一十九畝，通山一十五分中對得一分；　又取同保土名程衆段，係五百七十二號，計山十畝有零；　又取同保土名朱壟坑、高倉塢、潘相嶺，係五百五十二號、五百五十三號，計山三十畝有零；　又取華坑，係湯字　號，計山十五畝有零；　又取同保土名莊背塢山，係湯字五百三十一號，計山二畝；　今有程衆段、高倉塢、華坑、莊背塢四處山地，通山二十七分中對得一分。今得前項七處山地幷在山苗木，彦亨對得弟彦貴分數，盡行立契出賣與十一都李仕忠名下。面議時價白銀一十六兩整，其日收足。其山未賣之先，即無重複典賣交易，如有一切不明，幷是賣人之當，不及買人之事。所有上手來腳文契，與族衆相共，不及繳付，日後要用，將出照證無詞。其前項山地四至，自有該保可照。今恐無憑，立此文契爲照。

所有梅枝塢係程舟佃種田，弟彦貴自行存留。所有對換弟彦貴文契，隨時繳付。

天順五年十二月初一日　立契人　洪彦亨［押］契

見　人　洪彦德［押］

吳仲成［押］

同上　天順七年休寧汪仕連賣山地赤契

休寧縣三十二都汪仕連，承祖父有山地一片，坐落祈門縣十東都二保，土名李家坑項家坟，係遜字四百六十六號，計山二十二畝。其山東至大降，西至坑，南至小充塢口長壟，北至坑；　又將土名炭炌塢，係經理遜字　號，計山　畝。其山東至彎心中壟，上至降，下至坑，西至降，南至小壟，上至降，下至炭炌塢口，北至小壟，上至降，直下至彎心及吳家山。其前項八至内山地骨幷在山大小杉苗，一十六分中仕連合得一分，盡行立契出賣與祈門十東都洪彦達名下。面議時價白銀一十四兩，其銀當立契日收足。其山今從出賣之後，一聽受買人自行長養杉苗，永遠管業。未賣之先，則無重複交易。爲有一切不明，幷是賣人之當，不及買人之事。所有來腳文契，與別產相連，不及繳付，日後要用，將出照證無詞。今恐無憑，立此文契爲用。

天順七年四月十五日　出賣人　汪仕連［押］契

見　人　汪　正［押］

胡文宗［押］

吳仲成［押］

所是契内價銀幷收足訖，同年月日再批［押］。

同上　天順八年祁門方思通賣山地赤契

十一都方思通，承父續置得山地一號，坐落本都四保，土名程充口朝山，係商字一千七十二號，計山一畝。其山東至界子塢口，西至夆，南至夆，北至坑，與吳廟同等相共，本家四大分中合得一分，今於家緣無錢支用，自情願將前項四至内山骨，盡行出賣與同都人吳得榮名下。面議時價白銀一錢四分正，其價當日兩相交付，契後再不立領。今從出賣之後，一聽買人自行永遠管業。未賣之先，即無重複典賣，及來歷不明，幷是出賣人之當，不及買人之事。所有來腳契文，與別產相連，不及繳付。今恐無憑，立此出賣文契爲用。

天順八年九月二十三日　出賣人　方思通[押]契

見　人　項遇童[押]

同上　成化三年祁門汪慶禎賣山地赤契

十一都汪慶禎，承祖父戶下有山地一片，坐落八□[保]澤存口　，山地承祖分數并祖父續置原買汪伯名下山地，係介字五百八十六號，地三分一釐三毛[毫]；又取同處澤存口，問字一千二百五十號，山三畝三角；一千二百五十一號，山二角二十步；一千二百五十二號，地一十步，山一角；一千二百五十三號，山一角，地十步；一千二百五十四號，山七畝二角四十步。共山地六號，并茶園及地開田。四至自有該保經理該載，不及開寫。今將前項六號山地其田一百四十四分中本邊合得一分，其山并茶園地四十八分中本邊合得一分。今將前項六號山土合得分數，盡行立契出賣與同都章希寧名下。三面議時值價白銀一兩二錢正，其價當立契日并收足訖。其山田地今從出賣之後，一聽買人自行聞官受稅，永遠管業。未賣之先，即無重複交易，如有來歷不明，并是賣人之當，不及買人之事。所有稅糧，候造冊之年，聽自起割前去，本家即無異說。所有來腳契文，未情繳付，日後要用，將出參照無詞。所有祖墳存留禁步外，盡行立契出賣。今恐無憑，立此文契爲照者。

成化三年六月初六日　立契人　汪慶禎[押]契

見　人　朱彥仁[押]

王思隆[押]

同上　成化五年祁門王文仲賣地赤契

十四都王文仲，曾於天順元間買授到在城葉仕彰用工砍拔種耕到荒地一塊，坐落五都五保，土名任家塢，約計地三畝，東、南、西[至]山腳，北至外截半塢喉爲界。今將里截地，盡數立契出賣與在城方邦義名下爲業，面議還原價銀六錢，在手前去，其價銀當日兩相交付明白。未賣之先，即無重複。上手文契，未曾繳付。今恐無憑，立此文契爲用。

成化五年二月初九日　立契人　王文仲[押]契

見　人　葉仕通[押]

同上　成化五年祁門胡永安賣地赤契

十一都胡永安，承祖有地一片，坐落二保，土名王家礱塘岸口，係經理周字　號。今將前地新立四至，取地一分有零，其地東至方叔明地，西至吳仕昌等田，南至塝及朱福原父墳地，北至吳家祖墳地。今將前項四至內地，情願立契出賣與同都吳仕達名下爲業，面議時價白銀三兩五錢正。其價并契，當日兩相交付明白。今從賣後，一聽買人自行永遠管業，本家即無言說。未賣之先，即無重複交易。今恐無憑，立此文契爲用。

成化五年十二月初六日　立契人　胡永安[押]契

依口代書人　吳　彪[押]

同上　成化五年余可宗等賣山地白契

三四都余可宗、書宗、勝宗，今爲母故無錢支用，自情願將承父買受、標分得山地，坐落十西都八保，土名巧地山溪邊，係經理吊字二千四百九十九等號，計六畝零。新立四至，東至自田，西至大溪及坑，南至大溪，北至貴宗田，其山與康菊芳相共，本家合得一半。今將四至內山地骨并苗木一半，盡數立契出賣與同都謝希林名下，入山聽自管業。當面議時價白銀五兩三錢整，其價并契當日兩相交付。所有畝步字號，并照該保經理可照。其山來歷不明并重複交易及家外人占攔，并是賣人成當，不涉買人之事。自成交之後，二家各無悔意，如先悔者，甘罰照價銀一半與不悔人用，仍依此文如始。今恐無憑，立此文契爲用。

成化五年十二月二十六日　余可宗[押]契

同弟　勝　宗[押]

代書人　余書宗[押]

中見人　宋銀宗[押]

所有前項吳充塢并巧地山及巧地山腳三處山骨及在山浮木，盡數賣與謝希林前去管業。當收價銀六兩訖。所有原立合約，與別契相連未付，日後撿出，不再行用。今恐無憑，立此付希林爲照。

成化十二年十二月十五日　謝　洗[押]

謝　復[押]

同上　成化十年祁門胡政賣山地赤契

湖廣襄陽衛右所百戶朱亮□□胡政同男胡宣，今年告衛給帖，回祁門縣十二都原籍祭祖，思存承祖胡鼎新名目經理山地二號，坐落十六都四保，土名黃土嶺，經理係伍字八百二號、八百十九號。今因無盤纏回衛，情願將前項本戶山地，盡數立契賣與十五都鄭克常等名下爲業。當日議時價銀三兩，在手前去，其價并契兩相交付明白。未賣之先，即無家外人重複交易。成交後，各不許悔。倘有衛所子孫回家爭占，聽自買主賫文告理。今恐無憑，立此文契爲用者。再批：前山所有畝步四至，有該保經理可照。

成化十年七月初一日　立契人　胡　政［押］契

奉書男　胡　宣［押］

見人　胡　穆［押］

同上　成化十三年李永付賣出地赤契

七都住人李永付，今來無物支用，自情願立契將本戶下山地壹片，坐落土名胡文坳，係師字九百二十八號，□七分　　氂，合得一分二氂五毛。其山東至吳子恭山，西至吳子恭山，南至降，北至李思成山；又九百二十九號，荒地三分七氂九毛［毫］，經地一分二氂五毛，合得八氂三毛。東至吳子恭山，西至歐明山，南至田，北至汪成性田。今將前項八至合得分法三分之中，內取一分，盡行立契出賣與同都胡勝右名下。面議時值價銀三錢五分正，其銀當日收足。今從出賣之後，一聽買人自行文［聞］官承造管業，本家即無阻當，如有內外人占攔，并是出賣人之當，不及買人之事。如有先悔者，甘罰價銀一半與不悔人用。今恐無憑，立此出賣爲用。

成化十三年五月初八日　出賣人　李永付［押］契

見人　吳彥成［押］

今領契內價銀并收足訖，同年月日再［押］批。

同上　成化十四年汪思堅賣山地白契

十一都汪思堅，承祖山地一件，坐落六保，土名梓坑。山地共計三號。今來無錢支用，將承祖山地七百二十號、七百二十一號，地五百二十號，東西四至，自有經理可照，本□十二分中合得一分。自情願將承祖山地，盡行出賣與本都房東汪文啔名下。面議時值價白銀二錢五分正，其契內價銀，當日兩相交付。如有來歷不名及重複交易；如有家外人攔占，并時出賣人之當，不及買人之事。今恐無憑，立此文契爲用。

成化十四年十月初八日　立契人　汪思堅［押］契

同分人　汪思彪［押］

見人　慶　福［押］

同上　成化十五年鄭永洪等賣山地白契

十五都鄭永洪，同侄可軒、報辛等，共有祖產山地四號，坐落本都八保。土名末尾塢，經理係蓋字四百四十九號，其山原與鄭英才相共；又將本都九保，土名長塢，經理係此字八百四十四號，其山原與鄭龍孫相共；又土名桐家塢，經理係此字八百三十四號、八百三十六號。其前項山地俱與侄鄭顯達等相共，永洪等合得一半。今爲無錢用度，自情願將前項山地四號，合得一半，盡數立契山賣與本都鄭安信分下子孫爲業，面議時價白銀一兩，在手足訖，其價并契當日兩相交付。未賣之先，與家外人即無重複交易，如有不明，賣人自理，不涉買人之事。所有畝步四至，俱照經理爲始。今恐無憑，立此文契爲用。永洪兄弟并侄可仁兄弟，三分內得一分。可軒同弟可昂，三分內得一分。報辛并買叔龍受、龍通三分內得一分。以上分籍俱各盡賣，再無存留，立此爲照。

成化十五年三月初八日　立契人　鄭永洪［押］契

同賣人　鄭永懷［押］

落　蘇［押］

可　仁［押］

可　義［押］

可　禮［押］

可　智［押］

可　信［押］

報　辛［押］

可　軒［押］

可　昂［押］

同上　成化十五年陳梅芳賣山地白契

十三都陳梅芳，今有山地四號，坐落八保，土名箏竹塢及柿樹降等號。今爲無錢支用，自情願將本股分數，盡行立契出賣與本都陳庭瑾名下，前去管業。面議時價白銀四錢，在手前去用度。其山未賣之先，家外人即無重複交易。來歷不明，賣人自理，不涉買人之事。所有四至，并照本保經理爲始。今恐無憑，立此文契爲用。

成化十五年十月十八日　立契人　陳梅芳［押］契

代書人　陳復春[押]

同上　成化十六年李海等賣山地赤契

十一都李海、同弟李渡，承祖父原買洪景亮分法山地，俱坐落本都五保祊坑頭。計開：　土名梅枝塢，係五百七十七號；　又取土名大坑，係五百六十三號、五百六十四號，其山二處。共三號，海、渡二人通山一百六十八分中合得二分；　又取土名黄二塢，係五百六十號、五百六十一號、五百六十二號，又取土名程衆殷係五百七十二號，二處共四號，海、渡二人通山一百二十六分中合得二分；　又取土名朱壟坑、潘相嶺、高倉塢，係五百五十二號、五百五十三號，通山七十二分中合得二分；　又取土名莊背塢，係五百三十一號，通山九十分中合得二分。今將前項六處山地骨并苗木，畝步四至，自有經理該[記]載。海、渡二人合得分法，盡行立契出賣與叔李景瞻名下。面議時價白銀一十五兩整。其價并契當日兩相交付，契後不再立領。其山今從賣後，一聽買人永遠管業。未賣之先，即無重複典賣交易，如有一切不明，賣人之當，不及買人之事。今恐無憑，立此文契爲用。

成化十六年九月十一日　立契人　李　海[押]契

同賣　李　渡[押]

主盟　母親　黄　氏[押]

見人　李　璁[押]

李　漢[押]

張宗秀[押]

同上　成化十七年李華祥賣墓林山地白契

十東都李華祥，今有承祖墓林山地一片，坐落二保。土名楊村瓦窰墩，係經理周字　號。新立四至，東至李志文墓林地，西至田，南至李先田，北至李先田。其山地約計二畝有零。其前項墓林山地，與胡付及兄李孟祥相共。今取華祥合得分法，通山地十分中合得一分，盡行立契出賣與十一都吴斯哲名下爲業。面議時值價白銀六錢整，在手前去。其價并契，當日兩相交付，契後再不立領。今從賣後，一聽買人前去十一都二保楊村瓦窰墩四至内遷造風水，永遠管業。如有家外人占攔阻當，并是出賣人之當，不及受買人之事。所有來腳契文與別産相連，不及繳付，日後要用，李先、李孟祥討出照證。今恐無憑，立此文契爲用。

成化十七年二月初三日　出賣人　李華祥[押]契

依口代書人　吴素貞[押]

同上　成化十七年康新童賣山地赤契

十三都康新童等，爲上年買受本都方思義名目經理山地二號，坐落本都七保，土名左家山、方段山地。今爲戶役均徭無錢用度，自情願將前項原買受山地，本位合得一半，盡數立契出賣與本都康澄名下，前去管業。面議時價白錢[銀]五錢，在手足訖，其價并契，兩相交付。其山地未賣之，即無重複，來歷不名，不涉買人之事。所有畝步，照依經理爲始。所有上手文契，有別號相連，不在[再]繳付。今恐無憑，立此爲用。

成化十七年六月初二日　立契人　康新童[押]契

奉書男　康汝進[押]

遇見人　康　琥[押]

同上　成化十七年祁門李景仁賣山地赤契[附驗契紙]

十一都李景仁，承父并己買山地一片，坐落本都二保。土名烏彫塢東培，係經理周字二百卌八號，計山一百零五畝。其山新立四至，東至大降，西至水坑，南至塢口，北至小壟及老林　爲界。其山通山本邊取八大分中一分；　又取本都五保祊坑源，土名王小塢，係經理湯字六百卌一號、六百卌二號，共計山六十畝。新立四至，東至塢口兩嘴相對，西至塢□大降，南、北至降。通山四大分中合得一分；　又取同保土名炭松塢，其山係經理湯字五百十六號，計山九畝。東至降，西至塢口，南北至降，通山八大分中合得一分。今將前項山地并苗木，開寫分數，盡行立契出賣與同都吴　名下。面議時值價銀十六兩八錢。其價契當日兩相交付已訖，契後不再立領。其山今從賣後，一聽買人永遠管業。未賣之先，即無重複交易。來歷不明，并是賣人祇當，不及買人之事。來腳契文，與別産相，不及繳付。今恐無憑，立此文契爲照。其烏彫塢東培里截，原合李彦富等掘茅分法，本邊收贖，除賣外，仍存留東培一十六分，賣與吴昭八分一。

成化十七年九月初六日　立契人　李景仁[押]契

見人　李貴亨[押]

驗　契　紙

買主姓名：吴

不動產種類：山
座　　落：東都二保
四至：　東至
　　　　南至
　　　　西至
　　　　北至
賣價或典價：十六兩八錢
應納驗費：一角
立契年月日：成化十七年九月初六日
摘录條例：一、自十六年十一月十六日起，至十七年二月十六日止，爲部令辦理驗契之期，各契呈驗後，產權便可確定。
一、每契一張，其價值在三十元以上至萬元，逾限呈驗者，祇納契紙價一元五角，注冊費一角，教育費二角，此外不得徵收分毫。但逾限照罰。
一、凡在十六年十一月十六日以前成立之舊契，無論已稅、未稅，已驗、未驗及遠年、近年，在限内呈驗者，祇納驗契各費一元八角，一律免予補稅及處罰。
一、凡在十六年十一月十六日以後成立之新契，按照本省契稅條例報稅，以示限制。
一、契上所載爲銀價或錢價，銀以每兩合洋一元五角，錢以每千合洋三角五分計算，其價值在三十元以下者，祇納注冊費一角。
一、如係執照或係無上手紅契之白契，呈驗時須取具公正業鄰五人保結核準後，方給驗契紙。其驗費仍只收一元八角。倘有揑言，除將原業發還本主外，仍從重罰辦。若係舊契遺失，更加業主切結一紙。

賣主　李景仁
中人

同上　成化十七年吴斯明賣山地赤契

十一都吴斯明，承父幷續買分法山地一片，坐落本都五保䄷坑頭，土名生地塢，係經理湯字五百七十六號，計山七十五畝。其山東至坑及地，西大降，南梅枝塢口，北至生地塢心，直上至凹。今將前項四至內山地骨幷苗木，通山二十四分中合得一分，情願立契出賣與同都李景瞻名下。面議時價白銀一十七兩整，其價幷契，當日兩相交付，契後不再立領。今從賣後，一聽買人永遠管業。未賣之先，即無重複交易，如有一切不明，幷是賣人之當，不及買人之事。所有作山分法，幷開過荒田，本家自行存留。今恐無憑，立此出賣文契爲用。

成化十七年九月十五日　立契人　吴斯明［押］契
　　　　　　　　　　　見人　吴景越［押］
　　　　　　　　　　　　　　吴　逸［押］

同上　成化十八年祁門吴景春賣山地赤契

十一都吴景春，承祖父有山地，坐落東都三保，土名里坑口，係經理穀字八百四十三號，同號字八百四十四號，同號字八百四十五號，八百四十七號，八百四十八號。共計山地　畝，東西四至，自有該保理經該載，不及開寫。今將前項山地骨，景春合得分數，情願盡行立契出賣與李　名下。面議時價白銀二錢正。其價幷契，當日兩相交付，契後再領。其山地骨，今從賣後，一聽買人自行管業。未賣之先，即無交易典賣，如有家外人占攔，一切不明等事，幷是賣人之當，不及買人之事。今恐無憑，立此文契爲用。

成化十八年正月十四日立契人　吴景春［押］契

其前項價銀幷收足訖。再批。

同上　成化十八年汪新居等賣地白契

十一都汪新居同侄女起等，承祖墳地一備，坐落土名一保前頭墩，係經理罪字號，計地一畝，東西四至，自有該保理經該載，不及開寫。今情願將己邊地幷栗木，盡行立契出賣與同都吴名下，時價值銀六錢整，其價幷契當日兩相交付。其地、木未賣之先，即無重複典賣交易，如有一切不明，幷是出賣人之當，不及買人之事。今從賣後，一聽買人永遠管業，本家即無異說。今恐無憑，立此賣契爲用。

其前項地幷木，四大分中本家合得一分。再批［押］。

成化十八年十月初一日　出賣人　汪新居［押］契
　　　　　　　　　　　同賣人　文　起［押］

社　護[押]

同上　成化十九年祁門江子容賣地赤契

十一都江子容，原買吳存濟地一備，坐落本都，土名下福州吳存理住後，係經理罪字　號。計地一畝五分，其地東至吳地，西至吳存理菜園地，南至吳福兄弟地，北至擔水路。今將前項四至內地并果木，盡行立契出賣與同都吳　名下。面議時價白銀十八兩正，其價并契，兩相交付，契後不再立領。今從賣後，一聽買入受稅、收租、管業。未賣之先，即無重複典賣交易，如有來歷一切不明，并是賣人之當，不及買人之事。所有稅糧，候造冊，聽自本戶起割前去供解。今恐無憑，立此文契爲用。

成化十九年正月十一日　立契人　江子容[押]契

見　人　江辛宅[押]

同上　成化二十年祁門項有能賣地赤契

十一都項有能，承祖有荒熟地一號，坐落本都四保，土名厤榨山，係商字六百四十二號。計地一畝三角廿九步，其地東至暮林，西至塝，南至塝，北至塝，其地有墳，項永道等相共，六分中本家該得一分。今無錢之[支]用，自情願將前項四至內地，盡行立契出賣與同都人吳彥璋、吳道蕎名下。面議時價白銀九錢三分正，其價當日收足，契後不再立領。其地今從出賣之後，一聽買入自行收苗、受稅、管業。未賣之先，即無重復交易，及一切不明等事，并是賣人之當，不及買人之事。所有稅糧，在造冊之日，聽自於本戶起割稅糧前去，本家即無難易。今恐無憑，立此文契爲用。所有叔墳一穴自行存留。

成化廿年四月初八日　出賣人　項有能[押]契

依口代書人　黃敬宗[押]

同上　成化二十一年祁門項有志等賣地赤契

十一都項有志，同弟有眞，承祖有荒熟地一號，坐落本都四保，土名厤榨山，係經理商字六百四十二號，計地一畝三角二十九步。其地東至暮林，西至塝，南至塝，北至塝。其地與項永道等相共，本家三大分中合得一分。自無錢支用，情願將前項四至內地，盡行立契出賣與同都吳彥璋、仕蕎名下，面議時價白銀二兩整。其價當日收足，契後不再立領。其地今從出賣之後，一聽買人自行收苗、受稅，永遠管業。未賣之先，即無重複交易，及一切不明等事，并是賣人之當，不及買人之事。所有稅糧，候造冊之日，聽自於本戶起割前去，本家即無難易。今恐無憑，立此文契爲用。所有父墳，本家自行存留。

成化二十一年後四月二十九日　出賣人　項有志[押]

同賣人　項有眞[押]

依口代書人　方思通[押]

同上　成化二十一年李神宗賣山地赤契

十一都李神宗，承祖山地一片，坐落五保初坑源，土名長塢充上，係經理陽字　號，計山畝步，字[自]有經理該[記]載。東至石充，隨壟直至降，西至塢頭中壟直上至降，南至田，北長降。今來無物用度，自情願將前項四至內□山內取分法二十四分之一分，山地骨并苗木，盡行立契出賣同都住人李名下，三面議時價白銀五兩整。其價當日收割，其契價兩相交付，契後并不立領。今從出賣之後，一聽受買人自行永遠管業，本家即無易說。未賣之先，即不曾與家外人重複交易，如有家外人占攔，并是賣人之當，不及受買人之事，所有來腳契文，未曾交付。今恐無憑，立此文契爲用。

成化二十一年十二月二十六日　出賣人　李神宗[押]

依口代筆人　李　珍[押]

同上　弘治元年李湧賣山地赤契

十一都李湧，承故父李銓原用價買十東都胡彥彬承祖山地，共四號，俱坐落東都九保，土名杭溪源一號，土名寺坑口，係經理道字五百四十四號，計山一畝二角。東至田，西至降，南至石充，北至細石里壟；又一號，土名鴨丫塢，係經理五百九十號，計山二畝，東坑，西降，南彎頭，北塢口；又一號，土名南岸塢，係經理五百八十七號，計一十畝零，東至田，西至鴨丫塢口，南至高尖，北至田。又一號，土名七畝段，係經理七百三十號，計山二畝一角，東田，西降，南塢口，北山。今將前項一十六至內山并苗木，本家合一十八分中該得一分，今情願立契盡行立契出賣與同都住人汪廷春、廷宣名下爲業。面議時價白銀一兩二錢整，其價并契當日兩相交付明白，契後不再立領。其山分數未賣之先，并無重複典賣他人，如有一切不明情事，并是賣人之當，不及買人之事。其山自從賣後，一聽買主永遠栽苗砍木爲業，本家并無異說。所有來腳契文，一道隨時繳付。今恐無憑，立此爲照者。

弘治元年十二月初九日　立契人　李　湧[押]契

見人　謝　三[押]

同上　弘治二年李梅賣地赤契

十一都李梅，承父標分得民地一備，坐落東都三保，土名湖百州，即山廠下，係經理　字　號，約計地六分。其地東西四至畝步，自有經理該載，不及開寫。又取湖百州塝上山，本邊該得二十四分一分。其山東西四至，自經理該載，不及開寫。今將前項八至內地并山地骨并苗木，盡行立契出賣與同都吳　名下，白銀四兩五錢整。其價并契當日兩相交付，契後不再立領。今從賣後，一聽買人之□受稅管業。未賣之先，即無重複交易，如有一切不明，并是賣人之當，不及買人之事。今恐無憑，立此文契爲用。

弘治二年十二月初一日　立契人　李　梅［押］契

見人　吳景端［押］

同上　弘治四年徐永順賣地赤契

十東都徐永順，用價買受得地，坐落十一都一保，土名其馬洲湖里，係經理　字　號，計地一畝有零。新立四至，東、北至徐杭道地，西、南至吳添原地。又取土名高洲，係經理　字　號，計地五分有零，東至徐志名地，西至□，南至徐永付地，北至徐永新地。今將前項八至內地，盡行立契出賣與十一都吳名下。面議時價白銀十兩整。其契并價當日兩相交付，契後不再立領。今從賣後，一聽買人收租管業。其地未賣之先，即無重複典賣交易，如有一切不明，并是出賣人之當，不及受賣人之事。所有稅糧，候造冊之日，聽自於本戶起割前去，本家即無易說。所有來腳契文與別產相連，不及繳付，日後要用，將出參照無詞。今恐無憑，立此文契爲用。

弘治四年正月初六日　出賣人　徐永順［押］契

見人　徐永新［押］

依口代書人　徐永春［押］

同上　弘治四年祁門吳仕達賣地赤契

十一都吳仕達，承父標分得地一片，坐落本都一保下福舟原章招保住地，係經理罪字　號，與吳振相共，本邊該地一畝三分。今其地東至吳宅地，西至路及塝，南至吳景隆共地，北至塝及李宅地。仕達內取地一畝，出賣與侄吳杰名下，面議時價銀六兩五錢正。其價其契當日兩相交付，契後不再立領。其地今從賣後，一聽買入收租管業。未賣之先，即無重複典賣交易，如有家外人占攔，并是賣人之當，不及買人之事。今恐無憑，立此文契爲用。

弘治四年二月廿三日　立契人　吳仕達［押］契

其地內栗木、柿木，本家自行存留，再批爲用，仕達批［押］。

同上　弘治六年祁門鄭文奎等賣山地赤契

十六都鄭文奎同弟文獻、文輝、侄舜一等，有故父、叔存田，於上年間用價買受得山地，俱坐落本都四保，土名黃土嶺背，經理五字七百八十九號，係似翁名目僉業，計山二畝。七百九十號，係陳業遷、九進名業，計山一畝。八百號黃土嶺，係吳叔辛名業，計山一十步。八百二號，黃土嶺係胡一清名業，山一畝，地一角。今無錢用度，自情願將前項四號內山地并在山大小杉木，盡數立契出賣與十五都鄭安信分下子孫爲業，面議時價白銀二十三兩，在手足訖，其價并契當日兩相交付。來歷不明，賣人自理，不涉買人之事。其山地未賣之先，與家外人即無重複交易，所有畝步四至，自有該保經理可照。今恐人心無憑，立此文契爲用者。

弘治六年閏五月二十四日　立契人　鄭文奎［押］契

同弟　文　獻［押］　文　輝［押］

侄　舜　一［押］　舜　五［押］

見人　倪員通［押］

同上　弘治七年謝以榮等賣山地赤契

十西都謝以榮、以遠、以知大三房，共有承祖山并地一片，坐落八保，土名焦坦，係經理吊字二千四百一十號，四至自有該保經理可照。今爲管業不便，情願將前項四至內山并地，盡行立契出賣與同都住近人謝彥綱名下爲業。面議時價白銀四兩整，其價并契當日兩相交付。來歷不明，賣人之當，不涉買人之事。自成交之後，二家各不許悔，如先悔者，甘罰契內銀一半與不悔人用，仍依此文爲始。今恐無憑，立此文契爲用。

弘治七年四月二十一日　立契人　謝以榮［押］契

謝以遠［押］

謝以知［押］

書契人　謝周得［押］

遇見人　仇本正［押］

其山係上年間是父綱以四分爲率，內取三分，賣與芳榮昌，本家仍有一分，四大房子孫均業。

祁批[押]

同上　弘治八年胡仕美賣地白契

十二都胡仕美，今將承祖買受標分得地一號，坐落本都六保，土名鄭應受住里，計地三分四釐六毫，係黎字三百十四號，胡勝可經理名目，所有四至，照依本保經理爲始。因管業不便，立契出賣與十五都鄭名下爲業湊片。面議時價白銀一兩整，在手足訖，其價并契當日兩相交付。其地未賣之先，即無家外人重複交易。來歷不明，賣人之當，不涉買人之事。所有稅糧，見在本戶供解，候造冊之年，聽自買人起割前去，本家即無異言。自交之後，二家各無異悔，如先悔者，甘罰銀四錢與不悔人用，仍依此文爲始。所有原買上手文契，與別號相連，未曾繳付。今恐無憑，立此文契爲照者。

弘治八年七月二十日　立契人　胡仕美[押]契

胡伯進[押]

胡光澤[押]

中見人　胡伯連[押]

胡光遠[押]

同上　弘治九年康球賣山地赤契

十三都康球，因爲康濟缺少糧錢，自情願將承祖三保土名鄭坑正五頭山地，本□六分該得一分，盡數立契出賣與兄康澄名下前去爲業。面議時價白銀八錢，在手前去納糧。所有來歷不明，賣人自理，不涉買人之事。所有四至，并照舜文經理如始。今恐無憑，立此文契爲用。

弘治九年正月二十八日　立契人　康　球[押]

康　濟[押]

代書人　康　洞[押]

同上　弘治九年謝七保賣山地赤契

十西都謝七保，今爲家門無錢支用，自情願將標分得山地二號，坐落本保，土名水碓塢，共有三塢；又一號長嶺塢，係經理□字號。其山字號、四至、畝步，自有五房標單照證。其山與兄謝倫相，其本家合得一半，并苗木，盡數立契出賣與房侄謝景洪名下爲業。面議時價白銀五兩八錢正。其價并契，當日兩相交付。來歷不明，賣人之當，不涉買人之事。今從賣後，一聽買人入山栽苗，永遠管業，本家即無言說。自成交之後，各無悔易，如悔者，甘罰銀一兩與不悔人用。仍依此文爲準。今恐無憑，立此文爲用。

弘治九年六月十九日　立契人　謝七保[押]

同上　弘治十年謝七保賣山地白契

十西都謝七保，今爲無錢支用，自情願將本家住後來龍山并地一片，東至降，西至衆洋溝，南至永和、景洪竹山，北至永和、景洪山地。今將前項四至內山地，并竹果等木，本家十分中合得一分，盡數出賣與房侄謝景洪名下爲業。面議價銀二錢五分正，其價并契當日兩相交付。未賣之先，即我家外人重複交易。來歷不明，賣人成當，不及買人之事。成交後，各無悔易，如悔者，罰銀一錢與不悔人用。今恐無憑，立此文契爲用。

弘治十年七月十一日　立契人　謝七保[押]契

同上　弘治十一年祁門吳謙賣地赤契

十一都吳謙，今將承父批標地一備，坐落東都三保，土名里坑口下山彎，係經理穀字　號，約計地三分零。其地新立四至，東至路，西至山，南至高破[坡]底吳信地，北至吳光地，其地三大分中，本邊合得二分內取一半，自情願盡行立契出賣與吳名下。面議時價白銀八兩五錢整，其契并價當日兩相交付明白，契後不再立領。今從賣後，一聽買人永遠管業，本家即無言說。未賣之先，即無重複交易，如有一切不明，并是出賣人之當，不及受買人之事。其地查明荒熟，聽自收割。所有來腳契文，與別產相連，不及繳付，日後要用，將出無詞。今恐無憑，立此文契爲照。

弘治十一年十二月二十七日　立契人　吳　謙[押]契

同上　弘治十二年倪克春賣山地白契

十六都倪克春，今有衆共自己買受得鄭宏道經理名目山，坐落四保，土名張彎、黃土嶺等處，并買吳家上張彎并下張彎；又四保，土名梓溪宏道名目山地等處，分籍、字號、土名、四至不開。又十保土名宏道經理名目山地柴堆塢汪亞坑塘都山，彭家嶺等處；又并買十四都朱曹坑等處山地，字號四至不開，自有該保經理可照。今情願將前項山地、各保山地，并自己栽坌杉苗木，本位該得分籍，盡數立契出賣與侄倪雙桂弟侄四分名下爲業。面議時價白銀一兩正，在手足訖。其價并契當日兩付。其山未賣之先，與家外人即無重複交易。來歷不明，賣人自理，不涉買人之事。成交之後，各不許悔，如先悔者，甘罰白銀五錢與不悔人用，仍依此契爲準。今恐人心無憑，立此文契爲照者。

弘治十二年二月初三日　立契人　倪克春[押]契

依口代書侄　倪　鑒[押]

同上　弘治十三年倪杲賣山地白契

十六都倪杲，今有衆共自己故父買受鄭宏道經理明目山，坐落本都四保，土名張彎、黄土嶺等處，幷買吳家上張彎幷下張彎；　又四保土名梓溪鄭宏道經理明目山地，分籍等處，土名、字號、四至不開；　又十保，土名宏道明目山地，土名紫堆塢、汪西坑、塘頭山、彭家嶺等處；　又幷買受十四都朱曹坑等處山地，字號四至不開，自有各保經理可照。今無錢用度，自情願將前項各保山地、幷自己栽坌山苗，本位該得分籍，盡數立契出賣與兄倪雙桂兄弟四人名下，湊便爲業。面議時價白銀一兩六錢正，在手足訖，其價幷契，當日兩相交付。其山未賣之先，與家外人即重複交易，來歷不明，賣人自理，不涉買人之事。自成交之後，各不許悔，悔者甘罰白銀□錢與不悔人用，照依此契爲準。今人少信，立此文契爲照。

弘治十三年四月廿五日　立契人　倪　杲[押]契

中見人　倪　衡[押]

同上　弘治十三年章瑠賣山地赤契

十二都章瑠，今爲無錢用度，自情願將承上祖買受幷承繼續置山地，坐落本都三保，土名石屹山、小南充、大南充、紙焙塢、吳西充、黄土嶺、坳上、鄭□源等號山木；　又將三四都，土名炭松塢山木，與德亮等相共。今情願將前項山水，本位該得分籍，盡數立契出賣與同業兄章德亮名下爲業。當面議時價白銀一兩二錢整，在手足訖。其價契當日兩相交付。其山地，幷在山木，即無典賣之先。一切不明，盡係賣人成管，不涉受產人之事。自成交之後，各無言悔，如違，先悔者甘罰銀三錢與不悔人用，仍依此文如[爲]始。今恐無憑，立此文契爲用。

弘治十三年十二月十三日　立契人　章　瑠[押]契

見人　王　忠[押]

同上　弘治十四年王忠賣地赤契

十四都王忠，今爲無錢用度，自情願憑中人將一保土名黄係塢地下塊、外塢地下塊，共計二塊，出賣與同都王富名下爲業。面議時價銀一兩整，其價幷契當相交付。來歷不明，賣人成管，不干買人之事。今恐無憑，立此爲照。

弘治十四年四月初一日　立契人　王　忠[押]契

中人　胡永良[押]

王　祐[押]

同上　弘治十五年鄭聯瑾賣山地白契

十五都鄭聯瑾，今有祖產山，鄭宏道經理名目山地四保全，十保全，土名、字號、畝步數多，開寫不盡，本位將前項四保、十保宏道經理名目，幷木苗山地合得分籍，盡數立契出賣與十六都倪雙桂等名下湊便爲業。面議時價白銀五錢，在手足訖。其價幷契，當日兩相交付。其山未賣之先，與家外即無重複交易，來歷不明，賣人自理，不涉買人之事。今恐無憑，立此文契爲照。

弘治十五年二月十二日　立契人　鄭聯瑾[押]

中見人　倪聖保[押]

同上　弘治十六年祁門程舟乞賣山地赤契

西都程舟乞，有民□山一備，坐落本都九保，土名冷水堀前老虎彎，係經理民字　號，共計山地　畝。新立四至：　東至大溪及蘆金塢口，西至張山，南至田及溪，北至大嶺降。四至內山地，本邊六大分中合得一分，自情願將本邊分法四分中內取山三分；　又將彎內自己用本開得地畝，盡數立契出賣與同都季邴名下爲業，面議時值價白銀八錢，其價幷契當日兩相交付。未賣之先，即不曾與家外人重複交易。如有來歷及分法一切不明，幷是賣人之當，不及買人之事。成交之後，各不許悔。如悔者，甘罰銀三錢與不悔人用。今恐無憑，立此文契爲用。

弘治十六年正月二十日　立契人　程周乞

依口代書人　程佛乞

同上　弘治十六年章世安等賣出地赤契

十二都章世安，同弟世豪、世興、世負，今將承祖戶章遺通經理山一號，坐落四都十保，土名左坑，係爲字二百六十五號，計山一百一十畝零。東至小嶺彎心，西壟上峰，南至塢頭，北至坎。四至內山地與侄瑄光相共。今爲無錢用度，自情願將本家兄弟八分中合得一分籍山地，盡數立契出賣與同都住人章德亮名下爲業。面議時值細絲銀五錢正，在手前去，價契當日兩相交付。其山地未賣之先，即無[與]家外人重複交易，倘一切來歷不明，賣人自管，不干買人之事。成後各無悔異，如先悔者，甘罰銀三錢與不悔人用，仍依此契爲準。今恐無憑，立此文契爲照。

弘治十六年八月初四日　立契人　章世安[押]契

同賣弟　章世豪[押]

章世興[押]

章世負[押]

依口代書侄　章　大[押]

同上　弘治十七年謝本茂賣山地白契

十西都謝本茂、謝榮茂二大房人等，今有承祖標分得共有山地一片，坐落本保言塘，土名隱將嶺，係經理吊字　號，其山畝步四至，自有該保經理可證。今將前項山地，盡數立契出賣同都謝景洪名下爲業。面議時值價白銀二兩二錢八分正，其價并契當日兩相交付。來歷不明，并是賣人之當，不涉買人之事。自成交之後，二家各不許悔，如先悔者，甘罰白銀五錢與不悔人用，仍依此契爲準。今恐無憑，立此文契爲照。

內添標分得、白四字

弘治十七年十月十五日　立契人　謝本茂[押]契

同賣人　謝榮茂[押]

代書人　謝榮茂[押]

再批：　謝則成原買契字一紙，又原買謝禎祥、謝榮祥、謝應祥、謝永祥、謝勝員契字一紙，隨時繳付。又買謝則賢、胡仕恭契字一紙，與別產相連，不及繳付，日後要用之日，賫出照證無詞。謝煥批[押]。

同上　弘治十八年葉文泰等賣山地赤契

十三都葉文泰同弟文正，今有承祖山場二號，坐落本保，土名中央坑上山培。今無錢支用，自情願其山地骨并栽坌苗木本役[股]分數，盡數立契出賣與戴珏名下。面議時價白銀一兩一錢整，在首前去。成交之後，各無悔意。前項四至畝步字號，照依本保經理如始。未賣之先，即無家外重複。今恐無憑，立此文契爲用。

弘治十八年九月二十三日　立契人　葉文泰[押]契

同賣弟　葉文正[押]

依口代書人　戴義琥[押]

見人　戴仕顯[押]

同上　正德元年鍾振杰賣地赤契

三十都鍾杰，同侄兆生，今將承祖戶下有地一號，坐落九保，土名墩頭，係業字五百七十一號，共地一分二釐五毫。其地東西四至，自有保簿該再明白，不在開寫，文內取地一釐有零。今來缺物支用，自情願將前項四至內取地盡行立契出賣與同都人汪宗付名下。三面議時值價白銀一錢二分整，其價當日收足。其地今從出賣之後，并無重複交易，如有來歷不明，一切等事，并是出賣人之當，不及買人之事。所有稅糧，見在本戶，候造冊之日，一聽買人收遷入戶，本家即無難異。今恐人心無憑，立此出賣文[契]爲用。

正德元年二月二十四日　立契賣人　鍾振杰[押]契

鍾兆生[押]

今領去契內價銀，并收足訖，同日再批[押]領。

正德四年正月二十八日，鍾振宗將同號該地五毫有零盡行出賣，立此爲照[押]。其價銀六分，當收足訖。

代筆人　鍾福才[押]

代書　鍾振才[押]

同上　正德二年祁門汪眆賣地赤契

十一都汪眆，今有承父山地一塊，坐落本保，土名蕎山彎。新立四至，東、西至山，南至塢口，北至彎頭，本邊六大分中一分。今將前項四至內地，盡行立契出賣與章添保名下。面議時值價銀一錢整。今從賣後，一聽買人鋤種，永遠管業。其價、契當日兩相交付，契後不再立領。所有家外人等攔，一切不明等事，并是賣人之當，不及受買人之事。今恐無憑，立此文契爲照。

正德二年十二月十五日　立賣契人　汪　眆[押]

見人　章泰才[押]

嘉靖二年八月初九日，章進付今將前地，照依原價，轉賣與汪時名下爲業。

[押]

同上　正德三年張阿許賣地赤契

三十一都張阿許，承祖鬮分有地一備，坐落本都六保，土名大牆，係學字一千四百六十九、七十、七十一號，内合得地二分二釐五。其地新立四至，東至大路，西至張迪地，南至張碩地，北至張杰地。今爲戶役欠用，自情願將前項四至内地骨本邊合得，盡行立契斷骨出賣與張植兄弟名下。憑中面議，時值價紋銀十兩整。其價、契當日兩相交足。其地今從出賣之後，一聽買人收苗受稅，永遠管業。未賣之先，即無重複交易及家外人占攔。一切不明等事，并是賣人之當，不及買人之事。所有稅糧，候造冊之日，聽自張侃戶起割前去，本家即無異說。今恐無憑，立此賣契爲照。

正德三年十月十七日　立賣契人　張阿許[押]契

中見人　吳　和[押]

依口奉書人　張　碩[押]

今領契内價銀并收足訖，同月日再批[押]領。

同上　正德三年祁門汪佐賣山地赤契

三四都汪佐，今爲無錢支用，自情願將承祖標分得山地二號，坐落本都四保，土名苦行坑口里彎，山一畝，地一角，經理係閏字五百八號。其山新立四至，東西聾份水，南至降，北至田；又將閏字七百九號，土名坳下，山一畝十步，東、西汪鎮山，南降，北至官路。其山八至内四份中，汪佐合得一分山。其山大小苗木，盡行立契出賣叔汪璇名下爲業，面議時價文銀一兩一錢整，在手前去。其契并價當相交付，即無重複交易。自成交之後，各無悔異，如先悔者，甘罰銀三錢與不悔人用，仍依此文爲始。今恐無憑，立此文契。

正德三年十月二十一日　立契人　汪　佐[押]契

見人　汪　暉[押]

汪　珙[押]

同上　正德四年傅社芳賣地赤契

二十五都五圖住人傅社芳同弟社佛，今爲見年均徭，欠少支用。自情願將承祖經理陰字　號下地陸步，計稅弍釐伍毛，坐落土名前邊林。其地東至李義榮地，西至買人衆地，南至啓高地，北至義榮地。今將前項四至内取地弍步，出賣與本圖李茂、李義、李達、李昂四人名下。三面議定時值價文銀陸錢正，其價當成契日一并收足，既無欠少，亦無準折。其地自賣之後，聽從買主便行管業，收苗、受稅。其地未賣之先，即不曾與他人重複交易，如有内外親房人攔占，并是出產人之當，不及買主之事。其稅糧，候造冊之年，於本戶下過割，即無難異。今恐人心無憑，立此文契爲用。

正德四年正月十五日　立契出產人　傅社芳[押]契

同弟出產人　社　佛[押]

依口代書人　江　法[押]

同上　正德四年章瓊賣山地赤契

十二都章瓊，今爲戶役無錢支用，自情願將承祖章鑒孫標受章桂堂名目經理，四都九保土名張坑源、大排山、蘆樹彎，并祖戶貴通名目，土名汪三公坟，結字八百二十八號、八百二十九號、八百三十號、八百三十一號、八百三十六號、八百四十號，與賣業人德亮等相共，本家八大分中合得一分籍，前項號内山地，盡數立契出賣與共業弟章德亮名下爲業。當面議還時值價細絲銀叁錢正，在手足訖前去，價契當日兩相交付。其山地未賣之先，即無家外人重複交易，如有一切不明，賣人自行承管，不涉買人之事。成後各無悔易，如先悔者，甘罰契内壹錢與不悔人用，仍依此契爲準。所原標受文簿，章瑄收貯，日後要用，自行賫出照證無詞。今恐無憑，立此文契爲用。

正德四年十月二十日　立契人　章　瓊[押]契

見人　章　瑄[押]

同上　正德四年章賢清賣山地赤契

十二都章賢清，今爲無錢用度，自情願承祖章鑒孫標受章桂堂名目經理，坐落四都九保，土名張坑源、大培山、蘆樹彎，并祖戶貴通，土名汪三公坟里塘坑，八百二十八號、二十九[號]、三十號、三十一號、三十六號、八百四十四號、八百四十六號，與章祐等相共，本家二十四分中該得壹分籍山地，盡數立契湊賣與共業兄章德亮名下爲業，面議還時價銀玖分整，在手足訖，其價契當日兩相交付。其山地未賣之先，即無家外人重複交易，如有一切不明，賣人自行成管，不涉買人之事。自成[交]之後，各無悔意。如先悔者，甘罰契内銀與不悔人用，仍依此文爲始。今恐無憑，立此文契爲用。

正德四年十一月十六日　立契人　章賢清[押]契

依口代筆人　章　瑄[押]

再批：所有原標受文簿，章瑄收貯，日後有用，自行賫出照證無詞。在山主力苗木，并聽買人管業。

同上　正德九年鄭丕妻康氏賣地赤契

十五都鄭丕妻康氏，今有承夫祖業并買受鄭七、鄭禮分籍地一號，坐落本都三保，土名奇嶺源北岸大橋頭，係丕字七百九十一號。計地六分一釐七毛。東至鄭良瑞等現買鄭疇住基，西至直路，南至坑，北至鄭英才地。其地與鄭克常、克韶相共，本家一半，計地三分八毫半；承夫祖產四十五分中得一分，該得地七毫；又夫同叔鄭隆買得鄭七、鄭禮分籍，該地三釐一毫，本夫該地一釐五毫五糸。并祖產共該地二釐二毫五，其地叔鄭隆祖產并買受分籍，先年賣與鄭良瑞等爲業，本夫前地祖產并買受地二釐二毫五糸。因夫離家年久，少欠食糧，憑侄鄭旦等，將前項地，盡數立契出賣與同業人鄭良瑞叔侄名下爲業。面議時價文銀二兩二錢整，在手足訖。其價、契當日兩相交付。來歷不明，賣人自理，不涉買人之事。所有稅糧，候造冊之年，聽自買主收割入戶解納無詞。今恐無憑，立此文契爲用者。

正德九年四月九日　立契婦　鄭丕妻康氏[押]契

依口奉書侄　鄭　旦[押]

見侄　鄭　旻[押]

同上　正德十二年鄭鍇賣山地白契

十六都鄭鍇，今有祖產并買受山地，新立四至，東至鋪後壟，與倪盛立文埋石爲界，下至克仁山壟分田界，南至路，北至夆。其山地坐落四保，土名張彎，本位八分忠合得一股。其山內除祖墳堆不賣，其餘山地并杉松等木，盡數立契出賣與本都倪盛桂名下業。面議時價文銀八錢正，在手足訖，價契兩付。自成交之後，二家各無悔易[重付]，如違，甘罰毋詞。今恐無憑，立此爲照。

其地，每年交地租豆一斗八升不計。

正德十二年十月廿五日　立契人　鄭　鍇[押]契

中見人　葉　政[押]

同上　正德十三年胡阿方賣山地赤契

十二都胡阿方，今有承祖胡桂高與嵩孫共業山地一備，坐落十三都七保，土名姚家塢，經理係一千二百號。今因夫久在外買賣，無錢用度，自情願將前項山地并苗木，盡數立契出賣與同都人胡德寬爲業。面議時價銀捌分正，在手足訖。其契、價當日兩相付。其山未賣之先，即無重複交易。來歷不明，賣人之當，不涉買人之事。自成之後，各不許悔，如先悔者，甘罰契內銀一半與不悔人用，仍依此文爲始。所有畝步四至字號，并照本保經理始爲。[自成之後，各不許悔]今恐無憑，立此文契爲照。

正德十三年正月二十三日　立契人　胡阿方[押]契。

依口代書人　胡德埋[押]

中見人　胡德洪[押]

胡德親[押]

胡玄保[押]

同上　正德十四年胡阿周賣山地赤契

十二都胡阿周，因夫在外買賣日久，無錢用度。自情願將承祖胡桂高與嵩孫共業山地一號，坐落十三都七保，土名姚家塢，經理一千二百號。今自情願將前山地并苗木，盡數立契出賣與同都胡德寬名下爲業。面議時價文銀四錢正，在手足訖，其價并契兩相交付。其山地未賣之先，即無重複交易。來歷不明，賣人之當，不涉買人之事。成交之後，各不悔，如先悔者，甘罰契內銀一半入官公用，仍依此文爲始。四至字號畝步，俱照該保經理爲始。今恐無憑，立此文契爲照。

正德十四年正月十一日　立契人　胡阿周[押]契

奉書男　胡　標[押]

中見人　胡　璠[押]

胡　理[押]

同上　正德十四年胡玄保賣山地赤契

十二都胡玄保，今有承祖胡桂高名目，并買胡嵩孫名目、胡子華、子周、友慶分籍，合得一半，俱坐落十三都七保，土名姚家塢，經理係一千二百號。今因無錢，自情願將前項桂高并買受嵩孫山地，本位合得分籍并苗木，盡數立契出賣與同都胡德寬名下爲業。面議時價紋銀八錢正，在手足訖，其價、契當日相交付。其山地未賣之先，即無家外人重複交易。來歷不明，賣人之當，不涉買人之事。成交之後，各不許悔，如悔，甘罰契內一半與不悔人用，然依此文爲始。所有畝步四至，并照本保爲始。今恐無憑，立此文契爲照。

正德十四年正月十八日　立契人　胡玄保[押]契

中見人　胡得廣[押]

胡　静[押]

同上　正德十四年祁門汪珪等賣山地赤契

十一都汪珙、汪珪、汪琭，有祖母汪阿韓、母親謝氏，於正德十三年三月間，將六保土名朝山塢該分山骨幷竹木，賣與汪時訖，係經理坐字七百九十一號。山地仍有號内開荒山腳平地，大小三塊，今托憑中人，情願將前地骨，盡行立契出賣與汪時名下爲業。面議時值價銀九錢正，其價契當日兩相交付足訖。其地自賣之後，即聽買人掘種收苗管業。未賣之先，即無重複典賣交易。如有來歷不明及家外人占攔一切等事，幷是賣人之當，不及買人之事。今恐無憑，立此出賣文契爲用。

正德十四年二月十一日　立契人　汪　珙[押]
珪[押]
琭[押]
見人　汪　佳[押]
中見人　章天隆[押]

同上　正德十四年王寧等賣山地赤契

一都王寧、同弟侄王迪、王寄洪等，今有承祖竹山地一備，坐落東都四保，土名方村本家住後，計荒山地共五畝，係經理　字　號，自有經理可證。新立四至，内除本家住後墳地，一拉兩邊，照屋直上抵上墳基爲界。東至鮑山降分水爲界，西至洪山壟分水爲界，南至高尖，北至洪地及直路横過，本存留墳腦上埋石爲界。今爲該年甲首，無錢解納，同衆商議，情願托中將前項新立四至，盡數立契出賣與五都洪□□名下爲業，長養竹松等木。面議時值價文銀四兩三錢整，在手前去。其價幷契，當日兩相交付明白。其山地未賣之先，即無家外人等重複交易，如有來歷不明，賣人之當，不係買人之事。自成交之後，二家各無悔異，如先悔者，甘罰契内銀一半入官公用，仍依此契爲準。今恐無憑，立此爲照。

正德十四年十一月二十日　立契人　王　寧[押]契
同賣人弟侄　王　迪[押]
王寄洪[押]
王　志[押]
王寄生[押]
中見人　王初乞[押]
余文宗[押]
朱　原[押]
舒　信[押]

同上　正德十五年王寧等賣山地赤契

一都王寧、同弟侄王迪、王志、王寄洪等，今因該年甲首，無錢管辦夫馬，自情願將承祖荒山地一號，坐落東都四保，土名方村本家住基後。其字號，自有本保經理可證。新立四至，東至洪地，西、南至洪地山，北至本家住基。前項四至内，約計地一畝有零，於内存留墳一穴，聽自標祀。其餘空閑山地幷竹松等木。盡數立契出賣與五都洪名下爲業。面議時值價銀二兩，其價幷契當日兩相交付明白。來歷不明，賣人之當，不干買人之事。未賣之先，即無重複交易。自成之後，各不許悔，如悔者，罰銀一兩公用，仍依此文爲準。今恐無憑，立契爲照者。

再批：浮□喪柩，自行移去遷葬。

正德十五年六月初一日　立契人　王　寧[押]
同賣弟侄　王　迪[押]
舒　信[押]
王　志[押]
王寄洪[押]
中見人　朱　原[押]

同上　嘉靖元年汪九得等賣山地赤契

十六都汪九得同弟汪記得，共有祖產山地一源，在落本都二保，土名車田坑生墳塢山地。其山地與本都汪鼎、汪卿等大衆相共。新立四至，里至倪球山，外至汪卿己山，上降下路，本位兄弟該得分籍，幷在山大小杉木，二人分股，盡數立契出賣爲本都汪卿名下爲業。面議時價紋銀八錢整，在手足訖，其價契當日兩相交付。其山未賣之先，與家外人即無重複交易。成交之後，言悔。如先悔者，甘罰契内銀三錢爲不悔人用。今恐無憑，立此爲照。

嘉靖元年九月初十日　立契人　汪九得[押]契
同弟　汪記得[押]
依口代書人　康　鼎[押]

同上　嘉靖四年祁門李仲進賣地赤契

十一都李仲進，原用價續買得本都吳武民地一備，坐落本都三保，土名騎馬洲湖里，計地一畝五分。其地新立四至，東、南、北至吳宅地，西至栎地，四至明白。立契出賣與吳名下爲業，面議時值價白銀九兩正，其銀契當日兩相交付，契後不再立領。未賣之先，即無重複交易。如有一切不明，并是賣人之當，不及買人之事。所有稅糧，候造冊之年，聽自入本戶供解，本家即無異說。今恐無憑，立此文契爲照。

所有來腳契文與別契相連，不及繳付。

嘉靖四年閏十二月廿八日　立契人　李仲進［押］

中見人　李德崇［押］

同上　嘉靖五年鄭賢保賣地白契

十五都鄭賢保，用價買受得地一備，坐落本都三保，土名吳家塢。其地係買鄭阿汪分籍地一片。今爲無錢用度，自情願立契將所分籍盡數出賣與同業侄鄭冕、鄭盛兄弟名下前去爲業，面議價銀四錢正，在手前去，其價契當日兩相交付。未賣之先，與家外人即無重複交易，來歷不明，隨付原買文契繳付照證。今恐無憑，立此文契爲照。

嘉靖五年十月廿一日　立契人　鄭賢保［押］契

中見人　鄭成立［押］

同上　嘉靖十一年鄭流等賣地白契

十五都鄭流同弟海、淑，承父先年買受十六都郭富安原買十六都倪仕玹等荒地一號，坐落十六都十保，土名陳家塢口，係豈字一千一百六十一號，計荒地一角，每年領交加二大秤租二秤。今爲管業不便，自情願將前地，盡數立契出賣與同戶伯鄭梅名下爲業。面議時價紋銀一兩二錢整，在手足訖，其價并契兩相交付。未賣之先，與家外即無重複。來歷不明，賣人自理，不干買人之事。原有上手老契二紙，隨即繳付。今恐無憑，立此爲照。

嘉靖十一年三月十七日　立契人　鄭　流［押］契

同賣弟　鄭　海［押］

鄭　淑［押］

中見伯　鄭　錠［押］

同上　嘉靖十二年六月鄭鋃等賣山地白契

十五都鄭鋃同弟鄭瑜，今有承祖并自己買受得本都七保，土名汪家園頭李村見周興住下山地一備。東至路及地，西至降，南至鄭昂辛田，北鄭平地。今爲無錢用度，自情願將前項山地，盡數立契出賣與同都人鄭安信分下子孫爲業。當日憑中面議時價紋銀五八錢整，在手足訖。其價、契，當日兩相交付。一切不明，賣人自理，不干買主之事。所有字號畝步荒熟，自有本保簿可照。稅糧候大造之年，聽自買主收割入戶供解，再無異言。今人少信，立此文契爲照。所有上手文契，與他契相連，未曾繳付。

嘉靖十二年六月二十日　立契人　鄭鋃［押］契

同賣弟　鄭　瑜［押］

中見人　鄭習政［押］

鄭　鍛［押］

鄭　鍪［押］

鄭　法［押］

鄭　參［押］

再批：厚公分籍盡在契內。參書。

同上　嘉靖十二年九月鄭鋃等賣地白契

十五都鄭鋃同弟鄭鍛、鄭瑜等，今有承祖并自己買受地一號，坐落本都七保，土名汪家園頭李村，見周興住下山地一備。東至路及地，西至降，南至鄭昂辛田，北［至］鄭平地。其地以三十分爲率，鄭鋃兄弟內買受得二十六分仍有鍪股該得三分，參內得一分共計三十分，盡數立契出賣與同都鄭安信分下子孫爲業。面議時價紋銀五兩八錢整，在手足訖。其價、契當相交付。來歷不明，賣人自理，不干買人之事。畝步荒熟，自有保簿可照。稅糧候大造之年，聽自收割入戶供解。今恐無憑，立此文契爲照。所有鄭鋃上手買契，與他契相連，未曾繳付。

嘉靖十二年九月十二日　立契人　鄭　鋃［押］契

鄭　鍪［押］

鄭　鍛［押］

鄭　瑜［押］

鄭　法［押］

鄭　參［押］書

中見人　鄭習政

同上　嘉靖十三年祁門王新賣地赤契

十西都王新，今無錢用度，自情願將承祖買受地一號，坐落三保，土名車房。其地新立四至，東至坳及路，西至田，南至行路，北至莊屋爲界。於內存留祖墳莊屋不賣外，其餘盡數立契該得分籍出賣與同都胡廣寬名下爲業，當面議時價文銀二錢整，在手足訖，其價幷契當日兩相交付。其地未賣之先，即無重複交易。來歷不明，賣人之當，不涉買人之事。二家成交之後，各無言悔。如有先悔者，甘罰銀五分與不悔人用，仍依此契爲始。其地所有稅糧，候造册之日，聽自收割入戶供解，即無異言。今恐無憑，立此文契爲照。

嘉靖十三年三月初六日　立契人　王　新[押]契

中見代書人　胡　友[押]

王　瀚[押]

五　鐸[押]

其前契內山地，今憑中轉湊與本都王祿、王袞名下爲業，得價已訖，憑此爲照。

萬曆八年七月十七日　胡一陽[押]　同弟胡法生[押]

中見人　王進保[押]　王　良[押]

同上　嘉靖十三年鄭澤等賣地白契

十五都鄭澤、同侄鄭朗兄弟，今承祖幷買受山地一片，坐落本都七保，土名汪家園牆背周興住基。東路，西降，南鄭平地，北鄭珮地。其地三十分爲率，宣方該得二十分，賣與鄭安信以訖。仍十分內，澤得一分，朗兄弟共得二分。今因戶役，自情願將前山地本位合得分籍，盡數立契出賣與鄭安信分下子孫湊便爲業。面議時價紋銀七錢五分整，在手足訖。其契幷價兩相交付。未賣之先，即無重複交易。其地、屋宇盡在契內。所有稅糧，迨大造之年，聽自過割供解。今恐無憑，立此爲照者。

嘉靖十三年三月十六日　立契人　鄭　澤[押]

同賣人　鄭　朗[押]

鄭　明[押]

鄭　潮[押]

中見人　鄭習正[押]

同上　嘉靖十四年鄭助新等賣山地白契

十五都鄭助新、同侄鄭希文等，今爲里役無錢用度，自情願將九保承祖幷買受土名寺塘坑，係此字三百四十六號，本位三分中得二分；又土名楊木原西培，係四百五十六號，買受加倫原鄭明分籍，又土名楊樹原，係四百五十八號；又土名張金坑，係四百六十號，十二分中得一分；土名祁嶺下，四百七十二號，本位買受一半；又土名風檐塔，係四百八十一號；土名祁嶺下，係四百八十二號，本位六分中一分；土名張金坑，四百八十六號，五分中得三分；又土名　係五百十八號；又土名雙坑口，五百一十九號，本位十二分中得一分。前山共一十號，本位兄弟侄該得分籍，盡數立契出賣與鄭安信分下子孫爲業。面議時價紋銀九錢整，在手足訖。其價、契兩相交付。未賣之先，與家外人即無重複交易。來歷不明，賣人自理。所有畝步四至，自有本保經理可照。今恐無憑，立此爲照者。

嘉靖十四年二月初六日　立契人　鄭助新[押]契

同賣人　鄭　玦[押]

鄭阿胡[押]

鄭希文[押]

中見人　鄭良鼎[押]

同役軍人　鄭　毛[押]

同上　嘉靖十七年朱佛互賣山地白契

三十一都朱佛互，承祖父有山地一片，坐落土名下東岸清龍潭，係學字五十八號，該民山一分二釐五毫；又將四十二號地，該稅糧一分九釐二毫有零。其山地新立四至：東至降，西至田，南至汪奇眞山及永高地，北至王宅山，直下至溪；又將土名上東岸官山，係學字六十九號，該得身邊稅糧六釐有零。有地一號，　其官山四至，自有本簿該載。今來無物支用，自情願將前項幷山地骨苗竹山雜等木，盡行立契出賣於同都人吳傳祖名下。三面議時值價白紋銀七兩五錢整，其價、契當日兩相交付。其山地今從出賣之後，一聽買人收苗是稅，永遠管業。未賣之先，即無重複交易。家外人占攔，一切不明等事，幷是賣人之當，不及買人之事。所有稅糧，係造册之日，到本戶起割前去，即無阻當，其稅糧，不另立推單。今恐人心無憑，立此出賣文契爲用。

加靖十七年三月二十二日 立契出賣人 朱佛互[押]契
依口代筆人 吴 洪[押]
朱永尚[押]
中見人 汪顯方[押]

今領去契内價銀并收足訖。同[前]年月日再批[押]領。

同上 嘉靖十七年吴時正賣官民地白契

十六都二圖吴時正，今將分受并續買及字一百九十一號官民地四十六步六分，坐落鐵匠林祖基，出賣與本都一圖吴克紹爲業，價已收訖。其地上原有衆亭一所，本欲折移交業，於地内仍有侄良玉所分地二十三步三分，紹未收盡。候紹收良玉地盡，正同侄將衆亭移在别處，不致推捱□誤。今恐無憑，立此爲照。

紹欠地内價紋銀九兩，待移亭交業找足，取回原票。

嘉靖十七年五月二十九日 立約人 吴時正[押]
中人 吴客虎[押]
葉長清[押]

同上 嘉靖十八年祁門徐長賣地赤契

十東都徐長，承祖父民荒地一備，坐落東都三保，土名橋頭楊林邊，計地三畝五分。四至自有本保經理該載，不及開寫。今自情願出賣與十一都吴嘉祥名下爲業，憑中議作時值價文銀十三兩二銀正。其價并契，當日兩相交付，契後不再立領。未賣之先，即無重複交易不明等事。如有，本家支[承]當，不干買人之當。所有税糧，候造册之年，聽自於本户收割前去入户供解，本家即無異説。今恐無憑，立此文契爲照。

内民地二畝，荒地一畝五分。

嘉靖十八年四月三日 立契人 徐 長[押]契
中見人 江 什[押]

同上 嘉靖二十五年李昂等賣地白契

二十五都五圖住人李昂、李玉等，今將續置陰字號地，東至　，西至　，南至　，北至　，四至内地八步二分；又續置一業，陰字號地，東至　，西至　，南至　，北至　，四至内地二步。今將二項四至内地，盡行出賣與李玄育、玄右、李京友、京全、李岩壁、岩瑄。三面議定時值價銀五兩零一錢。其價當成契之日一并收足，既無欠少，亦無準折。其地自情願立契出賣之日，聽從買主便行營業。倘有親房人等攔占，盡是出賣人之當，不及買主之事。其地未賣之先，即不曾與他人重複交易。其税糧候造册之年，聽從本户分豁解納。倘有字號不清，畝步不盡，自有四至挾定。今恐人心難憑，立此賣契爲用。

嘉靖二十五年二月二十日 立契人 李 昂[押]
李 玉[押]
代筆賣主人 李 璋[押]
中見人 李 豹[押]
李廷輔[押]

同上 嘉靖二十五年李昂等賣地白契[二]

二十五都五圖住人李昂、李玉等，今將承祖陰字號地，因業不便，自情願出賣與本家李玄育、玄右、李京友、京全、李岩壁、岩瑄湊業。其地東至買主地，西地衆路，南至李景方廁所地，北至買主地。今將前項四至内地六步半，盡行立契出賣。三面議定時值價銀三兩二錢五分。其價當成契之日，一并收足，即無欠少，亦無準折。其地聽從便行管業。倘有親房人等攔占，盡是出賣之當，不及買主之事。其地未賣之先，即不曾與他人重複交易。其税糧候造册之年，聽從本户分豁解納。倘有字號不清，畝步不盡，自有四至挾定。今恐人心難憑，立此賣契爲用。

嘉靖廿五年二月廿日 立契人 李 昂[押]
李 玉[押]
李日弟[押]
代筆賣主人 李 璋[押]
中見人 李 豹[押]
李廷輔[押]

同上 嘉靖二十九年祁門吴珏賣山地赤契

十一都吴珏，承祖父僉業并續買山地，坐落東都三保及本都二保，土名里坑源。東都三保山自下嶺塢口起，至源頭止。本都二保山自右堨山起，至源頭止，□計號數；又取本都五保祊坑，土名汪小塢、吴四塢、院鬼坑、李家塢，共四號。其前項各處山地，四至爲步，自有經理該載，不及開載。本邊該得分數并苗木，盡行立契出賣與同都李名下爲業，面議時價紋銀三兩正，其價并契，當日兩相交付，契後不再立領。今從賣後，一聽買人永遠管業。未賣之先，即無重複交易。所有續買來腳契文與同分弟吴世昌收貯，要用將出參照無詞。今恐無憑，立此賣契爲照。

嘉靖廿九年十一月二日　立賣契人　吴　珏［押］契

代書中見人　吴巴山［押］

同上　嘉靖三十一年李玘賣地白契

二十五都五圖李玘，今因管業不便，自情願將續置到陰字　號下地一業，土名牆外。其地東至買人地，西至李顯武地，南至路，北至李顯燦牆腳。今將前項四至內地十步有零，出賣與本家族侄李岩進名下。三面議定時值價文銀二兩三錢正，其銀當成契日，一并收足，即無欠少，亦無準折。其地未賣之先，即不從與他人重複交易。倘有內外親房攔占，盡是出賣人之當，不及買主之事。其稅糧候造冊之年，聽從戶下起割，即無異說，其地聽從別行管業。今恐人心無憑，立此賣契爲用。

嘉靖三十一年三月十二日　立契出賣人　李　玘［押］契

中見人　李岩軻［押］

同上　嘉靖三十二年李世鑾賣地白契

廿五都五圖住人李世鑾，今爲欠少支用，自願將承父續至［置］到陰字　號下地一業，土名牆外地。其地東至賣人地，西至顯武地，南至路，北至李顯燦牆腳。今將前項四至內地計地十步，出賣與本家李岩珂名下。三面議定時值價文銀二兩三錢正，其銀當成契日一并收足，即無欠少，亦無準折。其地未賣之先，則［即］不從與他人重複交易。倘有親房人攔占，盡是出賣人之當，不及買人之事。其稅糧本戶起割納，即無異說。其地聽從賣主便行管業。今恐人心無憑，立此賣契爲用。

嘉靖卅二年八月初六日　立契出賣人　李世鑾［押］

代筆主盟　李玄祐［押］

同上　嘉靖三十二年李景昆賣地白契

二十五都住人李景昆，今爲欠少使用，自情願承祖并續置到陰字　號地一業，土名茶花樹下地。其地東至買人地，西至賣人地，南至路，北至高基地、李景芬地。今將前項四至內地，計地八步，計稅三釐三毫有零，出賣與本家李岩珂名下。三面議定時值價文銀一兩九錢正，其銀當成契日一并收足，即無欠少，亦無準折。其地未賣之先，則不從與他人重複交易。倘有親房人攔占，盡是出賣人之當，不及買人之事。其稅糧聽從本戶分割解納，即無異說。其地聽從買主便行管業。今恐人心無憑，立此賣契爲照。

嘉靖三十二年十二月十八日　立契人　李景昆［押］

代筆中見人　李景豹［押］

同上　嘉靖三十四年祁門謝穎賣山地赤契

十西都謝穎，今有承祖謝沖然、謝允暢二戶僉業山地，共計一十四號，俱坐落本都八保，土名炂子坳、張嶺、下垛、上張嶺、坑西塢、方家塢、李二坮、南山族、况培、馬家月、張家山。係經理吊字六百六十四號、六百六十七號、六百七十五號、七百四十四號、七百四十五號、七百四十七號、七百四十八號、七百五十五號、七百七十一號、七百七十五號、七百七十六號、七百七十八號、七百七十九號、七百八十一號，畝步四至，自有本保經理可照。前各號山場，本身十二之中合得一分。今自願將前項各號山場并苗木，本身合得十二份一份，盡數立契出賣與同都謝麒名下永遠管業。面議時價紋銀八錢正，價契當日兩相交付明白。其山地骨并苗木各號，未賣之先，即無家外人重複交易，如有來歷一切不明，盡是賣人之當，不及買人之事。前項各號山場，係荒，無糧過割。所標單及上手契字，係是同分人收貯，與別產相連，不及繳付，日後買人要用，將出照證無詞。成交之後，各不許悔。如有悔者，甘罰契內加一，與不悔人用，仍依此契爲準。今恐無憑，立此賣契爲照。

嘉靖三十四年四月二十六日　立賣契人　謝　穎［押］

中見人　謝　顒［押］

謝　玉［押］

同上　嘉靖三十四年祁門吴奇勛賣山地赤契

十一都吴奇勛，承父買得吴浩山地一片，坐落本都三保，土名小坑弄，係經理穀字　號。其山新立四至，東至坑，西至降，南至小坑石橋下壟直上，北至山。前項四至內山地，本兄弟該得八分之一，自情願將本邊十六分之一，盡行立契賣與同居吴　名下爲業。面議時值價白銀五錢五分正，其價并契當日兩相交付，契後不再立領。今從賣後，一聽買人永遠栽種管業。未賣之先，即無重複交易，如有一切不明等事，并是賣人之當，不及買人之事。

來腳契文與兄相共，不及繳付。今恐無憑，立此文契爲照。

嘉靖卅四年五月十二日　立契人　吳奇勛[押]契

中見人　吳時輝[押]

今將前山受[售]價一兩，湊受親人李桃名下爲業。立此爲照。雲祥批。

同上　嘉靖三十八年李珧等賣山地白契

東都李珧，同侄李求保、聚保、及時三佃，四房共有承祖民地一備，坐落十一都一保，土名上福州後村，係經理罪字　號。其地新立四至，東至李地，西至路，南至墳林，北至李地，計地　，本房合得四分之一，該豆租十斤；又取土名松林降墓前地一備，係經理罪字　號。其地新立四至，東至　，西至　，南至　，北至　。計地　，本房合得四分之一，該豆租二斤半；又取土名本都二保根坑坦前山老鴉翼，係經理遜字六百廿五號、廿六號，計山七畝二分。東至胡記佛山，西至捲蓬潭荒地，上號隨壟，上至降，下至大溪，南至橫降，北至大溪及坑；又取東都二保土名根坑坦前山松樹崪，係總理遜字六百卅一號，計山一畝。東至高尖及降，西至大溪，南至胡佛山隨壟，上至降，下至大溪，北至李元愷山，隨小壟，上至降。其前二號山，本房合得一半，內取四分之三。今因里長缺少，糧銀無措，自情願憑中將前項山地，共計一十六至，出賣與十一都族人李珀祿、玖禎等名下爲業。三面議時值價紋銀四兩四錢正，其價幷契當日兩相交付。未賣之先，即無家外人典當重複交易，如有一切不明，幷是賣人之當，不及買人之事。所有後村地稅，候造冊之年，聽自入本戶起割前去供解無詞。今恐無憑，立此賣契爲照。

嘉靖卅八年二月十二日　立賣契人　李　珧

求　保

李聚保

同侄　時三佃[囝]

中見人　洪四佃[囝]

同上　嘉靖三十八年鄭宗正等賣山地白契

十五都鄭宗正同弟宗實、侄夙魁等，共有承祖幷買受廷杰、弘道名目山一備，坐落本都九保，土名張金坑，經理係此字四百八十六號；又土名黃歷樹塢，係四百八十七號八十八號；又土名牛欄山，經理係四百八十九號、四百九十號九十一號；又土名汪六家塢，四百九十二號；又同保土名周二塢，地二片，係宗正同侄夙魁標得。今因無錢用度，自情願將前項山地，本位弟侄合得分籍，又買受得分籍，盡數立契幷在山杉松等木出賣與同業人安信公分下子孫爲業。憑中面議時價紋銀二兩六錢整，在手足訖。其價、契當日兩相交付。未賣之先，與家外人即無重複交易，一切不明，賣人自理，不干買人之事。所有上手文契，與他處相連，未曾繳付，抄付照證。今恐無憑，立此文契爲照。

再批：東[本]家所買前山分籍，幷力坌，本位兄弟侄盡在契內，幷無存留。

嘉靖三十八年三月十二日　自情願立契人　鄭宗正[押]契

同弟　鄭宗實[押]

侄　夙魁兄弟[押]

夙　志[押]

夙　崗[押]

夙　遺[押]

中見人　鄭尙儒[押]

同上　嘉靖三十八年吳世大賣山地白契

十一都吳世大，今承祖父有標分幷父繼買山地一備，坐落東都三保，土名大港山朱婆塢，係經理穀字　號，買時暘該本邊四十八分之一，祖買汪浩四十八分之一，買淮武二十四分之一；又取同處大聖彎，該得本邊分[份]數；又取本都二保，土名許家段山地一備，本邊該三百七十八分之一；又取本都二保，土名周字　號山地一備，南頭塢、北頭塢，本邊父買四十八分之一；又取欠欄杆塢口與衆當相共，取本邊分數；又取坳頭，承祖標業山一備，該得六分之一；又取五保湯字　號石山尖，本邊該六分之一；又取同保長塢上培，本該一百四十五分之一；又取同保潘湘嶺，本該三十六分之一；又取同保枒丫塢，本[邊]該一百零八分之一；又取磚城塢，本該一百四十分之一；又父買時暘分數，又取朱壟坑高塢，本該六分之一；又取六保，土名血嶺頭，係經理坐字　號山地，本該六分之一。其前項東都三保幷本都二保、五保、六保，共計山地一十三處，畝步四至，自有各保經理該載，不及開寫。今將前項一十三處內山地骨幷苗木，盡行立契出

賣與　同居兄吳德雲兄弟名下爲業。三面議作時值價白銀一兩三錢整，其價并契當日兩相交付，契後不再立領。今從賣後，一聽買人入山栽苗，永遠管業。未賣之先，即無重複典賣交易，如有一切不明等事，并是賣人之當，不及買人之事。所有原買時暘山衆契文，隨時繳付。今恐無憑，立此文契爲照。

內添吳塢二字，再批。

嘉靖三十八年五月二十六日　立契人　吳世大[押]契

中見人　吳奇勛[押]

同上　嘉靖三十九年鄭瓛賣山地白契

族叔祖鄭瓛，今承祖宗買受得荒地一備，坐落本都六保，土名周大塢，經理係萬字八百七十七號，計地一畝。其地原分爲上、中、下三截，本位兄弟叔侄分在上截地，其上截地本位三分中該得一分。兩邊各上山三丈，憑原文書埋石爲界，今因里役缺用，憑中立契出賣與　族侄孫鄭居仁名下湊便管業。面議時價紋銀三錢三[分]整，在手足訖。未賣之先，并無與家外重複交易。來歷不明，賣人自理，不涉買人之事。今恐無憑，立此賣契爲證。

嘉靖三十九年三月二十五日　立契人　鄭　瓛[押]契

中見兄　鄭　楚[押]

同上　嘉靖四十年祁門吳二郎賣山地赤契

十一都吳二郎，今承祖有椿祥、欽遠僉業山地六備，坐落東都三保，土名下嶺塢、長塢、外塢，計山六號，係經理穀字八百九十號、八百九十四號、八百九十五號、八百九十六號、八百九十七號、八百九十九號。其山四至畝步，自有經理該載，不及開寫。今將前項山地并苗木該得本邊分數，盡行立契出賣與同都李　名下爲業，三面議時值價白銀二錢正，其價并契當日兩相交付，契後再不立領。未賣之先，既無重複交易。如有一切不明，并是賣人之當，不及買人之事。今從賣後，一聽買人永遠栽苗管業，本家即無言說。今恐無憑，立此賣契爲照。

嘉靖四十年五月十六日　立賣契人　吳二郎[押]契

中見人　吳奇勛[押]

同上　嘉靖四十年祁門吳什賣山地赤契

十一都吳什，承祖有椿祥欽遠山地，共六備，坐落東都三保，土名下嶺塢、長塢、外塢，係經理穀字八百九十號、八百九十四、八百九十五[號]、八百九十六號，八百九十七、八百九十九號。其前項□地骨、畝步、四至，自有本保經理該載，不及開寫，自情願該本邊承祖僉業分數，盡行立契出賣與江名下爲業。面議時值價銀八錢整，其價契當日兩相交付，契後不再立領。今從賣後，一聽買人入山栽笛管業。未賣之先，即無重複交易。如有一切不明等事，并是賣人之當，不及買人之事。無恐無憑，立此爲照。

嘉靖四十年後五月初六日　賣契　吳　什[押]契

中見人　吳奇勛[押]

同上　嘉靖四十一年休寧程阿王賣地赤契

九都住婦程阿王，今因嫁女，缺少使用，自情願憑中立契將承祖鬮分得本都五保位字叁佰伍拾肆號地一片，共計壹畝捌分，六分[份]中本身合得叁分[份]，土名墓田林，佃人陳志全等，遞年麥、豆、粟，園內監收。前項四至：東至底田，西至程瓚園，南至水溝，北至底田，今來憑中三面議作時值價白文銀壹兩捌錢正，其銀當成契日一并交收足訖，別不立領札。今從出賣之後，一聽買人收苗管業。如有內外人攔占及重複交易，一切不明等事，盡是賣人之當，不及買人之事。其稅糧隨即扒與辦納，本家即無阻異。今恐人心無憑，立此文契爲照。其地出賣與同戶程鑾名下爲業。

嘉靖四十一年十二月十一日　立文契婦　程阿王[押]契

主盟婆　程阿朱[押]

代筆伯祖　程　兆[押]

中見叔　程廷寶[押]

侄　程華蔭[押]

今就契內領去價銀并收足訖，同年月日再批[押]領。

稅銀三分六釐。

同上　嘉靖四十二年何天良賣地白契

十二都住人何天良，今將承祖地一塊，坐落土名汪坑嶺腳，係首字號。其東、南至何岩容田，北至何岩得田。今來本家耕種不便，自情願將四至內，盡行立契出賣與何岩容名下，三面議作時價銀二錢整，其銀契當日交明。其地出賣之後，聽買人耕種管業。其稅，先年賣盡，本戶無存。今恐無憑，立此契約爲照。

嘉靖四十二年正月十六日　立契人　何天良[押]

親筆無見。

同上　嘉靖四十三年休寧程玄祐賣地赤契

九都住人程玄祐同弟高祐，今將承父續置到五保位字四百十二十三等號地一片，土名車田，其地共計稅三畝三分。新立四至，東至溪，西至牆腳外路，南至程輝、程輔生地，北至里段程社地，中段至路，外段至程萬、濱偉、輝蔭衆火兒地牆腳外爲界。其地係餘四十租佃，其屋係四十己造。其地并四圍牆腳，及菜園內白菓木一根。其地管業不便，內該一半，計稅一畝六分五釐，盡行立契出賣與同都程璟名下爲業。當日三面議作時值價白紋銀一十四兩整，其銀當成契日，一并交收足訖，別不立領札。今從出賣之後，一聽買人自行收苗管業。如有內外人攔占及重複交易，一切不明等事，盡是賣人之當，不及買人之事。所有來腳，隨即繳付。其稅糧候大造之年，本戶自行起割無詞。今恐無憑，立此出賣契文爲照。

其外段北邊火兒屋邊牆腳，照依來腳契，俱賣在內。

嘉靖四十三年閏二月初八日　立契人　程玄祐[押]契

立契弟　程高祐[押]

中見人　程　慶[押]

今就契內領去價銀，并收足訖，同日再批，[押]領。

稅銀二錢。

同上　嘉靖四十五年祁門吳加祥賣山地赤契

十一都吳加祥同侄心一，今承祖有山地一備，坐落本都三保，土名大聖塘下末，係經理穀字　　號。其畝步，自有經理該載，不及開寫。其山新立四至，東至地，西至降，南石確直出至大路，北至朱五保住基礎邊，桐青木爲界。該得本邊叔侄分數，盡行立契出賣與親人李平伯名下爲業。三面議時值價白文銀二錢正，價契當日兩相交付，契後不再立領。未賣之先，即無重複交易，如有一切不明，并是賣人之當，不及買人事。其山與本家小五房相共。今恐無憑，立此賣契爲照。

嘉靖四十五年三月十九日　立契人　吳加祥[押]

同侄　吳心一[押]

男　吳　宗[押]

中見人　謝天賜[押]

同上　隆慶四年張治賣地赤契

立賣契人張治，今爲欠少使用，自情願將承祖受字七百四十五號內地一片，土名花坦，該身分下地一分九釐，今將立契出賣與錢　名下。三面議時值價白紋銀一兩二錢正，其銀立契之日一并收足，即無短少。其地目下聽從管業。其稅候冊之年，聽從過割入戶，不在[受]阻當。其地日前即無重複交易，日後如有內外親房人等異說，俱事賣人之當，不干買人之事。今恐無憑，立此賣契爲用。其地東至祿墳，西至塝，南瀾地，北元欽地，四至內盡行。

再批。恩代批。

隆慶四年十月十四日　立賣契人　張　治[押]

中見人　張顯恩[押]

代筆人　張顯遂[押]

其契內地一分九釐，今來轉賣張立名下爲業，其地價銀照原契收足，其稅候冊年過割支解。批此爲照。

萬曆四年四月初四日　立契僕人　錢景桂

中見兄　錢景鑾

同上　隆慶六年胡宙賣地白契

十二都胡宙，今有承祖對換山腳地一備，坐落本都八保，土名乾田源田畔上。新立四至，東田，西竹山，南胡光墓，北至塘塍。本位該得分籍，憑中立契出賣與同都丘時、安保、周保名下，前去爲業，聽自開路往來。內存田右畔墳塋一所，丘家無許踐踏。面議時價文銀四錢整，在手足訖，價契兩付。未賣之先，即無重複交易，來歷不明，賣人承管，不干買人之事。既成[交]之後，各不許悔。如悔者，甘罰白銀一錢與不悔人用，仍依此文爲始。立此爲照。

再批：契添改祖對換山腳五字。

隆慶六年三月初二日　立契人　胡　宙[押]

中見人　胡滄興[押]

丘　稅[押]

代書人　胡　元[押]

同上　萬曆五年祁門汪尚忠賣地赤契

在城汪尙忠，今將承父買受荒熟地二塊，坐落十二都八保，土名高坑源。新立四至：　上至鎭上殿行路，下至丘家臂行路，里至李潮衆高坑田，外至大路，抵本家地。四至內地，係丘周保種，遞年交粟麥七秤。又將同保馮社住基地二塊：　內一塊交粟麥一秤拾斤；　內一塊交銀四分。俱周保種。今將前地二處，自情願憑中出賣與十五都鄭功名下，議紋銀二兩伍分正，在手足訖。其地未賣之先，即無重複交易。來歷不明，賣人自理，不涉買人之事。契價兩付。前項地盡數立契，即無分毫存留。其地稅候造冊之年，査額推割。自成之後，各不許悔。如悔者，甘罰銀三錢與不悔人用，依此文爲始。其地聽買人成田，本家即無異言。今恐無憑，立此爲照。

萬曆五年七月十八日　立契人　汪尙忠［押］

中見人　胡祖興［押］

胡進奎［押］

前地聽自本家原價取贖［押］。

同上　萬曆五年祁門李仁祥賣地赤契

侄仁祥，原父同伯析棟同買得火佃地幷屋及後山，坐落梓木坑口畔上。係經理周字　號。新立四至：　東至低路，西至彎頭，南、北至山。後買世祥、國祥、祠祥，將合得分法通共該得三分之一。今仁祥除承父分法不賣外，將買世祥兄弟分法，盡行立契出賣與叔蒲溪名下爲業。憑中議價銀七兩八錢整，價契當日兩相交付，契後不再立領。今恐無憑，立賣契爲照。

萬曆五年九月二十九日　立賣契人　李仁祥［押］

中見人　李應節［押］

契內火佃基屋幷後山，照原價轉賣與二淇名下爲業，不另立契，批契存照。其山東至屋地，西至降，南至二淇山，北至仁祥叔山，爲照。

萬曆三十三年十一月二十一日　立賣契人　欽　明［押］

元　明［押］

休　明［押］

本　明［押］

中見人　李景明［押］

同上　萬曆九年休寧吳英賣地赤契

東南隅一圖吳英，今自情願憑中將續置下地一片，坐落土名竹林園，係得字　號。每年上麥豆二大斗，計稅三分三釐二毫，佃人汪大耳等。其地東至　，西至　，南至　，北至　。今將前項四至內地，盡行立契出賣與十八都十一圖龔□□名下爲業。三面議定時值價紋銀一兩整。其銀當成契日一幷交收足訖，即無欠少分文，亦無準折債負之類。今從出賣之後，一聽賣人自行管業收稅爲定。如有內外人攔占及一切不明等事，盡是出賣人祗當，不及買人之事。其稅候會日本戶起割，即無難異。今恐無憑，立此出賣文契爲照。

萬曆九年四月十七日　立契出賣人　吳英［押］契

中見人　龔嘉祥［押］

同年月日，契內價銀盡行領足，再批爲照。領銀人吳英［押］契。

同上　萬曆十一年休寧詹克瑀賣地赤契

十七都七圖立賣契人詹克瑀，今因管業不便，自情願將續置戶下地一業，坐落土名一前山。原傷字號，今丈作坐字號。遞年上白豆二杭斗，內取地稅六釐五毫。其園東至金家園，西至人行路，南至金家園，北至路。今將前項四至內園本家合得分［份］數，盡行立契出賣與社會衆戶名下爲業。當日三面議作時值價銀一兩一錢整。其銀當成契日一幷交收足訖，即無欠少分文，別不立領，無準折債負之類。今從出賣之後，一聽買人收［苗受］稅管業爲定。如有內外人等攔占，及重複交易、一切不明等事，盡是出賣人祗當，不及買人之事。所有上手來脚，與別產相連，繳付未便，日後要用，索出參照無難。其稅糧候至大造之年，本家自行推出，即無難異。今恐人心無憑，立此文契爲照。

今就契內領價足訖，同日再批爲照。

萬曆十一年二月二十五日　立賣契人　詹克瑀［押］契

中人　詹雲廓［押］

此銀係代占存履賠還，倘日後存履回日，即將原價贖還瑀，衆不得阻執［攔］。

同上　萬曆十三年胡遠賣地白契

十二都胡遠，今有地一號，坐落本都八保，土名上港，計地一塊。新立四至，東至胡興隆地，西至李世用地，南至胡格地，北至胡元地。憑中立契出賣與十五都鄭名下爲業。面議時價文銀一兩五錢正，在手足訖。契價兩付。

來歷不明，賣人自理，不干買人之事。未賣之先，即無重複。所有畝步，一遵新丈冊。本地糧候大造年推過。自成之後，各不許悔，如悔者，甘罰銀三錢公用，仍依此文爲始。今恐無憑，立此賣契爲照。其地租遞年交銀二錢正。憑此。

萬曆十三年三月二十五日　立賣契人　胡　遠［押］
中見叔　胡　元［押］
胡進奎［押］
方　海［押］

同上　萬曆十三年休寧汪天福賣地赤契

十二都三圖住人汪天福，爲因缺用，自情願將承祖經業，原一字八百四十二號地，共一分零四毫，土名八畝段，今新編潜字四千四百四十六號，共丈中地二十七步七分。本身十八股中合得一股，該税五毫七糸七忽，該地一步五分三釐八毫八糸八忽。計新税六毫一糸五忽。今憑中盡行將該身分數，立契出賣與同都族人汪文甫名下爲業。當日三面議作時值價紋銀五錢五分整。其銀契當日兩相交付。未賣之先，并無重複交易。今從出賣之後，一聽買人管業。其税糧候冊年聽從起割過戶。所有四至，自有保簿該載，不再開寫。如有來歷不明，一切等事，盡是賣人祇當。不干買人之事。恐後無憑，立此賣契爲照。

萬曆十三年十月初一日　立賣契人　汪天福［押］
中見人　胡　柴［押］

今就領去契內價銀并收足訖，同日再批［押］領。

同上　萬曆十四年葉良幹賣地赤契

十八都葉良幹，今將承祖標分得土名金竹坦地一丘，新丈得五十二步，其地與道教等田相連。又號土名西村秧口魚塘窖，係洪世佃，計大租七斤半。新丈弓口一十二步零。前地田二號，憑中盡數立契出賣與族侄葉天銓名下爲業。面議時價銀八錢整，在手足訖。其地田未賣之先，即無重複交易。成交之後，各不許悔，如違，甘罰銀二錢公用，仍依此契爲準。今恐無憑，立此爲照。

再批：　大造之年，將前田地税糧，悉照新丈弓口折糧，推入天銓戶無詞。

萬曆十四年七月十二日　立契人　葉良幹［押］
中人　葉道壽［押］

同上　萬曆十五年祁門范天正賣地赤契

十八都范天正，今自情願將買受本都六保土名前山地一號，計一畝五分，［與］汪富興相共。本身該得一半，新丈高地一百四十步零。又一號土名牛屋山，平地一畝五分，與范天雲相共。本身該得一半。新丈弓口一百。前地二號。前山地四至：東至山，西塝，南至滂溝，北至山塝。牛屋山四至：東塝，西降，南黃地，北黃地。今將前地八至本身該得一畝五分，盡數立契出賣與十六都房東倪訓兄弟名下爲業。當日面議時價文銀二兩一錢整，在手足訖。其地未賣之先，即無重複，來歷不明，賣人自理。成交之後，各不許悔。如違，甘罰銀五錢公用，仍依此契爲準。今恐無憑，立此爲照。

萬曆十五年十月二十一日　立契人　范天正［押］
代筆中見人　黃固安［押］

同上　萬曆十六年舒姨婆賣地赤契

立賣契人舒姨婆，今因無銀支用，自願將承父豆坦共八處，俱係柰字號。共豆租二十五秤。共地山税七畝五分五釐。清丈各編字號、畝步、租數開寫在後。其各號四至，照清丈冊可查。憑中將前地坦八處，共豆租二十五秤，盡行立契出賣與本管余名下，收租管業。三面議作時值價白文銀十四兩二錢正，其銀當日收足。其地坦并豆租隨即聽買主收租管業。所有地山税，照數候冊年推與余戶解納，本家即無異説推阻。倘有來歷不明及重複交易，盡是賣人之當，不及買人之事。交易之後，各不許悔，如有先悔者，罰契外銀一兩五錢公用，仍依此契爲準。今恐無憑，立此賣契爲照。

萬曆十六年正月十六日　立賣契人　舒姨婆［押］
代書男　舒積富［押］
中見人　程應瑞［押］

計開：　字號、租數并畝步四至在後：

一柰字九佰四十七號，土名大樹林，地税四分三釐，豆租三十斤。自佃。東至賣主地，西至李家墳地，南至余家田，北至山。

一柰字一千二十號，土名塘背。地税七分，豆租二秤半。佃人舒尙。東至買主坦，西至路，南至胡家坦，北至舒家山。

一柰字一千三十二號，土名大□邊。地稅八分七釐，豆租三秤。佃人程三十。東至買主坦，西至坑，南至買主坦，北至坑。

一柰字一千三十四號，土名打石塢。地稅三畝七分七釐，豆租二十秤。自佃。東至坑，西至舒家山，南至舒家山，北至坑。

一柰字一千七十號，地稅一分三釐，豆租十斤。自佃。東至路，西至山，南至胡家坦，北至程家坦。

一柰字一千七十三號，土名後屋嶺。地稅八分，豆租二秤。佃人舒天生。東至路，西至買主坦，南至胡家坦，北至胡家坦。

一柰字一千八十四號，土名板山塢。地稅六分，豆租二秤。佃[人]程三十。東至胡家坦，西至胡家坦，南至胡家山，北至坑。

一柰字二千六百七十七號，土名牛厄[軛]山。稅二分五釐，豆租三十斤。佃[人]舒三。東至舒家山，西至胡家山，南至胡家坦，北至舒家山。

今領契內價銀并收足訖，同年月日再批。

同上　萬曆十六年休寧黃澄賣地赤契

永豐里住人黃澄，今因缺欠使用，情願將承祖戶下火佃地一片，土名黃巷口，臘梨、文進等住歇。本身合得內取四步，計稅二釐。係新丈萬字二千九十六號。其地東至　，西至　，南至　，北至　。今將前項四至內地四步，盡行出賣與遠軒祠內爲業。面議時值紋銀四兩七錢五分，其銀隨手收足。其地出賣之後，一聽祠內管業。如有內外人攔占及不明等事，盡是賣主之當，不干買人之事。所有稅糧候至冊年，本戶自行推出，并無異說。恐後無憑，立此爲照。

萬曆十六年二月初九日　立賣契人　黃　澄[押]

代書中人　黃　漢[押]

前項契內價銀當日隨手收足，同日再批。

同上　萬曆十六年休寧黃阿吳賣地赤契

立賣契人黃阿吳，因無使用，情願央中將承祖火佃胡雷等住，係萬字一千九百二十七號。又將程梅、戴九等火佃，係萬字一千九百三十號。二共內取十步。又將臘梨、文進等火佃，係萬字二千〇九十六號，內取二步。出賣與　名下爲業，三共火佃地十二步。當日議作時價銀十一兩整。其銀當成契日一并隨手收足。有內外人攔占，來歷不明，盡是賣人之當，不涉買主之事。今恐無憑，立此爲證。

萬曆十六年六月十四日　立賣契人　黃阿吳[押]

中人　黃　錡[押]

代書男　黃　治[押]

此契係鉞嫂賣與嫡夙娘者，今轉賣與遠軒祠，得價七兩四錢整。再批。

前項契內價銀當日隨手收足，同日再批爲照。

同上　萬曆十六年休寧黃沾賣地赤契

廿三都一圖立賣契人黃沾，今缺支用，情願央中將承祖分戶下一則地一片，坐落土名村心。原係積字一千三百七十二號，今清丈萬字二千零九十六號。見住火佃屋地，係程文進、臘梨、三保、七郎等住歇。其地東至黃鍾等地，西至黃鍾等地，南至黃鍾地，北至人行大路。今將四至內取實地五分，計稅二毫五糸，立契出賣與黃遠軒祠內爲業。三面議取時值價銀六錢正，其銀當成契日隨手一并收足。其地今從出賣之後，一聽買主自行管業爲定。倘有內外人攔占及重複交易、不明等事，盡是賣人承當，不干買人之事。所有稅糧至大造之年，本戶自行推出，即無難異。恐後無憑，立此賣契爲照。

萬曆十六年十二月廿一日　立賣契人　黃　沾[押]

中人　黃　鑠[押]

前項契內價銀一并盡行收足，同年月日再批爲照。領。

同上　萬曆二十六年休寧黃得賣地赤契

二十三都九圖住人黃得，今將承祖土名雙林乾地一片，係萬字一千九百十五號。其地見東至　，西至　，南至　，北至　。今將前項四至內地本身合該地七步，計稅三釐四毫八糸，三面議定時值價白銀十一兩整。其地今出賣黃遠軒祠名下爲業，聽從收苗受稅。如有內外人攔占及重複交易、不明等事，盡是賣人祗當，不涉買主之事。所有稅糧，大造之年，本戶自行推出，即無難異。今恐無憑，立此賣契存照。

其地當時清丈誤僉八步七分，盡批入祠，再批爲照[押]。

萬曆二十六年六月初十日　立賣契人　黃　得[押]

中見人　黃　鐔[押]

前項契內價銀當日隨手一并收足，再批爲照[押]領。

同上　萬曆二十八年祁門丁永春等賣地赤契

十八都丁永春，同弟侄永重、永修、尙群庶、尙立孔、應征節，今自情願將土名西村門前沙波一號，與葉道厚相共，本家該得一半，出賣與同都葉道厚名下爲業。當日面議時價紋銀一兩一錢整，在手足訖。其沙波未賣之先，與家外人即重複，來歷不明，賣人自理，不干買人之事。自成交之後，二各無悔，如違，甘罰銀三錢公用，仍依此契爲準。今恐無憑，立此爲照。

外批：其沙波盡數出賣，所有稅糧悉照歸戶弓口推過無詞。憑此。其官錢當即收訖。

本戶原承高地糧一百步，折地二分五釐。所有樹木，道厚管業無詞。

萬曆二十八年十二月十五日　立契人　丁永春[押]
同弟　永　重[押]
永　修[押]
同侄　尙群庶[押]書
尙立孔[押]
應征節[押]
中見人　汪五壽[押]

同上　萬曆二十八年歙縣吳明富等賣地赤契

三十六都二圖立賣契人吳明富同弟明昱，今將承祖新丈尺字二千二十七號，地稅一分五釐整，土名潘坑住後塝上。東至方家山，西至買人地，南至方家山，北至自墳地及自墳。四至明白，立契出賣與十五都五圖汪　名下爲業。三面議時值價紋銀四兩整。其銀立契之日一并收足，即無欠少準折。其稅，候造黄冊之年，聽憑買人過割入戶支解，不再阻擋。未賣之先，即不曾與他人重複交易，如有內外人等異言，俱是賣人之當，不干買人之事。今恐無憑，立此賣契爲用。內涂一字。

萬曆二十八年十二月十五日　立賣契人　吳明富[押]
同賣人　吳明昱[押]
中見人　何濟川[押]
汪養潛[押]
汪滄白[押]

同上　萬曆三十年汪新蔭等賣地赤契

卅都汪新蔭、新茂，今爲祖母病重，使用有缺，浼叔近前，將承祖并續置地三號，係業字一千二百三十三號三十四號三十二號，內取地兩步，計稅一釐，出賣與同族汪　名下爲業。三面議作時值價銀四兩，當日兩相交付明白。其地自出賣後，聽從執業，本家各無異說。未賣之先，亦無重複交易等情。所有稅糧，現在本戶，今值大造之年，一聽照契起割，兩無難異。今恐無憑，立出賣契爲照。

萬曆三十年七月十九日　立契人　汪新蔭[押]
汪新茂[押]
中見叔　汪文彩[押]
代書叔　汪　昱[押]
主盟母　岳　氏[押]

文契內時價當日憑中交付收足訖。

同上　萬曆三十六年休寧程善應賣地赤契

耆德門立賣契人程善應，今爲里長，缺少貱銀，自情願將承祖後山火兒地一片，係新丈鞠字三千二百四十號，計稅　。其地東至程家山，西至程家地，南至程有仁地路，北至程家高基地。今將四至內除前賣過，仍[剩]存七步五分，照圖分數，并無存留。又將高基吳尙火兒地一片，本身該分一十四步零七釐六毛，與得株社共業。其地係新丈鞠字三千二百卅九號。其地東至山，西至程家地，南至低基，北至程家地，計稅　。今將前項八至內地，憑中盡行立契出賣與族叔程　名下。當日三面議作時值價紋銀七兩整。其銀當日收足，其地聽買人管業。其稅糧候冊年本戶推出無阻。如有內外人攔占及重複交易、一切不明等事，盡是賣人祇當，不及買人之事。今恐無憑，立此賣契爲照。

萬曆三十六年正月初十日　立賣契人　程善應[押]
中見人　程　震[押]

今就契內價銀并收足訖，同年月日再批[押]。

同上　萬曆三十八年休寧洪廷璉賣地赤契

十七都五圖立賣契人洪廷璉，今因本家人各住散，有失摽挂祭祀，僅存身一房，看守各處祖墳。奈身無辦摽挂祭祀之物，自情願將土名前充祖墳邊空地內取六步，計稅二釐五毫。其地東至□宅高基，西至田，南至本家空地，北至本家墳。前項四至明白，立契出賣與本都一圖程　名下爲業厝墳。

當日三面議定時值價紋銀三兩五錢整。其銀當日一并收足。其地倘有內外人等爭論等情，盡是賣人之當，不涉買人之事。其稅糧候大造年，本戶自行推出無異。今恐無憑，立此爲照。其地係伐字一千　　號。

今隨契內價銀一并收足，如後遷葬，聽從回贖無詞。再批爲照。

萬曆三十八年二月初七日　立賣人　洪廷璉[押]

中見人　程　芝[押]

程佑卿[押]

同上　萬曆三十九年歙縣汪周法賣地赤契

二十七都三圖立賣契人汪周法，因缺少使用，自願將續置到新丈岡字七千八百三十三號，土名汪九坦。東至孫汝謨地，西至江欽地，南至汪淸地，北至吳舜華地；又將岡字七千九百六十九號，土名楓樹塘上下。東至江欽地，西至李積善墳地，南至吳伯初地，北至江欽地。將八至內地二處，共計稅一畝一分七釐七毛，盡行出賣與二十五都三圖吳　　名下爲業。三面言定時值價紋銀十一兩整，其銀當成契日收足。其地聽從買主便行管業。倘有內外人異說，盡是賣人承當，不涉買主之事。其有來腳契文與別產相連，繳付不便。未賣之先，即不曾與他人重複交易，亦無準折等情。其稅糧候造[冊]之年，聽子汪永茂戶下起割，推入吳良悅戶下解納。其地二處，本身即無毫忽存留。恐後無憑，立此賣契爲照。

萬曆三十九年二月十八日　立賣契人　汪周法[押]

餘白

中見人　吳時懷[押]

汪別李[押]

汪有貴[押]

依口代筆人　汪周欽[押]

同上　萬曆四十一年葉兆賣地赤契

立賣契人葉兆，今因里役，缺少銀用，自情願將承父鬮分得土名江花坦地一片，共稅積一百步，係鱗字　　號。三股身該一股，該積三十三步三分零。新立四至：　東至余楊田，西至庇埁心，南至葉應春地，北至葉喜賣[與]余地。四至內地，憑中盡行立契出賣與同都余　　名下爲業。三面議定時值價白紋銀一兩整，其銀當日收足。其地即聽買主另召佃人種作。來歷不明，分法不淸，重複等情，盡是賣人之當，不及買主之事。所有稅糧，今當冊年，該稅一分四釐，即便推與余吉戶輸解。交易之後，各無悔異。今恐無憑，立此賣契爲照。

萬曆四十一年八月十六日　立賣契人　葉　兆[押]

中見人　葉　德[押]

李　衍[押]

同上　萬曆四十一年休寧汪大輅等賣地赤契

立賣契人汪大輅、大胤，今將承父本家潛字三千六百四十八號，土名汝嘉公祠，地稅壹分柒釐八毛，田稅柒釐，僕人朱胡陳於上住守，遞年交納租壹砠；　又將三千六百四十九號，土名盤野排坦，地稅肆釐弍毛八糸一忽，田稅壹分零五毛壹糸九忽[五]，租壹砠，僕人朱打由、朱法大等於上造屋住歇，憑中將前項田地稅數，盡行出賣與汪文甫名下爲業，三面議作時值價紋銀柒兩柒錢整。其田、地出賣之後，聽從文甫收租管業。其稅在八甲汪廷選戶，隨即起割過戶。未賣之先，并無重複交易。一切不明等情，盡是賣人之當，不及買人之事。今恐無憑，立此賣契爲照。

萬曆四十一年十月　日　立契人　汪大輅[押]

中人　汪大胤[押]

汪大議[押]

汪大申[押]

汪國光[押]

今□領去契內價□[下殘]。

同上　萬曆四十二年吳記互賣地赤契

十一都吳記互，今將買受房東廖增、成源等地一號，坐落土名二都二保葉四公塢，其地合塢八股爲率，本身該得五股，并荒熟地，不存分毫，盡數立契出賣與十四都房東胡春名下爲業。面議時價紋銀一兩五錢整，在手足訖。當日契價兩明。賣之後各毋悔異，如悔者，甘罰契內銀一半公用。未賣之先，即無重複交易，來歷不明，賣人之當，不干買人之事。所有糧稅候大造之年，推割買人供解毋詞。再有老契三紙隨即繳付。今恐無憑，立此爲照。

萬曆四十二年正月初十日　立契人　吳記互[押]

主盟父　吳五乞[押]

中見房東　廖　泮[押]

中　見　張　元[押]

同上　萬曆四十五年休寧詹高等賣地赤契

二都三圖立賣契人詹高、金其伙計二人，新續置□汝溪園地一片，係往字一千七百一十一號，又一千七百一十二號，又一千八百廿八號，三號地共計積步五百六十一步一分三釐，計稅二畝五分零六釐。其地東至路，西至路，南至路，北至葉宅園路。麥豆一石四斗。伙計二人，管業不便，自情願憑中出賣與十七都六圖何　名下爲業。憑中三面言議定時值上則眞文銀四兩正。其地自出賣之後，一聽買人收苗受稅管業，辦納糧差。其有內外人攔阻及重複交易，一切不明等事，盡是賣主二人承當，不涉買人之事。其稅糧候大造之年，詹法戶內起割無異。其有上首來腳歸戶隨即繳付。其價銀，當承契日兩交足，并無欠少，亦無準折。今恐人心無憑，立此賣契永遠存照。

萬曆四十五年五月初十日　立出賣契人　詹　高[押]

金　其[押]

中見人　金　六[押]

柯　淮[押]

程　當[押]

朱天爵[押]

代書人　朱天魁[押]

今就契內價銀一并盡收足訖，同年月日再批。

同上　萬曆四十六年休寧朱守浩賣地赤契

立賣契人朱守浩，今贖回承祖地原湯字四百六十二號，新丈咸字四千三百五十五號，土名村心住東；又湯字四百五十五號，今咸字四千三百四十八號，土名住東竹園。二號共坦地一百三十二步五分，本身合得四十二步三分六釐二毫。計地稅二分一釐一毫八糸一忽。新立四至：　東至本家存留巷路，西至受業地，南至樓屋，北至朱鍾秀等滴水爲界，於上東首磚牆石腳，并明南首門屋一間，及坦上階簷。今將前項憑中盡行立契出賣與族兄　名下爲業。當日三面議作時值價文銀七十兩零三錢二分正，其銀契當日兩相交訖。自今出賣之後，聽從買人管業。其賣過地，本家并無糸忽存留。倘內地數不足，毋得侵於外面路地。其本家東首存路一道，南頭抵爐牆角，計闊三尺二寸，北頭抵熞南首牆角，計闊三尺二寸。亦不得侵於買業人地。　如有內外人占攔及重複交易，一切不明等情，盡是賣人承當，不涉買人之事。其上手來腳契文隨即繳付。其稅候大造之年在九甲朱宗惠戶起割，過戶當差，無得異說。今恐無憑，立此賣契爲照。

萬曆四十六年五月十六日　立賣契人　朱守浩[押]

憑叔祖　朱　燭[押]

叔　朱宗文[押]

宗　舜[押]

尚　義[押]

積　名[押]

震　崐[押]

良　弼[押]

鍾　秀[押]

同上　萬曆四十八年祁門吳文祿賣地赤契

十一都吳文祿，今將承父民地一備，坐落一保，土名湖里，係新丈□字　號，計地九分。其地新立四至：　東至　，西至　，南至畔，北路。其地與李同明相共，本身該得三分之一，計地稅三分。自情願將前項四至內地骨并監租，盡行立契出賣與同居侄　慶名下爲業。憑中面議値價文銀七錢。其價當日兩相交付，契後不再立領。未賣之先，即無重複交易。如有不明，盡是賣人之當，不及買人之事。所有稅糧候大造年，聽自於寫生戶起割入伊戶供解無詞。立此賣契爲照。

萬曆四十八年五月初四日　立賣契人　吳文祿[押]

中見人叔　吳　秀[押]

兄　文　明[押]

文　興[押]

同上　天啓元年鄭廷玉賣地赤契

五都一圖立賣契人鄭廷玉，今因缺少埋妻使用，情願憑中將承祖土名大石塢張家□二處竹園一段；　又將大石塢桐子坦地一塊，二共計稅三釐。其地係亘字　號，其地東至買人地爲界，西至鄭宅田爲界，南至大石塢陳宅田爲界，北至鄭宅及鄭廷玉墳地爲界。今將四至內地竹雜木，盡行出賣與同居親侄孫鄭國用名下爲業。當日三面議定時值價紋銀一兩整，其銀當日收足訖。其竹園坦地隨即從買人收苗管業，本家并無存留。其稅糧本戶派納。其有內外攔占及重複交易、一切不明等事，盡是出賣人承當，不涉受買人之事。今恐人心無憑，立此賣契存照。

天啓元年十一月廿一日　立賣契人　鄭廷玉［押］

中見人　吳文伸［押］

鄭廷祉［押］

代筆人　鄭廷侃［押］

今就契內價銀并收足訖，別不立領札。同年月日再批爲照。

同上　天啓元年吳社得等賣地赤契

三十二都四圖立賣契人吳社得同弟祖德，承父有地一塔，坐落土名塢潭，係職字　號，新丈維字四百七十號，計經理稅二釐九毫。東至進才園，西至楊祖保園，南至塝，北至溪。今來無物支用，自情願將地骨并租苗盡行立契出賣與吳一泮名下爲業，三面時值價錢五錢整。其價契當日兩相交付明白，即無重複交易及家外人占據、一切不明等事，盡是賣人之當，不及買人之事。所有稅糧候造冊年本戶起割，本家即無異說。恐後無憑，立此賣契存照。

天啓元年十二月二十五日　立賣契人　吳社得［押］

祖　得［押］

依口中見人　吳一臣［押］

今領去契內價銀并收足訖。同［前］［年］月日再批。

同上　天啓二年朱世相賣地赤契

立賣地山塘契人朱世相，今將原賣過字號開後：　地咸字四千一佰零六號，土名前山，中地一步二分五，計稅五毫；　咸字四千一百零九號，土名前山，中地三步七分五，計稅一釐六毫；　咸字四千一百二十號，土名前山，中地二步八分二釐五，計稅一釐一毫二糸五；　咸字四千一百二十五號，土名前山，中地一步五分，計稅六毫；　湯字二百二十八號、二佰三十二號、二百三十三號、二百三十四號，土名前山，中地共二步八分二釐，稅一釐二毫；　咸字三千九百三十八號，土名石灰山，地七步五分，計稅二釐二毫五；　咸字四千一百四十五號，土名寒充東培下，下地一步，計稅二毫；　咸字四千三百八十六號，土名楊村園，地稅三釐四毫七；　咸字四千四百零三號，土名□竹塢，地稅五毫五系；　菜字三百二號，土名和尚塢，地稅六釐；　菜字七百六十三號，土名大王塢，地稅五毫五；　菜字二百四十七號，土名後底塢，地稅四釐六毫；　菜字八百十四號，土名莊培，地稅一釐二毫二；　菜字九百二十三號，土名葉家塢，地稅四釐七毫；　塘咸字四千四百號、咸字四千四百零七號、四千四百零一號、四千四百零二號、四千四百零七號，土名□竹塢，計塘稅一分六釐九毫一；　咸字四千五百零八號，土名許家塘，計稅六釐二毫；　咸字四千一百十七號，土名前山塘，共計稅一釐；　咸字三千九百卅八號，土名石灰塘，計稅三釐；　山咸字四千一百零六號，土名前山，計稅一毫七；　咸字四千一百零八號，土名前山，計稅一釐三毫七［五］；　咸字四千一百零九號，土名前山，計稅一釐二毫五；　咸字四千一百一十七號，土名前山，計稅二釐四毫一；　咸字四千八十二號，土名前山，計稅一釐一毫五，咸字四千一百四十五號，土名寒充塘尾東培山，計稅一釐五毫七；　咸字三千九百卅八號，土名石□山，計稅五釐三毫；　咸字四千二百七十八號，土名上充，計稅六釐八毫六；　咸字四千九百十一號，土名寧塘，計稅三毫七［五］；　咸字五千一百廿五號，土名麻山，計稅三毫一；　菜字三百廿號，土名和尚塢，計稅二釐六毫；　菜字七百五十七號，土名二姐培，計稅三毫五；　菜字七百六十三號，土名大王塢，計稅二釐七；　菜字七百卅號、九百卅號、九百卅三號，土名葉家塢，計稅一分六毫三。除賣過剩實存，今憑中出賣與堂兄　　名下爲業。

計開：　咸字四千二百卅號，咸字二千三百零七號，共計田稅九釐三毫，渠下等處，咸字三千九百卅八號，土名石灰山、并戽水塘等處，計稅一分零五毫三；　咸字四千三百八十六號，土名楊村園廟林墩，計地稅一釐；　咸字四千三百卅七號，土名胡村住前，地六步九分二釐五，計稅三釐四毫七：　并學堂咸字四千三佰卅八號，土名前園地六步八分，計稅三釐四毫一；　咸字三千七百八十號，土名松樹塢，計塘稅四釐五毫；　咸字四千四百廿九號，土名劉家塢，計塘稅三釐七毫八；　咸字四千四百六十五號，土名岩前，計塘稅三釐六毫五；　咸字五千九十三號，土名戽水塘，計稅四釐三毫；　海字五千四百四十三號，土名蘇家塘，計稅二釐七毫，當日三面議值時價紋銀八兩整。自賣之後，聽從買人執業收稅過戶，於內并無他人寸土。一切不明等情及重複交易，盡是賣人之當，不及買人之事。其稅在四甲朱松戶內起割過戶當差，戶内并無存留，爲存人丁，今恐難憑，立此賣契存照。

天啓二年十月廿二日　立賣契人　朱世相[押]
憑中人　朱大魁[押]
朱積名[押]
朱良能[押]
章希榜[押]

今就契内價銀同年月日一并收足訖。再批。

同上　天啓四年朱宗舜賣地赤契

立賣契人朱宗舜，今將承祖仁、義、禮、智四房衆存原湯字四百五十四號、四百六十號，新丈咸字四千三百四十七號、四千三百五十三號，二號共該分路地一十六步，本身合得地四步。除先年賣與李齊雲戶路一步五分六釐，仍該路地二步四分四釐，計稅一釐二毫二糸，土名楊村園高基并楊村園，今因管業不便，憑中出賣與族人名下爲業。當日三面言定，時值價文銀一兩五錢整，隨即銀契兩相交訖。其地路　往東竹園地起，至楊村園高基止。其地自賣之後，聽從買人往來管業，并無内外人等占攔及重複交易，不明等事，盡是賣人承管，不涉買人之事。其稅在九甲朱加慶戶起割，過買人戶内當差無阻。今恐無憑，立此賣契爲照。

天啓四年九月初九日　立賣契人　朱宗舜[押]
憑中　程尚貞[押]
親人　汪雲章[押]
朱守和[押]
守　福[押]

同上　天啓四年程九思賣地赤契

立賣契人程九思，今將芥字六千八百六十一號，土名石潭尾，中地二百三十七步五分，計稅九分五釐，佃人程壽等，計麥、豆、粟租　。東至默地，西至洪模地，南至路，北至自地；又芥字六千八百六十二號，土名石潭尾，下地七十六步，計稅二分二釐七毫，佃人程和才，監收麥、豆、粟租。東至默地，西至洪模地，南至自地，北至溪。今憑中出賣與叔　名下爲業，三面議作時值價紋銀五十三兩整，其銀契當日交收足訖，別不立領札。自從出賣之後，一聽買人收苗管業。如有内外人攔占及重複交易，一切不明等事，盡是賣人之當，不涉買人之事。其稅糧，隨即扒與買人戶内辦納糧差無詞。今恐無憑，立此賣契存照。

内補六字一個。

天啓四年十月二十二日　立賣契人　程九思[押]
中見人　程宗河[押]
程六通[押]
程貞伯[押]
程伯範[押]

今就契内銀兩一并盡收足訖，別不立領札。同年月日再[押]批。

同上　天啓四年金大兆賣地赤契

三都三圖立賣契人金大兆，今因糧差缺少，自情願將承祖續置土名李村，新丈暑字二千二佰五十號六十號六十七號五十一號五十二號，共計五號，共計地稅一畝二分五釐，共計豆租一官擔。東至　，西至　，南至　，北至　。憑中出賣與五都李　名下爲業，三面議定時值價銀五兩五錢，其銀當日交收足訖。其地即交與買人收苗收稅管業。係有來歷不明等情，盡是賣人承當，不涉買人之事。其稅糧今因黄冊解京，不便推收，原寄賣人戶内另有寄稅合同爲照，候大造之年，即便推與買人戶内辦納糧差，并無難阻等情。原有上首來腳歸戶別契相連，繳付不便。今恐無憑，立此賣契存照。

天啓四年十一月二十七日　立賣契人　金大兆[押]
中見人　金名陽[押]
葉　香[押]
葉　男[押]
朱　福[押]
代書弟　金大章[押]

今就契内價銀當日一并盡行收足，不另立領札。年月日同再執存照。

雍正八年二都三圖三甲程義六公買訖。

同上　天啓五年朱宗發賣地赤契

立賣契人朱宗發，今將承父原湯字四百五十五號，今咸字四千三百四十八號，土名住東竹園；又湯字四百六十二號，今咸字四千三百五十五號，土名村心往東,先年賣盡無存,仍存牆外巷路合一步七分,內取一步,計地稅五毫,聽從買人管業出入; 又將湯字四百五十四號,今咸字四千三百四十七號,土名王村園高基,計地一十六步,計地稅八釐,其地東西四至自有保簿可查。二號共計稅八釐五毫,今因缺少使用,憑中將前項地立契出賣與朱名下爲業。當日三面議作時值價紋銀一十六兩,其銀契當日兩相交收足訖。自從出賣之後,聽從買人隨即受業,如有內外占攔及重複交易、一切不明等事,盡是賣人之當,不涉買人之事。其稅自九甲朱熞戶起割,入買人戶內當差無異。今恐無憑,立此賣契存照。

其王樹高基地,東至買人地,西至應會牆腳,南至衆家存路,北至墳低基牆腳并土牆。再批[押]。內改衆字一個[押]。

天啓五年五月十三日　立賣契人　朱宗發[押]
主盟母　李　氏[押]
憑叔　朱　煥[押]
朱宗文[押]
程尙貞[押]
朱積名[押]

就契內價紋銀并收足訖。同年月日。

同上 天啓五年程文杞賣地赤契

立賣契程文杞,今將承祖鬮分得芥字七千一百四十八號,土名西館,計步三步,計稅三釐; 又將芥字七千一百六十六號,土名西館,計步二十五,計稅一分; 又將芥字七千二百零九號,土名車田,計步三步,計稅一釐; 又將芥字九千五百九十九號,土名上村,計稅四分零六毫; 又將果字二千七十六號,土名瓦窰口,計稅二分五釐。以上五號,本身合得分法盡行出賣與戶叔名下爲業,共稅　。其東西四至,自有冊籍可查。今憑中出賣與戶叔名下爲業,當日得受價銀一十二兩五錢整,其銀契當日兩相交收足訖,別不立領札。自從出賣之後,一聽買人收苗管業,并無內外人攔阻及重複交易、一切不明等事,盡是賣人之當,不及買人之事。所有來腳契文,繳付不便,日後要用,刷出參照。其稅糧隨即推入買人戶內辦納糧差無辭。今恐無憑,立此賣契存照。

天啓五年九月二十一日　立賣契人　程文杞[押]

中見　程太實[押]
程九思[押]

今就契內銀兩領去足訖,別不立領札。同年月日再批[押]。

同上 天啓六年張成材賣地白契

三十一都張成材,承父勾分有地一備,坐落土名大園住基,係羔字四千三百九十五號,計地稅二分有零。其地新立四至,東至宇地,西至本家已路,南至路及碓屋衆地,北至成都地。今因缺用,自情願將前項四至內地骨并苗□,盡行立契出賣與親弟成棟名下爲業。憑中三面議作時價銀四兩整,其價契當日兩相交付。未賣之先即無重複交易。一切不明等事,并是賣人之當,不及買人之事。所有稅糧,聽到本戶起割,本家即無異說。今恐無憑,立此賣契存照。

其地日後不得另賣他人,聽自本家取贖。再批。

天啓六年又六月初二日　立賣契人　張成材[押]
主盟父　守　諒[押]
中見人　張守理[押]
張成性[押]

今領契內價銀并收足訖。同日再批。

同上 天啓六年洪八老賣地赤契

十四都四圖立賣契人洪八老,今因缺少使用,自情願憑中將承祖墳地一業,坐落土名下山頭,係乃字一千九百　號,計地一十九步,計稅一分,其地東至洪家地,西至洪家田,南至本家墳壩,北至汪家牆爲界。今將四至寫明,盡行立契出賣與同都一圖族兄萬壽名下爲業。當日三面議作時値價紋銀三兩整,其銀當成契日一并收足,并無欠少分文,亦無準折及重複之類。其稅糧今奉親例,隨即推收,在洪世魁戶起割,推入洪學收納糧差,即無難異。其地隨即交業。倘內外人攔阻,盡是賣人承當,不涉買人事。倘步數不清,自有四至挾定。今恐無憑,立此賣契爲照。

其來腳與便業相連,繳付不便,刷出不在[再]行用。契內價銀當日一并收足。再批。

天啓六年八月初三日　立賣契人　洪八老[押]
中見人　洪玄保[押]

洪元保[押]

同上 崇禎元年休寧程伯陽等賣地赤契

立賣契人程伯陽、叔陽、三陽、四陽，同侄文輝，今將承父鬮分得芥字柒仟拾號，田成地壹片，土名花果園，新立四至，東至本家伍尺路，西至本家田，南至利房仲陽兄弟地，北至程龍宇地。四至内地共計壹佰零伍步；又東至路上取路地伍步，共壹佰壹拾步，計税伍分伍釐，今因管業不便，自情願憑中立契盡行出賣與族弟程高德、同德名下爲業。三面議時值價紋銀玖拾柒兩整，銀契當日兩收足訖，別不立領札。其地自賣之後，聽從買人安石圍牆，造屋管業。倘有内外人攔占及重複交易、一切不明等事，盡是賣人之當，不涉買人之事。其税糧候冊年，在三甲程上達戶起割，推入買人戶内辦納糧差。所有上手來腳契文，與別產相連，繳付不便，日後要用，刷出參照。今恐無憑，立此賣契存照。

崇禎元年九月二十一日 立賣契人 程伯陽[押]

叔　陽[押]

三　陽[押]

四　陽[押]

同侄 文　輝[押]

憑弟 程君泰[押]

復　初[押]

中見人 程繩野[押]

程涵宇[押]

程六通[押]

程明初

書契侄 程文煃[押]

今就契内銀兩當日收足，別不立領札。同年月日再[押]批。

同上 崇禎二年張成棟賣地白契

三十一都張成棟，原買兄成材地一備，坐落土名大園住基，係羔字四千三百九十五號，計地税二分有零。其地新立四至，東至宇地，西至衆存路，南至碓屋滴水并成都地，北至成都地。今因管業不便，自情願將前項四至内地骨，一并盡行立契出賣與弟成都名下爲業。三面憑中言議時值價紋銀四兩整，其契價當日兩相交付。未賣之先，即無重複交易。一切不明等情，盡是賣人之當，不及買人之事。所有税糧隨即本戶會納，無得生情異說。今恐無憑，立此賣契存照。

崇禎二年正月二十六日 立賣契人 張成棟[押]

主盟父 守　諒[押]

中見人 汪一震[押]

王元勛[押]

今領契内價銀并收足訖，同日再批。[押]領。

同上 崇禎三年鄭有貞賣地赤契

十八都六圖立賣契人鄭有貞，今因管業不便，自願將續置首字四千二百七十六號，計税一畝六分七釐正，□□大畝丘，四至在冊。憑中出賣與本都五圖黄名下爲業。三百議定作値時價紋銀一十四兩整，其銀當即兩相交明，即無欠少分文，并無準折之類。倘有親房人等，盡係賣主之當，不干買主之事。其税糧夏秋一并收足，其税遵新例至賣人鄭有貞戶下起割，入買人戶下支解。今恐無憑，立此賣契爲照。

崇禎三年六月日 立賣契人 鄭有貞[押]

中人 鄭端所[押]

鄭端卿[押]

鄭元長[押]

宋武經[押]

代書人 鄭欽鄰[押]

同上 崇禎四年韓得時賣地赤契

九都三圖立賣契人韓得時，今自情願將承祖父戶下地一業，計税二分七釐，土名九畝敦。新丈姜字　號。其園新立四至，東至水渠，西至買人園地，南至胡家地及賣人地，北至洪家田。今將前項四至内地，出賣與同都洪名下爲業。憑中三面議作時值價紋銀一兩六錢正，其銀當日交足。其園并佃則便與買人收苗管業。如有内外人攔阻，及重複交易，一切不明等，盡是賣人之當，不涉買人之事。其有上手來腳，繳付不便，日後刷出，不在行用。其税糧，本戶自行起割，推入買人戶内辦納糧差，即無難異。今恐無憑，立此存照。

崇禎四年二月十一日　立賣契人　韓得時[押]
中見人　陳懷池[押]
洪子杰[押]
代筆男　韓繼善[押]

今就契內價銀并收足訖，再批無辭。

同上　崇禎十一年汪雲壽賣地白契

佃人汪雲壽，今將承祖買受得二保土名青山培，係九百九十七號。本身該得分籍內取一畝九分三釐五毫，出賣與房東汪朝佑名下前去管業。當得價文銀七錢五分整，當日契價兩明。未賣之先，并無重複交易，來歷不明，賣人自理，不干買人之事。新立四至，東至溪，西至降，南至乾坑，北至山嘴。今恐無憑，立此賣契存照。

崇禎十一年八月初十日　立賣契佃人　汪雲壽[押]
代筆人　陳法才[押]

同上　崇禎十四年李天魁賣地赤契

立賣契人李天魁，今將承父買受地一號，坐落十二都八保，土名高坑埂。全地一備，四至悉照本保鱗冊。憑中出賣與十五都鄭　名下，前去管業。該地稅一分二釐一毫。面議時價紋銀五兩整，在手足訖。未賣之先，即無重複交易，來歷不明，盡是賣人承當，不干買人之事。自成之後，各不許悔，如悔者，甘罰銀五錢公用，憑此為照。

再批：　其地係汪和、胡天耕種，遞年交粟麥共五秤整，照計稅一分五釐，聽自收入買人戶內供解毋詞。存照。

崇禎十四年九月初六日　立契人　李天魁[押]
中見親　鄭志賢[押]
見弟　李天椿[押]

高坑埂即大塘塢山塝地。

《中國歷代契約會編考釋》　明洪武八年祁門縣馮喜得賣山田白契

拾西都馮喜得孫，今為無鈔支用，情願將本都七保吳坑源經理唐字弍千八十七號夏山拾畝，其山東至田；　西至嶺隴半山，抵鑾友祖山；　南至大嶺，抵木瓜塢山，上至降，下至木瓜塢口田；　北至彎塢心坑及鑾友吳坑坳山，下至路及謝閏身山。又將本都八保土名干坑口夏田壹畝、經理吊字其田東至坑及朱家山，西至路，南至坑，北至塝。今將前項八至內田并山杉苗、杉木、地骨，盡數立契出賣與本都謝鑾友名下，三面評議時價寶鈔陸貫文。其鈔當立契日一并交足無欠。其山未賣已前，即不曾與家外人交易。如有家外人占攔，并是出產人之[支]當，不干受產人之事。出賣之後，一任買者收苗收稅管業。今恐人心無憑，立此文契為用。

洪武八年十月十五日　馮喜得孫[押]
依口代書人　馮得新[押]

同上　明洪武十三年祁門縣李孟權賣山地白契

十西都李孟權等，今有山地壹片，坐落本都七保，土名吳隱坑，係經理唐字三伯六號，夏山四畝壹角叁拾步。東至嶺，直下至田，南至降，西至塢心，北至塢口田。今為門戶無鈔支用，同母親商議，情願將前項肆至內山地，并地內大小杉苗，盡行立契出賣與十西都六保程子善等名下管業，三面評議時值價錢寶鈔三貫。其鈔當日收足，其山一聽買人自行永遠管業。未賣知先，即不曾與家外人重疊交易。如有畝步四至不明及家外人占攔，并賣人自行之當，不涉買人知事。今恐無憑，立此文書為用者。

洪武拾叁年十一月二十九日　李孟權[押]契
李孟誠[押]
弟　李　倫[押]

同上　明洪武二十年祁門縣王亥郎等賣田契

二都王亥郎同五都王伯成，有王員於洪武廿年二月身故，無棺槨安葬，有衆議將王員戶內田一備，坐落十東都四保，有字一千令二十七號，其田陸分有零，坐落方村。其田東至　，西至　，南至　，北至　，今來無鈔支用，情將前項四至內田本家合得分法，盡行出賣與五都洪均祥名下，面議時鈔壹貫文。其鈔當立契日收足。其田出之後，一任買人自行聞官收稅收苗管業。未賣之先，即不曾與家外人。占攔，并是出賣人之[支]當，不涉買人之事。今恐無憑，立此為照。

洪武二十年三月初一日　立文約人　王亥郎　王伯成
代書人　李建中
中見人　周子成

同上　明洪武二十一年祁門縣胡叔商賣山骨白契

十東都胡叔商承父胡伯遠有山壹片，坐落七保，土名黃四塢，係朝字壹千二十二號，下山壹角。其山東至降，西至地，南至方宅山，北至坑；又取壹千二十六號，其山東田，西尖，南彎路，北坑。今將前項八至內山骨，盡行立契出賣與陳　名下。三面議作時價白銀貳兩整。其山并契當日兩相交付。其山今從出賣之後，一聽買人永遠受業。未賣之先，即無重複交易。如有來歷不明，應是賣人之當，不及買人之事。今恐當憑，立此賣契爲用者。

洪武貳拾壹年九月廿四日　立賣契人　胡叔商[押]

中見人　方仲得[押]

同上　明洪武二十三年祁門縣宋宗蔭賣山契

在城宋宗蔭、宋張保，於洪武二十三年充當巡攔，經涉國課，無可措辦。今同弟宋張保商議，自情願將五都五保土名桑園塢，承祖宋子恭名目山一號，計山九畝有零，係經理水字一千八十九號。其山四至自有本保經理可照。其山本身三分中該得一分，盡數立契出賣與洪寬名下爲業。面議時值價鈔三貫、夏綿布二疋。其鈔布并契當兩相交付明白。其山即無家外人重複交易。一切來歷不明，賣人之當。如先悔者，甘罰契內鈔布一半與不悔人用。今恐無憑，立此文契爲照。

洪武二十三年七月二十日　立契人　宋宗蔭

同弟　宋張保

中見人　汪仕弘

同上　明洪武二十四年祁門縣汪森如賣山地紅契

拾西都八保汪森如昨用價買受到山地壹片，坐落本都七保土名吳坑源，計山壹畝貳角。其山東至降，西至溪及本宅田，南至嶺下大石及溪，北至謝應祥山，隨嶺直上至降，下至田。於內本宅存留祖墳壹穴外，今將前項四至內山地并大小杉苗盡行立契出賣與同都七保住人李舒原名下。面議時值花銀貳兩重。其銀當立契日一并收足無欠。未賣之先，即不曾與家外人交易。如有四至畝步不明及家外人占攔，并是賣人知當，不涉買人之事。今恐無憑，立此出賣文契爲照。

洪武廿四年五月廿一日　汪森如[押]契

同上　明洪武二十四年祁門縣馮伯潤賣山地紅契

在城馮伯潤承祖有山地壹片，坐落拾西都七保，土名吳坑原，經理唐貳千捌拾柒號夏山貳拾伍畝。其山東至長嶺，直上至降，直下至木瓜塢口田及謝翊先山；西至斗水嶺路彎，上至降；南至降，比至田。今爲無鈔支用，情願將前項四至內山地并大小山上苗盡行立契出賣與十西都七保住人謝翊先名下，面議時值價錢寶鈔叁貫肆伯文。其鈔當立契日一并收足，其山地未賣之先即不曾與家外人交易。如有內外人占攔及一切不明，并是出賣人之[支]當，不涉買人之事。今從賣後，一聽買人長養，永遠管業。今恐無憑，立此文契爲照。

洪武廿四年六月十二日　馮伯潤[押]契

同上　明洪武二十五年祁門縣胡高賣田白契

太平里十二都九保住人胡高，承父戶下有田一坵，坐落本都九保，壹字捌伯肆拾伍號，田壹畝壹釐玖毫。東至　，西至　，南至　，北至　。土名八畝段，佃息每年硬上乾穤穀壹拾壹秤半尙田祖。今來爲無鈔支用，自情願將前項四至內田盡行立契出賣與本里人汪猷名下，面議時值價鈔伍貫文。其鈔當成契日一手收足無欠。其田今從出賣之後，一任買人自行聞官受稅收苗，永遠管業爲定。如有四至不明及重複交易，并是出產人祗[支]當，不及買人之事。所有上手入戶來腳契文一并繳付。今恐無憑，立此賣契文書爲照。

洪武二十五年二月　日　出產人　胡　高[押]契

見人　朱勝祺[押]

契內又添價鈔壹貫。

前項契內價鈔并收足訖。同年月日[押]再批。

同上　明洪武二十九年祁門縣謝翊先賣山地白契

祈門十西都謝翊先承有山壹片，坐落土名本都七保，土名周家山，係經理唐字　號。東至坑，西至降，南至里小嶺，從坑心直上至降及謝訴山，北至嶺。前項四至內山地并苗盡行立契出賣與休寧卅三都李彥善名下，面議時價花銀壹兩重，其銀當成契日一并收足。其未賣之先，即不曾與家外人交易。如有占攔及一切不盟，并是賣人祗當，不涉買人知事。今恐無憑，立此文書爲用。所有上手赤白契隨便繳付。

洪武廿九年七月卅日　謝翊先[押]

今上領契內價銀并收訖。同年月日再批。[押]

同上　明洪武三十年祁門縣李都錫賣山地紅契

十東都李都錫承祖□□□坐落本都伍，土名下坑蒲勾坑，係經理□□□□□號，計山伍畝有令。其山：東山培塢田所，直上至降；西至李勝原墳，隨壟直下至外坑；南至蒲勾坑口水坑；北至大降。今自情願將前項四至內山地幷苗盡行立契出賣與同書人李伯成名下，面議時值價鈔壹伯伍拾貫文。其鈔當日收足無欠。其山今從出賣之後，一任買主自行長養杉苗，永遠管業。未賣之先，即不曾與家外人重複典賣交易。如有家外人占攔，幷是賣人之當，不涉買主之事。所有上手，兵火不全，未曾繳付；日後不在行用。今恐無憑，立此文契爲照者。

洪武三十年十月初三日　李都錫[押]契

依口代書人　李子英[押]

康熙十年三月廿日吳加興戶將此老契轉賣與胡應麟，得價收訖。　孫章　吳日昌[押]

所是契內價錢幷收足訖。　同前年月日再批。

同上　明建文元年祁門縣謝署先賣山地紅契

祁門縣十西都謝署先承祖父有山壹片，坐落本都七保吳坑源，係經理唐字貳阡叁拾九號尚山壹拾九畝。其山東至長山嶺，眞上至大降；西至坑底謝翊先坑，直上至降；南至降；北至底仞，隨小嶺下橫路口低[抵]翊先與李彬存共山。今來無鈔支用，出賣與休寧縣卅三都保江安許、王友貞等名下，面議時價寶鈔六十五貫文。其鈔、契文兩下當日收足。其山好打，買人自見。如有來歷四至不名，盡是賣者支當，不涉買者支事。如有本宅上守老契文書入後照出，不在行用。兩下幷無潘悔。如有先悔者，甘罰寶鈔貳拾貫與不悔人用。今恐無憑，立此文契爲用。

崇禎四年九月初四日志孟於上年間已用價贖回壹半，今轉與本堂祀匣訖。

建文元年十月二十八日　謝署先[押]

見人　許　勝[押]

代書人男　福　住[押]

其山共拾玖畝

內敦本堂該玖畝五分

仍玖畝五分作六分派

內城該一分

絞該一分

常卓該一分

潤該一分

同上　明建文二年祁門縣宋孟義等賣山契

在城宋孟義同侄宋和，尚共有承僉業宋子恭名目山一號，坐落五都五保，土名桑園塢，計山九畝有零，係經理水字一千八十九號。因侄宗蔭，先年間將伊分籍出賣與五都洪寬名下，身餘同侄亦將前號塢口山咀□截，計一畝三角，新立四至：東彎，西、南田，北自山。今將前項四至內山本身同侄分籍，幷無存留，盡數立契出賣與五都洪　名下湊便爲業。面議時值價鈔陸貫、夏綿布四疋。其鈔布幷契當日兩相交付明白。其山聽經買主永遠管業，本家即無重複攔占，幷是賣人之事。自賣之後，二家各無悔異。如先悔者，甘罰契內鈔布一半與不悔人用，仍依此契爲準。今恐無憑，立此賣契爲照。

建文二年八月二十二日　立契人　宋孟義

同侄　宋　和

見人　康伯俊

饒天祖

同上　明建文三年祁門縣謝阿汪賣山地紅契

十西都謝阿汪同孫寄誠、親眷葉仕宏商議，曾於建文三年二月十九日，爲戶門無鈔之[支]用，亦同仕宏出契，將本都胡藤坑山地一片，計山五畝，係經理六千五伯號，內風水壹穴，出賣與同都汪祖受名下管業。當有祖受賫此文契與業人謝淮安觀看，淮安隨即揭照本都經理幷無此號山地。得此狀投在城里長方子清，有本城葉仕宏錯賣山地。子清就便前來查踏，諭判所是前項山地不明。仕宏同謝阿汪自情願將胡藤坑山地再行立契出賣與汪祖受名下，實係經理壹阡陸伯玖拾捌號，計山壹畝貳角。其山東至自地及坑，西至降，南至謝洪山及謝進田，北至謝洪山。今將前項四至內山地盡數再立文契，如始面議時值價錢寶鈔叁拾貫文整，其鈔幷契當日兩相交付。其山地未賣之先，即不曾與家外重複交易。如有家外人爭占，幷是出產人自行祗擋，不涉受產人之事。自立文契之後，兩家各無言誨。如有先誨者，甘罰寶鈔貳拾貫文與不誨人用，然依此文爲照。今恐人心無憑，立此文契爲用。

建文三年閏三月十四日　主盟　謝阿汪［押］契

孫　謝寄誠［押］

親眷　葉仕宏［押］

論判里長　方子清［押］

同上　明建文三年祁門縣朱安壽等賣田白契

十二都第三圖住人朱安壽同弟九，戶內有田二號：係九保乙字六伯六十二號田，取陸分捌釐捌毛，土名前岩，東□□，南□□，西□□，北□□。又將全保六伯六十三號田，取陸分捌釐捌毛，土名同處。東　西　南　北　。佃自每年硬上乾稻壹拾貳祖。今爲償運糧儲，缺少盤纏津貼，同母親胡氏嘀議，自情願將前項四至內二號田盡行立契出賣與汪猷觀名下，面議時價花銀壹兩壹錢，時價該秈穀肆拾肆稱。其價銀當［日］收足訖無欠。其田今從出賣之後，一任買人自行聞官受稅收苗，永遠管業爲定。如有四至不明及重迭交易，內外人占攔，并是出產人自行祗當，不及買者之事。所有入戶契文與別產相連，繳付不便，日後要用，索出參照不詞。今恐無憑，立此賣契文書爲用。

建文三年八月初九日　出產人　朱安壽［押］契

朱　九［押］

母親　胡　氏［押］

領價銀人婿　胡　重［押］

依口代書人　李資襄［押］

今就領去契內價花銀并收足訖。　同日再批［押］。

同上　明洪武三十五年祁門縣程寄堡賣山地紅契

祁門十一都程寄堡承故兄程慶壽批撥山地壹片，坐落本都六保，土名朱三坑，係經理坐字七伯捌拾號，計山弍拾畝有零。其山東至溪及田，西至降，南至長壟，北至吳宅姜坑。其山地通山八分中合得壹分。今爲無物支用，情願將前項合得分數山地并大小苗木盡行立契出賣與同都人吳永昭名下，面議時價花銀貳兩整。其銀當收足訖。其山地并苗，今從出賣之後，一任買人自行聞官受稅、收苗長養，永遠管業。未賣之先，即不曾與家外人交易。如有家外人占攔，并是出賣祗當，不及買人之事。所有尙［上］手赤契，見有在程閏收執。要用之日，本人賚出不詞。今恐無憑，立此出賣山地并苗木文契爲用。

洪武三十五年十一月十九日　程寄堡［押］文契

遇見人　江　乞［押］

同上　明永樂二年祁門縣胡童賣田白契

十二都十保住人胡童承父戶下田壹號，係本都十保體字叁伯捌拾玖號田，取捌分柒釐陸毫。東至汪賚田，西至山，南至朱舟保田，比至塘。土名方家塘下。今來缺物支用，自情願將前項四至內田，盡行立契出賣與本圖汪猷干名下，面議時值價秈穀壹拾貳租。其穀當成契日一并收足，其田今從出賣之後一任買人自行聞官受稅收苗管業爲定。如有內外人占攔及四至不盟、重迭交易，并是出賣人祗當，不及買人之事。所有上手來腳契文與別產相連，繳付不便；日後要用，於本家索出參照不詞。今恐人心無憑，立此賣契爲用。

永樂貳年九月十九日　出產人　胡　童［押］契

見人　胡隆舟［押］

今領去前項契內價秈穀并收足訖。　同日再批。［押］

同上　明永樂三年休寧縣發給汪猷干買田土契稅文憑

直隸徽州府休寧縣□□□□　拾貳都汪猷干用價穀折鈔貳佰玖拾壹貫，買到同都胡童等田土。見行。

永樂叁年貳月廿六日

官［押］

撰冊陳廷忠［押］

同上　明永樂三年祁門縣謝寄誠賣田白契

十西都謝寄誠，今承祖有田壹號，坐落本保，土名程坑口，係經理伐字伍伯陸拾肆號，計田叁畝。其田東至路，西至溪，南至溪，北至謝家田。曾於洪武廿六年出賣一半與本都謝永護□□。今合得壹半，立契出賣與本都人汪祖受名下，面議時價貨大綿布玖疋。其布當契日一并交付無欠。其田未賣之先，即不曾與家外人交易。如有家外人占攔，并是出賣人自行承當，不涉買人之事。自承交之後，貳家各無言悔。如有先悔，甘罰契內價錢壹半與不悔人用。所是稅糧見［現］在本戶供解，候官司推收之日，一聽買人起割前，

本家不在阻擋。今恐無憑，立此文契爲用。契內價貨準鈔叁伯貫。[押]

永樂三年六月初二日　出契人　謝寄誠[押]契

主盟祖母　汪　氏　謝敬東[押]

見人　胡卷祖[押]

同上　明永樂四年休寧縣汪伯敬賣田契

十一都汪伯敬承祖并父買田一備，坐落本都六保，土名梓坑，吳八住前，係經理坐字二伯一十號，計田一畝八分有令。其田東至自田，西至詹永成田，南[至]坑，北至山，計租一十八秤。又取坐字二伯五十八號，土名檞背，計田三分八釐九毛。其田東至溪，西至本宅地，南至謝乙地，北至汪宅田。本邊三分中合得一分。又取二伯五十九號，計田乙畝有令。東至溪，西、南至汪宅地，北至李宅地。又取梓坑口王起住地，坐字五百二十三號起，至五伯二十六號止，計地二畝二分七釐五毛。其地新立四至：東起吳宅田，西、北至坑，南至山塝。其王起住地并屋宇承祖并父買李宗祥、李原等，本邊三分中合得乙分。今將契內田地、火佃基屋本邊合得分數盡行立契出賣與汪仕同名下收租爲業，三面議作時值價鈔五百八十貫文整云云。所有原買李宗祥、李原等來腳契文與兄弟相共，不及繳付。

永樂四年二月十八日　立賣契人　汪伯敬

見人　汪伯信

代書人　李德本

同上　明永樂四年祁門縣李務本賣田白契

十西都李務本，今爲家□無錢支用，與母親商議，自願將戶內土名黃塢口，田貳畝貳分玖二毛；　土名恨丘，田捌分捌釐柒毛；　土名胡二塢，田壹畝陸分叁釐柒毛；　又將土名李木塢口田壹畝肆分肆釐二毛；　又將南山橋頭貳分玖釐貳毛；　又將郡坑原田肆畝玖分貳釐壹毛，其田畝步字號四至，自有本保清完文冊及元買文契可照。今曾願將前項陸處田畝盡行立契出賣與謝能靜名下，面議時價寶鈔柒百貫。其鈔當日收去，其田一聽買人入段收苗受稅，永遠管業。未賣之先，即不曾與內外人重伏交易。如有一切不明及家外人占攔，并是賣人之當，不及買人之事。今恐無憑，立此文契爲用。

永樂四年三月廿日　賣人　李務本[押]契

母親　謝　氏[押]

依口代書人　李勝舟[押]

同上　明永樂五年祁門縣李務本賣田白契[甲]

十西都李務本，今爲無力用度，今日曾[情]願將本家自己田一段，坐落本保土名恨丘，經理塘字肆伯壹十六號，計田壹畝有零。其田東至路，西至超路田，南至謝定顯田，北至能靜；　又將土名楊源震村過水坵，經理塘字二百二廿三號。其田東至謝開先田，西至謝顯先田，南至開先田，北至顯先田砌塝爲界；　又將本保黃塢田，係經理唐字　　號，計田　有零。其田東至謝又田，西至坑，南至尙賢田，北至坑；　將本都六保土名輪子坑口，經理陶字式拾叁號，其田陸畝　　。其田東至路及坑，西至山、李叔俊田，南至官路，北至坑；　又將本保土名胡二塢，經理唐字　　號。其田東至坑，西至謝冲然田，南至坑，北至山；　又將土名郡坑源，經理唐字　　號。其田東至山，西至謝超然等田，南至山，北至路及坑。今將前項田畝盡行立契賣與謝能靜名下，面議時價寶鈔肆伯式拾貫。其鈔并契當日兩相交付。其田一聽買人自行入段收苗，永遠管業。未賣之先，即不曾與內外人重伏交易。如有家外占欄，并係出產之當，不及受產人事。及稅糧見在務本戶內，候官司過割之日，一聽於本戶起割前去無詞。今恐無憑，立此文契爲用。

永樂伍年叁月二十日　出賣人　李務本[押]契

母親　謝　氏[押]

依口代書人　李勝舟[押]

同上　明永樂五年祁門縣李務本賣田白契[乙]

十西都李務本承祖有田壹段，坐落西都六保，土名倫子坑口，計田陸畝有零，其田係經理陶字貳拾叁號。東至路及坑，西至山及李叔俊田，南至官路，北至路及坑；　又將本都七保，土名過水坵，係經理唐字　　號。東至謝開先田，西至謝顯先田，南開先田，北至顯先田。計田叁角有零。今爲戶門無錢貨支用，奉母指令，將前捌至內田畝盡行立契出賣與十西都七保住人謝能靜名下，面議時值價貨大棉布壹拾疋，中棉布壹拾貳疋，共準價錢叁伯貫，其鈔并契當日兩相交付。其田一任買人自行入段收苗管業。未賣之先，即不情與內外交易。如有家外人占攔，并是出產人之當，不涉買人之事。今自成交之後，二家各無悔易。如先悔者，甘罰寶叁百貫與不悔人用；　仍依此文爲始。所是稅糧，見在本戶，候過割之日，一聽買人收割前去。今恐無憑，立此文契爲用。

永樂五年四月十五日　出契人　李務本[押]契

母親　謝　氏[押]

代書人　李仲積[押]

同上　明永樂六年祁門縣鄭永寧賣田契

在城鄭永寧，今爲無鈔貨支用，情願將本家田一備，坐落五都十保，土名金家段，計田肆畝壹分七釐叁毫。東、西、北至路，南至周田。今將前項四至內田盡數立契出賣與五都均祥名下爲業，面議時值價鈔叁百五貫文。其田未賣之先，即不曾與家外人重複交易。如有家外人占攔，并是出賣人之[支]當，不涉買人之事。自賣之後，二家各無悔異。如先悔者，甘罰契內價一半與不悔人用。所稅糧候大造，過割入戶供解無詞。今恐無憑，立此爲照。

永樂六年十一月初五日　立契人　鄭永寧

代書人　鄭伯善

同上　明永樂七年祁門縣汪祖應賣山地白契

十西都汪祖印同直汪興祖，昨用價買到本都土名十保胡滕坑，經伐字一千六百九十八九十九七百號，共計山肆畝貳角。又將土名嶺西，原安葬祖母墓林山地，係經伐字壹千四百廿五號。期前項式處山地俱有原買文契。其四至畝步字號，照依原買契爲文。今爲戶門無支用，自情願立契出賣與本都謝能靜名下。面議時價寶鈔貳佰壹拾貫，其鈔并契當日兩相交付。其山地壹聽買人謝能靜永遠管業。未賣之先，則未曾與家交易。如有一切不明，并是賣人之當，不涉買人之事。今恐無憑，立此契爲用。

永樂七年二月十三日　出契人　汪祖應[押]契

汪興祖[押]

依口代書人　謝子成[押]

同上　明永樂八年祁門縣謝達先賣山地白契

十西都謝達先昨用價買受本都七保謝顧郎等名下山地一片，坐落本保吳坑源，土名蒼背塢，係經理唐字二千二十二、二千二十三號，計山弍拾玖畝。東至大坑上長嶺，西塢心坑，南大降，北至神林太雙坑口。原與謝翊先相共，本宅合得壹半。今將前項四至內山地盡行立契出賣與謝能靜名下。面議時價寶鈔四伯弍拾貫，其鈔并契當日兩相交付，其山地并地內大小杉苗一聽買人自行永遠管業。未賣之先，即不曾與家外人重復交易。如有一切不名[明]及家外人占攔，并是賣人之當，不及買人之事。所是原買文契檢尋未着，不及繳付；日後尋見，自行付還。倘有漏落，不在行用。今恐無憑，立此文契爲用。

永樂捌年拾月初四日　謝達先[押]契

書契男　謝思忠[押]

同上　明永樂八年祁門縣李務本賣田地山場白契

十西都李務本自嘆吾生世，幼喪父親，惟與母謝氏孤苦難立，再繼義父胡惟善不幸亦已殞身。今務本年一十四歲，感患甚危，恐難存命，思知二父俱亡，全無追修齋七；有母謝氏，亦無依靠；兼以二妹年幼，未曾婚聘。今與母親商議，情願將承父戶下應有田山、陸地、住基、屋宇，盡行立契出賣與同都住人母舅謝能靜名下，面議時價寶鈔肆仟貳拾貫。其鈔并契當日兩相交付。其田地山場，今將字號四至條段畝步開列於後：

一、唐字四百一十六號，計捌分捌釐柒毛。東至謝能靜田，西至謝能遷田，南至路，北至能靜田，土名青林原恨丘。

一、唐字弍百二十三號，土名過水丘，計田捌分壹釐壹毛。東、南至謝開先田，西、北至謝顯先田。

一、唐字弍百號，土名黃塢口，計田弍畝弍分玖釐弍毛。東至山，西至北至地，南[至]尙賢田。

一、唐字六百七十八號，土名南山橋頭，計田弍分玖釐弍毛，東至溪，西、南、北至謝開先田。

一、唐字六百十一號，土名李木塢口，計田壹畝肆分肆釐弍毛，地壹分捌釐叁毛[毫]。東至謝景繼地，西至謝顯先地，南、北[至]山。

一、陶字弍拾叁號，六保，土名倫子坑口，計田伍畝弍角五十步。東、北至境，西至□李叔俊田，南至行路。

一、唐字七百四十一號，土名郡坑源，計田伍畝，東至山，西至坑，南至山，北至坑。

一、唐字七百七十一號，土名郡坑口，計田　，東至田，西至路，南至甽，北至坑。

一、唐字六百二十五號二十六號二十七號，土名見住基，吳升住基及東畔紅梅園，共計地弍畝，開住後竹園山地壹角。東至顯先田及墳，西至路及顯先地，南至田及溪，北至大開嶺與水，下至顯先地。

一、戶下各處田山陸地字號畝步不等，一時謄寫該載不盡，自有經理及原買文契可照。

右許前項田山、基地、屋字自賣之後，一聽能靜照契收租受稅，永遠業。未賣之先，即不情與家外人重複交易。如有一切不明及家外人占攔，一聽立人行官理治；仍依此文爲憑。今恐無憑立此，文契爲用。

永樂捌年四月十五日　李務本［押］契

主盟母親　謝氏榮娘［押］

見交易人　謝曙先［押］

依口代書族叔　李仲積［押］

同上　明永樂九年祁門縣僧禧怡雲賣山地紅契

十一都永喜庵僧禧怡雲承師祖山一片，坐落本都五保，土名瓦瑤坑，係經理湯字五伯十二號，計十二畝二角。其山四至：東至田，西至降，南李家山，北至自山；又取五伯［佰］十四號山十四畝，本庵內該七畝。東至田，西至降，南、北山；又取五伯□□□□山□□畝，內該一十三畝。其山東至降，西至田，雙□□田；南至嶺，出至嶺腳；北降　　，直出至荒田。今將前項山地骨一十二至，憑中立契出賣與同都住人汪德淳名下爲業。憑中面議價鈔柒伯伍拾頭文正。其鈔契當日一并兩相交付，後再不立領。未賣之先，即無重複交易。如有來歷不明，盡是賣人之［支］當，不及買人之事。今從賣後，以［一］聽買人入山長苗管業，本庵即無言說。今恐無憑，立此文契爲照。

永樂九年三月十六日　立契僧人　禧怡雲［押］契

見人　李友德［押］

同上　明永樂十一年祁門縣謝曙先賣山地紅契

十西都謝曙先昨用價買受本都七保土名社屋坑，經理係唐字七伯八十二號、七伯八十三號、七伯八十四號、七伯八十五號、七伯八十六號、七伯八十八號接連六號，共計山　　畝。其山東至　　，西至　　，南至　　，北至　　。又將土名古溪唐坑，經理唐號七伯四十七號，計上山三角四十五步，夏山三角。其山東至田，西至降，南至唐坑口，北至飯羅坐。又將土名上村柟百竹塢，經理唐字二伯五十一號，計山弍ム。其山東至　　，西至　　，南至　　，北至　　。今爲戶門無錢支用，情願立契將前項一十二至內山地盡行立契出賣與同都謝能靜名下，面議時價寶鈔壹伯捌拾頭。其鈔并契當日兩相交付明白。其山一聽買人永遠管業。未賣之先，即不曾與家外人重複交易。如有一切不明，并是出賣人之當，不及買人之事。所是原買文契檢尋未見，不及繳付。倘有失落，不在行用。自成之後，各不悔易。如先悔者，甘罰寶鈔壹伯頭與不悔人用；仍依此文爲始。今恐無憑，立此文契爲用。

永樂十一年九月刀十日　謝曙先［押］

書契男　謝能政［押］

同上　明永樂十四年祁門縣李祁生賣山地紅契

十西都李祁生承祖戶復振有山弍號，坐落本都八保土名蔣軍塢，係吊字壹阡弍伯弍拾叁號，計山叁角。其山東至謝千四山，西至嶺，南至謝千三山，北至尖；又壹阡弍伯弍拾肆號，土名同處，計山弍角。其山東至嶺，西至塢心，南至謝勝地，北至謝千四山。今爲身役，缺少盤纏，情願將前項八至內山地盡行出賣與李仲政名下，面議時價鈔壹伯弍拾貫前去支用。其山今從賣後，一聽買人永遠管業。未賣之先，即不重復交易。如有一切不明，并是賣人祗當，不涉買人之事。其山來歷，只憑該保經理照證。恐有外人占攔，本家承管。契後別不立領。今恐無憑，立此出賣文契爲用。

永樂十四年六月念二日　賣人　李祁生［押］契

代書人　李誘循［押］

見人　洪福原［押］

同上　明永樂十四年祁門縣謝則賢賣山地紅契

十西都謝則賢，今有祖產山地壹片，坐落本都七保吳坑源，土名黃土坐，經理係唐字弍阡弍號，山壹拾弍畝弍角，地弍角。其山東至嶺坳，西至大坑，南至坦里小彎心，下至坑；比至坑心，隨坑下至大坑。其山與兄謝則成相共，於內則賢合得壹半。今將前項四至內合得分數山地骨并苗盡數立契出賣與本都謝能靜名下，面議價鈔叁伯貫整。其鈔當日收足，其山地一聽買人自行永遠管業。未賣之先，即不曾與家外人交易。如有家外人占攔，并係賣人祗當，不涉買人之事。自成交之後，弍家各無悔易。如有先悔者，甘罰寶鈔壹伯貫與不悔人用；仍依此文爲始。所是上手文契係同分兄則成收存，不及繳付。要用之日，賫出無詞。今恐無憑，立此文契爲用。

永樂拾肆年十一月十五日　謝則賢[押]契

見人侄　謝震安[押]

同上　明永樂十五年休寧縣汪社富賣田契

十一都汪社富，承父有田一備，坐落本都六保，土名前岸山下，係經理坐字三百三拾號，共計田二角伍十步。內除門前田三分賣與休寧縣三十三都李彥仁家，仍有本家住基田三分有令，於內正屋三間并四圍小屋在內。其基地東至山，西至彥仁田籬楗爲界，南至汪永年基田，北至汪宅田。今爲門戶無鈔用度，自情願將基地并屋宇，除永年基田外，五分中除一分賣與李玄宗、李宗禮名下。除一分賣與汪永年名下，除二分賣與汪永懷名下，今將五分中取一分賣與同都汪仕同名下，面議時值價鈔九十貫正云云。所有來腳契文，係社富收執，日後要用，賫出參照無詞。

永樂十五年八月十五日　出賣契人　汪社富

依口代書人　汪伯春

同上　明永樂十五年祁門縣李雙蔭賣山契

拾西都李雙蔭承故父李子善昨用價買得本都方遠等名下土名金坑山壹畝，經理唐字壹阡柒拾伍號。東至彎口，西溪，南田，北嶺；　又土名水塢山，計山式畝壹角廿步。東尖，西嶺，上降，下雙塢口；　南嶺，上尖，下雙塢口，北降。係經理壹千九十伍號，又土名高田嶺下生墳塢口，經理壹千壹佰壹十五號，計山式畝式角。東止坑，西大嶺下溪及石咀，南李教諭山，從鷄心嶺上尖及坦，下汪茂卿田末，北社公田末及坑；　又土名江桐塢山肆畝，經理壹千壹佰壹拾柒號。東塢心，上尖，西長彎心，南大降，北田；　又土名程婆塢口，經理壹千壹佰十九號山四畝。東降，下程婆塢口大坑，西田及坑，南大嶺，上尖，下石岩，下謝元美田末，北塢口；　又土名羊鵝塢，經理壹千壹佰廿伍號山玖畝。東程波塢長彎心上嶺，下坑，西塢心，上降；　南大降，抵李葵山，北方社田。今將前項廿四止內山地骨并苗，盡行立契出賣與同都謝能靜名下。面議時價寶鈔陸伯貫，其鈔并契當日兩相交付。其山地一聽買人永遠管業。未賣之先，即不曾與內外人重複交易。如有一切不明，并是賣人之當，不涉買人之事。所是原買父契隨即繳付。倘有失落，不在行用。今恐無憑，立此賣爲用。

永樂十五年十月廿五日　李雙蔭[押]契

同上　明永樂十五年祁門縣謝孟輝賣火佃住基田房白契

十西都謝孟輝，今有承祖火佃住基田壹號，坐落本都七保，土名九畝段上四畝，係經理唐字　號，共計田肆畝，與謝從正相共，本家合得壹半，計田式畝。除將外截，今該本家田壹畝賣與李從舟訖。今將里截住基式畝，其基田東至眮口田，西至培，南至同號外截田，北至山。於內祖造廳樓房屋并四圍廚房小屋，上至瓦片，下至基田，租與火佃黃金住、程紋得、黃虎等安歇。各家老小累年租穀未還。其基并金住等本家合得一半，計基田一畝，於內取壹半，計基田伍分，并火佃黃金住等歇住屋宇一應等物，立契出賣與本都謝能靜名下，面議時價寶鈔叁仟四伯頭正。其鈔當入收足，其火佃黃金住歇基田屋宇一聽買人照依分法，永遠叫喚管業。如有抗拒不伏，聽自追取往年租穀不詞之先，即無重複交易。如有一切不明，并是賣人之當，不涉買人之事。自成交之後，二家各無言悔。如有先悔者，甘罰契內價鈔一半與不悔人用；　仍依此文爲始。其稅糧見在本戶，候重造黃冊，一聽買人收割，合得基地伍分，入戶供解，本家即無異言。其上手文契檢尋未見，不及繳付；　倘有失落，不在用。今恐無憑，立此文契爲用。

永樂十五年十月二十五日　謝孟輝[押]契

代書人　謝能政[押]

同上　明永樂十六年休寧縣吳希政賣山地白契

十一都吳希政承祖父有山地□□□□號，卅三都三保，土名皇二塢，係殊字四百卌八號，計山柒氂四毛；　又取四保貴字四百廿九號，土名辰山下，計山九氂四毛；　又取五保賤字四百六十一號，破塘，計山壹分貳氂五毛；　又取九保赤嶺山，係卑字壹阡玖十八號，伍分叁氂壹毛；　又取七保上塢，係別字卅二號，計山一分一氂五毛。共山柒號，計貳拾捌至所有畝步四至，自有經理該載明白，未曾書塡。今爲戶門無錢支用度，情願將前項柒號內山地并大小苗木本邊合得分數，盡行立契湊賣與同分兄吳希仁名下。面議時價寶鈔貳阡貫正。當立契日一并收足，契後再不立領。其山地并苗木今從賣後，一聽買人自行受稅，永遠管業。未賣之先，即不曾重複典賣。如重複典賣及家外人占欄，并係賣人自行理直。今恐無憑，立此文契爲用。

永樂十六年九月初四日　立契人　吳希政[押]契

見人　吳希和[押]

吳希睦[押]

同上　明永樂十七年祁門縣謝孟輝賣山地白契

十西都謝孟輝承祖有山一片，坐落本都七保大坑培，土名汪家前山，係經理唐字壹阡伍伯玖拾柒號，共計山叁畝叁角一十八步。其東至彎心，西至謝祥墳地，係小楊坑口，南至大坑培、大溪，北至苦竹降、田彎口墳、小嶺，上至降。今將前項四至內山地并大小杉苗，及見作者，盡行立契出賣[於]本都李從舟名下，面議時價鈔貨弍伯伍拾貫，前去用度。其鈔貨并契當即兩相交付。其山地未賣之先，即不曾與家外人重複交易。如有一切不明及家外人占攔，并是賣人祇當，不及買人之事。所是上手與別產相連，不及繳付；要用之日，賫出無詞。今恐無憑，立此賣契爲用者。

永樂十七年正月十二日　謝孟輝[押]契

依口代書　謝能政[押]

同上　明永樂十七年祁門縣謝曙先賣山地白契

西都七保謝曙先，今於戶門無鈔用度，自情原將梯己標分得七保土名吳坑源，經理一千九百五十九號，東至降，西至田及溪，南至嶺，下至田，北至嶺下溪。計山地貳畝。今將前項四至山地骨并山描盡行立契出賣與同都謝能静名下，面議價鈔叁拾頭前去用度。其鈔并契當日兩相交付明白。其山地餘有來歷不明，自是賣人之[支]當，不及買人之事。未賣之先，即不曾與家外人交易。自賣之後，一聽買人收苗，永遠管業，本家并無言說。今恐無憑，立此文契爲用。

永樂十七年十月初三日　謝曙先[押]契

代書男　謝能政[押]

同上　明永樂十八年祁門縣李從舟賣山地紅契

十西都李從舟昨用價買到本都李有循名下山弍片，坐落土名本都七保鮑六家彎，經理唐字一千三伯四十三號，夏山伍畝，夏地二十八步，東至嶺，下至汪八塢口田，西至彎心，南至尖，北至田。又將同保土名大坑培，經理唐字一千三伯九十三號山四厶，其山東至田末第二坑心，上至降，南至大降，西至大彎心，北至溪。又將用價買受到本都謝孟輝名下，土名大坑培，尙山壹畝弍角，經理唐字一千二伯四十五號，東至嶺及自山，西至自山，南溪，北至降。又將土名大坑培，經理唐字一千二伯四十六號，其山計柒畝，東至小彎心，上至降，抵元三孫；西至石屋外彎心，上至嶺，南至大溪及田，北至降。今將前項山地肆處，計一十六至，內取壹半，立契出賣與本保謝能靜名下，時價寶鈔陸伯伍拾貫。其鈔當日收足，其山地骨并地內大小杉苗一聽買人自行永遠同共管業，本家即無言說。未賣之先，則不曾他人重複[交易]。如有一切不明，并是賣人之當，不及買人之事。所是上手并來契肆紙，見在李從舟收執。要用之日，賫出照證不詞。今恐無憑，立此爲用。

永樂拾捌年三月十六日　李從舟[押]契

同上　明永樂二十年休寧縣汪仕達賣山地契

十一都汪仕達，今有祖墓一所，坐落本都八保，土名潭子口，曾祖墳畔餘地。與衆言議，今將本家合得分數立契遜讓與同堂族弟汪仕同安葬伊母李氏、華氏二孺人。憑衆議價鈔略取價貨三百五十貫，當立契日收足無欠。其新造風水穴，聽仕同永遠掌管云云。

永樂二十年六月十五日　出賣人　汪仕達

依口代書主盟族長　汪伯春

同上　明永樂二十一年祁門縣洪伯驥賣田契

東都洪伯驥，今有水田一備，坐落土名方村，計田捌分玖釐貳毫。其田東至洪田，西至李田，南至徐田，北至王田。今將前項四至內田立契出賣與五都洪寬名下爲業，面議時值鈔壹百捌拾貫文前去用度。所稅糧候大造黃冊之日，聽自收割入戶，本家即無阻當。今恐無憑，立此文契爲照。

永樂二十一年二月十四日　出契人　洪伯驥

同上　明永樂二十一年祁門縣李仲得賣山地契

東都李仲得，今有承祖山一號，坐落在本都四保，土名靑龍塢，係有字二千　號，計山肆畝有零。其山東降，西嶺，南尖，北王山及田。今來立契出賣與五都洪寬名下爲業。面議時值鈔叁拾貫，明白收足。自交易之後，聽自買人永遠管業。倘有家外人爭論悔異一切等事不明，并是賣人之當，不涉買人之事。所有上手老契未曾繳付；日後賫出，不在行用。今恐無憑，立此契文爲照。

永樂二十一年二月十六日　立契人　李仲得

見人　吳永潛

陳本道

同上 明永樂二十一年祁門縣胡福應買山地契稅文憑

直隸徽州府祁門縣□□□□十二都胡福應用價鈔貨陸佰貫，買□到十西都謝阿胡名下山地爲業。□□□□文憑。合行出給者。

工本

右付本人收執

永樂廿一年叁月拾捌日司吏

稅課局[押]

同上 明永樂二十一年祁門縣謝孟輝賣山地紅契

十西都謝孟輝今有承祖山地，坐落本都七保，土名社屋坑，經理唐字七伯捌拾玖號。其山東至降，西至彎心，南彎口，此尖。計山叁畝伍拾釐，夏地壹角四釐。其山地與謝從政相共，本家合得壹半。又將土名黄村査彎山，係唐字九伯號，夏山壹畝弍角，地弍十步。東土塹隴，西嶺及能遷山，南行路、嶺田，北地。又將土名李大原高塢口，係唐字一千弍佰伍拾壹號伍拾弍號伍拾叁號伍拾肆伍拾五五十六號，接連六號，共計山壹拾捌畝壹角。東田，下嶺里坑心，隨坑下至大坑；西至橋外水坑心及能靜山；南田，出下至墓林下外荒田；北降。又將土名桃木塢，係壹千五百八十九號山壹畝，東塢口隴，西嶺，南降，北田。今將前項壹拾陸至內山地骨并苗盡行立契出賣謝能靜名下，面議價鈔貨捌佰陸拾貫。其鈔貨并契當日兩相交付，其地山一聽買人自行永遠管業。未賣之先，即不曾與家內外人交易。如有一切不明，并是賣人之[支]當，不涉買人之事。所是上手文契一時檢尋未出，倘有漏落，不在行用。今恐無憑，立此文契爲用。

永樂廿一年三月十一日　謝孟輝[押]契

又將土名社屋坑唐字七伯八十七號，計山弍角。東至降，西小塢，南小隴，北官路。其山與謝從政相共，三分中本宅合弍分，湊賣與謝能靜名下。再添穀五十斤。其山一聽買人永遠管業。同前年月日，再批。　謝孟輝[押]

同上 明永樂二十二年祁門縣李茂昭賣山地契

西都李茂昭，承祖有山四號，坐落東都四保，土名方村等處：一號係有字二千七百五十九號，計七分五釐，內地叁拾壹步。其東至汪山，西至田塍，上降，南至嶺，北至田。又一號土名金龍塢，係有字二千五百五十二號，山叁分有令，東灣心及王山，西亭心及王山，南嶺，北田。又一號下山塢，係二千五百五十一號，山叁拾步，東至田，上降，西田，南降，北田及嶺。又一號土名林家塢，二千五百五十號，計山壹角，東嶺，西田，南北王家山。又一號計山五分，坐落西都九保，土名開溪口堨頭，民字一千叁百二十八號。其山東田，西降，南謝家山，北十都界田。今將前項山地盡數立契出賣與五都洪寬名下爲業，面議價鈔肆拾貫。其鈔并契當日兩相交付。其山自從賣後，一任買人永遠管業。未賣之先，即無家外人交易。如有內外占攔，并是賣人之當，不及買人之事。今恐無憑，立此爲照。

永樂二十二年七月廿四日　立契人　李茂昭

同上 明洪熙元年休寧縣吳希和等賣山地紅契

十都吳希和、希睦承祖有山叁號。坐落本都壹保巖山，係經理罪字五百卅一號，計山十一畝多。今其山東至教軍坦，上至降，西至汪達及許六一山，南至高大降，比至雙穹口。又一號罪字五百廿二號，計山二畝多，今其山東至兩邊壟，上至降，西至塢頭尖，南至下邊降，比至北邊尖，下至田。又一號罪字五百卅三號，計山三畝多。今其山東至上巖山及石咀，西至石龜坑，南至下邊降，北至下邊小降出溪。今將前項山十二至內，取希和、希睦合得分法，盡行立契出賣與同都人吳希善名下。面議時價寶鈔貳伯壹拾貫，其錢當立契日一并收足，契後再不立領。其山未賣之先，即無重複及一切不明，并是賣人祇[支]當，不及買人之事。所有來腳契文不及繳[交]付。要用之日，將出照證。無憑，立此文契爲用。

洪熙元年三月十六日　吳希和[押]契

同賣人　吳希睦[押]

見人　吳景暘[押]

同上 明洪熙元年祁門縣洪伯驥賣田契

東都洪伯驥，今將田一號，計田叁分，坐落本都四保，土名方村。其田東至洪山，西至洪地，南至白地，北至洪田。內塘一所，遞年聽自放水澆田，本家即無言說。今將前項四至內田盡數立契出賣與五都洪寬名下爲業，面議時值價鈔壹百貫。其鈔并契當日交付明白。其田未賣之先，即無重複交易。如有來歷不明，并是賣人之當，不涉買人之事。今恐無憑，立此爲照。

洪熙元年十二月二十六日　立賣契人　洪伯驥

中見人　謝宗富

同上　明宣德元年休寧縣汪志忠等賣山地契

在城汪志忠同弟得忠，承祖有山地一片，坐落十一都八保，土名潭子口，係經理問字　　號，計　　山。其山東至　　，西至　　，南至　　，北至　　。其山并地四至字號畝步自有保簿可照。今自情願將前項四至內山地原與族衆相共，本家八分中合得四分，盡行立契出賣與十一都汪仕同名下，面議時值價鈔二伯頭正。

宣德元年二月廿三日　出賣人　汪志忠

同弟　汪得忠

見人　朱彥雲

同上　明宣德元年祁門縣謝禎祥賣山地紅契

拾西都謝禎祥等，今有承祖買受得四都謝奎山地壹片，坐落本都七保，土名古溪，計山叁畝。其山東至　　，西至嶺，下至溪，南至溪，北至　　，係經理唐字七伯四拾六號；　又將土名古溪山叁角壹拾步，地叁步，係經理七伯四拾五號。至小壟，下至溪，西至小嶺，下至大塢口，南大溪，北至嶺。今爲無錢支用，將前項捌至內山地盡行立契出賣與東都謝能靜名下，面議時價鈔資伍貫。其鈔并契當日兩相交付。其山未賣之先，即不曾與家外人重複交易。如有一切不明，并是賣人之當，不及買人之事。自成交之後，弍家各無悔易。如有先悔者，甘罰寶鈔壹伯貫與不悔人用；　仍依此文爲始。今從賣後，一聽買人自行永遠管業。所是上手文契檢尋未着，日後賫出，不在[再]行用。今恐無憑，立此文契爲用。

宣德元年丙午歲八月初七日　謝禎祥[押]契

謝雲祥[押]

謝應祥[押]

謝永祥[押]

謝勝貞[押]

同上　明宣德三年休寧縣汪六千賣田白契

永康里拾都汪六千，今將承父戶有田壹片，坐落十二都，係體字伍伯壹拾貳號田，內取叁分叁釐五毛，土名十畝丘。其田東至水坑，西至胡勝堆，南至陳再興田，北至路。佃人程慶，上租叁砠半。今來缺物支用，情願立契出賣與十二都汪希美名下，面議時值價□□布肆匹。其價當日收足，別不立領扎。田今從出賣之後，一聽買人自行收苗受稅，永遠管業。如有內外人占攔，重複交易，一切不明，并是出賣[人]祗[支]當，不及買者之事。所有上手來腳與別產相連，繳付不便；　日後要用，本家將出參照不詞。今恐無憑，立此文契爲用者。

宣德三年閏四月　日　汪六千[押]契

見人　胡志靜[押]

今領去契內價布并收足訖。再批。[押]

同上　明宣德三年祁門縣李茂昭賣山地白契

西都李茂昭共有承祖山地，坐落本都八保，土名孫二塢，經理勇字一千一百九十一號山弍畝，壹千壹百九十四號山壹角三十步，一千一百九十五號山三角。又土名將軍塢，一千二百二十二號二十三號山三角，一千二百二十四號山弍角。前項山地與李子熹相共，本宅合得壹半。又將土名古溪，隱漿二千一百五十八號山叁畝，二千一百五十九號地壹角，二千一百六十號六十一號山弍畝三十六步，地三十步；　二千一百六十二號山壹十五步，二千一百六十三號山弍角，二千一百六十四號山二角，二千一百六十六號山弍畝，二千一百六十七號六十八號山壹畝三角，地四十步；　二千一百七十一號七十二號山弍畝，二千一百七十三號七十四號七十五號七十六號七十七號山弍畝壹角卌步，地壹畝五十步；　二千一百八十二號山廿肆畝，二千一百捌十叁號八十號八十一號，二角廿四步。除墳外，前項古溪隱漿山地，本宅壹拾弍分之中，合得壹分。今爲無鈔支用，情願將前項叁處合得分法山地盡行立契出賣與謝能靜名下，面議時價寶鈔貳伯伍拾貫。其鈔當日收足，其山今從賣後，一聽買人永遠管業。未賣之先，即不曾與家外人交易。如有內外人占攔，并是賣人之當，不及買人之事。所有上手文契檢尋未着，不及繳付；　倘有失落，不在行用。自成交之後，兩家不許言誨。如有先誨者，甘罰寶鈔壹伯貫與不誨人用；　仍依此文爲始。其山四至自有原抄付單目及該保經理可照。今恐無憑，立此文契爲用。

宣德三年八月十五日　李茂昭　[押]契

見交易男　李同售[押]

同上　明宣德五年祁門縣徐汪富賣山地白契

十一都住人徐汪富承祖父有山壹片，坐落本保黄充源，土名大塢，係經理　字　號，共計山　畝有令。其山東至　，西至　，南至　，北至　，本家玖分中合得壹分。又取□保地名莊後塢，係經理字　號，共計山　畝有令。其山東至田，西至降，南至胡家山，比［北］至塢頭，本家捌分中合得壹分。今將前項弍處山地并苗盡行立契出賣與同都吳景禎名下，面議時價大綿布壹拾伍匹，其布當日收足，契後再不立領。其山今從賣後一聽買人自行永遠管業，本家即無言説。未賣之先，即不曾與家外人重複典賣交易。如有家外人占攔，并是本家自行之［支］當，不及買人之事。所有來脚契文一時檢尋未見；日後尋着繳付。今恐無憑，立此出賣文契爲用。

宣德五年三月廿二日　出契人　徐汪富［押］

見人　吳隆宗［押］

同上　明正統元年休寧縣汪敬伯賣山地契

十一都汪敬伯同侄汪仕美，今將前項承祖有山一片，坐落本都六保，土名黄坑源黄家住前，係經理坐字　號，計山　畝。其山東至坑及下塢口，西至黄家山，南至下塢進黄家墓林，北至把柴塢口及黄家山爲界。今將前項四至內山地本家合得分數，除祖墳禁步外，盡行立契出賣與族人汪仕同名下，面議時價交官棉布叁匹正。

正統元年五月十一日　出賣人　汪敬伯

同賣人　汪仕美

同上　明正統元年休寧縣汪仕美賣山地契

十一都汪仕美，今將承祖有山一片，坐落本都八保，土名潭子口，係經理問字　號，計山　畝有令。其山東至降，西至橫路及田，南至外壟，直下至石咀，北至許家墓林。今將前項四至內山地并苗木除祖墳一所禁步外，其餘山地本家十二分合得乙分，盡行立契出賣與族兄汪仕同名下，面議時價交官棉布三匹正。

正統元年五月十一日　出賣人　汪仕美

見人　汪敬伯

同上　明正統元年祁門縣李仕希賣山地紅契

十西都李仕希承祖用價買受得謝景春、李孟先名下本都柒保，土名吳隱坑，經理係唐字三伯肆號，計山柒畝弍角。其山東至壟，下至石充；西至外嶺，下至小塢口田；南至大降，北至坑及田；又土名吳隱坑頭、唐字叁伯伍號，計山壹畝。其東至塢心，上至尖，西至小嶺，下至石充，南大降，北至坑；又土名吳隱坑頭，唐字叁伯陸號，計山二畝三十步。其山東至小嶺，上至降，下至彎口田；西至塢心坑，上至尖；南至大降，北至彎口田。叁號共乙拾弍至。其山原與李和蔭等相共，除和蔭壹半已行賣與能靜外，本宅合得壹半。今自情願將前項合得分法山地盡行立契出賣與謝能靜名下，面議時價稻穀壹伯秤，計價寶鈔叁伯貫。其穀并契當日兩相交付。其山地骨并苗木盡聽買人自行永遠管業，本家即無言説。未賣之先，即不曾與家外人交易。如有一切不明，并是賣人之當，不涉買人之事。自成之後，各不許悔易。如有先悔易者，甘罰契內價錢壹半與不悔人用；仍依此文爲始。所是上手文契一時檢尋未見，未曾繳付；倘有失落，不在［再］行用。今恐無憑，立此文契爲用。

正統元年五月十一日　李仕希［押］契

同上　明正統二年祁門縣馮子永等賣山契

在城馮子永同弟子良，今爲戶門無錢用度，自情願將拾西都捌保土名小山背，承祖經理吊字貳阡壹百捌拾玖號壹角，玖拾號計山叁角。其山東至彎心，上降；西至長嶺降；南至雙塢口處田；北至塢頭坳。今將前項四至內山盡數立契出賣與西都謝能靜名下爲業，面議時價梅花銀肆錢，在手前去用度。其價并契當日兩相交付明白，其山聽自能靜入山永遠管業。未賣之先，既無家外人重複交易。如有一切不明，并係賣人之當，不涉買人之事。自賣之後，二家各無言悔。如先悔者，甘罰銀壹錢與不悔人用；仍依此文爲用。今恐無憑，立此文契爲照者。

正統貳年肆月初貳日　立契人　馮子永［押］契

同弟　子　良［押］

依口奉書弟　馮宗義［押］

同上　明正統四年休寧縣汪思和賣地田白契

十二都汪思和承父分撥與在戶內地田共壹片，係九保乙字捌百捌拾玖號，田共柒釐叁毫，地捌分叁釐捌毫；又捌百玖拾號，地一分弍釐柒毫。除先同兄思濟、侄存義，將北頭地一截，量該地叁分四釐五毫，出賣與同里汪希美名下管業外，所有南頭地壹片，三分中思和合得一分，該田弍釐伍毫，地弍分柒毫。今新立四至，硬取東邊臨牆壹分，東至汪澤方西牆，西至本號地，南至路，北至原賣與汪希美地，土名石渠口村。今來缺用，願將前項新立四至內合得分數地田盡行立契出賣與同都里人汪希美名下，面議時價花銀壹拾肆兩整。其價當日收訖。其地田今從出賣之後一任買人自行管業，聞官受稅。如有四至、來歷及重複交易一切不明等事，并是出賣人自行祗當，不及買人之事。所有來腳契文不及繳付；日後要用，本家索出叁照不詞。今恐無憑，立此文契爲用者也。

正統四年正月初四日　出產人　汪思和［押］契

見　人　王彥德［押］

胡春壽［押］

同上　明正統六年休寧縣徐子茂賣田地白契

十一都徐子茂買受得地壹片，坐落本都伍保言精坑，係經理湯字號，計地壹畝有令。其地東至山，西、北至山，南至坑。又取本都弍保東坑侯家塢開墾田叁分，其田與景禎熟田共號，不開四至。今將前項弍處田地盡行立契出賣與同都人吳景禎名下，面議時價花銀壹兩伍錢正，立日一并收足，契後再不立領。其田地今從賣後，一聽買人自行聞官受稅，永遠管業。未賣之先，即不曾與家外人重複交易。如有一切不明并是賣人之［支］當，不及買人之事，所有來腳契文與別產相連，不及繳付。今恐無憑，立此文契爲照。

正統六年十月十六日　出賣人　徐子茂［押］契

代書人　吳景明［押］

再加價銀壹兩。再批。［押］

同上　明正統六年祁門縣倪惟章賣山地紅契

十六都倪惟章同孫勝安、弟太安，今有祖產山地壹號，坐落本都伍保，土名張山坔，經理係常字七伯八十號，土名羅村，計山弍畝。東山，西塢，南夆，北田；又七伯八十六號，土名張山山坔，計山弍畝。東地，西山，南夆，北田。今將前項八至內該得分籍盡數立契出賣與十六都王勝宗名下爲業，面議時價大綿布叁匹。在手前去足訖。其山好歹買人自見。來歷不明，賣人自行成當，不涉買人之事。自賣之後，二家各無言悔。爲有先悔者，甘罰契內壹半入官工用；仍如文契爲照。今恐無憑，立此文契爲用者。

正統六年十一月廿八日　倪惟章［押］契

倪勝安［押］

倪太安［押］

依口代書人　唐永富［押］

同上　明正統十一年休寧縣汪仕盛賣山地契

十一都汪仕盛，今有承祖分得祖墳山地乙片，坐落本都六保，土名莊坑黃家住後，係經理坐字　號，畝步四至并照依該保經理爲業。今爲家累缺物用度，自情願將前項山地本家合得分法盡行立契出賣與侄汪異常名下，面議時價銀二錢正。

正統十一年二月十三日　出賣人　汪仕盛

見人　汪福興

依口代書人　朱彥雲

同上　明景泰四年休寧縣朱興賣田文契

三十都朱興，今承佃到本圖絕戶凌舟員戶有地壹號，坐落本都九保，土名小塘充，係業字貳伯肆拾號，供地陸分弍釐伍毛。其地東西四至自有保簿該載明白。今來缺物支用，自情願將前項四至內地本家合得分數內取地壹分伍釐弍毛，出賣與同都人孫興原名下，面議時值價銀柒錢正。其價當日收足；其地一聽買人文官受稅，永遠管業爲定。如有內外人占攔，及重複交易一切等事，并是出賣人理直，不及買人之事。所有稅糧見在本戶。日後過割，即無異說。今恐人心無憑，立此出賣文契爲用者。

景泰四年二月十五日　出賣人　朱　興［押］契

領價男　朱永眞［押］

見　人　吳永祥［押］

代筆表兄　吳振邦［押］

道㶿炫二人公業

今領契內價銀并收足訖。同日再批。［押］

同上　明景泰七年祁門縣周文俊賣山地紅契

在城周文俊曾於正統十二年間，用價買受到十西都謝孟輝名下山地壹片，坐落十西都八保，土名下塢，係經理吊字弍百叁拾叁號、貳百叁拾肆號，共計山地肆畝令。其山東至嶺，西嶺，隨嶺下至塢口田；南至降，上尖；北至塢口及坑。今將前項四至內山地肆分中本家買得壹分，計山壹畝令，於內長養木植在上，今立契轉賣與在城宋千乞、余富宗二人名下爲業，面議時價梅花銀陸兩肆正。其山未賣之先，即無家外人重複交易。如有不明，買之當，不涉賣人之事。自賣之後，各無言悔。如有先悔者，甘罰銀貳兩正與不悔人用；仍依此文爲始。所有上手赤契隨時繳付宋千乞等名下收照。所有税糧仍在謝孟輝戶內，候造冊之時，聽自宋千乞收戶供解，本家即無異說。今恐無憑，立此文契爲用。

景泰七年九月初十日　立契人　周文俊[押]契

見人　周文傑[押]

同上　明天順元年休寧縣汪彥華等賣地契

在城汪彥華同弟叔佑、季盛，今有與族衆相共墳山并地一備，坐落十一都八保土名潭子口，係經理同字　號，計山地　畝有令。其山地四至字號畝步，自有該保經理可照。今因管業不便，自情願將前項四至內山地，本家八分中合得一分，除祖墳禁步外，盡行立契出賣與十一都族弟汪異常名下，面議時價白銀六錢正。

天順元年三月十七日　出賣人　汪彥華　汪叔佑

汪季盛

見人　朱彥雲

同上　明天順二年休寧縣汪彥華等賣山地契

在城汪彥華同弟叔佑、季盛，今與族衆相共汪景誂經理有墳山地，坐落十一都六保，土名莊坑頭黃坑山，係經理坐字六百二十六號，計山乙畝二角。又取同處墳前朝山，係坐字六佰三十六號，計山五畝有零。又取墳前地乙塊，係坐字四百九十三號，計地乙角三十步。其前項山地東西四至照依該保經理爲業。其山地分發，通數八大分中本家合得乙分。今來爲因管業不便，自情願盡行立契出并與十一都族弟汪異常名下湊便管業，面議時值價白銀三錢正。

天順二年六月十五日　出賣人　汪彥華　汪叔佑　汪季盛

見人　朱彥雲

同上　明天順三年休寧縣汪異衙等賣山地契

十一都汪異衙等，今將承祖衆房共有山地乙片，坐落本都八保土名潭子口，係經理問字壹千弍百五拾號，計山叁畝叁角；又取壹千弍百五十一號山弍角弍十步，乙千弍百五十二號地十步，山乙角，乙千弍百五十三號山乙角，地拾步，乙千弍百五十四號柒畝弍角四十步。其五號內山地并茶園，四至自有本保經理該載，不及開寫。今將前項五號山地，本家合得乙半，內存留祖墳、族墳、古墳，并本家原開造風水乙穴，本家自行存留，不在契內。其餘山地并茶園，本家合得一半。今爲家園無錢支用，盡行立契出賣與同都章希寧名下，面議時價白銀七兩四錢整。其銀并契當日兩相交付。其山地今從出賣之後，一聽買人永遠收苗管業。未賣之先，即無重複典賣交易。如有來歷不明，并是出賣人自行抵當，不及買人之事。所有來腳契文，本家存留，不及繳付。日後要用，將出參照無詞。今恐無憑，立此賣文契爲用。

天順三年六月初三日　出賣人　汪異衙有然

同賣人　汪　琳有兗　汪　珍有芳

汪異瑜有餘

父有誠生四子：熺、煥、炬、煌

侄　汪文喜等

同上　明天順七年休寧縣汪異信賣田房契

十一都汪異信，承祖田一備，坐落六保，土名前岸，係坐字三百二十九號，計田四分有令。其田新立四至：東至山，西至田，南至汪希文住基，北至王佛得住基。於內造屋與謝永付、章付住歇。今將前項四至內田并房屋叁大分取乙分，盡行立契出賣族兄汪異常名下，面議時價白銀乙兩九錢正。

天順七年正月十五日　出賣人　汪異信

同上　明天順七年祁門縣洪暹亮等賣山地白契

十東都洪暹亮同弟洪都亮承祖父有山地，坐落十都伍保䓣坑源，土名梅枝塢，與兄景亮□相共，係經理湯字伍百柒拾柒號，計山四拾弍畝捌分四釐弍毫，通山弍拾捌分，合得弍分；又取土名大坑，係湯字伍百陸拾叁號、五百六拾四號，計山壹百四拾捌畝有零，通山弍拾捌分中，合得弍分有令。并買吳希睦分法在內；又取同保黃二塢，係湯字伍百陸拾號、五百六十壹號、五百六十二號，共計山壹百壹十玖畝，通山弍十一分，合得弍分；又取同保□衆段，係伍百七十二號，計壹畝令，通山二十一分，得弍分，又取同土名朱壟坑高倉塢、潘權嶺伍百伍十弍號、五百五十叁號，計山叁拾畝令，通山十二分，合得弍分，又取同保莊背塢，係湯字伍百叁十一號，計弍畝有令，通山十五分，合得弍分。今將前項陸處山地并在山苗木，暹亮、都亮二人合得分數，盡行立契出賣與十一都李詩忠名下，面議時價白銀弍拾玖兩正。期價當日收足，契後再不立領。其山未賣之先，即不曾與家外人重複典賣交易。如有一切不明，并是賣人之當，不及買人之事。所有上手契文與族衆相共，不及繳付，日後要用，將出照證無詞。其前項山地四至，自有該保經理可照。今恐無憑，立此文契爲用。

所有梅枝塢程舟佃種豆租自行存留，不在[再]出賣。[押]

天順七年八月初十日　出賣人　洪暹亮[押]契

同賣人　洪都亮[押]

見人　吴仲成[押]

同上　明成化元年休寧縣汪異信賣山地契

十一都汪異信與族衆相共承祖有祖墳山地一片，坐落本都六保，土名莊坑頭黄家住後，係經理坐字　號。又取同處地係坐字　號。其前項二處山地字　號畝步四至自有保簿經理可照。今將前項并在山苗木山地骨，本邊合得分法，自情願盡行立契出賣與族兄汪異常名下，面議時價白銀三錢正。

成化元年六月十九日　出賣人　汪異信

見人　朱彦雲

同上　明成化二年休寧縣汪異輝賣山地契

十一都汪異輝，今有與衆相共承祖墳山地一片，坐落本都八保，土名祖公潭子口。内取祖墳壟一條，新立四至。其山東至壟心低頭及高山爲界，西至祖墳前田爲界，南至彎坑，直出至田，北至彎坑，直出至田。今將前項四至内山地骨苗木通山一十二分中合得一分，自情願盡行立契出賣與同都族兄汪異常名下，面議時價白銀一兩二錢正云云，所有原買恭叔公契字係侄汪慶禎收執。

成化二年十月十一日　立契人　汪異輝

見人　朱顔雲

同上　明成化三年休寧縣汪慶禎賣田契

十一都汪慶禎承父祖戸下有山地一片，坐落八保章村源口墳庵山地，承祖分數并祖父續置原買汪伯敬名下山地，係問字五百八十六號地叁分三釐三毫。又取同處潭子口問字一千貳百五十號山叁畝三角，乙千二百五十一號山貳角貳十步，乙千二百五十二號地十步，山一角；乙千二百五十三號山一角，地十步；乙千二百五十四號山柒畝二角四十步。共山地六號并茶園及地開田，四至自有該保經理開載，不及開寫。今將前項六號山田地，其田乙百四十四分中，本邊合得一分；其山并茶園地四十八分，合得乙分。今將前項六號山田地骨合得分數，盡行立契出賣與章希寧名下，三面議時值價銀乙兩二錢整云云。

成化三年六月初六日　立契人　汪慶禎

見人　朱彦仁

王思隆

同上　明成化六年祁門縣李通賣山地紅契

十西都李通承祖并昨用價買得堂叔李貴得山地并墓林壹片，坐落東都土名五保土名江坑嶺上，係經理虞字五伯五十貳號。東至降，西至田，南至江坑嶺上，北至堨新田。其山與李仲芳等相共，李通承祖十捌分中合得壹分。又己用價銀買得堂叔李貴得山地并墓林，通山大叁中買得壹分。今將前項山地并老嫩大小樹木合得分數，情願出賣與十東都住人族弟李杭芳名下，面議時價白銀伍錢正。其價并契當日兩相交付明白。其山并墓林老柴木植，一聽買主入山斫砍、搬挪栽苗，本家即無言說。如有先悔者，甘罰契内銀叁錢入官公用。然易此契爲準。未賣之先，即未曾與家外人重伏[復]交易。如有一切不明等事，并是賣人之當，不及買人之事。今恐無憑，立此文契爲用。本家自行祖墳一穴。

成化陸年正月廿日　立契人　李　通[押]契

依口代書人　李存芳[押]

見人　李朝宗[押]

同見人　胡富潤[押]

同上　明成化九年休寧縣汪異榮賣田房契

十一都汪異榮承祖父有田乙備，坐落六保，土名莊坑前岸，係坐字三百二十九號，其田新立四至：　東至山腳，西至吳子實田，南至汪文住屋，北至楊佛得住屋。計田二角，於内做造屋與章付等住歇。今無錢支用，自情願將前項四至内田并房屋通與七分中取乙分出賣與同宗汪異常名下，面議時值價白銀壹兩六錢正。其田異榮邊六分中合得乙分，除前項賣外，其餘分法存留，不在出賣之限。再批。

成化九年七月十八日　立契出賣人　汪異榮

主盟人　汪仕美

同上　明成化十六年休寧縣汪文炬賣山地契

十一都汪文炬，承祖墳山地分法一片，坐落土名莊坑頭黃家住後。該得本邊分法并在山立木，盡行立契出賣與同都汪文燧名下，面議時價白銀三錢正。

成化十六年六月十五日　立契人　汪文炬

見人　汪文煥

同上　明成化二十年休寧縣金守一賣田地山白契

十一都六保金守一，今爲正統年間蒙上司牓文，將本圖事故人戶分派十年里長認納，本戶分得項忍原承項慶成戶內，經理本都九保愛字六伯八十五號田壹分捌釐捌毫，土名淡竹塢。其田東金仲寶，西金尙志山，南陳永道田，北金尙志山。又將七伯四號山壹畝有零，土名淡竹塢口。東至塢口陳永道田，西至田，塢口，南至水坑，北至降，又將十保育字八百四十八號地，合得三分二釐，土名鮑前。其地四至自有保簿該載，不及開寫。今爲缺物應用，情願將前項四至內田地山，立契出賣與同都人金尙志名下，面議取時值價艮叁兩貳錢。其艮當日收足，別無領札。今從佃賣之後，即無重複交易一切等事。如有此等，并是賣人祇當。其稅候造冊年一聽於本戶收割前去無詞。今恐人心無憑，立此賣契爲照。

成化二十年正月十五日　立契人　金守一［押］契

今隨契內價銀并收足訖。同日再批。［押］領

同上　明成化二十年祁門縣程永善賣山地紅契

十六都程永善等，今有祖產山壹號，坐落客十四都七保，土名十八公塢。與十四都倪文和、程友善相共，本家四分中該得壹分，【略】盡數立契出賣與同都倪克軒、克忠名下爲業，面議時價白銀玖兩貳錢。在手足訖，其價并契當日兩相交付。來歷不明，賣人自理，不涉買人之事。自成之後，三家各無言悔；如悔者，甘罰艮五錢。今恐無憑，立契爲用。

成化二十年十二月十九日　立契　程　永［善］［押］

同侄　程進保［押］

毛　保［押］

代書人　程　祿［押］

同上　明弘治四年休寧縣李瓊賣地白契

拾壹都李瓊承祖原用價買得本都吳希明地壹號，坐落東都三保，土名厚坑口，係經理穀字捌伯伍拾貳號，計地壹角拾步，是故祖存日用工改坑掘山挑擔塡砌，約計地伍分有零。其地東至甽，西至路及山，南至砌石磡爲界，北至坑。其地與兄李球、侄李滇兄弟相共。瓊邊合得壹半，盡行立契出賣與侄李信名下爲業，面議時價銀陸拾兩整。其價并契當日兩相交付，契後再不立領。未賣之先，即無重複交易。如有來歷一切不明，盡是賣人之當，即不慮及買人之事。所有來腳契文隨時付與。其稅糧，候造冊之日聽自起割前去供解。今恐人心無憑，立此文契爲用。其契內只添寫得字壹個。再批。［押］

弘治四年正月二十四日　立契人　李　瓊［押］契

同上　明弘治五年祁門縣僧以明賣山地紅契

五都珠溪寺住人以明，今有山叁號，坐落六都六保，土名白茅坑，計山共玖拾捌畝，其山係經理衣字叁拾玖號、五十貳號、伍拾肆號，其叁號山一十二至自有本保經理可照。以明邊合得前項山壹半，自情願盡數立契出賣與六都釋昂名下爲業，面議時價銀柒兩正。其價并契當日兩相交付明白。未賣之先，即無重複交易。如有不明，賣人之當，不係買人之事。其山并見在杉苗木，買人自見多少好歹。自成之後，各無悔易。如先悔者，甘罰銀貳兩入官公用，仍依此契爲準。又有批受王勝壽，經理係衣字肆拾號，計山貳拾伍畝，亦坐落土名連界同處，亦賣在契。今恐無憑，立此文契爲照。

弘治五年三月初二日　立契住人　以　明［押］

中見人　程　憲［押］

同上　明弘治五年祁門縣吳琢賣竹山紅契

東都吳琢票［標］分得竹山地壹號，坐落伍保，土名汪村段住前，係經理壹字　號，計山地叁分伍釐。其山新立四至：東至田頭及李廷秀墳，西坑、南田、北路。今將前項四至內地骨并竹木盡行情願出賣與本都叔吳瑍名，面議時價白銀肆兩壹錢整。其價并契當日兩相交付。今從賣後，一聽買

人自行長養管業。未賣之先，即不曾與家外人重複典賣交易。一切來歷不明，并是賣人之當，不及買人之事。所有來脚契字，是叔收執，文清收管。入［如］後要用，將出照證無詞。今恐無憑，立此文契爲照。

弘治五年十二月初八日　立契出賣人　吴　琢［押］契

所有竹山地叁大分中，吴姬該得壹分，泰超該得貳分。再批。［押］

吴泰超批。［押］　　中見人　金毛田［押］

同上　明弘治六年祁門縣方邦本賣山地契

在城方邦本原用價買到在城葉春等山一備，坐落五都五保，土名仁家塢，係經理水字一千四十號，計山二十九畝。其山東至方山，西至洪山，南至降，北至地。前項山骨并康新祖、王寧宗二約新栽杉苗在上，方伯起內該山骨并苗一分，邦本價買葉春、仕榮等，內該貳分，該山壹畝玖零，伯起該山玖畝零。又地貳號，俱坐落五都五保，土名仁家塢，係經理水字　　號，蔣友強名目地叁畝，東西四至自有本保經理可查。又地柒分零，係堯文惠名目，四至自有本保經理可照，內除方岳一半叁分五釐。今邦本該山骨并苗壹拾玖畝零地，叁畝叁分五釐山，自情願盡數立契出賣與五都洪濟、洪達等名下爲業，面議時價白紋銀叁拾兩正。其價并契當日兩相交付明白。其山地未賣之先，即無家外重複交易。來歷不明，賣人之當，不涉買人之事。自成之後，二家各無悔異。如有先悔者，甘罰銀五兩與不悔人用；仍依此契爲準。所有原收葉春戶山稅，照依原收七畝前去入戶交納。候造冊日聽自山地稅糧收割伍分。今恐無憑，立此文契爲用。

再批：原契字并康新祖、王寧宗山約共計五帋，所有堯仕榮契一帋與別產相連，未曾繳付；日後賫出，不在行用。

再批：方岳該地叁分伍釐令，立契出賣與洪濟等名下爲業，面議價銀貳兩整。日後憑此爲照。方岳　批

弘治六年九月十八日　立契人　方邦本

見　人　饒永善

王寧宗

王文興

同上　明弘治六年祁門縣方岳賣田契

在城方岳，今有承祖田，坐落五都黄崗洪家段，計田叁畝：　坐落梨樹坵，大小肆坵，岳該田肆分乙釐五毫。又將原買洪家段山脚，岳該得分截。二處盡數立契出賣與五都洪達等名下，面議時值價柒兩整。其價并契當日兩相交付明白。來歷不明并是賣人之當，不涉買人之事。自成之後，各不許悔。如先悔者，甘罰銀乙兩入官公用，仍依此契爲準。所有稅糧候黄冊之年，聽收去供解，本家即無阻當。今恐無憑，立此文契爲照。

弘治六年十月初七日　立契人　方　岳

見人　饒友善

方　策

同上　明弘治六年祁門縣方邦本賣田契

在城方邦本，今有五都五保，土名黄崗下段，地名梨樹坵，大小肆坵，計田叁畝，與兄邦仁、邦義、方岳、方容相共，四至內田，邦本該捌分叁釐零。其田東西四至自有本保經理可照。又一號地名方盤坵，計田壹畝，邦本內該叁分叁釐叁毫，其田四至自有本保經理可照。又一號坐落洪山下，新開甽內田叁分伍釐壹，與黄諄相共，邦本陸分中內該一分，計五釐零。今將梨樹坵，計田捌分叁釐，方盤坵內計田叁分叁釐叁毫，甽田伍釐，共叁處，共計田壹畝貳分壹釐叁毫。今立契出賣與五都洪達等名下，面議時值價白銀拾陸兩壹錢正。其田叁處聽自洪達等管業，未賣之先，即無家外人重複交易。來歷不明，賣人之［支］當，不涉買人之事。自成交之後，二家各無悔異。如先悔者，甘罰銀五兩與不悔人用，仍依此契爲準。所有稅糧聽自買人收稅入戶供解。今恐無憑，立此文契爲照。

弘治六年十月初七日　立契人　方邦本

見　人　饒永善

方　策

同上　明弘治十一年休寧縣胡社隆等賣山地紅契

十一都胡社隆同侄胡存志、存振共承祖有山壹片，坐落本都二保，土名楊村，本家住基上。係經理周字　　號，約計山地　畝。其山新立四至：東至降，分水爲界；西至亭地，南至李孟祥竹山，北至吴宅山。今將前項四至內山地本邊承祖分數，三人共取三分中一分，情願立契出賣與同都住人吴信名下。面議時價白銀五錢整，其價并契當日兩相交付。今從賣後，一聽買人永遠管業。來歷一切不明，并是賣人［支］當，不及買之事。今恐無憑，立

此文契爲照。

弘治十一年九月初五日　立契人　胡社隆[押]契

同賣人　胡存志[押]

胡存振[押]

同上　明弘治十五年祁門縣謝守中賣山地紅契

十西都謝守中，今有承祖山壹源，坐落本保土名徐八下塢，係唐字　號。新立大四至，東至謝仕美、謝廣等山，西至謝用和等山，南塢口，比至大降。計山地貳塢，畝步、字號、四至俱照經理爲用。前項大四至內山地骨并在山大小苗木，守中四大分中合得壹分，約計山地　　。今爲無錢支用，自情願盡行立契出賣與同都謝　名下爲業，面議時值價白銀叁兩叁正，其價并契當相交付。其山未賣之先，即無家人重交易。如有來歷一切不明，并是本家之當，不及買人之事。其山中龜於先年安葬父墳一穴，本家自行存留，無許侵葬。其穴外四圍，亦聽本家栽養庇廕樹木。其山聽自買人通行爲業。成交之後，貳家各不許悔。如先悔者，甘罰銀壹兩與不悔人用；仍依此文爲準。今恐無憑，立此文契爲用。

弘治十五年十二月廿一日　立契人　謝守中[押]契

同上　明弘治十六年休寧縣葉思和等賣田和田面文契

十都柒保住人葉思和同弟思琳、思傑，今將承父戶下原佃到本圖汪子壽戶田壹號，坐落本都柒保周字伍百叁拾伍號內田陸分捌釐捌毫，土名冷水坑。其田東至水坑，西至汪子壽田，南至汪原通山，北至水坑，又將同號內思傑已買田肆分壹釐陸毫，土名同處。東至水坑，西至汪子壽田，南至汪原通山，北至水坑。今來本家管業不便，自情願將前項同號佃與買四至內田，盡行立契出賣與同都住人胡澄名下，三面議時値價白文銀拾兩正。其銀當成契日一并交收足訖，別不立領札。其田今從出賣之後，一聽買人自行管業，聞官受稅。如有內外人占攔及重複交易一切不明等事，并是出賣人祗當，不及買人之事。所有上手來腳與別產相連，繳付不便；日後要用，本家索出參照無詞。今恐人心無憑，立此出賣文契爲照。

弘治十六年十一月廿一日　立契出賣人　葉思和[押]契

同賣產弟　葉思琳[押]

葉思傑[押]

中見人　張孟威[押]

代筆星源　汪洪承[押]

今就契內領去價銀并收足訖。同年月日再批[押]領。

同上　明弘治十七年祁門縣方相賣田契

在城方相，今將承祖田一號，坐落五都五保，土名洪家段方盤坵。計田壹畝，本家三分合得一分。該田叁分叁釐有零，盡數立契出賣與五都洪績等六房名下爲業，面議時值價文銀四兩正。其價并契當日兩相交付。其田未賣之先，即無重複交易。所有稅糧，候造冊之日聽自收割入戶供解。其田來歷不明，賣人承管，不涉買人之事。自成之後，各不許悔。如先悔者，甘罰銀乙兩與不悔人用。今恐無憑，立此契爲照。

弘治十七年閏四月十三日　立契人　方　相

見人　謝　琦

同上　明正德二年祁門縣謝綽賣園地山場紅契

拾西都謝綽，今將族弟謝績承祖園地壹備，坐落本都七保，土名暘源中村碓下溪，係唐字　號。新立四至，東至謝廣家住塝，直上至山；西至謝以和家田，直上至墓林；南至大官路及李喜同住基地；北至謝純兄弟住塝。其地與叔玉澄、玉淵、玉深等三大房相共，弟績貳拾肆分中合得壹分。今內取貳步；又將山一備，坐落本保土名楓林塢，係唐字一千六十九號，計山五畝。東至嶺，下至鮑家塢口田；西至長嶺，下至坳及田；南至降及尖；北至大坑及田。其山與本家叁大房叔兄弟等相共，弟績貳拾肆分中合得壹分；又將山壹備，坐落土名磨刀石，係唐字一千六百拾貳號，計山壹畝，東至坑，西至嶺心，下至坑，上至降；南至彎心，下至雙坑口；北至竹子嶺咀相對，上至嶺。其山與本家三大房相共，弟績與綽拾貳分中壹分。又將山壹備，坐落土名大坑天井坵，係唐字一千二百五十號，計山肆畝。東至小坑，上至降，下至田，末及溪；西至外長嶺，上至降，隨嶺下至橋新田；南至溪及田，北至降。其山與謝玉洪及本家三大房相共，玉洪家合得一半，本家三大房合得一半，弟績肆拾捌分中合得一分。今爲弟績欠債無還，自情願將前項碓下溪地內取貳步，楓木塢山貳拾肆分中壹分，磨刀石山壹拾貳分中壹分，天井坵山肆拾捌分中壹分，盡行立契出賣與同都謝玉浩名下爲業，面議時值價銀共陸兩整。其價并契當日兩相交付。其地及山聽自買人管業。未賣之先即無家外人重複交易典當。如有來歷一切不明，盡是賣人之當，不涉買人之事。所有前地稅糧，候造冊之年聽自買人照依步數起割，前去供解無詞。自成交之後，各不許悔。如有悔者，罰艮伍錢與不悔人用；仍依此文爲始。今恐無憑，立此文契爲照者。內涂水竹塢字陸個。再批[押]。

正德貳年閏正月拾壹日　立契出賣人　謝　綽[押]　契
中見人　謝玉淵[押]
謝　純[押]
謝　紱[押]

同上　明正德二年祁門縣饒杲等賣田契

在城一圖饒杲同弟饒旭等共承祖摽分水田一處，坐落五都五保，土名塘塢，係經理水字　等號。東至　，西至　，南至　，北至　。四至內田荒熟共計貳拾畝。今將本家兄弟合得壹畝，盡數立契賣與五都洪六大房名下爲業，面議時値價銀柒兩伍錢正。其價并契當日兩相交付明白。其田未賣之先，即無家外人重複交易。如有來歷不明，賣人之當，不涉買人之事。自成之後，各不許悔。如先悔者，甘罰銀貳兩入官公用。所有稅糧候造冊日聽自買主收割入戶供解。今恐無憑，立此文契爲照。

正德二年四月二十八日　立賣契人　饒　旭
饒　昂
饒　杲
見　人　畢六乞
汪志宗
饒　瑛
謝　琦

同上　明正德七年祁門縣黃鎰賣田契

在城黃鎰，今自情願將受批到同市饒希淵，坐落五都，土名塘塢五保，經理水字　號。其田新立四至：　東、西至山，南至田，北至山。其田壹拾畝零，與饒榮保、汪嵩等相共。四至內本身合得分籍田貳畝，盡數立契出賣與五都洪　名下爲業，面議時値價紋銀壹拾肆兩，在手足訖。其價并契當日兩相交付明白。其田未賣之先，即無家外人重複。來歷不明，賣人之[支]當。自成之後，二家各不許悔。如先悔者，甘罰銀伍兩入官公用，仍依此契爲準。所有稅糧，隨即推割。今恐無憑，立此文契爲照。

正德七年四月十三日　立契人　黃　鎰
見人　畢　璲
謝　琦

同上　明正德十年休寧縣汪文燧賣山地契

十一都汪文燧承祖共有祖墳山地一片，坐落六保，土名莊坑頭黃家住後。原買汪文炬分法并在山大小木植，盡行立契出賣與族兄汪異常名下，面議時値白銀貳錢正。

正德十年四月廿二日　立契人　汪文燧

同上　明正德十四年祁門縣談玘等賣山地紅契

十六都談玘同弟談璧、談旺、談□，今有承祖山壹備，坐落本都伍保，土名東源東邊。新立四至，外從桃樹場且里隴直上至降，直進至源談永肆爲界，四水鄉內本位兄弟該得分籍；又買得本都汪儀原買受得談珙、談端分籍。今將前項四至內本位兄弟分叏并買受分叏，盡數立契出賣與叔談永肆名下爲業，面議時價文銀叁兩七錢整。在手足訖，其價、契當付。自成之後，各無言悔。如先悔者，甘罰艮伍錢與不悔人用；仍依此契爲始。如其山未賣之先，家外人即無重複交易。來歷不明，賣人自理，不涉買人之事。今恐人心無憑，立此爲照。

正德十四年正月初五日　立契人　談　玘[押]契
同　弟　談　璧[押]
談　旺[押]
談　□[押]
中見人　談　靜[押]

同上　明正德十四年祁門縣談珙賣山地紅契

十六都談珙有先年間同衆買受得胡元清名目山塲壹段，坐落五保，土名東源，本位合得分簕；又將其山東邊除先年賣與　外，其餘大小木苗不計塊數，盡數立契出賣與叔永賢名下爲業，面議時價文銀伍錢整。在手足訖，其價并契當日兩相交付。自成交之後，各不許悔。如違，甘罰艮[銀]貳錢與不悔人用；仍依此文爲始。其山木苗未賣之先，即無重複交易。今恐無憑，立此文契爲照。

正德十四年正月拾七日　立契人　談　珙[押]契

中見人　談　莊[押]

依口代書人　談　玘[押]

同上　明正德十五年休寧縣鄭良橚兄弟賣山地白契

叔良橚同弟良滙、良標、良枋共承祖父買受山一片，坐落本都六保，土名許家塢，係萬字五十五號、五十六號；　又土名筀竹塢，係五十七號；　又買受同保土名查□坑，係七伯四十六號、七伯五十三號五十五號、五十四號五十六號，係買鄭明南南穀、王心敬名目山場；　又買受同保土名嶺背源，係七保□號；　又標分祖產山一備，坐落十六都十保，土名吴保嶺，係一千六伯九十四號、一千六伯九十五號、一千六伯九十六號、一千六伯九十七號、一千六伯九十八號、一千六伯九十九號、一千七伯號。其前項山塲□□分爲率，本位兄弟合得一分。今爲無錢用度，自情願將前項本位兄弟該得分籍山塲，并在山大小杉木及□松等木，盡數立契出賣與共業侄鄭璋兄弟四人名下爲業，面議時價紋銀陸拾兩整。其價、契當日兩相交付。其山賣之先，與家外人即無重複交易。來歷不明，賣人自理，不涉買人之事。所有畝步四至并照本保經理爲始。所有上手文契與弟良模等封鎖一處，未曾繳付；　日後倘若要照證，本家自行賫出，無得執匿。今恐無憑，立此文契爲照者。再批：　標分得同保南山塢李六七住前坑邊係五十八號、五十九號、六十號，盡在前契內。枋批。

正德十五年二月初九日　立契叔　良　橚[押]契

同弟　良　滙[押]

良　標[押]

良　枋[押]

中見人　良　棣[押]

同上　明正德十五年祁門縣王祐清賣山地紅契

十八都王祐清，今無錢用度，自情願將祖買守得汪任才名目，經理山場一號，坐落本都三保，土名王家塢。東至黄山，西至田及坑，南至凹，比至小壠心，直上至降及黄山，約計三畝。本位該山貳分，盡數立契出賣與同都葉庭祥名下爲業，面議時值價銀五錢二分整。在手足訖。其山畝步四至，自有本保經理可照。其山未賣之先，與家外人既無重複交易。來歷不明，賣人自理，不涉買人之事。成交之後，二家各無悔易。如先悔者，甘罰契價一半入官公用；　仍依此文爲用。今恐人心無憑，立此文契爲照者。

再批：　其山內杉苗竹木并聽庭祥爲業，本家并無異詞言説。

正德十伍年三月初二日　立契人　王祐清[押]契

中　人　王庭琳[押]

依口代書中人　王庭琥[押]

同上　明正德十五年休寧縣鄭昭兄弟賣地契

十五都鄭昭同弟侄鄭皎、鄭喜、鄭涓，共承祖產地一號，坐落本都三保，土名程明三住基，共地五分二釐，本家該實地二分六釐二毛。先年間祖父內取三釐賣訖。仍有二分三釐二毛。又內除正浩分籍賣訖，本位同弟侄該得實地一分九釐四毛，內取一分對與良址、鄭笏、璋等，已訖。仍有實地九釐四毛，盡數立契出賣與族兄鄭良址、鄭笏、璋等名下爲業。面議時價文銀九兩正，在手足訖云【下缺】

再批：　前賣地九釐四毛，以十分爲率，良址買四分，鄭笏兄弟買二分，鄭璋兄弟買四分。外，笏兄弟先買正浩分籍，該地三釐八毛六六。

正德十五年三月初四日　立契人　鄭昭　號　契

同賣弟　鄭皎　鄭喜　書　鄭涓　號

中見人　鄭選　抄白　鄭瓊　親契　址收

同上　明正德十五年祁門縣吴顯浩賣山地白契

十五都四圖住人吴顯浩，爲因缺少使用，今自情願將承祖本都食字六伯二十四號山共壹畝，本身分下合得貳分伍釐。土名前山林。其山東至二保界，西至路，南至路，北至吴顯助地及景南地。今將前項四至內山及山脚地，憑中立契出賣與本都三圖吴濬名下永遠爲業。當日三面議作時值價艮壹兩叁錢正，當即銀、契兩相交付明白，即無欠少，亦無準折。其山於上祖墳四所，安葬在西北邊山腦上。止存祖墳禁步二毛，其餘山并上大小木植柴條，一概盡行出賣，即無存留毛釐賣不盡畝步。自賣之後，聽從買主日下管業。其山存前即不曾與他人重複交易。如有內外人攔占，并係出產人之[支]當，不干收產人之事。本家子孫不在取贖識認之限。其稅糧候造黄冊，聽從過割入戶支解，本家即無難異。今恐無憑，立此賣契永遠爲照。

正德十五年十二月十八日　情願立契出賣人　吳顯浩[押]契

中見人　吳　厚[押]

同上　明正德十五年祁門縣談靜賣山場紅契

十六都談靜於先年間同衆買受得伍保土名東源胡元淸經理名目并山場；又同叔永賢、談永芳等買受得談珙同侄強京栽坌杉木不計塊數；又同談祁栽坌杉木壹塊；又同衆栽坌杉苗壹塊；又外同衆栽坌樹苗壹塊。今將前項山場并各號本位合得栽買杉苗分籍，盡數立契出賣與叔永賢名下湊便管業，面議時價文良壹兩柒正。未賣之先，家外即無重複交易。自成交之後，各無悔異。今恐人心無憑，立此文契爲照。

正德十五年十二月廿七日　立契人　談　靜[押]契

依口代書人　談　玘[押]

同上　明嘉靖元年祁門縣方侊賣田契

在城方侊原與兄貳契共買水田壹畝陸分，坐落五都五保，土名黃崗上塘塢大塘尾，內取橫路下田，計實田叁百捌拾肆步。東至桐子塢口田，西至田，南至田，北至橫路。今將前項四至內田本身該得一半，計實田捌分，自情願立契出賣與五都洪積、洪暄、洪琓、洪千、洪侃、洪起等名下爲業，面議時值價紋銀玖兩整。其價并契當日交付。其田未賣之先，即不曾與家外人重複交易。如有來歷不明，并是出產人之當，不涉買人之事。自成之後，不許悔異。如有悔者，甘罰銀貳兩與不悔人用，仍依此契爲準。所有稅糧見造黃冊推入買人戶內，即無異詞。所有上手文契與侄相共，不便繳付。今恐無憑，立契照者。

嘉靖元年正月十八日　立契人　方　侊

見　人　汪　文

同上　明嘉靖四年歙縣吳克順兄弟賣山地白契

十五都三圖住人吳克順同弟吳頤，今爲缺少見年均援良[銀]兩，自情願將承祖己分下竹字百七十五號下地叁步半，計稅壹釐伍毛，土名張二塘下。東至張塘，西至自山，南至自山，北至吳賢孫山。於上房屋及火佃洪社員、天付、天才、天海等及各人子孫未并名目；又將竹字百七十一號山七毫，土名櫸山，東至　　，西至　　，南至　　，北至　　。今將二項地山憑中出賣與本圖吳□□名下爲業。三面言定時值價良叁兩正。其良[銀]、契當即兩相交付明白，即無欠少，亦無準折之類。其地山賣前即不曾與他人重複交易。其火佃自賣之後，聽從買主日下叫喚工活，本家即無難易。如有內外人攔占，俱係出賣人之當，不甘收產人之事。其稅糧候造黃冊，仰於本戶入買主戶下支解。今恐人心難憑，立此賣契爲照。

再批：山於上樹木盡行賣乞[訖]。[押]

吳克順[押]

嘉靖四年六月初七日　立賣契人　吳　頤[押]

憑中人　吳象賢[押]

同上　明嘉靖十三年歙縣洪深賣山地紅契

十六都二圖住人洪深，今爲欠少使用，自情願將續至到敢字　　號山一片，約至二分五釐，土名石栢山後。其山東尖，西至水坑，南至洪寬山，北至謝宅并王家山。其山多寡自有四至俠定；又將歙縣非字　　號山叁釐，開墾成園，大小貳片。其園東至汪家園，西至朱家山，南至孫宅低園，北至汪家園并朱家山。其園每年上分麥豆五平斗，佃人自種。今將前項捌至內盡行立契出賣與同都畢榮積名下。時值價白文銀壹拾伍兩正。其價銀當時一并收足，即無欠下，亦無準折。其山未賣之先，即不曾與他人重複交易。倘有內外人攔占，并是出賣人祗擋，不及買人之事。其稅糧至大造之年於本戶起割，即無難異。其山并園聽從買人自行管業收苗受稅。其有來腳契文別產相連，繳付不便。今恐人心無憑，立此賣契爲照。

今就契內其價銀當日憑中三面收足。再批爲照。

嘉靖十三年三月二十二日　立契出賣人　洪　深[押]

中　人　王　旺[押]

代筆人　洪　寬[押]

同上　明嘉靖十四年祁門縣談璜兄弟賣山地紅契

十六都談璜同弟談鼎，今有祖產山壹號，坐落本都伍保，土名東源都四單山。新立四至，裏至談魁山埋石，外至汪高山，上至降，下至田。今將前項四至內山場、山土并在山木苗，自情願將本位兄弟分籍盡數立契出賣與伯談魁□名下爲業，面議時價文銀陸錢三分整。在手足訖。其價契當付。成交之後，各不許悔。如先悔者，甘罰良二錢與不悔人用；仍依此契爲始。其山好歹，買人自見。來歷不明，賣人理值，不干買人之事。未賣之先，即無家外人重複交易。今恐無憑，立此文契爲照。

再批：　其前山，本位兄弟壹拾肆中，合得壹分，并買受在內。爲照。

嘉靖十四年八月廿日　立契人　談　璜［押］

同　弟　談　鼎［押］

中見代書叔　談　壯［押］

同上　明嘉靖十五年休寧縣胡瑟賣山地紅契

同戶胡瑟，今爲納糧缺用銀，今自情願將前周字三百四十四號，土名余四坌山，本身合得壹分捌釐，杉笛［苗］在上。其山東西四至自有保簿可查，不在［再］開寫。今自情願出賣與同戶胡朱名下，三面議時值價銀貳兩整。其銀當日收足。其山今從出賣之後，一聽買人自行管業投稅爲定。如有不明等事，盡是出賣人之［支］當，不及買人之事。所有來腳契文，乃是祖產，不在［再］繳付。今恐人心無憑，立此文契爲用。

嘉靖拾伍年二月廿九日　立　胡　瑟　契文［押］契

中見人　趙　佪［押］

契內內少貳錢

今就契內價銀并收足訖。同日再批。　［押］領

同上　明嘉靖二十一年休寧縣方錫兄弟賣風水田紅契

四都五圖住人方錫、方鑾，今爲缺少使用，自情願將承得故父戶下風水田一丘，坐落土名稿蕩丘，係水字　號，計稅壹畝弍分。其田東至人行大路，西至本家田，南至方朋田，比至人行路爲界。今將前項四至內田，計稅壹畝弍分，內取捌分立契出賣與從弟朔翰名下爲業，當日憑中叁面議作時值價文艮叁拾陸兩整。其艮當成契日一并交收足訖，即無欠少分文，亦無準折重複之類。如有內外人攔占，盡是出產人之當，不及受產人之事。其稅糧，大造在邇，本戶起割，即無難易。其田日後如要并作風水，亦是二家商議，眼同照分，憑圖用事。本家□人無得阻當，妄生異說，更有公議合同爲據。今恐人心難憑，立此文契爲照。今就契尾實領價艮足訖，別不立領札。

嘉靖二十一年二月廿五日　自願立契人　方　錫［押］

方　鑾［押］

中見叔兄　方　旭［押］

方　堯［押］

方　框［押］

方　廣［押］

方　溶［押］

同上　明嘉靖二十一年徽州府給付休寧縣朔翰買田稅契號紙

直隸徽州府爲稅契事，伏覩《大明律》內壹欵：　凡典買田宅不稅契者，笞伍拾，仍追田宅價錢壹半入官。欽此。欽遵外，今訪得各縣稅契并無銀兩貯庫，多是署印官員并該房吏典侵銀入已，盜用印信，擬合議處。爲此，本府出給年月印信號紙，發仰該縣收貯。如遇買主稅契，每兩收銀叁分貯庫；塡入循環文簿，送府查考。故違者，依律究治。須至號紙者。

計開

休寧縣四都五圖朔翰買到同都方錫田，用價銀叁拾陸兩，該稅銀壹兩捌分。

右給付買主　收照

嘉靖二十一年三月初九日給

府［押］

同上　明嘉靖二十四年歙縣李天賜兄弟賣山地紅契

十二都李天賜同弟天興、天盛，今爲無銀支用，自情願將本戶王字捌百六十一、六十二號山一處，土名柴榨塢，共糧稅壹拾弍畝。壹拾弍分中兄弟該得壹分，該稅壹畝。其山新立四至：　上至尖，下至溪，裏至李巨杏梅塢山，外至李森山。其山新立四至內弟兄分下，盡行立契出賣與同都李七名下爲業，當三面議値時價白文銀壹兩壹錢正。其價并契當日兩相交付明白。所有稅糧，候造黃冊之年，聽自買主收割過戶解納，再不另立推單、收領。未賣之先，即無重複交易。及來歷不明，俱是賣人之當，不干買人之事。自成之後，兩各無悔。如先悔者，甘罰契外銀弍錢與不悔人用。今恐人心無憑，立此典賣文契爲照。

嘉靖廿四年四月廿三日　立契出賣人　李天賜［押］契

同　弟　李天興［押］

李天盛［押］

中見人　李朋一［押］

上件契內價銀當日盡行收足。再批。　契

同上　明嘉靖二十五年祁門縣李遲得賣田紅契

十西都李遲得，今有承祖買受標分得田乙備，坐落土名本保金坑水塢山口，係經理塘字　號，計田大小二丘，共計田　。新立四至：東至李閏宅田，西至謝玉鳳田，南至坑，此至員唐田及山。其田元與春得相共。今賣與謝相。其田本身合得乙半，計太[大]租二稱十斤，今因甲首無錢充當，與母商議，自情願將前田合得分法田托兄憑中立契盡數出賣與同都謝　名下爲業。面議時價文艮[紋銀]乙兩八錢正。價契當日兩相交付。其田未賣之先，積無重複交易。來歷不明，盡是賣人之當。所有稅糧，定聽本主升科。成交之後各不許悔。如先悔者，甘罰艮二錢與不悔人用。仍依此文爲始。所有上手文契標書與別產相連，不及繳付，要用賣出照證無詞。今恐無憑，立此賣契爲照。

喜靖廿五年十月初四　立契出賣人　李遲得[押]

主盟母親　謝　氏[押]

生母　洪　氏[押]

依口代書兄　李仙得[押]

李春得[押]

中見人　汪來志[押]

同上　明嘉靖三十年祁門縣吳奇勛賣山地白契

十一都吳奇勛承父有竹山地一備，坐落二保，土名楊村，係經理周字　號。其山地東至胡李山地，西至李梯親竹山，南至降，本家牆外山，北至路。與相兄相共，本該壹半，各分爲業，自有合同畫圖一樣兩張爲照。自情願將本邊爲業壹半，幷竹松等木，盡行立契出賣與兄吳奇才名下爲業，面議時值價白紋銀拾四兩叁錢整。其價幷契當日兩相交付，契後再不立領。今從賣後，一聽買人永遠斫竹栽苗管業。未賣之先，即無重複典賣交易。如有一切不明等事，幷是賣人之當，不及買人之事。來腳與兄相共，不及繳付。與兄分業畫圖，合同照樣畫寫一張，付與存照。今恐無憑，立此文契爲照。

嘉靖叁拾年陸月弍拾壹日　立契人　吳奇勛[押]契

中見人　朱細囝[押]

同上　明嘉靖三十一年祁門縣給付黃仁買田契尾

直隸徽州府祁門縣爲陳愚見籌邊餉，以少裨安攘大計事：奉本府帖文：奉戶部劄付前事，該本部題廣西清吏司案呈奉本部送於戶科抄出兵科給事中黃元白題前事。內開：嘉靖三十年，分例該大造黃冊。各布政司俱行有例：凡買田地過割之人有定：每田地一畝，納稅銀三分。查照州縣大小，分別上中下三等，嚴造稅銀青冊一本，明白開具，隨黃冊同解赴司，以憑查兌。等因，行縣遵行間，續奉府帖，準直隸太平府關奉欽差巡撫都察院右僉都御史彭　批：據本府知府姚　、應天府通判張　會議呈前事，內開：休寧、婺源、祁門、黟縣、績溪俱爲上等，各該買業人戶該納稅銀，每價銀一兩，納稅銀三分貯庫；仍造青冊同銀年終解府，類解戶部。等因。奉此，除遵行外，今據九都一圖六甲黃科戶戶丁仁原用價銀肆拾兩柒錢買受十八都葉表土名方坑等處契一紙，赴縣投稅，照例徵收稅銀共該壹兩弍錢弍分乙釐，貯庫類解外，今給祁字　號契尾一紙，粘附本契照證，以杜隱射奸弊。須至出給者。要有本縣親筆花押大書稅明二字爲眞。

右給付黃科戶戶丁黃仁準此

嘉靖三十一年七月廿七日　戶吏　汪大成　承

縣[押]

同上　明嘉靖三十二年休寧縣汪焞賣山地紅契

十都住人汪焞，今將承祖該業周字叁伯卅九號山，土名湖高塘。內取本身合得山取壹釐，東西四至保簿該載，不在開寫。今自情願憑中立契將前號山內取壹釐出賣與同都胡輔名下爲業。當日三面議作時值價文艮壹錢正，其艮當日收足。其山今從出賣之後，一聽買人自行管業。如有內外人占攔及重複交易，一切不明事，盡是出賣人之當，不及買人之事。所有稅糧，候造冊年推入買人戶內無詞。今恐人心無憑，立此賣契爲照。

嘉靖叁拾二年五月十四日　立契人　汪　焞[押]

中見人　汪文福[押]

今就契內領去價銀幷收足訖。同日再批領[押]。

同上　明嘉靖三十二年祁門縣李春得賣開荒田白契

十西都李春得原買受承祖標分得開荒田壹備，坐落本保，土名塢頭塢，係經理塘字　號，新立大四至：東至謝健新開田，西至山，南至甽，比至塢頭。本身合得分法，該田四丘，計硬早租捌秤內取四秤出賣與同都謝昺名下爲業。三面議時值價紋銀貳兩伍分整。其價幷契當日兩相交付足，其田未賣知先，即無家外人重複交易。如有來歷一切不明，并是賣人之當，不及買人之事。所有稅糧，係是買受開荒田，無糧過割。日後聽自買人升科供解，本家即無異言。如有此等，情願取贖無詞。成交之後，各不許悔。甘罰銀貳錢與不悔人用，仍依此文爲始。今恐無憑，立此文契爲照。

嘉靖卅二年七月初十日　立契人　李春得［押］

代　書　李　豪［押］

中見人　李原得［押］

同上　明嘉靖三十三年祁門縣李柏賣地紅契

芹溪住人李柏，今將承父標分苧地一備，土名坐落朱太園，計地貳分。新立四至：東至侄廷金地，西至塝，北至侄孫應春地，南至買主地；外邊塝頭有白果木壹根，合身分數。今將前項情願立契出賣與族侄李玠名下永業。三面議作時值價紋銀壹兩陸錢伍分整。其銀契當日兩相交付足訖。其地未賣之先，則無重複交易，亦無家外人占攔。一切不明等事，盡是賣人之當，不及買人之事。所有稅糧候造冊之年，聽自買主李塘戶照依弟李梅原賣稅糧推割無詞。契後再不立領。恐後無憑，立此賣契爲照。

前項白果壹根，松、梅合得分數賣訖。再批。

得價肆錢五。

同賣人　李　松［押］

李　梅［押］

嘉靖三十三年三月初四日　立出賣契人　李　柏［押］

中見　弟　李　虎［押］

侄　孫應物［押］

同上　明嘉靖三十五年休寧縣吳心一賣山契

十一都吳心一今有承祖僉業山壹備，坐落土名䒿坑源、院兒坑、吳宅坑、院兒坑、麻榨坑、麻榨坑，係經理湯字六百六十號、六百十七號、六百廿九號、六百卅號、六百卅一號、六百卅二號，共山五號，其山四至自有經理該載，不及詳寫。今將前項廿至內山骨分得身分數，盡行立契出賣與同都黃新宇名下爲業。三面議時值價白銀壹兩整。其價并契當日兩相交付，契後再不立領。未買之先，即無重複交易。如有一切不明，并賣人承當，不及受買人之事。分得本身分數即無存留。今恐無憑，立此爲照。

再批：加六百卅二號山乙號，其有四至，照依鱗冊載明。

嘉靖卅五二月廿五日　立契人　吳心一［押］契

中見人　吳　敷［押］

方　什［押］

吳禎祥［押］

同上　明嘉靖三十五年祁門縣胡芳等賣山地紅契

同戶胡芳同侄胡時光等，今將周字四伯貳拾七號合山壹釐肆毛，土名下降；又將五伯九十九號合山壹釐，土名橫山塢；又將周字五伯四十貳號，內取山柒釐貳毛，土名高山。其山腳先年開墾成田，本家存留外，又將周字七百貳拾陸號合山壹釐壹毛，土名汪九塘。其山東西四至，自有保簿，不在開寫。今自情願將前山四號共計山壹分柒毫，盡行立契出賣與同戶弟相名下爲業。面議時值價白文銀壹兩貳錢整，其價當日收足；其山并苗木今從出賣之後，一聽買人管業。如有來歷不明及重複交易一切等事，盡是賣人之［支］當，不及買人之事。其稅糧候至大造之年扒與認納毋詞。今恐人心無憑，立此出賣文契爲照。

其汪九塘、橫山塢二號，本家并無絲忽存留。再批。

嘉靖三十五年三月十一日　立賣契人　胡　芳［押］契

同　侄　胡時光［押］

胡時然［押］

胡彌壽［押］

中見人　李　義［押］

今就契內領去價銀并收足訖。同日再批［押］領。

同上　明嘉靖三十六年祁門縣黃仁賣田地屋基契

九都黃仁原陸續買受十八都葉廷表等民水田、塘屋、山場、莊屋基地一備。坐落本都　保方坑、正源、甘子塢及小路三處等田，共計荒熟地五十畝有零。與周相共，身八分中合得五分，該田叁拾貳畝有零。其田四至經理可照。又買在城葉賚等方坑正源民田壹畝貳分，舊家塢田壹畝六分，張家塢口田肆分，葉山塢口田貳畝貳分，葉山塢口段田八分，其田上手文契可照。今將前項本身該得分劑［籍］荒熟田共計叁拾柒畝有零，莊屋基地并塘地該得分劑，自情願憑中盡數立契出賣與五都洪氏族衆等名下爲業，面議時值紋銀貳百叁拾玖兩正。其價并契當付明白。未賣之先，即無家外人重複交易。來歷不明，賣人之當，不涉買人之事。自成之後，各無悔異。如先悔者，甘罰銀叁拾兩入官公用；仍依此爲準。所有稅糧，候造冊之年，照依原額過割供解無詞。今恐無憑，立此爲照。

嘉靖三十六年二月十一日　立契人　黄　仁
代書弟　黄　佐
中見人　方廷用
胡子彦
吴　泰

同上　明嘉靖三十六年祁門縣洪瓚等賣田契

五都洪瓚、洪珙、洪瑚、洪應陽、舜民等，今將承祖買受民水田壹備，坐落東都四保，土名南邊莊屋上厰高基，計田貳坵，計壹畝捌分。其田新立四至：東至洪瓚等地，西至六房莊基地，南至塘塝及地，北至塘田及路。今將四至盡數立契出賣與壽二公六房子孫共造莊屋，面議時值價足紋銀壹拾玖兩正。其價并契當日兩相交付明白。其田未賣之先，即無家外人重複交易。來歷不明，賣人之當，不涉買人之事。自成之後，各無悔異。如先悔者，甘罰銀三兩入衆公用，仍依此文準。所有稅糧，隨即撥與六房供解。今恐無憑立此爲照。

嘉靖三十六年五月初一日　立契人　洪　瓚
洪　珙
洪　瑚
洪應陽
洪舜民
中見人　洪　儒
洪　宏
洪　田
洪　立
洪尚志
洪新德
洪勝孫
洪嘉賓
洪太初

同上　明嘉靖三十七年祁門縣李求保賣田骨紅契

十西都李求保，今將承祖買受荒田乙備，坐落本保土名後塘坑大聖前，係經理塘字　號，四至自有本保經理可照。計田乙丘，與叔社暹相共，本身合得一半，計大租乙秤。今爲無錢支用，自情願將前田合得大租乙秤憑中出賣與同都謝　名下收租管業，面議時價紋銀柒錢整。其田未賣之先，即無家外人重複交易。來歷不明，賣人之當，不及買人之事。前田原係荒田，即無升科之書。自成交之後，二家各不許悔。如有先悔者，甘罰壹錢與不悔人用。今恐無憑，立此文契爲照。

嘉靖卅七年潤七月初九日　出賣契人　李求保[押]
代書人　李社暹[押]
中見人　謝天詔[押]

再批：前田東至田，西、南至坑，北至田塝，其田乙坵，標得求保己業。叔社暹標得後塘坑冲下田□分。

前契内田乙坵，租乙秤，賣與謝求全業。

李求保[押]
代書人　李三保[押]

同上　明嘉靖三十八年祁門縣李仙得賣田骨紅契

十西都李仙得，今有承祖摽[標]分荒田乙備，坐落七保上村，土名茶培塢口，係經理塘字　號。新立四至：東三保田，西至暹得田，南菓田，北至行路及下田。其田本兄弟三人相共，計田三分，本身合得摽分貳分，計早穀租乙秤。今因無錢支用，自情願將前摽分田骨二分立契出賣與同都謝名下收租管業，憑中面議時值價文銀伍錢正。其價并契當日兩相交付。未賣之先，即無家外人重複。來歷乙切不明，賣人之當。其田原額係是荒田，未曾升科，無稅可推。再無異言。成交之後，各不許悔。如有悔者，甘罰艮一錢公用，仍依此文爲準。今恐無憑，立此賣契爲昭。

嘉靖卅八年六月十七日　立契出賣人　李仙得[押]
中見人弟　李暹得[押]

再批：前田本家兄弟摽[標]得，坐落中段，共租三十斤，仙得摽[標]分租乙秤。今賣與謝求千，隨時管業收租。弟夏得該得租十斤。

同上　明嘉靖三十八年祁門縣謝眞佑等賣田紅契

拾西都謝眞佑同弟謝武佑，共有承祖摽分荒田乙備，坐落本保土名黄村查彎山，係經理唐字　號，山內計田　，計早租叁秤。新立肆至：東路及山，西山，南本家田，北謝録等田。今爲無錢支用，同弟謫議，自情願將前項田骨并租盡行立契出賣與同堂□名下永遠收租爲業，憑中面議時價紋銀壹兩伍錢整。其價并契當日兩相交付。其田賣之先，即無家外重複交易。來歷一切不明，賣人之當，不及買人之事。其田原係荒田，未曾升科，無稅可推。日後聽買主升科，即無異言。成交之後，各不許悔。如先悔者，甘罰銀叁錢與不悔人用；仍依此文爲始。今恐無憑，立此賣契爲照。契內兩旁添壹兩二字。武佑書。

嘉靖叁十八年八月初六日　立賣契人　謝眞佑[押]契

同賣弟　謝武佑[押]

中見人　謝立榮[押]

同上　明嘉靖三十九年祁門縣李權賣水田紅契

十西都李權，今有承祖水田二備，俱坐落本保黄村，土名青林源，唐字四伯一十號，與本家兄弟相共，計大租二十二秤，權四大分中合得一分，該租二秤；又唐字四伯一十三號，與本家兄弟相共，計租柒秤，權四大分中一分，該租壹秤拾五斤。前二號田畝步四至自有本保青荒可照。佃人黄金旺、金龍、長龍。權今因無錢支用，自情願將前二號田合得分法，憑中盡行立契出賣與同都謝　名下收租爲業，面議時價紋銀貳兩玖錢整。其價并契當日兩相交付。其田未賣之先，即無家外人重複交易。來歷一切不明，賣人承當，不及買人之事。所有稅糧，議候大造之年，聽買主入本戶起割稅糧四分叁釐零入戶供解，再無異言。成交之後，各毋悔易。如先悔者，甘罰艮五錢公用；仍依此文爲始。今恐無憑，立此賣契爲照。

嘉靖三十九年三月二十六日　立契出賣人　李　權[押]契

中見人　謝　華[押]

同上　明嘉靖三十九年休寧縣給付洪容買田契尾

休寧縣爲稽查開籍以杜飛詭，以培國本事：奉府帖奉欽差總理糧儲提督軍務巡撫右僉都御史張　劄付前事內開：凡有民人置買田地，即時告納該管州縣，給與稅契執照。如有隱匿稅銀，加倍追罰；仍將所買田地壹半入官。等因。奉此，除依奉外，今後但有民人置買田產者，每價契一兩，例上稅銀叁分，貯庫作正支銷。如有隱匿不報者，許令賣主首告，依律治罪；仍追契價壹半入官。今據本縣拾肆都十一圖洪容於嘉靖卅伍年九月買十七都六圖張　戶計稅壹分壹釐，價貳拾叁兩整，該稅銀陸錢玖分。所有契尾粘連即鈐。須至出給者。

右給付買主　洪　容　收執準此

嘉靖叁拾玖伍月卅日

縣[押]

同上　明嘉靖三十九年祁門縣謝復華賣田紅契

拾西都謝復華，今將買受本家成田壹備，坐落本保土名棧培山，係經理唐字　號，四至悉照經理爲準。本身該得大租貳秤，計成田貳分。今因管業不便，立契出賣與族叔祖謝　名下爲業，面議時值價紋銀乙兩貳錢五分整。其價并契當日兩相交付明白。未賣之先，即無家外人重複交易。來歷不明，賣人之當，不及買人之事。所有稅糧悉照原額。候造冊之年，聽自買主起割入戶供解。上手文契與別產相連，不及繳付，日後要用，賚出照證無詞。自成，貳房各不許悔。如先悔者，甘罰艮五錢與不悔人用；仍依此文爲始。恐後無憑，立此爲照。

再批：前田合得稅糧貳分，候造冊之年，照數起割無詞。

其田經理土名九畝段，僞名棧培山。

嘉靖卅九年十月廿日　立賣田契人　謝復華[押]契

中見人　謝天詔[押]

同上　明嘉靖三十九年祁門縣洪應陽兌佃契

五都洪應陽，今將摽分得續抄沒水田一備，坐落土名余村官路下田一坵，計壹畝叁分。其田新立四至：東至山，西、南至山，北至官路。今將前項四至內田盡數立契出兌佃與　壽二公六房子孫禋祀爲業，面議時值價工食文[紋]銀柒兩柒錢正。其價、契當日兩相交付明白，未兌佃之先，即無家外人重複交易。來歷不明，兌佃人之當，不涉買人之事。自成之後，各無悔異。如悔者，甘罰銀乙兩公用；仍依此契爲準。所有稅糧隨時過割供解，即無異言。今恐無憑，立此爲照。

嘉靖三十九年十二月二十日　立契人　洪應陽
中見人　洪　立

同上　明嘉靖四十年祁門縣吳鎭兄弟賣田山紅契

十東都吳鎭同弟吳巖承祖有山一號，坐落土名汪坑，係經理虞字三百七十七號，山叁畝五十叁步。東至雙坑口，西至李宄山，南坑，北田。本身兄弟該得四分之一。盡行立契山骨幷苗木出賣與李　　名下。今因缺少店租銀捌錢，自情願將汪坑山骨幷苗木，兄弟分數，盡行賣與李源名下永遠爲業。未賣之先，即無重複交易。如有一切不明，賣人之[支]當，不及買人之事。今恐無憑，立此賣契爲照。

嘉靖四十年三月初八日　立賣契人　吳　鎭[押]
同弟　吳　岩[押]
見人　吳　迪[押]

同上　明嘉靖四十年祁門縣洪世仁兌佃契

五都洪世仁，今將摽分續抄沒水田一備，坐落余村莊基下手官路下田一坵，計壹畝叁分零。其田新立四至，東至洪田，西至張田，南至洪田，北至官路。今將前項四至內田，即無毫釐存留，盡數立契出兌佃與　　壽二公分下子孫爲禋祀，面議時值價紋銀捌兩壹錢正。其價幷契當日兩相交付明白。其田未出兌之先，即無家外人重複交易。來歷不明，兌佃人之當，不涉買人之事。自成之後，各無悔異。如有悔者，甘罰銀貳兩入官公用；　仍依此契爲準。所有稅糧聽自本戶隨時收割，本家即無異詞。今恐無憑，立此爲照。

嘉靖四十年三月初九日　立賣契人　洪世仁
中見人　洪　立

同上　明嘉靖四十年祁門縣謝題賣田紅契

西都謝題承祖父弓受荒田一備，坐落本保，土名寶金坑樂南塢，經理唐字　　號，計田　　坵。東至山，西至山，南至田，北至田。計早穀租貳秤拾捌斤。今因春莫婚歸寧回家，無以爲禮，與兄謝三郎、謝顯謫議，自情願托兄顯代筆，將前田骨幷租盡行立契出賣與同都謝大禮名下永遠收租爲業，面議時價文銀壹兩肆錢整。其價幷契當日兩相交付明白。其田未賣之先，即無重複交易。來歷一切不明，本身同二兄承當，不及買人之事。其田原額荒田，未曾升科，日後聽買主升科，本身幷無異言。上手買契原物在謝鉉處，日後開書繳付。倘壹時不便繳付，賫出不在行用。成交之後，各不許悔。如先悔者，甘罰銀叁錢與不悔人用；　仍依此文爲始。今恐無憑，立此賣契爲照。

嘉靖肆拾九年月六日　立契出賣人　謝　題[押]
代書同領價兄　謝　顯[押]
中見人　謝雲緒[押]
謝天詔[押]
謝天勛[押]

同上　明嘉靖四十一年祁門縣李春得賣田紅契

拾西都李春得，今有承祖買受摽分荒田乙備，坐落土名上村屋頭塢，顯徑理唐字　　號。新立四至：東至天旺田，西至山，南至先得田，北至遲得田。計田乙坵　　，計硬早租肆秤。今因戶役無錢支用，自情願將前田骨內取實租貳秤，立契出賣與謝大名下永遠收租爲業。憑中面議時價文銀壹兩正。其價幷契當日兩相交付明白。未賣之先，即無重複交易。來歷乙切不明，賣人之當，不及買人之事。其田原係積荒，未曾陞科受稅。日後聽買主陞科，本家再無異言。成交之後，各不許悔。如先有悔，罰艮二錢與不悔人用；　仍依此文爲準。上手老契與本家兄弟相共，不及繳付；　要用將出。今恐無憑，立此賣契爲照。

嘉靖四十一年三月初六日　立契出賣人　李春得　[押]
依口代書中見人　李三保　[押]
見　人　李遲得　[押]

春得承去耕種，秋成交租不欠少。再批。[押]

同上　明嘉靖四十一年祁門縣給付方琮買地契尾

直隸徽州府祁門縣爲乞究民情，以公國課事：奉本府帖文：抄奉欽差巡撫右僉都御史方　及□巡按直隸監察御史劉□據本府□□祁門縣中□本縣知縣孫關開稅契緣由，申奉詳允：前事備帖□縣內開：每契價壹兩，許納稅銀貳分，仍嚴禁里書、算人等，如未經過稅者，不許私自過割。奉此，依奉行。據五都　圖洪庭高戶丁戶洪儒□□分　釐，地　畝　分　釐，山貳分　釐，價銀共拾兩。契紙赴縣查明納稅銀貳錢貯庫類解外，今給地字六號契尾壹，給粘附本契收照施行。須至出給者。

右給付買主方琮　準此

嘉靖肆拾壹年十一月日

縣[押]

同上　明嘉靖四十二年祁門縣洪應陽賣田契

五都洪應陽，今摽分官田二備，坐落本都八保土名程兆坑乙號，計田壹畝叁分柒釐。其田新立四至：東至行路，西至田，南至路，北至田。又一號同處，計田陸分叁釐。實新立四至：東至田，西至田，南至路，北至山。今將前項八至內田，自情願盡數立契出賣與六房壽公子孫名下，永遠標祀爲業，三面議時值價紋銀壹拾貳兩伍錢正。其價并契當日兩相交付明白。未賣之先，即無家外人重複交易。來歷不明，賣人之[支]當，不涉買人之事。所有自成之後，各無悔異。如有悔者，甘罰銀　兩公用；仍依此契爲準。所有稅糧隨時割與本戶供解。今恐無憑，立此爲照。

嘉靖四十二年六月十五日　立賣契人　洪應陽

中見人　洪　立

同上　明嘉靖四十三年休寧縣金阿吳賣田骨紅契

二十八都五圖住婦金阿吳，將夫存日用價買土名石橋頭田，仍實租伍秤零拾斤。今爲夫故，缺少齋經，自情願央中將田租伍秤零十斤，其四至自有來腳原契，盡行立契出賣與親伯金勝興名下，當日三面議取時值價白紋銀陸兩零陸分正。其銀當日收足。其田今從出賣之後，一聽買人隨即收租如定。日前并無重複交易不明等事。如有內外人言說，盡是賣婦之[支]當，不及買人之事。其稅糧待過冊之日自行起推，不在難易。今恐人心無憑，立此出賣文契爲照。

嘉靖四十三年二月廿二日　情願立契出賣婦　金阿吳[押]契

中見親姑夫　黃　昌[押]

金勝才[押]

金勝四[押]

金大雷[押]

代書親叔　金勝童[押]

科川均

其前項契內價銀當日隨手一并收足。同日再批。　領

同上　明嘉靖四十四年祁門縣洪福佑賣田骨契

五都洪福佑，今將承祖摽分民田壹畝伍分，土名余村楊樹坵。其田新立四至：東至　，西至　，南至　，北至　。今將前項本身該得摽分田四至內盡數立契出賣與壽二公　名下爲業，面議時值價紋銀捌兩柒錢正。其價并契當日兩相交付明白。其田未賣之先，即無家外重複交易。來歷不明，賣人之當，不涉買人之事。所有稅糧候造冊聽自扒與供解。今田計硬早租壹拾伍秤，鷄穀拾觔，聽自收租管業。自成之後，各無悔異。如先悔者，甘罰銀伍錢與不悔人用；仍依此契爲準。今恐無憑，立此賣契爲照。

嘉靖四十四年五月十一日　立契人　洪福佑

中見人　陳　桂

同上　明嘉靖四十五年祁門縣吳順等賣山紅契

十東都吳順同兄吳昊、喜孫、勝孫，因清明回家，有東都里長取討糧差無措。土名汪坑充下，係經理虞字叁百九十號、九十一號；又取土名小劉口，虞字　號，四至自有經理該載，不及開寫。自情原將前山骨并苗木盡行立契出賣與東都李　源名下爲業，三面議時值價銀伍錢整。其價并契當日兩相交付。未賣之先，即無重複交易。如有一切不明，賣人之[支]當，不涉買人之事。今恐無憑，立此賣契爲照。

嘉靖四十五年三月初十日　立賣契人　吳　順[押]

同　賣　兄　吳　昊[押]

母　汪　氏[押]

勝　孫[押]

見　人　吳　迪[押]

同上　明隆慶元年休寧縣吳七十兄弟賣苧田紅契

卅二都吳七十同弟周福，承祖父有苧田壹塔，坐落土名珠簾門前，係職字　號，計經理壹分乙釐。其苧田新立四至：東至吳蒼苧田，西至吳治苧田，南至塝，北至溪；又將土名雲頭苧田一塔，係職字叁伯伍拾三號，計經理四釐壹毛。其田新立四至：東至吳涯苧田，西至吳子鈞苧田，南至路溪，北至山。其苧田與吳蒼曰字電相共，本邊同弟六分中合得一分，該得經理陸毛六絲六。今來無物支用，自情願將前項八至內苧田骨并租苗柿樹盡行立契出賣與吳得涯名下，三面議時值價白文[紋]銀壹兩陸錢正。其價、契

當日兩相交付。其苧田今從出賣之後，一聽買人收苗受稅，永遠管業。未賣之先，即無重複交易。及家外人占攔，一切不明等事，并是出賣人之[支]當，不及買人之事。所有稅糧，候造冊之日，聽自買人到本戶起割前去，本家即無異說。今恐無憑，立此出賣文契爲照。

隆慶元年十一月二十七日　立契出賣人　吳七十[押]契

吳周福[押]

中見人　吳　班[押]

今領去契內價銀并收足訖。同前月日。再批。[押]領

同上　明隆慶二年祁門縣馮祖勝賣田骨紅契

十西都馮祖勝，今有承父馮六保標分荒田一備，坐落本保土名姜五坳。計新立四至：東至本身大丘田，西至黃金萬佃玄田，北至山畔，南至路甽。計荒田　，計該實旱租一秤十斤。今因無錢支用，自情願將前田骨并租憑中立契盡行出賣與謝　　名下收租爲業，面議時價文艮七錢伍分正。價、契當日兩相交付明白。其田未賣之先，即無家外人重複。來歷一切不明，賣人承當。其田係是積荒，無稅，聽自陞科。其田本身承當耕種交租不少，再不別立租批。并無存留。成交之後，各不許悔，如有悔者，甘罰艮[銀]一錢，與不悔人用；仍依此文爲準。今恐無憑，立此賣契爲照。

隆慶二年十一月廿六日　立契出賣人　馮祖勝[押]契

中見人　馮金勝[押]

主盟父　馮六保[押]

同上　明隆慶二年祁門縣馮祖勝賣田骨紅契

十西都馮祖勝，今有承父馮六保標分荒田一備，坐落本保土名姜塢坳，經理唐字　號。新力四至：東至謝永地塝，西至永買祖勝小坵田，南至路及金勝田，比至金勝田。其田共一大坵，是父馮六保標與祖勝乙半，坐落南邊。今因無錢支用，自情願將前骨田內取荒田　，計實旱祖穀一秤十斤，立契出賣與謝　　名下收祖爲業，面議時價文艮柒錢伍分整。價、契當日兩相交付明白。未賣之先，即無家外人重複。來歷一切不明，賣人承當。其田係是積荒，無稅，聽自陞科。本身承當耕種交租不少，再不另立租。成交後，各不許悔。如有悔者，甘罰艮一錢與不悔人用，仍依此文爲準。今恐無憑，立此賣契爲照。

隆慶二年十二月初六日　立契出賣人　馮祖勝[押]契

書契主盟父　馮六保[押]

隆慶三年十二月廿二日，馮祖勝又將前田實祖十斤，盡行出賣與謝　　名下收租爲業，當得受價文艮二錢正。不立契，亦無存留，憑此賣契爲照。

馮祖勝[押]

同上　明隆慶三年祁門縣李守新賣山地白契

十東都李守新，今將承祖并弟守愚有山，本家汪村段後山，并住後。其山新立四至：東至吳迪山堺石爲界，西至時嘉山，南至住基地，北至山尖降。今將前項四至內山骨并松竹杉雜等木盡行立契出賣與叔祖李時嘉名下爲業。憑中面議時值價紋銀貳兩伍錢整。其價并契當日兩相交付。未賣之先，即無重交易。本家盡契，即無存留。其山聽自買主永業。如有一切不明等事，盡是賣人之當，不及買人之事。所有青龍墩牆裏山地，俱在前契之內。恐後無憑，立此賣約爲照。

契內山并青龍墩里山地盡行得價轉賣與親人吳自新兄弟名下爲業。

萬曆十八年正月廿二日李著明代批[押]。

同弟　李守愚[押]

隆慶三年八月初八日　立賣契人　李守新[押]

中見人　李正時[押]

依口代書　李若時[押]

同上　明隆慶四年休寧縣王曇賣山地紅契

卌一都王曇承祖有山一備，坐落卌二都，土名盤坑石葉，職字弌伯一十四號，計稅弌分伍釐，與吳家共業。共該本家壹分伍釐，該身十股之一，該稅壹釐伍毛。又取西照山，係職字弌伯六十六六十七號，共計稅本家該伍分壹釐貳毛八，該身十股之一，該稅伍釐一毛二八；又取土名小舍塢，職字壹伯卌六號，共計稅叁畝伍分，本家共合得壹半，該身十股之七，該稅壹分七釐伍毛，又取土名楊梅樹塢，職字貳百六十三號，共計稅貳畝，本家共該叁分叁釐三毛四，該身十股之一，計稅叁釐三毛三四。其山四至自有保簿開載，不及開寫。今來無物支應，自情願將前項四處山場并苗骨盡行立契出賣與同都人吳宗祐名下爲業，當日言議時值價白銀壹兩陸錢正，其價、契當日兩相交付明白。未賣之先，自賣之後，并無重複交易。家外人占攔，一切來歷不明

事情，盡是賣人承當，不及買人之事。其山出賣之後，聽自買人收苗受税，永遠管業，即無異説。所税糧俟[候]造冊之日，聽自至王曇戶起割前去，本家即無阻當。今恐人心無憑，立此出賣文契爲照。

隆慶四年正月二十日　立賣契人　王　曇[押]契

見人　吳　椿

同上　明隆慶五年休寧縣吳玄助賣山地紅契

二十二都一圖住人吳玄助，今因缺欠甲首艮兩，自情願將承祖戶下山一片，坐落土名苦楝樹墩，係正字　號，計山税壹分柒釐。見東至水渠及路，西至吳惟田，南至吳花九田，北至塘源吳宅墳。於上大楝樹壹根。今將前項四至內山四分中，兄弟合得壹分，計税肆釐，除存留祖墳穴外，并株樹盡行立契出賣與同都吳　名下爲業，三面議定時値價銀玖錢正。其銀當成契日一并收足；其山今從出賣之後，一聽買人開造風水、收柴、受税爲定。如有內外人闌占及重複交易不明等事，盡是賣人之當，不及買人之事。其税糧候至造冊之年，本戶自行推出，即無難異。今恐無憑，立此賣契爲照。

隆慶五年五月　日　立賣契人　吳玄助[押]契

同賣人　吳玄施[押]

依口代書中人　吳道正[押]

吳存逸[押]

前項契內價銀隨手一并收足。同年月日。再批爲照。[押]領。

同上　明隆慶六年祁門縣謝道立賣坦地紅契

十西都謝道立，今有承祖開掘荒成坦壹備，坐落本保，土名大坑培，即汪七塢口，係經理唐字　號，共坦　個。新立四至，東、西至壠，南至金字面，北至山腳。今因管業不便，將四內坦地盡數立契出賣與族侄謝雲佑兄弟名下，三面言議時價紋銀叁錢正。價、契當日兩相交付明白。未賣之先，即無家外人重複交易。來歷一切不明，賣人之當，不涉買人之事。自成之後，各不許悔。如悔者，甘罰契內艮一半公用；仍依此契始，今恐無憑，立此賣契爲照。再批：金字面該道立分籍，聽自榮佑管業。

隆慶陸年閏二月三十五日　立賣契人　謝道立[押]

中　人　程記壽[押]

同上　明隆慶六年祁門縣方烈賣開荒田紅契

拾壹都方烈，今有承父買受荒田壹備，坐落六保，土名梓坑頭大苧彎，係經理坐字　號，計田陸分伍釐有令，計田　坵。新立四至：東至方熙田，西至熙汪田，南至山，北至山。其田與兄方熙相共，本邊一半。該田叁分貳釐伍毛，自情願盡行立契出賣與同都親人汪　名下爲業，三面議時值價白紋銀貳兩貳錢伍分整。其價、契當日兩相交付，契後再不立領。未賣之先，即無重複交易。如有來歷一切不明等事，并是賣人之當，不及買人之事。所有前田原係開荒，無糧推割。有來腳與兄相連，不及繳付。恐後無憑，立此賣契爲用。

隆慶六年十二月初一日　立賣契人　方　烈[押]契

見　人　汪　郎[押]

同上　明萬曆二年祁門縣張勝祖賣田骨白契

立文契人張勝祖，今立文契將承祖續置羽字　號，土名團魚石，田税壹畝叁分伍釐，計秈租拾叁砠正；又將翔字　號，土名卬家塚，田税壹畝叁分陸釐，計秈租拾貳砠。佃人楊祖，前田佃人金海。二號共田税貳畝柒分壹釐，二號共計秈租貳拾伍砠。自情願憑中立契出賣與九都程鑾名下爲業，當日三面議作時值價白紋銀貳拾壹兩正。其銀當成契日一并交收足訖，別不立領扎。今從出賣之後，一聽買人收苗管業。如有內外人攔占及重複交易，一切不明等事，盡是賣人之當，不涉買人之事。其税糧下輪大造，本戶自行推割。今恐人心無憑，立此存照。

每砠計貳拾伍觔，係本家秤。再批。

萬曆二年八月初三日　立文契人　張勝祖[押]契

中見人　佘　四[押]

今就契內領去前項價銀并收足訖。同年月日。再批。[押]領。

同上　明萬曆四年祁門縣吳阿汪賣地紅契

十一都吳阿汪今因該欠里長，無銀完官，承夫續買得民園壹塊，坐落土名福州，本家祖墳牆外，計民地壹畝伍分，新立四至：東至塝，西至吳佛墳，南至路，北至本家墳牆腳；又取土名前頭園民地壹分伍釐，其地與族伯吳俊德相連。今將前項地憑中出賣典族伯吳明俊名下爲業。面議時價白紋銀柒兩柒錢整。其價、契當日兩相交付，契後再不立領。未賣之先，即無重複交易。如有一切不明，盡是賣人之當，不及買人之事。所有税糧，俟造冊之年，聽自起割前去入伊戶供解。今恐無憑，立此賣契爲照。

萬曆四年十二月十六日　立賣契人　吳阿旺［押］
同男　吳萬生［押］
奉書男　吳福生［押］
中見人　吳華時［押］

同上　明萬曆五年休寧縣丁祥等賣山地紅契

拾壹都丁祥同坊市黃金奇共置得十二都何子求山田場地乙局，坐落土名十二都董家塢。今經理係辰字　號，其山田地東止買主山，西止程宅山，分水爲界；南止程宅田及張田山，北至大降。四大止內，該山乙十捌畝陸分，田并舍基捌分，地叁畝伍分。今因前山與程寵山相連，管業不便，情願托中立契出賣與十都程寵名下爲業，當中三面議作時值價銀肆拾兩正前去支用。所賣前項係是自意情願，即非抑勒抵拆等情。及日前未賣之先，與內外人等并無重張不明。如有不明，本家自理，不干買人之事。契內價錢當日盡行收足，再不別立領錢文帖，只收契後書押爲照。其山日後聽從做造風水，鉏挖山苗，□砍杉木，在山聽從搬賣，本家無阻。稅糧隨產拱［供］解。後遇大造，聽從前去何子求戶內收付。今恐無憑，立此賣契爲照。

萬曆五年三月初四日　立契出賣人　丁　祥［押］契
黃金奇［押］
所有契內價錢當日　知覺原中　何　高［押］
盡行收足。再批爲照。　言議中見　何　四［押］
［押］　何三鳳［押］
何子龍［押］

本家今將置得何子求土名董家塢山場田地風水山杉木乙局，四水歸內，盡業賣與十都程寵爲業。自今賣後，聽從做造風水鉏挖杉苗，本家日後并無異說。今恐無憑，立此再批。退業爲照。

萬曆五年三月初四日□退業人　丁　祥［押］
黃金奇［押］
中見人　同　前

原契寄在屋東王庭龍家，日後繳付不誤。再批。

同上　明萬曆五年祁門縣李桃等賣田園及田面紅契

十一都李桃同侄李仁祥、李考祥，侄孫李合明共有承父祖置買田園乙局，坐落福州黃土園。以上造蓋書屋三重，兩邊過廊及四圍土牆，牆外餘屋不計間數，并四圍園地，黃土園、吳村、烏鴿塔、水磨後，經理四處僉業，并買火佃胡天互、洞佃信，王佃住基，共計民地壹拾捌畝。又取田貳畝陸分，坐落陳塘堀圻，計秈租貳拾肆秤。其田園四至自有經理該載，不及開寫。今自情願憑中盡行出賣與親人吳俊德名下爲業。面議時值價白紋銀貳伯叁拾兩整。自從賣後，一聽買人收租移住管業。所有稅糧，候造冊之年，聽自於本戶收割前去，本家即無異說。如有來歷不明，盡是賣人之當，不及買人之事。火佃分數粘草於後，以便查考。今恐無憑，立此文契爲照。

萬曆五年三月十二日　立賣契人　李　桃［押］
李仁祥［押］
考　祥［押］
李合明［押］
中見人　吳功第［押］
李文貴［押］

同上　明萬曆六年祁門縣李明時賣山地白契

東都李明時買叔春叢通山十二分之乙，坐落土名黃宅嶺塢。其山李玩通山六分之一，春叢一半，賣與李明時。今自情願將前山骨并苗木盡行立契轉賣與兄源名下與業，憑中面議時價艮伍錢正，其價、契當日兩相交付明白。係經理虞字四百六號、四百七號、四百八號。其山四至自有係經理開載，不及書寫。今恐無憑，未賣之先，即無重複交易。與［如］有來歷不明，盡是賣人之當，不及買人之事。立此賣契存照。

所有原買春叢契隨時交付明白。再批。［押］

萬曆六年正月廿日　立賣契人　李明時［押］契
中見人　世　明［押］

同上　明萬曆六年休寧縣吳沅賣山地紅契

三十一都一圖吳沅，今有承祖松木山地壹備，坐落本都土名李村上塘山瓦窯墩金竹塢，係稱字八百八十五號、八百八十六號、六百零四號，共山地貳畝叁分。東西四至：東至汪嶺塘荒山，西至清棣山，南至降，北至田。本邊柒分中合得壹分，計山地叁分叁釐。今爲缺少支用，自情願將前項叁號山地并上松木，盡行斷骨立契出賣與親人吳棟名下，叁面議作時值價銀肆兩叁錢整。其銀、契當日兩相交付明白。自賣之後，一聽買人永遠收稅管業，本邊并無存留異說。未賣之先，并無重複交易及家外人占攔等事。如有等情，并是賣人之當，不及買人之事。稅糧在本戶隨即交割明白，日後并無異說。今恐人心無憑，立此出賣文契爲用。

萬曆陸年貳月十四日　立出賣契人　吳　沅[押]契

吳　潮[押]

吳　楨[押]

今領去契內價銀當日并收足訖。再批。[押]領。

同上　明萬曆七年祁門縣吳自興等賣田紅契

十一都吳自興同弟自章，今承父原買得族叔祖吳元和民田一備，坐落本都一保，土名下福洲本家門首，係經理罪字　號，計田肆分。其田新立四至：東至　，西至　，南至　，比[北]至　。又取同處墩下土名尖角，計田柒分。其田新立四至：東至吳田，西至吳田，南至吳田，北至吳田；又取同處民地一備，坐落本都壹保下福洲箬籬下，係經理罪字　號，計地柒分有零。其地新立四至：東至路，西至　，南、北至吳地。今將前項壹拾貳至內田地骨立契出賣與族叔吳　名下爲業。三面議時值價白紋銀壹拾叁兩整。其價并契當日兩相交付，契後再不立領。未賣之先，即無重複交易。如有一切不明，并是賣人之當，不及買人之事。所有稅糧，候造冊之年，一聽買人起割入伊戶供解無詞。恐後無憑，立此文契爲照。內改肆、割貳字。再批。

所有來腳契文與別產相連，不及繳付。再批。

其田地佃價收訖，一聽買人耕種無詞。興批。

萬曆柒年七月初三日　立賣契人　吳自興[押]契

同弟　吳自章

中見人　吳功第[押]

吳孟賢[押]

同上　明萬曆八年祁門縣吳世賓賣竹山紅契

十一都吳世賓，今承祖父有竹山壹備，坐落土名楊村，係經理周字七伯十八號。其山新立四至：東降，西至石牆，南至俊德山，比至胡桐山。其山本邊該得分法盡行立契出賣與族弟吳　名下爲業。三面議時值價銀貳兩伍分正。其價并契當日兩相交付，契後并不立領。未賣之先，即無重複交易。如有一切不明，并是賣人之當，不及買人之事。自賣之後，一聽買人管業，本家即無異說。今恐無憑，立此賣契爲照。

老栗木壹根，荒地壹塊，亦在內。再批。

萬曆八年八月初十日　立賣契人　吳世賓[押]

中見人　呈文明[押]

同上　明萬曆九年祁門縣謝佑賣山場紅契

拾西都謝佑，今爲房弟問孝戶丁問師該納萬曆八年分九甲糧銀。因問師向外未歸，無從措納，自情願將問師名下原承伯漢繼、伯祖贊分下七保唐字號山場，通山該得問師名下叁拾陸分之壹，憑中立契出賣與同都李名下爲業，面議時值價紋銀陸錢伍分整。契、價當日兩相交明白。未賣之先，即無家外人重複交易。來歷不明，并是賣人之當，不及買人之事。成交之後，聽自買人入山管業。本家即無異言。前山場除祖墳不賣外，其餘承祖僉業并買受，盡聽買人照同業人管業無詞。今恐無憑，立此文契爲照。

萬曆九年四月廿七日　立賣契人　謝　佑[押]

中見人　謝榮生[押]

謝社保[押]

謝高聖[押]

同上　明萬曆九年歙縣給付江鉞買田契尾

直隸徽州府歙縣　契尾

直隸徽州府歙縣爲查理稅契事，照奉本府帖文，奉院道詳批：稅契年分銀兩，候作解部之數，各縣遵行。其稅契尾須該府填號給發，方免挂漏；并縣用印。等因。仰縣：凡有人民稅契，每契文一道，粘連契尾一紙。每契價壹兩，照依舊例納稅銀貳分。備行到縣。奉此。今當大造之年，合行刊刷契尾請印，以便民人報納施行。須至契尾者。

計開：

一、據二十七都四圖江鉞契價銀玖兩肆錢

二十五都三圖程社祥計稅

該納稅銀壹錢捌分捌釐。

府字五千三百六十二號
右給付買主　江鉞　收照
萬曆九年九月十八日　戶給
縣

同上　明萬曆九年休寧縣給付丘義邦買田契尾

直隸徽州府休寧縣契尾

直隸徽州府休寧縣爲稅契事，伏覩《大明律》內壹款：凡買田宅不稅契者，笞伍拾；仍追田宅價錢壹半入官。欽遵外，照奉本府帖文：奉院道詳批：稅契年分銀兩，候作解部之數，各縣遵行。其稅契尾，須該府塡號給發，方免挂漏；并縣用印。等因。仰縣：凡有人民稅契，每契文壹道，粘連契尾壹紙。每契價壹兩，照依舊例納稅銀貳分。備行到縣。奉此。今當大造之年，合行刻刷契尾請印，以便民人報納推收。如有隱匿不行報官，及里書私自過割者，查出定行如律一體重究。須至契尾者。

計開：

一、據五都二圖　契價銀

都　圖　計稅該納稅銀

右給付買主　丘義邦收執準此

萬曆玖年十二月四日給

契　尾

同上　明萬曆九年祁門縣謝大用賣田骨紅契

拾西都謝大用今有買受水田二備，壹備坐落八保，土名石坑口。其田與時拱相共，係經理吊字　號。新立四至：東至畔，西至坑，南田，北田。計稅租捌秤，本身該得肆秤。又壹備坐落土名石坑里截，係經理吊字號。新立四至：東至坑，西至山，南至胡求勝田，北至來則田。計租弍秤，計田弍坵。今自情願出賣房叔謝知人名下收租爲業，共計租陸秤，三面議値價紋銀叁兩整。其價并契當日兩相交付明白。來歷不明，賣人之當，不及買人之事。所有稅糧與買人共戶，隨時推扒供解。到成交，各不許悔。如悔者，甘罰銀壹兩公用，仍依此文爲始。今恐無憑，立此爲照。所有來腳文契與別產相連，不及繳付。日後要用，賫出照證無詞。

萬曆九年十二月十四日　立契人　謝大用[押]契

中見人　謝知通[押]

謝時拱[押]

同上　明萬曆十年休寧縣張椿等賣族田紅契

環珠里張椿、張楠、張楫、張采、張楣、張棐、張烜、張燭、張蒸等，今因逆僕徐長保、徐記、徐始等意欲脫殼，誣主告在察院，批府問理。本房原衆議有合同九股，出備盤費。今因人心不一，衆議將承祀戶下田，今丈果字一千五百六十七六十八六十九七十七十一等號，土名殿後下山，共田五號，計中則稅伍畝肆分捌釐柒毫，計秈租貳拾伍砠，每砠重　；佃人胡黑九；四至照依新冊。今衆情願憑中出賣與　名下爲業，三面議作時値價白紋銀壹拾捌兩整。其銀當成契日兩相交明，別不立領札。今從出賣之後，以聽買人隨即收苗管業。如有內外人攔占及重複交易，一切不明等事，盡是賣人之[支]當，不及買人之事。其稅見遇大造，隨即推入伊戶，即無異說。今恐人心無憑，立此文契爲照。

萬曆拾年十二月初八日　立契人　張　椿[押]

張　楠[押]

張　楫[押]

張　楣[押]

張　采[押]

張　烜[押]

張　燭[押]

張　蒸[押]

中見人　張子陵[押]

張敦化[押]

葉玄壽[押]

同上　明萬曆十四年休寧縣汪尚贊賣山地紅契

十二都立契人汪尚贊今爲缺用，自願將承祖業山一片，土名公段墩後，係九保乙字捌伯叁拾八號，行衆捌釐叁毛；又捌伯叁拾九號，衆該壹分令九毛；又捌伯四拾號，衆該壹分弍釐伍毛；又捌百八十弍號，衆該四釐弍毛。前項山四號，行衆共叁分五釐九毛五係，并四號內開懇[墾]菜園地，於內十八股之中本身合得乙股，該山乙釐九毛五係五忽，盡出賣與族人名下。

又將捌伯捌拾四號山，行衆共四釐弍毛；又捌百八十五號，行衆共弍釐乙毛，土名住後山，於內十八股之中本身合得乙股；又續買汪森分數，共該本身四毛乙係，今內取山壹毛出賣與族人名下；又將九伯拾弍號，土名干塘塢，行衆弍分弍釐九毛，於內十八股之中，本身合得乙股；又續買汪森分數，共該本身乙釐九毛乙係九勿五，今內取山壹毛四係五勿，出賣與族人名下。其前項山共柒號內取山稅貳釐弍毫，并在山樹木，憑中立契，三面議作時值價文［紋］銀伍兩伍錢整，出賣與族人汪文甫名下爲業。其銀、契當成之日兩相交足。其山樹木出賣之後，聽從買人即便管業。其山四至自有保簿該載，不在［再］開寫；其稅糧在老戶內，候至造冊之年，一聽買人收割過戶，本家并無異說。前項未賣之先，并無重複交易。一切不明等事，如有，是賣人祇當，不及買人之事。今恐人心無憑，立此契文爲照。

萬曆十四年十一月十三日　立賣契人　汪尚贊［押］契

中見人　胡　柴［押］

今就領去契內價銀并收足訖。再批。［押］領。

同上　明萬曆十五年休寧縣李元明賣田房白契

十一都李元明，今有承祖父買基地瓦樓房正屋并田壹備，坐落本都三保，土名寺家段，係經理　字八伯卅肆號，新丈田壹拾貳畝捌分捌釐玖毛，計步　。新丈地仝號，計肆畝玖分叁釐陸毛四絲九忽。計步：東至畔，西至大路，南至胡學甫及張君美田，北至路。與本房春本兄弟共業，本身該得六股之一，又取土名塘坑口田乙備，係經理　字八伯陸拾八號，新丈田肆伯八拾肆步，計田乙畝九分柒釐肆毛二絲。其田新立四至：東至路，西至路，南至路，北至春本田。與春本兄弟共業，本身該得六股之一。今將前項八至內基地田骨上廳瓦屋叁間，西廳瓦屋叁間，門屋五間，橫樓瓦屋九間，又土庫瓦屋五間并弍過廂，又樓屋叁間，又尹家住屋叁間，并四圍板壁、門牆、石頭土牆、門屋牆，本身該得六分之一。自情願將前項田基地骨盡行立契出賣與本都許潤名下爲業，三面議作時值價銀壹百陸兩整。價、契當日兩相交付明白。未賣之先，即無重複交易。如有一切不明，盡是賣人之當，不及買人之事。所有稅糧，候造冊之年聽入本戶起割，前去供解無詞。其前田屋基地，本身即無存留，聽自受主管業，本家即無異說，所有來腳契文與春本相共，不及繳付，日後要用，將出存證。今恐無憑，立此賣契爲照。

萬曆拾伍年七月初四日　立賣契人　李元明［押］

中見人　李欽明［押］

李高明［押］

叔　祖　李　櫶［押］

弟　李時澤［押］

同上　明萬曆十九年休寧縣汪耀賣山地紅契

立賣契人汪耀，今因缺用，自情願將承祖山，今編潛字一千一百八十三號山，土名竹林頭，本身該山三毛六係；潛字四千四十號山，土名新田塢，本身該山弍釐八毛；潛字四千一百八十九號山，土名七塘，本身該山柒毛；潛字四千四百九十號山，本身該山柒毛弍係，土名後山；潛字四千柒百拾號、四千柒百拾壹號、四千柒百拾貳號山，土名獅安塒，共三號，本身該山肆釐五毛；潛字四千柒百拾別號山，土名狐狸嶺，本身該山四釐弍毛；潛字四千柒百叁拾玖號山，土名大獨聳，本身該山弍釐五毛；又將類字五千四百陸拾玖號山，土名含坑沙塔灘彎［灣］，本身該山貳毛。前項共山拾號，汪文甫共該山壹畝柒分五釐，本身十二股中合得一股，共該山一分五釐陸毛。同日又將潛字叁千陸百三十八號地田，本身該陸釐，土名盤野；又將潛字四千四拾號地，土名新田塢，本身該地弍釐；潛字四千一百八十八號地，土名七塘，本身該地弍毛；潛字四千五百八十八號地，土名江圻，本身該地三釐五毛。前項地共該玖釐弍毛。前項山地今憑中立契盡行出賣與汪文甫名下爲業，三面議作時值價艮壹兩肆錢整。其艮［銀］當成契之日一并收足。未賣之先，并無重複交易。如有內外人占攔、一切不明等事，盡是賣人之當，不及買人之事。今恐人心無憑，立賣契爲照。

萬曆十九五月日　立契人　汪　耀［押］契

中見人　胡新壽［押］

契內業今曜戶兄汪喚將原價贖回。

萬曆弍拾年三月初六日。汪文甫、衆批照。

崇禎拾壹年十月初一日，爲此契業，因汪喚子輅胤里役無措，復將此契業二房公議，仍退歸文甫，輅胤得受原價。其稅永

文一　仕　熙［押］

文二　仕　端［押］

文三　仕　剛［押］

遠在文甫戶，公衆管業，以免輅胤日前分段參差之說，批此爲照。文一　若洋[押]　若瀆[押]
文二　國明[押]　國賢[押]
文三　大有[押]　輅胤[押]

今就前項內契價艮[銀]并收足訖。同日再　[押]　批

同上　明萬曆十九年祁門縣給付×××買田契尾

直隸徽州府祁門縣契尾

直隸徽州府祁門縣爲查理稅契事，奉本府信牌：　蒙欽差兵備副使袁

批：　據本府呈詳大造將期，乞從民便，先行屬縣一體稅契推收，緣由前事，仰縣印刷契尾，編定號簿，送府請印發縣。凡遇人民稅契，每契壹紙，給尾壹張。每價壹兩，納稅銀貳分。如有買產人戶匿契不印，照律追價一半入官。等因。奉此，合行刊刷契尾，以便民人投稅遵行。須至契尾者。

計開

一、據　都　圖　契買到　都　圖　契價銀叁兩伍錢，該納稅銀柒分。

右給付買主　收照

萬曆拾九年八月廿五日戶房吏方逢齡　承

縣[押]

同上　明萬曆十九年祁門縣吳孟賢賣地紅契

十一都吳孟賢，今將續買吳孟軻、良鰲民地乙備，坐落本宅正屋後，計地柒釐三毫二絲。又取下付住基本身該合分數，并續買侄具得分數，計地六毛四係九忽。四至自有淸丈經理，不及開寫。自情願將前項八至內地骨，盡行立契出賣與侄　俊德名下爲業。三面議時價白紋銀壹兩捌錢整。其價、契當日兩相交付明白，契後再不立領。未賣之先，即無重複交易。來歷不明等事，盡是賣人之[支]當，不及買人之事。所有稅糧，今當大造，隨即推割入伊戶供解無詞。所有上手來腳契文，與別產相連，不及繳付。日後要用，將出參照。恐後無憑，立此賣契文照。

萬曆十九年十一月廿四日　立賣契人　吳孟賢[押]
中見兄　吳孟華[押]

同上　明萬曆二十年祁門縣謝阿胡賣山地白契

十西都謝阿胡，今有故夫謝大武承祖標分山地坦并竹園乙備，坐落本保，土名苦竹降，計地五十六步八分，係冬字一千八百九十二三號，畝步四至自有淸丈新冊可查，於內本身六分之中得壹大分，其竹園山亦六分中合得壹大分。今因缺用，戶役無措，自情願托憑伯祖將前地坦并竹園盡數立契出賣與同堂太祖謝雲佑名下永收租爲業。當日面議時值價紋銀叁錢伍分正，其價并契當日兩相交付明白。未賣之先，即無重複交易。如有來歷不明，賣人承當，不涉買人之事。成交之後，各無悔異。如先悔者，甘罰銀一錢與不悔人用；　仍依此文爲始。所有地稅乙分四釐，今當造冊，隨時聽自買人於謝時戶起割入謝雲佑戶供解無詞。今恐無憑，立此賣契爲照。

再批：　所樹木并栗樹合得分籍，聽雲佑管業。　魯[押]

萬曆二十年三月廿三日　立賣契婦　謝阿胡[押]
代書伯祖　謝宗魯[押]
謝廷計[押]

稅

同上　明萬曆二十一年休寧縣朱春賣田山紅契

二十七都五圖住人朱春，今將自己防老田壹坵，土名江村塢，係能字二千九百九十號。東至朱家田，西至朱互田，南至朱互田，北至本家田，計租壹砠，計稅玖釐柒毛，計價紋銀捌分正。又將土名前邊山與互文林相共山壹處，係能字三千二百八十三號。東至汪成山，西至本家山，南至山降，北至水坑。六股身得壹股，計稅□□□□，計價紋銀叁錢伍分正。今開四至明白，立契出賣與本族朱貴等名下爲業，三面共議時價紋銀壹兩壹錢伍分正。其銀當日收足，所賣其田山弍處，任憑買主管業。後遇造冊之年，聽憑照號收稅。如有重複不明等事，俱是賣人理直，不涉買人之事。今恐無憑，立此賣契爲照。

其干旱，長塘車水灌救爲照。

萬曆弍拾壹年九月十二日　立契人　朱　春[押]契
中　人　朱天祿[押]

同日再批：　契內田山價銀壹兩壹錢伍分收足。爲照。　[押]領

同上　明萬曆二十二年休寧縣吳有祈等賣墳山紅契

三都四圖立賣契人吳有祈同堂弟有則等，爲因吳旦、吳化、吳富祖、吳儐，十九年盜賣自祖已買衆祖墳右邊金廷慶山業，新丈土名後塢，劍字號，與張桃埋葬。訐告斷明，係祈等已業，今奉本府畢爺公判：張桃出銀九兩與身，以償吳旦住基地價。其山除已契賣與吳名下本山右邊山稅壹釐捌毫外，今憑親族趙冕、吳玄橋等，情願立契取右邊山稅壹毫，其山東至降心，西至祖墳，南至頂尖，北至趙吳墳，賣與張桃前葬墳塋爲業。其官判民銀兩當即收領明白。今從出賣之後，一聽張桃管業，不得再葬。吳旦等不得再盜賣以致侵害。如有內外人生奸異說，盡是賣人承當，不涉買人之事。其稅糧候大造之年，吳儒戶自行起割，并無難異。今恐人心無憑，立此賣契爲照。

萬曆貳十貳年叁月十八日　立賣契人　吳有祈[押]
同堂　弟　吳有則[押]
吳有倫[押]
從堂　弟　吳有綱[押]
憑族　人　吳玄橋[押]
吳　烒[押]
吳　儐[押]
吳邦俊[押]
親　人　趙　冕[押]
主盟祖母　孫　氏[押]

今就契內價銀一并收足，另不立領札。同年月日再批。[押]

同上 明萬曆二十二年休寧縣孫可進賣田骨紅契

休寧縣十六都二圖立賣契人孫可進，今將承祖置到歙縣廿五都三圖新丈淡字二十七號，計田稅五分六釐一毫，土名黃石坑，遞年上租五砠，佃人，自其田東至王家田，西至高塝，南至王家田，北至汪家田。今將前項四至內田，盡行立契出賣與同都畢　名下爲業。憑中三面議定時值價紋銀貳兩陸錢正。其銀當成契日一并收足，即無欠少，亦無重複準折等情。自賣之後，聽從買人管業收苗納稅，本家并無存留。倘有字號不清，畝步多寡，俱照四至見業爲定。倘有內外人攔阻，盡是賣人之當，不涉買人之事。其稅糧輪造冊之年，聽於孫祖法戶內起割，推入買人戶內辦納，即無難異。其有來腳契文、丈票，被盜失去無存。今恐無憑，立此賣契爲照。

萬曆二十二年十二月日　立賣契人　孫可進[押]
中　人　畢　瑤[押]
畢進祿[押]

正契

同上 明萬曆二十三年祁門縣謝宗魯賣山地紅契

十西都謝宗魯承祖能亨公買受黃村上四畝莊基地屋乙備，與敦本堂三大房相共，悉照新丈冊歸戶，地式拾七步捌分有零，係乙千伍拾號、乙千五拾式號，於上造屋安歇火佃黃應祖、旺壽、旺聖、國保等，四至自有新丈冊可照；又將承祖住後山式號，係山經理唐字乙千五百式拾乙號、乙千五百式拾捌號；又將栗樹下山地乙備，係新丈乙千五百捌十三號，俱與敦本堂相共。其山并山地四至悉照丈冊可照。今因無錢支用，自情願憑中將前火佃地屋并後山地本身合得分法，并故叔鑾分法，本身合得一半。能亨公派下，通共合得乙拾式分中乙分，盡數立契出賣與謝敦本名下爲業使喚，本身即無分毫存留，三面議時值價紋銀柒錢伍分整。其價并契當日兩相交付明白。未賣之先，即無家外重複交易。來歷不明，賣人之當，不及買人之事。成交之後，各無悔異。如有悔者，甘罰內銀乙錢與不悔人用，仍依此文爲始。所有稅糧乙釐，候大造之年聽自買人於本身戶內起割，前去供解無詞。今恐無憑，立此賣契爲照。

再批：其前住後山祖墳穴及禁步不賣外，其餘山骨并竹木，聽自買主管業。

萬曆二十三年二月十九日　立賣契人　謝宗魯[押]
見　人　謝廷計[押]

同上 明萬曆二十四年休寧縣程明德賣地山紅契

立賣契人程明德，今將續置新丈芥字陸千九伯伍拾式號，土名梨木園，計地稅玖釐陸毫；又將芥字柒千式十四號，土名梨木園，計地稅式分陸釐伍毫；又將芥字陸千壹伯九十號，土名店基頭，計地稅壹分叁釐叁毫；又將芥字陸千式伯號，計地稅伍釐叁毛柒絲；又將芥字陸千式伯三號，土名店前，計地稅式釐式毛；又將芥字六千四百□號，土名雙木林，計山稅壹釐。共五號地稅伍分六釐九毫七絲。今自情願將前項地山六處盡行出賣與戶兄程鑾名下爲業，憑中三面議作時值價銀叁拾式兩整。其銀當成契日一并交收足訖，別不立領札。今從出賣之後，一聽買人收苗管業。如有內外人攔占及重複交易、一切不明等事，盡是賣人之當，不及買人之事。所有來腳與別產相連，繳付不便。日後要用，索出參照。其四至照寶[保]簿管業。其稅糧隨即扒與買主辦納無詞。立[今]恐無憑，立此文契存照。

萬曆貳拾四年閏捌月初一日　立契人　程明德[押]契
中見人　程祖印[押]
程員滿[押]

今就契內價銀并收足訖。同年月日。再批。[押]領

同上　明萬曆二十五年休寧縣畢尚文等賣地紅契

拾六都二圖立賣契人畢尚文、尚質，今爲無錢使用，將承祖分受到淡字四伯二十叁號地壹片，土名柏山腳墩上園，計稅弍分捌釐。東至　　，西至　　，南至　　，北至墳。今將四至內地本身合得壹半，情願立契出賣與叔源潮名下爲業。三面議定時值價紋銀壹兩叁錢整。其銀成契之日一并收足，即無欠少，亦無準折。其地未賣之先，即不曾與他人重複交易典當之類。其地聽從買人隨即管業、收苗、受稅。其稅聽於本家歙縣廿五都三圖九戶下起割，推入買人戶下解納，即無難異。倘字號不清，畝步多寡，自有現業狹定。今恐無憑，立此賣契，永遠存照。

契內價銀隨契領足，再不另立領帖。共計分叁斗，本身合得一半。其來腳契文與別產相連，繳付不便，再批存照。[押]

萬曆廿五年十月日　立賣契人　畢尚文[押]
同　弟　畢尚質[押]
中　人　畢尚威[押]
畢文振[押]

正契

同上　明萬曆二十六年績溪縣王萬孫賣地紅契

績溪縣十一都四圖立契人王萬孫，因爲欠少支用，自情願將自己分下經理到本都染字乙千乙百號壄地叁拾弍步半，土名龍棚山腳。其東至坑，西至乙千乙百乙號地，南至胡廷光山地，北至坑。其四至明白，盡行立契出賣與歙東黃名下。三面議定時值價紋銀壹兩整。其銀入手應用，其地日下聽憑管業。其稅糧造冊之年依契過割，不在阻當，二家各無悔異。今恐人心無憑，立此賣契爲用。

萬曆廿六年七月初四日　立　契　人　王萬孫[押]
代筆中人　王高孫[押]

所是前項價銀一并盡行領訖。爲照。[押]

同上　明萬曆二十八年祁門縣李尚忠賣田地紅契

芹溪李尚忠今將承祖鬮分田地壹備，坐落土名下段，係新丈作字八百七十七號下地壹坵，計稅壹分弍釐玖毫；又同處九百十壹號下田四坵，計稅陸分玖釐；又同處九百十四號下田壹坵，計稅壹分四釐壹毛；又同處九百七十號，下田弍坵，計稅伍分叁釐；又同處壹千零四號下田壹坵，計稅叁分伍釐六毛；又同處九百陸十伍號下田弍坵，與琨房、誥等共業，本身合得壹分陸釐；又同處八百八十伍號下地壹坵，計稅玖釐陸毛；又同處八百七十八號下地壹坵，與琨房共業，本身合得壹分壹釐四毛；又同處九百十五號下田壹坵，與澄共業，本身合得壹半，計稅柒釐。前共田壹錢玖分肆釐柒毫，地叁分肆釐。自將前項田地盡行出賣與本祠敦睦堂名下祭祀爲業。三面議作時值價銀壹拾壹兩肆錢三分正。其價、契當日兩相交付足訖，契後再不立領。未賣之先，即無重複交易。所有稅糧，候冊年聽於四甲李永昌戶起割供解。恐後無憑，立此契照。

萬曆廿捌年九月日　立文契人　李尚忠[押]
中見人　李尚茂[押]
李有親[押]
奉書男　李華國[押]

同上　明萬曆二十九年休寧縣江仲炎賣山地白契

東北隅三圖江仲炎，今將新丈寸字五千四百號山一業，土名長頭園，計稅貳釐叁毛。東至路，西至黃太初墳壙，南至路，北至何保巖壽墳。今將四至明白，憑中盡行出賣與七都一圖黃正初名下爲業。三面議定價紋銀肆兩貳錢正。其銀當日收足；其地聽憑買人日下管業。其稅候冊年起割入戶支解。倘有內外人等異說，俱係賣人承當，不干買人之事。今恐無憑，立此賣契爲照。

萬曆二十九年六月十五日　立賣契人　江仲炎　[押]
中見人　游仁甫　[押]

張愛齡［押］
江景周［押］
江敬所［押］

同上　明萬曆二十九年祁門縣吴孟榮等賣地紅契

立賣契人吴孟榮、孟桃、官六、聖孫、良鵬五大房等，今將承祖香火樓後衆存地壹塊，計地陸釐正，三至東、西、南，俊德地；北至香火樓。今將前項四至内地出賣與侄俊德名下，前去起造書屋。三面時值價文銀壹兩貳錢整。其價當日兩相交付，契後再不立領。未賣之先，再無重複交易。一切不明，并是賣人之［支］當，不及買人之事。所有稅糧，今當大造，隨即起割入戶供解。其價銀本邊五大房入永興會生利拜掃之用。恐後無憑，立此賣契爲照。

萬曆二十九年六月十六日　立賣契人　吴孟榮［押］
孟　華［押］
孟　賢［押］
興　得［押］
汪　氏［押］
良　鵬［押］
記　明［押］
孟　桃［押］
兆　得［押］
聖　孫［押］
良　玉［押］
四　孫［押］
官六兄弟叔侄［押］
中見人　吴自茂［押］

同上　明萬曆二十九年蕪湖縣黄應聘賣地紅契

立賣契人黄應聘，今將蕪湖縣續買地壹號，坐落土名昇仙埠，係　字號，計地　，計稅伍分伍釐。其地東至汪萬權屋牆腳，西至後家屋牆腳，南至本家牆腳，北至長山牆腳。四至内地與應中共業，本身合得壹半，計地　，計稅　。今將前項四至内地合得分數，立契出賣與親人朱　名下爲業，當日憑中面議時值價紋銀壹伯［佰］壹拾兩整。其銀、契當日兩相交付明白。其地今從出賣之後，一聽買人自行管業爲定。如有内外人攔占及重複交易，不明等事，盡是賣人抵［支］當，不及買人之事。其稅糧隨即推收，恐後無憑，立此賣契存照。

萬曆貳拾玖年捌月拾貳日　立賣契人　黄應聘［押］
中見人　黄奇堅［押］

同上　明萬曆三十年徽寧等處兵備道給付休寧縣吴巨買田契尾

契　尾

宙字玖百拾叁號契尾壹道

欽差整飭徽寧等處兵備道，爲時值大造，積弊當釐。敬陳稅契末議，以塞貪竇，以一法守事：奉兩院案驗，準戶部咨：該本部題準内開：其契尾，直隸用各司道印信，轉發州縣收貯。遇有民間置買田產，即令賣主買主同赴本縣投契納稅；買主隨遞納糧認狀，官司給與印信契尾，填寫年月銀數，各用本縣印信鈐蓋，當給買主收執。大造之時，方準過割推收。查無契尾，依律治罪；仍追產價一半還官。等因。奉此，擬合給發。爲此，仰將發去契尾，如遇民間買產投契納稅者，填給爲照。須至契尾者。

計開：

休寧縣九都三圖　戶戶丁吴巨用價貳拾叁兩無錢買明　戶戶丁朱

烟　田　山　地　塘　照例應納稅契銀無兩陸錢玖分無釐。當堂投契交納訖。

右仰給付買人　吴巨　準此

萬曆三十三月廿八日給

兵備道［押］

契尾紙價出自官□收□□許赴告究。

同上　明萬曆三十年休寧縣余積萬賣田紅契

十七都二圖出賣文契人余積萬，今因缺少使用，自情願將續田壹坵，坐落土名石排，係宿字叁千零陸號，新丈過伍伯貳拾陸步零，計稅貳畝九分柒釐，計租貳拾肆砠。取現四至：東至余家、戴家高基園，西至高塝水渠，南至金、黄二家田，北至金家田。今將前項四至内田憑中三面立契盡行出賣與東北隅貳圖查　名下爲業。憑中三面議作時值價紋銀貳拾玖兩整。其銀當成契日一并交收足訖，即無欠少分文，亦無準折債負之類。倘有内外人攔占及重複交易、來歷不明一切等情，盡是出賣人之當，不涉買主之事。其稅糧，今大造之年，本戶隨即起割，無得難異。今從出賣之後，聽從買主收苗受稅管業無辭。其上手來腳與別產相連，繳付不便，日後將出參照。今恐人心難憑，立此出賣文契，永遠存照。

今就契內價銀一并盡行收訖。同年月日再批存照。[押]領

萬曆叁拾年六月初一日　立賣契人　余積萬[押]
同　男　余尙隆[押]
中見人　詹汝洪[押]
余巖鉞[押]
汪大宗[押]
吳良濟[押]

同上　明萬曆三十二年休寧縣張士第賣田紅契

五都四圖立賣契人張士第，今將承父田壹業，土名下西義，新丈劍字四千乙百貳拾捌號，計秈租拾柒砠，計稅貳畝四分叁釐，新立四至：東至　，西至　，南至　，北至　。四至內田與叔等共業，三股中本身合得壹股，該秈租伍砠零拾柒觔，該稅捌分壹釐。憑中立契出賣與本家玄帝會內爲業，三面議作時值價紋銀伍兩貳錢整。其銀當日收足，別不立領。今從出賣之後，壹聽本會收苗管業，稅糧候至冊年本戶自行起割，推入張明社戶內辦納糧差，并無難異。如有來歷不明及重複交易等事，盡是賣人之[支]當，不涉買人之事。今恐無憑，立此賣契爲照。

萬曆叁拾貳年正月拾伍日　立賣契人　張士第[押]
親　叔　張天瑞[押]
兄　張士尊[押]
代書人　張士蕓[押]

今就契內價銀并收足訖，別不立領。再批[押]照。

同上　明萬曆三十二年祁門縣李尙玄賣園地紅契

拾壹都李尙玄今承祖有園壹備，坐落本保土名後村，係罪字四伯四十三號，計稅八分四釐四毛，計麥、豆租各貳秤零伍斤；又取同處四百五十四號，計稅六分乙釐叁毛，計麥、豆租各貳秤；又取後村溪邊四百六十一號，計稅六分五釐四毛，計麥、豆租各貳秤。又取土名右畘塝，係五百四十六號，計稅七分六釐二毛一，計麥、豆各貳秤叁斤六兩。其地四至自有經理該載，不及開寫。前四處共計麥、豆租各捌秤零捌觔六兩。今自情願將前項園骨并租盡行出賣與吳　名下爲業。三面議作價紋銀拾肆兩伍錢整。其價契當日兩相交付，契後再不立領。未賣之先，即無重複交易。倘有一切不明，盡是賣人之當，不及受人之事。所有稅糧，候下次冊年聽自起割過伊戶供解無詞。今恐無憑，立此賣契爲照。

萬曆三拾貳年二月初四日　立賣契人　李尙玄[押]
中見人　李文焯[押]
李尙群[押]
吳順祖
佃　人　保　兒
初　得
法　得

同上　明萬曆三十五年休寧縣朱應武賣山地白契

卅一都立賣契人朱應武，今買賣缺本，自情願今將承祖父山地六處，坐落土名吳白橋，係贊字四千四百八十三五百三十三號，計地稅貳分五釐。東至降，西至地，南至國虎山，北至三奇山。又將土名柿樹灣口，計稅一分三釐。東至墳地，西降，南至煌山地，比至墳壟。又將土名橋亭灣陽培，計稅五釐。東至三奇山，西至朱義山，南至灣，比至降。又取同處陰培，計稅六釐。東至壟，下至園；西至世潘山，南至降，比至園。又取土名竹灣口，計稅一釐。東至祠山，西至新盛山，南灣心，比至降。又取竹園地壹塊，係贊字四千五百七號，計稅六釐一毛。東至塘，西至尙德地，南至新淋山，北至墳。今自情願願將六處山地骨并苗竹木盡行立契出賣與同宗人朱　名下爲業，三面議作時值價紋銀三兩六錢整。其銀、契當日兩相交付明白。係是兩相情願，并無逼勒成交。倘有家外人占欄及一切不明等事，并是賣人知當，不及買人之事。所有稅糧，聽到冊年到本戶起割前去認納，本家即無阻當。恐後無憑，立此賣契爲照。

萬曆三十五年六月二十日　立賣契人　朱應武[押]契
中見叔　朱新盛[押]

今領去契內價銀并收足訖。同年月日再批。[押]領。

同上　明萬曆三十七年休寧縣汪德新賣山地白契

十六都汪德新，今有承祖山壹號，坐落本都下十保，土名吳家塢，俗名月弦。其山新立四至：東大降，西荒田，南汪師保山，北至韞彎分水，抵荒田。其山與汪燦等相共，本位通山合得壹半。所有在山浮木先年賣訖，不在契內存留。祖墳叁所，生墳壹所，禁步不賣，買主無得侵害。又山壹號，連界與汪、宋等相共。墳山東至大降，西至荒田，南至月弦山，北至本家祖墳。右手由弦直上至大降。其山本位四呈中合得壹呈。今因無錢解納匠役，自情願將前行四至內山盡數立契出賣與同都倪彥弼名下為業，前去聽自扦[遷]葬風水，本家無得異說。當日面議時價文銀壹拾伍兩正，在手足訖，契、價兩付明白。來歷不明，賣人自理；不干買人之事。自成之後，二家各無悔異。如悔者，甘罰契內銀壹半公用；仍依此文為始。今恐無憑，立此為照。

萬曆三十七年十二月十九日（立）立契人　汪德新[押]
李一化[押]
中見人　汪應龍[押]
倪大進
王　倫
鄭興奇[押]

同上　明萬曆三十八年祁門縣謝大綱賣田骨紅契

西都謝大綱，今有承祖標分水田壹備，坐落八保，土名三角丘，共租貳十秤，與繼善相共。本身該得伍秤，內取貳秤，出賣與謝　名下永遠收租為業，三面言議時值價文艮壹兩五分正。其價并契當日兩相交付明白，畝步四至自有新丈鱗冊可證。來歷不明，賣人之當，不及買人之事。自成之後，各不許悔。如先悔者，甘罰艮貳錢公用。所有稅糧候大造之年，聽自買主過割入戶供解。今恐無憑，立此賣契為照。

萬曆三十八年六月廿二日　立賣契人　謝大綱[押]
中見人　謝可立[押]
依口代筆　謝可忠[押]

同上　明萬曆三十九年祁門縣吳士瑾賣田骨紅契

十一都吳士瑾，今有承父摽分田乙備，坐落五保，土名　，湯字九百六十壹號，計硬租玖秤，稅捌分三釐捌毛。其田新立四至：東　，西　，南　，北　。自有經理開載，不及詳寫。今將前項四至內田骨，自情願憑中出賣與族人　名下為業。三面議時價紋銀陸兩叁錢正。其價、契當日交付，契後再不立領。未賣之先，并無重複交易。如有一切不明等情，盡是賣人承當，不及買人之事。所有稅糧，候大造之年聽自起割入伊戶供解無詞。存照。

其田係碣頭江家門前。

萬曆三十九年正月二十五日　立契人　吳士瑾[押]
中見叔　自　慊[押]

同上　明萬曆三十九年休寧縣吳阿程賣山紅契

廿五都三圖立賣契人吳阿程，原因夫該到族侄給主銀兩。今不幸夫故，阿無措，自願浼托親族說合，將夫手續置到罔字柒阡九百廿四號山一業，土名松木塢，計稅叁分陸釐整。其山東至吳良栢山，西至吳時章，南至尖頂，北至山腳。今將四至內盡行出賣與族侄吳尚完名下為業，三面議定時值價紋銀伍拾兩整。未賣之先，即不曾與他人重複交易。倘有內外人等異說，盡是賣主承當，不干買人之是[事]，其稅日下起割，即無異說。今恐無憑，立此賣契為照。

萬曆卅九年七月十三日　立賣契人　吳阿程[押]
中見親族人　吳良榆[押]
吳良栢[押]
吳時章[押]
時　洋[押]
依口代筆人　李玄生[押]
吳良愷[押]

同上　明萬曆四十年祁門縣徐汝鸞賣地紅契

九都十四圖立賣契人徐汝鸞同弟汝鵬、汝鳳，今將自己續買新丈崗字二千零叁號，地貳畝伍分陸釐伍毛，其地東至翟家墳坦手，西至黃田，南至黃田，北至自地；又將崗字二千零四號，地肆分零四毛，東至姚地，西至田，南至自地，北至黃地。二號共計地稅貳畝玖分陸釐九毛，土名下性山，原有埋石為界，憑中立契盡行出賣與十五都三圖吳　名下為業，遷造風水。三面議定時值價紋銀肆拾壹兩整。其銀當即收足，其地聽從日下管業、遷葬。其地從前至今，即無與他人重複交易。如有內外人等異説，俱係賣人承當，不干買人之事。所賣地內本家即不存留毛税，亦無古今墳穴。其税現造黄冊，聽從過割入買人戶內支解，不在難異。今恐無憑，立此賣契爲照。

內添人字一個。其原契并翟家合同一并繳付吳收。再批。[押]

萬曆肆拾年叁月　日　立賣契人　徐汝鸞[押]

同　弟　徐汝鵬[押]

徐汝鳳[押]

憑　中　徐鶴齡[押]

黄大綬[押]

同上　明萬曆四十年歙縣給發吳春買地收税票

收税票

德字　一百六十號

歙縣爲黄冊事：據十五都三圖　甲戶丁吳春買到本都本圖　甲下戶丁吳忠榮已經納税印契訖，合填印票給發本人付該圖冊里照票收入本戶造冊當差。敢有不行税契、通同冊里私相過割者，查出依律并究，決不姑恕。須票。

國字六年百七十九號地拾步，土名後村。

萬曆四十年六月日戶給

縣[押]

同上　明萬曆四十一年休寧縣孫汝禎賣地紅契

懷仁里住人孫汝禎，今將續置到國字貳伯六十五號地壹業，土名下塘坑邊，計地　，該税　。其地　，東至　，西至　，南至　，北至　。今將前項四至內地本身續置得壹拾捌步叁分，盡行立契出賣與徐　名下爲業。三面議定時值價銀陸兩整。其銀當成契日一并盡行收足，即無欠少，亦無準折。其地未賣之先，并不曾與他人重複交易及典當他人。其税糧於本家孫伯嵩戶內起割，推入買人戶內輸納。其地今從出賣之後，一聽買人管業、收苗、受税。倘字號不清，畝步多寡，并照現業爲足。如有內外人等攔占言説，盡是出賣人之當，不涉買人之事。今恐無憑，立此賣契爲照。

其來腳契文隨即繳付存照。今就契內前項價銀隨契領足。再批。

萬曆四十一年十月日　立賣契人　孫汝禎[押]

中　人　程里全[押]

同上　明萬曆四十四年休寧縣吳能陽賣地紅契

卅都吳能陽，今將原買父長益并買伯長善有地貳號，坐落本都村心，土名衙前，今丈係字五千六十五號，共税貳分八釐六毛，與衆相共。東西四至自有燐冊該載，不及開寫；又將南邊下首新丈係字五千七十乙號，共税四分叁釐六毛，與衆共業，該身税五大分之二，計税玖釐叁毛八。東至街，西至牆及元栢街頭地，南至買人地，北至買人及巖祈等地。今因缺用，自情願將前項四至內貳號地盡行立契斷骨出賣與兄　名下爲業，憑中三面議作時值價紋銀伍兩貳錢整。其價契當日兩相交足。其地今從出賣之後，一聽買人隨即管業造屋。未賣之先，即無重複交易。及家外人占攔，一切不明等事，盡是賣人之[支]當，不及買人之事。所有税糧，現在本戶隨即分□認納，不必另立推單。今將鬮分合同并來腳隨即繳付。於上李木乙栚。恐後無憑，立此出賣契文存照。

所有長善伯來腳契文另產相連，未曾繳付。再批。

萬曆四十四年四月初四日　立契斷骨出賣契人　吳能陽[押]契

代筆弟　能　言[押]

註[主]盟母　程　氏[押]

中見人　吳有恆[押]

此契已改新丈欲字號，此不作行用。

同上　明萬曆四十七年祁門縣孫世忠賣地紅契

立賣契人孫世忠今將贖買到二十都五圖胡周育名下在字三千弍百十一號地乙業，土名大灣丘，計税乙分伍釐陸毫正。其田東至周田，西至出產人墳田，南至路宅田，北至呂宅田。今將四至開明，因身管業不便，憑中立契出賣與曹　名下爲業，聽憑阡[遷]陞。三面議定時值陸兩弍錢。其銀并契當即兩相交付明白。倘有胡姓人等異説，俱身一面承當。今恐無憑，立此賣契爲照。原契一氏[紙]繳付收執。

萬曆四拾七年六月初十日　立賣契人　孫世忠[押]

代筆男　孫之震[押]

憑中人　洪念章[押]

天啓元年三月初一日，原買孫世忠空地一業。今因管業不便，憑中轉賣與胡　名下爲業。契內原價一并收足，再不另立文約，批載原契存照。

汪明啓[押]

曹民表批[押]

同上　明萬曆四十七年休寧縣畢自立契賣山地紅契

十六都二圖立賣契人畢自立，今因缺用，自情願將父遺原買到休寧縣石牌頭吳宅阡墓山地二片，計稅壹分伍釐六毛，要字陸千六十弍號。東至　，西至　，南至　，北至　。與兄弟合業。本身分得一半，出賣族兄歷綱名下，聽從阡[遷]墓。當日憑中言定時值價紋銀叁拾捌兩整。其銀就日收足，其地即時管業。倘有字號不清，每畝步多寡，自有四至挾定。其稅糧候冊年汪宅戶下起割，并無難異。但有親人攔阻，賣主一應承當，不涉買人之事。原來腳契文與兄合業，繳付不便。恐後無憑，立此賣契存照。

契內稅糧字號、四至，回家再塡。[押]

萬曆四十七年十弍月日　立賣契人　畢自立[押]

畢　煌[押]

中　人　徐君求[押]

賣　契

同上　明萬曆四十八年祁門縣吳自茂賣塘地紅契

立賣契侄自茂今有承祖山塘地乙備，坐落土名李稅塢，係清[新]丈罪字一千五百四十二號，計塘地積共稅　。東至山，西至山，南至路，比[北]至吳塘。四至內及外里大小塘弍所，該得本身四股之壹。今情願出賣與族叔　名下爲業。得受價銀壹拾貳兩整。其艮契當日兩相交付明白，契後再不立領。未賣之先，即無重複　如有不明等情，盡是賣人之[支]當，不累買人之事。所有稅糧，候冊年起割入伊戶供解。恐後無憑，立此存照。

萬曆四十八年五月二十二日　立賣契侄　自　茂[押]

見　人　汝　琦[押]

同上　明泰昌元年休寧縣孫潮陽賣田骨白契

抶下孫潮陽今將田一號，坐落本都九保，土名康家坵，加八晚租貳秤，鷄穀貳觔，立契出賣與信二侍公名下爲業，憑中面議時價紋銀壹兩貳錢整，在手足訖。其價、契兩相交付明白。所有稅糧，候大造隨照新丈推扒供解無辭。今恐無憑，立此爲照。

泰昌元年十二月初十日　立契　孫潮陽[押]

見侄　有　倫[押]

同上　明天啓元年歙縣朱得賣山地紅契

十一都朱得同弟朱聖孫，今承祖墳山壹遍，坐落本都二保，土名中塘山，周字　號，計山貳畝。其山東至長壟，西至田，南至壟，隨壟下至大溪；北至里大彎口望中小壟，上至尖。於內本家在上祖墳陸穴，本家存留。其餘山并山腳地盡行立契出賣與親人吳　名下爲業。三面議定時價文銀伍錢叁分整。其銀、契當日兩相交付明白，契後再不立領。未賣之先，即無重複交易。所有不明等情，盡是賣人之當，不及買人之事。今恐無憑，立此賣契爲照。所有來腳契文全部繳付。

天啓元年八月廿二日　立賣契人　朱　得[押]

秉筆同賣弟　聖　孫[押]

中見人　吳汝玠[押]

李　丁[押]

同上　明天啓二年歙縣汪鳴陽賣田紅契

歙縣七都十圖立賣契人汪鳴陽同侄汪允端，今因缺欠糧差使用，自願將己戶內談字乙十八號田一業，計稅壹畝伍釐肆毫，土名黃石坑。其田東至　，西至　，南至　，北至　；又淡字三十七號，塘稅貳釐壹毫，又九十四號，塘稅貳釐玖毫。今將田四至明白并塘憑中立契出賣與休寧縣十六都畢　名下爲業。三面議定時價文銀柒兩貳錢正。其銀當即收足，再不另立領帖。其田未賣之先，即無重複交易，亦無準折等情。既賣之後，聽從買人便行管業。其稅即於本身戶內起割，推入二十五都六圖畢日來戶下解納。如有內外人等異說，係身承當，不干買人之事。今恐無憑，立此賣契爲照。

天啓二年八月日　立賣契人　汪鳴陽[押]

同　侄　汪允端[押]

中間人　章金揚[押]

章碧泉[押]

同上　明天啓二年歙縣吳恩益賣地紅契

歙縣廿五都三圖立賣契人吳恩益，今爲欠少使用，自情願將續置到淡字二百六十一號，土名尖山地一業，大小　片，計稅玖分，每年上麥、豆捌斗。號內本身存留東邊地稅壹分，養墳壹塚。其地東至本身墳，西至孫地，南至王地，北至吳地。今將前項四至內地稅捌分，憑中立契，盡行出賣與休寧十六都畢　名下爲業。三面議定時值價紋銀陸兩捌錢正。其銀當成契日一并收足，再不另立領帖。其地未賣之先，即不曾與他人重複交易，亦無準折等情。既賣之後，聽從買主便行管業，其稅糧即於本圖吳添法戶下起割推入　都　圖畢日來戶內解納，即無難異。倘有內外人言，盡是賣人承當，不涉買人之事。今恐無憑，立此賣契存照。

天啓二年拾月日　立賣契人　吳恩益［押］

中見親人　陶以堯［押］

章含礽［押］

同上　明天啓四年歙縣李大勛賣山白契

十一都立賣契人李大勛同弟大度，今將承祖續買李渡全業荒山乙備，坐落五保，土名葯坑源楓木塢，係經理湯字六百五十三號，計山五十畝；六百五十四號，計山壹十乙畝；六百五十四號，計山乙十乙畝。三號共計七十乙畝，四至自有經理該載，不及開寫。今自情願將前項三號內荒山盡行立契出賣與親人吳　名下爲業，面議時值價文銀柒兩正。今從賣後，聽自買主入山長養苗木。其價、契當日兩相交付明白，契後再不立領。未賣之先，并無重複交易。如有不明等情，盡是賣人之當，不及買人之事。所有來腳契文與別產相連，不及繳付。日後要用，將出參照無詞。今恐無憑，立紙契爲照。

天啓四年三月初二日　立賣契人　李大勛［押］

李大度［押］

同上　明天啓七年歙縣吳遠庵賣地白契

立賣契吳遠庵同侄充甫等，有承祖地一備，坐落土名烏鷄塔，係經理罪字一千二百九十五六兩號，其地本房該分地五步有零。今將前地情願出賣與族弟熙宇名下爲業蓋屋。得受價銀叁兩整。其銀、契當日交付明白。其稅糧候大造之年聽從過割當差。今恐無憑，立此賣契存照。

本家存留墳穴壹所。

天啓七年二月初十日　立賣契　吳遠庵［押］

同　侄　充　甫［押］

稺　圭［押］

中見人　吳輝先［押］

同上　明天啓七年徽州吳英賣田紅契

立賣契人吳英今將承祖續置田弍坵，坐落土名銀瓶坵，計租叁拾弍秤，係新丈身字三千肆百九十一號內上田肆百叁拾肆步七分伍釐，計稅四畝四分二釐四毫五。其田見東至　，西至　，南至　，比至　。今將前項四至內田盡行立契出賣與廿三都三圖胡　名下爲業，憑中三面議定時值價紋銀叁拾兩整。其銀當成契日一并隨手收足。其田今從出賣之後，一聽買主自行管業收租受稅爲定。如有重複不明等情，盡是賣主之當，不涉買主之事。所有稅糧聽從推割，并無難異。恐後無憑，立此賣契存照。

天啓七年二月日　立賣契人　吳　英［押］

中見叔　吳元縝［押］

前項契內價銀當成契日隨手一并收足。再批爲照。［押］領。

同上　明天啓七年歙縣呂必達賣田地紅契

歙縣十八都一圖立賣契人呂必達，今因管業不便，自情願將續置田地弍業，土名烏瑤塘，係育字七百八十五號，計田稅壹錢貳分叁釐。其田東至汪允地，西至胡長田，南至汪允地，北至汪允地并汪玘墳山爲界；又將土名佛母山，係育字七百零八號，計地稅壹畝壹分肆釐。其地東至汪商地，西至汪家地，南至汪助田，北至汪標地爲界。前後八至內盡行憑中立契出賣十八都三圖程文進軍莊戶內名下爲業，三面言議時值價紋銀柒兩整。其艮契兩相交足，并無欠少分文，亦無準折重複典賣等情。如有來歷不明及外人攔阻，盡是賣主承當，不涉買人之事。其稅在本家呂永盛戶內，聽從買人依新例隨即起割，推入買人戶內支解。其業一聽買主自管耕種，毋得異說。今恐無憑，立此賣契存照。

天啓七年十二月廿四日　立賣契人　呂必達［押］

中見人　汪貴所［押］

【後殘】

同上　明崇禎元年休寧縣張夢鸞賣山地紅契

卅一都一圖立賣契人張夢鸞同弟夢鴞、侄大綬，今將承父鬮分基地壹備，坐落土名下丘田，係贊字四千弍百九拾六號，計積步壹拾貳步整，計地稅　整。其地東至龍蛟鶚牆脚，西至路塝溝，南至榜牆脚，北至巷路及淳兄弟牆脚；又取土名張亥山山壹備，係贊字四千四十五號，計稅弍釐伍毛；又取四千乙伯拾四號，土名胡嶺塢，山壹分捌釐伍毛；又取四千弍伯號，土名漁良坑，山壹分壹釐五毛；又取三千九伯拾陸號，土名小塘塢，山叁釐柒毛伍絲；又取四千弍百九拾九號，土名塘坑口墩，計地捌步柒分，計稅叁釐肆毛捌絲。以上共山肆號，墩壹號，東西四至，丈冊該載。今因缺用，自情願央中將前項貳拾肆至內基地墩及山骨并苗木盡行立契出賣與叔祖名下為業，三面議作時值價紋銀陸拾兩整，其銀、契當日兩相交付明白。今從出賣之後，一聽買人造屋收受稅，永遠管業為定。未賣之先，即無重複交易。一切不明等事，盡是賣人之當，不及買人之事。所有稅糧在於本戶聽買人隨即請納，不另立推單。今恐無憑，立此賣契存照。

崇禎元年五月初七日　立賣契人　張夢鸞[押]

同　弟　夢　鴞[押]

侄　大　綬[押]

中見人　張應推[押]

張成雙[押]

張燦文[押]

張煥文[押]

今將契內價銀一并收足，另不立領札。同日。再批。[押]

同上　明崇禎元年休寧縣李一驥賣山紅契

休寧三十三都六圖雙溪立賣契人李一驥，有祖山一號，土名觀音堂，原皋字五百十八號，今新丈作字一千十四號，原額山三角，與李毓共業。東至地，西至坑，南至地，北至山。李家合得南邊山一半，埋石定界。計山稅三分七釐五毛。在山松木廿七根，與叔祖侄兄弟綱時、愛時、振時、習日、高升、身兄弟共業；又取承祖本山脚地一號，新丈作字一千五十九號，丈則三百步，計稅八分六釐。東至塝，西至一千五十八號地，南至山，北至一千五十六號地，共計地稅　整。前山地原父時興於天啓五年賣與毓堂，身兄弟於天啓七年備價贖回。今因錢糧無措，自情願將前山并地該身二十四分之一，并在山松木、雜木、山骨、地骨盡行立契出賣與同都山村李　名下為業。憑中面議時值價銀貳兩伍錢整。其銀契當日兩相交訖，本身毛無存留。未賣之先，并無重複交易。如有家外人占攔等情，盡時是賣人之當，不及受[人]之事。所有稅銀，見在六圖八甲胡仁戶，聽自起割入四圖五甲李　戶供解。其父原賣與毓堂原契，係叔祖應綱收執。恐後無，立此賣為照。

崇禎元年十月　日　立賣契人　李一驥[押]

中見人　李尚杰[押]

有　道[押]

江喜義[押]

同上　明崇禎元年休寧縣李一驥賣山推單

立推單人李一驥，今將土名觀音堂山，作一千六十四號，該身廿四分之一，該山稅一釐六毛；又同處地稅作字一千五十九號，該身地稅三釐五毛，得價賣與山村李　訖。其稅見在六圖八甲胡仁戶。遵奉新例，聽自起割入四圖五甲李　戶。不及面會里書，亦不及另立推單，今恐無憑，立此為照。

崇禎元年十月　日　立推單　李一驥[押]

中　見　李尚杰[押]

有　道[押]

江喜義[押]

同上　明崇禎七年休寧縣程時佳賣山地紅契

十八都二圖立賣契人程時佳，今將承祖土名葉家林山壹號，係垂字壹伯零陸號，共計稅壹畝內取山稅叁釐。今新立大四至，其山東至吳氏并賣主山地埋石為界，西至大松樹并本家墳墻埋石為界，南至降脊柏樹埋石為界，北至低田為界。今將前項四至內地盡行立契出賣與二十三都九圖　魯名下為業。當日憑中三面議定時值價紋銀壹拾兩整，其銀當成契日一并交收足。其山地自今出賣之後，一聽買主開造風水，并無準異。前後并無重複交易、不明等情。倘有內外人攔占等事，盡是賣人祗當，不涉買主之事。其地聽從買主收苗受稅。其稅糧隨即起推，并無難異。其地畝不明，自有四至轄[挾]定。所有來脚契文繳付不便，恐後無憑，立此賣契存照。

崇禎七年十月　日　立賣契人　程時佳[押]

主盟祖母　程阿余[押]
中　人　許芝蘭[押]
胡瑞甫[押]
程聖甫[押]
吳伯賢[押]
代書長男　程應和[押]

前項契內價銀隨手收足，同年月日。再批。爲照。領[押]

同上　明崇禎七年歙縣汪惟石賣山紅契

十五都十一圖立賣契人汪惟石，今將承祖有字二千貳百捌拾叁號山，稅壹分陸釐柒毛捌錢；又有字弍千弍百捌拾肆號山，稅壹分陸釐柒毛捌絲。土名白仙塢。四至照依清冊。憑中立契出賣與本都四圖陳宗訓名下爲業。三面議定時值價紋銀捌錢五分正。其銀、契當即兩相交付明白，并無欠少準折之類。曾前并不重複交易。倘有內外親房人等異說，係身一面承當，不干買人之事。其稅聽憑買人目下過割入戶支解，本家不得難易。今恐無憑，立此賣契爲照。

其山：南邊小插角，并北邊大尖，中隴過爲界，管業。再批。

崇禎柒年十二月廿二日　立賣契人　汪惟石[押]
憑　中　方玉峰[押]
方雲竹[押]
汪退思[押]

弘光元年二月，同衆面議，界至明白【略】

南至小插角，并北邊大尖，中隴過界；　東至照依清冊，西至照依冊。無異。

同上　明崇禎八年歙縣汪阿孫等賣地官契

立賣契人汪阿孫同小叔汪懋輔，今將有字貳伯六十三號，計地稅乙分六釐，土名運里。今因夫故，逢年荒歉，衣食無措，自情願凂中將故夫有字貳伯九十八號，計稅貳分三釐乙毛，土名陳村尾，四至炤依清冊原契，盡行出賣與十五都三圖　吳名下爲業，扦造風水。三面議定，時值價肆兩五錢正。其銀當即收足，其地聽從管業。其地從前至今，并不曾與他人重複交易。如有親房內外人等異說，俱係賣人承當，不干買人之事。所賣地內本家無毛稅，亦無新墳舊塚。其稅糧聽憑買人目下過割入戶支解，亦無難阻。其地原有廢墩四只，憑買主拆毀，聽扦造取用。其地原有界至爲證。今恐無憑，立契存炤。其來腳原契日後簡出，不在行用。再批。

崇禎八年一月十九日　立賣契人小叔　汪阿孫[押]
汪懋輔[押]
中　見　人　陳克明[押]
吳源長[押]
依口代筆弟　汪德恆[押]

同上　明崇禎八年休寧縣胡嘉誥賣田骨白契

立賣契人胡嘉誥，今將承父鬮分醎字壹千六伯貳拾捌號，田稅貳分柒釐五毛，計秈租貳砠拾肆斤，土名程婆墓，佃人胡冬保。今憑中立契出賣與同戶胡　　名下爲業。三面議作時值價紋銀叁兩叁錢整。其銀、契當日兩相交訖。其田今從出賣之後，一聽買人即便收租管業。其稅糧係同一戶隨契推扒與買人認納糧差，再不另立推單。其田倘有內外占攔及重複交易，一切不明等事，盡是賣人之當，不涉買人之事。其田東西四至，自有保簿該載，不在開寫。今恐無憑，立此賣契，永遠存照。

崇禎捌年弍月二十七日　立賣契人　胡嘉誥[押]契
中見人　吳有慶[押]
胡嘉祾[押]

今就契內領去價銀并收足訖。同日再批。[押]領。

同上　明崇禎八年歙縣程近仁賣山地紅契

立賣契人程近仁，係休寧縣十六都一圖人，今將續置到歙縣山貳號，係相字五千叁伯貳拾叁號，土名程半坑，計稅貳分柒釐捌毛陸絲。其山東至　，西至　，南至　，北至　。又將罔字七千五伯〇拾號，土名金坑舌大青堆，計稅貳分伍釐叁毛貳絲，其山東至　，西至　，南至　，北至　。以上山貳號并於上蓄養樹木柴茬，憑中立契盡行出賣與吳　名下爲業，三面議定時值價紋銀叁兩整。其山當即一并收足，并無欠少準折等情。未賣之先即不曾與他人前後交易。自賣之後聽從買主便行管業。其稅於二十五都六圖十甲程時悅戶下起割，推入與二十五都四圖吳康進下解納無異。倘有字號不清，畝步不壹，自有四至挾定。如有內外人等異畫[說]，壹[盡]是賣人承當，不干買主之事。今恐無憑，立此賣契存照。

崇禎捌年捌月拾壹日　立賣山契人　程近仁[押]
程養元[押]
居　間　程賁時[押]
吳於敏[押]

同上　明崇禎八年歙縣李有立賣山紅契

十一都李有立，今有承祖山四號，坐落本都四保，土名尙坑，係經理　字號，東至　，西至　，南至　，比[北]至　；又取本都二保土名水口山，係經理周字　號，東至　，西至　，南至　，比至　；又取東都三保土名大栢坑，係經理穀字　號，東至　，西至　，南至　，比至　；其山畝步自有經理該載，不及開寫。其前山十六至內與叔兄弟相共，該得本身拾二分之一。今將前項山骨并苗木盡行立契出賣與弟名下爲業。憑中面議時價文銀貳兩整。其價并契當日兩相交付明白，契後再不立領。未賣之先，并無重複交易。如有一切不明等情，盡是賣人之當，不及買人之事。今恐無憑，立此爲照。

崇禎八年十月初二日　立賣契人　李有立[押]
中見人　李維弘[押]
弟　有　美

同上　明崇禎八年休寧縣方長孺賣使婢婚書

休寧縣一都二圖立賣婚書人方長孺，今有使婢旺俚，家下人多，不用，自願憑中將使婢旺俚出賣與同鄉程　名下乳女。三面言定時値財禮紋銀貳拾貳兩整，其人、銀當即兩相交付明白。倘日後家人積貴回來，將原禮三年滿取續。如若不回，叁年之外聽憑配人，無得異說。所有婢女月仂，來正領回，無得阻礙。倘有風燭不常，天之命也。今恐無憑，立此婚書永遠存照。

外主母晝字銀壹兩。又批。劉德甫[押]

崇禎捌年拾月二十日　同母　吳　氏[押]
立賣婚書人　方長孺[押]
憑中人　程明吾[押]
劉德甫[押]
任　媒　葉始光[押]

同上　明崇禎八年歙縣張晉階賣地紅契

立賣契人張晉階，歙縣西南隅二圖人，今將有字貳百玖拾捌號，地稅壹分，土名運里，出賣與十五都三圖吳　名下爲業，聽憑扦造堆壙。三面議定時値價銀叁兩正。其銀當即兩相交付明白，并無準折等情。其地從前并未典當他人及重複交易。倘有內外人等異說，俱是賣人承當，不干買人之事。其稅聽憑過割入戶支解，毛無難易。爲因錢糧無措，故將此地出賣。今恐無憑，立此賣契爲炤。

崇禎八年十二月　日　立賣契人　張晉階[押]
中見人　吳百陽[押]
克　明[押]
吳元長[押]
吳風竹[押]
陳君顯[押]
吳德徵[押]
吳惟美[押]
吳不伐

同上　明崇禎九年休寧縣汪大輅賣房紅契

立賣契人汪大輅，今因缺用，同男國佐等商議，將承祖經分閣房壹眼，係潛字四千五百十號，土名承恩堂，坐落中庭閣西邊房壹眼。東至閣巷，西至牆，南至汪大徹房，北至楣檮巷路。計稅壹釐，并炤[照]房分開井路道，一并今自央中出賣與族　名下爲業，三面議作時値價紋銀壹拾肆兩整。其銀、契當日兩相交明。其房即聽買人管業。未賣之先，并無重複交易。如有重複及一切不明等情，盡是賣人之當，不涉買人之事。其稅在九甲汪文甫戶，即聽過稅入買人戶內，外人不得攔阻異說。今恐無憑，立契存炤。

崇禎九年正月二十八日　立賣契人　汪大輅[押]
奉書男　國　佐[押]
憑　中　汪大徹[押]
汪鍾洪[押]
汪斯益[押]

今就領去契內價銀并收足訖。同日。再批。[押]

同上　明崇禎九年歙縣呂希正賣山地紅契

二十四都二圖立賣契人呂希正，今因管業不便，自願將己續置山一業，係才字三千三百六十五號，土名高石下來龍山。其山東至張光寶山，西至佘一中山，南至自地，北至嶺脊，計稅壹分壹釐貳毛五絲。又才字二千九百八十號地壹業，土高石下。其地東至呂地，西至佘田，南至田地，北至受產人山，計稅貳分壹釐壹毛壹絲。今將八至明白，憑中立契出賣與十五都三圖吳　名下爲業，三面議定時值價紋銀叁兩伍錢整。其艮當日一并收足，其山并地聽憑買主管業，任憑阡葬。其山與地在先即不曾與他人重複交易、典當等情。係是兩意情願，并非威逼成交準折之類。倘有內外人等前來異說，俱是賣人一面承當，不干買人之事。其山并地并無新墳舊塚。其稅在本家呂道光、道行、道恩戶下，候大造年，聽憑印契過割入戶支解，即無難易。今恐無憑，立此賣契爲照。又添二字改一字。其來腳契與他業相連，繳付不便。再批爲照。

崇禎玖年五月初十日　立賣契人　呂希正[押]
說合中人　洪一兆[押]
見　人　程德輝[押]
李邱峰[押]
吳元長[押]

同上　明崇禎十年祁門縣謝自杰賣田地紅契

三四都立賣契人謝自杰，今有承祖并買受水田一備，坐落西都八保，土名清山塢木橋頭，係冬字乙百七十四號，計田叁坵。該身內得硬大租弍秤拾柒觔捌兩，計田柒拾捌步玖分。又乙備，土名界塢，冬字七十乙號，計田壹坵，該身硬大租壹秤，計弍拾四步七分伍釐。前田弍備共計大租叁秤拾柒觔捌兩。又將西都八保，土名竹園下江清，新造住基地內，取基地伍步，係經理字　號。所有四至息照鱗冊可證。前田并地共叁處，憑中立契出賣與西都族叔　名下永遠管業，當日三面言議時值價紋銀叁兩弍錢整。其契、價當日兩明。未賣之先，即無重複交易。來歷不明，賣人之當，不及買人之事，自成之後，各無悔異。如悔者，甘罰白銀壹兩公用。今恐無憑，立此賣契存照。

再批：所有稅糧，候大造之年推與買人供解無詞。存照。

崇禎十年四月初六日　立賣契人　謝自杰[押]
依口奉書見侄　其　斌[押]

同上　明崇禎十一年休寧縣張尙洋賣山田紅契

立賣契人張尙洋今將續置芥字　號，土名丸瑤塘，山田一坵，計捌保秈租壹拾貳砠零拾伍觔，計稅壹畝陸分貳釐，佃人徐華；又將芥字　號，土名觀音塘，田一坵，計八保秈租肆砠零貳拾觔，計稅陸分，佃人汪明；又將果字　號，土名後田一坵，計秈租叁砠壹拾伍觔，計稅肆分陸釐，佃人羅龍；又將果字　號田一坵，土名店前，計八保秈租捌砠零捌觔，計稅九分五釐，佃人吳法；又將果字　號田一坵，土名店前，計秈租陸砠零拾伍觔，計稅捌分貳釐。今將前項田五坵，共計八保秈租叁拾伍砠零貳拾叁觔，今因管業不便，自願憑中立契出賣與房弟　名下爲業，當日三面議作時值價銀叁拾伍兩伍錢正。其銀當成契日一并交收足訖，別不立領扎。今從出賣之後，一聽買人收苗管業。如有內外人攔占及重複交易、一切不明等事，盡是賣人之當，不及買人之事。其稅聽從買主起割過戶。今恐人心無憑，立此文契存照。其店前秈租陸砠拾五斤，係方九佃種。

內改弟字一個。再批。[押]

崇禎拾壹年二月廿日　立契人　張尙洋[押]
中見人　張榮卿[押]
代書男　張文彬[押]

今就契內領去前項價銀并收足訖。同年月日再[押]批。

同上　明崇禎十二年歙縣謝正己賣地白契

立賣契人謝正己今有承祖標分地壹備，坐落土名前山；又壹備，土名竹園，下地壹塊。貳號俱與兄相共，本身合得壹半；又壹備，土名茶培塢，荒坦大小叁塊。今因管業不便，自情願托中盡數立契出賣與房　弟謝正仁名下爲業，當日憑中言議價紋銀乙兩弍錢整。其價并契當日兩明。其地未賣之先，即無家外人重複交易。來歷不明，賣人成當，不及買人之事。所有畝步四至悉明，鱗冊可證。所有稅糧隨即扒與買人供解毋詞。自成之後，各不許悔。如悔者，甘罰銀弍錢公用，仍依此文爲準。今恐無憑，立此賣契存照。

再批：所有栗樹大小叁根，盡在契內。照。

崇禎拾弍年五月二十二日　立賣契人　謝正己[押]

中見兄　謝正名[押]

謝正思[押]

弟　謝正心[押]

同上　明崇禎十二年歙縣鄭瑞卿賣山紅契

十八都六圖立賣契人鄭瑞卿，今將承祖山一業，土名中耿村，係臣字三千八百八十五號，計稅貳釐，四至在冊。憑中立契出賣與十五都四圖吳　名下爲業。三面議定時值價紋銀壹拾兩正。其銀、契當即兩相交明，再不另立收領。其業聽憑買主遷造風水。在先并未與他人重複交易，亦無短少準折等情。其稅遵奉新例，隨即過割入買人戶內支解，并無留難異說。倘有內外人等爭論，俱係賣人承當，不干買主之事。今恐無憑，立此賣契爲照。

崇禎十二年五月日　立賣契人　鄭瑞卿[押]

中人　吳公叔[押]

鄭孺立[押]

鄭明吉[押]

鄭子厚[押]

鄭養瑞[押]

同上　明崇禎十二年歙縣鄭瑞卿賣山官契

直隸徽州府歙縣　奉文加增每兩納稅伍分

玄字八百八十七號，契紙產價壹拾兩，稅銀伍錢，領契紙：坊長、里長

立賣契人鄭瑞卿，歙縣忠鵠鄉十八都六圖人，今將承祖山一業，土名耿村，係臣字三千八百八十五號，計稅貳釐，四至在冊。憑中立契出賣與十五都四圖吳　名下爲業。三面議定時值價紋銀拾兩整。其銀、契當即兩相交明，再不另立收領。其業聽憑買主扦造風水。在先并未與他人重複交易，亦無短少準折等情。其稅遵奉新例，隨即過割入買人戶內支解，并無留難異說。倘有內外人等爭論，俱係賣人承當，不干買主之事。今恐無憑，立此賣契爲照。

崇禎十二年五月　立契人　鄭瑞卿[押]

中見人　吳公叔[押]

鄭明南[押]

鄭儒立[押]

[以下爲契尾，略]

同上　明崇禎十二年績溪縣王應祿賣山地紅契

績溪縣十一都四圖中土立賣契人王應祿、應順，今因欠少艮兩支用，自情願將本家柒字乙千伍百叁十號內山一業，計稅肆釐，土名金字培，東、西、北俱至黃山，南至賣人山地，眼同釘界爲定，并上所養大松木拾捌根，并小松木，憑中立契出賣與歙縣七都一圖黃　名下爲業。三面議定時值價貞文艮捌兩伍錢正，其銀當即收足。其稅聽憑目下過割經管，不在難易。并無重複交易等情。今恐無憑，立此爲用。

所有契內價銀乙并收足，再不另立收領爲用。[押]

崇禎十二年十一月初二日　立賣契人　王應祿[押]

王應順[押]

中見人　王四老[押]

同上　明崇禎十三年休寧縣李煥時賣田紅契

十七都四圖立賣契兄李煥時，今因第三男貿易乏本，自情願央中將續置田壹坵，計租九砠半，計稅　；又塘稅合得六釐，坐落土名下目林，係新丈發字　號。其田東至本家有分塘田，西至本家田，南至程家田，北至賣主田爲界；又將下目林新丈發字　號田壹坵，計租伍砠半，計稅　。其田東至本家新置田，西至程、李田，南至李家田，北至程家田；又將土名竹杯頭田壹坵，係新丈發字乙百八十號，計租貳砠，計稅　，積步五十步。其田東至本家高塝，西至賣主田，南至程家高田，北至人行高路。今將壹拾貳至內田盡行央中出賣與本都圖族弟李　名下爲業。當日三面議定時值價白銀叁拾貳兩正，其銀當成契日一并交收足訖。其田自從出賣之後，聽從買主管業，收苗收稅爲定。其稅糧候大造之年，本戶自行推出，并無難異。倘有內外人攔占及重複交易一切不明等事，盡是賣主之當，不涉買主之事。其有上年來腳契文與別產相連，繳付未便，日後刷出不在行用。今恐人心無憑，立此賣契存照。

今隨契內價銀當日一并交收足訖。

崇禎拾叁年正月　日　立契人　李煥時[押]

同　男　李正幼［押］
中　人　李煥貴［押］
李聯芳［押］
李天隆［押］
永遠存照

同上　明崇禎十三年大興縣傳尚志賣房官契［甲］

順天府大興縣今據張名用價叁拾叁兩買得傳尚志房稅銀貳錢陸分肆釐

立賣房契人傳尚志同寡母張氏，因無錢使用，有故父遺下破瓦房壹所，分賣門北面貳間，貳層兩間，北廂房壹間，大小共五間，門窗戶壁上下土木相連，坐落　南城正東坊二牌十鋪總甲林孝地坊。今憑官房牙說合，情出賣與　張名下住坐，永遠爲業，三言議定，時值價銀叁拾叁兩整，其銀當日公同收足，外無欠少。自賣之後，如有親族人等爭競者，賣主母子一面承管。兩家情願，各不返悔。

如有先悔之人，甘罰白米拾石入官公用。立此賣契，永遠爲照。

崇禎十三年九月十六日

同　母　張　氏［押］
立契人　傅尚志［押］
房　牙　王　臣［印］
中見人　總甲林孝［押］
左　鄰　王仲金［押］
右　鄰　向　口
伊親代書　周澤原［押］

［下連契尾，略］

同上　明崇禎十三年大興縣傳尚志賣房官契［乙］

順天府大興縣今據費名用價貳拾叁兩伍錢買傳尚志房稅銀貳錢陸分

立賣房契人傳尚志同寡母張氏，因無錢使用，有故父遺下破瓦房壹所，分賣門面三間，二牌八鋪正房貳間，南一間，係邊房，二牌十鋪地坊通後貳層，前後共伍間，門窗戶壁上下土木相連，坐落南城正東坊二牌八鋪，連十鋪總甲林孝地坊。今憑官房牙李龍說合，情願出賣與　費名下住坐，永遠爲業。三言議定時值價銀叁拾貳兩伍錢整。其銀公同當日收足，外無欠少。自賣之後，如有親族人等爭競，自有賣主母子一面承管。兩家各不許返悔。

如有先悔之人，甘罰白米拾石入官公用。立此賣契，永遠爲照。

崇禎十三年九月　日

同母　張　氏［押］
立契人　傅尚志［押］
房牙　李　龍［印］
中見人總甲　林　孝
左　鄰　巷　口
右　鄰　燕良臣［押］
代書　周澤原［押］

［下連契尾，略］

同上　明崇禎十四年歙縣吳日高賣田塘紅契

廿五都四圖六甲立賣契人吳日高，今將承祖罔字七千六百九十二號田一業，土名花梨塘，計稅七分八釐。東至　，西至　，南至　，北至　。又將罔字七千六百九十一號塘一業，土名花梨塘，計稅九釐八毛。憑中立契出賣與本圖本甲侄　名下爲業。三面言定時價紋銀陸兩，當日收足。其稅糧另立推單，吳永和戶下交納。未賣之先，并不曾與他人重複交易。既賣之後，聽憑買管業收割，倘有內外親族人等，毋得異說。如有異說，俱係賣主承管，不涉買主之事。恐後無憑，立此賣契存炤［照］。

崇禎拾肆年五月日　立賣契人　吳日高［押］
吳長富［押］
托中人　吳洪川［押］
吳祥甫［押］
吳於敏［押］

同上　明崇禎十五年歙縣徐天祿兄弟賣地紅契

十一都一圖四甲下立賣契人徐天祿同爨弟天福，今有承祖并續買地壹號，坐落本都三保長州，土名後山地，係清丈發字二百七十五號，積地貳叁拾貳步，計稅玖分〇叁毛捌忽叁微貳抄。其地東自地，西山，南山，北山。其四至內地骨并雜木，本身兄弟該得壹半。今因年荒無措，自情願托中將前項四至內地骨并雜木盡行立契出賣與同都李宗祀　名下爲業，三面議估時值價紋銀壹兩貳錢正。其銀契當日兩相交明，契後再不立領。未賣之先，并無重複交易。如有不明等情，盡是賣人承當，不及買人之事。所有稅糧隨即起割與李昌義戶供解無詞。今恐無憑，立此賣契存炤[照]。

崇禎十五年三月日　立賣契人　徐天祿[押]

天　福[押]

中見人　李仰吉[押]

吳記皋[押]

黨　兄　徐天祈[押]

同上　明崇禎十五績溪縣胡夢桓賣山地紅契

績溪縣十一都三圖立賣契人胡夢桓同侄自奇，今將準字乙千九十九號，山稅伍分，土名龍培山腳。其山四至，係本家山里邊，東至脊，南至本號山，眼同釘界爲規；　西至同號地，比至邊黃山里脊；　又將同號地壹伯壹拾步，四至眼同釘界。　并界內現有松木，立契出賣與歙東黃　名下養木蔭庇。三面議定時值價眞紋銀拾兩整，其銀隨只收足。其山地聽憑目下管業。其稅依契割入買人戶內支解，只無異言。并無內外親房人等阻當[擋]。　如有此等，俱身之當，不干買人之事。二各無異。恐後無憑，立此賣契存炤[照]。

崇禎拾伍年十一月十二日　立賣契人　胡夢桓[押]

同　侄　胡自奇[押]

胡自訓[押]

胡自景[押]

中見人　周敬塘[押]

胡堯臣[押]

胡承之[押]

胡夢棟[押]

周爾瞻[押]

王松老[押]

契證所是前項契內價足，乙并收乞[訖]，再不另立收領。存炤[照]。

[押]

胡克俊[押]

執　筆　胡自美[押]

胡繼大[押]

同上　南明弘光元年休寧縣黃震賣樓屋白契

廿四都六圖立賣契人黃震，今因缺少使用，情願央中將自己承祖樓屋壹所，坐落土名芳干田，係養字　號，其屋東至　，西至　，南至　，北至　。共地　步，共稅　，本身合得一半，計地　，計稅　，又將門前地乙片，土名　　係養字　號，計地　，計稅　，其地東至　，西至　，南至　，北至　，今將前項八至內屋、地，上至瓦礫，下至地磉并四圍磚牆，石腳、門窗、戶扇、閣橋板一應等件，俱全盡行立契出賣與同都一圖親人許□□名下爲業。當日憑中三面議定時值價銀柒拾兩正，其銀當成契日隨推，并無異說。倘有來歷不明及重複交易等情，盡是賣人之[支]當，不涉買主之事。今恐無憑，立此賣契存炤[照]。

弘光元年三月日　立賣契人　黃　震

憑親見人　許懋初

許鳳石

許朋石

程衆允

前項契內銀兩當成契日隨手一并收足。同年月日再批。領號。

同上　南明弘光元年休寧縣許肇隆賣地白契

二十四都一圖立賣契許肇隆，今將承祖火佃地邊竹園，係常字四千八百卅三號，計共地　。其地東至　，西至　，南至　，北至　，於內本身合得分數柒步，該稅貳釐八毫，并在地火佃屋磚牆石塝地僕出入路道等項，盡行立契出賣與族叔許　藻名下爲業。三面議定時值價銀乙兩弍錢整，其銀當成契日隨手一并收足，其屋地今從出賣之後，一聽買人自行管業受稅爲定。如有內外人攔占及重複交易一切不明等事，盡是賣人之[支]當，不涉買人之事，其稅糧，冊年本戶即行起推，并無難異。今恐無憑，立此賣契存炤[照]。

弘光元年三月日　立賣契　許肇隆[押]

中　見　許鳳石[押]

稅收成貴戶原一甲許志有戶推。

前項契內價銀自成契日隨手一并收足。同年月日批[押]領。

同上　明崇禎十七年歙縣謝泰來賣基地紅契[附扒單]

立賣契人謝泰來，今有承祖幷買受坐落本保，土名黃瓜園，係汪辛保住基荒地壹備，係經理吊字　　號，本身合得貳拾步零柒分。今因缺少錢糧無措，今自情願托中將前地盡數立契出賣與房侄正仁名下，前去永遠管業。三面言議時值價紋銀叁錢伍正。當日在手足訖，契價兩明。所有畝步四至悉煩本家鱗冊圖式可證。其稅糧今仝本戶隨即推扒與買人供解毋詞。倘有來歷不明，盡是賣人成當，不干買主之事。自成之後，各無悔異。如悔者，甘罰白銀契內一半公用；　仍依文契爲準。今恐無憑，立此賣契存炤。

再批：　所有上手老契在侄處，日後賚出，不能行用。［押］

稅　明

崇禎十七年四月十二日　立賣契人　謝泰來［押］

依口代書人　嚴秀毛［押］

中見侄　謝明元［押］

同日立扒單人謝泰來，今將土名黃瓜園汪辛保住基地共計貳拾步零七分，抵稅四釐乙毛［毫］六絲正，得價足訖，隨即扒與買人供解無詞。今恐無憑，立此扒單存炤［照］。

立扒單人　謝泰來［押］

依口代書　嚴秀毛［押］

中見侄　謝明元［押］

同上　賣田契格式［甲］

立賣田契人某都某圖某人同某等，今因缺少錢糧，無從辨納，是以父子兄弟商議，情願憑中將受分祖父早晚田地一段，坐落土名某處，共計幾十幾畝，載種租若干，田塘水圳俱已腳踏，四至明白。或少則就開東至某處，西至某處，南至某處，北至某處。或多則止云四至載明在後。內有瓦草房幾間，門窓戶扇、園林竹木，一應俱全。或隨各處地方，如有石硫、石碾、牛車、風車、斛桶、碓、磨、牛欄、豬圈，又在人酌量添減。盡行出賣與某名下爲業。當日三面言議時值價銀若干，隨契交足，俱係一色細無重疊不明等事。如有不明，出典人承當，不干當主之事。今欲有憑，立契爲照。

同上　明弘治八年祁門縣康榮得租地批

三四都康榮得，今租到五都洪　　名下仁家塢口地一號，新立四至：東、北至路，西、南至山塝，前去耕種。每年議還硬租豆壹官斗。秋成之日，送還，不致少欠。今恐無憑，立此租批爲照。

弘治八年七月初八日　立文人　康榮得

代書人　康榮達

同上　明弘治十一年休寧縣汪志廣租屋基批

十一都汪志廣，今爲住屋狹窄，自情願立還租批，租到屋東汪異耕、汪文昶兄弟侄、汪文朗兄弟侄、汪廷振、汪文明、汪文暟弟侄己地，貼本家正屋厰邊量定基地叁間，造屋住歇。面議每年交還租穀貳稱，做工準還。如不遂命，聽自取討租穀無詞。立此租批貳帋爲照。

弘治十一年十一月十五日　立租批人　汪志廣

見　人　吳久付

代書人　王宗武

同上　明弘治十三年祁門縣胡成租田地約

五都住人胡成，今租到五都洪　　名下田地貳丘，土名塘山塘下，每年議還租穀四秤零拾觔。每年秋成之日，聽自本主稱收。有外截聽胡成開闢，亦不加租。今恐無憑，立此批租約爲照。

弘治十三年十一月十三日　立租約人　胡　成

代書人　饒永善

同上　明正德十五年祁門縣汪文等租山地合同

一都汪文等原有伍都洪淵等承祖土名塘塢，係經理水字　　號山及山腳地七畝。其山東至田，西降，南至大灣口，北自地墳。於內先年是淵等內取外截山腳地賣與故祖汪泰昇，田外存即田裏截祖墳幷山腳地祀業。今因祖墳不安，另行遷葬。其山腳地約貳分，新立四至：東田，西降，南小灣，北汪文住基。今將前項四至田地寫立合同文約，租與汪文湊闢造屋，子孫永遠住歇，每年議還租穀貳秤。本家因有祖墳在汪文住前，因本家窎遠，照管不便，是文兄弟自行照管，長養庇蔭柴薪，是積等願將租遞年以準長養工食。倘有人等侵及，文等即便報知。如違，互隱不舉，聽自積等告理，即將前租照數追還。自立合同租與汪文造屋之後，洪家子孫亦不致半途取地拆屋誤陷無詞。立此合同租約一樣二帋，各收永遠爲照。

正德十五年十一月廿一日　立合同人　汪　文

中見代書人　饒　英

同上　明嘉靖九年祁門縣胡三乞等租田帖

二十一都現住五都住人胡三乞、尙德等，今租到五都洪　名下田一備，計一丘，坐落土名塘下墳邊。東、南至洪山，西至洪田及洪地，北至潘田。其田每年議還硬租早穀五秤。若交銀，每年交文[紋]銀貳錢伍分。其銀每年收租之時送上門交還，不致少欠。每年信記鷄乙只。今恐無憑，立此爲照。

嘉靖九年七月　日　情願立租帖人　胡三乞

胡尙德

中　見　饒　英

依口代書人　萬　慈

同上　明隆慶三年祁門縣畢伴儅租山地約

五都住人畢伴儅，今租到五都六大房洪　名下承祖洪大昇經理水字一百八十八號。東至洪山及田，西至洪地，南至分脊埋石爲界，北至洪地及田。內新長松苗，是洪祖墳庇蔭，毋許私自入山砍斫。日後成材，眼同本主砍斫，三分均分。如私自砍斫，聽自呈　官理治毋詞。又租到洪地一備，東至洪山及田，西至洪墳及路，南至洪山，北至洪田及地。挨田外截原已開荒，當年起還洪租紋銀一分。又裏截荒地一條，挨田直出開荒耕種。除隆慶四年無租，續後逐年交租二分，共前地租叁分。逐年至清明標挂交還，不致欠少。今恐無憑，立此租約爲照。

隆慶三年八月廿二日　立還租約人　畢伴儅

同上　明萬曆十年祁門縣山僕胡勝保等租地約

五都洪壽六房山僕胡勝保、胡遲保、胡記、胡初等，今租到洪壽公地一號，坐落本都屋後。其地東至水圳幷屋，西至圳，北至圳，南至山，計地叁百壹拾捌步五分。洪主原與身等造灰舍六間在上，計地四拾貳步五分，不行起租；仍空地貳百七拾六步；又地一號，土名老塘下，丈地壹百壹拾五步陸分。前項貳號地，係勝保等立約租種，遞年議定租銀壹錢五分正，約在逐年歲除日辭年不敢少欠。外有住屋後及下厰地內椑樹壹叁根遞年聽洪主眼同採摘，主分貳分，力分乙分毋詞。立此租約爲照。

萬曆十年七月二十八日　立租約人　胡勝保

胡遲保

胡記

胡初

代筆人　程　順

同上　明崇禎五年徽州余廷桂佃田約

立承佃頭田約人余廷桂，今承到廷樞弟名下土名梘頭田，佃交客租六砠。因他無人耕作，我自承攬，當交酒席銀叁錢整。倘日後廷樞弟有便人種作，即要退還本家，無得生端異說。但席銀叁錢，言定三年之後無銀退還。今恐無憑，立此承佃頭田約存照。

崇禎五年四月十八日　立承佃頭人　余廷桂[押]

憑中人　韓本立[押]

代書人　余廷樟[押]

[明崇禎年間]

租田契約格式[甲]

立佃帖人某，因無田耕種，情願憑中佃到某主名下田若干，其田每年秋收，照田支納租米，不致少欠。如遇年成水旱，請田主臨田踏看，除租均分。如有荒蕪田地，依數賠還。恐後無憑，立此佃契存照。

租田契約格式[乙]

立租約人某都某人，今租到某都某人名下土名某處田若干耕種，議定每年租穀若干□，或挑租上納□，或種田均分。其租不致短少，憑此爲照。

清代分部

題解

清嘉慶《清會典》卷一一《户部》 凡地之墾者曰田,田亦曰地。南方目低田爲田,高田爲地。北方目水田爲田,餘皆爲地。其民間旱地願改作水田者,聽民自便,錢糧仍照旱田科則。若水田減則者,照所減之則徵納。凡田地之別,有民田。民間恆產,聽其買賣者,爲民田。

清《廣西財政沿革利弊説明書》卷二《各論上・國税部》 民田種類或曰造田,係由民自闢; 或曰墾田,係招民承耕。前則向不完糧,後則酌收租穀。更有所謂目田、番田、照田者,蓋爲頭目及番人謂更番守戍者。所種,或土官給照管業也。

《清通典》卷一《食貨一》 國家民田之目,直隸有更名田、農桑地、蒿草籽粒地、葦課地、歸併衛地、河淤地,盛京有退圈地,山東有歸併衛所地、更名田、竈地,江南江蘇有山、蕩、漊、灘地,安徽有草地,江西有山、塘等地; 浙江有山、蕩、塘、湖、桑、茶、竈地等地,陝西有更名地,廣東有泥溝車池地,廣西有猺田、獞田、狼田,貴州有苗田,甘肅有熟田𧖣地。皆爲民田,均相其肥瘠爲科則。

《清通典》卷七《食貨七》 田賦有二: 曰民田,曰屯田,皆分上、中、下三則。有本徵者,有折徵者,有本折各半者。本徵曰漕,漕有正糧,有雜糧。正糧米,雜糧豆、麥、蕎、麻等類。折徵者始定以銀,繼則銀錢兼納。

綜述

清康熙《清會典》卷二〇《户部》 [順治]六年,定地方官廣加招徠各處逃民,不論原籍别籍,編入保甲,開墾無主荒田,給以印信執照,永准爲業。六年後,有司親察成熟畝數,撫按勘實,奏請徵糧,不得預徵私派。州縣以勸墾之多寡爲優劣,道府以督催之勤惰爲殿最,每歲終載入考成。○八年覆准,山海關外荒地甚多,有願出關墾地者,令山海道造冊報部,分地居住。○九年題准,八旗壯丁退出晌地,并首告清出地,及各省駐防遺下地,照墾荒例招墾,三年起科。

同上 [順治十二年]又議准,直省興屯,官助牛種者,所收籽粒三分取一; 民自備牛種者,本年十分取一; 二年三年,三分取一; 三年後,永准爲業。○又議准,令犯徒罪者,發遣屯田,酌定年分,開荒田多寡,墾完釋放,其願留者,永爲己業。

同上 [順治十三年]又覆准,舊例各省荒地,三年後起科,興屯田地,次年即收籽粒。今既歸州縣,則屯地即屬民地,課額租賦,照民地例起科。

同上 [順治]十八年,覆准,雲貴荒地,有主者令本主開墾,無主者招民開墾。其有主隱匿者,准令自首,起科管業。

同上 康熙四年,覆准,湖廣歸州、房縣等處,民歸故業,酌給牛種銀兩,不拘次年徵收例,令三年後補還。○五年,覆准,白旗堡、小河西兩處地畝,令奉天府府尹給民耕種,照熟地例輸賦。廣寧、寧還兩縣曠地,給民開墾,不許旗人侵佔。

同上 [康熙]十二年,詔小民拮据開荒,物力艱難,恐催科期迫,反致失業。以後各省墾荒,着再加寬限,通計十年,方行起科。

同上 順治七年,覆准,河南州縣官,墾地一百頃以上者,紀錄一次。若州縣與道府所屬,全無開墾者,准各罰俸三箇月。

同上 [康熙]三年,題准,各省布政司亦有督墾之責,嗣後照督撫例議敘。○又覆准,府同知不與知府同城勸民開墾者,照州縣例議敘。○四年,題准,限年墾荒,恐州縣捏報攤派,行令停止。

同上 [康熙]十四年,覆准,江南、浙江、江西恢復各州縣,有田存丁絕及田多丁稀者,招同里甲戶丁耕種,頂納錢糧,州縣官一年内果能勸輸足額者,准其不論俸滿,即陞。

同上 順治十年,議准遼東招民開墾,有能招至一百名者,文授知縣,武授守備。百名以下,六十名以上者,文授州同州判,武授千總。五十名以上者,文授縣丞主簿,武授百總。招民數多者,每百名加一級。先將姓名數目冊報户部，領出山海關交與遼東府縣驗收，給印文，赴吏、兵二部選職。

同上 〔順治〕十六年，題准，民人開墾荒地二千畝以上者，以衛千總用；武舉開墾二千畝以上者，于應授職銜加一等，以署守備用。

同上 順治十八年，覆准，雲貴投誠兵丁願歸農者，給無主荒田開墾爲業，成熟後照新荒久荒例，分別納糧。○康熙二年，覆准，凡投誠人原有入官田地，仍令給還，改入民田。

清雍正《清會典》卷二七《户部》 〔康熙〕二十三年，議准，浙省寧、台、溫三府屬沿海田地，給民耕種，於三年後起科。○二十七年，議准，淮安、徐州、鳳陽三處近河地方，屯田累民，永行停止。其現今墾出之田，若實係無主，給與原墾之人起科，若有主，給還原主起科。如有不肖官役，借端擾民，不給原主，或有豪強霸佔，該督撫題參治罪。○又諭，嗣後民人若有出首開墾田畝，不必拘定年限，俱自出首之年徵收錢糧，該管官員，亦免其議處。

同上 〔康熙〕二十九年，議准，川省民少而荒地儘多，嗣後流寓之人，情願在川省墾荒居住者，將地畝給與，永爲己業。

同上 〔康熙〕五十一年，諭，湖廣往四川開墾地畝者甚多，去時，伊等將原籍房產地畝盡行變賣，往四川開墾地畝。至滿五年起徵之時，復回湖廣，將原賣房產地畝爭告者甚多。巡撫曾繕摺啓奏，嗣後湖廣民人，有往四川種地者，該撫將種地人年貌、名姓、籍貫，查明造冊，移送四川巡撫察核。有自四川復回湖廣者，四川巡撫，亦照此造冊移送湖廣巡撫，互相查對。

同上 雍正元年，諭，朕御極以來，宵旰憂勤，凡有益於民生者，無不廣爲籌度。因念國家承平日久，生齒殷繁，土地所出僅可贍給，倘遇荒歉，民食維艱，將來户口日增，何以爲業。惟開墾一事，於百姓最有裨益。但向來開墾之弊，自州縣以至督撫，俱需索陋規，致墾荒之費，浮於買價，百姓畏縮不前，往往膏腴荒棄，豈不可惜。嗣後有可開墾之處，聽民相度地宜，自墾自報，地方官不得勒索，胥吏亦不得阻撓。至陞科之例，水田以六年起科，旱田以十年起科，著爲定例。其府州縣官能勸諭百姓開墾地畝多者，准令議敘，督撫大吏，能督率各屬開墾地畝多者，亦准議敘。務使野無曠土，家給人足，以副朕富民阜俗之意。

同上 〔雍正元年〕又議准，山西、河南、山東等處閒曠之地，令各省督撫，轉飭各州、縣、衛、所確查，如有未墾荒地，有無從前種地之人，勸諭開墾。有力者，令其自備牛種，無力者，官借牛種，秋收後還官。起科之後，官給執照，永爲世業。

同上 〔雍正二年〕又覆准，福建各番鹿場閒曠地土，可以墾種者，令地方官查出，聽各番租與民人耕種，陞科補額。

同上 〔雍正四年〕又覆准，行令四川督撫，將未開田地，遍行各屬，擇其可墾者，勸諭開墾。如果民苗愚鈍，不知開墾之法，現有湖廣江西在黔之人，選擇老農，給以衣食，令其教墾。俾民苗學習，俟有成效，該督撫題給老農頂帶，送歸原籍。不願回籍者，聽其自便。其新開有主田地，給原主管業輸糧，無主田地，仍給與報墾者管業完課。勸墾官員，照例題請議敘。

同上 〔雍正〕五年，覆准，滇黔二省廣行開墾其地方官招募開墾及官生捐墾者，將墾熟田地，歸與開墾佃户，於次年起科。民間自墾者，按照年限起科。其田俱給執照，永爲己業。○又覆准，川省山多地少，界限率多不清，令各州縣於查勘丈量之日，合計某縣荒地若干，户口若干，均勻分派，編列字號，鬮定認墾。

同上 〔康熙〕四十六年，議准，閩省蕩平二十餘年，民人俱已復業，其未墾抛荒田地二千六百餘頃，至今尚未足額。今勒限一年，照數墾足徵糧，如再遲延，該督撫將地方官，并該管官，一併題參。

同上 〔康熙〕三十一年，議准，武職白身人，開墾二千頃以上者，定例加一等用。近日武職白身人所墾地畝，並不出力開墾，將銀錢購買民人隱占熟地，作爲新墾以邀議敘，而軍功効力之人，實屬掩抑。嗣後武職白身人開墾地畝錄用之例，槩行停止。

清雍正《清會典》卷一五六《刑部》 盜賣田宅

凡盜賣換易及冒認，若虛錢實契典買，及侵占他人田宅者，田一畝、屋一間以下，笞五十；每田五畝、屋三間，加一等，罪止杖八十、徒二年；係官者，各加二等。○若強占官民山場、湖泊、茶園、蘆蕩，及金銀銅錫鐵冶者，不計畝數，杖一百、流三千里。○若將互爭及他人田產妄作己業，朦朧投獻官豪勢要之人，與者、受者，各杖一百、徒三年。○田產及盜賣過田價，并遞年所得花利，各還官給主。○若功臣初犯，免罪附過；再犯，住支俸給一半；三犯，全不支給；四犯，與庶人同罪。

雍正三年，律例館奏准，功臣有犯，不合分別次數，將若功臣至同罪二十八字，改爲若功臣犯者，照律擬罪。奏請定奪。

附律定例

一、軍民人等，將爭競不明并賣過及民間起科，僧道將寺觀各田地，若子孫將公共祖墳山地，朦朧投獻王府及內外官豪勢要之家，私捏文契典賣者，投獻之人，問發邊衛，永遠充軍，田地給還應得之人，及各寺觀、墳山地，歸同宗親屬。各管業，其受投獻家長并管莊人，条究治罪。山東、河南及直隸各處空閒地土，俱聽民儘力開種，永不起科。若有占奪投獻者，悉照前例問發。

雍正三年，律例館奏准，山東、河南及直隸七字，改爲直隸各省。永不起科四字，改爲照年限起科。

一、用強占種屯田五十畝以上不納籽粒者，問罪。照數追納完日，官調邊衛，帶俸差操；旗軍軍丁人等，發邊衛充軍；民發邊外爲民。其屯田人等，將屯田典賣與人至五十畝以上，與典主、買主各不納籽粒者，俱照前問發。若不滿數，及上納籽粒不缺，或因無人承種而侵占者，照常發落。管屯等官不行用心清查者，糾奏治罪。

雍正三年，律例館奏准，官調邊衛，帶俸差操，今無此例，八字刪。旗軍軍丁人等發邊衛充軍十一字，改爲軍發邊充軍。

一、西山一帶密邇京城地方，內外官豪勢要之家，私自開窑賣煤、鑿山賣石、立廠燒灰者，問罪。枷號一箇月，發邊衛充軍。干礙內外官員，条奏提問。

一、近邊分守、守備、備禦，并府州縣官員，禁約該管官旗軍民人等，不許擅自入山將應禁林木砍伐販賣。違者，問發南方烟瘴衛所充軍。若前項官員有犯，文官革職爲民，武官革職差操；鎮守并副条等官有犯，指實条奏；其經過關隘河道，守把官軍容情縱放者，究問治罪。

雍正三年，律例館奏准，分守、守備、備禦六字，改爲分守武職。官旗二字刪。又武官無革職差操例，文官至差操十二字，改爲俱革職爲民。

罪名

笞五十

盜賣、換易、冒認及虛錢實契典買侵占他人田一畝、屋一間者。

杖六十

盜賣、換易、冒認及虛錢實契典買侵占他人田六畝、屋四間者。

杖七十

盜賣、換易、冒認及虛錢實契典買侵占他人田一十一畝、屋七間者。○官田一畝、屋一間者。

杖八十

盜賣、換易、冒認及虛錢實契典買侵占他人田一十六畝、屋一十間者。

○官田六畝、屋四間者。

杖九十

盜賣、換易、冒認及虛錢實契典買侵占他人田二十一畝、屋一十三間者。

○官田一十一畝、屋七間者。

杖一百

盜賣、換易、冒認及虛錢實契典買侵占他人田二十六畝、屋一十六間者。

○官田一十六畝、屋一十間者。

徒一年杖六十

盜賣、換易、冒認及虛錢實契典買侵占他人田三十一畝、屋一十九間者。

○官田二十一畝、屋一十三間者。

徒一年半杖七十

盜賣、換易、冒認及虛錢實契典買侵占他人田三十六畝、屋二十二間者。

○官田二十六畝、屋一十六間者。

徒二年杖八十

盜賣、換易、冒認及虛錢實契典買侵占他人田四十一畝、屋二十五間者。

○官田三十一畝、屋一十九間者。

徒二年半杖九十

盜賣、換易、冒認及虛錢實契典買侵占官田三十六畝、屋二十二間者。

徒三年杖一百

盜賣、換易、冒認及虛錢實契典買侵占官田四十一畝、屋二十五間者。

互爭及將他人田產妄作己業，朦朧投獻官豪勢要之人，與者、受者。

流三千里杖一百

強占官民山場、湖泊、茶園、蘆蕩及金銀銅錫鐵冶者。

同上 邊外爲民

民人用強占種屯田五十畝，不納籽粒者，追完日，發往。○其屯田民人，將屯田典賣與人至五十畝以上及民人典賣屯田不納籽粒者。

同上　邊衛永遠充軍

軍民人等，將爭競不明并賣過及民間起科，僧道將寺觀各田地，若子孫將公共祖墳山地，朦朧投獻王府及內外官豪勢要之家，私捏文書典賣者。

同上　典買田宅

凡典買田宅不稅契者，笞五十，仍追契內田宅價錢一半入官。不過割者，一畝至五畝，笞四十；每五畝，加一等。罪止杖一百，其田入官。○若將已典賣與人田宅，朦朧重復典賣者，以所得價錢計贓，准竊盜論。免刺，追價還主，典宅從原典買主爲業。若重復典買之人及牙保、知情者，與犯人同罪。追價入官。不知者，不坐。○其所典田宅、園林、碾磨等物，年限已滿，業主備價取贖，若典主託故不肯放贖者，笞四十。限外遞年所得花利，追徵給主，依價取贖。其年限雖滿，業主無力取贖者，不拘此律。

附律定例

一、告爭家財田產，但係五年之上，并雖未及五年，驗有親族寫立分書已定，出賣文約是實者，斷令照舊管業，不許重分再贖，告詞立案不行。

歷年事例

雍正五年，議准，自雍正五年以後，凡民間置買田房地土，一切稅契務須粘連布政使所發契尾，州縣官鈐印，給業戶收執。如無契尾者，即照匿稅例治罪。其該管州縣衙門，將所收稅契銀兩據實造報。倘仍只用州縣印信，不給契尾粘連及以多報少者，察出，照侵隱錢糧例治罪。

罪名

笞四十

典買田宅不過割，一畝至五畝者。

所典田宅、園林、碾磨等物，年滿不放贖者。

笞五十

典買田宅不稅契者。○不過割，一十畝者。

將已典賣田宅重復典賣，計數一兩以下之爲從者。

杖六十

典買田宅不過割，一十五畝者。

將已典賣田宅重復典賣，計數一兩以下者；一兩之上至一十兩之爲從者。○典買之人及牙保、知情者。

杖七十

典買田宅不過割，二十畝者。

將已典賣田宅重復典賣，計數一兩之上至一十兩者；二十兩之爲從者。○典買之人及牙保、知情者。

杖八十

典買田宅不過割，二十五畝者。

將已典賣田宅重復典賣，計數二十兩者；三十兩之爲從者。○典買之人及牙保、知情者。

杖九十

典買田宅不過割，三十畝者。

將已典賣田宅重復典賣，計數三十兩者；四十兩之爲從者。○典買之人及牙保、知情者。

杖一百

典買田宅不過割，三十五畝者。

將已典賣田宅重復典賣，計數四十兩者；五十兩之爲從者。○典買之人及牙保、知情者。

徒一年杖六十

將已典賣田宅重複典賣，計數五十兩者；六十兩之爲從者。○典買之人及牙保、知情者。

徒一年半杖七十

將已典賣田宅重複典賣，計數六十兩者；七十兩之爲從者。○典買之人及牙保、知情者。

徒二年杖八十

將已典賣田宅重複典賣，計數七十兩者；八十兩之爲從者。○典買之人及牙保、知情者。

徒二年半杖九十

將已典賣田宅重複典賣，計數八十兩者；九十兩之爲從者。典買之人及牙保、知情者。

徒三年杖一百

將已典賣田宅重複典賣，九十兩者；一百兩、一百一十兩、一百二十兩、一百二十兩以上之爲從者。〇典買之人及牙保、知情者。

流二千里杖一百

將已典賣田宅重複典賣，一百兩者。〇典買之人及牙保、知情者。

流二千五百里杖一百

將已典賣田宅重複典賣，一百一十兩者。〇典買之人及牙保、知情者。

流三千里杖一百

將已典賣田宅重複典賣，一百二十兩、一百二十兩以上者。〇典買之人及牙保、知情者。

清嘉慶《清會典》卷二《户部》 凡丈地，五尺爲弓，二百四十弓爲畝，畝方十五步，又三十一分步之十五。百畝爲頃。頃方百十四步，又三百九分步之二百八十四。凡各省各城爲田七百九十一萬五千二百五十一頃九十六畝有奇。各省各城田地，每年開墾衝壓互有升除。今按嘉慶十七年奏銷冊，直隷民田屯田共六十八萬四千七百二十六頃五十九畝有奇。【略】奉天民田一萬九千六百七十四頃八十六畝有奇，民餘地一萬三百八十九頃十三畝有奇。【略】吉林並所屬寧古、塔伯、都訥三姓阿爾楚喀拉林民田一萬四千三百八十二頃五十一畝有奇。【略】山東民田九十五萬六千四百七十一頃六十一畝有奇。【略】山西民田四十九萬七千四百九十七頃八十畝有奇，又地三十六晌，山地一座。【略】河南民地六十三萬九千七百六十五頃四十三畝有奇。【略】江寧布政司民田四十萬一千九百四十三頃二十六畝有奇。【略】蘇州布政司民田二十四萬五千五百二十二頃六十四畝有奇。【略】安徽民田三十四萬九百五頃三十五畝有奇。【略】江西民田四十六萬二千四百八頃三十三畝有奇。【略】福建民田十二萬八千六百一十九頃十九畝有奇。【略】浙江民田四十五萬九千四百四十九頃九十畝有奇。【略】湖北民田五十六萬八千九百十五頃三十三畝。【略】湖南民田二十七萬八千六十三頃四畝有奇。【略】陝西民田二十五萬八千五百七十二頃五十三畝有奇。【略】甘肅民田十一萬三千一百七十六頃七十畝有奇。【略】蘭州、鞏昌、涼州、西寧四府番地九百六頃六十三畝有奇，又二十一萬六千五百十四段。【略】鎮西府迪化州民地九千五百五十二頃二十四畝有奇。【略】四川民田四十六萬二千七百九十八頃九十三畝有奇。【略】廣東民田三十一萬四千九百九頃四十九畝有奇。【略】廣西民田八萬九千五百九十六頃有奇。【略】雲南民田八萬三千九百七十四頃五十四畝有奇。【略】貴州民田二萬五千九百八十八頃七十六畝有奇，又地土八百六十三頃九十六畝有奇，又一百九十三分有奇。

同上 畸零者零星土地，聽民開墾。直隷、江西不及二畝爲斷。福建及江蘇之蘇州等屬不及一畝，浙江及江蘇之江寧等屬不及三畝，陝西不及五畝，安徽、湖北、湖南、貴州水田不及一畝，旱田不及二畝爲斷。河南上地不及一畝，山西下地不及十畝，廣西中則以上水田不及一畝，旱田不及三畝，下則水田不及五畝，旱田不及十畝，四川上田中田不及五分，下田上地、中地不及一畝者，永免升科。若河南之下地，山東之中則以下地，四川之下地，雲南之山頭地角水濱河尾，廣東之畸零沙地，高州、雷州、廉州三府之山場荒地，俱不論頃畝，概免升科。奉天十畝以下尚宜禾稼者，減半徵租，山岡、土阜、傍河、濱海、窪下之處，僅宜雜植，不成邱段者，永免升科。

清嘉慶《清會典事例》卷一三八《户部》 直隷民賦田每畝科銀八釐一毫至一錢三分零不等，米一升至一斗不等，豆九合八抄至四升不等。【略】〇盛京民賦田每畝科銀一分至三分不等，米二升八勺至七升五合不等。【略】又查出民人私墾地，銀米并徵，每畝徵銀四錢八分，又徵米二升六合五勺零。〇吉林寧古、塔伯、都訥三姓等處各項民賦徵銀，地上則每畝三分，中則每畝二分，下則每畝一分。徵米，地上則每畝六升六合，中則每畝四升四合，下則每畝二升二合。續行查出地不分等則，每畝徵銀八分，米四合四勺二抄零。吉林應徵米石，每米一石，折徵銀一兩。〇山東民賦田每畝科銀三釐二毫至一錢九釐一毫零不等，麥一勺至四合三勺零不等，米二勺至三升六勺零不等。【略】〇山西民賦田每畝科銀一釐七絲至一錢零不等，糧一合五勺至二斗七升不等。【略】〇河南民賦田每畝科銀一釐四毫至二錢二分七釐零不等，米七勺至二升二合零不等。【略】〇江南江蘇所屬民賦田每畝科銀九釐至一錢四分一釐一毫零不等，米豆一升四合七勺至一斗九升二合六勺零，麥二抄至三勺零不等。地每畝科銀九釐至三錢三分三毫零不等，米豆七合三勺至四斗一升六合九勺零，麥一抄至八勺零不等。山蕩溇灘每畝科銀九釐至一錢四分五毫零不等，米豆三合四勺至一斗六升五合二勺零，麥一勺至三勺零不等。【略】〇安徽所屬民賦田每畝科銀一分五釐至一錢六釐零不等，米二合一勺至七升一合零不等，麥五勺至八勺零不等，豆八勺至九合一勺零不等。地每畝科銀八釐九毫至六錢三分零不等，米七合九勺至五升九合零不等，麥八勺至二合二勺零不等。塘每畝科銀一錢九釐至四分四釐零不等，米四合七勺至七合八勺零不等，麥一勺至二勺零不等。草山每里科銀八分三釐，桑絲每兩折銀三分二釐。【略】〇江西民賦田每畝科銀一釐三毫三絲六忽至一錢一分七釐一絲三忽零不等，米一合四勺至一斗七合二勺五抄零不等。地每畝科銀五絲四忽至二錢一分一釐一毫二絲八忽零不等，米五勺二抄至五升一合二勺八抄零不等。山每畝科銀五忽至六分二釐七毫二絲零不等，米一勺七抄至一升四合七勺八抄零不等。塘每畝科銀五絲四忽至二錢七分六毫七絲七忽零不等，米一合一勺三抄至六升八合三勺七抄零不等。【略】〇福建民賦田每畝科銀一分六釐九毫至一錢六分二釐五毫零不等，米一勺九抄至二升四合七勺零不等。【略】〇浙江民賦田每畝科銀一分五釐三絲至二錢五分五釐不等，米三撮至一斗九升零不等。地每畝科銀二釐四毫至二錢一分三釐二毫不等，米八抄至一斗九升三合五勺零。山每畝科銀五絲至一錢九分六釐三毫不等，米六抄至五升三合七勺不等。蕩每畝科銀四毫至七分三釐不等，米五勺至七升五合不等。塘每畝科銀二毫至一錢二分四釐五毫不等，米七撮至一升六合八勺不等。湖地每畝科銀三分七毫，米九勺五抄。桑每株科銀一釐九毫至五釐六毫不等，米一抄。茶每株科銀一釐五毫，米七勺。竃地每畝科銀一分六釐二毫至一錢四分一釐四毫不等，米三合七勺至三升七合不等。【略】〇湖廣湖北所屬民賦田每畝科糧六抄至二斗九升一合四勺八抄零不等，每石徵銀二錢五分四釐五毫至二兩九錢七分四釐一毫零不等。【略】〇湖南所屬民賦田每畝科糧二勺九抄四撮至一斗四升六合九勺零不等，每石徵銀二錢二釐三毫八絲至一兩八錢四分四毫不等。【略】〇陝西西安所屬民賦田每畝科銀二兩三錢八分一釐七毫，糧五升八合五勺至五升二合五勺不等。【略】今陝西民賦田每畝科本折糧一勺至一斗一合六勺不等，折色每石科銀一兩五分九釐至二兩七錢七分三釐不等。〇甘肅所屬民賦田每畝科銀二毫至一錢五分四毫零不等，糧三勺至八升一合一勺零不等，草三分每十分爲一束。至四分六釐零不等。【略】〇四川民賦田每畝科銀一釐五毫九絲至八分四釐九毫一絲零不等，糧每斗折銀四分，估種每石徵銀七分一釐二絲至七錢一分二釐零不等。【略】〇廣東民賦田每畝科銀八釐一毫至二錢二分三釐二毫零不等，米六合五勺至二升二合九勺零不等。【略】〇廣西民賦田每畝科銀二分四毫至二錢一分二釐二毫不等，米三升七合至五升三合五勺不等。【略】〇雲南民賦田每畝科銀五釐五毫至四分六釐五毫零不等，糧一升九合四勺至一斗五升零不等。【略】〇貴州民賦苗田每畝科銀一分至六錢五分不等，米五合一抄至四斗五升不等，豆一斗。

清嘉慶《清會典事例》卷一三九《户部》 乾隆五年，諭，從來野無曠土，則民食益裕，即使地屬奇零，亦物産所資，民間多闢尺寸之地，即多收升斗之儲。乃往往任其閒曠不肯致力者，或因報墾則必升科，或因承種易致爭訟，以致愚民退縮不前。前有臣工條奏及此者，部臣以國家惟正之供，無不賦之土，不得概免升科，未議准行。朕思則壤成賦，固有常經，但各省生齒日繁，地不加廣，窮民資生無策，亦當籌畫變通之計。向聞山多田少之區，其山頭地角閒土尚多，或宜禾稼，或宜雜植，即使科糧納賦，亦屬甚微，而民夷隨所得之多寡，皆足以資口食。即内地各省，似此未耕之土不成邱段者，亦頗有之，皆聽其閒棄，殊爲可惜。嗣後凡邊省内地零星地土可以開墾者，悉聽本地民夷墾種，免其升科，幷嚴禁豪强首告爭奪。俾民有鼓舞之心，而野無荒蕪之壤。其在何等以上，仍令照例升科，何等以下，永免升科之處，各省督撫悉心定議具奏。欽此。續經各省遵旨議奏，由部覆准，直隸零星地土，數在二畝以下，不成邱段者，悉聽民間墾種，免其升科。山東所屬山頭地角，以及河濱溪畔地畝，在中則以上不足一畝，及下則以下一畝以外者，均免其升科。山西所屬膏腴上地中地，無論開墾畝數，均照水田旱田之例升科。其瘠薄下地，開墾至十畝以上已成邱段者，亦照例分别水旱，按則升科。如僅止十畝以下，爲數奇零，不成邱段者，永免升科。河南所屬凡係村頭隰畔，高阜平原，人力便宜，即少遇旱澇，亦有收穫，是爲上等。其數在一畝以上，已成邱段者，各依水旱田之例，照本地中則輸賦。其山坡土嶺，土薄力微，人工既倍，收穫無多，是爲中等。有成邱段數在五畝以上者，各依水旱之例，照本地下則輸賦。其上地不足一畝，中地不足五畝者，均免升科。至高岡砂磧之地，雨多之年，尚有薄收，稍旱即致失望。下濕低窪之地，乾旱之年略有收成，稍澇即致荒歉。此等地畝實屬下等者，毋論邱段畝數，永免升科。江南江蘇所屬山頭地角，磽瘠荒土，未經墾闢者，聽民耕植。其溝畔田塍奇零隙地，不成邱段者，亦聽附近居民隨宜墾種，幷給執照，免其升科。安徽所屬凡民間開墾山頭地角，奇零不成邱段之水田不及一畝，旱田不及二畝者，概免其升科。江西所屬山頭地角，開墾地畝數在二畝以下，及山巔水涯，高低不齊，砂石間雜，坍漲不一者，均免其升科。福建所屬奇零田地不及一畝者，免其升科。如雖及一畝或地角山頭不相毗連者，亦免升科。其有經界聯絡一畝以上者，仍照例分别水旱年限升科。浙江所屬臨溪傍崖奇零不成邱段之磽瘠荒地，聽民開墾，免其升科。湖廣湖北所屬山頭地角磽瘠之地止堪種樹，高阜之區止種雜糧，及旱地不足二畝，水田不足一畝者，均免升科。湖南所屬奇零地土可以開墾，及溪澗之旁，高灘阪隰，零星種植禾稻不及一畝，種植雜糧不及二畝者，均免升科。其餘峯領湖澤之隙，尚有不成邱段之處，亦聽民栽樹種蔬，并免升科。陝西甘肅所屬地處邊陲，山多田少，凡山頭地角欹斜逼窄，砂磧居多，聽民試種，永免升科。至平原空地，如開墾未及起科之年，地或鹻鹵，許其據實呈報，地方官查勘取結，停種免科。四川所屬地處邊徼，山多田少，田賦向分上中下三等，按則徵糧。如上田中田丈量不足五分，下田與上地中地不足一畝，以及山頭地角間石雜砂之瘠地，不論頃畝，悉聽開墾，均免升科。廣東所屬如山梁岡陁，地勢偏斜，砂礫夾雜，雨過水消，聽民試墾者，概免升科。廣西所屬田地，如地屬平原，田成片段，係上則中則，水田在一畝以上，旱田在三畝以上者，仍按則升科。在一畝三畝以下者，永免升科。其下則田地，及桑、麻、花、米等項田地開墾，水田在五畝以上，旱田在十畝以上者，照例升科。其在五畝十畝以下者，亦永免升科。雲南所屬山頭、地角、坡側、旱壩，尚無砂石夾雜，可以墾種，稍成片段，在三畝以上者，照旱田例，十年之後以下則升科。砂石磽确，不成片段，刀耕火耨，更易無定，瘠薄地土，雖成片段，不能引水灌溉者，均永免升科。其水濱河尾，田土淹涸不常，與成熟舊田相連，人力可以種植，在二畝以上者，亦照水田例，六年之後以下則起科。如不成片段奇零地土，以及雖成片段，地處低窪，淹涸不常，不能定其收成者，止給照存案，永免升科。貴州所屬凡山頭地角奇零地土可以開墾者，悉聽民夷墾種，免其升科。山石攙雜，工多獲少，依山傍嶺，雖成邱段而工淺力薄者，亦聽民夷墾種，永免升科。如有水源可引，力能墾耕者，一畝以上照水田例，以六年升科，不及一畝者，亦免升科。至無水可引，地稍平衍可墾爲旱田者，二畝以上亦照旱田例，以十年升科，不及二畝者，亦免升科。

同上 ［乾隆］十一年，諭，廣東高、雷、廉等府屬勘出可墾荒地，大抵山岡磽瘠者居多。開墾原非易易，小民未需收穫之益，先慮升科之累，是以未墾者聽其荒蕪，即已經承墾者亦生畏縮之意。朕思各省生齒日繁，地不加廣，貧民資生無策，今高、雷、廉三府荒地，既與平埔沃壤不同，即聽該地民人墾種，一概免其升科。

同上 ［乾隆］三十一年諭，滇省山多田少，水陸可耕之田，俱經墾闢無餘，惟山麓河濱尚有曠土，向令邊民墾種以供口食，而定例山頭地角在三畝以上者，照旱田十年之例，水濱河尾在二畝以上者，照水田六年之例，均以下則升科。第念此等零星地土，本與平原沃壤不同，儻地方官經理不善，一切丈量查勘，胥吏等恐不免從中滋擾。嗣後滇省山頭地角、水濱河尾，俱著聽民耕種，概免升科，以杜分別查勘之累，且使農氓無所顧慮，得以踴躍赴工，力謀本計。至舊有水利地方，如應行開渠築壩之處，小民無力興修，及閒曠地畝，艱於開墾者，並令確切查明，酌借公項，俾閭閻工作有資。該督董率所屬悉心經理，盡地力而裕民食用，副朕厪念邊農至意。該部遵諭即行。

清嘉慶《清會典事例》卷一四一《户部》 ［雍正六年］又題准，各省入川民人，按户給地，每户給牛種銀十二兩。所給之銀，著落民户本籍之府州縣賠補，所領人户名下，免其扣還。

同上 ［雍正七年］又覆准，直隸荒蕪之地，訪求原主，招諭開墾。儻原主不自墾種，別擇願耕之人，准其耕種。日後原主有願復原業者，令給還墾本，方准復業，不得恃強爭奪，違者按律治罪。

同上 ［雍正十二年］又覆准，凡承墾之初，若不定以限期，先行曉諭，誠恐業户居住僻遠，無從周知。令各州縣凡遇開墾，先行開明土名界址，出示曉諭，定限五月内，許業户自行呈明，如逾限不報，即將執照給原墾之人承種管業。

同上 ［雍正十二年］又覆准，墾地有附近豪強之家冒認己業，率衆搶割禾稻者，按律治罪。〇又覆准，劣衿土豪，藉開墾名色，將有業户之田濫報開墾者，照侵占律治罪。里甲地鄰及濫給執照之地方官，一併議處。

同上［雍正十三年］又覆准，凡隱匿新漲沙洲，不報升科，捏稱補坍冒占，並以漕報蘆者，許業户據實指首，免追從前隱漏糧賦。

同上 乾隆二年，奏准：凡荒地開墾，應先行呈報。如土著呈報在先，即准土著承墾，如流寓呈報在先，即准流寓承墾。〇三年，諭山西屢年首報欺隱地畝，皆經題報升科，但聞從前首報欺隱時，有果係畝數浮多，情願報出升科者，亦有地方官奉行不善，按照原額荒缺，勒令灑派具詳者。著該撫曉諭從前首報欺隱人等，如果畝數浮多，應行升科，再令據實首報，照數輸將。儻地畝並無欺隱浮多，而地方官按照原額荒缺，勒令灑派者亦著據實呈明，該州縣詳報，該撫別委賢員確覈，題請豁免。

同上 ［乾隆六年］又覆准：陝省無主荒地，設法勸墾，官爲插標招墾，給照爲業。俟升科之年，覈明等則，酌定糧額題報。若本地人力無餘，准令鄰近無業之人承墾，給照之後，即編入土著保甲之內，令該管保長等稽查。再地廣民稠，若不定以額數，易啓包占之弊。其平衍易收之地，每一壯丁定以五十畝爲率，山岡沙石難收之地，每一壯丁定以百畝爲率，其父子兄弟如均係壯丁，再行酌量加增。

同上 ［乾隆］七年，題准：浙省新漲沙塗，除孤懸海外向係封禁者，不准墾種外，其餘附近內地，先行勘丈明確，詳立冊籍。如某處新漲沙塗若干頃，定以百畝爲一號，挨次編冊，出示曉諭。凡承墾者，照依示內號數具呈。無論民竈，以首先呈報者爲準，印官即於原文冊內註明給照，竈則移場經理，民則歸縣管辦。並令各墾戶將原承號數自立界石於地頭，每十號爲一甲，承及十號，印官親詣點驗稽查。十甲之中，選擇老農一人，責令專司教導，六年之內果能化斥鹵爲膏腴，將原立老農從優嘉獎，給以花紅，免其雜派差徭。

同上 ［乾隆七年］又題准：陝省未墾荒地，有業主情願自墾者，不必勒以年限，或墾後力不能繼，亦准其續行具呈，官爲招墾。至於招墾給照之後，其地卽永給墾戶爲業。所議之價，有力者現交，稍有力之家少者二年，多者三年，照價清還。如期限已滿，墾戶他去，別爲招墾，日後不得仍執前照，復爭此地。○又題准：陝西甘肅所屬地處邊徼，從前開墾之始，小民畏懼差徭，藉紳衿報墾，自居佃戶，迨至相傳數世，忘其所自。或年歲偶歉，拖欠租糧，或役使不從，口角嫌隙，業主之子孫，旣欲奪田換佃，而原佃之家，忿爭越控，靡有底止。嗣後，如佃戶果係原墾之子孫，其業主不得擅更，原墾之地，業主子孫欲自種者，准將肥瘠地畝各分一半，立明合同，報官存案。業主轉移他徙，土田曠廢，承種之戶積苦耕犁，應差納課，旣已有年，姦民不得藉端爭控。卽原業之子孫回籍，亦不便全令給還，計其拋荒年分，酌量分給。至三十年以外，是否原業之子孫，無從考究，則概不分給。如有業主回籍在一二年之內者，將當年所穫籽粒全給承種之戶，承辦糧差，次年仍歸原業。

同上 ［乾隆］十一年，議准：官地民業，凡有關於水道之蓄洩者，一概不許報墾。儻有自恃己業，私將塘池陂澤改墾爲田，有礙他處民田者，查出重懲。如果有可墾之地，應改之田，於水道並無妨礙，仍聽民間報官勘明，准其開墾，改則升科。若地方各官任民混請改墾，查勘不實者，該督撫卽題參議處。

同上 ［乾隆十一年］又題准：閩省臺地，綿亘二千餘里，近山有水之處，皆屬膏腴，人力易施，種植之獲倍於內地，雖經禁止內地民人不許私買番地，但日久法弛，姦民趨利如鶩。嗣後如再有姦民私買，告發之日，將田歸番，仍照律計畝治罪，荒地減一等，強者各加一等。其有潛入生番界內私墾者，照律嚴懲。

同上 ［乾隆］十八年，題准：嗣後民間報墾荒地，布政使司刊刻執照，鈐蓋司印，豫發各州縣，俟墾戶呈報勘明，卽將業戶姓名畝數四至，塡明照內，給發業戶，給過司照數目，及業戶姓名畝數四至，歲終造冊，彙報藩司查覈。其開墾成熟者，於應起科之年，照例徵收。其承墾之後，或因丁壯消亡，或因地土磽薄，墾不成熟者，准令呈報地方官勘明，銷繳原給執照。如業戶不請司照，卽以私墾治罪。地方官查勘不實，或私行濫給，亦卽題參議處。

同上 ［乾隆］五十年，議准：湖南長沙、澧州等九府州屬，共有弁田六萬六千八百八十餘畝，係康熙年間投誠官兵並裁汰弁兵，撥給荒地，令其開墾作爲世業。承種之人，遞相轉鬻，居其大半，若逐一追溯清釐，旣滋拖累。如循守舊議，又徒留棍徒訛詐之端。除乾隆二年以前已賣田三萬七千餘畝免辦外，後經查出田二萬八千餘畝，俱照民產准其買賣，納稅承糧，弁田名色，悉行除去，隱匿漏稅，照例治罪。

同上 ［乾隆］五十三年諭：荆州郡城屢被水患，因郡治下游江內，有窖金洲一道，侵占江面，漲沙逼溜。而本地蕭姓民人，於雍正年間至乾隆二十七年，陸續契買洲地，種植蘆葦，每年納課。蕭姓貪得利息，逐漸培植，每遇洲沙漲出，蘆葦卽環沙而生，阻遏江流，以致上游壅高，所在潰決。已令將蕭姓家產查抄，交刑部按律治罪。各省民田廬舍，百姓等守其世業，或一姓相傳，先疇是服，或甲姓之業，售與乙姓，皆在所不禁。今窖金洲因沙漲而成，何得謂蕭家之祖業。此必係姦民見江中漲出洲地，墾種可以獲利，藉升科爲名，納租認種，其交官者不過數十分之一，而地方官吏，亦必得其利賄，其餘盡飽姦民之欲壑。一經具呈，地方官因受其賄求，遂罔顧利害，代爲朦混具詳，而督撫等亦漫不加察，率准題達，任令據爲己業，牟利肥家。而姦民因報官有案，又貪利不已，逐漸培植，以致蘆葦環洲而生，阻遏江流，沖決隄塍城郭，以致數萬生靈咸受其害。現將蕭姓查抄治罪，實不爲枉，但小民惟利是圖，止期益己，不顧損人，亦不特蕭姓爲然。卽如黃河之外灘，以及西湖淀河、山東江南湖陂等處，百姓私占耕種甚多，屢經曉諭飭禁，而姦民貪圖利息，地方官吏又思從中分肥，並不實力查禁，任令開墾居住，與水爭地，或藉口升科，輸納少許。一經潰決，不特附近居民，咸遭淹浸，而修築撫綏，糜費倍蓰，於國計民生，均無利有害。著傳諭各督撫，嗣後凡瀕臨江海河湖處所，沙漲地畝，除實在無關利病者，毋庸查辦外，如有似窖金洲之阻遏水道，致爲隄工地方之害者，斷不准其任意開墾，妄報升科。如該處民人冒請認種，以致釀成水患，卽照蕭姓之例，嚴治其罪，並將代爲詳題之地方等官，一併從重治罪，決不姑貸。

同上 嘉慶四年諭，奉天旗民私墾餘地爲日已久，自應清查辦理，以杜爭端。著賞限二年，令各業戶將浮多地畝自行首報，其從前私種之罪及地方官失察處分，俱著加恩寬免。向來納租餘地，每畝交銀六分，今著加恩減半，每畝酌中納租三分，折交錢文，自於旗民生計爲便。如有逾限隱匿不首者，准令地鄰人等首報，丈出餘地，卽撥給首告之人耕種納租。該將軍等務須督飭所屬，實力詳查，儻吏胥等有藉端勒索影射等弊，必當嚴行治罪。

同上 [嘉慶五年]又議准：嗣後奉天旗民人等隱種餘地，令隨時呈報，地方官於秋末春初親詣查勘，造冊送部。仍自查辦之年起，每畝徵租三分，所首紅冊地旁滋開之地，仍作爲私產售賣，聽其自便。其另段私開及納租餘地邊開出之地，一體首報入官，仍交原佃承種。如無力耕種，另行召佃，不准私相授受。如逾二年之限不行自首者，准地鄰首告，卽屬私地，亦令官爲招佃。依山傍水，餘地不成坵段者，免其升科。

清嘉慶《清會典事例》卷一九五《户部》 順治四年，覆准：凡買田地房屋，必用契尾，每兩輸銀三分。○康熙十六年，題准：增江南、浙江、湖廣各府契稅。每年蘇、松、常、鎮四府，大縣六百兩，小縣二百兩。安徽十府州，分別州縣大小，自五百兩至百兩不等。揚州府照《賦役全書》額徵。淮安、徐州府屬，及寶應、霍山、宿遷、臨淮、五河、懷遠、定遠、靈璧、虹九州縣，均無定額，儘收儘解。杭、嘉、湖、寧、紹、金、嚴七府，大縣三百兩，中縣二百兩，小縣百兩。台、衢、溫、處四府，仍照見徵造報。湖北大縣百五十兩，中縣百兩，小縣五十兩，僻小州縣十兩。○十七年，題准：增山東等省田房契稅。大縣百八十兩至二百四十兩，中縣百二十兩，小縣六十五兩至三十五兩。○二十年，題准：增浙江台、衢、溫、處四府契稅。大縣百兩，中縣六十兩，小縣三十兩。○二十一年，題准：增江西萍、龍、永、瀘、上、定六縣契稅。○四十三年，覆准：田房稅銀，用司頒契尾，立簿頒發，令州縣登塡，將徵收實數按季造冊，報部查覈。○雍正四年，覆准：凡典當田土，均用布政司契尾，該地方印契過戶，一應贏餘稅銀，儘收儘解。

同上 乾隆元年，覆准：民間置買田地房產投稅，仍照舊例行使契尾，由布政使司編給各屬，黏連民契之後，鈐印給發。每奏銷時，將用過契尾數目申報藩司考覈。○十二年，奏准：民間置買田房產業，令布政使司多頒契尾，編刻字號，於騎縫處鈐蓋印信，仍發各州縣。俟民間投稅之時，塡註業戶姓名、契價、契銀數目，一存州縣備案，一同季冊申送布政使司查覈。如有不請黏契尾者，經人首報，卽照漏稅之例治罪。○十四年，議准：嗣後布政使司發給民間契尾格式，編列號數，前半幅照常細書業戶等姓名、買賣田房數目、價銀稅銀若干，後半幅於空白處豫鈐司印，將契價契銀數目大字塡寫，鈐印之處，令業戶看明，當面騎字截開，前幅給業戶收執，後幅同季冊彙送藩司查覈。其從前州縣布政使司備查契尾，應行停止。○三十一年，議准：直隸州縣給發契尾，如田房契價在千兩以下者，照舊辦理。其契價在千兩以上者，令各該州縣將所塡契尾黏連業戶原契，按月申送知府直隸州及道查驗相符，卽將契尾裁截兩半，定限十日發還州縣，一給業戶收領，一存俟彙送藩司稽覈。○五十四年，奏准：民間置買田房，於立契之後，限一年內呈明納稅。儻有逾限不報者，照例究追。令直省各督撫刊刻告示，飭發所屬州縣，遍貼城鄉，使愚民咸知例禁，有所遵循。○嘉慶十一年，奏准：八旗人等置買有糧民地，其地畝坐落何州何縣，卽在該州縣對冊推收，過割稅契，以憑稽覈。至旗人置買民人房間，其坐落外城及城外并各州縣者，均請照民地，一律在於州縣過稅。其坐落城內，有隨地糧銀房間，亦仍在縣過稅。惟城內無糧房間，令各按旗分，赴左右翼過稅。其在翼過稅者，卽以跟隨紅契爲憑，毋庸取具置主佐領圖記。所有跟隨民契，亦不得銷毀，卽於該翼執照後黏連給發，其房間數目、坐落地方、賣主買主姓名、跟隨印契幾張，該翼詳細登記，以備查考。至旗人典買有州縣印契跟隨之民地民房，或輾轉典賣與民人，仍從其便。庶旗產民業，不致混淆。

清嘉慶《清會典事例》卷六〇三《刑部》 凡欺隱田糧，全不報戶入冊。脫漏版籍者，一應錢糧俱被埋沒，故計所隱之田。一畝至五畝笞四十，每五畝加一等，罪止杖一百。其脫漏之田入官，所隱稅糧，依畝數、額數、年數，總約其數徵納。若將版籍上自己田土，移坵、方圓成坵換段、坵中所分區段。挪移起科等則，以高作下，減瞞糧額，及詭寄田糧，詭寄，謂詭寄於役過年分，並應免人戶冊籍。影射脫免自己之差役，併受寄者，罪亦如之。如欺隱田糧之類。其減額詭寄之田改正，坵段收歸本戶起科當差，里長知而不舉，與犯人同罪。其還鄉復業人民，丁力少而舊田多者，聽從儘力耕種，報官入籍，計田納糧當差。若多餘占田而荒蕪者，三畝至十畝笞三十，每十畝加一等，罪止杖八十，其田入官。若丁力多而舊田少者，告官，於附近荒田內，驗力撥付耕種。〇附律條例一凡宗室置買田產，恃強不納差糧者，有司查實，將管莊人等問罪，仍計算應納差糧。

同上　一將自己田地移坵換段，詭寄他人，及灑派等項，事發到官，全家抄沒。若不如此，靠損小民。謹案此條係原例。一將自己田地應納錢糧，灑派別戶者，按數計贓，以枉法論。田地入官，其灑派錢糧，照年分畝數追徵。謹案雍正三年奏准，移坵換段，詭寄他人，正律止於滿杖。至灑派一項，律無明文，全家抄沒，似乎過重，靠損二字不明白，準法平情，應計贓以枉法論，因改定此條。〇一各處姦頑之徒，將田地詭寄他人名下者，許受寄之家首告，就賞爲業。謹案：此條係原例，雍正三年奏准，受寄則彼此俱有罪，縱首告祇應免罪，未便就賞爲業，許字改如字，就賞爲業，改准免罪。〇一各鄉里書，飛灑詭寄稅糧二百石以上者，問近邊充軍。謹案：此條原例，係吏律濫設官吏門各處司府州縣一條例末數語，乾隆五年摘爲專條，移附此律。

同上　一州縣徵收糧米之時，豫將各里各甲花戶額數的名，填定聯三版串，一給納戶執照，一發經承銷冊，一存州縣查對，按戶徵收，對冊完納，即行截給歸農。其未經截給者，即係欠戶，該印官查摘追比。若遇有糧無票、有票無糧等情，即係胥吏侵蝕，嚴比治罪。謹案：此條乾隆五年定。〇歷年事例雍正二年，諭直隸各省總督巡撫，凡百姓完納錢糧，當令該戶親身投納，不許里長甲首巧立名目，希圖侵蝕。不肖生員監生，本身田產無多，輒恃一衿，包攬同姓錢糧，自稱儒戶宦戶，每當地丁漕米徵收之時，遲延拖欠，有誤國課，通都大邑固多，而山僻小縣尤甚。該督撫著即嚴查曉諭，革除儒戶宦戶名目，如再有抗頑生監，即行重處，毋得姑貸。儻有瞻顧不即革除此弊者，或科道參劾，或被旁人告發，治以重罪。

同上　〔雍正〕十三年十二月，諭蠲免之典，業戶邀恩者居多，彼無業貧民，終歲勤動，按產輸糧，未被國家之恩澤，欲照所蠲之數，履畝除租，繩以官法，則勢有不能。其令所在有司，善爲勸諭各業戶，酌量寬減佃戶之租，不必限定分數，使耕作貧民，有餘糧以贍妻子。若有素封之業戶，能善體此意，加惠佃戶者，則酌量獎賞之。其不願者聽之，亦不得勉強從事。

同上　一賣產立有絕賣文契，並未註有找貼字樣者，概不准貼贖。如契未載絕賣字樣或注定年限回贖者，並聽回贖，若賣主無力回贖，許憑中公估找貼一次，另立絕賣契紙。若買主不願找貼，聽其別賣，歸還原價。儻已經賣絕，契載確鑿，復行告找告贖，及執產動歸原先儘親鄰之說，借端掯勒，希圖短價者，俱照不應重律治罪。謹案：此條雍正八年定，嘉慶六年於希圖短價下，增並典限未滿而業主強贖句。

同上　一嗣後民間置買產業，如係典契，務於契內註明回贖字樣，如係賣契，亦於契內註明永不回贖字樣。其自乾隆十八年定例以前，典賣契載不明之產，如在三十年以內，契無絕賣字樣者，聽其照例分別找贖。若遠在三十年以外，契內雖無絕賣字樣，但未註明回贖者，即以絕產論，概不許找贖。如有混行爭告者，均照不應重律治罪。謹案：此條乾隆十八年定。〇一凡民間活契典當田房，一概免其納稅。其一切賣契，無論是否杜絕，俱令納稅。其有先典後賣者，典契既不納稅，按照賣契銀兩實數納稅。如有隱漏者，照律治罪。

同上　雍正五年議准，自雍正五年以後，凡民間置買田房地土，一切稅契，務須黏連有布政使所發契尾，州縣官鈐印，給業戶收執。如無契尾者，即照匿稅例治罪。其該管州縣衙門，將所收稅契銀兩，據實造報。儻仍祇用州縣印信，不給契尾黏連，及以多報少者，察出照侵隱錢糧例治罪。

清嘉慶《清會典事例》卷四八一《八旗都統》　乾隆二十一年議准清丈直隸馬廠地給民爲永業，改名恩賞官地。天津靜海、青滄、鹽山、豐潤、寶坻、寧河、大城、文安、任邱、新安、武清十三州縣，查丈得十一萬五千一百二十六頃有奇。

清光緒《清會典事例》卷一六七《户部》　〔道光〕二十四年諭，前因御史舒明阿奏請通查各省荒地，降旨令户部議奏。茲據奏稱，各省未經報部各荒地，有無私墾隱賦，殊難懸定。著各直省督撫、府尹、都統悉心體察，將所有荒地覈實查明，是否可以招買，均以有無情願認買之人爲斷。如辦有大概情形，即著先行據實覆奏。至有人承買荒地，著該督撫、府尹、都統酌量定價，收解部庫，仍將每年收納糧額覈定，報部造冊。其無人認買各地，應俟承買有人，隨時辦理，仍催令照例升科，毋許延宕。

同上　[咸豐]十年諭，景淳、麟瑞奏請開荒濟用一摺，據稱查得吉林地方涼水泉南界、舒蘭迆北土門子一帶禁荒，約可墾地十萬晌；省西圍場邊，約可墾地八萬餘晌；阿勒楚喀迆東蜚克圖站，約可墾荒八萬餘晌；雙城堡賸存圈荒，及恆產夾界邊荒，可墾地四萬餘晌。均經委員履勘，地屬平坦，別無違礙。現有佃民王永祥等認領，先交押租錢共二十餘萬吊，於將來查辦邊界，一切船糧車馱經費，可資備辦。請將前項各荒，一律招墾，即以押租借給查界之費，餘則悉數解京。俟領種五年後，再將升科錢文，接濟京餉等語。吉林荒地既可援案招墾，別無違礙，於經費不無裨益。著即按照所奏辦理，仍著照舊章先取押租，俟五年後升科。惟事屬經始，務須辦理妥協，並隨時嚴查以多報少情弊。其押租作爲查界經費外，餘賸錢文，及以後升科錢文，毋庸解京，即著據實奏報，抵充該省官兵俸餉，以省往來運解之煩。

同上　[同治五年]又定陝西墾荒章程。一正經界。叛絕各產，劃分段落，編立字號，客民應募者，查明來歷，給照承種。一定限制。叛產概令入官，絕產以三年爲期，業主逾期不返，即行截止。客民認墾者，期至六年，租糧及額，即爲永業。一緩錢糧。水田初年免租，止納正糧。旱田租糧俱免，次年再升科。一定租穀。每畝每年約取租穀，六年後統免租穀，照額輸糧。

同上　[同治五年]又諭，曾國藩奏查辦湖團分別留遣，並酌籌善後事宜一摺。據稱江蘇銅、沛兩縣濱湖田畝，前於咸豐元年間，因黃河豐工決口時，被水淹沒，嗣因黃水退涸，變爲荒田。經前任南河河道總督庚長，設立湖田局招墾，繳價輸租充餉，山東曹濟等屬各縣客民，遂陸續前赴該處，創立湖團，相率墾種，屯聚日多。銅、沛土民，於水退歸鄉後，因舊時田產被客民所墾，日相控鬭，疊釀巨案。並有刁劣生監，設局斂錢，屢以湖團通捻謀逆等詞誣控，希圖將客民概行驅逐。現經訊明分別良莠辦理，所辦甚屬允協。銅、沛等縣土民田產，因被客民占墾，控鬭不休，固出於情之不得已。惟當地方官立局招墾時，該處土民，並不呈請認還舊產，迨客民出貲認墾，變荒爲熟，始行爭控，亦無以服客民之心。且所墾之田，亦有官荒地畝，土民被占田產，並無如許之多，其聚衆搆訟者，亦非田產被占之戶。現經曾國藩查明，將上年容留捻匪之刁、王兩團客民，驅回山東本籍，所有該兩團退出田畝六百五十餘頃，抵還侵占之數，計已有贏無絀。凡有印契糧票之失業土著各戶，均准其報官認種，以昭平允。其餘安分各良團，均不得概行驅逐，所墾地畝，均准其永爲世業，該處土民，不得再行爭控。

同上　光緒元年諭，福建臺灣全島，自隸版圖以來，因後山各番社習俗異宜，曾禁內地民人渡臺及私入番境，以杜滋生事端。現經沈葆楨等將後山地面設法開闢，曠土亟須招墾，一切規制，自應因時變通。所有從前不准內地民人渡臺各例禁，著悉與開除，其販買鐵竹兩項，著一律弛禁，以廣招徠。

同上　[光緒元年]又諭，前據崇實等奏，奉省大東溝現辦善後情形一摺，當有旨令該部議奏。嗣後據崇實等奏稱，升科一節，請先明降諭旨等語。流民私種邊地，例禁綦嚴。惟既墾荒成熟，從前亦曾奉旨允准徵租。現在該處地畝，小民開墾多年，樂輸租稅，朝廷恩施格外，原可寬其既往，以遂民生。所有大東溝一帶已熟地畝，著准其一律升科，無論旗民，凡任地開墾者，一體編入戶口冊籍，即著崇實等督飭委員，將一切事宜，妥爲經理，務使各安本業，毋任滋生事端，用副子惠閭閻至意。

同上　[光緒]十一年諭，墾荒地畝，自以招集流亡業歸土著爲最善。如有客民承種情事，亦應分析查明，持平妥辦，以息爭端。

同上　[光緒]十五年，咨准：嗣後有旗地之通州、三河、武清、寶坻、薊州、香河、甯河、霸州、保定、文安、大城、固安、永清、東安、大興、宛平、良鄉、房山、涿州、昌平、順義、懷柔、密雲、平谷、灤州、盧龍、遷安、撫甯、昌黎、樂亭、臨榆、清苑、滿城、安肅、定興、新城、唐縣、博野、望都、容城、完縣、蠡縣、雄縣、安州、高陽、河間、獻縣、阜城、肅甯、任邱、交河、景州、故城、吳橋、天津、青縣、靜海、滄州、南皮、鹽山、延慶、保安、蔚州、宣化、萬全、懷安、赤城、懷來、遵化、豐潤、玉田、昌州、淶水等七十三州縣，咨報荒地，如有除糧案據者，即係民荒，由井田科付送福建司，按原除糧額，分別上、中、下三等議徵，歸入地糧項下，附冊造報；若無除糧案據者，即係官荒、旗荒，由井田科覈辦歸於旗租公產奏銷案內造報。其餘無旗地之州縣，報墾荒地，均由福建司分別，有除糧案據者，謂之民荒，照原除糧額升科；無除糧案據者，謂之官荒，按《賦役全書》上、中、下三等議徵，歸入民糧項下造報。

《清通典》卷一《食貨一》　[崇德二年]諭王貝勒大臣勿許人踐民禾。

順治元年，御史衛周祚請行正定地方清丈編審之法。山東總河楊方興疏請清丈田畝，以見在熟地爲數，其拋荒者無論有主無主，盡數豁除。俱從之。始定開墾荒地之例。凡州縣衛所荒地，分給流民及官兵屯種，有主者，令原主開墾，官給牛種，三年起科。二年，准新墾荒地免租一年。又定原荒之田，三年後起科，原熟而拋荒之田，一年後供賦。六年，定州縣以上官考成，以勸墾多寡，催督勤惰爲殿最。八年，命御史分巡各省，察民間利病。蘇松巡按秦世楨疏言：田地令業主自相丈量，明注印冊。從之。九年，令八旗退出晌地，並首告清出地，及各省駐防遺地，照墾荒例招墾。十一年，定丈量規制。凡丈量州縣地，用步弓，旗莊屯地用繩。十二年，頒部定步弓尺，廣一步，縱二百四十步爲畝。命有司於農隙時履畝丈勘。其瀕江瀕海之地，十年一丈，視有無漲坍分別陞免。十五年，命御史詣河南、山東二省，率州縣履畝清丈，分別荒熟實數。凡直省田土，悉登十一年新編《賦役全書》。《賦役全書》詳見田賦。其與前明萬曆年間《賦役全書》數符者，不丈。又以山東明藩田產，相沿以五百四十步爲一畝者，照民田例，概以二百四十步爲一畝。十八年，巡按河南御史劉源濬，請以開墾荒地之初，免其雜項差役，并令地方官先給帖文，詳載姓名、地址、年月，以杜爭訟。雲貴總督趙廷臣請以招民耕種之無主荒田，官給印票，永爲己業。均從之。是年，總計天下田土共五百四十九萬三千五百七十六頃有奇。

康熙元年諭，直省有隱匿地畝，不納錢糧，或反圖冒功報爲新墾者，州縣衛所及所轄上司官，俱分別議處。二年，申定開墾年限之例。凡荒蕪之地，以五年爲期。四年，申禁丈量攤派詐擾之弊，併遣官分行各省踏勘。時雲南巡撫袁懋功疏言，雲南地少平衍，難以勘丈，請停止遣官踏勘之差。從之。又停止限年墾額之例。六年，定勸墾各官，俟三年起科後，錢糧如額完納者，方准議敘例。七年，雲南御史徐旭齡疏奏墾荒三事：一緩科差，請令新荒者三年起科，積荒者五年起科，極荒者永不起科；一集招徠，請令流移者給以官莊，匱乏者貸以官牛，陂壤溝洫修以官帑；一嚴考成，請令地方官限以幾年招復戶口，幾年修舉水利，幾年墾完地土，有田功者陞，無田功者黜。從之。【略】十三年，定招民開墾，酌量敘用之例。凡貢監生員、民人，墾地三十頃以上至百頃以上者，奏送吏、兵二部，試其文藝通否，與以知縣、縣丞、守備、百總等官。其招民不足額數，墾地錢糧未經起解，地方官遽行具題者，州縣以上等官，俱各議處有差。川湖總督蔡毓榮，請令現任文武官，招徠流民三百名以上，安插得所，墾荒成熟者，不論俸滿，即陞。其各省候選州同、州判、縣丞及舉貢、監生，有力招民者，授以署縣職銜。俟開墾起科，實授本處知縣。從之。是年，又定官民隱田罪例。凡該管官能查出隱田者，按地多寡分別議敘。有能舉首他人隱地在十頃以上者，即以其地予之。妄告者，罪從前。隱匿之地，立限八月，令其自首。二十年，上慮清查隱地之例既行，有司或利其陞敘，虛報田糧，攤派民間，諭部檄行直省督撫，嚴行察覈。二十四年，戶部總計天下田土共六百七萬八千四百三十頃有奇。衛所田土歸入州縣，征糧者并載於內。二十八年諭，嗣後民人有出首開墾田畝，不拘年限，以自行首報之年起科，該管官免其議處。二十一年，又令隱匿地畝限一年內自首。三十四年，復令再寬限一年。四十三年，又申地方官隱匿捏報之禁。二十九年，以四川民少地多，凡流寓願墾荒居住者，永給爲業。又定雲南墾荒地納糧之例。凡老荒田地，招見納軍糧之人承墾者，照民田分上、中、下三則減征，至三年或五年，再按例陞科。其非見納軍糧之人，悉照民田下則，五年後量加十分之五起科。三十二年，定雲南所有明代勳莊，照老荒地之例招民開墾，免其納價。三十三年，定雲南清浪衛，業經清丈田地，每十畝科糧一石。是年招徠西安等處流民復業，戶給牛種、耕具、傭值。又貴州兵燹荒廢，招徠開墾，其隱匿田畝，限一年自首。三十四年，清丈福建沿海州縣田地。三十八年，湖廣督臣郭琇奏請，湖南居民自行清丈田畝出首，官抽查丈，隱漏治罪，清丈之後，錢糧較前減十分之二。

上曰：果於民有益，所減雖倍於此，亦所不惜。若不清丈，以荒田著落他人，徵收錢糧，有累窮黎，斷不可也。四十一年，令山東所有明藩基地願承墾者，每畝納價五兩，給以印照，守爲恆業，申明地方官，隱匿墾荒田地，入己侵蝕之禁。四十四年，令湖北民人願墾荒者，官給牛種。又令湖廣省濱江田畝，凡堤身所壓之田，及築堤取土之地，丈明畝數，給與價值，開除糧額。四十六年，令福建省未墾荒田二千餘頃，限一年照數墾足徵糧。四十八年，以湖南隱匿田地，日久未清，再限一年，盡數首報，違者許里民舉首，田產入官，追徵積逋，仍治欺隱之罪。扶同不舉者，坐。五十一年，諭湖廣四川巡撫，凡民人有自湖廣往四川種地者，各於往回時造冊移送。時湖廣民人往四川開墾者，每將原籍田宅變賣，至五年起徵之時，復回湖南爭訟原產，故有此制。山東民人往口外種地者，亦如之。五十三年，准甘肅各村堡中，有荒地未種者，撥給無地貧民耕種，官給牛種。五十五年，巡撫綽奇勘閱肅州迤北地方，及嘉峪關、錫濟木、金塔寺、達哩圖、方城子等處，地可開墾，請招民樹藝。

雍正元年，世宗憲皇帝以國家承平日久，生齒殷繁，開墾曠土於民最有裨益，敕督撫以下等官，加意勸督。諭凡有可墾之處，聽民相度地宜自墾自報，地方官不得勒索，胥吏亦不得阻撓。陞科之例，水田仍以六年，旱田寬至十年，著爲定例。准山西、河南、山東曠地，開墾無力者，官給牛具，起科後給與執照，永爲世業。又以瀕江近海之區，定例十年一丈者，恐未及年數卽有坍漲，令不時清查，無拘十年之例。六年，復定五年一丈。二年，上以國家休養生息，戶口日繁，務使盡力田畝，家給人足，敕直省督撫各董率有司實心勸督，咨訪疾苦，有絲毫妨於農業者，必爲除去。每鄉中擇一二老農之勤勞作苦者，優其獎賞，以示鼓舞。其不可耕種之地，課令種樹，禁非時斧斤、牛羊踐踏及盜竊之害，牧養亦令乳字以時。又諭四民士爲首，農次之，工商爲下。士子學成用世，國家榮之以爵祿，而農民勤勞作苦，以供租賦、養父母、育妻子，其敦龐湻樸之行，豈惟工賈不逮，亦非不肖士人所能及。令州縣有司，擇老農之勤勞儉樸、身無過舉者，歲舉一人，給以八品頂帶。又令各督撫率所屬，舉行勸農之典，有輕視民隱，不實力奉行者，以溺職論。又以西寧布隆吉爾地方遙遠，招墾人少，令直隸、山西、河南、山東、陝西發遣軍流之人有能種地者，前往開墾，官撥給地畝、牛種、耕具，三年起科。是年總計天下田土共六百八十三萬七千九百一十四頃有奇。四年，清丈張家口外地畝，設同知一員，分畝爲十分，限年招墾。又令直隸州縣勸民樹植桑、麻、棗、栗，及種菱藕，畜魚鳧之屬。五年，上以隱匿開墾，定例甚嚴，或吏民恐一經首報，追究從前欺隱之罪，諭各省官民限一年首報，其從前侵隱之罪，悉從寬免，未納之錢糧，亦不復究。以雍正七年爲始，入額征解。山東省首報地一千七百四十餘頃。六年，令再展限六月。又令雲南、貴州二省廣行開墾，官主捐墾者，按戶多寡議敘，所墾之田，歸於佃戶。民間自墾者，仍給爲世業。又江南省安河淀水家墩，新淤地數千頃，山陽、鹽城二縣，海口疏通新涸地六千頃，均給民耕種，分別年分輸稅。又各省荒地，如積鹻未消、浮沙漲漫、山石磽瘠、低窪積水之區，難於開復者，仍令設法開墾，不入年限之內。五年，遣科道等官清丈四川田畝。六年，以甘肅、寧夏之察罕托輝地平衍可墾，遣大臣會同督撫濬治河渠，得地二萬餘頃，招民墾種，官給房舍、牛具、籽種。凡本籍紳士，俱令開墾授業。其陝西各屬無業民戶願往者，給與路費，每戶受田百畝，以爲世業。又浙江溫州府之玉環山，孤懸海外，設同知一員，招民開墾，得田九百四十四頃有奇。八年，清釐四川田畝。四川開墾田土，未經丈量，隱占爭訟。五年，遣科道往丈。至是，事竣，較原冊贏田千四百八十頃有奇。敕四川巡撫憲德布政使高維新，於額糧稍重州縣，清丈之後，倣適中之科則核減。又准四川報墾田地，分別年限起科。謹按：四川省自雍正元年令該督撫勸諭開墾，其民苗愚鈍，不知開墾之法者，擇湖廣、江西在蜀之老農，給以衣食，使之教墾。俟有成效，題給老農頂帶。六年，議准各省入川民人，每戶酌給水田三十畝，或旱田五十畝，若有子弟成丁者，每丁增給水田十五畝或旱田二十五畝，丁多不敷養贍者，臨時酌增。至是，松茂、川東、永寧、建昌四道報墾荒田六千八百五十五頃，荒地二萬九百五頃各有奇，荒田墾種六年起科，荒地墾種十年起科。十一年，令四川苗疆山林坡岡之間，招民墾種。十二年，令山東、河南選善種旱田者，赴廣東高、雷、廉、瓊等州，教之耕種。十三年，申定地方官報墾不實處分。又申清丈江南、江西、湖廣沿江沙灘，坍漲陞除不實之禁。又定江蘇漕田、蘆洲陞科不實之禁。腹內地畝曰漕田。近水泥灘沙地曰蘆洲。或有新漲已成漕田，仍報蘆課。蘆洲久成熟地，不轉則陞科者，故有是禁。十三年八月，皇上登極，諭曰：朕見各省督撫題報開墾者，紛紛不一。至於河南一省，所報畝段尤多，而閩省繼之。訪察其中，多有未實。或由督撫欲以廣墾見長，或由地方有司欲以陞科之多迎合上司之意，而其實並未開墾，不過將陞科錢糧飛灑於見在地畝之中。名爲開墾，實則加賦，非徒無益於地方，並貽害於百姓也。嗣後，各督撫遇造報開墾畝段，務必詳加查核，實係墾荒，然後具奏。不得絲毫假飾，以滋閭閻之累。

乾隆二年諭，方今天下，土地不爲不廣，民人不爲不衆，以今之民，耕今之地，使皆盡力焉，則蓄儲有備，水旱無虞。乃民之逐末者多，而地之棄置者亦或有之，縱云從事耕耘，而黍高稻下之宜，水耨火耕之異，南人尚多不諳，北人率置不講，此非牧民之責，誰之責與？朕欲天下之民，使皆盡力南畝，而其責則在督撫、牧令，必身先化導，毋欲速以不達，毋繁擾而滋事，將使逐末者漸少，奢靡者知戒，蓄積者知勸。朕卽以此別督撫之優劣。至北五省之民，於耕耘之術，更爲疎略，其應如何勸戒百姓，或延訪南人之習農者以教導之。牧令有能勸民墾種，一歲得穀若何，三歲所儲若何，視其多寡爲激勸，毋輕率劾去。使久於其任，則與民相親而勸課有成。令部臣詳悉定議，尋議倣《周禮》遂師之制，於鄉民之中，擇熟諳農務、素行勤儉、爲閭閻信服者，每一州縣量設數人董勸。其地方官考績之法，均寬以歲月。如勸戒有方，境內地闢民勤，穀豐物阜，督撫於三年之內，據實題報，官則交部議敘，老農量加獎賞。從之。命南書房翰林同武英殿翰林，編纂《授時通考》，凡播種之方、耕耨之節、備旱捕蝗之術，散見經籍及後世農家者流之說，皆取擇焉。又諭令各州縣於春耕秋斂之時，親爲履畝，察其勤惰，稽其豐歉，凡事有利農者，申請舉行。定承墾荒地例，凡土著流寓呈報開墾者，以呈報在先之人承墾。又清丈江南靖江縣坍漲田地。謹按：靖江濱河之田，漲則均減，坍則均增。五年，清丈之例時未舉行，致有一戶報陞而通邑減，一戶報減而通邑陞者。至是，陞免核實。五年，諭民間多闢尺寸之土，卽多收升斗之儲，乃往往任其閒曠，不肯致力者，或因報墾則必陞科，或因承糧易致爭訟，以致愚民退縮不前。嗣後，凡邊省、內地零星地土，可以開墾者，悉聽本處民夷墾種，並嚴禁豪強首告爭奪。其在何等以上，仍照例陞科，何等以下，永免陞科之處，各省督撫悉心定議。續議准直隸零星地土在二畝以下者；山東山頭土角以及河濱溪畔在中則以上不足一畝，及下則以下不足二畝者；山西瘠薄下地，不成邱段，在十畝以下者；河南上地不足一畝，中地不足五畝，高岡、砂磧、下隰、低窪之地；江蘇山頭土角，溝畔田塍奇零隙地；安徽水田不及一畝，旱田不成二畝者；江西山頭土角不及二畝，砂石間雜坍漲不一者；福建奇零田地不及一畝，或雖及一畝而地角山頭不相毗連者；浙江臨溪傍崖零星不成邱段者；湖北旱地不足二畝，水田不足一畝者；湖南奇零土地，高灘阪隰，種植稻禾不及一畝，雜糧不及二畝，並峰頭湖澤之隙不成邱段者；陝西、甘肅其山頭角砂磧之地，聽民試種，至平原空地，在開墾未及起科之年，地或鹻鹵者；四川上田，中田不足五分，下田上地、中地不足一畝，山頭土角、間石雜砂者；廣東山梁、岡陁、砂礫夾雜者；廣西平原成片段之地，上則、中則水田不足一畝，旱田不足三畝，下則水田不及五畝，旱田不足十畝者；雲南砂石磽确，水耕火耨，更易無定，及不能引溉或低窪不能定其收成者；貴州依山傍嶺，工多獲少，土淺力薄者，均免陞科，其餘減則，分別年限起科。河南巡撫雅爾圖上言：豫省旱田，可改水田者甚多，旱田賦輕，水田賦重，一經改種，必須題請加賦，小民未免覬望。上諭：河南民人願將旱田改爲水田者，錢糧仍照原定科則，免其加賦。又准湖北旱田改水田者，亦照河南例。又定湖北承墾官民田地例。凡承墾官地者，以具呈之先後爲定，承墾民地者，先責成業主，業主無力，許他人承墾爲業。六年，議准陝西無主荒地，官爲招墾，給照爲業。若本地人力無餘，准鄰近無業之人承墾，編入土著。其平衍易收之地，每丁授地五十畝，山岡、沙石之地，每丁授地百畝，如父子兄弟均係壯丁，酌量加增。七年，議准原墾佃戶之子孫，業主不得擅更。業主子孫欲種者，將肥瘠地畝各分一半。若業主他徙，承佃之戶久經應差納課，業主子孫回籍，計其拋荒年分，酌量分給。如過三十年以外者，概不分給。在一二年之內者，將當年所獲給承種之戶，次年再歸業主。十一年，上以廣東高、雷、廉三府荒地，磽瘠居多，令該地民人墾種者，概免陞科，并爲世業。十五年，申弓尺盈縮之禁。凡新漲新墾陞科之田，務遵部式丈量，不得仍用本處大小不齊之弓。十八年諭，廣東瓊州爲海外瘠區，貧民生計維艱，查有可墾荒地二百五十餘頃，照高、雷、廉之例，招民開墾，免其陞科。是年總計天下土田七百八萬一千一百四十二頃八十八畝。二十六年，回疆底定，其從前安插吐魯番回人，移歸故土，所遺肅州威魯堡熟地一萬五千三百六十餘畝，陝甘總督楊應琚疏請募民承種。從之。是年，山西大青山土默特十五溝，墾地四百四十餘頃；安西府屬之玉門、淵泉二縣，墾地千二百一十餘頃；四川屏山縣、大竹堡二處，墾地一千一百八十餘頃，俱分別年限起科。三十一年諭，滇省山多田少，水陸可耕之地，俱經墾闢無餘，惟山麓河濱尙有曠土，向令邊民墾種。而定例山頭土角在三畝以上者，照旱田十年之例，水濱河尾在二畝以上者，照水田六年之例，俱以下則陞科。第念此等零星土地，本與平原不同，倘地方官一切丈量查勘，不免滋擾，令滇省此等地土，俱聽民墾種，概免陞科。又議准凡內地及邊省零星地土，聽民人開墾種植。直隸江西不及二畝；福建及江蘇之蘇州等屬不及一畝；浙江及江蘇之江寧等屬不及三畝；陝西不及五畝；安徽、湖南、湖北、貴州水田不及一畝，旱田不及二畝，下地不論頃畝；山東中地以上不及一畝，下地不論頃畝；山西下地不及十畝；廣東中則以上水田不及一畝，旱田不及三畝，下則水田不及五畝，旱田不及十畝；四川上田、中田不及五分，下田上地、中地不及一畝，下地不論頃畝；雲南及廣東之高、雷、廉三屬不計頃畝；奉天之山岡土阜、河濱窪下之處，不成邱段者，不計頃畝，俱免陞科。是年，總計天下土田七百四十一萬四千四百九十五頃有奇。三十二年，准太僕寺牧廠空地招民開墾。三十四年，豐鎭、寧遠二廳，報墾一千五百五十五頃七十餘畝。又募墾吳縣、金山、無錫、丹陽、寶山等縣荒田。三十七年，募墾黃州府黃州衛荒地。三十八年，戶部疏請招民佃墾，定限起租。諭曰：前以荒蕪地畝及低窪之處，每易滋生蝻孽，曾令裘曰修親往履勘，並令英廉等酌量可墾者，令業主佃戶墾種成熟，其實係沮洳之區，即爲開掘水泡，以杜蟲孽，而資瀦蓄。數年以來，尚未辦及此事。於畿輔農田最有關係者，著周元理專派明幹妥員，逐加踏勘，將實可施工、民間樂於認墾者，聽從其便。其荒蕪低窪之區，即酌開水泡，以期日久利賴。三十九年，定廣東三水、新安等縣，報墾荒地照旱田例起科。四十五年，開墾廣西鎮安府屬水田。四十九年，開墾山西渾源州荒地。五十年，直隸查勘可墾荒地八百餘頃，請按八年陞科之例，部請以鹽鹻沙壓難墾之地，再限二年，其實難施工之地，仍令各州縣隨時踏勘，俟其地脈轉移，即行招墾。從之。上諭所有各州縣，歷年報荒官旗各項地畝，經此次派員履勘，即查出可墾之地八百餘頃，分年招墾，於旗民均有裨益。足見從前荒棄，皆因地方官不實力所致，但恐此後地方官因循日久，又復視爲具文，日漸廢弛，著督撫董率所屬，認眞辦理。至地利轉移無定，并著隨時察看，續有可墾及續行報荒之處，年終彙奏，以專責成。

《清通典》卷七《食貨七》 順治元年，諭曰：前明厲政莫如加派遼餉，以致民窮；盜起，而復加勦餉；再爲各邊抽練，又加練餉，惟此三餉，數倍正供。更有召買糧科，始猶官給以銀，繼則按糧攤派，官吏短價尅扣，書役勒索追比，名爲當官平市，實則計畝加徵，民無控告，殊可憫恤。自兹以後，凡正額之外一切加派，盡行豁除。如有官吏朦混倍徵者，殺無赦。定各欵錢糧彙解例，時解京錢糧，頭緒紛雜，有正項止三千餘兩，而條分四十餘項者，故設此例。嚴加征火耗之禁。八年，蘇松巡撫秦世楨疏言八事：一田地令業主自丈；見《田制篇》。一額定錢糧俱塡易知單，設有增減，分給小單，以防侵蝕；一由單詳開總散數目、花戶名姓，以便磨對；一催科不許濫差衙役，設立滾單，以次追比；一收糧聽里戶自納，簿櫃俱加司府印封，以防抽換；一解放先急後緩，勒限掣銷，毋許存留胥役之手；一民差按田均派，與排門冊對驗，無使不均；一備用銀兩不得預支。從之。令廣東屯糧，本折各半徵收。十年，令江南秣陵、廣武、英武三衛屯糧，准其折色。十一年，欽定《賦役全書》謹按：《賦役全書》，順治三年纂。凡在京各衙門錢糧項款原額，及見在收支銷算數目，在外直省錢糧，見在熟田應徵起存數目，均載入頒行，每年令布政司將開墾荒田及增減戶丁實數訂入。至是，復行訂正。十三年，命戶部侍郎王宏祚，將直省額徵起存總散實數，編撰成帙，凡有參差遺漏者，悉行駁正，其明季加派陋規豁免未盡者，概行蠲除。至漕白雜項，或改折或本色，俱細加清核，編勒成書，頒示天下。於是，《賦役全書》外，又有《會計冊》《赤歷》《丈量冊》《黃冊》諸書。《會計冊》備載州縣正項、本折錢糧，及起解交部日期，解戶姓名，以杜侵欺，并清積欠。《赤歷》載戶口、錢糧數目，每年頒發二扇，一備謄眞，一備百姓自登納數。令布政司歲終磨對。《丈量冊》載天下田土，凡原隰、墳壤、下濕、沃瘠、沙鹵，咸具焉。《黃冊》則準於戶口，詳其舊管、新收、開除、實數，條爲四柱，與《賦役全書》相爲表裏。行一條鞭法，頒易知由單，一條鞭法以府州縣一歲中夏稅秋糧，存留起運之額，通爲一條總征，而均支之。至運輸等事，皆官爲支撥而民不與。由單之式，以每州縣上中下地正雜、本折、錢糧，開列總數，刊成定式。於開征之前，給花戶使民通曉。此外又有截票、印簿、循環簿、糧冊、奏銷冊。截票之法，開列實征地丁錢糧數目，分爲十限，每月限完一分。截票，其票用印鈐蓋，就印字中分爲兩，半給納戶執憑，半留庫櫃存驗，即所謂串票也。印簿由布政司頒發，令納戶親塡入簿，季冬繳司報部。糧冊載各區納戶花名細數，務與一甲總額相符，易於摘比。循環簿照《賦役全書》款項，急者居先，緩者居後，按月循環徵收。奏銷冊以各省錢糧支解完欠，按年分款彙造清冊，歲終送府，由府送部，據以考核。嚴徵收加派之禁。十五年，御史許之潮疏言：財賦之害，莫大於蠹役，官以參罰去，而蠹役歷久尚存。前無所懲，後無所戒，故所侵蝕，每至盈千累萬而不知止。請將從前侵蠹姓名、數目清查，籍其家業，多者坐以大辟，少者流配以清蠹源。從之。十六年，令州縣設征收櫃，凡征收時各置木櫃，排列署門，令納戶眼同投櫃，以免扣尅。工科給事中陰應節疏言：錢糧四弊：一州縣挪移，一紳士包攬，一土豪冒名紳士，一隔縣寄莊抗糧。請嚴查懲禁。從之。

康熙二年，工科給事中吳龍疏言，直省解京各項錢糧，國初原總歸戶部，自順治七年，令各部寺分管催收，以致款項繁多，易滋姦弊。請以一應雜項俱稱地丁錢糧，作十分考成，除扣撥兵餉外，其餘通解戶部，各造簡明賦役冊，其易知由單頒給民閒者，盡除別項名色。各部寺應用錢糧，即向戶部支給。從之。四年，革隔年預征之例。凡錢糧均以夏秋分征，申加添火耗之禁。六年，上以由單款項繁多，小民難以通曉，令嗣後只開上、中、下等應徵銀米實數。其湖廣、陝西二省糧石，派征本折數目，向未開載，令照例塡注。七年諭，戶部收納直省起運錢糧，督撫不得縱容司道書吏，勒索苦累解官。謹按：州縣經徵錢糧運解，布政使司候部撥日起運。

同上 ［康熙］二十八年，申定截票之法，截票始於順治十三年。一票而中分之，一給納戶，一存庫櫃。每逢比較察驗，有票者免催，未截者追比。行之既久，姦胥或藉磨對爲名，將納戶所繳之票强留不給，遂有已完作未完，多徵作少徵者。今定三聯印票，一存州縣，一付差役應比，一付花戶執照，徵收數目，每票塡寫。如州縣勒令不許塡寫及無票付執者，許小民告發，以監守自盜律科罪。停歲造《赤歷冊》。《黄冊》《會計冊》俱於十年停止。令各州縣日收錢糧流水簿，於歲底同奏銷文冊齎司磨對。三十年，令直省各州縣衛所署門，均勒《賦役全書》科則於石，使民悉知。三十九年，設立滾單。滾單之法，或五戶或十戶用一單，於納戶名下注明田畝若干、該銀米若干、春應還若干、秋應還若干，分作十限，每限應完若干，給甲內首名挨次滾催，令民自行投櫃，不許里長、銀匠、櫃役稱收。一限若完，二限挨次滾催，如有一戶沈單不完不繳，察出究處。四十二年，令截票分別注明漕項地丁數目，毋許朦混征比。五十二年諭，嗣後止將見在錢糧冊內有名丁數，垂爲定額，其滋生人丁，另造清冊，永不加賦。尋定新增者，謂之盛世滋生冊。雍正元年定，凡州縣開徵之始，令該府委員同封銀櫃，或十日二十日，別委員拆封，卽解其存貯穀石，按季盤察，出結轉報，隱徇同坐。二年諭，民間輸納錢糧，用自封投櫃法，亦屬便民之道。但偶有短少之處，令其增補，每致多索其數浮於所少之外，理應將原銀發還，仍於原封內照數補足交納，庶可免多索之弊。此雖細事，督撫大吏亦不可不留心體察，嚴飭有司，以除民累。三年，更刊四聯截票。一送府，一存串根，截票，一名串票。一給花戶，一於完糧櫃旁，別設一櫃，令花戶完銀時自投櫃中，每夜州縣官取出對流水簿，勾銷欠冊。又定零星錢糧納錢之例。凡一錢以下小戶，每銀一分，準交制錢十文，其大戶尾欠一錢以下者，亦如之。又定附納之例。凡小戶錢糧數在一兩以下者，附大戶投櫃，於截票載明。山西巡撫諾敏、布政司高成齡疏請提解火耗。上以州縣火耗，原非應有之項，因通省公費及各官養廉，有不得不取給於民者，今非不願天下州縣絲毫不取於民，而其勢有所不能，若各屬火耗酌定分數，則將來竟爲成額，必至有增無減。又以奏稱提解火耗，將州縣應得之項，聽其如數扣存，不必解而復撥等語，勢必額外加征，私行巧取，浮於應得之數，累及小民。況解交督撫，則顯然有據，扣存州縣則難保貪廉，未准議行。十三年，皇上御極之初諭，向來徵收錢糧，因銀色有傾銷之耗折，解送有路途之盤費，故於正項外，徵收耗羨，原無定額，廉潔者尚知自愛，不肖者任意徵求。經諾敏等倡爲提解歸公之法，各該督撫就本省情形酌定分數外，絲毫不許濫徵。蓋以耗羨原屬額外之項，與其聽地方官私行徵取，不如明定分數，使有節制，不敢違越也。然在未提解以前，尚有私項，既提解以後，或恐不肖官員視同正課，又得以耗羨之外，巧取殃民。從前皇考洞見流弊，屢降諭旨，欲俟將來虧空全淸、府庫充裕之日，漸減漸革。聖心廑念未或忘之。朕紹承大統，切念民依，孜孜軫恤，日與王、大臣等悉心籌畫，期使我民於正項之外，絲毫無擾。而一時勢有未能，尚須從容計議。惟是提解耗羨之法，行之已十有餘年，恐日久弊生，姦吏貪緣朘削，耗外加耗，重困閭閻，不可不爲深慮。各該督撫其咸體朕意，知耗羨一項可減，而決不可增，可於格外從寬，而斷不可於額外多索。再各省耗羨分數，率在加一上下，然江南賦重之區，如蘇、松、常、鎭四府，額賦較之他省幾及數倍。雍正六年以前，每兩加耗僅止五分。雍正六年以後，增至加一，且有司又復巧取，民何以堪。令量減分數徵收，不得仍前重耗。

乾隆元年諭，朕聞永平府屬州縣，凡徵收錢糧，皆以錢作銀，每銀一兩，連加耗羨銀一錢五分，共折制錢千一百五十文，今該處錢價昂貴，民間納錢比之納銀，爲費較重。朕思民間完納錢糧銀數，在一錢以下者，向例銀錢聽其並用，原以便民。若數在一錢以上，又値錢價昂貴之時，亦令交錢，轉致多費，是便民而適以累民，殊未妥協。嗣後在一錢以上者，不必勒令交錢。二年諭，外省荒闕賦銀，向例在於知府等官以下俸工內扣除抵補。朕念佐雜微員，力量單薄，不應在扣除之內，已於乾隆元年降旨，諭令在督撫司道大員及府縣正印官俸工內均攤抵闕。今思官有崇卑，役無大小，微員俸工既經免其攤扣，其各衙門人役工食藉以養贍其家，若因荒闕扣除，則餬口無資，情有可憫，此項共計十二萬餘，著准地丁項下全支，免其扣荒。定浙江杭、嘉、湖三府屬南米隨同漕米十月起徵例。謹按：南米向係春徵四分，於冬季辦漕之後，復令催輸。今以漕南二米分款交倉，多形跋涉，故改歸十月隨漕米分別免運。減湖南湘鄉、瀏陽二縣賦。準長沙縣適中定額。又減湘陰縣折色銀。又諭，湖北所屬忠峝等土司田地應徵糧銀，奉照原額秋糧銀數，按田均輸，作爲定額，毋庸別立科則。十二年，禁民人置買湖廣永順等處土苗賦輕田地。永順土苗田地，較之內地糧額輕減，嗣因改土歸流，已入版圖，民人利其糧輕產賤，故有是禁。

《清通志》卷八一《食貨略一》　世祖章皇帝御宇，因明季變革，版籍多亡，田賦無準，首著御史衛周祚巡行畿甸，見正定府荒地十居六七，請行清丈編審之法，使地丁錢糧悉符實數。而山東向遭流寇焚掠，荒蕪尤甚，河臣楊方興請以見在熟地爲數，而荒棄者無論有主、無主，盡數除之。上可其奏。旋卽定開墾荒地之例。凡州縣衛所荒地，分給流民及官兵屯種，有主者令原主開墾。又准河南拋荒地畝，令鎮協官兵開墾，其荒田三年起科，其原熟而拋荒者，一年供賦。六年，令地方官招徠逃民，不論原籍、別籍，編入保甲，開墾荒田，給以印信執照，永準爲業。三年後，察成熟畝數，以勸墾之多寡，論有司殿最。時山海關外，荒地特多。八年，令民願出關墾地者，山海道造冊報部，分地居住。又以八旗退出晌地，並首告清出地，及各省駐防所遺地，悉照墾荒例開墾。十年，以四川荒地聽兵民開墾，官給牛種，又令酌調步兵開陝西荒地，又以直省州縣魚鱗老冊原載地畝區段，坐落田形四至，名目間有不清者，印官親自丈量，乃定丈量規制，頒部鑄步弓尺於天下。凡州縣用步弓，依秦漢以來舊制，廣一步縱二百四十步爲一畝。各旗莊屯田用繩，每四十二畝爲一繩，是謂繩地。令有司乘農隙，率里甲履畝丈勘，以定疆界。然開墾既多，數溢於舊，有司中有以大畝當小畝，又或田不加闢而貪冒議叙，則又有以小畝當大畝者。其後，十五年，命御史二員詣河南、山東，率州縣履畝清丈，分別荒熟實數。其地畝繩尺悉遵舊制。【略】

十八年，巡按河南御史劉源濬言：南陽汝寧荒地甚多，恐耕熟後有人認業，遂起訟端，雖三年起科，著有定例，而開種之初，雜項差役仍不能免。嗣後請令該地方官先給帖文，開列姓名、年月並荒田四至坐落，每歲申詳上司，以息爭訟。寬徭役以恤窮黎，借常平倉穀以資耔種，各州縣仍以勸墾多寡定殿最。部議如所請。從之。康熙元年，以山東民地錯雜，竈地有在本省者，有在直隷南皮、鹽山縣者，令巡鹽御史及地方官清丈，各正疆界。特諭直省有隱匿地畝不納錢糧，及反圖冒功報爲新墾者，州縣衛所官及該管上司，分別處分。是時海內初平，人民未盡復業，雖順治十五年開墾之例通行直省，地廣人稀，汙萊多有未闢者，乃申地方官開墾勸懲之例。其議叙例，略如前。而又戒凡州縣衛所荒地，一年内全無開墾者，督撫題參，其已墾而復荒者，削去開墾所加紀錄，如前任官墾過熟地，後任官復荒者，照例議處。以康熙二年爲始，寬限五年，如六年之後察出荒地尚多，將督撫以下分別議處。其同知通判，不與知府同城，自勸民開墾者，照前州縣例議敘。其後又准貢監生員、民人墾地，自二十頃至百頃以上者，試其文藝通否，酌量以知縣、縣丞、百總、武職等官用。復採川湖督臣蔡毓榮言，蜀省可墾之地，敕現任文武官員招徠流民三百名以上，安插得所，墾荒成熟者，不論俸滿卽陞。其各省候選佐雜，及舉貢監生有力招民者，授以署縣職銜，俟起科時實授本縣知縣。其開墾之限始定五年，旋卽有停止限年之令。又有取具里老，無包賠甘結，始准議敘之令。所以杜揑報、攤派之弊也。

其起科之例，國初定制，准以三年。聖祖軫念黎元尤爲備至，十年准於三年後再寬一年，十一年令寬至六年，之後十二年復寬至十年，及至十八年，始復六年起科之例。二十七年，以徐州、淮安、鳳陽三處瀕河之地，屯田累民，永行停止。二十九年，以川省荒地甚多，凡流寓願墾荒居住者，將地畝永給爲業。三十二年，以西安等處流民復業，命布政使每戶給牛一頭，並犂具、穀種、雇覓人工之資。三十三年，以福建沿海界外田地，歷來界址混淆，至是令將福州府之閩、長樂、連江、羅源，興化府之莆田、仙遊，泉州府之晉江、南安、惠安、同安，漳州府之龍溪、海澄、詔安、福安、福德等縣，及福寧州沿海地，槩行清丈。三十八年，以湖廣幅員遙闊，履丈難徧，先令民自丈出首，然後官查抽丈。四十一年，以山東明藩地募民墾種，給印帖爲恆業。四十四年，准湖北民人願墾荒者，本省文武官捐給牛種，又以湖廣省屬，大半濱江，凡有修築隄塍，地方官將隄身所壓及就取土之地，丈明畝數，估價攤銀，補償本主。四十五年，丈出濱江蘆洲地畝三千七十餘頃，皆係新淤泥攤草地，定爲下則起科。四十六年，以閩省拋荒田二千六百餘頃，至今尚未足額，令勒限一年，照數墾足。五十一年，諭湖廣、四川巡撫，嗣後湖廣人民往四川種地者，該撫查明年貌、姓名、籍貫，造冊移送四川，察核有自四川回湖廣者，四川巡撫亦照此移送湖廣查對。又諭山東民人到口外耕種者，來往亦如之。按：是時湖廣民人多典賣產業，羣往四川，至五年川省起征復回湖廣，將原賣產爭告，故有是諭。五十二年，又因原任偏沅撫臣潘宗洛所奏湖廣荒地五百餘頃恐未稱實，遣官就疏内所有州縣查勘具奏。五十三年，准甘肅村堡之中，有荒地未種者，撥與無地之人耕種，並動庫銀，資給牛種。五十五年，以陝西赤斤達里等處，荒地甚多，招民捐墾。

雍正元年，特諭開墾水田，以六年起科，旱田十年起科。又諭向來開墾之弊，自知縣至督撫，需索陋規，致墾荒之費浮於買價，百姓畏縮不前，往往荒棄膏腴之地。嗣後各省凡有可墾之處，聽民自墾自報，官吏不得勒索阻撓。戶部因議山西、河南、山東等處閒曠之地，令督撫轉飭各州縣衛所，確查有無從前種地之人，勸諭開墾，無力者，官仍給牛種。起科之後，給印照，永爲世業。又以瀕江近海之地，向例十年清丈，恐未及期有坍漲者，令各州縣衛所官不時清丈，坍者卽行豁免，漲者卽行升科。乃稽古田畯之義，敕令有司於每鄉中擇一二老農身無過舉者，給八品頂帶以示奬勵。督撫率府州縣並行勸課之典。時西寧布隆吉爾地方遙遠，赴墾者少，議將直隸、山西、河南、山東、陝西五省軍流人犯，連家口坐遣之人，有能種地者，到日地方官撥給地畝，給與牛種，照例三年起科。四年，設張家口外同知一員，管理口外地畝，分爲十分，限年招墾。五年，令直省州縣勸民，於村坊樹棗、栗，於河堤種楊柳，陂塘、淀澤種菱藕，畜魚鳧。每歲地方官將村坊種樹之數，申報上司。先是，開墾地畝隱匿之罪甚嚴，在奸吏猾民恐一經首出，勢必追究，是以多方欺護。至是，山東撫臣奏：首出向來官民隱匿未報之地千七百頃，於是寬免向來侵隱之罪，令再展限一年，聽其首報。計先後開墾丈量之地，較康熙年更擴焉。是年，以各州縣荒地有難於墾復者，令該督撫核實聲明，仍飭屬設法開墾，不入年限之內。又准雲貴兩省廣行開墾，凡地方招募開墾，及官生捐墾者，按戶數多寡議敘，其民間自墾者，俱給爲世業。又以江南新淤膏地數千頃，自安河淀至水家墩一帶，差員履畝丈勘，其山陽、鹽城二縣，丈出海口新涸之地六千餘頃，分別年分，均給士民。六年，以寧夏東北察汗託輝地，延袤百有餘里，其地平衍，可墾爲田，遣大臣會同督撫濬治河渠，召民墾種。凡陝西無業民戶願往者，計程途遠近，給與路費，每戶按百畝，以爲世業。又以浙江溫州府之玉環山，孤懸海外，設同知一員，駐其地，招民開墾。先是，四川苗民不知開墾之法，令擇湖廣、江西在蜀之老農，給以衣食，使教之耕。其已墾地畝，向未清釐，至是，特遣科道等官親往丈量，事竣，計算入川民人，酌給水田三十畝，或旱田五十畝。若有子弟及兄弟之子成丁者，每丁水田增十五畝，旱田增二十五畝。實在老少丁多不能贍者，臨時酌增，除撥給成數外，或有多餘三五畝之地，亦准一並給墾。其零奇不成坵段之處，就近酌量安置，執印照爲業。十二年，以廣東高、雷、廉、瓊等處平陂山麓及沿海一帶，緣粵人不習慣種旱田，以致地有餘利，乃選山東、河南善種旱田者往教之。又以江南、江西、湖廣等處，蘆洲坍漲靡定，定例五年一丈，而官吏往往藉此納賄行私，致已坍者不得豁除正賦，新漲者反可脫漏升科。令該撫於屆期丈量，選通省道員中賢能夙著者，率同州縣履畝清釐。凡有盈縮，均按見在實數升除。時直省有寄莊、寄糧之弊，而里籍戶口亦未盡畫一，至順莊編里之法行，而地土、錢糧、里籍俱有統紀矣。

乾隆元年，詔直省報開荒畝段，必實係新墾，然後准其具奏。誠恐有司以陞科之多，迎合上司之意，而督撫以廣墾見長，名爲開荒，實則加賦也。二年諭，部會同九卿悉議勸耕之法。戶部因言倣《周禮》遂師之制，令州縣擇鄉民之熟諳農務，素行勤儉，爲閭閻信服者，量設數人以爲董率，地方官考績之法，必寬以歲月，庶無欲速不達之弊。如勸戒有方，該督撫於三年之後據實題報，官則交部議敘，老農量加獎賞。三年，以江南常州府屬坍漲田地，五年清丈之例從未舉行。至是，令遴員履畝確察升免實數，造冊題報。上於濱海田土坍漲靡定者，無不加恩豁免。卽凡各省報出隱匿地畝應起科者，亦必再飭督撫據實清覆，惟恐有勒令灑派之弊。至於新墾地畝，尤必勘明上、中、下三則，而於邊省內地，無論山頭土角及河濱溪畔，但可以開墾者，悉聽民人墾種，並嚴禁豪強爭奪。故二年定承墾荒地之令，五年復定直隸承墾官民地之例。其制荒地，則必先行呈報，如土著呈報在先，卽准土著承墾，流寓承墾在先，卽准流寓承墾。凡官地承墾者，亦以具呈之先後爲定。民地先令業主墾種，如業主無力，始許他人承墾，成熟之後，業主亦不得追奪。時河南巡撫雅爾圖言：豫省旱田可改水田者尚多，祇以旱田賦輕，水田賦重，一經改種，必須題請加賦，小民既費工本，又增糧額，未免因循觀望。上諭以河南民願將旱田改爲水田者，仍照原地科則。又准湖北旱田願改水田者，亦照豫省例行。六年，戶部議定陝西無主荒土，官爲插標招墾，給照爲業。竢升科之年，核明等則，酌定糧額通報。若本地人力無餘，准令鄰近無業之民承墾。給照之後，卽編入土著保甲之內，令該管保長等稽察。其平衍易收之地，每一壯丁授地五十畝。山岡沙石難收之地，每一壯丁授地百畝。如父子兄弟均係壯丁，酌量加增。其現在割漆、砍竹、採取木耳等項，聽民自便，地方官不得目爲荒地，強令墾種，亦不得以見獲微利，勒報升科。至七年，又議陝甘各屬開墾之始，小民畏懼差徭，藉紳衿報墾，自居佃戶，迨相傳數世，忘其所自，業主子孫輒欲奪田換佃，而原佃之家忿爭越控，靡有底止。因著定例，凡佃戶係原墾之子孫，業主不得擅奪。如業主之子孫欲自種者，准將肥瘠地畝各分一半，立券報官，如耕主他徙，承種之戶久已應差納課，卽業主子孫回籍，亦不全令給還。其過三十年以外者，槩不分給。十一年，以廣東高、雷、廉等府屬磽瘠居多，開墾非易，百姓未霑收穫之益，先慮正賦之加，是以未墾者，聽其荒蕪，卽已承墾者亦生畏縮。遂令三府荒地聽該地民人墾種，槩免升科，永爲世業，而瓊州爲海外瘠區，其中可墾荒地二百餘頃，召民開墾亦照高、廉之例。二十六年，復募民開承種肅州威魯堡地畝，又准開墾山西大青土默特十五溝地畝。

二十九年，准安西府屬招墾地畝，又准四川屏山縣、大竹堡等處招民開墾。三十一年，上以滇省山多田少，水陸可耕之地俱經開墾無餘，惟山麓河濱尚有曠土。而定例山頭地角在三畝以上者，照旱田十年之例，水濱河尾在二畝以上者，照水田六年之例，均以下則起科。倘遇地方官經理不善，一切丈量查勘，不免胥吏滋擾，乃令滇省山頭土角及水濱河尾之地，俱聽民耕種，槩免升科。嗣經戶部議奏，凡内地及邊省零星地土，以此爲推。如直隸、江西爲數不及二畝；福建及江蘇之蘇州等屬不及一畝；浙江及江蘇之江寧等屬不及三畝；陝西不及五畝；安徽、湖南、湖北、貴州水田不及一畝，旱田不及二畝；河南上地不及一畝，中地不及五畝，下地不論頃畝；山東中則以上地不及一畝，中則以下不論頃畝；山西下地不及十畝；廣東中則以上水田不及一畝，旱田不及三畝，下則水田不及五畝，旱田不及十畝；四川上田、中田不及五分，下田上地、中地不及一畝，下地不論頃畝；雲南不計畝數；廣東之奇零沙礫地畝，及高、雷、廉三府山場荒地，俱永遠免其升科。奉天十畝以下尚宜禾稼者，減半徵租。山岡、土阜、傍河、濱海。窪下之處不成坵段者，永免升科。是年，總計天下土田七百四十一萬四千四百九十五頃五十畝有奇。自後，續報開墾地畝區數。三十七年，江蘇鹽城縣報墾田一百四十八頃四十七畝。江西宜春、泰和、玉山、鉛山、鄱陽、德化六縣報墾田五頃六十三畝。廣西臨桂、歸順、興業三州縣報墾田一頃八十四畝。三十八年，戶部議佃墾事宜。上復命總督周元理於直隸所屬，派道府大員董率守令，如前奉行。明年，元理奏順天、永平、保定、遵化四府墾熟地六十三頃三十畝；易州、廣平縣墾荒地一頃七畝。四十年，廣西太平思恩府屬報墾水田一十五頃八十八畝。四十四年，周元理又報順天府屬十州縣共墾地一百五十六頃三十一畝，天津府靜海縣墾地十三頃八十五畝。五十年，上諭直隸所報河灘荒地過多，令戶部派賢能司員會同直隸道府，勘可開墾者，勸佃召墾。

《清文獻通考》卷二《田賦二》 康熙元年諭，直省有隱匿地畝，不納錢糧，或反圖冒功報爲新墾者，州縣衛所各官及該管上司，分別處分。是年，以山東民地内錯雜竈地，有在本省者，有在直隸南皮、鹽山縣者，令巡鹽御史及地方官清丈，各正疆界。

同上 〔康熙十三年〕申明截票之法。時以江南有隱占、詭寄、包攬諸弊，吏胥豪猾，積習相沿，特令通計該州縣田地總額，與里甲之數，均分辦糧當差，不許多占隱匿，苦累小民。

同上 〔康熙〕二十七年諭，嗣後民人有出首開墾田畝，不必拘定年限，俱自出首之年徵收錢糧，該管官亦免其議處。

同上 〔康熙〕二十八年，行三聯印票法。州縣催徵錢糧，向用二聯印票，不肖有司與姦胥通同作弊，借名磨對稽察，將花戶所納之票強留不給，遂有已完作未完，多徵作少徵者。今行三聯票之法，一存州縣，一付差役應比，一付花戶執照。嗣後徵收錢糧豆米等項，均給三聯印票，照數塡寫。如州縣勒令不許塡寫，及無票付執者，許小民告發，以監守自盜論。

同上 〔康熙〕二十九年諭，各省紳衿等優免丁銀原有定例，惟紳衿豪強詭寄濫免，以致徭役不均。而其間山東爲尤甚。凡紳衿戶下田畝不應差徭，遂有將地畝詭寄紳衿戶下，因而徭役兵丁效尤免差，更有紳衿包攬錢糧，將地丁銀米包收代納，耗羨盡入私槖，官民皆累。著照欺隱田畝例，通限兩月，紳衿本名下田畝各具，並無詭寄甘結，將從前詭寄地畝，盡行退還業戶。

又以四川民少而荒地多，凡流寓願墾荒居住者，將地畝給爲永業。

同上 〔康熙〕三十一年，遣官往淮揚等處踏勘民田，將應免應升科錢糧，確查定議。河道總督靳輔言：淮揚徐鳳所屬州縣，各有開河築隄、建牐栽柳之處，俱係民閒納糧地，應蠲免錢糧。其黃水涸出，及河旁淤成膏腴地，豪民占種不納賦者，應查出升科，請敕江南督撫就近清查。得旨。此事若遣地方官踏勘，恐借端擾民，著遣部院堂官前往，會同該督撫確查定議。

令民閒隱匿田畝，限一年内盡行自首。至三十四年，令各省自首隱匿地畝，再寬限一年。

同上 〔康熙〕三十二年，招徠西安等處流民復業，每戶給牛一頭並犁具銀共五兩，穀種銀三兩，僱覔人工銀二兩，布政司照數支給。該撫將所招民數冊報，不論旗民，照奉天招民例議敘。

同上　［康熙］三十五年，嚴湖南省大戶包攬納糧之禁。先是湖南省里甲有大戶、小戶之名。凡小戶糧賦，俱大戶收取，不令小戶自封投櫃，甚有驅使之如奴隸者。令嗣後將小戶開出，別立里甲，造冊編定，身自納糧。如有包攬抗糧，勒索加派等弊，該督撫題參治罪。三十八年，以湖南幅員遙闊，履丈難徧，先令民自丈出首，官查抽丈。如有隱漏，治罪。明年，湖廣總督郭琇陛辭奏曰：湖南民稀地廣，民或不能完課，遂致逃避者有之，清丈之後，錢糧似比前差減矣。上問：減幾何？琇奏曰：約減十分之二。上曰：果於民有益，所減雖倍於此，亦所不惜。若不清丈，以荒田著落他人，徵收錢糧，有累窮黎，斷不可也。

同上　［康熙］三十九年，設立徵糧滾單。凡徵糧，立滾單。每里之中，或五戶或十戶，止用一單。於納戶名下注明田畝若干，該銀米若干，春應完若干，秋應完若干，分作十限，每限應完銀若干，給與甲內首名，挨次滾催，令民遵照部例，自封投櫃，不許里長、銀匠、櫃役稱收。一限若完，二限又依此滾催，如有一戶沈單不完不繳，察出究處。

臣等謹按，是時徵糧之弊，上下科派，名色不一，有合邑通里共攤同出者，名曰軟擡；有各里各甲輪流獨當者，名曰硬馱。豪民姦胥包攬分肥，大爲民累。及滾單之法行，簡易明白，吏胥不得侵漁，天下便之。

同上　［康熙］四十二年，令各省州縣徵收串票，內將漕項、地丁數目分別注明，毋許混朦徵比。

四十三年，嚴墾荒隱捏之禁。各省墾荒田地，如地方官隱匿入己，巡撫不行嚴察，止據各州縣捏報具題，該督卽行題參，並將不行稽察之司道府一併參處。

同上　［康熙］四十四年，酌改江蘇經徵各官處分。時以蘇、松、常、鎮四府，賦稅繁重，於奏銷時不能完全者，量爲輕減焉。

又以湖廣省屬，大半濱江，嗣後有修築隄塍，地方官將隄身所壓之田及就近取土之地，丈明畝數，估定價值，攤銀補償本主，毋致民間偏累。其江夏等十八州縣，上年丈過已坍地畝，課銀三百六兩，準其開除。

準開墾湖北荒地。湖北民人願墾荒者，準其開墾。無力者，本省文武官捐給牛種招墾。俟該撫將墾過地畝之數具題日議敍。

同上　［康熙］四十八年，以湖南欺隱田地，日久未清，行令該撫準其展限一年，將欺隱田地在限內盡行首報，免其治罪。如逾限不首者，許里民等據實舉首，將田入官，追徵積逋，仍治欺隱之罪。倘扶同不舉，並坐以罪。

同上　［康熙］五十一年諭，湖廣、四川巡撫，民人有自湖廣往四川種地者，各於往回時造冊移送。時湖廣民人往四川開墾者甚多，去時將原籍房產地畝悉行變賣，至五年起徵之時，復回湖廣，將原賣房產爭告者甚多。嗣後湖廣人民有往四川種地者，該撫查明年貌、姓名、籍貫，造冊移送四川，察核有自四川復回湖廣者，四川巡撫亦照此造冊，移送湖廣，互相查對。又諭，嗣後山東民人到口外種地者，該撫查明年貌、籍貫，造冊移送，由口外回山東者，亦查明造冊移送該撫覆閲。令清查四川隱漏田賦。四川巡撫年羹堯言：四川錢糧原額一百六十一萬六千六百兩零，四十九年現徵錢糧僅有二十萬二千三百兩零，甫及原額十分之一。蓋積弊已久，官借首糧之名，需索民錢，以致民間首報無多。宜立勸懲之法，五年內各州縣有增及原額之四五分者，準陞。不及二分者，停陞。不及一分者，降調。無增者，革職。尋御史段曦言，勸懲增賦之法，未能無弊。川省自明季兵燹之後，地廣人稀，本朝平定以來，雖屢經清查增報，而康熙四十九年現徵錢糧甫及原額十分之一。且以撫臣之近日加意催查，增至二萬六千餘兩，亦不過增見糧十分之一耳。今欲五年內增及原額十分之二及十分之四五，是增見糧之三倍、四倍也，賢能之員，必羅不及分數之參處，而不肖有司，希圖陞進或且抑勒首報，滋擾無窮。請將川省錢糧隱漏，徹底清查，而勸懲可以不立，祇宜嚴飭有司實心勸首，里民紳士有田無糧隱匿不報者，罪如。不肖官藉此累擾地方，通同侵隱以及抑勒情弊，該督撫卽行參奏。從之。

同上　［康熙］五十二年，戶部議：原任偏沅巡撫潘宗洛疏，請墾荒展限，應行文接任巡撫，查明詳議。上曰：督撫條陳地方事務，應據實陳奏。潘宗洛奏湖南荒地五百餘頃，今天下戶口甚繁，地無棄土，湖南安得有如許未墾之田？著差戶部司官一員，會同總督，就潘宗洛奏疏內所有州縣，查勘詳明具奏。又諭曰：湖廣、陝西人多地少，故百姓俱往四川開墾。聞陝西入川之人，各自耕種，安分營生。湖廣入川之人，每與四川人爭訟，所以四川人甚怨湖南之人。或有將田地開墾至三年後，躲避納糧，而又他往者。今四川之荒地開墾甚多，果按田起課，則四川省一年內可得錢糧三十餘萬。朕意國用已足，不事加徵，且先年人少田多，一畝之田，其值銀不過數錢，今因人多價貴，一畝之值竟至數兩不等。即如京師近地，民舍市廛日以增多，略無空隙。今歲不特田禾大收，即芝蔴、棉花皆得收穫。如此豐年，而米粟尚貴，皆由人多田少故耳。朕巡幸時，見直隸自苑家口以下，向年永定河衝決之處，今百姓皆築舍居住，斥鹵變爲膏腴，不下數十百頃，皆未嘗令起稅也。又江南黄河隄岸，至所隔遥隄，有二三里者，亦有六七十丈者，其空地先皆植柳以備河工取用，今彼處百姓盡行耕種，亦並未令起課。昔黄河泛漲時，水常灌入，遥隄不得耕種，自清水暢流以來，河底刷深，水必長至二丈方能及岸，遥隄以内皆成沃壤矣。又去年，趙申喬條奏黄河近邊被衝田畝，請查明數目，蠲免錢糧，不知黄河東岸刷則西岸之田出，西岸刷則東岸之田出，被衝之田應免錢糧，則新出之田不應取錢糧乎？朕下此諭旨，欲使知朕於各省事，無不洞悉也。今遣官勘驗湖南荒田，亦此意耳。

《清文獻通考》卷三《田賦三》　雍正元年，諭户部，國家承平日久，生齒殷繁，土地所出僅可贍給，倘遇荒歉，民食維艱，將來户口日增，何以爲業？惟開墾一事，於百姓最有裨益。但向來開墾之弊，自州縣以至督撫，俱需索陋規，致墾荒之費浮於買價，百姓畏縮不前，往往膏腴荒棄，豈不可惜。嗣後，各省凡有可墾之處，聽民相度地宜，自墾自報，地方官不得勒索，胥吏亦不得阻撓。至陞科之例，水田仍以六年起科，旱田以十年起科，著爲定例。其府州縣官，能勸諭百姓開墾地畝多者，准令議敘。督撫大吏能督率各屬開墾地畝多者，亦准議敘。務使野無曠土，家給人足，以副富民阜俗之意。户部議准山西、河南、山東等處閒曠之地，令各州縣衛所確查，如有未墾荒地，有無從前種地之人，勸諭開墾，有力者，令自備牛種；無力者，官借牛種，秋收後還官。起科之後，官給執照，永爲世業。

同上　［雍正元年］諭户部，聞州縣虧空錢糧，有闔屬百姓代賠者，名曰樂捐，其實強派，嗣後著禁止。

同上　［雍正五年］准雲南、貴州二省，廣行開墾，凡地方招募開墾，及官生捐墾者，按户數多寡議敘。其墾熟田地，歸於佃户，於次年起科。民間自墾者，按照年限起科，其田俱給照爲永業。

《清文獻通考》卷四《田賦四》　雍正十三年，皇上即位之初，諭曰：各直省開闢荒地，以廣種作，以資食用。俾無曠土、游民，原係良法美意，然必該督撫董率所屬官吏實力奉行，毫無粉飾，俾地方實有墾闢之田，民間實受耕穫之利，以此造報陞科，方於國計民生有所裨益。乃朕見各省撫題報開墾者，紛紛不一，至於河南一省，所報畝段尤多，而閩省繼之。經朕訪察，其中多有未實。或由督撫欲以廣墾見長，或由地方有司欲以陞科之多迎合上司之意，而其實並未開墾，不過將陞科錢糧飛灑於見在地畝之中，名爲開墾，實則加賦，非徒無益於地方，並貽害於百姓也。嗣後，各該督撫宜仰體皇考愛民至意，誠心辦理，凡造報開墾畝段，務必詳加查核。實係墾荒，然後具奏，不得絲毫假飾以滋閭閻之擾累。若不痛洗積弊，仍蹈前轍，經朕訪聞，必從重處分，不稍姑貸。

乾隆元年，豁免江南宿遷、睢寧、桃源三縣新淤地糧。諭曰：朕聞江南淮安府屬之桃源，徐州府屬之宿遷、睢寧，濱臨黄河，沿河地畝潦涸靡常，雍正五年因朱家口潰決之水復循故道，其舊潦田地始得涸出，而河臣爲地棍所欺，遂以此地爲新淤之腴產。睢寧縣報陞地五千三十九頃，宿遷縣報陞地四千七十二頃，桃源縣報陞地三千八百四十二頃。嗣蒙皇考世宗憲皇帝特頒諭旨，以淤地勘報不實，令河臣會同督臣委員查勘，共豁地七千二百餘頃，所有存留地五千七百餘頃，俱照各縣成例折算。實地三千五百餘頃，科則亦經減輕。乃比年以來應納錢糧仍催徵不前，蓋此淤出之地畝，即舊有之良田，是以民力維艱，輸將不繼也。朕以愛養百姓爲心，既洞悉其中情事，自當加恩開除以紓民力，著將宿遷、睢寧、桃源三縣現存新淤，科徵銀六千五百四兩，全行豁免。其雍正十三年淤地未完錢糧，亦免徵收。至水沉地畝，仍照例歸於每年冬勘，該部即遵諭行。豁免江南泗州新淤地糧。諭曰：朕查江南泗州地方，前經河臣齊蘇勒陞報，新淤地畝九千八百餘頃。嗣蒙皇考察知辦理之員勘報不實，諭令督臣再加確勘，隨開恩豁免八千六百餘頃，止存淤地一千二百七十四頃入額陞科。今朕聞泗州地方，濱河臨湖，地勢極低，凡虹縣、桃源之水皆歸入泗州安河洪澤湖，而此等淤地即在安河兩岸，每年水勢漲發，淹涸靡常，收成無定，小民不免賠糧之苦。著照淮安府阜寧等縣之例，將泗州安河兩岸水淹之淤地一千二百七十四頃九十七畝，額徵錢糧一千二百二十二兩三錢，麥一百一十石八斗，自雍正十三年爲始，盡予豁免，以示朕減賦恤民之意。

豁免河南鄭州臨河之鹻鹵、飛沙地額徵錢糧。河南鄭州臨河之姚店等保，自雍正元年楊橋河口衝決以後，地畝變成鹻鹵，民人有賠糧之累，上令撫臣察勘，得鹻重不可耕種地三百九十頃八十七畝八分四釐，沙深不可耕種地六十六頃八十三畝九分七釐，共額徵三千八百八十兩五錢三分四釐零。令戶部卽與豁除，仍飭地方官毋得私自徵派。又將祥符等四十二州縣查出鹽鹻、飛沙、河坍、水淹地二千三十餘頃，應徵糧銀、漕米，永行豁免。

又諭直隸督臣確勘懷來縣墾荒地糧，分別減除。宣化府之懷來縣，向有保字號墾荒地七十一頃，徵糧八百六十餘石，始於前明募兵戍守，以近山地畝令其畊種，每軍士一名種地五十畝者，准作半年糧六石，種地一頃者准作一年糧一十二石。歷年既久，有地荒而糧存者，有地少而糧多者，官民不免賠累。又該縣徵糧科則，上地每畝五升六合，中地三升六合，獨此頃每畝徵一斗二升，民力尤難輸納，至是令該督委員確勘，將山坡地不可耕者奏聞豁免，其可耕之地，則按本縣科則納糧，毋令偏重。【略】

又諭曰：朕聞濱海之鄉，坍漲不常，田無定址，於是豪強得恣侵占而爭端日興。其責在地方有司，熟悉土宜按制定法，弭釁於未然，而平其爭於初發，則可爲良吏矣。夫州縣有司非盡不知愛民者，特以田土情形未能稔悉，不得不寄耳目於吏胥，而猾吏奸胥又往往與土豪交通，變亂成法，予奪任意，弱肉強食，爲厲無窮，獄訟繁興，端由於此。至若沿海所漲之沙，鄰邑互爭，有司又各袒所屬，益滋紛擾，此皆徇私而未識大體者。朕以天下爲一家，而州縣官各膺子民之責，亦當體朕之心以爲心，又焉忍伸此屈彼，長其姦而導之攘奪哉？前此海濱要地，增設大員彈壓，果其秉公察看，經理得宜，應卽令界址劃然，各歸其產，不得遷延歲月，仍假姦民之便，而使窮黎失業也。夫豪強不懲，則無以安良善；經界不正，則無以杜爭端。該督撫應飭所屬親民之員，毋以姑息怠緩從事，庶令民業各正，而爭訟自少息矣。

豁免山東各屬水沖地畝應徵地糧。沂州府之郯城、蘭山、沂水、莒，濟南府之歷城、章邱、淄川、長清、長山，兗州府之滋陽、寧陽、泗水、鄒、汶上，青州之益都、樂安、壽光、臨朐、安邱、博山、臨淄，萊州府之昌邑、濰，武定府之惠民，泰安府之泰安、東平、肥城、新泰，凡二十八州縣，自雍正八年大水後，水退沙存，沖壓地一千三百六十二頃有奇，應徵地丁銀五千兩有奇，米麥一百五十六石有奇，令永行豁除。又免山東章邱縣缺額錢糧。章邱縣有缺額糧銀三千九百一十餘兩，因從前地方官捏報墾荒，以致糧無抵補，令將已攤入地畝者查明開除，其未攤入者悉行豁免。

又減江南崑山、新陽二縣沿江濱湖地浮糧。崑山、新陽二縣，沿江濱湖之地，蘆葦榛蕪，不堪樹藝，原編科則，時有誤列上則者，特諭查核釐正，減浮糧，以紓民力。

又免福建建陽縣虛糧。福建建寧府屬之建陽縣，有虛糧六百三十一兩六錢，久爲民累，令查明豁免。其虛糧項下應匀入地丁口銀，及應派本色米，續於乾隆十四年，令永行免徵。

二年諭，昔者虞廷咨牧，食哉惟時，而百揆奮庸之後，卽命棄以播時百穀，禮樂兵刑皆在所後，良以食爲民天。一夫不耕，或受之饑，一女不織，或受之寒，而耕九餘三，雖遇荒年，民無菜色。今天下土地不爲不廣，民人不爲不衆，以今之民耕今之地，使皆盡力焉，則儲蓄有備，水旱無虞。乃民之逐末者多，而地之棄置者亦或有之，縱云從事耕耘，而黍高稻下之宜，水耨火耕之異，南人尚多不諳，北人率置不講，此非牧民者之責，抑誰之責歟？朕欲驅天下之民，使皆盡力南畝，而其責則在督撫，牧令必身先化導，毋欲速以不達，毋繁擾而滋事，將使逐末者漸少，奢靡者知戒，蓄積者知勸。督撫以此定牧令之短長，朕卽以此課督撫之優劣。至北五省之民，於耕耘之術更爲疎略，是以一穀不登，卽資賑濟，斯豈久安長治之道？其應如何勸戒百姓，或延訪南人之習農者以教導之，牧令有能勸民墾種，一歲得穀若何，三歲所儲若何，視其多寡爲激勸，毋輕率劾去。使久於其任，則與民相親，而勸課有成，將見俗返醕樸，家有蓋藏，然後禮樂刑政之教，可漸以講習。著該部卽會同九卿詳悉定議以聞。戶部議准倣《周禮》遂師之制，於鄉民之中擇熟諳農務、素行勤儉、爲閭閻信服者，每一州縣量設數人董率勸民，地方官考績之法，必寬以歲月，庶久道化成而無欲速不達之弊。如勸戒有方，境內地闢民勤，穀豐物阜，該督撫於三年之後據實題報，官則交部議敘，老農量加獎賞。倘有教導無方，強勒滋擾，以及希圖獎賞，捏辭妄報者，指名題參。

又諭：農爲致治之本，我皇祖聖祖仁皇帝嘗繪耕織圖，以示勸農德意。皇考世宗憲皇帝屢下勸農之詔，親耕藉田，率先天下，所以敦本計而卽田功，意至厚也。朕思爲耒耜、教樹藝皆始於上古聖人，其播種之方、耕耨之節，與夫備旱驅蝗之術，散見經籍，至詳且備，後世農家者流，其說亦各有可取，所當薈萃成書，頒布中外，庶三農九穀各得其宜，望杏瞻蒲，無失其候。著南書房翰林同武英殿翰林編纂。至六年，書成，凡七十五卷，名曰《授時通考》。

又諭：州縣所管地方，大率不過百餘里，最廣者二三百里，周徧巡歷，爲時亦不甚多。至於農田爲養民要務，春耕秋斂之時，各宜下鄉察其勤惰，稽其豐歉，倘有應先事圖維，臨時酌辦者，悉心計議，申詳上司，定議舉行。

減浙江桐廬縣官抄秋租浮額。浙江之桐廬縣，有官抄秋租二項，額徵條銀，較之民產科則多至三五倍不等，令於戊午年爲始，減去浮多之數，照民產一例徵收。

豁免江南鹽城、阜寧二縣濱河陞科地糧。諭曰：朕聞江南鹽城、阜寧二縣，有濱河田地三千五十一頃，應納糧銀四千四百餘兩。此地與水相鄰，淹涸靡定，從前有司經理不善，悞報水涸陞科，究竟荒多熟少，小民納賦甚覺艱難，以至累年積欠未清，甚可軫念。著該督撫卽行確查，將應徵錢糧悉行豁免，其從前未完之舊欠，一幷赦除。

豁免雲南昆明縣老丁田地歸公米石。昆明縣有老丁田地一項，原係督撫兩標牧放營馬之區，坐落省會昆海之濱，額收租米一千五百六十八石，除完納稅糧條編並給發老丁口糧，共需米九百二十三石，尚餘歸公米六百四十四石。此項租額乃照豐收之年科定者，若遇水大歉收之時，則小民完納甚艱，除老丁米石及糧條照舊完納外，其歸公米永行豁免。

減湖南湘鄉、瀏陽二縣糧額。湖南長沙府之湘鄉、瀏陽二縣，錢糧較之長沙、醴陵、湘潭、寧鄉等縣，每畝重二三分不等，特諭照長沙科則徵收。又湘陰縣糧銀比湘鄉、瀏陽尤重，亦令確覈減免。

是年，定承墾荒地之令。凡荒地開墾，應先行呈報，如土著呈報在先，卽准土著承墾，流寓呈報在先，亦如之。

三年諭，山西屢年首報欺隱地畝八千頃有零，皆經題報陞科。但聞從前首報時，有畝數浮多情願報出陞科者，亦有地方官奉行不善，按照原額荒闕勒令灑派者，著該撫曉諭從前首報欺隱人等，如果畝數浮多，應行陞科，再令據實首報照數輸將。倘地畝並無欺隱浮多，而地方官勒令灑派者，亦著據實呈明，該撫委員確覈，題請豁免。

又諭，州縣徵收錢糧，有私增火耗者，嚴加治罪。時上聞江南州縣徵收錢糧，有加火耗之弊，傳諭督撫嚴查，所屬果有劣員暗地加耗，立卽題參治罪。復諭曰：從前火耗未經題解，州縣恣意橫徵，飽其谿壑，苦累百姓，是以皇考允各省題解火耗之請，而優給各官養廉，令不得額外巧取。所以懲貪風而紓民力，用意誠善。卽養廉稍薄之州縣，當時亦必就其所辦事務，酌予足用。該員量入爲出，自無不敷，何得暗地重耗，刻剝小民以爲自潤之計，情罪至爲可惡。該督撫不時體訪，如有不肖州縣於應收火耗外，絲毫加重者，立卽題參，嚴加治罪。如不行覺察，經朕訪聞確實，必將該督撫嚴加議處，斷不姑容。

豁免直隸正定府河淤缺額租銀。諭曰：朕聞從前直隸正定府城河水深之時，原有魚藕之利，河岸淺灘兼可種稻，每年額編租銀六百兩。後因滹沱河水漲，流沙淤漫，漸至缺額，俱係府屬之十州縣，公捐起解。雍正五年間，雖經營治稻田，合計新舊田畝之數僅得六頃九十餘畝，而藕地亦不過二頃一十餘畝，每歲所收租銀只有一百八十餘兩，較之原額尚不敷數。其雍正十二年以前舊欠，已經豁免，今特加恩，雍正十三年後，不敷銀兩概行豁除，以紓官民派墊之累。

又諭，向來四川火耗較他省爲重，我皇考暨朕陸續降旨裁減，已去其半。今聞該省耗銀雖減，而不肖有司巧爲營私之計，將戥頭暗中加重，有每兩加至一錢有餘者，彼收糧之書吏，傾銷之銀匠，又從而侵漁之，則小民受剝削之累不小矣。川省如此，他省可知。著各省督撫轉飭布政司遵照徵收，錢糧之天平法馬，制成畫一之戥，飭令各州縣確實遵行。仍不時密行稽查，倘有絲毫多取者，卽行嚴參治罪。

清丈江南靖江縣坍漲田地。江南常州府屬靖江縣，田賦漲則均減，坍則均增，五年清丈之例，從未舉行，以致一戶報陞而通邑減，一戶報坍而通邑增，糧無定額。至是，令遴員履畝確察升免實數，造冊題報。

定甘肅中衛縣新墾地科則。甘肅中衛縣屬白馬寺灘新墾陞科地畝，勘明定則，上地每畝徵糧一斗二升，中地六升，全鹻地每畝徵銀一分三釐，半鹻地六釐五毫，永著爲令。

四年，減浙江湖州府屬圩田糧額。湖州府之烏程、歸安、德清三縣，有圩田，賦額獨重。至是，諭令酌減。自乾隆四年爲始，歲減賦銀四萬二千二百兩有奇。

豁免陝西醴泉縣丈出餘地糧額。陝西醴泉縣舊額實徵糧二萬四十二石有奇，順治十三年清丈時，因弓口窄小，積有餘地，加算糧二百五十六石二斗一升有奇，其實有糧無地。至是，除之。

除江南高淳縣草場田租。高淳縣有草場田五千六百餘頃，前明分給馬戶以供芻牧，後改照民田起科。舊徵租銀五百餘兩，一半攤入民戶代輸，一半仍責馬戶承納。此項田地久非馬戶承耕，小民既輸田賦，又納場租。至是，特令除之。

五年，諭曰：從來野無曠土，則民食益裕。卽使地屬奇零，亦物產所資。民間多闢尺寸之地，卽多收升斗之儲，乃往往任其閒曠不肯致力者，或因報墾則必陞科，或因承糧易致爭訟，以致愚民退縮不前。前有臣工條奏及此者，部臣以國家惟正之供，無不賦之土，不得概免陞科，未議准行。朕思則壤成賦固有常經，但各省生齒日繁，地不加廣，窮民資生無策，亦當籌畫變通之計。向聞山多田少之區，其山頭地角閒土尚多，或宜禾稼，或宜雜植，卽使科糧納賦亦屬甚微，而民夷隨所得之多寡，皆足以資口食。卽內地各省似此未耕之土，不成邱段者，亦頗有之，皆聽其閒棄，殊爲可惜。嗣後凡邊省、內地零星地土可以開墾者，悉聽本地民夷墾種，並嚴禁豪強首告爭奪。俾民有鼓舞之心，而野無荒蕪之壤。其在何等以上，仍令照例升科，何等以下，永免升科之處，各省督撫悉心定議具奏。續經各省遵旨議奏，下戶部覆准，直隸零星地土數在二畝以下，不成邱段者，悉聽民間墾種，免其升科。

山東所屬山頭地角，以及河濱溪畔地畝，在中則以上不足一畝，及下則以下一畝以外者，均免升科。

山西所屬膏腴上地、中地，無論開墾畝數，均照水田旱地之例升科。其瘠薄下地，開墾至十畝以上者，亦照例分別水旱按則升科。如僅止十畝以下，爲數奇零不成邱段者，永免升科。

河南所屬凡繫村頭、隰畔、高阜、平原，人力便宜，卽稍遇澇旱亦有收穫，是爲上等，其數在一畝以上已成邱段者，各依水旱田之例，照本地中則輸賦。其山坡、上嶺，土薄力微，人力既倍，收穫無多，是爲中等，有成邱段在五畝以上者，各依水旱之例，照本地下則輸賦。其上地不足一畝，中地不足五畝者，均免升科。至南岡砂磧之地，雨多之年尚有薄收，稍旱卽至失望，下隰低窪之地，乾旱之年略有收成，稍澇卽至荒歉，此等地畝，實屬下等，毋論邱段畝數，均免升科。

江南江蘇所屬山頭地角磽瘠荒地，未經開闢者，聽民耕植。其溝畔田塍奇零隙地，不成邱段者，亦聽附近居民隨宜墾種，並給執照，免其升科。

安徽所屬凡民間開墾山頭地角，奇零不成邱段之水田不及一畝，旱田不成二畝者，概免其升科。

江西所屬山頭地角開墾地畝，數在二畝以下，及山巔水涯高低不齊，砂石間雜，坍漲不一者，均免其升科。

福建所屬奇零田地不及一畝者，免其升科。如雖及一畝，或地角山頭不相毗連者，亦免升科。其有經界聯絡一畝以上者，仍照例分別水旱年限升科。

浙江所屬臨溪傍崕，零星不成邱段者，磽瘠荒地，聽民開墾，免其升科。

湖廣湖北所屬山頭地角磽瘠之地，止堪種樹，高阜之區止種雜糧，及旱地不足二畝，水田不足一畝者，均免其升科。

湖南所屬奇零土地可以開墾，及溪澗之旁高灘阪隰，零星種植禾稻不及一畝，種植雜糧不及二畝者，均免升科。其餘峯嶺湖澤之隙，尚有不成邱段之處，亦聽民栽樹種蔬，並免升科。

陝西甘肅所屬地處邊陲，山多田少，凡山頭地角，欹斜逼窄，砂磧居多，聽民試種，永免升科。至平原空地，如開墾未及起科之年，地或鹻鹵，許其據實呈報，地方官察勘取結，停種免科。

四川所屬地處邊徼，山多田少，田賦向分上、中、下三等。如上田、中田不足五分，下田與上地、中地不足一畝，以及山頭地角間石雜砂之瘠地，不論頃畝，悉聽開墾，均免升科。

廣東所屬如山梁岡陁，地勢偏斜，砂礫夾雜，雨過水消，聽民試墾者，概免升科。

廣西所屬如地屬平原，田成片段，係上則、中則，水田在一畝以上，旱田在三畝以上者，仍按則升科。在一畝、三畝以下者，永免升科。其下則田地及桑麻花米等項田地，開墾水田在三畝以上，旱田在十畝以上者，照例升科。其在五畝、十畝以下者，亦永免升科。

雲南所屬山頭地角，尚無砂石夾雜，可以墾種。稍成片段在三畝以上者，照旱田例十年之後以下則升科。砂石磽确不成片段，水耕火耨更易無定，瘠薄地土雖成片段，不能引水灌溉者，均永免升科。其水濱河尾田土，淹涸不常，與成熟舊田相連，人力可以種植，在二畝以上者，亦照水田例六年之後以下則起科。如不成片段，奇零地土，以及雖成片段，地處低窪，淹涸不常，不能定其收成者，永免升科。

貴州所屬凡山頭地角奇零土地，可以開墾者，悉聽民夷墾種，免其升科。山石攙雜，工多穫少，依山傍嶺，雖成段而土淺力薄者，亦聽民夷墾種，永免升科。如有水源可引，力能墾種者，一畝以上照水田例以六年升科。不及一畝者，亦免升科。至無水可引，地稍平衍，可墾爲旱田，二畝以上亦照旱田例以十年升科，不及二畝者亦免升科。

清查江南錢糧雜辦項內缺額實數。諭曰：朕聞江省歲額錢糧、地丁、漕項、蘆課、雜稅之外，又有名爲雜辦者，不在地丁項下編徵，仍入於地丁，彙作分數奏銷。其欵目甚多，沿自前明，迄今《賦役全書》止編應解之欵，未開出辦原委。即有開載出辦之處，亦未編定如何徵收則例。於是，有缺額累官者，有徵收累民者，有累在官而因以及民者，有累在民而因以及官者，種種不一。朕心軫念，特頒諭旨，除有欵可徵、積久相安、無累官民之項，仍照舊徵解，但須查明則例，立定章程，明白曉示，以杜浮收隱混等弊。其實在額缺有累官民者，著督撫詳確查明，請旨豁免，以示加惠地方之意。

免福建閩縣丈出溢額地糧。福建閩縣鼓山里，舊有學田一千八百四十八畝，因田久荒蕪，租無所出，於康熙三年招民墾復，改爲民業。五十三年，以丈出通縣田地溢額銀，詳抵學租，至雍正五年，該縣誤將已抵學租之項，復報溢額，詳請升科，又將康熙三年墾復之民田加徵學租，以滋擾累。至是，令督撫查明，將從前詳抵學租之項，即行豁免。

又諭：河南民人願將旱田改爲水田者，錢糧仍照原定科則，免其加賦。但各州縣地形不同，土性迥別，其不便改種者，地方官不得抑勒。河南巡撫雅爾圖言豫省旱田可改水田者尚多，祇以旱田賦輕，水田賦重，一經改種，必須題請加賦，小民既費工本又增糧額，未免因循觀望，遂有是諭。是年，又准湖北旱田願改水田者，田賦亦照豫省之例行。

定直隸承墾官民地之例。凡官地承墾者，以具呈之先後爲定。民地先令業主墾種，如業主無力，始許他人承墾，墾成之後，業主不得追奪。

六年諭，國家愛養黎元，莫先於輕傜薄賦。朕御極以來，加惠閭閻，凡所以厚其生計而除其弊者，無不留心體察，次第舉行。近聞各州縣徵糧一事，尚有巧取累民之處，每至開徵之際，設立滾單，將花戶名及應完條銀數目開列單內，散給鄉民，原使鄉民易知，得以照數完納。前人立法本善，而無如奸胥蠹役日久弊生，視各戶銀數之多寡，於額糧之外或多開數錢至數分不等。鄉民多不識字，且自知糧額甚少，既見爲官府所開，遂照數完納。即有自核算者，又以浮開爲數無幾，不肯赴官控告，結怨吏胥，且恐匍匐公庭，廢時失業，往往隱忍不言。其多收之銀，或係書役先將別戶錢糧侵收那用，而以此彌補其數，或通縣錢糧正額業經報完，而於捲尾之時兜收入己，更有不肖有司暗中俵分以餉私橐。其申送上司冊籍，則仍是按額造報，並無浮多，至於一州縣滾單之多，動以萬計，而上司難以稽察，無從發覺，其爲民間之害，固不減於重耗也。朕聞此弊各省有之，而江浙爲甚，用是頒此旨通行曉諭，是在各省督撫仰體朕心，時加訪察，如有仍蹈此弊者，即行嚴參，不稍寬貸。則官吏不得假公行私，而小民共受其惠矣。

定陝西招民開墾例。戶部議定，陝西無主荒地，官爲插標招墾，給照爲業。俟升科之年，核明等則，酌定糧額題報。若本地人力無餘，准令鄰近無業之民承墾，給照之後，即編入土著保甲之內，令該管保長等稽察。其平衍易收之地，每一壯丁授地五十畝，山岡砂石難收之地，每一壯丁授地百畝。如父子兄弟均係壯丁，酌量加增，又議陝省荒地全無出產者，始招民開墾，其見在割漆、砍竹、採取木耳等項，聽民自便，地方官不得目爲荒地，強令墾種，亦不得以見獲微利，勒報升科。凡文武官及紳士，將新墾地及熟地隱匿一畝以上至一頃以上者，分別議處。軍民隱地一畝以上至一頃以上者，分別責懲。所隱地入官，所隱錢糧按年行追。至七年，又議陝甘各屬開墾之始，小民畏懼差徭，藉紳衿報墾，自居佃戶，迨相傳數世，忘其所自，業主子孫輒欲奪田換佃，而原佃之家忿爭越控，靡有底止。嗣後如佃戶係原墾之子孫，業主不得擅更。業主子孫欲自種者，准將肥瘠地畝各分一半，立券報官。若業主他徙，承種之戶久已應差納課，即業主子孫回籍，亦不全令給還，計其拋荒年分酌量分給。如過三十年以外者，概不分給。或業主回籍在一二年之內，將當年所獲籽種全給承種之戶承辦糧差，次年仍歸業主。

七年，蠲除福建崇安縣捏報墾復田加徵錢糧。崇安縣有荒缺田額一千二百五十一頃零，係坍缺年久，並無可墾之土。雍正七年清查地畝，分別限墾，歷任知縣捏報墾復，共加徵銀二千二百兩，米二百六十石各有奇，俱灑派里戶代完。至是，特諭除之。

又諭曰：《周禮》太宰以九職任萬民，一曰三農生九穀，二曰園圃毓草木，三曰虞衡作山澤之材，四曰藪牧養蕃鳥獸。其爲天下萬世籌贍足之計者，不獨以農事爲先務。而兼修園圃、虞衡、藪牧之政，故因地之利，任圃以樹事，任牧以畜事，任衡以山事，任虞以澤事，使山林、川澤、邱陵之民，得享山林、川澤、邱陵之利。夫制田里，教樹畜，岐周之善政。管敬仲亦云：積於不涸之倉者，務五穀也；藏於不竭之府者，養桑麻、育六畜也。如果園圃、虞衡、藪牧之職，以次修舉，於民生日用不無裨益。國家承平日久，生齒日繁，凡資生養贍之源，不可不爲急講。夫小民趨利如鶩，亦豈甘爲惰窳，舉山林、川澤、天地自然之利，委爲棄壤哉。良以疏闢之初，豪強既羣起而爭，管業之後，姦民又多方戕賊，地方有司每視爲貲產細故，不爲申理，此所以寧荒其業耳。督撫大吏身任地方，所當因地制宜，及時經理。其已經開墾成產者，加意保護，或荒墟榛壤以及積水所滙，有可疏闢者，多方相度籌畫，俾地無遺利，民無遺力，以成經久優裕之良法。至於竭澤焚林，並山澤樹畜一切侵盗等事，應行禁飭申理。轉飭地方官，實力奉行，該督撫不時稽察，務令從容辦理，毋絲毫滋擾，毋日久因循，以仰副朕惠養斯民之至意。

又諭：錢糧之有耗羡，蓋經國理民事勢之必不能已者。未歸公以前，耗羡無定制，有司之賢者兢兢守法不敢踰閑，不肖者視爲應得之項，盡入私囊，一遇公事，或強民輸納，或按畝派捐，濫取横徵，無所底止。且州縣以上官員，養廉無出，於是收受屬員之規禮、節禮以資食用，而上官下屬之閒，時有交際，州縣有所藉口，恣其貪婪，上官瞻徇而不敢過問，甚至以餽遺之多寡爲黜陟之等差，吏治民生，均受其弊。我皇考俯允臣工之請，定耗羡歸公之法。就該省舊收火耗之數，歸於藩司，酌給大小官員養廉，有餘，則爲地方公事之用。小民止各循其舊有之常，有輕減無加溢也。而辦公有資，捐派不行，有司之賢者，固無所用，其矯廉而不肖者，亦不得肆其貪取。此愛養黎元，整飭官方之至意，並非爲國用計爲此舉也。且以本地之出產，供本地之用度，國家並無所利於其間。然通天下計之，耗羡敷用之處不過二三省，其餘不足之處，仍撥正供以補之，此則臣民未必盡知者。此十數年中辦理耗羡之梗概也。朕御極以來，頗有言其不便者，朕思古人云：琴瑟不調甚者，則解而更張之。此事若宜變通，何可固執。是以留心體察，並於今年廷試時以此策問諸生，乃諸生奏對不過敷衍成文，無當實事，旋降旨詢問九卿、翰林、科道，並各省督撫等，今據諸臣回奏，大抵皆以爲章程一定，官民久已相安，不宜復議更易，衆論僉同。朕再四思維，耗羡在下，則州縣所入既豐，可以任意揮霍，上司養廉無出，可以收納餽遺，至於假公以濟私，上行而下傚，又不待言矣。則向日朕所聞者，未必不出於願耗羡之在下以濟其私者之口。傳曰：作法於涼，其弊猶貪；作法於貪，弊將若之何？朕日以廉潔訓勉臣工，今若輕更見行之例，不且導之使貪，重負我皇考惠民課吏之盛心乎。此事當從衆議，仍由舊章，特頒諭旨，俾中外臣民知之。

定陝西新墾地折徵科則。陝西新墾之地，淹没不常，歲收十止一二。定以五畝折徵一畝；上方磽薄之地，每耕種後必須休息，以四畝折徵一畝；極邊寒冷之地，山多地少，收成尤薄，以三畝折徵一畝。

八年諭，朕維養民之本，莫要於務農，州縣考成，固應用是爲殿最。而向來公令不專以此課吏者，因其事甚樸，無可炫長，其迹似迂，驟難見效，又或上司之察勘難周，有司之條教易飾，不似催科、聽斷、捕盗等事之顯而有據也。督撫察吏每於此等本計，轉視爲老生常談，漠焉不甚加意，以致州縣之吏，趨承風旨，專以簿書期會爲先，而農事反居其後，不知爲治之道，本舉而末自隨之。如果南畝西疇，人無餘力於耜，舉趾日無暇時，則心志自多湻樸，風俗自鮮囂凌。人知急公，而閭閻無待追呼矣；人知畏法，而盗賊因以寖息矣。本計既端，末事亦次第就理，如此則州縣之考成，似疏而實密，卽督撫之察覈，可簡而不繁。日計不足，月計有餘，民生大有裨益，卽治道亦漸致郅隆。若夫朝令夕申，意非不美，束縛馳驟，適以擾民。爲督撫者，當善體朕意，毋視爲具文，毋事於塗飾，誠實心化導其屬，俾屬吏亦實心勸課其民，庶幾野無游惰之風，家有蓋藏之樂，各省督撫其共勉之。

又諭：前漕運總督顧琮奏請舉行限田之法，每戶以三十頃爲限，以爲如此則貧富可均，貧民有益。朕深知此事名雖正而難行，因諭云：爾以三十頃爲限，則未至三十頃者，原可置買，卽已至三十頃者，分之兄弟、子孫每人名下不過數頃，未嘗不可置買，何損於富民？何益於貧民？況一立限田之法，若不查問，仍屬有名無實，必須戶口查對，人人審問，其爲滋擾，不可勝言。夫果滋擾於一時，而可收功於日後，亦豈可畏難中止？今輾轉思維，卽使限田之法，地方官勉強奉行，究於貧民無補，是不但無益而且有累也。而顧琮猶以爲可行，請率領地方官先於淮安一府試行之，朕令其再與尹繼善熟商。今據尹繼善陳奏難行之處，與朕語不約而同，則此事之斷不可行，斷不能行，實出人人之所同，然又豈可以嘗試？特降旨曉諭顧琮，此事著停止，并令各督撫知之。

九年諭，臺灣大小武官創立莊產，開墾草地，永行禁止。至十一年，又以臺灣地緜亘二千餘里，近山有水之處，皆屬膏腴，種植之獲，倍於內地。歷經禁止內地民人不許私買番地，但日久法弛，奸民趨利如鶩。嗣後如有奸民私買，告發之日將田歸番，仍照律計畝治罪。荒地減一等。其潛入生番界內私墾者，照律嚴治。

更定臺灣墾田科則。臺灣自雍正七年以後陞墾田園，俱照同安則例。後經部議，以同安則例太輕，改照本地舊額。至是，諭令地方官確勘田園肥瘠，照同安則例，分別上、中、下，定額徵收。

令直隸課民種植果木。時議以直隸、天津、河間各屬土性宜棗，深冀亦產桃李，至於榆柳之類，河窪鹻地各有所宜，應令民間隨宜廣種。如有旗地可種樹木之處，該管各官勸諭旗人亦多爲栽種，下部行之。

十一年諭，廣東高、雷、廉等府屬勘出可墾荒地，大抵山岡磽瘠者居多，開墾非易，小民未霑收穫之益，先慮陞科之累。是以未墾者聽其荒蕪，卽已經承墾者亦生畏縮之意。朕思各省生齒日繁，地不加廣，平民資生無策，今高、雷、廉三府，荒地既與平埔沃壤不同，卽聽該地民人墾種，一概免其陞科，永爲世業。

十五年，申弓尺盈縮之禁。戶部議准，自順治十二年，部鑄弓尺，頒行天下。康熙年間復行嚴禁，如有盈縮，定以處分。迨後，各省弓尺多有不齊。乾隆五年，行令直省，各將該地方見行弓尺式樣報部。惟直隸、奉天、江西、湖南、甘肅、四川、雲南、貴州，並兩淮、河東二鹽場，俱遵部頒弓尺，並無參差不齊。此外或以三尺二三寸、或以四尺五寸、或以六尺五寸、或以七尺五寸爲一弓，或二百六十弓、或三百六十弓、或六百九十弓爲一畝，均未遵照部頒之式。今若令各省均以部定五尺之弓，二百四十弓爲一畝，倘部頒弓尺大於各省舊用之弓，勢必田多缺額，正賦有虧，若小於舊用之弓，又須履畝加徵，於民生未便。且經年久遠，一時驟難更張。已據各該撫開明不齊緣由，報部存案，毋庸再議。嗣後，有新漲新墾陞科之田，務遵部頒弓尺丈量，不得仍用本處大小不齊之弓。如有私自增減盈縮，照例處分。

十六年，豁免江南武進、陽湖二縣開抵役田租銀。諭曰：朕聞常州府屬之武進、陽湖二縣，開抵役田租銀一項，原係前明時虛田，頒價後因本戶逃亡，株連親族，各將已產開抵，實非前明原置之田，亦非當日領價之戶。小民條糧役租，力難並輸，除應辦條漕仍照民田一例完納外，其新舊租銀概予豁免，以除民累。

十八年諭，廣東瓊州爲海外瘠區，貧民生計維艱，查有可墾荒地二百五十餘頃，照高、雷、廉之例召民開墾，免其陞科。

是年總計天下土田七百八萬一千一百四十二頃八十八畝，賦銀二千九百六十一萬一千二百一兩，糧八百四十萬六千四百二十二石各有奇。草五百十有四萬五千五百七十八束。

直隸民田六十五萬七千一百九十一頃八十七畝，賦銀二百四十一萬一千二百八十六兩，糧十萬一千二百二十九石各有奇。草九萬四千四百四束。糧草均留充本省經費。

奉天民田二萬五千二百四十三頃二十一畝，賦銀三萬八千百有十兩，糧七萬六千二百六石各有奇。糧充本省經費。

江南江蘇民田六十八萬九千八十四頃四十五畝，賦銀雍正三年，蠲除四十五萬兩。乾隆二年，蠲除二十萬兩，實徵三百三十七萬一千三百三十四兩，糧二百十有五萬五千二十一石各有奇。歲漕京師百七十一萬六千八百八十九石，留充本省經費四十三萬八千百三十二石各有奇。

安徽民田三十三萬八千百二十頃九十三畝，賦銀百六十八萬八千兩，糧八十四萬五千二百四十八石各有奇。歲漕京師五十六萬六千二百七十六石，留充本省經費二十七萬八千九百七十一石各有奇。

山西民田三十二萬九千五百八十六頃二十一畝，賦銀二百九十七萬二百六十六兩，糧十有六萬九千二百四十六石各有奇。糧充本省經費。

山東民田九十七萬一千五十四頃七畝，賦銀三百三十四萬六千二百五十七兩，糧五十萬七千六百八十石各有奇。歲漕京師三十四萬八千七百七十八石，留充本省經費十有五萬八千九百二石各有奇。

河南民田七十二萬二千八百二十頃三十六畝，賦銀乾隆三年，蠲除百六十兩，實徵。三百三十萬三千八百十兩，糧二十四萬八千八百六十五石各有奇。歲漕京師二十一萬九千八百七十四石，留充本省經費二萬八千九百九十一石各有奇。

陝西西安民田二十五萬二千三百七十一頃三畝，賦銀百五十三萬九百七兩，糧十有六萬八千四百五十三石各有奇。糧充本省經費。

甘肅民田十有七萬七千八百三十一頃三十三畝，賦銀二十五萬七千七百二十三兩，糧五十萬三千四百七十六石各有奇。草五百五萬千一百七十四束，糧充本省經費。

浙江民田四十五萬九千七百八十七頃七十畝，賦銀雍正五年，蠲除八萬七千二百兩。乾隆三年、四年，蠲除四萬五百四十兩。實徵二百八十一萬二千四十九兩，糧一百十有三萬四百八十一石各有奇。歲漕京師八十五萬六千七百三十九石，留充本省經費二十七萬三千七百四十二石各有奇。

江西民田四十七萬九千二百七頃六十二畝，賦銀雍正三年，蠲除七萬五千五百四十九兩。乾隆三年，蠲除三萬七千七百七十四兩。實徵百八十七萬九千八百十兩，糧八十九萬九千六百三十二石各有奇。歲漕京師七十七萬百三十二石，留充本省經費十有二萬九千四百九十九石各有奇。

湖廣湖北民田五十六萬六千九百十有三頃四十九畝，賦銀節年蠲除十有八萬二千四百五十四兩，實徵百有十萬八千一百五十三兩，糧二十八萬六千五百十四石各有奇。歲漕京師十有三萬二千四百三石，留充本省經費十有五萬四千一百五十石各有奇。

湖南民田三十一萬二千二百八十七頃九十八畝，賦銀節年蠲除十有八萬五百五十三兩，實徵一百十有六萬三千六十三兩，糧二十七萬七千六百四十一石各有奇。歲漕京師十有三萬三千七百四十三石，留充本省經費十有四萬三千八百九十七石各有奇。

四川民田四十五萬九千四百十六頃六十七畝，賦銀六十五萬九千七十五兩，糧萬四千三百二十九石各有奇。糧充本省經費。

福建民田十有二萬八千二百七十頃八十七畝，賦銀一百十有七萬七千八百九十九兩，糧十有六萬八千四百五十三石各有奇。糧充本省經費。

廣東民田三十二萬八千八百三十二頃九十三畝，賦銀百二十五萬七千二百八十六兩，糧三十四萬八千九十五石各有奇。糧充本省經費。

廣西民田八萬七千四百頃六十畝，賦銀三十八萬二千五百九十七兩，糧十有三萬三百七十五石各有奇。糧充本省經費。

雲南民田六萬九千四百九十九頃八十畝，賦銀十有五萬三千七百五十兩，糧二十三萬八百四十八石各有奇。糧充本省經費。

貴州民田二萬五千六百九十一頃七十六畝，賦銀十萬一百五十六兩，糧十有五萬四千五百九十石各有奇。糧充本省經費。

臣等謹按：以上據《會典》所載是年奏銷實數，以雍正二年奏銷數較之，增田二十四萬三千二百二十八頃六十一畝，賦銀三百二十四萬八千六百六十兩，糧三百六十七萬五千二十二石，草五百四萬一百五十九束。

十九年，定地方官勒包都圖及貢監生員包攬錢糧罪例。福建道監察御史胡定言：地方官徵收錢糧，或有自顧考成，恐錢糧拖欠，勒令富戶包都圖等弊，應令該督撫即行參處。部議應如所請，并議定貢監生員包攬錢糧罪例。從之。

二十年，定蘆洲地畝坍卸撥補之例。江西巡撫胡寶瑔言：蘆洲地畝坍漲靡常，定例將新淤地畝撥補，惟是有課。蘆洲先由水影沙灘積漸而成，頗費工本，自應將新淤之地撥補。至水影沙灘等類，原無工本，例不陞科。乃豪強之徒，往往以無課沙灘，與有課報坍之戶混爭撥補，以致案牘塵積。部議令嗣後新漲地畝，儘有課坍戶補足，尚有餘地，即將無課坍戶按照先後酌量撥補，再有餘剩，始行召墾。從之。

蠲減江南上元等州縣額糧。江蘇巡撫莊有恭言：上元等十四州縣衛田地一千三頃八十餘畝，下產難供上賦，請減原科則正銀五千三百六十六兩，米豆六千二百五十四石，下部議行。

二十一年，豁免江南邳州被水地畝額徵地糧。江南邳州，被水沖沙壓廢田地八十九頃三十餘畝，應徵地漕等項銀二百六十八兩有奇，米麥六十石四斗有奇，令永行豁免。

二十二年，減除山東海豐縣黎敬等莊地畝糧額。諭山東武定府屬之海豐縣，地處海濱，其地北鄉之黎敬等五莊，尤爲低窪易澇，以致積欠三千五百餘兩，加恩概予豁免。至該處地既瘠薄，若仍用舊則，恐輸納維艱，未免重困民力。著該撫勘明窪下地畝，其糧稅並照下則徵收，所有不敷糧額銀兩，按數開除。嗣據巡撫鶴年勘明黎敬等五莊，照該縣大糧下則地例，每畝一分一釐徵糧，共豁除不敷糧額銀八百五十二兩有奇。

二十三年，豁除江南靈璧縣五湖水沈地額徵錢糧。靈璧縣五湖田地最低，極窪，波淹之區，水深難涸，應納糧地二千五百七十八頃五十餘畝，額徵折色銀二千八百九十五兩有奇，米三百一十石有奇，令永行豁除。

令州縣錢糧隨徵隨解，不得久貯庫內。戶科給事中黃登賢言： 州縣錢糧應隨徵隨解，勿令久貯庫內，致有挪移之弊。幷令布政司於奏銷冊內，將各屬批解月日逐一詳細開載，以便稽核。下部議行。刪除地丁錢糧奏銷項下折徵顏料等款目。戶部議准。戶科給事中黃登賢條奏： 各省採辦顏料，原就土產所宜，若已經停辦，折徵價銀，奏銷冊內復臚列各項名色，實屬繁冗，應將各省奏銷冊造折徵顏料款目，概行刪除，以歸簡易。至河南省之宗祿唐府、瑞府匠班，陝西省之秦府、王駙馬勳田，直隸省之膳人、膳軍、常兌、操賞等名色，皆係明季流傳，凡有似此開載者，應行令各督撫一體刪除，統歸地丁條造報。

二十四年，准陝西郃陽縣黃河新漲灘地，照該縣下地起科。陝西巡撫鍾音言： 同州府屬之郃陽縣，黃河新漲灘地三百七十五頃有奇，應照依該縣下地科則，每二畝折中地一畝，每畝照部價折銀二分八釐，徵解司庫，下部議行。

豁免山東濟寧、魚臺二州縣水淹地畝額徵錢糧。濟寧、魚臺二州縣被淹地畝，水深難涸者共九百七十六頃六十餘畝，應徵銀二千五百三十九兩有奇，米二百八十石有奇，令悉行豁免。

二十五年，豁免山東海豐等縣被水地畝額徵錢糧。海豐、利津、霑化、陽信、樂陵、冠縣，水沖沙壓地畝共九百八十二頃，應徵銀三千六百三十四兩有奇，米麥五百八十九石有奇，令悉行豁免。

二十六年，募民承種肅州威魯堡地畝。肅州威魯堡，向安插吐魯番回人。是年移歸故土，所遺熟地一萬五千三百六十餘畝，陝甘總督楊應琚奏請募民承種，按則陞科。從之。

准山西大青山土默特十五溝民人開墾地畝，照歸化五廳中地科則。山西巡撫鄂弼奏報，大青山喀爾欽、喀爾吉爾等十五溝，民人二百四十餘戶，所墾熟地四百四十三頃七十五畝，部議令編給租票，以爲定額，仍照歸化等五廳中地科則，每畝完本色米二升九合六勺，共一千三百一十三石五斗有奇，由歸化城通判徵收。

二十九年，准安西府屬招民認墾地畝，照水田例六年陞科。陝甘總督楊應琚前後奏報，安西府屬玉門、淵泉二縣，招民認墾地畝一萬二千一百畝有奇，俱照水田例六年陞科。

准四川屏山縣、大竹堡等處荒地，招民開墾，分別水旱，按年陞科。四川總督阿爾泰言： 敘州府屬屏山縣、大竹堡等處邊荒，勘明可墾地共十萬六千六百餘畝，請將敘州府通判移駐馬邊廳，招民開墾，並將已墾田地分別水旱，照例陞科。下部議行。嗣據奏報，大竹堡等處開墾地畝，成熟、未熟，上、中、下地共一千一百八十三頃，應徵丁條糧銀一千四百五十二兩有奇，分別年限起科。其川秧、蕎壩、上下溪等處，已墾承糧田地七十六頃，應徵丁條糧銀二百一十五兩有奇，請撥入馬邊廳通判徵收。從之。

三十年，減除江南泰州屬丁溪、廟灣二場墾荒地折徵課銀。泰州分司所屬范公堤外，舊墾熟地六千四百餘頃，地土瘠鹵。江蘇巡撫陳宏謀奏請照梁垛場折價之例，每畝完銀二分五釐。嗣因丁溪、廟灣二場所報墾熟地，內有沮洳斥鹵，不堪耕種地三千六十餘頃，經兩江總督尹繼善等查勘會議，請減除課銀四千六百九十兩有奇，仍照本場原額科則。下部議行。

三十一年諭，滇省山多田少，水陸可耕之地，俱經墾闢無餘，惟山麓河濱尙有曠土，向令邊民墾種，以供口食。而定例山頭地角在三畝以上者，照旱田十年之例； 水濱河尾在二畝以上者，照水田六年之例，均以下則陞科。第念此等零星地土，本與平原沃壤不同，倘地方官經理不善，一切丈量查勘，胥吏等恐不免從中滋擾。嗣後滇省山頭地角、水濱河尾，俱著聽民耕種，概免陞科，以杜分別查勘之累，且使農氓無所顧慮，得以踴躍赴功，力謀本計。該部遵諭即行。嗣經戶部遵旨議定，凡內地及邊省零星地土，悉聽該處民人開墾種植。直隸、江西爲數不及二畝； 福建及江蘇之蘇州等屬不及一畝； 浙江及江蘇之江寧等屬不及三畝； 陝西不及五畝； 安徽、湖南、湖北、貴州水田不及一畝，旱田不及二畝； 河南上地不及一畝，中地不及五畝，下地不論頃畝； 山東中則以上地不及一畝，中則以下地不論頃畝； 山西下地不及十畝； 廣東中則以上水田不及一畝，旱田不及三畝，下則水田不及五畝，旱田不及十畝； 四川上田、中田不及五分，下田上地、中地不及一畝，下地不論頃畝； 雲南不計畝數； 廣東之畸零沙礫地畝，及高、雷、廉三府山場荒地，俱永遠免其陞科。奉天十畝以下尙宜禾稼者，減半徵租。山岡、土阜、傍河、濱海、窪下之處，僅宜雜植不成坵段者，永免陞科。

又諭： 據楊應琚奏，新定整欠孟艮地方，請倣照普洱邊外十三土司之例，酌中定賦，於丁亥年入額徵收等語。整欠孟艮，業經附入版圖，願輸糧賦，其酌定徵額之處，俱著照所請辦理。但念該處地方，連年經莽匪擾害，今雖得安耕作，而元氣尚難驟復，若遽於丁亥年責令輸將，恐夷民生計未免拮据，所有應徵錢糧，著加恩緩至戊子年入額徵收，以示優恤邊黎至意。

改定湖北漢川縣垸糧科則。湖廣總督定長等言：湖北漢川縣汈汊垸，連接諸湖，圈築長堤七千五百餘丈，卑薄殊甚，必須加高培厚，但民修力有不能，借帑難以徵補。況垸內歲徵各則，銀不及一千三百兩，米僅八十餘石，而節年賑貸反多於額徵之數，莫如改糧廢堤，將垸內上八總民田紅糧三則，均改爲漁糧上則，其軍田科則改爲漁糧下則，下八總民田內應徵南米，請照上八總南米一併減免。庶幾無水之年，以地爲利，有水之年，以水爲利。下部議行。

又諭：銀庫所奏月摺內，地丁欵下開寫絲毫忽微等細數，緣各省徵收之時，必須先有散數，方可合併計算，彙成總數，是以照例開寫。但此等名目既已極其纖悉，而秤兑時並不能將此絲毫忽微之數分晰彈收，徒屬有名無實，於政體亦多未協。嗣後各省徵收錢糧，及一切奏銷支放等事，俱著以釐爲斷，不必仍前開寫細數。

定四川石砫廳荒田地科則。四川夔州府屬石砫廳地方，東西寬五百里，南北長三百三十里，自改置流民以來，田地徵糧仍循土司舊習。總督阿爾泰奏請報墾田地，上田、中田丈量在五分以上，下田上地、中地在一畝以上者，比照附近之酆都縣科則。下部議行。

是年總計天下土田七百四十一萬四千四百九十五頃五十畝有奇，賦銀二千九百九十一萬七千七百六十一兩，糧八百三十一萬七千七百三十五石各有奇。草五百十有四萬四千六百五十八束。

直隸民田六十八萬二千三百四十三頃九十畝有奇，賦銀二百四十六萬三千七百八兩，糧九萬五千二百十九石各有奇，草九萬四千四百三十六束。糧草均留充本省經費。

奉天民田二萬七千五百二十五頃二十七畝有奇，賦銀四萬五千五百四十四兩，糧七萬六千九百四十四石各有奇。糧充本省經費。

江南江蘇民田六十五萬九千八百十七頃二十畝有奇，賦銀三百二十五萬五千二百三十六兩，糧二百八萬五千四百五十一石各有奇。歲漕京師百七十六萬二千六百一石，留充本省經費三十二萬二千八百五十石，各有奇。

安徽民田三十六萬四千六百八十頃八十畝有奇，賦銀百七十萬七千一百二十三兩，糧六十九萬四千三百十六石各有奇。歲漕京師五十二萬五千九百三十六石，留充本省經費十有六萬八千三百八十石各有奇。

山西民田五十三萬五千四百八十一頃三十五畝有奇，賦銀三百六萬九千三百二十五兩，糧十有二萬三千五百四十六石各有奇。糧充本省經費。

山東民田九十六萬七千一百四十頃三畝有奇，賦銀三百三十三萬二千八百七十九兩，糧五十萬六千九十五石各有奇。歲漕京師三十四萬七千九百七石，留充本省經費十有五萬八千一百八十七石各有奇。

河南民田七十三萬一千七百三十五頃六十三畝有奇，賦銀三百三十二萬二千二百十六兩，糧二十萬二千三百十三石各有奇。歲漕京師十有七萬三千一百七十七石。留充本省經費二萬九千一百三十六石各有奇。

陝西民田二十五萬九千五百七十九頃四十七畝有奇，賦銀百五十五萬五千五百十三兩，糧三萬一千九百四十八石各有奇，草六千五十一束。糧充本省經費。

甘肅民田二十三萬六千三百三十頃九十五畝有奇，賦銀二十八萬七千四百八十六兩，糧五十二萬一千七百四十六石各有奇，草五百四萬四千一百七十束，糧充本省經費。

浙江民田四十六萬二千四百頃有奇，賦銀二百八十二萬一千四百八十三兩，糧百三十八萬六千七百石各有奇。歲漕京師九十四萬一千六百八十三石，留充本省經費四十四萬五千十六石各有奇。

江西民田四十六萬一千六頃二十畝有奇，賦銀百九十三萬九千一百二十六兩，糧八十九萬九千八百三十六石各有奇。歲漕京師七十七萬三百十石，留充本省經費十有二萬九千五百二十六石各有奇。

湖北民田五十六萬八千四百四十三頃九十畝有奇，賦銀百十有二萬一千四十三兩，糧二十八萬六千五百三十七石各有奇。歲漕京師十有三萬二千三百九十六石，留充本省經費十有五萬四千一百四十一石各有奇。

湖南民田三十一萬三千八十三頃四十二畝有奇，賦銀百十七萬八千三百五十七兩，糧二十七萬七千九百四十九石各有奇。歲漕京師十有三萬三千七百五十三石，留充本省經費十有四萬四千一百九十六石各有奇。

四川民田四十六萬七十一頃二十六畝有奇，賦銀六十六萬八百一兩，糧萬三千四百四十石各有奇。糧充本省經費。

福建民田十有三萬八千四十七頃三畝有奇，賦銀百二十七萬八千五百七十兩，糧三十一萬三千九百十三石各有奇。糧充本省經費。

廣東民田三十三萬六千九百六十二頃五十三畝有奇，賦銀百二十六萬九百三十三兩，糧三十四萬八千一百七十四石各有奇。糧充本省經費。

廣西民田九萬九千七百五十二頃四十四畝有奇，賦銀三十九萬一千三百五十二兩，糧十有三萬四百二十石各有奇。糧充本省經費。

雲南民田八萬三千三百六十三頃五十一畝有奇，賦銀十萬五千七百八十四兩，糧十有六萬七千九百三十八石各有奇。糧充本省經費。

貴州民田二萬六千七百三十頃六十二畝有奇，賦銀十有二萬一千二百八十二兩，糧十有五萬五千二百五十石各有奇。糧充本省經費。

三十三年，戶部議盤驗丈量京通新舊糧額之法。每屆五年派員查辦一次，徒滋糜費，應請停止。如議行。

三十六年諭，聞臨清及陵縣，有經水沙壓鹽鹻地一千餘頃，屢年試種，不能墾復，農民完賦無資，著加恩將該州縣所有沙壓鹽鹻地畝，錢糧漕米概予豁除，以示體恤民隱至意。該部卽遵諭行。

令民墾種吳縣等地。戶部議江蘇巡撫薩載奏，吳縣、吳江、婁縣、金山、無錫、丹陽、寶山七州縣地方，實有可墾之地，應令該州縣勸民陸續耕種，照例題報陞科，如議行。

三十七年諭各督撫，凡有瀕水地面，除已墾者姑免追禁外，嗣後務須明切曉諭，毋許復行佔耕，違者治罪。若仍不實心經理，一經發覺，惟該督撫是問。

山西巡撫三寶奏：助馬口外沙㻂磽瘠、水沖沙壓不堪耕種地，共九十七頃四十畝零，請照例豁除，下部議行。

令民墾種黄州衛荒地。戶部議准湖北巡撫陳輝祖奏：黄州府黄州衛等處荒地，應勸民陸續耕種。

三十八年，定通州、崇明沙地額賦。大學士劉統勳等議奏：江蘇省通州、崇明二處，沙地新歸移駐海門同知管理，詢之巡撫薩載，現在錢糧仍照原例，通州加一、崇明五分徵收，並未將崇明舊額照通賦加增，請嗣後原歸廳官管理，將來遇有新漲，再照通、崇二邑賦額酌中定例。如議行。

諭：戶部奏荒地招民佃墾定限起租一摺，所辦尚無實濟。前以荒蕪地畝及低窪之處，每易滋生蝻孽，曾令裘曰修親往履勘，並令英廉等酌量可墾者，令業主佃戶墾種成熟。其實係沮洳之區，卽爲開掘水泡，以杜蟲孽而資瀦蓄。數年以來，尚未辦及，此事於畿輔農田最有關係，著交周元理專派明幹妥員逐加踏勘，將實可施工、民間樂於認墾者，聽從其便。其荒蕪低窪之區，卽著開水泡，以期日久利賴。

湖北巡撫陳輝祖奏：漢陽縣自乾隆二十九年以來，積年坍沒田地共五百十一頃六十六畝零，所有應徵錢糧，請照例豁免。從之。

三十九年，定廣東三水、新安等縣報墾荒地，照旱田例起科。

四十年，戶部議江蘇巡撫薩載奏，鎭洋縣築塘占廢田地應繳銀米，准分別扣蠲。

四十一年，江蘇巡撫薩載奏：清河縣於雍正十三年修牐築堤挖廢田地應徵銀糧，請准豁免。從之。

四十二年，免喀喇河屯水沖沙壓地畝額徵。

四十三年，查長洲縣濱臨太湖等處坍沒地畝，除其租賦。

四十四年，戶部議甘肅西寧縣添建倉廒置買民地額徵糧草，應准造册豁除。

四十五年，戶部議廣西巡撫姚成烈奏，鎭安府屬開墾水田，准於乙巳年起科，俟起科之年，將前項地畝糧銀造入奏銷，并編入全書送部。

令甘肅平番、碾伯二縣荒地永除租賦。

四十六年，豁免阜寧衛河灘地租。

四十七年，閩浙總督陳輝祖奏：浙江仁和場等處，坍沒存減則地共九百二十畝零，請自乾隆四十五年爲始，准其停收。下部議行。

陝西巡撫畢沅題：朝邑縣水沖沙壓地三百四頃八十四畝，又灘地一百八十二頃；咸寧等縣濱臨渭壩等河，節年坍沒地六十八頃。所有均徭糧銀舊額，應准豁免。下部議行。

又准仁和漲沙田地六千四百餘畝陞科。

四十九年，山西巡撫農起題：渾源州勸民開墾荒地，查定例，地方實有可墾荒地，令該地方官勸墾，陸續耕種，旱田以十年題報。今大同府所屬渾源州開墾旱地，每畝徵銀一分三釐零，遇閏之年，每兩加徵閏月銀三分，請於乾隆四十八年爲始，至五十八年陞科，從之。

五十年，戶部議直屬原報官荒地一千二百三十六頃零，旗荒地五百五十三頃零。內除民房佔用地基與有主墳地，俱應徵租外，實淨存難墾荒地共一千七百八十七頃零，內查出可墾官荒地三百四十二頃零，旗荒地一百四十二頃零。俱於難墾之中，擇其尚可試墾成熟者，飭令該州縣召民認墾，按照八年限滿交租。但同係荒地，土性高低不齊，翻犁播種，一切牛具籽粒所需工本人力，又多寡不一，除施工較易仍照八年舊限外，所有鹽鹻沙壓、傍山瀕河、草根蟠結之地，約計數年所獲之利與所費不敷，應加展二年以寬其限。俟正展限滿，令地方官勘明情形，量其收成，酌定租數。將官租分別征收至實。餘難墾荒地，或鹽鹻不毛、或沙石積壓、或附近山根，雖此次查勘實屬難墾，但土脈之轉移不一，地勢之燥濕無定，仍令各州縣隨時查勘。或經水涸、沙颺、泥淤、鹻退，轉爲可墾之地，卽行召佃，設法墾復，以期地無遺棄。奉諭旨依議所有各州縣歷年報荒官旗各項地畝，經此次派員履勘查辦，卽查出可墾地八百餘頃，分別年限召墾輸租，於旗民均有裨益。足見從前荒廢地利，地方官不實力查辦所致。但恐此後地方官因循日久，又復視爲具文，日漸廢弛，仍屬有名無實。著交該督董率所屬認眞辦理，愷切曉諭，務令小民踴躍從事，以期沃壤日增。至地利轉移無定，或有此時可耕而日後或至水沖沙壓者，或此時難墾而日後漸成膏腴者，並著該督隨時察看，於此次查辦後，續有可耕者若干、續行報荒者若干，每屆年終彙奏一次，以專責成。

又諭：畢沅奏開封府屬之鄭州，有因堤壓水沖不能耕種地畝共一百五十頃有零，核計無著糧銀一千二百七十七兩零，小民艱於輸納等語。地畝既因水衝堤佔，錢糧無著，若仍令輸將，民力未免拮据。所有此項廢地錢糧一千二百七十七兩零，著加恩概予豁除，以示朕惠愛黎元、體恤民隱之至意。

清・劉錦藻《清續文獻通考》卷一《田賦一》 ［乾隆］五十五年諭，前聞浙省漕務有浮收情弊，降旨令伍拉納訪查。玆據奏稱，見有嘉善縣糧戶陸建業等，來閩呈控革書袁坤一、漕總秦惠勳等，將伊運交漕米一百六十一石，僅給一百石九斗九升串票，業經飭提案內緊要犯證、串簿，解閩親審等語。是浙省漕務浮收加耗，積弊仍未清釐，而胥吏等敢於乘機作弊，或竟係該管地方官亦有通同故縱情弊。琅玕才具中平，爲人老實，易爲屬員朦蔽，顧學潮尚知謹愼自守，而不能約束伊子，更難望其整飭地方。必須該督切實嚴查，方能肅清積弊。今伍拉納一經糧戶呈控，卽行提赴閩省親審，所辦極是。著傳諭伍拉納務卽嚴訊犯證，檢查串簿，秉公據實具奏，不得稍有瞻徇。至琅玕身爲巡撫不能清查漕弊，咎已難辭，若敢稍存迴護，授意屬員以冀消弭此事，或伍拉納被其所欺，豈能逃朕洞鑒。朕必照辦理高郵假串一案之例，將琅玕拏解來京審辦。閔鶚元卽伊前車之鑒，恐該撫不能當此重戾也。

又諭：江蘇高郵州書吏私雕假印，僞串冒徵，百姓胥受其愚；而句容縣糧書侵用銀糧盈千累萬，皆係以完作欠，歷年吞蝕。由此而推，可見閭閻受國家百餘年培養愛育之恩，深仁厚澤，無不浹髓淪肌，窮年力作之餘，皆思踴躍急公，輸將恐後，而蠹胥猾吏等假捏串票，任意侵漁，使小民急公奉上之誠，轉爲若輩私肥囊槖之計。甚而地方官知朕無時不以惠養黎元、藏富於民爲念，輒思積欠過多，自必蒙恩豁免，因而急於徵催，影射入己作爲未完者，恐亦不少。朕臨御五十五年，勤求民隱，孜孜不倦，凡遇水旱偏災，無不先期諮詢，重則加恩概予蠲免，輕則准其分年帶徵。俾窮簷蔀屋，咸躋盈甯，朕之於民，未嘗不體卹周至。乃督撫牧令等，既不能宣達朕意，又使書吏從中侵蝕，豈得謂尚有人心者乎？愚民易於欺虐，不受姦吏重徵之累，已屬倖免，甯有應交正項錢糧，敢於遲延觀望也？封疆大吏皆係受朕委任重恩，不於此等關繫民生休戚之事盡心稽查，則其他更不可問矣。嗣後各省督撫等，於藩司奏銷之期，務將未完各項是否實欠在民，悉心體訪，遍行曉諭，務使急公之戶不受重徵，方爲無忝厥職。現在高郵、句容二案，接踵發覺，想各省亦必有似此者，俱著澈底清釐，毋任官侵吏蝕，虧帑累民。令各省將此旨榜示通衢，俾咸知朕意。

臣謹案：國家既以土與民，付之守令而又多爲之制坊，蓋必民間有一事之疾苦，而後朝廷增一事之禁令，不謂朝廷增一事之禁令，而官吏亦增一事之弊溷。法緣弊而立，弊卽緣法而生，欲廓而清之，計非汰除胥吏、嚴立科條不爲功矣。

同上 ［嘉慶］四年諭，錢糧一項，例應民閒自封投櫃，久經嚴禁私設官店，以杜浮收。其鄉民內向有折交錢文者，若竟行禁止，恐小民不諳銀色，反受胥吏愚弄。各督撫務於開徵之先，按時價覈定換銀上庫之數，每兩按收大錢若干文，出示曉諭，聽民自便，毋許絲毫浮收。

又諭：奉天旗民私墾餘地爲日已久，自應清查辦理，以杜爭端。著賞限二年，令各業戶將浮多地畝自行首報，其從前私種之罪，及地方官失察處分，俱著加恩寬免。向來納租餘地，每畝交銀六分，今著加恩減半，每畝酌中納租三分。折交錢文自於旗民生計爲便，如有逾限隱匿不首者，准令地鄰人等首報，丈出餘地卽撥給首告之人耕種納租。該將軍等務須督飭所屬，實力詳查，倘吏胥等有藉端勒索影射等弊，必當嚴行治罪。

同上　［嘉慶］二十一年諭，前據御史盧浙奏，州縣徵收錢糧例用三聯串票，欲杜州縣虧欠之弊。請飭令蓋用該管道府印信，經戶部議准通行。茲據百齡等會奏，窒礙難行之處甚多。朕詳加披覽，所言皆係實在情形，徵收錢糧串票鈐用州縣印信，奉行已久，卽加用道府印信，如已徵之銀仍不催提報解，亦難杜虧挪之弊，徒使官病稽遲，民滋擾累，吏胥往返亦易作奸。江蘇、安徽、江西三省如此，推之他省，自必皆然。與其紛更無益，不若仍循舊章以歸簡易，所有前議三聯串票蓋用道府印信之例，著通諭各省，卽行停止。

清・劉錦藻《清續文獻通考》卷二《田賦二》　道光二年諭，帥承瀛奏委員覆查南田封禁地方一摺。浙江甯波、台州二府聯界之南田地方，自前明封禁至今四百餘年，無業游民藉採捕爲名，潛往私墾，見在十有八嶴。計墾戶二千四百有零，已墾田一萬六千七百餘畝。其始由豪強占踞，招人墾種，計畝收租，名曰老本，以致愈墾愈多。此等墾戶若概行驅逐，則實在無籍可歸之貧民，必虞失所，恐致別滋事端。若任其占踞潛匿，或更從而影射招搖，則紛至沓來，匪徒溷迹其中，無從辨別，人數愈衆，措置愈難。該撫見飭拏著名老本賴一富等二十名，嚴行究辦。並出示剴切曉諭，檄委甯波府督同該委員等前赴南田，復行逐嶴查勘該處戶口地畝，一俟得有確數，著卽相機籌辦，務出萬全，會同趙愼畛妥議章程具奏，俾貧民不至流離失所，而匪徒亦不至匿迹其閒，方爲至善。

同上　［道光四年］又諭：趙愼畛等奏請嚴禁民人私墾生番境內地畝一摺。福建臺灣彰化縣所轄水裏、埔裏兩社，係在生番界內，向以堆築土牛爲限，民人樵採例禁侵越。近年以來，該處生番因不諳耕作，將熟番招入開墾。據該督等查明，該熟番與漢民交契結姻者頗多，恐漢奸私入，混雜難稽，或因生番懦弱，逞強欺占。該生番野性未馴，必致爭鬬肇釁，釀成巨案，不可不嚴行飭禁。現在農事已畢，著卽飭令各社屯弁及通土等，查明越入各熟番，概行召回，不准逗遛在內，以後亦不許再有潛往。如敢抗違，該廳縣等立卽會營拏究，並著於集集鋪、內木柵二處隘口，設立專汛，卽飭北路協副將於彰化營內就近移撥弁兵，實力防堵，毋許番民擅自出入鹿港、同知、彰化縣。每年分上下兩班，輪往巡查一次，仍按月取具。汛弁及屯弁通土等切結，由廳縣加結通報，並責成臺灣鎭會同該道府嚴行查察，該弁兵如有疏懈徇縱情弊，卽行分別斥革治罪。倘該廳縣視爲具文，督查不力，亦卽據實參奏，交部議處。開墾一事，嗣後不必開端，永當禁止。

同上　［道光］二十六年諭，柏葰等奏請將江蘇省完漕大戶小戶等名目，概行禁絕等語。據稱，查明江蘇向來完漕紳富謂之大戶，庶民謂之小戶，以大戶之短交取償於小戶，因而刁劣紳衿挾制官吏，索取白規，大戶包攬小戶，小戶附託大戶，又有包戶之名，以致畸輕畸重，衆怨沸騰，紛紛滋事。又旗丁津貼，原有定額，近來總以米色爲詞，多方挑斥，逐漸加增，是幫船多取一分於官，州縣多取一分於民，種種弊端，關係非輕，若不及早整頓，貽患何所底止。著兩江總督、江蘇巡撫認眞查察，所有前項大戶、小戶、包戶各名目，概行禁絕，一律均收。尤不准旗丁額外多索幫費，倘敢抗違，或州縣中竟有浮收入己情事，卽行據實嚴參，從重治罪，毋稍瞻徇，以肅漕務而清弊源。

同上　［咸豐二年］又戶部議准署雲南巡撫吳文鎔疏，報安平同屬開墾民田三十四畝，照例升科。從之。

清・劉錦藻《清續文獻通考》卷三《田賦三》　［同治元年］又允特普欽奏招墾黑龍江荒地。又諭：寶鋆等奏，遵查黑地升科，請旨辦理等語。前因太醫院醫生王慶連等，在內務府呈稱直隸各州縣盛京等處，無糧黑地及八旗報效地十餘萬頃，請按額升科等語。當派寶鋆會同直隸總督順天府府尹，督率各地方官詳查辦理。茲復據奏，王慶連帶同民人張達呈報大興縣田家營等處，民人吳自有等隱種黑地，經寶鋆等派令委員會同該縣查明，皆係有主之地，並非無糧地畝。質訊王慶連等，情詞閃爍，亦復不能指實。所遞查地章程內，如設立公所、頒發戳記等項，無非欲假以事權，藉作威福，種種謬妄，斷難准行。王慶連於並不干己之事，輒敢擅收呈結，妄報黑地，實屬不安本分，著革去太醫院醫生從九品職銜，繆特瑞隨同王慶連聯名呈報黑地，事多不實，著革去從九品職銜，均交該地方官嚴加管束，毋許出外招搖，以示懲儆。至黑地一項，直隸奉天所在多有，或圈地旗產日久迷失，或山隅河洲新漲閒荒，愚民無知，相率耕種，若令紛紛查辦，轉恐擾累閭閻。戶部定例清查旗地章程，向有辦理升科明文，經此次奉旨之後，凡自種黑地業戶，旗人赴該管都統衙門呈報，民人赴該管州縣呈報，俱各查明段落四至，勘丈屬實，照例升科，由戶部頒給執照，准其永遠爲業。其從前盜種黑地之罪，及地方官失察處分，均予寬免。從前花利並免追繳。若有挾嫌訛詐，妄報他人有糧之田，照律加等治罪。如一年以内不行自首，經他人告發到官，審明卽治以盜種黑地之罪。各州縣黑地交課若干，按畝徵收，年清年款，不准絲毫拖欠。其勘辦升科地畝最多之州縣，准隨時奏請奬勵。

同上 ［同治］二年諭，御史陳嶲奏直隸、奉天未經報墾黑地，請飭催查一摺。據稱直隸近畿一帶及奉天大小凌河等處，呈報黑地者，俱有部文行查。至今除昌平州外，升科者甚屬寥寥。均由地方官吏徵收入己，且遇報地之人，奉部行查，必多方勒索，令其認誣，甚或加以非刑等語。地方官徵收錢糧，絲毫皆應歸公，豈容任意隱匿。若如該御史所奏，竟有將呈報黑地，私行徵收，延不具報升科，甚有將報地之人抑勒刑偪，令其認誣者，實屬可惡。著萬青藜、林壽圖、劉長佑將順天直隸所屬各州縣呈報之黑地，確切查明。並著玉明、和潤、德春、恩合於奉天錦州所屬地方，一律清查，其大小凌河等處已經報部之黑地，並著速行詳查，報明戶部存案，其漏未呈報者，一併清查。

同上 ［同治］五年諭，富明阿等奏遵旨安插穵金流民並私墾浮民，情願認領輸租，辦理善後章程各摺片。金場流民，經富明阿等飭令那斯洪阿等前往開導，該頭目業已來省先行繳械，俟河冰凍結，依限全數移出，改業歸農。卽著富明阿等督飭委員會同該總目韓見琮等，屆限剴切開導，移出金場，妥爲安插。富明阿以此項金夫無業可歸，擬將葳沙河毗連色勒河以下，穆奇河、漂河、樺皮甸子等處，沿邊未開荒地，酌給該金夫等認領，免交壓荒地價，令其明春自行開墾，至第三年每熟地一晌，仍交大小租市錢六百六十文，均著照所籌辦理。其查出樺皮甸子半拉窩集地方墾成熟地八百餘晌，該民人情願認領交租，卽照富明阿等所請，准給佃戶認領，不追押荒。每熟地一晌，連本年共收三年地租，市錢一吊九百八十文，以示體恤。富明阿等於金場流民務當加意鎭撫，妥籌永久之法，不得有名無實，致滋事端，仍詳細繪具圖說呈覽。

同上 ［同治］十一年諭，戶部奏試辦昌平州黑地升科，請派員查辦，並涿州民人史長春等呈請補領執照，應一併查勘等語。著派陳孚恩、寶鋆會同張祥河、董醇認眞查辦，以昭覈實。其自咸豐四年以後，順天直隸所屬州縣辦過升科地畝一千數百頃，歷年課銀，是否該州縣按額徵收，並未專案報部。著直隸總督順天府尹立限半年，將前次欠解銀兩之各該州縣詳細查明，嚴行追繳，掃數解部。如有侵蝕情弊，卽據實參奏。

清·劉錦藻《清續文獻通考》卷四《田賦四》 ［光緒］十二年，兩廣總督張之洞奏，前奉上諭沙田升科一事，正賦攸關，豈容奸民蔽匿，迭經戶部奏催辦理，著該督撫督飭所屬查明已升科若干畝，未升科若干畝，卽將未經升科之沙田迅卽確查妥辦等。因當卽督飭司局籌議辦理，近准戶部咨現擬改辦升科，誠爲正本清源之計。粤省地居濱海，沙坦較寬，此項退水之田素稱膏沃，獲利旣重，流弊滋多。是在妥擬章程，豫定期限，嚴稽匿稅，愼選賢員一切事宜，果能經理認眞，自必立有成效。况仿照山西豐甯馬廠成案辦理，更有把握，萬不致若從前之因難中止，務須妥速籌辦，勿涉因循等。因復經轉行飭辦。茲據廣東布政使高崇基會同沙田局司道詳稱，粤省沙田，以廣州府屬香山爲最多，順德、新會、東莞次之，番禺、南海又次之；潮州府屬海陽、揭陽、潮陽、澄海等縣爲數有限。自嘉慶二十三年查辦升科以後，所有新沙、溢坦、斥鹵、成熟，雖迭經報查清丈，飭令照例升科，終以未經部覆核定，未能入額徧徵。各業戶坐擁膏腴，仍完斥滷輕則。至沙田畝數，溯查嘉慶二十三年奏案，已查明奏准升科者，五千三百餘頃。此項名爲額數，咸豐年閒屯田變價案內，除由官長虛稅無人承領五百餘頃外，實則升糧者一千四百餘頃。至同治六七年閒，清丈案内查出溢田繳息升科者五百餘頃。光緒七年，補升案内查出斥鹵成熟應按則補升者四千餘頃。此各項皆爲新沙。此外，近來新增溢田自當不少，但未經呈報勘丈，無從懸擬。合計老沙新沙有案可稽者，共計一萬一千三百餘頃。至同治年閒清丈案内奏報，沙坦一萬九千餘頃，查與司案縣案皆不相符，似係舛誤，無關收息，銀數出入，應俟查明致誤之由，另行辦理。惟查老沙田則皆未請給部照，民閒但憑墾單、縣照、司照管業，其閒或有遺失或經典售，影射侵佔，啓爭受累，均所不免。此次擬請除原額民田外，無論老沙、新沙一律換給部照。其每戶田不及一頃者，以一戶爲一照；若一戶過一頃者，以一頃爲一照；如數頃、數十頃之外，尚有尾零數十畝，亦儘數塡給一照，以便買賣分析。老沙無庸再丈，按冊核給；新沙清丈明確，立時塡給。嗣後民間買賣過割，以此爲憑，仍詳加查勘，分別上則、中則，升科起征，永遠免其攤派捐籌。此次繳息定則，俱較舊章酌量從寬，庶國科漸充，民情亦順，現已詳察輿情，酌議章程。一面遴員設局，延商公正大紳出示開辦，惟必須頒發戶部空白執照，隨時塡給，方期鼓舞。其照式由粤省酌擬，咨部核定刊發。詳請具奏。臣查廣東查辦沙田之案，自道光二十四年以來已不下五六次，或溢坦歸屯，或屯田變價，或斥鹵補升，或呈報溢坦，或海防沙捐，查勘累年，籌捐多次，惟始終未領部照，未編賦額，以故清如不清、丈如不丈，不能取信於民，由來已久。此次遵旨清丈升科，應頒部照，隨丈隨給，使各沙戶曉然於此舉，實爲便民安業，一勞永逸之計。執有此紙以後，或買賣成管業，永息訟爭，更無派累，庶可踴躍趨公，一律澄清。查臣前在山西巡撫任內勘辦豐甯官荒馬廠，卽係奏准頒發空白部照，隨丈隨給，一時租戶耕氓無不爭先引勘，惟恐清丈委員到來之晚。事理相同，民情可見。竊聞直隸奉天等處，丈勘荒地辦法略同。此次部咨既准仿照山西豐甯馬廠成案，催令速辦。相應援案奏請，卽委員赴部領辦此項部照回粤，以期妥速。合無仰懇天恩，敕部迅速頒發空白沙田執照數萬張，交委員領回，俾得及早勘辦。一俟辦有成數，隨時咨報。

又片奏再廣東遵旨查辦沙田升科。前經臣奏請敕部頒發空白執照一萬張，並將設局清查升科分別繳款換照章程奏明在案。查廣州府屬沙田舊章，其老沙已補升者，均照番禺上則徵銀米，其新沙未經成熟者，均屬斥鹵，輕則每畝約完銀四釐有奇，不徵米。凡老沙、新沙各坦，向俱祇發司照，或由縣發給墾單，便執爲管業之據。今設局清查，無論已升、未升、上則、中則、斥則，自應一律換給部照，俾資遵守。惟此次戶部所發執照，祇有上則、中則兩起，並無斥則之照。各局委員每多拘泥，遇有未熟坦畝，遂謂無照可發，議請停給。臣查光緒十二年七月，內請頒部照，原奏聲明無論老沙、新沙一律換給部照，老沙無庸再丈，按冊核給，新沙清丈明確，立時塡給，嗣後民間買賣過割，以此爲憑，仍分別上則、中則升科起徵等語。並無何項沙坦無庸發給部照之說。且前次奏定章程聲明草、白等坦，酌減花息，勘明後分別給照定則，升科起徵。是草白坦亦應給照，尤爲明甚，但未成熟，未便遽發上則、中則之照，不可謂斥則以下遂不發給部照也。况草、白坦等項，望影佔築，尤易起爭，豈可轉令私照管業，留貽訟累。且今日之新坦，卽將來之熟田，一經給照，則土名、畝數、業戶姓名、承墾年月一一明晰。俟五年升科之期，戶不須另查，田不須另丈，業戶雖欲延匿，而州縣有冊可憑。祇須勘明成熟，分別升科，則按戶加升，豈不簡易扼要，一勞永逸。且本屆清丈之後，業戶仍無確實可信之部照執以爲憑，必致成熟，屆期重丈有擾，換照有費，胥吏得賄，永不報升，覬覦不息，訟端不已，葛藤懸宕，撤局無期。是徒爲胥吏開需索之門，爲民間留無數未完之案。當經嚴飭司局，一律發給部照，以示民信。淸田額，勒限今年年底將所領執照一萬張一律發竣，如有不敷，再行奏請續發。惟現領部照，既無斥則等項名目，若待另行請領，未免往返需時。除熟坦分別上則、中則，塡照給發外，應將未熟之草坦、白坦、水坦照章列入斥則，一律發給部照，於照內分晰註明，令地名、畝段、花戶、墾期一一有案可稽。俟五年成熟補升之期，按冊查勘，未熟者仍其舊貫，已熟者改註，補升科則，則賦既不匿，民亦不擾，實於淸賦恤民，均屬大有裨益。再查新安縣向未報有沙田，此次查出該縣沙田，皆係鹹水沙坦，遠遜香山、東莞等處，且並不及潮州。應酌照前次奏明潮州府屬沙坦辦法，酌量寬減，以示體恤。仍一律發給部照，俾免向隅。

清《廣東財政説明書》卷二《田賦上》 一曰糧戶無稽之獘也。各省民間買賣田畝，立劵後承業之主須有推戶過糧辦法，故凡田畝雖經轉展售賣，糧戶亦隨時更易，而糧根終歸有著，官中魚鱗冊班班可考也。廣東買賣田畝，多數不如是辦法者。例如有一田係甲戶花名，既售於乙，糧歸乙完，而冊上花名則仍甲也。或乙又將此田售之丙，則丙爲糧戶矣，而花名則仍甲也。經多次之售賣，花名不變更焉。並有甲將田售乙，交易時訂明田價稍高，此後田歸乙有，糧歸甲完。在斯時甲不過爲愛惜體面，希圖價高起見，迨歷年既久，甲或無力完納，或甲遠徙無人，乙既未承糧，亦不過問，而糧遂歸無着，故多有逃亡絕戶缺額之糧，此亦積習相沿，由來久矣。

清·賀長齡《清經世文編》卷三一《袁一相〈民田無庸給由帖檄〉》 據諸暨縣里民呈稱，丈量之後，請給由帖，則糧課無弊，爭訟永絕。又據該縣詳稱，暨邑兵燹之後，民間由劵焚失，給由則戶可淸，業可安，賦税有著。本司查丈量一事，舉大事，動大衆，民力殫瘁，殊可憫念，今幸冊籍告成，此斯民稍得休息之時也。訪聞各縣有給發號單一事，每一號給單一紙，每紙索銀三分，通里數千號，通縣數百里，計贓累萬，此係因公科斂，獨喜仁錢三縣之言曰，多一事，即滋一累，不如省一事，民受一分之惠，已經詳憲嚴批申飭通行矣。茲諸暨縣給由之議，較之號單之説，更有甚焉。據稱若不給由，則產業無憑，不便有六，則給由之關係，綦重如此。第思民間產業，其祖遺者自有先世置買文契，并祖父分書爲據，若新置者，自有賣主文契中證花押爲憑，此天下之通例也，何獨諸暨縣必憑官給由單。且縣令一身，豈能盡知某田、某地、某山、某蕩爲某人之產業。其中儻有參差，向誰告理。如有兩造爭界，勢必審斷，一邑之內，沸如蜩螗矣。況民間產業，不憑文契，而憑由單，則一縣之人，皆向官役買產，而官役將一縣之田地山蕩，賣與一縣之人，此中情形，不待智者而後見也。其石蒙恩等原呈，不過衙役造捏裝點之詞，豈眞出該縣士民之公請耶？揣度情理，利少弊多，況丈量之後，民力已竭，即使休息無事，尚恐元氣未復，豈可再生一事，致起聚訟。茲再加申飭，如有假借給由，需索分文者，應照因公科斂，八十兩以上論絞之律，從重題參可也。

清・賀長齡《清經世文編》卷三二《闕名〈請查田糧影射疏雍正元年**〉》**

按地輸丁，原屬優恤窮民之善意。但直隸江浙等處田地，多有名爲有地，而其實無租稅可收者，其故大略有四：從來置產之家，多係鄉紳富戶，其棄田之人，賄通置田家人，將高下錯雜，一概指爲美產，往往以九畝作十畝，或以九畝五六分作十畝。當其富饒之時，無從細察，亦并不覺有代爲納糧之累。及至家業漸貧，必鬻其實在八九分之產，而此一二分之虛地虛糧，無從推去，不得不照戶納課。此有地無租之一也。再向日置產之時，原係高下錯雜，今則急而求售，不得不盡鬻其高者，而獨留其下，此下地所入，十年九空，偶有收成，僅足完一年之糧，不足賠九年之累。此有地無租之二也。再有一種棄產之人，原因一時急用，希圖日後取贖，故趙甲之田，賣於錢乙，而戶名不即改換，趙甲收錢乙之糧，爲之代完。久之究竟無力取贖，傳及子孫，戶名仍在，而趙甲遂爲無田有戶，不得不照戶納糧。此有地無租之三也。又有一種棄產之人，原係出入衙門，窮困無賴，或係武舉劣衿，身倚護符，既以棄產，仍復希圖包納，於中取利。然其利止於一時，而其累及於子孫，遂有年代久遠，無從推收過戶，趙甲之家，有不得不爲錢乙每歲納糧者。此有地無租之四也。至於直隸之順天、保定、河間、永平、宣化五府，多有圈佔之地，其所撥補，大約遠隔數百里不等，而地畝半屬窪下，每年除完糧之外，所餘無幾。應令該撫查明，分爲上、中、下三則，其上則中則，按其多寡，攤入丁銀，至於下則，及有地無租之人，免其一體均攤，務期糧歸實在，有田之人，不得私相影射。如此，則無地窮民與有地無租之窮民，均不致有賠累之苦也。

清・賀長齡《清經世文編》卷三四《鄂彌達〈開墾荒地疏雍正十年**〉》**

粵東地方，山海交錯，民俗刁悍，貧苦者多。所以小民惟利是圖，每於封禁之礦山，潛往偷挖，甚至販私盜竊，毫無顧忌。雖因習尚澆漓，輕蹈法網，亦由無田可耕，無業可守，遂致漸流爲匪也。臣自抵粵以來，將奉到歷次諭旨，刊刻徧示，曉諭勸導，並嚴飭該地方文武官弁時加巡邏，勿任礦徒聚夥偷挖。臣隨行查各屬曠土，及實在無業窮民，已據各屬報到二千餘戶，正在商酌安插。荷蒙聖主垂念，欽差禮科給事中徐杞偕臣等悉心辦理，親歷山場，徧行查勘，各處礦硐，皆屬封固，硐口蔓草叢生，並無偷挖之事。惟是無業窮民若不悉心調劑，使其衣食有賴，難保後來不蹈故轍。查肇慶府大官田地方，新設鶴山一縣，及附近恩平、開平等縣，現有荒地數萬畝，以之開墾耕種，安插貧民，最爲相宜。臣上年曾委糧驛道陶正中，料理新縣城工，兼令查勘荒地。現據丈出荒地三萬三千餘畝，查業戶每耕地百畝，須佃五人，此可安集佃民一千六百餘戶。恩平、開平荒地甚多，不止一二萬畝，現今丈出五千餘畝，尚未及四分之一，因該處地廣人稀，雖有藩庫墾荒銀兩，莫肯赴領承墾。臣等諭令有力商民，招集惠潮等處貧民，給以廬舍、口糧、工本，每安插五家，編甲入籍，即給地百畝。復念各佃遠來托居，雖有可耕之業，仍恐日後予奪憑由業戶不能相安，應爲從長計議。凡業戶領田百畝外，並令各佃俱帶領地五畝，一例納糧，永爲該佃世業，田主不得過問，庶佃戶稍有餘資，無偏枯之歎，亦可無逋租之虞。今惠潮二府貧民，就居鶴山耕種，入籍者已有三百餘戶，現在陸續依棲，日益增聚，兼聞先到之人，安頓得所，無不踴躍趨赴。其各屬未報貧民，亦必陸續報出。其高、雷、廉等各府州縣可墾荒地，容俟一并丈出，設法安插，使窮民皆有恆產，足以資生。不數年間，野無曠土，地無遺利，全粵深山窮谷，無復有失業游手之民，風俗淳美，夜戶不閉，地方官民，均感浩蕩洪恩於無既矣。

清・賀長齡《清經世文編》卷三六《張英〈恆產瑣言〉》

三代而上，田以井授，民二十受田，六十歸田，尺寸之地，皆國家所有，民間不得而私之。至秦以後，廢井田，開阡陌，百姓始得私相買賣。然則三代以上，雖至貴鉅富，求數百畝之田，貽子及孫，不可得也。後世既得而買之矣。以乾坤之大塊，國家之版圖，聽人畫界分疆，立書契評價值而鬻之，縣官雖有易姓改氏，而田主自若。董江都諸人，亦憤貧者無立錐之地，而富者田連阡陌，欲行限民名田之法，立爲節制，而不果行。乃祖乃父，以一朝之力奄有之，使後人食土之毛，善守而不輕棄，則子孫百世，苟不至經變亂，亦斷不至於流離。夫孟子以王佐之才，其言王政一言以蔽之曰有恆產者，有恆心而已，曰五畝之宅，百畝之田而已，曰富歲子弟多賴而已。一部《孟子》，實落處不過此數條，而終之曰諸侯之寶三，土地一也。予謂土地之可寶者，又有三，請一一言之。天下之物，有新則必有故，屋久而頹，衣久而敝，臧獲牛馬服役，久而老且死，當其始重價以購，越十年而其物非故矣，再越十年而化爲烏有矣。獨有田之爲物，雖百年千年而常新，即或農力不勤，土敝產薄，一經糞溉則新矣。即或荒蕪草宅，一經墾闢則新矣。多興陂池，則枯者可以使之潤，勤薅荼蓼，則瘠者可以使之肥，亘古及今，無有朽蠹頹壞之例。始而養其祖父，繼而養其子孫，無德色，無倦容，此其可寶者一也。天下貨財所積，則時時水火盜賊之憂，至珍異之物，尤易招，尤速禍，草野之人，有十金之積，則不能高枕而卧。獨田產不憂水火，不憂盜賊，不勞守護，即有兵戈、旱乾、水溢，離井去鄉，事定歸來，室廬畜聚，一無可問。獨此一塊土，張姓者仍屬張，李姓者仍屬李，芟夷墾闢，仍爲殷實之家。舉天下之物，不足較其堅固者。且地德最實，薄植之而薄收，厚培之而厚報，或四季而三收，或一歲而再種。中田以種稻麥，旁畦餘隴，以植麻椒木棉之類。有尺寸之壤，則必有錙銖之入。不勞生計，不受忌疾，故與其取財於人，不若取財於天地。此其可寶者二也。今人家子弟，鮮衣怒馬，恆舞酣歌，一裘之費，動至數十金，一席之費，動至數金，不思吾鄉十餘年來穀賤，竭十餘石穀，不足供一筵，竭百餘石穀，不足供一衣，安知農家作苦，終年霑體塗足，豈易得此百石哉。古人有言，惟土物愛厥心臧，故子弟不可不令其目擊田家之苦，開倉糶穀時，亦當令其持籌，使知來源之不易。則自知浪擲之可懼。此其可寶者三也。今人乃視爲鄙事，不一留意，顯犯孟子之戒而不知，亦獨何哉？

嘗讀《雅》、《頌》之詩，而嘆古人之於先疇，如此其重也。《楚茨》、《大田》之詩，皆公卿有田祿者。周有世卿，其祖若父之采地，傳諸後人，故曰曾孫。今觀其言，曰我疆我理，曰我田既臧，曰我黍我稷、我倉我庾，農夫愛其曾孫，則曰曾孫不怒，曾孫愛其農夫，則曰農夫之慶，以致攘饁者之食，而嘗其旨否，剝疆場之瓜，而獻之皇祖，何其民風淳樸，上下相親如此。不止家給人足，無分外之謀，而且流風餘韻，有爲善之樂。此其所以享國承家，長遠無弊也。今世士夫之窮，皆由於無恆產；而鬻產之源，則必在乎債負；債負之來，由於用度不經。故不經者，債負之由也；債負者，鬻產之由也；鬻產者，饑寒之由也。欲除鬻產之根，則斷自經費始，居家簡要可久之道，則有陸梭山量入爲出之法。在其法，合計一歲之所入，除完給公家而外，分爲三分，留一分爲歉年不收之用，其二分分爲十二分，一月用一分，若歲常豐收，則是古人耕三餘一之法，值一歲歉，則以一歲所留補給，連歲歉，則以積年所留補給，如此始無舉債之事。若一歲所入，止給一歲之用，則一遇水旱，必至逃亡，逃亡則田必荒蕪，荒蕪則穀入必少，此時賦稅必暫免而旋急，數端相因而至，乃必然之理。有田之家，其爲苦累，較常人更甚，此時輕棄賤鬻，以圖免追呼，實必至之勢也。然天下凶荒日少，豐稔日多，及至豐稔而產業既鬻於人，向時富厚之子，今無立錐矣。此時當大有忍力，或鬻衣服，或鬻簪珥，或鬻臧獲，藉以完糧。打疊精神，召佃闢墾，乘閒投隙，收取此須以救旦夕。穀食不足，充以糟糠，凡百費用，盡從吝嗇，千辛萬苦，以保守先業。大約不過一二年，過此凶險，仍可耕耘收穫，不失爲殷厚之家，此亦余所目擊者。

吾既極言恆產之可鬻矣，雖然，守之有道不可不講，若不善經理，付之僮僕之手，任其耗蠹，積日累月，沃者變而爲瘠，潤者化而爲枯，稍瘠者化而爲石田，田瘠而畝不減，入少而賦不輕，平時僅可支持，一遇水旱催科，則立槁矣。是田本爲養生之物，變而爲累身之物。然則如之何而後可哉？欲思無鬻產，當思保產。欲保產，當使盡地理。盡地理之道有二：一在擇莊佃，一在興水利。諺云：良田不如良佃。此最確論。主人雖有氣力心計，佃惰且劣，則田日壞。譬如父母，雖愛嬰兒，卻付之悍婢之手，豈能知其疾苦乎。良佃之益有三：一耕種及時，二培壅有力，三蓄洩有方。古人言農最重時，早犂一月，有一月之益，故冬最良，春次之，早種一日，有一日之益，故晚禾必在秋前一日。至培壅，則古人所云百畝之糞，又云凶年糞其田而不足。詩云：荼蓼朽止，黍稷茂止。用力如此，一畝可得兩畝之入，地不加廣，畝不加增，佃有餘而主人亦利矣。畜水用水，最有緩急先後。當捄則捄，當待則待，當棄則棄，惟有良農老農知之。劣農之病有三：一耕稼失時，二培壅無力，三畜洩無方。若遇豐稔之年，雨澤應時而降，惰農劣農亦鹵莽收獲，隱藏其害而不覺。一遇旱乾，則彼此優劣立見矣。且良佃所居，則屋宇整齊，場圃茂盛，樹木蔥鬱，此皆主人僮僕力之所不能及而良佃自爲之，劣佃則種種反是。此擇莊佃爲第一要務也。禾在田中，則水爲命，諺云肥田不敵瘦水。古人開一畝之田，則必有一畝之水以濟之。後世人家僮僕，管理莊事，興塘幾石，修屋幾石，爲開銷之具而已，何嘗有寸土一鍤及於塘堰乎。夫塘宜深且堅固，余曾過江寍南鄉，其田最號沃壤，其塘甚小，不及半畝，詢之土人，知其深且陡，有及二丈者，故可以溉數十畝之田而不匱。吾鄉塘最多，且大有數畝者，有十數畝者，然淺且漏，大雨後亦不滿，稍旱則露底。田待此爲命，其何益之有哉？日積月累，田瘠莊敝，租入日少，勢必鬻變，此興水利爲第一要務也。若不知務此，而止保守前業，勢豈能由己哉。予置田千餘畝，皆苦瘠，以不能多辦價值，故力不能置膏腴沃壤也。然細思膏腴之價，數倍於瘠田，遇水旱之時，膏腴亦未嘗不減。若豐稔之年，瘠土亦收，而租倍於膏腴矣。膏腴之所以勝者，鬻時可以得善價，平時度日，同此稻穀一石耳，無大差別，且腴田不善經理，不數年變爲中田，又數年變而爲下田矣。瘠田若善經理，則下田可使之爲中田，中田可使之爲上田。故但視後人之能保與不能保，不在田之瘠與不瘠。況名莊勝業，易爲勢力家所垂涎，子弟鬻田，必先鬻善者。予家祖居田甚瘠，在當時興作盡善，故稱沃壤，四世祖東川公卒時，屬從人葬於宅之左，曰恐爲勢家所奪，正此意也。予初析產得三百五十餘畝，是時吾里田產，正當極賤之時，人問曰：君析產有銀乎？予對曰：但有田耳。亦苦急切難售，奈何？今始知析產之妙，正妙在無銀，田之妙，正妙在急切難售。古者人有恆產之世，所以民無甚富，亦無甚貧也。

人家富貴，暫時榮寵耳，所恃以長子孫者，畢竟是耕讀二者。子弟有二三千金之產，方能城居，蓋薪炭、蔬菜、鷄豚、魚蝦、醯醢之屬，親戚人情應酬宴會之事，種種皆取辦於錢。豐年則穀賤，歉年穀亦不昂，或僅可支吾，若千金以下之業，則斷不宜城居矣。何則，居鄉則可以課耕數畝，其租倍入，可以供八口，鷄豚畜之於柵，蔬菜畜之於圃，魚蝦畜之於澤，薪炭取之於山。可以經旬累月不用數錢。且鄉居則親戚應酬寡，即偶有客至，亦不過具鷄黍。女子力作，可以治紡績，衣布衣，策蹇驢，不必鮮華。凡此皆城居之所不能。且山水間優游俯仰，復有自得之樂，而無窘迫之憂，人苦不深察耳。果其讀書有成，策名仕宦，可以城居，則再入城居。一二世而後，宜於鄉居，則再往鄉居。鄉城耕讀，相爲循環，可久可大，豈非吉祥善事哉。況且世家之產，在城不過取其額租，其山林河泊之利，所遺甚多，此亦勢不能兼。若貧而鄉居，尚有遺利可收，不止田租而已，此又不可不知也。

予之立訓，更無多言，止有四語：讀書者不賤，守田者不飢，積德者不傾，擇交者不敗。嘗將四語律身訓子，亦不用煩言多說矣。雖至寒苦之人，但能讀書爲文，必使人欽敬，不敢忽視。其人德性，亦必溫和，行事決不顛倒，不在功名之得失、遇合之遲速也。守田之說，前已詳之。積德之說，六經語孟，諸史百家，無非闡發此義，不須贅說。擇交之說，予目擊身歷，最爲深切，此輩毒人，如鴆之入口，蛇之螫膚，斷斷不易，決無解捄之說。則擇交尤四者之綱領也。

清・劉錦藻《清續文獻通考》卷三《田賦三》　金安清《浙江南米截漕利害說》。國家徵民田之米，名爲漕者，皆由水運諸京師之謂也。今則正額之內，劃出十數萬截留本省，名曰南米，以爲杭乍兩營官兵計口授食之需，又織造衙門匠糧及旗丁月米，統計三項，當嘉慶年間南糧折價徵之於民，每石錢七八千文之多。每年十數萬石，統解杭州府衙門轉給，計杭府公費，每石一千文，故其缺最優，名曰坐十萬。蓋銀價尚低，有十萬串卽可抵十萬兩也。迨道光年間，南米輸納不前，州縣於墊完外猶多欠解，而杭府轉不能違旗營之限，以私之有餘補公之不足，其缺大壞矣。凡州縣墊完之項，皆挪動地丁正款。道光二十九年，欽差來浙清查，通省虧空七百餘萬，內南米一項卽二百餘萬之多。州縣原案開報每石銀三兩八錢，當事加以核減，祇作二兩八錢，以致當時在省服官之員，無不負欠數萬者。至二次清查，限滿無力完繳，無可如何，經前撫何桂清奏明，仍作爲三兩八錢開報，各州縣方慶更生。其時部費甚鉅，加以何撫聖眷方隆，始得允如所請。此浙江州縣亂前一大累，目前官場已無人知之矣。肅清以後，減賦案內奏明減漕不減南，卽在八十餘萬減額內，扣留十三萬作爲兵米匠糧，聲明如遇大災之年，另行籌補。而用有餘賸一層，作何支銷，則未附奏也。自初次辦漕直至今日，已七次。海運南米一款，雖經清賦局核減收價，祇准五千四百文，除本縣公費及書役賞犒外，解至杭府仍須每石錢三千六百文，連司房各費已及四千三百文之多。南米漕米皆出自小民，本無本折之分，亦無多寡之別，惟以正月封倉後尚未來完者，則作爲南米，存此一界限而已。夫冬令不來完納者，皆係窮苦下戶，零星升合，以米完米，尚且不前，況加以五千四百文之重價。近年米價每石不及二千，是以三石完一石矣。苛斂愈深，完納更少，州縣不得已，亦照正漕減收，謂之透漕墊南。此亂，前後同一情形也。透漕不足，惟有籌墊，乃挪用別項錢糧，此嘉湖各州縣官與民交相苦累，而其害久而久之終歸於庫款虧空之一大慮也。前數年，州縣以熟作荒，綽有餘地，尚不覺南米之累，近年疊次增加，所短之荒已將和盤託出，而南米民欠甚多，省中不能少解，非別作厲民之舉，卽又仿亂前州縣挪動應解錢糧矣。究其實滿洲杭乍兩營兵額三千二百名，近則僅存五百餘名，每年放米二萬石已足。其解之藩庫而不付滿營者，尚不下六七八萬石也。名曰節省南米，以每石錢三千六百文計，照全額啓徵，共節省八萬石，共多錢二十八萬餘千，如近年祇有節省五六萬石，則僅有二十萬千，合銀不過十一二萬兩，并入各項，以爲陝甘雲貴各省協餉之用，並非本省各項公事得以挹注也。此則司庫之一利耳。至貽累於嘉湖官若民者，其害有十，用敢爲當事一詳陳之。嘉湖州縣減賦案內，准其格外加耗，每石二斗五升，比江蘇之每石制錢一千文者，已少一半。一切開倉運米，上下公事賞犒及衙門一年用度，已無多餘。今以南米之故，動須賠墊，所定漕耗不敷辦公，其害一也。漕米改本色，南米解折色，近年米價極賤，每石不到二千文，而南米解省須四千八百文，是以兩石完一石矣，其害二也。南米價貴，雖年外截數率多不完，州縣透漕預徵，祇收本色，不及折價之半，有一萬石南米之處，卽須賠錢二萬餘串，其害三也。透漕亦不能足數，而南米例限綦嚴，墊無可墊，惟有挪動地丁。在上忙則提下忙，在下忙又提上忙，逐節轉移，挪新掩舊，一忙挪二千，一年四千，三年卽成巨萬，將來奏銷必有瀉底之時。卽使立時劾參，除本員外前數任亦須拖累，其害四也。透南挪庫之外，萬不得已又漸開浮勒之端，冀以折價之有餘，補賠款之不足。始而每石照尋常加洋四五角，近年則加至一元左右，與奏定折色，聽從民便，悉照市價低昂，不准分文浮勒之定案大相悖謬。設有御史參奏，則通省上下各官，皆遭嚴議，釀成大案，其害五也，凡此皆指官而言也。至於民閒，亦有五害。正漕不及完納，剔歸南米，雖有一年之限，而以三石完一石，八口之家動遭凍餒，其害一也。莊書衙役，易於嚇詐，一經奉票，始則脅以功令，繼則諉以抗違。如應完南米一石，繳錢五千四百文者，許書役以二三千文卽可代抗，官亦無可稽查，其害二也。至下等愚民不知賄賂書差者，卽加以嚴比，門扉板扇、鷄犬耒耜，無一不可取攜，甚至有賣妻鬻子以求安靜者，其害三也。賄差之費雖出，而糧名未除，糧串亦不給，終屬舊欠。次年又出新差，則上年之舊差已不知去向，又須另出私費。是以一年之南糧而出兩年之重費，仍無分毫入官，其害四也。正漕祇須完米，南糧必須完錢，當催繳方急之時，值米價方賤之日，勢難待價求沽。大率以五斗之糧，祇得三四斗之價，小民吞聲飲泣，告苦無門，其害五也。凡此皆在下之苦情也。計累於民累於官者，約有十條。而利於司庫者，祇十一二萬之現銀耳。浙江司道各庫，每年京協各餉及本省例支各款，不下五百萬，有此南米節省十一二萬不爲多，無此南米節省十一二萬不爲少。況欲他處籌畫不致，卽無此十一二萬之數，又何必貽此十害於官民乎？況官民所受者，目前之害，將來虧空纍纍，地方民情愈窮，書差之弊愈甚，則其害亦上司受之者。若因而橫生枝節，釀成欽案，則又不在意計矣。欲免此十害，必如何而後可？則對曰：是不難革，透南墊南之法爲改南并漕，則可矣。現在旗營兵祇五百餘名，每年支米二萬石。卽以此二萬石，勻派嘉湖各縣收解折價，此外六七萬石之米并入正漕，統收本色。則各州縣浮收籌墊之患，卽可一埽而空。而海運每年運米四十二三萬，有此六七萬石南米歸入，奏銷之數愈增。聖心必能嘉其籌畫得法，部中更可樂從也。官免五害，小民亦可免五害。海運多米六七八萬，與司庫多銀十一二萬同一，浙江公事無所優劣。況海運添米可以上達宸聽，司庫多銀誰得而知之乎？若司庫多銀，有關本省用度，尚有萬不得已之情，其實不過并入各省協餉多此十一二萬而已。各省有此十一二萬協餉，未必承浙江之情，感浙江之惠，又何必挖本省官民之肉而醫外省之瘡乎？至正漕之短少，原因兵米起見，是以京倉甘於支絀，照數扣除。今兵米無需而又不補還漕額，似亦非留南劃漕之本意也。前數年無人議及者，由於州縣之累未深，又無人統內外、前後、上下而通盤核計之故，因循於不覺，今則官民交困，後患方多，不及時變通，必致不可收拾，是在當事之曲籌深鑒矣。至滿營兵數，將來不能不逐漸加添，祇可於加一名兵、添一兵之南米，隨時損益，人固無詞，不必預爲深慮也。

雜録

《明清徽州社會經濟資料叢編》第一集 休寧縣陳應文賣田赤契

九都三圖七甲立賣契人陳應文，今因缺少錢糧，自情願憑中將承祖芥字一百六十三號，土名牛係公，計田税六分五釐二毫，計籼租五砠半，每砠重二十五斤，佃人陳七老弟；又將芥字二百三十一號，土名社屋干，計中則田税七分四釐，計籼租六砠零十六斤，每砠重二十四斤，佃人金明；又將芥字一千三百號，土名堰上，計田税三分零五毫，計籼租二砠半，每砠重二十四斤，佃人胡社保；又將姜字四千二百四十八號，土名大塘，計田税二分，計籼租二砠，每砠重二十五斤，佃人汪的，以上四號共計田税一畝八分九釐七毫，計籼租十六砠零十六斤，其前各號田東西四至俱照原清大冊籍；又將姜字三千六百六十三號，三千六百六十四號，三千六百六十五號，土名查路水碓頭地一業，共地四十一步八分三釐五毫，計中則地税一分六釐七毫三絲四忽；又將姜字三千六百十七號，土名查路山頭住基，本家該地十步一釐六毫，計地税五釐零八絲二忽九微，前項四號共地五十一步八分五釐一毫五絲八忽，共地税二分一釐八毫一絲六忽九微，其基地東西四至俱照冊籍管業，今將前田、地等項四至內，憑中盡行立契出賣與伯□□名下爲業，當日三面議作時值白紋銀五十兩整。其田地銀，契當日兩相交收足訖，別不立領札。今從出賣之後，一聽買人隨即收租管業爲定。如有內外人攔占及重複交易，一切不明等事，盡是賣人之當，不及買人之事。所有上手來脚契文與別產相連，繳付不便，日後要用，本身刷[索]出參照無辭。其糧税今遇清丈，在本家陳應文戶起割，推入本甲陳一新戶內注冊管業，辦納糧差，并無異說。今恐無憑，立此賣契存照。

順治五年八月　日立賣契人　陳應文

中見人　汪若愚

汪先知

今就契內價銀盡行收足，別不立領札。同年月日再批。

同上 歙縣黃退之賣田契

二十三都十一圖立賣契人黃退之，今將續買慕字一千二百八十四號田八分五釐九毫，土名渾坪頭；又慕字一千二百八十五號四分七釐四毫，土名同；又傷字一百四十四號田九分七釐六毫，土名方村，三號共計税二畝三分零九毫，四至照依清冊，憑中出賣與本都七圖黃名下爲業，三面議定時值價紋銀三十兩整。其銀當即收足，不另立收領。其田聽憑過割管業。此係兩相情願，并無準折等情。倘有親房人等異說，俱係賣人承當，不干買主之事。今恐無憑，立此賣契存照。

又將傷字一百四十六號，塘一分零六毫四絲，土名黃家塘，一并出與黃名下，得受價銀五錢整。再批。

順治六年七月二十三日立賣契人　黃退之

中見兄　我生

仲明

同上 歙縣許志尹等賣田契

二十一都二圖立文契人許志尹、許志儀，今因送主入祠，將續置新丈方字一千九百號田，計税一畝一分八釐六毫，又田税二分二釐五毫，土名楊樹坵，計價紋銀一十三兩整；文化字二千二百三十二號田，計税一畝三分，土名圩上，計價紋銀一十二兩整。二共計價紋銀二十五兩，外找紋銀五兩，共紋銀三十兩付訖。四至照依清冊。其田聽憑蔭祠管業收租。其税隨即過割歸入祠戶支解無異。今恐無憑，立此文契爲照。

順治十七年八月　日立文契人　許志尹

許志儀

族長　許應鶴

祠首　許奉明

經手　許嘉琦

代書　許應衡

同上 歙縣許明愷賣田契

二十一都二圖立文契人許明愷，今因爲上蔭祠神主祭祀銀三十兩，願將續置化字二百八十二號田一畝零三釐八毫，土名大王田；又化字一千四百七十九號田八分一釐四毫，土名衆家山；又化字一千四百八十號田四分六釐六毫，土名同；又化字八十九號塘一分五釐，土名同，四至照依清冊，并原契一張，原價銀二十四兩整，外找銀六兩，共付銀三十兩訖。其田衆議付管祠首人收執。其稅糧隨聽過割管納，收租，族長見付。今恐無憑，立此文契爲照。

順治十七年八月　日立文契人　許明愷

族長　許應鶴

許公調

管祠首人　許當世

同上　歙縣許志羲賣田契

立賣契人許志羲，今爲父母入祠，情願將自産業化字五百二十四號田陸分伍釐陸毫，土名蘆坵；又化字五百二十五號田八分伍釐，土名同；又化字四百九十三號田捌分肆釐，土名大公塘；又化字四百九十六號田貳分貳釐柒毫伍絲，土名同，共田貳畝伍分柒釐叁毫伍絲，衆議定作時價紋銀貳拾陸兩整，又付紋銀肆兩，共付紋銀叁拾兩，憑中寫入本蔭祠内爲業。當即交付明白，并無準折等情，不曾與他人重複交易。如有人言、事端，係身一面承當，不涉本祠之事。其稅聽憑過割管業無辭。恐後無憑，立此爲照。

康熙五年三月　日立賣契人　許志羲

中人　許　護

許嘉球

同上　歙縣許恩德賣田契

立賣契人許恩德，今因管業不便，自願將化字一千捌百捌拾號，田稅七釐玖毫五絲，土名祠前打石塘，憑中立契出賣蔭祠名下爲業，三面議定得受時值價紋銀六錢四分整。其銀、契當即兩相交付明白，并無欠少、準折等情。其田從前并不曾與他人重複交易。倘有内外人等異説，俱係賣人承當，不涉買人之事。其稅聽憑目下過割管業無辭。今恐無憑，立此賣契存照。

康熙八年五月　日立賣契人　許恩德

中人　許嘉瑄

契内價銀一并收足。再批。

同上　歙縣許寧邦賣田契

二十一都六圖立賣契人許寧邦，今因二甲糧長站櫃缺少使用，自願將承祖化字五百六十肆號田四分捌釐陸毫，土名壩基地，四至照依清冊，憑中出賣與許蔭祠名下爲業，三面議言得受價銀叁兩叁錢。其銀當即收足。其稅即于賣人戶下起割入買人戶支解。倘有内人親房人等異説，係身承當，不涉買人之事。今恐無憑，立此賣契爲照。

康熙九年十一月　日立賣契人　許寧邦

憑中　許恩麟

其契内價銀一并收足，再不另立收領。再批。

同上　歙縣許廣賣田契

二十一都二圖立賣田契人許廣，今因欠少祠銀，自情願將承祖化字五百五十八號田叁分，土名祠東牆下；又化字五百三十六號田壹分八釐六毫，土名祠後八畝北頭；又化字六百卅一號田壹分九釐，土名狗兒丘；又化字二千三百廿八號田壹分九釐七毫，土名田干，四至照依新丈清冊，憑中立契出賣與本祠爲祀田，三面議定時值價九五銀柒兩整。其銀、契當即兩相交付明白，并無欠少、準折之類。其田從前并不曾與他人重複交易。其稅隨即過割。倘有内外人等異説，俱身承當。今恐無憑，立此賣契爲照。

康熙十一年十月　日立賣田契人　許　廣

中人　許嘉瑄

許人瑞

同上　歙縣許士知賣田契

二十一都二圖立賣契許士知，今將自置十甲李應元戶下化字二千七百四十五號，田壹畝肆釐玖毫，土名五畝坵；又化字同號，田伍分肆釐叁毫；又化字二千七百四十六號，田肆分貳釐，土名同；又化字二千七百四十七號，田壹畝貳分陸釐伍毫，土名同；又化字二千柒百四十九號，田貳畝壹分貳釐玖毫，土名長三畝；又化字二千七百五十三號，田壹畝伍分肆釐肆毫，土名同；又化字二千七百九十號，田叁分九釐七毫，土名上水碓後；又化字二千三百卅七號，田壹畝肆分九釐，土名五塍頭；又化字二千九百五十九號，田九分叁釐叁毫，土名楓樹下；又化字二千九百七十七號，塘一釐，土名圩上長塘，四至照依清冊，憑中立契出賣與蔭祠内爲業，三面議定時值價紋銀柒拾兩整。銀、契當即兩相交付。其稅聽憑目下於本圖十甲李應元名下過割，入祠内支解。今恐無憑，立此賣契存照。

康熙十二年二月　日立賣契　許士知

居間　許季清
許良玉
許來于
許泰于

同上　歙縣吳茂枝賣田赤契

立賣契人吳茂枝，住二十一都二圖，今因管業不便，自情願將自己續買化字一千八百七十五號田二分三釐，土名溪灘頭，肆至照依新冊清丈，出賣與本圖許□□名下爲業，三面議定時值價紋銀二兩五錢足。其銀、契當即兩相交付明白，并無欠少、準折等情。其田存前并未曾與他人重複交易。其稅即於吳□□戶下起割，入買人戶支解，本家即無難易。倘有內外人等異說，俱係身承當，不干買人之事。今恐無憑，立此賣契爲照。

康熙十三年三月十八日立契人　吳茂枝
中見人　許良臣
許輯五
汪公渭
代筆　吳瑞齡

同上　歙縣許志淮賣田赤契

二十一都二圖立賣契人許志淮，今因存禮戶急用，自願將承祖分受化字二千七百九十一號，田二畝六分二釐八毫，土名前干段；又將化字二千七百三十四號，塘崛三釐，四至照依新丈清冊，憑中立契出賣與本祠名下爲業，三面議定時值價紋銀一十八兩整。其銀當即兩相交付明白，并無欠少、準折等情。其田曾前不曾與他人重複交易。倘有親房人等攔阻，俱係賣人承當，不涉買人之事。其稅即於戶下起割，入買人戶支解，即無難異。今恐無憑，立此賣契存照。

康熙十三年月　日立賣契　許志淮
憑中　許元衡
嘉　暄
人　瑞
代筆　嘉　球

契內價銀一并收足，再不另立收領。再批。

同上　歙縣許懷德賣田赤契

二十一都二圖立賣契許懷德，今將續置化字四百一十七號，田一畝四分三釐九毫，土名唐遼充口；又化字六百五十八號，田一畝一分六釐五毫，土名碓坵，憑中出賣蔭祠名下爲業，三面議定得受時價紋銀二十二兩。其銀當即兩相交付明白。其田從前并無重複交易。倘有人言，俱懷理直，不涉祠事。其稅聽憑目下過割，入買戶支解。今恐無憑，立此賣契存照。

康熙十六年四月　日立契　許懷德
居間　許良玉
許輯五
許季清

契內價銀一并收足，再不另立收領。又化字四百十六號塘三釐，附碓坵原契一紙。

同上　歙縣鮑惟忠賣田赤契

二十一都四圖立賣契人鮑惟忠，今因管業不便，自情願將續買化字二千四百八十五號，田六分八釐，又將化字三千七百十一號，田七分二釐，土名鮑澤充，又化字一千六百八十八號，塘一釐五毫，土名同，四至在冊，憑中立契出賣與本都六圖吳名下爲業，三面議定時值價紋銀九兩整。其銀當日收足。其田隨即交管，聽憑過割入戶支解。倘有親房人等異說，俱係賣人承當，不干買人之事。今恐無憑，立此賣契存照。

康熙十七年三月二十日立賣契人　鮑惟忠
憑中人　鮑克定
吳文瑞
吳瑞星
代筆人　鮑喬如

同上　歙縣鮑元玉賣田赤契

二十都二圖立賣契人鮑元玉，今因錢糧緊急，願將續買鳳字二千二百六十一號，田四分三釐八毫三絲，又鳳字二千二百六十二號，田四分五釐七毫五絲，土名俱擇林後，又鳳字二千二百六十八號，塘四釐，土名長山塘，四至照依清冊，憑中立契出賣與二十一都二圖許蔭祠名下爲業，三面言定得受時值價紋銀五兩整。其銀、契當即兩相交付明白，并無欠少、準折之類。其田從前未與他人重複交易。倘有親房内外人等異説，係賣人承當，不干買人之事。即憑目下過割管業。今恐無憑，立此賣契存照。

康熙十九年二月　日立賣契人　鮑元玉
中人　許六吉
代筆人　許蕙齡

契内價銀一并收足，再不另立收領。又批。

同上　歙縣許予清賣田契

立賣契許予清，今將承父分受化字二千八百號，田九分八釐，土名八畝塌，又化字二千七百九十八號，田三分陸釐二毫，土名同，四至照依清冊，憑中立契出賣與蔭祠名下爲業，三面議定時價紋銀壹拾兩整。其銀當即兩相交付明白，其田未曾重複交易。倘有内外人等異説，俱係賣人承當，不涉買人之事。其税聽憑過割，入買人戶下支解，并無難易。今恐無憑，立此賣契存照。

康熙十九年二月　日立賣契　許予清
居間　許季清
許良玉
許輯五
許聖如
代書中　許維亭

契内價銀一并收足，再不立收領。

同上　歙縣許孝儀賣田赤契

二十一都六圖立賣契人許孝儀，今因糧差欠缺并贖當價，自願將承祖原化字一千六百七十三號，田四分一釐五毫，土名關林頭，又化字一千六百七十四號，田三分三釐一毫三絲，土名同，又化字一千六百七十五號，塘五厘，土名陳家塘，四至照依新丈清冊，憑中出賣與本都二圖許蔭祠名下爲業，三面議定得受時值價紋銀五兩二錢整。其銀、契當即兩相交付明白，并無欠少、準折之類。其田以前并未與他人重複交易，即憑目下過割管業。倘有内外人等異説，俱係賣人承當，不干買人之事。今恐無憑，立此賣契爲照。

康熙十九年二月十二日立賣契人　許孝儀
代筆親房　許寧邦
中人　許良玉

契内價銀一并收足，再不另立收領。再批。

同上　歙縣許厚德賣田赤契

二十一都二圖立賣契人許厚德，今因錢糧緊急，自情願將承父分受化字二千二百五十二號，田税柒分柒釐叁毫，土名阡上，又將化字二千二百五十五號，田税伍分捌釐一毫，土名同，共計田税壹畝叁分五釐四毫，四至照依清冊，憑中立契出賣與□□名下爲業，三面議定時值價紋銀拾肆兩伍錢整。其銀當即收足。其田從前至今不曾與他人重複交易等情。倘有親房内外人等異説，俱係賣人承當，不涉買人之事。其田目下聽憑過割管業。今恐無憑，立此爲照。

康熙二十三年八月初八日立賣契人　許厚德
中人　許子玉
代筆人　許心友

契内價紋銀一并收足。再批。

同上　歙縣仇敏仲賣田赤契

二十都二圖立賣契人仇敏仲，今因錢糧緊急，自願將承父分受風字四千五十八號，田四分九釐四毫，土名大樹坑，又風字四千六十號，己山窟税一釐，土名同，憑中出賣與二十一都六圖十甲吳□□名下爲業，三面議定時值價紋銀二兩五錢整。其銀、契當即兩相交付明白，其税聽憑目下過割管業，并無威逼、準折等情，亦未曾與他人重複交易。自賣之後，倘有内外人等異説，俱身一并承當，不干買人之事。今恐無憑，立此賣契爲照。

康熙二十五年七月　日立賣契人　仇敏仲
憑中　仇熙寧
仇季寅
仇惟星
冊里　洪宸贊
吳文瑞

其銀、契當即兩相交易明白，再不另立收領。再批。

同上　歙縣畢細九賣田赤契

二十一都一圖立賣契人畢細九，今因欠少使用，自願將承祖分受化字伍百號，田稅貳畝壹分捌釐壹毫，土名長坵，四至照依清冊，憑中出賣與許□□名下，得定價銀叁拾兩整。其銀當即收足，其稅聽憑管業。其田并不曾與他人從復交易，亦無準折等情。倘有親房人等異說，俱是賣人承當，不涉買人之事。今恐無憑，立賣契存照。

康熙二十七年十二月　日立賣契人　畢細九

憑中人　許心友

許聖如

許六吉

許諫廷

畢大九

許集五

代筆男　得　時

其契內價銀一并收足，再不另立收領。再批。

同上　歙縣吳楚臣等賣田赤契

二十一都六圖立賣田契人吳楚臣，今因錢糧緊急無措，自情願將已贖買過鳳字二千三百六十三號，田稅一畝四分二釐九毫，土名藕塘上，塘稅一分三釐三毫一絲；　又鳳字二千三百六十四號，田稅二畝五分八釐三毫七絲，土名同，塘稅二分九釐三毫四絲；　又風字二千三百六十五號，田稅一畝四分七釐，土名同，塘稅二分一釐，四至照依清冊，憑中立契出賣與本都二圖許名下爲業，三面言定得受時値價紋銀四十兩整。其銀、契當即兩相交付明白。此係兩相情願，亦無威逼、準折等情。從前并未曾典當與他人重複交易。倘有親房內外人等前來異說，俱係賣人一并承當，不涉買主之事。恐後無憑，立此賣契存照。

康熙三十二年九月　日立賣田契人　吳楚臣

吳文瑞

吳楚衡

憑中人　程麗生

許爾登

許集五

鮑木公

許茂椿

程　法

代筆人　吳盛輔

其契內價銀一并收足，不另立收領。再批。

同上　歙縣胡廷梁賣田赤契

十五都二圖立賣契人胡廷梁，今因管業不便，自願將父遺原額弔字九百九十四號田，計稅八分九釐一毫，土名上莊前；　又將九百九十五號田，計稅九分四釐一毫；　又一千零八號田，計稅一畝零六釐一毫，土名俱全；　又一千零九號塘，計稅二釐六毫，土名七畝塘，四至照依清冊，憑中立契出賣與二十一都二圖許□□名下爲業，三面言定時値價紋銀二十八兩五錢整。其銀、契當即兩相交付明白，并無欠少等情。其業從前并不曾與他人重複交易。倘有內外人等異說，係身承當，不干受業之事。其稅糧聽憑過割管業。今恐無憑，立此賣契存照。

康熙三十三年九月初一日立賣契人　胡廷梁

憑中　胡正先

許寧遠

胡子盛

胡國熹

胡今德

胡國派

許心友

許右臣

許以明

代筆　胡德身

再批：契內價銀一并收足，不另立收領。其業日後倘有遷造用事風水，言定除田價餘價銀二各均分。再照。

同上　歙縣許用羽賣田赤契

二十一都六圖立賣契人許用羽，今因缺少錢糧，糧長使用無措，自情願憑中將承祖化字一千二百四十七號，田稅一畝一分零五毫，土名中欄塢；　又化字一千二百五十二號，塘稅六釐，土名同，當日憑中立契出賣與許蔭祠內爲業，議定時值價紋銀一十一兩整。其田并未與他人重複交易。倘親房內外人等異説，俱係賣人一面承當，不涉買人之事。今恐無憑，立此賣契存照。

康熙三十六年閏二月　日立賣田契人　許用羽

中人　許六吉

代書　許希仲

契內價銀一并收足，再不另立收領。再批。

同上　歙縣吳周輝賣田赤契

二十一都六圖立賣契人吳周輝，今因欠少糧差使用，自情願將化字一千七百六十二號，田税一分七釐二毫，土名門前園塘東邊；　又化字一千七百七十三號，塘税一釐，土名門前塘，四至照依清冊，憑中立賣出賣與本都二圖許蔭祠名下，三面言定得受時值價紋銀二兩整。其銀、契當即兩相交付明白。此係兩相情願，并無欠少、準折等情。其業以前未曾與他人重複交易。倘有內外親房人等異説，係身一面承當，不涉買主之事。今恐無憑，立此賣契爲照。

康熙三十六年十二月　日立賣契人　吳周輝

憑中　許六喆

許士介

契內價銀一并收足，再不另立收領。再批。

同上　歙縣許靖伯賣田赤契

二十一都六圖立賣契人許靖伯，今因錢糧乏應，自願將承祖所遺原化字一千二百四十七號，田税九釐四毫，土名牛欄塢；　又化字一千三百六十二號，塘税四釐，土名牛欄塢路邊；　又化字三千一百二十七號，田成地二分二釐，土名茶塘，四至照依清冊，憑中立契出賣與本都二圖許□□名下爲業，三面議定時值價紋銀二兩二錢。其田曾前并未與他人重複交易，聽憑過割管業無辭。倘有親房內外人等異説，係賣人承當，不涉買人之事。今恐無憑，立此賣契爲照。

康熙三十七年正月　日立賣契人　許靖伯

憑中人　汪逢年

汪丹五

許集五

許惟修

許象暉

契內價銀一并收足，再不另立收領。再批。

同上　歙縣畢子玉賣田赤契

二十一都一圖立賣契人畢子玉，今因乏用，自情願將承父分受原場字新丈木字二千三百六十七號，田税三畝整，土名上莊，四至照依清冊，憑中立契出賣與本都二圖許□□名下爲業，三面議定得受時值價紋銀三十四兩五錢整。其銀、契當即兩相交付明白，并無欠少、準折等情。其田從前至今未曾與他人重複交易。倘有親房人等異説，俱身一并承當，不干買人之事。其税糧聽憑目下過割，入買人戶支解。今恐無憑，立此賣契存照。

康熙三十九年十二月二十三日立賣契人　畢子玉

憑中　許六吉

許惟中

許日昭

畢自皆

畢惟和

畢從先

代學　畢弘度

其田三面議定，十年將原價并使用足紋取贖。又批。

同上　歙縣葉子美賣田赤契

二十一都一圖立賣契人葉子美，今因欠少糧差使用，自願將父分受己業原場字一千七百五十一號，田税一分零五毫，土名後塢充；　又場字一千七百六十二號，塘税七毫五絲，土名後塢充，其税并無釐毫存戶，盡出無存，四至照依清冊，憑中立契出賣與程□□名下爲業，三面議定得受時值價紋銀一兩整。其銀、契當即兩相交付明白。其業聽憑目下過割管業、耕種，并□無辭，并無威逼、欠少等情。倘有親房內外人等異説，俱係賣人承當，不干買人之事。今恐無憑，立此賣契存照。

康熙四十三年三月　日立賣契人　葉子美

中人　葉得芳

程明甫
程惠甫
程日章
程永寧
葉復芝
張時玉
代筆人　葉德均

再批：契內價銀一并收足，再不另立收領。

再批：其田內糞窖一只，價銀二錢整，葉德均收訖。

又批：父分受該身窖基，戶內田稅，同兄面出無辭。

同上　歙縣許龍文賣田赤契

立賣契人許龍文，今將化字四百四十九號田四分一釐二毫，土名大蒜田；又化字四百二十二號田二分七釐二毫，土名唐遼充；又化字一千一百三十八號田二分一釐九毫，土名關木頭；又化字二千五百一十號田一分二釐三毫三絲，土名賢婆菜園；又化字二千五百九十號田二釐九毫，土名同；又化字三千四十九號田一分三釐一毫，土名土沒山，憑中立契出賣與蔭祠名下爲業，三面言定得受時值價銀一十五兩六錢整。其銀當日收足。其田聽憑過割管業無辭。倘有親房人等異說，俱係身一并承當，不干蔭祠之事。今恐無憑，立此賣契存照。

康熙四十三年十月　日立賣契人　許龍文
居間人　許惟賢
許維修
許象輝

契內價銀一并收足，再不另立收領。再批。

同上　歙縣許光潢賣田赤契

二十一都二圖立賣契人許光潢，今因欠少神主銀，自願將祭拜田化字二千九百七十六號田七分七釐三毫，土名楓樹下，憑中立契出賣與蔭祠名下，三面議定得受神主銀十一兩整。其銀當即收足，其田聽憑祠內管業。其銀、契當即兩相交付明白，并無欠少等情。倘有親房人等異說，不干祠內之事。恐後無憑，立此賣契存照。

康熙四十五年二月　日立賣契人　許光潢
代筆　許光時
中人　許五任

又化字二千九百九十七號，塘四釐一毫。

同上　歙縣王啓周賣田赤契

二十二都二圖立賣契人王啓周，今將承祖分受及字二千二百九十一號，田稅一畝叁分伍釐肆毫，土名大坦園，同號塘稅陸釐貳毫，土名同，四至照依清冊，憑中立契出賣與許蔭祠名下爲業，三面議定得受價紋銀壹拾叁兩整，其銀當即收足。其田以前至今并不曾與他人重複交易。倘有親房內外人等異說，係身承當，不干買人之事。今恐無憑，立此賣契存照。

其契內價銀一并收足，再不另立收領。再批。

康熙四十九年九月　日立賣契人　王啓周
中人　高社祿
許公碩
許延聞
許登吉
許光碧
代筆人　王際雲

同上　歙縣許自邇賣田赤契

二十一都二圖立便換契人許自邇，今將化字一千八百八十一、二號，田稅一畝一分三釐七毫，土名祠前八畝坵；又化字一千八百七十六號，田稅五分四釐三毫，土名塝下秋田；又化字一千八百七十七號，田稅一分七釐二毫，土名同，四至照依清冊，憑中立契出換與本都本圖一甲許蔭祠內管業，三面議定得受時值價紋銀一十五兩整。其銀、契當即兩相交付明白，并無準折等情。倘有親房人等異說，係身一應承當，不涉買人之事。恐口無憑，立此便換文契存照。

康熙五十一年三月　日立便換契人　許自邇
憑中　許遂之
許君逢
許玉章

許延聞
許高年
許士翼
許佐周
許林瑞
許仲泉
代筆　汪丹五

其契內價銀一并收足，再不另立收領。再批。

同上　歙縣汪楚玉賣田赤契

二十二都一圖立賣契人汪楚玉，今因訟費無措，自願將續買化字五千三百六十五號，田一畝六分七釐二毫，土名雲坵；　又化字五千三百六十六號，田稅七分四釐四毫，土名同；　又及字一百八十六號，塘三釐，土名師姑塘，四至照依清冊，憑中立契出賣與二十一都二圖許蔭祠名下爲業，三面議定得受時值價紋銀三十三兩八錢整。其銀、契兩相交付明白，其田聽憑過割管業入戶無辭。其田從前至今并未與他人重複交易。此係兩相情願，并無欠少、準折等情。倘有親房人等異說，俱係賣人承當，不涉買人之事。恐後無憑，立此賣契存照。

康熙五十三年十二月　日立賣契人　汪楚玉
憑中　汪喬年
汪景魏
汪子芳
汪斗文
程公贊
程飛蘭
許惟賢
許譽章
許敦吉
許道升
許漢儀
許青臣
許采章
許玉書
親筆

契內價銀一并收足，再不另立收領。其田言定三年內認使用原價取贖，三年之外不得取贖。再批。

同上　歙縣汪景魏賣田赤契

二十二都一圖立賣契人汪景魏，今因祖葬訟費無措，自願將續買化字五千三百六十三號，田稅一分五釐一毫，土名師姑塘；　又化字五千三百六十四號，田稅一畝五分八釐六毫，土名同；　又及字一百八十六號塘二分，土名同，四至照依清冊，憑中立契出賣與二十一都二圖許蔭祠名下爲業，三面議定得受時值價紋銀二十二兩二錢整。其銀、契兩相交付明白。其田聽憑過割管業入戶無辭。其田從前至今并未與他人重複交易。此係兩相情願，并無欠少、準折等情。倘有親房內外人等異說，俱係賣人承當，不涉買人之事。今恐無憑，立此賣契存照。

康熙五十三年十二月　日立賣契人　汪景魏
憑中　汪喬年
汪子芳
汪斗文
程公贊
程飛蘭
許惟賢
許譽章
許敦吉
許道升
許漢儀
許青臣
許采章
許玉書
代筆　汪楚玉

契內價銀一并收足，再不另立收領。其田言三年內認使用原價取贖，三年之外不得取贖。再批。

同上　歙縣鄭既廷賣田赤契

二十三都七圖立賣契人鄭既廷，今將續買已業化字一千一百二十八號，田稅八釐七毫五絲，土名吳家塌，東至泰山腳後，西至地塝，南至壩，北至吳家墳，四至開載明白，憑中立契出賣與本都十三圖黃□□名下爲業，得受價紋銀二十四兩整。其銀當即收足。其業隨即過割入戶管業，聽憑扦造風水。此係兩相情願，并無準折等情。倘有內外親房人等異說，俱身一并承當，不干買人之事。今恐無憑，立此賣契爲照。

康熙五十五年三月　日立賣契人　鄭既廷
中見　鄭茂文
鄭錫縄
鄭子厚
鄭翼聖
鄭龍生
黃用三
代書　鄭冊五

同上　歙縣許啓爾等賣田赤契

立賣契許啓爾、鴻楷等，今因管業不便，自願將承祖分受原化字二千二百四十七號，田稅九分七釐二毫，土名圩上；又化字二千二百四十六號，塘稅三釐，土名小塘，四至照依清冊，憑中立契出賣與堂弟名下爲業，三面議定得受時值價紋銀一十四兩整。其銀、契當即兩相交付明白，并無欠少、準折等情。其田從前至今并未與他人重複交易。其業聽憑過割管業無辭。倘有親房內外人等異說，係賣人承當，不涉買人之事。今恐無憑，立此賣契存照。

康熙五十五年又三月　日立賣契　許啓爾
同弟　許鴻楷
許去塵
許漢儀
許阿錢
許阿汪
許孚□
憑中　許御大
許堯士
代筆　許采章

契內價銀一并收足，再不另立收領。再批。

同上　歙縣汪楚玉賣田赤契

二十二都一圖立賣契人汪楚玉，今因乏用，自願將承祖分受及字二百七十七、八號，計稅二畝四分四釐二毫，土名充兒，四至照依清冊，號內該身稅田一畝五分；又同號塘稅二釐，其塘聽憑澆灌，憑中立契出賣與二十一都二圖許蔭祠名下爲業，三面議定得受時值價紋銀二十兩整。其銀當即收足，并無欠少、準折等情。其田稅聽憑目下過割管業無辭。其田從前至今并未與他人典當交易，亦無小賣等情。倘有親房內外人等異說，俱係賣人承當，不涉買人之事。恐後無憑，立此賣契存照。

康熙五十五年四月　日立賣田契人　汪楚玉
憑中　汪雍度
許正六
許堯士
許采章
許子芳
經手冊里　汪東序
代筆　汪修五

契內價銀一并收足，再不另立收領。其田言定五年認使用原價取贖，五年外不得取贖。再批。

同上　歙縣汪景魏等賣田赤契

二十一都一圖立賣田契人汪景魏楚玉汪楚玉，今因祖墳訟費無措，自願將承祖分受及字二百七十九號、二十八十號，田稅壹畝柒分，土名充兒；又同號塘二釐，又及字二百九十二、二百九十三號，田稅壹畝二分，土名查木塢；又同號，塘稅五釐，土名同，其塘聽憑澆灌；又及字二百八十三、二百八十四號，塘稅壹釐，憑中立契出賣與二十一都二圖許蔭祠名下爲業，三面言定得受時價紋銀叁拾柒兩叁錢整。其銀當即收足，兩相交付明白，并無欠少、準折等情。其田稅聽憑目下過割管業無辭。其田從前至今幷未與他人典當交易，亦無小賣等情。倘有親房內外人等異説，係賣人承當，不涉買人之事。今恐無憑，立此賣契存照。

康熙五拾五年四月　日立賣契人　汪景魏

汪楚玉

憑中　汪雍度

許正六

許堯士

許釆章

汪子芳

代筆　汪修五

契內價銀一幷收足，再不另立收領。其田言定五年認使用原價取贖，五年外不得取贖。再批。

同上　歙縣黄華德賣田赤契

二十一都一圖立賣契人黄華德，今因欠少使用，自情願將承祖分受場字一千七百九十六號，田稅七分一釐五毫四絲，土名和善塘，四至照依清冊，憑中立契出賣與本都二圖許蔭祠名下爲業，三面議定得受時值價紋銀十兩整。其銀、契當即兩相交付明白，幷無欠少、準折等情。倘有親房內外人等異説，係身一幷承當，不涉買人之事。其稅聽憑目下過割，入買人戶內支解。今恐無憑，立此賣契存照。

康熙五十六年二月　日立賣契人　黄華德

中人　黄子兆

黄德龍

許正六

許宗岳

許岐瑞

代筆　黄君寵

再批：契內價銀一幷收足，不另立收領。

同上　歙縣葉子龍賣田赤契

二十一都一圖立賣契葉子龍，今因欠少糧差使用，自情願將承祖分受己業原場字九百七十二號，田稅一畝零一釐五毫，土名廣干段；又場字九百五十三號，田稅六分，土名上深坵；又場字九百六十八號，塘稅二釐，土名廣干段，四至照依清冊，浼中立契出賣與本都二圖許蔭祠名下爲業，三面議定得受時值田價紋銀二十兩整。其銀、契當即兩相交付明白，幷無欠少、準折等情。其稅聽憑目下過割，入祠戶支解。其業從前至今幷未與他人重複交易。倘有親房內外人等異説，俱係賣人承當，不涉買人之事。今恐無憑，立此賣契存照。

康熙五十七年二月　日立賣契人　葉子龍

憑中　葉自芳

許宗岳

許譽彰

許正五

許致芳

代筆　葉庭芳

再批：契內價銀一幷收足，再不另立收領。其田言定五年之內，聽賣人將契原價幷使用取贖，過期不準回贖。

同上　歙縣許繁祉賣田赤契

本都本圖十甲立賣契許繁祉，今因管業不便，自願將化字六百二十九號，田稅一分，又化字六百三十號，田稅一畝零一釐五毫，又化字六百二十九號，塘稅五釐六毫，土名俱係棗木埵；又化字五百四十五號，塘稅一釐，土名新塘，出賣與一甲本祠名下爲業，憑中三面議定得受時價銀二十五兩整。其銀當即收足。其稅聽憑目下過割管業。今恐無憑，立此賣契存照。

康熙五十七年三月　日立賣契　許繁祉

中人　許宗岳

奉書　許茂楠

契內價銀一幷收足，不另立收領。又照。

同上　歙縣許阿汪賣田赤契

立賣契人許阿汪，今因欠少使用，自願將化字三千柒百十一號，田稅壹畝八分五釐，土名桐井；又化字三千柒百零八號，塘稅壹釐，土名雙塘；又化字三千七百十四號，塘稅四釐三毫二絲五忽，土名同，出賣與本都本圖一甲本祠名下爲業，憑中三面議定得受時價銀二拾二兩二錢整。其銀當即收足。其稅聽憑目下過割管業。今恐無憑，立此賣契存照。

康熙五十七年三月　日賣契人　許阿汪

中人　許宗岳

奉書男　許繁祉

其銀當即收足，不另立收領。再照。

同上　歙縣許煥章賣田赤契

立賣契人許煥章，今因乏用，自願將祖遺場字一千二百三十號，塘稅八分，土名汪八塘，干上有栒子樹七株；又場字二千二百三十二號，塘稅三分七釐，土名同；又仇字二千三百一十三號、十四號、十五號、十六號、十七號，地成田，田稅共八分七釐八毫，土名田干，四至俱在冊，憑中立契出賣與蔭祠名下爲業，三面議定得受時值價紋銀十六兩八錢整。其銀、契當即兩相交付明白，并無欠少、準折及從前典當他人重複交易等情。其稅聽憑過割管業、輪糧。此係兩相情願，憑中說合，并無逼勒等情。倘有親房內外人等異說，係身一應承當，不涉買人之事。今欲有憑，立此賣契存照。

康熙五十七年八月　日立賣契人　許煥章

憑中　心　友

親侄　裕　趙

奉書　裕　超

契內價銀一并收足，再不另立收領。又批。

同上　歙縣許舜玉賣田赤契

二十一都二圖立賣契人許舜玉，今將承祖分受化字四百九十二號，田稅貳分七釐五毫，土名大王田，自情願浼中立契出賣與本都本圖許蔭祠名下爲業，三面言定得受價紋銀二兩整。其稅照依清冊交付，聽憑管業收租。其田從前并未曾與他人重複交易。此是兩相情願，并無威逼等情。倘有親房內外人等異說，俱係賣人一并承當，不干買人之事。恐口無憑，立此賣契爲據。

康熙五十七年十二月　日立賣契人　許舜玉

見人　許玉章

親筆　許道升

其銀當即收足，不另立收領。再批。

同上　歙縣許虞功賣田赤契

立賣契人許虞功，今將承父分受化字五百五十八號，田稅叁分叁釐四毫五，土名十畝坵；又化字三千五百七十八號，田稅貳畝叁分，又同號塘稅八釐，土名宋家田，憑中立契出賣與蔭祠名下爲業，三面議定得受時值價紋銀叁拾壹兩整。其銀、契當即兩相交付明白，并無欠少、準折等情。倘有內外人等異說，俱係賣人承當，不涉買人之事。今恐無憑，立此賣契存照。

康熙五十八年二月　日立賣契人　許虞功

憑中　許堯士

代筆　許滄齋

契內價銀一并收足，再不另立收領。再批。

同上　歙縣胡阿王賣田赤契

二十一都二圖立賣契人胡阿王，今因欠少使用無措，自願將已續買化字三千八百五十一號，田稅八分七釐，土名大塘下；又化字三千八百五十號，塘稅二釐，土名同；又被字六百八十一號，田稅七分七釐，土名灌鳥塢；又被字六百八十號，塘稅三釐，土名中塘，四至在冊，憑中立契出賣與本圖許蔭祠名下爲業，三面議定得受時值價紋銀二十兩零七錢整。其銀當即收足。其田稅隨即入買人戶下支解輪糧。其田從前至今并未與他人重複交易，亦無威逼等情。倘有內外親房人等異說，係身一并承當，不涉買人之事。今恐無憑，立此賣契存照。

康熙五十九年十月　日立賣契人　胡阿王

憑中　胡叙五

汪丹五

徐贊玉

許宗岳

代筆　胡衆三

契內價銀一并收足，不另立收領。再批。

同上　歙縣汪阿吳賣田赤契

本都本圖立便契汪阿吳，今因管業不便，願將續買化字一千四百八十六號，計田稅八分五釐九毫，土名衆家山，四至在冊，憑中立契出便與許□□名下爲業，三面議定得受時值價紋銀九兩整。銀、契當即兩相交付明白。其稅即聽過割入買人戶內管業。此係兩相情願，幷無準折等情。倘有內外人等異說，俱係本家承當，不涉受業人之事。今恐無憑，立此便契爲照。

康熙六十年五月　日立便契　汪阿吳

同男　士　顯

憑中　許予章

奉書男　士　鰲

其稅言定五年內聽將原價取贖，過期不準取贖。再批。契內價銀一幷收足。又批。

同上　歙縣洪阿宋賣田赤契

二十二都二圖立賣契人洪阿宋同男岐山，今因欠使用，自願將父遺場字三百五十一號，田稅一畝三分，土名下横坵，四至照依清冊，憑中立契出賣與許蔭祠名下爲業，三面議定得受時值價紋銀一十六兩九錢整。其銀、契當即兩相交付明白，幷無欠少等情。其田隨即過稅管業。倘有內外人等異說，俱係出賣人承當，不涉受業人之事。今恐無憑，立此賣契存照。

雍正元年十月　日立賣契人　洪阿宋

同男　洪岐山

憑中　程飛蘭

冊里　王天重

許正六

洪元烈

奉書男　洪化鳳

契內價銀一幷收足，不另立收領。再批。

其田言定以十年之內幷認使用，銀到取贖，如過期不準取贖。

同上　歙縣朱阿嶺賣田赤契

十五都五圖立賣契人朱阿嶺，今因欠少糧差使用，自情願將先夫續買原化字一百三十六號、又化字一百三十七號，計田稅二畝五分三釐，土名□瓜坵；又化字一百五十三號，塘稅八釐，土名同；又化字三十八號，田稅四分，土名後干段，四至照依清冊，憑中立契出賣與二十一都二圖許蔭祠名下爲業，三面議定得受時值價紋銀三十六兩整。其銀、契當即兩相交付明白，幷無欠少、準折等情。其稅所憑目下過割，入買人戶下支解。其業從前至今幷未與他人重複交易。此係兩相情願，亦無威逼等情。倘有親房內外等異說，俱係賣人一應承當，不涉買人之事。今恐無憑，立此賣契存照。

雍正三年二月　日立賣契人　朱阿嶺

憑中　朱含章

依口代筆　汪斌如

契內價銀一幷收足，再不另立收領。其來脚赤契、租批付買人收執。

同上　歙縣葉仲文等賣田赤契

二十一都一圖立賣契人葉仲文同弟仲祥，今因欠少糧差使用，自情願將承祖分受原賴字三十八號，田稅三分，土名廣干段，田至照依清冊，浼中立契出賣與本都二圖許蔭祠名下爲業，三面言定得受時值田價紋銀四兩整。其銀、契當即兩相交付明白，幷無欠少、準折等情。其稅聽憑目下過割，入買人戶下支解。其業從前至今幷未與他人重複交易。倘有親房內外人等異說，俱係賣人承當，不涉買人之事。今恐無憑，立此賣契存照。

雍正三年三月　日立賣契人　葉仲文同弟葉仲祥

憑中　葉從先

葉爾顯

許正六

代筆　葉庭芳

再批：契內價銀一幷收足，再不另立收領。

同上　歙縣葉子龍賣田赤契

二十一都一圖立賣契人葉子龍，今因欠少糧差使用，自情願將承祖分受場字九百五十三號，田稅七分八釐，土名深坵，四至照依清冊，憑中立契出賣與本都二圖許蔭祠名下爲業，三面言定得受時值田價紋銀一十兩零九錢整。其銀、契當即兩相交付明白，幷無欠少、準折等情。其稅聽憑目下過割，入買人戶下支解。其業從前至今幷未與他人重複交易。倘有親房內外人等異說，俱係賣人承當，不涉買人之事。今恐無憑，立此賣契存照。

雍正四年十月　日立賣契人　葉子龍

憑中　黃自芳

許正六

代筆　葉庭芳

　　葉瑞華

再批：契內價銀一并收，再不另立收領。

同上　歙縣汪子嚴賣田赤契

二十二都一圖立賣契人汪子嚴，今因錢糧緊急，自願將父遺及字二百九十五號，田稅一畝三分七釐九毫，土名查木塢，四至在冊，憑中立契出賣到二十一都二圖許蔭祠名下爲業，三面議定得受時值價紋銀十六兩整。其銀、契當即兩相交付明白。其稅隨即過割，入買戶內支解，辦納錢糧管業。此係兩相情願，并無威逼、欠少、準折等情。其田從前至今并未曾與他人重複交易。倘有親房內外人等異說，俱係賣人承當，不涉買人之事。今恐無憑，立此賣契永遠存照。

雍正五年二月　日立賣契人　汪子嚴

憑中　汪斗文

　　汪子芳

　　汪崑令

親筆　汪彬玉

又及字二百九十一號，塘稅一釐，土名查木塢。

契內價銀一并收足，再不另立收領。又批。

同上　歙縣汪楚玉賣田赤契

二十二都一圖立賣契人汪楚玉，今因錢糧緊急無措，自情願將父分受及字二百七十七、八號內，田稅四分四釐二毫，土名充兒，四至照依清冊，浼中立契出賣與二十二都二圖許蔭祠名下爲業。三面議定得受時值價紋銀九三色銀六兩整。其銀、契兩相交付明白。其稅隨即過割，入買人戶下支解。此係兩相情願，并無威逼、準折等情。其田從前至今并未曾典當他人。倘有內外親房人等異說，俱係出賣人承當，不涉受業人之事。今恐無憑，立此賣契存照。

雍正七年二月　日立賣契人　汪楚玉

憑中　汪子嚴

　　許御六

代筆　汪德元

契內銀一并收足，再不另立收領。再批。

同上　歙縣許君逢賣田赤契

立賣契許君逢，今因乏用，自情願將續買場字二千三百五十柒號，田稅三分二絲五忽，土名牛角坵；又同字貳千陸百零四號，地稅一畝，土名新塘山，憑中立契出便與蔭祠名下爲業，三面議定得受九三色、九六平田、地價銀一十二兩五錢整。其銀、契當即兩相交付明白。其稅憑割稅入戶管業。此係自相情願，并無欠少、準折等情。從前至今并未與他人重複交易。倘有親房內外人等異說，俱身一面承當，不涉本祠之事。今恐無憑，立此存照。

雍正七年八月念二日立賣契人　許君逢

中人　許正六

奉書男　永□

再批：契內價銀一并收足，不另立收領。又三面議定五年銀到取贖，兩無異說。

同上　歙縣王廷昭賣田赤契

二十一都一圖立賣契人王廷昭，今因欠少屢年錢糧無措，自願將祖遺化字五百七十四號，田稅二分七釐五毫，土名水口壩，基田成地於上原有樹木，憑中立契出賣與本都二圖許蔭祠名下爲業，三面言定得受時值價銀四兩整。其銀、契當即兩相交付明白，并無欠少、準折等情。其稅即聽過割管業無辭。其業從前至今并未典當他人重複交易。此係兩相情願。倘有親房內外人等異說，係出賣人承當，不涉買人之事。今恐無憑，立此賣契存照。

雍正八年四月　日立賣契人　王廷昭

經手親房　王文龍

憑中　許朵章

　　許正六

冊里　黃子高

代筆　王文聖

契內價銀一并收足，再不另立收領。再批。

同上　歙縣黃永成賣田赤契

二十一都一圖立賣契人黃永成，今因欠少使用，自情願將承祖分受場字一千八百十五號，田税八分，土名和善塘上，四至照依清冊，憑中立契出賣與本都二圖許蔭祠名下爲業，三面議定得受時值價紋銀拾壹兩整。其銀、契當即兩相交付明白。其田從前至今并未曾典當他人重複交易。倘有親房内外人等異説，俱係出賣人承當，不涉買人之事。其税聽憑目下過割入買戶下支解。今恐無憑，立此賣契存照。

雍正十年四月　日立賣契人　黄永成

憑中　黄子惟

黄子升

黄富生

許雨蒼

代筆　黄子高

契内價銀一并收足，不另立收領。再批。

同上　歙縣程君所等賣田赤契

立賣契程崇文支裔房長程君所、廷末、錦章、公五等，爲因會中乏用，將本會續置土名苦竹干歸字□□號，交租二秤，佃人吴六順，計税肆分伍釐；又將苦竹干歸字□□號，交租二秤，佃人吴道士，計税三分；又將浪宕塢，交租四秤，佃人程聖，歸字□□號，計税□□；又將曹莊門前，交租二秤半，佃人程標，歸字□□號，計税三分四釐三毫五絲，共租十一秤半，出賣與程處爲業，得受時值價九五銀十六兩一錢。自賣之後，任從管業收穀，冊年過税四至魚鱗冊據，并無重複、不明等情。恐後無憑，賣契存照。

雍正十一年九月　日立賣契　程崇文支裔　程公齡

程君所

程廷木

程錦章

程公五

上年值會　程鼓宗并代書

本年值會　程錦章

契上價銀當日一并收足。再批。

同上　歙縣汪子嚴賣田赤契

二十二都立賣契人汪子嚴，今因錢糧緊急，自願將及字二百九十七號，田税九分三釐六毫四絲，土名塘堰口，四至照依清冊，憑中出賣與二十一都二圖許蔭祠名下爲業，言定得受時值價紋銀六兩八錢整。其銀當即收足。其税即聽買人過割支解。其田從前至今并不曾與他人重複交易。此係兩相情願，并無威迫、準折等情。倘有内外親房人等異説，俱係賣人承當，不涉買人之事。今欲有憑，立此賣契存照。

雍正十三年四月　日立賣契人　汪子嚴

憑中　汪楚玉

汪靜公

汪序倫

代筆　汪我循

契内價銀一并收足，再不另立收領。再批。

同上　歙縣趙德芳賣田赤契

二十一都一圖立賣契人趙德芳，今因缺少使用，自情願將父分受化字一千四百六十九號，田税四分四釐八毫，土名上堨頭；又一千四百七十一號，田税四分一釐六毫，土名同；又化字一千四百五十九號，塘税八釐，土名衆家山塘，四至照依清冊，憑中立契出賣與本都二圖許蔭祠名下爲業，三面言定得受時值價紋銀一十一兩整。其銀、契當日即兩相交付明白，并無欠少、準折等情。從前亦未與他人交易。倘有親房内外人等異説，係身一并承當，不涉買人之事。恐口無憑，立此賣契存照。

雍正十三年十二月　日立賣契人　趙德芳

憑中　許正六

趙社度

代筆人　趙永年

其契内銀一并收足，再不另立收領。其田言定五年之内，聽憑將原價并使用取續。再批。

同上　歙縣汪樹周賣田赤契

二十二都四圖立便契人汪樹周，今因管業不便，自願將承父所遺己業及字二百七十八號，田税八分，土名充兒；又及字三百五十號，塘税一釐，土名充兒塘，憑中立契出便與二十一都二圖許蔭祠名下爲業，三面言定時值價紋銀一十一兩整。其銀當即收足。其業目下聽憑過割管業收租無異。倘有親房內外人等異說，俱係賣人承當，不涉買主之事。今恐無憑，立此便契爲照。

乾隆五年十一月　日立便契人　汪樹周
憑中　汪文蔚
汪楚玉
汪子嚴
汪又章
汪碩聞

同上　歙縣許阿汪賣田赤契

二十一都二圖九甲許天爵戶內立賣契人許阿汪，今因欠缺使用，情願將己業化字二千八百四十九號，田稅二分七釐七毫整，土名泉水堀，立契出賣與本都本圖族名下爲業，三面議定得受時值價銀二兩七錢整。其銀、契當即兩相交付明白，幷無準折等情。倘有親房人等諸，係賣人一幷承當，不涉買人之事。其稅聽憑過割管業無辭。今恐無憑，立此賣契永遠存照。

乾隆六年九月　日立賣契人　許阿汪
憑中　許敦吉
程侖玉
代書男　許崇源

同上　歙縣成阿葉賣田赤契

二十一都一圖立賣契人成阿葉同男御乾，今因乏用，自情願將承祖分受膳養內該己分法場字三百二十九號，田稅一畝三分二釐一毫一絲，土名墩上，四至照依清冊，憑中立契出賣與本都二圖許蔭祠名下爲業，三面議定得受時值田價紋銀一十一兩五錢整。其銀、契當即兩相交付明白，幷無欠少、準折等情。其稅聽憑目下過割，入買人戶下支解。其業從前至今幷未與他人重複典當交易。倘有親房內外人等異說，俱係賣人承當，不涉許祠之事。今恐無憑，立此賣契存照。

乾隆六年九月　日立賣契人　成阿葉
同男　御乾
憑中　葉端華
成楚玉
冊里　程蔚山
許正六
許致芳
代筆　葉庭芳

同上　歙縣汪羽儀賣田赤契

本都本圖立賣契人汪羽儀，今將化字五百六十九號內田二分，土名水口壩基，四至在冊，憑中立契出賣與許蔭祠名下爲業，三面議定價紋銀四兩整。其銀、契當即兩相交明。其稅隨即過割入戶。此係自相情願，幷無準折。日後倘有人異說，係身承當。恐口無憑，立此賣契存照。

乾隆九年二月　日立賣契人　汪羽儀
憑中　許天秩
汪在中

同上　歙縣張華山賣田赤契

二十一都一圖立賣契人張華山，今因欠少使用，自情願將承父分受場字一千三百十三號，田稅三分五釐四毫六絲，土名廟山下；又場字一千三百十四號，田稅三分六釐八毫三絲，土名同；又場字一千二百七十九號，田稅四分九釐，土名廟前段；又場字一千四百二十二號，田稅四分二釐三毫，土名埵上，四至照依清冊，憑中立契出賣與二十一都二圖許蔭祠名下爲業，三面言定得受時值價紋銀二十六兩四錢整。其銀、契當即兩相交付明白，幷無欠少、準折等情。其田從前至今幷不曾與他人重複交易。倘有親房內外人等異說，係身承當，不涉買人之事。今恐無憑，立此賣契存照。

乾隆十年十一月　日立賣契人　張華山
憑中　張永光
得之
惟吉
許正六
代筆　張舜年

契內價銀一幷收足，再不另立收領。

同上　歙縣葉廷佐賣田赤契

立賣契人葉廷佐同侄喜龍，今因乏用，自情願將承父置土名前塢口田一坵，計租八砠，四至開明，係經理淡字一千二百一十五號，計稅八分八釐七毫整，并佃皮，憑中盡行出賣與楊天勝名下爲業，三面議定時值價紋銀九兩整。其銀當日收足。其田聽從買主管業。所有稅糧另立推單自扒過戶輸納。未賣之先并無重複交易。倘有內外人聲說，盡是賣人承當，不管買主之事。今欲有憑，立此賣契永遠存照。

乾隆十一年二月　日立賣契人　葉廷佐
同侄　葉喜龍
中見人　汪廷候
楊雲級
奉書長男　葉公宏

以上契內價銀同年月日盡行收足。又批。

同上　歙縣程天祥賣田赤契

二十一都一圖立賣契人程天祥，今因欠少使用，自情願將父分受場字四百十一號，田稅九分，土名麻榨基，四至在冊，浼中立契出賣與本都二圖許蔭祠名下爲業，三面言定得受時值田價紋銀十三兩整。其銀當即收足，其稅隨即過割入買人戶下支解。其業從前至今并未曾典當他人重複交易，亦無威逼、準折等情。倘有親房內外人等異說，係身一并承當，不涉受業人之事。今恐無憑，立此賣契存照。

乾隆十四年十二月　日立賣契人　程天祥
中人　程道生
程發章
程君甫
許正六
代筆　程日章

其色紋九一兌，其等九五平。

再批：契內價銀一并收足，再不另立收領。其田言定七年之內，聽憑照契內原價并使用取贖，過期不準。

同上　歙縣葉阿方賣田赤契

二十一都一圖立賣契人葉阿方同男聚才，今因欠少使用，自情願將承祖遺受化字五千五百四十四號，田稅九分三釐六毫，土名沙坵；又化字五千五百五十六號，田稅六分三釐七毫，土名窖前；又化字五千五百四十六號，塘稅一釐，土名窖前，憑中立契出賣與本都二圖許蔭祠名下爲業，三面言定得受時值田價紋銀二十兩整。其銀當即收足。其稅隨即過割，入買人戶下支解。其業從前至今并未曾典當他人重複交易，亦無準折、威逼等情。倘有親房內外人等異說，係身一并承當，不涉受業人之事。今恐無憑，立此賣契存照。

乾隆十四年十二月　日立賣契人　葉阿方
同男　葉聚才
憑中　葉聚寶
許正六
代筆　葉三益

再批：契內價銀一并收足，再不另立收領。其田言定七年之內，聽憑將原價并使用取贖，如過期不準取贖。

又批：其色紋九一兌。

又批：乾隆二十一年十一月六日收找田價銀四兩伍錢整。
葉聚才
聚寶
聚錦

同上　歙縣許悟恆賣田赤契

立賣契人支下悟恆等，今因悟楫弟媳苦節一生不得進主，今將彼所承祖分受己業化字七百三十三號，田稅壹畝壹分，土名廿畝坵；又化字七百三十二號，塘稅四毫，土名同，四至照依清冊，親房公議出賣與本祠名下永遠爲業，得受時值價銀貳拾兩。其銀當即收爲進主之資。其田隨即交祠管業，聽從過割輸糧，起業另佃。此係兩相情願，親房人等并無異說。其田并無小買及不清之事。今欲有憑，立此賣契爲照。

契內銀兩進主業交，兩相清楚，無不另立收領。再批。

乾隆拾捌年八月　日立賣契人　悟恆
中人親房　效觀
代筆親房　效勝

同上　歙縣郝繼祖賣田赤契

本都本圖立賣契人郝繼祖，今因欠少使用，自情願將己買方字三百八十六號，計田稅一畝二分，土名黄雲塘，憑中立契出賣與本圖汪名下爲業，三面議定得受照時值價紋銀一十八兩整。其銀當即收足。其稅隨即過割入戶輸糧。從前至今并未當便他人。此係二各情願，并無威逼、準折等情。倘有親房內外人等異說，俱係出賣人承當，不涉買人之事。今恐無憑，立此賣契存照。

乾隆二十一年九月　日立賣契人　郝繼祖

憑中　郝天如

郝仲如

汪增五

程契三

依口代筆　詹德常

再批：契內價銀一并收足，不另立收領。又批：契內塘稅一釐整。

同上　歙縣方嘉祥等賣田赤契

立賣契人方嘉祥同弟嘉禎，今因叔病故無措，自願將承父分受效字一千八百六十四號，田稅一畝一分四釐三毫，土名大路山；又效字一千八百四十九號，田稅八分八釐八毫四絲，土名同；又效字一千八百六十一號，田稅四分四釐九毫一絲，土名同；又效字一千八百六十號，田稅八分，土名鷄公坵，憑中立契出賣與方名下爲業，三面言定得受時值價銀五十五兩七錢整。其銀比即收足。其田隨即過割入戶輸糧無異。此係兩相情願，并無威逼等情。倘有內外人等異說，係身一并承當，不涉買人之事。今欲有憑，立此賣契永遠存照。

乾隆二十二年十一月　日立賣契人　方嘉祥同弟　方嘉禎

憑中　方如旭

方訓溢

姚卓炎

冊里　姚位駢

代筆　方訓友

同上　歙縣詹思廉賣田赤契

二十二都四圖立賣契人詹思廉，今將己業萬字三千八百十一號，田稅一畝五分六釐八毫，土名佛堂里，四至照依清冊，憑中立契出賣與本都本圖汪□□名下爲業，三面言定得受時值價足紋銀三十一兩整。其銀當即收足。其稅、業隨即過割入戶輸糧、管業。此係兩相情願，并無威逼等情。倘有親房內外人等異說，俱係出賣人承當，不涉受業人之事。今欲有憑，立此賣契存照。

乾隆三十四年八月　日立賣契人　詹思廉

憑中　詹衛郊

汪柱臣

代筆　詹德常

同上　歙縣汪阿胡賣田赤契

二十一都六圖立賣田契人汪阿胡，今因欠少使用，自願將承祖分受化字六百十一號，田稅九分三釐，土名沙坵，東至二圖許田，西至文昌閣後路，南至張香燈田，北至二圖許田，四至照依清冊，今憑中立契出賣與本都二圖許名下爲業，三面議定得受田價銀二十四兩整。其銀當日收清。其田即交過割入戶輸糧。其田從前至今并未典當他人重複交易。此係兩相情願，并無威逼等情。倘有親房內外人等言論，俱係出賣人一并承當，不涉買人之事。恐口無憑，立此賣田契永遠存照。

乾隆二十五年十二月　日立賣田契人　汪阿胡

憑中人　汪敦仁

汪行武

汪岐山

代筆人　汪本仁

同上　歙縣許阿鮑賣田赤契

本都本圖立杜賣契人許阿鮑同男又期、心恬，今因公事乏用，自願將祖遺化字二千六百八十七號，計田稅一畝三分二釐九毫，土名軟泥坵；又化字二千六百八十九號，計田稅四分七釐八毫，土名同；又化字二千六百九十號，計田稅一分八釐二毫，土名長田兒，共計田稅一畝九分八釐九毫，東至溪，西至許奕蕃田，南至路，北至買人田，後至三畝菜地，四至載明，憑中立契出賣與族名下爲業。此田原關祖墳明堂有礙，猶恐外人買去興造等事，今支下森祚戶收買，護庇風水，三面議定得受時值價銀八十兩整。其銀當即收足。其稅推入買人戶內支解。此係兩相情願，并無威逼、準折等情。倘有親房內外人等異說，俱是賣人承當，不涉受業人之事。今恐無憑，立此賣契永遠存照。

乾隆二十六年七月　日立杜賣契人　許阿飽
同男　許又期
許心恬
憑親房　許北山
許同源
許西周
許汝白
憑中　許豹文
奉書孫男　許汝珩

契內價銀一并收足，再不另立收領。又批。

同上　歙縣胡玉章賣田赤契

十七都四圖立賣田契人胡玉章，今因父手銀會臨期，缺乏應付，無從措辦，自願將承祖遺受拱字七百三十九號，計田稅五分七釐七毫一絲，土名合坵；又拱字七百四十一號，計田稅七分五釐二毫，土名同，四至照依清冊，浼中立契出賣與本都本圖胡名下為業，三面議定得受時值價足紋銀二十五兩五錢整。其銀當即收足，并無欠少、準折之類。其田即交買人管業。其稅聽憑隨即過割入戶，支解輸糧。從前并未與他人重複交易等情。倘有內外人言論，俱係出賣人承當理直，不干受買人之事，并無異說。今恐無憑，立此賣契存照。

乾隆二十六年十一月　日立賣田契人　胡玉章
憑中　胡明遠
胡又淵
胡雲來
代筆　胡孔昭

同上　歙縣成豫梁賣田赤契

二十一都一圖立賣契人成豫梁，今因欠少使用，自情願將承祖分受場字五百十二號，田稅八分八釐五毫九絲，土名秧田，四至照依清冊，央中立契出賣與二十二都四圖汪名下為業，三面議定得受時值價足紋銀二十一兩五錢整。其銀、契當即相交付明白，并無準折、欠少等情。其稅聽憑當即過割入戶，辦糧支解。從前至今并未與他人重複交易，不瞞親房內外人等。倘有異說，俱係賣人一并承當，不涉買人之事。今恐無憑，立此賣契永遠存照。

乾隆二十七年二月　日立賣契人　成豫梁
憑中　鮑正坤
親房　成端培
代筆　成人龍

同上　歙縣程履吉賣田赤契

立賣契人程履吉，今因乏用，自願將承祖分受被字五千二百零六號，土名魚池坵，田稅一畝二分五釐，四至照依清冊，憑中立契出賣與本都本圖程名下為業，得受時值價九成銀三十二兩五錢整。其銀當即收足。其田稅隨即過割，入買人戶內管業輸糧。此係兩相情願，并無威逼、準折等情。從前至今并未與他人重複交易。倘有親房內外人等異說，俱身一并承當，不涉買人之事。今恐無憑，立此賣契永遠存照。

乾隆二十九年十一月　日立賣契人　程履吉
憑中　程秀林
程漢彥
冊里　李尹東
李友玉
代筆　程仰豐

同上　歙縣程阿徐賣田赤契

二十二都八圖立杜賣契人程阿徐同男程在舟，今因正用，自願將承祖遺方字六百一十九號、二十號、二十一號，田稅三畝七分五釐，土名上、下長坵，憑中立契出賣與二十二都四圖汪名下為業，三面言定得受時值價紋銀六十七兩五錢整。其銀當即收足。其田隨即過割入買人戶內管業輸糧。從前至今并未與他人重複交易，亦無威逼、準折等情。倘有親房人等異說，俱係賣人承當，不涉買人之事。恐口無憑，立此賣契永遠存照。

乾隆二十九年十二月　日立賣契人　程阿徐同男　程在舟
憑中　宋君采

程　時

冊書　程公輔

奉書男　程汝瞻

其田上首并無小買。再批。

同上　歙縣吴根漢賣田赤契

二十一都二圖立賣田契人吴根漢，今因管業不便，自情願將承祖分受已業場字一千八百二十六號，田稅七分六釐四毫，土名社公田；又一千九百零一號，田稅六分五釐四毫三絲，土名上後塢；又一千九百十一號，田稅五分四釐七毫三絲，土名同；又一千六百七十八號，塘稅二釐，土名未塘山；又一千九百十三號，塘稅一分，土名上後塢；又二千零五十三號，塘稅二釐三毫七絲三忽，土名菜園坦，以上六號載明，憑中立契出賣與本都本圖許蔭祠名下爲業。三面議定即日得受時值價足紋銀三十兩整。其銀當即收足。其田即交管業收租。此係兩相情願，并無威逼等情。倘有内外人等異説，俱係出賣人一并承直，不涉買人之事。恐口無憑，立此賣契爲照。

乾隆三十年又二月　日立賣田契人　吴根漢

中人　程官福

代筆　吴衡鑒

同上　歙縣程耀南賣田赤契

二十二都三圖立杜賣契程耀南，今自願將承祖遺受已業及字三千一百七十四號，田稅二畝二分，土名九畝坵，憑中立契盡出賣與本都四圖汪名下爲業，三面言定得受時值九色價銀五十二兩整。其銀當即收足。其稅隨即過割，入買人戶輸糧。從前至今，并未當賣他人。此係兩相情願，并無欠少、準折等情。倘有親房内外人等異言，自出理直，不涉買人之事，恐口無憑，立此賣契永遠存照。

乾隆三十年十二月　日立賣契　程耀南

憑中　程聚贊

代筆　程繹思

同上　歙縣許阿江賣田赤契

二十一都二圖立賣田契人許阿江，今因正用，自情願將承祖遺受化字二千九百六十九號，田一畝五分八釐二毫；又化字二千九百九十一號，田一畝六分三釐三毫；又化字二千九百九十二號，田二分九釐三毫，土名新塘下；又化字二千八百四十號，糖稅一釐，土名同，憑中立契出賣與本都本圖蔭祠名下爲業，當日三面言定得受田價銀八十六兩一錢九分整。其銀當日收足。其田即交管業，并無異説。此係出自情願，并無威逼等情。其田并未當與他人以復交易。倘有親房内外人等異説，俱係出賣人承當，不涉買人之事。今恐無憑，立此杜賣田契存照。

乾隆三十二年十一月　日立賣田契人　許阿江

憑中　許蔭格

日　和

效　彭

貢　支

永　生

益　仲

奉書姪男　許蔭試

同上　歙縣程鮑氏賣田赤契

二十二都八圖立賣契人程鮑氏同孫男世渭，今因夫在外生意艱難，有信回家囑將承祖分受已業大字三百號，田稅二畝，四至照依清冊，憑中立契出賣與本都本圖程名下爲業，三面議定得受時值價足紋銀四十五兩整。其銀當即收足。其田稅隨即過割，推入買人戶内管業支解輸糧。從前至今并未與他人重複交易，亦無威逼、準折等情。倘有親房内外人言，俱係氏身一并承當，不涉買人之事。今欲有憑，立此賣契存照。

乾隆三十二年十二月　日立賣契人　程鮑氏

憑中　程庚源

吴誠有

程芳倩

程承基

程爾棨

洪顯明

沈有芹

奉書　程世渭

同上　歙縣程吳氏賣田赤契

二十二都八圖立杜賣契人程吳氏同男良全，今因正用，自願將承祖分受大字一百一十號，田稅一畝六分八釐二毫八絲，土名岔上；又大字一百十四號，田稅一畝，土名同，四至照依清冊，憑中立契出賣與本都本圖程名下爲業，三面議定得受時值價足紋銀五十五兩五錢整。其銀當即收足。其田隨即過割，推入買人戶內輸糧管業。從前至今并未與他人重複交易。此係兩相情願，并無威逼、凖折等情。倘有親房內外人等異說，俱係身一并承當，不涉買人之事。恐口無憑，立此賣契永遠存照。

乾隆三十四年十月　日立杜賣契人　程吳氏同男　良　全

憑中　程大鏊

程廷輔

程漢章

依口代筆　程暘谷

同上　歙縣汪蔚文等賣田赤契

十八都四圖六甲立賣契人汪蔚文同嫂黃氏、侄汪尚禹，今因正用，自願央中汪君祿等將承祖遺下田壹坵，計租五砠，坐落土名三百充口，係新丈發字壹千陸百壹拾八號，計稅捌分整，承凖塘水稅四釐，其田係汪尚禹分法壹半，汪蔚文同嫂合壹半，憑中立契出賣與程處爲業，三面議定時值九五色銀拾伍兩整。其銀當成契日一并收足。其田在本都圖甲汪有源戶內起割，推入十八都八圖七甲程茂戶內辦納糧差，收苗受稅無異。并無內外人言，亦無別處重複，如有不明等情，盡是賣人承值，不涉買主之事。其田日後不論年月遠近，任從三人公同原價贖回，無得異說。所有使用如過五年之外取回，賣主不得認還。恐口無憑，立此賣契存照。

乾隆三十四年十二月　日立賣契人　汪蔚文

同嫂　汪黃氏

侄　汪尚禹

憑中　汪君祿

汪宇清

程廷錦

程　順

契內價銀，同年月日一并收足。

同上　歙縣汪華芷等賣田赤契

立杜賣田契人汪華芷，同弟正湘、正瀊，今因公用，自願將父遺化字壹千叁百肆拾肆號，田稅叁分貳釐六毫，土名大塢埵；又化字捌百號，田稅九分捌釐五毫，土名低林；又化字壹千陸百玖捌號，田稅壹畝壹分，土名後山嶺；又化字壹千柒百零貳號，田稅伍分，土名同；又化字二千捌百拾壹號，田稅壹畝伍分叁釐伍毫，土名布褒坵；又化字二千捌百拾叁號，田稅五分零八毫，土名百萬坵；又化字二千陸百陸拾叁號，田稅五分柒釐，土名馬槽坵，又化字二千柒百柒拾二、六、七號，田稅壹畝叁分捌釐五毫五絲，土名龍角坵；又化字二千捌百肆拾捌號，田稅壹畝伍分二釐柒毫，土名泉水堀；又化字壹百伍拾肆號，田稅壹畝貳分叁釐叁毫，土名鐵屋林；又場字壹千零拾肆號，田稅壹畝壹分陸釐，土名留田；又化字叁千壹百肆拾肆號，田稅陸分貳釐九毫，土名茶塘；又化字叁千壹百肆拾伍號，田稅玖分二釐，土名同；又發字壹百伍拾壹號，田稅壹畝零叁釐，土名□坵；又化字壹千陸百叁拾叁號，塘稅貳釐，土名凹塘；又化字貳千七百七十七號，塘稅三釐三毫五絲。土名龍角塘；又化字壹千六百七十五號，塘稅五釐，土名陳家塘；又化字一百五十四號，塘稅三釐，土名鐵屋林；又化字一千三百四十三號，塘稅五毫，土名大塢埵；又化字三千一百十六號，塘稅二釐五毫，土名茶塘；又場字壹千零二十九號，塘稅壹釐，土名留田，憑中立契出賣與許名下爲業，三面議定得受時值價九五平九色銀叁百叁拾伍兩整。其銀當即收足。其田即交管業收租。其稅即過入買人戶內支解。其田從前至今并未典當他人，亦無重複交易之事，倘有親房內外人等異說，俱係出賣人承擔，不涉受業人之事。今恐無憑，立此杜賣田契永遠存照。

乾隆肆拾年四月　日立杜賣田契人　汪華芷

同弟　正　湘

正　瀊

憑中　汪爾徵

許正陽

許派友

許育民

代筆　汪輝郎

同上　歙縣許德祠等賣田契

本都本圖立杜賣契人許德祠，今因公用，衆願將公戶內化字九百四十號，田稅九分八釐二毫，土名黃土塘；又化字九百五十一號，田稅五分柒釐，土名同，憑中立契出賣與族名下爲業，得受時值價紋銀三十四兩二錢整。其銀當即收足。其田即交管業收租。其稅即過入買人戶內支解。其田從前至今并未典當他人，亦無重複交易等事。倘有內外人等異說，俱係出賣人承擔，不涉受業人之事。今恐無憑，立此杜賣田契永遠存照。

清乾隆四十年八月　日立杜賣契　許德祠

許景洛

許其原

許斯遠

許序東

憑中　許舍光

執筆　許琬田

契內價銀一并收足，不再另立收領。又批。

同上　歙縣程正雲賣田赤契

立杜賣田契人程正雲，今將自置化字一千六百九十四號，田稅七分二釐，土名鮑宅充；又化字三千一百三十號，田稅四分，土名同，四至照依清冊，憑中立契出賣與許名下爲業，三面議定得受時值價九五平紋銀二十六兩整。其銀當即收足。其田即交管業收租。其稅即過入買人戶內支解輪糧。其田從前至今并未典當他人，亦無重複交易等情。倘有親房內外人等異說，俱係出賣人承當，不涉受業人之事。今恐無憑，立此賣契存照。

乾隆四十一年十一月　日立杜賣田契人　程正雲

憑中　吳衡鑒

許正陽

許育民

奉書　程萃升

同上　歙縣許疑鹿賣田赤契

本都本圖立賣田契人支丁疑鹿，今將父分受化字一百零七號，田稅一畝六分九釐，土名橫坵；又場字一千零七十一號，田稅一畝一分八釐四毫，土名樸頭坵；又場字一千二百六十五號，田稅六分，土名丈鼓坵；又被字一千零八十九號，田稅三分九釐三毫，土名深坵；又被字一千零七十七號，塘稅四釐，土名深坵，憑中立契出賣與蔭祠名下爲業，得受足紋銀一百四十兩整。其銀當即收足。其田即過割入買人蔭祠戶內，支解輪糧，無得異說。今恐無憑，立此賣田契永遠存照。

乾隆四十三年十二月　日立賣契人　支丁疑鹿

憑中　履　素

育　民

奉書男　燭　虛

同上　歙縣許載南等賣田赤契

立杜賣田契人許載南同弟媳許阿汪、侄元吉，今將父遺化字一千零五十九號，又一千零六十號，二共計田稅一畝八分零五毫，土名方坵；又化字一千零一十六號，塘稅五釐，土名三畝塘；又化字三千五百六十九號，又三千五百九十四號，又三千五百九十五號，三共計田稅一畝三分二釐五毫，土名龍堨干下方坵；又化字四千九百八十六號，田稅一畝四分三釐，土名灣坵；又化字四千九百九十六號，塘稅四毫，土名林坵塘；又化字五千二百八十一號，塘稅二釐，土名大坵塘；場字四百二十號，田稅六分三釐六毫，土名豎坵；場字二千四百四十七號，田稅二畝四分五釐三毫，土名金線充；又場字二千六百一十一號，又二千六百一十八號，二共計田稅一畝一分一釐，土名井墈上；又場字一千二百九十四號，田稅八分八釐九毫，土名烏泥坵；又場字一千二百七十七號，田稅五分八釐二毫六絲，土名廟前；又場字九百四十五號，田稅九分九釐八毫，土名岡瑤山頭；又場字八百六十四號，田稅四分五釐二毫，土名四畝坵；又場字八百六十五號，田稅四分八釐七毫，土名四畝坵；又場字九百一十四號，又九百一十五號，二共計田稅七分六釐六毫一絲，土名竹林墈；化字三千一百四十七號，田稅八分，土名茶塘，以上共田稅十三畝七分三釐三毫七絲，共塘稅七釐四毫，四至均照依清冊，憑中立契出賣與□□名下爲業，得受時值價九五平紋三百一十兩整。其銀當即收足，其田即交管業收租，其稅即過入買人戶內，支解輪糧。其田、塘從前至今并未典當他人，亦無重複交易等事。倘有親房內外人等異說，俱係出賣人一幷承擔，不涉受業人之事。今恐無憑，立此杜賣契永遠存照。

乾隆四十四年十二月　日立杜賣田契人　許載南

許阿汪

侄元吉

憑中　許心裕

汪正廷

許東旭

許允中

許侶東

代筆　許宇成

同上　歙縣黃瑤珍賣田赤契

二十一都一圖七甲立杜賣田契人黃瑤珍，今因欠少使用，自願將父分受場字壹千零四十一號，田稅壹畝貳分，土名葉九山；又場字壹千九百零八號；田稅捌分玖釐叁毫貳絲，土名上後塢，憑中立契出賣與本都二圖一甲許蔭祠名下爲業，三面議定得受時值價足紋銀伍拾兩零貳錢肆分整。其銀當即收足。其田稅隨即過割入買人戶內，支解輸糧。其田從前至今幷無典當他人，重複交易等事。此係出自情願，幷無威逼、準折等情。倘有親房內外人等異說，俱係出賣人一幷承擔，不涉買人之事。今恐無憑，立此杜賣田契永遠存照。

乾隆四拾伍年三月　日立杜賣田契人　黃瑤珍

憑中人　黃有祥

黃爲壽

黃文祥

許開萬

許育民

新筆

又批：其來腳赤契與別號相聯，故未繳付，日後撿出，不再行用。

同上　歙縣許景洛等賣田赤契

二十一都二圖立杜賣契人許景洛、許屒佐，同姪許倚青、許宇雲，今將承祖分受化字一千六十九號，田稅一畝四分六釐五毫，土名下新田；又化字四千四百五十號，田稅五分九釐八毫，土名檡樹下；又化字二千七百二十七號，田稅七分一釐九毫，土名上莊前；又化字二千七百二號。田稅六分二釐一毫，土名沙坵；又化字五千四百八十五號，田稅五分九釐三毫，土名橫塘下；又化字二千八百二十九號，田稅七分四釐二毫，土名臺盤坵；又化字二千八百三十六號，田稅一畝六分六釐一毫，土名寄馬段；又化字六百四十二號，田稅一畝五釐五毫一絲，土名官田廣；又化字六百三十六號，田稅一畝，土名黃金錠；又場字三百五十號，田稅二畝六分四釐，土名鳥兒林；又場字一千八百三十九號，田一畝一釐一毫，土名紙錢莊；又場字三千五百九號，田稅一畝一分一釐六毫五絲，土名汪家塘；又場字一千二百二十二號，田稅一畝一分七釐九毫九絲，土名鮮魚山；又場字三百四十八號，田稅二畝三分七釐三毫，土名橫坵；又場字三百七號，田稅一畝一分六毫，土名墩坵；又場字二百八十七號，田稅五分，土名橋頭坵；又鳳字四千七十九號，田稅一畝五分六釐一毫，土名唐模塘；又化字六百四十二號，塘稅二釐，土名官田廣；又化字六百三十六號，塘稅五毫，土名黃金錠；又場字三百五十號，塘稅二釐，土名鳥兒林；又鳳字四千七十九號，塘稅二釐六毫，土名唐模塘，以上共田稅十九畝九分四釐一毫五絲，以上共塘稅七釐一毫，憑中立契出賣與族名下爲業，三面議定得受價紋五百兩整。其銀當即收足，其田即交管業收租，其塘聽憑澆灌，其稅即過入買人戶內支解輸糧。其田、塘從前至今幷未典當他人，亦無重複交易等事。倘有親房內外人等異說，俱係出賣人承擔，不涉受業人之事。恐口無憑，立此杜賣契永遠存照。

乾隆四十八年二月　日立杜賣契人　許景洛

許屒佐

同侄　許倚青

許宇雲

憑中　許含光

許學侶

許沛友

奉書　許立周

同上　歙縣徐濟銘賣田赤契

二十一都二圖立杜賣田契人徐濟銘，今因正用，自情願將自置化字柒百二十九號，田稅壹畝零九釐，土名尖坵，四至不開，照依清冊，今憑中立契出賣與本都本圖三甲許名下爲業，三面議定得受紋銀二十七兩整。其銀當即收足。其田隨即過割管業，入買人戶內支解輸糧。其田從前至今并未典當他人、重複交易。此係出自情願，并無威逼、準折等情。倘有親房內外人等異說，俱係出賣人一并承當，不涉受業人之事。恐口無憑，立此杜賣田契永遠存照。

乾隆四十八年九月　日立杜賣田契人　徐濟銘

憑中　許日三

許開萬

許聚三

許振緒

代筆　許振緒

再批：其來腳契未曾繳付，日後揀出，不再行用。

又批：契內價銀一并收足，不另立收領。又照。

同上　歙縣鮑崑琦賣田赤契

二十一都二圖立杜賣契人鮑崑琦，今因正用，自願已買大字二十六號，田稅二畝二分，又三十二號田　畝一分零九毫，又五十號田一畝一分一釐，與五十三號田八分三釐一毫，又五十五號田九分，又五十七號田九分八釐，土名富余埸西山下，四至不開，照依清冊，憑中立契出賣與二十二都四圖汪名下爲業，三面議定得受價足紋銀一百四十六兩整。其銀當即收足。其田隨即過割入買人戶內輸糧無異。其田從前至今并未與他人重複交易。此係兩相情願，并無威逼、準折等情。倘有親房內外人等異說，俱係出賣人承當，不涉買人之事。恐口無憑，立此杜賣契永遠存照。

乾隆四十九年八月　日立杜賣契人　鮑崑琦

憑中　徐振緒

鮑玉林

鮑仲遠

汪如殼

馮文如

代筆　吳柏富

親　筆

同上　歙縣汪古修賣田赤契

十五都五圖立賣契人汪古修，今將續買發字一千六百八十一號，田稅二畝二分八釐二毫五絲，土名大湖墩；又發字一千八百五十五號，田稅一畝四分一釐三毫，土名胡屯田；又罪字六百五十號，田稅一畝七分，土名鮑老甽；又罪字六百五十一號，塘稅八釐四毫，土名同，憑中立契出賣與本都七圖汪名下爲業，三面言定得受時值價九四平九色銀八十九兩六錢七分整。其銀當即收足。其田即交買人管業，稅即過割推入買人戶內，支解輸糧。其田從前至今并未典當他人重複交易。此係兩相情願，亦無欠少、準折等情。倘有親房內外人等異言，俱係出賣人承當，不涉買人之事。今恐口無憑，立此賣契存照。

乾隆四十九年十二月　日立賣契人　汪古修

憑中人　許函書

汪耀光

汪詢美

汪有尙

汪正雲

吳其章

代筆　汪景淳

同上　歙縣程黃氏等賣田赤契

二十二都六圖立杜賣契人程黃氏同子程名伊、名俊、名侯，今因正用，自願將夫遺受被字五千零六、七兩號，共田稅二畝二分五釐，土名魚池，四至照依清冊，不另開載，憑中立契出賣與本都八圖程名下永遠爲業，三面議定得受九四平足紋銀四十八兩六錢整。其銀當即收足。其田隨即過割入買人戶內，支解輸糧，管業耕種。從前至今并未與他人典當重複交易。此係自相情願，并無準折、威逼等情。倘有親房內外人等異言，俱係賣人承當理治，不涉買人之事。恐口無憑，立此杜賣田契永遠存照。

乾隆五十年十一月　日立杜賣田契人　程黃氏

同子　程名俊

名　伊
名　侯
憑中　程名倩
許存周
代筆奉書男　程名俊

同上　歙縣許景洛等賣田赤契

二十一都二圖立杜賣田契人許景洛，同侄許稼登、許倚青、許蕊昀，今因正用，自情願將承祖遺受化字二千六百九十二號，田稅一畝九分九釐七毫，土名井坵；　又化字二千九百五十六、七兩號，田稅三畝四分零四毫，土名楓樹下；　又化字二千九百十七號，田稅七分九釐，土名界塘；　又化字二千九百十八號，田稅六分九釐六毫，土名同；　又化字二千九百十六號，塘稅一釐九毫，土名同，四至照依清冊，憑中立契出賣與本都本圖族名下爲業，三面言定得受田價紋銀一百七十二兩整。其銀當即收足。其田即交管業。其稅即推入買人戶內，過割輸糧。其田從前至今并未典當他人重複交易之事。此係兩相情願，并無威逼、準折等情。倘有親房內外人等異説，俱係出賣人一并承擔，不涉受業人之事。恐口無憑，立此杜賣田契永遠存照。

乾隆五十三年三月　日立杜賣田契人　許景洛
同侄　許稼登
許倚青
許蕊昀
憑中　許澤坤
許正陽
許伊記
奉書　許藻亭

同上　歙縣程仲威賣田赤契

二十二都八圖立杜賣田契人程仲威，今因正用，自願將承父遺受被字五百壹拾陸號，田稅柒分叁釐，土名貼里坵；　又被字五百十七號，田稅柒分捌釐，土名同；　又被字五百壹拾玖號，田稅捌分捌釐，後湖塘；　又被字五百貳拾號，田稅五分五釐，土名後湖塘下；　又被字五百柒拾五號，田稅壹畝玖分捌釐，土名秋堨干；　又被字五百壹拾壹號，塘稅四釐，土名後湖塘；　又被字五百壹拾柒號，塘稅壹分四釐六毫，土名貼里塘，四至照依清冊，憑中立契出賣與二十一都二圖許蔭祠名下爲業，三面言定得受時值價九四平足紋銀壹百兩整。其銀當即收足。其田隨即過割入買戶內，支解輸糧。其田從前至今并未與他人重複交易。此係兩相情願，并無準折等情。倘有親房人等異言，俱係出賣人一并承當，不涉買人之事。今恐無憑，立此杜賣契永遠存照。

大清乾隆五十六年五月　日立杜賣田契　程仲威
憑中　程聲如
程兆純
鮑玉林
吳恆兆
汪正廷
許禹青
親筆

同上　歙縣陳建昌賣田赤契

二十四都六圖立杜賣田契人陳建昌，今因葬祖并葬父母無措，自願將父置效字八百四十一號，田九分一釐一毫六絲，土名尼莊；　又八百四十二號，田一畝零四釐六毫九絲，土名同，憑中出賣與本都一圖方名下爲業，三面議定得受價紋銀二十兩整。其銀當即收足。其田隨契過割入戶，輸糧管業。在先并未質當他人，亦無重複交易。此係兩相情願，并無威逼等情。如有親房內外人等異説，俱係賣人承當，不涉買人之事。今恐無憑，立此杜賣田契永遠存照。

乾隆五十七年六月　日立杜賣契人　陳建昌
憑中　陳克天
陳益三
方德照
方敬修
吳德華
代筆　陳景元

同上　歙縣許程氏等賣田赤契

立杜賣田契人許程氏同男許立堂，今因正用，自願將承祖分受化字五百三十號，田稅一畝八分三釐，土名壩里，憑中立契出賣與本都本圖族名下爲業，三面議定得受田價元絲銀五十四兩九錢整。其銀當即收足。其田即交管業，聽憑目下過割入戶輸糧。從前至今幷未與他人從復交易。此係兩相情願，幷無欠少、準折等情。倘有親房內外人等異說，俱係出賣人承擔，不涉受業人之事。恐口無憑，立此杜賣田契存照。

嘉慶元年十月　日立杜賣田契人　許程氏

同男　許立堂

憑中人　許介亭

許正陽

許育民

許宇安

江天林

代筆　許君卜

同上　歙縣童加祥賣田赤契

二十三都四圖立杜賣契人童加祥，今因錢糧正用，自願將自置己業鞠字二千四百五十八、九號，田稅一畝二分三釐六毫，土名冷塘上，四至照依清冊，憑中立契出賣與二十三都八圖鄭名下爲業，三面言定得受時値價九四平九七色銀十八兩整。其銀當即收足。其田稅隨即過割入買人戶內，輸糧管業。從前至今幷未當賣他人，亦無重複交易，幷無威逼、準折等情。倘有親房內外人等異說，俱係賣人一幷承當，不涉買人之事。恐口無憑，立此杜賣契永遠存照。

嘉慶七年九月　日立杜賣契人　童加祥

憑中　童加楨

童盛福

吳瀾遠

鄭苑山

代筆　童明有

同上　歙縣程甸成賣田赤契

二十二都六圖立杜賣契人程甸成，今因正用，願將自置被字四千九百九十一號，田稅一畝一分八釐五毫，土名寺堨干；又被字四千零二十九號，田稅三分二釐九毫，土名大畝堨；又被字四千九百九十二號，地稅八釐八毫五絲，土名沙塝，以上三號幷小買憑中立契出賣與本都八圖程名下爲業，三面議定得受時値價九四平元絲銀二十六兩三錢五分整。其銀當即收足，再不另立收領。其稅隨即過割入買人戶內輸糧。從前至今亦未與他人重複交易。此係兩相情願，幷無準折等情。倘有親房內外人等異言，俱係出賣人一力承擋，不涉買人之事。倘有字號訛錯，改稅不改業。恐口無憑，立此杜賣契永遠存照。

嘉慶九年十一月　日立杜賣契人　程甸成

憑中　程立年

程永青

程　報

冊書　李君元

依口代筆　程聖傳

同上　歙縣胡曙光賣田赤契

二十一都二圖立賣契人胡曙光，今因正用，願將承祖分受化字四千零八十五號，田稅一畝三分二釐，土名裘家園；又化字四千零三十四號，塘稅一釐二毫，土名四婆塘，憑中立契出賣與本都本圖許蔭祠名下爲業，三面議定得受田價九四平元絲銀二十二兩整。其銀當即收足。其田即交管業收租。其稅即過買人戶內輸糧。期以六年內準將原價取贖，六年外不準取贖。此係兩相情願，幷無準折等情。倘有親房人等異說，俱係出賣人承擔，不涉受業人之事。恐口無憑，立此賣契存照。

嘉慶十年五月　日立賣契人　胡曙光

憑中　胡守仁

許正陽

許藹余

汪易三

親筆

再批：使用銀三兩六錢五分整，未滿期取贖胡姓認。又照。

同上　歙縣程崑來賣田赤契

二十一都三圖立杜賣田契人程崑來，今因正用，自願將己業大字四百七十八號，田稅一畝二分五釐，土名下九畝，又被字四千九百四十四號，田稅一分二釐七毫七絲，土名壩上；又被字四千九百四十五號，田稅一畝一分五釐五毫，土名同；又被字四千九百四十六號，田稅三分八釐，土名同，其灌塘係本田號內開成；又被字四千九百五十四號，田稅三畝一分一釐，土名丫頭山墩下，其塘稅在內，憑中出賣與二十一都二圖許名下爲業，三面言定得受時値田價九七平元絲銀一百三十七兩六錢八分整。其銀當即收訖。其田即交管業，過割入買人戶內，辦糧、支解、征租無異。此係兩相情願，并無威逼、準折等情。倘有親房內外人等異說，俱出賣一應承當，不涉受業人之事。今恐口說無憑，立此杜賣田契永遠存照。

嘉慶十一年十月　日立杜賣田契人　程崑來

憑中人　程西序

程蔭之

程天廣

程建中

代筆　吳荊左

同上　歙縣程華山賣田赤契

二十一都三圖立杜賣契人程華山，今因正用，自願將自置大字二百三十五號，田稅一畝二分四釐，土名撞橫坵；又被字四銀九百九十五號，田稅九分七釐一毫，土名寺堨干，四至照依清冊，憑中立契出賣與二十一都二圖許名下爲業，三面議定得受價九四平元絲銀四十六兩八錢七分整。其銀當即收足。其田隨即過割入買人戶內，支解輸糧，無得異說。此係兩相情願，并無準折、勉強等情。從前至今并無重複交易。倘有親房內外人等異說，俱係出賣人承擔理直，不涉受業人之事。今欲有憑，立此杜賣契永遠存照。

嘉慶十一年十月　日立杜賣契人　程華山

憑中　程麟瑞

程蔭之

程建中

程天廣

程舜功

親筆

同上　歙縣程光大賣田赤契

立杜賣田契人程光大，今因錢糧緊急，自願將自置效字一千五百二十二號，田稅五分五釐五毫，土名磨坊塘；又一千五百二十三號，田稅四分五釐，土名同；又一千五百二十六號，田稅五分七釐九毫，土名同，憑中立契杜賣與二十一都五圖汪名下爲業，三面言定得受時值田價銀二十八兩整。其銀係身當即收足。其田聽憑買人管業。其稅隨即過割推入買人戶內，支解輸糧無異。此業從前至今并未典賣他人，亦無重複交易。此係兩相情願，并無威逼、準折等情。倘有親房內外人等出爲異說，俱係身一力承當理直，不涉買人之事。恐口無憑，立此杜賣田契久遠存照。

嘉慶十二年七月　日立杜賣契人　程光大

憑中奉父　程駱啓

憑保　姚廷珍

憑中　姚虎文

姚在機

親筆

再批：其原來赤契因帶績邑遺失，日後撿出不得行用。又照。

又批：十年之後聽憑原價取贖，其中資使用係身承認。又照。

同上　歙縣程文明賣田赤契

二十二都八圖立杜賣契人程文明，今因正用，自願將分受己業大字一百八十六號，計田稅一畝八分五釐，土名西山下，憑中立契出賣與本都本圖程名下爲業，三面議定得受時值價足元絲平銀三十六兩整。其銀當即收足，再不另立收領。其田隨即過割入買人戶內，管業輸糧。倘有字號訛錯，丈明改正，換號不換業。此係兩相情願，并無威逼、準折等情。從前至今亦未與他人重複交易。倘有親房內外人等異說，俱係出賣人一并承當，不涉買人之事。今恐無憑，立此杜賣契永遠存照。

嘉慶十二年十二月　日立杜賣契人　程文明

憑中　程履治

程黑痣

代筆　程仲山

再批：原來赤契因有他號相連，未便繳擲。又照。

同上　歙縣洪阿吳賣田赤契

十五都一圖立杜賣田契人洪阿吳同男洪松柏，今因正用，自願將承祖分受位字十二號，共計田稅五畝四分零三絲五忽，其字號開列於後，憑中立契出賣與二十一都二圖許蔭祠名下爲業，三面議定得受平足元銀七十六兩整。其銀當即收足。其田即交入買人戶內，支解輪糧。倘有字號訛錯，換號不換業。此田從前至今并未典當他人，亦無重複交易。此係兩相情願，并無威逼、準折等情。倘有親房內外人等異說，俱係出賣人一并承擔，不涉受買人之事。恐口無憑，立此杜賣田契永遠存照。

嘉慶十七年十二月　日立杜賣田稅契人　洪阿吳

同男　洪松柏

憑中　洪發財

吳聖安

吳常興

吳金桂

冊里　洪大剩

代書　洪景民

同上　歙縣程新彩賣田赤契

二十二都八圖九甲立杜賣田契人程新彩，今因正用，自願將承父分受己業被字五千二百零六、七號，土名魚池坵，田稅二畝二分五釐，憑中立契出賣與二十一都二圖許蔭祠名下爲業，三面議定得受時值價九四平元絲銀六十三兩整。其當即收足。其田即入買人戶內，支解輪糧。此田從前至今并未典當他人，亦無重複交易。此實出自情願，并無威逼、準折等情。倘有親房內外人等異說，俱係出賣人一并承擔，不涉受業人之事。恐口無憑，立此杜賣田契永遠存照。

嘉慶十七年十二月　日立杜賣田契人　程新彩

憑中　程華湘

程映南

程星燦

程志嵩

親筆

同上　歙縣洪養正等賣田赤契

二十都二圖立杜賣田、塘契人洪養正，今因急需正用，公同商議，自願將承祖遺受位字二千零二十六、八號，田稅二畝二分八釐五毫八絲，土名軒塘下；又位字二千零六號，塘稅一釐，土名軒塘；又位字二千零七十號，塘稅二分正，土名同；又鳳字一千九百七十五號，田稅六分八釐三毫三絲，土名梨樹下，憑中立契杜賣與二十一都二圖許名下爲業，三面議定得受時值價九四平元絲銀七十二兩整。其銀當即收足，不復另立收領。其稅隨即過割推入買人戶內，支解輪糧。其業從前至今并未典賣他人，亦無重複交易。此係兩相情願，并無威逼、準折等情。倘有親房內外人等異說，俱係出賣人并契內中人一力承擔理直，不涉受買人之事。恐口無憑，立此杜賣田、塘契永遠存照。

再批：原來赤契因與別號相連，不便繳付，日後撿出不得行用。此照。

嘉慶十八年二月　日立杜賣田、塘契人　洪養正

同親房　洪壽泉

洪秉虔

憑中　洪丘文

代筆　洪肇虞

同上　歙縣許程氏等賣田赤契

二十一都二圖立杜賣田契許程氏，同侄躍堂、似山、李頑，今因正用，自願將承祖遺受化字二百零三號、二百零四號、二百零六號，共田四畝四分九釐八毫，土名鐵屋林；又化字二百零五號，塘稅一分八釐二毫，土名同，憑中立契出賣與本都本圖族名下爲業，三面議定得受時值價銀九四平時用元銀六十兩整。其銀當即收足。其田稅隨即過割推入買人戶內，支解輪糧。從前至今并未當賣他人，亦無重複交易。此係兩相情願，并無盤算等情。倘有親房內外人等異說，俱係出賣人一并承擔，不涉受業人之事。恐口無憑，立此杜賣契永遠存照。

嘉慶十八年三月　日立杜賣契　許程氏

同侄　許躍堂

許似山

許李頎
憑中　汪易之
許席之
許全義
奉書　許樹瞻

再批：原來赤契未繳，日後撿出不能行用。又照。

同上　歙縣成天培等賣田赤契

二十一都一圖立杜賣田契人成社會戶族衆成天培、天順、營周等，今因正用，公衆情願將場字一千一百十七號，田稅二畝三分二釐二毫，土名汪相塘；又一千一百十八號，塘成田稅一分二釐六毫，土名同；又一千一百十八號，塘稅一分三釐六毫八絲，土名同，憑中立契出賣與二十一都二圖一甲許孝睦戶名下爲業，三面議定得受時值價九三平元絲銀六十三兩八錢整。其銀當即收足，不復另立收領。其稅隨即過割推入買人戶內，支解輪糧。從前至今并未典當他人，亦無重複交易。此係出自族衆情願，并無威逼、準折等情。倘有親房內外人等異說，俱係出賣人并契內中人一力承擔，不涉受買人之事。恐口無憑，立此杜賣田契永遠存照。

嘉慶十八年三月　日立杜賣田契人　成天培
天　順
營　周
憑中　黃瑤珍
張正和
許志嵩

同上　歙縣汪愼先賣田赤契

二十一都三圖二甲立杜賣田契人汪愼先，今因正用，自願將承祖遺受木字三千二百九十八號，田稅二畝六分，土名長三畝，憑中立契出賣與二十一都二圖一甲許蔭祠戶名下爲業，三面議定得受九四平元銀五十七兩二錢整。其銀當即收足。其田隨即過割推入買人戶內，支解輪糧管業。倘有字號訛錯，丈量查明之日改正，換稅不換業。此係兩相情願，并無準折等情。倘有親房內外人等異說，俱係出賣人一并承擔，不涉受業人之事。恐口無憑，立此杜賣田契永遠存照。

嘉慶十八年十月　日立杜賣田契人　汪愼先
中人　汪宇川
汪元春
方明高
代筆　汪永右

再批：原來赤契一帋。又照。

同上　歙縣汪燦封賣田赤契

十五都五圖立杜賣田、塘契人汪燦封，今因正用，自願將自置虞、周、唐、問、弔、民字等號，田共計稅二十四畝四分九釐一毫零一忽，塘共計稅九分四釐九毫四絲七忽八微，字號、稅畝、土名開載於後，四至照依清冊，憑中立契出賣與二十一都二圖許蔭祠名下爲業，三面議定得受九四平元絲銀六百四十兩整。其銀當即收足。其田、塘即交管業。其稅隨即過割入買人戶內，支解輪糧。從前至今并未典賣他人，亦無重複交易。此係兩相情願，并無準折等情。倘有內外人等異說，俱係出賣人承當，不涉買人之事。今恐無憑，立此杜賣田、塘契久遠存照。

嘉慶十八年十二月　日立杜賣田、塘契人　汪燦封
憑中人　汪鶴年
奉書　汪芬言

其原來赤契，因與他號相連，未便付執，日後撿出不作行用。又照。

同上　歙縣徐德超等賣田赤契

十九都二圖四甲立杜賣田、塘稅契人徐德超同侄孫徐以康，今因錢糧正用，自願將承祖遺受被字號，田稅九畝四分二釐八毫，塘稅二分六釐七毫五絲，四至照依清冊，憑中立契出賣與二十一都二圖一甲許孝睦戶名下爲業，三面議定得受時值價九四平九七色元絲銀二百二十六兩二錢七分二釐整。其銀當即收足。其田、塘稅即交管業，隨即過割推入許孝睦戶內，支解輪糧。從前至今并未典當他人，亦無重複交易。此係兩相情願，并無威逼、準折等情。倘有字號訛錯，換號不換業。倘有親房內外人等異說，俱係出賣人一并承當，不涉受業人之事。今恐無憑，立此杜賣田、塘稅契永遠存照。

嘉慶二十二年十二月　日立杜賣田、塘稅契人　徐德超
同侄孫　徐以康

再批：原來赤契年久遺失，日後撿出不作行用，以作費紙。又照。

憑中　許星德

親筆　徐德超

同上　祁門縣薛汪氏賣田赤契

十八都十二圖立杜賣契人薛汪氏同男其榮，今因錢糧緊急，自願將夫手遺下田一坵，係新丈朝字一千四百九十九號，土名南岸，計田稅八分五釐三毫七絲，又將田一坵，土名下山頭，憑圖丈明朝字一千五百十三號，田稅三分七釐四毫八絲；一千五百十四號，田稅四分五釐四毫八絲，以上三號，共計田稅一畝六分八釐三毫六絲，其田四至悉照鱗冊分莊爲界，央中立契盡行杜賣與潘□□名下爲業，當日三面議定價元絲銀二十八兩八錢整。其銀當成契日一并收足。其田即交買人管業，聽從換佃收租無異。其稅糧向寄戶十八都十二圖十甲戴行戶內，今將戴行戶內起割推入十六都十三圖十甲潘宜振戶辦納。未賣之先并無重複以及來歷不明等情。如有內外人言，盡是賣人承直，不涉買人之事。今欲有憑，立此杜賣契文久遠存照。

嘉慶二十三年　月　日立杜賣契人　薛汪氏

同男　其榮

憑中　戴寧萬

戴楚善

戴作霖

戴晉康

代書　戴章甫

劉鳴枝

所有赤契，僉稅票□紙繳付收執。又批。同年月日契內價銀一并收訖。再批。

同上　歙縣許漢文賣田赤契

本都本圖立杜賣田契人許漢文，今因正用，自願將自記化字九百六十五號，田稅九分，土名黃土塝；化字一千零十二號，田稅一分零六毫，土名同；化字九百六十五號，塘稅二釐，同；化字三千七百零二號，田稅一畝七分一釐一毫，土名桐井；化字三千七百二十八號，田稅一畝八分，土名同；化字四千三百六十一號，田稅六分二分五釐，土名村口；被字八十號，塘稅一釐，土名村口里塘；化字四千三百六十三、四、五號，田稅三分七釐三毫，土名村口；化字二千八百五十七號，塘稅一分，土名牛角塘；化字四千零六十一號，塘稅二釐，土名村口鮑昱塘；化字三千七百號，塘稅四釐，土名塚坵；化字三千七百零三號，塘稅六毫，土名桐井；化字三千七百十四號，塘稅二釐，土名麻榨塘；又化字三千七百零二號，田稅一分，同；化字三千七百零三號，塘稅一分二釐三毫，土名同；化字三千五百六十一、三號，田稅一畝九分二釐三毫，土名龍堨干；化字三千七百二十一號，田四分，土名同；化字七百六十七號，田稅一畝六分九釐四毫，土名低林；化字一千零八十七號，塘稅五毫，土名同，憑中立契出賣與孝睦戶名下爲業，三面議定得受時值價九四平足紋兌二百一十三兩整。其銀當即收足。其稅即過割入買人戶內支解，其田即交管業。從前至今并未典當他人重複交易等情。倘有親房內外人等異說，俱係出賣人一并承當，不涉受業人之事。恐口無憑，立此杜賣田契永遠存照。

道光三年十二月　日立杜賣田契人　許漢文

憑中　許寶田

許定楊

同上　歙縣程光大賣田赤契

二十二都八圖立杜賣田契人程光大，今因正用，自願將自置被字四千九百九十一號，田稅一畝一分八釐五毫，土名寺堨干；又被字四千九百九十二號，田稅三分二釐九毫，土名大畝堨；又被字四千零二十九號，地稅八釐八毫五絲，土名沙塝，以上三號，憑中立契出賣與二十一都二圖一甲許孝睦名下爲業，三面議定得受時值價九四平足紋銀三十兩零八錢八分整。其銀當即收足。其田稅隨即過割入買人戶內輸糧。從前至今并未典當他人，亦無重複交易。倘有字號訛錯，換號不換業。此係兩相情願，并無威逼、準折等情，倘有親房內外人等異說，俱係出賣人一并承當，不涉買人之事。恐口無憑，立此杜賣契永遠存照。

道光三年十二月　日立杜賣契人　程光大

憑中人　李愼文

計日升

許寶田

親筆

再批：原來赤契、稅票共兩紙，繳出交收。又照。

同上　歙縣汪仁茂賣田契

二十一都一圖立杜賣田契人汪仁茂，今因欠少正用，自情願將承祖分受己業場字一千一百十九號，田稅一畝四分七釐四毫一絲，土名汪相塘；又場字一千一百十八號，塘稅六釐，土名同，憑中立契出賣與本都本圖本甲黃名下爲業。三面言定得受價曹平足紋二十兩整。其銀當即收足。其田即交過割入戶，支解輪糧。其田從前至今并未典當與他人、重複交易。倘有字號訛錯，聽憑買人查清改正。此係兩相情願，并無威逼、準折等情。倘有親房內外人等異說，俱係出賣人一并承當，不涉受業人之事。今恐無憑，立此杜賣田契永遠存照。

道光四年十一月　日立杜賣田契人　汪仁茂

親房　汪仁憲

憑中　汪雲高

汪高福

方佩芳

汪順德

黃正修

代筆　胡日輝

同上　休寧縣朱聖宇等賣田赤契

拾五都四圖立杜賣契人朱聖宇同弟麗章、茂成，今因正用，自願將父遺下田業，坐落始字八百四十八號、八百四十九號，土名石渠坵、田兩坵，計田稅叁畝一分五釐，計租拾肆秤、柒秤，上年曾經當過新潭方姓，今贖回轉杜賣與潘名下爲業，當日三面議定價漕平紋銀肆拾捌兩整。其銀於成契日一并收足。其田即交買人管業，聽從換佃收租無異。其稅糧在於拾伍都四圖四甲朱瑚瑠戶內起割，推入拾六都三圖拾甲潘宜振戶辦納。其田未賣之先，并無來歷一切不明等情。日後如有內外人言論，盡是出業人承值，不涉受業人之事。今欲有憑，立此杜賣契文永遠存照。

道光柒年　月　日立杜賣契人　朱聖宇

同弟　朱麗章

憑中人　朱茂成

朱宸瞻

朱耀文

代書人　朱秀章

同上　歙縣畢景星等賣大買田赤契

二十一都一圖三甲立便賣大買田契人畢景星、贊候、受昌，今將遺下公業場字一千二百三十八號，田稅八分一釐五毫；又場字一千二百三十九號，田稅四分二釐六毫三絲，土名汪堨坵，四至不開，照依清冊，憑中立契出便賣與二十一都一圖一甲程名下爲業，三面言定得受田價曹平紋銀四十兩整。其銀彼即收足。其田隨即推入買戶內，支解輪糧無辭。從前至今并未典當他人、重複交易。此係兩相情願，并無威逼、準折等情。倘有親房內外人等異說，俱係出賣人一并承肩，不涉受業人之事。今欲有憑，立此便賣田契永遠存照。

道光八年四月　日立便賣大買田契人　畢景星

畢贊候

畢受昌

憑中　程炳耀

代筆　程元愷

同上　歙縣洪雙寶賣大買田赤契

二十二都二圖立杜賣大買田契人洪雙寶，今因欠少使用無措，自願將父遺受及字二十號，田稅六分一厘九毫五絲，土名墳亭前銀定坵；又及字同號，田稅一畝二分四釐三毫五絲，土名墳亭前，四至不開，照依清冊，憑中立契出賣與本圖黃名下爲業，三面言定得受價曹平紋銀三十七兩四錢整。其銀當即收足。其田即交過割管業耕種。其稅隨即推入買人戶內，支解輪糧無異，并無留難異說。其田倘有字號訛錯，聽憑對冊改正，換號不換業。從前至今并未與他人重複交易。此係兩相情願，并無威逼、準折等情。倘有親房內外人等異說，俱係出賣人一力承擔，不干買人之事。恐口無憑，立此杜賣大買田契永遠存照。

道光九年正月　日立杜賣大買田契人　汪雙寶

憑中人　洪長萬

洪全寶
程天有
劉大寶
黃利仁
親筆

同上　歙縣胡光魁等賣大買田赤契

十五都二圖二甲立杜賣大買田契人胡光魁、爵、赫，今因正用，自願將承父遺受己業讓字二千一百四十六號，計田稅一畝六分九釐，土名寺充；又讓字二千一百五十七號，計田稅一畝三分六釐二毫，土名同，憑中立契出賣與二十一都二圖許名下爲業，得受價曹平紋銀五十六兩整。其銀當即收足。其田從前至今幷未典當他人、重複交易，幷無勉強等情。倘有親房人等異說，出賣人承肩理直，不涉受業人之事。恐口無憑，立此杜賣大買田契永遠存照。

道光十四年四月　日立杜賣大買田契人　胡光魁
胡光爵
胡光赫
憑中人　胡學勤
胡天喜
胡惟一
汪坤源
黃繼紅
黃繼光
執筆人　胡光爵

又批：讓字二千一百六十七號，塘稅六釐，土名新塘，再照。

同上　歙縣胡汪氏等賣大買田赤契

二十一都一圖立杜賣大買田契人胡汪氏同孫男汪夏桂等，今因欠少錢糧，急需正用，自情願將祖遺分受己業場字一千一百四十七號，田稅一畝五分，土名井邊；又同名內塘稅一分六釐七毫，土名同，四至不開，照依清冊，憑中杜賣與本都本圖五甲汪名下爲業，當日三面言定得受田價曹平銀十八兩整。其銀當即筆下收足。其田即交管業。其稅推入買人戶內，支解輸糧。從前至今幷無抵靠他人，亦無重複交易。此係兩相情願，幷無威逼、準折等情。倘有親房內外人等，俱係杜賣人一幷承當理直，不涉受業人之事。恐口無憑，立此杜賣大買田契永遠存照。

道光十四年十二月　日立杜賣大買田契人　胡汪氏
同孫男　汪夏桂
侄孫男　汪文壽
汪仁茂
親房　汪高福
憑中　汪文吉
汪之本
汪逐虎
代筆　胡日輝

再批：言定田稅、塘稅本家幷無毫忽存留。又赤契未繳，以後撿出以作費紙，不準行用。又照。

同上　歙縣汪景雲賣大買田契

十五都七圖立杜賣大買田契人汪景雲，今因欠少正用，自情願將承祖分受己業罪字六百五十一號，田稅一畝七分，土名鮑老眦，又罪字六百五十一號，塘稅八釐四毫，土名同，憑中立契出賣與二十一都二圖三甲許雪南名下爲業，三面言定得受時值價曹平紋銀二十四兩八錢整。其銀當即收足。其田即交管業。其稅隨即過割推入買人戶內，輸糧支解，無得異說，從前至今幷未曾典當與他人、重複交易。倘有親房內外人等異說，俱係出賣人一幷承當，不涉受業人之事。今恐無憑，立此杜賣大買田契永遠存照。

道光十四年十二月　日立杜賣大買田契人　汪景雲
憑中　汪殿友
汪春梅
汪易山
黃永泰
黃智廣
親筆

再批：倘有字號、土名訛錯，止業管業無異。又照。

同上　歙縣汪阿吳賣大買田契

十五都六圖立杜賣大買田稅契人汪阿吳，今因錢糧正用，願將承祖遺受有字一百八十號，田稅六分一釐六毫，土名運里；又一百八十一號，田稅四分九釐，土名同；又一百八十六號，田稅六分一釐，土名梘上運里，憑中立契出賣與本都四圖程名下爲業，三面言定得受田價曹平紋銀六兩整。其銀當即收足。其田即交管業耕種。其稅隨即過割推入買人戶內，支解輸糧。從前至今并未典當他人，亦無重複交易。此係兩相情願，并無準折等情。倘有親房內外人等異言，俱係出賣人一并承當理直，不涉受買人之事。今恐無憑，立此杜賣大買田稅契永遠存照。

道光十六年七月　日立杜賣大買田稅契人　汪阿吳
憑中　汪崑有
汪順福
程長寶
冊里　汪和永
代筆　汪履安

再批：原來赤契與他號毗連，未便繳付，日後撿出不得行用。

同上　歙縣汪程氏賣大買田契

二十一都一圖五甲立杜賣大買田契人汪門程氏，今因欠少正用，自情願將自置己業場字一千一百六十號，計田稅一畝五分，土名生谷坵，憑中立契出賣與本都本圖一甲申名下爲業，三面言定得受田價曹平足色紋銀二十兩整。其銀當即收足。其田即交管業。其稅隨即推入買人戶內，支解輸糧，無得異說。此田從前至今并未典當他人，亦無重複交易。此係兩相情願，并無威逼、準折等情。倘有親房內外人等異說，俱係出賣人一并承肩，不涉受業人之事。今欲有憑，立此杜賣大買田契永遠存照。

道光二十年十二月　日立杜賣大買田契人　汪門程氏
親房　汪天極
汪秉國
憑中　汪致和
依口代筆親叔　汪天植

再批：此田倘有字號訛錯，聽憑對冊查明改正，換號不換業。又照。

又批：原來大、小買契各一紙，一并繳付收執，以前倘有赤契，日後撿出不得爲用。又照。

同上　歙縣鮑懌曾賣田契

二十二都三圖四甲立杜賣契人鮑懌曾，今因正用，自情願將祖遺萬字三千零九十六、七號，田稅一畝一分二釐八毫，土名水大坑；又萬字一千六百五十一號，又萬字一千六百五十號，又萬字一千六百五十三號，共田稅一畝一分四釐九毫二絲五忽，土名汪里塢；又萬字二千一百八十二號，田稅一畝一分八釐二毫，土名壩外，憑中出賣與本都本圖十甲□□名下爲業，三面言定得受時值田價曹平關紋三十兩整。其銀當即收足。其業隨即過割交入買人戶內，管業收租支解輸糧，無得異言。從前至今并未典當他人，亦無重複交易等情。此係兩相情願，并無威逼、準折等事。倘有親房內外人等異說，均係出賣人一并承當，不干受業人之事。如有字號訛錯，聽憑對冊改正，換號不換業，指業買業。恐口無憑，立此杜賣契永遠存照。

道光二十一年十二月　日立杜賣契人　鮑懌曾
憑胞兄　鮑習滋
胞弟　鮑蘿蘭
中見人　鮑貞職
鮑啓和
黃永輝
葉均澤
曹金書
曹近言
代筆　鮑韻村

同上　歙縣王吉豐賣大買田赤契

二十二都三圖立杜賣大買田契人王吉豐，今因缺少正用，自情願將自身置來場字三百零三、四號，計田稅二畝，土名横渡坵，四至不開，照依清冊，指業買業，眼同指業爲規，倘有字號訛錯，換字號不換業，準對清冊改正，憑中立杜賣契出賣與二十二都二圖六甲王名下爲業，三面言定得受價曹平足紋銀十八兩整。其銀當即收足。其田隨即過割管業。其稅即推入買人戶內輸糧無異。從前至今并未押抵他人，亦無重複交易。此係兩相情願，并無威逼、準折等情。倘有親房內外人等異言，俱係出賣人一力承耽理直，不涉受業人之事。今欲有憑，立此杜賣契永遠存照。

道光二十七年十二月　日立杜賣大買田契人　王吉豐

憑中　王用和

王七喜

王旭東

王振明

代筆　王沛滋

同上　歙縣張寬容賣大買田契

十五都四圖立賣大買田契人張寬容，今因欠少正用，自願將分受有字一千二百七十九號，計田稅一畝零九釐五毫三絲，土名馬家段，憑中立契出賣與親侄名下爲業作種，三面言定得受田價曹平紋銀七兩整。其銀當即收足。其田即交買人管業作種。其稅原存本戶支解輸糧。從前至今并未典當他人，無重複交易。此係兩相情願，并無威逼等情。倘有親房內外人等異言，俱係出賣人一力承擔，不涉受業人之事。恐口無憑，立此賣大買田契永遠存照。

道光二十九年八月　日立賣大買田契人　張寬容

憑中　張來裕

張來吉

張來福

冊里　張啓龍

執筆　張竟成

同上　歙縣許天喜賣大買田赤契

立杜賣大買田契人許天喜，今因父手欠項，自願將承父遺受萬字三千零九十六、七號，田稅一畝一分二釐八毫，土名水大坑；又萬字一千六百五十一、三號，田稅一畝一分四釐九毫二絲五忽，土名汪里塢；又萬字二千一百八十二號，田稅一畝一分八釐二毫，土名壩外，四至不開，照依清冊，指業買業，憑中立契出賣與二十一都二圖許資保戶名下爲業，三面言定得受時值價曹平足紋銀七十五兩整。其銀當即收足，不再另立收領。其田即交管業。其稅即推入買人戶內，支解輸糧。其田從前至今并未典當他人，亦無重複交易。其田倘有字號訛錯，日後查出，聽憑買人對冊改正，換號不換業。此係兩相情願，并無勉強等情。倘有內外人等異言，俱係出賣人一并承擔理直，不干受業人之事。今恐無憑，立此杜賣田契永遠存照。

道光二十九年十二月　日立杜賣大買田契人　許天喜

憑中　許右啓

許征厚

許占五

許西玉

代筆　程椿齡

同上　歙縣吳亞卿賣大買田契

十五都九圖立杜賣大買田稅契人吳亞卿，今因錢糧緊急，無從措辦，自願將承祖遺受拱字號田，稅畝、土名開列於後，四至照依清冊，憑中立契出賣與十七都四圖胡名下爲業，三面言定得受時價田稅契價曹平足兌紋銀五十五兩整。其銀當即收足。其田即交受買人管業，會佃收租。其稅隨即過割推入買人戶內，收稅輸糧支解。其田在先并未典賣他人，亦無重複交易。此係兩相情願，并無準折等情。倘有親房內外人等言論，俱係出賣人一并承當理直，不涉受買人之事。恐口無憑，立此杜賣大買田稅契永遠存照。

咸豐元年十月　日立杜賣大買田稅契人　吳亞卿

憑中　吳清也

吳君屏

吳殿魁

代筆　吳郎軒

計開：

拱字七十一號，田稅一畝七分二釐九毫，土名田干後；又七十三號，田稅九分三釐七毫五絲，土名馬郎坑；又八十號，田稅一畝八分二釐三毫，土名烏兒坦；又八十二號，田稅一畝三分三釐二毫，土名同。以上共計四號。

再批：原來赤契、稅票因年久遺失，未便付執，倘有親房內外人等檢出，出賣人承當理直，不與受業人之事。又照。

同上　歙縣許廣年賣大、小買田赤契

二十一都二圖立杜賣大、小買田契許廣年，今因正用，願將遺受被字一

千零四十一號，被字一千零三十四號，田稅二畝五分二釐七毫，土名隔家圻及石公塘；被字一千零七號，塘稅七釐，土名石公塘；又一千零四十號，塘稅一釐，土名四畝塘，憑中立契出賣與十甲程兆興戶名下爲業，三面言定得受時值庫平紋銀二十八兩整。其銀當即收足。其田即交管業。其稅推入買人戶內支解輸糧，無得異說。此係兩相情願，并無準折等情。倘有內外人等異說，均是出賣人承擔，不涉受業人之事。今欲有憑，立此杜賣田契永遠存照。

咸豐元年十二月　日立杜賣大、小買田契人　許廣年

憑中　汪易三

親筆　許禹言

再批：原來赤契因與別號相連，不便撿出。又照。

同上　歙縣鮑黃氏賣田赤契

立杜賣田契人鮑黃氏，今因正用，自願將祖遺受化字四千四十一號，田一畝六分，土名楊兒田，憑中立契杜賣程名下爲業作種，三面言定得受價紋銀二十四兩整。其銀當即收足。其田即交管業，推入買人戶內，支解輸糧。其田從前至今，并未抵押他人，亦無重複交易。此係兩相情願，并無威逼等情。倘有內外人等異言，俱係出賣人一力承擔，不涉受業人之事。今恐無憑，立此杜賣田契永遠存照。

咸豐元年十二月　日杜賣田契人　鮑黃氏

胡文志

憑中人　胡得貴

鮑志昌

鮑四順

代筆人　胡麗和

再批：原來老契未繳，日後撿出作廢紙，不得行用。又照。

同上　歙縣胡仕芳等賣田赤契

二十一都二圖立杜賣田契爆竹會人胡仕芳、胡芝煥、胡芝榮、胡仕萬、胡于發、胡于槐、汪士鏞等人，今因正用，自願將自置化字三千七百五十二號，田稅七分九釐四毫，又化字三千七百五十三號，田稅五分二釐三毫。土名楊幾田；又化字三千七百二十二號，塘稅一分二釐九毫，土名沿山塘，憑中立契出賣與本都本圖程名下爲業，三面言定得受田價庫平紋銀十五兩整。其銀當即收足。其田即交管業。自賣之後，隨即過割推入買人戶內支解輸糧。其田從前至今并未抵押他人，亦無重複交易。此係兩相情願，并無威逼等情。倘有內外人等異說，俱係出賣人一力承擔，不涉受業人之事。今恐無憑，立此杜賣田契永遠存照。

咸豐元年十二月　日立杜賣田契爆竹會人　胡仕芳

胡芝榮

胡芳煥

胡仕萬

胡于發

胡于槐

胡士鏞

憑中人　胡高和

代筆　胡于槐

再批：原來老契未繳，日後如有撿出以作廢紙，不得行用。又照。

同上　歙縣程書田賣大買田赤契

二十一都一圖立杜賣大買田、塘稅契人程書田，今因正用，自願將承祖分受化字八號，田稅八分整，土名秤勺灣；又化字二百二十七號，田稅一畝整，土名後干段；又場字九百六十八號，塘稅四釐，土名廣干段長圻塘；又場字一千七百五十一號，田稅一畝二分，土名後頭充；又場字一千七百七十八號，塘稅二釐，土名程花塘；又場字一千七百六十二號，塘稅一釐，土名後頭充；又場字一千七百五十八號，塘稅一釐，土名同，四至照依清冊，憑中立契出賣與十一都二圖一甲許根源戶名下爲業，三面議定得受時值價庫平紋銀三十兩整。其銀當即收足。其田、塘即交管業收租。其稅即推入買人戶內，支解輸糧。倘有字號訛錯，準對清冊改正，換號不換業。以前至今并未典當他人，亦無重複交易。此係兩相情願，并無威逼、準折等情。倘有親房內外人等異說，俱係出賣人一力承耽理直，不涉受業人之事。今欲有憑，立此杜賣大買田、塘稅契永遠存照。

咸豐二年三月　日立杜賣大買田塘稅契人　程書田

奉書男　紹　樞

憑中　程天偕

程悅來

冊書　汪易三

再批：原來赤契四紙、稅票三紙，一并繳付。又照。

再批：化字二百二十七號田稅票，因有他業相連，未便繳付。又照。

同上　歙縣許高推等賣田赤契

二十一都二圖十甲立杜賣田稅契人許高推，同弟連推、連福、添元，今因錢糧緊急正用，公同議定，各自情願將洪東戶內，承祖分受場字三百十九號，田稅八分二釐七毫，土名橋頭坵；又及字四十一、二號，田稅七分零五毫九絲，土名子公坵，憑中立契出賣與本都本圖一甲根源戶名下爲業，三面議定得受時值田價曹平紋銀十五兩整。其銀當即收足。其稅即交管業推入買人戶內，支解輸糧。其業從前至今并未典當他人，亦無重複交易。此係兩相情願，并無威逼、準折等情。倘有親房內外人等異言，俱係出筆人等一力擔承，不涉受業人之事。恐口無憑，立此杜賣田稅契永遠存照。

咸豐二年十二月　日立杜賣田稅契人　許高推

同弟　許連推

許連福

許添元

憑中　許虎三

許節三

冊書　汪易三

親筆

再批：倘有字號訛錯，丈量之日改正，換號不換業。又照。

再批：原來赤契因與他號相連，未便繳出，眼同對號批契。又照。

同上　歙縣王阿金賣田契

立絶賣契人王阿金氏，今因缺用，自願將土名金竹坑屋後、小土名豬墩頭，水田三坵，又梘頭里水田一坵，地勘二塊，又沿山坵水田一坵，又新田里水田一坵，又方坵水田一坵，以上共計水田七坵并地勘二塊，與洪立本莊合業，共計田二畝，合身分法一畝，計租穀二百斤，四至照依現管，憑族、房長立絶賣與徽歙洪立本莊名下全業，得受價紋銀八兩五錢整。其銀、契即日交兩楚。其田隨契管業，永不取贖，并加割絶在內，聽憑即時收稅過冊管業無異。如有爭論，俱身理直，不涉受主之事。恐口無憑，立此絶賣并加割絶契永遠存照。

咸豐四年十月　日立絶賣加割絶契人　王阿金氏

見族長　大　仁

房長　開　林

永　泰

代筆　景　泰

同上　歙縣許綬賣田赤契

立墨據支丁綬，今將遺受化字一千八百八十七號，田稅三分八釐四毫，土名石路下，歸入本都本圖一甲根源戶內爲業，公議得受時值田價元銀五兩整。其銀當即收足。其稅即推入根源戶內支解輸糧。恐口無憑，立此墨據存照。

咸豐六年十二月　日立墨據　支丁綬

憑中　近　皋

再批：原來赤契、稅票因有他號相連，未便繳出，日後撿出，不得行用。又照。

同上　歙縣許畢氏賣大買田契

二十一都二圖三甲立杜賣大買田契人許畢氏，同男許應麟、許應鳳，今因正用，自情願承父遺受許禮戶內場字二千五百三十八號，田稅一畝四分三釐六毫六絲，土名余塘；又場字二千五百三十七號，田稅一畝零四釐六毫六絲，土名余塘；又場字二千五百三十二號，田稅三分二釐二毫二絲，土名余塘；又場字二千五百三十四號，田稅八分二釐二毫三絲，土名寺後長塘；又場字二千五百三十五號，田稅四分二釐五毫二絲，土名同；二場字二千五百三十一號，田稅四分四釐，土名同；又場字二千五百三十三號，塘稅二分八釐，土名長塘；又場字一千六百六十四號，塘稅三釐，土名余塘，四至照依清冊，原形舊額，今憑中人立契杜賣與本都本圖三甲族名下爲業，三面言定得受時值田價庫平足色紋銀三十一兩五錢整。其銀當即收足。其田稅隨即過割推入許竟立戶內，支解輸糧。其田從前至今并未抵押他人，亦無重複交易。此係兩相情願，幷無威逼、準折等情。倘有親房內外人等異說，俱係出賣之人一力承擔，不涉受業人之事。恐口無憑，立此杜賣大買田契永遠存照。

咸豐六年十二月　日立杜賣大買田契人　許畢氏
同男　許應麟
憑中人　許應鳳
許茂枝
代筆　許占五

再批：原來赤契一紙、稅票一紙存照。又照。

再批：倘有字號訛錯，換號不換業。又照。

同上　歙縣許阿郭賣田契

本都本圖三甲立杜賣田稅契人許阿郭，同孫男俊章，今因錢糧緊急正用，自願將承祖分受己業鳳字四千零六十二號，田稅一畝一分四釐，土名藕塘；又鳳字四千零六十三號，田稅一畝一分六釐，土名同，憑中立契出賣與族名下爲業，三面議定得受時值田價曹平紋銀二十三兩整。其銀當即收足。其田即交管業收租。其稅隨即過割推入買人戶內，支解輸糧。倘有字號訛錯，任憑對冊改正，換號不換業。其業從前至今幷未典當他人，亦無重複交易。此係兩相情願，幷無勉強、準折等情。倘有親房內外人等異言，俱係出賣人一力承擔理直，不涉受業人之事。恐口無憑，立此杜賣田稅契永遠存照。

咸豐七年十二月　日立杜賣田稅契人　許阿郭
同孫男　俊章
憑中人　許煦初
許惠孚
許斗文
冊書　汪易三
代筆　許衡山

再批：交出原來赤契、稅票兩紙，一幷存照。

同上　歙縣許耀明等賣大買田契

二十一都二圖立杜賣大買田契人許耀明，偕弟文墀、芝軒，今因正用，自願將祖所遺化字三千六百零六、七、十二號，田稅三畝六分八釐四毫，土名龍堨干，憑中出賣與族名下爲業，三面議定得受田價曹平鏡紋三十三兩三錢整。其銀當即收足。其田即交管業。其稅即行推入買人戶內，支解輸糧。以前至今幷未典當他人，亦無重複交易。此係兩相情願，幷無威逼、準折等情。倘有親房內外人等異說，俱係出賣人承當，不涉受業人之事。恐口無憑，立此杜賣大買田契存照。

咸豐七年七月　日立杜賣大買田契人　許耀明
偕弟　許文墀
許芝軒
憑中　許日崇
許越非
親筆

再批：原來赤契因與別號相連，未便撿出。又照。

同上　歙縣吳品三賣大買田赤契

十五都七圖立杜賣大買田稅契人吳品三，今因錢糧急用，自願將祖遺受有字一千零五十二號，田稅一畝七分四釐四毫，土名馬家段；又有字一千六百一十號，田稅五分，土名富坑；又有字一千五百九十六號，塘稅一釐，土名瑤前；又有字一千二百八十九號，塘稅一釐五毫，土名橫路，憑中立契出賣與十五都四圖胡名下爲業，三面言定得受田價曹平紋銀十二兩整。其銀筆下收足。其田稅隨即交買人管業，支解輸糧收租。其田從前至今幷未典賣他人，亦無重複交易。此係兩相情願，幷無準折、威逼等情。倘有親房內外人等異說，俱係出賣人一幷承擔理直，不涉受買人之事。今欲有憑，立此杜賣大買田稅契永遠存照。

咸豐七年冬月　日立杜賣大買稅契人　吳品三
憑中人　吳耀堂
吳竃明
胡肇霞
親筆

再批：原來赤契、稅票因與別號相連，未便撿出。又照。

同上　歙縣許慎修賣田契

二十一都二圖三甲立杜賣田、塘稅人許愼修，今因正用，自願將祖遺化字八百十二號，田稅一畝二分九釐，土名低林；化字三千六百七十五號，田稅六分，土名安領山；場字三百四十一、五號，田稅二畝，土名山嶺後段；又一千三百四十二號，田稅一畝五分五釐，土名濕坑口；被字九百三十八、九號，田稅一畝一分、一畝零一釐二毫，土名南漢段；又九百四十號，塘稅一分七釐，土名同；化字三千六百七十四號，塘稅二釐，土名荒塘，憑中立契出賣與本都本圖族名下爲業，三面言定得受時値價曹平足色紋銀八十兩整。其銀當即收足。其稅隨即過割入許竟立戶內，支解輸糧。此田從前至今并未典當他人，亦無重複交易。此係兩相情願，并無威逼、準折等情。倘有親房內外人等異說，俱係出賣人一力承擔，不涉業人之事。恐口無憑，立此杜賣田、塘稅契永遠存照。

咸豐七年十一月　日立杜賣田、塘契人　許愼修

憑中　胡叙五

許惠孚

許立奎

親筆

再批：原來赤契、稅票一并繳付。又照。

同上　歙縣汪春院賣大買田赤契

十五都四圖立杜賣大買田契人汪春院，今因正用，自情願將父自置有字一百七十四號，計田稅八分二釐四毫，土名梘頭；又有字一百十三號，計田稅二分五釐，土名七公園，四至照依清冊，今憑中立契出賣與本都本圖方名下爲業，三面言定得受估値田價曹平紋銀十兩整。其銀當即收足。其田并麥苗即交買人管業作種。其稅隨即推入買人戶內，支解輸糧。其田倘有字號訛錯，換號不換業，無得異說。其田從前至今并未典當他人，亦無重複交易。此係兩相情願，并無威逼、準折等情。倘有親房內外人等異說，俱係出賣人一力承擔，不涉買人之事。今欲有憑，立此杜賣大買田契永遠存照。

咸豐八年九月　日立杜賣大買田契人　汪春院

憑中人　汪春滿

汪積福

汪春信

冊書　吳北山

代筆　汪志正

同上　歙縣程冠群賣大買田契

二十一都一圖一甲立賣大買田契人程冠群，今因欠少正用，自情願將父遺受已業場字一千二百三十八號，田稅八分一釐五毫，土名汪堨坵；又一千二百三十九號，田稅四分二釐六毫三絲，土名同；又一千二百三十八號，田稅一畝二分四釐一毫三絲，土名牛兒塝，今憑中出賣與二十一都一圖五甲汪名下爲業，三面議定土逢得受時値田價曹平紋銀二十兩整。其銀當即收足。其田隨即過割經管。此係兩相情願，并無勒逼、準折等情。未賣之先，并無重疊交易。倘有親房人等異說，盡是出賣人一力承肩，不涉受業人之事。今恐無憑，立此大買田契永遠存照。

咸豐九年二月　日立賣大買田契人　程冠群

親房　程樹園

程玉成

憑中　汪用章

汪正星

親筆

再批：倘後丈量之日，改號不改業，比即將場字一千二百三十八號，田稅一畝二分四釐一毫三絲，赤契交付，仍二號與別業相連，不便交付。此照。

同上　黟縣舒吳氏賣田赤契

立杜斷賣契舒吳氏，今因正用無措，願將身名下田一處，土名葉家山，計籼租九砠零九斤十二兩，係經理虞字□□號，計田稅六分八釐正；又田一處，土名葉家山，計籼租七砠整，係經理虞字□□號，計田稅六分八釐三毫六絲；又田一處，土名水路錠，計原籼租五砠，減硬籼租二砠十斤整，係經理虞字□□號，計田稅三分五釐整，其田新立四至，東至□□，西至□□，南至□□，北至□□，今將前項共十二至內田憑中立契盡行出賣與舒名下爲業。三面言定時値鏡紋價銀三十六兩六錢整。其銀當日親手收足。其田即聽管業收租。其稅聽從過割過戶輸納邊糧無阻。未賣之先并無重迭交易。如有來歷不明及內外人聲說等情，盡身支當，不干受業人之事。今欲有憑，立此杜斷賣契存照。

咸豐十一年六月　日立杜斷賣契人　舒吳氏

中見　舒瑞亭

奉書孫　舒上章

再批：水路錠老契，因有連業不便繳付，日後檢出，不作行用。又照。

上件契內價銀，當日盡行收足無欠。再批。

同上　歙縣姚松照賣田赤契

二十四都一圖二甲立杜賣田、塘稅契人姚松照，今因正用，自願將父遺己業仗字六百八十一號，田稅一畝八分八釐五毫，土名廟兒前；又仗字七百零六號，田稅九分七釐七毫一絲，土名汪賢田；又仗字七百三十三號，田稅五分九釐四毫，土名小尖坵；又效字二千三百七十二號，塘稅一分，土名丑塘，以上四號憑中立契出賣與本都圖七甲方名下爲業，三面議定得受時值價曹平足寶銀二十四兩整。其銀比即收足。其田即交管業。其稅隨即割輸糧無異。在先并未典過押他人，亦無重複交易。此係兩相情願，并無威逼、準折等情。倘有族房內外人等異說，俱係出賣人一并承當，不涉受業之事。恐口無憑，立此出賣田、塘契永遠存照。

咸豐十一年十月　日立杜賣田、塘稅契人　姚松照

憑親房　姚進寶

憑中　姚增順

姚連發

姚笙侶

方雲龍

方竈元

冊中　姚秀峰

代筆　姚維良

再批：原來契三紙、退批一紙、稅票三紙，一并附執；其九分并六分原來退批遭寇遺失，日後撿出，不作行用。又照。

同上　歙縣胡吳氏賣大買田赤契

十五都四圖立杜賣大買田契人胡門吳氏率子，今因正用緊急，將祖遺分受己業有字一千零五十三號，田稅一畝二分五釐，土名馬家叚，盡過親房人等均無受主，自願憑中立契杜賣與本都本圖八甲汪恆吉戶名下爲業，憑中三面言定得受時值大買田價曹平紋銀五兩四錢整。其銀當即收足，議不另立收據。其田即交管業，任憑買主耕種。其稅隨即過割推入買人戶內，支解輸糧。倘有字號訛錯，丈糧之日改正，換號不換業。其業從前至今并未典當他人，亦無重複交易。此係兩相情願，并無威逼、準折等情。倘有稅業不清以及親房人等異言，俱係出賣人一力承擔理治，不涉受業人之事。恐口無憑，立此杜賣大買田契永遠存照。

咸豐十一年十二月　日立杜賣大買田契人　胡門吳氏

憑中人　胡上春

胡上金

胡聚有

代筆　胡成安

冊書　胡竈遂

又批：原來老契、稅票因與他號相連，是以未便撿交，日後撿出以作廢紙，不得行用。又批。

同上　歙縣胡汪氏賣大買田赤契

十五都四圖立杜賣大買田契人胡門汪氏率子，今因正用緊急，將祖遺分受己業有字一千六百六十二號，田稅一畝四分四釐，土名亭兒前；又有字一百五十一號，大買田稅七分八釐，土名七公園，盡過親房人等均無受主，自願憑中立契杜賣與本都本圖八甲汪恆吉戶名下爲業，憑中三面言定得受時值大買田價曹平紋銀十二兩整。其銀當即收足，議不另收據。其田即交管業，任憑買主耕種。其稅隨即過割推入買人戶內，支解輸糧。倘有字號訛錯，丈量之日改正，換號不換業。其業從前至今并未典當他人，亦無重複交易。此係兩相情願，并無威逼、準折等情。倘有稅業不清以及親房內外人等異言，俱係出賣人一力承擔，不涉受業人之事。恐口無憑，立此杜賣大買田契永遠存照。

咸豐十一年十二月　日立杜賣大買田契人　胡門汪氏

憑中人　胡聚有

胡社玉

胡三寶

代筆　胡成安

又批：原來老契、稅票因與他號相連，是以未便撿交，日後撿出以作廢紙，不得行用。又批。

冊書　胡竈遂

同上　歙縣胡上春賣大買田赤契

十五都四圖立杜賣大買田契人胡上春，今因正用緊急，將祖遺分受己業有字一千零五十一號，計大買田稅一畝二分七釐，土名馬家叚，盡過親房人等均無受主，出賣與本都本圖八甲汪恆吉戶名下爲業，憑中三面言定得受時值曹平紋銀六兩四錢整。其銀當即收足，議不另收據。其業即交管業耕種。其稅隨即過割買人戶內，支解輸糧。倘有字號訛錯，丈量之日改正，換號不換業。其田從前至今并未典當他人，亦無重複交易。此係兩相情願，并無威逼、凖折等情。倘有稅業不清，親房人等異言，俱係出賣人一力承擔，不涉受業人之事。恐口無憑，立此杜賣大買田契永遠存照。

咸豐十一年十二月　日立杜賣大買田契人　胡上春

憑中人　胡上金

胡新起

王四林

胡正林

胡成安

親筆　程長富

冊書　胡竈遂

同上　歙縣詹土地賣大買田赤契

十五都四圖立杜賣大買田契人詹土地，今因正用緊急，將祖遺分受己業有字一千六百七十四號，大買田稅一畝二分，土名胡李山，盡過親房人等均無受主，自願憑中立契杜賣與本都本圖八甲汪惇吉戶名下爲業，憑中三面言定得受時值大買田價九六平紋銀五兩整。其銀當即收足，議不另立收據。其田即交管業，任憑買主耕種。其稅隨即過割推入買人戶內，支解輸糧。倘有字號訛錯，丈量之日改正，換號不換業。其業從前至盡并未典當他人，亦無重複交易。此係兩相情願，并無威逼、凖折等情。倘有稅業不清以及親房內外人等異言，俱係出賣人一力承擔理直，不涉受業人之事。恐口無憑，立此杜賣大買田契永遠存照。

同治元年正月　日立杜賣大買田契人　詹土地

憑中人　詹得榮

詹有富

冊書　胡竈聚

代筆　高勝元

又批：原來老契、稅票因與他號相連，是以未便撿交，日後檢出以作廢紙，不得行用。又批。

同上　歙縣胡勝林賣大小買田赤契

十五都四圖八甲立杜賣大、小買田契人胡勝林，今因正用緊急，將祖遺分受己業有字一千四百十三號，大、小買田稅四分，土名瓦窰前，盡過親房人等均無受主，自願憑中立契杜賣與本都本圖八甲汪恆吉戶下爲業，憑中三面言定得受時值大、小買田價曹平紋銀三兩二錢整。其銀當即收足，議不另立收據。其田即交管業，任憑買主耕種。其稅隨即過割推入買人戶內，支解輸糧。倘有字號訛錯，丈量之日改正，換號不換業。其業從前至今并未典當他人，亦無重複交易。此係兩相情願，并無威逼、凖折等情。倘有稅業不清以及親房內外人等異言，俱係出賣人一力承擔理治，不涉受業人之事。恐口無憑，立此杜賣大、小買田契永遠存照。

同治元年正月　日立杜賣大小買田契人　胡勝林

憑中　胡觀應

胡竈遂

高勝元

冊書　胡竈遂

代筆　汪五拾

再批：原來老契、稅票，因與他號相連，是以未便撿交，日後撿出以作廢紙，不得行用。

同上　歙縣胡新起等賣大買田赤契

十五都四圖立杜賣大買田契人胡新起，同弟胡新勝，今因正用緊急，將祖遺分受己業有字一千二百五十一號，大買田稅一畝六分二釐，土名黃金園；又有字一千二百九十四號，地稅四分二釐，土名同；又有字一千二百五十號，塘稅一分三釐，土名同，盡過親房人等均無受主，自願憑中立契杜賣與本都本圖八甲汪惇吉戶名下爲業，憑中三面言定得受時值大買田價曹平紋銀五兩整。其銀當即收足，議不另立收據。其田即交管業，任憑買主耕種。其稅隨即過割推入買人戶內，支解輸糧。倘有字號訛錯，丈量之日改正，換號不換業。其田從前至今并未典當他人，亦無重複交易。此係兩相情願，并無威逼、準折等情。倘有稅業不清以及親房內外人等異言，俱係出賣人一力承擔理直，不涉受業人之事。恐口無憑，立此杜賣大買田契永遠存照。

同治元年三月　日立杜賣大買田契人　胡新起
胡新勝
憑中　胡新占
胡聚德
胡新慶
冊書　胡寵聚
代筆　高勝元

又批：原來老契、稅票因與他號相連，是以未便撿交，日後撿出以作廢紙，不得行用。又批。

同上　歙縣張遂輝等賣大買田赤契

十五都四圖立杜賣大買田契人張遂輝，今因正用緊急，將祖遺分受己業有字一千二百七十九號，大買田稅一畝零九釐五毫三絲，土名馬家段，盡過親房人等均無受主，自願憑中立契杜賣與本都本圖八甲汪惇吉戶名下爲業，憑中三面言定得受時值大買田價曹平紋銀四兩整。其銀當即收足，議不另立收據。其田即交管業，任憑買主耕種。其稅隨即過割推入買人戶內，支解輸糧。倘有字號訛錯，丈量之日改正，換號不換業。此係兩相情願，并無威逼、準折等情。其業從前至今并未典當他人，亦無重複交易。倘有稅業不清以及親房內外人等異言，俱係出賣人一力承擔理治，不涉受業人之事。恐口無憑，立此杜賣大買田契永遠存照。

同治元年三月　日立杜賣大買田契人　張遂輝
憑中人　張玉應
張寵闋
冊書　張招雲
代筆　胡聚有

又批：原來老契、稅票因與他號相連，是以未便撿交，日後撿出以作廢紙，不得行用。又批。

同上　黟縣舒王氏賣田赤契

立杜斷賣契舒王氏，今因氏夫病故，醫藥喪弗無從措辦，自情願將遺存田業一處，土名水磨坵，即下九都六張水碓背後，計獨業并典共租十六勺十五斤，係經理遜字□□號，計稅一畝四分五釐二毫，其田新立四至，東至□□，西至□□，南至□□，北至□□；又將田業一處，土名蓮塘紗帽坵，計租十三勺十三斤，係經理虞字四百六十六號，計稅八分五毫，其田新立四至，東至□□，西至□□，南至□□，北至□□，今將前項八至內田，央中立契盡行出賣與舒文鐸名下爲業，三面言定計契價九七色足銀十七兩整。其銀當日眼同親手收清。其田即聽管業收租。其稅另立推單，聽憑收割過戶輸納邊糧。未賣之先并無重迭交易，自賣之後永無悔異。倘有來歷不明及內外人聲說等情，盡氏支當，不干受業者之事。今欲有憑，立此杜斷賣契永遠存照。

同治三年十二月　日立杜斷賣契　舒王氏
中見人　舒左卿
舒余氏
代筆　舒榮慶

再批：老契二紙繳存。又照。

同上　歙縣程鮑氏賣大買田赤契

十五都四圖立杜賣大買田契人程門鮑氏，今因緊急正用，自願將祖遺分受己業有字一百八十號，計田稅六分一釐六毫，土名運里；又有字一百八十一號，計田稅四分九釐，土名同，盡過親房人等均無受主，自願憑中立契杜賣與本都本圖八甲汪惇吉戶名下爲業，憑中三面言定得受時值大買田價曹平紋銀三兩五錢整。其銀當即收足，議不另立收據。其田即交管業，任憑買主耕種。其稅隨即過割推入買人戶內，支解輸糧。倘有字號訛錯，丈量之日改正，換號不換業。此業從前至今并未典當他人，亦無重複交易。此係兩相情願，并無威逼、準折等情。倘有稅業不清以及親房內外人等異言，俱係出賣人一力承擔理直，不涉受業人之事。恐口無憑，立此杜賣大買田契永遠存照。

同治四年八月　日立杜賣大買田契人　程門鮑氏

憑保中　程長富

程年家

高勝元

冊書　詹天明

代筆　方承志

同上　歙縣王葉氏賣大買田赤契

二十二都二圖六甲立杜賣大買田契人王門葉氏，同孫男王紅祝，今因欠少正用，自願將祖遺受場字三百零三、四號，計田稅二畝整，土名橫渡坵，四至不開，照依清冊，立契出賣與二十一都二圖一甲許義合大社戶名下爲業，三面議定得受時值價曹平紋銀十二兩整。其銀當即收足。其稅隨即推入買人戶內，支解輪糧，任憑匯佃換批收租。倘有字號訛錯，任憑對冊改正，換號換稅不換業。其業從前至今并未抵押他人，亦無重複交易。此係兩相情願，并無威逼、準折等情。倘有親房內外人等異說，俱係出賣人一力承擔理直，不涉受業人之事。恐口無憑，立此杜賣田契永遠存照。

同治九年七月　日立杜大買田契人　王門葉氏

同孫男　王紅祝

憑親房　王三達

憑中　葉程氏

葉有貴

成壽征

許惠孚

許進準

許勇亮

代筆　王位西

同上　歙縣許誠照賣田赤契

二十一都二圖三甲立杜賣田稅契人許誠照，今因錢糧正用，自願將七房遺受化字二千七百二十一號，田九分二釐，土名洪家林；化字二千六百九十三號，田五分八釐六毫，土名洪家林；化字十二號，田四分，土名廣干段；化字一千一百四十七號，田一畝五分六釐三毫，土名陳家塘，今憑中出賣與本都本圖一甲許議合大社戶名下爲業，三面言定得受時值價正平足紋銀十九兩整。其銀當即收足。其田即交管業收租。其稅隨即推入買人戶內，支解輪糧。倘有字號訛錯，任憑對冊改正，換號不換業。其業從前至今并未抵押他人，亦無重複交易。此係兩相情願，并無威逼、準折等情。倘有親房內外人等異說，俱係出賣人一力承肩理直，不涉受買人之事。恐口無憑，立此杜賣田稅契永遠存照。

同治十年二月　日立杜賣田稅契人　許誠照

憑中人　許惠孚

許習仁

許勇亮

許質之

許純甫

許正甫

許德和

親筆

再批：原來赤契、稅票因兵燹遺失，倘後撿出，以作廢紙。又照。

同上　歙縣葉程氏等賣大買田契

二十一都一圖立杜賣大買田、塘稅契人葉程氏同侄長青，今因錢糧大差使用無措，自情願將承祖遺受場字一千零十五號，田稅一畝三分九釐七毫八絲，土名葉九山；又一千零十七號，塘稅二釐，土名葉九山腳；又場字一千零三十六號，田稅六分三釐六毫七絲，土名留田，四至照依清冊，憑中出賣與二十一都二圖許名下爲業，三面議定得受時值價曹平紋銀八兩整。其銀當即收足。其田即交管業收租。其稅隨即推入買人戶內，支解輪糧。倘有字號訛錯，任憑對冊改正，換號不換業。其業從前至今并未抵押他人，亦無重複交易。此係兩相情願，并無威逼、準折等情。倘有親房內外人等異說，俱係出賣人一力承擔理直，不涉受業人之事。恐口無憑，立此杜賣田、塘稅契永遠存照。

同治十一年十二月　日立杜賣田稅契人　葉程氏

同侄　葉長青

憑中　葉有貴
葉祥林
汪添竈
許永根
代筆　黃桂榮

再批：原來赤契、稅票因兵亂遺失，以後撿出不作行用。又照。

同上　歙縣許仇氏賣田赤契

二十一都二圖三甲立杜賣田稅契人許仇氏，同男支丁士鴻、士桂，今因正用，自願將承租遺受化字二千六百九十三號，田稅一畝九分九釐七毫，土名井坵；又化字二千九百五十六、七兩號，田稅三畝四分另四毫，土名楓樹下；又化字二千九百十七號，田稅七分九釐，土名社界塘；又化字二千九百十七號，田稅六分九釐六毫，土名同；又化字二千九百十六號，塘稅一釐九毫，土名同，四至照依清冊，憑中立契出賣與本都本圖一甲許蔭祠爲業，三面言定得受時值田價曹平足色紋銀五十兩整。其銀當即收足。其田即交管業，其稅即推入蔭祠戶內，過割輸糧。其田從前至今并未典當他人、重複交易之事。此係出自情願，并無威逼、準折等情。倘有親房內外人等異說，俱係出賣人一力承擔理直。恐口無憑，立此杜賣田稅契永遠存照。

光緒二十四年四月　日立杜賣田稅人　許仇氏
同男支丁　士　鴻［妻代押］
士　桂［妻代押］
憑中　竈　祿
朝　弼
冊中　永　和
代筆　士　浚

再批：原來赤契一紙，稅票一紙，一并撿付。又照。

同上　黟縣朱胡氏賣田赤契

立杜斷賣契人朱胡氏同男永達，今因正用無措，自情願將祖遺自置田一處，土名黃泥舌，計租二十二砠，係經理寒字號，計田稅一畝七分六釐，新立四至，東至□□，南至□□，西至□□，北至□□，今將前項四至內，憑中盡行出賣與舒俊巖名下爲業，三面言定時值契價銀三十兩整。其銀當日親手收足。其田聽從買者收租管業，另召耕種。其稅另立推單，聽從收割過戶輸納邊糧無阻。未賣之先并無重迭交易。如有來歷不明及內外人聲說等情，盡身支當，不干買者之事。今欲有憑，立此杜斷賣契永遠存據。

再批：上首老契因被兵遭，如後撿出不作行用。又照。

光緒二十四年九月　日立杜斷賣契人　朱胡氏
同男　永　達
中人　服伯雲齋
舒禮賢
舒維馨
劉立祥
地保　朱宜祿

同上　歙縣程汪氏賣大買田契

二十一都二圖十甲立杜賣大買田稅契人程汪氏，同男顯榮、顯梫，今因正用，自願將祖遺受化字七百六十七號，大買田稅一畝五分，土名低林，憑中立契出賣與十九都五圖一甲汪名下爲業，得受時值曹平足紋銀八兩整。其銀比即收足。其田隨即過割管業。其稅推入汪恩承戶內，支解輸糧。四至不開，照依清冊。倘有字號訛錯，任憑對冊更正，換號不換業。其田從前至今并未抵質他人，亦無重複交易。此係兩相情願，并無威逼等情。倘有親房內外人等異說，俱係出賣人一力承擔理直，不涉受業人之事。恐口無憑，立此大買田稅契永遠存照。

光緒二十五年六月　日立杜賣大買田稅契人　程汪氏
同男　顯　榮
顯　梫
憑中　胡　壽
程德甫
王胡氏
鮑心義
冊中　鮑蘭生
許永和
代筆　許晉蕃

再批：原來契、稅票因與別號相連，未便繳付。又照。

同上 歙縣許繼伯賣大買田赤契

立賣大買田、塘稅契人支丁許繼伯，今因正用，自願將承祖遺受化字四千二百六十四號，田稅一畝零四釐，土名長坵；又化字四千二百六十九號，田稅二畝一分九釐，土名板橋頭；又化字三千八百三十三號，田稅九分九釐二毫，土名胡家後；又化字三千八百三十四號，塘稅四釐六毫六絲，土名胡家後，憑中立契杜賣與許蔭祠爲業，三面言定得受時值田價曹平足紋銀二十四兩整。其銀當即收足。其田即交管業，其稅隨即過割推入許承恩戶內，支解輸糧。此業從前至今幷未典當他人，亦無重複交易。此係兩相情願，幷無威逼、凖折等情。倘有親房內外人等異說，俱係賣業人一力承肩理直，不涉受業人之事。恐口無憑，立此杜賣大買田、塘稅契永遠存照。

光緒三十三年十月　日立杜賣大買田、塘稅契人　支丁許斷伯

憑中　許仲楊

　　　許斯藩

執筆　許炳文

再批：原來赤契三紙、老契一紙、稅票三紙，一幷付執。又照。

同上 歙縣許小橋賣大買田赤契

立賣大買田稅契人支丁許小橋，今因捐助本廳繼善堂修理經費，願將遺受己業化字七百六十二號，田稅二畝零八釐三毫，土名堨山下；又化字五百十二號，田稅一畝一分三釐，土名同；又化字四千九百十二號，田稅九分八釐三毫，土名狗脊堨，憑中立契杜賣與蔭祠名下爲業，三面言定得受時值賣價曹平紋銀十六兩整。其銀比即收足。其田即交管業征租。其稅隨即過割推入蔭祠戶下，支解輸糧。在先幷未典質他人，亦無重複交易。兩相情願，幷無勉強等情。倘有親房內外人等異言，俱係杜賣人承肩理直，不涉蔭祠之事。今欲有憑，立此杜賣大買田稅契永遠存照。

光緒三十四年七月　日立杜賣大買田稅契人　支丁許小橋

憑中　許學愚

冊書　許森裕

　　　許永和

代筆　許藝圃

再批：上首契據因與別業相連，未便繳付。又照。

同上 歙縣程澍之等賣大小買田契

二十一都二圖十甲立杜賣大小買田、塘稅契人程澍之，同侄潤年、英甫，今因正用，自願將祖遺分受己業被字第九百七十五號，大小買田稅三畝六分，計二坵，土名石公塘，即長三畝；又被字第一千零三號，塘稅一分六釐二毫，土名上石公；又被字第二千二百四十八號，塘稅二分四釐九毫，土名上埵山；又被字第一千零四十一號、一千零三十四號，大小買田稅二畝五分二釐七毫，計二坵，土名石公塘，即隔家坵；又被字第一千零七號，塘稅七釐，土名石公塘；又被字第一千零四十號，塘稅一釐，土名四畝塘，以上七號，共計田稅六畝一分二釐七毫，共計塘稅四分九釐二毫，一概憑親房至戚，立契杜賣與本都本圖二甲許名下爲業，當時三面言定得受時值杜賣價曹平銀三十五兩整。其銀當即親手收足。其大小買田、塘一概眼同指交管業，任憑隨時征租。其稅即由賣人程兆興產內推出，歸入買人許永聚戶內，支解輸糧。此業從前至今幷未典質他人，亦無重複交易。此係兩相情願，幷無威逼、凖折等情。倘有親房內外人等異言，均歸杜賣人一力承肩理論，不涉受業人之事。恐口無憑，立此杜賣大小買田、塘稅契永遠存照。

宣統元年十二月　日立杜賣大小買田、塘稅契人　程澍之

程潤年

程英甫

中　汪利洪

汪躍庭

筆　汪挹岑

同上 黟縣方遇奇賣田契

立杜賣田契人方遇奇，今因無錢用度，自願將祖所置弓田，土名坐落大塌壠，田一畝三分，計弓一坵，東至河，西至塌溝，南至諭公田，北至水溝，四至明白，憑中立契出杜賣與本家裕昆名下爲業，當得時值田價本洋銀價十兩整。比即契、價兩交。其田水路照舊。其田糧差，聽在本保清賦內遇奇戶照契收納無阻。其田聽受主過手興種，身無異說。未賣無重，成後無悔。倘有家、外人言，係身承管，不干受主之事。恐口無憑，立此杜賣田契爲據。

宣統二年三月初四日立杜賣契人　方遇奇

憑中侄 叢 華
代筆 學 易

同上 歙縣汪子嚴交業小買批

立交業小買批人汪子嚴，今將向年賣過及字等號田一業，計稅六畝四分八釐四毫□絲，大小共八坵，係子嚴出賣之業，憑中盡交業與許蔭祠名下管業，聽憑另召他人耕種，得受小買銀九兩整。其青苗一應在內。其銀當即收足。此交業之後兩無異說。倘有親房內外人等異說，俱係子嚴一并承當，不涉許祠之事。今恐無憑，立此交業小買批存照。

雍正十二年十一月 日立交業小買批人 汪子嚴
憑中 汪楚玉
汪煥若
汪我循
汪靜公

計開： 及字二百四十九號，田一畝一分五釐四毫，土名石塔頭； 及字二百五拾一號，田二畝零二釐六毫八絲，土名同； 及字二百九十九號，田七分八釐，土名塘橋口； 及字二百五十號，田五分八釐二毫八絲，土名石塔頭； 及字二百四十七號，田一畝整，土名長坵； 及字四百四十五號，田一分九釐四毫八絲，土名官中井堀塘； 及字四百四十八號，田三分三釐六毫，土名同。

日後有老小買契檢出，不在行用。

同上 歙縣程阿飽退小買田批

立交業退小買青苗頂頭人程阿飽，今因錢糧緊急，自願將身賣過發字號田稅二畝，土名方坵，今因自種不便，自情願將回贖票青苗小買頂頭交與受業人自種，收割無異，三面議定得受價足九色銀五兩整。其銀當即收足。其田即交買人管業，無得異說。今恐無憑，立此交業退小買青苗頂頭批存照。

乾隆四十三年三月 日立退批人 程阿飽
憑中筆 吳恆兆

同上 歙縣許蔭宗退小買田契

立退麥柮田人許蔭宗，今退到胡名下田壹畝貳分，土名碓臼堨，兹因作種不便，自願出退與胡姓耕種，三面言定價銀九色九四平伍兩整。其銀當即收足。其田聽憑管業耕種。期以陸年爲滿，聽憑早晚麥柮田取續。倘有內外人等異說，俱係出退人承當，不涉耕種人之事。今恐無憑，立此退契存照。

乾隆六十年四月 日立出退小買契人 許蔭宗
憑中 許文燦
陶從心

嘉慶六年十二月 日立，加價九色九四平銀三兩整。其銀當即收足。其田言定永遠無得生端加價取續。恐口無憑，立此存照。

同上 歙縣汪起發退小買田契

二十一都六圖立退小買青苗田契人汪起發，今因正用，自願將已退小買田一坵，計稅一畝六分，土名東灣，憑中立契杜退與原業主名下爲業耕種，三面言定得受退價足紋銀十二兩七錢整，又得受耕工大麥、蠶豆錢四百八十六文。其銀、錢當即收足，不必另立收領。其田即交耕割無辭。自退之後不得生端取贖。此係兩相情願，并無威逼等情。倘有親房內外人等異說，俱係汪姓承擔，不涉許家之事。恐口無憑，立此杜退小買青苗田契，久遠存照。

嘉慶元年九月 日立杜退小買青苗田契人 汪起發
憑中 程華升
汪體仁
汪元章
許文霞
代筆 吳士恆

嘉慶十年十一月立轉當小買原價銀并大麥豆錢，共結算紋銀十三兩三錢二分整。其銀當即收足，其小買租轉交四伯收。轉典五年爲滿期之日，後取贖無異。存照。

轉退小買弟媳 許飽氏

同上 歙縣黃瑤珍退小買田契

立退小買田契人黃瑤珍，今因欠少使用，自情願將自己作種場字號小買田一業，計稅一畝五分，土名金線充，憑中立契出退與家堂兄名下爲業，三面言定得小買田價之絲銀二十四兩整。其銀當即收足。其田即交過割管業作種，無得異說。此係兩相情願，并無威逼、準折等情。倘有親房內外人等異說，俱係出退人承當，不涉受業人之事。今恐無憑，立此退據久遠存照。

嘉慶元年十月　日立退批人　黄瑤珍

憑中　黄福興

黄福招

黄雙喜

黄綏衡

親筆

同上　歙縣汪阿程等退小買田契

立退小買田契人汪阿程同侄雙喜，今因欠少使用，自願承祖分受已業場字號内小買田一業，計税一畝零七釐，土名井下，憑中立契出退與堂叔名下爲業，三面言定得受時價九七銀二十五兩整。其銀當即收足。其田即交管業耕種，無得異説。此係兩相情願，并無威逼、準折等情。倘有親房内外人等異説，俱係出退人一并承當，不干管業人之事。今恐無憑，立此退契永遠存照。

嘉慶元年十月　日立退小買田契人　汪阿程

同侄　雙　喜

憑中人　汪位三

汪椿儀

汪承縉

汪天頡

親筆　汪雙喜

同上　歙縣程德盛退小買田批

立退批人程德盛，今因欠少使用，自情願將續取身叔小買田一業，土名上屋堂下八秤，憑中出退與族名下爲業，三面議定得受時值元絲銀玖兩整。其銀當即收足。其田聽憑耕種蒔水，交納大買方岳豐宅，減硬大租一百六十七斤。此係兩相情願，并無威逼、準折等情。從前至今亦未與他人重複交易，倘有他人前來異説，係出退人承當，不干受人之事。今恐無憑，立此退批存照。

嘉慶三年三月　日立退批人　程德盛

憑中　程文友

代筆　程星聚

再批：嘉慶十年之内不言回贖，嘉慶十年之外，聽憑承認使用取贖。

十一年十一月憑親房程永貴加價元二兩，自願不取。以作永遠存照。

嘉慶十四年不得取贖。以作永遠存照。

同上　歙縣許玉中退小買田契

立退小買板田契人許玉中，今因正用，自願將祖分受小買田一坵，計税三畝，土名東灣，憑中立契出退與族名下作種，三面議定得受退價九四平元絲銀二十七兩整。其銀當即收足。其田即交耕種。言明期以十二年外將原價取贖，無得異説。此係兩相情願，并無準折等情。倘有異説，俱係出退人一并承擔，不涉受退人之事。今恐無憑，立此退契存照。

嘉慶七年七月　日立退小買契人　許玉中

憑中　許振之

同上　歙縣程孫氏等退小買田批

本都圖立退批人程孫氏同子社發，今因夫故衣棺正用，自情願將承祖取出小買田一畝，土名上屋堂沿山坵，計田二坵，憑中出退與族名下爲業作種，來年蒔水交納世忠祠内大租，三面言定得受時値價實元絲銀一十八兩整。其銀當即兑足。其田聽憑過割永遠作種。此係兩相情願，并無威逼、準折等情。從前至今并未曾與他人重複交易。倘有親房内外人等異説，係氏承當理直，不干受業人之事。今恐無憑，立此退批永遠存照。

嘉慶十一年十二月　日立退批人　程孫氏

同男　程社發

上侍姑　程黄氏

憑親房　程永貴

程德善

憑中人　程尹仲

程文友

程元光

程大年

程三元

代筆　程星聚

同上　歙縣盧大麗退小買田契

立退小買田契人盧大麗，今因正用，自願將自己祖遺小買田一坵，計稅二畝，土名烏坵塌，憑中言定出退與族名下爲業，三面議定得受退價銀九四平九五色元銀十八兩整。其銀當即收足。其田即交管業作種。言定六年爲滿聽取贖，亦不得生端加價等情。此退之後，倘有親屬人等，俱係出退人一并承當，不涉受業人之事。此係兩相情願，并無威逼等情。今恐無憑，立此退田契存照。

嘉慶十八年十二月　日立退小買大麥青苗田契人　盧大麗

憑中　蒲雙順

盧甫臣

盧裕國

親筆　盧大麗

同上　歙縣許明福退小買地契

立退青苗小買地契人許明福，今因正用，自情願將銀瓶亭後首自種地一塊，計稅八分，憑中立契出退與族名下爲業作種，三面言定得受青苗地價九四平九六色元絲銀三兩五錢整。其銀當即收足。其地即交管業作種。此係兩相情願，并無威逼等情。倘有親房內外人等異說，俱係出退地人一力承擔，不涉受業人之事。恐口無憑，立此青苗地契存照。

道光五年十二月　日立退青苗地契人　許明福

憑中　許貴富

許進富

周　九

羅　九

親筆

再批：倘有以後撿出老契，以作廢紙，不得行用，以新契爲憑。又照。

再批：東道使用錢三百二十文。又照。

道光十五年十一月立：加地價足大錢一千文整，言定其地永遠不得取贖。永遠存照。

中憑　許貴富

親筆

同上　歙縣胡殿英退小買田契

二十一都二圖立退蜜大麥、蠶豆青苗小買田契人胡殿英，今因正用，自願將祖遺受化字號內小買一業，計稅九分，一坵，土名六畝下，憑中立契出退與二十一都六圖詹名下爲業作種，交納許宅大租，三面言定得受退價九四平九七色元銀足兑六兩整。其銀當即收足。其田即交管業作種。此田以前至今并無抵押他人，亦無重複交易。此係兩相情願，并無威逼、準折等情。倘有親房內外人等異說，俱係出退人承擔，不涉受業人之事。恐口無憑，立此退契存照。

道光七年二月　日立退大麥、蠶豆小買田契人　胡殿英

中人　汪綿堂

趙萬全

王錫齡

親筆　趙天進

再批：其田在小塘內車灌。又照。

又批：其田言定十二年內不得取贖，十二年之外，聽憑原價取贖。又照。

又批：酒酌銀四錢二分整，十二年內取贖取贖人認，已過十二年外，取人不認。又照。

又批：此田倘有老契撿出不得行用。又照。

同上　歙縣胡五貴退小買田契

立退小買田契人胡五貴，今因欠少使用，自情願將父分受己業有字號內小買田一業，計稅九分，土名王二田，憑中立契出退與胞兄名下爲業，三面言定得受時值價九五色九四平足銀二十兩零三錢整。其銀當即收足。其田即交管業耕種。其田從前至今未曾典當與他人，亦無重複交易。此係兩相情願，并無威逼、準折等情。倘有親房內外人等異說，俱係出退人一并承當，不涉受業人之事。今恐無憑，立此退契永遠存照。

道光七年九月　日立退小買田契人　胡五貴

憑中人　胡四貴

胡來福

母舅代筆　黃永泰

同上　歙縣畢景星等賣小買田契

二十一都一圖三甲立便賣小買田契人畢景星、贊候、受昌，今將遺下公業場字一千二百三十八號，田稅八分一釐五毫；又場字一千二百三十九號，田稅四分二釐六毫三絲，土名汪塌坵，憑中立契出便賣與程名下爲業，三面議定得受田價曹平紋銀五十兩整。其銀彼即收足。其田隨即交業耕種。倘從前至今并未典當他人重複交易。此係兩相情願，并無威逼、準折等情。倘有親房內外人等異說，俱係出賣人一并承肩，不涉受業人之事。今欲有憑，立此便賣小買田契永遠存照。

道光八年四月　日立便賣小買田契人　畢景星
畢贊候
畢受昌
憑中　程炳耀
代筆　程元愷

同上　歙縣許阿胡等退小買田契

立杜退頂頭小買田契人許阿胡，同男許金奎，今因正用，自願將種田七坵，計稅七畝二分五釐，憑中立契出退與本房名下耕種，三面言定得受出退銀九四平元絲銀一百八十八兩五錢整。其銀一并收足。其田即交管業耕種，後無取贖。倘後不種，聽憑換人，并無異說。倘有他人異言，俱係退人承擔，不涉受人之事。恐口無憑，立此杜退頂頭小買田契永遠存照。

道光八年十二月　日立杜頂頭小買田契人　許阿胡
同男　許金奎
房中　許悅友
許秉忠
許如松
許如桂
許金魁
憑中　汪易山
奉書男　許金奎

同上　歙縣黃細保退小買田契

立退小買田契人黃細保，今因欠少使用，自情願將自己業場字號小買田一業，計稅一畝五分，土名金線充，憑中立契出退與本家堂侄孫名下爲業，三面言定得受田價九四平足元銀十二兩整。其銀當即收足。其利每年秋收交納風車淨穀十二斗整，挑送上門，不致欠少。倘有欠少，聽憑本家起業耕種，無得異說。此係兩相情願，并無威逼、準折等情。倘有親房內外人等異說，俱係出退人一并承擔，不涉受退業人之事。今恐無憑，立此退批存照。

道光十年三月　日立退小買田契人　黃細保
憑中　黃君佐
代筆　黃觀保

再批：其田聽憑銀到取贖。

道光十年十二月又借去九四平足元銀八兩整，當即收足。其利每年交納淨穀八斗整，不得欠少。又照。

同上　歙縣羅介榮退小買田契

二十二都二圖立退青苗頂頭小買田契人羅介榮，今因正用，自願將遺受及字號頂頭田一業，計稅五分零，計坵大小兩坵，計租八斗整交還大買，其土名上叚小買，憑中立契出退與本都本圖方名下爲業作耕，三面言定得受價九四平九五色足元銀十三兩三錢整。其銀當即收足。其田隨契即交過割管業無異。從前至今其田并未與他人典當重複交易。此係兩相情願，并無威逼、準折等情。倘有親房內外人等異說，俱係出退人一力承當理直，不涉受業人之事。恐口無憑，立此退青苗頂頭小買田契存照。

道光十年九月　日立退青苗頂頭小買田契人　羅介榮
憑中　羅載南
方天祥
方程氏
親筆

再批：其田言定十二年之內不準取贖，十二年之外，聽憑原價取贖，如過十三年不得取贖。又批：契內價銀實十三兩整，其三錢二字不用。又照。

同上　歙縣胡程氏等退小買田契

立退光板小買田契人胡程氏同男進順，今因正用，自願將祖遺下化字號一坵，計稅六分，土名門前坦，憑中出退與汪名下爲業，三面言定得受退價九四平九五色元絲銀足兌十四兩整。其銀當即收足。其田即交管業作種。此事兩相情願，并無威逼、準折等情。倘有親房內外人等異說，俱係出退人一力承當，不涉受業人之事。恐口無憑，立此光板小買田契存照。

道光十年十二月　日立光板小買田契人　胡程氏

同男　胡進順

憑中　胡芳年

王大梅

代筆　胡衡玉

再批：其田十二年之內不準取贖，十二年之外，聽憑原價取贖。又照。

再批：於道光三十年十一月三十日憑中找價大錢二仟八百整。其錢當即收足。其田即批杜退永遠存照。又照。

憑中　胡得費

代筆　胡麗如

同上　歙縣仇錦堂退小買田批

立退小買田批人仇錦堂，今因正用，自願將父遺受鳳字號小買田兩坵，計稅二畝四分零，土名折疊扇；又鳳字號小買田一坵，計稅一畝五分零，土名王充叚，憑中立批一并出退與本家族侄名下爲業，三面議定得受時值退價九三平元銀二十六兩整。其銀當即收足。其田即交管業耕種無異。其大租每年秋收交納本家硬租乾穀三十六斗，又三十斗，共計六十六斗，挑送上門，不得欠少。其田退後，允遠不得取贖。從前迄今并未抵押他人，亦無重複交易。此係兩願。倘有內外人等異說，俱係身承擔，不涉受退人之事。今恐無憑，立此退田批久遠存照。

道光十二年八月　日立退小買田批人　仇錦堂

憑中　仇象新

仇良斌

仇干堂

代筆　仇以舟

再批：塘稅在內。又照。

又批：王充叚田稅一畝五分零，於上四圍大小柳雜樹木，并壩頭大柳樹一株，憑中一并出賣與受退人管業，得受售價洋二元整。聽憑受退人興養砍伐，與身無涉。又照。

同上　歙縣吳積壽退小買地批

立杜退青苗小買地批人吳積壽，今因正用，自願將祖遺受地一業，許宅四至訂界爲規，約稅一分四釐，土名主山嶺，憑胞叔、胞兄杜退許名下爲業，得受退價足大錢二千文整。其錢當收足。其地即交管業。從前至今并無重複交易。此係兩相情願，并無逼勒、準折等情。倘有親房內外人等異說，俱係出退人一力承擔，不干受業人之事。恐口無憑，立此杜退小買批永遠存照。

道光十二年冬月　日立杜退青苗小買地批人　吳積壽

憑胞兄人　吳長壽

胞叔　吳文華

代筆人　吳禹輝

同上　歙縣鮑大成等退小買田批

二十一都二圖立退小買田批人侄男鮑大成同弟寵明，今因正用，自情願將父置青苗大麥、蠶豆小買田一坵，計稅三畝，土名五角塘，自願憑中出退與本都本圖親四伯父名下爲業，三面言定得受小買青苗田價足大典錢五十一千文整。其錢當即收足。其田即交管業耕種。言定一紀十二年爲滿，年分之內不得生端加、退等情，年分之外聽憑原價早晚取贖，兩無說言。從前至今并未押、退他人，亦無重複交易。倘有親房內外人等異說，俱係出退人一力承擔，不涉受退人之事。此係兩相情願，并無威逼、準折等情。恐口無憑，立此小買田批存照。

道光十二年十二月　日立退小買田批人　侄男　鮑大成

同弟　寵　明

親房中人二伯父　鮑正武

叔父　鮑正仲

執筆侄　觀　榮

再批：原來老批一紙在內，取贖之日二紙交還。又照。

同上　歙縣王阿吳氏等退小買田契

立退小買田契人王阿吳氏同男天富，今將自種空田一坵，計稅二畝四分，土名布袋坵、中央坵，憑中立契出退與許名下管業耕種，三面言定得受退價銀九四平九五色元絲銀四十六兩整。其銀當即收足。其田即交管業耕種。議以十二年爲滿，并不得交價、退價及未滿取贖等情。此係出自情願，并無威逼、準折等情。倘有親房內外人等異説，俱係出退人一并承擔，不涉受業人之事。恐口無憑，立此出退小買田契存照。

道光十三年八月　日立出退人小買田契人　王阿吳氏

同男　天　富

胞叔　王耀堂

憑中　王席五

許善益

許式嘉

代筆　王進發

再批：從前所有老契，以後檢出作爲廢紙，不得行用。此照。

又再批：其田日後取贖，準以八月爲滿。又照。

再批：事用銀三兩二錢二分，期滿之日取人不認，未滿之日取人加倍承認無辭。

同上　歙縣王耀堂退小買田契

立退小買田契人王耀堂，今將自種空田二坵，計稅三畝四分，土名臺盆坵、尖坵，憑中立契出退與許名下管業耕種，三面言定得受退價銀九四平九五色元絲銀八十五兩整。其銀當即收足。其田即交管業耕種。認以十二年爲滿，并不得交增、退價及未滿取贖等情。此係出自情願，并無威逼、準折等情。倘有親房內外人等異説，俱係出退人一并承擔，不涉受業人之事。恐口無憑，立此出退小買田契存照。

道光十三年九月　日立出退小買田契人　王繁堂

憑中　王席五

王順富

王進發

許式嘉

代筆　王來喜

再批：原來老契一紙抵押，取田之日一并繳付。又照。

再批：事用銀五兩九錢五分，期滿之日取人不認，未滿之日取人加倍

承認無辭。

同上　歙縣胡啓法等退小買田批

十五都三圖立退小買光板田批人胡啓法，同弟啓光，今因正用，自願將承祖分受小買田一坵，計稅一畝二分，土名碓臼堨，今憑中立契出退與二十一都二圖吳名下爲業作種，三面定得受退價九四平九五色足兑元絲銀十六兩整。其銀當即收足。其田即交管業作種，無得異説。其田言定退十二年爲滿，年分未滿不得生端加價、取贖，年分已滿，聽憑將原價取贖。此事兩相情願，并無勉強、準折等情。倘有親房內外人等異言，俱係出退人一力承擔理直，不涉受退人之事。恐口無憑，立此退批存照。

道光十三年九月　日立退小買光板田批人　胡啓法

同弟　胡啓光

親叔　胡官保

憑中　胡亮高

代筆　吳位東

再批：許姓退來退批一紙。又照。

同上　歙縣鮑大成等退加找小買田批

立杜退加找小買田批人侄男鮑大成，同弟竈明，今因正用，自願將父置小買田一坵，計稅三畝，土名胡村前，憑原中加找杜退與四伯父名下作種。此田前已退過田價足大錢五十一千文整，今又加找杜退田價足大錢二千文整。其錢當即收足。其田聽憑永遠作、另退他人，無得異説。此係兩相情願，并無威逼、準折等情。倘有親房內外人等異言，俱係加找杜退人一并承擔，不干受加杜退人之事。恐口無憑，立此杜退加找小買田批永遠存照。

道光十四年六月　日立杜退加找小買田批人　鮑大成

同弟　竈　明

憑原中人　鮑觀榮

天　福

冬　培

親筆

同上　歙縣許阿汪退小買田契

立退青苗油菜小買田契人許阿汪氏，今將自種田三坵，計稅一畝四分，

土名文昌堨，憑中立契出退與族名下管業耕種，三面言定得受退價銀九四平九五色元絲銀二十六兩整。其銀當即收足。其田即交管業耕種。議定十二年爲滿，并不得交增、退價及未滿取贖等情。此田從前至今并無重複交易。此係出自情願，并無威逼、準折等情。倘有親房內外人等異說，俱係出退人一并承擔，不涉受業耕種人之事。恐口無憑，立此出退青苗油菜小買田契存照。

道光十四年十一月　日立退青苗油菜小買田契人　許阿汪氏

憑中　姚廷五
許以青
許澤福
許澤貴
許澤衡
許祿喜
許順財
汪雙起

代筆　許效洲

再批：原來老契遺失，以後撿出作爲廢紙，不得行爲。此照。

又批：墨據一紙抵押，取田之日一并繳還。又照。

再批：事用銀一兩八錢二分，期滿之日取人還認，未滿之日取人加倍承認。

道光十六年十一月十七日許阿汪氏又加退銀一兩八錢八分整。議定自此之後，永遠不得加增退價。立此批據存照。

親筆　許阿汪氏
見中　姚廷五

同上　歙縣汪胡氏等退小買田契

二十一都一圖立杜退青苗小麥契人汪胡氏，同孫男汪夏桂，今因欠少正用，自情願將祖遺分受己業場字號內小買田，一畝五分整，土名井邊；又塘稅一分有零，土名同，憑中估值杜退與本都本圖五甲汪名下爲業，當日三面言定得受田價九四平九五色元銀五十四兩整。其銀當即收足。其田即交管業作種。從前至今并未抵靠他人，亦無重複交易。此係兩相情願，并無威逼、準折等情。倘有親房內外人等異說，俱係杜退人一并承當理直，不涉受業人之事。恐口無憑，立此杜退青苗小買小麥永遠存照。

道光十四年十二月　日立杜退小買小麥契人　汪胡氏

同孫男　汪夏桂
侄孫男　汪文壽
汪仁義
憑中　汪高福
親筆　胡月輝

同上　歙縣劉順元退小買地批

立退青苗地批人劉順元，將自種小買地，計稅九分，土名濮池園，憑中出退與鮑名下爲業。三面言定得受退價足大錢四千五百文整。其錢當即收足。其地即交管業耕種，無得異言。此係兩相情願。倘有內外人等，係身出退人承當，不涉受業人之事。恐口無憑，立此退青苗批存照。

道光十五年正月　日立退青苗地批人　劉順元

憑中人　王方氏
鮑吳氏
代筆　王永秋

再批：言定十二年爲期，內取贖劉姓認，期外取贖鮑姓認。又照。

再批：使用錢四百五十文。

同上　歙縣江觀富退小買地契

立退小買青苗地契人江觀富，今因正用，情願將自種地六分，土名山腳下，憑中立契出退與許名下爲業，三面言定得受小買大足典錢五千文整。其錢當即收足。其地即交管業耕種無辭。期以十二年爲滿，期滿之日聽憑將原價取贖，如期未滿不得取贖，亦不得生端加典。此係兩相情願，并無威逼、準折等情。從前至今亦未典押他人，亦無重複交易。倘有親房內外人等異說，俱係出退人一力承擔，不涉受業人之事。今欲有憑，立此退小買青苗地契永遠存照。

道光十五年十一月　日立退小買青苗地契人　江觀富

憑中　羅添寶
石寧發

汪永富

再批：外老契一紙抵押，公道酒水錢四百文。此照。

代筆　許朗和

又批：其地并無樹木。再照。

同上 歙縣汪有財退小買田契

立退小買空田契人汪有財，今將自種空田大小陸坵，計稅六畝，土名八畝堨下，憑中說合立契出退與許名下管業麥種，三面言定得受退價九四平九五色元絲銀一百二十兩整。其銀當即收足。其田即交管業耕種。議以十二年爲滿，并不得交增、退價等情，聽憑將原價取贖，年分未滿，其田不得取贖，無得異說。此係兩相情願，并無威逼、準折等情。倘有親房內外人等異說，俱係出退人一并承擔，不涉受業人之事。恐口無憑，立此出退小買空田契存照。

道光十五年十一月　日立退小買空田契人　汪有財

憑中　汪祿福

汪祿發

汪祿壽

代筆　江震升

再批：原來老契二紙抵押，取田之日一并繳還。又照。

再批：使用銀八兩四錢，期滿之日取贖許姓認，年份未滿取贖汪姓承認無辭。

同上 歙縣許紀勛退小買田契

本都本圖立退青苗小買田契人許紀勛，今因正用，自願將承父遺受退入化字九百四十七號，又九百七十二、三、四號自種小買田二坵，計稅四畝六分，坐落土名東灣，憑中立契出退與族名下爲業，三面言定得受價九四平九五色足兌元絲銀七十兩整。其銀當即收足。其田即交管業。現此田仍托原中說定，借給身作種，每年議定交納乾穀，另立借字載明。其田退期以八年爲滿，期滿之日，任憑將原價色銀取贖；未滿期日，不得生端取贖。此係兩相情願，并無勉強等情。此田從前至今，并未典當他人重複交易。倘有親房內外人等異說，俱係出退人承擔，不涉受退人之事。今恐無憑，立此退契存照。

道光十七年二月　日立退青苗小買田契人　許紀勛

憑中　許穎川

許亮工

奉書男　秀　嘉

再批：原來腳契二紙附抵。又照。

十九年八月付還退價元絲銀四兩五錢整。

同上 歙縣許志衡退小買田契

立退小買空田契人許志衡，今因正用，情願將自己置買化字號田大小七坵，計稅七畝二分五釐，土名洪家林，憑中立契出退與族名下作種，三面議定得受時值價銀九四平九五色元絲銀一百兩整。其銀當即收足。其田即交管業作種。其年分言定以十二年爲滿，期滿之日，聽憑將原價取贖；如期未滿，不得取贖。此係兩相情願，并無威逼、準折等情。倘有親房內外人等異說，俱係出退田契人一并承擔，不涉受業人之事。恐口無憑，立此退契存照。

道光二十年八月　日立退小買空田契人　許志衡

憑中　許秉中

再批：原來老契一紙，取田之日，一并繳還。此照。

再批：內有田二坵二畝七分、二畝二分，因退契人借與人種，憑中言定，來年三月收割小麥、菜籽之日，即將原田交受業人作種。倘有異言，俱係退業人一并承擔，不與受業人之事。又立存據。

道光二十一年十二月二十三日加大錢五千文，永遠不得取贖。此照。

憑中　許告華

同上 歙縣許吉果退小買田契

立出退青苗蠶豆小買田契人許吉果小娘，今因欠少正用，自情願將自己退小買田一坵，計稅二畝三分，土名缺屋林，憑中立契出退與十五都二圖王名下爲業，三面言定得受退價九四平足九五色元絲銀十六兩二錢整。其銀當即收足。其田即交過割管業耕種。其田以十二年爲滿，期滿之日，聽憑將原價取贖；年分未滿，不得生端加價，無得異說。其田從前至今，并未典當他人，亦無重複交易。此係兩相情願，并無威逼等情。倘有親房內外人等異說，俱係出退人一力承擔，不涉受業人之事。恐口無憑，立此出退小買田契人存照。

道光二十五年十二月　日立退小買田契人　許吉果小娘
憑中　許六奶
許厚基
代筆　許亮彩
再批：憑中人加價足典錢八千二百八十文，以後永遠不得生端加價。
再批：以後撿出字約以作故紙，不得行用。又照。
再批：東道中用典錢一千一百文。

同上　歙縣余應高賣小買田契

十五都四圖立賣小買田契人余應高，今因正用，自願將承祖分受小買田一坵，計稅一畝二分五釐，土名馬家叚，今憑中立契杜賣本都本圖胡名下爲業，三面議定得受小買田價九四平九九色元絲銀二十四兩整。其銀當即收足。其田即交買人管業耕種無辭。其田并無取贖，亦無生端加價等情。其田從前至今，并未典當他人，亦無重複交易。此係兩相情願，并無威逼等情。倘有親房内外人等異言，俱係出賣人一力承擔理值，不涉買人之事。今恐無憑，立此杜賣小買田契永遠存照。

大清道光二十八年十一月　日立賣小買田契人　余應高
憑中　陳天勝
胡竈順
冊書　馮來勝
親筆

同上　歙縣張寬榮賣小買田契

立賣小買田契人張寬榮，今因欠少正用，自願將父分受有字號小買田兩坵，計稅一畝零九釐五毫三絲，土名馬家叚，憑中立契出賣與親侄名下爲業作種，三面言定得受田價九四平九四色元絲銀十九兩整。其銀當即收足。其田即交買人管業作種。從前至今，并未典當他人，亦無重複交易。此係兩相情願，并無威逼等情。倘有親房内外人等異言，俱係出賣人一力承擔，不涉受業人之事。恐口無憑，立此賣小買田契永遠存照。

道光二十九年八月　日立賣小買田契人　張寬榮
憑中　張來裕
張來吉
執筆　張來福
張竟成

同上　歙縣許汪氏退小買田契

立杜退自種小買板田契人許汪氏，今因正用，自願將自退小買化字二百零四、六號田一坵，計稅二畝三分一釐八毫，土名鐵屋林，今憑中立契出退與本都本圖族名下爲業，三面議定得受退價九四平九五色元絲銀二十四兩整。其銀當即收足，不另立收領。其田即交管業耕種。自杜退之後，永無生端取贖。此田從前至今，并未典當他人，亦無重複交易。此係兩相情願，并無威逼、準折等情。倘有親房内外人等異說，俱係出退人一并承擔，不涉受退人之事。今恐無憑，立此杜退自種小買板田契永遠存照。

道光三十年九月　日立杜退小買板田契人　許汪氏
憑中　許吳氏
許大興
代筆　許惠孚

同上　歙縣胡文彩等退小買田契

立杜退青苗小買田契人胡文彩，今因正用，自願將己遺受化字號小買田一坵，計稅一畝，土名胡家後，憑中出退與程名下爲業耕種，三面言定得受退價典足錢二十千文整。其錢當即收足。其田即交作種。此田從前至今，并未抵押他人，亦無重複交易。此係兩相情願，并無威逼等情。倘有親房内外人等異說，俱係出退人一力承擔，不涉受業人之事。恐口無憑，立此杜退小買田契永遠存照。

咸豐三年十月　日立杜退青苗小買田契人　胡文彩
同侄　胡冬狗
憑中　胡高和
胡　志
汪易三
黃竈桂
程雙喜
代筆　胡銘和
再批：車水長塘并來中塘。又照。

同上　歙縣許節三退小買田契

立退頂頭小買田契人許節三，今因正用，願將自種田共七坵，計稅七畝二分五釐，土名洪家林，憑中出退與汪名下爲業，三面言定得受退價足九四平鏡面寶紋五十四兩六錢六分整。其銀當即收足。其田即交管業。倘有親房内外人等異說，均係出退人一力承擔，不涉受業之事。恐口無憑，立此退契存照。

咸豐六年十二月　日立退小買田契人　許節三

憑中　許香谷

汪明遠

親筆

再批：并無中資，聽憑早晚取贖。又照。

又批：原來老契一紙存據。又再批：上手契一紙。又照。

同治三年正月退出二畝七分與吳姓名下，其原來老契二紙仍存汪姓名下。

同上　歙縣鮑全福退小買田契

立杜退光板小買田契人鮑全福，今因正用，自願將祖分受己業化字號内小買田壹坵，計稅三畝，土名油菜坵，又已塘壹口并塘塝樹木一應在内，憑中立契出杜退與程名下爲業耕種，三面言定得受退價足典錢玖拾貳千文整。其錢當即收足。其田即過割交業作種，每年交大租。此田從前至今，并未抵押他人，亦無重複交易。此係兩相情願，并無威逼等情。倘有親房内外人等異說，俱係出退人一力承擔。不涉受業人之事。恐口無憑，立此杜退光板小買田契永遠存照。

咸豐七年八月　日立杜退光板小買田契人　鮑全福

憑中　鮑天順

鮑麟寶

代筆　胡銘和

再批：有原來上首老契二紙，一并存照。又照。

同上　歙縣申晉三退小買田契

二十一都一圖一甲立退小買田契人申晉三，今因正用，自願將自置己業場字號内小買田兩坵，計稅一畝五分，土名生谷坵，憑中立契出退與本圖五甲汪名下爲業，三面議定得受時值價曹平足色紋銀五十兩整。其銀當即收足。其田即交管業作種。其田以前至今，并未典當他人，亦無重複交易。此係兩相情願，并無威逼、準折等情。倘有親房内外人等異言，出賣人一并承擔，不涉受業人之事。今欲有憑，立此杜退小買田契永遠存照。

咸豐七年九月　日立退小買田人　申晉三

憑中人　汪順高

親筆　程功元

同上　歙縣許志衡等退小買田契

立退麥柤光板小買田契人許志衡同弟許禮從、許恕行，今將自己退來小買田三坵，計稅一畝四分，土名文昌塢，憑中立契出退與李名下爲業耕種，三面議定得受退價大足典錢十六千文整。其錢當即收足。其田即交管業耕種，割麥之後交業蒔田。期以十二年爲滿，期滿之日，聽憑取贖，未滿之日，不得生端加價、取贖等情。此係兩相情願，并無威逼、準折等情。倘有親房内外人等異說，俱係出退人一并承擔，不涉受業人之事。恐口無憑，立此出退小買田契存照。

咸豐七年十二月　日立出退光板小買田契人　許志衡

同弟　許禮從

許恕行

憑中　汪明遠

親筆

同上　歙縣汪春院賣小買田契

十五都四圖立杜賣小買田契人汪春院，今因正用，自情願將父手自置有字號，田稅八分二釐四毫，土名梘頭；又有字號田稅二分五釐，土名七公園，今浼託憑中立契出賣與本都本圖方名下爲業作種，三面言定得受估值田價錢大錢二十八千文整。其錢當即收足。其田并麥苗即交買人管業作種。其田至今并未典當他人，亦無重複交易。此係兩相情願，并無威逼、準折等情。倘有親房内外人等異說，俱係賣人一力承擔，不涉買之事。今欲有憑，立此杜賣小買田契永遠存照。

咸豐八年九月　日立賣小買田契人　汪春院

憑中人　汪春滿

汪積福
汪春信
代筆　汪志正

同上　歙縣汪發財退大小買田地契

二十一都二圖立退青苗小買田、大小買地契人汪發財，今因正用，自願將承祖遺受小買田一坵，計稅九分，土名六畝下；又化字號大小買地一塊，計稅九分一釐四毫，土名畫公林，憑中立契出退與本都本圖許名下爲業，三面言定得受退價足典錢二十千文整。其錢當即收足。其田、地即交管業耕種。此田、地從前至今，并未抵押他人，亦無重複交易。此係兩相情願，并無威逼等情。倘有親房内外人等異說，俱係出退人一并承擔，不涉受業人之事。恐口無憑，立此退大小買田、地契存照。

咸豐九年十二月　日立出退青苗大小買田、地契人　汪發財
憑中人　鮑天順
鄭遂發
許升也
代筆　許殿重

再批：原來老契四紙。又照。
再批：東道使用大錢一千四百文。又照。
再批：十二年之內，無得生端加價、取贖；十二年之外，原價取贖。又照。

同上　歙縣程冠群退小買田契

二十一都一圖一甲立退小買田契人程冠群，今因欠少正用，自情願將父遺受己業場字一千二百三十八號，田稅八分一釐五毫，土名汪堨坵；又一千二百三十九號，田稅四分二釐六毫，土名同；又場字一千二百三十八號，田稅一畝二分四釐一毫三絲，土名牛兒塝；今憑中出退與本都本圖五甲汪名下爲業，三面議定得受田價紋銀曹平九十兩整。其銀比即收足。其田隨即過割交與受業人耕種。未退之先，并無重複交易。此係兩相情願，并無勒迫、準折等情。倘有親房内外人等聲說，盡是出退田人一力承肩，不涉受業人之事。今恐無憑，立此退小買契永遠存照。

咸豐九年二月　日立退小買田契人　程冠群
親房　程樹園
程玉成
憑中　汪用章
親筆　汪正星

再批：原退小買田契比即交付。此照。

同上　歙縣鮑方氏退小買田契

立杜退小買田契人鮑門方氏，今因欠少正用，自願將祖遺受小買田一坵，計稅一畝三分，土名楊兒田，憑中出退與程名下爲業，三面言定得受退價足大典錢五千五百文。其錢當即收足。其田隨即過割管業耕種。從前至今并未抵押他人，亦無重複交易。此係兩相情願，并無威逼等情。倘有親房内外人等異言，俱係出退人一力承擔，不涉受業人之事。恐口無憑，立此杜退永遠存照。

咸豐十一年十月　日立田契人　鮑門方氏
憑中　鮑全福
胡來發
胡松泰
汪載合
代筆　許政本

再批：老契失去，以後撿出，以作廢紙。又照。

同上　歙縣胡吳氏賣小買田契

十五都四圖立杜賣小買田契人胡門吳氏，今因欠少正用緊急，將祖遺分受己業有字號小買田一坵，計稅一畝二分，土名馬家段，盡過親房人等均無受主，憑中立契杜賣與本都本圖汪恆吉名下爲業，三面言定得受小買田價銀九兩整。其銀當即收足。其田即交買人管業耕種并無春苗。此田從前至今，并未典當他人，亦無重複交易。此係兩相情願，并無威逼、準折等情。倘有親房内外人等異說，俱係出賣人一力承擔，不涉受業人之事。恐口無憑，立此杜賣小買田契永遠存照。

咸豐十一年十二月　日立杜賣小買田契人　胡門吳氏
憑中人　胡上春

上金
聚有
社玉
聚德
有根
方進會
代筆 胡成安

又批：原來老契、稅票因與他號相連，是以未便撿交，日後撿出，以作廢紙，不得行用。又批。

同上 歙縣胡汪氏賣小買田契

十五都四圖立杜賣小買田契人胡門汪氏，今因正用緊急，將祖遺分受已業有字號小買一坵，計稅一畝四分四釐，土名亭兒前；又有字號七分八釐，土名七公園，盡過親房人等均無受主，自願憑中立契杜賣與本都本圖八甲汪恆吉名下爲業，憑中三面言定得受時值小買田價銀十六兩五錢整。其銀當即收足，議不另收據。其田即交管業，任憑買主耕種。其業從前至今，并未典當他人，亦無重複交易。此係兩相情願，并無威逼、準折等情。倘有稅業不清，以及親房內外人等異言，俱係出賣人一力承擔理治，不涉受業人之事。恐口無憑，立此杜賣小買田契永遠存照。

咸豐十一年十二月　日立杜賣小買田契人 胡門汪氏
憑中人 胡三寶
胡有根
程長富
方進會
胡上高
胡新占
代筆 胡成安

同上 歙縣胡新占賣小買田契

十五都四圖立杜賣小買田契人胡新占，今因正用緊急，將祖遺分受已業有字號小買田一坵，計稅一畝七分，土名馬家段，盡過親房人等均無受主，自願憑中立契杜賣與本都本圖八甲汪恆吉名下爲業，憑中三面言定得受時值小買田價銀十三兩整。其銀當即收足，議不另收據。其田即交管業。任憑買主耕種。從前至今并未典當他人，亦無重複交易。此係兩相情願，并無威逼、準折等情。倘有親房內外人等異言，俱係出賣人一力承擔理治，不涉受業人之事。恐口無憑，立此杜賣小買田契永遠存照。

咸豐十一年十二月　日立杜賣小買田契人 胡新占
憑中人 胡社玉
胡有根
胡聚有
代筆 胡成安

又批：原老契因與他號相連，是以未便撿交，日後撿出，以作廢紙，不得行用。

同上 歙縣胡勝林賣小買田契

十五都四圖八甲立杜賣小買田契人胡勝林，今因正用緊急，將祖父遺下分受已業有字號，田稅一畝八分，土名三面亭，并塘稅，盡過親房人等均無受主，自願憑中立契杜賣與本都本圖八甲汪恆吉戶名下爲業，三面議定得受時值小買田價曹平紋銀七兩二錢整。其銀當即收足，議不另立收據。其田即交管業，任憑買主自行耕種或租與他人耕種，大租交納瀦口汪宅，均無異言。其業從前至今，并未典當他人，亦無重複交易。此係兩相情願，并無威逼、準折等情。倘有字號訛錯改正，換號不換業，以及親房內外人等異言，俱係出賣人一力承擔理治，不涉受業人之事。恐口無憑，立此杜賣小買田契永遠存照。

同治元年正月　日立杜賣小買田契人 胡勝林
憑中 胡門汪氏
胡觀應
胡竈遂
高勝元
代筆 汪五十

再批：原來老腳小買契紙，因與他業相連，是以未便撿文，日後撿出，以作廢紙，不得行用。

同上 歙縣張遂輝賣小買田契

十五都四圖立杜賣小買田契人張遂輝，今因正用緊急，將祖父遺下分受己業有字號，田稅一畝零九釐五毫三絲，土名馬家段，盡過親房人等均無受主，自願憑中立契杜賣與本都本圖八甲汪惇吉名下爲業，三面議定得受時值小買田價曹平紋銀四兩七錢整。其銀當即收足，議不另立收據。其田即交管業，任憑買主自行耕種或租與他人耕種，均無異言。其業從前至今，并未典當他人，亦無重複交易。此係兩相情願，并無威逼、準折等情。倘有字號訛錯改正，換號不換業，以及親房內外人等異言，俱係出賣人一力承擔理直，不涉受業人之事。恐口無憑，立此杜賣小買田契永遠存照。

同治元年正月　日立杜賣小買田契人　張遂輝

張玉應

憑中人　張竈闃

高勝元

張椿發

冊書　張招雲

代筆　胡聚有

又批：原來老契因與他號相連，是以未便撿交，日後撿出，以作廢紙，不得行用。又批。

同上　歙縣陳銀華賣小買田契

十五都四圖立杜賣小買田契人陳銀華，今因正用緊急，將祖遺下分受己業有字等號小買田一坵，計稅一畝零七釐，土名馬家段，盡過親房人等均無受主，自願憑中立契杜賣與本都本圖八甲汪惇吉戶名下爲業，憑中三面言定得受時值小買田價曹平紋銀四兩整。其銀當即收足，議不另立收據。其田即交買人管業，任憑買主自行耕種或租與他人耕種，均無異言。其業從前至今，并未典當他人，亦無重複交易。此係兩相情願，并無威逼、準折等情。倘有字號訛錯，丈量之日改正，換號不換業，以及親房內外人等異言，俱係出賣人一力承擔理治，不涉受業人之事。恐口無憑，立此杜賣小買田契永遠存照。

同治元年正月　日立杜賣小買田契人　陳銀華

憑中人　陳滿金

陳小才

陳利支

代筆　胡聚有

又批：原來契因與他號相連，是以未便撿交，日後撿出，以作廢紙，不得行用。又照。

同上　歙縣胡汪氏賣小買田契

十五都四圖八甲立杜賣小買田契人胡門汪氏、次子社祝，今因正用緊急，將祖父遺下分受己業有字，田稅一畝二分四釐九毫，土名馬家段；塘稅三釐，土名同，盡過親房人等均無受主，自願憑中立契杜賣與本都本圖八甲汪恆吉戶名下爲業，憑中三面議定得受時值小買田價曹平紋銀六兩整。其銀當即收足，議不另立收據。其田即交管業，任憑買主自行耕種或與他人耕種，均無異說。其業從前至今，并未典當他人，亦無重複交易。此係兩相情願，并無威逼、準折等情。倘有字號訛錯改正，換號不換業，以及親房內外人等異言，俱係出賣人一力承擔理治，不涉受業人之事。恐口無憑，立此杜賣小買田契永遠存照。

同治元年正月　日立杜賣小買田契人　胡門汪氏

次子　胡社祝

長孫　胡　法

胡聚德

憑中人　高勝元

汪五拾

方進會

汪舜卿

汪小香

代筆　胡聚有

又批：原來老契因與他號相連，是以未便撿交，日後撿出，以作廢紙，不得行用。又照。

同上　歙縣汪方氏等退小買田契

二十一都一圖五甲立杜退小買田契人汪方氏同媳仇氏，今因氏夫病故，殯葬、日食等用無措，自願將夫自置己業場字號小買田四坵，計稅五畝四分八釐零，土名汪堨坵、牛兒塝、井邊、生谷坵三處，憑中立契出退與本都二圖許名下爲業，三面議定得受時值價足典錢二十七千五百文整。其錢當即一并收足。其田即交管業作種。其田從前至今，并未典當他人，亦無重複交易。此係兩相情願，并無威逼、準折等情。倘有親房內外人等異言，出退人一并承擔，不涉受業人之事。今欲有憑，立此杜退小買田契永遠存照。

同治元年三月　日立杜退小買田契人　汪方氏

同媳　仇　氏

憑中　汪百萬

汪普周

代筆　汪梓泉

同上　歙縣胡新起等賣小買田契

拾五都四圖立杜賣小買田契人胡新起同弟新勝，今因正用緊急，將祖遺分受己業有字號小買田一坵，田税八分二釐，土名石路上，盡過親房人等均無受主，自願憑中立契杜賣與本都本圖汪恆吉戶名下爲業，憑中三面言定得受時值曹平紋銀叁兩伍錢整。其銀當即收足，僅不另立收據。其田即交買人管業，任憑買人自行耕種或租與他人耕種，均無異言。其業從前至今，并未典當他人，亦無重複交易。此係兩相情願，并無威逼、準折等情。倘有訛錯字號，換號不換業，以及親房內外人等異言，俱係出賣人一力承擔理治，不涉管業人之事。恐口無憑，立此杜賣小買田契永遠存照。

同治元年正月　日立杜賣小買田契人　胡新起

同弟　胡新勝

冊書　胡竈逐

憑中人　胡天有

胡新良

高勝元

張裕應

代筆　汪裕應

同上　歙縣胡新起等賣小買田契

十五都四圖立杜賣小買田契人胡新起同弟新勝，今因正用緊急，將祖遺下分受己業有字等號，小買田税一畝六分二釐，土名黃金園，盡過親房人等均無受主，自願憑中立契杜賣與本都本圖八甲汪惇吉產名下爲業，憑中三面言定得受時值小買田價曹平紋銀六兩整。其銀當即收足，議不另立據。其田即交買人管業，任憑買主自行耕種或租與他人耕種，均無異言。其業從前至今，并未典當他人，亦無重複交易。此係兩相情願，并無威逼、準折等情。倘有字號訛錯，丈量之日改正，換號不換業，以及親房內外人等異言，俱係出賣人一力承擔理直，不涉受業人之事。恐口無憑，立此賣小買田契永遠存照。

同治元年三月　日立杜賣小買田契人　胡新起

胡新勝

憑中　胡新慶

胡聚德

又批：原來老契、税票因與他號相連，是以未便撿交，日後撿出，以作廢紙，不得行用。又批：外田地一片，計税四分二釐，己塘一業，計税一分三釐，一并在內。又照。

同上　歙縣汪方氏退小買田契

二十一都一圖五甲立杜退小買田契人汪方氏同媳仇氏，今因日食急用，自願將氏夫自置己業場字號內小買田一業，計税一畝零七釐，土名井下，憑中立契出退與本都二圖許名下爲業，三面議定得受時值價足典錢五千文整。其錢當即一并收足。其田即交管業作種。其田從前至今，并未典當他人，亦無重複交易。此係兩相情願，并無勒逼、準折等情。倘有親房內外人等異言，出退人一并承擔，不涉受業人之事。今欲有憑，立此杜退小買田契永遠存照。

同治元年三月　日立杜退小買田契人　汪方氏

同媳　仇　氏

憑中　汪百萬

汪普周

代書　汪梓泉

同上　歙縣許榮發退小買田契

立退光板小買田契人許榮發同男天恩，今因正用，自願將李姓岳母遺受小買田三坵，共計税一畝四分，土名文昌塢，憑中立契出退與詹名下爲業耕種，三面議定得受時值退價足大錢二千七百文整。其錢當即收足。其田即交管業耕種。此田從前至今，并未典押他人，亦無重複交易。此係兩相情願，并無威逼、準折等情。倘有親房內外人等異言，俱係出退人一力承肩，不涉受業人之事。恐口無憑，立此出退小買田契存照。

同治二年十二月　日立退光板小買田契人　許榮發

同男　天　恩

憑中　胡來賁

許添籌

鄭遂如

親筆　許榮發

一批：此田三面言定退期以十二年爲滿，年分未滿，不得生端加價、取贖；期滿之日，聽憑取贖。此照。

又批：如若期內取贖，罰錢一千文整。又照。

又批：老契貳紙，存照。

同上　歙縣汪雲衢等退小買田契

立退頂頭小買麥杣田契人汪雲衢同男汪天賜，今因正用，自願將祖遺下小買田一坵，計稅二畝七分，土名洪家林，憑中出退與吳名下爲業，憑中三面言定得受時值退價足制大錢十七千文整。其錢當即收足。其田即交管業耕種。期以十二年爲滿，期滿之日，聽憑原價取贖；年分未滿，不得生端加價，亦不準取贖。此係兩相情願，并無威逼、準折等情。倘有親房內外人等異說，均係出退人一力承擔，不涉受業人之事。恐口無憑，立此出退小買麥杣田契存照。

同治三年正月　日立出退頂頭小買麥杣田契人　汪雲衢

同男　汪天賜

憑中　汪王氏

汪明遠

胡美路

代筆人　許蓮峰

立杜加退價人汪周氏同男天賜，憑中加退價足大錢七千文整。其錢當即收足。其田憑中言定準上首取贖，汪姓不得取贖。此係兩相情願，并無勉強等情。倘有內外人等異說，俱係出加退價人承肩，不涉受業人之事。恐口無憑，立此杜加退價爲據，永遠存照。

同治六年九月　日立杜加退價人　汪周氏［氏］

同男　天　賜

憑中　汪王氏

代筆　許蓮峰

同上　歙縣汪雲衢退小買田契

立退頂頭小買麥杣田契人汪雲衢，同男天賜，今因正用，自願將祖遺下小買田共陸坵，計稅四畝五分五釐，土名洪家林，憑中出退與吳名下爲業，憑中三面言定得受時值退價足制大錢十九千文整。其錢當即收足。其田即交管業耕種。期以十二年爲滿，期滿之日，聽憑原價取贖；年分未滿，不得生端加價，亦不準取贖。此係兩相情願，并無威逼、準折等情。倘有親房內外人等異說，均係出退人一力承擔，不涉受業人之事。恐口無憑，立此出退小買麥杣田契存照。

同治三年二月　日立出退頂頭小買麥杣田契人　汪雲衢［妻周氏代押］

同男　汪天賜

憑中　汪王氏

汪朋遠

吳　義

憑保中　吳德成

代筆　許蓮峰

再批：原來老契三紙，取田之日一并繳還。此照。

再批：東道事用錢一千三百三十文。又照。

立杜加退價人汪周氏同男天賜，憑中加退價足大錢十四千文整。其錢當即收足。其田憑中言定準上首取贖，汪姓不得取贖。此係兩相情願，并無勉強等情。倘有內外人等異說，俱係出加退價人承肩，不涉受業人之事。恐口無憑，立此杜加退價爲據，永遠存照。

同治六年九月　日立杜加退價人　汪周氏［氏］

同男　天　賜

憑中　汪王氏

代筆　許蓮峰

同上 歙縣方觀閬等退小買田契

二十一都三圖立退光板小買田契人方觀閬同堂弟方四十，今因急需正用，自願將承受已業化字號小買田一坵，計税二畝五分整，土名九畝坵，憑中立契出退與本都本圖三甲許名下爲業，憑中言定得受時值價淨光洋鈿一十二元整。其洋當即親手收足。其田即交管受耕種。此業從前至今，并未典當他人，亦無重複交易。此係兩相情願，并無威逼、準折等情。倘有親房內外人等異説，俱係出退人一力承擔，不涉受業人之事。恐口無憑，立此出退小買田契爲據。

同治三年十二月　日立退光板小買田契人　方觀閬
同堂弟　方四十
憑中　汪朋遠
許鳴皋
許質之
鮑以忠
汪景棠
代筆　許習仁
代筆　萬承志

再批：原來老契遺失，他日撿出，不作爲憑行用。又照。

再批：使用錢一千二百文整。又照。

再批：議定以十二年爲期，期滿之日，聽憑將原價取贖。又照。

再批：原來老契因與他號相連，是以未便撿交，日後撿出，以作廢紙，不得行用。又照。

同上 歙縣程鮑氏賣小買田契

十五都四圖立杜賣小買田契人程門鮑氏，今因緊急正用，自願將祖遺受己業有字號內小買田一業，計税一畝一分另六毫，土名運里，盡過親人等均受主，自願憑中立契杜賣與本都本圖八甲汪惇吉戶名下爲業，憑中三面言定得受時值小買田價曹平紋銀三兩五錢整。其銀當即收足。其田即交買人管業耕種或租與他人作種，均無異言。此業從前至今，并未典當他人，亦無重複交易。此係兩相情願，并無威逼、準折等情。倘有字號訛錯改正，換號不換業，以及親房內外人等異言，均係出賣人一力承擔理直，不涉受業人之事。恐口無憑，立此杜賣小買田契永遠存照。

同治四年八月　日立杜賣小買田契人　程門鮑氏
憑保中　程長富
程年家
高勝元

同上 歙縣汪士德立頂糞草田批

立頂糞草田字人汪士德，今因缺用，自願將土名白楊干白坵里大路下田貳坵，計税叁畝，憑中將糞草田盡行出頂與汪名下，當日得受頂價銀洋□□元整，比日親手收足，絲毫不欠。自頂之後，聽從銀主自行耕種，或另行興種，身無異説。欲後有憑，立此頂糞草田字永遠存照。

同治五年杏月　日立頂糞草田字人　汪士德
憑中　汪時璪
興御
依口代筆　興鍵

同上 歙縣鮑章住退小買田契

二十一都二圖立退小買空田契人鮑章住，今因正用，自願將承祖遺受化字小買田一坵，計税一畝八分，土名外布袋坵，今憑中出退與本都本圖許名下爲業，三面言定得受時值價足大錢四千文整。其錢當即收足。其田即交管業作種。言定期以十二年爲滿，期內不得生端加價、取贖；期滿之日，任憑原價取贖。其田從前至今，并未抵押他人，亦無重複交易。此係兩相情願，并無威逼、準折等情。倘有親房內外人等異説，俱是出退人一力承擔理直，不涉受業人之事。恐口無憑，立此退空田契存照。

同治八年二月　日立退空田契人　鮑章住
憑中　吴得成
鮑竈閔
代筆　程里仁

同上 歙縣許元發退小買田契

立退小買大麥青苗田契人許元發，今因正用，自願將自業小買田一坵，計税一畝三分，土名洪家林，憑中出退與張名下爲業，三面言定得受時值退價足大錢七千文整。其錢當即收足。其田即交管業耕種。期以十二年爲滿，期滿之日，聽憑原價取贖； 期分未滿，不得生端加價、取贖。此係兩相情願，并無威逼、準折等情。倘有親房内外人等異説，俱係出退人承擔，不涉受業人之事。恐口無憑，立此出退契存照。

同治八年十月　日立退小買田契人　許元發
憑中　許德發
許加壽
代筆　許心泉

再批： 原來老契遺失，倘日後撿出，不作行用。又照。
再批： 東道事用錢五佰文。又照。

同上　歙縣湯厚桂杜脱田契

立杜脱字人湯厚桂，今缺正用，自願憑中今將土名遶山坵佃田一坵，計壹畝貳分； 又土名西干佃田一坵，計六分，二共計佃田壹畝捌分，并田塝坡樹木茶桑一應在内，絲毫無存，盡行立契杜脱與堂兄厚澤名下爲業，三面言定得受時價洋蚨陸元整。其洋當日歸身一并收足，不另立領札。其田當即過割交業耕種。先前并無重複典靠，亦無内外人等攔阻異説，如有此情是身一力承當，不干受業人之事。自杜脱之後，永不增找、永不回贖。今欲有憑，立此杜脱契存照押。

光緒九年四月　日立杜脱契字人　湯厚桂
憑侄　太　波
族中　積　源
積　榮
厚　善
代字　湯積霖　筆

同上　歙縣江槐孫等杜賣糞草田皮契

立杜賣糞草田皮契人江槐孫，同弟順孫，因承祖買受水田一備，坐落三四都盈字六保，土名灣頭山，俗名新溪湖，共水田壹坵，丈計貳畝，計交客租拾四秤零五斤。今因水路不便，自願托中立契盡數出賣與胡聖修兄名下，前去入田耕種，交租管業，當日憑中三面言定時值價英洋六元八角整。其洋在手足訖，比日契、價兩明。其田皮未賣之先，并無重複等情。如有一切不明，盡是賣者承當，不干買主之事。家外人等無得生端異説。今欲有憑，立杜出賣田皮契字爲據。

光緒廿一年四月念貳日立杜出賣糞草田皮契人　江槐孫
同弟　順　孫
中見人　江克繩
依口代筆　江□旗

同上　歙縣程汪氏退小買田契

二十一都二圖立杜退青苗小買田契人程汪氏同男顯榮、顯棱，今因正用，自願將祖遺受化字四千二百六十九號，田稅二畝一分九釐四毫，土名板橋頭； 又化字三千八百三十號，田稅九分九釐二毫，土名胡家後； 又化字三千八百三十四號，塘稅四釐六毫六絲，土名同，四至照依清冊，憑中立契杜退與本都本圖三甲許永恆戶名下爲業，三面言定得受時值價洋二十五元整。其洋當即收足。其田、塘即交管業。從前至今并未抵押他人，亦無重複交易。此係兩相情願，并無威逼、準折等情。倘有親房内外人等異言，俱係杜退人一力承擔，不涉受業人之事。恐口無憑，立此杜退小買田、塘稅契永遠存照。

光緒二十五年六月　日立杜退青苗小買田契人　程汪氏
同男　顯　榮
顯　棱
憑中　程法甫
程有亮
執筆男　顯　榮

同上　歙縣許繼伯退小買田契

立杜退青苗小買田契人支丁許繼伯，今因正用，自願將承祖遺受化字四千二百六十四號，田稅一畝零四釐，土名長坵； 又化字四千二百六十九號，田稅二畝一分九釐四毫，土名板橋頭； 又化字三千八百三十三號，田稅九分九釐二毫，土名胡家後，憑中立契杜退與許蔭祠爲業，三面言定得受時值價英洋五十六元整。其洋當即收足。其田即交管業耕種。此業從前至今，并未抵押他人，亦無重複交易。此係兩相情願，并無威逼、準折等情。倘有親房内外人等異言，俱係出退人一力承肩理直，不涉受業人之事。恐口無憑，立此杜退青苗小買田契永遠存照。

光緒三十三年十月　日立杜退青苗小買田契人支丁　許繼伯
憑中　許仲揚
許斯藩
執筆　許炳文

再批：原來小買契兩紙一并付執。又照。

同上　歙縣許游氏退小買田契

立杜退小買田契人許游氏，今因正用，自願將遺受化字號小買田一坵，計稅二畝，土名洪家林，憑中情商杜退與族名下爲業，得受時值退價英洋二十四元整。其洋當即收足。其田即交管業耕種。自此杜退之後，永無加價、取贖等情。倘有親房內外人等異說，俱係杜退人一力承肩理直，不涉受業人之事。恐口無憑，立此杜退小買田契永遠存照。

光緒三十三年十一月　日立杜退小買田契人　許游氏
憑中人　許道五
代筆　許致慶

再批：上首老契因兵燹遺失，日後撿出，作爲廢紙。又照。

同上　胡聖勛賣糞草田皮契

立杜賣糞草田皮人胡聖勛，今將承父買受鬮分水田一備，坐落三四都六保，土名音坑種苧塢，計田皮大小八坵，計步數貳畝，計交客租拾貳洋整；又重號同都保，土名音坑大聖前琵琶形，共計田皮七坵，計步數二畝，二號計交客租拾貳洋整。共計田皮三號，共計交客租貳拾四洋整。今因正用，自情願托中盡數立契出賣與胡仁善名下爲業，三面言定時值英洋拾元整。其洋在手足訖，比日契、價兩明。未賣之先，并無重複交易。來歷不明，賣人自理，不涉買人之事。家、外人等毋得生端異說。今欲有憑，立此出賣田皮契爲據。

再批：將原價謝回。

光緒三十四年十二月初一日立杜賣田皮契人　胡聖勛
中見　胡聖易
親筆

同上　歙縣鄭日孜等賣地赤契

二十三都四圖立賣契人鄭日孜同弟日旦、日休，今因欠少錢糧無措，自願將續買毀字一千二百二十九號，計地稅肆分玖釐柒毫，土名車水基，其地東至□□，西至□□，南至□□，北至□□，四至俱照清冊，憑中立契出賣與本都七圖族兄□□名下爲業，三面議定時值價紋銀肆兩整。其銀當即收足。其地聽憑日下管業。從前至今并無重複交易。倘有親房內外人等異說，俱係賣人承當，不干買人之事。今恐無憑，立此賣契爲照。

順治十八年十二月　日立賣契人　鄭日孜
主盟母　方　氏
同弟　日　旦
日　休
中人　鄭君德
鄭叔清
鄭仲和

同上　歙縣吳一化賣地赤契

二十一都六圖八甲立賣契人吳一化，今因缺少使用，自願將化字一千八百九十八號，地七毫，又將化字一千八百九十九號，地一分九釐，土名義合墩，上店屋地基一業，四至照依清冊，憑中立契出賣與二十一都二圖許蔭祠名下爲業，三面議定受價紋銀一兩八錢整。其銀、契當即兩相交付明白，并無欠少，準折等情。倘有內外人等異說，俱身承當，不涉買人之事。今恐無憑，立此賣契存照。

康熙九年十二月初六日立賣契人　吳一化
主盟母　吳阿鄭
憑中　許公碩
許六吉
吳君祥
程社明

契內價銀一并收足，再不另立收領。再批。

同上　歙縣吳一瑞等賣地赤契

二十一都二圖立賣契人吳一瑞同弟一檢，今因欠少使用，自情願將承祖分受化字一千八百七十號，地稅八釐三毫五絲，土名溪頭塝，[□□]照依清冊，憑中立契出賣與許蔭祠名下爲業，三面議定得受時值價銀四兩。其銀當即兩相交付明白，幷無欠少、準折等情。其地從前至今幷不曾與他人重複交易。倘有親房内外人等異説，俱係賣人承當，不干買人之事。其稅聽憑目下過割管業，本家無德異説。今恐無憑，立此賣契存照。

康熙十五年十二月十三日立賣契人　吳一瑞

同弟　吳一檢

憑中人　許輯五

許秀清

許元聲

許良玉

汪公渭

許士價

契内價銀一幷收足，再不另立收領。再批。地内原造有樓屋一間幷石塝，該身分法一半，幷出賣在契内。再批。

又化字一千八百六十九號，地一釐五毫五絲，土名溪頭巷口；又化字一千八百六十七號，地四毫七絲五忽，土名同。再批。

同上　歙縣吳仲堅等賣地赤契

二十一都二圖立賣契人吳仲堅同姪七壽，今將承祖分受化字一千八百六十七號，地四毫七絲五忽，土名溪頭巷口；又化字一千八百六十九號，地一釐零五絲，土名同；又化字一千八百七十號，地八釐三毫五絲，土名溪頭塝屋，於上造樓屋一所，該身分法一半，憑中立契出賣與本圖許名下爲業，三面議定得受價紋銀五兩二錢整。其銀、契當即兩相交付明白，幷無欠少、準折等情。其地從前幷不曾與他人重複交易。倘有親房内外人等異説，俱係賣人承當，不干買人之事。今恐無憑，立此賣契存照。

康熙十六年　日立賣契人　吳仲堅

同姪　吳七壽

憑中人　許季清

許元聲

許輯五

汪公渭

許士價

吳在田

契内價銀一幷收足。再批。

同上　歙縣程觀進等賣地赤契

二十一都二圖三甲立賣契人程觀進同弟觀選、應霖、元毛、文毛，今因欠鈔使用，自情願將承祖分受化字二千四百八十二號，地五釐二毫，土名上橋頭；又化字二千四百八十三號，地二釐五毫，土名同，四至照依清冊，憑中立契出賣與本圖許蔭祠名下爲業，起造神屋。三面議定得受價紋銀六兩整。其銀、契當即兩相交付明白，幷無欠少、準折等情。其地從前幷不曾與他人重複交易。倘有内外人等異説，係身承當，不涉買人之事。今恐無憑，立此賣契爲照。

康熙十七年七月　日立賣契人　程觀進

同弟　觀選

應霖

元毛

文毛

代筆中人　王華野

契内價銀一幷收足，再不另立收領。再批。

同上　歙縣吳阿胡賣地赤契

二十一都二圖立賣契人吳阿胡同男吳聖壽，今因欠少錢糧，自情願將承祖分受化字一千八百六十六號，地稅九釐，土名義合橋頭菜園，東至塝下田幷石腳在内，西至自屋，南至碓屋，北至溪路，四至照依清冊，憑中立契出賣與本圖許蔭祠名下爲業，三面言定得受時值價銀一兩六錢整。其銀、契當即兩相交付明白，幷無欠少、準折等情。其地從前幷不曾與他人重複交易。倘有親房内外人等異説，俱係賣人承當，不干買人之事。其稅聽憑目下過割，入買人戶支解。今恐無憑，立此賣契存照。

康熙十九年六月　日立賣契人　吳阿胡

同男　吳聖壽

憑中　汪合渭

代筆　吳爾贊

契内價銀一幷收足。地内杉樹一根，棕樹一根。再批。

同上　歙縣鮑嘉祥等賣地赤契

立賣契人鮑嘉祥，住二十三都一圖。今將七甲下常字四千二百五十五號，計地稅一分，土名汪家林，四至照依清冊，憑中立契出賣與本甲鮑□□名下爲業，三面議定時值價銀八錢整。其銀當日收足。其地聽憑隨即過割，入戶管業無異。從前并無重複交易，亦無威逼等情。倘有內外人等異說，俱係賣人承當，不涉買人之事。今恐無憑，立此賣契存照。

康熙十九年又八月　日立賣契人　鮑嘉祥
同侄　鮑子高
中見人　鮑信甫
鮑汝嘉
鮑公度
代筆　鮑開文

同上　歙縣方時顯賣地赤契

二十四都一圖立賣契人方時顯，今將承祖分受效字一千二百六十一號，土名大路山，內分到身名下四股之一，內地稅壹釐，坐落本家墳後，自願憑中立契出賣與兄臣傑名下爲業，護墳，三面議定得受時價紋銀貳兩整。其銀當即收足。其地隨交管業。倘有親房人等異說，係身一并承值，不涉買人之事。恐後無憑，立此賣契爲照。

康熙二十五年十二月　日立賣契人　方時顯
憑中　方修五
方秉之
方旭如
方公韓
冊里　姚繡臣
代書　方子昭

同上　歙縣許人瑞賣地赤契

立賣契人許人瑞，今因欠少祠租，自願將贖買原化字一千六百六十八號，地五分三釐，土名王小七塘，四至照依新文清冊，憑中立契出賣與蔭祠名下爲業，三面議定得受時值價紋銀二兩六錢五分整。其銀、契當即兩相交付明白，并無欠少、準折之類。其地從前至今未與他人重複交易。倘有內外親房人等異說，俱係賣人承當，不干買主之事。即憑過割入戶，并無異說。今恐無憑，立此賣契存照。

康熙三十七年十二月　日立賣契　許人瑞
憑中人　許觀里
許寧智

契內價銀收足，不另立收領。又批。

同上　歙縣許遂之賣地赤契

二十一都二圖立賣契人許遂之，今因欠少使用，自願將續買化字三千九十六號，計地稅七釐三毫，土名櫸樹下，四至照依清冊，憑中立契出賣與本都本圖二甲族□□名下爲業，三面認定得受時值價紋銀五兩整。其銀當日收足。其地即交管業，遷造風水無異。從前至今并不曾與他人重複交易，倘有親房內外人等異說，俱身承當，不涉買人之事。今恐無憑，立此賣契存照。

康熙四十五年四月　日立賣契人　許遂之
中人　汪丹五
張于舟
許公益
許錫周
許士楊
依口代筆人　許諫廷

同上　歙縣韓英文等賣地契

立賣契韓英文同弟公讚，今因管業不便，自情願將豆租一處，土名小源大壠，係經理道字八百八十七號，計山稅□□□整，計豆租二砠整，其坦新立四至，東至□□，西至□□，南至□□，北至□□，四至內憑中立契，盡行出賣與汪名下爲業，時值白紋價銀二兩二錢整。其銀當日收足。其坦即聽買主收租管業。其稅聽自收割過戶，輸納無阻。如有內外人聲說，盡身之當，不干買人之事。自成之後各無悔異，如有先悔，甘罰契外銀六分，與不悔人用。今欲有憑，立此賣契存照。

康熙四十六年八月十六日立賣契　韓英文
同弟　公　讚
侄　滔　六

中見叔祖　晉　三

上件契內價銀，盡行收足無欠。再批。

同上　歙縣王文貴等賣地赤契

二十一都一圖立賣契人王文貴、文瑞，今因欠少使用無措，自願將繼父王蘭玉贖買所遺場字二千二百八十一號，土名後庫地基，計地稅九釐，憑中出賣與本都本圖劉□□名下爲業，三面議定得受時值價紋銀拾叁兩整。其銀當即收足。其地稅聽憑過割管業，阡造屋宇。此係兩相情願，并無威逼等情。倘有來歷不明及親房內外人等異說，俱係賣人承當，不涉買人之事。今恐無憑，立此賣契永遠存照。

康熙四十七年正月　日立賣契人　王文貴
同弟　王文瑞
憑中　王文聖
王文龍
王明初
王啓龍
王上智
許林征
羅君履
代筆　許釆章
冊正　王左卿

內存稅五毫，二各出入，無得異說。契內稅畝四至，照依清冊，其業指業管業無辭。再批：　契內價銀一并收足，再不另立收領。

同上　歙縣胡子開賣地赤契

十七都四圖立賣契人胡子開，今因錢糧緊急，自情願將祖遺受拱字三千二百五十八號，計地稅四釐八毫，土名後村新坦；又拱字三千二百五十九號，內稅該身分法叁釐貳毫，土名同，空地共計一片，四至照依清冊，三面議定，眼同訂界爲規，立契出賣與胡名下爲業，三面議定時值價銀貳兩。其銀當即收足。其地即交與買人管業，日後聽憑興造。其稅早晚過割入戶支解。從前并未與他人重複交易，亦無欠少、準折之類，并無異說。倘有內外人爭論，俱係出產人承當，不涉買人之事。恐後無憑，立此賣契存照。

康熙五十年三月　日立賣契人　胡子開
居間　胡季和
胡純友
胡惟野
胡星朗
代筆　胡廣洪

同上　歙縣胡希臣等賣地赤契

十七都四圖立賣契人胡希臣、惟達、胡阿吳、杏繁、星朗、子開、贊皇、苑林，今因錢糧緊急，自情願將祖遺受拱字三千二百五十七號，計地稅玖釐肆毫壹絲，土名後村，空地一片，四至照依清冊，憑中立契出賣與胡名下爲業，三面議定時值價銀貳兩整。其銀當即收足。其地即交與買人管業，日後聽憑興造。其稅早晚過割入戶支解。從前并未與他人重複交易，亦無欠少、準折之類，并無異說。倘有內外人爭論，俱係出產人承當，不涉買人之事。恐後無憑，立此賣契存照。

康熙五十年三月　日立賣契　胡希臣
胡惟達
胡阿吳
居間　胡季和
胡純友
胡惟野
代筆　胡廣洪

同上　歙縣羅文水賣地赤契

十四都五圖立賣契羅文水，今因錢糧緊急，自願將祖遺場字二百一十號，計地稅二畝六分七釐四毫，土名東園巷口；又二百一十號，山成地稅三分，土名同；又二百一十二號，地稅二畝四分二釐九毫，土名圩頭；又二百一十二號，山成地稅三分，土名同，四至照依官冊，今來憑中立契出賣與二十一都二圖許蔭祠名下爲業，三面議定得受時值價紋銀一十六兩整。其銀當即收足。其地即交買人管業收租，不得遷造。其稅即於本家戶內起割，推入買人戶內支解，其地稅本家并無存留。從前至今并未與他人重複交易。倘有內外人等異說，俱係出賣人承當，不干買人之事。今恐無憑，立此賣地文書永遠存照。

康熙五十五年三月　日立賣契　羅文水
孫　羅坤聚
居間　羅羲御
羅公潔
羅瑞環
程飛瀾
程文玉
依口代書　羅雲瀾

其契內銀一并收足，再不另立收領。再批。

同上　歙縣葉文遠賣地赤契

二十一都一圖立賣契人葉文遠，今因欠少糧差使用，自情願將承祖分受己業，原化字二百七十一號，地稅一分四毫六絲，土名大塘上；又化字二百七十二號，地稅四分六釐四毫六絲，土名同；又化字三百零一號，地七分零二毫，土名後塢方家墳，四至照依清冊，憑中出賣與本都二圖許蔭祠名下爲業，三面議定得受地價九五色銀九兩整。其銀、契當即兩相交付明白，并無欠少、準折等情。其稅聽憑目下過割入戶支解。其業從前至今，并未與他人重複典當交易等情。倘有親房內外人等異說，俱係出賣人承當，不涉買人之事。今恐無憑，立此賣契存照。

康熙五十六年四月　日立賣契人　葉文遠
憑中人　葉復芝
葉庭芳
許宗岳
許正六
親筆

契內價銀一并收足，并不另立收領。其地言定五年之內，聽憑將原價并使用取贖，如過□□不準取贖。

同上　歙縣葉瑞華賣地赤契

廿一都一圖立賣契人葉瑞華，今因欠少糧差使用，自情願將承父受己業，原場字一千九百二十六號，地稅一畝九分九釐九毫三絲，土名糞窖嶺，浼

中立契出賣與本都二圖許蔭祠名下爲業，三面議定得受時值地價紋銀伍兩整。其銀、契當即兩相交付明白，并無欠少、準折等情。其稅聽憑目下過割，入許戶支解。其業從前至今，并未與他人重複交易等情。倘有親房內外人等異說，俱係賣人一并承當，不涉買人之事。今恐無憑，立此賣契存照。

康熙五十七年七月　日立賣契人　葉瑞華
憑中　葉得舟
葉象升
許宗岳
許正六
王左卿
黃子成
代筆　葉庭芳

再批：契內價銀一并收足，再不另立收領。

同上　歙縣鮑潤景賣地赤契

二十一都二圖立賣契人鮑潤景，今因錢糧緊急，自情願祖遺化字四千七百八十三號，地稅六分二釐八毫五絲，土名前山；又化字四千七百八十九號，地稅一分九釐五毫，土名同；又化字五千五百二十七號，地稅七分七釐七毫七絲，土名托葉山，四至照依清冊，憑中立契出賣與本圖十甲許蔭祠名下爲業，三面議定得受時值價紋銀五兩整。其銀當即收足。其地稅聽憑目下起割入戶管業。其地從前至今，并不曾與他人典當重複交易，亦無威逼、準折等情。倘有親房內外人等異說，係身一并承當，不涉買人之事。今恐無憑，立此賣契存照。

康熙五十八年四月二十七日立契人　鮑潤景
憑中　鮑志大
汪丹五
許正六

契內價銀一并收足，不另立收領。再批。

同上　歙縣胡希臣等賣地赤契

十七都四圖立賣契人胡希臣、胡惟達，同嫂胡阿吳，今因錢糧緊急無措，自情願將承祖遺受批字三千二百五十四號，計地稅貳釐捌毫，土名後村；

又批字三千二百五十六號，計地稅伍釐捌毫，土名同； 又批字三千二百五十七號，計地稅陸釐柒毫玖絲，土名同，空地共計壹片，并出入道路一應在內，以上三號四至照依清冊，憑中立契凈出賣與本都五圖胡名下爲業。 其三號內地并無絲毫存留，三面議定時值價九五色銀肆兩貳錢整。 其銀當即收足。 其地指業即交買人管受，日後聽憑興造，無得異說。 其稅隨即過割入戶支解。 從前并未與他人重複交易等情，并無欠少、準折之類。 倘日後有內外人爭論，俱係出賣人承當，不涉買人之事。 今恐無憑，立此賣契存照。

康熙五十九年三月　日立賣契人　胡希臣

胡惟達

胡阿吳

憑中　胡季和

代筆　胡杏繁

同上　歙縣許繁祉賣地赤契

立賣契人許繁祉，今將續買場字二千一百七十三號，地稅柒分一釐七毫，土名社屋山，自願出賣與蔭祠名下爲業，憑中三面議定得受時值價紋銀叁兩八錢整。 其銀當即收足。 其稅聽憑目下過割入祠戶管業。 倘有親房內外人等異說，係賣人承當，不涉買人之事。 今恐無憑，立此賣契存照。

康熙五十九年四月　日立賣契人　許繁祉

中人　許正六

許宗岳

其銀當即收足，不另立收領。 再批。

同上　歙縣許靈苑等賣地赤契

立賣契許靈苑、許阿汪，今將場字二千二百十二號，地稅九分三釐二毫，土名社屋山，四至照依清冊，憑中立契賣與蔭祠名下爲業，得受時值價銀十兩整。 其銀當即收足。 其稅聽憑過割管業，并無異說。 其地從前并無重複交易等情。 倘有親房內外人等異說，俱係賣人承當，不涉買人之事。 今恐無憑，立此存照。

雍正三年十月　日立賣契　許靈苑

許阿汪

憑中　許正六

許宗岳

契內價銀收足，不另立收領。 再批。

代筆　許彝士

同上　歙縣黄士鳳賣地赤契

二十一都一圖立賣契人黄士鳳，今因欠少使用，自情願將承祖分受己業，場字一千九百二十五號，地稅三分四釐，土名上後塢，四至照依清冊，憑中立契出賣與本都二圖許蔭祠名下爲業，三面議定得受時值價紋銀二兩一錢整。 其銀、契當即兩相交付明白，并無欠少、準折等情。 其地從前至今，并未曾與他人重複交易，倘有親房內外人等異說，俱係出賣人承當，不涉受業人之事。 今恐無憑，立此賣契存照。

雍正五年五月　日立賣契人　黄士鳳

憑中　黄子高

許玉章

許敦吉

許道升

許元禮

契內價銀一并收足，不另召收領。 再批。

同上　歙縣黄君正賣地赤契

二十一都一圖立賣契人黄君正，今因欠少使用，自情願將承祖分受場字二千六十一號，地稅九分七釐八毫，土名汪塢； 又同號，山成地稅三分五釐，土名同，四至照依清冊，憑中立契出賣與本都二圖許名下爲業，三面議定得受時值價紋銀九兩八錢整。 其銀當日收足。 其稅聽憑目下過割，入買人戶下支解。 倘有親房內外人等異說，俱係出賣人承當，不涉許宅之事。 其地從前至今，并未曾與他人重複交易等情，亦無欠少、準折。 今恐無憑，立此賣契存照。

雍正五年二月　日立賣契人　黄君正

代筆憑中　黄子高

契內價銀一并收足，再不另立收領。

同上　歙縣葉仲文賣地赤契

二十一都一圖立賣契人葉仲文，今因欠少使用，自願將祖父分受本股己業，原化字二百七十一號，地一分四釐六毫；又二百七十二號，地稅四分六釐五毫，土名大塘山，四至照依清冊，憑中立契出賣與二十一都二圖許蔭祠名下爲業，三面議定得受時值價紋銀五兩一錢整。其銀、契兩相交付明白，并無欠少等情。其地并不曾與他人重複交易。其稅聽憑目下過割入戶支解。倘有親房人等異說，俱係賣人承當，不涉買主之事。今恐無憑，立此賣契存照。

雍正五年正月　日立賣契人　葉仲文
憑中　葉爾榮
葉譽章
許御升
許道升
葉廷芳
代筆　葉從先

再批：契內價銀一并收足，再不另立收領。

同上　歙縣許阿黃賣地契

立賣契支下許阿黃，今因管業不便，自將祖遺化字三百三十六號，地稅三分九釐，土名瓦窰塘；又化字四百四十號，壩成地一分，土名碓頭塘；又化字一千一百三十七號，地稅一分三釐，土名大塢窰，此稅山成地，四至在冊，憑中出賣到蔭祠名下爲業，三面議定得受時值價紋銀五兩整。其銀、契當即兩相交付明白，隨即過割入戶管業。此係自相情願，并無威逼等情。倘親房內外人等異說，俱係身一應承當，不涉受業人之事。今恐無憑，立此賣契存照。

雍正七年十一月　日立賣契　支下許阿黃
代筆憑中　志　高
正　六

契內價銀一并收足，再不另立收領。其地言定五年取贖。

同上　歙縣許殿邦等賣地赤契

二十一都六圖立賣契人許殿邦，今因錢糧緊急，今將承祖分受化字三千六百七十八號，又三千六百八十一號，地稅一畝零五釐，土名桐井，四至照依清冊，憑中立契出賣與許蔭祠名下，當日三面議定地價銀七兩整。其銀、契兩相交付明白。其稅即入買戶管業。此係兩相情願，并無威逼等情。其地從前至今，并未與他人重複交易。倘有親房內外人等異說，俱係賣人承當，不干買人之事。今恐無憑，立此存照。

雍正七年八月　日立賣契人　許殿邦
同弟　名　援
名　扶
憑中　許正六
執筆　許名招

契內價銀一并收足，再不另立收領。契內本家存留墳地五釐。再批。

同上　歙縣許千里賣地赤契

本都本圖立賣契人許千里，今因錢糧緊急，自願將承祖分受化字二千五百二十八號，地稅五毫，土名秧田住基，於上廚屋一批，東至倫廳巷牆，西至衆廳巷路，南至老牆，北至倫牆，其西南舊牆聽憑折毀重砌開門，與內橫巷扯直砌牆，四至眼同指明交業，憑中立契出賣與堂兄名下爲業，當日三面議定得受時值時價銀三十兩整。其銀當即收足。其地即交受業。稅即過割入買人戶下支解，聽憑改造。此係兩相情願，并無威逼、準折等情。從前至今并未與他人重複交易。倘有親房內外人等異說，俱係賣人承當，不涉買人之事。今恐無憑，立此賣契存照。

雍正十一年三月　日立賣契人　許千里
中人　許順酉
代筆　許文彩

契內價銀一并收足，不另立收領。再批。

同上　歙縣汪聚光賣地赤契

本都六圖立賣契人汪聚光，今因急用無措，自願將承祖分受化字三千三百三十八號，地大小四塊，稅一畝五分，土名高坪，東至汪聲如地，西至山塝，南至汪地，北至汪地，憑中立契出賣與本都二圖許蔭祠名下爲業，三面議定得受時值價紋銀十四兩整。其銀、契當即兩相交付明白。其地即交受業之人管業，另召他人作種收租。其稅隨即過割與買人戶下支解。此係兩相情願，并無欠少、威逼、準折等情，亦未重複交易典當他人。倘有親房內外人等異說，係身一并承當，不涉買人之事。今恐無憑，立此賣契永遠存照。

雍正十一年十月　日立賣契人　汪聚光

憑中人　汪聲如

汪元宰

代筆人　汪玉進

契內價銀一幷收足，不另立收領。再批。其地言定五年之內，聽憑將原價幷使用取贖，五年之外，不準取贖。

同上　歙縣鮑阿仇賣地赤契

本都本圖立賣契鮑阿仇同男興龍，今因欠少衣食，自情願將先夫已置，化字四千九百零九號，地四分七釐七毫，土名隔壁山；　又四千四百四十七號，地五釐，土名埵上，四至在冊，憑中立契出賣與許蔭祠名下爲業，三面議定得受時值價銀九三色銀四兩整。其銀當即收足。其地聽憑買主管業過割入戶。此係兩相情願，幷無威逼、準折等情。倘有親房人等異說，俱係民一幷承當，不涉買人之事。今恐無憑，立此賣契存照。

雍正十二年九月　日立賣契人　鮑阿仇

同男　鮑興龍

憑叔　鮑舜五

鮑在周

憑中人　鮑採仕

鮑喬年

依口代筆　鮑素臣

冊里　汪羽儀

契內價銀一幷收足。再批。其地十年之內，照原價幷使用回贖。又照。

同上　歙縣許直賣地赤契

立賣契人支下許直，今將化字一千八百五十一號，地稅一分一釐四毫，土名大園；　又化字一千八百五十三號，地稅二釐四毫，土名同，憑中立契出賣到蔭祠名下爲業，三面議定得受時值價銀一十七兩整。其銀當即收足。其稅即交管業無辭。此係自出情願，幷無欠少、準折等情。亦無重疊交易。倘有親房內外人等異說，俱係出賣人一面承當，不涉受業之事。今恐無憑，立此賣契永遠存照。

雍正十二年七月　日立賣契　支下　許　直

憑中　許正六

許堯土

許雄右

許曰安

代筆　許讓三

契內價銀一幷收足，不再另立收領。又批。

又化字一千八百八十六號，田七釐九毫，土名塝下，一幷在內。又批。

同上　歙縣鮑德裕賣地赤契

二十一都二圖立賣契鮑德裕，今因欠少糧差使用，自情願將承祖分受化字五千三百三十號，地稅肆分二釐八毫，土名里毛塘；　又化字五千三百三十一號，地稅一畝一分二釐，土名同；　又化字五千三百三十二號，稅一分二釐九毫，土名同；　又化字五千三百四十五號，稅一分二釐一毫四絲；　又化字五千二百五十四號，稅一分七釐六毫，土名同，四至在冊，憑中立契出賣與本圖許蔭祠內爲業，憑中三面議定，當日得受時值價紋銀拾陸兩五錢整。其銀當即收足。其業隨即過割入戶管業，兩無異說。其業從前至今，幷未與他人重複交易，亦無準折等情。倘有內外人等異說，係身一幷承當，不涉買人之事。今恐無憑，立此賣契存照。

雍正十二年二月　日立賣契人　鮑德裕

憑中　汪羽儀

許正六

鮑輔臣

代筆　鮑聖文

契內價銀一幷收足，其業議定拾年爲，聽憑本家將原價回贖，兩無異說，取日外認使用。再批。

其地交過四至：　東至山塝，西至地塝，南至地塝，北至田塝。

同上　歙縣胡非木賣地赤契

本都本圖立賣契人胡非木，今因欠少使用，將分受化字三千六百零八號，土名高橋堨，憑中出賣與許蔭祠名下爲業，得受時值價銀四兩，計地稅四分二釐，四至照依清冊。其地即交管業耕種。其銀當即收足。此地從前至今，幷未典當他人交易。此係自相情願。日後倘有親房內外人等異說，俱係身一并承當，不涉買人之事。恐口無憑，立此賣契存照。

乾隆十二年十二月　日立賣契人　胡非木

憑中　胡斐成

許正六

汪景田

汪羽儀

奉書男　胡濟明

其地五年之內，并使用原價取贖。

同上　歙縣葉方異賣地赤契

二十一都一圖立賣契人葉方異，今因欠少使用，自情願將己場字一千七百二十六號，地稅肆分，土名葉九山，憑中立契出賣與本都二圖許名下爲業，三面言定得受時值地價紋銀叁兩貳錢整。其銀當即收足。其稅隨即過割入買人戶下支解。其地從前至今，并未曾典當他人，重複交易，亦無欠少、準折等情。倘有親房內外人等異說，俱係身一并承當，不涉受買人之事。今恐無憑，立此賣契存照。

乾隆十四年十一月　日立賣契人　葉方異

憑中　程君甫

許正六

代筆　葉三益

又批：場字一千七百二十一號，山地稅壹分柒釐六毫，土名葉九山，外加地價銀壹兩陸錢整，外原赤契一紙在內。

再批：契內價銀并收足，再不另立收領。其地言定五年內，聽憑將原價并使用贖回，五年之外不準。

同上　休寧縣汪爾徵賣地赤契

本都本圖立賣契人汪爾徵，今將祖遺分受化字一千四百七十八號，地稅四釐，土名下水口，憑中出賣與許蔭祠名下爲業，得受時值價銀二兩。其銀當即收足。其稅隨即過割入買戶支解。此係兩願，并無準折等情。從前至今亦無重複交易。倘有親房內外人等異說，皆係賣人承當，不涉受業人事。今恐無憑，立此賣契存照。

清乾隆二十三年十二月　日立賣契人　汪爾徵

憑中　汪根實

親筆　汪光寧

同上　休寧縣汪阿芳賣地赤契

本都本圖立賣契人汪阿芳，今因錢糧緊急，自願將承祖分受化字一千四百七十八號，地稅四釐，土名下水口，憑中立契出賣與許蔭祠名下爲業，得受時值價銀十四兩整。其銀當即收足。其稅隨即過割入買戶支解。其地即交管業。於上許祠文會原先興養雜木樹，今一并點明交與許祠無異。此係兩相情願，并無威逼、準折等情。從前至今亦無重複交易。倘有親房內外人等異說，係身承當，不涉受業人事。今恐無憑，立此賣契存照。

清乾隆二十三年十二月　日立賣契人　汪阿芳

憑中　汪爾徵

汪光寧

奉書男　汪根實

再批：計樹二十八根，其樹價一并收足，再不另立收領。

同上　歙縣許阿寧等賣地赤契

本都本圖立杜賣契人許阿寧、許公諒，今爲高祖神主未進、高妣向安淺土，自願將高祖分遺化字二千五百二十八號，除雍正年間夫父、叔等支下賣過，仍凈存該股地稅一分零五毫，土名秧田住基，東至本號昌公分受地路，西至衆巷，南至明公分受老屋，北至受業人屋，四至開明，憑中立契出賣與族名下爲業，三面議定得受時值價紋銀九十四兩五錢整。其銀、契當即兩相交付明白。其地即交管業，任憑興造。其稅隨即過割入買人戶下支解，身家再無絲毫存留。此係兩相情願，并無欠少、準折，亦無重複交易。倘有親房異說，具係出賣之人承當。今恐無憑，立此賣契永遠存照。

乾隆二十四年八月　日立杜賣契人　許阿寧

許公諒

居間人　許有六

許行周

代筆　許德良

同上　歙縣吳清宇賣地赤契

二十一都二圖立賣地契人吳清宇，今將續買化字三千二百六十六號，地稅五分八釐六毫，土名鮑宅充；又化字三千二百六十九、七十號，地稅一畝零六釐二毫，土名亭兒上；又化字三千四百一十三號，地稅四分六釐四毫，土名唐模塘，四至載冊，憑中立契出賣與本都本圖許蔭祠名下，三面議定得受時值九色銀二十二兩整。其銀當即收足。其地稅即交管業過割入戶輸糧。此係兩相情願，并無威逼、準折等情。倘有親房內外人等異說，俱係出賣人承當，不涉受業人之事。恐口無憑，立此賣契存照。

清乾隆二十四年十月　日立賣契人　吳清宇

憑中　吳衡鑒

吳善長

代筆　吳儀一

其地言定五年之内取贖，五年之外不準。酒酌使用五年内有認，五年外不認。此批。

同上　歙縣方阿葉賣地赤契

二十四都一圖立賣杜絕文契人方阿葉同男維玉，今因夫主、大男在楚銀，信希少，家計不敷，且在歲暮，衣食難度，今浼中將常字二千二百零二號，地稅三分三釐九絲六忽，土名山公嶺，四至在於清冊，出賣與本家族叔祖元升名下爲業，三面議定得受時值價銀十兩。其銀當即收清，亦不另立收領。其稅隨即過買人戶內，支解輸糧。聽憑扦造風水，永無異說。倘夫主及男回家，并親房內外人等異說，俱係身一面承當，不涉買人之事。恐口無憑，立此賣杜絕文契永遠存照。

乾隆二十八年十二月　日立賣杜絕文契人　方阿葉

同男　維　玉

憑中　方肇湜

方前有

方廷獻

方肇鶴

方維雲

冊里　姚維騑

奉書男　維　玉

同上　歙縣方肇鶴賣地赤契

立賣契人方肇鶴，今因欠缺官糧，四無措置，自願將父手原買方時遇戶內，效字一千二百四十二號，地稅一分五釐四毫一絲，土名大路山；又效字一千二百五十七號，地稅八釐一毫六絲，土名同，東至姚地，南至原買主墳，西至大路，北至小路，四至開明，浼中立契出賣與本都本圖本甲堂叔贊坤名下爲業，當日三面議定得受時值價銀五兩整。其銀當即收足。其業隨即收割過戶、管業輸糧。其地上有小松樹七株、楓樹一株，一并在內。此係兩相情願，并無威逼等情。蔭庇來龍風水，彼此有益，日后身再不得侵動異說。倘有親房內外人等異說，係身一并承當，不涉買主之事。恐口無憑，立此賣契永遠存照。

再批：其地字號業叢雜，內中倘有差錯，言定換號不換業。又照。

乾隆三十年八月　日立賣契人　方肇鶴

憑中　方萬有

方南賓

依口代筆　方孔章

同上　歙縣方肇鶴賣地赤契

立賣地契人肇鶴，因弟肇鵬、蘇提關，屢至衙門使用無出，通家商議，願將父置效字一千二百五十五號，地五釐三毫，土名大路山；又效字一千二百六十一號，地二分二釐二毫，土名同；又效字一千二百六十二號，地三分八釐一毫九絲，土名同；又效字一千二百六十三號，地一分五釐七毫一絲，土名同，四至在冊，本家存留墳穴，其稅盡出；又將父手同良相叔合買，方璉友效字一千二百六十號，地稅一釐五毫，土名同，該身家有分法一半，以上五號共稅八分二釐九毫，盡行憑中立契出賣與本家房叔良相名下，永遠爲業，三面議定得受時值地價紋銀三兩整。其銀、契比即兩交明白。其地即交管業，過割輸糧，興栽砍斫，不得生端異說，本家毫無存留。今欲有憑，立此賣契永遠存照。

乾隆三十一年五月　日立賣契人　肇　鶴

憑中人　萬　友

以　昆

肇　鵾

親筆

同上　歙縣謝克明賣地赤契

十七都四圖立杜賣契人謝克明，今因錢糧無措，自願將拱字四百七十三號，地稅四分五釐，土名社屋南邊；又拱字五百四十七號，地稅二分五釐，土名社屋後，四至照依清冊，眼同頂界爲規，憑中立契出賣與本都本圖胡名下爲業，因保來龍、護風水，三面議定得受時價足紋銀七兩五錢整。其銀當即收足。其業即交買人管業作種。其稅隨即過割入戶，支解輸糧，并無異說。倘有親房人等凈論，俱係出賣人承當理直，不涉買人之事。今恐無憑，立此賣契永遠存照。

乾隆四十一年十二月　日立杜賣契人　謝克明

憑中　謝義章

吳廷章

胡廷玉

許彩石

代筆　胡惟德

同上　歙縣程碧川賣園地契

立杜賣契人程碧川，今因寒冬日食難度，自願央中將承祖遺下服字四千八百六十四號，土名何子坦，計園地稅三分四釐整，其園東至□□，西至社會園，南至□□，北至路，園內地盡行杜賣與族名下爲業，三面言定得受時值價銀八兩整。其銀當日一并收足。其園隨即交與買主管業，任憑扦葬。其稅在於十六都二圖六甲程行甫戶內起割，推入本都本圖本甲程宜戶內收稅、辦納糧差無異。日前并無重複等情。倘有內外人言論，不涉買主之事，自有出賣人承。恐口無憑，立此杜賣契永遠存照。

乾隆四十五年十一月　日立賣契人　程碧川

憑中　程於上

程德新

所有來腳赤契與別產相連，不便繳付。再批。

同上　歙縣許承基賣地赤契

二十一都六圖立賣地契人許承基，今因正用，自願將祖遺受化字二千四百三十六號，地稅一釐一毫六絲，土名舊土庫；又化字二千四百三十六號，地稅一釐，土名苦竹林，憑中立契出賣與許蔭祠名下爲業，得受九色銀二十一兩整。其銀當即收足。其地即交管業，過割入買人戶內支解輸糧。從前至今并未典賣他人，并無重複交易。倘有親房內外人等異說，俱係出賣人一并承擔，不涉買主之事。今恐無憑，立此杜賣地契永遠存照。

乾隆四十六年十一月　日賣地契人　許承基

親族　許國良

許竈祿

憑中人　許素安

許育民

代筆　許雅宗

再批：契內價銀一并收足，不另立收領。

同上　方翼君賣地契

十九都二圖立杜賣契方翼君，今因正用，自願將祖遺分受己業，被字一千五百五十二號，地稅六毫，土名汪家林；又被字一千五百五十三號，地稅八釐四毫九絲，土名同；又被字一千五百五十八號，地稅一分四釐四毫，土名同；又被字一千五百六十一號，山稅一分六釐，土名八公塘上，於上自造厝屋二棺，憑中立契出賣與周名下爲業，當日三面言定得受時值價九色銀一十六兩整。其銀當即收足。其地并厝屋即交管業，其稅隨即過割，入買人戶內，執業輸糧。此係兩相情願，并無威逼、準折等情。從前至今并未典當他人，亦無重複交易。倘有親房內外人等異說，俱係賣人承當，不涉買人之事。恐口無憑，立此杜賣契永遠存照。來腳赤契繳付買人收執。

乾隆五十三年四月　日立杜賣契　方翼君

憑侄　方枕書

中　吳栢裳

程敬嚴

親筆

同上　歙縣鄭在田等賣地赤契

二十三都四圖立杜賣契人鄭在田、修五，今因錢糧急用，自願將父遺受毀字一千二百二十七號，地稅二釐，土名楓樹林；又毀字一千二百二十八號，地稅二分七釐一毫三絲，土名住基，東至本家住屋，西至買人住屋，南至買人菜園，北至大路，今憑中出賣與族兄名下爲業，三面議定得受價九四平元絲銀十二兩整。其銀當即收足，并不另立收領。其地即交管業，聽憑興造。其稅隨即過割入買人戶內，支解輪糧。從前至今并未典賣他人，亦無重複交易。此係兩相情願，并無威逼、準折等情。倘有親房內外人等異說，俱係出賣人一并承當，不涉受業人之事。恐後無憑，立此杜賣文契永遠存照。

嘉慶二年三月　日立杜賣契人　鄭在田
鄭修五
憑中　鄭良高
鄭景年
鄭監周
李竈壽
鄭舒來
代筆　鄭涵萬

同上　歙縣汪有浩賣地赤契

立便契人汪有浩同侄文熹，今因無措，自情願將宗龍公汪龍戶內，臨字一百零一號，計地稅一分九釐二毫一絲四忽，土名十横街，該身分法，託中出賣與族兄名下爲業，聽憑蓋造，身等并無絲毫存留，三面言定得受價大錢八千文整。其錢當即收足。其地稅即交族兄管業。其稅仍存汪龍戶內輪糧。以前至今，於身分法并無典當他人。今係兩相情願，亦無準折、威逼等情。倘有親房人等異言，俱係身等一并承當，不干受業人之事。恐口無憑，立此便契永遠存照。

道光十三年十月　日立便契人　汪有浩
同侄　汪文熹
憑族　汪國寶
汪國瑞
憑親　程樹屏
憑中　江德全
代筆　張茂功

再批：所有原腳赤契，俟有浩、文熹日後撿出，即歸族兄收執，不得留難另生枝節，藉圖加找。又照。

同上　歙縣方肇常等賣地赤契

二十四都一圖七甲，立杜絕賣地并稅契人方肇常，今因錢糧公費正用無措，自願將承祖遺分受已業，效字一千二百三十五號，地稅八毫八絲，土名大路山，東至受業人地并塝下塘，西至姚姓墳地，南至塝下田，北至姚姓地，四至載明，眼同訂界爲規，於上興有樹木一應在內，其稅不在多寡，照依原來稅業盡出無存，憑中立契出賣與本都、圖本甲族名下爲業，三面議定得受時值價元銀一兩整。其銀當即收足。其稅隨即過割推入買人戶內，支解輪糧。其地并樹木即交管業，聽憑扦造風水，均無異說。以前至今并未典押他人，亦無重複交易。此係兩相情願，并無威逼、準折等情。倘有親房內外人等異說，俱係出賣人承當理直，不涉買人之事。恐口無憑，立此杜賣地契永遠存照。

道光十九年正月　日立杜絕賣地并稅契人　方肇常
親嫂　方汪氏
方鮑氏
親侄人　方吉祥
憑中人　方遂時
代筆人　方聖貴

又批：稅票一紙附執，倘有字號訛錯，言定換號不換業。再照。

再批：上首原來赤契遺失，已後撿出，已作費紙。又照。

同上　歙縣姚鄭氏賣地赤契

二十四都一圖二甲，立杜賣地并稅契人姚鄭氏同媳徐氏，今因錢糧緊急無措，自願將翁手承受效字一千四百七十五號，土名山公嶺，地稅一分整，東至程姓地，西至地塝低形，南至葉墳地，北至出業人祖墳堆，四至載明，其中并無墳塚，其稅不在多寡，眼同訂界爲規，憑中立契出賣與本都本圖七甲方元升名下爲業，三面言定得受時值價曹平足紋銀二兩五錢整。其銀當即親手收足，不另立收字。其稅隨即過割推入買人戶內，支解輪糧。其地即交管業，聽憑早晚取用，扦造風水，永無異說。從前至今并未典押他人，亦無重複交易。此係兩相情願，并無威逼、準折等情。倘有親房內外人等異說，俱係出賣人一力承當理直，不涉受業人之事。今欲有憑，立此杜絕賣地并稅契永遠存照。

道光二十三年三月　日立杜賣地并稅契人　姚鄭氏
同媳　姚徐氏
憑中　姚貫五
方漢永
依口代筆　姚沛蒼

再批：原來契據年遠遺失無存，日後倘有撿出，不作行用。又照。

同上　歙縣胡敬亭賣地赤契

十六都二圖立杜賣契人胡敬亭，今因正用，自願將父遺分受己業，被字一千五百五十二號，地稅六毫，土名汪家林；又被字一千五百五十三號，地稅八釐四毫九絲，土名同；又被字一千五百五十八號，地稅一分四釐四毫，土名同；又被字一千五百六十一號，山稅一分六釐，土名八公塘上；又被字一千五百六十一號，山稅二分零七毫一絲，土名程家林八公塘；又被字一千五百十九號，地稅三分一釐四毫，土名王家山；又被字一千五百五十四號，地稅三釐，土名同；又被字一千五百五十三號，地稅一分二釐二毫，土名同；又被字一千五百五十二號，地稅一釐六毫一絲，土名同；又被字一千五百五十八號，地稅二分七釐二毫，土名同，以上共計十號，憑中立契出賣與二十一都二圖許名下爲業，三面言定得受時值價銀曹平足紋七十兩整。其銀當即收足。其稅隨即過割推入買人戶內，支解輪糧。所賣各號之稅本家盡出；并無毫忽留存。其田東至田，西至墳，南至田，北至來龍，眼同訂界爲規。其上原造有一窨，聽憑早晚改換遷造風水。從前至今并未典賣他人，亦無重複交易。此係兩相情願，并無勉強等情。倘有親房內外人等異說，俱係出賣人一并承擔，不涉買人之事。恐口無憑，立此杜賣山地稅契永遠存照。

道光二十六年五月　日立杜賣山地稅契人　胡敬亭
憑中　胡誦清
程仲容
親筆

同上　歙縣許斗文賣地契

二十一都二圖三甲，立杜賣山地稅契人許斗文，今因錢糧正用，自願將己業，德明戶內化字三千一百九十八號，山地稅一分，土名茶塘培，憑中立契出賣與族名下爲業，三面議定得受時值地價大足典錢六千文整。其錢當即收足。其地即交管業，聽憑遷造取用，其地眼同頂界爲規。其稅隨即過割推入買人戶內，支解輪糧。倘有字號訛錯，任憑對冊改正，換號不換業。其業從前至今并未典當他人，亦無重複交易。此係兩相情願，并無威逼、準折等情。倘有親房內外人等異言，俱係出賣人一力擔承理直，不涉受業人之事。恐口無憑，立此杜賣山地稅契永遠存照。

咸豐八年正月　日立杜賣山地稅契人　許斗文
憑中　許惠孚
許有全
代筆　朱受之

再批：原來赤契稅票年久遺失，日後撿出，以作廢紙。又照。

同上　吳永四賣地赤契

二十四都三圖立杜賣地稅契人吳永四，今因正用，自願將祖遺分受己業，得字二千四百號，地稅一分五釐，土名雷古林，憑中立契杜賣與本都二圖吳進叔名下爲業，三面議定得受賣價英洋二十七元整。其洋當即收足。其地即交管業，眼同親自指業訂界，東至方業，西至汪業，南至田，北至路，四至界內聽憑扦造。在先并未抵質他人，亦無重複交易。此係兩相情願，并無勉強、準折等情。倘有親房內外人等異言，俱係杜賣人一并承肩理直，不涉受業人之事。今欲有憑，立此杜賣地契永遠大管存照。

光緒二十三年三月　日立杜賣地稅契人　吳永四
憑中　吳承意
吳社貴
李定柏
洪清福
萬里周
代筆　方芸欽

再批：其稅仍存本戶，當收吳進叔英洋壹元生息，以作每年完糧之費。又照。

再批：倘有字號訛錯，任憑照冊改正，換號不換業。又照。

同上　歙縣程武慶等賣山赤契

九都六圖九甲立賣契人程武慶等，今將承祖分受男字一千叁百陸拾陸號，内山稅五分，土名大塘山，其山東至本家塘，西至黄、程地，南至本家墳山，北至方家山； 又將男字一千叁百六十七號，内地稅一分，土名里邊山，其地東至□□，西至□□，南至□□，北至□□。四至開載明白，憑中立契出賣與廿二都七圖黄千名下爲業，三面議定時值價紋銀壹百叁拾兩整。其銀當即收足。其山地眼同釘界，聽憑受主管業，遷造風水。其稅於本甲程仁戶、程世魁戶、程奎戶三戶内起割，入受主戶内支解。從前至今并未與他人重複交易。此係兩相情願，亦無準折等情。倘有親房内外人等異說，俱係賣人一面承當，不干受業囚之事。今恐無憑，立此賣契存照。

順治十年三月　日立賣契人　程武慶
程武學
程武光
同中　徐哲甫
徐啓愛
親房　程襟海
徐元錦
程爾靜
冊里　徐啓祥
程武吉

同上　歙縣吳一瑞等賣山契

二十一都二圖立賣契人吳一瑞同弟一檢、一榔，同侄七壽、聖壽，今因欠少使用，自願將承祖分受化字一千四百九十八號，山稅壹分貳釐，土名水口山，四至照依清冊，於上有大松木貳根，又白楊、楓木貳株，一應在内，憑中立契出賣與許蔭祠名下爲業，三面言定時值價銀貳兩肆錢整。其銀、契當即兩相交付明白，并無欠少、準折等情。其山存前并不曾與他人重複交易。倘有親房内外人等異說，俱係賣人承當，不干買人之事。其稅聽憑目下過割管業。今恐無憑，立此賣契存照。

康熙十九年二月　日立賣契人　吳一瑞
吳一檢
吳一榔

契内價銀一并收足，再不另立收領。再批。

同上　歙縣陳語山賣山契

二十四都六圖立賣契人陳語山，今將自置本族必字三千一百十九號，山稅一釐，土名西塘，其山四至俱照族賣原契管業，憑中立契轉賣與二十三都一圖四甲鮑名下爲業，三面議定得受山價銀一十二兩整。其銀當即收足。其稅隨即過割，入買人戶内支解管業，聽憑扦造風水無異。倘有内外人等異說，俱係賣人承當，不涉買人之事。今恐無憑，立此賣契存照。

乾隆六年十二月　日立賣契　陳語山
憑中　陳公聚
陳蕚舒
鮑于天
鮑聖岳
鮑聲遠
代筆　陳君度

其來腳族賣原契，繳付買人收執。

同上　歙縣汪文兆等賣山赤契

二十一都六圖立賣山契人汪文兆、彩林、聚林、狗黑，今將自己承祖分受山業，化字一千六百九十三號，山稅五釐整，上厝一所，土名長山，其地東至霸手外墳，西至汪地，南至路，北至本家山。四至開明，憑中出賣與二十一都二圖許名下爲業，當日三面議定得受價九色銀一十八兩整。其銀當即收足。其業即交買主管業，聽從許宅釘界入戶，開做用事無辭，以後無得異說。此事出自情願，并無威逼、準折等情。其地從前并未典當賣他人。倘有親房内外人等異說，以及來歷不明等事，俱係賣主汪文兆、彩林、聚林、狗黑四人一應承當，不干買主之事。恐口無憑，憑中立契杜絶，永遠存照。

乾隆二十五年十一月　日立賣山地厝基契人　汪文兆
汪彩林
汪狗黑
親弟　汪聚林
堂兄　汪日高
汪廷彩

憑中　汪玉山
倪滿九
倪招子
代筆　汪顯光

同上　歙縣許阿程等賣山赤契

二十一都六圖立杜賣山契人許阿程氏同男國良，今因乏用，自情願將祖遺化字三千一百二十八號，山稅二分，土名茶塘，東至本家山，西至吳許界，南至來龍山脊，北至山塝腳路，四至開明，照依清冊，憑中立契出賣與二十一都二圖二甲族名下爲業，三面議定得受時値價九色銀七兩整。其銀當即收足。其山稅隨即過割，推入許振興戶內支解輸糧。其業即眼同釘界，憑中交與買人管業，永無取贖，任憑遷葬風水無辭。此係兩相情願，并無威逼、準折等情。從前至今亦未典當他人，抑無重複交易。倘有親房內外人等異說，俱係出賣人承擔，不涉買人之事。今恐無憑，立此杜賣山契永遠存照。

乾隆三十七年四月　日立杜賣山契人　許阿程氏
同男　國　良
憑中　許豹友
代筆　許承基

再批：契內價銀一并收足。倘有字號差誤，日後本家改號不改業。原來腳赤契仍有別號相連，日後查出，不再行用。

同上　歙縣洪雲翰賣山赤契

十五都一圖立杜賣契人洪雲翰，今因正用，情願將自置鳳字一千八百七十六號，計山稅二分五釐，土名風壽塢，東至山脊，西至出產人墳并方墳墒首直上，南至出產人山抵仇墳，北至來龍脊，四至開明，憑中出賣與二十一都二圖許名下爲業，三面議定得受九色價銀三十六兩整。其銀當即收足。其山業三面眼同訂界，交割管業。其稅即於洪聚有戶內推出，入於許永祚戶支解輸糧，聽憑遷造風水，無得異說。從前至今并未典賣他人、重複交易。此係兩相情願，并無準折、威逼等情。倘有親房內外以及山鄰人等異說，俱係出賣人一應承當，不涉買人之事。恐口無憑，立此杜賣契永遠存照。

乾隆五十二年十月　日立杜賣契人　洪雲翰
憑中　洪庭舞

洪發才
吳惠符
代筆　洪以和

其來腳赤契一紙，交買人收執。

同上　歙縣仇國美賣山赤契

二十一都五圖立杜賣山契人仇國美，今因差徭正用，自情願將祖遺受常字二千三百六十九號，計山稅四分七釐二毫，土名平陽皇印山，於上本家存留墳二塚，眼同丈量，計稅一分，餘稅三分七釐二毫，出賣與二十四都一圖方元升戶名下爲業，三面言定得受時値價紋銀七兩整。其銀當日收足。其業即日照依承祖所管界限，眼同訂界爲規，東至吳山，南至本家存留墳後，西至山降，北至吳山，四至開載明白，并繪圖形附後。其稅即日眼同訂界。過割入買人戶內支解輸糧，聽憑早晚扦造風水。從前至今并未典當他人，亦無重複交易。此係兩相情願，并非威逼、準折等情。倘有親房內外人等異說，俱係賣人一力承擔，不涉買人之事。恐口無憑，立此杜賣山契久遠存照。

乾隆五十七年十二月　日立杜賣契人　仇國美
憑房弟　仇元泰
憑中　吳輔塤
鮑紹蘭
仇元惠
方應淵
方仲奇
冊里　仇玉漢
代筆　仇華章

同上　歙縣江嘉會等賣山赤契

立賣契人江嘉會、伸遂、遂壽、江阿殷，今因衆糧無措，自願憑中將租遺出字四千三百四十四號，內山一業，計稅五分，土名黃荆培，四至不開，照依現形砍斫柴薪經管，憑中立契出賣與瑞金庵僧人名下爲業，三面言定得受時値價元銀六兩整。其銀當即收足。其山隨即過割交業經管，入買人戶內支解輸糧。此係兩相情願，并無準折等情。倘有內外親房人等異言，俱係賣人一并承當，不涉買人之事。恐口無憑，立此賣契永遠存照。

嘉慶十三年九月　日立賣契人　江嘉會
江伸遂
江遂壽
江阿殷
憑中　江汝華
江玉未
親筆

同上　歙縣仇履安等賣山赤契

二十都二圖立杜賣山地稅契人仇履安同弟又陶等，今因正用，自願將祖遺受化字一千二百八十九號，計山稅一分四釐，土名暮春堂，四至開明，東至地，西至山地，南至鮑墳，北至田，憑中立契出賣與二十一都二圖許名下爲業，三面議定得受九四平元絲銀足兌八兩整。其銀當即收足，并不另立收字。其稅隨即過割，推入買人戶內支解輸糧。其山無論稅之多寡，眼同釘界爲規，聽憑遷造墳塋，無得異說。此業從前至今幷未典當他人，亦無重複交易。此係兩相情願，幷無準折等情。倘有親房內外人等異說，俱係出賣人一力承擔，不涉買人之事。今恐無憑，立此賣山地契永遠存照。

嘉慶二十一年十月　日立杜賣山地契人　仇履安
仇象和
同弟　仇又陶
侄　仇孔如
照　林
惠　符
憑中　仇侶竹
劉啓富
陳禹和
陳錦文
宋廷瑞
代筆　仇贊成

再批：其來腳契紙，因與便號相連，不便繳付，倘有字號訛錯，查明換號不換業。又照。

同上　歙縣黃永祝等賣山赤契

二十一都一圖六甲立杜賣山契人黃永祝、永全、永甲、智洲等，今因錢糧緊迫無從措辦，自願將承祖遺受場字二千四百六十號，山稅一畝二分二釐六毫，土名金綫充，憑中立契出賣與本都二圖許蔭祠名下爲業，三面言定得受時值價九七平元絲銀四十兩整。其銀當即收足，亦不另立收領。其山當即過割，推入許蔭祠戶內管業支解輸糧，四至照依清冊，眼同釘界爲規。從前至今幷無典賣他人，亦無重複交易。此係兩相情願，幷無威逼、準折等情。倘有親房內外之人等異說，俱係出賣人一幷承擔，不涉受業人之事。恐口無憑，立此杜賣山契永遠存照。

嘉慶二十二年十二月　日立杜賣山契人　黃永祝
永　全
永　甲
同侄　黃智洲
憑中人　黃永具
代筆　黃永泰

再批：本山一邊山腳有地一塊，原係本山號內之稅，今亦一幷憑中交與許蔭祠戶內管業。又批。

同上　歙縣程洪氏賣山赤契

十九都三圖立杜賣山稅契人程門洪氏，今因夫手自置資字三千三百七十三號，計山稅一分七釐零六絲，土名趙塢；又資字三千三百七十四號，山稅三釐，土名芝麻塢；又資字三千三百七十七號，山稅二釐，土名同；又資字三千三百七十七號，山稅四分，土名同。同治九年於上結墩安措氏翁，不料連年病、訟相因，夫亡子故，家業漸次凋零，開墩見蟻滿棺，即計起遷改措，奈覓地葬費無資，自願憑中將此山業全字全號□□□□，其山四至，照依原來眼同指業訂界爲規，幷敗墩所有石頭一應在內，盡行出賣與二十四都六圖唐名下爲業，三面言定得受時值價曹平紋銀十二兩整。其銀當即收足。其山即交管業，聽憑早晚扦造墳塋，興養樹木，砍伐柴薪。其稅隨即過割，推入買人戶內支解輸糧。此業在先幷未典押他人，亦無重複交易。此係兩相情願，幷無威逼、準折等情。倘有親房內外人等異說，俱係出賣人一力承擔理直，不涉受業人之事。恐口無憑，立此杜賣山稅契永遠存照。

光緒七年十一月　日立杜賣山稅契人　程門洪氏

憑侄　程建柱

憑中人　胡松金

鮑善夫

鄭安鎮

代筆人　洪順林

再批：原赤契一紙、稅票一紙、又上首原契兩紙、稅票兩紙，交付收執。

又批：墩內靈柩現因歲逼，議定來年上季移葬。其結墩之後，聽憑唐姓取用無異。又照。

同上　歙縣鮑右瞻典田赤契

立當契人鮑右瞻，今因錢糧緊急無措，自情願將分受己業被字七十二號，田稅四分四釐八毫，土名塘邊，四至在冊，憑中立契出當到本圖許蔭祠名下爲業，三面議定得受當價紋銀二兩整。其銀當即收足。面言定每年秋收交納穀利風車淨穀六斗整，挑送上門，不致短少。倘若租利不清，聽憑許宅起業，另召他人耕種無辭。此係自身情願，并無威逼、欠少、準折等情。倘有內外人等異說，俱係身一并承當，不涉許宅之事。其業從前至今并未典當重複交易。言定聽憑早晚銀到取贖，無異說。今恐無憑，立此當契存照。

雍正五年十二月　日立當契　鮑右瞻

憑中　汪丹五

其銀當即收足，銀九三色九六平，外使用挂稅銀七分，取日并認。外挂稅一紙。

同上　歙縣程其章典田契

二十一都一圖立當契人程其章，今因欠少錢糧緊急使用，自情願將場字一千零七十八號，田稅一畝零，土名豬頭坵，憑中立契出當與本都二圖許蔭祠名下爲業，三面言定得受當價銀陸兩整。其穀挑送上門，不至欠少。其田從前至今并未曾與他人重複交易。倘有親房內外人等異說，係身一并承當，不干受業人之事。今恐無憑，立此當契存照。

雍正五年十二月　日立當契人　程其章

憑中　程蔚山

親筆

外加使用銀一錢八分整。六年十二月，加本銀一兩二錢整，加穀利三斗。程其章筆。

同上　歙縣王文聖當地契

二十一都一圖立當契人王文聖，今因錢糧使用，自情願將祖遺該身分法，化字五百七十四號，墻基地稅一分，自情願出當與許蔭祠名下爲業，三面議定得受當價九三色銀一兩整。其銀利每年交納風車淨穀三斗，挑送上門，不致欠少。從前至今并未當與他人，亦無欠少、準折等情。其稅聽憑寄稅入戶。倘有內外人等異說，俱係身一并承當，不涉許宅之事。今恐無憑，立此當契存照。

雍正五年十二月　日立當契人　吳文聖

親筆　無中

外加挂稅使用五分。

同上　歙縣鮑集良當地文約

立當約人鮑集良，今因欠少錢糧，營米無措，自情願將鳳字一千二百四十九號，地稅三分零三毫；又將鳳字一千二百五十一號，地稅二分，土名暮春塘，四至在冊，浼中立契出當到許蔭祠名下，本紋銀一兩一錢整。其銀利議定每年交納當租麥一斗，黃豆一斗，二季交清，不致欠少。今恐無憑，立此存照。

外有中人酒水五分，取日認。外有挂稅票一紙。

雍正六年十一月　日立當約人　鮑集良

代筆憑中　鮑德裕

同上　歙縣黃子高當田契

二十一都一圖立當契人黃子高，今因欠少使用，自情願將承祖分受場字一千八百二十六號，田稅二分，土名和善塘；又場字二千一百七十六號，地稅三分，土名社屋山，四至照依清冊，憑中立契出當與許蔭祠名下，三面議定得當價九三色銀三兩整。其銀利每年秋收交納風車淨穀九斗整。其穀挑送上門，不至欠少。如有欠少，聽憑起業。其地從前至今并未曾與他人重複交易。倘有內外人等異說，俱係當人承當，不涉受業人之事。今恐無憑，立此當契存照。

雍正七年十一月　日立當契人　黃子高

憑中　黃二生

契內價銀一并收足。外加使用銀一錢，五年內自認，五年外不認。

親筆

同上　歙縣呂華周典田契

二十都二圖立出典契人呂華周，今將承祖遺受鳳字三千一百五十六號，內田稅出三分，土名幽充，憑中立契出典與二十一都二圖許□□名下爲業，得受典價銀六兩整。當即收足。其田言定開塘爲配合□基風水事用。此係兩相情願，并無異說。今欲有憑，立此典契存照。

雍正八年二月　日立典契人　呂華周

憑中　呂天遂

范文賢

親筆

同上　歙縣鮑德裕當田約

立當約人鮑德裕，今因欠少使用，自情願將承祖分受化字四千八百十二號，田稅四分，土名毛塘下，憑中當到許蔭祠內，本九三色銀三兩整。其銀議定每年秋收交納穀租利八斗，不致欠少。還本之日周年對算。今恐無憑，立此當約存照。

雍正十一年三月　日立當約人　鮑德裕

憑中人　許譽章

雍正十二年二月二十三日，還過契內本銀一兩，仍欠本銀二兩，每年交穀利五斗三升整。再批。

本年八月十二日又加本銀一兩五錢整，并前二共本三兩五錢，議定每年秋收交當租穀九斗二升。再批。

同上　歙縣吳根漢當田契

本都本圖立當田契人吳根漢，今將原遺赤契二紙於上場字共六號，計田稅一畝九分七，塘稅一分五釐，土名載赤契上，立契當到許蔭祠名下，得當本九五平足紋銀四十兩整。其銀利議定每年秋收交納風車淨穀七十二斗整。挑送上門，不致欠少。如有欠少不清，聽憑起業無辭。契內并無東道使用。議定取贖不論早晚，銀到契還，無得阻執。今恐無憑，立此當契存照。

乾隆二十四年九月　日立當契人　吳根漢

執筆　吳衡鑒

外有原赤契二紙附押。再照。

又加當紋銀拾兩整。再照。

外加穀利十八斗整。

同上　歙縣許日進當地契

立當地契人許日進，今因欠少使用，自情願將承祖分受化字三千零二十五號，地稅四分，土名官人培，憑中立憑出當與蔭祠名下，得受當價紋銀三兩整。其銀當即收足。其稅隨即入蔭祠戶內。其銀利言定每年交納麥、豆兩季，每季交納四斗一升，不致欠少。倘有欠少，聽憑起業，無得異說。倘有親房內外人等異說，俱係出當人承當，不涉受業之事。恐口無憑，立此當契存照。

乾隆二十六年十二月　日立當地契人　許日進

憑中　許士進

許永貞

許星進

契內并無中資酒食。再批。

再批：契內足紋，實兌平足九五。

同上　歙縣許高壽當地契

立當地契人許高壽，今將祖遺化字三千三百二十八號，地稅四分，土名下塘塢，憑中立契出當與蔭祠名下爲業，三面議定得受當價九色銀四兩整。其銀當即收足。其地即交收租挂稅管業。言定以十年爲滿，聽憑取贖。恐口無憑，立此當地契存照。

乾隆二十八年四月　日立當地契人　許高壽

憑中　許雲起

開　壽

有　壽

元　壽

文　壽

其地因高壽病辦衣衾所用，候後八桂成人之日，取還歸之。又照。

同上　歙縣許茂遂等當地契

立當地契支下茂遂同侄秉文，今因欠少使用，自願將祖遺化字二千零二十五號，地稅八分，土名茶園，立契出當與蔭祠內爲業，三面議定得受當價九色銀六兩整。其利指地收租，兩無異說。聽憑早晚將原價取贖。恐有親房人等異說，皆係出當人承當。恐口無憑，立此當契存照。

乾隆二十九年十月　日立當地契　茂　遂

同侄　秉　文

親房　景　禧

憑中　領　支

同上　歙縣胡阿吳當田契

十七都四圖立當田契人胡阿吳，今因三子長旭畢姻缺乏使用，將夫分與長旭名下承受拱字八十九號，計田稅一畝四分三釐四毫六絲，土名鳥兒坦，四至照依清冊，憑中立契出當與本都本圖胡□□名下爲業，三面言定得受當價本足紋銀六兩整。其銀當即收足。言明每年秋收交利租計乾穀九斗租斗，以作周年之利。其租送門交納，不至欠少。倘有挂欠不清，其稅聽憑過割管業，無得異說。倘有內外人言論，俱係出當理值。以前并未與他人重複交易。其田聽憑早晚原價取贖。外有來腳赤契一紙抵當。今恐無憑，立此當契存照。

乾隆二十九年十一月　日立當田契人　胡阿吳

偕男　胡長旭

長　旦

憑中　長　坤

親筆　東　如

外使用紋銀三錢，言明五年內取贖，出當人認，五年外取贖，受當人認。再批。

乾隆三十年三月初九日又加紋銀一兩整，其租照前算。再批。

三月十九日又加當價本足紋銀一兩五錢，其租照前算。再批。

九月初二日又加當價本足紋銀五錢整，其租照前算。再批。

十六日又加當價本足紋銀三兩整，其租照前算。再批。

十二月又加當價本足紋銀四兩整，其租照前算。再批

乾隆三十一年九月又加當價本紋銀六兩，其租照前。再批。

乾隆三十二年四月又加當價本足紋銀二兩五錢整。

同上　歙縣許阿江當田契

本都本圖立當契人許阿江，今因欠少使用，將承祖分受化字二千七百零四號，田九分九釐八毫，土名沙坵，憑中親侄當與族名下爲業，得受紋銀十兩整。其租議定每年交納風車凈穀二十二斗。挑送上門，籽粒不得欠少。如有欠少，聽憑耕種管業，無得異說。恐口無憑，立此當契存照。

乾隆三十四年十月　日立當契人　許阿江

憑親侄　許青選

代筆　青　選

再批：其銀以情借懇，約於年內本利交清，今將其田以信立契爲憑，準於年內送還不悞。又照。

同上　歙縣方賓秀等典地契

十九都二圖立典契人方賓秀、揆章，今將化字一千一百二十八號，本家祖墳左手餘地，因許宅造殯與地相連，憑親友通情，出典餘地一尺五寸與二十一都二圖許名下爲業，得受典價九色銀二十兩整。其銀當即收足，其地聽憑造殯取用，銀不起利，地不起租。以典十二年爲期，聽將原價取贖。此係兩相情願，并無準折等情。倘有親房內外人等異說，係身一并承擔，不涉典人之事。今恐無憑，立此典契存照。

乾隆三十七年十二月　日立典契　方賓秀

方揆章

憑中　鄭象乾

奉書　方佩瑤

同上　歙縣許景洛典田契

二十一都二圖立典契人許景洛，今將承祖分受化字一千六十九號，田一畝四分六釐五毫，土名下新田；又四千四百五十號，田五分九釐八毫，土名擇樹下；又二千七百二十七號，田七分一釐九毫，土名上莊前；又二千七百二號，田六分二釐一毫，土名沙坵；又五千四百八十五號，田五分九釐三毫，土名橫塘下；又二千八百二十九號，田七分四釐二毫，土名臺盤坵；又二千八百三十六號，田一畝六分六釐一毫，土名寄馬段；又六百四十二號，田一畝五釐五毫，官田廣；又六百三十六號，田一畝，土名黃金錠；場

字三百五十號，田二畝六分四釐，土名鳥兒林；　又一千八百三十九號，田一畝一釐一毫，土名紙錢莊；　又三千五百九號，田一畝一分一釐六毫五絲，土名汪家塘；　又一千二百二十二號，田一畝一分七釐九毫九絲，土名鮮魚山；　又三百四十八號，田二畝三分七釐三毫，土名橫坵；　又三百七號，田一畝一分六毫，土名墩坵；　又二百八十七號，田五分，土名橋頭坵；　鳳字四千七十九號，田一畝五分六釐一毫，土名唐模塘，憑中立契出典與族名下爲業，得受典價紋五百兩整。其銀當即收足。其田即交管業收租。其稅即掛入受典人戶內。倘有親房內外人等異說，俱係出典人承當，不涉受典人之事。議定十六年內取贖使用出典人認，十六年外取贖不認。今恐無憑，立此典契存照。

乾隆三十八年十二月　日立典契人　許景洛
許宸佐
憑中　許夔賡
許含光
許育民
奉書　許以清

同上　歙縣許郢筌等典田契

二十一都二圖立典契人許郢筌、許思範、許仰宸，今將承祖分受化字五百零七號，田一畝零八釐六毫五絲，土名六畝坵；　又一千一百八十六號，田一畝二分四釐四毫，土名大塢埵；　又二十九號，田一畝八分二釐九毫，土名狗脊堨；　又八百四十號，田一畝八分八釐七毫，土名近水堨；　又七十七號，田一畝三分五釐，土名林坵；　又三千六百四十二號，田一畝四分九釐六毫，土名新橋頭；　又一千八百八十六號，田四分六釐一毫，土名石路下；　又二千七百九十七號，田六分七釐三毫，土名八畝堨；　又七百零三號，田七分九釐八毫，土名低林；　又五千四百十三號，田九分二釐七毫，土名橫唐充，共田稅十一畝七分五釐一毫五絲，憑中立契出典與□□名下爲業，得受典價紋銀二百五十兩整。其銀當即收足。其田即交管業收租。其稅即掛入受典人戶內。倘有親房內外人等異說，俱係出典人承擔，不涉受典人之事。議定十六年內取贖使用出典人認，十六年外取贖不認。今恐無憑，立此典契存照。

清乾隆三十八年十二月　日立典契　許郢筌
許思範
許仰宸
憑中　許學侶
許正陽
許育民
執筆　許仰宸

同上　歙縣鮑樂臣當地契

立當契人鮑樂臣，今因欠少正用，自願將作種地化字九百八十六號，地稅九分一釐四，土名幽公林，憑中出當到正佳兄名下爲業，三面言定得受時值當價元絲銀九四平銀七兩整。其銀當即親手收足，其地即交管業，銀不起利，地不交租。從前至今并未典當他人，亦無威逼、準折等情。此係兩相情願。倘有親房內外人等異說，俱係出當人一力承當，不干受業人之事。今恐無憑，立此當契存照。

嘉慶八年二月　日立當契人　鮑樂臣
憑中親兄　施　有
親筆　唐高福

再批：十二年之外原價取贖，十二年之內不準取贖。

同上　歙縣吳雨之當田契

二十一都二圖立當田契人吳雨之，今因正用，自情願將承祖遺受化字一千十二號，田稅一畝一分三釐，土名沙墩頭，憑中立契出當與本都本圖許名下爲當業，三面言定得受當價九四平時元絲銀二十兩整。其銀當即收足。其田即交管業收租。此係兩相情願，并無威逼等情。倘有親房內外等異說，俱係出當人承擔，不涉受業人之事。恐口無憑，立此當田契存照。

嘉慶十七年十二月　日立當田契人　吳雨之
憑中　吳夢蛟
朱九皋
王鍾如
汪易三
代筆　吳士恆

再批：其田指業當業，倘有字號訛錯，候三家兄回里查明改正，出税言定找時元十一兩整。又照。

又批：使用時元絲銀一兩四錢整。議十二年之内取贖吳姓認，十二年之外取贖許姓認。再照。

又批：早晚找價不認使用。

同上　歙縣許阿汪氏等典地契

本都本圖立典契人許汪氏，同小叔嘉智，同男許添喜、許雙喜等，今因正用，將承祖遺受化字二千四百三十四號，地税二釐，土名芋頭田，憑中立契出典與族名下爲業，三面議定得受典價九七足元絲銀八兩整。其銀當即收足。其地即交管業，任憑蓋造取用。言定二十四年之後，聽憑將原價取贖，期内不準取贖，不得交典。此係兩相情願，并無威逼、重複等情。倘有親房内外異説，俱係出典人承當。今恐無憑，立此典契存照。

嘉慶二十年六月　日立典契人　許阿汪氏

同小叔　嘉　智

同男　許添喜

許雙喜

憑中　許亮如

許維城

許揆章

代筆　許善益

同上　歙縣胡聖欽當田契

二十一都二圖五甲立當人胡聖欽，今因正用，自願今將己業化字四千二百六十二號，田税九分，土名五角秋田，憑中立契出當與本都本圖許名下爲業，三面言定得受當價九四平足元絲銀二十二兩整。其銀當即收足。其田即交管業。從前至今并未典當他人，亦無重複交易。此係兩相情願，并無威逼、準折等情。倘有親房内外人等異説，俱係出當人一并承當，不涉受當人之事。恐口無憑，立此當契存照。

嘉慶二十一年八月　日立當契人　胡聖欽

憑中　胡守仁

胡伸秘

汪易三

親筆　許廷燦

再批：其田以十二年爲期，期外將原價取贖。再批：使用元銀一兩八錢四分。再批：期内取贖胡姓認，期外許姓認。又照。

二十三年三月得受找價錢九兩。兩訖。

同上　歙縣鮑寧勝當地契

二十一都二圖七甲立當地契人鮑寧勝，今因正用，自願將己業化字五千二百三十八號，地税二分九釐九毫，土名連塘下；又化字五千二百六十號，地税七分一釐六毫，土名連塘；又化字五千二百五十一號，塘税一分，土名同，以上一并憑中出當與許名下爲業，三面言定得受當價大足錢九千文整。其錢當即親手收足。其地即交管業。其地言定十二年之内不準取贖，十二年之外聽憑早晚取贖。其地已來并未典押他人，亦無重複交易。此係兩相情願，并無威逼等情。倘有親房内外人等異説，俱係出當人一力承擔，不涉受當人之事。今恐無憑，立此當契存照。

再批：另有税票一紙抵押，取日兩繳。又照。

嘉慶二十三年十二月　日立當地契人　鮑寧勝

憑中　鮑麗南

代筆　鮑東彩

同上　歙縣鄭知高當田契

立當契人鄭知高，今因缺用，自願將土名祝家莊門口，水田一分，四至均照現管，自願盡行出當與歙邑陽川洪立大名下爲業，三面議定得受時值當價錢一兩四整。其錢當即收足，外不另立收字。其利每年秋收包還燥穀十四斤，送莊過秤，不得欠少。如若欠少，聽憑管業另招無異。恐口無憑，立此當契爲據。

道光十三年十月　日立當契人　鄭知高

胡大啓

親筆

同上　歙縣許宅仁等轉當田契

立轉當田契人許宅仁、許善夫、許行揚，今因正用，自願將父置當田業一契，共田税三十二畝一分六釐三毫二絲，塘税六分九釐零五絲五忽，四至照依清冊，土名、字號開載於後，憑中轉當與本都本圖族名下爲業，三面言定得受價銀曹平鏡紋五百兩整。其銀當即收足。其田即交掛税管業收租。其田從前至今并未當與他人，亦無重複交易。此係兩相情願，并無威逼、準折等情。倘有親房内外人等異説，俱係出當人承擔，不涉受當人之事。恐口無憑，立此轉當契存照。

道光二十三年四月　日立轉當田契人　許宅仁

許善夫

許行揚

憑中　許景文

許雲門

親筆

同上　歙縣程吉先轉當田契

二都二圖後六甲立轉當契人程吉先，今因正用無措，自願將受當田一業，坐落土名舟山，係新丈荒字四千二百九十三號，計田税九分二釐二毫四絲整，所有四至悉照鱗冊爲界不載，今央中立契盡行出當與三都五圖五甲黄名下爲業，當日得受當價九四平足兑肚紋銀十三兩五錢八分整。其銀當成契日比即一并收足訖，不另立領。其田隨即交與受當人管業，聽從换佃收租。未當之先并無重複交易以及來歷不明，内外人攔阻、生端異説等情。如有此情，盡是出當人一力承當，不涉受當人之事。所有當期言定六年爲滿，期滿秋收後聽備原價取贖。今將受當契一紙、僉業歸户一紙，一并繳付受當人收執。今欲有憑，立此當契存據。

咸豐三年十二月　日立轉當契人　程吉先

憑中　查日升

汪符瑞

代筆　查華遠

同上　歙縣王蓮坊當大小買田契

立當光板大小買田、塘税契人王蓮坊，今因正用，自願將祖遺分受己業，蕪字叁百七十九號，田税七分四釐五毫，土名蓮塘；又蕪字三千二百八十八號，塘税一釐六毫，土名蓮塘，以上共田、塘税二號，今憑中立契出當與二十四都一圖七甲方霖戶名下爲業，三面言定得受時值當價九五平足紋銀十一兩八錢八分整。其銀當即收足。其田即交管業耕種。議定以十二年爲期，倘六年之外取贖，認還中資使用。其田在先并未典押他人，亦無重複交易。此係兩相情願，并無勉強等情。倘有親房内外人等異説，俱係出當人一力承肩，不涉受業人之事。今恐無憑，立此當契爲照。

咸豐七年三月　日立當光板大小買田塘税契人　王蓮坊

憑兄　王桂舟

憑中　王位南

王在興

羅連元

代筆　徐振基

再批：原來赤契、税票，因與別業相連，未便付執。又照。

同上　歙縣鮑天富等當大小買地契

立當大小買青苗稀麥、蠶豆地契人鮑天富，今因欠少正用，情願將原當來地一塊，計税八分，土名水碓上，自願托中立契出當與許名下爲業，憑中三面言定得受當價足大典錢五千文整。其錢當即親手收足，其地即交過割管業作種，其錢不起利，其地不交租。其地從前至今并未典當他人，亦無重複交易。此係兩相情願，并無威逼等情。倘有親房内外人等異説，不涉受當人之事，出當人一力承擔。恐口無憑，立此當契存照。

咸豐七年十二月　日立當大小買青苗地契人　鮑天富

鮑金富

姚瑞昌

憑中人　鮑志昌

許長發

胡百意

代筆人　鮑振干

再批：其地言明十二年之内不準取贖，十二年之外憑原價取贖。

再批：今有原來老契一紙。又照。

同上　歙縣姚瑞過當大小買地契

立當大小買青苗稀麥、蠶豆地契人姚瑞過，今因欠少正用，自情願將自種地一塊，計稅八分，土名水碓上，自願托中立契出當與鮑名下爲業，憑中三面言定得受當價足大典錢五千文整。其錢當即親手收足，其地即交過割管業，其錢不起利，地不交租。其地從前至今并未典當他人，亦無重複交易。此係兩相情願，并無威逼、準折等情。倘有親房内外人等異説，不涉受當人之事，出當人一力承擔。恐口無憑，立此當契存照。

咸豐七年十二月　日立當大小買青苗地契人　姚瑞過

憑中　姚瑞星

姚瑞昌

鮑志昌

代筆　張加元

同上　歙縣鮑方氏當大小買地契

立當光板大小買地契人鮑方氏，今因正用，自願將祖遺分受地二塊，一坵計稅六分，一坵計稅二分，得受當價計大錢五千文整。其錢當即收足。其業聽憑受主管業耕種。此是兩相情願，并無威逼等情。如有親房内外等人異説，不涉受業人之事，當主自行理直。恐口無憑，立此當契存照。

同治元年正月　日立當人　鮑方氏

憑中　胡瑞金

代筆　胡高升

再批：　其地土名長塘。又照。

同上　歙縣許容發典菜園地契

立典光板菜園地契人許容發，今因正用，自情願將遺受化字號地四坵，土名□□，憑中出典與族名下爲業，當日三面議定得受時值價足大錢四百文整。其錢當即收足。其地即交管業。三面言定以十二年爲滿，期内不得生端加價、取贖，期滿聽憑原價取贖。此係兩相情願，并無威逼、準折等情。亦無重複交易。恐口無憑，立典菜園地契存照。

同治三年正月　日立典菜園地契人　許容發

憑中　許程氏

代筆　許佐義

同上　歙縣許永根當大小買田契

立當契支丁永根，今將遺受大買田，共計田、塘稅五畝四分七釐四毫二絲，所有字號、稅畝、土名逐細開列於後；又小買田一畝八分，一并憑中出當與蔭祠名下管業收租，得受時值當大買田價英洋五十四元七錢四分，小買田價英洋九元。其洋業已收足。其大、小買田即交管業收租。日後永根家興旺之日，準其原價隨時取贖。恐口無憑，立此當大、小買田契存照。

光緒十九年五月　日立當大小買田、塘契人　支丁永根

憑中　高　杏

留　塋

代筆　存　驊

同上　歙縣許聯順當小買田契

立當小買田契人許聯順，今因正用，自願將承四叔母遺受洪家林小買田一坵，計稅二畝整，今浼中出當與葉桂財名下爲業耕種，當受當價英洋二十元整。其洋當即收足。其田即交管業耕種。期十二年爲滿，期内不得生端交價，期分已滿任憑原價取贖。此係兩相情願，并無威逼等情。倘有親房内外人等異説，俱係出當人一力承肩理直，不涉受業人之事。恐口無憑，立此當契存照。

光緒二十一年五月　日立小買田契人　許聯順

許汪氏[小叔聯順代押]

許友誠[三房長代押]

憑中　許潤雲

代筆　許輝遠

再批：　老契因兵亂遺失，如後撿出，以作廢紙，不得行用。又照。

同上　歙縣汪以嘉加當大小買田契

立加當大、小買田契人汪以嘉，今因正用，自願將前當過有字號田三宗，稅畝、土名、契價前契載明，今憑中立契加當與吳名下爲業，三面言定得受加當田價英洋一百七十元整。其洋當即親手收清。其田原歸受業人管業。議再加十二年爲期，期滿聽憑備前後當價一并取贖，年分未滿不得生端加價取贖。此係兩相情願，并無威逼、準折等情。倘有親房内外人等言論，均是加當人一力承肩理直，不干受業人之事。恐口無憑，立此加當大、小買田契存照。

光緒二十九年十二月　日立當契人　汪以嘉

原中　程觀元
汪原生
鮑觀海
代筆親房　汪智卿

再批：加當價中用英洋八元五角整。年分未滿取贖分年攤認，年分已滿取人不認。又照。

同上　歙縣葉方翼賣田加價契

二十一都一圖立批據人葉方翼，今因前乾隆六年將場字號田一畝，賣與許蔭祠名下，得過價銀十四兩五錢，因契上批有五年取贖，今又加價銀一兩八錢整。其銀係身收去。其田日後永遠不得回贖。今恐無憑，立此批據存照。

乾隆十一年十二月　日立批據人　葉方翼
中人　葉自芳
代筆　葉三藍

同上　歙縣丁世臣加添田價契

立加添田契堂叔丁世臣，情因先年將祖遺分授田種壹契，賣與堂兄榮宗爲業，今托中加到升楊弟兄名下，比日議訂加添銀四十兩整，親手領訖。自加之後，永不言加，只許贖取，不得調賣。立此加添，永遠存照。

乾隆十三年八月十七日立加添叔　世　臣
中見人　汪甫田
尹榮九
夏步雲

同上　丁世臣加添絕賣田價契

立加添田契人堂叔丁世臣，情因先年將田種一契，賣與榮宗爲業，已經加添訂定，永不言加，只許贖取。今見年歉，情願永不歸贖，託中加到侄聲揚弟兄名下，比日得受加添紋銀二十五兩。自加之後，其田永聽聲揚掌管，叔永不得飾說。立此加添，永遠存照。

乾隆十五年十月初八日立加添　丁世臣
中人　夏玉相
汪明遠
丁武臣

同上　歙縣王氏等收契外價副契

立收契外價副契嫂王氏、葉氏同侄在寬等，緣本家賣過九都三圖坐落，土名羊塢山，係親丈稱字一千八百五十二號，山一業，憑中立有正契，所有稅步照正契注明，交與買人管業，今憑中收到叔聖友名下九五色契外價銀肆拾兩整，其銀當日一并收足訖。今恐無憑，立此契外價副契存照。

乾隆五十四年六月　日立收契外價副契嫂　王　氏
葉　氏
同男侄孫　在　寬
殿　仙
奕　光
允　嘉
紀　雲
憑房族　廷　玉
環　川
玉　友
代書侄　繹　謨

同上　唐佶人增找田價契

立增找契人唐佶人，今將祖遺鬮分己下字一千二百拾號田，土名大虎林，計稅四分，計租穀六拾斤，佃人張慎正；又才字號土名雲臺，計稅一分一釐，計租穀拾玖斤，佃人張六祐。前已立契賣與章名下爲業，今前契得受價紋銀拾兩，身不願取贖，復憑中找到章名下七折典錢柒兩整。其錢當即收足。其田照前契管業收租，身無異言。日後永不增找回贖。今欲有憑，立此增找契存照爲用。

道光三年十二月　立增找契人　唐佶人
中見　程景堂
代筆　周錦南

同上　黃瑞珍找小買田契

立找小買田批人黃瑞珍，因父手退過場字號小買田一業，計稅一畝六分，土名大路上，憑中立找批與堂弟媳名下爲業，三面言定得受找價足元銀十七兩整。其銀當即收足。其田原管業作種，不得取贖無異。此係二各情願，并無威逼、準折等情。倘有親房內外人等異説，俱係身一力承擔，不涉受業人之事。恐口無憑，立此找小買田批永遠存照。

道光七年三月　日立找小買田批人　黄瑞珍

憑中　黄觀遂

黄福如

黄天瑞

汪君美

代筆　張天培

同上　林良清割絶斷根田契

立割絶斷根契林良清，今將自己戶下民田壹坵，坐落找零圩斗各灣六畝，其田四至畝角載明原契，原價不足，復憑原中出割絶斷根到與□□處，三面議定時值斷根銀洋捌元整。其洋當日一并收足訖。其田自斷根之後，任從過戶入冊納糧、收息管業，日後永不再斷，永無異説。倘有內外人阻説，斷主自理，不涉受主之事。二邊情願，各無反悔。尤恐無憑，立此割絶斷根契存照。

計開：　其洋當日一并收訖，別不另立小票。又照。

其田蕩壹分，名叫趙家潭，水路任從車救，二并斷根在內。又照。

光緒四年　月　日立割絶斷根契　林良清

中代　鄭玉田

同上　歙縣吳順安等加小買田價字

立加小買田價字人吳順安同弟順祥、來安、德安，今加到鄭澹寧堂名下爲業，得受本足典錢肆仟文整。其錢當即收足。其田交原主管業。言定半紀爲滿，聽憑二共原價取贖，兩無異説。今恐無憑，立加小買田字存照。

再批：　酒水錢叁百文。又照。

再批：　此加字即長培口田一坵，計税一畝三分。又照。

光緒二十年十二月　日立加小買田字人　吳順安

同弟　順　祥

來　安

德　安

憑中　鄭　經

訓　堂

代筆　鄭序東

同上　休寧縣劉香佃田約

立佃約人劉香，今憑中佃到汪名下土名廣武橋對河二坵，計租六祖半。每年秋收上納籼租陸砠半，每砠二十六斤，遞年送交上門，無得異説。立此佃約存照。

面議每年折乾米七斗整。

順治八年七月十二日立佃約人　劉　香

中見人　金仰泉

汪　成

同上　歙縣胡百倫租田批

立租批人胡百倫，今租到許蔭祠名下田一坵一畝二分，土名小深坵，三面議定每年秋收交納風車凈穀二十斗，挑送上門，不致欠少。立此租批存照。

康熙三十三年五月立租批人　胡百倫

憑中　吳在田

本年月日近，只收租十五斗。

同上　歙縣吳文玉租田批

立租批人吳文玉，田、地三，共一畝一分六釐八毫，土名大塢塝上塘柿樹下，每年言定交納硬租穀二十八斗整，不致短少。今恐無憑，立此租批存照。

康熙五十三年十二月　日立租批人　吳文玉

憑中人　李佐臣

奉書人　吳　璠

乾隆十五年七月，其本收過四兩，除租穀十四斗整。

同上　歙縣程其章租田批

立租批人程其章，今租到許蔭祠名下，場字一千零七十八號，田税一畝零，土名豬坵，三面言定每年秋收交納風車凈穀十八斗整。其穀挑送上門，不致欠少。今恐無憑，立此租批存照。

雍正五年十二月　日立租批人　程其章

中人　程蔚山

同上　歙縣趙天老租田批

立租批趙天老，今租到許名下，場字三千三百一十二號，土名汪八塘田一坵，計稅七分五釐零，每年交納硬租風車凈穀一十四斗整，挑送上門，不致短少。其田板田交種。其田幷無小買、酒食。今恐無憑，立此租批存照。

雍正八年正月　日立租批　趙天老

同上　歙縣許明遠租田批

立租批許明遠，今租到族□□名下田貳分五釐，土名□□，其田每年秋收交納租穀六斗，挑送上門，不致短少。倘有不清，聽憑起業。今恐無憑，立此租批存照。

乾隆七年四月　日立租批人　許明遠

憑見父　許文彩

同上　休寧縣程林玉出佃田約

立佃約人程林玉，今將土名深坵，計租拾陸砠，憑中出佃金名下耕種，當得受價銀叁兩貳錢整。其銀當日收足。其田即交佃人耕種，每年秋收照依本村大例交租，不得短少。今恐無憑，立此佃約存照。其上首老佃壹紙，交人收批。

乾隆九年拾月　日立佃人　程林玉

憑中人　程殿候

同上　歙縣程時租田批

立租批人程時，今租到程名下此字號田一坵，土名仲興塘，言定每年交納時租稻穀二十四斗，又另交小買硬穀四斗，挑送上門，風車凈扇，不致欠少。倘有欠少，聽憑本家起業另換他人作種，也不得私退他人。今恐無憑，立此租批存照。

乾隆十六年十二月　日立租批人　程　時

憑中　□□

代筆　汪在暘

再批：　其田幷無頂頭。又照。

同上　歙縣汪得和租田批

立租批人汪得和，今租到成名下場字一千一百十七號，田稅二畝四分，土名汪相塘，三面言定每年秋收交納風車凈穀五十九斗六升整，挑送上門，不致欠少。倘有欠少不清，聽憑管業作種，無得異言。倘有天蟲、白色，乾旱，眼同千割。恐口無憑，立此租批存照。

乾隆十九年八月　日立租批人　汪得和

中人　成玉林

畢禹淮

親筆

同上　歙縣謝錫蕃租田批

立租批人謝錫蕃，今租到許蔭祠名下，及字七百七十一號，田一畝二分五釐，土名高田；　又三千六十九號，田九分，土名冷水崛；　又三千一百三十二號，田三分八釐，土名塝古坵；　又三千一百十七號，田七分七釐，土名古牛坵；　又三千一百十八號，田二分三釐，土名腰帶坵；　又三千一百七十九號，田五分三釐，土名塘坵；又萬字一千四十八號，田五分六釐，土名社屋山，言定每年交納時租一百零五斗整，挑送上門，不致欠少。如有欠少，聽憑本家起業耕種，毋得異說。恐口無憑，立此租批存照。

乾隆二十五年十二月　日立租批人　謝錫蕃

憑中　謝繼碩

親筆

再批：　其田幷無小買、酒食。

同上　歙縣唐在中租田批

立租批人唐在中，今租到程□□名下，此字號田一畝四分有零，土名塚下，三面議定每年交納時租晚穀四十一斗整。其租挑送上門，風車扇凈，無得欠少。倘有欠少仔粒，本家即行起回。其田本家幷無小買、靑苗、酒食、頂頭等項，如或不種，交還本家，不得私退與他人。恐口無憑，立此租批存照。

乾隆三十三年八月　日立租批人　唐在中

憑中人　唐雲龍

代筆人　程廷彩

同上　歙縣黃文魁租田批

二十一都一圖立租批人黃文魁，今租到王名下場字號田一畝六分，土名沙坵，三面言定每年秋收交納風車凈穀四十斗整，挑送上門，不致欠少。倘有不清，聽起業另佃作種。□若有年成乾旱，眼同監割均分無異。恐口無憑，立此租批存照。

乾隆三十八年九月　日立租批人　黄文魁
中人　黄初福
黄柏有

同上　歙縣許承福租田批

立租批許承福，今租到族□□名下，田稅壹畝四分，土名新塘下，言定每年交納租穀叁拾斗整，不得欠少升合。恐口無憑，立此租存據。

乾隆四十一年九月立租批　許承福
中　敷　在

同上　歙縣鮑文躍租田秕

立租批人鮑文躍，今租到程名下田一坵，計稅八分有零，土名秋堨干石路下，言定每年交納硬租無須穀十六斗。其租挑送上門，風車盡扇，不致欠少。倘有少欠，聽憑本家起業，另招佃人作種無辭。其田本家并無小買、青苗、頂頭，日後不種即交還本家，不得私退與他人。今恐無憑，立此租批存照。

乾隆四十八年十月　日立租批人　鮑文躍
憑中　李大蘭
程仰山
程隆招
代筆　程方禹

同上　歙縣管名有召田約

立召約人管名有，今召到湯主人名下水田五十六畝，隨田莊房樹木。主出錢糧、種籽，身出人工、牛力，秋收請主登場看割均分，送至水口。倘有抛荒，鄰田有比。今恐無憑，立此召約爲據。

嘉慶五年九月二十一日立召約人　管名有
保召人　萬鵬飛
管翠明
憑中人　管萬有
王羲高
管宏棟

同上　歙縣程華定租田批

立租批人程華定，今租到許名下場字號田二畝，土名横慶坵，憑中言定每年租穀秋收五十四斗，挑送上門，不得欠少。倘有欠少，聽憑本家起業，另租他人無辭。今恐無憑，立此租批存照。

嘉慶六年十二月　日立租批人　程華定
憑中　許育民

同上　歙縣鮑琨友租田批

立租批人鮑琨友，今租到許名下化字號五千一百八十八號，田稅四分九釐，土名横塘，憑中言定每周年秋收，交納時租穀九斗四升整，挑送上門，不致欠少。倘有欠少，聽憑本家起業無辭，不得異說，今恐口無憑，立此租批存照。

嘉慶九年八月　日立租批人　鮑琨友
憑中人　鮑日章

同上　歙縣李長福租田批

立租批李長福，今租到許蔭祠名下，化字一千四百五十六號，田一畝一分零五毫，土名孫園坦，言定每年秋收，交納硬租穀十八斗整，不致欠少。如有欠少，聽憑另換他人耕種無辭。恐口無憑，立此租批存據。

嘉慶十年十二月　日立租批　李長福
親筆

同上　歙縣洪德福租田批

立租批人洪德福，今租到許蔭祠名下，被字五千一百零六號，田二畝五分，土名魚池坵，三面言定每年交納時租穀六十二斗五升。其租穀挑送上門，風車凈扇，不得欠少。如有欠少，聽憑本家起業，另換他人耕種，無得異說。恐口無憑，立此租批存照。

嘉慶十年八月　日立租批人　洪德福
憑中　程正和
親筆

同上　歙縣黄來旺租田批

立租批人黄來旺，今租到許名下場字號田一畝六分七釐，土名金線充，三面言定每年秋收，交納時租，風車凈穀四十一斗五升整。又塲字號大買田一畝五分六釐九毫六絲，土名小充，三面言定每年秋收，交納時租風車凈穀三十七斗六升整。其租挑送上門，不致欠少。如有欠少，聽憑起業，另召他人作種無辭。恐口無憑，立此租批存照。

嘉慶十一年十二月　日立租批人　黄來旺

憑中　黄萬喜

代書　黄瑤玲

同上　歙縣黄汝明租田批

二十一都一圖立租批人黄汝明，今租到許名下塲字號内田一業，計稅一畝三分三釐，土名行路坵大路下，其田係身作種，三面言定每年交納時租穀三十二斗整。其租挑送上門，不致欠少。倘有欠少，聽憑本家起業耕種，無得異説。倘有年成旱、黄蟲、白穡，眼同監割。恐口無憑，立此租批存照。

嘉慶十一年十二月　日立租批人　黄汝明

代筆　張天培

同上　歙縣黄萬喜租田批

立租批人黄萬喜，今租到許名下塲字號田一業，計稅一畝二分，土名小充里塘下，每年秋收交納時租，風車凈穀二十八斗八升。又塲字號田五分一釐五毫，土名汪家墓，三面言定每年秋收，交納時租，風車凈穀十二斗三升六合。其租穀挑送上門，不得欠少。如有欠少，聽憑起業，另召他人作種無辭。恐口無憑，立此租批存照。

嘉慶十一年十二月　日立租批人　黄萬喜

憑中　黄來旺

代筆　黄瑤珍

同上　歙縣程竈珠租田批

立租批人程竈珠，今租到許名下化字六百八十八、八十九號，田一畝五分，土名鮑澤充，言定每年交納硬租，風車凈穀二十七斗整，挑送上門，不得短少。倘若欠少，聽憑起業，另換他人作種無辭。恐口無憑，立此租批存照。

嘉慶十二年八月　日立租批人　程竈珠

憑中　汪昌齡

同上　歙縣張細華租田批

立租批人張細華，今租到許蔭祠名下，田一畝一分三釐四毫、塘稅五釐，土名沙墩頭，言定秋收交納風車時租，凈穀二十四斗。又地八分，土名同，言定交納麥豆時租穀四斗，挑送上門，不得欠少。如有欠少，聽憑本家另召他人耕種，無得異説。恐口無憑，立此租批存照。

嘉慶十七年九月　日立租批　張細華

憑中　□□□

親筆

同上　歙縣汪春福租地批

立租批人汪春福，今租到許蔭祠名下，田成地九分九釐一毫，土名行路塍，言定兩年交納豆麥租九斗整。其租挑送上門，不得欠少。如有欠少，聽憑本家起業，另召他人耕種，無得異説。恐口無憑，立此租批存照。

嘉慶十八年二月　日立租批人　汪春福

憑中　王雙喜

同上　歙縣鮑日懷租田批

立租批人鮑日懷，今租到許名下塲字號田一坵，計田稅二畝整，每年秋收交納時租穀四十八斗整。其穀挑送上門，照依時年車收，不得欠少。若有欠少，任憑本家起業，另召他人作種。如遇乾旱年歲，眼同監割分租。恐口無憑，立此租批存照。

嘉慶二十二年二月　日立租批人　鮑日懷

憑中　張正和

親筆

再批：　交時租穀二斗三升整。又照。

同上　歙縣洪起元租田批

立租批人洪起元，今租到許名下伍字號田一畝另七釐，土名小瑤塘，三面議定每一周年交還硬租穀二十三斗，又塘租穀二斗整。其租穀秋收之日，照依大例挑送上門車扇，不致欠少。倘有欠少，聽憑另召他人作種。恐口無憑，立此租批爲照。

嘉慶二十二年九月　日立租批人　洪起元

中人　李玉書

代筆　程柳堂

同上 歙縣姚朱氏出佃田皮約

立出佃約人姚朱氏，同男姚永梆，今因正事無辦，情願將成祖遺下有田皮一號，坐落土名上田，田皮四秤，計田一坵，自願央中立出佃與吳天孫名下爲業，三面言定時值價銀五兩整。其銀當日收足。其田隨即交業耕種，無得難阻。日前并無重張交易，不詞等，盡是出佃人自理，不涉受佃人之事。恐口無憑，立此佃約存照。

道光九年三月　日立佃約　姚朱氏

同男　姚永梆

中見人　姚智海

同上 歙縣汪景雲租田批

十五都七圖五甲立租批人汪景雲，今租到二十一都二圖三甲許雪南名下，大買田一畝七分，土名鮑老圳，三面言定每年秋收之日交納時租，風車淨穀三十七斗四升整。其租挑送上門，不得欠少。倘有欠少，聽憑起業另租他人無異。恐口無憑，立此租批存照。

再批：倘有天蠶、白色、年成乾旱，眼同千割無異。又照。

道光十四年十二月　日立租批人　汪景雲

憑中人　汪殿友

黄永泰

親筆

同上 歙縣鄭立南借種小買田租批

立借種小買租批人鄭立南，今借到許蔭祠名下小買田二坵，土名宋鐵釘，言定每年秋收，交納風車淨硬租穀十八斗整，挑送上門，不得短少。如有欠少，任憑起業另換他人耕種。恐口無憑，立此借種租批存照。

道光十六年八月　日立借種租批　鄭立南

憑保中　萬進發

親筆

同上 歙縣汪租成借種租批

立借種租批人汪租成，今借到□名下唐字號田一坵，計税三畝，土名吳石六畝，言定每年秋收，交納風車淨硬租穀三十三斗，照祠例折算，挑送上門，不得欠少。如有欠少，另換他人耕種。恐口無憑，立此租批爲據。舊租批不作行用。

道光十六年八月　日立租批人　汪租成

憑中　汪德和

親筆

同上 歙縣鄭立南借種小買田租批

立借種小買租批人鄭立南，今借到許蔭祠名下田兩坵，土名佛堂前，言定每年秋收，交納風車淨硬租穀二十六斗整，挑送上門，不得短少。如有欠少，任憑起業另換他人耕種。恐口無憑，立此借種租批存照。

道光十六年八月立借種租批　鄭立南

憑保中　萬進發

親筆

同上 歙縣鄭鎭隆借種小買田租批

立借種小買租字人鄭鎭隆，今租到□□名下小買田一坵，計税一畝二分，土名灣坵；又田一坵，計税八分，土名下五角，言定每年秋收，交納本田車穀硬租二十七斗，照時年祠內分例折算，挑送上門，籽粒不得欠少。如有短少，聽憑另換他人作種。恐口無憑，立此借租字爲據。

道光十六年八月　日立借字　鄭鎭隆

親筆

同上 歙縣仇心農租田批

立租批人仇心農，今租到許名下田七坵，共計税九畝七分零，土名長坵等處，憑中議定每年秋成不論年歲荒歉，包納車淨乾穀一百二十斗，挑送上門，子粒不得欠少。如有挂欠不清，聽憑起業另召耕種，無得異言。恐口無憑，立此租批存照。

道光十六年十二月　日立租批人　仇心農

憑中　仇照林

親筆

同上 歙縣葉繼德租田批

立租批人葉繼德，今租到許名下大買田二坵，計税一畝六分一釐六毫，土名廣干段，憑中三面言定每年秋收，交納時租車淨穀三十八斗整。其穀挑送上門，不得欠少。如有短少，聽憑起業換佃，無得異說。今恐無憑，立此租批存照。

道光二十一年十二月　日立租批人　葉繼德
憑中　洪來順
親筆

同上　歙縣許筱滄租田批

立租批人許筱滄，今租到許名下化字七百六十五號，田一斗八分四釐八毫，土名低林，言定照大市，每年時租穀四十四斗整，挑送上門風扇，不致欠少。倘有欠少，聽憑起業另召他人作種，無得異說。恐口無憑，立此租批存照。

道光二十三年　月　日立租批人　許筱滄

同上　歙縣盧立根租田批

立租批人盧立根，今租到許名下化字二千二百四十八號，田一畝二分八釐四毫；又二千二百五十九號，田一畝一分九釐二毫，土名圩上，言定每年秋收之日，交納日午穀六十斗整。其租送門風扇，不得欠少。倘有欠少，聽憑起業另換他人作種，無得異說。恐口無憑，立此租批存照。

又批：本家小買硬租穀三斗一升二合。又照。

道光二十三年　月　日立租批人　盧立根

同上　歙縣程芳壽租田批

立租批人程芳壽，今租到許名下場字四百零一十二號、四百零三十四號，田一業，計稅一畝六分零，土名缸窰山，定照大市時租穀二十七斗整，挑送上門，不致欠少。倘有欠少，聽憑起業另召他人作種，無得異說。恐口無憑，立此租批存照。

道光二十三年六月　日立租批人　程芳壽
憑中筆人　程惟忠

同上　歙縣許筱滄租田批

立租批人許筱滄，今租到許名下化字一千八百八十三號，田一畝零三釐，土名壩里，言定照大市每年時租二十五斗整。其租挑送上門風扇，不得欠少。如有欠少，聽憑起業，另召他人作種，無得異說。恐口無憑，立此租批存照。

道光二十三年　月　日立租批人　許筱滄

同上　歙縣許有龍租田批

立租批人許有龍，今租到許名下化字七百二十六號，田五分二釐三毫，土名四婆坵，言定每年秋收之日，交納日午租穀十斗整。其租送門風扇，不得欠少。倘有欠少，聽憑起業另換他人作種，無得異說。恐口無憑，立此租批存照。

道光二十三年　月　日立租批人　許有龍

同上　歙縣姚閔租田批

立租批人姚閔，今租到許名下化字二千九百零七、六號，田一畝二分一釐、九分七釐，土名瑤坵，言定每年秋收之日，交納日午租穀三十三斗六升整。其租送門風扇，不得欠少。倘有欠少，聽憑起業另換他人耕種，無得異說。恐口無憑，立此租批存照。

道光二十三年五月　日立租批人　姚閔

同上　歙縣鄭百福租田批

立租批鄭百福，今租到許蔭祠名下田一業，計田稅一畝五分一釐二毫，土名黃三畝；又長塘稅三釐，原額時租三十六斗，今改交納時租二十七斗整。每年秋收交納風車淨穀，挑送上門，籽粒不得欠少。倘有短少，任憑起業另換他人作種，無得異說。恐口無憑，立此租批存據。

道光二十四年六月　日立租批人　鄭百福
憑中　胡立滿

同上　歙縣許學思租地批

立租批人許學思，今租到族名下讓字八百九十六號地，土名板莊下圩，上厝屋兩間，三面言定每年交納租金典錢三千二百文。其錢三節支取不得欠少。恐口無憑，立此租批存照。

再批：佃租洋錢一元。又照。

道光二十六年五月　日立租批人　許學思
憑中　許景文
許惠孚

同上　歙縣黃智倫租田批

立租批人黃智倫，今租到許根源戶名下場字一千一百十九號，田稅一畝四分七釐四毫一絲，土名汪相塘；又一千一百十八號，塘稅六釐，土名同，計時租三十五斗四升。議定每年秋季照時交納，挑送上門，風車净穀，不得短少。倘有短少，任憑起業另換他人耕種。恐口無憑，立此租批存照。

道光三十年十二月　日立租批人　黃智倫

憑中人　許敦純

同上　歙縣黃智俊租田批

立租批人黃智俊，今租到許根源戶名下場字一千一百三十七號，田稅九分二釐，土名吳大坵；又一千一百三十八號，塘稅二釐，土名同，計時租二十二斗一升。議定每年秋季照時交納，挑送上門，風車净穀，不得短少。倘有短少，任憑起業另換他人耕種。恐口無憑，立此租批存據。

道光三十年十二月　日立租批人　黃智俊

憑中人　許敦純

同上　歙縣李光裕租菜園批

立租批人李光裕，今租到許蔭祠名下，義合橋下南邊菜園地一塊，憑中議定每年交納典錢七十文。其錢年終交付，不得欠少。恐口無憑，立此租批照。

咸豐元年正月　日立租批人　李光裕

憑中　吳　四

親筆

同上　歙縣黃官全租田批

立租批人黃官全，今租到許蔭祠戶名下，場字一千六百八十四號，田稅一畝零四釐五毫一絲，土名小充里，言定每年秋收交納風車净穀，時租二十四斗整，挑送上門，不得欠少。倘有欠少，聽憑本家起業，另召他人耕種無異。恐口無憑，立此租批存照。

咸豐元年四月　日立租批人　黃官全

憑中　葉正茂

黃遂元

同上　歙縣黃霽臨租田批

立租批人黃霽臨，今租到許蔭祠戶名下，及字二十號，田稅一畝八分六釐三毫，土名墳亭前銀定坵，言定每年秋收交納風車净穀，時租四十四斗七升整，挑送上門，不得欠少。倘有欠少，聽憑本家起業，另召他人耕種無異。恐口無憑，立此租批存照。

咸豐元年十一月　日立租批　黃霽臨

憑中　洪錦堂

同上　歙縣黃霽臨租田批

立租批人黃霽臨，今租到許蔭祠戶名下，及字三十一、二號，田稅二畝四分九釐，土名官田堨，言定每年秋收交納風車净穀，時租五十九斗八升整，挑送上門，不得欠少。倘有欠少，聽憑本家起業，另召他人耕種無異。恐口無憑，立此租批存照。

咸豐元年十一月　日立租批　黃霽臨

憑中　洪錦堂

同上　歙縣黃霽臨租田批

立租批黃霽臨，今租到許蔭祠戶名下，及字四十五、六號，田稅一畝三分一釐二毫，土名太公田三畝橋頭，言定每年秋收交納風車净穀，時租三十一斗五升整，挑送上門，不得欠少。倘有欠少，聽憑本家起業，另召他人耕種無異。恐口無憑，立此租批存照。

咸豐元年十一月　日立租批　黃霽臨

憑中　洪錦堂

同上　歙縣黃學銓等租地批

立租批人黃學銓同弟學鈴，今租到童名下地業一宗，土名五城，信字一千七百四十四號，內取地業一塊，是身兄弟承租搭廝屋一披，議定按年租金錢四十二文整，決不短少。其地倘然童宅取用，身等即行退租搬讓無異。恐口無憑，立此租批存照。

咸豐二年九月　日立租批人　黃學銓

同弟　黃學鈴

憑中　黃道南

代書　黃鏡山

同上　歙縣胡天林租菜園地批

立租菜園地人胡天林，今租到許蔭祠名下菜園地一塊，土名義合橋頭，三面言定每年租金典錢三百六十文整。議定三節交納，不得欠少分文。倘有欠少，憑本東另租他人作種，無得異言。恐口無憑，立此租批存照。

咸豐三年九月　日立租批人　胡天林

憑中人　李學林

代筆人　胡静安

同上　歙縣許銘遠借種租批

立借種租批支丁銘遠，今借到蔭祠名下光板地一塊，土名茶塘；又光板地一塊，土名馬榨塘；又光板地一塊，土名高坪，共三處，憑中言定每年交納麥二斗，豆一斗，不得欠少。倘有欠少，聽憑管業換人耕種，無得異説。今恐無憑，立此借種租批存照。

咸豐五年二月　日立借種租批　支丁銘遠

憑中　支丁佑啓

親筆

同上　歙縣許佑啓租菜園地批

立借種菜園地租批人支丁佑啓，今租到蔭祠名下菜園地一塊，言定每年交納租錢二百文整。其錢秋季交納，不致短少。如有短少，另換他人，無得異説。恐口無憑，立此借種租批存照。

咸豐五年二月　日立借種租批人　支丁佑啓

憑中　支丁銘遠

親筆

同上　歙縣許東海租田批

立租批支丁東海，今租到許蔭祠名下，化字□□號，田税一畝八分三釐，土名壩里，言定每年秋收交納風車凈穀，時租三十五斗五升整，挑送上門，不得欠少。倘有欠少，聽憑本家起業，另召他人耕種無異。恐口無憑，立此租批存照。

咸豐六年八月　日立租批　支丁東海

憑中　吴慎五

同上　歙縣許雙喜租田批

立租批支丁雙喜，今租到許根源戶名下，化字號田税三分八釐四毫，土名石路下，言定每年秋收交納風車凈穀，時租九斗二升整，挑送上門，不得欠少。倘有欠少，聽憑本家起業，另招他人耕種無異。恐口無憑，立此租批存照。

咸豐七年三月　日立租批　支丁雙喜

憑中　金安

同上　歙縣洪聯益租田批

立租批人洪聯益，今租到葉村政公春秋二祭會内，土名杯籬坦壩下，大小買水田一畝六分一坵，今身租來耕種，言定每年包還硬租乾麥三斗二升，夏至送門交還；凈穀十六斗，秋收送門交還，無論年豐歲歉，并無開荒、頂頭、小買，不得欠少。如若欠少，聽憑管業另租他人無異。今欲有憑，立此租批爲用。

同治十二年九月　日立租批人　洪聯益

代筆　洪成先

同上　歙縣方觀閬借種光板小買田租批

立借種光板小買田租批人方觀閬，今託中借到許名下，化字號小買田一坵，計税二畝五分整，土名九畝坵，憑中言定每年秋收，交納風車凈穀乾扇穀十四斗整。其穀擔送上門，不致短少。倘有欠少，任憑另召他人耕種，并無異説。所有大租，秋收之日交納清楚。恐口無憑，立此借種租批存據。

同治三年十二月　日立借種租批人　方觀閬

憑中　許元發

代筆　許習仁

同上　歙縣胡竈珠租田批

二十二都三圖立租批人胡竈珠，今租到義合大社名下萬字號，田税一畝六分六釐三毫三絲，土名冷水堀，憑中言每年秋收交納時租，風車凈穀三十八斗四升整，挑送上門，不得欠少。倘有欠少，聽憑另換他人作種，無得異言。恐口無憑，立此租批存照。

同治九年六月　日立租批人　胡竈珠

中人　程凱廷

代筆　楊聚發

同上　歙縣李王氏租田批

二十二都三圖立租批人李門王氏，今租到義合大社名下萬字號。田税七分七釐，土名□□，憑中言定每年秋收，交納時租風車凈穀十八斗五升整，挑送上門，不得欠少。倘有欠少，聽憑另換他人作種，無得異言。恐口無憑，立此租批存照。

同治九年六月　日立租批人　李門王氏

中人　程凱廷

代筆　楊聚發

同上　歙縣呂方氏租田批

二十二都三圖立租批人呂門方氏，今租到義合大社名下萬字號，田稅一畝一分，土名葛坵，憑中言定每年秋收交納時租，風車凈穀二十六斗四升整，挑送上門，不得欠少。倘有欠少，聽憑另換他人作種，無得異言。恐口無憑，立此租批存照。

同治九年六月　日立租批人　呂門方氏

中人　程凱廷

代筆　楊聚發

同上　歙縣程德霞租田批

立租批人程德霞，今租到許名下及字號内大買田一業，計稅二畝一分零三毫，土名沙坵，三面言定每年交納，時租穀五十斗零五升，挑送上門，不得欠少。恐口無憑，立此租批存照。

同治十一年十二月　日立租批人　程德霞

憑中　許惠孚

代筆　程凱廷

同上　祁門縣洪允授租田批

立租批人洪允授，今租到葉村政公春秋二祭會内，土名押山下，大小買水田四分，計一坵，今身租來耕種，言定每年包還硬租乾八升，夏至送門交還；　凈穀四斗，秋收送門交還，無論年豐歲歉，并無開荒、頂頭、小買，不得欠少。如若欠少，聽憑管，另租他人無異。今欲有憑，立此租批爲用。

同治十二年八月　日立租批人　洪允授

同上　祁門縣洪允令租田批

立租批人洪允令，今租到葉村政公春秋二季會内，土名榨樹塢口，大小買水田二畝二分，計三坵，今身租來耕種，言定每年包還硬租乾麥四斗四升，夏至送門交還；　凈穀兩擔二斗，秋收送門交還，無論年豐歲歉，并無開荒、頂頭、小買，不得欠少。如若欠少，聽憑起業另租他人無異。今欲有憑，立此租批爲用。

同治十二年九月　日立租批人　洪允令

代筆人　洪芳芸

同上　祁門縣洪茂守租田批

立租批人洪茂守，今租到葉村政公春秋二祭會内，土名杯籬坦壩上，大小買水田六分一坵，今身租來耕種，言定每年包還硬租乾麥一斗二升，夏至送門交還；　凈穀六斗，秋收送門交還，無論年豐歲歉，并無開荒、頂頭、小買，不得欠少。如若欠少，聽憑管業另租他人無異。今欲有憑，立此租批爲用。

同治十二年九月　日立租批人　洪茂守

代筆　洪光春

同上　歙縣汪新有租田批

立租批人汪新有，今租到許尙義堂社會名下，大小買田五畝一分五釐，計大小□□坵，土名大麥山卻，計時租額九十二斗七升，憑中言定丁丑年開荒，壬午年交租。其穀挑送上門，每年照分車收，不得欠少。小租交納穀十斗零三升，一并車收。如若欠少，聽憑另換他人耕種，無得異說。恐口無憑，立此租批存照。

光緒三年正月　日立租批人　汪新有

憑中　汪五元

代筆　汪琢卿

同上　歙縣鮑有義租田批

立租批人鮑有義，今租到許思養堂名下，化字號大買田一坵，計稅一畝八分五釐，土名堨山下関王坵，憑中言定每年秋收，交納日午乾穀，計時租額四十四斗四升整，挑送上門，照分車收，不得欠少。倘若欠少，聽憑換人耕種，無得異說。恐口無憑，立此租批存照。

光緒五年三月　日立租批人　鮑有義

憑中

同上　歙縣姚富租田批

立租批人姚富，今租到許思養堂名下，化字號大買田一坵，計稅五分，土名土沒田，憑中言定每年秋收交納日午乾穀計硬租額九斗整，挑送上門，照分車收，不得欠少。倘若欠少，聽憑換人耕種，無得異說。恐口無憑，立此租批存照。

光緒五年三月　日立租批人　姚富

憑中

同上　歙縣黃鴻天租田批

立租批人黃鴻天，今租到許思養堂名下，場字號大買田一坵，計稅一畝四分二釐七毫，土名青峰坵，憑中言定每年秋收，交納日午乾穀，計租額三十四斗三升整，挑送上門，照分車收，不得欠少。倘若欠少，聽憑換人耕種，無得異說。恐口無憑，立此租批存照。

光緒五年三月　日立租批人　黃鴻天

憑中

同上　歙縣葉臺升租田批

立租批人葉臺升，今租到許思養堂名下，化字號大買田一坵，計稅一畝零四釐三毫，土名後干叚，憑中言定每年秋收，交納日午乾穀，計時租額二十五斗整，挑送上門，照分車收，不得欠少。倘若欠少，聽憑換人耕種，無得異說。恐口無憑，立此租批存照。

光緒五年三月　日立租批人　葉臺升

憑中　許惠孚

同上　歙縣汪應泰租地批

立租批人汪應泰，今租到許孝睦戶名下，場字號田成地八分二釐，土名寺後長塘，三面言定每年交納時租麥、豆六斗四升，照依時年分交租，不得欠少。倘有欠少，聽憑另換他人作種。恐口無憑，立此租批存照。

光緒六年六月　日立租批人　汪應泰

憑中　許惠孚

同上　歙縣汪應泰租田批

立租批人汪應泰，今租到許孝睦戶名下，場字號田三坵，共計稅三畝七分，土名余塘，三面言定每年秋收，交納時租風車淨穀八十斗整，挑送上門，不得短少。倘有欠少，聽憑本家另換他人作種。恐口無憑，立此租批存照。

光緒六年六月　日立租批人　汪應泰

憑中　許惠孚

同上　歙縣黃功甫租地批

立租批人黃功甫，今租到黃清燕堂名下，厝基空地一片，坐落土名考坑，係使字號，當日憑中言定按年交約租金洋二元整，年終交楚，不得短少。其業盡歸承租人造厝取用，所有右手厝地一帶，及左手餘地，業主亦不得另租他人，并不得加租等情，兩無異說。恐口無憑，立此租批存照。

當付押租洋一元整，退租之日，原洋歸承租收回。

光緒十二年十月　日立租批人　黃功甫

憑中　黃味蘭

親筆

憑折付租。又批。

同上　歙縣宋在知租田批

立租批人宋在知，今租到許蔭祠名下，位字號大買田一坵，計稅二畝，土名軒塘口；又田一坵，計稅七分，土名前山，憑中言定每年秋收之日，交納車淨乾穀，依租額扣算，照分頭該交租穀若干升斗，如數挑穀上門，逐年交清，不得短少。如有短少，任憑起小買業換佃耕種。恐口無憑，立此租批存照。

光緒三十三年十二月　日立租批人　宋在知

憑中　宋日壽

代筆　徐進臣

同上　歙縣徐進臣租田批

立租批人徐進臣，今租到許蔭祠名下，位字號一坵，計稅三畝九分，土名軒塘下；又田一坵，計稅一畝五分零，土名柿樹下；又田一坵，計稅二畝二分，土名軒塘上，憑中言定每年秋收之日，交納車淨乾穀，依租額分頭扣算，該交租穀若干升斗，如數挑穀上門，逐年交清，不得短少。如有短少，任憑起小買業換佃耕種。恐口無憑，立此租批存照。

光緒三十三年十二月　日立租批人　徐進臣

憑中　徐紅大

親筆

同上　歙縣張尼姑租田批

立租種田人張尼姑佃，今租到許蔭祠大小買田七分，土名株樹坵；倘義堂大小買田一畝七分，大小計三坵，土名瑤坦，憑公議定三年內除佃完糧，每畝凈交穀十斗，三年外除佃完糧，每畝凈交穀十二斗。當議以十二年爲滿，無論荒歉，毋得異説。恐口無憑，立此租批爲據。

光緒三十三年　立租種田人　張尼姑

中人　張華山

許藹卿

再批：瑤坦田塍塝上興有柏樹六株，毋得砍伐，完田之日一并繳交。又照。

同上　歙縣汪祺文婦租田批

立租批人汪祺文婦，今租到蔭祠社會大買田六分、一畝五分，土名余壙前，憑中言定每年秋收肩送上門，照額結算，不得欠少。如若俵租，任憑另換他人耕種，兩無異説。恐口無憑，立此租批存照。

光緒三十四年八月　日立租批人　汪祺文婦

憑中　許恆文

代筆　許致慶

同上　歙縣許恩裕等租山批

立租批人許恩裕、名振、志高、光桓等，今租到許蔭祠、嘉祠名下前山、田干、祖塋各處，於上蓄有松杉雜木蔭庇風水，係身等監守興養小樹，并糾察一切爬柴、砍樹、挖根、削皮、放牧驢牛牲畜作踐之人。自禁之後，凡經捉獲刀斧、柴薪、牲畜者，赴承恩堂公處，知會四廳鳴衆，公議處分。監守自盜，情願見一罰十。其山遞年秋盡，開山取柴一次。當日言定每年先納租銀八錢入祠，然後開山，聽支爲三月禁山、九月封山兩次敬神安祖之費，無得異説。今欲有憑，立此租批存照。

禁山二次，兩祠共額支銀二錢整。其前山、田干、水口三處，凡遇枯木砍伐，均分或存衆公用可也。

康熙五十三年三月　日立租批人　許恩裕

名　振

懷　雲

觀　祥

可　久

志　高

光　恆

語　杰

世　良

士　芊

租批一樣二紙，兩祠各收一紙。

同上　歙縣金公耀轉佃山文約

二十四都二圖立轉出佃人金公耀，今因缺少自用事，情願將土名大木塢柴山一塊，貼北頭嶺兩邊塢心爲界，祖遺下山該身分下，轉佃與同都四圖金聖永名下管業，三面言定佃價九七紋銀捌錢伍分整。其銀當日收足。其柴苗樹秧在內，待至年月聽從原價取贖。其有老佃約存衆。其山價銀每年伍分，不得異説。今恐無憑，立此佃約存照。

乾隆四年十二月三十日立轉佃約人　金公耀

親兄中見人　金公明

張傳璽《中國歷代契約會編考釋》　清順治二年休寧縣許在中賣地契

廿四都一圖立賣契人許在中，今將承祖并續置土名麻窄墩，係常字四千八百卌七號，計地貳百貳拾八步叁分六釐，計税　　其地東至　　西至　　南至　　北至　　又將土名同前，係常字四千八百卌八號，計地乙百貳拾四步四分貳釐，計税　　其地東至　　西至　　南至　　北至　　今將前項八至內，共計地叁百伍十貳步七分有零，計税乙畝四分七毫及在地竹木石塝等件盡行立契出賣與同族叔名下爲業，憑中三面議定，時值價銀柒拾兩整。其銀當成契日，隨手一并收足。地自從出賣之後，一聽買人自行管業，收留受税爲定。如有內外人攔占及重複交易不明等情，盡是賣人祗當，不涉買人之事。其税候新例，本身自行起推，并無難異。今恐無憑，立此賣契存炤。

順治乙酉年十二月　日立賣契人　許在中

中見人　許懋初

其許高惠來腳赤契一道，繳付　　許鳳石

買主收執。税收其亨戶原三　　許純我

甲許道浩戶推。　　許見可

前項契內價銀當成契日隨手一并收足。同年月日。再批。

黃嘉香

同上　清順治三年休寧縣許公養賣在會田租契

立賣契人許公養，今將承父買得社會一戶，在會田租家伙等項，盡行憑中出賣與族人　　名下。三面議定價銀壹兩五錢整，其銀隨手收足，其社會內聽從管業受胙無異。立此賣契存炤。

順治三年二月　日立賣契人　許公養

中見人　許長孺

許楣文元上首二張來腳，繳還契內。

己亥年秋季做過。

同上　清順治三年休寧縣許在中賣園地契

廿四都一圖立賣契人許在中，今將承祖園地乙片，坐落土名沙下園，係常字四千八百六十八、九號，計地十九步八分四釐，六十九號地乙十七步三分。其地東至　　西至　　南至　　北至　　。又將承祖及本身續置李輔、李玄福園地乙片，坐落土名留子園地，係常字四千八百六十五號，本身買合得該地柒拾步，計稅叁分。其地東至　　西至　　南至　　北至　　。今將前項十二至內地并樹木石塝等件，盡行立契出賣與族叔　　名下爲業。當日憑中三面議定，時值價銀拾叁兩正。其銀當成契日，隨手一并收足。其園地自從出賣之後，一聽買人自行管業釘界爲定。如有內外人攔占及重複交易，一切不明等事，盡是賣人祇當，不涉買人之事。其稅候新例，本戶自行起推，并無難異。今恐無憑，立此賣契存炤。

其上首來腳契叁道繳付買人收執。再批。

順治丙戌年正月　日立賣契人　許在中

中見人　許鳳石

共稅四分貳釐七毛。收其魁戶原三甲許道戶推。

前項契內價銀隨手一并收足。同年月日。再批。　號　領。

同上　清順治三年休寧縣許在中賣伙佃園地契

廿四都一圖立契人許在中，今將承祖及續置得許塗伙佃園地乙片，土名大溪邊，係常字四千八百卅三號，該許伯和公地五十五步七分，本身續置許塗分該地四步六分五釐，該稅　　。其地東至四千八百廿四號九雲地，西至四千八百廿號世壽地，南至大溪，北至四千八百卅二號大道地。又將園地一片，土名大溪邊，常字四千八百卅四號，計地貳百六十八步三分六釐，本身及續置該地卅七步貳分七釐，計稅乙分四釐九毛。其地東至四千八百卅五號伯懷地，西至四千八百卅三號惟寶地，南至大溪，北至四千八百卅六號九雲地。又將地一片，土名同前，係常字四千八百卅五號，計地四十二步七分三釐五毛，本身及續置該地五步九分四釐，計稅貳釐三毛七。其地東至四千八百四十一號九雲地，西至四千八百卅四號九雲地，南至大溪，北至四千八百卅六號自地。又將地一片，土名大溪邊，係常字四千八百卅六號，計地乙伯六十五步，本身及續置該地貳十貳步九分二釐，計稅九釐乙毛七。其地東至四千八百卅九號崇燦地，西至四千八百卅二號大道地，南至四千八百卅四號九雲地，北至本家買度之地。今將前項十六至內伙佃園地，本身合得園地十八分之一，續置許塗伙佃園地十二分之一，共地七十步零七分八釐，共計稅貳分八釐三毛，及在地伙佃屋磚石木料、園地、石塝一應等項，盡行立契出賣與叔　　名下爲業。當日憑中三面議定，時值價銀四兩貳錢正。其銀當成契口隨手一并收足。其伙佃園地自從出賣之後，一聽買人自行管業收留受稅爲定。如有內外人攔占及重複不明等情，盡是賣人之當，不涉買人之事。其稅候新例，本戶即行起推。今恐無憑，立此賣契存炤。

其續置許塗來腳赤契貳張，繳付買主收執。再批號。

順治丙戌年四月廿五日立賣契人　許在中

憑　中　許鳳石

稅收其魁戶原三甲許道浩戶推。

前項契內價銀當成契日隨手收足。同年月日。再批。

同上　清順治三年休寧縣汪學朱母子賣房地紅契

東北隅三圖立賣契人汪學朱、主盟母劉氏，今因缺少使用，將承祖鬮分基地土庫房屋一所，土名南街宣仁巷，新丈宇字七十號上則地貳百乙十四步四分九釐有零，計稅一畝七釐二毫。自前至後入深壹拾肆丈有零，橫闊肆丈有零，於上臨街樓屋一層，計四間，樓上樓下房伍間，門戻竹籬尺壁俱全，又磚牆木洞門廳、前回廊屋中門全，石磉天井、暖廳一所，上下錫梘戻全，後中庭門庭戻全，左右兩邊小天井錫梘全；　暖廳右邊前偏廳內復造樓房屋乙所，計門屎、地板橋、樓梯、接步臺、石磚牆、石井一口、石井川乙箇，全朝上接步石橫牆一伏；後偏廳計樓房屋兩間，中間天井石磉，磚牆，門屎，地板游摜閣橋、錫梘、樓梯、步石、尺壁俱全，木洞門兩扇全，又內磚牆、木洞門、中間天井、香火樓一屋，梯一條，并神像座全； 樓上計房二眼，四圍門壁、游摜、大小屎、錫梘俱全； 樓下計房四眼，地板、接步石全，中間坐几、掩門四扇； 後面走馬樓屋一層，梯一條； 樓上計房七眼，內有夾閣并梯全； 樓下計房八眼，地板、接步石、門屎、尺壁、游摜、錫梘俱全； 中間天井石井一口，石古一介，石凳一付； 樓上樓下四圍門屎、尺壁、游摜、錫梘俱全； 又磚牆、磚洞門，牆後廚、碓房、廁所、披屋五間，前後四面有土庫牆、各房門屎、尺壁俱全。 其地東至金宅屋，西至本家三房衆屋。 今將前項四至內本身合得一半，照舊管業，計橫闊二丈有零，入深七尺有零，於上地稅伍分三釐六毫，本身合得樓上樓下房并屋堂、坐几、中庭、廚房、碓、鷄房、廁所，及各項餘地一半，自情願浼中盡行立契出賣與堂兄汪學益名下爲業。 當日三面議作時值并搬移九五色紋銀玖伯叁拾兩整，其銀當成契日一并交收足訖，別不立領扎。 今從出賣之後，一聽買人隨即照舊管業。 如有內外人攔拈及重複交易、一切不明等事，悉是賣人承當，不涉買人之事。 畝步不明，四至轄定。 其稅糧與兄共圖甲，隨扒入兄辦納糧差。 其來腳因分年久，查覓未獲，未繳付； 日後刷出參照。 今恐無憑，立此賣契存照。

順治叁年十月二十六日立賣契人　汪學朱［押］

主盟母　劉　氏［押］

憑中親族夏孟堅　　汪拱北［押］　劉其順［押］

王道吾［押］金季耀［押］金嘉仲［押］夏隆吉［押］金子厚［押］邵友夏［押］

查仲三　邵道可［押］邵君章　夏文玉［押］金子宣　金春如［押］汪羽聖［押］汪叔羽［押］汪幼羽［押］汪用卿［押］汪元甫［押］汪亮卿［押］汪獻可［押］汪元直［押］汪時甫［押］汪葵若［押］汪閑先［押］汪繩亦［押］汪任公［押］汪仲德［押］汪希韓［押］汪玄期［押］汪子長［押］

今就契內價銀一并交收足訖，不另立領札。 同年月日再批［押］。

同上　清順治六年休寧縣吳啓祐賣園契

二十五都三圖立賣契人吳啓祐，今將彼字乙千〇三十四號，土名黃賦干。 計地稅九分七釐五毛，其地東至　　西至　　南至　　北至　　。 今將前項四至內地盡行出賣本都五圖畢名下爲業，憑中三面議定時值價紋銀陸兩五錢整。 其艮當成契收足，不另立領。 其園面交買人，收租管業。 未賣之先，不曾與他人重複交易，賣後聽從買人管業。 倘若內外異說，賣人之當，不干買人之事，字號不清，畝步不盡，自有土名四至挾定。 □稅糧聽憑即改扦收稅解納，并無異說。 今恐無憑，立賣契存照。

順治六年三月　日立賣契人　吳啓祐　號

居間　吳仲正　押

畢國忠　押

同上　清順治七年休寧縣吳啓祐賣地契

二十五都三圖立賣契人吳啓祐，今將續置到彼字三千三百四十五號土名汪祈山，該身地稅乙分六釐六毛，計租一斗六升。 其地東至　　西至　　南至　　北至　　。 今將前項四至內地盡行立契出賣與畢名下爲業，當得價紋銀壹兩五錢正。 再不另立領約。 未賣之先，不曾與他人重複交易，賣後聽從買主扦造收稅管業。 倘內外異說，賣人之當，不涉買人之事。 今恐無憑，立此賣契存炤。

順治七年　月　日立賣契人　吳啓祐　號

居間

同上　清順治八年休寧縣程啓吾賣田契

廿五都一圖立賣契人程啓吾，今自情願央中將自己續置田乙坵，土名府基，原毀字七百〇六號，新丈常字　　號，計租十五砠，計稅　　。 其田東至　　西至　　南至　　北至　　。 又將田乙坵，土名上村干，毀字　　號，新丈常字　　號，計租九秤，計稅　　。 其田東至　　西至　　南至　　北至　　。 又將田乙坵，土名八畝坵，毀字五百九十一號，新丈常字號，計租捌秤，計稅　　。 其田東至　　西至　　南至　　北至　　。 又將田乙坵，土名八畝坵，毀字五百八十九號，新丈常字　　號，計租四砠，計稅　　。 其田東至　　西至　　南至　　北至　　。 又將塘一口、土壽基，計　　步，計稅　　。 又將下中塘內取十步，計稅　　。 今將前項十六至內田共租卅六秤，塘一口，下中塘十步，盡行立契出賣與廿四都一圖親人許名下爲業。 當日憑中議定時值價銀九五色銀叁拾貳兩貳錢正。 其銀當日隨手一并收足，其田聽從買主管業收留受稅爲定。如有內外人攔占及重複交易一切不明等事，盡是賣人之當，不涉買人之事。其稅今奉新例即行起推。今恐無憑，立此賣契存炤。契內改一字，加一字。再批。

塘稅貳釐五毫。

共稅肆畝九分四釐柒毫，收許素戶，原一圖九甲程世祿戶推。

順治八年九月　日立賣契人　程啓吾
代書人　程嘉謨
憑中　汪惟誠
許希周
程仲先

前項契內價銀隨手一并收足。同年月日。再批。　領

同上　清順治八年休寧縣汪國震賣田契

二十一都三圖立賣契人汪國震，今將承祖并續置到白字號，今丈賓字號，土名觀音塘塢，伙佃國貴三工半，國貞二工、添壽二工、國祥二工，今將前項共計九工半，遞年交納工租壹銖九分，共計地　步，計稅　，憑中三面立契出與汪　名下爲業，三面議定時值價銀壹兩整。其銀當日一并收足，其伙佃工一聽買人管業無異。如有內外言說，盡是出人之當，不涉買人之事。先年并無復交易等情。所有稅糧隨之扒入買人戶內輸納無異。恐後無憑，立此賣契存炤。

順治八年四月　日立賣契人　汪國震
中見人　汪存薦
代　書　汪致和

同上　清順治八年休寧縣許元秀賣眞君會契

廿四都乙圖立賣契人許元秀，今自情願央中將承父鬮分得辛卯年做過眞君會半股并在會家火、田園、銀兩帳目一切等項，盡行立契出賣與族伯名下爲業，當日三面議定，作時值價銀壹兩叁錢整。其銀隨手收足，其會聽從買主管業坐會收租。如有內外人攔占及重複一切不明等事，盡是賣人之當，不涉買人之事。恐後無憑，立此存炤。

順治十一年　月本家用價銀壹兩與雪侄贖回。

順治八年四月初四日立賣眞君會　許元秀

中見人　許仰春

同上　清順治八年休寧縣許元紹賣雙忠會契

廿四都一圖立賣約人許元紹，今因缺食，自情願將承父鬮分得雙忠會半戶，其會內本身合得分數盡行出賣與叔　名下收管，當日議定，時值價銀乙兩五錢正。其銀一并收足，其會一聽買人管業，春秋收胙，并無異說。今恐無憑，立此存炤。

順治八年五月　日立賣約人　許元紹
主盟母　吳　氏
代書兄　許文先
中見人　許孟遠

同上　清順治八年休寧縣許阿吳賣田租契

廿四都一圖立賣契婦許阿吳，今自情願將承祖鬮分田乙號，土名廿畝，係敢字乙千乙百四十三號，新丈　字　號，計租八砠零貳十，計稅乙畝乙分六釐。其田東至　西至　南至　北至　。今將前項四至內田租，盡行立契出賣與許　名下爲業。當日憑中，三面議定時值價銀捌兩整。其銀隨手一并收足。其田今從出賣之後，一聽買人自行管業收留受稅爲定。如有內外人攔占及重複交易一切不明等事，盡是賣人之當，不涉買人之事。其稅奉例即行起推無異。今恐無憑，立此賣契存炤。

順治八年七月　日立賣契人　許阿吳　係得保嫂
代書人　許爾煌
中人　許於時
許仲樂

稅收　貴戶原三甲許二老戶推。

前項契內銀兩當成契日隨手一并收足。同年月日。再批。　號。

同上　清順治九年休寧縣蔣孟起賣田契

廿五都五圖立賣契人蔣孟起，今將承父續置到彼字五千一百〇八號，新丈可字五千〇八十三，土名韓家林，計田稅一畝二三二一〇。其田東至　西至　南至　北至　。又將彼字五千一百〇九號，新丈可字五千八十四號，土名同，計田稅三八六六一四。其田東至　西至　南至

北至　　。又將彼字五千一百〇十號，新丈可字五千八十五號，土名同，計田稅五三二五九四。其田東至　　西至　　南至　　北至　　。又將彼字五千一百十一號，新丈可字五千八十六號，土名同，計田稅五九二七五。其田東至　　西至　　南至　　北至　　。又將彼五千一百十四號，新丈可字五千八十九號，土名同。其田東至　　西至　　南至　　北至　　，計田稅叁一四五〇九勿。又將彼字五千一百號，新丈可字五千七十五號，土名新墳□，計地稅五八三二四。其地東至　　西至　　南至　　北至　　。又將彼字五千九十七號，新丈可字五千七十二號，土名同，計地稅四九三七五勿。其地東至　　西至　　南至　　北至　　。又將彼字五千二百八十七號，新丈可字五千一百六十二號，土名後底山，計地稅九三二一四勿。其地東至　　西至　　南至　　北至　　。又將彼字五千二百九十號，新丈可字五千二百六十五號，土名同，計地稅一一□□勿。其地東至　　西至　　南至　　北至　　。又將彼字五千五百九十三號，新丈可字五千五百六十八號，土名下園，計地稅一三九二八。其地東至　　西至　　南至　　北至　　。又將彼字五千五百九十四號，新丈可字五千五百六十九號，計地稅乙分，土名同。其地東至　　西至　　南至　　北至　　。又將彼字五千五百九十五號，新丈可字九千五百七十號，土名同，計地稅貳六七八六。其地東至　　西至　　南至　　北至　　。又將彼字五千五百九十六號，新丈可字五千七十一號，土名同，計地稅貳一四二八。其地東至　　西至　　南至　　北至　　。又將彼字五千五百九十七號，新丈可字五千五百七十二號，土名同，計地稅四分乙釐四毛二系八勿。其地東至　　西至　　南至　　北至　　。又將彼字五千一百廿七號，新丈可字五千一百〇二號，土名韓家林，計地稅乙二四。其地東至　　西至　　南至　　北至　　。又將彼字五千一百十五號，新丈可字五千九十號，土名門前塘，計塘稅貳分六釐九毛五絲。其塘東至　　西至　　南至　　北至　　。今將田地塘共計十六號，以上六十四至內地田塘盡行立契出賣與本圖四甲畢　名下爲業。憑中三面議定時值價紋銀伍拾兩整。其銀當成契日一并收足，即無欠少，亦無準折等情。其田地未賣之先，即不曾與他人重複交易。倘有內外人等異說，盡是賣人承當，不涉買人之事。其稅糧於七甲蔣超戶下起割，推入四甲畢洪濱戶下解納。今恐無憑，立此賣契存照。其有來腳契文與別業相連，繳付不便。日後檢出，不在行用。再批押。

又將新丈可字五千〇九十七號，土名韓家林，計塘稅叁釐貳毛。其塘東至　　西至　　南至　　北至　　。今將四至內塘并前盡行出賣與畢無異。再批。蔣孟起親筆押

順治九年四月　日立賣契人　蔣孟起［押］

中見堂叔　蔣文寬［押］

同上　清順治十年休寧縣汪君善賣伙佃工契

二十一都三圖立賣契汪君善，今因缺少使用，央中將承祖業到字　號，土名觀音塘塢火佃乙工半，住佃人佛仂；又將土名西山，字　號，火佃乙工，住佃人葉九龍、遲久等，共計工五工正。其工伙佃憑中三面出賣與堂兄汪　名下爲業。當日受價銀　正。其工隨即聽買主叫工管業爲定。先年并無重複交易。如有內外言說，盡是賣人之當，不涉受業人之事。恐後無憑，立此賣契存照。

順治十年二月　日賣契人　汪君善

中見人　汪受升

同上　清順治十一年休寧縣許實章賣山契

廿四都一圖立賣契人許實章，今因錢糧無辦，自情願央中將承父荒山乙片，坐落土名茶坑，原額敢字乙千三百六十五號，新丈五字　號，計山稅乙畝二分。其山東至　　西至　　南至　　北至　　。又將土名同前荒山乙片，原額敢字乙千三百七十號，新丈五字　號，計山稅六分。其山東至　　西至　　南至　　北至　　。又將土名同前荒山乙片，原額敢字乙千三百七十二號，新丈五字　號，計山稅乙畝。其山東至　　西至　　南至　　北至　　。又將土名同前荒山乙片，原額敢字乙千三百八十號，新丈五字　號，計山稅三分。其山東至　　西

至　　南至　　北至　　。今將前項乙十六至內共山叁畝一分，於內先年賣過與許士先乙畝乙分，仍山稅貳畝，盡行立契出賣與族叔　名下爲業。當日憑中三面議定時值價銀陸兩整，其銀隨手一并收足，其山并無柴薪樹木。自從出賣之後，一聽買人自行管業、蓄養柴薪樹木、收留受稅爲定。如有內外人攔占及重複交易、一切不明等情，盡是賣人之當，不涉買人之事。其稅今臨冊年，本戶即行起推，并無難異。今恐無憑，立此賣契存炤。

順治十一年一月　日立賣契人　許實章
主盟母　許阿程
代書人　許藍田

稅收成貴戶，原四甲許立保戶推。

前項契內價銀當成契日隨手一并收足。同年月日。再批。

同上　清順治十二年休寧縣吳允和賣山契

立賣契吳允和，今將彼字壹千百陸拾叁號，土名洪山尖，計稅壹分陸釐陸毫伍絲。其山東至　　西至　　南至　　北至　　。四至內山憑中出賣與畢　名下爲業。三面議定，時值價紋銀壹拾伍兩整，并銀當即收足，其山聽憑管業，扦造風水。其稅即於四圖六甲吳家濟戶下起割，推入五圖四甲畢戶下解納無異。今恐無憑，立此契爲照。

倘有內外人異議，盡是本家承當，不涉買人之事。再批。

順治十二年三月　日立賣契　吳允和［押］
代筆　程元□［押］
居間　畢功甫［押］
畢北元［押］

此原契順治十四年冒□往泰州後□回家。此山於康熙五十年秋間繩式
被火焚　君往

立契出與草市孫宅。

同上　清順治十二年休寧縣許敬齋賣地契

廿四都一圖立賣契人許敬齋，今將承祖土名大溪邊一片地，係常字四千八百廿九號，新丈蓋字　　號，敬齋合得九步半，計稅三釐八毛。其地東至　　西至　　南至　　北至　　。今將前項四至內地盡行立契出賣與族弟　名下爲業。當日憑中三面議定時值價銀伍錢整。其地自從出賣之後，一聽買人自行管業爲定。倘重複交易不明等事，盡是賣人之當，不涉買人之事。其稅今輪冊年，本戶即行起推，并難易。今恐無憑，立此賣契存照。

順治十二年七月　日立賣契人　許敬齋　號
中人　黃　善　號

前項契內價銀當日隨手一并收足。同年月日。再批

同上　清康熙五年休寧縣吳明伯賣墳地契

立賣契人吳明伯同嬸吳阿程，今因欠少錢糧使用，自情願央中將承祖續置到原彼字五千七百三十四號，新丈　　號地一業，計稅柒釐，土名上菜園。其地東至　　西至　　南至　　北至　　。內存畓墳坑餘地，盡行出賣與本都本圖畢　名下爲業。三面議定，時值價紋銀叁兩整，其銀當成契日一并收足。其地隨即管業，聽憑阡造風水。倘有內外人等異說，盡是賣人承當，不涉買人之事。其稅於吳正賢名下起割，推入買人戶下解納。今恐無憑，立此賣契存照。

康熙五年六月　日立賣契人　吳明伯　號
仝嬸　吳阿程　號
中見　李汝和　號
吳於禮　號

同上　清康熙五年休寧縣吳右卿賣地契

二十五都四圖立賣契人吳右卿，今將續置到原彼字叁千叁百四十柒號，土名汪祈山，計地稅捌釐。其地東至畢地，西至吳地，南至畢等地，北至畢地。今將前項四至內地憑中立契出賣與畢　名下爲業。三面議定時值價九五色銀叁兩整。其銀當成契日一并收足，其地聽憑買人割稅管業。倘有人異議，俱是賣人承當，不涉買人之事。今恐無憑，立此賣契存照。

其業係畢宅墳前炤吳右界石管業。再批。號

康熙五年六月　日賣契人　吳右卿　號
居間　吳於禮　號
李汝和　號
吳淑倫　號
程瑞甫　號

程不易　號

同上　清康熙十年休寧縣王子受賣基地紅契

二十七都五圖立賣契人王子受，今因乏用，情願將承父鬮分自己名下基地一片，坐落土名陳村街心，係新丈良字乙千五伯貳十六號，計地五十三步三分五釐，計稅貳分六釐七毫七系五勿。其四至自有保簿開載，不在行寫。今憑中立契盡行出賣與族侄　名下爲業，當日三面議作時值價銀叁拾兩正。其地未賣之先，并無重複交易及內外人攔阻。一切不明等事，盡賣人承當，不涉買人之事。今賣之後，聽從買人管業，本家并無生情異說。其稅隨即推入買人戶內輸納無辭。今恐無憑，立此賣契存炤。

康熙拾年十月　日立賣契人　王子受[押]

憑中人　金爾玉[押]

王翰周[押]

王慶之

王遐甫[押]

王聲遠[押]

王又華[押]

王子文[押]

今領去契內價銀一并收足乞。同年月日再批　領

同上　清康熙十六年休寧縣吳雨生賣地契

二十五都四圖立賣契吳雨生，今因錢糧緊急，自將承父分授到彼字三千三百六十七號，土名汪祈山，計稅貳分貳釐九毛五絲乙忽，其地東至　西至　南至　北至　。以上一號四至內憑中出賣與畢　名下爲業。三面議定時值估價紋銀壹兩整，其銀當成契日一并收足，其地聽從開荒管業。未賣之先，并未曾與他人重複交易等情。所有內外人異說，盡是賣人承當，不涉買人之事。再有來腳契文與別業相連，繳付不便。其稅於七甲下吳戩谷戶起割，推入五圖四甲畢洪濱戶下解納。今恐無憑，立此賣契爲照。

康熙十六年四月　日立賣契　吳雨生　號

中見　章聖先　號

吳若思　號

同上　清康熙十八年休寧縣許元聲賣地紅契

二十一都二圖立賣契人許元聲，今因乏用，自願將承祖分受化字一千捌伯七十四號地，計稅貳分叁釐五毛，土名傍溪地；　又化字一千八伯六十九號地叁釐六毛貳絲五忽，土名溪邊巷口。四至照依清冊，憑中立契出賣與本祠名下爲業。三面議定時值價紋銀叁兩正。其銀契當即兩相交付明白，并無欠少準折等情。其地從前不曾與他人重複交易。其稅仰於一甲賣人戶下起割，入本祠戶下支解。今恐無憑，立此賣契爲照。

契內價銀一并收足，再不另立收領。再批。

康熙十八年二月　日立賣契人　許元聲

憑中人　許季清

許良玉

同上　清康熙十九年休寧縣吳茂之賣地契

二十都二圖立賣契人吳茂之，今因欠少糧差，自情願將承祖分受化字一千五百一十號地，稅壹分伍釐五毛四系，土名水口山。四至炤依清冊，於上有大松樹六根，一應在內，憑中立契出賣與蔭祠名下爲業。三面議定時值價銀四兩正。其銀契當即兩相交付明白，并無欠少準折，其地從前并不曾與他人重複交易。倘有親房內外人等異說，俱係賣人承當，不干買人之事。其稅聽憑目下過割管業。今恐無憑，立此賣契存炤。

契內價銀一并收足，再不另立收領。再批。

康熙拾九年二月十三日立賣契人　吳茂之

憑中人　汪公渭

代筆人　吳君祥

同上　清康熙十九年休寧縣許振遠賣地紅契

立賣契許振遠，今將父分受塲字二千零四十七號地壹畝陸分貳釐叁毛，土名稍盤塘，四至照依清冊，憑中立契出賣與許蔭祠爲業。三面議定得受時值價紋銀叁兩伍錢正。其銀當即收足，其地聽憑過割稅管業無詞。從前并未與他人重複交易。倘有親房內外人等異說，俱身承當，不涉買人之事。今恐無憑，立賣契爲照。

契內價銀收足，不另立收領。再批。

康熙十九年二月　日立賣契　許振遠

憑中　許輯五
許聖如
許季清

同上　清康熙十九年歙縣鄭元瑞賣山官契

歙字壹號契紙給發拾陸都貳圖冊里

立賣契人鄭元瑞，係十七都二圖，今將承祖分受育字三千二百二十九號，土名烏鷄山，計地稅乙分四釐。凂中出賣與吳　名下爲業，議定時價文銀捌兩正。銀契當即兩相交明。其山東至路，西至本家山界，南至塘，北至山。眷照依清冊釘界交業，定憑扦造風水，本家止留曆墳。本戶地稅即於本圖十甲下黄明戶內推入十六都二圖吳懷仁戶內支解。倘有內外異說，賣人理直。今恐無憑，立此賣契爲照。

內有東北角櫃子樹貳根，交買人管業。在批。

康熙十九年八月　日立賣契人　鄭元瑞[押]
親　兄　鄭元甫[押]
中見人　吳養之[押]
朱□亨[押]
代筆　章建達[押]
居間　吳篤生[押]

【下略】

同上　清康熙二十二年南安州蘇世茂活賣田收付合同文書

立收付合同文書人蘇世茂，係南安州縣□　【下缺】民張國用名下額卡喇水山場，田價紋銀拾捌兩整。當日收足明白。日後不致加收。今恐無憑，立此收付存炤。

外

當年里長不得扳扯國用。如有扳扯，世茂一色承當，永遠代爲。至於錢糧□□事項，分釐不得短少。立此合同，永遠爲炤。

康熙二十二年三月二十八日　立收付合同文書人　蘇世茂
張黑□
憑中人　蘇光□
蘇光保
知見人　王小根
張□
蘇七保

收付合同爲炤

同上　附一　清康熙四十七年南安州譚濬哲父子找約紅契

立找約人譚濬哲同男譚克盛，今憑中找到張懷軒弟兄三人名下銀伍錢，係是額可郎田價。日後不致重收。此炤。

康熙四十七年八月初四日　立找約人　譚濬哲[押]
同　男　譚克盛[押]
憑　中　楊乃藻
蘇仰之

找約存炤

同上　附二　清康熙四十九年南安州譚克盛找約紅契

立找約人譚克盛，爲因缺用，今找到張懷軒弟兄三人名下銀叁錢。收足明白。日後不致重找。此照。

康熙四十九年四月拾肆日　立找約人　譚克盛[押]

找帖存照

同上　清康熙二十三年休寧縣王自長等賣竹園紅契

立賣契人王自長、王自泰，今因錢糧無辦，自情願央中將承祖并新置竹園地共壹拾四號，其地步畝自有歸戶僉業票拾四張炤數定則，四置自有保簿開載，不在行寫。所有在地竹木茶叢盡行憑中出賣與戶侄名下爲業。當日得受價九五色銀叁拾貳兩整。其銀當日兩相交明，別無領扎，其業隨即交與買主聽從管業無辭。未賣之先，并無重複交易，倘有來歷不明等情，一切內外人拈攔，盡是出賣人承當，不涉買主之事。其稅在本戶隨即扒與買人名下輸納無辭。今恐無憑，立此出賣契存炤。

契內本家存地稅貳分，以保墳墓。其地言過日後買主還得開穴。再批。

計開歸戶票壹拾四張，字號開列於後，其歸戶票當日繳付買主收執。

新丈良字乙千六伯卄一號　又乙千六伯卄二號　又乙千六十二號
乙千六百卄三號　乙千六百卄六號
乙千六百卄七號　乙千六百卄八號

乙千六百廿九號　乙千六百卅號
乙千六百卅一號　乙千六百卅二號
乙千六百卅三號　[乙千六百卅四號]
乙千六百四十八號

康熙貳十三年四月日　立賣人　王自長[押]
王自泰[押]
憑中人　王希舜[押]

同上　清康熙二十八年休寧縣程聖期父子賣山紅契

二十五都五圖立賣契人程聖期同男嘉順，今因錢糧無辦，自情願央中將承祖遺下山一號，坐落土名朱旱塢，原係女字新丈　號，計山稅　整。其山東至降，西至倪家田，南至倪家山，北至降頂。今將前項四至內山盡行立契出賣與本都二圖許　名下爲業。當日憑中三面言定時値價銀陸兩整。其銀當日一并收足，其山隨即交與買主管業，收養樹木柴薪、收苗受稅。倘有來歷不明及重複交易，并內外人攔阻生端等情，盡是賣人承值，不涉買主之事。其稅糧奉新例隨即起推入買主戶內辦納糧差，并無異說。恐後無憑，立此賣契存炤。

康熙二十八年三月　日立賣契人　程聖期[押]
同男　嘉　順[押]
中見人　王民泰[押]
程祥甫[押]
程子通[押]
代書人　程宗舜[押]

契內銀兩當成契日隨手一并收足，另不立領。同年月日。再批[押]

同上　清康熙三十五年休寧縣朱鳴玉賣田紅契

立賣契朱鳴玉，今因缺用，自願央中將承父田乙號，坐落土名洪山下，計租壹拾陸砠，係良字壹千叁百九拾九號，計稅壹畝伍分五釐陸毫，其大四置自有保簿開載，不在行寫。今憑中出賣與汪　名下爲業，當得價玖伍色銀壹拾肆兩肆錢。自賣之後，聽憑買人管業收租，并無異說。其稅糧隨即推入買人戶內輸納無辭。所有來腳當日一并付訖。自未賣之先，并無重複交易。及一切不明等事，盡是賣人承當，不涉買人之事。恐後無憑，立此賣契存炤。

契內加陸毫貳字[押]

康熙叁拾伍年五月　日立賣契　朱鳴玉[押]
中見　王公佩[押]
朱秀玉[押]

同上　清康熙三十五年徽州吳以立賣田外加銀收票

立收票吳以立，今收到程　名下轉買土名苦株墩，內地稅柒釐伍毫。因契內時價不敷，憑中公議，外加銀壹拾伍兩整。當日收訖，此照。

康熙叁拾伍年十二月日　收　票　吳以立[押]
中　見　吳大生[押]
餘　親

同上　清康熙三十六年休寧縣方伯和等賣園地紅契

四都五圖立賣契人方伯和、弘若，今因乏用無辦，自願托中將祖遺園壹業，土名前塝墩，新丈歲字乙千七百五十九號，身與叔方仲瑜等合得地稅壹分叁釐。除仲瑜賣過稅壹分，仍有稅叁釐乃係身兄弟己業。今憑中立契盡行出與十四都十圖汪　名下爲業。其園東至乙千七百十號根基園，西至自崑園，南至路，北至自崑園爲界，四至明白。三面議作時値紋銀捌錢正，其良，業當成契日兩相交收足訖。

倘有內外人異說，賣主之當，不涉買主之事。其稅糧在四都五圖九甲方孫戶內起割，推入十四都十圖一甲汪永垂戶內，自行辦納無阻。今恐無憑，立此存炤。

稅叁釐係伯和、弘若家之墳，今憑中將此稅賣訖，僅存墳穴標掛。再批。[押]

仝年十一月方仲瑜賣契注有本家葬過墳乙穴仍存。

康熙三十六年十二月二十九日　立賣契人　方伯和
弘若[押]
中見　詹兆玉[押]
方自崑[押]
代筆叔　方仲瑜[押]

同上　清康熙三十八年管理直隸錢穀守道給發大興縣汪某契尾

契尾

管理直隸錢穀守道參政加五級高　爲嚴催稅契銀兩以佐軍需事，蒙前撫部院憲票準戶部咨前事等因，通行在案。又續蒙前院憲票：　爲酌改道臣以專責任事：照得民間置買房地價值，理應例給鈐印契尾備照。直屬各州縣衙所用契尾等項，已經本院題明，悉歸該道綜理。該道應設立循環印刷契尾，先期頒發各屬。凡有收過稅銀，照數塡入契尾，給發業主收執。每於季終，將各州縣衙所收過稅契銀兩，彙造細冊，送院查核；仍於年終將收解過銀數彙冊報銷等因。蒙此，擬合刊刷契尾頒發。爲此尾，仰大興縣掌印官：凡民間典買房地土等項，着買產人戶照契內價銀每兩納稅叁分，照價核算，收貯報解。每契一紙粘尾一張，印鈐給發買主收執。季終造冊報道，以憑核對彙報本院咨查。其收過稅銀，遵照於季終起解本道，轉解戶部充餉。如有隱漏兼以多報少者，查出定行揭參。須至契尾者。計開：

業戶　買坊地　用價伍百伍拾兩，納稅拾陸兩伍錢。

右給業戶汪名　準此

康熙叁拾捌年陸月日

同上　清康熙四十年休寧縣金阿謝賣地紅契

二十四都二圖立賣契婦金阿謝，今因缺少糧差使用，自情願浼中將承祖翁遺存鬮分土地下園菜地壹片，係新丈此字貳千叁百叁拾四號，計稅壹釐肆毫伍絲，其地東至　西至　南至　北至　。今將前項四至內地憑中立契出賣與廿七都二圖陳名下爲業。當日三面言定時值價紋銀貳兩整，其銀當日一并收足。其地隨即交與買人管業、造房、收苗受稅，并無內外攔阻及重複交易。一切不明等事，盡是賣人承當，不涉買人之事，其稅今奉新例隨即起割推入人戶內辦納糧差，其歸戶聽以執承租冊挪僉與買人歸戶，無得異說。今恐無憑，立此賣契存照。

康熙肆拾年十月二十八日　立賣契婦　金阿謝[押]

同　男　金國寶[押]

中　見　金茂濟[押]

依口代書　金公約[押]

同上　清康熙四十五年休寧縣許遂之賣地紅契

二十一都二圖立賣契人許遂之，今因欠少使用，自願將續置化字叁千九拾六號，計地稅柒釐三毫，土名櫸樹下，四至依照清冊，憑中立契出賣與本都本圖二甲族名下爲業。三面議定得受時值價紋銀伍兩正。其銀當日收足，其地即交管業，扦造風水無異。從前至今，并不曾與他人重複交易。倘有親房內外人等異說，俱身承當，不涉買人之事。今恐無憑，立此賣契存照。

其契內價銀一并收足，再不另立收領。再批。

康熙四十五年四月　日立賣契人　許遂之

中　人　汪舟五　張於舟　許公益

許錫周　許士楊

依口代筆　許諫廷

同上　清康熙五十年休寧縣胡希臣等賣地紅契

十七都四圖立賣契人胡希臣、惟達、胡阿吳、杏繁、星朗、子開、贊皇、苑林，今因錢糧緊急，自情願將祖遺受拱字三千二百五十七號，計地稅玖釐肆毫壹系，土名後村空地一片，四至照依清冊。憑中立契出賣與胡名下爲業。三面議定時值價銀貳兩整。其銀當即收足，其地即交與買人管業，日後聽憑興造，其稅早晚過割入戶支解。從前并未與他人重複交易，亦無欠少準折之類，并無異說。倘有內外人爭論，俱係出產人承當，不涉買人之事。恐後無憑，立此賣契存照。

康熙五十年三月　日立賣契　胡希臣

胡惟達　胡阿吳　胡杏繁　胡星朗

胡子開　胡贊皇　胡苑林

居　間　胡季和　胡純友　胡惟野

代　筆　胡廣洪

同上　清康熙五十年休寧縣胡子開賣地紅契

十七都四圖立賣契人胡子開，今因錢糧緊急，自情願將祖遺受拱字三千二百五十八號，計地稅四釐八毫，土名後村新坦；又拱字三千二百五十九號，內稅該身分法叁釐貳毫，土名同，空地共計一片，四至照依清冊。三面議定時值價銀貳兩。其銀當即收足，其地即交與買人管業，日後聽憑興造。其稅早晚過割入戶支解。從前并未與他人重複交易，亦無欠少準折之類，并無異說。倘有內外人爭論，俱係出產人承當，不涉買人之事。恐後無憑，立此賣契存照。

康熙五十年三月　日立賣契人　胡子開
居　間　胡季和　胡純友
胡惟野　胡星朗
代　筆　胡廣洪

同上　清康熙五十年休寧縣查嗣典賣山紅契

立賣契查嗣典，今將自置新丈良字一千五百叁拾號，土名陳村任後山，全稅共陸分，其四至自有保簿開載明白，不在行寫，於内收取山稅叁分，憑中立契出賣與王鳴和名下爲業，得受價九五色銀陸拾兩整。其銀當日一并收足訖。其業未賣之先并無重複交易及内外人爭執。倘有此情，盡是賣人承當，不涉買主之事。其山任憑買主收稅永遠管業，并無異說。恐後無憑，立此賣契存照。其來腳契文仍存查處收貯，倘日後買主要用，交出同照。又批[押]

康熙五拾年正月　日立賣契　查嗣典[押]
憑　中　金天如[押]　陳玉其[押]　王子遐[押]
金爾成[押]　王子厚[押]　陳公肅[押]
王公遇[押]　查振士　汪友筠
王公佩[押]　王依水[押]　王思誠[押]
王楚珮[押]　王含輝[押]　王見三[押]
朱雲超　王谷臣[押]　汪殿元[押]
奉　書　查祖發[押]

同上　清康熙五十四年休寧縣查法兄弟賣風水地契

立賣契人查法同弟查紅，今爲無銀支用，自情願將承祖風水地一處，土名下蜀，係經理往字五十五號，計地稅伍釐整。其風水地新立四至：東至葉姓田，西至余姓田，南至汪姓界，北至水溝。今將前項四至内地寸土不留，盡行立契出賣與汪名下爲業。三面議定時值價白紋銀九兩整，其銀當日收足。其地即聽買主遷葬管業無阻。其稅即聽收割過戶輸納。及重迭交易、内外人聲說等情，盡身之當，不管買主之事。自成之後，兩各無悔。如有先悔者，甘罰契外銀五錢與不悔人用。今恐無憑，立此賣契存照。

康熙五十四年九月　日立賣契人　查　法
同　弟　查　紅

上件契内價銀當日盡行收足。再批　中見人　朱伯成　何顯耀　何國祥

同上　清康熙五十五年休寧縣王勝先等賣屋地紅契

立賣契王勝先同弟王位成，今因乏用，自情願央中將承曾祖名下屋地壹號，坐落土名陳村田西，係原得字壹千五百零叁號，新丈良字壹千五百零四號，并在上店屋與叔祖五股共業，該身祖名下業地壹拾肆步叁分八釐六毫九系，該稅柒釐壹毫九系叁忽貳，内又與親叔兄弟兩半均分，該身兄弟業地柒步壹分九釐叁毫四系五忽，稅叁釐五毫九系六忽六。又屋地壹號，土名同，係原得字壹千五百零四號，新丈良字壹千五百零五號，并在上樓屋廚屋與買人共業，該身祖名下業地肆拾貳步五分四釐六毫二系，該稅貳分壹釐貳毫柒系叁忽，亦與親叔兄弟均業，該身兄弟業地貳拾壹步貳分柒釐叁毫，該稅壹分零六毫叁系六忽五。貳共計地貳拾捌步四分六釐六毫四系五忽，貳共計稅壹分肆釐貳毫叁系叁忽壹。

今將貳號地并在上屋該身兄弟分數壹并出賣與堂叔名下爲業，當日議得時值價銀叁拾伍兩整，當日壹并收足，別無領扎。其屋地自賣之後，聽從買主隨即管業無辭。其地貳號四至自有保簿開載，不在行寫。其稅今值冊年，在本甲王文戶内起割，推入買人王翰輸納無辭。恐後無憑，立此賣契存照。

康熙伍拾伍年玖月　日立賣契　王勝先[押]
同　弟　王位成[押]
憑　中　金天如[押]
王天署[押]

同上　清康熙五十五年休寧縣朱美文等賣山紅契

立賣契朱美文同弟朱象方，今因缺用，今自情願將祖遺下山壹號，土名社屋前，係良字陸百卄八號；又山乙號，土名同，係良字陸百四拾壹號；又山壹號，土名芝痲塢，係良字陸百五拾四號；又良字陸百五拾五號，每號各取山稅壹分，四號共計山稅四分。又山壹號，土名屏風坑，字五千四百拾陸號，取山稅四分；又山壹號，土名横源，係必字五千三百陸拾六號，取山稅壹分陸釐五毫。總共計山陸號，計稅九分六釐五毫，出賣與親人王名下爲業。當日得受山價銀伍兩整，當成交日一并收足。其山悉聽買人隨即收稅

管業，開造生苗，不致異說。倘有內外人占阻，盡是賣人承當，不涉買人之事。其稅候冊年推入戶內輸納無辭。今恐無憑，立此賣契存照。

康熙五十五年十二月　日立賣契人　朱美文[押]
同　弟　朱象方[押]
中　人　王依水[押]
朱爾昌[押]

同上　清康熙五十七年休寧縣許雲升賣地紅契

二十四都一圖立賣契許雲升，今將祖遺地業一號，土名苧園，係新丈蓋字肆千七百八十六號。其地東至　西至　南至　北至　。今將前項四至內地本身合得分數內，取地稅壹釐，憑中立契出賣與族　名下爲業，扦造風水。當日議定時值價銀肆兩整。其銀隨手收足，其地任從買主管業、收苗受稅，各無異說。其地倘有來歷不明及重複交易、內外人爭執等情，盡是賣主理值，不涉買主之事。其稅奉例起推，并無難異。今恐無憑，立此賣契存照。

康熙五十七年三月　日立賣契　許雲升[押]
同弟　許佳公[押]
見中　許子廣[押]　許子周[押]
許斯民[押]　許思恭[押]
許子軒[押]　許思聖[押]
許純嘏[押]　許君韜[押]

前項契內價銀當日隨手一并收足。同年月日再批。領[押]

同上　清康熙五十八年休寧縣王阿朱賣園地紅契

二十七都五圖立賣契王阿朱，爲因夫故身老，子媳繼亡，日給無措，自情願央親伯侄作中，將承翁遺園地壹號，坐名陳村街西，係原必字，新丈效字三千三十號，其地與伯侄共業，該阿夫名下五股之一。今將該身分數內取地貳拾貳步，計稅壹分壹釐。其大四至自有保簿開載，不在行寫。今立小四至：東至路，西至本家書屋，南至本家存地，比至路。憑伯侄作中，出賣與堂侄鳴和名下爲業。當日三面議作時值價銀壹拾貳兩整。其銀契當日兩相交明，別無領札。其地聽從買人隨即管業。倘有內外占阻異說，盡是賣人及伯侄承當，不涉買人之事。其稅在本都圖本甲王廣生戶內起割，推入買人戶內輸納無辭。今恐無憑，立此賣契存炤。

康熙五十捌年四月　日立賣契　王阿朱[押]
代書親伯　王季五[押]
作中親侄　王滄州[押]
王遴選[押]
王深如[押]

同上　清康熙五十九年安遠縣唐旭午母子絕賣田契

安遠縣永安坊住人唐旭午，今因無銀缺用，母子商議，分授禾田壹處，在於齊徑社下，計田壹百伍拾把；又及大丘壹丘，東至圳爲界，西至唐宅田爲界，南至圳爲界，北至本宅田爲界，四至分明；又及河唇田壹丘。共大小叁丘，共計老額租壹拾捌桶。今將要行出賣與人，上問房親，下問四鄰，三請中人說合本坊歐陽元臣出手向前承買，當日三面言定時值絕賣價紋銀捌拾兩，其銀及契即日兩交明白，不欠分文。什實現銀，并無貨物準折。係是二比情願，遵奉上例正價、敷價，當即母子親手亦應領訖。其田原係自耕，絕賣之後退出，任憑買人過手，招耕管業，賣人不得阻當。其田秋糧柒合，遇造推收。其上手所買老契，有田相連，未曾付出，不爲應用。恐口無憑，親立絕賣契書日後永遠爲照。

康熙伍拾九年十二月　日親立絕賣契人　唐旭午[押]
在堂母　謝　氏[指模]
在場人　唐周望[押]
見　錢　陽方楚[押]
說合中人　唐位選[押]
唐玉先[押]

同上　清康熙六十年休寧縣方自崑賣墳地紅契

四都五圖立賣契人方自崑，今因母老病篤，後事無辦，自願央族將祖遺下墳地一業，土名前塍墩，係歲字乙千七百五十九號，共計下積地稅貳分四釐七毛，共計積八十六步四分乙釐二毛五系。其地東至乙千七百六十號，西至乙千七百五十八號買主全業，南至乙千七百六十號，北至乙千八百十五號低基火佃屋爲界。以上四至內地身族方仲瑜同侄方弘若兄弟共該稅乙分三釐，已於先年盡賣與買主訖，身淨該地稅乙分乙釐七毛，於上葬過墳一棺。今憑中立契盡行出賣與十四都十圖汪士望名下爲業。當日得受時值價文銀伍兩整，其銀當即收清，其地即交買主管業，聽從蔭護風水。身家僅存墳堆標掛號內，并無餘稅存留。從前并無重複交易及來歷不明等情，亦無準折債負之類。倘有内外人生端異說，盡身承値，不涉買主之事。其稅糧在本都圖拾甲方植戶内起割，推入十四都十圖一甲汪永垂戶内，自行辦納糧差無阻。業係祖遺，并無來腳契文可繳。倘有，日後刷出，不在行用。今恐無憑，立此賣契存炤。

雍正元年五月十八日，方相如回家，此園係自崑兄弟二人均業。當日同原中是日一并找價清楚，日後毋得返悔。方相如親筆批。［押］

康熙六十年六月　日立賣契人　方自崑［押］

中見人　方維新［押］

方宗維［押］

鮑仲序［押］

同上　清康熙六十年休寧縣方自崑收契外價字據

四都五圖立收契外價人方自崑，今收到汪士望名下買土名前滕墩，係發字乙千七百五十九號，計地稅乙分乙釐七毛。除正契得受價文銀伍兩正，今又收契外價文銀陸兩正，共合得受文銀壹拾兩，是身一并收清足訖。今恐無憑，立收契外價付買主存炤。

康熙六十年六月同日立收契外價銀人　方自崑［押］

中見人　方維新［押］

鮑仲序

同上　清康熙六十年武進縣劉文龍賣田租契

立賣契劉文龍，今將鶩字號平田一丘，計一畝八分，央中賣與陳名下收租，得受價銀七兩。每年完租夏麥五斗四升，冬米一石八斗。如有不清，聽憑業主自種，立此存照。

康熙六十年七月　日立賣契　劉文龍

憑中伯之球

兄文信

代筆　張茂之

同上　清康熙六十一年休寧縣王阿蘇母子賣地紅契

立賣地契人王阿蘇同男王三元、三富、三貴，今因急用，自情願央中將祖遺下地乙號，坐落土名街頭基地，係新丈良字一千六百十捌號，計地柒拾五步，計稅三分七釐五毛。其四至自有保簿開載，不在行寫。今憑中出賣與族叔鳴和名下爲業。三面議定時値價銀肆兩正。其銀契比日兩相交明，別無領扎。未賣之先，并無重複交易。及一切不明等情，盡是賣人承當，不涉受業之事。其地買人隨即管業，本家并無異說。其稅候冊年推入買人戶内輸納無辭。今恐無憑，立此賣契存照。

康熙六十一年正月　日立賣地契人　王阿蘇［押］

同　男　王三元［押］

王三富［押］

王三貴［押］

見　中　王天木［押］

王谷臣［押］

代　書　王若薇［押］

同上　清雍正元年休寧縣李阿程賣田紅契

二十五都三圖立賣契人李阿程，今因缺少錢糧無辦，自情願央中將故夫親置遺下田一丘，坐落土名老鴉丘，係新丈恭字叁百肆拾柒號，計田稅壹畝壹分玖釐五毫，計租拾貳砠。其田東至　，西至　，南至　，北至　。今將前項四至内田立契盡行出賣與西南隅一圖程　名下爲業，當日憑中三面言定時値價九七色銀拾兩整，其銀當日隨手一并收足。其田出賣之後，聽從買主管業收苗受稅無異。倘有來歷不明及重複交易一切不明等情，盡是賣人承當，不涉買主之事，其稅糧奉新例隨即起推入買主戶内辦納糧差，并無攔異。恐後無憑，立此賣契存照。

其田日後聽從賣主原價取收，上手來腳契付買主收執。再批。

雍正元年十月　日立賣契婦　李阿程［押］

同男　李志德［押］

中見人　李魁武［押］　巴馨録［押］　程子盛［押］

程憲章［押］　程廷賢　程仲陵［押］

依口代書　李煥章［押］

今將前項契内價銀隨手一并收足，不另立領。同年月日，再批［押］。

同上　清雍正三年休寧縣許靈苑賣地紅契

立賣契許靈苑、許阿汪，今將場字貳千貳百十貳號，地稅九分叁釐貳毫，土名社屋山，四至照依清冊，憑中立契賣與蔭祠名下爲業。得受時值價銀十兩整，其銀當即收足。其稅聽憑過割管業，并無異説。其地從前并無重複交易等情。倘有親房内外人等異説，俱係賣人承當，不涉買人之事。今恐無憑，立此存照。

契内價銀收足，不另立收領。再批。

雍正三年十月　日立賣契　許靈苑　許阿汪

憑　中　許正六　許宗岳

代　筆　許彝士

同上　清雍正四年大興縣劉門王氏母子賣空地白契

立賣空地契約人劉門王氏同子永文武，因無銀乏用，有祖遺空地一塊，坐落草廠三巷，地寬一丈，長六丈二尺，今賣到

俞　名下，言定賣價銀捌兩。自賣之後，倘有弟男子侄親族人等爭競，有賣主、中保人一面承管。

恐後無憑，立此賣約存照。

中保婿　劉起鳳[押]

雍正四年六月日　立賣空地人　劉門王氏[押]

子　劉永文武[押]

賣契約存照

同上　清雍正五年休寧縣葉仲文賣地紅契

二十一都一圖立賣契人葉仲文，今因欠少使用，自願將祖父分受本股己業原化字貳佰七十一號，地稅乙分四釐六毫；又貳佰七十二號，地稅四分六釐五毛，土名大塘山。四至照依清冊。憑中立契出賣與二十一都二圖許蔭祠名下爲業。三面議定得受時值價紋銀伍兩壹錢整。其銀契兩相交付明白，并無欠少等情。其地并不曾與他人重複交易。其稅聽憑目下過割入戶支解。倘有親房人等異説，俱係賣人承當，不涉買主之事。今恐無憑，立此賣契存照。

再批：　契内價銀乙并收足，再不另立收領。

雍正五年正月　日立賣契人　葉仲文

憑　中　葉爾榮　葉御升

許譽章　許道升　葉廷芳

代　筆　葉從先

同上　清雍正五年休寧縣黄士鳳賣地紅契

二十都一圖立賣契人黄士鳳，今因欠少使用，自情願將承祖分受己業場字一千九百二十五號，地稅三分四釐，土名上後塢，四至照依清冊，憑中立契出賣與本都二圖許蔭祠名下爲業。三面議定得受時值價紋銀二兩一錢整。其銀、契當即兩相交付明白。并無欠少、準折等情。其地從前至今并未曾與他人重複交易。倘有親房内外人等異説，俱係出賣人承當，不涉受業人之事。今恐無憑，立此賣契存照。

契内價銀一并收足，不另立收領。再批。

雍正五年五月　日立賣契人　黄士鳳

憑　中　黄子高　許玉章

許敦吉　許道升　許元禮

同上　清雍正五年休寧縣王紹周等賣基地紅契

立賣契侄王紹周自新所有公共祖遺良字乙千伍百零四號基地并在上店屋祖名下并收叔祖子受公兑換，租共該地貳拾捌步柒分柒釐貳毫九系六忽；又良字乙千伍百零伍號，租該地肆拾貳步玖分六釐貳毫。兩號租共該地柒拾壹步柒分叁釐肆毫九系六忽。内除大伯姆王阿吳賣過本身該分地壹拾柒步捌分貳釐捌毫貳系與四叔鳴和爲業，仍存地伍拾叁步玖分零陸毫七系六忽，身兄弟與叔均業，該身兄弟貳拾陸步玖分伍釐三毫四系八忽；又承父買大伯玉臣轉買程夢卿地貳拾陸步壹分柒釐壹毫一系，貳號地内身兄弟實共該地伍拾叁步壹分貳釐肆毫四系八忽，内存乙千五百零五號空地柒步陸分柒釐柒毫肆系捌忽，兩號内仍浄該身兄弟分業地肆拾步肆分肆釐柒毫，計稅貳分貳釐柒毫貳系三忽五。并在上店屋樓屋盡行一并出賣與四叔鳴和名下爲業，當日得受時值價銀陸拾兩整。比日銀契兩相交明，別無領札。其稅今現在祖戶得業辦納。倘日後買主另立己戶，任憑照契推入買人戶内辦納無辭。立此賣契存照。

雍正伍年五月　日賣契侄　王紹周［押］　王自新［押］
中見叔　王中美［押］
兄　王勝先［押］
弟　王位成［押］
王若臨［押］
王倫表［押］

同上　清雍正五年休寧縣許思聖賣田紅契

二十四都一圖立賣契人許思聖同侄許揚武，今因錢糧無辦，自情願將祖遺下田壹丘，坐落土名苦馬塢，係惟字伍拾陸號，計田稅捌分肆釐，計租伍秤。其田東至　西至　南至　北至　。今將前項四至內田盡行憑中立契出賣與族　名下爲業，當日時值價九七色銀叁兩整。其銀當成契日隨手一并收足。其田自賣之後，聽從買主管業收苗受稅爲定。如有內外攔阻及重複交易不明等情，盡是賣人承值，不涉買主之事。其稅本戶即行起推，并無異說。今恐無憑，立此賣契存照。外又加價銀伍錢整。許思聖再批。

雍正伍年八月　日立賣契人　許思聖［押］

同上　清康熙四十四年江南安徽等處承宣布政使司頒給休寧縣陳二純契尾

江南安徽等處承宣布政使司爲聖治已極降平等事，康熙肆拾叁年肆月初貳日奉撫督部院憲牌內開：康熙肆拾叁年叁月貳拾壹日準戶部咨江南清吏司案呈奉本部送戶科抄出，該本部□安擬□遵前事，康熙肆拾貳年拾貳月拾柒日題，康熙肆拾參年正月貳拾捌日奉旨該部知道。欽此，抄出到該部臣等，查得先經浙江道御史王條奏疏稱：江南所屬州縣每年稅契銀兩，除民間自行投報外，每圖仍派銀伍兩，縣大圖多者，比至肆、伍千兩，而解司不過壹貳百。今臣愚以爲宜飭布政司行契尾號簿，按季清查，盡收盡解。如有妄派民間，藩司立即揭參。藩司失察，一并議處。又南糧提解及袋錢等項，每石約費三四錢不等，請放給兵糧之時，令督撫核查兵籍，給與印檔，撥赴近州縣自領，酌與往來船脚之費。等因。臣部以江南諸省稅契銀兩，俱係各州盡收盡解布政司庫，原無定額。至兵丁原係爲防守汛地而設，今撥赴附近州縣兵丁自領，其有無悞於防守，并有無實益於民間之處，具題行令該督撫查明，具題去後。今據江寧巡撫宋、安徽巡撫劉　、會同江南、江西總督阿　、總漕桑　，統稱：江蘇、安徽等屬田房稅銀，原係州縣盡收盡解，并無私派圖民之弊。若用司頒契尾發令州縣登塡，則征收實數更易稽核等語。嗣後用司頒契尾立簿，發令州縣登塡，仍將征收實數按季造冊報部查核。又疏稱：各標營兵米俱以本郡之米給本處之兵。民無旁費，兵不遠涉，久稱兵民兩便。仍然舊例遵行，等語。應將御史王　條奏兵丁撥赴近州縣自領米石之處，毋庸議，仍照舊例遵行可也。康熙肆拾年貳月貳拾柒日題：本月貳拾壹日奉旨依議。欽此。抄部送司，爲此，令咨前去，欽遵查照施行。等因，到院備行到司，奉此。除經通行所屬一體欽遵外，令亟刊尾給發。爲此，仰州縣官吏遵照部文，奉旨及憲行事理，凡遇民間置買田地、山塘、房屋、蘆洲產業，查照契內每價壹兩征稅叁分，着令業戶照數塡簿內，一面將原契粘連本司編號契尾，塡明鈐印，給發執據；仍將征收實數按季造冊送司，以憑詳送院部查核。其稅銀務遵按季解司充餉，事關國課，無論紳衿軍民，一體輸納。如有隱匿不稅，以及不用司頒契尾者，即係漏稅，該印官據實詳報，定將產業依律沒官，業戶立拿究治。倘敢縱容經胥藉端需索尾費，或征稅多而解報少，一經察實，則嚴參復提，重究不貸，須至契尾者。

計開：徽州府休寧縣州業戶　用價銀貳兩
買者　圖　甲　賣主金阿謝
田　山　房屋　於康熙年　月　日完納稅銀陸分
地　塘　蘆洲
右給業戶陳二純準此
康熙肆拾肆年　月　日給
布政使司

同上　清雍正五年大興縣成奇賣房并出租官地契

立賣契人係正黃旗雲泰牛録下成奇，因爲無銀使用，今將自蓋灰瓦房四間，情願賣與本旗猛名下爲業，言明房價銀卅伍兩正。其銀當日交足，并無欠少。此係兩家情願，并無反悔。自賣知後，聽憑賣主改造居住，永無異言。此房在北小街口內路西。有官地一段，租與猛名下蓋房，言明每年二月、八月兩季納租銀一兩九錢。恐後無憑，立買契存照。

中保人　高　璨［押］

雍正伍年捌月吉日　立買［賣］契人　成　奇［押］

信　行

同上　清雍正五年休寧縣朱祝三賣地紅契

二十七都五圖立賣契朱祝三，今因錢糧無辦，自情願央中將承祖遺業貳號，土名棋盤角，效字三千乙百十六號，計地九拾四步八分，計稅貳分七釐貳毛整；　壹號土名林下培尾，效字三千乙百十三號，計地柒拾貳步，計稅貳分〇五毛九係貳忽整。其大四至自有保簿開載，不在行寫。今憑中立契將前項地業出賣與本圖王名下爲業，當日得受時値價銀貳兩整。比日銀契兩相交明，別無領扎。其地未賣之先，并無重複交易。及一切不明等事，盡是出賣人承值，不涉受買人之事。自賣之後，聽從隨即管業。其稅在本圖三甲朱正茂戶起割，推入買人戶內辦納無辭。今恐無憑，立此賣契存照。

雍正五年十二月　日立賣契　朱祝三［押］

中見　陳敘美［押］

王天木［押］

依口代書　朱殿臣［押］

同上　清雍正六年休寧縣王谷臣賣竹園契

二十七都五圖立賣契人王谷臣，今因缺用，自情願央中將自己續置竹園壹片，坐落土名上塢，係新丈良字壹千陸百貳拾壹號，計地肆拾玖步伍分，計稅壹分玖釐捌毫；　良字壹千陸百貳拾貳號，計地叁拾壹步捌分，計稅壹分叁釐貳釐柒毫；　良字壹千陸伯貳拾叁號，計地叁拾叁步壹分，計稅壹分叁釐貳毫；　良字壹千陸百貳拾陸號，計地叁伯叁拾步捌分，計稅捌分捌釐叁毫；　良字壹千陸百貳拾柒號，計地壹伯捌拾柒步，計稅伍分叁釐伍毫；　良字壹千陸伯貳拾捌號，計地壹伯玖拾柒步伍分，計稅伍分陸釐肆毫；　良字壹千陸百貳拾玖號，計地陸拾柒步肆分，計稅貳分柒釐；　良字壹千陸伯叁拾號，計地貳拾貳步柒分，計稅玖釐捌毫；　良字壹千陸百叁拾壹號，計地貳伯零肆步捌分，計稅捌分壹釐玖毫；　良字壹千陸百叁拾貳號，計地貳伯零肆步，計稅捌分壹釐陸毫；　良字壹千陸伯叁拾叁號，計地陸拾捌步叁分，計稅貳分柒釐叁毫；　良字壹千陸伯叁拾肆號，計地玖拾步，計稅叁分陸釐；　又良字壹千陸百肆拾捌號，土名黃干坑，計地玖拾貳步肆分，計稅肆分陸釐貳毫。共地壹拾叁號，通共計地壹千伍百伍拾柒步叁分，共計稅伍畝伍分叁釐柒毫。內上年推過地稅壹分柒釐叁毫肆系叁忽，淨計稅伍畝叁分陸釐伍毫伍絲柒忽。今將前項地并在上壹應竹樹、茶叢、果木、花卉、籬笆、石砌等項，一并盡行出賣與族姓　名下爲業，本家并無絲毫存留。憑中三面議作時値價銀叁拾兩整，當日一并收足，別無領札。其地未賣之先，并無重複交易。今賣之後，隨交買人管業。倘有內外人生情異說、占阻等情，盡是賣人理值，不涉買人之事。其稅在本都本圖柒甲王永昌戶內起割，推入買人一甲王翰戶內辦納。今恐無憑，立此賣契存照。契內賣過竹園地內西培之上本家開有生塋壹穴，存稅壹分。日後用事，買人不得阻難。除生塋之外，盡屬買人之業，本家并無絲毫存留，不得於上動取一草一木。再批。［押］

又批。

契內稅畝除本家存生塋稅外，淨實該稅伍畝貳分陸釐伍毫伍絲柒忽。

雍正六年二月　日立賣契人　王谷臣［押］

中見人　金本裕［押］

王君賢［押］

王君儒［押］

王紹周［押］

依口代筆　王大任［押］

今領去契內價銀一并收足訖。同年月日。再批。［押］領

同上　清雍正六年休寧縣朱蜚英賣田紅契

二十七都貳圖立賣契朱蜚英，今因虛糧，匠班無辦，自願央中將本甲朱應章戶田塘壹業，坐落土名陳村上街田塘，係新丈良字乙千六百二十號，計稅壹分叁釐陸毫正，計田叁拾步正，憑中立契出賣與仝都五圖一甲王名下爲業。當日三面議定得受價紋銀壹兩伍錢整。比日銀契𠔥相交明，別無領札。未賣之先，并無重複交易。及一切不明等情，盡是賣人承値，不涉買主之事。其稅在本都貳圖十甲朱應章戶內起割，推入本都五圖一甲王翰戶內自行辦納，無得異說。今恐無憑，立此賣契存照。

雍正六年二月　日立賣契　朱蜚英［押］

憑中　金企南［押］

同上　清雍正六年休寧縣王阿朱賣地紅契

立賣契嫂王阿朱，今因乏用，自願央中將祖遺地壹號，係良字乙千五百

零四號，其地阿翁兄弟五大房共業，翁名下該地除先年阿叔中美、維鑣賣過之外，仍該凈存地貳步叁分八釐六毫六系，計稅乙釐乙毫九絲三忽三。今央中出賣與堂叔鳴和名下爲業。三面議作時值價銀九五色貳兩整。其銀契兩相交明，其地悉聽買人隨即管業。倘有內外人攔占，盡是賣人承當，不涉買人之事。其稅候冊年在王生戶內起割，推入買人王翰戶內輸納無辭。今恐無憑，立此賣契存照。

雍正六年三月　日立賣契嫂　王阿朱[押]
憑　中　伯　王天署[押]
侄　王位成
代　書　侄　王敬直[押]

同上　清雍正六年休寧縣吳爾仁等賣山紅契

十三都四圖立賣契人吳爾仁同弟吳伯先、吳子敬、吳廷侯等，爲因錢糧無辦，公衆商議，自情願央中將承祖遺下二十六都楊木坑山壹號，係原才字叁千貳百八十九號，新丈潔字一千貳百八十九號，計原丘山稅叁分貳釐，內係姚姓存墳穴貳釐，本家先年祖手原賣過壹分與王宅外，本家仍凈存稅貳分。其山東至壹千叁百十一號山，西至壹千貳百六十六山，南至路，北至降。今央中將所存貳分內取山稅壹分正，立契出賣與二十七都五圖　王　名下爲業，當日三面議作時值價銀拾壹兩整。其銀契比日兩相交明，別無領札。其山一聽買人隨即管業造安葬。未賣之先，并無重複交易，如有內外人攔阻及一切不明等情，盡是出賣人理值，不涉買人之事。其稅候冊年在十三都四圖壹甲吳蘭戶下起割過戶無阻。所有來契別產相連，不便繳付，日後要用，將出參照。今恐人心無憑，立此出賣文契存照。

其稅原在吳蘭戶，今改吳芳戶內推出。再批。[押]

雍正陸年陸月　日立賣契人　吳爾仁[押]
同弟　吳伯先[押]　吳子敬[押]
吳廷侯[押]
中見原賣主　朱潤身[押]　汪友成[押]
吳耀廷[押]　朱子行[押]
王思誠[押]　王大任[押]
依口代書人　姚翰章[押]

同上　清雍正七年武進縣劉文龍賣田租找契

立找契劉文龍，向有驚字號平田一畝八分，賣與陳名下收租。今因原價輕淺，央中找得銀一兩整，其田仍照契，業主收租。立此存照。

雍正七年八月日　立找契　劉文龍
中　張芳之
萬瑆瑞

同上　清雍正七年休寧縣呂華周賣地契

二拾都二圖立賣契人呂華周，今將承祖遺受鳳字三千貳百九拾號，地稅壹分，土名柿樹下。其業眼同訂界：東至田，西至出產人業，南至呂思銘地，北至胡及出產人業。以上四至開明，憑中立契出賣與二十一都二圖許名下爲業。三面議定得受價紋銀貳拾兩整。其銀當即收足，再不另立收領。其稅業隨交買人過割入戶支解管業扦造，并無留難。此係兩相情願，并無欠少準折等情，從前亦未與他人重複交易。倘有內外人等異說，俱係出賣人承當，不涉買人之事。今恐無憑，立此賣契存照。

雍正七年十月　日立賣契人　呂華周
親　房　呂惟中
憑　中　呂天遂　呂天載　呂公羨
呂育文　呂元載　呂明五
呂聖臣　呂子坤　呂必通
呂喜毛　呂阿吳　洪禮天
洪震南　仇野蒼　范文賢
許禹蒼　江　華
代筆人　呂漢章

同上　清雍正八年休寧縣呂漢章賣地紅契

二拾都二圖立賣契人呂漢章，今因乏用，自願將祖遺受原丈鳳字、新丈駒字三千乙百貳十七號，計地稅貳分零五毫五系八勿，土名幽充壩。其業東至本家山，西至塘，南至鮑田，北至鮑田。四至開明，憑中立契出賣與二拾一都一圖許名下爲業。三面議定得受時值價銀肆兩整。其銀當即收足，其稅業隨交過割入許戶管業支解，悉憑取用更改。此身情願，并無威逼準折情由，從前亦未與他人重複交易。倘有內外人等前來異說，俱身乙并承當，不涉受業人之事。今欲有憑，立此賣契存照。
雍正八年五月　日立賣契人　呂漢章
親　侄　呂坤遠　呂阿謝　呂華周
呂元載　呂子坤　呂天遂
洪禮天　范文賢　呂文錦
親　筆

同上　清雍正十一年休寧縣王阿鄭等賣山紅契

立賣契王阿鄭同侄王鼎旭，今因夫亡，葬事無辦，自情願將承祖山四號：一號，土名青山，原得字四百三十號，今良字同，計税六釐；一號土名午塢，原得字九百四十八號，大四房總共乙畝八分八釐，該身分數乙分零七毛八系；一號土名牛塘充，原得字四百十八號，計税乙分三釐五毛；一號土名程約充，原必字二千五百二十四號，計税八釐。四號共計税叁分八釐貳毛捌，憑中出賣與房叔翁鳴和名下爲業，當日得受價銀叁錢正。其山未賣之先并無重複交易。出賣之後，任從收税管業。倘有一切不明等情，盡是賣人理值，不涉買主之事。恐後無憑，立此存照。
雍正十一年六月　日立賣契　王阿鄭[押]
同侄　王鼎旭[押]
代書中見　王堯有[押]

同上　清雍正十一年休寧縣畢天保賣地紅契

廿一都一圖立賣契人畢天保，今因欠少使用，自情願將祖遺場字二千二百零二號，土名金綫充，地税貳分五釐，四至在冊。憑中立契出賣到許蔭祠名下，三面言定得受時值銀貳兩陸錢整。其銀契兩相交付明白，其税隨即過割入戶管業。從前至今并未曾典當他人。倘有親房內外人等異説，俱係出業人承當，不涉受業人之事。今恐無憑，立此賣契存照。
契內價紋銀乙并收足。
雍正十一年九月　日立賣契人　畢天保
中人代筆　畢君聚

同上　清雍正十一年徽州程崇文等賣神會田契

立賣契程崇文支裔房長程君所、廷木、錦章、公五等爲因會中乏用，將本會續置土名苦竹干歸字號，交租叁秤，佃人吳六順，計税肆分伍釐；又將苦竹干歸字　號，交租貳秤，佃人吳道士，計税叁分；又將浪巖塢，交租肆秤，佃人程聖，歸字　號，計税　；又將曹莊門前，交租貳秤半，佃人程標，歸字　號，計税叁分四釐叁毛五系。共租拾壹秤半，出賣到程　處爲業。得受時值價九五銀拾陸兩壹錢。自賣之後，任從管業收穀，冊年過税。四至魚鱗冊據。并無重複不明等情，恐後無憑，賣契存照。
雍正十一年九月　日立賣契程崇支裔　程公齡　程君所
程廷木　程錦章　程公五
上年值會　程岐宗并代書
本年值會　程錦章
契上契價銀當日一并收足。再批。

同上　清雍正十二年休寧縣陳公達賣地紅契

二十七都一圖立賣契人陳公達，今因錢糧緊急，無處措辦，自願央中將承祖地壹號，坐落土名七門住基，係效字貳千八百九十七號，計地　，計税　。今將號內該身分數取地拾捌步，計税玖釐。其地東至巷，西至街，南至買人屋外地，北至面仝釘界。今憑中立契出賣與王　名下爲業，當日三面議定得受時值價銀壹拾兩整。其地未賣之先并無重複交易。今賣之後，聽從買人隨即管業監造，并無異説。倘有內外人攔阻及一切不明等情，盡是賣人理值，不干買人之事。其税在本家九甲陳正茂戶內起割，推入買人戶內輸納無辭。今恐無憑，立此賣契存照。
雍正十二年二月　日立賣契人　陳公達[押]
憑中親弟　陳立三[押]
房侄　陳良甫[押]
族兄　陳於前[押]
陳天任[押]
金本裕[押]
依口代書　胡兆祥[押]

同上　清雍正十二年休寧縣陳立山賣地紅契

二十七都一圖立賣契人陳立山，今因錢糧緊急，無處措辦，自情願央中將承祖遺地壹號，坐落土名七門住基，係效字貳千八百九十七號，計地　，計税　。今將號內該身分數內取地壹拾捌步，計税玖釐。東至本家屋地，西至大街，南至買人地，北至王家墩外，又至横巷，内該身分下取地壹步，計税五毫，號仝前。今憑中立契出賣與王　名下爲業，當日三面議定得受時值價銀拾陸兩整。其銀比日一并收足。其地未賣之先，并無重復交易。今賣之後，聽從買人隨即收税管業監造，并無異説。倘有内外人攔阻及一切不明等情，盡是賣人理值，不涉買人之事。其税在本都一圖九甲陳正茂户内起割，推入買人王翰户内輸納無辭。今恐無憑，立此賣契存炤。

契内傍加屋字横字。再批。

雍正十二年四月　日立賣契人　陳立山[押]

憑中房侄　陳良甫[押]

族兄　陳正夫[押]

代書　王若徵[押]

同上　清雍正十二年鎮洋縣殷門顧氏嫂叔找絶田文契

立找絶田文契殷門顧氏同叔殷足，爲因錢糧急迫，曾有契賣東一都短字圩田七畝八分，賣到潘處爲業，已經得價。因原價不敷，復央原中金勝賢三面議定，找絶銀七兩整，契下一并收足。自找之後，再無不盡不絶。欲後有憑，立此找絶田契爲照。

雍正十二年五月　日找絶田文契　殷門顧氏

同　叔　殷　足

原　中　金勝賢

同上　清雍正十三年鎮洋縣殷門顧氏嫂叔貼絶田文契

立貼絶田文契殷門顧氏同叔殷足，爲有昔年契賣東一都短字圩田七畝八分，賣與潘處爲業。已經得價得找外，因原價不敷，復央原中金勝賢，三面議得貼絶銀四兩整，契下一并收足。自貼之後，再無不盡不絶，永遠潘姓爲業，與殷姓無干。欲後有憑，立此貼絶田文契爲照。

雍正十三年五月　日立貼絶田文契　殷門顧氏

同　叔　殷　足

原　中　金勝賢

同上　清乾隆元年休寧縣潘禹安絶賣田契

立絶賣文契潘禹安，今將自己户内河字八百九十壹號田肆分，凂中出賣於　張處爲業。三面議定價銀肆兩正。自賣之後，任憑過户收花。欲後有憑，存此爲照。

計開

河字八百九十壹號田肆分正，坐落周家徑。

契内銀兩，當日一并收足。

乾隆元年十二月　日立絶賣文契　潘禹安[押]

中見　張東周[押]　張益齋[押]

張三重[押]　潘南杜[押]

絶賣文契

同上　清乾隆二年鎮洋縣潘門薛氏母子杜絶田文契

立杜絶田文契潘門薛氏同男鳳觀，爲有先夫潘仲卿祖遺東一都短字圩官田七畝八分，於康熙四十七年得價賣與殷處，殷亦轉賣潘晉揚處，見在管業。今田尚虧原價，爲此協同原中，向潘晉揚找絶田價銀二十四兩整，契下一并收足。自找之後，其田任憑潘姓建房造墳，開河掘溝，與潘、殷二姓永無干涉。欲後有憑，立此杜絶田文契爲照。

乾隆二年九月　日立杜絶田文契　潘門薛氏

同男　鳳　觀

過手　殷門顧氏

同上　清乾隆三年休寧縣金能五等絶賣園地契

立賣契金能五、學先祖遺園地一片，計四號，坐落土名陳村住基，係良字乙千五百廿四號，計地卅九步；良字乙千五百卅五號，計地廿步；良字乙千五百卅六號，計地十八步八分四釐，良字乙千五百卅七號，計地十四步八分五釐。四號共計地九十貳步二分九釐，共計税四分六釐三毫四系五忽。先年父叔手將地立契出當與王　名下爲業，今因急用，自情願將父名下該業一半，共計地四十六步三分四釐五毫，該税貳分三釐乙毫七系貳忽五，一并絶賣與王　名下爲業。除父叔得過當價外，憑中三面議得加絶賣價銀拾兩整，當即一并收足。自今賣之後，悉聽買人管業無辭。其税在廿七都五圖十甲金正茂户内起割，推入買人一甲王承啓户内輸納。倘有内外人争攔異言，盡是賣人理值，與買人無涉。今恐無憑，立此賣契存照。

其地言定五年内取贖；如過五年悉聽買人收税過户，永遠絶賣，不得取贖。再批。[押]

其銀九七色平入山號足兑。又批。[押]

乾隆叁年貳月　日立賣契　金能五[押]　金學先[押]

【下略】見　中　王敬直[押]　王自新

王大任[押]　金朝言[押]

今領去契内當銀一并收足訖。同年月日再批。[押]

同上　清乾隆三年休寧縣金玉書賣山契

廿七都三圖立賣契人金玉書，今因錢糧正用，自情願央中將承祖金汝學分授山一號，土名虎爪山，係新丈潔字一千貳百六十一號，計該山稅貳釐五毛；　又山一號，土名虎爪山，係新丈潔字一千貳百六十六號，計山稅貳釐五毛；　又山一號，土名吳家林，係新丈潔字乙千貳百六十五號，計該分山稅壹釐。以上共山三號，共計山稅陸釐。其各四至自有冊載，不在行寫。今立契出賣與廿七都五圖王名下爲業，當日得受時值價銀陸兩柒錢正。其銀一并收足，別無領札。其山未賣之先，并無重複交易及門戶上下有分人等爭攔等情。如有，盡是賣人理直，不涉買人之事。自賣之後，任從買人開穴取用、造作風水，無異説。其稅在廿七都三圖一甲金守思戶内起割，推入買人廿七都五圖一甲王翰戶内輸納無辭。恐後無憑，立此賣契存炤。

契内加陸釐貳字。再批。[押]

乾隆三年十二月　日立賣契人　金玉書[押]

憑中　金雲昭[押]

王思誠[押]

汪容舒[押]

同上　清乾隆五年山陰縣發給陳元章買田收戶執照

收戶執照

紹興府山陰縣正堂加三級紀録三次劉　爲設立收照聯單以杜私偷并嚴苛索事：　據業戶　　賫同契、旗，將十八坊都二圖茅晉公戶内後開號畝收入十七坊都四圖陳元章戶内承納乾隆六年銀米爲始。其收田需費，遵照憲頒定價，每田一畝，給錢拾文，山地池塘每畝給錢伍文。如莊書多索，許即稟究。合給收照歸農。此照。

計開：

鱗字貳十三　中田壹畝叁分肆釐五毫。

四十八　田貳畝伍分肆釐。

乾隆五年七月　日給

縣　經收莊書　不許需索

此單本縣捐刷印發，該承毋許藉端勒取單錢。

同上　清乾隆五年休寧縣金若濤活賣地紅契

二十七都五圖立賣契金若濤，今因急用，自情願央中將自己原買佺金企南地壹片，坐落土名陳村基地，係新丈良字壹千五百叁拾四、五、六、七等號，内該地　　，計稅　　。其四至自有冊載，不在行寫。今憑中立契出賣與王　名下爲業，當日三面議作時值價銀拾兩整。其銀契比即交明，別無另扎。未賣之先，并無重複交易。今賣之後，悉聽買人收稅管業，并無異説。如有内外人等爭攔及一切不明等情，盡是賣人承值，不涉買人之事。其稅在本圖十甲金正茂戶内起割，推入本圖一甲王承啓戶内辦納無辭。今恐無憑，立此賣契存照。

其地議定準在來年八月内任憑原價取贖；　如過八月，永遠絶賣，不得取贖。再批。[押]

乾隆五年九月　日立賣契人　金若濤[押]

當憑原賣主　金企南[押]

憑　中　王大任[押]

代　書　王炳犀[押]

同上　清乾隆六年休寧縣王敬直等賣田紅契

立賣田契侄王敬直、王若臨、王受謙、王棣懷，今因正用，自情願將承父續置田叁號：　一坐落土名橫圩，係良字七十號，計租玖砠零伍觔，計稅玖分捌釐九毫捌絲；　一坐落土名孫家井，係良字捌百零貳號，計租玖砠，計稅玖分陸釐捌毫；　一坐落土名泥塘下，係良字貳千七百六十號，計租貳砠，計稅壹分九釐乙毫。三共計租貳拾砠零伍觔，計稅貳畝壹分肆釐捌毫捌絲，其各號四至自有保簿開載，不在行寫。今憑中立契出賣與堂叔　名下爲業，當日三面議作時值價銀貳拾四兩整。其銀當即收訖，別無另扎。其田未賣之先，并無重複交易。今賣之後，悉聽買人隨即收稅過戶管業，并無異說。如有一切不明等情及內外人等占攔，盡是賣人理值，不涉買人之事。其稅在本都圖甲王永戶內起割，推入買人王　辦納無辭。恐後無憑，立此賣契存照。

乾隆六年十一月　日立賣田契侄　王敬直[押]　王若臨[押]

王受謙[押]　王棣懷[押]

代筆中見　王大任[押]

同上　清乾隆六年休寧縣金魁岸賣地紅契

立賣契人金魁岸，今因乏用，將祖遺下地兩號，坐落土名陳村街心巷路，新丈良字乙千伍百貳拾伍柒號，內取地貳步，稅壹釐正，憑中立契出賣與王名下爲業，當日三面得受價銀壹兩正。其銀當日兩相交明，其地即交買主管業。倘有來歷不明，賣業人理直，不涉得業者之事。其稅在本都本圖拾甲金正茂戶內起割，推入本圖一甲王子啓戶內輸納無辭。恐後無憑，立此賣契存照。

乾隆陸年十二月　日立賣契人　金魁岸[押]

憑　中　王敬直

王自新

堂　兄　金企南

同上　清乾隆七年休寧縣汪靜方兄弟賣地紅契

二十一都四圖立賣地契人汪靜方同弟汪歷源，今因缺用，自願將己買鳳字三千貳百五十七號，土名幽村獅腳下厝基地右邊貳棺，計地稅五釐。憑中立契出賣與二十一都二圖許名下爲業。三面議定得受時值價紋銀陸兩整。其銀當即收足，其地隨即眼同釘界過割入買人戶管業輸糧，聽憑起造風水用事，無得異說。其地從前并未當賣典租他人。此係兩相情願，并無逼勒準折等情。如有稅畝不清、并房內外人等異說，俱係賣人一力承當，不干買主之事。恐後無憑，立此賣契永遠存照。

四至開列於後：

東至路，西至呂宅山，南至壩手外呂山，北至本家基地。

乾隆七年十一月　日立賣契人　汪靜方　仝　弟　汪歷源

憑　中　汪永錫　范文賢

呂漢章　呂元祥

鮑慎徽

代　筆　汪梅公

同上　清乾隆八年休寧縣程永乾活賣田紅契

廿五都六圖立賣契人程永乾，今因錢糧無辦，自願央中將承祖遺下田壹丘，坐落土名上栗樹，豈字貳千壹百拾九號，計租六砠，計稅玖分壹釐柒毫整；又將田壹丘，係豈字貳千壹百廿四號，土名栗樹下，計租柒砠，計稅玖分柒釐整。其田東至　，西至　，南至　，北至　。今將前項八至內田，盡行立契出賣與西南隅一圖九甲程　名下爲業，當日憑中三面議定時值價九伍色足銀拾叁兩整。其銀隨即一并收足，其田即交買主管業收苗受稅爲定。其稅奉新例，即行起推買主戶內辦納糧差，并無異說。倘有內外有攔阻，以及重複交易等情，盡是賣人承值，不涉買主之事。其田三面言定，日後聽從賣人原價取贖，無得異說。今恐無憑，立此賣契存照。

乾隆十五年六月　日憑中三面加田便九伍色銀陸兩伍錢正，是身當日一并收足。三面言定嗣後永遠不得取贖。再批。[押]

其上首來腳赤契被毀無存，未有繳付。再批。[押]

原中程德光[押]程清如[押]

契內加足、主貳字。再批。[押]

乾隆八年九月　日立賣契人　程永乾[押]

親叔　程文祥[押]

中見　程彬臣[押]

程清如[押]

朱孔昭[押]

程德光[押]

程仲陵[押]

同上　清乾隆十年興寧縣蔡劉氏賣田契

立賣契人蔡劉氏，今因乏食，母子商議，願將承祖分下口食，坐落土名蕉窩田三丘，又大路邊田二丘，共田種五升整，內載糧米七合二勺，要行出賣。先招後招，無人成交。自請中人，遂與劉璋如承買，就日親領到田，踏看界址分明，回家立契。三面言定，時價足色銀九兩整。當日銀契兩交明白，并無短少債貨準折等情。其田自賣之後，任從買主另批別佃，過戶當差，永遠管業，廷獻兄弟日後永不得收贖，亦不得借端加增等情。恐口無憑，立賣契爲照。

立筆男　蔡廷樹
中　人　馬俊榮
在　場　林清桂
見　人　蔡廷輔
乾隆十年十一月二十七日　立賣契人　蔡廷獻
蔡廷樹

同上　清乾隆十一年山陰縣孫茂芳叔侄賣田官契

山陰縣十八坊都立賣田契人孫聖思茂芳，今將自己戶內師字田一畝六分零情願浼中出賣與　　縣陳　處名下爲業。憑中三面議定時價銀拾伍兩正，當日收足。并無重疊戤典爭執等情，俗有推頭通例，每兩出銀　　，即時交收過割，承納糧差。此照。

計開
師字四百十三號湖田一畝六分　字　號
字　號　字　號
舊管　都圖　莊　名下完糧開除
新收　都圖　莊　名下入冊辦糧
乾隆十一年二月日　立賣契人　孫茂芳[押]
同侄　聖　培[押]
聖　思[押]
其　良[押]
今收到契價銀一并完足[押]中人　宋兆先
代書　莫漢公[押]

條約五款列後：
一、絕賣者不用此契，止作戤當；　戤當者若用此契，竟作絕賣。
一、契不許倩人代寫，如賣主一字不識，止許嫡親兄弟子侄代寫。
一、成交時即投稅。該房查明賣主戶冊，號下注明某年月日賣某人訖。
一、由帖不許借人戤當，如違者不準告照。
一、買產即便起業，勿許舊主仍佃，以杜影騙。

同上　清乾隆十四年武進縣劉文龍賣田租再找契

又立找契劉文龍，向有驚字號平田一畝八分，賣與陳名下，原價輕淺，找過一次，仍未敷足，今再央中向找銀七兩，前後共銀十五兩。自找之後，田雖原主承種，如有租息不清，聽憑業主收回自耕。恐後無憑，立此存照。

乾隆十四年二月日　立找契　劉文龍
中　王　元
陳瑞章
代筆　元　襄

同上　清乾隆十八年山陰縣譚元烽活賣田官契

山陰縣十三都六圖賣田契人譚元烽，今將己戶內中田柒畝肆分內遷東邊田叁分正，　字號　分零，情願浼中出賣與本縣族處名下爲業，憑中三面議定時價銀陸兩正，其銀九七色戥天平整，當日收足。并無重疊戤典爭執等情。俗有推頭通例，每兩出銀伍分，即時交收過割，承納糧差。此照。

計開
號三百四十二號中田柒畝肆分內遷東邊叁分正。
字　號　字　號
不拘年月遠近，原價回贖并炤。
字　號　字　號
字　號　字　號
字　號　字　號
土名柒畝，坐落
乾隆拾捌年十一月　日立契人　譚元烽[押]
今收到契內銀一并完足[押]同　母　潘　氏
見　中　亘　川[押]
連　城
代　書　方　回[押]

條約五款列後：
一、絕賣者不用此契，止作戤當；　戤當者若用此契，竟作絕賣。

一、契不許倩人代寫，如賣主一字不識，止許嫡親兄弟子侄代寫。
一、成交時即投稅。該房查明賣主戶冊，號下注明某年月日賣某人訖。
一、由帖不許人押當，如違者不準告照。
一、買產即便起業，不許舊主仍佃，以杜影騙。

同上　清乾隆十九年大興縣陳門王氏賣地紅契

立賣地契文約人陳門王氏同親生子陳永祥，因度日艱難，煩鄉親説合，自情願將坐落塔院莊南黎家窩地一段叁畝，東至旂地，南至旂地，西至河岸，北至民地，出賣與白琦名下永遠爲業，任憑耕種修培樹木。當日言明時值價小錢叁拾捌千整，合銀六兩叁錢肆分，其錢筆下交足。并非私債準折，亦無親族人等争執。自賣之後，聽憑永遠管業。并無旁人争論。盡在賣主一面承管。此係兩相情願，永無返悔。

恐後無憑，立此賣契永遠爲炤。

計開：

坐落莊南地一段叁畝，内有樹陸顆，係關廂里四甲納糧民地。

乾隆拾玖年貳月初三　日立賣地人　陳門王氏［押］
同子　陳永祥［押］
中見　潘玉峰［押］
代筆人　姚鬱文［押］

永　遠　爲　業

同上　清乾隆二十一年山陰縣孫明皋出田推旗

立推旗人孫明皋，今將自己十七都七圖戶内孫榮戶内龍字一百十一號中田五釐，出推於陳公元戶内入冊輸糧。此照

乾隆二十一年　日立推旗　孫明皋［押］
見推　劉克明［押］
代書　孫雄飛［押］

推旗

同上　清乾隆二十二年休寧縣汪阿鄭賣田契

十七都七圖立賣契人汪阿鄭，今因種作缺乏人力，自願將阿夫遺下田壹業，坐落土名亥干，係新丈來字壹佰零伍號，計積七十貳步六分乙釐伍毫，上則田稅叁分捌釐貳毫壹絲捌忽捌微。其田東至　西至　南至　北至　。又將同處田壹業，係來字壹佰肆拾號，計積肆佰捌拾貳步四分，中則田稅貳畝乙分玖釐貳毫伍絲。其田東至　西至　南至　北至　。以上八至内田憑中立契，盡行出賣與叁都五圖吳名下爲業，當日三面議定得受時值瓶色價銀捌拾陸兩陸錢整。其銀當成契日一并收足訖，其田隨即交與買人管業收留。未賣之先，并無重複交易以及來歷不明、内外人等生情異説。如有此情，盡是賣人承當，不涉買人之事。其稅今奉新例隨即起割推入買人戶内辦納糧差。所有來腳赤契貳紙、歸戶貳紙繳付收執。今欲有憑，立此賣契永遠存照。

今就契内價銀一并收足訖，另不立領札。再批押。内改來、貳兩字，又批押。

乾隆二十二年三月　日立賣契人　汪阿鄭
同　男　東　選
憑　中　汪含光　俞怡廷［押］
汪鳳容　吳□□　吳其有
奉書孫　照　方

同上　清乾隆二十二年山陰縣胡德言出湖田推旗

立推旗胡德言，今將自己戶内卅三都四圖胡睿禮戶内柰字七百八十四號湖田貳畝伍分叁釐四毛，出推於十七都四圖陳元戶内。二十二年入冊，二十三年輸糧爲始。此炤。

乾隆二十二年六月　日立推旗　胡德言［押］
見推　胡星遠［押］
代書　胡則有［押］

推旗

同上　清乾隆二十二年休寧縣汪昭萬賣地契

十七都七圖立賣契人汪昭萬，緣因先年父手置買三都五圖，坐落土名亥干，字叁佰捌拾捌號巷路壹道，計地稅叁釐肆毫零四忽五微。今因乏用，自願央中將此原稅加立賣契出賣還三都五圖原業人吳　名下管業，當日三面議定得受原買價九五色銀貳兩整。其銀當成契日，是身一并收足訖，即將巷路地原買契壹紙、原歸戶壹紙共兩紙，隨即繳還原業主管業。其稅在本家汪斯戶内起割，推入原業主贖回人戶内辦納糧差。未賣之先，并無當押他姓及

本家內外人生情異說。如有此情，盡是賣人成當，不涉贖回人之事。今欲有憑，立此賣契永遠存照。今就契內價銀一并收足訖，另不立領札。再批。

乾隆貳拾貳年六月　日立賣契人　汪昭萬

憑中　吳其有[押]　汪含光　吳純文

同上　清乾隆二十三年徽州張堯玉等賣地契

立杜賣地契張堯玉仝弟依玉等兄弟商議，情願將祖遺張家坦公共熟地、荒地、樹木、四至界墈，上以山頂爲界，下以天河爲界，左以魏宅墳山爲界，右以余家冲爲界。界內截出分授已名下熟地、荒地、樹木，大小片數不計，憑中踏看明白，并無遺留，立契出賣與江名下在上興種蓄樹管業。當日得受時值地價銀拾兩整，高堂勸儀并一切雜項在內。此係情願，并無逼勒等情。今欲有憑，立此賣地契永遠存照。

乾隆二十三年十一月二十日　立賣地契　張依玉　堯　玉

德　玉　元　玉

戶　尊　張大倫

憑中　江良楚　楊高伯

黃魯祥　葉左聘

兄　國　正

叔　懷　宗　懷　三

兄　國　彬

弟　國　文　金以昇

葉層宵

依口書　葉蘊山

同上　清乾隆二十三年休寧縣汪爾徵賣地紅契

本都本圖立賣契人汪爾徵，今將祖遺受化字乙千四百七十八號，地稅四釐，土名下水口。憑中出賣與許蔭祠名下爲業，得受時值價銀貳兩。其銀當即收足，其稅隨即過割入買戶支解。此係兩願，并無準折等情，從前至今亦無重複交易。倘有親房內外人等異說，皆係賣人承當，不涉受業人事。今恐無憑，立此賣契存照。

乾隆二十三年十二月　日立賣契人　汪爾徵

憑中　汪根實　汪光寧

親筆

同上　清乾隆二十三年休寧縣汪阿方賣地紅契

本都本圖立賣契人汪阿方，今因錢糧緊急，自願將承祖分受化字乙千四百七十八號，地稅四釐，土名下水口。憑中立契出賣與許蔭祠名下爲業，得受時值價銀拾肆兩正。其銀當即收足，其稅隨即過割入買戶支解，其地即交管業。於上許文會原先具養雜木樹，今一并點明交與許祠無異。此係兩相情願，并無威逼準折等情，從前至今亦無重複交易。倘有親房內外人等異說，係身承當，不涉受業人事。今恐無憑，立此賣契存照。

再批：計樹貳十八根，其樹價一并收足。再不另立收領。

乾隆二十三年十二月　日立賣契人　汪阿方

憑中　汪爾徵　汪光宇

奉書男　汪根實

同上　清乾隆二十四年休寧縣吳清宇活賣地紅契

二十一都二圖立賣地契人吳清宇，今將續買化字三千二百六十六號，地稅五分八釐六毫，土名鮑宅充；又化字三千二百六十九，又十號，地稅壹畝零六釐二毫，土名亭兒上；又化字三千四百一十三號，地稅四分六釐四毫，土名唐模塘，四至載冊。憑中立契出賣與本都本圖許蔭祠名下。三面議定得時值九色銀貳拾貳兩整。其銀當即收足，其地稅即交管業過割入戶輸糧。此係兩相情願，并無威逼準折等情。倘有親房內外人等異說，俱係出賣人承當，不涉受業人之事。恐口無憑，立此賣契存照。

其地言定五年之內取贖。五年之外不準□酌使用。五年內自認，五年外不認。此批。

乾隆二十四年十月　日立賣地契人　吳清宇

憑　中　吳衡鑒　吳善長

代　筆　吳儀一

同上　清乾隆二十五年休寧縣汪思成賣地紅契

二十一都六圖立賣契人汪思成今將己置場字貳千零四十九號，地稅壹畝貳分，土名上後塢。今憑中立契出賣與許名下爲業，三面議定得受價九色銀拾叁兩整。其銀當即收足，其地聽憑過割入戶管業收租，無得異說。倘有親房內外人等異說，俱係出賣人一并承當，不涉受業人之事。恐口無憑，立此賣契永遠存照。

乾隆二十五年四月　日立賣契人　汪思成

中　人　許永年　許永寧

許開萬　汪親萬

汪文彩

代　筆　汪和五

同上　清乾隆二十八年休寧縣趙爾堅等賣地紅契

二十一都一圖立杜賣契人趙爾堅仝弟細大、觀祿、細華等，今因管業不便，將祖遺化字乙千八百五十三號，地稅五釐六毛五系；又仝號地稅四毛三系，土名大園西邊窖乙只，并路在內出入，憑中立契出賣與二十一都二圖程名下爲業，三面言定時值價紋銀捌兩整。其銀當即收足，其稅即交買人管業支解。從前至今并無典當他人、重複交易。此係兩相情願，并無威逼等情。倘有親房內外人等異說，俱係出賣人承擔，不涉買人之事。今恐無憑，立此賣契永遠存照。

乾隆二十八年三月　日立杜賣人　趙爾堅

同　弟　趙細大　趙觀祿　趙細華

憑中人　汪成萬　程合喜　吳坤載　汪耀先

吳尙林　汪有德　汪盛如　汪麟風

依口代筆　吳天祁

同上　清乾隆二十八年休寧縣戴運嫂賣地契

十八都八圖立杜賣絕契人戴運嫂，今因急用，自願央中將承夫遺下地一業，土名金家園，係新丈朝字　號，內取地一穴，東至　，西至　，南至　，北至　。今將四至內地憑中立契出賣與王名下爲業。三面議定得受契價銀肆錢伍分整。其銀當成契日一并收足，其地隨即交與買人管業，聽從扦造風水，無得難阻。日前并無重複交易及一切等情。倘有內外人言異說，盡是出賣人承值，不涉買主之事。今恐無憑，立此杜賣契永遠存照。

二十九年五月收銀壹錢，是身銀去生息，永遠代王宅納糧無異。再批。

運嫂收

乾隆二十八年五月　日立賣契人　戴運嫂

憑中人　葉　重

同上　清乾隆二十九年休寧縣里長程文明等代戶賣厝地契

立賣契三都六圖一甲起至十甲止，裏長程文明、閔永盛、吳應兆、任良德、汪九章、吳尙賢、金尙文、朱文翰、陳天寵等，緣因圖內二甲吳一坤戶裏里役戶丁吳國瑞，先年原同余尙鎭戶兩下朋充，立有合墨，輪流里役，催辦錢糧完公。吳姓後只一丁，遠年在外，更無信息，歷年各里代完戶內虛糧，賠貼排年此費。其戶內細查得吳國瑞先年已當過土名長汀暑字柒伯三拾四號厝基地一業；余尙鎭戶丁余憲章又曾當上加當。今因憲章故後，惟有隨母帶來一子名孫仂，全然不知門戶錢糧、花戶名姓住趾，無處催辦。十數年來累身等各甲賠貼虛糧排費，戶內全無出息花利可收。所以舊年三月，閔公昇、陳緒五等控稟胡縣主案下奉批，準拘追差催數次，無奈孫仂實貧無措，不能贖回，立有限狀在案。即此賠貼無休，勢必務要誤公。故衆里公議，以公業完公事。將此號內厝基地原當在吳名下安厝風水，今照冊細細查明，塡清字號、土名，仍照吳姓原厝屋爲中心，左邊取地柒尺，右邊取地捌尺，左右兩邊共取地壹丈五尺；前至田爲界，後至塝爲界。號內挖取地稅叁釐整，衆等央中再四說合，將前項開載明白，公衆立契照，四至內地出賣與同都五圖吳名下爲業，聽從扦作風水。當日三面議定，得受九五色價銀肆拾伍兩整，其銀當成契日是身等一并收足。代吳一坤戶置買田園、收租作利、完納錢糧貼費，以免誤公。其地向係買人原厝風水坐上，隨即交割明白管業。倘日後吳一坤戶有支丁回家生端，里排內自有公論。再或里排內外有人異說及號錯訛，盡在出賣有名人等是問，一力承當，全不涉買人之事。其稅奉例隨在吳一坤戶內起割，推入買人戶內辦納糧差。今將號內挖取地稅叁釐整，歸戶一紙，交付買人收執。今欲有憑，十里公立杜賣契永遠存照。

今就契內價銀一并收足訖，另不立領扎。再批。

現年人等

乾隆二十九年十二月　日立賣契一甲　程文明　戶丁　永嘉　天仂

三甲　閔永盛　戶丁　公昇

四甲　吳應兆　戶丁　以明

五甲　任良德　戶丁　萬榮

六甲　汪九章　戶丁　斗銘

七甲　吳尙賢　戶丁　禮豫　汝瞻

八甲　金尚文　戶丁　西龍
九甲　朱文翰　戶丁　敬三　敬孚
十甲　陳天寵　戶丁　緒五
憑中　吳秀文　吳其有　查南友
潘風濱　劉貴臣　吳日先

同上　淸乾隆三十一年山陰縣王聖吉賣田杜絶找價白契

立杜絶找契人王聖吉緣有淡字捌百四十四、五號田，共肆畝貳分伍釐，出賣與　處爲業，得過正價銀捌拾兩正。今因契價不足，又浼原中找得時值價銀叁拾玖兩正。自找之後，任憑過戶管業，永不再找，遵例杜絶。欲後有憑，立此存照。[押]

乾隆叁拾壹年捌月　日立杜絶找契人　王聖吉[押]
同弟　王有聲[押]
今收到契內價銀一并完足。[押]中人　沈岳如[押]
周伯興[押]　陳子裕[押]
代書　張仲昭[押]

杜絶找契

同上　淸乾隆三十二年休寧縣孫廷秀賣田契

三都六圖立杜賣契人孫廷秀，今因急用，同母嘀議，央中將承祖遺下暑字貳千一伯八十四號地乙業，自開墾成田一坵，成園一片，及未開空地一并在內，共計本號地稅一畝六分九釐七毛，坐落土名寺西，四至照冊，立契盡行出賣與同都五圖吳名下爲業，當日三面言定得受時值價銀九五色銀貳拾貳兩正。其銀當成契日是身一并收足訖，其田隨即交與買人管業收苗。未賣之先，并無典當交易以及不明等情。如有此情，盡是身一力承當，不涉買人之事。其稅奉例隨即起割，推入買人戶內辦納糧差。其上首來腳契文與別業相連，不便繳付。今將本號歸戶一紙繳付收執。今欲有憑，立此杜賣契永遠存照。

乾隆卅二年六月　日立杜賣契　孫廷秀
主盟母　孫金氏
憑中　楚　臣[押]　汪東茂
吳其有　富　保

同上　淸乾隆三十二年休寧縣汪如川賣地契

十七都七圖立賣契汪如川，今因急用，自情願將父遺下，坐落土名亥圩，係新丈暑字叁伯拾叁號，計田稅壹畝伍分捌釐柒毫伍絲貳忽；又將土名亥干，係新丈暑字叁伯拾號，計田稅壹畝肆分叁釐陸毫伍絲；又將土名皀莢，係新丈來字壹伯五拾叁號，計田稅伍分玖毫壹絲叁忽；又將土名亥干，係新丈來字壹佰肆拾柒號，計田稅柒分壹釐柒毫壹忽；又將土名任遠亥干，係新丈寒字貳佰捌拾捌號，計田稅壹畝壹分壹毫五絲五忽；又將土名任遠亥干，係新丈寒字貳佰玖拾五號，計田稅壹畝壹分壹釐整。以上陸號貳拾四至在冊，不必載明，六總共計田稅陸畝肆分陸釐壹毫柒絲壹忽整，憑中立契盡行杜賣與三都五圖吳名下爲業，當日三面公估，得受時值九五色價銀貳伯貳拾貳兩整。其銀當成契日一并收足訖，其田隨即交與買人管業收租。未賣之先，并無重複交易及內外人生端異說等情。如有此情，盡是賣人承當，不涉買人之事。其稅奉例隨即起割，推入於買人戶內辦納糧差。今將暑字號歸戶貳紙，又來字號歸戶貳紙繳付買人收執。其兩號赤契與別業相連，未便繳付。又將契內寒字兩號歸戶貳紙、赤契貳紙繳付買人收執。今欲有憑，立此杜賣契永遠存照。

今就契內價銀是身一并收足訖，另不立領。再批押。

乾隆三十二年十二月　日立杜賣契　汪如川
憑　中　周翰耀[押]　吳秀文　吳其有
依口代書　李儀斌

同上　淸乾隆三十四年休寧縣程永祚賣園地契

十六都十一圖立杜賣契人程永祚，今因急用，自願將祖遺下服字四千九百零九號，土名何子坦，計地七十步，計稅內除三穴叁釐。其地東至　，西至　，南至　，北至　。今將前項四至內地憑中立契盡行出賣與程名下爲業，當日三面言定時值九七色銀叁兩整。其銀成契日一并收足，其園地隨即交受主管業收苗受稅，聽憑扦造風水，眼同釘界，只交現業爲定。倘有字號不淸、稅畝多寡，只以現業爲定。日前并無重複交易等情。倘有內外人言論，盡是出賣人承值，不涉買主之事。其稅糧在於本都圖程祿戶內起割，推人本都圖二甲程濟華戶內辦納無異。今恐無憑，立此杜賣契永遠存照。

乾隆三十四年十二月　日立杜賣契人　程永祚

憑 嬸 程阿芳
憑 中 程永微
依口代筆 程商年

同上 清乾隆三十四年休寧縣汪蔚文叔嫂活賣田契

十八都四圖六甲立賣契人汪蔚文同嫂汪黃氏、侄汪尙禹，今因正用，自願央中汪君祿等，將承祖遺下田壹丘，計租五砠。坐落土名三百充口，係新丈發字壹仟陸百壹拾八號，計稅捌分整，承準塘水稅四釐。其田係汪尙禹分法壹半，汪蔚文同嫂合壹半。憑中立契出賣與程處爲業，三面議定時值九五色銀拾五兩整。其銀當成契日一并收足；其田在本都圖甲汪有源戶內起割，推入十八都八圖七甲程茂戶內辦納糧差，收苗受稅無異。并無內外人言，亦無別處重交。如有不明等情，盡是賣人承值，不涉買主之事。其田日後不論年月遠近，任從三人公同原價贖回，無得異說。所有使用如過五年之外取回，賣主不得認還。恐口無憑，立此賣契存炤。

乾隆三十四年十二月 日立賣契人 汪蔚文
同 嫂 汪黃氏
侄 汪尙禹
憑 中 汪君祿 汪宇清
程廷錦 程 順

契內價銀同年月日一并收足。

同上 清乾隆三十五年休寧縣陳冬九絕賣園紅契

四都貳圖立杜絕賣契人陳冬九，爲因乏用，自願將園貳業：坐落土名粟山，係新丈閏字貳千乙百七十二號，計地稅九釐六毫五系；又將土名肖莊，係新丈閏字貳千捌百五十號，計地稅貳釐三毫三系乙忽。二業四至在冊，憑中立契出賣與李文達名下爲業，當日得受時值價九三色銀肆兩正。比即銀業兩相交明，并無準折逼勒成交。自賣之後，聽從買人管業耕種。如有外人生端異說，盡是出業承當理值，不涉買人之事。其稅糧原在本都本圖二甲佘長戶內起割，任從買人推入戶內支解糧差。今欲有憑，立此杜賣契永遠存照。

其上首赤契乙紙，當即交明，此照。

乾隆三十五年六月 日立杜賣契人 陳冬九[押]
憑中代筆 佘思遠[押]

同上 清乾隆三十五年天津縣邵進惠賣地紅契

立杜絕賣地契人邵進惠，因乏手，央中人說合，將自己本身祖遺應分車輞地拾捌畝，每畝價白銀叁兩陸錢。又小南北地拾貳畝，每畝價白銀叁兩肆錢。共地貳段，計地叁拾畝，情願絕賣與張聖輔名下永遠管業。言明共時值價白銀壹百零伍兩陸錢，其銀筆下交足，并不欠少，亦無私債零星折準。自賣之後，如有弟男子侄族人爭競爲難，及不交原地畝，俱在賣主一面承管。此係二家情原，并無反悔。欲後有憑，立此絕賣契存照。

再批：原有紅契一紙失落無存，日後尋出，作爲故紙。又天津縣錢糧照冊封納。

乾隆三十五年十一月十八日 立杜絕賣契人 邵進惠[押]
同中人 龍國彪[押] 郎瑞生[押]
郝士福[押] 高明遠[押]
同子邵訓[押] 原[押] 浩[押]

弓口開後：
車輞地：南北長貳百玖拾弓。 南寬十四弓半，中寬十三弓半，北寬十六弓。
西至高，東至陳。
小南北地：南北長一百七十弓。南寬十六弓，中寬十六弓，北寬十八弓。
東至香火地，西至郎。
永遠爲業

同上 清乾隆三十九年山陰縣發給陳洪英買田推戶執照

推戶執照
紹興府山陰縣正堂趙 爲請嚴實力設局推收等事：遵奉憲行，今據十八都二圖章德沛戶內賣同契旗，將後開號畝除入十七都四圖陳洪英戶下入冊承糧。合行塡給除單存照。
計開：
龍字一百十一二，中田壹分。
乾隆叁拾玖年十一月二十五日給

同上　清乾隆四十年山陰縣錢聖華出田地推單

十八都一圖錢聖華戶後開入十七都四圖陳洪英戶輸四十一年分糧米爲始。此炤。

龍字一百十二，　中田正壹分。

附　一　地壹分柒釐。

俟投稅，另換官單。并炤。

乙未十二月日單

同上　清乾隆四十三年山陰縣許紹衣賣田杜絶找契

立杜絶找契許紹衣，緣有羽字肆伯叁拾乙（六八）號湖田陸畝伍分叁釐壹毛，出賣於張處爲業。得過價銀壹伯壹拾兩。今因正價不足，仍凂原中找得銀柒拾兩壹錢伍分。自找之後，任憑銀主過戶，永遠管業。立此杜絶找契爲照。[押]

再批具：　老契有別丬田畝，仍存本家。此照。[押]

乾隆四十三年六月　日立杜絶契　許紹衣[押]

中　人　傅允中[押]　陳德安[押]

張仁芳[押]　許培五[押]

代筆　許上良[押]

今收到契內銀一并完足。炤。[押]

杜絶找契

同上　清乾隆四十四年山陰縣張婁氏絶找田白契

立找田契人張婁氏，緣有自己戶內淡字一千〇三十二、三號湖田叁畝陸分肆釐壹毛，出賣與本族孔會處，當得正價銀陸拾兩。今因契價不足，憑中又找價銀肆拾玖兩貳錢叁分正。自找之後，任憑過戶管業收花，永不再找，永不回贖，永遠杜絶。恐後無憑，立此找契存炤。[押]

乾隆四十四年二月　日立找契人　張婁氏[押]

中　人　張釆若　張克昌　張繡甫

今收到契內銀一并完足[押]　代書伯　張越才[押]

絶找田契

同上　清乾隆四十四年休寧縣王森庭賣地紅契

立杜賣地契王森庭，今因急用，自願將祖遺下地壹號，土名黃圩宅，係良字壹千六伯三十七 四十三號，計地一伯八十四步叁分，計稅捌分玖釐。其地先年已賣過西邊一半與庭芳名下，仍存東邊一半，并出路地步盡行央中出賣與智祀會內爲業，當日得受時值價艮壹兩伍錢正。其地未賣之先并無重複，今賣之後，任憑管業開種。倘有來歷不明，盡是賣人理值，不涉受業之事。恐後無憑，立此賣契存照。

其稅在廿七都五圖一甲王承啓，今起割推入智祀戶內辦納。又批。

乾隆四十四年十一月　日立賣契　王森庭[押]

憑　中　又沂[押]　雲五　翰臣[押]

同上　清乾隆四十六年山陰縣安民賣田找價白契

立找契侄安民，緣有淡字九百七十一號湖田叁畝捌分五釐六亳，出賣於叔處，得正價銀壹百兩。今找得錢拾叁千陸百五十文。自找之後，永不再找。立此存炤。

再批：　其價雖足，情聽回贖。

乾隆四十陸年　日立找契侄　安　民[押]

找契

同上　清乾隆五十一年休寧縣孫廷爵賣田契

十七都七圖立杜賣契人孫廷爵，今因錢糧緊急無辦，自願凂中將父遺下田一業，坐落土名亥圩，係新丈寒字三百十八號，計田稅一畝六分一釐七毛一絲，四至在冊，憑中立契出賣與三都五圖吳音名下爲業。當日三面言定，時值公估價砿色銀三十八兩正。其銀當成契日是身一并收足訖，其田隨即交與買人管業，聽從換佃收租。其田日前并無重複交易及來不明、內外人攔阻生端異說。如有此情，盡是賣人承當，不涉買人之事。其稅奉例隨即在本家四甲孫文龍戶內起割，推入買人戶內辦納糧差。所有上首來腳契文與別業相連，不便繳付。今將本號老簽當付買人收執。今欲有憑，立此杜賣契文久遠存照。

今就契內價銀一并收足訖，另不立領札。再批。

乾隆五十一年四月　日立杜賣契人　孫廷爵

憑堂兄　孫文煥

憑　中　孫□□　吳侶珩　吳　琢

代　書　金在□

同上　清乾隆五十二年休寧縣許配孚賣田紅契

立杜絶賣田契許配孚奉母命，弟兄商議，今因管業不便，情願將己身分授水田一業，坐落霍家坂，計種壹石陸斗，大小二坵。其田使水包家溝、河皮堰二水澆灌，以及塘堰水分溝路，并荒熟旱地，悉照舊例，比日立契出賣與吳名下子孫永遠執業，當日憑中評定時年時價河平銀肆拾兩，比日親手收訖。外高堂伯叔兄弟親族交莊過割書契，一切雜項喜禮銀拾兩，賣主領去給散，與買主無干。自賣之後，無得異說。其田上載弓口八斗，賣除買收入冊完納。此係二家情願，并無異說。立此杜賣契，永遠存證。

憑中　王朝與　孫維周　李營塏　宋得友　同見

乾隆五十二年十二月初二日　親筆

同上　清乾隆五十四年休寧縣周又京賣地山紅契

十九都二圖立杜賣契周又京，今因正用，自願將自買己業被字壹千五百五拾貳號，地稅陸毫，土名汪家林；　又被字壹千五百五拾叁號，地稅捌釐肆毫玖系，土名同；　又被字壹千五百五拾捌號，地稅壹分肆釐肆毫，土名同；　又被字壹千五百陸拾壹號，山稅壹分陸釐，土名八公塘上，於上原造厝屋貳棺。憑中説合，盡行出賣與十六都二圖胡名下永遠爲業，三面議定得受時值價九四平九色銀伍拾兩整。其銀當即收足，其山地稅畝并厝屋即交管業，其稅隨即過割入買人戶內支解輸糧，其厝屋聽憑拆毀改造扦葬取用。此係兩相情願，并無威逼準折等情，從前亦無典賣他人重複交易等事。倘有內外人等異說，俱係出賣人承肩理直，不涉受業人之事。今欲有憑，立此杜賣契永遠存照。

來腳赤契一并繳付買人收執。

乾隆五十四年六月　日立杜賣契　周又京

憑　中　周恆山　周恭友　胡曦庭　王成美

胡瑞和　呂會豐　江衡光

代　筆　吳柏裳

同上　清乾隆五十六年曲阜縣孔府佃戶袁朝熏賣莊田契

立契約人袁朝熏，因無錢使用，將西北坡東西地一段，計地一大畝四分，同中説合，出賣於紀太中名下承糧，永遠爲業。言定時值價錢每畝七千整，賣日交足，無欠少。南至趙均，北至孔姓，東至珍頭，西至路，四至分明。恐後無憑，立約存證。

中長九十八步二分，東闊九步四分，西闊十一步。

乾隆五十六年三月　日立　　中人　齊相魯

同上　清乾隆五十八年曲阜縣孔府賣地契

今將楊家樓莊家西場園東西地一段，計地十五小畝六分，出賣於朱深名下承糧爲業，言定賣價每畝京錢九千文，共價一百四十千零四百文。其錢當交不欠。自賣之後，土上土下盡係買主，并無違礙。如有違礙，賣主一面承管。恐後無憑，立約爲證。

乾隆五十八年二月二十九日　立約

同上　清嘉慶元年休寧縣程隆起賣田紅契

二十五都五圖立杜賣契人程隆起，今因正用無辦，自願央中將承父遺下分受己田兩號，坐落土名五分塘，係養字二千壹百八十二號，計田稅壹畝壹分陸毛，計租八砠。又土名假五坵，係養字二千二百貳十五號，計田稅壹畝柒釐伍毛，計租柒砠。其田四至照鱗冊管業分明。憑中盡行立契出賣與本都圖十甲程德恆名下爲業，當日三面言定得受九七色價銀叁拾兩整。其銀成契之日一并收足，其田即交買人管業耕種收苗，其稅即行在本家又七甲程必朋戶內起，推入十甲程繼堯戶內辦納糧差無得異說。如有內外人等攔阻生端，及重複交易一切不明等情，盡是賣人承值，不涉買人之事。所有上首來腳契文與別業相連，不便繳付。恐後無憑，立此杜賣契文久遠存照。

又將養字貳千壹百叁拾貳號、土名五荒塘之稅壹釐整，又養字貳千貳百拾伍號、土名水山仁塘稅叁釐正。再批。[押]

嘉慶元年十二月　日立杜賣契人　程隆起[押]

憑　中　程德和[押]　程文耀[押]

程兆飛[押]許　獲[押]

依口代書　許寅清[押]

前項契內價銀成契之日一并收足，不另立領。再批。[押]　領

同上　清嘉慶六年山陰縣高兆原兄弟賣田官契

絕賣契文

山陰縣卅六都三圖立出賣田契人高兆原同弟兆岳豐，自己戶內駒字號田壹畝　分，憑中保等出賣與本縣族　處名下爲業。三面議定時值估價銀貳拾伍千文正，其銀當日一幷收足。自賣之後，永不找貼，永無回贖，任憑銀主管業，收戶辦糧。幷無重疊交關。倘有事端，賣主自行承値，不涉買主之事。欲後有憑，立此絕契爲照。

計開　坐落對江□。其田任憑錢主管業，收花入冊輪糧。契價以足，遵新例壹契杜絕。幷照。

駒字八十六號田內遷壹畝正。其田東至高姓田，南至高姓田，西至賣主四分田，北至高姓田爲界，四至分明，幷照。

字　　號

字　　號

字　　號再批：　如有老契檢出，作廢紙之論。又照。

舊管　　都　圖　戶

新收　　都　圖　戶

今收契內錢一幷完足。[押]

嘉慶陸年九月　日立絕賣契人　高兆原[押]

岳[押]

豐

中　人　徐潙傳

兄　兆祿　[押]

叔　克全　[押]

兄　兆德　[押]

代　筆　周孝思　[押]

計開條欵例

【下略】

計開條欵例：

一、凡用此契者，竟作絕賣。

一、賣主不識字者，許兄弟子侄代書。

一、成交後即粘契尾於後，驗明推收。如違治罰。

一、契內如有添注塗抹字樣者，作揑造論。

一、房屋間架仍載明空處。

一、典戯用此契者，須注明年限回贖字樣。如不注者，仍作絕賣。

以上數條不過大概。倘民情尚有未盡者，許於空隙處塡寫。

同上　清嘉慶八年休寧縣朱維吉活賣租佃契

立賣租佃契朱維吉，今因正用，願將續置田壹號，坐落土名板操塢，係鹹字　號，計稅貳畝，計田大小柒丘，今出賣與親侄　名下爲業。當日得受九七色九五平足兌銀肆拾伍兩整，其田即聽買收租，無得異說。未賣之先，幷無重複交易等情。如有，自理，不涉受業人之事。其稅在祖戶扒納。其田日後聽從原價取贖。恐口無憑。立此賣租佃契存照。

嘉慶八年三月　日立賣租佃契人　朱維吉[押]

奉書男　文　秦[押]

今領去契內價銀當日一幷收足。同日再批。[押]

同上　清嘉慶九年山陰縣徐大有出田推旗

立推旗人徐大有，今將自己十六都三圖海字叁百八十五號中田叁畝柒分七釐徐大有戶內出推於本都王堯仁戶內，九年入冊，十年輪糧米爲始。幷照。

嘉慶九年六月日　立推旗　徐大有[押]

見　推　柳渭川[押]

推旗

同上　清嘉慶十年新都縣謝大鵬父子賣水田契

立杜賣水田文契人謝大鵬，同子謝典章、典超，情因負債無措，父子商議，願將受新甲梘槽堰水田一分共計大小拾塊，載糧五錢六分，自請中證說合，出賣與劉、陳、張等名下承買爲業。比日憑中、鄰踏明界至：東南與張姓田爲界，西以官溝爲界，北與賣主胞兄田爲界。四至分明，毫無紊亂。比弓議價，每弓官弓長三寸過丈，共計田貳拾捌畝零柒釐伍毫。每畝議定時價銀肆拾壹兩，共計銀壹千壹佰伍拾壹兩零柒分。其田實攤還衆帳銀叁佰□□□□□□□□[契]價兩交。自賣之後，任憑買主輸耕管業。所有晝字情禮，均議價內。賣主族姓人等，不得異言。此係買賣二家情願。恐後無憑，立杜賣文契，交與買主人等赴公稅撥爲據。

外批：承買人：□□□ 劉萬盛 劉華仁 劉義和
陳通易 陳 富 張 琢 朱國佐
甲 約 楊成宗
街 約 邱玉麟 石 芳 魏巨川
陳鳳彰
丈 手 尹崇元
中 證 張 貴 伍克明 朱應舉
代 字 康樹仁
胞 兄 謝大昆 謝大倫
血 侄 謝典常 謝典珠
鄰 右 李世雄 張懋修 張 典
劉應堯

嘉慶十年九月十五日 立賣契人 謝大鵬 同子 謝典章 超

同上 清嘉慶十一年新都縣程鵬飛賣水田紅契

立杜賣水田文契人程鵬飛，今因需銀使用，無處設辦，母子商議，願將祖置分受己名下二堰灌溉水田二塊出賣。先盡族鄰，無人承買；自請中證說合，出賣與吴一甲仁聖宫承買爲業。比日憑中議定鄉弓每畝價銀肆拾陸兩貳錢，共計丈叁畝二分伍釐五毫八系九忽，共合價銀壹佰伍拾兩零肆錢二分整。即日銀契兩交清楚，不少分釐。其田，東、南以水溝爲界，西與賣主田坎爲界，□□□□〔四界〕分明，并無紊亂。載糧七分整。此係二家情願，兩無逼勒，亦無貨帳準折等情。自賣自之後，任隨仁聖宫耕輸管業，程姓人等不得異言生端。今恐人心不古，故立杜賣一契，交與仁聖宫首事等，赴公稅撥，合戶，永遠存據。

鄉 約 曾啓葵
中 人 朱席珍代字 曾啓菁
山 主 凃文宗 凃文桂 凃有貴 曾文揚
經理首事 李冲凌 向懷禮 信 康候祚 向常新 向 明

在堂祖 程天成 元 順
堂 兄 程永隆
在場人 嚴國型 吴蘭永

嘉慶十一年十月廿三日 立杜賣文契人 程鵬飛

同上 清嘉慶十一年休寧縣吴惟大賣佃契

立杜賣佃契人貳十六都四圖吴惟大，今因急用，自願央中將承祖遺下佃業乙號，坐落土名馬頸坳，計佃貳畝貳分，計田大小四丘，憑中出賣與貳十七都貳圖朱　名下爲業。當日三面議定，時值價銀拾九兩整。其銀當日一并收足，其佃即交買人管業；另發耕種，本家內外人等無得生情異說。未賣之先，并無重複交易及一切不明等情。如有，盡是出賣人理值，不涉買人之事。今恐無憑，立此杜賣佃契，久遠契照。

嘉慶十一年十二月 日杜賣佃契人 吴惟大〔押〕 吴希萬〔押〕
憑中 親 友余品三〔押〕
依口代書 項君錫〔押〕

同上 清嘉慶十一年休寧縣吴惟大賣田租契

立杜賣田租契人貳拾六都四圖吴惟大，今因急用，自情願央中將祖遺下田租壹號，坐落土名馬頸坳，係新丈慕字四千貳佰九十、九十一號，計田大小四丘，計稅貳畝貳分整，其田四至自有冊載，不及開寫，憑中出賣與貳十七都貳圖朱敦素名下爲業。當日三面議定，時值價銀貳拾兩整。其銀當日一并收足，其田即交買人管業收租辦賦，本家內外人等，毋得生情異說。未買之先，并無重複交易及一切不明等情。如有，盡是出賣人理值，不涉受業人之事。其稅在本家吴奇玄戶內起割，推入買人戶內辦納無辭。恐口無憑，立此杜賣田租契文，久遠存照。

其來腳契文與別產相連，未便交付，日後檢出，不作行用。又批。〔押〕

嘉慶十一年十二月 日立杜賣田租契人 吴惟大〔押〕
侄 吴希萬〔押〕
憑中親友 余品三〔押〕

今領去契內價銀當日一并收足訖

今領去契內價銀當日一并收足訖。　　同日再批[押]

依口代書　項君錫[押]

同上　清嘉慶十二年新都縣謝大鵬等賣水田紅契

立杜賣水田文契人謝大鵬，同子典章、典超，情因負債無措，父子商議，願將分受新三甲梘槽堰水田伍分，載糧壹分，其田因在先年所賣貳拾捌畝之內截丈餘留之田，今仍自請中證說合，出賣與劉、張、陳等名下承買爲業。比日憑中鄰踏明界至：東至張姓田爲界，南、西、北買主田爲界。四至分明，毫無紊亂。共議價銀叁拾兩整，即日契價兩交。自賣之後，任憑買主耕輸管業。所有晝字情禮，均議價內。賣主人等不得異言，此係買賣二家情願。恐後無憑，立杜賣文契交與買主人等赴公稅撥，合戶爲據。

街約　石　芳　邱玉林　魏巨川　陳俸章
族中　謝典珠　謝典常　劉積銘　朱應舉

嘉慶十二年九月十六日　謝大鵬親筆立賣契[押]

同上　清嘉慶十六年新都縣周文江等賣水田紅契

立寫賣水田文契人周文江夫婦、父子，情因拖欠蕭起富當價銀兩無償，控經縣主，原施火神廟清平會內，又無銀兩交還。願將分受石頭堰灌溉水田大小三塊，計丈肆畝壹分四釐四毫八絲九忽，載糧柒分肆釐，自行請憑中證說合，抵賣與清平會首事高綺、曹昉、劉朝先、傅瑞、喻志元等名下，承買以作焚獻。比日憑中議定：官弓每畝作價銀肆拾兩整，共價銀壹佰陸拾伍兩柒錢九分。銀一手交清，并無下欠；亦無準折等事。其田上段貳塊，東至周元田界，南至甘姓田界，西至周文田界，北抵官路界。下段田一塊，東至周寧生基址界，西、南至周象坤田界，北至王姓田界。四至分明，并無紊亂。自契之後，任隨會內首事耕管，周姓人等不得異言生端。一賣千秋，永不贖取。致於書押化字，并在價內，恐口無憑，立賣契一紙，赴公稅撥，永遠存據。

中證　魯　明　陳元相　張萬和　黃均元
　　　黃文龍　羅正先　王汝元
甲約　黃廷貴
族鄰　周文溥　周象坤　周寧生　周　嶼
　　　甘廷柱

嘉慶十六年又三月一日　立賣契約人　周文江、男鳳章、鳳綱同立
代字　許　煥

同上　清嘉慶二十年新都縣趙鑄等賣水田紅契

立杜賣水田文契人趙鑄，同子其型等，情因無銀使用，將己名下祖父遺留分受水四甲　小白水堰灌溉水田一塊，東大路爲界，南大路爲界，西、北買主田爲界，四界分明，并無紊亂。比日憑中比準鄉弓，二畝二分五釐零，隨載條糧銀四分。出賣□□□□□□□□與慈義寺文昌會名下耕輸管業。比日憑中議定，價值九九色□□□□□□□□□□書押晝字，一并在內，銀契兩交，并無拖欠。一賣千秋，永不回贖，自賣□□□□□□□等耕輸管業，賣主不得言生端。此係二家情願，并無貨帳準折逼勒情，□□□□憑衆立杜賣文契一紙，文昌會會首人等，赴公稅撥，永遠存據。

約　董學禮　柳星□　周　樹　周布南
　　劉懷義　周思□　　同
引進中證人　郭紹義　鄒盛經　趙大琦　張武坊
　　蔣文琅　雷光遠　趙鳴高　　在

嘉慶二十年正月三十日　立杜賣水田文契　趙鑄同子其型等

同上　清道光二年曲阜縣齊朱氏孀侄賣地契

立賣約齊朱氏同侄女張齊氏、侄秉寅，因喪葬無資，憑中說合，將齊王官莊家後東西地二段共七畝正，出賣於孔秋涯名下承糧爲業。言定每畝京錢三十五千，共京錢二百四十五千。其價當日交足，土上土下盡係買主。四至分明，并無違礙。如有，賣主一面全管。恐後無憑，立約存證。

中　人　陳景昌　陳鳴玉

道光二年後三月十三日立賣約

同上　清道光二年太谷縣張光塘賣地紅契

立賣地約人白城里一甲張光塘，自因無銀使用，今將自己祖遺北良岡白地壹段，計地陸畝正，東至四興隆，西至買主，南至小道，北至崖底，四至明白，同衆說合，出賣與太谷縣墩坊八甲溫餘慶堂名下永遠承業。言定賣價白銀壹伯零捌兩正。其銀筆下交足，并無短欠。恐口無憑，立賣約永遠存照。

道光貳年七月初七日　立賣約人　張光塘[押]

隨地內原糧貳斗四升。

中見人　范昌[押]　龐蘊璧[押]　武廣成　書

同上　清道光四年休寧縣許元宮等賣山地紅契

二十一都二圖立杜賣山地契人支丁許元宮同嫂許阿胡，今因正用，自願將承祖遺受場字貳千貳百捌拾壹號，地税捌釐柒毫五系，土名後庫，四至照依清冊，憑中立契出賣與本都本圖族名下爲業。三面議定得受時值價尣平尣元系銀拾兩整，其銀當即收足，其地税即交管業，推入許蔭祠戶內支解輸糧。此業從前至今并未典當他人，亦無重複交易。設若字號訛錯，換號不換業。此係兩相情願，并無威逼準折等情。倘有親房內外人等異說，俱係出賣人一并承當，不涉受業人之事。今欲有憑，立此杜賣地契久遠存照。

再批：　原來赤契乙紙交收。　四至開明：　東至路，南至姚屋簷水五寸，西至本家屋簷水五寸，北至山塝。　眼同指業訂界爲規。又照。

道光四年四月　日立杜賣地税契人支丁　許元宮

同嫂　許阿胡

憑中　許特人　許貢南

許秋舉　許景福

執筆　許元宮

同上　清道光六年太谷縣王景榮賣地紅契

立賣地契人，在城里二六甲王景榮，自因無銀使用，今將祖遺賈家園地壹段，計地壹畝半，四至未開，情願賣與三槐堂溫名下永遠承業。同中言定價銀貳拾五兩正，其銀當交不欠。恐後無憑，立賣契存證[押]

原隨糧壹斗壹升貳合半。

道光六年七月二十七日　立[押]

中見人　李廷佑[押]

同上　清道光六年太谷縣吳德魁等賣地紅契

立賣地契人吳德魁 紳達成 泰連福 義達魁 縉達禮，自因手中不便，將園圃地貳段，計地拾畝零肆分貳釐伍毫。北一段東、西至賈姓，南至賈主，北至呂德合；　東一段東、西至賈主，南至吳德梅，北至吳達通。四至明白。情願出賣與三槐堂溫名下永遠承業，同中言定價錢貳伯伍拾兩正，其銀當交不欠。日後倘有戶內人等爭礙，與買主無干，賣主一面承當。恐口無憑，立契存照[押]

道光六年十月十五日　立[押]

中見人　呂奇榮[押]　呂渭綸[押]　吳德合[押]

同上　清道光七年南海縣李恆謙賣田契

立永賣民田契人李恆謙，係南海縣五斗口司佛山鎮人氏。今因急用，兄弟祖母商議，願將此祖遺下經分名下田三丘：　一丘坐落土名柵下海邊，一丘坐落土名圍眼基，一丘坐落土名二步閘，共該今丈税四畝七分。出帳召人承買，取今時價銀二佰七十兩。先召房親人等，各不就買。次憑中人引至義倉承買，依口還實價銀二佰七十兩正。所有簽書、折席俱在價內。三面言定，二家允肯，預日寫立空帖，豎明界杙，卜今書立大契交易。銀契兩相交訖，并無低僞少欠。此係明賣明買，并非債折抑勒加寫，又非烝嘗辦祭。其田果係恆謙名下之業，倘有來歷不明，別人爭認，係賣主同中理明。該田於道光六年十二月內典與李粹鈺堂，今備足典價贖回。至上手印契，日久霉爛，不能付執，當中將分單注明爲據。今欲有憑，立此永賣契一紙，并贖回李粹鈺堂典契一紙，付執爲照。

一、實賣出田三丘，共該税四畝七分，載在佛山堡一百一十四圖再七甲李象觀戶內，任從割歸二十圖另戶靈應祠戶。

一、實收到賣田價銀二百七十兩司碼。

道光七年又五月，南海縣主李驗契，價銀二百七十兩，布頒棠字四十四號。

中人　李錦章　何挺南

見賣田堂兄　李澤沾

祖母　黃氏

同賣田弟　應　堂　應　柱

道光七年二月初十日　立明賣田契人　李恆謙的筆

同上　清道光十四年休寧縣仇啓玉賣地紅契

二十都二圖乙甲立杜賣地税契人仇啓玉，今因錢糧急用，自願將承祖遺受鳳字七百十八號內分莊地税壹分貳系，土名軒塘。東至地塝，西至無碑墳，南至熟地，北至田塝。四至開明。憑中立契盡出杜賣與二十一都二圖二甲許修業戶爲業。三面言定得受時值價紋銀九四平足兌陸兩整。其銀當即收足，不復另立收領，其地稅隨即自行訂界過割，交買人戶內支解輸糧，其地聽憑扦造風水，無得異說。其地從前已典許姓，并未典當他人重複交易之事。此係兩相情願，并無勉強等情。倘有親房內外人等異說，俱係出賣人一力承擔，不涉受業人之事。恐口無憑，立此杜賣地稅契永遠存照。

再批：上首原來赤契因遠年遺失，倘日後尋出，已作廢紙，不得爲憑。仇啓玉又批。

道光拾四年十月　日立杜賣地稅契人　仇啓玉

憑　中　仇在垣　仇照林

許素之　許亮工

代　筆　仇清遠

同上　清道光十五年山陰縣華陳氏母子杜絕找田價契

立杜絕找契人華陳氏同男信仁，今將祖遺永茂戶內淡字田貳畝陸分陸釐壹毛正，前徑出賣於本縣吳處爲業，得過正價錢壹伯千文正。因契價不足，仍凂原中三面議定時值估找得錢肆拾柒千正。自找之後，任憑錢主管業，過戶承糧，永不再找，永不回贖，永遠杜絕爲照。

淡字八百七十五號湖田貳畝陸分陸釐壹毛正。［福］

道光十五年十二月　日立杜絕找契人　華陳氏［押］　男信仁［福］

中　人　華信禮　信　富

信　福［押］　國　元［押］

李景堂［押］　吳茂祥［押］

王啓東［押］　張仁德

杜絕找契

代　筆　永康［押］

同上　清道光十七年休寧縣仇連貴賣地契

二十都二圖立杜賣地稅契人仇連貴，今因錢糧緊急無措，自願將承祖遺受鳳字乙千三百五十一號，地稅六釐，土名軒塘下。其地前至本家墳，後至山頂，左至界木，右至許界。其地聽憑取用。四至開明，眼同指業訂界爲規。憑中立契出賣與二十一都四圖葉名下爲業。三面言定得受時值地價足大錢壹千文整。其錢當即收足，其地稅仍存本家戶內支解輸糧。其價外另收足大錢貳百文，以作每年生息上糧之需。其地聽憑買人早晚遷造風水取用。其地從前至今，并無典買他人，亦無重複交易。此係兩相情願，并無準折等情。倘有親房內外人等異說，俱係出賣人乙并承當理直，不涉受業人之事。今欲有憑，立此杜賣地稅契永遠存照。

再批：原來赤契年遠遺失，無從繳付。

道光拾七年三月　日立杜賣地稅契人　仇連貴

憑　中　劉廷有　胡耻夫

代　筆　仇千堂

同上　清道光二十年休寧縣宋萬元賣地契

十五都一圖一甲立杜賣地稅契人宋萬元，今因錢糧急需，自願將自置鳳字壹仟叁佰肆拾貳號地稅壹分，土名軒塘下，憑中立契出賣與二十一都二圖二甲許名下爲業。三面言定得受時值價曹平紋銀伍兩整。其銀當即收足，不復另立收領。其地稅隨即過割入買人戶內支解輸糧。其四至自行眼同訂界。憑中交與許姓管業，任憑扦造風水作用。倘有號頭訛錯，換號不換業。此業自昔至今，并未典當他人，亦無重複交易。此係兩相情願，并無謀買盜賣威逼準折等情。倘有親房內外人等異說，俱係出賣人一力承擔，不涉受買人之事。今恐無憑，立此杜賣地稅契永遠存照。

計開四址：前至佘墳，後至山脊，左至本家，右至仇墳。

再批：原來赤契因有他號相連，未便撿出執付。又照。

道光貳拾年二月　日立杜賣地稅契人　宋萬元

憑　中　宋慎修　胡敬裕

仇照林　汪易三

奉書男　宋全福

同上　清道光二十年浮梁縣詹時雍伯侄賣田契

立杜斷賣契人新正都詹時雍同利器原關分得三弟時翰名下田一丘，共計全租七十秤。今因正用缺費，伯侄商議，自願托中將前田盡行立契出賣與本族譜局名下前去耕種收租管業。當中三面言定時值價紋銀六十五兩整，其銀當日收訖。其田未賣之先，并無重叠交易等情。如有來歷不明，賣人自理，不涉買者之事。自賣之後，承祧之子毋得生端異說。所有糧稅當日照冊推付。今欲有憑，立斷骨契存照。

道光廿年十二月十六日立杜斷賣契人　詹時雍親筆押

同　侄　利　器［押］

中人戚　曹成萬[押]

族　叔　奉　之

同上　清道光二十一年山陰縣高衡畹杜絕找田白契

立杜絕找田契人高衡畹緣有卅六都三圖自己草木字號共田肆拾捌畝零柒釐四毫，前經出賣與族　處爲業，得過正價錢壹千柒伯千文正。因契價未足，仍浼原中絕找到族處，得找錢壹千零捌拾捌千文正。自找之後，永不再找，永不回贖，永遠杜絕。立民找田文契存照。

草字貳千貳百六十號，田貳畝捌分五釐；　木字一千六百廿七號，田壹畝伍釐；

草字乙千六百九十五號，田五畝柒分四釐叁毛；　木字九百六十六號，田叁畝四分五釐柒毛；

草字乙千〇六十五號，田六畝四分叁釐五毛；　木字九百九十四號，田貳畝叁分乙釐；

草字乙千〇五十七號，田叁畝四分九厘貳毛；　木字九百八十二號，田貳畝九分四釐；

木字乙千乙百七十號，田貳畝一分六釐貳毛；　木字九百四十七號，田四畝六分叁釐叁毛；

木字乙千六百五十乙號，田叁畝六分捌釐五毛；　木字乙千〇卅四號，田伍畝八分叁釐八毛。

木字乙千六百卅貳號，田捌分正，木字乙千乙百六十七號，田伍畝八分叁釐八毛。

木字乙千九百六十八號，田貳畝六分柒釐九毛；

道光念壹年四月　日立杜絕找田文契人　高衡畹[押]

見中　高一民[押]　錢再榮[押]

高廷善　高東秋

高雪軒　高金枝

代筆　嚴箸娟[押]

杜絕找契大吉

同上　清道光二十二年休寧縣葉丁氏等賣地紅契

立杜賣契東南隅三圖一甲葉長發戶二房葉丁氏仝侄若雲等、三房葉余氏、葉潘氏、葉汪氏仝子侄方川等，今因錢糧正事需用，自願將二、三兩房共置己業，坐落土名南街，係新丈癸字拾五號三等正地壹拾肆步捌分；又塘成上地壹伯柒拾五步壹分肆釐，共計地稅壹畝壹分陸釐柒毫柒絲；又癸字拾陸號、拾捌號、拾玖號、貳拾號叁肆等正地陸拾貳步捌分；又上地陸伯貳拾玖步肆分壹釐玖毫，內癸字拾陸號，原日夏姓撥出地貳拾貳步伍分與姚廷臣，該號後段牆外，坐東照西靠南空地爲界，今照舊共計地稅肆畝叁分玖釐玖毫貳絲壹忽；又癸字貳拾壹號叁等正地，叁拾貳步玖分陸釐；又上地貳伯陸拾玖步肆分壹釐五毫，共計地稅貳畝柒毫。以上柒號總計地壹仟壹伯捌拾肆步五分貳釐肆毫，總計地稅柒畝伍分柒釐叁毫玖絲壹忽。各號四至俱憑圖冊丈明釘界，照鱗冊管業。今將柒號基地并四圍倒塌短牆及牆腳并井叁只，以及臨街朽爛未修店面伍間，椽瓦木石牆垣俱全，壹并央中說合，照原買契現業，本家毫忽無存，盡行立契出賣與捌都伍圖伍甲汪培元文會戶爲業，三面公估時值價銀曹平紋銀貳伯兩整。其銀當日收足訖，是氏仝子侄等一并均分。其地隨即交與買人管業，聽從起造取用蓄養樹木。并無內外人攔阻以及重複交易、分法不清并來歷不明等情。如有此情，盡是出賣人承當，不涉買人之事。所有上首老來腳契文，因許姓未從交出，今將上首夏姓賣與許姓赤契壹帋，并許姓賣與身家契壹帋，歸戶柒紙付買人收執。其稅隨即在本家葉長發戶內起割，推入汪培元戶內辦納糧賦。今欲有憑，立此杜賣契永遠存照。

契內改柒字壹個。再批。

道光貳拾貳年叁月　日立杜賣契葉長發戶二房　葉丁氏[押]

仝　侄　葉若雲[押]　葉步蟾[押]　葉惠生[押]

三　房　葉余氏[押]　葉潘氏[押]　葉汪氏[押]

仝子侄　葉方川[押]　葉心如[押]　葉觀英[押]

葉含英[押]　葉齊英[押]　葉世憘[押]

憑　中　葉蓴庭[押]　葉乾初[押]　葉永滋[押]

程維則[押]　夏蕙田[押]　程師孟[押]

吳城山[押]　黃　成[押]　林　泰[押]

代　筆　葉永滋[押]

今就契內價銀當成契日是氏仝子侄一并收足訖，不另立領。仝年月日再批。[押]

同上　清道光二十五年山陰縣宋氏、張氏母子杜絶找田白契

山陰縣叁拾陸都叁圖立杜絶找田文契人宋氏 張氏仝男心衡 文廣，今將祖遺萬字乙千一百卅號田貳畝七分，方字八號田四畝六分九釐、十號田貳畝五分八釐貳毛、十貳號田貳畝貳分四釐、六百卅三號田乙畝七分七釐七毛，共田拾叁畝九分八釐九毛。前經絶賣與　族處爲業，得過正價𠬤錢伍百陸拾千文正。因價未足，仍浼中絶找到　族處，當得找價𠬤錢貳百肆拾千文正，其錢當日收足。自杜絶找之後，永不再找，永不回贖，永斬葛籐。立此杜絶找田文契，永遠存照。

計開

萬字乙千一百卅八號，田貳畝七分；

方字拾號，　田四畝六分九釐；　四至正契載明

方字拾號，　田貳畝五分八釐貳毛，四至正契載明

方字拾貳號，　田貳畝貳分四釐，

方字六百卅三號，　田乙畝七分七釐七毛，

今收契內價錢一并完足。

道光廿五年四月　日立杜絶找田文契人　宋　氏[押]　張　氏[押]

仝男　心　衡[押]　文　廣[押]

見　中　王雨村[押]　張薇人[押]

宋硯農[押]　計升堂[押]

本如□　本如第[押]

本文行　本廷華

代　筆　祝鳳階[押]

找契存照

同上　清道光二十六年山陰縣張永濂賣田筆據

立筆據張永濂，緣有淡字壹千〇柒拾肆號田叁畝壹分陸釐五毫，老契載明糧分，十陸都二圖張粹，十七都七圖張天榮、念貳都一圖張聚，叁戶完納。因前賣另爿淡字號田畝，將張粹、張聚兩戶內淡字壹千七十四號田貳畝零錯除無存，祇留張天榮戶淡字壹千〇七十四號田壹畝零。若輾轉除正，實因年遠無從查收。幸與　大成會祭田淡字壹千卅貳、壹千卅叁號田畝毘連，可以開通并爿。再三情懇，出賣與　大成會爲業，得過契價銀陸拾柒錢拾兩貳千文。另除立契據外，現將錢糧缺少緣由，立此筆據載明存照。

道光二十六年拾貳月　日立筆據　張永濂[押]

見　中　維　仁[押]　唐其平[押]

趙如茂[押]

代　筆　德　潤[押]

筆　據

同上　清道光二十八年新都縣蕭周氏等捆賣水田、旱地官契

新都縣契格

立杜捆賣水田、溝邊、旱地文契人蕭劉周氏，同子天福、天佑等，情因無銀費用，母子弟兄請同房族商議，將先祖遺留分受己名下新二甲蓮花堰過梘槽灌溉水田貳塊，約計鄉弓叁畝零，載糧柒分整。即日憑中證踏明四至：　東抵蔣姓田埂腳爲界，南以放水官溝心爲界，西以放水官溝心爲界，北以張姓、蔣姓田爲界，四至分明，毫無紊亂。比日自行請中，先盡房族。不願承買，轉請中證再四說合，情願掃土捆賣與文昌宮樂歲承買，耕輸管業。以及賣主親屬族內人等書押畫字一并搭在價內。即日眼同憑中證踏明界址，議定九九色銀柒拾玖兩捌錢。當憑中證銀契兩交，并無下欠分釐。其界內橋梁、道路、河邊、溝邊、前後左右樹木、茨草、片石、萌茅荒邊餘地、斜陂陡坎、道路甲田、起水石堰、放水石堰、磚石瓦塊、馬頭石、攔水石，一并在內。至於軍需、差徭、倉穀、社穀、甲田等項，未立契以前，賣者承當；　立契以後，買者承認。自賣之後，任隨買主過耕，栽種、開墾、挖高補低、修造房屋，賣主族內親屬人等，不得異言生端。此係二家情願，并無逼勒準折等情，亦無包買包賣等弊。一買千秋，永無贖取。今恐人心不古，特立捆賣文契一紙，交與文昌宮樂歲，赴公稅擲、合戶，永遠存照爲據。

外注涂埂腳二字，添爲界二字。

經理首事　蕭鳳儀　史重常　王文祿　胥子儒

薛珍芳　黃先緒　林啓鳳　徐光耀　同

約　黃義林
族　鄰　蕭鳳羽　張中才　蔣正華
中　證　黃廷鳳　林啓成　蕭天壽　蕭天棕　在
首事等　蕭天長　筆[押]
道光二十八年三月十一日　立杜賣文契人　蕭周劉氏[押]　同子天福[押]　天佑[押]

同上　清道光二十九年新都縣溫鼎興捆賣水田紅契

立杜捆賣水田文契人溫鼎興，今因要銀使用，無從設辦，父子商議，願將所買老一甲戳箕堰灌溉水田一塊，木經尺五尺八寸一弓，約計三畝零，自行請中說合，先盡族鄰，無人承買，今出售與老六甲王家菴文昌會首事等名下捆買爲業。比日憑中證捆作價銀六十二兩五錢，共載糧七分五釐。其田東、南俱與溫姓田爲界，西抵溫、陳二姓田埂爲界，北至戳箕堰放水溝心爲界。四至紊亂。即銀契兩無欠分釐。任隨首事等稅撥。其有書畫字價內。此情無準折等情。一賣千秋，永無贖取。今恐人心不古，立契一紙，交與王家菴文昌會首事等，永遠存據。

外注明添界字一個。
中　柳啓全　羅永碑　黎耀龍　同
約　柳啓沺　陳　光
在會人　李春華　黃恆耀　劉榮漢　溫吉厚
喬煥勛　鄭時先　溫顯承　字　在
道光二十九年三月二十二日　立文契人　溫鼎興　同子　溫顯春

同上　清道光二十九年山陰縣周獻廷杜絕找田白契

立杜絕找田文契人周獻廷，今將祖遺分授萬字八百卅二號田壹畝五分柒釐貳毛，前經出賣於高外爲業，得過正契價洋叁拾元。因正契內價洋不足，仍凂原中，三面議定時值找到高處田價錢叁拾捌千柒百陸拾文，其錢當日收用。自杜絕找之後，憑憑錢主管業收花、過戶入冊輸糧，永不再找，永不回贖。此係兩邊情願，各無異言。恐後無憑，立此杜絕找田文契存照。

再批：其田坐落、四至，正契載明。如有老契撿出，作廢無論。此照。
今收到契內錢一并完足。[押]
道光二拾九年拾貳月　日立杜絕找田文契人　周獻廷[押]
見中胞兄　古　愚
立　人
堂弟　仰　山[押]
族長　亘　川[押]
代筆堂弟　周鴻才[押]
杜絕找田文契存照

同上　清咸豐元年山陰縣高宗華賣山官契

絕賣文契

山陰縣三十六都三圖立絕賣山契人高宗華等，自己戶內不字號山畝陸分，凂中情願出賣與本縣　族　處名下爲業。三面議定時值估價銀洋拾捌元正，其銀當日一并收足。自賣之後，不準回贖，亦無重找。任憑銀主管業，收戶辦糧。并無重疊交關。倘有事端，賣主自行承值，不涉買主之事。欲後有憑，立此絕契爲照。

計開：　再批：自絕賣之後，任憑銀主管業收花、過戶入冊輸糧、開掘造葬無阻。又照。
不字　十四五號山內遷陸分正
字　號
字　號
舊管　都　圖　戶
新　都　圖　戶
今收到契內洋一并完足。
坐落清源菴後　土名珠紗帽
咸豐元年六月　日立絕賣契人　高宗華[押]
中人侄　良　宏[押]　良　珠[押]
良　清[押]　良　茂[押]
良　岳[押]
良　洪[押]
計開條款例：
良　坤　良　錦
一、凡用此契者竟作絕賣。　侄孫　茂　德　德　愼

一、賣主不識字者許兄弟子侄代書。　見中　德　恆　德　常

一、成文後即粘契尾投稅，驗明推收。如違治罰。　周巨川　王德權

一、契內如有添注塗抹字樣者，作捏造論。　代字　高宗貴

一、房屋間架仍載明空處。

一、典戤用此契者須注明年限回贖字樣。如不注者，仍作絕賣。

以上數條不過大概。倘民情尚有未盡者，許於空隙處填寫。

同上　清咸豐元年山陰縣高宗華等杜絕找山白契

立杜絕找山文契人高宗華等，今將三十六都三圖祖遺不字十四、五號山內遷陸分正，前經出賣與族處爲業，得過正契價洋拾捌元。因正契內價洋不足，仍凂原中絕找到族處洋柒元，其洋當日收足。自杜絕之後，任憑洋主開掘造葬管業、收花過戶入冊輸糧。此係兩相情願。永不再找、永不回贖、永斬葛藤，永遠存照。

再批：　四址坐落，正契載明。此照。

今收到契內洋一并完足。并照。

咸豐元年九月　日立杜絕找山文契人　高宗華[押]

侄　良　茂[押]　良　洪

見中　高德恆　德　常

周巨川　王德權

代字　高宗貴

立杜絕找山文契

同上　清咸豐元年山陰縣吳志道賣田官契

絕賣文契

山陰縣廿一都一圖立絕賣田契人吳志道，今將自己內淡字號田貳畝陸分零，凂中情願出賣與本縣沈處名下爲業，三面議定時值估價銀柒拾千文正，其銀當日一并交足。自賣之後，不準回贖，亦無重找，恁憑銀主管業收戶辦糧。并無重疊交關。倘有事端，賣主自行承值，不涉買主之事。欲後有憑，立此絕契爲照。

計開：　再批：　其田絕賣之後，恁憑銀主入冊輸糧管業收花，永遠杜絕。并照。[押]。

東至　西至　南至　北至

字　號

淡字八百七十五號湖田貳畝六分六釐壹毫正，連田礎石一應在內。并附老契兩紙。又照。[押]

字　號

字　號

舊管　都　圖　戶

新管　都　圖　戶

坐落小洋坂，土名墳頭三畝。

咸豐元年十一月　日立絕賣契人　吳志道[押]

今收到契內價錢一并完足。[押]　中人　如　山[押]

華行富[押]　錢繼榮[押]

計開條款例：

【略】　代筆　吳循善[押]

同上　清咸豐元年山陰縣孫稟善杜絕找田白契

立杜絕找田文契人孫稟善，緣有及字乙千貳百四十九號田壹畝分叁分叁釐五毫，前經出賣與高處爲業，得過正契價錢叁拾伍千文正。今因契價不足，仍凂原中絕找到高　處錢拾玖千文正，其錢當日收足。自絕找之後，永不再找，永不回贖，永遠杜絕。此係兩邊情願，各無異言。恐後無憑，立此杜絕找田文契存照。[押]

再批：　戶管坐落、四至，正契載明。并照。[押]

咸豐元年十二月　日立杜絕找田文契人　孫稟善[押]

見中　趙源昌[押]　王萃仙[押]

成　林[押]

親　筆[押]

杜絕找契

同上　清咸豐二年山陰縣沈香谷賣田官契

絕賣文契

山陰縣十七都壹圖立絕賣田契人沈香谷，今將自己戶內淡字號湖田貳畝陸分零，凂中情願出賣與本縣張處名下爲業，三面議定時值估價銀陸拾兩

正，其銀當日一并收足。自賣之後，不準回贖，亦無重找，恁憑銀主管業收戶辦糧，并無重疊交關。倘有事端，賣主自行承值，不涉買主之事。欲後有憑，立此絕契爲照。

計開老契貳帋。并照。［押］

東至　西至　南至　北至

淡字八百七十五號湖田貳畝陸分陸釐壹毛

字　號

字　號

字　號

舊管　都　圖　戶

新管　都　圖　戶

坐落小洋坂，土名墳頭三畝。

咸豐貳年貳月日　立絕賣契人　沈香谷［押］

中人　李沛蒼　沈東塘［押］　張南金［押］

代筆　如　淦［押］

今收到契內價銀一并完足。并照。［押］

計開條款例：

同上　清咸豐三年休寧縣金丹華杜賣田紅契

二拾二都五圖立杜賣田契人金丹華，今因正用，自願央中將承祖遺下田壹丘，土名呈梘充，係伏字三千貳百五拾七號，計田稅九分四釐七毫七系；又田壹丘，土名首坑，係育字乙千六十三號，計田稅壹畝四分六釐貳毫八系；又田壹丘，土名湖頭井，係育字九百三十五號，計田稅四分壹釐八毫八系五忽。其田四至俱照鱗冊管業。當日憑中立契盡行出賣與拾九都　壹圖余　名下爲業，三面言定得受時值價足兌紋銀肆拾兩正。其銀成契日隨手一并收足訖，亦不另立領札，其稅在於十九都壹圖拾甲金欽順戶內起割，推入於十九都壹圖拾甲余鎮遠戶內辦納糧差無異。倘有內外人言，以及先後重複交易，來歷不明等情，盡是出賣人承值，不涉受買人之事。恐口無憑，立此杜賣契久遠存據。

當繳原買赤契叁張，僉票叁張，一并繳付。所有收稅票與別產相連，未便繳付。契內加壹字壹個，改札字壹個。此批。［押］

咸豐叁年拾壹月　日立杜賣田契人　金丹華［押］　外貿妻代

憑堂伯　金宗孟［押］

憑　中　程含貞［押］　程厚滋［押］

程殿英［押］

代　書　程殿通［押］

同上　清咸豐四年徽州張起父子賣地文約

立賣地文約人張起同子張朝遠，因乏用，將祖遺老糧民地壹段拾貳畝伍分，煩中說合，情願賣與金玉垣名下爲業，言明共價銀拾陸兩每兩時值價東，錢貳拾陸千其銀筆下交足不欠。自賣之後，認憑買主過割稅契，不與賣主相干。如有重複典當，盡在中人一面承管。恐後無憑，立賣字存證。

計開　四至　東　至　崔姓，南　至　大道，西　王姓，北　沙河。

咸豐肆年玖月十一日　立賣地人　張　起［押］

同子　張朝遠［押］

中保說合人　劉廣才

賣字爲證

代筆人　張履安［押］

同上　清咸豐四年山陰縣顧席氏戤賣田官契

絕賣文契

山陰縣四十六都上三圖立戤賣田契人顧席氏同男岳熙，自己戶內彼字等號江、中田拾肆畝叁分零，凂中情願出賣與本縣張處名下爲業。三面議定時值估價錢叁伯千文正，其銀當日一并收足。自賣之後，不準回贖，亦無重找；任憑銀主管業，收戶辦糧。并無重疊交關。倘有事端，賣主自行承值，不涉買主之事。欲後有憑，立此絕契爲照。

計開

東至　西至　南至　北至

彼字六百號、六百四、五號　江田伍畝正。

罔字四百八十二號　江田肆畝捌分陸釐叁毛。
短字六百三十九、四十號　江田叁畝肆分正。
率字一千四百七十四號　中田壹畝伍分捌釐。再批：附老契四紙。
并照。［押］
舊管　都　圖　戶
新管　都　圖　戶
坐落　土名
咸豐四年拾貳月　日立絶賣契人　顧席氏［押］
同男　岳　熙［押］
今收到契價錢當日一并完足［押］　中　人　顧岳元［押］　岳　珍［押］
計開條款例：　代　筆　張如淦［押］

【略】

同上　清咸豐五年新都縣溫敦友杜賣水田紅契

立杜賣水田文契人溫敦友，今因要銀使用，原將分受己名下老二甲矮子堰灌溉水田一段，大小四塊，載糧壹錢貳分叁釐二毛六系六合，要行出售。先請房族，無人承買。自行請中說合，情願賣與彌牟鎮培文會首事等名下承買爲會業。比日憑中證說合，較準夏洪興鋪算盤尺五尺八寸爲一弓過丈。丈計五畝六分六釐九毛五系正。每畝議作九九色時市價銀叁拾貳兩六錢，共合銀壹佰捌拾肆兩八錢三分整。即日銀契兩交，并無下欠分釐。其有書押畫字、溝邊、田埂、出入道路，一并包在田內受價。其田界址：東上節以廖姓田爲界，東下節挨大路以廖姓田埂爲界，南以水溝爲界，西上節以大路小溝爲界，中節以廖姓大路爲界，下節挨大路以溫姓屋側田埂爲界，□節以溫姓男埂爲界，下節以溝爲界。四界分明，毫無紊亂。此係二家情願，并無債帳準折逼勒套哄等情。自賣之後，任隨首事撥稅輸耕，不得異言。今欲有憑，特立文契一紙，交與培文會首事，永遠存據。

外注明內添埂字壹個。　周鏡山　唐鳳池　約　唐　全
鄺田玉　溫春玉　鄰　廖玉瑞　溫永林　同
陳月浦　溫首齋
前班當年承買首事溫際泰　溫際泰　夏克寬
溫舜福　閔永恕　中證　吳啓相
溫子善　在
王敬齋　溫錫海

咸豐五年十二月初二日　立杜賣水田文契人溫敦友親筆［押］

同上　清咸豐七年江南安徽等處承宣布政使司頒發給休寧縣余鎮遠買田納稅契尾

契尾

江南安徽等處承宣布政使司爲遵旨議奏事奉撫部院劄準戶部咨開，嗣後布政司頒發給民契尾格式，編列號數，前半幅照常細書業戶等姓名，買賣田房等產數目，價銀稅銀若干；後半幅於空白處預鈐司印，以便役稅時將契價稅銀數目大字塡寫鈐印之處，令業戶看明，當面騎字截開，前幅給業戶收執，後幅同季冊彙送布政司查核。等因，奉旨依議欽此。欽遵在案，嗣奉戶部議改新章，諸多窒礙。業經本司詳請具奏，仍照舊辦理。現奉撫憲劄行折稿到司，奉經通行飭遵在案，合亟刊刷契尾印發。自咸豐五年十一月初一日爲始，凡有業戶呈契投稅，務遵定例，大字塡寫，與業戶當面截開，分別粘給，其後幅仍按季送司查驗，轉報院部毋違。須至契尾者。

計開：　業戶余鎮遠買金丹華田房　畝間用價銀肆拾兩納稅壹兩貳錢
布字壹千叁百貳拾柒號右給業戶　　準此
咸豐柒年柒月　日
業戶余鎮遠買金丹華價銀肆拾兩納稅壹兩貳錢

同上　清咸豐七年北京程永福租種官地執照

部照

禮部　爲換給執照事：　前據催頭王進祿招得佃戶程永福領種本部北廠官地壹塊，共地柒畝，每年應徵額租銀叁錢捌分捌釐捌毫，仍照道光初年每銀壹兩折收制錢玖百文舊章，共折收制錢叁百伍拾文。爲此，開明段落、

四至，給與印照，於每年徵租時，按額定銀數合錢交納。如有情願按畝交銀者，亦聽其便，毋許拖欠。如無本部印照者，即爲私種。給照之後，若有盜賣及私行典押者，一經本部查出，典者、受者一并從嚴究辦不貸。須至執照者。

計開

一塊　東至程姓，西至道，南至程姓，北至李姓。
一塊　東至　西至　南至　北至
一塊　東至　西至　南至　北至
一塊　東至　西至　南至　北至
一塊　東至　西至　南至　北至
一塊　東至　西至　南至　北至

右給北廠地戶程永福　準此

秀字第壹百叁拾壹號

咸豐柒年拾貳月　日

部

同上　清咸豐八年山陰縣張德潤絕賣田官契

絕賣文契

山陰縣十七都柒圖立絕賣田契人張德潤，今將祖遺自己戶內淡字號中田內遷五分正，凂中情願出賣與本縣族處名下爲業。三面議定時值估價錢陸拾千文正，其銀當日一并收足。自賣之後，不準回贖，亦無重找，恁憑銀主管業收戶辦糧。并無重叠交關。倘有事端，賣主自行承值，不涉買主之事。欲後有憑，立此絕契爲照。

計開

東至　西至　南至　北至

淡字肆百拾捌號中田五分正

再批：自賣之後憑憑錢主開掘造葬，各無異言。并照。

再批：此田原係拾柒都七圖張聖勅戶內承糧。因老戶公產，推收未便，公同酌議幫糧錢肆千文，每年起息，以作完糧之用。并照。

再批：陌説田議單壹紙。并照。

字　號

舊管　都　圖　戶

新管　都　圖　戶

坐落　私湖溇　土名四畝

咸豐捌年拾貳月　日立絕賣契人　張德潤[押]

今收到契價錢一并完足。　中人　均□[押]　南　金[押]

廷　沛[押]　春　霖[押]

計開條款例：【下略】　見中　和　軒[押]　德　光[押]

城　□　源　川

代筆　錢收堂[押]

同上　清咸豐十一年新都縣劉長庚杜賣水田紅契

立杜賣水田文契人劉長庚，情因需銀使用，無處出辦，母子商議，願將開濠所□龍門書院新二甲水田大小貳塊，官弓過丈二畝，仍賣與書院所管白沙會名下，累年所積銀兩歸書院承買爲業。比日憑證言明，每畝議定時市價銀貳拾柒兩整。貳畝共該價銀伍拾肆兩整。即日銀契兩交，并無下欠。自賣之後，即日將田交，任憑書院耕輸異言生端。此係二家情願，并無逼勒準折等弊。一賣千，【下殘】

中證經手　付理菴　馮丹崖　魏高軒

經買首士　趙玉山　梁選樓　李松臣字

咸豐十一年四月初四日　立杜賣水田文約人　劉長庚　立

同上　清咸豐十一年山陰縣王子厚賣田出開票

立出開票王子厚，今將自己卅六都三圖王靜志戶內方字九百七十號田內遷玖分陸釐壹毫五絲正，情願出開與本都本圖戶內入冊輸糧，次年銀米爲始。恐後無憑，立此開票存照。

咸豐十一年八月　日立出開票　王子厚[押]

見開　王竹村[押]　王笠庵[押]

代書　葉瘦生[押]

同上　清咸豐某年山陰縣周文炘杜絕找田白契

立杜絕找田文契人周文炘，今將祖遺分授卅六都叁圖方字陸伯柒十貳號田壹畝捌分伍釐，前經出賣與　處爲業，得過正契價錢肆拾千文。今因時值契價不足，仍凂原中，三面議定時值估價絕找到　處錢叁拾柒千柒伯文。自絕找之後，任憑錢主管業，收花過戶，入冊輸糧。憑無有分人爭執。

如有等情，出賣之人自應理值，不涉錢主之事。永不再找，永不回贖，永遠杜絕。立此杜絕找田文契存照。

再批： 老契四至、坐落，正契載明。并照。

今收到契内錢一并完足。并照。［押］

咸豐年拾貳月　日立杜絕文契人　周文炘［押］

兄　文　煒［押］

弟　文　炤［押］

族　巨　川［押］

海　安［押］

靜　川［押］

王樂山［押］

代書　周文煒［押］

杜絕找田文契

同上　清同治三年新都縣黃廷萬父子杜賣基地水田紅契

立寫一捆掃土杜賣水田、基地、房屋、旱地、林園竹木文契人黃廷萬，同子昌喜等，情因移窄就寬，父子商議，願將己名下所買老二甲興隆堰、新開堰灌溉水田三段，大小貳拾塊，旱地二塊，基地一所，木金尺五尺八寸爲一弓，約計拾捌畝零，載糧叁錢八分，黃四發名下退撥。其社倉、公田，隨糧派撥。宅内草房大小七間，門扇窗格俱全，桑樹貳拾餘株，果木數株，慈竹數叢，糞池貳口，水井壹口，井石俱全，周圍雜色竹木籬園，一并在内。其基地水田西面，上以毛姓田爲界，下以本書院地爲界，南面左以牆外魏姓旱地爲界，右以曾姓、張姓牆腳爲界，東面上以曾姓、陳姓牆腳爲界，下以曾姓高田埂爲界。上段田内有陳姓祖墳六冢，古墳四冢，俱係有墳無地，所有墳上芭茅、刺草，盡歸買主砍伐。上段灌溉高田有筒車一道，石椿兩根，一橋一道。至於橋梁路道依古通行。中段水田，東、北以三費局田石椿爲界，西以小溝心爲界，北以楊姓墳後高埂腳爲界。荒包一段，北以劉姓、曾姓石椿爲界。旱地一所，西面上以本書院籬腳爲界，下以劉姓墳埂腳爲界，東以楊姓墳埂爲界，北以劉姓林邊爲界。下段水田，南以本書院大路爲界，西以小溝廖姓田爲界，東、北以馮姓田爲界。高田一塊，東以劉姓大路爲界，北以楊姓旱地路爲界。四界分明，毫無紊亂。界内斜坡、陡坎、雜草、竹木，以及書押畫字，一并搭在田内受價。先盡親族，無人承買。自行請中説合，比日憑證議明九九色銀捆作價銀捌佰捌拾貳兩整，賣與龍門書院齋長葉文光趙宗抃買爲書院管業。其銀眼同過針，新都市秤交兑。當日銀契兩楚，并無下欠分釐。此係二家甘願，并無準折逼勒等弊。自賣之後，任隨買主陽修陰造，挖高墳低，賣主不得異言。一賣千秋，永無贖取。今恐人心不古，特立文契一紙，交與書院齋長赴公撥税，永遠收存。

中　許復興　周輔堂

證　鄺心齋　字

約　吴　潮　曾大鵬

鄰　陳三多

同治三年十月二十五日　立一捆掃土杜賣基地水田文契人　黃廷萬

同子　昌喜等

同上　清同治三年休寧縣邵金氏母子杜賣荒山官契

縣給契紙

契紙係本縣捐廉刊刷發給，不取民間分文。惟該冊税書經理發給以及倒换簿□往來飯食，準業戶每張給錢叁拾文。不準多索。□□□□

立杜賣契一都一圖五甲邵金氏同子大晉，前因歲杪墮欠衆房錢糧，倒歸氏家賠納。錢糧、門戶正用無措，願將承祖有忠、開祥遺下荒山壹業，坐落土名黃塘壈，係新丈天字玖伯九十六號，計山税玖分柒釐。照原管定四至：東至釘石，西至釘石，南至山塝，北至天字玖伯玖拾柒號山。又土名同，天字玖伯玖拾捌號，計山税壹分陸釐。東至釘石，西至釘石，南至天字玖伯玖拾柒號山，北至山塝以上。捌至内山税壹畝壹分叁釐。央中立契，一并杜賣與八都五圖五甲汪　名下爲業，當得受三面議定價曹平紋銀拾壹兩正。其銀當成契日一并收足訖；其山隨交買人管業，聽從扦葬風水，保護墳塋。并無重複交易、分法不楚以及内外人攔阻生端異説等情。如有此情，盡是賣人承當，不涉買人之事。其税遵例隨在邵雲祥戶内起割，推入買人汪詒裕戶内辦納完糧。所有契憑遭寇遺失，當將本業業補僉歸戶貳紙交付買人收執。日後如有本業只字，不論内外人撿出，概作廢紙。恐口無憑，立此杜賣契永遠存照。

契内多寫業字壹個，添寫有字壹個。又批。［押］

同治叁年拾貳月　日立杜賣契　邵金氏［押］　同子　大晉［押］

憑　中　汪誥書［押］　汪世祥［押］

汪澤涵［押］　金慎修［押］

方搢書［押］

代　筆　朱森山［押］

今就契内價銀當成契日比即一并收足訖，不另立領。同年月日再批。

同上　清同治四年薊州純介庭賣地紅契

立賣契人純介庭，今因乏手，將祖遺民地一段，計四畝，坐落薊州城西羊圈莊西。四至開後。煩中說合，情願賣與本莊　喬起名下爲業，言明賣價薊錢四拾吊正，其錢筆下交足無欠。自賣之後，聽憑置主過隔稅契，不與棄主相干。倘有親族爭論及□舛錯，有棄家、中人一面承管。恐口難憑，立此文約存照。

葉柳橋［押］

南　沙河，東　沙河，　王榮先［押］

至　至　中保人說合　劉孟奎［押］

北　車道，西　沙河。　趙　忠［押］

同治四年正月十九日　立契人　純介庭親筆　［押］

永　遠　爲　業

同上　清同治七年新都縣溫何氏母子杜賣車水田紅契

立杜賣車水田文契人溫何氏同子溫揚奎，情因要銀使用，無處出辦，是以母子商議，將祖父遺留分受己名下，回二甲肚臍堰灌溉車水高田大小叁塊，載糧六分出售。先盡房族，無人承買。自請中證說合，情願賣與彌牟鎮南華宫文昌會承買爲業。比日憑中證議定：　鄉弓木金尺五尺八寸爲壹弓過丈。丈計叁畝四分捌釐叁毫四絲六忽整。每畝作價銀五十四兩四錢伍分正。其田共合價銀壹佰捌拾玖兩陸錢捌分正。水口田東與溫姓田埂爲界，南抵溫姓田爲界，西抵溫姓田埂爲界，北與蕭姓大路腳爲界。二塊東與溫姓放水心爲界，南抵溫姓田爲界，西與溫姓大路腳爲界，北與溫姓田埂爲界。三塊東與溫姓出入大路爲界，南與溫姓田爲界，西與溫姓田埂爲界，北與溫姓大路腳爲界。即日眼同族中證約鄰踏明界限，立有灰樁。四至分明，毫無紊亂。車水碼頭與溫洪恩、溫顯鑒、溫揚□、溫貞女四家公共碼頭車水灌溉。所有書押畫字，一并包在田内受價。此係二家情願，并無債賬準折逼勒等情，即日銀契兩交，并無下欠分釐。自賣之後，任隨文昌會經理首事赴公稅撥，耕輪管業，陰修陽造，挖高補低，賣主房族子孫，不得異言生端。今恐人心不古，特立文契一紙，交與南華宫文昌會首事永遠存據。

總理　黃耀堂　王惠科　何　彩　陳靜明　羅裕盛　同

值年　陳耆齡　黃湘浦　陳　渥

鄰　蕭學林

約　溫洪盛

族　溫顯鑒

中　崔錫光　劉洪興　陳鍾賢　陳裕堂

證　陳其昌　羅士章　字

丈手　崔正紀　　在

同治七年三月初九日　賣主　溫何氏　同　子　溫揚奎

同上　清同治七年新都縣溫興隆父子杜賣水田紅契

立杜賣水田文契人溫興隆同子立正，今因要銀使用，無從出辦，父子商議，願將父分受己名下，回三甲瓦子堰，過梘高溝灌溉水田貳塊，要行出售。先盡房族，無人承買。自行請中說合，情願賣與三聖宫文昌會總理溫祥發、溫鵬舉名下，承買爲會業。比日憑中證議定，以木金尺五尺四寸爲一弓過丈，每畝作價銀肆拾捌兩整。共丈計田壹畝六分貳釐五毛陸系陸忽，共合價銀柒拾捌兩零肆分整，載糧叁分貳釐整。即日銀契兩交，并無下欠分釐。其書押畫字、田埂、溝埂，一并搭在田内受價。其田界限：　東與溫永錞田爲界，南與溫興元田爲界，西與溝心爲界，北與馮家碾文昌會田爲界。二段：東與溫文枚田爲界，南與財神會田埂爲界，西與賣主墳腳爲界，北與賣主牆腳爲界。此塊田在溫曹氏田内過水灌溉。四界分明，毫無紊亂。自賣之後，任隨首事稅撥耕輪，輪流管業，房族人等，不得異言生端。此係二家情願，并無債賬準折逼勒等情。今欲有憑，特立文契一紙，交與首事永遠存據。

溫永銑　字

約　吳朝慶

族　溫永鳳　溫興元
鄰　溫永錞　溫永霈　同在
族　溫德三
中　溫永尙
證　溫聚亭
同治柒年拾月初四日立杜賣水田文契人溫興隆〔押〕　同子立正〔押〕

同上　清同治八年新都縣溫曾氏母子賣水田紅契

立字賣水田文契人溫曾氏，同子興隆、元，今因要銀使用，無從出辦，母子商議，願將己名下回三甲瓦子堰，□□灌溉水田大小貳塊，載糧貳分陸釐一毛，其糧溫永興名下撥出，水分照舊規一并出賣。先盡房族，無人承買，自行請中說合，情願賣與萬壽宮眞君會首事溫吉璜、德源、溫萬豐、德慶名下承買為會業。比日憑中木金尺五尺四寸為一弓過丈，每畝議作價銀四十四兩整。共丈計田玖分九釐零七系四合，共合價銀四十三兩六錢。即日銀契兩交，并無拖欠分釐。其書押畫字，田埂溝埂，一并搭在田內受價。其田界東與溫姓牆為界，南與溫姓田為界，西與溝心為界，北上即與眞君會田埂為界，下節與觀音會田埂為界。貳段東與財神會田為界，南與大路心為界，北與佘姓墳腳為界，西與溫姓田埂為界。此塊溫永洪田內過水灌溉。四至分明，毫無紊亂。自賣之後，任隨買主稅撥耕輸。此係二家情願，并無債財準折逼勒等情。今欲有憑，特立文契壹紙交與首事，永遠存據。

約　吳朝慶
鄰　溫德文　溫永洪
證　溫祥發　溫德有　溫德咸
中　溫祥瑞　溫會同　溫德瑛
證　溫聚亭　溫德三　溫永尙　溫興隆　字
同治八年一月三十日　立賣水田文契人　溫曾氏　同子興隆、興元立

同上　清同治八年新都縣冉王氏母子捆賣水田紅契

立捆賣水田文契人冉王氏，同子冉萬鑾，情因要銀使用，母子商妥，願將分受己名下新三甲內官堰灌溉水田壹塊，官弓約計貳畝零，載糧壹分正。其田界限東至薛姓高埂腳為界，東上節至賣主田底為界，南至薛姓田為界，西至大路心為界，北至關帝會田為界。踏清四址，毫無紊亂。自行請中，先盡房族，無人承買。轉請中證說合，甘願賣與廣慈會會首等出銀承買，以作祀田。比日憑中證言明，其田一塊捆作時市九九色價銀捌拾柒兩正，其賣者人等書押畫字一并包在價內。即日銀契兩交，并無下欠分釐。其銀當即眼同針鑿，自認無假。自賣之後，任隨買主挖高塡低，陽修陰造，賣者人等不得異言。再有放水道，要由賣者田內湃出。此係二家甘願，并無貨物債賬、他故逼勒等弊。今恐無憑，特立文契一紙，交與廣慈會會首等赴　公稅撥，永遠存據。

約　羅興順
中證　黃斐然　字
族　冉萬綱　冉萬經
鄰　薛孚任
在會首事　林起鳳　史德清　徐光耀　蕭天清
薛塡芳　黃光緒　胥有貴　王正林
同治捌年二月十三日　立杜賣水田文契人　冉王氏　同子冉萬鑒　立

同上　清同治八年新都縣韋星發兄弟杜捆賣水田旱地紅契

立杜捆賣水田、旱地、溝邊文契人韋星發、星映，情因需銀應用，無處設辦，母子商議，願將先父遺留水四甲踏馬堰起水灌溉水田一段，大小六塊，官弓約計拾畝零，載糧壹錢四分整，所有出入橋梁路道、放水消水溝渠，仍照舊規，賣主不得阻攔，荒坡古埂，芭茅茨草，斜坡陡坎，書押畫字，一并搭在田內受價出售。先盡房族，無人承買。自請中證說合，情願掃土捆賣與儲才館承買耕輸管業。比日憑中議定，時值九九色價銀肆佰伍拾捌兩整。即日銀契兩清。其田東以劉姓大路心為界，南以董姓溝心為界，西以陳姓田埂腳為界，北以陳姓田埂腳為界，又北以陳姓溝心為界。四至分明，毫無紊亂。自賣之後，任隨買主挖高塡低，陽修陰造，賣主不得異言。此係二家甘願，并無貨債準折逼勒等情。一賣千秋，永無贖取。今恐人心不古，特立文契一紙赴公稅撥，永遠存據。

中證　張敬軒　陳煥堂　賴成章　刁卓堂　刁玉生　魏方亭
約　林明發　同　在
甲鄰　洪占春　陳子良　劉子安　魏煥章　字

同治八年十二月初四日　立杜捆賣水田旱地溝邊文契人韋星發、星映

同上　清同治八年新都縣賴慶佑兄弟等伙賣水田紅契

立寫夥賣水田文契人賴慶佑、慶祥、慶億、同侄永鈴、永鈊、永錕、永恆、侄孫貞烈等，今因要銀使用，無從出辦，弟兄叔侄商議，願將祖遺分受己名下新三甲內官堰起水灌溉水田壹段，大小叁塊，內有一塊在賴永貴田中過水灌溉，載糧壹錢伍分整。先盡房族，無人承買。自行請中說合，情願出賣與張家菴文昌會培文會首事等名下出銀承賣爲業，以作每年義學延師之資。比日憑中議定：正才尺五尺二寸鄉弓，每畝作價銀肆拾貳兩陸錢整。共丈計田柒畝一分陸釐叁毛貳絲伍忽，共成價銀三百零五兩壹錢伍分肆釐整。泰興場公議稱交兌，面針無假。是日銀契兩楚，無毫尾欠。其田界限東至□□□□□爲界，南至賴永貴、賴貞榮田埂爲界，西至賴永貴田埂爲界，北至大溝水心爲界。四至分明，毫無紊亂。界內田埂溝邊、斜坡陡坎、橋梁堰石、大路溝道，書押畫字，脫業立莊，一并搭在田內受價。其有所欠官項，自有賣主承認。既賣之後，任隨會上開墾栽蓄。此係二家甘願，并無準折逼勒等弊。一賣千秋，永無贖取。恐口無憑，特立文契一紙，交與首事等赴公稅撥，永遠存據。

族中鄰　賴永鎔　曾和興　曾異山　黃彩堂

賴慶高　賴永貴　柳一山　字

同治八年　月　日立夥賣水田文契人　賴慶佑　慶祥　慶億　永鈴

永鈊　永錕　永恆　貞烈

同上　清同治九年新都縣黎書簡兄弟等杜賣水田房屋紅契

立捆杜賣水田、基地房屋、竹樹文契人黎書簡、書元、書常、書鑒同子炳清等，情因移業就業，需銀使用，無處設辦，弟兄叔侄商議，甘願將公爾遺留及私己分受回二甲石頭堰起水灌溉水田二大段，大小共貳拾陸塊，鄉弓約計肆拾畝零，基地二段，載糧捌錢肆分整，磚草房一向三間，左橫草房一向，連磨角四間，右橫草房一向共四間，糞池一眼，水井一口，河邊客戶草房一向四間。以上各處房屋門扇、窗格俱全，周圍牆園竹樹一院，外有河邊、溝邊、田埂、大小橋梁，出入路經，磚堰石堰，斜坡陡坎，荒包古埂，放水溝道，湃水溝渠，一并出售。先盡房族，無人承買。自行帖請中證說合，情願一捆賣與清節堂名下出銀承買爲業。當憑中證三面議定，一捆共作時值九九色價銀貳仟一百捌拾兩整。隨即眼同中證約鄰踏明四界。基地一段，宅後與哈姓連界，左以哈姓出路爲界，宅後高埂歸堂內管業，宅右基地高田，與趙姓旱地連界，有趙姓出路一條，高田埂腳與曾姓連界。河邊基地一段，南以河心爲界，西與曾姓田連界。宅右邊高田九塊，東北與黎姓田爲界，宅左田一塊，與哈姓出路連界，東與曾姓田爲界，西與黎姓旱地爲界。左邊上田二塊，東與曾姓田埂爲界，西、南與黎姓旱地爲界，北與放水溝心爲界。宅前田四塊，東與黎姓田連界，西與馬姓田連界，又東折與李姓田連界。宅右下面田九塊，北與溝心爲界，東與吳姓田連界，南與大路心爲界，南上又與溝心爲界。大路右邊大田一塊，東與吳姓連界，南與溝心爲界，西與黎姓田埂連界。四界分明，毫無紊亂。其田依古放流，輪次一晝一夜，放水湃水仍照舊規。至於挖高補低，陰修陽造，賣主與田鄰人等均不得異言生端。即日擇明立契，銀契兩楚，毫無尾欠分釐。此係二家情願，債賑準折等弊。一賣千秋，永不贖取。今欲人心不古，特立文契一紙，交與清節堂赴公稅撥，永遠管業存據。

首事　鄭執奄　趙玉山　向桂一　楊俊如　王西園　魏盧齋

王吁良　魏炳寅　王煦亭　王良生　劉錫庚　傅理奄

中證　李汝清　蕭天長　蕭季奄

族　黎炳清

田鄰　吳順成　馬李氏　李文發　李文卓　哈廷良　趙世才

約　張昌行

同治九年二月二十八日　立契人　黎書簡 元 常 鑒　同子炳清立

同上　清同治九年山陰縣潘陳氏母子杜絕找田紅契

立杜絕找田文契人潘陳氏同男純甫，緣有祖遺分授場字號共田捌畝捌分壹釐正，前經憑中出賣與高　處爲業，得過正契價銀柒拾兩正。今因時價不足，仍浼原中杜絕找到原主處，時值絕找價銀陸拾貳兩正。自找之後，任憑銀主管業、管花、入冊輪糧，并無有分人爭執等情。倘有等情，絕找之人自行理值，不涉銀主之事。此係兩邊情願，各無異言，各無憣悔。永不再找，永不回贖。恐後無憑，立此杜絕找田文契，永遠存照。［押］

再批：細號、四至、坐落、載明正契。并照。

同治九年五月　日立杜絶找田文契人　潘陳氏[押]

男純甫[押]

今收到找契價銀一并完足。[押]見中　潘建元[押]　大　孝[押]

高漁□　丁尚貴[押]

許藝芳[押]　陳均雪

代筆　陳亘源[押]

杜絶找田文契存照

同上　清同治九年新都縣胡尙書杜捆賣水田紅契

立寫一捆杜賣水田文契人胡尙書，情因要銀使用，願將己名下分受新一甲楊柳堰黄中溝灌溉水田一塊，官弓約計壹畝肆分零，載糧叁分，自請中證說合，先盡房族，無人承買。比日憑證議定作時値價九九色銀伍拾玖兩肆錢整，其田先小春連青賣與朱衣會名下管業耕種。即日共交價銀伍拾玖兩肆錢整。比時契明價足，不欠分釐。賣主書押畫字并包價内受價。其田界址，田埂五根俱歸買主管業。東、南、北與張姓田爲界，西與溝爲界。四界分明，毫無紊亂。自賣之後，任隨買主稅撥另佃，永無翻悔。此係兩家情願，并無逼勒準折等情。恐口無憑，立一捆賣田文契，交與買主永存照爲據。

首事　汪雨亭　胡海門　李文焯　□□□　劉禮堂　馮道濱　馮道辰

約族　駱三泰　胡尙平　同在

中證　何長盛　字

同治九年閏十月二十二日　立一捆杜賣水田文契人　胡尙書　立

同上　清同治十年新都縣莊炳南叔侄捆杜賣水田紅契

立捆杜賣水田文契人莊炳南，同侄莊肇基、肇科、肇傳等，情因需銀應用，難以設辦，叔侄商議，願將祖遺新三甲内光堰起水灌溉水田一分，三房分受外，除留公共水田二段，大小四塊，鄉弓約丈四畝零，載糧九分整出售。先盡房族，無人承買。叔侄商議妥貼，夥同請中證說合，情願杜賣與梓橦宫閩文會名下，承買爲業。比憑中證議定，溝邊、田埂、出入路道，石堰、石橋，放水、過水溝基，書押畫字，一并包在價内，一捆作九九色價銀一百柒拾一兩捌錢整。是日眼同約鄰中證，踏明界限。上段水田二塊，東至廖、賴二姓田爲界，南至廖姓田爲界，西至放水溝爲界，北至賣主田埂爲界。下段水田二塊，東至莊姓田爲界，南至莊姓放水溝埂爲界，西至莊姓放水溝埂爲界，北至大路心爲界。四至分明，毫無紊亂。概行賣凈，界内寸土無留。是日銀契兩交清楚，并無下欠分釐。自賣之後，任隨買主耕輸管業，賣主房族人等不得異言生端。此係二家情願，并無債賬準折，亦無他人佃當不明等情。一賣千休，永無贖取。今恐人心不古，故立杜賣文契一紙，交付與買主赴公稅撥，永遠存據。

總理　黄文貴　莊顯山　林啓鳳　陳啓慶

約族中證　張三合　莊高亭　林裕泰　黄文壽

莊肇維　莊厚亭

林文謨

字

同治十年十二月二十日　立捆杜賣水田文契人　莊炳南

同侄　肇基　肇科　肇傳　立

同上　清同治十三年新都縣黄益貞祖孫杜賣水田等紅契

立杜賣水田、溝坎、田埂、大小水溝、平梁石堰、斜坡陡坎、荒邊餘地、零星邊隅、浮沉水土、磚頭瓦塊、蘆茅茨草，一切等項文契人黄益貞、孫紹儒、情因乏銀使用，無從措辦，是以公孫商議，再三籌安，願將己名下先年所置老二甲天星堰起水、由高堰至橋中貳堰引灌水田貳段，大小四塊，載糧一錢七分八釐三毛整，在黄世英名下撥冊。其田先盡房族，無人承買。甘願以木金尺五尺八寸弓過丈。熟田起弓，熟田止弓，自行請中證說合，每畝實議作九九色價銀肆拾一兩玖錢捌分整，願杜賣與義和團總領史義山、林中美等承買耕輸管業。隨經協同約鄰中證踏界過量，共量計捌畝九分壹釐四毛四絲八忽，共合田價銀三百七十四兩貳錢三分整。當即銀契兩楚，眼同過針。并無低假，亦無下欠釐田東、南底老二甲公田爲界，西抵賣主出路爲界，北抵曾姓水溝爲界。田界分明，毫無紊亂。所，在橋中貳堰閘水灌溉，賣主田鄰人等永不得移堰遷溝阻攔。至於賣主房族書情禮，并包在田内受價。其餘出入路徑，橋梁上下，人畜兩走，俱照常往來相通，毋得阻擋。以及等項，亦係隨糧撥交。自賣之後，任隨買主挖高填低，陰修陽造，招佃收租，賣主不得異言。此係二家均各情甘意願，并無貨債準折逼勒等弊。一賣千秋，永無贖取。今恐人心不古，特立杜賣文契一紙，交與義和團總領團首，赴公稅撥鈴印，耕輸管業，永遠收執存照。

約　唐曉亭

中 王大明 程永昌 團內人等仝在

證 萬聚興 劉海山 字

劉順邦

同治拾叁年三月初五日 立杜賣水田文契人黃益貞[押] 孫紹儒[押]

同上 清同治十三年新都縣黃賴氏母子捆杜賣水田房屋紅契

立捆杜賣水田、基地、房屋文契人黃賴氏，同子黃明春、黃明德、黃明芳、黃明志、黃明華，母子弟兄商妥，情因要銀應用，願將先祖分受己名下新二甲、新三甲、龍門堰灌溉水田二段，一并出售。上段五塊，鄉弓約計陸畝零。上段大田連屋當門二塊：東至賣主田埂爲界，南至大路爲界，西至杜姓大路爲界，北至杜姓溝埂脚爲界。其田與黃姓田湃水屋側一塊：東至杜、吳二姓田埂爲界，南至賣主院脚爲界，西至賣主墳圈脚爲界，北至連小田在內，與杜姓溝心爲界。又車水田一塊，東至吳姓田埂爲界，南至杜姓墳圈脚爲界，西、北至廖姓田埂心爲界。下段一連四塊，鄉弓約計九畝零：東至廖姓田埂爲界，南至張姓高埂爲界，西至廖姓大路爲界，北至上二塊張姓田埂爲界，北至下二塊北至張姓田爲界。房屋半院正房一綫牽出，當中爲界。正房串架一間半，磨角一間，串架横房三間，房門四扇，窗格俱全，上齊草桷，下齊磚磉，糞池二口，上有房屋俱全。當門基地邊，其墳一冢，俱係灰椿墳脚爲界。田角新墳一冢，墳脚爲界。下段四塊，甲四在內，石□洞堰起水，新二甲龍門堰灌溉，載糧九分，在黃五福名下退撥，大堰每年派水工田貳畝零。上段五塊在曾家堰起水，新三甲龍門堰灌溉，載糧一錢九分，在黃萬興名下退撥。大堰每年派水工田四畝，房屋基地□□，內有柑子樹一根，柏樹一根，棕樹三根，泡桐樹三根，周圍籬寨，慈竹、蘆竹，院外桑樹一根，進行兼搭。自行請中，先盡房族，無人承買。轉請中證説合，甘願賣與新二甲梓橦宮閩文會首事人等名下，以作祀田爲業。其田一捆共作時市九九色價銀，憑中議定共捌佰貳拾八兩四錢整。其進出路道、牽牛吃水水缺、推車碾米路道，斜坡陡坎，浮沉沙石，茅頭刺草，出入石橋，放水石堰并放水溮水溝基，賣主人等不得阻礙。本年差務，賣主承當，不得與買主相干。賣主人等書押畫字小禮，并包在價內。自賣之後，任隨買主挖高填低，陰修陽造，賣主人等不得異言生端。此係二家心願意情，并無貨物債賬他故逼勒等弊。一賣千秋，永不贖取。故立文契一紙，交與閩文會首事人等赴公稅撥，永遠存據。

約 莊二合 王聯升

族 黃魁三 同

鄰 張廣盛

證 羅榮芬 莊厚亭 筆 在

中 廖觀辰 賴永容

首事 黃文貴 莊顯□ 陳啓慶 林啓鳳 同

同治十三年十二月初四日 立捆杜賣水田基地房屋文契人 黃賴氏

同子 黃明春 黃明德 黃明芳 黃明志 黃明華

同上 清光緒元年新都縣壽佛會首事黃華炆等捆賣水田紅契

立字捆賣水田文契人康家渡壽佛會首事黃華炆、張禮均、劉鈞賢、黃華煥、陳際隆、陳澤山，今因移遠就近，要銀使用，合會人等商議，願將新邑新三甲內官堰灌溉水田五尺四寸鄉弓一塊丈計一畝五分零，載糧三分三釐三毫正，在賴福興冊內退撥。其田東與買主田爲界，南與賴姓田埂爲界，西與大路心爲界，北與文昌會田爲界。四至分明，毫無紊亂。自行央請中證説合，甘願賣與新都縣狀元會首事楊蔭山、賴達卿、劉集三、鞠藩卿等出銀承買爲業。比日憑中證議作捆賣時值價銀七十三兩四錢正。永興場公議平交兑，銀契兩交。其銀面針無假，毫無下欠分釐。其田埂、溝邊、石堰、碼頭、□□□□□會內人等書押畫字，交老契、離莊，一并捆在價內受價。自賣之後，任隨買主招佃過耕，賣主會內人等不得異言生端。此係二家甘願，并無債賬準折逼勒等情。一賣千秋，永不贖取。今恐人心不古，特立捆賣文契一紙，交與買主會內人等永遠爲據。

中 陳伯亭 賴興發 賴魁廷

證 賴永□ 黃欽文 張賡楊 同

約 朱國華 王聯升 賴永貴

鄰 陳澤山 字 在

光緒元年十一月十六日 前名立

同上 清光緒二年休寧縣黃躍天杜賣山業紅契

貳拾玖都叁圖玖甲立杜賣山業契人黃躍天，今因正事需用，自願央中將承祖遺下山業壹宗，坐落土名王侯相，係新丈靡字壹千肆百壹拾捌號，內取山稅壹分伍釐整。其山上至降頂，下至山腳，東至本號山業釘石爲界，西至本號山業釘石爲界。今將前項契內所載山業字號稅畝，憑中立契杜賣與仝圖貳甲　黃　名下爲業，當日三面言定得受時值賣價曹[漕]平紋銀壹拾兩整。其銀當成契日隨即一并收足；其山即交受買人管業，任從開穴扦葬取用。其稅另立推單，即從貳拾玖都叁圖玖甲黃文德戶內起割，推入仝都仝圖貳甲黃起發戶內收籍辦納糧賦無異。其業未賣之先，并無重復交易。自賣之後，倘有來歷不明以及內外人言一切生說等情，盡是出賣之人承值，不涉受買人之事。今欲有憑，立此杜賣山業契存照。

當日繳付分僉據壹張，以作來腳付受者收執作據。仝日批。[押]

其該業稅糧實收入本圖貳甲黃起發戶內完納。黃躍天親筆批明。[押]

光緒貳年柒月　日立杜賣山業契人　黃躍天[押]

憑中　黃金爵[押]　黃省三[押]

黃仰之[押]　黃蘭亭[押]

黃觀祿[押]　黃觀全[押]

黃進祿[押]

代筆　黃子俊[押]

同上　清光緒四年大興縣高文學賣白地紅契

立賣地契文約人高文學只因手乏，無錢使用，今有自己祖業民產白地一段，此地坐落在北野場村西　，東西地段，計地貳拾畝，北邊長截均長壹百六拾八弓，均寬貳拾六弓，南邊短截長壹百壹拾弓，均寬叁弓四尺六寸。東至×頭，西至官道，南至高興利，北至高姓，四至分明。今煩中人賣與北野場村于進祿名下耕種永遠爲業，作價銀叁拾兩整。其銀當日筆下交足，并不欠少。此係兩家情愿，并無返悔。如有返悔者，自有去主與中保人一面承管。恐口無憑，立賣契爲正。

置主　于進祿[押]

中保人　宋成仁[押]

魏春祥[押]

大清光緒四年十二月十六日　立字人　高文學[押]

[大興縣挂號訖]

同上　清光緒七年新都縣鄧益潤兄弟等杜賣水田青苗紅契

立杜賣水田連秧、青豆苗文契人鄧益潤、益順、益萬同侄榮祿等，情因雙親去世，要銀使用，無處出辦，是以兄弟叔侄商議，將祖父遺留分受己名下回三甲、老流堰起水、下有小堰起水灌溉水田一段，大小五塊，載糧一錢三分柒釐七毛六絲四合，在鄧文模名下撥冊。其田先盡房族，無人承買。自行請中說合，甘願以鄉弓木五尺八寸爲一弓過丈，田內見苗起弓，田內止弓。田埂茨草、溝邊路道、大小堰道、堰田堰地，歸於買主所管，一并議在田內受價。每畝憑中證實議時值九九色價銀肆拾玖兩捌錢整，願杜賣與義和團總領史義山、林秀山等承買耕輸管業。隨經協同約鄰中證踏界過量，共量計陸畝八分八釐八毛一絲九合，共合價銀叁百四十三兩零三分貳釐。當即銀契兩楚，眼同過針，并無低假，亦無下欠。其田東抵曾姓田爲界，南抵鄧姓田爲界，西抵鄧姓田埂爲界，北抵賣主田埂爲界。四界分明，毫無紊亂。其田水路有水田一塊，在鄧必升業內有放水溝一條，永遠灌溉。又有水田一塊，每年在賣主業內有放水溝一條，永遠灌溉。二家不得阻塞，田鄰亦不得移堰阻塞。至於賣主房族人等書押畫字，一并包在價內。其餘放水淠水，出入路徑、橋梁，人畜兩走，俱照常往來相通，田鄰毋得阻擋。以及公田、堰田等項，一并隨糧交撥交。自賣之後，仍隨買主挖高填低，陰修陽造，招佃收租，賣主不得異言。此係二家情甘意願，無有貨債準折逼勒等情。一賣千秋，永無贖取。今恐人心不古，立杜賣文契一紙，交與義和團總領團首赴公稅撥立戶，耕輸管業，永遠存據。

外注明內塗新字，改回字。

約　鄧大章

族　鄧益彬

中　鄧必升　史興順　羅國恆　凌二興

證　黃愼庵　字　同

鄰　曾升祥

團　劉順用　吳義合　丁元全

首　史鳳建　史玉山　在

等　巫興盛

光緒七年五月十三日　立杜賣水田文契人　鄧益潤[押]　益　萬[押]
同侄　榮祿[押]立　　　　　　　　順[押]

同上　清光緒九年蕭山縣高聲甫杜絕找田白契

立杜絕找田文契人高聲甫，前爲先代正用，已將祖遺萬字捌百九十五六號中田壹畝四分正出賣與族處爲業，得過正契價銀拾五兩。茲因契價不足，而且不敷所用，仍浼原中絕找到原主，三面議定時值估絕找價銀拾貳兩正。自絕找之後，任憑銀主管業，收花，入冊輸糧，永不再找，永遠杜絕。此係兩邊情願，各無異言，各無反悔。并無有分人爭執，亦無重叠交關。如有重叠等情，出賣之人自行理值，不涉銀主之事。契內價銀當日一并收足。欲後有憑，立此杜絕找田文契存照。[押]

再批：老契因年遠遺失，檢出作廢紙論。其田之細號、畝分、坐落、四至，已經正契載明，故不再注。[押]

光緒九年三月　日立杜絕找田文契人　高聲甫[押]
見　中　宏　炘[押]　杏　邨[押]
梅　坡[押]　義　韓[押]
代　筆　蓴　樓[押]

杜絕找契大吉

同上　清光緒十五年新都縣僧照清等掃土捆賣水田旱地紅契

立一指明界限掃土捆賣水田并田內青苗，以及旱地、菜園地、房屋基址共連一段文契人僧照清同徒侄通林，情因師尊上曉下雲將田土重當，無銀嘗退押債，歷年收穀無幾，養獻不足，叔侄商議，願將先祖遺留水三甲東林寺後天開堰起水灌溉水田八塊，旱地菜地一段，約計十畝零，撥糧九分八釐整。水田、旱地南與大北路連界，轉南一節田坎一直至小溝與廟田腳連界，西、北兩方與大溝心爲界，轉東與官田水田腳爲界，屋當門一直至大路與官田旱土聯界；串架草房三間，門扇窗格俱全。其四界限，就日憑中衆約鄰指明踏界，毫無紊亂，亦無除留。央中再三說合，情願一捆掃土并田內禾苗、水田、旱地、菜園、房屋基地、磚石瓦塊，一并摘賣與旃壇寺老關帝會，立糧四分九釐整，新武聖會立糧四分九釐整。兩會夥買，各立一戶。以上定約所載之物，比日憑中證共議作時值新邑市秤九九色價銀三百九十九兩整。首事劉

福森、袁春陽等措銀承買耕輸管業，注糧請□。其價銀即日憑證銀契兩交明楚，并無欠下分釐，并無貨債準折。自賣以後，其有出入路徑走，溝渠水道照舊放流，亦任隨開墾栽蓄。原有佃當零星諸事，俱照定約所行，無庸再注。此係情甘兩願，并無逼勒等弊。一賣千秋，永無贖取。恐無憑，因憑中證團保約鄰，立一捆賣文契交與兩會首事，赴公稅撥，兩會朋執存據。

光緒十五年六月十七日　僧　照　清　徒侄　通　林立
中　王有盛　魏興盛　周惠僊　周利堂　同
約　朱甫臣　趙訪堯　袁耀山　米時萬
鄰　梓橦會　林雙玉　向陽春　在
代筆人　謝福興

同上　清光緒十七年北京廂藍旗愛山賣地白契

立賣地契文約人係廂藍旗滿洲松山佐領下刑部筆政愛山，今因手乏，情願將自置米糧民地壹段，計地捌畝正，此地座落在西便門外棗林村北後地方，地內有樹木大小玖佰玖拾棵，豎石門壹座。今同中人說合，情願出賣與宛平縣民屈姓名下永遠爲業。公同言明賣價銀　兩，其銀筆下交足，并無欠少。自賣以後，安塋、養樹、蓋房，一切修理等事，任其置主自便，不與賣主相干。再以後倘有親族人等爭競，以及拖欠官糧、私債、重複、盜典等事情，均有賣主同中人一面承管。恐後無憑，立賣地契，永遠存照。

計開四至：南至官道，北至邢姓，東至李姓，西至李姓，四至注明。又照。

隨字有民紅契伍套。

知情底保人　周永興[押]
立賣地字人筆　政愛山[押]
說　合　人　郭益齋[押]
光緒拾柒年拾貳月　日立

同上　清光緒十八年山陰縣章芳洲出田推旗

立出推旗章芳洲，今將自己十八都二圖下里章渙坪戶內火字九百二十七號中田貳畝貳分正，又火字壹千〇五十一號中田壹畝正，情願出推於本都本圖文廣鎰戶內入冊輸糧，承納次年銀米爲始。此照。

光緒十八年二月日　立出推旗　章芳洲[押]

見推　章筠山[押]

親筆無代

推旗

同上　清光緒二十一年漢州胡鄧氏母子杜賣水田房屋官契

漢州契式

字第　千零柒拾捌　號　他州縣不許借用

立遵諭割田償債杜賣水田、房屋、基地人胡鄧氏、子聯芳兄弟等，情因故父禮門生前借過任王氏、王子楚名下會銀未還，搆訟在案。奉臬憲批準，成都縣提案訊明，應當歸胡聯芳弟兄塡還。聯芳弟兄無銀承還，是以母子弟兄商議，願將故父遺留高坪鋪勒馬堰水灌溉高低水田大小貳拾塊，約計貳拾捌畝五分，基地壹畝五分，草房五間，瓦屋壹間，共議作時値價錢壹仟壹百肆拾千文整，盡此錢抵還任王氏、王子楚二人名下承買爲業。此憑書差中證眼同看明，不過丈計。其田四界插花難以備載，均照舊界管業。占勒馬堰水，空三放四，逢白一天，逢黑一夜，與唐姓照畝均放。泉塘一口，均車載糧陸錢，在賣主戶內撥出，撥與買主立冊。其有界內古垉、古埂、斜坡、陸陂、放敗溝道、上流下通、出入路徑、人畜往來、車步碼頭、宅內宅外、溝邊、田邊大小竹林、茅頭、茨草，一并隨田搭賣，毫無除留。書押、畫字、串底、流水、離莊、脫業索錢，一并議在價內受價。惟起佃退押出自賣主。自賣後，任隨買主稅撥、耕輸管業，陰陽二宅開壟，賣主房族人等不得異言生枝。此係二家遵諭甘願，并無勒逼等情。恐口無憑，特立杜賣文契爲據。

遵州正堂龔批：　立糧名牟村一甲祭田會。

光緒二十一年三月十二日　前名賣主　胡鄧氏　仝子　聯芳面立

族　胡小蘧

中

證　劉義齋

人　王仁安

計開條款例：

一、置買田宅不稅契者笞五十，仍追田宅價錢一半入官。不過割者，一畝至三畝笞四十，每五畝加一等，其田入官。有過割者，必須驗契蓋印方準入冊撥糧。

一、徵收田房稅契，須業戶親自賫契投稅，粘連司印契尾，給發收執者。若業戶觀望，雇人代投，致被假印誆騙者，照不應重律，杖八十，責令換契重稅。

一、民間置買田宅，有私用白紙立契，匿不投稅者；有先用白紙立契，延擱多日始換契式投稅者。此等債契許賣主中證鄉約人等稟明查究，扶同徇隱，并究。

一、各該鄉約分給契式，不準私取分文。如違，許業戶稟究。有寫錯者，仍將原紙交該鄉約繳銷，另換契式塡寫。

[此處原連白契草，正文與官契同，略。只録批鑿。]

立收清字據人胡鄧氏、子聯芳弟兄，今收到田價一切錢壹仟壹佰肆拾串，當日收清是實。

同上　清光緒二十九年北京廂黃旗漢軍高士奇賣旗地紅契

立賣契人廂黃旗漢軍雙順管領下高士奇，因正用無錢，今將本身旗地一段，坐落在永平府樂亭縣西南董家圈等處地方，計地拾頃零柒拾叁畝。每年起租東錢貳仟陸陌零六吊整，共合賣價捌百陸拾兩，其銀筆下交足。同中人說合，情願賣與高恩榮名下永遠爲業。自賣之後，倘有親旗人等爭競等情，盡在去主、中人一面承管，并無異說。此係二家情願，各無返悔。恐口無憑，立賣契爲證。

中人　王玉成[押]　田書寶[押]

高士林[押]　高恩玉憑

高成仙[押]

光緒貳拾玖年六月十三日立賣契人親筆書

同上　清光緒三十二年灤縣姚燮璽退賣旗地契

立退契人姚燮璽，因正用，今將祖遺旗地一段，計伍畝玖分玖釐，坐落大呂莊南，四至弓尺開列於後，同中說合，情願退與劉炬名下永遠爲業，言明地價錢壹仟壹百零吊壹百伍拾文。其錢筆下交完，并不短欠。自退之後，俱由劉姓自便，不與姚姓相干。二家情願，各無返悔。其地等弊如有舛錯，有退主、中人一面承管。恐口無憑，立退契存照。

東　　南　横地　南　　九弓一尺五寸，

計開四至　至呂姓，　至　。弓尺中寬九弓一尺五寸，

西　北　墳　北　九弓　尺八寸。

北頭西邊力把南北寬二弓一尺，二弓四尺五寸。長四十三弓、長壹百四十一弓叁尺

明德惠錢每□一千　中人姚英 溫瑞　代筆

光緒三十二年三月初九日　立退契人　姚燮璽

同上　清宣統元年新都縣易三合捆杜賣水田紅契

立捆杜賣水田、秧苗、荳草、溝邊、田埂等項人易三合，情因需銀使用，弟兄叔侄同堂商議，願將新邑西關外水四甲小白水堰起水灌溉水田一段，官弓約計貳畝五分零，載糧貳分肆釐整，其糧在易應輝名下分撥。所有溝邊、田埂、斜坡陡坎、堰基堰石、團會存底、公田積穀以及秧苗豆草一切等項概無除留，一并搭在田內受價。先盡房族，無人承買，自請中證說合，甘願一捆賣與四配四聖會出銀承買管業。當憑中證，議作時值新邑市秤九九色價銀九十九兩八錢整。書押畫字，并包價內。其湃水路、人畜路徑，仍照舊規。所有以前公項，概有買主承認。本年公款方歸買主承當。其田界址：東以易姓田邊爲界，直上曲轉一節，以田埂小路爲界，又一節以小溝心爲界；南亦以小溝心爲界，曲轉至西一節，以小溝心爲界，又一長節，均以陳姓田埂腳爲界；北以王姓田邊爲界，四至分明，毫無紊亂。自杜賣一紙，交與四聖會經理鍾雲貴、值年楊朝琯等，赴公稅撥，永遠執據。

族　易國征　易正隆

中證　劉惠堂　朱禹眞

約　李永照　字　楊和臣

鄰　陳登榜　王積餘　易國棟　易正興

宣統元年五月初六日　立賣易三合文契　易國先泰治[押]

同上　清宣統二年新都縣邱清亭一捆掃土杜賣水田荒熟地等官契

立一捆掃土杜賣水田、荒熟餘地、溝邊、田埂、小春田面等項文契人邱清亭，情因移窄就寬，需銀使用，母子夫婦合家同堂商議，願將己名下分受之業，係水四甲小白水堰起水灌溉水田一段，大小二塊，官弓約計二畝五分零，荒邊餘地一節，載糧一分七釐整，其糧在邱世森名下撥冊立戶。其田界址：南以朱姓田腳爲界，西以邱姓田埂腳爲界，北與邱姓田腳爲界，過小溝荒邊餘地，東以大溝心爲界，南與廖姓田腳爲界，北與邱姓田腳爲界。界內有古墳三冢，均係有墳無地，只得啓遷，不得進葬。凡屬堰基、堰石、古包、古埂、斜坡、陡坎、溝邊、田埂、蘆茅、茨草，起水湃水溝渠，車牛人畜出入橋路，依古行走。小春田面、倉敖、積穀，一并注明出售。有未注明者，日後查出，仍歸買主管業。并無毫釐隱匿，亦無寸土寸物除留。先盡房族，無人承買。自行請族中，托外證，甘願一捆掃土杜賣與慈義寺觀音會名下出銀承買管業耕輸。比日當憑族中證三面言明，議作時值九九呈色價銀一百三十兩整。當日契立價清，并無下欠分釐。所有書押畫字、給老契、大小禮信，均包價內。自賣之後，任隨買主挖高塡低，陰修陽造，賣主族鄰人等不得異言生端。至於先年及本年公款未完納者，均歸賣主完納，不與買主相干。其中并無籠套，乃明買明賣。此係兩家甘願，并無貨債準折逼勒等情。一賣千休，永無贖取。今恐人心不古，特立掃土杜賣文契一張，交與買主赴公投稅，撥冊立戶，永遠執此存照爲據。

族　邱鶴亭　邱旭亭　同

中　王壽山　劉煦亭

證　莊潤芝　代筆　在

宣統二年十一月初十日立捆賣水田等項文契人　邱清亭

同上　清順治三年休寧縣許應斗典田契

廿四都一圖立典契人許應斗，今將續置得田十四號，坐落土名上廣塢，係常字三千六百五十四號起，五十七號止，計租柒砠。又將上充田大小九丘，係女字六千貳百七號、貳百十一、十二、十三、十四、十五、十七、十九、廿號，共計租貳拾四砠。又土名菖蒲坑，係女字六千貳百七十七號，共租貳拾四砠。叁共計租伍拾五砠，出典與族弟許名下，紋銀貳十伍兩整。當日三面言定，銀不起利。其田聽從受典人收租無異，其田主回家將原價取贖，無得阻當。今恐人心難憑，立此典契存炤。

其銀足九六色合乇米。

順治丙戌年八月初一日　立典契人　許應斗

中見人　許兆文

抄白

上方塢七砠　佃人和力
上充廿四砠　佃人長九
菖蒲廿四砠　佃人汪宜

順治十一年九月同許君美議立合同　年貼納稅糧銀陸錢六分。

同上　清康熙三十九年永安縣馮兆周承佃文約

二十七都住人馮兆周，今來要田耕作，今特托保向前在張公法主邊佃得穀田一段，坐落二十八都桂口上坂壠尾。遞年到秋熟，備辦早穀□碩大，冬、食牲各乙只，送至值年會首家下交收。不敢拖欠升合，亦不許賣弄界至水漿等情。如有此色，應許衆等另行改佃下伙，不敢阻占。今來二家甘心意允，亦復有憑，立承佃爲照。

康熙叁拾玖年柒月　立承佃人　馮兆周
保　佃　陳

同上　清康熙六十一年會昌縣羅必先賃田字據

立賃耕人羅必先，今來賃到田東吳御天手內田業一處，土名密坑大灣子、下禾塘，又及梅子灣等處，左右前後山林竹木田畔山岡等處，計載正租租桶五角二斗正，外碗子腳穀每角二升，春牲每年一只，冬銀每角六釐，外又納頂耕花利三角三斗正，其租今年賃耕種還租。自賃之後，遞年秋日精灼過、尖桶送門交收，大小豐熟各無加減，拋荒失界，賃十作九，再行批賃，田東自己要耕之日，後不得異說。立賃字爲照。

立賃字人　必　先[押]
見　人　蒂　佐[押]

康熙六十一年正月　日

同上　清雍正二年永安縣鄧秀忠轉讓賠田約

二七都黃歷住人鄧秀忠承父受分賠田一段，坐落二十七都早嶺後黃泥壠。原計實還林宅主人正租穀二碩大，今來要物用急，托中送至本里馮九環出頭承賠，當日憑中三面言議，定價九八色銀伍兩伍錢正。其銀即日交收足訖明白，不欠分釐。其田即便退與賠主前去自己耕作管理爲業。如有來歷不明，係是鄧宅自己出頭抵當，不涉賠主之事，今來二家甘心意允，各無反悔。今欲有憑，立賠約爲照。

雍正甲辰二年八月　日立賠約　鄧秀忠

中人　馮予受
代字　馮如祜

同上　清乾隆二十八年江陰縣胡弘仁賃田文票

立憑文票人胡弘仁，緣因本身缺田布種，情願浼中憑到譚處昆字號田一片，貳畝貳分。每畝租米壹石四斗，共租米叁石〇捌升。約至秋收一并奉還，不敢少欠。恐後無憑，立此爲照。

乾隆廿八年伍月　日立憑票人　胡弘仁[押]
見中　譚德全

憑租文票

同上　清嘉慶二年徽州鮑日懷租田批

立批租人鮑日懷，今租到許名下塲字號田丘，計田稅二畝正。每年秋收交納時租穀四十八斗整。其穀挑上門，照依時年車收，不得欠少。若有欠少，任憑本家起業，另招他人作種。如遇干旱年歲，眼同監割分租。恐口無憑，立此租批存照。

嘉慶二年二月　日立租批人　鮑日懷
憑中　張正和

同上　清嘉慶十五年徽州唐廷仰租田批

立租批唐廷仰今租到金宅名下伍錫塘田大小四丘，計田廿七砠，三面言定交納下午過風租肆石伍斗整。倘若年歲豐旱，照依大歷。今恐無憑，立此租批存照。

嘉慶拾伍年十二月　日立租批　唐廷仰[押]
憑　中　金蘊千[押]

同上　清嘉慶十九年徽州湯士亨租田批

立祖批人湯士亨，今租到金齊房名下田一丘，土名寧下，計田畝半，言定每年交納下午過風乾穀一石八斗正。年成豐儉，照例交納，不得短少。如遇荒歉之年，臨田監割。若不願作，將田交還田東，聽本自擬；佃戶佃人不準自擬，兩無異說。恐口無憑，立此租約存照。

嘉慶拾九年拾二月　日立租批人　湯士亨[押]
憑　中　朱三元[押]
包　中　金冠群[押]

均田制總部

主　　編：金瀅坤
副 主 編：盛會蓮
編纂人員：任海燕　張　輝　范　陽
徐珊珊　陶俊傑　周　鷺
林生海

《均田制總部》提要

二〇〇六年，寧可先生承擔了主持《經濟典》的編纂工作，並在全國範圍内召集相關學者展開編纂工作。本人有幸受《土地制度分典》主編郝春文先生之委託，承擔了《均田制總部》的編纂任務。

起初，大典辦和巴蜀書社將《土地制度分典》編纂總體規模定在六百萬字左右，《均田制總部》分擔了二百萬字的任務，經過各位同仁的共同努力和資料收集整理，發現相關資料有限，完成這樣的數字有困難，雙方便將編纂工作的總體規模進行了壓縮，本人和盛會蓮負責的編纂小組承擔了八十萬字的任務，直到最終定稿，《均田制總部》實際字數約有一百萬字。

關於《均田制總部》的體例制訂也需要特别説明一下。《土地制度分典》下設《綜論總部》、《國有土地制度總部》、《私有土地總部》、《均田制總部》等四部，顯然《均田制總部》與《土地制度分典》的其他總部的性質有所不同，除了《綜論總部》之外，《國有土地制度總部》和《私有土地總部》都貫通了中國古代，而且也有國有制和私有制相對應的意圖。但編纂委員會考慮到均田制是一以國有土地制度為主，也包含了一定的私有土地制度成分，加之均田制在魏晉隋唐時期實行了三百多年，在中國土地制度史上具有特殊的意義。因此，將其特别單立一個總部，以便突出均田制的特點和歷史地位。

均田制作為魏晉隋唐史研究的一個重點問題和熱點，向來倍受學術界的關注，國内外許多著名學者都對此進行過研究，並湧現了一批豐碩的研究成果，為我們編撰均田制總部提供了堅實的研究基礎。基於均田制特點和目前學術界對其研究的基本問題，在總部的體例制訂的過程中，經過與郝春文先生的反復討論後，均田制總部分為制度、實施、變更三個總部，每個總部各有突出之處。制度部主要就均田制的制度層面的相關政令、法規的題解、論說、綜述進行編纂整理，主要依據傳統的典籍史料。實施部重點就均田實施情況的論說、綜述、紀事等進行了編纂整理，大量地利用敦煌吐魯番發現的籍帳文書，包括相關手實、計帳、戶籍、籍樣、差科簿等來説明均田制的實行情況。變更部重點就均田制所有權具體變更的相關論説、綜述、傳記、紀事等史料進行了編纂整理，着重利用了敦煌吐魯番文書中相關手實、計帳、戶籍、籍樣、差科簿等籍帳和契約文書，再現了均田之下租佃、買賣、繼承、博換之大量具體實例。本總部在對敦煌吐魯番文書中有關均田制的史料和宋以後歷代學者、政治人物對均田制相關評論收集得比較全面，以期為研究均田制的學界同仁提供方便。

金瀅坤

二〇一〇年八月十九日

均田制總部

制度部

題解

《魏書》卷七七《高祖紀上》［太和九年］冬十月丁未，詔曰：朕承乾在位，十有五年。每覽先王之典，經綸百氏，儲畜既積，黎元永安。爰暨季葉，斯道陵替，富強者幷兼山澤，貧弱者望絶一廛，致令地有遺利，民無餘財，或爭畝畔以亡身，或因饑饉以棄業，而欲天下太平，百姓豐足，安可得哉？今遣使者，循行州郡，與牧守均給天下之田，還受以生死爲斷，勸課農桑，興富民之本。

《魏書》卷一一〇《食貨志》［太和］九年，下詔均給天下民田：

諸男夫十五以上，受露田四十畝，婦人二十畝，奴婢依良。丁牛一頭受田三十畝，限四牛。所授之田率倍之，三易之田再倍之，以供耕作及還受之盈縮。

諸民年及課則受田，老免及身沒則還田。奴婢、牛隨有無以還受。

諸桑田不在還受之限，但通入倍田分。於分雖盈，沒則還田，不得以充露田之數。不足者以露田充倍。

諸初受田者，男夫一人給田二十畝，課蒔餘，種桑五十樹，棗五株，榆三根。非桑之土，夫給一畝，依法課蒔榆、棗。奴各依良。限三年種畢，不畢，奪其不畢之地。於桑榆地分雜蒔餘果及多種桑榆者不禁。

諸應還之田，不得種桑榆棗果，種者以違令論，地入還分。

諸桑田皆爲世業，身終不還，恒從見口。有盈者無受無還，不足者受種如法。盈者得賣其盈，不足者得買所不足。不得賣其分，亦不得買過所足。

諸麻布之土，男夫及課，別給麻田十畝，婦人五畝，奴婢依良。皆從還受之法。

諸有舉戶老小癃殘無授田者，年十一已上及癃者各授以半夫田，年踰七十者不還所受，寡婦守志者雖免課亦授婦田。

諸還受民田，恒以正月。若始受田而身亡，及賣買奴婢牛者，皆至明年正月乃得還受。

諸土廣民稀之處，隨力所及，官借民種蒔。役有土居者，依法封授。

諸地狹之處，有進丁受田而不樂遷者，則以其家桑田爲正田分，又不足不給倍田，又不足家內人別減分。無桑之鄉準此爲法。樂遷者聽逐空荒，不限異州他郡，唯不聽避勞就逸。其地足之處，不得無故而移。

諸民有新居者，三口給地一畝，以爲居室，奴婢五口給一畝。男女十五以上，因其地分，口課種菜五分畝之一。

諸一人之分，正從正，倍從倍，不得隔越他畔。進丁受田者恒從所近。若同時俱受，先貧後富。再倍之田，放此爲法。

諸遠流配謫、無子孫及戶絶者，墟宅、桑榆盡爲公田，以供授受。授受之次，給其所親；未給之間，亦借其所親。

諸宰民之官，各隨地給公田，刺史十五頃，太守十頃，治中別駕各八頃，縣令、郡丞六頃。更代相付。賣者坐如律。

《北史》卷三《魏高祖紀》［太和九年］冬十月丁未，詔使者循行州郡，與牧守均給天下之田，還受以生死爲斷。勸課農桑，興富人之本。

唐・杜佑《通典》卷一《食貨典一》孝文和元年三月，詔曰：去年牛疫，死傷太半，今東作既興，人須肄業。有牛者加勤於常歲，無牛者倍庸於餘年。一夫制理四十畝，中男二十畝。無令人有餘力，地有遺利。時李安世上疏曰：臣聞量地畫野，經國大式，邑地相參，致理之本。井稅之興，其來日久，田萊之數，制之以限。蓋欲使土不曠功，人罔遊力。雄擅之家，不獨膏腴之美；單陋之夫，亦有頃畝之分。竊見州郡之人，或因年儉流移，棄賣田宅，漂居異鄉，事涉數代。三長既立，始返舊墟，廬井荒涼，桑榆改植。事已歷遠，易生假冒，彊宗豪族，肆其侵淩，遠認魏晉之家，近引親舊之驗。年載稍久，鄉老所惑，羣證雖多，莫可取據。各附親知，互有長短，兩證徒具，聽者猶疑，爭訟遷延，連紀不判。良疇委而不開，柔桑枯而不採，欲令家豐歲儲，人給資用，其可得乎！愚謂今雖桑井難復，宜更均量，審其逕術，令分藝有準，力業相稱。細人獲資生之利，豪右靡餘地之盈。無私之澤，乃播均於兆庶，如阜如山，可有積於比戶矣。又所爭之田，宜限年斷，事久難明，悉屬今主。然後虛詐之人，絕於覬覦，守分之士，免於淩奪。帝深納之，均田之制起於此矣。

元・馬端臨《文獻通考》卷二《田賦考二》 孝文太和元年，詔曰：去年牛疫，死大半。今東作既興，人須肄業。有牛者加勤於常歲，無牛者倍傭於餘年。一夫治四十畝，中男二十畝。無令人有餘力，地有遺利。時李安世上疏曰：臣聞量人畫野，經國大式，邑地相參，致治之本。井稅之興，其來日久，田萊之數，制之以限。蓋欲使土不曠功，人罔遊力。雄擅之家，不獨膏腴之美；單陋之夫，亦有頃畝之分。竊見州縣之人，或因年儉流移，棄賣田地，漂居異鄉，事涉數代。三長既立，始返舊墟，廬井荒涼，桑榆改植。事已歷遠，易生假冒。強宗豪族，肆其侵淩，遠認魏晉之家，近引親舊之驗。年載稍久，鄉老所惑，羣證雖多，莫可取據各附親知，互有長短，兩證徒具，聽者猶疑，爭訟遷延，連紀不判。良疇委而不開，柔桑枯而不採。欲令家豐歲儲，人給資用，其可得乎！愚謂今雖桑井難復，宜各均量，審其徑術，令分藝有準，力業相稱，細人獲資生之利，豪右靡餘地之盈。無私之澤，乃播均於兆庶，如阜如山，可有積於比戶矣。又所爭之田，宜限年斷，事久難明，悉屬今主。然後虛詐之人，絕於覬覦，守分之士，免於淩奪。帝深納之，均田之制起於此矣。

《隋書》卷二四《食貨志》 至河清三年定令，乃命人居十家爲比鄰，五十家爲閭里，百家爲族黨。男子十八以上，六十五已下爲丁；十六已上，十七已下爲中；六十六已上爲老；十五已下爲小。率以十八受田，輸租調，二十充兵，六十免力役，六十六退田，免租調。

京城四面，諸坊之外三十里內爲公田。受公田者，三縣代遷戶執事官一品已下，逮于羽林武賁，各有差。其外畿郡，華人官第一品已下，羽林武賁已上，各有差。

職事及百姓請墾田者，名爲永業田。奴婢受田者，親王止三百人；嗣王止二百人；第二品嗣王已下及庶姓王，止一百五十人；正三品已上及皇宗，止一百人；七品已上，限止八十人；八品已下至庶人，限止六十人。奴婢限外不給田者，皆不輸。其方百里外及州人，一夫受露田八十畝，婦四十畝。奴婢依良人，限數與在京百官同。丁牛一頭，受田六十畝，限止四牛。又每丁給永業二十畝，爲桑田。其中種桑五十根，榆三根，棗五根。不在還受之限。非此田者，悉入還受之分。土不宜桑者，給麻田，如桑田法。

唐・杜佑《通典》卷一《食貨典一》 孝文太和元年三月，詔曰：去年牛疫，死傷太半，今東作既興，人須肄業。有牛者加勤於常歲，無牛者倍傭於餘年。一夫制理四十畝，中男二十畝。無令人有餘力，地有遺利。時李安世上疏曰：臣聞量地畫野，經國大式，邑地相參，致理之本。井稅之興，其來日久，田萊之數，制之以限。蓋欲使土不曠功，人罔遊力。雄擅之家，不獨膏腴之美；單陋之夫，亦有頃畝之分。竊見州郡之人，或因年儉流移，棄賣田宅，漂居異鄉，事涉數代。三長既立，始返舊墟，廬井荒涼，桑榆改植。事已歷遠，易生假冒，彊宗豪族，肆其侵淩，遠認魏晉之家，近引親舊之驗。年載稍久，鄉老所惑，羣證雖多，莫可取據。各附親知，互有長短，兩證徒具，聽者猶疑，爭訟遷延，連紀不判。良疇委而不開，柔桑枯而不採，欲令家豐歲儲，人給資用，其可得乎！愚謂今雖桑井難復，宜更均量，審其徑術，令分藝有準，力業相稱。細人獲資生之利，豪右靡餘地之盈。無私之澤，乃播均於兆庶，如阜如山，可有積於比戶矣。又所爭之田，宜限年斷，事久難明，悉屬今主。然後虛詐之人，絕於覬覦，守分之士，免於淩奪。帝深納之，均田之制起於此矣。

九年，下詔均給天下人田：諸男夫十五以上，受露田四十畝，（不栽樹者謂之露田。）婦人二十畝，奴婢依良。丁牛一頭受田三十畝，限四牛。所授之田率倍之，三易之田再倍之，以供耕休及還受之盈縮。人年及課則受田，老免及身沒則還田，奴婢、牛隨有無以還受。諸桑田不在還受之限，但通入倍田分。於分雖盈，沒則還田，不得以充露田之數，不足者以露田充倍。諸初受田者，男夫一人給田二十畝，課蒔餘，種桑五十樹，棗五株，榆三根。非桑之土，夫給一畝，依法課蒔榆、棗。奴各依良。限三年種畢，不畢，奪其不畢之地。於桑榆地分雜蒔餘果及多種桑榆者不禁。諸應還之田，不得種桑榆棗果，種者以違令論，地入還分。諸桑田皆爲代業，身終不還，恆從見口。有盈者無受無還，不足者受種如法。盈者得賣其盈，不足者得買所不足。不得賣其分，亦不得買過所足。諸麻布之土，男夫及課，別給麻田十畝，婦人五畝，奴婢依良，皆從還受之法。諸有舉戶老小殘疾無受田者，年十一以上及疾者，各授以半夫田。年踰七十者不還所受。寡婦守志者，雖免課亦授婦田。諸還受人田，恆以正月。若始受田而身亡及賣買奴婢、牛者，皆至明年正月乃得還受。諸土廣人稀之處，隨力所及，官借人種蒔。後有來居者，依法封授。諸地狹之處，有進丁受田而不樂遷者，則以其家桑田爲正田分，又不足不給倍田，又不足家內人別減分。無桑之鄉，準此爲法。樂遷者聽逐空荒，不限異州他郡，唯不聽避勞就逸。其地足之處，不得無故而移。諸人有新居者，三口給地一畝，以爲居室，奴婢五口給一畝。男女十五以上，因其地分，口課種菜五分畝之一。諸一人之分，正從正，倍從倍，不得隔越他畔。進丁受田者，恆從所近。若同時俱受，先貧後富。再倍之田，放此爲法。諸遠流配謫，無子孫及戶絕者，墟宅、桑榆盡爲公田，以供授受。授受之次，給其所親，未給之閒，亦借其所親。諸宰人之官，各隨近給公田：刺史十五頃，太守十頃，治中、別駕各八頃，縣令、郡丞六頃。更代相付。賣者坐如律。職分田起於此。

唐・杜佑《通典》卷二《食貨典二》　武成帝河清三年詔：每歲春月，各依鄉土早晚，課人農桑。自春及秋，男子十五以上，皆布田畝。蠶桑之月，婦女十五以上，皆營蠶桑。孟冬，刺史聽審邦教之優劣，定殿最之科品。人有人力無牛，或有牛無人力者，須令相便，皆得納種。使地無遺利，人無遊手。又令男子率以十八受田，輸租調，二十充兵，六十免力役，六十六退田，免租調。京城四面諸坊之外，三十里內爲公田。受公田者，三縣代遷戶執事官一品以下，逮於(于)羽林武賁，各有差。其外畿郡，華人官第一品以下，羽林武賁以上，各有差。職事及百姓請墾田者，名爲永業田。奴婢受田者，親王止三百人，嗣王二百人，第二品嗣王以下及庶姓王百五十人，正三品以上及皇宗百人，七品以上八十人，八品以下至庶人六十人。奴婢限外不給田者，皆不輸。其方百里外及州人，一夫受露田八十畝，婦人四十畝，奴婢依良人，限數與在京百官同。丁牛一頭受田六十畝，限止四牛。每丁給永業二十畝，爲桑田。其田中種桑五十根，榆三根，棗五根，不在還受之限。非此田者，悉入還受之分。土不宜桑者，給麻田，如桑田法。

唐・杜佑《通典》卷五《食貨典五》　北齊文宣受禪，多所草刱。六坊內從者，更加簡練，每一人必當百人，任其臨陣必死，然後取之，謂之百保鮮卑。又簡華人之勇力絕倫者，謂之勇士，以備邊要。始立九等之戶，富者稅其錢，貧者役其力。後南征，頻歲陷沒，士馬死者以數十萬計。重以修創臺殿，所役甚廣，兼并戶口，益多隱漏。舊制，未娶者輸半牀租調。有妻者輸一牀，無者半牀。陽翟一郡，戶至數萬，籍多無妻。有司劾之，帝以爲生事，不許。由是姦欺尤甚，戶口租調，十亡六七。是時用度轉廣，賜予無節，府藏之積，不足以供，乃減百官之祿，徹軍人常廩，併省州郡縣鎮戍之職。又制刺史守宰行兼者，並不給幹，南齊以有僮幹，若今驅使門僕之類。以節國用之費焉。

河清三年，定令：乃率以十八受田，輸租調，二十充兵，六十免力役，六十六退田，免租調。率人一牀，調絹一匹，綿八兩，凡十斤綿中折一斤作絲，墾租二石，義租五斗。奴婢各准良人之半。牛調二尺，墾租一斗，義租五升。墾租送臺，義租納郡，以備水旱。墾租皆依貧富爲三梟。其賦稅常調，則少者直出上戶，中者及中戶，多者及下戶。上梟輸遠處，中梟輸次遠，下梟輸當州倉。三年一校。租入臺者，五百里內輸粟，五百里外輸米。入州鎮者，輸粟。人欲輸錢者，准上絹收錢。是時頻歲大水，州郡多遇沈溺，穀價騰踴，朝廷遣使開倉以糶之，而百姓無益，饑饉尤甚矣。

《舊唐書》卷四三《職官志》　凡天下之田，五尺爲步，步二百有四十爲畝，畝百爲頃。度其肥瘠寬狹，以居其人。凡給田之制有差，園宅之地亦如之。凡給口分田，皆從便近。居城之人，本縣無田者，則隔縣給授。凡應收授之田，皆起十月，畢十二月。凡授田，先課後不課，先貧後富，先多後少。凡州縣界內所部，受田悉足者，爲寬鄉，不足者爲狹鄉。

《新唐書》卷五一《食貨志一》　古之善治其國而愛養斯民者，必立經常簡易之法，使上愛物以養其下，下勉力以事其上，上足而下不困。故量人之力而授之田，量地之產而取以給公上，量其入而出之以爲用度之數。是三者常相須以濟而不可失，失其一則不能守其二。及暴君庸主，縱其佚欲，而苟且之吏從之，變制合時以取寵於其上。故用於上者無節，而取於下者無限，民竭其力而不能供，由是上愈不足而下愈困，則財利之說興，而聚斂之臣用。《記》曰：寧畜盜臣。盜臣誠可惡，然一人之害爾。聚斂之臣用，則經常之法壞，而下不勝其弊焉。

唐之始時，授人以口分、世業田，而取之以租、庸、調之法，其用之也有節。蓋其畜兵以府衛之制，故兵雖多而無所損；設官有常員之數，故官不濫而易祿。雖不及三代之盛時，然亦可以爲經常之法也。及其弊也，兵冗官濫，爲之大蠹。自天寶以來，大盜屢起，方鎮數叛，兵革之興，累世不息，而用度之數，不能節矣。加以驕君昏主，姦吏邪臣，取濟一時，屢更其制，而經常之法，蕩然盡矣。由是財利之説興，聚斂之臣進。蓋口分、世業之田壞而爲兼并，租、庸、調之法壞而爲兩稅。至於鹽鐵、轉運、屯田、和糴、鑄錢、括苗、榷利、借商、進奉、獻助，無所不爲矣。蓋愈煩而愈弊，以至於亡焉。

唐制：度田以步，其闊一步，其長二百四十步爲畝，百畝爲頃。凡民始生爲黄，四歲爲小，十六爲中，二十一爲丁，六十爲老。授田之制，丁及男年十八以上者，人一頃，其八十畝爲口分，二十畝爲永業；老及篤疾、廢疾者，人四十畝，寡妻妾三十畝，當戶者增二十畝，皆以二十畝爲永業，其餘爲口分。永業之田，樹以榆、棗、桑及所宜之木，皆有數。田多可以足其人者爲寬鄉，少者爲狹鄉。狹鄉授田，減寬鄉之半。其地有薄厚，歲一易者，倍授之。寬鄉三易者，不倍授。工商者，寬鄉減半，狹鄉不給。凡庶人徙鄉及貧無以葬者，得賣世業田。自狹鄉而徙寬鄉者，得并賣口分田。已賣者，不復授。死者收之，以授無田者。凡收授皆以歲十月。授田先貧及有課役者。凡田，鄉有餘以給比鄉，縣有餘以給比縣，州有餘以給近州。

凡授田者，丁歲輸粟二斛，稻三斛，謂之租。丁隨鄉所出，歲輸絹二匹，綾、絁二丈，布加五之一，綿三兩，麻三斤，非蠶鄉則輸銀十四兩，謂之調。用人之力，歲二十日，閏加二日，不役者日爲絹三尺，謂之庸。有事而加役二十五日者免調，三十日者租、調皆免。通正役不過五十日。

自王公以下，皆有永業田。太皇太后、皇太后、皇后緦麻以上親，内命婦一品以上親，郡王及五品以上祖父兄弟，職事、勳官三品以上有封者若縣男父子，國子、太學、四門學生、俊士，孝子、順孫、義夫、節婦同籍者，皆免課役。凡主戶内有課口者爲課戶。若老及男廢疾、篤疾、寡妻妾、部曲、客女、奴婢及視九品以上官，不課。

凡里有手實，歲終具民之年與地之闊陿，爲鄉帳。鄉成於縣，縣成於州，州成於戶部。又有計帳，具來歲課役以報度支。國有所須，先奏而斂。凡稅斂之數，書于縣門、村坊，與衆知之。水、旱、霜、蝗耗十四者，免其租；桑麻盡者，免其調；田耗十之六者，免租調；耗七者，課役皆免。凡新附之戶，春以三月免役，夏以六月免課，秋以九月課役皆免。徙寬鄉者，縣覆於州，出境則覆于戶部，官以閑月達之。自畿内徙畿外，自京縣徙餘縣，皆有禁。四夷降戶，附以寬鄉，給復十年。奴婢縱爲良人，給復三年。沒外蕃人，一年還者給復三年，二年者給復四年，三年者給復五年。浮民、部曲、客女、奴婢縱爲良者附寬鄉。

《新唐書》卷五五《食貨志五》　武德元年，文武官給祿，頗減隋制，一品七百石，從一品六百石，二品五百石，從二品四百六十石，三品四百石，從三品三百六十石，四品三百石，從四品二百六十石，五品二百石，從五品百六十石，六品百石，從六品九十石，七品八十石，從七品七十石，八品六十石，從八品五十石，九品四十石，從九品三十石，皆以歲給之。外官則否。

一品有職分田十二頃，二品十頃，三品九頃，四品七頃，五品六頃，六品四頃，七品三頃五十畝，八品二頃五十畝，九品二頃，皆給百里内之地。諸州都督、都護、親王府官二品十二頃，三品十頃，四品八頃，五品七頃，六品五頃，七品四頃，八品三頃，九品二頃五十畝。鎮戍、關津、岳瀆官五品五頃，六品三頃五十畝，七品三頃，八品二頃，九品一頃五十畝。三衛中郎將、上府折衝都尉六頃，中府五頃五十畝，下府及郎將五頃；上府果毅都尉四頃，中府三頃五十畝，下府三頃；上府長史、別將三頃，中府、下府二頃五十畝；親王府典軍五頃五十畝，副典軍四頃；千牛備身左右、太子千牛備身三頃；折衝上府兵曹二頃，中府、下府一頃五十畝。外軍校尉一頃二十畝，旅帥一頃，隊正、副八十畝。

親王以下又有永業田百頃，職事官一品六十頃，郡王、職事官從一品五十頃，國公、職事官從二品三十五頃，縣公、職事官三品二十五頃，職事官從三品二十頃，侯、職事官四品十二頃，子、職事官五品八頃，男、職事官從五品五頃，六品、七品二頃五十畝，八品、九品二頃。上柱國三十頃，柱國二十五頃，上護軍二十頃，護軍十五頃，上輕車都尉十頃，輕車都尉七頃，上騎都尉六頃，騎都尉四頃，驍騎、飛騎尉八十畝，雲騎、武騎尉六十畝。散官五品以上給同職事官。五品以上受田寬鄉，六品以下受於本鄉。解免者追田，除名者受口分之田，襲爵者不別給。流内九品以上口分田終其身，六十以上停私乃收。

凡給田而無地者，畝給粟二斗。

京司及州縣皆有公廨田，供公私之費。其後以用度不足，京官有俸賜而已。諸司置公廨本錢，以番官貿易取息，計員多少爲月料。【略】

［開元］二十九年，以京畿地狹，計丁給田猶不足，於是分諸司官在都者，給職田於都畿，以京師地給貧民。是時河南、北職田兼稅桑，有詔公廨、職田有桑者，毋督絲課。

天寶初，給員外郎料，天下白直歲役丁十萬，有詔罷之，計數加稅以供用，人皆以爲便。

唐・長孫無忌《唐律疏議》卷三《户婚上》　賣口分田

諸賣口分田者，一畝笞十，二十畝加一等，罪止杖一百；地還本主，財沒不追。即應合賣者，不用此律。

【疏】議曰：口分田，謂計口受之，非永業及居住園宅。輒賣者，《禮》云田里不鬻，謂受之於公，不得私自鬻賣，違者一畝笞十，二十畝加一等，罪止杖一百，賣一頃八十一畝即爲罪止。地還本主，財沒不追。即應合賣者，謂永業田家貧賣供葬，及口分田賣充宅及碾磑、邸店之類，狹鄉樂遷就寬者，準令並許賣之。其賜田欲賣者，亦不在禁限。其五品以上若勳官，永業地亦並聽賣。故云不用此律。

唐・長孫無忌《唐律疏議》卷三《户婚中》　占田過限

諸占田過限者，一畝笞十，十畝加一等；過杖六十，二十畝加一等，罪止徒一年。若於寬閑之處者，不坐。

【疏】議曰：王者制法，農田百畝，其官人永業準品，及老、小、寡妻受田各有等級，非寬閑之鄉不得限外更占。若占田過限者，一畝笞十，十畝加一等；過杖六十，二十畝加一等，一頃五十一畝罪止徒一年。又，依令：受田悉足者爲寬鄉，不足者爲狹鄉。若占於寬閑之處不坐，謂計口受足以外，仍有剩田，務從墾闢，庶盡地利，故所占雖多，律不與罪。仍須申牒立案，不申請而占者，從應言上不言上之罪。

唐・長孫無忌《唐律疏議》卷三《户婚中》　盜耕公私田

諸盜耕種公私田者，一畝以下笞三十，五畝加一等；過杖一百，十畝加一等，罪止徒一年半。荒田，減一等。強者，各加一等。苗子歸官、主。下條苗子準此。

【疏】議曰：田地不可移徙，所以不同眞盜，故云盜耕種公私田者。一畝以下笞三十，五畝加一等，三十五畝有餘，杖一百。過杖一百，十畝加一等，五十五畝有餘，罪止徒一年半。荒田減一等，謂在帳籍之內，荒廢未耕種者，減熟田罪一等。若強耕者，各加一等：熟田，罪止徒二年；荒田，罪止徒一年半。苗子各歸官、主，稱苗子者，其子及草並徵還官、主。下條苗子準此，謂妄認及盜貿賣、侵奪私田、盜耕墓地，如此之類，所有苗子各還官、主。其盜耕人田，有荒有熟，或竊或強，一家之中罪名不等者，並依《例》以重法併滿輕法爲坐。若盜耕兩家以上之田，只從一家而斷，併滿不加重者，唯從一重科。若親屬相侵得罪，各依服紀，準親屬盜財物法，應減者節級減科。若已上籍，即從下條盜貿賣之坐。

唐・長孫無忌《唐律疏議》卷三《户婚中》　妄認公私田

諸妄認公私田，若盜貿賣者，一畝以下笞五十，五畝加一等；過杖一百，十畝加一等，罪止徒二年。

【疏】議曰：妄認公私之田，稱爲己地，若私竊貿易，或盜賣與人者，一畝以下笞五十，五畝加一等，二十五畝有餘，杖一百。過杖一百，十畝加一等，五十五畝有餘，罪止徒二年。《賊盜律》云：闌圈之屬，須絕離常處；器物之屬，須移徙其地。雖有盜名，立法須爲定例。地既不離常處，理與財物有殊，故不計贓爲罪，亦無除、免、倍贓之例。妄認者，謂經理已得；若未得者，準妄認奴婢、財物之類未得法科之。盜貿易者，須易訖。盜賣者，須賣了。依令：田無文牒，輒賣買者，財沒不追，苗子及買地之財並入地主。

唐・長孫無忌《唐律疏議》卷三《户婚中》　在官侵奪私田

諸在官侵奪私田者，一畝以下杖六十，三畝加一等；過杖一百，五畝加一等，罪止徒二年半。園圃，加一等。

【疏】議曰：律稱在官，即是居官挾勢。侵奪百姓私田者，一畝以下杖六十，三畝加一等，十二畝有餘，杖一百。過杖一百，五畝加一等，三十二畝有餘，罪止徒二年半。園圃，謂蒔果實、種菜蔬之所而有籬院者，以其沃塉不類，故加一等。若侵奪地及園圃，罪名不等，亦準併滿之法。或將職分官田貿易私家之地，科斷之法，一準上條貿易爲罪，若得私家陪貼財物，自依監主詐欺。其官人兩相侵者，同百姓例。即在官時侵奪、貿易等，去官事發，科罪並準初犯之時。

唐・長孫無忌《唐律疏議》卷一三《户婚中》　盗耕人墓田

諸盗耕人墓田，杖一百；傷墳者，徒一年。卽盗葬他人田者，笞五十；墓田，加一等。仍令移葬。若不識盗葬者，告里正移埋，不告而移，笞三十。卽無處移埋者，聽於地主口分内埋之。

【疏】議曰：墓田廣袤，令有制限。盗耕不問多少，卽杖一百。傷墳者，謂窀穸之所，聚土爲墳，傷者合徒一年。卽將屍柩盗葬他人地中者，笞五十；若盗葬他人墓田中者，加一等，合杖六十。如盗葬傷他人墳者，亦同盗耕傷墳之罪。仍各令移葬。若不識盗葬之人，告所部里正移埋，不告而移，慮失屍柩，合笞三十。卽無處移埋者，謂無閑荒之地可埋，聽於地主口分内埋之。

唐・長孫無忌《唐律疏議》卷一三《户婚中》　部内田疇荒蕪

諸部内田疇荒蕪者，以十分論，一分笞三十，一分加一等，罪止徒一年。州縣各以長官爲首，佐職爲從。户主犯者，亦計所荒蕪五分論，一分笞三十，一分加一等。

【疏】議曰：部内，謂州縣及里正所管田。稱疇者，言田之疇類，或云：疇，地畔也。不耕謂之荒，不鋤謂之蕪。若部内總計，準口受田，十分之中，一分荒蕪者，笞三十。假若管田百頃，十頃荒蕪，笞三十。一分加一等，謂十頃加一等，九十頃荒蕪者，罪止徒一年。州縣各以長官爲首，佐職爲從，縣以令爲首，丞、尉爲從；州卽刺史爲首，長史、司馬、司户爲從；里正一身得罪。無四等罪名者，止依首從爲坐。其檢、勾品官爲佐職。其主典，律無罪名。户主犯者，亦計所荒蕪五分論：計户内所受之田，假有受田五十畝，十畝荒蕪，户主笞三十，故云一分笞三十。一分加一等，卽二十畝笞四十，三十畝笞五十，四十畝杖六十，五十畝杖七十。其受田多者，各準此法爲罪。

唐・長孫無忌《唐律疏議》卷一三《户婚中》　里正

諸里正，依令授人田，課農桑。若應受而不授，應還而不收，應課而不課，如此事類違法者，失一事，笞四十。一事，謂失一事於一人。若於一人失數事及一事失之於數人，皆累爲坐。

【疏】議曰：依《田令》：户内永業田，每畝課植桑五十根以上，榆、棗各十根以上。土地不宜者，任依鄉法。又條：應收授之田，每年起十月一日，里正預校勘造簿，縣令總集應退應受之人，對共給授。又條：授田：先課役，後不課役；先無，後少；先貧，後富。其里正皆須依令造簿通送及課農桑。若應合受田而不授，應合還公田而不收，應合課田農而不課，應課植桑、棗而不植，如此事類違法者，每一事有失，合笞四十。

注：一事，謂失一事於一人。若於一人失數事及一事失之於數人，皆累爲坐。

【疏】議曰：一事，謂失一事於一人者，假若於一户之上，不課種桑、棗爲一事，合笞四十。若於一人失數事，謂於一人之身，應受不授，又不課桑、棗及田疇荒蕪；及一事失之於數人，謂應還不收之類，在於數人之上：皆累而爲坐。

三事，加一等。縣失十事，笞三十；二十事，加一等。州隨所管縣多少，通計爲罪。州、縣各以長官爲首，佐職爲從。

【疏】議曰：假有里正，應課而不課是一事，應受而不授是二事，應還而不收是三事，授田先不課役後課役是四事，先少後無是五事，先富後貧是六事，田疇荒蕪是七事，皆累爲坐。其應累者，每三事加一等，卽失二十二事徒一年。縣失者，亦準里正，所失十事笞三十，二十事加一等，一百七十事合徒一年。州隨所管縣多少，通計爲罪，謂管二縣者，失二十事笞三十，失三百四十事徒一年。其管縣多者，通計各準此。

注：州、縣各以長官爲首，佐職爲從。

【疏】議曰：州縣以刺史、縣令爲首，其長官闕者卽次官爲首，佐職及判户曹之司爲從。

各罪止徒一年，故者各加二等。

【疏】議曰：各罪止徒一年，謂州縣長官及里正，各罪止徒一年。故犯者各加二等，卽是一事杖六十；縣十事笞五十；州管二縣者，二十事笞五十。計加亦準此通計爲罪，各罪止徒二年。其州止管一縣者，各減縣罪一等，若有故、失，罪法不等者，亦依併滿之法。假如授田等失七事，合杖六十；又有故犯三事，亦合杖六十，卽以故犯三事，併爲失十事，科杖七十。其州縣應累併者，各準此。

唐・張九齡《唐六典》卷三《尚書户部》　凡天下之田，五尺爲步，二百有四十步爲畝，畝百爲頃。度其肥瘠寬狹，以居其人。凡給田之制有差：

丁男、中男以一頃；中男年十八已上者，亦依丁男給。老男、篤疾、廢疾以四十畝；寡妻妾以三十畝，若爲戶者則減丁之半。凡田分爲二等：一曰永業，一曰口分。丁之田二爲永業，八爲口分。凡道士給田三十畝，女冠二十畝；僧、尼亦如之。凡官戶受田減百姓口分之半。凡天下百姓給園宅地者，良口三人已下給一畝，三口加一畝；賤口五人給一畝，五口加一畝，其口分、永業不與焉。若京城及州、縣郭下園宅，不在此例。凡給口分田皆從便近；居城之人本縣無田者，則隔縣給授。凡應收授之田皆起十月，畢十二月。凡授田先課後不課，先貧後富，先無後少。凡州、縣界內所部受田悉足者爲寬鄉，不足者爲狹鄉。凡官人受永業田：親王一百頃，職事官正一品六十頃，郡王及職事官從一品五十頃，國公若職事官正二品四十頃，郡公若職事官從二品三十五頃，縣公若職事官正三品二十五頃，職事官從三品二十頃，侯若職事官正四品十四頃，伯若職事官從四品十一頃，子若職事官正五品八頃，男若職事官從五品五頃；上柱國三十頃，柱國二十五頃，上護軍二十頃，護軍十五頃，上輕車都尉一十頃，輕車都尉七頃，上騎都尉六頃，騎都尉四頃，驍騎尉、飛騎尉各八十畝，云騎尉、武騎尉各六十畝。其散官五品已上同職事給。其地並於寬鄉請授，亦任隔越請射、泣帥，皆許傳之子孫，不在此授之限。若未請受而身亡者，子孫不合追請。若襲爵者，祖、父未請地，其子、孫減初受封者之半。

宋·李昉等《太平御覽》卷九五五《木部四·桑》 《隋書》曰：齊河清中定令，丁給永業二十畝爲桑田，其中種桑五十根，榆三根，棗五根，土不宜桑者，給麻田，如桑田法。

宋·司馬光《資治通鑑》卷一九〇唐高祖武德七年四月條 夏，四月，庚子朔，赦天下。是日，頒新律令，比開皇舊制增新格五十三條。

初定均田租、庸、調法：調，徒釣翻。丁、中之民，給田一頃，篤疾減什之六，寡妻妾減七，皆以什之二爲世業，八爲口分。分，扶問翻。每丁歲入租，粟二石。調隨土地所宜，綾、絹、絁、布。歲役二旬；不役則收其傭，日三尺；《新志》：凡授田，丁歲輸粟二斛，謂之租。丁，隨鄉所出，歲輸絹二匹，綾絁二丈，布加五之一，綿三兩，麻三斤，非蠶鄉則輸銀十四兩，謂之調。用人之力歲二十日，閏加二日；不役，收其庸，日三尺。絁，式支翻。繒，似布。有事而加役者，旬有五日，免其調；三旬，租、調俱免。水旱蟲霜爲災，什損四以上免租，損六以上免調，損七已上課役俱免。凡民貲業分九等。上、中、下各有三等也。百戶爲里，五里爲鄉，四家爲鄰，四鄰爲保。《考異》曰：《唐曆》云：四家爲鄰，五家爲保。按《通典》，四鄰爲保。《唐曆》誤也。在城邑者爲坊，田野者爲村。食祿之家，無得與民爭利；工商雜類，無預士伍。男女始生爲黃，四歲爲小，十六爲中，二十爲丁，六十爲老。歲造計帳，三年造戶籍。

宋·沈樞《通鑑總類》卷二下《賞罰門》 初定均田租庸調灋

初定均田租庸調灋，丁中之民，給田一頃。篤疾減什之六，寡妻妾減七，皆以什之二爲世業，八爲口分。每丁歲入租粟二石，調隨土地所宜，綾絹絁布。歲役二旬，不役則收其傭，日三尺。有事而加役者，旬有五日，免其調，三旬租調俱免。水旱蟲霜爲災，什損四以上，免租。損六以上，免調。損七以上，課役俱免。凡民貲業分九等，百戶爲里，五里爲鄉，四家爲隣，四鄰爲保。在城邑者，爲坊田，野者爲村。食祿之家，無得與民爭利。工商雜類，無預士伍。男女始生爲黃，四歲爲小，十六爲中，二十爲丁，六十爲老。歲造計帳，三年造戶籍。

宋·鄭樵《通志》卷一五《後魏紀第十五下》 ［太和九年］十月丁未，詔使者循行州郡，與牧守均給天下之田，還受以生死爲斷。勸課農桑，興富民之本。

宋·鄭樵《通志》卷六一《食貨略一》 後魏文帝時，李安世上疏曰：臣聞量民畫野，經國大式；邑地相參，致理之本。井稅之興，其來日久；田萊之數，制之以限。蓋欲使土不曠功，人罔遊力。雄擅之家，不獨膏腴之美；單陋之夫，亦有頃畝之分。竊見州郡之民，或因年儉流移，棄賣田宅，漂居異鄉，事涉數代。三長既立，始返舊墟，廬井荒涼，桑榆改植。事已歷遠，易生假冒。彊宗豪族，肆其侵凌。遠認魏晉之家，近引親舊之驗。年載稍久，鄉老所惑，羣證雖多，莫可取據。爭訟遷延，連紀不判。良疇委而不開，柔桑枯而不採。欲令家豐人給，其可得乎？愚謂今雖桑井難復，宜更均量，審其徑術，令分藝有准，力業相稱。細民獲資生之利，豪右靡餘地之盈。又所爭之田，宜限年斷。事久難明，悉屬今主。帝深納之，均田之制起於此矣。太和九年，下詔均給天下民田：諸男夫十五以上，受露田四十畝。不栽樹者謂之露田。婦人二十畝，奴婢依良。丁牛一頭受田三十畝，限四牛。所授之田率倍之，三易之田再倍之，以供耕休及還受之盈縮。人年及課則受田，老免及身沒則還田，奴婢牛隨有無以還受。諸桑田不在還受之限，但通入倍田分。於分雖盈，不得以充露田之數。不足者，以露田充倍。諸初受田者，男夫一人給二十畝，課蒔餘果，種桑五十樹，棗五株，榆三根。非桑之土，夫給一畝，依法課蒔餘果及多種桑榆者不禁。諸應還之田，不得種桑榆棗果，種者以違令論，地入還分。諸桑田皆爲世業，身終不還，恆從見口。有盈者無受無還，不足者受種如法，盈者得賣其盈，不足者得買所不足。不得賣其分，亦不得買過所足。諸麻布之(之)土，男夫及課，別給麻田十畝，婦人五畝，奴婢依良。皆從還受之法。諸有舉戶老小殘疾無受田者，年十一已上及疾者，各授以半夫田。年踰七十者不還所受，寡婦守志者，雖免課亦授婦田。諸還受人田，恆以正月。若始受田而身亡及賣買奴婢、牛者，皆至明年正月乃得還受。諸土廣人稀之處，隨力所及，官借人種蒔。後有來居者，依法封授。諸地狹之處，有進丁受田而不樂遷者，則以其家桑[田]爲正田分，又不足不給倍田，又不足家內人別減分。無桑之鄉，準此爲法。樂遷者聽逐空荒，不限異州他郡，唯不聽避勞就逸。其地足之處，不得無故而移。諸人有新居者，三口給地一畝，以爲居室，奴婢五口給一畝。男女十五以上，因其地分，口課種菜五分畝之一。諸一人之分，正從正，倍從倍，不得隔越他畔。進丁受田者，恆從所近。若同時俱受，先貧後富。再倍之田，放此爲法。諸遠配流謫，無子孫及戶絕者，墟宅、桑榆盡爲公田，以供授受。授受之次，給其所親，未給之間，亦借其所親。諸宰人之官，各隨近給公田：刺史十五頃，太守十頃，治中、別駕各八頃，縣令、郡丞六頃。更代相付。賣者坐如律。【略】

武成帝河清三年令：男子率以十八受田，輸租調，二十充兵，六十免力役，六十六退田，免租調。京城四面諸方之外，三十里內爲公田。受公田者，三縣代遷戶執事官一品以下，逮於羽林虎賁，各有差。其外畿郡，華人官第一品以下，羽林虎賁以上，各有差。職事及百姓請墾田者，名爲永業田。奴婢受田者，親王止三百人，嗣王二百人，第二品嗣王以下及庶姓王百五十人，正三品以上及皇宗百人，七品以上八十人，八品以(上)[下]至庶人六十人。奴婢限外不給田者，皆不輸。其方百里外及州人，一夫受露田八十畝，婦人四十畝，奴婢依良人，限數與者在京百官同。丁牛一頭受田六十畝，限止四牛。每丁給永業二十畝，爲桑田。其田中種桑五十根，榆三根，棗五根，不在還受之限。非此田者，悉入還受之分。土不宜桑者，給麻田，如桑田之法。【略】

唐開元二十五年令：田廣一步、長二百四十步爲畝，百畝爲頃。此秦漢以來頃畝之制也。丁男給永業田二十畝，口分田八十畝。其中男年十八以上亦依丁男給，老男、篤疾、廢疾各給口分田四十畝，寡妻妾各給口分田三十畝。先永業者，通充口分之數。黃、小、中、丁男女及老男、篤疾、廢疾、寡妻妾當戶者，各給永業田二十畝，口分田二十畝。應給寬鄉，並依所定數，若狹鄉新受者，減寬鄉口分之半。其給口分田者，易田則倍給。其永業田，親王百頃，職事官正一品六十頃，郡王及職事官從一品各五十頃，國公若職事官正二品各四十頃，郡公若職事官從二品各三十五頃，縣公若職事官正三品各二十五頃，職事官從三品二十頃，侯若職事官正四品各十四頃，伯若職事官從四品各十頃，子若職事官正五品各八頃，男若職事官從五品各五頃。上柱國三十頃，柱國二十五頃，上護軍二十頃，護軍十五頃，上輕車都尉十頃，輕車都尉七頃，上騎都尉六頃，騎都尉四頃，驍騎尉、飛騎尉各八十畝，雲騎尉、武騎尉各六十畝。其散官五品以上同職事給。諸永業田皆傳子孫，不在收授之限。襲爵之人，惟得承父祖永業，不合別請。其縣界內所有部受田悉足者爲寬鄉，不足者爲狹鄉。諸狹鄉田不足者，聽於寬鄉遙受。應給園宅地者，良口三口以下給一畝，每三口加一畝，賤口五口給一畝，每五口加一畝，並不入永業口分之限。其京城及州、郡、縣、郭下園宅，不在此例。【略】

諸庶人有身死家貧無以供葬者，聽賣永業田。諸以工商爲業者，永業口分田，各減半給之，在狹鄉者並不給。【略】

唐武德七年，始定律令，以度田制：五尺爲步，步二百四十爲畝，畝百爲頃。丁男、中男給一頃，篤疾、廢疾給四十畝，寡妻妾給三十畝，若爲戶者，加二十畝。所授之田，十分之二爲世業，八爲口分。世業之田，身死則承戶者便授之，口分則收入官，更以給人。

元・馬端臨《文獻通考》卷二《田賦考二》 河清三年詔：每歲春月，各依鄉土立稅，課人農桑。自春及秋，男子十五以上皆營蠶桑，孟冬布田畝。蠶桑之月，婦女十五以上皆營蠶桑。孟冬，刺史聽審教之優劣，定殿最之科品。人有人力無牛，或有牛無人力者，須令相便，皆得納種。使地無遺利，人無游手。又令男子率以十八受田，輸租調，二十充兵，六十免力役，六十六退田，免租調。京城四面諸方之外，三十里内爲公田。受公田者三縣代遷戶，執事官一品以下逮於羽林虎賁，各有差。其外畿郡，華人官第一品以下，羽林虎賁以上，各有差。執事及百姓請墾田者，名爲永業。奴婢受田者，親王止三百人，嗣王二百人，第二品嗣王以下及庶姓王百五十人，正三品以上及皇宗百人，七品以上八十人，八品以(上)[下]至庶人六十人。奴婢限外不給田者，皆不輸。其方百里外及州人，一夫受露田八十畝，婦人四十畝，奴婢依良人，限數與者在京百官同。丁牛一頭受田六十畝，限止四牛，每丁給永業二十畝，爲桑田。其田入還受之分，土不宜桑者，給麻田，如桑田法。

元・馬端臨《文獻通考》卷一一《戶口考二》 孝文太和九年，詔均天下人田：諸男夫十五以上，受露田四十畝，婦人二十畝，奴婢依良。諸麻布之土，男夫及課，別給麻田十畝，婦人五畝，奴婢依良，皆從還受之法。詳見《田賦門》。

元・馬端臨《文獻通考》卷一五一《兵考三》 北齊軍制，別爲内外。領之二冑，外步兵曹，内騎兵曹。十八受田，二十充兵，六十免役。頗追古意。

宋・王應麟《玉海》卷一七六《食貨門・田制》 《通典》：孝文太和元年三月詔：一夫制理四十畝，[中]男二十畝。無令人有餘力，地有遺利。時李安世上疏曰：今雖桑井難復，宜更均量，審其徑術，令細人獲資生之利，豪右靡餘地之盈。帝深納之。由是始議均田。九年，冬十月丁未。詔均給天下人田：諸男夫十五以上，受露田四十畝，北齊八十畝。婦人二十畝，北齊四十畝。奴婢依良。丁牛一頭受田三十畝，北齊六十畝。身沒則還田。諸宰民之官，各隨遠近給公田有差，職分田始於此。八年秋始班祿。北齊河清三年令：男子十八受輸調，二十充兵，六十免力役，六十六退田，免租調。職事及百姓請墾田者，名爲永業田。一夫受露田八十畝，婦人四十畝。每丁給永業二十畝，爲桑田，不在還受之限。土不宜桑者，給麻田。【略】

《食貨志》：唐之始時，授人以口分世業田，而取之以租庸調之法。唐制：二百四十步爲畝，百畝爲頃。授田之制，丁男年十八以上，人一頃，其八十畝爲口分，二十畝爲永業；老及疾者，人四十畝，寡妻妾三十畝，當戶者增二十畝，皆以二十畝爲永業，餘以口分。永業之田，植榆、棗、桑及所宜木。田多可以足其人者，爲寬鄉，少者爲狹鄉。狹鄉授田，減寬鄉之半。其地有薄厚，歲一易者，倍授之。寬鄉三易者，不倍。工商寬鄉減半，狹鄉不給。凡徙鄉及貧無以葬者，得賣世業田。自狹(從)[徙]寬，得并賣口分田。已賣不復授。死者收之，以授無田者。凡收授皆以歲十月。授田先貧及有課役者。【略】

《會要》：武德七年三月二十九日，始定均田賦稅。凡天下丁男給田一頃，十分之二爲世業，餘以爲口分。身死則承戶者授之，口分則收入官，更以給人。

宋・王應麟《玉海》卷一七七《食貨門・屯田》 親王以下至職事官又有永業田，自百(畝)[頃]至武騎尉六十畝。流内九品以上，口分田終其身，六十以上私停乃收。凡給田而無地者，畝給粟二斗。

宋・呂祖謙《歷代制度詳説》卷三《賦役・制度》 河清三年，定令：乃率以十八受田，輸租調，二十充兵，六十免力役，六十六還田，免租調。率人一床，調絹一匹，綿八兩，凡十斤綿中折一斤作絲，墾租二石，義租五斗。奴婢准良人之半。牛調二丈，墾租一斗，義租五升。墾租送臺，義租納郡，以備水旱。《通典》。

宋・呂祖謙《歷代制度詳説》卷九《田制・制度》 均田：後魏孝文太和元年三月，詔曰：去年牛疫，死大半。今東作既興，人須肄業。有牛者加勤於常歲，無牛者倍傭於餘年。一夫制理四十畞，中男二十畞。無令人有餘力，地有遺利。時李安世上疏曰：今雖桑井難復，宜更均量，審其經術。令分藝有準，力業相稱，細民獲資生之利，豪右靡餘地之盈。帝深納之，均田之制起於此矣。九年下詔均給天下人田，諸男十五以上受露田四十畞，婦人二十畞。後周文帝霸政之初，創置六官。司均掌田里之政，令分田數以定田畞。【略】

口分永業田：北齊武成帝河清三年詔：令男子十八受田，輸租調，二十充兵，六十免力役，六十六退田，免租調。京師四面諸方之外，三十里之内爲公田。受公田者，三縣爲遷戶執事官一品以下，逮於羽林武賁，各有差。其外畿郡，華人官第一以下，羽林武賁以上，各有差。執事及百姓請墾田者，名爲永業田。【略】

唐授田之制，男年十八以上者，田一頃，其八十畞爲口分，二十畞爲永業，老及篤疾、廢疾者，人四十畝，寡妻妾三十畝，當戶者增二十畝，皆以二十畝爲永業，其餘皆口分。永業之田，樹榆、棗、桑及所宜之木，皆有數。田多可以足其人者爲寬鄉，少者爲狹鄉，受田減寬鄉之半。其地有薄厚，歲一易者，倍授之。寬鄉三易者，不倍授。工商者，寬鄉減半，狹不給。凡庶人徙鄉及貧無以葬者，許賣世業田。自狹鄉而徙寬鄉者，得幷賣口分田。已賣者，不復授。死者收之，以授無田者。

宋·劉元高《三劉家集》 魏紀太和九年，均田詔云：還受以生死爲斷。志云：十五以上受田。又云：及課則受田，老免則還田。又云：有舉戶老小癃者，年踰七十不還，是不以生死爲斷也。又云：所授之田，率倍之，是受田四十畝者，再受八十畝，閒田歟桑田不在還受之限。是民於田中種桑者，可得爲永業歟。又云：非桑之土，夫給一畝，或給二十畝，或給一畝，何不均也。又曰：應退之田，不種桑棗是露田，又不得歟。又曰：恆從見口，有盈者無受無還，何哉？又云：一人之分，正從正，倍從倍，不得隔越他畔。是二者，必須相隣，地形安得如此？井田廢久矣，天下皆民田也。魏計人口及奴婢，皆以田給之，其亦有說乎。《道原》曰：《後魏·食貨志》云：諸遠流配謫、無子孫及戶絶者，墟宅、桑榆盡爲公田，以給授觀均田制度，似今世佃官田及絶戶田出租税，非如三代井田也。劉石苻姚喪亂之後，土田無主，悉爲公田，除兼幷大族外，貧民往往無田可耕。故孝文分官田以給之，然有分限丁口計畝給田。老死還納，別授壯者，非若今世許合戶税，不計其歲月，但不得典賣耳。詔書言其略。故云：還受以生死爲斷。本志言其詳，故有還、不還之別也。不栽樹者謂之露田，男夫受露田四十畝，婦人二十畝，謂男夫之有婦者，共受六十畝也。丁牛一頭受田三十畝，謂戶內更有一丁未娶者及有牛一頭，又受田三十畝也，限四牛。所受之田，率倍之者，謂每一丁一牛則倍三十畝。丁牛雖多給田止於一百二十畝，故曰限四牛也。初受田者，男夫一人給田二十畝，前後種桑五十樹，棗五株，榆三根，非桑之土夫給一畝，依法課蒔榆棗。謂初受田者，雖娶婦同一戶，不復給田。非桑之土，惟種棗、榆共八株，故止給一畝。下文云：麻布之土，男夫及課別給麻田十畝，婦人五畝，幷桑榆地亦十六畝也。桑田用力最多，欲勸人種桑，故賜爲永業田。露田有還受，故不得種桑、麻，恆從見口。有盈者，無還無受，不盈者受種如法，謂種桑不還之田，計見在男夫及丁口。其合給田畝外，田有餘亦許爲主，但不受亦不還耳。若少桑田者，復受於官。種桑果，故盈者得賣其盈，不足者得買其所不足也。一人之分，正從正，倍從倍，不得隔越他畔。猶下文云：進丁受田，恆從所近。謂取逐戶傍近，不必地相連也。唐制丁男給田一頃，十之二爲世業，八爲口分。世業則身死承戶者受之，口分則沒官更給人。後諱世字，故云永業。魏齊周隋享國日淺，兵革不息，農民常少，而曠土常多，故均田之制存。至唐承平日久，丁口滋衆，官無閒田，不復給受，故田制爲空文。《新唐書·食貨志》言：口分、世業之田壞，而爲兼幷，其意似指此，爲井田之比，失之遠矣。君實曰：然。

先君與溫公凡訪問史事之疑，每卷不下數條，論議甚多，不能悉記。

宋·祝穆《古今事文類聚》別集卷二三《人事部》 唐租庸調

唐太宗凡授田者丁歲輸粟二斛，稻三升，謂之租。丁隨鄉所出，歲輸租絹二疋，綾絁二丈，布加五之一，綿三兩，麻三斤。非蠶鄉，則輸銀十兩，謂之調。用人之力，歲二十日，閏加二日，不役者，日爲絹三尺，謂之庸。有事而加役二十五日者，免調；三十日者，租調皆免；通正役不過五十日。水、旱、霜、蝗耗十四者，免其租；桑麻盡者，免其調；田耗十之六者，免租調；耗七者，諸役皆免之。

明·湛若水《格物通》通一六《薄斂下》 唐高祖武德七年夏四月庚子，初定均田、租庸調法。丁中之民給田一頃，篤疾減十之六，寡妻妾減七，皆以十之二爲世業，八爲口分。每丁歲入租粟二石，調隨土地所宜，綾絹絁布，歲役二旬，不役則收其傭日三尺，有事而加役者，旬有五日，免其調，三旬，租調俱免。水旱蟲霜爲災，什損四以上，免租；損六以上，免調；損七以上，課役俱免。凡民貲業分九等，百戶爲里，五里爲鄉，四家爲鄰，四鄰爲保，在城邑者爲坊，田野者爲村，食祿之家，無得與民爭利。工商雜類，無預士伍，男女始生爲黃，四歲爲小，十六爲中，二十爲丁，六十爲老，歲造計帳，三年造戶籍。

明·彭大翼《山堂肆考》卷八七《政事》 租庸調

唐太宗制凡授田者，每丁歲輸粟二斛，稻三升，謂之租。丁隨鄉所出，歲輸絹二疋，綾絁二丈，布加五之一，綿三兩，麻三(升)[斤]，非蠶鄉則輸銀十四兩，謂之調。用人之力，歲二十日，閏加二日，不役者，日爲絹三尺，謂之庸。

明・章潢《圖書編》卷八七《唐均田法》 唐制： 令民田五尺爲步，二百四十步爲畝，百畝爲頃。授田之制，丁男年十八以上，人一頃。其八十畝爲口分，二十畝爲永業。耆老及癃、篤、廢疾者，人四十畝，寡妻妾三十畝。當戶者，增二十畝，皆以二十畝爲永業，餘爲口分。永業田樹以榆棗桑及所宜木，皆有數。凡鄉田多足授丁者爲寬鄉，少者爲狹鄉。狹鄉授田減寬鄉之半，歲一易者倍授之，三易者不倍授，工商寬鄉減半，狹鄉不給。凡民徙出鄉及貧無以葬者，得賣世業田，自狹鄉而徙寬鄉者，得并賣口分田。已賣者不復授，死者收之，以授無田者，凡收授皆以歲十月，授田先貧及有課役者。凡鄉田有餘，以給比鄉； 縣有餘，以給比縣； 州有餘，以給比州。凡新附之戶，春以三月免役，夏以六月免課，秋以九月課役。徙寬鄉者，縣覆于州，出境則覆于戶部，官以附達之。自畿內徙畿外，自京縣徙餘縣。有某沒外蕃入一年還者，給覆三年。二年還者，給覆四年。三年者，給覆五年。浮民、部曲、客女、奴婢，縱爲良者，附寬鄉。貞觀中，太宗方鋭意於治，課州縣吏，以鰥寡少者進者如增戶法。失勸導農田者，以減戶論。其兇荒有社倉賑給不足焉，徙民豐登州縣就食焉。

清《子史精華》卷四四《設官部八》 永業田。《唐書・食貨志》親王以下，又有永業田百頃。

清《淵鑒類函》卷二三二《政術部・田制》 孝文太和元年三月，詔曰： 去年牛疫，死大半。今東作既興，人須肆業。有牛者加勤於常歲，無牛者倍傭於餘年。一夫制理四十畝，中男二十畝。無令人有餘力，地有遺利。時李安世上疏曰： 竊見州郡之人，或因年儉流移，棄賣田宅，漂居異鄉，事涉數代。三長既立，始返舊墟，廬井荒涼，桑榆改植，事已歷遠，易生假冒。强宗豪族，各附親知，互有長短，兩證徒具，聽者猶疑，爭訟遷延，連紀不判。良疇委而不開，柔桑枯而不採，欲令家豐歲儲，其可俱乎！ 愚謂今雖桑井難復，宜更均量，審其經界。令分藝有准，力業相稱，細人獲資生之利，豪右靡餘力之盈。所爭之田，宜限年斷，事久難明，悉屬今主。然後虛詐之人，絶於覬覦。守分之士，免於凌奪。帝深納之，均田之制起於此矣。九年，下詔均給天下人田： 諸男夫十五以上，受露田四十畝，不栽樹者，謂之露田。婦人二十畝，奴婢依良。丁牛一頭受田三十畝，限四牛。所授之田率倍之，三易之田再倍之，以供耕休及還受之盈縮。人年及課則受田，老免及身殁則還田。奴婢、牛隨有無以還受。諸桑田不在還受之限，但通入倍田分。於分雖盈，不得以充露田之數。不足者以露田充倍。諸初受田者，男夫一人給田二十畝，課蒔餘，種桑五十樹，棗五株，榆三根。非桑之土，夫給一畝，依法課蒔餘果及多種桑榆者不禁。諸應還之田，不得種桑榆棗果，種者以違令論，地入還分。諸桑田皆爲代業，身終不還，恆從見口。有盈者無受無還，不足者受種如法。盈者得賣其盈，不足者得買所不足。不得賣其分，亦不得買過所足。諸麻布之土，男夫及課，別給麻田十畝，婦人五畝，奴婢依良。皆從還受之法。諸有舉戶老小殘疾無受田者，年十一以上及疾者各授以半夫田，年踰七十者不還所受。寡婦守志者，雖免課亦授婦田。諸還受人田，恆以正月。若始受田而身亡，及賣買奴婢、牛者，皆至明年正月乃得還受。諸土廣人稀之處，隨力所及，官借人種蒔。後有來居者，依法封授。諸地狹之處，有進丁授田而不樂遷者，則以其家桑田爲正田分。又不足不給倍田，又不足家內人別減分。無桑之鄉準此爲法。樂遷者聽逐空荒，不限異州他郡，唯不聽避勞就逸。其地足之處，不得無故而移。諸人有新居者，三口給地一畝，以爲居室，奴婢五口給一畝。男女十五以上，因其地分，口課種菜五分畝之一。諸一人之分，正從正，倍從倍，不得隔越他畔。進丁受田者恆從所近。若同時俱受，先貧後富。再倍之田，放此爲法。諸遠流配謫、無子孫及戶絶者，墟宅、桑榆盡爲公田，以供授受。授受之次，給其所親。未給之間，亦借其所親。諸宰人之官，各隨廨給公田，刺史十五頃，太守十頃，治中、別駕各八頃，縣令、郡丞六頃。更代相付。賣者坐如律。職分田起於此。【略】

武成帝河清三年詔： 每歲春月，各依鄉土早晚，課人農桑。自春及秋，男子十五以上，皆營蠶桑，孟冬布田畝。蠶桑之月，婦女十五以上，皆營蠶桑。孟冬，刺史聽審教之優劣，定殿最之科品。人有人力無牛，或有牛無人力者，須令相便，皆得納種。使地無遺利，人無游手。又令男子率以十八受田，輸租調，二十充兵，六十免力役，六十六退田，免租調。京城四面諸方之外，三十里內爲公田。受公田者，三縣代遷戶職事官一品以下，逮於羽林武賁，各有差。其外畿郡，華人官第一品以下，羽林武賁以上，各有差。職事及百姓請墾田者，名爲永業田。奴婢受田者，親王止三百人，嗣王二百人，第二品嗣王以下及庶姓王百五十人，正三品以上及皇宗百人，七品以上八十人，八品以(上)[下]至庶人六十人。奴婢限外不給田者，皆不輸。其方百里外及州人，一夫受露田八十畝，婦人四十畝，奴婢依良人，限數與者在京百官同。丁牛一頭受田六十畝，限止四牛。每丁給永業二十畝，爲桑田。其田中種桑五十根，榆三根，棗五根，不在還受之限。非此田者，悉入還受之分。土不宜桑者，給麻田，如桑田法。【略】

後周文帝霸政之初，創置六官。司均掌田里之政令。凡人口十以上宅五畝，口七以上宅四畝，五以下宅三畝。有室者田百四十畝，丁者田百畝。【略】

唐開元二十五年令：田廣一步，長二百四十步爲畝，百畝爲頃。丁男給永業田二十畝，口分田八十畝。其中男年十八以上亦依丁男給，老男、篤疾、廢疾各給口分田四十畝，寡妻妾各給口分田三十畝。先永業者，通充口分之數。黄、小、中、丁男女及老男、篤疾、廢疾、寡妻妾當户者，各給永業田二十畝，口分田二十畝。應給寬鄉，並依所定數；若狹鄉所受者，減寬鄉口分之半。其給口分田者，易田則倍給。寬鄉三易以上者，仍依鄉法易給。其永業田，親王百頃，職事官正一品六十頃，郡王及職事官從一品各五十頃，國公若職事官正二品各四十頃，郡公若職事官從二品各三十五頃，縣公若職事官正三品各二十五頃，職事官從三品二十頃，侯若職事官正四品各十四頃，伯若職事官從四品各十頃，子若職事官正五品各八頃，男若職事官從五品各五頃。上柱國三十頃，柱國二十五頃，上護軍二十頃，護軍十五頃，上輕車都尉十頃，輕車都尉七頃，上騎都尉六頃，騎都尉四頃，驍騎尉、飛騎尉各八十畝，雲騎尉、武騎尉各六十畝。其散官五品以上同職事給，兼有官爵及勳俱應給者，唯從多，不並給。若當家口分之外，先有地非狹鄉者，並即迴受，有賸追收，不足者更給。諸永業田皆傳子孫，不在收授之限，即子孫犯除名者，所承之地亦不追。每畝課種桑五十根以上，榆棗各十根以上，三年種畢。鄉土不宜者，任以所宜樹充。所給五品以上永業田，皆不得狹鄉受，任於寬鄉隔越射無主荒地充。即買蔭賜田充者，雖狹鄉亦聽。其六品以下永業，即聽本鄉取還公田充，願於寬鄉取者亦聽。應賜人田，非指的處所者，不得狹鄉給。其應給永業人，若官爵之内有解免者，從所解者追。既解免不盡者，隨所降品追。其除名者，依口分例給，自外及有賜田者並追。若當家之内有官爵及少口分應受者，並聽迴給，有賸追收，其因官爵應得永業，未請及未足而身亡者，子孫不合追請也。諸襲爵者，唯得承父祖永業，不合別請。若父祖未請及未足而身亡者，減始受封者之半給。其州縣界内所有部受田，悉足者爲寬鄉，不足者爲狹鄉。諸狹鄉，田不足者，聽於寬鄉遥受。應給園宅地者，良口三口以下給一畝，每三口加一畝，賤口五口給一畝，每五口加一畝，並不入永業口分之限。其京城及州郡縣郭下園宅，不在此例。諸京官文武職事職分田：一品一十二頃，二品十頃，三品九頃，四品七頃，五品六頃，六品四頃，七品三頃五十畝，八品二頃五十畝，九品二頃，並去京城百里内給。其京兆、河南府及京縣官人職分田亦准此。即百里外給者亦聽。諸州及都護府、親王府官人職分田：二品一十二頃，三品一十頃，四品八頃，五品七頃，六品五頃，京畿縣亦准此。七品四頃，八品三頃，九品二頃五十畝。鎮戍關津、岳瀆及在外監官，五品五頃，六品三頃五十畝，七品三頃，八品二頃，九品一頃五十畝。三衛中郎將、上府折衝都尉各六頃，中府五頃五十畝，下府及郎將各五頃，上府果毅都尉四頃，中府三頃五十畝，下府三頃，上府長史、別將各三頃，中府、下府各二頃五十畝。親王府典軍五頃五十畝，副典軍四頃，千牛備身、左右太子千牛備身各三頃。親王府文武官隨府出藩者，於在所處給。諸軍上折衝府兵曹二頃，中府、下府各一頃五十畝。其外軍校尉一頃二十畝，旅帥一頃，隊正副各八十畝，皆於領側州縣界内給。其校尉以下在本縣及去家百里内領者不給。諸驛封田皆隨近給，每馬一疋給地四十畝。若驛側有(收)[牧]田之處，疋各減五畝。其傳送馬，每疋給田二十畝。諸庶人有身死家貧無以供葬者，聽賣永業田，即流移者亦如之。樂遷就寬鄉者，幷聽賣口分。賣充住宅、邸店、碾磑者，雖非樂遷，亦聽私賣。諸買地者，不得過本制，雖居在狹鄉，亦聽依寬制，其賣者不得更請。凡賣買，皆須經所部官司申牒，年終彼此除附。若無文牒輒賣買，財沒不追，地還本主。諸以工商爲業者，永業、口分田各減半給之，在狹鄉者並不給。諸因王事沒落外藩不還，有親屬同居，其身分之地，六年乃追。身還之日，隨便先給。即身死王事者，其子孫雖未成丁，身分地勿追。其因戰傷及篤疾、廢疾者，亦不追減，聽終其身也。諸田不得貼賃及質，違者財沒不追，地還本主。若從遠役外任，無人守業者，聽貼賃及質。其官人永業田及賜田，欲賣及貼賃者，皆不在禁限。諸給口分田，務從便近，不得隔越。若因州縣改易，隷地入他境及犬牙相接者，聽依舊受。其城居之人，本縣無田者，聽隔縣受。雖有此制，開元之季，天寶以來，法令弛壞，兼并之弊，有踰於漢成哀之間。親王出蕃者，給地一頃作園。若城內無可開拓者，於近城便給。如無官田，取百姓地充，其地給好地替。

清《淵鑒類函》卷一三三《政術部・賦稅》 北齊文宣受禪，多所草刱。六坊內從者，更加簡練，每一人必當百人，任其臨陣必死，然後取之，謂之百保鮮卑。又簡華人之勇力絶倫者，謂之勇士，以備邊要。始立九等之戶，富者稅其錢，貧者役其力。後南征，頻歲陷沒，士馬死者以數十萬計。武成以修創臺殿，所役甚廣，兼并戶口，益多隱漏。舊制，未娶者輸半牀租調。有妻者輸一牀，無者半牀。陽翟一郡，戶至數萬，籍多無妻。有司劾之，帝以爲生事，不許。由是奸欺尤甚，戶口租調，十亡六七。是時用度轉廣，賜予無節，府藏之積，不足以供，乃減百官之祿，輟軍人常廩，并省州郡縣鎮戍之職。又制刺史守宰行兼者，並不給幹，南齊以有僮幹，若今驅使門僕之類。以節國用之費焉。河清三年，定令：乃率以十八受田，輸租調，二十充兵，六十免力役，六十六退田，免租調。率人一牀，調絹一匹，綿八兩，凡十斤綿中折一斤作絲，墾租二石，義租五斗。奴婢各准良人之半。牛調二(丈)[尺]，墾租一斗，義租五升。墾租送臺，義租納郡，以備水旱。墾租皆依貧富爲三梟。其賦稅常調，則少者直出上戶，中者及中戶，多者及下戶。戶上梟輸遠處，中梟輸次遠，下梟輸當州倉。三年一校。租入臺者，五百里內輸粟，五百里外輸米。入州鎮者，輸粟。人欲輸錢者，准上絹收錢。是時頻歲大水，州郡多遇沉溺，穀價騰踊，朝廷遣使開倉以糶之，而百姓無益，饑饉尤甚矣。後主天統中，勞役鉅萬，財用不給，乃減朝士祿料，諸曹糧膳及九州軍人常賜以供之。武平之後，權幸並進，賜予無限，乃料境內六等富人調令出錢。

清《淵鑒類函》卷四一四《木部・桑二》 《隋書》曰：齊河清中定令，丁給永業二十畝爲桑田，給其種桑五十根，榆三根，棗五根。土不宜桑者，給麻田，如桑[田]法。

清・薛允升《唐明律合編》卷一二《逃避差役》 古有力役之征，蓋無事不出於民力也。唐之租、庸、調，善已。而中葉已不行。宋免役差役之法，議論紛紛不一。明有丁差、銀差及一條鞭之法，與宋相類。今則不論丁而論田，丁銀俱勻派於田，於是有田則有役，有丁而無田則逍遙無事而已。此又一變局也。所以然者，既無限田之法，又無授田之政，田歸富室，而貧民無立錐之地，安分者永爲佃戶，狡黠者流蕩爲匪，此游民之所以日多，而吏治之愈不如古也。

清・薛允升《唐明律合編》卷一三上《欺隱田糧》 凡欺隱田糧脫漏版籍者，一畝至五畝笞四十，每五畝加一等，罪止杖一百。其田入官。所隱稅糧依數徵納。若將田土移坵換段，那移等則，以高作下，減瞞糧額，及詭寄田糧，影射差役，并受寄者，罪亦如之。其田改正收科當差。里長知而不舉，與犯人同罪。其還鄉復業人民，丁力少而舊田多者，聽從盡力耕種，報官入籍，計田納糧當差。若多餘占田而荒蕪者，三畝至十畝笞三十，每十畝加一等，罪止杖八十。其田入官。若丁力多而舊田少者，告官，於附近荒田內驗力撥付耕種。

愚按：唐有限田之令，是以特著過限之律，明無其法矣。上段與脫漏戶口相類，末段謂地不可使有遺利，民不可使有遺力也，然不限民名田，而多餘占田而荒蕪者其田入官，未免太過，不特與荒蕪田地科罪不同，亦嫌涉於重複。至授田之法，久已不行矣。丁多田少，將向何處告求乎，即告亦徒然耳。再，《唐律》重在過限，《明律》則重在田糧，律目曰欺隱田糧，律文曰移坵換段，曰那移等則，曰詭計影射，則全爲防弊而設矣。古今風氣之不同如此。

又按：唐之限田，即漢之所謂名田也。《哀帝紀》：諸王、列侯得名田國中，列侯在長安，及公主名田縣道，關內侯、吏民名田，皆無得過三十頃。如淳曰：名田國中者，自其所食國中也，既收其租稅，又自得有私田三十頃。名田縣道者，令甲，諸侯在國，名田他縣，罰金二兩。今列侯有不之國者，雖遙食其國租稅，復自得田於他縣道，公主亦如之，不得過三十頃。賈人皆不得名田，爲吏犯者，以律論。諸名田皆沒入縣官。此後限田之外，又有均田，皆良法也。自明以來久不講此，田多田少，一聽民自爲而已。

清・薛允升《唐明律合編》卷一三上《典賣田宅》 凡典賣田宅不稅契者，笞五十。仍追田宅價錢一半入官。不過割者，一畝至五畝笞四十，每五畝加一等，罪止杖一百，其田入官。若將已典賣與人田宅朦朧重復典賣者，以所得價錢計贓，准竊盜論，免刺，追價還主。田宅從元典買主爲業。若重復典買之人及牙保知情者，與犯人同罪，追價入官。不知者，不坐。其所典田宅、園林、碾磨等物，年限已滿，業主備價取贖，若典主託故不肯放贖者，笞四十，限外遞年所得花利，追徵給主，依價取贖。其年限雖滿，業主無力取贖者，不拘此律。

《唐律》有口分田不准賣，永業田准賣之分，餘俱無文。《明律》則重在稅契及過割等事矣。

《輯注》：按課程律，客商匿稅者，笞五十，一半入官。此不稅契即匿稅也，故其法同。又曰：必稅契，所以杜異日假捏之弊也。必過割，所以清各賦役之藉也。

《元律》：諸典賣田宅，從有司給據立契，買主、賣主隨時赴有司推收稅糧。若買主權豪，官吏阿循，不即過割，止令賣主納稅，或爲分派別戶包納，或僞立詭名，但受分文之贓，笞五十七，仍於買主名下驗元價追徵，以半沒官，半付告者。

《隋志》：晉自過江，至於梁、陳，凡貨賣奴婢、馬牛、田宅，有文券者，率錢一萬輸估四百入官，賣者三百，買者一百。無文券者隨物所堪，亦百分收四，名爲散估。歷代因之不廢。宋太祖開寶二年，始收民印契錢，此則專令買者出錢矣。見《事物原會》。

《日知錄》：《魏志》，司馬朗有復井田之議，謂往者戍民各有累世之業，難中奪之。今承大亂之後，民人分散，土業無主，皆爲公田，宜及此時復之，當世未之行也。及拓跋氏之有中原，令戶絕者，墟宅桑榆，盡爲公田以給授，而口分世業之制，自此而起。迄於隋唐守之，《唐律》所以有口分田也。《明律》軍籍有之，民籍則絕無其事矣。

又云：漢武帝時，董仲舒言：或耕豪民之田，見稅什五。唐德宗時，陸贄言：今京畿之内，每田一畝，官稅五升，而私家收租，有畝至一石者，是二十倍於官稅也。降及中等，租猶半之。夫土地王者之所有，耕稼農夫之所爲，而兼并之徒，居然受利云云。仲舒所言，則今日之分租。贄所言，則今日之包租也。然猶謂之豪民，謂之兼并之徒，宋已下則公然號爲田主矣。愚以爲既有田主之名，則佃戶佃客之名，亦因而俱起，是又在主僕名目之外者。

《天一閣藏明鈔本天聖令校證附唐令復原研究・田令》 唐一 諸丁男給永業田二十畝，口分田八十畝。其中男年十八以上，亦依丁男給。老男、篤疾、廢疾各給口分田四十畝，寡妻妾各給口分田三十畝。先有永業者(兼)[通]充口分之數。

唐二 諸黃、小、中男女及老男、篤疾、廢疾、寡妻妾當戶者，各給永業田貳十畝，口分田三十畝。

唐三 諸給田，寬鄉並依前條，若狹鄉新受者，減寬鄉口分之半。

唐四 諸給口分田者，易田則倍給。【略】

唐五 諸永業田，親王一百頃，職事官正一品六十頃，(群)[郡]王及職事官從一品各五十頃，國公若職事官正二品各四十頃，郡公若職事官從二品各三十五頃，縣公若職事官正三品各二十五頃，職事官從三品二十(五)頃，[侯]若職事官正四品各十四頃，伯若職事官從四品各十一頃，子若職事官[正五品各八頃，男若職事官]從五品各五頃，六品、七品各二頃五十畝，八品、九品各二頃。上柱國三十頃，柱國二十五頃，上護軍二十頃，護軍十五頃，上輕車都尉一十頃，輕車都尉七頃，上騎都尉六頃，騎都尉四頃，驍騎尉、飛騎尉各八十畝，雲騎尉、武騎尉各六十畝。其散官五品以上同職事給。兼有官爵及勳俱應給者，唯從多，不並給。若當家口分之外，先有地非狹鄉者，并即迴受，有賸追收，不足者更給。【略】

唐六 諸永業田，皆傳子孫，不在收授之限。即子孫犯(徐)[除]名者，所(家)[承]之地亦不追。【略】

唐七 諸五品以上永業田，皆不得於狹鄉受，任於寬鄉隔越射無主荒地充。其六品以下永業田，即聽本鄉取還公田充，願於寬鄉取者亦聽。【略】

唐八 諸[應]賜人田，非指的處所者，不得於狹鄉給。

唐九 諸應給永業人，若官爵之內有解免者，從所解者追。其除名者，依口分例給，自外及有賜田者並追。若當家之內有官爵及少口分應受者，並聽迴給，[有]賸追收，不足更給。

唐十 諸因官爵應得永業，未請及請未足而身亡者，子孫不合追請。

唐十一 諸襲爵者，唯得承父祖(業)永業，不合別請。若父祖未請及請未足而身亡者，減始受封者之半給。

唐十二 諸請永業者，並於本貫陳牒，勘驗告身，并檢籍知欠。然後錄牒管地州，檢勘給訖，具錄頃畝四至，報本貫上籍，仍各申省計會附(薄)[簿]。其有先於寬鄉借得無主荒地者，亦聽迴給。

唐十三　諸州縣界內所部受田，悉足者爲寬鄉，不足者爲狹鄉。

唐十四　諸狹鄉田不足者，聽於寬鄉遙授。

唐十五　諸流內九品以上口分田，雖老不在追收之限，聽終其身。其非品官年六十以上，仍爲官事驅使者，口分亦不追減，停私之後，依例追收。

唐十六　諸［應］給園宅地者，良口三口以下給一畝，每三口加一畝；賤口五口給一畝，每五口加一畝，并不入永業、口分之限。其京城及州縣郭下園宅地，不在此例。

唐十七　諸庶人有身死家貧無以供葬者，聽賣永業田。即流移者亦如之。樂遷就寬鄉者，并聽賣口分田。

唐十八　諸買地者，不得過本制。雖居狹鄉，亦聽依寬鄉制。其賣者不得更請。凡賣買皆須經所部官司申牒，年終彼此除附。若無文牒輒賣買者，財沒不追，地還本主。

唐十九　諸以工商爲業者，永業、口分田各減半給之。在狹鄉者並不給。

唐二十　諸因王事沒落外藩不還，有親屬同居者，其身分之地六年乃追，身還之日隨便先給。即身死王事者，其子孫雖未成丁，身分之地勿追。其因戰傷入篤疾、廢疾者，亦不追減，聽［終］其身。

唐二一　諸田不得貼賃及質，違者財沒不追，地還本主。若從遠役外任，無人守業者，聽貼（任）［賃］及質。其官人永業田及賜田欲賣及貼賃、質者，不在禁限。

唐二二　諸給口分田，務從便近，不得隔越。若因州縣改隸，地入他境，及犬牙相接者，聽依舊受。其城居之人，本縣無田者，聽隔縣受。

唐二三　諸以身死應退永業、口分地者，若戶頭限二年追，戶內口限一年追。如死在春季者，即以死年統入限內；死在夏季以後者，聽計後年爲始。其絕後無人供祭及女戶死者，皆當年追。

唐二四　諸應還公田，皆令主自量爲一（敀）［段］退，不得零疊割退。先有零者聽。其應追者，皆待至收授時，然後追收。

唐二五　諸應收授之田，每年起十月（十）［一］日，里正豫校勘造簿。至十一月一日，縣令摠集應退應授之人，對共給授。十二月三十日內使訖，符下（按）［案］記，不得輒自請射。其退田戶內，有合進受者，雖不課役，先聽自取，有餘收授。鄉有餘，授比鄉；縣有餘，申州給比縣；州有餘，附帳申省，量給比近之（戶）［州］。

唐二六　諸授田，先課役後不課役，先無後少，先貧後富。

唐二七　諸田有交錯，兩［主］求換者，詣本部申牒，判聽手實，以次除附。

唐二八　諸道士、女冠受老子《道德經》以上，道士給田三十畝，女冠二十畝。僧尼受具戒者，各准此。身死及還俗，依法收授。若當觀、寺有無地之人，先聽自受。

唐二九　諸官戶受田，隨鄉寬狹，各減百姓口分之半。其在牧官戶、奴，並於牧所各給田十畝。即配（成）［戍］鎮者，亦於配所準在牧官戶、奴例。

唐三十　諸公私［田］荒廢三年以上，有能［借］佃者，經官司申牒借之，雖隔越亦聽。私田三年還主，公田九年還官。其私田雖廢三年，主欲自佃，先盡其主。限滿之日，所借人口分未足者，官田即聽充口分，私田不合。［令］其借而不耕，經二年者，任有力者借之。（則）［即］不自加功轉分與人者，其地即回借見佃之人。若佃人雖經熟訖，三年［之］外不能耕種，依式追收，改給。唐三一

唐三一　諸田有山崗、砂石、水鹵、溝澗之類，不在給限。若人欲佃者聽之。

唐三二　［諸］在京諸司公廨田，司農寺給二十六頃，殿中省二十五頃，少府監二十二頃，太常寺二十頃，京兆、河南府各一十七頃，太府寺一十六頃，吏部、戶部各一十五頃，兵部、內侍省各一十四頃，中書省、將作監各一十三頃，刑部、大理寺各一十二頃，尚書都省、門下省、太子左春坊各一十一頃，工部十頃，光祿寺、太僕寺、秘書省各九頃，禮部、鴻臚寺、都水監、太子詹事府各八頃，御史臺、國子監、京縣各七頃，左右衛、太子家令寺各六頃，衛尉寺、左右驍衛、左右武衛、左右威衛、左右領軍衛、左右金吾衛、左右監門衛、太子右春坊各五頃，太子左右衛率府、太史局各四頃，（宋）［宗］正寺、左右千牛衛、太子僕寺、左右司禦率府、左右（情）［清］、道率府、左右監門率府各三頃，內坊、左右內率府、率更寺各二頃。

唐三三　諸京官文武職事職分田，一品一十二頃，二品一十頃，三品九頃，四品七頃，五品六頃，六品四頃，七品三頃五十畝，八品二頃五十畝，九品二頃，並去京城百里內（納）［給］。其京兆、河南府及京縣官人職分田亦准此。即百里內地少，欲於百里外給者亦聽。

唐三四　諸州及都護府、親王府官人職分田，二品一十二頃，三品一十頃，四品八頃，五品七頃，六品五頃，七品四頃，八品三頃，九品二頃五十畝。鎮、戍、關、津、嶽、瀆及在外監官五品五頃，六品三頃五十畝，七品三頃，八品二頃，九品一頃五十畝。三衛中郎將、上府折衝都尉各六頃，中府五頃五十畝，下府及郎將各五頃。上府（課）［果］毅都尉四頃，中府三頃五十畝，下府三頃。上府長史、別將各三頃，中府、下府各二頃五十畝。（果毅）親王府典軍五頃五十畝，副典軍四頃，千牛備身、左右太子［千］牛備身各三頃。諸軍［上］折衝府兵曹二頃，中府、下府各一頃五十畝。其外軍校尉一頃二十畝，旅帥一頃，隊正、隊副各八十畝。皆於鎮側州縣界內給。其校尉以下，在本縣及去家百里內鎮者不給。

唐三五　諸驛封田，皆隨近給，每馬一疋給地四十畝，驢一頭給地二十（頃）［畝］。若驛側有牧田處，疋別各減五畝。其傳送馬，每一疋給田二十畝。

唐三六　諸公廨、職分田等，並於寬閑及還公田內給。

唐三七　諸內外官應給職田，無地可充，并別勅合給地子者，率一畝給粟二斗。雖有地而不足者，准所欠給之。鎮戍官去任處十里內無地可給，亦準此。王府官，若王不任外官在京者，其職田給粟，減京官之半。應給者，五月給半，九月給半。未給解（伐）［代］者，不却給。劍南、隴右、山南官人不在給限。

唐三八　諸屯隸司農寺者，每地三十頃以下、二十頃以上為一屯。隸州、鎮諸軍者，每五十頃為一屯。其屯應（署）［置］者，皆從尚書省處分。

唐三九　諸屯田應用牛之處，山原川澤，土有硬軟，至於耕墾，用力不同者。其土軟之處，每地一頃五十畝配牛一頭；彊硬之處，一頃二十畝配牛一頭。即當屯之內，有硬有軟者，亦准此法。其地皆仰屯官明為圖狀，所管長官親自問檢，以為定（薄）［簿］，依此支配。其營稻田之所，每地八十畝配牛一頭。若（莫）［芟］草種稻者不在此限。

唐四十　諸屯應役丁之處，每年所管官司與屯官司，准來年所種色目及頃畝多少，依式料功，申所司支配。其上役之日，所司仍準役月閑要，量事配遣。

唐四一　諸屯每年所收雜子，雜用之外，皆即隨便貯納。去京近者，送納司農。三百里外者，納隨近州縣。若行水路之處，亦納司農。其送輸斛斗及倉司領納之數，並依限各申所司。

唐四二　諸屯隸司農寺者，卿及少卿每至三月以後，分道巡歷。有不如法者，監官、屯將，隨事推罪。

唐四三　諸屯每年所收稾草，飼牛、供屯雜用之外，別處依式貯積，具言去州、鎮及驛路遠近，附計帳申所司處分。

唐四四　諸屯收雜種須以車運納者，將當處官物勘量市付。其扶車子力，於營田及飼牛丁內均融取充。

唐四五　諸屯納雜子無稾之處，應須籧（篨）［篨］及供窖調度，並於營田丁內，隨近有處，採取造充。

唐四六　諸屯之處，每收刈時，若有警急者，所管官司與州、鎮及軍府相知，量差管內軍人及夫。一千人以下，各役五日功，防（授）［援］助收。

唐四七　諸管屯處，百姓田有水陸上、次及上熟、次熟，畝別收穫多少，仰當界長官勘問，每年具狀申上。考校屯官之日，量其虛實，據狀褒貶。

唐四八　諸屯官欠負，皆依本色本處（理）［徵］填。

唐四九　諸屯課帳，每年與計帳同限申尚書省。

右令不行。

論説

《魏書》卷五三《李安世傳》　時民困飢流散，豪右多有占奪，安世乃上疏曰：臣聞量地畫野，經國大式；邑地相參，致治之本。井稅之興，其來日久；田萊之數，制之以限。蓋欲使土不曠功，民罔游力。雄擅之家，不獨膏腴之美；單陋之夫，亦有頃畝之分。所以恤彼貧微，抑茲貪欲，同富約之不均，一齊民於編戶。竊見州郡之民，或因年儉流移，棄賣田宅，漂居异鄉，事涉數世。三長既立，始返舊墟，廬井荒毀，桑榆改植。事已歷遠，易生假冒。強宗豪族，肆其侵凌，遠認魏晉之家，近引親舊之驗。又年載稍久，鄉老所惑，羣證雖多，莫可取據。各附親知，互有長短，兩證徒具，聽者猶疑，爭訟遷延，連紀不判。良疇委而不開，柔桑枯而不採，僥倖之徒興，繁多之獄作。欲令家豐歲儲，人給資用，其可得乎！愚謂今雖桑井難復，宜更均量，審其徑術，令分藝有準，力業相稱，細民獲資生之利，豪右靡餘地之盈。則無私之澤，乃播均於兆庶；如阜如山，可有積於比戶矣。又所爭之田，宜限年斷，事久難明，悉屬今主。然後虛妄之民，絕望於覬覦；守分之士，永免於凌奪矣。高祖深納之，後均田之制起於此矣。

宋·鄭樵《通志》卷六一《食貨略一》 後魏文帝時，李安世上疏曰：臣聞量民畫野，經國大式；邑地相參，致理之本。井稅之興，其來日久；田萊之數，制之以限。蓋欲使土不曠功，人罔遊力。雄擅之家，不獨膏腴之美；單陋之夫，亦有頃畝之分。竊見州郡之民，或因年儉流移，棄賣田宅，漂居異鄉，事涉數代。三長既立，始返舊墟，廬井荒涼，桑榆改植。事已歷遠，易生假冒。彊宗豪族，肆其侵凌，遠認魏晉之家，近引親舊之驗。年載稍久，鄉老所惑，羣證雖多，莫可取據，爭訟遷延，連紀不判。良疇委而不開，柔桑三而不採。欲令家豐人給，其可得乎？愚謂今雖桑井難復，宜更均量，審其徑術，令分藝有準，力業相稱，細民獲資生之利，豪右靡餘地之盈。又所爭之田，宜限年斷，事久難明，悉屬今主。帝深納之，均田之制起於此矣。

宋·鄭樵《通志》卷六一《食貨略一》 臣謹按：井田之法所以爲良者，以田與賦不相離。雖暴君不能違田而取賦，污吏不能什一而加多。至秦孝公開阡陌之法，田賦始相離，故所取者不多乎什一，則少乎什一也。其弊至於收太半焉。漢高帝欲革秦之弊，什五而稅一。孝景二年，始令民半出田租，三十而稅一，至後漢以三十而稅一，爲通用之法。荀悅曰：今漢人田，或百一而稅，則知漢法之優民，可謂至矣。然豪彊占田踰多，浮客輸太半之賦，官家之惠，優於三代；富室之暴，酷於亡秦，皆緣無授田之法。所以惠不及齊民，偉哉！後魏孝文帝之爲人君也，眞英斷之主乎！井田廢七百年，一旦納李安世之言，而行均田之法，國則有民，民則有田。周齊不能易其法，隋唐不能改其貫。故天下無無田之夫，無不耕之民。口分、世業，雖非井田之法，而得三代之遺意。始者，則田租、戶調以爲賦稅，至唐祖開基乃爲定令：曰租、曰調、曰庸。有田則有租，有家則有調，有身則有庸。租者，什一之稅也；調者，調發兵車井田之賦也；庸者，歲役二旬，不役，則收其資，役多則免調，過役則租調俱免，無傷於民矣。舍租調之外而求則無名，雖無道之世亦不爲。自太和至開元三百年之民抑何幸也！天寶之季，師旅既興，誅求無藝，生齒流移，版圖焚蕩，然是時賦役雖壞，而法制可尋。不幸建中天子用楊炎爲相，遂作兩稅之法。自兩稅之法行，則賦與田不相系也。況又取大歷中一年科率多者，爲兩稅定法，此總無名之暴賦，立爲常規也。且言利之臣，無代無之，有恨少，無恨多，有言加，無言減，自兩稅以來，賦不系於田。故名色之求，罔民百出，或以方圓取，或以羨餘取，或言獻奉，或言假貸。初雖暫時，久爲成法。建中以來，將五百年，世不乏楊炎，不知所以加於大歷中一年之多，數目復幾倍乎。嗚呼！後世之爲民也，其難爲民矣。且開元之前，戶口至衆，而民皆有田。至於癃、老、童穉、寡妻、女子亦皆有田。一丁授田百畝，百畝之田，歲輸粟二石，絹二丈，無絹則布二丈五尺。嶺南諸州，則以戶計，上戶一斛二斗，下戶六斗；夷獠半之；內附之家，上戶十文，下戶無出。當是時也，民之所以爲民也如此，官之所以取諸民也如此。後魏去三代爲遠，今去開元不遠，是非難行之道也。後之言治道者，當使一民有百畝之田。然後可以議魏、齊、周、隋、唐之事。若有無田之民，不耕之夫，則於魏、齊、周、隋、唐之事，未可輕議也。言利之臣，則亦當量開元之前所以爲重賦者，百畝之田，不過二石粟、二丈絹耳；所以爲輕賦者，上戶之家，不過十文耳。今百畝之田，賦歛如此；上戶之家，出錢如此。吾於如此之中，復何容心哉？

宋·司馬光《資治通鑑》卷二三四唐德宗貞元十年四月條 其一，論兩稅之弊，其略曰：舊制賦役之法，曰租、調、庸。調，徒弔翻。丁男一人受田百畝，歲輸粟二石，謂之租。每戶各隨土宜出絹若綾若絁共二丈，絁，式支翻。綿三兩，不蠶之土輸布二丈五尺，麻三斤，謂之調。每丁歲役，則收其庸，日準絹三尺，謂之庸。天下爲家，法制均一，雖欲轉徙，莫容其姦，故人無搖心而事有定制。乃羯胡亂華，謂安祿山、史思明。黎庶雲擾，版圖墮於避地，墮，讀曰隳。賦法壞於奉軍。建中之初，再造百度，執事者知弊之宜革而所作兼失其原，知簡之可從而所操不得其要。操，七刀翻。執事者，謂楊炎。凡欲拯其弊，須窮致弊之由，時弊則但理其時，法弊則全革其法，所爲必當，其悔乃亡。《易》曰：革而當，其悔乃亡。當，丁浪翻。兵興以來，供億無度，此乃時弊，非法弊也。而遽更租、庸、調法，更，工衡翻。分遣使者，搜擿郡邑，擿，他狄翻。校驗簿書，每州取大曆中一年科率最多者以爲兩稅定額。事見二百二十六卷建中元年。夫財之所生，必因人力，故先王之制賦入，必以丁夫爲本。不以務穡增其稅，不以輟稼減其租，則播種多；不以殖產厚其征，不以流寓免其調，則地著固；著，直略翻。不以飭勵重其役，不以窳怠蠲其庸，則功力勤。窳，勇主翻，惰也。如是，故人安其居，盡其力矣。兩稅之立，惟以資產爲宗，不以丁身爲本；曾不寤資產之中，有藏於襟懷囊篋，物雖貴而人莫能窺；謂商賈居寶貨，待時而取利者。其積於場圃囷倉，直雖輕而衆以爲富。謂力田而蓄穀粟者。有流通蕃息之貨，數雖寡而計日收贏；蕃，讀如繁，謂貸子錢而收利者。有廬舍器用之資，價雖高而終歲無利。謂美居室、侈服用而夸一時者。如此之比，其流實繁，一概計估算緡，宜其失平長僞。長，知兩翻。由是務輕資而樂轉徙者，恆脫於傜稅；樂，音洛。敦本業而樹居產者，每困於徵求。此乃誘之爲姦，驅之避役，誘，音酉。力用不得不弛，賦入不得不闕。復以創制之首，創制之首，猶言立法之初。復，扶又翻。不務齊平，供應有煩簡之殊，牧守有能否之異，所在傜賦，輕重相懸，所遣使臣，意見各異，計奏一定，有加無除。又大曆中供軍、進奉之類，既收入兩稅，今於兩稅之外，復又並存，望稍行均減，以救凋殘。

宋·袁燮《絜齋集》卷六《策問》 田制

問：古者井田之法，莫備于周。蓋岐山則有平土之法，而小司徒之職，則有井牧之法。其平土也，則屋三爲井，積而爲通、爲成、爲終、爲同。其井牧也，則九夫爲井，積而爲邑、爲丘、爲甸、爲縣、爲都，名與數俱不類，抑隨時損益，不能盡同歟！抑旁加之說，果有之歟。井田之法備于同，而司徒之職止于都，都果足以盡井田之制歟。宅田、士田、賈田，曷爲而任近郊，官田、牛田、賞田、牧田，曷爲而任遠郊。若此類者，必皆有說，可言其詳歟。百畝之田，所食不過八口，餘衆男爲餘夫，亦以口授田如此，夫當授田之初，量地制邑，度地居民，固已無曠土矣。不知餘夫所受，于何取之，取之近，則無餘地；取之遠，則父子異居；非先王厚人倫之道也。周之受田，以不易、一易、再易爲差，而又有所謂萊地者，田卒汙萊，詩人所刺也。周之盛時，宜無遺利，而田猶有萊，豈肯廢而不治歟？杜佑《通典》謂九州之地，定墾者九百萬餘頃。夫九州封疆，可謂至廣。誠如佑說，則一州之內，纔百餘萬頃爾，其可信歟？《禹貢》：荆揚之田，蓋最下者，而唐以江淮爲財賦之淵，古今地利，何遼絕若此歟？秦人廢井田，開阡陌，天下之人，宜不勝其害。而不出數年，乃有國富兵強之大利，遂使先王之制，一廢而不可復，秦豈能過于古歟？漢氏之興，可以復古矣！因陋就簡，卒莫之復，公私之積，宜乎匱乏，而雞鳴犬吠，烟火萬里，田租之輕。至于三十而一，其極也，盡除之，乃有三代所不能爲者，漢果能過于三代歟？趙過爲代田一畝三甽，而歲代處，蓋古法也，不知所謂三甽者，周人不易一易之法歟，抑自爲之歟。耕其一廢其二，利微矣！而課所得穀，常過縵田畝一斛以上，豈更休以全其地力而致然歟？夫欲地方有餘，加之培植可矣。乃廢而不治，不治而獲其利，是法也，果可通行于天下歟？王莽時，王田私屬，毋得賣買，受田者悉如制度，既而農商失業，食貨俱廢，豈欲復還舊貫，而非其人歟？荀悅著論，謂井田之制，不宜于人衆之時，其言似矣。然觀元魏之興，至于太和之主，蓋幾傳矣。當時稱爲極盛，戶口衆多，而能略依古制，均給天下之田，已然之效，于是可覩，而曰不宜于衆多之時可乎？魏有露田、有桑田、有麻田，隋有永業田、有職分田、有公廨田，其法度孰合于古？唐之口分世業，尊卑貴賤，莫不有分，廢疾孤寡，莫不有養，守而不失，自足以傳遠，而貧無以葬者，聽賣永業，樂遷寬鄉者，聽賣口分。以太宗之英明，不能講求先王維持經久之意，而立法之初，已開變易隳壞之端，豈古道難行，雖欲久遠而不可得歟，其悉以告。

《全宋文》卷六四八九《葉適二五·租庸調論》 自古天下之田無不在官，民未嘗得私有之，但強者力多，却能兼并衆人之利以爲富，弱者無力，不能自耕其所有之田，以至轉徙流蕩。故先王之政，設田官以授天下之田，貧富強弱無以相過，使各有其田，得以自耕，故天下無甚貧甚富之民。至成周時，其法極備，雖《周禮·地官》所載，其間不能無牽合牴牾處，要其大略亦可見。周公治周，授田之制，先治天下之田以爲井，井爲疆界，歲歲用人力修治之，溝洫畎澮皆有定數。疆井既定，人無緣得占田，其間固有弱者、游手者不耕，却無強民貪并之害。後來井田不修，隄防浸失，毀壞絕滅。至商鞅用秦，已不復有井田之舊，於是開阡陌。阡陌既開，天下之田却簡直易見，看耕得多少，惟恐人無力以耕之。故秦漢之際，有豪強兼并之患，富者田連阡陌，而貧者無立錐之地。雖然如此，猶不明說在民，但官不得治，故民得自侵占，而貧者插手，不得不去而爲游手，轉而爲末業。終漢之世，以文、景之恭儉愛民，武帝之修立法度，宣帝之勵精爲治，却不知其本不如此，但能下勸農之詔，輕減田租，以來天下之民。如董仲舒、師丹，雖建議欲限天下之田，其制度又却與三代不合。當時但問墾田幾畝，全不知是誰田，又不知天下之民皆可以得田而耕之。光武中興，亦只是問天下度田多少，當時以度田不實，長吏坐死者無數。至於漢亡，三國並立，民既死於兵革之餘，未至繁息，天下皆爲曠土，未及富盛而天下大亂。雖當時天下之田既不在官，又亦終不在民，以爲在官則官無人收管，以爲在民則又無簿籍契券，但隨其力之所能至而耕之。元魏稍立田制，至於北齊、後周，皆相承授民田。其初亦未嘗無法度，但末年推行不到頭，其法度亦是空立。唐興，只因元魏、北齊制度而損益之。其度田之法，闊一步、長二百四十步爲畝，百畝爲頃，一夫受田一頃。周制乃是百步爲畝，唐却是二倍有餘。此一項制度與成周不合，八十畝爲口分，二十畝爲世業。世業是一家之田，口分須據本來人數占田多少。周制八家皆百畝，唐制，若子弟多則占田愈多，此又二項與成周不合。所謂田多可以足其人者爲寬鄉，少者爲狹鄉，狹鄉之田減寬鄉之半。其地有厚薄，歲一易者倍授之，寬鄉三易者不倍授，工商者寬鄉減半，狹鄉不給，亦與周制不同。先王建國，只是有分土無分民，但付人以百畝之地，任其自治。蓋治之有倫，則地雖不足民有餘；苟不能治，或德不足以懷柔，民不心悅而至，則地雖多而民反少。唐既止用守令爲治，則分田之時不當先論寬鄉、狹鄉，當以土論不當以人論。今卻寬鄉自得多，狹鄉自得少，自狹鄉徙寬鄉者又得幷賣口分、永業而去。成周之制，雖是授田與民，其間水旱之不時，凶荒之不常，上又有賑貸救䘏，使之可以相補助而不至匱乏。若唐，但知授田而已，而無補助之法，縱立義倉賑給之名，而既令自賣其田，便無恤民之實矣。周之制最不容民遷徙，惟有罪則徙之，唐卻容他自遷徙，幷得自賣口分之田。方授田之初，其制已自不可久，又許之自賣，民始有契約文書而得以私相賣易。故唐之比前世，其法雖爲粗立，然先王之法亦自此大壞矣。後世但知貞觀之治，執之以爲據，故公田始變爲私田，而田終不可收。蓋緣他立賣田之法，所以必至此。租庸之法，每丁入粟二石爲租；調隨土地所宜，綾絹絁布皆有差；用民之力，歲役不過二旬，不役則收其庸日三尺。此即孟子所謂粟米之征、布縷之征、力役之征也，然孟子卻云用其一，緩其二，不敢兼用以取民。唐初正要立法之時，乃用戰國苟簡之法，盡取諸民。周制用民歲不過三日，雖立法於此，其實未嘗盡用。今唐用民力非特倍其六七，爲一定之制，否則必收其庸，此正犯孟子之所諱。蓋唐初君臣不學無術，所以至此。其間有近古處，如里有手實，具民之年與地闊狹爲鄉帳，鄉成於縣，縣成於州，州成於戶部。古者所謂均民之田，先自比閭族黨始，以至于國都而後達於王府，所謂民之貧富有無強弱之數，都要自夫至纖至悉處做成。而唐亦能自根本處做去，但其後無繼耳。如國有所輸，先奏而斂，凡歲斂之數書于縣門坊村，與衆知之，此卻是他元立法好處。當時先王分民以田，自至纖至悉處皆與民謀慮經營，朝廷之上所以建官立司，又是爲民而設，所以做得一件事成，今其勤勞憂嘆之詩可見。唐但付其法於守令，守令既不能偏行其境內，故雖有良法美意，竟做不成。何況又有苟簡處，雖是授田有式，租庸調取民有定分，只緣當時許其賣田制易壞。至于今，官私遂各自立境界。民有沒入官者則封固之，時或召賣，不容民自籍，所謂私田，官執其契券以各征其直。要知田制所以壞，乃是唐世使民得自賣其田始。前世雖不立法，其田不在官，亦不在民，唐世雖有公田之名而有私田之實。其後兵革既起，征斂煩重，遂雜取於民。遠近異法，內外異制，而民得自有其田而公賣之，天下紛紛，遂相兼幷，故不得不變而爲兩稅。要知其弊，實出於此。《十先生奧論注》

宋·王應麟《玉海》卷一七六《食貨門·田制》　劉恕曰：後魏均田制度，似今世佃官田及絕戶田出租稅，非如三代井田也。魏齊周隋，兵革不息，農民少而曠土多，故均田之制存。至唐承平日久，丁口滋衆，官無閒田，不復給授，故田制爲空文。《唐志》云：口分世業之田壞而爲兼幷，似指以爲井田之比，失之遠矣。林勳曰：周制：步百爲畝，百畝僅得唐之四十餘畝耳。唐之口分，人八十畝，幾倍於古。蓋貞觀之盛，戶不及三百萬，永徽惟增十五萬。若周則王畿千里，已有三百萬家之田，列國不與焉。是以唐制受田倍於周，而地亦足以容之。狹鄉雖裁其半，猶可當成周之制。然按一時戶口，而不爲異日計，則後守法難矣。既無振貧之術，乃許之賣田，後魏以來弊法也，是以啓兼幷之漸。

宋·黃履翁《古今源流至論》別集卷一〇《田制論歷代田制異同》　井田之成於周乎？曰：畫於黃帝而大備於周也。井田之壞於秦乎？曰：

廢於戰國而極變於秦也。蓋井田之議維持甚周，纖悉畢備，其成非一日，其壞亦非一日也。方其田制之始創也，經土設井，立步制畝，《通典》黃帝始經土設井，以塞爭端，立步制畝，以防不足，使八家爲井，井道四通，而分八宅，鑿井爲井。其成豈一日耶。至周公因上世帝王之規，立一代太平之制，自五家爲比，積而爲鄉《周禮·大司徒》，自五家爲鄰，積而爲遂《禮·遂人》，相友於烹葵剝棗之業，自得於衣帛食肉之樂。此所以大備於周。及其田制之始變也，貢助莫聞其詳《孟子》，井地姑舉大略。同上。其壞亦豈一日耶。至商鞅乘經界不正之餘，爲阡陌決裂之制，富則跨邑，貧亡立錐，逐逐於爭奪之場，汲汲於兼并之利，此所以大壞於秦。自秦變周之後，其田制又不知其幾變，曰代田，曰限田，曰均田，曰永業之制，曰司均之官，曰口分世業之法。自今觀之，代田之制起於趙過一畝三甽，歲代其處，善田者令學養苗之狀，亡牛者敎以人耕之法，命卒於官而敎民於邊郡，此代田之制，漢武行之也。《漢·食貨志》武帝（未備）[末年，悔]征伐之事，下詔曰：方今之務在力農，以趙過爲搜粟都尉。過能爲代田一畝三甽，歲代處，故曰代田，古法也。[過]使敎田太常、三(老)[輔]，大農置工巧，(好)[奴]與從事，爲作田器。二千石遣令長、三老、力田及里[父]老善田者受田器，學耕種養田狀。是後邊城、河東、(大)[弘]農、三(老)[輔]、太常民皆便代田，用力少而得(粟)[穀]多。限田之議出於石苞，謂王公以國爲家，宜不復有田宅，今可限之。自國王公侯以至於丁男丁女皆有降差，此限田之制，晉武行之也。《通典》均田之法，男子四十畝，婦人二十畝，戶絶者以爲公田。刺史十五頃，縣令以上六頃，其田則更代相付，此李安仁之議，而行於後魏孝文之時也。《通典》：後魏孝文太和元年三月詔曰：一夫制田四十畝，中(田)[男]二十畝，無令人有餘力，地有遺利。時李安仁上疏曰：今雖桑井難復，宜更均量，審其經制，令公藝有準，力業相爲，細人獲資生之利，豪右靡餘地之盈，又所爭之田，宜限年斷，事久(實)[難]明。帝深納之，均田之制起於此矣。永業之制，男子十五皆有田畝，婦人十五皆有營業。又令男子十八而受田，六十而免役，此北齊孝成之制，而行之於河清之時也。《通典》：北齊武皇帝河清二年詔令：男子十八受田，輸租(條)[調]，二十充兵，六十免役力，六十六退田，免租調。京師四面，諸方之外，二十里內爲公田。受公田者，三縣(改)[代]遷戶(役)[執]事官一品以(上)[下]，逮于羽林武賁，各有差。其外畿郡縣，[華]人官第一品以下，羽林武賁以上，各有差。職業及百姓請墾田者，各爲永業田。後周伯政之初，置司均之官，掌田里之丁者，止百畝，是之謂司均。《通典》：後周文帝伯政之初，創置(大宮)[六官]，司均掌田里之政令，凡人口十以上，宅五畝，口七以上，宅四畝，口五以下，宅三畝，有室者，田百四十畝，無者百畝。歷貞觀之始，度田以步，畝百爲頃，男年十八以上，受田一頃，八十畝爲口分，二十畝爲世業。貧無以葬，得鬻世業，自狹鄉徙寬鄉者併鬻口分，已鬻者不復受，夫是之謂口分世業。《唐·食貨志》制：度田以步，其闊一步，其長二百四十步爲一畝，百畝爲頃。度田之制，丁男年十八以上者，人一頃，其八十畝爲口分，二十畝爲永業，老及篤疾、癈疾者人四十畝，寡妻妾三十畝。當戶者增二十畝，皆以二十畝爲永業，其餘爲口分。凡庶人徙鄉及貧無以葬者，得賣世業田，自狹鄉而徙寬鄉者，得并賣口分田，已賣者不復授，死者收之，以授無田者。凡收授皆以歲十月，授田先貧。永徽中，買賣世業口分田，其後豪富兼併，貧者失業，於是詔賣者還地罰之。愚觀歷代所立之制，封疆非不正也，貧富非不等也，然往往奪富與貧，民不相安。改舊從新，勢或不便者多矣。且以漢唐論之，漢得天下之初，民亡名數逃保山澤，是時土曠人稀，可以行古人授田居民之制，其理甚適，其事甚順，世儒皆有是言也。不知其勢有不得行者，蓋古者萬夫之地，三十二里有半，而其間爲川爲路者一，爲澮爲道者九，爲洫爲塗者百，爲溝爲畛者千，爲遂爲徑者萬。此數者，非塞溪壑平澗谷夷邱陵，壞廬舍徙城邑不可爲也。縱使能盡得平曠之地，行之亦當驅天下之人，竭天下之糧，窮數百年專力於此，而後可望天下之地盡爲井田，盡爲溝洫已，而又爲屋廬，於其中以安其居，而後可豈不迂哉。此漢初雖有可爲之機，而無可爲之地也。愚之所惜者，仲舒限民名田之說，不行於時，至使紅陽侯占墾草田至數百頃。《漢·孫寶傳》：帝舅紅陽侯立使客因南郡太守李尙占墾草田數百頃，立，王立也，師古曰：占隱度而取之也，草田，(荆)[荒]田也，占，之贍切。張禹買田皆極膏腴，本傳：禹爲人內殖貨財，家以田爲業。及富貴多買田至四百頃，皆涇渭灌溉，極膏腴上賈。賈讀曰價。匡衡爲丞相，多取縣田以爲封邑，本傳哀帝私寵宦官之田多至二千頃《哀帝紀》，而貧富始相遠矣。方太宗平天下之後，爲口分，爲世業，每年十月里正造簿，縣令應給，脫戶者有禁，言之則可聽，書之則可觀，世儒皆以爲善也《唐·食貨志》。不知其勢亦有不可行者。蓋三代之世，天子所以自治者甚狹，而其所以治之者甚親而甚專，王城之外二百里爲鄉遂，鄉遂之外爲都鄙，則已付之都鄙之長，都鄙之外爲邦國，則五等諸侯分治之，而天子所自治者鄉遂之民耳，數之生耗皆可以歲比，田之升降皆可以家數。今唐爲授田之制，盡使合古，而其衆寡、生耗、進退之數，不能不責成於官吏。鄉升之縣，縣升之州，州升之朝，不能不取信於簿籍，而內外官吏更易之不常，遠近之相隔，新故之相襲，豈無隱欺之患哉？古人行之於二百里之間，唐人欲行之於萬里之遠，其弊也，皆以空文上之，豈不惑哉？《唐·食貨志》：歲終(其)〔具〕民之年與地之闊狹爲鄉帳。鄉成於縣，縣成於州，州成於戶部。又有計帳，具來歲課役以報度支。此唐初雖有能爲之力，而無能爲之術也，愚之所甚恨者。太宗貞觀末年，伐遼之舉，正田制既定之日，以田二十頃賜征遼之功元仁基。是太宗初年，已自敗其制，況口分世業之法，不合於古乎。至使公主田園，或徧畿甸太平公主，宦官名田幾半京畿。睿宗於劉幽求賜之田千畝，本傳：睿宗立，拜幽求侍中，下詔曰：國家之復，幽求是賴，宜加賜實封千畝云云。武宗於鄭光賜之鄠、雩陽二縣良田，本傳而兼并抑又甚矣噫！漢唐之盛，一處於勢而不可爲，一泥於法而不善爲，況魏晉紛紛之時耶！然則不用井田之制，而享井田之利者，其惟國朝乎？建隆初，嘗行均田之法，均田之大名不實者，有罰括田於鄭州，殘暴者有貶。政要，建隆初，命常參官往諸道均田。

宋·林駉《古今源流至論》續集卷三《賦稅》 唐因口分世業之田，而立租賦之法，田以二百四十步爲畝。一丁以百畝受之，平歲爲米，可百二十石，而租粟止於二石。而唐世以百餘而稅一者，自太宗始也。《食貨志》唐制：凡民始生爲黃，四歲爲小，十六爲中，二十爲丁，六十爲老。授田之制，丁及男年十八以上者，田一頃，共八十畝爲口分，二十畝爲世業，凡授田者，每歲輸粟二斛，稻三斛，謂之租。

元·馬端臨《文獻通考》卷二《田賦考二》 按夾漈鄭氏言：升田廢七百年，至後魏孝文始納李安世之言，行均田之法。然晉武帝時，男子一人占田七十畝，女子三十畝，丁男課田五十畝，丁女二十畝，次丁男半之，女則不課，則亦非始於後魏也。但史不書其還受之法，無由考其詳耳。或謂井田之廢已久，驟行均田，奪有餘以予不足，必致煩擾，以興怨讟。不知後魏何以能行？然觀其立法，所受者露田，諸桑田不在還受之限，意桑田必是人戶世業，是以栽植桑榆其上，而露田不栽樹，則似所種者皆荒閑無主之田。必諸遠流配謫無子孫及戶絕者墟宅，桑榆盡爲公田，以供授受，則固非盡奪富者之田，以予貧人也。又令有盈者無受不還，不足者受種如法，盈者得賣其盈，不足者得買所不足，不得賣其分，亦不得買過所足。是令其從便買賣，以合均給之數，則又非強奪之以爲公田，而授無田之人，與王莽所行異矣。此所以稍久而無弊歟！

元·馬端臨《文獻通考》卷二《田賦考二》 致堂胡氏曰：古者，制民之產，是度其丁戶之衆寡，而授之田也。無世而無在官之田，不特唐初也，係上之人肯給與不肯給耳。苟有制民常產，抑富恤貧之意，則必括民之無田者，而給之田。其富而逾制者，必有限之之法，收之之漸也。若無此意，則以民之犯法，而沒田爲公家之利，與百姓爲市而貿之甚，則以爲價；不售而復奪之又甚，則強其親屬鄰里高價而買之。而民之貧、之富、之利、之病，皆不概於心。惟鬻田得直，重斂得稅斯已矣。自後魏齊周以來，莫如唐之租庸調法最善。然不能百年，爲苟簡者所變可勝惜哉！食祿之家，毋得與民爭利，此以廉耻待士大夫之美政也。古之時，用人稱其官，則久而不徙，或終其身及其子孫，祿有常賜。故仕則不稼，有馬乘則不察鷄豚，家伐冰，則不畜牛羊。當是時，而與民爭利，斯可責矣。後世用人不慎，升黜無常，朝饗大倉，暮而家食。苟非固窮之君子，甘於菽水。彼仰有事，俯有育，若不經營生理，又何以能存？盧懷慎爲丞相，其死也，惟有一奴自鬻以辦喪事，況其餘哉？以理論之，凡士而既仕者，即當視其品而給之田，進而任使，則有祿以酬其品。置而不用，則有田以資其生。惟大譴大呵，不在原宥之例，然後收其田里。如此，則不得與民爭利之法可行，而廉恥之風益勸矣。

元·馬端臨《文獻通考》卷二《田賦考二》 水心言：唐方使民得立券，自賣其田，而田遂爲私田。此說恐亦未深考，如蕭何買民田，自汙貢禹有田一百五十畝，被召之日，賣其百畝，以供車馬，則自漢以來民得以自買賣田土矣。蓋自秦開阡陌之后，田即爲庶人所擅，然亦惟富者、貴者可得之。富者有貲，可以買田；貴者有力，可以占田；而耕田之夫，率屬役於富貴者也。王翦爲大將，請美田宅甚衆，又請善田者五人，可以見其時，田雖在民，官未嘗有授田之法，而權貴之人，亦可以勢取之。所謂善田，則屬役者也。蘇秦曰：使我洛陽有田二頃，安能復佩六國相印？蓋秦既不能躬耕，又無貲可以買田，又無權勢可以得田，宜其貧困無賴也。

元·馬端臨《文獻通考》卷三《田賦考三》 沙隨程氏曰：按唐令文，授田每年十月一日，里正預造簿，縣令總集應退應授之人，對其給授。謂如里正管百丁，田萬畝。立法之意，欲百家仰事俯育，不致困乏耳。因制租調以祿君子，而養民之意爲多。律文脫戶者有禁，漏口者有禁，浮浪者有禁，占田違限者有禁，官司應授田而不授、應課農桑而不課者有禁，但使後世謹守高祖、太宗之法，其爲治豈易量哉？中間法度廢弛，凡史臣所記時弊，皆州縣不舉行法度耳。時天下有戶八百萬，而浮客乃至八十萬，此融之論所以立也。使融檢括剩田以授客戶，責成守令不收限外之賦，雖古之賢臣何以加諸？雖有不善，其振業小民，審修舊法，所得多矣。故杜佑作《理道要訣》稱融之功。當是時，姚崇、宋璟、張九齡輩皆在，豈雷同默默者邪？故唐人後亦思之。然陸贄稱租調法，曰：不校閱而衆寡可知。是故一丁之授田，決不可令輸兩丁之賦，非若兩稅，鄉司能開闔走弄於其間也。史臣曰：州縣希融旨，空張其數，務多其獲。蓋與陸贄之說背馳，豈史臣未稽其實邪？

開元十六年詔每三歲以九等定籍。

先是，揚州租調以錢，嶺南以米，安南以絲，益州以羅紬綾絹供春綵，因詔：江南以布代租，凡庸調租資課皆任土所宜，以江淮轉輸有河洛之艱，而關中蠶桑少，菽麥常賤，乃命庸調資課皆以米，凶年樂輸布絹者從之。河南北不通運州，租皆以絹，代關中庸、課，詔度支減轉運。

天寶五載詔：貧不能自濟者，每鄉免三十丁租庸。

天寶中應受田一千四百三十萬三千八百六十二頃十三畝。

按：十四年有戶八百九十萬餘計，定墾之數每戶合得一頃六十餘畝。至建中初，分遣黜陟使按比墾田，田數都得百十餘萬畝。

元・馬端臨《文獻通考》卷三《田賦考三》 沙隨程氏曰：開元中，豪弱相併，宇文融修舊法，收羨田以招徠浮戶而分業之。今炎創以新意而兼幷者不復追正，貧弱者不復田業，姑定額取稅而已，始與孟子之論悖，而史臣詆融而稱炎，可謂淺近矣，《贊》稱融取隱戶剩田以中主欲。夫隱戶而不出，剩田而不取，則高祖太宗之法廢矣。流亡浮寄者何以振業之乎？使賢者當炎之地，宜用融之善以修舊法，以革時弊，去融之不善，務爲簡易，責成守令而不收籍外之稅。俾高祖、太宗之法弊而復新，戶口既增，租調自廣，此陸贄之論，諄復而發者如斯而已也。且天寶盛時，戶八百餘萬，兵亂之後至是三百餘萬，既曰土著者百無四五，是主戶十五餘萬，浮客二百八十餘萬也。宜無是理既不復授田，雖以見居爲薄，何益乎？

按：宇文融、楊炎皆以革弊自任。融則守高祖太宗之法，炎則變高祖太宗之法。然融守法而人病之，則以其逼脅州縣妄增逃羨以爲功也；炎變法而人安之，則以其隨順人情姑視貧富以制賦也。融當承平之時，簿書尚可稽考，乃不能爲熟議緩行之規；炎當離亂之後，版籍既已隳廢，故不容不爲權時施宜之舉。今必優融而劣炎，則爲不當於事情矣。

元・陸文圭《牆東類稿》卷四《策》 田制

問孟子答井田之問。曰：夫仁政，必自經界始。又曰：經界既正，分田制祿，可坐而定也。正經界，均井地，平穀祿，誠爲國家之先務矣。自秦廢井田，開阡陌，漢因之無所改，至王莽欲復井田，更名天下田，曰王田，皆不得買賣。于是農桑失業，百姓日以凋弊。魏文行均田法，最爲近古，歷周隋及唐而定均田、口分、世業，天寶以後，歸于兼幷之家，而口分、世業壞矣。使井田可復，何爲王莽行之而弊，使井田不可復，何爲魏唐行均田，而便於民，抑井田之法，非口分世業之謂耶？方今篤行仁政，經理田土。酌古揆今，富國便民之事，無出於此，或者奉行未得其策，滋以病民，遂使良法美意藐然無成效，諸友講明于此熟矣。願相與推求其要，以俟他日大廷之對。

封建古法也，司馬晉行之，而叛者起。肉刑古法也，漢文廢之，而人心悅。井田亦古法也，新莽傚之，而失業者怨。然則古法，不可行耶？曰：不可行，則古人不行久矣。夫行古人之法，當行古人之意。故有尊賢親親之意，則可以行封建之法。有尙德緩刑之意，則可以行肉刑之法。有損上益下之意，則可以行井田之法。不得其意，而守其法，是爲徒法，徒法不能以自行。吾觀孟子答文公井地之問，凡二章，始言、貢、助、徹之異，繼言公田世祿之制。又言君子野人之別，而終之曰此其大畧也。若夫潤澤之，則在君與子。朱文公釋潤澤二字，謂因時制宜，使合于人情，宜于土俗，而不失乎先王之意也。然則先王之意奈何？曰：恭以禮下，儉以取民，仁以行政。其在上者如此，庠以養，校以教，序以射，而人倫明。相友助，相扶持，而百姓睦。其在下者如此。當是時也，白墳、黃壤、青黎之地，皆聲教漸被之餘。而隴上輟耕之夫，安得鴻鵠之興嘆？鄉師黨正閭胥之間，皆德行道藝之選。而絳縣老人之年，安得泥塗之久辱？《大田》之詩曰：雨我公田，遂及我私。言天意本雨我君之田，我因蒙其餘惠耳。《噫嘻》之詩曰：駿發爾私，終三十里。戒爾民當大發其力于爾之私田，無尺地之不耕也。

蘇氏曰：上之告民，則先其私。民之奉上，則先其公，上下之間，交相忠愛。如此法禁以厲之歟，號令以迫之歟，刑賞以誘之歟，亦君民相與之意耳。阡陌開，而貧者無立錐；王田禁，而市道有泣涕。仲舒、師丹限田之請，不行於漢，漢民之不幸也。魏文、周隋均田之制，卒定於唐，唐民之猶幸也。塞兼并之路，減田宅之價。此議法之善者，口分給老小，世業傳子孫，此立法之善者，然亦徒法而已。楊龜山嘗論王荆公新法之弊，引明道先生之語，有《關雎》《麟趾》之意。然後可以行周官之法度，大要歸於正心，誠意之效。龜山蓋深識此理，豈鄙儒之所能語，俗吏之所能知哉？度田之法，爲之以漸，持之以久，本之以信，濟之以寬嚴而從於寬，權之以義利而主於義，酌之以今古而宜於今。慢經界者，始於汙吏；務財用者，始於小人。與其百姓不足，不若君不足，與其有聚斂之臣，寧有盜臣，淵中察魚不祥，置中掩兔不仁。大絃急，則小絃絕。耒耜奪丁男之利，絲纊竭紅女之力。普天之下，莫非王土，豈屑屑計此。桑宏羊、宇文融之故智不可用也。

明·何喬新《椒邱文集》卷三《策府十科摘要·户科》 占田之議出於石苞，謂王公以國爲家，京城不宜復有田宅，今可限之。自國王公侯以至丁男，丁女，皆有降差，而行於晉武之時也。均田之法出於李安世，男子露田四十畆，婦人桑田二十畆，戶絕者以爲公田。刺史十五頃，縣令以上六頃，其田則更代相付，而行於後魏孝文之時也。司均之官置於後周，視戶口之衆寡，而有五畆、四畆、三畆之宅。有家者，田百四十畆，有丁者，田止百畆，而行於伯政之初也。永業之制出於北齊，男十八以上皆授口田，婦十八以上皆授口業，沒得以爲子孫長久之計，而行於河清之時也。唐太宗因貞觀之盛，而損益數代之制，以二百四十步爲畆，百步爲頃，民年十八受田一頃，八十畆爲口分，二十畆爲世業。田多可以足其人者，爲寬鄉；田少不足給者，爲狹鄉。凡徙鄉及貧無以葬者，得賣世業，自狹鄉徙寬鄉者，得賣口分。已賣者不復授，此其最爲精密，若可行者，然比之周制，其不合者多矣。嗟夫！仁政必自經界始，經界不正，則田無定分，而豪強得以兼并；賦無定法，而貪暴得以多取，雖欲言治，皆苟而已。誠能採張子講求之意，朱子經界之説，擇廉幹之吏以重其選，申久任之法以責其成，抑商賈，禁遊惰，使野無荒頓之土，民無遊惰之夫，則庶乎不失先王之遺意矣！

明·胡翰《胡仲子集》卷一《井牧》 天地養萬物，聖人養萬民。故天下之利，聖人不私諸己，亦不以私於人，井田之制是也。井田者，仁政之首也，井田不復，仁政不行，天下之民始敝敝矣。其後二百三十有二年，而漢始有名田之議，猶古之遺意也。又其後六百有三年，而元魏始有均田之法，猶古之遺制也。先王之遺制遺意，由秦以來，僅一二見，又有行之不遠，天下之民益敝敝矣。爲政者南面以子萬姓，一夫之飢，猶己飢之，一夫之寒，猶己寒之，孰無是心也，而訖莫之拯焉。方漢承秦苛虐之後，民新脱去湯火，未遑蘇息，高帝因而撫之，逮及文景之世，國家晏安無事，宗戚大臣，憑藉貴高之勢，爭取美田宅以爲子孫利益，郡邑富商大賈，周流天下，貲累鉅萬，治生產畜牧，膏壤十倍，上儗封君，編戶之氓，無立錐之地，則卑下之爲役、爲僕，不暇顧其身。貧富不均，勢所馴致也。故董仲舒言於孝武，以古井田法雖難猝行，宜少近古，限民名田，以抑兼并。名田者，占田也。占田有限，是富者不行過制也。其後師丹、孔光之徒因之，令民名田無過三十頃，期盡三年，而犯者沒入之，議者以三十頃之田，周三十夫之地也。一夫占之，過矣。晉石苞令民男女二人占田百畝，丁男女有差，有國食祿者有差，或十頃，或五十頃，兼以品蔭其親屬，自啓訐端矣。民無恆產，不能制之，專事要束之間，不勞民駭衆，坐獲井田之利，此吾所未喻也。殆不過爲兼并之閑耳，非有資於畎畮，細民能無不足之患也。故名田雖有古之遺意，不若均田之善。李安世在魏太和中，其得君非華夏之主也，其得民非歸馬放牛之時也。以魏國之大，獨能均其土地，審其經術，差露田別世業，魏人賴之，力業相稱。北齊、後周因而不變，隋又因之。唐有天下，遂定爲口分永業之制，而取其租庸調之法。口分卽露田也。露田夫四十畝，婦人二十畝，而率倍之，口分八十畝而不倍。惟歲易之田倍之。永業卽世業也，夫家受而不還，皆二十畝，所以課蒔桑麻也。民有多寡，鄉有寬狹，田有盈縮，狹鄉之民，受田半之，爲工商者不給，而在寬鄉者給之亦半也。老疾寡妻妾，給之三十畝，四十畝，雖不耕，不可無養也。當戶者益之二十畝，雖已有田，不可不優也。以此均天下之田，貧不得鬻，富不得兼，猶懼不能守吾法。而乃聽民鬻永業以葬，鬻口分以遷，是以小不足而大亂法也。何救於敝，振窮恤貧，民獲保息，周典也。何惜而不爲之，鬻而加罰。永徽之禁，抑末耳。議者如宋劉敞。又以魏、齊、周、隋享國日淺，兵革不息，土曠人稀，其田足以給其衆，民獲其實。唐承平日久，丁口滋多，官無閑田給受，民不復獲其實，視爲具文，不知隋唐之盛，丁口相若耳。開皇十二年，發使均天下之田，狹鄉一夫僅二十畝，隋之給受何加於唐也。唐雖承平日久，貞觀開元之盛，其人戶猶不及隋，何至其田具文無實也？畝言過矣。但狹鄉之民多而田不盈，永業之田鬻而民不固，如陸贄所謂時弊者，勢馴致也。時敝則法亦敝，故均田雖有古之遺制，不若井田之善。

明·徐問《讀書劄記》卷六　井田，程子以爲可行，張子欲用筭法折地以授民，用四標竿畫地，定經界要之。不井田經界，而欲行王政，均徭役，廣儲蓄，息爭訟，美風俗也，難矣。然其法勢難卒復。董子欲限民名田，在當時亦未曾行得。朱子曰：欲行須經大亂之後，田盡歸官，方可給民，如唐口分世業，是從魏晉積亂之極，至元魏、北齊、後周，乘此機方做得。愚觀唐自中葉，藩鎮專恣，恐太宗之後，亦不能常守也。後世貧富相縣絶矣。政煩賦重，民生日不自聊，豪民右族有餘力以待其敝，貧者勢必盡破其業而歸之，數年之後，贏縮遷變，漫無紀極。若欲稍爲裁抑，非選用良吏，節用愛人，興利除害，徐議限田之制，而善用之，將有不均之患横出，而莫可制矣。

《南風》之歌、《洪範》之政，與孔子論政、《大學》釋平天下，皆以阜財足食爲要，觀《易》損、益二卦，知天立君本爲民也。自管子始開山澤利源，以富强其國，秦有頭會箕斂，漢筭商車，榷緡錢，悉秋毫以自奉，兼事遠夷，後世因之。食者既衆，生者又寡，爲民牧者，又以貪饕朘剝其間，是宜民生日促，一遇大祲非死徙，則驅而爲盜。王人導利，而布諸上下之意微矣。

《禮·王制》冢宰制國用必於歲之杪，五穀皆入，然後制國用，量入爲出。《周禮》：倉人廩人所掌九穀，除匪頒稍食之外，必存有餘，以治年之豐凶，遺人掌鄉里之委積，以恤民之囏阨。縣都之委積，以待凶荒，至於道路廬室候館，皆有積。故遇歲歉，而民無饑。後世賦重，而田無定分。雖豐歲，猶有饑，故救荒莫重於積貯之多，參以常平、社倉之法，又擇廉平之吏堅守而力行之，庶乎其稍濟矣。

明·黄訓《名臣經濟録》卷二〇《户部》　論均田羅欽順

井田勢不可復，限田勢未易行。天下之田雖未能盡均，然亦當求所以處之之術。不然，養民之職無時而舉矣。今自兩淮南北西極漢沔，大率土曠人稀，地有餘(地)[利]，而江浙之民，特爲蕃庶，往往無田可耕，於此有以處之。其所濟，亦不少矣。以佚道使民雖勞，不怨學道愛人之君子，豈無念及於此者乎？然漢之晁錯得行其策於塞下，宋之陳靖不得行其説於京西，則係乎上之人，明與斷何如耳？《困知志》。

與友人論井田書方孝孺

僕向者僭不自量，竊傷三代聖人，公天下之大典，墜地已久。見今國家法立令行，實足以乘勢有爲，舉而措之，無所難者。故著論井田之事，可復不疑，僕雖不才，亦嘗三思之，而熟究之，非偶爲是誇談也。然每患有志者寡，無與講明之者，始見吾子行淳貌古，心獨慕焉，以爲可語斯事。故出而示之意，吾子異於流俗人。今吾子乃不察其道，而横爲異詞，以非之。謂不可行於此，今流俗之人，常言僕耳，聽之而幾聵者也。吾子安取而陳之哉？且人之言曰：古法有不可行於今者，若井田是也。斯言甚惑也。古之時，席地而食，手掬而飲，歃血而啗毛，衣皮而寢革，爲巢爲窟，以相安，拍手鼓腹，以爲樂，此其不得已也。固不若後世，宫室鐘鼓、服食器用之美且適也。若此者，非惟不可行，亦不必行，以其非中制也。若井田者，更三四聖人，而始大備，酌古今之中盡裁成之。理生民之鉅，方禮義之所由立也。古者之世富庶勝於今，風俗美於今，上下親洽過於今，國之盛强且久過於今，曷爲而不可行哉？人又言曰：禹之洪水，桀紂之暴，人民稀少，故田可均。夫古之時，人民之衆，後世莫及，井田雖未行，而其端已見矣。桀紂之暴，非若秦隋之糜爛其民也。湯武誅其君而已，非若戰國秦漢之際，殺人盈城野，民何爲少哉？今天下喪亂之餘，不及承平十分之一，故均田之行，莫便於此時。而吾子乃援王莽嘗行，證之以爲不可，益謬矣。且王莽之亂，非爲井田也。欺漢家之老母，而奪其璽，稱制於海内，海内之人憤怒，思剖其心而食之。故因變奮起，使王莽不行井田，海内亦亂，莽亦誅死，於井田何有哉？吾子又謂：漢唐不行，今欲行之，難矣。尤非知本之論也，漢唐不行者，非不可行也，未嘗行也。漢高祖之世可行，而時無其人也。唐太宗有志於三代之盛，而魏徵之流，未知先後，不能輔之，以成大業。孰謂不可行也？流俗之末，不可行之者，以吴越言之，山溪險絶，而人民稠也。夫山之地，雖成周之世，亦用貢法，而豈强欲堙卑夷高以盡井(裁)[哉]，但使人人有田，各有公田，通力趨事，相救相卹。不失先王之意，則可矣。而江漢以北，平壤千里，畫而井之，甚易爲力也。東海有魚曰鯤，身如丘山，動則雷震，游則濤湧，橋井之蛙，未嘗識也。伸其股，而自詫曰：東海寧大於井乎？鯤魚之大，孰若吾股乎？今未知天下之故。而曰：井田不可行者，是橋井之蛙之類也。且僕鄙固之意，以爲不行井田，不足以行仁義者，非虚語也。仁義之行，貴人得其所，今富貧不同，富者之威，上足以持公府之柄，下足以鉗小民之財，公家有散於小民，小民未必得也。上有取於富家者，則小民已代輸之矣。富者益富，貧者益貧，二者皆亂之本也。或難僕以爲陳涉、韓信非有陶朱之富，而豈富者爲亂哉？以此論井田踈矣。是殆不然，井田之行，則四海無閑民，而又有政令以申之，德禮以化之，鄉胥里師之，教不絶乎耳？苛取暴征之法，不及乎身，何苦而亂乎？使陳涉、韓信有一廛之宅，一區之田，不仰於人，則且終身爲南畝之民，何暇反乎？故曰：井田之廢，亂之所生也。欲行仁義者，必自井田始。吾子欲舍井田而行仁義，猶無釜炊，雖愚婦知其不可，不以井田爲治，士大夫安之，豈智顧不如愚婦哉？抑習俗之移人也。俗之降衰日趨，而日下特立而不變者，惟豪傑之士能之，吾子儼然在縉紳之列，不務明聖人之道以淑來者，而非先王之制，甚爲吾子不取也。僕訥不善爲詞，性頗質，不喜人爲媚。故且以告吾子，孟子不云乎，不直則道不見，然則僕亦非過也。將以明道也，吾子倘有疑於心，當以見教，僕尙能終其說。

制民之產一 丘濬

臣按：井田既廢之後，田不在官而在民，是以貧富不均，一時識治體者，咸慨古法之善，而卒無可復之理，於是有限田之議、均田之制、口分世業之法。然皆議之而不果行，行之而不能久，何也？其爲法，雖各有可取，然不免拂人情，而不宜於土俗，可以暫而不可以常也。終不若聽民自便之爲得也。必不得已，創爲之制必也。因其已然之俗，而立爲未然之限，不追咎其既往，而惟限其制於將來，庶幾可乎？臣請斷以一年爲限，如自今年正月以前，其民家所有之田，雖多至百頃，官府亦不之問。惟自今年正月以後，一丁惟許占田一頃。餘數不許過五十畝。於是，以丁配田，因而定爲差役之法，丁多田少者，許買足其數，丁田相當，則不許再買，買者沒入之。其丁少田多者，在吾未立限之前，不復追究，自立限以後，惟許其鬻賣。有增買者，并削其所有。民家生子，將成丁者，即許預買，以俟其成。以田一頃，配人一丁，當一夫差役，其田多丁少之家，以田配丁，足數之外，以人二丁視田，一頃當一夫差役。量應力役之征。貧者出力。若乃田多人少之處，每丁或餘三五十畝，或至一二頃。人多田少之處，每丁或止四五十畝，七八十畝，隨其多寡，盡其數以分配之。外又因而爲仕宦優免之法，因官品崇卑量爲優免。惟不配丁，納糧如故。其人已死，優及子孫，以寓世祿之意。如京官三品以上，免四頃。五品以上，三頃。七品以上，二頃。九品以上，一頃。外官則遞減之。無田者準田免丁。惟不配丁，納糧如故。立爲一定之限。以爲一代之制，名曰配丁田法。既不奪民之所有。則有田者，惟恐子孫不多，而無匿丁不報者矣。不惟民有常產，而無甚貧甚富之不均，而官之差役，亦有驗丁驗糧之可據矣。行之數十年，官有限制，富者不復買田，興廢無常，而富室不無鬻產，田直日賤，而民產日均，雖井田之制，不可猝復，而兼并之患，日以漸消矣。臣愚偶有所見，不知可否。敢以爲獻，惟聖明下其議，於有司俾究竟以聞。【略】

貢賦之常 膚見 胡世寧

是篇所論雖詳，而所處未見悉當。蓋三代而下，取民之制，莫善於唐之租庸調。以其民有常產，而國有常賦也。至於歲貢之物，出於州府，所市其價，視絹之上下無過五十疋。有加配則以代租賦。太宗又詔：當州所產，則充庭實，不許踰境外求，考其所貢，不過藥物食用。眞得古人授田制賦，任土作貢之義，後經離亂，戶口消耗，田不常授，而丁賦日重。又被藩鎭剝削，貢獻無藝，民不能堪。楊炎因而奏立兩稅之法。雖一時區處節目，或未周要，亦常時救弊之宜，有不可少也。嗣是立國者，不能當平定之初，復古授田之制，誠爲可惜！若當中葉，民生既繁，民賦既定之後，而欲驟變兩稅，復古授田，誠非易事也。但今田賦之弊，江南則等則多端，而里胥飛走之弊，瑣碎難革。其間等重租官田，或因前代舊額，或係國初抄沒罪人之田，小民盡力耕種，不穀辦糧，事窮急迫，多作民田出賣。遺糧在戶賠納不起，多致逃竄負累，里甲攤稅之苦，有如唐李渤所言者。江北近京之地，則富強之家，開墾田土，多不認糧，惟是小民，原額舊田，始有糧稅。至於畝數，所在闊狹亦甚不同，有此不均，致民貧者愈貧，而漸至逃亡，不能出賦。富者愈富，而日肆兼併，不肯加賦。識者謂宜立權時救弊之法，通行天下，田畝各以本州縣爲率。而均一其稅，不必更分多則，其田數廣狹不均，亦宜各縣丈量而均一之。其若北方土曠，收薄之處，及南方或有邊江沙磧、山岡易旱之鄉，則宜倣古人，上田一夫百畝，中田二百畝，下田三畝之意，而量寬其畝，或令加半，或人倍折，或三倍折與，亦不爲過。至於朝廷歲燕享、服食，器用之不可缺者，計除每歲關市山澤之征勾用若干外，餘所不足，則宜均派州縣，仍照戶計貧富，令里甲出銀，而市貢之。然既當論土地出產，而不可取有於無，責多於少。又當論道里遠近，而不可捨近求遠，捨易求難。至於額外無名之科，率及中使得預因而詐害之弊。又宜痛革之，則貢賦有常，而民得蘇矣。或以田賦舊額，變更爲嫌者，查得永樂十三年勅諭：許令官田拋荒無人肯佃者，照依民田例起科。又查得蘇州官田，原額尤重，宣德年間，曾因知府況鍾之奏，而量爲減輕。是皆不以舊制爲拘也。況今不議減而議均，有何不可？昔在五代，吳越王時，江南之田，畝稅三斗，宋太宗後因王永之言，以爲畝稅一斗。天下通法，概令減輕，故宋民感宋恩德，深入骨髓。雖以南渡衰弱之後，而猶爲之力耕血戰，以抗強敵，而立社稷者，百數十年。豈有今日聖明在上，而宋太宗之事，不可爲也。元主中夏，縱強淩弱，小民含冤，無所控訴。故天命我太祖出，爲民主首，以抑強扶弱，愛恤小民爲事。故當羣雄角逐時而民心先歸，四海平定之日，而民戴愈固，以立我今日千萬年之基，端在乎此。今欲均稅，以蘇民困，則我太祖高皇帝愛恤小民之遺意也。又何不可？在昔聖王行仁政，必以均貧富，分井授田爲急，後世井田之制，猝難行，而因議爲均田限田之法。今均田限田，亦難驟行，而惟均其田賦。又何不可之有？況貧戶逃竄，糧累無干之里甲賠納，又孰若均派有田之家，分納爲當也。然此事，廷臣皆知無肯言者，蓋因富民糧輕之家，多是朝士親識，而各人爲國之心，不勝其私黨之念故也。況此均派之法，富民增賦，無幾而貧，戶得減數，多是私怨之人，不勝感戴之衆，亦何憚而不爲之哉？

近年又有奸民，通同里書，推收匿糧之弊，負累糧里賠納，不可不革，如一都某戶，將糧三石，開付二都，另立子戶，止收一石，丟下二石。趙甲賣田，推糧五斗與錢，一戶納止收二斗，丟糧三斗之類是也。

明・黄宗羲《明文海》卷八四《論甲》 井牧論胡翰

天地養萬物，聖人養萬民。故天下之利，聖人不私諸己，亦不以私于人，井田之制是也。井田者，仁政之首也。井田不復，仁政不行，天下之民始敝敝矣。其後二百三十有二年，而漢始有名田之議，猶古之遺意也。又其後六百有三年，而元魏始有均田之法，猶古之遺制也。先王之遺制遺意，由秦以來僅一二見。又皆行之不遠，天下之民益敝敝矣。爲政者南面以子萬姓，一夫之飢猶己飢之，一夫之寒猶己寒之，孰無是心也，而訖莫之拯焉。方漢承秦苛虐之後，民新脫去湯火，未遑蘇息，高帝因而撫之。逮及文景之世，國家晏安無事，宗戚大臣憑藉貴高之勢，爭取美田宅以爲子孫利益，郡邑富商大賈周流天下，貲累鉅萬，治生產畜牧，膏壤十倍，上儗封君。編戶之氓，無立錐之地，則卑下之爲役爲僕，不暇顧其身。貧富不均，勢所馴致也。故董仲舒言於孝武，以古井田法雖難卒行，宜少近古，限民名田，以抑兼并。名田者，占田也。占田有限，是富者不得過制也。其後師丹、孔光之徒因之，令民名田無過三十頃，期盡三年，而犯者沒入之，議者以三十頃之田，周三十夫之地也，一夫占之過矣。晉石苞令民男女二人占田百畝，丁男女有差，有國食祿者有差，或十頃，或五十頃，兼以品蔭其親屬，自啓奸端矣。民無恆產不能制之，專事要束之間，不勞民駭衆，坐獲井田之利，此吾所未喻也。殆不過爲兼并之閑耳，非有資於畎畝，細民能無不足之患也。故名田雖有古之遺意，不若均田之善。李安世在魏太和中，其得君非華夏之主也。其得民非歸馬牧牛之時也。以魏國之大，獨能均其土地，審其經術，差露田，別世業。魏人賴之力業相稱。北齊、後周因而不變，隋又因之，唐有天下，遂定爲口分、永業之制，而取以租、庸、調之法。口分即露田也。露田夫四十畝，婦人二十畝，而率倍之。口分八十畝而不倍，惟歲易之田倍之。永業即世業也，夫家受而不還，皆二十畝，所以課蒔桑麻也。民有多寡，鄉有寬狹，田有盈縮，狹鄉之民，受田半之，爲工商者不給，而在寬鄉者，給之亦半也。老、疾、寡妻妾給之三十畝、四十畝。雖不耕，不可無養也，當戶者益之二十畝。雖已有田，不可不優也。以此均天下之田，貧不得鬻，富不得兼，猶懼不能守吾法，而乃聽民鬻永業以葬，鬻口分以遷。是以小不足而大亂法也。何捄於敝，振窮恤貧，民獲保息，周典也。何惜而不爲之？鬻而加罰，永徽之禁，抑末耳。議者如宋劉敞，又以魏、齊、周、隋享國日淺，兵革不息，土曠人稀，其田足以給其衆，民穫其實。唐承平日久，丁口滋多，官無閑田給受，民不復獲其實。徒爲具文，不知隋唐之盛，丁口相若耳。開皇十二年，發使均天下之田，狹鄉一夫僅二十畝，隋之給受何加于唐也。唐雖承平日久，貞觀開元之盛，其人戶猶不及隋，何至其田具文無寔也。敞言過矣。但狹鄉之民多，而田不盈，永業之田鬻而民不固。如陸贄所謂時弊者，執馴致也，時弊則法亦弊。故均田雖有古之遺制，不若井田之善。【略】

一舉而十者具矣，何憚而不爲乎？ 其謂不可爲者，蓋亦有二焉。 丘甸縣都，其間萬井，爲溝洫者又萬計，包原隰而爲之，窮天下之力，傾天下之財，非數十年之久，不克潰于成也。 非大有爲之，君不能致其決也。 此不可者一也。 中古以降，淳厚之俗薄，澆僞之風熾，恭儉之化衰，功利之習勝，經久之慮少，僥倖之獘多。 以限田抑富強，猶有撓之者。 況使盡棄其私家之產乎？ 以均田授農民猶有不能周之者，又況生齒滋衆之時乎？

明・章潢《圖書編》卷八七《田賦總敘》 均田論附

國初分田之制有四： 曰魚鱗有圖，曰刑嚴詭寄，曰律嚴欺隱，曰籍沒有稽。 夫魚鱗有圖，則彊界明矣。 刑嚴詭寄，則法令行矣。 律嚴欺隱，則賦役均矣。 籍沒有稽，則官民辨矣。 而且賦有定期，役有常額，此師古而迹不泥，政善而民宜焉者也。 今則豪右之兼併也，而賦獨輕。 問之曰： 可不舉初年之法乎？ 則皆曰： 南陽弘農不可問，姦猾之詭射也，而彼不供。 問之曰： 何不舉初年之法乎？ 則又曰： 投鼠忌器，城狐莫究！ 夫兼併不抑，則無土之民外逃； 詭射不問，則守法之民必貧。 夫兼併何以能驅民於逃也？ 得其地而遺其糧，賦奚以供而可獨存乎？ 詭射何以能致民於貧也？ 差重而貢之者寡，役奚以辨而能獨供乎？ 故地去而糧存，兼併者使之也。 人逃而賦存，詭射者爲之也。 況兼併必勢豪，其財智足以迷吏書而賦獨減。 詭射必貴顯，其信望足以懾官守而役獨蠲。 由是鬻產者逃，而責陪於里甲。 里甲復逃而均之，槩縣包陪不勝，而告者紛紛矣。 守令無如之何，而均田之說起矣。 蓋古之所謂均田者，因人而授之田，而無不耕之。 夫顧賦有定籍，法不可以盡壞，人有定業，勢有難以遽奪，是未可行也。 今之均田云者，無亦欲因田以平其賦，使無不稅之田乎？ 然行之未得其道，獘且緣是以興，其故何也？ 蓋國初以監生供文量之差，履畝畫圖有差錯則罪之，以故法行而難犯。 今則民僞滋甚，法有難以盡行者，且田有等則，賦有上下，不論其等，則欲盡取而均之，則官民莫辨肥瘠無等。 吾恐法難行而獘之踵於昔者愈滋矣。 何也？ 蓋兼併詭射者，威既足以制人，賄又有以通神。 向也賦雖匿而名猶存，今則併其名而亡之矣。 向也役雖隱而籍猶存，今則併其籍而去之矣。 矧夫投獻過寄流獘日深，有長民之責者，寧能恝然而不爲之所哉？ 茲欲除其獘以復其舊，使不去其所爲法之蠹者，可乎？ 夫田不可均故也，而兼併獨不可抑乎？ 糧不可均固也，而詭射獨不可革乎？ 然抑兼併之法有三，曰稽田地，曰重差，曰先徵科。 產去稅存則稽鬻產者，誰也？ 由是計畝而責之催收。 田多糧少則稽脫漏者，誰也？ 由是計糧而責之收籍，此稽田地之法也。 富者必重其差役，必先其科徵。 役重則不勝其差之繁，彼或且無樂其業之廣，徵先則不勝其督之嚴，而亦將苦其糧之多。 此重差役先徵科之法也。 稽詭射之役術有二： 曰愼優免，曰考寄莊。 夫優免免其本業耳。 今則廣收富人之田以射利，欲愼之，則近日之例可尋也。 寄其廣布者耳，今則借豪貴之名以隱差，欲革之，亦近日之禁可尋也。 至於投獻有例，強占有禁，其法具存也。 其他荒蕪汙下之地，糧不可減也。 召民耕種之，使之止供輕糧而差不與焉。 獨曰： 不可乎？ 河水衝決之地，糧不可減也，則以汙漲者補給之，計畝而不使贏焉。 獨曰： 不可乎？ 是皆救賑之急務，而適麥宜民之至術也。 舉而行之，則利不必興也，去其害利者，則利自興矣。 法不必改也，去其蠹法者，則法無不善矣。 然則積獘以革，賦役已均，流亡漸復，荒撫漸墾。 如是而其民有不富盛，而其法有不行者，吾未之信也。 若曰必欲行均田之法，則將奪富人之所有，給貧者之所無。 情屈勢格，必羣起而爭之，況司府會計之繁，郡邑踏勘之擾，又有不勝其獘者乎？ 故朱子謂均田爲東坡之戲論，良有以也。

井田限田均田總論

夫井田法，黃虞氏以前尚矣。 靡得而記，云至周始備。 亦子與輿氏，所謂大畧也。 自李悝商鞅出，而其法決裂，廢滅無存，誠爲萬世戎首。 然秦漢迄今，英君誼辟與奇謀石畫之臣，莫之能變，即有變者或至紕戾無稽。 此豈秦之法有加於三代聖人耶？ 譚者謂戰國干戈之後，丘陵城郭墳壠廬舍鞠爲茂草，即有平原亦半荆棘，漢去秦無幾，已不能比次而經紀之，顧處千載之下，而欲籠其業以授民，踵新莽之復轍吁？ 亦迂矣。 是井田之不能復也，勢也。 議者無已，又有限田均田之說，董仲舒倡限田於元狩，而武帝不果行。 師丹請限田於鴻嘉，而成帝不能用。 乾興初詔： 限公卿以下與衙前將吏田，而任事者以爲不便。 夫井地既廢，富民業已肥殖，長子孫傳襲擬於封國，而遽欲於歲月間，盡褫其所有，此亦非人情矣。 是限田之不能行也，亦勢也。 由周而來七百年，魏孝文納李安世之疏，均授民田，然不再傳而廢。 又百二十年，而唐太宗定口分世業之法，然行未久而報罷。 又二百三十年，而周世宗詔行元稹均田圖法，然世族羣起而撓之。 夫周制既遠，生齒錯出，民之遷徙靡定，田之給代無常，而履畝握筭，官且不勝其蝥矣。是均田之不能久也，亦勢也。夫田不能井，又不能限，又不能均，均亦不能久，第建步立畝，括田均賦。此爲至策，其必量山澤之入，視莊屯之額，塞飛詭之竇，責無藉之戶，令所輸者與所入相當。取他羨補崩決償失額，無嫁稅匿逋者即驗問，嘉與更始，弛其罰。無論世世偏累，疲癃之民驩然若更生，如此則田不必井，而井之法存，田不必均，而均之法寓矣。

任地之法

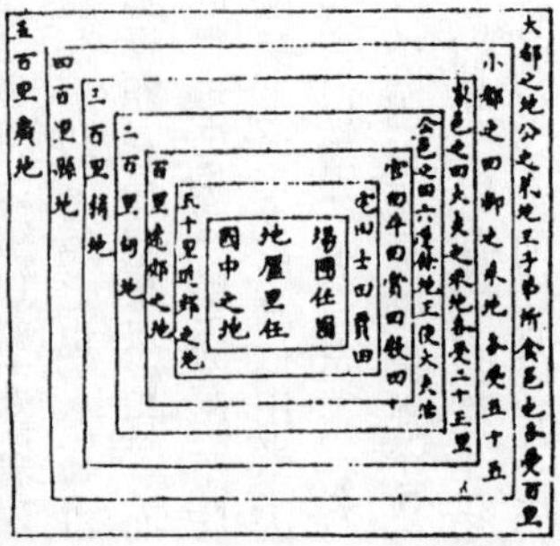

廛里空地，未有肆城中空地，未有宅場圃之地，可以種果蓏，可以納禾稼宅田者，以備民宅，及致仕者所受之田。士田者，士大夫所受之田。賈田者，商賈所受之田。官田者，庶人在官所受之田。賞田者，有功而受賞之田。牛牧田者，牧養之家所受之田。自甸之外，以至畺地，有公邑，有卿之采地，有公之采地，有王子弟所食之邑，亦以任之。

載師掌任地之法，有廛里、有廛場，圃有宅田、士田、賈田，有官田、牛田、賞田、牧田，有公邑之田，有小都大都之田，且國有四民，農之受田，無疑矣。惟工商之受田，初無明文，而二鄭之釋《周禮》，則有異商之議，元謂士大夫之子得而耕之田也。賈田吏爲縣官賣材者，與之田也。後鄭則引《漢・食貨志》之言，謂農民戶一人已受田，其家衆男爲餘夫，亦以口受田，如此士工商家受田五口，乃當農夫一人，據後鄭之意，則直謂賈田爲商田之家所受田也。予以爲不然，夫四民不相業，亦不相雜處，其來久矣。四民之中，自農之外，惟士爲然，田蓋使之耕且養也。果如後鄭之言，以賈爲商賈之賈，則工商一也。何載師獨載賈田，而不言工田乎？嗟夫！王者之所重者，農民也。所輕者，末作也。不耕者，出屋粟。宅不毛者，出里布，莫非設輕重之法，使民知農之爲優，而工商之不足事也。今使爲工者，得以器械易粟，而復受田焉，則誰不爲工乎？使爲商者日中而市，交易而退，而復受田焉，則誰不爲商乎？然則載師無商田、工田之明文，而後鄭必爲之說。予以爲深知先王重本抑末之意。

征稅之法

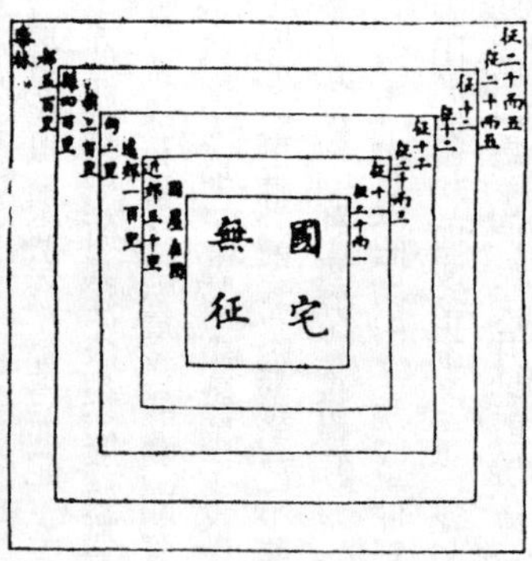

王城之中，國宅無征，園圃所償，窶者賴之，廛里所受，民以爲居者，皆薄其征。五十里近郊，其民役使頻，故輕稅十取一優之。百里遠郊，其民役使不若近郊之頻，故二十取三。至於甸稍縣都在遠郊外，其民役使又不若近郊之頻，故十取二。唯漆林之征二十而五者，懼民趨末作侈於器用，故二十取五以抑之。

載師任民

閭師任民

載師閭師相胥圖

國宅	以廛里任國中之地
園廛	以場圖任圖地
近郊	以宅田士田賈田任近郊之地
遠郊	以官田牛田賞田牧田任遠郊之地
甸	以公邑之田任甸地
稍	以家邑之田任稍地
縣	以大都之田任縣地
鄉	以小都之田任彊地

任農以耕事貢九穀	任圃以樹事貢草木	任工以飭財貢器物	任商以市事貢貨賄	任牧以畜事貢鳥獸	任嬪以女事貢布帛	任衡以山事貢其物	任虞以澤事貢其物	凡無職者出夫布

載師任土： 載師所治廣，總其大綱，故自國中至疆而言其地。

閭師任民： 閭師所治小，徵于各戶，故自三農至閒民而言其民。

載師任土，自國中以及畺，掌其大綱，閭師任民，自三農以致無常職，掌其細目，相爲經緯。夫凡民之事，有一定而不易者，九職是也。有兼爲而不費者，樹畜是也。故先王之世，雖士工商之家，靡不受田，務使人知稼穡之艱難，婦女各務蠶絲紡績，則業日起，而善心生，至于梧檟桑柘之植，雞豚狗彘之畜，尤取諸天地自然之利，而無所費。但在乎愛養之而已，此皆富民之本而爲善之資也。不勤于樹畜者，則五者之罰，使不得備禮，載師以其不務本業，故徵其財。閭師以其不能兼職，故罰其禮，上之人非利其財也，將驅之以務本耳，非靳于禮也，將愧之而使勤耳。又旅師三六遂之賦，猶閭師之於六鄉也。閭師罰惰民之禮，旅師聽新畝之治，此皆鄉遂之不可少者。

清・顧炎武《日知録》卷一〇《後魏田制》 後魏雖起朔漠，據有中原，然其墾田、均田之制有足爲後世法者。景穆太子監國，令曰：《周書》言：任農以耕事，貢九穀。任圃以樹事，貢草木。任工以餘材，貢器物。任商以市事，貢貨賄。任牧以畜事，貢鳥獸。任嬪以女事，貢布帛。任衡以山事，貢其材。任虞以澤事，貢其物。乃令有司課畿內之民，使無牛者借人牛以耕種，而爲之芸田以償之。凡耕種二十二畝而芸七畝，大略以是爲率，使民各標姓名於田首，以知其勤惰。禁飲酒遊戲者。於是墾田大增。高祖太和九年十月丁未詔曰： 聯承乾在位，十有五年，每覽先王之典，經綸百氏，儲蓄既積，黎元永安。爰暨季葉，斯道陵替。富強者幷兼山澤，貧弱者望絶一廛。致令地有遺利，民無餘財。或爭畝畔以亡軀，或因饑饉以棄業。而欲天下太平，百姓豐足，安可得哉！ 今遣使者循行州郡，與牧守均給天下之田，勸課農桑，興富民之本。 其制： 男夫十五以上，受露田四十畝，婦人二十畝。 民年及課則受田，老免，及身沒則還田。 諸桑田不在還受之限。 男夫人給田二十畝，課蒔餘，種桑五十樹，棗五株，榆三根。非桑之土，夫給一畝。依法課蒔榆棗，限三年種畢，不畢，奪其不畢之地。於是有口分、世業之制，唐時猶沿之。嗟乎，人君欲留心民事，而創百世之規，其亦運之掌上也已。宋林勳作《本政》之書，而陳同父以爲必有英雄特起之君，用於一變之後，豈非知言之士哉。

清・顧炎武《日知録》卷一〇《後魏田制》 後魏雖起朔漠，據有中原，然其墾田、均田之制有足爲後世法者。景穆太子監國，令曰：《周書》言：任農以耕事，貢九穀。任圃以樹事，貢草木。任工以餘材，貢器物。任商以市事，貢貨賄。任牧以畜事，貢鳥獸。任嬪以女事，貢布帛。任衡以山事，貢其材。任虞以澤事，貢其物。乃令有司課畿內之民，使無牛者借人牛以耕種，而爲之芸田以償之。凡耕種二十二畝而芸七畝，大略以是爲率。使民各標姓名於田首，以知其勤惰。禁飲酒遊戲者，於是墾田大增。高祖太和九年十月丁未詔曰： 朕承乾在位，十有五年，每覽先王之典，經綸百氏，儲蓄既積，黎元永安。爰暨季葉，斯道陵替。富強者幷兼山澤，貧弱者望絶一廛。致令地有遺利，民無餘財。或爭畝畔以亡軀，或因饑饉以棄業。而欲天下太平，百姓豐足，安可得哉！ 今遣使者循行州郡，與牧守均給天下之田，勸課農桑，興富民之本。 其制： 男夫十五以上，受露田四十畝，婦人二十畝。 民年及課則受田，老免及身沒則還田。 諸桑田不在還受之限。 男夫人給田二十畝，課蒔餘，種桑五十樹，棗五株，榆三根。非桑之土，夫給一畝。依法課蒔榆棗，限三年種畢，不畢，奪其不畢之地。於是有口分、世業之制，唐時猶沿之。嗟乎，人君欲留心民事，而創百世之規，其亦運之掌上也已。宋林勳作《本政》之書，而陳同父以爲必有英雄特起之君，用於一變之後，豈非知言之士哉。

清・蔡世遠《古文雅正》卷九 食貨志論 《新唐書》

古之善治其國，而愛養斯民者，必立經常簡易之法，使上愛物以養其下，下勉力以事其上，上足而下不困。故量人之力而授之田，量地之産而取以給公上，量其入而出之以爲用度之數。是三者常相須以濟而不可失，失其一則不能守其二。及暴君庸主，縱其佚欲，而苟且之吏從之，變制合時以取寵於其上。故用於上者無節，而取於下者無限，民竭其力而不能供，由是上(食)[愈]不足而下愈困，則財利之説興，而聚斂之臣用。《記》曰： 寧畜盜臣。盜臣誠可惡，然一人之害爾。聚斂之臣用，則經常之法壞，而下不勝其弊焉。唐之始時，授人以口分、世業田，而取之以租、庸、調之法，其用之也有節。蓋其畜兵以府衛之制，故兵雖多，而無所損，設官有常員之數，故官不濫而易祿。雖不及三代之盛，然亦可以爲經常之法也。【略】

租庸調、府兵之法，北魏宇文周時頗已施行，特至唐初而制度方備耳。余嘗謂商鞅之罷井田，楊炎之定兩稅，一變而不可復。固變法者之過，亦世變使然也。酌行限田之制，量減養兵之費，勤恤時聞，簡任賢司牧以涖之，亦庶乎其可矣。

清《淵鑑類函》卷一三二《政術部·田制》　《玉海》林勳曰：周制：步百爲畝，百畝僅得唐之四十餘畝耳。唐之口分人八十畝，幾倍於古。蓋貞觀之盛，戶不及三百萬，永徽惟增十五萬。若周，則王畿千里已有三百萬家之田，列國不與焉。是以唐制受田倍於周，而地亦足以容之，狹鄉雖裁其半，猶可當成周之制。然按一時戶口，而不爲異日計，則後守法難矣。既無振貧之術，乃許之賣田，後魏以來敝法也。是以啓兼并之漸。《文獻通考》：水心葉氏曰：自古天下之田，無不在官，民未嘗得私有之。但強者力多，却能兼并衆人之利，以爲富。弱者無力，不能自耕，其所有之田，以致轉徙流蕩。故先王之政，授田官以授天下之田，貧富強弱無以相過，天下無甚貧甚富之民。周公治周，授田之制，先治天下之田以爲井，井爲疆界。歲用人力修治之，溝洫畎澮，皆有定數，疆界既定，人無緣得占田其間。田有弱者，游手者不耕，卻無強民兼并之害。至商鞅用秦，開阡陌，已不復有井田之舊。天下之田，卻簡直易見，惟恐人無力以耕之。故秦漢之世，有豪強兼并之患。雖然如此，猶不明說在民，但官不得治。故民得自侵占，而貧者插手不得，不得不去而爲游手，轉而爲末業。漢世如董仲舒、師丹，雖建議欲限天下之田，其制度卻又與三代不合。光武中興，亦只是問天下度田多少，至于漢亡，三國並立，民死於兵革之餘，未至繁息，天下皆爲曠土。當時天下之田，既不在官，又亦終不在民，但隨其力之所能至而耕之。元魏稍立田制，至北齊、後周皆相承，授民田。其初亦未嘗無法制，但末年推行不到頭，法度亦是空立。唐興，只因元魏、北齊制度而損益之。其度田之法：闊一步，長二百四十步爲畝，百畝爲頃，一夫受田一頃。周制乃是百步爲畝，唐却是二倍有餘，此一項制度與成周不合。八十畝爲口分，二十畝爲世業，是一家之田，口分須據下來人數占田多少。周制八家皆私百畝；唐制若子弟多，則占田愈多，此又一項與成周不合。所謂田多可以足其人者爲寬鄉，少者爲狹鄉。狹鄉之田，減寬鄉之半。其地有厚薄，歲一易者倍授之。寬鄉三易者，不倍授。工商者，寬鄉減半，狹鄉不給，亦與周制不同。其自狹鄉徙寬鄉者，又得并賣口分、永業而去。成周之制，雖是授田與民，其間水旱凶荒，上又賑貸救卹，使之可以相補助，而不至匱乏。若唐但知授田而已，而無補助之法，縱立義倉賑給之名，而既令自賣其田，便自無恤民之實矣。周之制，最不容民遷徙，惟有罪則徙之。唐却容遷徙，并得自賣口分之田。方授田之初，其制已不可久，又許之自賣，民始有契約文書，而得以私自賣易。故唐之比前世，其法雖爲初立，然先王之法亦自此大壞矣。後世但知貞觀之法，執之以爲據。故公田始變爲私田，而田終不可改，蓋緣立賣田之法，所以必至此。田制既壞，至於今，官私遂各自立境界，民有沒入官者，則封固之時，或召賣，不容民自籍。所謂私田，官執其契券以各征其直。要知田制所以壞，乃是唐世使民得自賣其田始。前世雖不立法，其田不在官，亦不在民。唐世雖有公田之名，而爲私田之實，其後兵革既起，征斂煩重，民得自有其田而公賣之。天下紛紛遂相兼并，故不得不變而爲兩稅。要知其弊，實出於此。

綜述

唐·杜佑《通典》卷二《食貨典二》　北齊給授田令，仍依魏朝。每年十月普令轉授成丁而授，丁老而退，不聽賣易。文宣帝天保八年，議徙冀、定、瀛無田之人，謂之樂遷，於幽州寬鄉以處之。秦漢州郡則大，魏晉年代又遠，改移分析，或未易知，以此要有解釋。近代制置，今多因習，則不假繁敍，他皆類此。武成帝河清三年詔：每歲春月，各依鄉土早晚，課人農桑。自春及秋，男子十五以上，皆布田畝。蠶桑之月，婦女十五以上，皆營蠶桑。孟冬，刺史聽審邦教之優劣，定殿最之科品。人有人力無牛，或有牛無人力者，須令相便，皆得納種。使地無遺利，人無遊手。又令男子率以十八受田，輸租調，二十充兵，六十免力役，六十六退田，免租調。京城四面諸坊之外，三十里內爲公田。受公田者，三縣代遷戶執事官一品以下，逮於羽林武賁，各有差。其外畿郡，華人官第一品以下，羽林武賁以上，各有差。職事及百姓請墾田者，名爲永業田。奴婢受田者，親王止三百人，嗣王二百人，第二品嗣王以下及庶姓王百五十人，正三品以上及皇宗百人，七品以上八十人，八品以下至庶人六十人。奴婢限外不給田者，皆不輸。其方百里外及州人，一夫受露田八十畝，婦人四十畝，奴婢依良人，限數與在京百官同。丁牛一頭受田六十畝，限止四牛。每丁給永業二十畝，爲桑田。其田中種桑五十根，榆三根，棗五根，不在還受之限。非此田者，悉入還受之分。土不宜桑者，給麻田，如桑田法。

《關東風俗傳》曰：其時強弱相淩，恃勢侵奪，富有連畛亘陌，貧無立錐之地。昔漢氏募人徙田，恐遺墾課，令就良美。而齊氏全無斟酌，雖有當年權格，時暫施行，爭地文案有三十年不了者，此田授受無法者也。其賜田者，謂公田及諸橫賜之田。魏令，職分公田，不問貴賤，一人一頃，以供芻秣。自宣武出獵以來，始以永賜，得聽賣買。遷鄴之始，濫職衆多，所得公田，悉從貨易。又天保之代，曾遙壓首人田，以充、公簿。比武平以後，橫賜諸貴及外戚佞寵之家，亦以盡矣。又河渚山澤有可耕墾肥饒之處，悉是豪勢，或借或請，編戶之人不得一壟。糾賞者，依令，口分之外知有買匿，聽相糾列，還以此地賞之。至有貧人，實非賸長買匿者，苟貪錢貨，詐吐壯丁口分，以與糾人，亦既無田，卽便逃走。帖賣者，帖荒田七年，熟田五年，錢還地還，依令聽許。露田雖復不聽賣買，賣買亦無重責。貧戶因王課不濟，率多貨賣田業，至春困急，輕致藏走。亦有懶惰之人，雖存田地，不肯肆力，在外浮遊。三正賣其口田，以供租課。比來頻有還人之格，欲以招慰逃散。假使暫還，卽賣所得之地，地盡還走，雖有還名，終不肯住，正由縣聽，其賣帖田園故也。廣占者，依令，奴婢請田亦與良人相似。以無田之良口，比有地之奴牛。』宋世良天保中獻書，請以富家牛地先給貧人，其時朝列，稱其合理。宋孝王撰。

後周文帝霸政之初，創置六官。司均掌田里之政令。凡人口十以上宅五畝，口七以上宅四畝，口五以下宅三畝。有室者田百四十畝，丁者田百畝。

隋文帝令，自諸王以下至於都督，皆給永業田，各有差。多者至百頃，少者至四十畝。其丁男、中男永業露田，皆遵後齊之制。並課樹以桑榆及棗。其園宅率三口給一畝，奴婢則五口給一畝。京官又給職分田，一品者給田五頃，至五品則爲田三頃，其下每品以五十畝爲差，至九品爲一頃。外官亦各有職分田。又給公廨田以供用。開皇九年，任墾田千九百四十萬四千二百六十七頃。隋開皇中，戶總八百九十萬七千五百三十六。按定墾之數，每戶合墾田二頃餘也。開皇十二年，文帝以天下戶口歲增，京輔及三河地少而人衆，衣食不給，議者咸欲徙就寬鄉。帝乃發使四出，均天下之田。其狹鄉，每丁纔至二十畝，老小又少焉。至大業中，天下墾田五千五百八十五萬四千四十頃。【略】

大唐開元二十五年令：田廣一步、長二百四十步爲畝，百畝爲頃。自秦漢以降，卽二百四十步爲畝，非獨始於國家，蓋具令文耳。國家程式雖則具存，今所存纂錄，不可悉載，但取其朝夕要切，冀易精詳，乃臨事不惑。丁男給永業田二十畝，口分田八十畝，其中男年十八以上亦依丁男給，老男、篤疾、廢疾各給口分田四十畝，寡妻妾各給口分田三十畝，先永業者，通充口分之數。黃、小、中、丁男女及老男、篤疾、廢疾、寡妻妾當戶者，各給永業田二十畝，口分田二十畝。應給寬鄉，並依所定數；若狹鄉新受者，減寬鄉口分之半。其給口分田者，易田則倍給。寬鄉三易以上者，仍依鄉法易給。其永業田，親王百頃，職事官正一品六十頃，郡王及職事官從一品各五十頃，國公若職事官正二品各四十頃，郡公若職事官從二品各三十五頃，縣公若職事官正三品各二十五頃，職事官從三品二十頃，侯若職事官正四品各十四頃，伯若職事官從四品各十頃，子若職事官正五品各八頃，男若職事官從五品各五頃，上柱國三十頃，柱國二十五頃，上護軍二十頃，護軍十五頃，上輕車都尉十頃，輕車都尉七頃，上騎都尉六頃，騎都尉四頃，驍騎尉、飛騎尉各八十畝，雲騎尉、武騎尉各六十畝。其散官五品以上同職事給，兼有官爵及勳俱應給者，唯從多，不並給。若當家口分之外，先有地非狹鄉者，並卽迴受，有賸追收，不足者更給。諸永業田皆傳子孫，不在收授之限，卽子孫犯除名者，所承之地亦不追。每畝課種桑五十根以上，榆棗各十根以上，三年種畢。鄉土不宜者，任以所宜樹充。所給五品以上永業田，皆不得狹鄉受，任於寬鄉隔越射無主荒地充。卽買蔭賜田充者，雖狹鄉亦聽。其六品以下永業，卽聽本鄉取還公田充，願於寬鄉取者亦聽。應賜人田，非指的處所者，不得狹鄉給。其應給永業人，若官爵之內有解免者，從所解者追。卽解免不盡者，隨所降品追。其除名者，依口分例給，自外及有賜田者並追。若當家之內有官爵及少口分應受者，並聽迴給，有賸追收。其因官爵應得永業，未請及未足而身亡者，子孫不合追請也。諸襲爵者，唯得承父祖永業，不合別請。若父祖未請及未足而身亡者，減始受封者之半給。其州縣界內所部受田，悉足者爲寬鄉，不足者爲狹鄉。諸狹鄉田不足者，聽於寬鄉遙受。應給園宅地者，良口三口以下給一畝，每三口加一畝，賤口五口給一畝，每五口加一畝，並不入永業口分之限。其京城及州郡縣郭下園宅，不在此例。諸京官文武職事職分田：一品一十二頃，二品十頃，三品九頃，四品七頃，五品六頃，六品四頃，七品三頃五十畝，八品二頃五十畝，九品二頃，並去京城百里內給。其京兆、河南府及京縣官人職分田亦準此。卽百里外給者亦聽。諸州及都護府、親王府官人職分田：二品一十二頃，三品一十頃，四品八頃，五品七頃，六品五頃，京畿縣亦準此。七品四頃，八品三頃，九品二頃五十畝。鎭戍、關津、岳瀆及在外監官五品五頃，六品三頃五十畝，七品三頃，八品二頃，九品一頃五十畝。三衞中郎將、上府折衝都尉各六頃，中府五頃五十畝，下府及郎將各五頃，上府果毅都尉四頃，中府三頃五十畝，下府三頃，上府長史、別將各三頃，中府、下府各二頃五十畝。親王府典軍五頃五十畝，副典軍四頃，千牛備身、左右太子千牛備身各三頃。親王府文武官隨府出藩者，於在所處給。諸軍上折衝府兵曹二頃，中府、下府各一頃五十畝。其外軍校尉一頃二十畝，旅帥一頃，隊正副各八十畝，皆於領側州縣界內給。其校尉以下在本縣及去家百里內領者不給。諸驛封田皆隨近給，每馬一匹給地四十畝。若驛側有牧田之處，匹各減五畝。其傳送馬，每匹給田二十畝。諸庶人有身死家貧無以供葬者，聽賣永業田，卽流移者亦如之。樂遷就寬鄉者，并聽賣口分。賣充住宅、邸店、碾磑者，雖非樂遷，亦聽私賣。諸買地者，不得過本制，雖居狹鄉，亦聽依寬制，其賣者不得更請。凡賣買，皆須經所部官司申牒，年終彼此除附。若無文牒輒賣買，財沒不追，地還本主。諸以工商爲業者，永業口分田各減半給之，在狹鄉者並不給。諸因王事沒落外藩不還，有親屬同居，其身分之地，六年乃追。身還之日，隨便先給。卽身死王事者，其子孫雖未成丁，身分地勿追。其因戰傷及篤疾廢疾者，亦不追減，聽終其身也。諸田不得貼賃及質，違者財沒不追，地還本主。若從遠役外任，無人守業者，聽貼賃及質。其官人永業田及賜田，欲賣及貼賃者，皆不在禁限。諸給口分田，務從便近，不得隔越。若因州縣改易，隸地入他境及犬牙相接者，聽依舊受。其城居之人，本縣無田者，聽隔縣受。雖有此制，開元之季，天寶以來，法令弛寬，兼并之弊，有踰於漢成哀之閒。又田令，在京諸司及天下州府縣監、折衝府、鎭戍、關津、嶽瀆等公廨田、職分田，各有差。諸職分陸田限三月三十日，稻田限四月三十日，以前上者並入後人，以後上者入前人。其麥田以九月三十日爲限。若前人自耕未種，後人酬其功直；已自種者，准租分法。其價六斗以下者，依舊定；以上者，不得過六斗。並取情願，不得抑配。親王出藩者，給地一頃作園。若城內無可開拓者，於近城便給。如無官田，取百姓地充，其地給好地替。

天寶中應受田一千四百三十萬三千八百六十二頃十三畝。按十四年有戶八百九十萬餘，計定墾之數，每戶合一頃六十餘畝。至建中初，分遣黜陟使按比墾田田數，都得百十餘萬頃。

《魏書》卷一一〇《食貨志》 夫爲國爲家者，莫不以穀貨爲本。故《洪範》八政，以食爲首，其在《易》曰聚人曰財，《周禮》以九職任萬民，以九賦斂財賄。是以古先哲王莫不敬授民時，務農重穀，躬親千畝，貢賦九州。且一夫不耕，一女不織，或受其飢寒者。飢寒迫身，不能保其赤子，攘竊而犯法，以至於殺身。迹其所由，王政所陷也。夫百畝之內，勿奪其時，易其田疇，薄其稅斂，民可使富也。旣飽且富，而仁義禮節生焉，亦所謂衣食足，識榮辱也。晉末，天下大亂，生民道盡，或死於干戈，或斃於饑饉，其幸而自存者蓋十五焉。

太祖定中原，接喪亂之弊，兵革並起，民廢農業。方事雖殷，然經略之先，以食爲本，使東平公儀墾闢河北，自五原至于棝陽塞外爲屯田。初，登國六年破衞辰，收其珍寶、畜產，名馬三十餘萬、牛羊四百餘萬，漸增國用。旣定中山，分徙吏民及徒何種人、工伎巧十萬餘家以充京都，各給耕牛，計口授田。天興初，制定京邑，東至代郡，西及善無，南極陰館，北盡參合，爲畿內之田；其外四方四維置八部帥以監之，勸課農耕，量校收入，以爲殿最。又躬耕籍田率先百姓。自後比歲大熟，匹中八十餘斛。是時戎車不息，雖頻有年，猶未足以久贍矣。

《隋書》卷二四《食貨志》 魏自永安之後，政道陵夷，寇亂實繁，農商失業。官有征伐，皆權調於人，猶不足以相資奉，乃令所在迭相糾發，百姓愁怨，無復聊生。尋而六鎭擾亂，相率內徙，寓食於齊、晉之郊。齊神武因之，以成大業。魏武西遷，連年戰爭，河、洛之間，又並空竭。天平元年，遷都於鄴，出粟一百三十萬石，以振貧人。是時六坊之衆，從武帝而西者，不能萬人，餘皆北徙，並給常廩，春秋二時賜帛，以供衣服之費。常調之外，逐豐稔之處，折絹糴粟，以充國儲。於諸州緣河津濟，皆官倉貯積，以擬漕運。於滄、瀛、幽、青四州之境，傍海置鹽官，以煮鹽，每歲收錢，軍國之資，得以周贍。自是之後，倉廩充實，雖有水旱凶饑之處，皆仰開倉以振之。元象、興和之中，頻歲大穰。穀斛至九錢。是時法網寬弛，百姓多離舊居，闕於徭賦。神武乃命孫騰、高隆之，分括無籍之戶，得六十餘萬。於是僑居者各勒還本屬，是後租調之入有加焉。及文襄嗣業，侯景背叛，河南之地，困於兵革。尋而侯景亂梁，乃命行臺辛術，略有淮南之地。其新附州郡，羈縻輕稅而已。

及文宣受禪，多所創革。六坊之內徙者，更加簡練，每一人必當百人，任其臨陣必死，然後取之，謂之百保鮮卑。又簡華人之勇力絕倫者，謂之勇士，以備邊要。始立九等之戶，富者稅其錢，貧者役其力。北興長城之役，南有金陵之戰。其後南征諸將，頻歲陷沒，士馬死者，以數十萬計。重以修創臺殿，所役甚廣。而帝刑罰酷濫，吏道因而成姦，豪黨兼并，戶口益多隱漏。舊制，未娶者輸半牀租調，陽翟一郡，戶至數萬，籍多無妻。有司劾之，帝以爲生事。由是姦欺尤甚。戶口租調，十亡六七。

是時用度轉廣，賜與無節，府藏之積，不足以供。乃減百官之祿，撤軍人常廩，併省州郡縣鎮戍之職。又制刺史守宰行兼者，並不給幹，以節國之費用焉。

天保八年，議徙冀、定、瀛無田之人，謂之樂遷，於幽州范陽寬鄉以處之。百姓驚擾。屬以頻歲不熟，米糴踊貴矣。廢帝乾明中，尚書左丞蘇珍芝，議修石鼈等屯，歲收數萬石。自是淮南軍防，糧廩充足。孝昭皇建中，平州刺史嵇曄建議，開幽州督亢舊陂，長城左右營屯，歲收稻粟數十萬石，北境得以周贍。又於河內置懷義等屯，以給河南之費。自是稍止轉輸之勞。

至河清三年定令，乃命人居十家爲比鄰，五十家爲閭里，百家爲族黨。男子十八以上，六十五已下爲丁；十六已上，十七已下爲中；六十六已上爲老；十五已下爲小。率以十八受田，輸租調，二十充兵，六十免力役，六十六退田，免租調。

京城四面，諸坊之外三十里內爲公田。受公田者，三縣代遷戶執事官一品已下，逮于羽林武賁，各有差。其外畿郡，華人官第一品已下，羽林武賁已上，各有差。職事及百姓請墾田者，名爲永業田。奴婢受田者，親王止三百人；嗣王止二百人；第二品嗣王已下及庶姓王，止一百五十人；正三品已上及皇宗，止一百人；七品已上，限止八十人；八品已下至庶人，限止六十人。奴婢限外不給田者，皆不輸。其方百里外及州人，一夫受露田八十畝，婦四十畝。奴婢依良人，限數與在京百官同。丁牛一頭，受田六十畝，限止四牛。又每丁給永業二十畝，爲桑田。其中種桑五十根，榆三根，棗五根。不在還受之限。非此田者，悉入還受之分。土不宜桑者，給麻田，如桑田法。

率人一牀，調絹一疋，綿八兩，凡十斤綿中，折一斤作絲，墾租二石，義租五斗。奴婢各准良人之半。牛調二尺，墾租一斗，義租五升。墾租送臺，義租納郡，以備水旱。墾租皆依貧富爲三梟。其賦稅常調，則少者直出上戶，中者及中戶，多者及下戶。上梟輸遠處，中梟輸次遠，下梟輸當州倉。三年一校焉。租入臺者，五百里內輸粟，五百里外輸米。入州鎮者，輸粟。人欲輸錢者，准上絹收錢。諸州郡皆別置富人倉。初立之日，准所領中下戶口數，得支一年之糧，逐當州穀價賤時，斟量割當年義租充入。穀貴，下價糶之；賤則還用所糶之物，依價糴貯。

每歲春月，各依鄉土早晚，課人農桑。自春及秋，男十五已上，皆布田畝。桑蠶之月，婦女十五已上，皆營蠶桑。孟冬，刺史聽審邦教之優劣，定殿最之科品。人有人力無牛，或有牛無力者，須令相便，皆得納種。使地無遺利，人無遊手焉。

緣邊城守之地，堪墾食者，皆營屯田，置都使子使以統之。一子使當田五十頃，歲終考其所入，以論褒貶。

是時頻歲大水，州郡多遇沉溺，穀價騰踊。朝廷遣使開倉，從貴價以糶之，而百姓無益，饑饉尤甚。重以疾疫相乘，死者十四五焉。

至天統中，又毀東宮，造修文、偃武、隆基嬪嬙諸院，起玳瑁樓。又於遊豫園穿池，周以列館，中起三山，構臺，以象滄海，并大修佛寺，勞役鉅萬計。財用不給，乃減朝士之祿，斷諸曹糧膳，及九州軍人常賜以供之。武平之後，權幸並進，賜與無限，加之旱蝗，國用轉屈。乃料境內六等富人，調令出錢。而給事黃門侍郎顏之推奏請立關市邸店之稅，開府鄧長顒贊成之，後主大悅。於是以其所入，供御府聲色之費，軍國之用不豫焉。未幾而亡。

後周太祖作相，創制六官。載師掌任土之法，辨夫家田里之數，會六畜車乘之稽，審賦役斂弛之節，制畿疆修廣之域，頒施惠之要，審牧產之政。司均掌田里之政令。凡人口十已上，宅五畝；口九已上，宅四畝；口五已下，宅三畝。有室者，田百四十畝，丁者田百畝。司賦掌功賦之政令。凡人自十八以至六十有四，與輕癃者，皆賦之。其賦之法，有室者，歲不過絹一疋，綿八兩，粟五斛；丁者半之。其非桑土，有室者，布一疋，麻十斤；丁者又半之。豐年則全賦，中年半之，下年一之，皆以時徵焉。若艱凶札，則不徵其賦。司役掌力役之政令。凡人自十八以至五十有九，皆任於役。豐年不過三旬，中年則二旬，下年則一旬。凡起徒役，無過家一人。其人有年八十者，一子不從役，百年者，家不從役。廢疾非人不養者，一人不從役。

《隋書》卷二四《食貨志》 高祖登庸，罷東京之役，除入市之稅。是時尉迥、王謙、司馬消難，相次叛逆，興師誅討，賞費鉅萬。及受禪，又遷都，發山東丁，毀造宮室。仍依周制，役丁爲十二番，匠則六番。及頒新令，制人五家爲保，保有長。保五爲閭，閭四爲族，皆有正。畿外置里正，比閭正，黨長比族正，以相檢察焉。男女三歲已下爲黃，十歲已下爲小，十七已下爲中，十八已上爲丁。丁從課役，六十爲老，乃免。自諸王已下，至于都督，皆給永業田，各有差。多者至一百頃，少者至四十畝。其丁男、中男永業露田，皆遵後齊之制。並課樹以桑榆及棗。其園宅，率三口給一畝，奴婢則五口給一畝。丁男一牀，租粟三石。桑土調以絹絁，麻土以布絹。絁以疋，加綿三兩。布以端，加麻三斤。單丁及僕隸各半之。未受地者皆不課。有品爵及孝子順孫義夫節婦，並免課役。京官又給職分田。一品者給田五頃。每品以五十畝爲差，至五品，則爲田三頃，六品二頃五十畝。其下每品以五十畝爲差，至九品爲一頃。外官亦各有職分田。又給公廨田，以供公用。

【略】

時天下戶口歲增，京輔及三河，地少而人衆，衣食不給。議者咸欲徙就寬鄉。其年冬，帝命諸州考使議之。又令尚書，以其事策問四方貢士，竟無長算。帝乃發使四出，均天下之田。其狹鄉，每丁纔至二十畝，老小又少焉。

《舊唐書》卷四三《職官二》 戶部尚書一員，正三品。隋爲民部尚書，貞觀二十三年改爲戶部。明慶元年改爲度支，龍朔二年改爲司元太常伯，光宅元年改爲地官尚書，神龍復爲戶部。侍郎二員。正四品下。因隋已來改易名位，皆隨尚書也。尚書、侍郎之職，掌天下田戶、均輸、錢穀之政令，其屬有四：一曰戶部，二曰度支，三曰金部，四曰倉部。總其職務，而行其制命。凡中外百司之事，由於所屬，皆質正焉。

郎中二員，從五品上。員外郎二員，從六品上。郎中、員外，自隋已來，隨曹改易。主事四人，從九品上。令史十五人，書令史三十四人，亭長六人，掌固十人。郎中、員外郎之職，掌分理戶口、井田之事。凡天下十道，任土所出，爲貢賦之差。凡天下之州府，三百一十有五，而羈縻之州，迨八百焉。四萬戶已上爲上州，二萬戶以上爲中州，不滿爲下州。凡三都之縣，在內曰京縣，城外曰畿，又望縣有八十五焉。其餘則六千戶以上爲上縣，二千戶已上爲中縣，一千戶已上爲中下縣，不滿一千戶皆爲下縣。凡天下之戶，八百一萬八千七百一十，口四千六百二十八萬五千一百六十一。百戶爲里，五里爲鄉。兩京及州縣之郭內，分爲坊，郊外爲村。里及坊村皆有正，以司督察。四家爲鄰，五鄰爲保。保有長，以相禁約。凡男女，始生爲黃，四歲爲小，十六爲中，二十有一爲丁，六十爲老。每一歲一造計帳，三年一造戶籍。縣以籍成于州，州成于省，戶部總而領焉。凡天下之戶，量其資定爲九等，每定戶以仲年，造籍以季年。州縣之籍，恆留五比，省籍留九比。凡戶之兩貫者，先從邊州爲定，次從關內，次從軍府州。若俱者，各從其先貫焉。樂住之制：居狹鄉者，聽其從寬。居遠者，聽其從近。居輕役之地者，聽其從重。辨天下之四人，使各專其業。凡習學文武者爲士，肆力耕桑者爲農，巧作器用者爲工，屠沽興販者爲商。工商之家，不得預於士。食祿之人，不得奪下人之利。凡天下之田，五尺爲步，步二百有四十爲畝，畝百爲頃。度其肥瘠寬狹，以居其人。凡給田之制有差，園宅之地亦如之。凡給口分田，皆從便近。居城之人，本縣無田者，則隔縣給授。凡應收授之田，皆起十月，畢十二月。凡授田，先課後不課，先貧後富，先多後少。凡州縣界內所部，受田悉足者，爲寬鄉，不足者爲狹鄉。凡官人及勳，授永業田。凡天下諸州有公廨田，凡諸州及都護府官人有職分田。凡賦役之制有四：一曰租，二曰調，三曰役，四曰雜徭。課戶每丁租粟二石。其調，隨鄉土所產綾絹絁各二丈，布加五分之一。輸綾絹絁者，綿三兩。輸布者，麻三斤。皆書印焉。凡丁，歲役二旬。無事則收其庸，每日三尺。有事而加役者，旬有五日免調，三旬則租調俱免。凡庸調之物，仲秋斂之，季秋發於州。租則準州土收穫早晚，量事而斂之。仲冬起輸，孟春而納畢。本州納者，季冬而畢。凡諸國蕃胡內附者，亦定爲九等。凡嶺南諸州稅米，及天下諸州稅錢，各有準常。凡丁戶皆有優復蠲免之制。若孝子順孫、義夫節婦志行聞於鄉閭者，州縣申省奏聞，而表其門閭，同籍悉免課役。有精誠致應者，則加優賞焉。凡京司文武職事官，皆有防閤。凡州縣官僚，皆有白直。凡州縣官及在外監官，皆有執衣。凡諸親王府屬，並給士力，具品數如白直。凡有功之臣，賜實封者，皆以課戶充。凡食封，皆傳于子孫。凡庶人年八十及篤疾，給侍丁一人，九十，給二人，百歲，三人。凡天下朝集使，皆以十月二十五日至京師，十一月一日戶部引見訖，於尚書省與羣官禮見，然後集于考堂，應考績之事。元日，陳其貢篚於殿廷。凡京都諸縣令，每季一朝。

《舊唐書》卷四八《食貨志上》 武德七年，始定律令。以度田之制：五尺爲步，步二百四十爲畝，畝百爲頃。丁男、中男給一頃，篤疾、廢疾給四十畝，寡妻妾三十畝。若爲戶者加二十畝。所授之田，十分之二爲世業，八爲口分。世業之田，身死則承戶者便授之；口分，則收入官，更以給人。賦役之法：每丁歲入租粟二石。調則隨鄉土所產，綾絹絁各二丈，布加五分之一。輸綾絹絁者，兼調綿三兩；輸布者，麻三斤。凡丁，歲役二旬。若不役，則收其傭，每日三尺。有事而加役者，旬有五日免其調，三旬則租調俱免。通正役，并不過五十日。若嶺南諸州則稅米，上戶一石二斗，次戶八斗，下戶六斗。若夷獠之戶，皆從半輸。蕃胡內附者，上戶丁稅錢十文，次戶五文，下戶免之。附經二年者，上戶丁輸羊二口，次戶一口，下三戶共一口。凡水旱蟲霜爲災，十分損四已上免租，損六已上免調，損七已上課役俱免。

凡天下人戶，量其資產，定爲九等。每三年，縣司注定，州司覆之。百戶爲里，五里爲鄉。四家爲鄰，五家爲保。在邑居者爲坊，在田野者爲村。村坊鄰里，遞相督察。士農工商，四人各業。食祿之家，不得與下人爭利。工商雜類，不得預於士伍。男女始生者爲黃，四歲爲小，十六爲中，二十一爲丁，六十爲老。每歲一造計帳。三年一造戶籍。州縣留五比，尚書省留三比。神龍元年，韋庶人爲皇后，務欲求媚於人，上表請以二十二爲丁，五十八爲老，制從之。及韋氏誅，復舊。至天寶三年，又降優制，以十八爲中男，二十二爲丁。天下籍始造四本，京師及東京尚書省、戶部各貯一本，以備車駕行幸，省於載運之費焉。

凡權衡度量之制：度，以北方秬黍中者一黍之廣爲分，十分爲寸，十寸爲尺，十尺爲丈。量，以秬黍中者容一千二百爲龠，二龠爲合，十合爲升，十升爲斗；三升爲大升，三斗爲大斗，十大斗爲斛。權衡，以秬黍中者百黍之重爲銖，二十四銖爲兩，三兩爲大兩，十六兩爲斤。調鐘律，測晷景，合湯藥及冠冕，制用小升小兩，自餘公私用大升大兩。又山東諸州，以一尺二寸爲大尺，人間行用之。其量制，公私又不用龠，合內之分，則有抄撮之細。

天寶九載二月，敕：車軸長七尺二寸，麵三斤四兩，鹽斗，量除陌錢每貫二十文。

先是，開元八年正月，敕：頃者以庸調無憑，好惡須準，故遣作樣以頒諸州，令其好不得過精，惡不得至濫，任土作貢，防源斯在。而諸州送物，作巧生端，苟欲副於斤兩，遂則加其丈尺，至有五丈爲疋者，理甚不然。闊一尺八寸，長四丈，同文共軌，其事久行，立樣之時，亦載此數。若求兩而加尺，甚暮四而朝三。宜令所司簡閱，有踰於此年常例，丈尺過多，奏聞。

二十二年五月，敕：定戶口之時，百姓非商戶郭外居宅及每丁一牛，不得將入貨財數。其雜匠及幕士并諸色同類，有蕃役合免征行者，一戶之內，四丁已上，任此色役不得過兩人，三丁已上，不得過一人。其年七月十八日，敕：自今已後，京兆府關內諸州，應徵庸調及資課，並限十月三十日畢。至天寶三載二月二十五日赦文：每載庸調八月徵，以農功未畢，恐難濟辦。自今已後，延至九月三十日爲限。

二十五年三月，敕：關輔庸調，所稅非少，既寡蠶桑，皆資菽粟，常賤糶貴買，損費逾深。又江淮等苦變造之勞，河路增轉輸之弊，每計其運脚，數倍加錢。今歲屬和平，庶物穰賤，南畝有十千之獲，京師同水火之饒，均其餘以減遠費，順其便使農無傷。自今已後，關內諸州庸調資課，並宜準時價變粟取米，送至京逐要支用。其路遠處不可運送者，宜所在收貯，便充隨近軍糧。其河南、河北有不通水利，宜折租造絹，以代關中調課。所司仍明爲條件，稱朕意焉。

天寶元年正月一日赦文：如聞百姓之內，有戶高丁多，苟爲規避，父母見在，乃別籍異居。宜令州縣勘會。其一家之中，有十丁已上者，放兩丁征行賦役；五丁已上，放一丁。卽令同籍共居，以敦風教。其侍丁孝假，免差科。

廣德元年七月，詔：一戶之中，三丁放一丁。庸調地稅，依舊每畝稅二升。天下男子，宜二十三成丁，五十八爲老。

永泰元年五月，京兆麥大稔，京兆尹第五琦奏請每十畝官稅一畝，效古什一之稅。從之。

二年五月，諸道稅地錢使、殿中侍御史韋光裔等自諸道使還，得錢四百九十萬貫。乾元以來，屬天下用兵，京師百僚俸錢減耗。上卽位，推恩庶僚，下議公卿。或以稅畝有苗者，公私咸濟。乃分遣憲官，稅天下地青苗錢，以充百司課料。至是，仍以御史大夫爲稅地錢物使，歲以爲常，均給百官。

《新唐書》卷五一《食貨志一》　貞觀中，初稅草以給諸閑，而驛馬有牧田。

太宗方銳意於治，官吏考課，以鰥寡少者進考，如增戶法；失勸導者以減戶論。配租以斂穫早晚、險易、遠近爲差。庸、調輸以八月，發以九月。同時輸者先遠民。皆自槩量。州府歲市土所出爲貢，其價視絹之上下，無過五十匹。異物、滋味、口馬、鷹犬，非有詔不獻。有加配，則以代租賦。

其凶荒則有社倉賑給，不足則徙民就食諸州。尚書左丞戴冑建議：自王公以下，計墾田，秋熟所在為義倉，歲凶以給民。太宗善之，乃詔：畝稅二升，粟、麥、秔、稻隨土地所宜。寬鄉斂以所種，狹鄉據青苗簿而督之。田耗十四者免其半，耗十七者皆免之。商賈無田者，以其戶爲九等，出粟自五石至于五斗爲差。下下戶及夷獠不取焉。歲不登，則以賑民；或貸爲種子，則至秋而償。其後洛、相、幽、徐、齊、幷、秦、蒲州又置常平倉，粟藏九年，米藏五年，下濕之地，粟藏五年，米藏三年，皆著于令。

貞觀初，戶不及三百萬，絹一匹易米一斗。至四年，米斗四五錢，外戶不閉者數月，馬牛被野，人行數千里不齎糧，民物蕃息，四夷降附者百二十萬人。是歲，天下斷獄，死罪者二十九人，號稱太平。此高祖、太宗致治之大略，及其成效如此。

高宗承之，海內艾安。太尉長孫無忌等輔政，天下未見失德。數引刺史入閤，問民疾苦。卽位之歲，增戶十五萬。及中書令李義府、侍中許敬宗既用事，役費並起。永淳以後，給用益不足。加以武后之亂，紀綱大壞，民不勝其毒。

玄宗初立求治，蠲徭役者給蠲符，以流外及九品京官爲蠲使，歲再遣之。開元八年，頒庸調法于天下，好不過精，惡不至濫，闊者一尺八寸，長者四丈。然是時天下戶未嘗升降。監察御史宇文融獻策：括籍外羨田、逃戶，自占者給復五年，每丁稅錢千五百，以攝御史分行括實。陽翟尉皇甫憬上書言其不可。玄宗方任用融，乃貶憬爲盈川尉。諸道所括得客戶八十餘萬，田亦稱是。州縣希旨張虛數，以正田爲羨，編戶爲客，歲終，籍錢數百萬緡。

十六年，乃詔每三歲以九等定籍。而庸調折租所取華好，州縣長官勸織，中書門下察濫惡以貶官吏，精者褒賞之。二十二年，詔男十五女十三以上得嫁娶。州縣歲上戶口登耗，採訪使覆實之，刺史、縣令以爲課最。

初，永徽中禁買賣世業、口分田。其後豪富兼幷，貧者失業，於是詔買者還地而罰之。

先是楊州租、調以錢，嶺南以米，安南以絲，益州以羅、紬、綾、絹供春綵。因詔江南亦以布代租。

中書令李林甫以租庸、丁防、和糴、春綵、稅草無定法，歲爲旨符，遣使一告，費紙五十餘萬。條目既多，覆問踰年，乃與採訪朝集使議革之，爲長行旨，以授朝集使及送旨符使，歲有所支，進畫附驛以達，每州不過二紙。

凡庸、調、租、資課，皆任土所宜，州縣長官涖定粗良，具上中下三物之樣輸京都。有濫惡，督中物之直。二十五年，以江、淮輸運有河、洛之艱，而關中蠶桑少，菽粟常賤，乃命庸、調、資課皆以米，凶年樂輸布絹者亦從之。河南、北不通運州，租皆爲絹，代關中庸、課，詔度支減轉運。

明年，又詔民三歲以下爲黃，十五以下爲小，二十以下爲中。又以民間戶高丁多者，率與父母別籍異居，以避征戍。乃詔十丁以上免二丁，五丁以上免一丁，侍丁孝者免徭役。天寶三載，更民十八以上爲中男，二十三以上成丁。五載，詔貧不能自濟者，每鄉免三十丁租庸。男子七十五以上、婦人七十以上，中男一人爲侍；八十以上以令式從事。

是時，海內富實，米斗之價錢十三，青、齊間斗纔三錢，絹一匹錢二百。道路列肆，具酒食以待行人，店有驛驢，行千里不持尺兵。天下歲入之物，租錢二百餘萬緡，粟千九百八十餘萬斛，庸、調絹七百四十萬匹，綿百八十餘萬屯，布千三十五萬餘端。天子驕於佚樂而用不知節，大抵用物之數，常過其所入。於是錢穀之臣，始事朘刻。太府卿楊崇禮句剝分銖，有欠折漬損者，州縣督送，歷年不止。其子慎矜專知太府，次子慎名知京倉，亦以苛刻結主恩。王鉷爲戶口色役使，歲進錢百億萬緡，非租庸正額者，積百寶大盈庫，以供天子燕私。及安祿山反，司空楊國忠以爲正庫物不可以給士，遣侍御史崔衆至太原納錢度僧尼道士，旬日得百萬緡而已。自兩京陷沒，民物耗弊，天下蕭然。

肅宗卽位，遣御史鄭叔清等籍江淮、蜀漢富商右族訾畜，十收其二，謂之率貸，諸道亦稅商賈以贍軍，錢一千者有稅。於是北海郡錄事參軍第五琦以錢穀得見，請於江淮置租庸使，吳鹽、蜀麻、銅冶皆有稅，市輕貨繇江陵、襄陽、上津路，轉至鳳翔。明年，鄭叔清與宰相裴冕建議，以天下用度不充，諸道得召人納錢，給空名告身，授官勳邑號；度道士僧尼不可勝計；納錢百千，賜明經出身；商賈助軍者，給復。及兩京平，又於關輔諸州，納錢度道士僧尼萬人。而百姓殘於兵盜，米斗至錢七千，鬻糵爲糧，民行乞食者屬路。乃詔能賑貧乏者，寵以爵秩。

故事，天下財賦歸左藏，而太府以時上其數，尚書比部覆其出入。是時，京師豪將假取不能禁，第五琦爲度支鹽鐵使，請皆歸大盈庫，供天子給賜，主以中官。自是天下之財爲人君私藏，有司不得程其多少。

廣德元年，詔一戶三丁者免一丁，凡畝稅二升，男子二十五爲成丁，五十五爲老，以優民。而彊寇未夷，民耗斂重。及吐蕃逼京師，近甸屯兵數萬，百官進俸錢，又率戶以給軍糧。

至大曆元年，詔流民還者，給復二年，田園盡，則授以逃田。天下苗一畝稅錢十五，市輕貨給百官手力課。以國用急，不及秋，方苗青卽征之，號青苗錢。又有地頭錢，每畝二十，通名爲青苗錢。又詔上都秋稅分二等，上等畝稅一斗，下等六升，荒田畝稅二升。五年，始定法：夏，上田畝稅六升，下田畝四升；秋，上田畝稅五升，下田畝三升；荒田如故；青苗錢畝加一倍，而地頭錢不在焉。

初，轉運使掌外，度支使掌內。永泰二年，分天下財賦、鑄錢、常平、轉運、鹽鐵，置二使。東都畿內、河南、淮南、江東西、湖南、荊南、山南東道，以轉運使劉晏領之；京畿、關內、河東、劍南、山南西道，以京兆尹、判度支第五琦領之，及琦貶，以戶部侍郎、判度支韓滉與晏分治。

時回紇有助收西京功，代宗厚遇之，與中國婚姻，歲送馬十萬匹，酬以縑帛百餘萬匹。而中國財力屈竭，歲負馬價。河、湟六鎮既陷，歲發防秋兵三萬戍京西，資糧百五十餘萬緡。而中官魚朝恩方恃恩擅權，代宗與宰相元載日夜圖之。及朝恩誅，帝復與載貳，君臣猜間不協，邊計兵食，置而不議者幾十年。而諸鎮擅地，結爲表裏，日治兵繕壘，天子不能繩以法，顓留意祠禱，焚幣玉、寫浮屠書，度支稟賜僧巫，歲以鉅萬計。然帝性儉約，身所御衣，必浣染至再三，欲以先天下。然生日、端午，四方貢獻至數千萬者，加以恩澤，而諸道尚侈麗以自媚。朝多留事，經歲不能遣，置客省以居，上封事不足采者，蕃夷貢獻未報及失職未敍者，食度支數千百人。德宗卽位，用宰相崔祐甫，拘客省者出之，食度支者遣之，歲省費萬計。

《新唐書》卷五二《食貨志二》 租庸調之法，以人丁爲本。自開元以後，天下戶籍久不更造，丁口轉死，田畝賣易，貧富升降不實。其後國家侈費無節，而大盜起，兵興，財用益屈，而租庸調法弊壞。

自代宗時，始以畝定稅，而斂以夏秋。至德宗相楊炎，遂作兩稅法，夏輸無過六月，秋輸無過十一月。置兩稅使以總之，量出制入。戶無主、客，以居者爲簿；人無丁、中，以貧富爲差。商賈稅三十之一，與居者均役。田稅視大曆十四年墾田之數爲定。遣黜陟使按比諸道丁產等級，免鰥寡惸獨不濟者。敢有加斂，以枉法論。議者以租、庸、調，高祖、太宗之法也，不可輕改。而德宗方信用炎，不疑也。舊戶三百八十萬五千，使者按比得主戶三百八十萬，客戶三十萬。天下之民，不土斷而地著，不更版籍而得其虛實。歲斂錢二千五十餘萬緡，米四百萬斛，以供外；錢九百五十餘萬緡，米千六百餘萬斛，以供京師。

稅法既行，民力未及寬，而朱滔、王武俊、田悅合從而叛，用益不給，而借商之令出。初，太常博士韋都賓、陳京請借富商錢，德宗以問度支杜佑，以爲軍費裁支數月，幸得商錢五百萬緡，可支半歲。乃以戶部侍郎趙贊判度支，代佑行借錢令，約罷兵乃償之。京兆少尹韋禎、長安丞薛萃，搜督甚峻，民有不勝其冤自經者，家若被盜。然總京師豪人田宅、奴婢之估，裁得八十萬緡。又取僦櫃納質錢及粟麥糶於市者，四取其一，長安爲罷市，市民相率遮邀宰相哭訴，盧杞疾驅而過。韋楨懼，乃請錢不及百緡、粟麥不及五十斛者免，而所獲裁二百萬緡。淮南節度使陳少游增其本道稅錢，每緡二百，因詔天下皆增之。

自太宗時置義倉及常平倉以備凶荒，高宗以後，稍假義倉以給他費，至神龍中略盡。玄宗即位，復置之。其後第五琦請天下常平倉皆置庫，以畜本錢。至是趙贊又言：「自軍興，常平倉廢垂三十年，凶荒潰散，餧死相食，不可勝紀。陛下即位，京城兩市置常平官，雖頻年少雨，米不騰貴，可推而廣之，宜兼儲布帛。請於兩都、江陵、成都、揚、汴、蘇、洪置常平輕重本錢，上至百萬緡，下至十萬，積米、粟、布、帛、絲、麻，貴則下價而出之，賤則加估而收之。諸道津會置吏，閱商賈錢，每緡稅二十，竹、木、茶、漆稅十之一，以贍常平本錢。」德宗納其策。屬軍用迫蹙，亦隨而耗竭，不能備常平之積。

是時，諸道討賊，兵在外者，度支給出界糧。每軍以臺省官一人爲糧料使，主供億。士卒出境，則給酒肉。一卒出境，兼三人之費。將士利之，踰境而屯。

趙贊復請稅間架，算除陌。其法：屋二架爲間，上間錢二千，中間一千，下間五百；匿一間，杖六十，告者賞錢五萬。除陌法：公私貿易，千錢舊算二十，加爲五十；物兩相易者，約直爲率。而民益愁怨。及涇原兵反，大譟長安市中曰：「不奪爾商戶僦質，不稅爾間架、除陌矣。」於是間架、除陌、竹、木、茶、漆、鐵之稅皆罷。

朱泚平，天下戶口三耗其二。貞元四年，詔天下兩稅審等第高下，三年一定戶。自初定兩稅，貨重錢輕，乃計錢而輸綾絹。既而物價愈下，所納愈多，絹匹爲錢三千二百，其後一匹爲錢一千六百，輸一者過二，雖賦不增舊，而民愈困矣。度支以稅物頒諸司，皆增本價爲虛估給之，而繆以濫惡督州縣剝價，謂之折納。復有進奉、宣索之名，改科役曰召雇，率配曰和市，以巧避微文，比大曆之數再倍。又癘疫水旱，戶口減耗，刺史析戶，張虛數以寬責。逃死闕稅，取於居者，一室空而四鄰亦盡。戶版不緝，無浮游之禁，州縣行小惠以傾誘鄰境，新收者優假之，唯安居不遷之民，賦役日重。帝以問宰相陸贄，贄上疏請釐革其甚害者，大略有六：其一曰：「國家賦役之法，曰租、曰調、曰庸。其取法遠，其斂財均，其域人固。有田則有租，有家則有調，有身則有庸，天下法制均壹，雖轉徙莫容其姦，故人無搖心。天寶之季，海內波蕩，版圖隳於避地，賦法壞於奉軍。賦役舊法，行之百年，人以爲便。兵興，供億不常，誅求隳制，此時弊，非法弊也。時有弊而未理，法無弊而已更。兩稅新制，竭耗編甿，日日滋甚。陛下初即位，宜損上益下，嗇用節財，而摘郡邑，驗簿書，州取大曆中一年科率多者爲兩稅定法，此總無名之暴賦而立常規也。夫財之所生，必因人力。兩稅以資產爲宗，不以丁身爲本，資產少者稅輕，多者稅重。不知有藏於襟懷囊篋，物貴而人莫窺者；有場圃、囷倉，直輕而衆以爲富者；有流通蕃息之貨，數寡而日收其贏者；有廬舍器用，價高而終歲利寡者。計估算緡，失平長僞，挾輕費轉徙者脫傜稅，敦本業者困斂求。此誘之爲姦，敺之避役也。今傜賦輕重相百，而以舊爲準，重處流亡益多，輕處歸附益衆。有流亡則攤出，已重者愈重；有歸附則散出，已輕者愈輕。人嬰其弊。願詔有司與宰相量年支，有不急者罷之，廣費者節之。軍興加稅，諸道權宜所增，皆可停。稅物估價，宜視月平，至京與色樣符者，不得虛稱折估。有濫惡，罪官吏，勿督百姓。每道以知兩稅判官一人與度支參計戶數，量土地沃瘠、物產多少爲二等，州等下者配錢少，高者配錢多。不變法而逋逃漸息矣。」

其二曰：「播殖非力不成，故先王定賦以布、麻、繒、纊、百穀，勉人功也。又懼物失貴賤之平，交易難準，乃定貨泉以節輕重。蓋爲國之利權，守之在官，不以任下。然則穀帛，人所爲也；錢貨，官所爲也。人所爲者，租稅取焉；官所爲者，賦斂捨焉。國朝著令，租出穀，庸出絹，調出繒、纊、布、麻，曷嘗禁人鑄錢而以錢爲賦？今兩稅效算緡之末法，估資產爲差，以錢穀定稅，折供雜物，歲目頗殊。所供非所業，所業非所供，增價以市所無，減價以貿所有，耕織之力有限，而物價貴賤無常。初定兩稅，萬錢爲絹三匹，價貴而數不多。及給軍裝，計數不計價，此稅少國用不充也。近者萬錢爲絹六匹，價賤而數加。計口蠶織不殊，而所輸倍，此供稅多人力不給也。宜令有司覆初定兩稅之歲絹、布定估，爲布帛之數，復庸、調舊制，隨土所宜，各脩家技。物甚賤，所出不加；物甚貴，所入不減。且經費所資，在錢者獨月俸、資課，以錢數多少給布，廣鑄而禁用銅器，則錢不乏。有糴鹽以入直，榷酒以納資，何慮無所給哉！」

其三曰：「廉使奏吏之能者有四科，一曰戶口增加，二曰田野墾闢，三曰稅錢長數，四曰率辦先期。夫貴戶口增加，詭情以誘姦浮，苛法以析親族，所誘者將議薄征則遽散，所析者不勝重稅而亡，有州縣破傷之病。貴田野墾闢，率民殖荒田，限年免租，新畝雖闢，舊畬蕪矣。人以免租年滿，復爲污萊，有稼穡不增之病。貴稅錢長數，重困疲羸，捶骨瀝髓，苟媚聚斂之司，有不恤人之病。貴率辦先期，作威殘人，絲不容織，粟不暇舂，貧者奔迸，有不恕物之病。四病繇考覈不切事情之過。驗之以實，則租賦所加，固有受其損者，此州若增客戶，彼郡必減居人。增處邀賞而稅數加，減處懼罪而稅數不降。國家設考課之法，非欲崇聚斂也。宜命有司詳考課績，州稅有定，傜役有等，覆實然後報戶部。若人益阜實，稅額有餘，據戶均減十三爲上課，減二次之，減一又次之。若流亡多，加稅見戶者，殿亦如之。民納租以去歲輸數爲常，罷據額所率者。增闢勿益租，廢耕不降數。定戶之際，視雜產以校之。田既有常租，則不宜復入兩稅。如此，不督課而人人樂耕矣。

其四曰：明君不厚所資而害所養，故先人事而借其暇力，家給然後斂餘財。今督收迫促，蠶事方興而輸縑，農功未艾而斂穀。有者急賣而耗半直，無者求假費倍。定兩稅之初，期約未詳，屬征役多故，率先限以收。宜定稅期，隨風俗時候，務於紓人。

其五曰：頃師旅亟興，官司所儲，唯給軍食，凶荒不遑賑救。人小乏則取息利，大乏則鬻田廬。斂穫始畢，執契行貸，饑歲室家相棄，乞爲奴僕，猶莫之售，或縊死道途。天災流行，四方代有。稅茶錢積戶部者，宜計諸道戶口均之。穀麥熟則平糴，亦以義倉爲名，主以巡院。時稔傷農，則優價廣糴，穀貴而止；小歉則借貸。循環斂散，使聚穀幸災者無以牟大利。

其六曰：古者百畝地號一夫，蓋一夫授田不得過百畝，欲使人不廢業，田無曠耕。今富者萬畝，貧者無容足之居，依託彊家，爲其私屬，終歲服勞，常患不充。有田之家坐食租稅，京畿田畝稅五升，而私家收租畝一石，官取一，私取十，稼者安得足食？宜爲占田條限，裁租價，損有餘，優不足，此安富恤窮之善經，不可捨也。

贄言雖切，以讒逐，事無施行者。

十二年，河南尹齊抗復論其弊，以爲：軍興，國用稍廣，隨要而稅，吏擾人勞。陛下變爲兩稅，督納有時，貪暴無容其姦。二十年間，府庫充牣。但定稅之初，錢輕貨重，故陛下以錢爲稅。今錢重貨輕，若更爲稅名，以就其輕，其利有六：吏絕其姦，一也；人用不擾，二也；靜而獲利，三也；用不乏錢，四也；不勞而易知，五也；農桑自勸，六也。百姓本出布帛，而稅反配錢，至輸時復取布帛，更爲三估計折，州縣升降成姦。若直定布帛，無估可折。蓋以錢爲稅，則人力竭而有司不之覺。今兩稅出於農人，農人所有，唯布帛而已。用布帛處多，用錢處少，又有鼓鑄以助國計，何必取於農人哉？疏入，亦不報。

宋・王欽若《册府元龜》卷七〇《務農》　玄宗開元四年九月壬寅，詔曰：關中田苗，今正成熟，若不收刈，便恐飄零。緣頓差科，時日尚遠，宜令併功收拾，不得妄有科喚，致妨農業。仍令左右御史檢察奏聞。

十二年六月壬辰，詔曰：有國者必以人爲本，固本者必以食爲先。先王於是務其三時，前聖所以分其五土，勸農之道，實在於斯。朕撫圖御歷，殆踰一紀，旰食宵衣，勤乎兆庶，故兢兢翼翼，不敢荒寧。頃歲以來，雖稍豐稔，猶恐地有遺利，人多廢業，游食之徒未盡歸，生穀之疇未均墾。以是軫念，遣使臣恤編戶之流亡，閱大田之衆寡。至如百姓逃散，良有所由。當天冊神功之時，北狄西戎作梗，大軍之後，必有凶年，水旱相仍，逋亡滋甚，自此成弊，於今患之。且違親越鄉，蓋非獲已，暫因規避，旋被兼并，既冒刑網，復損產業，居且常懼，歸又無依，積此艱危，遂成流轉。或因人而止，或庸力自資，懷土之思空盈，返本之徒莫遂。朕虔荷丕構，子育萬姓，立德非宜，而茲弊未革，納隍馭朽，實切於心。既深在予之責，思弘自新之令。其先是逋逃，並宜自首，仍能服勤壟畝，肆力耕耘，所在閑田，勸其開闢，逐土任宜收稅，勿令州縣差科，征役租庸，一皆蠲放。若登時不出，或因此更逃，習俗或然，非以爲抵法，且阻我誠信，是紊我大綱。爰及所由，須加嚴限。且天下風壤，多有不同，地既異宜，俗亦殊習，固當因利制事，不可違人立法。宜令兵部員外郎兼侍御史宇文融，兼充勸農使，巡按人邑，安撫戶口，所在與官寮及百姓商量處分。乃至賦役差科於人非便者，並量事處分，續狀奏聞，務令安輯，勿使勞煩，當行賞罰之科，各竭忠公之力。所到之處，宜示百姓，達我勸人之心。

十五年五月丁酉，是日夏至，賜宰臣及供奉官、諸司長官各綟絲。先是，帝命宮中養蠶，親自臨視，欲使嬪御已下知女工之事。及蠶罷，獲絲甚多，因以賜焉。

十六年十月，敕曰：諸州客戶有情願屬邊緣利者，至彼給良沃田安置，仍給永年優復。宜令所司即與所管客戶州計會，召取情願者，隨其所樂，具數奏聞。

十七年春正月丁酉，詔曰：獻歲發生，陽和在候，乃睠甿庶，方就農桑。其力役及不急之務，一切并停。百姓間有不穩便事須處置者，宜令中書門下與所司喚取朝集使審向商量奏聞。

二十一年正月，詔：其聚衆興役，妨時害功，特宜禁止，以助春事。

二十二年五月，帝於苑中種麥，率皇太子已下躬自收穫，謂曰：此將薦宗廟，是以躬親，亦欲令汝等知稼穡之艱難也。因分賜侍臣等，謂曰：比歲令人巡檢苗稼，所對多不以實，故自種植，以觀其成。且《春秋》書無麥禾，豈非古人所重也！

二十九年，制曰：古之爲理，必順時行令，獻歲發春，仁氣育物，直叶陽和之德，以勤播種之務。天下諸州委刺史、縣令加意勸課，仍令採訪使勾當，非灼然要切事，不得妄有追擾。其今月諸色當審人有單貧老弱者，所司即揀擇量放營農。

天寶五載正月，詔曰：今土膏既動，農事將興，丁壯就功，不可妨奪。其不急之務，一切並停。

九載七月，詔曰：農爲政本，食乃人天，必禾稼之及期，遂京坻之厚積。是以愛人存乎重穀，勤政在乎厚生，俗之所資，何急於此！如聞遠近每至秋中穀禾熟時，即賣充馬藁，苟求規利之心，殊害生成之性。靜言斯弊，實資懲革。自今已後，不得更然。其三京及天下諸郡，並委所由長官嚴加捉搦，如非成熟，不得輒刈，犯者量決四十。仍牓示要路，咸使聞知。

十四載正月，詔：不急之務，一切且停，待至農閑，任依常式。

肅宗上元二年正月，詔：王者設教，務農爲首。今土膏方起，田事將興，敦本勸人，實惟政要。宜令天下刺史、縣令各於所部親勸農桑。

九月，詔曰：田功在謹，農事惟勤，不有司存，何成種穀？諸州等各置司田參軍一人主農事。每縣各置田正二人，於當縣揀明閑田種者充，務令勸課。

［乾元］元年建卯月，御明鳳樓，大赦。詔：其建辰月，應蕃彍騎宜三分量留一分，其餘即放歸營農，至建巳月任依常式。諸州刺史、縣令及司田參軍令設法勸課，令其耕種，不得失時。貧不支濟戶，仍方圓處置，量事借貸，務令存立。歲終巡案，量其功效。

代宗永泰元年正月朔，大赦。制曰：農，政本也；食，人天也。方春之首，重於東作。除軍興至急，餘一切並停，令百姓專營農事。其逃戶復業及浮客情願編附者，仰州縣長吏親就存撫，特矜賦役；全不濟者，量貸種子，務令安集。

大曆十三年正月，壞京畿白渠磑八十餘所，以妨奪農業也。帝思政理之本務於農人，以田農者生民之源，苦於不足；磑碾者，興利之業，主於並兼。遂發使行，具其損益之由。僉以爲正渠無害，支渠有損。乃命府縣凡支渠磑一切罷之。時昇平公主，上之愛女，出降駙馬都尉郭曖，有磑兩輪，并曖父子儀有磑兩輪，並在支渠內。公主聞之，不時入謁，乞留此磑。帝目公主曰：吾爲蒼生爾！識吾意可爲衆先。公主遂即日毀之。由是諸磑不令而毀者非一，百姓便之。自去冬少雪，是日雨雪豐霈，咸以爲聖感。

宋・王欽若《册府元龜》卷八五《赦宥第四》 ［開元］二十六年正月丁丑，親迎氣于東郊，祀青帝。下制曰：皇王之化，載籍所陳，將奉天而育物，必順時而行政，雖禮文則著，而親祠蓋闕。朕自膺寶歷，且踰二紀，承宗社之降祉，賴公卿之叶心，萬物阜成，庶務簡易，思以黎獻，臻夫仁壽，是用敦本，復古將必。稽於月令，謀始作則，先有事於春郊，宜因展禮之辰，式布惟新之澤。其天下見禁囚應犯罪者，特宜免死，配流嶺南，已下罪並放免。朕每念黎甿，斃於征戍，親戚多別離之怨，關山有往復之勤，何嘗不惻隱於懷，寤寐增歎。所以別遣召募，以實邊軍，錫其厚賞，便令常往。今諸軍所召人數向足在於中夏，自可罷兵，既無金革之事，足保農桑之業。自今已後，諸軍兵健并宜停遣，其見鎮兵並一切放還。京畿之內雜役殷繁，言念劬勞，豈忘優恤？頃以櫟陽等縣地多鹹鹵，人力不及，便至荒廢。近者開決，皆生稻苗，亦既成功，豈專其利？京兆府界內應雜開稻田并散給貧丁及逃還百姓以爲永業。《書》不云乎：不作無益，害有益。《語》不云乎：奢則不遜，儉則固。緬懷前古，常折在心，將斲雕以爲樸，期上行而下效。自今已後，王公不得以珍物進獻。所司應緣宮室脩造務從節儉，但蔽風雨，勿爲華飾。至於金玉器物，諸色雕鏤，朕緣蕃客所要，將充宴賞。今流俗之間遞相倣效，既損才於無用，仍作巧於相矜，敗俗傷農，莫斯爲甚。并一切禁斷，以絕浮華。古者鄉有序，黨有塾，將以弘長儒敎，誘進學徒，化人成俗，率繇於是。斯道久廢，朕用憫焉。宜令天下州縣，每一鄉之內，別各置學，仍擇師資，令其教授。其諸州鄉貢，明經進士，每年引見訖，更令國子監謁先師，所司設食，學官等爲之開講，質問疑義。且公侯之裔，皆稟義方，學禮聞《詩》不應失墜，容其僥倖，是瀆化源。其於貴冑子孫，多有不專經業，便與及第，深謂不然。自今已後，宜依令式考試。朕之爵位，惟待賢能，雖選士命官，則有常調，而安卑退迹，尙慮遺才。其內外八品以下官，及草澤間有學業精博蔚爲儒首、文詞雅麗通於政術爲衆所推者，各委本州本司長官精加搜擇，具以聞薦。發生之月，實在於行仁；利物之心，莫先於作善。先斷捕獵，令式有文，所繇州縣，宜嚴加禁止。其每年千秋節日，仍不得輒有屠宰。釋道二門，皆爲聖教，義歸弘濟，理在尊崇。其天下寺觀有道士女冠僧尼者，宜量寺觀大小，各度六七人，簡灼然有經業戒行爲鄉閭所推，仍先取年高者。凡百卿士，朕之同德，宜勉所職，以全時令。亞獻忠王璵宜賜物一千疋，終獻潁王璬賜物五百疋，邠王守禮、寧王憲各五百疋，慶王琮已下及長公主、郡縣主、二王後、京文武官賜帛各有差。天下諸州侍老宜令所繇長官量賜酒肉，務存優養。今朝廷無事，天下和平，美景良辰，百官等任，追勝爲樂，宜即布告中外，咸使聞知。

宋・王欽若《册府元龜》卷一〇五《帝王部・惠民第二》 ［貞觀］十八年二月己酉，幸靈口村落偪側，問其受田，丁三十畝，遂夜分而寢，憂其不給。詔雍州錄尤少田者竝給，復移之於寬鄉。九月，穀、襄、豫、荆、徐、梓、忠、綿、宋、亳十州言大水，竝以義倉賑給之。【略】

高宗永徽二年正月，詔曰：朕寅畏三靈，憂勤萬類，分宵軫慮，昃晷忘飡，跡在嵓廊，心遍天下，懼八政之或舛，憂一物之未安，欲使菽粟積於京坻，禮讓興於萌俗，而德不被遠，誠未動天，政道有虧，咎徵斯應。去歲三輔之地，頗弊蝗螟，天下諸州，或遭水旱，百姓之間，致有罄乏。此由朕之不德，兆庶何辜？今獻歲肇春，東作方始，糧廩或窘，事資賑給其遭蟲水處，量以義倉賑貸貧乏。雍、同二州，各遣郎中一人充使巡問，務盡哀矜之旨，副朕繾綣之心。八月，廢玉華殿以爲佛寺，苑內及諸曹司舊是百姓田宅竝還本主，又以同州吉泉牧地分給貧民。【略】

［開元］二十五年四月戊申，詔有司以咸宜公主秦州牧地分給逃還貧下戶。

二十六年正月丁丑，制：頃以櫟陽等縣地多鹹鹵，人力不及，便至荒廢。近者開決，皆生稻苗，亦既成功，豈專其利？京兆府界內應雜開稻田，竝宜散給貧者及逃還百姓，以爲永業。

二十八年十月，河北十三州水，勑本道採訪使量事賑給。

二十九年秋，河北二十四州雨水害稼，命御史中丞張倚往東都及河北賑恤。

天寶十二載正月丁卯，詔曰：河東及河淮間諸郡，去載微有澇損，至於乏絕，已令給糧。如聞郡縣尙未賙恤，方春在候，農事將興，或慮百姓艱難未能存濟，宜每道各令御史一人，即往宣撫，應有不支持者，與所由計會，隨事賑給。如當郡無食及不充，聽取比郡者分付，務令勝致，以副朕懷。

宋・王欽若《册府元龜》卷四八六《邦計部・遷徙》 後魏道武天興元年正月，車駕發自中山，至于望都堯山。徙山東六州民吏，及徒何、高麗雜夷，三十六署百工、伎巧十萬口，以充京師。

二月詔：給內徙新民耕牛，計口受田。

十二月，徙六州二十二郡守宰、豪傑、吏民二千家於代都。

二年，陳郡、河南流民萬餘口內徙，遣使者存勞之。

明元泰常三年，徙冀、定、幽三州，徒何民於京師。又《娥清傳》云：清爲給事黃門侍郎，先是，徒何民散居三州，頗爲民害。詔清徙之平城。清善綏撫，徙者如歸。

太武始光四年，帝率輕騎襲赫連昌，徙萬餘家而還。徙民在道多死，其能到都者，纔十六七。

延和元年，車駕征馮文通，徙營丘、成周、遼東、樂浪、帶方、玄菟六郡民三萬家於幽州，開倉以賑之。

太延元年，詔長安及平涼民徙在京師，其孤老不能自存者，聽還鄉。

太平眞君六年，徙青、徐之人以實河北。又陸俟，太武時與高涼王那渡河南略地，至濟南東平陵，徙其民六千家實河北。

七年，徙長安城內工巧二千家於京師。

獻文皇興三年，徙青州齊民於京師。

孝文太和十九年，詔遷洛之民葬河南，不得還河北。於是代人南者悉爲河南洛陽人。

宣武正始元年，以苑牧公田，分賜代遷之戶。

孝明武泰元年，鎮南將軍源子恭勒衆渡淮，徙民於淮北，立郡縣，置戍而還。

西魏文帝大統十二年，獨孤信平涼州，擒宇文仲和，遷其民六千餘家於長安。

廢帝二年二月，東梁州平遼，遷其豪帥于雍州。王欽若等曰：按《後周》及《北史》，西魏廢帝、恭帝，年號皆無。

恭帝元年，以巴湘初附，詔李賢爲郢州刺史，總監諸軍略定，乃遷江夏民二千餘戶，以實安州，并築甑山城而還。

東魏孝靜天平元年，遷都於鄴，出粟一百三十六萬石，以賑貧人。是時，六坊之衆從武帝而西者，不能萬人，餘皆北徙，并給常廩，春、秋二時，賜帛以供衣服之費。

北齊神武帝爲魏相，命孫騰、高隆之分括無籍之戶，得六十餘萬。於是僑居者，各勒還本屬。

文宣天保八年，議徙冀、定、瀛無田之人，謂之樂遷于幽州、范陽寬鄉之處。百姓驚擾。又以頻歲不熟，米糴涌貴矣。

後周武帝建德六年十二月，行幸并州宮，移并州軍人四萬於關中。

宣帝大象元年，詔曰：洛陽舊都，今既修復，凡是元遷之戶，并聽還洛州。此外諸民欲往者，亦任其意。河南、幽、相、豫、亳、青、徐七總管，受東京六府處分。

隋煬帝大業元年三月丁未，詔尚書令楊素、納言楊達、將作大匠宇文愷營建東京，徙豫州郭下居民以實之。又詔徙天下富商大賈數萬家於東京。

唐高祖初爲唐王，下令曰：比年寇盜，郡縣饑荒，百姓流亡，十不存一。貿易妻子，奔波道路，雖加周給，無救倒懸。京師倉廩，軍國資用，罄以恤民，便闕支擬。今岷嶓款服，蜀漢沃饒，閭里富於猗陶，菽粟同於水火。曩者儲蓄，徵斂實繁，帑藏猶殷，宜垂拯濟。木牛流馬，非可轉輸，樂土重遷，理無從卜。則窮通之道，將由革變。外內戶口，見在京者，宜依本土置令，以下下官，部領就食。劍南諸郡，所有官物，隨至糴給，明立條格，務使穩便，秋收豐實，更聽進止。

太宗貞觀元年，朝議戶數之處，聽徙寬鄉。陝州刺史崔善爲上表曰：畿內之民，是謂戶殷丁壯之人，悉入軍府。若聽移轉，便出關外，此則虛近實遠，非經通議。其事遂止。

則天天授二年七月二十四日，徙關外、雍、同、泰等七州戶數十萬，以實洛陽。

玄宗開元十六年十月，敕：州客戶有情願屬緣邊州者，至彼，給良沃田安置。仍給永年優復。宜令所司，即與所管客戶州計會。召取情願者，隨其所樂，具數奏聞。

宋·王欽若《册府元龜》卷四八七《邦計部·賦税》 北齊文宣天保初，立九等之戶。富者稅其錢，貧者役其力。

武成河清三年，定令：率以十八受田，輸租調；二十充兵；六十免力役；六十六退田，免租調。率人一牀，調絹一疋、綿八兩。凡十斤綿中折一斤作絲，舊制：未娶者輸半牀租調，有妻者輸一牀，無者半牀。墾租二石、義租五斗，奴婢各準良人之半，牛調絹二丈、墾租一斗、義租五升。墾租送臺，義租納郡，以備水旱。皆依貧富爲三梟，其賦稅常調，則少者直出上戶，中者及中戶，多者及下戶。上梟輸遠處，中梟輸次遠，下梟輸當州倉。三年一校。租入臺者，五百里內輸粟，五百里外輸米。入州鎮者，輸粟。人欲輸錢者，準上絹收錢。

後周太祖，爲西魏相國，創制司賦，掌功賦之政令。民人自十八以至六十有四，與輕癃者，皆賦之。其賦之法：有室者，歲不過絹一疋、綿八兩、粟五斛，丁者半之。其非桑土有室者，布一疋、麻十斤，丁者又半之。豐年則全賦，中年半之，下年三之。皆以時徵焉。若罹凶札，則不徵其賦。司役掌力役之政令，凡人自十八以至五十有九，皆任於役。豐年不過三旬，中年則二旬，下年則一旬。凡起徒役，無過家一人。其人有年八十者，一子不從役；百年者，家不從役；廢疾非人不養者，一人不從役。若凶札，又無力役。

武帝保定元年三月，改八丁兵爲十二丁兵。率歲一月役。

隋高祖開皇元年，遷都發山東丁，毀造宮室。仍依周制，役丁爲十二番，匠則六番。

二年，頒新令：丁男一牀，租粟三石。桑土，調以絹、絁。麻土，調以絹、布。絹、絁以疋，加綿三兩。布一端，加麻三斤。單丁及僕隸爲半之，有品爵及孝子、順孫、義夫、節婦，并免課役。

三年正月，減十二番。令歲役功不過三十日。不役者，收庸減調絹一疋爲二丈。初，蘇威父綽仕西魏，爲度支尚書。以國用不足，爲征稅之法，頗稱其重，既而嘆曰：今所爲者，正如張弓，非平世法也。後之君子，誰能弛乎？威聞其言，每以爲己任。至是，威爲民部尚書，奏減賦役，務從輕典。帝悉從之。

十年五月，制：人年五十，免役收庸。是時，宇內無事，益輕徭賦焉。

十八年五月，左僕射高熲奏：諸州無課調處，及課州管戶數少者，官人祿力，乘前以來，常出隨近之州。但判官本爲牧人，役力理出所部。請於所管戶內，計戶徵稅。帝從之。

煬帝大業初，除婦人及奴婢部曲之課。其後，將事遼碣，增置軍府，掃地爲兵，自是租賦之人益減矣！

唐高祖武德二年，制：每一丁租二石、絹二疋、綿三兩。自茲以外，不得橫有調斂。

七年三月，始定均田賦稅。每丁歲入粟二石，調則隨鄉土所產，綾、絹、絁各二丈，布加五分之一。輸綾、絹、絁者，兼調綿三兩。輸布者，麻三斤。凡丁歲役二旬，若不役，則收其庸，每日三尺。有事而加役者，旬有五日，免其調。三旬則租調俱免。通正役不過五十日。若嶺南諸州，則稅米。上戶一石二斗，次戶八斗，下戶六斗。若夷獠之戶，皆從半輸。蕃胡內附者，上戶丁稅錢十文，次戶五文，下戶免之。附經二年者，上戶丁輸羊二口，次戶一口，下三戶共一口。凡水旱蟲蝗爲災，十損四以上，免租；損六以上，免調；損七以上，課役俱免。

玄宗開元九年十月，敕曰：如聞天下諸州送租庸行綱，發州之日，依數收領，至京都不合有欠。或自爲停滯，因此耗損，兼擅將貨易，交折遂多，妄稱舉債，陪填至州，重徵百姓；或假托貴要，肆行逼迫，江淮之間，此事尤甚。所由既下文牒，州縣遞相稟承，戶口艱辛，莫不由此。自今以後，所有損欠，應須陪填一事以上，并勒行綱，及元受領所由，人知其受納，司不須爲行下文牒，州縣亦不得徵打，仍委按察司採訪，如有此色，所由官停卻，具狀奏。

十六年七月，敕：諸州稅及地稅等，宜令州郡長吏專勾當，依限徵納。訖具所納數，及徵官名品申省。如徵納違限，及檢覆不實，所由官并先與替，仍準法科徵。

二十二年五月，敕：定戶之時，百姓非商戶、郭外居宅，及每丁一牛，不得將入財貨數。其雜匠及幕事并諸色同類，有番役，令免征行者，一戶之內，四丁已上，任色役不得過兩人；三丁已上，不得過一人。

七月，敕：自今已後，京兆府、關內諸州，應徵庸調及資課，并限十月三十日畢。

二十三年六月，敕：天下百姓正丁課輕，徭役所入，惟納租庸。人以安之，國用常足。此緣戶口殷衆，色役繁多。每歲分番，計勞入任，因納資課，取便公私。兼租腳稅戶，權宜輕率，約錢定數，不得不然。如聞州縣官僚，不能處置，凡如此色，邀納見錢，或非時徵，納錢賣布帛，既輕蠶織，爭務貨泉，農商之間，頗亦爲弊。朕每思敦本，將以便人，期於省約，使致通濟。自今已後，凡是資課，稅戶、租腳、營窖、折里等應納官者，并不須令出見錢，抑遣徵備，任以當土。所司均融支料，常令折衷，十道使明加檢察，勿使乖宜。

二十五年四月，敕：關輔庸調所稅非少，既寡蠶桑，皆資菽粟。常賤糴貴賣，捐費逾深。又江淮苦變造之勞，河路增轉輸之弊。每計其運腳，數倍加錢。今歲屬和平，庶物穰賤。南畝有十千之獲，京師同水止之饒。均其餘以減遠貴，順其便使農無傷。自今已後，關內諸州庸調資課，并宜準時價，變粟取米，送至京，逐要支用。其路遠處不可運送者，所在收貯，便充隨近軍糧。其河南、河北，有不通水舟，宜折租造絹，以代關中調課。所司仍明爲條件，稱朕意焉。

九月，詔曰：大河南北，人戶殷繁，衣食之原，租賦尤廣。頃年水旱，廒庾尚虛，今歲屬和平，時遇豐稔，而租所入，水陸運漕，緣腳錢雜，必甚傷農。務在優饒，惠彼黎庶，息其轉輸，大實倉儲。今年河南、河北應送含嘉、太原等倉租米，宜折粟，留納本州。

天寶元年正月，敕：如聞百姓之內，有戶高丁多，苟爲規避，父母見在，乃別籍異居，宜令州縣勘會。其一家之中，有十丁已上者，放兩丁征行賦役；五丁已上，放一丁。即令同籍共居，以敦風教。其賦丁孝假，與免差科。

三年十一月，制：自今以後，天下百姓，宜以十八已上爲中男，二十三已上成丁，每載庸調，八月徵收。農功未畢，恐難濟辦。自今已後，延至九月二十日爲限。

八載正月，敕：朕永念黎元，務弘愛育，所以惠政頻及，善貸相仍，亦將克致和平，登於仁壽。如聞流庸之輩，漸亦歸復，浮食未還，其數非廣。靜言此色，并見其繇。蓋爲宰牧等，授任親人，職在安戢，稍有逃逸，耻言減耗。籍帳之間，虛存戶口；調賦之際，旁及親鄰。此弊因循，其事自久。寤寐興念，良用憮然。不有釐革，孰致殷阜？其承前所有虛挂丁戶，應徵租庸課稅，令近親鄰保代輸者，宜一切并停，應合除削。各委本道採訪使，與外州相知，審細檢覆，申牒所繇。分其逃還復業者，務令優恤，使得安存。縱先爲代輸租庸，不在酬還之限。是時，庸調租等，約出絲綿，郡縣計三百七十餘萬，丁庸調輸絹約七百四十餘萬疋，每丁計兩疋。綿則百八十五萬餘屯。每丁三兩，六兩爲屯。每兩丁合成一屯也。租粟則七百四十餘萬石，每丁兩石。約出布郡縣計四百五十餘萬。丁庸調輸布約千三十五萬餘端。每丁兩端，一丈五尺，十丁則二十二端也。其租約百九十餘萬丁。江南郡縣折納布約五百七十餘萬端，大約八等，以下戶計之，八等折租，每丁三端一丈，九等則二端二丈，今通以三端爲率也。二百六十餘萬丁。江北郡縣納粟約五百二十餘萬石。大凡都計租稅庸調，每歲錢、粟、絹、綿、布等，約得五千二百三十餘萬端、疋、屯、貫、石。

十四載八月，制：天下諸郡逃戶，有田宅產業，妄被人破除，并緣欠負租庸，先以親鄰買賣，及其歸復，無所依投。永言至此，須加安輯。應有復業者，宜并卻還。縱已代出租稅，亦不在徵陪之限。國之役力，合均有無。比來應定門夫，殊非得所。每縣中男多者，累載方始一差；中男少者，一周遂役數過。既緣偏并，豈可因循？自今已後，諸郡所差門夫，宜於當郡縣通率準式，納課分配，令得均平。

代宗廣德元年七月，詔：一戶之中，有三丁放一丁庸調，地稅依舊，每畝稅二升。天下男子，宜二十五歲成丁，五十五入老，應徵稅租，刺史、縣令據見在戶徵稅。其逃亡絕者，不得虛攤鄰保。

二年二月，制：寇戎以來，積有年歲，徵求數廣，凋弊轉深。自今已後，除正租稅及正敕并度支符外，餘一切不在徵科限。

永康元年五月，京畿表大稔。京兆尹第五琦奏請每十畝官稅一畝，效古十一之義。從之。

二年五月，諸道稅地錢使、殿中侍御史韋元胤等，自諸道使還。乾元已來，屬天下用兵，京師百官，俸錢減耗。帝即位，推恩庶僚，下議公卿。或以稅畝有苗者，公私咸濟，乃分遣憲官，稅天下地青苗錢，以充百司課料。至是得錢四百九十萬貫，仍以御史大夫爲稅地錢物使，歲以爲常，均給百官。

大曆元年十一月，制曰：夫從簡之道，大《易》至言；薄賦之規，前王令範。朕志遵儉約，務欲息人。徵斂無期，誠爲勞弊。天下百姓，除正租庸及軍器所須外，不承正敕，一切不得輒有科率，逃亡失業、萍泛無依，特宜招綏，使安鄉井。其逃戶復業者，宜給復三年。如百姓先貨賣田宅盡者，宜委州縣取逃戶死口田宅，量丁口充給，仍仰縣令，親至鄉村，安存處置，務從樂業，以贍資糧。王畿之間，賦斂尤重，百役供億，當甚艱辛。哀我疲人，良深憫念，盍徹之稅，著自周經，未便於人，何必行古，其什一之稅宜停。

四年正月，詔曰：有司定天下百姓及王公已下，每年稅錢分爲九等。上上戶四千文、上中戶三千五百文、上下戶三千文；中上戶二千五百文、中中戶二千文、中下戶一千五百文；下上戶一千文、下中戶七百文、下下戶五百文。其見任官，一品準上上戶，九品準下下戶，餘品并準依此戶等稅。若一戶數處任官，亦每處依品納稅。其內外官仍據正員，及占額內闕者稅，其試及同正員文武官不在稅限。其百姓有邸店、行鋪及爐冶，應準式合加本戶二等稅者，依此稅數，勘責徵納。其寄莊戶，準舊例，從八等戶稅。寄卜住戶，從九等戶稅。比類百姓，事恐不均，宜各遞加一等稅。其諸色浮客，及權時寄住戶等，無問有官無官，亦所在爲兩等收稅。稍殷者，準八等戶，餘準九等戶。如數處有莊田，及每處稅。諸道將士莊田，既緣防禦勤勞，不可同百姓例，并一切從九等輸稅。

十月，敕曰：比屬秋霖，頗傷苗稼。百姓種麥，其數非多。如聞村閭，不免流散，來年稅麥，須有優矜。其大曆五年，夏麥所稅，特宜與減。常年稅其地，總分爲兩等。上等每畝稅一斗，下等每畝稅五升。其荒田如能開佃者，一切每畝稅二升。令在必行，用明大信。仍委令長，宣示百姓。并錄敕榜示村坊要路，令知朕意。

十二月，敕：頃以蕃寇猶虞，王師未戢，所資軍費，皆出邦畿，征調薦興，日加煩重。念流亡之役，減歲入之租，務於惠養，冀有蘇息。尙聞告病，終未安居，深用愧悼，更息愛恤。今關輔諸州，墾田漸廣，江淮轉漕，常數又加。計一年之儲，有大半之助。其餘他稅，固可從輕。其京兆來年秋稅，宜分作兩等，上、下各半。上等每畝稅一斗，下等每畝稅六升。其荒田如能佃者，宜準今年十月二十九日敕，一切每畝稅二升。仍委京兆尹及令長一一存撫，令知朕意。

五年三月，定京兆府百姓稅。夏稅：上田畝稅六升，下田畝稅四升。秋稅：上田畝稅五升，下田畝稅三升。荒田開佃者，畝率二升。

八年正月，詔：諸色丁匠，如有情願納貲課代役者，每月每人任納錢二千文。其青苗地頭錢，天下諸州每畝率十五文。比以京師煩劇，加至三十文，自今已後，宜準諸州例，每畝十五文。

宋・王欽若《册府元龜》卷四九五《邦計部・田制》 後魏太武，初爲太子監國，曾令有司，課畿內之人，使無牛家，以人牛力相貿，墾殖鋤耨。其有牛家與無牛家一牛，種田二十畝，償以耘鋤功七畝。如是爲差，至于老小無牛家種田七畝，老少者償以鋤功二畝，皆以五口下貧家爲率，各列家別口數，所種頃畝，明立簿目。所種者於地首標題姓名，以辨播殖之功。太平眞君九年，下詔均給天下人田。諸男夫十五以上，受露田四十畝，不栽樹者，謂之露田。婦人二十畝，奴婢依良，丁牛一頭受田三十畝，限四牛。所授之田，率倍之；三易之田，再倍之。以供耕作，及還受之盈縮，人年及課，則受田；老免及身沒，則還田。奴婢、牛隨有無以還受課。桑田不在還受之限。但(見人)[通入]倍田分，於(數)[分]雖盈，不得以充露田之數。不足者，以露田充倍。諸初受田者，男夫一人，給田二十畝，課種桑五十樹、棗五株、榆三根。非桑之土，夫給一畝，依法課蒔榆、棗，各依根限，三年種畢，奪其不畢之地於桑、榆地分，雜蒔餘果及多種桑榆者不禁。諸應還之田，不得種桑、棗、果，種者以違令論，地入還分。諸桑田皆爲代業，身終不還，常從見口，有盈者無受無還，不足者受種如法。盈者得賣其盈，不足者得買所不足，不得賣其分，亦不得買過所足。諸麻布之土，男夫及課(列)[別]給麻田十畝，婦人五畝，奴婢依良，皆從還受之法。諸有舉戶老小殘疾無受田者，年十一以上及疾者，各受以半夫田，年逾七十者，不還所受；寡婦守志者，雖免課，亦受婦田。諸還受田，常以正月，若始受田而身亡，及買賣奴婢、牛者，皆至明年正月，乃得還受。諸土廣人稀之處，隨力所及，官借人種蒔，後有來居者，依法封受。諸地狹之處，有進丁受田，而不樂遷者，則以其家桑田爲正田分，又不足，不給倍田。又不足，家內人別減分。無桑之鄉，準此爲法。樂遷者聽逐空荒，不限異州他郡，唯不聽避勞就逸，其地足之處，不得無故而移。諸人有新居者，三口給地一畝，以爲居室。奴婢五口一畝，男、女十五以上，因其地分，口課種菜五分畝之一。諸一人之分，正從正，(陪)[倍]從(陪)[倍]，不得隔越他畔。進丁受田者，常從所近。若同時俱受，先貧後富，再倍之田，放此爲法。諸遠流配謫，無子孫及戶絕者，墟宅桑榆，盡爲公田，以供授受之次，給其所親。未給之間，亦借其所親。諸宰人之官，各隨近給公田。刺史十五頃，太守十頃，治中、別駕各八頃，縣令、郡丞六頃，更代相付，賣者坐如律。

文成時，主客給事中李安世，以民困饑流散，豪戶多有占奪。安世乃上疏曰：臣聞量地畫野，經國大式，邑地相參，致治之本。井稅之興，其來日久，采田之數，制之以限。蓋欲使土不曠功，民罔避力。雄擅之家，不獨豐腴之美；單陋之夫，亦有頃畝之分。所以恤彼貧微，抑兹貪欲，同富約之不均，一齊民於編戶。竊見州郡之民，或因年儉流移，棄賣田宅，漂居異鄉。事涉數世，子孫既立，始返舊墟。廬井荒毀，桑榆改殖，事已歷遠，易生假冒。强宗豪族，肆其侵凌，遠認魏晉之家，近引新舊之驗。又年載稍久，鄉老所惑，群證雖多，莫可取據。各附親知，互有長短，兩證徒具，聽者猶疑，爭訟遷延，連紀不判。良疇委而不開，柔桑枯而不采，僥倖之徒興，繁多之獄作，欲令家豐歲儲，人給資用，其可得乎？愚謂今雖桑井難復，宜更均量，審其經術，令分藝有準，力業相稱。細民獲資生之利，豪右靡餘地之盈，則無私之澤，乃播均於兆庶，如阜如山，可有積於比戶矣！又所爭之田，宜限年斷，事久難明，悉屬今主，然後虛妄之民，絕望於覬覦；守分之事，永免於凌奪矣！帝深納之，後均田之制，起於此矣！

孝文帝太和九年冬十月丁未，詔：朕承乾在位，十有五年，每覽先王之典，經綸百代，儲蓄既積，黎元永安，爰暨季葉，斯道淩替。富強者幷兼山澤，貧弱者望絕一廛，致令地有遺利，民無餘財。或爭畝畔以亡身，或因饑饉以棄業，而欲天下太平，百姓豐足，安可得哉？今遣使者，循行州郡典守，均給天下之田，授以主業，以充爲勸課農桑，興萬民之本。

十四年十二月壬午，詔：依準丘井之式，遣使與州郡，宣行條制。隱口漏丁，即聽附實。若朋附豪勢，陵抑孤弱，罪有常行，比齊給授田令，仍依魏朝，每年十月，普令轉授。成丁而受，丁老而退，不聽賣易。

武成帝河清三年，詔：每歲春月，各依鄉土，早晚課人農桑。自春及秋，男子十五以上，皆布田畝；桑蠶之月，婦女十五以上，皆營蠶桑。孟冬，刺史聽審教之優劣，定殿最之科品。人有人力無牛，或有牛無人力者，須令相便，皆得納種，使地無遺利，人無游手。又令男子率以十八受田，輸租調，二十充力役，六十六退田，免租調。京城四面，諸坊之外三十里內，爲公田。受公田者，三縣代遷戶、執事官一品以下，逮于羽林、武賁，各有差。其外畿郡華人官第一品以下，羽林、武賁以上，各有差。職事及百姓請墾田者，爲永業田。奴婢受田者，親王止三百人；嗣王二百人；第二品嗣王以下，及庶姓王百五十人；正三品以下，及皇宗百人；七品以下八十人；八品以下至庶人六十人。奴婢限外不給田者，皆不輸。其方百里外及州人，一夫受露田八十畝，奴婢依良人，限數與在京百官同。丁牛一頭，受田六十畝，限止四牛。每丁給永業二十畝爲桑田，其田中種桑五十根、榆三根、棗五根，不在還受之限。非地田者，悉入還受之限。土不宜桑者，給麻田，如桑田法。《關東風俗傳》曰：其時強弱相凌，恃勢侵奪，富者連畛踰陌，貧無立錐之地。昔漢氏募人（從）［徙］田，恐遺墾課，令就良美，而齊氏全無斟酌，雖有當年權格，時暫施行，爭地文案，有三十年不了者，此由授受無法者也。其賜田者，謂公田及諸橫賜之田，不問貴賤，一人一頃，以共芻秣。自宣武出獵以來，始以永賜，得聽買賣。遷鄴之始，濫職衆多，所得公田，悉從貿易。又天保之代，曾遙壓首人田，以充公簿。比武平以後，橫賜諸貴，亦已盡矣！又河渚山澤，有可耕墾肥饒之處，悉是豪勢。或借或請，編戶之人，不得一壟。糾賞者，依令，口分之外知有買匿，聽相糾列，還以此地賞之。至有貧人，實非賸長買匿者，苟貪錢貨，詐吐壯丁口分，以與糾人，亦既無田，即便逃走。帖賣者，帖荒田七年，熟田五年。錢還地還，依令聽許。露田雖復不聽賣買，賣買亦無重者。貧戶因王課不濟，率多貨賣田業，亦有懶惰之人，雖存田地，不肯肆力，在外浮游，乃至賣其口以供稅課。比來頻有遷人之格，欲以招慰逃散，假便暫還，即賣所得之地，地盡還走，正繇懸聽其賣帖園田故也。廣占者，依令，奴婢（諸）［請］田亦與良人相似。以無田之良口，比有地之奴牛。宋世良天保中獻書，請以富家牛地先給貧人。其時朝列，稱其合理。

後周文帝霸政之初，創六官，司均掌田里之政令。凡人口十以上，宅五畝；口七以上，宅四畝；口五以下，宅三畝。有室者，田百四十畝；丁者四百畝。

隋令，自諸王以下，至於都督，皆給永業田，各有差。多者至百頃，少者至三十頃。其丁男、中男，永業、露田皆遵後齊之制，并課樹以桑、榆及棗。其田宅率三口給一畝。

開皇十二年，文帝以天下戶口歲增，京輔及三河地少而人衆，衣食不給，議者咸欲徙就寬鄉。帝乃發使四出，均天下之地。其狹鄉每丁纔至二十畝，老小又少焉。太常卿蘇威立議，以爲戶口滋多，民田不贍，欲減功臣之地以給民。王誼奏曰：百官者，歷世勳賢，方蒙爵土，一旦削之，未見其可。如臣所慮，正恐朝臣功德不建，何患民田有不贍？帝然之，竟寢威議。

十四年，詔省府州縣皆給公廨田，不得治生，與人爭利。

煬帝大業中，天下墾田五千五百八十五萬四千四十一頃。其時，有戶八百九十萬七千五百二十六，則戶合墾田五頃餘，恐本史之非實。

唐玄宗開元十八年，宣州刺史裴耀卿論時政，上疏曰：竊見天下所檢客戶，除兩州計會歸本貫以外，更合所在編附，年限向滿，須準居人，更有優矜。即此輩僥倖，若全徵課稅，即目擊未堪。竊料天下諸州，不可一例處置，且望從寬鄉有剩田州作法。竊計有剩田者，不減三、四十州，取其剩田，通融支給，其剩地者，三分請取一分已下；其浮戶，任其親戚、鄉里相就。每十戶已上，共作一坊，每戶給五畝充宅，并爲造一兩口屋。開巷陌，立閭伍，種桑棗，築園蔬，使緩急相助，親鄰不失。丁別量給五十畝已上爲田，任其自營種。卒其戶於近坊，更供給一頃以爲公田，共令營種。每丁一月，役功三日。計十丁一年，共得三百六十日。營公田一頃，不啻得足。計早收一年，不減一百石，使納隨近州縣，除役三百六十日外，更無租稅。既是營田戶，且免征行，安樂有餘，必不流散。官司每丁納收十石，其粟更不別支用，每至不熟年，計別三十價，然後支用。計一丁一年，還出兩石已上，亦與正課不殊。則官收其役，不爲矜縱；人緩其稅，又得安舒。倉廩日殷，久遠爲便。其狹鄉無剩地客戶多者，雖此法未該準式，許移窄就寬，不必須要留住。若寬鄉安置得所，人皆悅慕，則三、兩年後，皆可改途。棄地盡作公田，狹鄉總移寬處。倉儲既實，水旱無憂。

二十三年九月，詔曰：　天下百姓口分永業田，頻有處分，不許買賣典貼。如聞尚未能斷，貧人失業，豪富兼并，宜更申明處分，切令禁止。若有違犯，科違敕罪。

二十五年，制：　田廣一步，長二百四十步爲畝，畝百爲頃。自秦、漢以降，即二百四十步爲畝，非獨始於唐，蓋具令文耳。國家程式，雖則具存，令所纂錄，不可悉載，但取其朝夕要切簡易精詳，乃臨事不惑也。丁男給永業田二十畝，口分田八十畝，其中男年十八以上，亦依丁男給。老、幼、篤疾、廢疾，各給口分田四十畝；　寡妻妾合給分田三十畝。先永業者，通充口分之數。黃、小、中、丁男女及老男、篤疾、廢疾、寡妻妾當戶者，各給永業田二十畝，口分田二十畝，應給寬鄉，并依所定數；　若狹鄉新受者，減寬鄉口分之半。其給口分田者，易田則倍給。寬鄉三易以上者，仍依鄉法易給也。其永業田，親王百頃；　職事官正一品六十頃；　郡王及職事官從一品，各五十頃；　國公若職事官正二品，各四十頃；　郡公若職事官從二品，各三十五頃；　縣公若職事官正三品，各二十五頃；　郡侯若職事官從三品，各二十頃；　縣侯若職事官正四品，各十五頃；　伯若職事官從四品，各十頃；　子若職事官正五品，各八頃；　男若職事官從五品，各五頃；　上柱國三十頃；　柱國二十五頃；　上護軍二十頃；　護軍十五頃；　上輕車都尉十頃；　輕車都尉七頃；　上騎都尉六頃；　騎都尉四頃；　驍騎尉、飛騎尉各八十畝；　雲騎尉、武騎尉各六十畝。其散官五品以上同職事給兼有官爵及勳具應給者，唯從多不并給。若當家口分之外，先有地非狹鄉者，并即回受，有賸追收，不足者更給。諸永業田，皆傳子孫，不在收授之限。即子孫犯除名者，所承之地，亦不追。每畝課種桑五十根以上，榆、棗各十根以上。三年種畢，鄉土不宜者，任以所宜樹充。所給五品以上永業田，皆不得狹鄉受，任於寬鄉隔越射無主荒地充。即買蔭陽田充者，雖狹鄉亦聽。其六品以下永業，即聽本鄉取還公田充，願於寬鄉取者亦聽。應賜人田非指的處所者，不得狹鄉給。其應給永業人，若官爵之內有解免者，從所解者追。即解免不盡者，隨所降品追也。其除名者，依口分例給，自外及有賜田者，并追。若當家之內，有官爵及少口分應受者，并聽回給，有賸追收。其因官爵應得永業，未請及未足而身亡者，子孫不合追請。諸襲爵者唯得承父、祖永業，不合別請。若父、祖未請及未足而身亡者，減始受封者之半給。其州縣界內所部受田悉足者，爲寬鄉；　不足者，爲狹鄉。諸狹鄉田不足者，聽於寬鄉遙受，應給園宅地者，良口三口以下，給一畝；　每三口加一畝；　賤口五口，給一畝；　每五口加一畝，并不入永業口分之限。其京城及州縣郭下園宅，不在此例。諸驛封田，皆隨近給。每馬一匹，給地四十畝。若驛側有（收）［牧］田處，匹別各減五畝。其傳遞馬，每匹給田二十畝。諸庶人有身死家貧，無以供葬者，聽賣永業田。即流移者亦如之。樂遷就寬鄉者，并聽賣口分。賣充住宅、邸店、碾磑者，雖非樂遷，亦聽私賣也。諸買地者，不得過本制。雖居狹鄉，亦聽依寬制，其賣者不更請。凡賣買皆須經所部官司申牒，年終彼此除附，若無文牒輒賣買，財沒不追，地還本主。諸以工商爲業者，永業口分田各減半給之。在狹鄉者，并不給。諸因王事，沒落外蕃不還，有親屬同居，其身分之地，六年乃追。身還之日，隨便先給，即身死王事者，其子孫雖未成丁，身分地勿追。其因戰傷入篤疾、廢疾者，亦不追減，聽終其身。諸田不得貼（債）［賃］及質（遣）［違］者，財沒不追，地還本主。若從遠役外任，無人守業者，聽貼（債）［賃］及質。其官人永業田及賜田欲賣及貼（債）［賃］者，皆不在禁限。諸給口分田，務從便近，不得隔越。若因州縣改隸，地入他境，及犬牙相接者，聽依舊受。其城居之人，本縣無田者，聽隔縣受。雖有此制，開元之季，天寶以來，法令寬弛，兼并之弊，有逾於漢成哀之間矣。親王出藩者，給地一頃作園。若城內無可開拓者，於近城便給。如無官田，取百姓地充其地，給好地替。

天寶十一載十一月乙丑，詔曰：　周有均土之宜，漢存墾田之法，將欲明其經界，定其等威。食祿之家，無廣擅於山澤；　貿遷之伍，罕爭利於農收。則歲有豐穰，人無胥怨，永言致理，何莫繇兹。如聞王公百官，及富豪之家，比置莊田，恣行吞并，莫懼章程，借荒者，皆有熟田，因之侵奪；　置牧者，唯指山谷，不限多少。爰及口分永業，違法賣買，或改籍書，或云典貼，致令百姓無處安置，乃別停客戶，使其佃食。既奪居人之業，實生浮惰之端，遠所皆然，因循亦久，不有釐革，爲弊慮深。其王公百官勳蔭等家，應置莊田，不得逾於式令。仍更從寬典，務使弘通。其有同籍周期以上親俱有勳蔭者，每人占地頃畝，任其累計。其蔭外有餘，如舊是無勳蔭地合賣者，先用鐵買得，不可官收。限敕到百日內，容其轉賣。其先不合蔭又蔭外請射兼借荒，及無馬置牧地之內，并從合蔭者，并不在占限。官還主其口分永業地，先合買賣，若有主來理者，其地雖經除附，不限載月，近遠宜并卻還。

至於價值準格，并不合酬備，即緣先已用錢，審勘責其有契驗可憑，特宜官爲出錢，還其買人。其地若無主論理，不須收奪，庶使人皆摭實，地悉無遺。百姓知復於田疇，蔭家不失其價值，此而或隱，罪必無容。又兩京去城五百里內，不合置牧地。地內熟田，仍不得過五頃已上，十頃已下。其有餘者，仰官收。應緣括檢，共給授田地等，并委郡縣長官及本判官、錄事相知勾當，并特給復業。并無籍貫浮逃人，仍據丁口，量地好惡，均平給授，便與編附，仍放當載租庸。如給未盡，明立簿帳，且官收租佃，不得輒給。官人親識、工商、富豪兼并之家，如有妄請受者，先決一頓，然後準法科罪。不在官當蔭贖。有能糾告者，地入糾人，各令採訪使按覆，具狀聞奏。使司不糾察，與郡縣官同罪。自今已後，更不得違法。買賣口分永業田，及諸射兼借公私荒廢地，無馬妄請牧田，并潛停客戶，有官者私營農，如輒有違犯，無官者決杖四十，有官者錄奏取處分。又郡縣官人，多有任所寄莊，言念貧弱，慮有侵損，先已定者，不可改移。自今已後，一切禁斷。今所括地授田，務欲優矜百姓，不得妨奪，致有勞損客戶，人無使驚擾，緣酬地價值，出官錢支科之間，必資總統。仍令兩京出納使楊國忠，充使都勾當條件處置，凡在士庶，宜悉朕心。

十四載，受田千四百三十萬三千八百六十二頃一十三畝，其載戶八百九十餘萬，計定墾之數每戶各一頃六十餘畝。

代宗寶應元年四月，敕：百姓田地，比者多被殷富之家、官吏吞并，所以逃散，莫不繇茲。宜委縣令，切加禁止。若界內自有違法，當倍科責。五月十九日，敕：逃戶不歸者，當戶租賦停徵，不得卒攤鄰親高戶。

廣德二年四月，敕：如有浮客情願編附，請射逃人物業者，便準式據丁口給授。如二年已上種植，家業成者，雖本主到，不在卻還限，任別給授。

大曆元年，制：逃亡失業，萍泛無依，時宜招綏，使安鄉井。其逃戶復業者，宜給復二年，不得輒有差遣。如有百姓先貨賣田宅盡者，宜委本州縣取逃死戶田宅，量丁口充給。

德宗建中四年六月，判度支、戶部侍郎趙贊，請置大田。天下田計其頃畝，官收十分之一，擇其上腴，樹桑環之，曰公田、公桑。自王公至於匹庶，差借其力，得穀絲以給國用。詔從其說。贊熟計之，自以爲非便，皆寢不下。

憲宗元和四年十二月，監察御史裹行元稹牒《同州奏均田狀》：當州自於七縣田地數內，均配兩稅元額頃畝，并請分給諸色職田、州使[田]官田與百姓，其草、粟、腳錢等，便請於萬戶上均率。又均攤左神策部陽鎮軍田粟，及時放百姓稅麻，并除去斛斗錢草零數等利宜，分析如後。

當州兩稅地

右件地，并是貞元四年檢責，至今已是二十六年，其間人戶逃移，田地荒廢。又近河諸縣，每年河路[吞]侵，沙苑側近，日有[沙]礫填掩，百姓稅額已定，皆是虛(頭)[額]徵(卒)[率]，其間亦有豪富兼并，廣占阡陌。十分田地，纔稅二三，致使窮獨逋亡，賦稅不辦，州縣轉破，實在於斯。臣自到州，便欲差官檢量，又慮疲人煩擾。昨因農務稍暇，臣遂設法，各令百姓自通(手)[乎][實]狀，又令里正書手等，傍爲穩審，并不遣官吏擅到村鄉。百姓等皆知臣欲一例均平，所通田地，略無欺隱。臣便據所通，悉與除去逃戶荒地及河侵沙掩等地。其餘見定頃畝，然取兩稅額地數，通計七縣沃瘠，一例作分抽稅。自此貧富強弱，一切均平，徵斂賦租，庶無逋欠。三二年外，此州實冀稍較完全。

當州京官及州縣官職田公廨田并州使官田驛等

右臣當州百姓田地，每畝只稅粟九升五合，草四分，地頭榷酒錢共出二十一文已下，其諸色職田，每畝約稅粟三斛、草三束，腳錢一百二十文。若是京官上司職田，又(頃)[須]百姓變米雇(腳)[車]搬送，比量正稅，近於四倍加徵。既緣差稅至重，州縣遂逐年抑配百姓租佃，或有隔越村鄉，被配一畝、二畝[之]者，或有身居市井，亦令虛(頭)[額]出稅[之]者，其公廨田、官田[驛田]等，所稅輕重，約與職田相似，亦是抑配百姓租(田)[佃]。疲人患苦，無(甚)[過]於斯。伏準長慶元年七月赦文，京兆府職田，令於萬戶上均配，(正)與臣當州事宜相類。臣今因重配元額稅地，便請盡將此色田地，一切給與百姓，任爲永業，一依正稅粟、草及地頭榷酒錢數納稅，其餘所欠職田、斛斗、錢草等，只於夏稅地上，每畝各加一合，秋稅地上，每畝各加六合、草一分，其[餘]腳錢只收地頭榷酒錢上分釐充數便足，百姓元不加配。其上司職田合變米送城者，比緣百姓出[自]車牛及零碎舂碾，動逾春夏，送納不得到城。臣今便於當州近城縣納粟，官爲變碾，取本色腳錢。州司和雇情願車牛搬載，差綱送納，計萬戶所加至少，使四倍之稅永除。上司職祿及時，公私俱受其利。

當州供左神策部陽鎮軍田粟二千石

右自置軍鎮以來，伏準敕令。取百姓(高)[蒿]荒田地一百頃，給充軍田。其時緣田地零碎，軍司佃(田)[用]不得，遂令縣司每畝出粟二斗，其粟并是一縣百姓秋稅上加配，偏當重斂，事實不均。臣今已於七縣應稅地上，量事配率，自此亦冀均平。

當州朝邑等三縣代納夏陽、韓城兩縣率(稅)[錢狀]

(又)[右]準元和十三年敕，緣夏陽、韓城兩城殘破，量減逃戶率稅，每年攤配朝邑、澄城、郃陽三縣，代納錢六百七(貫)[十]九(百)[貫]二十一文，斛斗三千一百五十二石一斗三升三合，草九千九束，零并不計。臣今因令百姓自通田地，落下兩縣已減元額稅地，請更不令三縣代納差科。

當州稅麻

(又)[右]當州從前稅麻地七十五頃六十七畝四壠，每年計麻一萬一千八百七十四斤四兩，充州司諸色公用。臣昨因均配均稅，檢尋三數十年兩稅文案，只見逐年配率。麻地并不言兩稅數內爲復數外，既無條敕可憑，(以)[臣]今一切放免不稅。

當州所徵斛斗，并草及地頭等錢奇零分數

(又)[右]從前所徵斛斗升合之外，有抄勺圭撮，錢草(則)[即有]分釐毫銖，案牘交加，不可勘算，人戶輸納，元無奇零，甓數所成，盡是姦吏欺沒。臣今所徵斛斗，并請成合，草亦并請成束，錢并請成文，在百姓分數，元無所加，於官司簿書，永絕姦詐。其甓數粟、麥、草等，便充填所欠職田等數，其錢當州每畝元稅二十文三分六釐，人戶納二十一文釐數。臣今只收(元)納二十一文，[內分]釐零數，將充職田腳錢，二千六百餘貫便足，更不分外攤徵。回姦吏隱欺之贓，除百姓重斂之困，如此處置，庶有利宜。以前(逐)件謹具利宜如前，(其)[逐縣]兩稅元額頃畝，并攤配職田分數，及甓[成]文分合等草錢斛斗數，謹具(後件)分析，以前件[狀]如前，伏以當州田地鹻鹵瘠薄兼帶山原，通計十畝，不敵京畿一二，加以檢責年深，貧富偏[并]，稅額已定，徵率轉難。臣昨所奏累年逋懸，其弊實繇於此。臣今并已均於稅，又免配佃職田。里閭之間，稍合蘇息。伏緣請配職田地充百姓永業，事須奉敕處分，然冀永有遵憑。伏望聖慈允臣所奏。謹錄奏聞，伏聽敕旨。

穆宗長慶元年正月，敕：節文應諸道管內百姓，或因水旱兵荒，流離死絕。見在桑產，如無親承佃，委本道觀察使，於官健中取無莊田有人丁者，據多少給付，便與公驗，任充永業。不得令有力職掌人，妄爲請射。其官健仍借種糧，放三年租稅。

宋・王欽若《册府元龜》卷五〇五《邦計部・俸禄》 後魏孝文太和八年六月詔曰：置官班祿，行之尚矣。《周禮》有食祿之典，二漢著受俸之秩。逮於魏晉，莫不聿稽往憲，以經綸治道。自中原喪亂，茲制中絕。朝政因循，未遑釐改。朕永鑒四方求民之瘼，夙興昧旦，至於憂勤。故憲章舊典，以班俸祿。罷諸商人，以簡民事。戶增調三疋，穀二斛九斗，以爲官司之祿。均預調爲二疋之賦，即兼商用。雖有一時之煩，終克永逸之益。祿行之後，贓滿一疋者死。變法改度，宜爲更始。其赦天下，與之惟新。初，臨淮王他奏，求依舊斷祿，文明太后令召羣臣議之，中書監高閭表曰：天生蒸民，樹之以君。明君不能獨理，必須臣以作輔。君使臣以禮，臣事君以忠。故車服有等差，爵命有分秩。德高者則位尊，任廣者則祿重。下者祿足以代耕，上者俸足以行義。庶民均其賦，以展奉上之心。君王聚其財，以供事業之用。君班其俸，垂惠則厚。臣受其祿，感恩則深。於是貪錢之心止，竭效之誠篤。兆庶無侵削之煩，百辟備禮容之美。斯則經世之明典，爲治之至術。自堯舜已來，逮至三季，雖優劣不同，而斯道弗改。自中原運否，天下幅裂，海內未一，民數耗減，國用不充，俸祿遂廢。此則事出臨時之宜，良非長久之道。大魏應期紹祚，照臨萬方，九服既和，八表咸謐。二聖欽明，文思道冠百代，動遵禮式，稽考舊章。準百王不易之勝法，述前聖利世之高軌。置立鄰黨，頒宣俸祿。事設令行，於今已久。苛慝不生，上下無怨。姦巧革慮，闚覦絕心。利潤之厚，同於天地。以斯觀之，如何可革。又，洪波奔激，則堤防宜厚；姦悖充斥，則禁網須嚴。且饑寒切身，慈母不保其子；家給人足，禮讓可得而生。但廉清之人不必皆富，豐財之士未必悉貧。今給其俸，則清者足以息其濫，竊貪者足以感而勸善。若不班祿，則貪者肆其姦情，清者不能自保。難易之驗，灼然可知。如何一朝便欲去俸，淮南之議，不亦謬乎？帝從閭議。

十月，詔曰：俸制已立，宜時班行。其以十月爲首，每季一請。於是，內外百官，受祿有差。

九年二月，制：皇子封王者，皇孫及皇曾孫紹封者，皇女封者，歲祿各有差。

十月，詔：均給天下民田，諸宰人之官，各隨近給公田。刺史十五頃，太守十頃，治中別駕各八頃，縣令郡丞六頃，更代相付，賣者坐如律。【略】

武成河清四年，以年穀不登，詔減百官食廩，各有差。

後周太祖爲西魏相，創制六官祿秩：下士，百二十五石。中士以上至於上大夫，各倍之。上大夫，是爲四千石。卿，二分。孤，三分。公，四分。各益其一。公因盈數爲萬石，其九秩百二十石，八秩至於七秩，每二秩六分而下各去其一，二秩一秩俱爲四十石。凡頒祿視年之上下，畝至四釜爲上年，上年頒其正。三釜爲中年，中年頒其半。二釜爲下年，下年頒其一。無年凶荒，不頒祿。

武帝保定二年四月，詔曰：比以寇難猶梗，九州未一，文武之官立功效者，雖錫以茅土而未給租賦。諸柱國等，勳德隆重，宜有優崇。各準別制邑戶，聽寄食他縣。

隋高祖開皇元年十月，頒新令：自諸王已下至于都督，比給永業田，各有差。多者至一頃，少者至四十畝。京官又給職分田，一品給五頃，每品以五十畝爲差。至五品，則爲田三頃。六品，二頃。其下每品以五十畝爲差。至九品，爲一頃。縣官亦各有職分田。是時，京官正一品祿九百石，其下每以百石爲差。至正四品，是三百石。從四品，二百五十石。其下每以五十石爲差。至正六品，是爲百石；從六品，九十石；以下每以十石爲差。至從八品，是爲五十石。食封及官不判事者并九品，皆不給祿，其給皆以春秋二季。刺史、太守、縣令，則計戶而給祿，各以戶數爲九等之差。大州，六百二十石，其下每以四十石爲差。至於下下，則三百石。大郡三百四十石，其下每以三十石爲差。至於下下，則百石。大縣一百四十石，其下每以十石爲差。至於下下，則六十石，其祿唯及刺史二佐及郡守縣令。

八年五月，僕射高熲奏：諸州無課調。及有課調，州管戶數少者，官人祿力，乘前已來，常出附近之州。但判官本爲收人役力，理出所部。請於所管戶內計戶徵稅。從之。

唐高祖初爲隋相國，罷外官，給祿每十斛，給地二十畝。

武德元年十二月，因隋制：文武官給祿。正一品，七百石。從一品，六百石。正二品，五百石。從二品，四百六十石。正三品，四百石。從三品，三百六十石。正四品，三百石。從四品，二百六十石。正五品，二百石。從五品，一百六十石。正六品，一百石。從六品，九十石。正七品，八十石。從七品，七十石。正八品，六十石。從八品，五十石。正九品，四十石。從九品，三十石。並每年給。諸給祿者，三師三公及太子三師三少，若在京諸司文武官職事，九品以上并左右千牛備身、左右太子千牛，並依官給。其春夏二季，春給。秋冬二季，秋給。凡京文武官，每歲給祿總五千萬一千五百三十三石二斗。自至德之後，不給。其在外武官九品以上，準官皆降京官一等給。其文武官在京官上者，則不降。諸給祿應給等者，正從一品，各以五十石爲一等。二品三品，以三十石爲一等。四品五品，皆以二十石爲一等。六品七品，皆以五石爲一等。八品九品，皆以二石五斗爲一等。其俸錢之制，京司諸官，初置公廨，令行署及番官興易以充俸。又制：內外官，各給職分田。京官一品，十二頃。二品，十頃。三品，九頃。四品，七頃。五品，六頃。六品，四頃。七品，三頃五十畝。八品，二頃五十畝。九品，二頃。雍州及外州官二品，十二頃。三品，十頃。四品，八頃。五品，七頃。六品，五頃。七品，四頃。八品，三頃。九品，二頃五十畝。其統軍府及鎮戍關津之官，又節給量減。京司及州縣，各給公廨田，課其營種，以供公私之費。

宋·章如愚《羣書考索後集》三九《兵門》 世業定於李安世而豪強蔭附逃役之弊均

魏初時，司馬氏多蔭附，蔭附者皆無官役，而豪強徵斂倍於公賦。給事中李安世上言：歲饑民流，田業多爲豪右所占奪，雖桑井難復，宜更均量，使力業相稱。又所爭之田，宜限年斷，事又難明，悉歸今主，以絕詐妄。魏主善之。由是始議均田，十月詔遣使者循行州郡，與牧守均給天下之田。其男夫十五以上受露田四十畝，婦人二十畝，奴婢依良，丁牛二頭，受田三十畝，(退)[限]止四牛。所授之田率倍之，三易之田，再倍之，以供耕作及還受之盈縮。人年及課則受田，老免及身沒則還田，奴婢、牛隨有無以還受。初受田者，夫給二十畝，課種桑五十，桑田皆爲(出)[世]業，身終不還，恆計見口。有盈者無受無還，不足者受種如法，盈者得賣其盈。諸宰民之官，各隨近給公田有差，更代相付賣者坐如律。

宋·章如愚《群書考索前集》卷六五《地理門》 宋武帝墾起湖田，時山陰縣人多田少，孔靈符表請徙無貲之家於餘姚、鄮、鄞三縣，墾起湖田，帝令公卿博議，咸曰：夫訓農修政，有國所同，土著之人，習翫日久，如京師無田，不聞徙居他縣。尋山陰豪族富室，頃畝不少，貧者肆力，非爲無處。又緣湖居人，魚鴨爲業，小人習始既難，勸之未易。遠廢之疇，方翦荆棘，率課窮乏。其事彌難，資徙粗立徐行無晚。帝違衆議，徙人並成良業。

宋文帝均田之制，九年下詔，給天下人田，諸男夫十五以上受露田四十畝，婦人二十畝，奴婢依良。丁牛一頭受田三十畝，限四牛。所授之田，率倍之，三易之田，再倍之，以供耕休及還受之盈縮。人年及課則受田，老免及身(役)[沒]則還田，奴婢、牛隨有無以還受。諸桑田不在還受之限，但通入倍田分，於分雖盈，不得以充露田之數，不足者以露田充倍。諸初受田者，男夫一人給田二十畝，課蒔餘，種桑五十樹，棗五株，榆三根。非桑之土，夫給一畝，依法課蒔，餘果及多種桑榆者不禁，諸應還之田不得種桑榆棗果，種者以違令論，地入還分。諸桑田皆爲代業，身終不還，恆從見口。有盈者，無受無還，不足者受種如法。盈者得賣其盈，不足者得買所不足。不得賣其分，亦不得買過所足。諸麻布之土，男夫及課別給麻田十畝，婦人五畝，奴婢依良。皆從還受之法。諸有舉戶老小、殘疾無受田者，年十五以上及疾者，各授以半夫田，年踰七十者不還所受，寡婦守志者，雖免課亦授婦田。諸還受人田，恆以正月，若始受田而身亡，及賣買奴婢牛者，皆至明年正月乃得還受。諸土廣人稀之處，隨力所及，官借人種蒔，後有來居者，依法封授。諸地狹之處有進丁受田而不樂遷者，則以其家桑田爲正田分，又不足不給倍田，又不足家內人別減分，無桑之鄉準此爲法。樂遷者聽逐空荒，不限異州他郡，唯不聽避勞就逸，其地足之處，不得無故而移。諸人有新居者，三口給地一畝，以爲居室，奴婢五口給一畝，男女十五以上，因其地分，口課種菜五分畝之一。諸一人之分，正從正，倍從倍，不得隔越他畔，進丁受田者恆從所近。若同時俱受，先貧後富。再倍之田，倣此爲法。諸遠流配謫、無子孫及戶絕者，墟宅、桑榆盡爲公田，以供授受。授受之次，給其所親；未給之間，亦借其所親。諸宰臣之官，各隨廨給公田，刺史十五頃，太守十頃，治中別駕各八頃，縣令郡丞六頃，更代相付，賣者坐如律。

北齊給授田令，依魏朝，每年十月，普令轉授，成丁而授，丁老而退，不聽賣易。文宣帝天保八年，議徙冀、定、瀛無田之人，謂之樂遷，於幽州寬鄉以處之。武成帝河清三年詔：每歲春月，各依鄉土早晚，課人農桑。自春及秋，男子十五以上，皆營蠶桑。孟冬布田畝，桑蠶之月，婦女十五以上，皆營蠶桑。孟冬刺史聽審考之優劣，定殿最之科品。人有人力无牛，或有牛无人力者，須令相便，皆得納種。使地无遺利，人无游手。又令男子率以十八受田，輸租調，二十充兵，六十免力役，六十六退田，免租調。京城四面諸方之外三十里內爲公田，受公田者，三縣代遷戶，職事官一品以下逮於羽林、武賁，各有差。其外畿郡，華人官第一品以下，羽林武賁以上，各有差。職事及百姓請墾田者，名爲永業。奴婢受田者，親王止三百人，嗣王二百人，第二品嗣王以下及庶姓王百五十人，正三品以上及皇宗百人，七品以上八十人，八品以(上)[下]至庶人六十人。奴婢限外不給田者，皆不輸。其方百里外及州人，一夫受露田八十畝，婦人四十畝，奴婢依良人，限數與者在京百官同。丁牛一頭受田六十畝，限止四牛。每丁給永業二十畝爲桑田，其田中種桑五十根，榆三根，棗五株，不在還受之限。非此田者，悉入還受之分，土不宜桑者，給麻田，如桑田法。

後周創六官均田里。後周文帝霸政之初，創制六官，司均掌田里之政令。凡人口十以上宅五畝，口七以上宅四畝，口五以下宅三畝，有室者田百四十畝，成丁者田百畝。

隋文帝永業、露田、職分田、公廨田、墾田之制。隋文帝令，自諸王以下至於都督，皆給永業田各有差，多者至百頃，少者至三十頃。其丁男永業、露田，皆遵後齊之制，並課樹以桑榆及棗。其田宅率三口給一畝，京官又給職分田，一品者給田五頃，至五品則爲田三頃。其下每品以五十畝爲差，至九品爲一頃。外官亦各有職分田，又給公廨田以供用。開皇九年，任墾田千九百四十萬四千二百六十七頃。開皇十二年，文帝以天下戶口歲增，京輔及三河地少而人衆，衣食不給，議者咸欲就寬鄉，帝乃發使四出，均天下之田，其狹鄉每丁纔至二十畝，老小又少焉。至大業中，天下墾田五千五百八十五萬四千四十頃。

唐口田分業。唐開元二十五年令，田廣一步，長二百四十步爲畝，百畝爲頃，丁男給永業田二十畝，口分田八十畝。其中男年十八以上亦依丁男給，老男、篤疾、廢疾各給口分田四十畝，寡妻妾各給口分三十畝。先永業者，通充口分之數，黃、小、中、丁男女及老男、篤疾、廢疾、寡妻妾當戶者，各給永業田二十畝，口分田二十畝。應給寬鄉，並依所定數，若狹鄉所受者減寬鄉口分之半。其給口分田者，易田則倍給。其永業田，親王百頃，職事官正一品六十頃，郡王及職事官從一品各五十頃，國公若職事官正二品各四十頃，郡公若職事官從二品各三十五頃，縣公若職事官正三品各二十五頃，職事官從三品二十頃，侯若職事官正四品各十四頃，伯若職事官從四品各十頃，子若職事官正五品各八頃，男若職事官從五品各五頃，上柱國三十頃，柱國二十五頃，上護軍二十頃，護軍十五頃，上輕車都尉十頃，輕車都尉七頃，上騎都尉六頃，騎都尉四頃，驍騎尉、飛騎尉各八十畝，雲騎尉、武騎尉各六十畝，其散官五品以上同職事給，兼有官爵及勳俱應給者，唯從多，不並給，若當家口分之外，先有地非狹鄉者，並即迴受。有賸追收，不足者更給。諸永業田，皆傳子孫，不在收受之限，即子孫犯除名者，所承之地亦不追。每畝課種桑五十根以上，榆棗各十根以上，三年種畢。鄉土不宜者，任以所宜樹充。所給五品以上永業田，皆不得狹鄉受。任於寬鄉隔越射無主荒地充。其六品以下永業，即聽本鄉取還公田充，願於寬鄉取者亦聽。應賜人田，非指的處所者，不得狹鄉給。其應給永業人，若官爵之內有解免者，從所解者追。其除名者，依口分例給，自外及有賜田者並追，若當家之內有官爵及少口分應受者，並聽迴給，有賸追收。其因官爵應得永業，未請及未足而身亡者，子孫不合追請也，諸襲爵者唯得承父祖永業，不合別請，若父祖未請及未足而身亡者，減始受封者之半給。其州縣界內所有部受田悉足者，爲寬鄉，不足者爲狹鄉，諸狹鄉田不足者，聽於寬鄉遙受。應給園宅地者，良口三口以下給一畝，每三口加一畝，賤口五口給一畝，每五口加一畝，並不入永業口分之限。其京城及州縣郡郭下園宅，不在此例，諸京官文武職事職分田：一品一十二頃，二品十頃，三品九頃，四品七頃，五品六頃，六品四頃，七品三頃五十畝，八品二頃五十畝，九品二頃，並去京城百里內給。其京兆、河南府及京縣官人，職分田亦准此，即百里外給者亦應。諸州及都護府、親王府官人職分田二品一十二頃，三品一十頃，四品八頃，五品七頃，六品五頃，七品四頃，八品三頃，九品二頃五十畝。鎮戍關津岳瀆及在外監官五品五頃，六品三頃五十畝。七品三頃，八品二頃，九品一頃五十畝。三衞中郎將、上府折衝都尉各六頃，中府五頃五十畝，下府及郎將各五頃，上府果毅都尉四頃，中府三頃五十畝，下府三頃，上府長史、別將各三頃，中府，下府各二頃五十畝，親王府典軍五頃五十畝，副典軍四頃，千牛備身左右、太子千牛備身各三頃，諸軍上折衝府兵曹二頃，中府、下府各一頃五十畝，其外軍校尉一頃二十畝，旅師一頃，隊正副各八十畝，皆於領側州縣界內給，其校尉以下，在本縣及去家百里內領者不給，諸驛封田皆隨近給，每馬一疋給地四十畝。若驛側有牧馬之處，疋各減五畝。其傳送馬，每疋給田二十畝。諸庶人有身死家貧無以供葬者，聽賣永業田，即流移者，亦如之。樂遷就寬鄉者，并聽賣口分。諸買地者，不得過本制，雖居狹鄉，亦聽依寬制，其賣者不得更請。凡賣買皆須經所部官司申牒，年終彼此除附。若無文牒輒賣買，財沒不追，地還本主。諸以工商爲業者，永業口分各減半給之，在狹鄉者並不給。諸因王事沒落外藩不還，有親屬同居，其身分之地，六年乃追，身還之日，隨便先給。即身死王事者，其子孫雖未成丁，身分地勿追。其因戰傷及篤疾、廢疾者亦不追減，聽終其身也。諸田不得貼賃及質，違者財沒不追，地還本主。若從遠役外任無人守業者，聽貼賃及質。其官人永業田及賜田欲賣及貼賃者，皆不在禁限。諸給口分田，務從便近，不得隔越。若因州縣改易，隸地入他境及犬牙相接者，聽依舊受。其城居之人，本縣無田者，聽隔縣受。又田令，在京諸司及天下州府縣監、折衝府、鎮戍關津岳瀆等，公廨田、職分田各有差。諸職分陸田限三月三十日，稻田限四月三十日，以前上者並入後人，以後上者入前人。其麥田以九月三十日爲限。若前人自耕未種，後人酬其功直已自種者，准租分法。其價六斗以下者，依舊定，以上者不得過六斗，並取情願，不得抑配。親王出藩者，給地一頃作園。若城內無可開拓者，於近城便給。如無官田，取百姓地充，其地給好地替。天寶中應受田一千四百三十萬三千八百六十二頃十三畝。

宋·章如愚《羣書考索後集》卷五一《民間》 井田代田限田均田永業口分世業籍田

井田之法，自黃帝而逮於周，其法始大備。鄉遂之間井牧有法，始於九夫之井，而井方一里，終於四縣之都，而都廣一同，從之有溝洫，橫之有畛澮。大司徒之造都鄙，辨其不易，再易之有差。遂人之辨郊野，別其上地、中地、下地之等。其受田則由百畝而差之，至於二百畝，其列等則由上農夫而辨之至下農夫，疆里有常度，分畫有常數，地利足以食人，人力足以闢地。至商鞅遂廢井田，開阡陌，收功一時，而後世不勝其弊。其後不可之制起於趙過，一畝三甽歲代其處，善田者令學養苗之狀，亡牛者教以人耕之法，命卒於官儒，教民於邊郡，此代田之制，而漢武行之也。限田之議出於石苞，謂王公以國爲家，京城宜不復有田宅，今可限之。自國王公侯以至於丁男、丁女，皆有降差，此限田之制。而晉武行之均田之法，男子四十畝，婦人止二十畝，戶絶者以爲公田，刺史十五頃，縣令以上六頃。其田則更代相付，此李安世之議，而行於後魏孝文之時。永業之制，男子十五，皆有田畝；婦人十五，皆有營業。又令男子十八而受田，六十而免役，此北齊孝成之制，而行之於清河之時也。後周伯政之初，置司均之官，掌田里之政，視戶口之衆寡而有五畝四畝三畝之宅，有家者畝百四十，有丁者止百畝，是之謂同均。至貞觀之時，則有口分(出)[世]業，唐授田之制，有丁者人一頃，其八十畝爲口分，二十畝爲永業，二百四十步爲畝，百畝爲(田)[頃]。田多可以足其人者爲寬鄉，少者爲狹鄉，授田減寬鄉之半。凡庶人徙鄉及貧無以葬者，得賣世業。自狹鄉而徙寬鄉者，得并賣口分田，已賣者不復授。凡授田者歲輸粟稻謂之租，輸絹綾謂之調，用人之力歲二十日，不役者爲絹三尺，謂之庸，此唐制之大畧也。【略】

農田

舜戒十二牧曰：食哉惟時商飭。諸侯歲事來辟亦曰：稼穡匪解，先王之治天下，未始不以農爲先。故井田之法至周大備，始於九夫之井，而井方一里，終於四縣之都，而都廣一同，從之有溝洫，横之有甽澮。大司徒之造都鄙辨其不易、一易、再易之有差，遂人之辨郊野，別其上地、中地、下地之有等，其受田則由百畝而差之，至於二百畝，其列等則由上農夫而辨之，至於下農夫，修其稼政，簡其稼器，治其稼穡，勸其耕耨。器不足則有合耦之法，力不足則有移用之法。宅不毛者有里布，田不耕者出屋粟，先王務農之法如此。秦任商鞅以政，晉地狹人貧，秦地廣人富，於是誘三晉之人使之力耕。故廢井田，開阡陌，任其所耕，不限少多，井田之制自此遂壞。漢武帝時，仲舒請限民名田，以塞兼并，而卒不果行，其後趙過代田之策，一畝三甽歲代其處，至於師丹限田之議，欲使民無過至三十頃，丁傅用事而其議遂格。至晉石苞乃有限田之法，而晉武帝行之。若均田之法，出於李安世之議，而行於後魏孝文之時。永業之制，如(此)[北]。齊孝成之制，而行於(清)河[清]之時也。後周之初，置司均之官掌田里之政。唐貞觀時則有口分世業授田之制，成丁者人一頃。其八十畝爲口分，二十畝爲永業。田多者爲寬鄉，田少者爲狹鄉，狹鄉授田減寬鄉之半。凡徙鄉則自賣世業，自狹鄉而徙寬鄉者併賣口分。歲輸粟稻謂之租，輸綾絹謂之調，用人之力，歲以二十日，不役者日爲絹三尺，謂之庸。此唐制之大畧也。

宋・章如愚《群書考索後集》卷五三《賦税門・田賦類》 北齊田制，未娶者輸半(衣)[牀]租調，有妻者輸一牀，無者半牀。陽翟一郡戶至數萬，籍多無妻，有司劾之，帝不許，由是奸欺尤甚，戶口租調十(已)[亡]六七。(清)河[清]三年定令，乃率以十八(人)受田，輸租調，二十充兵，六十免租役，六十六還田，免租調。率人一牀，調絹一匹，綿八兩，凡十斤綿中折一斤作絲。墾租二石，義租五斗。奴婢準良人之半，牛調二丈，墾租一斗，義租五升。墾租送臺，其義租納郡，以備水旱。

後周文帝覇府初開制，司賦掌賦均之政令。凡人自十八至六十四與輕疾者，皆賦之。其賦之法，有室者歲不過絹一匹，綿八兩，粟五斛。丁者半之。其非桑土有室者布一匹，麻十斤，丁者又半之。豐年則全賦，中年半之，下年一之，皆以時徵焉。若艱凶札則不徵其賦。司徒掌力役之政令。凡人自十八至五十九，皆任力役，豐年不過三旬，中年則二旬，下年則一旬，起徒役無過家一人。《通典》。

唐制，高祖太宗初制爲租庸調法，田制二百四十步爲畝，(三)百[畝]爲頃。男年十八已上，人一頃，八十畝爲口分，二十畝爲永業。凡受田者，丁歲輸粟二斛，稻三斛，謂之租。丁隨鄉所出，歲輸絹二匹，輸絁二丈，布加五之一，綿三兩，麻三斤，非蠶鄉則輸銀十四兩，謂之調。用人之力歲二十日，閏加二日，不役者日爲絹三尺，謂之庸。水旱霜蝗耗十四者免租，桑麻盡者免調，田耗十之六者免租調，耗七者諸役皆免。租以斂穫，險易，遠近爲差，庸調輸以八月，發以九月，同時輸者先遠民，皆自槩量。州府歲市土所出爲貢。

還買地，玄宗開元中，頒租庸調法於天下，好不過精，惡不至濫，於是詔買者還地而罰之。

括羡田，是時天下戶未嘗升降，監察御史宇文融獻策括籍戶口、羡田、逃戶。自占者給復五年，每丁稅錢千五百，以攝御史分行括實。陽翟尉皇父景上書言其不可，玄宗方用融乃貶景。諸道所括客戶八十餘萬，田亦稱是。州縣(給)〔希〕旨張虛數，以正田爲羡，編戶爲客，歲終籍錢數百萬緡。初租庸調之法，以人丁爲本，自開元以後，天下戶籍久不更迭，丁口轉死，田畝賣易，貧富升降不實。

宋·佚名《十先生奥論注續集》卷一二《治道論》

民則又無簿籍契券，但隨其力之所能至而耕之。元魏稍立田制，《通典》：後魏孝文太和初，李安世上疏曰：量地畫野，經國大式；邑地相參，政理之本。井稅之興，其來久矣；田萊之數，制之以限。蓋欲使土不曠功，民罔游力，雄擅之家，不獨膏腴之美；單瓢之夫，亦有頃畝之分，云云。愚謂今桑井難復，宜更均量，審其經術，分藝有準，力業相稱，細人穫資生之利，豪右靡餘地之贏，無私之澤均播兆庶，所爭之田，宜限年斷。然後虛詐之人，絕於覬覦；守分之士，免於陵奪。帝深納之，均田之制起於此。九年，詔均給天下人田，男十五以上，受露田四十畝，婦二十畝。至於北齊後周皆相承授民田。《隋·食貨志》：齊河清三年定令，百姓請墾田者，名爲永田。其方百里外州人，一夫受露田八十畝，婦四十畝。又每丁給永業二十畝，爲桑田，又同上。後周創制六官，載師掌任土之法，司均掌田里之政令，司賦掌功賦之政令。【略】唐興只因元魏北齊制度而損益之。其度田之法，闊一步、長二百四十步爲畝，百畝爲頃，一夫受田一頃。《唐·食貨志》：唐制：度田以步，其闊一步，其長二百四十步爲畝，百畝爲頃。凡民始生爲黃，至四歲爲小，十六爲中，二十一爲丁，六十爲老。授田之制，丁及男年十八以上，人一頃，其八十畝爲口分，二十畝爲永業。老及篤疾、廢疾者人四十畝，寡妻妾三十畝，當戶者增二十畝，爲永業，其餘爲口分。田多可以足其人者，爲寬鄉；少者，爲狹鄉。凡庶人徙鄉及貧無以葬者，得賣世業田，自狹鄉而徙寬鄉者，得并賣口分田，已賣者不復授，死者收之，以授無田者。周制乃是百步爲畝，見上注。唐却是二倍有餘。此一項制度與成周不合，八十畝爲口分，二十畝爲世業，世業是一家之田，口分須據本來人數，占田多少。見上注。周制八家皆百畝，《孟子·滕文公上》：使畢戰問井地，孟子曰：云云。方里而井，井九百畝。其中爲公田，八家皆私百畝，同養公田。公事畢，然後敢治私事，所以別野人也。此其大畧也。唐制若子弟多，則占田愈多。此又二項與成周不合。所謂田多可以足其人者爲寬鄉，少者爲狹鄉，狹鄉之田減寬鄉之半。其地有厚薄，歲一易者，倍授之。寬鄉三易者，不倍授。工商者，寬鄉減半，狹鄉不給，見上注。亦與周制不同。先王建國只是有分土，無分民，但付人以百畝之地，任其自治。蓋治之有倫，則地雖不足，民有餘。苟不能治，或德不足以懷柔。民不心悅而至，則地雖多而民反少。唐既止用守令爲治，則分田之時，不當先論寬鄉、狹鄉，當以土論，不當以人論。今却寬鄉自得多，狹鄉自得少，自狹鄉徙寬鄉者，又得并賣口分、永業而去。見上段注。成周之制，雖是授田與民，其間水旱之不時，凶荒之不常，上又有賑貸救卹，使之可以相補助，而不至匱乏。《周禮·地官·廩人》：凡萬民之食，食者人四鬴，上也；人二鬴，下也。若食不能人二鬴，則令邦移民就穀。○倉人辨九穀之物，以待邦用。若穀不足，則止餘法用；有餘則藏之，以待凶而頒之。○司稼掌均萬民之食，而賙其急，而平其興，云云。若唐但知授田而已，而無補助之法，縱立義倉賑給之名，《唐·食貨志》：自太宗時，置義倉及常平倉，以備凶荒。高宗以後，稍假義倉以給軍費，至神龍中畧盡。玄宗即位，復置之。其後第五琦請天下常平倉皆置庫，以畜本錢。至是趙贊又言置常平輕重本錢，積米、粟、布、帛、絲、麻，貴則下價而出之；賤則加估而收之。諸道津會置吏，閱商賈錢，每緡稅二十，竹、木、茶，稅十之一，以贍常平本〔錢〕。歲有凶荒則有社倉賑給，不足則徙民就食諸州。尚書左丞戴冑建議，自王公以下，計墾田，秋熟所在爲義倉，歲凶以給民。上善之。後洛相幽徐齊并秦蒲州又置常平倉，粟藏九年，米藏五年，下濕之地，粟藏五年，米藏二年，皆著爲令。而既令自賣其田，便無恤民之實矣。周之制最不容民遷徙，惟有罪則徙之。《禮記·王制》：公家不畜刑人，大夫弗養，士遇之塗，弗與言也。屏之四方，唯其所之，不及以政，亦弗故生也。唐却容他自遷徙，并得自賣口分之田。見上段注。方授田之初，其制已自不可久，又許之自賣，民始有契約文書，而得以私相賣易。故唐之比前世，其法雖爲粗立，然先王之法，亦自此大壞矣。後世但知貞觀之治，執之以爲據，故公田始變爲私田，而田終不可收。蓋緣他立賣田之法，所以必至此。租庸之法，每丁入粟二石爲租，調隨土地所宜，綾絹絁布皆有差。用民之力，歲役不過二旬；不役，則收其庸日三尺。《唐·食貨志》：凡授田者，丁歲輸粟稻，謂之租。丁隨鄉所出，歲輸絹綾絁綿，謂之調。用人之力，歲二十日；不役者，日爲絹三尺，謂之庸。此即孟子所謂粟米之征，布縷之征，力役之征也。然孟子却云用其一，緩其二，不敢兼用以取民。《孟·盡心下》：有布縷之征，粟米之征，力役之征。君子用其一，緩其二。用其二，而民有殍，用其三，而父子離。唐初正要立法之時，乃用戰國苟簡之法，盡取諸民。周制用民歲不過三日，《王制》用民之力，歲不過三日。雖立法於此，其實未嘗盡用。今唐用民力，非特倍其六七，爲一定之制。否則必收其庸，此正犯孟子之所諱。蓋唐初君臣不學無術，所以至此。其間有近古處，如里有手實，具民之年與。地闊狹爲鄉，帳鄉成於縣，縣成於州，州成於戶部。《唐·百官志》：戶部郎中、員外郎掌戶部土田、賦役、貢獻、蠲免、優復、婣婚、繼嗣之事，以男女之黃、小、中、丁、老爲之帳籍。古者所謂均民之田，先自比閭族黨始，以至于國都，而後達于王府。所謂民之貧富、有無、強弱之數，都要自夫至纖至悉處做成，而唐亦能自根本處做去，但其後無繼耳。如國有所輸，先奏而斂，凡歲斂之數，書于縣門坊村，與衆知之。此却是他元立法好處，當時先王分民以田，自至纖至悉處皆與民謀慮經營，朝廷之上所以建官立司，又是爲民而設，所以做得一件事成，今其勤勞憂嘆之詩可見，唐但付其法於守令，《唐・百官志》：縣令一人，從七品。凡民田收授，縣令給之。每歲季冬，縣尉分判衆曹收率課調。又玄宗開元八年，頒庸調法于天下，然是時天下戶未嘗升降。宇文融獻策，括籍外羨田，逃戶自占者給復五年，每丁稅錢千五百，以攝御史分行括實。二十二年，詔州縣上戶口登耗，採訪使覆實之，刺史、縣令以爲課最。守令既不能偏行其境內。故雖有良法美意，竟做不成。何況又有苟簡處，雖是授田有式，租庸調取民有定分，見上段注。又《食貨志》：唐之始時，授人以口分、世業田，而取之以租庸之法。只緣當時許其賣易，未幾天下之田，十已八七變爲私田矣。其後官雖欲授民已自無田。由此田制易壞，至于今，官私遂各自立境界，民有沒入官者，則封固之，時或召賣，不容民自籍。所謂私田，官執其契券，以各征其直。要知田制所以壞，乃是唐世使民得自賣其田始。前世雖不立法，其田不在官，亦不在民。唐世雖有公田之名，而有私田之實。其後兵革既起，征斂煩重，遂雜取於民。同上。趙贊言，諸道津會置吏，閱商賈錢，每緡稅二十，竹、木、茶、漆，稅十之一，以贍常平本錢，德宗納其言。屬軍興用迫蹙，亦隨而耗竭，不能備常平積。趙贊復請稅間架，筭除陌，而民益愁怨。餘見下段注。遠近異法，內外異制。而民得自有其田而公賣之，天下紛紛，遂相兼幷，故不得不變而爲兩稅，《唐・食貨志》：由是財利之說興，聚斂之臣進。蓋口分、世業之田壞，而爲兼幷；租庸調之法壞，而爲兩稅。至於鹽鐵、轉運、屯田、和糴、鑄錢、括苗、榷利、借商、進奉、獻助，無所不爲矣。蓋愈煩，而愈弊，以至於亡焉，云云。要知其弊實出於此。

唐・白居易、宋・孔傳《白孔六帖》卷八〇《給授田十六》 白：《周禮》載師掌任土之灋，以物事地授職，以廛里任國中之地。廛里，若今邑居田也，廛，民居之區域也，里，居也。以塲圃任園地，園樹果瓜之屬。以宅田、士田、賈田任近郊之地，宅田，致事家所授之田，士讀爲仕，仕亦授田，爲之圭田。孟子曰：自卿以下，必有圭田五十畝。賈田，賈人家所授之田也。以公邑之田任甸地，公邑，六遂餘地。天子使大夫治之。以家邑之田任稍地，家邑，大夫采地也。以小都之田任縣地，大都之田任畺地，小都，卿之采地，大都，公之采地，王子弟所食邑也。畺五百里，王畿界也。《小司徒》土地以稽人民周知其數。上地家七人，可任者家三人；中地家六人，可任者二家五人；下地家五人，可任者家二人。一家男女七人，則受上地，養者衆多。《遂人》治野以下劑致甿，致，會也，民田雖上、中、下及會之以下，劑爲率，謂可任者家二人也。以田里安甿，以彊予任甿。謂民有餘力復與田，若餘夫然。以土均平政，辨其野之土，以頒田里。上地夫一廛，廛，所居之內。田百畝，萊五十畝，餘夫亦如之；中地、夫一廛，田百畝，萊百畝，餘夫亦如之。下地。夫一廛，田百畝，萊二百畝，餘夫亦如之。雖上地萊饒遠，縣師辨夫家田萊之數，萊，地休不耕者。上田夫百畝，不易之地，《食貨志》。中田夫二百畝，一易之也。下田夫三百畝，再易之也。歲更耕之，自爰其處，更，守也，爰，於也。授田令：諸給口分者，田易則倍給。注：寬鄉三易已上者，依鄉法亦給也。寬鄉、狹鄉又條諸州縣界，受田悉足者是爲寬鄉，不足爲狹鄉。又條狹鄉不足者，聽於寬田遙授也。給永業、口分田祿。條出諸丁田給永業田二十畝，口分田八十畝，其中男年十八已上亦依丁男給，老男、篤疾各給口分四十畝，寡妻妾各給口分三十畝，先得永業者，則通其衆口分數也。工商受田，《食貨志》：工商家五口受田，乃當農夫一人。任地居人，給受磽肥，易地受田。孔：授田之制，丁及男年十八以上者，人一頃，其八十畝爲口分，二十畝爲永業，老及篤疾、廢疾者，人以四十畝，寡妻妾三十畝，當戶者增二十畝。皆以二十畝爲永業，其餘爲口分。《食貨志》。凡收授以十月，凡收授皆以歲十月。授田先貧及有課役者。凡田，鄉有餘以給比鄉，縣有餘以給比縣，州有餘以給近州。稻給貧民。玄宗開元二十六年正月乙亥，以京兆稻田給貧民。歲納租粟，陸贄奏議：國朝丁男一人授田百畝。但歲納租粟二石而已，言以公田假人而收其租入，故謂之租。口分永業之田，樹以楡棗桑及所宜之木皆有數，田多可以足其人者爲寬鄉，少者爲狹鄉，狹鄉授田減寬鄉之半，其地有薄厚，歲一易者，倍授之。寬鄉三易者，不倍授。工商者寬鄉減半，狹鄉不給。凡庶人徙鄉，及貧無以葬者，得賣世業田。自狹鄉而徙寬鄉者，得倂賣口分田。已賣者，不復授，死者收之，以授無田者。《唐志》。凡授田者，丁歲輸粟二斛，稻三斛，謂之租。丁隨鄉所出，歲輸絹二疋，綾絁二丈，布加五之一，綿三兩，麻三斤，非蠶鄉則輸銀十四兩，謂之調。用人之力歲二十日，閏加二日，不役者日爲絹三疋，謂之庸。《食貨志》。古者一夫受田不得過百畝。欲使人不廢業，田無曠耕。今富者萬畝，貧者無容足之居。依託彊家，服勞終歲，常患不充，有田之家坐食租稅，京畿田畝稅五升，而私家收租畝一石，官取一，私取十，力穡者安得足食。宜爲占田條限，裁租價，損有餘，優不足，此安富卹窮之善經也。同上。

唐・白居易、宋・孔傳《白孔六帖》卷八〇《買賣田》 禁買賣世業口分田。初，永徽中，禁買賣世業口分田，其後豪富兼幷，貧者失業，於是詔買者還地而罰之。

《唐・食貨志》。

元・馬端臨《文獻通考》卷二《田賦考二》 孝文太和元年，詔曰：去年牛疫死大半，今東作既興，人須肄業，有牛者加勤於常歲，無牛者倍傭於餘年。一夫治田四十畝，中男二十畝，無令人有餘力，地有遺利。

時李安世上疏曰：臣聞量人畫野，經國大式；邑地相參，致治之本。井稅之興，其來日久；田萊之數，制之以限。蓋欲使土不曠功，人罔遊力，雄擅之家，不獨膏腴之美；單陋之夫，亦有頃畝之分。竊見州縣之人，或因年儉流移，棄賣田地，漂居異鄉，事涉數代。三長既立，始返舊墟，廬井荒涼，桑榆改植。事已歷遠，易生假冒。強宗豪族，肆其侵淩，遠認魏晉之家，近引親舊之驗。年載稍久，鄉老所惑，羣證雖多，莫可取據，各附親知，互有長短，兩證徒具，聽者猶疑，爭訟遷延，連紀不判。良疇委而不開，柔桑枯而不採，欲令家豐歲儲，人給資用，其可得乎！愚謂今雖桑井難復，宜各均量，審其經術，令分藝有準，力業相稱，細人獲資生之利，豪右靡餘地之盈，無私之澤乃播均於兆庶，如阜如山可有積於比戶矣。又所爭之田，宜限年斷，事久難明，悉屬今主。然後虛詐之人，絕於覬覦；守分之士，免於淩奪。帝深納之，均田之制始於此矣。九年，下詔均給天下人田，諸男夫十五以上，受露田四十畝，不栽樹者，謂之露田。婦人二十畝，奴婢依良；丁牛一頭受田三十畝，限止四牛。所授之田率倍之，三易之田再倍之，以供耕休及還受之盈縮。人年及課則受田，老免及身沒則還田，奴婢、牛隨有無以還受。諸桑田不在還受之限，但通入倍分田，於分雖盈，不得以充露田之數，不足者以露田充倍。諸初受田者，男夫一人給田二十畝，課蒔餘，種桑五十樹，棗五株，榆三根；非桑之土，夫給一畝，依法課蒔餘果及多種桑榆者，不禁。諸應還之田，不得種桑榆棗果，種者以違令論，地入還分。諸桑田皆爲代業，身終不還，恒從見口，有盈者無受無還，不足者受種如法。盈者得賣其盈，不足者得買所不足。不得賣其分，亦不得買過所足。諸麻布之土，男夫及課，別給麻田十畝，婦人五畝，奴婢依良，皆從還受之法。諸有舉戶老小殘疾無受田者，年十一已上及疾者各受以半夫田，年逾七十者不還所受，寡婦守(制)[志]者雖免課亦授婦田。諸還受人田，恒以正月。若始受田而身亡及賣買奴婢、牛者，皆至明年正月乃得還受。諸土廣人稀之處，隨力所及，官借人種蒔，後有來居者，依法封授。諸地狹之處，有進丁受田而不樂遷者，則以其家桑田爲正田分，又不足不給倍田，又不足家內人別減分。無桑之鄉準此爲法。樂遷者聽逐空荒，不限異州他郡，唯不聽避勞就逸。其地足之處，不得無故而移。諸人有新居者，三口給地一畝以爲居室，奴婢五口給一畝。男女十五以上，因其地分，口課種菜五分畝之一。諸一人之分，正從正，倍從倍，不得隔越他畔。進丁受田者恒從所近。若同時俱受，先貧後富。再從倍之田，放此爲法。諸遠流配謫、無子孫及戶絕者，墟宅、桑榆盡爲公田，以供授受。授受之次，給其所親；未給之間，亦借其所親。諸宰人之官，各隨所給公田，刺史十五頃，太守十頃，治中、別駕各八頃，縣令、郡丞六頃。更代相付，賣者坐如律。

按：夾漈鄭氏言：井田廢七百年，至後魏孝文始納李安世之言，行均田之法。然晉武帝時，男子一人占田七十畝，女子三十畝，丁男課田五十畝，丁女二十畝，次丁男半之，女則不課，則亦非始於後魏也。但史不書其還受之法，無由考其詳耳。或謂井田之廢已久，驟行均田，奪有餘以予不足，必致煩擾，以興怨讟，不知後魏何以能行。然觀其立法，所受者露田，諸桑田不在還受之限。意桑田必是人戶世業，是以栽植桑榆其上，而露田不栽樹，則似所種者皆荒閑無主之田。必諸遠流配謫無子孫及戶絕者，墟宅、桑榆盡爲公田，以供授受，則固非盡奪富者之田以予貧人也。又令有盈者無受不還，不足者受種如法；盈者得賣其盈，不足者得買所不足；不得賣其分，亦不得買過所足。是令其從便買賣，以合均給之數，則又非強奪之以爲公田，而授無田之人，與王莽所行異矣，此所以稍久而無弊歟！

孝明孝昌二年冬，稅京師田租畝五升，借賃公田者畝一斗。

莊帝即位，因人貧富爲租輸三等九品之制，千里內納粟，千里外納米，上三品戶入京師，中三品入他州要倉，下三品入本州。

靜帝天平初，諸州調絹不依舊式。興和三年，各班海內悉以四十尺爲度，天下利焉。元象、興和之中，頻歲大穰，穀斛至九錢，法網寬弛，百姓多離舊居，闕於徭賦矣。

齊神武秉政，乃命孫騰、高崇之分責無籍之戶，得六十餘萬，於是僑居者各勒還本。是後租調之入有加焉。及侯景背叛，河南之地困於兵革。尋而景亂梁，乃命行臺辛術略有淮南之地，其新附州縣，羈縻輕稅而已。

北齊給授田令，仍依魏朝。每年十月普令轉授，成丁而授，老而退，不聽賣易。

文宣天保八年，議徙冀、定、瀛無田之人，謂之樂遷，於幽州寬鄉處之。時始立九等之戶，富者稅其錢，貧者役其力。

武成以修創臺殿，所役甚廣，并兼戶居，益多隱漏。舊制，未娶者輸半牀租調。有妻者輸一牀，無者輸半牀。陽翟一郡，戶至數萬，籍多無妻，有司劾之。帝以爲生事，不許。由是姦欺尤甚，戶口租調十亡六七。

河清三年詔：每歲春月，各依鄉土立稅，課人農桑。自春及秋，男子十五以上，皆營蠶桑。孟冬，布田畝。蠶桑之月，婦女十五以上，皆營蠶桑。孟冬，刺史聽審敎之優劣，定殿最之科品。人有人力無牛，或有牛無人力者，須令相便，皆得納種，使地無遺利，人無游手。又令男子率以十八受田，輸租調，二十充兵，六十免力役，六十六退田，免租調。京城四面，諸方之外三十里內爲公田，受公田者，三縣代遷戶執事官一品以下，逮於羽林虎賁，各有差。其外畿郡，華人官第一品以下，羽林虎賁以上，各有差。執事及百姓請墾田者，名爲永業。奴婢受田者，親王止三百人，嗣王二百人，第二品嗣王以下及庶姓王百五十人，正三品以上及皇宗百人，七品以上八十人，八品以上至庶人六十人。奴婢限外不給田者皆不輸。其方百里外及州人，一夫受露田八十畝，婦人四十畝，奴婢依良人，限數與者在京百官同。丁牛一頭受田六十畝，限止四牛。每丁給永業二十畝爲桑田，其田入還受之分。土不宜桑者，給麻田，如桑田法。

時定令：率人一牀，調絹一疋，綿八兩，凡十斤綿中，折一斤作絲，墾租二石，義租五斗。奴婢各準良人之半。牛調二丈，墾租一斗，義米五升。墾租送臺，義租納郡，以備水旱。墾租皆依貧富爲三梟。其賦稅常調，則少者直出上戶，中者及中戶，多者及下戶。上梟輸遠處，中梟輸次遠，下梟輸當州倉。三年一授。租入臺者，五百里內輸粟，五百里外輸米。入州鎮者，輸粟。人欲輸錢者，準上絹收錢。武平之後，權幸賜予無限，乃料境內六等富人，調令出錢。

後周文帝霸政之初，創置六官，司均掌田里之政令，凡人口十以上宅五畝，口七以上宅四畝，口五以上宅三畝。有室者田百四十畝，丁者田百畝。

周制：司賦掌賦均之政令，凡人自十八至六十四與輕疾者皆賦之。

有室者歲不過絹一疋，綿八兩，粟五斛；丁者半之。其非桑土，有室者布一疋，麻十斤；丁者又半之。豐年則全賦，中年半之，下年一之，皆以時徵焉。若艱凶札，則不徵其賦。

隋文帝令：自諸王以下至都督皆給永業田，各有差。其丁男、中男永業露田，皆遵後齊之制，並課樹以桑榆及棗。其田宅，率三口給一畝。京官又給職分田。詳見《職田門》。

開皇九年，任墾田千九百四十萬四千二百六十七頃。開皇中，戶總八百九十萬七千五百三十六，按定墾之數，每戶合墾田二頃餘也。開皇十二年，文帝以天下戶口歲增，京輔及三河地少而人衆，衣食不給，議者咸欲徙就寬鄉。帝乃發使四出，均天下之田。其狹鄉每丁纔至二十畝，老少又少焉。至大業中，天下墾田五千五百八十五萬四千四十頃。按其時有戶八百九十萬七千五百三十六，則每戶合得墾田五頃餘，恐本史之非實。

水心葉氏曰：齊自河清始有受田之制，其君驕麤甚矣，然尚如此；周亦有司均掌田里之政，以其時田皆在官故也。今田不在官久矣，往事無復論，然遂以爲皆不當在官，必以其民自買者爲正，雖官偶有者亦效民賣之，此又偏也。

淳熙間，有賣官田之令，故水心云然。

隋文帝依周制，役丁爲十二番，匠則六番。丁男一牀，租粟三石，桑土調以絹絁，麻土調以布。絹絁以疋，加綿三兩；布以端，加麻三斤。單丁及僕隸各半之。有品爵及孝子、順孫、義夫、節婦，並免課役。開皇三年，減十二番，每歲爲三十日役，減調絹一疋爲二丈。

初，蘇威父綽在西魏，世以國用不足，爲征稅之法，頗稱爲重，既而歎曰：今所爲正如張弓，非平世也。後之君子，誰能弛乎？威聞其言，每以爲己任。至是，威爲納言，奏減賦役，務從輕典。帝悉從之。

開皇九年，帝以江表初平，給復十年，自餘諸州並免當年租賦。

十年五月，以宇內無事，益寬徭賦。百姓年五十者，輸庸停役。《通鑑》作免役收庸。

十二年，詔河北、河東今年田租三分減一，兵減半，功調全免。

煬帝卽位，戶口益多，府庫盈溢，乃除婦人及奴婢、部曲之課。其後將事遼碣，增置軍府，掃地爲兵，租賦之入益減，征伐巡幸，無時休息，天下怨叛，以至於亡。

唐武德二年制，每丁租二石，絹二疋，綿三兩，自玆之外不得橫有調斂。

武德六年，令天下戶量其貲產，定爲三等。至九年，詔天下戶三等未盡升降，宜爲九等。餘見《鄉役門》。

七年，始定均田賦稅。凡天下丁男十八以上者，給田一頃，篤疾、廢疾給田十畝，寡妻妾三十畝，若爲戶者加二十畝，皆以二十畝爲永業，其餘爲口分。永業之田，樹以榆、桑、棗及所宜之木。田多可以足其人者爲寬鄉，少者爲狹鄉，狹鄉授田減寬鄉之半，其地有薄厚，歲一易者倍授之，寬鄉三易者不倍授。工商者，寬鄉減半，狹鄉不給。凡庶人徙鄉及貧無以葬者，得賣世業田。自狹鄉而徙寬鄉者，得并賣口分田，已賣者不復授。死者收之，以授無田者。凡收授皆以歲十月，授田先貧及有課役者。凡田，鄉有餘以給比鄉，縣有餘以給比縣，州有餘以給比州。凡授田者，丁歲輸粟二石謂之租。丁隨鄉所出，歲輸絹綾絁各二丈，布加五之一，綿二兩；輸布者，麻三斤，謂之調。用人之力，歲二十日，閏加二日，不役者日爲絹三尺，謂之庸。有事而加役二十五日者免調，三十日租、調皆免，通正役並不過五十日。免課役及課戶，見《復除門》。若嶺南諸州則稅米，上戶一石二斗，次戶八斗，下戶六斗。夷獠之戶皆從半輸。蕃人內附者，上戶丁稅錢十文，次戶五文，下戶免之。附經二年者，上戶丁輸羊二口，次戶一口，下戶三戶共一口。凡水旱蟲蝗爲災，十分損四分以上免租，損六以上免租調，損七以上課役俱免。右此租、庸、調徵科之數，依杜佑《通典》及王溥《唐會要》所載。《陸宣公奏議》及《資治通鑑》所言皆同，《新唐書·食貨志》以爲每丁輸粟二斛，稻三斛，調則歲輸絹二疋，綾絁各二丈，布加五之一，綿三兩，麻三斤，非蠶鄉則輸銀十四兩。疑太重，今不取。

諸買地者不得過半制，雖居狹鄉亦聽依寬制。其賣者不得更請。凡賣買皆須經官，年終彼此除附。若無文牒輒賣買，財沒不追，地還本主。諸工商，永業、口分田各減半給之，在狹鄉者並不給。因王事落外蕃不還，有親屬同居，其身分之地六年乃追，還日仍給。身死王事者，子孫雖未成丁，勿追身分田。戰傷廢疾不追減，終身。諸田不得貼賃及質，若從遠役外任無人守業者，聽貼賃及質。官人守業田、賜田欲賣及貼賃者，不在禁限。諸給口分田，務從便近，不得隔越。若州縣改易，及他境犬牙相接者，聽依舊受。其城居之人，本縣無田，聽隔縣受。

《通典》曰：雖有此制，開元、天寶以來，法令弛壞，并兼之弊有踰漢成哀之間。

致堂胡氏曰：古者制民之產，是度其丁戶之衆寡而授之田也。無世而無在官之田，不特唐初也，係上之人肯給與不肯給耳。苟有制民常產抑富恤貧之意，則必括民之無田者而給之田，其富而逾制者，必有限之之法，收之之漸也。若無此意，則以民之犯法而沒田爲公家之利，與百姓爲市而留之，甚則以爲價不售而復奪之，又甚則強其親屬鄰里高價而買之，而民之貧、之富、之利、之病皆不概於心，惟鬻田得直、重斂得稅斯已矣。自後魏、齊、周以來，莫如唐之租庸調法最善。然不能百年，爲苟簡者所變，可勝惜哉！食祿之家毋得與民爭利，此以廉恥待士大夫之美政也。古之時，用人稱其官，則久而不徙，或終其身及其子孫，祿有常賜，故仕則不稼，有馬乘則不察雞豚，家伐冰則不畜牛羊，當是時而與民爭利，斯可責矣。後世用人不愼，升黜無常，朝饗太倉，暮而家食。苟非固窮之君子甘於菽水，彼仰有事，俯有育，若不經營生理，又何以能存？盧懷愼爲丞相，其死也，惟有一奴，自鬻以辦喪事，況其餘哉！以理論之，凡士而既仕者，卽當視其品而給之田；進而任使，則有祿以酬其品；置而不用，則有田以資其生。惟大譴大呵，不在原宥之例，然後收其田里。如此，則不得與民爭利之法可行，而廉恥之風益勸矣。

水心葉氏曰：自古天下之田無不在官，民未嘗得私有之。但強者力多，却能兼并衆人之利以爲富，弱者無力，不能自耕其所有之田，以至轉徙流蕩。故先王之政，設田官以授天下之田，貧富強弱無以相過，使各有其田得以自耕，故天下無甚貧甚富之民。至成周時，其法極備，雖《周禮·地官》所載，其間不能無牽合抵捂處，要其大略亦可見。周公治周，授田之制，先治天下之田以爲井，井爲疆界，歲歲用人力修治之，溝洫畎澮皆有定數。疆界既定，人無緣得占田。其閒田有弱者，游手者不耕，卻無強民貪并之害。後來井田不修，隄防浸失，毀壞絕滅。至商鞅用秦，已不復有井田之舊，於是開阡陌。《漢志》曰：東西曰阡，南北曰陌。阡陌既開，天下之田卻簡直易見，看耕得多少，惟恐人無力以耕之。故秦漢之際有豪強兼并之患，富者田連阡陌，而貧者無立錐之地。雖然如此，猶不明說在民，但官不得治，故民得自侵占，而貧者插手不得，不得不去而爲游手，轉而爲末業。終漢之世，以文景之恭儉愛民，武帝之修立法度，宣帝之勵精爲治，卻不知其本不如此，但能下勸農之詔，輕減田租，以來天下之民。如董仲舒、師丹雖建議欲限天下之田，其制度又卻與三代不合。當時但問墾田幾畝，全不知是誰田，又不知天下之民皆可以得田而耕之。光武中興，亦只是問天下度田多少，當時以度田不實，長吏坐死者無數。至於漢亡，三國並立，民既死於兵革之餘，未至繁息，天下皆爲曠土，未及富盛，而天下大亂。雖當時天下之田既不在官，然亦終不在民。以爲在官，則官無人收管；以爲在民，則又無簿籍契券，但隨其力之所能至而耕之。元魏稍立田制，至於北齊、後周皆相承授民田，其初亦未嘗無法度，但末年推行不到頭，其法度亦是空立。唐興，只因元魏、北齊制度而損益之，其度田之法，闊一步，長二百四十步爲畝，百畝爲頃，一夫受田一頃。周制乃是百步爲畝，唐卻是二倍有餘，此一項制度與成周不合。八十畝爲口分，二十畝爲世業。是一家之田，口分須據下來人數占田多少。周制八家皆私百畝，唐制若子弟多，則占田愈多，此又一項與成周不合。所謂田多可以足其人者爲寬鄉，少者爲狹鄉，狹鄉之田減寬鄉之半，其(他)[地]有厚薄，歲一易者倍授之，寬鄉三易者不倍授，工商者寬鄉減半，狹鄉不給，亦與周制不同。先王建國，只是有分土，孟子曰：公侯皆方百里，伯七十里，子男五十里。無分民，但付人以百里之地，任其自治。蓋治之有倫，則地雖不足，民有餘，孟子所謂天下之農皆悅而願耕於王之野者是也。苟不能治，或德不足以懷柔，民不心悅而至，則地雖多，而民反少。《孟子》載梁惠王所謂寡人之民不加多者是也。唐既止用守令爲治，則分田之時不當先論寬鄉狹鄉，當以土論，不當以人論。今卻寬鄉自得多，狹鄉自得少，自狹鄉徙寬鄉者又得并賣口分、永業而去。成周之制，雖是授田與民，其閒水旱之不時，凶荒之不常，上又振貸救卹，使之可以相補助，而不至匱乏。若唐但知授田而已，而無補助之法，縱立義倉振給之名，而既令自賣其田，便自無卹民之實矣。周之制最不容民遷徙，惟有罪則徙之。《記·王制》：命國之右鄉，簡不帥教者移之左；命國之左鄉，簡不帥教者移之右；不變，移之郊；不變，移之遂；不變，屏之遠方，終身不齒。唐卻容他自遷徙，并得自賣所分之田。方授田之初，其制已自不可久，又許之自賣，民始有契約文書，而得以私自賣易。故唐之比前世，其法雖爲粗立，然先王之法亦自此大壞矣。後世但知貞觀之治，執之以爲據，故公田始變爲私田，而田終不可改。蓋緣他立賣田之法，所以必至此。田制既壞，至於今，官私遂各自立境界，民有沒入官者，則封固之，時或召賣，不容民自籍。所謂私田，官執其契券，以各征其直。要知田制所以壞，乃是唐世使民得自賣其田始。前世雖不立法，其田不在官，亦不在民。唐世雖有公田之名，而有私田之實。其後兵革既起，征斂煩重，遂雜取於民。遠近異法，內外異制。民得自有其田而公賣之，天下紛紛，遂相兼并，故不得不變而爲兩稅，要知其弊實出於此。

水心言唐方使民得立券自賣其田，而田遂爲私田，此說恐亦未深考。如蕭何買民田自汙；貢禹有田一百五十畝，被召之日，賣其百畝以供車馬。則自漢以來，民得以自買賣田土矣。蓋自秦開阡陌之後，田卽爲庶人所擅，然亦惟富者貴者可得之。富者有貲可以買田，貴者有力可以占田，而耕田之夫率屬役於富貴者也。王翦爲大將，請美田宅甚衆，又請善田者五人。可以見其時田雖在民，官未嘗有授田之法，而權貴之人亦可以勢取之，所謂善田則屬役者也。蘇秦曰：使我洛陽有田二頃，安能復佩六國相印？蓋秦既不能躬耕，又無貲可以買田，又無權勢可以得田，宜其貧困無賴也。

元·馬端臨《文獻通考》卷三《田賦考三》 按：自秦廢井田之制，隳什一之法，任民所耕；不計多少，於是始舍地而稅人，征賦二十倍於古。漢高祖始理田租，十五而稅一，其後遂至三十而稅一，皆是度田而稅之。然漢時亦有稅人之法。按漢高祖四年，初爲算賦，注：民十五以上至六十五出賦錢，人百二十爲一算，七歲至十五出口賦，人錢二十，此每歲所出也。然至文帝時，卽令丁男三歲而一事，賦四十，則是算賦減其三之一，且三歲方徵一次，則成丁者一歲所賦不過十三錢有奇，其賦甚輕。至昭、宣帝以後，又時有減免。蓋漢時官未嘗有授田、限田之法，是以豪強田連阡陌，而貧弱無置錐之地，故田稅隨占田多寡爲之厚薄，而人稅則無分貧富。然所稅每歲不過十三錢有奇耳。至魏武初平袁紹，乃令田每畝輸粟四升，又每戶輸絹二疋，綿二斤，則戶口之賦始重矣。晉武帝又增而爲絹三疋、綿三斤，其賦益重。然晉制男子一人占田七十畝，女子及丁男丁女占田皆有差，則出此戶賦者亦皆有田之人，非鑿空而稅之，宜其重於漢也。自是相承，戶稅皆重。然至元魏而均田之法大行，齊、周、隋、唐因之。賦稅沿革微有不同，史文簡略，不能詳知，然大槩計畝而稅之令少，計戶而稅之令多。然其時戶戶授田，則雖不必履畝論稅，只逐戶賦之，則田稅在其中矣。至唐始分爲租庸調，田則出粟稻爲租，身與戶則出絹布綾綿諸物爲庸調。然口分世業，每人爲田一頃，則亦不殊元魏以來之法，而所謂租庸調者，皆此受田一頃之人所出也。中葉以後，法制隳弛。田畝之在人者，不能禁其賣易，官授田之法盡廢，則向之所謂輸庸調者，多無田之人矣。乃欲按籍而徵之，令其與豪富兼并者一例出賦可乎？又況遭安史之亂，丁口流離轉徙，版籍徒有空文，豈堪按以爲額？蓋當大亂之後，人口死徙虛耗，豈復承平之舊？其不可轉移失陷者，獨田畝耳。然則視大曆十四年墾田之數以定兩稅之法，雖非經國之遠圖，乃救弊之良法也。但立法之初，不任土所宜，輸其所有，乃計綾帛而輸錢。既而物價愈下，所納愈多，遂至輸一者過二，重爲民困。此乃掊刻之吏所爲，非法之不善也。陸宣公與齊抗所言固爲切當，然必欲復租庸調之法，必先復口分世業之法，均天下之田，使貧富等而後可，若不能均田，則兩稅乃不可易之法矣。又歷代口賦，皆視丁、中以爲厚薄。然人之貧富不齊，由來久矣。今有幼未成丁，而承襲世資，家累千金者，乃薄賦之。又有年齒已壯，而身居窮約，家無置錐者，乃厚賦之，豈不背繆？今兩稅之法，人無丁、中，以貧富爲差，尤爲的當。宣公所謂：計估算緡，失平長僞，挾輕費轉徙者脫徭稅，敦本業不遷者困斂求，乃誘之爲姦，敺之避役。此亦是有司奉行者不明不公之過，非法之弊。蓋力田務本與商賈逐末，皆足以致富。雖曰逐末者易於脫免，務本者困於徵求，然所困猶富人也，不猶愈於庸調之法不變，不問貧富，而一概按元籍徵之乎？蓋賦稅必視田畝，乃古今不可易之法，三代之貢助徹，亦只視田而賦之，未嘗別有戶口之賦。蓋雖授人以田，而未嘗別有戶賦者，三代也；不授人以田，而輕其戶賦者，兩漢也。因授田之名，而重其戶賦，田之授否不常，而賦之重者已不可復輕，遂至重爲民病，則自魏至唐之中葉是也。自兩稅之法行，而此弊革矣，豈可以其出於楊炎而少之乎？

明・徐三重《採芹録》卷一　北魏孝文時，李安世上言：歲饑民流，田業多爲豪右所占奪，雖桑井難復，宜更均量，使力業相稱。力業人人殊便，應人均量，事既傷繁，且田無定數，惟力是稱，即爲他日多占之端，而均量無已時矣。時南北交爭，兵事未息，田制或難定限，暫爲此融通便計，以救時弊而拯民艱，亦不爲無益也。

唐陸贄論限田曰：古者一夫受田不過百畞，欲使人不廢田業，無曠耕耘。今富者連阡陌，貧者無容足之居，依托強家，服勞終歲，常患不充。有田之家坐食租稅，京畿田畞稅五升，私家收租一碩，官取一，私取十，宜爲占田條限。此安富恤貧之善經也。所云依托強家，服勞終歲者，今奴婢、佃戶，皆是也。惟兼并之後，貧人失業，乃有此等。若計夫受田時，則俱同井通作之。夫各得自食其力，何至依人服役乎？

唐牛僧孺論均田曰：昔周人井田之制，遠而不可復，漢氏名田之數疏而未可行，今版籍不備，遷徙無制，富者得以專其利，貧者不能專其業。於是編戶逸爲游惰，良田併於豪家，誠能詔天下官吏隨人所在，皆備貢籍，來者根其所從，去者審其方向，居者詳其業，疾者籌其數。時貢籍於縣，歲貢籍於州，州與縣相聞。然後頒限田之科，重兼并之律，使公侯卿士方伯連帥下及於豪商大賈，不得廣併吞，以專厚利。若然，則均田之事，寓其間矣。藉民限田，許口受業者，當如是，但於藉時，恐不無繁擾，且既非受田人藉之何爲，不若一意限田重禁兼并，自然惠及無籍。至有田之後，隨產立戶列於版圖，則民不待藉，而自藉矣。

明・唐順之《稗編》卷一〇四　唐田賦《唐書》

古之善治其國而愛養斯民者，必立經常簡易之法，使上愛物以養其下，下勉力以事其上，上足而下不困。故量人之力，而授之田，量地之產，而取以給公。上量其入而出之，以爲用度之數，是三者常相須以濟而不可失。失其一，則不能守其二。及暴君庸主縱其佚欲，而苟且之吏從之，變制合時以取寵於其上。故用於上者無節，而取於下者無限。民竭其力而不能供，由是上愈不足，而下愈困，則財利之說興，而聚斂之臣用。《記》曰：寧有盜臣。盜臣誠可惡，然一人之害爾。聚斂之臣用，則經常之法壞，而下不勝其弊焉。唐之始時，授人以口分、世業田，而取之以租庸調之法，其用之也有節。蓋其畜兵以府衛之制，故兵雖多，而無所損。設官有常員之數，故官不濫，而易祿。雖不及三代之盛時，然亦可以爲經常之法也。及其弊也，兵冗官濫，爲之大蠹。自天寶以來，大盜屢起，方鎮數叛，兵革之興，累世不息，而用度之數，不能節矣。加以驕君昏主，姦吏邪臣，取濟一時，屢更其制。而經常之法，蕩然盡矣。由是財利之說興，聚斂之臣進，蓋口分、世業之田壞，而爲兼幷，租庸調之法壞，而爲兩稅。至於鹽鐵、轉運、屯田、和糴、鑄錢、括苗、榷利、借商、進奉、獻助，無所不爲矣。蓋愈煩而愈弊，以至於亡焉。唐制：度田以步，其闊一步，其長二百四十步爲畝，百畝爲頃，凡民始生爲黃，四歲爲小，十六爲中，二十一爲丁，六十爲老。授田之制，丁及男年十八以上者，人一頃。其八十畝爲口分，二十畝爲永業，老及篤疾、廢疾者，人四十畝。寡妻妾三十畝，當戶者增二十畝，皆以二十畝爲永業，其餘爲口分。永業之田，樹以榆棗桑及所宜之木，皆有數。田多可以足其人者，爲寬鄉。少者，爲狹鄉。狹鄉授田，減寬鄉之半，其地有薄厚，歲一易者，倍授之。寬鄉三易者，不倍授。工商者，寬鄉減半，狹鄉不給。凡庶人徙鄉及貧無以葬者，得賣世業田，自狹鄉而徙寬鄉者，得幷賣口分田。已賣者不復授，死者收之，以授無田者，凡收授皆以歲十月。授田先貧及有課役者，凡田，鄉有餘，以給比鄉，縣有餘，以給比縣，州有餘，以給近州。凡授田者，丁歲輸粟二斛，稻三斛，謂之租。丁隨鄉所出，歲輸絹二疋，綾絁二丈，布加五之一，綿三兩，麻三觔，非蠶鄉則輸銀十四兩，謂之調。用人之力，歲二十日，閏加二日，不役者，日爲絹三尺，謂之庸。有事而加役二十五日者免調，三十日者，租調皆免。通正役不過五十日。自王公以下，皆有永業田。太皇太后、皇太后、皇后緦麻以上親，內命婦一品以上親，郡王及五品以上，祖父兄弟，職事、勳官三品以上有封者，若縣男父子，國子、太學、四門學生、俊士，孝子、順孫、義夫、節婦同籍者，皆免課役。凡主戶內有課口者爲課戶，若老及男廢疾、篤疾、寡妻妾、部曲、客女、奴婢及視九品以上官，不課。凡里有手實，歲終具民之年，與地濶陿爲鄉帳。鄉成於縣，縣成於州，州成於戶部。又有計帳，具來歲課役以報度支。國有所須，先奏而斂。凡稅斂之數，書於縣門村坊，與衆知之。水、旱、霜、蝗耗十四者，免其租。桑麻盡者，免其調。田耗十之六者，免租調。耗七者，諸役皆免。凡新附之戶，春以三月免役，夏以六月免課，秋以九月課役皆免。徙寬鄉者，縣覆於州，出境則覆於戶部。官以閒月達之。自畿內徙畿外，自京縣徙餘縣，皆有禁。四夷降戶，附以寬鄉，給復十年。奴婢縱爲良人，給復三年。沒外蕃人，一年還者，給復三年。二年者，給復四年。三年者，給復五年。浮民、部曲、客女、奴婢，縱爲良者，附寬鄉。貞觀中，初稅草以給諸閑，而驛馬有牧田。太宗方銳意於治，官吏考課，以鰥寡少者進考，如增戶法，失勸導者，以減戶論。配租以斂穫早晚、險易、遠近爲差。庸調輸以八月，發以九月。同時輸者，先遠民。皆自槩量。州府歲市土所出爲貢，其價視絹之上下，無過五十匹。異物、滋味、口馬、鷹犬，非有詔不獻，有加配，則以代租賦。其凶荒則有社倉賑給，不足則徙民就食諸州。尚書左丞戴胄建議：自王公以下，計墾田，秋熟所在爲義倉，歲凶以給民。太宗善之，乃詔：畝稅二升，粟麥秔稻隨土地所宜，寬鄉斂以所種，狹鄉據青苗簿而督之。田耗十四者，免其半。耗十七者，皆免之。商賈無田者，以其戶爲九等，出粟自五石至於五斗爲差，下下戶及夷獠不取焉。歲不登則以賑民，或貸爲種子，則至秋而償。其後洛、相、幽、徐、齊、幷、秦、蒲州，又置常平倉，粟藏九年，米藏五年，下濕之地，粟藏五年，米藏三年，皆著於令。貞觀初，戶不及三百萬，絹一疋易米一斗。至四年，米斗四五錢，外戶不閉者數月，馬牛被野，人行數千里不齎糧。民物蕃息，四夷降附者，百二十萬人。是歲，天下斷獄，死罪者二十九人，號稱太平，此高祖、太宗，致治之大畧，及其成效如此。高宗承之，海內艾安，太尉長孫無忌等輔政，天下未見失德，數引刺史入閣，問民疾苦。即位之歲，增戶十五萬。及中書令李義府、侍中許敬宗既用事，役費並起。永淳以後，給用亦不足，加以武后之亂，紀綱大壞，民不勝其毒。玄宗初立求治，蠲徭役者給蠲符，以流外及九品京官爲蠲使，歲再遣之。開元八年，頒庸調法於天下，好不過精，惡不至濫，闊者一尺八寸，長者四丈。然是時，天下戶未嘗升降。監察御史宇文融獻策，括籍外羨田、逃戶，自占者給復五年。每丁稅錢千五百，以攝御史分行括實。陽翟尉皇甫憬上書言其不可。玄宗方任用融，乃貶憬爲盈川尉。諸道所括得客戶八十餘萬，田亦稱是。州縣希旨張虛數，以正田爲羨，編戶爲客，歲終籍錢數百萬緡。十六年乃詔：每三歲以九等定籍，而庸調折租所取華好，州縣長官勸織，中書門下察濫惡以貶官吏，精者褒賞之。二十二年詔：男十五，女十三以上得嫁娶，州縣歲上戶口登耗。採訪使覆實之，刺史縣令以爲課最。初，永徽中禁買賣世業、口分田，其後豪富兼幷，貧者失業，於是詔買者還地而罰之。先是揚州租調以錢，嶺南以米，安南以絲，益州以羅紬綾絹供春綵。因詔江南亦以布代租。中書令李林甫以租庸、丁防、和糴、春綵、稅草無定法，歲爲旨符，遣使一告，費紙五十餘萬，條目既多，覆問踰年，乃與採訪朝集使議革之，爲長行旨，以授朝集使及送旨符使，歲有所支，進畫附驛以達，每州不過二紙。凡庸、調、租、資課，皆任土所宜，州縣長者涖定粗良，具上中下三物之樣輸京都，有濫惡，督中物之直。二十五年，以江淮輸運有河、洛之艱，而關中蠶桑少，菽粟常賤，乃命庸、調、資課皆以米，凶年樂輸布絹者，亦從之。河南、北不通運州，租皆爲絹。代關中庸課，詔度支減轉運。是時海內富實，米斗之價錢十三，青、齊間斗纔三錢，絹一疋錢二百，道路列肆，具酒食以待行人，店有驛驢，行千里不持尺兵，天下歲入之物，租錢二百餘萬緡，粟千九百八十餘萬斛，庸調絹七百四十萬疋，綿百八十餘萬屯，布千三十五萬餘端。天子驕於佚樂，而用不知節，大抵用物之數，常過其所入。於是錢穀之臣，始事朘刻。太府卿楊崇禮句剝分銖，有欠折漬損者，州縣督選，歷年不止，其子慎矜專知太府，次子慎名知京倉，亦以苛刻結主恩。王鉷爲戶口色役使，歲進錢百億萬緡，非租庸正額者，積百寶大盈庫，以供天子燕私。及安祿山反，司空楊國忠以爲正庫物不可以給士，遣侍御史崔衆至太原納錢度僧尼道士，旬日得百萬緡而已。自兩京陷沒，民物耗斁，天下蕭然。肅宗即位，遣御史鄭叔清等籍江淮、蜀漢富商右族訾畜，十收其二，謂之率貸。諸道亦稅商賈以贍軍，錢一千者有稅，於是北海郡錄事參軍第五琦以錢穀得見，請於江淮置租庸使。吴鹽、蜀麻、銅冶皆有稅。市輕貨繇江陵、襄陽、上津路，轉至鳳翔。明年鄭叔清與宰相裴冕建議，以天下用度不充，諸道得召人納錢，給空名告身，授官勳邑號。度道士、僧尼，不可勝計，納錢百千，賜明經出身，商賈助軍者，給復。及兩京平，又於關輔諸州，納錢度道士、僧尼萬人，而百姓殘於兵盜，米斗至錢七千，鬻籺爲糧，民行乞食者屬路。乃詔能賑貧乏者，寵以爵秩。故事，天下財賦歸左藏，而太府以時上其數，尚書比部覆其出入。是時京師豪將假取不能禁，第五琦爲度支鹽鐵使，請皆歸大盈庫，供天子給賜，主以中官。自是天下之財爲人君私藏，有司不得程其多少。及吐蕃逼京師，近甸屯兵數萬，百官進俸錢，又率戶以給軍糧。至大曆元年，以國用急，不及秋，方苗青即征之，號青苗錢。又有地頭錢，每畝二十，通名爲青苗錢。

明・劉球《兩谿文集》卷一《講章》　初定均田租庸調法

這是《通鑑綱目》紀唐高祖制民田產及平賦役的法，均田是均平其田畝，租是田租，庸是身役錢，調是宅地錢。高祖既平天下，首定均田之法。丁中之民給田一頃，篤疾者減十之六，寡妻妾減七，皆以十之二爲世業，八爲口分。租則每丁歲入粟二石，調則綾絹絁布，隨其地之所宜而輸之，庸則歲役民二旬，不役則收其傭，日三尺，有事而加役，旬有五日免其調，三旬租調俱免。水旱蟲霜爲災，什損四以上免租，損六以上免調，損七以上課調俱免。凡民貲業分九等，百戶爲里，五里爲鄉，四家爲鄰，四鄰爲保。在城邑者爲坊，在田野者爲村。食祿之家，無得與民爭利；工商雜類，不與士伍。男女始生爲黄，四歲爲小，十六爲中，二十爲丁，六十爲老。歲造計賬，三年造戶籍，其養民之政，理民之法，始爲精密。故朱子於《綱目》備書其事，以見唐治之萬目舉也。臣謹按：國非民不立，民非食不生，爲人君者必有以制民之產，而薄其稅斂，輕其徭役，使各安其所，然後民食足，而禮義爲可興。故夏后氏五十而貢，殷人七十而助，周人百畝而徹，皆什取其一。所以民有恆產，而有恆心，以成熙皞之治。唐之均田租庸調法，雖不足比隆三代井田之制，然業民有道，處民有法。故宋儒范祖禹曰：自井田廢，而貧富不均，後世有能制民之產，使養生喪死無憾者，惟唐之法，其庶幾焉。然爲治者，惟能省力役，薄稅斂，務本抑末，尚儉去奢，占田有限，困窮有養，使貧者足以自立，富者不得兼之，則均天下之本也。是誠爲治所當務，當今所宜行。伏惟皇上法三代養民之意，體宋儒均天下之言，使地得其平，民安其所，則先王之治爲可復矣。

清《授時通考》卷一一《土宜・田制上》　《魏書・食貨志》：太和九年詔：均給天下民田，諸男夫十五以上受露田四十畝，婦人二十畝，奴婢依良，丁牛一頭受田三十畝，限四牛。所受之田，率倍之，三易之田，再倍之，以供耕作及還受之盈縮。諸民年及課則受田，老免及身沒則還田。奴婢、牛隨有無以還受，諸桑田不在還受之限。但通入倍田分，於分雖盈，沒則還田，不得以充露田之數，不足者以露田充倍。諸初受田者，男夫一人給田二十畝，課蒔餘種桑五十樹，棗五株，榆三根，非桑之土夫給一畝，依法課蒔榆棗。奴各依良，限三年種畢，不畢，奪其不畢之地，于桑榆地分雜蒔餘果及多種桑榆者不禁。諸應還之田，不得種桑榆棗果，種者以違令論。地入還分。諸桑田皆爲世業，身終不還，恆從見口，有盈者無受無還，不足者受種如法，盈者得賣其盈，不足者得買所不足，不得賣其分，亦不得買過所足。諸麻布之土，男夫及課，別給麻田十畝，婦人五畝，奴婢依良，皆從還受之法。諸有舉戶老小、癃殘無受田者，年十一以上及癃者各授以半夫田，年踰七十者，不還所受；　寡婦守志者，雖免課，亦授婦田。諸還受民田，恆以正月，若始受田而身亡，及賣買奴婢牛者，皆至明年正月乃得還受。諸土廣民稀之處，隨力所及，官借民種蒔。役有土居者，依法封授。諸地狹之處，有進丁受田，而不樂遷者，則以其家桑田爲正田分。又不足，不給倍田，又不足，家內人別減分，無桑之鄉準此爲法。樂遷者聽逐空荒，不限異州他郡，惟不聽避勞就逸。其地足之處，不得無故而移。諸民有新居者，三口給地一畝，以爲居室，奴婢五口給一畝。男女十五以上，因其地分，口課種菜五分畝之一。諸一人之分，正從正，倍從倍，不得隔越他畔。進丁受田者，恆從所近，若同時俱受，先貧後富，再倍之田，放此爲法。諸遠流配讁、無子孫及戶絕者，墟宅、桑榆盡爲公田，以供授受。授受之次，給其所親。未給之間，亦借其所親。諸宰民之官，各隨地給公田，刺史十五頃，太守十頃，治中、別駕各八頃，縣令郡丞六頃，更代相付，賣者坐如律。

《隋書·食貨志》：　北齊武成帝河清三年定令，男率以十八受田，輸租調，二十充兵，六十免力役，六十六退田，免租調。京城四面諸坊之外，三十里內爲公田，受公田者，三縣代遷戶內執事官一品以下，逮於羽林虎賁，各有差。其外畿郡，華人官第一品以下，羽林虎賁已上各有差。職事及百姓請墾田者，名爲永業田，奴婢受田者，親王止三百人，嗣王止二百人，第二品嗣王以下及庶姓王止一百十人，正三品以上及皇宗止一百人，七品以上限止八十人，八品以下至庶人限止六十人。奴婢限外不給田者，皆不輸。其方百里外及州人，一夫受露田八十畝，婦四十畝，奴婢依良人，限數與者在京百官同。丁牛一頭，受田六十畝，限止四(年)[牛]。又每丁給永業二十畝爲桑田。其中種桑五十根，榆三根，棗五十根，不在還受之限。非此田者，悉入還受之分，土不宜桑者，給麻田，如桑田法。

又開皇十二年，發使四出均天下之田，狹鄉每丁纔至二十畝，老少又少焉。

《唐書·食貨志》：　度田以步，其濶一步，其長二百四十步爲畝，百畝爲頃。授田之制，丁及男年十八以上者，人一頃，其八十畝爲口分，二十畝爲永業。老及篤疾、廢疾者，人四十畝，寡妻妾三十畝，當戶者增二十畝，皆以二十畝爲永業，其餘爲口分。田多可以足其人者，爲寬鄉，少者，爲狹鄉。狹鄉授田減寬鄉之半。其地有薄厚，歲一易者，倍授之，寬鄉三易者，不倍授。工商者寬鄉減半，狹鄉不給。凡庶人徙鄉及貧無葬者，得賣世業田。自狹鄉而徙寬鄉者，得并賣口分田。已賣者不復授，死者收之，以授無田者。凡收授，皆以歲十月，授田先貧及有課役者。凡田鄉有餘以給比鄉，縣有餘以給比縣，州有餘以給近州。

又永徽中，禁買賣口分世業田，買者還地而罰之。

清·閻鎮珩《六典通考》卷六三《民政考》　後魏天興元年詔，給內徙新民耕牛，計口受田。永興元年，置新民於大甯川，給農器，計口受田。恭宗監國，令曰制有司課畿內之民，使無牛家以人牛力相貿，墾殖鋤耨。其有牛家與無牛家一人種田二十二畝，償以私鋤功七畝，如是爲差。至與小老無牛家種田七畝，小老者賞以鋤功二畝。皆以五口下貧家爲率。各列家別口數，所勸種頃畝，明立簿目。所種於地首標題姓名，以辨播種之功。又禁飲酒、雜戲、棄本沽販者，墾田大爲增闢。太和元年詔曰：　去年牛疫，死大半，今東作既興，人須肆業。有牛者加勤於常歲，無牛者倍傭於餘年。一夫制理四十畝，中男二十畝。無令人有餘力，地有遺利。時李安世上疏曰：井稅之興，其來日久，田萊之數，制之以限。蓋欲使土不曠功，人罔游力。竊見州郡之人，或因年儉流移，棄賣田宅，漂居異鄉，事涉數代。三長既立，始返舊墟，廬井荒涼，桑榆改植。事已歷遠，易生假冒，強宗豪族，肆其侵淩，遠認晉魏之家，近因親舊之驗。年載稍久，鄉老所惑，羣證雖多，莫可取據。各附親知，互有長短，兩證徒具，聽者猶疑，爭訟遷延，連紀不判。愚謂今雖桑井難復，宜更均量，審其經術，令分藝有准，力業相稱。細人獲資生之利，豪右靡餘地之盈。又所爭之田，宜限年斷，事久難明，悉屬今主。然後虛詐之人，絕於覬覦，守分之事，免於淩奪。帝深納之，均田之制起於此矣。胡翰曰：　李安世在魏太和中，得君非華夏之主，得民非歸馬牧牛之時，以魏國之大獨均其土地，審其經術，差露田別世業。魏人賴之力業相稱，北齊後周因而不變，隋又因之，唐有天下，遂定爲口分、永業之制，而取以租庸調之法。口分卽露田也，永業卽世業也。　九年詔曰：　先王之典，經綸百氏，儲畜既積，黎民永安，爰暨季葉，斯道陵替。富強者并兼山澤，貧弱者望少一廛，致令地有遺利，民無餘財。今遣使者循行州郡，與牧守均給天下之田，還受以生死爲斷，勸課農桑，興富民之本。諸男夫十五以上，受露田四十畝，不栽樹者謂之露田。婦人二十畝，奴婢依良。丁牛一頭受田三十畝，限四牛。所受之田率倍之，三易之田再倍之，以供耕休及還受之盈縮。人年及課則受田，老免及身沒則還田，奴婢、牛隨有無還受。諸桑田不在還受之限，但通入倍田分。於分雖盈，不得以充露田之數，不足者以露田充倍。諸初受田者，男夫一人給田二十畝，課蒔餘，種桑五十樹，棗五株，榆三根。非桑之土，夫給一畝，依法課蒔餘果及多種桑榆者不禁。諸還之田不得種桑榆棗果。種者以違令論，地入還分。諸桑田皆爲代業，身終不還，恆從見口。有盈者無受無還，不足者受種如法。盈者得賣其盈，不足者得買所不足。不得賣其分，亦不得買過所足。諸麻布之土，男夫及課，別給麻田十畝，婦人五畝，奴婢依良，皆從還受之法。諸有舉戶老小殘疾無受田者，年十一以上及廢疾者，各授以半夫田。年踰七十者不還所受。寡婦守志者，雖免課亦受婦田。諸還受人田，恆以正月。若始受田而身亡及賣買奴婢、牛者，皆至明年正月乃得還受。諸土廣人稀之處，隨力所及，官借人種蒔。後有來居者，依法封授。諸地狹之處，有進丁授田而不樂遷者，則以其家桑田爲正田分，又不足不給倍田，又不足家內人別減分。無桑之鄉，準此爲法。樂遷者聽逐空荒，不限異州他郡，唯不聽避勞就逸。其地足之處，不得無故而移。諸人有新居者，三口給地一畝，以爲居室，奴婢五口給一畝。男女十五以上，因其地分，口課種菜五分畝之一。諸一人之分，正從正，倍從倍，不得隔越他畔。進丁授田者，恆從所近。若同時俱受，先貧後富。再倍之田，倣此爲法。諸遠流配謫、無子孫及戶絕者，墟宅、桑榆盡爲公田，以供授受。授受之次，給其所親，未受之間，亦借其所親。諸宰人之官，各隨(匠)〔近〕給公田。更代相付，賣者坐如律。馬端臨曰：後魏立法所受者露田，諸桑田不在還受之限。意桑田必是人戶世業，是以栽植桑榆其上，而露田不栽樹則似所種者，皆荒閒無主之田，必諸遠流配謫、無子孫及戶絕者，墟宅、桑榆盡爲公田，以供授受。則固非盡奪富者之田，以予貧人也。又令有盈者無授不還，不足者受種如法，盈者得賣其盈，不足者得買其所不足，不得賣其分，亦不得過買所足，是令其從便，買賣以合均給之數。則又非強奪之以爲公田。與王莽所行異矣。

北齊給授田令，仍依魏朝。每年十月普令轉授，成丁而授，丁老而退，不聽賣易。天保八年議徙冀、定、瀛無田之人，謂之樂遷，於幽州寬鄉以處之。又令男子率以十八受田，輸租調；六十六退田，免租調。京城四面諸方之外，三十里內，爲公田。受公田者，三縣代遷戶職事官一品以下，逮於羽林武賁，各有差。其外畿郡，華人官第一品以下，羽林武賁以上，各有差。職事及百姓請墾田者，名爲永業田。奴婢受田者，親王三百人，嗣王二百人，第二品嗣王以下及庶姓王百五十人，正三品以上及皇宗百人，七品以上八十人，八品以上至庶人六十人。奴婢限外不給田者，皆不輸。其方百里外及州人，一夫受露田八十畝，婦人四十畝，奴婢依良人，限數者與在京百官同。丁牛一頭受田六十畝，限止四牛。每丁給永(數)〔業〕二十畝，爲桑田。其田中種桑五十根，榆三根，棗五株，不在還受之限。非此田者，悉入還受之分。土不宜桑者，給麻田，如桑田法。宋孝王《關東風俗傳》曰：昔漢時募徙田，恐遺墾課，令就良美。而齊氏全無斟酌，雖有當年權格，時暫施行，爭地文案，有三十年不了者。此由授受無法者也。其賜田者，謂公田及諸橫賜之田。魏令職分公田，不問貴賤，一人一頃，以供芻秣。自宣武出獵以來，始以永賜，得聽賣買。遷鄴之始，濫職衆多，所得公田，悉從貨易。又天保之代，曾遙壓首人田，以充公簿，武平以後橫賜諸貴及外戚佞寵之家，亦以盡矣。又河渚山澤，有可耕墾肥饒之處，悉是豪勢，或借或請，編戶不得一壟。糾賞者依令口分之外知有買匿，聽相糾列，還以此地賞之。至有貧人實非膽長買匿者，苟貪錢貨，詐吐壯丁口分，以與糾人，亦既無田，即便逃走。帖賣者，帖荒田七年，熟田五年，錢還地還，依令聽許。露田雖復不聽賣買，賣買亦無重責。貧戶因王課不濟，率多貨賣田業，至春困急，輕致藏走。亦有惰人，雖存田地，在外浮游。三正賣其口田，以供課租。比來頻有還人之格，欲以招慰逃散。假使蹔還，即賣所得之地，地盡還走，雖有還名，終不肯住，正由縣聽其賣帖田園故也。廣占者，依令，奴婢請田亦與良人相似。以無田之良口，比有地之奴牛。宋世良天保中獻書，請以富家牛地先給貧人，其時朝列，稱其合理。

後周司均掌田里之政令。凡人口十以上宅五畝，口七以上宅四畝，五以下宅三畝。有室者田百四十畝，丁者田百畝。葉適曰：齊自河清始，有受田之制，周亦有司均掌田里之政，以其時田皆在官故也。今田不在官久矣，以民自買者爲正，雖官偶有，亦效民賣之，此又偏也。

隋文帝令，自諸王以下至於都督，皆給永業田，各有差。少者百畝，多者至三十頃。其丁男、中男永業露田，皆遵後齊之制。並課樹以桑榆及棗。其田宅率三口給一畝，京官又給職分田。詳《職田考》。開皇九年墾田千九百四十萬四千二百六十七頃。戶總八百九十萬七千五百三十六，每戶合墾田二頃餘。十二年，帝以天下戶口歲增，京輔及三河地少人衆，乃發使四方出，均天下之田。其狹鄉，每丁纔二十畝，老小又少焉。至大業中天下墾田五千五百八十五萬四千四十頃。時有戶八百九十萬七千五百三十六，每戶合得墾田五頃餘。

唐制：五尺爲步，二百四十步爲畝，百畝爲頃，度其肥瘠寬狹以居其人。

凡給田，丁男、中男一頃，中男年十八已上者，亦依丁男給。老男、篤疾、廢疾四十畝，寡妻妾三十畝。若爲戶者，減丁之半。凡田二等，曰永業、曰口分。丁之田二爲永業，八爲口分。凡道士給田三十畝，女冠二十畝，僧尼亦如之。凡官戶授田減百姓口分之半。凡百姓給園宅地者，良口三人已上給一畝，三口加一畝，賤口五人給一畝，五口加一畝。其口分、永業不與焉。若京城及州縣郭下園宅，不在此例。凡給口分田，皆從便近，居城之人，本(鄉)[縣]無田者，則隔縣給受。凡應收授之田，皆起十月，畢十二月。凡授田先課後不課，先貧後富，先無後少。凡州縣界內所部，受田悉足者，爲寬鄉，不足者爲狹鄉，授田減寬鄉之半。其狹鄉地有薄厚，歲一易者，倍授之。寬鄉三易者，不倍授。工商者，寬鄉減半，狹鄉不給。林勳曰：周制，步百爲畝，百畝僅得唐之四十餘畝耳。唐之口分，人八十畝，幾倍於古。蓋貞觀之盛，戶不及三百萬，永徽爲增十五萬，若周則王畿千里，已有三百萬家之田，列國不與焉，是以唐制受田倍於周，而地亦足以容之。狹鄉雖裁其半，猶可當成周之制。然按一時戶口而不爲異日計，則後守法難矣。既無振貧之術，乃許之賣田。後魏以來，斂法也。是以起兼并之漸。凡田鄉有餘，以給比鄉；縣有餘，以給比縣；州有餘以給近州。授田者丁歲輸粟二斛、稻三斛，謂之租。丁自王公以下，皆有永業田。詳見《職田考》。其散官五品以上，同職事給，兼有官爵及勳俱應給者，唯從多，不並給。若當家口分之外，先有地非狹鄉者，並卽回受，有賸追收，不足者更給。諸永業田，皆傳子孫，不在收授之限。卽子孫犯法除名者，所承之地，亦不追。每畝課種桑五十以上，楡棗各十以上，三年種畢。鄉土不宜者，任以所宜樹充。五品以上，永業田皆不得狹鄉受。任於寬鄉隔越射無主荒地充。卽買蔭賜田充者，雖狹鄉亦聽。其六品以下永業，卽聽本鄉取還公田充，願於寬鄉取者亦聽。應賜人田，非指的處所者，不得狹鄉給。其應給永業人，若官爵之內有解免者，從所解者追。卽解免不盡者，隨所降品追。其除名者，依口分例給，自外及有賜田者並追。若當家之內有官爵及少口分應受者，並聽迴給，有賸追收，其因官爵得永業，未請及未足而身亡者，子孫不追請。諸襲爵者，唯承父祖永業，不合別請。若父祖未請及未足而身亡者，減始受封之半。諸官職分田，詳《職田考》。諸驛封田，隨近給，馬一匹給地四十畝。若驛側有牧馬之處，匹各減五畝。其傳送馬，每匹給田二十畝。諸庶人身死家貧無以供葬者，聽賣永業田，流移者亦如之。樂遷就寬鄉者，聽賣口分田。賣充住宅、邸店、碾磑者，雖非樂遷，亦聽私賣。諸買地者，不得過本制，雖居狹鄉，亦聽依寬制，其賣者不得更請。凡賣買，皆須經所部官司申牒，年終彼此除附。若無文牒輒賣買，財沒有追，地還本主。胡翰曰：均天下之田，而聽民賣永業以葬，鬻口分以遷，是以小不足而大亂法也。何救於弊，鬻而加罰。永徽之禁，抑末耳。議者以魏、齊、周、隋享國日淺，兵革不息，土曠人稀，其田足以給其衆，民獲其實。唐承平日久，丁口滋多，官無閑田給受，民不復獲其實，徒爲具文，不知隋唐之盛。丁口相若至於貞觀開元之盛，其人戶猶不及隋，何至其田具文無實也。但狹鄉民多而田不盈，永業田鬻而民不困。如陸贄所謂，時弊者，執馴致也。時弊則法亦弊，故均田雖有古之遺制，不若井田善。諸因王事沒落外藩不還，有親屬同居，其身分之地，六年乃追。身還之日，隨便先給，卽身死王事者，其子孫雖未成丁，身分地勿追。其因戰傷及篤疾廢疾者，亦不追減。諸田不得貼賃及質，違者，財沒不追，地還本主。若從遠役外任，無人守業者，聽貼賃及質。其官人永業田及賜田，欲賣及貼賃者，皆不在禁限。《通典》：天寶以來，法令弛壞，兼并之弊有踰於漢成哀之間。親王出藩者，(出)給地一頃作園。若城內無可開拓者，於近城便給。如無官田，取百姓地充。武德七年，定均田之制，開元中，天下戶版刓隱，人多去本籍。監察御史宇文融請校天下籍，收匿戶羨田。玄宗以融爲覆田勸農使，遣御史分按州縣，括正頃畝，於是諸道收沒戶八十萬，田亦稱是。帝大悅。沙隨程氏曰：時天下戶八百萬，而浮客乃至八十萬。此融之論所以立也。使融簡括賸田，以授客戶，責成守令。不收限外之賦，其振業小民，審修舊法，所得多矣。故杜佑作《理道要訣》稱融之功。唐人後亦思之。及天寶中，應受田一千四百三十萬三千八百六十二頃十三畝。十四年，有戶八百九十萬餘，每戶合一頃六十餘畝。自後安史亂起，人多流亡。大曆元年，詔流民還者，給復三年，田園盡則授以逃田。

傳記

《魏書》卷四一《源懷傳》　延弟思禮，後賜名懷，謙恭寬雅，有大度。高宗末，爲侍御中散。父賀辭老，詔懷受父爵，拜征南將軍。尋爲持節、督諸軍，屯於漠南。還，除殿中尚書，出爲長安鎭將、雍州刺史。清儉有惠政，善於撫恤，劫盜息止，流民皆相率來還。歲餘，復拜殿中尚書，加侍中，參都曹事。又督諸軍征蠕蠕，六道大將咸受節度。遷尚書令，參議律令。後例降爲公。除司州刺史。從駕南征，加衞大將軍，領中軍事。以母憂去職，賜帛三百匹、穀千石。十九年，除征北大將軍、夏州刺史，轉都督雍岐東秦諸軍事、征西大將軍、雍州刺史。

景明二年，徵爲尚書左僕射，加特進。【略】

其年，除車騎大將軍、涼州大中正。【略】

又詔爲使持節，加侍中、行臺，巡行北邊六鎮、恆燕朔三州，賑給貧乏，兼採風俗，考論殿最，事之得失，皆先決後聞。【略】

懷又表曰：景明以來，北蕃連年災旱，高原陸野，不任營殖，唯有水田，少可畜畝。然主將參僚，專擅腴美，瘠土荒疇給百姓，因此困弊，日月滋甚。諸鎮水田，請依地令分給細民，先貧後富，若分付不平，令一人怨訟者，鎮將已下連署之官，各奪一時之祿，四人已上奪祿一周。【略】詔曰：省表具恤民之懷，已敕有司一依所上，下爲永準。如斯之比，不便於民，損化害政者，其備列以聞。

《北史》卷一八《王澄傳》 長子澄，字道鏡，少好學，美鬚髯，善舉止，言辭清辯，響若縣鍾。康王薨，居喪以孝聞。襲封，加征北大將軍。【略】

轉鎮北大將軍、定州刺史。初，百姓每有橫調，恆煩苦之。前後牧守未能蠲除，澄多所省減。又明黜陟賞罰之法，表減公園之地以給無業貧人，布絹不任衣者禁不聽造，百姓欣賴焉。【略】

王澄表上《皇誥宗制》并《訓詁》各一卷，欲太后覽之，思勸誡之益。又奏利國濟人所宜振舉者十條：一曰律度量衡，公私不同，所宜一之；二曰宜興學校，以明黜陟之法；三曰宜興滅繼絕，各舉所知；四曰五調之外，一不煩人，任人之力，不過三日；五曰臨人之官，皆須黜陟，以旌賞罰；六曰逃亡代輸，去來年久者，若非伎作，任聽即住；七曰邊兵逃走，或實陷沒，皆須精檢，三長及近親，若實隱之，徵其代輸，不隱勿論；八曰工商世業之戶，復徵租調，無以堪濟，今請免之，使專其業；九曰三長禁姦，不得隔越相領，戶不滿者，隨近幷合；十曰羽林武賁，邊方有事，暫可赴戰，常戍宜遣番兵代之。靈太后下其奏，百僚議之，事有同否。【略】又奏墾田授受之制八條，甚有綱貫。

《魏書》卷六〇《韓麒麟傳》 太和十一年，京都大饑，麒麟表陳時務曰：古先哲王經國立治，積儲九稔，謂之太平。故躬籍千畝，以勵百姓，用能衣食滋茂，禮教興行。逮於中代，亦崇斯業，入粟者與斬敵同爵，力田者與孝悌均賞，實百王之常軌，爲治之所先。

今京師民庶，不田者多，遊食之口，三分居二。蓋一夫不耕，或受其飢，況於今者，動以萬計。故頃年山東遭水，而民有餒終；今秋京都遇旱，穀價踊貴。實由農人不勸，素無儲積故也。

伏惟陛下天縱欽明，道高三、五，昧旦憂勤，思恤民弊，雖帝虞一日萬幾，周文昃不暇食，蔑以爲喻。上垂覆載之澤，下有凍餒之人，皆由有司不爲明制，長吏不恤其本。自承平日久，豐穰積年，競相矜夸，遂成侈俗。車服第宅，奢僭無限；喪葬婚娶，爲費實多；貴富之家，童妾袨服；工商之族，玉食錦衣。農夫餔糟糠，蠶婦乏短褐。故令耕者日少，田有荒蕪。穀帛罄於府庫，寶貨盈於市里；衣食匱於室，麗服溢於路。飢寒之本，實在於斯。愚謂凡珍玩之物，皆宜禁斷，吉凶之禮，備爲格式，令貴賤有別，民歸朴素。制天下男女，計口受田。宰司四時巡行，臺使歲一按檢。勤相勸課，嚴加賞賜。數年之中，必有盈贍，雖遇災凶，免於流亡矣。

往年校比戶貫，租賦輕少。臣所統齊州，租粟纔可給俸，略無入倉。雖於民爲利，而不可長久。脫有戎役，或遭天災，恐供給之方，無所取濟。可減絹布，增益穀租，年豐多積，歲儉出賑。所謂私民之穀，寄積於官，官有宿積，則民無荒年矣。

十二年春，卒於官，年五十六。遺敕其子，殯以素棺，事從儉約。麒麟立性恭慎，恆置律令於坐旁。臨終之日，唯有俸絹數十匹，其清貧如此。贈散騎常侍、安東將軍、燕郡公，謚曰康。

《北史》卷四〇《韓麒麟傳》 韓麒麟，昌黎棘城人，自云漢大司馬增之後也。父瑚，秀容、平原二郡太守。

麒麟幼而好學，美姿容，善騎射。景穆監國，爲東曹主書。文成即位，賜爵漁陽男。【略】

太和十一年，京都大饑，麒麟表陳時務曰：古先哲王，經國立政，積儲九稔，謂之太平。故躬藉千畝，以率百姓。【略】數年之中，必有盈贍，雖遇凶災，免於流亡矣。

往年校比戶貫，租賦輕少。臣所統齊州，租粟纔可給俸，略無入倉。雖於人爲利，而不可長久。脫有戎役，或遭天災，恐供給之方，無所取濟。請減絹布，增益穀租，年豐多積，歲儉出振。所謂私人之穀，寄積於官，官有宿積，則人無荒年矣。

卒官，遺敕其子，殯以素棺，事從儉約。

《北史》卷五五《郎茂傳》［郎］茂字慰之，少敏慧，七歲誦《騷》、《雅》，日千餘言。十五，師事國子博士河間權會，受《詩》、《易》、《三禮》及玄象刑名之學。又就國子助教長樂張奉禮受《三傳》羣言，至忘寢食。家人恐成病，常節其燭。及長，以博學稱，歷位保城令，有能名。周平齊，上柱國王誼薦之，授陳州戶曹。屬隋文帝爲亳州總管，命掌書記。

周武帝爲《象經》，隋文從容謂茂曰：人主之所爲也，感天地，動鬼神，而《象經》多亂法，何以致人。茂竊歎曰：此言豈常人所及！陰自結納。隋文亦親禮之。後還家，爲州主簿。及隋文爲丞相，以書召之，言及疇昔，甚歡。授衛州司錄，有能名。

尋除衛國令，時有繫囚二百，茂親自究審，數日釋免者百餘人。歷年辭訟，不詣州省。魏州刺史元暉謂曰：長史言衛國人不敢申訴者，畏明府耳。茂曰：人猶水也，法令爲隄防，隄防不固，必致奔突，苟無決溢，使君何患哉！暉無以應。有部人張元預與從父弟思蘭不睦，丞尉請加嚴法。茂曰：元預兄弟，本相憎嫉，又坐得罪，彌益其忿，非化人之意也。乃遣縣中耆舊，更往敦諭，道路不絕。元預等各生感悔，詣縣頓首請罪。茂曉之以義，遂相親睦，稱爲友悌。

開皇中，累遷戶部侍郎。時尚書右僕射蘇威立條章，每歲責人間五品不遜。或答者乃云：管內無五品家。不相應領，類多如此。又爲餘糧簿，擬有無相贍。茂以爲繁紆不急，皆奏罷之。又奏身死王事者，子不退田；品官左貶不減地。皆發於茂。茂性明敏，剖決無滯，當時以吏幹見稱。

《隋書》卷六六《郎茂傳》［郎］茂自延州長史轉太常丞，遷民部侍郎。時尚書右僕射蘇威立條章，每歲責民間五品不遜。或答者乃云：管內無五品之家。不相應領，類多如此。又爲餘糧簿，擬有無相贍。茂以爲繁紆不急，皆奏罷之。數歲，以母憂去職。未朞，起令視事。又奏身死王事者，子不退田，品官年老不減地，皆發於茂。茂性明敏，剖決無滯，當時以吏幹見稱。仁壽初，以本官領大興令。

《魏書》卷五三《李安世傳》［李孝伯］子安世，幼而聰悟。興安二年，高宗引見侍郎、博士之子，簡其秀儁者欲爲中書學生。安世年十一，高宗見其尚小，引問之。安世陳說父祖，甚有次第，即以爲學生。高宗每幸國學，恆獨被引問。詔曰：汝但守此至大，不慮不富貴。居父憂以孝聞。天安初，拜中散，以溫敏敬慎，顯祖親愛之。累遷主客令。【略】遷主客給事中。

時民困飢流散，豪右多有占奪，安世乃上疏曰：臣聞量地畫野，經國大式；邑地相參，致治之本。井稅之興，其來日久；田萊之數，制之以限。蓋欲使土不曠功，民罔游力。雄擅之家，不獨膏腴之美；單陋之夫，亦有頃畝之分。所以恤彼貧微，抑兹貪欲，同富約之不均，一齊民於編戶。竊見州郡之民，或因年儉流移，棄賣田宅，漂居異鄉，事涉數世。三長既立，始返舊墟，廬井荒毀，桑榆改植。事已歷遠，易生假冒。強宗豪族，肆其侵凌，遠認魏晉之家，近引親舊之驗。又年載稍久，鄉老所惑，羣證雖多，莫可取據。各附親知，互有長短，兩證徒具，聽者猶疑，爭訟遷延，連紀不判。良疇委而不開，柔桑枯而不採，僥倖之徒興，繁多之獄作。欲令家豐歲儲，人給資用，其可得乎！愚謂今雖桑井難復，宜更均量，審其徑術，令分藝有準，力業相稱，細民獲資生之利，豪右靡餘地之盈。則無私之澤，乃播均於兆庶；如阜如山，可有積於比戶矣。又所爭之田，宜限年斷，事久難明，悉屬今主。然後虛妄之民，絕望於覬覦；守分之士，永免於凌奪矣。高祖深納之，後均田之制起於此矣。

出爲安平將軍、相州刺史、假節、趙郡公。【略】以病免。太和十七年卒于家。

《北史》卷三三《李安世傳》［李孝伯］子安世，幼聰悟。興安二年，文成帝引見侍郎、博士子，簡其秀儁，欲以爲中書學生。安世年十一，帝見其尚小，引問之。安世陳說父祖，甚有次第，即以爲生。帝每幸國學，恆獨被引問。詔曰：汝但守此至大，不慮不富貴。天安初，拜中散，以謹慎，帝親愛之。

累遷主客令。齊使劉纘朝貢，安世奉詔勞之。安世美容貌，善舉止，纘等自相謂曰：不有君子，其能國乎！纘等呼安世爲典客。安世曰：何以亡秦之官，稱於上國？纘曰：世異之號，凡有幾也？安世曰：周謂掌客，秦改典客，漢名鴻臚，今曰主客。君等不欲影響文、武，而殷勤亡秦。

纘又指方山曰：此山去燕然遠近？安世曰：亦石頭之與番禺耳。

時每有江南使至，多出藏內珍物，令都下富室好容服者貨之，令使任情交易。使至金玉肆問價，纘曰：北方金玉大賤，當是山川所出？安世曰：聖朝不貴金玉，所以同於瓦礫。又皇上德通神明，山不愛寶，故川無金，山無玉。纘初將大市，得安世言，慚而罷。遷主客給事中。

時人困飢流散，豪右多有占奪，安世乃上陳均量之制，孝文深納之。後均田之制，起於此矣。

紀事

《魏書》卷一一〇《食貨志六》［天興元年］既定中山，分徙吏民及徒何種人、工伎巧十萬餘家以充京都，各給耕牛，計口授田。

《北史》卷一《魏太祖紀》［天興九年］二月，車駕至自中山。幸繁時宮。更選屯衛。詔給內徙新戶耕牛，計口受田。

宋·鄭樵《通志》卷一五上《後魏紀第十五上·太祖紀》［天興元年］二月，車駕至自中山，幸繁時宮，更選屯衛，詔給內徙新戶耕牛，計口受田。

《魏書》卷三《太宗紀》［永興五年］秋七月己巳，還幸薄山。帝登觀太祖遊幸刻石頌德之處，乃於其旁起石壇而薦饗焉。賜從者大酺於山下。奚斤等破越勤倍泥部落於跋那山西，獲馬五萬匹，牛二十萬頭，徙二萬餘家於大寧，計口受田。河西胡曹龍、張大頭等，各領部，擁衆二萬人，來入蒲子，逼脅張外於研子壘。外懼，給以牛酒，殺馬盟誓，推龍爲大單于，奉美女良馬於龍。丙戌，車駕自大室西南巡諸部落，賜其渠帥繒帛各有差。遂南次定襄大落城，東踰十嶺山，田於善無川。八月癸卯，車駕還宮。癸丑，奚斤等班師。甲寅，帝臨白登，觀降民，數軍實。曹龍降，執送張外，斬之。辛未，賜征還將士牛、馬、奴婢各有差。置新民於大寧川，給農器，計口受田。丁丑，幸犲山宮。癸未，車駕還宮。

《北史》卷一《魏太宗紀》［永興五年］秋七月己巳，還幸薄山。帝登觀宣武游幸刻石頌德之處，乃於其旁起石壇而薦饗焉，賜從者大酺於山下。前軍奚斤等破越勤倍泥部落於跋那山西，徙二萬餘家而旋。丙戌，車駕自大室西南巡諸部落，遂南次定襄大洛城，東踰七嶺山，田于善無川。八月癸卯，車駕還宮。癸丑，奚斤等班師。甲寅，帝臨白登山，觀降人，數軍實，置新人於大寧，給農器，計口受田。

宋·鄭樵《通志》卷一五上《魏太宗紀》［永興五年］秋七月己巳，還幸薄山。帝登觀宣武游幸刻石頌德之處，乃於其旁起石壇而薦饗焉。賜從者大酺於山下。前軍奚斤等破越勤倍泥部落於跋那山西，徙二萬餘家而旋。丙戌，車駕自大室西南巡諸部落，遂南次定襄大洛城，東踰七嶺山，田于善無川。八月癸卯，車駕還宮。癸丑，奚斤等班師。甲寅，帝臨白登山，觀降人，數軍實。置新人於大寧，給農器，計口受田。

《魏書》卷七上《高祖紀上》［太和元年三月］丙午，詔曰：朕政治多闕，災眚屢興。去年牛疫，死傷太半，耕墾之利，當有虧損。今東作既興，人須肆業。其敕在所督課田農，有牛者加勤於常歲，無牛者倍庸於餘年。一夫制治田四十畝，中男二十畝。無令人有餘力，地有遺利。

《北史》卷三《魏高祖紀》［太和元年三月］丙午，詔曰：去年牛疫，死傷太半。今東作既興，人須肆業，其敕在所督課田農，有牛者加勤於常歲，無牛者倍庸於餘年。一夫制田四十畝，中男二十畝，無令人有餘力，地有遺利。

宋·鄭樵《通志》卷一五下《後魏紀·孝文帝》［太和元年三月］丙午，詔曰：去年牛疫，死傷大半。今東作既興，人須肆業。其勑在所督課田農，有牛者加勤於常歲，無牛者倍庸於餘年。一夫制田四十畝，中男二十畝。無令民有餘力，地有遺利。

清·劉錦藻《清續文獻通考》卷四《田賦考》魏武初定鄴都，田畝徵粟四升，北魏孝明帝稅粟五升，賃公田者稅一斗。唐租庸調之法，丁男授田百畝。歲輸粟二斛，稻三斛，歷朝皆以畝算。與羅馬古代之條治拉稅、英古代之海孳稅，同以面積爲標準也。

《北史》卷三三《李安世傳》時人困飢流散，豪右多有占奪，安世乃上疏陳均量之制，孝文深納之。後均田之制，起於此矣。

宋·鄭樵《通志》卷一四八《李安世傳》時人民飢困流散，豪右多有占奪，安世乃上疏陳均量之制，孝文深納之。後均田之制，起於此矣。

《北齊書》卷一八《高隆之傳》天平初，丁母艱解任，尋詔起爲并州刺史，入爲尚書右僕射。時初給民田，貴勢皆占良美，貧弱咸受瘠薄。隆之啓高祖，悉更反易，乃得均平。

宋・鄭樵《通志》卷一五三《高隆之傳》 初給民田，貴勢皆占良美，貧弱咸受墝薄，隆之啓神武，悉更反易，乃得均平。

《隋書》卷二四《食貨志》 天保八年，議徙冀、定、瀛無田之人，謂之樂遷，於幽州范陽寬鄉以處之。百姓驚擾。屬以頻歲不熟，米糴踊貴矣。

宋・司馬光《資治通鑑》卷一三六齊武帝永明三年冬十月條 魏初，民多蔭附；蔭附者，自附於豪強之家以求蔭庇。蔭附者皆無官役，而豪強徵斂倍於公賦。斂，力贍翻。給事中李安世上言：「歲饑民流，田業多爲豪右所占奪；占，之贍翻。雖桑井難復，桑井，謂古者井田之制，五畝之宅，樹牆下以桑也。宜更均量，使力業相稱。量，音良。稱，尺證翻。又，所爭之田，宜限年斷，斷，丁亂翻。事久難明，悉歸今主，以絕詐妄。」魏主善之，由是始議均田。冬，十月，丁未，詔遣使者循行州郡，行，下孟翻。與牧守均給天下之田：守，式又翻。諸男夫十五以上受露田四十畝，婦人二十畝，杜佑《通典》注曰：不栽樹者謂之露田。奴婢依良丁；良丁，謂良人成丁者。牛一頭，受田三十畝，限止四牛。所授之田，率倍之；三易之田，再倍之，以供耕作及還受之盈縮。倍之者，合受四十畝，授以八十畝。此一易之田也。三易之田，三年耕然後復故，故再倍以授之。人年及課則受田，老免及身沒則還田。奴婢、牛隨有無以還受。初受田者，男夫給二十畝，課種桑五十株；桑田皆爲世業，身終不還。恆計見口，有盈者無受無還，不足者受種如法，盈者得賣其盈。恆，戶登翻。見，賢遍翻。口分、世業之法始此。諸宰民之官，各隨近給公田有差，更代相付；更，工衡翻。賣者坐如律。

宋・司馬光《資治通鑑》卷一六九陳文帝天嘉五年二月條 [天嘉五年二月]又令民十八受田輸租調，二十充兵，六十免力役，六十六還田，免租調。一夫受露田八十畝，杜佑曰：不栽樹者，謂之露田。調，力弔翻；下夫調、牛調同。婦人四十畝，奴婢依良人，言奴婢受田依良人畝數。牛受六十畝。按《五代志》，丁牛一頭受田六十畝，限止四(年)[牛]。丁牛者，勝耕之牛，牧牛者得受其田。大率一夫一婦調絹一匹，綿八兩，墾租二石，義租五斗；奴婢準良人之半；奴婢者，官常役其力，故所調半於良人。牛調二尺，墾租一斗，義租五升。墾租送臺，義租納郡以備水旱。調，力弔翻。

唐・杜佑《通典》卷二《食貨典二》 北齊給授田令，仍依魏朝。每年十月普令轉授，成丁而授，丁老而退，不聽賣易。文宣帝天保八年，議徙冀、定、瀛無田之人，謂之樂遷，於幽州寬鄉以處之。秦漢州郡則大，魏晉年代又遠，改移分析，或未易知，以此要有解釋。近代制置，今多因習，則不假繁敘，他皆類此。

宋・鄭樵《通志》卷六一《食貨略一》 北齊給授田令，仍依魏朝。每年十月普令轉授，成丁而授，丁老而退，不聽賣易。文宣帝天保八年，議徙冀、瀛、定無田之人，謂之樂遷，於幽州寬鄉以處之。

元・馬端臨《文獻通考》卷二《田賦考二》 北齊給授田令，仍依魏朝。每年十月，普令轉授，成丁而授，老而退，不聽賣易。

《隋書》卷二四《食貨志》 後周太祖作相，創制六官。【略】司均掌田里之政令。凡人口十已上，宅五畝；口九已上，宅四畝；口五已下，宅三畝。有室者，田百四十畝，丁者田百畝。

唐・杜佑《通典》卷二《食貨典二》 後周文帝霸政之初，創置六官。司均掌田里之政令。凡人口十以上宅五畝，口七以上宅四畝，口五以下宅三畝。有室者田百四十畝，丁者田百畝。

宋・鄭樵《通志》卷六一《食貨略一》 後周文帝霸政之初，創置六官。司均掌田里之政令。凡人口十以上宅五畝，口七隋志作九以上宅四畝，口五以下宅三畝。有室者田百四十畝，丁者田百畝。

元・馬端臨《文獻通考》卷二《田賦考二》 後周文帝霸政之初，創置六官。司均掌田里之政令。凡人口十以上宅五畝，口七以上宅四畝，口五以(上)[下]宅三畝。有室者田百四十畝，丁者田百畝。

《隋書》卷二四《食貨志》 高祖登庸，罷東京之役，除入市之稅。【略】自諸王已下，至于都督，皆給永業田，各有差。多者至一百頃，少者至四十畝。其丁男、中男永業露田，皆遵後齊之制。並課樹以桑榆及棗。其園宅，率三口給一畝，奴婢則五口給一畝。

唐・杜佑《通典》卷二《食貨典二》 隋文帝令，自諸王以下至於都督，皆給永業田，各有差。多者至百頃，少者至四十畝。其丁男、中男永業露田，皆遵後齊之制。並課樹以桑榆及棗。其園宅率三口給一畝，奴婢則五口給一畝。

宋・鄭樵《通志》卷六一《食貨略一》 隋文帝令，自諸王以下至於都督，皆給永業田，各有差。多者至百頃，少者至（三十頃）［四十畝］。其丁男、中男永業露田，皆遵後齊之制。並課樹以桑榆及棗。其田宅率三口給一畝。

宋・王應麟《玉海》卷一七六《食貨門・田制》《通典》：隋文帝令，自諸王以下至都督，皆給永業田，各有差。多至百頃，少至（三十頃）［四十畝］。其丁男、中男永業露田，皆遵後齊之制。並課植以桑榆及棗。其田宅率三口給一畝。

元・馬端臨《文獻通考》卷二《田賦考二》 隋文帝令，自諸王以下至都督，皆給永業田，各有差。其丁男、中男永業露田，皆遵後齊之制。並課樹以桑榆及棗。其田宅率三口給一畝。

《隋書》卷二四《食貨志》［開皇五年］時天下戶口歲增，京輔及三河，地少而人衆，衣食不給。議者咸欲徙就寬鄉。其年冬，帝命諸州考使議之。又令尚書，以其事策問四方貢士，竟無長算。帝乃發使四出，均天下之田。其狹鄉，每丁纔至二十畝，老小又少焉。

唐・杜佑《通典》卷二《食貨典二》 開皇十二年，文帝以天下戶口歲增，京輔及三河地少而人衆，衣食不給，議者咸欲徙就寬鄉。帝乃發使四出，均天下之田。其狹鄉，每丁纔至二十畝，老小又少焉。

宋・司馬光《資治通鑑》卷一七八隋文帝開皇十二年十月條 有司上言：府藏皆滿，上，時掌翻。藏，徂浪翻。無所容，積於廊廡。廡，罔甫翻。帝曰：朕既薄賦於民，又大經賜用，謂賞平陳將士。何得爾也？爾，猶言如此。對曰：入者常多於出，略計每年賜用，至數百萬段，曾無減損。於是更闢左藏院以受之。漢官有中藏令，晉有中、黃、左、右藏令，隋初有右藏，黃藏令，至是始闢左藏院。藏，徂浪翻。詔曰：寧積於人，無藏府庫。河北、河東今年田租三分減一，兵減半功，調全免。田出租，丁出調，詳已見前。兵受田，計畝爲功，以其所出，脩器械，備糗糧，今亦減其半。調，徒弔翻。時天下戶口歲增，京輔及三河地少而人衆，京輔，謂關內。三河，謂河東、河南、河北。少，與小同。衣食不給，帝乃發使四出，均天下之田，其狹鄉每丁纔至二十畝，老少又少焉。使，疏吏翻。老少，詩照翻。又少，詩沼翻。

宋・鄭樵《通志》卷六一《食貨略一》 開皇十二年，文帝以天下戶口歲增，京輔及三河地少而人衆，衣食不給，議者咸欲徙就寬鄉。帝乃發使四出，均天下之田。其狹鄉，每丁纔至二十畝，老小又少焉。

元・馬端臨《文獻通考》卷二《田賦考二》 開皇十二年，文帝以天下戶口歲增，京輔及三河地少而人衆，衣食不給，議者咸欲徙就寬鄉。帝乃發使四出，均天下之田，其狹鄉，每丁纔至二十畝，老少又少焉。

宋・王應麟《玉海》卷一七六《食貨門・田制》［開皇］十二年，文帝以天下戶口歲增，京輔及三河地少而人衆，議者咸欲徙就寬鄉。帝乃發使四出，均天下之田。其狹鄉，每丁纔至二十畝，老小又少焉。

《隋書》卷三《隋煬帝紀》［大業］五年春正月丙子，改東京爲東都。癸未，詔天下均田。

《北史》卷一二《隋煬帝紀》［大業］五年春正月丙子，改東京爲東都。癸未，詔天下均田。

宋・司馬光《資治通鑑》卷一八一隋文帝大業五年正月條 癸未，詔天下均田。

宋・鄭樵《通志》卷六《隋煬帝紀》［大業］五年春正月丙子，改東京爲東都。癸未，詔天下均田。

《舊唐書》卷一八五《良吏傳上・賈敦頤》 永徽五年，累遷洛州刺史。時豪富之室，皆籍外占田，敦頤都括獲三千餘頃，以給貧乏。

宋・王應麟《玉海》一七六《食貨門・田制》《賈敦頤傳》：永徽中，洛多豪右，占田踰制。敦頤舉沒三千餘頃，賦貧民。

《北史》卷一二《隋煬帝紀》［大業十一年］庚午，詔曰：設險守國，著自前經；重門禦暴，事彰往策。所以宅土寧邦，禁邪固本。而近代戰爭，居人散逸，田疇無伍，郛郭不修。遂使遊惰實繁，寇攘未息。今天下平一，海內晏如，宜令人悉城居，田隨近給。使強弱相容，力役兼濟，穿窬無所厝其姦宄，萑蒲不得聚其逋逃。有司具爲事條，務令得所。

《隋書》卷四《煬帝紀下》［大業十一年］二月戊辰，賊帥楊仲緒等率衆萬餘攻北平，滑公李景破斬之。庚午，詔曰：設險守國，著自前經；重門禦暴，事彰往策。所以宅土寧邦，禁邪固本。而近代戰爭，居人散逸，田疇無伍，郛郭不修。遂使遊惰實繁，寇攘未息。今天下平一，海內晏如，宜令人悉城居，田隨近給。使強弱相容，力役兼濟，穿窬無所厝其姦宄，萑蒲不得聚其逋逃。有司具爲事條，務令得所。丙子，王須拔反，自稱漫天王，國號燕，賊帥魏刀兒自稱歷山飛，衆各十餘萬，北連突厥，南寇趙。

宋・王溥《唐會要》卷八三《租稅上》 〔武德〕七年三月二十九日，始定均田賦稅。凡天下丁男給田一頃，篤疾、廢疾給四十畝，寡妻妾三十畝，若爲戶者，加二十畝。所授之田，十分之二分爲世業，餘以爲口分。世業之田，身死則承戶者授之，口分則收入官，更以給人。

宋・王溥《唐會要》卷五九《祠部員外郎》 延載元年五月十一日勅：天下僧、尼、道士隷祠部，不須屬司賓。開元十年正月二十三日，勅祠部：天下寺觀田，宜准法據僧、尼、道士合給數外，一切管收，給貧下欠田丁。其寺觀常住田，聽以僧、尼、道士、女冠退田充，一百人以上不得過十頃，五十人已上不得過七頃，五十人以下不得過五頃。

宋・司馬光《資治通鑑》卷二二六唐德宗建中元年條 春，正月，丁卯朔，改元。羣臣上尊號曰聖神文武皇帝；上，時掌翻。赦天下。始用楊炎議，命黜陟使與觀察、刺史約百姓丁產，定等級，改作兩稅法。楊炎作兩稅法，夏輸無過六月，秋輸無過十一月，視大曆十四年墾田數爲定。比來新舊徵科色目，一切罷之；比，毗至翻。比來，猶云近來也。二稅外輒率一錢者，以枉法論。

唐初，賦斂之法曰租、庸、調，有田則有租，有身則有庸，有戶則有調。玄宗之末，版籍浸壞，多非其實。及至德兵起，所在賦斂，迫趣取辦，斂，力贍翻。調，徒弔翻。趣，讀曰促。無復常準。復，扶又翻，又音如字。賦斂之司增數而莫相統攝，統，他綜翻，俗從上聲。各隨意增科，自立色目，新故相仍，不知紀極。民富者丁多，率爲官、爲僧以免課役，而貧者丁多，無所伏匿，故上戶優而下戶勞。吏因緣蠶食，旬輸月送，不勝困弊，勝，音升。率皆逃徙爲浮戶，其土著百無四五。著，直略翻。至是，炎建議作兩稅法：先計州縣每歲所應費用及上供之數而賦於人，量出以制入。戶無主、客，以見居爲簿；人無丁、中，以貧富爲差；州、縣有主戶、客戶。天寶三載，令民十八以上爲中男，二十三以上成丁。量，音良。見，賢遍翻。爲行商者，在所州縣稅三十之一，使與居者均，無僥利。言居行皆無僥幸之利也。僥，堅堯翻。居人之稅，秋、夏兩徵之。其租、庸、調雜傜悉省，皆總統於度支。上用其言，因赦令行之。

《舊唐書》卷八《玄宗紀上》 〔開元〕十年春正月丁巳，幸東都。甲子，省王公已下視品官參佐及京三品已上官伏身職員。乙丑，停天下公廨錢，其官人料以稅戶錢充，每月准舊分例數給。戊申，內外官職田，除公廨田園外，並官收，給還逃戶及貧下戶欠丁田。

《新唐書》卷五五《食貨志五》 〔開元〕二十九年，以京畿地狹，計丁給田猶不足，於是分諸司官在都者，給職田於都畿，以京師地給貧民。是時河南、北職田兼稅桑，有詔公廨、職田有桑者，毋督絲課。

宋・王應麟《玉海》卷七七《食貨門・屯田》 〔開元〕二十九年，以京師地狹，計丁給田猶不足，於是分諸司在都者，給職田於都畿，以京師地給貧民。

均田制總部

實施部

論説

《魏書》卷六〇《韓麒麟傳》 太和十一年，京都大饑，麒麟表陳時務曰：

【略】

伏惟陛下天縱欽明，道高三五，上垂覆載之澤，下有凍餒之人，皆由有司不爲其制，長吏不恤其本。自承平日久，豐穰積年，競相矜夸，浸成侈俗。故令耕者日少，田者日荒，穀帛罄於府庫，寶貨盈於市里，衣食匱於室，麗服溢於路，饑寒之本，實在於斯。愚謂凡珍玩之物，皆宜禁斷。吉凶之禮，備爲格式，令貴賤有別，人歸朴素。制天下男女，計口受田，宰司四時巡行，臺使歲一案檢，勸相勸課，嚴加賞罰。數年之中，必有盈贍，雖遇凶災，免於流亡矣。

《北史》卷四〇《韓麒麟傳》 太和十一年，京都大饑，麒麟表陳時務曰：

【略】

伏惟陛下天縱欽明，道高三五，昧旦憂勤，思恤民弊，雖帝虞一旦萬幾，周文昃不暇食，蔑以爲喻。上垂覆載之澤，下有凍餒之人，皆由有司不爲明制，長吏不恤其本。自承平日久，豐穰積年，競相矜夸，遂成侈俗。車服第宅，奢僭無限；朝葬婚娶，爲費實多；貴富之家，童妾袨服；工商之族，玉食錦衣。農夫餔糟糠，蠶婦乏短褐。故令耕者日少，田有荒蕪。穀帛罄於府庫，寶貨盈於市里；衣食匱於室，麗服溢於路。飢寒之本，實在於斯。愚謂凡珍玩之物，皆宜禁斷，吉凶之禮，備爲格式，令貴賤有別，民歸朴素。制天下男女，計口受田。宰司四時巡行，臺使歲一按檢。勸相勸課，嚴加賞賜。數年之中，必有盈贍，雖遇災凶，免於流亡矣。

宋·鄭樵《通志》卷一四九《韓麒麟傳》 太和十年京都大饑，麒麟表陳時務曰：【略】

伏惟陛下天縱欽明，道高三五，上垂覆載之澤，而下有凍餒之人，皆由有司不爲其制，長吏不卹其本。自承平日久，豐穰積年，競相矜夸，浸成侈俗。故令耕者日少，田者日荒。穀帛罄於府庫，寶貨盈於市里，衣食匱於室，麗服溢於路。饑寒之本，實在於斯。愚謂凡珍玩之物，皆宜禁斷，吉凶之禮，備爲格式，令貴賤有別，人歸朴素。制天下男女，計口受田。宰司四時巡行，臺使歲一按檢。勸相勸課，嚴加賞罰。數年之中，必有盈贍，雖遇凶災，免於流亡矣。

《魏書》卷四一《源懷傳》 懷又表曰：景明以來，北蕃連年災旱，高原陸野，不任營殖，唯有水田，少可蓄畝。然主將參僚，專擅腴美，瘠土荒疇給百姓，因此困弊，日月滋甚。諸鎮水田，請依地令分給細民，先貧後富，若分付不平，令一人怨訟者，鎮將已下連署之官，各奪一時之祿，四人已上奪祿一周。北鎮邊蕃，事異諸夏，往日置官，全不差別。沃野一鎮，自將已下八百餘人，黎庶怨嗟，僉曰煩猥。邊隅事尠，實少畿服，請主帥吏佐五分減二。詔曰：省表具恤民之懷，已敕有司一依所上，下爲永準。如斯之比，不便於民，損化害政者，其備列以聞。時細民爲豪強陵壓，積年枉滯，一朝見申者，日有百數。所上事宜便於北邊者，凡四十餘條，皆見嘉納。

《魏書》卷五四《高閭傳》 ［太和］十四年秋，閭上表曰：奉癸未詔書，以春夏少雨，憂飢饉之方臻，愍黎元之傷瘁。同禹湯罪己之誠，齊堯舜引咎之德，虞災致懼，詢及卿士，令各上書，極陳損益。深恩被於蒼生，厚惠流于后土。伏惟陛下天啓聖姿，利見纂極，欽若昊天，光格宇宙。太皇太后以叡哲贊世，稽合三才，高明柔克，道被無外。七政昭宣於上，九功咸序於下。君人之量逾高，謙光之旨彌篤。修復祭儀，宗廟所以致敬；飾正器服，禮樂所以宣和。增儒官以重文德，簡勇士以昭武功。慮獄訟之未息，定刑書以理之；懼蒸民之姦宄，置鄰黨以穆之；究庶官之勤劇，班俸祿以優之；知勞逸之難均，分民土以齊之。甄忠明孝，矜貧恤獨，開納讜言，抑絶讒佞，明訓以體，率土移風。雖未勝殘去殺，成無爲之化，足以仰答三靈者矣。

《北史》卷六一《王誼傳》 太常卿蘇威議，以爲戶口滋多，人田不贍，欲減功臣之地以給人。誼奏曰：百官者，歷世勳賢，方蒙爵土，一旦削之，未見其可。帝以爲然，竟寢威議。帝將幸岐州，誼諫曰：陛下初臨萬國，人情未洽，何用此行。上戲之曰：吾昔與公位望齊等，一朝屈節爲臣，或當耻愧，是行也，振揚威武，欲以服公心耳。誼笑而退。尋奉使突厥。帝嘉其稱旨，進鄖國公。

《全唐文》卷九八六闕名《少林寺准敕改正賜田牒貞觀六年六月》 少林寺今得牒稱：上件地往因寺莊翻城歸國，有大殊勳，據格合得良田一百頃。去武德八年二月，蒙敕賜寺前件地爲常住僧田，供養僧衆。計勳仍少六十頃。至九年，爲都維那故惠義不閑敕意，妄注賜地爲口分田。僧等比來知此非理，每欲諮改。令既有敕普令改正，請依籍次附爲賜田者。又問僧彦等：既云翻城有勳，准格合得賜田，當時因何不早陳論？翻城之時，頭首是誰？復誰委知？得款稱：但少林及柏谷莊，去武德四年四月翻城歸國，其時卽蒙賞物千段，准格合得者，未被酬賚之間。至五年，以寺居僞地，總被廢省，僧徒還俗，各從徭役。於後以有翻城之功，不伏減省，上表申訴。至七年七月，蒙別敕：少林寺聽依舊置立。至八年二月，又蒙別敕：少林寺賜地肆拾頃，水碾磑一具。前寺廢之日，國司取以置莊。寺今既立，地等並宜還寺，其敎敕案今並在府縣。少林若無功勳，卽是雷同廢限，以有勳勤，別勅更聽存立。其地既張頃數，恩勅還僧。尋省事原，豈非賜田？不早改正，只是僧等不閑憲法。今謹量審，始復申論。其翻城僧曇宗、志操、惠瑒等，餘僧合寺爲從。僧等不願官爵，惟求出家，行道報國。若論少林功勳，與武牢不殊，武牢勛賞合地一百頃，自餘合賞物及闕地數，不敢重論。其地肆拾頃，特敕還寺。既蒙此賚，請爲賜田，乞附籍從正。又准格以論，未蒙酧賞。但以出家之人，不求榮利，少亦爲足。其翻城之人，是誰知委者？僞轘州司馬趙孝宰，僞羅川縣令劉翁重，及李昌運、王少逸等，並具委者。依問僧彦、孝宰等所在，款稱：其人屬遊仙鄉。任饒州弋陽縣令無身。劉翁重往在偃師縣，李昌運、王少逸等二人屬當縣現在者。依狀牒偃師勘問翁重，得報稱：依追劉翁重勘問。得報稱：少林寺去武德四年四月內，衆僧等翻轘州歸國是實。當翻城之時，重見在城所悉者。又追問李昌運等，問得款與翁重牒狀扶同者。又問僧彦等，既稱少林僧等：爲歸國有功勳，未知寺僧得何官？款稱：僧等去武德四年四月二十七日翻城歸國，其月卅日卽蒙敕書慰勞，敕書今並見在。又至武德八年二月，奉勅還僧地肆拾頃，勅書今並見在。當時卽授僧等官職。但僧等止願出家，行道禮拜，仰報國恩，不取官位。其寺僧曇宗蒙授大將軍，趙孝宰蒙授上開府，李昌運蒙授儀同。身並見在者，并追在手勅教及還僧地符等勘驗有實者。少林僧等先在世充僞地，寺經廢省。爲其有功翻柏谷塢，功績可嘉，道俗俱蒙官賞；特勅依舊置立其寺。寺既蒙立，還地不計俗數，足明賚田非惑。今以狀牒帳次，准勅從實改正，不得因兹浪有出沒。故牒。

《舊唐書》卷一〇五《宇文融傳》 議者頗以爲擾人不便，陽翟尉皇甫憬上疏曰：臣聞智者千慮，或有一失；愚夫千計，亦有一得。且無益之事繁，則不急之務衆；不急之務衆，則數役；數役，則人疲；人疲，則無聊生矣。是以太上務德，以靜爲本；其次化之，以安爲上。但責其疆界，嚴之隄防，山水之餘，卽爲見地。何必聚人阡陌，親遣括量，故奪農時，遂令受弊。又應出使之輩，未識大體，所由殊不知陛下愛人至深，務以勾剝爲計。州縣懼罪，據牒卽徵。逃亡之家，隣保代出；隣保不濟，又便更輸。急之則都不謀生，緩之則慮法交及。臣恐逃逸從此更深。至如澄流在源，止沸由火，不可不慎。今之具僚，向逾萬數，蠶食府庫，侵害黎人。國絕數載之儲，家無經月之畜，雖其厚税，亦不可供。戶口逃亡，莫不由此。縱使伊、皐申術，管、晏陳謀，豈息兹弊？若以此給，將何以堪！雖東海、南山盡爲粟帛，亦恐不足，豈括田税客能周給也！

宋・王溥《唐會要》卷八五《逃户》 陽翟縣尉皇甫憬上疏曰：太上務德，以靜爲本，其次務化，以安爲上。但責其疆界，嚴立隄防，山水之餘，卽爲見地，何必聚人阡陌，親遣檢量，故奪農時，遂令受弊？又應出使之輩，未識大體，所由殊不知陛下愛人至深，務以勾剝爲計。州縣懼罪，據牒卽徵，逃戶之家，鄰保不濟，又使更輸，急之則都不謀生，緩之則憲法交及，臣恐逃逸從此更甚。至於澄清在源，止沸由火，不可不慎。今之具寮，向逾萬數，蠶食府庫，侵害黎民，戶口逃亡，莫不由此。縱使伊、皐申術，管、晏陳謀，豈息兹弊？若以此給，將何以堪？雖東海南山，盡爲粟帛，亦恐不足，豈括田税客能周給也？上方委任融，侍中源乾曜及中書舍人陸堅贊成其計，貶憬爲盈川尉。

《全唐文》卷一九睿宗《申勸禮俗勅》 門下：朕克纘丕業，誕膺景命，憲章昔典，欽若前王。克己勵精，緬思至道，宵衣旰食，勤修庶政，夙夜寅畏，匪遑底寧，若涉泉水，罔知攸濟。頃屬殷憂啓運，多難興邦，禮章載復，品物咸茂。思欲致萬姓於仁壽，歸六合於昇平，永言政途，庶幾沿革。【略】農爲邦本，綏撫萌庶，勸課農桑，牧宰之政，莫過乎此。刺史縣令，有課最尤異，委廉察使名聞。當別加甄擢，縣令字人之本，明經爲政之先，不稍優異，無以勸奬。縣令考滿，考詞使狀有清字，無負犯，明經及第，每至選時，量加優賞，若屬停選，並聽赴集。眞如設教，理歸清淨，黄老垂範，道在希微。僧尼道士女冠之流，並令修習眞寂，嚴持誡行，不得假託功德，擾亂閭閻，令州縣嚴加檢察，私度之色，即宜禁斷。諸州縣官，有不因選序，別犯贓賄，非時除授官等，皆依倚形勢，恣行侵剥，如有此色，仰州長官錄事參軍，速勘責奏聞訖，宜停務待進止，仍委吏部兵部速勘責處分。諸州百姓，多有逃亡，良由州縣長官，撫字失所。或住居側近，虚作逃在他州，橫徵隣保，逃人田宅，因被賊賣。宜令州縣，招攜復業。其逃人田宅，不得輒容賣買。其地任依鄉原例租，納州縣倉，不得令租地人代出租課。寺觀廣占田地，及水碾磑侵損百姓，宜令本州長官檢括，依令式以外，及官人百姓，將莊田宅舍布施者，在京並令司農即收，外州給貧下課戶。凡此數事，或宜區分，繫乎風俗，義存奬勸。刺史縣令等，各申明舊章，勉思撫輯，罷彫弊之務，歸淳厚之源，訓導黎蒸，宣我朝化。《書》不云乎：德惟善政，政在養民。布告天下，咸知朕意。

《全唐文》卷三四五陳希烈《修造紫陽觀敕牒》　茅山紫陽觀。右臣奉敕與修功德使元靜先生李含光、内謁者監程元暹等同檢校修造前件觀並了，并設齋謝上訖。去年九月二十二日錄奏，奉敕宜付所司修造觀迴殘錢二百四貫二百八十五文；右修造外，有前件迴殘爲造觀成附奏。奉敕便賜觀家充常住，郡司已準數分付三綱訖。臣又與觀主道士劉行矩等商量，請於便近縣置一庫收質，每月納息充常住，其本伏望長存。觀額及徒衆先受地頃畝並足，今載所收納苗子，支來載糧亦充。并觀内先有奴婢四人、小牛六頭、車一乘，見在。右臣今對所管縣官及三綱，檢責觀内先有前件產業數，勘覆並同。其糧食已有歲支，來春請加營種。觀内什物五行等，右觀家先貧，什物數少。昨修功德使程元暹奉敕支供黄籙齋，外有迴殘銀二百兩，令臣分付觀内徒衆將回，市所欠什物等。並令充足觀内松竹果木等，右臣伏以觀在茅山，羣仙所集，院宇雖則華壯，松竹先多欠少，比爲非時，未由種植。請至開春，專令栽蒔，并於南池種藕，庶望周徧，謹具以聞，丹陽郡太守林洋奏件狀如前。

唐・元稹《元稹集》卷三八《同州奏均田狀》　當州自於七縣田地數內，均配兩稅元額頃畝，便請分給諸色職田、州使田、官田與百姓。其草粟腳錢等，便請於萬戶上均率。又均攤左神策部陽鎮軍田粟，及特放百姓稅麻，及除去斛斗錢草零數等利宜，分析如後：

當州兩稅地

右件地，並是貞元四年檢責，至今已是三十六年。其間人戶逃移，田地荒廢。又近河諸縣，每年河路吞侵，沙苑側近，日有沙礫塡掩，百姓稅額已定，皆是虛額徵率。其間亦有豪富兼并，廣占阡陌，十分田地，纔稅二三，致使窮獨逋亡，賦稅不辦，州縣轉破，實在於斯。臣自到州，便欲差官檢量，又慮疲人煩擾。昨因農務稍暇，臣遂設法各令百姓自通手實狀，又令里正書手等傍爲穩審，並不遣官吏擅到村鄉。百姓等皆知臣欲一例均平，所通田地，略無欺隱。臣便據所通，悉與除去逃戶荒地及河侵沙掩等地，其餘見定頃畝。然取兩稅元額地數通計七縣沃瘠，一例作分抽稅。自此貧富強弱，一切均平，徵斂賦租，庶無逋欠，三二年外，州實冀稍校完全。

當州京官及州縣官職田公廨田并州使官田驛田等

右，臣當州百姓田地，每畝只稅粟九升五合，草四分，地頭搉酒錢共出二十一文已下。其諸色職田，每畝約稅粟三斗，草三束，腳錢一百二十文。若是京官上司職田，又須百姓變米雇車般送，比量正稅，近於四倍加徵。既緣差稅至重，州縣遂逐年抑配百姓租佃。或有隔越鄉村，被配一畝二畝之者，或有身居市井，亦令虛額出稅之者，其公廨田、官田、驛田等，所稅輕重，約與職田相似，亦是抑配百姓租佃，疲人患苦，無過於斯。伏準長慶元年七月赦文，京兆府職田，令於萬戶上均配，與臣當州事宜相類。臣今因重配元額稅地，便請盡將此色田地，一切給與百姓，任爲永業，一依正稅粟草及地頭搉酒錢數納稅。其餘所欠職田、斛斗、錢草等，只於夏稅地上每畝加一合，秋稅地上每畝各加六合，草一分。其餘腳錢，只收地頭搉酒錢上分釐充數便足，百姓元不加配。其上司職田合變米送城者，比緣百姓自出車牛，及零碎春碾，動逾春夏，送納不得到城。臣今便於當州近城縣納粟，官爲變碾，取本色腳錢，州司和雇情願車牛般載，差綱送納。計萬戶所加至少，使四倍之稅永除。上司職祿及時，公私俱受其利。

當州供左神策部陽鎮軍田粟二千石

右，自置軍鎮日，伏準敕令。取百姓蒿荒田地一百頃，給充軍田。並緣田地零碎，軍司佃用不得，遂令縣司每畝出粟二斗。其粟並是一縣百姓税上加配，偏當重斂，事實不均。臣今已於七縣應税地上，量事配率，自此亦冀均平。

宋・劉義仲《通鑑問疑》卷一　君實曰：　魏紀太和九年，均田詔云還受以生死爲斷。志云：　十五以上受田。又云：　及課則受田，老免則還田。又云：　有舉戶老小、癃者年踰七十不還，是不以生死爲斷也。又云：　所授之田，率倍之，是受四十畝者，更受八十畝閒田歟？桑田不在還受之限。是民於田中種桑者，即得爲永業歟！又云：　非桑之土，夫給一畝，或給二十畝，或十六畝，何其不均也？又曰：　應還之田，不種桑棗，是露田。又不種歟？又云：　常從見口，有盈者無受無還，何哉？又云：　一人之田，正從正，倍從倍，不得隔越他畔。是二者必須相鄰地形，安得如此？井田廢久矣，天下皆民田也。魏計人口及奴婢，皆以田給之，其亦有說乎？

道原曰：　《後魏・食貨志》云：　諸遠流配謫、無子孫及戶絶者，墟宅桑榆，盡爲公田，以給授受，觀均田制度，似令世佃官田及絶戶田出租税，非如三代井田也。劉石苻姚喪亂之後，土田無主，悉爲公田。除兼幷大族外，貧民往往無田可耕，故孝文分官田以給之。然有分限，丁口計畝給田，老死還納，別授壯者，非若今世作全戶。税佃不計其歲月，但不得典賣耳。詔書言其畧，故云：　還受以生死爲斷。本志言其詳，故有還不還之別也。不栽樹者，謂之露田，男夫受露田四十畝，婦人二十畝，謂男夫之有婦者，共受六十畝也。丁牛一頭，受田三十畝。謂戶內更有一丁未娶者，及有牛一頭，又受三十畝也，限四牛。所受之田，率倍之者，謂每一丁、一牛則倍三十畝。丁牛雖多，給田止於一百二十畝。故曰：　限四牛也。初受田者，男夫一人給田二十畝，前後種桑五十樹，棗五株，榆三根。非桑之土，夫給一畝，依法課蒔榆棗。謂初受田者，雖娶婦同一戶，不復給田。非桑之土，惟種棗榆，共八株，故止給一畝。下文云麻布之土，男夫及課別給麻田十畝，婦人五畝，幷棗榆地，亦十六畝也。桑田用力最多，欲勸人種桑，故賜爲永業田。露田有還受，故不得種桑麻也。恆從見口。有盈者無還無受，不盈者受種如法。謂種桑不還田計見在男夫及丁口，其合給田畝外，桑田有餘，亦許爲主，但不受亦不還耳。若受少桑田者，復受於官種桑果。故盈者得賣其盈，不足者得買所不足也。一人之分，正從正，倍從倍，不得隔越他畔。猶下文云進丁受田，恆從所近。謂取逐戶傍近，不必地相鄰也。唐制：　丁男給一頃，十分之二爲世業，八爲口分，世業則身死承戶者受之，口分則沒官更給人。後諱世字，故云永業。魏齊周隋享國日淺，兵革不息，農民常少，而曠土常多，故均田之制存。至唐承平日久，丁口滋衆，官無閒田，不復給受，故田制爲空文。《新唐書・食貨志》言口分世業之田壞而爲兼幷，其意似指以爲井田之比失之遠矣。君實曰：　然。

宋・袁樞《通鑑紀事本末》卷三二《兩税之弊》　唐高祖武德七年，初定均田租、庸、調法，丁中之民，給田一頃，篤疾減什之六，寡妻妾減七，皆以什之二爲世業，八爲口分。每丁歲入租，粟二石。調隨土地所宜，綾、絹、絁、布。歲役二旬；不役則收其傭，日三尺；有事而加役者，旬有五日，免其調；三旬，租、調俱免。水、旱、蟲、霜爲災，什損四以上免租，損六已上免調，損七已上課、役俱免。凡民貲業分九等。百戶爲里，五里爲鄉，四家爲鄰，四鄰爲保。在城邑者爲坊，田野者爲村。食祿之家，無得與民爭利。工商雜類，無預士伍。男女始生爲黃，四歲爲小，十六爲中，二十爲丁，六十爲老。歲造計帳，三年造戶籍。玄宗開元九年，詔括天下逃移戶口，議定賦役，事見《姦臣聚斂》。

臣光曰：　王者以天下爲家，天下之財皆其有也。阜天下之財以養天下之民，已必豫焉；或乃更爲私藏，此匹夫之鄙志也。古人有言曰：　貧不學儉。夫多財者，奢欲之所自求也。李泌欲弭德宗之欲而豐其私財，財豐則欲滋矣。財不稱欲，能無求乎？是猶啓其門而禁其出也。雖德宗之多僻，亦泌所以相之者非其道故也。

秋九月，元友直勾檢諸道税外物，悉輸戶部，遂爲定制。歲於税外輸百餘萬緡、斛，民不堪命。諸道多自訴於上，上意寤，詔：　今年已入在官者輸京師，未入者悉以與民；明年以後，悉免之。於是東南之民復安其業。

九年春正月癸卯，初税茶。凡州縣產茶及茶山外要路，皆估其直，什税一，從鹽鐵使張滂之請也。滂奏：　去歲水災減税，用度不足，請税茶以足之。自明年以往，税茶之錢，令所在別貯，俟有水旱，以代民田税。自是歲收茶税錢四十萬緡，未嘗以救水旱也。

十年夏五月，陸贄又奏請均節財賦，凡六條。其一，論兩税之弊。其略曰：　舊制賦役之法，曰租、調、庸。丁男一人受田百畝，歲輸粟二石，謂之租。每戶各隨土宜出絹，若綾、若絁共二丈，綿三兩，不蠶之土輸布二丈五尺，麻三斤，謂之調。每丁歲役，則收其庸，日準絹三尺，謂之庸。天下爲家，法制均一，雖欲轉徙，莫容其姦，故人無摇心而事有定制。及羯胡亂華，兆庶雲擾，版圖墮於避地，賦法壞於奉軍。

宋・陸佃《陶山集》卷九《經解》　自漢以來，其餘澤已熄，其舊法已微，雖欲治之主，合謀之臣固多，而創法立制，庶幾于先王之意者，獨有唐而已。蓋常員定設官之制，永業限授田之法，置府衛之二兵，以寄習軍之政，設租、庸、調之三法，以制取民之節。此其有以宜于當世，而庶幾有古人立法創制之意，其詳可得而言者也。若夫致今之治，革弊之本末，制宜之先後，蓋陛下有天地之體，有神明之用。

宋・傅寅《禹貢説斷》卷一《禹貢》　［冀州］土惟白壤，賦惟第一，田惟中中，大數已定，不可改易，使其當理則有萬世之安，使其不當則有萬世無窮之禍，是故非禹之聖賢，其物土田，定賦貢，安知其不爲害也？唐明皇失德，自宇文融爲括田使始，以客戶爲主戶，以見賦爲羨賦，自此明皇侈心愈開，而王鉷、楊謹矜、楊國忠輩，皆祖述其意，名色百出，遂至於亂。盧杞又祖述其意，以奉德宗，亦有奉天之亂。以是知物土色，定田賦，豈可忽哉。

宋・呂祖謙《宋文鑑》卷五三　天生蒸民立之君，使司牧之必制其常產，使之厚生，則經界不可不正，井地不可不均，此爲治之大本也。唐尚能有口分授田之制，今則蕩然無法，富者跨州縣而莫之止，貧者流離餓殍而莫之恤。

宋・劉炎《邇言》卷九《今昔》　或問：均田、口分、世業之制？曰：富連阡陌，貧無立錐，苟或均之，不猶愈於不均乎？惜乎？不保其往爾。

或問：府兵起於西魏，而備於唐，備而復壞者，何也？曰：口分、世業，租調，府兵其原一也。賦法兵制，亦從而轉移者，由世業之不存也。

宋・呂祖謙《歷代制度詳説》卷三《賦役》　周顯德五年七月詔：近覽元稹《長慶集》，見在同州時所上《均田表》。因令制素成圖，賜諸道。是時上將均定天下民租，故先以《均田圖》徧賜諸侯。其年十月，命文穎等二十四人，使於諸州檢定民租。《要會》。戶籍小司徒之職掌建邦之教法，以稽國中及四郊都鄙之夫家九比之數，以辨其貴賤、老幼、廢疾。凡征役之施舍。《地官》注云：夫家，猶言男女也。鄭司農云：九比，謂九夫爲井。玄謂：九比者，家宰職出九賦者之人數也。施當爲弛。疏云：國中與四郊，皆是六鄉之民所居也。幷言都鄙者，司徒是主土地之官，故亦兼主采地之法。征謂稅之，役謂徭役。施舍者，貴賤、老幼、廢疾不科役。乃頒比法於六鄉之大夫，使各登其鄉之衆寡、六畜、車輦，辨其物，以歲時入其數，以施政教，行徵令。及三年，則大比。大比則受邦國之比要。

宋・呂祖謙《歷代制度詳説》卷三《賦役詳説》　自井田變而爲阡陌，占田無限，戶之高下，田之多少得以爲奸。雖一時爲治者，如高熲之在隋盡括隱丁，隋之富強，自漢以來，莫及宇文融之括隱戶賸田。阡陌之害，流弊於無窮。大抵租庸調之法，自漢以來，固是或輕或重，然而先王之制，尚有存而可見者。唐高祖於四十五日之役，減其大半，然自是又添一個庸。至安祿山暴賦横斂，一時所取。大歷之間，租庸調之法，雖行法者非其人，似若有弊。然而法元不曾改。自楊炎相德宗，考之當時，固當通變之，可惜趣辦一時，非久經之制。今所編備，具須先識以萬民，惟正之供，經常之制。王者所當用一時之權，蓋出於不得已之制。然而賦役之制，要得復古。田制不定，縱節用薄斂，如漢文帝之復田租，荀悦論豪民，收民之資，惟能惠有田之民，不能惠無田之民。田制不定，雖欲復古，其道無由。兵制不復古，民既出稅賦，又出養兵之費，上之人雖欲權減兵，又不可不養。兵制不定，此意亦無由而成。要之，寓兵於農，賦役方始定。若論井田、乘馬之法，固難卒行。如限民名田之制、府兵之制，有意於爲政者，皆可以漸復，何故？限民名田，使其上下受田，各有數，亦可自此復井田之法。府兵之制出於農，有事則征役，無事則散歸。田野如此，則兵乘之法亦須簡易，然後可行。且如唐制口分、世業，其法煩碎，雖非民田之制，自永業之外，人於其間有二十畝，使之賣買，合參井田之制。未幾，人得以賣，以此知法須求簡易。

宋・呂祖謙《歷代制度詳説》卷九《田制詳説》　天下之事，不知而不行者，其害淺，知之而不得行者，其害深。夫天下大利，或藏於隱微之中，智者不能謀，勇者不能斷，出於天下，思慮之所不及此。雖有堯舜之君，禹稷之臣，猶必有所待於其後。何者？不知而不可強行也，舉天下之事，智者能謀之，勇者能斷之，而儒者又世守之，非必堯舜禹稷之君臣，而能行之。然而有不得焉者，是可嘆也。永惟歷代之田制，上古有井田，漢有限田、名田、教代田，建武之際有度田，晉有占田，後魏有露田，齊有給受田，而唐有口分世業之田，其法制或詳或略，其行之或遠或近，其利或厚或薄。然大要以爲田之制，在上而惟其不知而不行之，苟其知矣，則未有不可行者也。今世學者坐而言田制，然天下無在官之田，而賣易之柄，歸之於民，則是舉今之世，知均田之利，而不得爲均田。按：此下原缺。

宋・鄭伯謙《太平經國書・原序》 唐承八代之衰，太宗之所以造唐者，亦慨然欲庶幾先王之治，而補漢氏之缺，收召豪傑，相與修廢起墜。於貞觀一二十年間，稅爲租庸調，田爲口分世業，兵爲府選，士爲明經進士，官爲七百三十員，天下爲襲封刺史。然亦駁雜而不純粹，疏略而無統紀，未幾兼并不禁，課役不均，更租調爲兩稅，變府兵而爲彍騎，停世襲而爲州縣，不愛名器，而爲墨勅斜封。唐之子孫，固非善守法者，而立法之初，亦不得不分任其咎，當其弊端未見。天下因其自私，而亦得以獲苟安之利，一旦利盡害形，罅隙呈露。【略】

宋之元嘉，元魏之泰和，隋之開皇仁壽，夫豈不爲治安，而言治者不之數，功利在人，及身而止。漢、唐之事，何以異此？雖然，漢承亡秦絶學之後，不獨二帝三王之法度，無復餘脈，雖五霸七雄，區區富強之事，亦一埽而無遺。草創之初，大臣無學，方用秦吏，治秦律令圖書，固難責以先王之制度也。唐自元魏北齊以來，授民以田，分民以鄉。先王之制，十已用其一二。繼以蘇綽之在周，約六典以定官制，而府兵之法，亦微有端緒。先王之制，十已用其五六。又繼以隋文帝之富盛，蘇威、高景本頴字之損益，而先王之制，十已用其七八。太宗躡其後而行之，使其深觀詳酌，纖悉委曲，有以補前世之未備，則以唐之治爲周之治，日月可冀也。

宋・趙汝愚《宋名臣奏議》卷一〇蘇軾《上神宗論新法》 唐開元中，宇文融奏置勸農判官，使裴寬等二十九員并攝御史，分行天下，招攜戶口，檢責漏田。時張說、楊瑒、皇甫璟、楊相如皆以爲不便，而相繼罷黜。雖得戶八十餘萬，皆州縣希旨，以主爲客，以少爲多。及使百官集議都省，而公卿以下，懼融威勢，不敢異辭。陛下讀之，觀其所行，爲是爲否？近者均稅寬恤，冠蓋相望，朝廷亦旋覺其非，而天下至今以爲謗。曾未數歲，是非較然。臣恐後之視今，亦猶今之視昔。且其所遣尤不適宜，事少而員多，人輕而權重。夫人輕而權重，則人多不服，或致侮慢以興爭；事少而員多，則無以爲功，必須生事以塞責。陛下雖嚴賜約束，不許邀功，然人臣事君之常情，不從其令，而從其意。今朝廷之意，好動而恐靜，好同而惡異，指趣所在，誰敢不從？臣恐陛下赤子，自此無寧歲矣。

宋・曾鞏《元豐類藁》卷三四《奏狀・乞賜唐六典狀》 其大則以永業口分之田制民之產，以租庸調制民之賦，以諸府十二衛制民之兵。三代以來，其政最爲近古。太宗所以致治者，蓋出於此，其事至衆而舉之。

宋・趙鼎臣《竹隱畸士集》卷一二《策・廷試策》 周書黜陟之制如此，則賢鄙明矣。臣聞戶版既久，有虛名而增稅，流亡不復，有詭佃而不征。貧以不足而重斂，富以有餘而徼幸，至於課功、調役多寡隨之。此其所以未平也。惟陛下采師丹限田之議，倣唐人口分之法，浸復古，初毋尚一切如此，則徭賦平矣。

宋・王安禮《王魏公集》卷四《劄子・元豐五年殿試進士策問》 井田廢而爲阡陌，疆理之法，不可復講矣，口分世業之田壞而爲兼并，限田之令，不可復行矣。

宋・范浚《香溪集》卷八《論・唐論》 蓋小夫賤婦之爲，而謂太宗爲之邪？勤勤託孤於李勣，而卒所以立武亂唐者，勣也。豈不惟不明於知子，而又不明於知臣耶？且以永業齊人，以府兵強本幹，以租調立常經之法。凡太宗之規爲計慮，欲以維持後世者，皆億萬年不易之良圖，至儲貳之重，乃獨失授如此，豈智以愛昏，所爲悖繆，而不自知耶？

宋・范祖禹《唐鑑》卷一《高祖上》 ［武德七年］初定均田租庸調法。丁中之民給田一頃，篤疾減十之六，寡妻妾減七，皆以什之二爲世業，八爲口分。每丁歲入租粟二碩。調隨土地所宜，綾絹絁布。歲役二旬，不役則收其庸，日三尺。有事而加役者，旬有五日，免其調；三旬，租調俱免。水旱霜蟲爲災，什損四以上，免租，六以上免調，七以上課役俱免。凡民貲業分爲九等，百戶爲里，五里爲鄉，四家爲鄰，四鄰爲保。在城邑者爲坊，在田野者爲村，食祿之家，毋得與民爭利。工商雜類，毋預仕伍，男女始生爲黃，四歲爲小，十六爲中，二十爲丁，六十爲老，歲造計帳，三歲造戶籍。

臣祖禹曰：唐初定均田，有給田之制，蓋由有在官之田也。其後租庸調法壞，而爲兩稅。給田之制，因不復見，蓋官田益少矣。自井田廢，而貧富不均，後世未有能制民之產（使）使之養生送死而無憾者也。立法者未嘗不欲抑富而或益助之，不知富者所以能兼并，由貧者不能自立也。貧者不能自立，由上之賦斂重，而力役繁也。爲國者必曰財用不足，故賦役不可以省，盍亦反其本矣。昔哀公以年饑用不足，問於有若，有若曰：盍徹乎？夫徹非所以裕用，然欲百姓與君皆足，必徹而後可也。後之爲治者，三代之制，雖未能復，惟省其力役，薄其賦斂，務本抑末，尙儉去奢，占田有限，困窮有養，使貧者足以自立，而富者不得兼之。此均天下之本也。不然，雖有法令，徒文具而已，何益於治哉？

宋·陳傅良《八面鋒》卷三《將有所奪必有所予》 三代之井田，齊之內政，唐之府兵與夫口分世業之法，當是時不聞有游食、冗食之民也。今日地少而民多，欲耕無田，欲蠶無桑，欲樵無山，欲漁無水，欲坐而作無肆，欲負而販無市，則食於丐，食於兵，食於倡優，食於胥史，食於巫覡，食於淫祀之祝，食於佛老之使令，無疑也。彼冒愧而爲之，活且莫焉爾矣。

宋·黎靖德《朱子語類》卷一一《論民》 [朱熹]曰：元稹《均田圖》惜乎不見！今將他傳來考，只有兩疏，卻無那圖。然周世宗一見而喜之，便欲行，想見那圖大段好。嘗見《陸宣公奏議》後面說那口分世業，其纖悉畢盡，古人直是恁地用心！今人若見《均田圖》時，他只把作鄉司職事看了，定是不把作書讀。今如何得有陸宣公樣秀才！又曰：林勳《本政書》每鄉開具若干字號田，田下註人姓名，是以田爲母，人爲子，說得甚好。義剛。

宋·黎靖德《朱子語類》卷一三六《歷代三》 唐口分是八分，世業是二分。有口則有口分，有家則有世業。古人想亦(是)[似]此樣。淳。義剛錄云：唐口分是二分，世業是八分。有口則有口分，寡[婦]皆無過十二云云。

五代時甚麽樣！周世宗一出便振。收三關，是王朴死後事。模樣世宗未死時，須先取了燕冀，則雲中河東皆在其內矣。本朝收河東，契丹常以重兵援其後。契丹嫌劉氏不援，始取之。揚。

周世宗亦可謂有天下之量，纔見元稹《均田圖》，便慨然有意。

周世宗大均天下之田。元積《均田圖》世末之見。德明。

宋·葉適《習學記言》卷四二《唐書》 楊炎變兩稅，蓋當是時，不復授田久矣。自古官養民辛苦，爲立制度若家人父子。貢稅之田，號曰：借力官民，不相雜也。春秋季年，已履畝賦田，至戰國，而授田之制蕩盡，漢人疆理廣大，但因民所自有，而廉取之，雖非古法，至於隨時簡易，不大望於民，則反過之矣。唐雖因周隋爲授田法，非古法也，而歲輒更改，煩擾難遵，方其盛時，已不能守。迄於民自有田，而後已矣。民自有田多少不等，貧富不齊，奈何猶欲用授田時法稅之？而後世之論，謂租庸調近古，兩稅變古，乃是全不究始末爾。所謂戶無主客，以見居爲簿，人無丁中，以貧富爲差，此變爲兩稅之要，而租庸調之所以不可久行者，正以主客、丁中難分別故也。

宋·劉一止《苕溪集》卷九《策·策問》 是思漢之心既久，而未忘也。唐自高祖起義兵，既消羣盜。太宗繼之，修教化，明政刑，以府衛養兵，以口分、世業授地，以租調任民，百姓安業爲日久矣。【略】

昔周世宗夜半讀元微之《均田圖》，慨然嘆曰：此致治之本也。詔頒其圖，使吏民先習知之，期以來歲大均天下之田。彼區區五代之君，猶能留意民事如此，況上嘉唐虞之令主乎？【略】

識字耕田，夫耳願受一廛而爲氓，鄉校議執政，夫我則不暇。

宋·陳亮《蘇門六君子文粹》卷四三《策問·天下之治莫先於地法而唐之制可考焉》 孟子曰：經界既正，分田制祿，可坐而定，則天下之治，莫先於地法。而唐之制授以永業口分，斂以租庸調，學者之所知也。願聞其說，而施之於今，何所因革，推而行之，以何道也，其明著之。

宋·趙汝愚《宋朝諸臣奏議》卷一〇五《財賦門·勸課》 陳靖《上太宗聚人議》

又地者，穀之所生；穀者，人之司命。地不耕無以取其穀，穀不熟無以養其人。是以古者宅不毛，田不闢，皆有里布之牽，屋粟之租。蓋勉其勤勞，而罰其怠惰也。漢詔曰：《洪範》八政，以食爲先。斯誠家給之源，刑措之本。是宜厚農薄賦，令與孝悌同科者，其重農也如是。及孝平元始之初，有大農部丞之制，分管勸課，逐處耕桑。未逾二三載中，墾田九百萬頃，戶足人給，流亡漸還。又晉司徒石苞奏：郡縣農桑，未有殿最，宜增官屬，有所巡檢。帝俞其言，民獲其利。洎後或弛，不可備論。逮乎李唐開元，則立口分、永業，各定頃畝，隨其等級。于事雖涉太煩，亦可體爲常式。但臣切見先有敕命遍下諸州，俾置農師，猶謂勸人復本。然雖有其詔誥，而且無其主張，坊村得以因循，郡邑不虞其殿最，遂使耕耘之力，尙遺畎畝之間。故曰勸課之所未備也。

宋·趙汝愚《宋朝諸臣奏議》卷一四九《總議門·總議五》 程顥《上神宗十事》

天生烝民，立之君使司牧之，必制其常產使之厚生，則經界不可不正，井地不可不均，此爲治之大本也。唐尙能有口分授田之制，今則蕩然無法，富者跨州縣而莫之止，貧者流離餓殍而莫之恤。幸民雖多，而衣食不足者，蓋無紀極。生齒日益繁，而不爲之制，則衣食日蹙，轉死日多。此乃治亂之機也，豈可不漸圖其制之之道哉？此亦非有古今之異者也。

元・蘇天爵《元文類》卷四六《策問・國學私試策問》 儒者之學，貴乎明體以適用，苟志于用矣。通今者語古則或乖，泥古者適今則難合，二者交病焉，謂之有用可歟。事之最古而便于民者，莫井田若也。自比閭族黨州而爲鄉，自鄰里酇鄙縣而爲遂，自井邑丘甸縣而爲都，自黄帝至周公非千五百年不能備，其成之何難歟？至孟子時未久也，諸侯已去其籍，而不可得知，何其壞之速歟？秦廢經界，立阡陌而田始弊，阡陌可開也。夫其自溝而洫，洫而澮，澮而川，遺跡豈盡堙，而不可尋歟。自是而降，豪右兼并，得以專地矣。二千年間，信古者通患之，則有限民名田而已，則有計口均田而已。然其法有未行而已弊，有既行而隨弊，有始定而終弊者，何歟？豈世異事殊，法固未易立歟？豈井田之外，皆不足爲良法歟？唐初租庸調，取之口分、世業，未幾再變而爲兩税。至于今不改，豈井田復作，亦無便于此法歟？借曰仁政，必自經界始，不知給授之衆，還受之冗，出入之際，何以使之無弊歟？不知高下之則，盈縮之度，寬狹之制，何以使之可守歟？斯數者信古之士，可不卻顧而長慮歟？昔横渠先生，慨然有意于三代之治，以爲經界不正，雖欲言治，皆苟而已，期以數年，復井田之法，與學者議買田一方，而井畫之，以推先王之法，于當今可行也，苟志于行亦無不可歟。諸生爲有用之學，豈無志横渠之志者歟？要使酌之古而合，施之今而便，田制一大議論也。願詳言之。

元・楊維楨《東維子集》卷一《序》 送經理官成教授還京序

前濟寧郡教授成君彦明氏，以文墨長才爲今天子録用。洪武元年春，遣使行天下，經理田土事，而成君在選中，分履淞之三十八都，二百一十五圖，閲歲終魚鱗圖籍成，父老咸喜其清明果決，竿尺有準，版帳不欺，積七不毛之土，并附以見裝，潰手卷來拜草玄閣，次求余言，以爲贐千萬。因成君致意萬一，大農下問先生之言亦有取藉年云。予悼唐宇文融爲括田使時，開元之治已久，天下戶口未嘗有所升降也，而融括籍外之田，得客戶八十餘萬，美田稱之。往往出於州縣希旨，多張虚數，以正田爲羨，編戶爲客，民抱冤者，無所於訴。今天子招徠南北流移，天下土田於廢棄之餘，非襲融之敝迹也。而成君之所履，又皆得乇耕有亡之實，可以助明天子均田之政。豈開元斂臣可同日語哉？於其行也。書此爲序。

元・柳貫《待制集》卷七《策問》 國學私試十一首

問：井田廢而阡陌開，鄉遂都鄙之制，不可復矣。厥後名田之請，限田之議，均田之法，作輟紛紜，前以爲利，後以爲害，識者有遺憾焉。唐之計口授田，有口分，有世業，粟稻曰租，綾絹曰調，與夫歲二十日人力之庸，其取之民者如是而已，可謂法之善者也。亡幾而遂廢不舉，豈其制雖有所本，而於時或非其便歟？抑人多田少，必不得已而後廢之歟？井疆遠矣。計口授田之制，今猶可踐而行之也，願與諸生訂其古法之可以宜於今者。

元・陳櫟《歷代通畧》卷二《李姓都長安》 唐之先其祖虎，佐宇文周，伐魏有功，封唐公。虎孫淵，襲封爲太原留守，次子世民，時年十八，聰明勇決，知人厭隋亂，有安天下之志，與裴寂、劉文靜，謀起兵於晉陽。【略】蓋高祖以此始之也。然其開國之初，於隋人廢黜儒學之餘，首置學校，與漢室開設學校，於秦坑焚之餘者，殆同一轍。沙汰僧道，減除寺觀，定均田、租庸調法。

明・祝允明《懷星堂集》卷一《騷賦》 摭餘規於漢彦，籍民品以有定兮，括肥壤而制限，定永業於口授兮，分授新以購羨，縣百級以酌授兮，人無食而不佃。井田不可復，請爲均田盡地平賦三道，立田制爲三科，每科爲三限五十等百級，自五十畝至五千畝也。凡一民不得過一科，先過制者籍之，禁毋得更市田，以其羨爲待分，平易二法，待分者，分其羨於餘口及通籍。凡官民無田及少者，酌授之，而歲收其入之半爲價償。故主足則已，或能頓償者，聽自籍民品以至，此言均田也。

明・茅坤《唐宋八大家文鈔》卷一五三《歷代論・玄宗憲宗論》 故開元、元和之初，其治庶幾於貞觀。然玄宗方用宋璟，而宇文融以括田幸，遽至宰相，後雖以公議罷去，而思之不已，謂宰相曰：公等暴融惡，朕已罪之矣！然國用不足，將奈何？裴光庭等不能荅。融既死，而言利者爭進，韋堅、楊慎矜、王鉷日以益甚，至楊國忠而聚斂極矣。故天寶之亂，海內分裂不可復合。

明・茅坤《唐宋八大家文鈔》卷一六二《序引傳・民賦序》 故三代之君，開井田，畫溝洫，謹步畝，嚴版圖，因口之衆寡以授田，因田之厚薄以制賦，經界既定，仁政自成。下及隋唐風流已遠，然其授民田，有口分、永業，皆取之於官。其斂民財，有租庸調，皆計之於口。其後世亂，法壞變爲兩税，戶無主客，以見居爲簿，人無丁中，以貧富爲差。【略】昔宇文融括諸道客戶，州縣觀望，虛張其數，以實戶爲客，雖得戶八十餘萬，歲得錢數百萬，而百姓困弊，實召天寶之亂，均税之害，何以異此。凡此三者，皆儒者平昔之所稱頌，以爲先王之遺法，用之足以致太平者也。然數十年以來，屢失而屢敗，足以爲後世好名者之戒耳。惟嘉祐以前，百役在民。衙前大者主倉庫，躬饋運，小者治燕饗，職迎送，破家之禍，易於反掌。至於州縣役人，皆貪官暴吏之所誅求，仰以爲生者。先帝深求其病，鬻坊場以募衙前，均役錢以雇諸役，使民得闔門治生，而吏不敢呵問。有司奉行不得其當，坊場求數倍之價，役錢取寬剩之積，而民始困蹎，不堪其生矣。今二聖覽觀前事，知其得失之實，既盡去保甲、青苗、均税。至於役法，舉差雇之中惟便民者取之。郡縣奉承，雖未即能盡，而天下之民知天子之愛我矣。故臣於民賦之篇，備論其得失，俾後有考焉。

明・章潢《圖書編》卷八七《田賦總叙》　周制：九夫爲井，井有溝，四井爲邑，四邑爲丘，四丘爲甸，甸有洫，四甸爲縣，四縣爲都，都有澮，地方百里，是爲一同，治都鄙者以之。夫間有遂，遂有徑，十夫有溝，溝有畛。百夫有洫，洫有涂。千夫有澮，澮有道。萬夫有川，川有路。萬夫之地三十二里，治鄉遂者以之。孟軻云：請野九一而助，國中十一使自賦。蓋二法並行，遂人匠人多寡異數，而內外相經緯焉。王畿之內，五十里爲近郊，百里爲遠郊，六鄉六遂居之。六遂之餘地爲甸地，距國中二百里，即公邑之田，天子使吏治之者也。甸地之外爲稍地，距國中三百里，大夫所食之采地也。稍地之外爲縣地，即小都之田，距國中四百里，卿及王子弟之疏者所食之采地也。縣地之外爲畺地，即大都之田，距國中五百里，公及王子弟之親者所食之采地也。此王畿之制。井田常居十之六，其不爲井者，四郊甸地耳。其曰夫三爲屋，屋三爲井，則出地貢者亦三三相任。如井田之法，八家樹藝，一夫税入于公。孟軻氏所謂，皆什一者是也。鄉遂之地，采五十畝，或百畝，二百畝。而都鄙之田或不易，或一易再易，是亦名異而實同也。地有肥磽，爲之井者，必有牧以濟之。所謂采與易者，則皆牧也。故《小司徒》曰井牧其田野。井者其正也，牧者其變也。井地均，不必牧也。井地不均，必牧以均之也。由是達于天下，雖有山林川澤，不可以開方制者，以井牧授之，以貢助取之。諸侯之國，可按而定也。楚人，東南之要服也。蔿掩爲司馬，度山林、鳩澤藪、辨京陵、表淳鹵、數畺潦、規偃豬、町原防、牧隰皋、井衍沃，量九土之入，修千乘之賦。況中國之地，無山林澤藪之阻，無淳鹵畺潦之患。原隰衍沃，舉目千里，夏后氏用之以爲貢，商人用之以爲助，而周人兼用之以制畿甸、經邦國。其法可考者，往往存於周官之書。其不合者，以孟軻氏爲之權衡，豈不較然也哉。故嘗以爲井田之法行有十便，民有恆產，不事末作，知重本一也。同井並耕，勞逸巧拙不相負，齊民力二也。奉生送死，有無相贍，通貨財三也。貨財不匱，富者無以取贏，絶兼并四也。取以十一，天下之中正，吏無橫斂五也。比其丘甸，革車長轂於是乎出，有事以足軍實六也。一同之間，萬溝百洫。又有川澮，戎馬不得馳突，無邊患七也。甽澮之水，澇則疏之，旱乾則引以溉注，少凶荒八也。少壯皆土著，奸僞不容，善心易生，以其暇日，習詩書俎豆，養老息物，成禮俗九也。遠近共貫，各安其居，樂其業，尊君親上，長子孫其中，不煩刑罰而成政教十也。一舉而十者具矣。何憚而不爲乎？其謂不可爲者，蓋亦有二焉。丘甸縣都，其間萬井，爲溝洫者又萬計，包原隰而爲之，窮天下之力，傾天下之財，非數十年之久，不克責于成也。非大有爲之君，不能致其決也，此不可者一也。中古以降，淳厚之俗薄，澆僞之風熾，恭儉之化衰，功利之習勝，經久之慮少，僥倖之敝多，以限田抑富強，猶有撓之者。況使盡棄其私家之產乎？以均田授農民，猶有不能周之者。又況生齒滋衆之時乎？怨歸於上，奸興於下，此不可爲者二也。以余論之，二者何足尼吾事乎？古者步百爲畝，漢人益以二百四十爲畝，北齊又益之，以三百六十爲畝。今所用者，漢畝步也。今之五十畝，古之百畝也，漢提封田萬萬頃，惟邑居道路、山林川澤不可墾，餘三千二百二十九萬頃，皆可墾。元始初遣司農勸課，定墾田八百二十七萬五百三十頃。是時天下之民，一千二百二十三萬三千戶，以田均之，計戶得田六十七畝，古之百四十畝也。家獲百四十畝耕之，未爲不給也。加之簡稽，則工商祿食之可損者，又不知其幾也。雖唐盛時，永徽民戶不過三百八十萬，至開元七百八十六萬，亦不漢過也。以天下之田，給天下之民，徵之漢唐，則後世寧有不足之患乎。田無不足之患，則取諸民以與民，天下皆知吾君之不私也。天下有如卜式者，且將先吾民而爲之，孰不響應於下也？秦長城之役，袤延萬里，塹山堙谷，暴兵三十萬。而阿房之作，督用徒刑者又七十餘萬，郡邑之民，發謫徙邊者，又歲不休息，不德甚矣。天下怨誹，未聞有一人違者，況下令如流水之源，固民心之所欲也，王政之所本也。今先取一鄉之田井之，其制定，其事便，其民悅，然後行之一郡。取一郡之田井之，其制定，其事便，其民悅，然後行之天下。天下之制定，事便而民悅也，亦何異于鄉郡乎？是天下之田可井也。事不勞者不永逸，欲長治久安，而不於此圖之，亦苟矣。苟太宗嘗讀周官之書，至體國經野，設官分職，以爲民極。慨然歎曰：不井田，不封建，不足以法三代之治。人君負有爲之才，操可致之勢，其時又非難也。封建議而不行，井田知而不復，君子蓋深爲唐惜之。吾聞春氣至則草木生，秋氣至則草木落，產與落必有使之者矣，物莫知之也。故使之者至，物無不應。使之者不至，物無可爲。上之人審其所以使，故物莫不爲用。管商之法，孰與先王之制，天下皆知其非民利也。而齊秦擧國聽之，其故又可知矣。以先王之制，使若管商者爲之，以紀人事，經地利，必使天下之田可限也，可均也，亦可井也。此無他，善操其所使而已矣。忠信之道，賞罰之柄，上之所以使也。

明・廖道南《殿閣詞林記》卷三《閣學》 夫風俗不正，非所以示民趍，臣願倣藍田呂氏鄉約，及蒲江鄭氏家範，率先于世族，以端軌則。夫田稅不均，非所以厚民生，臣願行授田均田之法，擬常平義倉之擧，積久以歲月，以豐財賦。夫臺綱不肅，非所以厲清要，長風采。今御史糾彈，咸承密旨。未聞擧善，但日除奸臣，願去朋姦，倚法之條，使民有所恃而不恐。夫賢路不清，非所以勵頑鈍，獎忠貞。今椎埋嚚悍，列布朝省，朝捐刀鑷，暮擁冠裳，臣願遵鄉擧里選之法，使民有所勸，而爲善尤。願陛下推所以愛臣之心，以愛天下，推所以待臣之心，以待萬物。幸垂鑒焉。奏凡數千言，上嘉其識。時兵部侍郎沈潛，忌縉才，誣其狎侮胥隸，上慮其中傷，即拜江西道監察御史，値都御史。

明・楊士奇《歷代名臣奏議》卷一一二《田制》 後魏文成帝時，民困飢流散，豪右多有占奪。主客給事中李安世上疏曰：臣聞量地畫野，經國大式。邑地相參，致治之本。井稅之興，其來日久。田萊之數，制之以限。蓋欲使土不曠功，民罔游力。雄擅之家，不獨膏腴之美。單陋之夫，亦有頃畝之分。所以恤彼貧微，抑茲貪欲。同富約之不均，一齊民於編戶。竊見州郡之民，或因年儉流移，棄賣田宅，漂居異鄉，事涉數世。三長既立，始返舊墟，廬井荒毀，桑榆改植，事已歷遠，易生假冒。彊宗豪族，肆其侵凌，遠認魏晉之家，近引親舊之驗。又年載稍久，鄉老所惑，群證雖多，莫可取據。各附親知，互有長短，兩證徒具，聽者猶疑，爭訟遷延，連紀不判，良疇委而不開，柔桑枯而不採。僥倖之徒興，繁多之獄作。欲令家豐歲儲，人給資用，其可得乎！愚謂今雖桑井難復，宜更均量，審其徑術。令分藝有準，力業相稱，細民獲資生之利，豪右靡餘地之盈。則無私之澤，乃播均於兆庶。如阜如山，可有積於比戶矣。又所爭之田，宜限年斷，事久難明，悉屬今主。然後虛妄之民，絕望於覬覦。守分之士永免於凌奪矣。帝深納之。

明・楊士奇《歷代名臣奏議》卷一六〇《建官》 元豐中，判三班院曾鞏上言曰：右臣伏見聖恩以新雕印《唐六典》，頒賜近臣，以及館閣。竊以唐初以尙書、中書、門下三省參領天下之事，以今僕射、侍中爲宰相之任。然選士、用人、出兵、授田、刑罰、禮樂，至於工官所主，則一本於尙書。尙書侍郎分爲六官郎，員外郎，各有攸司，又分爲二十有四，所以彌綸庶務，至微至密。其大則以永業、口分之田制，民之產；以租庸調制，民之賦；以諸府十二衛制，民之兵。三代以來，其政最爲近古。太宗所以致治者，蓋出於此。其事至衆，而擧之有條；其體至大，而統之有要，可謂得建官制理之方。

明・楊士奇《歷代名臣奏議》卷二四三《荒政》 孝文帝太和十一年，京都大饑，韓麒麟表陳時務曰：古先哲王經國立治，積儲九稔，謂之太平。故躬籍千畝，以勵百姓，用能衣食滋茂，禮教興行。逮於中代，亦崇斯業，入粟者與斬敵同爵，力田者與孝弟同賞，實百王之常軌，爲治之所先。今京師民庶，不田者多，遊食之口三分居二。蓋一夫不耕，或受其飢，況於今者動以萬計。故頃年山東遭水，而民有餒終。今秋京都遇旱，穀價踊貴。實由農人不勸，素無儲積故也。伏惟陛下天縱欽明，道高三五，昧旦憂勤，思恤民弊，雖虞帝一日萬幾，周文日昃不暇食，蔑以爲喻。上乘覆載之澤，下有凍餒之人，皆由有司不爲明制，長吏不恤其本。自承平日久，豐穰積年，競相矜夸，遂成侈俗。車服第宅，奢僭無限。喪葬婚娶，爲費實多。貴富之家，童妾侈服。工商之族，玉食錦衣。農夫餔糟糠，蠶婦乏短褐。故令耕者日少，田有荒蕪。穀帛罄於府庫，寶貨盈於市里。衣食匱於室，麗服溢於路，飢寒之本，實在於斯。愚謂凡珍玩之物，皆宜禁斷。吉凶之禮，備爲格式。令貴賤有別，民歸朴素。制天下男女，計口受田。宰司四時巡行，臺使歲一按撿。勤相勸課，嚴加賞賜。數年之中，必有盈贍，雖遇災凶，免於流亡矣。往年較比戶貫，租賦輕少。臣所統齊州，租粟纔可給俸，略無入倉。雖於民爲例，而不可長久。

脫有戎役，或遭天災，恐供給之方，無所取濟，可減絹布，增益穀租，年豐多積，歲儉出賑。所謂私民之穀寄積於官。官有宿積，則民無荒年矣。

明・楊士奇《歷代名臣奏議》卷二六〇《屯田》 楊萬里上疏曰：臣聞天下之事，不可名之以無故之大也。名之以無故之大，則將待之以甚難之舉，名之以大而待之以難，則上之人徬徨睥睨而不敢決，下之士畏懾沮喪而不敢議，始乎不敢議，卒乎廢其議；始乎不敢決，卒乎寢其決。事之難行古之難復，而天下之難治，皆出乎此。而今之所尤紛紛者，屯田之議是也。且事異職，而職異力，從其職而力之，則力之爲有功，非其職而力之，則力之爲無用。夫屯田者，一有司之事耳，何至於煩天子之宵旰，而累廟堂之講明哉？臣聞禹之治水，非躬於疏鑿，周公之作洛，非手於營築。夫固有治之者。孔子曰：出納之吝，謂之有司。曾子曰：籩豆之事則有司存。是故先零之田，充國不以累宣帝，許下之田，棗祗不以累曹公，而漢宣曹公，亦未嘗下取二臣屯田之事而代之憂。今獨待區區之屯田以甚難之事，則天下之事又有難者，將何以待之？此非名之以無故之大之過歟？臣請得而小之。且屯田之事，其實甚小，而其名甚大者，執屯田之名也。屯田之名不去，則屯田之實終不可行。田以屯名，豈非以屯兵而名耶？古者兵農一人，漢之良家子，唐之府兵，猶有先王之典刑也。自張說之募，劉守光之刺，而兵農始爲二人矣。故自唐以前，鄉井無不能戰之農，而營壘無不能耕之兵，非農之可強以戰，而兵之可教以耕也。彼固世於耕而習於戰也。以其習焉者而離鄉井，故其戰不慄。以其世焉者而居營壘，故其耕不怍。今則不然，兵人者靡衣侈食，蒱博而使酒，傲岸踞肆，視農民以奴隸，而尙肯爲農民之事哉？今欲屯田，而猶執其名以責其人，是駕虎豹以耒耜，而鞭之使墾田也。其不可明矣。且又有不可者，兩淮之屯田，臣不得而知也。臣獨見江西之屯田，大抵其田多沃而荒，其耕者常困，其利則官與私皆不獲。夫田之沃者，耕之招也，而何至於荒，利不歸於上，則歸於下。而官與私何至於兩不獲，租重故也。租重，故一年而負，二年而困，三年而逃，不逃則囚於官，不瘐死，不破家，則不止。前之耕者去矣，後之耕者，復如是焉。官之遺利，可勝惜耶。又有大不可者，古之屯田，皆有謂也。行於內地，則爲濟飢，許下之役是也。行之邊地，則或爲備敵，或爲謀人。李泌之議，充國之議是也。用兵之日，則兩淮顯行之可也，非用兵也。而驟焉揚兵以屯田焉，鷙鳥將擊，必匿其形，何至於彰彰如是哉？是故莫若去屯田之名，舉兩淮之屯田，不授之兵而授之民，田以口授，業以世守，如唐太宗之授田，使兵與民分，農以食兵，故戰者逸，兵以護農，故耕者安，農安而兵逸，守則堅，戰則強，其利一也。君子之舉事，不言不可言之名，不行不可行之言，欲行屯田而憚於明言之，則名之者非也。今天子曷不詔兩淮之漕司與守臣以兵火之後招集流民。其民存者以其田復之，其亡者，許它人承之。其爲田之在官者，曰屯者、曰營者、曰沒入者，舉而一之，爲世業以授民之無田者，且不問於江湖閩浙之民，則行可言，言之可名矣。夫吾自有田，吾自有民，以吾之田授吾之民，此何驚於敵，而何疑於逼哉？其利二也。其事既行，則又詔於內地諸路之守臣，有民稠地狹而願遷，則遷之淮，有水旱飢民之就食，則就於淮。使民得自言而聽其來，官隨所過而爲之給。何患無能耕之人哉？檢校經界之舊籍以爲均稅之額，盡蠲內地之屯田以爲牛種之資。其熟戶則蠲其幾年之租，其新民則蠲其幾年之租，何患無樂耕之人哉？且使人必有道，因其所利而利之之謂也。今使兩淮之地民戶增而墾田多者，必以韓重華之賞而賞漕臣，以王臣之賞而賞守令，則吏之所利也。民之來者優而恤之如前之說，則民之所利也。是三人者，各利其利，各力其職，而又糾之以諫官、御史，以察其擾且僞，則不出十年，兩淮無餘田而有餘穀，朝廷有兵食而無兵費。邊上之粟如山，而內地之餉漸可省矣。其利三也。辭屯田之名以享屯田之實，不在此耶？或曰：田之在官者，不賣之而直授焉，官其費，民其倖矣。蓋爲政者必視其所爭而爲之制。夫以民爭地則地重，以地爭民則地輕，地重者賣之可也，地輕者授之可也。今兩淮之地，所謂地爭民者也。授之猶未必來，而況賣之耶？役民以築而賣之木，驅民以戰而賣之箭，臣不知其說也。惟朝廷擇其中。

明・楊士奇《歷代名臣奏議》卷二七二《理財》 故臣嘗論之，天下之財，本足以了天下之用，位置分畫，要得其所，截截條目，不可移易。成周之財，以九賦斂之，以九式均之，自邦中以至幣餘各有常賦，自祭祀以至好用皆有常式。漢以吏祿公用賦於民，不以封君湯沐爲經費。唐以世業口分授於民，不以留州送使爲上供。古人經理天下，大率如此。

明・楊士奇《歷代名臣奏議》卷三五《治道》 監察御史裏行程顥上疏曰：臣竊謂聖人創法，皆本諸人情，極乎物理。雖二帝三王不無隨時因革，踵事增損之制，然至乎爲治之大原，牧民之要道，則前聖後聖，豈不同條而共貫哉？蓋無古今，無治亂，如生民之理有窮，則聖王之法可改，後世能盡其道則大治，或用其偏則小康，此歷代彰灼著明之効也。苟或徒知泥古而不能施之於今，姑欲徇名而遂廢其實，此則陋儒之見，何足以論治道哉？然儻謂今人之情皆已異於古，先王之迹不可復於今，趣便目前，不務高遠，則亦恐非大有爲之論，而未足以濟當今之極弊也。謂如衣服、飲食、宫室、器用之類，苟便於今而有法度者，豈亦遽當改革哉？惟其天理之不可易。人所賴以生，非有古今之異，聖人之所必爲者，同可槩舉。然行之有先後，用之有緩速，若夫裁成運動周旋曲當，則在朝廷講求設施如何耳？古者自天子達於庶人，必須師友以成其德業，故舜禹文武之聖，亦皆有所從學。今師傅之職不修，友臣之義未著，所以尊德樂善之風未成於天下，此非有古今之異者也。王者必奉天建官，故天地四時之職，歷二帝三王未之或改，所以百度修而萬化理也。至唐猶僅存其略，當其治時，尚得綱紀小正，今官秩淆亂，職業廢弛，太平之治所以未至，此亦非有古今之異也。天生蒸民，立之君使司牧之，必制其常産使之厚生，則經界不可不正，井地不可不均，此爲治之大本也。唐尚能有口分授田之制，今則蕩然無法，富者跨州縣而莫之止，貧者流離餓殍而莫之恤。幸民雖多而衣食不足者，蓋無紀極，生齒日益繁，而不爲之制，則衣食日蹙，轉死日多，此乃治亂之機也。豈可不漸圖其制之之道哉？此亦非有古今之異者也。

明·楊士奇《歷代名臣奏議》卷四四《治道》 臣聞任官以資格，則雖賢有所不申，取人以言語，則雖鄙有所幸進，此其所以未明也。惟陛下稽唐虞考績之典，放周書黜陟之制，如此，則賢鄙明矣。臣聞户版既久，有虛名而增稅，流亡不復，有詭佃而不征，貧以不足而重斂，富以有餘而徼幸，至於課功調役多寡隨之，此其所以未平也。惟陛下采師丹限田之議，放唐人口分之法，浸復古初，毋尚一切，如此，則徭賦平矣。

明·楊士奇《歷代名臣奏議》卷二〇《務農》 至道二年，靖任將作監丞，又上奏曰：臣伏以天生烝民，爲國之本，地生百穀，爲民之財，國非民罔興，民非財罔聚，故《書》有本固邦寧之旨，《易》有聚人曰財之文，考斯格言，誠爲要道。夫先王之聚民也，豈能耕與之食，織與之衣，蓋開其貨殖之門，示以農桑之本。俾夫養生送死，力役田疇，而無輕家離鄉之心，是知理國之道，聚人爲先，人聚則野無閑田，家無乏用，義夫節婦，由是而生，內則恭睦於親姻，外則協和於鄉黨，爭訟無所作，邪僞無所安，欲其教化不行，不可得也。苟不然者，則官無定籍。世有浮民，逆黨凶徒，由是而起。小則干陵於閭里，大則侵軼於州縣。禮遜無所興，仁信無所設，欲其刑罰不用，不亦難乎？是故王者察逆順之端，究存亡之理，設職官以持國本，立井田以節民財。貧弱者不使之飢寒，富豪者不使之兼并，小大畢濟，遐邇同歸。然後賦調上均，而國無苛斂，衣食下給，而人無他求。倉廩充盈，時俗康阜，既庶且富，近悦遠來，盡令四海之民，咸若一家之子。縱有風雨不節，螟螣爲災，但可以小虞，未足以大害也。而自秦壞周制，立阡陌而尚戰功，漢因秦規，益筭緡而取民利，故使國內咸怨，天下無聊，至有劉項之爭，莽卓之亂也。逮夫晉魏，迄于隋唐，其閒明主昏君，治亂相繼。或增之以掊克，或施之以寬平，或用於國而資於民，或利當時而弊後世，損益之理，史籍具存。然則地之生財有時，人之用力有倦，必在人君審時以測地，察倦以因人，使其力出無窮，財生不匱，則聚人之要，在於兹矣。今國家富有萬國，治勝三王，塞邪路於漢劉，剗訛根於晉石，罄域中之黎庶，孰匪王民，窮宇內之舟車，咸輸貢賦。用衆庶，則方今特出；擬豐盈，則邃古難差。而且游力尚多，曠土不少，餒凍之色，十五其民，得非版籍之所未精，勸課之所未備。臣愚以謂精版籍，莫若遵閭伍之法；備勸課，莫若申殿最之科，如是，則游力必除，曠土盡闢。管子曰：欲治其國，先知其人，欲知其人，先明其地。蓋黄帝有鄉井之制，周人置三隧之官，使其什伍相司，里鄰相保，有無得以相貸，巧拙得以相謀，生産得以相均，死病得以相救，危難得以相助，婚嫁得以相媒。人顧其家，家守其口，奔亡者無所匿，遷移者無所從，欲蓋而彰，不救而得。故民有安土之意，官無漏人之虞，主政可行於民，民心可繫於主，衆寡之額，老幼具存。故周禮每至孟冬，司徒獻其人數，王拜而受，冢宰貳之，乃命有司，登于天府，其重民籍也如是。及東晉以土斷其民，北齊之間，俗便其制，陳亡隋亂，紀紊綱頹。洎乎李唐，大革斯弊，乃有村正掌其田野，坊正司其邑居，大約科條，與今相類。然以彼時村正坊正，皆選彊幹廉平，州官縣官，悉知丁口存歿，三年一造户籍三本。一本供省司，一本在縣主將，一本納州照對。隱一户，則罰加守宰，漏一丁，則罪連鄉鄰。故得上盡其心，下竭其力，互相檢謹，無敢罔欺，加以糾摘姦訛，督課租賦，隨其等級，並有勸懲。今則州額不登，天府未聞其必罰，縣數有漏，州司亦因而無言，存亡只任於里胥，增減悉由於田畯。地有姦惡，至彰露以方知，戶有死亡，遇差徭而始報。夫如是，得不掩藏其疾而使復本歸農者哉。故曰：版籍之所未精也。又地者穀之所生，穀者人之司命，地不耕無以取其穀，穀不熟無以養其人，是以古者宅不毛，田不闢，皆有里布之率，屋粟之租。蓋勉其勤勞而罰其怠惰也。漢詔曰：《洪範》八政，以食爲先。斯誠家給之源，刑措之本，是宜厚農薄賦，令與孝第同科者，其重農也。如是，及孝平元始之初，有大農部丞之制，分管勸課逐處耕桑，未踰二三載中，墾田九百萬頃，戶足人給，流亡漸還。又晉司徒石苞奏：郡縣農桑，未有殿最，宜增官屬，有所巡檢，帝俞其言，民獲其利。洎後或弛，不可備論。逮乎李唐開元，則立口分、永業，各定頃畝，隨其等級，於事雖涉太煩，亦可躰爲常式。但臣切見先有敕命遍下諸州，俾置農師，猶謂勸人復本。然雖有其詔誥，而且無其主張，坊村得以因循，郡邑不虞其殿最，遂使耕耘之力，尚遺畎畝之間。故曰：勸課之所未備也。臣所議上件事由，兼有前古制度，儻若陛下不遺葑菲，特賜施行，即乞據今村坊，加之保伍，隨其土斷，不問僑居，應是浮浪之徒，悉歸版籍所管，然後按其人數，授以土田，五家爲鄰，五鄰爲保，遞相檢察，責以農桑，勿容游食之徒，勿縱惰耕之子，仍更示其殿最，勵彼屬官，或土不曠功，則隆之以爵賞，人有游力，則降之以典刑，自然上下相承，小大無隱，良疇委而再闢，游民蕩而復歸，太古之風，於今曷遠。故曰：精版籍莫若遵閭伍之制，備勸課莫若申殿最之科。其有子細事宜，更在臨時條貫，退循虛昧，無補盛明。

明·楊士奇《歷代名臣奏議》卷六八《治道》　制之之道，惟有井田一法。今不可得而行矣。蓋自古天下之田，無不屬官，民不得而私有之。但強者力多，能兼衆人之利以爲富，而無力者不能自耕其所有之田，至於轉徙流蕩。先王授田，使貧富強弱無以相過，各有其田，得以自耕。故天下無甚富甚貧之民，至成周時，其法大備，畫地爲井，八鳩五規，二牧九夫，以等其高下。溝洫畎澮，川涂畛徑，以立其堤防，疆井既定，無得侵奪，雖欲貪并，不可得也。商鞅用秦，規則寖弛，已不復有井田之舊。於是開阡陌，阡陌既開，乃有豪強兼并之患。富者田連阡陌，而貧者無置錐之地。然猶不明說田在民也。官不得治，而民得自占爲業耳。迄于漢亡，三國並立，兵火之餘，人稀土曠。當時天下之田，既不在官，亦終不在民，以爲在官，則官無人收管；以爲在民，則又無簿籍契券。但隨其力之所能至而耕之。元魏行均田，稍亦近古。唐因元魏而損益之。爲法雖善，然令民得賣其口分、永業，始有契約文券，日漸一日，公田盡變爲私田。先王之法由是大壞，天下紛紛，互相吞并，而井田永不可復矣。

明·邱濬《大學衍義補》卷二四《制國用》　唐制：戶部掌天下土地、人民錢穀之政，貢賦之差。其屬有四：一曰，戶掌戶口、土田、賦役、貢獻、蠲免、優復之事，以租庸調斂其物，以九等定天下之戶。二曰，度支掌天下租賦，物產豐約之宜，水陸、道涂之利，歲計所出，而支調之。三曰，金掌天下庫藏出納，權衡度量之數。四曰，倉掌天下軍儲，出納、租稅、祿糧、倉廩之事，以義倉、常平倉，備凶年平穀價。

歐陽修曰：古之善治其國，而愛養斯民者，必立經常簡易之法，使上愛物以養其下；下勉力以事其上，上足而下不困。暴君庸主，縱其佚欲，而苟且之吏從之，變制合時，以取寵於其上。故用於上者，無節；而取於下者，無限。民竭其力，而不能供，由是上愈不足而下愈困，則財利之說興，而聚斂之臣用。唐之始時，授人以口分世業田，而取之以租庸調之法。其用之也有節。蓄兵以府衛之制，故兵雖多，而無所損。設官有常員之數，故官不濫，而易祿。及其弊也，兵冗官濫，爲之大蠹。

臣按：自古國家其初立法，未嘗不善，而其末流之弊，皆生於子孫，輕變祖宗之成法。歐陽修謂古之善治其國，而愛養斯民者，必立爲經常簡易之法。所謂經常簡易四言者，深有得於古先哲王立法之至意也。蓋經常則有所持循，而無變易之煩，簡易則易以施爲，而無紛擾之亂，以此立法，則民熟於耳目，而吏不能以爲姦。不幸行之久，而弊生其間，不能無有窒礙難行之處，則隨時爲之，委曲就其闕而補之，舉其滯而振之，要不失祖宗立法之初意，所謂經常簡易者焉，決不可輕有改革也。有唐一代，可鑒也已。制兵以府衛，設官有常員，其後乃以兵冗官濫，而爲國大蠹，何也？子孫不能守祖宗經常簡易之法故也。雖然，兵冗官濫，二者豈但爲有唐之蠹哉？凡國家之所以貧乏，府庫空虛而多取，厚斂於民，以馴致於財盡民離，而宗社淪亡者，皆生於此二蠹也。爲人子孫而爲其祖宗守宗社者，於常額之外，添注一官，於列屯之外，多簽一軍，則思曰：吾祖宗以來所未有也，吾今增之得無不可乎？非有關於治道民生，決然不可。無者不敢輕加也。毋謂天下之大，四海之富，而一二人之費於我何加損焉？嗚呼！千萬人之積，其原起於一人，自古國家之禍患，何嘗不起於細微哉？

明·吴伯宗《榮進集》卷一《鄉試三場·策》 農桑所以養民也，限田、均田、口分、世業，何以定其制乎？設官所以涖政也，任法之與任人，孰爲經國之遠謀乎？取士所以任官也，選舉之於資格，孰爲銓曹之要法乎？鹽鐵國之大利也，何以除奸而去弊乎？漕運國之大計也，何以足國而裕民乎？國家惟求實效，不尚虚文，幸稽諸往古，驗之當今，使言之必可見於行，而行之可爲天下後世法。其悉心以對，毋有所隱。

嘗謂有致治之道，有爲治之法。道者，歷萬世而無弊；法者，與道則兩宜。道固不外乎法之中，而法亦未嘗不囿於道之内。洪惟皇朝創業之艱，盛心圖治，惟求實效，不尚虚文，執事發策，春闈下詢，承學講求，立經陳紀之事甚盛舉也。夫既以實效求，豈敢以虚文應？謹稽諸往古，揆之當今以對。竊惟執事之問爲綱者一，爲目者八。何謂綱？曰：道是也。何謂目？曰：禮樂、政令、學校、農桑、設官、取士、鹽鐵、漕運是也。綱舉目張，道全德備，而治天下之術，無踰此也。何者？道之大原出於天，而聖人修之以爲法，於天下，若禮樂、刑政、綱紀、法度無往而非道之所在也。所謂歛之不盈方寸，散之彌滿六合，所謂天地之常經，古今之通義。堯以是傳之舜，舜以是傳之禹，禹以是傳之湯，湯以是傳之文武。帝王之繼天出治，所以爲天地立心，爲生民立命，爲萬世開太平何莫由斯道哉？故嘗考之，六府三事載之《虞書》，六典、八法具於《周禮》，此唐虞、成周之所以立經陳紀也。然有都俞吁咈之氣象，而後有修和序歌之成功；有《關雎》、《麟趾》之意，而後可以行周官之法度。是豈非堯、舜、文、武之道乎？六君之道一也。知堯舜之道，則知湯武之道矣。漢高祖之有天下也，時則有若蕭何、韓信、張蒼、叔孫通之徒，定其律令，定其軍法，定其章程，制其禮儀。而漢之所以爲治者，靡不具矣。唐太宗之有天下也，則有魏徵定新禮，祖孝孫奏雅樂，房元齡修律令，李衛公明兵法，而唐之所以爲治者，靡有遺矣。是雖未必合乎先生之道，亦未嘗不本於先王之道也。先儒謂漢大綱正、唐萬目舉者，蓋以漢之規模宏遠，而唐之法令詳密爾。然漢承秦後而雜采秦儀，唐承隋後而多仍隋制，則其道豈能如先生之純，其法豈能如先生之備哉？欽惟聖上奉天承運，混一區宇，綱紀法度之施，禮樂刑政之具，固已井乎其有條，秩乎其有序矣。猶曰與二三大臣勵精圖治，講求政理，而又詔興科第，博采羣言，二帝三王之盛無以加此，豈漢唐之可擬倫也哉！夫天下之事有古有今，立經陳紀不在它求，在叅酌乎古今而已。古者功成作樂，治定制禮，三千三百之儀，五聲八音之節，一皆本之人心，合乎人聲。是故可以事神人，可以通上下，誠出治之本也。後世經禮殘缺，樂書不存，而古之禮樂難以盡考矣。今欲制禮作樂，則必稽之三禮之文，考之三雅之音，叅酌而行之，依倣而用之，使合於古而宜於今，用於今而不悖於古。而又本之以敬，協之以律，嚴尊卑上下之分，審黄鍾聲氣之元，則禮雖非先生之有可以義起，而今之樂豈不猶古之樂乎？古者政簡而不煩，令嚴而不猛，所以防民欲而齊民心，誠出治之具也。比者有元之季，法度廢弛，綱紀不振，固宜濟之以嚴矣。今欲立爲經久之法，則欲思乎《洪範》八政之孰先，文武弛張之何在。因時制宜，合乎中道，則政令，其有不修舉者乎？古者家有塾，黨有庠，術有序，國有學。人生八歲，則自天子之冑子，以至公卿大夫、元士之適子與凡民之俊秀，皆入小學，而教之洒掃、應對之節，禮樂射御書數之文。十有五歲入大學，則教之以格物致知之功，窮理正心之道，此學校之所以興，而風俗之所以正也。今欲臻其效，必重教官之選，嚴守令之責，崇禮讓之文，行激勸之法，使民知孝弟、忠信、禮義、廉恥，則學校其有不興乎？古者制民之産，百畝之田，一夫耕之足以無飢，五畝之宅，樹之以桑，足以無寒。至漢唐猶有均田、限田、口分、世業之制，是以民無甚富甚貧之患。此農桑之所以有成，而民之所以得其養也。今田不可復井矣，口分、世業亦不必行矣。莫若行限田之制，以止兼并，重末作之令，以禁游惰優畎畝之民，以勸務本，則民皆得自食其力，而不至甚富甚貧，不均田之均田矣。其制豈不可定乎？古者設官分職，不惟其官，惟其人，官有一定之法，而任人之意爲多，所以爲經國之遠謀也。

明·黄訓《名臣經濟録》卷二一《户部》 自秦人廢井田之後，田不在官，而在民。是以貧富不均，穀祿不平，一時識治。體者罔不興慨，歷代以還，英君賢佐，凡有志於人民愛物者，亦莫不隨時，漸爲之制。如限田之議，均田之法，口分世業之制要，皆良法美意，而一時人賴其慶，至今猶可稱述。

明·鄭善夫《少谷集》卷二一《田制論》 租庸調之法，歲庸二十日，既免其役，日收庸絹戸丁一尺。夫庸者，猶古歲庸三日之名。調戸丁，摹倣井田調發兵事之名，然去古遠矣。租者，蓋屯田之法，古者以逸制敵。內無亡費之利，外有守禦之備。自漢昭遣人屯田，張掖之復，趙充國破先零，屯浩亹；

鄧艾滅吳，屯淮潁，歷代因之，皆得其利。今之屯田，其名雖存，其法盡廢。守屯之卒，與農氓無異。其官亦但知了賦稅而已，更不知屯以用兵。一旦有寇，興師費財，屯田實無補尺寸，失古者屯田之意矣。甚至爭民奪利，祇爲民害，愚意屯田之法不復，不如無屯。

明·馮琦《經濟類編》卷一〇《政治類四·治道四》 其常產使之厚生，則經界不可不正，井地不可不均，此爲治之大本也。唐尚能有口分授田之制，今則蕩然無法，富者跨州縣，而莫之止，貧者流離餓殍，而莫之恤。

明·馮琦《經濟類編》卷三五《財富類一·理財一》 柳芳《食貨論》：昔開元初，宇文融首以稅客戶，籍外剩田、戶口、色役之策，行於天下。

明·方以智《通雅》卷二六《事制》 方田均田歸於定籍，則井田至今在也。本周官均土之意，董仲舒言井田難卒行，宜限民名田，師丹請於成帝不行，哀帝時行之。王嘉傳詔書罷苑，而以賜董賢二千餘頃。均田之制從此墮壞，王莽有王田之議，區博諫止之。晉太康十年，有男子與七十畝之制，元魏孝文以李安世之言，均授而旋罷，隋均田且給永業田，唐太宗定口分永業田。丁男十八以上，人一頃，八十畝爲口分，二十畝爲永業。分寬鄉狹鄉，後漸敝失，永徽報罷，宇文融言戶版刓隱，去籍詭脫。開元九年，括田。融請籍收匿戶羨田，爲覆田使。周世宗詔行元稹均田法，宋熙寧五年，修方田法，元豐罷之，崇寧復行，宣和又罷。端拱景德且講方田於邊，得其人故可行也。惟張横渠確以爲井田可行，朱子曰須大亂，後董日鑄曰後儒以井田截若棋局，泥矣。殷更五十爲七十，周更百畝必易井，而界之不暴於商鞅乎？是所謂在籍不在田者也。孟子曰：其實皆什一也。方田而定之，萬歷江陵柄國行丈量法，卽方田也。竇儼曰：小畝步百，周之制也。中畝二百四十，漢之制也。大畝三百六十，齊之制也。今所用者漢之中畝，唐《突厥傳》：杜佑言商鞅佐秦，以爲地利不盡。更以二百四十步爲畝，是漢制乃秦制也。宋《郭諮傳》：諮攝肥鄉令，以千步方田法，四出量括，遂得其數。收逋賦八十萬。沈括增折會方田法，歐陽修言諮方田法簡而易行，詳見《算數》。《潛草》曰：《周禮》載師以宅田、士田、賈田，任近郊之地，以官田、牛田、賞田、牧田，任遠郊之地，以公邑之田任甸地，以家邑之田任稍地，以小都之田任縣地，以大都之田任畺地。凡此諸田，無非一夫百畝之內田也。顏淵郭外內六十畝，寧自耕耶，賈而私之，佃于農夫。若古無私田之人，則古無貧富之家矣。井田之中，全不礙富人之田，將謂奪富人以與貧民耶。聖賢之道，未有不合天地人而咸宜者也。故曰限田均田自難，民生日繁，地闢已定。以井田之意而定公田，此易簡之王道也。世所疑難井者，周公九章勾股方田之道，久不講矣。古豈無山谿險隘之藪乎？《周禮》華離注云：佤邪離絶也，孟子之截長補短，可推論矣。今之佃，卽古之受也。後湖之魚鱗冊非古意乎？公田之籍一正，則官民易于守法奉公，而貪污不利于乾沒隱射。故皆欲亂其籍也。

明·黃宗羲《明文海》卷四七《資治策疏》 井田之制，一夫授田百畝，故民生業均一。後世井田既廢，故民業不均。至于後魏，有均田之法，北齊有永業之制，唐有口分、世業之田，雖非先王之道，然亦庶幾使民有恆產者。自唐以後，恆產之制不行，富強兼併，至有田連阡陌者，貧民無田可耕。故往往租耕富民之田，亦輸其收之半，由是富者愈富，貧者愈貧。此恆產未制之害，是以貧富不均也。

明·黃宗羲《明文海》卷八四《慎習》 元魏起代北，其先世托跋后之裔也。其人民被旃控弦之屬也，與漢不侔矣，宜未易以禮法理也。而孝文遷都洛邑，挈其人民而居之。均田別里，崇祀建學，國人莫不有忤心焉。獨排衆議，而咨之王肅、李安世之流，釋胡服而爲冠帶，絶北俗以事詩書。王通氏曰：中國之道不墜，孝文之力也。豈不信乎？及隋之衰，天下又大亂。而唐承之，太宗卻封倫之對，從魏徵之勸。貞觀之初，力行仁義，其爲化也得矣。制官以六典，制兵以府衛，制民以均田，制賦以租、庸、調，其爲制也脩矣。行之數歲，家給人足，行旅不齎糧，外戶不待閉，方制四夷之外，太平之效，可謂盛矣。

清·顧炎武《日知録》卷一九《立言不爲一時》 天下之事，有言在一時，而其效見於數十百年之後者。《魏志》：司馬朗有復井田之議，謂往者以民各有累世之業，難中奪之。今承大亂之後，民人分散，土業無主，皆爲公田，宜及此時復之。當世未之行也。及拓跋氏之有中原，令戶絶者墟宅桑榆盡爲公田以給授，而口分、世業之制，自此而起，迄於隋、唐守之。

清·顧炎武《日知録》卷二九夷狄《外國風俗》 《金史·食貨志》言：金起東海，其俗純實，可與返古。初入中夏，民多流亡，土多曠閑，遺黎惴惴，何求不獲？於斯時縱不能復井地溝洫之制，若用唐之永業、口分以制民產，放其租庸調之法以足國計，何至百年之內，所爲經畫紛紛然，與其國相終始邪？其弊在於急一時之利，踵久壞之法。及其中葉，鄙遼儉樸，襲宋繁縟之文；懲宋寬柔，加遼操切之政。是棄二國之所長，而並用其所短也。繁縟勝必至於傷財，操切勝必至於害民。訖金之世，國用易匱，民心易離，豈不繇是與？作法不愼厥初，變法以救其弊，只益甚焉耳。其論金時之弊至為明切。

綜述

《全唐文》卷二四元宗《春郊禮成推恩制》　皇王之化，載籍所陳，將奉天而育物，必順時而行政。雖《禮》文則著，而親祠蓋闕。朕自膺寶歷，且踰二紀。承宗社之降祉，賴公卿之叶心，萬物阜成，庶務簡易。思以黎獻，臻夫仁壽，是用敦本復古，將必稽於月令，謀始作則，先有事於春郊。宜因展禮之辰，式布惟新之澤。其天下見禁囚，應犯死罪者，特宜免死，配流嶺南。已下罪並放免。朕每念黎甿，弊於征戍，親戚多別離之怨，關山有往復之勤，何嘗不惻隱於懷，寤寐增嘆。所以別遣召募，以實邊軍，錫其厚賞，便令常住。今諸軍所召，人數向足，在於中夏，自可罷兵。既無金革之事，足保農桑之業。自今已後，諸軍兵健，並宜停遣。其見鎮兵，並一切放還。京畿之內，雜役殷繁，言念劬勞，豈忘優恤。頃以櫟陽等縣，地多鹹鹵，人力不及，便至荒廢。近者開決，皆生稻苗，亦既成功，豈專其利。京兆府界內，應雜開稻田，并宜散給貧丁，及逃還百姓，以為永業。《書》不云乎：不作無益害有益。《語》不云乎：奢則不遜儉則固。緬懷前古，嘗折在心，將斲雕以為樸，期上行而下效。自今已後，王公不得以珍物進獻，所司應緣，宮室修造，務從節儉，但蔽風雨，勿為華飾。至於金玉器物，諸色雕鏤，朕緣蕃客所要，將充宴賞。今流俗之間，遞相倣效，既損財於無用，仍作巧以相矜，敗俗傷農，莫斯為甚，幷一切禁斷，以絕浮華。古者鄉有序，黨有塾，將以宏長儒教，誘進學徒，化人成俗，率繇於是。斯道久廢，朕用憫焉。宜令天下州縣，每一鄉之內，別各置學，仍擇師資，令其教授。其諸州鄉貢明經進士，每年引見訖，并令就國子監謁見先師。所司設食，學官等為之開講，質問疑義，且公侯之裔，皆稟義方，學《禮》聞《詩》，不應失墜。容其僥倖，是瀆化源。其於貴冑子孫，如聞近來宏文館學士，多有不專經業，便與及第，深謂不然。自今已後，宜一依令式考試。朕之爵位，惟待賢能。雖選士命官，則有常調，而安卑遁跡，尚慮遺才。其內外八品以下官，及草澤閒有學業精博，蔚為儒首，文詞雅麗，通於政術，為衆所推者，各委本州本司長官，精加搜擇，具以聞薦。發生之月，實在於行仁，利物之心，莫先於作善，先斷捕獵，令式有文，所繇州縣，宜嚴加禁止。其每年千秋節日，仍不得輒有屠宰。道釋二門，皆為聖教，義歸宏濟，理在尊崇。其天下觀寺，有絕無道士女冠僧尼者，宜量觀寺大小，度六七人，簡擇灼然有經業戒行，為鄉閭所推，仍先取年高者。凡百卿士，朕之同德，宜勉所職，以合時令。禮有時施惠，義兼行賞，實為其時，固不可缺。亞獻忠王璵宜賜物一千匹，終獻潁王璬賜物五百匹，邠王守禮、寧王憲各五百匹，慶王琮已下及長公主郡縣主二王後京文武官賜帛各有差。天下諸州侍老，宜令所繇長官量賜酒肉，務在優養。今朝廷無事，天下和平，美景良辰，百官等任追勝為樂。宜即布告中外，咸使聞知。

《全唐文》卷二八元宗《褒姜師度詔》　昔史起漑漳之策，鄭白鑿涇之利，自茲厥後，聲塵缺然。同州刺史姜師度，識洞於微，智形未兆。匪躬之節，所懷必罄，奉公之道，知無不為。頃職大農，首開溝洫，歲功猶昧，物議紛如。緣其中款足嘉，委任仍舊。暫停九列之重，假以六條之察，舊藏過半，績用斯多。食乃人天，農為政本，朕故茲巡省，不憚祁寒，將申勸恤之懷，特冒風霜之弊。今原田彌望，畎澮連屬，繇來榛棘之所，遍為秔稻之川。倉庾有京坻之饒，關輔致珠金之潤。本營此地，欲利平人，緣百姓未閑，恐三農虛棄，所以官為開發，冀令遞相教誘，功既成矣。思與共之，其屯田內先有百姓挂籍之地，比來召人作主，亦量準頃畝割還。其官屯熟田，如同州有貧下欠地之戶，自辦功力能營種者，準數給付，餘地且依前官取。師度以功特加金紫光祿大夫，賜帛三百匹。

《全唐文》卷三〇元宗《禁買賣口分永業田詔》　天下百姓口分永業田，頻有處分，不許買賣典貼。如聞尚未能斷，貧人失業，豪富兼并。宜更申明處分，切令禁止。若有違犯，科違勅罪。

《全唐文》卷三三元宗《禁官奪百姓口分永業田詔》　周有均土之宜，漢存墾田之法，將欲明其經界，定其等威。食祿之家，無廣擅於山澤，貿遷之伍，罕爭利於農收。則歲有豐穰，人無胥怨，永言致理，何莫繇茲？如聞王公百官，及富豪之家，比置莊田，恣行吞併，莫懼章程。借荒者皆有熟田，因之侵奪，置牧者惟指山谷，不限多少。爰及口分永業，違法賣買，或改籍書，或云典貼，致令百姓無處安置。乃別停客戶，使其佃食，既奪居人之業，實生浮惰之端。遠近皆然，因循亦久，不有釐革，爲弊慮深。其王公百官勳蔭等家，應置莊田，不得踰於式令，仍更從寬典，務使宏通。其有同籍周朞以上親俱有勳蔭者，每人占地頃畝，任其累計。某蔭外有餘，如舊是無勳蔭地合賣者，先用錢買得，不可官收，限勑到百日內，容其轉賣。其先不合蔭，又蔭外請射兼借荒，及無馬置牧地之內，并從合蔭者，並不在占限，官還主。其口分永業地先合買賣。若有主來理者，其地雖經除附，不限載月近遠，宜並卻還。至於價值準格並不合酬備，既緣先已用錢，審勘責其有契驗可憑，特宜官爲出錢還其買人。其地若無主論理，不須收奪，庶使人皆摭實，地悉無遺，百姓知復於田疇，蔭家不失其價值。此而或隱，罪必無容。又兩京去城五百里內，不合置牧地。地內熟田，仍不得過五頃已上十頃已下。其有餘者仰官收。應緣括簡共給授田地等，並委郡縣長官及本判官錄事相知勾當，並特給復業。並無籍貫浮逃人，仍據丁口量地好惡，均平給授。便與編附，仍放當載租庸。如給未盡，明立簿帳，且官收租佃，不得輒給官人親識工商富豪兼併之家。如有妄請受者，先決一頓，然後準法科罪。不在官當蔭贖，有能糾告者，地入糾人，各令採訪使按覆，具狀聞奏。使司不糾察，與郡縣官同罪。自今已後，更不得違法買賣口分永業田，及諸射兼借公私荒廢地，無馬妄請牧田，併潛停客戶，有官者私營農，如輒有違犯，無官者決杖四十，有官者錄奏取處分。又郡縣官人，多有任所寄莊，言念貧弱，慮有侵損。先已定者，不可改移。自今已後，一切禁斷。今所括地授田，務欲優矜百姓，不得妨奪，致有勞損。客戶人無使驚擾，緣酬地價值出官錢，支科之間，必資總統。仍令兩京出納使楊國忠充使，都勾當條件處置。凡在士庶，宜悉朕心。

《全唐文》卷四八代宗《禁富户吞併勅》　百姓田地，比者多被殷富之家官吏吞併，所以逃散，莫不繇茲。宜委縣令，切加禁止。若界內自有違法，當倍科責。

《全唐文》卷四九代宗《改元大曆赦文》　王者欽若昊天，誕受丕命，莫不協五紀而乘運，稽三微以體元。上齊璿衡，下立人極，乃頒歷於惟歲，更覃恩於率土。朕嗣守鴻業，恭臨寶位，頃以時當寇難，運屬干戈，誓衆興師，爲人除害。實賴宗社降福，寰宇小康，用興淳樸之風，庶洽雍熙之化。乾坤敷祐，綿歷歲時，征賦頗繁，人猶彫瘵。是用疚心疾首，當宁而興，懷罪以在予，馭朽而貽懼。每思宏濟之道，用拯黎元之弊。月纏星昴，律中黃鍾，合天正之符，承日至之永。祥雲在矚，既當伯趙之司；惠澤布和，宜順一陽之氣。建元發號，革故維新，俾及履長之節，用深行慶之典，可大赦天下。其永泰二年宜改爲大歷元年。自大歷元年十一月十二日昧爽已前，大辟罪已下，已發覺未發覺，已結正未結正，繫囚見徒，罪無輕重，常赦所不免者，咸赦除之。長吏犯贓，不在免限。夫從簡之道，大《易》至言，薄賦之規，前王令範。朕志遵儉約，務欲息人，徵歛無期，誠爲勞弊。天下百姓，除正租庸及軍器所須外，不承正勑，一切不得輒有科率。國以人爲本，人以農爲業。頃繇師旅，征稅殷繁，編戶流離，田疇荒廢。永言牧宰，政切親人。其刺史縣令，宜以招輯戶口，墾田多少，用爲殿最。每年終委本道按察使節度等使案覆聞奏，如課績尤異，當加超擢；或政理無聞，必置科貶。逃亡失業，萍泛無依，特宜招撫，使安鄉井。其逃戶復業者，宜給復三年。如百姓先貨賣田宅盡者，宜委州縣取逃死戶口田宅，量丁口充給，仍仰縣令親至鄉村，安存處置，務從樂業，以贍資糧。王畿之閒，賦歛尤重，百役供億，當甚艱辛，哀我疲人，良深憫念。盍徹之稅，著自《周經》，未便於人，何必行古，其什一稅宜停。周徵俊造，漢辟賢良，垂之典謨，永代作則。天下有安貧樂道，孝弟力田，未經薦用者，委所在長官具以名聞奏，朕當親自策試，量才敘用。其立仗將士等，定賜物五萬匹。五嶽四瀆，名山大川，祀典攸存，神理昭著，宜以禮致祭。

宋·王應麟《困學紀聞》卷一六《考史》清·翁元圻注　後魏孝文太和九年，詔：均田，男夫十五以上，受露田【集證】：不栽樹者謂之露田。四十畝；婦人二十畝。集證：《通典·食貨門》孝文太和元年三月，詔：一夫制田四十畝，男三十畝，無令人有餘力，地有遺利。時李安世上疏曰：今雖桑井難復，宜更均量，審其徑術，令細人獲資生之利，豪右靡餘地之盈。帝深納之，由是始議均田。九年冬十月丁未，詔：均給天下人田，諸男夫十五以上，受露田四十畝；婦人二十畝，奴婢依良。丁牛一頭，受田三十畝，身沒則還田。諸宰民之官，各隨遠近給公田有差，職分田始於此。

劉氏恕曰：後魏均田制度，似今世佃官田，及絕戶田出租稅，非如三代井田也。魏齊周隋，兵革不息，農民少而曠土多，故均田之制存。至唐承平日久，丁口滋衆，官無閑田，不復給授，故田制爲空文。《唐志》云：口分世業之田壞而爲兼并，似指以爲井田之比，失之遠矣。元圻案：《唐書・食貨志》曰：口分世業之田壞而爲兼并，租庸調之法壞而爲兩稅。

北齊河清三年，令：民一夫受露田八十畝，婦人四十畝。集證：《通典》：北齊河清三年，令：男子十八受輸調，二十充兵，六十免力役，六十六退田免租調職事，及百姓請墾田者，名爲永業田。一夫受露田八十畝，婦人四十畝，每丁給永業二十畝爲桑田，不在還受之限，土不宜桑者，給麻田。

隋文帝開皇十二年，京輔三河，地少人衆，發使四出，均天下之田，其狹鄉每丁至二十畝。集證：《通典・食貨門》隋文帝令：自諸王以下至都督，皆給永業田，各有差。多至百頃，少至三十頃，其丁男中男，永業露田，皆遵後齊之制，並課植以桑榆及棗。其田宅率三口給一畝。開皇九年，墾田千九百四十萬四千二百六十頃，每戶二頃餘。十二年，文帝以天下戶口歲增，京輔及三河，地少而人衆，議者咸欲徙就寬鄉。帝乃發使四出，均天下之田。其狹鄉每丁纔至二十畝，老小又少焉。〇元圻案：《唐書・食貨志》曰：田多可以足其人者爲寬鄉，少者爲狹鄉。

唐武德七年，初定均田，丁中之民，給田一頃，篤疾減十之六，寡妻妾減七，皆以什之二爲世業，(入)[八]爲口分。元圻案：此《通鑑》唐高祖紀文。《唐書・食貨志》曰：唐制度田以步，其闊一步，其長二百四十步爲畝，百畝爲頃。凡民始生爲黃，四歲爲小，十六爲中，二十一爲丁，六十爲老。授田之制，丁及男年十八以上者，人一頃，其八十畝爲口分，二十畝爲永業。老及篤疾、廢疾者，人四十畝，寡妻妾三十畝，當戶者增二十畝，皆以二十畝爲永業，其餘爲口分。

范氏曰：唐初定均田，有給田之制，蓋由有在官之田也。其後給田之制不復見，蓋官田益少矣。林氏勳曰：周制步百爲畝，百畝僅得唐之四十餘畝，唐之口分，人八十畝，幾倍於古。蓋貞觀之盛，戶不及三百萬，永徽唯增十五萬。若周則王畿千里，已有三百萬家之田，列國不與焉。是以唐制受田倍於周，而地亦足以容之，狹鄉雖裁其半，猶可以當成周之制。然按一時戶口，而不爲異日計，則後守法難矣。原注：既無振貧之術，乃許之賣田，後魏以來弊法也。是以啓兼并之漸。〇案：小註亦林勳語。永徽中，洛多豪右，占田踰制，賈敦頤舉沒三千餘頃賦貧民。元圻案：《唐書・食貨志》曰：貞觀初，戶不及三百萬，四年米斗四五錢，外戶不閉者數月，人行數千里，不齎糧，號稱太平。高宗承之，海內艾安，長孫無忌等輔政，天下未見失德。即位之歲，增戶十五萬。又《循吏傳》賈敦頤，曹州冤句人，貞觀中，數歷州刺史，永徽中，遷洛州，洛多豪右以下，皆本傳文。

開元九年，宇文融爲勸農使，括逃戶及籍外田。元圻案：《通鑑・唐紀》元宗開元九年正月，監察御史宇文融上言：天下戶口逃移，巧僞甚衆，請加檢括。丁亥，制州縣逃亡戶口，聽百日自首，或於所在附籍，或牒歸故鄉，各從所欲，過期不首，即加檢括，謫徙邊州。公私敢容庇者，抵罪。以宇文融充使，括逃移戶口，及籍外田。融奏置勸農判官十人，分行天下，州縣希旨，務于獲多，虛張其數，或以實戶爲客。凡得戶八十餘萬，田亦稱是。

陸贄論兼并之家，私斂重於公稅，請爲占田條限。元圻案：《唐書・食貨志》贄疏曰：有田之家，坐食租稅，京畿田畝稅五升，而私家收租畝一石，官取一，私取十。穡者安得足食，宜爲占田條限，裁租價，損有餘，優不足。贄以讒逐，事無施行者。

後周世宗，以元稹《均田圖》賜諸道，詔艾穎等分行諸州，均定田租。原注：《會要》云：見元稹在同州時所上《均田表》，因製素爲圖。〇元圻案：《通鑑・後周紀》世宗顯德五年六月，帝欲均田租。丁亥，以元稹《均田圖》偏賜諸道。十月，詔左散騎常侍須城艾穎等三十四人，分行諸州，均定田租。註：時詔曰：近覽元稹《長慶集》，見在同州時所上《均田表》，較當時之利病，曲盡其情，俾一境之生靈咸受其賜，傳於四方，冊可得披尋。因令製素成圖，直書其事。

今按元稹《同州奏均田》曰：因農務稍暇，令百姓自通手實狀，又令里正書手等傍爲穩審，並不遣官吏擅到村鄉，略無欺隱，除去逃荒，其餘頃畝取兩稅元額，通計七縣沃瘠，一例作分抽稅。蘇氏曰：三代之君，開井田，畫溝洫，講步畝，嚴版圖，因口之衆寡以授田，因田之厚薄以制賦。經界既定，仁政自成。下及隋唐，風流已遠，然其授民田有口分世業，皆取之於官，其斂民財有租庸調，皆計之於口，其後變爲兩稅。戶無客主，以見居爲簿，人無丁中，以貧富爲差。貧者急於售田，則田多而稅少；富者利於避役，則田少而稅多。僥倖一興，稅役皆弊。嘉祐中，薛向、孫琳始議方田，量步晦，審肥瘠，以定賦稅之入。何云：今之丈量銷圩，正方田法也。熙寧中，呂惠卿復建手實，抉私隱，崇告訐，以實貧富之等。元豐中，李琮追究逃絕，均虛數，虐編戶，以補失陷之稅。此三者，皆爲國斂怨，所得不補所失。昔宇文融括諸道客戶，州縣觀望，虛張其數，以實戶爲客。雖得戶八十餘萬，歲得錢數百萬，而百姓困弊，實召天寶之亂，均稅之害，何以異此？張子曰：治天下不由井地，終無由得平，周道止是均平。集證：張子語載見呂大臨所作行狀。〇元圻案：《玉海》百七十六：嘉祐四年，八月二十七日，命孫琳、林之純席與言：李鳳、高本等，相度均稅，又令分往均田。五年四月丙戌，詔三司置局詳定，三司使包拯，諫議呂居簡，戶部副使吳中復領其事。熙寧五年，重修定方田法，推行自京都始。元豐八年十月丙戌，罷之。崇寧四年二月十六日，尚書省言神宗詔講方田，以土色肥磽别田美惡，定賦調多寡。今以熙寧方田敕可行者，爲方田法。宣和二年六月十六日，罷方田。

南唐烈祖，分遣使者按行民田，以肥瘠定其稅。元圻案：《通鑑·後晉紀》高祖天福六年，唐王分遣使者，按行民田，以肥瘠定其稅，民間稱其平允。自是江淮調兵興役及他賦斂，皆以稅錢爲率，至今用之。

元·馬端臨《文獻通考》卷六五《職官考十九》 魏制：諸宰人之官各隨近給公田，刺史十五頃，太守十頃，治中、别駕各八頃，縣令、郡丞六頃，更代相傳，賣者坐如律。

唐·杜佑《通典》卷二《食貨典二》 開皇九年，任墾田千九百四十萬四千二百六十七頃。隋開皇中，戶總八百九十萬七千五百三十六。按定墾之數，每戶合墾田二頃餘也。

宋·鄭樵《通志》卷六一《食貨志一》 開皇九年，任墾田千九百四十萬四千二百六十七頃。開皇中，總八百九十萬七千五百三十六戶。按定墾之數，每戶合墾田二頃餘。

元·馬端臨《文獻通考》卷二《田賦考二》 開皇九年，任墾田千九百四十萬四千二百六十七頃。開皇中，戶總八百九十萬七千五百三十六。按定墾之數，每戶合墾田二頃餘也。

宋·王應麟《玉海》卷一七六《食貨門·田制》 開皇九年，墾田千九百四十萬四千二百六十[七]頃。每戶二頃餘。

清《淵鑑類函》卷一三三《政術部·田制》 [開皇十二年]文帝以天下戶口歲增，京輔及三河地少而人衆，衣食不給，議者咸欲徙就寬鄉。帝乃發使四出，均天下之田。其狹鄉，每丁纔至二十畝，老小又少焉。

《隋書》卷二九《地理志上》 [大業]五年，平定吐谷渾，更置四郡。大凡郡一百九十，縣一千二百五十五，戶八百九十萬七千五百四十六，口四千六百一萬九千九百五十六。墾田五千五百八十五萬四千四十一頃。

唐·杜佑《通典》卷二《食貨典二》 至大業中，天下墾田五千五百八十五萬四千四十頃。按其時有戶八百九十萬七千五百三十六，則每戶合得墾田五頃餘，恐本史之非實。

宋·鄭樵《通志》卷六一《食貨志一》 至大業中，天下墾田五千五百八十五萬四千四十頃。按其時有戶八百九十萬七千五百三十六，則每戶合得墾田五頃餘，恐本史之非實。

元·馬端臨《文獻通考》卷二《田賦考二》 至大業中，天下墾田五千五百八十五萬四千四十頃。按其時有戶八百九十萬七千五百三十六，則每戶合得墾田五頃餘，恐本史之非實。

宋·王應麟《玉海》卷一七六《食貨門·田制》 至大業中，《志》云五年。天下墾田五千五百八十五萬四千四十頃，每戶各得五頃。

元·馬端臨《文獻通考》卷六五《職官考十九》 隋文帝令：自諸王以下至於部督，皆給永業田各有差，多者至百頃，少者至三十頃。其丁男中男永業露田皆遵後齊之制，並課樹以桑榆及棗，其田宅率三口給一畝，京官又給職分田，一品者給田五頃，至五品則爲田三頃，其下每品以五十畝爲差，至九品爲一頃。外官亦各有職分田，又給公廨田，以供用。

宋·呂祖謙《歷代制度詳説》卷九《田制·制度》 隋文帝令，自諸王以下至於都督，皆給永業田，各有差。多者至百頃，少者至(三十頃)[四十畝]。其丁男中男永業露田，皆遵後齊之制。

《隋書》卷六六《郎茂傳》 [郎茂]又奏身死王事者，子不退田，品官年老不減地，皆發於茂。茂性明敏，剖決無滯，當時以吏幹見稱。

宋·王應麟《玉海》卷六六《詔令門·律令》 《通典》：開元二十五年令則謂是年定令也，在《食貨門》則載口分、世業田之制。

《舊唐書》卷三八《地理志一》 開元二十八年，戶部計帳，凡郡府三百二十有八，縣千五百七十有三。羈縻州郡，不在此數。戶八百四十一萬二千八百七十一，口四千八百一十四萬三千六百九，應受田一千四百四十萬三千八百六十二頃一十三畝。

《新唐書》卷三七《地理志一》 開元二十八年戶部帳，凡郡府三百二十有八，縣千五百七十三，戶八百四十一萬二千八百七十一，口四千八百一十四萬三千六百九，應受田一千四百四十萬三千八百六十二頃。

宋·王應麟《玉海》卷一八《地理門·郡國下》 開元二十八年戶部帳，凡郡府三百二十有八，縣一千五百七十三，戶八百四十一萬二千八百七十一，口四千八百一十四萬三千六百九，應受田一千四百四十萬三千八百六十二頃。《通典》同。

宋·王應麟《玉海》卷一八五《食貨門·會計》 《地理志》：開元二十八年戶部帳，凡郡府三百二十八，縣千五百七十三，戶八百四十一萬二千八百七十一，口四千八百一十四萬三千六百九，應受田一千四十萬三千八百六十二頃。

《新唐書》卷五一《食貨志一》 唐之始時，授人以口分、世業田，而取之以租、庸、調之法，其用之也有節。

元·馬端臨《文獻通考》卷二〇三《經籍考三十》 《南豐曾氏序》曰：唐令三十篇，以常員定職官之任，以府衛設師徒之備，以口分永業爲授田之法，以租庸調爲斂財役民之制，雖未及三代之政，然亦庶幾乎？先王之意矣。讀其書，嘉其制度，有庶幾乎？古者而惜其不復行也。故綴其大要可記者，論之於此焉。

宋·王應麟《玉海》卷一七九《食貨門·貢賦》 《食貨志》：唐授人以口分世業，取之以租庸調之法。凡授田丁，歲輸粟二斛，稻三斛，謂之租。《陸宣公奏議》云：丁男一人受田百畝，歲納租粟二石。

《天一閣藏明鈔本天聖令校證附唐令復原研究》卷二二《賦[役]令》 諸人居狹鄉樂遷就寬鄉，去本居千里外，(後)[復]三年；五百里外，(後)[復]二年；三(里百)[百里]外，復一年。一遷之後，不得更移。

宋·陳傅良《歷代兵制》卷五《北朝》 戍兵資絹自隨之困省，太和五年初，未及代州鎮戍兵，資絹自隨。薛虎子上表，以爲在鎮之兵，不減數萬，資糧之絹，人十二匹。未及代下，不免飢寒，公私損費，宜置屯田。世業定於李安世，而豪強蔭附逃役之弊均，初，民多蔭附，蔭附者，無官役，李安世議均田，由是均給天下之田，皆爲世業，終身不易。定都中洛，增減宿衛。十九年，選武勇之士十五萬爲羽林虎賁，以充宿衛。

宋·陳傅良《歷代兵制》卷五《北朝》 別內外之領二曹，以唐邕典外兵曹，白建典內兵曹。雖厥後十八受田，二十充兵，六十免役，頗追古意。

宋·程顥《二程文集》卷一《論十事劄子》 天生蒸民，立之君，使司牧之，必制其恆產，使之厚生，則經界不可不正，井地不可不均，此爲治之大本也。唐尚能有口分授田之制，今則蕩然無法，富者跨州縣而莫之止，貧者流離餓殍而莫之卹。幸民雖多，而衣食不足者，蓋無紀極。

清《古文淵鑑》卷四五《唐書·食貨志論》 唐之始時，授人以口分世業田，武德七年，始定度田之制，中男授田一頃，篤疾廢疾四十畝，妻妾三十畝，爲戶者加二十畝，所授之田十分之二爲世業，八爲口分。世業受子孫，口分身死還官，更以給人。而取之以租庸調之法。賦役之法，每丁收粟二石，謂之租，隨鄉土所產，或收綾絹絁各二丈，綿三兩，或收布二丈四尺，麻三斤，謂之調。凡丁歲役二旬，若不役則收其傭直，謂之庸。

清《淵鑑類函》卷一三二《政術部·田制》 隋文帝令，自諸王以下至於都督，皆給永業田，各有差。多者至百頃，少者至(三十頃)[四十畝]。其丁男、中男永業露田，皆遵後齊之制。並課樹以桑榆及棗。其田宅率三口給一畝。京官又給職分田，一品者給田五頃，至五品則爲田三頃，其下每品以五十畝爲差，至九品爲一頃。外官亦各有職分田。又給公廨田以供用。

清·蔣溥等《經史講義》卷二二《禮記》 然知蠶之人，南北各殊，養蠶之地，古今亦異，豈其事之不可盡興哉！亦在親民之官善於勸課而已。考《魏書·食貨志》：初受田者，男夫一人給田二十畝，種桑五十樹。

《新唐書》卷四六《百官志一》 戶部

尚書一人，正三品；侍郎二人，正四品下。掌天下土地、人民、錢穀之政、貢賦之差。其屬有四：一曰戶部，二曰度支，三曰金部，四曰倉部。

戶部郎中、員外郎，掌戶口、土田、賦役、貢獻、蠲免、優復、姻婚、繼嗣之事，以男女之黃、小、中、丁、老爲之帳籍，以永業、口分、園宅均其土田，以租、庸、調斂其物，以九等定天下之戶，以爲尚書、侍郎之貳。其後以諸行郎官判錢穀，而戶部、度支郎官失其職矣。會昌二年著令：以本行郎官，分判錢穀。

戶部巡官二人，主事四人；度支主事二人；金部主事三人；倉部主事三人。

高宗即位，改民部曰戶部。龍朔二年，改戶部曰司元，度支曰司度，金部曰司珍，倉部曰司庾。光宅元年，改戶部曰地官。天寶十一載，改金部曰司金，倉部曰司儲。有戶部令史十七人，書令史三十四人，計史一人，亭長六人，掌固十人；度支令史十六人，書令史三十三人，計史一人，掌固四人；金部令史十人，書令史二十一人，計史一人，掌固四人；倉部令史十二人，書令史二十三人，計史一人，掌固四人。

度支郎中、員外郎，各一人，掌天下租賦、物產豐約之宜、水陸道涂之利，歲計所出而支調之，以近及遠，與中書門下議定乃奏。

金部郎中、員外郎，各一人，掌天下庫藏出納、權衡度量之數，兩京市、互市、和市、宮市交易之事，百官、軍鎮、蕃客之賜，及給宮人、王妃、官奴婢衣服。

倉部郎中、員外郎，各一人，掌天下庫儲，出納租稅、祿糧、倉廩之事。以木契百，合諸司出給之數，以義倉、常平倉備凶年，平穀價。

唐・杜佑《通典》卷二三《職官典五》 ［戶部］郎中二人。【略】掌戶口、籍帳、賦役、孝義、優復、蠲免、婚姻、繼嗣、百官、衆庶、園宅、口分、永業等。

宋・王應麟《玉海》卷一二一《官制門・臺省》 戶部郎中、武儒衡員外郎掌戶口、土田、賦役、貢獻之事，以永業、口分、園宅均其土田。

《新唐書》卷四九《百官志四下》 田曹司田參軍事，掌園宅、口分、永業及蔭田。

宋・王應麟《玉海》卷一七《食貨門・田制》 《官志》：田曹司田參軍掌口分、永業及蔭田，凡民田收授，縣令給之。

唐・白居易、宋・孔傳《白孔六帖》卷七六《諸曹參軍五》 孔：功曹司功參軍事，掌考課、假使、祭祀、禮樂、學校、表疏、書啓、祥［祿］食、祥異、醫藥、卜筮、陳設、喪葬。倉曹司倉參軍事，掌租調、公廨、庖厨、倉庫、市肆。戶曹司戶參軍事，掌戶籍、計帳、道路、過所、蠲符、雜徭、逋負、良賤、芻槀、逆旅、婚姻、田訟、旌別孝悌。田曹司田參軍事，掌園宅、口分、永業及蔭田。兵曹司兵參軍事，掌武官選、兵甲、器仗、門禁、管籥、軍防、烽堠、傳驛、畋獵。灋曹司灋參軍事，掌鞫獄麗法，督盜賊，知贓賄沒入。士曹司士（事）參軍事，掌津梁、舟車、舍宅、工藝。

唐・杜佑《通典》卷一五《選舉典三》 ［諸州縣官人］其勸課農田能使豐殖者，亦準見地爲十分論，每加二分，各進考一等。此謂永業、口分之外，別能墾起公私荒田者。其有不加勸課以致減損者，謂永業、口分之内有荒廢者。每損一分，降考一等。

宋・潘自牧《記纂淵海》卷二七《職官部》 戶部郎中

史漢尚書郎一人，主戶口、墾田。吳張溫爲戶曹郎，魏有左民郎曹，晉兼制右民郎曹，東晉而下民部曹，唐爲郎中，高宗改爲戶部，龍朔爲司元大夫，後復。故掌戶口、土田、賦役、貢獻、蠲免、優復、姻婚、繼嗣之事，以男女之黃、小、中、丁、老爲帳籍，以永業、口分、園宅均其土田，以租庸調斂其物，以九等定天下之戶，以爲尚書侍郎之貳。其後以諸行郎官判錢穀，而戶部度支郎官失其職矣。

元・富大用《古今事文類聚新集》卷一二《六曹部》 戶部郎中

歷代沿革，周官司徒屬官有下大夫，蓋郎中之任也。漢尚書郎一人，主戶口墾田。吳張溫爲戶曹郎，魏有左民部曹，有農部郎中。又爲左人右人，後又爲人部人曹，皆戶部也。晉兼置右民郎曹，東晉及宋齊唯有民部曹，梁陳爲左戶曹郎，後魏爲左戶曹郎，北齊有左民曹郎。隋初民部郎曹置侍郎二人，煬帝除侍字改民部郎。唐爲郎中，高宗改爲戶部，龍朔爲司元大夫，後復。故郎中、員外郎各二人，掌戶口、土田、賦役、貢獻、蠲免、優復、姻婚、繼嗣之事，以男女之黃、小、中、丁、老爲帳籍，以永業、口分、園宅均其土田，以租、庸、調斂其物，以九等定天下之戶，以爲尚書侍郎之貳。

宋・章如愚《羣書考索後集》卷三《官制門》 戶曹司戶參軍事掌戶籍、計帳、道路、過所、蠲符、雜徭、逋負、良賤、芻槀、逆旅、婚姻、田訟、旌別孝悌。田曹司田參軍事掌園宅、口分、永業及蔭田。【略】縣令掌導風化，察冤滯，聽獄訟。凡民田收授，縣令給之。每歲季冬行鄉飲酒禮，籍帳、傳驛、倉庫、盜賊、隄道，雖有專官皆通知，縣丞爲之貳，縣尉分判衆曹，收率課調。

宋・章如愚《羣書考索後集》卷八《官制門》 隋初民部郎曹置侍郎二人。煬帝改曰民部郎。唐爲郎中，高宗改爲戶部，龍朔中爲司元大夫，後復。故郎中二人，員外郎二人，掌戶口、土田、賦役、貢獻、蠲免、優復、姻婚、繼嗣之事，以男女之黃、小、中、丁、老爲帳籍，以（求）［永］業、口分、園宅，均其土田，以租庸調斂其物，以九等定天下之戶。以爲尚書侍郎之貳。其後以諸行郎官判錢穀，而戶部度支郎官失其職矣。

宋・章如愚《羣書考索續集》卷四三《兵制門》 蓋後周府兵之制，講閱戰陳，皆於農隙身，租庸調一切蠲除。北齊租調之制，十八受田，二十充兵，六十免力役，是則周齊之兵，皆受田矣。唐沿周齊有口分、世業田，三衙隊正副各八十畝。見《通典・王制》。諸府坊團有主掌督課農桑，是則唐兵亦受田矣。兵農一致，所以得井田之遺意歟。井田之制漸壞於春秋戰國。故鄉遂變，而爲技擊鋭士者，勢也。口分、世業，既開貿易之門。凡庶民貧者得賣永業，即桑果木之田也。徙寬鄉者，得賣口分。已賣者，不復授。死者收之，以授無田者。見《食貨志》。而府兵變爲彍騎者，亦勢也。【略】

唐五代養兵始末，唐兵歷叙，唐初授人以口分世業，而取之以租庸調。故其蓄兵以府衛，兵雖多而無所損，設官有常員，不濫而易以祿，及開元天寶世業、租調、府兵三者俱廢，兵冗官濫，而兩稅之外，有鹽鐵、轉運、屯田、和糴、鑄錢、括苗、榷利、借商、稅間架、進奉、獻助，無所不至。乃知官兵民有常職，故費約而兼足，足則交相養，口分、世業爲之本也。官兵民無常職，故食冗而俱貧，貧則交相賤，由口分、世業之不存也。然世業、府兵之制雖壞，而猶有軍府、屯田、營田以扞要衝。天下屯總一百九十二處。

宋・蘇轍《欒城後集》卷一五《民賦叙》 下及隋唐，風流已遠。然其授民田，有口分、永業，皆取之於官。其斂民財，有租庸調，皆計之於口。其後世亂法壞，變爲兩稅。戶無主客，以見居爲簿，人無丁中，以貧富爲差。

宋・佚名《錦繡萬花谷前集》卷一五《國賦》 租庸調。唐制，凡授田者，丁歲輸粟二斛，稻三斛，謂之租。丁隨鄉所出，歲輸絹二匹，綾絁二丈，布加五之一，綿三兩，麻三斤，非蠶鄉輸銀十四兩，謂之調。用人之力歲二十日，閏加二日，而不役者，爲絹三尺，謂之庸。

兩稅法。唐租庸調法壞，自代宗時始以畝定稅，而斂以夏秋。德宗時宰相楊炎遂作兩稅法，戶無主客，以居者爲簿；人無丁中，以貧富爲差；商賈稅三十之一，與居者均被田稅。視大曆十四年墾田之數爲定，夏輸無過六月，秋輸無過十一月，歲斂錢二千五十餘萬緡，米四百萬斛，以供外。錢九百二十餘萬緡，米千六百餘萬斛，以供京師。

宋・孫逢吉《職官分紀》卷四二《縣令》 蟲霜旱澇年收耗實過貌形狀及差科簿，皆親自注定，務均齊焉。若應收授之田，皆起，十月，里正勘造簿歷，十一月，縣令親自給授，十二月內畢。至於課役之先後，訴訟之曲直，必盡其情理。

《宋大詔令集》卷一八二《政事三十五》 勸栽植開墾詔乾德四年八月

五代以來，兵亂相繼，國用不足，庸調繁興，圍桑柘以議蠶租，括田疇以足征賦，逋逃所失，均出里閭。致樹藝之不得勤，汙萊之不敢辟，虛遺地利，重困生民。朕歷試艱難，周知疾苦，四方甫定，七載于兹，節用愛人，敦本抑末。有經費未嘗加賦，聞災沴即議蠲除，方致小康。固無重斂，爰頒詔旨，徧諭憂勤，庶幾畎畝之間，各務耕耘之業。宜令所在，明加告諭，自今百姓有能廣植桑棗開荒田者，並令只納舊租，永不通檢。其諸縣令佐，如能招復逋逃，勸課栽植，舊減一選者，更加一階。凡爾蒸黎，當體朕意。

宋・熊禾《勿軒集》卷一《序跋》 橫渠張夫子必欲驗之一鄉，以行之天下者，夫豈無所俟哉。每愛元魏後周口分世業之法，至桑麻田產亦各有給，一時斯民，生意津津，可以三代，使自隋迄唐守而不失，勿開賣買之門，勿變兩稅之法，雖至今存可也。

宋・黎靖德《朱子語類》卷八六《禮三・周禮》 周家每年一推排，十六歲受田，六十者歸田。其後想亦不能無弊，故蔡澤言商君決裂井田，廢壞阡陌，以靜百姓之業，而一其志。唐制，每歲十月一日，應受田者皆集於縣令廷中，而升降之。若縣令非才，則是日乃胥吏之利耳。方子。

宋・黃倫《尚書精義》卷四 洪水滔天，禹乃有功，使不遇大變，則賢者亦安常守分，與衆人同等，豈肯表表自將，求異於人哉？商鞅不知此義，盡變先王之法以求功。宇文融不知此義，盡括天下之田以求功。此在先王之世，皆爲可誅也。

宋・葉適《習學記言》卷三六《隋書》 齊自河清始有受田之制，蓋其君驕奢甚矣，然尚如此。周亦有司均掌田里之政令，以其時田皆在官故也。今田不在官久矣，往事無復論。然遂以爲皆不當在官，必以民自買爲正。雖官偶有者，亦效民賣之，此又偏也。隋文以儉致富，百姓給復免租，與漢文景同，蓋時無與。

宋・羅從彥《豫章文集》卷二一《集録》 太宗嘗覽鄭州何昌齡均田疏，語近臣曰：土著之人，欲一一均平，選通達物理之官，周知人間利害者，精於制置，使稍近古。自然衣食豐足，盜賊自消，兵賦可從而省也。彼管搉之利，何所用哉？俟五七年間，當力行之，此朕之志也。寇準曰：均田之法，隋文尚能興復，况聖代乎？

宋・陸九淵《象山外集》卷三《程文》 至於貧無以葬者，許賣永業，自狹鄉徙寬鄉者，併鬻口分，啓兼并之端，開避地之釁。此固失在於其法。省官之初，自謂吾以此待天下賢才足矣。既而增員外，置寖廣而不復除，此固失在於其身。居重御輕之説，在唐不能無蔽，而府兵之廢，實出於版圖墮而不可攷，閱習弛而不可用其源。蓋與授田相表裏，皆其立法之遺恨也。彍騎、兩稅雖皆一時可喜之事，而壞經常簡易之法。

宋・章如愚《羣書考索後集》卷二一《官制門》 戶部之職有尚書，有侍郎，所以掌天下之戶口、土田也。貢賦之差，則分爲十道，戶之資產則定爲九等，給田之制則曰永業、曰口分，凡有二焉，賦役之制曰租、曰調、曰役、曰雜，徑凡有四焉。

宋・楊萬里《誠齋集》卷九〇《民政中》 舉兩淮之屯田，不授之兵而授之民，田以口授，業以世守。如唐太宗之授田，使兵與民分，農以食兵，故戰者逸；兵以護農，故耕者安。農安而兵逸，守則堅，戰則強，其利一也。

宋・黄履翁《古今源流至論别集》卷一〇《田制》 建隆初，嘗行均田之法，均田之大名不實者，有罰，括田，於鄭州殘暴者，有貶。《政要》：建隆初，命常參官往諸道均田。大名府館陶縣民郭贇詣闕，訴括田不均。詔令他縣官審視所隱頃畝，皆實。太祖怒，卒縣令程廸決杖徒流海島，括田使給事中寇鄭削兩任免，又度支判官刑部員外郎崔遜坐括田於鄭州殘暴苛急，所按失實，爲民所訴，貶伊陽令。是時也，百姓無不均之患，官吏無或隱之欺，而田制定矣。紹興初，又嘗行經界之法，群議紛紛。

元・吴萊《淵穎集》卷一〇《讀唐太宗帝範》 當隋氏大壞，太宗始鋭然盡舉天下於盜手，即議立國法，粉飾朝章，誠欲創其基業於前，而特垂其統緒於後，使後嗣子孫得以繼續而行，且將有恃於此，而不害於無所守者。是故職官之任，定以常員，師徒之備，設以府衛，用以授田，則口分世業之法均；度以斂財役民，則田租、身庸、户調之制不紊。

元・馬端臨《文獻通考》卷二《户口考二》 西漢户口至盛之時，率以十户爲四十八口有奇，東漢户口率以十户爲五十二口，可準周之下農夫。唐人户口至盛之時，率以十户爲五十八口有奇，可準周之中次。自本朝元豐至紹興，户口率以十户爲二十一口，以一家止於兩口，則無是理，蓋詭名子户漏口者衆也。然今浙中户口，率以十户爲十五口有奇，蜀中户口，率以十户爲二十口弱，蜀人生齒非盛於東南，意者蜀中無丁賦，於漏口少爾。昔陸宣公稱租庸調之法曰：不校閲而衆寡可知，是故一丁授田，決不可令輸二丁之賦，非若兩税，鄉司能開闔走弄於其閒也。自井田什一之後，其惟租庸調之法乎！

明・夏良勝《中庸衍義》卷一五《三重之義》 唐高祖初定均田租庸調，云：丁中之民給田一頃，篤疾減十之六，寡妻妾減七，皆以十之(三)[二]爲世業，八爲口分。每丁歲入租粟二石，調隨土地所宜，綾絹絁布。歲役二旬，不役則收其傭，日三尺。有事而加役者，旬有五日免其調，三旬租傭俱免。水旱蟲霜爲災，十損四以上免租，損六以上免調，損七以上課役俱免。

唐太宗嘗讀周官書，辨方正位，體國經野，設官分職，以爲民極之言。慨然歎曰：不井田，不封建，不足以法三代之治。

明・邱濬《重編瓊臺藁》卷一七《記》 有唐之世，制民之産有世業、有口分。予乃君家亦云，所謂世有之田者，其君家世業歟。所謂家有之經者，其君家之口分歟。使凡爲君之子若孫，人分一經而治之，《易》三百八十四爻，則所得者三百八十四畝也。《書》五十八篇，則所得者三百五畝也。《春秋》二百四十二年行事，則所得者二百四十二畝也。於《禮》之三百三千所得亦如之，居則資之以養身，出則挾之以濟世，以此爲口分之業。疏理之，灌溉之，芟夷蘊崇之以封殖。夫世有之恆産，豈不愈久而愈遠，愈大而愈光也乎？志道名用，原捐館舍餘十年矣。

清・李光地《朱子全書》卷三七《儀禮》 周家每年一推排，十六歲受田，六十者歸田，其後想亦不能無弊。故蔡澤言：商君決裂井田，廢壞阡陌，以靜百姓之業，而一其志。唐制每歲十月一日，應受田者皆集於縣令廷中而升降之。若縣令非才，則是日乃胥吏之利耳。

清・宫夢仁《讀書紀數略》卷三六《人部》 隋唐給田三制。《六典》：一永業，二職分，三公廨。

清・汪灝《佩文齋廣羣芳譜》卷二《桑麻譜》 《魏書・食貨志》：諸初受田者，男夫一人給田二十畝，課蒔餘，種桑五十樹，棗五株，榆三根；非桑之土，一夫給一畝，依法課蒔榆棗。奴各依良，限三年種畢，不畢，奪其不畢之地，於桑榆地分，雜蒔餘果及多種桑榆者不禁，諸應還之田不得種桑榆棗果，種者以違令論。原《南史・齊本紀》：高帝舊宅在武進，宅南有一桑樹，擢本三丈，横出四枝，狀似華蓋。帝年數歲，好戲其下，從兄敬宗曰：此樹爲汝生也。增《南史・羅研傳》：研爲信安令，故事置觀農謁者，圍桑度田，勞擾百姓。研請除其弊，帝從之。《新羅國傳》：新羅土地肥美，多桑麻作縑布。《隋書・禮儀志》：後齊皇后親桑於桑壇。備法駕，服鞠衣，乘重翟，帥六宫升桑壇東陛，即御座。女尚書執筐，女主衣執鉤，立壇下。皇后降自東陛，執筐者處右，執鉤者處左，蠶母在後。乃躬桑三條訖，升壇，即御座。内命婦以次就桑，鞠衣五條，展衣七條，褖衣九條，以授蠶母，還蠶室。皇后採桑則服鵖衣，皇后之車三，曰翟輅以採桑，命婦採桑齋及採桑還則黄衣。《食貨志》：河清三年，每丁給永業二十畝爲桑田，其中種桑五十根，榆三根，棗五根，不在還受之分，非此田者悉入還受之分。

清・秦蕙田《五禮通考》卷一七九《嘉禮五二》 〔貞觀〕十八年二月己酉，幸零口村落偪側問，其受田丁三十畝，遂夜分而寢，憂其不給。詔府州錄尤少田者，並給復，移之于寬鄉。乙卯還宮。十一月壬申，至洛陽宮，壬午宴父老百九十人于儀鑾殿，班賜有差。

清・秦蕙田《五禮通考》卷二四九《凶禮四》 自開元十二年閏十二月以前，所有未納懸欠地稅宜放免。十五年四月詔曰：河南、河北諸州，去年緣遭水潦，雖頻加賑貸，而恐未小康。爰自春夏雨澤以時，兼聞夏苗非常茂好，既即收穫，不慮少糧。然以產業初營，儲積未贍。若非寬惠，不免艱辛。其貸糧麥種穀子，迴轉變造，諸色欠負等，並放候豐年以漸徵納。蠶麥事畢，及至秋收後，並委刺史、縣令專勾當，各令貯積，勿使妄有費用。

清・朱彝尊《經義考》卷一二四《周禮》 唐承八代之衰，太宗之所以造唐者，亦慨然欲庶幾先王之治，而補漢氏之缺。收召豪傑，相與修廢。起墜於(正)〔貞〕觀一二十年間，稅爲租庸調，田爲口分世業，兵爲府，選士爲明經進士。官爲七百三十員，天下爲襲封刺史。然亦雜亂而不純粹，疏略而無統紀。未幾兼幷不禁，課役不均，更租調爲兩稅，變府兵而爲彍騎，停世襲而爲州縣，不愛名器而爲墨勅斜封。唐之子孫固非善守法者，而立法之初，亦不得不分任其咎，當其弊端未見，天下因其自私而亦得以獲苟安之利。一旦利盡害形，罅隙呈露，則遂以大壞，而不得支持矣。宋之元嘉，元魏之泰和，隋之開皇、仁壽，夫豈不爲治安？而言治者不之數，功利在人，及身而止。漢唐之事，何以異此？雖然漢承亡秦絶學之後，不獨二帝三王之法度，無復餘脈。雖五覇七雄，區區富強之事，亦一埽而無遺。草創之初，大臣無學，方用秦吏，治秦律令圖書，固難責以先王之制度也。唐自元魏北齊以來，授民以田，分民以鄉，先王之制十已用其一二，繼以蘇綽之在周，約六典以定官制，而府兵之法，亦微有端緒。先王之制十已用其五六。又繼以隋文帝之富盛，蘇威高熲之損益，而先王之制，十已用其七八。太宗躡其後而行之，使其深觀詳酌，纖悉委曲，有以補前世之未備，則以唐之治爲周之治，日月可冀也。而僅以若此，此豈無所自哉！世變不古，功利之蟠結於人心，而此書之宏博浩瀚，讀之難曉，而說之易惑也。

清・劉統勳《評鑑闡要》卷一〇《解縉請行均田注》 古稱井田善政，行於亂之後，是求治；行於治之時，是求亂，其說誠不可易。蓋自阡陌既開，貧富本難一致。若屬在承平，人安其業，而必爲均田限田之策，紛紜予奪，重擾閭閻。其所害於民生者，滋大。或當兵燹之餘，汙萊遍野，版籍蕩然。因而徹田定制，計口授產，一經制而示維新，庶乎無弊。然亦須審其時勢而熟策之，非可冒昧從事也。如解縉均田之請，未嘗非因明承亂後，起見不知明立國已將二紀，民間耕田納賦，大局粗定。豈可復事紛更？況當時雖罹戰爭，亦未必比戶仳離？皆致失其恆產。若徒向富厚者，強取以與人，是未受均田之益，而怨咨先起矣。天下甫平，民氣未定，不思撫循寧輯，而反重拂其心，又將何以維持邦本乎？縉不察時宜，空談經濟，仍不免書生迂濶之見耳。

清・陸世儀《思辨錄輯要》卷三四《史籍類》 魏行均田，其意甚善，然不得要領。其法頗繁，又桑田爲世業，使得買賣，則仍爲私田矣。故不久而遂弊。唐祖其法制，未盡故也。

清・李光地《榕村語錄》卷一四《三禮》 問：周家制度是周公手定，孔子卻說文王之文。何也？曰：想是文王已有成模，所以說倬彼雲漢，爲章於天。丕顯哉，文王謨！周公守其家學而修之耳。故孔子接文王周公，算在見知裏。

《周禮》一書幸而存，必有發用之時，漢武帝直謂是戰國黷亂不經之書。其後尊信周禮，數人皆敗事，所以人益不信。北魏文帝、周武帝、唐太宗略彷彿行之，如均田、府兵之類，皆有其意。文中子之子福時，記唐太宗欲行周禮，魏鄭公曰：非君不能行，顧臣無素業耳。此未必確。縱不精熟，如考起來何至全無頭緒，欲治天下，斷非此書不可。

清・魏裔介《兼濟堂文集》卷一《奏疏・請立限田之法疏》 然而財用匱乏，未有長遠之計，補偏救弊，終是苟且之術。若欲定一代養民之制，使其各有本業，務於田里樹畜，而無兼幷之害，則莫如立限田之制。自秦幷天下，壞井田，其後富者田連阡陌，或至百頃，或至千頃，貧者乃無立錐之地。富者日富，貧者日貧。貧者無田，代耕富者之田，終身胼胝，甘爲廝役。田減者役反重，田增者役反輕，農民重困，天下之亂，每由此生。夫井田決不可復，是以漢之大儒董仲舒斟酌古今之宜，說武帝限民名田，以爲更化善治之本。何武、師丹並申其說。其後西晉限王公之田，北魏起均田之制，時行時止。然古今之英儒碩士留心治道者，未嘗不憤惋嘆息，以爲斯民不幸，而不得蒙至治之澤也。

今本朝八旗之制，分田授祿，既已合於成周之法。連歲以來，天下初定，田畝新闢，土曠人稀，豪強之兼并者尚少，舉千年之美政行之一旦，在皇上一振舉耳。臣以爲漢人名田，宜酌定其制。凡公卿大夫士庶人及庶人之在官者，以爵位爲等殺，地有限數，不得踰額。如庶人農工商賈不得過五頃，舉貢生員不得過十頃，九品至七品不得過三十頃，六品至四品不得過四十頃，三品至一品不過六十頃。其制前所買勿論，自頒制之後，有不遵禁令踰制者罪之。富民佔田既少，則餘地多，餘地多則貧民易取以爲業，於以均貧富，杜侵漁，除衰世苟且之政，復古先聖王之法，誠無以易此也。

臣又稽之於古，唐初定天下，計口授田，謂之世業，既是限田之法，最爲善制。而今游民末作，甘於惰窳，不務農業，各直省荒田過半，若待其自墾，則成熟無日。宜令各道監司，督所在有司，察所管地方無地之民若干戶口，貧而無資者，自二十畝以至五十畝或百畝，富而末者，自五十畝以至百畝或二三百畝，授之開墾，永爲世業。不過二年，天下荒地盡行開墾，民富而賦，定滇黔，取川蜀，可鞭撻而服也。然後興禮義，起教化，漸致刑措。祈天永命，以追唐虞三代之盛，亦休乎！

清《古文淵鑒》卷四六《論十事》 天生蒸民，立之君，使司牧之，必制其常產，使之厚生。則經界不可不正，井地不可不均，此爲治之大本也。唐尚能有口分授田之制，唐武德七年，始定均田賦稅。一人給田百畝，以二十畝爲世業，餘爲口分。今則蕩然無法。富者跨州縣，而莫之止；貧者流離餓殍，而莫之恤。幸民雖多，而衣食不足者，蓋無紀極。

清《分類字錦》卷三五《政教·選舉第一》 口分《唐書·食貨志》：唐制度田以步，其濶一步，其長二百四十步爲畝，百畝爲頃。授田之制，丁及男年十八以上者，人一頃，其八十畝爲口分，二十畝爲永業，老及篤疾廢疾者人四十畝，寡妻妾三十畝，當戶者增二十畝，皆以二十畝爲永業，其餘爲口分。永業見上注。【略】

受露田《隋書·食貨志》：其方百里外及州人一夫受露田八十畝，婦四十畝。【略】

括剩田《舊唐書·食貨志》：開元中，有御史宇文融獻策括籍外剩田，得戶八十餘萬，田亦稱是，得錢數百萬貫。【略】

桑田麻田《隋書·食貨志》：每丁給永業二十畝，爲桑田，其中種桑五十根，榆三根，棗五根，不在還受之限，非此田者悉入還受之分，土不宜桑者，給麻田，如桑田法。

清《佩文韻府》卷一六之三《下平聲》 多田《後漢書·龐參傳》：拓境不寧無益于彊，多田不耕何救飢敝。《舊唐書·地理志》：多田，武德四年，務州刺史奏置。以土地稍平，墾田盈畛，故以多田［爲］名。《唐書·盧從願傳》：御史中丞宇文融方用事，將以括田戶功爲上下考，從願不許，融恨之，乃密白從願盛殖產，占良田數百頃，帝自此薄之，目爲多田翁。括田見上。《唐書·食貨志》：監察御史宇文融獻策括藉外羨田逃戶。【略】

授田《唐書·食貨志》：田多可以足其人者爲寬鄉，少者爲狹鄉，授田減寬鄉之半。宋全節造帳籍，判量地出税，據丁授田。【略】

永業田《通典》：隋文帝令，自諸侯王以下，至都督皆給永業田。

清·王太嶽《四庫全書考證》卷二六《隋書》 《食貨志》：京官文武月職事及百姓請墾田者名爲受田。按：受《通典》作永業。例，刊本例訛，別據《通典》改。

清·王太嶽《四庫全書考證》卷四一《通典》 寡婦守志者，雖免課亦授婦田。刊本授訛受。據別本改。【略】

隋文帝令：自諸王以下，皆給永業田，多者至百頃，少者三十頃。按：三十頃《隋志》作四十頃。

京官又給職分田，一品者給田五頃。按：別本五頃下有每品以五十畝爲差八字。

黄、小、中、丁男子及老男、篤疾、廢疾、寡妻妾當戶者，各給永業田二十畝。按：男子一本作男女。

紀事

《魏書》卷六〇《韓麒麟傳》 韓麒麟，昌黎棘城人也，自云漢大司馬增之後。父瑚，秀容、平原二郡太守。麒麟幼而好學，美姿容，善騎射。恭宗監國，爲東曹主書。高宗即位，賜爵魯陽男，加伏波將軍。父亡，在喪有禮，邦族稱之。

後參征南慕容白曜軍事，【略】後白曜表麒麟爲冠軍將軍，與房法壽對爲冀州刺史。【略】及白曜被誅，麒麟亦徵還，停滯多年。高祖時，拜給事黃門侍郎，乘傳招慰徐兗，叛民歸順者四千餘家。

尋除冠軍將軍、齊州刺史，假魏昌侯。【略】

太和十一年，京都大饑，麒麟表陳時務曰：【略】

伏惟陛下天縱欽明，道高三五，昧旦憂勤，思恤民弊，雖帝虞一日萬幾，周文昃不暇食，蔑以爲喻。上垂覆載之澤，下有凍餒之人，皆由有司不爲明制，長吏不恤其本。自承平日久，豐穰積年，競相矜夸，遂成侈俗。車服第宅，奢僭無限；喪葬婚娶，爲費實多；貴富之家，童妾袪服；工商之族，玉食錦衣。農夫餔糟糠，蠶婦乏短褐。故令耕者日少，田有荒蕪。穀帛罄於府庫，寶貨盈於市里；衣食匱於室，麗服溢於路。飢寒之本，實在於斯。愚謂凡珍玩之物，皆宜禁斷，吉凶之禮，備爲格式，令貴賤有別，民歸朴素。制天下男女，計口受田。宰司四時巡行，臺使歲一按檢。勤相勸課，嚴加賞賜。數年之中，必有盈贍，雖遇災凶，免於流亡矣。

《魏書》卷四一《源懷傳》 延弟思禮，後賜名懷，謙恭寬雅，有大度。高宗末，爲侍御中散。父賀辭老，詔懷受父爵，拜征南將軍。尋爲持節、督諸軍，屯於漠南。還，除殿中尚書，出爲長安鎮將、雍州刺史。清儉有惠政，善於撫恤，劫盜息止，流民皆相率來還。歲餘，復拜殿中尚書，加侍中，參都曹事。又督諸軍征蠕蠕，六道大將咸受節度。遷尚書令，參議律令。後例降爲公。除司州刺史。從駕南征，加衛大將軍，領中軍事。以母憂去職，賜帛三百匹、穀千石。十九年，除征北大將軍、夏州刺史，轉都督雍岐東秦諸軍事、征西大將軍、雍州刺史。

景明二年，徵爲尚書左僕射，加特進。【略】

其年，除車騎大將軍、涼州大中正。【略】

又詔爲使持節，加侍中、行臺，巡行北邊六鎮、恆燕朔三州，賑給貧乏，兼採風俗，考論殿最，事之得失，皆先決後聞。【略】

懷又表曰：景明以來，北蕃年災旱，高原陸野，不任營殖，唯有水田，少可菑畝。然主將參僚，專擅腴美，瘠土荒疇給百姓，因此困弊，日月滋甚。諸鎮水田，請依地令分給細民，先貧後富，若分付不平，令一人怨訟者，鎮將已下連署之官，各奪一時之祿，四人已上奪祿一周。【略】詔曰：省表具恤民之懷，已敕有司一依所上，下爲永準。如斯之比，不便於民，損化害政者，其備列以聞。

《隋書》卷四〇《王誼傳》 太常卿蘇威立議，以爲戶口滋多，民田不贍，欲減功臣之地以給民。誼奏曰：百官者，歷世勳賢，方蒙爵土。一旦削之，未見其可。如臣所慮，正恐朝臣功德不建，何患人田有不足？上然之，竟寢威議。

《隋書》卷六六《郎茂傳》 ［郎茂］又奏身死王事者，子不退田，品官年老不減地，皆發於茂。

《北史》卷五五《郎基傳附子郎茂傳》 ［郎茂］又奏身死王事者，子不退田；品官左貶不減地。皆發於茂。

宋·鄭樵《通志》卷一六三《郎茂傳》 ［郎茂］又奏身死王中者，子不退田，品官左貶不減地，皆發於茂。

《魏書》卷一九中《元澄傳》 世宗夜崩，時事倉卒，高肇擁兵於外，肅宗冲幼，朝野不安。澄疏斥不預機要，而朝望所屬，領軍于忠、侍中崔光等奏澄爲尚書令，於是衆心忻服。又加散騎常侍、驃騎大將軍，尋遷司空，加侍中，俄詔領尚書令。【略】

澄當官而行，無所回避。又奏墾田授受之制八條，甚有綱貫，大便於時。

唐·杜佑《通典》卷二《食貨典二》 開皇九年，任墾田千九百四十萬四千二百六十七頃。隋開皇中，戶總八百九十萬七千五百三十六。按定墾之數，每戶合墾田二頃餘也。

宋·鄭樵《通志》卷六一《食貨志一》 開皇九年，任墾田千九百四十萬四千二百六十七頃。開皇中，總八百九十萬七千五百三十六戶。按定墾之數，每戶合墾田二頃餘。

宋·王應麟《玉海》卷一七六《食貨門·田制》 開皇九年，墾田千九百四十萬四千二百六十［七］頃。每戶二頃餘。

元·馬端臨《文獻通考》卷三《田賦考二》 開皇九年，任墾田千九百四十萬四千二百六十七頃。開皇中，戶總八百九十萬七千五百三十六。按定墾之數，每戶合墾田二頃餘也。

《隋書》卷二九《地理志上》 ［大業］五年，平定吐谷渾，更置四郡。大凡郡一百九十，縣一千二百五十五，戶八百九十萬七千五百四十六，口四千六百一萬九千九百五十六。墾田五千五百八十五萬四千四十一頃。

唐·杜佑《通典》卷二《食貨典二》 至大業中，天下墾田五千五百八十五萬四千四十頃。按其時有戶八百九十萬七千五百三十六，則每戶合得墾田五頃余，恐本史之非實。

宋·鄭樵《通志》卷六一《食貨志一》　至大業中，天下墾田五千五百八十五萬四千四十頃。按其時有戶八百九十萬七千五百三十六，則每戶合得墾田五頃餘，恐本史之非實。

宋·王應麟《玉海》卷一七六《食貨門·田制》　至大業中，志云五年。天下墾田五千五百八十五萬四千四十(一)頃，每戶各得五頃。

元·馬端臨《文獻通考》卷二《田賦考二》　至大業中，天下墾田國五千五百八十五萬四千四十頃。按其時有戶八百九十萬七千五百三十六，則每戶合得墾田五頃餘，恐本史之非實。

《舊唐書》卷三八《地理志一》　開元二十八年，戶部計帳，凡郡府三百二十有八，縣千五百七十有三。羈縻州郡，不在此數。戶八百四十一萬二千八百七十一，口四千八百一十四萬三千六百九，應受田一千四百四十萬三千八百六十二頃一十三畝。

《新唐書》卷三七《地理志一》　開元二十八年戶部帳，凡郡府三百二十有八，縣千五百七十三，戶八百四十一萬二千八百七十一，口四千八百一十四萬三千六百九，應受田一千四百四十萬三千八百六十二頃。

宋·王應麟《玉海》卷一八《地理門·郡國下》　開元二十八年，戶部帳：　凡郡府三百二十有八，縣一千五百七十三，戶八百四十一萬二千八百七十一，口四千八百一十四萬三千六百九，應受田一千四百四十萬三千八百六十二頃。《通典》同。

宋·王應麟《玉海》卷一八五《食貨門·會計》　《地理志》：　開元二十八年，戶部帳，凡郡府三百二十八，縣千五百七十三，戶八百四十一萬二千八百七十一，口四千八百一十四萬三千六百九，應受田一千四百四十萬三千八百六十二頃。

唐·杜佑《通典》卷二《食貨典二》　天寶中應受田一千四百三十萬三千八百六十二頃十三畝。按十四年有戶八百九十萬餘，計定墾之數，每戶合一頃六十餘畝。至建中初，分遣黜陟使按比墾田數，都得百十餘萬頃。

宋·鄭樵《通志》卷六一《食貨志一》　天寶中應受田一千四百三十萬三千八百六十二頃十三畝。按：　十四年有戶八百九十萬餘，計定墾之數，每戶合一頃六十餘畝。至建中初，分遣黜陟使按比墾田田數，都得百十餘萬頃。

宋·王應麟《玉海》卷一七六《食貨門·田制》　《通典》：　天寶中應受田一千四百三十萬三千八百六十二頃十三畝。按十四年戶八百九十萬餘，每戶一頃六十餘畝。建中初，《會要》元年正月五日。分遣黜陟使，按比墾田數，得百十餘萬頃。

元·馬端臨《文獻通考》卷三《田賦考三》　天寶中應受田一千四百三十萬三千八百六十二頃十三畝。

按：　十四年，有戶八百九十萬餘，計定墾之數每戶合得一頃六十餘畝。至建中初，分遣黜陟使按比墾田田數，都得百十餘萬畝。

宋·司馬光《資治通鑑》卷二二六唐德宗建中元年條　春，正月，丁卯朔，改元。羣臣上尊號曰聖神文武皇帝；上，時掌翻。赦天下。始用楊炎議，命黜陟使與觀察、刺史約百姓丁產，定等級，改作兩稅法。楊炎作兩稅法，夏輸無過六月，秋輸無過十一月，視大曆十四年墾田數爲定。比來新舊徵科色目，一切罷之；比，毗至翻。比來，猶云近來也。二稅外輒率一錢者，以枉法論。

唐初，賦斂之法曰租、庸、調，有田則有租，有身則有庸，有戶則有調。玄宗之末，版籍浸壞，多非其實。及至德兵起，所在賦斂，迫趣取辦，斂，力贍翻。調，徒弔翻。趣，讀曰促。無復常準。復，扶又翻，又音如字。賦斂之司增數而莫相統攝，統，他綜翻，俗從上聲。各隨意增科，自立色目，新故相仍，不知紀極。民富者丁多，率爲官、爲僧以免課役，而貧者丁多，無所伏匿，故上戶優而下戶勞。吏因緣蠶食，旬輸月送，不勝困弊，勝，音升。率皆逃徙爲浮戶，其土著百無四五。著，直略翻。至是，炎建議作兩稅法：　先計州縣每歲所應費用及上供之數而賦於人，量出以制入。戶無主、客，以見居爲簿；人無丁、中，以貧富爲差；州、縣有主戶、客戶。天寶三載，令民十八以上爲中男，二十三以上成丁。量，音良。見，賢遍翻。爲行商者，在所州縣稅三十之一，使與居者均，無僥利。言居行皆無僥幸之利也。僥，堅堯翻。居人之稅，秋、夏兩徵之。其租、庸、調雜傜悉省，皆總統於度支。上用其言，因赦令行之。

《吐魯番出土文書》第四冊《阿斯塔那一五二號墓文書·唐貞觀某年高昌縣給田牒》

【前缺】

一段一畝部田　城西五里棗樹渠　舊主麹張師　東官田

西

三易城西五里楡樹渠舊主麹張師東渠西自田

部等田並給□尾仁充世業

右件等牒稱檢案內所給百姓

【後缺】

《吐魯番出土文書》第六册《阿斯塔那四二號墓文書・唐西州高昌縣授田簿》

一

【前缺】

神石渠　東道　西何娑　南史

□□□畝部田　城東五里左部渠　東王胡　西高相　南渠

右給得史阿伯仁部田六畝穆石々充分同

北

一段一畝部田　城南五里白地

一段一畝部田　城西五里神石渠

□段一畝部田　城東五里部渠　東王胡　西高相　南渠

北

右給得史阿伯仁部田叄畝孫祐住充分　同

拾柒畝

准折常田二畝城北卄里新興馬帳史(黃)[潢]　東荒　西荒

南竹捉

右給孫祐住充分　同　觀

□段一畝常田　城東卅里高寧渠

一段三畝常田　城東卅里酒泉

□給得康烏破門陁□□

【後缺】

二

【前缺】

□□□西洛充分

五畝

高寧宋渠　東□舉　西渠　南渠　北荒

□給魏酉洛充分　同　觀

□段四畝常田　城東廿里高寧宋渠　東趙伯　西渠　南康

右給穆苟□□□

一段二畝部田　城南五里

一段二畝部田　城西五里神石渠

□段二畝部田　城東五里左部渠　東石陁　西曹祐　南勒

曹

□給穆苟々充分　同　觀

高渠　東渠　西曹勒

城西五里神石渠　東康陁　西曹祐　南

畝部田　城東五里左部渠　東石陁　西曹祐　南曹勒

右給魏酉洛□□　同觀

□女索看移戶常

北

一段二畝常田　城東卅里酒泉

□□二畝常田　城南二里杜渠　東陳寺　西渠　南員海祐
□□□□部田　城南五里白地渠　東荒　西渠　南康
【後缺】

三、

【前缺】
右給曹破褥充分　同
城東廿里酒泉璅渠　東龍憙洛　西渠　南荒
□□曹破褥充分　同　觀
貓仁　西李酉海　南田祀足
北道
□分　同　觀　亮
城東廿里酒泉璅渠　東孟明住　西荒　南曹醜子
右給郭定武充分　同　觀
酒泉璅渠　東渠　西道　南
充分
【後缺】

四

【前缺】
右給李海伯充分　同　觀　□
一段二畝常田　城東廿里酒泉璅渠　東渠　西高善守　南脾
右給李慶憙充分　同　觀
豐
一段二畝常田　城東廿里酒泉璅渠　東張海明　西白隆仁
南

□給李慶憙充分　同　觀
里酒泉璅渠　東李慶憙　西渠
右給白隆仁充分　同　觀
東呂拙子　西道　南還公　北道
同　觀　□
東還公　西道　南劉申海　北
播充分　同　觀　亮
里酒泉璅渠　東還公　西孟憧憙　南
右給白海相充分　同　觀
【後缺】

五

【前缺】
半部田六畝
常田　城東卅里酒泉辛渠　東田多常田　西渠
渠　東魏師　西渠　南張欽
南
左部渠　東魏師　西竹好　南張行　北
西張和　南高奴　北道
分　同　觀
部田　城南五里白地渠　東王覺　西趙子　南渠
五里神石渠　東荒　西渠　南張
左部渠　東道　西

【後缺】

六

【前缺】

一段一畝常田　城東廿里酒泉辛[渠]

右給蘇願觀充□

一段二畝常田　城東廿里酒泉辛渠

右給萬歡慶□□

常田　城東廿里酒辛渠　東[翟]

□[給]秦□課□□

一段一畝常田　城東廿里酒泉辛[渠]

右給康懷住充□

一段四畝常田　城東廿里酒泉辛渠

右給康迦衛充[分]

【後缺】

七

【前缺】

[左]部渠　東張花　西

□給員何漏充分　同　觀

□田　[城]西五里胡麻井渠　東張花　西左延海　南荒

西令狐醜仁　南高規　北[渠]

西令狐醜　南康隆　北[荒]

三畝郭騕子充分　同　觀

[胡]麻井渠　東張花　西左延海　南荒　北[荒]

白渠　東渠　西令狐醜仁　南高[規]

部田　城東五里左部渠　東張花　西令[狐]

【後缺】

[左]憙相[部][田]

八

【前缺】

井渠東渠　西劉師　南張

[渠]　東荒　西陰護　南麴輔

[左][部][渠]　[東]李[政]　西渠　南渠　北

右給畦寶住充分　同　觀

左憙相移戸部田九畝

一段一畝部田　城西五里胡麻井渠　東張花　西左延海　南

[荒]

部田　城西五里白渠　東渠　西令狐醜仁　南高

【後缺】

九

【前缺】

[城]西五里白渠　東荒　西渠　南道　北張仁

城南五里白地渠　東左保　西李鼠　南麴者　北渠

畝[部]田　城東五里左部渠　東道　西渠　南官田　北史伯

右給得康烏破門陁部田叁畝郭知德充分　同　[觀]　[亮]

【後缺】

一〇

【前缺】

右給竹苟仁充分　同　觀

康申海住移戶部田二畝
一段二畝部田　城北二里北部渠　東渠　西荒　南道□
右給張充々充分
【後缺】

一一
【前缺】
一段二畝常田　城南廿里酒泉璅渠　東道　西李薗相　南□
右給宋赤頭充分　同　觀□
一段一畝常田　城東廿里酒泉璅渠　東宋赤頭　西辛歡相　南
龍□
右給李薗相充分　同　觀□
【後缺】

一二
【前缺】
□里神石渠　東王□□　西張伯□
□畝部田　城東五里部渠　東石毗　西□
右給翟薛知充分　同□
白滿闍移戶常部田拾畝
一段二畝常田　城東卅里高寧宋渠　東蘊□
□城□廿里酒泉□
【後缺】

一三
【前缺】
□城東廿里酒泉莎城部　東高□
一段二畝部田　城東卅里高寧北部渠　東道□

右給蘊願歡充□□
一段六畝部田　城東卅里酒泉莎城部□
【後缺】

一四
【前缺】
□部田　城南五里白地渠　東左保　西李鼠　南□
□部田　城東五里左部渠　東道　西渠　南官田□
□康烏破門陁部田二畝□
【後缺】

一五
【前缺】
□城東卅里高寧水□
一段一畝部田　城東卅里高寧北部渠　東□
一段一畝部田　城南五里白地渠　東渠□
一段一畝部田　城西五里神石渠　東□
□畝部田　城東五里左部渠　東□
右給沮渠憙仁充分□
【後缺】

一六
【前缺】
□□田　城東五里左部渠　東道　西渠□
□分　同　觀　祀
□西鞏文達　南渠　北劉相德
□常田　城□□□□泉璅渠　東翟默仁　西渠　南道

［　　］

［　　］城西五里沙塢渠　東麴紹　西曹［　　］

【後缺】

一七

【前缺】

□給曹破褥□□［　　］

【後缺】

一八

［　　］明々　西竹薗德［　　］

［　　］充分　同［　　］

【後缺】

一九

【前缺】

安六［　　］戸常部田拾畝

［　　］畝半常田　城北二里石宕渠　東渠［　　］

【後缺】

二〇

【前缺】

［　　］東氾崇　西康□　南孟崇　北麴文

［　　］□渠　西康延　南嚴隆　北渠

［　　］歡住充分　同　觀［　　］

【後缺】

二一

【前缺】

［　　］申相　西李海伯　南荒［　　］

［　　］東侯申相　西沙　南沙　北沙

［　　］德充分　同　觀［　　］

【後缺】

二二

【前缺】

［　　］城東卅里高寧渠　東道　西渠［　　］

［　　］渠　南［　　］

【後缺】

二三

【前缺】

［　　］部田二畝

［　　］部田　城西一里北部渠　東［　　］

【後缺】

二四

【前缺】

［　　］田六畝白始々充分　同［　　］

［　　］東何摩　西渠　南曹宣　北道

【後缺】

二五

【前缺】

［　　］□東廿里酒泉璅渠　東曹莫盆　西牛海［　　］

【後缺】

二六

【前缺】

［　　］二里孔進渠　東田海伯［　　］

［　　］城東廿里酒泉璅渠　東楊保救　西竹［　　］

【後缺】

二七

【前缺】

瓅渠　東張守相　西白海伯　南

申相充分　同　觀

【後缺】

二八

【前缺】

仁充分　同　觀　亮

東渠　西康海伯　南張漢得

【後缺】

二九

【前缺】

渠　東范海　西劉六　南道

□充分　同　觀　亮

【後缺】

《新獲吐魯番出土文獻·二〇〇四新獲阿斯塔那文獻·唐西州高昌縣趙度洛等授田簿》

【前缺】

趙度洛年卅三　二畝

趙來德年十一　一畝

田辰海年廿八　二畝

張迴軍年十一　一畝

康伏叔年六十二　一畝東張隆柱　西渠　已上得賈海仁田十一畝半八十步　南渠　北馮多武

張恩海年十八　二畝

王善緒年六十三　一畝

大女張甘女年六十三　一畝

趙守護年卅三　二畝東張建珎　西渠　合得賈海仁田十八　南渠　北馮多武

趙相護年卅二　二畝

【後缺】

《燉煌社會經濟文獻真蹟釋錄》第三輯《唐天寶十載前後燉煌縣户別受田畝數簿》

俄敦一三九七

【前缺】

户張女女載五十六　中女

受田十畝

户鄧仙巖載二十一　中女

受田二十畝

户石玉樹載四十九

受田三十六畝

【中缺】

二俄享八七二一

□小女

受田十二畝

【中缺】

三斯八三八斯九四八七

受田二十畝

洪潤鄉户梁思節載六十四　老男上柱國

男元諫載三十一　上柱國子

受田二十三畝

户梁奉貞弟奉定載二十九　白丁

【中缺】

四俄敦三一六〇

户張崇進載廿五　白丁

受田一十六畝

户宋難陀載六十二　老男

元□

【後缺】

《燉煌社會經濟文獻真蹟釋録》第三輯《受田簿殘片》

伯二二二二號背

【前缺】

宋剛剛　受田貳拾玖畝□〔納〕□〔草〕□束
史屯奴　受田壹拾伍畝半
燒醜奴　受田壹拾貳畝
呂榮奴　受田柒拾貳畝
梁盈盈　受田伍拾肆畝掉直三十畝納草叁束
索淸子　受田壹傾壹拾貳畝納草陸拾柒束
梁德子　受田陸拾柒畝掉直二十畝納草拾貳束
□□良　受田陸拾肆畝掉直二十畝［納］［草］□［束］

【後缺】

《大谷文書》卷一《大谷一二二四號・西州高昌縣給田文書》

凵［頭］渠　東至道　西至道　南至道　北至渠
凵惟　言　充「泰」
凵［田］城北七里楡樹渠　東至渠　西至渠　南至荒　北至渠
凵□　屯　奴　充「泰」
凵［部］田　城東五里左部渠　東水田　西麴岳　南張阿挑　北至渠
凵順庭　充「泰」
凵東妙德寺　西陰昭　南至渠　北麴明
凵渠冂

【後欠】

《大谷文書》卷一《大谷一二二五號・西州高昌縣給田文書》

給「西」馬　難　當　充「天」
郭智果死［退］□段貳畝常田城西五十里交河縣界　東渠　西渠　南宋
憙　北□冂
「戎」給　令　狐　義　□冂
一段壹畝部田三易城東七里左部渠冂

《大谷文書》卷一《大谷一二二六號・西州高昌縣給田関係文書》

凵廿　□　冂
凵［二］月廿四日録事冂
凵主簿　使
凵［案］元　憲　冂
□

【後欠】

《大谷文書》卷一《大谷一二二七號・西州高昌縣給田関係文書》

【前欠】

凵［年］冂
里正賈思義　孫鼠居　張冂
里正薛弛奴　闞孝遷　冂
里正賈思義　韓思［忠］　冂
凵［地］　了　充
［付元憲］　示　廿　六　日

《大谷文書》卷一《大谷一二二八號・西州高昌縣給田文書》

凵［畝］常田　城西六十里交河縣界　東渠　西荒　南曹鼠
凵上　給　孫　小　胡　充「天」
壹畝薄田　城北廿里新興　東渠　西荒　南
張　令　珣　充「泰」冂
畝部田城東卅城柳中縣界對渠　東［渠］　冂

神 大 龍 門

柳中縣 東白海□

珣 充 □

高寧城魯渠□

充「泰」□

【後欠】

《大谷文書》卷一《大谷一二二九號・西州高昌縣給田文書》

【前欠】

□順 德 充 □

□里武城渠 東至渠 西范進 南劉龍堆 北至渠

給 寗 婁 子 充「天」

一段貳畝部田三易城西十里南路塢 東至鹵 西至渠 南張阿里 北

至渠

「西」給 裴 祐 諫 充「天」

一段壹畝薄田城東廿里柳中縣界 東至渠 西奴典保 南至道 北

至道

《大谷文書》卷一《大谷一二三〇號・西州高昌縣給田文書》

【前欠】

□王 壽 □

□貳畝部田三易城西十里南路塢 東趙宋貴 西□

□ 樂 思 訓「天」充

□常田城西二里孔進渠 東張法洛 西龍法階 南至塞北

王彥伯

□充「泰」

□南胡麻井 北至渠

【後欠】

《大谷文書》卷一《大谷一二三一號・西州高昌縣給田文書》

給 趙 闞 ? □

張阿蘇剩退一段壹畝常田城西拾里武城 東至道

「昌」給竹昌獻 祥 □

一段參畝常田城東卅里柳中縣屯續渠 東范 西至渠 南至渠 北

王素

「昌」給 ? ? □

【後欠】

《大谷文書》卷一《大谷一二三二號・西州高昌縣給田文書》

【前欠】

［縫背署元］

充

東范鼠 西裴龍 南荒 北寧明

西渠 南王德 北張仲

充［泰］

南陰寺 北索憧護

□?奴

【後欠】

《大谷文書》卷一《大谷一二三三號・西州高昌縣給田文書》

【前欠】

□充「泰」

□西渠 南荒

□□

□充

□畝部田三易□ □西渠 南田□

□段壹畝貳伯步賜田二易城西□ □西渠 南卜武 北□

已上安忠秀□

□壹畝貳伯步賜田二易　城南五里　東渠□

給　?□

【後欠】

《大谷文書》卷一《大谷一二三五號・西州高昌縣給田文書》

【前欠】

□?□

一段壹畝部田城東五里屯頭渠　東至渠□

一段□　□部田三易　城西五里□

【後欠】

《大谷文書》卷一《大谷一二三六號・西州高昌縣給田文書》

【前欠】

給　張　□□

一段壹畝棗城東肆拾里□

一段壹畝棗城東肆拾里□

已　上　賈平□　□

一□

【後欠】

《大谷文書》卷一《大谷一二三七號・西州高昌縣給田文書》

【前欠】

□□□

□貳畝□

□練□

□段肆畝□

一段肆拾步桒□

「昌」已　上　給　□　□

大女張是買一段貳畝潢田折□田壹□

給　馬「戎」□

【後欠】

《大谷文書》卷一《大谷一二三八號・西州高昌縣給田文書》

【前欠】

給□

曹定德死退□

給□□

一段壹畝部田□三易□

給　康　□

《大谷文書》卷一《大谷一二三九號・西州高昌縣給田文書》

【前欠】

□東渠　西荒　南麴遠□

□　□　懷　充「泰」

□城西二里孔進渠　東渠　西渠　南道　北渠

□?琮　仙　充「泰」

《大谷文書》卷一《大谷一二四〇號・西州高昌縣給田文書》

【前欠】

□水田　西司空恪　南□

□堅石渠　東宋道行　西至渠　南至□

□?遠　子　充　□「天」

□樹渠　東水田□

【後欠】

《大谷文書》卷一《大谷一二四一號・西州高昌縣給田文書》

【前欠】

⌊卌里柳中縣⌈
⌊里屯頭渠　東渠　西麴仕義　南西⌈
⌊千　順　充「泰」
⌊西渠　南□⌈
⌊充「泰」
⌊南劉⌈
【後欠】

《大谷文書》卷一《大谷一二四二號・西州高昌縣給田文書》

【前欠】
⌊柳中縣　東渠⌈
□　義　詮　充「泰」
⌊一里馬堰渠　東渠　西渠　南⌈

《大谷文書》卷一《大谷一三七六號・西州高昌縣給田文書》

一段壹畝准前常田城東五里石宕渠⌈
⌊畝部田　城東五里胡道渠　東至渠　西至渠　南至⌈
昌給　麴昌辰　子　充「泰」
⌊二段壹畝部田城西七里北部渠　東至渠　西水田　南嚴默　北至⌈
給　趙　□　順　充「泰」
一段壹畝常田城⌈
「昌」給　史⌈
大女韓那弥一段壹⌈
給⌈
一段⌈
「大」給⌈
【後欠】

《大谷文書》卷一《大谷二三八一號・西州高昌縣給田文書》

【前欠】
⌊給　闞　希　進⌈
⌊貳畝部田城西五里屯頭渠　東胡⌈
給　鄯　南⌈

《大谷文書》卷一《大谷二三八二號・西州高昌縣給田文書》

【前欠】
⌊給　秦　⌈
大女李妙金一段壹畝部田城東三里俗中潢　東荒　西渠　南樊默子
給　趙　忠　感　充「天」⌈
大女令孤和娘一段貳畝常田城北半里大地渠　東渠⌈
給　楊　大　方　充⌈
⌊畝部田城東三里⌈
【後欠】

《大谷文書》卷一《大谷二三八三號・西州高昌縣給田文書》

一段壹畝常田城東五里壘底渠　東至渠　西至渠　南李慶海　北⌈
准　上　充「天」
一段壹畝部田城東拾里屯亭　東至渠　西至渠　南至亭田　北官田
一段壹畝部田三易城東貳里俗尾潢東至□　西至渠南康辰住　北
至渠
城　已　上　給　劉　知　古　充「天」
大女白浮羅祝一段半畝常田城東壹里土門谷　東至渠　西至渠　南至
荒　北至荒
倘　給　張　西倘　曽　充「天」
因囡曹定娘一段肆畝部田城南土営部　東至渠　西至渠　南百姓　北
百姓

□孝「天」忠 令城孤 婆 奴 各 貳 畝 充「天」

《大谷文書》卷一《大谷二三八四號・西州高昌縣給田文書》

【前欠】

充

⌊城東七里左部渠

⌊部田三易城西七里棗樹渠 東賈海

⌊上 高「戎」 阿 七 充

⌊一段貳畝常田城東廿里柳中縣界 東董緒其⌈

[給] 趙 駈化 眼 充「泰」⌈

⌊段貳畝部田城東卌里柳中縣 東氾仁 西至□⌈

「戎」⌈ ⌊給 黃 陁「戎」利充「泰」⌈

一段壹畝部田城東卌里⌈

給 李⌈

一段壹畝部田城東⌈

「昌」給 曹⌈

一段 貳畝常田⌈

□

【後欠】

《大谷文書》卷一《大谷二三八五號・西州高昌縣給田文書》

【前欠】

⌊子⌈

給 □ ⌈

一段伍畝「泰」部田城東六十里□⌈

程化儀 参 畝⌈

畝 充

大女辛那戒死退一段壹畝常田城東三里 東⌈

「尙」給曹孝弥充「天」⌈

一段参畝部田三易城東七里左部渠 東渠 西至⌈

曹 阿化 什⌈

「會廿八載給賈思義重給⌈」

趙會進死退一段貳畝常田城東廿⌈

給 尉 丈大 夫⌈

一段「泰」肆畝部田三易城西七里[棗]⌈

成 者化 □⌈

⌊畝 充

一段貳畝部田三易城南五里馬⌈

給 趙□⌈

【後欠】

《大谷文書》卷一《大谷二三八六號・西州高昌縣給田文書》

【前欠】

「順」⌈

賈思義剩退⌈

「昌」給 馬⌈

一段壹畝部田城東六十里⌈

一段貳畝潢田城南五里土營部⌈

「大」已 上 馬[主]⌈

《大谷文書》卷一《大谷二三八七號・西州高昌縣給田文書》

⌊[南]口分 北還公

⌊仙[充]「泰」

□□部　東至道　西至渠　南至荒　北易田

□里左部[渠]　東至渠　西至荒　南管曹　北自至

□令　狐　義　方　充「泰」□

□渠　東白福　西孫子　南至道　北至渠

□「泰」

［縫背署「元」］

【後欠】

《大谷文書》卷一《大谷二三八八號・西州高昌縣給田文書》

□左部渠　東渠　西□

一段壹畝部田三易城南六里滿水渠　東渠　西渠　南官田　北渠

給　馬「西」祐　益　充「天」

□部田　城東卌里柳中縣界對渠　東楊連子　西荒　南渠　北渠

□祐「西」充「天」

【後欠】

《大谷文書》卷一《大谷二三八九號・西州高昌縣給田文書》

【前欠】

□[胡][充]□

一段貳畝部田三易城東廿里高寧城　東荒　西荒□

「戎」給　□　勝　[依]□

一段壹畝部田三易城西五里棗樹渠　東□□

「戎」給　趙「戎」桃　[楚]□

一段壹畝常田城南一里索渠　東王[住]□

「歸」給　牛　蔵□「天」

一段貳畝部田□

「戎」給□

【後欠】

《大谷文書》卷一《大谷二三九〇號・西州高昌縣給田文書》

【前欠】

□[北]高奴

□□　充「天」

□渠　西渠　南卜[武]　北高□

[給]　康　植　忠　充「天」

□里胡道渠　東至渠　西李洪政　南至渠　北焦□

一段半畝常田城西六十里交河縣界　東渠　西渠　南康□　□渠

《大谷文書》卷一《大谷二三九一號・西州高昌縣給田文書》

□虔「戎」威充「泰」

□城□　□里柳中縣　東索禪麩　西至道　南至道　北官□

□畝常田[城]□[卌]里柳中[縣]　東王波斯　西潘通　南至道　北潘通

□給　龍　羊戎皮　充「泰」

□柳中縣界　東孟還積　西孝西海　南劉海子　北王龍智

□文「戎」用　充「泰」

□東至渠　西至渠　南至渠　北至荒

□[壁]　充「泰」

□東趙毳子　西史省住　南道　北張龍住

□充「泰」

□[西]司馬□　□幹信　北除養公

□充「泰」

《大谷文書》卷一《大谷二三九二號・西州高昌縣給田文書》

【前欠】

給張英彥充「泰」
一段壹畝部田城西五里屯頭渠　東渠　西趙仕義　南渠　北荒
一段壹畝部田城西七里白地渠　東渠　西道　南賈如　北串祐
「昌」已　上　雷　承　福　充「泰」
一段貳畝棗城東卌里柳中縣　東縣令　西還公　南渠　北還公
「戎」給　王　泥　奴　充「泰」
曹善八一段參畝部田城西五里胡麻井渠　東渠　西張龍□　南張欽
北田種歡

《大谷文書》卷一《大谷二三九三號・西州高昌縣給田文書》

【前欠】

└□　充
└□　東至道　西至道　南至荒┌
└順充「天」
└至渠　西成憙洛　南州公廨　北梁端

【後欠】

《大谷文書》卷一《大谷二三九四號・西州高昌縣給田文書》

【前欠】

└[橋]□□□
└南王儁護　北渠
└□　充「天」

【後欠】

《大谷文書》卷一《大谷二三九五號・西州高昌縣給田文書》

【前欠】

一段參畝部田三易城南伍┌
給　蘇平　神　龍「泰」┌
康文感迯走除退一段壹畝常[田]┌

給　□┌

【後欠】

《大谷文書》卷一《大谷二三九六號・西州高昌縣給田文書》

【前欠】

└[夏]阿智　北渠
└充「泰」
┌城東廿里柳中└縣界　東至荒　西渠　南令狐黃頭　北張相歡

【後欠】

《大谷文書》卷一《大谷二五九八號・西州高昌縣給田文書》

【前欠】

「歸」給┌
張元泰死退一段┌
魏　茂平　仙「泰」　劉┌
一段貳畝部田城西伍里申石渠　東驛田　西至[渠]┌　└北至渠
[給]趙　彥　昭　充「天」
└[城]東伍左部渠　東荒　西至荒　南張信　北麴龍
└[趙]　[行]　義　充「天」
└畝常田城西六十里交河縣　東至渠　西陰女　南□┌
└□嘉　允「平」充「泰」
└城西六十里交河縣　東渠　西□┌

【後欠】

《大谷文書》卷一《大谷二六〇一號・西州高昌縣給田文書》

【前欠】

└充
└柳中縣　東荒　西[侯]慶　南薄田　北海德

⌐里柳中縣　東至渠　西康祐達　南張進達　北至渠
⌐義「泰」忠　充
⌐胡道渠　東至渠　西至渠　南王子願　北至渠
⌐「泰」充　　⌐善生　南至荒　北至渠

【後欠】

《大谷文書》卷一《大谷二六〇四號·西州高昌縣給田文書》

給　康⌐
一段貳畝部田三易城西五里胡麻井渠⌐　⌐追永寺　南⌐
「昌」給翟思⌐　⌐充「泰」
一段參畝薄田城東六十里橫截城阿魏渠　東至渠　西至道　南至
渠⌐
壹　畝　給　安　忠「大」秀「天」貳　畝　給
「戎」義　仙　充「泰」
康虵子死退一段貳畝常田城東廿里　高寧　東申德　西李秋　南安僧
伽　北竹
「昌」給　史「大」尚　賓　充「天」
一段壹畝部田城東五里左部渠　東至荒　西安守相　南至渠　北
至⌐
「昌」給　史「大」尚　賓　充「天」
一段貳畝部田城西七里白渠　東麴明琟　西賈海仁　南至荒　北⌐
「昌」給康忠⌐「泰」
⌐思訥死退一段壹畝部田城西一里馬⌐
⌐一段壹畝部田城西七里康⌐

《大谷文書》卷一《大谷二九一六號·西州高昌縣給田文書》

【前欠】

⌐南厝退　北柒安相
⌐□□充「天」
⌐柳中縣　東揚舉子　西渠　南石苟　北
康仁
⌐□　充「天」
大女康浮知蒲死退一段貳畝部田三易城南三里馬逃渠　東渠　西馮養
南麴昭　北高武
給　辛「西」嘉　會　充「天」
高君達死退一段壹畝部田城南五里土營部　東官田　西荒　南百姓
北官田
王「西」太　賔　充「天」
大女汜政念剩退一段半畝常田城北二里張渠　東石醜奴　西自至　南
竹君行　北范念海
⌐西十里武城渠　東至道⌐　⌐至道

【後欠】

《大谷文書》卷一《大谷二九二六號·西州高昌縣給田文書》

【前欠】

⌐□赤奴⌐
⌐死退一段貳畝部田三易城東七里左部⌐
給　張　虔　質　⌐
⌐段貳畝薄田城東六十里　谷中渠　東至□⌐
給白元⌐

【後欠】

《大谷文書》卷一《大谷三一五〇號·西州高昌縣給田關係文書》

⌐康大智辭
⌐廢垣井廢渠道計有貳畝東竹手達⌐□□南康慈敏北斯越寺

縣司大智家兼丁先欠口分不充今有前件
廢渠道見亭無人營種請勘責充分貧下
得存活路謹辭
多初給受令式
昭然非□⎕
□□⎕
【後欠】

《大谷文書》卷一《大谷三一四九號・西州高昌縣給田關係文書》

【前欠】
牒感洛家有二丁一中口分⎕　⎿□□二⎕
收授次伏望支給請處分謹牒。
開元廿九年十一月　日武城鄉勳官王感洛牒
付司元憲示
十五日
十一月十五日錄事受
主簿盈　付
連盈白
廿九日

《大谷文書》卷一《大谷二八八六號・西州高昌縣欠田文書》

欠常田二畝　部田四⎕
楊孝忠丁欠常田一畝　康神奴二丁欠常田一畝部田一畝
⎿趙素才丁欠常田二畝部田一畝王定遠丁欠常田一畝部田二畝
□寶子丁欠常田一畝半部田一畝張思礼二丁欠部田十畝□⎕　⎿二丁一中欠常
田一畝
張寶順二丁欠常田四畝部田四畝　白小師老二丁　欠常田二畝半　部田二畝
張仁煦丁欠常田二畝　康慈敏丁欠部田四畝　李休之丁　欠部田三畝
張日光一丁一中欠常田五畝部田六畝郭思行丁欠常田二畝王知之丁欠部田二畝
令狐忠節丁欠部田二畝麴虛己丁欠常田一畝康鼠子丁欠常田一畝

賈忠礼丁部田二畝康貔綵二丁欠常田三畝部田四畝張皎子二丁欠常田二畝部田
四畝
曹六六丁欠常田一畝部田一畝晝僧奴丁欠常田四畝曹實都丁欠常田一畝部田
一畝
侯善義丁欠常田一畝半部田二畝董仙福丁欠部田三畝□□⎕
白思僱二丁欠常田一畝半部田二畝常思孝丁欠常田四畝白祱祝二丁⎕

《大谷文書》卷一《大谷二八八七號・西州高昌縣欠田文書》

⎿常田一畝部田一畝辛珎之丁欠⎕
⎿明四丁部田十畝目彥仙二丁欠常⎕六畝⎕
⎿一畝杜會寧丁欠部田三畝　韓苟子丁欠⎕
骨不當二丁常田四畝部田四畝竹玄嶷丁欠常田一畝馬忠誠丁欠常田一畝部田
二畝
尉嘉實丁欠常田半畝一百步部田三畝張阿劭〔勒〕丁欠常田一畝半部田三畝
辛胡子丁欠常田一畝半柳天壽丁欠常田一畝部田四畝曹天保二丁常田五畝部田
四畝
耿思順二丁欠常田一畝部田五畝陰袍虛丁欠常田二畝部田三畝白懷壽丁欠部田
二畝
白善生丁欠部田二畝孫鼠居丁欠常田一畝白善住一老四丁欠常田二畝部田十
一畝
賀質都丁欠部田五畝曺長壽丁欠常田一畝部田二畝目赤奴二丁一中欠常田四畝
部田二畝
史莫延丁欠常田一畝半部田□畝孫知禮丁欠常田三畝部田四畝田家生丁欠常田
一畝部田四畝
馮破頭丁欠常田□畝部田四畝　康胡々丁欠常田一畝部田四畝
唐奴子丁欠⎕　⎿畝部田四畝　何哥會三丁欠常田六畝部田七畝
⎿第八戶
⎿一畝康烏則丁欠常田二畝部田二畝

《大谷文書》卷一《大谷二三七六〔Ⅰ〕號・西州高昌縣欠田文書》

⌊欠常田二畝范⌈
⌊蘇老二丁一中□
⌊趙運恪老四[丁]□
⌊范行琮二丁□
⌊一中欠常田九畝八十步　部田十二畝⌈
⌊譽二丁欠常田三畝八〔十畝〕部田四畝張□⌈
⌊[泥]四丁欠常田十三畝　部田十五畝　范義琛三丁⌈
⌊質丁欠常田⌈　⌊老三丁欠部田十一畝⌈
⌊二丁一中欠常⌈　⌊四丁欠常田七畝⌈
⌊□老四丁欠常⌈
⌊第九第⌈
⌊謹牒
⌊張阿麴牒

【後欠】

《大谷文書》卷一《大谷二八八八號・西州高昌縣欠田文書》

史赤奴欠常田一畝部田四畝　白天奴丁欠常田一畝部田一畝
吳元休丁母丁欠常田二畝部田三畝　吳小忠丁母老欠常田二畝部田四畝
李礼感二丁欠常田二畝部田四畝　賈敬法二丁欠常田一畝部田三畝
陰奴々二丁母老欠常田二畝部田三畝　康通礼丁欠常田八十步
李嘉宜丁母老欠常田二畝部田七畝　高小買二丁欠常田二畝
張孝順丁部田五畝　張大吉丁欠常田半畝部田半畝
趙九奴丁母老欠常田⌈　⌊步部田五畝　王政道丁欠常田一畝部田一畝
王泥奴丁欠常田二畝部田三畝　康師奴丁欠常田半畝部田六畝
韋玄壽丁欠部田六畝　田菍山丁欠常田一畝馮定才二丁欠常田五畝
陰小胡丁母老欠常田二畝部田二畝　卜小感丁欠常田三畝部田七畝
吳犢子二丁一中欠常田二畝部田七畝　鄭酉⌈
樊堅古丁母老欠常田二⌈
鄭宜富丁欠常田一畝部田⌈
邵智其老一男丁欠⌈

【後欠】

《大谷文書》卷一《大谷二八八九號・西州高昌縣欠田文書》

【前欠】

⌊常田卌步部田四畝　宗放生⌈
⌊丁一寡欠常田二畝部田七畝　曾行感老二男丁欠常⌈
⌊欠常田一畝　白荆山丁母寡欠常田一畝
⌊丁一男欠常田三畝部田六畝　王黄微丁母丁欠常田一畝部田一畝
⌊神感丁欠常田八十步部田四畝　曺小礼丁欠常田一畝部田一畝
張虔質丁母老欠常田一畝部田七畝　唐祥運二丁欠常田二畝部田五畝
王主方丁母丁欠常田二畝部田七畝　侯義方中母丁欠常田⌈
⌊□丁一弟瘵疾欠常田二畝部田五畝半　魏延⌈
⌊畝部田八畝⌈

【後欠】

《大谷文書》卷一《大谷二八九〇號・西州高昌縣欠田文書》

【前欠】

⌊[示]忠善二丁母老欠常田二畝二百步部田九畝
王樹立二丁欠常田二畝廿步部田七畝　鄧酉通丁欠常田一畝
周忠耀丁欠常田二畝部田三畝　魏仁裕二丁欠常田二畝部田五畝
嚴小詮丁欠常田半六十步　張和義二丁欠常田一畝
⌊常田一畝　馬和直⌈
⌊[男]丁欠常田二畝　魏感通⌈

⊔[丁]⊓　⊔三畝⊓

【後欠】

《大谷文書》卷一《大谷二八九一號・西州高昌縣欠田文書》

令狐思慎丁欠部田二畝　康敬忠丁欠常田一畝部田三畝趙虛吉丁欠常田二畝部
田一⊓

張希祐丁欠部田四畝　曺懷子老二丁欠常田一畝半　樊⊓

【後欠】

《大谷文書》卷一《大谷二八九二號・西州高昌縣欠田文書》

【前欠】

⊔畝⊔四畝王⊓

⊔常二畝⊔二畝李⊓

⊔張仁恭[丁]⊓

⊔□履禕老⊓

⊔□索文感老二[丁]⊓

⊔畝左元盲丁欠常田一畝孫⊓

⊔張孝感一丁欠常一畝部田一畝郭虔

⊔常二畝卌步⊔部田四畝　張孝侯二丁　欠常

⊔常田一畝白敬仙丁欠常田一畝部田二畝　劉

⊔常田二畝□三畝　趙才感丁欠部田四畝王後吉□⊓

⊔常田四畝　李定富丁欠常田一畝半部田一畝　魏茂仙⊓

⊔常田一畝部田三畝　周洪善丁欠常田一畝部田四畝　侯保[通]⊓

⊔[丁]欠常田三畝半部田四畝　呂嘉允二丁欠常田三畝部田五畝□⊓

《大谷文書》卷一《大谷二八九三號・西州高昌縣欠田文書》

【前欠】

⊔□酉　部田二畝⊓　⊔定　部田⊓

⊔欠常田一畝　部田二畝　郭什奴丁欠常田⊓四畝⊓

⊔頃丁常田一畝部田「二三」六畝　趙承本丁欠常田二⊓

⊔□感子老二丁欠常田二畝半趙元方丁欠常田二畝半

⊔田一畝　衛令公丁欠常田二畝　部田「一」四畝

⊔□部田二畝　王天保三丁欠常田「二」五畝　白奴子二丁欠常田二畝部田四畝

⊔欠部田七「一」畝　索小圈三丁欠部田五畝　馬孤易丁欠部田一畝

丁欠常田二畝　丁欠常田四畝　催仙望三丁欠常田四畝部田六畝

《大谷文書》卷一《大谷二八九四號・西州高昌縣欠田文書》

【前欠】

⊔□⊓

⊔常田一畝部田五畝⊓

⊔欠常田二畝部田八畝　康[漸]⊓

⊔常四畝部田一畝　張令英丁一中欠部田五畝　羅仙奉丁欠常田一畝

⊔畝部田一畝　高永仙二丁一中欠常田四畝部田四畝

⊔[畝]　何伯通丁欠田四畝　麴大昭三丁欠部田五畝

⊔丁欠部田四畝張元要一丁一中欠常田三畝

⊔[丁]欠常二畝　李思亮丁　欠部田四畝員□⊓

【後欠】

《大谷文書》卷一《大谷二八九五號・西州高昌縣欠田文書》

李⊓　⊔丁欠常田一畝部田一畝　竹小感二丁「△」欠常田三畝部田一畝半郭
忠⊓

安六□二丁欠部田三畝馬□⊓　⊔欠常田⊓

張才富二丁欠常田「△」三畝半部田四畝⊓

索君子丁欠常田一畝部田三畝　康[

]二丁欠常一畝半部田一畝[

]丁欠[△]常二畝部田七畝[

]□恩五丁欠常[

]定□[

【後欠】

《大谷文書》卷一《大谷二八九六號·西州高昌縣欠田文書》

【前欠】

李浮子二丁欠常田五畝半一百二十步　白浮[

欠常田一畝半一百步部田二畝半　白六々丁欠常田一畝半卌步部田二畝劉[

張希喬丁欠常田一畝　叀才素二丁欠常田二畝部田六畝[

欠常田一畝　康小感二丁欠常田一畝部田二畝　賈眞泰二丁一中欠常[ ]畝

一　十　四　戸[ ][

【後欠】

《大谷文書》卷一《大谷二八九七號·西州高昌縣欠田文書》

]第　九　戸

]□睦丁欠常田一畝半

]□迩丁　欠常田一畝部田二畝

]一老欠常田三畝部田七畝卌步

【後欠】

《大谷文書》卷一《大谷二八九八號·西州高昌縣欠田文書》

【前欠】

][部][田]□[畝]　薛奴董[

]丁欠常田二畝部田六畝　呂欽明[

]酉奴丁欠常田一畝部田六畝　唐元[

]力丁欠常田一畝部田六畝　王天保丁[

]畝李孝順欠[常][田][一][畝][　[

【後欠】

《大谷文書》卷一《大谷二八九九號·西州高昌縣欠田文書》

【前欠】

韓旡□瘬疾[

曽才本老四[

周祝子三丁欠常田二部田六畝[

馮忠礼丁一男中欠常部田五畝[

王順忠二丁欠常[

張審言丁欠[

【後欠】

《大谷文書》卷一《大谷二九〇〇號·西州高昌縣欠田文書》

【前欠】

]奴二[

]畝]部田五畝半張眞如欠部田一畝

欠常田三畝半

□保丁　欠常田一畝部田二畝

宗一丁　欠常三畝半部田五畝

田一畝七十步

善保丁欠部田二畝半

常田一畝

]□

][?]畝

][一]畝

【後欠】

《大谷文書》卷一《大谷二九〇一號・西州高昌縣欠田文書》
【前欠】
⊔畝　□承□⊓
⊔田一畝　部田二畝　程奉仙丁二⊓
⊔欠常田二畝六十歩　部田四畝　安忠亮丁二⊓
⊔欠常田二畝　部田二畝　尙仁薬丁欠當⊓
【後欠】

《大谷文書》卷一《大谷二九〇二號・西州高昌縣欠田文書》
⊔常田二⊓
⊔骨義方二丁欠常田二畝部田二畝⊓
⊔二畝⊔田五畝　麴簡意二丁欠常田三畝⊓
⊔丁欠部田二畝顏如珪丁欠常田二畝⊓
⊔欠常田一畝八十歩部田四畝范⊓

《大谷文書》卷一《大谷二九〇三號・西州高昌縣欠田文書》
【前欠】
⊔□□⊓
嚴執珪二丁⊓
翟武琮丁欠部田六⊓
張玉山丁欠部田六畝康田⊓
⊔丁□⊓
【後欠】

《大谷文書》卷一《大谷二九〇四號・西州高昌縣欠田文書》
【前欠】
⊔丁母老欠當⊓部田三畝
⊔孝忠丁母老欠常田一畝部田五畝

⊔當鄉第八第九戸欠田⊓
開元⊓
【後欠】

《大谷文書》卷一《大谷二九〇五號・西州高昌縣欠田文書》
【前欠】
⊔欠常田⊓
⊔欠常田二百歩田一畝
⊔虔一男丁欠常田一畝部⊓
⊔丁欠常田一畝
【後欠】

《大谷文書》卷一《大谷二九〇六號・西州高昌縣欠田文書》
⊔忠二丁欠常田二畝部田四畝　卜師奴
⊔第　八
⊔九四丁欠常田三畝半部⊓
【後欠】

《大谷文書》卷一《大谷二九〇七號・西州高昌縣欠田文書》
【前欠】
⊔欠常田一畝⊓
⊔二畝四畝　白行恩丁一中⊓
⊔欠常田四畝　部田六畝⊓
⊔部田二畝尙順礼⊓
⊔部田四⊓
【後欠】

《大谷文書》卷一《大谷二九〇八號・西州高昌縣欠田文書》
【前欠】

└常田三畝半　部田四畝　氾洪託二┌
└三畝　部田九畝　范善藏老二┌
└[三]畝┌

《大谷文書》卷一《大谷二九〇九號・西州高昌縣欠田文書》

【前欠】

└部田五畝索┌
└[一]畝和大義丁欠常┌

【後欠】

《大谷文書》卷一《大谷二九一〇號・西州高昌縣欠田文書》

【前欠】

└五畝┌
└田二畝半田一畝
└[□]涼丁欠常田二畝部田五畝
└部田六畝
└六畝
└二丁欠部田四畝
└丁欠常田二畝田二畝

【後欠】

《大谷文書》卷一《大谷二九一一號・西州高昌縣欠田文書》

└匡什差二[丁]┌
└曹懷彥┌
└部田一畝┌
└四畝龍┌
└中欠常田┌
└常田一畝[□]┌
└欠部田┌
└丁欠部田┌
└欠常田二畝┌

【後欠】

《大谷文書》卷一《大谷二九一二號・西州高昌縣欠田文書》

寧昌鄉
合當鄉第九第八戶欠田丁中惣一百人
八十七人第九戶
康大智二丁欠常田二畝部田四畝　劉盛感二丁欠常田二畝部田三畝申屠嗣
嘉丁　常田一畝

《大谷文書》卷一《大谷四〇四二號・西州高昌縣欠田文書》

【前欠】

└部田六畝唐和々丁一中欠常田┌
└田二畝部田一畝趙什奴丁欠常田一畝部┌
└常田二畝部田四畝陳英奴丁欠部田┌　└□□┌
└[□]修力二丁欠部田七畝　高仁節二丁一老欠常田一畝部田三畝
└田三畝部田一畝　張元祚丁一中欠常田┌

【後欠】

《大谷文書》卷一《大谷四〇四三號・西州高昌縣欠田文書》

└應二丁欠常田二畝
└田二畝　部田一畝
└田四畝　部田十六畝
└畝　部田　六畝
└[□]二丁欠常田五畝部田[□]畝
└田一畝七十步

□義忠三丁欠常田四畝

□二丁　欠常田二畝部田一畝

【後欠】

《吐魯番出土文書》第六册《阿斯塔那二二四號墓文書・唐西州高昌縣順義鄉郭白白退田文書》

順義鄉

郭白々死退常□

牒被問得李懷□

地□

【後缺】

《燉煌社會經濟文獻真蹟釋録》第三輯《俄三六八號唐天寶十載前後沙州燉煌縣退田簿》

【前缺】

一段伍畝　城北　廿里抱辟渠　東渠　西沙　南馬阿達　北李剛

一段肆畝　城北　廿里抱辟渠　東渠　西沙　南李剛　北君慈

一段叁畝　城北　廿里抱辟渠　東澤　西園　南澤　北澤

一段叁畝　城北　廿里抱辟渠　東路　西渠　南自田　北岸

一段拾畝　城北　廿里抱辟渠　東　趙及　西澤　南渠　北高

一段叁畝　壽昌城南一里　東路　西官田　南渠　北渠

一段貳畝　壽昌城東一里　東平行政　西平強　南路　北王金生

一段肆畝　壽昌城北三里　東渠　西澤　南渠　北平元諫

一段壹畝　壽昌城西一百步　東平惠　西平敬　南平恪　北渠

一段伍畝　壽昌城北二里　東渠　西閻桂　南劉永安　北渠

一段肆畝　壽昌城西五里　東渠　西渠　南丁懷善　北丁苟子

一段捌畝　壽昌城西五里　東荒　西閻仁　南張仕文　北蘇德

一段肆畝　壽昌城西五里　東渠　西渠　南丁懷善　北丁苟子

一段肆畝　壽昌城西二里　東平行政　西平元憲　南平　北渠

一段貳畝　壽昌城西二里　東平瓊　西范珣　南渠　北平思娘

北渠

王守志一段柒畝　城西七里員佛圖渠　東常桃支　西路　南常桃生

一段貳畝　城西七里圓佛圖渠　東阿生　西園　南渠　北舍

一段壹畝　城西七里員佛圖渠　東自田　西渠　南常桃　北阿生

一段壹畝　城西七里員佛圖渠　東自田　西渠　南園　北渠

一段玖畝　城西七里員佛圖渠　東河　西渠　南阿毛　北　孫文生

一段伍畝　城西七里員佛圖渠　東王懷德　西路　南張美　北路

一段肆畝　城西七里員佛圖渠　東渠　西渠　南渠　北自田

一段肆畝　城西七里員佛圖渠　東河　西河　南路　北彭福子

一段拾伍畝　城西七里員佛圖渠　東塚　西岸　南瀆　北醜金

一段拾畝　城西七里員佛圖渠　東渠　西渠　南路　北張才

一段肆畝　城西七里員佛圖渠　東自田　西渠　南自田　北令狐信

一段捌畝　城西七里員佛圖渠　東渠　西渠　南自田　北自田

一段伍畝　壽昌城北二里　東沙　西荒　南沙　北沙

一段伍畝　壽昌城東二里　東渠　西官田　南渠　北王光通

一段伍畝　壽昌城東二里　東　西王光通　南王備　北自田

一段貳畝　壽昌城東三里　東渠　西平賓　南趙徹　北王邊客

一段陸畝　壽昌城南二里　東汜獎　西荒　南荒　北渠

一段伍畝　壽昌城西五里　東渠　西荒　南渠　北渠

一段伍畝　壽昌城東五里　東渠　西渠　南渠　北王伍珍

一段肆畝　壽昌城東一里　東渠　西渠　南路　北令狐渠

一段拾壹畝　壽昌城東三　東渠　西張惠　南渠　北王瓊

一段壹畝　壽昌城北二里　東王賓　西路　南王備　北路

一段貳畝宅

張守節一段柒畝　城南七里陽開渠　東文才　西苟子　南王咸　北索史

一段陸畝　城南七里陽開渠　東索懷立　西索賓奴　南王立　北舍

一段伍畝　城南七里陽開渠　東渠　西舍　南袁懷義　北義

一段陸畝　城東[南]七里陽開渠　東智惠　西渠　南渠　北阿

一段貳畝　城南三里憂渠　東賀公義　西路　南君德　北厝

一段拾畝　城西七里灌津渠　東渠　西自田　南自田　北路

一段柒畝　壽昌城北二里　東渠　西趙實　南閻行靖　北渠
一段陸畝　壽昌城西五里　東路　西官田　南杜君袁　北渠
一段肆畝　壽昌城南五里　東自田　西張孝義　南玄素　北渠
一段壹畝宅
王才藏一段壹畝　城東一里菜田渠　東趙德　西楊壽　南渠　北官田
一段伍畝　城東三里憂渠　東趙邑　西荒　南荒　北渠
一段壹畝　城東二里憂渠　東胡仁　西自田　南路　北胡仁
一段肆畝　城東七里憂渠　東渠　西備業　南渠　北渠
一段貳畝　城東三里憂渠　東路　西唐通　南唐通　北渠
一段壹畝　城東三里憂　渠　東唐通　西渠　南渠　北氾恭
一段貳拾畝　城東七里神農渠　東澤　西張阿施　南渠　北鄧通
一段貳畝　城東七里神農渠　東張神鄉　西渠　南索懷本　北渠
一段肆畝　壽昌城北十里　東渠　西平武芝　南沙　北澗
一段肆畝　壽昌城北七里　東閻榮　西索緒　南沙　北澗
一段壹畝　壽昌城北十里　東閻榮　西閻榮　南渠　北澗
一段陸畝　壽昌城南一里　東荒　西張行德　南渠　北沙
一段貳畝　壽昌城東一里　東王慶　西渠　南袁成　北袁立
一段肆畝　壽昌城南二里　東張迴貴　西袁法　南渠　北渠
一段貳畝　壽昌城北一里　東渠　西段咸　南王紹　北袁立
一段肆畝　壽昌城南一里　東范達　西路　南張貴　北荒
一段叁畝　壽昌城北三里　東張悊　西閻逸　南楊齊　北渠
一段叁畝　壽昌城北一里　東　閻福　西閻福　南平廣　北荒
楊玄悊一段貳拾壹畝　城北廿里　王使渠　東公孫慈　西張行端　南
張阿才　北路
一段玖畝　壽昌城北一里　東官田　西寺田　南渠　北路
一段肆畝　壽昌城南二里　東官田　西自田　南渠　北沙
一段捌畝　壽昌城北五里　東尉處日　西渠　南張智　北渠
一段肆畝　壽昌城北二里　東袁成　西段來歸　南渠　北路
一段拾畝　壽昌城東二里　東沙　西索處　南沙　北沙
一段肆畝　壽昌城北二里　東文端　西備　南渠　北路

唐連珠一段壹畝　城西七里灌津渠　東羅伏奴　西氾建　南君慈　北
孔達
一段肆畝　城北七里東支渠　東張苟壽　西自田　南渠　北渠
一段陸畝　城西三里東支渠　東常長通　西自田　南河　北長通
一段肆畝　城西七里東支渠　東路　西渠　南渠　北路
一段伍畝　壽昌城南三里　東呂達　西呂佛　南自田　北呂通
一段叁畝　壽昌城西三里　東呂竹　西呂謙　南渠　北自田
一段拾陸畝　壽昌城西五里　東王惠　西渠　南閻僧則　北渠
一段壹畝宅
張太娘一段陸畝　城西七里員佛圖渠　東荒　西岸　南自田　北瀆
一段拾畝　城西七里員佛圖渠　東渠　西渠　南渠　北渠
一段陸畝　城西七里員佛圖渠　東路　西園　南自田　北路
一段肆畝　城西七里員佛圖渠　東渠　西渠　南渠　北渠
一段陸畝　城西七里員佛圖渠　東瀆　西渠　南宋感威　北瀆
一段肆畝　壽昌城北二里　東張贍　西尉客子　南渠　北張苅
一段壹畝　壽昌城北一里　東自田　西尉客子　南尉客子　北渠
一段叁畝　壽昌城南一里　東路　西周福　南張孝義　北張贍
一段柒畝　壽昌城南五里　東渠　西張贍　南張孝義　北自田
一段貳畝　壽昌城南一百步　東劉玉奴　西路　南劉玉奴　北渠
一段叁畝　壽昌城東三里　東王諫子　西李海女　南李成　北王德
一段貳畝宅
權歸貫一段肆畝　城東七里兩罔渠　東渠　西舍　南宋文才　北路
一段伍畝　城東七里兩罔渠　東渠　西渠　南渠　北渠
一段伍畝　城東七里兩罔渠　東渠　西行感　[南][渠]　[北]□
一段柒畝　城東七[里]□
【中缺】
一段肆畝　城西七里西支渠　東渠　西□　南吳[通]　[北]□
一段伍畝　城西六里西支渠　東自田　西高文才南自田　北唐通

一段肆畝　城北七里西支渠　東張君子　西孟慶　南渠　北渠
一段壹畝　城北十里西支渠　東路　西渠　南荒　北渠
一段柒畝　壽昌城西五里　東閻福　西法住　南平操　北渠
一段陸畝　壽昌城南五里　東渠　西張智福　南路　北石
一段柒畝　壽昌城南五里　東張其　西張屯　南路　北渠
一段柒畝　壽昌城南五里　東渠　西荒　南袁山富　北閻懷仙
一段壹[畝]宅
辛女英一段伍畝　城西七里西支渠　東渠　西閻光　南渠　北渠
一段拾壹畝　城西七里西支渠　東路　西岸　南渠　北舍
一段肆畝　城西七里西支渠　東劉釣　西渠　南渠　北舍
一段玖畝　壽昌城南三里　東袁山　西張玄禮　南荒　北渠
一段叁畝　壽昌城南五里　東平蘇　質西蘇德　南荒　北渠
一段貳畝　壽昌城南五里　東路　西荒　南渠　北荒
一段陸畝　壽昌城南十里　東畢感　西渠　南沙　北荒
一段壹畝宅
張好勇一段拾玖畝　城北二十里長西渠　東宋積　西難歸　南渠
北渠
一段拾貳畝　城北廿里長西渠　東翟法　西荒　南左客　北渠
一段柒畝　壽昌城西五里　東渠　西路　南渠　北路
一段陸畝　壽昌城北五里　東渠　西渠　南索元智　北陳積
一段柒畝　壽昌城東一里　東渠　西路　南渠　北路
一段壹畝宅
杜舍王一段叁畝　城西七里西支渠　東荒　西郭是達　南荒　北荒
一段壹畝　城西九里宜秋兩支渠　東令狐賓　西待由　南鄭林子　北
自田
一段肆畝　城西七里員佛圖渠　東常阿是　西姜達　南渠　北常阿
一段叁畝　城西七里員佛圖渠　東塞開仁　西沙　南宋惠　北車感
一段柒畝　壽昌城南五里　東劉玉奴　西自田　南王孝文　北閔澤
一段叁畝　壽昌城南三里　東劉婆女　西沙　南官田　北平廓
杜英妃一段捌畝　城東　卅里三支渠　東荒　西曹節　南史仁　北

唐忠
一段貳拾柒畝　城東　卅里三支渠　東觀家　西荒　南荒　北坑
一段肆畝　壽昌城南三里　東杜支住　西王憲　南費住　北渠
一段伍畝　壽昌城南三里　東路　西張觀　南范珣　北渠
一段柒畝　壽昌城南五里　東荒　西杜住　南荒　北渠
一段肆畝　壽昌城西一百步　東路　西佛圖　南渠　北杜迴
一段肆畝　壽昌城西卅里　東王策　西渠　南渠　北渠
一段壹畝宅
蘇思齊一段貳畝　城西一里西支渠　東路　西路　南荒　北荒
一段伍畝　城北五里西支渠　東渠　西驛田　南路　北羗一
一段陸畝　城北十里西支渠　東自田　西自田　南渠　北坑
一段貳畝　城北十里東支渠　東自田　西康感　南渠　北澤
一段陸畝　城北七里西支渠　東澤　西渠　南麴文殊　北張伏生
一段叁畝　壽昌城西一百步　東平採　西自田　南路　北閻承祿
一段叁畝　壽昌城西五里　東蘇亮　西王備　南荒　北渠
一段貳畝　壽昌城西一里　東蘇亮　西閻承祿　南張　北
一段叁畝　壽昌城東五里　東閻承錄　西蘇亮南渠　北蘇徹
一段肆畝　壽昌城南五里　東渠　西張德　南舍　北路
一段貳畝　壽昌城南五里　東渠　西自田　南路　北渠
一段壹畝　壽昌城北一里　東路　西平威　南渠　北官田
一段叁畝　壽昌城西五里　東渠　西渠　南渠　北自田
平桃樹一段叁畝　城南三里孟授渠　東渠　西自田　南渠　北河
一段叁畝　城南三里孟授渠　東索信　西張福　南渠　北永
一段貳畝　城南三里孟授渠　東渠　西坑　南渠　北坑
一段肆畝　城南三里孟授渠　東渠　西石　南孝順　北宋孝
一段肆畝　城南三里孟授渠　東路　西宋萬生　南路　北岸
一段伍畝　壽昌城南一里　東路　西蓋徹　南沙　北杜忠
一段叁畝　壽昌城南五里　東自田　西張海　南渠　北沙
一段伍畝　壽昌城南二里　東平位　西王武　南張叔　北沙
田常常一段拾畝　壽昌城西七里　東渠　西荒　南路　北路

一段貳畝　壽昌城西七里　東荒　西渠　南荒　北沙
一段・畝　壽昌城北二里　東渠　西渠　南荒　北王普
一段貳畝　壽昌城西七里　東田恪　西玄素　南官田　北渠
一段貳畝　壽昌城西七里　東玄素　西索見　南平敏　北平堆
一段壹畝　壽昌城西七里　東王定　西塢　南玄素　北渠
一段壹畝　壽昌城西七里　東渠　西張敏　南玄素　北渠
一段叁畝　壽昌城西七里　東王定　西渠　南渠　北王素
田玄素一段陸畝　城東二十里第一渠　東索信　西張忠　南慈節
北渠
一段貳畝　城東二十里第一渠　東荒　西陰康　南石　北李桃符
一段拾畝　城東二十里第一渠　東渠　西渠　南自田　北渠
一段叁畝　城東二十里第一渠　東河　西渠　南好勿　北女子
一段捌畝　城東二十里第一渠　東張剛　西孟須迦　南自田　北路
一段貳畝　城東三里大壤渠　東趙伏彌　西渠　南宋者　北宋青
一段捌畝　城東五里多農渠　東路　西王意政　南荒　北路
一段肆畝　城東五里多農渠　東渠　西沙　南王意政　北坑
一段壹畝　壽昌城東二里　東平客　西閻福　南田恪　北萬歲
一段壹畝　壽昌城北二里　東渠　西渠　南田恪　北萬歲
一段貳畝　壽昌城北二里　東田靖　西萬歲　南平採　北渠
一段壹畝　壽昌城西五里　東王憲　西塢　南田恪　北萬歲
一段捌畝　壽昌城西五里　東田強　西王通　南李節　北自田
一段伍畝　壽昌城西五里　東田強　西荒　南自田　北渠
一段捌畝　壽昌城西五里　東河　西沙　南荒　北荒
【中缺】
［　　　　］東閣一　西沙　南荒　［北］［田］［袁］
索復業一段陸畝　城南七里灌進渠　東渠　西佛圖　南渠　北路
一段柒畝　壽昌城南一百步　東沙　西路　南渠　北沙
一段叁畝　壽昌城北二里　東沙　西路　南張忠　北渠
一段叁畝　壽昌城西三十里　東劉通　西荒　南劉永安　北渠

一段貳畝　壽昌城西三十里　東渠　西永安　南渠　北渠
張持法一段壹畝　城東七里兩罔渠　東路　西王恩忠　南舍　北王
仙祖
一段捌畝　城東七里兩罔渠　東賈行　西善　南文智　北宋達
一段伍畝　城東七里兩罔渠　東路　西澤　南路　北自田
一段拾畝　城東七里兩罔渠　東賈行仁　西王通　南路　北自田
一段肆畝　壽昌城北二里　東渠　西平素　南平素　北渠
一段柒畝　城東七里兩罔渠　東吳德　西渠　南渠　北　英才
一段肆畝　城東七里兩罔渠　東渠　西馬懷立　南吳　北吳
一段十一畝　壽昌城東五里　東渠　西渠　南渠　北善義
一段伍畝　壽昌城東五里　東尉義忠　西張法介　南渠　北澗
一段壹畝宅
候醜娘一段肆畝　城北三十里王使渠　東張行弓　西渠　南行弓　北
張端
一段陸畝　城北三十里王使渠　東荒　西張惻　南渠　北澤
一段伍畝　城北三十里王使渠　東渠　西渠　南渠　北自田
一段伍畝　城北三十里長酉渠　東閻毗　西孔苟子　南翟忽　北自田
一段肆畝　壽昌城西三里　東費德　西自田　南澤　北渠
一段叁畝　壽昌城東一里　東王阿　西張才　南渠　北平懷
一段伍畝　壽昌城北五里　東渠　西山海　南張純　北張海
一段伍畝　壽昌城西一百步　東索恪　西張　南閻亮　北自田
一段壹畝宅
張相郎一段叁畝　城北三十里長酉渠　東自田　西澤　南澤　北王
玄度
一段壹畝　城北三十里長酉渠　東路　西渠　南自田　北路
一段拾畝　城北三十里長酉渠　東呂奴子　西澤　南僧意　北呂奴子
一段肆畝　城北二十里長酉渠　東荒　西張胡子　南阿施　北陰施
一段叁畝　城北三十里長酉渠　東陰阿施　西阿施　南澤　北賈行
一段叁畝　壽昌城北二里　東渠　西平廣　南渠　北平力
一段肆畝　壽昌城西二里　東平武　西閻立　南路　北渠

趙元欽一段拾畝　城北二十里無窮渠　東氾達　西袁亮　南袁亮
北渠
一段拾伍畝　城北二十里無窮渠　東荀生　西文通　南澤　北荀德
一段拾伍畝　城北二十里無窮渠　東渠　西沈文　南岸　北岸
一段貳畝　城北二十里無窮渠　東成文才　西左阿靖　南澤　北史苟
一段伍畝　城北二十里無窮渠　東卿仁　西渠　南渠　北孝徹
一段叁畝　城北二十里無窮渠　東曹文通　西渠　南渠　北王生
一段陸畝　城北二十里無窮渠　東渠　西渠　南高感　北渠
一段伍畝　城北二十里無窮渠　東渠　西程方　南宋欽　北荒
一段陸畝　城北二十里無窮渠　東路　西澤　南自田　北路
一段拾畝　壽昌城西三里　東閻則　西長端　南渠　北渠
一段壹畝　壽昌城西五里　東權景　西王懷賓　南渠　北路
一段貳畝　壽昌城西五里　東渠　西渠　南閻仁意　北自田
一段壹畝　壽昌城西五里　東段歸　西渠　南平住　北渠
一段叁畝　壽昌城西五里　東趙賓　西呂諫　南澤　北呂萬歲
一段捌畝　壽昌城西五里　東渠　西平藏　南袁吒耳　北平藏
一段叁畝　壽昌城西五里　東索恪　西張什介　南渠　北澗
一段肆畝　壽昌城西五里　東澤　西渠　南索安　北范楚
一段拾畝　壽昌城南五里　東寺田　西澤　南荒　北張感
一段柒畝　壽昌城西五里　東渠　西渠　南平生　北荒
一段壹畝　壽昌城西二里　東渠　西閻卿　南平顯　北渠
閻普濟一段陸畝　城西七里員佛圖渠　東自田　西渠　南渠　北渠
一段肆畝　城西七里員佛圖渠　東渠　西渠　南張思節　北張武威
一段肆畝　城西七里員佛圖渠　東郭才仁　西自田　南索忠　北渠
一段叁畝　壽昌城西五里　東丁苟子　西渠　南張藏　北渠
一段伍畝　壽昌城南五里　東閻盛　西閻珪　南渠　北渠
一段壹畝　壽昌城東二里　東路　西張禮　南路　北渠
一段叁畝　壽昌城南五里　東渠　西尹生　南官田　北王仙
一段伍畝　壽昌城西三里　東杜文靖　西尹生　南渠　北自田
一段壹畝宅

劉尙尙一段玖畝　城北三十里無窮渠　東張祥仁　西令狐剛　南自田
北路
一段壹畝　城北二十里無窮渠　東晝意　西行才　南渠　北荒
一段玖畝　城北二十里無窮渠　東路　西薛樹　南薛徹　北薛徹
一段十一畝　城北三十里北府渠　東澤　西路　南澤　北文剛
一段壹畝宅
史羅吉一段伍畝　壽昌城西五里　東陳行　西渠　南尹備　北渠
一段柒畝　壽昌城東三里　東賀夫海　西渠　南路　北[孫]
一段柒畝　壽昌城南二里　東渠　西安伏養　南宮阿諒　北渠
一段拾壹畝　壽昌城東三里　東賀夫　西渠　南路　北渠
一段陸畝　壽昌城南五里　東荒　西丁羊　南渠　北沙
一段叁畝　城東十里多農渠　東馬武　西宮奴　南渠　北渠
一段伍畝　城東十里多農渠　東懷操　西渠　南渠　北馬承嗣
一段伍畝　城西十里西支渠　東渠　西渠　南渠　北澤
王師女一段捌畝　城北十里宜秋西支渠　東張通　西楊端　南張達
北渠
一段陸畝　城北六里西支渠　東渠　西塞　南索達　北索達
一段壹畝　城西七里宜秋西支渠　東趙楷　西趙寬　南渠　北渠
[李]宜壽一段拾貳畝　城北二十里王使渠　東渠　西路　南曹石住
北渠
一段叁畝　城北二十里王使渠　東張側　西渠　南張則　北路
一段貳畝　城北二十里王使渠　東公孫慈　西張端　南張行才　北路
一段貳畝　城北二十里王使渠　東自田　西路　南行端　北自田
一段柒畝　壽昌城東二里　東渠　西渠　南渠　北張惠素
一段叁畝　壽昌城南一里　東閻通　西路　南閻惠　北張什
一段陸畝　壽昌城東二里　東令狐賓　西王住　南奉簡　北令狐賓
一段伍畝　壽昌城北二里　東閻福　西楊況　南渠　北閻福
一段壹畝宅
羅福延一段拾伍畝　城北二十里王使渠　東張勝　西張阿智　南氾達

北王青
一段拾陸畝　城北二十里王使渠　東渠　西路　南曹石住　北渠
魏無勝一段叁拾畝　壽昌城西一里　東荒　西趙連成　南王懷安
北荒
一段壹畝宅
一段柒畝　壽昌城西三十里　東段醜　西渠　南宮昌　北平洪
一段伍畝　城南七里武都尉　東渠　西路　南自田　北渠
□畝　城南五里武都尉　東張福　西師奴　南渠　北石
一段壹畝　城南七里宋渠　東渠　西宋樹　南翟尙　北樹生
王景娘：[一段]壹畝　壽昌城南三里　東澗　西伏感　南呂忠　北澗
一段叁畝　壽昌城北二里　東路　西平策　南渠　北尉杏子
一段捌畝　壽昌城東五里　東陳英立　西袁善　南渠　北洪盛
平仁爽一段貳畝　城北三十里長酉渠　東袁積　西澤　南澤　北翟
懷寶
一段拾壹畝　壽昌城西五里　東袁山富　西渠　南閻信　北自田
一段伍畝　壽昌城北三里　東閻喜　西閻福　南渠　北　范珣
一段伍畝　壽昌城西五里　東澤　西渠　南自田　北□
一段陸畝　壽昌城南五里　東荒　西平操　南呂錄　北索有一
一段貳畝　壽昌城東一里　東張貲　西澗　南澗　北平力
戶　壹拾玖逃走
戶　叁無田業
戶　壹拾陸有田業
燉煌鄉郭沖光　神沙車進芝　洪潤鄉張玖庚
燉煌鄉張思忠一段玖畝　城東五里憂渠　東渠　西路　南渠　北彭
客郎
一段玖畝　城東五里憂渠東張阿奴　西索須　南渠　北渠
一段玖畝　城東卅里　利子渠　東張須保　西索羊仁　南澤　北路
一段貳畝　城東五里憂渠　東渠　西史政　南路　北令狐伏
一段捌畝　城東七里陽開渠　東渠　西渠　南渠　北索懷壽

一段貳畝宅
張楚珪一段貳畝　城東五里神農渠　東張惠幹　西路　南？　北
索思
一段叁畝　城東一百步菜田渠　東路　西路　南張惠　北路
【中缺】
□　□里西支渠　東渠　西姜永安　南孫洪弼　□
一段陸畝　城西七里西支渠　東菜　西孫達子　南張瓌　北閻元
一段拾肆畝　城西七里西支渠　東渠　西張懷仁　南姜安　北鄧師
一段壹畝　城西七里西支渠　東洪弼　西渠　南渠　北舍
一段壹畝　城西七里西支渠　東洪弼　西孫達子　南洪弼　北渠
一段捌畝　城西七里西支渠　東孫達子　西渠　南沙　北渠
一段陸畝　城西七里西支渠　東孫洪弼　西令狐思義　南　北荆端
一段伍畝　城西　七里西支渠　東渠　西孫達　南自田　北自田
一段壹畝宅
平康鄉張大遇一段壹畝　城北七里八尺渠　東梁崇　□
一段壹畝　城北七里泉水渠　東渠□
一段壹畝　城北七里西支渠　東□
【中缺】
一段貳畝　城北二里□
玉關鄉張客子一段玖畝　城北二十里無窮渠　東德通　西渠□
一段貳畝　城北二十里無窮渠　東孔貞　西渠□
一段伍畝　城北　二十里無窮渠　東荒　西渠　南袁嗣　北成師
効穀鄉張嗣龍一段陸畝　城北二十里無窮渠　東宋行　西渠　南張
節□
一段陸畝　城北二十里無窮渠　東張玄　西張遠客　南夏遺　北□
一段壹畝　城北二十里無窮渠　東路　西自田　南？　北？
一段壹拾叁畝　城北二十里無窮渠　東路　西王迪　南路　北？　□

一段叁畝　城北二十里多農渠　東趙明　西荒　北王英仙
一段壹畝宅
李思臻一段貳拾叁畝城北二十里無窮渠　東自田　西路　南渠　北趙
僧伽
一段壹拾壹畝城北二十里無窮渠　東渠　西薛備　南渠　北渠
一段伍畝　城北二十里無窮渠　東自田　西自田　南渠　北荒
一段玖畝　城西三十里兩支渠　東寺田　西坑　南坑　北渠
一段玖畝　城東三十里梨子渠　東氾施　西渠　南渠　北自田
一段陸畝　城北二十里無窮渠　東張剛　西宋文　南路　北孫壽信
一段拾肆畝　城東三十里胡渠　東舍　西渠　南渠┐

【後缺】

《大谷文書》卷一《大谷一二二〇號・西州高昌縣退田文書》

【前欠】

└□畝　城北叁里┐
└棗　城北壹里滿水　東孫泥面　西魏令　南至渠　北陰感
└南至渠　北至道
└東至道　西至渠　南至瀆┐
└蒿渠　東至渠　┐
└城西柒里白渠┐
└部田城西柒里┐

【後欠】

《大谷文書》卷一《大谷一二二一號・西州高昌縣退田文書》

【前欠】

└[左]部渠　東至渠　西索相憙　南至┐
└[東]柒里　左部渠　東至渠　西甯明　南辛護　北至┐
└杜渠　東長史　西至道　南馬達　北趙鉢

└屯頭渠　東胡麻井　西白海祐　南胡麻井　北至渠
└白渠　東常田　西麴達　南自至　北□┐

《大谷文書》卷一《大谷一二二二號・西州高昌縣退田文書》

【前欠】

└東┐　└西至┐
└□里　東李文　西自至　南┐
└[籍]地如前謹牒
└年四月　日　里正　賈思義　牒

【後欠】

《大谷文書》卷一《大谷一二二三號・西州高昌縣退田文書》

【前欠】

└西渠　[南]┐
└新興　東渠　西荒　南道　北梁婆洛
└東還公　西鹵　南鹵　北渠
└渠　東闞海々西妙德寺　南妙德寺　北渠
└東渠　西荒　南渠　北麴仕義
└北新田

【後欠】

《大谷文書》卷一《大谷一四一八號・西州高昌縣退田文書》

【前欠】

└[東]西塔寺　西┐
└[東]符玄爽　西普照┐
└東李金遠　┐
└東還公┐
└里蒿渠　東渠　西渠　南麴遮┐

□□石渠　東渠　西楊悦　南渠　北□

□里蒿渠　東劉石仁　西□　□南夏□

《大谷文書》卷一《大谷二三七六[Ⅱ]號・西州高昌縣退田文書》

【前欠】

戶焦□　　□曹海定　西張龍々南田□

一段貳「同」畝□　□西渠　南□

一段貳「同立」畝陸拾　　□西渠　南□

□貳「同立」畝陸拾步□　□渠　西渠　南□

□「同立」畝部田城南□　□渠　東水田　西荒□

□一段肆畝部田　城西八里棗樹渠　東荒　西□

□貳畝常田城東廿里柳中縣　東渠　西渠□

□城南五里馬堆渠　東渠　西□

□部田城西五里□

□部田城南五□

□參「同立」畝部田　城□

貳「同立」畝部田　□

【後欠】

《大谷文書》卷一《大谷二三七九號・西州高昌縣退田文書》

【前欠】

□分　西口分　南口分　北還□

□至道　西至渠　南至荒　北易田

□渠　西至荒　南管冑　北自至

□孫子　南至道　北至渠

□李「洪」政　南至渠　北焦延

【後欠】　□南□

《大谷文書》卷一《大谷二八五二號・西州高昌縣退田文書》

戶大女趙大觀死退壹段貳畝永業常田城西貳里孔進渠　東趙住子　西嚴君住　南至渠　北至渠

壹段貳畝「立」永業部田城西拾里芳其渠　東至渠　西至渠　南易田　北麴延亮

壹段壹畝「立」永業部田城西柒里堅石渠　東趙橫　西至渠　南麴悦　北至渠

戶趙買子死退「立」壹段肆拾步永業常田城西拾里武城渠　東張延　西長地　南　張文□

壹段貳拾「立」步永業常田城西拾里武城渠　東張文　西□

壹段陸拾「立」步永業常田城西拾里武城□

壹段貳「立」拾　　桃

《大谷文書》卷一《大谷二八五三號・西州高昌縣退田文書》

步永業　城西拾里武城渠　東自至　西至渠　南至道　北趙洛富

壹段肆畝「立」永業部田參易城北貳拾里新興尉將潰　東趙龍達　西至渠　南亭田　北至渠

壹段貳畝「立」永業部田參易城西拾里南魯塢　東至渠　西至荒　南王僆護　北至渠

壹段壹畝「立」永業部田參易城西拾里南魯塢　東至渠　西至渠　南至渠　北至鹵

□「立」畝永業部田參易城西柒里樹石渠　東至渠　西至渠　南至道　北至渠

□至渠　南張龍　北至渠

【後欠】

《大谷文書》卷一《大谷二五九九號・西州高昌縣退田文書》
【前欠】
□南夏阿智　北渠
□東廿里柳中縣界　東至荒　西渠　南令狐黃頭　北張相觀
□柳中縣　東史申潘　西楊小　南渠　北康申
城西五里□屯頭渠　東渠　西趙仕義　南渠　北荒
城西□七里白地渠　東渠　西道　南賈如　北串祐
□卌里□　□東縣令　西還公　南渠　北還公
【後欠】
《大谷文書》卷一《大谷二八五四號・西州高昌縣退田文書》
【前欠】
□貳畝永業城西拾里武城渠　東至渠　西至道　南□
壹段壹畝「立」永業部田城西捌里白渠　東至渠　西水田　南索父羅
北司空
壹段壹畝「立」永業部田參易城西拾里　東張斌　西水田　南至塞　北
至渠
壹段壹畝「立」永業部田參易城西拾里南魯塢　東范默奴　西至渠
南至渠　北至渠
戶張師訓剩退壹段參「立」畝永業部田參易城東肆拾里柳中縣　東至渠
西至渠南梁住　北至道
戶張阿蘇剩退壹段壹「立」畝永業常田城西拾里武城渠　東至道　西張
伯　南至道　北靳阿患
壹段參畝「立」永業常田城東肆拾里柳中縣屯續渠　東范　西至渠
南至渠　北王素
《大谷文書》卷一《大谷二八五五號・西州高昌縣退田文書》
□「准前年□」

□二畝部田城東廿里□
鄯索師死退一段二畝常田城北廿里□
陰久託死無籍剩退六十步菜□
右件地所由里正索□
「會先給郭奴□訖雲」
大女史阿堆死絕退二畝常田城北廿里□
「准前先給麴盲子訖雲」
大女車壽持出嫁絕退一畝常田城東四里石宕渠　東渠　西渠　南翟素
北渠
右件地所由里正闞孝遷
和靜敏死退二畝常田城東二里七頃渠　東渠　西翟□　□驛田　北渠
一段三畝部田城北廿里新興屯亭　東荒　西渠　南□　□悅　北渠
右件地所由里正孫鼠居
□□歸身是軍兵貧□　口分田地　比來
□田□　□是身死　合
【後欠】
《大谷文書》卷一《大谷二八五六號・西州高昌縣退田文書》
德義里
康龍仕死退壹段壹畝部田參易城南伍里□
壹段壹畝部田參易城東肆拾里柳中縣　東□
竹定師剩退壹段參畝部田參易城西□　□里棗樹渠　東水田
西□
周英甈死退壹段壹畝常田城西貳里□　□　東□
壹段貳畝部田參易城西柒里棗□

「會開廿六年給王道俊訖典⌈」

曹海資壹段貳畝常田城西参里□⌈

壹段参畝部田参易城西柒里沙堰[渠]⌈

【後欠】

《大谷文書》卷一《大谷二八五七號·西州高昌縣退田文書》

【前欠】

成化里

張調君壹段貳畝常田城北貳拾⌈

「會先給充府田」「泰」

「會廿六年給主」

周恆爽壹段壹畝部田城北壹里滿⌈

大女陰五娘死退壹段壹畝常田⌈　⌊里⌈

壹段壹畝常田城東伍里⌈

壹段壹畝部田壹易城北壹里⌈

《大谷文書》卷一《大谷二八五八號·西州高昌縣退田文書》

「前餘白」

歸政里　白黑奴剩退　⌈

「安」

⌊□

【後欠】

《大谷文書》卷一《大谷二八五九號·西州高昌縣退田文書》

【前欠】

「[先]給張親仁[泰]」

⌊常田城東伍里北[渠]⌈

【後欠】

《大谷文書》卷一《大谷二八六〇號·西州高昌縣退田文書》

⌊[業]部田壹易城東拾里屯亭　東至渠　西至渠　南韓豐醜　北唐

黃頭

⌊常田城東貳拾里柳中縣界　東至渠　西至道　南至荒　北至渠

⌊畝永業常田城東伍里壘底渠　東至渠　西至渠　南李慶海　北樊

守洛

「[同]惟」

⌊畝永業部田城東拾里屯亭　東至渠　西至亭田　南亭田　北官田

「[同]惟」

⌊永業部田参易城東貳里俗尾潢　東至荒　西至渠　南康辰住　北

至渠

⌊土門谷　東至渠　西至渠　南至荒　北至荒

⌊東馬□　西馮父師⌈

【後欠】

《大谷文書》卷一《大谷二八六一號·西州高昌縣退田文書》

仁義里

大女龍阿連一段壹畝常田城東三里辛渠　東魏願歡　西趙相龍　南

渠　北索住

「同惟」

一段半畝部田城東七里左部渠　東牛懷達　西王安德　南翟龍　北

衛武□

[同]惟

⌊常田城西十里武城渠　東⌈

⌊伍里車⌈

【後欠】

《大谷文書》卷一《大谷二八六二號・西州高昌縣退田文書》

太平鄉
忠誠里
「同惟安」
戶主曹天智剩退一段壹畝薄田城東卅里柳中縣　東荒　西□
「同惟安」
一段壹貳畝棗城東卅里柳中縣　東還公　西至渠□
「同惟安」
一段壹畝捌拾步潢田折常田城東廿里□興　東至渠　西至渠
「同惟安會先給王忠順訖」
一段貳□畝常田□城東壹里匡□　□東蔡海相　西縣令　南□
「同惟安」
戶主曹□　□死退一段貳畝常田城南貳里□　□東康禿子西曹禮□
「安」
【後欠】

《大谷文書》卷一《大谷二八六三號・西州高昌縣退田文書》

「同惟安」
一段壹畝部田城西五里屯頭　東渠　西麴仕義　南□
「同惟安會先給張守訖」
大女白端姜一段貳畝常田城西一里杜渠　東道　西渠　南史石□□
「同惟安」
一段參畝部田參易城東五里左部渠　東荒　西渠　南荒　北荒
「同惟安」
郭奴々剩退一段壹畝桃城西一里孔進渠　東渠　西荒　南劉海富　北
張海富
「同惟安」
張醜奴死退一段半畝六十步常田城西一里左官渠　東骨海琮　西道
南道　北令狐武

「同惟　安」
一段柒拾步常田城南三里樊渠　東范安護　西渠　南渠　北張
玄敏
「同惟　安」
大女趙潘師一段壹畝常田城□　□西道　南官田　北孫仕恭
「同惟　安」
一段壹畝常田城東廿里柳中縣界□　□北至渠
「同惟　安」
一段貳畝部田城東五里左部渠　東荒　西張貞□
「同惟　安」
□部田城南五里高渠　東渠　西荒　南麴達□
□一里孔進渠　東渠　西渠　南道□
□　東荒　西渠□
【後欠】

《大谷文書》卷一《大谷二八六五號・西州高昌縣退田文書》

【前欠】
趙善忠死退
「同雲安會先給趙思禮訖」「泰」
壹段壹畝永業桃城北貳里孔進渠　東至道　西自至　南李□
「同□雲□安」
壹段壹畝永業薄田城東貳拾里柳中縣界　東至渠　西竹未子　南至
渠□
「同雲安」
壹段貳畝永業部田參易城東貳拾里高寧城　東至荒　西至荒　南至
荒□
「同雲安」
壹段壹畝永業部田參易城西伍里棗樹渠　東和武　西骨石貞　南至

道［ ］
「同雲安」
壹段壹畝永業常田城南壹里索渠　東王住海　西竹蒲利　南曹奴
子［ ］
「同雲安」
壹段貳畝永業部田城東肆拾里柳中縣　東至道　西辛孝忠　南至渠
北至渠
趙禿子死退
「同雲安」
壹段貳畝永業常田城東貳里石宕渠　東張智滿　西至道　南杜海仁
北康阿盲
慕義里
焦敬及死退
「同雲安」
壹段貳畝永業常田城西拾里［ ］　［ ］東范相　西范申相［ ］
「同雲安」
［ ］西至渠［ ］

【後欠】

《大谷文書》卷一《大谷二八六六號・西州高昌縣退田文書》

【前欠】

元　「縫背署□□」
一段貳畝部田三易城西五里胡麻井渠　東尙寬　西渠　南高規　北
張師
「安」
［ ］柳中縣界　東渠　西馮長　南潘袠　北李相
［ ］橫截城　東至荒　西荒　南還公　北渠
［ ］東至王伏近　西道　南周妃娘　北［ ］

【後欠】

《大谷文書》卷一《大谷二八六七號・西州高昌縣退田文書》

【前欠】

「同雲」
［ ］□是子死退一段貳畝常田城東卌里柳中縣　東曹［ ］
「同雲」
［ ］段參畝部田城東卌里柳中縣　東曹姜德　西［ ］
「同雲」
匡保詮死退壹段壹畝常田城南一里杜渠　東荒［ ］
「同雲」
［ ］段壹畝常田城西一里左官渠　東索富［ ］
「同雲」「會已上兩段先給匡保詮」「泰」
一段貳畝部田城西七里楡樹渠　東麴歡住［ ］
「同雲」
剩退一段貳畝部田城西五里楡樹渠　東［ ］
「同雲」
貳畝部田城西五里楡樹渠　東宜［ ］
「同雲」
壹畝部田城東七里左部渠　東［ ］
「雲」
田城東五里胡道渠　東［ ］
四里胡麻井渠［ ］
□件通［ ］
「開元廿」九年四月［ ］

【後欠】

《大谷文書》巻一《大谷二八六八號・西州高昌縣退田文書》

【前欠】

尚賢里戶□

「同雲」

一段壹畝壹拾□

「同雲」

曹屯々剩退一段壹畝部田城西七□

「同雲」

石奴々剩退壹段壹畝常田城東□

「同雲」

一段壹畝部田城東卌里柳□

「同雲」

一段壹畝部田城西五里□

「同雲」

一段壹畝部田城西七□

「同雲」

一□　□畝棗城東[卌]

「同雲」

□[一][段]□

【後欠】

《大谷文書》巻一《大谷二八六九號・西州高昌縣退田文書》

【前欠】

一段□

「同雲安」　會先給□

大女康乇勝七十八死退一段貳畝常□　□　城西[一][里]□

「同雲安」

一段壹畝部田城東三里　谷中渠　東至渠　西至荒□

「同雲安」

一段壹畝部田城西□　□西至渠　南至□

「同雲安」

□段壹畝部田参易□

「同雲」

□死□

《大谷文書》巻一《大谷二八七〇號・西州高昌縣退田文書》

【前欠】

□西柒里楡樹渠　東□

□死退

□「安」

□畝永業常田城東貳拾里柳中縣　東魏禿子　西至渠　南馮□

□「安」

壹段貳畝永業秋潢田城南伍里土營部　東至渠　西至渠　南□

□「安」

【後欠】

《大谷文書》巻一《大谷二八七一號・西州高昌縣退田文書》

【前欠】

□「安」

□永業常田城東肆拾里柳中縣　東索禪𪍿　西□

「安」

□永業常田城東肆拾里柳中縣　東王波斯　西□

「安」

□畝永業常田城東貳拾里柳中縣界　東衁運積　西□□

「雲安」

∟畝永業潢田城東肆拾里柳中縣　東至渠　西⌐

∟退　⌐

∟常田城西貳里⌐

∟常田城⌐

【後欠】

《大谷文書》卷一《大谷二八七二號·西州高昌縣退田文書》

∟里□□⌐　∟翟善女　西康元是　南焦寺　北渠

∟「同　雲」

∟東□□　西張延歡　南渠　北韓祐

∟阿緒西渠　南尉大令　北渠

∟北城北廿五里寧戎低苦具谷⌐　∟南荒　北袁弥々

∟新興北渠　東渠　西渠　南康黃頭　北渠

【後欠】

《大谷文書》卷一《大谷二八七三號·西州高昌縣退田文書》

【前欠】

高昌里⌐

「同雲晏」

員奉託母死退一段壹伯步常田城南⌐

「同雲晏」

一段壹畝桃城東卌里柳中縣　東張明願　西⌐

《大谷文書》卷一《大谷二八七四號·西州高昌縣退田文書》

大女周貞勝死退一段壹畝部田城東五里左部渠　東官田　西⌐

∟南六里　東官田　西至渠⌐

∟田西⌐

【後欠】

《大谷文書》卷一《大谷二八七五號·西州高昌縣退田文書》

【前欠】

一

韓思忠

一段

一段

「同」

一段壹畝

「同雲」

一段貳畝部田城

牒件通當鄉⌐

【後欠】

《大谷文書》卷一《大谷二八七六號·西州高昌縣退田文書》

【前欠】

一段壹⌐

「同雲」⌐

一段貳畝部田三易城東⌐

「同雲」⌐

∟段貳畝部田三易城西伍里⌐

∟「雲」⌐

【後欠】

《大谷文書》卷一《大谷二八七七號·西州高昌縣退田文書》

【前欠】

一段⌐

淨泰里⌐

大女氾小貞死退一段壹畝□□城西六十里交河⎾
「同雲安」
一⎾
【後欠】

《大谷文書》卷一《大谷二八七八號・西州高昌縣退田文書》

【前欠】
一段壹⎾
「同雲」
⎿□意死退一段貳畝⎾
「同雲」
⎿里孔進渠　東⎾
⎿東馬建論⎾
【後欠】

《大谷文書》卷一《大谷二八七九號・西州高昌縣退田文書》

【前欠】
⎿□□⎾
⎿大女田小眼⎾
安義里
⎿「同」⎾
【後欠】

《大谷文書》卷一《大谷二八八〇號・西州高昌縣退田文書》

【前欠】
一段壹畝貳伯⎾
「同雲」
曹思□⎾
一段⎾

一段壹⎾
【後欠】

《大谷文書》卷一《大谷二八八一號・西州高昌縣退田文書》

〔柳〕⎿中縣
□□□界　東郭虔⎾　〔康〕⎿富多　南⎾
⎿縣　東還⎾
⎿横截城
⎿□洛部⎾
⎿左部渠⎾
【後欠】

《大谷文書》卷一《大谷二九一三號・西州高昌縣退田文書》

太平鄉
史阿堆死退一段二畝常田城北廿里新興　東　西　南　北
車壽持出嫁⎾　⎿畝半常田城東四里石宕渠東渠西渠南翟素北渠
右件地其阿堆等地　先通狀入□充⎾
替訖　今賈九配請□⎾
授請處分
【後欠】

《大谷文書》卷一《大谷二九一四號・西州高昌縣退田文書》

尙賢鄉
和靜敏一段二畝⎾　⎿城東二里七頃渠　東渠　西翟大索　南驛田
北渠
一段三畝部田　城北廿里新興屯亭　東荒　西渠　南張守悅
北渠
【後欠】

《大谷文書》卷一《大谷二九一五號・西州高昌縣退田文書》

歸德鄉

麴嘉敬一段二畝常田城東二里七頃渠　東翟善女西康元是南[焦]北渠

一段二畝部田城東廿里[柳]冂　⌊西張延觀　南渠　北韓祐

⌊檢案

⌊□南□冂

【後欠】

《大谷文書》卷一《大谷二九九五號・西州高昌縣退田關係文書》

【前欠】

⌊一段壹「同立」畝常冂

⌊[阿]観觀死退「同立」冂

⌊「同」冂

【後欠】

《大谷文書》卷一《大谷二九九六號・西州高昌縣退田文書》

⌊[漏]籍剩地一段一畝常田城北一里滿水渠　[東]冂

右件人地漏剩令退請[處]冂

狀如前謹牒

《大谷文書》卷一《大谷三四八七號・西州高昌縣退田關係文書》

【前欠】

籍帳未除戶俱第六　家有母及叔母

二人丁寡　合授常田三畝　部田五畝　所合退地請

追靜敏母問　即知退地□□請處分

牒　件狀如前　謹牒

開元廿五年四月日　里正孫鼠居牒

【以下餘白】

《新獲吐魯番出土文獻・麴氏高昌范慶伯等田籍》

【前缺】

⌊田半　入范慶伯　[范]冂

⌊得六十步　入周明願　冂

⌊□六十步　入康禪師奴　冂

⌊□忠田七畝六十步　范林宣田一　入夏冂

⌊[謙]祐半畝六十步　嚴春生一半　康參得田半畝六十[步]　入夏冂

□冂

⌊過官大囊二十冂

□冂

【後缺】

《新獲吐魯番出土文獻・麴氏高昌趙得兒等田籍》

【前缺】

⌊□田半　趙得兒田半　□□□冂

⌊師奴自田十　康保祐二□□□冂

⌊[阿]師疊囊一　張謙祐□□□冂

⌊索三　張財祐□一　[范]冂

⌊相疊囊二□□冂

⌊□大囊冂

⌊明田三□□□冂

【後缺】

《吐魯番出土文書》第四册《阿斯塔那一〇三號墓文書・唐貞觀某年西州高昌縣范延伯等戶家口田畝籍》

一

戶主范延伯年肆拾陸

□拾貳

【中缺】

一段四畝世業田城西一里孔進渠　東渠　西道　南官田　北張雛子

一段二畝口分　城西三里楡樹渠　東劉善願　西趙憙々　南渠　北□

□

一段二畝口分　城東一里胡道　東劉善願　西常田　南□

一段二畝口分　城西二里□

【後缺】

二

【前缺】

男洛相年拾伍

□年伍歲

□伍歲

□城東一里石宕渠　東左阿參　西索善守　南□

□城西三里楡樹渠　東　西范延伯　南渠□

□畝口分　城東一里胡道　東郭延願　西范延伯　南麴延席

□分　城西三里北部　東張善海　西范延伯　南渠北

北　渠

張定和

【后缺】

三

【前缺】

□段一畝半世業桃　城北一里□

□段半畝世業田　城北一里杜□

□段二畝世業田　城北一里杜□

□段四畝世業田　城東一里東渠□

□□四畝口分　城西三里楡樹渠□

□段四畝口分　城東一里胡道　東□

【後缺】

四

戶主趙憙々年伍拾柒

妻王年叁拾貳

【後缺】

五

【前缺】

□渠東道　西馬之斛　南　道　北翟憙

仁

□孔進渠　東毛海相　西傅阿胡　南孟迴暈

北毛海相

□城西一里孔進渠　東傅□□　□

□拾肆步

【後缺】

《吐魯番出土文書》第四册《阿斯塔那一〇三號墓文書・唐西州高昌縣武城等鄉人名田畝簿》

糟臰[臭]　匠豐仁　左師□

武城鄉左相住□

大女郭悅麪一□

左相住田八畝

□下鄉

《吐魯番出土文書》第四册《阿斯塔那一〇三號墓文書・唐田畝簿》

常田九十四畝五十□

常田桃三頃一十□

常田菜三頃七十七□

軍上官田廿四畝□

《吐魯番出土文書》第六册《阿斯塔那三三二號墓文書・唐龍朔元年左慈隆等種床畝數帳》

左慈隆四畝　高住仁二畝　王□

□賴仁二畝　魏顯奴一畝　麴阿海二畝納了□

左願系一畝　梁○相一畝　劉□

馮住相一畝納了　○○○一畝　○○□

陰延伯一畝　田海憧一畝□

楊項德納了□納了

龍朔元年秋禾〔床〕五□

《吐魯番出土文書》第七册《阿斯塔那二二一號墓文書・唐田畝殘文簿》

【前缺】

□肆畝半壹伯〔佰〕壹拾柒步

【後殘】

《吐魯番出土文書》第七册《阿斯塔那二二五號墓文書・武周沙州燉煌縣田畝籍帳》

【前缺】

□城西七里西支渠　東渠　西楊端　南然鬼　北渠

□畝　床

□畝城北二里八尺渠　東自田　西自田　南渠　北渠

【後缺】

《吐魯番出土文書》第七册《阿斯塔那三五號墓文書・武周張衆護田畝帳》

白而頭〔天願〕二　康默仁二　馬戸鼠二　弟□

張富海二　大女白歡暉一　王居地二

和黄尾二　弟尾奴二　郭君□

石刀子二　弟万慶歡二

姬胡々二

右得張衆護田廿九畝東棗樹渠　西公主田　南渠　北吳祀宗

《吐魯番出土文書》第八册《阿斯塔那二三〇號墓文書・武周沙州燉煌縣田畝帳》

【前缺】

一段五畝　城北二里宋渠　東張剅　西馬樹　南渠　北道

床一段五畝　城北二里宋渠　東張剅　西渠　南渠　北渠

七　粟

畝

一段四畝　城北二里宋渠　東舍　西渠　南張住　北張剅

一段三畝〔床〕　城西三里東支渠　東渠　西張通　南王開　北渠

【後缺】

《吐魯番出土文書》第八册《阿斯塔那二三〇號墓文書・唐開元九年里正記雷思彦租取康全致等田畝帳》

【前缺】

雷思彦交用麥貳□

取南路塢郭龍敏□

開元九年正月十日里正李□□

開元八年十二月十六日雷思彦交用□

租取康全致口分部田□

即付雷彦□

【後缺】

《吐魯番出土文書》第八册《阿斯塔那二二六號墓文書・唐高昌縣某人殘手實》

【前缺】

□段 一畝部田城北廿里新興 東

□□通卢

【後缺】

《吐魯番出土文書》第九册《交河故城一號地點文書・唐西州交河縣殘田畝簿》

【前缺】

卌六畝八十步

【後缺】

《吐魯番出土文書》第九册

【前缺】

東三里

永業部田三易 城東 東

【後缺】

《吐魯番出土文書》第六册《哈拉和卓三九號墓文書・唐西州高昌縣□慶友等户家口田畝簿帳》

一

【前缺】

奴秋識年 部眞年十一

年卅三

常田城東二里南渠東 南道 北潘悅

菜城北一里潢渠東 王幢 南道北

部田城東三里 東渠 南趙護 北

慶友年六十四 妻 男幢峻年廿二

德年九 奴小德□□ 婢戌香年卅

八十步常田城東二里北渠 東渠 西張幢 南楊峻

北

菜 城北一里東侯明 西魏舉 南康愔 北

部田城東四里屯亭渠 東渠 西渠 南尼

城東十里屯亭渠 東荒 西渠南自至

□馬年

【後缺】

二

【前缺】

里潢渠 東趙歸 西道

城東二里 東渠 西渠 南馮明

西海年廿六 母賈年卅四 弟始□

畝常田城東四里北渠 東渠 西渠 南周埴

畝部田城東里「二」 東渠 西渠 南馮貞 北

顯德年六十九 妻田年□□六 男串子年廿九 男

畝常田城東二里北渠 東 南馮峻 北渠

畝半八十步「常田」城東二里潢渠 南自至 北道

菜城北一里潢渠 東 南道 北渠

畝部田城東二里潢渠 東 南張伯 北自□

年卅二 妻侯年 廷「建」年廿 妻宋年

【後缺】

《吐魯番出土文書》第八册《阿斯塔那一八九號墓文書・唐西州高昌縣梁仲德等戶主田畝簿》

一

【前缺】

戶□□資【下殘】
一段壹畝半常田城東廿里柳中縣東至渠 西至渠□
一段壹畝 常田城東廿里柳中縣 東至道 西辛懷尉 南至道
北辛父師
一段叁畝潢田城東卅里柳中縣魏略渠 東廢寺 西至渠 南至
荒 北至渠
一段壹畝潢田城東卅里柳中縣 東至渠 西康義才 南至渠
北曹龍達
一段壹畝半潢田城東卅里柳中縣杜渠 東安君善 西安善 南
至荒 北康海龍
戶主梁仲德 老男
一段貳畝 導□渠
北
何答盆
□白□

二

【前缺】

□東卅里柳中縣東□
□城東卅里柳中縣 東則姜□
□里柳中縣 東万龍□

三

【後缺】

【前缺】

□南至渠□
□渠東麹會達西近羅寺南□北近羅寺

【後缺】

四

【前缺】

一段貳畝薄田城東□
□子 老男
□貳畝常田□

【后缺】

五

【前缺】

□東高子□

【後缺】

六

【前缺】

□東辛貞□

【後缺】

七

【前缺】

□王秀忠□

【後缺】

八

【前缺】

□北渠

【後缺】

《吐魯番出土文書》第八册《阿斯塔那一八九號墓文書·唐雷端勝等戶主田畝簿》

一

【前缺】

□□雷端勝

壹段貳

戶主大女范弥弥

【後缺】

二

【前缺】

南官田　北渠

南張和達　北

住生　南淮君感北渠

南唯

【後缺】

三

【前缺】

□□康祿

壹

戶主大女趙

【後缺】

四

【前缺】

戶主賈渾眊

【中缺】

戶主員

【後缺】

五

【前缺】

公南渠北韓海

荒南荒北白苟

【後缺】

六

【前缺】

荒

忠義

【後缺】

七

【前缺】

北馮憙

悉

【後缺】

八

【前缺】

渠西馮長南裴潘子北索相

【後缺】

《吐魯番出土文書》第八册《阿斯塔那一八九號墓文書·唐高昌縣寧戎等鄉殘田畝簿》

【前缺】

總四頃卅八畝六十步

種

一畝竹才戎通一畝　嚴建順和

城

【後缺】

《吐魯番出土文書》第八册《阿斯塔那一八九號墓文書・唐殘田畝簿》

一

【前缺】

薄田

【後缺】

二

【前缺】

畝常田

城東廿四

【後缺】

《吐魯番出土文書》第六册《阿斯塔那二一四號墓文書・唐諸户丁口配田簿甲件》

一

【前缺】

户主康阿廻年六十八　一畝
男禿子年廿七　二畝
户主白明憙年十六　一畝
户主樊阿憙年五十七　二畝
户主康海憙年廿七　二畝
户主康埴奴年五十九　三畝
户主白嘿子年卅五　二畝
户主鄧甘相年五十七　二畝
户主畦亥生年七　一畝
户□小王海相年　二畝
□畝

【後缺】

二

【前缺】

弟祐相年　三畝
户主賈阿先年
男慶海年卅　三畝
户主張黑相年五十七　三畝
□主白相海年六十二　一畝
男醜々年廿
户主宋武仁年五十八　二畝
男憙洛年十九　二畝
户主翟歡住
户主曹不之攬年
户主張康師年廿五
户主白祐歡年六十四
户主李居仁年卅七
户主曹玖子年七十八
孫男德洛年廿六
户主郭歡悅年廿七
户主大女符姚妃年八十八
□主曹摩仁年六十九

【中缺】

弟赤鼠年廿　天弟敬　一畝
秦延海年

戶主大女楊足麪年卅三　二畝
戶主秦海珎年廿六　二畝
戶主令狐延海年五十　二畝
戶主杜相延年六十四　一畝
男隆柱年廿六　二畝
□主索永悅年五十四　二畝
男定信年廿六　二畝
□主馮資弥年五十一　二畝
弟祐憙年卅□　二畝
【中缺】
相年廿八　二畝
戶主趙□相年卅九　二畝
戶主安畔陁年卅七　二畝
戶主孟海伯年卅九　二畝
戶主王保祐年六十八　□□
男阿鼠年卅三　□□
男緒仁年廿
戶主王歡仁年卅八　□□
弟歡德年卅二　□□
戶主張伏奴年卅三　□□
【後缺】

三

【前缺】
戶主大女
戶主馮阿禪年六十七　□□
戶主白尾仁年六十四　□□

□主大女趙懷香年七十五　□□
戶主□□陁肆年六十五　一□
戶主白僧定年十三　一畝
戶主白善相年歲　二畝
戶主康知□年廿五　二畝
戶主串願祐
【後缺】

《吐魯番出土文書》第六冊《阿斯塔那二一四號墓文書·唐諸户丁口配田簿乙件》

一

【前缺】
二畝
年卅□二畝
□□鄭海仁年卅八二畝
弟歡柱年廿三二畝
戶主鄭頭海年廿六二畝
弟頭柱年廿五二畝
戶主王海相年七十一一畝
男歡伯年廿八二畝
男憙伯年廿二畝
□主趙歡柱年十三一畝
□主康阿廻年六十九一畝
男禿子年廿八二畝
□□白明憙年五十五二畝
□□□阿憙年五十七二畝
□□□海憙年廿七二畝
□□□塠奴年廿四二畝

□□□默子年卅七二畝
□□□甘相年五十八二畝
□□□亥生年六十九一畝
□□□海相年卅四二畝
[ ]子年卅七二畝
[ ]年廿九二畝
[ ]年廿一一畝
[ ]年卅一二畝
【後缺】

二

【前缺】
[ ]都林年卅六二畝
[ ]守住年廿七二畝
□□尊伯德年六十九一畝
□□翟僮海廿七二畝
兄允先年卅六二畝
□□李海伯年五十六二畝
男慶悅年廿三二畝
男懷慶年十九二畝
戶主高隆歡年廿七二畝
戶主杜海隆年廿二二畝
□主孫阿父師子年廿一二畝
戶主郭相憙年五十五二畝
男隆護年廿六二畝
[ ]畝
【後缺】

三

【前缺】
[ ]海伯年卅二畝
[ ]保祐年六十七一畝
【後缺】

四

[ ]年[ ]
[ ]德年十六二畝
[ ]養年六十九一畝
[ ]憙年卅二　二畝
[ ]杜年卅八　二畝
[ ]年六歲一畝
[ ]憙年六十四一畝
[ ]胡年廿二畝
[ ]年五十九二畝
[ ]年七十二一畝
[ ]七二畝
【後缺】

五

【前缺】
[ ]年五十一二畝
[ ]富年卅七二畝
[ ]郎仁年六十七一畝
□□曹消梨年五十一二畝
【後缺】

《吐魯番出土文書》第六冊《阿斯塔那二一四號墓文書・唐諸戶丁口配田簿丙件》

一

【前缺】

海仁年卅八二畝

□歡住

願海年廿六二畝

□願頭杜年廿五二畝

□□王海相年七十一一畝

故男歡伯年廿七二畝

男憙伯年廿一二畝

歡住年十三一畝

六十九一畝

【後缺】

二

【前缺】

弟祐相　畝

□□賈阿先年六十四二畝

男慶海年卅一二畝

默相年五十八二畝

□□白相海年六十五一畝

男醜々年廿七二畝

□□宋武仁年□十八二畝

男憙洛年廿二畝

□□翟歡住年廿七二畝

□□曹不之攬年卅七二畝

□□張康師年廿六二畝

□□白祐歡年六十四一畝

□□李居仁年卅七二畝

郎仁年六十□一畝

摩羅年十二畝

一畝

【中缺】

海年卅九二畝

相延年六十四一畝

男隆住年廿六二畝

□□索永悅年五十五二畝

男定信年廿二二畝

□□馮資胡年五十二二畝

弟祐憙年卅八二畝

【中缺】

畝

悅年卅七二畝

妃年八十□一畝

摩仁年六十九一畝

定相年廿九二畝

□赤鼠年十二一畝

□□趙善相年卅二畝

□□安畔陁年卅八二畝

□□□海伯年

□□□保祐年六十七一畝

□阿鼠年卅一二畝

□緒仁年廿六二畝

［　］歡仁年卅九二畝

□歡德年卅二三畝

［　］伏奴子年卅四二畝

［　］慈仁年卅一二畝

【後缺】

三

【前缺】

□□尉明子年八十八一畝

［　］阿禪年六十八一畝

［　］尾仁年六十四一畝

□□□趙?懷子年七十一畝

［　］四年六十四一畝

［　］年十二一畝

【後缺】

四

【前缺】

［　］年五十九二畝

［　］憙年卅七　二畝

□□樊阿憙年五十七二畝

□□康塠奴年卅五二畝

□□康海憙年廿七二畝

［　］塠奴年五九二畝

□□白默子年卅七二畝

□□鄧甘相年五十八二畝

［　］亥生七十一畝

□□串願祐年五十四二畝［　］卅二畝

［　］段富年卌八二畝

［　］亥生年六十九一畝

［　］尾洛年廿　二畝

【後缺】

五

【前缺】

［　］一畝

［　］五十六二畝

［　］知年卅七二畝

［　］海仁年卅八二畝

［　］明年卅六二畝

［　］醜□年廿二畝

［　］延相年五十七二畝

［　］居年十九二畝

［　］宣年廿九二畝

［　］阿祐年五十六二畝

［　］年五［　］

【後缺】

六

【前缺】

［　］海隆年廿［　］

年一　一畝

阿父師子年卌一二畝

相憙年五十六二畝

護年廿七二畝

鼠年十四一畝

□畝

【後缺】

七

【前缺】

年卌一二畝

年七十五一□

【後缺】

八

【前缺】

□□□阿鼠年卌一二畝

男緖仁年廿六二畝

□□麴　二畝

□□王歡仁年卌九二畝

弟歡德年卌二二畝

□主張伏奴子年卌四二畝

□□嚴慈仁年卌一　二畝　□呵禪六十八

□□□女尉明子□十五一畝

五十四二畝　戶主白尾仁

□□趙

【後缺】

九

【前缺】

白歡

□□相二畝

善容　康知奴二畝

〇六十七一畝　串願祐二畝

□□鄭海石年十六一畝　段富　二畝

□□張憙仁年十　一畝生　氾郎仁一畝

□主曹憙相□　一畝　曹消　一畝

□□□道瓌年卌六　二畝　張□□一畝

□□張祐□　□□隆二畝

□善懷一畝

【後缺】

《吐魯番出土文書》第四册《阿斯塔那一五號墓文書・唐貞觀十四年西州高昌縣弘寶寺主法紹辭稿爲請自種判給常田事》

貞觀十四年十二月廿七日弘寶寺主法紹辭

前判得附庸上常田，件畝數爲作弘寶寺田墣〔業〕，

以充僧供養。今時量官田家不与。〔運其着田中并所田竟。〕乞索

作寺名，寺家自種。請以諮陳，請裁謹辭。

上坐　寺主　都維那　寸　辭。

《吐魯番出土文書》第六册《阿斯塔那三二五號墓文書・唐西州高昌縣武城鄉范慈□辭爲訴君子奪地營種事》

□□三年正月　日武城鄉范慈□　辭

常田二畝。

縣司：阿張先共孫男君子分田桃，各自別佃。

昨共孫□君子平章，得今年地營種，其阿
張男□替人安□□身無，却即奪前件地，
持□見有□□書，各執一本限中可驗。謹
□請裁謹□。
□ 城 追 軍 子 過 田。
□四日。

【後殘】

《吐魯番出土文書》第七册《阿斯塔那二二一號墓文書·唐永徽三年士海辭爲所給田被里正杜琴護獨自耕種事》

□徽三年□海辭。
口分常□。
縣司：　士海蒙給田，已□貳載未得田地。
今始聞田共同城人里正杜琴護連風[封]。其地，琴護
獨自耕[耕]種將去，不与士海一步。謹以諮陳訖。
謹請勘當，謹辭。

《吐魯番出土文書》第五册阿斯塔那一三四號墓文書·唐麟德二年牛定相辭爲請勘不還地子事》

麟德二年十二月　日武城鄉牛定相辭
寧昌鄉樊董塠父死退田一畝
縣司：　定相給得前件人口分部一畝，逕[經]今五年
有餘，從嗦[索]地子，延引不還。請付寧昌鄉本
里追身，勘當不還地子所由。謹辭。
付坊追董塠過縣
對當，果　示。
十九日。

《吐魯番出土文書》第八册《阿斯塔那二三〇號墓文書·武周天授二年唐建進辯辭》

【前缺】

□□辯：被問，建進若告主簿營種還公
逃死、戶絕田圡[地]，如涉虛誑付審已後不合
更執，既經再審確，請一依元狀勘當。據
此，明知告皆是實，未知前款因何拒諱
仰更隱審，一々具答，不得准前曲相符會。
□准種識田。

【後缺】

《吐魯番出土文書》第八册《阿斯塔那二三〇號墓文書·武周天授二年勘問唐建進牒尾判》

【前缺】

建進□
死絕等□
狀□主□
其圡[地]□
即合□

【後缺】

《吐魯番出土文書》第八册《阿斯塔那二三〇號墓文書·武周天授二年李申相辯辭》

【前缺】

相符抱者，但申相從知水□
薄高禎元來安昌城不□
逃死、戶絕田、陶、菜等圡[地]。如後□
今款求受重罪。被問，依實，謹。辯感。

天授二秊壹月　日。

【後缺】

《吐魯番出土文書》第八冊《阿斯塔那一八八號墓文書・唐辯辭爲種田事》

【前缺】　　□【下殘】

□會無籍

陶憑何得種，仰荅□，謹□

□欠口分常田三畝半，蒙給

實謹連給得□□

【後缺】

《吐魯番出土文書》第七冊《阿斯塔那二三九號墓文書・唐景龍三年十二月至景龍四年正月西州高昌縣處分田畝案卷》

【前缺】

檢晏

麴孝逸口分常田一段二畝，城東卅里，東憙，西康憙，南渠

一段一畝常田，城東廿里，東索憙，西左師南渠，北還公。

右依檢案內十月三日，得柳中縣牒，

於此縣給得上件地其地。

惡□帶沙鹵，不生苗子，請退并

准狀付□佃人，檢得犂敬□

件人口分地，去城遙

遠，運　渠堰高仰薄惡有

實者，地既不堪佃種，任退。仍牒高昌

縣准式，牒至准狀者。

牒件檢如前謹牒。

十二月　日，佐　趙信牒。

下　鄉　諮　晏　示。

十五日。

依　判　處　置　示。

□五□。

【中殘】

十二月十五日受即日□□。

錄事　檢無稽失。

丞判主簿自判。

下鄉爲麴孝逸口分除附事。

景龍三年十二月　日寧昌鄉董毳頭辭

太平鄉大女竹麩連死，退常田一段二畝，城東廿里，東白永豐，西張未，南韓陶　北渠。

縣司：毳頭去年蒙給上件地充，分文案

分明，不得　憑推，逐請乞

【中缺】

禾

【中缺】

景□三年十二月　日寧昌鄉人嚴令子妻白辭

夫堂弟住君。

縣司『阿白夫共上件堂弟同籍，各自別居。一

戶總有四丁，三房別坐。籍下見授常田十

畝已上。除夫堂兄和德爲是衛士取四畝分

外餘殘各合均收。乃被前件夫堂弟見

阿白夫并小郎等二人逃走不在，獨取四畝。

唯与阿白二畝充二丁分。每年被徵阿白

兩丁分租庸極理秊苦，請乞處分，謹辭。

【中缺】
處置　示。　　廿一日。
安樂坊：
嚴住君
右奉判付坊追住君過對者。依追到今
將隨送，謹以狀言。
□□狀如前謹牒。
【中缺】
檢　處置　示
廿二日。
【中缺】
右件
董毳頭充分有實
景龍三年十二月　日，佐趙　信□。
牒件檢如前謹牒。
付司　處　置　示。
廿三日。
十二月廿三日錄事
【中缺】
分謹辭
付司上處置　示
十二月廿四日，錄事　孝。　廿　四　日。
丞判主簿　晏　付。
連晏示。
□□日。

【中缺】
廿四□
畝王渠　一段二畝杜渠
【中殘】
渠　由兄令子分
一段二畝王渠　一段一畝匡渠
右同前上件地，住君分
三易部田，總廿三畝，伯老二丁每易授六畝，二丁每易各授二畝，令子住君。
牒辯被問得堂兄妻阿白辭稱云籍下田地
訴有□得者，縣判准狀問者。謹審。但住君
據見種田地段畝數如前。三家同籍別財，其
地先來各自充分訖，不敢編併授田。去八月
內北庭府史匡君感与堂兄妻阿白錢一千文
充匡感弟迦呂□價，見付人康伏生匡君政母
□□知，被問依實謹牒
景龍三年十二月　日嚴□□牒。
【中殘】
廿三畝常田六畝和德□□佃□畝住
君佃種，更有二畝，弟令子佃種。其逃人迦呂元
未給授田地。三易部田，人各每年佃食二畝。被問
依謹辯。
景龍三年十二月　日。
付司　處置　示。
廿五日。
十二月廿五日錄事趙　晏。
□判主簿　□。
【中缺】
一段二畝永業部田城東五里左部渠東張陁　西渠　□□　北渠

一段一畝永業部田城東五里左部渠　東荒　西渠　南渠　北荒

牒上件地，承籍多年，不生苗子，虛掛

籍書，望請退入還公，並於好處受地。謹牒。

景龍三年十二月　日，寧昌鄉品子張大敏，

付司　處置　示。

廿五日。

十二月廿五日錄事趙　□。

【中缺】

□□月　日，里正嚴德□

□　司　處置　示

廿六日

十二月廿六日，錄事趙　□

丞判主簿　晏，付

檢　案　晏　示。

廿□□。

牒檢案連如前謹牒

十二月　日，佐趙

責　時

【中缺】

守

【上殘】　晏　付

連　晏　示

廿七日。

景龍三年十二月　日，寧昌鄉人張智禮辞

縣司智禮，欠口分常田四畝部田六畝，未□

給授，然智禮寄住南城，請勘責

於天山縣寬□請授。謹辞。

付司　處置　□

【中缺】

晏示。

廿八日。

【中缺】

連晏　□。

廿八日。

□分常田二畝

右上件大女先已向北庭逐粮在外，死活不知。昨

被前里正左仁德逐追阿弥分地入收授出給。比來

阿弥所有戶內□錢，恆是本里代出。其戶內更兩

人，戶見未絕，地未出，望乞處分。

大女張和妻口分常田二畝半。在臨川城

【中缺】

□龍四年正月　日　□。

丞　李晏。

勘　晏示　十一日。

大女竹麸　城東廿里東白永豊　西張未仁　南韓蒲桃　北渠

蒙　給　上　件　地，充

准　□

【中缺】

廿一日行判。

檢無稽失。

丞判主簿自判。

下寧昌等鄉，爲追張

追董毳頭爲給口分地事，

牒行案爲□高屈富地事，

張大敏　嚴□行。

【中缺】

右得上件□等辭狀，競理田地□
頻追責問不到，無憑推勘。下追
置。

牒件檢如前謹牒。

正月　日 佐趙信牒。

肆狀依注諮，晏示。

廿八日。

□置示。

廿一日。

董毳頭□案

牒件狀如前，牒至准狀。□□

寧昌等鄉主者件狀如前。符到奉□

景龍四年正月廿二日。

【中缺】

景龍

縣司

窮

【中缺】

景

文案分明，不得牒身，未牒無憑
檢案給牒者，依檢案內上件地，去
年十二月內，令注給董毳頭充分有
給案有憑理宜重牒。　晏

高屈富

右得上件人辭稱戶當第九年老篤
□分田地未蒙給受。□

□付庫　檢　籍　。

二

並　無　田　地　□

須　准　式　晏

夫堂弟住君

右得嚴令子妻白辭稱夫共上件堂弟
同籍各自別居。一戶總有四丁，三房別□□
下見授常田十畝已上。除夫堂兄和□□
是衛士，取田四畝分外，餘殘各均合□□□
前件夫堂弟見阿白夫并小郎等二□

庸極理辛苦請

四畝，惟与阿白二畝，充二丁分，每
處分者。判□□追住君過對，得坊正
白君才狀送，問得款『王渠二畝，杜渠二畝，樊
渠二畝半充伯及堂兄一丁一老丁分。樊渠二畝
充兄令子分。一弟新丁，未授地。王渠一畝，匡渠
一畝，充住君分。三易部田總廿三畝，伯老一丁每易
六畝，令子住君二丁每易各授二畝，其地據□
種收如前。三家同籍別財，其地先來各□
均分訖，不敢編併授田。去八月內北庭府史□□
感与堂兄□□錢一千文，充堂弟迦
□見付□□□□匡君政母等具

晏

【後缺】

《吐魯番出土文書》第四冊《阿斯塔那一〇三號墓文書・唐請地簿》

【前缺】

伍□
拾捌□
合應請地丁中□
玖拾丁　人得常□
伍次男　人得常□
老寡　人得常田貳畝部田壹□

【後缺】

《吐魯番出土文書》第六冊《阿斯塔那二一四號墓文書・唐總章元年里正牒爲申報□相户内欠田及丁男數事》

【前缺】

□其□
□内欠□
□朔元□
從收□訖配給湏□
□相戶□見有三丁□
□依實謹牒
總章元年□月　日里正□

《吐魯番出土文書》第六冊《阿斯塔那三七六號墓文書・唐欠田簿》

一

【前缺】

□住行□□□　戶内欠常田二畝　部□三畝
米文行廿五衛士　戶内欠常田三畝　部田四畝
四等
高峻端卌五衛士　戶頭欠常田二畝　部田三畝
高君達廿二三衛　戶内欠常田三畝　部五畝
張文固五十六勳官　戶頭欠常田三畝　部田五畝
張□々五十五□官　戶頭欠常□□畝　部田五□
弟建嘿卌九府史　欠常田四畝　部田六畝
上上戶　陰永
史義感廿九品子　戶内欠常田四畝　部田六畝
堂弟仁儼廿六品子　欠常田四畝　部田六畝

【後缺】

二

【前缺】

六等
賈行通卅二衛士　戶内欠常田四畝　部田六畝
弟孝通十八中　欠常田四畝　部田六畝
令狐高貞廿三庭州佐史　戶内欠常田三畝　部田三畝
安妙何卅五衛士　戶内欠常田二畝　部田六畝
白神寶廿一白丁　戶内欠常田四畝　部田六畝
□□□廿一白丁　□内欠常田二畝　部田二畝

【後缺】

《吐魯番出土文書》第七冊《阿斯塔那九三號墓文書・武周西州高昌縣順義鄉人嚴法藥辭爲請追勘桑田事》

□義鄉𤯔[人]嚴法藥辭
□卌五步東渠　西渠　南荒　北渠　佃𤯔李康師
□宋給得，上件𤯔桑田四
□復經附籍訖，其埊[地]見
□兄城主積歲佃埊畝

［　］陳，請追李康師勘

【後缺】

《吐魯番出土文書》第四冊《哈拉和卓一號墓文書・唐西州高昌縣順義等鄉勘田簿》

一

【前缺】

［　］令狐延相

□□舉田四畝東至　西張海伯　南□□　北闞守第

孫安相田東佃　西渠　南大女和□□　北渠　合三畝半

嚴懷保田東渠　西嚴候歡　南渠　北毛慶隆　合田六畝

毛慶隆田東渠　西道　南嚴懷保　北鞏慶會三畝十二步

鞏慶會田東渠　西道　南毛慶隆　北道　合田六畝

□□□田二畝　東道　西姜阿父師　□□舉　搥北王悳吾

鄧女憙田東渠　西道　南何祐所延　北道　合田一畝半

何祐所延田東渠　西道　南□□□　北鄧女憙合田一畝

鄧是々田四畝　東渠　西道　南張雛子　北陽亥々

焦智向田二畝半東令狐伯憙　西白地　南白地　北令狐□相

【後缺】

二

【前缺】

［　］令狐延伯　南渠　［　］

令狐延達東令狐泰女　西縣尉田　南衛峻貞　北道　合田二畝九步

大女令狐太女田東戶曹　西令狐延達　南衛峻貞　北道　合田二畝九步

馬幸智田東渠　西渠　南令狐相伯　北渠　合田二畝

和文幸田東渠　西令狐相伯　南道　北渠　合田二畝半六十步

賈延伯田［　］　盲奴　北渠　合田三畝半

趙歡相田［　］　南毛客仁子　北渠　合四畝

毛客［　］　南高文會　北趙歡相　合［　］

孟懷［　］仁子　南高歡受　北張戶舉　合［　］

張戶舉［　］　南孟懷　北孟歡信　合田一畝

趙［　］　西渠　南馬住海　北道　合田二畝五［　］

索尾［　］　西趙□□　南□柱々　北道　合［　］

□楚［　］盲奴　南永隆寺　北道　合田二畝

【後缺】

三

【前缺】

田阿父師田東渠　西大女田衆暉　南張海子　北范明歡　合田四畝半

［　］東渠　西大女田衆暉　南道　北田阿父師

【後缺】

四

【前缺】

順義【下殘】

南渠［　］

張海［　］

南［　］

【後缺】

《吐魯番出土文書》第四冊《阿斯塔那七八號墓・唐西州左照妃等勘田簿》

一

【前缺】

［　］二畝東呂延海　西左照［　］仁　北嚴祐相

合田二畝

左照妃田三畝

東大女張如資　西道　南大女車□祐相

□田□　合二十□

【後缺】

二

【前缺】

【中缺】

□五步

【中缺】

□延桃

□合田二畝

□四畝

□□師田東道　西道　南□合田四畝

□□海田東道　西道　南□合田二畝

《吐魯番出土文書》第四册《哈拉和卓一號墓文書・唐西州趙相憙等勘田簿》

一

【前缺】

□東趙相□

□渠十□北渠十□

□趙相憙田四畝　東渠五十□

□十九步　北渠十九步□

□道　西道　南道□

□田東刮憧遠　西康波□

□自桃田半畝

□孫大牙田東康嘿仁□

【中缺】

□合田四畝二步

【後缺】

二

【前缺】

張慶貞　東渠卅　西段田□

北何相憙十二　合田□

龍不苻麻子東道十四□

北道卅三　合田二畝

【後缺】

三

【前缺】

□城西□里　東□文通卅三　西渠□

□畝半

□東左安受十一　西渠十二□

□祐海卅四　一畝半□

【後缺】

《吐魯番出土文書》第四册《阿斯塔那一〇三號墓文書・唐西州高昌縣武城等鄉人名田畝簿》

糟䶊〔臭〕　匠豐仁　左師□

武城鄉左相住□

大女郭悅兹二□

左相住田八畝

《吐魯番出土文書》第六册《阿斯塔那三三〇號墓文書・唐殘文書一》

一

【前缺】

百姓活命要籍田□
□骨行
□五日
【後缺】

【前缺】
二
□州司勾勘
【後缺】

《吐魯番出土文書》第七册《阿斯塔那三五號墓文書·唐永昌元年西州高昌縣籍坊勘地牒》

籍坊
戶主和仲子肆拾叄　男懷感拾捌
一段二畝永業陶城西十里武城渠，東劉阿留，西張玄逸，南嚴知奴，北自至。
一段二畝陶　城西十里武城渠　東渠　西張玄逸　南左德子　北荒
一段八十步菜城北二里張渠　東唐隆仕　西牛義感　南道　北白海德
右依檢上件人，垂拱二年籍應授地人及常田地段，四至如前
牒件檢如前謹牒。
本與王達勘同。永昌元年二月　日典王君達牒。
承惠元泰。
牒交河縣籍坊勘趙。
𤤻仁地報諮玄式白。

《吐魯番出土文書》第七册《阿斯塔那三五號墓文書·唐丈量田畝簿》

氾感一段七畝：東一百，西一百，南十六，北十九。
右計量得七畝六十步。
史武㥯二畝

張白塠一段廿九畝，東一百四，西九十四，南八十一，北七十六。
右計得卅二畝九十一步半。入□□以並入此
數。
左隆小段一畝。

《吐魯番出土文書》第八册《阿斯塔那二三〇號墓文書·武周勘田牒》

【前缺】
右同前得城狀稱：上件人是麴大志
家人，請便追者。依檢大志貫高昌縣，
絕戶田四畝，主白居兒□□義達種秋粟。
右同前據□□，上件埊[地]去秊[年]
秋是前件人佃種。畝別收子兩碩
以上者，件勘如前。
□檢如前謹牒。
【後缺】

《吐魯番出土文書》第八册《阿斯塔那一八九號墓文書·唐開元四年籍後勘問道觀主康知引田畝文書》

【前缺】
□上件觀開元四年籍，有孔進渠
□拾柒畝有實者。依問觀主康知引，
□一十七畝，就中十畝西，畔連
【後缺】

《吐魯番出土文書》第八册《阿斯塔那一八九號墓文書·唐開元十年高昌縣知田人殘牒》

【前缺】
□謹牒
開元十年十二月　日知田人□
付　司　晏　示

十二日

十二月十二日錄事鞏　受

主簿　付

【後缺】

《吐魯番出土文書》第四册《阿斯塔那七八號墓文書·唐貞觀十四年西州高昌縣李石住等戶手實》

一

【前缺】

□□年卌七丁男

□□年肆拾丁妻

□安海年拾伍中男

□肆黃男

□□女

□□□八十畝未受

牒被責當戶手實具注如前，更加減若後虛妄，

求受罪謹牒。

貞觀十四年九月　日戶主李石住牒。

二

【前缺】

女善面所陸□

女苦且睦年叁□

合受田八十畝六畝半已受　七十三畝半未受

地一段肆畝捌拾步城西二□

桃二畝陸拾步□

牒被責當戶手實具□

貞觀十四年九月　日安苦晌延牒

十□[二]

三

【前缺】

□妄求受重罪謹牒

□觀十四年九月□

四

【前缺】

□十七畝未受

□索德隆　南白寺　西□

□東官　南司空明岳　西道□

□東舍里塔　南麴保悅　西王寺□

□東李善守　南官　西道　北□

□畝在辛[新]興

□具注如前更無□

□謹牒

□年九月□

五

【前缺】

妻張年肆拾　□□

男阿荅㚲年貳拾□

妻曹年拾伍　中女

男甯毗年拾陸　中男

妻曹年拾貳　□□

男苻梨願年拾叁　□□

男庶斤年拾　中男

男摩薩年柒　小男

男屈知年壹　黃男

【後缺】

六

【前缺】

女黑婢年伍小女

女端莫年壹黃女

奴□富年叁小奴

【中缺】

□婢

婢豊女年肆拾伍丁婢

婢海香年叁小婢

十畝未受

【後缺】

七

【前缺】

陸老男

伍老妻

拾壹老男

拾捌丁男

貳拾貳丁妻

年拾陸中□

拾肆中男

小女

黃女

老奴

【後缺】

八

【前缺】

肆中男

丁寮[寡]

【中缺】

拾貳丁奴

拾捌丁奴

伍拾丁婢

拾壹丁婢

拾叁丁婢

伍拾柒丁婢

伍丁婢

【後缺】

《吐魯番出土文書》第四册《哈拉和卓一號墓文書・唐西州殘手實》

一

【前缺】

渠田壹畝半　【下殘】

東渠田壹畝　【下殘】

【後缺】

二

【前缺】

及田畝數具狀

【後缺】

《吐魯番出土文書》第四册《阿斯塔那一〇三號墓文書・唐貞觀某年西州某鄉殘手實》

【前缺】

……今年三……

合受田八十畝　田一畝半　已受　七十八畝半　未受

地一段一畝半城北三……

北詣尉安相

牒被責當戶手實注……

合注求受重罪謹牒

貞……

《吐魯番出土文書》第四册《阿斯塔那一五二號墓文書·唐殘手實》

一

【前缺】

合應受田叁拾伍　五畝已受　卅畝未受

【後缺】

二

【前缺】

一段……

一段□□部田三……

【中殘】

牒被責當戶來年手實，件通如前，無有加減若後虛妄，求依法□罪。謹牒。

……德牒

【後缺】

《吐魯番出土文書》第六册《哈拉和卓三九號墓文書·唐貞觀年間西州高昌縣手實一》

【前缺】

……一十畝七十步已受

……籍田柒拾玖畝一百二□□　七十……

……六十步　……

……畝一百七十步……

……世業常田城東一里……東董悅護　西渠　南……

……十步世業菜城北一里……東荒　西荒　南……

……步世業桃　城北三里苦……東渠　西渠　南李……

……畝世業部田城東二里瀆渠　東渠　西渠　南陰沙□……

……一百六十步世業賜田城東二里瀆渠　東渠　西荒　南

道……

……步居住園宅

……來年手實具注如前並皆依實……

【後缺】

《吐魯番出土文書》第六册《哈拉和卓三九號墓文書·唐貞觀年間西州高昌縣手實二》

【前缺】

……已受

應受田陸拾壹畝　七十步居住□□

五□畝一百七十步未受

□段三畝半卅步世業常田城東□□土門谷渠東李舉西渠南……

□段九十步世業菜城東一里土□谷渠　東曹寺西渠南渠……

□段六畝世業部田　城北三里瀆□　東車林　西渠南李舉……

□□七十步居住園宅

□□通當戶來年手實，具注如前，並皆依實，……

□妄依法受罪。謹牒。

貞□□□年　月　日戶□

《吐魯番出土文書》第六册《阿斯塔那三三二號墓文書・唐殘手實》

【前缺】

□年歲具注如前，□

□依法受罪。謹□

【後缺】

《吐魯番出土文書》第七册《阿斯塔那三五號墓文書・武周載初元年西州高昌縣甯和才等戶手實》

一

戶主甯和才𠡦[年]拾肆歲
母趙𠡦伍拾貳歲
妹和忍𠡦拾叁歲
右　件　人　見　有　籍
姊和貞𠡦貳拾貳歲
姊羅勝𠡦拾伍歲
右　件　人　籍　後　死
合　受　常　部　田
一段二畝常田城北廿里新興　東渠　西道　南道　北曹君定
一段一畝部田三易城西七里沙堰渠　東渠　西常田　南張延守　北
麴善亮
一段一畝部田三易城南五里馬堆渠　東張沙弥子　西張阿仲　南
北渠
一段一畝部田三易城西五里胡麻井渠　東渠　西麴文清　南渠　北
曹粟堆
一段卌步居　住　園　宅
牒件通當戶新舊口田段畝數、四至，具狀如前。如後有人糺
告，隱漏一口，求受違　勅之罪。謹牒。
載初元𠡦壹月　日　戶主甯　和　才　牒。

二

【前缺】

牒件通當戶新舊口并田段畝數、四至，具狀如前。如後
有人糺告，隱一口，求受違　勅之罪。謹牒。
載初元𠡦一月　日戶主大女張思別牒。
戶主王隆海𠡦伍拾壹歲　篤疾
弟隆住𠡦肆拾壹歲　衛士
右件人見存籍帳
隆妻翟𠡦叁拾伍歲
右件妻籍後娶爲妻漏附
合受常部田
一段半畝常田城南一里杜渠　東張海　西康德　南渠　北渠
一段一畝半常田城西卅里交河縣　東塞　西官田　南官田　北官田
一段二畝常田城北廿里新興壘底渠　東曹磨羅　西渠　南王丘慈
北渠
一段二畝常田城南二里王渠　東白圈々　西渠　南范阿留　北馬
禿子
一段二畝常田城南二里杜渠　東白地子　西田石師　南氾達緒　北
和武集
一段四畝部田城東五里胡道渠　東荒　西荒　南荒　北麴老師
一段一畝部田城西十里南路塢　東渠　西渠　南荒　北渠
一段四畝部田城西五里毛頭渠　東張斌　西渠　南渠　北宋行
一段一畝部田城西五里馬堆渠　東荒　西荒　南張信　北渠
一段一畝部田城東五里左部渠　東水田　西陰伯　南范隆　北渠
一段一畝部田城東五里胡道渠　東張尾　西渠　南渠　北渠
牒件通當戶家口𠡦名、田段、四至、新舊漏口如前。如後
有隱漏，括得一口，求受違　敕之罪。謹牒。
載初元𠡦一月　日戶主王隆海牒。
戶主史苟仁𠡦貳拾柒歲　白丁
合受常部田
一段二畝常田城東廿五里柳中縣　東荒　西和定護　南宋貞信　北

江歡伯
一段一畝部田城東卌里柳中縣　東渠　西脾子　南荒　北渠
一段一畝部田城東廿五里柳中縣　東徐富　西渠　南荒　北還公
牒件通當戶家口、秊名、田峚、四至、具錄如前。如後有
人糺，得一口隱沒，求受違　敕之罪。謹牒。
載初元秊一月　日戶主史苟仁牒。

三

【前缺】

牒件通當戶新舊口、田段、四至、畝數，具狀如前。如後有人
糺告，隱漏一口，求受違　敕之罪。謹牒。
載初元秊一月　日戶主嚴仁秀　牒。
戶主翟急生秊貳拾捌歲　□□
妻安秊貳拾貳歲　品子妻
故父妾史秊貳拾陸歲　丁，
女哪勝　秊　叁　歲　黃女
樂事何豊吉秊拾叁歲　小
部曲昝阿吐秊貳拾壹歲　丁
右件人見有籍
一段二畝常田城北二里石宕渠東魏盲歡　西道　南鄭願海　北鄭
歡臺
一段二畝常田城西六十里交河縣　東渠　西渠　南張父　北支海
一段二畝部田三易城西七里棗樹渠　東荒　西渠　南魯胡師　北渠
一段二畝部田三易城南五里馬埴渠　東渠　西逆人田　南闍唾　北
宋道行
一段二畝部田三易城西七里棗樹渠　東渠　西張幹　南陰照　北
麹子
一段七十步居住園宅
牒件通當戶新舊口，幷田段、四至、畝數，如前如。後有人糺
告，隱漏一口，求受違　敕之罪。謹牒。
載初元秊一月　日戶主翟急生牒

四

戶主大女楊支香秊肆拾歲
右件人見有籍
男盲奴秊肆歲
右件人漏無籍
牒件通當戶新□□，具狀如前。如後有人糺告，隱漏一口，
求受違　敕之罪。謹牒。
載初元秊一月　日戶主大女楊支香牒。

五

戶主大女曹多富秊柒拾捌歲　老寡
合受常部田
一段二畝常田城西十里武城渠　東渠　西渠　南田苟鼠　北張黿
[君]德
一段卌步居住園宅
牒件通當戶新
隱漏一口求受

【後缺】

六

戶主康才寶秊肆
女勝姜秊[貳]
度弟妻
女行檀秊拾貳[歲]　□□
弟方藝秊叁拾肆歲　白丁
妻高秊叁拾歲　丁妻
弟眞寶秊叁拾陸歲　丁[妻]
婢眞珠秊伍拾貳歲　□□
右件口舊有□

男玄應𠦚拾
男玄素𠦚柒
男玄壽𠦚肆歲 小□
女普敬𠦚陸歲 小女
男玄忠𠦚伍歲 小男
姪男懷文𠦚伍歲 小男
右件口漏籍請
合受常部田
一段三畝半六十步桃城北一里孔進渠 東丞田 西汜士隆 南張苟
靣 北張
一段一畝一白〔百〕八十九步桒城北一里張渠 東曹善慈 西高信行
南荒
一段二畝蒲陶〔葡萄〕城西六里𠀑〔天〕山縣
一段半畝常田城
【中缺】
四至如前。如
後有
罪。謹牒。
戶主康寶才牒。

七

【前缺】

合應受常□□
一段二畝常田城東二里匡渠 東州司馬 西秦鷄子 南
一段一畝部田三易城南五里蒿渠 東渠 西張海仁 南和海嘿
北渠
一段一畝部田三易城西七里屯頭渠 東渠 西孫雅斌 南吳祀宗
北渠
一段一畝部田三易城東七里左部渠 東渠 西水田 南麹明伯
北渠
牒件通當戶家口、𠦚名，并田坙、四至，具狀如前。如後有
人糺得一口，求受違 敕之罪。謹牒。
載初元𠦚一月 日戶主王具厄牒。

八

【前缺】

父婆子𠦚伍拾玖歲 職資
右件人籍後死
妾羅𠦚貳拾玖
男思安𠦚 壹歲
女元竭𠦚 貳歲
右件人漏無籍
女保尙 如意元𠦚九月上旬新生附
合受常部田
一段一畝半桃城北二里石宕渠 東道 西安弟々 南道 北鞏
元達
一段一百步桒城北一里張渠 東道 西焦隆仁 南道 北趙隆仕
一段半畝常田城南一里索渠 東白古仁 西万慶歡 南康 北賈
父師

【後缺】

九

【前缺】

一段卅步居住園宅
牒件通當戶新舊口、坙段四至、畝數如前。如後有人糺
告一口，求受違 敕之罪。謹牒。
載初元𠦚一月 日戶主康才義牒。
戶主康鹿獨𠦚肆拾歲 衛士
妻闞𠦚叁拾肆歲 衛士妻

女妙英秊拾壹歲　小女
□拾歲　小女
【後缺】

一一

【前缺】
合受常部田
一段二畝桃城北二里孔進渠　東官桃　西嚴慶隆　南自至　北梁
衆悅
一段二畝常田城北三里石宕渠　東楊仁　西道　南道　北張
一段二畝部田三易城西七里沙堰渠　東渠　西趙苟子　南道　北道
一段二畝部田三易城南五里馬塠渠　東渠　西渠　南道　北荒
一段二畝部田三易城西五里胡麻井渠　東荒　西荒　南荒　北張
阿桃
一段卌步居住園宅
【後缺】

一二

【前缺】
牒件通當戶手實家口秊名，具狀如前。如後有人糺告，隱
漏一口，求受違　敕之罪。謹牒。
載初元年一月　日戶主唐秋祚牒。

一三

【前缺】
一段二畝桃城西一里左宕渠　東串相□
一段半畝菜城北一里張□
一段半畝桃城北一里張渠□
一段　畝菜城北一里張渠□
牒件通當戶□

田堲並依實具□
敕之罪謹牒
載初元秊一月　日□

一四

【前缺】
□捌拾　歲
□秊漆［柒］拾壹歲
右件人見有籍
【中缺】
□居住園宅□西渠　南荒□
□田段四至畝數具狀如□
□罪謹□
【後缺】

一五

【前缺】
牒件通當戶新舊口田段畝□
漏一口求受違　敕□
載初元秊□

一六

【前缺】
合受常部田
一段一畝桃□里石宕渠　東荒□海　北樊願德
一段二畝桃□
一段一畝常田□
一段一畝麥潢□

一段一畝部田三易城

一段一畝部□□□

【後缺】

一七

【前缺】

住歡

□魏醜奴

西勒□　南渠　北麴仁

東渠　西渠　南道　北渠

東荒　西渠　南渠　北辛仁

《新獲吐魯番出土文獻・唐神龍三年正月西州高昌縣開覺等寺手實》

【前缺】

一段二畝永　東田　西張□□　南荒

北渠

業薄田　城　里南平城　東荒　西甯方　南渠

北渠

一段一畝永業薄田　城西六十里南平城　東董寶　西渠　南渠　北

馮進

一段二畝永業薄田　城西六十里南平城　東荒　西荒　南荒　北索住

一段二畝永業薄田　城西六十里南平城　東甯方　西翟征　南渠　北

部田

右件地，藉［籍］後給充僧分。

牒被責令，通當寺手實，僧數，年名、部曲、奴婢，并新舊地段、畝數、四至具通如前。其中並無脱漏，若後虚妄，連署綱維，請依法受罪。謹牒。

神龍三年正月　日直歲僧惠儼牒

都維那闕

上坐僧廣閏

寺主患

開覺寺

合當寺新舊總管僧總廿人

五人雜破除

人身死

【後缺】

《吐魯番出土文書》第八册《阿斯塔那一一九號墓文書・唐西州高昌縣手實》

【前缺】

頃伍拾陸畝

一項卌步

□□□畝永業常田城南二里樊渠

□□四畝永業常田城西二里孔□

□段三畝永業部田城西五里樹

一段三畝永業部田城東五里胡

一段三畝永業部田城西五里

一段七十步居住

牒件通當戶

盡若後脱

【後缺】

《中國古代籍帳研究・唐大曆四年沙州燉煌縣懸泉鄉宜禾里手實》

斯五一四

【前欠】

戶主趙　大　本年柒拾壹歲　老男　下下戶　課戶見輸
妻　孟　年陸拾玖歲　老男妻
女　光　明　年貳　拾歲　中女
男　明　鶴　年叁拾陸歲　會州黃石府別將乾元二年十月　日授甲頭
張爲言　曾德　祖多　父本
男　思　祚　年貳拾柒歲　白丁
男　明　奉　年貳拾陸歲　白丁轉前籍年廿大暦二年帳後貌加就實
男　如　玉　年貳拾肆歲　中男寶應元年帳後漏附
合應受田肆頃伍拾叁畝玖拾畝已受　八十九畝永業　一畝居住園宅　三頃六十
三畝未受
一段拾畝永業城東十五里八尺渠東自田　西翟守　南　翟　北自田
一段拾畝永業城東十五里八尺渠東索暉　西　路　南　路　北自田
一段伍畝永業城東十五里八尺渠東索暉　西　渠　南　渠　北索謙
一段肆畝永業城東十五里八尺渠東竇智　西　渠　南　渠　北　荒
一段陸畝永業　城東廿里沙渠　東趙義　西　路　南　渠　北玄識
一段貳拾畝永業城東十五里八尺渠東路　西　路　南懷慶　北　路
一段玖畝永業城東十五里八尺渠東　渠　西觀田　南　渠　北張孝
一段貳拾伍畝永業　城東十五里八尺渠　東　路　西　路　南孟慶
北　路
一段壹畝居住園宅
戶主李　如　眞年肆拾貳歲　中女乾元三年籍後死
戶主李　仙　仙年肆拾壹歲　中女乾元三年籍後死全戶除
母　談　年柒拾陸歲　寡
戶主張　可　曽年貳拾肆歲　中女代兄承戶　下下戶　不課戶
兄　妹　妹　年壹拾伍歲　小男乾元三年籍後死
母　令　狐　年伍拾伍歲　寡
弟　履　華　年壹拾肆歲　小男乾元三年籍後死
合應受田捌拾壹畝肆拾陸畝已受　廿畝永業　廿五畝口分　一畝居住園宅　卅五
畝未受
一段伍畝永業　城東廿里沙渠　東自田　西趙仵　南自田　北　渠
一段柒畝永業　城東廿里沙渠　東　荒　西自田　南　路　北　渠
一段貳畝永業　城東廿里沙渠　東　荒　西張住　南　路　北　渠
一段壹畝永業　城東廿里沙渠　東韓德　西　荒　南善德　北索阿
一段伍畝永業　城東廿里沙渠　東自田　西　渠　南　路　北自田
一段拾畝口分　城東廿里沙渠　東張住　西買住　南　路　北　荒
一段伍畝口分　城東廿里沙渠　東自田　西玄義　南自田　北　荒
一段拾畝口分　城東廿里沙渠　東自田　西　渠　南　路　北　渠
一段壹畝居住園宅
戶主張　介　介年陸拾肆歲　老女乾元三年籍後死全戶除
妹　妃　妃　年參拾玖歲　中女
戶主宋　二　娘年柒拾貳歲　寡代聟承戶　下下戶　不課戶
聟索　嗣　藝年陸拾壹歲　老男翊衛乾元三年籍後死
男索　秀　章年貳拾柒歲　白丁大暦三年帳後死
合應受田伍拾壹畝並未受
戶主索　思礼年陸拾伍歲　老男昭武校尉前行右金吾衛靈州武略府別
將上柱國
母　氾　年捌拾玖歲　寡上元二年帳後死
妻　氾　年伍拾玖歲　老男妻
男　遊　鸞　年叁拾柒歲　丹州通化府折衝上柱國大暦元年月　日授
甲頭李□□
鸞　妻　張　年叁拾捌歲　職資妻
鸞　男齊　岳年壹拾貳歲　小男大暦二年帳後漏附
奴　羅　漢　年肆拾陸歲　丁
奴　富　奴　年貳拾玖歲　丁
奴　安　安　年伍拾叁歲　丁乾元三年籍後死
婢　寶　子　年貳拾玖歲　丁
合應受田陸拾壹頃伍拾叁畝貳頃肆拾叁畝已受卅畝永業一十九畝勳田　十四畝
買田　一頃六十七畝口分　三畝居住園宅　五十九頃一十畝未受
一段壹頃拾玖畝卅畝永業　一十九畝勳田　卌六畝口分　一十四畝買田城東十
五里瓜渠東安璟西澤　南宋章　北　渠

一段貳拾陸畝口分　城東十五里瓜渠東　渠　西　渠　南　渠　北

坑

一段拾壹畝口分城東十五里瓜渠東仁亮　西　渠　南　渠　北　澤

一段叁拾叁畝口分　城東十五里瓜渠東安璟　西　路　南　渠　北

路

一段玖畝口分　城東十五里瓜渠東　渠　西　渠　南　路　北　渠

一段玖畝口分　城東十五里瓜渠東楊絢　西　渠　南　渠　北　澤

一段捌畝口分　城東十五里瓜渠東　渠　西　荒　南索楚　北　渠

一段拾伍畝口分城東一里孟授渠東張奉儀西　路　南和雅　北　路

一段拾畝口分　城東十五里瓜渠東李方　西　渠　南　渠　北安壽

〔一段叁〕畝居住園宅

戶主索　遊　仙年　玖　歲　小男乾元三年籍後死

戶主安　遊　璟年伍拾叁歲　上柱國開元廿五年九月五日授甲頭王斛斯

曾言　祖與　父嗣　代叔承戶　下下戶　不課戶

叔　承　嗣　年柒拾柒歲　老男乾元三年籍後死

妻　張　年肆拾柒歲　職資妻

女　娘　娘　年壹拾陸歲　小女

叔　懷　節　年參拾肆歲　癈疾上元二年帳後死

合應受田參拾壹頃壹畝貳拾玖畝已受　廿畝永業　三畝買田　五畝口分　一畝

居住園宅　卅頃七十二畝未受

一段柒畝永業　城東十五里瓜渠東　渠　西自田　南索濟　北　渠

一段貳畝永業　城東十五里瓜渠東自田　西自田　南索礼　北　渠

一段陸畝永業　城東十五里瓜渠東鄧難　西安慶　南　渠　北索礼

一段叁畝買田　城東十五里瓜渠東　渠　西索礼　南　舍　北　渠

一段捌畝五畝永業三畝口分城東十五里瓜渠東　渠　西官田　南安壽

北官田

一段壹畝口分　城東十五里瓜渠東　路　西　坑　南　沙　北自田

一段壹畝口分　城東十五里瓜渠東自田　西　渠　南自田　北　渠

一段壹畝居住園宅

戶主安　大　忠年貳拾陸歲　白丁　下下戶　課戶見輸

母　屈　年肆拾柒歲　寡永泰二年帳後勘責逃走限滿除

弟　金　苟　年壹拾陸歲　小男上元二年帳後死

妹　桃　花　年貳拾參歲　中女上元二年帳後死

妹　胡　胡　年貳　拾歲　中女永泰二年帳後勘責逃走限滿除

妹　妃　妃　年貳拾壹歲　中女永泰二年帳後勘責逃走限滿除

亡叔妻　張　年參拾柒歲　中女永泰二年帳後勘責逃走限滿除

亡叔欽妻　張年肆拾肆歲　寡永泰二年帳後勘責逃走限滿除

妹　仙　仙　年壹拾貳歲　小女永泰二年帳後勘責逃走限滿除

合應受田壹頃壹畝參拾叁畝已受　廿畝永業　一十二畝口分　一畝居住園宅

六十八畝未受

一段捌畝永業　城東十五里瓜渠東楊大昴西　荒　南　荒　北　澤

一段柒畝永業　城東十五里瓜渠東　渠　西　荒　南　荒　北　渠

一段拾柒畝四畝永業一十三畝口分城東十五里瓜渠東渠　西　渠　南

路

北自田

一段壹畝居住園宅

戶主令狐　朝俊年貳　拾歲　中男大曆三年帳後逃還附　代父承戶　下下

戶　不課戶

父　嗣　宗　年伍拾玖歲　老男癈疾乾元三年籍後死

母　任　年捌拾壹歲　寡

姉　仙　仙　年貳拾陸歲　中女乾元三年籍後死

姉　妙　妃　年貳　拾歲　中女乾元三年籍後死

妹　羅　羅　年壹拾陸歲　小女乾元三年籍後死

妹　妃　妃　年壹拾肆歲　小女乾元三年籍後死

合應受田壹頃參拾壹畝叁拾捌畝已受　廿畝永業　一十八畝口分　九十三畝

未受

一段伍畝永業　城東十五里瓜渠東　渠　西陰義　南　渠　北自田

一段叁畝永業　城東十五里瓜渠東　渠　西陰義　南自由　北宋素

一段伍畝永業　城東十五里瓜渠東　渠　西陰義　南　渠　北自田

一段肆畝永業　城東十五里瓜渠東　路　西　渠　南　渠　北　渠

一段壹畝永業　城東十五里瓜渠東自田　西自田　南　路　北　場

一段肆畝二畝永業　二畝口分城東十五里瓜渠東　渠　西　荒　南令狐
惠北　渠
一段拾畝口分　城東十五里瓜渠東伽生　西　荒　南　路　北　渠
一段貳畝口分　城東十五里瓜渠東　渠　西陰義　南自田　北　路
一段肆畝口分　城東十五里瓜渠東　渠　西　舍　南義巨　北　渠
戶主令狐　海賓年貳拾肆歲　中男乾元三年籍後死全戶除
祖母　孔　年玖拾柒歲　寡
母　蘇　年陸拾參歲　寡
戶主令狐　進堯年　伍拾捌歲　老男上柱國開元廿八年五月十五日授甲
頭趙承鑒　曾素　祖感　父忠　代父承戶　下下戶不課戶
父　懷　忠　年陸拾壹歲　老男上輕車都尉永泰二年帳後勘責逃走限
滿除
女　眞　眞　年壹拾捌歲　中女永泰二年帳後勘責逃走限滿除
女　妃　妃　年　玖　歲　小女永泰二年帳後勘責逃走限滿除
弟　思　賓　年叁　拾歲　品子上元二年帳後死
亡叔男海　賓年肆　拾歲　癈疾應德二年帳後逃還附　患左眼瞎并風癡
合應受田叁拾壹頃壹畝壹頃叁畝已受　卌畝永業　六十二畝口分　一畝居住園
宅　廿九頃九十八畝未受
一段拾畝永業　城東十五里瓜渠東自田　西　路　南自田　北　荒
一段壹畝永業　城東十五里瓜渠東　渠　西　路　南　荒　北自田
一段伍畝永業　城東十五里瓜渠東令狐宗西　渠　南　渠　北自田
一段貳畝永業　城東十五里瓜渠東令狐宗西　渠　南　渠　北自田
一段伍畝永業　城東十五里瓜渠東海賓　西令狐宗南嗣宗　北　渠
一段壹畝永業　城東十五里瓜渠東　場　西自田　南佛圖　北自田
一段伍畝永業　城東十五里瓜渠東陰曜　西海賓　南自田　北　渠
一段捌畝永業　城東十五里瓜渠東　渠　西　渠　南張楚　北楊巨
一段叁畝永業　城東十五里瓜渠東陰曜　西　渠　南　渠　北自田
一段壹畝口分　城東廿里沙渠　東　路　西自田　南　荒　北　岸
一段貳畝口分　城東廿里沙渠　東　澤　西玄爽　南自田　北自田
一段參畝口分　城東廿里沙渠　東　澤　西自田　南自田　北自田
一段參畝口分　城東廿里沙渠　東　路　西　澤　南　渠　北　澤
一段伍畝口分　城東廿里沙渠　東自田　西自田　南自田　北何思貞
一段壹畝口分　城東廿里胡渠　東　澤　西含怒　南趙表　北　澤
一段貳畝口分　城東廿里趙渠　東玄美　西玄美　南玄美　北自田
一段拾參畝口分城東廿里沙渠　東　澤　西玄義　南　荒　北玄義
一段參畝口分　城東廿里沙渠　東　渠　西　河　南令狐忠北　沙
一段玖畝口分　城東廿里沙渠　東馬奴　西翟政　南趙仵　北令狐珠
一段貳畝口分　城東十五里沙渠東　渠　西　路　南令狐忠北　沙
一段玖畝口分　城東十五里瓜渠東令狐忠西　渠　南　渠　北　渠
一段肆畝口分　城東十五里瓜渠東　渠　西懷忠　南懷忠　北　渠
一段參畝口分　城東十五里瓜渠東陰曜　西　渠　南　渠　北　路
一段貳畝口分　城東十五里瓜渠東　舍　西　渠　南令狐忠北　渠
一段壹畝居住園宅
戶主　令　狐娘子年貳拾伍歲　中女　下下戶　不課戶
母　張　年肆拾肆歲　寡
合應受田捌拾壹畝參拾玖畝已受　廿畝永業　一十九畝口分　卌二畝未受
一段參拾玖畝廿畝永業　一十九畝口分城東十五里瓜渠東自田西嗣宗南自
田　北自田
戶主索　仁　亮年參拾捌歲　守左領軍衛宕州常吉府別將
兄　思　楚　年陸拾玖歲　老男翊衛寶應二年帳後死
亡兄妻　宋　年柒　拾歲　寡
亡兄男元　亮年貳拾伍歲　品子乾元三年籍後死
亡兄男元　暉年貳拾玖歲　品子取故父思楚翊衛蔭開元廿五年二月九日
授甲頭田□實　曾守　祖済　父楚　上元二年帳後逃還附
亡兄男元　俊年貳拾捌歲　品子上元二年帳後漏附
亡兄女來　來年貳拾肆歲　中女乾元三年籍後死
亡兄女娘　子年壹拾肆歲　小女乾元三年籍後死
合應受田參頃參拾貳畝壹頃參畝已受　六十畝永業　卌三畝口分　二頃廿九畝
未受
一段貳畝永業　城東十五里瓜渠東　路　西索賓　南索暉　北　渠

一段貳畝永業　城東十五里瓜渠東　渠　西索政　南　路　北索政
一段肆畝永業　城東十五里瓜渠東　沙　西　渠　南自田　北索信
一段拾畝永業　城東十五里瓜渠東　渠　西索立　南　渠　北安落
一段拾貳畝永業城東十五里瓜渠東　路　西　渠　南　路　北自田
一段肆畝永業　城東十五里瓜渠東　坑　西索都　南索政　北　坑
一段拾畝永業　城東十五里瓜渠東　渠　西　坑　南索政　北楊曹
一段拾肆畝永業城東十五里瓜渠東　沙　西　渠　南陰輔　北官田
一段伍畝口分　城東十五瓜渠　東官田　西　渠　南索才　北索才
一段貳畝永業　城東十五里瓜渠東索才　西　渠　南索才　北自田
一段拾参畝口分城東廿里瓜渠　東索齊　西官田　南官田　北　路
一段肆畝口分　城東廿里瓜渠　東　路　西　渠　南　路　北石忠
一段肆畝口分　城東廿里瓜渠　東安智　西　路　南　荒　北自田
一段参畝口分　城東廿里瓜渠　東彭達　西　渠　南自田　北　澤
一段貳畝口分　城東廿里瓜渠　東　路　西大忠　南自田　北　渠
一段貳畝口分　城東十五里瓜渠東　渠　西索暉　南索暉　北　路
一段肆畝口分　城東十五里瓜渠東　渠　西宋玉　南宋玉　北令狐忠
一段陸畝口分　城東十五里瓜渠東　荒　西自田　南令狐忠北　路
戶主索　如　玉年肆拾肆歲　蘭州金城府別將上柱國
母　薛　年伍拾伍歲　寡乾元三年籍後死
妻　孔　年肆拾玖歲　職資妻
男　秀　章　年貳　拾歲　中男大曆二年帳後死
合應受田参拾壹頃壹畝貳拾貳畝已受　廿畝永業　二畝・分　卅頃七十九畝未受
一段参畝永業　城東十五里瓜渠東　路　西　渠　南　渠　北索忠
一段拾玖畝十七畝永業二畝口分城東十五里瓜渠　東索本　西　渠
南陰虫　北　蔡
戶主楊　日　晟年参　拾歲　白丁代兄承戶下下戶　課戶見輸
兄　大　絢　年陸拾壹歲　老男永泰二年帳後逃走限滿除
亡兄妻　孟　年参拾玖歲　老男妻永泰二年帳後逃走限滿除
弟　朝　息　年壹拾伍歲　小男永泰二年帳後逃走限滿除

妹　娘　娘　年貳拾玖歲　中女永泰二年帳後逃走限滿除
妹　花　花　年貳拾壹歲　中女永泰二年帳後逃走限滿除
［仙］［妻］［陰］［年］［肆拾肆歲］　［丁妻］
弟　庭　顏　年壹拾陸歲　小男乾元三年籍後死
弟　庭　璡　年壹拾柒歲　小男乾元三年籍後死
弟　日　遷　年貳拾貳歲　中男寶應元年帳後死
合應受田壹頃壹畝陸拾貳畝已受　廿畝永業　卅二畝口分　一畝居住園宅　卅九畝未受
一段捌畝永業　城東十五里瓜渠東　渠　西張劍　南楊巨　北義巨
一段拾参畝永業城東十五里瓜渠東楊巨　西　路　南　路　北楊巨
一段伍畝口分　城東十五里瓜渠東　路　西義巨　南　路　北　渠
一段貳畝口分　城東十五里瓜渠東義巨　西義巨　南　渠　北　路
一段伍畝口分　城東十五里瓜渠東　渠　西　舍　南　路　北　渠
一段柒畝口分　城東十五里瓜渠東　渠　西　路　南自田　北　路
一段捌畝口分　城東十五里瓜渠東楊巨　西　渠　南張香　北　荒
一段拾貳畝口分城東十五里瓜渠東　渠　西張劍　南　渠　北李方
一段壹畝口分　城東十五里瓜渠東　河　西新城　南　荒　北　路
一段壹畝居住園宅
戶主李　大　娘年肆拾肆歲　寡廣德三年帳後逃還附　代翁承戶　下下戶
不課戶
翁楊　義　巨年捌拾柒歲　老男武騎尉永泰二年帳後勘責逃走限滿除
亡聟叔妻　董年参拾玖歲　寡永泰二年帳後勘責逃走限滿除
亡聟弟朝　宰・貳拾参歲　中男永泰二年帳後勘責逃走限滿除
合應受田伍拾玖畝並已受廿畝永業　廿五畝買田　一十三畝口分　一畝居住園宅
一段柒畝永業　城東十五里瓜渠東　渠　西　路　南楊本　北　路
一段柒畝永業　城東十五里瓜渠東楊本　西楊本　南　路　北　渠
一段壹畝永業　城東十五里瓜渠東　舍　西　渠　南楊本　北楊本
一段壹畝口分　城東十五里瓜渠東楊本　西自田　南　渠　北　路

一段伍畝永業　城東十五里瓜渠東　渠　西　路　南自田　北令狐宗
一段貳畝口分　城東十五里瓜渠東　渠　西楊本　南　渠　北　路
一段壹畝口分　城東十五里瓜渠東義本　西楊本　南　路　北　舍
一段玖畝口分　城東十五里瓜渠東　渠　西　路　南自田　北　路
一段壹畝口分　城東十五里瓜渠東　渠　西楊忠　南　渠　北自田
一段拾伍畝買田城東十五里瓜渠東　河　西　渠　南　荒　北　沙
一段伍畝買田　城東十五里瓜渠東　渠　西自田　南　渠　北楊本
一段伍畝買田　城東十五里瓜渠東自田　西　荒　南張劒　北楊本
一段壹畝居住園宅
戶主樊　黑頭年肆拾肆歲　白丁　下下戶　課戶見輸
母崔　永　覓年柒拾貳歲　寡永泰二年帳後逃走限滿除
母　曹　年肆拾參歲　寡永泰二年帳後逃走限滿除
合應受田壹頃壹畝肆拾參畝已受　廿畝永業　廿二畝口分　一畝居住園宅　五十
八畝未受
一段拾畝永業　城東卌里三支渠東自田　西賀貞　南　路　北　路
一段陸畝永業　城東卌里三支渠東　路　西自田　南　路　北自田
一段肆畝永業　城東卌里三支渠東　路　西自田　南自田　北　路
一段貳拾貳畝口分城東卌里三支渠東渠　西　路　南　讀　北　路
一段壹畝居住園宅
戶主王　山　子年捌拾柒歲　老男武騎尉乾元三年籍後死
妻　張　年肆　拾歲　老男妻乾元三年籍後死
男　憨　子年貳拾參歲　中男寶應元年帳後死
男　老　生年貳拾壹歲　中男乾元三年籍後死
男　元　芝年壹拾壹歲　小男乾元三年籍後死
女　仙　尙年　玖　歲　小女乾元三年籍後死
女　妙　妙年壹拾陸歲　小女乾元三年籍後死
女　買　娘年參拾玖歲　中女乾元三年籍後死
戶主　唐元欽年伍拾柒歲　老男　下下戶　課戶見輸
亡兄妻　孫　年陸拾捌歲　寡
亡兄男遊　玉年貳拾柒歲　白丁
亡兄女妃　妃年壹拾玖歲　中女永泰二年帳後勘責逃走限滿除
女　尙　日年貳　拾歲　中女永泰二年帳後勘責逃走限滿除
合應受田壹頃伍拾壹畝玖拾畝已受　卌畝永業　五十畝口分　六十一畝未受
一段拾畝永業　城東廿里沙渠　東　渠　西懷藝　南元嗣　北　渠
一段玖畝永業　城東廿里沙渠　東　渠　西懷藝　南　荒　北懷藝
一段參拾伍畝廿一畝永業　一十四畝口分城東廿里沙渠東自田　西　渠
南　荒　北　渠
一段參拾陸畝口分城東廿里沙渠東　渠　西自田　南　荒　北　渠
戶主唐　大　昭年肆拾柒歲　白丁大曆二年帳後逃還附　代父承戶　下下
戶　課戶見輸
父　元　嗣　年陸拾捌歲　老男武騎尉永泰二年帳後勘責逃走限滿除
母　田　年陸拾陸歲　老男妻永泰二年帳後勘責逃走限滿除
弟　思　貞　年肆　拾歲　白丁寶應元年帳後死
亡兄妻　白　年參拾貳歲　寡

《吐魯番出土文書》第七冊《阿斯塔那三五號墓文書・唐神龍三年高昌縣崇化鄉點籍樣》

一

【前缺】

戶主 □
右　件　戶
戶主大女張慈善年廿一　中女
口大小總二　中女一　小女一
右　件　戶　括　附　田　宅　並　未　給　受
戶主康義集年二　小男
口大小總二　小男一　小女一
右　件　戶　括　附　田　宅　並　未　給　受
戶主魏雙尾年六十　老寡
右　件　戶　括　附　田　宅　並　未　給　受
戶主大女陳思香年卌　丁寡

口大小總三　丁寡一　丁女一　黄女一
右件戶括附田宅並未給受
戶主小女曹阿面子年拾叁　小女
口大小總二　小女二
右件戶括附田宅並未給受
戶主大女安勝娘年卌二　丁寡
右件新括附田宅並未給受
戶主黄女安浮昫臺年二　黄女
右件戶括附田宅並未給受
戶主李醜奴年五　小男
安樂里
右件戶括附田宅並未給受
戶主康祿山年卌九　白丁
口大小總九　丁男一　丁妻一　中妻一　小男一　小女一　黄男一　黄女
一　中男一　丁妾一
合已受田九畝八十步
戶主康陁延年卌三　白丁
口大小總八　丁男一　丁妻一　小男二　小女一　黄男二
合已受田一十畝卌步
戶主康思義年九　小男
口大小總七　小男一　老寡一　寡妻一　丁女一　中女二　小女一
合已受田八畝卌步
戶主何莫潘年八十　職資
口大小總十一　老男一　老男妻一　丁男二　丁妻二　小女二　黄女三
丁男禿子年卌六　衛士
丁男安寶年卌五　丁品子
合已受田廿五畝卌步
戶主康阿子年六十二　廢疾
口大小總九　老男一　老男妻一　丁男二　老寡一　丁女三　小女三
丁男射毗年卌七　衛士

丁姪男姿解盆年五十　衛士
合已受田廿三畝卌步
戶主康迦衛年五十七　衛士
右件戶逃滿十年田宅並退入還
公
戶主安德忠年十三　小男
口大小總八　小男一　寡妻一　中女一　丁女二　黄男二
合已受田一十畝七十步
戶主大女康外何年六十八　老寡
口大小總三　老男一　丁女二
合已受田三畝卌步
戶主大女康那虔年七十二　老寡
口大小總四　老寡二　丁寡一　丁女一
合已受田七畝卌步
戶主大女何元賀昫年七十一　老寡
口大小總五　老寡一　丁女四
合已受田五畝卌步
戶主石浮昫盆年六十六　老男
口大小總三　老男一　老男妻　小女一
合已受田一十畝卌步
戶主竹畔德年五十　衛士
口大小總九　丁男二　寡妻一　丁妻一　小男一　小女三　丁女一
丁弟僧奴年卌二　衛士
合已受田一十七畝卌步
戶主竹熊子年卌一　丁品子
口大小總五　丁男　寡妻一　丁妻一　小男一　丁寡一
合已受田九畝卌步
戶主大女康阿醜年七十九　老寡
口大小總四　老寡一　丁女一　小女一　黄女一
合已受田五畝卌步

戶主石浮咖滿年卌　衛士
口大小總四　丁男一　丁妻一　小男一　小女一
合已受田一十畝卌步
戶主大女陰阿孫年卅五　丁寡
合已受田五畝卌步
戶主曹伏食年六十七
口大小總八　老男二　丁妻一　小女二　中女一
丁弟尸羅年六十　白丁
中男孫師年廿　中男
合已受田一十二畝卌步
戶主曹莫盆年卌　衛士
口大小總七　丁男
合已受田一十三畝卌步
戶主康壽感年七　小男
口大小總七　小男一　丁寡二　小女三　中女一
合已受田八畝卌步
戶主康演潘年五十一　衛士
口大小總八　丁男一　丁妾一　小男一　丁女一　小女二　黃男一　黃女一
合已受田一十畝卌步
戶主安義師年卌　衛士
口大小總八　丁男一　丁寡一　丁妻一　小男二　丁女一　小女二
合已受田一十四卌步
戶主蕭望仙年三　小男
口大小總三　小男一　丁寡一　丁女一
合已受田五畝七十步
戶主安善才年五十　勳官
口大小總八　丁男三　丁妻二　丁女一　中男一　黃女一
丁男難及年卌　衛士
【後缺】

二
【前缺】
戶□
口大小總六　一老寡　一中女　一丁女　二黃安　一賤口
合已受田五畝卌步
戶主趙獨立年卅三　白丁
口大小總五　一丁男　一丁妻　一小女　一黃男　黃女一
合已受田九畝卌步
戶主夏運達年卅八　丁品子
口大小總四　一丁男　一丁妻　一小男　一小女
合已受田七畝卌步
戶主大女劉戍年卌四　丁女
合已受二畝[半]□□
【後缺】

三
【前缺】
合已受田五畝卌步
戶主鄭思順年十一　小男
口大小總三　一小男　一丁寡　一黃男
合已受田五畝卌步
戶主郭德仁年五十六　白丁
口大小總六　一丁男　一丁妻　一丁寡　一中女　二小女
【後缺】

四
【前缺】
戶主白胡仁年卅五　[衛][士]
口大小總五　一丁男　一丁妻　一小男　二丁女　一黃男
合已受田九畝卅六步
戶主郭桃葉年卅二　丁寡

口大小總二　一丁寡　一中女
合已受田五畝卌步
戶主曹玄㭓年卌九　職資隊正
口大小總五　一丁男　一丁妻　二小男　一黃女
合已受田一十畝卌步
戶主郭忠敏年拾歲　小男
口大小總五　二小男　三丁寡
合已受田九畝卌步
戶主安師奴年十三　小□
口大小總四　□小男
合已受田
戶主焦僧住年卌三　衛士
口大小總八　一丁男　一丁妻　一中男　四小女
中男文師年十九　【下殘】
【後缺】

五

【前缺】
合已受田
戶主李慶斌年五十五　□□
口大□　一丁男　一丁寡
【後缺】

六

【前缺】
口大小總七　一老寡
丁弟岐䜣□卅三
合已受田廿畝卌步
戶主白盲子年廿五　白丁
口大小總五　一丁男　一老寡

合已受田一十五畝一百廿步
戶主郭君行年卌七　衛士
口大小總八　一丁男　一丁妻　一丁女　二小男
合已受田一十一畝卌步
戶主鄭隆護年五十二　衛士
合已受田一十畝半卌九
戶主鄭歡進年卌九　衛士
口大小總三　一丁男　一丁妻　□□
【後缺】

七

【前缺】
□大小總五
合已受田一十畝卌□
【後缺】

《中國古代籍帳研究·西魏大統一三年瓜州効穀郡計帳》

斯六一三號背

【前欠】
口卅　女年一已上
口一老寡妻年六十六
口五寡妻年六十四已下
口一賤小婢年九
口作拾捌課見輸（口五十三舊　口五新）
口卅二男（口卅舊　口一新）
口六上
口十六中
口十下

口兩拾仵妻妾｛口廿二舊 口三新｝
口三上
［口十三中］
口九下
口一賤婢新
牛陸頭
四頭受田課
二頭未受田不課
都合調布叁拾叁匹叁丈捌尺
卌三匹二丈良｛五匹臺資 四匹二丈上 十四匹二丈中 九匹二丈下｝
一丈賤
八尺牛
都合麻陸拾柒斤捌兩
六十七斤良｛［十斤臺資］ 九斤上 廿九斤中 十九斤下｝
八兩賤
都合租捌拾捌斛叁㪷
仵拾斛叁㪷輸租
卌九石二斗五升良｛十石七斗五升上 廿九石中 九石五斗下｝
四斗五升賤
六斗牛

參拾捌石折輸草柒拾陸圍
六石七斗五升折輸草十三圍半上
廿一石七斗五升折輸草卌三圍半中
［九石五斗折輸草十九圍下］
都合稅租兩拾肆斛斛
拾陸石仵㪷輸租
九石五斗上｛四石五斗　不課戶上　稅 五石臺資口計丁床稅｝
六石中
一石不課戶下稅租
柒斛仵㪷折輸草拾仵圍
三石折輸草六圍上
四石五斗折輸草九圍中
都合課丁男叁拾柒人
五人雜任役
一人獵師
［二人口口］
□［二］人防閤
二人虞候
叁拾兩人定見
六丁兵卅人
乘二人
都合應受田戶叁拾參
戶六足
口六男隆老中小
牛一頭

右件應受田壹頃壹拾陸畝足｛卌畝麻／八十畝正／六畝薗｝
戶六三分未足
口廿良｛口十二丁男／[口九丁女]｝
□[牛]□[二]頭
右件應受田仵頃叁拾壹畝｛三頃八十五畝已受｛一頃卅五畝麻／二頃五十畝正／六畝薗｝／一頃卌六畝未受｝
戶十三二分未足
口卅五良｛口十九男｛口十八丁／口一隆老｝／口十五丁女｝
口一賤婢
牛二頭
右件應受田捌頃肆拾捌畝｛四頃卅三畝已受｛二頃五十畝麻／一頃七十畝正／十三畝薗｝／四頃一十五畝未受｝
戶七一分未足
口十四良｛口八丁男／口六丁女｝
右件應受田叁頃叁拾柒畝｛[二頃十二畝已受]｛[畝麻]／[畝正]／七畝薗｝／二頃廿五畝未受｝
戶一無田

口一老女
右件應受田十五畝元無
【以下餘白】
【前欠】
戶主劉文成己丑生年叁拾究　蕩寇將軍　課戶上
妻任舍女甲午生年叁拾肆　臺資妻
息男子可乙卯生年拾叁　中男
息男子義丁巳生年拾壹　中男
息 女 黃 口 水 亥 生 年 件　小 女　凡 口 七　不
課｛口五不稅｛口四男｛口二中年十三已下／口二小年七已下｝／口一小女五｝／口二臺資權稅令課｛一丁男／一丁妻｝｝
息男子侯辛酉生年柒　小男
息男黃口甲子生年肆　小男
計布一匹
計麻二斤
計租四石｛二石五斗輸租／一石五斗折輸草三圍｝
計受田口二｛一丁男／一丁妻｝
應受田六十六畝｛卅六畝已受｛十五畝麻／廿畝正／一畝薗　二分未足｝／卅畝未受｝
一段十畝麻　舍西二步　東至舍　西北至渠　南至白醜奴
一段廿畝正　舍東二步　東至侯老生　西至舍　南北至渠
右件二段[戶][主]文成分　麻正足

〔一段五畝麻　舍□　東□　西□　南□　北□〕

右件一段　妻舍女分　麻足　正未受

一段一畝居住薗宅

戸主侯老生水酉生年仵拾仵　白丁　課戸上

妻叩延臘々丙子生年仵拾兩丁妻

息男阿顯丁未生年兩拾壹　白丁

息男顯祖辛亥生年拾柒

中男凡口七

口一出陳不課中女死
口六見在
　口三不課
　　口二男
　　　口一中年十七
　　　口一小年四
　　口一中女年十
　口三課見輸
　　二丁男
　　一丁妻

息女顯親乙卯生年拾叁　死

息女胡女戊午生年拾　中女

息男恩々甲子生年肆　小男

牛一頭黑特大

計布一匹二丈

計麻三斤

計租六石
　三石七斗五升租
　二石二斗五升輸草四圍半

計受田口三
　二丁男
　一丁妻

〔廿五畝麻
　卅八畝正
六十四畝已受
一畝間
應受田一頃
卅六畝未受〕

一段十畝麻　舍南一步　東至曹匹智拔西至侯老生南至捜北至渠

一段廿畝正　舍西五步　東至麻西至劉文成南至元興　北至道

右件二段戸主老生分　麻正足

一段五畝麻　舍四卅步　東至老生西至文成南至老生　北至渠

老生

一段十畝正　舍南一里　東至曹鳥地拔西至文成南至圻　北至

右件二段妻臘々分　麻正足

一段十畝麻　舍西一步　東至舍　西至渠　南至阿各孤北至曹

羊仁

一段八畝正　舍南十步　東至渠　西至豊虎南史敬香　北至渠

右件二段息阿顯分　麻足　正少十二畝

一段一畝居住薗宅

戸主其天婆羅門戊辰・陸拾　白丁　課戸上

妻白醜女辛巳生年肆拾柒　丁妻

息男歸安水丑生年拾仵　中男

息女願英戊午生年拾

中女凡口六

口一出除不課中女年十三死
口五見在
　口三不課
　　口二男
　　　口一中年十五
　　　口一小年九
　　口一中女年十
　口二課見輸
　　一丁男
　　一丁妻

息男迴安己未生年究　小男

［息女□□乙卯生年拾參］死

【後欠】

【前欠】

牛兩頭特大

計布一匹四尺｛一匹良／四尺牛｝

計麻二斤

計租四石三斗｛二石八斗輸租｛二石五斗良／三斗牛｝／一石五斗折輸草三圍｝

計受田口二｛一丁男／一丁妻｝

應受田八十六畝｛七十一畝已受｛十五畝麻／五十五畝正　三分未足／一畝薗｝／十五畝未受｝

【後欠】

【前欠】

（戶主［　　　］白丁　課戶上）

（妻［　　　］丁妻）

息男衆僧乙卯生年拾參　實年十八

息男神和甲子生年肆　小男

婢來花己未生年究　實年十八進丁

息男黃口甲子生年兩　黃男上

凡口六｛口二不課｛口一小男年四／口一黃男年二｝／口四課見｛口三良｛二丁男／一丁妻｝／口一賤丁婢｝｝

計布一匹三丈｛一匹二丈良／一丈賤｝

計麻三斤八兩｛三斤良／八兩賤｝

計租六石四斗五升｛四石二斗租｛三石七斗五升良／四斗五升賤｝／二石二斗五升折輸草四圍半｝

計受田口四｛口三良｛二丁男／一丁妻｝／口一賤丁婢｝

應受田九十一畝｛卌一畝已受｛卅畝麻／十畝正／一畝薗　二分未足｝｝

【前欠】

［一段十畝麻　舍［　］東［　］西［　］南［　］北［　］］

一段十五畝正舍東北一步東北至渠　西至道　南至舍

右件二段弟永業分　麻足　正少五畝

一段一畝居住薗宅

戶主叩延天富壬辰生年参拾陸　白丁　課戶中

母白乙升水亥生年陸拾件　死

妻劉吐歸丁酉生年参拾壹　丁妻

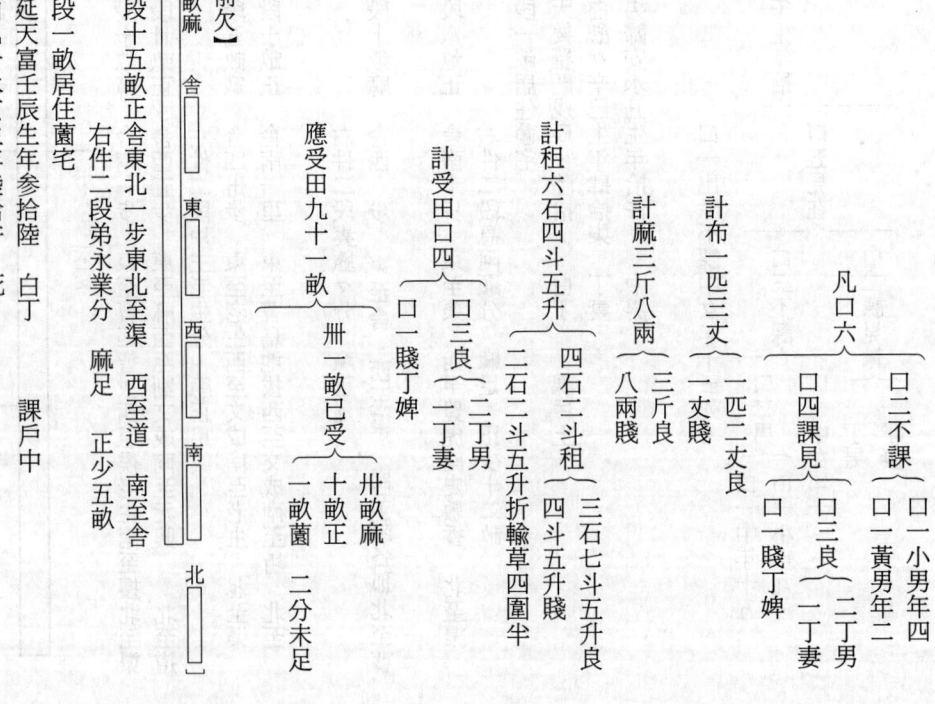

息男黃口甲子生年肆　黃男

息男黄口甲子生年兩
黄男凡口五
　口一出除不課老女死
　口四見在
　　口二不課　口一小男年四
　　　　　　口一黄年一
　　口二課見輸　一丁男
　　　　　　　一丁妻
計布一匹
計麻二斤
計租三石五斗　二石輸租
　　　　　　　一石五斗折輸草三圍
計受田口二　一丁男
　　　　　　一丁妻
應受田卌六畝　廿六畝已受　十五畝麻
　　　　　　　　　　　　　十畝正
　　　　　　　　　　　　　一畝薗　二分未足
　　　　　　　廿畝未受
一段十畝麻　舍西一歩　東至舍　西至渠　南至渠　北至　□
一段十畝正　舍東二歩　東至匹知拔西至舍　南至渠　北至渠
　右件二段戸主天富分　麻足　正少十畝
一段五畝麻　舍西廿歩　東至天富　西至渠　南至烏地抜北至渠
　右件一段妻吐歸分　麻足　正未受
一段一畝居住薗宅
戸主王皮乱己巳生年仵拾究　白丁　課戸中
妻那雷處姫辛卯生年参拾柒丁妻
息女々親辛丑生年兩拾柒　中女　出嫁受昌郡民泣陵申安
息女醜婢丙辰生年拾兩　中女　出嫁効穀縣斛斯己奴黨王奴子
息男買丁巳生年拾壹　中男
息女子休己未生年究　小女

凡口六
　口二出除不課中女年廿七已下出嫁
　口四見在
　　口二不課　口一中男年十
　　　　　　口一小女年九
　　口二課見輸　一丁男
　　　　　　　一丁妻
計布一匹
計麻二斤
計受租三石五斗　二石輸租
　　　　　　　　一石五斗折輸薗三圍
計受田口二　一丁男
　　　　　　一丁妻
應受田卌六畝　廿二畝已受　十五畝麻
　　　　　　　　　　　　　七畝正
　　　　　　　　　　　　　一畝薗　二分未足
　　　　　　　廿三畝未受
一段十畝麻　舍東二歩　東至安周西至舍　南至渠　北至元興
一段七畝正　舍西三歩　東至舍　西至元興南至渠　北至元興
　右件二段戸主皮乱分　麻足　正少十・畝
一段五畝麻　舍西一里　東至歩胡朱西至乙升南至婆洛門北至
豊虎
　右件一段妻處姫分　麻足　正未受
一段一畝居住薗宅
戸主白醜奴丁亥生年肆拾壹　白丁　課戸中
母高阿女壬寅生年捌拾陸　老妻
妻張醜女丙申生年参拾兩　丁妻
息男顯受庚戌生年拾捌　白丁　進丁
[息女□□丙辰生年拾兩　中女]
息男阿慶丙辰生年拾兩　中男
息男安慶丁巳生年拾壹　中男

［口二男口二中□□　已下］

口十不課

口八女

口一老年八十六

口二中年十二已下

口四小年八已下

口一黄年二

口五課見輸　三丁男　二丁妻

息女未客壬戌生年陸

小女凡口十五

息女未醜戊午生年拾　中女

息女暈庚申生年捌　小女

弟武興壬寅生年參拾陸　白丁

興妻房英々己亥生年兩拾究丁妻

興息女阿暈甲子生年肆　小女

興息女男英甲子生年肆　小女

興息女續男乙丑生年兩　黄女

上

計布二匹二丈

計麻五斤

計租八石七斗五升　五石輸租　三石七斗五升折輸草七圍半

計受田口五　三丁男　二丁妻

口應受田廿一頃廿一畝　口畝已受　卅畝麻　口畝正口

【後欠】

【前欠】

一段十畝麻　舍西五步　東至舍　西至渠南至廣世北至阿奴孤

右件一段戸主廣世分　麻田足　正未受

一段五畝・　舍北十五步東至道　西至渠南至廣世北至和雙駒

［右件一段□□分　麻田足　正未受］

【後欠】

《吐魯番出土文書》第六册《阿斯塔那二一四號墓文書・唐某鄉户口帳一》

一

【前缺】

口二　［

口二　縣□

口一　領岸頭府旅□

［官□騎尉

［中　男

［年十□已上

［年十六已上

［　男

［　男

【後缺】

二

【前缺】

［課

［男

［疾

［疾

［男

【後缺】

三

【前缺】

印【下殘】

七【下殘】

【中缺】

□石 二斗

□十 九

口一飛騎尉

口一雲騎尉

口一十一年十八已上

口一百一十六丁

□男

口廿五老小黃男

鹿老□

□

四畝已受□

【後缺】

《吐魯番出土文書》第六冊《阿斯塔那三三二號墓文書・唐龍朔二年逋納名籍》

一

龍朔二年逋

楊々赤鼠一畝 范明洛[范黑]一畝 田海憧一畝 □

趙盲鼠一畝 田思洛一畝 陰延□

□□達一畝 張佑□[納了]□

【後缺】

二

【前缺】

趙占年一畝□

□願緣一畝□

左相住[納了]二畝半□

【後缺】

《吐魯番出土文書》第七冊《哈拉和卓五六號墓文書・唐總章元年帳後西州柳中縣籍》

一

【前缺】

弟守洛年貳拾貳歲 白丁終制

洛妻孫年拾肆歲 丁妻總章元年帳後娶同縣承禮鄉弘敎里孫隆住女
爲妻

弟仁行年柒歲 小男

弟仁才年陸歲 小男

【後缺】

二

【前缺】

一段一畝永業□

一段二畝永業□□[二易]□西官□

一段七十步居住園宅

□□康相懷年陸拾貳歲 老男 課戶見輸

妻孫年陸拾叁歲 老男妻

男海達年叁拾歲 衛士

達妻唐年叁拾歲 衛士妻

達女冬鼠年叁歲 □□總章元年帳後附

□□子年貳拾壹歲 □□

男惠俊年拾叁歲 □男

男達子年拾壹歲 □男

【後缺】

《燉煌資料》第一輯《武則天永昌元年帳後大女史女輩等户籍殘卷》

【前缺】

一段□畝永業部□三易　城東□□渠　東員通
一段七十步居住園宅
戸主大女史女輩□叁拾陸歲　丁寮代男貫
男那你盆年玖歲　小男永昌元年帳後死
女迦勒年拾叁歲　小女永昌元年帳後死
女谷施年拾肆歲　小女
五畝永業
五畝卅步已受

【後缺】

《燉煌資料》第一輯《武則天聖曆二年帳後智力等户籍殘卷》

【前缺】

男智力年貳拾玖歲　衛士
女醜始年拾陸歲　中女

【中缺】

一段一畝永業部田
一段二畝永業部□
□段卅步居住□□
荒　西石衛　南張禮　北石衛
西至渠　南至石　北至渠
荒　西至渠
西至渠
□□□年帳後栝附
聖曆二年帳後點入
□□□年帳後點入

【後缺】

《吐魯番出土文書》第七册《阿斯塔那二二一號墓文書・唐咸亨二年西州高昌縣感仁等户籍》

一

【前缺】

□□二畝
□□二畝永
□□一畝永
□□一畝永
□□卅步
感仁年
□康年
男胡子
女勝

【後缺】

二

【前缺】

應受田玖拾
一段二畝永
一段一畝永業
脩　伐
一段一畝永業
羣一段二畝永業
一段卅步居住□□

戶主田隆德年貳拾

母朱年伍拾

姊勝忍年叁

姊

【後缺】

三

【前缺】

宅

四

【前缺】

闕

宣憙

北至道

北索憙

【後缺】

五

【前缺】

禿子

合應受田五佰捌拾貳

一段二畝一百步永業

一段一百九十五步永業

一段一百卌五步永業

一段二畝永業

一段一畝□□步永業

【後缺】

《吐魯番出土文書》第七冊《阿斯塔那五〇一號墓文書・武周萬歲通天二年帳後柳中縣籍》

一

【前缺】

部田貳易　城西伍里　東和達　西渠

步居住園宅

拾陸歲　中男證聖元秊[年]籍玖歲萬歲通天[天]貳秊帳後貌加

貳歲　丁寡

【後缺】

二

【前缺】

常田　城南貳里　東法曹　北道

常田　城南貳里　東□□　北支斌

部田貳易　城西肆里　東□□　北至渠

部田貳易　城南伍里　東□□　南至□　北至渠

東渾迴　西至鹵　南康□　北至鹵

【後缺】

《吐魯番出土文書》第八冊《阿斯塔那三四一號墓文書・武周大足元年西州柳中縣籍》

一

【前缺】

括附

五十步永業

步已受

居住園宅

步 未 受
北道
日 北高昌垦[人]分
北自至
北還公
北王豐
北張貓
【中缺】
大足元秊[年]□後被符括附別生戶實同鄉柔遠里附
【中缺】
七 畝 半 八 十 步 永 業
畝已受
卌 步 居 住 園 宅
十 三 畝 未 受
西王憙歡 南索阿□ 北田才
操 西祝苟子 南至道 北呂舉
公 西渠 南塞 北至渠
田 西至渠 南至渠 北官田
嘿 西高善 南劉操 北至渠
【中缺】
秊十二匝[月]一日稰[授]甲頭劉文琮 課戶不輸
【中缺】
歲久視元秊帳後貌加從實
【後缺】

二
【前缺】
女持□[戒]
【後缺】

三
【前缺】
柒拾陸畝
【中缺】
畝柒拾步永業常田 城北一里
畝永業常田 城北一里
【後缺】

四
【前缺】
八 畝 卌
卌 步 居 □□□
一 十 七 畝
西官田 南至
【後缺】

《吐魯番出土文書》第七册《阿斯塔那六七號墓文書・唐西州蒲昌縣王辰歡等户籍》

一
【前缺】
一段一畝
畝永
一段一畝永業
一段卌步居住

戸主王辰歡　年陸拾

妻李　年陸拾

□守丘　年叁

丘妻李　年

【後缺】

二

【前缺】

老男

□妻

【中殘】

衛士

【後缺】

《新出土吐魯番文書及其研究・阿斯塔那三六〇號墓文書・武周西州柳中縣户籍殘卷》

【前缺】

勛官柱國儀鳳四年四月廿九日□□領□□父師　課戶

二年帳后貌加從實

不輸

【中缺】

□□□□步永業　城東一里　東唐□海

常田　城南三里　東郭直任　西渠

【中缺】

符保　西李洛　南

隆女　南主渠　北至滷

南康延　北孫伯

南張師　北至滷

喜　南還公　北渠

南高進行　北渠

課戶不輸

死

【中缺】

姪女喫戰年叁拾陸歲　丁女

開元二年二月

拾陸歲

【後缺】

《燉煌吐魯番社會經濟文書》第四卷《武周大足元年沙州燉煌縣殘户籍》

[戶主]衛士□[聖]曆二𠡦[年]帳後課戶見不輸

父堷恪□𠡦[年]陸拾□歲　老男

母　𠡦[年]

妻

𠡦[年]拾　轉前[籍]

[畝已受]　[畝永業]

[合應受田　畝]　[畝口分]

五十一　[畝未受]

[一段～畝□□]　[城南～里灌]津渠

[一段～畝□□]　[城南～里陽]開渠　東

《吐魯番出土文書》第六册《哈拉和卓三九號墓文書・唐貞觀某年男世達户籍》

【前缺】

男世達年□□　黃男

女文英年伍□　小女
奴豐塠年拾肆　中奴
奴豐富年拾歲　小奴
奴豐多年玖歲　小奴
奴豐柱□肆歲　黃奴
婢多欖年肆拾陸　丁婢
婢春香□肆拾陸　丁婢
一十畝世業
【後缺】

《中國古代籍帳研究・周大足元年沙州燉煌縣効穀鄉籍》

伯三五五七號背十伯三六六九號背

【前欠】

□[一段　畝　城]渠　東渠　西張貴通南渠　北□
戶主邯壽壽秊伍拾　陸　歲　白丁　課戶見輸
女娘子秊拾　參　歲　小女
亡弟妻孫秊參　拾　陸　歲　寡
計　布二丈五　尺
計　麻　三　斤
計　租　二　石
肆拾肆畝已受　廿畝永業
廿三畝口分
合應受田壹傾參拾壹畝　一畝居住園宅
八十七畝未受
一段陸畝永業　城東卅里兩支渠　東宋孝行西邯娑　南張善貴北荒
仲謙
一段伍畝永業　城東卅里兩支渠　東劉相　西曹石生南自田　北索
海相
一段伍畝永業　城東卅里兩支渠　東荒　西自田　南索仲謙北劉

一段伍畝四畝永業 一畝口分城東卅里兩支渠　東樹生　西屯屯　南索
仲謙北索仲謙
一段貳畝口分　城東卅里兩支渠　東自田　西場　南渠　北渠
一段壹畝口分　城東卅里兩支渠　東自田　西自田　南渠　北自田
一段貳畝口分　城東卅里兩支渠　東索善住西道　南自田　北道
一段貳畝口分　城東卅里兩支渠　東自田　西邯文相南道　北薗
一段拾伍畝口分城東卅里兩支渠　東康才　西宋君才南渠　北渠
一段壹畝居住園宅
戶主趙端嚴秊參拾　玖　歲　寡　代夫承戶　不課戶
夫邯屯屯秊伍拾　壹　歲　白丁聖曆二秊帳後軍內簡出三秊帳後死
男長命秊　拾　貳　歲　小男聖曆三秊帳後死
女娘子秊　貳　拾　歲　中女
女□玉秊　拾　肆　歲　小女
□□□秊□
【中欠】
□[廿畝永業]
□[八畝口分]
合應受田捌拾壹畝　貳拾捌畝已受
五十三畝未受
一段拾貳畝永業城東卅里兩支渠　東道　西邯文相南劉集　北邯才
一段伍畝永業　城東卅里兩支渠　東索仲謙西劉集　南劉集　北劉集
一段伍畝三畝永業 二畝口分城東卅里兩支渠　東自田　西自田　南自
田
北屯屯
一段陸畝口分　城東卅里兩支渠　東王天　西高願　南渠　北渠
戶主索□才秊伍　拾　歲　衛士　課戶見不輸
母　白　秊伍拾　陸　歲　寡
拾捌　畝　已受　十八七畝永業
合應受田壹傾參拾壹畝　一畝居住園宅
一傾一十三畝未受

□[二]段柒畝永業　城東卅里兩支渠　東文強　西薛惠　南自田　北
自田
□[二]段貳畝永業　城東卅里兩支渠　東自田　西孫保意南宋貴粲北
孫万壽
□[二]段伍畝永業　城東卅里兩支渠　東粲子　西荒　南張高
北坑
□[二]段参畝永業　城北廿里无窮渠　東楊寄生西澤　南賀洪達北
自田
□[二]段壹畝居住園宅
戸主張玄均秊参拾　肆　歳　上柱國子　課戸見不輸
母　薛　秊陸拾　貳　歳　寡
弟思　寂秊貳拾　肆　歳　上柱國子
卌畝永業
柒拾伍畝已受　卅五畝口分
合應受田貳頃参拾壹畝
一頃五十六畝未受
一段肆畝永業　城東卅里鄉東渠　東渠　西道　南道　北黄
妹子
一段拾壹畝永業城東卅里鄉東渠　東渠　西自田　南道　北和通
一段貳畝永業　城東卅里鄉東渠　東王達　西自田　南道　北渠
□[二]段陸畝永業　城東卅里兩支渠　東道　西自田　南道
北渠
□[二]段貳畝永業　城東卅里鄉東渠　東王達　西自田　南渠
北渠
□[二]段陸畝永業　城東卅里兩支渠　東渠　西道　南舎
北渠
□[二]段参畝永業　城東卅里兩支渠　東渠　西索達　南渠　北
石懷智
一段参畝永業　城東卅里兩支渠　東自田　西道　南張師　北場

一段拾畝三畝永業 七畝口分城東卅里三支渠　東荒　西坑
南渠
一段玖畝口分　城北廿里无窮渠　東伯威　西渠　南思思　北靈
圖觀
一段拾柒畝□□□[口分城]東卅里鄉東渠　東馬才　西渠　南道
北渠
戸主張楚琛秊肆拾　貳　歳　果毅　代父承戸　課戸見不輸
父　師　秊陸拾　捌　歳　前校尉雲騎尉聖暦二秊帳後死
母　氾　秊陸拾　壹　歳　寡聖暦三秊□[帳後死]
男□　休　秊　伍　歳　小男
【後欠】

《中國古代籍帳研究・唐先天二年沙州燉煌縣平康鄉籍》

伯二八二二號十羅振五舊藏
【前欠】
二十畝永業
参拾陸畝已受　一十六畝口分
合應受田壹頃壹畝
六十五畝未受
一段貳畝永業　城北七里八尺渠　東渠　西渠　南渠　北
張智詮
一段陸畝永業　城北七里八尺渠　東自田　西坑　南渠　北君衡
一段壹畝永業　城北七里八尺渠　東自田　西張行開南舎　北張
君護
一段肆畝永業　城北七里八尺渠　東渠　西張慶　南舎　北張表
一段貳畝永業　城北七里八尺渠　東方福　西渠　南懷靖　北方福
一段伍畝永業　城北七里八尺渠　東渠　西張玄福南自田　北自田
一段陸畝口分　城北七里八尺渠　東渠　西渠　南張夜叉北懷靖
一段肆畝口分　城北七里八尺渠　東渠　西岸　南懷靖　北懷靖

一段貳畝口分　城北七里八尺渠　東懷靖　西客郎　南道　北方福
一段肆畝口分　城北四里八尺渠　東渠　西渠　南渠　北自田
【前欠】
[六十畝永業]
[柒拾肆畝已受　一十二畝口分]
[合應受田参頃肆拾肆畝　二畝居住園宅]
二頃七十畝未受
一段柒畝永業　城北七里八尺渠　東渠　西自田　南渠　北自田
一段壹畝永業　城北七里八尺渠　東自田　西舍　南道　北園
一段壹畝永業　城北七里八尺渠　東自田　西舍　南道　北園
一段壹拾畝永業城北七里八尺渠　東自田　西行智　南舍　北自田
一段玖畝永業　城北七里八尺渠　東自田　西渠　南智衡　北開奴
一段壹畝永業　城北七里八尺渠　東渠　西道　南自田　北王方
一段参畝永業　城北七里八尺渠　東渠　西自田　南渠　北白駒
一段玖畝永業　城西七里塞門渠　東渠　西岸　南岸　北暮田
一段貳拾畝一十九畝永業一畝口分城西七里宜秋西支渠東渠　西岸
南渠　北荒
一段肆畝口分　城北四里西支渠　東舍　西渠　南道　北官田
一段柒畝口分　城西五里西支渠　東索文剛西自田　南澤　北道
一段貳畝居住園宅
戶主王行智年捌拾陸歲　老男輕車都尉下中戶　課戶見輸
【前欠】
壹頃[貳][拾]畝已受　□
□[合應受田]
【後欠】
《中國古代籍帳研究・唐沙州燉煌縣龍勒鄉籍》
斯六三四三號
【前欠】
廿畝永業

卌二畝已受　十二畝口分
□[合應受田]壹頃壹畝
六十九畝未受
□[二段　畝]永業城西七里平渠　東渠　西舍　南渠
北渠　□[二段　畝]永業城西七里平渠　東鄭祥　西竹女　南渠
[北]□
□[二段　畝]永業城□[　渠]□[東　西]
[南]荒　□[北]
□[二段　畝　城　渠]□[東　][西][渠]□[南　]
北河　□[二段　畝　城　]渠　東行賓　西賈通　南渠　北智□
□[二段　畝　城　]渠　東鄭祥　西道　南渠
北岸　□[二段　畝　城　]里平渠　東鄭阿通　西道　南舍
北鄭□
□[二段　畝口分城]里陰安渠　東塚　西渠　南道
北道
□[戶主　年　拾]陸歲　白丁　課戶見輸
□[妻　年　]歲　丁妻
□[男　年　]歲　衛士
□[妻　年　]歲　衛士妻
□[男　年　歲]　小男
□[男　年　歲]　□[男]
【後欠】

《吐魯番出土文書》第八册《阿斯塔那二三〇號墓文書・唐西州高昌縣殘籍》

【前缺】

□□　□[易]

一段壹畝永業部田三易　城南伍里馬埏渠　東崇福寺　西至[渠]

[部]田　□

【後缺】

《吐魯番出土文書》第七册《阿斯塔那六七號墓文書・武周趙小是户籍》

【前缺】

□□□[女]趙小是秊〔年〕叁拾捌歲　丁寡

夫苟仁秊肆拾肆歲

母張秊陸拾陸歲

姊康女秊伍拾壹歲

妹資員秊肆拾貳歲　丁寡[籍]

[秊]叁拾貳歲　丁寡籍後

【後缺】

《吐魯番出土文書》第六册《哈拉和卓三九號墓文書・唐□憙等户籍》

一

【前缺】

一十畝卌步　□　□

[陸]拾壹畝　居柱〔住〕園宅

五　十　畝　未　受

業　城東二里　[西]至渠　南尼歡

業　城北一里　西張仁　南趙守

業　城西一里　[西]至荒　南至荒

[北]

[園]宅

憙年叁拾玖歲　白丁

年叁拾壹歲　白丁妻

年叁拾壹歲　白丁

年叁拾歲　白丁妻

玖歲　小女

【後缺】

二

【前缺】

[七][十][步]　居[住]　□　□

一頃一百七十　步　未　受

東二里　東至渠　西至渠　南陰邏　北王子□

城東二里　東至渠　西至渠　南嚴海　北衛□

城西一里　東至渠　西至□　南孫員　北至道

城西一里　東來憙　西□□　南至道　北至渠

願年伍拾

年肆拾肆

鼻年拾肆

【後缺】

《吐魯番出土文書》第八册《阿斯塔那二三二號墓文書・唐西州交河縣籍》

【前缺】

廿畝七十步已受

應受田壹傾貳拾壹畝　七十步居住園宅

一傾一百七十步未受

一段二畝永業常田　城東二里　東趙住　西至道　南至道　北

王住

【後缺】

《吐魯番出土文書》第六册《阿斯塔那二二四號墓文書・唐殘户籍一》

一

【前缺】

畝卌步已受

□步居住園宅

步　未受

西至渠　南至渠　北解尸

西□□□

【後缺】

二

【前缺】

廿里

園　宅

衛士職資妻

小男

佐史

【後缺】

三

【前缺】

□□□易城

部田二易城

業部田三易□

□□□　卌　步　居

□進年叁拾捌歲

叁拾歲

年

【後缺】

《吐魯番出土文書》第六册《阿斯塔那二二四號墓文書・唐殘户籍二》

一

【前缺】

拾壹歲　丁

□歲　小

應受田一十畝一百步

合附籍田柒拾玖畝半卌步

三畝半卌步

六十五畝

一段二畝永業常田城北一里

一段一畝廿二步永業常田城北二里

一段九十八步永業常田城北二里　東陰相

一段半畝永業常田城南　東康柱

【後缺】

二

【前缺】

一十五

百廿步已受
步
一百步
畝一百廿步未受
西陰行　南自至　北至渠
西張海　南至道　北至荒
西竹懷　南至渠　北員胡
南道　北至渠
南麹遠　北宋信
南道　北史尼
陽　南至渠　北張相
【中缺】
長使[史]田　西張
趙済[濟]　西
西周
【後缺】

三

【前缺】
□□一畝
□□一畝永
□□一畝永業□□
□□□畝永業賜田城南
□□□畝永業部田城
【後缺】

四

【前缺】
北至道
南至渠　北賈□
南至道　北辛□
悵子　北
【後缺】

五

【前缺】
應受田
【後缺】

《吐魯番出土文書》第八册《阿斯塔那一〇二號墓文書・唐西州殘户籍》

一

【前缺】
户
妻
男令
妻張
男天海
男令住
妻張年
女資歡年
女英姜年
女盲是年捌
女擅疊年拾

應受田貳傾〔頃〕壹

一段四永業常田城南

一段一畝永業常田城□

一段二畝永業部田城西

一段二畝永業部田城東

一段二畝永業部田城

一段一畝永業部田城西

一段一畝永業部田城西六里

【後缺】

二

【前缺】

拾伍歲

男弘達年拾捌歲

男

【後缺】

《吐魯番出土文書》第八冊《阿斯塔那一八四號墓文書・唐開元二年帳後西州柳中縣康安住等户籍》

一

【前缺】

課戶見

妻曹年叁拾貳歲　丁妻

男□誠□歲　□男

壹段貳畝永業常田城西肆里　東蒲陶　西孫德　南還公　北還公

壹段肆拾步居住園□

□主康安住年柒拾貳歲　老男垂拱貳年疏勒道行□落

弟安定年伍拾肆歲　白丁垂拱元年金山道行沒□

弟安義年肆拾玖歲　白丁垂拱貳年疏勒道

右件壹戶沒落

年□拾柒歲　白丁代父貫見輸下中戶　課□□輸

叁歲　老男開元貳年

【後缺】

二

【前缺】

年叁拾伍歲

男敬忠年拾歲　小男

女忠品年□歲　□女

兄建通年肆拾歲　白丁永昌元年逃走□滿除

弟洛子年叁拾陸歲　衛士開元貳年帳□疏勒道□還

女眞觀年拾陸歲　中女

女脩戒年肆歲　小女先天貳年帳後新生附

妹頭勝年叁拾貳歲　丁寡

畝陸拾步已受

柒拾陸畝　肆拾步居住園宅

肆拾七畝半陸拾步未受

【後缺】

西荒　南康

三

【前缺】

壹

壹段半

壹段貳畝永業常田城北壹里

壹段肆拾步永業常田城北壹里□
□受田柒拾陸畝□
肆拾步□住園宅
伍拾柒畝陸拾步未受
壹段壹畝永業常田城西壹里　東自至　西荒　南康禮
北□
壹段壹畝永業陶城西壹里　東□　西自至　南黃吒　北左德
壹段壹□城北壹里　東□□　西翟懷相　南道　北王隆□
壹段壹□里　東氾□住　西竇妙洛　南高□
北□
壹段貳□東道　西自至　南
壹段肆拾步□西高□□　南
壹段貳畝永業□西索憙　南□
壹段肆拾步居住園宅
壹段壹畝永業部田□易城西叄里　東□護　西洛居　南渠　北
渠懷
□步居住園宅
戶主大女令狐伯香年柒拾歲　老寡開元貳年帳後死
奴安吉年叄拾伍歲　丁奴開元貳年帳後出賣同縣承禮鄉依賢里戶
張進行
右件壹戶身死戶絕爲新附未給田宅
戶主劉奴奴年肆拾歲白丁見輸開元貳年帳後從蒲昌縣塩澤鄉歸
□里
四
【後缺】
【前缺】
計　　　緤□

安樂城人曹奉一□
計　租　陸　斗
自書之□
應受田陸拾壹畝
肆　拾　步　已　受
□步居住園宅
【後缺】

《吐魯番出土文書》第八冊《阿斯塔那一九二號墓文書・唐開元七年帳後西州籍》

一
【前缺】
叄拾壹畝□
□業常田城東貳里　東至道　西至渠　南□
□永業常田城東貳里　東至塞　西鄭是　南法□
□拾步居住園宅
□師年捌拾歲　老寡兩目盲　下下戶　不課□
□歲　小女空　伍　畝　永□
【後缺】

二
【前缺】
□叄拾伍歲　白丁見輸　下下戶
□年拾歲　小男
□走年拾歲　小男
□年陸歲　小男
□年肆歲　小女開元柒年帳後□

歲 丁寡

【後缺】

《燉煌資料》第一輯《唐天寶四載户籍殘卷大谷》

【前缺】

【上缺】伍伯文【以下四行下缺】

【上缺】□並納得訖

天寶四載十

部田城東五里

部田城東五里左部渠　東白祐　西渠　南張□明

部田城西五里毛頭渠　東張斌　西渠　南渠　北□

當鄉剝籍地如前　謹牒

開元廿九年三月　日里正　闕

弟嘉秀

唯有常田二畝餘久不

青之次望請准式

上柱國子張嘉盛【後缺】

《吐魯番出土文書》第八册《阿斯塔那二七號墓文書・唐開元四年西州高昌縣安西鄉安樂里籍》

一

【前缺】

戶主鄭

妻宋　年肆拾貳歲　丁妻

男无忌　年拾陸歲　中男先天貳年籍拾貳開元叁年帳□□□

入拾陸從實

女无念　年陸歲　小女開元叁年帳後括附

貳畝永業

壹拾貳畝肆拾步已受

應受田陸拾壹畝　肆拾步居住園

宅

肆拾叁畝貳佰步未受

壹段貳畝永業常田　城北貳里孔進渠　東至渠　西和觀　南陰文

行　北至道

壹段貳畝永業常田　城西貳里孔進渠　東府史田　西索歸洛　南趙

思德　北索護子

壹段貳畝永業常田　城西貳里孔進渠　東麴論　西至渠　南張德

北至渠

壹段貳畝永業部田叁易　城西拾里南魯塢　東至道　西至渠　南至

荒　北至渠

壹段貳畝永業部田叁易城

部田□□

【中缺】

壹

戶主宋捌子　年拾壹

母高黑面　年叁

【中缺】　壹段貳畝永業部□壹易城　部田□□

應受田伍拾壹

壹段叁畝永

壹段肆拾

□□□　□□□□□

戶主○○

故兄妻□

女念念

男小□□□

【中缺】

計䊪□□

計　租　陸　㪷[斗]

壹拾畝永業

壹拾畝肆拾步已受

應受田柒拾陸畝　肆拾步居住園宅

陸拾伍畝貳佰步未受

壹段貳畝永業□□　城西貳里孔進渠　東至渠　西張住海　南安

苟仁　北傅阿洛子

壹段壹畝永業□□　城南貳里索渠　東安浮利䫝　西安槃　南至渠

北至渠

壹段壹畝永業常田　城南捌里滿水渠　東至渠　西至荒　南至渠

北至渠

壹段壹畝永業□田□易　城東伍里胡道渠　東至荒　西管曹　南管

曹　北至渠

壹段壹畝永□□□　城西柒里楡樹渠　東至渠　西追福寺　南曹

守龍　北張延達

壹段貳□□□□田叁易　城東五里胡道渠　東至渠　西常田　南夏

護　北夏護

壹段貳畝永業部田叁易　城西七里毛頭渠　東張重武　西王懷願

南至渠　北衛延歡

壹段肆拾步居住園宅

【後缺】

《中國古代籍帳研究・唐開元四年沙州燉煌縣慈惠鄉籍》

伯三八七七號

【前缺】

計租二石

廿畝永業

叁拾柒畝已受　十六畝口分

合應受田壹頃伍拾壹畝　一畝居住園宅

一頃一十四畝未受

□[一]段壹拾捌畝永業城東廿里千渠　東渠　西渠　南渠

北渠

□[一]段玖畝二畝永業七畝口分城東廿里千渠　東渠　西渠　南渠

北石天奴

□[一]段壹畝居住園宅

□[戶]主楊法子年參拾玖歲　衛士下戶　課戶見不輸

母　王　年柒拾參歲　寡

一十四畝永業

壹拾伍畝已受

合應受田壹頃參拾壹畝　一畝居住園宅

母　王　年參拾陸歲　寡開元二年帳後死

姉思　言年壹拾陸歲　中女開元二年帳後死

姑客　娘年貳拾歲　中女

廿畝永業

貳拾陸畝已受　六畝口分

合應受田伍拾壹畝

廿五畝未受

一段伍畝永業　城東廿里千渠　東董朂　西自田　南陰思隱北渠

一段肆畝永業　城東廿里千渠　東道　西渠　南道　北渠

一段肆畝永業　城東廿里千渠　東懷意　西道　南董懷意北渠

一段肆畝永業　城東廿里千渠　東張信　西氾君卿南竇阿達北王万成

戶主董思朂年貳拾貳歲　白丁殘疾轉前籍年廿開元二年帳後貌

加就實下上戶　課戶見輸

父迴通 年柒拾伍歲 老男開元二年帳後死
母 張 年伍拾陸歲 寡
計 租 二 石
廿畝永業
貳拾捌畝已受 八畝口分
合應受田壹頃參拾壹畝
一頃三畝未受
一段壹拾陸畝永業城東廿里千渠 東渠 西李伏生南氾徹 北渠
【一】段肆畝永業 城東廿里千渠 東道 西渠 南渠 北自田
【一】段叁畝口分 城東廿里千渠 東索君臣西道 南道 北王
懷智
【一】段陸畝口分 城東廿里千渠 東張信 西渠 南渠 北張
思慶
【一】段肆畝口分 城東廿里千渠 東道 西渠 南自田 北張
義方
【一】段肆畝口分 城東廿里千渠 東道 西道 南道 北陰思隱
【一】段叁畝口分 城東廿里千渠 東自田 西索万逵南索君臣北張
思慶
【一】段伍畝口分 城東廿里千渠 東道 西懷信 南王懷智北渠
【戶】主和懷福年柒拾歲 老男下中戶 不課戶
戶主楊法子年參拾玖歲 衛士下中戶 課戶見不輸
妻 陰 年參拾陸歲 衛士妻
男乾昱年 捌 歲 小男
女娘子年壹拾貳歲 小女
廿畝永業
參拾玖畝已受 一十九畝口分
□〔合〕應受田壹頃壹畝

六十二畝未受
□〔一段〕壹拾肆畝永業 城東廿里千渠東渠 西渠 南陰思廉
北渠
□〔一〕段壹拾貳畝六畝永業六畝口分城東廿里千渠東楊義節西楊通仁南
道 北自田
【戶】主王妙智年伍拾陸 歲 寡先天二年籍後出嫁入縣內燉煌鄉臨池里
戶主張有仁爲妻
女楊 王年壹拾捌 歲 中女開元三年帳後出嫁入里內戶主余善
意孫男伏保爲妻
【戶】主余善意年捌拾壹 歲 老男 下中戶 課戶見輸
孫男伏保年貳拾壹 歲 白丁
保妻楊年壹拾 捌 歲 丁妻開元三年帳後娶里內戶主王妙智女
楊王王爲妻
計 租 二 石
廿畝永業
貳拾捌畝已受 七畝口分
【合】應受田壹頃陸拾壹畝 一畝居住園宅
一頃卅三畝未受
□〔一〕段壹畝永業 城東廿里第一渠 東孟具 西道 南道 北
自田
□〔一段〕捌畝永業 城東廿里第一渠 東孟須伽西道 南孟具 北
孟通
□〔一〕【段】壹畝居住園宅
【戶】主杜客生年肆拾捌 歲 衛士下下戶聖曆二年七月沒落 課戶
見輸
妻 馬 年伍拾柒 歲 衛士妻
男是 是年貳拾陸 歲 白丁 景雲元年全戶逃走
女法 子年貳拾貳 歲 中女

計　租　二　石

卅九畝永業

肆拾畝已受

合應受田貳頃壹畝　一畝居住園宅

□［一段　渠］東任僧保西

師有　南大成　北□右娘

□［戶主　歲］□

□［戶］景龍三年全戶逃走　課戶見不輸

□［妻　歲］□妻

□［畝］永業

□［畝已受］

□［合應受田　畝］

□［畝未受］

□［一段　渠］　東張諫

西常□［南　北　］

【中間數行欠】

□［二］段壹畝永業　城東卅里千渠　東辛□

□［　西　南　北　］

□［一段］捌畝永業　城東卅里千渠　東翟法章

□［　西　南　北　］

【後欠】

《中國古代籍帳研究・唐開元一〇年沙州燉煌縣懸泉鄉籍（草案）》

伯三八九七號十

伯三八七七號

【前欠】

女伏　力年壹拾玖　□［歲］□［中女］□

□［被開元七年十二月十三日符徙尊合貫附］

女无　尙年　玖　歲　小女

女小　小年壹拾肆　歲　小女開元八年帳□［後漏附］

女娘　娘年　玖　歲　小女開元八年帳後漏附

廿畝永業

貳拾　畝已受

合應受田貳頃壹畝

一頃八十一畝未受

□［二］段貳畝永業　城東廿里瓜渠東張靖光西渠　南渠　北索才

合應受田伍拾壹畝並未受

戶主郭玄昉年伍拾陸　歲　白丁下下戶　課戶見輸

妻　李　年伍　拾　歲　丁妻開元七年籍後被其年十二月十三日符從尊

合貫附

男思　宗年貳拾貳　歲　衛士轉前籍年廿一開元八年帳後貌加就實被

□［籍後被］［開］元七年十二月十三日符從尊合貫附開元九年□［帳］後奉其年九月九日格點

入［年籍後被］

男思　楚年壹拾柒　歲　中男被開元七年十二月十三日符從尊合貫附

女伏　力年壹拾玖　歲　中女　被開元七年十二月十三日符從□

［尊合貫附］

女无　上年　玖　歲　小女

女小　小年壹拾肆　歲　小女　開元八年帳後漏附

女娘　娘年　玖　歲　小女　開元八年帳後漏附

廿畝永業

貳拾畝已受

合應受田貳頃　壹畝

一頃八十一畝未受

一段貳畝永業　城東廿里瓜渠　東張靖光西渠　南渠　北索才

□［二］段肆畝永業　城東卌里官渠　東渠　西僧壽南

□［北］

□［二］段叁畝永業　城東卌里官渠　東自田　西

□［南　北　］

□[二]段壹畝口分　城東卌里官渠　東道　□[西　南　北]
□[二]段叁畝口分　城東卌里官渠　東道　□[西　南　北　]
□[一]段拾畝口分　城東卌里官渠　東僧僧　□[西　南
北]
一段肆畝口分　城東卌里官渠　東道
□[西　南　北]
一段柒畝口分　城東卌里官渠　東自田　□[西
南　北　]
一段壹畝口分　城東卌里官渠　東道　西
□[南　北　]
一段肆畝口分　城東卌里官渠　東自田　西
□[南　北　]
一段貳畝口分　城東卌里官渠　東僧壽　西□[南　北　]
一段伍畝口分　城東卌里官渠　東道　□[西　南　北　]
戶主楊思祚年参拾柒　歲　白丁代父承戶　下□□[戶]
□
「開元」九年帳後死
父僧　壽年陸拾伍　歲　老男開元八年□[帳後死][兌]
母　王　年陸　拾　歲　寡
一頃一十八畝　未受
一段拾柒畝永業城東十五里瓜渠　東渠　西荒　南自田　北荒
一段肆畝三畝永業一畝口分城東十五里瓜渠　東渠　西安忽薛南自田
北安忽□[薛]
一段叁畝口分城東十五里瓜渠　東官田　西渠　南索才　北索才
一段貳畝口分城東十五里瓜渠　東索才　西渠　南索才　北自田

一段拾畝口分城東十五里瓜渠　東楊伽生西荒　南官田　北馬
提伽
一段柒畝口分城東十五里瓜渠　東道　西自田　南官田　北荒
一段壹畝居住園宅
戶主楊義本年伍拾　貳　歲　上騎都尉萬歲通天元年八月四日授甲頭索
□下中戶空　課戶見不輸
妻　孫　年肆拾　肆　歲　職資妻空
男守　忠年貳拾　伍　歲　衛士開元九年帳後奉其年九月九日格點入空
男大　絢年壹[貳]拾　玖　歲　中男轉前籍年廿開元七年籍後貌減就實空
男守　言年壹拾　貳　歲　小男空
男面　面年　陸　歲　小男開元八年帳後漏附空
【中間五行欠】
□[西]□保　南梁遠□北梁才　□[二段　渠東　]
□[二段　渠東　]
□[二]段貳畝口分　城東十里趙渠　東舍　西渠　南梁阿生北梁
□[西]梁阿生南道　北曹表
阿生
□[二]段壹畝居住園宅
戶主趙玄義年陸拾玖歲　老男　下中戶　不課戶
妻　王　年陸拾叁歲　老男妻
男元　祚年　叁　歲　黃男開元九年帳後附
女妙　介年叁拾伍歲　中女
女阿　屯年叁拾壹歲　中女
女花　兒年　叁　歲　黃女　開元九年帳後附
壹　拾壹畝已受　十一畝永業
合應受田伍拾貳畝　「兌」
「卌」

卌二[一]畝未受　　　　　　「兌　了」
□[一]段壹畝永業　城東廿里沙渠　東道　西自田　南荒　北塄
□[一]段貳畝永業　城東廿里沙渠　東澤　西玄爽　南自田　北
自田
□[一]段叁畝永業　城東廿里沙渠　東澤　西自田　南自田　北
自田
□[一]段叁畝永業　城東廿里沙渠　東道　西澤　南渠　北澤
□[一]段貳畝永業　城東廿里沙渠　東玄美　西玄美　南玄美　北
自田
□[戶]主氾尚元年伍拾　捌　歳　寡　下下戶　不課戶
十四畝永業
壹　拾伍畝　已　受
合應受田伍拾壹畝　一畝居住園宅
卅　六　畝　未　受
□[一段]伍畝永業　城東廿里沙渠　東玄義　西李玄識南道　北
玄義
□[一]段叁畝永業　城東廿里沙渠　東澤　西自田　南荒　北
自田
□[一]段陸畝永業　城東廿里沙渠　東玄義　西李伏護南渠　北李
桃栓
□[一]段壹畝居住園宅
□[戶]主趙玄表年伍拾　捌　歳　白丁開元九年帳後奉其年九月九日格衛
士十周已上間放出　下下戶　課戶見輸
妻　宋　年肆拾　壹　歳　丁妻
女慈　觀年壹拾玖　歳　中女　「兌」
計　租　二　石
廿畝永業
貳叁拾伍畝已受　五[十]畝口分
合應受田壹頃壹畝

七　十六[一六]畝未受
□[一]段拾叁畝永業城東廿里沙渠　東澤　西玄義　南荒　北
玄義
□[一]段叁畝永業　城東廿里沙渠　東渠　西河　南令狐惠北沙
□[一]段玖[拾肆]五[十]畝口分四畝永業城東十五里沙渠東奴仁　西翟君
政南趙仵　北令狐殊
戶主曹仁備年肆拾　捌　歳　衛士上柱國開元八年九月十日授甲頭康大
昭下中戶　課戶見不輸
妻　張　年肆拾　捌　歳　職資妻
男　崇　年　叁　拾　歳　上柱國子
崇妻　索年貳拾　肆　歳　丁妻
男崇　瓌年　伍　歳　小男
女明　咒年壹拾　玖　歳　中女
卌畝永業　「兌了」
陸拾叁畝已受　廿二畝口分
合應受田及勳田叁拾壹頃捌拾貳畝　一畝居住園宅
卅[一]頃一十九畝未受
□[一]段肆畝永業　城東十里趙渠　東道　西玄爽　南道　北
加應
□[一]段伍畝永業　城東七里趙渠　東渠　西渠　南玄爽　北
思亮
□[一]段拾捌畝永業城東七里趙渠　東行徹　西曹保　南玄義　北渠
□[一]段拾伍畝十三畝永業　二畝口分城東十里趙渠　東道　西曹福
南渠　北自田
□[一]段伍畝口分　城東十里趙渠□
[東　西　南　北　]
□[一]段叁畝口分　城東十里趙渠　東曹仁　西道　南曹仁　北道
□[一]段壹畝口分　城東十里趙渠　東曹福　西道　南舍　北
曹信

□[二]段壹畝口分　城東十里趙渠　東渠　西曹慶　南自田　北渠
□[二]段貳畝口分　城東十里趙渠　東曹慶　西渠　南渠　北
□[二]段叁畝口分　城東廿里瓜渠　東官田　西渠　南渠　北
□[二]段伍畝口分　城東廿里瓜渠　東荒　西韓德　南韓德
□[二]　段拾畝永業城東廿里瓜渠東渠
曹慶

【以下餘白】

《中國古代籍帳研究・唐開元一〇年沙州燉煌縣莫高鄉籍》

伯二六八四號

【前欠】

戶主王万壽年伍拾壹歲　白丁神龍元年全家沒落開元九年帳後奉其年
九月九日格衛士沒落放出　下中戶　課戶見輸
女尚品　年貳拾壹歲　中女
計　租　二　石
一十畝□□[永業]
壹拾壹畝已受

【後欠】

【前欠】

伍拾畝已受　□[廿畝永業]
卅畝口分
合應受田壹頃伍拾壹畝
一　頃一畝未受
□[二]段捌畝永業　城南七里灌津渠東賀德素西渠　南沙　北渠
一段柒畝永業　城南七里陽開渠東李万其西沙　南李懷保北李文卿
一段伍畝永業　城南七里陽開渠東李懷保西王智信南渠　北自田
□[二]段肆畝口分　城南七里灌津渠東官田　西自田　南渠　北渠
一段柒畝口分　城南七里陽開渠東荒　西渠　南渠　北坑
一段拾玖畝口分城南七里陽開渠東張武遷西張玄素南石　北塸
戶主白樹合年貳拾肆歲　品子取故父阿通輕車都尉蔭聖曆元年二月廿二日授
甲頭氾玄貞　下中戶　課戶見輸
母　張　年陸拾伍歲　寡
「兒」
姉伯藥年貳拾伍歲　中女
計　租　二　石

【後欠】

《吐魯番出土文書》第八册《阿斯塔那二一八號墓文書・唐開元十九年
西州柳中縣高寧鄉籍》

一

【前缺】

柳中縣　□寧鄉　□□□□□
女脩思　年拾肆歲　小□
弟大智　年貳拾捌歲　廢疾開元拾□年
□□意　年參拾壹歲　丁女空
妹小戒　年貳拾叁歲　丁女空
伯母韓　年陸拾捌歲　老寡空
姑漢足　年柒拾玖歲　老寡開元拾陸年籍柒拾玖其帳後貌減叁年
就實
壹拾伍畝永業
壹拾伍畝柒□步已受
應受田壹頃陸畝　柒拾步居住園宅
玖拾畝半伍拾□步未受
壹段壹畝永業常田　城南壹里　東左仁　西張伏壽　南樊相祐
北道
壹段肆畝永業常田　城西壹里　東辛海　西至道　南李仁
北
壹段貳畝永業常田　城南壹里　東驛田　西渠　南□田　北渠
壹段叁畝永業部田貳易　城西叁里　東自至　西王渠　南令狐

龍　北徐德　壹段壹畝永業部田貳易　城西叁里　東王憙　西渠　南張海　北
郎中寺　壹段肆畝永業部田貳易　城北□里　東荒　西渠　南蘇建　北
自至　壹段柒拾步居住園□
【後缺】
二
【前缺】
女脩福　年貳拾叁歲　丁女空
女脩戒　年貳拾壹歲　丁女空
女持戒　年貳拾歲　中女空
女脩因　年貳拾歲　中女空
女因持　年伍歲　小女開元拾柒年帳後隨□括附
叁　畝　半　□　拾　步　永
業　叁　畝　半　陸　拾　步　已　受
應受田叁拾陸畝　肆　拾　步　居　住　園　宅
叁　拾　貳　畝　陸　拾　□　未　受
壹段半畝柒拾步永業陶［萄］　城南壹里　東氾龍　西至道　南至
道　北朱龍
壹段貳畝永業常田　城南壹里　東至渠　西至渠　南官田
北□
壹段半畝柒拾步永業陶　城南壹里　東氾龍　西至道　南自至
北朱龍　壹段肆拾步居住園宅
戶主□者德　□叁拾伍歲　衛士　下下戶　課戶
不　輸

母李　年伍拾叁歲　丁寡空
男從祀　年拾伍歲　小男空
男嘉臣　年拾貳歲　小男空
□□法　年貳歲　黃女開元拾捌年帳後□
【後缺】

《中國古代籍帳研究・唐沙州燉煌縣籍》（草案）

斯五九五〇號

【前欠】

貳拾畝□［已受］　□［十九畝永業］
□［合應受］田壹頃貳畝
□［八十二畝未受］　□［一畝居住園宅］
一段肆畝永業　城北廿里王使□［渠］　□［東　西　南　北］
一段柒畝永業　城北廿里王使渠　□
［東　西　南　北］
一段捌畝永業　城東北廿里王使渠　□［東　西　南　北］
一段壹畝居住園宅
□［戶主］氾惠意年貳拾伍歲　□
父思　諫年陸　拾歲　□　□［死］
母　張　年伍拾肆歲　□［寡］
妹面　醜年　壹拾歲　□［小女］
□［廿畝永業］
貳拾玖畝已受　□［　畝口分］
【後欠】

《中國古代籍帳研究・唐沙州燉煌縣籍》

俄敦四七六號

【前欠】

廿畝永□〔業〕
肆　拾畝已受　十七畝□〔口分〕
□〔合〕應受田壹頃壹畝　三□〔畝居住園宅〕
六十一畝未受
□〔一段〕伍畝永業　城西七里夏交渠　東
□〔西　南　北〕
□〔一段拾〕畝永業　城西七里夏交渠
□〔東　西　南　北〕
□〔一段〕伍畝永業　城西七里夏交渠　東
□〔西　南　北〕
□〔一段〕柒畝口分　城西七里平都渠　東
□〔西　南　北〕
□〔一段拾〕畝口分　城西七里夏交渠　東
□〔西　南　北〕
□〔一段叁畝居〕住園宅

【後欠】

《中國古代籍帳研究・唐沙州燉煌縣籍》

斯六二九八號

【前欠】

□〔一〕段柒畝六畝永業一畝口分城東五里大壤渠東自田　西張達　南園
北自□〔田〕
□〔一〕段拾叁畝口分城東卅里千渠　東渠　西道　南康胡羅北
張□
□〔一〕段陸畝口分　城東卅里千渠　東王德　西渠　南渠　北渠
□〔一〕段陸畝口分　城東卅里千渠　東道　西渠　南胡羅　北胡
□〔羅〕
□〔一〕段伍畝口分　城東五里大壤渠東道　西渠　南渠　北
自田
□〔一〕段拾貳畝口分城東五里大壤渠東道　西自田　南自田
北道

□〔一段〕畝口分　城東五里大壤渠東渠　西自田　南渠　北渠
□〔一段〕渠東渠　西官
田　南自田　北渠
□〔一段　渠〕東道　西
官田　南趙思玄北自田
□〔一段　渠〕□〔東〕道
西官田　南趙思玄北自田
□〔一段　渠〕東道　西
宋君　南自田　北道
□〔一段　渠〕東康胡子西
道　南氾靖　北道
□〔一段　渠〕□〔東〕
西渠　南桃貴
□〔一　段〕
□
□九畝永業
□〔畝已受〕

【後欠】

《敦煌吐魯番社會經濟文書》卷四《唐開元年間前期沙州燉煌縣殘戶籍》

斯一一四四六號

□畝永業
□〔　〕畝已受　一十□畝口分
合應受田□頃□畝　□畝居住園宅
□〔畝未〕受
□〔段□畝永業城北廿〕里元〔无〕窮渠　東□□
〔西　南　北〕
□〔段□畝　城北廿〕里无窮渠　東自□〔田〕
□〔西　南　北〕

南北」　[段□畝　城北]廿里无窮渠　東道　[西
南北」　[段□畝　城東]卅里胡渠　東□[樊]　[西
南北」　[段□畝　城]東卅里胡渠　東道　[西
南北」　[段□畝　城西]廿里長西渠□　[東　西
南北」　[段□畝　城西廿里長]西渠　[東　西

《燉煌吐魯番社會經濟文書》卷四《唐沙州燉煌縣殘户籍》

【前缺】

一段□畝□□[永業]　城北
一段拾柒畝七畝永業□□□□[十畝口分]城北廿里无
一段拾畝□□[口分]　城北廿里无窮渠
一段貳畝口分　城北廿里无窮
一段貳畝口分　城北廿里无窮渠　東自
一段拾畝□□[口分]　城北廿里无

【後缺】

《中國古代籍帳研究・唐天寶三載燉煌郡燉煌縣神沙鄉弘遠里籍》

伯一六三號

【前欠】

一段伍畝永業　城西二里㕍同渠東張業　西官田　南渠　北坑
一段壹畝永業　城西二里㕍同渠東自田　西田　南渠　北渠
一段壹畝永業　城西二里㕍同渠東渠　西渠　南渠　北渠
一段伍畝永業　城西二里㕍同渠東道　西道　南王協　北□

一段伍・口分　城西二里㕍同渠東張璟　西張璟　南張業　北□田
一段壹居住園宅
戶主張奴奴載陸拾參歲　老男　下下戶空　不課戶
母宋　載捌拾參歲　老寡空
妻解　載陸　拾歲　老男妻空
女妃　尙載參拾玖歲　中女空
合應受田捌拾貳畝　貳拾貳畝已受　廿畝永業　一畝居住園宅　六十畝未受
一段貳畝永業　城西十里三支渠　東張均　西道　南道　北□

【後欠】

《燉煌吐魯番社會經濟文書紀事》卷四《唐天寶六載燉煌郡燉煌縣龍勒鄉户籍》

羽田藏八三二八三三號

一段壹畝口分　城西七里平渠　東自田　西曺[曹]武　南渠　北自田
一段捌畝口分　城西七里平渠　東杜[杜]石利　西塚　南渠　北路
一段壹畝口分　城西七里平渠　東魯[曾]海意　西魯[曾]方　南自田　北路
一段壹畝口分　城西七里平渠　東自田　西魯[曾]武　南渠　北自田
戶主皁妻羅載參拾伍載　白丁下下戶空課戶見輸
□宋　載肆拾柒載　宣[寡]空
□鄭　載參拾參載　丁妻空
□立子　載壹拾肆載　小男空
□胡子　載壹拾貳載　小男天寶五載賬後漏附空
□胡美　載貳歲　黃女天寶五載帳後附空
□元慶　載貳拾捌歲　白丁空
□妻鄭　載貳拾貳歲　丁妻天寶四載帳後漏附空

□　妻白　載壹拾玖歲　丁妻天寶五載帳後漏附□
□　光兒　載貳拾捌歲　中女空

《中國古代籍帳研究・唐天寶六載燉煌郡燉煌縣龍勒鄉都鄉里籍》

伯二五九七號十
伯三三五四號十
羅振玉舊藏十
伯三九〇七號十
伯二五四七號背

【前欠】

賓女因　果載　貳　歲　黄女天寶五載帳後附空
女　无　尙載叁拾陸歲　中女空
女　客　子載貳拾柒歲　中女空
女　略　仁載貳拾壹歲　中女空
女　王　王載　柒　歲　小女空
亡兄妻　張載陸拾陸歲　老寡空
妹　果　果載肆拾玖歲　中女空
合應受田壹頃捌拾肆畝肆拾畝已受並永業一頃卌四畝未受
一段貳拾畝永業城西十里平渠　東　渠　西張行福南卑思亮北　渠
一段拾畝永業　城西十里平渠　東　路　西　舍　南仁節　北仁貞
一段貳畝永業　城西七里陰安渠東　渠　西　渠　南　渠　北陰智運
一段捌畝永業　城西廿里長西渠東磨祥　西　坑　南　渠　北　岸
戶主鄭恩養　載肆拾叁歲　白丁　下中戶空　課戶見輸
母　程　載陸拾柒歲　老寡空
妻　氾　載叁拾玖歲　下妻空
男　嗣　方載壹拾捌歲　中男空
女　王　王載壹拾壹歲　小女空
女　羅　娘載壹拾壹歲　小女天寶四載帳後漏附空
女　羅　娘載壹　拾歲　小女天寶三載籍後漏附空
女　妃　娘載　陸　歲　小女天寶四載帳後漏附空
女　羅　妃載　貳　歲　黄女天寶五載帳後附空
妹　胡　娘載肆拾捌歲　中女空
妹　娘　娘載叁拾捌歲　中女空
妹　妙　尙載叁拾壹歲　中女空
合應受田貳頃叁拾肆畝壹頃壹畝已受卌畝永業卌七畝口分一十二畝買田二畝居
住園宅一頃卅三畝未受
一段伍畝永業　城西十里平渠　東　渠　西徐仁素南懷則　北　路
一段貳畝永業　城西七里平渠　東氾爽　西　渠　南　坑　北　渠
一段陸畝永業　城西七里平渠　東懷斌　西自田　南自田　北　渠
一段柒畝永業　城西七里平渠　東　渠　西車成皎南　渠　北鄭阿頭
一段伍畝永業　城西七里平渠　東陰懷智西鄭懷斌南鄭阿表北懷則
一段柒畝永業　城西十里平渠　東鄭懷則西鄭懷斌南鄭君　北　渠
一段陸畝買田　城西七里平渠　東鄭懷則西張保養南鄭君福北懷則
一段陸畝買田　城西七里平渠　東鄭君福西王祐興南王祐興北君福
一段陸畝永業　城西十里平渠　東　路　西鄭通　南　渠　北鄭阿通
一段貳畝永業　城西十里平渠　東　渠　西　坑　南　渠　北　渠
一段伍畝口分　城西十里平渠　東王仕建西自田　南王奉節北自田
一段柒畝口分　城西十里平渠　東　渠　西程意　南　渠　北自田
一段叁畝口分　城西十里平渠　東　渠　西自田　南　渠　北自田
一段壹畝口分　城西十里平渠　東程意　西　路　南程意　北程意
一段肆畝口分　城西十里平渠　東姜庭芝西　渠　南賀石住北　渠
一段伍畝口分　城西十里平渠　東賀住　西程賓　南　渠　北　渠
一段拾肆畝口分城西十里平渠　東李欽　西車成光南　渠　北鄭則

【後欠】

【前欠】

一段陸畝永業　城西七里高渠　東　渠　西杜桃捡南張德　北張德
一段伍畝永業　城西七里高渠　東思楚　西曹善　南　渠　北　坑
一段叁畝二畝永業一畝口分城西七里高渠　東思楚　西　渠　南　渠
北張奉節
一段陸畝口分　城西十里平渠　東白遷　西　暮　南官田　北張願

戸主曹思　礼載伍拾陸歲　隊副開元十一載九月十六日授甲頭和智恭
曾高　祖廓　父□　下中戸空　課戸見不輸
母　孫　載陸　拾歲　寡天寶五載帳後死空
妻　張　載伍拾捌歲　職資妻空
弟　令　休載貳拾捌歲　白丁天寶五載帳後死空
男　令　璋載壹拾捌歲　中男天寶四載帳後死空
亡弟　妻王載貳拾伍歲　寡天寶四載帳後漏附空
女　娘　娘載参拾壹歲　中女空
女　妙　音載貳拾壹歲　中女空
女　妙　仙載壹拾柒歲　小女空
女　進　進載壹拾伍歲　小女空
女　尙　眞載壹拾参歲　小女空
弟　思　欽載肆拾貳歲　白丁開元十五載沒落空
亡兄男瓊璋載貳拾参歲　上柱國子取故父德建上柱國蔭景雲元載十
月廿二日授甲頭張元爽　天寶四載帳後漏附　曾高　祖廓　父建空
亡兄男瓊玉載壹拾柒歲　小男天寶四載帳後漏附空
妹　妙　法載肆拾参歲　中女空
合應受田参頃陸拾肆畝陸拾貳畝已受　六十畝永業　一畝口分　一畝居住園宅
三頃二畝未受
一段拾伍畝永業城西十五里高渠東　渠　西曹智　南鄭黃福北　舍
一段陸畝永業　城西十里白土渠東自田　西　渠　南　渠　北　渠
一段玖畝永業　城西七里高渠　東　渠　西曹智　南　渠　北趙嶷
一段拾壹畝永業城西七里高渠　東張從敎西　渠　南　渠　北　坑
一段肆畝永業　城西十里高渠　東官田　西　渠　南　路　北　渠
一段肆畝永業　城西十里高渠　東　渠　西高神通南高神通北　渠
一段拾貳畝十一畝永業　一畝口分城西十里高渠　東自田　西董突厥南
渠　北　渠
一段壹畝居住園宅
戸主曹懷瑀　載陸拾陸歲　老男翊衛神龍二載七月一日授甲頭王庭玉
曾高　祖忠　父託　下下戸空　課戸見不輸

男　元　超載参　歲　黃男天寶四載帳後附空
女　尙　尙載　参拾歲　中女空
女　妙　眞載貳拾肆歲　中女空
女　仙　仙載貳拾貳歲　中女空
女　仙　仙載貳　拾歲　中女空
女　介　介載壹拾伍歲　小女空
女　介　介載壹拾壹歲　小女空
【後欠】
【前欠】
一段壹畝口分　城西七里陰安渠東　坑　西　渠　南　渠　北張慶
一段陸畝口分　城西七里陰安渠東　渠　西　渠　南宋賓　北　渠
一段伍畝口分　城西七里陰安渠東　坑　西自田　南　坑　北　渠
一段陸畝口分　城西十里平渠　東　路　西　渠　南　路　北王荀仁
一段拾肆畝口分城西十里平渠　東　渠　西劉貞　南賈奉擧北　渠
一段壹畝口分　城西十里平渠　東自田　西自田　南自田　北　舍
一段柒畝口分　城西七里平渠　東自田　西自田　南自田　北　舍
一段壹畝口分　城西七里平渠　東　渠　西　路　南　路　北　舍
一段参畝口分　城西五里陰安渠東　渠　西　渠　南張懷德北張慈惠
一段参畝居住園宅城西七里陰安渠東　井　西　路　南張鐵　北　渠
戸主劉智　新載貳拾玖歲　白丁　下下戸空　課戸見輸
祖母　王　載陸拾玖歲　老寡空
母　索　載肆拾玖歲　寡空
妻　王　載貳拾壹歲　丁妻天寶三載籍後漏附空
弟　知　古載壹拾柒畝　小男空
妹　仙　云載貳拾玖歲　中女空
妹　王　王載　柒　歲　小女空
合應受田壹頃陸拾叁畝　陸拾捌畝已受　廿畝永業　卌七畝口分　一畝
居住園宅　九十五畝未受
一段貳拾畝永業城西七里平渠　東賈阿本西　渠　南　渠　北自田
一段拾畝口分　城西七里平渠　東　舍　西　渠　南　渠　北劉善政

一段参拾畝口分城西七里平渠　東　渠　西　墓　南史勝明　北　路
一段陸畝口分　城西十里平渠　東　渠　西仏圖　南　渠　北李懷忠
一段壹畝口分　城西十里平渠　東卑思亮西　渠　南　渠　北張思恭
一段壹畝居住園宅
戸主陰　襲　祖載捌拾伍歳　　老男久視元載全家沒落　下中戸空　不
課戸
合應受田伍拾壹畝並未受
戸主陰承光　載貳拾玖歳　　白丁　下下戸空　　課戸見輸婆　袁　載柒拾参歳　　老寡空
母　齊　載肆拾陸歳　　寡空
妻　侯　載貳拾肆歳　　丁妻天寶四載帳後漏附空
弟　承　俊載貳拾伍歳　　白丁空
妹　惠　日載貳拾　歳　　中女
合應受田貳頃陸拾貳畝　　肆拾玖畝已受　卅畝永業　七畝口分　二畝居住園宅
二頃一十三畝未受
一段伍畝永業　城西七里陰安渠東　渠　西　渠　南　渠　北宋阿達
一段貳畝永業　城西七里陰安渠東　渠　西　渠　南陰元嗣　北　舍
一段貳畝永業　城西七里陰安渠東楊卿　西　路　南韓伏德　北　渠
一段陸畝永業　城西七里陰安渠東陰昱　西胡女　南自田　北　渠
一段陸畝永業　城西十里胡渠　東毛徹　西毛徹　南毛海藏北　渠
一段陸畝永業　城西七里陰安渠東宋延興西胡女女南胡女女　北　渠
一段拾伍畝九畝永業　六畝口分城西七里陰安渠東阿嚴　西　路　南蘇
木頭　北　路
一段壹畝口分　城西七里陰安渠東自田　西宋堪仁南　舍　北　場
一段貳畝居住園宅
戸主徐庭　芝載壹拾柒歳　　小男天寶五載帳後漏附　代姉承戸　下下戸
空　不課戸
姉　仙　仙載貳拾柒歳　　中女空
婆　劉　載捌拾伍歳　　老寡空
母　馬　載肆拾捌歳　　寡空

姑　羅　束載肆拾柒歳　　中女空
姑　錦　束載肆拾柒歳　　中女空
合應受田壹頃壹拾貳畝参拾畝已受　廿畝永業　一十畝口分　八十二畝未受
一段壹畝永業　城西十里高渠　東　路　西徐行素南　路　北　園
一段伍畝永業　城西十里高渠　東曹武智西徐備　南　渠　北　路
一段陸畝永業　城西十里高渠　東孫感德西　渠　南張奉節北氾玄俊
一段貳畝永業　城西十里高渠　東　渠　西　路　南徐備　北徐備
一段叁畝永業　城西十里高渠　東　渠　西　路　南令狐智生北茹
行素
一段拾参畝三畝永業　十畝口分城東卅里鄉東渠東　渠　西退田　南自
田　北大野奴仁
戸主程思楚　載肆拾柒歳　　衛士武騎尉開元十七載三月廿九日授甲頭
吳慶廣　曾信　祖端　父德　下中戸空　　課戸見輸
母　白　載柒拾参歳　　老寡天寶四載帳後死空
妻　馬　載参拾陸歳　　職資妻空
妻　常　載参拾貳歳　　職資妻空
妻　鄭　載肆拾壹歳　　職資妻天寶五載帳後漏附空
男　進　子載　貳　歳　　黄男天寶五載帳後漏附空
女　仙　兒載壹拾柒歳　　小女空
女　妃妃　載　参　歳　　黄女天寶四載帳後附空
弟　思忠　載参拾玖歳　　衛士空
忠妻　鄭　載貳拾柒歳　　衛士妻空
忠妻　鄭　載貳拾貳歳　　衛士妻天寶四載帳後漏附空
忠男　元奉載　参　歳　　黄男天寶四載帳後漏附空
忠女　妃王載　貳　歳　　黄女天寶五載帳後附空
弟　思　太載参拾伍歳　　白丁空
太　妻　李載壹拾玖歳　　丁妻天寶三載籍後漏附空
太　妻　白載貳拾捌歳　　丁妻天寶五載帳後漏附空
妹　迴　子載肆　拾歳　　中女空
妹　沙　門載参拾壹歳　　中女空

合應受田参頃陸拾伍畝柒拾玖畝已受　六十畝永業　一十八畝口分　一畝居住
園宅　二頃八十六畝未受
一段拾伍畝永業城西七里平渠　東　路　西程懷素南程懷素北王祐生
一段叁畝永業　城西七里平渠　東　路　西武生　南車成光北陰智周
一段伍畝永業　城西七里平渠　東　渠　西　路　南　渠　北　渠
一段肆畝永業　城西七里平渠　東程智積西程感仁南　河　北　渠
一段陸畝永業　城西七里平渠　東　渠　西姜海　南　渠　北　渠
一段陸畝永業　城西七里平渠　東徐仁素西　路　南　渠　北　路
一段叁畝永業　城西七里孟授渠東曽達　西　渠　南呂子　北　渠
一段拾畝永業　城西七里平渠　東鄭桃符西　渠　南　舍　北　渠
一段拾貳畝八畝永業　四畝口分城西七里平渠　東　路　西徐仁素南
渠　北程素
一段捌畝口分　城西七里平渠　東自田　西　渠　南程蕃蕃北　渠
一段陸畝口分　城西七里平渠　東　路　西程蕃　南　路　北　舍
一段壹畝居住園宅
戶主程什住　載柒拾捌歳　老男翊衛景雲二載二月三日授甲頭張玄均
曽智　祖安　父寛　下中戶空　課戶見不輸
妻　茹　載陸拾貳歳　職資妻空
妻　王　載肆拾柒歳　職資妻空
妾　茹阿妙載伍拾柒歳　職資妾空
男　奉　仙載貳　拾歳　中男天寶四載帳後死空
男　鶴　子載壹拾伍歳　小男天寶四載帳後死空
女　法　娘載伍拾参歳　中女空
女　无　尙載参拾玖歳　中女空
女　守　河載参拾参歳　中女空
女　尙　眞載参拾壹歳　中女空
弟　大　信載参拾肆歳　上柱國子取故父行寛上柱國蔭　天授元載
九月廿二日授甲頭宋思敬空
信　妻　張載参拾柒歳　丁妻空
信男　老生載壹　拾歳　小男空

信女　水娘載　玖歳　小女空
信女　老生載　貳　歳　黃女天寶五載帳後附空
合應受田壹頃伍拾伍畝　陸拾肆畝已受　卌畝永業　一十五畝口分　九
畝勳田　九十一畝未受
一段壹畝永業　城西十里平渠　東　路　西　渠　南自田　北　路
一段玖畝永業　城西十里平渠　東　渠　西宋靖　南　渠　北　路
一段肆畝永業　城西七里孟授渠東懷義　西懷住　南　渠　北　河
一段玖畝永業　城西七里平渠　東　渠　西仁貞　南　渠　北賈奉
一段伍畝永業　城西七里平渠　東　渠　西　渠　南　河　北　渠
一段柒畝永業　城西七里平渠　東　舍　西　渠　南程洪　北　渠
一段肆畝永業　城西十里平渠　東　渠　西　路　南　渠　北程洪
一段肆畝一畝永業三畝口分城西十里平渠　東　渠　西　渠　南　渠
北仁貞
一段肆畝勳田　城西十里平渠　東　渠　西自田　南　渠　北程仁貞
一段伍畝勳田　城西十里蒲桃渠東　渠　西　渠　南　舍　北　路
一段貳畝口分　城西十里平渠　東仁貞　西　路　南自田　北　渠
一段陸畝口分　城西十里平渠　東　渠　西　塚　南孫懷義北　渠
一段肆畝口分　城西十里平渠　東仁貞　西　渠　南　渠　北然鶴慶
戶主程仁貞　載柒拾柒歳　老男翊衛景雲二載二月三日授甲頭張玄均
曽智　祖安　父寛　下下戶空　不課戶
妻　宋　載陸拾玖歳　職資妻空
妻　安　載陸拾壹歳　職資妻天寶五載帳後漏附空
男　大　壁載壹　拾歳　小男天寶三載籍後死空
女　勝　先載肆拾伍歳　中女空
女　放　純載肆拾参歳　中女空
女　妙　果載肆拾壹歳　中女空
女　法　力載参拾参歳　中女空
女　妙　果載参拾壹歳　中女空
合應受田伍拾叁畝　参拾壹畝已受　一十七畝永業　一十四畝勳田　廿二畝未受
一段玖畝永業　城西十里平渠　東程智意西　渠　南　渠　北　渠

一段柒畝永業　城西十里平渠　東自田　西程智　南　岸　北　渠
一段拾畝勳田　城西七里平渠　東　渠　西　舍　南　路　北　渠
一段肆畝勳田　城西十里平渠　東　渠　西什住　南程什住北　路
一段壹畝永業　城西十里河北渠東　岸　西　岸　南　坑　北　荒
戶主程　大忠載伍拾壹歲　上柱國開元十七載十月二日授甲頭盧思元
曾通　祖子　父義　下中戶空　不課戶
妻　張　載伍拾參歲　職資妻空
妻　宋　載貳拾貳歲　職資妻天寶四載帳後漏附空
男　思　璟載壹拾陸歲　小男轉前籍載廿天寶五載帳後貌減就實空
男　思　諫載　伍　歲　小男天寶三載籍後死空
男　思　讓載　貳　歲　黃男天寶五載帳後附空
女　仙　仙載貳　拾歲　中女空
女　仙　仙載壹拾陸歲　小女空
女　妙　音載壹拾參歲　小女空
女　妙　音載壹拾貳歲　小女空
女　娘　娘載　捌　歲　小女空
妹　王　王載壹拾柒歲　小女空
妹　寄　生載壹拾陸歲　小女空
合應受田參拾壹頃肆畝　捌拾貳畝已受　廿畝永業　六十一畝口分　一畝居住園宅　卅頃廿二畝未受
一段叁畝永業　城西十里平渠　東自田　西懷住　南　渠　北　渠
【此印郡印】
一段柒畝永業　城西十里平渠　東　路　西苗寂　南　渠　北苗寂
一段肆畝永業　城西五里孟授渠東懷住　西行寬　南　渠　北　渠
一段柒畝永業　城西五里孟授渠東程洪壽西　石　南程行寬北　河
一段柒畝二畝永業五畝口分城西十里平渠　東程大慶西　君　南　路　北　君
一段拾畝口分　城西十里平渠　東然鶴慶西　渠　南　渠　北　閻思
一段貳拾畝口分城西十里孟授渠東　渠　西程意　南　渠　北　石

一段伍畝口分　城西十里平渠　東劉貞　西王貞　南鄭表　北鄭表
一段叁畝口分　城西七里平渠　東　渠　西自田　南自田　北　渠
一段伍畝口分　城西十里平渠　東　渠　西然鶴慶南　渠　北劉貞
一段伍畝口分　城西十里平渠　東程樹生西自田　南　路　北　渠
一段捌畝口分　城西七里平渠　東鄭表　西　渠　南鄭頭　北鄭養
一段壹畝居住園宅
戶主程　大慶載肆拾柒歲　武騎尉開元十八載閏六月廿日授甲頭李郎
子　曾通　祖子　父義　下中戶空　不課戶
妻　畫　載肆拾伍歲　職資妻空
妻　卑　載參拾陸歲　職資妻空
男　興　盛載壹拾貳歲　小男天寶五載帳後死空
男　興　俊載　參　歲　黃男天寶四載帳後附空
男　奉　進載　貳　歲　黃男天寶五載帳後附空
女　光　无載壹拾壹歲　小女空
妹　眞　眞載參　拾歲　中女空
妹　堡　主載貳拾貳歲　中女空
合應受田壹頃陸拾叁畝　陸拾捌畝已受　廿畝永業　卌七畝口分　一畝居住園宅　九十五畝未受
一段肆畝永業　城西七里平渠　東自田　西　舍　南王智　北　岸
一段捌畝永業　城西十里平渠　東程伏生西程忠　南　路　北　君
一段柒畝永業　城西十里平渠　東然慶　西　渠　南閻慶　北　渠
一段貳畝一畝永業一畝口分城西十里平渠　東趙崇仙西　園　南　岸　北　渠
一段拾畝口分　城西五里孟授渠東李大威西程大節南曹武相北　河
一段參拾陸畝口分城西十里平渠東程什住西　舍　南　渠　北　渠
一段壹畝居住園宅
戶　主程智意載肆拾玖歲　衛士飛騎尉開元十七載五月廿三日授甲頭
貢子　曾延　祖子　父住　下中戶空　不課戶
妻　鄭　載肆拾伍歲　職資妻空
妻　薛　載參拾陸歲　職資妻空

男　庭　瓌載壹拾伍歲　　小男轉前籍載廿天寶五載帳後貌減就實空
女　小　娘載貳拾參歲　　中女空
女　小　妃載貳拾貳歲　　中女空
女　好　娘載壹拾捌歲　　中女空
女　賓　娘載壹拾陸歲　　小女空
女　希　俊載壹拾陸歲　　小女空
女　杖　女載　捌　歲　　小女空
女　妙　光載　肆　歲　　小女天寶三載籍後附空
女　心　心載　參　歲　　黃女天寶四載帳後附空
女　僧　娘載　參　歲　　黃女天寶四載帳後附空
女　娘　娘載　貳　歲　　黃女天寶五載帳後附空
姉　尚　藥載伍　拾歲　　中女空
妹　娘　娘載肆拾參歲　　中女空
合應受田壹頃捌拾陸畝玖拾貳畝已受　廿畝永業　七十一畝口分　一畝居住園
宅　九十四畝未受
一段貳畝永業　城西十里平渠　東行寬　西　路　南　渠　北　路
一段陸畝永業　城西十里平渠　東程大忠西程仁貞南　渠　北　渠
一段貳畝永業　城西十里平渠　東　路　西程行寬南　路　北　渠
一段伍畝永業　城西五里孟授渠東程洪福西程大忠南　渠　北　渠
一段叄畝永業　城西十里平渠　東程寬　西　路　南　路　北鄭君
一段壹畝永業　城西五里孟授渠東程寬　西　石　南　渠　北　河
一段拾畝一畝永業　九畝口分城西十里武都渠東行寬　西　渠　南　石
北　塞
一段肆畝口分　城西十里平渠　東鄭懷諫西　渠　南王祐興北　渠
一段拾壹畝口分城西十里平渠　東陰仁慶西賈楚璋南王祐生北　渠
一段拾叄畝口分城西十里平渠　東　渠　西　渠　南鄭懷諫北自田
一段壹畝口分　城西七里平渠　東　路　西自田　南　路　北　渠
一段柒畝口分　城西七里平渠　東孫懷義西　路　南自田　北　岸
一段捌畝口分　城西五里孟授渠東官田　西程大忠南　渠　北　河
一段拾畝口分　城西七里平渠　東　渠　西　渠　南　渠　北鄭阿頭

一段叄畝口分　城西七里平渠　東　渠　西自田南鄭懷諫北　渠
一段伍畝口分　城西七里武都渠東陰舍王西宋延走南　渠　北自田
一段壹畝居住園宅
戶主劉感　德載　捌拾肆歲　　老男延載元載全家沒落　下中戶空不
課戶
合應受田伍拾壹畝並未受
戶主令狐仙尙載參拾參歲　　中女下下戶空　不課戶
妹　妙　妃載貳拾捌歲　　中女空
合應受田伍拾壹畝捌畝已受　七畝永業　一畝居住園宅　卌三畝未受
一段陸畝永業　城西十里高渠　東　路　西　渠　南令狐睹荀北睹荀
一段壹畝永業　城西十里高渠　東令狐睹荀西胡子南　舍　北　渠
一段壹畝居住園宅
戶主杜懷奉　載肆拾伍歲　　上柱國開元十七載十月二日授甲頭盧思元
曾開　祖荀　父奴　下下戶空　不課戶
亡兄男崇眞載參拾柒歲　　衛士武騎尉開元十八載閏六月廿日授田頭
李處明　曾開　祖奴　父頭空
眞男　欽論載　捌　歲　　小男天寶三載籍後死空
眞女　玉兒載壹拾參歲　　小女空
眞女　玉兒載壹拾貳歲　　小女空
亡兄女法仙載貳拾捌歲　　中女空
亡兄妻　氾載肆拾陸歲　　寡空
亡兄男崇賓載貳拾參歲　　白丁空
亡兄　妻張載參拾陸歲　　寡空
男　浪　生載壹拾伍歲　　小男空
男　令　璋載　柒　歲　　小男天寶三載籍後死空
弟　崇　敬載貳拾　歲　　中男天寶三載籍後死空
姉　法　戒載肆拾陸歲　　中女空
妹　戒　戒載肆拾肆歲　　中女空
姑　神　戒載肆拾貳歲　　中女空

合應受田参拾参頃貳拾伍畝　柒拾捌畝已受　六十畝永業　十六畝口分
二畝居住園宅　卌二頃卌七畝未受
一段壹畝永業　城西十里高渠　東杜懷忠西趙觀　南舍　北自田
一段叁畝永業　城西十里高渠　東自田　西唐逵　南　渠　北　懷
一段陸畝永業　城西十里高渠　東　渠　西孫感德南杜忠　北　渠
一段捌畝永業　城西十里高渠　東　渠　西自田　南　渠　北　懷
一段捌畝永業　城西十里高渠　東　渠　西自田　南自田　北唐師奴
一段叁畝永業　城西十里高渠　東董保仁西　渠　南曹託　北　渠
[一段叁畝永業　城　渠　東　西　南　北]
□□[一段]柒畝永業　城西十里胡渠　東　厝　西　岸　南　路　北
唐行感
□[一]段叁畝永業　城西十里高渠　東常保住西　渠　南孫楚賓北
常住
□[一]段伍畝永業　城西七里陰安渠東善護　西張奴子南　沙　北
渠
□[一]段柒畝永業　城西七里高渠　東　渠　西　渠　南　渠　北
曹瑪
□□[一段]肆畝永業　城西七里高渠　東　渠　西　渠　南自田　北
曹瑪
□[一]段壹畝永業　城西七里孟授渠東　石　西　河　南　渠　北
河
□[一]段拾柒畝一畝永業　十六畝口分城西七里員仏圖渠東任義西路　南
渠　北　渠
□□[一段]貳畝居住園宅
□[戶]主卑二　郎載貳拾玖歲　白丁代父承戶　下下戶空　課戶見輸
父　思　亮載伍拾捌歲　衛士天寶三載籍後死空
□[母]　程　載伍拾貳歲　寡空
弟　仙　昭載壹拾玖歲　中男轉前籍載十六天寶四載帳後貌加就實空

□[姊]　妙　尙載叁拾壹歲　中女空
□[妹]　无　㝵載貳拾柒歲　中女空
妹　姜　姜載貳拾叁歲　中女空
妹　妃　子載貳拾参歲　中女空
妹　藥　藥載壹拾陸歲　小女空
妹　羅　察載貳拾貳歲　中女空
妹　妙　好載壹　拾歲　小女空
妹　妙　子載　柒　歲　小女空
合應受田貳頃叁拾肆畝伍拾柒畝已受　卌畝永業　七畝口分　一十畝勳田　一
頃七十七畝未受
一段陸畝永業　城西十里平渠　東　墓　西　渠　南程蕃　北賀立
一段拾貳畝永業城西十里平渠　東卑德意西　塚　南宋端　北　路
一段拾畝勳田　城西十里平渠　東曽方　西卑文通南　路　北卑仁
一段肆畝永業　城西十里平渠　東卑德　西　渠　南自田　北　渠
一段捌畝永業　城西十里平渠　東　渠　西　渠　南　渠　北自田
一段陸畝永業　城西十里平渠　東自田　西張行端南　厝　北君信
□[一]段玖畝四畝永業　五畝口分城北卅里神農渠東　渠　西錄事　南索
行政北　沙
□[一]段貳畝口分　城西十里平渠　東　渠　西　坑　南張楚賓北郭
僧護
戶主卑德　意載伍拾玖歲　[武騎尉]
[不課戶]
妻　白　載伍拾参歲　[職資妻]
男　庭　俊載　肆　歲　小男　[天寶三載籍後附空]
男　仙　鶴載　参　歲　黃□[男]　[天寶四載帳後附空]
女　妙　妙載参拾貳歲　中女空
女　思　娘載貳拾壹歲　中女空
□　楚　賓載壹拾陸歲　小男　天寶三載籍後漏附空
[合應受田壹頃陸拾]貳畝　肆拾叁畝已受　廿畝永業
一頃一十九畝未受

□[一]段柒畝永業城西十里平渠　東　舎

[　　][西　南　北　]

□[一]段伍畝勳田城西十里平渠　東　渠

[　　][西　南　北　]

□[一]段陸畝永業城西十里平渠　東　渠　西自田　南自田　北　渠

□[一]段拾畝七畝永業 三畝口分城西十里平渠東　路　西□信　南阿

頭　北君信

【後欠】

《中國古代籍帳研究・唐天寶六載敦煌郡敦煌縣効穀郷□□里籍》

斯四五八三號

【前欠】

敦煌郡　敦煌縣　效穀郷　□□里　天寶六載籍

[　　][一段　]　城東卅里瓜渠　東河　西路

[　　][南　北　]

□□□[戸主　]仁明載肆拾壹歳　上柱國開元廿八載五月十五日授

□□[甲頭]□□□　曾伽　祖林　父立　下下戸　不課□[戸]

母　辛　載陸拾陸歳　老寡空

男良　輔載　玖　歳　小男空

女黑　子載　参　歳　黄女天寶四載帳後附空

女尙　子載　参　歳　黄女天寶四載帳後附空

女足　足載　貳　歳　黄女天寶五載帳後附空

姉進　娘載肆拾柒歳　中女空

姉妃　娘載肆拾肆歳　中女空

妹伏　介載参拾伍歳　中女空

合應受田参拾壹頃参拾叁畝参拾玖畝已受　廿畝永業　十八畝口分　一畝居住

園宅　卅一頃四畝未受

一段叁畝永業　城東卅里兩支渠東彭瑒　西渠　南坑　北路

一段拾伍畝永業城東卅里八尺渠東乎福　西舎　南自田　北路

一段壹畝永業　城東卅里兩支渠東何師子西井　南澤　北舎

敦煌郡　敦煌縣　效穀郷　□里　天寶六載籍

【後欠】

均田制總部

變更部

論說

《全唐文》卷一六九狄仁傑《乞免民租疏》 彭澤九縣，百姓齊營水田。臣方到縣，已是秋月，百姓嚚嚚，羣然若歉。詢其所自，皆云春夏以來，並無霖雨，救死不蘇，營佃失時。今已不可改種，見在黃老草萊度日，且暮之間，全無米粒。竊見彭澤地狹，山峻無田，百姓所營之田，一戶不過十畝五畝。準例常年縱得全熟，納官之外，半載無糧。今總不收，將何活路？ 自春徂夏，多莩亾者，檢有籍歷，大半除名，里里鄉鄉，班班戶絕。如此深弊，官吏不敢自裁，謹以奏聞，伏候勅旨。

《全唐文》卷二一八崔融《代皇太子請家令寺地給貧人表》 臣某言：臣聞法天之道，義屬於有餘；象地之宜，理存於益寡。頃以咸城近縣，鄜市傍州，頗積風霜，或侵苗稼。天皇兩儀合德，百姓爲心，發倉廪以賑貧人，垂雨露以滋微物，俗荷財成之施，家懷亭毒之恩。臣濫奉宗祧，親承覆載，歲時衣物，咸憑府藏之餘；朝夕膳羞，必佇饔飧之辦。過此以往，臣亦何求？但知問豎寢門，尊師胄序，魏兩文儒之盛，竊所係心；漢儲湯沐之資，未嘗留意。但關輔之地，萌庶孔殷，丁壯受田，罕能充足，所以水旱之歲，家室未豐。正末端本，思有裨助，臣家令寺有地九百餘頃，特請迴授關中貧下等色。雖地非安邑，寧期千戶之封；而價等露臺，虛費十家之產。伏乞皇恩遠及，聖澤旁流，矜臣愚効，遂臣誠請。謹遣某官某奉表以聞。

唐・陸贄《陸贄集》卷二二《均節賦稅恤百姓六條》 其一論兩稅之弊須有釐革

國朝著令，賦役之法有三：一曰租，二曰調，三曰庸。古者一井之地，九夫共之，公田在中，藉而不稅。私田不善則非吏，公田不善則非民。事頗纖微，難於防檢，春秋之際，已不能行。故國家襲其要而去其煩，丁男一人，授田百畝，但歲納租稅二石而已。言以公田假人，而收其租入，故謂之租。古者任土之宜，以奠賦法。國家就因往制，簡而一之，每丁各隨鄉土所出，歲輸若絹若綾若絁，共二丈，綿三兩。其無蠶桑之處，則輸布二丈五尺，麻三斤，以其據丁戶，調而取之，故謂之調。古者用人之力，歲不過三日，後代多事，其增十之。國家斟酌物宜，立爲中制，每丁一歲定役二旬，若不役則收其庸，日準三尺，以其出絹而當庸直，故謂之庸。此三道者，皆宗本前哲之規模，參考歷代之利害，其取法也遠，其立意也深，其斂財也均，其域人也固，其裁規也簡，其備慮也周。有田則有租，有家則有調，有身則有庸。天下爲家，法制均一，雖欲轉徙，莫容其姦。故人無搖心，而事有定制。以之厚生，則不隄防而家業可久；以之成務，則不較閱而衆寡可知；以之爲理，則法不煩而教化行；以之成賦，則下不困而上用足。三代創制，百王是程，雖維御損益之術小殊，而其義則一也。天寶季歲，羯胡亂華，海內波搖，兆庶雲擾，版圖隳於避地，賦法壞於奉軍。建中之初，再造百度，執事者知弊之宜革，而所作兼失其源，知簡之可從，而所操不得其要。舊患雖減，新沴復滋，救跛成痿，展轉增劇。凡欲拯其積弊，須窮致弊之由，時弊則但理其時，法弊則全革其法，而又揆新校舊，慮遠圖難。規略未詳悉，固不果行；利害非相懸，固不苟變。所爲必當，其悔乃亡。若好革而不知原始要終，斯皆以弊易弊者也。至如賦役舊法，乃是聖祖典章，行之百年，人以爲便。兵興之後，供億不恒，乘急誅求，漸隳經制，此所謂時之弊，非法弊也。時有弊而未理，法無弊而已更，掃庸調之成規，創兩稅之新制。立意且爽，彌綸又疎，竭耗編甿，日日滋甚。夫作法裕於人，未有不得人者也；作法裕於財，未有不失人者也。陛下初膺寶位，思致理平，誕發德音，哀痛流弊，念徵役之煩重，憫烝黎之困窮，分命使臣，敷揚惠化。誠宜損上益下，嗇用節財，窒侈欲以盪其貪風，息冗費以紓其厚斂。而乃搜摘郡邑，劾驗簿書，每州各取大歷中一年科率錢穀數最多者，便爲兩稅定額。此乃採非法之權令，以爲經制；總無名之暴賦，以立恒規。是務取財，豈云恤隱？作法而不以裕人拯病爲本，得非立意且爽者乎！夫財之所生，必因人力。工而能勤則豐富，拙而兼惰則窶空。是以先王之制賦入也，必以丁夫爲本，無求於力分之外，無貸於力分之內。故不以務穡增其稅，不以輟稼減其租，則播種多；不以殖產厚其征，不以流寓免其調，則地著固；不以飭勵重其役，不以窳怠蠲其庸，則功力勤。如是，然後能使人安其居，盡其力，相觀而化，時靡遁心。雖有惰遊不率之人，亦已懲矣。兩稅之立，則異於斯。唯以資產爲宗，不以丁身爲本。資產少者則其稅少，資產多者則其稅多，曾不悟資產之中，事情不一：有藏於襟懷囊篋，物雖貴而人莫能窺；有積於場圃、囤倉，直雖輕而衆以爲富。有流通蕃息之貨，數雖寡而計日收贏；有廬舍器用之資，價雖高而終歲無利。如此之比，其流實繁，一槩計估算緡，宜其失平長僞。由是務輕費而樂轉徙者，恒脫於徭稅；敦本業而樹居產者，每困於徵求。此乃誘之爲姦，敺之避役，力用不得不弛，風俗不得不訛，閭井不得不殘，賦入不得不闕。復以創制之首，不務齊平，但令本道本州，各依舊額徵稅。軍興已久，事例不常，供應有煩簡之殊，牧守有能否之異，所在徭賦，輕重相懸。既成新規，須懲積弊，化之所在，足使無偏，減重分輕，是將均濟。而乃急於聚斂，懼或蠲除，不量物力所堪，唯以舊額爲準。舊重之處，流亡益多；舊輕之鄉，歸附益衆。有流亡則已重者攤徵轉重，有歸附則已輕者散出轉輕，高下相傾，勢何能止。又以謀始之際，不立科條，分遣使臣，凡十餘輩，專行其意，各制一隅，遂使人殊見，道異法，低昂不類，緩急不倫。逮至復命于朝，竟無類會裁處，其於踳駮，胡可勝言。利害相形，事尤非便。作法而不以究微防患爲慮，得非彌綸又疎者乎？立意且爽，彌綸又疎，凡厥疲人，已嬰其弊。就加保育，猶懼不支，況復亟繚棼絲，重傷宿痏，其爲擾病，抑又甚焉。請爲陛下舉其尤者六七端，則人之困窮，固可知矣。大曆中，紀綱廢弛，百事從權，至於率稅少多，皆在牧守裁制。邦賦既無定限，官私懼有闕供，每至徵配之初，例必廣張名數，以備不時之命，且爲施惠之資，應用有餘，則遂減放。增損既由郡邑，消息易協物宜，故法雖久刓，而人未甚瘁。及總雜徵虛數，以爲兩稅恒規，悉登地官，咸繫經費，計奏一定，有加無除，此則人益困窮，其事一也。本徵賦斂繁重，所以變舊從新，新法既行，已重於舊。旋屬征討，國用不充，復以供軍爲名，每貫加徵二百，當道或增戎旅，又許量事取資，詔敕皆謂權宜，悉令事畢停罷。息兵已久，加稅如初。此則人益困窮，其事二也。定稅之數，皆計緡錢；納稅之時，多配綾絹。往者納絹一疋，當錢三千二三百文，今者納絹一疋，當錢一千五六百文。往輸其一者，今過於二矣。雖官非增賦，而私已倍輸，此則人益困窮，其事三也。諸州稅務，送至上都，度支頒給羣司，例皆增長本價，而又繆稱折估，抑使剝徵，姦吏因緣，得行侵奪，所獲殊寡，所擾殊多。此則人益困窮，其事四也。稅法之重若是，既於已極之中，而復有奉進宣索之繁，尚在其外。方岳頗拘於成例，莫敢闕供；朝典又束以彝章，不許別稅。綺麗之飾，紈素之饒，非從地生，非自天降，若不出編戶之筋力膏髓，將安所取哉？於是有巧避微文，曲承睿旨，變徵役以召雇之目，換科配以和市之名，廣其課而狹償其庸，精其入而麤計其直。以召雇爲目而捕之，不得不來；以和市爲名而迫之，不得不出。其爲妨抑，特甚常徭。此則人益困窮，其事五也。大曆中，非法賦斂，急備供軍，折估、宣索、進奉之類者，既並收入兩稅矣。今於兩稅之外，非法之事，復又並存。此則人益困窮，其事六也。建中定稅之始，諸道已不均齊，其後或吏理失宜，或兵賦偏重，或癘疾鍾害，或水旱荐災，田里荒蕪，戶口減耗。牧守苟避於殿責，罕盡申聞；所司姑務於取求，莫肯矜恤。遂於逃死闕乏稅額，累加見在疲甿，一室已空，四隣繼盡，漸行增廣，何由自存。此則人益困窮，其事七也。自至德訖於大曆，二十年餘，兵亂相乘，海內罷弊。幸遇陛下紹膺寶運，憂濟生靈，誕敷聖謨，痛矯前弊，重愛人節用之旨，宣輕徭薄賦之名。率土烝黎，感涕相賀，延頸企踵，咸以爲太平可期。既而制失其中，斂從其重，頗乖始望，已沮羣心。因之以兵甲，而煩暴之取轉加；繼之以獻求，而靜約之風浸靡。臣所知者，纔梗槩耳，而人益困窮之事，已有七焉，臣所不知，何啻於此。陛下倘追思大曆中所聞人間疾苦，而又有此七事，重增於前，則人之無聊，不問可悉。昔魯哀公問於有若曰：年饑，用不足。如之何？有若對曰：盍徹乎！哀公曰：二，吾猶不足，如之何其徹也？有若曰：百姓足，君孰與不足；百姓不足，君孰與足？孔子曰：有國有家者，不患寡而患不均，不患貧而患不安。蓋均而無怨，節而無貧，和而無寡，安而無傾。漢文恤患救災，則命郡國無來獻。是以人爲本，以財爲末，人安則財贍，本固則邦寧。今百姓艱窮，非止不足；稅額類例，非止不均；求取繁多，非止來獻，誠可哀憫，亦可憂危。此而不圖，何者爲急？聖情重慎，每戒作爲，伏知貴欲因循，不敢盡求釐革，且去其太甚，亦足小休。望令所司與宰臣參量，據每年支用色目中，有不急者、無益者罷廢之；有過制者，廣費者，減節之。遂以罷減之資，迴給要切之用。其百姓稅錢，因軍興每貫加徵二百者，下詔停之，用復其言，俾人知信。下之化上，不令而行，諸道權宜加徵，亦當自請蠲放。如是，則困窮之中，十緩其二三矣。供御之物，各有典司，任土之宜，各有常貢，過此以往，復何所須。假欲崇飾燕居，儲備賜與，天子之貴，寧憂乏財？但敕有司，何求不給？豈必旁延進獻，別徇營求。減德市私，傷風敗法，因依縱擾，爲害最深。陛下臨御之初，已弘清淨之化，下無曲獻，上絕私求。近歲以來，稍渝前旨。今但滌除流誤，振起聖猷，則淳風再興，賄道中寢，雖有貪饕之輩，曷由復肆侵漁。州郡羨財，亦將焉往，若不上輸王府，理須下紓疲人。如是，則困窮之中，十又緩其四五矣。所定稅物估價，合依當處月平。百姓輸納之時，累經州縣簡閱，事或涉於姦冒，過則不在戶人，重重剝徵，理甚無謂。望令所司，應諸州府送稅物到京，但與色樣相符，不得虛稱折估。如濫惡尤甚，給用不充，惟罪元納官司，亦勿更徵百姓。根本既自端靜，枝葉無因動搖。如是，則困窮之中，十又緩其二三矣。然後據每年見供賦稅之處，詳諭詔旨，咸俾均平。每道各令知兩稅判官一人赴京，與度支類會參定。通計戶數，以配稅錢，輕重之間，大約可準。而又量土地之沃瘠，計物產之少多，倫比諸州，定爲兩等：州等下者，其每戶配錢之數少；州等高者，其每戶配錢之數多。多少已差，悉令折衷。仍委觀察使更於當管所配錢數之內，均融處置，務盡事宜。就於一管之中，輕重不得偏併。雖或未盡齊一，決當不甚低昂。既免擾人，且不變法。粗均勞逸，足救凋殘。非但徵賦易供，亦冀逋逃漸息。俟稍寧阜，更擇所宜。

其二請兩稅以布帛爲額不計錢數

夫國家之制賦稅也，必先導以厚生之業，而後取其什一焉。其所取也，量人之力，任土之宜，非力之所出則不徵，非土之所有則不貢，謂之通法，歷代常行。大凡生於天地之間，而五材之用爲急；五材者，金、木、水、火、土也。水火不資於作爲，金木自產於山澤，唯土爰播植，非力不成，衣食之源，皆出於此。故可以勉人功定賦入者，惟布、麻、繒、纊與百穀焉。先王懼物之貴賤失平，而人之交易難準，又立貨泉之法，以節輕重之宜，斂散弛張，必由於是。蓋御財之大柄，爲國之利權，守之在官，不以任下。然則穀帛者，人之所爲也；錢貨者，官之所爲也。人之所爲者，故租稅取焉；官之所爲者，故賦斂捨焉。此又事理著明者也。是以國朝著令，稽古作程，所取於人，不踰其分。租出穀，庸出絹，調雜出繒。纊、布、麻，非此族也，不在賦法。列聖遺典，粲然可徵，曷常有禁人鑄錢，而以錢爲賦者也！今之兩稅，獨異舊章。違任土之通方，效算緡之末法，不稽事理，不揆人功，但估資產爲差，便以錢穀定稅，臨時折徵雜物，每歲色目頗殊，唯計求得之利宜，靡論供辦之難易。所徵非所業，所業非所徵。遂或增價以買其所無，減價以賣其所有，一增一減，耗損已多。且百姓所營，唯在耕織，人力之作爲有限，物價之貴賤無恆，而乃定稅計錢，折錢納物，是將有限之產，以奉無恆之輸。納物賤則供稅之所出漸多，多則人力不給；納物貴則收稅之所入漸少，少則國用不充。公私二途，常不兼濟，以此爲法，未之前聞。往者初定兩稅之時，百姓納絹一疋，折錢三千二三百文，大率萬錢，爲絹三疋。價計稍貴，數則不多。及乎頒給軍裝，計數而不計價，此所謂稅入少而國用不充者也。近者百姓納絹一疋，折錢一千五六百文，大率萬錢，爲絹六疋。價既轉賤，數則漸加。向之蠶織不殊，而所輸尚欲過倍，此所謂供稅多而人力不給者也。今欲不甚改法，而粗救災害者，在乎約循典制，而以時變損益之。臣謂宜令所司勘會諸州府初納兩稅年絹、布定估，比類當今時價，加賤減貴，酌取其中，總計合稅之錢，折爲布帛之數，仍依庸、調舊制，各隨鄉土所宜。某州某年定出稅布若干端，某州某年定出稅絹若干疋，其有絁、綿、雜貨，亦隨所出定名，勿更計錢，以爲稅數。如此，則土有常制，人有常輸，衆皆知上令之不遷，於是一其心而專其業。應出布麻者，則務於紡績；供綿絹者，則事於蠶桑。日作月營，自然便習，各修家技，皆足供官。無求人假手之勞，無賤鬻貴買之費，無暴徵急辦之弊，無易常改作之煩。物甚賤而人之所出不加，物甚貴而官之所入不減。是以家給而國足，事均而法行。此直稍循令典之舊規，固非創制之可疑者也。然蚩蚩之俗，罕究事情，好騁異端，妄行沮議。臣請假爲問荅，以備討論，陛下誠有意乎？憐愍蒼生，將務救恤，但垂聽覽，必有可行。議者若曰：每歲經費所資，大抵皆約錢數，若令以布帛爲額，是令支計無憑。答曰：國初約法已來，常賦率由布帛，踰二甲子，制用不愆，何獨當今則難支計？且經費之大，其流有三：軍食一也，軍衣二也，內外官月俸及諸色資課三也。軍衣固在於布帛，軍食又取於地租，其計錢爲數者，獨月俸資課而已。制祿唯不計錢，故三代以食人衆寡爲差，兩漢以石數多少爲秩。蓋以錢者官府之權貨；祿者，吏屬之常資，以常徇權，則豐約之度不得恆於家；以權爲常，則輕重之柄不得專於國。故先王制祿以食，而平貨以錢，然後國有權而家有節矣。況今餽餉方廣，倉儲未豐，盡復古規，或慮不足，若但據羣官月俸之等，隨百役資課之差，各依錢數少多，折爲布帛定數，某官月給俸絹若干疋，某役月給資布若干端，所給色目精麤，有司明立條例，便爲恆制，更不計錢，物甚賤而官之所給不加，物甚貴而私之所稟不減，官私有準，何利如之。生人大端，衣食爲切，有職田以供食，有俸絹以供衣，從事之家，固足自給，以兹制事，誰曰不然。夫然，則國之用財，多是布帛，定以爲賦，復何所傷？議者若曰：吏祿軍裝，雖須布粟，至於以時斂糴，用權物價重輕，是必須錢，於何取給？答曰：古之聖人，所以取山澤之蘊材，作泉布之寶貨，國專其利，而不與人共之者，蓋爲此也。物賤由乎錢少，少則重，重則加鑄而散之使輕；物貴由乎錢多，多則輕，輕則作法而斂之使重。是乃物之貴賤，繫於錢之多少；錢之多少，在於官之盈縮。官失其守，反求於人，人不得鑄錢，而限令供稅，是使貧者破產而假資於富有之室，富者蓄貨而竊行於輕重之權，下困齊人，上虧利柄。今之所病，諒在於斯。誠宜廣卽山殖貨之功，峻用銅爲器之禁，苟制持得所，則錢不乏矣。有糴鹽以入其直，有榷酒以納其資，苟消息合宜，則錢可收矣。錢可收，固可以斂輕爲重；錢不乏，固可以散重爲輕。弛張在官，何所不可，慮無所給，是未知方。議者若曰：自定兩稅以來，恆使計錢納物，物價漸賤，所納漸多，出給之時，又增虛估廣求羨利，以贍庫錢，歲計月支，猶患不足。今若定供布帛，出納以平，軍國之資，無乃有闕？答曰：自天寶以後，師旅數起，法度消亡。肅宗撥滔天之災，而急於功賞；先帝邁含垢之德，而緩於糾繩。由是用頗殷繁，欲亦靡弊。公賦已重，別獻繼興；別獻既行，私賂競長。誅求刻剝，日長月滋，積累以至於大曆之間，所謂取之極甚者也。今既總收極甚之數，定爲兩稅矣；所定別獻之類，復在數外矣；間緣軍用不給，已嘗加徵矣；近屬折納價錢，則又多獲矣；比於大歷極甚之數，殆將再益其倍焉。復幸年穀屢豐，兵車少息，而用常不足，其故何哉？蓋以事逐情生，費從事廣，物有劑而用無節，夫安得不乏乎！苟能黜其情，約其用，非但可以布帛爲稅，雖更減其稅亦可也；苟務逞其情，侈其用，非但行今重稅之不足，雖更加其稅亦不足也。夫地力之生物有大數，人力之成物有大限；取之有度，用之有節，則常足；取之無度，用之無節，則常不足。生物之豐敗由天，用物之多少由人。是以聖王立程，量入爲出，雖遇災難，下無困窮。理化既衰，則乃反是，量出爲入，不恤所無。故魯哀公問，年饑，用不足，如之何，有若對以盍徹。桀用天下而不足，湯用七十里而有餘，是乃用之盈虛，在節與不節耳。不節則雖盈必竭，能節則雖虛必盈。衛文公承滅國之餘，建新徙之業，革車不過三十乘，豈不甚殆哉！而能衣大布，冠大帛，約已率下，通商務農，卒以富強，見稱載籍。漢文帝接秦、項積久傷夷之弊，繼高呂革創多事之時，家國虛殘，日不暇給，而能恭儉節用，靜事息人，服弋綈，履革舄，卻駿馬而不御，罷露臺而不修，屢賜田租，以厚烝庶。遂使戶口蕃息，百物阜殷。乃至鄉曲宴遊，乘牝牸者不得赴會；子孫生長，或有積數十歲不識市鄽；御府之錢，貫朽而不可校；太倉之粟，紅腐而不可食。國富於上，人安於下，生享遐福，沒垂令名，人到於今，稱其仁賢，可謂盛矣。太宗文皇帝收合板蕩，再造寰區。武德年中，革車屢動，繼以災歉，人多流離。貞觀之初，薦屬霜旱，自關輔綿及三河之地，米價騰貴，斗易一縑，道路之間，餧殍相藉。太宗敦行儉約，撫養困窮，視人如傷，勞徠不倦。百姓有鬻男女者，出御府金帛，贖還其家。嚴禁貪殘，慎節徭賦，弛不急之用，省無事之官，黜損乘輿，斥出宮女。太宗嘗有氣疾，百官以大內卑濕，請營一閣以居，尚憚煩勞，竟不之許。是以至誠上感，淳化下敷，四方大和，百穀連稔。貞觀八年以後，米斗至四五錢，俗阜化行，人知義讓，行旅萬里，或不齎糧。故人到於今，談帝王之盛，則必先太宗之聖功；論理道之崇，則必慕貞觀之故事。此三君者，其經始豈不艱窘哉！皆以嗇用愛人，竟獲豐福，是所謂能節雖虛必盈之效也。秦始皇據崤、函之固，藉雄富之業，專力農戰，廣收材豪，故能芟滅暴強，宰制天下。功成志滿，自謂有泰山之安，貪欲熾然，以爲六合莫予違也。於是發閭左之戍，徵太半之賦，進諫者謂之宣謗，恤隱者謂之收恩，故徵發未終，而宗社已泯。漢武帝遇時運理平之會，承文、景勤儉之積，內廣興作，外張甲兵，侈汰無窮，遂致殫竭；大搜財貨，算及舟車，遠近騷然，幾至顛覆。賴武帝英姿大度，付任以能，納諫無疑，改過不吝，下哀痛之詔，罷征伐之勞，封丞相爲富民侯，以示休息，邦本搖而復定，帝祚危而再安。隋氏因周室平齊之資，府庫充實，開皇之際，理尚清廉。是時公私豐饒，議者以比漢之文景。煬帝嗣位，肆行驕奢，竭耗生靈，不知止息，海內怨叛，以至於亡。此三君者，其所憑藉，豈不豐厚哉！此皆以縱欲殘人，竟致蹙喪，是所謂不節則雖盈必竭之效也。秦、隋不悟而遂滅，漢武中悔而獲存，乃知懲與不懲，覺與不覺，其於得失相遠，復有存滅之殊，安可不思！安可不懼！今人窮日甚，國用歲加，不時節量，其勢必蹙。而議者但憂財利之不足，罔慮安危之不持。若然者，則太宗漢文之德曷見稱，秦皇、隋煬之敗靡足戒，唯欲是逞，復何規哉！幸屬休明，將期致理，急聚斂而忽於勤恤，固非聖代之所宜言也。

其三論長吏以增戶加稅闢田爲課績

夫欲施敎化，立度程，必先域人，使之地著。古之王者，設井田之法以安其業，立五宗之制以綴其恩。猶懼其未也，又敎之族墳墓，敬桑梓，將以固人之志，定人之居，俾皆重遷，然可爲理。厥後又督之以出鄉遊惰之禁，糾之以版圖比閱之方。雖訓導漸微，而檢制猶密，歷代因襲，以爲彝章，其理也必謹於隄防，其亂也必慢於經界。斯道崇替，與時興衰。人主失之則不可御寰區，守長失之，則不可釐郡邑。理人之要，莫急於兹。頃因兵興，典制弛廢。戶版之紀綱罔緝，土斷之條約不明，恣人浮流，莫克禁止。縱之則湊集，整之則驚離，恆懷倖心，靡固本業。是以賦稅不一，敎令不行。長人者又罕能推忠恕易地之情，體至公徇國之意。迭行小惠，競誘姦甿，以傾奪鄰境爲智能，以招萃逋逃爲理化。捨彼適此者，旣爲新收而獲宥；倏忽往來者，又以復業而見優。唯懷土安居，首末不遷者，則使之日重，斂之日加，是令地著之人，恆代惰游服役，則何異驅之轉徙，敎之澆訛。此由牧宰不克弘通，各私所部之過也。及夫廉使奏課，會府考功，但守常規，不稽時變。其所以爲長吏之能者，大約在於四科：一曰戶口增加，二曰田野墾闢，三曰稅錢長數，四曰徵辦先期。此四者，誠吏職之所崇，然立法齊人，久無不弊。法之所沮，則人飾巧而苟避其網；法之所勸，則人興僞以曲附其文。理之者若不知維御損益之宜，則巧僞萌生，恆因沮勸而滋矣。夫課吏之法，所貴戶口增加者，豈不以撫字得所，人益阜蕃乎？今或詭情以誘其姦浮，苛法以析其親族，苟益戶數，務登賞條。所誘者將議薄征，已遽驚散；所析者不勝重稅，又漸流亡。州縣破傷，多起於此。長吏相效以爲績，安忍莫懲；齊人相扇以成風，規避轉甚。不究實而務增戶口，有如是之病焉。所貴田野墾闢者，豈不以訓導有術，人皆樂業乎？今或牽率黎烝，播植荒廢，約以年限，免其地租。苟農夫不增，而墾田欲廣，新畝雖闢，舊畬反蕪。人利免租，頗亦從令，年限纔滿，復爲汙萊，有益煩勞，無增稼穡。不度力而務闢田野，有如是之病焉。所貴稅錢長數者，豈不以旣庶而富，人可加賦乎？今或重困疲羸，力求附益，捶骨瀝髓，隳家取財，苟媚聚斂之司，以爲仕進之路，不恤人而務長稅數，有如是之病焉。所貴徵辦先期者，豈不以物力優贍，人皆樂輸乎？今或肆毒作威，殘人逞欲，事有常限，因而促之，不量時宜，唯尙強濟，絲不容織，粟不暇舂，矧伊貧虛，能不奔迸，不恕物而務先徵辦，有如是之病焉。然則引人逋逃，蹙人艱窘，唯兹四病，亦有助焉。此由考覈不切事情，而泛循舊轍之過也。且夫戶口增加，田野墾闢，稅錢長數，徵辦先期，若不以實事驗之，則眞僞莫得而辨，將驗之以實，則租賦須加。所加旣出於人，固有受其損者，此州若增客戶，彼郡必減居人，增處邀賞而稅數有加，減處懼罪而稅數不降。儻國家所設考課之法，必欲崇於聚斂，則如斯可矣，將有意乎富俗而務理，豈不刺謬歟！當今之要，在於厚人而薄財，損上以益下。下苟利矣，上必安焉，則少損者，所以招大益也。人旣厚矣，財必贍焉，則暫薄者所以成永厚也。臣愚謂宜申命有司，詳定考績，往貴於加者，今務於減焉。假如一州之中，所稅舊有定額，凡管幾許百姓，復作幾等差科，每等有若干戶人，每戶出若干稅物，各令條舉，都數年別一申使司，使司詳覆有憑，然後錄報戶部。若當管之內，人益阜殷，所定稅額有餘，任其據戶均減，率計減數多少，以爲考課等差。其當管稅物通比較，每戶十分減三分者爲上課，十分減二分者次焉，十分減一分者又次焉。如或人多流亡，加稅見戶，比校殿罰，法亦如之。其百姓所出田租，則各以去年應輸之數，便爲定額，每歲據徵，更不勘責檢巡。增闢者勿益其租，廢耕者不降其數。足以誘導墾植，且免妨奪農功，事簡體弘，人必悅勸。每至定戶之際，但據雜產校量，田旣自有恆租，不宜更入兩稅。如此，則吏無苟且，俗變澆浮，不督課而人自樂耕，不防閑而衆皆安土。斯亦當今富人固本之要術，在陛下舉而行之。

其四論稅期限迫促

建官立國，所以養人也；賦人取財，所以資國也。明君不厚其所資，而害其所養，故必先人事而借其暇力，先家給而斂其餘財。遂人所營，恤人所乏，借必以度，斂必以時。有度則忘勞，得時則易給。是以官事無闕，人力不殫，公私相全，上下交愛。古之得衆者，其率用此歟？法制或虧，本末倒置，但務取人以資國，不思立國以養人。非獨徭賦繁多，夐無蠲貸，至於徵收迫促，亦不矜量。蠶事方興，已輸縑稅；農功未艾，遽斂穀租。上司之繩責旣嚴，下吏之威暴愈促，有者急賣而耗其半直，無者求假而費其倍酬。所繫遲速之間，不過月旬之異，一寬稅限，歲歲相承，遲無所妨，速不爲益，何急敦逼，重傷疲人？頃緣定稅之初，期約未甚詳衷，旋屬徵役多故，復令先限量徵，近雖優延，尚未均濟。望委轉運使與諸道觀察使商議，更詳定徵稅期限聞奏。各隨當土風俗所便，時候所宜，務於紓人，俾得辦集。所謂惠而不費者，則此類也。

其五請以稅茶錢置義倉以備水旱

臣聞仁君在上，則海內無餧殍之人，豈必耕而餉之，爨而食之哉！蓋以慮得其宜，制得其道，致人於歉乏之外，設備於災沴之前，是以年雖大殺，衆不恇懼。夫水旱爲敗，堯湯被之矣，陰陽相寇，聖何禦哉？所貴堯、湯之盛者，在於遭患能濟耳。凡厥哲后，皆謹循之。故《王制》記虞、夏、殷、周四代之法，乃云：國無九年之蓄，曰不足；無六年之蓄，曰急；無三年之蓄，曰國非其國也。《周官》司徒之屬亦云：掌鄉里之委積，以恤艱阨；縣鄙之委積，以待凶荒。王制既衰，雜以權術。魏用平糴之法，漢置常平之倉，利兼公私，頗亦爲便。隋氏立制，始創社倉，終於開皇，人不饑饉。貞觀初，戴胄建積穀備災之議。太宗悅焉，因命有司，詳立條制，所在貯粟，號爲義倉，豐則斂藏，儉則散給，歷高宗之代，五六十載，人賴其資。國步中艱，斯制亦弛。開元之際，漸復修崇。是知儲積備災，聖王之急務也。《語》曰：百姓足，君孰與不足？百姓不足，君孰與足？此言君養人以成國，人戴君以成生，上下相成，事如一體。然則古稱九年、六年之蓄者，蓋率土臣庶通爲之計耳，固非獨豐公庾，不及編甿。《記》所謂雖有凶旱水溢，人無菜色，良以此也。後代失典籍備慮之旨，忘先王子愛之心，所蓄糧儲，唯計廩庾，犬彘厭人之食而不知檢，溝壑委人之骨而不能恤，亂興於下，禍延於上，雖有公粟，豈得而食諸？故立國而不先養人，國固不立矣；養人而不先足食，人固不養矣；足食而不先備災，食固不足矣。爲官而備者，人必不贍；爲人而備者，官必不窮。是故論德昏明，在乎所務本末：務本則其末自遂，務末則其本兼亡。國本於人，安得不務！頃以寇戎爲梗，師旅亟興，惠恤之方，多所未暇。每遇陰陽愆候，年不順成，官司所儲，祇給軍食。支計苟有所闕，猶須更取於人，人之凶荒，豈遑賑救！人小乏則求取息利，人大乏則賣鬻田廬。幸逢有年，纔償逋債，斂穫始畢，餱糧已空。執契擔囊，行復貸假，重重計息，食每不充。儻遇荐饑，遂至顛沛，室家相棄，骨肉分離，乞爲奴僕，猶莫之售，或行丐鄽里，或縊死道途。天災流行，四方代有，率計被其害者，每歲常不下一二十州。以陛下爲人父母之心，若垂省憂，固足傷惻，幸有可救之道，焉可捨而不念哉！今賦役已繁，人力已竭，窮歲汲汲，永無贏餘。課之聚糧，終不能致，將樹儲蓄根本，必藉官司助成。陛下誠能爲人備災，過聽愚計，不害經費，可垂永圖。近者有司奏請稅茶，歲約得五十萬貫，元敕令貯戶部，用救百姓凶饑，今以蓄糧，適副前旨。望令轉運使總計諸道戶口多少，每年所得稅茶錢，使均融分配，各令當道巡院主掌，每至穀麥熟時，卽與觀察使計會，散就管內州縣和糴，便於當處置倉收納。每州令錄事參軍專知，仍定觀察判官一人與和糴、巡院官同鈎當。亦以義倉爲名，除賑給百姓已外，一切不得貸便支用。如時當大稔，事至傷農，則優與價錢，廣其糴數。穀若稍貴，糴亦便停。所糴少多，與年上下，準平穀價，恆使得中。每遇災荒，卽以賑給：小歉則隨事借貸，大饑則錄奏分頒，許從便宜，務使周濟。循環斂散，遂以爲常。如此，則蓄財息債者，不能耗吾人；聚穀幸災者，無以牟大利。富不至侈，貧不至饑，農不至傷，糴不至貴，一舉事而衆美具，可不務乎！俟人小休，漸勸私積，平糴之法斯在，社倉之制兼行，不出十年之中，必盈三歲之蓄。宏長不已，升平可期，使聖代黎人，永無餧乏。此堯、湯所以見稱於千古也。願陛下遵之、慕之、繼之、齊之。苟能存誠，蔑有不至。

其六論兼幷之家私斂重於公稅

國之紀綱，在於制度。士、農、工、賈，各有所專。凡在食祿之家，不得與人爭利。此王者所以節材力，礪廉隅，是古今之所同，不可得而變革者也。代理則其道存而不犯，代亂則其制委而不行。其道存則貴賤有章，豐殺有度，車服田宅，莫敢僭踰，雖積貨財，無所施設，是以咸安其分，罕徇貪求。藏不偏多，故物不偏罄；用不偏厚，故人不偏窮。聖王能使禮讓興行，而財用均足，則此道也。其制委則法度不守，教化不從，唯貨是崇，唯力是騁，貨力苟備，無欲不成。租販兼幷，下錮齊人之業；奉養豐麗，上侔王者之尊。戶蓄羣黎，隸役同輩，既濟嗜欲，不虞憲章，肆其貪惏，曷有紀極！天下之物有限，富室之積無涯。養一人而費百人之資，則百人之食不得不乏；富一家而傾千家之產，則千家之業不得不空。舉類推之，則海內空乏之流，亦已多矣。故前代致有風俗謁靡，氓庶困窮，由此弊也。今茲之弊，則又甚焉。夫物之不可掩藏，而易以閱視者，莫著乎田宅。臣請又措其宅而勿議，且舉占田一事以言之。古先哲王，疆理天下，百畝之地，號曰一夫，蓋以一夫授田，不得過於百畝也。欲使人無廢業，田無曠耕，人力、田疇，二者適足。是以貧弱不至竭涸，富厚不至奢淫，法立事均，斯謂制度。今制度弛紊，疆理隳壞，恣人相吞，無復畔限。富者兼地數萬畝，貧者無容足之居，依託強豪，以爲私屬，貸其種食，賃其田廬，終年服勞，無日休息，罄輸所假，常患不充。有田之家，坐食租稅，貧富懸絶，乃至於斯，厚斂促徵，皆甚公賦。今京畿之內，每田一畝，官稅五升，而私家收租殆有畝至一石者，是二十倍於官稅也。降及中等，租猶半之，是十倍於官稅也。夫以土地王者之所有，耕稼農夫之所爲，而兼幷之徒，居然受利。官取其一，私取其十，穡人安得足食，公廩安得廣儲，風俗安得不貪，財貨安得不壅！昔之爲理者，所以明制度而謹經界，豈虚設哉！斯道浸亡，爲日已久，頓欲修整，行之實難，革弊化人，事當有漸。望令百官集議，參酌古今之宜，凡所占田，約爲條限，裁減租價，務利貧人。法貴必行，不在深刻，裕其制以便俗，嚴其令以懲違。微損有餘，稍優不足。損不失富，優可賑窮。此乃古者安富恤窮之善經，不可捨也。右臣前月十一日延英奏對，因敘賦稅煩重，百姓困窮，伏奉恩旨，令具條疏聞奏，今且舉其甚者，謹件如前。臣聞於《書》曰：無輕人事惟難，無安厥位惟危，此理之所以興也。又曰：厥後嗣王，生則逸，不知稼穡之艱難，此亂之所以由始也。以陛下天縱聖哲，事更憂危，夙夜孜孜，志求致理。往年論及百姓，必爲悽然動容，每言：朕於蒼生，肢體亦無所惜。臣久叨近侍，亟奉德音，竊謂一代黔黎，必躋富壽之域。昨奏人間疾苦，十分纔及二三，聖情已甚驚疑，皆謂臣言過當。然則愁怨之事，何由上聞？煦育之恩，何由下布？典籍所戒，信而有徵，一虧聖猷，實可深惜。臣又聞於《書》曰：非知之艱，行之唯艱。竊惟陛下所以驚疑於微臣之言者，但聞之未熟耳。此乃股肱耳目之任，仰負於陛下，誠所謂知之非艱，尚未足深累聖德也。今則既知之矣，願陛下勿復艱於所行，居安思危，億兆幸甚！謹奏。

綜述

《新唐書》卷五一《食貨志》　初，永徽中禁買賣世業、口分田。其後豪富兼幷，貧者失業，於是詔買者還地而罰之。

宋・王應麟《玉海》卷一七六《食貨門・田制》　永徽中，禁買賣世業、口分田，其後豪富兼幷，於是詔買者還地而罰之。

宋・王應麟《玉海》卷一七六《食貨門・田制》　《紀》：開元九年正月括田。《通鑑》二月乙酉，敕有司議。丁亥以宇文融充使，括逃戶及籍外田。《宇文融傳》：時戶版刓隱，人去本籍，詭脱繇賦，豪弱相幷。融由御史陳便宜，請校天下籍，收匿戶羨田。以融爲覆田勸農使，諸道收沒戶八十萬，田稱是。十一年六月壬辰爲勸農使。

宋・竇儀《宋刑統》卷一二《戶婚》　賣口分及永業田

諸賣口分田者，一畝笞十，二十畝加一等，罪止杖一百，地還本主，財沒不追。即應合賣者，不用此律。

【疏議曰】口分田，謂計口受之，非永業及居住園宅。輒賣者，《禮》云：田里不鬻，謂受之於公，不得私自鬻賣，違者一畝笞十，二十畝加一等，罪止杖一百。賣一頃八十一畝，即爲罪止。地還本主，財沒不追。即應合賣者，謂永業田家貧賣供葬，及口分田賣充宅及碾磑、邸店之類，狹鄉樂遷就寬者，准令並許賣之。其賜田欲賣者，亦不在禁限。其五品以上若勳官，永業地亦並聽賣，故云不用此律。

宋・彭龜年《止堂集》卷六《奏疏》　臣聞溥天之下，莫非王土。古者制田，惟有歸受之法。民既壯則受之，既老則歸之，如此而已。未有舉在官之田，與民交手爲市者也。唐許民賣永業田，識者猶議其非古，況官自賣乎？臣竊聞近日斥賣官田。

元・馬端臨《文獻通考》卷三《田賦考三》　元宗開元八年頒庸調法於天下。

是時，天下戶未嘗升降，監察御史宇文融獻策，括籍外羨田。逃戶自占者，給復五年，每丁稅錢千五百，以攝御史分行括實。陽翟尉皇甫憬上書言其不可。帝方任融，乃貶憬爲盈川尉。諸道所括得客戶八十餘萬，田亦稱是。州縣希旨張虚數，以正田爲羨，編戶爲客，歲終籍錢數百萬緡。

清・薛允升《唐明律合編》卷一二《戶婚上》　賣口分田

諸賣口分田者，一畝笞十，二十畝加一等，罪止杖一百，地還本主，財沒不追。即應合賣者，不用此律。

明律卷第四　戶律一

戶役計十五條　唐爲戶婚律，明分戶役、田宅、婚姻爲三篇，凡戶口賦役之事，俱入於此。

清・薛允升《唐明律合編》卷一三《户婚中》　占田過限

諸占田過限者，一畝笞十，十畝加一等；過杖六十，二十畝加一等，罪止徒一年。若於寬閑之處者，不坐。

盜耕種公私田

諸盜耕種公私田者，一畝以下笞三十，五畝加一等；過杖一百，十畝加一等，罪止徒一年半。荒田，減一等。强者，各加一等。苗子歸官主。下條苗子準此。

妄認盜賣公私田

諸妄認公私田，若盜貿賣者，一畝以下笞五十，五畝加一等；過杖一百，十畝加一等，罪止徒二年。

在官侵奪私田

諸在官侵奪私田者，一畝以下杖六十，三畝加一等；過杖一百，五畝加一等，罪止徒二年半。園圃加一等。

盜耕人墓田

諸盜耕人墓田，杖一百；傷墳者，徒一年。即盜葬他人田者，笞五十；墓田，加一等。仍令移葬。若不識盜葬者，告里正移埋，不告而移，笞三十。即無處移埋者，聽於地主口分內埋之。

《淵鑒類函》卷二三二《政術部・田制》　北齊給授田令，仍依魏朝。每年十月普令轉授，成丁而授，丁老而退，不聽賣易。

《淵鑒類函》卷二三二《政術部・田制》　文宣帝天保八年，議徙冀、定、瀛無田之人，謂之樂遷，於幽州寬鄉以處之。

《淵鑒類函》卷三五五《産業部・買賣田》　禁賣《孔帖》：高郢生平不治田産，有勸營之者，曰：祿廩所及，在我則已，有餘田莊何所取乎？曰：唐永徽中，禁買賣世業、口分田。其後豪富兼并，貧者失業，於是詔買者還地而罰之。

《全唐文》卷二五元宗《置十道勸農判官制》　人惟邦本，本固邦寧，必在安人，方能固本。永言理道，實獲朕心。思所以康濟黎庶，寵綏華夏，上副宗廟乾坤之寄，下答寓縣貢獻之勤，何嘗不夜分輟寢，日旰忘食。然以眇眇之身，當四海之貴，雖則長想遐邇，不可家至日見。至於宣布政教，安輯逋亡，言念再三，其勤至矣，莫副朕命，實用恧焉。當扆永懷，靜言厥緒，豈人流自久，招諭不還，上情靡通於下，衆心罔達於上，求之明發，想見其人。當屬括地使宇文融謁見於延英殿，朕以人必土著，因議逃亡，嘉其忠讜，堪任以事。乃授其田戶紀綱，兼委之都縣釐革，便令充使，奉以安人。遂能恤我黎元，克將朕命，發自夏首，及於歲終，巡按所及，歸首百萬。仍聞宣制之日，老幼欣躍，惟令是從，多流淚以感朕心，咸吐誠以荷王命。猶恐朕之薄德，未孚於人，撫字安存，更冀良算。遂命百司長吏，方州岳牧，僉議廟堂，廣徵異見。羣詞盈於札翰，環省彌於旬日，庶廣朕意，豈以爲勞，稽衆考言，謂斯折衷，欲人必信，期於令行，凡爾司存，勉以遵守。夫食爲人天，富而後教。經教彝體，前哲至言。故平糴行於昔王，義倉加於近代，所以存九年之蓄，收上中之斂。穰賤則農不傷財，災饉則時無菜色，救人活國，其利博哉。今流戶大來，玉田載理，敖庾之務，寤寐所懷。其客戶所税錢，宜均充所在常平倉用，仍許預付價直，任粟麥兼貯，并舊常平錢粟，並委本道判官勾當處置，使斂散及時，務以矜恤。且分災恤患，州黨之常情，損餘濟闕，親隣之善貸。故木鐸云：徇里胥均功，夜績相從，齊俗以贍。今陽和布澤，丁壯就田，言念鰥惸，事資拯助。宜委使司與州縣商量，勸作農社，貧富相恤，耕耘以時。仍每至雨澤之後，種穫忙月，州縣常務，一切停減，使趨時急於備寇，尺璧賤於寸陰。是則天無虚施，人無遺力。又政在經遠，功惟久著。今逃亡初復，居業未康，循逃戶及籍外剩田，猶宜勞徠，理資存撫。其十道分判官，三五年內，使就厥功。令有終始，當道覆屯，及須推劾，並以委之。不須廣差餘使，示專其事，不擾於人，政術有能，必行賞罰。其已奏復業歸首，勾當州縣每季一申，不須挾名，致有勞擾，其歸首戶，各令新首處與本貫計會年戶色役，勿欺隱及其兩處徵科。宣布天下，使明知朕意。

《全唐文》卷二九元宗《置勸農使詔》　有國者必以人爲本，固本者必以食爲先。先王於是務其三時，前聖所以分其五土，勸農之道，實在於斯。朕撫圖御歷，殆踰一紀。旰食宵衣，勤乎兆庶。故兢兢翼翼，不敢荒寧。頃歲以來，雖稍豐稔，猶恐地有遺利，人多廢業。游食之徒未盡歸，生穀之疇未均墾，以是軫念，臨遣使臣，恤編戶之流亡，閱大田之衆寡。至如百姓逃散，良有所繇。當天冊神功之時，北狄西戎作梗。大軍之後，必有凶年，水旱相仍，逋亡滋甚，自此成弊，於今患之。且違親越鄉，蓋非獲已。暫因規避，旋被兼幷，既冒刑網，復損產業，居且常懼，歸又無依，積此艱危，遂成流轉。或因人而止，或庸力自資，懷土之思空盈，返本之途莫遂。朕虔荷丕搆，子育萬姓，立德非宜，而茲弊未革，納隍馭朽，實切於心。既深在予之責，思宏自新之令。其先是逋逃，並宜自首。仍能服勤壟畝，肆力耕耘，所在閑田，勸其開闢。逐土任宜收稅，勿令州縣差科，徵役租庸，一皆蠲放。若登時不出，或因此更逃，習俗或然，非以爲法。且阻我誠信，是紊我大綱，爰及所繇，須加嚴限。且天下風壤，多有不同，地既異宜，俗亦殊習，固當因利制事，不可違人立法。宜令兵部員外郎兼侍御史宇文融兼充勸農使，巡按人邑，安撫戶口，所在與官寮及百姓商量處分。乃至賦役差科，於人非便者，並量事處分。續狀奏聞，務令安輯，勿使勞繁。當行賞罰之科，各竭忠公之力。所到之處，宣示百姓，達我勸人之心。

《全唐文》卷九八〇闕名《對多田判》 丁多買田至四百頃，極膏腴，上買他財物稱是，御史糾之。云：天恩數加賞賜，不是贓賄。

丁家類封君，田成永業，是稱近甸，亦曰膏腴。資貨乃兼於中人，沃野自登於上賈。義殊不穡，頗謂多藏，道則惡盈，志何自滿？必也德均洙泗，學究典墳，專經述鄭元之風，精義盡邱明之奧。學優則仕，道尊爲師，類張禹之置田，殊蕭何之遺子。況稱恩命，豈等平人？御史繩之，終難糾詰。

《全唐文》卷九八〇闕名《對射田判》 或人於京兆府射蔭田。

三秦奧壤，陸海良田，原隰條分，溝塍脈散。涇渭傍潤，鄭白疏流；荷鍤成雲，決渠降雨，杭稻漠漠，黍稷油油，無爽蟬鳴之期，有至鳳冠之稔。其地則上，厥價惟高，準丁而請，則無妨廢。據勳來射，交爽事宜，理既不通，地須追奪！

傳記

《舊唐書》卷一〇五《宇文融傳》 宇文融，京兆萬年人，隋禮部尚書平昌公敬之玄孫也。祖節，貞觀中爲尚書右丞，明習法令，以幹局見稱。【略】融，開元初累轉富平主簿，明辯有吏幹，源乾曜、孟溫相次爲京兆尹，皆厚禮之，俄拜監察御史。時天下戶口逃亡，免役多僞濫，朝廷深以爲患。融乃陳便宜，奏請檢察僞濫，搜括逃戶。玄宗納其言，因令融充使推勾。無幾，獲僞濫及諸免役甚衆，特加朝散大夫，再遷兵部員外郎，兼侍御史。融於是奏置勸農判官十人，並攝御史，分往天下，所在檢括田疇，招攜戶口。其新附客戶，則免其六年賦調，但輕稅入官。議者頗以爲擾人不便，陽翟尉皇甫憬上疏曰：

臣聞智者千慮，或有一失；愚夫千計，亦有一得。且無益之事繁，則不急之務衆；不急之務衆，則數役；數役，則人疲；人疲，則無聊生矣。是以太上務德，以靜爲本；其次化之，以安爲上。但責其疆界，嚴之隄防，山水之餘，卽爲見地。何必聚人阡陌，親遣括量，故奪農時，遂令受弊。又應出使之輩，未識大體，所由殊不知陛下愛人至深，務以勾剝爲計。州縣懼罪，據牒卽徵。逃亡之家，隣保代出；隣保不濟，又便更輸。急之則都不謀生，緩之則慮法交及。臣恐逃逸從此更深。至如澄流在源，止沸由火，不可不慎。今之具僚，向逾萬數，蠶食府庫，侵害黎人。國絕數載之儲，家無經月之畜，雖其厚稅，亦不可供。戶口逃亡，莫不由此。縱使伊、皐申術，管、晏陳謀，豈息茲弊？若以此給，將何以堪！雖東海、南山盡爲粟帛，亦恐不足，豈括田稅客能周給也！

左拾遺楊相如上書，咸陳括客爲不便。上方委任融，侍中源乾曜及中書舍人陸堅皆贊成其事，乃貶憬爲盈川尉。於是諸道括得客戶凡八十餘萬，田亦稱是。州縣希融旨意，務於獲多，皆虛張其數，亦有以實戶爲客者。歲終徵得客戶錢數百萬，融由是擢拜御史中丞。

言事者猶稱括客損居人，上令集百僚於尚書省議。公卿已下懼融恩勢，皆雷同不敢有異詞，唯戶部侍郎楊瑒獨建議以括客不利居人，徵籍外田稅，使百姓困弊，所得不補所失。無幾，瑒出爲外職。

融乃馳傳巡歷天下，事無大小，先牒上勸農使而後申中書，省司亦待融指撝而後決斷。融之所至，必招集老幼宣上恩命，百姓感其心，至有流淚稱父母者。融使還具奏，乃下制曰：

人惟邦本，本固邦寧，必在安人，方能固本。永言理道，實獲朕心。思所以康濟黎庶，寵綏華夏，上副宗廟乾坤之寄，下答宇縣貢獻之勤，何嘗不夜分輟寢，日旰忘食。然後以眇眇之身，當四海之貴。雖則長想遐邇，不可家至日見。至于宣布政教，安輯逋亡，言念再三，其勤至矣。莫副朕命，實用恧焉，當扆永懷，靜言厥緒。豈人流自久，招諭不還，上情靡通於下，衆心罔達於上。求之明發，想見其人。當屬括地使宇文融謁見于延英殿，朕以人必土著，因議逃亡，嘉其忠讜，堪任以事，乃授其田戶紀綱，兼委之郡縣釐革，便令充使，奉以安人。遂能恤我黎元，克將朕命，發自夏首，來於歲終，巡按所及，歸首百萬。仍聞宣制之日，老幼欣躍，惟令是從，多流涙以感朕心，咸吐誠以荷王命。猶恐朕之薄德，未孚于人，撫字安存，更冀良算。遂命百司長吏，方州岳牧，僉議都堂，廣徵異見。羣詞盈於札翰，環省彌于旬日，庶廣朕意，豈以爲勞，稽衆考言，謂斯折衷。欲人必信，期於令行，凡爾司存，勉以遵守。

夫食爲人天，富而後教，經教彝體，前哲至言。故平糴行於昔王，義倉加於近代，所以存九年之蓄，收上中之斂。穰賤則農不傷財，災饉則時無菜色，救人活國，其利博哉！今流戶大來，王田載理，敖庾之務，痌瘝所懷。其客戶所稅錢，宜均充所在常平倉用，仍許預付價直，任粟麥兼貯。并舊常平錢粟，並委本道判官勾當處置，使斂散及時，務以矜恤。且分災恤患，州黨之常情；損餘濟闕，親鄰之善貸。故木鐸云徇，里胥均功，夜績相從，齊俗以贍。今陽和布澤，丁壯就田，言念鰥惸，事資拯助。宜委使司與州縣商量，勸作農社，貧富相恤，耕耘以時。仍每至雨澤之後，種穫忙月，州縣常務，一切停減。使趨時急於備寇，尺璧賤於寸陰，是則天無虛施，人無遺力。

又政在經遠，功惟久著，今逃亡初復，居業未康，循逃戶及籍外剩田，猶宜勞徠，理資存撫。其十道分判官，三五年內，使就厥功，令有終始。當道覆屯，及須推劾，並以委之，不須廣差餘使，示專其事，不擾于人。政術有能，必行賞罰。其已奏復業歸首，勾當州縣，每季一申，不須挾名，致有勞擾。其歸首戶，各令新首處與本貫計會年戶色役，勿欺隱及其兩處徵科。宣布天下，使明知朕意。

《新唐書》卷一三四《宇文融傳》 宇文融，京兆萬年人，隋平昌公弢裔孫。祖節，明法令，貞觀中，爲尚書右丞，謹幹自將。江夏王道宗以事請節，節以聞，太宗喜，賚絹二百，勞之曰：朕比不置左右僕射，正以公在省耳。永徽初，遷黃門侍郎、同中書門下三品，代于志寧爲侍中。坐房遺愛友善，貶桂州，卒。

融明辯，長於吏治。開元初，調富平主簿。源乾曜、孟溫繼爲京兆，賢其人，厚爲禮。時天下戶版刓隱，人多去本籍，浮食閭里，詭脫繇賦，豪弱相并，州縣莫能制。融由監察御史陳便宜，請校天下籍，收匿戶羨田佐用度。玄宗以融爲覆田勸農使，鉤檢帳符，得僞勳亡丁甚衆。擢兵部員外郎，兼侍御史。融乃奏慕容琦、韋洽、裴寬、班景倩、庫狄履溫、賈晉等二十九人爲勸農判官，假御史，分按州縣，括正丘畝，招徠戶口而分業之。又兼租地安輯戶口使。於是諸道收沒戶八十萬，田亦稱是。歲終，羨錢數百萬緡。帝悅，引拜御史中丞。然吏下希望融旨，不能無擾，張空最，務多其獲，而流客頗脫不止。初，議者以生事，沮詰百端，而帝意向之，宰相源乾曜等佐其舉。又集羣臣大議，公卿雷同不敢異，唯戶部侍郎楊瑒以爲籍外取稅，百姓困弊，得不酬失。瑒坐左遷。融乃自請馳傳行天下，事無巨細，先上勸農使，而後上臺省，臺省須其意，乃行下。融所過，見高年，宣天子恩旨，百姓至有感涕者。使還言狀，帝乃下詔：以客賦所在，並建常平倉，益貯九穀，權發斂；官司勸作農社，使貧富相恤。凡農月，州縣常務一切罷省，使趨刈穫。流亡新歸，十道各分官屬存撫，使遂厥功。復業已定，州縣季一申牒，不須挾名。

《全唐詩》卷一一五《李憕傳》 李憕，太原文水人，舉明經。開元初，爲咸陽尉。張說爲幷州長史太平軍大使時，引憕常在幕下。後爲宇文融判官，括田課最。遷監察御史。歷給事中、河南少尹。天寶初，出爲清河太守，改尚書右丞、京兆尹。轉光祿卿、東都留守，遷禮部尚書。安祿山陷長安，遇害。贈司徒，謚忠烈。詩三首。

《全唐詩》卷一二〇《庫狄履溫傳》 庫狄履溫，官尚書員外郎，兼充節度判官。開元九年宇文融括田時，奏置勸農判官，以履，溫等二十九人並攝御史，分行天下。詩一首。

元・馬端臨《文獻通考》卷一〇《户口考一》 元宗開元十四年，戶七百六萬九千五百六十五。

八年，宇文融請括籍外逃戶羨田，從之。見《田賦門》。

宋・李昉等《太平御覽》卷八二一《資産部一・田》 《唐明皇雜錄》曰：上命宇文融爲招田使，融方恣睢，稍不己附者，必加誣譖。密奏以爲盧從愿廣致田園，有地數百頃，上素器重，亦倚爲相者數矣。而又族望官婚，鼎盛於一時，故上亦重言其罪，但目從愿爲多田翁。

宋・李昉等《太平廣記》卷四九五《宇文融傳》 玄宗命宇文融爲括田

使，融方恣睢，稍不附己者，必加誣譖。密奏以爲盧從願廣置田園，有地數百頃，帝素器重，亦倚爲相者數矣。而又族望宦婚，鼎盛於一時。故帝亦重言其罪，但目從願爲多田翁。從願少家相州，應明經，常從五舉。制策三等，授夏縣尉。自前明經至吏部侍郎，纔十年。自吏部員外至侍郎，只七箇月。出《明皇雜錄》。

宋·李燾《續資治通鑑長編》卷六二真宗景德二年條　［二月］丙子，權三司使丁謂等言：唐宇文融置勸農判官，檢戶口田土僞濫等事，今欲別置，慮益煩擾。而諸州長吏，職當勸農，乃請少卿監、刺史、閤門使已上知州者，並兼管內勸農使，餘及通判並兼勸農事，諸路轉運使、副並兼本路勸農使。詔可。勸農使八銜自此始。

宋·周紫芝《太倉稊米集》卷四六《論五首》　宇文融論

天下之禍，必有所自起，善論事者不當罪其成禍之人，而當罪其始禍之人。是以成禍者其罪小，始禍者其罪大，不可不辨也。古人有言曰：與其畜聚斂之臣，寧畜盜臣，人情豈固欲捨君子之名，而蒙盜賊之稱哉？顧聚斂之臣，本以逢君之欲，主意既合，非特階以自售。其身往往因以致位卿相，後之好進者遂指掊克之計以爲宰相捷塗。曰：彼既以是而得之，吾何憚而不爲哉？由是知成禍者爲患於一時，而始禍者貽患於後世。此始禍者其罪所以不得不大，成禍者其罪所以不得不小也。開元之初，明皇以勵精之志，奮然有爲於天下。當是之時，元老魁舊，布列於朝，人主猶知有所尊憚焉。及太平既久，淫侈日肆，財用困竭，國計艱短，言利之臣得以用事。明皇始相宇文融，其後韋堅、楊慎矜、王鉷、楊國忠咸以言利進，至歲裒緡錢萬億，爲天子私藏，以濟横賜，卒使盜起兵興，主遷勢奪而不可救，惜哉！德宗繼肅、代喪亂之後，既相楊炎作兩稅法，民力未及少紓，而大常博士陳京請借商錢，戶部侍郎趙贊代杜佑行借錢令，民不勝冤，家若被盜，至市人相率遮邀，宰相泣訴於朝，曾不之卹。逮裴延齡用事，益爲天子增私藏，海內重困，天子不免播遷之患。至憲宗時，皇甫鎛由聚斂勾剝爲宰相，雖市道皆嗤之，卒使憲宗剛明果斷之資，不克有終，而其禍有甚於德宗焉。是數子者，皆操融之術，躡融之踵，以取融之位，如探囊而得物，則天下之禍，吾固知其有所始矣。初明皇用融之策，張說嘗數沮其謀，融乃誣告說罪，帝發金吾兵圍其第，幾不免殺。自是利說一開，群奸相繼而至矣。至德宗之用裴延齡也，陸贄言延齡侵削兆民，爲天子取怨於下，帝怒罷贄，亦幾不免。憲宗之時，程异、皇甫鎛以言財賦幸，俄得宰相裴度三上書言不可，帝不納其言，用之不疑。何明皇不信張說之言，而用宇文融，德宗不信陸贄之言而用裴延齡，憲宗不信裴度之言，而用皇甫鎛也。蓋諛言利說易蠹主情，而忠諫讜議難回感聽。君子小人勢不兩立，小人進則君子退，其理然也。憲宗即位，嘗謂宰相李吉甫曰：德宗播遷，誰寔召亂。吉甫以陳京、趙贊之事告之，帝憤然曰：京與贊眞賊臣。憲宗聞暴斂之禍，首於賊臣，未幾復相皇甫鎛，豈亦迫於國計，不得已而然歟？乃知利說易以搖其君。雖明皇之事，德宗之所聞；德宗之事，憲宗之所聞；而公然蹈其覆轍，亟於亂亡而不悔也。唐自太宗之業廢於後世，而取民之制日已滋廣。兩稅之外，如鹽鐵、轉運、鑄錢、括田、榷利、借商、進奉、獻助，靡所不至，其取之可謂極矣，其爲報亦酷焉。當時聚斂掊克之人不可勝數，而始作俑者，蓋起於融，後人見融以言利獲寵，取相位，皆翕然師之。因以陷其君於危亡，然則論天下之禍，而誅其首禍之人，非融而誰歟？

宋·李攸《宋朝事實》卷一五《財用》　蘇轍《民賦序》曰：古之民政，有不可復者三焉。自祖宗以來，論事者，嘗以爲言，而爲政者，嘗試其事矣。然爲之愈詳，而民愈擾，事之愈力，而功愈難，其故何哉？古者隱兵于農，無事則耕，有事則戰。安平之世，無廩給之費，征伐之際，得勤力之士。此儒者之所嘆息而言也。【略】

此所謂不可復者二也。古者治民，必周知其夫家、田畝、六畜、器械之數，未有不知其數，而能制其貧富者也；未有不能制其貧富，而能得其心者也。故三代之君，開井田，畫溝洫，謹步畝，嚴版圖，因口之衆寡以授田，因田之厚薄以制賦。經界既定，仁政自成。下及隋唐，風流已遠，然其授民田，有口分、永業，皆取之于官。其斂民財，有租、庸、調，皆計之于口。其後世亂法壞，變爲兩稅。戶無主客，以見居爲簿；人無丁中，以貧富爲差。田之在民，其漸由此。貿易之際，不可復知。貧者急于售田，則田少而稅多，富者利于避役，則田多而稅少。僥倖一興，稅役皆弊。故丁謂之記景德，田況之記皇祐，皆以均稅爲言矣。然嘉祐中，薛向、孫琳始議方田，量步畝，審肥瘠，以定賦稅之入。熙寧中，呂惠卿復建手實，抉私隱崇告訐，以實貧富之等。元豐中，李琮追究逃絕，均虛數，虐編戶，以補失陷之稅。此三者，皆爲國斂怨，所得不補所失，事不旋踵而罷。此所謂不可復者三也。

明・馮琦《經濟類編》卷三五《財賦類》 宇文融爲御史中丞，融乘驛周流天下。事無大小，諸州先牒上勸農使，後申中書，省司亦待融指撝，然後處決。時明皇將大攘四夷，急於用度，州縣畏融，多張虛數，凡得客戶八十餘萬，田亦稱是。歲終增緡錢數百萬，悉進入宮。由是有寵，議者多言煩擾，不利百姓，明皇令集百寮於尚書省議之，公卿已下畏融恩勢，皆不敢立異。惟戶部侍郎楊瑒獨抗議，以爲括客免稅，不利居人；徵籍外田稅，使百姓困弊，所得不補所失。未幾，瑒出爲華州刺史。

明・馮琦《經濟類編》卷三七《財賦類》 唐玄宗制州縣逃亡戶口，聽百日自首，或於所在附籍，或牒歸故鄉，各從所欲。過期不首，即加檢括，謫徙邊州，公私敢容庇者抵罪。以宇文融充使括逃移戶口及籍外田所獲巧僞甚衆，遷兵部員外郎，融奏置勸農判官十人，並攝御史分行天下。其新附客戶，免六年賦調，使者競爲刻急，州縣承風勞擾，百姓苦之。陽翟尉皇甫憬上疏言其狀，明皇方任融，貶憬盈川尉。州縣希旨務於獲多，虛張其數，或以實戶爲客，凡得戶八十餘萬，田亦稱是。

明・呂柟《涇野子内篇》卷一二《鷲峯東所語》 老泉論井田終行不得，迂矣。橫渠欲買田一區，自行井田，恐亦難，只是當時，他心上有不平處。故欲爲之，欲行井田如古之制，必是創業之君乃可。《易》曰：雲雷屯，君子以經綸。必欲是時而後可以有爲也。然又須思量整置，設法備盡，使後世無所改易，方爲無弊。若繼世之君，此法如何行得？必也，其均田乎？均田即仲舒限田，此法甚好。其次唐口分世業法亦善，廉吏奉行者少，此朝廷之法所以難行。

明・呂柟《二程子鈔釋》卷九《論十事第四》 唐尚能有口分授田之制，今則蕩然無法。富者跨州縣而莫之止，貧者流離餓殍而莫之恤。幸民雖多而衣食不足者，蓋無紀極，生齒日益繁，而不爲之制，則衣食日蹙，轉死日多，此乃治亂之機也。豈可不漸圖其制之之道哉？此亦非有古今之異者也。古者政教始乎鄉里，其法起於比閭族黨州鄉酇，遂以相聯屬統治，民相安而親睦，刑法鮮犯，廉恥易格，此亦人情之所自然。行之則効，亦非有古今之異也。庠序之教，先王所以明人倫，化成天下。今師學廢，而道德不一，鄉射亡，而禮義不興，貢士不本於鄉里，而行實不修，秀民不養於學校，而人材多廢，此較然之事，亦非有古今之異者也。古者府史胥徒受祿公上，而兵農未始判也。今驕兵耗匱，國力亦已竭極矣。臣謂禁衛之外，不漸歸之於農，則將貽深慮。府史胥徒之役，毒遍天下，不更其制，則未免大患，此亦至明之理。非有古今之異者也。古者民必有九年之食，無三年之食者，以爲國非其國。

明・徐光啟《農政全書》卷三《國朝重農考》 今井制堙廢久矣，聞山東登萊，猶存畎澮，而東虜竟以勢難踰越，不敢犯。寧夏多水田，有溝塹，夏月種作，則胡馬不能來，故稱安寧。以斯知廣畝澮川，所以興利厚農，亦以設險守國。且也，計口授田，俾有恆產，庶人人樂本業而安爲黔首。即有豪傑，難以率亂。故三代盛時，人必里居，地必井畫，帝王治天下之大經大法，率不外此。方正學有言：流俗謂井田不可行者，以吳越言之，山溪險絶，而人民稠也。夫山溪之地，雖成周之世，亦用貢法，而豈強欲堙卑夷高，以盡井哉？但使人人有田，田各有公田，通力趨事，相救相恤，不失先王之道，則可矣。而江漢以北，平壤千里，畫而井之，甚易爲力也。嗟乎！自限田名田之議，先漢不卽行，而貧富益遠。唐李翺、宋林勳倣古井田意，分劈講畫，作《平賦》《政本》二書甚具。而宋儒張子厚，有買田一方，畫爲數井之思，且講求法制，以爲不刑一人而可復。時皆不售。淳熙中，朱文公熹知漳州，欲行經界，獨丈量隱稅，令貧富得以實自占，非復若限田均田之難，而亦竟爲豪家猾吏所排沮。

清・孫承澤《元朝典故編年考》卷五《論井田》 元魏行均田，稍亦近古，唐因元魏而損益之。爲法雖善，然令民得賣其口分、永業，始有契約文券，日漸一日，公田盡變爲私田。先王之法，由是大壞。天下紛紛，互相吞併，而井田永不可復矣。民得自有其田，而公賣之，官安得而禁制之，田既屬民，乃欲奪富者之田，以與無田之民，禍亂群興，必然之理也。

紀事

《魏書》卷六〇《韓麒麟傳》 韓麒麟，昌黎棘城人也，自云漢大司馬增之後。父瑚，秀容、平原二郡太守。麒麟幼而好學，美姿容，善騎射。恭宗監國，爲東曹主書。高宗卽位，賜爵魯陽男，加伏波將軍。父亡，在喪有禮，邦族稱之。

後參征南慕容白曜軍事，進攻升城，師人多傷。及城潰，白曜將坑之，麒麟諫曰：今始踐僞境，方圖進取，宜寬威厚惠，以示賊人，此韓信降范陽之計。勁敵在前，而便坑其衆，恐自此以東，將人各爲守，攻之難克。日久師老，外民乘之，以生變故，則三齊未易圖也。白曜從之，皆令復業，齊人大悦。後白曜表麒麟爲冠軍將軍，與房法壽對爲冀州刺史。白曜攻東陽，麒麟上義租六十萬斛，并攻戰器械，於是軍資無乏。及白曜被誅，麒麟亦徵還，停滯多年。高祖時，拜給事黄門侍郎，乘傳招慰徐兗，叛民歸順者四千餘家。【略】

太和十一年，京都大饑，麒麟表陳時務曰：古先哲王經國立治，積儲九稔，謂之太平。故躬籍千畝，以勵百姓，用能衣食滋茂，禮教興行。逮於中代，亦崇斯業，入粟者與斬敵同爵，力田者與孝悌均賞，實百王之常軌，爲治之所先。

今京師民庶，不田者多，遊食之口，三分居二。蓋一夫不耕，或受其飢，況於今者，動以萬計。故頃年山東遭水，而民有餒終；今秋京都遇旱，穀價踊貴。實由農人不勸，素無儲積故也。

伏惟陛下天縱欽明，道高三五，昧旦憂勤，思恤民弊，雖帝虞一日萬幾，周文昃不暇食，蔑以爲喻。上垂覆載之澤，下有凍餒之人，皆由有司不爲明制，長吏不恤其本。自承平日久，豐穰積年，競相矜夸，遂成侈俗。車服第宅，奢僭無限；喪葬婚娶，爲費實多；貴富之家，童妾袨服；工商之族，玉食錦衣。農夫餔糟糠，蠶婦乏短褐。故令耕者日少，田有荒蕪。穀帛罄於府庫，寶貨盈於市里；衣食匱於室，麗服溢於路。飢寒之本，實在於斯。愚謂凡珍玩之物，皆宜禁斷，吉凶之禮，備爲格式，令貴賤有別，民歸樸素。制天下男女，計口受田。宰司四時巡行，臺使歲一按檢。勤相勸課，嚴加賞賜。數年之中，必有盈贍，雖遇災凶，免於流亡矣。

往年校比戶貫，租賦輕少。臣所統齊州，租粟纔可給俸，略無入倉。雖於民爲利，而不可長久。脱有戎役，或遭天災，恐供給之方，無所取濟。可減絹布，增益穀租，年豐多積，歲儉出賑。所謂私民之穀，寄積於官，官有宿積，則民無荒年矣。

《舊唐書》卷一八五上《賈敦頤傳》 永徽五年，累遷洛州刺史。時豪富之室，皆籍外占田，敦頤都括獲三千餘頃，以給貧乏。又發姦擿伏，有若神明。尋卒。弟敦實。

《新唐書》卷一九七《賈敦頤傳》 永徽中，遷洛州。洛多豪右，占田類踰制，敦頤舉沒者三千餘頃，以賦貧民，發姦擿伏，下無能欺。卒于官。

《舊唐書》卷一〇〇《盧從願傳》 開元四年，上盡召新授縣令，一時於殿庭策試，考入下第者，一切放歸學問。從願以注擬非才，左遷豫州刺史。爲政嚴簡，按察使奏課爲天下第一，降璽書勞問，賜絹百匹。無幾，入爲工部侍郎，轉尚書左丞。又與楊滔及吏部侍郎裴漼、禮部侍郎王丘、中書舍人劉令植刪定《開元後格》，遷中書侍郎。十一年，拜工部尚書，加銀青光祿大夫，仍令東都留守。十三年，從升泰山，又加金紫光祿大夫，代韋抗爲刑部尚書。頻年充校京外官考使，前後咸稱允當。

御史中丞宇文融承恩用事，以括獲田戶之功，本司校考爲上下，從願抑不與之。融頗以爲恨，密奏從願廣占良田，至有百餘頃。其後，上嘗擇堪爲宰相者，或薦從願，上曰：從願廣占田園，是不廉也。遂止不用。從願又因早朝，途中爲人所射，中其從者，捕賊竟不獲。時議從願久在選司，爲被抑者所讎。

十六年，東都留守。時坐子起居郎（諭）［論］糶米入官有剩利，爲憲司所糾，出爲絳州刺史，再遷太子賓客。二十年，河北穀貴，敕從願爲宣撫處置使，開倉以救飢餒。使迴，以年老抗表乞骸骨，乃拜吏部尚書，聽致仕，給全祿。二十五年卒，年七十餘，贈益州大都督，謚曰文。

《新唐書》卷一二九《盧從願傳》 盧從願字子龔。六世祖昶，仕後魏爲度支尚書，自范陽徙臨漳，故從願爲臨漳人。擢明經，爲夏尉。又舉制科高第，拜右拾遺，遷監察御史，爲山南黜陟巡撫使，還奏稱旨，進累中書舍人。睿宗立，拜吏部侍郎。吏選自中宗後綱紀耗蕩，從願精力于官，僞牒詭功，擿檢無所遺，銓總六年，以平允聞。帝異之，特官其一子。從願請贈其父敬一爲鄭州長史，制可。初，高宗時，吏部號稱職者裴行儉、馬載，及是，從願與李朝隱爲有名，故號前有裴、馬，後有盧、李。

開元四年，玄宗悉召縣令策於廷，考下第者罷之。從願坐擬選失實，下遷豫州刺史。政嚴簡，奏課爲天下第一，寶書勞問，賜絹百匹。召爲工部侍郎，遷尚書左丞、中書侍郎，以工部尚書留守東都，代韋抗爲刑部尚書。數充校考使，升退詳確。

御史中丞宇文融方用事，將以括田戶功爲上下考，從願不許，融恨之，乃密白從願盛殖產，占良田數百頃，帝自此薄之，目爲多田翁。後欲用爲相屢矣，卒以是止。十八年，復爲東都留守，坐子起居郎論輸糴于官取利多，貶絳州刺史，遷太子賓客。二十年，河北饑，詔爲宣撫處置使，發倉廥賑飢民。使還，乞骸骨，授吏部尚書致仕，給全祿終身。卒，贈益州大都督，謚曰文。

《舊唐書》卷一八五下《良吏傳下・楊瑒傳》 時御史中丞宇文融奏括戶口，議者或以爲不便，敕百僚省中集議，時融方在權要，公卿已下，多雷同融議，瑒獨與盡理爭之。尋出爲華州刺史。

《新唐書》卷一三〇《楊瑒傳》 瑒進歷御史中丞、戶部侍郎。帝嘗召宰相大臣議天下戶版延英殿，瑒言利病尤詳，帝咨賞。於是宇文融建檢脱戶餘口，瑒執不便。融方貴，公卿噤默唯唯，獨瑒抗議，故出爲華州刺史。

《舊唐書》卷一八七下《忠義傳下・李憕傳》 [開元]九年，入爲相，憕又爲長安尉。屬宇文融爲御史，括田戶，奏知名之士崔希逸、咸廙業、宇文順、于孺卿、李宙及憕爲判官，攝監察御史，分路檢察，以課並遷監察御史。

《舊唐書》卷九七《張説傳》 先是，御史中丞宇文融獻策，請括天下逃戶及籍外剩田，置十道勸農使，分往檢察；説嫌其擾人不便，數建議違之。

《新唐書》卷一二五《張説傳》 宇文融先獻策，括天下游戶及籍外田，署十道勸農使，分行郡縣。説畏其擾，數沮格之。

《舊唐書》卷一〇〇《裴寬傳》 再轉爲長安尉，時宇文融爲侍御史，括天下田戶，使奏差爲江南東道勾當租庸地稅兼覆田判官。

《新唐書》卷一三〇《裴寬傳》 舉拔萃，爲河南丞，遷長安尉。宇文融爲侍御史，括天下田，奏爲江東覆田判官。

《新唐書》卷五一《食貨志一》 玄宗初立求治，蠲徭役者給蠲符，以流外及九品京官爲蠲使，歲再遣之。開元八年，頒庸調法于天下，好不過精，惡不至濫，闊者一尺八寸，長者四丈。然是時天下戶未嘗升降。監察御史宇文融獻策：括籍外羨田、逃戶，自占者給復五年，每丁稅錢千五百，以攝御史分行括實。陽翟尉皇甫憬上書言其不可。玄宗方任用融，乃貶憬爲盈川尉。諸道所括得客戶八十餘萬，田亦稱是。州縣希旨張虛數，以正田爲羨，編戶爲客，歲終，籍錢數百萬緡。

宋・王溥《唐會要》卷八五《逃户》 開元九年正月二十八日，監察御史宇文融請急察色役僞濫，并逃戶及籍田，因令充使，於是奏勸農判官數人，華州錄事參軍慕容琦、長安縣尉王冰、太原司錄張均、太原兵曹宋希玉、大理評事宋珣、長安主簿韋利涉、汾州錄事參軍韋洽、氾水縣尉薛侃、三原縣尉喬夢松、大理寺丞王誘、右拾遺徐楚璧、告成縣尉徐鍔、長安縣尉裴寬、萬年縣尉岑希逸、同州司法邊仲寂、大理評事班景倩、榆次縣尉郭庭倩、河南府法曹元將茂、洛陽縣尉劉日貞。至十二年，又加長安縣尉王燾、河南縣尉于孺卿、左拾遺王忠翼、奉天縣尉何千里、伊闕縣尉梁勛、富平縣尉盧怡、咸陽縣尉(庫)[厙]狄履溫、渭南縣尉賈晉、長安縣尉李登、前大理評事盛廙等，皆當時名士，判官得人，於此爲獨盛。分往天下，安輯戶口，檢責賸田，議者深以爲擾民不便。陽翟縣尉皇甫憬上疏曰：太上務德，以靜爲本，其次務化，以安爲上。但責其疆界，嚴立隄防，山水之餘，卽爲見地，何必聚人阡陌，親遣檢量，故奪農時，遂令受弊？又應出使之輩，未識大體所由，殊不知陛下愛人至深，務以勾剝爲計。州縣懼罪，據牒卽徵，逃戶之家，鄰保不濟，又使更輸，急之則都不謀生，緩之則憲法交及，臣恐逃逸從此更甚。至於澄流在源，止沸由火，不可不慎。今之具寮，向逾萬數，蠶食府庫，侵害黎民，戶口逃亡，莫不由此。縱使伊、皐申術，管、晏陳謀，豈息茲弊？若以此給，將何以堪？雖東海南山，盡爲粟帛，亦恐不足，豈括田稅客，能周給也？上方委任融，侍中源乾曜及中書舍人陸堅，贊成其計，貶憬爲盈川尉。于是諸道括得客戶凡八十餘萬，田亦稱是。州縣希旨，務於多獲，皆虛張其數，亦有以實戶爲客者。歲終，得客戶錢百萬，一時進入宮中，由是擢拜御史中丞。言事者卻稱檢客損居民，上令集百寮於尚書省議，公卿以下，懼融恩勢，皆雷同不敢有異詞。惟戶部侍郎楊瑒，獨建議，以爲括客不利居民，徵籍外田稅，使百姓困斃，所得不如所失。無幾，瑒又出爲外職。

二月二十八日敕：檢獲招誘得戶口應合酬者，其有課戶，皆須待納租庸，然後論功。

十八年，宣州刺史裴耀卿論時政，上疏曰：竊見天下所檢客戶，除兩州計會歸本貫已外，便令所在編附。年限向滿，須準居人，更有優矜，卽此輩僥倖，若全徵課稅，目擊未堪。竊料天下諸州，不可一例處置，且望從寬鄉有賸田州作法。竊計有賸田者，減三四十州，取其賸田，通融支給。其賸地者，三分請取一分已下，其浮戶，請任其親戚鄉里相就，每十戶已上，共作一坊，每戶給五畝充宅，并爲造一兩口屋宇，開巷陌，立閭伍，種桑棗，築園蔬，使緩急相助，親鄰不失。丁別量給五十畝已上爲私田，任其自營種，率其戶於近坊，更供給一頃，以爲公田，共令營種。每丁一月，役功三日，計十丁一年，共得三百六十日，營公田一頃，不啻得計。早收一年，不減一百石，使納隨近州縣，除役功三百六十日外，更無租稅。既是營田戶，且免征徭，安樂有餘，必不流散。官司每丁收納十石，其粟更不別支用，每至不熟年，斗判三十價，然後支用。計一丁一年，還出，兩年已上，亦與正課不殊，則官收其役，不爲矜縱，人緩其稅，又得安舒，倉廩日殷，久遠爲便。其狹鄉無賸地，客戶多者，雖此法未該，準式許移窄就寬，不必要須留住。若寬鄉安置得所，人皆悅慕，則三兩年後，皆可改塗。棄地盡作公田，狹鄉總移寬處，倉儲既實，水旱無憂矣。

二十六年七月勑：諸州應歸首復業者，比來每至年終，皆當州錄奏。自今已後，宜令牒報本道採訪使同勘，當道歸首人，每州略單數同一狀奏，仍挾名報所由。

天寶八載正月勑：朕永念黎元，務宏愛育，所以惠政頻及，善貸相仍，亦將克致和平，登于仁壽。如聞流庸之輩，漸亦歸復，浮食未還，其數非廣。靜言此色，並見其由，蓋爲牧宰等，授任親民，職在安輯，稍有逃逸，恥言減耗，籍帳之間，虛存戶口，調賦之際，旁及親鄰。此弊因循，其事自久，寤寐興念，良用憮然，不有釐革，孰致殷阜？其承前所有虛掛丁戶，應賦租庸課稅，令近親鄰保代輸者，宜一切並停，應令除削，各委本道採訪使，與外州相知審細檢覆，申牒所由處分。其有逃還復業者，務令優恤，使得安存。縱先爲代輸租庸，不在酬還之限。

十四載八月制：天下諸郡逃戶，有田宅產業，妄被人破除，并緣欠負租庸，先已親鄰買賣，及其歸復，無所依投，永言此流，須加安輯。應有復業者，宜並卻還，縱已代出租稅，亦不在徵賠之限。國之役力，合均有無，比來應定門夫，殊非得所。每縣中男多者，累歲方始一差，中男少者，一周遂役數徧，既緣偏併，豈可因循。自今已後，諸郡所差門夫，宜于當郡諸縣通率，準式納課分配，令得均平。

至德二載二月勑：諸州百姓，多有流亡，或官吏侵漁，或盜賊驅逼，或賦斂不一，或徵發過多。俾其怨咨，何以輯睦？自今已後，所有科役，須使均平，本戶逃亡，不得輒徵近親，其鄰保務從減省，要在安存。

乾元三年四月勑：逃戶租庸，據帳徵納，或貨賣田宅，或攤出鄰人，展轉誅求，爲弊亦甚。自今已後，應有逃戶田宅，並須官爲租賃，取其價直，以充課稅。逃人歸復，宜並卻還，所由亦不得稱負欠租賦，別有徵索。

寶應元年四月勑：近日已來百姓逃散，至於戶口，十不半存。今色役殷繁，不減舊數，既無正身可送，又遣鄰保祗承，轉加流亡，日益艱弊。其實流亡者且量蠲減，見在者節級差科，必冀安存，庶爲均濟。

其月勑：百姓田地，比者多被殷富之家、官吏吞併，所以逃散，莫不由茲。宜委縣令，切加禁止。若界內自有違犯，當倍科責。

其年五月十九日勑：逃戶不歸者，當戶租賦停徵，不得率攤鄰親高戶。

廣德二年四月勑：如有浮客，情願編附，請射逃人物業者，便準式據丁口給授。如二年以上，種植家業成者，雖本主到，不在卻還限，任別給授。

大歷元年制：逃亡失業，萍泛無依，時宜招綏，使安鄉井。其逃戶復業者，宜給復二年，無得輒有差遣。如有百姓先貨賣田宅盡者，宜委本州縣取逃死戶田宅，量丁口充給。

唐・白居易、宋・孔傳《白孔六帖》卷七八《戶口版圖》 隱戶剩田（宇文融贊）：融度帝方調兵食，故議取隱戶、剩田，以中主欲。

唐・白居易、宋・孔傳《白孔六帖》卷七八《戶口版圖》 收匿戶羨田（宇文融時，天下戶版刓隱，人多去本籍，浮食閭里，詭脫繇賦，豪弱相并，州縣莫能制。融由監察御史陳便宜，請校天下籍，收匿戶羨田佐用度。玄宗以融爲覆田勸農使，鉤檢帳符，得僞勳亡丁甚衆。）

唐・鄭處誨《明皇雜録》卷下 元宗命宇文融爲括田使，融方恣睢，稍不附己者，必加誣譖。密奏以爲盧從願廣置田園，有地數百頃，帝素器重，亦倚爲相者數矣。而又族望官婚，鼎盛於一時。故帝亦重言其罪，但目從願爲多田翁。

宋・趙汝愚《歷代名臣奏議》卷三六《治道》 開元中，宇文融奏勸農判官，使裴寬等二十九人，並攝御史，分行天下，招攜戶口，（撿）［檢］責漏田。時張說、楊瑒、皇甫（璟）［憬］、楊相如，皆以爲不便，而相繼罷黜，雖得戶八十餘萬，皆州縣希旨，以主爲客，以少爲多。及使百官集議都省，而公卿以下懼融威勢，不敢異辭。

宋·黃震《古今紀要》卷九《唐》 開元九年，宇文融爲括田使。異時，韋堅、楊慎矜、王鉷、楊國忠之聚斂，皆祖宇文者也。右末年之亂，基於開元。

宋·袁樞《通鑑紀事本末》卷三一《姦臣聚斂》 唐玄宗開元九年春正月，監察御史宇文融上言，天下戶口逃移，巧僞甚衆，請加檢括。融，敳之玄孫也，源乾曜素愛其才，贊成之。二月乙酉，敕有司議招集流移按詰巧僞之法以聞。

丁亥，制：州縣逃亡戶口聽百日自首，或於所在附籍，或牒歸故鄉，各從所欲。過期不首，即加檢括，謫徙邊州。公私敢容庇者抵罪。以宇文融充使，括逃移戶口及籍外田，所獲巧僞甚衆，遷兵部員外郎兼侍御史。融奏置勸農判官十人，並攝御史，分行天下。其新附客戶，免六年賦調。使者競爲刻急，州縣承風勞擾，百姓苦之。陽翟尉皇甫憬上疏言其狀。上方任融，貶憬盈川尉。州縣希旨，務於獲多，虛張其數，或以實戶爲客，凡得戶八十餘萬，田亦稱是。

十一年秋八月，敕：前令檢括逃人，慮成煩擾，令所在州縣安集，遂其生業。

十二年夏六月壬辰，制聽逃戶自首，闢所在閑田，隨宜收稅，毋得差科征役，租庸一皆蠲免。仍以兵部員外郎兼侍御史宇文融爲勸農使，巡行州縣，與吏民議定賦役。

秋八月己亥，以宇文融爲御史中丞，乘驛周流天下。事無大小，諸州先牒上勸農使，後申中書，省司亦待融指撝，然後處決。時上將大攘四夷，急於用度，州縣畏融，多張虛數，凡得客戶八十餘萬，田亦稱是，歲終，增緡錢數百萬，悉進入宮，由是有寵。

宋·沈樞《通鑑總類》卷一一下《聚斂門》 宇文融括逃移戶口

開元九年，制州縣逃亡戶口，聽百日自首，或於所在附籍，或牒歸故鄉，各從所欲。過期不首，即加檢括，謫徙邊州，公私敢容庇者，抵罪。以宇文融充使，括逃移戶口及籍外田。所獲巧僞甚衆，遷兵部員外郎。融奏置勸農判官十人，並攝御史，分行天下，其新附客戶，免六年賦調。使者競爲刻急，州縣承風勞擾，百姓苦之。陽翟尉皇甫憬上疏言其狀，明皇方任融，貶憬盈川尉。州縣希旨，務於獲多，虛張其數，或以實戶爲客，凡得戶八十餘萬，田亦稱是。

州縣括戶多張虛數

十二年，以宇文融爲御史中丞，融乘驛周流天下，事無大小，諸州先牒上勸農使，後申中書，省司亦待融指撝，然後處決。時明皇將大攘四夷，急於用度，州縣畏融，多張虛數，凡得客戶八十餘萬，田亦稱是。歲終增緡錢數百萬，悉進入宮，由是有寵。議者多言煩擾，不利百姓，明皇令集百寮於尚書省，議之。公卿已下，畏融恩勢，皆不敢立異，惟戶部侍郎楊瑒獨抗議，以爲括客免稅，不利居人；徵籍外田稅，使百姓困弊，所得不補所失。未幾，瑒出爲華州刺史。

宋·樓昉《崇文古訣》卷一三《宋文》 唐開元中宇文融奏置勸農判官，使裴寬等二十九人並攝御史分行天下，招攜戶口、檢責漏田，時張說、楊瑒、皇甫（璟）［憬］、楊相如，皆以爲不便而相繼罷黜。雖得戶八十餘萬，皆州縣希旨，以主爲客，以少爲多。及使百官集議都省，而公卿以下懼融威勢，不敢異辭，陛下試取其傳而讀之，觀其所行爲是爲否。

宋·計有功《唐詩紀事》卷一四《盧從願》 從願，字子龔，舉制科高第，爲兵部尚書，數充校考使、御史中丞。宇文融將以括田戶功爲上下考，從願不許；乃密白從願盛殖產，占良田數百頃。帝自此薄之，目爲多田翁。後欲用爲相屢矣，卒以是止。

宋·蘇轍《欒城集》後集卷一一《歷代論五》 故開元、元和之初，其治庶幾於貞觀。然玄宗方用宋璟，而宇文融以括田幸，遽至宰相。後雖以公議罷去，而思之不已，謂宰相曰：公等暴融惡，朕已罪之矣，然國用不足，將奈何？裴光庭等不能答。融既死，而言利者爭進，韋堅、楊慎矜、王鉷，日以益甚。至楊國忠而聚斂極矣，故天寶之亂，海內分裂不可復合。

宋·真德秀《續文章正宗》卷一《論事》 唐開元中宇文融奏置勸農判官，使裴寬等二十九人並攝御史，分行天下，招攜戶口，檢責漏田，時張說、楊瑒、皇甫（璟）［憬］、楊相如，皆以爲不便，而相繼罷黜。雖得戶八十餘萬，皆州縣希旨，以主爲客，以少爲多。及使百官集議都省，而公卿以下懼融威勢，不敢異辭，陛下試取其傳讀之，觀其所行爲是爲否。

宋·祝穆《古今事文類聚別集》卷二九《人事部》 多田翁

盧從願爲刑部尚書，占良田數百頃，玄宗薄之，欲以爲相者屢矣，卒以是止，時號多田翁。

宋・謝維新《古今合璧事類備要》續集卷二〇《類姓門》 目爲多田翁。從願代韋抗爲刑部尚書，盛(植)[殖]產，占良田數百頃，帝自薄之，目爲多田翁。屢欲用爲相，卒以是止。

宋・朱勝非《紺珠集》卷二《明皇雜録》 多田翁

宇文融爲括田使，恃權譖毁不附己者，奏言盧從願田園數百頃，帝聞果不喜，呼從願爲多田翁。

宋・馬永易《實賓録・多田翁》 唐盧從願爲刑部尚書，充考校使，升退詳確。御史中丞宇文融方用事，將以括田戶功爲上下考，從願不許，融恨之，乃密白從願盛(植)[殖]產，占良田數百頃，帝自此薄之，目爲多田翁。後欲用爲相屢矣，卒以是止。

宋《錦繡萬花谷前集》卷二四《富》 多田翁。盧從願爲刑部尚書，占良田數百頃，玄宗薄之，欲以爲用者屢矣，卒以是止，時號多田翁。並《本傳》。

元・富大用《古今事文類聚外集》卷八《諸使司部》 請行天下

唐宇文融開元中爲覆田勸農使，乃奏慕容琦等二十九人爲勸農判官，按州縣括正丘畝，招徠戶口，而分業之。又兼租地、安輯戶口使，於是諸道收沒戶八十萬，田亦稱是，歲終羨錢數百萬緡。帝悅，拜爲御史中丞。然吏下希望融旨不能無擾，初議者以生事沮詰百端，而帝意向之，宰相源乾曜等佐其舉，公卿雷同，不敢異。惟楊瑒以爲：籍外取稅，百姓困敝。坐左遷。融乃自請馳行天下，事無巨細，先上勸農使。融與楊愼矜父子，以勾剝財物爭行進奉，而致恩堅固。

明・彭大翼《山堂肆考》卷二〇《人品》 多田翁

唐盧從願，字子龔，爲刑部尚書，占良田數百頃，玄宗薄之，目爲多田翁。

明・陳耀文《天中記》卷三九《富》 多田翁。玄宗命宇文融爲括田使，融方恣睢，稍不附己者必加誣譖。密奏以盧從願有田數百頃，帝素器重，亦猗爲相者數矣，而又族望、婚宦鼎重於一時，故帝亦重言其罪，但目從願爲多田翁。《明皇雜録》。

明・危素《說學齋稿》卷一《蓮華寶勝寺記》 按張丞相說最親重公，與通譜系，曰：後出詞人之冠也。公進中書舍人。會御史中丞宇文融先獻策，括天下遊戶及籍外田，署十道勸農使分行郡縣，說畏其擾，數格沮之。公謂說曰：融新用事，辨給多詐，公不可以忽。說曰：狗鼠何能爲？至是融又請吏部置十銓，分治選事，說亦不從。融恨恚，乃與崔隱甫、李林甫謀，中傷說，遂罷相。公亦改太常少卿。

清・顧炎武《日知録》卷一一《言利之臣》 《新唐書・宇文韋楊王列傳贊》曰：開元中，宇文融始以言利得幸。於時天子見海內完治，偃然有攘卻四夷之心。融度帝方調兵食，故議取隱戶剩田以中主欲。利說一開，天子恨得之晚，不十年而取宰相。雖後得罪，而追恨融才猶所未盡也。天寶以來，外奉軍興，內蠱艷妃，所費愈不貲計。於是韋堅、楊愼矜、王鉷、楊國忠各以裒刻進，剝下益上，歲進羨緡百億萬，爲天子私藏，以濟橫賜，而天下經費自如。帝以爲能，故重官累使，尊顯烜赫。然天下流亡日多於前，有司備員不復事。而堅等所欲既充，還用權媢，以相屠滅，四族皆覆，爲天下笑。《孟子》所謂上下交征利而國危者，可不信哉！嗚呼，芮良夫之刺厲王也曰：所怒甚多，而不備大難！三季之君莫不皆然。前車覆而後不知誡，人臣以喪其軀，人主以亡其國，悲夫！

明・彭大翼《山堂肆考》卷八七《政事》 唐玄宗時，監察御史宇文融上言：天下戶口逃移巧僞甚衆，請加檢括。勅有司議招集流移，按詰巧僞之法以聞。令州縣逃亡戶口聽百日內自首，或于所在附籍，或牒歸故鄉，各從所欲，過期不首，謫徙邊州。遂以融充勸農使，奏置勸農判官十人，分行天下，其新附客戶，免六年賦調，于是使者競爲刻急，百姓苦之。陽翟尉皇甫憬上疏言之，坐貶。州縣希旨虛張其數，或以實戶爲客，凡得戶八十餘萬，田亦如之。

清・允祿《唐宋文醇》卷四五《上皇帝書》 開元中，宇文融奏置勸農判官，使裴寬等二十九人並攝御史，分行天下，招攜戶口，檢責漏田，時張說、楊瑒、皇甫(璟)[憬]、楊相如皆以爲不便，而相繼罷黜。雖得戶八十餘萬，皆州縣希旨，以主爲客，以少爲多。及使百官集議都省，而公卿以下懼融威勢，不敢異辭。陛下讀之，觀其所行爲是爲否。

清・魏裔介《兼濟堂文集》卷二《請停察荒之差疏》 臣竊惟，藏富於民者，寧邦之要道，搜利無遺者，聚斂之小術。昔漢文帝捐除田稅，化行天下；唐用宇文融之言，檢括天下戶口田賦，百姓苦之；明定鼎之初，天下土田八百五十萬頃，至萬曆之初，已及二百餘年，弊僞百出。

清・徐乾學《資治通鑑後編》卷二九《宋真宗太中祥符六年》 好賢獎

善，薦拔寒素，士人皆歸仰之。六月甲子，監察御史張廓上言：天下曠土甚多，請依唐宇文融所奏，遣官檢括土田。帝曰：此事未可遽行，然今天下稅賦不均，富者地廣租輕，貧者地蹙租重。由是富者益富，貧者益貧，茲大弊也。王旦等曰：田賦不均誠如聖旨，但改定之法亦須馴致。或命近臣專領，委其擇人，令自一州一縣條約之，則民不擾而事必集矣。

《吐魯番出土文書》第三册《阿斯塔那一三五號墓文書·高昌延壽五年趙善衆買舍地券》

延壽五年戊子歲三月十八日，趙善衆從得迴伯，范慶悅二人邊
□□城辛塲地中舍地得迴伯右地拾步，即交與銀錢肆文。次
范悅子邊地拾步，與買價錢肆文。錢即日畢，舍地即日
付。舍方二人方。東詣張容奴分垣，南詣善衆塲地分垣，西
共趙海相塢舍分垣，北共張延守塢舍分垣，肆在之內，長
不還柦[短]禾與車行人盜[道]依舊通，若後右[有]人河[訶]盜涊[認]佲
[名]者，仰本主了。三主和同立券，卷城[成]之後，各不得反悔，反悔者壹
罰二入不悔者。民右[有]私要，私要行二主，各自署名爲
信。

清[倩]書道人　酉□
時見范□□
臨坐張師□

《吐魯番出土文書》第四册《阿斯塔那一五號墓文書·高昌延壽十四年康保謙買園券》

□□十四年丁酉歲□□保謙從雷善祐邊買
……與買價銀錢貳拾
……錢拾文，到十一月十五日
……拾錢後生錢□□

……詣道，西共……
……分垣。園肆在之內，長不……
水道依舊通。若有人河[訶]盜涊[認]佲[名]者，一仰本主□
□人□若有先悔者，罰銀錢壹伯[百]文，入不悔□
□□和同立卷[券]，卷成之後，各不得返悔，悔者一罰二。
……私要，私要行二主，各自署名爲
□

時見康□叔
臨坐□悵姚

（後缺）

《吐魯番出土文書》第二册《哈拉和卓九〇號墓文書·高昌蒲桃四畝殘文書》

（前缺）
……章買得蒲桃四畝……
（後缺）

《吐魯番出土文書》第二册《阿斯塔那九〇號墓文書·高昌買葡萄園券》

（前缺）
……到十月內收子□□
……過日期不償，到六月一日已後，疊
……四尺。桃[萄]東共和校郎、松齡寺桃[萄]□
……郎、松齡……二人分垣，西共□
……四限之內，長不□
□□□，人車水道如舊通，後若有何[訶]道[盜]□□
者，仰本主了。二主先和後卷[券]，卷成之□□□□
悔，悔者罰中行疊……入不□□□□

私要，私要行二主，□

【後缺】

《吐魯番出土文書》第三册《阿斯塔那三一六號墓文書・某人買田契》

【前缺】

□即畢，田即付。□

□趙文安分畔，□肆在之内，□

□還，短不足，□二主先和□□

□成之後，各不得□倍罰□

□□重更者□主厚絹□

□悔者。民有私要，私要行□主□□溉水道□

□道西□□，若不了，仰本主承了。二主□

倩書孫□隆□

弟[第]二男□

弟[第]三男□

□

【後缺】

《吐魯番出土文書》第四册《阿斯塔那一五二號墓文書・高昌延昌六年吕阿子求買桑葡萄園辭》

延昌六年丙戌□□□八日，吕阿□

辭：　子以人衛産□尠少，見康□

有桑蒲[葡]桃[萄]一園，□求買取，伏願

殿下照兹所請，謹辭。

中兵參軍張智壽傳

令

聽買取。

《吐魯番出土文書》第四册《阿斯塔那一五二號墓文書・高昌延昌十七年史天濟求買田辭》

□□□七年丁酉歲正月十七日，史天濟辭：濟□

□□薄，匱乏非一，今見任苟蹄有常田少畝於外，□

□□惟

□顔矜濟貧窮，聽□□取，以爲永業，謹辭。

□下校郎高慶　傳

令

聽□□

《吐魯番出土文書》第四册《阿斯塔那一五二號墓文書・高昌延昌三十四年吕浮圖乞貿葡萄園辭》

延昌卅四年甲寅歲六月三日，吕浮圖辭：圖家□

□乏，(阜)[觕]用不周，於樊渠有蒲[葡]桃[萄]一園，逕[經]理不

□，見[現]買得蒲桃利□□□惟

□下悕乞貿取，以存□□聽許，謹辭。

令聽貧[貿]□

通□令史麴儒　傳

《吐魯番出土文書》第五册《阿斯塔那一一七號墓文書・某人買葡萄園契》

【前缺】

□壹佰步□

□交孔錢叁拾文□

□錢不畢，入四月卅，拾錢□

□悉不知，仰張自承□

□安自承支[祇]，仰張自□

□垣。南共董子海桃[萄]□

□垣。北住渠。桃肆□

□後有人河[訶]道[盜]○者，□

┌依舊通。

□見　吳海兒不解書至┌

□書　曾相元

□坐　安客得不解書至┌

《大谷文書》卷一《大谷一四六九號・周隆海買田契》

【前欠】

延壽十五年戊戌歲六月一日，周隆海┌

東渠常田壹分，承壹畝半陸拾□□┌

錢壹佰貳拾文。錢即畢。田即付。田中役使，即┌

隆海田分畔，南詣道，西詣渠，北共員海┌

【後欠】

《大谷文書》卷一《大谷二四〇五號・高昌國買田券》

【前欠】

還拉┌

了。田中車行┌

各不得返悔。悔者┌

各自署名爲┌

【後欠】

《吐魯番出土文書》第二册《阿斯塔那三〇二號墓文書・高昌延昌二十八年趙顯曹夏田券》

延昌廿八年戊申歲四月廿九日，趙顯曹從范阿六邊

常田壹畝半，交與夏價銀錢九文。田要

□□歲壹年，到十月卅日。田中役使，仰田主了，渠

□□□□耕田兒了。二主先相和可，後爲倦［券］

┌之後，各不得返悔，悔者壹罰

┌行二主，各自署

□書道人道收

□□□□兒

《吐魯番出土文書》第二册《阿斯塔那一五三號墓文書・高昌延昌三十六年宋某夏田券》

延昌卅六年丙辰歲二月廿日，宋┌

邊夏孔進渠常田叁畝，要逕［經］陸年，畝與大麦

陸九［斛］，畝床陸九［斛］。若種粟，畝與粟柒九［斛］。五月內□

□使畢，十月內上床使畢。若過期不上，┌

壹九［斛］，上生麦床壹㪷［斗］，床麦使淨好，依官九［斛］┌

取床麦之日，依腸取，々麦之，要木酒二斗。渠破水

□，□□田人了，紫［貲］祖［租］百役，仰田主了。二主和同，各不得

□□，□□□□□入不悔者。民有私要，私要行二主

【後缺】

《吐魯番出土文書》第二册《阿斯塔那三六五號墓文書・高昌延昌二十八年王幼謙夏鎮家麥田券》

延昌廿八年戊申歲十二月廿二日，王幼謙從主簿孟儁邊

夏鎮家細中部麦田貳拾仵［伍］畝，畝與夏價麦貳酙［斛］柒

㪷［斗］，租在夏價中，┌

賊破水旱，隨大┌

主先和後卷［券］，卷成之後，各不得┌

民有私要，私要行二主，各自署名爲信。

時見張忠蔔　　倩書張順和

《吐魯番出土文書》第二册《阿斯塔那三六五號墓文書・高昌延昌二十九年董神忠夏田殘券》

□□廿九年己酉歲正月二日，董神忠從主簿孟儁邊
……畝，畝與夏價小麦貳卧〔斛〕柒㪷〔斗〕

【後缺】

《吐魯番出土文書》第二册《阿斯塔那三六五號墓文書・高昌延昌二十九年王和祐等人分夏田合券》

延昌廿九年己酉……
家常田，田壹畝……
尊三畝，王和祐……
保三畝，和善憙……
僧陰二畝，索善……
永安取麦，使淨〔淨〕好，若……
聽拙家財，平爲麦……
水旱，隨大已列，祖〔租〕殳〔輸〕……
不得返悔，悔罰二倍……

【後缺】

《吐魯番出土文書》第二册《阿斯塔那三六五號墓文書・高昌某人從孟儁邊夏□殘券》

……從主簿孟儁
……將進取，與　夏
……錢使畢，若不畢
……无，仰婦兒上〔價〕使畢，
……見即取。二主先相
和後卷〔券〕，卷成之後，各不得返悔，悔者一罰二入不悔者。民
私要，私要行二主，各自署名爲信。
倩書　張僧住
時見　張元斌

《新出吐魯番文書及其研究・阿斯塔那三八六號墓文書・高昌延和四年連相忠等夏田券》

……乙丑歲正月二日，連相忠從馬寺主惠岳
□□邊夏張渠常田叁畝，要〔約〕逕〔經〕壹年。田要〔約〕用種
麥（？），到七月内畝與夏價……卧〔斛〕……畝與夏
床伍卧。次相忠夏秋田柒……粟拾肆
卧，要〔約〕與相忠耕牛……
□□人從馬寺主惠岳邊夏……
……畝與夏價粟拾肆，要〔約〕……
壹日。次馬□麻從馬寺主惠岳邊夏張渠□
陸畝，田要〔約〕用種秋，到……夏價粟□
□□要〔約〕耕牛壹……

【後缺】

《吐魯番出土文書》第四册《阿斯塔那一五一號墓文書・高昌義和三年張相熹夏床田券》

義和三年丙子歲四月廿……，張相熹從左祐子邊
夏部床田壹畝，到十月内……卧〔斛〕，床依官卧〔斛〕㪷〔斗〕中
取。床
使干淨好，若淨好，聽□□□□。租殊〔輸〕伯〔百〕役，仰田主了，
渠破
水讁，仰耕田人了。二主和同□□。□□□後，各不得返悔，々者

一罰二入不

□者。民有私要，私要行二主，□□□□爲信。風破水旱，隨大

□□。

倩書　翟懷願

□□　□衆德

□月二日，取善保田壹畝。罰▭卷［劵］同。張相軌書。即日

□□

□願邊夏宣威忠▭畝，罰部［倍］臯［斗］斛［斛］▭

▭馮衆德

《吐魯番出土文書》第四册《阿斯塔那一五一號墓文書·高昌義和三年汜馬兒夏田券》

義和三年丙子歲潤［閏］五月十九日，汜馬兒從元艮跋子

邊夏舊堞［業］部田叁畝，畝與夏價床伍▭

内上［賞］床使畢，依官斛［斛］臯［斗］中取。床使畢干淨好，若不干

淨□，聽向風常取。祖［租］殊［輸］伯［百］役，仰田主了；渠破水讁，仰

耕田人了。風火賊破隨大已列［例］。二主和同立卷［劵］，卷成□□。

各不得返悔，悔者一罰二入不悔者。民有私要，私要行□□。

自署名爲信。

倩書　張相熹

時見　馮衆德

《吐魯番出土文書》第三册《阿斯塔那一一六號墓文書·高昌延和十八年夏田殘券》

【前缺】

時見▭

延和十八年己卯歲二月▭

捌畝要逕［經］貳年到七月▭

【後缺】

《吐魯番出土文書》第三册《阿斯塔那一一六號墓文書·高昌重光元年夏田殘券》

□□□年庚辰歲▭

□□邊夏力▭

▭与草車床□官斛［斛］中▭

▭月内，床使床淨，聽常取▭

▭隨大已例。若渠破▭

仰田主了。▭

各不得返悔，▭

署名爲信。▭

《吐魯番出土文書》第三册《阿斯塔那三六四號墓文書·高昌延昌二十六年某人從□□崇邊夏鎮家菜園券》

□昌廿六年丙午▭

崇邊夏鎮家▭

銀錢伍文。初年▭

種菜壹乘。若不滿三年，更▭

錢三文，年年從三月十五日▭

□地依次給水使遭。夏▭

▭二主▭

【後缺】

《吐魯番出土文書》第三册《阿斯塔那三六四號墓文書·高昌某人夏鎮家麥田券》

【前缺】

夏鎮家南部麦田貳拾壹畝，
租在夏價中，依官九［斛］斗取，使淨好。若有灾汗［旱］隨，
若渠破水讁，仰栟［耕］田人了。二主先和後卷［券］，卷成之後，各不得
悔者壹罰貳入不悔者。民有私要，私要行二主，各自署名
□□，
□□。　時見　趙河老　倩書　道人惠奄

《吐魯番出土文書》第三册《阿斯塔那三六四號墓文書·高昌卜善祐夏田券》

歲十一月廿七日，卜善祐從
渠常田壹分，要逕［經］
与銀錢貳拾伍文，
渠水讁，仰栟［耕］田人了。
得返悔，悔
私要，私要行二主，各自署
□□　元　斌
□　宣

《吐魯番出土文書》第三册《阿斯塔那三六四號墓文書·高昌缺名合夏田殘券》

【前缺】

合夏□□麦
倩書道人元覺　時見索善護

《吐魯番出土文書》第三册《阿斯塔那三六四號墓文書·高昌二人合夏葡萄園券》

【前缺】

夏價銀錢柒文。租殊［輸］伯［佰］役，仰桃［萄］主了，
渠破水讁，仰栟［耕］田人了。三主和同立卷［券］，卷成之後，各不
得返悔，悔者一罰二入不悔者。民有私要，私要行二
主，各自署佲［名］爲信。　時見□□
倩□

《吐魯番出土文書》第三册《阿斯塔那三六四號墓文書·高昌張猫子等人分夏田合券》

【前缺】

□□夏兩
肆畝半張猫子夏
陸錢價田　高師
貳畝衛阿中兒夏肆
盧盧壹畝　辛元忠
万祐兒夏伍畝　宋
夏壹畝　張顯崇
畝　賈師保夏貳
□　慶哲師夏
□　守信夏壹畝

【後缺】

《吐魯番出土文書》第三册《阿斯塔那一五五號墓文書·高昌延壽六年鄭海僊夏田券》

□壽六年己丑歲正月十日鄭海僊從買

□夏東渠内闕寺常田肆畝，要逕［經］壹年，得

大麦伍斛［斛］，与秋伍斛［斛］，到五月内，上［償］

麦

使畢，若過期□不畢，

【後缺】

《吐魯番出土文書》第三册《阿斯塔那一五五號墓文書・高昌夏田殘券》

【前缺】

常田貳

上［償］麦使畢。

取，使干淨

不畢，壹月壹斛［斛］

佰［佰］役，仰田主

已烈［例］，貳

入不悔者，民有私

倩書

時見翟□□

《吐魯番出土文書》第三册《阿斯塔那一三八號墓文書・高昌重光四年孟阿養夏菜園券》

重光四年癸未歲正月十八日，孟阿養從趙□

主法嵩邊夏武成［城］渠菜垣［園］卅步，要逕［經］伍年。未□

中元夏價，次四年中，年與夏價銀錢貳文。□

養夏葱，次夏韭，合二〇禾［乘］。菜垣［園］中役使，渠□

水讁，仰阿養了。二主和同立卷［券］，卷成之後，各不

得返悔，悔者壹罰二入不悔者。民有私要，□

【後缺】

《吐魯番出土文書》第三册《阿斯塔那三六四號墓文書・高昌衛阿文子夏田殘券》

日衛阿文子從主簿孟儁

仵［伍］畝，畝與夏價

【後缺】

《吐魯番出土文書》第三册《阿斯塔那四八號墓文書・高昌道人眞明夏床田券》

歲五月竟日，眞道人眞明從時顯明

詣床田拾汜［柒］畝，畝與夏價糸［叁］斛［斛］，依官斗九［斛］

詣城

役，仰田主了；渠破水讁，仰耕田人了。若風虫［蟲］賊

破，水

苗本主。二主先和，後爲卷［券］要，卷［券］成之

後，

罰貪貳倍入不得悔者。

倩□

要使淨取

《吐魯番出土文書》第二册《阿斯塔那一五三號墓文書・高昌曹、張二人夏果園券》

【前缺】

園子秋毎文，要到七月竟，

与銀錢貳拾□，貳拾伍文，要到八月

卅日，償錢貳拾□期不償壹月

拾錢上生錢壹身東西不在，曹仰

婦兒償；張仰第［弟］若二人前卻不償，

聽拙二人家財，平為……桃[萄]中梨粟盡
□桃[萄]行，若曹張二人与馮寺主梨兩九[斛]。若桃[萄]水
□桃[萄]，二人還寺主桃[萄]。若樹干[乾]潔[濕]，不得近破，三主
□□立卷[券]，卷成之後，各不得返悔，悔者壹罰貳入不
□□。民有私要，私要行二主，各自署名爲信。
……桂廿百一十七□。
倩書　王仕祐
□□　將沙弥

《吐魯番出土文書》第三册《阿斯塔那三二〇號墓文書・高昌張武順等葡萄畝數及租酒帳》

【前缺】

……畝，无租。張武順桃[萄]貳畝陸□
……畝，租了。法貞師桃[萄]叁畝陸拾步，儲酒伍斛[斛]
……貳斛[斛]。康寺僧幼桃[萄]半畝，租了。康安得桃[萄]陸
拾步，……桃[萄]半畝，无租。索祐相桃[萄]陸拾步，租了。康崇相
桃[萄]貳……儲酒伍斛[斛]。得酒壹姓有拾斛[斛]。康衆憙桃[萄]壹
畝□□……油貳斛[斛]……

【後缺】

《吐魯番出土文書》第三册《阿斯塔那一三五號墓文書・高昌田婆泰夏田券》

……月四日，田婆泰從法劑
……常田貳畝，畝到五月內。与夏
……斛[斛]伍㪷[斗]，粟陸斛[斛]伍㪷[斗]，到五月
……到十月內，上[償]床粟使畢。到取
……使淨好，依官斛[斛]㪷[斗]中取。若不淨
……中……了，若渠破水讁，仰耕[耕]□□□。□主
和同立卷[券]，卷城[成]之後，
各不得返悔，悔者壹罰貳入不悔者，
民右[有]私要，私要行貳主，各自署名爲信。

《吐魯番出土文書》第三册《阿斯塔那二五號墓文書・高昌張永究夏田券》

……歲二月五日，張永究從趙祐宣邊夏……
……壹畝，到六月□，与夏價大麦柒斛[斛]伍㪷[斗]，到
十……伍㪷[斗]。田中□殊[輸]伯[佰]役，仰田主了；渠破
水讁，各自承……
……麦粟之日，依官斗中取，使淨好，若……
……卷[券]……不得返悔，悔者□罰二人
不……

【後缺】

《吐魯番出土文書》第四册《阿斯塔那一五號墓文書・唐貞觀十四年張某夏田契》

……寶寺都□
……匡渠常田拾柒畝，畝與別
……斛[斛]，到十月內與夏價
……種床，與伍斛[斛]；種

[　　]与耕田人。床、粟、麥要
[　　]渠破水讁，仰耕田人承了。
[　　]要逕[經]丑歲壹年用種。風
[　　]壹車。治渠聖道張
[　　]成之後，各不得返□
[　　]私要，私要行二□。

【後缺】

《吐魯番出土文書》第四册《阿斯塔那一五號墓文書・唐貞觀十五年西州高昌縣趙相□夏田契》

貞觀十五年正月三日，趙相[　　]
夏康寺柒頃碑舍後小康寺田[　　]
畝与夏價麥高昌斛[斛]中叁斛伍[　　]
內上麥使畢；到十月內上秋[　　]
向常取。若過期月上麥[　　]
昕。租儲佰役，仰田主[　　]
□□之後，各不得返悔。[　　]
[　　]指爲信。

【後缺】

《吐魯番出土文書》第四册《阿斯塔那一五號墓文書・唐某人夏田契》

【前缺】

[　　]夏價[　　]
□□寺斛[斛]兜[斗]中取。[　　]
耕[耕]田人自承了。若租殊[輸][　　]
仰耕田承了。若水出處稿[藁][　　]

壹車。若過期月不償。聽抴[　　]
虫賊破，隨大已列。種大与大，種小[　　]
邊得車牛壹乘并囊。二主和同[　　]
返悔。悔者一罰二，入不悔者。[　　]

【後缺】

《吐魯番出土文書》第四册《阿斯塔那一五號墓文書・唐權僧奴佃田契》

[　　]僧奴[　　]
南渠常田壹分，次薄田壹分。貳分田中萑[糞]堛土，仰
權僧奴使足。□□田主以田中耕牛、人力、麥子、粟子仰
僧奴承了。田[　　]少，貳人場上亭分。田中糞土不
遭好[　　]佰役，仰田[　　]

【後缺】

《吐魯番出土文書》第四册《阿斯塔那七八號墓・唐西州高昌縣寧戎鄉鄧明□夏田契》

[　　]寧戎鄉人鄧明[　　]
[　　]夏新興、璞邊[　　]
[　　]夏價[　　]
[　　]內上[　　]

【後缺】

《吐魯番出土文書》第五册《阿斯塔那一一七號墓文書・唐貞觀十六年二月某人夏田契》

□觀十六年二月[　　]
□□渠常田叁畝，要[　　]
□□價麥貳斛[斛]伍兜[斗][　　]
□兜使畢，淨好，[　　]

□上量取。次康相［　　］

□□粟貳斛伍兜［　　］

□主了；渠破水讁，仰［　　］

□得先悔。立契獲［　　］

【後缺】

《吐魯番出土文書》第五册《阿斯塔那一一七號墓文書・唐貞觀十六年某人夏田券》

□觀十六年［　　］

邊夏大渠王［　　］要逕[經]壹年，到□□

□畝与夏價大［　　］內，畝与粟貳□

伍兜，田官索［　　］寺九[斛]斗中。租殊[輸]佰□

□田主了；渠破水［　　］同立卷[券]，卷成之後□

□得返悔，悔者罰二［　　］行二主，各自署名□

□［　　］　　　僧□

［　　］　　—　—　—

［　　］　　—　—　□

吳海仁　　—　—　□

知見人高師　　道□

臨坐苻洛仁　　—

《吐魯番出土文書》第四册《阿斯塔那三〇一號墓文書・唐貞觀十七年西州高昌縣趙懷滿夏田契》

貞觀十七年正月三日，趙懷滿從張歡□［　　］

步；張薗富貳畝。田壹畝，与夏價小麥貳斛［　　］

依高昌九[斛]斗中取。使干净好；若不好，聽向風常取。貲

［　　］，仰耕田人了。若風破

水旱，隨大已列。□到六□□上麥使畢。若過六月不□

壹月壹九[斛]上生壹兜[斗]。若前卻不上，聽拙家財□□

麥直。若身東西无，仰收後者上。三人［　　］

【中缺】

田主張歡仁　—　—

田主張薗富　—　—

耕田人趙懷滿　—　—

倩書氾延守　—　—

知見□□□　—　—

《吐魯番出土文書》第五册《阿斯塔那一一七號墓文書・唐貞觀二十年高憙伯等辭》

□觀廿年八月［　　］高憙伯□

□海隆　孟延憙［　　］等辭

□治、紹、憙等家［　　］並勉[免]祖[租]課

□役，去五月內［　　］今見有抄，

□可堪[勘]當，今［　　］輸䢖一車，草［　　］

□苦，伏乞矜［　　］

《吐魯番出土文書》第五册《阿斯塔那一一七號墓文書・唐□□元年某人夏田契》

□□元年七月三日，寧［　　］

□□夏王渠常田壹□

《吐魯番出土文書》第五册《阿斯塔那二四號墓文書・唐貞觀二十二年索善奴佃田契》

貞觀廿二年十月卅日，索善奴
夏孔進渠常田肆畝，要逕[經]
年別田壹畝，与夏價大麥五斛；与
□々到五月內，償麥使畢；到十月內，償□□
畢，若不畢，壹月麥秋壹斛上生麥秋壹□□
若延引不償，得掣家資平爲麥秋直。若身□
西無者，一仰妻兒及收後者償了。取麥秋之
日，依高昌舊故平袁[圓]斛中取。使淨好，若不好，聽
向風常取。田中租課，仰田主。若有渠破水讁，仰佃

□指爲信。

田主趙 ——
佃田人索善奴 ——
知見人馮懷勗 —勗—
知見人劉海願 ——

《吐魯番出土文書》第五册《阿斯塔那一〇號墓文書・唐貞觀二十三年傅阿歡夏田契》

□□□□年八月廿六日，武城鄉傅阿歡
范酉隆邊夏孔進渠廿四年中常田貳畝。即
交与夏價銀錢拾陸文。錢即日交相付了。
□到廿四年春耕田時，傅范邊不得田時壹□
讁銀錢叁文入傅。田中租殊[輸]佰役，仰田主承了；渠□
□讁。仰傅自承了。兩和立卷[券]，畫指爲信。
田主 范酉隆 ———

夏田□傅阿歡
知見□□□恩 ——
知見 ——

《吐魯番出土文書》第五册《阿斯塔那一〇號墓文書・唐傅阿歡夏田契》

【前缺】
阿歡從同鄉人范酉□
□孔進渠常田貳畝。畝□
交与銀錢□文。錢即日交□
相了。租殊[輸]佰□，仰田主承了；
渠破水，仰佃□人承了。田要□
□年中佃種。兩和立契
獲指爲信。
錢主傅阿歡 ——
夏田人范酉隆 ——
知見人左素胡 —
知見人□□□

《吐魯番出土文書》第五册《阿斯塔那七八號墓・唐王幢憙佃田殘契》

【前殘】
鄉人嚴
王幢憙半畝
索善
隆歡
【中缺】
—— —□
阿延 ——

□馬歡仁　一　一　□

《吐魯番出土文書》第四册《阿斯塔那三〇一號墓文書・唐□□保夏田契》

【前缺】

夏田人□□□保

田主趙　黑子

智[知]見張　延　取

【後缺】

《吐魯番出土文書》第四册《阿斯塔那一〇三號墓文書・唐佃田簿》

□畝，上價；

潢田六畝，中價；

官部田廿九畝，下價；

黑塢田一頃。

《吐魯番出土文書》第四册《阿斯塔那一〇三號墓文書・唐侯菜薗子等戶佃田簿》

【前缺】

畝價小麥未給

戶主侯菜薗子年五十

合佃常田拾捌畝半玖拾步，部田拾壹畝，壹丁合得常田肆畝，部田貳畝。准折還主，外乘[剩]常田捌畝半陸拾步，上價；陸　畝叁拾步，中價；部田肆畝□畝，下價。合徵大麥拾貳碩肆　㪷[斗]柒勝[升]半，小麥伍碩伍㪷[斗]□

戶主令狐僧海年五十八　男沙弥子年廿九

合佃常田柒畝壹百步。壹丁合得常田肆畝，部田貳畝。欠常田半畝貳拾步，部田肆畝。價大小□□給。

戶主禿發慶武年□十七　男時麦年廿□

合佃常田拾□畝半壹百步。壹丁□部田貳畝，准折還主，外乘[剩]□半壹佰□碩柒㪷[斗]貳勝[升]半

欠部田肆畝價□

戶主□元海年五十七　□年廿七

□壹畝半捌拾壹步。壹丁□□常田肆畝，部田貳畝。

【後缺】

《吐魯番出土文書》第五册《阿斯塔那二四號墓文書・唐永徽二年孫容仁夏田契》

永徽二年十月一日，孫容仁於趙歡相□渠常田肆畝，要迳[經]六年佃。年田壹畝，与夏價□□㪷。到五月內，上麥使畢；十月內，上秋□□□其月不畢□□舊袁[圓]㪷中取。使□若不淨好，聽向風常取。租殊[輸]伯[百]役，仰田主了；渠破水讁，仰佃田人了。壹年与草肆圍。与麸壹車。兩主和可，獲指爲信。

田主明元　一　一　一

夏田人孫容仁　一　一　一

知見□阿護　一　一　一

知見　索阿側　一　一

《吐魯番出土文書》第五册《阿斯塔那一〇號墓文書・唐永徽四年四月傅阿歡夏田契》

□□四年四月十叁日，武城鄉人傅□□於同鄉人支醜□邊夏左部渠麥田貳畝。□交与銀錢陸文，錢□付了。□田

□永徽五年內得田種，若□
役，壹仰田主承了；　渠破水□，壹仰更〔耕〕
田人承了。兩和立□，獲指爲□。
□　——
□見人□　——
□見人□　——

《吐魯番出土文書》第五册《阿斯塔那一〇號墓文書·唐永徽四年傅阿歡從馮慶□邊夏田契》

【前缺】
□常田貳畝，夏永徽五年中。田要逕〔經〕壹□
□銀錢貳拾肆文。錢即□契日錢即畢了。若□
□仰田主了；　渠破水讁，□耕田人了。若風破水□□
大已列。二主和同契官有□決，獲指爲信。
田主馮慶□　———
佃田人傅阿歡　———
知見　高延明
倩書　□

《吐魯番出土文書》第五册《阿斯塔那一〇號墓文書·唐孫沙弥子夏田契》

【前缺】
□昌鄉人董尾柱邊夏石宕渠□
分常田貳畝。要逕六年壹年佃種。田壹
□即日交与夏價銀錢拾伍文。合与
□拾。其錢、田交相付□
【中缺】
□當。兩主和可立契，獲指爲信。
田主董尾柱　——
夏田人孫沙弥子
知見人□
【後缺】

《吐魯番出土文書》第七册《阿斯塔那二〇號墓文書·唐顯慶四年白僧定貸麥契》

顯慶四年十二月廿一日崇化鄉人白僧定於
武城鄉王才歡邊舉取小麥肆㪷〔斛〕將五年
馬塠口分部田壹畝，更六年胡麻井部田壹畝
准麥取田，到年々不得田耕作者，當還麥
肆㪷入王才。租殊佰役一仰田主，渠破水讁，一仰佃
人。兩和立契，獲指爲信。
麥主王才歡
貸麥人白僧定　———
知見人夏成信　———
知見人王士開
知見人康海□　———

《吐魯番出土文書》第五册《阿斯塔那一〇號墓文書·唐龍朔元年孫沙弥子夏田契》

□朔元年十一月廿六日，武城鄉人孫沙弥子
於順義鄉人李乕〔虎〕祐邊夏龍朔叁年
中石宕渠口分常田貳畝。畝別□
㪷。其麥、田即日交相□
□子。到孫佃田之日，李□

別貳，入不悔人。若孫不佃李田者，謫壹別
貳，入不悔人。祖［租］殊［輸］佰役，仰田主了；渠破水
□，仰更［耕］田仁［人］承當。兩主和可立契，獲指爲
□。

田主李虒祐

【後缺】

《吐魯番出土文書》第五冊《阿斯塔那一〇號墓文書·唐傅阿歡夏田殘契》

【前缺】

夏田人傅阿□
知見人□定護
知見人□
知見高□□□

《吐魯番出土文書》第六冊《阿斯塔那四號墓文書·唐龍朔元年左憧憙夏菜園契》

龍朔元年九月十四日崇化鄉人左憧憙
於同鄉人大女呂玉麩邊夏張渠菜園肆拾
步壹園。要逕伍年佃食年伍。即日交
□錢邦拾［捌］文。限一年，到九月卅日与伍文。
□十月十□
□錢半文，若□滿依□□
□園□滿，一罰三分。園中渠破水讁，仰
治園人了祖［租］殊［輸］佰役，仰園主了。楡樹
一具付左。兩和立契，畫指爲信。
園主大女□□

【後缺】

《吐魯番出土文書》第五冊《阿斯塔那三三七號墓文書·唐龍朔三年西州高昌縣張海隆夏田契》

龍朔三年九月十二日武城鄉人張海隆於
同鄉人趙阿歡仁邊夏取肆年中
五年、六年中武城北渠口分常田貳畝。海
隆、阿歡仁二人舍佃食。其耒牛、麦子，
仰海隆邊出。其秋麦二人庭分。若海隆
肆年、五年、六年中不得田佃食者，別錢伍拾文
入張，若到頭不佃田者，別錢伍拾文入趙
与阿歡仁草玖圍，契有兩本，各捉一本。兩
主和同立契獲指□記。

田主趙阿歡仁——
舍佃人張海隆——
知見人趙武隆——
知見人趙石子——

《吐魯番出土文書》第五冊《阿斯塔那三三七號墓文書·唐某人夏田契》

【前缺】

□鄉人□
□即日交□
□田主了渠破□
獲指爲信。
□——
□——
□——

《吐魯番出土文書》第六冊《阿斯塔那四號墓文書·唐乾封元年左憧憙夏田契》

【前缺】

中取。若田有租[租]殊[輸]佰役一仰
田主；渠破水讁，一仰佃田人當。其
田從乾封二年中壹年佃食。兩
和立契獲指爲記。

田主　魏相憙　一一
夏田人　左憧憙　一一一
知見人　杜善歡　一一一
知見左右　翟隆子　一一一

交用小麥貳斛於竹苟仁夏胡麻井部田壹畝
田主　竹苟仁　一一

《吐魯番出土文書》第六册《阿斯塔那四號墓文書・唐乾封元年左憧憙夏葡萄園契》

乾封元年八月七日崇化鄉人左憧憙□□□
□錢叁拾伍文，於同鄉人王輸覺邊夏□
□渠蒲[葡]桃[萄]壹園，要得桃中子秫收領。
到十月內還付桃，桃中渠破水讁，仰夏桃子
秫人了祖殊佰役，仰桃主了。桃中門辟[壁]
付左。兩和立契，畫指爲信。
桃主　王一一一
【後缺】

總章元年七月　日高昌縣左憧憙辞
張渠蒲[葡]桃[萄]一所舊主趙廻□
縣司：憧憙先租佃上□桃，今□□□
恐屯桃人并比隣不委，謹以辞陳，□□□
公驗謹辞。

《吐魯番出土文書》第六册《阿斯塔那四號墓文書・唐總章三年左憧憙夏菜園契》

總章三年二月十三日，左憧憙於張善
憙邊夏取張渠菜園壹所，在白赤舉
北分牆。其園叁年中与夏價大麥拾
陸斛[斛]；秋拾陸斛。更肆年，与銀錢叁拾文。
若到佃時不得者，壹罰貳入左。祖[租]殊[輸]
伯[佰]役，仰園主；渠破水讁，仰佃人當。爲
人無信，故立私契爲驗。
錢主　左
園主　張善憙一一
保人　男君洛
保人　女如資
知見人　王父師
知見人　曹感

《新獲吐魯番出土文獻・唐光宅元年十二月十日租田契》

光宅元年十二月十日酒□□□
祖[租]取光宅貳年中新□□□
槽頭與夏價甜漿□□□
□過其月不還漿，□□□

□□〔下缺〕

〔上缺〕無信，故

〔上缺〕一一

【後缺】

《新獲吐魯番出土文獻・唐垂拱元年十一月十一日酒泉城呂某租取田尾仁等常田契》

垂拱元年十一月十一日酒泉城〖呂〗〔下缺〕

用小麥貳研［斛］伍斫［斗］，粟貳研伍斫，於同〖城〗□

田尾仁并弟養歡二人邊租取□□□

常田壹畝。契訖垂拱貳〖□〗〔下缺〕

到夏子之日，不〖得〗〔下缺〕

□〖罰〗貳入呂。田中〖租〗〔下缺〕

〔上缺〕，〖兩〗和立〖契〗，〔下缺〕

〖錢〗〔下缺〕

〖田〗〔下缺〕

同城〔下缺〕

知見〔下缺〕

知見〔下缺〕

知見〔下缺〕

《新獲吐魯番出土文獻・唐垂拱三年正月十九日酒泉城呂某從焦伏護邊租田契》

□〖拱〗三年正月十九日酒泉城〖呂〗〔下缺〕

粟拾研［斛］，於同城人焦伏護邊□

□□渠叁年田貳畝，其田要逕［經］全

□如到夏子之日，不得田佃

〔上缺〕一日粟壹罰貳入呂，田

〔上缺〕仰田主，渠破水讁，仰佃人

〔上缺〕契，獲［畫］指爲信。

粟主〔下缺〕

田主〔下缺〕

〔上缺〕□一生一

〔上缺〕□仁一

〔上缺〕〖住〗一

《吐魯番出土文書》第七冊《阿斯塔那三五號墓文書・唐垂拱三年西州高昌縣楊大智租田契》

垂拱三年九月六日，寧戎鄉楊大智交□

小麥肆斛，於前里正史玄政邊租取逃

走衛士和隆子、新興、張寺潢口分田貳畝

半。其租價用充隆子兄弟二人庸緤直，

如到種田之時，不得田佃者，所取租價麥，

壹罰貳入楊。有人恡［吝］護者仰史玄［政］應當。

兩和立契，畫指爲記。

租田人　楊

田　主　史玄政

一一

知見人　侯典倉

一一

《新獲吐魯番出土文獻・唐儀鳳三年十月三十日西州柳中縣高寧鄉人左盈〖雲〗租田契》

□鳳叁年十月卅日高寧鄉人左盈〖雲〗，交

麦壹拾斛[斛]，粟壹拾斛，於同鄉人辛阿塠
邊祖[租]夏新渠口分常田貳……
麥粟即當立契，交相付……
□子日，不得問佃時麥粟，……
□先悔者，別……

【後缺】

《吐魯番出土文書》第六册《阿斯塔那三三〇號墓文書・唐總章元年趙惡仁佃田契》

總章元年拾月拾八，日武城鄉人趙惡仁於……
……城南渠口分常田貳畝。……
……佃食，年別畝与……
……若遇其月不……
……依高昌斛[斛]……史[使]干靜[淨]……
……□租……
……佃人了。兩和……
田主……

【後缺】

《吐魯番出土文書》第七册《阿斯塔那二三九號墓文書・唐儀鳳年間西州蒲昌縣竹住海佃田契》

□□□年拾月壹日，高昌縣寧昌鄉人卜老
……年柒月拾□，蒲昌縣人竹住海於高昌縣
……年，年別與租價

【中缺】

……取秋麥……，依高昌平元斛[斛]……

……汝[如]不淨好，聽向風常取。若過遠月不……
……法生利。到種田之日，竹不得田佃者，准前
……付。其竹取田之月，得南頭佃種。租殊
佰役仰田主，渠破水讁仰佃人。其田要迳儀鳳□

【後缺】

《吐魯番出土文書》第七册《阿斯塔那九三號墓文書・武周長安三年西州高昌縣嚴苟仁租葡萄園契》

長安叁季[年]三匝[月]二〇[日]，嚴苟仁於麹善通邊租取張渠陶[萄]
蒲一段二畝。陶內有棗樹大小拾根，四院牆壁並全，其陶
契限五季收佃。今季爲陶內支槅短，當季不論價直，至辰
歲，与租價銅錢肆伯捌拾文。到巳歲与租價銅錢陸伯肆拾文。
至午歲，与租價銅錢捌伯文。到未歲，一依午歲價，与捌伯文。季

【後缺】

《吐魯番出土文書》第六册《阿斯塔那三三〇號墓文書・唐某人佃田契》

……安張□隆……
……田貳……

【中缺】

……若不比[畢]……
殊伯役，仰田主；渠破……
契，畫指爲□。

【後缺】

《新獲吐魯番出土文獻・唐景龍二年十一月八日西州高昌縣寧大鄉肯義租田契》

景龍二年十一月八日寧大鄉……
都維、寺主、徒衆等邊，租取□……
秋田叁畝，其田總与床拾斛[斛]，別取□……

家平㪷量還，□須浄好，不許濫惡。其田
肯義平塡，要逕叁熟，修理渠堰，仰肯方
大例，如年月未滿，不得忠[中]途改奪，別
各執壹本，兩和立契，晝指爲紀。
田主
□
田主
佃人肯義
知見人
知見人

《新獲吐魯番出土文獻・唐某年二月十四日西州高昌縣寧大鄉何善慈雇人契》

二月十四日寧大鄉人何善慈交用
柒伯文雇同□人肯石□□□
□往赤停[亭]道差
仰肯
【後缺】

《吐魯番出土文書》第六册《阿斯塔那三三〇號墓文書・唐某人佃葡萄園殘契》

鄉人趙恩□□
定异母阿
【中缺】
卬桃[萄]主

《吐魯番出土文書》第六册《阿斯塔那四〇號墓文書・唐某人佃菜園殘契》

【前缺】
□錢□文，到八月内上錢使了。要經
貳年佃食，租殊[輸]伯役，壹仰菜園主承了；
渠破水讁，仰佃菜人承了。兩和立契
獲指爲記。

《吐魯番出土文書》第六册《阿斯塔那七四號墓文書・唐某人於張悦仁等邊夏田殘契》

【前缺】
於同鄉張悦仁劉海
人邊夏左部々田，人
【後缺】

《吐魯番出土文書》第六册《阿斯塔那七四號墓文書・唐某人佃田殘契》

【前缺】
破水旱，隨大已
破水讁，壹仰
獲指爲□。
【後缺】

《吐魯番出土文書》第六册《阿斯塔那七四號墓文書・唐某人於□□子邊夏田契》

□□月十
同鄉人□□子邊夏

▭依高昌□酙[斛]斦[斗]中▭
▭若租殊[輸]佰役，壹仰田主▭
▭仁。兩主□可卷[券]契▭
夏田人▭

【後缺】

《吐魯番出土文書》第六册《阿斯塔那一三七號墓文書・唐某人夏南渠田券》

【前缺】

▭夏六年中南渠
▭大麥柒酙[斛]，秋
▭若不净，聽向風
▭租殊[輸]佰役，仰田主了；渠破▭
▭亭上使了。二主和同立券，券[卷]成▭
得返悔，々者壹罰二入不悔者。民▭
主，各自署名爲信。
▭一一
□□叙一一
□仏生一一
□海落一

《吐魯番出土文書》第六册《阿斯塔那一三七號墓文書・唐西州高昌縣張驢仁夏田契》

▭卅日，武城鄉▭
▭邊夏冬渠▭
▭錢三文。若過▭
▭入張驢仁。若▭

▭渠租讁水訖▭
▭先有悔者，壹▭
▭指爲記。
□□　范青奴一一
夏人　張□□
知見　趙士元一
保人　張小洛一一

《吐魯番出土文書》第六册《阿斯塔那三一七號墓文書・唐張相□等佃田契》

【前缺】

洛二人▭
日交相付▭
佃田。錢壹别▭
仰田主了；渠破水□，□佃田人了。兩和□
契獲□□□。
田主張阿洛
田主曹佞□
佃田人張相□
佃田人趙申君
知見人張海□
知見人張□□
知見人▭

《吐魯番出土文書》第六册《阿斯塔那三一七號墓文書・唐某人於大女張女足邊夏田契》

【前缺】

▭貳▭畝，大女張女足

□貳畝□轉人名得總有

□夏價大麥貳斛[斛]伍㪷[斗]其夏價

【後缺】

《吐魯番出土文書》第六册《阿斯塔那三三二號墓文書・唐□□杜出佃田畝契》

【前缺】

□杜邊夏樹石部田肆畝。□

□交小麥貳斛[斛]伍㪷[斗]。田不得衆[種]□

□渠破水讁，仰耕[耕]田□

□立契，□

【後缺】

《新獲吐魯番出土文獻・唐呂致德租田契契尾》

【前缺】

田主□□□

租田人呂致德

保人韓致奴 一一

知見人左貓乙 一一

知見人

知見人

□地兩　人：阿呂、白郎兩人合種，如到種田之日，兩人

□廨田別種者，罰錢拾文。

【前缺】

《新獲吐魯番出土文獻・唐以口分田爲質貸銀錢契》

新渠口□

質取銀□

中壹□□

錢貳□

仰妻□

【後缺】

《新獲吐魯番出土文獻・武周呂□□佃田契尾》

【前缺】

□仰佃𠆫[人]，契有兩

□指爲驗。

□左相 一一

□𠆫呂一

□知見氾 一一

□𠆫鄯伍

知見𠆫王

《吐魯番出土文書》第十册《阿斯塔那五〇六號墓文書・唐天寶十三載楊晏佃田契》

天寶十三載十一月十五日楊晏交用

小麥□

堰□

□百文

四□田□經天

用□

九□　□兩主合

□

麦主

□何思忠五十一

保人　弟[弟]思英[?]卅一

［　］麴［　］

《吐魯番出土文書》第十册《阿斯塔那五〇六號墓文書・唐天寶十三載楊晏租田契》

天十三載十一月廿三日，楊晏交用小麦

肆㪷於竹玄果邊，租天十四口分□□

貳畝。其地要經一周載□食。如［　］

之日不得田佃者，及改租與別人□□

價一罰弍入楊。租殊［　］

代輸。［　］

租田人［　］

田主竹玄果載卅七

《吐魯番出土文書》第十册《阿斯塔那五〇六號墓文書・唐天寶十三載楊某佃田契》

【前缺】

［　］叁［　］

段□畝，［　］其□

要天十□□佃種，［　］不得

田佃，及改［　］其麦一罰□□楊。天十

三載十一月［　］德［？］□□載五［？］［　］

《吐魯番出土文書》第十册《阿斯塔那五〇六號墓文書・唐天寶十三載楊堰租田契》

［　］日，高昌縣人楊堰

［　］輪邊租

［　］部田貳畝，其地沙堰渠□□

［　］其地用天十四載□種。

［　］租子，立契日交相付了。故立契爲

□　麥主

田主韓伯輪□

見人　何思忠

《吐魯番出土文書》第十册《阿斯塔那五〇六號墓文書・唐天寶十三載張元舉男方暉租田契》

張元舉男方暉，於楊晏邊領得沙堰渠部田

貳畝，交領租價畝別弍㪷，其地要經天十四載

佃種。如到種田之日不得地佃及改租与□人

其麥一罰二入楊。天十三載□月廿八日張元舉男

方暉

見人　李□□一一

《吐魯番出土文書》第十册《阿斯塔那五〇六號墓文書・唐至德二載楊晏租田契》

至德二載八月五日，楊晏交用小麥肆

□於竹玄過邊租取沙堰渠口分部

□□畝，其地要□至德□載佃種。如到種

［　］得田佃者，其麥一罰二入楊，若身

□西不在，一仰保等知當。爲人無

麥主

田□竹玄過載卅□

□交□小麦二㪷於白如奕邊租取□□渠

□分部田一畝，其契准上。［　］

田主　白如奕載卅

《吐魯番出土文書》第十册《阿斯塔那五〇六號墓文書・唐至德二載楊堰租田契》

至德二載九月廿六日，順義鄉人楊堰[ ]

麥各貳於曹李績邊租取沙堰[ ]

□貳要經至德三載佃種。如到[ ]

□□及改租別人者，其麥一罰貳[ ]

□□曹身東西不在，一仰妻[ ]

楊當了。恐人無信，故立此契爲□

田主曹孝[ ]

□人男□□年廿【下殘】

《吐魯番出土文書》第十册《阿斯塔那五〇六號墓文書・唐至德二載韓伯掄出佃田畝契》

□德二載[ ]

麦肆□於同□人[ ]

處陽[ ]

地要至德□□營種[ ]

交相分付[ ]東西[ ]

[ ]

麥主【下殘】

地主韓伯掄載廿五

地主母阿麹載卌三

[ ]麦分付韓掄訖

《吐魯番出土文書》第十册《阿斯塔那五〇六號墓文書・唐某人佃田契》

【前缺】

保人妻王載五十

一一

一一

【後缺】

《吐魯番出土文書》第十册《阿斯塔那五〇六號墓文書・唐大曆三年僧法英佃菜園契》

馬寺園一區【下殘】

大曆三年十月廿四日僧法[ ]

取上件園佃種，其園限叁年佃種。每年租價准麥壹畝、貳碩伍㪷，粟叁碩。其麥粟□至時熟，仰□英依數送納；其田稅仰佃人自知。園內起三月□□送多少菜，至十五日已後幷生菜供壹拾束，々壹□。如修理牆壁不如法，送菜闕少，不在[ ]斛㪷，並須依□送付。如違限，任掣奪衣資雜物，平充斛㪷直，并□別人。仍限叁年佃種。如修理□疏〔蔬〕如法，斛㪷不闕，徒衆不得中途改悔。其韮兩畦，壹畦佃人收，餘壹畦分爲叁分，兩分入寺家，一分□□。其韮至八月一日更不得侵損，其冬藏蔓[ ]北壁壹畦入寺家。如收菜之時，有不如法，仰佃人[ ]菜充替。其有官科稅諸雜，一仰佃人知當，不忏〔千〕寺□事。仍下葱子壹㪷其子寺家出陸勝，佃人出肆勝，人功仰佃人。□□葱內所種芥，寺家取壹伯束。契有兩本，各執一本。其園內所種瓜，每日与寺壹拾顆。兩家平和，畫指爲記。地主

地主馬寺尼淨信年卌

《吐魯番出土文書》第十冊《阿斯塔那五〇六號墓文書・唐孫玄參租菜園契》

馬寺菜園壹畝，東賈敏，西斯越厤□，南道，北王望。
——孫玄參於□寺徒衆邊租取
——青麥拾斛，粟拾斛。如取麥、粟
——家資車牛雜物，平充麥直。□
——拾束与寺家。秋菜一畦從南——
——入孫，一分与寺家。收秋与介[芥]壹伯束，每日
——一畦子，仰寺知當。其園稅子，兩家共知。
——限，如限未滿，改租別人者，罰錢參拾阡入孫。
——園內修理疏[蔬]菜不如法，任改租別人。如園內
——水罰，仰佃人。諸渠雜役，仰佃人。兩主和同立此契□
——本，各執一本爲記。
園主

《吐魯番出土文書》第十冊《阿斯塔那五〇六號墓文書・唐張小承與某人互佃田地契》

□□承匡渠西奇口分常田五畝東王令瑋西官田　南——　北蘇
祀奴
——年十一月廿四日□逐隱便將上件地
——酒泉城口分柠渠常田一段五
——家各十年佃□如以後兩家
——種，各自收本地。如營田以後，
——役，各自承祇，不得遮護。兩
共平章，恐人無信，故立此契爲記。
數內一畝地子，張處直　地主張小承年卌二
邊收麥兩斛一斗　保人弟——
契有兩本，各執一本。保人張處直——
保人

《吐魯番出土文書》第十冊《阿斯塔那五〇六號墓文書・唐趙拂昏租田契》

【前缺】
——趙拂昏租取馬寺前件地來年
佃種，畝別准青麥畝捌㪷，粟畝別玖㪷，計麥壹碩陸㪷，粟計壹碩捌㪷。其官稅子仰撥昏輸納□
——家事。准往例，渠破水讁[謫]仰佃人。如下子之□
□□田佃者，仰寺家別處与上替。其麥伍月□
——月內付淨好者。兩家平和，畫指爲記。
田主　馬寺尼
保人
保人

《吐魯番出土文書》第十冊《阿斯塔那五〇六號墓文書・唐鄧光□佃田契》

——堂　南壕　北道
——□——爲無□□
——四年營種，春□還
——壹㪷，其麦粟立契□付
——不還，即——掣——
——麦粟直，春秋稅子並仰
——事，租渠□役，寺家不知。
——先悔者，罰錢貳佰文

章，畫指爲□
□寺
□地人鄧光□年
一一
保人妻張年廿五

《吐魯番出土文書》第十冊《阿斯塔那五〇六號墓文書·唐鄧光實轉租田畝契》

畝東道 西佛堂 南壕 北道
日，客鄧光實先於馬
種不辦，今轉租与
依元契 壹
田稅並佃人知。
渠百役寺家知。
仰時依
身家具將
或汙文□依
經如佃種
与營種。恐人
指爲驗。

《吐魯番出土文書》第十冊《阿斯塔那五〇六號墓文書·唐賈崇養佃田契》

崇養於楊晏
沙堰渠部田貳畝，地子
月七日賈崇□

《吐魯番出土文書》第十冊《阿斯塔那五〇六號墓文書·唐某人佃田契》

【前缺】
部田貳畝營種，
地後 到
【後缺】

《吐魯番出土文書》第十冊《阿斯塔那五〇六號墓文書·唐佃田殘契》

【前缺】
地子一
恐人無信故立私契為記
【後缺】

《吐魯番出土文書》第九冊《阿斯塔那七三號墓文書·唐某人夏田契》

【前缺】
常田廿畝，畝別与夏賈
々□王丫□□
十七日順義鄉人郭
□司 唐
年 廿四日
七月
【後缺】

《吐魯番出土文書》第二冊《哈拉和卓五號墓文書·高昌和婆居羅等田租簿》

一
【前缺】
和婆居羅一，十二月 二日叁斛[斛]
和法□一，十二月十七日，叁斛[斛]
賨□兒一半，十月十四日，肆斛[斛]

申屠僧養二畝六十步，二月……
車文殊一畝六十步，……
【後缺】

二

【前缺】
□□□一半六十步，……
□延伯二畝九十步十二月……
□阿願二畝九十步，十二月……
□多□一畝六十步，十二月廿八日，……
毛師奴一畝六十步，十二月廿日，叁酙〔斛〕……
□孝叙一半，七月廿三日，肆酙〔斛〕，伍皃〔斗〕
張僧受一，十月廿九日，叁酙〔斛〕，龍大鼻入，……
車衆僧一畝半六十步，九月廿二□，伍酙〔斛〕……
左仕祐一半六十步，十一月一日，伍酙〔斛〕……
龍賢受一，　正月十一日，叁酙〔斛〕……
【後缺】

三

【前缺】
左……
劉僧苟……
匡頭六子一半，……
康智明一半六十步，八月廿三……（入柒皃〔斗〕半……）
……三畝六十步，辭除合……

……半，半六十步，十二月廿二日
……正月……
【後缺】

四

【前缺】
郎善□一半六十步，……
王文孝一，正月十日，叁酙〔斛〕……
桃阿集兒一，十二月七日，叁酙〔斛〕……
車文法一畝六十步，十一月十五日，叁酙〔斛〕……
【後缺】

五

【前缺】
……月九日，肆酙〔斛〕伍皃〔斗〕康……
……九月十日，壹酙〔斛〕伍皃〔斗〕。
……畝六十步，正月十三日，陸酙〔斛〕。
……一半，二月十三日，肆酙〔斛〕伍皃〔斗〕孟□……
【後缺】

六

【前缺】
……月廿日叁酙〔斛〕。
……六十步。除
……八十步，十月廿一日，肆酙〔斛〕，田養……
……十二月廿三日，叁酙〔斛〕伍皃〔斗〕，馬……
【後缺】

【前缺】

月

六十步，八月十六日，伍

□□□二，九月廿八日，陸䦆[斛]。

□□□二，閏正月廿七日，陸䦆[斛]。

【後缺】

《吐魯番出土文書》第七册《阿斯塔那二二一號墓文書・唐貞觀廿□年佃人僧道真等田畝簿》

一

【前缺】

一段一畝半卌步，佃人僧道眞，【下殘】

一段二畝二

【後缺】

二

【前缺】

□一段三畝半二

天護，一段一畝五、

【後缺】

三

【前缺】

貞觀廿□

《吐魯番出土文書》第七册《阿斯塔那二二一號墓文書・唐佃人梁延憙等田畝簿》

【前缺】

一段半畝九十八步，佃人梁延憙，

一段半畝，佃人楊海仁，一段半

梁懷憙二

【後缺】

《吐魯番出土文書》第七册《阿斯塔那二二一號墓文書・唐佃人支酉□等田畝簿》

【前缺】

半畝七十步，佃人支酉□，

軍一箱仁，一段半畝廿步，白相子佃，

一段半畝

【後缺】

《吐魯番出土文書》第十册《阿斯塔那五〇六號墓文書・唐佃人入租帳（一）》

【前缺】

渠佃人崇福寺

斗

佃人姓翟，不湯

得□□五斗

德實得床□□

二石九

【後缺】

《吐魯番出土文書》第九册《阿斯塔那三七號墓文書・唐□□二年曹忠敏租田契》

□□高渠部田一段廿九畝，內壹拾陸畝舊主王祐東渠 西渠 南中居祀 北渠

□□二年九月八日，曹忠敏於知田朱進明處租取尊

忠廉等上件地。進明先於尊廉等邊散於人處租

地佃者一佃朱明知當不干曹每事段內更有別
人追理地子，並不干佃地人之事。兩共平章，獲
指爲記。謹錄契白如前。

麦主

田主　朱進明年卌

保人　琳年五十八

保□兆隆

【後殘】

《吐魯番出土文書・吐魯番交河故城一號地點文書・唐某人辭爲催納租價事》

【前缺】

佃上件田

種禍訖既是官□

用種禍訖既是官

司催納租價見無地

謹辭。

浪語未□

如狀及堂福

檢量狀報

廿五日

《吐魯番出土文書》第十册《阿斯塔那五〇六號墓文書・唐田畝，佃人名簿》

【前缺】

暉得

一段二畝樊渠佃人

【後缺】

《吐魯番出土文書》第十册《阿斯塔那三八〇號墓文書・唐租田所得地子青稞帳》

【前缺】

一頃卌二畝半部田

九頃七十五畝半八十五步見在

九十三畝半一十步常□

三頃八十七畝五十五

廿八畝半廿步潢田

四頃六十六畝半部□

以前見租田計得地子青稞

六斗一合五勺

石八斗三升三合

【後缺】

《吐魯番出土文書》第七册《阿斯塔那二二一號墓文書・唐里正呂明獨申報田畝并佃人姓名斛斗牒》

【前缺】

升青科[稞]

升粟

畝并佃人姓名酙[斛]斲[斗]

月七日　里正呂明獨□

【後缺】

《吐魯番出土文書》第七册《阿斯塔那二三一號墓文書・唐某城宗孝崇等量剩田畝牒》

【前缺】

一段半畝

一段七十六步，康

一段卌步，宗孝崇

一段半畝一步，康

一段半畝，康波富佃

牒被責當城量乘[剩]

如　前

【後缺】

《吐魯番出土文書》第八册《阿斯塔那二三〇號墓文書・武周天授二年郭文智殘辯辭》

【前缺】

於南平

言幾段，々當

審荅，擬憑檢

但文智主簿南平職

出租已外，見佃廿五

【後缺】

《吐魯番出土文書》第八册《阿斯塔那二二三號墓文書・唐殘文書》

【前缺】

其僧□抄已得，還

既着霜，不勝租價

不

【後缺】

《吐魯番出土文書》第七册《阿斯塔那二〇九號墓文書・武周西州交河縣前倉督高歡貞牒為租田事》

【前缺】

□及口分埊[地]三畝　唐建貞七畝　馬牛始二畝

焦貞苟四畝　董義恭□畝

【中缺】

田從春加功修

租田

不同此色租契　陪倉一千

餘，召親隣伍　見物

租田，豈合無賴　謹牒。

八匝[月]　〇[日]前倉督高歡貞

付司　十三

《吐魯番出土文書》第七册《阿斯塔那三五號墓文書・武周載初元年史玄政牒為請處分替納逋懸事》

令狐隆貞父垂拱四秊[年]，逋懸米三斗三升二合

青科[稞]七斗二升、粟一石四斗。

牒玄政今秊春始佃上件人分埊[地]二畝半，去秊田埊乃是索拾拾力佃食，埊子見在拾力腹內，隆貞去秊五月身死，埊亦無人受領。昨被里正成忠追徵，遣替納逋懸，又不追尋拾力。今秊依田忽有科稅，不敢詞訴，望請追徵去秊佃人代納，訣。

《吐魯番出土文書》第七册《阿斯塔那三五號墓文書·武周載初元年史玄政牒稿為請處分替納逋懸事》

令狐隆貞欠垂拱四季[年]，懸逋。米三斗三□
三合，青科[稞]七斗五[二]升，粟一石四斗。
牒：玄政合季春，始佃上件人分埊[地]二畝半。
去季田埊曾是索拾力佃食，埊子見在拾
力腹內。隆貞去季五月身死，埊子亦無人受領，昨[今]被
里正成忠追徵，遣替納逋懸，又不追尋拾力，
今季更有事，不敢〇詞訴，請共拾力等各知納半，
依田科稅〇〇〇
實乃甘(心)[服]令若遣忠追徵，情將屈苦，請裁。謹牒。

《吐魯番出土文書》第七册《阿斯塔那五〇一號墓文書·武周如意元年堰頭令狐定忠牒為申報青苗畝數及佃人姓名事》

【前缺】
肆畝，佃人史醜面＿＿
牒件通當□青苗畝數，佃人姓名
如前。謹牒。
如意□季[年]八匝[月]囸[日]堰頭令狐定忠牒，

《吐魯番出土文書》第七册《阿斯塔那五〇一號墓文書·武周某堰堰頭申報畝數及佃人姓名牒》

【前缺】
＿＿段四至畝數佃
＿＿牒
＿＿匝[月]廿三囸[日]□□緩牒

《吐魯番出土文書》第七册《阿斯塔那五〇一號墓文書·武周西州高昌縣石宕渠某堰堰頭牒為申報當堰見種苗畝數及田主佃人姓名事》

石宕渠

一段貳畝種床主曹米米，佃人史玄[平]政西渠南辛＿＿
一段貳畝種床□辛充順印自佃＿＿南賈昭信＿＿
＿＿＿＿佃人史玄[平]政＿＿玄政北＿＿
＿＿＿＿史玄[平]政自佃＿＿＿＿

【中缺】
一段＿＿
一段＿＿
牒件通當堰見種苗＿＿
具姓名如前，謹牒。

【後缺】

《吐魯番出土文書》第七册《阿斯塔那五〇一號墓文書·武周西州高昌縣王渠某堰堰頭牒為申報當堰見種秋畝數及田主佃人姓名事》

王渠孫師[？]□＿＿
氾申居壹[尙]畝種秋自佃東＿＿賈信南張隆北曹居記
孟眞義壹[尙]畝種種佃人氾申□東功曹西賈信南＿＿北曹居記
康禿子壹[昌]畝種秋佃人翟安智東功曹西隆信南張隆北曹＿＿
張隆信二[西]畝佃人趙願貴種秋東功曹西白仁達南曹顯是
北＿＿
＿＿[昌]種秋□□＿＿

【後缺】

《吐魯番出土文書》第七册《阿斯塔那五〇一號墓文書·武周西州高昌縣某堰堰頭牒為申報田主畝數佃人等事》

【前缺】
張父師壹畝佃人白＿＿

佃人西

【後缺】

《吐魯番出土文書》第七册《阿斯塔那五〇一號墓文書·武周堰頭殘牒》

一

【前缺】

畝

貳畝佃人康　　種

【後缺】

二

【前缺】

畝佃人康才

自佃

【後缺】

《吐魯番出土文書》第七册《阿斯塔那五一八號墓文書·唐阿麴辭稿為除出租佃名事》

縣司：阿麴上件去春爲無手力營種，租与寧大鄉人張感通佃種。更昨徵地子麥，還徵阿麴不徵感通。其地見租与感通。

縣司：阿麴　　春，家無手力營佃，即租与寧大鄉　　佃種訖，案內未除阿麴□名。

縣司：阿麴上件地去春家無手力營佃，即租与寧大鄉人張感通佃種訖。案內去除［望請附感佃名除］阿麴名謹辞。

《吐魯番出土文書》第八册《阿斯塔那三六號墓文書·唐高昌縣史成忠帖為催送田參軍地子并麩事》

高昌縣

一段九畝杜渠畝別麥、粟各七石二斗四、畝麩車佃人張玄應［西昌馬口］一段三畝卅步樊渠畝別麥、粟各二石二斗五升。佃人成嘉禮。［□□］一段一十二畝樊渠畝別麥、粟一石一斗五升。

四畝佃人王玄藝　四畝佃人朱文行。［尚西馬□］二畝趙洛胡［樂昌］二畝令狐貞信［樂昌］。

一畝半一十步樊渠畝別麥、粟各一石一斗四升。佃人張信恭。［北□□□］

三畝樊渠　　畝別麥、粟各一石三斗　八畝半樊

渠　　畝別麥、粟

四畝六十步

三畝九十

二畝樊渠

右件人並佃田參軍地。帖至，仰即送地子并麩，限帖到當日納了。計會如遲，所由當杖。六月五日史成忠帖。

尉張

驗行

《新獲吐魯番出土文獻·唐辯辭爲李藝義佃田事》

李藝義年卌二

【中缺】

口分常田二畝在

被康宗隨段租卻，不識佃人□□

牒訪問，始知前件地是康宗段內，亦被租与

【後缺】

《新獲吐魯番出土文獻·唐天寶六載五月交河郡史小磨等佃田青苗計會文書》

東部

馬埴渠一段伍畝舊主索▢

史小磨三畝　▢

▢今載種▢

天寶六載五月▢

【後缺】

《吐魯番出土文書》第九册《阿斯塔那三八一號墓文書・唐大曆某年某人辭為租地事》

▢百姓▢先無口分地交用▢

▢承王傜戶稅，其地去大曆十

▢蓿登時，▢与地替▢至

▢恵無▢▢▢及

【後缺】

《大谷文書》卷一《大谷二八四五號・西州高昌縣佃人文書》

【前欠】

白苟始田肆畝　佃人[？]楊輩子　東桓王寺　西縣公廨佐史田　南王赤奴　北渠

王赤奴田壹畝　佃人[尙]王孝道　東桓王寺　西縣公廨佐史田　南康多允　北白

苟始

康多允田貳畝　佃人[化]索武海　東桓王寺　西縣公廨佐史田　南和隆子　北渠

和隆子田壹畝　佃人[化]索武海　東桓王寺　西縣公廨佐史田　南渠　北康多允

縣公廨佐史田拾畝　佃人氾義感　東康多允　西康倚山　南渠　北渠

縣令田貳畝　佃人奴集聚　東縣公廨佐史田　西安文通　南渠　北宋神託

康倚山田貳畝　佃人奴集聚東　西　南　北

安文通田[西]貳畝　自佃　東　西　南　北

宋神託田壹畝　佃人[順]高君定　東縣公廨佐史田　西羅行感　南安文通　北索

粟▢

羅行感田貳畝　佃人[順]高君定　東宋託　西和隆定　南安文通　北匡黠子

和隆定田貳畝　佃人匡[西]鼠輩　東羅行感　西道　南縣令牒　北申屠大韻

《大谷文書》卷一《大谷二八四六號・西州高昌縣佃人文書》

【前欠】

淳渠石德貳畝　佃人索酉信　東渠　西渠　南渠　北▢

左通々[西]貳畝[半]自佃　東豪　西渠　南淳何　寶禪　北索▢

索小護[西]壹畝　自佃　東豪　西渠　南左通々　北趙洛▢

趙洛胡貳畝　佃人左[城]慈海　東豪　西渠　南索小護▢

范令德貳畝　佃人左[西]堂智　東社　西鄭　惡奴　南渠　北▢

孟乾[順]感壹畝[半]自佃　東豪　西道　南范令德　北何禪▢

何禪師[西]壹畝半　自佃　東豪　西道　南孟乾感　北索▢

康相女壹畝　佃人　張緒[西]豐　東豪　西道　南何禪師　北▢

索石德半畝　佃人　張緒[西]豐　東豪　西道　南何師　北▢

索康師[大]貳畝苜宿　自佃　東慧燈寺田　西塞　南縣▢

縣令陸畝　苜宿　自佃　東慧燈寺　西塞　南寺　北▢

牒件通青苗如前。謹牒。

▢連。公成白。十一日▢如意元年八月　日　索酉信妻姜▢

通人張▢

《大谷文書》卷一《大谷二八四七號・西州高昌縣佃人文書》

【前欠】

成家堰王渠　堰頭竹辰住

竹達子[昌]一畝　竹辰住佃　東吳德師　南竹住　西渠　北丁尉

竹辰住[昌]二畝　自佃　東康海善　西渠　南道　北竹達子

康海善[昌]四畝　自佃　東索僧奴　西竹住　南張漢姜　北馬才仕

張漢姜[昌]二畝　竹住佃　東索僧奴　西渠　南街　北康善

索僧奴[昌]二畝　佃人竹辰住▢

【後欠】

《大谷文書》卷一《大谷二八五一號・西州高昌縣佃人文書》

白末隆田貳畝　佃人蘇感[西]達　東　西　南　北

白赤奴田参畝　佃人史行[西]成　東　西　南　北

縣令田貳畝　自佃　東白赤奴　西道　南張子仁　北和隆定
張子仁田貳畝　佃人趙孤[戎]諸　東白赤奴　西道　南渠　北縣令
[牒]、件通當堰青苗埊[地]段四至畝數、佃人具□

【後欠】

《大谷文書》卷二《大谷三三六一號·天授二年西州高昌縣佃人文書》

【前欠】

陽觀一段柒畝佃人□□
更一段柒畝　佃人　趙忠感
更一段陸畝　佃人　鞏[順]
牒、件通當堰青苗畝數佃人
廿畝　　寺[　]天授二年
連、公成白。

【後欠】

《大谷文書》卷二《大谷三三六四號·天授二年七月西州高昌縣佃人文書》

【前欠】

萬壽寺二畝僧智鄭
鞏元達佃　□路[平]寺一畝自佃
佃人□鼠子　孟立[昌]表一畝自佃
觀佃　　了
畝數并地主佃　、謹牒。
授二年七月　日、堰頭□□寺家人舉子。
一畝宜　百姓口分
連、公成白。

【後欠】

《大谷文書》卷一《大谷一二〇九號·西州高昌縣佃人文書》

【前欠】

　畝麥　東部田　西渠　南大女
□思□　竹[大]君行麥　東万石奴　西渠　南荒
万石奴貳畝　東康伏食　西曹思敬　南荒　北竇父師
大女康伏食貳畝佃人吳[大]西貞一畝荒一畝麦東白朝仁　西万石奴　南張
安海　北竇父師
竇父師貳[尙]畝自麥ㄨ佃　東安浮　西康伏食　南白朝仁　北張安
白朝[平]仁貳畝自佃麥　東安顛　西康伏食　西荒　北竇父師
[安顛]貳畝自佃一荒一麥東部田　西白朝仁　南荒　北竇父師

【後欠】

《大谷文書》卷一《大谷一二一〇號·西州高昌縣佃人文書》

【前欠】

□司馬堰頭
肆畝　荒　東焦才感　西范守雪　南孫阿駋　北渠
焦才[尙]感貳畝　荒　東竹住々　西焦感　南康父師　北渠
竹住々貳[昌]畝自佃種綵東渠　西焦才感　南嚴弘信　北渠

【後欠】

《大谷文書》卷一《大谷一二一一號·西州高昌縣佃人文書》

【前欠】

竹未仁貳畝　佃人成[西]點仁
白點仁貳畝　佃人成[西]點仁
牒、件通當堰秋青苗畝數、具主佃人姓名
如前。如後有隱沒一畝已上、請依法受罪。
謹牒。

【後欠】

《大谷文書》卷一《大谷一二一二號·西州高昌縣佃人文書》

【前欠】

□馬寺子堰
□恕住二畝自佃綵　大女甯愛連二畝佃人萬［化］壽寺
萬壽寺三畝自佃［牛］　康德正　二畝　普光寺一畝一百步
□住六十步　周樓觀六十步　汜居倫　六十步
□載六十步已［西］上佃人成禮　康阿攬盆一畝佃人汜［西］慈達烏廝
□［昌］佃人張　郭智積二畝　康祐［尙］仁二畝已上佃人□

【後欠】

《大谷文書》卷一《大谷一二一三號・西州高昌縣佃人文書》

索渠第四堰
縣公廨十七畝　佃人梁［西］端　康ム粟德二畝自佃
匡隆［大］緒肆畝　自佃　李慶［化］憙自佃［六畝］
□通達一畝半［昌］自佃　白子［化］誨二畝自佃
□肆畝［昌］自佃　翟ム是々　二畝自佃
□慶ム德　二畝自佃
□最［戎］德　二畝自佃

【後欠】

《大谷文書》卷一《大谷一二一四號・西州高昌縣佃人文書》

【前欠】

率定［平］仁　貳畝　黃知□
萬壽寺　参畝　麴仁表貳畝佃人□
□師壹畝　趙知達壹畝　縣令□
□索醜［尙］駈
□佃

【後欠】

《大谷文書》卷一《大谷一二一五號・西州高昌縣佃人文書》

杜渠堰頭遷緒
黃亥［大］力貳畝自佃
□西海肆畝佃人眞［西］寶
□逸陸畝［昌］　自佃
□貳畝［平］　自佃
□々貳畝［西］　自佃
□肆畝［平］　自佃
□自田

【後欠】

《大谷文書》卷一《大谷一二一六號・西州高昌縣佃人文書》

【前欠】

張寺貳畝　佃人辛［大］神信
嚴智々貳畝　佃人康才［昌］連
康君武肆畝　佃人康衆［昌］生
馬康□貳畝　佃人竹仕［昌］修
康□柒畝　佃人辛［大］神信
□貳畝　佃人康［西］道奴？
□畝半佃人康才連
□昌

《大谷文書》卷一《大谷一二一七號・西州高昌縣佃人文書》

匡渠堰頭汜嘉祚
縣公廨柒畝　佃人汜嘉［西］祚　更参畝　佃人汜嘉祚
牛参軍陸畝　佃人索定剛
□［平］定肆畝　自佃
□前，謹牒。

【後欠】

《大谷文書》卷一《大谷一二一八號·西州高昌縣佃人文書》

塞渠
合當堰見種田
亶憙[昌]々二畝種
辛君[昌]貞一畝
萬壽寺[昌]一畝
達二畝

《大谷文書》卷一《大谷一二一九號·西州高昌縣佃人文書》

【前欠】
張尾達半畝　佃人崇寶寺
雷海進貳畝　佃[昌]人崇寶寺僧康
康小進壹畝　佃[昌]人崇寶寺僧康

《大谷文書》卷一《大谷二三六七號·西州高昌縣佃人文書》

【前欠】
一一
□□一畝半八十步佃人尉[平]思謙
苟子二畝佃人尉[平]思謙趙亦
四畝佃人尉[平]乇亥倉曹職官田七
人朱貞行
半八十步七畝官　一十二畝半八十步百姓
連、公　成　白。
八　日。
【後欠】

《大谷文書》卷一《大谷二三六八號·西州高昌縣佃人文書》

曹貞[大]信貳畝自佃陳胡[大]子貳畝自佃翟□□貳畝佃人董[尚]永□貞
子貳畝佃人董永貞馬英[尚]連貳畝佃人張滿住
護[尚]參畝佃人骨惡是康鼠子貳畝佃人康[西]令子
進[尚]貳畝佃人張滿住王緒[尚]仁壹畝佃人張滿住[半]
嚴君[尚]々貳畝自佃趙盲々[西]　肆畝自佃何阿谷盆貳畝佃人[大]何元師
安□信貳畝佃人何[大]元師范住々[西]　貳畝自佃趙才仁貳
苟[尚]々　寶海住貳畝佃人蘇建[大]隆康父[尚]師貳畝佃人董
玄護
安阿祿山半畝佃人董玄護趙定洛貳畝佃人康[大]德集
田德師貳畝佃人張[西]乇子魏歡緒肆畝佃人張[西]乇子
匡海緒肆畝　匡駋子壹畝已上佃人蘇[大]建信
當堰、見種青苗畝數佃人、具件如前。如有隱
爵車馬一道遠使。謹牒。
成白　八日。天授二年　月　日　堰頭骨惡是牒

《大谷文書》卷一《大谷二三七二號《西州高昌縣佃人文書》

索渠第一堰々康阿戰
□□職田捌畝半佃人焦[昌]智通種粟
都督職田拾壹畝半佃人宋[昌]居仁種粟
杜浮[化]祿拾畝　自佃種粟
□仁王寺陸畝佃人張君[昌]行種粟
□壽寺貳畝佃人氾文[大]寂種粟
氾文寂[大]貳畝自佃種粟
縣公廨柒畝壹伯步　佃人唐智宗[西]種粟
康索典壹畝半　佃人唐智宗[西]種粟

趙寅貞半畝　佃人唐智宗種粟
闞祐洛貳畝　佃人康[昌]富多
張[尙]少府壹畝　佃人康善隆
□[尙]相德壹畝　佃人康善隆
[ ][昌]戰肆畝　自佃種粟
[ ]自佃種粟
[ ]種粟

《大谷文書》卷一《大谷二三七三號・西州高昌縣佃人文書》

王阿利貳畝　佃人[平]左神感種粟
侯除德貳畝　佃人周苟[化]尾種粟
明府貳畝　佃人周苟[化]尾種粟
妙德寺貳畝　佃人周苟[化]尾種粟
何浮[尙]㕷毗肆畝　自佃種粟
翟勝[西]住貳畝　佃人楊豕客種床
曹射毗貳畝　佃人史才金[大]種綵
張石[順]相肆畝　自佃種粟
康隆仁肆畝　佃人索[化]武海種粟
王屯相貳畝　佃人康道奴[西]種綵
康[西]道奴貳畝　自佃種粟
康㕷[尙]尸毗貳畝　自佃種粟
王阿利貳畝　佃人索[化]武海種粟
趙進々壹畝　佃人匡[西]海達種粟
□□□壹畝　佃人匡[西]海達種粟

《大谷文書》卷一《大谷二三七四號・西州高昌縣佃人文書》

[ ]渠第十三堰々頭康力相
田進通貳[昌]畝　自佃
董定々貳畝　佃人曹居[昌]記
康力相肆畝　自佃[昌]

曹伏奴貳畝　佃人白智[昌]海
麴武貞貳畝半　佃人僧智[昌]達
[ ]貳畝佃人康守相奴皆[昌]聰
[ ]□[昌]□[ ]

【後欠】

《大谷文書》卷一《大谷二三七五號・西州高昌縣佃人文書》

【前欠】

[ ]貳畝　[ ]種□
[ ]?[ ]佃人康富多□粟
[ ]佃人朱文□
[ ]
[ ]康富多粟
[ ]畝　佃人康富多種粟
[ ]自佃種粟[粟]
[ ]佃人康富多
[ ]
[ ]
[ ]肆畝[ ]佃

【後欠】

《大谷文書》卷一《大谷二八二八號・張君行租田契》

【前欠】

田柒畝。要經顯慶伍年佃食。畝別與夏價小麥漢蚪中陸蚪半。到陸月內、償麥使畢。若過期月不畢、壹月壹蚪上、生麥壹蚪。取麥之日、使麥淨好。若不淨好、聽向風颺取。田中租綵伯役，一仰田主了。渠破水溢，一仰租田人了。
風破水旱，隨大七［化］例。兩和立契，獲
指爲信。［先悔者，罸　田主陰醜子一一
麥伍碩，入不悔人。］租田人隊正張君行
　　保人　孟友一住一一
　　知見人　陽□一竹一師奴一

【後欠】

引用書目

經部

書名	作者	年代	版本	備注
周易正義	孔穎達	唐	中華書局一九八〇年影印清十三經注疏本	
尚書正義	孔穎達	唐	中華書局一九八〇年影印清十三經注疏本	
毛詩正義	孔穎達	唐	中華書局一九八〇年影印清十三經注疏本	
周禮注疏	賈公彥	唐	中華書局一九八〇年影印清十三經注疏本	
儀禮注疏	賈公彥	唐	中華書局一九八〇年影印清十三經注疏本	
禮記正義	孔穎達	唐	中華書局一九八〇年影印清十三經注疏本	
春秋左傳正義	孔穎達	唐	中華書局一九八〇年影印清十三經注疏本	
春秋公羊傳注疏	徐彥	唐	中華書局一九八〇年影印清十三經注疏本	
春秋穀梁傳注疏	楊士勛	唐	中華書局一九八〇年影印清十三經注疏本	
論語注疏	邢昺	宋	中華書局一九八〇年影印清十三經注疏本	
孟子注疏	孫奭	宋	中華書局一九八〇年影印清十三經注疏本	
爾雅注疏	邢昺	宋	中華書局一九八〇年影印清十三經注疏本	
尚書精義	黃倫	宋	中華書局一九八五年版	
禹貢說斷	傅寅	宋	中華書局一九八五年版	
周禮訂義	王與之	宋	商務印書館二〇〇五年影印清文津閣四庫全書本	
尚書通考	黃鎮成	元	粵東書局清同治十二年刻本	
尚書今古文注疏	孫星衍	清	中華書局一九八六年點校本	
禮書綱目	江永	清	廣雅書局清刻本	

禮說 惠士奇 清 清刻本
五禮通考 秦蕙田 清 臺灣商務印書館一九八三年版

史部

國語 左丘明 春秋 上海古籍出版社一九七八年點校本
史記 司馬遷 漢 中華書局一九五九年點校本
漢書 班固 漢 中華書局一九六二年點校本
東觀漢紀 班固 漢 中州古籍出版社一九八七年版
後漢書 范曄 南朝宋 中華書局一九六五年點校本
三國志 陳壽 晉 中華書局一九五九年點校本
魏書 魏收 北齊 中華書局一九七四年點校本
南齊書 蕭子顯 南朝梁 中華書局一九七二年點校本
晉書 房玄齡 唐 中華書局一九七四年點校本
梁書 姚思廉 唐 中華書局一九七三年點校本
陳書 姚思廉 唐 中華書局一九七二年點校本
北齊書 李百藥 唐 中華書局一九七二年點校本
周書 令狐德棻 唐 中華書局一九七一年點校本
隋書 魏徵 唐 中華書局一九七三年點校本
南史 李延壽 唐 中華書局一九七五年點校本
北史 李延壽 唐 中華書局一九七四年點校本
唐律疏議 長孫無忌 唐 中華書局一九八三年點校本
通典 杜佑 唐 中華書局一九八八年點校本
唐六典 李林甫 唐 中華書局一九九二年版
舊唐書 劉昫 五代 中華書局一九七五年點校本

新唐書　宋　歐陽修　中華書局一九七五年點校本
舊五代史　宋　薛居正　中華書局一九七六年點校本
新五代史　宋　歐陽修　中華書局一九七四年點校本
唐大詔令集　宋　宋敏求　中華書局二〇〇八年版
宋大詔令集　宋　中華書局一九六二年版
唐會要　宋　王溥　上海古籍出版社一九九一年版
通志　宋　鄭樵　通志二十略本，中華書局一九九五年點校本
建炎以來繫年要録　宋　李心傳　中華書局一九八八年點校本
建炎以來朝野雜記　宋　李心傳　中華書局二〇〇〇年版
資治通鑑　宋　司馬光　中華書局一九五六年點校本
續資治通鑑長編　宋　李燾　中華書局一九九二年版
通鑑紀事本末　宋　袁樞　中華書局一九六四年版
通鑑總類　宋　沈樞　臺灣商務印書館一九八三年版
通鑑問疑　宋　劉羲仲　商務印書館二〇〇五年影印清文津閣四庫全書本
中興小紀　宋　熊克　文海出版社一九六八年版
東都事略　宋　王稱　文海出版社一九七九年版
宋朝事實　宋　李攸　文海出版社一九六七年版
宋朝諸臣奏議　宋　趙汝愚　上海古籍出版社一九九九年版
中吳紀聞　宋　龔明之　上海古籍出版社一九八六年版
九朝編年備要　宋　陳均　商務印書館二〇〇五年影印清文津閣四庫全書本
宋史全文　宋　黑龍江人民出版社二〇〇五年點校本
契丹國志　宋　葉隆禮　上海古籍出版社一九八五年點校本
金國志　宋　宇文懋昭　中華書局一九八六年點校本

太平治跡統類	彭百川	宋	臺灣商務印書館一九八三年版
夷堅志	洪邁	宋	中華書局一九八一年版
齊東野語	周密	宋	中華書局一九八三年點校本
西漢會要	徐天麟	宋	上海古籍出版社二〇〇六年點校本
西漢年紀	王益之	宋	商務印書館二〇〇五年影印清文津閣四庫全書本
古今紀要	黄震	宋	商務印書館二〇〇五年影印清文津閣四庫全書本
歷代兵制	陳傅良	宋	中華書局一九九一年版
唐鑑	范祖禹	宋	中華書局二〇〇八年版
嘉泰會稽志	沈作賓、施宿	宋	宋元方志叢刊本，中華書局一九九〇年版
嘉定赤城志	黄㽦、齊碩、陳耆卿	宋	宋元方志叢刊本，中華書局一九九〇年版
景定建康志	馬光祖、周應合	宋	宋元方志叢刊本，中華書局一九九〇年版
淳熙三山志	梁克家	宋	宋元方志叢刊本，中華書局一九九〇年版
歷代通略	陳櫟	元	臺灣商務印書館一九八三年版
宋史	脱脱	元	中華書局一九七七年點校本
遼史	脱脱	元	中華書局一九七四年點校本
金史	脱脱	元	中華書局一九七五年點校本
文獻通考	馬端臨	元	中華書局一九八六年版
元典章		元	中國廣播電視出版社一九九八年版
通制條格		元	中華書局二〇〇一年校注本
至正條格		元	韓國韓國學中央研究院二〇〇七年影印本
憲臺通紀(外三種)	趙承禧	元	浙江古籍出版社二〇〇二年點校本
太平金鏡策	趙天麟	元	齊魯書社影印四庫全書存目叢書本
至順鎮江志	脱因、俞希魯	元	宋元方志叢刊本，中華書局一九九〇年版

至正四明續志	王元恭、王厚孫、徐亮	元	宋元方志叢刊本，中華書局一九九〇年版
至正金陵新志	張鉉	元	宋元方志叢刊本，中華書局一九九〇年版
延祐四明志	馬澤、袁桷	元	宋元方志叢刊本，中華書局一九九〇年版
元史	宋濂	明	中華書局一九七五年點校本
明會典	申時行	明	中華書局二〇〇七年版
古今治平略	朱健	明	清康熙刻本
明實録		明	臺北歷史語言研究所校勘本
歷代名臣奏議	黃淮、楊士奇	明	上海古籍出版社一九八九年影印本
典故紀聞	余繼登	明	畿輔叢書本，清光緒五年刻本
野獲編	沈德符	明	清道光間扶荔山房刻本
國史唯疑	黃景昉	明	上海古籍出版社二〇〇二年版
大事紀續編	王禕	明	商務印書館二〇〇五年影印文津閣四庫全書本
名臣經濟録	黃訓	明	臺灣商務印書館一九八三年版
殿閣詞林記	黃佐、廖道南	明	臺灣商務印書館一九八三年版
建平縣志	連鑛、姚文華	明	天一閣藏明代地方志選刊本
淳安縣志	姚鳴鸞、余坤	明	天一閣影印明弘治刻本
松江府志	方岳貢、陳繼儒	明	明正德七年刊本
湖廣圖經志書	薛綱、吳廷舉、周季鳳	明	明嘉靖元年刊本
眞定府志	唐臣、雷禮	明	明嘉靖二十八年刊本
安慶府志	胡纘宗	明	明嘉靖三十三年刊本
衢州府志	楊準、趙鏜	明	明嘉靖四十三年刊本
四川成都府志	馮任、張世雍	明	明天啓元年刊本
重修毗陵志	朱昱	明	明成化二十年刊本

嘉定縣志	韓浚、張應武	明	明萬曆三十三年刊本
京口三山選志	霍鎭方	明	明萬曆三十九年刊本
邵武縣志	韓國藩、侯袞	明	明萬曆刻本
荊門州志	徐天祐、蔡大羹	明	明萬曆刊本
清江縣志	秦鏞	明	明崇禎刻本
天下郡國利病書	顧炎武	清	四部叢刊續編本，上海書店一九八四年版
明史	張廷玉	清	中華書局一九七四年點校本
續通典		清	商務印書館一九三五年版
清朝通典		清	浙江古籍出版社二〇〇〇年版
清通志		清	商務印書館一九三五年影印本
清文獻通考		清	上海古籍出版社一九八八年版
續文獻通考		清	商務印書館一九三五年版
清朝續文獻通考	劉錦藻	清	商務印書館一九三五年版
欽定八旗通志	福隆安	清	吉林文史出版社二〇〇二年點校本
六典通考	閻鎭珩	清	江蘇廣陵古籍刻印社一九九〇年版
國語集解	徐元誥	清	中華書局二〇〇二年點校本
宋會要輯稿	徐松	清	臺北新文豐出版公司一九七六年版
清實録		清	中華書局一九八七年版
清東華録全編		清	學苑出版社二〇〇〇年版
戶部則例		清	清同治十三年刻本
清會典事例		清	清光緒二十五年清會典館石印本
清會典		清	清光緒二十五年清會典館石印本
清奏議		清	清都城國史館琴川居士木活字本
清朝道咸同光奏議	王延熙	清	清光緒二十八年上海久敬齋石印本

六典通考　閻鎮珩　清　清光緒二十九年刻本

清朝通典　嵇璜、劉墉　清　清乾隆武英殿刻本

清現行刑律　沈家本　清　清宣統二年鉛印本

聖武記　魏源　清　清光緒申報館鉛印本

常山貞石志　沈濤　清　歷代石刻叢編本

仙巖寺志　佛彥、佛皋　清　江蘇廣陵古籍刻印社一九九六年版

甘省便覽　清　清抄本

東三省政略　徐世昌　清　清宣統鉛印本

西域圖志　傅恒　清　清光緒十九年杭州便益書局石印本

西陲總統事略　汪廷楷　清　清嘉慶刻本

新疆識略　松筠　清　清道光元年武英殿修書處刻本

戶部漕運全書　托津、福克旌額　清　清嘉慶刻本

清朝政典類纂　席裕福　清　清光緒二十九年上海圖書集成局鉛印本

康熙清會典　清　近代中國史料叢刊三編，臺北文海出版社一九九三年影印本

雍正清會典　清　近代中國史料叢刊三編，臺北文海出版社一九九五年影印本

嘉慶清會典　清　近代中國史料叢刊三編，臺北文海出版社一九九一年影印本

光緒清會典　清　臺北新文豐出版公司一九七六年影印本

嘉慶清會典事例　清　近代中國史料叢刊三編，臺北文海出版社一九九一年影印本

光緒清會典則例　清　臺北新文豐出版公司一九七六年影印本

總管內務府現行則例　清　《故宮珍本叢刊》第三〇六、三一〇冊，海南出版社二〇〇〇年影印本

歷代通鑑輯覽	傅恆	清	商務印書館二〇〇五年影印清文津閣四庫全書本
經義考	朱彝尊	清	中華書局一九八三年版
評鑒闡要	劉統勳	清	臺灣商務印書館一九八三年版
續資治通鑑後編	徐乾學	清	商務印書館二〇〇五年影印清文津閣四庫全書本
唐明律合編	薛允升	清	法律出版社一九九九年版
元朝典故編年考	孫承澤	清	臺北文海出版社一九八八年版
四庫全書考證	王太岳	清	書目文獻出版社一九九一年版
上高縣志	劉啓泰、李淩漢	清	清康熙十二年刊本
康熙江南通志	于成龍、張九徵	清	清康熙二十三年江南通志局刻本
康熙樂會縣志	林子蘭、陳宗琛	清	康熙二十六年刻本
康熙文昌縣志	馬日炳	清	康熙二十七年刻本
南康縣志	申毓來、宋玉朗	清	清康熙四十九年刊本
義烏縣志	徐同倫	清	清雍正五年刊本
重修肅州新志	黄文煒	清	清乾隆二年刻本
吴江縣志	陳莫纕	清	清乾隆十二年刊本
縉雲縣志	令狐亦岱、沈鹿鳴	清	清乾隆三十二年刊本
奉化縣志	張起貴、孫懋賞、劉鴻聲	清	清乾隆三十八年刊本
盂縣志	馬廷俊、吴森	清	清乾隆五十五年刻本
濟陽縣志	胡德琳、何明禮	清	清乾隆刊本
山陰縣志	徐元梅、朱文翰	清	清嘉慶八年刊本
長興縣志	邢澍、錢大昕、錢大昭	清	清嘉慶十年刻本
松江府志	宋如林、孫星衍、莫晉	清	清嘉慶二十三年刊本
崇安縣志	魏大名、章朝栻	清	清嘉慶刊本

黟縣志	吳甸華、程汝翼、詹錫齡	清	清嘉慶刻本
陽江縣志	李沄	清	清道光二年刻本
東平府志	江乾達、牛士瞻	清	清道光五年刊本
高唐州志	龍圖躍	清	清道光十五年刊本
長治縣志	吳九齡、蔡履豫	清	清道光二十年刻本
濟南府志	王鎮、成瓘	清	清道光二十年刊本
溫州府志	李琬、齊召南、汪沆	清	清同治四年刻本
南安府志	黃鳴珂、石景芬	清	清同治七年刊本
金溪縣志	程芳、鄭浴	清	清同治九年刊本
上饒縣志	王恩溥、邢德裕、李樹藩	清	清同治十一年刊本
新化縣志	關培均、劉洪澤	清	清同治十一年刊本
遂川縣志	王肇渭、郭崇輝	清	清同治十二年刊本
湖州府志	宗源瀚、周學濬	清	清同治十三年刊本
咸豐瓊山縣志	李文恒、鄭文彩	清	清咸豐七年刻本
襄陵縣志	錢墉、郝登雲	清	清光緒七年刊本
堇縣志	徐時棟	清	清光緒三年刊本
寧海縣志	王瑞成、程雲驥、張浚	清	清光緒八年刊本
兩浙金石志	阮元	清	清光緒十六年刊本
廣西通志	蘇宗經、羊復禮、夏敬頤	清	清光緒十七年刊本
寧波縣志	謝啓昆、胡虔	清	清光緒十九年刻本
滁州志	熊祖詒	清	清光緒二十二年刊本
趙州志	孫傳栻	清	清光緒二十三年刊本
光緒臨高縣志	聶緝慶、張延、桂文熾、汪瑔	清	清光緒二十三年刻本
續纂句容縣志	張紹棠、蕭穆	清	清光緒三十年刻本

永康縣志	李汝爲、郭文翹、潘樹棠	清	清光緒刻本
畿輔通志	李鴻章、黄彭年	清	清光緒刻本
吳縣志	姜順蛟、施謙	清	廣陵古籍刻印社一九八九年影印本

子部

商君書	商鞅	戰國	商務印書館一九九三年影印本
鹽鐵論	桓寬	漢	中華書局一九七四年點校本
九章算術	劉徽	晉	上海書店一九八九年影印四部叢刊初編本
明皇雜録	鄭處誨	唐	中華書局一九九四年版
白孔六帖	白居易、孔傳	唐、宋	商務印書館二〇〇五年影印清文津閣四庫全書本
玉海	王應麟	宋	廣陵書社二〇〇七年版
歷代制度詳説	呂祖謙	宋	浙江古籍出版社二〇〇八年點校本
困學紀聞	王應麟	宋	江安傅氏雙鑒樓藏元刊本
黄氏日抄	黄震	宋	新安汪佩鍔清乾隆三十二年本
冊府元龜	王欽若	宋	中華書局一九六〇年版
事物紀原	高承	宋	商務印書館二〇〇五年影印清文津閣四庫全書本
政經	眞德秀	宋	商務印書館二〇〇五年影印清文津閣四庫全書本
朱子全書	朱熹	宋	商務印書館二〇〇五年影印清文津閣四庫全書本
湘山野録	文瑩	宋	中華書局一九八四年點校本
群書考索	章如愚	宋	中華書局一九九二年點校本
宋刑統	竇儀	宋	中華書局一九八四年版
太平廣記	李昉	宋	中華書局一九六一年版

太平御覽	李昉	宋	中華書局一九六〇年版
實賓録	馬永易	宋	臺灣商務印書館一九八六年版
紺珠集	朱勝非	宋	商務印書館二〇〇五年影印清文津閣四庫全書本
古今事文類聚	祝穆	宋	上海古籍出版社一九九二年版
錦繡萬花谷(前集)	佚名	宋	上海古籍出版社一九九六年版
記纂淵海	潘自牧	宋	中華書局一九八八年版
職官分紀	孫逢吉	宋	中華書局一九八八年版
朱子語類	黎靖德	宋	中華書局一九八六年版
太平經國書	鄭伯謙	宋	中華書局一九八五年版
邇言	劉炎	宋	臺灣商務印書館一九八三年版
習學記言	葉適	宋	中華書局一九七七年版
古今合璧事類備要	謝維新	宋	商務印書館二〇〇五年影印清文津閣四庫全書本
吏學指南	徐元瑞	元	浙江古籍出版社一九八八年點校本
農政全書	徐光啓	明	上海古籍出版社一九七九年校注本
明夷待訪録	黃宗羲	明	中華書局一九八一年版
松窗夢語	張瀚	明	上海古籍出版社一九八六年版
圖書編	章潢	明	上海古籍出版社一九九二年版
永樂大典	解縉	明	中華書局影印本
焦氏筆乘續集	焦竑	明	明萬曆刻本
博物典匯	黃道周	明	明崇禎刻本
棗林雜俎	談遷	明	適園叢書本
壘庵雜述	朱朝瑛	明	清康熙刻本
續金陵瑣事	周暉	明	南京出版社二〇〇七年點校本

二續金陵瑣事	周暉	明	南京出版社二〇〇七年點校本
謝先生雜記	謝啓元	明	傳鈔本
大學衍義補	丘濬	明	臺灣商務印書館一九六九年版
經濟類編	馮琦、馮瑗	明	上海古籍出版社一九九一年版
山堂肆考	彭大翼	明	上海古籍出版社一九九二年版
天中記	陳耀文	明	商務印書館二〇〇五年影印清文津閣四庫全書本
二程子抄釋	吕柟	明	商務印書館二〇〇五年影印清文津閣四庫全書本
涇野子内篇	吕柟	明	中華書局一九九二年版
讀書劄記	徐問	明	商務印書館二〇〇五年影印清文津閣四庫全書本
格物通	湛若水	明	臺灣商務印書館一九八三年版
採芹録	徐三重	明	臺灣商務印書館一九八三年版
稗編	唐順之	明	上海古籍出版社一九九一年版
中庸衍義	夏良勝	明	臺灣商務印書館一九八三年版
通雅	方以智	清	中國書店一九九〇年版
日知録	顧炎武	清	上海古籍出版社一九九八年影印本
菰中隨筆	顧炎武	清	敬躋堂叢書本
管子校注	黎翔鳳	清	中華書局二〇〇四年點校本
潛丘劄記	閻若璩	清	清雍正刻本
隙光亭雜識	揆敘	清	清康熙刻本
齊民四術	包世臣	清	清道光二十六年刻本
校邠廬抗議	馮桂芬	清	清光緒九年津河廣仁堂刻本
淵鑑類函	張英、王士禎	清	中國書店一九八五年版

授時通考　鄂爾泰、張廷玉　清　臺灣商務印書館一九八三年版
經史講義　蔣溥　清　臺灣商務印書館一九六九年版
讀書紀數略　宮夢仁　清　上海古籍出版社一九九四年版
佩文齋廣群芳譜　汪灝、張逸少　清　上海古籍出版社一九九一年版
思辨録輯要　陸世儀　清　臺灣商務印書館一九八三年版
榕村語録　李光地　清　臺灣商務印書館一九六九年版
分類字錦　陳鵬年、何焯　清　商務印書館二〇〇五年影印清文津閣四庫全書本
佩文韻府　張玉書、蔡升元　清　商務印書館二〇〇五年影印清文津閣四庫全書本

集部

劉禹錫集　劉禹錫　唐　上海古籍出版社一九八九年箋證本
元稹集　元稹　唐　中華書局一九八二年版
白居易集　白居易　唐　中華書局一九七九年點校本
演山集　黄裳　宋　商務印書館二〇〇五年影印清文津閣四庫全書本
晦庵集　朱熹　宋　上海涵芬樓藏明刊本
西山文集　眞德秀　宋　江南圖書館藏明正德刊本
勉齋集　黄榦　宋　清道光二十六年刻本
華陽集　張綱　宋　國家圖書館藏明刊本
浮山集　仲并　宋　清藏園傅氏抄本
竹洲集　吳儆　宋　清嘉慶十五年刻本
文忠集　周必大　宋　清光緒二十五年刻本
方舟集　李石　宋　清乾隆翰林院抄本

止齋集	陳傅良	宋	烏程劉氏嘉業堂藏明弘治乙丑刊本
宮教集	崔敦禮	宋	順德龍裕光清光緒刻本
定庵類稿	衛博	宋	商務印書館二〇〇五年影印清文津閣四庫全書本
東塘集	袁說友	宋	清乾隆翰林院抄本
蠹齋鉛刀篇	周孚	宋	嘉善曹氏二六書堂清乾隆刻本
慈湖遺書	楊簡	宋	毋自欺齋清光緒刻本
定齋集	蔡戡	宋	武進盛氏思惠齋清光緒刻本
盤洲文集	洪适	宋	上海涵芬樓藏宋刊本
浪語集	薛季宣	宋	瑞安孫衣言清同治十一年刻本
渭南文集	陸遊	宋	江南圖書館藏明華氏活字本
江湖長翁集	陳造	宋	李之藻明萬曆四十六年刻本
後樂集	衛涇	宋	商務印書館二〇〇五年影印清文津閣四庫全書本
漫塘集	劉宰	宋	商務印書館二〇〇五年影印清文津閣四庫全書本
鶴山集	魏了翁	宋	烏程劉氏嘉業堂藏宋刊本
鶴林集	吳泳	宋	清乾隆翰林院抄本
東澗集	許應龍	宋	清乾隆翰林院抄本
鐵菴集	方大琮	宋	法氏存素堂清抄本
恥堂存稿	高斯得	宋	廣雅書局清二十五年刻本
秋崖集	方岳	宋	清同治刻本
字溪集	陽枋	宋	商務印書館二〇〇五年影印清文津閣四庫全書本
友林乙稿	史彌寧	宋	華陽高氏蒼茫齋影印宋刻本

雲莊集　劉爚　宋　清藏園傅氏抄本

江湖小集　陳起　宋　商務印書館二〇〇五年影印清文津閣四庫全書本

江湖後集　陳起　宋　讀書齋清刻本

丹陽集　葛勝仲　宋　武進盛氏清光緒二十二年刻本

省齋集　廖行之　宋　法氏存素堂清抄本

三劉家集　劉渙、劉恕、劉羲仲　宋　商務印書館二〇〇五年影印清文津閣四庫全書本

浣川集　戴栩　宋　臺北新文豐出版公司一九八九年版

潏水集　李復　宋　商務印書館二〇〇五年影印清文津閣四庫全書本

武溪集　余靖　宋　商務印書館二〇〇五年影印清文津閣四庫全書本

丹陽集　葛勝仲　宋　商務印書館二〇〇五年影印清文津閣四庫全書本

香溪集　范浚　宋　商務印書館二〇〇五年影印清文津閣四庫全書本

范忠宣集　范純仁　宋　商務印書館二〇〇五年影印清文津閣四庫全書本

絜齋集　袁燮　宋　商務印書館二〇〇五年影印清文津閣四庫全書本

張右史文集　張耒　宋　商務印書館一九一九年影印四部叢刊本

盱江集　李覯　宋　商務印書館二〇〇五年影印清文津閣四庫全書本

雲溪居士集　華鎮　宋　商務印書館二〇〇五年影印清文津閣四庫全書本

古今源流至論別集　黃履翁　宋　商務印書館二〇〇五年影印清文津閣四庫全書本

潛齋先生文集	何夢桂	宋	清順治刻本
東澗集	許應龍	宋	商務印書館二〇〇五年影印清文津閣四庫全書本
攻媿集	樓鑰	宋	商務印書館二〇〇五年影印清文津閣四庫全書本
北溪大全集	陳淳	宋	商務印書館二〇〇五年影印清文津閣四庫全書本
范仲淹全集	范仲淹	宋	四川大學出版社二〇〇二年點校本
蘇學士集	蘇舜欽	宋	商務印書館二〇〇五年影印清文津閣四庫全書本
唐文粹	姚鉉	宋	浙江人民出版社一九八六年版
五百家播芳大全文粹	葉棻、魏齊賢	宋	商務印書館二〇〇五年影印清文津閣四庫全書本
欒城集	蘇轍	宋	上海古籍出版社一九八七年版
唐詩紀事	計有功	宋	中華書局一九八七年版
崇古文訣	樓昉	宋	商務印書館二〇〇五年影印清文津閣四庫全書本
續文章正宗	眞德秀	宋	商務印書館二〇〇五年影印清文津閣四庫全書本
止堂集	彭龜年	宋	中華書局一九八五年版
太倉稊米集	周紫芝	宋	商務印書館二〇〇五年影印清文津閣四庫全書本
十先生奧論注續集	呂祖謙、陳傅良、陳武等	宋	商務印書館二〇〇五年影印清文津閣四庫全書本
勿軒集	熊禾	宋	商務印書館二〇〇五年影印清文津閣四庫全書本
二程文集	程顥、程頤	宋	中華書局一九八五年版
朱熹集	朱熹	宋	四川教育出版社一九九六年版

豫章文集	羅從彦	宋	上海書店一九八九年影印本
象山集	陸九淵	宋	上海書店一九八九年影印本
誠齋集	楊萬里	宋	商務印書館一九一九年影印四部叢刊本
竹隱畸士集	趙鼎臣	宋	商務印書館二〇〇五年影印清文津閣四庫全書本
王魏公集	王安禮	宋	商務印書館二〇〇五年影印清文津閣四庫全書本
陶山集	陸佃	宋	中華書局一九八五年版
宋文鑒	呂祖謙	宋	上海古籍出版社一九九四年影印本
元豐類稿	曾鞏	宋	臺灣商務印書館一九八三年版
香溪集	范浚	宋	中華書局一九八五年版
苕溪集	劉一止	宋	臺灣商務印書館一九六九年版
蘇門六君子文粹	張耒	宋	商務印書館二〇〇五年影印清文津閣四庫全書本
永嘉先生八面鋒	陳傅良	宋	中華書局一九八五年叢書集成初編本
須溪集	劉辰翁	宋	民國刊《豫章叢書》本
石堂先生遺集	陳普	宋	明萬曆三年薛孔洵注刻本
熊勿軒先生文集	熊禾	宋	國家圖書館藏清鈔本
牆東類稿	陸文圭	元	江陰陸氏世德堂清道光十九年刻本
秋澗集	王惲	元	江南圖書館藏明弘治刻本
金華黃先生文集	黃溍	元	常熟瞿氏上元宗氏日本岩崎氏藏元刊本
霞外詩集	馬臻	元	海虞毛氏汲古閣明刻本
淵穎集	吳萊	元	蕭山朱氏翼盦藏元刊本
木訥齋文集	王毅	元	清乾隆二十七年刻本

青崖集　魏初　元　商務印書館二〇〇五年影印清文津閣四庫全書本

仁山金先生文集　金履祥　元　清雍正三年金弘勳校輯、春暉堂刻本

牧庵集　姚燧　元　上海涵芬樓藏武英殿聚珍版影印本

水雲村泯稿　劉壎　元　清道光愛餘堂刊本

養蒙先生文集　張伯淳　元　商務印書館二〇〇五年影印清文津閣四庫全書本

中庵先生劉文簡公文集　劉敏中　元　元刻本

吳文正公文集　吳澄　元　明成化二十年刻本

雪樓集　程鉅夫　元　商務印書館二〇〇五年影印清文津閣四庫全書本

芳谷集　徐明善　元　《豫章叢書》本

韓氏遺書　韓信同　元　明萬曆九年重刊本

松鄉集　任士林　元　明萬曆刻本

松雪齋文集　趙孟頫　元　元沈璜至元五年輯刊本

蘭軒集　王旭　元　商務印書館二〇〇五年影印清文津閣四庫全書本

牧潛集　釋圓至　元　清光緒二十五年錢塘丁氏嘉惠堂刊《武林往哲遺著後編》本

巴西文集　鄧文原　元　傅增湘校清鈔本

閒居叢稿　蒲道源　元　商務印書館二〇〇五年影印清文津閣四庫全書本

申齋集　劉岳申　元　商務印書館二〇〇五年影印清文津閣四庫全書本

清容居士集	袁桷	元	商務印書館一九一九年影印四部叢刊本
筠軒集	唐元	元	明正德十三年程敏政輯張芹刊《唐氏三先生文集》本
張文忠公文集	張養浩	元	元至正四年刊本
柳待制文集	柳貫	元	商務印書館一九一九年影印四部叢刊本
畏齋集	程端禮	元	商務印書館二〇〇五年影印清文津閣四庫全書本
文獻集	黃溍	元	商務印書館二〇〇五年影印清文津閣四庫全書本
村西集	譚景星	元	日本宮內廳書陵部藏元刻本
番陽仲公李先生文集	李存	元	明永樂三年刻本
圭齋文集	歐陽玄	元	明成化刊本
至正集	許有壬	元	清宣統三年石印本
玩齋集	貢師泰	元	明嘉靖十四年徐萬璧重修本
編類運使復齋郭公敏行録	徐東	元	元刊本
師山先生遺文	鄭玉	元	明嘉靖十四年鄭氏家塾刻、清代補修本
青陽先生文集	余闕	元	清道光二十八年潘氏袁江節署刊《乾坤正氣集》本
傅與礪文集	傅若金	元	嘉業堂叢書本
桐山老農集	魯貞	元	商務印書館二〇〇五年影印清文津閣四庫全書本
庸菴集	宋禧	元	商務印書館二〇〇五年影印清文津閣四庫全書本
師子林天如和尚語録	釋惟則	元	涵芬樓影印《日本續藏經》本
圭峰集	盧琦	元	明萬曆三十七年刻本
夷白齋類稿	陳基	元	國家圖書館藏明鈔本

九靈山房集	戴良	元	明正統刻本
東山趙先生文集	趙汸	元	明鈔本
滋溪文稿	蘇天爵	元	中華書局一九九七年點校本
東維子文集	楊維楨	元	明正德刻本
佩玉齋類稿	楊翮	元	商務印書館二〇〇五年影印清文津閣四庫全書本
不繫舟漁集	陳高	元	國家圖書館藏清鈔本
元文類	蘇天爵	元	上海古籍出版社一九九三年版
紫山大全集	胡祇遹	元	中國書店一九九〇年影印本
待制集	柳貫	元	長洲顧氏秀野草堂清康熙三十三年刻本
石門集	梁寅	元	清乾隆刻本
震川集	歸有光	明	上海古籍出版社一九八一年點校本
少谷集	鄭善夫	明	上海古籍出版社一九九三年版
鳧藻集	高啓	明	江南圖書館藏明正統甲子長洲刊本
徐文長集	徐渭	明	清刻本
始豐稿	徐一夔	明	浙江古籍出版社二〇〇八年版
宋濂全集	宋濂	明	浙江古籍出版社一九九九年點校本
清江文集	貝瓊	明	商務印書館一九一九年影印四部叢刊本
危太樸文集	危素	明	吳興劉氏嘉業堂一九一三年刻本
說學齋稿	危素	明	商務印書館二〇〇五年影印清文津閣四庫全書本
陳澧集	陳澧	明	上海古籍出版社二〇〇八年點校本
瞿式耜集	瞿式耜	明	上海古籍出版社一九八一年點校本
徐光啓集	徐光啓	明	上海古籍出版社一九八四年點校本
昭代經濟言	陳子壯	明	中華書局一九八五年影印叢書集成本

停驂録	陸深	明	記載彙編本
吳都文粹續集	錢穀	明	商務印書館二〇〇五年影印清文津閣四庫全書本
明經世文編	陳子龍	明	中華書局一九六二年版
胡仲子集	胡翰	明	上海古籍出版社一九九一年影印本
白雲稿	朱右	明	上海古籍出版社一九九一年影印本
重編瓊臺會稿	丘濬	明	上海古籍出版社一九九一年版
唐宋八大家文鈔	茅坤	明	上海古籍出版社一九九三年版
懷星堂集	祝允明	明	商務印書館二〇〇五年影印清文津閣四庫全書本
榮進集	吳伯宗	明	臺灣商務印書館一九八三年版
兩谿文集	劉球	明	臺灣商務印書館一九六九年版
椒邱文集	何喬新	明	臺灣商務印書館一九八三年版
明文海	黃宗羲	明	中華書局一九八七年版
靜志居詩話	朱彝尊	清	清刻本
文莫室詩	王樹枏	清	清光緒十三年刻本
多歲堂雜詩	成書	清	清道光刻本
烏魯木齊雜詩	紀昀	清	清道光二十三年琴川鄭光祖青玉山房刻本
德蔭堂集	阿克敦	清	清嘉慶二十一年刻本
立厓詩鈔	蔣業晉	清	清嘉慶長洲蔣業晉交翠堂刻本
回疆雜詠	王曾翼	清	清道光吳江沈氏世楷堂昭代叢書本
胥園詩鈔	莊肇奎	清	清嘉慶刻本
廓軒竹枝詞	志銳	清	清宣統二年石印本
雙硯齋詩鈔	鄧廷楨	清	清咸豐刻本
瑞芍軒詩鈔	許乃谷	清	清同治七年刻本

啖蔗軒詩存　方士淦　清　清同治十一年刻兩淮運署本
經遺堂全集　韋佩金　清　清道光二十一年刻本
愜心集　程烈　清　清初刻本
碑傳集　錢儀吉　清　清光緒十九年江蘇書局刻本
清朝經世文編　賀長齡　清　清道光六年刻本
清朝經世文續編　葛士濬　清　清光緒十四年鉛印本
清朝經世文三編　陳忠倚　清　清光緒二十四年浙省書局石印本
清朝經世文四編　何良棟　清　清光緒二十八年鴻寶書局石印本
全唐文　董誥　清　中華書局一九八三年版
全唐詩　彭定求　清　中華書局一九六〇年版
宋詩鈔　吳之振　清　商務印書館二〇〇五年影印清文津閣四庫全書本
宋詩紀事　厲鶚　清　商務印書館二〇〇五年影印清文津閣四庫全書本
西垂竹枝詞　祁韻士　清　清嘉慶刻本
御選唐宋文醇　愛新覺羅・弘曆　清　商務印書館二〇〇五年影印清文津閣四庫全書本
兼濟堂文集　魏裔介　清　中華書局二〇〇七年版
古文雅正　蔡世遠　清　臺灣商務印書館一九八三年版
古文淵鑒　徐乾學　清　商務印書館二〇〇五年影印清文津閣四庫全書本

資料彙編

戶部抄檔　清　中國社會科學院經濟研究所藏
吐魯番出土文書(第八冊)　國家文物局古文獻研究室　文物出版社一九八七年版

清末民國財政史料輯刊　廣西清理財政局編，廣西清財政沿革利弊說明書　國家圖書館出版社二〇〇七年影印本

清末民國財政史料輯刊　廣東清理財政局編，廣東清財政說明書　國家圖書館出版社二〇〇七年影印本

銀雀山竹書《守法》、《守令》等十三篇　銀雀山竹簡整理小組　《文物》一九八五年第四期

銀雀山漢墓竹簡　銀雀山竹簡整理小組　文物出版社一九八五年版

青川縣出土秦更修田律木牘　四川省博物館、青川縣文化館　《文物》一九八二年第一期

睡虎地秦墓竹簡　睡虎地秦墓竹簡整理小組　文物出版社一九七八年版

清代檔案史料叢編（第四輯）　故宮博物院明清檔案部　中華書局一九七九年版

清代檔案史料叢編（第五輯）　中國第一歷史檔案館　中華書局一九八〇年版

順治年間有關墾荒勸耕的題奏本章　中國第一歷史檔案館　《歷史檔案》一九八一年第二期

清代的旗地　中國人民大學清史研究所、中國人民大學檔案系中國政治制度史教研室　中華書局一九八九年版

中國歷代契約會編考釋　張傳璽　北京大學出版社一九九五年版

明清徽州社會經濟資料叢編　中國社會科學院歷史研究所徽州文契整理組　中國社會科學出版社一九九〇年版

敦煌資料　中國科學院歷史研究所資料室　中華書局一九六一年版

中國古代籍帳研究　池田溫　東京大學出版社一九七九年版

吐魯番出土文獻（一至十冊）　國家文物局古文獻研究室、新疆維吾爾自治區博物館、武漢大學歷史系　文物出版社一九八一至一九九一年版

敦煌社會經濟文獻眞跡釋録（第一至五輯）　唐耕耦、陸宏基　第一輯，書目文獻出版社一九八六年版；第二至五輯，全國圖書館文獻微縮複製中心一九九〇年版

新出吐魯番文書及其研究　柳洪亮　新疆人民出版社一九九七年版

敦煌吐魯番社會經濟文書(第四卷)　山本達郎、池田溫、土肥義和　東洋文庫二〇〇一年版
天一閣藏明抄本天聖令校證附唐令復原研究　天一閣博物館、中國社會科學院歷史研究所天聖令整理課題組　中華書局二〇〇八年版
新獲吐魯番出土文獻　榮新江、李肖、孟憲實　中華書局二〇〇八年版
宋文選　四川大學中文系　人民文學出版社一九九七年版
全宋文　曾棗莊，劉琳　上海辭書出版社二〇〇六年版
全元文　李修正　鳳凰出版社一九九六至二〇〇五年版
逸周書匯校集注　黃懷信　上海古籍出版社二〇〇七年版

其他

乾隆五十七年嚴禁侵佔蘇州衛屯田碑　此碑現存蘇州孔廟
乾隆三十年蘇州府元長吳三縣境內各都圖屯田聽丁擇佃召種碑　此碑現存蘇州孔廟
康熙五十四年吳縣申氏義田祭田恪遵舊制碑　藏蘇州博物館

《中華大典》辦公室

主　　任：于永湛
副 主 任：伍　杰
　　　　　姜學中
工作人員：趙含坤
　　　　　崔望雲
　　　　　宋　陽
　　　　　周紅霞
　　　　　王　雁
封面裝幀設計：章耀達

《中華大典》四川編纂處

主　　任：段志洪
副 主 任：馮　杰

《中華大典·經濟典》

項目負責人：段志洪
　　　　　　林　建
項目組成員：李　嘉　白亞輝
　　　　　　徐慶豐　康麗華

圖書在版編目（CIP）數據

中華大典·經濟典·土地制度分典 /郝春文主編. —成都：巴蜀書社，2013.7

ISBN 978-7-5531-0280-1

Ⅰ. ①中… Ⅱ. ①郝… Ⅲ. ①百科全書—中國②土地制度—農業經濟史—中國 Ⅳ. ①Z227②F329

中國版本圖書館 CIP 數據核字（2013）第 157822 號

中華大典·經濟典·土地制度分典

編纂：《中華大典》工作委員會

《中華大典》編纂委員會

責任編輯：林 建 康麗華

特約編輯：郭鴻玲 李 科

陳憲良 靳雅婷

出版：四川出版集團·巴蜀書社

（四川省成都市槐樹街二號 郵政編碼 六一〇〇三一）

印刷：成都東江印務有限公司

（四川省成都市溫江區湧泉街道辦事處共耕工業園 H-12

電話：八二六〇一五五一 郵政編碼 六一一一三〇）

經銷：新華書店

成品尺寸：一八五毫米×二六〇毫米 印張：一二三 字數：四五〇〇千字

二〇一三年七月第一版 二〇一三年七月第一次印刷

定價（全二册）：玖佰圓

書號：ISBN 978-7-5531-0280-1

ISBN 978-7-5531-0280-1

9 787553 102801 >